the Next EXIT®

2018

THE MOST ACCURATE INTERSTATE HIGHWAY SERVICE GUIDE EVER PRINTED™

the Next EXIT®
will save time,
money and
frustration.

*This tool will help you
find services along the
USA Interstate Highways
like nothing you have
ever used.*

GAS STATIONS • RESTAURANTS • RV CAMPING • HOTELS • AND MUCH MORE

**PO Box 888
Garden City, UT 84028
www.theNextExit.com**

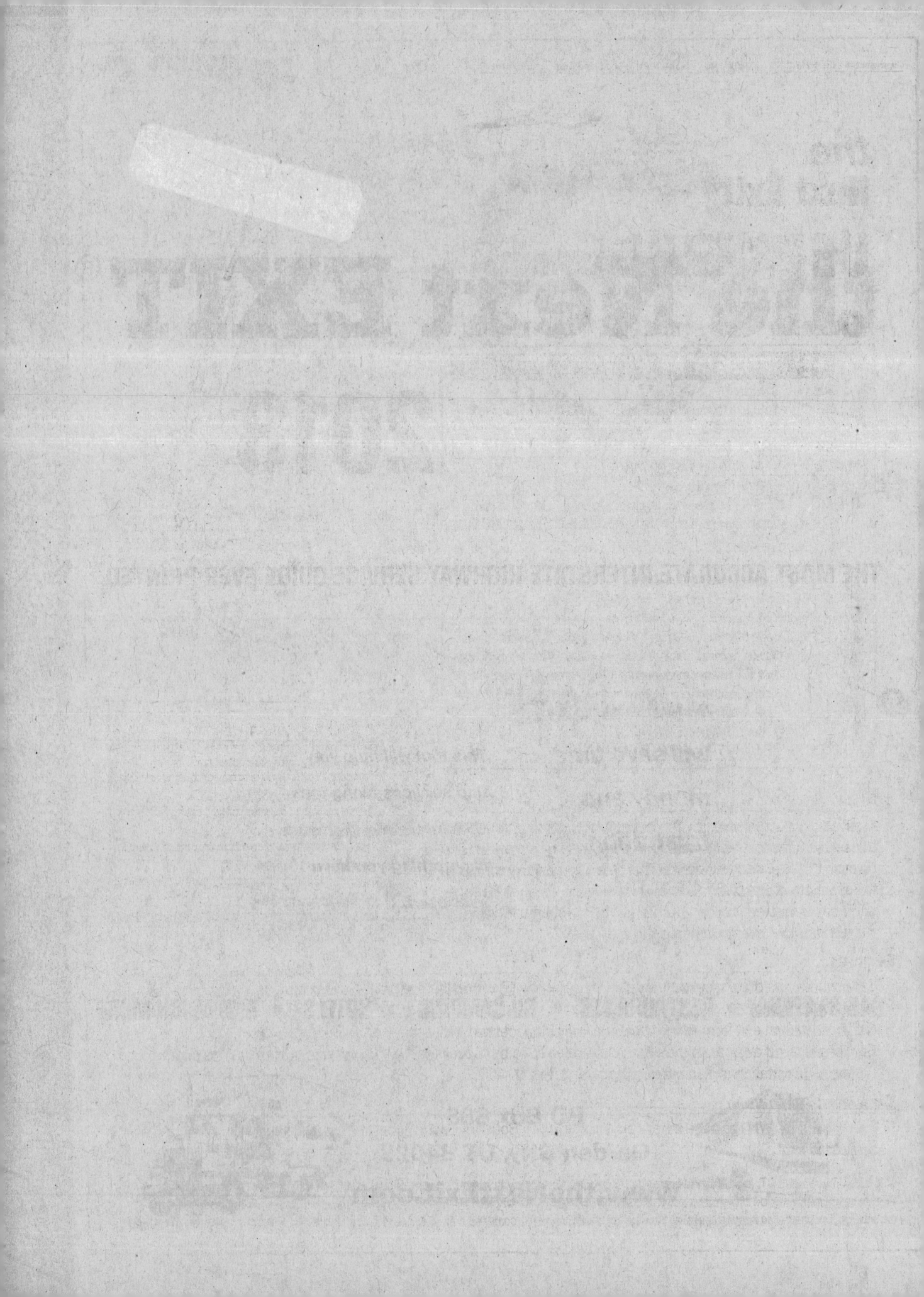

Copyright 2018 - The Next EXIT ®   🅿️ = gas   🍴 = food   🏠 = lodging   🅾️ = other   Ⓡs = rest stop

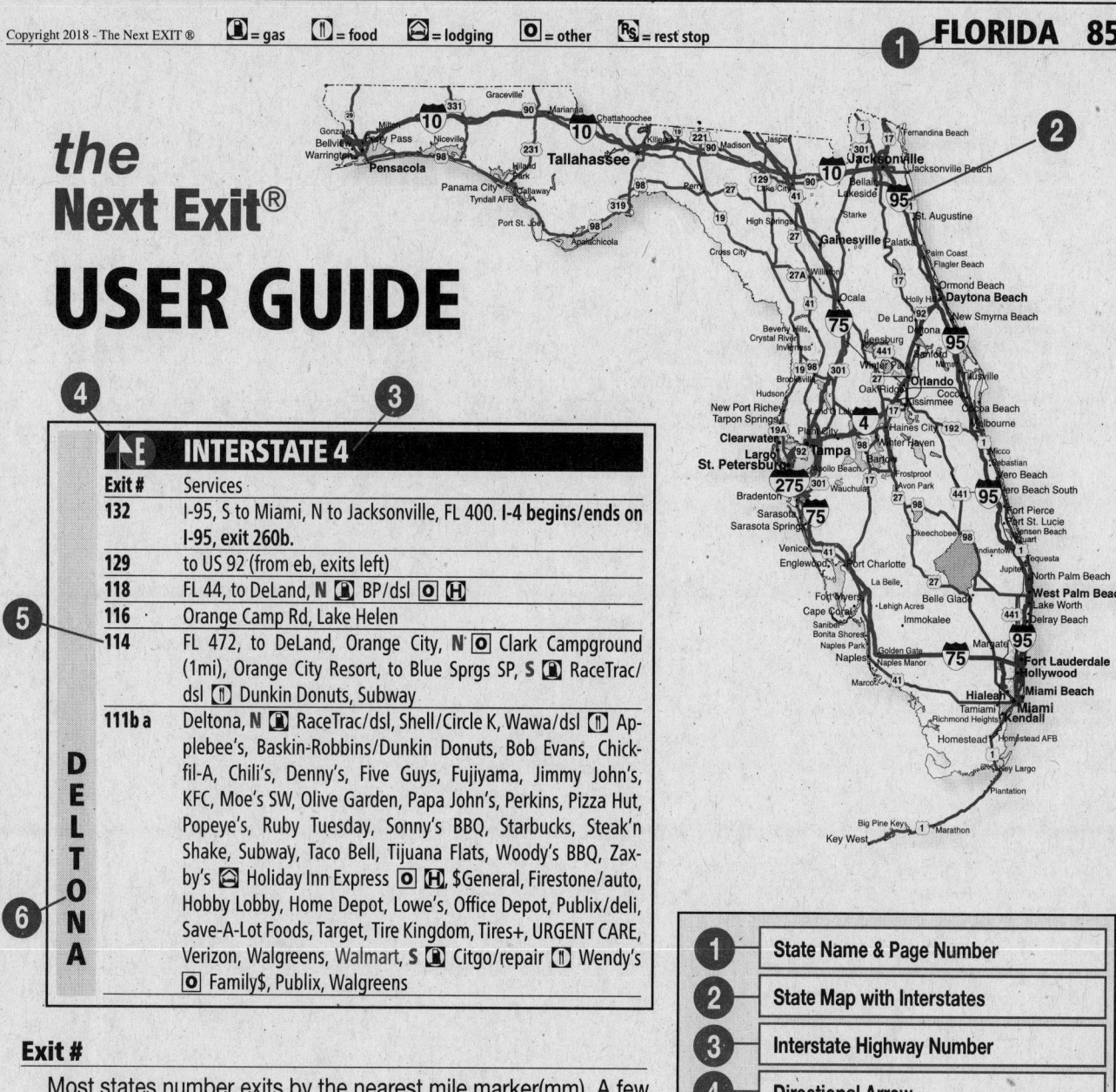

the Next Exit®
USER GUIDE

▲E INTERSTATE 4

Exit #	Services
132	I-95, S to Miami, N to Jacksonville, FL 400. **I-4 begins/ends on I-95, exit 260b.**
129	to US 92 (from eb, exits left)
118	FL 44, to DeLand, **N** 🅿️ BP/dsl 🅾️ 🅷
116	Orange Camp Rd, Lake Helen
114	FL 472, to DeLand, Orange City, **N** 🅾️ Clark Campground (1mi), Orange City Resort, to Blue Sprgs SP, **S** 🅿️ RaceTrac/dsl 🍴 Dunkin Donuts, Subway
111b a	Deltona, **N** 🅿️ RaceTrac/dsl, Shell/Circle K, Wawa/dsl 🍴 Applebee's, Baskin-Robbins/Dunkin Donuts, Bob Evans, Chick-fil-A, Chili's, Denny's, Five Guys, Fujiyama, Jimmy John's, KFC, Moe's SW, Olive Garden, Papa John's, Perkins, Pizza Hut, Popeye's, Ruby Tuesday, Sonny's BBQ, Starbucks, Steak'n Shake, Subway, Taco Bell, Tijuana Flats, Woody's BBQ, Zaxby's 🏠 Holiday Inn Express 🅾️ 🅷, $General, Firestone/auto, Hobby Lobby, Home Depot, Lowe's, Office Depot, Publix/deli, Save-A-Lot Foods, Target, Tire Kingdom, Tires+, URGENT CARE, Verizon, Walgreens, Walmart, **S** 🅿️ Citgo/repair 🍴 Wendy's 🅾️ Family$, Publix, Walgreens

D E L T O N A (city indicator strip)

The legend/callout boxes:

1	State Name & Page Number
2	State Map with Interstates
3	Interstate Highway Number
4	Directional Arrow
5	Exit # and Services
6	City Indicator Strip

Exit

Most states number exits by the nearest mile marker(mm). A few states use consecutive numbers, in which case mile markers are given in ( ). Mile markers are the little green vertical signs beside the interstate at one mile intervals which indicate distance from the southern or western border of a state. Odd numbered interstates run north/south, even numbered run east/west.

Services

Services are listed alphabetically by category 🅿️ = gas 🍴 = food 🏠 = lodging Ⓡs = rest stop 🅾️ = other services including camping.

"🅷" indicates an exit from which a hospital may be accessed, but it may not be close to the exit.

Services located away from the exit may be referred to by "access to," or "to" and a distance may be given.

A directional notation is also given, such as **N**, **S**, **E** or **W**

Directional Arrows

Follow exits DOWN the page if traveling from North to South or East to West, UP the page if traveling South to North or West to East.

TABLE OF CONTENTS

Abbreviations & Symbols used in the Next EXIT ®

AFB ....Air Force Base	NM............National Monument	st ....street, state
B&B ....Bed&Breakfast	NHS..........Nat Hist Site	sta ....station
Bfd............Battlefield	NWR.........Nat Wildlife Reserve	TPK...........Turnpike
CNG..........Compressed Natural Gas	NF............National Forest	USPO ....Post Office
Ctr ....Center	Ⓗ ....Hospital	vet ....veterinarian
Coll ....College	✈ ....Airport	whse.........warehouse
Cyn ....canyon	⊞ ....Picnic Tables	@ ....truckstop (full service)
dsl.............diesel	NP............National Park	red print....RV accessible
$...............Dollar	NRA ....Nat Rec Area	♿ ....Handicapped accessible
EVC ....Electric Vehicle Charger	pk ....park	📞 ....Telephone
LNG ....Liquid Natural Gas	pkwy.........parkway	⛽ ....Gas
Mem ....Memorial	rest. ....restaurant	🍴 ....Food
Mkt ....Market	nb ....northbound	🛏 ....Lodging
Mtn ....Mountain	sb ....southbound	🅾 ....Other
mm ....mile marker	eb ....eastbound	℞ ....Rest Stop / Rest Area
N................north side of exit	wb.............westbound	
S ....south side of exit	SP............state park	
E ....east side of exit	SF ....state forest	
W ....west side of exit	Sprs..........springs	

For Trans Canada Highway (TCH) information and more,
please visit us on the web at **www.thenextexit.com**

Fowl Play

Mark Watson - Winter 2018

September comes, and America displays her radiant best. Crops planted with faith and hope in the spring ripen, contrasting beautifully with surrounding greenery, seasoning the landscape with approaching autumn. Miles of grain nearing harvest promise plenty for man and beast, especially the birds.

In late summer, America's rural interstate highways are a study in basic ornithology, if you pay attention. Flyways are crowded with flocks of cranes and gaggles of geese moving south, stopping in fields to re-supply. It is Nature on display. Have you ever seen a small bird or two in combat with a larger one? Less is more as they relentlessly drive the bully out of their space. Geese tend to dawdle across any road taking their own sweet time waddling to the far side, oblivious of our impatience, but only a heartless killer would not stop to watch such a parade. One of my favorite pastimes is playing "chicken" with turkey buzzards as

they feed on regrettable road kill. They act as if the highway is their own kitchen table and my approach at 70-something miles per hour is trespass. Most of the time they hop to the shoulder a moment before impact, then continue with lunch right after my vehicle passes, so just to see how smart they really are, I like to crowd the edge and watch them scramble.

Who isn't thrilled encountering a posse of wild turkeys? Once thought to be extremely shy and hard to find, in the last 30 years I have come upon numbers of these versatile gangs, both near sea level and at 7000 feet. Well said Benjamin Franklin when he called them "birds of courage", but I disagree with his opinion of eagles, which he thought lazy and dishonest. Few spectacles are more splendid than a lone ace circling high above the valley, patrolling his domain with the eyesight of a satellite.

Continued Next Page

FOWL PLAY

The magpies are another noteworthy group. Folks who move west are initially impressed with their unique beauty and the stately manner in which a parliament conducts itself, cawing and congregating as if some great matter is before them. Then they attack your garbage bags, rip them open and strew the contents, chattering at you for not throwing away better stuff. All of this, and they return later to relieve themselves on your house. Some bird, right? Their protected status has gone to their beaks.

Standing out among fowl are the hawks. Kettles appear in nearly every region of the country, but are decidedly fond of wide spaces because of the hunting advantages it gives them. These are not birds on a wire and they rarely sit on signs, preferring instead to perch on fence posts where they have the best view of traffic on the highway and movement in the meadow. When the wind is right, they hover in place moving neither forward nor backward, holding still in the air until some poor, hapless rodent wanders into the open.

I am no Audubon, not even close, but I recognize a crow when I see one. I know the differences between egrets and swans and eagles and falcons. Birds, mostly poultry, were ever-present on our farm when I was young. There were ducks, geese, chickens, and roosters, but learning to discern between guinea hens and hawks was my first lesson in feathered identification.

I grew up in the custody of a gentlewoman who suffered few fools, brooked no dissent, and only took prisoners to beat the truth out of them. When my mother sent me on an errand, she meant for it to be done and quickly, no matter that I was only five and had the attention span of a gnat. I also had my own agenda, but liked helping her whenever I could. So, when she asked me to gather eggs for a cake for when our father came home, I was happy to oblige. My neighborhood friend was visiting and this would give me a chance to display leadership to someone who was my senior by a year and always giving me orders. Carrying a stainless-steel mixing bowl, we headed to the chicken coop with me in the lead.

Our route took us by a confusion of guinea hens prospecting for bugs, one of their two main duties. The other was to raise a ruckus when strangers showed up, which they also did as we passed, moving aside only enough to show their respect for us as humans, albeit small ones. Their nonstop yacking intensified momentarily until they perceived we represented no threat. Otherwise, they paid us little attention as we continued our mission.

I had learned on previous errands not to mess with a laying hen sitting on a nest. There was no way to tell if she was brooding to start a family, so it was better to either wait for her to move or try to lure her out of the nail keg lined with hay, but reaching behind her to rip off her property would get your arms pecked, and hard.

The harvest was especially good this time. With no chicken confrontation we were soon headed back to the house, the bowl stacked high with eggs, when the trouble began. The guineas had now roosted themselves up on an electrical wire pole, observing to make sure we two little boys weren't

up to no good. I was accustomed to guinea fowl sounding and acting strange, but it must have been new to my visitor because the moment he saw them sitting on that pole he went berserk. Believing they were going to swoop down on us and attack the eggs, he shouted, "Mark! Mark! There's the chicken hawks! They want the eggs! Throw the eggs!"

What happened next remains one of the mysteries of my early life. Despite knowing a few things about farm animals, I did what any panic-stricken five-year old would have done...I helped throw almost a dozen perfectly good eggs at those bewildered guinea hens, confirming what they had suspected from the beginning. When we gave out of ammo, the birds looked at us quizzically, fluttered down to earth and went back to pecking for insects, seeing no problem that the main ingredient to Dad's cake lay all around them broken and scattered.

Mama didn't see it that way. When we tried to explain what had happened during our return from the barn, she sent my guest home at once. As for me, I was penalized with an early nap, which was not nearly the punishment befitting of such a crime. Later attempts to put it off on the older boy met with the same stern looks as she let me know that it certainly did not matter what someone else told you to do, a person had to think for himself. After a while, she let me go back to collecting the eggs, but never again when there was company.

It seems we have forgotten that each of us is accountable for what we do. The law of the Harvest clearly states that we reap what we sow, both in gathering eggs and in life. Children allowed to escape responsibility for the simpler lapses of youth become adults with the same outlook, only with larger consequences, but learning early to accept liability for our own actions reduces the world's victim list by at least one. In a day when excuses too often pass for reasons, we should never imagine chicken hawks where there are only guinea hens.

FOWL PLAY

ALABAMA

⬆E   INTERSTATE 10

Exit#	Services
66.5mm	Alabama/Florida state line
66mm	Welcome Ctr, full 🚻 facilities, litter barrels, petwalk, 📱, 🚻, vending
53	rd 64, Wilcox Rd, **N** 📱 Marathon/Oasis/Chester's/Stuckey's/ Subway/dsl/scales/24hr/@ 🅾 Riverside RV Park, Styx River Resort, **S** 📱 Chevron/dsl 🅾 Azalea Acres RV Park, fireworks, Hilltop RV Park (1.5 mi), Wilderness RV Park
49	Rd 68, Baldwin Beach Express, to Gulf Shores, Orange Beach, Gulf SP
44	AL 59, Loxley, **N** 📱 ♥Loves/Arby's/dsl/scales/24hr 🛏 Bay Inn, **S** 📱 Chevron/dsl, Exxon/dsl, RaceWay/dsl 🍴 Burger King, Hardee's, McDonald's, Waffle House 🛏 Loxley Motel (3mi), WindChase Inn 🅾 to Gulf SP
38	AL 181, Malbis, **N** 🍴 CA Dreaming, Chick-fil-A, Cracker Barrel, Half Shell Oyster House, IHOP, Logan's Roadhouse, Marble Slab, McDonald's, Moe's SW Grill, Newk's Eatery, Olive Garden, Panera Bread, Pizza Hut, Poor Mexican, Ruby Tuesday, Sonic, Starbucks, Stix Asian, Taco Bell, Waffle House, Wendy's 🛏 Best Western, Comfort Inn, Holiday Inn Express, La Quinta 🅾 $Tree, Advance Parts, Barnes&Noble, Belk, Best Buy, Dillard's, GNC, Goodyear/auto, Michael's, Old Navy, Petsmart, Publix, Ross, Tuesday Morning, Verizon, Walgreens, World Mkt, **S** 📱 Chevron/dsl, Shell/LA Subs, Texaco/dsl 🍴 Burger King, Don Carlos, Firehouse Subs, Mellow Mushroom, Zaxby's 🛏 Malbis Motel (1mi), Woodspring Suites 🅾 AT&T, Honda, Hyundai, Lowe's, Nissan, Sam's Club/gas, Toyota/Scion, URGENT CARE, VW
35	US 90, US 98, **N** 📱 Marathon, Shell 🍴 Beef O'Brady's, China Fun 🛏 Courtyard, Fairfield Inn 🅾 Bass Pro Shops, JC Penney, Kohl's, Piggly Wiggly, Rite Aid, to Blakeley SP, USPO, **S** 📱 Exxon/dsl, Shell/dsl 🍴 Arby's, Bangkok Thai, Boudreaux's Cajun Grill, Burger King, Dickey's BBQ, Domino's, Dragon City Buffet, Dunkin Donuts, El Rancho Mexican, Firehouse Subs, Five Guys, Foosackly's Chicken Fingers, Hooters, IHOP, Jubilee Diner, Longhorn Steaks, Los Tacos, Maddio's, McDonald's, Mediterranean Sandwich, O'Charley's, Papa John's, Pizza Hut, S China Rest., Smoothie King, Starbucks, Subway, Taco Bell, Waffle House, Waffle House (2), Zaxby's 🛏 Comfort Suites, Eastern Shore Motel, Hampton Inn, Hilton Garden, Homewood Suites, Microtel 🅾 H, $Tree, AT&T, Dick's, Fresh Mkt, GNC, Hobby Lobby, Home Depot, Office Depot, Petco, TJ Maxx
30	US 90/98, Battleship Pkwy, **N** 🍴 Blue Gill Rest., Ed's Seafood Shed, Oyster House, **S** 🅾 same as 27
27	US 90/98, Battleship Pkwy, Gov't St, **S** 🍴 Cafe Del Rio, Felix's Fish Camp, R&R Seafood, Ralph&Kacoo'sSeafood 🛏 Battleship Inn 🅾 to USS Alabama
26b	Water St, Mobile, downtown, **N** 🛏 Candlewood Suites, Hampton Inn, Holiday Inn, Quality Inn, Renaissance, to Visitors Ctr
26a	Canal St (from eb), same as 26b
25b	Virginia St, Mobile, **N** 📱 Shell/dsl
25a	Texas St (from wb, no return)
24	Broad St, to Duval St, Mobile, **N** 📱 Chevron/dsl
23	Michigan Ave, **N** 📱 Shell/dsl
22b a	AL 163, Dauphin Island Pkwy, **N** 📱 Citgo 🅾 Family$, **S** 📱 Exxon/Subway, Mobil/dsl 🍴 Checker's, Hart's Chicken, Kim's Palace, Waffle House 🅾 $General
20	I-65 N, to Montgomery

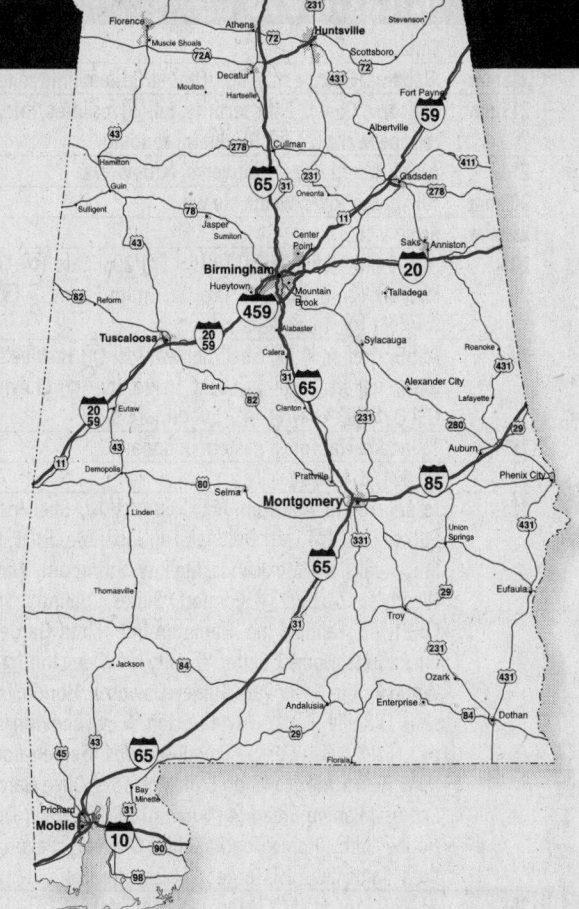

17	AL 193, Tillmans Corner, to Dauphin Island, **N** 📱 Chevron 🍴 Boiling Pot, Crazy Hibachi, Firehouse Subs, Five Guys, Golden Corral, IHOP, Ruby Tuesday, Zaxby's 🅾 H, AT&T, auto repair, Lowe's, Office Depot, URGENT CARE, Verizon, Walmart/Subway
15b a	US 90, Tillmans Corner, to Mobile, **N** 📱 Chevron, RaceWay/ dsl, Valero 🍴 Arby's, Aztecas Mexican, Burger King, Checkers, Domino's, Godfather's, Hooters, KFC, King's Buffet, Little Caesar's, McDonald's, Papa John's, Popeye's, Russell's BBQ, Shrimp Basket, Subway, Taco Bell, Waffle House 🛏 Baymont Inn, Best Inn, Best Value Inn, Comfort Suites, Days Inn, EconoLodge, Hampton Inn, Holiday Inn, Holiday Inn Express, InTown Suites, La Quinta, Motel 6, Quality Inn, Rodeway Inn, Super 8 🅾 $General, $Tree, AutoZone, BigLots, CarQuest, Family$, Firestone/auto, Mike's Transmissions, O'Reilly Parts, PepBoys, Rite Aid, vet, Walgreens, Winn-Dixie, **S** 📱 Chevron/ Circle K, Exxon, RaceWay/dsl, Shell/dsl 🍴 Hardee's, Waffle House 🅾 Advance Parts, auto repair, B&R Campers, Johnnys RV Ctr, Peterbilt, tires, transmissions, USPO, vet
13	to Theodore, **N** 📱 Clark/dsl, 🛏🛏🛏/Wendy's/dsl/scales/24hr, Shell/Subway, Texaco/McDonald's 🍴 Burger King, Church's, Waffle House 🅾 Advance Parts, auto repair, Family$, Greyhound Prk, Rite Aid, Rouse's Mkt, transmissions, **S** 📱 Chevron/ dsl 🅾 Bellingraf Gardens, I-10 Kamping, Paynes RV Park (4mi)
10	rd 39, Bayou La Batre, Dawes, **N** 🍴 Waffle House 🅾 Kenworth
4	AL 188 E, to Grand Bay, **N** 📱 Energize/Blimpie, Shell/Subway, TA/Country Pride/dsl/scales/24hr/@ 🍴 Arby's, McDonald's, Sam's Super Burger, Waffle House 🅾 Bumper Parts, **S** 📱 Chevron 🍴 Hardee's 🅾 Trav-L-Kamp
1mm	Welcome Ctr eb, full 🚻 facilities, info, litter barrels, petwalk, 📱, 🚻, RV dump
0mm	Alabama/Mississippi state line

MOBILE

THEODORE

INTERSTATE 20

Exit #	Services
215mm	Alabama/Georgia state line, Central/Eastern time zone
213mm	Welcome Ctr wb, 24hr security, full ♿ facilities, info, litter barrels, petwalk, 🄲, 🚮, RV dump, vending
210	AL 49, Abernathy, **N** fireworks, **S** fireworks
209mm	Tallapoosa River, weigh sta wb
208mm	no service
205	AL 46, to Heflin, **N** 🅿 BP/dsl 🍴 205 Cafe Ⓞ Cane Creek RV Park (2mi), Exit 205 Tire Ctr, Smith Farms, **S** 🅿 Chevron/dsl/24hr Ⓞ Truck Repair
199	AL 9, Heflin, **N** 🅿 Shell/Subway/dsl 🍴 Hardee's, McDonald's, Vallarta Grill 🛏 Best Value Inn Ⓞ Chevrolet, Ford, USPO, **S** 🅿 Chevron/dsl, SuperMart/dsl
198mm	Talladega Nat Forest eastern boundary
191	US 431, to US 78
188	to US 78, to Anniston, **N** 🅿 Samco/dsl, Shell/dsl, Texaco/Subway/dsl 🍴 Cracker Barrel, Fuji Japanese, IHOP, KFC, LoneStar Steaks, Los Mexicanos, Mellow Mushroom, Waffle House, Wendy's, Zaxby's 🛏 Comfort Suites, Country Inn&Suites, Courtyard, Fairfield Inn, Hampton Inn, Hilton Garden, Holiday Inn Express, Home 2 Suites, Quality Inn, Sleep Inn Ⓞ Camping World RV Ctr, GS RV Park, Harley-Davidson, Honda, Lowe's, Nissan, O'Reilly Parts, Toyota/Scion, **S** 🅿 Chevron/dsl 🍴 Arby's, Ezell's Fish Camp, Firehouse Subs, Golden Corral, Longhorn Steaks, Mexico Lindo Grill, Moe's SW, Olive Garden, Panda Express, Panera Bread Ⓞ AAA, AT&T, Best Buy, Dick's, GNC, Hobby Lobby, Home Depot, Kohl's, Old Navy, Petsmart, Publix, Ross, Sams Club/dsl, Target, TJ Maxx, Verizon
185	AL 21, to Ft McClellan, to Anniston, **N** 🅿 Chevron/dsl, GrubMart/dsl, Shell/dsl, Texaco 🍴 Applebee's, Arby's, Bojangles, Burger King, Capt D's, China Luck, CiCi's Pizza, Hardee's, HoneyBaked Ham, Jack's Rest., Logan's Roadhouse, Los Mexicanos, McAlister's Deli, McDonald's, O'Charley's, Papa John's, Pizza Hut, Red Lobster, Red Pepper Grill, Shoney's, Sonic, Starbucks, Super Buffet, Taco Bell, Waffle House, Western Sizzlin 🛏 Best Value Inn, Liberty Inn, Red Carpet Inn Ⓞ $General, Advance Parts, Aldi Foods, BooksAMillion, CVS Drug, Dillard's, Firestone/auto, Ford, JC Penney, Martin's Foods, Rite Aid, Sears/auto, **S** 🅿 Chevron/dsl, Circle K/dsl/scales, Murphy USA/dsl, RaceWay, Valero/Subway/dsl 🍴 Chick-fil-A, Jefferson's Rest, Outback Steaks, Waffle House, Wendy's 🛏 Comfort Inn, EconoLodge, Key West Inn, Motel 6, Super 8 Ⓞ 🄷, $Tree, Cobb Automotive, Walmart
179	AL 202, to US 78, to Munford, Coldwater, **N** 🅿 Chevron/Subway/dsl 🍴 China King, Jack's Rest. Ⓞ $General, Anniston Army Depot, Rite Aid, Winn Dixie, **S** 🅿 Texaco/dsl
173	AL 5, Eastaboga, **S** 🅿 Sunoco/cafe 🍴 Mapco/Stuckey's Ⓞ to Speedway/Hall of Fame
168	AL 77, to Talladega, **N** 🅿 Exxon/QV/Domino's, Marathon/KFC/Taco Bell, 🅿🅿🅿🅿/dsl/scales/24hr 🍴 Jack's Rest., Waffle House, **S** 🅿 AOC/Burger King, Chevron/Subway/dsl, TA/Popeye's/dsl/scales/24hr 🍴 McDonald's, MT Grill, Rana's Mexican 🛏 Comfort Inn, Days Inn, Lincoln Inn Ⓞ Hall of Fame, to Speedway
165	Embry Cross Roads, **N** 🅿 Hi-Tech/dsl, 🅿🅿🅿🅿/Subway/dsl/scales/24hr Ⓞ Paradise Island RV Park, **S** 🅿 165 TP/Huddle House/dsl, I-20TrkStp/rest./dsl/scales/24hr 🍴 Doghouse Grill 🛏 McCaig Motel
164mm	Coosa River
162	US 78, Riverside, **N** Ⓞ Safe Harbor RV Park, **S** 🅿 Chevron/dsl 🛏 Best Value Inn/rest

Exit #	Services
158	US 231, Pell City, **N** 🅿 Marathon/dsl, Murphy USA/dsl 🍴 Arby's, Buffalo Wild Wings, Chick-fil-A, City Mkt Grl, Cracker Barrel, Golden Rule BBQ, Jade E Chinese, Krystal, Wendy's, Zaxby's 🛏 Comfort Suites, Hampton Inn, Holiday In Express Ⓞ 🄷, $Tree, AT&T, City Tire, Home Depot, URGENT CARE, Walgreens, Walmart/Subway, **S** 🅿 Shell/dsl, Texaco/dsl, Valero 🍴 Akita Japanese, Burger King, Dunkin Donut, Baskin Robbins, Hardee's, Jack's Rest., KFC, Little Caesar's, McDonald's, Pell City Steaks, Pizza Hut, Subway, Taco Bell, Waffle House 🛏 Quality Inn Ⓞ $General, AutoZone, CVS Drug, Ford, O'Reilly Parts, Verizon
156	US 78 E, to Pell City, **S** 🅿 Chevron/dsl, Shell/dsl
153	US 78, Chula Vista
152	Cook Springs
147	Brompton, **N** 🅿 Sunoco, Valero TC/dsl/scales/24hr, **S** 🅿 Loves/McDonald's/Subway/dsl/scales/24hr, Valero/dsl/de
144	US 411, Leeds, **N** 🅿 Marathon/dsl, RaceWay/dsl, Shell/Suway 🍴 Arby's, Bojangles, Burger King, Cracker Barrel, Krysta, Logan's Roadhouse, Milo's Burgers, Pizza Hut, Ruby Tuesda, Waffle House, Wendy's, Zaxby's 🛏 Best Western, Comfort In, Super 8 Ⓞ $Tree, Food Giant, Verizon, **S** 🅿 Chevron, RacWay/dsl 🍴 Capt D's, Chick-fil-A, El Cazador Mexican, Guadlajara Jalisco Mexican, Hardee's, KFC, Little Caesar's, McDonald's, Supreme East Buffet, Taco Bell, Waffle House 🛏 Da Inn Ⓞ $General, Advance Parts, AT&T, AutoZone, Lowe O'Reilly Parts, Walgreens, Walmart/Subway
140	US 78, Leeds, **N** Ⓞ Distinctive Outlets/famous brands, **S** Chevron, Marathon 🍴 Subway 🛏 Best Value Inn, Hampt Inn Ⓞ Bass Pro Shop
139mm	Cahaba River
136	I-459 S, to Montgomery, Tuscaloosa
135	US 78, Old Leeds Rd, **N** 🅿 Shell/dsl Ⓞ B'ham Race Course
133	US 78, to Kilgore Memorial Dr, (wb return at 132), **N** 🅿 Chevron, Exxon/dsl 🍴 Golden Rule BBQ, Hamburger Heave, Jack's, Krystal, Waffle House 🛏 Best Value Inn, Siesta M tel Ⓞ same as 132, **S** 🅿 Shell 🍴 McDonald's 🛏 Ham ton Inn, Holiday Inn Express, Quality Inn, Rime In Suites Ⓞ Sam's Club/dsl, Tire Engineers
132 b a	US 78, Crestwood Blvd, **N** 🅿 Chevron, Exxon/dsl 🍴 Golen Rule BBQ, Hamburger Heaven, Jack's, Krystal, Subwa, Villa Fiesta Mexican, Waffle House 🛏 Best Value Inn, esta Motel Ⓞ $General, Aamco, O'Reilly Parts, same 133, **S** 🅿 Chevron, Exxon, Marathon/dsl, Murphy Expres dsl, Shell, Texaco/dsl 🍴 Arby's, Bojangles, Burger King, Ca D's, Chick-fil-A, Domino's, El Cazador Mexican, Hacienda Me ican, Honeybaked Ham, IHOP, KFC, Logan's Roadhouse, Arcos Mexican, McDonald's, Milo's Burgers, New China Buffe Olive Garden, Pizza Hut, Starbucks, Taco Bell, Zaxby's 🛏 Co fort Inn, Delux Inn, Garden Suites Ⓞ 🄷, $Tree, Advance Par Aldi Foods, Burlington Coats, Firestone/auto, Food Sma Home Depot, Office Depot, Ross, TJ Maxx, Tuesday Mornin URGENT CARE, Verizon, Walgreens, Walmart
130b	US 11, 1st Ave, **N** 🅿 Chevron, Marathon, Petro Ⓞ AutoZor Family$, Piggly Wiggly, **S** 🅿 Exxon/dsl 🍴 McDonald's, P cific Seafood 🛏 Relax Inn, Sky Inn
130a	I-59 N, to Gadsden
I-59 S and I-20 W run together from B'ham to Meridian, MS	
129	Airport Blvd, **N** 🛏 Ramada Ⓞ ♿, **S** 🅿 BP, Shell/dsl, She dsl 🍴 Hardee's, Kabob House 🛏 Best Inn, Holiday Inn
128	AL 79, Tallapoosa St, **N** 🅿 Circle K/Subway/dsl/scales, Exxo Wings/dsl

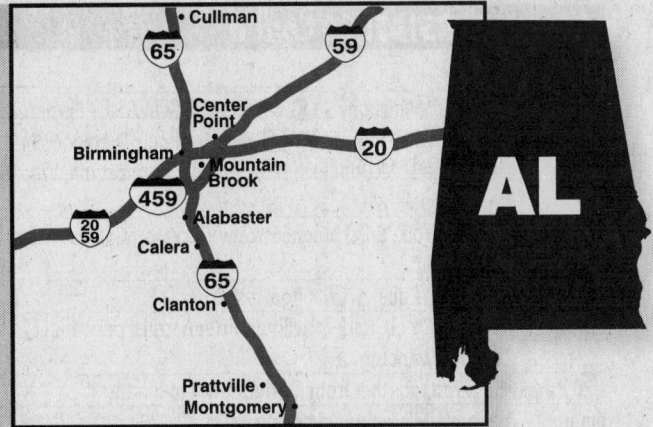

B I R M I N G H A M · **B E S S E M E R**

⛟ INTERSTATE 20 Cont'd

Exit #	Services
126b	31st St, **N** 🅶 Shell/dsl, Texaco/dsl 🍴 McDonald's 🅾 Family$
126a	US 31, US 280, 26th St, Carraway Blvd, **N** 🍴 Church's, KFC, Rally's
125b	22nd St, **N** 🍴 Subway 🛏 Sheraton, Westin
125a	17th St, to downtown
124b a	I-65, S to Montgomery, N to Nashville
123	US 78, Arkadelphia Rd, **N** 🅶 Chevron, Jet-Pep, ⛽Pilot/Wendy's/dsl/scales/24hr (0.5mi), Shell/dsl 🍴 Popeye's 🛏 Days Inn, **S** 🅾 🇭, to Legion Field
121	Bush Blvd (from wb, no return), Ensley, **N** 🅶 Exxon, Marathon
120	AL 269, 20th St, Ensley Ave, **N** 🅶 Jet-Pep 🍴 KFC 🅾 Honda, **S** 🅶 Chevron 🅾 🇭, Toyota/Scion
119b	Ave I (from wb)
119a	Lloyd Noland Pkwy, **N** 🅶 Chevron/dsl, Sunoco/dsl 🍴 Burger King, Fairfield Seafood, McDonald's, Subway, **S** 🅶 Mobil, Texaco 🅾 🇭
118	AL 56, Valley Rd, Fairfield, **S** 🅶 Shell 🍴 Papa John's 🛏 Best Inn 🅾 Advance Parts, Home Depot, URGENT CARE
115	Allison-Bonnett Memorial Dr, **N** 🅶 Marathon/dsl, RaceWay/dsl, Shell/dsl 🍴 Church's, Jack's, Los Reyes, Subway, Zaxby's 🅾 Advance Parts, O'Reilly Parts, USPO
113	18th Ave, to Hueytown, **S** 🅶 Chevron/dsl/24hr, Marathon 🍴 McDonald's
112	18th St, 19th St, Bessemer, **N** 🅶 RaceWay/dsl, Shell 🍴 Jack's Rest. 🅾 tire/repair, **S** 🅶 Chevron, Sunoco/dsl 🍴 KFC, Muffaletta's Italian, Rally's, Subway, Sykes BBQ 🅾 Advance Parts, FMS Drug, Lowe's, NAPA, O'Reilly Parts, Walgreens
110	AL Adventure Pkwy, **N** 🅾 Splash Adventure Funpark, **S** 🅾 🇭
108	US 11, AL 5 N, Academy Dr, **N** 🅶 Circle K 🍴 Applebee's, Carnation Buffet, Catfish Cabin, Cracker Barrel, Waffle House 🛏 Best Western, Comfort Inn, Country Inn&Suites, Fairfield Inn, Holiday Inn Express, Quality Inn, Wood Spring Suites 🅾 Chevrolet, Chrysler/Dodge/Jeep, Nissan, **S** 🅶 Chevron/Church's/dsl, Murphy USA/dsl, Shell 🍴 Burger King, Domino's, Jade Garden, Little Caesar's, McDonald's, Milo's Burgers, Ruby Tuesday, Sonic, Wendy's, Zaxby's 🛏 Economy Inn, Hampton Inn, Knights Inn, Motel 6 🅾 🇭, $Tree, BigLots, Ford, PepBoys, to civic ctr, Verizon, Walmart/Subway
106	I-459 N, to Montgomery
104	Rock Mt Lake, **S** 🅶 ⛽FLYING J/Subway/dsl/LP/24hr
100	to Abernant, **N** 🅶 ⛽Loves/McDonald's/Subway/dsl/scales/24hr, **S** 🅶 Citgo, Exxon, Petro/Valero/Iron Skillet/Popeyes/dsl/scales/24hr/@ 🅾 $General, Tannehill Ironworks Camping, Tannehill SP (3mi)
97	US 11 S, AL 5 S, to W Blocton, **S** 🅶 Chevron/KFC/dsl, Citgo/dsl, Exxon/Subway/dsl 🍴 Jack's Rest., La Tortilla Grill 🅾 Cahaba River NWR
89	Mercedes Dr, **N** 🛏 Greystone Inn, **S** 🅾 Mercedes Auto Plant
86	Vance, to Brookwood, **N** 🅶 Marathon/Huddle House/Subway/dsl, Shell/dsl/rest./24hr
85mm	🆁🆂 both lanes, full ♿ facilities, litter barrels, petwalk, 🚻, 🏕, RV dump, vending
79	US 11, University Blvd, Coaling, **S** 🅶 Chevron/dsl, Texaco/dsl
77	Cottondale, **N** 🅶 Chevron/McDonald's, ⛽Pilot/Wendy's/dsl/scales/24hr, TA/BP/Taco Bell/dsl/scales/24hr/@ 🍴 Arby's, Pizza Hut, Ruby Tuesday 🛏 Hampton Inn, Microtel 🅾 Blue Beacon, Harley Davidson, SpeedCo, USPO, **S** 🅾 Chevrolet
76	US 11, E Tuscaloosa, Cottondale, **N** 🅶 Chevron, Marathon, Shell/dsl 🍴 Burger King, Cracker Barrel, Waffle House 🛏 Centerstone Inn, Howard Johnson, Western Motel, Wingate Inn,

T U S C A L O O S A

Exit #	Services
76	**Continued** Woodspring Suites 🅾 Sunset 2 RV Park, transmissions, **S** 🍴 ⛽Pilot/Subway/dsl/scales/24hr, Texaco/dsl 🛏 Rodeway Inn
73	US 82, McFarland Blvd, Tuscaloosa, **N** 🅶 Chevron/dsl, Circle K, RaceWay, Shell 🍴 Applebee's, Arby's, Buffalo Wild Wings, Burger King, Capt D's, Chick-fil-A, Chipotle, Five Guys, Full Moon BBQ, Jason's Deli, Krystal, Longhorn Steaks, Moe's SW Grill, O'Charley's, Olive Garden, Panera Bread, Popeye's, Red Lobster, Shrimp Basket, Starbucks, TCBY, Waffle House 🛏 Best Value Inn, Best Western, Comfort Suites, Guest Lodge, Holiday Inn Express, Masters Inn 🅾 🇭, $General, Aamco, Advance Parts, AT&T, Barnes&Noble, Belk, Best Buy, CVS Drug, Firestone/auto, Goodyear/auto, Home Depot, JC Penney, Michael's, OK Tire, Old Navy, PepBoys, Rite Aid, Ross, SteinMart, Target, Verizon, vet, **S** 🅶 Jet-Pep/dsl, Marathon 🍴 Buffet City, Checkers, Cheddar's, Chili's, Hardee's, KFC, Logan's Roadhouse, McDonald's, Papa John's, Pizza Hut, Sonic, Subway, Taco Bell, Taco Casa, Trey Yuen Cinese 🛏 Ambassador Inn, Candlewood Suites, Country Inn&Suites, Days Inn, EconoLodge, La Quinta, Motel 6, Quality Inn, Ramada Inn, Super 8 🅾 $General, $Tree, Chrysler/Dodge/Jeep, NAPA, Office Depot, Rite Aid, Sam's Club/gas, TJ Maxx, U-Haul, Walmart/Subway
71b	I-359, Al 69 N, to Tuscaloosa, **N** 🅾 🇭, to Stillman Coll, U of AL
71a	AL 69 S, to Moundville, **S** 🅶 Chevron, Citgo/dsl, Mapco/Quiznos/dsl, Shell/dsl 🍴 Arby's, Baumhower's Rest., Chick-fil-A, Costa BBQ, Hooters, IHOP, LoneStar Steaks, OutBack Steaks, Pizza Hut, Ryan's, Waffle House, Wendy's, Zaxby's 🛏 Baymont Inn, Courtyard, Fairfield Inn, Hilton Garden 🅾 Advance Parts, Goodyear/auto, Kia/Mazda/VW, Lowe's, O'Reilly Parts, PepBoys, to Mound SM, URGENT CARE
68	Northport-Tuscaloosa Western Bypass
64mm	Black Warrior River
62	Fosters, **N** 🅶 Chevron/Subway/dsl 🅾 $General, Foodland, USPO, vet
52	US 11, US 43, Knoxville, **N** 🅶 Circle K/dsl
45	AL 37, Union, **S** 🅶 Chevron/Subway/dsl, Texaco/dsl 🍴 South Fork Rest 🛏 Econolodge, Travel Inn 🅾 Greene Co Greyhound Park
40	AL 14, Eutaw, **N** 🅾 to Tom Bevill Lock/Dam, **S** 🅶 Marathon 🅾 🇭
39mm	🆁🆂 wb, full ♿ facilities, litter barrels, petwalk, 🚻, 🏕, RV dump, vending
38mm	🆁🆂 eb, full ♿ facilities, litter barrels, petwalk, 🚻, 🏕, RV dump, vending
32	Boligee, **N** 🅶 Marathon/rest./dsl/24hr, **S** 🅶 Chevron/Subway/dsl
27mm	Tenn-Tom Waterway, Tombigbee River
23	rd 20, Epes, to Gainesville

■ = gas **▯** = food **⌂** = lodging **◘** = other **Rs** = rest stop   Copyright 2018 - The Next EXIT

▲E INTERSTATE 20 Cont'd

Exit #	Services
17	AL 28, Livingston, **S** ■ Chevron/Subway/dsl, Exxon/L&B/dsl/24hr, Shell/dsl, Spirit ▯ Burger King, Diamond Jim's/Mrs Donna's, McDonald's, Pizza Hut ⌂ Comfort Inn, Western Inn ◘ repair/24hr
8	AL 17, York, **S** ■ Marathon/New Orleans Grill/dsl/scales/@ ⌂ Best Inn
1	to US 80 E, Cuba, **S** ■ Citgo/rest./dsl
.5mm	Welcome Ctr eb, full ♿ facilities, litter barrels, petwalk, ⟨C⟩, ☕, RV dump, vending
I-20 E and I-59 N run together from Meridian, MS to B'ham	
0mm	Alabama/Mississippi state line

▲E INTERSTATE 22

Exit #	Services
96	I-65, N to Nashville, S to Birmingham, I-22 begins/ends
93	rd 77
91	rd 105, to Brookside
89	rd 65, to Adamsville, Graysville
87	rd 112, to Graysville
85	US 78, Birmingham
81	rd 45, W Jefferson
78	rd 81, Dora, Sumiton, **N** ▯ TJ's/dsl
72	rd 61, Cordova
70	rd 22, Cordova, Parish
65	Bevill Ind Pkwy, Jasper, **N** ⌂ Hampton Inn (3mi) ◘ ℍ, to Walker Co Lake, **S** ■ ♥Loves/McDonald's/Subway/dsl/scales/24hr ▯ Cracker Barrel, Waffle House ⌂ Sleep Inn ◘ Buick/Cadillac/Chevrolet/GMC
63	AlL 269, Jasper, Parish, **N** ■ Chevron/deli/dsl
61	AL 69, Jasper, Tuscaloosa, **N** ■ RJ's ▯ Deano's Hickory Pit
57	AL 118 E, Jasper, **N** ■ Chevron, Shell/dsl ▯ The Barn Rest.
53	to AL 118
52	AL 118, Carbon Hill
46	rd 11, Carbon Hill, Nauvoo, **S** ■ Chevron/dsl, Shell
39	AL 13, Natural Bridge, Eldridge
34	AL 233, Glen Allen, Natural Bridge
30	AL 129, Brilliant, Winfield, **S** ■ Chevron/deli/dsl, Shell/deli/dsl ▯ Huddle House ⌂ Hampton Inn
26	AL 44, Brilliant, Guin, **S** ⌂ Holiday Inn ◘ ℍ
22	rd 45
16	US 43, US 278, Hamilton, Guin, **S** ■ Shell/deli/dsl
14	Hamilton, **N** ■ Texaco/dsl ▯ Huddle House ⌂ Days Inn (1mi), EconoLodge (1mi), Keywest Inn
11	AL 17, Hamilton, Sulligent, **N** ■ Citgo/dsl ◘ ℍ
7	Hamilton, Weston, **N** ◘ ℍ
3	rd 33
0mm	Alabama/Mississippi State Line

▲N INTERSTATE 59

Exit #	Services
241.5mm	Alabama/Georgia state line, Central/Eastern time zone
241mm	Welcome Ctr sb, full ♿ facilities, litter barrels, petwalk, ⟨C⟩, ☕, RV dump, vending
239	to US 11, Sulphur Springs Rd, **E** ◘ camping
231	AL 40, AL 117, Hammondville, Valley Head, **E** ◘ camping (5mi), DeSoto SP, **W** ■ Victory Fuel
224	49th St, to Ft Payne

FT PAYNE

222	US 11, to Ft Payne, **1 mi E** ■ Delta ▯ Arby's, Hardee', Jack's Rest., KFC, Krystal, Pizza Hut, SteviB's Pizza, Subway, Toke Thai Grill, Wingstop ⌂ Quality Inn ◘ Chevrolet, Foodland/dsl, **W** ■ Citgo/dsl, JetPep/dsl ▯ Waffle King
218	AL 35, Ft Payne, **E** ▯ Capt D's, Don Chico Mexican, DQ, Jack' Jefferson's Burgers, McDonald's, New China, Papa John's, Soni Taco Bell, Western Sizzlin, Zaxby's ◘ $General, Advance Part Alabama Museum, AutoZone, BigLots, Buick/GMC, Chrysle Dodge/Jeep, O'Reilly Parts, URGENT CARE, **W** ■ Kangaroo dsl, MapCo, Murphy USA/dsl, Victory Fuel ▯ Burger King Chow King, Cracker Barrel, Hardee's, Huddle House, Los A cos, Ruby Tuesday, Ryan's, Santa Fe Steaks, Subway, Waffl House ⌂ Days Inn, EconoLodge, Hampton Inn, Holiday Inn Ex press ◘ ℍ, $Tree, AT&T, Ford/Lincoln, GNC, Lowe's, Verizo Walgreens, Walmart, Will's Creek RV Park
205	AL 68, Collinsville, **E** ■ Delta ▯ Jack's Rest. ⌂ Travele Inn ◘ to Little River Canyon, Weiss Lake, **W** ■ BP/dsl, Map Co

GADSDEN

188	AL 211, to US 11, Gadsden, **E** ■ Jet-Pep ◘ Noccalula Fall Camping, **W** ■ Clean Fuels/dsl/E85
183	US 431, US 278, Gadsden, **E** ■ Jet-Pep/dsl, Shell, Texaco dsl ▯ Magic Burger, Waffle House ⌂ Days Inn, Hom eLodge, Rodeway Inn ◘ st police, **W** ■ Chevron, Exxon, Je Pep ▯ McDonald's, Pizza Hut, Subway, Taco Bell
182	I-759, to Gadsden
181	AL 77, Rainbow City, to Gadsden, **E** ■ Petro/Popeye's/ds scales/24hr/@ ⌂ Days Inn, **W** ■ Kangaroo/dsl, Murph Express/dsl ▯ Arby's, Bubba Rito's SW Grill, Cracker Barre Domino's, Hardee's, Los Arcos, Lucky Wok, McDonald's, Ol Mexico Grille, Ray's BBQ, Ruby Tuesday, Subway, Waffle House Wendy's ⌂ Best Western, Comfort Suites, Fairfield Inn, Hamp ton Inn, Holiday Inn Express ◘ $General, $Tree, O'Reilly Part Verizon, Walmart/Papa John's
174	to Steele, **E** ■ ♥Loves/Subway/Chester's/dsl/scales/24h **W** ■ JetPep/dsl, Shell/rest/dsl
168mm	Rs area sb, full ♿ facilities, litter barrels, petwalk, ⟨C⟩, ☕, R dump, vending
166	US 231, Whitney, to Ashville, **E** ■ BP, **W** ■ Texaco/ds ▯ Huddle House, Jack's Rest., Subway
165mm	Rs area nb, full ♿ facilities, litter barrels, petwalk, ⟨C⟩, ☕, R dump, vending
156	AL 23, to US 11, Springville, to St Clair Springs, **W** ■ Murph USA/dsl, Shell /dsl ▯ Azteca's Mexican, China Stix, Hardee' Pizza Hut, Taco Bell, Waffle House ◘ $Tree, AT&T, Walmart Subway
154	AL 174, Springville, to Odenville, **E** ■ Exxon/dsl, **W** ■ Chev ron, Citgo, MapCo, Shell/dsl, Valero/Subway ▯ Choppi Block Rest., Jack's Rest., McDonald's, Sal's Rest., Smokin Gri BBQ ◘ vet
148	to US 11, Argo, **E** ■ Shell ▯ Jack's, Subway
143	Mt Olive Church Rd, Deerfoot Pkwy, **E** ■ Chevron/dsl/CNG Shell/dsl (1mi) ▯ Munoz Mexican ◘ Publix (1mi)
141	to Trussville, Pinson, **E** ■ Bama/dsl, Shell/Subway/ds Texaco/dsl ▯ Applebee's, Cracker Barrel, Guthrie's, Lone Star Steaks, McDonald's, Papa John's, Pizza Hut, Taco Bel Waffle House, Wendy's ⌂ Comfort Inn, Holiday Inn Express Quality Inn ◘ Harley-Davidson, **W** ■ BP, Chevron, Shell dsl ▯ Arby's, Buffalo Wild Wings, Burger King, Chick-fil-A Costa's Italian, DQ, East Buffet, Frontera Grill, Jack's, Konom Japanese, Krystal, Little Caesars, Milo's Burgers, Moe's SW Grill, Momma Goldberg's Deli, Palace Asian, Paul's Hotdogs Ruby Tuesday, Seafood&Chicken Box, Whataburger, Zaxby'

INTERSTATE 59 Cont'd

141 Continued
[other] $Tree, Ace Hardware, Advance Parts, Aldi Foods, AT&T, BigLots, CVS Drug, GNC, Kohl's, Marshalls, Office Depot, Petsmart, Sam's Club/gas, Verizon, vet, Walgreens, Walmart/Subway

137 I-459 S, to Montgomery, Tuscaloosa

134 to AL 75, Roebuck Pkwy, **W** [gas] Chevron, Marathon/Kangaroo, Murphy USA/dsl, Shell/dsl [food] Arby's, Burger King, Chick-fil-A, China Buffet, Hardee's, Los Arcos, McDonald's, Milo's Burgers, Pizza Hut, Subway, Taco Bell, Waffle House [lodging] Best Inn [other] [H], $Tree, Aldi Foods, AT&T, CVS Drug, GNC, Honda, NTB, O'Reilly Parts, Rite Aid, URGENT CARE, V Tires, Walgreens, Walmart/Burger King

133 4th St, to US 11(from nb), **W** [food] Papa John's [other] $General, same as 134, USPO

132 US 11 N, 1st Ave, **E** same as 131, **W** [gas] Chevron, Shell/dsl [food] Krispy Kreme [other] city park

131 Oporto-Madrid Blvd (from nb), **E** [gas] Chevron, Marathon/Subway [food] Church's, Little Caesars, Rally's [other] CVS Drug, Family$, O'Reilly Parts, same as 132, U-Haul

130 I-20, E to Atlanta, W to Tuscaloosa

I-59 S and I-20 W run together from B'ham to Mississippi. See Alabama Interstate 20, exits 129-1.

INTERSTATE 65

Exit #	Services
366mm	Alabama/Tennessee state line
365	AL 53, to Ardmore, **E** [lodging] Budget Inn
364mm	**W Welcome Ctr sb, full [handicapped] facilities, info, litter barrels, petwalk, [phone], [picnic], RV dump, vending**
361	Elkmont, **W** [gas] Citgo/dsl, HQ/rest./dsl [food] Momma D's Rest. [other] antiques, repair
354	US 31 S, to Athens, **W** [gas] Chevron/dsl, Texaco/dsl [food] Capt D's, China Dragon, Domino's, Jack's Rest., Little Caesars, McDonald's, Pizza Hut, Rooster's Cafe, Subway [lodging] Mark Motel [other] [H], $General, Advance Parts, city park, CVS Drug, HomeTown Mkt, Northgate RV Park, Rite Aid, Walgreens
351	US 72, to Athens, Huntsville, **E** [gas] Exxon, RaceWay/dsl, Shell/Subway, Texaco/dsl [food] Burger King, Casa Blanca Mexican, Clark's Rest, Cracker Barrel, Jack's, Las Tejanas Mexican, Lawler's BBQ, McDonald's/RV Parking, New China Buffet, Pepper's Deli, Waffle House, Wendy's [lodging] Country Hearth Inn, Hampton Inn, Quality Inn, Travel Inn [other] $General, AT&T, Publix, Russell Stover, Verizon, vet, **W** [gas] BP, Chevron/dsl, Citgo/dsl, Murphy USA [food] Applebee's, Arby's, Bojangles, Burger King, Catfish Cabin, Chick-fil-A, DQ, Firehouse Subs, Hardee's, IHOP, KFC, Krystal, Logan's Roadhouse, Papa John's, Papa Murphy's, Pizza Hut, Ruby Tuesday, Shoney's, Sonic, Starbucks, Steak-Out, Subway, Taco Bell, Zaxby's [lodging] Best Western, Days Inn, Fairfield Inn, Holiday Inn Express, Sleep Inn, Super 8 [other] [H], $General, $Tree, Advance Parts, Big 10 Tire, Big Lots, Chevrolet, Chrysler/Dodge/Jeep, Ford, Goodyear/auto, Lowe's, O'Reilly Parts, Pepboys, SaveALot Foods, Staples, to Joe Wheeler SP, Tuesday Morning, Verizon, Walmart
347	Brownsferry Rd, Huntsville, Swan Creek RV Park
340b	I-565, to Huntsville, **E** to Alabama Space & Rocket Ctr
340a	AL 20, to Decatur, **W** [gas] Chevron/dsl, RaceWay [lodging] Courtyard, Hampton Inn, Holiday Inn

ATHENS

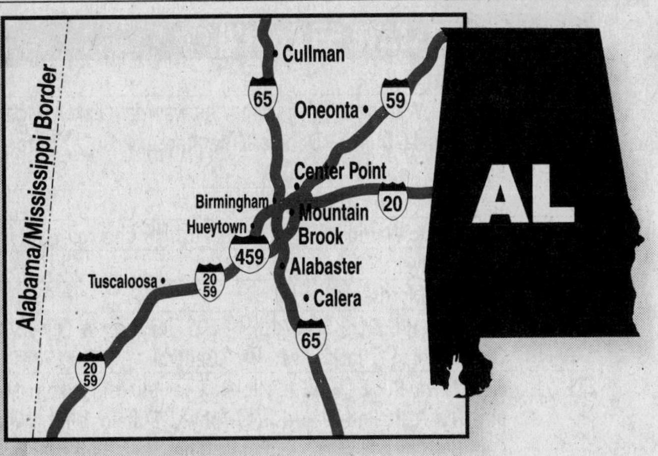

DECATUR

337mm	Tennessee River
334	AL 67, Priceville, to Decatur, **E** [gas] BP/dsl, RaceWay/dsl [food] JW's Steaks [lodging] Days Inn, Super 8 [other] $General, Family$, Foodland, **W** [gas] Chevron/dsl, Pilot/Subway/Wendy's/dsl/scales/24hr [food] Burger King, DQ, Hardee's, Krystal, McDonald's/playplace, Pizza Hut, Smokehouse BBQ, Taste of China, Waffle House [lodging] Comfort Inn [other] [H], Hood RV Ctr
328	AL 36, Hartselle, **E** [food] Cracker Barrel, **W** [gas] Cowboys/dsl, Jet-Pep/dsl, Shell/dsl, Ztrac [food] Huddle House [lodging] Best Value Inn [other] vet
325	Thompson Rd, to Hartselle
322	AL 55, to US 31, to Falkville, Eva, **E** [gas] BP/Chester's/dsl, **W** [gas] Chevron, Loves/McDonald's/Subway/dsl/scales/24hr [food] Momma's Grill [other] $General
318	US 31, to Lacon **E** [gas] BP/Stuckey's [lodging] Lacon Motel
310	AL 157, Cullman, West Point, **E** [gas] Chevron, Conoco/Subway/dsl, Marathon/dsl, Shell/dsl, Texaco/Wendy's/dsl [food] Arby's, Backyard Burger, Burger King, Cracker Barrel, Denny's, KFC, Logan's Roadhouse, McDonald's, New China, Ruby Tuesday, Taco Bell, Waffle House [lodging] Best Western, Comfort Suites, Hampton Inn, Holiday Inn Express, Quality Inn, Sleep Inn [other] [H], Buick/GMC, Ford/Lincoln, Piggly Wiggly, **W** [gas] BP/dsl, Exxon/dsl [lodging] Best Value Inn
308	US 278, Cullman, **E** [lodging] Days Inn [other] Smith Farms, **W** [gas] Chevron [other] Chrysler/Dodge/Jeep, flea mkt
304	AL 69 N, Good Hope, to Cullman, **E** [gas] Exxon/dsl, Jet-Pep/dsl, Shell/rest/dsl/scales, Pilot/Wendy's/Dunkin Donuts/dsl/scales/24hrs [food] Hardee's, Jack's Rest., Waffle House [lodging] EconoLodge [other] [H], dsl/rv repair, Good Hope Camping, Kountry Mile RV Ctr, **W** [gas] Jet-Pep, to Smith Lake Camping [other] $General
301mm	**E [rest stop] both lanes, full [handicapped] facilities, litter barrels, petwalk, [phone], [picnic], RV dump, vending**
299	AL 69 S, to Jasper, **E** [gas] Sunoco/dsl [other] Millican RV Ctr, repair/tires, **W** [gas] HQ, Petro/Conoco/Iron Skillet/dsl/scales/24hr, Shell/McDonald's/dsl, Texaco/dsl [food] Jack's Rest., Subway [other] $General, Parts City
291	AL 91, to Arkadelphia, **E** [gas] Jet-Pep/dsl [other] Country View RV Park (1mi), **W** [gas] Shell/rest./dsl/24hr/@ [food] Southern Sunrise Cafe
291mm	Warrior River
289	to Blount Springs, **W** [gas] BP/DQ/Stuckey's [other] to Rickwood Caverns SP
287	US 31 N, to Blount Springs, **E** [gas] Citgo, Jet-Pep/dsl
284	US 31 S, AL 160 E, Hayden, **E** [gas] Shamrock/dsl, Valero [other] URGENT CARE, **W** [other] tires

CULLMAN

🅟 = gas   🍴 = food   🏠 = lodging   🄾 = other   Ⓡs = rest stop   Copyright 2018 - The Next EXIT

AL

FULTONDALE

⬆N INTERSTATE 65 Cont'd

Exit #	Services
282	AL 140, Warrior, **E** 🅟 Chevron/Subway/dsl, Exxon/McDonald's, FuelZ/Dunkin Donuts/Little Caesars/dsl 🍴 Hardee's, Pizza Hut, Taco Bell, **W** 🅟 BP
281	US 31, to Warrior, **E** 🄾 Chevrolet
280	to US 31, to Warrior, **E** 🅟 Chevron/dsl 🄾 Chevrolet, vet
279mm	Warrior River
275	to US 31, Morris
272	Mt Olive Rd, **E** 🅟 Shell/dsl 🄾 LDS Temple, **W** 🅟 BP/dsl, Chevron/dsl 🍴 Jack's Rest. 🄾 $General
271	Fieldstown Rd, **E** 🅟 BP/Circle K, Chevron/dsl, Exxon, Murphy USA/dsl, RaceWay/dsl 🍴 Arby's, Buffalo Wild Wings, Capt D's, Chick-fil-A, DQ, Guthrie's Diner, Habanero's Mexican, Jim'n Nick's BBQ, KFC, Little Caesars, McDonald's, Milo's Burgers, Panera Bread, Pasquales Pizza, Pizza Hut, Ryan's, Sonic, Subway, Taco Bell, Waffle House, Wendy's, Zaxby's 🏠 Microtel 🄾 $General, $Tree, Advance Parts, AT&T, AutoZone, CVS, Hobby Lobby, Kia, NAPA, PepBoys, Publix, URGENT CARE, Verizon, Walgreens, Walmart/McDonald's, **W** 🅟 Shell/dsl 🍴 Cracker Barrel 🏠 Best Western
267	Walkers Chapel Rd, to Fultondale, **E** 🅟 Chevron/dsl, JetPep, Murphy Express/dsl, Shell/Subway/dsl 🍴 5 Guys Burgers, Applebee's, Arby's, Bojangles, Burger King, Casa Fiesta, Chick-fil-A, Chili's, Domino's, Firehouse Subs, Fullmoon BBQ, Hardee's, Jack's Rest., Jalisco Mexican, Logan's Roadhouse, McDonald's, O'Charley's, Outback Steaks, Stix Asian, Waffle House, Whataburger, Zaxby's 🏠 Comfort Suites, Fairfield Inn, Hampton Inn, Holiday Inn Express, La Quinta 🄾 $General, AAA, Aldi Foods, AT&T, Best Buy, Books-A-Million, CVS Drug, GNC, JC Penney, Lowe's, O'Reilly Parts, Rite Aid, Ross, Target, URGENT CARE, USPO, Verizon, Volvo/Mack Trucks, Winn-Dixie, **W** 🅟 Chevron/dsl 🍴 Porky's Pride BBQ
266	US 31, Fultondale, **E** 🅟 Chevron/dsl 🏠 Days Inn, Super 8
265	I-22 W, to Memphis
264	41st Ave, **W** 🅟 🐟FLYING J/Denny's/dsl/LP/scales/24hr, LNG
263	33rd Ave, **E** 🅟 Chevron/dsl, **W** 🅟 Exxon
262b a	16th St, Finley Ave, **E** 🅟 Chevron, Marathon/dsl, Sunoco/dsl 🄾 Kenworth, **W** 🅟 Chevron, Fuel City/dsl 🍴 Capt D's, McDonald's, Popeye's
261b a	I-20/59, E to Gadsden, W to Tuscaloosa
260b a	6th Ave N, **E** 🅟 Citgo, Shell, Texaco 🍴 Mrs Winner's 🏠 Tourway Inn 🄾 Chevrolet, Chrysler/Dodge/Jeep, Hyundai, Nissan, Subaru, **W** 🅟 Chevron/dsl 🄾 Tire Pros, to Legion Field
259b a	University Blvd, 4th Ave, 5th Ave, **E** 🅟 Chevron/dsl 🍴 Capt D's, McDonald's, Ted's Cafeteria 🄾 Ⓗ, **W** 🅟 Chevron/dsl 🄾 Goodyear
258	Green Springs Ave, **E** 🅟 Chevron, Shell, Sunoco/dsl 🍴 Exotic Wings
256b a	Oxmoor Rd, **E** 🅟 Exxon, Marathon, Mobil/dsl, Shell 🍴 Acapulco Grill, Alfredo's Pizza, Burger King, Domino's, Firehouse Subs, Hunan Rest., KFC, McDonald's, Papa Murphy's, Paw Paw Patch, Popeyes, Purple Onion, San Miguel Mexican, Taco Bell, The Baskits, Zaxby's 🏠 Howard Johnson 🄾 $Tree, Aldi Foods, AutoZone, BigLots, Firestone/auto, Food World, Fred's, Midas, Office Depot, Omega Tire Pros, PepBoys, Publix, Tire Engineers, Tuesday Morning, URGENT CARE, Walgreens, Walmart Mkt, **W** 🅟 Chevron, Texaco/dsl 🍴 Hamburger Heaven, Hardee's, Jim'n Nick's BBQ, Waffle House 🏠 Best Inn, Best Value Inn, Comfort Inn, EconoLodge, Motel 6, Quality Inn, Super 8 🄾 Batteries+, Valley Tire, vet

BIRMINGHAM   **HOOVER**   **PELHAM**

Exit #	Services
255	Lakeshore Dr, **E** 🅟 BP/Circle K 🄾 Ⓗ, to Samford U, URGENT CARE, **W** 🅟 Chevron, Shell 🍴 Arby's, Chick-fil-A, Chili's, Costas BBQ, Hooters, IHOP, La Catrina Mexican, Landry's Seafood, McAlister's Deli, McDonald's, Milo's Burger, Moe's SW Grill, Mr Wang's, O'Charley's, Okinawa Grill, Outback Steaks, Starbucks, Subway, Taco Bell, Taco Casa, Wendy's 🏠 Best Western, Candlewood Suites, Country Inn&Suites, Drury Inn, Extended Stay, Hampton Inn, Hilton Garden, Holiday Inn, La Quinta, Residence Inn, TownePlace Suites 🄾 $Tree, AT&T, Goodyear/auto, Hobby Lobby, Lowe's, Sam's Club/gas, Verizon, Walmart/Subway
254	Alford Ave, Shades Crest Rd, **E** 🅟 Chevron 🄾 vet, **W** 🅟 BP/dsl, Shell/dsl
252	US 31, Montgomery Hwy, **E** 🅟 Chevron, Shell, Sunoco, Texaco/dsl 🍴 Arby's, Backyard Burger, Bruster's, Capt D's, ChuckE Cheese's, Hardee's, Ichiban Japanese, Milo's Burger, Waffle House 🏠 Baymont Inn, Days Inn 🄾 Ⓗ, Aamco, GMC, NAPA, PepBoys, Verizon, vet, Volvo, VW, **W** 🅟 Exxon/dsl, Shell/dsl, Sunoco/dsl 🍴 Burger King, Chick-fil-A, FishMkt Rest., Full Moon BBQ, Golden Rule BBQ, Habanero's Mexican, Krispy Kreme, Krystal, Mandarin House, McDonald's, Outback Steaks, Papa John's, Papa Murphy's, Purple Onion, Salvatore's Pizza, Starbucks, Subway, Waffle House 🏠 EconoLodge 🄾 $Tree, Acura, Advance Parts, AutoZone, Cadillac, Chevrolet, Chrysler/Dodge/Jeep, Firestone, Goodyear/auto, Honda, Hyundai, Mr Transmission, Nissan, Publix, Rite Aid, Staples, TJ Maxx, vet
250	I-459, to US 280
247	rd 17, Valleydale Rd, **E** 🅟 BP/Circle K 🍴 Hardee's, Jefferson Wings 🄾 Goodyear/auto, Lowe's, **W** 🅟 Marathon, RaceWay/dsl, Shell/dsl 🍴 Arby's, Backyard Burger, IHOP, Milo's Burgers, Papa John's, RagTime Café, Subway, Waffle House, Zapatas Mexican 🏠 Homewood Suites, InTown Suites, La Quinta 🄾 Publix, Rite Aid, vet, Walgreens
246	AL 119, Cahaba Valley Rd, **E** 🄾 to Oak Mtn SP, **W** 🅟 Chevron, Kangaroo/Subway/dsl/scales, Murphy USA/dsl, RaceWay/dsl, Shell/dsl 🍴 2 Pesos Mexican, Applebee's, Arby's, Burger King, Capt D's, Chick-fil-A, Cracker Barrel, DQ, Dunkin Donuts, Golden Corral, Hooters, Johnny Ray's BBQ, KFC, Krystal, Margarita Grill, McAlister's Deli, McDonald's, Pizza Hut, Purple Onion, Ruby Tuesday, Sonic, Taco Bell, TX Roadhouse, Waffle House, Wendy's, Whataburger 🏠 Best Western, Comfort Suites, Fairfield Inn, Hampton Inn, Holiday Inn Express, Quality Inn, Ramada, Sleep Inn, Travelodge, Woodspring Suites 🄾 Ⓗ, $Tree, Advance Parts, AutoZone, Firestone/auto, Harley-Davidson, Kia, Mazda, NAPA, O'Reilly Parts, Verizon, Walmart
242	rd 52, Pelham, **E** 🅟 Chevron/dsl, Exxon/dsl, Shell/dsl 🍴 Johnny Ray's BBQ, Subway 🄾 CVS Drug, Publix, **W** 🅟 Shelby Motel (2mi) 🄾 Ⓗ, Good Sam Camping (1mi)
238	US 31, Alabaster, Saginaw, **E** 🅟 Murphy USA/dsl 🍴 Arby's, Buffalo Wild Wings, Chick-fil-A, DQ, Firehouse Subs, Full Moon BBQ, Habanero's Mexican, HoneyBaked Ham, Jim'n Nick's BBQ, Longhorn Steaks, McDonald's, Mizu Japanese, Moe's SW Grill, Momma Goldberg Deli, O'Charley's, Olive Garden, Panda House, Panera Bread, Ruby Tuesday, Starbucks, Steak'n Shake, Taco Bell 🏠 Candlewood Suites 🄾 $Tree, AT&T, Belk, Best Buy, Books-A-Million, Dick's, GNC, JC Penney, Lowe's, NTB, Old Navy, Petsmart, Ross, Target, TJ Maxx, URGENT CARE, Walmart/Subway, **W** 🅟 Chevron/dsl, Shell/dsl 🍴 Waffle House, Whataburger 🏠 Shelby Motel 🄾 Ⓗ
234	Shelby County Airport, **E** 🅟 BP/Subway/dsl, **W** 🅟 Chevron/dsl, Shell/dsl 🄾 Buick/GMC, Camping World RV Ctr
231	US 31, Saginaw, **E** 🅟 GasBoy, Murphy USA/dsl, Shell/dsl 🍴 Bojangles, Capt D's, Cracker Barrel, Ezell's Catfish Cabin,

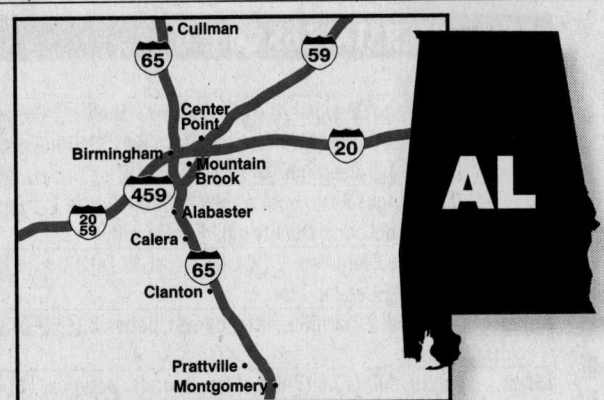

◤N INTERSTATE 65 Cont'd

231 Continued
McDonald's, Milo's Burgers, Pizza Hut, Subway, Taco Bell, Waffle House, Zaxby's, Zopapan Mexican 🛏 Hampton Inn, Quality Inn ▣ $Tree, AT&T, Burton RV Ctr, Publix, Rolling Hills RV Park, URGENT CARE, Verizon, Walmart/Subway

228 AL 25, to Calera, **E** 🅿 Marathon/dsl, Shell/dsl 🛏 Calera Inn, **W** 🅿 Chevron/dsl 🍴 Little Caesar's, Subway ▣ $General, Family$, to Brierfield Iron Works SP (15mi)

227mm Buxahatchie Creek

219 Union Grove, Thorsby, **E** 🅿 Chevron/dsl, Exxon/Subway/dsl ▣ Peach Queen Camping, **W** 🅿 Shell/dsl 🍴 Jack's Rest., Smokey Hollow Rest.

213mm 🅁🆂 full ♿ facilities, litter barrels, petwalk, ▢, 🏭, rest area both lanes, RV dump, vending

212 AL 145, Clanton, **E** 🅿 Chevron/dsl ▣ Nissan, Toyota/Scion, **W** 🅿 Headco/dsl, Texaco/Subway ▣ Ⓗ, Buick/Chevrolet/GMC, Chrysler/Dodge/Jeep, One Big Peach

208 Clanton, **E** 🅿 ◄Loves►/Arby's/dsl/scales/24hr ▣ Higgins Ferry RV Park (8mi), **W** 🅿 Exxon/dsl 🍴 Shoney's 🛏 Clanton Inn ▣ Dandy RV Park/Ctr, Heaton Pecans, KOA

205 US 31, AL 22, to Clanton, **E** 🅿 Jet-Pep/dsl/E85, Shell/dsl, Texaco/dsl 🍴 McDonald's, Waffle House, Whataburger 🛏 Best Western, Days Inn, Holiday Inn Express, Scottish Inn ▣ Peach Park, to Confed Mem Park (9mi), **0-2 mi W** 🅿 Chevron/dsl, Murphy USA/dsl, Shell/dsl 🍴 Boomerang's Grill, Burger King, Capt D's, Jack's Rest., KFC, New China Buffet, Papa John's, Pizza Hut, San Marcos Mexican, Subway, Taco Bell, Wendy's, Zaxby's 🛏 Key West Inn ▣ $General, $Tree, auto repair, Durbin Farms Mkt, Verizon, Walmart

200 to Verbena, **E** 🅿 Texaco/dsl, **W** 🅿 Sunoco

195 Worlds Largest Confederate Flag

186 US 31, Pine Level, **E** ▣ Confederate Mem Park (13mi), **W** 🅿 Chevron/dsl, Exxon/dsl, Texaco/Subway/dsl 🍴 Shann's Kitchen ▣ Ⓗ

181 AL 14, to Prattville, **E** 🅿 Chevron/dsl, Entec/dsl 🍴 Jack's, **W** 🅿 BP, Marathon/Kangaroo, QV, Shell/DQ/dsl 🍴 Cracker Barrel, Los Toros, McDonald's, Ruby Tuesday, Subway, Waffle House, Wendy's 🛏 EconoLodge, Hometowne Suites, La Quinta, Quality Inn, Super 8 ▣ Ⓗ

179 US 82 W, Millbrook, **E** 🅿 Chevron/dsl/24hr 🛏 Country Inn&Suites, Key West Inn, Sleep Inn ▣ K&K RV Ctr/Park, **0-2 mi W** 🅿 Liberty/dsl, Murphy Express/dsl, RaceWay/dsl, Shell/dsl 🍴 Applebee's, Arby's, Beef'O'Brady's, Bruster's, Burger King, Capt. D's, Chappy's Deli, Chick-fil-A, Chipotle, CiCi's Pizza, City Buffet, El Patron, Five Guys, Hardee's, IHOP, Jim'n Nick's BBQ, KFC, Krystal, Las Casitas Mexican, Logan's Roadhouse, Longhorn Steaks, McAlister's Deli, McDonald's, Mellow Mushroom, Mexico Tipico, Moe's SW Grill, O'Charley's, Olive Garden, Outback Steaks, Panda Express, Popeyes, Ryan's, Shoney's, Sonic, Starbucks, Steak'n Shake, Subway, Waffle House, Zaxby's 🛏 Courtyard, Days Inn, Hampton Inn, Holiday Inn Express, Howard Johnson, Rodeway Inn ▣ $General, $Tree, AT&T, AutoZone, Bass Pro Shops, Belk, Best Buy, BigLots, Books-A-Million, Chevrolet, CVS Drug, Firestone/auto, Ford, GNC, Hobby Lobby, Home Depot, JC Penney, Kohl's, Lowe's, Michael's, Office Depot, O'Reilly Parts, PepBoys, Petsmart, Publix, Ross, Target, TJ Maxx, URGENT CARE, Verizon, vet, Walmart

176 AL 143 N (from nb, no return), Millbrook, Coosada
173 AL 152, North Blvd, to US 231
172mm Alabama River

172 Clay St, Herron St, **E** 🛏 Embassy Suites, Hampton Inn, Renaissance Hotel, **W** 🅿 Chevron/dsl

171 I-85 N, Day St

170 Fairview Ave, **E** 🅿 Citgo/Subway, Sunoco/dsl 🍴 Church's, McDonald's, Wing Master ▣ Advance Parts, AutoZone, CVS Drug, Family$, O'Reilly Parts, Piggly Wiggly, Rite Aid, **W** 🅿 Exxon/dsl ▣ Calhoun Foods, Family$

169 Edgemont Ave (from sb), **E** 🅿 Liberty

168 US 80 E, US 82, South Blvd, **E** 🅿 Entec/dsl, Kangaroo/dsl, TA/Marathon/Country Pride/dsl/24hr/@ 🍴 Arby's, Burger King, Capt D's, KFC, McDonald's, Pizza Hut, Popeye's, Taco Bell, Waffle House 🛏 Best Inn, Economy Inn ▣ Ⓗ, The Woods RV Park, **W** 🅿 Chevron/dsl, RaceWay/dsl, Shell/Subway/dsl 🍴 DQ, Hardee's, Wendy's 🛏 Candlelight Inn, Comfort Inn, KeyWest Inn

167 US 80 W, to Selma

164 US 31, Hyundai Blvd, Hope Hull, **E** 🅿 Liberty, Saveway/dsl/scales/24hr, Shell/dsl 🍴 El Amigo Mexican ▣ auto repair, Montgomery Camping, **W** 🅿 BP, Chevron, Liberty/Subway 🍴 Burger King, McDonald's, Waffle House 🛏 Best Western, Comfort Suites, Fairfield Inn, Hampton Inn, Holiday Inn, Motel 6 ▣ auto repair

158 to US 31, Tyson, **E** 🅿 BP/DQ/Stuckey's, ◄Loves►/Subway/Godfather's/Chester's/dsl/scales/24hr ▣ Montgomery South RV Park, **W** 🅿 ◄FLYING J►/Denny's/dsl/scales/24hr

151 AL 97, to Letohatchee, **E** 🅿 Marathon/dsl, **W** 🅿 BP, PaceCar/dsl

142 AL 185, to Ft Deposit, **E** 🅿 Petro+/dsl 🍴 Priester's Pecans, Subway ▣ auto parts, **W** 🅿 Chevron

133mm 🅁🆂 both lanes, full ♿ facilities, litter barrels, petwalk, ▢, 🏭, RV dump, vending

130 AL10 E, AL 185, to Greenville, **E** 🅿 Chevron/dsl, PaceCar/dsl, Shell 🍴 Arby's, Capt D's, China Town, Hardee's, KFC, McDonald's, Old Mexico, Papa John's, Pizza Hut, Waffle House, Wendy's 🛏 Days Inn, Quality Inn ▣ $General, $Tree, Advance Parts, CVS Drug, Fred's Store, O'Reilly Parts, Super Foods, to Sherling Lake Park, Walgreens, **W** 🅿 Exxon/Subway/dsl, Murphy USA/dsl, QV, Texaco/dsl 🍴 Bates Turkey Cafe, Burger King, Cracker Barrel, Krystal, Ruby Tuesday, Shoney's, Sonic, Taco Bell 🛏 Baymont Inn, Best Western, Comfort Inn, Hampton Inn, Holiday Inn Express ▣ AT&T, Chevrolet, Verizon, Walmart/Subway

128 AL 10, to Greenville, **E** 🅿 Shell/Smokehouse ▣ Ⓗ, **W** 🅿 Marathon

114 AL 106, to Georgiana, **E** ▣ Hank Williams Museum, **W** 🅿 Chevron, Marathon ▣ auto repair

107 rd 7, to Garland

101 to Owassa, **E** 🅿 Marathon/dsl, **W** 🅿 Exxon/dsl ▣ dsl repair, Owassa RV Park

AL

EVERGREEN   ATMORE

🔼🔽Ⓝ INTERSTATE 65 Cont'd

Exit #	Services
96	AL 83, to Evergreen, **E** 🅐 Chevron, Shell 🍴 Burger King, Hardee's, Jalisco Mexican, KFC/Taco Bell, McDonald's, Shrimp Basket 🏠 Sleep Inn 🅞 🏥, vet, **W** 🅐 Spirit/Subway/dsl 🍴 Black Angus Rest., Bubba's BBQ, Waffle House 🏠 Best Value Inn, EconoLodge, Quality Inn, 🍴 Pizza Hut
93	US 84, to Evergreen, **E** 🅐 Liberty/dsl, **W** 🅐 BP/dsl, ♥Loves/Arby's/dsl/scales/24hr
89mm	🆁🆂 sb, full 🅗 facilities, litter barrels, petwalk, Ⓒ, 🏚, RV dump, vending
85mm	🆁🆂 nb, full 🅗 facilities, litter barrels, petwalk, Ⓒ, 🏚, RV dump, vending
83	AL 6, to Lenox, **E** 🅐 Marathon/dsl 🅞 RV Park (4mi)
77	AL 41, to Range, to Range, **W** 🅐 Shell/dsl
69	AL 113, to Flomaton, **E** 🅐 Chevron/dsl, Jet-Pep/Subway/dsl, Shell/dsl/scales/24hr 🅞 dsl repair, Magnolia Branch Camping
57	AL 21, to Atmore, **E** 🅐 Chevron/dsl/24hr, Shell/dsl 🍴 Hardee's, Heritage Steaks, McDonald's, Waffle House 🏠 Hampton Inn, Holiday Inn Express, Muskogee Inn 🅞 Wind Creek Indian Gaming, **W** 🅐 BP/dsl 🅞 to Kelley SP
54	Escambia Cty Rd 1, **E** 🅐 BP/Subway/dsl 🅞 to Creek Indian Res, **W** 🅐 Shell/diner/dsl 🅞 $General
45	to Perdido, **W** 🅐 Chevron/dsl
37	AL 287, Gulf Shores Pkwy, to Bay Minette, **E** 🅐 BP/dsl 🅞 🏥
34	to AL 59, to Bay Minette, Stockton
31	AL 225, to Stockton, **E** 🅞 Confederate Mem Bfd, to Blakeley SP, **W** 🅐 Shell/Subway/dsl 🅞 Landing RV Park (2mi)
29mm	Tensaw River
28mm	Middle River
25mm	Mobile River
22	Creola, **E** River Delta RV Park (1mi)
19	US 43, to Satsuma, **E** 🅐 Chevron/dsl/24hr, 🅿🅸🅻🅾🆃/Arby's/dsl/scales/24hr 🍴 McDonald's, Waffle House 🏠 La Quinta, **W** 🅐 Chevron/dsl, Shell 🅞 I-65 RV Park (1.5mi)
15	AL 41, **E** 🅐 Chevron, Shell/Pizza Inn/DQ/dsl 🍴 China Chef, Church's, Godfather's Pizza, Pizza Hut 🅞 Family$, O'Reilly Parts, Rite Aid, Rouse's Mkt, Walgreens, **W** 🅐 Circle K, Shell/Subway/dsl 🅞 $General
13	AL 158, AL 213, to Saraland, **E** 🅐 Murphy USA/dsl, Shell/dsl 🍴 Goldberg's Deli, Krystal, Marble Slab, Rotolo's Pizza, Ruby Tuesday, Waffle House, Wintzell's Oyster House 🏠 Best Western, Comfort Suites, Country Inn Suites, Days Inn, EconoLodge, Microtel, Quality Inn 🅞 $Tree, AT&T, URGENT CARE, Walmart/McDonald's, **W** 🅐 Exxon/Subway 🏠 Hampton Inn, Holiday Inn Express 🅞 to Chickasabogue Campground
10	W Lee St, **E** 🅐 Kangaroo, Shell/Subway 🍴 Huddle House 🏠 Best Inn
9	I-165 S, to I-10 E, to Mobile
8b a	US 45, to Prichard, **E** 🅐 Chevron/Circle K/dsl, Shell/dsl, Texaco/dsl 🍴 Church's 🏠 Star Motel 🅞 $General, Family$, tires/repair, **W** 🅐 1st Stop, BP, Energize/dsl, Pride Trkstp/dsl/scales, RaceWay/dsl, Texaco/dsl 🍴 Burger King, Domino's, Golden Egg Café, McDonald's 🅞 $General, Advance Parts, CVS Drug, Family$, O'Reilly Parts
5b	US 98, Moffett Rd, **E** 🅐 Exxon/dsl, Texaco/dsl 🍴 BJ's BBQ, Burger King, Church's, McDonald's, Sub King 🅞 AutoZone, Family$, PepBoys, **W** 🍴 Hardee's 🏠 Super 8 🅞 auto repair
5a	Spring Hill Ave, **E** 🍴 Burger King, Dreamland BBQ, McDonald's 🅞 🏥, Mr Transmission, PepBoys, **W** 🅐 Chevron/dsl, Shell/dsl 🍴 Hibachi Express, Starbucks, Subway, Waffle House, Zaxby's 🏠 Extended Stay America, Wingate Inn

MOBILE

4	Dauphin St, **E** 🅐 BP/Circle K/dsl, Shell/dsl 🍴 Checker, Chick-fil-A, Cracker Barrel, Krystal, McDonald's, Taco Bell, Taco Bell, Waffle House, Wendy's 🏠 Comfort Suites, Jameson Inn, Red Roof Inn, Rodeway Inn 🅞 $General, Buick/GMC, Food Champs, Lowe's, Mercedes, same as 3 & 5a, Walmart/McDonald's, **W** 🅞 🏥
3	Airport Blvd, **E** 🅐 Shell 🍴 Burger King, Cane's, Logan Roadhouse, Macaroni Grill, McDonald's, Morrison's Cafeteria, Santa Fe Grill, Starbucks, Waffle House, Wendy's 🏠 Marriott 🅞 🏥, $Tree, Acura, Belk, Best Buy, BigLots, Cadillac, Dillard's, Firestone/auto, Ford, Goodyear/auto, Harley-Davidson, Honda, Infiniti, Land Rover, mall, Marshalls, Michaels, Nissan, Old Navy, Sam's Club/gas, Sears/auto, Staples, Target, Verizon, **W** 🅐 BudgetZone/dsl, Shell/dsl 🍴 Arby's, Bamboo Japanese, Baumhowers, Boiling Pot, Burger King, Carrabba's, Cheddar's, China Doll, Chipotle, ChuckECheese, Denny's, Dunkin Donuts, Firehouse Subs, Goldberg's Deli, Honeybaked Ham, Hooters, IHOP, Jason's Deli, Lenny's Subs, Los Rancheros Mexican, Marble Slab, Melting Pot, Moe's SW Grill, Newk's Cafe, O'Charley's, Olive Garden, Osaka Japanese, Outback Steaks, Panda Express, Panera Bread, Popeye's, Red Lobster, Ruby Tuesday, Starbucks, Subway, Taco Bell, Waffle House 🏠 Ashberry Suites, Baymont Inn, Best Value Inn, Comfort Inn, Courtyard, Drury Inn, EconoLodge, Fairfield Inn, Family Inn, Hampton Inn, Hilton Garden, Holiday Inn, Homewood Suites, InTowne Suites, La Quinta, Motel 6, Quality Inn, Residence Inn, Woodspring Suites 🅞 $General, $Tree, AT&T, BooksAMillion, Fresh Mkt Foods, Home Depot, Jo-Ann Fabrics, Office Depot, PepBoys, Petsmart, Ross, SteinMart, TJ Maxx, to USAL, U-Haul, vet, Walgreens
1b a	US 90, Government Blvd, **E** 🅐 Raceway/dsl, Shell/dsl 🍴 McAlister's Deli, Steak'n Shake 🅞 Audi/Porsche/VW, BMW, Chevrolet, Dodge, Family$, Kia, Lexus, Lincoln/Volvo, Mazda, Subaru, Toyota/Scion, **W** 🅐 Shell/dsl 🍴 Waffle House
0mm	I-10, E to Pensacola, W to New Orleans, **I-65 begins/ends on I-10**

🔼🔽Ⓝ INTERSTATE 85

LANETT

Exit #	Services
80mm	Alabama/Georgia state line, Chattahoochee River
79	US 29, to Lanett, **E** 🅐 Murphy USA, Shell/Circle K 🍴 Arby's, Burger King, Capt D's, Chuck's BBQ, KFC, Krystal, Little Caesars, McDonald's, Pizza Hut, Popeyes, San Marcos Mexican, Subway, Taco Bell, Waffle House, Wendy's, Wing Stop 🅞 🏥, $General, $Tree, Advance Parts, repair, to West Point Lake, Verizon, Walmart, **W** 🅐 JetPep, QV, RaceWay/dsl 🍴 Domino's, Jin Japanese Steaks, Sonic 🏠 Days Inn, EconoLodge 🅞 AutoZone, CVS Drug, Kroger, O'Reilly Parts, vet
78.5mm	Welcome Ctr sb, full 🅗 facilities, litter barrels, petwalk, Ⓒ, 🏚, vending
77	AL 208, to Huguley, **E** 🅐 Jet Pep/Church's/dsl, Shell/Circle K/dsl 🍴 Waffle House 🏠 Holiday Inn Express 🅞 Chevrolet, Chrysler/Dodge/Ford/Lincoln, **W** 🏠 Hampton Inn 🅞 fireworks
76mm	Eastern/Central time zone
70	AL 388, to Cusseta, **E** 🅐 BigCat/dsl, Trvl Plaza/Shell/Subway/dsl/scales/24hr/@, **W** 🅞 fireworks
66	Andrews Rd, to US 29
64	US 29, to Opelika, **E** 🅐 Sunoco/dsl, **W** 🅐 Tiger/dsl
62	US 280/431, to Opelika, **E** 🅐 Big Cat/dsl, Chevron/dsl, Eagle/dsl, Shell/Circle K/Church's/dsl 🍴 Burger King, Durango Mexican, McDonald's, Subway, Wasabi Japanese, Wok'n Roll Rest. 🏠 Best Value Inn, Budget Inn, Days Inn, EconoLodge, Motel 6, Quality Inn 🅞 Lakeside RV Park (4.5mi)

Copyright 2018 - The Next EXIT ® 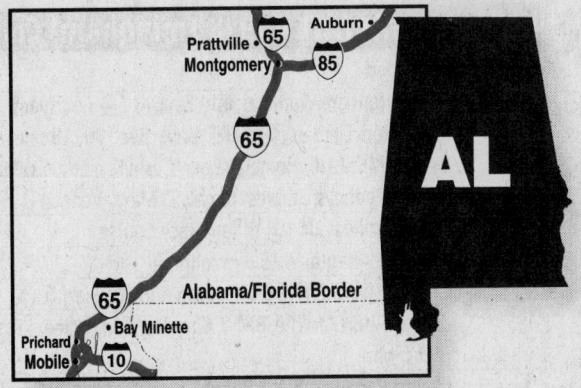 = gas   = food   = lodging   = other   = rest stop

▲N INTERSTATE 85 Cont'd

62 Continued
W GrubMart, JetPep Capt. D's, Cracker Barrel, Sizzlin Steaks, Waffle House Comfort Inn, Travelodge Buick/Chevrolet/GMC, Chrysler/Dodge/Jeep, Ford, H&W Tire, Harley-Davidson, USA Stores/famous brands

60 AL 51, AL 169, to Opelika, E RaceWay/dsl Hardee's $General, W H, auto repair

58 US 280 W, to Opelika, E Hampton Inn, Holiday Inn Express golf, museum, W Shell/Subway/dsl Arby's, Brick Oven Pizza, Buffalo Wild Wings, Chick-fil-A, El Patron Mexican, Huddle House, Jersey Mike's, Jim Bob's, Logan's Roadhouse, Longhorn Steaks, Marble Slab, McDonald's, Moe's SW Grill, New Tokyo, Newk's Eatery, O'Charley's, Olive Garden, Sonic, Starbucks, Steak'n Shake, Waffle House, Zaxby's Fairfield Inn, Microtel, Motel 6 H, Best Buy, Books-A-Million, Dick's, Hobby Lobby, Home Depot, Kohl's, Kroger/dsl, Lowe's, Office Depot, Old Navy, PetCo, Ross, Target, TJ Maxx, URGENT CARE, World Mkt

57 Bent Creek Rd, W Mapco, QV Bob's Victory Grille, Shakey's Pizza, Venditori's Italian, Waffle House, Wendy's Hilton Garden, Sleep Inn Sam's Club/gas

51 US 29, to Auburn, E Chevron/dsl, Grub Mart Hampton Inn Cadillac/Chevrolet, Leisure Time RV Park/Camping, Nissan, to Chewacla SP, Toyota/Scion, vet, W Chevron/Subway/dsl, Murphy USA Arby's, Burger King, Dunkin Donuts, El Dorado Mexican, Firehouse Subs, Jack's, Jim'n Nick's BBQ, KJ's Fish Camp, Krystal, Little Caesar's, McDonald's, Ozzio's Italian, Philly Connection, Pizza Hut, Ruby Tuesday, Shrimp Basket, Sonic, Taco Bell, Waffle House, Wendy's, Zaxby's Clarion, EconoLodge, Holiday Inn Express, Microtel, Pannie George's Kitchen, Quality Inn, Sleep Inn $General, Advance Parts, Ford/Lincoln, Kia, tires/repair, to Auburn U, URGENT CARE, Walmart, Winn-Dixie

50 Cox Rd

44mm both lanes, full facilities, 24hr security, litter barrels, petwalk, , RV dump, vending

42 US 80, AL 186 E, Wire Rd, E dsl repair/tires, to Tuskegee NF, W Torch 85/rest./dsl/24hr

38 AL 81, to Tuskegee, E to Tuskegee NHS, Tuskegee University

32 AL 49 N, to Tuskegee, E Sunoco/dsl

26 AL 229 N, to Tallassee, E Shell/Guthrie's/dsl, W H

22 US 80, to Shorter, E BP/dsl, Marathon/dsl, Petro/Valero/rest./dsl/scales/24hr Days Inn Wind Drift RV Park

16 Waugh, to Cecil, E BP/Subway/dsl auto repair

15 AL 108 W, Pike Rd

11 US 80, AL 110, to Mitylene, to Mt Meigs, E Exxon/Subway/dsl, Liberty/dsl, Murphy USA/dsl Anthony's Rest., Bruster's, Burger King, Cracker Barrel, Jose's Grill, McDonald's, Taco Bell, Top China, Waffle House Candlewood Suites, Comfort Inn, Country Inn&Suites, Fairfield Inn, Holiday Inn Express, Sleep Inn auto repair, Home Depot, Walmart/Subway, W Chevron/dsl Microtel

9 AL 271, to AL 110, to Auburn U/Montgomery, E 5 Guys Burgers, Arby's, BoneFish Grill, Chick-fil-A, Chili's, Chipotle Mexican, Del Taco, Firebirds Grill, Genghis Grill, Ixtapa Mexican, La Jolla Rest., Moe's SW Grill, Panera Bread, Red Robin, Ruby Tuesday, Sonic, Starbucks, Taziki's Cafe, TX Roadhouse, Wendy's, Zoe's Kitchen Hampton Inn, Staybridge Suites AT&T, Books-A-Million, Costco/gas, Dick's, Dillard's, EarthFare Foods, Firestone/auto, Jo-Ann Fabrics, Kohl's, Michael's, Old Navy, Petsmart, Ross, Target, URGENT CARE, Verizon, vet, World Mkt, W H

6 US 80, US 231, AL 21, East Blvd, 0-2 mi E Chevron, Exxon/dsl, RaceWay/dsl, Shell Arby's, Baumhowers Rest., Burger King, Carrabba's, Chick-fil-A, Gangnam Grill, Golden Corral, Hardee's, Jason's Deli, KFC, Longhorn Steaks, Los Cabos, Los Vaqueros Mexican, McDonald's, Ming's Garden, Olive Garden, Piccadilly Cafe, Popeyes, Rock Bottom Cafe, Schlotzsky's, Starbucks, Subway, Sushiyama, Taco Bell, Waffle House, Wendy's, Zaxby's Arlington Lodge, Best Inn, Comfort Inn, Country Inn&Suites, Courtyard, Extended Stay America, Home-Towne Suites, La Quinta, Quality Inn, Quality Roof Inn, Residence Inn, Sleep Inn, Springhill Suites, Woodspring Suites, Wingate Inn $General, $Tree, Acura, Best Buy, Books-A-Million, Family$, Ford/Lincoln, Fresh Mkt Foods, Home Depot, Honda, Hyundai, Lowe's, Office Depot, Pepboys, PetCo, Subaru, TJ Maxx, Tuesday Morning, UHaul, USPO, Walmart/McDonald's, Winn-Dixie, W Chevron, Liberty, Mapco/dsl, Shell Arby's, Capt D's, Hardee's, Hibachi Buffet, IHOP, Jan's Rest., Krispy Kreme, Krystal, McDonald's, Outback Steaks, Red Lobster, Saigon Bistro, Taco Bell, Waffle House Alabama Hotel, Baymont Inn, Comfort Suites, Drury Inn, Express Inn, Motel 6, Ramada Inn $General, Audi/VW, BMW, Buick/Cadillac/GMC, Chevrolet, Chrysler/Dodge/Jeep, Firestone/auto, Fred's Store, Infiniti, JC Penney, Kia, Lexus, mall, Mercedes, Nissan, Sam's Club/gas, Sears/auto, to Gunter AFB, Toyota/Scion, Volvo

4 Perry Hill Rd, E Chappy's Deli, Marco's Pizza Fresh Mkt, W Cannon/dsl, Chevron Hardee's, Subway Hilton Garden, Homewood Suites $General, Express Oil Change, Rite Aid, vet

3 Ann St, E Big Cat/dsl, Chevron Arby's, Capt D's, Country's BBQ, Domino's, KFC, Krystal, McDonald's, Taco Bell, Waffle House, Wendy's, Zaxby's Days Inn Pepboys, W Entec, Murphy USA/dsl, PaceCar, Ztec Burger King, Chick-fil-A, CiCi's Pizza, Hardee's, Popeye's Stay Lodge $Tree, AT&T, Office Depot, O'Reilly Parts, Ross, Verizon, Walmart/Subway

2 Forest Ave, E CVS Drug, W H

1 Court St, Union St, downtown, E BP/dsl, Exxon/dsl, W to Ala St U

0mm I-85 begins/ends on I-65, exit 171 in Montgomery

▲N INTERSTATE 459 (Birmingham)

Exit #	Services
33b a	I-59, N to Gadsden, S to Birmingham
32	US 11, Trussville, N Marathon/dsl, S BP/Wendy's, Chevron/dsl, RaceWay/dsl, Shell/dsl Arby's, Bojangles, Burger King, Cajun Steamer, Chili's, China Palace, Coldstone, Dunkin Donuts, El Cazador Mexican, Firehouse Subs, Five Guys, Habanero's Rest., Hooters, Jack's Rest., Jim'n Nick's BBQ, KFC, La Bamba Mexican, Logan's Roadhouse, McDonald's, Mizu Japanese, Olive Garden, Red Lobster, Red Robin, Starbucks, Subway, Taziki's

AL
AZ

⬆N INTERSTATE 459 (Birmingham) Cont'd

32	Continued
	Mediterranean, Waffle House, Zaxby's 🏠 Courtyard, Hampton Inn, Hilton Garden ⊙ AT&T, Belk, Best Buy, Books-A-Million, Buick/GMC, GNC, Home Depot, JC Penney, Lowe's, Mazda, Michael's, Pepboys, Staples, Target, TJ Maxx, Verizon
31	Derby Parkway, **N** ⊙ B'ham Race Course
29	I-20, E to Atlanta, W to Birmingham
27	Grants Mill Rd, **N** 🏠 Hampton Inn ⊙ Fiat, **S** 📷 Chevron/dsl ⊙ Audi/Porsche, BMW, Chrysler/Dodge/Jeep, Land Rover, Lexus, Mini
23	Liberty Parkway, **S** 🍴 Billy's Grill, DQ, Taziki's Greek 🏠 Hilton Garden
19	US 280, Mt Brook, Childersburg, **N** 📷 Chevron/dsl 🍴 CA Pizza Kitchen, Cheesecake Factory, Chuy's Mexican, Flemings Rest., Johnny Rockets, Lime Tex Mex, Macaroni Grill, Panera Bread, PF Chang's, Seasons Grille, Village Tavern, Which Wich?, Zoe's Kitchen ⊙ AT&T, Barnes&Noble, Belk, Old Navy, Verizon, 0-3 mi **S** 📷 BP/Circle K, Chevron, Marathon, Shell, Shell 🍴 Arby's, Asian Rim, Black Pearl Asian, Buffalo Wild Wings, Burger King, Carrabba's, Chick-fil-A, Chili's, Chipotle Mexican, Cracker Barrel, Edgar's Rest., Full Moon BBQ, Jason's Deli, Jimmy John's, Kobe Japanese, Logan's Roadhouse, Longhorn Steaks, McDonald's, Milo's Burgers, Mooyah Burgers, Newk's Eatery, Pablo's, Papa John's, Pappadeaux, Pizza Hut, Schlotzsky's, Starbucks, Steak'n Shake, Subway, Superior Grill, Suriname 280, Taco Bell, Taziki's Greek, Tilted Kilt, Wendy's, Zaxby's 🏠 Courtyard, Days Inn, Drury Inn, Extended Stay America, Hampton Inn, Hilton, Homewood Suites, Hyatt Place, La Quinta, Marriott, Quality Inn, Residence Inn, SpringHill Suites ⊙ AT&T, Autozone, Best Buy, CVS Drug, Firestone/auto, Fresh Mkt Foods, Goodyear/auto, Home Depot, Kohl's, NTB, Staples, Target, vet, Walgreens, Winn-Dixie, World Mkt
17	Acton Rd, **N** 📷 Shell/dsl 🍴 Krystal, McDonald's, **S** 🏠 Comfort Inn
15b a	I-65, N to Birmingham, S to Montgomery

BIRMINGHAM (vertical)

13	US 31, Hoover, Pelham, **N** 📷 Exxon/dsl, Shell/dsl, Sunoco/dsl 🍴 Burger King, Chick-fil-A, Fish Mkt Rest., Full Moon BBQ, Golden Rule BBQ, Habanero's, Krispy Kreme, Krystal, McDonald's, Outback Steaks, Papa John's, Purple Onion, Salvatori Pizza, Starbucks, Subway 🏠 Econolodge ⊙ $Tree, Acura, AutoZone, Cadillac, Chevrolet, Firestone/auto, Goodyear/auto, Honda, Hyundai, Mr Transmission, Nissan, Publix, Rite Aid, Staples, TJ Maxx, vet, **S** 📷 Exxon, Jet-Pep, Shell/dsl 🍴 Arby's, Bonefish Grill, CA Pizza Kitchen, Chick-fil-A, Chipotle Mexican, Firebird's Grill, Firehouse Subs, J Alexander's Rest., Jason's Deli, Jim'n Nicks BBQ, La Paz, McDonald's, Moe's BBQ, Moe's SW Grill, Newk's Eatery, Olive Garden, Panera Bread, Pizza Hut, Ruby Tuesday, Steak'n Shake, Stix Asian, Sumo Japanese, Taco Bell, Twin Peaks Rest., Wendy's 🏠 Courtyard, Days Inn, Embassy Suites, Hampton Inn, Hyatt Place, Hyatt Regency Wynfrey Hotel ⊙ Barnes&Noble, Belk, Best Buy, Costco/gas, Dick's, GNC, Hancock Fabrics, Home Depot, Infiniti, JC Penney, Jo-Ann Fabrics, Macy's, mall, Mercedes, Michael's, NTB, Office Depot, PepBoys, Petsmart, Ross, Ross, Sam's Club/gas, Sears/auto, Tuesday Morning, Verizon, Walgreens, World Mkt
10	AL 150, Waverly, **N** 🍴 Beef o Brady's, Frontera Mexican Grill, Jimmy John's, McDonald's, Starbucks ⊙ $Tree, Kohl's, Marshall's, PetCo, Sprouts Mkt, Target, URGENT CARE, **S** 📷 Marathon/Kangaroo/dsl, Shell 🏠 Hampton Inn, Hyatt Place ⊙ Ford/Lincoln, Publix/deli, Toyota, Walgreens
6	AL 52, to Bessemer, **N** 📷 Shell/dsl, **S** 📷 Chevron/dsl, Jet Pep, Texaco/Taco Bell 🍴 Arby's, China Wok, Domino's, Fish Hook Rest., McDonald's, Pizza Hut, Railroad Cafe, Subway, Waffle House, Wendy's 🏠 Sleep Inn ⊙ $General, CVS Drug, RV Camping, Winn-Dixie
1	AL 18, Bessemer, **N** 📷 Exxon/dsl, Shell/dsl 🍴 Burger King, Chick-fil-A, Firehouse Subs, Full Moon BBQ, Habanero's Mexican, Logan's Roadhouse, McAlister's Deli, Taco Bell ⊙ AAA, AT&T, GNC, Michaels, Petsmart, Publix, Ross, Target, URGENT CARE, **S** 📷 Sunoco/dsl 🍴 Bojangles, China King, McDonald's, San Antonio Grill, Subway, Zaxby's ⊙ Advance Parts, CVS Drug, Meineke, Piggly Wiggly, to Tannehill SP, Verizon
0mm	I-459 begins/ends on I-20/59, exit 106.

HOOVER · **BESSEMER** (vertical)

ARIZONA

⬆E INTERSTATE 8

Exit #	Services
178b a	I-10, E to Tucson, W to Phoenix, I-8 begins/ends on I-10, exit 199.
174	Trekell Rd, to Casa Grande, 2-4 mi **N** ⊙ 🏠, food, gas, lodging
172	Thornton Rd, to Casa Grande, 5-8 mi **N** 📷 gas 🍴 food 🏠 Francisco Grande Resort, Holiday Inn
171mm	Santa Cruz River
169	Bianco Rd
167	Montgomery Rd
163mm	Santa Rosa Wash
161	Stanfield Rd
151	AZ 84 E, Maricopa Rd, to Stanfield, **S** 📷 Vija Trkstp/dsl ⊙ Saguaro RV Park
151mm	litter barrels, picnic area wb, 🞠
149mm	litter barrels, picnic area eb, 🞠
144	Vekol Rd
140	Freeman Rd
119	Butterfield Trail, to AZ 85, I-10, Gila Bend, 3 mi **N** 📷 Shell/

119	Continued
	dsl/scales, Shell/Subway/dsl/scales/RV Park/24hr 🍴 Little Italy, Subway 🏠 America's Choice Inn, Best Western, Knights Inn, Space Age/rest, Yucca Motel ⊙ $General, Augie's RV Park, Sanborn RV Resort
117mm	Sand Tank Wash
115	AZ 85, to Gila Bend, **N** 📷 Circle K, 🔵Loves/Taco Bell/dsl/scales/24hr, Texaco/dsl 🍴 Burger King, Carl's Jr, Don Jose Mexican, McDonald's 🏠 Best Western, El Coronado Motel, Yucca Motel ⊙ 🏠, Avila Bend Mkt, Family$, Goodyear/auto, NAPA
111	Citrus Valley Rd
106	Paloma Rd
102	Painted Rock Rd, **N** ⊙ Painted Rock Petroglyph Site (11mi)
87	Aqua Caliente Rd, Sentinel Rd, Sentinel, Hyder, **N** 📷 Sentinel Gen Store/dsl ⊙ RV Camping
85mm	Ⓡ wb full 🚻 facilities, litter barrels, petwalk, 🞠, 🞠, vending
84mm	Ⓡ eb full 🚻 facilities, litter barrels, petwalk, 🞠, 🞠, vending
78	Spot Rd
73	Aztec, **S** ⊙ Oasis RV Park/dump (4mi)

GILA BEND (vertical)

🅝🅔 INTERSTATE 8 Cont'd

Exit #	Services
67	Dateland, **S** 🗜 Texaco/Quiznos/dsl ⬛ Oasis RV Park/dump (2mi)
56mm	🅡🅢 both lanes full ♿ facilities, litter barrels, petwalk, ⬛, 🚶, vending
54	Ave 52 E, Mohawk Valley
42	Ave 40 E, to Tacna, **N** 🗜 Chevron/dsl 🍴 Jac's Whistlestop Cafe 🛏 Chaparral Motel ⬛ USPO, **S** ⬛ Copper Mtn RV Park
37	Ave 36 E, to Roll
30	Ave 29 E, Wellton, **N** 🗜 Circle K/dsl 🍴 Geronimo Mexican 🛏 Desert Motel ⬛ NAPA, Tier Drop RV Park, USPO, **S** 🗜 Chevron/dsl 🍴 Chen's Chinese, Dusty's Pizza & Wings, Fusion Deli, Jack-in-the-Box 🛏 Microtel
24mm	Ligurta Wash
23mm	Red Top Wash
22mm	⬛ parking area/litter barrels both lanes
21	Dome Valley, **N** ⬛ Ligurta Sta RV park, Yuma Proving Ground (16mi)
17mm	insp sta eb
15mm	Fortuna Wash
14	Foothills Blvd, **N** ⬛ Sundance RV Park, **S** 🍴 Domino's, Foothills Eatery, Mi Fajita ⬛ auto/RV care/lube ctr, Family$, Foothill Hardware, Foothills RV Park, Hank's IGA/dsl
12	Fortuna Rd, to US 95 N, **N** 🗜 Chevron/dsl, ⛟FLYING J/Giant/dsl/scales/24hr 🍴 DayBreakers Cafe, Jack-in-the-Box, Las Palapas Tacos, McDonald's, Pizza Hut, Starbucks, Taco Bell 🛏 Comfort Inn, Courtesy Inn ⬛ Caravan RV Park, Oasis RV Park, Shangri La RV Park, **S** 🗜 Shell/Burger King/dsl, SP/dsl 🍴 A&W/KFC, Applebee's, Daboyz Pizza, Denny's, DQ, Little Caesar's, Subway 🛏 Microtel ⬛ $General, 99c Store, Big O Tire, CVS Drug, Family$, Fry's Foods/dsl, GNC, O'Reilly Parts, URGENT CARE, USPO, Walgreens
9	32nd St, to Yuma, **S** 🍴 Del Taco, Panda Express ⬛ RV Parks, Verizon, Walmart/McDonald's
7	AZ 195, Araby Rd, **N** 🗜 Circle K/dsl, **S** 🗜 Chevron/Jack-in-the-Box/dsl, Circle K/dsl ⬛ RV Parks, RV World, to AZWU
3	AZ 280 S, Ave 3E, **N** 🍴 Arby's 🛏 Candlewood Suites, Holiday Inn Express, **S** 🗜 ♥Loves♥/Chester's/Subway/dsl/scales/24hr ⬛ CarQuest, Harley-Davidson, to Marine Corp Air Sta
2	US 95, 16th St, Yuma, **N** 🗜 Circle K 🍴 Ah-So Steaks, Buffalo Wild Wings, Burrito Grill, Chick-fil-A, Chili's, Chipotle Mexican, ChuckeCheese, Coldstone Creamery, Cracker Barrel, Del Taco, Denny's, Famous Dave's BBQ, Firehouse Subs, Five Guys, Hawaiian BBQ, In-N-Out, Jack-in-the-Box, Kneaders, Lin's Chinese, Logans Roadhouse, Mimi's Cafe, Olive Garden, Panda Express, Penny's Diner, Pita Pit, Red Lobster, Starbucks, Subway 🛏 Best Western, Days Inn, Fairfield Inn, Hampton Inn, Holiday Inn, Homewood Suites, La Fuente Inn, Motel 6, OakTree Inn, Shilo Inn, SpringHill Suites, TownePlace Suites, Wingate Inn ⬛ AT&T, Best Buy, Dillards, GNC, JC Penney, Jo-Ann Fabrics, Kohl's, Marshall's, Old Navy, PetsMart, Ross, Sam's Club/gas, Target, Verizon, **S** 🗜 76/dsl, Arco/dsl, Chevron/Blimpie/dsl, Shell 🍴 Applebee's, Burger King, Carl's Jr, Chretin's Mexican, Golden Corral, IHOP, Jack-in-the-Box, McDonald's, Subway, TX Roadhouse, Village Inn Pizza, Wendy's 🛏 Comfort Inn, Motel 6, Radisson, Super 8 ⬛ 🏥, BigLots, Family$, Home Depot, Staples
1.5mm	weigh sta both lanes
1	Redondo Ctr Dr, Giss Pkwy, Yuma, **S on 4th Ave E** 🗜 Chevron, Circle K/dsl 🍴 Jack-in-the-Box, Yuma Landing Rest. 🛏 Best Western, Hilton Garden, **N** ⬛ to Yuma Terr Prison SP
0mm	Arizona/California state line, Colorado River, Mountain/Pacific time zone

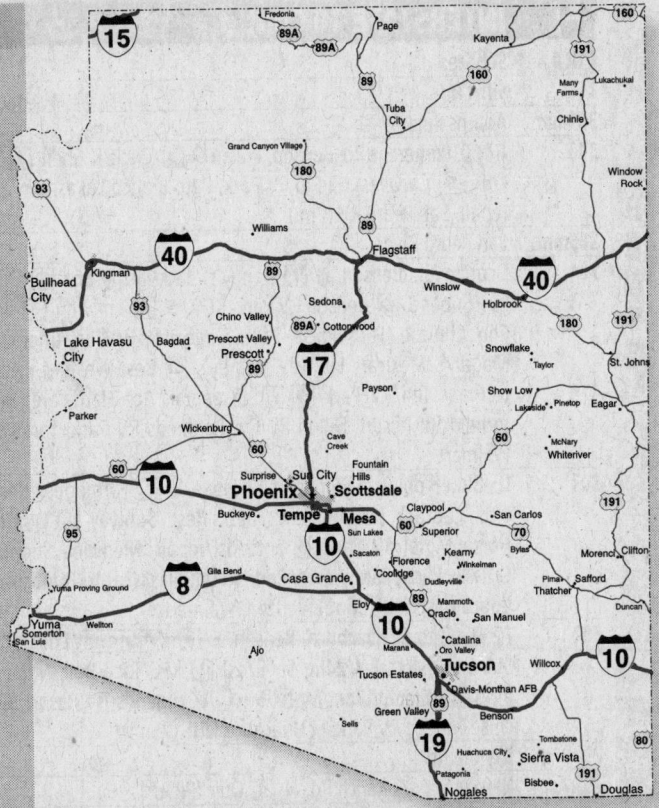

🅝🅔 INTERSTATE 10

Exit #	Services
391mm	Arizona/New Mexico state line
390	Cavot Rd
389mm	🅡🅢 both lanes full ♿ facilities, litter barrels, petwalk, ⬛, 🚶, vending
383mm	weigh sta eb, weigh/insp sta wb
382	Portal Rd, San Simon
381mm	San Simon River
378	Lp 10, San Simon, **N** 🗜 4K Trkstp/Chevron/Noble Romans/Quiznos/dsl/scales/24hrs/@ ⬛ auto/dsl/RV repair
366	Lp 10, Bowie Rd, **N** 🗜 Shell/Jerky/dsl, **S** ⬛ Alaskan RV park
362	Lp 10, Bowie Rd, **N** camping, gas, lodging, **S** to Ft Bowie NHS
355	US 191 N, to Safford
352	US 191 N, to Safford, same as 355
Exit #	Services
344	Lp 10, to Willcox, **N** ⬛ Lifestyle RV Park
340	AZ 186, to Rex Allen Dr, **N** 🍴 TA/Shell/Popeye's/Subway/dsl/scales/24hr/@ 🛏 Holiday Inn Express, Super 8 ⬛ Apple Annie's Country Store, Magic Circle RV Park, RV/Truckwash, truck/auto repair, visitor info, **S** 🗜 Circle K, Doc's/Plaza Rest/dsl, Texaco/dsl 🍴 Burger King, Carl's Jr, McDonald's, Pizza Hut 🛏 Days Inn, Quality Inn, Rodeway Inn ⬛ 🏥, $General, Ace Hardware, Alco, auto/tire/RV repair, AutoZone, Beall's, Family$, Grande Vista RV Park, KT's Mkt, Medicine Shoppe, Safeway, to Chiricahua NM, Verizon
336	AZ 186, Willcox, **S** 🗜 Chevron/dsl/LP 🛏 Royal Western Lodge ⬛ Ft Willcox RV Park, Life Style RV Park
331	US 191 S, to Sunsites, Douglas, **S** ⬛ to Cochise Stronghold
322	Johnson Rd, **S** 🗜 Shell/DQ/dsl/gifts
320mm	🅡🅢 both lanes full ♿ facilities, litter barrels, petwalk, ⬛, 🚶, vending
318	Triangle T Rd, to Dragoon, **S** ⬛ Amerind Museum (1mi), camping, lodging

AZ

INTERSTATE 10 Cont'd

Exit #	Services
312	Sibyl Rd
309mm	Adams Peak Wash
306	AZ 80, Pomerene Rd, Benson, **1-2 mi** **S** 🅟 Circle K, Shell 🍴 86 Cafe 🅞 CarQuest, El Rio RV Park, Pato Blanco Lakes RV Park, repair, San Pedro RV (2mi)
305mm	San Pedro River
304	Ocotillo St, Benson, **N** 🍴 Denny's, Jack-in-the-Box 🛏 Days Inn, Super 8 🅞 Benson RV Park, KOA, **S** 🅟 Chevron 🍴 Beijing Chinese, Farmhouse Rest, Galleano's Italian-American, Magaly's Mexican, Subway, Wendy's 🛏 Best Western, QuarterHorse Inn/RV Park 🅞 Ⓗ, $General, Ace Hardware, Butterfield RV Resort, Dillon RV Ctr, Pardner's RV Park, Safeway, Walmart
303	US 80 (eb only), to Tombstone, Bisbee, **S** 🍴 Farmhouse Rest., Little Caesar's, Pablo's Steaks, Reb's Rest., Subway 🛏 Quarter Horse Motel/RV Park 🅞 auto/dsl/repair, Medicine Shoppe, O'Reilly Parts, Pardners RV Park, to Douglas NHL, to Tombstone Courthouse SHP (26mi), Verizon, Walmart
302	AZ 90 S, to Ft Huachuca, Benson, **S** 🅟 ♥Love's/Chester's/Subway/dsl/scales/24hr, Shell/dsl 🍴 KFC/Taco Bell, McDonald's 🛏 Comfort Inn, Motel 6 🅞 AZ Legends RV Resort, Cochise Terrace RV Park, Ft Huachuca NHS (25mi)
299	Skyline Rd
297	Mescal Rd, J-6 Ranch Rd, **N** 🅟 QuickPic/dsl
292	Empirita Rd
291	Marsh Station Rd
288mm	Cienega Creek
281	AZ 83 S, to Patagonia
279	Colossal Cave Rd, Wentworth Rd, **N** 🅟 QuikMart/dsl 🍴 AZ Pizza Co, DQ, Montgomery's Grill, Quiznos 🅞 to Colossal Caves (7mi), USPO
275	Houghton Rd, **N** 🍴 Panda Express 🅞 Adventure Bound RV Resort, Discount Tire, to Saguaro NP (10mi), Walmart, **S** 🅞 to fairgrounds (1mi)
273	Rita Rd, **N** 🅟 Conoco (2mi), **S** 🅞 fairgrounds
270	Kolb Rd, **S** 🅞 Bay RV Resort, Voyager RV Resort
269	Wilmot Rd, **N** 🅟 Chevron/A&W/dsl 🛏 Travel Inn, **S** 🅟 Shell/pizza/subs/dsl
268	Craycroft Rd, **N** 🅟 Circle K, Mr T/dsl/LP, 🚚/Subway/Taco Bell/dsl/lp/scales/24hr @, TTT/rest/dsl/scales/24hr 🅞 Crazy Horse RV Park, Freightliner, truck/RV wash, **S** 🅞 dsl repair
267	Valencia Rd, **N** 🅟 Shell/Jack-in-the-Box 🅞 Pima Air&Space Museum, **S** 🅟 Valero/dsl 🅞 📶
265	Alvernon Way, **N** 🅞 Davis-Monthan AFB
264b a	Palo Verde Rd, **N** 🅟 Circle K/dsl 🍴 Denny's, Waffle House, Wendy's/dsl 🛏 Comfort Inn, Crossland Suites, Days Inn, Holiday Inn, Red Roof Inn 🅞 Camping World RV Resort, Freedom RV Ctr, **S** 🍴 Arby's, McDonald's 🛏 Quality Inn, Studio 6 🅞 La Mesa RV Ctr, Lazy Days RV Ctr/Resort, Pedata RV Ctr
263b	Kino Pkwy N, **N** 🅟 Shell/dsl 🍴 Culver's, In-N-Out, Starbucks 🅞 AT&T, Costco/gas, Verizon, Walmart/Subway
263a	Kino Pkwy S, **N** 🅞 Ⓗ, **S** 🅟 Arco/dsl, Shamrock 🍴 Burger King, KFC, Little Caesar's, Mandarin Buffet, Papa John's, Taco Bell 🅞 $Tree, AutoZone, Family$, Food City, Fry's Foods, O'Reilly Parts, to Tucson Intn'l Airport, Walgreens
262	Benson Hwy, Park Ave, **S** 🅟 Arco/dsl, Chevron/McDonald's/dsl, Circle K/dsl 🍴 Carl's Jr. 🛏 Best Value Inn, Motel 6, Rodeway Inn, Western Inn 🅞 Mack/Volvo Trucks, USPO
261	6th/4th Ave, **N** 🅟 GasCo 🍴 Little Caesars, Los Portales 🛏 EconoLodge 🅞 Discount Tire, Family$, Food City,

BENSON

TUCSON

	USPO, **S** 🅟 Circle K/dsl 🍴 Church's, El Indio, Jack-in-the-Box, Panda Express, Silver Saddle Steaks, Whataburger 🛏 Lazy Motel 🅞 Big O Tire, El Super Foods, Family$, Midas, O'Reilly Parts
260	I-19 S, to Nogales
259	22nd St, Starr Pass Blvd, **N** 🅟 Circle K/dsl, **S** 🍴 Kettle, Waffle House 🛏 Clarion, Regal Inn, Silverbell Inn, Super 8, Travel Inn
258	Congress St, Broadway St, **N** 🅟 Circle K 🛏 Hotel Tuscan, **S** 🍴 Carl's Jr 🛏 Days Inn, Howard Johnson, Motel 6, River Park Inn, Travelodge
257a	St Mary's Rd, **N** 🅞 Ⓗ, **S** 🅟 Shell/dsl 🍴 Burger King, Church's, Denny's, Eegee's Cafe, Furr's Cafeteria, Jack-in-the-Box, Little Caesar's, Whataburger 🛏 Country Inn&Suites, Ramada Ltd. 🅞 Family$, Food City, Pima Comm Coll
257	Speedway Blvd, **N** 🛏 Best Western, EconoLodge 🅞 Ⓗ, of AZ, Victory Motorcycles, **S** 🅟 Arco/dsl 🅞 museum, Old Town Tucson
256	Grant Rd, **N** 🅟 Circle K 🍴 auto/dsl repair, Burger King, Jack-in-the-Box, Sonic 🅞 Walgreens, **S** 🅟 Circle K, QT/dsl, Shell/dsl 🍴 Arby's, Del Taco, Eegee's Cafe, IHOP, Waffle House 🛏 Comfort Inn, Grant Inn, Hampton Inn, Holiday Inn Express, Super 8 🅞 Ace Hardware, Safeway, Walgreens
255	AZ 77 N, to Miracle Mile
254	Prince Rd, **N** 🅟 Circle K, Valero/dsl 🅞 $General, O'Reilly Parts, Walgreens, **S** 🅞 golf, Kenworth, Prince of Tucson RV Park
252	El Camino del Cerro, Ruthrauff Rd, **N** 🅟 Arco 🅞 Ruthrauff RV Ctr, **S** 🅟 Chevron/Jack-in-the-Box/dsl
251	Sunset Rd
250	Orange Grove Rd, **N** 🅟 Arco/dsl, Circle K/dsl 🍴 Burger King, Culver's, Domino's, Firehouse Subs, Golden Corral, Little Caesar's, Subway, Tulioberto's, Wendy's 🅞 Big O Tire, Costco/gas, diesel repair, Home Depot, Petsmart, South Forty RV Park, Sprouts Mkt, Staples, URGENT CARE, vet
248	Ina Rd, **N** 🅟 Chevron/dsl, Circle K/dsl, Shell/dsl 🍴 Bisbee Breakfast Club, Carl's Jr, ChickeNuevo, Chuy's Mesquite, DQ, Eegee's Cafe, Five Guys, Hooters, Jack-in-the-Box, Jade Garden, Losbetos Cafe, Lupita's Cafe, McDonald's, Miss Saigon, Molinitas Mexican, Papa John's, Peter Piper's Pizza, Pollo Loco, Starbucks, Subway, Taco Bell, Waffle House 🛏 InTown Suites, Motel 6 🅞 $Tree, 99c Store, auto repair, AutoZone, BigLots, CarQuest, CVS Drug, Discount Tire, Firestone/auto, Fry's Foods/dsl, Goodyear/auto, Hancock Fabrics, Lowe's, Michael's, Midas, O'Reilly Parts, PepBoys, Target, U-Haul, Walgreens, Walmart Mkt, **S** 🅟 Circle K 🍴 Denny's, Starbucks 🛏 Best Western, Red Roof Inn, Travelodge 🅞 Ace Hardware, Freedom RV Ctr, Harley-Davidson
246	Cortaro Rd, **N** 🅟 Circle K/Arby's/dsl, QT/dsl 🍴 IHOP, Wendy's, **S** 🅟 Shell/dsl 🍴 Boston's Rest, Burger King, Chili's, Chopstix, Cracker Barrel, Eegee's Rest., In-N-Out, KFC/Taco Bell, Little Caesars, McDonald's, Nana's Mexican, Native New Yorker, New Town Asian, Panda Express, Starbucks, Subway, TX Roadhouse 🛏 Comfort Inn, Days Inn, Holiday Inn Express, La Quinta, Super 8 🅞 access to RV camping, Ace Hardware, AT&T, Batteries+, GNC, Kohl's, O'Reilly Parts, USPO, Verizon, Walmart/McDonald's
244	Twin Peaks Rd, **N** 🅞 Tucson Outlets/famous brands
242	Avra Valley Rd, **S** 🅞 📶, RV camping, Saguaro NP (13mi)
240	Tangerine Rd, to Rillito, **N** 🅞 A-A RV Park, **S** 🅞 USPO
236	Marana, **S** 🅟 Chevron/dsl/LP, Circle K/dsl 🍴 McDonald's, R&R Pizza 🅞 auto repair, Family$, Sun RV Park
232	Pinal Air Park Rd, **S** 🅞 Pinal Air Park (3mi)
228mm	to frontage rd, wb pulloff

INTERSTATE 10 Cont'd

Exit #	Services
226	Red Rock, S ⊡ USPO
219	Picacho Peak Rd, N 📶 Shell/DQ, Shell/Subway/dsl, S ⊡ Ostrich Ranch, Pichaco Peak RV Park, to Picacho Peak SP
212	Picacho (from wb), S ⊡ KOA
211b	AZ 87 N, AZ 84 W, to Coolidge, S ⊡ KOA
211a	Picacho (from eb), S ⊡ KOA, state prison
208	Sunshine Blvd, to Eloy, N 📶 Pilot/Subway/DQ/dsl/scales/24hr ⊡ dsl repair, S 📶 FLYING J/Denny's/dsl/scales/24hr⊡ Blue Beacon
203	Toltec Rd, to Eloy, N 📶 Circle K/dsl, Shell/McDonald's/playplace/24hr 🍴 Carl's Jr, El Caballito Mexican 🛏 Best Value Inn, Super 8 ⊡ Desert Valley RV Park, dsl/tire repair, S 📶 TA/A&W/Taco Bell/dsl/RV dump/24hr/@ 🍴 Pizza Hut ⊡ golf, truckwash
200	Sunland Gin Rd, Arizona City, N 📶 Petro/Iron Skillet/dsl/scales/24hr/@, Pride/Subway/dsl/24hr 🍴 Burger King, Eva's Mexican 🛏 Days Inn, Travelodge ⊡ Blue Beacon, Eagle Truckwash, Las Colinas RV Park, S 📶 Loves/Arby's/Baskin-Robbins/dsl/24hr 🍴 Golden 9 Rest 🛏 Motel 6 ⊡ Speedco Lube
199	I-8 W, to Yuma, San Diego
198	AZ 84, to Eloy, Casa Grande, N ⊡ Robson Ranch Rest./golf (3mi)
194	AZ 287, Florence Blvd, to Casa Grande, N 📶 Tesla 🍴 Buffalo Wild Wings, Cactus Moon Grill, Cane's, Chick-fil-A, Culver's, In-N-Out, Krispy Kreme, Mimi's Cafe, Olive Garden, Rubio's, Subway ⊡ Dillard's, GNC, JC Penney, Kohl's, Marshall's, Michael's, Petsmart, Ross, Sam's Club/dsl, Staples, Sunscape RV Park (7mi), Target, Verizon, Walgreens, World Mkt, 0-2 mi S 📶 76/DQ, Arco/dsl, Chevron/Little Caesars/dsl, Circle K/gas 🍴 Arby's, Burger King, Carl's Jr, Chili's, China Buffet, Chipotle Mexican, Church's, Coldstone, Cracker Barrel, Del Taco, Denny's, Eegee's, Filiberto's Mexican, Golden Corral, IHOP, Jack-in-the-Box, JB's, Jimmy John's, LJ Silver/Taco Bell, Macayo's Mexican, McDonald's, Panda Express, Papa John's, Papa Murphy's, Peter Piper Pizza, Sonic, Starbucks, Subway, T&M Italian, Wendy's 🛏 Comfort Inn, Holiday Inn Express, Legacy Suites, Mainstay Suites, Quality Inn, Super 8 ⊡ 🅷 $Tree, 99cents Store, AT&T, AutoZone, Big Lots, Big O Tire, CVS Drug, Discount Tire, Encore Camping (2mi), Family$, Fiesta Grande RV Resort, Food City, Fry's Food/drug/dsl, Goodyear/auto, Home Depot, Jo-Ann Fabrics, Lowe's, U-Haul, URGENT CARE, Verizon, vet, Walgreens, Walmart/McDonald's
190	McCartney Rd, N ⊡ to Central AZ Coll, S 📶 Circle K/dsl 🍴 Barro's Pizza (3mi)
185	AZ 387, to Casa Grande, Casa Grande Ruins NM, S 🍴 Eva's Mexican (6mi) 🛏 Francisco Grande (6mi), Holiday Inn (6mi) ⊡ Fry's Food/gas (6mi), hwy patrol, to Casa Grande Ruins NM, Val Vista RV camping (3mi)
183mm	℞ wb full ♿ facilities, litter barrels, petwalk, Ⓒ, 🚮, vending
181mm	℞ eb full ♿ facilities, litter barrels, petwalk, Ⓒ, 🚮, vending
175	AZ 587 N, Casa Blanca Rd, Chandler, Gilbert, S 📶 Shell/dsl
173mm	Gila River
167	Riggs Rd, to Sun Lake, N 📶 Shell/dsl ⊡ Akimel Smoke Shop
164	AZ 347 S, Queen Creek Rd, to Maricopa, N 📶 gas ⊡ to Chandler Airport
162b a	Wild Horse Pass Rd, Sundust Rd, N 📶 Loves/Arby's/dsl/scales/24hr 🍴 McDonald's 🛏 Best Western+ ⊡ MotorCoach Resort, S 📶 Chevron/dsl 🛏 Sheraton Resort, Wildhorse Pass Hotel/Casino ⊡ Firebird Sports Park, Gila River Casino, Phoenix Outlets/famous brands
161	AZ 202 E, Pecos Rd
160	Chandler Blvd, to Chandler, N 📶 Chevron/dsl, Circle K, Circle K/dsl 🍴 Can't Stop Smokin' BBQ, Denny's, Filiberto's Mexican, Marie's Rest., McDonald's, Rudy's BBQ, Sandella's Flatbread Cafe, Starbucks, Subway, US Egg Cafe, Wendy's, Whataburger 🛏 Comfort Inn, Fairfield Inn, Hampton Inn, Hawthorn Suites, Homewood Suites, Motel 6, Quality Inn, Radisson, Super 8 ⊡ $Tree, Aamco, ADS Auto Repair, CVS, Firestone/auto, Harley-Davidson, to Compadre Stadium, U-Haul, vet, Walmart Mkt, Williams AFB, ADS Auto Repair, S 📶 7-11, Chevron/dsl, Circle K/dsl, Shell/dsl 🍴 Bell Italian Pizza, Brazilian Bull Steaks, Carl's Jr, Cracker Barrel, Del Taco, Dunkin Donuts, Hong Kong Buffet, Jersey Mike's, Qdoba, Spinato's Pizzaria, Starbucks, Tukee's Grille, Waffle House, Wendy's 🛏 Extended Stay America, Holiday Inn Express, InTown Suites, La Quinta ⊡ 🅷, AT&T, AutoZone, Discount Tire, Kohl's, URGENT CARE
159	Ray Rd, N 📶 Circle K, Shell 🍴 Buca Italian, Carrabba's, Charleston's Rest., Chipotle Mexican, Fleming's Steaks, Frederico's Mexican, Genghis Grill, Habit Burger, In-N-Out, Jasons Deli, Jimmy John's, Longhorn Steaks, McDonald's, Nabers Rest., Outback Steaks, Paradise Cafe, Pei Wei Asian, Red Lobster, Roy's Hawaiian, Rumbi Grill, Sandbar Mexican, Starbucks, Subway, Tejas, Zoe's Kitchen 🛏 Courtyard ⊡ AJ's Fine Foods, Audi, BMW, Chevrolet, Ford, Home Depot, Lexus, Lowe's Whse, Mercedes, PetsMart, Sam's Club/gas, Verizon, S 📶 Circle K/dsl 🍴 Barro's Pizza, Boston Mkt, Chick-Fil-A, Five Guys, Honeybaked Ham, IHOP/24hr, Jack-in-the-Box, Kneaders Cafe, Mellow Mushroom, Mimi's Café, Native Grill, Neo Tokyo, On-the-Border, Peter Piper Pizza, Pizza Hut, Rubio's, Subway, Uncle Bear's Grill, Vincent's Pizza, Wendy's 🛏 Extended Stay America, Extended Stay America ⊡ AT&T, auto repair, Barnes&Noble, Best Buy, Fresh&Easy Mkt, Hobby Lobby, JC Penney, Jo-Ann Fabrics, Marshall's, Michael's, PetCo, Ross, Sprouts Mkt, Target, Verizon
158	Warner Rd, N 📶 Circle K/dsl, QT 🍴 Carl's Jr, Dunkin Donuts, Forefathers Cheesesteaks, Port of Subs, Topical Smoothie 🛏 Drury Inn ⊡ Dick's, IKEA, S 📶 Circle K/dsl, Minute Mart/dsl 🍴 AZ Sandwich Co., Burger King, ChuckeCheese, DQ, Hillside Spot Cafe, Macayo's Mexican, McDonald's, Nello's Pizza, Panda Garden, Ruffino's Italian, Taco Bell, Zipp's Grill ⊡ Ace Hardware, Basha's Foods, Big O Tire, Goodyear/auto, vet
157	Elliot Rd, N 📶 Chevron/dsl, QT/dsl, Shell/Circle K/dsl 🍴 Applebee's, Arby's, Burger King, Crackers Cafe, Crazy Buffet, Fuddrucker's, Jimmy John's, Kabab Palace, Kobe Japanese, McDonald's, Olive Garden, Oregano's Pizza Bistro, Panda Express, Red Robin Rest., Sonic, Starbucks, Subway, Taco Bell, Wendy's, YC Mongolian Grill 🛏 Days Inn&Suites ⊡ $Tree, Acura, Buick,

CASA GRANDE *(vertical left margin)*

CHANDLER *(vertical right margin)*

◄E INTERSTATE 10 Cont'd

157 Continued
Cadillac/GMC, Chrysler/Dodge/Jeep, Costco/gas, Discount Tire, Fiat, Honda, Hyundai, Kia, Mazda, Mini, NAPA, Nissan, PetsMart, Ross, Savers, Staples, Toyota/Scion, URGENT CARE, Volvo, Walmart, **S** 🚪 Circle K/Dsl, Shell/Circle K/dsl 🍴 Biscuits, Cactus Jack's, Niros Gyros, Original Burrito, Pacific Gardens Asian, Starbucks, Sub Factory, Subway 🛏 Clarion, Sheraton 🅾 auto repair, O'Reilly Parts, Safeway, vet, Walgreens

155 Baseline Rd, Guadalupe, **N** 🚪 Circle K/dsl, Shell/Circle K/Popeye's/dsl 🍴 Carl's Jr, ClaimJumper, Ell Pollo Loco, Joe's Crabshack, KFC, McDonald's, Poliberto's Tacos, Rainforest Cafe, Subway, Taco Bell, Waffle House, Wendy's 🛏 Best Western, Candlewood Studios, Holiday Inn Express, InnSuites, Ramada, Residence Inn, SpringHill Suites, TownePlace Suites 🅾 AutoZone, AZ Mills/Famous Brands, CVS Drug, Food City, Home Depot, Marshall's, Parts Authority, Ross, Walgreens, **S** 🚪 7-11, Arco/dsl, QT 🍴 Aunt Chilada's Mexican, China Town, Denny's, Little Caesar's, Sonic, Subway 🅾 Fry's Electronics, Fry's Foods, URGENT CARE

154 US 60 E, AZ 360, Superstition Frwy, to Mesa, **N** 🅾 to Camping World (off Mesa Dr)

153b Broadway Rd E, **N** 🍴 Denny's 🛏 Comfort Suites, Extended Stay America, La Quinta, Quality Inn, Red Roof Inn, Sheraton 🅾 to Diablo Stadium, **S** 🚪 Chevron/dsl, Shell/Circle K/Del Taco/24hr 🍴 Goodcents Deli, Panda Express, Papa John's, Pizza Hut, Port of Subs, Taco Bell, Whataburger 🛏 Country Inn & Suites, Homewood Suites 🅾 Staples

153a AZ 143 N, **N** 🍴 Denny's 🛏 Courtyard, Fairfield Inn, Hilton, Holiday Inn, La Quinta, Sleep Inn 🅾 to Diablo Stadium, **S** same as 153b

152 40th St, **N** 🚪 Shell/dsl 🅾 U Phoenix, **S** 🚪 Shell/Circle K 🍴 Burger King, Quiznos

151mm Salt River

151b a 28th St, 32nd St, University Ave, **N** 🍴 Waffle House 🛏 Drury Inn, Extended Stay America, Hilton Garden, Holiday Inn Express 🅾 AZSU, U Phoenix, **S** 🚪 Circle K/dsl, QT/dsl 🍴 McDonald's

150b 24th St E (from wb), **N** 🛏 Motel 6 🅾 Air Nat Guard, **S** 🛏 Best Western/rest.

150a I-17 N, to Flagstaff

149 Buckeye Rd, **N** 🅾 Sky Harbor Airport

148 Washington St, Jefferson St, **N** 🚪 Chevron/dsl, Shell, Tiemco/dsl 🍴 Carl's Jr, McDonald's 🛏 Motel 6, Sterling Hotel 🅾 to Sky Harbor Airport, **S** 🚪 Circle K 🅾 🅷

147b a AZ 51 N, AZ 202 E, to Squaw Peak Pkwy

146 16th St (from sb), **N** 🚪 Shell/Circle K 🍴 Filiberto's Mexican, **S** 🚪 Circle K, Shamrock/dsl 🍴 Church's, Jack-in-the-Box, Little Caesar's, Salsita's Mexican 🅾 🅷, O'Reilly Parts, Ranch Mkt

145 7th St, **N** 🍴 Chicos Tacos, McDonald's, Sonic, Starbucks, Subway, Taco Bell, Whataburger 🅾 Safeway Foods, Walgreens, **S** 🚪 Circle K, Shell, Sinclair/dsl 🍴 Jimmy John's 🛏 Holiday Inn Express, Hyatt, Sheraton, Springhill Suites 🅾 🅷, to Chase Field

144 7th Ave, **N** 🚪 Circle K 🍴 Chipotle, Five Guys, Habit Burger, Jersey Mike's, NY Pizza, Peiwei Asian, Potbelly, Starbucks, Zoe's Kitchen, **S** 🚪 Circle K 🅾 central bus dist

143c US 60, 19th Ave (from wb), downtown

143b a I-17, N to Flagstaff, S to Phoenix

142 27th Ave (from eb, no return), **N** 🛏 Comfort Inn

141 35th Ave, **N** 🍴 Jack-in-the-Box, Rita's Mexican, **S** 🚪 Shell, Circle K

140 43rd Ave, **N** 🚪 7-11, Circle K/dsl, Shell 🍴 Filberto's Mexican, KFC, Little Caesar's, Pizza Hut, Salsita's Mexican, Subway 🛏 Woodspring Suites 🅾 AutoZone, Family$, Food City, Fry's Mercado/gas, Walgreens

139 51st Ave, **N** 🚪 Chevron/dsl, Circle K 🍴 Burger King, Domno's, El Pollo Loco, McDonald's, Sonic 🛏 Best Value Inn, Budget Inn, Crossland Suites, Holiday Inn, InTown Suites, La Quinta, Motel 6, Red Roof Inn, Travelodge 🅾 Food City, **S** 🚪 QT/dsl/scales, Shell/dsl 🍴 Carl's Jr, Filiberto's Mexican, IHOP, Port of Subs, Taco Bell 🛏 Comfort Inn, Days Inn, Super 8, Travelers Inn

138 59th Ave, **N** 🚪 Circle K, Valero 🍴 Los Armandos Mexican, Papa John's, Subway 🅾 7-11, AutoZone, Family$, O'Reilly Parts, URGENT CARE, Walgreens, **S** 🚪 Liberty/Chester's/dsl/24hr 🍴 Waffle House 🅾 Blue Beacon/scales

137 67th Ave, **N** 🚪 Circle K/dsl, QT, Shell/dsl 🍴 Church's, 🚪 ⛽FLYING J/Denny's/dsl/LP/24hr

136 75th Ave, **N** 🚪 Chevron/dsl, Circle K 🍴 A&W/LJ Silver, Ci Ci's Pizza, Coco's, Denny's, Hooters, IHOP, Lin's Buffet, Longhorn Steaks, McDonald's, Olive Garden, Pizza Hut/Taco Bell, Red Lobster, Starbucks, Subway, TX Roadhouse, Wendy's, Whataburger 🅾 $Tree, AT&T, Big Lots, Big O Tire, Dillards, Home Depot, La Mesa RV Ctr, Lowe's, Ross, Sears, Target, Walmart, **S** 🚪 Arco

135 83rd Ave, **N** 🚪 Circle K, QT 🍴 Burger King, Jack-in-the-Box, Waffle House 🛏 Best Western, Premier Inn, Victory Inn 🅾 K-Mart, Sam's Club/gas

134 91st Ave, Tolleson, **N** 🚪 Circle K/dsl

133b Lp 101 N

133a 99th Ave, **N** 🚪 Chevron/dsl 🍴 Cafe Rio, Cane's, Carrabba's, Chick-fil-A, China City, Chipotle Mexican, ClaimJumper, Honey-Baked Ham, Ichiban Rest., Island's Burgers, Jimmy John's, McDonald's, Native Grill, Panda Express, Paradise Cafe, Peter Piper Pizza, Pita Kitchen, Red Robin, Rumbi Grill, Smashburger, Starbucks, Subway, Taco Bell, Village Inn 🛏 Courtyard 🅾 Best Buy, Costco/gas, Discount Tire, GNC, Hobby Lobby, Marshall's, Old Navy, PetCo, Ross, URGENT CARE, Verizon, **S** 🍴 Pilot/Subway/Wendy's/dsl/scales/24hr 🅾 CarMax, Chevrolet

132 107th Ave, **N** 🅾 Walgreens, **S** 🅾 Camping World RV Ctr, Chrysler/Jeep, Dodge/Ram, Fiat, Honda, Hyundai, Kia, Mazda, Nissan, Toyota/Scion, VW

131 Avondale Blvd, to Cashion, **N** 🚪 Circle K/dsl, **S** 🍴 Culver's, Jack-in-the-Box, Panda Express, Ruby Tuesday 🛏 Hilton Garden, Homewood Suites 🅾 CVS Drug, to Phoenix Intnl Raceway

129 Dysart Rd, to Avondale, **N** 🚪 Chevron/dsl, Shell/Circle K/dsl 🍴 Buffalo Wild Wings, Chick-fil-A, ChuckECheese, Fiesta Mexican, In-N-Out, Jack-in-the-Box/24hr, Manuel's Mexican, Mimi's Cafe, Nakomo Japanese, NYPD Pizza, Ono Hawaiian BBQ, Panda Express, Peiwei Asian, Starbucks, Subway, Taco Bell, Tomo Japanese 🛏 Holiday Inn Express 🅾 $Tree, AT&T, AutoZone, Discount Tire, Fry's Foods, JC Penney, Jo-Ann Fabrics, Kohl's, Lowe's, PetsMart, Sprouts Mkt, Tuesday Morning, Verizon, vet, Walmart, **S** 🚪 🍴 AZ Frybread, Black Bear Diner, Del Taco, Golden Corral, IHOP, KFC, McDonald's, Peter Piper Pizza, Subway, Waffle House, Whataburger 🛏 Quality Inn, Super 8 🅾 Brakemasters, Food City, Home Depot, Pepboys, S&S Tire/repair, Sam's Club/gas, Walgreens

PHOENIX

🔼🅴 INTERSTATE 10 Cont'd

Exit #	Services
128	Litchfield Rd, **N** 📗 Circle K/dsl 🍴 Applebee's, Black Angus Steaks, Caballero, Carl's Jr, Chili's, Chipotle Mexican, Cracker Barrel, Denny's, Five Guys, Freddy's Steakburger, Gus' NY Pizza, Hayashi Japanese, Jimmy John's, Macaroni Grill, Macavo's Mexican, McDonald's, Raul&Theresa's Mexican, Starbucks, Subway, Wendy's, Wildflower Bread Co. 🏠 Hampton Inn, Holiday Inn Express, Residence Inn 🅾 Ⓗ, Barnes&Noble, Best Buy, Michael's, Ross, Target, to Luke AFB, URGENT CARE, Wigwam Resort/rest (3mi), **S** 📗 Circle K/dsl 🍴 Arby's, Burger King, Eggs&More, Little Caesar's, Ramiro's Mexican, Rudy's BBQ, Schlotsky's 🏠 Best Western, TownePlace Suites 🅾 AutoZone, BigLots, Buick/GMC, Ford, O'Reilly Parts
127	Bullard Ave, **N** 🍴 PF Chang's, Red Robin
126	PebbleCreek Pkwy, to Estrella Park, **N** 🍴 Ah-So Steaks, Aribba Mexican, Barro's Pizza, Native Grill, Olive Garden, Paradise Cafe, Red Lobster, Rubio's, Taco Bell, TX Roadhouse 🅾 $Tree, Cal Ranch, Firestone/auto, Old Navy, PetCo, Staples, TJ Maxx, Walgreens, **S** 📗 QT/dsl 🍴 Augie's Grill, Austin's Rest., Burger Joint, Filiberto's Mexican, McDonald's, Panda Express, Pizza Hut, Senor Taco, Starbucks, Subway, Yan's Chinese 🏠 Comfort Suites 🅾 Ace Hardware, Fletcher Tire, Safeway Foods/dsl, Verizon, vet, Walgreens, Walmart
125	Sarival Ave, Cotton Lane (from wb)
125mm	Roosevelt Canal
124	AZ 303
123	Citrus Rd, to Cotton Ln, **S** 🅾 Phoenix RV Park
122	Perryville Rd
121	Jackrabbit Trail, **N** 📗 Chevron/dsl, **S** 📗 Circle K/dsl 🅾 CarQuest
120	Verrado Way
117	Watson Rd, **S** 📗 Circle K/dsl 🍴 Carl's Jr, Chipotle Mexican, Cracker Barrel, Denny's, Dunkin Donuts, El Pollo Loco, Federico's Mexican, Jack-in-the-Box, KFC, Little Caesar's, McDonald's, Native NY Grill, Palermo's Pizza, Panda Express, Papa John's, Peter Piper Pizza, Subway, Taco Bell, Wendy's 🅾 $Tree, AT&T, AutoZone, Discount Tire, Fletcher's Tire, Fry's Foods/dsl, Lowe's, PetsMart, URGENT CARE, Verizon, vet, Walgreens, Walmart/McDonald's
114	Miller Rd, to Buckeye, **S** 📗 Chevron Travel Ctr/Sams Deli/grill/dsl/E85/LP/24hr, ♥Love's/Chester's/Subway/dsl/scales/24hr, QT/dsl 🍴 Burger King 🏠 Days Inn 🅾 Leaf Verde RV Park
112	AZ 85, to I-8, Gila Bend, **S** 🍴 Subway (3mi)
109	Sun Valley Pkwy, Palo Verde Rd
104mm	Hassayampa River
103	339th Ave, **S** 📗 TA/Country Pride/Pizza Hut/Shell/Subway/Taco Bell/dsl/scales/LP/24hr/@ 🍴 truckwash
98	Wintersburg Rd
97mm	Coyote Wash
95.5mm	Old Camp Wash
94	411th Ave, Tonopah, **S** 📗 Chevron/dsl, Mobil/dsl, Shell/Cafe Charro/Noble Roman's/Subway/dsl/LP/24hr 🍴 Oscar's Place Cantina 🅾 Saddle Mtn RV Park, tires/repair, USPO
86mm	🆁🆂 both lanes full ♿ facilities, litter barrels, petwalk, 📞, 🚻, vending
81	Salome Rd, Harquahala Valley Rd

Exit #	Services
69	Ave 75E
53	Hovatter Rd
52mm	🆁🆂 both lanes full ♿ facilities, litter barrels, petwalk, 📞, 🚻, vending
45	Vicksburg Rd, **N** 📗 Zip TC/Chevron/Subway/dsl/scales/LP/24hr, **S** 📗 Pride/dsl/rest./scales/24hr 🅾 Jobski's dsl Repair/towing, Kofa NWR, RV Park, tires
31	US 60 E, to Wickenburg, **12 mi N** 🅾 camping, food
26	Gold Nugget Rd
19	Quartzsite, to US 95, Yuma, **N** 📗 Arco/dsl, Chevron/dsl, Shell/dsl 🍴 Taco Mio 🅾 Beall's, Family$, Roadrunner Foods, RV camping
18mm	Tyson Wash
17	US 95, AZ 95, Quartzsite, **N** 📗 Mobil/Burger King/LP/dsl, 🅿️ Pilot/DQ/Subway/dsl/scales/24hr 🍴 Carl's Jr, McDonald's, Quartzsite Yacht Grill, Times 3 Rest. 🏠 Stagecoach Motel/rest. 🅾 $General, RV camping, tires/repair, **S** 📗 ♥Love's/Chester's/Subway/dsl/24hr 🏠 Super 8 🅾 Desert Gardens RV Park, Lifestyles RV Ctr
11	Dome Rock Rd
5	Tom Wells Rd, **N** 📗 Texaco/SunMart/Quizno's/dsl/scales
4.5mm	🆁🆂 both lanes full ♿ facilities, litter barrels, petwalk, 📞, 🚻, vending
3.5mm	AZ Port of Entry, weigh sta
1	Ehrenberg, to Parker, **N** 📗 Texaco 🅾 River Lagoon RV Resort, **S** 📗 ⊘FLYING J/Wendy's/dsl/LP/scales/lube/repair/tires/ 24hr 🏠 Best Western
0mm	Arizona/California state line, Colorado River, Mountain/Pacific time zone

🔼🅽 INTERSTATE 15

Exit #	Services
29.5mm	Arizona/Utah state line
27	Black Rock Rd
21mm	turnout sb
18	Cedar Pocket, **S** 🅾 parking area, Virgin River Canyon RA/camping
16mm	truck parking both lanes
15mm	truck parking nb
14mm	truck parking nb
10mm	truck parking nb
9	Desert Springs
8.5mm	Virgin River
8	Littlefield, Beaver Dam **E** 🅾 RV park, **1 mi W** 🅾 camping, food, gas/dsl, lodging
0mm	Arizona/Nevada state line, Pacific/Mountain time zone

(vertical text in margin: QUARTZSITE *)*

⬆N   INTERSTATE 17

Exit #	Services
341	McConnell Dr, **I-17 begins/ends**, **N** ⛽ 76/Wendy's/dsl, Chevron/dsl, Circle K, Conoco/dsl, Giant/dsl, Mobil/dsl, Shell 🍴 Arby's, August Moon Chinese, Baskin-Robbins, Buffalo Wild Wings, Burger King, Buster's Rest., Cafe Rio, Cafe Rio, Cane's, Carl's Jr, Chick-fil-A, Chili's, China Garden, Chipotle Mexican, Coco's, Coldstone, Del Taco, Denny's, Domino's, DQ, Five Guys, Freddy's Steakburgers, IHOP, Jack-in-the-Box, Jimmy John's, KFC, Little Caesar's, McDonald's, Native Grill, Ni Marco's Pizza, Olive Garden, Panda Express, Papa John's, Papa Murphy's, Peter Piper Pizza, Picazzo's Pizza, Pizza Hut, Quiznos, Red Lobster, Sizzler, Starbucks, Subway, Taco Bell 🛏 Baymont Inn, Best Inn, Budget Inn, Canyon Inn, Comfort Inn, Courtyard, Days Inn, Drury Inn, EconoLodge, EconoLodge, Embassy Suites, GreenTree Inn, Hampton Inn, Hilton Garden, Knights Inn, La Quinta, Motel 6, Quality Inn, Sleep Inn, SpringHill Suites, Super 8 ⊙ 🅷 $Tree, AT&T, Barnes&Noble, Basha's Foods, Discount Tire, Jo-Ann Crafts, Kohl's, Michael's, O'Reilly Parts, Petsmart, Ross, Safeway, Sprouts Mkt, Staples, Target, Verizon, Walgreens, Walmart
340b a	I-40, E to Gallup, W to Kingman
339	Lake Mary Rd (from nb), Mormon Lake, **E** ⛽ Circle K/dsl 🛏 AZ Mtn Inn ⊙ access to same as 341
337	AZ 89A S, to Sedona, Ft Tuthill RA, **W** ⊙ camping
333	Kachina Blvd, Mountainaire Rd, **E** 🍴 Mountainaire Rest. (1mi) 🛏 Abineau B&B, **W** ⛽ Shell/Subway/dsl ⊙ county park
331	Kelly Canyon Rd
328	Newman Park Rd
326	Willard Springs Rd
322	Pinewood Rd, to Munds Park, **E** ⛽ Shell/dsl, Woody's/dsl 🍴 Lone Pine Rest. ⊙ golf, Motel in the Pines, **W** ⛽ Chevron/dsl ⊙ Munds RV Park
322mm	Munds Canyon
320	Schnebly Hill Rd
317	Fox Ranch Rd
316mm	Woods Canyon
315	Rocky Park Rd
313mm	scenic view sb, litter barrels
306	Stoneman Lake Rd
300mm	runaway truck ramp sb
298	AZ 179, to Sedona, Oak Creek Canyon, **7-15 mi W** 🍴 Burger King, Cowboy Club Rest., Joey's Bistro 🛏 Belrock Inn, Diamond Resort, Hilton, La Quinta, Radisson/cafe, Wildflower Inn ⊙ **Rancho Sedona RV Park**
297mm	℞ both lanes, full ♿ facilities, litter barrels, petwalk, ℂ, 🦮, vending
293mm	Dry Beaver Creek
293	Cornville Rd, McGuireville Rd, to Rimrock, **E** ⛽ McGuireville 🍴 Nikki's Grill, **W** ⛽ 76/dsl, Conoco/Beaver Hollow/dsl 🍴 El Patio Grill
289	Middle Verde Rd, Camp Verde, **E** ⛽ Chevron/dsl 🍴 Sonic, The Gathering Rest. 🛏 Cliff Castle Hotel/casino/rest. ⊙ to Montezuma Castle NM, **W** ⊙ Distant Drums RV Park
288mm	Verde River
287	AZ 260, to AZ 89A, Cottonwood, Payson, **E** ⛽ Shell/Subway/dsl/RV dump/LP/24hr 🍴 Burger King, Carl's Jr, Denny's, DQ, Gabriela's Mexican, Los Betos Mexican, McDonald's, Starbucks, Taco Bell 🛏 Comfort Inn, Days Inn, Super 8 ⊙ Territorial RV Park (1mi), Trails End RV Park, Zane Grane RV Park (9mi), **W** ⛽ Chevron/Wendy's/dsl/24hr ⊙ RV camping, to Jerome SP

Vertical labels (left margin): FLAGSTAFF, CAMP VERDE

Exit #	Services
285	Camp Verde, Gen Crook Tr, **3 mi E** 🍴 Rio Verde Mexican 🛏 Territorial Town Inn ⊙ to Ft Verde SP, Trail End RV Park, Zane Gray RV Park (9mi)
281mm	safety pullout area nb
278	AZ 169, Cherry Rd, to Prescott
269mm	Ash Creek
268	Dugas Rd, Orme Rd
265.5mm	Agua Fria River
263b a	AZ 69 N, Cordes Jct Rd (262 from nb), to Prescott, **E** ⛽ Chevron, Shell/Noble Roman's/Subway/dsl/LP/24hr 🍴 Cafe Charo, McDonald's 🛏 Cordes Jct Motel/RV Park ⊙ Family$
259	Bloody Basin Rd, to Crown King, Horse Thief Basin RA
256	Badger Springs Rd
252	Sunset Point, ℞/scenic view both lanes, full ♿ facilities, 🦮 litter barrels, ℂ, vending
248	Bumble Bee, **W** ⊙ Horsethief Basin RA
244	Squaw Valley Rd, Black Canyon City, **E** 🍴 Chilleen's on 1? BBQ/Steaks, **W** ⛽ Shell 🍴 Beni's Pizza 🛏 Mountain Breeze Motel ⊙ Bradshaw Mtn RV Resort (2mi), Family$
243.5mm	Agua Fria River
242	Rock Springs, Black Canyon City, **E** ⊙ KOA (1mi), **W** ⛽ 76, dsl, Shell 🍴 Beni's Pizza, Rock Springs Cafe 🛏 Bradshaw Mtn RV Resort, Mtn Breeze Motel ⊙ Ron's Mkt
239.5mm	Little Squaw Creek
239mm	Moore's Gulch
236	Table Mesa Rd
232	New River, **E** 🍴 RoadRunner Rest.
231.5mm	New River
229	Anthem Way, Desert Hills Rd, **E** ⛽ Circle K 🍴 Hungry Howie's, McDonald's, Pizza Hut, Rosati's Pizza, Starbucks, Subway, Taco Bell, Wendy's ⊙ CVS Drug, Safeway, URGENT CARE, **W** ⛽ Chevron/dsl, Circle K/dsl 🍴 Del Taco, Denny's, Fresca's Mexican, Subway 🛏 Hampton Inn ⊙ $Store, Anthem Outlets/famous brands/food court, Discount Tire, Harley-Davidson, Meineke, O'Reilly Parts, Tobias Auto, U-Haul, Walmart
227	Daisy Mtn Dr, **E** ⛽ Circle K/dsl 🍴 Cafe Provence, Domino's, Jack-in-the-Box, Roberto's Mexican, Starbucks, Streets of NY Deli, Streets of NY Deli, Subway ⊙ CVS Drug, Fry's Foods, GNC, Verizon, vet
227mm	Dead Man Wash
225	Pioneer Rd, **W** ⊙ Pioneer AZ Museum, Pioneer RV Park
223	AZ 74, Carefree Hwy, to Wickenburg, **E** ⛽ Chevron 🍴 AZoo Grill, Chili's, Denny's, Good Egg Cafe, In-N-Out, McDonald's, Ray's Pizza, Starbucks, Subway, Taco Bell ⊙ Albertson's, Osco, GNC, Home Depot, Kohl's, Staples, **W** ⊙ Cibola Vista Camping (11mi)
222	Dove Valley
221	AZ 303, Senora Desert Dr
220	Dixileta (from nb)
219	Jomax Rd
218	Happy Valley Rd, **E** ⛽ Circle K/dsl, Shell 🍴 Applebee's, Bajio, Buffalo Wild Wings, Burger King, Carl's Jr, Chipotle Mexican, Coldstone, IHOP, Jack-in-the-Box, Jersey Mike's Subs, Joey's Hot dogs, Johnny Rocket's, L&L Hawaiian BBQ, Logan's Roadhouse, Mellow Mushroom Pizza, Olive Garden, Panda Express, Paradise Cafe, PF Chang's, Rays Pizza, Red Robin, Sauce Pizza, Shane's Ribshack, Smash Burger, Starbucks, Subway, TGIFriday's, Zupas 🛏 Courtyard, Hampton Inn, Homewood Suites, Residence Inn ⊙ $Tree, Barnes&Noble, Best Buy, Big O Tire, Dick's, Lowe's, Old Navy, O'Reilly Parts, PetCo, Ross, Staples, TJ Maxx, Verizon, vet, Walmart, World Mkt, **W** ⊙ to Meg&DeLyle's

Vertical label (right margin): ANTHEM

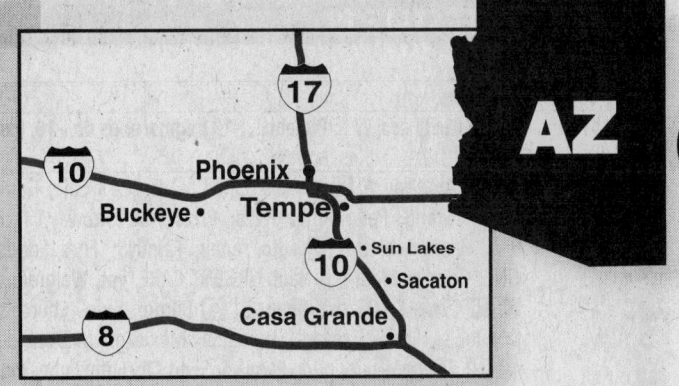

⬆N INTERSTATE 17 Cont'd

Exit #	Services
217	Pinnacle Peak Rd, **E** 🛏 Drury Inn, Hilton Garden 🅾 Phoenix RV Park
215a	Rose Garden Ln, same as 215b
215b	Deer Valley Rd, **E** 🅿 Shell/Circle K 🍴 Arby's, Armando's Mexican, Culvers, Dunkin Donuts, Jack-in-the-Box, McDonald's, Sonic, Subway, Taco Bell, Wendy's 🅾 Little Dealer RV Ctr, **W** 🅿 Arco/dsl, Circle K/dsl 🍴 Cracker Barrel, Denny's, Times Square Italian, Waffle House 🛏 Days Inn, Extended Stay America 🅾 🏥, U-Haul
214c	AZ 101 loop
214b	Yorkshire Dr, **W** 🅿 7-11 🍴 Chick-fil-A, Chili's, Chipotle, In-N-Out, Jack-in-the-Box, Jimmy John's, Macaroni Grill, Pizza Hut, Wendy's 🛏 Budget Suites 🅾 🏥, AT&T, Costco/gas, Michael's, Petsmart, Ross, Target
214a	Union Hills Dr, **E** 🅿 Circle K/dsl, Valero, **W** 🅿 Arco/dsl 🛏 Comfort Inn, Sleep Inn, Studio 6
212b a	Bell Rd, Scottsdale, to Sun City, **E** 🅿 Chevron/dsl, Circle K, QT, Shell/dsl 🍴 Big Apple Rest., Caramba Mexican, IHOP, Jack-in-the-Box, LJ Silver, Manuel's Mexican, McDonald's, Schlotzsky's, Shenanigan's Grill, Waffle House 🛏 Fairfield Inn, Motel 6, Super 8 🅾 Big O Tire, Chevrolet, Chrysler/Jeep/Dodge, Discount Tire, Fiat, Ford, Honda, Hyundai, Kohl's, Lincoln, Mazda, Nissan, O'Reilly Parts, Sam's Club/gas, Toyota/Scion, U-Haul, Volvo, Walmart, **W** 🍴 Applebee's, Denny's, Native New Yorker, US Egg Breakfast 🛏 Red Roof Inn 🅾 Fry's Foods/dsl
211	Greenway Rd, **E** 🛏 Embassy Suites, La Quinta 🅾 7-11
210	Thunderbird Rd, **E** 🅿 Circle K/dsl, Valero/dsl/LP 🍴 Asian Cafe, Barro's Pizza, Hong Kong Chinese, Jack-in-the-Box, Macayo's Mexican, Pizza Hut/Taco Bell, Subway, Wendy's 🅾 CVS Drug, Home Depot, Walgreens, **W** 🅿 🍴 Jamba Juice, McDonald's, Port of Subs, Whataburger 🛏 Travelodge 🅾 Best Buy, Fry's Electronics, Lowe's
209	Cactus Rd, **W** 🅿 7-11, Chevron/dsl, QT/dsl 🍴 China Harvest, Tuliaberto's Mexican 🛏 Holiday Inn
208	Peoria Ave, **E** 🍴 Fajita's, First Watch Cafe, Native Grill, Outback Steaks, Pappadeaux, Sweet Tomatoes 🛏 Candlewood Suites, Comfort Suites, Crowne Plaza, Extended Stay America, Homewood Suites, Hyatt Place, **W** 🅿 QT/dsl 🍴 Black Angus, Buffalo Wild Wings, Burger King, Cane's, Chili's, Chipotle Mexican, Coldstone, Culvers, Fat Burger, Filiberto's Mexican, Hibachi Grill, Hooters, In-N-Out, Jason's Deli, Longhorn Steaks, Mi Pueblo, Mimi's Cafe, Mongolian BBQ, Old Country Buffet, Olive Garden, Peter Piper Pizza, Red Lobster, Sizzler, Souper Salad, Starbucks, Subway, TX Roadhouse, Wendy's 🛏 Metro Plaza, Premier Inn 🅾 $Tree, AT&T, Barnes&Noble, Dillard's, Discount Tire, Firestone/auto, Macy's, mall, Michael's, PetCo, Petsmart, Ross, Sears/auto, Staples, Tire Pros/repair, URGENT CARE, Verizon
208.5mm	Arizona Canal
207	Dunlap Ave, **E** 🅿 Circle K, Shell/dsl 🍴 Blimpie, Domino's, Fajitas, First Watch Cafe, Fuddrucker's, Jack-in-the-Box, Native Grill, Outback Steaks, Steaken Burger, Subway, Sweet Tomatoes, Wong's 🛏 Comfort Suites, Courtyard, Mainstay Suites, Sheraton, SpringHill Suites, TownPlace Suites 🅾 Aamco, CVS Drug, URGENT CARE, **W** 🅿 Chevron/dsl 🍴 Bobby-Q's Rest., Denny's, Schlotzsky's, Subway 🛏 Woodspring Suites 🅾 Midas, repair, U-Haul
206	Northern Ave, **E** 🅿 Circle K/dsl, Shell/dsl 🍴 Boston Mkt, Burger King, Del Taco, Denny's, Dunkin Donuts, El Pollo Loco,
206	Continued Gyros House, IHOP, Los Compadres, McDonald's, Papa John's, Pizza Hut, Starbucks, Subway, Uncle Tony's Pizza 🛏 Best Western 🅾 Albertson's/Osco, AutoZone, Sprouts Mkt, URGENT CARE, Walgreens, **W** 🅿 Arco, QT 🍴 DQ 🛏 Motel 6, Residence Inn, Super 8 🅾 $General, auto repair, vet
205	Glendale Ave, **E** 🅿 7-11, QT 🍴 Pizza Patron, Subway 🅾 Ace Hardware, Fry's Foods/dsl, repair, transmissions, vet, **W** 🅿 Circle K/dsl 🍴 Jack-in-the-Box, Lenny's Burger 🅾 7-11, O'Reilly Parts, to Luke AFB, Walgreens
204	Bethany Home Rd, **E** 🅿 Arco, Chevron/dsl, Shell/Church's/dsl 🍴 Carl's Jr, Dunkin Donuts, KFC, Mandarin Buffet, McDonald's, Papa Joe's, Pizza Hut/Taco Bell, Subway, Tulioberto's Mexican, Whataburger 🅾 🏥, $Tree, BigLots, Costco/gas, JC Penney, Petsmart, Ross, Target, URGENT CARE, Walgreens, Walmart, **W** 🅿 Shell, Valero 🍴 Burger King, Familia Lorito, Great Dragon 🛏 Knights Inn 🅾 auto repair, Food City, Jiffy Lube, Savers
203	Camelback Rd, **E** 🍴 Church's, Country Boy's Rest., Filiberto's Mexican, Little Caesars 🅾 $General, Chrysler/Dodge/Jeep, Discount Tire, Family$, Hyundai, Kia, **W** 🅿 Circle K/dsl, QT 🍴 DQ, Jack-in-the-Box, McDonald's 🛏 Quality Inn 🅾 AutoZone, to Grand Canyon U, USPO
202	Indian School Rd, **E** 🅿 Arco/dsl 🍴 Domino's, Federico's Mexican, Pizza Hut, Subway 🅾 Ace Hardware, CVS Drug, Food City, Little RV Ctr, **W** 🅿 Shell, Sinclair/dsl, Valero/dsl 🍴 Lenny's Burgers 🛏 Motel 6, Travel Inn 🅾 7-11, Wide World of Maps
201	Thomas Rd, **E** 🅿 Chevron/McDonald's/playplace 🍴 Arby's, Denny's, Dunkin Donuts, Jack-in-the-Box, Starbucks 🛏 Days Inn, La Quinta 🅾 Circle K, **W** 🅿🍴 Carl's Jr, Subway 🅾 NAPA
200b	McDowell Rd, Van Buren, **E** 🅾 Purcell's Tire, **W** 🛏 Knights Inn
200a	I-10, W to LA, E to Phoenix
199b	Jefferson St (from sb), Adams St (from nb), Van Buren St (from nb), **E** 🅿 Circle K 🍴 Jack-in-the-Box 🅾 to st capitol, **W** 🅿 Circle K/gas 🍴 La Canasta Mexican 🅾 Penny Pincher Parts, PepBoys
199a	Grant St
198	Buckeye Rd (from nb)
197	US 60, 19th Ave, Durango St, **E** 🍴 Jack-in-the-Box, to St Capitol, Whataburger 🅾 $General, AutoZone
196	7th St, Central Ave, **W** 🅿 Shell/dsl
195b	7th St, Central Ave, **E** 🅿 Circle K/dsl 🍴 Jack-in-the-Box, McDonald's, Taco Bell 🛏 EZ 8 Motel 🅾 🏥, NAPA Care
195a	16th St (from sb, no EZ return) **E** 🅿 Shell/Subway/dsl 🍴 Burger King 🅾 to Sky Harbor Airport
194	I-10 W, to AZ 151, to Sky Harbor Airport
	I-17 begins/ends on I-10, exit 150a.

SCOTTSDALE

PHOENIX

PHOENIX

AZ

🔼N INTERSTATE 19

Exit #	Services
	I-19 uses kilometers (km)
101b a	I-10, E to El Paso, W to Phoenix. **I-19 begins/ends on I-10, exit 260.**
99	AZ 86, Ajo Way, E 🚹 Circle K, Shell 🍴 Eegee's Cafe, Hamburger Stand, Peter Piper Pizza, Pizza Hut, Subway, Taco Bell, Wienerschnitzel 🅾 auto repair, Family$, Fry's Foods, GNC, Goodyear/auto, U-Haul, URGENT CARE, vet, Walgreens, W 🚹 Circle K, QT/dsl, Shell/dsl 🍴 Burger King, Church's, Domino's, Little Caesars, Losbetos Mexican, McDonald's 🅾 Ⓗ, $General, city park, Family$, Food City, Jiffy Lube, museum, to Old Tucson
98	Irvington Rd, E 🚹 Arco/dsl 🍴 Jimmy John's, TX Roadhouse 🅾 AutoZone, Fry's Foods/drug/dsl, W 🚹 Chevron, Circle K/dsl 🍴 Buffalo Wild Wings, China Olive Buffet, Coldstone, Five Guys, McDonald's, Olive Garden, Panda Express, Peter Piper Pizza, Red Lobster, Starbucks, Subway 🅾 $Tree, AT&T, Best Buy, Discount Tire, Family$, Food City, Home Depot, JC Penney, Marshall's, Michael's, Old Navy, Petsmart, Ross, Target, Verizon
95b a	Valencia Rd, E 🚹 Circle K, Shell 🍴 Chickenuevo, Church's, Donut Wheel, Eegee's Cafe, Jack-in-the-Box, Little Caesars, McDonald's, Peter Piper Pizza, Sonic, Subway, Whataburger, Yokohama Asian 🅾 $General, $Tree, Aamco, AutoZone, Brake Masters, Family$, Food City, Jiffy Lube, O'Reilly Parts, to airport, USPO, Walgreens, W 🚹 Circle K/dsl 🍴 Arby's, Burger King, Carl's Jr, Casa Valencia, Chili's, China Dragon, Denny's, DQ, El Taco Tote, Golden Corral, Grand Buffet, Hamburger Stand, Little Caesars, Papa John's, Papa Murphy's, Pizza Hut, Subway, Taco Bell, Wendy's 🅾 99c Store, Big O Tire, BigLots, CVS Drug, Lowe's, repair, transmissions, URGENT CARE, Walgreens, Walmart
92	San Xavier Rd, W 🅾 to San Xavier Mission (2mi)
91.5km	Santa Cruz River
87	Papago Rd
80	Pima Mine Rd, E 🍴 Agave Rest., Diamond Casino
75	Helmut Peak Rd, to Sahuarita, E 🚹 Shell/dsl/e-85 🍴 Asian Sky Rest, Dunkin Donuts/Baskin Robbins, Mama's Hawaiian BBQ, McDonald's, Starbucks, Subway 🅾 Fry's Foods/drug, USPO, vet
69	US 89 N, Duval Mine Rd., Green Valley, E 🍴 50's Diner, Carl's Jr., Denny's, Little Caesars, Panda House, Pizza Hut, Rigoberto's, Subway 🅾 99c Store, Ace Hardware, AutoZone, BigLots, Fletcher's Repair, Jo-Ann Fabrics, O'Reilly Parts, Petco, Ross, Verizon, Walgreens, Walmart/Subway, W 🚹 Circle K 🍴 Arby's, Burger King, Domino's, Jerry Bob's Rest., Manuel's Mexican, Papa Murphy's, Starbucks, Taco Bell 🛏 Holiday Inn Express 🅾 Big O Tire, Ford/Hyundai, Green Valley RV Resort, NAPA, Safeway/dsl, Titan Missile Museum, URGENT CARE, USPO, vet
65	Esperanza Blvd, to Green Valley, E 🚹 Shell/repair/dsl, W 🍴 AZ Family Rest., La Placita Mexican 🛏 Best Western/rest, Comfort Inn 🅾 Ace Hardware, Walgreens
63	Continental Rd, Green Valley, E 🍴 Quail Creek Rest. (7mi) 🅾 golf, San Ignacio Golf Club/rest., USPO, W 🚹 Chevron/HotStuff Pizza 🍴 KFC, McDonald's, Starbucks 🅾 CVS Drug, Merle's Parts, repair/tires, Safeway, to Madera Cyn RA, TrueValue, Verizon, Walgreens
56	Canoa Rd, W 🛏 San Ignacio Inn, Wyndham Resort
54km	Rs both lanes full 🚻 facilities, litter barrels, petwalk, 🅲, 🅱, vending

(left margin, top to bottom: TUCSON, GREEN VALLEY)

(right margin labels top to bottom: AMADO, NOGALES, CHAMBERS)

48	Arivaca Rd, Amado, **2-3 mi** E 🛏 Amado Inn 🅾 DeAnza RV Resort (2mi), Mtn View RV Park, W 🍴 Cow Palace Rest 🅾 Amado Mkt/gas, JJ's Auto Repair
42	Agua Linda Rd, to Amado, E 🅾 Mtn View RV Park
40	Chavez Siding Rd, Tubac, E 🅾 Tubac Golf Resort
34	Tubac, E 🍴 El Mercado 🍴 Elvira's Cafe, Tubac Deli, Tubac Hamburgers, Tubac Jack's Rest., Tubac Pizza 🅾 to Tubac Presidio SP, Tubac Golf Resort, Tubac Mkt, USPO
29	Carmen, Tumacacori, E 🅾 to Tumacacori Nat Hist Park, food, gas, lodging
25	Palo Parado Rd
22	Pec Canyon Rd
17	Rio Rico Dr, Calabasas Rd, W 🚹 Chevron/dsl/LP 🍴 Hua Me Chinese, Nickles Diner, Wood Oven Pizza 🛏 Esplendor Resort 🅾 IGA Foods, JC Auto Repair/Lube, USPO, vet
12	AZ 289, to Ruby Rd, E 🚹 🔲/Wendy's/dsl/scales/24hr, W 🅾 to Pena Blanca Lake RA
8	AZ 82 (exits left from sb, no return), Nogales E 🚹 Circle K 🅾 Mi Casa RV Park
4	AZ 189 S, Mariposa Rd, Nogales, E 🚹 FasTrip/dsl 🍴 Bella Mia Rest., China Buffet, Chuyitos Hotdogs, City Salads, DQ, Dragor Buffet, Exquisito Mexican, Gorilla Pizza, Jack-in-the-Box, KFC, Little Caesars, McDonald's, Panda Express, Panda Express, Pizza Pollis, Subway, Toscanos 🛏 Mariposa Hotel, Motel 6 🅾 $General, $Tree, Ace Hardware, AutoZone, Buick/GMC, Chevrolet, Ford, GNC, Home Depot, JC Penney, Petsmart, Ross, Safeway, Walgreens, Walmart/McDonald's (N Grand Ave), W 🚹 Circle K/dsl 🍴 Carl's Jr, IHOP 🛏 Best Western, Candlewood Suites, Holiday Inn Express 🅾 Mexico Insurance
1b	Western Ave, Nogales
1a	International St
0km	**I-19 begins/ends in Nogales**, Arizona/Mexico Border, 1/2 m, N 🚹 Circle K, Jr's Fuel Depot/dsl, Shell 🍴 Church's, Denny's, Jack-in-the-Box, McDonald's, Peter Piper Pizza, Pizza Hut, Subway 🅾 AutoZone, CarQuest, Family$, Food City, museum, NAPA, O'Reilly Parts, PepBoys

🔼E INTERSTATE 40

Exit #	Services
359.5mm	Arizona/New Mexico state line
359	Grants Rd, to Lupton, N Welcome Ctr/rest area both lanes, full 🚻 facilities, litter barrels, petwalk, 🅲, 🅱, 🚹 Speedy's/dsl/rest./24hr 🅾 Tee Pee Trading Post/rest., YellowHorse Indian Gifts
357	AZ 12 N, Lupton, to Window Rock, N 🅾 USPO
354	Hawthorne Rd
351	Allentown Rd, N 🅾 Chee's Indian Store, Indian City Gifts
348	St Anselm Rd, Houck, N 🅾 Ft Courage Food/gifts
347.5mm	Black Creek
346	Pine Springs Rd
345mm	Box Canyon
344mm	Querino Wash
343	Querino Rd
341	Ortega Rd, Cedar Point, N 🚹 Armco/gas/gifts
340.5mm	insp/weigh sta both lanes
339	US 191 S, to St Johns, S 🚹 Conoco/dsl 🅾 Family$, RV Park, USPO
333	US 191 N, Chambers, N 🅾 to Hubbell Trading Post NHS, USPO, S 🚹 Mobil/dsl 🛏 Days Inn/rest.
330	McCarrell Rd
325	Navajo, S 🚹 Shell/Subway/Navajo Trading Post/dsl/24hr
323mm	Crazy Creek
320	Pinta Rd

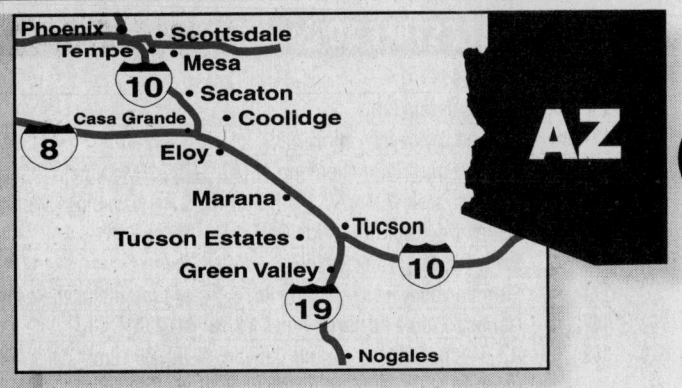

INTERSTATE 40 Cont'd

Exit #	Services
316mm	Dead River
311	Painted Desert, N 🅿️ Chevron Ⓞ Painted Desert, Petrified Forest NP
303	Adamana Rd, N Ⓞ Stewarts/gifts, S Ⓞ Painted Desert Indian Ctr
302.5mm	Big Lithodendron Wash
301mm	Little Lithodendron Wash
300	Goodwater
299mm	Twin Wash
294	Sun Valley Rd, N 🏕️ Root 66 RV camping, S Ⓞ Knife City
292	AZ 77 N, to Keams Canyon, N 🅿️ Conoco/Burger King/dsl/24hr Ⓞ dsl repair
289	Lp 40, Holbrook, N 🅿️ Chevron/dsl, Hatch's/dsl 🍴 Denny's, Jerry's Rest., Mesa Rest. 🛏️ Best Western, Days Inn, EconoLodge, Howard Johnson, Motel 6, Quality Inn, Sahara Inn, Travelodge Ⓞ Goodyear
286	Navajo Blvd, Holbrook, N 🅿️ 76/dsl, Circle K, Maverik/dsl 🍴 Aliberto's Mexican, Burger King, Carl's Jr, Hilltop Cafe, McDonald's, Pizza Hut, Taco Bell 🛏️ 66 Motel, Lexington Inn, Super 8 Ⓞ $General, KOA, OK RV Park, O'Reilly Parts, S 🅿️ Chevron/dsl, Fuel Express/dsl, MiniMart/gas, Speedy Dsl 🍴 DQ, Rte 66 Cafe 🛏️ Best Value, El Rancho Motel/rest., Knights Inn Ⓞ Ⓗ, Dodge/Ford/Lincoln, museum, rockshops, Scotty & Son Repair, SW Transmissions
285	US 180 E, AZ 77 S, Holbrook **1 mi** S 🅿️ Giant/dsl 🍴 Butterfield Steaks, Wayside Mexican 🛏️ Economy Inn, Globetrotter Hotel, Magnuson Hotel, Wigwam Motel Ⓞ Best Hardware, Family$, repair, rest area/🚻/litter barrels, Safeway, to Petrified Forest NP
284mm	Leroux Wash
283	Perkins Valley Rd, Golf Course Rd, S 🅿️ TA/Shell/Popeyes/dsl/scales/24hr/@
280	Hunt Rd, Geronimo Rd, N Ⓞ Geronimo Trading Post
277	Lp 40, Joseph City, N 🅿️ Loves/Chester's/Subway/scales/dsl/24hr, S Ⓞ RV camping, to Cholla Lake CP
274	Lp 40, Joseph City, N food, gas, lodging, RV camping
269	Jackrabbit Rd, S Ⓞ Jackrabbit Trading Post
264	Hibbard Rd
257	AZ 87 N, to Second Mesa, N Ⓞ camping, to Homolovi Ruins SP, S Ⓞ trading post
256.5mm	Little Colorado River
255	Lp 40, Winslow, N 🅿️ Winslow Fuel/dsl 🍴 Mi Pueblo Mexican 🛏️ Best Western Ⓞ Take-A-Rest RV Park, S 🅿️ FLYING J/Denny's/dsl/LNG/scales/RV Dump/24hr 🍴 Sonic Ⓞ Chrysler/Dodge/Jeep, Nissan, 🆁🆂
253	N Park Dr, Winslow, N 🅿️ Chevron, Maverik/dsl 🍴 Capt Tony's Pizza, Pizza Hut Ⓞ $General, Ford, O'Reilly Parts, tires/lube, Walmart/Subway, S 🍴 Alfonso's Mexican, LJ Silver/Taco Bell, McDonald's, Subway 🛏️ Motel 6, Oak Tree Inn, Quality Inn Ⓞ Ⓗ, Family$, NAPA, Safeway, Verizon
252	AZ 87 S, Winslow, S 🅿️ Shell/dsl 🍴 Entre Chinese 🛏️ EconoLodge, Rodeway Inn
245	AZ 99, Leupp Corner
239	Meteor City Rd, Red Gap Ranch Rd, S Ⓞ to Meteor Crater
235mm	🆁🆂 both lanes, full ♿ facilities, info, litter barrels, petwalk, Ⓒ, 🏕️
233	Meteor Crater Rd, S 🅿️ Mobil/Meteor Crater RV Park/dump Ⓞ to Meteor Crater NL
230	Two Guns
229.5mm	Canyon Diablo
225	Buffalo Range Rd
219	Twin Arrows, N Ⓞ Twin Arrows Casino
218.5mm	Padre Canyon

Exit #	Services
211	Winona, N 🅿️ Shell/dsl/repair
207	Cosnino Rd
204	to Walnut Canyon NM
201	US 89, Flagstaff, to Page, N 🅿️ 76/Express Stop/dsl, Chevron/dsl, Circle K/dsl, Maverik/dsl, Shell, VP/dsl 🍴 Burger King, Del Taco, Denny's, Jack-in-the-Box, LJ Silver/Taco Bell, McDonald's, Pizza Hut, Sizzler, Village Inn, Wendy's 🛏️ Best Western, Days Inn, Hampton Inn, Howard Johnson, Luxury Inn, Super 8, Travelodge Ⓞ Ⓗ, auto repair, Best Buy, Chrysler/Dodge/Jeep, CVS Drug, Dillard's, Discount Tire, Family$, Family$, Goodyear/auto, Home Depot, Honda, JC Penney, KOA, mall, Marshall's, Nissan/Subaru, Old Navy, O'Reilly Parts, PetCo, Safeway/dsl, Sears/auto, Toyota/Scion, Tuesday Morning, VW, World Mkt, S 🅿️ Mobil/dsl 🛏️ Sonesta Suites, Wyndham Resort
198	Butler Ave, Flagstaff, N 🅿️ Chevron, Conoco/dsl, Shell 🍴 Burger King, Country Host Rest., Cracker Barrel, Denny's, McDonald's, Outback Steaks, Sonic, Subway, Taco Bell 🛏️ EconoLodge, Holiday Inn Express, Howard Johnson, Motel 6, Quality Inn, Ramada, Rodeway Inn, Super 8 Ⓞ Autozone, NAPA, Sam's Club/gas, U-Haul, vet, Walgreens, Walmart, S 🅿️ Mobil, Sinclair/Little America/dsl/motel/@ 🍴 Black Bart's Steaks/RV Park
197.5mm	Rio de Flag
195b	US 89A N, McConnell Dr, Flagstaff, N 🅿️ 76/Wendy's/dsl, Chevron, Chevron/dsl, Circle K, Conoco/dsl, Giant/dsl, Mobil/dsl, Shell 🍴 Arby's, August Moon Chinese, Baskin-Robbins, Buffalo Wild Wings, Burger King, Buster's Rest., Cafe Rio, Cane's, Carl's Jr, Chick-fil-A, Chili's, China Garden, Chipotle Mexican, Coco's, Coldstone, Country Host Rest., Del Taco, Denny's, Domino's, DQ, Dunkin Donuts, Five Guys, Freddy's Steakburgers, IHOP, Jack-in-the-Box, Jimmy John's, Little Caesar's, McDonald's, Native Grill, Ni Marco's Pizza, Olive Garden, Panda Express, Papa John's, Papa Murphy's, Peter Piper Pizza, Picazzo's Pizza, Pizza Hut, Quiznos, Red Lobster, Sizzler, SmashBurger, Starbucks, Subway, Taco Bell 🛏️ Baymont Inn, Best Inn, Budget Inn, Canyon Inn, Comfort Inn, Courtyard, Days Inn, Drury Inn, EconoLodge, Embassy Suites, GreenTree Inn, Hampton Inn, Hilton Garden, Howard Johnson, Knights Inn, La Quinta, Motel 6, Quality Inn, Sleep Inn, SpringHill Suites, Super 8 Ⓞ Ⓗ, $Tree, AT&T, Barnes&Noble, Basha's Foods, Discount Tire, GNC, Jo-Ann Crafts, Kohl's, Michael's, Natural Grocers, O'Reilly Parts, Petsmart, Ross, Safeway, Sprouts Mkt, Staples, Target, Verizon, Walgreens, Walmart
195a	I-17 S, AZ 89A S, to Phoenix
192	Flagstaff Ranch Rd
191	Lp 40, to Grand Canyon, Flagstaff, **5 mi** N 🅿️ Chevron, Maverik, Whistle Stop/dsl 🍴 Galaxy Diner 🛏️ Best Value, Budget Host, Comfort Inn, Days Inn, EconoLodge, Radisson, Super 8, Travel Inn, Travelodge Ⓞ CarQuest, Chevrolet/Cadillac, Home Depot, Kia, Kit Carson RV Park, O'Reilly Parts, vet, Woody Mtn Camping

HOLBROOK

WINSLOW

FLAGSTAFF

🔲 = gas   🍴 = food   🏠 = lodging   🔲 = other   Ⓡ🅂 = rest stop   Copyright 2018 - The Next EXIT

▲E INTERSTATE 40 Cont'd

Exit #	Services
190	A-1 Mountain Rd
189.5mm	Arizona Divide, elevation 7335
185	Transwestern Rd, Bellemont, N 🔲 [Pilot]/McDonald's/Subway/dsl/scales/24hr/@ 🏠 Motel 6, S 🔲 Camping World, Harley-Davidson/Roadside Grill
178	Parks Rd, N 🔲 Texaco/dsl
171	Pittman Valley Rd, Deer Farm Rd, S 🏠 Mountain Ranch Resort
167	Garland Prairie Rd, Circle Pines Rd, N 🔲 KOA
165	AZ 64, to Williams, Grand Canyon, N 🍴 76 (8mi), Shell/dsl (4mi) 🔲 KOA (4mi), to Grand Canyon, S 🏠 Super 8 (1mi)
163	Williams, N 🔲 Chevron/dsl, ♥Loves/Arby's/dsl/scales/24hr 🏠 Quality Inn 🔲 Canyon Gateway RV Park, S 🔲 Circle K, Mobil/dsl, Mustang/dsl, Shell/dsl 🍴 Jack-in-the-Box, KFC/Taco Bell, McDonald's, Old Town Rest., Pancho's Mexican, Pine Country Rest., Pizza Hut, Red Garter Rest, Rod's Steaks, Rte 66 Diner, Twisters Soda Fountain 🏠 Canyon Motel/RV Park, EconoLodge, El Rancho Motel, Grand Canyon Railway Hotel, Howard Johnson, Knights Inn, Mountainside Motel, Ramada Inn, Rodeway Inn, Rodeway Inn, The Lodge Motel, Travelodge 🔲 $General, same as 161, USPO
161	Lp 40, Golf Course Dr, Williams, N 🔲 RV camping, 0-3 mi S 🔲 Circle K, Conoco/dsl/LP, Shell 🍴 Buffalo Pointe Inn, DQ, Jessica's Rest., Maria's Tacos 🏠 AZ Motel, Best Value, Best Western, Budget Host, Canyon Country Inn, Comfort Inn, Days Inn, Grand Canyon Hotel, Highlander Motel, Motel 6, Westerner Motel 🔲 Ⓗ, Family$, Safeway, to Grand Canyon Railway
157	Devil Dog Rd
155.5mm	safety pullout wb, litter barrels
151	Welch Rd
149	Monte Carlo Rd, N 🔲 dsl repair
148	County Line Rd
146	AZ 89, to Prescott, Ash Fork, N 🔲 Mobil/dsl, Shell/dsl 🍴 Lulu Belle's BBQ, Ranch House Cafe 🏠 Ash Fork Inn 🔲 Family$
144	Ash Fork, N 🏠 Ash Fork Inn 🔲 Grand Canyon RV Park, museum/info, USPO, S 🔲 Chevron/Piccadilly's/dsl, Texaco/dsl/RV Park 🔲 auto/RV repair
139	Crookton Rd, to Rte 66
123	Lp 40, to Rte 66, to Grand Canyon Caverns, Seligman, N 🔲 Chevron/A&W, Shell/dsl 🍴 Copper Cart Cafe, Lilo's Rest., Pizza Joint, Snow Cap Burgers 🏠 Canyon Lodge, Deluxe Inn, Stagecoach 66 Motel, Supai Motel 🔲 KOA (1mi), repair, USPO, S 🔲 Chevron/Subway/dsl, 🔲 (same as 121)
121	Lp 40, to Rte 66, Seligman, N 🔲 76/dsl, Chevron/A&W 🍴 Copper Cart Cafe, Lilo's Rest., Roadkill Cafe 🏠 Canyon Lodge, Route 66 Motel/pizza, Supai Motel 🔲 KOA (1mi), repair (same as 123), to Grand Canyon Caverns, USPO
109	Anvil Rock Rd
108mm	Markham Wash
103	Jolly Rd
96	Cross Mountain Rd
91	Fort Rock Rd
87	Willows Ranch Rd
86mm	Willow Creek
79	Silver Springs Rd
75.5mm	Big Sandy Wash
73.5mm	Peacock Wash
71	US 93 S, to Wickenburg, Phoenix
66	Blake Ranch Rd, N 🔲 Petro/Iron Skillet/dsl/scales/24hr/@ 🔲 Blake Ranch RV Park, SpeedCo Lube

60mm	Frees Wash
59	DW Ranch Rd, N 🔲 ♥Loves/Chester's/Subway/dsl/scales/24hr 🔲 Hualapai Mtn Park (9mi), truckwash
57mm	Rattlesnake Wash
53	AZ 66, Andy Devine Ave, to Kingman, N 🔲 ✈FLYING J/Denny's/dsl/LP/scales/24hr, Chevron/dsl, Maverik/dsl, Terrible's/dsl, Texaco/dsl 🍴 Arby's, Burger King, Denny's, Jack-in-the-Box, McDonald's, Pizza Hut, Taco Bell 🏠 Days Inn, EconoLodge, Knights Inn, Motel 6, Super 8, Travelodge 🔲 $General, Basha's Foods, Blue Beacon, dsl/tire repair, Freightliner, Goodyear, Harley-Davidson, KOA (1mi), S 🔲 Mobil/dsl, Shell/dsl, repair 🍴 ABC Chinese, JB's, Oyster's Mexican, Sonic 🏠 Best Western, Comfort Inn, Days Inn, High Desert Inn, Holiday Inn Express, Magnuson, Rodeway Inn, Rte 66 Motel, SpringHill Suites 🔲 Chrysler/Dodge/Jeep, Kia, NAPA, Sunrise RV Park, Uptown Drug
51	Stockton Hill Rd, Kingman, N 🔲 Arco/dsl, Chevron, Circle K/dsl 🍴 Carl's Jr, Chili's, Chipotle Mexican, Cracker Barrel, Del Taco, Domino's, Five Guys, Golden Corral, IHOP, In-N-Out, KFC, McDonald's, Panda Express, Papa John's, Papa Murphy's, Plaza Bonita, Scotty's Rest., Sonic, Starbucks, Subway, Taco Bell 🏠 Hampton Inn 🔲 Ⓗ, $General, $Tree, AutoZone, AZ RV Depot/repair, BigLots, BrakeMasters, Buick/Chevrolet, CVS Drug, Discount Tire, Ford/Lincoln, Home Depot, Honda, Hyundai, Oil Can Henry's, O'Reilly Parts, PetCo, Petsmart, Ross, Safeway/gas, Smith's Foods/dsl, Staples, Superior Tire, TrueValue, Verizon, vet, Walgreens, Walmart, S 🔲 Circle K 🍴 Kingman Co Steaks, Little Caesars, Paco's Mexican, Pizza Hut 🔲 99cent Store, CarQuest, Family$, JC Penney, Safeway/dsl, Sears
48	US 93 N, Beale St, Kingman, N 🔲 76/dsl, Chevron/dsl, Mobil/dsl, Shell/dsl, TA/Country Pride/Popeye's/dsl/scales/24hr/@ Texaco/dsl, USA/Subway/dsl, Woody's 🍴 Wendy's 🏠 Budget Inn, Economy Inn, Tristate Inn 🔲 4A Tire/auto/RV repair, S 🔲 Chevron/Quiznos/dsl 🍴 Calico's Rest., Carl's Jr 🏠 A Inn, Motel 6 🔲 city park, Ft Beale RV Park, Mohave Museum
46.5mm	Holy Moses Wash
44	AZ 66, Oatman Hwy, McConnico, to Rte 66, S 🔲 Crazy Fred's café/dsl 🔲 Canyon West RV Camping (3mi), truckwash
40.5mm	Griffith Wash
37	Griffith Rd
35mm	Black Rock Wash
32mm	Walnut Creek
28	Old Trails Rd
26	Proving Ground Rd, S 🔲 AZ Proving Grounds
25	Alamo Rd, to Yucca, N 🔲 USPO
23mm	Ⓡ🅂 both lanes full 🚹 facilities, litter barrels, petwalk, Ⓒ, 🔲 vending
21mm	Flat Top Wash
20	Santa Fe Ranch Rd
18.5mm	Illavar Wash
15mm	Buck Mtn Wash
13.5mm	Franconia Wash
13	Franconia Rd
9	AZ 95 S, to Lake Havasu City, Parker, London Br, S 🔲 Chevron/dsl, ♥Loves/Carl's Jr/Subway/dsl/scales/24hr, P/Wendy's/dsl/scales/24hr 🔲 Havasu RV Park, Prospectors RV Resort
4mm	weigh sta both lanes
2	Needle Mtn Rd
1	Topock Rd, to Bullhead City, Oatman, N 🔲 camping, food, gas, to Havasu NWR
0mm	Arizona/California state line, Colorado River, Mountain/Pacific time zone

ARKANSAS

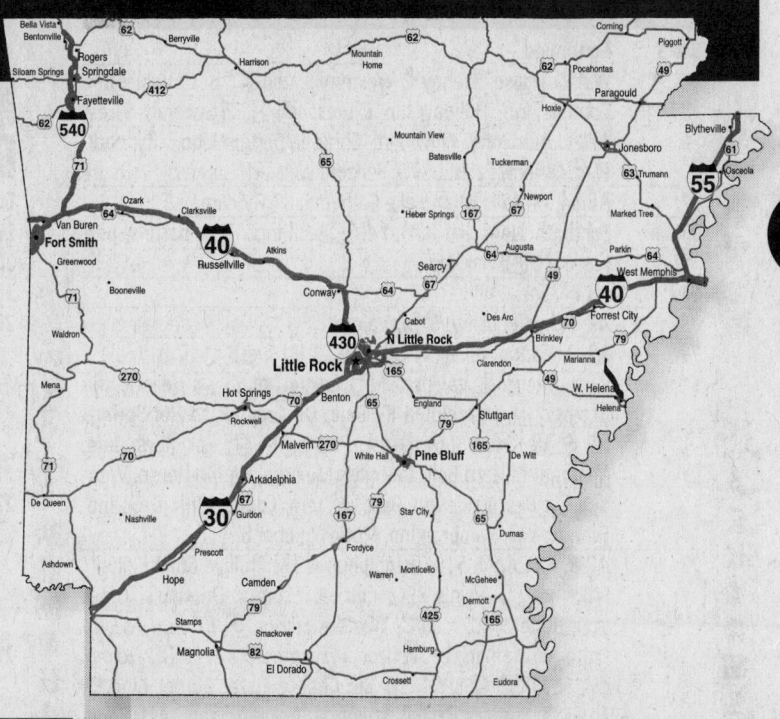

⬆️E   INTERSTATE 30

L I T T L E   R O C K

Exit #	Services
	I-30 begins/ends on I-40, exit 153b.
143b a	I-40, E to Memphis, W to Ft Smith
142	15th St, **S** 🅿 Super Stop/dsl
141b	US 70, Broadway St, downtown, **N** 🅿 Exxon, U.S. Fuel 🍴 Burger King 🅾 U-Haul, Verizon Arena, **S** 🅿 Phillips 66, Valero/dsl 🍴 KFC/LJ Silver, McDonald's, Popeye's, Taco Bell, Wendy's 🅾 Family$
141mm	Arkansas River
141a	AR 10, Cantrell Rd, Markham St (from wb), **W** 🅾 to downtown
140	9th St, 6th St, downtown, **N** 🅿 Phillips 66, Shell 🍴 Pizza Hut 🏠 Holiday Inn 🅾 USPO, **S** 🅿 SuperStop 🏠 Comfort Inn
139b	I-630, downtown
139a	AR 365, Roosevelt Rd, **N** 🅿 Exxon 🍴 Sim's BBQ 🅾 AutoZone, **S** 🅿 Shell 🅾 Family$, Kroger
138b	I-530 S, US 167 S, US 65 S, to Pine Bluff
138a	I-440 E, to Memphis, **S** 🅾 ♿
135	W 65th St, **N** 🅿 Exxon/dsl, Shell/dsl, Valero/dsl 🏠 Budget Host, **S** 🏠 Rodeway Inn
134	Scott Hamilton Dr, **S** 🅿 Exxon/dsl 🏠 Best Value Inn, Motel 6
133	Geyer Springs Rd, **N** 🅿 Exxon, Hess, Mobil 🍴 Church's, Sims BBQ, Subway, **S** 🅿 Citgo, Phillips 66, Shell 🍴 Arby's, Burger King, El Chico, KFC, Little Caesar's, McDonald's, Panda Chinese, Rally's, Sonic, Taco Bell, Waffle House, Wendy's 🏠 Best Western, Comfort Inn, Quality Inn, Rest Inn 🅾 CVS Drug, Family$, Goodyear/auto, Kroger/gas, Walgreens
132	US 70b, University Ave, **N** 🅿 RaceWay/dsl, SuperStop, Valero 🏠 Best Value Inn, **S** 🍴 Kum&Go/dsl 🅾 O'Reilly Parts
131	McDaniel Dr, **N** 🅾 U-Haul, **S** 🏠 Economy Inn, Super 7 Inn 🅾 Firestone
130	AR 338, Baseline Rd, Mabelvale, **N** 🏠 Cimarron Inn, EconoLodge 🅾 Harley-Davidson, **S** 🅿 Shell/Popeye's/dsl 🍴 Applebee's, China Buffet, Dixie Cafe, McDonald's, Pizza Hut, Sonic, Taco Bueno, Wendy's 🅾 $Tree, Chevrolet, Crain RV Ctr, GNC, Home Depot, URGENT CARE, Walmart/Subway
129	I-430 N
128	Otter Creek Rd, Mabelvale West, **N** 🅿 ♥Love's/Hardee's/Subway/dsl/scales/24hr 🍴 David's Burger 🅾 AT&T, Bass Pro Shop, Cavender's, Little Rock Outlets/famous brands, **S** 🅿 Exxon/dsl 🏠 Super 8 🅾 Purcell Tire/auto
126	AR 111, County Line Rd, Alexander, **N** 🅿 Shell/dsl, **S** 🅿 Citgo/Subway 🅾 Cherokee RV Park/dump (4mi)
123	AR 183, Reynolds Rd, to Bryant, Bauxite, **N** 🅿 Murphy USA/dsl, Shell 🍴 Arby's, Backyard Burgers, Burger King, Casa Mexicana, Cracker Barrel, Dickey's BBQ, Domino's, Firehouse Subs, Great Wall Buffet, IHOP, KFC, Papa John's, Pasta Jack's Italian, Pizza Hut, Ruby Tuesday, Subway, Ta Molly's, Taste of D-Light, Waffle House, Whole Hog Cafe 🏠 Berkshire Inn, Best Value Inn, Comfort Inn, Hampton Inn, Holiday Inn Express, Hometown Hotel, La Quinta 🅾 $Tree, AT&T, AutoZone, CVS Drug, Tire Pros, vet, Walgreens, Walmart/Subway, **S** 🅿 Exxon/dsl, Kum&Go/dsl/e85, Mapco/dsl/e85, Valero/dsl 🍴 Bryant Cafe, Chick-fil-A, Dunkin Donuts, Hardee's, Little Caesar's, Logan's Roadhouse, McDonald's, Mi Ranchito, Sonic, Taco Bell, Wendy's, Zaxby's 🏠 Super 8 🅾 $General,

M A B E L V A L E

B E N T O N

123	Continued Family$, Food Giant, Lowe's, O'Reilly Parts, USPO, vet
121	Alcoa Rd, **N** 🅿 Citgo, 🅿Pilot/Subway/dsl/scales/24hr/@ 🍴 McDonald's, Slim Chickens, Sonic, Taco Bueno, Zaxby's 🅾 Chrysler/Dodge/Jeep, Fiat, Firestone/auto, Kroger, **S** 🍴 Chili's, McAlister's Deli, Moe's SW Grill, Sakura Japanese, Starbucks, Subway 🏠 Holiday Inn Express 🅾 AT&T, Best Buy, Buick/GMC, GNC, Kohl's, Old Navy, PetCo, Target, Verizon
118	Congo Rd, **N** 🍴 Applebee's, Brown's Rest., Dixie Café, Domino's, Gino's Grill 🏠 Fairfield Inn, Relax Inn 🅾 Chevrolet, Home Depot, Williams Tire, **S** 🅿 Exxon, Kum&Go/dsl/e85 🍴 Burger King, Popeye's 🏠 Days Inn 🅾 Ford, I-30 Travel Park, RV City, USPO
117	US 64, AR 5, AR 35, **N** 🅿 Shell 🍴 Papa John's, Waffle House 🏠 Best Inn, Best Western, EconoLodge, **S** 🅿 Exxon, Gulf/dsl, Murphy USA/dsl, Valero 🍴 Arby's, Backyard Burger, Buffet City, Burger King, Capt D's, Chicken Express, Colton's Steaks, IHOP, KFC, La Hacienda Mexican, Little Caesar's, Mazzio's, McDonald's, Pizza Hut, Rib Crib, Samuri Japanese, Smokey Joe's BBQ, Sonic, Subway, Taco Bell, Wendy's 🏠 Days Inn 🅾 H, $General, $Tree, Advance Parts, AT&T, AutoZone, BigLots, CVS Drug, GNC, Kroger/dsl, Office Depot, O'Reilly Parts, Tuesday Morning, URGENT CARE, USPO, Verizon, Walgreens, Walmart/Subway
116	Sevier St, **N** 🅿 Citgo/dsl, Exxon 🏠 Troutt Motel, **S** 🅿 Phillips 66 🏠 Capri Inn
114	US 67 S, Benton, **S** 🅿 Valero/McDonald's/dsl 🍴 Sonic 🅾 $General
113mm	insp sta both lanes
111	US 70 W, Hot Springs, **N** 🅾 Cloud 9 RV Park, to Hot Springs NP
106	Old Military Rd, **N** 🅿 Alon/JJ's Rest./dsl/scales/@, **S** 🅾 JB'S RV Park
99	US 270 E, Malvern, **S** 🅾 H
98b a	US 270, Malvern, Hot Springs, **N** 🅿 Valero/dsl 🏠 Super 8, **S** 🅿 Murphy USA/dsl, Phillips 66/dsl, Shell/dsl, Valero, Valero/Baskin-Robbins 🍴 Burger King, Chile Peppers, Cotija Mexican, El Parian, Great Wall Buffet, Larry's Pizza, McDonald's, Papa John's, Pizza Hut, Sonic, Subway, Taco Bell,

AR

MALVERN

ARKADELPHIA

HOPE

🔼🔽 INTERSTATE 30 Cont'd

98b a	Continued Waffle House, Wendy's, Western Sizzlin 🛏 Best Value Inn, Comfort Inn, Holiday Inn Express 🅾 🏥, $General, $Tree, AT&T, AutoZone, Chevrolet, Chrysler/Dodge/Jeep, city park, Ford, O'Reilly Parts, USPO, Verizon, Walmart/Subway
97	AR 84, AR 171, N 🅾 Lake Catherine SP, RV camping
93mm	🆁🆂 (both lanes exit left), full 🦽 facilities, litter barrels, petwalk, 🚻, 🪑, vending
91	AR 84, Social Hill
83	AR 283, Friendship, S 🍴 Valero/dsl
78	AR 7, Caddo Valley, N 🅿 🕮/PJ Fresh Deli/dsl/scales/24hr, Shell/dsl, Valero/dsl 🍴 Cracker Barrel 🛏 Holiday Inn Express 🅾 Arkadelphia RV Park, De Gray SP, to Hot Springs NP, S 🅿 Exxon/Subway/dsl, Phillips 66 🍴 Fat Boys Cafe, McDonald's, Taco Bell, TaMolly's Mexican, Waffle House, Wendy's 🛏 Best Value Inn, Best Western, Comfort Inn, Days Inn, EconoLodge, Hampton Inn, Motel 6, Super 8
73	AR 8, AR 26, AR 51, Arkadelphia, N 🅿 Phillips 66/dsl, Shell/Stuckey's 🍴 Allen's BBQ, Chicken Express, Domino's, Great Wall Buffet, McDonald's, Western Sizzlin 🅾 $Tree, AT&T, to Crater of Diamond SP, Verizon, Walmart/Subway, S 🅿 Exxon/dsl, Shell 🍴 Andy's Rest., Big Cheese Pizza, Burger King, El Torero's, Subway 🅾 🏥, $General, Ace Hardware, AutoZone, Brookshire Foods, O'Reilly Parts, vet, Walgreens
69	AR 26 E, Gum Springs
63	AR 53, Gurdon, N 🅿 South Fork Trkstp/Citgo/rest./dsl 🛏 Southfork Inn, S 🅿 Shell/dsl 🅾 to White Oak Lake SP
56mm	🆁🆂 both lanes, full 🦽 facilities, litter barrels, petwalk, 🪑, vending, vending
54	AR 51, Gurdon, Okolona
46	AR 19, Prescott, N 🅿 Valero/cafe/dsl/24hr 🅾 Crater of Diamonds SP (31mi), S 🅿 ⬥Loves⬥/Hardee's/dsl/scales/24hr 🍴 Casa Carlos Mexican
44	AR 24, Prescott, N 🅿 TA/Country Pride/Subway/Taco Bell/dsl/scales/24hr/@, S 🅿 Norman's 44 Trkstp/rest/dsl/scales/@ 🛏 Best Value Inn 🅾 to S Ark U, truckwash
36	AR 299, to Emmett
31	AR 29, Hope, N 🅿 Shell/dsl 🛏 Relax Inn, Village Inn/RV park 🅾 st police, S 🅿 Exxon/dsl, Valero/dsl 🍴 KFC 🛏 Best Value Inn 🅾 🏥
30	AR 4, Hope, N 🅿 Mobil/dsl, Murphy USA/dsl 🍴 Dos Loco Gringos 🛏 Best Western, Hampton Inn, Holiday Inn Express, Super 8 🅾 Millwood SP, Verizon, Walmart/Subway, S 🅿 Exxon/Baskin-Robbins/Wendy's, Shell 🍴 Amigo Juan Mexican, Burger King, Little Caesar's, McDonald's, Pizza Hut, Roma's Italian, Sonic, Subway, Taco Bell, Waffle House 🛏 Days Inn 🅾 🏥, $Tree, AT&T, AutoZone, Buick/Chevrolet/GMC, Bumper Parts, Ford, Fred's, Old Washington Hist SP, O'Reilly Parts, Super 1 Foods/gas, Walgreens
26mm	weigh sta both lanes
18	rd 355, Fulton, N 🅿 Red River Trkstp/dsl
17mm	Red River
12	US 67 (from eb), Fulton
7mm	Welcome Ctr eb, full 🦽 facilities, info, litter barrels, petwalk, 🚻, 🪑, vending
7	AR 108, Mandeville, N 🅿 ⬥FLYING J⬥/Denny's/dsl/LP/24hr 🛏 Sunrise RV Park 🅾 truckwash
3	I-49, N to Ft Smith, S to Shreveport
2	Four States Fair Pkwy, Texarkana, N 🅿 RoadRunner/dsl, Shell/Circle K/dsl, S 🅿 Camp I-30 Trkstp 🅾 Ferguson Fairpark, Nick's RV Ctr

WEST MEMPHIS

FORREST CITY

1	US 71, Jefferson Ave, Texarkana, N 🍴 Copeland's Rest., Johnny Tamales 🛏 Best Western, Comfort Suites, Hampton Inn, Holiday Inn, Holiday Inn Express 🅾 KOA, S 🛏 Country Host Inn
0mm	Arkansas/Texas state line

🔼🔽 INTERSTATE 40

Exit #	Services
285mm	Arkansas/Tennessee state line, Mississippi River
284mm	weigh sta wb
281	AR 131, S to Mound City
280	Club Rd, Southland Dr, N 🅿 LNG, 🕮/Wendy's/ds S 🅿 ⬥FLYING J⬥/Denny's/dsl/LP/24hr, ⬥Loves⬥/Subway/dsl, Petro/Iron Skillet/dsl/24hr/@, Valero/dsl 🍴 KFC/Tac Bell, McDonald's 🛏 Best Western, Deluxe Inn, Express Inn, Super 8 🅾 Blue Beacon, SpeedCo Lube
279b	I-55 S (from eb)
279a	Ingram Blvd, N 🍴 Margaritas Mexican 🛏 Days Inn, Homegate Inn, Knights Inn, Red Roof Inn 🅾 Ford, Southland Racetrack, S 🅿 Citgo/dsl, Phillips 66, Shell /dsl 🍴 Cross Cree Rest., Waffle House 🛏 Best Value Inn, Clarion, EconoLodge, Hampshire Inn, Motel 6, Ramada, Relax Inn
278	AR 77, 7th St, Missouri St, N Welcome Ctr/🆁🆂, full 🦽 facilities 🪑, litter barrels, petwalk, 🚻 Shell/dsl, S on Missouri 🅿 Exxon, MapCo, Phillips 66/dsl, Shell 🍴 Applebee's, Burger King Cracker Barrel, Domino's, Krystal, Lenny's Subs, Little Caesar's McDonald's, Papa John's, Pizza Hut, Popeye's, Shoney's, Subway, Taco Bell, Wendy's 🛏 Comfort Suites, Extend Suites Holiday Inn Express 🅾 🏥, $Tree, Goodyear/auto, Kroger/ds Walgreens, Walmart
277	I-55 N, to Jonesboro
276	AR 77, Rich Rd, to Missouri St (from eb, same as 278), S 🅿 Exxon, MapCo, Murphy Express/dsl, Phillips 66/dsl, Shell 🍴 Applebee's, Burger King, Domino's, Fusion Buffet, Krystal, Lenny's Subs, Little Caesar's, McDonald's, Mi Pueblo Mexican, Papa John's, Pizza Hut, Popeye's, Shoney's, Subway, Taco Bell, Wendy's 🛏 Extend Suites 🅾 🏥, $Tree, AT&T, Family$, Goodyear/auto, Kroger/dsl, Walgreens, Walmart
275	AR 118, Airport Rd, S 🅿 Shell/DQ/dsl 🍴 Huddle Hous 🅾 city park, URGENT CARE
274mm	weigh sta eb, parking area wb
271	AR 147, to Blue Lake, S 🅿 BP/dsl, Exxon/Chester's/ds 🅾 tires, to Horseshoe Lake
265	US 79, AR 218, to Hughes
260	AR 149, to Earle, N 🅿 Citgo/Subway, TA/Country Pride/Burger King/Taco Bell/dsl/scales/24hr/@, Valero/dsl 🛏 Rela Inn 🅾 Shell Lake Camping, S 🅾 dsl repair
256	AR 75, to Parkin, Parkin Archeological Park (12mi)
247	AR 38 E, to Widener
245mm	St Francis River
243mm	🆁🆂 wb, full 🦽 facilities, litter barrels, petwalk, 🚻, 🪑, vendin
242	AR 284, Crowley's Ridge Rd, N 🅾 🏥, camping, to Villag Creek SP
241b a	AR 1, Forrest City, N 🅿 Citgo/DQ/dsl, Shell/Popeye's/dsl 🍴 Don Jose Mexican, HoHo Chinese, Wendy's 🛏 Comfort Suites, Day Inn, Econolodge, Hampton Inn, Holiday Inn Express, Luxury Inn Magnolia Inn, Sunrise Inn, Super 8 🅾 st police, S 🅿 Citgo/dsl, Exxon/dsl, Murphy USA/dsl, Shell/dsl 🍴 Ameca Mexican Andrey Mexican, Burger King, Dragon China, KFC, McDonald's Ole Sawmill Cafe, Pizza Hut, Sonic, Subway, Taco Bell, Waffle House 🛏 Colony Inn 🅾 $Tree, AT&T, Food Giant, Fred's O'Reilly Parts, Save-A-Lot Foods, Verizon, Walgreens, Walmart
239	AR 1, to Wynne, Marianna

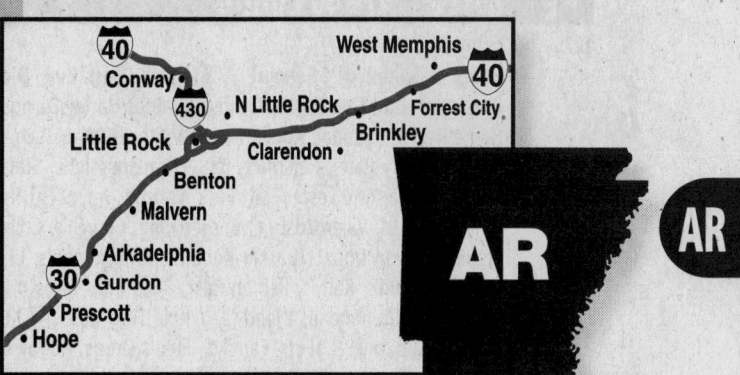

⬆️E INTERSTATE 40 Cont'd

Exit #	Services
235mm	🆁🆂 eb, full 🚻 facilities, litter barrels, petwalk, 📞, ⬛, vending
234mm	L'Anguille River
233	AR 261, Palestine, **N** 🅿 ♥Love's/Chester's/Subway/dsl/scales/24hr 🛏 Rest Inn, **S** 🅿 Citgo/dsl 🍴 Natty's Buffet 🅾 Goodyear/tire repair
221	AR 78, Wheatley, **N** 🅿 SweetPea/dsl/repair, **S** 🅿 MapCo/Subway/dsl, Valero/Pitstop/diner/dsl
216	US 49, AR 17, Brinkley, **N** 🅿 Citgo, Mobil/dsl 🛏 Best Inn, Days Inn, EconoLodge, Motel 6/RV Park 🅾 dsl repair, KFC/Taco Bell, Los Piños Mexican, **S** 🅿 Exxon/Baskin-Robbins/dsl, MapCo/dsl, Shell 🍴 Gene's BBQ, McDonald's, New China, Pizza Hut, Sonic, Subway, Waffle House 🛏 Heritage Inn/RV Park 🅾 $General, AT&T, Bumper Parts, Family$, Fred's, Kroger, O'Reilly Parts
205mm	Cache River
202	AR 33, to Biscoe
200mm	White River
199mm	🆁🆂 both lanes, full 🚻 facilities, litter barrels, no 📞, ⬛, vending
193	AR 11, to Hazen, **N** 🅿 Exxon/Chester's/dsl, **S** 🅿 Citgo/dsl, Shell/dsl 🍴 El Amigo Mexican 🛏 Super 8, Travel Inn 🅾 T-rix RV Park
183	AR 13, Carlisle, **S** 🅿 Citgo, Conoco/dsl, Exxon/Subway/dsl, Valero/dsl 🍴 Nick's BBQ, Pizza 'N More, Sonic 🛏 Days Inn 🅾 $General
175	AR 31, Lonoke, **N** 🅿 Phillips 66, Valero/dsl 🍴 Marachi Mexican, McDonald's, Waffle House 🛏 Best Western, Days Inn, Economy Inn, Hampton Inn, Holiday Inn Express 🅾 AT&T, Verizon, Walmart, **S** 🅿 Shell/Subway 🍴 KFC/Taco Bell, Pizza Hut, Sawbucks Mexican, Sonic 🛏 Perry's Motel 🅾 $General, Goodyear/auto, O'Reilly Parts
173	AR 89, Lonoke
169	AR 15, Remington Rd
165	Kerr Rd
161	AR 391, Galloway, **N** 🅿 ♥Love's/Chester's/subs/dsl/scales/24hr 🅾 Camping World RV Ctr, **S** 🅿 IA-80 TruckOMat/dsl/scales, LNG, Petro/Iron Skillet/dsl/scales/24hr/@, 🅿Pilot/Subway/Pizza Hut/dsl/scales/24hr 🛏 Galloway Inn 🅾 Blue Beacon, dsl repair, Freightliner, Southern Tire Mart, SpeedCo
159	I-440 W, **S** 🅿
157	AR 161, to US 70, **N** 🅿 Exxon/dsl, **S** 🅿 Hess, Mobil/dsl, Shell/dsl, Valero/dsl 🍴 Burger King, KFC/Taco Bell, McDonald's, Sonic 🛏 Comfort Inn, Days Inn, EconoLodge, Red Roof Inn, Rest Inn, Super 8 🅾 Family$
156	Springhill Dr, **N** 🅿 Kum&Go/dsl, Mapco/dsl, Murphy USA/dsl 🍴 Cracker Barrel 🛏 Candlewood Suites, Fairfield Inn, Hilton Garden, Holiday Inn Express, Residence Inn, Walmart
155	US 67 N, US 167, to Jacksonville (exits left from eb), Little Rock AFB, 0-3 mi **N** on US 167/McCain Blvd 🅿 Murphy USA/dsl, Phillips 66/dsl, Shell, Valero/dsl 🍴 Applebee's, Arby's, Bar Louie, BJ's Rest., Buffalo Wild Wings, Burger King, Cactus Jacks, Carino's Italian, Chick-fil-A, Chili's, ChuckECheese's, Chuy's TexMex, CiCi's Pizza, Corky's BBQ, David's Burgers, Dixie Cafe, El Porton Mexican, Firehouse Subs, Five Guys Burgers, Fox & Hound, Golden Corral, Hog Wild Cafe, Hooters, IHOP, Jason's Deli, Jimmy John's, Kanpai Japanese, McDonald's, Newk's Eatery, Old Chicago Pizza, Olive Garden, On-the-Border, Outback Steaks, Panera Bread, Pizza Hut, Popeyes, Rally's, Red Lobster, Saddle Creek Grill, Sonic, Subway, Super King Buffet, Taco Bell, Taziki's Mediterranean, TGIFriday's, TX Roadhouse, US Pizza,

155	Continued
	Waffle House, Wendy's 🛏 Candlewood Suites, Comfort Inn, Courtyard, Hampton Inn, Hilton Garden, Holiday Inn Express, La Quinta, La Quinta, Super 8 🅾 $Tree, 🅷, Aamco, AT&T, Barnes&Noble, Best Buy, BigLots, Books-A-Million, Buick/GMC, Chevrolet, Chrysler/Dodge/Jeep, Dillard's, Firestone/auto, Ford, Hancock Fabrics, Home Depot, Honda, Hyundai, JC Penney, Jo-Ann, Kia, Kroger, Lincoln, Lowe's, mall, Mazda, Michael's, Nissan, Office Depot, PepBoys, PetCo, Petsmart, Ross, Sam's Club/gas, Sears/auto, Steinmart, Target, TJ Maxx, Toyota/Scion, URGENT CARE, Verizon, vet, VW, Walgreens, Walmart/Subway
154	to Lakewood (from eb)
153b	I-30 W, US 65 S, to Little Rock
153a	AR 107 N, JFK Blvd, **N** 🅿 Exxon, Mapco/dsl, Shell 🍴 Schlotzsky's 🛏 Best Value Inn 🅾 vet, **S** 🅿 Exxon 🍴 Bogie's Grill, Royal Buffet 🛏 Baymont Inn, Budgetel, Clarion, Motel 6, Quality Inn 🅾 🅷, USPO
152	AR 365, AR 176, Camp Pike Rd, Levy, **N** 🅿 Exxon, Shell 🍴 Burger King, KFC, Little Caesar's, McDonald's, Mexico Chiquito, Pizza Hut, Señor Tequila, Sonic, Subway, Taco Bell, US Pizza, Waffle House, Wendy's 🅾 $General, AutoZone, Family$, Fred's, Kroger/gas, O'Reilly Parts, **S** 🅿 Shell 🍴 Chicken King 🅾 🅷, Family$, Kroger, Save a Lot
150	AR 176, Burns Park, Camp Robinson, **S** 🅾 camping, info
148	AR 100, Crystal Hill Rd, **N** 🅿 Shell, **S** 🅿 Citgo/dsl, Exxon/dsl 🅾 KOA
147	I-430 S, to Texarkana
142	AR 365, to Morgan, **N** 🅿 Phillips 66, Valero/dsl 🛏 Days Inn 🅾 Bumper Parts, Trails End RV Park, **S** 🅿 Kum&Go/dsl, Shell/dsl 🍴 KFC, McDonald's, Razorback Pizza, Smokeshack BBQ, Subway, Waffle House 🛏 Best Value Inn, Holiday Inn Express, Quality Inn 🅾 $General, Autozone
135	AR 365, AR 89, Mayflower, **N** 🅿 Hess/dsl, **S** 🅿 Exxon/dsl, Valero 🍴 Sonic, Subway 🅾 $General, Harp's Mkt
134mm	truck parking both lanes
129	US 65B, AR 286, Conway, **N** 🅿 Sam's Club/dsl 🍴 On the Border 🅾 $Tree, AT&T, BAM!, Buick/GMC, Kia, Michael's, Petco, Ross, **S** 🅿 Exxon/dsl, MapCo/Quiznos/dsl 🍴 Subway 🅾 🅷, Chevrolet, Chrysler/Dodge/Jeep, Honda, st police, to Toad Suck SP, Toyota/Scion
127	US 64, Conway, **N** 🅿 Gulf/dsl, Shell, Valero/dsl 🍴 Arby's, Buffalo Wild Wings, Chick-fil-A, Chili's, Chipotle, Golden Corral, Las Palmas Mexican, Logan's Roadhouse, Mulan's Buffet, Popeye's, Sonic, Starbucks, Subway, TGIFriday's, Waffle House 🛏 Best Value Inn, Best Western, Comfort Suites, Country Inn&Suites, Days Inn, Economy Inn, Hampton Inn, Hilton Garden,

🔼E INTERSTATE 40 Cont'd

127 Continued
Home 2 Suites 🅾 $General, AT&T, Belk, Best Buy, Dick's, Firestone/auto, Ford, GNC, Goodyear/auto, Harley-Davidson, Home Depot, Hyundai, Kohl's, Moix RV Ctr, NAPA, Nissan, Old Navy, O'Reilly Parts, Petsmart, repair/transmissions, Staples, Target, TJ Maxx, to Lester Flatt Park, Verizon, vet, S 📑 Race-Way, Shell/dsl, Valero/dsl 🍴 Burger King, Church's, Colton's Steaks, Dunkin Donuts/Baskin Robbins, Jimmy John's, LJ Silver, McDonald's, Rally's, Saigon Rest., Taco Bell, Tacos 4 Life, Taziki's Mediterranean, Wendy's, Whole Hog Cafe 🏠 Kings Inn 🅾 AutoZone, BigLots, Family$, Fred's Drugs, Hobby Lobby, Kroger/gas, tires, Walgreens

125 US 65, Conway, N 📑 Conoco/dsl, Exxon/Subway/dsl 🍴 China Town, Cracker Barrel, El Acapulco Mexican, McDonald's, Mkt-Place Deli 🏠 Quality Inn 🅾 $Tree, JC Penney, Office Depot, Sears, S 📑 Citgo, CNG, Horton's, Mobil/dsl, Murphy USA/dsl 🍴 Burger King, Cast Iron Skillet, CiCi's Pizza, David's Burgers, Dixie Cafe, Firehouse Subs, Fuji Steaks, IHOP, Los Potrillos Mexican, McAlister's Deli, Mexico Chiquito, New China, Outback Steaks, Panera Bread, Ruby Tuesday, Russo's Italian Kitchen, Sonic, Starbucks, Subway, Waffle House, Wendy's 🏠 Candlewood Suites, Comfort Inn, Fairfield Inn, Holiday Inn Express, Howard Johnson, La Quinta, Microtel, Motel 6, Super 8 🅾 🏥, Advance Parts, AT&T, Lowe's, tires, Walmart

124 AR 25 N, to Conway, S 📑 Alon/Hess/dsl, Kum&Go/dsl 🍴 DQ, KFC, Popeye's 🅾 🏥, vet

120mm Cadron River

117 to Menifee

112 AR 92, Plumerville, N 📑 Exxon/dsl, S 📑 Country Store/dsl 🅾 USPO

108 AR 9, Morrilton, N 🅾 Ford/Lincoln, S 📑 Murphy USA, Shell/Pizza Pro/dsl, Valero 🍴 Chop Stix, Colton's Steaks, Hardees, Mama DeLuca's Pizza, McDonald's, Ortega's Mexican, Pizza Hut, Sonic, Subway, Taco Bell, Waffle House, Wendy's 🏠 Holiday Inn Express, Super 8 🅾 🏥, $General, Ace Hardware, AT&T, Chrysler/Dodge/Jeep, Kroger, NAPA, to Petit Jean SP (21mi), Verizon, vet, Walmart

107 AR 95, Morrilton, N 📑 Shell/dsl 🏠 Best Value Inn 🅾 I-40/107 RV Park, S 📑 ❤Love's/Subway/dsl/24hr, Shell 🍴 Mom&Pop's Waffles, Morrilton Drive Inn, Yesterdays Rest. 🏠 Days Inn 🅾 Bumper Parts

101 Blackwell, N 📑 Blackwell TrkStp/Citgo/Domino's/diner/dsl/scales/24hr 🅾 Utility Trailer Sales

94 AR 105, Atkins, N 📑 Exxon/Subway/dsl, VP/McDonald's/dsl 🍴 Berky's Diner, El Parian Mexican, Sonic 🅾 $General, S 📑 Casey's/dsl 🅾 Cash Saver Foods

88 Pottsville, S 🅾 $General, truck repair/wash

84 US 64, AR 331, Russellville, N 📑 ⛟FLYING J/Denny's/dsl/scales/LP/24hr, Shell/dsl 🅾 Ivys Cove RV Retreat, S 📑 Phillips 66, ▮▮▮▮▮/Subway/Wendy's/dsl/scales 🍴 Chick-fil-A, CiCi's Pizza, Hardee's, McDonald's, Mulan's Buffet, Sonic, Waffle House 🏠 Comfort Inn, Quality Inn 🅾 🏥, $Tree, AT&T, Belk, Buick/Chevrolet/GMC, Chrysler/Dodge/Jeep, GNC, Hobby Lobby, Hyundai, JC Penney, K-Mart, Lowe's, Nissan, Petsmart, Ross, Staples, TJ Maxx, Toyota, USPO

83 AK 326, Weir Rd, S 📑 Phillips 66/dsl, Walmart Gas/dsl 🍴 Buffalo Wild Wings, DQ, McAlisters Deli, Popeye's, Starbucks, Steak'n Shake, Subway, Sumo, Taco Bell, Taco John's 🏠 Comfort Inn 🅾 $General, AutoZone, Firestone/auto, Ford/Lincoln, Mazda, NAPA, O'Reilly Parts, Verizon, Walmart/McDonald's

---

81 AR 7, Russellville, N 📑 SuperStop/dsl 🍴 CJ's Burger[🏠 Motel 6 🅾 $General, Outdoor RV Ctr/Park, S 📑 Exxon[dsl, Phillips 66/dsl, Shell 🍴 Arby's, Burger King, Cagle's M[Rest., Colton's Steaks, Cracker Barrel, Dixie Café, Firehouse Sub[IHOP, La Huerta Mexican, New China, Ruby Tuesday, Subway[Waffle House 🏠 Best Value, Best Western, Clarion, Days In[Econolodge, Fairfield Inn, Hampton Inn, La Quinta, Super [🅾 RV camping, to Lake Dardanelle SP

80mm Dardanelle Reservoir

78 US 64, Russellville, S 📑 Darrell's Mkt 🍴 Fat Daddy's BB[🅾 🏥, Mission RV Park, to Lake Dardanelle SP

74 AR 333, London

72mm 📳 wb, full 🚻 facilities, litter barrels, petwalk, 🎮, 🐾, vendin[

70mm overlook wb, litter barrels

68mm 📳 eb, full 🚻 facilities, litter barrels, petwalk, 🎮, 🐾, vendin[

67 AR 315, Knoxville, S 🅾 USPO

64 US 64, Clarksville, Lamar, S 📑 Valero/dsl 🅾 Dad's Drear[RV Park

58 AR 21, AR 103, Clarksville, N 📑 Casey's/dsl, Shell, Vale[ro 🍴 Emerald Dragon Chinese, KFC, La Chiquita Mexican[McDonald's, Pasta Grill, Pizza Hut, Subway, Taco Bell, Waff[House 🏠 Best Western, Executive Inn, Quality Inn, Supe[8 🅾 🏥, $General, Buick/Chevrolet, S 📑 Murphy USA[dsl 🍴 Arby's, China Fun, Wendy's 🅾 $Tree, AT&T, Chrysler[Dodge/Jeep, Ford, Walmart/Subway

57 AR 109, Clarksville, N 📑 Fuel Stop/dsl 🍴 Sonic, Subwa[🅾 Family$, Harp's Mkt, S 📑 Shell/Chester's/dsl 🅾 Truc[wash, TrueValue

55 US 64, AR 109, Clarksville, N 🍴 Att's Asian, Hardee's, Kountr[Kitchen Grille 🏠 Hampton Inn, Holiday Inn Express, Sunse[Inn, S 📑 AutoTruck/dsl 🅾 st police

47 AR 164, Coal Hill

41 AR 186, Altus, N 🍴 Swiss Family Rest., S 🍴 Wiederke[Rest. (4mi) 🅾 winery (4mi)

37 AR 219, Ozark, S 📑 ❤Love's/Subway/dsl/scales/24h[Shell/McDonald's/dsl 🍴 KFC/Taco Bell 🏠 Best Valu[Inn 🅾 🏥

36mm 📳 both lanes, full 🚻 facilities, litter barrels, petwalk, 🎮, 🐾[

35 AR 23, Ozark, N 📑 Valero/Subway/dsl/scales 🍴 Hillbill[Hideout Rest, 3 mi , S 🍴 Hardee's, Subway 🅾 Oxford In[Ozark Inn 🅾 🏥, Aux Arc Park (5mi), to Mt Magazine S[(20 mi)

24 AR 215, Mulberry, S Vine Prairie Park

20 Dyer, S 📑 Phillips 66/dsl, Shell/dsl 🏠 Mill Creek Inn

13 US 71 N, to Fayetteville, N 📑 Shell, Sunoco/dsl 🍴 Burge[King, Catfish Hole, China Fun, Cracker Barrel, KFC, La Fiest[Mexican, Mazzio's, Pizza Parlor, Subway, Taco Bell 🏠 Qual[ty Inn 🅾 $General, Crabtree RV Ctr/Park, KOA (2mi), Lake [Smith SP, O'Reilly Parts, to U of AR, S 📑 Murphy USA/ds[Valero/dsl, Workman's 🍴 Braum's, Geno's Pizza, McDor[ald's, Pizza Hut, Sonic 🏠 Days Inn 🅾 AT&T, Coleman Dru[CV's Foods, Harp's Foods, Walgreens, Walmart

12 I-49 N, to Fayetteville, N 🅾 to Lake Ft Smith SP

9mm weigh sta both lanes

7 I-540 S, US 71 S, to Ft Smith, Van Buren, S 🅾 🏥

5 AR 59, Van Buren, N 📑 Citgo/dsl, Murphy USA/dsl, VP F[els 🍴 Arby's, Burger King, Chili's, Domino's, Firehouse Sub[Frank's Italian, Golden Wok, La Fiesta Mexican, Little Caesar[McDonald's, Papa Murphy's, Starbucks, Zaxby's 🏠 Best Wes[ern, Hampton Inn 🅾 $Tree, Advance Parts, AT&T, CVS Dru[Lowe's, NAPA, USPO, Verizon, Walmart/Subway, S 📑 Casey's[dsl, Shell/dsl 🍴 Braum's, Geno's Pizza, KFC/Taco Bell, La Fresc[

▲E INTERSTATE 40 Cont'd

VAN BUREN

5	Continued Mexican, Sonic, Subway, Waffle House, Wendy's 🛏 Holiday Inn Express, Motel 6, Sleep Inn, Super 8 🅾 $General, CV's Foods, Grizzle Tire, Outdoor RV Park, truckwash, vet, Walgreens
3	Lee Creek Rd, **N** 🅖 Shell/dsl 🅾 Park Ridge Camping
2.5mm	Welcome Ctr eb, full ♿ facilities, info, litter barrels, petwalk, 🅲, 🚽, vending
1	to Ft Smith (from wb), Dora
0mm	Arkansas/Oklahoma state line

▲N INTERSTATE 49 (Fayetteville)

Exit #	Services
93	US 71B, Bentonville, **I-49 begins/ends on US 71 N.**
88	AR 72, Bentonville, Pea Ridge, **E** 🅖 Casey's 🍴 River Grille 🛏 Courtyard, Simmon's Suites, **W** 🅖 Kum&Go/dsl, Shell/dsl 🍴 Smokin' Joe's Ribs 🅾 Walmart Visitors Ctr
86	US 62, AR 102, Bentonville, Rogers, **E** 🛏 TownePlace Suites 🅾 Pea Ridge NMP, Sam's Club/gas, Walmart Mkt, **W** 🅖 Shell/dsl 🍴 Arby's, Dunkin Donuts, McDonald's, Sonic, Subway, Taco Bell 🛏 Woodspring Suites
85	US 71B, AR 12, Bentonville, Rogers, **E** 🅖 Conoco/dsl 🍴 Abuelo's, Applebee's, Arby's, Atlanta Bread, Boar's Nest, Carino's Italian, Chick-fil-A, Chili's, Colton's Steaks, Copeland's Rest., Dixie Café, Freddy's Burgers, IHOP, Logan's Roadhouse, McDonald's, Napoli's Pizza, On-the-Border, Outback Steaks, Quiznos, Red Robin, Sonic, Starbucks 🛏 Candlewood Suites, Country Inn&Suites, Fairfield Inn, Hampton Inn, Homewood Suites, Hyatt Place, Mainstay Suites, Residence Inn 🅾 AT&T, Barnes&Noble, Beaver Lake SP, Belk, Firestone/auto, Jo-Ann, Kohl's, Lowe's, Marshalls, Office Depot, PetCo, Prairie Creek SP, Ross, Staples, Verizon, **W** 🅖 Kum&Go/dsl, Murphy Express/dsl, Shell 🍴 Azul Tequila Mexican, Billy Sims BBQ, Braum's, Buffalo Wild Wings, Chipotle, Cracker Barrel, Denny's, Firehouse Subs, HoneyBaked Ham, Jimmy John's, Joe's Italian, Jonny Brusco's Pizza, Krispy Kreme, Lenny's Subs, Lin's Garden, Mama Fu's Asian, McAlister's Deli, Panera Bread, Shogun Japanese, Smashburger, Starbucks, Subway, Taco Bueno, Taziki's Mediterranean Cafe, Village Inn, Waffle House, Whole Hog Cafe, Zaxby's 🛏 Best Western, Comfort Suites, Days Inn, DoubleTree Hotel, EconoLodge, Hilton Garden, Holiday Inn Express, La Quinta, Microtel, Motel 6, Sheraton, SpringHill Suites, Super 8 🅾 🅗, BMW, Buick/GMC, Cadillac, Chevrolet, Christian Bros Auto, Chrysler/Dodge/Jeep, Honda, Hyundai, Kia, Mazda, Mercedes, Nissan, Toyota/Scion, URGENT CARE
83	AR 94 E, Pinnacle Hills Pkway, **E** 🅖 Phillips 66 🍴 After 5 Grill, Bariola's Pizza, ChuckECheese's, Dickey's BBQ, Firehouse Subs, Five Guys, Genghis Grill, Jimmy John's, Maddio's Pizza, Mojitos Mexican, Olive Garden, Panda Express, Qdoba, Red Lobster, Slim Chickens, Starbucks, Steak'n Shake, Taco Bell 🅾 🅗, Home Depot, Horse Shoe Bend Park, URGENT CARE, Walgreens, **W** 🍴 Bonefish Grill, Carrabba's, Coldstone, Crabby's Seafood Grill, Grub's Grille, Mellow Mushroom, Ruth's Chris Steaks, Subway, The Egg&I, Theo's, Tropical Smoothie 🛏 ALoft, Embassy Suites, Holiday Inn, Staybridge Suites
82	Promenade Blvd, **E** 🍴 Fish City Grill, Food Pavilion, Houlihan's, Longhorn Steaks, Mimi's Cafe, PF Chang's, Twin Peaks, TX Land&Cattle 🅾 🅗, AT&T, Best Buy, Cabela's, Dillard's, Fresh Mkt, GNC, Gordman's, Hancock Fabrics, JC Penney, Old Navy, Petsmart, Target, TJMaxx, Verizon, **W** 🍴 Chuy's Mexican, Deluxe Cafe, Pei Wei, Roma Italian 🅾 Walmart Mkt/dsl

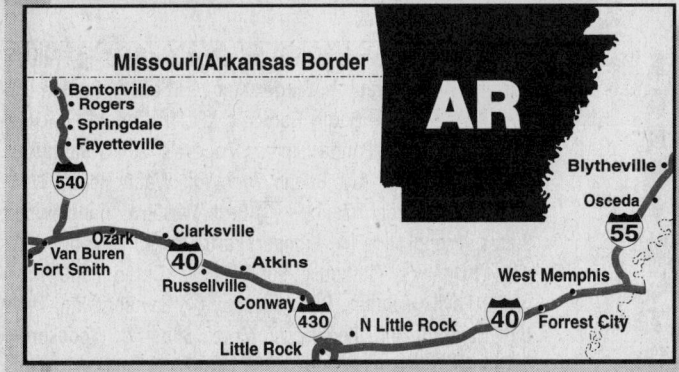

81	Pleasant Grove Rd, **E** 🅖 Murphy USA/dsl 🍴 Backyard Burger, Chick-fil-A, Golden Corral, Gusano's Pizzaria, McDonald's, Moe's SW, Papa Murphy's, Starbucks, Subway, Taco Bueno, Whataburger 🅾 Burlington, Cavender's, Firestone/auto, Walgreens, Walmart, **W** 🅖 Casey's/dsl
78	AR 264, Lowell, Cave Sprgs, Rogers, **E** 🅖 Kum&Go/dsl, Shell/dsl 🍴 Arby's, Dickey's BBQ, Domino's, DQ, KFC, LJ Silver, McDonald's, Sonic, Subway, Taco Bell 🅾 $General, auto repair, Camping World RV Ctr, Super 8, **W** 🅖 Kum&Go/dsl
76	Wagon Wheel Rd, **E** 🅖 Shell/Subway/dsl 🅾 to Hickory Creek Park
73	Elm Springs Rd, **E** 🅖 Kum&Go/dsl, VP/dsl 🍴 Eureka Pizza, Patrick's Burgers, Whataburger 🛏 Woodspring Suites 🅾 Chevrolet, Family$, **W** 🅖 Shell/dsl, Walmart/dsl 🍴 McDonald's, MJ Pizzaria, Panda Express 🅾 Walmart
72mm	weigh sta nb
72	US 412, Springdale, Siloam Springs, **E** 🅖 Citgo/dsl, Kum&Go/dsl, Phillips 66 🍴 Angus Jack's Burgers, Applebee's, Braum's, Denny's, Dickey's BBQ, Golden Dragon Buffet, Guadalajara Grill, Jimmy John's, Little Caesar's, McDonald's, Mkt Place Rest., Panda, Sonic, Subway, Sunset Grill, Taco Bell, Waffle House, Wendy's, Western Sizzlin 🛏 Comfort Inn, DoubleTree Hotel, Extended Stay America, Fairfield Inn, Hampton Inn, Holiday Inn, La Quinta, Residence Inn, Royal Inn, Sleep Inn, Super 8 🅾 $General, AT&T, Big O Tire, Harp's Mkt, Kenworth/Volvo Trucks, Lowe's, Office Depot, O'Reilly Parts, URGENT CARE, Verizon, Walgreens, **W** 🅖 Casey's/dsl, Murphy Express/dsl, Pilot/Burger King/dsl/scales/24hr 🍴 Arby's, Buffalo Wild Wings, Cracker Barrel, Domino's, Flying Burrito, Jose's Mexican, McDonald's, Popeye's, Rib Crib, Subway, Taco Bueno, Tropical Smoothie 🅾 Buick/GMC, Harp's Mkt/dsl, Hobby Lobby, NW RV Ctr
71mm	weigh sta sb
70	Don Tyson Pkwy, **E** 🅖 Casey's/dsl, Walmart/dsl 🅾 Walmart Mkt
69	Johnson Mill Blvd, Johnson, **E** 🍴 Inn at the Mill Rest. 🛏 Inn at the Mill, TownePlace Suites
67	US 71B, Fayetteville, **E** 🅾 🅗
66	AR 112, Garland Ave, **E** 🅖 Phillips 66/dsl, **W** 🅾 Acura, Chevrolet, Fiat, Honda, Hyundai, Sam's Club/dsl, Toyota/Scion
65	Porter Rd, **W** 🅾 Kia, Subaru
64	AR 16 W, AR 112 E, Wedington Dr, **W** 🅖 Citgo/McDonald's/dsl, Murphy Express/dsl 🍴 Boar's Nest BBQ, Dickey's BBQ, El Matador Mexican, Freddy's, Gusano's Pizza, Hunan Manor, IHOP, Slim Chickens, Sonic, Starbucks, Subway, Taco Bell 🛏 Comfort Inn, Hilton Garden, Holiday Inn Express, Homewood Suites 🅾 Harp's Food/gas, Walmart Mkt

F A R M I N G T O N

AR

🅝 INTERSTATE 49 (Fayetteville) Cont'd

Exit #	Services
62	US 62, AR 180, Farmington, **E** 🅖 Citgo, Shell/dsl 🍴 Andy's Custard, Arby's, Braum's, Burger King, Chick-fil-A, Dunkin Donuts, Ginger Rice&Noodle, Hardee's, KFC, McDonald's, Mexico Viejo, Ozzys Cafe, Panda Express, Popeye's, Sonic, Starbucks, Subway, Taco Bell, Taco Bueno, Thai Wok, Waffle House, Wendy's, Whataburger, Zaxby's 🏠 Best Western, Candlewood Suites, EconoLodge 🅞 Bumper Parts, **W** 🅖 Murphy USA/dsl 🍴 Denny's, Firehouse Subs, Lucy's Diner, Papa Murphy's, Pavilion Buffet, Ruby Tuesday 🏠 Baymont Inn, Days Inn, Hampton Inn, Regency 7 Motel, Super 8, Woodspring Suites 🅞 $Tree, Aldi Foods, AT&T, AutoZone, Lowe's, Verizon, Walgreens, Walmart/McDonald's
61	US 71, to Boston Mtn Scenic Lp, sb only
60	AR 112, AR 265, Razorback Rd, **E** 🏠 Staybridge Suites 🅞 Southgate RV Park, to U of AR
58	Greenland, **W** 🅖 Phillips 66/McDonalds/dsl/scales/24hr 🍴 Sonic
53	AR 170, West Fork, **E** 🅖 Harp's/dsl 🅞 Harp's Mkt, Winn Creek RV Resort (4mi), **W** 🅞 to Devils Den SP
45	AR 74, Winslow, **W** 🅞 to Devils Den SP
41mm	Bobby Hopper Tunnel
34	AR 282, to US 71, Chester, **W** 🅞 USPO
29	AR 282, to US 71, Mountainburg, **1 mi E** 🅞 $General, to Lake Ft Smith SP
24	AR 282, to US 71, Rudy, **E** 🅖 ❤Loves/Chester's/dsl/scales/24hr, Shell/dsl 🍴 Red Hog BBQ 🅞 Boston Mtns Scenic Lp, KOA
21	Collum Ln
20	to I-40 (from sb). I-49 N begins/ends on I-40, exit 12.

🅝 INTERSTATE 49 (Texarkana)

Exit #	Services
42	I-49 (Texarkana) begins/ends on US 59.
41	Sanderson Ln
37b a	I-30, E to Little Rock, W to Dallas
35	Arkansas Blvd, Four States Pkwy, **E** 🅞 ⛽, fairgrounds, **W** 🍴 Brangus Steaks, Park Place Rest. 🅞 $General
32	US 82, 19th St, 9th St, **E** 🅖 Shell/dsl, Valero/dsl 🍴 Subway, TA Molly's Mexican 🅞 $General, CashSaver
31	AR 196, Genoa Rd
29b a	US 71, Texarkana, US 59, to Houston, **W** 🅖 Shell/dsl
26	AR 237
24	Rd 10, Ferguson
18	N-Fouke Rd
16	US 71, Fouke
6	Rd 197, Spruell Rd
4	US 71, Doddridge
0mm	Arkansas/Louisiana state line

🅝 INTERSTATE 55

Exit #	Services
72mm	Arkansas/Missouri state line
72	State Line Rd, **weigh sta sb**
71	AR 150, Yarbro
68mm	**Welcome Ctr sb, full ♿ facilities, litter barrels, petwalk, 🅲, ⛽**
67	AR 18, Blytheville, **E** 🅖 Mobil/dsl, Murphy Express/dsl 🍴 Burger King, Hardee's, Las Brisas Mexican, Waffle Inn,

B L Y T H E V I L L E

67	**Continued** Zaxby's 🏠 Best Value Inn, Days Inn/RV park 🅞 Chrysler/Dodge/Jeep, Lowe's, Verizon, Walmart/Subway, **W** 🅖 Citgo/dsl, QuikStop/dsl, Shell 🍴 El Puerto Mexican, Great Wall Chinese, Grecian Steaks, McDonald's, Olympia Steaks, Perkins, Pizza Hut, Pizza Inn, Sonic, Subway, Taco Bell, Wendy's 🏠 Comfort Inn, Fairview Suites, Hampton Inn, Holiday Inn, Quality Inn, Super 8 🅞 🅷, AT&T, AutoZone, CarQuest, Family$, Ford/Nissan
63	US 61, to Blytheville, **E** 🅞 Shearins RV Park (2mi), **W** 🅖 Dodge's Store/dsl, Exxon/Baskin-Robbins/Chester's/Pizza Hut/dsl, Shell/McDonald's/dsl 🏠 Deerfield Inn, Relax Inn 🅞 🅷, truckwash
57	AR 148, Burdette, **E** 🅞 NE AR Coll
53	AR 158, Victoria, Luxora
48	AR 140, to Osceola, **E** 🅖 Mobil/dsl, Shell/Baskin-Robbins/Chester's/dsl 🍴 McDonald's (3mi), Pizza Inn (3mi), Sonic (3mi), Subway3 (mi) 🏠 Days Inn, Deerfield Inn, EconoLodge, Fairview Inn 🅞 🅷, Cotton Inn Rest., Huddle House
45mm	**truck parking nb, litter barrels**
44	AR 181, Keiser
41	AR 14, Marie, **E** 🅞 to Hampson SP/museum
36	AR 181, to Wilson, Bassett
35mm	**truck parking sb, litter barrels**
34	AR 118, Joiner
23b a	US 63, AR 77, to Marked Tree, Jonesboro, ASU, **E** 🅖 Citgo/chicken/pizza
21	AR 42, Turrell, **W** 🅖 Exxon/rest./dsl/scales/24hr
17	AR 50, to Jericho
14	rd 4, to Jericho, **E** 🅖 Citgo/dsl/scales/24hr, **W** 🅖 Citgo/Stuckey's 🅞 Chevrolet, KOA
10	US 64 W, Marion, **E** 🅖 Citgo/Baskin-Robbins/Subway/scales, Shell/McDonald's 🍴 KFC/Taco Bell, Sonic, Tops BBQ 🏠 Comfort Inn, Hallmarc Inn 🅞 $General, Family$, Mkt Place Foods, USPO, **W** 🅖 JP Mkt, Shell 🍴 Andrey Grill, Burger King, Colton's Steaks, Mi Pueblo, Tropical Cafe, Wendy's, Zaxby's 🏠 Hampton Inn, Journey Inn, Motel 6 🅞 AutoZone, ★ Parkin SP (23mi)
9mm	**truck parking nb, weigh sta sb**
8	I-40 W, to Little Rock

I-55 and I-40 run together 3 mi. See I-40, exits 278-279b.

W M E M P H I S

5	(279 a from I-40) Ingram Blvd, **E Welcome Ctr/🆁🆂, full ♿ facilities, 🏕, litter barrels, petwalk**, 🍴 Margaritas Mexican 🏠 Days Inn, Homegate Inn, Knights Inn, Red Roof Inn 🅞 Ford, Southland Racetrack, **W** 🅖 Citgo/dsl, Phillips/dsl, Shell/dsl 🍴 Cross Creek Rest., Waffle House 🏠 Best Value Inn, Clarion Inn, EconoLodge, Hampshire Inn, Motel 6, Ramada, Relax Inn
4	King Dr, Southland Dr, **E** 🅖 ✈FLYING J/Denny's/dsl/LP/scales/RV dump, LNG, ❤Loves/Subway/dsl/scales/@, Petro/Iron Skillet/rest./dsl/24hr/@, TA/Subway/Wendy's/dsl/scales/24hr, Valero/dsl 🍴 KFC/Taco Bell, McDonald's 🏠 Best Western, Deluxe Inn, Express Inn, Super 8 🅞 Blue Beacon, SpeedCo Lube, **W** 🍴 Pancho's Mexican 🏠 Sunset Inn
3b a	US 70, Broadway Blvd, AR 131, Mound City Rd (exits left from nb), **W** 🏠 Budget Inn
2mm	**weigh sta nb**
1	Bridgeport Rd
0mm	Arkansas/Tennessee state line, Mississippi River

⬆E INTERSTATE 430 (Little Rock)

Exit #	Services
13b a	I-40. I-430 begins/ends on I-40, exit 147.
12	AR 100, Maumelle, **W** 🅿 Kum&Go/dsl/e85 🅾 NAPA, O'Reilly Parts, vet
10mm	Arkansas River
9	AR 10, Cantrell Rd, **W** 🅾 Maumelle Park, Pinnacle Mtn SP
8	Rodney Parham Rd, **E** 🅿 Conoco/dsl, Kroger/dsl, Phillips 66/dsl, Shell 🍴 Arby's, Baskin-Robbins, Dunkin Donuts, Firehouse Subs, McDonald's, Mt Fuji Japanese, Sonic, Starbucks, Subway, Taco Bell, Terri Lynn's BBQ, Tropical Smoothie Cafe, US Pizza 🛏 La Quinta 🅾 $General, AAA, Advance Parts, AutoZone, Drug Emporium, get, Kroger, TJ Maxx, Walgreens, **W** 🅿 Exxon 🍴 Burger King, Chili's, Dixie Cafe, Domino's, Franke's Café, Marco's Pizza, Olive Garden, Ponchito's Mexican, Shorty Small's Ribs, Starbucks, Wendy's 🛏 Best Western 🅾 Audi, Cadillac, Firestone/auto, GNC, vet, Volvo
6b	Kanis Rd, Markham St, to downtown, **E** 🅿 Shell 🍴 Burger King, Kroger, Red Lobster, Subway 🛏 Candlewood Suites, Comfort Inn, Motel 6, SpringHill Suites 🅾 Burlington Coats, Ross, **W** 🅿 Exxon/dsl 🍴 Applebee's, Bobby's Country Cookin', Butcher Shop Steaks, Cactus Jack's, Chi Rest., Church's, Denny's, Famous Dave's BBQ, IHOP, Jason's Deli, KFC, Khalil's Grill, Kobe Japanese, Lenny's Subs, Macaroni Grill, McAlister's Deli, McDonald's, Mexico Cafe, Mimi's Cafe, On-the-Border, Outback Steaks, PF Chang's, Pizza Hut, Popeye's, Purple Cow, Shotgun Dan's Pizza, Slim Chickens, Sonic, Starbucks, Taco Bell, Tokyo House, Twin Peaks, Waffle House, Wendy's, West End Steaks, Whole Foods Mkt 🛏 Courtyard, Crowne Plaza, Embassy Suites, Extended Stay America, Holiday Inn, La Quinta, Ramada Ltd 🅾 $Tree, AT&T, Barnes&Noble, Best Buy, Michael's, Office Depot, PetsMart, Sam's Club/gas, Verizon, Walmart
6a	I-630, E to Little Rock, **E** 🅾 🄷
5	Kanis Rd, Shackleford Rd, **E** 🍴 Arby's, BJ's Rest., ChuckE-Cheese, Copeland's Rest., Cracker Barrel, Longhorn Steaks, Panda Garden, Samurai Steaks, TX Roadhouse, Zangna Thai 🛏 Comfort Suites, Home 2 Suites, La Quinta, Towneplace Suites 🅾 AT&T, Gordman's, JC Penney, Jo-Ann, Verizon, Walmart/Subway, **W** 🅿 Shell 🍴 Dunkin Donuts, Krispy Kreme, Mooyah Burger, Panera Bread 🛏 Extended Stay America, Hampton Inn, Hilton Garden, Residence Inn, Wingate Inn 🅾 🄷, Lexus

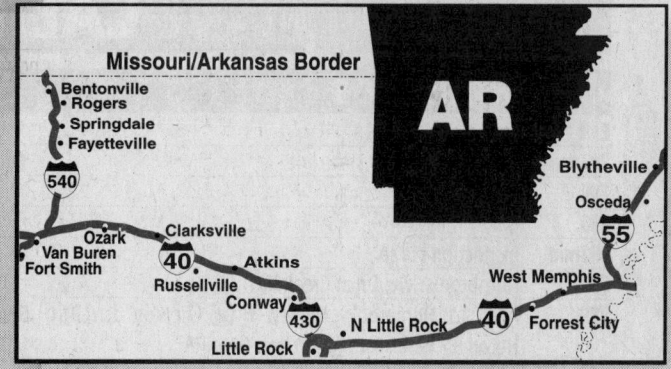

Missouri/Arkansas Border

4	AR 300, Col Glenn Rd, **E** 🍴 American Pie Pizza, Subway, Wendy's 🛏 Holiday Inn Express, Woodspring Suites 🅾 Toyota/Scion, **W** 🅿 Valero/Burger King/dsl 🍴 Sonic 🅾 BMW, Chrysler/Dodge/Jeep, Ford, Honda, Hyundai, Infiniti, Jaguar, Land Rover, Mazda, Mercedes, Nissan, Subaru, VW
1	AR 5, Stagecoach Rd, **W** 🅿 Mapco/dsl/e85, Phillips 66, Valero/Domino's 🍴 Down Home Rest., Subway 🅾 $General, CBI Tires, Walgreens
	I-430 begins/ends on I-30, exit 129.

⬆E INTERSTATE 440 (Little Rock)

Exit #	Services
11	I-440 begins/ends on I-40, exit 159.
10	US 70, **W** 🅾 Peterbilt
8	Faulkner Lake Rd
7	US 165, to England, **S** 🅿 Valero/dsl 🅾 Agricultural Museum, Toltec Mounds SP, Willow Beach SP
6mm	Arkansas River
5	Fourche Dam Pike, LR Riverport, **N** 🅿 Exxon/dsl, Shell/Subway 🍴 McDonald's 🛏 Travelodge 🅾 Kenworth, **S** 🅿 Phillips 66/dsl, Valero/dsl
4	Lindsey Rd
3	Bankhead Dr, **N** 🛏 Comfort Inn 🅾 LR Airport, **S** 🅿 Valero 🍴 Boston's Rest., Waffle House 🛏 Days Inn, Holiday Inn, Holiday Inn Express
1	AR 365, Springer Blvd, **S** 🅾 Little Rock Ntl Cemetery
0mm	I-440 begins/ends on I-30, exit 138.

NOTES

🚗 = gas   🍴 = food   🏠 = lodging   🅾 = other   Rs = rest stop   Copyright 2018 - The Next EXIT

CALIFORNIA

⬆️N INTERSTATE 5

Exit #	Services
797mm	California/Oregon state line
796	Hilt
793	Bailey Hill Rd
791mm	inspection sta sb
790	Hornbrook Hwy, Ditch Creek Rd
789	A28, to Hornbrook, Henley, **E** 🚗 Chevron/dsl/LP 🅾 Blue Heron RV Park/rest., 🄲, to Iron Gate RA
786	CA 96, Klamath River Hwy, **W** Rs **both lanes, full ♿ facilities, info, litter barrels, petwalk,** 🄲, 🌲, to Klamath River RA
782mm	Anderson Summit, elev 3067
780mm	vista point sb
779mm	Shasta River
776	Yreka, Montague, **E** 🏠 Holiday Inn Express 🅾 Yreka RV Park, **W** 🚗 Mobil/dsl 🍴 Casa Ramos Mexican, J&D Diner, Puerto Vallarta 🏠 Mtn View Inn, Super 8 🅾 Grocery Outlet
775	Miner St, Central Yreka, **W** 🚗 76/dsl, Chevron/dsl 🍴 China Dragon, Grandma's House, Purple Plum Rest., RoundTable Pizza, Subway 🏠 Best Western, Budget Inn, EconoLodge, Klamath Motel, Relax Inn, Rodeway Inn, Yreka Motel 🅾 🏥, Ace Hardware, Baxter Parts, CarQuest, Clayton Tire, Honda, museum, Rite Aid, USPO
773	CA 3, to Ft Jones, Etna, **E** 🅾 Les Schwab, tires, Trailer Haven RV Park, **W** 🚗 Shell/dsl, Valero/dsl 🍴 BlackBear Diner, Burger King, Carl's Jr, KFC, McDonald's, Pizza Factory, Siskiyou Roadhouse Grill, Starbucks, Subway, Taco Bell 🏠 Baymont Inn, Comfort Inn, Motel 6 🅾 🏥, $Tree, AAA, AT&T, CHP, Ford/Lincoln, JC Penney, NAPA, O'Reilly Parts, Raley's Foods, Walmart
770	Shamrock Rd, Easy St, **W** 🚗 Beacon/LP, Fuel 24/7/dsl 🅾 RV camping
766	A12, to Gazelle, Grenada, **E** 🚗 76/dsl, **W** 🚗 Texaco/dsl 🅾 RV camping
759	Louie Rd
753	Weed Airport Rd, Rs **both lanes, full ♿ facilities, litter barrels, petwalk,** 🄲, 🌲
751	Stewart Springs Rd, Edgewood, **E** 🅾 Lake Shasta RA/RV camp (2mi), **W** 🅾 RV camp (7mi)
748	to US 97, to Klamath Falls, Weed, **E** 🚗 Chevron, Shell/dsl, Spirit/dsl 🍴 Ellie's Cafe, Pizza Factory, Subway 🏠 Hi-Lo Motel/rest., Motel 6, Summit Inn, Townhouse Motel 🅾 auto repair, golf, NAPA, Ray's Foods, RV camping
747	Central Weed, **E** 🅾 auto repair, same as 748, **W** Coll of Siskiyou
745	S Weed Blvd, **E** 🚗 Chevron/dsl, Pilot/Subway/dsl/scales/24hr, Shell/dsl 🍴 Burger King, Dos Amigos Mexican, McDonald's/RV parking, Silva's Rest., Taco Bell 🏠 Comfort Inn, Quality Inn, Sis-Q Inn 🅾 Friendly RV Park
743	Summit Dr, Truck Village Dr
742mm	Black Butte Summit, elev 3912
741	Abrams Lake Rd, **E** 🅾 Schwab Tire, **W** 🏠 Abrams Lake RV Park
740	Mt Shasta City (from sb), **E** 🚗 Pacific Pride/dsl/LP, Shell/dsl/CFN 🏠 Cold Creek Inn 🅾 Tire Factory, vet
738	Central Mt Shasta, **E** 🚗 Chevron/dsl, Shell/dsl/LP, Spirit/dsl 🍴 BlackBear Diner, Burger King, KFC/Taco Bell, RoundTable Pizza, Subway 🏠 Best Western/Treehouse Rest., Mt Shasta Inn, Travel Inn 🅾 🏥, Best Hardware, NAPA, O'Reilly Parts, Ray's Foods, Rite Aid, USPO, visitors info, **W** 🏠 Lake Siskiyou RV Park, Mt Shasta Resort/rest., Sisson Museum

737	Mt Shasta City (from nb), **E** 🍴 Casa Ramos, LaiLai Chinese, Lily's Rest., Piemont Italian, Wayside Grill 🏠 Alpine Lodge, Choice Inn, Evergreen Lodge, Swiss Holiday Lodge 🅾 McCloud RV Park, same as 738
736	CA 89, to McCloud, to Reno, **E** 🏠 Swiss Holiday Lodge
735mm	weigh sta sb
734	Mott Rd, to Dunsmuir
732	Dunsmuir Ave, Siskiyou Ave, **E** 🍴 Penny's Diner 🏠 Oak Tree Inn, **W** 🚗 Chevron/dsl 🏠 Acorn Inn, Cedar Lodge
730	Central Dunsmuir, **E** 🍴 Burger Barn, Cornerstone Cafe, Dunsmuir Brewery Rest., Hot Dog Depot, Pizza Factory 🏠 Dunsmuir Inn, Hotel Dunsmuir/Rest 🅾 True Value, USPO, Value King Foods, **W** 🚗 Chevron/dsl/LP 🍴 Hitching Post, Micki Burgers 🏠 Cave Springs Motel 🅾 city park
729	Dunsmuir (from nb), **E** 🍴 Manfredi's/deli/dsl 🅾 auto repair, Dunsmuir Lodge 🅾 to hist dist
728	Crag View Dr, Dunsmuir, Railroad Park Rd, **W** 🅾 Railroad Park Motel/RV Park
727	Crag View Dr (from nb), RV Camping
726	Soda Creek Rd, to Pacific Crest Trail
724	Castella, **W** 🚗 Chevron/dsl 🅾 Castle Crags SP, RV camping, USPO
723mm	vista point nb
723	Sweetbrier Ave
721	Conant Rd
720	Flume Creek Rd
718	Sims Rd, **W** 🅾 RV camping
714	Gibson Rd
712	Pollard Flat, **E** 🚗 Pollard Flat/dsl/LP 🍴 Pollard Flat Diner
710	Slate Creek Rd, La Moine
707	Delta Rd, Dog Creek Rd, to Vollmers
705mm	Rs sb, full ♿ facilities, litter barrels, 🄲, 🌲
704	Riverview Dr, **E** 🍴 Klondike Diner 🏠 Lakehead Lodge/RV Camping
702	Antlers Rd, Lakeshore Dr, to Lakehead, **E** 🚗 Shell/Subway/dsl 🏠 Antlers RV Park, Lakehead Camping, Neu Lodge Motel 🅾 auto repair, USPO, **W** 🚗 Jack's/dsl 🍴 Allyson's Rest, Bass Hole Rest. 🏠 Lakeshore Mkt, Shasta Lake Motel/RV, Villa RV Park
698	Salt Creek Rd, Gilman Rd, **W** 🏠 Salt Creek Resort/RV Park 🅾 Trail In RV Park
695	Shasta Caverns Rd, to O'Brien
694mm	Rs nb, full ♿ facilities, litter barrels, petwalk, 🄲, 🌲
693	Packers Bay Rd (from sb)
692	Turntable Bay Rd
690	Bridge Bay Rd, **W** 🍴 Tail of a Whale Rest. 🏠 Bridge Bay Motel
689	Fawndale Rd, Wonderland Blvd, **E** 🏠 Fawndale Lodge, Fawndale Oaks RV Park, **W** 🏠 Wonderland RV Park
687	Wonderland Blvd, Mountain Gate, **E** 🚗 Chevron/dsl/LP 🍴 Fogata 🅾 Mountain Gate RV Park, Ranger Sta, **W** 🚗 Shell/dsl/LP
685	CA 151, Shasta Dam Blvd, Project City, Central Valley, **W** 🚗 76/Circle K/dsl, Chevron/Burger King/dsl/LP, Valero/dsl 🍴 McDonald's, Pizza Factory, Taco Shop 🏠 Shasta Dam Motel 🅾 NAPA, Rite Aid, Sentry Foods, USPO, vet
684	Pine Grove Ave, **E** 🅾 Cousin Gary's RV Ctr, **W** 🚗 76/dsl/LP
682	Oasis Rd, **E** 🅾 CA RV Ctr, Peterbilt, **W** 🚗 Arco, Shell/Subway/dsl 🅾 CHP, Redding RV Ctr, U-Haul

Left margin vertical text: **CA**   **YREKA**   **WEED**   **MT SHASTA**

Right margin vertical text: **DUNSMUIR**

◤N INTERSTATE 5 Cont'd

Exit #	Services
681b	(from sb, no re-entry) CA 273, Market St, Johnson Rd, to Central Redding, **W** 🅾 🔋
681a	Twin View Blvd, **E** 🔋 Chevron/dsl 🛏 Motel 6, Ramada Ltd 🅾 Harley-Davidson, **W** 🔋 Pacific Pride/ds 🍴 Fat Boys 🛏 Best Western, Comfort Suites, Fairfield Inn
680	CA 299E, **1/2 mi W** 🔋 Arco, Chevron/dsl 🍴 A&W/KFC, Carl's Jr, Giant Burger, Little Caesars, McDonald's, Papa Murphy's, Popeyes, RoundTable Pizza, Starbucks, Subway 🅾 AutoZone, O'Reilly Parts, Raley's Foods, Redding RV Camp, Redding RV

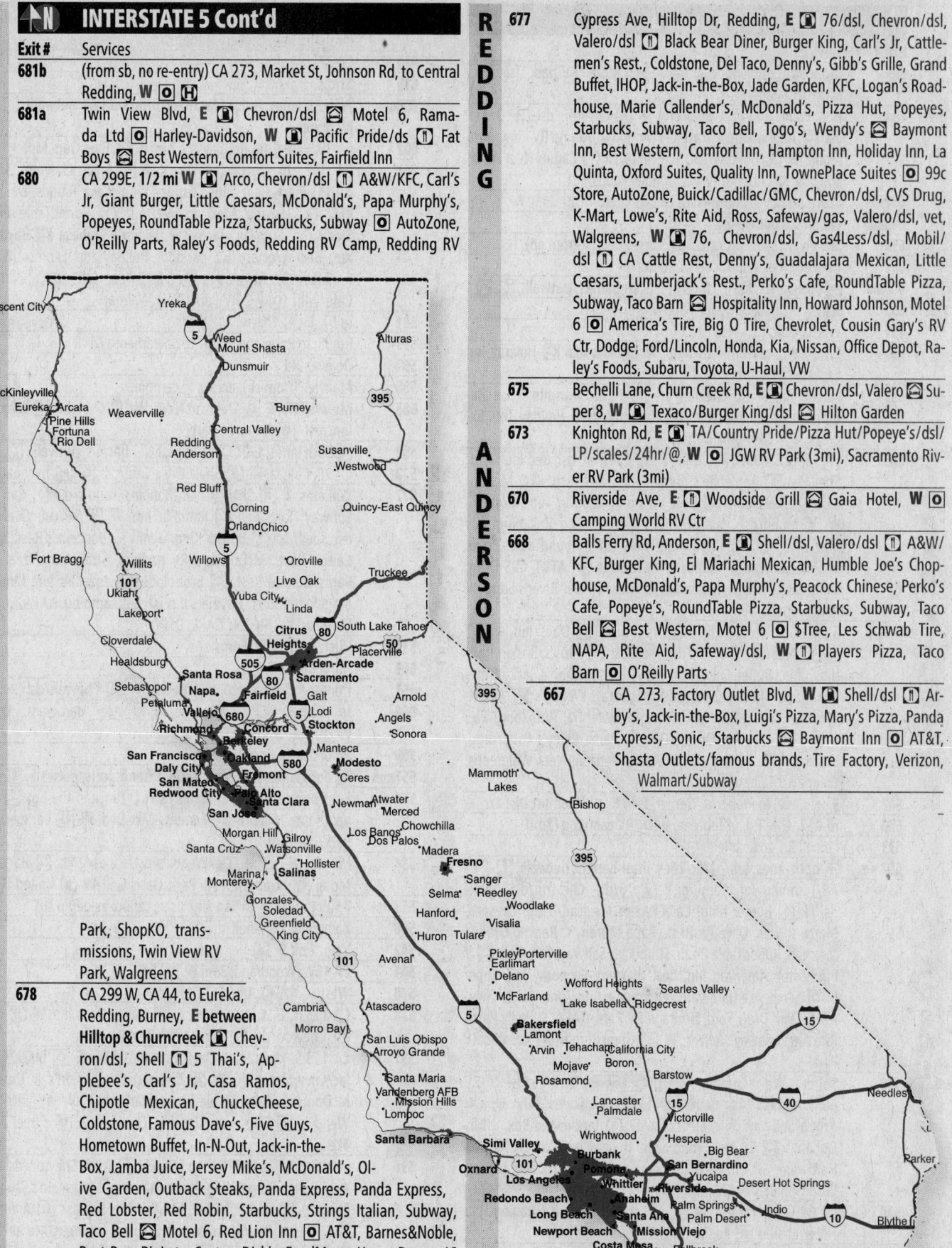

Park, ShopKO, transmissions, Twin View RV Park, Walgreens

REDDING

678	CA 299 W, CA 44, to Eureka, Redding, Burney, **E between Hilltop & Churncreek** 🔋 Chevron/dsl, Shell 🍴 5 Thai's, Applebee's, Carl's Jr, Casa Ramos, Chipotle Mexican, ChuckeCheese, Coldstone, Famous Dave's, Five Guys, Hometown Buffet, In-N-Out, Jack-in-the-Box, Jamba Juice, Jersey Mike's, McDonald's, Olive Garden, Outback Steaks, Panda Express, Panda Express, Red Lobster, Red Robin, Starbucks, Strings Italian, Subway, Taco Bell 🛏 Motel 6, Red Lion Inn 🅾 AT&T, Barnes&Noble, Best Buy, BigLots, Costco, Dick's, FoodMaxx, Home Depot, JC Penney, Jo-Ann, Kohl's, Macy's, Michael's, Old Navy, O'Reilly Parts, PetCo, Petsmart, Schwab Tire, Sears/auto, Target, TJ Maxx, Trader Joe's, Verizon, Walmart/McDonald's, WinCo Foods, World Mkt

REDDING

ANDERSON

677	Cypress Ave, Hilltop Dr, Redding, **E** 🔋 76/dsl, Chevron/dsl, Valero/dsl 🍴 Black Bear Diner, Burger King, Carl's Jr, Cattlemen's Rest., Coldstone, Del Taco, Denny's, Gibb's Grille, Grand Buffet, IHOP, Jack-in-the-Box, Jade Garden, KFC, Logan's Roadhouse, Marie Callender's, McDonald's, Pizza Hut, Popeyes, Starbucks, Subway, Taco Bell, Togo's, Wendy's 🛏 Baymont Inn, Best Western, Comfort Inn, Hampton Inn, Holiday Inn, La Quinta, Oxford Suites, Quality Inn, TownePlace Suites 🅾 99c Store, AutoZone, Buick/Cadillac/GMC, Chevron/dsl, CVS Drug, K-Mart, Lowe's, Rite Aid, Ross, Safeway/gas, Valero/dsl, vet, Walgreens, **W** 🔋 76, Chevron/dsl, Gas4Less/dsl, Mobil/dsl 🍴 CA Cattle Rest, Denny's, Guadalajara Mexican, Little Caesars, Lumberjack's Rest., Perko's Cafe, RoundTable Pizza, Subway, Taco Barn 🛏 Hospitality Inn, Howard Johnson, Motel 6 🅾 America's Tire, Big O Tire, Chevrolet, Cousin Gary's RV Ctr, Dodge, Ford/Lincoln, Honda, Kia, Nissan, Office Depot, Raley's Foods, Subaru, Toyota, U-Haul, VW
675	Bechelli Lane, Churn Creek Rd, **E** 🔋 Chevron/dsl, Valero 🛏 Super 8, **W** 🔋 Texaco/Burger King/dsl 🛏 Hilton Garden
673	Knighton Rd, **E** 🔋 TA/Country Pride/Pizza Hut/Popeye's/dsl/LP/scales/24hr/@, **W** 🅾 JGW RV Park (3mi), Sacramento River RV Park (3mi)
670	Riverside Ave, **E** 🍴 Woodside Grill 🛏 Gaia Hotel, **W** 🅾 Camping World RV Ctr
668	Balls Ferry Rd, Anderson, **E** 🔋 Shell/dsl, Valero/dsl 🍴 A&W/KFC, Burger King, El Mariachi Mexican, Humble Joe's Chophouse, McDonald's, Papa Murphy's, Peacock Chinese, Perko's Cafe, Popeye's, RoundTable Pizza, Starbucks, Subway, Taco Bell 🛏 Best Western, Motel 6 🅾 $Tree, Les Schwab Tire, NAPA, Rite Aid, Safeway/dsl, **W** 🍴 Players Pizza, Taco Barn 🅾 O'Reilly Parts
667	CA 273, Factory Outlet Blvd, **W** 🔋 Shell/dsl 🍴 Arby's, Jack-in-the-Box, Luigi's Pizza, Mary's Pizza, Panda Express, Sonic, Starbucks 🛏 Baymont Inn 🅾 AT&T, Shasta Outlets/famous brands, Tire Factory, Verizon, Walmart/Subway

CA

CA

⬆N   INTERSTATE 5 Cont'd

Exit #	Services
665	(from sb) Cottonwood, **E** 🏠 Alamo Motel/RV park, Travelers Motel/RV Park
664	Gas Point Rd, to Balls Ferry, **E** 🅖 Chevron/dsl/LP, Gas+/dsl 🏠 Alamo Motel, Travelers Motel 🅞 Alamo RV Park, auto repair, **W** 🅖 Holiday/dsl, Sunshine/dsl 🍴 Eagles Nest Pizza, Subway 🅞 Ace Hardware, Holiday Foods, vet
662	Bowman Rd, to Cottonwood, **E** 🅖 Chevron/dsl/24hr
660mm	weigh sta both lanes
659	Snively Rd, Auction Yard Rd, (Sunset Hills Dr from nb)
657	Hooker Creek Rd, Auction Yard Rd
656mm	🆁🆂 both lanes, full ♿ facilities, litter barrels, petwalk, 🅲, 🖼
653	Jellys Ferry Rd, **E** 🅞 RV Park/LP
652	Wilcox Golf Rd
651	CA 36W (from sb), Red Bluff, **W** 🅖 Arco/dsl 🏠 Holiday Inn Express 🅞 same as 650
650	Adobe Rd, **W** 🅖 Chevron/dsl 🍴 Burrito Bandito, Casa Ramos Mexican, Starbucks 🏠 Hampton Inn, Holiday Inn Express 🅞 CHP, Home Depot
649	CA 36, to CA 99 S, Red Bluff, **E** 🅖 Chevron/dsl, Red Bluff Gas, Shell/dsl 🍴 Applebee's, Burger King, Del Taco, KFC, McDonald's, Perko's Cafe 🏠 Best Western, Comfort Inn, Motel 6, **W** 🅖 Mobil/dsl, Valero/dsl 🍴 Denny's, Egg Roll King, Los Mariachis, Luigi's Pizza, Riverside Grill, RoundTable Pizza, Shari's, Subway 🏠 Super 8, Travelodge 🅞 AT&T, CVS Drug, Durango RV Resort, Foodmaxx, O'Nite RV Park, River's Edge RV Park, Verizon, vet
647a b	S Main St, Red Bluff, **E** 🅖 Valero/dsl 🏠 Days Inn 🅞 Ⓗ, **W** 🅖 Arco/dsl, Chevron/dsl, Shell/dsl 🍴 Arby's, Baskin-Robbins, China Buffet, China Doll, Cozy Diner, Domino's, Jack-in-the-Box, Papa Murphy's, Starbucks, Subway, Wendy's 🏠 American Inn, Best Value Inn, Triangle Motel 🅞 AutoZone, CVS Drug, GNC, Grocery Outlet, O'Reilly Parts, Raley's Food/drug, Staples, Tire Factory, True Value, Verizon, vet, Walgreens, Walmart/McDonald's
642	Flores Ave, to Proberta, Gerber, 1 mi **E** 🅞 Walmart Dist Ctr
636	rd A11, Gyle Rd, to Tehama, **E** 🅞 RV camping (7mi)
633	Finnell Rd, to Richfield
632mm	🆁🆂 both lanes, full ♿ facilities, litter barrels, petwalk, 🅲, 🖼
631	A9, Corning Rd, Corning, **E** 🅖 76/dsl, Chevron/dsl, Shell/dsl/LP 🍴 Burger King, Casa Ramos Mexican, Little Caesar's, Marco's Pizza, Olive Pit Rest., Papa Murphy's, Rancho Grande Mexican, RoundTable Pizza, Starbucks, Subway, Taco Bell 🏠 7 Inn Motel, American Inn, Best Western, Economy Inn, Super 8 🅞 $Tree, Ace Hardware, auto repair, AutoZone, Buick/Chevrolet, Clark Drug, Ford, Heritage RV Park, NAPA, O'Reilly Parts, Rite Aid, Safeway, Verizon, **W** 🍴 Giant Burger 🏠 Corning RV Park
630	South Ave, Corning, **E** 🅖 Loves/Denny's/dsl/LP/RV dump/scales/24hr, Petro/Iron Skillet/dsl/scales/24hr/@, TA/Arby's/Subway/dsl/scales/24hr/@ 🍴 Jack-in-the-Box, McDonald's 🏠 CA Inn, Econolodge, Holiday Inn Express 🅞 Ace Hardware, Blue Beacon, SpeedCo Lube, truck wash/lube, Woodson Br SRA/RV Park (6mi)
628	CA 99W, Liberal Ave, **W** 🅖 Chevron/dsl/24hr 🏠 Rolling Hills Hotel/Casino 🅞 Rolling Hills RV Park
621	CA 7
619	CA 32, Orland, **E** 🅖 76/dsl, Arco 🍴 Berry Patch Rest., Burger King, Starbucks, Subway 🏠 Orlanda Inn 🅞 $General, AutoZone, CVS Drug, Walgreens, **W** 🅖 Shell/dsl 🍴 I-5 Cafe, Taco Bell 🅞 Old Orchard RV Park, Parkway RV Park

618	CA 16, **E** 🅖 Shell/dsl 🍴 El Potrero Mexican 🏠 Orlar Inn 🅞 $Tree, Grocery Outlet
614	CA 27
610	Artois
608mm	🆁🆂 both lanes, full ♿ facilities, litter barrels, petwalk, 🅲, 🖼 RV dump
607	CA 39, Blue Gum Rd, Bayliss, 2 mi **E** 🏠 Blue Gum Motel
603	CA 162, to Oroville, Willows, **E** 🅖 Arco, Chevron, Shel dsl 🍴 Black Bear Diner, Burger King, Casa Ramos, Denny KFC, La Cascada Mexican, McDonald's, RoundTable Pizz Starbucks, Subway, Taco Bell, Wong's Chinese 🏠 Baymo Inn, Best Western/RV parking, Holiday Inn Express, Mot 6, Super 8, Travelodge 🅞 Ⓗ, $Tree, CHP, **W** 🍴 Nancy Café/24hr 🅞 🖼, RV Park (8mi), Walmart
601	rd 57, **E** 🅖 Chevron/dsl/24hr
595	Rd 68, to Princeton, **E** 🅞 to Sacramento NWR
591	Delevan Rd
588	Maxwell (from sb), access to camping
586	Maxwell Rd, **E** 🅞 Delavan NWR, **W** 🅖 Chevron 🏠 Maxwe Inn/rest. 🅞 Maxwell Parts
583	🆁🆂 both lanes, full ♿ facilities, litter barrels, petwalk, 🅲, 🖼
578	CA 20, Colusa, **W** 🅖 Shell/Orv's Cafe/dsl 🅞 Ⓗ, hwy patrol
577	Williams, **E** 🅖 Shell/Baskin-Robbins/Togo's/dsl 🍴 Carl's Subway, Taco Bell 🏠 Ramada Inn, **W** 🅖 76/dsl, Chevro dsl, Shell/dsl 🍴 Burger King, Denny's, Granzella's Rest., Lou Cairo's Rest., McDonald's/RV parking, Straw Hat Pizza, W liams Chinese Rest. 🏠 Econolodge, Granzella's Inn, Motel StageStop Motel, Travelers Inn 🅞 Ⓗ, camping, NAPA, Shop Save Foods, URGENT CARE, USPO
575	Husted Rd, to Williams
569	Hahn Rd, to Grimes
567	frontage rd (from nb), to Arbuckle, **W** 🅖 Chevron/dsl
566	to College City, Arbuckle, **E** 🅞 Ace Hardware, USP **W** 🅖 J&J/dsl 🅞 $General
559	Yolo/Colusa County Line Rd
557mm	🆁🆂 both lanes, full ♿ facilities, litter barrels, petwalk, 🅲, 🖼
556	E4, Dunnigan, **E** 🅖 Chevron/dsl/L 🍴 Jack-in-the-Box 🏠 Be Value Inn, Motel 6 🅞 Farmers Mkt Deli, **W** 🅞 Camper's Park/golf (1mi)
554	rd 8, **E** 🅖 Pilot/Wendy's/dsl/scales/24hr 🏠 Hacien Motel 🅞 HappyTime RV Park, Oasis Grill, **W** 🅞 United TP/
553	I-505 (from sb), to San Francisco, callboxes begin sb
548	Zamora, **E** 🅖 Shell/dsl
542	Yolo, 1 mi **E** 🅖
541	CA 16W, Woodland, 3 mi **W** 🅞 Ⓗ
540	West St, **W** 🅖 Arco 🍴 Denny's
538	CA 113 N, E St, Woodland, **E** 🏠 Valley Oaks Inn, **W** 🅖 CF dsl, Chevron/dsl 🍴 Perry's 🏠 Best Western
537	CA 113 S, Main St, to Davis (same as 536), **E** 🅞 Buick/Cad lac/Chevrolet/GMC, **W** 🅖 Chevron/dsl 🍴 Carl's Jr, Denny McDonald's, RoundTable Pizza, Starbucks, Subway, Taco Be Wendy's 🏠 Days Inn, Motel 6, Quality Inn 🅞 $Tree, Foc 4Less
536	rd 102 (same as 537), **E** on Main St 🅖 Arco, Chevron/dsl 🍴 Applebee's, Burger King, Jack-in-the-Box, McDonald's, Quizn Subway 🏠 Hampton Inn, Holiday Inn Express 🅞 Americ Tire, Home Depot, museum, Staples, Walmart/McDonald **W** 🅖 76/Circle K/dsl 🍴 In-N-Out, Panda Express, Red Rob Spoon Me, Starbucks, Subway 🅞 Best Buy, Best Buy, Cost gas, Michael's, Target, Verizon
531	rd 22, W Sacramento
530mm	Sacramento River

RED BLUFF

CORNING

WILLIAMS

DAVIS

⬆N INTERSTATE 5 Cont'd

Exit #	Services
529mm	Ⓡs sb, full ♿ facilities, litter barrels, petwalk, 🚬, 🎡
528	Airport Rd, **E** 🛢 Arco ◎ 🍴
525b	CA 99, to CA 70, to Marysville, Yuba City
525a	Del Paso Rd, **E** 🛢 Chevron 🍴 A&W/KFC, Chicken'n Waffles, Denny's, IHOP, In-N-Out, Jack-in-the-box, Malabar Rest., Panda Express, Panera Bread, Papa Murphy's, Sizzler, Sizzler, Taco Bell 🏠 Hampton Inn, Holiday Inn Express, Homewood Suites ◎ Rite Aid, Safeway Foods/dsl, **W** 🍴 Subway 🏠 Sheraton ◎ Walgreens
524	Arena Blvd, **E** 🍴 Papa John's, Subway ◎ Power Balance Arena, **W** 🍴 RoundTable Pizza, Starbucks ◎ Bel-Air Food/Drug/dsl
522	I-80, E to Reno, W to San Francisco
521b	W El Camino Ave (from nb, no return), West El Camino, **W** 🛢 Shell/dsl 🍴 Carl's Jr, Jack-in-the-Box, Jamba Juice, Starbucks, Subway, Togo's/Baskin-Robbins 🏠 Courtyard, Hilton Garden, Residence Inn, SpringHill Suites
521a	Garden Hwy, **W** 🏠 Courtyard
520	Richards Blvd, **E** 🛢 Chevron/dsl 🍴 Denny's, McDonald's 🏠 Governor's Inn, Hawthorn Suites, **W** 🛢 Arco, Shell 🍴 Nena's Mexican 🏠 Best Value Inn, Best Western, Comfort Suites, Days Inn, La Quinta, Motel 6 ◎ waterfront park
519b	J St, Old Sacramento, **E** 🏠 Holiday Inn, Vagabond Inn, **W** 🏠 Embassy Suites ◎ Railroad Museum
519a	Q St, downtown, Sacramento, **W** 🏠 Embassy Suites, to st capitol
518	US 50, CA 99, Broadway, **E** services downtown
516	Sutterville Rd, **E** 🛢 76/dsl, Chevron/dsl 🍴 La Bou Cafe, Macau Cafe ◎ Sprouts Mkt, Wm Land Park, zoo
515	Fruitridge Rd, Seamas Rd
514	43rd Ave, Riverside Blvd (from sb), **E** 🛢 76/repair
513	Florin Rd, **E** 🛢 Arco, Chevron/dsl 🍴 Rosalinda's Mexican, RoundTable Pizza ◎ $Tree, Bel Air Foods, CVS Drug, O'Reilly Parts, **W** 🍴 Burger King, JimBoy's Tacos, L&L Hawaiian BBQ, Panda Garden, Shari's, Starbucks, Subway, Wings Stop ◎ Marshall's, Nugget Mkt, Rite Aid
512	CA 160, Pocket Rd, Meadowview Rd, to Freeport, **E** 🛢 Chargepoint, Shell/dsl, Valero/dsl 🍴 Baskin Robbins/Togo's, IHOP, KFC, McDonald's, Starbucks, Wendy's ◎ AT&T, Home Depot, Staples, vet, Walgreens
510	Cosumnes River Blvd
508	Laguna Blvd, **E** 🛢 76/Circle K/dsl/LP, Chevron/Taco Bell/dsl, Shell 🍴 A&W/KFC, Starbucks, Subway, Wendy's 🏠 Extended Stay America, Hampton Inn ◎ Jiffy Lube, Laguna Auto/RV Repair, U-Haul
506	Elk Grove Blvd, **E** 🛢 Arco/dsl, Chevron/dsl, Shell 🍴 Carl's Jr, Flaming Grill Burger, Pete's Grill, Wasabi Grill 🏠 Holiday Inn Express
504	Hood Franklin Rd
498	Twin Cities Rd, to Walnut Grove
493	Walnut Grove Rd, Thornton, **E** 🛢 CFN/dsl, Chevron/Subway/dsl
490	Peltier Rd
487	Turner Rd
485	CA 12, Lodi, **E** 🛢 🦅FLYING J/Denny's/Subway/dsl/scales/24hr, Arco, Chevron/dsl, ❤Love's/Arby's/dsl/scales/24hr, Shell/dsl, Sinclair/Rocky's Rest./dsl/scales/24hr 🍴 Burger King, Carl's Jr, McDonald's, Taco Bell 🏠 Best Western, Microtel ◎ Blue Beacon, Flag City RV Resort, Profleet Trucklube, **W** ◎ KOA (5mi)
481	Eight Mile Rd, **W** 🛢 Chevron/Jack-in-the-Box/dsl 🍴 Baskin-Robbins, Chipotle, Del Taco, Dickey's BBQ, El Pollo Loco, Hawaiian BBQ, Jamba Juice, McDonald's, MooMoo's Burgers, Panda Express,

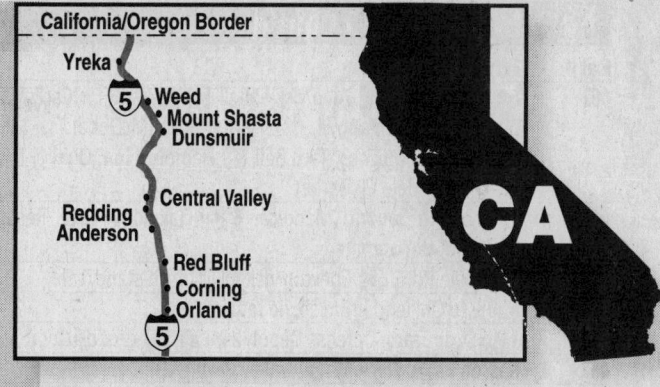

California/Oregon Border
Yreka
5 Weed
Mount Shasta
Dunsmuir
Central Valley
Redding
Anderson
Red Bluff
Corning
Orland
5

CA

481	Continued
	Panera Bread, RoundTable Pizza, Sonic, Starbucks, Strings Italian, Subway, Wendy's ◎ $Tree, AAA, AT&T, Jo-Ann Fabrics, Kohl's, Lowe's, Office Depot, Petsmart, Ross, Target, Verizon, Walmart/McDonald's, World Mkt
478	Hammer Lane, Stockton, **E** 🛢 76/Circle K/dsl, Arco 🍴 Adalberto's Mexican, Carl's Jr, KFC, Little Caesar's, McDonald's, Subway ◎ AutoZone, Raley's Foods, URGENT CARE, Walgreens, **W** 🛢 Chevron/dsl, QuikStop 🍴 Jack-in-the-Box, Taco Bell
477	Benjamin Holt Dr, Stockton, **E** 🛢 Arco, Chevron/dsl 🍴 Pizza Guys 🏠 Motel 6 ◎ Quikstop, QwikStop, **W** 🛢 7-11 🍴 Eddie's Pizza, Fon Wong Chinese, Lumber Jack's Rest., Lyon's Rest., McDonald's, Starbucks, Subway/TCBY ◎ Ace Hardware, Marina Foods, vet
476	March Lane, Stockton, **E** 🛢 7-11 🍴 Applebee's, Carl's Jr, Denny's, El Torito, Jack-in-the-Box, McDonald's, Olive Garden, Red Lobster, StrawHat Pizza, Taco Bell, Toot Sweets Bakery, Wendy's 🏠 EconoLodge, Hilton ◎ CVS Drug, Marshall's, SMart Foods, **W** 🛢 76/dsl 🍴 Carrow's Rest., Habit Burger, In-N-Out, Jamba Juice, Krispy Kreme, Old Spaghetti Factory, RoundTable Pizza, Starbucks, Subway, Wong's Chinese 🏠 Courtyard, Extended Stay America, La Quinta, Quality Inn, Residence Inn ◎ Home Depot
475	Alpine Ave, Country Club Blvd, same as 474 b
474b	Country Club Blvd (from nb), **E** 🛢 Valero/dsl, **W** 🛢 7-11, Shell/dsl 🍴 Papa Murphy's ◎ BigLots, Safeway/gas
474a	Monte Diablo Ave
473	Pershing Ave (from nb), **W** 🛢 Arco 🏠 Red Roof Inn
472	CA 4 E, to CA 99, Fresno Ave, downtown
471	CA 4 W, Charter Way, **E** 🛢 Arco, Chevron/dsl, Shell 🍴 Burger King, Denny's, Little Caesar's, McDonald's 🏠 Days Inn ◎ $General Mkt, O'Reilly Parts, **W** 🛢 76/dsl/scales/24hr, Valero/Subway 🍴 Jack-in-the-Box, Taco Bell 🏠 Motel 6 ◎ Les Schwab Tire, truck repair
470	8th St, Stockton, **W** 🛢 CA Stop/dsl, Shell/dsl 🏠 I-5 Inn
469	Downing Ave, **W** 🍴 China Express, Louie's Chinese, Mtn Mike's Pizza, Papa Murphy's, Subway ◎ $Tree, AutoZone, Food4Less/gas
468	French Camp, **E** 🛢 76/Togo's/dsl ◎ Pan Pacific RV Ctr, **W** ◎ 🄷
467b	Mathews Rd, **E** 🛢 J&L Mkt/dsl ◎ tires/repair, **W** ◎ 🄷
467a	El Dorado St (from nb)
465	Roth Rd, Sharpe Depot, **E** 🛢 FL/dsl ◎ Freightliner, Kenworth, truck/rv repair
463	Lathrop Rd, **E** 🛢 Chevron/dsl/LP, Joe's Trkstp/Togo's/dsl/scales, TowerMart/dsl, Valero/dsl 🍴 Baskin-Robbins, China Wok, CK Grill, Dickey's BBQ, Little Caesar's, Mi Kasa Japanese, Milan's Pizza, Papa Murphy's, Starbucks, Subway 🏠 Comfort Inn, Days Inn, Days Inn, Holiday Inn Express ◎ Harley-Davidson, O'Reilly Parts, SaveMart Mkt, Walgreens, **W** ◎ Dos Reis CP, RV camping

S A C R A M E N T O (vertical, left margin)

S T O C K T O N (vertical, center margin)

INTERSTATE 5 Cont'd

WESTLEY · SANTA NELLA

Exit #	Services
462	Louise Ave, **E** 🚪 Arco/dsl, Shell 🍴 A&W/KFC, Carl's Jr, Denny's, Golden Bowl, Jack-in-the-Box, McDonald's, Mtn Mike's Pizza, Quiznos, Taco Bell 🛏 Hampton Inn, Quality Inn, **W** 🅾 Mossdale CP, Target
461	CA 120, to Sonora, Manteca, **E** 🅾 Oakwood Lake Resort Camping, to Yosemite
460	Mossdale Rd, **E** 🚪 Chevron/dsl, **W** 🍴 fruit stand/cafe
458b	I-205, to Oakland (from sb, no return)
458a	11th St, to Tracy, Defense Depot, **2 mi W** 🚪 gas/dsl/food
457	Kasson Rd, to Tracy, **W** 🚪 Valley Pacific/dsl
452	CA 33 S, Vernalis
449b a	CA 132, to Modesto, **E** 🅾 The Orchard Campground
446	I-580 (from nb, exits left, no return)
445mm	Westley ℞ₛ both lanes, full ♿ facilities, litter barrels, petwalk, 🔵, 🚮, RV dump
441	Ingram Creek, Howard Rd, Westley, **E** 🚪 76/dsl, Chevron/dsl, Joe's Trvl Plaza/Denny's/dsl/scales/24hr, Westley Triangle TruckStp/dsl 🍴 Antojito's Mexican, Carl's Jr, McDonald's, Subway 🛏 Best Value Inn, Days Inn, EconoLodge, Holiday Inn Express, **W** 🚪 Shell/dsl 🍴 fruits, Ingram Creek Rest. 🅾 truck repair
434	Sperry Ave, Del Puerto, Patterson, **E** 🚪 76/Subway/dsl, Chevron 🍴 A&W/KFC, Apricot Wood BBQ, Carl's Jr, Denny's, El Rosal Mexican, Golden Lion Chinese, Jack-in-the-Box, Lamp Post Pizza, Starbucks 🛏 Best Western 🅾 Kit Fox RV Park
430mm	vista point nb
428	Fink Rd, Crow's Landing
423	Stuhr Rd, Newman, **5 mi E** 🅾 food, lodging, RV camping
422mm	vista point sb
418	CA 140E, Gustine, **E** 🚪 Chevron/dsl, Shell/dsl
409	weigh sta both lanes
407	CA 33, Santa Nella, **E** 🚪 Arco, ♥Loves/Del Taco/dsl/scales/24hr, TA/Shell/Country Pride/Popeye's/dsl/scales/24hr/@ 🍴 Andersen's Rest., Carl's Jr, Subway, Wendy's 🛏 Best Western/Andersen's, Quality Inn, **W** 🚪 76/Circle K/Jack-in-the-Box/dsl, Chevron, Rotten Robbie/dsl/scales, Shell/Circle K/Jack-in-the-Box/dsl, Valero/dsl 🍴 Denny's, In-N-Out, McDonald's, Panda Express, Starbucks, Taco Bell 🛏 Hotel de Oro, Motel 6 🅾 Santa Nella RV Park
403b a	CA 152, Los Banos, **6 mi E** 🅾 🔵, **1 mi W** 🚪 Petro/Shell/diner/dsl/24hr 🛏 Motel 6 🅾 KOA
391	CA 165N, Mercy Springs Rd, **E** 🅾 🔵, **W** 🚪 Shell
388	vista point (from nb)
386mm	℞ₛ both lanes, full ♿ facilities, litter barrels, petwalk, 🔵, 🚮
385	Nees Ave, to Firebaugh, **W** 🚪 Chevron/CFN/Subway/dsl/scales
379	Shields Ave, to Mendota
372	Russell Ave
368	Panoche Rd, **E** 🚪 Tesla, **W** 🚪 76/dsl, Chevron/McDonald's, Mobil/Taco Bell/dsl, Shell/dsl 🍴 Apricot Tree Rest., Fosters Freeze, Subway 🛏 Best Western 🅾 country store
365	Manning Ave, to San Joaquin
357	Kamm Ave
349	CA 33 N, Derrick Ave
337	CA 33 S, CA 145 N, to Coalinga
334	CA 198, to Lemoore, Huron, **E** 🚪 Shell/Subway/dsl/24hr 🛏 Harris Ranch Inn/rest., **W** 🚪 76, Chevron, Valero/Quiznos/dsl 🍴 Burger King, Carl's Jr, Denny's, McDonald's, Oriental Express Chinese, Taco Bell 🛏 Best Western, Motel 6, Travelodge 🅾 🔵

BUTTONWILLOW · FT TEJON

Exit #	Services
325	Jayne Ave, to Coalinga, **W** 🚪 Arco, Shell/Baja Fresh/dsl 🛏 Sommerville RV Park/LP 🅾 🔵
320mm	℞ₛ both lanes, full ♿ facilities, litter barrels, petwalk, 🔵, 🚮
319	CA 269, Lassen Ave, to Avenal, **W** 🚪 Hillcrest TP/76/Subway/dsl/scales/24hr
309	CA 41, Kettleman City, **E** 🚪 76/Subway/TCBY, CFN/dsl, Chevron/McDonald's, Mobil/Starbucks/dsl/24hr, Shell/Baja Fresh/dsl, Valero/dsl 🍴 Carl's Jr, Denny's, In-N-Out, Jack-in-the-Box, Pizza Hut/Taco Bell 🛏 Best Value Inn, Best Western 🅾 Bravo Farms Mercantile
305	Utica Ave
288	Twisselman Rd
278	CA 46, Lost Hills, **E** 🚪 Buford Star Mart/dsl/LP 🅾 to Kern NWR, **W** 🚪 76/Quiznos, Chevron/dsl, ♥Loves/Arby's/dsl/scales/24hr, Mobil/McDonald's/dsl/LP, Pilot/Wendy's/dsl/scales/24hr, Shell/Pizza Hut/Subway/Taco Bell/dsl, Valero/dsl 🍴 Carl's Jr, Denny's, Jack-in-the-Box 🛏 Days Inn, Motel 6 🅾 Lost Hills RV Park, Royal Truck Wash/lube
268	Lerdo Hwy, to Shafter
262	7th Standard Rd, Rowlee Rd, to Buttonwillow
259mm	Buttonwillow ℞ₛ both lanes, full ♿ facilities, litter barrels, petwalk, 🔵, 🚮
257	CA 58, to Bakersfield, Buttonwillow, **E** 🚪 76/Circle K/Quiznos/dsl, Arco/dsl, Chevron/dsl, Shell/dsl, Speedy Fuel/dsl/wash, TA/Mobil/Pizza Hut/Taco Bell/dsl/scales/24hr/@ 🍴 Carl's Jr, Denny's, McDonald's, Starbucks, Subway, Tita's Mexican, Willow Ranch BBQ 🛏 EconoLodge, Motel 6, Super 8 🅾 Castro Tire/Truckwash, **W** 🚪 Valero/dsl
253	Stockdale Hwy, **E** 🚪 Chevron/Subway/dsl, Shell/dsl/24hr 🍴 IHOP, Jack-in-the-Box 🛏 Best Western, Vagabond Inn, **W** 🅾 Tule Elk St Reserve
246	CA 43, to Taft, Maricopa, 🅾 to Buena Vista RA
244	CA 119, to Pumpkin Center, **E** 🚪 Mobil/dsl, **W** 🚪 Chevron/dsl/LP
239	CA 223, Bear Mtn Blvd, to Arvin, **E** 🅾 Bear Mtn RV Reso, **W** 🅾 RV camping, to Buena Vista RA
234	Old River Rd
228	Copus Rd, **E** 🅾 Murray Farms Mkt
225	CA 166, to Mettler, **2-3 mi E** 🍴, 🚪/dsl
221	I-5 and CA 99 (from nb, exits left, no return)
219b a	Laval Rd, Wheeler Ridge, **E** 🚪 Shell/dsl, TA/Shell/Popeye's/Subway/scales/@ 🍴 Black Bear Diner, Burger King, Carl's Jr, Pieology, Pizza Hut, Starbucks, Taco Bell 🛏 Microtel 🅾 Blue Beacon, Tejon Outlets/famous brands, **W** 🚪 Chevron/dsl, Mobil/dsl, Petro/Iron Skillet/Subway/dsl/scales/24hr/@ 🍴 Baskin-Robbins, Chipotle Mexican, Del Taco, In-N-Out, Mauricio's Mexican, McDonald's, Panda Express, Starbucks, Subway, Wendy's, Yogurtland 🛏 Best Western
218	truck weigh sta sb
215	Grapevine, **E** 🚪 Valero/dsl 🍴 Denny's, Jack-in-the-Box, **W** 🚪 Shell/dsl 🍴 Don Perico Grill 🛏 Ramada Ltd
210	Ft Tejon Rd, **W** 🅾 to Ft Tejon Hist SP, towing/repair
209mm	brake check area nb
207	Lebec Rd, **W** 🅾 antiques, CHP, towing, USPO
206mm	℞ₛ both lanes, full ♿ facilities, petwalk, 🔵, 🚮 litter barrels, vending
205	Frazier Mtn Park Rd, **W** 🚪 Flying J/dsl/LP/24hr/@, Arco, Chevron/Subway/dsl/24hr, Shell/Quiznos/dsl/LP 🍴 Jack-in-the-Box, Los Pinos Mexican 🛏 Holiday Inn Express, Motel 6 🅾 auto repair/towing, NAPA Autocare, to Mt Pinos RA
204	Tejon Pass, elev 4144, truck brake insp sb

INTERSTATE 5 Cont'd

Exit #	Services
202	Gorman Rd, to Hungry Valley, **E** 76/dsl, Chevron/dsl/LP Carl's Jr, El Grullense, Ranch House Rest. EconoLodge, **W** Shell/dsl McDonald's auto repair
199	CA 138 E, Lancaster Rd, to Palmdale
198b a	Quail Lake Rd, CA 138 E (from nb)
195	Smokey Bear Rd, Pyramid Lake, **W** Pyramid Lake RV Park
191	Vista del Lago Rd, **W** visitors ctr
186mm	brake inspection area sb, motorist callboxes begin sb
183	Templin Hwy, **W** Ranger Sta, RV camping
176b a	Lake Hughes Rd, Parker Rd, Castaic, **E** 7-11, Arco/dsl, Castaic Trkstp/dsl/24hr, Pilot/Wendy's/dsl/scales/24hr/@, Shell/dsl Baskin-Robbins, Cajun Chicken, Carl's Jr, Denny's, Domino's, El Pollo Loco, Fosters Freeze, Jersey Mike's, McDonald's, Mike's Diner, Panda Express, PapaZ Burger, Pizza Factory, Popeye's, Red Dot Pizza, Starbucks, Subway, Waba Grill, Wok's Chinese Castaic Inn, Days Inn, Rodeway Inn $Tree, Benny's Tire/repair, Castaic Lake RV Park, O'Reilly Parts, Castaic Lake, vet, **W** 76/repair, Mobil Jack-in-the-Box, Taco Bell auto repair, Walgreens
173	Hasley Canyon Rd, **W** Pizza Hut, Subway Ralph's Foods
172	CA 126 W, to Ventura, **E** Courtyard, Embassy Suites
171mm	weigh sta nb
171	Rye Canyon Rd (from sb), **W** Chevron, Shell/dsl Del Taco, Jack-in-the-Box, Jimmy Dean's, Starbucks, Subway, Tommy's Burgers Six Flags
170	CA 126 E, Magic Mtn Pkwy, Saugus, **E** Azul Tequila Mexican, Denny's, Rustic Eatery, Sam's Grille, Shrimp Haus, Starbucks Best Western/rest., Holiday Inn Express, **W** Chevron/dsl El Torito, Marie Callender's, Red Lobster, Wendy's Hilton Garden Six Flags of CA
169	Valencia Blvd, **W** Fat Burger, Nick'n Willy's Pizza, Panda Express, Robeks, Starbucks, Subway Verizon
168	McBean Pkwy, **E** , **W** Baskin-Robbins, Cabo Cabana, Chili's, ChuckeCheese, ClaimJumper, Jamba Juice, Jersey Mikes Subs, Macaroni Grill, Mamma Mia Italian, Mod Pizza, Pick up Stix, Starbucks, Subway, Urbane Cafe Michael's, Old Navy, Verizon, Vons Foods, WorldMkt
167	Lyons Ave, Pico Canyon Rd, **E** 76/Circle K/dsl, Chevron/dsl, Shell/dsl Burger King, Wendy's, **W** Arco, Shell/dsl Cabo Cabana, Carl's Jr, Chuy's, Coco's, Del Taco, Denny's, El Pollo Loco, Fortune Express Chinese, Golden Spoon, IHOP, In-N-Out, Jack-in-the-Box, Jersey Mike's, McDonald's, Outback Steaks, Spumoni Italian, Taco Bell, Wood Ranch BBQ, Yamato Japanese Comfort Suites, Extended Stay America, Fairfield Inn, Hampton Inn, La Quinta, Residence Inn AT&T, Camping World RV Ctr, GNC, Jiffy Lube, Marshall's, Old Navy, Petsmart, Ralph's Foods, Ross, Staples, SteinMart, Walmart/McDonald's
166	Calgrove Blvd
162	CA 14 N, to Palmdale
161b	Balboa Blvd (from sb)
160a	I-210, to San Fernando, Pasadena
159	Roxford St, Sylmar, **E** Chevron/dsl, Mobil/dsl Denny's/24hr, McDonald's Good Nite Inn, Motel 6
158	I-405 S (from sb, no return)
157b a	SF Mission Blvd, Brand Blvd, **E** 76, Arco, Chevron, Mobil/dsl, Shell Carl's Jr, In-N-Out, Little Caesars, New Asia, Pollo Gordo, Popeye's, Subway, Taco Bell, Winchell's , Honda, Rite Aid
156b	CA 118

Exit #	Services
156a	Paxton St, Brand Ave (from nb), **E** Shell/dsl 7-11
155b	Van Nuys Blvd (no EZ nb return), **E** Eagle Jack-in-the-Box, KFC/LJ Silver, McDonald's, Pizza Hut, Popeye's Discount Parts, USPO, **W** Domino's auto repair
155a	Terra Bella St (from nb), **E** Arco
154	Osborne St, to Arleta, **E** Arco, Chevron/dsl El Pollo Loco, Knight's Pizza, Papa's Tacos AutoZone, BigLots, Food4Less, Superior Grocers, Target, **W** 76, Mobil/Burger King 7-11
153b	CA 170 (from sb), to Hollywood
152a	Sheldon St, **E** Big Jim's Rest. , auto repair, Big O Parts
152	Lankershim Blvd, Tuxford, **E** Superfine/dsl/scales
151	Penrose St
150b	Sunland Blvd, Sun Valley, **E** 76/dsl, Mobil Acapulco Rest., Carl's Jr, El Pollo Loco, Old Time Burgers, Quiznos, Subway, Town Café, Yoshinoya Economy Inn 7-11, Ralph's Foods, **W** 76, Shell Big Boy, McDonald's
150a	GlenOaks Blvd (from nb), **E** Superior/dsl Willows Motel
149	Hollywood Way, **W** Shell/dsl , U-Haul
148	Buena Vista St, **E** Hampton Inn, **W** 76/dsl Jack-in-the-Box Quality Inn, Ramada Inn
147	Scott Rd, to Burbank, **E** Sevan/dsl, **W** Hometown Buffet, Krispy Kreme, Outback Steaks, Panda Express, Starbucks, Wendy's Courtyard, Extended Stay America Best Buy, Lowe's, Marshall's, Michael's, Staples, Target, Verizon
146b	Burbank Blvd, **E** 76/repair Baskin-Robbins, CA Pizza Kitchen, Carl's Jr, Chevy's Mexican, ChuckECheese's, Corner Cafe, Harry's Rest., Hooters, IHOP, In-N-Out, McDonald's, Pizza Hut, Popeye's, Quiznos, Robek's Juice, Shakey's Pizza, Starbucks, Subway, Taco Bell, Tommy's Burgers, Yoshinoya Holiday Inn Barnes&Noble, Curves, CVS Drug, Henry's Mkt, K-Mart, Loehmanns, Macy's, Office Depot, Old Navy, Ralph's Foods, Ross, Sears, **W** McDonald's, Subway Costco/gas, Discount Tire
146a	Olive Ave, Verdugo, **E** BJ's Rest., Black Angus Holiday Inn USPO, **W** , , 7-11, Chevrolet, Metro RV Ctr
145b	Alameda Ave, **E** Chevron Baskin-Robbins/Togo's, Del Taco, Habit Burgers, Starbucks CarMax, CVS Drug, Home Depot, Ralph's Foods, Trader Joes, Walgreens, **W** Arco, Shell Burbank Inn U-Haul
145a	Western Ave, **W** Gene Autrey Museum
144b a	CA 134, Ventura Fwy, Glendale, Pasadena
142	Colorado St
141a	Los Feliz Blvd, **E** , , **W** Griffith Park, zoo
140b	Glendale Blvd, **E** 76, Valero Starbucks, Subway auto repair, **W** Valero
140a	Fletcher Dr (from sb)
139b a	CA 2, Glendale Fwy

Vertical margin labels: CASTAIC · SANTA CLARITA · SYLMAR · ARLETA · SUN VALLEY

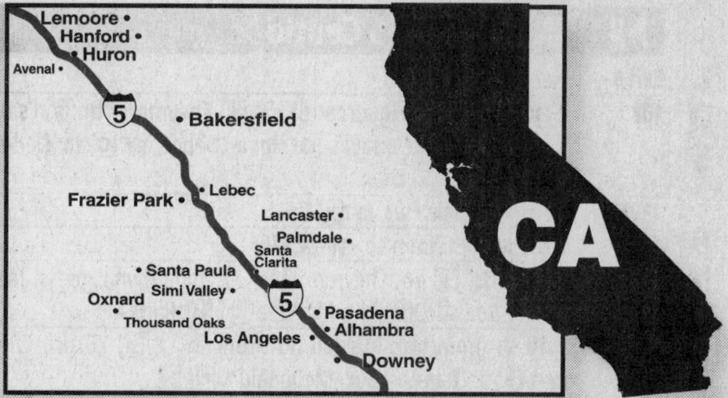

INTERSTATE 5 Cont'd

LOS ANGELES AREA

Exit #	Services
138	Stadium Way, Figueroa St, E 📦 Chevron, Thrifty, Valero 🍴 IHOP, McDonald's ⊡ Home Depot, W ⊡ to Dodger Stadium
137b a	CA 2, Glendale Fwy, W 📦 76
136b	Broadway St (from sb), W 📦 76
136a	Main St, E 📦 76, Chevron/24hr 🍴 Chinatown Express, Jack-in-the-Box, McDonald's, Mr Pizza ⊡ 🍴, Parts+
135c	I-10 W (from nb), Mission Rd (from sb), E 📦 76/dsl, Chevron 🍴 Jack-in-the-Box, McDonald's ⊡ 🍴
135b	Cesar Chavez Ave, W ⊡ 🍴
135a	4th St, Soto St, E 📦 76/dsl, Shell/Subway/dsl, W 📦 Arco/dsl ⊡ city park
134b	Ca 60 E (from sb), Soto St (from nb)
134a	CA 60 W, Santa Monica Fwy
133	Euclid Ave (from sb), Grand Vista (from nb), E 📦 Arco, USA/dsl, W 📦 Mobil, Shell ⊡ 🍴
132	Calzona St, Indiana St, E 📦 Arco/dsl
131b	Indiana St (from nb), E 📦 Arco/dsl, Valero/dsl
131a	Olympic Blvd, E 🍴 McDonald's, W 🍴 Jack-in-the-Box, King Taco ⊡ 🍴
130c b	I-710 (exits left from nb), to Long Beach, Eastern Ave, E 🍴 McDonald's
130a	Triggs St (from sb), E ⊡ outlet mall, W 🍴 Denny's/24hr 🛏 Destiny Inn
129	Atlantic Blvd N, Eastern Ave (from sb), E 🍴 Carl's Jr, Fresca's Mexican, Panda Express, Ruby's Diner, Starbucks, Subway 🛏 Doubletree ⊡ Hyundai, outlets/famous brands, W 🍴 Denny's, Steven's Steaks
128b	Washington Blvd, Commerce, E 📦 Chevron/dsl/repair/24hr 🍴 McDonald's 🛏 Crowne Plaza Hotel/casino, Doubletree ⊡ Costco, outlets/famous brands, W 📦 Arco 🍴 Del Taco, Subway
128a	Garfield Blvd, E 🛏 Commerce/Hotel/casino ⊡ Home Depot, Office Depot, W 📦 76
126b	Slauson Ave, Montebello, E 📦 Shell, Valero/dsl 🍴 Ozzie's Diner, Quiznos, Starbucks 🛏 Quality Inn, Super 8, W 📦 Arco 🍴 Denny's 🛏 Budget Inn, Ramada Inn
126a	Paramount Blvd, Downey, E 📦 Shell/Jack-in-the-Box/dsl
125	CA 19 S, Lakewood Blvd, Rosemead Blvd, E 📦 Mobil, Thrifty 🍴 Arthurs Cafe, Foster's Freeze, Sam's Burgers, Starbucks, Taco Bell 🛏 EconoLodge, W 🍴 China Wok, Chris&Pitt's BBQ, McDonald's, Subway ⊡ Ralph's Foods
124	I-605
123	Florence Ave, to Downey, E 📦 Mobil, W ⊡ Honda, repair
122	Imperial Hwy, Pioneer Blvd, E 📦 Chevron 🍴 Applebee's, Habit Burgers, IHOP, Jack-in-the-Box, McDonald's, Subway, Wendy's, Wood Grill Buffet ⊡ Firestone/auto, Rite Aid, Target, W 📦 7-11, Chevron 🍴 Alberts Mexican, Denny's, Hong-Kong Express, Panda King, Pizza Hut, Rally's, Shakey's Pizza, Sizzler, Wienerschnitzel 🛏 Comfort Inn, Keystone Motel, Rodeway Inn ⊡ Toyota/Scion, Walmart
121	San Antonio Dr, to Norwalk Blvd, E 🍴 IHOP, Jack-in-the-Box, McDonald's, Outback Steaks, Starbucks, Wood Grill Buffet 🛏 Doubletree Inn ⊡ Rite Aid, Target, W 📦 ⊡ auto repair
120b	Firestone Blvd (exits left from nb)
120a	Rosecrans Ave, E 📦 Valero/dsl 🍴 Jim's Burgers, KFC, Little Caesars, Starbucks, Taco Joe ⊡ 🍴, BigSaver Foods, W 📦 Arco/24hr 🍴 El Pollo Loco, Fosters Freeze 🛏 Guesthouse Inn ⊡ Camping World RV Ctr, El Monte RV Ctr, Tune-Up Masters

NORWALK

Exit #	Services
119	Carmenita Rd, Buena Park, E 📦 Arco 🍴 Burger King ⊡ For Trucks, Lowe's, W 🍴 Galaxy Burgers 🛏 Budget Inn, Dynast Suites
118	Valley View Blvd, E 🍴 Carl's Jr, Elephant Bar Rest, In-N-Out, Northwoods Rest, Red Robin, Subway 🛏 Extended Stay America, Holiday Inn Select, Residence Inn ⊡ Staple W 📦 Chevron 🍴 Burger King, El Pollo Loco ⊡ Thompson RV Ctr, to Camping World
117	Artesia Blvd, Knott Ave, E 📦 76/24hr, Chevron 🛏 Extende Stay America ⊡ CarMax, W ⊡ Chrysler, Knotts Berry Farm to Camping World RV Ctr
116	CA 39, Beach Blvd, E 📦 Chevron ⊡ 🍴, Acura, BMW, Buick GMC, CarMax, Honda, Hyundai, Mercedes, Nissan, Toyota Scion, VW, W 📦 Chevron 🍴 Arby's, Black Angus, Denny' Fuddruckers, KFC, Pizza Hut, Subway, Wendy's 🛏 Holiday In Red Roof Inn ⊡ Stater Bros, Target, to Knotts Berry Farm
115	Manchester (from nb), same as 116
114b	CA 91 E, Riverside Fwy, W to ℞
114a	Magnolia Ave, Orangethorpe Ave, E 📦 Mobil/dsl 🍴 Burge King, Burger Town, Taco Bell ⊡ Harley-Davidson
113c	CA 91 W (from nb)
113b a	Brookhurst St, LaPalma, E 📦 Chevron/dsl 🍴 Subway, 📦 Arco, Texaco/dsl 🍴 Carl's Jr, Quiznos, Starbucks ⊡ Hom Depot, Staples
112	Euclid St, E 📦 Arco 🍴 IHOP, Marie Callender's, McDonald' Starbucks, Taco Bell, Wendy's ⊡ 7-11, AAA, PetCo, Ross, Maxx, Walmart, W 📦 76, Mobil 🍴 Burger King, Charley Subs, Denny's, KFC/LJ Silver, Subway ⊡ Target, Verizon
111	Lincoln Ave, to Anaheim, E 🍴 El Triunfo Mexican, La Cas Garcia Mexican, Ruby's Diner, Starbucks, Subway ⊡ ve W ⊡ Discount Auto Repair
110b	Ball Rd (from sb), E 📦 7-11, Chevron/dsl, Shell 🍴 Burg King, El Pollo Loco, McDonald's, Shakey's Pizza, Starbuck Subway, Taco Bell 🛏 Best Inn, Best Value Inn, Days Inn, Hot Menage ⊡ Anaheim RV, Traveler's World RV Park, W 📦 A co/24hr, Shell/dsl 🛏 Best Western, Budget Inn, Holiday In Rodeway Inn, Sheraton, Travelodge ⊡ Camping World RV C Disneyland, USPO
110a	Harbor Blvd, E 📦 Chevron, Shell 🍴 Carrow's, Shakey's Pizz Taco Bell 🛏 Days Inn, EconoLodge, Frontier Harbor Hotel, H tel Menage, Ramada Ltd ⊡ Anaheim Harbor RV Park, 0-2 ▪ W 🍴 Acapulco Mexican, Captain Kidd's, Coldstone, Del S Dennys, IHOP, McDonald's, Millie's Rest., Mimi's Cafe, Morto Steaks, Overland Sage BBQ, Quiznos, Tony Roma's 🛏 An heim Resort, Best Inn, Best Western, Camelot Inn, Candy Ca Inn, Carousel Inn, Castle Inn Suites, Clarion, Courtyard, Dese Inn, Fairfield Inn, Hampton Inn, Hilton Garden, Howard Joh son, ParkVue Inn, Portofino Inn, Ramada Inn, Red Lion, Sa Inn, Sheraton, Travelodge, Tropicana Inn ⊡ same as 109, Disneyland
109	Katella Ave, Disney Way, E 📦 Arco 🍴 Baskin-Robbins, Car Jr, Catch Seafood, Denny's, El Torito, McDonald's, Mr Stox D ing, Panda Express, Subway, Togo's 🛏 Angel Inn, TownePla Suites ⊡ Angels Stadium, W 📦 Chevron 🍴 Bubba Gur Shrimp, CA Pizza Kitchen, Cheesecake Factory, Del Taco, McC mick&Schmick, PF Chang's, Roy Roy's, Subway 🛏 Arena In Best Value Inn, Comfort Inn, Desert Palms Suites, Extended St America, Hilton, Holiday Inn Express, Little Boy Blue, Marric Peacock Suites, Ramada Inn, Residence Inn, Riviera Mot Staybridge Suites, Super 8, Worldmark ⊡ 7-11, to Disneyla
107c	St Coll Blvd, City Drive, E 🍴 Del Taco 🛏 Hilton Suit W 🛏 Doubletree Hotel

ANAHEIM

⬆N INTERSTATE 5 Cont'd

Exit #	Services
107b a	CA 57 N, Chapman Ave, **E** 🍴 Burger King, Del Taco, Denny's 🏨 Holiday Inn, Motel 6, Quality Inn, **W** ⛽ Chevron 🍴 Krispy Kreme, Lucille's BBQ, Taco Bell, Wendy's 🏨 Ayer's Inn, Double-Tree ⭕ H, Best Buy
106	CA 22 W (from nb), Garden Grove Fwy, Bristol St
105b	N Broadway, Main St, **E** ⛽ 7-11 🍴 Baskin-Robbins, CA Pizza Kitchen, Carl's Jr, Chili Pepper Mexican, Corner Bakery, El Torito, FoodCourt, Habit Burgers, Jamba Juice, Manhattan Steaks, Mc-Cormick&Schmicks, Papa Johns, Pat&Oscars, Polly's Café, Rubio's Grill, Starbucks, Subway, Taco Bell, Togo's 🏨 Days Inn, Red Roof Inn ⭕ H, Barnes&Noble, CVS Drug, JC Penney, Macy's, mall, Nordstrom's, Staples, Verizon, **W** 🏨 Golden West Motel, Travel Inn ⭕ Bowers Museum
105a	17th St, **E** ⛽ 76/dsl/24hr 🍴 Hometown Buffet, IHOP, Mc-Donald's ⭕ Chevrolet, CVS Drug, Food4Less, same as 104b, Walgreens, **W** ⛽ Chevron 🍴 YumYum Donuts ⭕ 7-11
104b	Santa Ana Blvd, Grand Ave, **E** 🍴 Denny's, Hometown Buffet, IHOP, KFC/LJ Silver, Marie Callender, McDonald's, Pizza Hut/Taco Bell, Popeye's, Starbucks, Subway, Taco Sinaloa ⭕ $Tree, Big O Tire, CVS Drug, Goodyear, O'Reilly Parts, Target, vet, Walgreens, **W** ⭕ KIA, Suzuki
104a	(103c from nb), 4th St, 1st St, to CA 55 N, **E** ⛽ 76, Chevron, Shell 🍴 Del Taco
103b	CA 55 S, to Newport Beach
103a	CA 55 N (from nb), to Riverside
102	Newport Ave (from sb), **W** ⛽ Arco
101b	Red Hill Ave, **E** ⛽ Mobil/dsl, Shell/repair 🍴 Del Taco, Denny's, Starbucks, Subway, Wendy's 🏨 Key Inn ⭕ BigLots, U-Haul, **W** ⛽ 76, Arco/24hr, Chevron/24hr 🍴 Pizza Shack, Taco Bell ⭕ 7-11, Stater Bros
101a	Tustin Ranch Rd, **E** 🍴 McDonald's ⭕ Acura, Buick/GMC, Cadillac, Chrysler/Dodge/Jeep, Costco, Ford/Lincoln, Hyundai, Infiniti, Lexus, Mazda, Nissan, Toyota/Scion
100	Jamboree Rd, **E** ⛽ Shell 🍴 Baja Fresh, BJ's Rest., Buca Italian, Burger King, CA Pizza, Carl's Jr, Chick-fil-A, Corner Bakery, Daphne's Greek, DQ, El Pollo Loco, IHOP, In-N-Out, Jamba Juice, JinJin Asian, Lazy Dog Cafe, Macaroni Grill, On the Border, Panda Express, Panera Bread, Pick-up Stix, Quiznos, Red Robin, Rubio's, Starbucks, Subway, Taco Bell, Taco Rosa ⭕ AAA, AT&T, Barnes&Noble, Best Buy, Costco, Dick's, Henry's Mkt, Home Depot, Loehmann's, Lowe's, Old Navy, Petsmart, Ralph's Foods, Rite Aid, Ross, Target, TJ Maxx, Verizon
99	Culver Dr, **E** ⛽ Shell/24hr ⭕ vet
97	Jeffrey Rd, **E** ⛽ Arco 🍴 Baskin-Robbins, Juice-it-Up, La Salsa, Starbucks, Subway ⭕ Albertson's, Kohl's, **W** ⛽ 76/dsl 🍴 Thai Cafe ⭕ Ranch Mkt Foods, Verizon, vet
96	Sand Canyon Ave, Old Towne, **W** ⛽ 76/dsl 🍴 Denny's, Jack-in-the-Box, Knowlwood Burgers, Tiajuana's Rest. 🏨 La Quinta ⭕ H, Traveland USA RV Park
95	CA 133 (toll), Laguna Fwy, N to Riverside, S Laguna Beach
94b	Alton Pkwy, **E** ⛽ Shell/Subway/dsl 🍴 Cabo Grill, Carl's Jr, Homestead Suites, Quiznos, Starbucks, **W** 🍴 CA Pizza, Cheesecake Factory, Chipotle Mexican, Dave&Buster's, Johnny Rockets, Panda Express, PF Chang's, Wahoo's Fish Tacos, Wood Ranch, Yardhouse Rest. 🏨 Doubletree Inn ⭕ Barnes&Noble, Nordstrom, Old Navy, Target
94a	I-405 N (from nb)
92b	Bake Pkwy, same as 92a
92a	Lake Forest Dr, Laguna Hills, **E** ⛽ Chevron/24hr, Shell/dsl 🍴 Buffalo Wild Wings, Del Taco, Jack-in-the-Box, Mc

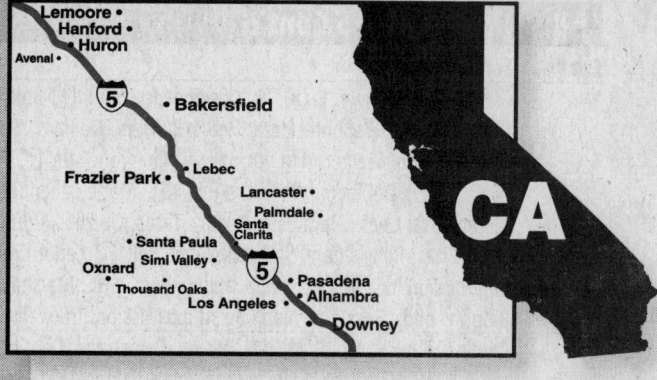

Exit #	Services
92a	Continued Donald's, Panera Bread, Pizza Hut, RoundTable Pizza, Subway, Taco Bell, The Hat 🏨 Best Value Inn, Holiday Inn, Irvine Suites Hotel, Quality Inn ⭕ America's Tire, Buick/GMC, Chrysler/Dodge/Jeep, Ford/Lincoln, Honda, Hyundai, Mazda, Nissan, Subaru, Volvo, VW, **W** ⛽ Chevron/24hr, Shell 🍴 Carl's Jr, Coco's, Del Taco, McDonald's, Quiznos, Subway 🏨 Comfort Inn, Courtyard ⭕ AZ Leather, Best Buy, BMW/Mini
91	El Toro Rd, **E** ⛽ Chevron/dsl, USA 🍴 Arby's, Asia Buffet, Baskin-Robbins, Cafe Rio, Chipotle Mexican, Chronic Tacos, Denny's, El Pollo Loco, Flamebroiler, Fuddrucker's, Hooters, Jack-in-the-Box, Lucille's BBQ, McDonald's, Mr Wok, Panda Express, PeiWei Asian, Quiznos, Scarantino's Rest., Sizzler, Starbucks, Subway, Tommy's Burgers, Wendy's ⭕ 99c Store, CVS Drug, Firestone/auto, Home Depot, PetCo, Petsmart, Ralph's Foods, Ross, Staples, **W** ⛽ 76/Circle K, Chevron/dsl/24hr, Shell/24hr 🍴 BJ's Rest., Carrow's, El Torito, In-N-Out, King's Fishhouse, LoneStar Steaks, Nami Seafood, Starbucks, Woody's Diner 🏨 Laguna Hills Lodge ⭕ H, CVS Drug, Firestone/auto, JC Penney, Just Tires, Macy's, mall, Marshall's, Sears/auto, Trader Joe's, USPO, Walgreens
90	Alicia Pkwy, Mission Viejo, **E** 🍴 Del Taco, Denny's, Subway ⭕ $Tree, Albertson's, America's Tire, CVS Drug, Kragen Parts, Target, **W** ⛽ 76/dsl, Chevron 🍴 Carl's Jr, It's a Grind, Togo's, Wendy's ⭕ AAA, BigLots, Mazda, vet
89	La Paz Rd, Mission Viejo, **E** ⛽ Arco/24hr, Shell 🍴 Chronic Tacos, Pizza Hut, Starbucks, Taco Bell, TK Burgers ⭕ Albertson's/Sav-On, vet, **W** ⛽ 🍴 Claim Jumper Rest., DQ, Flamingos Mexican, Hot Off the Grill, Jack-in-the-Box, Krispy Kreme, La Salsa, McDonald's, Outback Steaks, Spasso's Italian, Starbucks, Subway, Villa Roma, Wienerschnitzel, Yamato Japanese 🏨 Hills Hotel ⭕ 7-11, Best Buy, Curves, Goodyear/auto, Jo-Ann Fabrics, PetCo, to Laguna Niguel Pk, URGENT CARE
87	Oso Pkwy, Pacific Park Dr, **E** ⛽ 76/dsl/repair, Chevron/repair 🍴 Carl's Jr, Starbucks, Subway 🏨 Fairfield Inn ⭕ golf
86	Crown Valley Pkwy, **E** ⛽ 76, Arco, Chevron 🍴 Buffalo Wild Wings, Chili's, Coco's, Islands Grill ⭕ H, Macy's, mall, vet, **W** ⛽ Chevron/dsl ⭕ Aamco, Costco/gas
85b	Avery Pkwy, **E** ⛽ Shell/dsl 🍴 Alberto's Mexican, Carrow's, Del Taco, Jack-in-the-Box, Mongolian BBQ, Papa John's, Starbucks, Subway ⭕ Acura, America's Tire/auto, Audi/Infiniti, Jaguar/Land Rover, Lexus, Parts+, World Mkt, **W** ⛽ Chevron, Shell/dsl/24hr 🍴 A's Burgers, Carl's Jr, In-N-Out 🏨 Best Value Laguna Inn ⭕ Aamco, Cadillac/GMC, Costco/gas, Firestone/auto, Hyundai, Mercedes
85a	CA 73 N (toll)
83	Junipero Serra Rd, to San Juan Capistrano, **W** ⛽ Shell, Spirit/service/dsl

Side margins (vertical text): TUSTIN · IRVINE · LAGUNA HILLS · MISSION VIEJO

INTERSTATE 5 Cont'd

Exit #	Services
82	CA 74, Ortego Hwy, **E** ⓖ 76, Chevron/dsl, Shell ⓕ Bad to the Bone BBQ, Ballpark Pizza, Bravo Burgers, Denny's, Subway ⓛ Best Western ⓞ vet, **W** ⓖ Chevron/24hr ⓕ Arby's, Carl's Jr, Del Taco, Jack-in-the-Box, KFC, Marie Callender's, McDonald's, Oeeshi Japanese, Pedro's Tacos, Quiznos, Round-Table Pizza, Ruby's Cafe, Starbucks, Taco Bell ⓛ Cedar Creek Inn, Mission Inn ⓞ Capistrano Trading Post, GNC, Marshall's, Ralph's Foods, Ross, San Juan Capistrano Mission, TrueValue
81	Camino Capistrano, **E** ⓞ VW, **W** on Capistrano ⓖ Chevron ⓕ El Adobe Rest., El Pollo Loco, Eng's Chinese, KFC, Papa John's, Pizza Hut, Ricardo's Mexican, Starbucks ⓞ Aamco, BigLots, CHP, Costco, Ford, Goodyear/auto, Honda, KIA, Nissan, PetCo, Petsmart, Rite Aid, Ross, San Juan Capistrano SP (1mi), Staples, Toyota/Scion, URGENT CARE, Vons Foods
79	CA 1, Pacific Coast Hwy, Capistrano Bch, Capistrano, **1 mi** **W** ⓖ 76/dsl, Arco/24hr ⓕ A's Burgers, Carl's Jr, Del Taco, Denny's, Jack-in-the-Box, JuiceSpot, McDonald's, Rib Joint, Subway ⓛ DoubleTree, Harbor Inn, Holiday Inn Express ⓞ Ralph's Foods, Rite Aid, USPO, vet
78	Camino de Estrella, San Clemente, **E** ⓖ 76/dsl ⓕ Carl's Jr, China Well, Coldstone, Crispins, Flame Broiler, Jamba Juice, Melting Pot, Papa Murphy's, RoundTable Pizza, Rubio's, Starbucks, Subway, Wahoo's Fish Taco ⓞ ⓗ, AT&T, CVS Drug, Ralph's Foods, Stater Bros Foods, Trader Joe's, vet, **W** ⓖ Arco/dsl ⓕ Las Golondrinas ⓞ BigLots, Kragen Parts, Sears Essentials
77	Ave Vista Hermosa
76	Ave Pico, **E** ⓖ Mobil ⓕ Buono Pizza, Carrow's, Golden Spoon, Juice it Up, McDonald's, Panda Express ⓞ Albertson's/Sav-On, GNC, **W** ⓖ Chevron, Shell/dsl ⓕ Bad to the Bone BBQ, BurgerStop, Del Taco, Denny's/24hr, Pick-up-Stix, Pizza Hut, Stuft Pizza, Subway ⓛ Holiday Inn Express ⓞ 99c Store, Curves, Staples, tires/repair, Tuesday Morning, USPO, vet
75	Ave Palizada, Ave Presidio, **W** ⓖ Valero ⓕ Baskin-Robbins, Coffee Bean, Mr. Pete's Burgers, Sonny's Pizza, Starbucks, Subway, Taka-O Japanese ⓛ Holiday Inn ⓞ 7-11, TrueValue
74	El Camino Real, **E** ⓖ Chevron/dsl/24hr ⓕ El Mariachi Rest., Pipes Cafe ⓛ Budget Lodge, San Clemente Inn, Tradewinds Motel ⓞ same as 75, vet, **W** ⓖ 76/dsl, Exxon ⓕ FatBurger, KFC, Pizza Hut/Taco Bell, Subway, Taste Of China, Tommy's Rest./24hr ⓞ 7-11, O'Reilly Parts, Ralph's Foods
73	Ave Calafia, Ave Magdalena, **E** ⓖ 76/dsl, Shell ⓕ Jack-in-the-Box, Molly Bloom's Cafe, Pedro's Tacos, Sugar Shack Cafe ⓛ Budget Inn, Calafia Beach Motel, C-Vu Inn, Hampton Inn, LaVista Inn, San Clemente Motel, Travelodge ⓞ 7-11, repair, San-O Tire, **W** to San Clemente SP
72	Cristianitos Ave, **E** ⓕ Cafe Del Sol, Carl's Jr. ⓛ Carmelo Motel, Comfort Suites ⓞ San Mateo RV Park/dump, **W** ⓞ to San Clemente SP
71	Basilone Rd, **W** ⓞ San Onofre St Beach
67mm	weigh sta both lanes
66mm	viewpoint sb
62	Las Pulgas Rd
59mm	Aliso Creek ⓡⓢ both lanes, full ♿ facilities, litter barrels, petwalk, Ⓒ, ♨, RV dump, vending
54c	Oceanside Harbor Dr, **W** ⓖ Chevron, Mobil ⓕ Burger King (1mi), Del Taco, Denny's/24hr ⓛ GuestHouse Inn, Holiday Inn Express, Sandman Hotel, The Bridge Motel, Travelodge ⓞ to Camp Pendleton
54b	Hill St (from sb), to Oceanside, **W** ⓖ Chevron, Mobil ⓕ Carrow's Rest., Denny's ⓛ GuestHouse Inn, Holiday Inn Express, Travelodge
54a	CA 76 E, Coast Hwy
53	Mission Ave, Oceanside, **E** ⓖ Arco/24hr, Mobil/dsl ⓕ Alberto's Mexican, Arby's, Armando's Tacos, Burger King, China Star, Jack-in-the-Box, KFC, McDonald's, Mission Donuts ⓛ Quality Inn, Ramada ⓞ CarQuest, NAPA, PepBoys, Valu+ Food Store, W ⓕ El Pollo Loco, Panda Express, Subway, Wendy's ⓞ 99 Store, Office Depot
52	Oceanside Blvd, **E** ⓕ Alberto's Mexican, Domino's, IHOP, McDonald's, Papa John's, Pizza Hut, Starbucks, Subway, Taco Bell, Wienerschnitzel ⓞ Boney's Foods, CHP, CVS Drug, Ralph's Foods, **W** ⓖ Oceanside/dsl ⓛ Best Western Oceanside
51c	Cassidy St (from sb), **W** ⓖ 7-11, 76, Mobil ⓞ ⓗ
51b	CA 78, Vista Way, Escondido, **E** ⓖ 76/Circle K, Chevron/dsl/24hr, Shell ⓕ Applebee's, Boston Mkt, Burger King, Carl's Jr, Chili's, ChuckECheese's, Fuddrucker's, Golden Taipei, Hooters, Macaroni Grill, McDonald's, Mimi's Café, Olive Garden, Outback Steaks, QuikWok, Rubio's, Starbucks, Subway, Wendy's ⓛ Holiday Inn Express ⓞ $Tree, Best Buy, CVS Drug, Firestone, Henry's Mkt, JC Penney, Macy's, Marshall's, Michael's, PetCo, Sears/auto, Staples, Stater Bros Foods, Target, Tuesday Morning, Vons Foods, Walmart/auto, World Mkt, **W** ⓕ Hunter Steaks
51a	Las Flores Dr
50	Elm Ave, Carlsbad Village Dr, **E** ⓖ Shell/24hr ⓕ Lotus Thai Bistro, **W** ⓖ Carlsbad/dsl/LP, Valero ⓕ Al's Cafe, Carl's, Denny's/24hr, Jack-in-the-Box, KFC/Taco Bell, Mikko Japanese ⓛ Extended Stay America, Motel 6 ⓞ Albertson's, TrueValue
49	Tamarack Ave, **E** ⓖ 76/dsl, Chevron/24hr ⓕ Village Kitchen ⓛ Comfort Inn, Rodeway Inn, Travel Inn ⓞ GNC, Rite Aid, Vons Foods, **W** ⓖ Arco ⓕ Hensley's Grill
48	Cannon Rd, Car Country Carlsbad, **E** ⓞ Acura, Buick, Cadillac, Chevrolet, Ford, Honda, Lexus, Lincoln, Mazda, Mercedes, Toyota, VW
47	Carlsbad Blvd, Palomar Airport Rd, **E** ⓖ 7-11, Chevron, Mobil/dsl ⓕ BJ's Rest., Carl's Jr, Islands Burgers, Panda Express, Pat&Oscar's Rest., PF Chang's, Strauss Brewery Rest., Subway, Taco Bell, TGIFriday's ⓛ Holiday Inn, Motel 6 ⓞ Carlsbad Ranch/Flower Fields, Chrysler/Dodge/Jeep, Costco/gas, Ford, outlet mall, **W** ⓖ Shell/dsl ⓕ ClaimJumper Rest., Marie Callender's, McDonald's ⓛ Hilton Garden ⓞ S Carlsbad St Bch
45	Poinsettia Lane, **W** ⓖ Chevron ⓕ Benihana, El Pollo Loco, Golden Spoon, Jack-in-the-Box, Pick-Up Stix, Starbucks, Subway ⓛ La Quinta, Motel 6, Quality Inn, Ramada ⓞ Ace Hardware, Porsche/Volvo, Ralph's Foods, Rite Aid
44	La Costa Ave, **E** vista point, **W** ⓖ Chevron/dsl
43	Leucadia Blvd, **E** ⓛ Howard Johnson, **W** ⓖ Shell/service
41b	Encinitas Blvd, **E** ⓖ Chevron/dsl, O'Brien Sta., Valero ⓕ Cisco's Cafe, Del Taco, Gusto Trattoria, HoneyBaked Ham, Corgi's Pizza ⓞ CVS Drug, NAPA, to Quail Botanical Gardens, vet, **W** ⓖ Shell ⓕ Denny's, Little Caesar's, Subway, Wendy's ⓛ Best Western/rest., Days Inn ⓞ PetCo
41a	Santa Fe Dr, to Encinitas, **E** ⓖ Shell ⓕ Carl's Jr, El Nopalito, Papa Toni's Pizza ⓞ 7-11, **W** ⓕ Today's Pizza ⓞ ⓗ, Rite Aid, vet, Vons Foods
40	Birmingham Dr, **E** ⓖ Chevron, Valero ⓕ Mandarin City ⓛ Holiday Inn Express, **W** ⓖ Arco/24hr
39mm	viewpoint sb
39	Manchester Ave, **E** ⓖ ⓞ to MiraCosta College

Side labels: **CA** · **CAPISTRANO** · **SAN CLEMENTE** · **OCEANSIDE** · **CARLSBAD** · **ENCINITAS**

⬆N INTERSTATE 5 Cont'd

Exit #	Services
37	Lomas Santa Fe Dr, Solana Bch, **E** 🍴 Baskin-Robbins, Pizza Nova, Samurai Rest., Starbucks 🅾 Ross, Vons Foods, We-R-Fabrics, **W** 📩 Mobil 🍴 Carl's Jr, Golden Spoon, Jamba Juice, Panda Express, Panera Bread, RoundTable Pizza, Starbucks, Togo's 🅾 CVS Drug, Discount Tire, GNC, Henry's Foods, Marshall's, Staples
36	Via de La Valle, Del Mar, **E** 📩 Chevron, Mobil 🍴 Chevy's Mexican, Coffee Bean, McDonald's, Milton's Deli, Pappachino's Italian, Paradise Grille, Pasta Pronto, Pick-Up Stix, Taste of Thai 🅾 Albertson's/SavOn, PetCo, **W** 📩 Arco/24hr, Shell/dsl 🍴 Denny's, FishMkt Rest., Red Tracton's Rest. 🛏 Hilton 🅾 racetrack
34	Del Mar Heights Rd, **E** 📩 Shell/dsl **W** 📩 7-11 🍴 Elijah's Rest., Jack-in-the-Box, Mexican Grill 🅾 CVS Drug, vet, Vons Foods
33	Carmel Mtn Rd, **E** 📩 Arco, Shell/repair 🍴 Taco Bell, Tio Leo's Mexican 🛏 DoubleTree Hotel, Hampton Inn, Marriott
32	CA 56 E, Carmel Valley Rd
31	I-805 (from sb)
30	Sorrento Valley Rd
29	Genesee Ave, **E** 🅾 🅷
28b	La Jolla Village Dr, **E** 🍴 Italian Bistro 🛏 Embassy Suites, Hyatt, Marriott 🅾 🅷, to LDS Temple, **W** 📩 Mobil/dsl 🍴 BJ's Grill, CA Pizza Kitchen, Chipotle Mexican, Dominos, El Torito, Elijah's Deli, Flame Broiler, Islands Burgers, Mrs Gooch's, Pick-Up Stix, RockBottom Café, Rubio's, TGIFriday's 🛏 Sheraton 🅾 🅷, AT&T, Best Buy, CVS Drug, Marshall's, PetsMart, Ralph's Foods, Ross, Staples, Trader Joe's, Whole Foods Mkt
28a	Nobel Dr (from nb), **E** 🛏 Hyatt 🅾 LDS Temple, **W** same as 28b
27	Gilman Dr, La Jolla Colony Dr
26b	CA 52 E
26a	La Jolla Rd (from nb)
23b	CA 274, Balboa Ave, **1 mi E** 📩 Shell 🍴 Del Taco 🅾 Albertson's, **W** 📩 7-11, 76/repair, Mobil 🍴 In-N-Out, McDonald's, Rubio's, Wienerschnitzel 🛏 Days Inn, Holiday Inn Express, Mission Bay Inn, San Diego Motel 🅾 🅷, Discount Tire, Express Tire, Ford, Mission Bay Pk, Nissan, Toyota/Scion
23a	Grand Ave, Garnet Ave, same as 23b
22	Clairemont Dr, Mission Bay Dr, **E** 📩 Arco, Shell 🛏 Best Western 🅾 Chevrolet/VW, **W** to Sea World Dr
21	Sea World Dr, Tecolote Dr, **E** 📩 Shell 🛏 Seaside Inn 🅾 Aamco, CarQuest, Circle K, PetCo, **W** 🛏 Hilton 🅾 Old Town SP, Seaworld
20	I-8, W to Nimitz Blvd, E to El Centro, CA 209 S (from sb), to Rosecrans St
19	Old Town Ave, **E** 📩 Arco/24hr, Shell 🛏 Courtyard, La Quinta
18b	Washington St, **E** 🛏 Comfort Inn
18a	Pacific Hwy Viaduct, Kettner St
17b	India St, Front St, Sassafras St, **E** 📩 Mobil, Rte 66 Gas, **W** 🅾 ⬙, civic ctr
17a	Hawthorn St, Front St, **W** 📩 Exxon/dsl 🛏 Holiday Inn, Motel 6, Radisson 🅾 🅷
16b	6th Ave, downtown
16a	CA 163 N, 10th St, **E** 🅾 AeroSpace Museum, **W** 📩 Shell 🍴 Del Taco, Jack-in-the-Box, McDonald's 🛏 Days Inn, Downtown Lodge, El Cortez Motel, Holiday Inn, Marriott 🅾 🅷
15c b	CA 94 E (from nb), Pershing Dr, B St, civic ctr
15a	CA 94 E, J St, Imperial Ave (from sb)
14b	Cesar Chavez Pkwy
14a	CA 75, to Coronado, **W** toll rd to Coronado

SAN DIEGO AREA

Exit #	Services
13b	National Ave SD, 28th St, **E** 🍴 Little Caesar's, Starbucks, Subway 🅾 AutoZone, **W** 📩 Shell 🍴 Burger King, Del Taco, El Pollo Loco
13a	CA 15 N, to Riverside
12	Main St, National City
11b	8th St, National City, **E** 📩 Arco, Shell/24hr 🍴 Jack-in-the-Box 🛏 Holiday Inn, Howard Johnson, Ramada Inn, Super 8, Value Inn, **W** 📩 Chevron/dsl
11a	Harbor Dr, Civic Center Dr
10	Bay Marina, 24th St, Mile of Cars Way, **1/2 mi E** 🍴 Denny's, In-N-Out
9	CA 54 E
8b	E St, Chula Vista, **E** 🛏 Motel 6, **W** 🍴 Anthony's Fish Grotto 🛏 GoodNite Inn
8a	H St
7b	J St (from sb)
7a	L St, **E** 📩 7-11, 76, Shell/dsl 🍴 Mandarin Chinese 🛏 Best Western 🅾 AutoZone, NAPA, Office Depot, Parts+
6	Palomar St, **E** 📩 Arco 🍴 China King, Del Taco, DQ, HomeTown Buffet, KFC, Little Caesar's, McDonald's, Subway 🛏 Palomar Inn 🅾 7-11, Costco/gas, **E on Broadway** 🍴 Food4Less, Jack-in-the-Box, KFC, Michael's, Office Depot, Panda Express, Quizno's, Ross, Target, Walmart, Yoshinoya
5b	Main St, to Imperial Beach, **E** 📩 Arco 🍴 AZ Chinese
5a	CA 75 (from sb), Palm Ave, to Imperial Beach, **E** 📩 Arco 🍴 Armando's Mexican, Papa John's, Wahshing Chinese 🅾 7-11, Discount Tire, Soto's Transmissions, **W** 📩 7-11, Arco, Shell/repair/24hr, Thrifty 🍴 Boll Weevil Diner, Burger King, Carl's Jr, Carrow's, Coldstone Creamery, El Chile Mexican, Los Pancho's Tacos, McDonald's, Rally's, Red Hawk Steaks, Roberto's Mexican, Subway, Taco Bell, Wienerschnitzel 🛏 Super 8, Travelodge 🅾 99c Store, AutoZone, CVS Drug, Home Depot, Jiffy Lube, Von's Foods
4	Coronado Ave (from sb), **E** 📩 Chevron/service, Shell/service 🍴 Denny's, Taco Bell 🛏 EZ 8 Motel 🅾 7-11, **W** 📩 Shell/dsl 🛏 Days Inn 🅾 to Border Field SP
3	CA 905, Tocayo Ave, **W** 📩 7-11
2	Dairy Mart Rd, **E** 📩 Arco/24hr, Circle K 🍴 Burger King, Carl's Jr, Coco's, KFC, McDonald's, Roberto's Mexican 🛏 Americana Inn, Best Value, Super 8, Valli-Hi Motel 🅾 CarQuest, Pacifica RV Resort
1b	Via de San Ysidro, **W** 📩 Chevron, Mobil/dsl 🍴 Denny's 🛏 Knights/RV park, Motel 6, Travelodge
1a	I-805 N (from nb), Camino de la Plaza (from sb), **E** 🍴 Burger King, El Pollo Loco, Jack-in-the-Box, KFC, McDonald's, Subway 🛏 Holiday Motel 🅾 AutoZone, **W** 🍴 Achiato Mexican, IHOP, Iron Wok, McDonald's, Starbucks, Sunrise Buffet 🅾 $Tree, Baja Duty-Free, border parking, factory outlet, Marshall's, Old Navy, Ross, TJ Maxx

California state line, US/Mexico Border, customs, I-5 begins/ends.

(Side tab labels: LA JOLLA, SAN DIEGO AREA, SAN YSIDRO)

🅘 = gas   🍴 = food   🛏 = lodging   🅞 = other   Rs = rest stop   Copyright 2018 - The Next EXIT

INTERSTATE 8

Exit #	Services
172.5mm	California/Arizona state line, Colorado River, Pacific/Mountain time zone
172	4th Ave, Yuma, N 🅞 Paradise Casino, S 🅘 Chevron, Circle K/dsl 🍴 Jack-in-the-Box, Yuma Landing Rest. 🛏 Best Western, Hilton Garden 🅞 to Yuma SP
170	Winterhaven Dr, S Rivers Edge RV Park
166	CA 186, Algodones Rd, Andrade, S Cocopah RV Resort/golf, Quechan Hotel/Casino, to Mexico
165mm	CA Insp/weigh sta
164	Sidewinder Rd, N 🅞 st patrol, S 🅘 Shell/LP/dsl 🅞 Pilot knob RV Park
159	CA 34, Ogilby Rd, to Blythe
156	Grays Well Rd, N Imperial Dunes RA
155mm	Rs both lanes (exits left), full 🚻 facilities, litter barrels, petwalk, 🎎
151	Gordons Well
146	Brock Research Ctr Rd
143	CA 98, to Calexico, Midway Well
131	CA 115, VanDerLinden Rd, to Holtville, 5 mi N 🅞 food, gas, lodging, RV camping
128	Bonds Corner Rd
125	CA 7 S, Orchard Rd, Holtville, 4 mi N 🅞 food, gas/dsl
120	Bowker Rd
118b a	CA 111, to Calexico, N 🅞 Country Life RV Park
116	Dogwood Rd, S 🅘 Arco/dsl 🍴 Burger King, Carino's, Chili's, ChuckeCheese, Denny's, Famous Dave's BBQ, Fortune Garden, Jack-in-the-Box, Olive Garden, Sombrero Mexican, Starbucks, Subway 🛏 Fairfield Inn, TownePlace Suites 🅞 $Tree, 99c, Americas Tire, Best Buy, Dillard's, JC Penney, Kohl's, Macy's, mall, Marshall's, Michael's, PetCo, Ross, Sears/auto, Staples
115	CA 86, 4th St, El Centro, N 🅘 7-11/dsl, Arco/dsl, Chevron/dsl, FillCo/dsl, Shell/dsl 🍴 Carl's Jr, Exotic Thai, Jack-in-the-Box, Las Palmitas Tacos, Lucky Chinese, McDonald's 🛏 Holiday Inn Express, Motel 6 🅞 Family$, O'Reilly Parts, U-Haul, S 🅘 7-11/Subway, Mobil/dsl/scales 🍴 IHOP, In-N-Out, Johnny's Burritos, Panda Express, Taco Bell 🛏 Best Western, Comfort Inn, Rodeway Inn 🅞 AutoZone, Buick/Chevrolet/GMC/Cadillac, Desert Trails RV Park, Home Depot, Honda, Hyundai, Lucky Foods
114	Imperial Ave, El Centro, N 🅘 7-11/dsl, Arco, Chevron/dsl, Chevron/dsl, USA/dsl 🍴 Applebee's, Broken Yolk Cafe, Burger King, Carl's Jr, Carrow's, Church's, Coldstone, Del Taco, Denny's, Domino's, El Pollo Loco, Farmer Boys, Golden Corral, Jack-in-the-Box, Jack-in-the-Box, KFC, La Resaca, Little Caesars, McDonald's, Mexicali Grill, Papa John's, Pizza Hut, Rally's, Sizzler, Sonic, Starbucks, Subway, Taco Bell, TasteeFreez Burgers, Wendy's 🛏 Clarion, Crown Motel, Super 8, SuperStar Inn, Vacation Inn/RV Park, Value Inn 🅞 🏥, $General Mkt, $Tree, 99c Store, Chrysler/Dodge/Jeep, Costco/gas, Discount Tire, Food-4Less, Ford, Goodyear/auto, Jo-Ann, Lowe's, Nissan, O'Reilly Parts, PepBoys, Rite Aid, st patrol, Target, Toyota/Scion, Verizon, Von's Foods, Walgreens, Walmart
111	Forrester Rd, to Westmorland
108mm	Sunbeam Rs both lanes, full 🚻 facilities, litter barrels, petwalk, 🅲, 🎎, RV dump
107	Drew Rd, Seeley, N 🅞 Sunbeam RV Park, to Sunbeam Lake, S 🅞 Rio Bend RV Park
101	Dunaway Rd, Imperial Valley, N st prison, elev 0 ft
89	Imperial Hwy, CA 98, Ocotillo, N 🅞 Red Feathers Mkt/Cafe, RV camping, USPO, S 🅘 Chevron/dsl 🅞 Desert Museum
87	CA 98 (from eb), to Calexico
81mm	eb, runaway truck ramp
80	Mountain Springs Rd
77	In-ko-pah Park Rd, N 🅲, towing
75mm	brake insp area eb, 🅲
73	Jacumba, S 🅘 Chevron/dsl, Shell/Subway/dsl/24hr 🅞 R camping
65	CA 94, Boulevard, to Campo, S 🅘 MtnTop/dsl 🛏 Back Coun try Inn 🅞 auto repair, to McCain Valley RA (7mi), USPO
63mm	elev 4140 ft, Tecate Divide
62mm	Crestwood Summit, elev 4190 ft
61	Crestwood Rd, Live Oak Springs, S 🅘 Golden Acorn Trkstp casino/dsl 🛏 Live Oak Sprs Country Inn 🅞 info
54	Kitchen Creek Rd, Cameron Station, S food, RV camping
51	rd 1, Buckman Spgs Rd, to Lake Morena, Rs both lanes, full 🅲 facilities, litter barrels, petwalk, 🅲, 🎎, RV dump, S 🍴, 🅘 dsl/LP, 🎎 Lake Morena CP (7mi), Potrero CP (19mi), RV campir
48	insp sta, wb
47	rd 1, Sunrise Hwy, Laguna Summit, elev 4055 ft, N to Lagur Mtn RA
45	Pine Valley, Julian, N 🍴 Calvin's Rest., Frosty Burger, Major Diner 🛏 Pine Valley Inn 🅞 city park, Mtn Mkt, Pine Valley gas, to Cuyamaca Rancho SP, USPO, vet
44mm	Pine Valley Creek
42mm	elev 4000 ft
40	CA 79, Japatul Rd, Descanso, N 🍴 Descanso Rest. 🅞 Cuyamaca Rancho SP
37mm	elev 3000 ft, vista point eb
36	E Willows, N Alpine Sprs RV Park, casino, Viejas Indian Res
33	W Willows Rd, to Alpine, N Alpine Sprs RV Park, casino, same 36, Viejas Outlets/famous brands, S ranger sta
31mm	elev 2000 ft
30	Tavern Rd, to Alpine, N 🅘 Chevron/dsl, Shell/dsl, S 🅘 76 Circle K 🍴 American Grill, Carl's Jr, Greek Village Grill, Carreta, Little Caesars, Mananas Mexican, Mediterraneo Gr Panda Machi Chinese, Subway 🛏 Ayre's Lodge 🅞 Ace Har ware, city park, CVS Drug, Farmers Mkt, Rite Aid
27	Dunbar Lane, Harbison Canyon, N 🅞 Flinn Sprgs CP, RV campi
25mm	elev 1000 ft
24mm	🅲
23	Lake Jennings Pk Rd, Lakeside, N 🅘 Arco/Jack-in-the-Bo dsl/24hr, to Lake Jennings CP 🅞 RV camping, S 🅘 7-11 🍴 Burger King, Karla's Mexican, Marechiaro's Pizza
22	Los Coches Rd, Lakeside, N 🅘 7-11, Eagle/dsl/LP, East Coun Gas 🍴 Albert's Mexican, Giant Pizza, Laposta Mexican 🅞 camping/dump, S 🅘 Shell/dsl 🍴 Denny's, Giant NY Pizz McDonald's, Panda Express, Subway, Taco Bell 🅞 Vons Foo Walmart
20b	Greenfield Dr, to Crest, N 🅘 Chevron/dsl, Sky Fue dsl 🍴 Jack-in-the-Box, Marieta's Mexican, McDonald's, Pa chos Tacos, Subway 🅞 7-11, 99c Store, Albertson's, auto pair, AutoZone, Ford, RV camping, st patrol, URGENT CARE, v S 🅘 Mobil/dsl/LP
20a	E Main St (from wb, no EZ return), N 🛏 Budget Inn 🅞 Fo repair, Vacationer RV Park, S 🅘 Arco 🅞 Cadillac
19	2nd St, CA 54, El Cajon, N 🅘 76/dsl, Arco, Chevro dsl 🍴 Marechio's Italian, Pancake House 🅞 CVS Dr Meineke, USPO, Vons Foods, Walgreens, S 🅘 Gas Depot, Go en State/dsl, Shell 🍴 Arby's, Baskin-Robbins, Burger Ki Carl's Jr, Estrada's Mexican, IHOP, Jack-in-the-Box, KFC, Li Caesar's, McDonald's, Popeye's, Subway, Taco Bell, Taco Sh Wings n Things 🛏 Best Value Inn 🅞 $Tree, 7-11, CarQue

INTERSTATE 8 Cont'd

19	Continued Firestone/auto, Jiffy Lube, PepBoys, PetCo, Sprouts Mkt, Walgreens, Walmart Mkt
18	Mollison Ave, El Cajon, **N** 🅖 Chevron 🅕 Denny's 🅛 Best Western, Days Inn, **S** 🅖 Arco, QuickTrip/dsl 🅕 Los Garcia's 🅛 EconoLodge
17c	Magnolia Ave, CA 67 (from wb), to Santee, **N** 🅖 Arco 🅕 Del Taco, El Pollo Loco, Jack-in-the-Box, Jersey Mike's, Panda Express, Starbucks 🅞 AT&T, Food4Less, Target, **S** 🅕 Shell/ service 🅕 New East Buffet, Panda Express, Perry's Cafe, Rubio's 🅛 Motel 6, Super 8 🅞 Nudo's Drug, Ross
17b	CA 67 (from eb), same as 17 a&c
17a	Johnson Ave (from eb), **N** 🅕 Applebee's, Boston Mkt, Burger King, Carl's Jr, Coco's, Five Guys, Hacienda Mexican, Jamba Juice, KFC, Little Caesar's, LJ Silver, McDonald's, New Century Buffet, On the Border, O's American Kitchen, Rubio's, Ruby's Diner, Subway 🅞 $Tree, Best Buy, CVS Drug, Dick's, Goodyear/auto, Home Depot, Honda, JC Penney, Lexus, Macy's, mall, Marshall's, Mazda, Office Depot, PetsMart, Sears/auto, Subaru, Toyota/Scion, Walmart, **S** 🅞 Aamco, KIA, vet
16	Main St, **N** 🅖 Arco 🅕 Denny's, Sombrero Mexican 🅛 Relax Inn 🅞 7-11, **S** 🅖 Chevron/dsl, Super Star 🅞 brakes/transmissions, Nissan
15	El Cajon Blvd (from eb), **N** 🅛 Quality Inn, **S** 🅖 76/dsl 🅕 Wrangler BBQ 🅞 BMW
14c	Severin Dr, Fuerte Dr (from wb), **N** 🅖 USA/dsl 🅕 Anthony's Fish Grotto, Charcoal House Rest., La Casa Blanca 🅛 Holiday Inn Express, **S** 🅕 Brigantine Seafood Rest.
14b a	CA 125, to CA 94
13b	Jackson Dr, Grossmont Blvd, **N** 🅖 Chevron 🅕 Arby's, BJ's Rest., Casa de Pico, Chili's, ChuckeCheese, ClaimJumper, Fuddrucker's, Olive Garden, Panera Bread, Red Lobster, Shakey's Pizza, Starbucks 🅞 🅗 $Tree, Best Buy, CVS Drug, Macy's, mall, O'Reilly Parts, Staples, Target, USPO, Verizon, vet, Walmart, World Mkt, **S** 🅖 🅕 Honeybaked Ham, Jack-in-the-Box 🅞 Discount Tire, Ford, Hyundai, Ross, Walmart Mkt
13a	Spring St (from eb), El Cajon Blvd (from wb), **S** 🅕 El Pollo Loco, Starbucks, Subway 🅛 Hitching Post 🅞 99c Store, AutoZone
12	Fletcher Pkwy, to La Mesa, **N** 🅖 Shell/dsl 🅕 Carl's Jr, Chipotle Mexican, McDonald's, Pick Up Stix 🅛 Heritage Inn 🅞 7-11, Costco, **S** 🅕 El Torito, Starbucks, Subway 🅛 Motel 6 🅞 99c Store, Chevrolet, San Diego RV Resort
11	70th St, Lake Murray Blvd, **N** 🅖 Shell/dsl 🅕 Subway, **S** 🅖 Shell/7-11/dsl 🅕 Aiken's Deli, Denny's, Marie Callender's 🅞 🅗, auto repair, URGENT CARE
10	College Ave, **N** 🅖 Chevron/dsl 🅞 Windmill Farms Mkt, **S** 🅞 🅗, to SDSU
9	Waring Rd, **N** 🅛 Days Inn, Rodeway Inn
8	Fairmount Ave (7 from eb), to Mission Gorge Rd, **N** 🅖 7-11, Mobil, Sky/dsl, USA/dsl 🅕 Arby's, Black Angus, Carl's Jr, Chili's, Coco's, El Pollo Loco, Filippi's Pizza, Jack-in-the-Box, Jamba Juice, Jersey Mike's, McDonald's, Roberto's Tacos, Rubio's, Sombrero Mexican, Starbucks, Subway, Szechuan Chinese, Togo's, Wendy's 🅛 Motel 6 🅞 🅗, AutoZone, CVS Drug, Discount Tire, Home Depot, Honda, Rite Aid, Toyota/Scion, Tuesday Morning, Vons Foods
7b a	I-15 N, CA 15 S, to 40th St
6b	I-805, N to LA, S to Chula Vista
6a	Texas St, Qualcomm Way, **N** 🅕 Dave&Buster's, same as 5
5	Mission Ctr Rd, **N** 🅖 Chevron 🅕 Broken Yolk Cafe, Chipotle Mexican, Corner Cafe, El Pollo Loco, Fuddrucker's, Gordon

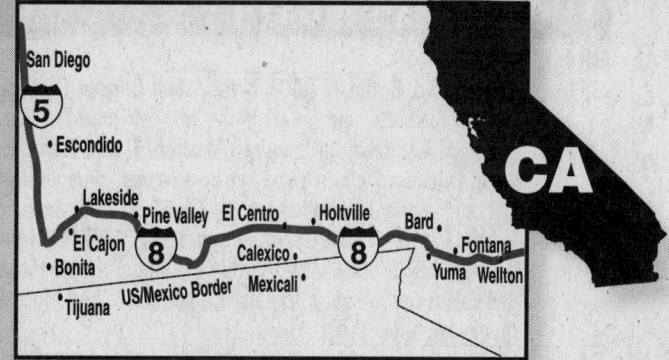

5	Continued Biersch Rest., Habit Burger, Hooters, In-N-Out, King's Fishouse, Lazy Dog Rest., Mimi's Cafe, On The Border, Outback Steaks, Panda Express, Peiwei Asian, Pick-Up Stix, Robek Juice, Rubio's, Sammy's Woodfired Pizza, Starbucks, Subway, Taco Bell, Tilted Kilt 🅛 Marriott, Sheraton 🅞 AT&T, Best Buy, Chevrolet, Lincoln, mall, Marshall's, Michael's, Nordstrom Rack, Old Navy, Staples, Target, Trader Joe's, **S** 🅖 Arco 🅕 Benihana, Denny's, Fuji Japanese, Mission Valley Cafe, Wendy's 🅛 Comfort Suites, Hilton, La Quinta, Sheraton 🅞 Buick/GMC/Cadillac, Chrysler/Dodge/Jeep, Mazda
4c b	CA 163, Cabrillo Frwy, **S** 🅞 to downtown, zoo
4a	Hotel Circle Dr (from eb), CA 163 (from wb)
3a	Hotel Circle, Taylor St, **N** 🅕 Hunter Steaks 🅛 Comfort Suites, Crowne Plaza, Handlery Hotel, Motel 6, Town&Country Motel 🅞 golf, **S** 🅕 Adam's Cafe, Albie's Rest., Ricky's Rest., Valley Kitchen 🅛 Best Western, Candlewood Suites, Comfort Inn, Courtyard, Days Hotel, DoubleTree Inn, Extended Stay America, Hampton Inn, Howard Johnson, King's Inn/rest., Mission Valley Hotel, Residence Inn, Super 8, Travelodge, Vagabond Inn 🅞 vet
2c	Morena Blvd (from wb)
2b	I-5, N to LA, S to San Diego
2a	Rosecrans St (from wb), CA 209, **S** 🅖 Shell 🅕 Chipotle Mexican, ChuckECheese, Del Taco, Denny's, In-N-Out, Panda Express, Starbucks, Subway 🅛 Goodnite Inn, Hampton Inn 🅞 Staples
1	W Mission Bay Blvd, Sports Arena Blvd (from wb), **N** 🅞 to SeaWorld, **S** 🅕 Arby's, Buffalo Wild Wings, Chick-fil-A, Chili's, Jack-in-the-Box, McDonald's, Phil's BBQ, Red Lobster, Wendy's 🅛 Ramada Ltd, Wyndham Garden 🅞 Dick's, Home Depot, Ralph's, Target, U-Haul, Von's
0mm	**I-8 begins/ends on Sunset Cliffs Blvd, 1/4 mi W** 🅖 76, Shell/repair 🅕 Jack-in-the-Box, Kaiserhof Cafe, **N** 🅞 Mission Bay Park

INTERSTATE 10

Exit #	Services
245mm	California/Arizona state line, Colorado River, Pacific/Mountain time zone
244mm	inspection sta wb
243	Riviera Dr, **S** 🅞 Riviera RV Park
241	US 95, Intake Blvd, to Needles, Blythe, **N** 🅖 Mobil/dsl, Shell/dsl 🅕 Lalo's Mexican, Steaks'n Cakes Rest. 🅛 Days Inn, Relax Inn, Rodeway Inn 🅞 auto/RV repair/24hr, Burton's RV Park, **S** 🅛 Hampton Inn 🅞 McIntyre Park
240	7th St, **N** 🅖 76/dsl, EZ Mart 🅕 China Garden 🅛 Blue Line Motel, Budget Inn, Knights Inn, Solar City Inn 🅞 $General, Albertson's, AutoZone, Ford, repair, Rite Aid, **S** 🅞 Buick/Chevrolet, Chrysler/Dodge/Jeep

[G] = gas [F] = food [L] = lodging [O] = other [RS] = rest stop Copyright 2018 - The Next EXIT

Exit #	Services

INTERSTATE 10 Cont'd

B L Y T H E

239 Lovekin Blvd, Blythe, N [G] Mobil/dsl, Shell/Quiznos [F] Carl's Jr, Del Taco, Domino's, Jack-in-the-Box, McDonald's, Pizza Hut, Popeye's, Rebel BBQ, Rosita's Mexican, Sizzler, Starbucks, Wang's Chinese [L] Best Value Inn, Best Western, Budget Host, Clarion, Regency Inn, Willow Inn [O] [H], $Tree, Ace Hardware, Goodyear/auto, O'Reilly Parts, Verizon, S [G] 76/dsl, Chevron/dsl, USA/Chester's/dsl, Valero/Circle K [F] Burger King, Denny's, Red Cactus Grill, Subway, Taco Bell [L] Comfort Suites, Motel 6, Quality Inn, Super 8 [O] city park

236 CA 78, Neighbours Blvd, to Ripley, N [G] Valero/dsl, S to Cibola NWR

232 Mesa Dr, N [G] 76/dsl/rest./scales/24hr/@, Valero/dsl [O] Airport

231 weigh sta wb

222mm Wileys Well Rd, N [RS] both lanes, full [&] facilities, litter barrels, petwalk, [C], [A], S to st prison

217 Ford Dry Lake Rd

201 Corn Springs Rd

192 CA 177, Rice Rd, to Lake Tamarisk, N [O] camping, USPO

189 Eagle Mtn Rd

182 Red Cloud Rd

177 Hayfield Rd

173 Chiriaco Summit, N [G] Chevron/Foster's Freeze/dsl/24hr [F] Chiriaco Rest [O] Patton Museum, truck/tire repair

168 to Twentynine Palms, to Mecca, Joshua Tree NM

162 frontage rd

159mm Cactus City [RS] both lanes, full [&] facilities, litter barrels, petwalk, [A]

147mm 0 ft elevation

146 Dillon Rd, to CA 86, to CA 111 S, Coachella, N [G] Chevron, Loves/Carl's Jr/dsl/24hr [F] Del Taco, S [G] Chevron/Jack-in-the-Box, TA/Shell/Country Pride/Taco Bell/dsl/24hr/@ [O] Spotlight Casino, truckwash

145 CA 86 S (from eb)

144 CA 111 N, CA 86 S, Indio, N [L] Holiday Inn Express, Quality Inn [O] Classic RV Park, Fantasy Sprgs Casino/Hotel/Cafe

I N D I O

143 Jackson St, Indio, N [G] Arco/dsl [F] IHOP, KFC, La Casita Mexican, McDonald's, Panda Express, Starbucks, Subway, Taco Bell [O] $Tree, AT&T, AutoZone, BigLots, CVS Drug, GNC, Home Depot, Marshall's, PetCo, Ramona Tire/auto, Ross, Target, Verizon, Walgreens, WinCo Foods, S [O] 7-11.

142 Monroe St, Central Indio, N [O] RV camping, Walmart, S [G] 76, Circle K, Shell/dsl/LP [F] Mexicali Cafe, Subway, Taco Jalisco [L] Best Value Inn [O] $General

139 Jefferson St, Indio Blvd, N [O] hwy patrol, Shadow Hills RV Resort

137 Washington St, Country Club Dr, to Indian Wells, N [G] Arco, Chevron/dsl [F] Burger King, Coco's, Del Taco, Legends and Icons Grill, Mario's Italian, Papa John's, Popeye's, Starbucks, Winchell's [L] Comfort Suites, Motel 6 [O] 1000 Trails RV Park, Buick/GMC, Ford, Honda, McMahon's RV Ctr, Rite Aid, Stater Bros, Toyota/Scion, TrueValue, VW, Walgreens, S [G] 76/Circle K, Mobil/Circle K [F] Carl's Jr., China Wok, Domino's, Goody's Cafe, La Casita Mexican, Lili's Chinese, Pizza Hut, Pronto Mexican, Quiznos, Subway, TJ's Mexican, ToGo's/Baskin-Robbins, Wendy's [O] Firestone/auto, Goodyear/auto

134 Cook St, to Indian Wells, S [G] Arco, Mobil/Circle K/dsl [F] Applebees, Carl's Jr, Coldstone, Firehouse Grill, Goody's Cafe, Jack-in-the-Box, Pueblo Viejo Grill, Starbucks, Subway [L] Courtyard, Hampton Inn, Hilton/Homewood Suites, Residence Inn [O] vet

P A L M S P R I N G S

131 Monterey Ave, Thousand Palms, N [G] Arco [F] Jack-in-the-Box, S [F] Clark's Cafe/Food Mkt, Del Taco, El Pollo Lo, Hibachi City, IHOP, Maracas Cantina, McDonald's, Panda Express, Red Robin, Santana's Mexican, Starbucks, Subway, Wendy's [O] $Tree, 99c Store, America's Tire, Costco/gas, Good year/auto, Home Depot, Kohls, Lowe's, PetsMart, Sam's Club/gas, Walmart

130 Ramon Rd, Bob Hope Dr, N [G] FLYING J/dsl/LP/rest./24 Chevron/dsl, Shell/dsl, Valero/dsl [F] Carl's Jr, Del Taco, Denny's, Domino's, Goody's Cafe, In-N-Out, McDonald's, San Miguel Mexican [L] Red Roof Inn [O] truckwash, S [O] [H], Agua Caliente Casino/rest.

126 Date Palm Dr, Rancho Mirage, S [G] Arco/dsl, Mobil, Valero [O] Walgreens

123 Palm Dr, to Desert Hot Sprgs, N [G] Arco/dsl, Chevron/Jack-in-the-Box/dsl [O] Caliente Springs Camping, S [O] to Gene Autry Trail (3mi)

120 Indian Ave, to N Palm Sprgs, N [G] 76/Circle K, Arco/dsl, Shell/dsl [L] Motel 6 [O] Harley-Davidson, S [G] Chevron, [Pilot]/Wendy's/dsl/scales/24hr [F] Del Taco, Jack-in-the-Box [O]

117 CA 62, to Yucca Valley, Twentynine Palms, to Joshua Tree NM

114 Whitewater, many windmills

113mm [RS] both lanes, full [&] facilities, litter barrels, [C], [A]

112 CA 111 (from eb), to Palm Springs

110 Haugeen-Lehmann

106 Main St, to Cabazon, N [G] Shell/dsl [F] Burger King, S [G] Valero/Circle K/dsl

104 Cabazon, same as 103

103 Fields Rd, N [G] Chevron, Morongo/dsl [F] In-N-Out, McDonald's, Ruby's Diner [O] Hadley Fruit Orchards, Morongo Reservation/casino, Premium Outlets/famous brands

102.5mm Banning weigh sta both lanes

B A N N I N G

102 Ramsey St (from wb)

101 Hargrave St, Banning, N [G] 76/Church's, Arco/dsl [L] Courtyard Inn, Stagecoach Motel [O] tires

100 CA 243, 8th St, Banning, N [G] Chevron/dsl [F] IHOP, Jack-in-the-Box, Subway [O] Rite Aid

99 22nd St, to Ramsey St, N [G] Arco/dsl, Shell/dsl [F] Carl's Jr, Carrow's, Chelos Tacos, Del Taco, Fishermans Grill, KFC, Little Caesar's, McDonald's, Pizza Hut, Russo's Italian, Sizzler, Starbucks, Wall Chinese [L] Days Inn, Super 8, Travelodge [O] $General, Banning RV Ctr, Family$, Goodyear/auto

98 Sunset Ave, Banning, N [G] Chevron/dsl [F] Domino's, Gramma's Kitchen, Gus Jr #7 Burger [L] Holiday Inn Express [O] $Tree, AutoZone, BigLots, Buick/Chevrolet/GMC, Ray's RV Ctr, repair, Rio Ranch Mkt, vet

96 Highland Springs Ave, N [G] Arco, Chevron/dsl, Shell/dsl [F] Applebee's, Burger King, Denny's, FarmHouse Rest, Guy's Italian, Jack-in-the-Box, Little Caesar's, Orchid Thai, Papa John's, Subway, Wendy's [L] Hampton Inn [O] [H], Best Hardware, Food4Less, O'Reilly Parts, Stater Bros Foods, Walgreens, S [G] Mobil [F] Carl's Jr, Chili's, Dickey's BBQ, El Pollo Loco, FarmerBoys, Good China, La Casita, McDonald's, Palermo's Pizza, Quiznos, Starbucks, Taco Bell, Wienerschnitzel [O] $Tree, Albertson's, Best Buy, GNC, Home Depot, hwy patrol, Kohls, PetCo, Ramona Tire/auto, Rite Aid, Ross, Verizon, Walmart, Subway

B E A U M O N T

95 Pennsylvania Ave (from wb), Beaumont, N [F] Country Kitchen Rest., Jasmine Thai, Marla's Rest. [L] Rodeway Inn [O] AutoZone, Meineke, Miller RV Ctr

94 CA 79, Beaumont, N [G] 76/dsl, USA [F] Baker's DriveThru, BMG Mexican, Casa Palacios, McDonald's, Popeye's, Yum Yum

INTERSTATE 10 Cont'd

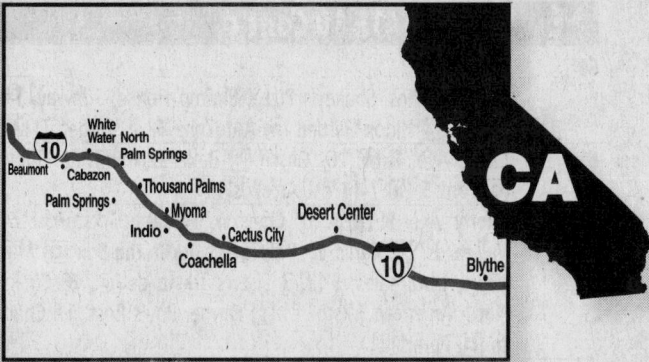

94	Continued Donuts Best Value Inn, Best Western Family$, NAPA, O'Reilly Parts, **S** Arco/dsl, Shell/Circle K/dsl Del Taco, Denny's, Jack-in-the-Box, Subway RV camping, vet
93	CA 60 W, to Riverside
92	San Timoteo Canyon Rd, Oak Valley Pkwy, **N** Chevron/dsl Sand Trap' Grill, Subway Holiday Inn Express golf, Rite Aid, **S** golf
91mm	wb, full facilities, litter barrels, petwalk, ,
90	Cherry Valley Blvd, **N** truck/tire repair
89	Singleton Rd (from wb), to Calimesa
88	Calimesa Blvd, **N** Arco/dsl, Chevron/dsl, Shell/dsl Best Wok, Burger King, Carl's Jr, Denny's, Isabella's Italian, McDonald's, NY Pizzaria, Subway, Taco Bell, Tang's Chinese Calimesa Inn Fresh&Easy Foods, Stater Bros Foods, Walgreens, **S** Big Boy, Jack-in-the-Box
87	County Line Rd, to Yucaipa, **N** FasTrip/dsl, Shell/dsl Baker's DriveThru, Del Taco Best Value $General, auto repair/tires, SavALot Foods, USPO, vet
86mm	Wildwood eb, full facilities, litter barrels, petwalk, ,
85	Live Oak Canyon Rd, Oak Glen
83	Yucaipa Blvd, **N** Arco/dsl, Chevron/dsl, Mobil Baker's DriveThru, Starbucks, **S** Subway
82	Wabash Ave (from wb)
81	Redlands Blvd, Ford St, **S** 76
80	Cypress Ave, University St, **N** , , to U of Redlands
79b a	CA 38, 6th St, Orange St, Redlands, **N** Chevron, USA Redlands Rest. Budget Inn, Stardust Motel Stater Bros Foods, **S** 76, Shell Chipotle Mexican, Corner Cafe, Domino's, Eureka Burger, Las Cuentes Mexican, Phoenicia Greek, Rubio's, Starbucks, Subway Firestone/auto, Office Depot, O'Reilly Parts, Trader Joe's, Verizon, Von's Foods
77c	(77b from wb)Tennessee St, **N** 7-11 Jack-in-the-Box, Shakey's Pizza Home Depot, Toyota/Scion, **S** Shell Arby's, Bakers DriveThru, Burger King, Carl's Jr, Coco's, El Burrito, El Pollo Loco, LJ Silver, Papa John's, Subway, Taco Bell Ayers Hotel, Comfort Suites, Dynasty Suites, Motel 6 American Tire Depot, Ford, USPO, vet
77b	(77c from wb) CA 210, to Highlands
77a	Alabama St, **N** 76/Circle K/dsl Buffet Star, Cafe Rio, Chick-fil-A, Chili's, Coldstone Creamery, Denny's, Famous Dave's BBQ, Five Guys, Hawaiian BBQ, Jamba Juice, Jersey Mike's, Macaroni Grill, Magic Wok, Noodle 21 Asian, Red Robin, Starbucks, Subway, Tom's Charburgers Best Value Inn, Motel 7 West, Super 8 AT&T, Barnes&Noble, GNC, JC Penney, Jo-Ann Superstore, Kohl's, Marshall's, Michael's, PetCo, Target, U-Haul, Verizon, World Mkt, **S** Chevron, Shell Del Taco, IHOP, McDonald's, Nick's Burgers, Old Spaghetti Factory, Pizza Hut, Zabella's Mexican Country Inn&Suites, GoodNite Inn $Tree, 7-11, 99¢ Store, BigLots, Chevrolet, CVS Drug, Discount Tire, Goodyear/auto, K-Mart, Lowe's, Midas, Nissan, PepBoys, Ross, Tuesday Morning
76	California St, **N** Mill Creek Rest. funpark, museum, **S** Arco, Shell/LP/dsl Applebee's, Bravo Burger, Jack-in-the-Box, Jose's Mexican, Little Caesar's, Panda Express, Red Chili Szechuan, Subway, Wendy's, Wienerschnitzel AT&T, AutoZone, Food4Less, Just Tires, Mission RV Park, Walmart
75	Mountain View Ave, Loma Linda, **N** Valero/dsl, **S** Domino's, FarmerBoys Burgers, Lupe's Mexican, Subway
74	Tippecanoe Ave, Anderson St, **N** BJ's Rest., Chipotle Mexican, El Pollo Loco, Hawaiian BBQ, In-N-Out, Jack-in-the-Box, Jamba Juice, Panera Bread, Pick-Up Stix, Pollo Campero, Starbucks, Subway, Tasty Goody Fairfield Inn, Hampton Inn, Homewood Suites, Residence Inn Costco/gas, Sam's Club/gas, Staples, **S** 76/dsl Baker's DriveThru, Del Taco, HomeTown Buffet, KFC, Napoli Italian, Wienerschnitzel auto repair, Honda, Hyundai, to Loma Linda U
73b a	Waterman Ave, **N** 76, Shell/dsl Baja Fresh, Black Angus, Buffalo Wild Wings, Chili's, ChuckeCheese, ClaimJumper, Coco's, El Torito, Five Guys, IHOP, King Buffet, Lotus Garden Chinese, Mimi's Café, Olive Garden, Outback Steaks, Panda Express, Red Lobster, Sizzler, Souplantation, Subway, TGIFriday's, Togo's Best Western, Days Inn, Hilton Garden, La Quinta, Quality Inn, San Bernardino Hotel, Super 8 7-11, Best Buy, Home Depot, Office Depot, PetsMart, **S** Arco Burger King, Carl's Jr, Gus Jr Burger #8, McDonald's, Popeye's, Starbucks, Taco Bell Motel 6 Camping World RV Ctr, El Monte RV Ctr, repair
72	I-215, CA 91
71	Mt Vernon Ave, Sperry Ave, **N** 7-11, Trkstp/dsl/LP Alberto's Mexican Colony Inn, Colton Motel, Comfort Inn repair
70b	9th St, **N** Mobil Denny's, Domino's, McDonald's, P&G Burgers, Starbucks, Subway Holiday Inn Express NAPA, Stater Bros Foods, USPO
70a	Rancho Ave, **N** Del Taco, Jack-in-the-Box, KFC/Taco Bell, Wienerschnitzel
69	Pepper Dr, **N** Valero Baker's DriveThru
68	Riverside Ave, to Rialto, **N** Chevron/dsl, I-10 Trkstp/dsl/scales, USA Burger King, Burger King, Coco's, El Pollo Loco, HomeTown Buffet, Jack-in-the-Box, McDonald's, Panda Express, Starbucks, Subway, Taco Joe's American Inn, Days Inn, ValleyView Inn dsl repair, Midas, Pepboys, Walmart, **S** Shell/Circle K/dsl
66	Cedar Ave, to Bloomington, **N** Arco, Valero/dsl Baker's DriveThru, Burger King, DQ, FarmerBoys Burgers, Subway, Taco Bell, **S** 7-11
64	Sierra Ave, to Fontana, **N** Arco, Mobil, Shell, Valero/dsl Arby's, Billy J's Rest., China Cook, China Panda, ChuckeCheese, Del Taco, Denny's, El Gallo Giro, Hawaiian BBQ, IHOP, In-N-Out, Jack-in-the-Box, KFC, Little Caesar's, McDonald's, Pancho Villa's, Papa John's, Pizza Hut/Taco Bell, Popeye's, Sizzler, Sub Shop, Subway, Wendy's, Wienerschnitzel, Yoshinoya Best Value Inn, EconoLodge, Motel 6, Valley Motel , $Tree, AutoZone, BigLots, Cardenas Foods, CVS Drug, Food4Less, GNC, Just Tires, PepBoys, Rite Aid, Stater Bros Foods, Verizon, **S** Chevron/dsl Alvaro's Mexican, Brandon's Diner, China Buffet, Circle K, Del Taco,

CA

ONTARIO

⬆E INTERSTATE 10 Cont'd

64	Continued
	Los Jalapeños, Shakey's Pizza, Shrimp House, Subway, Tasty Goody 🛏 Hilton Garden 🅾 AutoZone, Ross, Target, TJ Maxx
63	Citrus Ave, N 🅿 76, Gasco 🍽 Baker's DriveThru, Subway 🅾 Ford, S 🅿 7-11/dsl, Arco/dsl
61	Cherry Ave, N 🅿 Arco, Chevron, Fontana Trkstp/dsl/24hr, Valero/dsl 🍽 Carl's Jr, Del Taco, Jack-in-the-Box 🅾 Mack/Volvo, truck sales, S 🅿 3 Sisters Trkstp/dsl/@, 76/Circle K, North American Trkstp/dsl 🍽 Farmer Boy's Rest., La Chaquita 🅾 Peterbilt
59	Etiwanda Ave, Valley Blvd
58b a	I-15, N to Barstow, S to San Diego
57	Milliken Ave, N 🅿 76/dsl, Arco/24hr, Chevron, Mobil/Albertos Mexican/dsl, Shell 🍽 Applebee's, Arby's, Baja Fresh, BJ's Rest., Boston's, Burger King, Carl's Jr, Chevy's Mexican, Chipotle, Coco's, Coldstone, Dave&Buster's, Del Taco, El Pollo Loco, Famous Dave's BBQ, Fat Burger, Fuddruckers, Hooters, IHOP, In-n-Out, Jack-in-the-Box, Jamba Juice, KFC, Krispy Kreme, McDonald's, Mkt Broiler, New City Buffet, NY Grill, Olive Garden, Outback Steaks, Rain Forest Cafe, Red Lobster, Rubio's, Sonic, Starbucks, Subway, Tokyo Tokyo, Wendy's, Wienerschnitzel, Wing Place 🛏 Ayre's Suites, Country Inn&Suites, Courtyard, Hampton Inn, Hilton Garden, Holiday Inn Express, Homewood Suites, Hyatt, TownePlace Suites 🅾 America's Tire, Best Buy, Big O Tire, Carmax, Costco/gas, JC Penney, Jo-Ann Fabrics, Kohl's, Marshalls, Ontario Mills Mall, Petsmart, Sam's Club/gas, Staples, Target, Verizon, S 🍽 TA/Shell/Pizza Hut/Subway/Taco Bell/dsl/rest./24hr/@ 🛏 Rodeway Inn
56	Haven Ave, Rancho Cucamonga, N 🅿 Mobil 🍽 Benihana, Black Angus, Pizza Factory 🛏 Aloft Hotel, Best Western, Extended Stay America, Hilton, La Quinta, Ontario Grand Suites, S 🍽 Panda Chinese, TGIFriday's 🛏 Fairfield Inn
55b a	Holt Blvd, to Archibald Ave, N 🅿 Arco, Mobil/dsl 🍽 Baker's Drive-thru, Burgertown USA, Hawaiian BBQ, Subway, Weinerschnitzel
54	Vineyard Ave, N 🅿 76/Circle K 🍽 Carl's Jr, Del Taco, El Pollo Loco, Great China, Pizza Hut/Taco Bell, Popeye's, Quiznos, Rocky's Pizza 🅾 AutoZone, Ralph's Foods, Rite Aid, Stater Bros Foods, S 🅿 76, Mobil, Valero 🍽 Basil Rest., Cowboy Burgers, Denny's, Garden Square Rest., In-N-Out, Jack-in-the-Box, Marie Callenders, Quiznos, Rosa's Italian, Spires Rest., Wendy's, Yoshinoya Japanese 🛏 Ayers Suites, Best Western, Comfort Suites, Countryside Suites, DoubleTree Inn, Holiday Inn, Motel 6, Ontario Airport Inn, Quality Inn, Ramada Inn, Red Roof Inn, Residence Inn, Sheraton 🅾 Buick/Cadillac/Chevrolet/GMC, to Airport, USPO
53	San Bernardino Ave, 4th St, to Ontario, N 🅿 7-11, 76, Arco, Shell 🍽 Burger King, Carl's Jr, Jack-in-the-Box 🛏 EconoLodge, Motel 6 🅾 K-Mart, S 🅿 76, Arco/24hr, Valero 🍽 Denny's, Little Caesars, Subway, YumYum Donuts 🛏 Days Inn, Rodeway Inn 🅾 city park, Jax Mkt
51	CA 83, Euclid Ave, to Ontario, Upland, N 🅾 🏥
50	Mountain Ave, to Mt Baldy, N 🅿 Chevron, Mobil/dsl, Shell/dsl 🍽 Carrow's, Denny's, El Torito, Fresh&Easy, HoneyBaked Ham, Mi Taco, Mimi's Café, Rubio's, Subway, Trader Joe's, Wendy's 🛏 Super 8 🅾 $Tree, AT&T, CVS Drug, Home Depot, Kohl's, Michaels, Staples, S 🅿 76/dsl 🍽 Baskin-Robbins, Carl's Jr, Chopstix, Coldstone, Jo-Anne's Cafe, Pizza Hut, Quiznos, Roundtable Pizza, Starbucks, Wingnuts 🅾 Albertsons, Rite Aid, USPO, vet

MONTCLAIR

COVINA

49	Central Ave, to Montclair, N 🍽 Carl's Jr., Chipotle Mexican, D⸱ Taco, El Pollo Loco, Hometown Buffet, John's Incredible Pizz⸱ McDonald's, Panda Garden Buffet, Pizza Hut, Quiznos, Sta⸱ bucks, Subway, Taco Bell 🅾 99c Store, America's Tire, AT&⸱ AutoZone, Barnes&Noble, Best Buy, Firestone/auto, Giant F⸱ Ctr, Goodyear/auto, Harley-Davidson, JC Penney, Just Tire⸱ Macy's, mall, PepBoys, PetCo, Ross, same as 48, Sears/au⸱ Target, Tuesday Morning, vet, S 🅿 Chevron, Thrifty 🍽 Alb⸱ to's Mexican, Fulin Chinese, Jack-in-the-Box, LJ Silver, Subw⸱ Wienerschnitzel 🅾 7-11, Acura/Honda/Infiniti, Costco/ga⸱ Nissan, Stater Bros
48	Monte Vista, N 🅿 Shell 🍽 Acapulco Mexican, Applebee⸱ Black Angus, Chilis, Elephant Bar Rest., Macaroni Grill, Oli⸱ Garden, Red Lobster 🅾 🏥 Macy's, mall, Nordstrom's, sam⸱ as 49
47	Indian Hill Blvd, to Claremont, N 🅿 Mobil 🍽 BC Cafe, Ga⸱ den Square 🛏 Claremont Lodge, Howard Johnson, S 🅿 7⸱ dsl, Chevron/McDonald's 🍽 Burger King, Carl's Jr, Denny⸱ In-N-Out, Norm's Rest., RoundTable Pizza, Starbucks, Wo⸱ Famous Grill 🅾 7-11, Toyota/Scion
46	Towne Ave, N 🅿 7-11, 76/dsl 🍽 Jack-in-the-Box
45b	Garey Ave, to Pomona, N 🅿 Arco 🅾 🏥 vet, S 🅿 Chevro⸱ Shell/dsl 🍽 Del Taco
45	White Ave, Garey Ave, to Pomona
44	(43 from eb)Dudley St, Fairplex Dr, N 🅿 Arco/dsl 🍽 Denn⸱ 🛏 LemonTree Motel, Sheraton, S 🅿 Chevron/24hr 🍽 Jac⸱ in-the-Box, McDonald's, Starbucks 🅾 7-11
42b	CA 71 S (from eb), to Corona
42a	to I-210, CA 57 S
41	Kellogg Dr, S 🅾 to Cal Poly Inst
40	Via Verde
38b	Holt Ave, to Covina, N 🍽 Hamiltons Steaks 🛏 Radisson
38a	Grand Ave, N 🅿 Arco/dsl, United 🍽 Baily's Rest., Denn⸱ 🛏 Best Western
37b	Barranca St, Grand Ave, N 🅿 76, Shell/dsl 🍽 BJ's Rest., Ca⸱ nos, Carl's Jr, Chili's, Chipotle Mexican, Dockside Grill, El Tori⸱ Habit Burgers, Hooters, Islands Burgers, Marie Callender, Ma⸱ posa Mexican, Starbucks 🛏 Best Western, Clarion, Fairfield I⸱ Hampton Inn 🅾 Albertsons, CVS Drug, Dick's, IKEA, Marsha⸱ Office Depot, Old Navy, Petsmart, Target, Verizon, S 🍽 In⸱ Out, McDonald's 🛏 5 Star Inn, Days Inn, same as 37a
37a	Citrus Ave, to Covina, N 🅿 Chevron 🍽 Buffalo Wild Win⸱ Burger King, Del Taco, IHOP, Jack-in-the-Box, Millie's Re⸱ Starbucks, Subway, TGIFriday's, Yum Yum Donuts 🅾 Acu⸱ Albertsons, Baja Ranch Foods, Buick/GMC, CVS Drug, K⸱ Marshall's, Nissan, VW, S 🅿 76/autocare 🍽 Classic Bu⸱ er 🅾 🏥 Cadillac, same as 37b
36	CA 39, Azusa Ave, to Covina, N 🅿 76/dsl, Arco/24hr 🍽 D⸱ nys, Green Field Brazillian, McDonald's, Norm's Rest., Pa⸱ John's, Quiznos, Subway 🅾 BigLots, Chrysler/Dodge/Je⸱ CVS Drug, Food4Less, Stater Bros, S 🅿 Mobil, Shell/⸱ 🍽 Carrow's 🅾 Audi, Chevrolet, Ford, Honda, Hummer, M⸱ cedes, Toyota
35	Vincent Ave, Glendora Ave, N 🅿 76/dsl/autocare, S ⸱ 🍽 Applebee's, Baja Fresh, CA Pizza Kitchen, Elephant ⸱ Rest., Fresh&Easy, Grand Buffet, Jamba Juice, Panera Bre⸱ Pizza Hut, Red Robin, Starbucks, Subway, Weinersch⸱ zel 🅾 Best Buy, Big O Tire, Firestone, JC Penney, Macy's, m⸱ Sears/auto, USPO, Verizon
34	Pacific Ave, N 🅿 76, S 🅿 Mobil, Valero 🅾 🏥 Disco⸱ Tire, K-Mart, mall, same as 35, Sears Outlet

INTERSTATE 10 Cont'd

Exit #	Services
33	Puente Ave, **N** [gas] Chevron [food] Denny's, Farmer Boy's, Guadalajara Grill, McDonald's, Panda Express, Sizzler, Starbucks [lodging] Courtyard, Motel 6 [other] AT&T, Home Depot, Verizon, Walmart, **S** [gas] Valero/dsl [food] Jack-in-the-Box [lodging] Regency Inn [other] Harley-Davidson, U-Haul
32b	Francisquito Ave, to La Puente, **N** [gas] V&G [other] hwy patrol, **S** [gas] [food] Carl's Jr, In-N-Out, Wienerschnitzel [lodging] Grand Park Inn
32a	Baldwin Pk Blvd, **N** [gas] Chevron/McDonald's [food] Burger King, Fronteiras, IHOP, Jack-in-the-Box, Papa Johns, Pizza Hut/Taco Bell, Starbucks, Subway, Wok'n Go, Yum Yum Donuts [other] [H], CVS Drug, Food4Less, Target, transmissions, **S** [food] In-N-Out
31c	(31b from wb)Frazier St, **N** [other] 7-11
31b a	(31a from wb)I-605 N/S, to Long Beach
30	Garvey Ave, **S** [gas] Rte 66
29b	Valley Blvd, Peck Rd, **N** [gas] Chevron [food] Baskin-Robbins, Carl's Jr., Denny's, Hometown Buffet, Jamba Juice, KFC, Papa Johns, Shakey's Pizza, Subway, Taco Bell, Yoshinoya [lodging] Motel 6 [other] Honda, Hyundai, Lexus, Nissan, Sears Essentials, Staples, Toyota/Scion, Walgreens, **S** [food] McDonald's, Pepe's Seafood, Tommy's Burgers
29a	S Peck Rd (from eb)
28	Santa Anita Ave, to El Monte, **S** [gas] 76/dsl [other] 7-11, vet
27	Baldwin Avenue, Temple City Blvd, **S** [gas] Arco/24hr [food] Denny's, same as 26b a
26b	CA 19, Rosemead Blvd, Pasadena, **N** [food] Coldstone, Denny's, IHOP, Jamba Juice, Mayumba Cuban, Subway [lodging] Knights Inn [other] $Tree, GNC, Goodyear/auto, Office Depot, Target, **S** [food] Del Taco, Jack-in-the-Box, Quiznos, Starbucks
26a	Walnut Grove Ave
25b	San Gabriel Blvd, **N** [gas] Shell [food] Carl's Jr, Pizza Hut/Taco Bell, Popeye's, Wienerschnitzel [lodging] Budget Inn, **S** [gas] 7-11
25a	Del Mar Ave, to San Gabriel, **N** [gas] [other] auto repair, **S** [gas] Arco, Chevron/dsl [lodging] Rodeway Inn
24	New Ave, to Monterey Park, **N** [food] KFC, to Mission San Gabriel
23b	Garfield Ave, to Alhambra, **S** [gas] Arco [lodging] Grand Inn [other] [H]
23a	Atlantic Blvd, Monterey Park, **N** [gas] 76, Mobil [food] Pizza Hut, Popeye's, Starbucks [other] [H], **S** [lodging] Best Western [other] auto repair, Ralph's Foods
22	Fremont Ave, **N** [other] [H], tuneup, **S** [food] Papa Johns [other] 7-11
21	I-710, Long Beach Fwy, Eastern Ave (from wb)
20b a	Eastern Ave, City Terrace Dr, **S** [gas] Chevron/service, Mobil [food] Burger King, McDonald's
19c	Soto St (from wb), **N** [gas] Chevron/dsl [food] Burger King [other] [H], city park, **S** [gas] 76, Mobil
19b	I-5 (from wb), US 101 S, N to Burbank, S to San Diego
19a	State St, **N** [other] [H]
17	I-5 N
16b	I-5 S (from eb)
16a	Santa Fe Ave, San Mateo St, **S** [gas] 76/dsl [other] industrial area, Penske Trucks
15b	Alameda St, **N** [gas] 76/dsl [food] Jack-in-the-Box, to downtown, **S** industrial area
15a	Central Ave, **N** [gas] Shell/repair
14b	San Pedro Blvd, **S** industrial
14a	LA St, **N** [other] conv ctr, **S** [food] El Pollo Loco, McDonald's [other] 99c Store, O'Reilly Parts, Rite Aid, URGENT CARE
13	I-110, Harbor Fwy
12	Hoover St, Vermont Ave, **N** [gas] Mobil [food] Burger King, McDonald's, Subway [other] AutoZone, Honda, PepBoys, Rite Aid,

SANTA MONICA

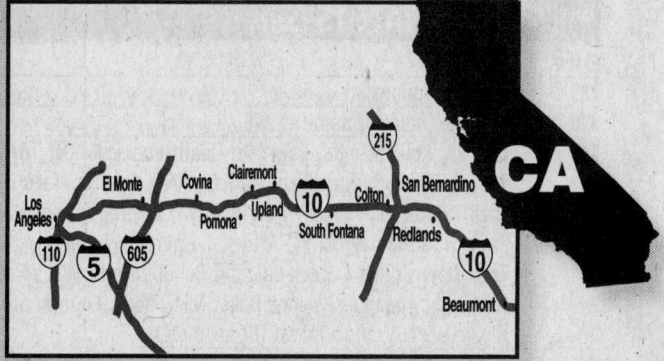

Exit #	Services
12	Continued **S** [gas] 76, Arco, Chevron [food] Jack-in-the-Box, Papa Johns, Yoshinoya [other] Ralph's Foods
11	Normandie Ave, Western Ave
10	Arlington Ave, **N** [gas] 76, Chevron
9	Crenshaw Blvd, **S** [gas] 76, Chevron, Mobil, Thrifty [food] El Pollo Loco, McDonald's, Pizza Hut/Taco Bell, Subway, Yoshinoya [other] U-Haul
8	La Brea Ave, **N** [gas] Valero/dsl [other] USPO, **S** [gas] Chevron [other] AutoZone
7b	Washington Blvd, Fairfax Ave, **S** [gas] Mobil, same as 8
7a	La Cienega Blvd, Venice Ave (from wb), **N** [gas] Chevron/24hr, Mobil [food] Carl's Jr., Del Taco [other] Firestone/auto, **S** [food] Subway [other] Aamco
6	Robertson Blvd, Culver City, **N** [gas] Chevron, Valero [food] Domino's, Taco Bell [other] EZ Lube, Goodyear, **S** [food] Del Taco [other] Albertsons, CVS Drug, Ross
5	National Blvd, **N** [gas] 76, United Oil [food] Starbucks, Subway, Taco+ [other] Rite Aid, Von's Foods, **S** [gas] Arco
4	Overland Ave, **S** [gas] Mobil/dsl
3b a	I-405, N to Sacramento, S to Long Beach
2c b	Bundy Dr, **N** [gas] Chevron, Shell/dsl [food] Taco Bell [other] Cadillac/GMC, Staples
2a	Centinela Ave, to Santa Monica, **N** [food] Taco Bell, **S** [food] McDonald's, Trader Joe's [lodging] Santa Monica Hotel
1c	20th St (from wb), Cloverfield Blvd, 26th St (from wb), **N** [gas] 76/dsl, Arco, Shell/repair [other] [H]
1b	Lincoln Blvd, CA 1 S, **N** [gas] Mobil [food] Arbys, Denny's, Jack-in-the-Box, McDonald's, Norm's Rest., Starbucks [lodging] Holiday Inn [other] BrakeMasters, Jo-Ann Fabrics, Sears, Toyota, Tuesday Morning, USPO, Vons Foods, **S** [gas] 76, Chevron/dsl, Mobil, Shell, World Gas [food] Dominos, Hawaiian BBQ, Jack-in-the-Box, Subway, Taco Bell, Tommy's Burgers [lodging] Doubletree Suites [other] 7-11, EZ Lube, Firestone/auto, U-Haul
1a	4th, 5th, (from wb), **N** [other] mall, Sears
0	Santa Monica Blvd, to beaches, **I-10 begins/ends on CA 1.**

INTERSTATE 15

Exit #	Services
298	California/Nevada state line, facilities located at state line, Nevada side
291	Yates Well Rd
289	**weigh sta sb**
286	Nipton Rd, **E** Mojave Nat Preserve, to Searchlight
281	Bailey Rd
276mm	**brake check area for trucks, nb**
272	Cima Rd, **E** [gas] Shell/cafe/dsl/towing
270mm	**Valley Wells [RS] both lanes, full [handicapped] facilities, litter barrels, petwalk, [phone], [RV dump]**
265	Halloran Summit Rd

CA

🛢️ = gas 🍴 = food 🏠 = lodging ⊙ = other Ɽ = rest stop   Copyright 2018 - The Next EX

CA

INTERSTATE 15 Cont'd

Exit #	Services
259	Halloran Springs Rd
248	to Baker (from sb), same as 246
246	CA 127, Kel-Baker Rd, Baker, to Death Valley, W 🛢️ 76/dsl, 76/Subway/Fatburger/Pizza Hut/dsl, Arco, Chevron/Taco Bell, Shell/DQ/dsl, Shell/Jack-in-the-Box/dsl, Valero, Valero/A&W/Pizza Hut/Subway/dsl 🍴 Arby's, Burger King, Carl's Jr, Del Taco, Denny's, Mad Greek Café 🏠 BunBoy Hotel, Will's Fargo Motel ⊙ Alien Fresh Jerky, Baker Mkt Foods, Country Store, repair, USPO, World's Tallest Thermometer
245	to Baker (from nb), same as 246
239	Zzyzx Rd
233	Rasor Rd, E 🛢️ Shell/Rasor Sta/dsl/towing/24hr
230	Basin Rd
221	Afton Rd, to Dunn, W ⊙ Mini Mkt
217mm	Ɽ both lanes, full ♿ facilities, litter barrels, petwalk, 🍴, 🚮
213	Field Rd
206	Harvard Rd, to Newberry Springs
198	Minneola Rd, W 🛢️ Cali Burger/gas/dsl
197mm	agricultural insp sta sb
196	Yermo Rd, Yermo
194	Calico Rd
191	Ghost Town Rd, E 🛢️ Arco/24hr, Mohsen Oil Trkstp/dsl/24hr 🍴 Jack-in-the-Box, Peggy Sue's 50s Diner, Penny's Diner 🏠 OakTree Inn, W 🛢️ 76, Shell/Subway/dsl/24hr ⊙ Calico GhostTown (3mi), KOA
189	Ft Irwin Rd
186	CA 58 W, to Bakersfield
184	E Main, Barstow, Montera Rd (from eb), to I-40, E 🛢️ 76/dsl 🍴 Grill It, McDonald's, Mega Tom's Burgers, Popeye's, Starbucks, Subway 🏠 Arco, Best Western, Travelodge ⊙ Walmart/McDonald's/auto, W 🛢️ Chevron, Circle K, Shell/dsl, USA/dsl 🍴 Alberto's, Burger King, Carl's Jr, China Town Buffet, Del Taco, Denny's, Di Napoli's Italian, IHOP, Jack-in-the-Box, Jenny's Grill, Little Caesar's, LJ Silver, Wienerschnitzel 🏠 Astrobudget Motel, Best Motel, Budget Inn, CA Inn, Days Inn, Desert Inn, EconoLodge, Economy Inn, Motel 6, Quality Inn/rest., Ramada Inn, Rodeway Inn, Super 8 ⊙ $Tree, 99Cent Store, AutoZone, Family$, O'Reilly Parts, U-Haul/LP, URGENT CARE, Von's Foods
184a	I-40 E (from nb), I-40 begins/ends
183	CA 247, Barstow Rd, E 🛢️ Circle K, Valero/dsl 🍴 Jimenez Mexican, Pizza Hut, Subway ⊙ $General, Rite Aid, W 🛢️ Shell ⊙ Ⓗ, Food4Less, Mojave River Valley Museum, st patrol
181	L St, W Main, Barstow, W 🛢️ Arco/dsl, Chevron, USA 🍴 Foster's Freeze 🏠 Sleep Inn ⊙ Firestone/auto, Home Depot, NAPA, tires/towing
179	CA 58, to Bakersfield
178	Lenwood, to Barstow, E 🛢️ ⓕFLYING J/Denny's/dsl/24hr, 76/dsl, Arco/dsl, Chevron, Shell/dsl, Valero 🍴 Arby's, Big Boy, Burger King, Carl's Jr, Chili's, Chipotle Mexican, Del Taco, El Pollo Loco, In-N-Out, Jack-in-the-Box, Panda Express, Starbucks, Subway, Tommy's Burgers 🏠 Comfort Suites, Country Inn&Suites, Hampton Inn, Holiday Inn Express ⊙ Blue Beacon, Old Navy, Tanger Outlet/famous brands/food ct, W 🛢️ ♥Loves/Chester's/Godfather's/dsl/scales/24hr/@, Ⓟilot/Subway/dsl/scales/24hr, TA/Shell/Country Fare/Subway/dsl/scales/24hr/@ 🍴 McDonald's 🏠 Days Inn ⊙ repair, truckwash, Zippy Lube
175	Outlet Ctr Dr, Sidewinder Rd

169	Hodge Rd
165	Wild Wash Rd
161	Dale Evans Pkwy, to Apple Valley
157	Stoddard Wells Rd, to Bell Mtn
154	Stoddard Wells Rd, to Bell Mtn, E ⊙ Shady Oasis Camping, W 🛢️ 76/dsl, Mobil 🍴 Franky's Diner 🏠 Motel 6, Que_ Motel
153.5mm	Mojave River
153b	E St
153a	CA 18 E, D St, to Apple Valley, E 🛢️ Arco ⊙ Ⓗ, rep_ W 🛢️ Arco/Subway/dsl
151b	Mojave Dr, Victorville, E 🛢️ Gasmart/dsl 🏠 Rodeway ▶ W 🛢️ Valero/dsl 🏠 Economy Inn, Sunset Inn
151a	La Paz Dr, Roy Rogers Dr, E 🛢️ Chevron, Shell/dsl 🍴 Bur_ King, Carl's Jr, El Pollo Loco, HomeTown Buffet, IHOP, Jack_ the-Box, McDonald's, Wendy's, Wienerschnitzel ⊙ $Gene_ $Tree, 99c Store, AutoZone, BigLots, Costco/gas, Fiat, Fo_ 4Less, Goodyear/auto, Harley-Davidson, Pepboys, Rite A_ Toyota/Scion, W 🛢️ Arco 🍴 Carl's Jr, Dickey's BBQ, Do_ no's, Farmer Boys, Golden ChopStix, Hawaiian BBQ, In-N-O_ Panda Express, Papa John's, Starbucks, Subway ⊙ Amer_ Tire, Buick/GMC, Chrysler/Dodge/Jeep, Home Depot, Hon_ Kia, Nissan, Stater Bros, Verizon, Walgreens, WinCo Foods
150	CA 18 W, Palmdale Rd, Victorville, E 🍴 Baker's Drive-Th_ Burger King, Denny's, KFC, Richie's Diner 🏠 Greentree I_ Red Roof Inn, W 🛢️ 76/dsl, Arco, Circle K 🍴 Coco's, Del Ta_ House of Joy, La Casita Mexican, McDonald's, Pizza Hut, Ra_ Mexican, Starbucks, Subway, Taco Bell, Tom's Rest. 🏠 Bud_ Inn, Days Inn, Holiday Inn ⊙ Ⓗ, $General, Aamco, AutoZo_ CVS Drug, Ford, Hyundai, Kamper's Korner RV, Mazda, Tar_ Town&Country Tire, vet
148	La Mesa Rd, Nisquali Rd, E 🏠 Red Roof Inn, W 🍴 Baskin-R_ bins, Buffalo's, ChuckeCheese, Fatburger ⊙ AT&T, Petsma_
147	Bear Valley Rd, to Lucerne Valley, 0-2 mi E 🛢️ 76/Circle K/_ Arco, Chevron, Mobil 🍴 Arby's, Baker's Drive-Thru, Bu_ King, Carl's Jr, Del Taco, Dragon Express, John's Pizza, KFC, Alazanes Mexican, Los Toritos, Marie Callender's, McDona_ Panda Express, Red Robin, Starbucks, Steak'n Shake, Ste_ Stein, Tacos Mexico, Tilted Kilt, Wienerschnitzel 🏠 Best _ ue Inn, Comfort Suites, Day&Night Inn, EconoLodge, Exten_ Studio Hotel, Hilton Garden, La Quinta, Travelodge ⊙ Affo_ able RV Ctr, America's Tire, AutoZone, Firestone/auto, Ho_ Depot, Michael's, O'Reilly Parts, Range RV, Rite Aid, Scan_ Funpark, Tire Depot, Vallarta Foods, vet, Walmart/McDonal_ auto, W 🛢️ 76/Circle K, Arco, Chevron/dsl, Valero/dsl 🍴_ plebee's, Archibald's Drive-Thru, Baja Fresh, Carino's, Ch_ Chipotle Mexican, Del Taco, El Pollo Loco, El Tio Pepe Mexic_ Farmer Boy's Rest., Freddy's Custard, Giuseppe's, Jack-in-▶ Box, Little Caesar's, McDonald's, Mimi's Cafe, Olive Gard_ Outback Steaks, Pancho Villa's, Red Lobster, RoadHouse G_ Sonic, Starbucks, Subway, Tokyo Steaks, Wendy's 🏠 H_ thorn Suites ⊙ 99c Store, AAA, Barnes&Noble, Best Buy, _ Drug, Dick's, Goodyear/auto, Hobby Lobby, JC Penney, Ko_ Lowe's, Macy's, mall, Rite Aid, Stater Bros., Verizon, Walgre_ Walmart
143	Main St, to Hesperia, Phelan, E 🛢️ Chevron/dsl, Mo_ Alberto's, Shell/Popeye's/dsl 🍴 Arby's, Burger King, _ potle, Del Taco, Denny's, IHOP, In-N-Out, Jack-in-the_ Panda Express, Quiznos, Starbucks 🏠 Courtyard, Spring_ Suites ⊙ Walmart/Subway, W 🛢️ 76/dsl, Arco/dsl 🍴_ er's Drive-thru, Farmer Boys, Golden Corral, Subway 🏠_ iday Inn Express, Motel 6 ⊙ Desert Willow RV Park, G_

⬆N INTERSTATE 15 Cont'd

143	Continued Jo-Ann Fabrics, Marshall's, Ross, SuperTarget, URGENT CARE, Verizon
141	US 395, Joshua St, Adelanto, **W** 🅟 Arco/dsl, 🍴/Wendy's/dsl/scales/24hr 🍴 Outpost Café 🅞 repair, RV supply ctr, truck/RV wash, Zippy Lube
140	Ranchero Rd
138	Oak Hill Rd,**E** 🅟 Chevron/dsl 🍴 Summit Inn Café,**W** 🅞 Oak Hills RV Village/LP
137mm	**brake check sb**, Cajon Summit, elevation 4260
131	CA 138, to Palmdale, Silverwood Lake, **E** 🅟 Chevron 🍴 McDonald's 🅞 Silverwood SRA, **W** 🅟 76/Circle K/Del Taco/LP, Shell/Subway/dsl/LP 🛏 Best Western
130mm	elevation 3000, **weigh sta both lanes**
129	Cleghorn Rd
124	Kenwood Ave
123	I-215 S, to San Bernardino, **E** 🅟 Arco 🅞 to Glen Helen Park
122	Glen Helen Parkway
119	Sierra Ave, **W** 🅟 Arco/dsl, Chevron/dsl, Shell/Del Taco/dsl, Valero/dsl 🍴 Jack-in-the-Box, McDonalds 🅞 to Lytle Creek RA
118	Duncan Canyon Rd
116	Summit Ave, **E** 🅟 7-11, Chevron 🍴 Chili's, Coldstone, Del Taco, El Ranchero, Five Guys, Hawaiian BBQ, Jack-in-the-Box, Juice It Up, Little Caesar's, Panera Bread, Quiznos, Roundtable Pizza, Starbucks, Subway, Taco Bell, Wendy's 🅞 $Tree, CVS Drug, GNC, Kohl's, Marshall's, Michael's, Petsmart, Ross, Staples, Stater Bros, Target, Verizon
115b a	CA 210, Highland Ave, **E** to Lake Arrowhead
113	Base Line Rd, **E** 🅟 USA 🍴 Denny's, Jack-in-the-Box, Logans Roadhouse, Pizza Hut, Rosa Maria's, Starbucks 🛏 Comfort Inn
112	CA 66, Foothill Blvd,**E** 🅟 Chevron 🍴 Asia Buffet, ClaimJumper, Golden Spoon, In-N-Out, Panda Express, Subway, Taco Bell, Wienerschnitzel 🅞 $City, Food4Less, Jiffy Lube, Walmart, **1-2 mi W** 🅟 76/dsl, Chevron/dsl 🍴 Baker's, Buffalo Wild Wings, Carino's, Cheesecake Factory, Chick-fil-A, Chipotle Mexican, Del Taco, Denny's, El Pollo Loco, El Torito, Flemings Steaks, Islamadora Fish Co, Jack-in-the-Box, Joe's Crab Shack, Johnny Rockets, Kings Fishouse, Lucille's BBQ, Old Spagetti Factory, Paisano's Rest., PF Chang's, Popeyes, Red Robin, Richie's Diner, Shakey's Pizza, Starbucks, TGIFriday's, The Hat Grill, Wendy's 🛏 Sheraton 4 Points 🅞 AT&T, AutoZone, Bass Pro Shops, Best Buy, Fresh&Easy Mkt, Home Depot, JC Penney, Macy's, Office Depot, Sears Grand
110	4th St, **E** 🅟 Arco/dsl 🍴 Baker's, Subway, **W** 🅟 76/dsl, Arco, Chevron/Alberto's Mexican/dsl, Shell/dsl 🍴 Applebee's, Arby's, Baja Fresh, Baskin-Robbins, BJ's Rest., Boston's, Burger King, Carl's Jr, Chevy's Mexican, Chick-fil-A, Chipotle, Chop Sticks, Coco's, Daphne's Greek, Del Taco, Denny's, El Pollo Loco, Famous Dave's BBQ, Fat Burger, Fuddruckers, Hooters, IHOP, In-N-Out, Jack-in-the-Box, Jamba Juice, Juice It Up, KFC, Krispy Kreme, Lazy Dog Cafe, McDonald's, Mkt Broiler, New City Buffet, NY Grill, Olive Garden, Outback Steaks, Panera Bread, Rain Forest Cafe, Red Brick Pizza, Red Lobster, Rubio's, Sonic, Starbucks, Subway, Tokyo Tokyo, Wendy's, Wienerschnitzel, Wing Place 🛏 Ayre's Suites, Country Inn&Suites, Courtyard, Hampton Inn, Hilton Garden, Holiday Inn Express, Homewood Suites, Hyatt Place, TownePlace Suites 🅞 $Tree, America's Tire, Costco/gas, JC Penney, Jo-Ann Fabrics, Kohl's, Marshall's, Ontario Mills Mall, Petsmart, Sam's Club/gas, Staples, Target, Tire Pros, Verizon

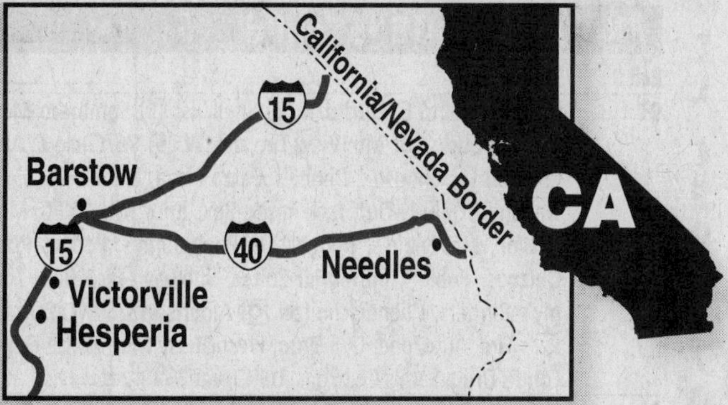

109b a	I-10, E to San Bernardino, W to LA
108	Jurupa St, **E** 🅟 Chevron/dsl 🍴 Burger King, Del Taco, El Gran Burrito, Starbucks, Subway 🅞 Affordable RV, BMW, Chrysler/Dodge/Jeep, Family RV Ctr, Fiat, Honda, Hyundai, Lexus, Mazda, Mini, Nissan, Subaru, Toyota/Scion, Volvo, VW, **W** 🅟 Arco 🍴 Carl's Jr 🅞 Ford, Kia, Scandia funpark
106	CA 60, E to Riverside, W to LA
105	Cantu-Galleano Ranch Rd
103	Limonite Ave, **E** 🍴 Asado Grill, Carl's Jr, Del Taco, Denny's, Five Guys, Hawaiian BBQ, Jamba Juice, Subway 🅞 Lowe's, Michael's, PetCo, Ross, **W** 🅟 Chevron 🍴 Applebee's, Carino's, Coldstone, El Gran Burrito, Farmer Boys, Golden Chop Sticks, Golden Spoon, Johnny Rockets, L&L BBQ, Little Caesars, McDonald's, On-the-Border, Panda Express, Pick Up Stix, Quiznos, Red Brick Pizza, Starbucks, Subway, Taco Bell, Tasty Chinese, Tutti Frutti Yogurt, Wendy's 🅞 AT&T, Best Buy, GNC, Home Depot, Kohl's, Nestle Tollhouse, Petsmart, Ralph's Foods/gas, Staples, Target, TJ Maxx, URGENT CARE, Verizon, Vons Foods/gas, Walgreens
100	6th St, Norco Dr, Old Town Norco, **E** 🅟 76/dsl, Chevron 🍴 Jack-in-the-Box, McDonald's, Starbucks 🅞 Rite Aid, **W** 🅟 Arco, Valero/dsl 🍴 Big Boy, Norco's Burgers, Senior Tacos, Wienerschnitzel, Zaky's Kabob 🛏 Knights Inn 🅞 Brake Masters, Jiffy Lube, USPO, vet
98	2nd St, **W** 🅟 Mobil, Shell/dsl, Thrifty 🍴 Baja Fish Tacos, Burger Basket, Burger King, Carl's Jr, Del Taco, Domino's, In-N-Out, Magic Wok, Pizza Hut, Polly's Cafe, Sizzler, Subway 🅞 $Tree, 7-11, Ace Hardware, America's Tire, Mazda, Norco Tires, Stater Bros
97	Yuma Dr, Hidden Valley Pkwy,**E** 🅟 7-11 🍴 Baja Fresh, Chick-fil-A, Fat Burger, Hot Dog Shoppe, Shogun Japanese, Starbucks, Subway 🅞 Kohl's, Stater Bros, Walgreens, **W** 🅟 76/dsl, Chevron, Shell/dsl 🍴 5 Guys Burgers, Alberto's Mexican, Burger City Grill, Carl's Jr, Chipotle, Denny's, Domino's, DQ, Hawaiian BBQ, Hickory Joe's BBQ, Jack-in-the-Box, Jamba Juice, Jersey Mikes, KFC, Magic Wok, McDonald's, Miguel's Jr, Papa John's, Pizza Hut/Taco Bell, Rodrigo's Mexican, Rubio's, Starbucks 🛏 Hampton Inn, Howard Johnson Express 🅞 Albertson's/Sav-On, America's Tire, AT&T, AutoZone, BigLots, GNC, O'Reilly Parts, Staples, Target, Verizon, Walgreens
96b a	CA 91, to Riverside, beaches
95	Magnolia Ave, **E** 🅟 Chevron/Jack-in-the-Box/dsl 🍴 Islands Burgers, Lonestar Steaks, Shamrock's Grill 🛏 Residence Inn 🅞 AAA, Lowe's, Office Depot, **W** 🅟 Mobil/Circle K, Shell 🍴 Baskin-Robbins, Burger King, Coco's, Golden China, Jersey's Pizza, Little Caesars, McDonald's, Sizzler, Subway 🛏 Holiday Inn Express 🅞 $Tree, AT&T, CVS Drug, El Tapatio Mkt, O'Reilly Parts, Rite Aid, Stater Bros Foods

(Margin left, top to bottom: C, A, M, O, G, A)
(Margin right column labels: O N T A R I O, N O R C O)
(Right tab: CA)

EL CERRITO

LAKE ELSINORE

CA

⬆N INTERSTATE 15 Cont'd

Exit #	Services
93	Ontario Ave, to El Cerrito, **E** ⛽ Shell/dsl 🍴 Sombrero Mexican, Starbucks Ⓞ Mtn View Tire, vet, **W** ⛽ 76/Circle K, Arco, Chevron 🍴 Chopstix, Denny's, Eatza Pizza, El Pollo Loco, Hawaiian BBQ, In-N-Out, Jack-in-the-Box, Juice It Up, KFC, Magic Wok, McDonald's, Miguel's Jr, Papa John's, Porky's Pizza, Quiznos, Rubio's, SpringHill Suites, Subway, Taco Bell, Tommy's Burgers, Wienerschnitzel Ⓞ Albertson's/Sav-On, America's Tire, AutoZone, CVS Drug, Fresh&Easy Mkt, Home Depot, Long's Drug, Sam's Club/gas, USPO, vet, Walmart
92	El Cerrito Rd
91	Cajalco Rd, **E** 🍴 5 Guys Burgers, BJ's Grill, Bubba Jack's Roadhouse, Buffalo Wild Wings, Chick-fil-A, Chili's, Jamba Juice, King's Fish House, Macaroni Grill, Panera Bread, Starbucks, Wendy's Ⓞ AT&T, Barnes&Noble, Best Buy, Kohl's, Marshall's, Michael's, Old Navy, PetCo, Ross, See's Candies, Staples, Target, World Mkt, **W** ⛽ Mobil/dsl 🍴 Jack-in-the-Box, Juice It Up, NY Pizza, Subway Ⓞ Stater Bros, vet
90	Weirick Rd, Dos Lagos Dr, **E** ⛽ Arco/dsl 🍴 Citrus City Grille, Miguel's, Tap's Rest., TGIFriday's, Wood Ranch BBQ Ⓞ 7 Oaks Gen Store, Trader Joe's
88	Temescal Cyn Rd, Glen Ivy, **E** ⛽ Shell, **W** ⛽ Arco/dsl 🍴 Carl's Jr, Tom's Farms/BBQ
85	Indian Truck Trail, **W** 🍴 Pizza Hut, Starbucks, Subway Ⓞ CVS Drug, Von's Foods/dsl
81	Lake St
78	Nichols Rd, **W** ⛽ Arco/dsl Ⓞ Outlets/famous brands
77	CA 74, Central Ave, Lake Elsinore, **E** ⛽ Arco, Chevron, Mobil/Circle K/dsl 🍴 Archibald's, Burger King, Chili's, Del Taco, Douglas Burgers, Hawaiian BBQ, Juice It Up, Panda Express, Submarina, Taco Del Mar, Tom's ChiliBurgers, Wendy's Ⓞ $Tree, AT&T, Costco/gas, Lowe's, Petsmart, Staples, Valvoline, **W** 🍴 El Pollo Loco, Farmer Boys, Golden Chop Stix, IHOP, McDonald's, Papa John's, Starbucks, Subway, Wienerschnitzel Ⓞ 99c Store, Home Depot, PetCo, Target, Verizon, Walgreens
75	Main St, Lake Elsinore, **W** ⛽ Main St Gas/dsl 🍴 Gina's Rest. Ⓞ Circle K, tires/repair
73	Railroad Cyn Rd, to Lake Elsinore, **E** ⛽ 76/7-11, Shell/Circle K/dsl 🍴 Alberto's Mexican, Denny's, El Pollo Loco, In-N-Out, KFC, Peony Chinese, Starbucks 🏠 Holiday Inn Express Ⓞ Albertson's, GNC, Jiffy Lube, O'Reilly Parts, URGENT CARE, Verizon, vet, Von's Foods, Walmart/McDonald's, **W** ⛽ Arco, Chevron, Mobil/Circle K/dsl 🍴 Annie's Cafe, Cafe China, Carl's Jr, Coco's, Del Taco, Don Jose's Mexican, King Kabob, Kokoro Japanese, Los Gallos Mexican, McDonald's, My Buddies Pizza, Pizza Hut, Sizzler, Subway, Taco Bell, Vincenzo's 🏠 Best Western Lake Elsinore, Quality Inn, Travel Inn Ⓞ 7-11, AutoZone, BigLots, Buick/GMC, Chevrolet, CVS Drug, Express Tire/auto, Firestone/auto, Ford, NAPA, Rite Aid, Stater Bro's, vet, Walgreens
71	Bundy Cyn Rd, **W** ⛽ Arco 🍴 Jack-in-the-Box
69	Baxter Rd, **E** 🍴 Pizza Factory
68	Clinton Keith Rd, **E** ⛽ Chevron/dsl, USA 🍴 Denny's, Golden Spoon, Los Jilbetos Tacos, Los Reyes Grill, McDonald's, Panda Express, Starbucks, Subway Ⓞ 🅷, Ace Hardware, Albertsons/Sav-on, **W** ⛽ 7-11, Arco/dsl 🍴 Arriba Grill, Checkerboard Deli, D'Canter's Grill, Del Taco, Jack-in-the-Box, KFC/LJ Silver, Stadium Pizza, Starbucks, Submarina, Tresino's Italian, Yellow Basket Burgers Ⓞ Baron's Mkt, Rite Aid, Stater Bro's
65	California Oaks Rd, Kalmia St, **E** ⛽ 76/Circle K/dsl, Chevron, Shell/7-11/dsl 🍴 Big Cheese Pizza, Burger King, Carl's Jr,

MURRIETA

Exit #	Services
65	Continued Chili's, Chipotle Mexican, DQ, Jade Chinese, Jamba Juice, Jersey's, Jimenez Mexican, KFC, Little Caesars, Papa John's, Starbucks, Subway, Wings'N Things 🏠 Comfort Inn Ⓞ $Tree, Albertson's/Sav-On, AutoZone, Express Tire, O'Reilly Parts, Ralphs, Rite Aid, Target, Tuesday Morning, vet, Walgreens **W** ⛽ Arco/dsl, Chevron 🍴 Applebee's, Carrow's, Chick-fil-A, Farmer Boys, Jack-in-the-Box, Juice it Up, Pick Up Stix, Sizzler, Steer, Subway, Taco Bell Ⓞ America's Tire, fun ctr, Giant Ctr, Kohl's, Lowe's, Office Depot, PetCo, Verizon
64	Murrieta Hot Springs Rd, to I-215, **E** ⛽ 7-11, Shell/dsl 🍴 Buffalo Wild Wings, Carl's Jr, El Pollo Loco, Hungry Bull, Richie's Diner, Rubio's, Sizzler, Starbucks, Wendy's Ⓞ Ralph's Foods, Rite Aid, Ross, Sam's Club/gas, Walgreens, **W** ⛽ 7-11, Shell, Popeye's/dsl 🍴 Arby's, Chuy's, Coldstone, Denny's, IHOP, Jersey Mike's Subs, McDonald's, Panda Express, Starbucks, Subway, Tom's Burgers, Wienerschnitzel Ⓞ 99c Store, AAA, American Tire Depot, AT&T, Best Buy, BigLots, Home Depot, Petsmart, Staples, Walmart/McDonald's
63	I-215 N (from nb), to Riverside
62	French Valley Pkwy (from sb, no return), **W** 🍴 Los Cabos Ⓞ BMW, O'Reilly Parts, VW
61	CA 79 N, Winchester Rd, **E** ⛽ 76/dsl, Chevron 🍴 5 Guys Burgers, Baja Fresh, Baskin-Robbins/Togo's, BF Greek Rest, BJ's Rest., Burger King, CA Pizza Kitchen, Chick-fil-A, Chipotle Mexican, Coldstone, Corner Cafe, Del Taco, Dickey's BBQ, El Torito, Famous Dave's, Fatburger, Freebirds Burrito, Harry's Grill, Hometown Buffet, Islands Burgers, Jamba Juice, Lazy Dog Cafe, Lucille's BBQ, Macaroni Grill, McDonald's, Mimi's Cafe, Ming Chang's, Red Ginger Chinese, Red Lobster, Red Robin, Shakey's Pizza, Shogun Chinese, Souplantation, Starbucks, Subway, Taco Bell, TGIFriday's, Tilted Kilt, Wahoo's, Yellow Basket Hamburgers Ⓞ $Tree, 99c Store, America's Tire, AT&T, AutoZone, Barnes&Noble, Costco/gas, CVS Drug, Express Tire, Express Tire, Food4Less, GNC, Hobby Lobby, Hyundai, JC Penney, JoAnn Fabrics, K-Mart, Lowe's, Macy's, Nissan, Office Depot, Old Navy, PepBoys, PetCo, Ramona Tire, Roots Mkt, Sears/auto, See's Candies, TJ Maxx, Trader Joe's, Verizon, WinCo Foods, World Mkt, **W** ⛽ Arco, Chevron/dsl 🍴 Arby's, Banzai Japanese, Chin's Gourmet Chinese, Del Taco, El Pollo Loco, Farmer Boys, In-N-Out, Jack-in-the-Box, Patsy's Country Kitchen, Serrano's Grill, Starbucks, Subway, Super China, Tacos El Gallo, V Ranch Steakhouse, Wendy's 🏠 Best Western, Extended Stay America, Fairfield Inn, Holiday Inn Express, La Quinta, Quality Inn Ⓞ NAPA, Richardson's RV Ctr, st patrol, tires/repair, vet
59	Rancho California Rd, **E** ⛽ Arco, Mobil/Circle K/dsl, Shell/dsl 🍴 Black Angus, Chili's, ClaimJumper, Del Taco, Golden Spoon, Jilberto's Mexican, Little Caesars, Marie Callender's, Pat&Oscar's Rest., Peony Chinese, Pizza Hut, RoundTable Pizza, Rubio's, Starbucks, Subway, Times Square NY Pizza 🏠 Embassy Suites Ⓞ BigLots, CVS Drug, Ford, Mazda, Michael's, Subaru, Target, URGENT CARE, Verizon, vet, Von's Foods, **W** ⛽ 7-11, Circle K/dsl, Chevron 🍴 Alberto's Mexican, Denny's, McDonald's, Mr Kabob Grill, Penfold's Cafe, Rosa's Café, Starbucks, Vince's Spaghetti 🏠 Hampton Inn, Motel 6, Rancho California Inn, Rodeway Inn, SpringHill Suites Ⓞ to Old Town Temecula, USPO
58	CA 79 S, to Indio, Temecula, **E** ⛽ Mobil/Circle K/dsl, Valero, Circle K/dsl 🍴 Carl's Jr, Del Taco, Domino's, Domino's, Francesca's Italian, Golden Bowl Asian, In-N-Out, Los Jilbertos, Starbucks, Utopizza, Wing-n-Things Ⓞ 7-11, Ace Hardware

INTERSTATE 15 Cont'd

TEMECULA

58	Continued
	America's Tire, CVS Drug, Valvoline, **W** ⛽ Arco, Shell/dsl 🍴 Baskin-Robbins, Eldorado Mexican, Garage Rest., Hungry Howie's, Leinzo Charro Mexican, Wienerschnitzel 🏨 Ramada Inn 🅾 Express Tire, Harley-Davidson
55mm	check sta nb
54	Rainbow Valley Blvd, **2 mi E** ⛽, 🍴, **W** 🅾 CA Insp Sta
51	Mission Rd, to Fallbrook, **W** 🅾 🏥
46	CA 76, to Oceanside, Pala, **E** 🅾 RV camp, **W** 🍴 Mobil/Circle K 🍴 McGrath's Grill 🏨 Quality Inn 🅾 Pala Meas Mkt
44mm	San Luis Rey River
43	Old Hwy 395
41	Gopher Canyon Rd, Old Castle Rd, **1 mi E** 🏨 Welk Resort 🅾 gas, RV camping
37	Deer Springs Rd, Mountain Meadow Rd, **W** ⛽ Arco
34	Centre City Pkwy (from sb)

ESCONDIDO

33	El Norte Pkwy, **E** ⛽ Arco, Shell/dsl 🍴 Arby's, DQ, IHOP, Papa John's, Starbucks 🏨 Best Western 🅾 CVS Drug, Express Tire/auto repair, RV Resort, vet, Von's Foods, **W** ⛽ 76/7-11/dsl, Circle K 🍴 Jack-in-the-Box, Killer Pizza, Rita's Custard, Subway, Wendy's 🅾 vet, Von's Foods
32	CA 78, to Oceanside
31	Valley Pkwy, **E** ⛽ Arco 🍴 Chili's, ChuckeCheese, Cocina del Charro, Firehouse Subs, McDonald's, Olive Garden, Panda Express, Rock'N Jenny's Subs, Thai Kitchen 🅾 🏥, Barnes&Noble, Meineke, Michael's, PetCo, URGENT CARE, **W** ⛽ Express 🍴 5 Guys Burgers, Applebee's, Burger King, Carl's Jr, Chipotle Mexican, Coco's, Del Taco, El Pollo Loco, In-N-Out, Jamba Juice, Mike's BBQ, Panera Bread, Pick Up Stix, Port of Subs, Primo's Mexican, Soup Plantation, Starbucks, Subway, Wendy's 🏨 Comfort Inn, Holiday Inn Express 🅾 7-11, Albertson's, AT&T, BigLots, CVS Drug, Dick's, GNC, Home Depot, Lexus, Ross, Staples, Target, TJ Maxx, Verizon, World Mkt
30	9th Ave, Auto Parkway, **E** 🅾 Infiniti, Mercedes, **W** same as 31
29	Felicita Rd
28	Centre City Pkwy (from nb, no return), **E** 🍴 Center City Café 🏨 Escondido Lodge 🅾 vet
27	Via Rancho Pkwy, to Escondido, **E** ⛽ Chevron/dsl, Shell 🍴 BJ's Rest., Cheesecake Factory, Macaroni Grill, On-the-Border, Panera Bread, Red Robin 🅾 JC Penney, Macy's, Nordstrom, San Diego Animal Park, Sears/auto, Target, **W** ⛽ Shell/Quiznos/dsl 🍴 McDonald's, Starbucks, Subway 🅾 Verizon
26	W Bernardo Dr, to Highland Valley Rd, Palmerado Rd
24	Rancho Bernardo Rd, to Lake Poway, **E** ⛽ Arco, Mobil/Circle K 🍴 Chef Chin, Cojita's Taco, Pizza Hut, Soup Plantation, Starbucks, Stirfresh, Sub Marina, Subway 🏨 Hilton Garden 🅾 AT&T, Barons Mkt, GNC, Von's Foods, **W** ⛽ 76/Circle K, Chevron/7-11 🍴 Elephant Bar Rest., Starbucks 🏨 Holiday Inn Express, Radisson

CARMEL MTN

23	Bernardo Ctr Dr, **E** ⛽ Chevron 🍴 Burger King, Carl's Jr, Coco's, Denny's, Hibachi Buffet, Jack-in-the-Box, Little Caesars, McDonald's, Quiznos, Robeks Juice, RoundTable Pizza, Rubio's 🅾 7-11, CVS Drug, Express Tire/auto, Firestone/auto, vet
22	Camino del Norte
21	Carmel Mtn Rd, **E** ⛽ Chevron, Shell/dsl 🍴 Athens Greek, Baskin-Robbins, Boston Mkt, Broken Yolk Cafe, CA Pizza Kitchen, Carl's Jr, Chick-fil-A, China Fun, Chipotle Mexican, ClaimJumper, DQ Orange Julius, El Pollo Loco, Habit Burgers, In-N-Out, Islands Burgers, Jamba Juice, Little Tokyo, Marie Callender's, McDonald's, Olive Garden, O's American Kitchen,

MIRA MESA

21	Continued
	Panda Express, Panera Bread, Rubio's, Sombrero Mexican, Subway, Taco Bell, TGIFriday's, Wendy's, Which Wich? 🏨 Residence Inn 🅾 AT&T, Barnes&Noble, Best Buy, Costco/gas, GNC, Home Depot, Marshall's, Michael's, PetCo, Ralph's Foods, Rite Aid, Ross, Sears Outlet, See's Candies, Sprouts Mkt, Staples, TJ Maxx, Trader Joe's, USPO, Valvoline, Verizon, **W** ⛽ Chevron 🍴 Jack-in-the-Box, Starbucks 🅾 7-11, Albertson's, Big O Tire, Office Depot
19	CA 56 W, Ted Williams Pkwy
18	Rancho Penasquitos Blvd, Poway Rd, **E** ⛽ Arco 🍴 Alvero's Mexican, Papa John's 🅾 AAA, **W** ⛽ 76/dsl, Mobil/dsl 🍴 IHOP, McDonald's, Mi Ranchito Mexican, MXN Cafe, NY Pizza, Starbucks, Subway 🏨 La Quinta 🅾 7-11
17	Mercy Rd, Scripps Poway Pkwy, **E** ⛽ USA/dsl 🍴 Chili's, Wendy's, Yanni's Grill 🏨 Residence Inn, SpringHill Suites, **W** ⛽ Chevron 🍴 KFC, Que Pasa Mexican, Starbucks
16	Mira Mesa Blvd, to Lake Miramar, **E** 🍴 Bruski Burgers, ChuckeCheese, Denny's, Filippi's Pizza, Filippi's Pizza, Gyu-Kaku Japanese, Lucio's Mexican, Nok Thai, Pizza Hut, Shozen BBQ 🏨 Comfort Suites, Holiday Inn Express 🅾 Trader Joe's, USPO, **W** ⛽ Arco, Shell 🍴 Applebee's, Arby's, Buca Italian, Coldstone, El Patron, In-N-Out, Islands Burgers, Jack-in-the-Box, Jamba Juice, Jersey Mike's Subs, McDonald's, Mimi's Café, MXN Mexican, On the Border, Panera Bread, Pick Up Stix, Popeye's, Rubio's, Starbucks, Subway, Wings n Things 🅾 Albertson's/Sav-On, AutoZone, Barnes&Noble, Best Buy, BigLots, CVS Drug, Discount Tire, GNC, Home Depot, Old Navy, Ralph's Foods, Rite Aid, Ross, USPO, Verizon
15	Carroll Canyon Rd, to Miramar College, **E** 🍴 Carl's Jr, Subway
14	Pomerado Rd, Miramar Rd, **W** ⛽ Chevron/dsl, Mobil, Shell/dsl, USA/dsl 🍴 Carl's Jr, Chin's Rest., IHOP, Rice King, Subway 🏨 Best Western, Holiday Inn, Quality Inn 🅾 Audi/Porsche, aviation museum, Land Rover, vet
13	Miramar Way, US Naval Air Station
12	CA 163 S (from sb), to San Diego
11	to CA 52
10	Clairemont Mesa Blvd, **W** 🍴 Boll Weevil Rest., Carl's Jr, China Express, Giovanni's, Giovanni's Pizza, Jack-in-the-Box, Jersey Mike's, La Salsa, McDonald's, Panda Express, Primo's Mexican, Robeks, Rubio's, Spice House Cafe, Starbucks, Subway, Sunny Donuts, Taco Bell, Taco Bell, Togo's, Wendy's 🅾 7-11, vet
9	CA 274, Balboa Ave
8	Aero Dr, **W** ⛽ Arco, Chevron/dsl 🍴 Baskin-Robbins/Togo's, Jack-in-the-Box, McDonald's, Papa John's, Pick Up Stix, Rubio's, Sizzler, SmashBurger, Starbucks, Submarina, Subway, Taco Bell 🏨 Holiday Inn 🅾 $Tree, AT&T, Express Tire/auto, Fry's Electronics, Petsmart, Verizon, Von's Foods, Walmart/McDonald's

⛽ = gas   🍴 = food   🏨 = lodging   ⊙ = other   Ⓡˢ = rest stop   Copyright 2018 - The Next EXIT

CA

SAN DIEGO AREA

⬆N INTERSTATE 15 Cont'd

Exit #	Services
7b	Friars Rd W, **W** 🍴 Coldstone, Dragon Chinese, IHOP, Islands Burgers, Luna Grill, McDonald's, Oggi's Pizza, Playa Grill, Starbucks, Subway ⊙ Costco/gas, Lowe's, San Diego Stadium
7a	Friars Rd E
6b	I-8, E to El Centro, W to beaches
6a	Adams Ave, downtown
5b	El Cajon Blvd, **E** ⛽ Pearson/dsl/E85/NG 🍴 Subway ⊙ Carquest, Ford, **W** ⛽ Chevron/dsl, United Oil 🍴 Church's ⊙ PepBoys
5a	University Ave, **E** ⛽ Chevron/dsl 🍴 Burger King, Jack-in-the-Box
3	I-805, N to I-5, S to San Ysidro
2b	(2c from nb) CA 94 W, downtown
2a	Market St, downtown
1c	National Ave, Ocean View Blvd
1b	(from sb) I-5 S, to Chula Vista
1a	(from sb) I-5 N. **I-15 begins/ends on I-5.**

NEEDLES

⬆E INTERSTATE 40

Exit #	Services
155	California/Arizona state line, Colorado River, Pacific/Mountain time zone
153	Park Moabi Rd, to Rte 66, **N** boating, camping
149mm	insp both lanes
148	5 Mile Rd, to Topock, Rte 66 (from eb)
144	US 95 S, E Broadway, Needles, **N** ⛽ Chevron/dsl/24hr, Mobil, Shell/dsl/LP 🍴 Domino's ⊙ 99cStore, Harris Repair/towing, Rite Aid, **S** 🏨 Best Value Inn ⊙ $Tree, Stout Tires/repair
142	J St, Needles, **N** ⛽ J St Gas, Valero/dsl 🍴 Jack-in-the-Box, McDonald's 🏨 Rodeway Inn ⊙ Big O Tire, NAPA, **S** 🍴 Denny's 🏨 Days Inn, Motel 6 ⊙ Ⓗ
141	W Broadway, River Rd, Needles, **N** 🍴 River City Pizza 🏨 Best Motel, Desert Mirage Inn, River Valley Motel, **S** ⛽ Chevron/dsl, Mobil/dsl, Shell/DQ/dsl 🍴 Carl's Jr, Panda Garden, River Cafe, Taco Bell, Wagon Wheel Rest. 🏨 Best Western, Budget Inn, Knights Inn, Relax Inn, Rio Del Sol Inn ⊙ auto/RV/tire/repair
139	River Rd Cutoff (from eb), **N** ⊙ Desert View RV Park, KOA, Hist Rte 66, rec area
133	US 95 N, to Searchlight, to Rte 66
120	Water Rd
115	Mountain Springs Rd, elev 2770, High Springs Summit
107	Goffs Rd, Essex, **N** gas/dsl/food, Hist Rte 66
106mm	Ⓡˢ both lanes, full ♿ facilities, litter barrels, petwalk, Ⓒ, 🏕
100	Essex Rd, Essex, **N** Mitchell Caverns, to Providence Mtn SP
78	Kelbaker Rd, to Amboy, E Mojave Nat Preserve, Kelso, **S** ⊙ RV camping (14mi), Hist Rte 66
50	Ludlow, **N** ⛽ 76/DQ, **S** ⛽ Chevron/dsl 🍴 Ludlow Cafe 🏨 Ludlow Motel
33	Hector Rd, to Hist Rte 66
28mm	Ⓡˢ both lanes, full ♿ facilities, litter barrels, petwalk, Ⓒ, 🏕
23	Ft Cady Rd, to Newberry Spgs, **N** ⛽ Mobil/Circle K/dsk, **S** ⊙ Newberry Mtn RV Park, Twins Lake RV Park (8mi)
18	Newberry Springs, **N** ⛽ Valero/dsl, **S** ⛽ Chevron/Subway/dsl/LP
12	Barstow-Daggett Airport, **N** ⊙ 🛩
7	Daggett, **N** ⊙ RV camping (2mi), to Calico Ghost Town
5	Nebo St (from eb), to Hist Rte 66
2	USMC Logistics Base, **N** 🏨 Pennywise Inn

BARSTOW

| 1 | E Main St, Montara Rd, Barstow, **1 mi N** ⛽ Chevron, Circle K, Circle K/dsl, Shell/dsl, Travelodge, USA/dsl, Valero 🍴 Burger King, Carl's Jr, China Town Buffet, Del Taco, Denny's, Di Napoli's Italian, Grill It, Hollywood Subs, IHOP, Jack-in-the-Box, Jenny's Grill, Little Caesar's, LJ Silver, McDonald's, Panda Express, Popeye's, Starbucks, Taco Bell, Tom's Burgers, Wienerschnitzel 🏨 Astrobudget Motel, Best Motel, Best Western, Budget Inn, CA Inn, Days Inn, Desert Inn, EconoLodge, Economy Inn, Motel 6, Quality Inn/rest., Ramada Inn, Rodeway Inn, Super 8 ⊙ $Tree, 99Cent Store, AutoZone, Family$, O'Reilly Parts, U-Haul/LP, Von's Foods, **S** ⛽ Arco ⊙ Walmart/McDonald's/auto |
| 0mm | I-40 begins/ends on I-15 in Barstow. |

TRUCKEE

⬆E INTERSTATE 80

Exit #	Services
208	California/Nevada state line
201	Farad
199	Floristan
194	Hirschdale Rd, **N** Stampede Dam, to Boca Dam, **S** RV Park
191	(from wb), inspection sta, weigh sta
190	Overland Trail
188	CA 89 N, CA 267, to N Shore Lake Tahoe, **N** ⊙ Coachland RV Park, USFS, **S** same as 186
186	Central Truckee (no eb return), **S** ⛽ 76/dsl, Beacon 🍴 Burger Me, Casa Baeza Mexican, El Toro Bravo Mexican, Jax Truckee Diner, Marg's Taco Bistro, Wagon Train Café 🏨 Hilltop Lodge, Truckee Hotel
185	CA 89 S, to N Lake Tahoe, **N** 🍴 DQ, El Sancho, Jiffy's Pizza, Panda Express, Port of Subs, RoundTable Pizza, Starbucks, Zano's Pizza ⊙ Ⓗ, 7-11, Ace Hardware, hwy patrol, NAPA, New Moon Natural Foods, Rite Aid, Safeway Foods, URGENT CARE, Verizon, **S** ⛽ Shell/dsl 🍴 Bill's Rotisseire, McDonald's, Subway, Village Pizzaria ⊙ auto repair, CVS Drug, O'Reilly Parts, RV camping, SaveMart Foods, to Squaw Valley
184	Donner Pass Rd, Truckee, **N** ⛽ Shell/dsl 🍴 La Bamba Mexican, Smokey's Kitchen, Taco Station 🏨 Sunset Inn ⊙ vet, **S** ⛽ 76, Chevron/dsl 🍴 Taco Bell 🏨 Truckee Donner Lodge ⊙ chain service, RV camp/dump, to Donner SP
181mm	vista point both lanes
180	Donner Lake (from wb), **S** 🏨 Donner Lake Village Resort
177mm	Donner Summit, elev 7239, Ⓡˢ both lanes, full ♿ facilities, litter barrels, petwalk, Ⓒ, 🏕, view area
176	Castle Park, Boreal Ridge Rd, **S** 🏨 Boreal Inn/rest. ⊙ Pacific Crest Trailhead, skiing
174	Soda Springs, Norden, **S** ⛽ Sugar Bowl/dsl 🍴 Summit Rest. 🏨 Donner Summit Lodge ⊙ chain services
171	Kingvale, **S** ⛽ Shell
168	Rainbow Rd, to Big Bend, **S** 🏨 Rainbow Lodge/rest. ⊙ RV camping
166	Big Bend (from eb)
165	Cisco Grove, **N** ⊙ RV camp/dump, skiing, snowmobiling, **S** ⛽ Chevron/dsl/24hr ⊙ chain services
164	Eagle Lakes Rd
161	CA 20 W, to Nevada City, Grass Valley
160	Yuba Gap, **S** ⊙ boating, camping, Ⓒ, 🏕, skiing, snowpark
158	Laing Rd, **S** 🏨 Sierra Woods Lodge/café ⊙ USPO
157mm	brake check area, wb
158a	Emigrant Gap (from eb), **S** 🏨 Sierra Woods Lodge/café ⊙ USPO
156	Nyack Rd, Emigrant Gap, **S** ⛽ Shell/Burger King/dsl 🍴 Nyack Café ⊙ USPO
156mm	brake check area

🇪 INTERSTATE 80 Cont'd

Exit #	Services
155	Blue Canyon
150	Drum Forebay
148b	Baxter, **N** ⊙ chainup services, food, 🍴, RV camping
148a	Crystal Springs
146	Alta
145	Dutch Flat, **N** 🍴 Monte Vista Rest., **S** 📵 76/dsl ⊙ chainup services, Dutch Flat RV Resort, hwy patrol
144	Gold Run (from wb), **N** chainup, food, gas/dsl, 🍴
143mm	🅿️ both lanes, full 🅰 facilities, litter barrels, petwalk, 🍴, 🔧
143	Magra Rd, Gold Run, **N** chainup services
140	Magra Rd, Rollins Lake Rd, Secret Town Rd
139	Rollins Lake Road (from wb), RV camping
135	CA 174, to Grass Valley, Colfax, **N** 📵 76/dsl, Beacon/dsl 🍴 Colfax Max Burgers, McDonald's, Pizza Factory, Starbucks, Taco Bell, TJ's Roadhouse 🛏 Colfax Motel ⊙ $General, NAPA, Sierra Mkt Foods, **S** 📵 Chevron/dsl, Valero/dsl 🍴 Shang Garden Chinese, Subway
133	Canyon Way, to Colfax, **S** 🍴 Dine'n Dash Cafe ⊙ Chevrolet, Plaza Tire
131	Cross Rd, to Weimar
130	W Paoli Lane, to Weimar, **S** 📵 Weimar Store/dsl
129	Heather Glen, elev 2000 ft
128	Applegate, **N** 📵 Valero/dsl/LP ⊙ chainup services
125	Clipper Gap, Meadow Vista
124	Dry Creek Rd
123	Bell Rd
122	Foresthill Rd, Ravine Rd, Auburn, **N** ⊙ RV camping/dump, **S** 🍴 Burger King, La Bonte's Rest., Sizzler, Starbucks, Subway 🛏 Best Western, Quality Inn ⊙ same as 121
121	Lincolnway (from eb), Auburn, **N** 📵 Mobil, Mobil/dsl, Valero/dsl 🍴 Denny's, JimBoy's Tacos, Starbucks, Taco Bell, Wienerschnitzel 🛏 Comfort Inn, Foothills Motel, Motel 6, Super 8, **S** 📵 Arco, Beacon/dsl, Chevron/dsl, Gas&Shop, Shell/dsl 🍴 Black Bear Diner, Burger King, Burrito Shop, Carl's Jr, Hawaiian BBQ, Jack-in-the-Box, Joe Caribe Bistro, KFC, La Bonte's Rest., McDonald's, Pete's Grill, Sierra Grill, Sizzler, Starbucks, Subway 🛏 Best Western, Quality Inn ⊙ Ikeda's Mkt, Raley's Foods, Verizon
120	Russell Ave (from wb), same as 121, to Lincolnway from eb
119c	Elm Ave, Auburn, **N** 📵 76/dsl, Shell/dsl 🍴 Foster's, Starbucks 🛏 Holiday Inn ⊙ CVS Drug, Grocery Outlet, Rite Aid, SaveMart Foods, Staples, Verizon
119b	CA 49, to Grass Valley, Auburn, **N** 📵 76/dsl, Shell/dsl 🍴 In-N-Out 🛏 Holiday Inn ⊙ RV Connection, Staples
119a	Maple St, Nevada St, Old Town Auburn, **S** 📵 Valero 🍴 Cafe Delicias, Mary Belle's, Tio Pepe Mexican ⊙ USPO
118	Ophir Rd (from wb)
116	CA 193, to Lincoln
115	Indian Hill Rd, Newcastle, **N** ⊙ transmissions, USPO, **S** 📵 Flyers/dsl, Valero/dsl 🍴 Denny's ⊙ CHP
112	Penryn, **N** 📵 76/dsl, Chevron/dsl 🍴 Ground Cow Rest., Subway
110	Horseshoe Bar Rd, to Loomis, **N** 🍴 Burger King, RoundTable Pizza, Starbucks, Taco Bell ⊙ Raley's Food
109	Sierra College Blvd, **N** 📵 7-11/dsl, Arco/dsl, Chevron/McDonald's/dsl 🍴 Blast Pizza, Carl's Jr, Chipotle, Noodles&Co, Panera Bread, Subway ⊙ Camping World RV Ctr, Rocklin RV Ctr, Ross, Steinmart, Target, Tesla, Verizon, **S** 📵 Shell/dsl 🍴 Dickey's BBQ, In-N-Out, Jimboy's Tacos, Mod Pizza, Panda Express, Starbucks, Wing Stop ⊙ AT&T, Bass Pro Shop, Petsmart, Walmart
108	Rocklin Rd, **N** 📵 Valero/dsl 🍴 A&W/KFC, Adalberto's Mexican, Arby's, Baskin-Robbins, Denny's, Golden Dragon, Jack-in-the-Box, Jamba Juice, Milo's, Mongolian BBQ, Papa Murphy's, RoundTable Pizza, Starbucks, Subway, Taco Bell 🛏 Days Inn, Heritage Inn, Howard Johnson ⊙ CVS Drug, GNC, Land Rover, Mercedes, Porsche, Safeway Foods, **S** 📵 Arco 🍴 Little Caesar's 🛏 Rocklin Park Hotel ⊙ vet
106	CA 65, to Lincoln, Marysville, **1 mi N on Stanford Ranch Rd** 📵 76, Arco, Shell 🍴 Black Bear Diner, Carl's Jr, Cheesecake Factory, Chipotle, IHOP, Jack-in-the-Box, KFC, Olive Garden, On-the-Border, PF Changs, TGIFriday 🛏 Holiday Inn Express ⊙ AutoZone, Barnes&Noble, Best Buy, Costco, Goodyear/auto, JC Penney, Macy's, Marshall's, Michael's, Nordstrom's, Old Navy, Ross, Sears/auto, Sprouts Mkt, Staples
105b	Taylor Rd, to Rocklin (from eb), **N** 🍴 Cattlemen's Rest., **S** 📵 76/Burger King/dsl, Chevron 🍴 Islands Burgers, Subway, Tahoe Joe's 🛏 Courtyard, Fairfield Inn, Hilton Garden, Holiday Inn Express, Larkspur Suites, Residence Inn ⊙ 🛏, funpark
105a	Atlantic St, Eureka Rd, **S** 📵 76/7-11/dsl, Shell/Circle K 🍴 Brookfield's Rest., Chicago Fire Rest., In-N-Out, Taco Bell, Wendy's ⊙ 🛏, Acura, America'sTire, Buick/GMC, Carmax, Chevrolet, Chrysler/Dodge/Jeep, Fiat, Ford, Home Depot, Honda, Hyundai, Infiniti, Kia, Lexus, Mazda, Nissan, Petsmart, Subaru, Target, Toyota/Scion, VW
103b a	Douglas Blvd, **N** 📵 76/dsl, Arco/dsl, Chevron/7-11, Shell/dsl 🍴 Burger King, Carolina's Mexican, Claim Jumper, McDonald's, Mongolian BBQ, Popeyes, Starbucks, Subway 🛏 Best Western, Extended Stay America, Heritage Inn ⊙ $Tree, Ace Hardware, Autozone, Big O Tire, BigLots, BrakeMasters, Goodyear, Grocery Outlet, Midas, O'Reilly Parts, Rite Aid, Trader Joe's, **S** 🍴 Carl's Jr, Carrow's, Chevy's, Del Taco, Denny's, Jack-in-the-Box, Lorenzo's Mexican, Outback Steaks, Panera Bread, Rubio's, Sizzler, Subway 🛏 Best Western, Hampton Inn ⊙ 🛏, Fry's Electronics, Hobby Lobby, Office Depot, Ross, Target
102	Riverside Ave, Auburn Blvd, to Roseville, **N** 📵 Arco/dsl, Valero/dsl 🍴 Starbucks ⊙ auto repair, Meineke, **S** 📵 Chevron/7-11, Shell, Towne Mart 🍴 Back 40 TX BBQ, Baskin-Robbins, CA Burgers, Jack-in-the-Box, Subway, The Station Bistro ⊙ $General, auto repair, AutoZone, BMW Motorcycles, Camping World RV Ctr, NAPA, Schwab Tire
100	Antelope Rd, to Citrus Heights, **N** 📵 🍴 Carl's Jr, Extreme Hummus, Giant Pizza, McDonald's, Papa Murphy's, Popeye's, RoundTable Pizza, Subway, Taco Bell, Wendy's ⊙ $Tree, 7-11, O'Reilly Parts, Raley's Foods, vet
100mm	**weigh sta both lanes**
98	Greenback Lane, Elkhorn Blvd, Orangedale, Citrus Heights, **N** 🍴 Baskin Robbins, Carl's Jr, Little Caesar's, McDonald's, Pizza Hut, Subway, Taco Bell ⊙ $General, CVS Drug, Safeway Foods

Side tabs: COLFAX, AUBURN, ROCKLIN, CITRUS HEIGHTS

INTERSTATE 80 Cont'd

Exit #	Services
96	Madison Ave, **N** ⛽ Chevron/dsl, Valero/dsl 🍴 Brookfield's Rest., Denny's, El Malecon Mexican, Jack-in-the-Box, Mongolian BBQ, Starbucks 🛏 Motel 6, Super 8 ⊙ funpark, to McClellan AFB, **S** ⛽ Arco, Shell/dsl 🍴 Boston Mkt, Burger King, Chipotle Mexican, El Pollo Loco, IHOP, In-N-Out, Jack-in-the-Box, McDonald's, Panda Express, Starbucks, Strings Italian, Subway, Wienerschnitzel 🛏 Crowne Plaza, La Quinta ⊙ 7-11, Acura, AT&T, Chevrolet, Firestone/auto, Ford, Office Depot, PepBoys, Schwab Tire, Target, Verizon, Walgreens
95	CA 99 S
94b	Auburn Blvd
94a	Watt Ave, **N** ⛽ 76/dsl, Arco 🍴 Carl's Jr, Golden Corral, Jack-in-the-Box, KFC, McDonald's, Panda Express, Starbucks, Subway, Taco Bell 🛏 Courtyard Inn, Mega Inn ⊙ $Tree, Firestone/auto, McClellan AFB, Walmart, **S** ⛽ 76/dsl, Arco, Chevron, Shell 🍴 China Taste, Denny's, Jimboy's Tacos, Kim Long Noodle House, Quiznos, Starbucks, Wendy's 🛏 Economy Inn ⊙ AutoZone, Grocery Outlet
93	Longview Dr
92	Winters St
91	Raley Blvd, Marysville Blvd, to Rio Linda, **N** ⛽ Arco, Chevron/dsl, **S** ⊙ $General, Hooten Tires, Mkt Basket Foods, USPO
90	Norwood Ave, **N** ⛽ Arco/Jack-in-the-Box, Valero 🍴 Little Caesar's, McDonald's, RoundTable Pizza, Starbucks, Subway ⊙ Rite Aid, Viva Foods, Walgreens, **S** ⊙ $General
89	Northgate Blvd, Sacramento, **N** 🍴 Cilantro's Mexican, L&L Hawaiian BBQ, Subway, Wendy's ⊙ Fry's Electronics, **S** ⛽ Arco, Shell, Valero/Circle K 🍴 524 Mexican, Carl's Jr, Classic Burgers, El Pollo Loco, IHOP, KFC, LampPost Pizza, LJ Silver, McDonald's/playplace, Subway, Taco Bell 🛏 Extended Stay America, Quality Inn ⊙ $Tree, Foodsco Foods, O'Reilly Parts, PepBoys, Schwab Tire
88	Truxel Rd, **N** ⛽ Chevron/McDonald's, Shell/dsl 🍴 Applebee's, BJ's Rest, Buffalo Wild Wings, Chili's, Chipotle Mexican, Del Taco, Firehouse Subs, Hooters, In-N-Out, Logan's Roadhouse, Mimi's Cafe, On the Border, Panda Express, Panera Bread, Rubio's, Sandwich Spot, Starbucks, Subway, Tokyo Steakhouse 🛏 Staybridge Suites ⊙ AT&T, Barnes&Noble, Best Buy, GNC, Home Depot, Michael's, Old Navy, Petsmart, Power Balance Pavilion, Ross, See's Candies, Staples, Target, Verizon, Walmart, World Mkt
86	I-5, N to Redding, S to Sacramento, to CA 99 N
85	W El Camino, **N** ⛽ 49er Trkstp/Silver Skillet/dsl/scales/24hr/@, Chevron/Subway/dsl/24hr 🍴 Black Bear Diner, Burger King 🛏 Fairfield Inn, Super 8, **S** ⛽ Arco
83	Reed Ave, **N** ⛽ Chevron/dsl 🍴 Jack-in-the-Box, Panda Express, Starbucks, Subway 🛏 Extended Stay America, Hampton Inn, Spring Hill Suites, **S** ⛽ Arco/24hr, Shell/McDonald's/dsl 🍴 Burger King, Chipotle, Five Guys, IHOP, In-N-Out, Taco Bell ⊙ America's Tire, Firestone/auto, GNC, Home Depot, IKEA, Petco, Ross, Walmart
82	US 50 E, W Sacramento
81	Enterprise Blvd, W Capitol Ave, W Sacramento, **N** ⛽ Arco/dsl, Chevron 🛏 Granada Inn, **S** ⛽ 7-11 🍴 Eppie's Diner, Starbucks, Subway ⊙ KOA
78	Rd 32A, E Chiles Rd, **S** ⊙ Fruit Stand
75	Mace Blvd, **N** ⛽ Arco ⊙ Target, TJ Maxx, to Mace Ranch, Verizon, **S** ⛽ Chevron/dsl, Gas&Shop/dsl, Shell/dsl, Valero/dsl 🍴 Burger King, Cindy's Rest., McDonald's, Subway, Taco Bell 🛏 Motel 6 ⊙ American River RV Ctr, Chevrolet,

Exit #	Services
75	Continued Chrysler/Dodge/Jeep, Honda, Kia, La Mesa RV Ctr, Nissa▸ Nugget Mkt Foods, Schwab Tire, Toyota/Scion
73	Olive Dr (from wb, no EZ return)
72b a	Richards Blvd, Davis, **N** ⛽ Shell 🍴 Caffe Italia, In-N-O▸ Redrum Burger 🛏 University Park Inn ⊙ NAPA, **S** ⛽ Che▸ ron/dsl 🍴 Applebee's, Carl's Jr, Del Taco, IHOP, KFC 🛏 Ho▸ day Inn Express, La Quinta ⊙ Jiffy Lube, O'Reilly Parts
71	to UC Davis
70	CA 113 N, to Woodland, **N** ⊙ 🅷
69	Kidwell Rd
67	Pedrick Rd, **N** ⛽ 76/LP, Chevron/dsl/24hr ⊙ produce
66b	Milk Farm Rd (from wb)
66a	CA 113 S, Currey Rd, to Dixon, **S** ⛽ Chevron/dsl, Shell/d▸ Valero/Popeye's/dsl 🍴 Cattlemen's Rest., Jack-in-the-Bo▸ La Cocina, Papa Murphy's, Subway, Wendy's 🛏 Country I▸ Suites ⊙ Schwab Tires, Walmart
64	Pitt School Rd, to Dixon, **S** ⛽ Chevron/24hr, Valero/24▸ 🍴 Arby's, Asian Garden, Baskin Robbins, Burger King, Capit▸ China, Denny's, IHOP, Little Caesar's, Maria's Mexican, Mary▸ Pizza, McDonald's, Pizza Guys, Solano Bakery, Starbucks, Su▸ way, Taco Bell 🛏 Best Western, Motel 6 ⊙ Safeway/dsl
63	Dixon Ave, Midway Rd, **N** ⛽ Truck Stp/dsl, **S** ⛽ Arc▸ LP/lube, Chevron/dsl 🍴 Alheli's Drive Thru, Carl's Jr, B▸ Taco 🛏 Super 8 ⊙ Dixon Fruit Mkt
60	Midway Rd, Lewis Rd, Elmyra, **N** ⊙ Produce Mkt, RV campi▸ (3mi)
59	Meridian Rd, Weber Rd
57	Leisure Town Rd, **N** ⊙ 🅷, Camping World, **S** ⛽ 76/M▸ Donald's, Arco, Chevron/dsl, QuikStop 🍴 Black Oak Res▸ Clay Oven Grill, Hideaway Grill, Jack-in-the-Box, King's Buff▸ Popeye's, Starbucks, Subway, Taco Bell 🛏 Comfort Suites, E▸ tended Stay America, Fairfield Inn, Holiday Inn Express, Mo▸ 6, Quality Inn, Residence Inn ⊙ Buick/GMC, Chevrolet, Chry▸ ler/Dodge/Jeep, Harley-Davidson, Home Depot, Honda, Koh▸ Mazda, Nissan, Toyota, VW
56	I-505 N, to Winters
55	Nut Tree Pkwy, Monte Vista Dr, Allison Dr, **N** ⛽ 7-11, 76/C▸ cle K, Chevron 🍴 Boudin SF Sourdough, Buckhorn BBQ, B▸ falo Wild Wings, Burger King, Chipotle, Denny's, El Pollo Lo▸ Fenton's Creamery, Firehouse Subs, Five Guys, Food Court, Ha▸ it Burger, Hawaiian BBQ, Hisui Japanese, IHOP, Jamba Jui▸ Krispy Kreme, McDonald's, Murillo's Mexican, Nations Burg▸ Noodles&Co, Panda Express, Panera Bread, Pelayo's Mexica▸ Pieology Pizza, Round Table Pizza, Rubio's, Starbucks, Subw▸ Taco Bell, Wendy's, Yen King Chinese 🛏 Best Value Inn, B▸ Western, Super 8 ⊙ America's Tire, Best Buy, Big O Tire, C▸ Drug, Firestone/auto, Lowe's Whse, Michael's, Nugget Foo▸ Old Navy, Petsmart, See's Candies, U-Haul, Verizon, Wo▸ Mkt, **S** ⛽ Arco/24hr, Chevron/24hr 🍴 Applebee's, BJ's G▸ Black Oak Rest., Carl's Jr, Chick-fil-A, Chili's, Coldstone Crea▸ ery, Dickey's BBQ, Favela's Mexican Grill, Freebirds Burri▸ Grocery Outlet, Home Towne Buffet, In-N-Out, Jack-in-the-B▸ Jamba Juice, Mel's Diner, Olive Garden, Popeye's, Red Rob▸ Starbucks, Starbucks, String's Italian, Subway, Tahoe Jo▸ Steaks, Togo's 🛏 Comfort Suites, Courtyard, Fairfield I▸ Holiday Inn Express, Motel 6, Residence Inn ⊙ 🅷, GMC, B▸ Jo-Ann Fabrics, Marshall's, PetCo, Ross, Safeway, Sam's Clu▸ dsl, Staples, Target, Vacaville Stores/famous brands, Walma▸ McDonald's
54b	Mason St, Peabody Rd, **N** ⛽ Chevron/7-11, Conservati▸ Fuel/dsl 🛏 Hampton Inn ⊙ CVS Drug, NAPA, O'Reilly Par▸

CA

Side markers: SACRAMENTO, DAVIS, VACAVILLE

INTERSTATE 80 Cont'd

54b Continued
Schwab Tire, **S** 🅿 Shell 🍴 Carl's Jr, Domino's, Starbucks, Subway 🅾 $Tree, 7-11, Costco/gas

54a Davis St, **N** 🅿 Chevron/McDonald's 🍴 Outback Steaks 🛏 Hampton Inn, **S** 🍴 DQ, Sonic 🅾 repair, WinCo Foods

53 Merchant St, Alamo Dr, **N** 🅿 Chevron, Merchant/desk, Shell/dsl 🍴 Baldo's Mexican, Baskin-Robbins, Black Bear Diner, RoundTable Pizza, Tony's Rest. 🛏 Alamo Inn 🅾 BigLots, **S** 🅿 76/dsl 🍴 Jack-in-the-Box, KFC, McDonald's, Pizza Hut, Rita's Custard, Starbucks, Subway 🅾 Walmart Mkt

52 Cherry Glen Rd (from wb)

51b Pena Adobe Rd, **S** 🛏 Ranch Hotel

51a Lagoon Valley Rd, Cherry Glen

48 N Texas St, Fairfield, **S** 🅿 Arco/24hr, Chevron/dsl, Shell 🍴 El Pollo Loco, Jim Boy's Tacos, McDonald's, Panda Express, RoundTable Pizza, Starbucks, Subway, Texas Roadhouse 🛏 Best Value Inn 🅾 CVS, Lowe's, Raley's Foods

47 Waterman Blvd, **N** 🍴 Dynasty Chinese, RoundTable Pizza, Starbucks, Subway 🅾 Chevrolet/Subaru, Safeway, to Austin's Place, **S** 🅾 museum, to Travis AFB

45 Travis Blvd, Fairfield, **N** 🅿 Arco/24hr, Chevron 🍴 Baskin-Robbins, Burger King, Denny's, Domino's, Huckleberry's Cafe, In-N-Out, McDonald's, Peking Rest., Subway, Taco Bell, To-go's 🛏 Courtyard, Motel 6 🅾 $Tree, CHP, Meineke, PetCo, Raley's Foods, **S** 🅿 76/dsl 🍴 Buffalo Wild Wings, Carino's Italian, Chevy's Mexican, Chick-fil-A, Chipotle Mexican, Coldstone, Five Guys, Fuddrucker's, HomeTown Buffet, Jamba Juice, Mimi's Café, Panda Express, Panera Bread, Pieology, Red Lobster, Red Robin, Rubio's, Starbucks, Subway, Wing Stop 🛏 Hilton Garden 🅾 🅷, AT&T, Barnes&Noble, Best Buy, Firestone/auto, JC Penney, Macy's, mall, Michael's, Ross, Sears/auto, Trader Joe's, Verizon

44 W Texas St, same as 45, Fairfield, **N** 🅿 A&A/dsl, KwikServ/dsl 🍴 ChuckECheese, Gordito's Mexican, Popeye's, Starbucks 🛏 Extended Stay America 🅾 Staples, **S** 🅿 Valero/dsl 🍴 Baldo's Mexican, McDonald's, Paleyo's Mexican 🅾 99c Store, Acura/Honda, CarMax, Chrysler/Jeep/Dodge, Ford/Lincoln, Home Depot, Hyundai, Infiniti, Mercedes, Nissan, O'Reilly Parts, Target, Toyota/Scion, VW, Walgreens

43 CA 12 E, Abernathy Rd, Suisun City, **S** 🅾 Budweiser Plant, Walmart

42mm **weigh sta both lanes,** 🅲

41 Suisan Valley Rd, **N** 🛏 Homewood Suites, Staybridge Suites, **S** 🅿 7-11, 76, Chevron/dsl, Shell/dsl, Valero/dsl 🍴 Arby's, Burger King, Carl's Jr, Cenario's Pizza, Del Taco, Denny's, Green Bamboo, Jack-in-the-Box, Jersey Mike's, McDonald's, Starbucks, Straw Hat Pizza, Subway, Taco Bell, Wendy's 🛏 Best Western, Comfort Inn, Fairfield Inn, La Quinta, Motel 6, Travelodge 🅾 Fairfield RV Ctr, Scandia FunCtr, vet

40 I-680 (from wb)

39b Green Valley Rd, I-680 (from eb), **N** 🍴 Happy Garden, Hawaiian BBQ, Hinata, Peloyas Mexican, RoundTable Pizza, Starbucks, Subway 🛏 Homewood Suites, Staybridge Suites 🅾 Costco/gas, CVS, Safeway, TJ Maxx, **S** 🅿 Arco 🅾 Kia

39a Red Top Rd, **N** 🅿 Chevron 🍴 Jack-in-the-Box

36 American Canyon Rd

34mm 🆁🆂 **wb, full** 🛏 **facilities, info, litter barrels, petwalk,** 🅲, 🚻, **vista parking**

33b a CA 37, to San Rafael, Columbus Pkwy, **N** 🅿 Chevron/dsl, Valero/dsl 🍴 Baskin-Robbins, Carl's Jr. 🛏 Best Western, Courtyard 🅾 funpark, **S** same as 32

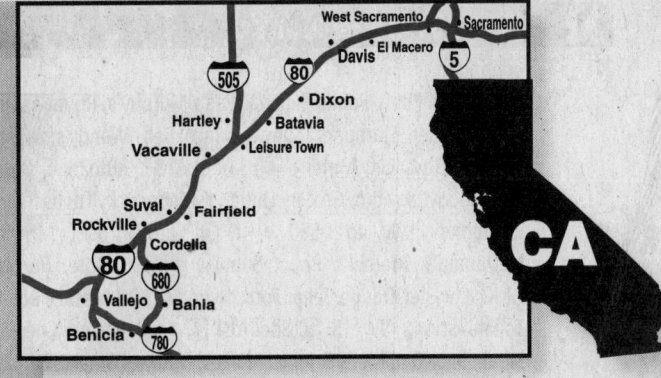

32 Redwood St, to Vallejo, **N** 🅿 Chevron 🍴 Denny's, Panda Garden 🛏 Best Value Inn, Motel 6 🅾 🅷, **S** 🅿 Shell, Valero 🍴 Applebee's, Black Angus, Black Bear Diner, Chevy's Mexican, Chick-fil-A, Chipotle, Coldstone, Habit Burger, IHOP, Jamba Juice, Jimmy John's, Little Caesar's, McDonald's, Mtn. Mike's Pizza, Olive Garden, Panda Express, Papa Murphy's, Red Lobster, Rubio's, Starbucks, Subway, Taco Bell, Wendy's, Wing Stop 🛏 Comfort Inn, Ramada Inn 🅾 $Tree, AT&T, AutoZone, Best Buy, Cadillac/Chevrolet, Chrysler/Dodge/Jeep, Costco/gas, CVS, Hancock Fabrics, Home Depot, Honda, Hyundai, Kohl's, Lowe's, Marshall's, Mazda, Michael's, PepBoys, PetCo, Ross, Safeway, Target, Toyota/Scion, Verizon, vet

31b Tennessee St, to Vallejo, **S** 🅿 Flyers, Valero/dsl 🍴 Jack-in-the-Box, Pizza Guys 🛏 Great Western Inn, Howard Johnson 🅾 Grocery Outlet, USPO

31a Solano Ave, Springs Rd, **N** 🍴 Burger King, Church's, Subway, Szechuan, Taco Bell 🛏 Rodeway Inn, Super 8 🅾 Mi Pueblo Mkt, Rite Aid, U-Haul, **S** 🅿 Chevron, Grand Gas, QuikStop 🍴 DQ, McDonald's, Pizza Hut, Subway 🛏 Express Inn 🅾 Island Pacific Foods, O'Reilly Parts

30c Georgia St, Central Vallejo, **N** 🅿 Safeway/gas, **S** 🅿 Chevron/Starbucks/dsl 🍴 McDonald's 🛏 California Motel

30b Benicia Rd (from wb), **S** 🅿 Chevron/dsl 🍴 McDonald's, Starbucks

30a I-780, to Martinez

29b Magazine St, Vallejo, **N** 🅿 Gas&Shop/dsl 🍴 Starbucks, Subway 🛏 7 Motel, Economy Inn, El Rancho 🅾 Tradewinds RV Park, **S** 🍴 McDonald's 🛏 Travel Inn 🅾 7-11

29a CA 29, Maritime Academy Dr, Vallejo, **N** 🅿 5 Star Gas, Chevron/dsl 🛏 Motel 6

28mm **toll plaza, pay toll from eb**

27 Pomona Rd, Crockett, **N** 🍴 Dead Fish Seafood, vista point

26 Cummings Skyway, to CA 4 (from wb), to Martinez

24 Willow Ave, to Rodeo, **N** 🍴 Straw Hat Pizza, Subway 🅾 Safeway, USPO, **S** 🅿 76/dsl 🍴 Burger King, Mazatlan, Mtn Mike's Pizza, Starbucks, Willow Garden Chinese

23 CA 4, to Stockton, Hercules, **N** 🅿 Shell 🍴 Extreme Pizza, Jack-in-the-Box, Starbucks, **S** 🍴 Dragon Terrace, McDonald's, RoundTable Pizza, Subway, Taco Bell 🅾 BigLots, Home Depot, Lucky Foods, Rite Aid

22 Pinole Valley Rd, **S** 🅿 Arco/24hr, Chevron/dsl 🍴 Chipotle, Five Guys, Jack-in-the-Box, Jamba Juice, Krispy Kreme, Mod Pizza, Red Onion Rest., Subway 🅾 7-11, Trader Joe's, Walgreens

21 Appian Way, **N** 🅿 Pinole Express 🍴 China Delights, McDonald's, Pizza Hut 🅾 CVS, O'Reilly Parts, Safeway, **S** 🅿 Valero/dsl 🍴 Burger King, Carl's Jr, ChuckECheese, Coldstone, Dickey's BBQ, Due Rose Italian, Hawaiian BBQ, HomeTown Buffet, In-N-Out, KFC, Mel's Original Shakes,

(left margin, vertical) **FAIRFIELD**

(right column margin, vertical) **VALLEJO**

🅟 = gas   🍴 = food   🛏 = lodging   🄾 = other   🆁🆂 = rest stop   Copyright 2018 - The Next EXIT

⛿E INTERSTATE 80 Cont'd

21	Continued
	Mtn Mike's Pizza, Panda Express, Papa Murphy's, RoundTable Pizza, Sizzler, Starbucks, Subway, Taco Bell, Wendy's, Wing Stop 🛏 Days Inn, Motel 6 🄾 $Tree, AT&T, AutoZone, Best Buy, Goodyear/auto, Grocery Outlet, K-Mart, Lucky Foods
20	Richmond Pkwy, to I-580 W, N 🅟 Chevron/dsl 🍴 IHOP, McDonald's, Me&Ed's Pizza, Subway 🄾 99¢ Store, Buick/GMC, Chrysler/Dodge/Jeep, Ford, Hyundai, Kia, Nissan, Ross, Toyota/Scion, VW, S 🅟 Shell/dsl 🍴 Applebee's, Cheese Steak, In-N-Out, Mel's Original Shakes, Outback Steaks, Panda Express, Panera Bread, RoundTable Pizza 🄾 FoodMaxx, Michael's, O'Reilly Parts, Petsmart, Staples, Target, TJ Maxx
19b	Hilltop Dr, to Richmond, N 🅟 Chevron 🍴 Chevy's Mexican 🛏 Courtyard, Extended Stay America 🄾 Firestone/auto, Macy's, mall, Sears/auto, Walmart, S 🅟 Hilltop Fuel/dsl
19a	El Portal Dr, to San Pablo, S 🅟 Shell 🍴 McDonalds, Mtn. Mike's Pizza, Starbucks, Subway 🄾 Raley's Foods, vet, Walgreens
18	San Pablo Dam Rd, N 🅟 Chevron 🍴 Burger King, Denny's, El Pollo Loco, Empire Buffet, Jack-in-the-Box, Jamba Juice, Nations Burgers, Pizza Guys, Popeye's, RoundTable Pizza, Starbucks, Subway, Taco Bell 🛏 Holiday Inn Express 🄾 🄷, $Tree, AutoZone, Big Lots, FoodMaxx, Ross, Walgreens
17	Macdonald Ave (from eb), McBryde Ave (from wb), Richmond, N 🅟 Arco/24hr 🍴 Burger King, S 🅟 Chevron/24hr 🍴 Wendy's 🄾 auto repair
16	San Pablo Ave, to Richmond, San Pablo, S 🅟 Chevron 🍴 KFC, LJ Silver, Subway, Wendy's
15	Cutting Blvd, Potrero St, to I-580 Br (from wb), to El Cerrito, N 🅟 Arco 🍴 Panda Express 🄾 Target, S 🅟 Valero/dsl 🍴 Church's, Denny's, IHOP, Jack-in-the-Box, McDonald's, Starbucks, Trevino's Mexican 🄾 $Tree, Home Depot, Honda, Safeway, Staples, Walgreens
14b	Carlson Blvd, El Cerrito, N 🅟 KwikServ 🛏 40 Flags Motel, S 🛏 Best Value Inn
14a	Central Ave, El Cerrito, S 🅟 76, Shell/dsl, Valero 🍴 Burger King, Chipotle, KFC, Nations Burgers
13	to I-580 (from eb), Albany
12	Gilman St, to Berkeley, N 🄾 Golden Gate Fields Racetrack, S 🄾 Target
11	University Ave, to Berkeley, S 🅟 Element/dsl, 76, Econo Gas 🛏 La Quinta 🄾 to UC Berkeley
10	CA 13, to Ashby Ave
9	Powell St, Emeryville, N 🅟 Shell 🍴 Chevy's Mexican 🛏 Hilton Garden, S 🅟 🍴 Black Bear Diner, Burger King, CA Pizza Kitchen, Denny's, Jamba Juice, PF Chang's, Starbucks, Togo's 🛏 Courtyard, Hyatt House, Sheraton 🄾 Barnes&Noble, Marshall's, Old Navy, Petco, Ross, Trader Joe's
8c b	Oakland, to I-880, I-580
8a	W Grand Ave, Maritime St
7mm	toll plaza wb
5mm	SF Bay
4a	Treasure Island (exits left)
2c b	Fremont St, Harrison St, Embarcadero (from wb)
2a	4th st (from eb), S 🅟 Shell
1	9th st, Civic Ctr, downtown SF
1b a	I-80 begins/ends on US 101 in SF.

⛿E INTERSTATE 110 (Los Angeles)

Exit #	Services
21	I-110 begins/ends on I-10.
20c	Adams Blvd, E 🅟 Chevron 🄾 Audi, Chrysler/Dodge/Jeep, LA Convention Ctr., Mercedes, Nissan, Office Depot, VW
20b	37th St, Exposition Blvd, W 🅟 Chevron/McDonald's 🛏 Radisson 🄾 Chevrolet
20a	MLK Blvd, Expo Park, W 🅟 Chevron 🍴 McDonald's, Subway
19b	Vernon Ave, E 🅟 Mobil 🍴 Tacos El Gavilan, W 🅟 76/24hr Shell 🍴 Burger King, Jack-in-the-Box 🄾 Rite Aid, Ross
18b	Slauson Ave, E 🅟 Mobil, W 🅟 76
18a	Gage Blvd, E 🅟 Arco 🍴 Church's, Hercules Burgers
17	Florence Ave, E 🅟 Shell 🍴 Jack-in-the-Box, W 🅟 Chevron, Valero 🍴 Burger King, Little Caesars, McDonald's, Pizza Hut, Subway
16	Manchester Ave, E 🅟 Arco 🍴 El Pollo Loco, Little Caesars, McDonald's, Subway, Winchell's 🄾 AutoZone, W 🅟 76/Circle K 🍴 Church's, Jack-in-the-Box, Popeye's, Tam's Burgers
15	Century Blvd, E 🅟 Arco, Shell/Subway/dsl 🍴 Burger King, McDonald's, W 🅟 76/dsl
14b	Imperial Hwy, W 🅟 Chevron/dsl 🍴 Jack-in-the-Box, McDonald's
14a	I-105
13	El Segundo Blvd, E 🍴 Dominos, Taco Bell, W 🅟 Mobil, Shell 🛏 Executive Inn
12	Rosecrans Ave, E 🅟 Arco/24hr, Valero, W 🅟 Chevron/McDonald's, Valero 🍴 Jack-in-the-Box, KFC/LJ Silver, Pizza Hut, Popeye's, Subway, Yoshinoya 🄾 7-11, AutoZone, casino
11	Redondo Beach Blvd, E 🍴 McDonald's, W 🅟 Mobil 🄾🄷, casino
10b a	CA 91, 190th St, W 🅟 Arco 🍴 Carl's Jr, Jack-in-the-Box, Krispy Kreme, McDonald's, Pizza Hut/Taco Bell, Subway 🄾 Food4Less, Ranch Mkt, Sam's Club
9	I-405, San Diego Fwy
8	Torrance Blvd, Del Amo, E 🍴 Burger King, Chile Verde, Hawaiian BBQ, Starbucks W 🅟 Mobil, Shell/Subway/dsl
7b	Carson St, E 🍴 KFC 🛏 Cali Inn 🄾 vet, W 🅟 76, Shell 🍴 FatBurger, Hong Kong Deli, In-N-Out, Jack-in-the-Box, Louie Burgers, McDonalds, Pizza Hut, Polly's Pies, Starbucks, Subway, Wienerschnitzel 🄾🄷, Autozone, Carson Drug, Costsave Mkt, O'Reilly Parts, Rite Aid
5	Sepulveda Blvd, E 🍴 McDonald's 🄾 Albertson's, Home Depot, Staples, Target, W 🅟 Arco/24hr, Chevron, Mobil 🍴 Burger King, Carl's Jr, McDonald's, Pizza Hut/Taco Bell, Popeye's, Starbucks, Subway 🛏 Motel 6 🄾 $Tree, 99¢ Store, AT&T, Food4Less, Rite Aid, Ross
4	CA 1, Pacific Coast Hwy, E 🅟 76, Arco 🍴 Jack-in-the-Box, Pizza Hut, Wienerschnitzel, W 🅟 Circle K, United/dsl 🍴 Del Taco, Denny's, El Pollo Loco, Subway 🛏 Best Western 🄾🄷 Discount Parts, PepBoys, Rite Aid, transmissions
3b	Anaheim St, W 🅟 Mobil/dsl, Thrifty 🄾 Conoco/Phillips Refinery, radiators
3a	C St
1b	Channel St, W 🅟 Arco, Chevron 🍴 Subway 🄾 7-11, Home Depot, Target
1a	CA 47, Gaffey Ave
0mm	I-110 begins/ends.

⛿E INTERSTATE 205 (Tracy)

Exit #	Services
12	I-205 begins wb, ends eb, accesses I-5 nb.
9	MacArthur Dr, Tracy, S 🅟 Chevron/Jack-in-the-Box/Subway/dsl 🄾 Tracy Outlet Ctr/famous brands

RICHMOND

BERKELEY

LA AREA

⬆E INTERSTATE 205 (Tracy) Cont'd

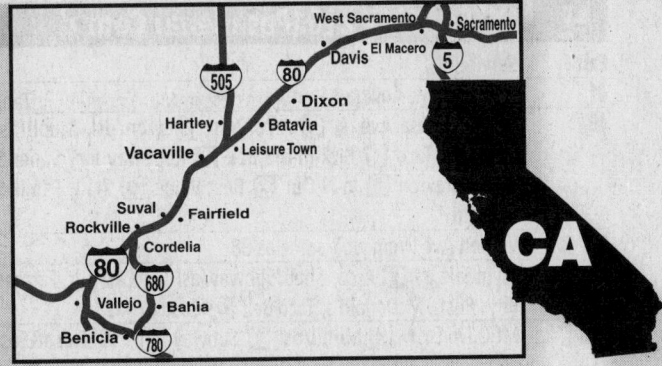

Exit #	Services
8	Tracy Blvd, Tracy, **N** 🅿 76/Mean Gene's Burger/dsl, Chevron, Shell/dsl 🍴 Denny's ⛺ Holiday Inn Express, Motel 6, **S** 🅿 Arco 🍴 Arby's, Burger King, In-N-Out, Lyon's Rest., McDonald's, Milano Pizza, Nations Burgers, Pizza Guys, Starbucks, Straw Hat Pizza, Subway, Wendy's ⛺ Best Western, Microtel, Quality Inn ⊙ H, CHP, CVS Drug, Mi Pueblo Mkt, O'Reilly Parts
6	Grant Line Rd, Antioch, **N** 🅿 Chevron/dsl 🍴 Applebee's, Buffalo Wild Wings, Burger King, Dickey's BBQ, Famous Dave's BBQ, Five Guys, Golden Corral, Hometown Buffet, IHOP, Jamba Juice, Olive Garden, Panda Express, Red Robin, RoundTable Pizza, Rubio's, Sonic, Squeeze Inn Burger, Starbucks, Strings Italian, Subway, Taco Bell, TX Roadhouse, Wienerschnitzel ⛺ Extended Stay America, Fairfield Inn, Hampton Inn ⊙ America's Tire, AT&T, Barnes&Noble, Best Buy, Chevrolet, Chrysler/Dodge/Jeep, Costco/gas, Ford, Home Depot, Honda, Hyundai, JC Penney, Les Schwab Tire, Macy's, mall, Marshall's, Michael's, Nissan, Petsmart, Ross, Sears/auto, See's Candies, Staples, Target, Toyota/Scion, Verizon, VW, Walmart/McDonald's/auto, WinCo Foods, World Mkt, World Mkt, **S** 🅿 7-11, 76/Subway/dsl, Arco, Shell/dsl 🍴 A&W/KFC, Black Bear Diner, Carl's Jr, Chili's, Hawaian BBQ, Mtn Mike's Pizza, Popeye's ⊙ Rite Aid
4	11th St (from eb), to Tracy, Defense Depot
2	Mtn House Pkwy, to I-580 E
0mm	I-205 begins eb/ends wb, accesses I-580 wb.

⬆E INTERSTATE 210 (Pasadena)

Exit #	Services
85a	I-210 begins/ends on I-10, exit 77.
84	San Bernardino Ave, **W** 🍴 Habit Burger ⊙ Hobby Lobby, Old Navy, Ross, TJ Maxx
83	W 5th St, Greenspot Rd, **E** 🅿 Chevron/dsl 🍴 Del Taco, Dickey's BBQ, In-N-Out, Subway, Waba Grill ⊙ AT&T, Lowe's, Staples
82	Base Line Rd, **E** 🅿 Arco, Valero 🍴 Carl's Jr, KFC/Taco Bell, McDonald's, Subway, Wendy's ⊙ Albertson's, CVS Drug, Walgreens, **W** 🅿 76/dsl 🍴 Baker's, Popeye, Starbucks ⊙ AutoZone, CVS Drug, Family$
81	CA 330 N, to Big Bear
79	Highland Ave, **N** 🅿 Chevron/Subway, Shell/dsl 🍴 Baker's, Coco's, IHOP, Taco Bell, Wienerschnitzel/Tastee Freez, **S** 🍴 Del Taco, El Pollo Loco, KFC ⊙ $Tree, 99c Store, O'Reilly Parts, Rite Aid, Target, Walmart Mkt
78	Del Rosa Ave, **N** 🅿 7-11, Shell 🍴 Del Taco, **S** 🅿 Circle K, Exxon, Valero 🍴 Jack-in-the-Box, McDonald's ⊙ CVS Drug, Stater Bros, Walgreens
76	Waterman Ave, **S** 🅿 Mobil/7-11/dsl ⊙ H
75	CA 259 (from wb), H St
74	I-215 N to Barstow S to San Bernardino
73	State St, University Pkwy, **N** 🅿 American, USA ⊙ $General
71	Riverside Ave, **N** 🅿 Chevron 🍴 Carl's Jr, Del Taco, Panda Paradise, Starbucks, Subway ⊙ GNC, Ralph's Foods, Rite Aid, Verizon, Walgreens, **S** 🅿 Arco 🍴 Chipotle, In-N-Out, Jack-in-the-Box ⊙ 7-11, URGENT CARE
70	Ayala Dr, **S** ⊙ city park
68	Alder Ave, **N** 🅿 Arco/Subway/dsl
67	Sierra Ave, **N** 🍴 Applebee's, Boston's, Carl's Jr, Dickie's BBQ, El Pollo Loco, Jamba Juice, McDonald's, Mimi's Cafe, Panda Express, Papa Murphy's, Pizza Hut, Starbucks, Subway, Tio's Mexican, Waba Grill ⊙ $Tree, Costco/gas, Jo-Ann, Lowe's Whse,
67	Continued Petco, Schwab Tire, Verizon, car repair, 7-11, **S** ⊙ Chevrolet, Honda, Nissan
66	Citrus Ave, **N** 🍴 El Ranchero, FarmerBoys Rest., Jimmy John's, Juice It Up, Pick Up Stix, Popeye's, Red Brick Pizza, Taco Bell ⊙ America's Tire, AutoZone, Home Depot, Ralph's Foods, Walgreens, **S** 🅿 Arco/dsl
64	Cherry Ave
63	I-15 N to Barstow, S to San Diego
62	Day Creek Blvd, **S** 🅿 Arco/dsl, Shell 🍴 Chinese Food, Jack-in-the-Box, Starbucks, Subway, Wendy's ⊙ Ralph's Foods
60	Milliken Ave, **S** 🅿 Mobil/Circle K/dsl 🍴 Subway, Taco Bell ⊙ Albertsons, CVS Drug, vet
59	Haven Ave, **N** 🅿 7-11, 76, Mobil 🍴 Corky's Kitchen, Del Taco, Domino's, Jack-in-the-Box, McDonald's, Subway, Tio's Mexican ⊙ Trader Joe's, vet, Vons Foods, Walgreens
58	Archibald Ave, **S** 🍴 Bamboo Garden, Barboni's Pizza, Carl's Jr ⊙ Stater Bros, vet
57	Carnelion St, **S** 🅿 🍴 Baskin-Robbins, Del Taco, El Ranchero Mexican, Juice It Up, Papa John's, Starbucks, Subway ⊙ Rite Aid, Vons Foods, Walgreens
56	Campus Ave, **N** 🅿 Arco/dsl, **S** 🍴 Carl's Jr, Chick-fil-A, Chili's, Chipotle, El Pollo Loco, Golden Spoon Yogurt, Habit Burger, Hawaiian BBQ, Jersey Mike's, Magic Wok, Panera Bread, Pick Up Stix, Pieology Pizza, Qdoba Mexican, Starbucks, Subway, Which Wich? ⊙ AT&T, Dick's, GNC, Goodyear/auto, Haggen Mkt, Home Depot, Kohl's, Office Depot, Petsmart, Target, TJ Maxx, Verizon
54	Mtn Ave, Mount Balde
52	Baseline Rd
50	Towne Ave
48	Fruit St, Via Verde, **S** 🅿 Shell 🍴 Chipotle, El Pollo Loco, In-N-Out, Jersey Mike's, Jimmy John's, McDonald's, Myabi Japanese, Panda Express, Panera Bread, Pizza Hut, Round Table Pizza, Rubio's Grill, Starbucks, Subway ⊙ Kohl's, Marshall's, Staples, Target, U of LaVerne, vet
47	Foothill Blvd, LaVerne, **N** 🅿 Mobil 🍴 Mr D's, **S** 🅿 76/dsl 🍴 IHOP, Jack-in-the-Box, Starbucks, The Grill House, To-go's ⊙ GNC
46	San Dimas Ave, San Dimas, **N** San Dimas Canyon CP
45	CA 57 S
44	Lone Hill Ave, Santa Ana, **N** 🍴 Panda Express, **S** 🅿 Chevron 🍴 Baja Fresh, Chili's, Chipotle, Coco's, Corner Bakery Cafe, In-N-Out, Olive Garden, Subway, Wendy's ⊙ Barnes&Noble, Best Buy, Chevrolet, Chrysler/Dodge/Jeep, Costco/gas, Ford, Home Depot, Hyundai, Kohl's, Old Navy, Petsmart, Sam's Club/gas, Staples, Toyota, Verizon, Walmart/auto
43	Sunflower Ave
42	Grand Ave, to Glendora, **N** 🅿 76, Valero/dsl 🍴 Carl's Jr, Denny's, El Pollo Loco ⊙ H

T R A C Y

S A N   D I M A S

▲E INTERSTATE 210 (Pasadena) Cont'd

Exit #	Services
41	Citrus Ave, to Covina
40	CA 39, Azusa Ave, **N** ▣ Arco/24hr, Chevron/dsl, Mobil/dsl, Shell/Del Taco ▯ Jack-in-the-Box ⊟ Rodeway Inn, Super 8, **S** ▣ Chevron ▯ In-N-Out ⊟ Best Value ▣ 7-11, Family$, Rite Aid
39	Vernon Ave (from wb), same as 38
38	Irwindale, **N** ▣ Arco, Shell/Subway/dsl ▯ Carl's Jr, Farmer-Boys Rest., McDonald's, Taco Bell ▣ Costco/gas
36b	Mt Olive Dr, **N** ▣ Mobil/dsl ▯ Subway ▣ CVS, Fresh&Easy Mkt
36a	I-605 S
35b a	Mountain Ave, **N** ▣ Arco, Chevron ▯ Del Taco, Denny's, Old Spaghetti Factory, Qdoba, Sonic, Taco Bell, Tommy's Hamburgers, Wienerschnitzel ⊟ Oak Park Motel ▣ Best Buy, BMW/Mini, Buick/Chevrolet, CarMax, Chrysler/Dodge/Jeep, Fiat, Ford, Goodyear/auto, Honda, Infiniti, Mazda, Staples, Subaru, Target, Walgreens, **S** ▯ IHOP, Panda Express, Subway ▣ Home Depot, Ross, Verizon, Walmart/McDonald's
34	Myrtle Ave, **S** ▣ 76, Chevron/dsl ▯ Jack-in-the-Box
33	Huntington Dr, Monrovia, **N** ▣ Shell/dsl ▯ Applebee's, Black Angus, Burger King, Chili's, Chipotle, ChuckeCheese, Domenico's Italian, Domino's, Jack-in-the-Box, Jersey Mike's, Jimmy John's, LeRoy's Rest., McDonald's, Mimi's Cafe, Panda Express, Panera Bread, Papa Murphy's, Popeye's, RoundTable Pizza, Rubio's, Smashburger, Starbucks ⊟ Courtyard ▣ Baja Ranch Foods, GNC, Kohl's, Marshall's, Pepboy's, Petsmart, Rite Aid, Sprouts Mkt, Trader Joe's, vet, Walgreens, **S** ▣ ▯ Baja Fresh, BJ's Grill, Capistrano's, Capital Seafood, ClaimJumper, Derby Rest., Golden Dragon, Olive Garden, Outback Steaks, Pieology, Red Lobster, Robeks Juice, Soup Plantation, Starbucks, Subway, Taisho Rest., Togo's, Tokyo Wako, Zen Buffet ⊟ DoubleTree, Embassy Suites, Extended Stay America, Extended Stay America (2), Hampton Inn, Hilton Garden, Oak-Tree Inn, Residence Inn, SpringHill Suites ▣ Verizon
32	Santa Anita Ave, Arcadia, **N** ▣ 76, Arco ▯ McDonald's, Pizza Hut, Subway ▣ Ralph's Foods, Rite Aid, Walgreens, **S** ▣ Chevron/dsl ▯ In-N-Out ▣ carwash, vet
31	Baldwin Ave, to Sierra Madre
30b a	Rosemead Blvd, **N** ▣ 76/dsl, Arco ▯ Baskin Robbins, ChuckeCheese, Corner Bakery Cafe, Del Taco, Habit Burger, Island Burger, Jamba Juice, Panda Express, Panera Bread, Pick Up Stix, Starbucks, Subway ▣ AT&T, CVS Drug, Marshall's, Ralph's Foods, Rite Aid, Sears/auto, Toyota/Scion, Verizon, Whole Foods Mkt, **S** ▣ ▯ Coco's, Jack-in-the-Box ⊟ Best Value Inn, Best Western ▣ Big O Tires, Sprouts Mkt, Staples, World Mkt
29b a	San Gabriel Blvd, Madre St, **N** ▣ ▯ Chipotle Mexican, El Torito, Pizza Rey, Starbucks, Togo's ▣ Best Buy, Dick's, Old Navy, Petsmart, Ross, **S** ▣ ▯ Subway ⊟ Best Western, Holiday Inn Express, Hotel La Reve ▣ Buick/Chevrolet/GMC, Cadillac, Land Rover Staples, Target
28	Altadena Dr, Sierra Madre, **S** ▣ Chevron, Mobil ▣ Just Tires
27b	Allen
27a	Hill Ave
26	Lake Ave, **N** ▣ Mobil/Circle K/dsl ▣ AutoZone
25b	CA 134, to Ventura
25a	Del Mar Blvd, CA Blvd, CO Blvd (exits left from eb)
24	Mountain St
23	Lincoln Ave, **S** ⊟ Lincoln Motel ▣ tire service
22b	Arroyo Blvd, **N** ▯ Jack-in-the-Box, **S** to Rose Bowl

(margin: **MONROVIA PASADENA**)

22a	Berkshire Ave, Oak Grove Dr
21	Gould Ave, **S** ▣ Arco, Chevron ▯ McDonald's, RoundTable Pizza, Subway, Trader Joe's ▣ Firestone/auto, Just Tires, L Canada Automotive, Petco, Ralph's Foods
20	CA 2, Angeles Crest Hwy, **S** ▣ 76, Shell
19	CA 2, Glendale Fwy, **S** ▣ Ⓗ
18	Ocean View Blvd, to Montrose
17b a	Pennsylvania Ave, La Crescenta Ave, La Crescenta, **N** ▣ 76 Shell/7-11, Valero ▯ Baja Fresh, Burger King, Domino's, Little Caesar's, Starbucks, Subway, Togo's, Wienerschnitzel ▣ Office Depot, O'Reilly Parts, Ralph's Foods, Rite Aid, Toyota/Scion, USPO, Verizon, vet, Vons Foods, Walgreens, **S** ▣ Gardenia Mkt/deli
16	Lowell Ave
14	La Tuna Cyn Rd
11	Sunland Blvd, Tujunga, **N** ▣ Chevron, Mobil/dsl, Shell ▯ Coco's, Jack-in-the-Box, Panda Express, Pizza Hut, Starbucks, Subway, Yum Yum Donuts ▣ 7-11, city park, O'Reilly Parts, Ralph's Foods, Rite Aid, Verizon
9	Wheatland Ave
8	Osborne St, Lakeview Terrace, **N** ▯ Ranch Side Cafe ▣ 7-11
6a	Paxton St
6b	CA 118
5	Maclay St, to San Fernando, **S** ▣ 76/dsl, Chevron ▯ El Pollo Loco, KFC, McDonald's, Quizno's, Subway, Taco Bell ▣ Home Depot, Office Depot, Sam's Club
4	Hubbard St, **N** ▣ Chevron ▯ Denny's, Yum Yum Donuts ▣ 99c Store, AutoZone, Fresh&Easy, **S** ▣ Mobil/dsl Shell ▯ El Caporal Mexican, Jack-in-the-Box, Shakey's Pizza, Starbucks, Subway ▣ USPO, Von's Foods
3	Polk St, **S** ▣ Arco, Chevron/dsl ▯ KFC ▣ Ⓗ, 7-11
2	Roxford St, **N** ▣ Arco/dsl ▯ Fresh&Fast Mexican ▣ Ⓗ, Jiffy Lube, **S** ⊟ Travelodge
1c	Yarnell St
1b a	I-210 begins/ends on I-5, exit 160.

▲N INTERSTATE 215 (Riverside)

Exit #	Services
55	I-215 begins/ends on I-15.
54	Devore, **E** ▣ Arco/dsl, Shell, **W** ▯ Tony's Diner
50	Palm Ave, Kendall Dr, **E** ▣ 7-11, Arco ▯ Albertacos, Burger King, Mi Cocina Mexican, Starbucks, Subway, **W** ▯ Denny's
48	University Pkwy, **E** ▣ 76/Circle K, Chevron/dsl ▯ Alberto's, Baskin Robbins/Togo's, Carl's Jr, Del Taco, Domino's, IHOP, KFC, Little Ceasars, McDonald's, Papa John's, Starbucks, Subway, Wienerschnitzel ▣ AT&T, Jiffy Lube, Ralph's Foods, Staples, **W** ▣ Arco, Mobil/dsl/LP ▯ Don Martin Grill, Jack-in-the-Box, Taco Bell ⊟ Days Inn, Motel 6 ▣ Verizon, Walmart/Subway
46c a	CA 210, Redlands, to Pasadena, **E** ▣ golf, **W** ▣ golf
46b	Highland Ave
45a	CA 210 E, Highlands
45	Baseline Rd, **E** ▣ 76, Arco
44a	CA 66 W, 5th St, **E** ▯ In-N-Out ⊟ Best Value Inn, Country Inn, Golden Star Inn, Leisure Inn, Rodeway Inn
43	2nd St, Civic Ctr, **E** ▣ Chevron/dsl ▯ Del Taco, Honeybaked Ham, In-N-Out, McDonald's, Starbucks, Subway, Taco Bell ⊟ Best Value Inn ▣ $Tree, Food4Less, Ford, Marshall's, Ross
42b	Mill St, **E** ▯ Carl's Jr, Jack-in-the-Box ▣ AutoZone, **W** ▣ Shell ▯ Yum-yum Donuts
42a	Inland Ctr Dr, **E** ▣ Chevron/dsl ▯ Carl's Jr, Jack-in-the-Box, Wienerschnitzel ▣ AutoZone, Macy's, mall, O'Reilly Parts, Sears/auto, **W** ▣ Arco/dsl

(margin: **SAN BERNARDINO**)

INTERSTATE 215 (Riverside) Cont'd

Exit #	Services
41	Orange Show Rd, **E** ◻ 76/dsl, World ◻ Burger Mania, ChuckECheese, Jose's Mexican, Subway, Sundowners Rest., Viva Villa Grill ◻ Knights Inn, Orange Show Inn ◻ 7-11, 99c Store, BigLots, Chrysler/Dodge/Jeep, Firestone/auto, Kelly Tire, Target, **W** ◻ AT&T, Kia, Mitsubishi, Nissan, Subaru, Toyota/Scion, VW
40b a	I-10, E to Palm Springs, W to LA
39	Washington St, Mt Vernon Ave, **E** ◻ 5 Point/repair, 76/Circle K, Arco ◻ Baker's Drive-Thru, China Town, DQ, George's Burgers, Siquio's Mexican, Starbucks, Taco Joe's ◻ Colton Inn ◻ BigLots, Goodyear/auto, Jiffy Lube, **W** ◻ Buffet Star, Carl's Jr, Church's, Del Taco, Denny's, Graziano's Pizza, Jack-in-the-Box, McDonald's, Starbucks, Subway, Taco Patron ◻ Red Tile Inn ◻ 99c Store, GNC, multiple RV dealers, Ross, Walmart/auto
38	Barton Rd, **E** ◻ Arco, Shell/Circle K/dsl ◻ Miguel's Mexican, Quiznos ◻ AutoZone, Stater Bros., **W** ◻ Demetri's Burgers ◻ vet
37	La Cadena Dr, (Iowa Ave from sb), **E** ◻ Shell/dsl ◻ Jack-in-the-Box ◻ Holiday Inn Express
36	Center St, to Highgrove, **E** ◻ Chevron/Subway/dsl, **W** ◻ Valero/dsl
35	Columbia Ave, **E** ◻ Arco/dsl, **W** ◻ Circle K
34b a	CA 91, CA 60, Main St, Riverside, to beach cities
33	Blaine St, 3rd St, **E** ◻ 76, Shell, Valero ◻ Baker's Drive-Thru, Jack-in-the-Box, Starbucks ◻ Stater Bros., Valvoline
32	University Ave, Riverside, **W** ◻ Mobil/dsl, Shell, Thrifty ◻ Canton Chinese, Carl's Jr, Coco's, Denny's, Domino's, Fatburger, Gus Jr, IHOP, Jack-in-the-Box, Jersey Mike's, Little Ceasars, Mandarin Chinese, Papa John's, Pizza Hut, Rubio's, Santana's Mexican, Shakey's Pizza, Starbucks, Subway, Taco Bell, Wienerschnitzel ◻ Comfort Inn, Courtyard, Motel 6 ◻ $Tree, AT&T, Food4Less, O'Reilly Parts, Rite Aid, USPO, Walgreens
31	MLK Blvd, El Cerrito
30b	Central Ave, Watkins Dr
30a	Fair Isle Dr, Box Springs, **E** ◻ Marjon RV Ctr, **W** ◻ 76/Circle K/Subway/dsl ◻ Jack-in-the-Box ◻ Ford, Nissan
29	CA 60 E, to Indio, **E** ◻ Arco, Shell/dsl ◻ Applebee's, Baffalo Wild Wings, Baker's Drive-Thru, BJ's Rest., Burger Boss, Carl's Jr, Chick-fil-A, Chili's, Chipotle Mexican, El Pollo Loco, Five Guys, Golden Chop Stix, Hawaiian BBQ, Home Town Buffet, Hooters, Jamba Juice, Jason's Deli, Jersey Mike's, John's Pizza, McDonald's, Miguel's Mexican, Mimi's Cafe, Olive Garden, Outback Steaks, Panda Express, Panera Bread, Portillo's Hot Dogs, Round Table Pizza, Rubio's, Starbucks, Subway, Waba Grill, Wendy's, Wienerschnitzel ◻ Ayres Hotel, Hampton Inn ◻ $Tree, 99c Store, Best Buy, Costco/gas, JC Penney, Jo-Ann Fabrics, Lowe's, Macy's, mall, Marshall's, Michael's, Old Navy, PetCo, Petsmart, Ross, Sears/auto, Staples, Target, TJ Maxx, Verizon, Walmart, WinCo Foods, World Mkt
28	Eucalyptus Ave, Eastridge Ave, **E** ◻ Bravo Burgers, Hooters ◻ Sam's Club/gas, Target, Walmart, ◻ same as 29
27b	(27c from sb)Alessandro Blvd, **E** ◻ Arco/dsl ◻ auto repair, Big O Tire, **W** ◻ Chevron ◻ Farmer Boys
27a	Cactus Ave to March ARB, **E** ◻ 76/Circle K/dsl, Chevron/dsl ◻ Carl's Jr, Gus Jr
25	Van Buren Blvd, **E** ◻ March Field Museum, **W** ◻ Riverside Nat Cem
23	Harley Knox Blvd

22	Ramona Expswy, **E** ◻ Arco, Chevron/dsl, Mobil/Circle K, Shell/Subway/dsl ◻ Farmer Boys, Harry's Cafe, McDonald's, Papa John's, Starbucks, Subway, Valentino's Pizza, **W** ◻ 76/Circle K/dsl/LP, Arco/dsl/scales/24hr ◻ Jack-in-the-Box
19	Nuevo Rd, **E** ◻ Arco, Chevron/dsl, Mobil/Circle K ◻ Baskin-Robbins, Burger King, Carl's Jr, China Palace, Del Taco, El Pollo Loco, IHOP, Jenny's Rest., McDonald's, Pizza Hut, Sizzler, Starbucks, Subway ◻ AutoZone, Food4Less, GNC, Rite Aid, Stater Bros Foods, Walmart
17	CA 74 W, 4th St, to Perris, Lake Elsinore, **E** ◻ Shell, **W** ◻ Chevron ◻ Del Taco, Denny's, Jack-in-the-Box, Jimenez Mexican, Little Caesar's, Popeye's ◻ Holiday Inn Express ◻ AutoZone, Chrysler/Dodge/Jeep/Kia
15	CA 74 E, Hemet, **E** ◻ Jack-in-the-Box ◻ Sun Leisure Motel
14	Ethanac Rd, **E** ◻ KFC/Taco Bell ◻ Richardson's RV, **W** ◻ 76/dsl, Circle K/dsl ◻ Carl's Jr, Del Taco, Ono Hawaiian BBQ, Starbucks, Subway ◻ Home Depot, Just Tires, Verizon, WinCo Foods
12	McCall Blvd, Sun City, **E** ◻ Valero/dsl ◻ Wendy's ◻ Best Value Inn, Motel 6 ◻ ◻, **W** ◻ Chevron/dsl, United Oil ◻ Coco's, Domino's, McDonald's, Papa Murphy's, Santana's Mexican, Subway ◻ $Tree, Rite Aid, Stater Bros, Von's Foods, Walgreens
10	Newport Rd, Quail Valley, **E** ◻ Shell/Del Taco/dsl ◻ Cathay Chinese, Jack-in-the-Box, Papa John's, Subway, Taco Bell ◻ $Tree, AutoZone, GNC, Ralph's Foods, Ross, vet, **W** ◻ Circle K/dsl ◻ Applebee's, Baskin-Robbins, BJ's Rest., Chipotle Mexican, In-N-Out, Miguel's Mexican, NY Pizza, Panda Express, Panera Bread, Red Robin, Starbucks, Subway, TX Roadhouse, Yellow Basket Cafe ◻ AT&T, Best Buy, CVS Drug, Kohl's, Lowe's, Michael's, Old Navy, PetCo, Staples, SuperTarget, TJ Maxx, URGENT CARE, Verizon, vet
7	Scott Rd, **E** ◻ 7-11, Arco/dsl ◻ Carl's Jr, Del Taco, Jack-in-the-Box, Submarina, Subway, Wood Rock Fire Pizza ◻ Albertson's/SavOn, Verizon, vet, Walgreens, **W** ◻ Marco's Pizza
4	Clinton Keith Rd, **W** ◻ Arco/dsl ◻ Del Taco, Jersey Mike's, Juice It Up, Starbucks, Subway ◻ Mtn View Tire, Target, URGENT CARE, Verizon, Walgreens
2	Los Alamos, **E** ◻ Shell ◻ Board'z Grill, Cojito's Mexican, In-N-Out, Miguel's Jr Mexican, Peony Chinese, Starbucks, Taco Bell ◻ USPO, **W** ◻ Mobil/Circle K/dsl ◻ ChuckeCheese, Jack-in-the-Box, McDonald's, Pizza Hut, Starbucks, Subway, TJ's Pizza ◻ CVS Drug, Stater Bros., vet
1	Murrieta Hot Springs, **E** ◻ 7-11, Shell/dsl ◻ Alberto's Mexican, Buffalo Wild Wings, Carl's Jr, El Pollo Loco, Habit Burger, Hungry Bull, Richie's Diner, Rubio's, Sizzler, Starbucks, Submarina, Wendy's ◻ $Tree, Dick's, Ralph's Foods, Rite Aid, Ross, Sam's Club/gas, Verizon, vet, Walgreens, **W** ◻ Richie's Diner, Starbucks
0mm	I-215 begins/ends on I-15.

(Left margin vertical text: RIVERSIDE)
(Right margin vertical text: PERRIS ... MURRIETA)

⛽ = gas   🍴 = food   🏨 = lodging   ⭕ = other   🅡ₛ = rest stop   Copyright 2018 - The Next EXIT

🔼E INTERSTATE 280 (Bay Area)

SAN FRANCISCO

Exit #	Services
58	**4th St, I-280 begins/ends** N ⭕ Whole Foods Mkt, S ⛽ Shell
57	7th St, to I-80, downtown
56	Mariposa St, downtown
55	Army St, Port of SF
54	US 101 S, Alemany Blvd, Mission St, E ⛽ Shell
52	San Jose Ave, Bosworth St (from nb, no return)
51	Geneva Ave
50	CA 1, 19th Ave, W ⛽ Chevron ⭕ SFSU, to Bay Bridge
49	Daly City, Daly City, E ⛽ 76/dsl/LP, Flyers ⭕ Toyota, Walgreens, W ⛽ 76, Arco 🍴 Carl's Jr, Domino's, IHOP, In-N-Out, Krispy Kreme, McDonald's, Val's Rest. 🏨 Hampton Inn
47a	Serramonte Blvd, Daly City (from sb), ⭕ same as 47b
47b	CA 1, Mission St (from nb), Pacifica, E 🍴 Chipotle, Hawaiian BBQ, Popeye's, RoundTable Pizza, Sizzler, Starbucks ⭕ 🏨, $Tree, Chevrolet, Chrysler/Jeep/Dodge, Ford, Fresh Choice Foods, Hyundai, Lexus, Michael's, Nissan, Target, Verizon, VW/Subaru, W ⭕ JC Penney, Target
46	Hickey Blvd, Colma, E ⛽ Chevron/dsl, Shell/dsl, W ⛽ Shell/dsl/24hr 🍴 Boston Mkt, Celia's Rest., Habit Burger, Koi Palace, Max's Filipino, Moonstar, Outback Steaks, Panera Bread, Pieology ⭕ 7-11, AT&T, CVS, Petsmart, Ross, Sprouts Mkt, Target
45	Avalon Dr (from sb), Westborough, W ⛽ Arco/24hr, Valero/dsl 🍴 Five Guys, McDonald's, Subway, Take One Pizza ⭕ AT&T, Pacific Mkt, Safeway, Skyline Coll, Walgreens/24hr
44	(from nb), W ⭕ same as 45
43b	I-380 E, to US 101, to SF Airport
43a	San Bruno Ave, Sneath Ave, E 🍴 Au's Kitchen, Baskin-Robbins, Cafe Grillades, Carl's Jr, Extreme Pizza, Jamba Juice, Nueve Mexican, Pasta Pomodoro, Starbucks ⭕ CVS, GNC, Mollie Stones Mkt, W ⛽ 76, Chevron, Kwik Serv 🍴 Shari's ⭕ 7-11
42	Crystal Springs (from sb), E ⭕ county park
41	CA 35 N, Skyline Blvd (from wb, no EZ return), to Pacifica, **1 mi** W ⛽ Chevron
40	Millbrae Ave, Millbrae, E ⛽ Chevron
39	Trousdale Dr, to Burlingame, E ⭕ 🏨
36	Black Mtn Rd, Hayne Rd, W ⭕ vista point, golf
36mm	**Crystal Springs 🅡ₛ wb, full 🏨 facilities, litter barrels, petwalk, 🔵, picnic table**
35	CA 35, CA 92W (from eb), to Half Moon Bay
34	Bunker Hill Dr
33	CA 92, to Half Moon Bay, San Mateo
32mm	vista point both lanes
29	Edgewood Rd, Canada Rd, to San Carlos, E ⭕ 🏨
27	Farm Hill Blvd, E ⭕ Cañada Coll
25	CA 84, Woodside Rd, Redwood City, **1 mi** W ⛽ Chevron/dsl 🍴 Buck's Rest., Firehouse Bistro ⭕ Robert's Mkt, USPO
24	Sand Hill Rd, Menlo Park, **1 mi** E ⛽ Shell 🍴 Starbucks ⭕ CVS, Safeway
22	Alpine Rd, Portola Valley, E ⭕ 🏨, W ⛽ Shell/autocare 🍴 Amigos Grill, Lobster Shack ⭕ Bianchi's Mkt
20	Page Mill Rd, to Palo Alto, E ⭕ 🏨, to Stanford U
16	El Monte Rd, Moody Rd
15	Magdalena Ave
13	Foothill Expswy, Grant Rd, E ⛽ Chevron/24hr 🍴 Red Pepper Grill, Starbucks, Subway ⭕ Rite Aid, Trader Joe's, Verizon, W ⭕ to Rancho San Antonio CP
12b a	CA 85, N to Mtn View, S to Gilroy
11	Saratoga, Cupertino, Sunnyvale, E ⛽ Chevron/dsl 🍴 Chipotle, Starbucks 🏨 Cupertino Inn ⭕ Goodyear/auto, Michael's, Rite Aid, Ross, Safeway, SteinMart, W ⛽ 76, Chevron, Valero

SAN JOSE

Exit #	Services
11	Continued 🍴 BJ's Rest., Outback Steaks, Starbucks, Willy's BBQ 🏨 Aloft, Juniper Hotel ⭕ Apple Computer HQ, Sprouts Mkt
10	Wolfe Rd, E ⛽ Arco/24hr 🍴 Mod Pizza, Panchero's, Starbucks 🏨 Courtyard, Hilton Garden ⭕ Ranch Mkt, W 🍴 Alexander Steaks, Benihana, Vallco Dynasty Chinese ⭕ FreshChoice Foods, JC Penney, Vallco Fashion Park
9	Lawrence Expswy, Stevens Creek Blvd (from eb), N 🍴 Pollo Loco, McDonald's, Panda Express, Starbucks ⭕ AT&T, Marshall's, Nissan, Safeway, Verizon, S 🍴 Rotten Robbie, Shell 🍴 IHOP, Subway 🏨 Woodcrest Hotel ⭕ 7-11
7	Saratoga Ave, N ⛽ Arco/24hr, Chevron/24hr 🍴 Burger King, Happi House, Harry's Hofbrau, Lion Foods, McDonald's, Starbucks, Subway, Taco Bell, Togo's 🏨 TownePlace Suites ⭕ 7-11, Chevrolet, Ford, PepBoys, Walmart Mkt, S ⛽ 76, Shell, Valero 🍴 Applebee's, Lyon's Rest. 🏨 Sheraton
5c	Winchester Blvd, Campbell Ave (from eb)
5b	CA 17 S, to Santa Cruz, I-880 N, to San Jose
5a	Leigh Ave, Bascom Ave
4	Meridian St (from eb), N ⛽ ⭕ Big Lots, FoodMaxx, Harley Davidson, S ⛽ Chevron 🍴 Subway ⭕ 7-11
3b	Bird Ave, Race St, N ⛽ Chevron
3a	CA 87, N 🏨 Hilton, Marriott, Westin
2	7th St, to CA 82, N conv ctr
1	10th St, 11th St, N ⭕ 7-11, to San Jose St U
0mm	**I-280 begins/ends on US 101.**

🔼N INTERSTATE 405 (Los Angeles)

LOS ANGELES AREA

Exit #	Services
73	**I-5, N to Sacramento, I-5, S to LA.**
72	Rinaldi St, Sepulveda, E ⛽ 76, Chevron/dsl 🍴 Arby's, McDonald's, Presidente Mexican, Subway ⭕ 🏨, Nissan, Toyota, W ⛽ Shell 🏨 Best Value Inn
71	CA 118 W, Simi Valley
70	Devonshire St, Granada Hills, E ⛽ 76, Arco, GasMart/dsl 🍴 Holiday Burger, Millie's Rest., Papa John's, Quiznos, Safari Room Rest., Subway ⭕ Bare's RV Ctr, Ralph's Foods, Rite Aid, Verizon, Vons Foods
69	Nordhoff St, E ⛽ Mobil/dsl 🍴 7 Mares, China Wok, Coldstone, Del Taco, KFC, Panda Express, Pollo Campero, Starbucks 🏨 Hillcrest Inn ⭕ 7-11, Marshalls, Vallarta Foods, Walgreens, W ⛽ 76/dsl, Arco 🍴 Jack-in-the-Box, Pizza Hut
68	Roscoe Blvd, to Panorama City, E ⛽ 76/dsl, Shell 🍴 Burger King, Country Folks Rest., Denny's, Galpin Rest., Jack-in-the-Box, Little Caesars, McDonald's, Panda Express, Taco Bell, Yoshinoya 🏨 Holiday Inn Express ⭕ 7-11, AutoZone, Ford, Jaguar/Volvo, Lincoln, U-Haul, W ⛽ Chevron/dsl, Shell/dsl 🍴 Tommy's Burgers 🏨 Motel 6
66	Sherman Blvd, Reseda, E ⛽ Chevron, Mobil/LP 🍴 Golden Chicken, KFC, McDonald's, Starbucks 🏨 Motel 6 ⭕ BigLots, CVS Drug, Jon's Foods, W ⛽ 76/dsl/24hr 🍴 Taco Bell ⭕ 🏨, USPO
65	Victory Blvd, Van Nuys, E 🍴 Carl's Jr, El Pollo Loco, Jack-in-the-Box, Subway, Wendy's ⭕ Costco/gas, CVS Drug, El Monte RV Ctr, Office Depot, PepBoys, Staples, W ⛽ Arco/24hr ⭕ 🏨
64	Burbank Blvd, E ⛽ Chevron, Shell 🍴 Denny's 🏨 Best Western, Hampton Inn ⭕ Target
63b	US 101, Ventura Fwy
63a	Ventura Blvd (from nb), E ⛽ Mobil 🍴 Cheesecake Factory, El Pollo Loco ⭕ mall, Whole Foods Mkt, W ⛽ 🍴 Amedeo Pizza, CA Chicken Cafe, Corner Bakery Cafe, IHOP, McDonald's 🏨 Courtyard, Valley Inn

CA

INTERSTATE 405 (Los Angeles) Cont'd

Exit #	Services
63a	Valley Vista Blvd (from sb)
61	Mulholland Dr, Skirvall Dr
59	Sepulveda Blvd, Getty Ctr Dr, **W** 🅞 to Getty Ctr
57	Sunset Blvd, Morega Dr, **E** 🅖 76/dsl, Chevron/24hr 🅞 to UCLA, **W** 🛏 Luxe Hotel
56	Waterford St, Montana Ave (from nb)
55c b	Wilshire Blvd, **E** downtown, **W** 🅞 Ⓗ
55a	CA 2, Santa Monica Blvd, **E** 🅖 Chevron, Mobil, Shell, Thrifty 🍴 Coffee Bean, Jack-in-the-Box, Jamba Juice, Quiznos, Starbucks, Winchell's, Yoshinoya, Zankau Chicken 🅞 7-11, Firestone/auto, LDS Temple, Staples, vet, **W** 🅖 76/24hr, Chevron/dsl 🍴 Subway 🛏 Holiday Inn Express
54	Olympic Blvd, Peco Blvd, **E** 🅖 Mobil 🍴 Islands Burgers, Jack-in-the-Box, La Salsa, Norm's Rest., Stabucks 🅞 Barnes&Noble, Nordstroms, **W** 🍴 Big Tomy's Rest. 🅞 Best Buy, Marshall's, USPO
53	I-10, Santa Monica Fwy
52	Venice Blvd, **E** 🅖 Chevron/service, Shell/dsl 🍴 Carl's Jr, Subway 🛏 Ramada 🅞 7-11, services on Sepulveda, **W** 🅖 SP/dsl 🍴 FatBurger
51	Culver Blvd, Washington Blvd, **E** 🍴 Dear John's Café, Taco Bell 🅞 vet, **W** 🅖 76/repair
50b	CA 90, Slauson Ave, to Marina del Rey, **E** 🅖 Arco/24hr 🍴 Del Taco, El Pollo Loco, HoneyBaked Ham, Shakey's Pizza, Winchell's 🅞 $Tree, BigLots, Firestone/auto, Goodyear/auto, Just Tires, Office Depot, Old Navy, Staples, transmissions, **W** 🅖 🍴 Denny's 🅞 Albertson's
50a	Jefferson Blvd (from sb), **E** 🍴 Coco's, Jack-in-the-Box 🅞 PetsMart, Rite Aid, Target, **W** to LA Airport
49	Howard Hughes Pkwy, to Centinela Ave, **E** 🅖 Chevron/dsl, Mobil/dsl 🍴 BJ's Brewhouse, Quiznos, Sizzler 🛏 Courtyard, Sheraton 🅞 Best Buy, CVS Drug, Ford, Honda, JC Penney, Macy's, mall, Marshall's, Target, **W** 🅖 Chevron 🍴 Dinah's Rest., Habuki Japanese, Islands Burgers, Marie Callender's, Rubio's, Starbucks, Subway, Wild Thai 🛏 Extended Stay America, Radisson 🅞 Howard Hughes Ctr, Nordstrom
48	La Tijera Blvd, **E** 🅖 Mobil/sl 🍴 Burger King, ChuckeCheese, El Pollo Loco, Jamba Juice, KFC, McDonald's, Starbucks, Subway, Taco Bell, TGIFriday's 🛏 Best Western 🅞 99c Store, CVS Drug, Ralph's Foods, Ross, Vons Foods, **W** 🅖 76/Circle K, Chevron/dsl/24hr 🍴 Buggy Whip Rest., Wendy's 🅞 USPO
47	CA 42, Manchester Ave, Inglewood, **E** 🅖 76/Circle K/dsl/24hr 🍴 Carl's Jr, Subway 🛏 Best Western, Economy Inn 🅞 7-11, repair, **W** 🅖 76, Arco, Circle K, Shell, Valero 🍴 Arby's, Burger King, Denny's, El Pollo Loco, Jack-in-the-Box, Louis Burgers 🛏 Days Inn 🅞 CarMax, Chrysler/Dodge/Jeep, Home Depot, Hyundai
46	Century Blvd, **E** 🅖 Chevron/dsl 🍴 Casa Gamino Mexican, El Pollo Loco, Flower Drum Chinese, Hawaiian BBQ, Little Caesars, Panda Express, Rally's 🛏 Best Value Inn, Best Western, Comfort Inn, Motel 6, Tivoli Hotel 🅞 7-11, LAX Transmissions, **W** 🅖 76/Circle K, Arco/24hr, Chevron/dsl, Shell 🍴 Carl's Jr, Denny's, McDonald's, Pizza Hut/Taco Bell 🛏 Hampton Inn, Hilton, Holiday Inn, La Quinta, Marriott, Travelodge, Westin Hotel 🅞 to LAX
45	I-105, Imperial Hwy, **E** 🅖 76/dsl, Shell, Valero 🍴 El Pollo Loco, El Tarasco Mexican, Jack-in-the-Box, KFC/Taco Bell, McDonald's 🛏 Best Value Inn, Candlewood Suites, Holiday Inn Express 🅞 J&S Transmissions, repair, **W** 🍴 Wild Goose Rest./Theater (1mi)

H A W T H O R N E

T O R R A N C E

44	El Segundo Blvd, to El Segundo, **E** 🅖 Chevron/24hr, Thrifty, Valero 🍴 Burger King, Christy's Donuts, Cougars Burgers, Jack-in-the-Box, Jase Burgers, Subway 🛏 El Segundo Inn 🅞 transmissions, **W** 🍴 Denny's 🛏 Ramada Inn
43b a	Rosecrans Ave, to Manhattan Beach, **E** 🅖 76, Shell 🍴 Denny's, El Pollo Loco, Pizza Hut, Starbucks, Subway 🅞 Best Buy, CVS Drug, Food4Less, Ford/Lincoln, Home Depot, Marshall's, Michael's, Office Depot, Ross, **W** 🅖 Thrifty 🍴 Cafe Rio, Carl's Jr, Chipotle Mexican, Flemings Rest., Hawaiian BBQ, Houston's, Luigi's Rest., Macaroni Grill, McDonald's, Qdoba Mexican, Robeks Juice, Sansai Japanese, Starbucks, Subway 🛏 Ayres Hotel, Hyatt, SpringHill Suites, TownePlace Suites 🅞 AT&T, Barnes&Noble, Costco/gas, CVS Drug, Fresh&Easy, Nissan, Office Depot, Old Navy, Staples, Trader Joe's, VW
42b	Inglewood Ave, **E** 🅖 Shell 🍴 Baskin-Robbins, Del Taco, Denny's, Domino's, In-N-Out, Quiznos 🅞 CVS Drug, Marshall's, PetCo, Vons Foods, **W** 🅖 76, Shell/dsl/24hr 🍴 La Salsa Mexican, Subway 🅞 99c Store, repair
42a	CA 107, Hawthorne Blvd, **E** 🅖 Chevron 🍴 Carl's Jr, Jack-in-the-Box, Little Caesars, McDonald's, Panda Express, Papa John's, Wendy's, Wienerschnitzel 🛏 Baymont Inn, Best Western, Days Inn 🅞 99c Store, CVS Drug, O'Reilly Parts, PepBoys, Value+ Foods, vet, **W** 🅖 Arco/24hr, Chevron/dsl, Thrifty 🍴 Boston Mkt, Marie Callendar's, Quiznos, Sizzler, Starbucks, Subway, Taco Bell, Yoshinoya 🅞 AutoZone, Macy's, Nordstom
40b	Redondo Beach Blvd (no EZ sb return), Hermosa Beach, **E** 🅖 76, Arco/24hr 🍴 ChuckeCheese, Jack-in-the-Box 🅞 golf, **W** 🍴 RoundTable Pizza, Starbucks 🅞 AutoZone, CVS Drug, URGENT CARE
40a	CA 91 E, Artesia Blvd, to Torrance, **W** 🅖 Chevron 🅞 Carl's Jr, Starbucks, YumYum Donuts
39	Crenshaw Blvd, to Torrance, **E** 🅖 Arco/24hr, Shell 🍴 Burger King, El Pollo Loco, McDonald's 🅞 Ralph's Foods, USPO, **W** 🅖 Mobil/dsl, Shell/Subway/dsl 🅞 Jiffy Lube
38b	Western Ave, to Torrance, **E** 🅖 76/dsl, Arco, Chevron 🍴 Del Taco, Denny's, Hong Kong Express, Local Place, Papa John's, Quiznos, Starbucks, Wendy's, Yorgo's Burgers 🛏 Dynasty Inn 🅞 Albertson's/Sav-On, GNC, Toyota/Scion, **W** 🅖 Mobil 🍴 Mill's Rest. 🛏 Courtyard 🅞 Lexus
38a	Normandie Ave, to Gardena, **E** 🛏 Comfort Inn, **W** 🅖 Shell/dsl 🍴 Big Island BBQ, Carl's Jr, Chile Verde Mexican, Hong Kong Cafe, Pizza Hut/Taco Bell, Quiznos, Starbucks, Subway, Wienerschnitzel 🛏 Extended Stay America 🅞 $Tree, Walmart
37b	Vermont Ave (from sb), **W** 🛏 Holiday Inn 🅞 hwy patrol
37a	I-110, Harbor Fwy
36	Main St (from nb)
36mm	**weigh sta both lanes**

🅖 = gas 🍽 = food 🛏 = lodging 🅞 = other 🆁🆂 = rest stop   Copyright 2018 - The Next EXI

CA

C A R S O N

⏸ INTERSTATE 405 (Los Angeles) Cont'd

Exit #	Services
35	Avalon Blvd, to Carson, **E** 🅖 Chevron, Mobil 🍽 Carson Buffet, Chili's, ChuckeCheese, Denny's, Five Guys, FoodCourt, Jack-in-the-Box, Jamba Juice, McDonald's, Panda Express, Panera Bread, Pizza Hut, Quiznos, Sensai Grill, Shakey's Pizza, Sizzler, Starbucks, Tokyo Grill, Tony Roma, WingStop 🛏 Clarion 🅞 America's Tire, AT&T, Bestway Foods, Firestone/auto, Goodyear/auto, Ikea, JC Penney, Just Tires, mall, PepBoys, Target, USPO, Verizon, **W** 🅖 Arco/24hr, Mobil 🍽 Carl's Jr, McDonald's 🅞 Kia, O'Reilly Parts, Ralph's Foods
34	Carson St, to Carson, **E** 🛏 EconoLodge, **W** 🅖 76/dsl/24hr, Mobil 🍽 Carl's Jr, Jack-in-the-Box, Subway 🛏 DoubleTree Inn
33b	Wilmington Ave, **E** 🅖 Mobil/dsl 🍽 Carson Burgers, **W** 🅖 Chevron/Jack-in-the-Box/dsl, Shell/Subway/dsl 🍽 Del Taco, Spires Rest. 🅞 Chevrolet/Hyundai, Honda, Nissan, Toyota/Scion
33a	Alameda St
32d	Santa Fe Ave (from nb), **E** 🅖 Arco/24hr, **W** 🅖 Chevron/24hr, United/dsl 🍽 Fantastic Burgers
32c b	I-710, Long Beach Fwy
32a	Pacific Ave (from sb)
30b	Long Beach Blvd, **E** 🅖 Arco/dsl 🍽 Subway 🅞 7-11, **W** 🅖 Exxon 🅞 🄷
30a	Atlantic Blvd, **E** 🅖 Chevron/dsl 🍽 Arby's, Carl's Jr, Denny's/24hr, El Torito, Jack-in-the-Box, Polly's Cafe 🅞 CVS Drug, NAPACare, Staples, Target, vet, Walgreens, **W** 🅞 🄷 $Tree, Home Depot, PetCo, Ross
29c	Orange Ave (from sb), **W** 🅞 Dodge/GMC/Nissan
29b a	Cherry Ave, to Signal Hill, **E** 🅖 Mobil/dsl 🍽 Fantastic Burgers 🅞 auto repair, Ford, Lincoln, Mazda, **W** 🅖 🅞 America's Tire, Best Buy, BMW/Mini, Buick, Dodge, Firestone, Honda, Mercedes, Nissan
27	CA 19, Lakewood Blvd, **E** 🛏 Marriott 🅞 ↩, **W** 🅖 Chevron, Shell/24hr 🍽 Spires Rest. 🛏 Extended Stay America, Holiday Inn, Residence Inn 🅞 🄷, Ford, Goodyear/auto
26b	Bellflower Blvd, **E** 🅖 🍽 Burger King, Carl's Jr, Denny's, Jamba Juice, KFC, Papa John's, Subway, Togo's 🅞 Ford, K-Mart, Lowe's, **W** 🅖 Chevron, Mobil/dsl, Shell 🍽 Baja Fresh, Hof's Hut, IHOP, McDonald's, Pick-Up Stix, Quiznos, Wendy's 🅞 🄷, BigLots, CVS Drug, Goodyear/auto, Rite Aid/24hr, Sears, See's Candies, Target, USPO
26a	Woodruff Ave (from nb)
25	Palo Verde Ave, **W** 🅖 🍽 Dave's Burgers, Del Taco, Domino's, Pizza Hut/Taco Bell, Starbucks, Subway
24b	Studebaker Rd (from sb)
24a	I-605 N
23	CA 22 W, 7th St, to Long Beach
22	Seal Beach Blvd, Los Alamitos Blvd, **E** 🅖 76/dsl, Chevron/repair/24hr, Mobil/dsl 🍽 Baja Fresh, CA Pizza Kitchen Daphne's Greek, Hot Off the Grill, Islands Burgers, Jamba Juice, KFC, Kobe Japanese, Macaroni Grill, Marie Callenders, Peiwei Asian, Pick-Up Stix, Quiznos, Rubio's, Spaghettini Grill, Starbucks, Z Pizza 🛏 Ayres Hotel 🅞 AT&T, CVS Drug, GNC, Kohl's, Marshall's, Ralph's Foods, Sprouts Mkt, Target, **1 mi W** 🅖 76/dsl, Chevron 🍽 Carl's Jr, Del Taco, Domino's 🛏 Hampton Inn
21	CA 22 E, Garden Grove Fwy, Valley View St, **E** 🅞 Ford
19	Westminster Ave, to Springdale St, **E** 🅖 76/Circle K, Arco/24hr, Chevron/dsl, Thrifty 🍽 Café Westminster, Carl's Jr, In-N-Out, KFC, McDonald's 🛏 Knights Inn, Motel 6, Travelodge 🅞 7-11, America's Tire, AutoZone, BigLots, Home Depot, O'Reilly Parts, Rite Aid, Ross, **W** 🅖 Chevron/dsl/24hr 🍽 Ranchito Mkt, Starbucks, Subway 🛏 Best Western, Courtyard Inn

C O S T A   M E S A

Exit #	Services
18	Bolsa Ave, Golden West St, **W** 🅖 76, Mobil/dsl 🍽 Coco's, Torito, IHOP, Jack-in-the-Box, Outback Steaks, Rodrigo's M ican, Starbucks, Wendy's 🅞 $Tree, CVS Drug, JC Penney, Ann Fabrics, Jons Foods, Macy's, mall, Sears/auto, Target
16	CA 39, Beach Blvd, to Huntington Bch, **E** 🅖 Chevron, Sh 🍽 Jack-in-the-Box, Subway 🛏 Super 8 🅞 🄷, PepBo Toyota, U-Haul, **W** 🅖 Mobil/service 🍽 Arby's, BJ's Re Buca Italian, Burger King, CA Pizza Kitchen, Chipotle Mexica Islands Burgers, Jack-in-the-Box, Macaroni Grill, Marie Calle der's, McDonald's, Panera Bread, Popeye's, Quiznos, Starbuc Subway 🛏 Comfort Suites 🅞 AT&T, Barnes&Noble, Big Tire, Chrysler/Dodge/Jeep, Firestone/auto, Kohl's, Office I pot, See's Candies, Staples, Target, Verizon, Whole Foods M
15b a	Magnolia St, Warner Ave, **E** 🍽 Del Taco, Sizzler 🅞 Fresh&Ea **W** 🅖 Chevron, Mobil 🍽 Carrow's, Magnolia Café, Starbuc Tommy's Burgers 🛏 Days Inn 🅞 7-11, CVS Drug, Groce Outlet, Tuesday Morning, Winchell's
14	Brookhurst St, Fountain Valley, **E** 🅖 Arco/24hr, Chevron, M bil, Shell 🍽 Alerto's Mexican, Carl's Jr, Coco's, Del Taco, KI Taco Bell 🛏 Courtyard, Residence Inn 🅞 America's Ti Sam's Club/gas, Thompson's RV Ctr, **W** 🅖 76/dsl, Arco, She dsl 🍽 Applebee's, Black Angus, Chop Stix, ClaimJumper, C co's, Coldstone, Corner Bakery Cafe, Islands Burgers, Manc rin, Mimi's Cafe, Quiznos, Rubio's, Starbucks, Subway, Togc Wendy's 🅞 🄷, Albertson's, Office Depot, Ralph's Foods, R Aid, TJ Maxx, vet
12	Euclid Ave, **E** 🍽 Cancun Fresh, Carl's Jr, Coffee Bean, Flam Broiler, Panda Express, Pita Fresh Grill, Quiznos, Souplantatic Starbucks, Subway, Taco Bell, Z Pizza 🅞 🄷, $Tree, Big Lo Costco/gas, PetsMart, Staples, Tire Whse
11b	Harbor Blvd, to Costa Mesa, **E** 🍽 Hooters 🛏 La Quin **W** 🅖 7-11, Arco, Chevron, Mobil, Shell/dsl 🍽 Burger Kir Denny's, Domino's, El Pollo Loco, IHOP, Jack-in-the-Box, KF LJ Silver, McDonald's, Subway 🛏 Costa Mesa Inn, Motel Super 8, Vagabond Inn 🅞 Acura/Dodge, Albertson's, Big Tire, Buick, Cadillac, Chevrolet, Ford/Lincoln, Honda, Infini JustTires, Mazda, Rite Aid, Target, Vons Foods, Winchell's
11a	Fairview Rd, **E** 🅞 Barnes&Noble, Best Buy, Marshall's, No strom's, Old Navy, **W** 🅖 76, Chevron, Shell 🍽 Del Taco, Jac in-the-Box, Round Table Pizza, Taco Bell 🅞 CVS Drug, O'Rei Parts, Stater Bros
10	CA 73, to CA 55 S (from sb), Corona del Mar, Newport Beach
9b	Bristol St, **E** 🅖 Chevron/dsl 🍽 Antonello's Italian, Ba Fresh, Baskin-Robbins, Boudin SF Cafe, Capital Grill, Carrow Chick-fil-A, China Olive, Chipotle Mexican, ClaimJumper, Corn Bakery, Darya Persian, In-N-Out, Jack-in-the-Box, Jade Palac Maggiano's Rest., McDonald's, Morton's Steaks, Pat&Oscar Pizza Hut, Quiznos, Red Robin, Sabores Mexican, Scott Se food, South Coast Rest, Starbucks, Subway, Z Pizza, Ztej Rest 🛏 Marriott Suites, Westin Hotel 🅞 BigLots, Bloomin dale's, CVS Drug, Firestone/auto, GNC, Macy's, mall, Michael Office Depot, PetCo, Rite Aid, Ross, Sears/auto, Staples, Targe TJ Maxx, Trader Joe's, Vons Foods, World Mkt, **W** 🅖 76/Circ K/dsl, Chevron/dsl 🍽 Del Taco/24hr, El Pollo Loco, McDo ald's, Orchid Rest., Subway, Wahoo's Fish Taco 🛏 Hanfor Hotel, Hilton 🅞 7-11, PepBoys, vet
9a	CA 55, Costa Mesa Fwy, to Newport Bch, Riverside
8	MacArthur Blvd, **E** 🅖 Chevron, Mobil/Subway 🍽 Carl's J El Torito, McCormick&Schmick's, McDonald's, Quiznos, Sta bucks 🛏 Crowne Plaza, Embassy Suites 🅞 Pepperdine U **W** 🅖 Chevron 🍽 El Torito, Gulliver's Ribs, IHOP 🛏 Atriu Hotel, Hilton, to ↩

⬛N INTERSTATE 405 (Los Angeles) Cont'd

Exit #	Services
7	Jamboree Rd, Irvine, **E** ☐ Shell ☐ Andrei's Rest., Burger King, Soup Plantation ☐ Courtyard, Hyatt, Residence Inn, **W** ☐ CA Pizza Kitchen, Daily Grill, FatBurger, Flamebroiler, Houston's, Melting Pot, Ruth's Chris Steaks, Starbucks, Subway, Taleo Mexico, Wahoo's Fish Taco ☐ Marriott ☐ Office Depot
5	Culver Dr, **W** ☐ Alfie's Gas, Chevron/dsl ☐ Carl's Jr, Subway ☐ Ace Hardware, Rite Aid, Wholesome Foods Mkt
4	Jeffrey Rd, University Dr, **E** ☐ Chevron, Circle K/gas ☐ Baja Fresh, Coffee Bean, Daphney's Greek, El Cholo Cantina, El Pollo Loco, Golden Spoon, Juice It Up, McDonald's, NY Pizza, Pei-wei Asian, Pick-Up Stix, Pomodoro Italian, Starbucks, Togo's, Z Pizza ☐ Ⓗ, Ace Hardware, CVS Drug, Gelson's Mkt, Office Depot, Ralph's Foods, Walgreens, **W** ☐ Mobil/dsl ☐ IHOP, Korean BBQ, Subway ☐ Curves, Ralph's Foods, vet
3	Sand Canyon Ave, **E** ☐ Ⓗ, **W** ☐ Arco/dsl ☐ Crystal Jade Asian, Lucca Cafe, Mitsui Grill, Red Brick Pizza, Sharkey's Mexican, Starbucks, Subway, Thai Bamboo ☐ Albertson's, CVS Drug, Starbucks
2	CA 133, to Laguna Beach, **E** ☐ DoubleTree Inn
1c	Irvine Center Dr, **E** ☐ Cheesecake Factory, Chipotle Mexican, Dave&Buster's, Oasis Cafes, Panda Express, PF Chang's, Wahoo's Fish Tacos ☐ Barnes&Noble, Macy's, Nordstrom, Target, **W** ☐ 7-11 ☐ Burger King, La Salsa, NY Deli ☐ Big O Tire
1b	Bake Pkwy, **W** ☐ Carmax, Toyota
1a	Lake Forest
0mm	I-405 begins/ends on I-5, exit 132.

⬛N INTERSTATE 505 (Winters)

Exit #	Services
33	I-5. I-505 begins/ends on I-5.
31	CR 12A
28	CR 14, Zamora
24	CR 19
21	CA 16, to Esparto, Woodland, **W** ☐ Guy's Food/fuel ☐ La Plazita
17	CR 27
15	CR 29A
11	CA 128 **W**, Russell Blvd, **W** ☐ Arco/dsl, Chevron/24hr ☐ RoundTable Pizza, Subway, Taco Bell ☐ $General, Lorenzo's Mkt
10	Putah Creek Rd, no crossover...same as 11
6	Allendale Rd
3	Midway Rd, **E** ☐ RV camping
1c	Vaca Valley Pkwy, **E** ☐ Ⓗ, **W** ☐ Vaca Valley TC/Chevron/Blimpie/dsl
1b	I-80 **E**. I-505 begins/ends on I-80.

⬛E INTERSTATE 580 (Bay Area)

Exit #	Services
79	I-580 begins/ends, accesses I-5 sb.
76b a	CA 132, Chrisman Rd, to Modesto, **E** ☐ 76/dsl ☐ RV camping (5mi)
72	Corral Hollow Rd
67	Patterson Pass Rd, **E** ☐ Subway, **W** ☐ Shell/7-11/dsl
65	I-205 (from eb), to Tracy
63	Grant Line Rd, to Byron
59	N Flynn Rd, **S** Brake Check Area, many wind-turbines, Altamont Pass, elev 1009

57	N Greenville Rd, Laughlin Rd, Altamont Pass Rd, to Livermore Lab, **S** ☐ 76/7-11/dsl ☐ Best Western, La Quinta ☐ Harley-Davidson
56mm	weigh sta both lanes
55	Vasco Rd, to Brentwood, **N** ☐ 7-11, Arco, Chevron/dsl, Gas&Shop/dsl, QuikStop/dsl ☐ A&W/KFC, Country Waffles, McDonald's, Wienerschnitzel/Tastee Freez ☐ Toyota/Scion, **S** ☐ 7-11, Valero/dsl ☐ Jack-in-the-Box, Taco Bell ☐ Quality Inn
54	CA 84, 1st St, Springtown Blvd, Livermore, **N** ☐ Chevron/dsl ☐ Zpizza ☐ DoubleTree, Motel 6, Springtown Inn ☐ 7-11, **S** ☐ 76, Chevron, Shell, Valero/Circle K ☐ Applebee's, Burger King, Chili's, Chipotle, IHOP, Jamba Juice, McDonald's, Panda Express, Panera Bread, Peking Chinese, Starbucks, Subway, Taco Bell, Togo's ☐ America's Tire, Big Lots, CVS Drug, GNC, Lowe's Whse, Petco, Ross, Safeway/gas, Target, TJ Maxx, vet
52	N Livermore Ave, **S** ☐ 7-11, Chevron ☐ Baja Fresh, Coldstone, Denica's Kitchen, In-N-Out, Jack-in-the-Box, Popeye's, Quizno's, String's Italian ☐ Hawthorn Suites ☐ AT&T, Home Depot, Honda, Kohl's, Schwab Tire, Subaru, USPO, Walmart/Subway
51	Portola Ave, Livermore (no EZ eb return), **S** ☐ Ford/Lincoln
50	Airway Blvd, Collier Canyon Rd, Livermore, **N** ☐ Chevron/dsl ☐ Wendy's ☐ Comfort Inn, Courtyard, Hampton Inn, Hilton Garden, Holiday Inn Express, Residence Inn ☐ Costco/gas, **S** ☐ Carl's Jr, Cattlemen's Rest., Cholula's, Starbucks, Subway ☐ Extended Stay America ☐ 7-11
48	El Charro Rd, O'Fallon Rd, **N** ☐ Chevron/dsl ☐ BJ's Rest., Fresh Pixx, Jersey Mike's, Panera Bread, Starbucks ☐ Dick's, Target, **S** ☐ Chrysler/Dodge/Jeep, SF Outlets/famous brands
47	Santa Rita Rd, Tassajara Rd, **N** ☐ Baja Fresh, Buffalo Wild Wings, Coco Cabana ☐ Buick/GMC, GNC, Kia, Lowe's, Safeway, **S** ☐ Shell ☐ McDonald's, Ozora Steaks, Pizza Guys, Subway ☐ $Tree, Acura, AutoZone, BMW/Mini, Chevrolet/Cadillac, CVS Drug, Goodyear/auto, Lexus, Ranch Mkt, Trader Joe's
46	Hacienda Dr, Pleasanton, **N** ☐ Shell ☐ Applebee's, Black Angus, Chipotle, Five Guys, Fuddruckers, Habit Burger, Lazy Dog Rest., Mimi's Cafe, On-the-Border, Papa John's, Quiznos, Starbucks, Urban Plates ☐ Hyatt Place ☐ Barnes&Noble, Best Buy, Old Navy, TJ Maxx, Toyota/Scion, Verizon, Whole Foods Mkt, **S** ☐ Red Robin, Subway ☐ Ⓗ, Kohl's, Walmart/McDonald's
45	Hopyard Rd, Pleasanton, **N** ☐ 76, Chevron/dsl, Shell/dsl ☐ IHOP, Subway ☐ La Quinta ☐ America's Tire, El Monte RV Ctr, Fiat, Honda, Hyundai, Mazda, Nissan, Office Depot, O'Reilly Parts, U-Haul, VW, **S** ☐ Chevron/dsl, Shell/dsl ☐ Arby's, Black Bear Diner, Burger King, Chili's, Denny's, Faz Rest., In-N-Out, Nations Burgers, Specialty's Cafe Bakery,

Vertical side labels: IRVINE · LIVERMORE · PLEASANTON

= gas · = food · = lodging · = other · Rs = rest stop · Copyright 2018 - The Next EXIT

INTERSTATE 580 (Bay Area) Cont'd

Exit	Services
45	Continued Starbucks, Taco Bell ⌂ Best Western, Courtyard, Doubltree, Larkspur Landing, Motel 6, Sheraton ▣ Home Depot, Mercedes, Verizon
44b	I-680, N to San Ramon, S to San Jose
44a	Foothills Rd, San Ramon Rd, N ⛽ 76/dsl, Chevron/dsl, Shell/dsl, Valero 🍴 Baskin Robbins, Burger King, Casa Orozco, Chipotle Mexican, ChuckeCheese, Country Waffles, Elephant Bar Rest., Frankie Johnnie & Luigi's Too, Freebirds Burrito, Habit Burger, Hana Japan, Hooters, Korean BBQ, McNamara's Steaks, Outback Steaks, Panda Express, Panera Bread, Popeye's, RoundTable Pizza, Starbucks, Subway, Togo's ⌂ Holiday Inn ▣ $Tree, Big Lots, CVS Drug, Hobby Lobby, Jo-Ann, Marshall's, Michael's, O'Reilly Parts, PetCo, PetsMart, Ranch Mkt Foods, REI, Ross, Safeway/gas, Sprouts, Target, S 🍴 Baja Fresh, CA Pizza Kitchen, Cheesecake Factory, PF Chang's ⌂ Marriott, Residence Inn, Sheraton ▣ JC Penney, Macy's, mall, Nordstrom, Sears
39	Eden Canyon Rd, Palomares Rd, S ▣ rodeo park
37	Center St, Crow Canyon Rd, N 🍴 Dickey's BBQ, Panda Express, Subway ▣ GNC, Petco, Rite Aid, Safeway, S ⛽ 76/dsl, Chevron/dsl, same as 35
35	Redwood Rd (from eb), Castro Valley, N ⛽ 76/dsl, Chevron/dsl 🍴 Burger King, Chipotle Mexican, KFC, McDonald's, Round Table Pizza, Starbucks, Taco Bell, Wendy's ⌂ Comfort Suites, Holiday Inn Express ▣ CVS, Goodyear, Lucky Foods, Rite Aid, Safeway, Walgreens
34	I-238 W, to I-880, CA 238, W off I-238 🍴 Jack-in-the-Box ▣ 99c Store
33	164th Ave, Miramar Ave, E ⛽ Chevron/dsl, National ⌂ Fairmont Inn
32	150th Ave, Fairmont, E ▣ 🅗, W ⛽ 76/dsl, Mash/dsl, Shell 🍴 Arby's, Burger King, Chili's, Denny's, Jamba Juice, Starbucks, Subway, Tito's Cafe ▣ $Tree, CVS, Goodyear, Kohl's, Lucky Foods, Michael's, Old Navy, Pepboys, Ross, Staples, Target
31	Grand Ave (from sb), Dutton Ave, W ⛽ Valero ▣ Rite Aid
30	106th Ave, Foothill Blvd, MacArthur Blvd, W ⛽ Arco
29	98th Ave, Golf Links Rd, E ⛽ Shell ▣ Oakland Zoo, W ⛽ 76/dsl, Valero
27b	Keller Ave, Mtn Blvd, E ▣ repair
27a	Edwards Ave (from sb, no EZ return), E ▣ US Naval Hospital
26b	Seminary Rd, E ▣ Observatory/Planetarium, W ▣ Seminary
26a	CA 13, Warren Fwy, to Berkeley (from eb)
25b a	High St, to MacArthur Blvd, E ⛽ 🍴 Razzo's Pizza, Subway ▣ O'Reilly Parts, USPO, vet, W ⛽ Valero ▣ Walgreens
24	35th Ave (no EZ sb return), E ⛽ Chevron 🍴 Taco Bell, W ⛽ Energy, QuikStop
23	Coolidge Ave, Fruitvale, E ⛽ Shell/dsl 🍴 Little Caesar's, McDonald's, Subway ▣ CVS, Farmer Joe's
22	Park Blvd, W ⛽ Arco ▣ 🅗
21b	Grand Ave, Lake Shore, E ⛽ 76/24hr, Chevron/dsl 🍴 Chipotle, KFC, Subway ▣ CVS, Trader Joe's, USPO, Walgreens
21a	Harrison St, Oakland Ave, E ⛽ Quikstop, W ▣ Honda
19d c	CA 24 E, I-980 W, to Oakland
19b	West St, San Pablo Ave, E ⌂ Extended Stay America ▣ Best Buy, Home Depot, Michael's, Office Depot, Safeway, Target, 🍴 Panera Bread
19a	I-80 W
18c	Market St, to San Pablo Ave, downtown
18b	Powell St, Emeryville, E ⛽ 🍴 Burger King, CA Pizza Kitchen, Denny's, Elephant Bar/Grill, Jamba Juice, PF Chang's, Starbucks,

Exit	Services
18b	Continued Togo's ⌂ Courtyard, Sheraton, Woodfin Suites ▣ Barnes&Noble, Old Navy, Ross, Trader Joe's, W ⛽ Shell 🍴 Chevy's Mexican ⌂ Hilton Garden
18a	CA 13, Ashby Ave, Bay St, same as 18b
17	University Ave, Berkeley, E ⛽ 76, University Gas ⌂ La Quinta ▣ to UC Berkeley
16	Gilman St, E ▣ Golden Gate Fields Race Track, W ▣ Target
13	Albany St, Buchanan St (from eb)
12	Central Ave (from eb), El Cerrito, E ⛽ Shell/dsl, Valero W ▣ Costco/gas
11	Bayview Ave, Carlson Blvd
10b	Regatta Blvd, E ⛽ Golden Gate/dsl
10a	S 23rd St, Marina Bay Pkwy, E 🍴 Subway, W 🍴 Artisan Kitchen ▣ CVS
9	Harbour Way, Cutting Blvd, E ⛽ Arco, W 🍴 Burger King
8	Canal Blvd, Garrard Blvd, W ⛽ Chevron/dsl ⌂ Days Inn, Marina Inn Suites
7b	Castro St, to I-80 E, Point Richmond, downtown industrial
7a	Western Drive (from wb), Point Molate
5mm	Richmond-San Rafael Toll Bridge
2a	Francis Drake Blvd, to US 101 S, E ⌂ Extended Stay America ▣ BMW, Home Depot, Honda
1b	Francisco Blvd, San Rafael, E ⛽ 76, Beacon, Circle K 🍴 Burger King, La Croissant ⌂ Motel 6, Travelodge ▣ Mazda, tire, U-Haul, W 🍴 Subway ▣ $Tree, Office Depot, to San Quentin, USPO
1a	US 101 N to San Rafael, I-580 begins/ends on US 101.

INTERSTATE 605 (Los Angeles)

Exit #	Services
27c	Huntington Dr. **I-605 begins/ends.**, ⛽ Mobil/dsl 🍴 Subway ▣ CVS Drug, Fresh&Easy Foods
27	I-210
26	Arrow Hwy, Live Oak, E ▣ Santa Fe Dam, W ▣ Irwindale Speedway
24	Lower Azusa Rd, LA St
23	Ramona Blvd, E ⛽ Mobil 🍴 Del Taco/24hr
22	I-10, E to San Bernardino, W to LA
21	Valley Blvd, to Industry, E ⛽ 76, Chevron/Chester's/Subway/dsl 🍴 7 Mares Rest., El Charro, Las Milpas Mexican, Winchell's Donuts ⌂ Valley Inn
19	CA 60, Pamona Fwy
18	Peck Rd, E ⛽ Shell, W ▣ Ford Trucks
17	RoseHills Rd, W ▣ Sports Arena
16	Beverly Blvd
15	Whittier Blvd, E ⛽ 76/dsl, Arco 🍴 Carl's Jr, Taco Bell, YumYum Donuts ⌂ GoodNite Inn ▣ 7-11, W ⛽ Chevron, Shell 🍴 DQ, Pizza Hut, Shakey's Pizza, Starbucks, Subway, Taco's Mexico, Tommy's Burgers ⌂ Howard Johnson ▣ AutoZone, Rite Aid
14	Washington Blvd, to Pico Rivera, E ▣ Firestone/auto
13	Slauson Ave, E ⛽ Arco, Mobil 🍴 Denny's ⌂ Motel 6, W ▣ 🅗
12	Telegraph Rd, to Santa Fe Springs, E ⛽ 76, Chevron 🍴 Del Taco, Jack-in-the-Box, KFC, Subway, Taco Bell, Yoshinoya ▣ URGENT CARE, W ⛽ Arco/dsl
12mm	I-5
11	Florence Ave, to Downey, E ⛽ Mobil ▣ Cadillac, Chevrolet, Honda
10	Firestone Blvd, E ⛽ 🍴 ChuckeCheese, KFC, McDonald's, Norm's Burgers, Sam's Burgers, Subway ⌂ Best Western,

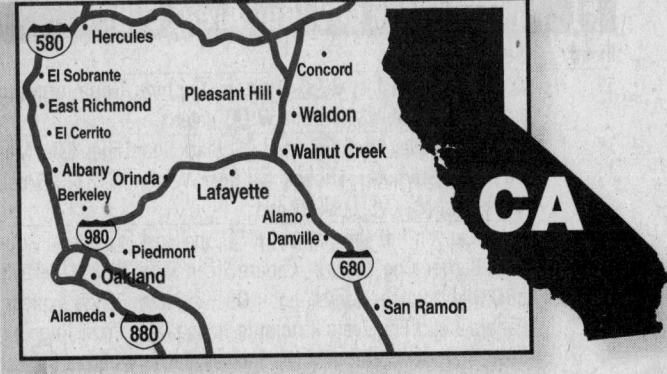

LOS ANGELES AREA

INTERSTATE 605 (Los Angeles) Cont'd

10	Continued
	99c Store, Audi/BMW/Porsche, Costco, Food4Less, Staples, Verizon, Walgreens, **W** Chevron/repair Starbucks Chrysler/Dodge/Jeep, Office Depot, Target
8	I-105, Imperial Hwy, **E** Domino's, KFC, LJ Silver, McDonald's, Pizza Hut/Taco Bell CVS Drug, Food4Less, **W** Arco
9	Rosecrans Ave, to Norwalk, **E** Chevron, Mobil Del Taco, Little Caesars, McDonald's, Subway Food Basket Foods, Fresh&Easy, vet, Walgreens, **W** Carrow's Rest Motel 6
7	Alondra Blvd, **E** 7-11, Chevron A&W, Alondra's Mexican, Frantone's Rest., KFC, Red Chili CVS Drug, Home Depot, Staples, **W** Shell/Subway/24hr Del Taco
6	CA 91
5	South St, **E** 5 Guys, BJ's Rest., CA Pizza Kitchen, Carl's Jr, Chick-fil-A, Coco's, Coldstone, Hometown Buffet, Jamba Juice, Lazy Dog Cafe, Luecille's BBQ, Panda Express, Panera Bread, Quiznos, Red Robin, Starbucks AT&T, Firestone, Macy's, mall, Nordstrom's, Sears/auto, Target, Verizon, **W** Shell/service, Valero Acura, Buick/GMC, Chevrolet, Chrysler/Dodge/Jeep, Ford, Honda, Hyundai, Infiniti, KIA, Lexus, Mazda, Nissan, Smartcar, Suzuki, Toyota/Scion, VW
4	Del Amo Blvd, to Cerritos, **E** Del Taco, Omega Burgers, Starbucks Ralph's Foods, **W** Mobil
3	Carson St, **E** 76, Price Saver/dsl Alberto's Mexican, Jack-in-the-Box, KFC, Little Caesar's, McDonald's, Pizza Hut, Popeye's, Subway, Taco Bell, Wienerschnitzel Lakewood Inn 7-11, CVS Drug, Food4Less, O'Reilly Parts, Price Right Foods, **W** Chevron/Subway/dsl Carl's Jr, Chick-fil-A, Del Taco, Denny's, El Pollo Loco, El Torito, FoodCourt, In-N-Out, Island's Burgers, Jack-in-the-Box, Leucille's BBQ, Panda Express, Roadhouse Grill, Starbucks, SuperMex, TGIFriday's, Yashi Japanese America's Tire, Barnes&Noble, Lowe's, Michael's, Old Navy, Petsmart, Ross, Sam's Club, Staples, Walmart/auto
1	Katella Ave, Willow St, **E** Shell Madera's Steaks, McDonald's, Polly's Cafe, Starbucks Rite Aid, **W** Eldorado Regional Park
0mm	I-605 begins/ends on I-405.

INTERSTATE 680 (Bay Area)

Exit #	Services
71b a	I-80 E, to Sacramento, W to Oakland, **I-680 begins/ends on I-80.**
70	Green Valley Rd (from eb), Cordelia, **W** Kia, **N** Arco Costco/gas, CVS, Safeway
68	Gold Hill Rd, **W** Chevron/dsl
65	Marshview Rd
63	Parish Rd
61	Lake Herman Rd, **E** Texaco/Jack-in-the-Box/dsl, **W** Chevron/Carl's Jr/dsl/24hr, Gas City/dsl vista point
60	Bayshore Rd, industrial park
58	I-780, to Benicia, **toll plaza**
56	Marina Vista, to Martinez
55mm	Martinez-Benicia Toll Br
54	Pacheco Blvd, Arthur Rd, Concord, **W** Chevron/dsl, Shell/dsl
53	CA 4 E to Pittsburg, W to Richmond, Pittsburg
52	CA 4 E, Concord, Pacheco, **E** Blaze Pizza, Buffalo Wild Wings, Habit Burger, Hometown Buffet, Jimmy John's, Noodles&Co, Starbucks, Subway, Taco Bell Clarion, Crowne Plaza Ford/Lincoln, Home Depot, Hyundai, Infiniti/VW, Kia,

CONCORD / WALNUT CREEK

52	Continued Petco, Sam's Club, Seafood City Mkt, Toyota, Trader Joe's, USPO, **W** Grand Gas, Shell/24hr, Valero/dsl A&W/KFC, Burger King, Denny's, In-N-Out, Lucille's BBQ, McDonald's, Round Table Pizza, Taco Bell, Wendy's AutoZone, Firestone/auto, Harley Davidson, Nordstrom's, O'Reilly Parts, Pepboys, Ross, Safeway/dsl, Schwab Tire, Target
51	Willow Pass Rd, Taylor Blvd, **E** Benihana Rest., Claim Jumper, Denny's, Elephant Bar Rest., Fuddruckers, Jamba Juice, Krispy Kreme, Lazy Dog Rest., Lin's Buffet, Panera Bread Hilton Hobby Lobby, Old Navy, REI, Willows Shopping Ctr, World Mkt, **W** Baja Fresh, Red Robin, Tahoe Joe's Steaks JC Penney, Macy's, Sears/auto, See's Candies, URGENT CARE
50	CA 242 (from nb), to Concord
49b	Monument Blvd, Gregory Lane (from sb), **E** 76/dsl Country Waffles, Hawaiian BBQ, Panda Express, Pieology, Rubio's, Starbucks, Wing Stop $Tree, AT&T, Dick's, Kohl's, Marshall's, **W** Chevron/dsl Boston Mkt, Chipotle, Corner Bakery Cafe, Five Guys, Jack-in-the-Box, Jack's Rest., Jamba Juice, McDonald's, Mtn Mike's Pizza, Nations Burgers, Original Pancakes, Pizza Hut, Starbucks, Subway, Sweet Tomatoes, Taco Bell Courtyard, Hyatt Big O Tire, Grocery Outlet, Michael's, Rite Aid, Ross, Safeway Foods, Staples, Tuesday Morning
49a	Contra Costa Blvd (from nb)
48	Treat Blvd, Geary Rd, **E** Chevron Back 40 BBQ, Heavenly Cafe, Starbucks, Subway Embassy Suites, Extended Stay America 7-11, Best Buy, Office Depot, **W** Chevron, Shell Black Angus, Chick-fil-A, Freebirds Burrito, Habit Burger, IHOP, Jimmy John's, Starbucks, Wendy's, Yan's China Bistro Volvo, Walgreens
47	N Main St, to Walnut Creek, **E** Chevron Fuddrucker's, Jack-in-the-Box, Taco Bell Marriott, Motel 6 Cadillac, Chrysler/Dodge/Jeep, Honda, Jaguar, Land Rover, Mercedes, Nissan, Target, VW, **W** 76/7-11/dsl/24hr Domino's Holiday Inn Express NAPA, Porsche, Subaru
46b	Ygnacio Valley Rd
46a	SR-24 W
45b	Olympic Blvd, Oakland
45a	S Main St, Walnut Creek, **E**
44	Rudgear (from nb)
43	Livorna Rd
42b a	Stone Valley Rd, Alamo, **W** Chevron/dsl, Shell/dsl Alamo Grill, Don Jose's, Panera Bread, Papa Murphy's, Round Table Pizza, Starbucks, Subway, Taco Bell, Xenia's CVS, Rite Aid, Safeway, USPO, vet
41	El Pintado Rd, Danville
40	El Cerro Blvd

🅖 = gas   🍴 = food   🛌 = lodging   🅞 = other   🆁🆂 = rest stop   Copyright 2018 - The Next EXIT

CA

SAN RAMON

FREMONT

▲E INTERSTATE 680 (Bay Area) Cont'd

Exit #	Services
39	Diablo Rd, Danville, **E** 🅖 Chevron 🍴 China Gourmet, Taco Bell 🅞 Mt Diablo SP (12mi), **W** 🍴 Valero
38	Sycamore Valley Rd, **E** 🅖 Shell 🍴 Black Bear Diner, Esin, Maria Maria, Starbucks, Subway 🛌 Best Western, **W** 🅖 76/dsl Valero/dsl 🅞 CVS, Lucky Foods
36	Crow Canyon Rd, San Ramon, **E** 🅖 Shell/dsl 🍴 Baskin Robbins, Burger King, Carl's Jr, Cheese Steak Shop, Chili's, Dickey's BBQ, Habit Burger, Jamba Juice, On Fire Pizza, Panda Express, Panera Bread, Primavera Ristorante, Round Table Pizza, Ruggie's Rest., Starbucks, Starbucks (2), Subway, Zachary's Pizza 🛌 Extended Stay America 🅞 🅗, Big O Tire, Costco, GNC, Marshall's, Office Depot, PetCo, Rite Aid, Sea's Candies, Sprouts, **W** 🅖 76, Chevron/dsl, Shell/autocare, Valero 🍴 Chipotle Mexican, Giuseppe's Italian, In-N-Out, McDonald's, Nation's Burger's, Subway, Taco Bell, Togo's 🛌 Hyatt House Hotel 🅞 7-11, CVS Drug, Home Depot, Safeway, Staples, Verizon, vet
34	Bollinger Canyon Rd, **E** 🅖 Valero 🍴 Baja Fresh, Buffalo Wild Wings, Izzy's Steaks, Jimmy John's, Pasta Pomodoro 🛌 Marriott, Residence Inn 🅞 AT&T, CVS Drug, Target, Whole Foods Mkt, **W** 🅖 Chevron/dsl 🍴 Chevy's Mexican, Clementine's Grill 🛌 Courtyard, Extended Stay America
31	Alcosta Blvd, to Dublin, **E** 🅖 76/dsl 🅞 7-11, **W** 🅖 Chevron, Shell/dsl 🍴 DQ, McDonalds, Papa Murphy's, Peking Delight, Subway, Taco Bell 🅞 Lucky Foods, Walgreens
30	I-580, W to Oakland, E to Tracy
29	Stoneridge, Dublin, **E** 🛌 DoubleTree, **W** 🍴 Baja Fresh, Cheesecake Factory, PF Chang's, Taco Bell 🛌 Sheraton 🅞 JC Penney, Macy's, mall, Nordstrom, Sears
26	Bernal Ave, Pleasanton, **E** 🅖 Chevron/Jack-in-the-Box/dsl 🍴 Dickey's BBQ, Habit Burger, Jamba Juice, Jersey Mike's, Lindo's Mexican, Panda Express, Round Table Pizza, Starbucks, Subway 🅞 CVS, Safeway/dsl
25	Sunol Blvd, Pleasanton
21b a	CA 84, Calvaras Rd, Sunol, W to Dumbarton Bridge
20	Andrade Rd, Sheridan Rd (from sb), **E** 🅖 Sunol Super Stp/dsl
19mm	**weigh sta nb**
19	Sheridan Rd (from nb)
18	Vargas Rd
16	CA 238, Mission Blvd, to Hayward, **E** 🅖 Shell 🍴 McDonald's, **W** 🅞 🅗
15	Washington Blvd, Irvington Dist, **E** 🅖 QuikStop
14	Durham Rd, to Auto Mall Pkwy, **W** 🅖 76/Subway/24hr, Jack-in-the-Box 🅞 Fry's Electronics, Home Depot, Walmart
12	CA 262, Mission Blvd, to I-880, Warm Springs Dist, **W** 🅖 76, Valero 🍴 Burger King, Carl's Jr, Denny's, Jack-in-the-Box, KFC, RoundTable Pizza, Subway, Taco Bell 🛌 Extended Stay America, Motel 6 🅞 CVS, Ross, Safeway
10	Scott Creek Rd
9	Jacklin Rd, **E** 🅞 Bonfare Mkt, **W** 🅖 Shell/dsl
8	CA 237, Calaveras Blvd, Milpitas, **E** 🅖 76, Shell/repair 🍴 King Wah, Round Table Pizza, Shabu House, Starbucks, Subway 🛌 Executive Inn 🅞 7-11, Oceans SuperMkt, **W** 🅖 Shell 🍴 El Torito, Giorgio's Italian, IHOP, Jamba Juice, McDonald's, Mtn Mike's Pizza, Panda Express, Red Lobster, Starbucks, Subway 🛌 Embassy Suites, Extended Stay America 🅞 CVS, Safeway, Staples
6	Landess Ave, Montague Expswy, **E** 🅖 76, Arco, Chevron 🍴 Burger King, Jack-in-the-Box, McDonald's, Starbucks, Subway, Taco Bell, Togo's 🅞 Firestone/auto, Lucky Foods, Rite Aid, Target, vet, Walgreens

SAN JOSE

LA AREA

Exit #	Services
5	Capitol Ave, Hostetter Ave, **E** 🅖 Shell 🍴 Carl's Jr, Popeye's 🅞 Lucky Foods, **W** 🅞 7-11
4	Berryessa Rd, **E** 🅖 Arco/24hr, Shell/dsl 🍴 Denny's, Lee Sandwiches, McDonald's, Round Table Pizza, Starbucks, Taco Bell 🅞 $Tree, AutoZone, CVS, Safeway
2b	McKee Rd, **E** 🅖 76, Chevron, Shell/dsl 🍴 Burger King, Chipotle, HomeTown Buffet, Jamba Juice, Panda Express, Popeye's, Starbucks, Togo's, Wienerschnitzel, Wingstop 🅞 $Tree, GNC, Grocery Outlet, Marshall's, Mi Pueblo Mkt, Ross, Target, Walgreens, **W** 🅖 World Gas 🍴 Baskin-Robbins, Lee's Sandwiches, McDonald's, RoundTable Pizza, Subway, Wendy's, Yum Yum Donuts 🅞 🅗, Kohl's
2a	Alum Rock Ave, **E** 🅖 Shell/dsl/24hr 🍴 Jack-in-the-Box, Taco Bell, **W** 🅖 Chevron, Valero 🍴 Carl's Jr 🅞 AutoZone
1d	Capitol Expswy
1c	King Rd, Jackson Ave (from nb), **E** 🅖 L&D Gas, Shell 🍴 El Pollo Loco, Jack-in-the-Box, Kings Burger, Starbucks, Subway, Tropicana Buffet 🅞 AT&T, Target, Verizon, Walgreens
1b	US 101, to LA, SF
1a	(exits left from sb) **I-680 begins/ends on I-280.**

▲E INTERSTATE 710 (Los Angeles)

Exit #	Services
23	**I-710 begins/ends on Valley Blvd. E** 🅖 Arco
22b a	I-10
20c	Chavez Ave
20b	CA 60, Pamona Fwy, **E** 🍴 King Taco, Monterrey Hill Rest, **W** 🅖 Shell
20a	3rd St
19	Whittier Blvd, Olympic Blvd, **W** 🅖 Shell 🍴 McDonald's
17b	Washington Blvd, Commerce, **W** 🅖 Commerce Trkstp/dsl, rest.
17a	Bandini Blvd, Atlantic Blvd, industrial
15	Florence Ave, **E** 🍴 Alfredo's Mexican, Applebee's, Coldstone, El Pescador Mexican, El Pollo Loco, IHOP, KFC, McDonald's, Panda Express, Quiznos, Red Brick Pizza, Starbucks, Subway, Taco Bell, Yoshinoya 🛌 Comfort Inn 🅞 $Tree, casino, Food4Less, Marshall's, Rite Aid, Ross, **W** 🅞 truck repair
13	CA 42, Firestone Blvd, **E** 🅖 Arco 🍴 Burger King, Denny's, McDonald's, Panda Express, Subway 🛌 Guesthouse Inn 🅞 E Super Foods, Ford, GNC, Sam's Club, Target
12b a	Imperial Hwy, **E** 🅖 Shell/dsl 🍴 Abierto's Mexican, Carl's Jr, El Pollo Loco, Subway, **W** 🅖 76, Chevron/dsl, Shell 🍴 KFC, McDonald's, Panda Express, Pizza Patron, Starbucks, Subway, Taco Bell, Wienerschnitzel, Winchell's 🅞 AutoZone, Manny's Repair, Valu+ Foods, Walgreens
11b a	I-105
10	Rosecrans Ave
9b a	Alondra Ave, **E** 🅖 Chevron/dsl 🍴 Jack-in-the-Box 🅞 Home Depot
8b a	CA 91
7b a	Long Beach Blvd, **E** 🅖 Chevron, Mobil, United/dsl, Valero 🍴 El Ranchito Mexican, McDonald's, Sizzler 🅞 CVS Drug, **W** 🅖 Arco/24hr 🍴 Jack-in-the-Box, Mocasalitos, Subway 🛌 Luxury Inn
6	Del Amo Blvd
4	I-405, San Diego Freeway
3b a	Willow St, **E** 🅖 Arco, Chevron 🍴 Baskin-Robbins, Chee Chinese, Dominos, Pizza Hut 🅞 Walgreens, **W** 🅖 76, Arco 🍴 KFC, Little Caesars, Popeye's 🅞 AutoZone, Big Saver Foods
2	CA 1, Pacific Coast Hwy, **E** 🅖 76/dsl, Arco/mart, Chevron, Mobil 🍴 Hong Kong Express, KFC, McDonald's 🛌 Beacon Inn

INTERSTATE 710 (Los Angeles) Cont'd

2	Continued
	Don Chente Tacos, King Taco, La Mirage Inn, Travel Eagle Inn ⊙ auto repair, Ranch Mkt, **W** ⛽ 76/service, PCH Trkstp/dsl, Shell/Carl's Jr/dsl 🍴 Alberto's Mexican, Golden Star Rest., Jack-in-the-Box, McDonald's, Taco Bell, Tom's Burgers, Winchell's 🏨 Hiland Motel, SeaBreeze Motel ⊙ truckwash, TrueValue
1d	Anaheim St, **W** ⛽ Speedy Fuel ⊙ dsl repair/scales
1c	Ahjoreline Dr, Piers B, C, D, E, Pico Ave
1b	Pico Ave, Piers F-J, Queen Mary
1a	Harbor Scenic Dr, Piers S, T, Terminal Island, **E** 🏨 Hilton
I-710 begins/ends in Long Beach	

INTERSTATE 780 (Vallejo)

Exit #	Services
7	I-780 begins/ends on I-680.
6	E 5th St, Benicia, **N** ⛽ Fast&Easy, **S** ⛽ 7-11, 76/dsl 🍴 China Garden 🏨 Holiday Inn Express ⊙ Big O Tire, repair
5	E 2nd St, Central Benicia, **N** ⛽ Valero/dsl 🏨 Best Western, **S** 🍴 Kimono Steaks, McDonald's, Nations Burger, Subway
4	Southampton Rd, Benicia, **N** 🍴 Burger King, Ensenada Mexican, Huckleberry's, Jamba Juice, Panda Express, RoundTable Pizza, Starbucks, Subway ⊙ $Tree, Ace Hardware, AT&T, Raley's Foods
3b	Military West
3a	Columbus Pkwy, **N** ⛽ Chevron/dsl 🍴 Burger King, McDonald's, Mtn Mike's Pizza, Napoli Pizza, Papa Murphy's, Starbucks, Subway ⊙ CVS, Jiffy Lube, **S** to Benicia RA
1d	Glen Cove Pkwy, **N** ⊙ Hwy Patrol, **S** 🍴 Domino's, J's Garden, Subway ⊙ GNC, Safeway
1c	Cedar St
1b a	I-780 begins/ends on I-80.

INTERSTATE 805 (San Diego)

Exit #	Services
28mm	I-5 (from nb), I-805 begins/ends on I-5.
27.5	CA 56 E (from nb)
27	Sorrento Valley Rd, Mira Mesa Blvd
26	Vista Sorrento Pkwy, **E** ⛽ Mobil/dsl 🍴 Chili's, Flame Broiler, Jamba Juice, McDonald's, Quizno's, Rubio's, Starbucks, Subway 🏨 Country Inn, Courtyard, Extended Stay America, Holiday Inn Express, Hyatt House ⊙ Staples
25b a	La Jolla Village Dr, Miramar Rd, **1 mi E** ⛽ 76/dsl ⊙ Discount Tire, Firestone, **W** 🍴 Corner Cafe, Cozymel's Cantina, Donovan's Grill, Harry's Grill, PF Chang's, Seasons Fresh Grill 🏨 Embassy Suites, Marriott ⊙ 🏥, Macy's, mall, Nordstom's, Sears
24	Governor Dr
23	CA 52
22	Clairemont Mesa Blvd, **E** ⛽ 7-11/dsl, Chevron/dsl, Mega/Subway/dsl, Shell 🍴 Arby's, Burger King, Carl's Jr, Chipotle Mexican, Coco's, Godfather Rest., Jersey Mike's, McDonald's, Rubio's Grill, Souplantation, Starbucks, Subway, Tommy's Burgers ⊙ Food4Less, Ford/Kia, Nissan, Ranch Mkt, Verizon, Walmart, **W** ⛽ Gas 🍴 Buga Korean BBQ, Subway 🏨 Best Western, CA Suites, Motel 6
21	CA 274, Balboa Ave, **E** ⛽ 7-11, 76, Arco/dsl, Chevron/dsl 🍴 Applebee's, Islands Burger, Jack-in-the-Box ⊙ CarMax, Chevrolet, Chrysler/Dodge/Jeep, Jaguar, VW
20	CA 163 N, to Escondido
20a	Mesa College Dr, Kearney Villa Rd, **W** ⊙ 🏥

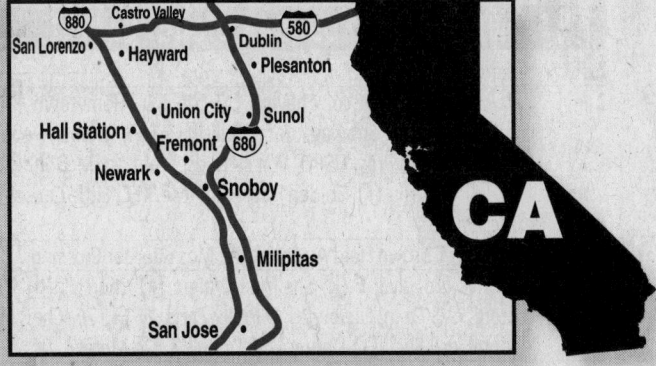

18	Murray Ridge Rd, to Phyllis Place
17b	I-8, E to El Centro, W to beaches
16	El Cajon Blvd, **E** ⛽ Arco, Ultra ⊙ Pancho Villa Mkt, **W** ⛽ 🍴 Carl's Jr, Jack-in-the-Box, Rudford's Rest., Subway, Wendy's ⊙ O'Reilly Parts
15	University Ave, **E** ⛽ Chevron 🍴 Subway ⊙ **W** ⛽ 76/dsl, USA/dsl 🍴 Starbucks ⊙ CVS Drug, Fresh&Easy Mkt, Walgreens
14	CA 15 N, 40th St, to I-15
13b	Home Ave, MLK Ave
13a	CA 94
12b	Market St
12a	Imperial Ave, **E** ⛽ Homeland Gas/dsl, United, **W** 🍴 Asia Wok, Cojita's Taco, Domino's, KFC/LJ Silver, Sizzler, Subway ⊙ 99c Store, Home Depot
11b	47th St
11a	43rd St, **W** 🍴 Giant Pizza, Jack-in-the-Box, Subway ⊙ AutoZone, CVS Drug, Northgate Mkt
10	Plaza Blvd, National City, **E** 🍴 Chow King, McDonald's, Pizza Hut, Popeye's, Starbucks, Subway, Winchell's ⊙ 🏥, AutoZone, Firestone/auto, Vallarta Foods, vet, Walgreens, Well's Drug, **W** ⛽ USA 🍴 Bistro City Chinese, Carl's Jr, Family House Rest., IHOP, Jubilee Chicken/burgers, Little Caesar's, Papa John's, Subway, Wings n Things 🏨 Holiday Inn Express, Motel 6, Stardust Inn ⊙ AT&T, Big Lots, CVS Drug, Discount Tire, Firestone/auto, Jo-Ann Fabrics, O'Reilly Parts, Walmart
9	Sweetwater Rd, **E** 🍴 Applebee's, Outback Steaks 🏨 Sweetwater Inn ⊙ 7-11, JC Penney, Macy's, **W** ⛽ Chevron/7-11/dsl 🍴 Ben's Rest., Carl's Jr, Denny's, Hanaoka Japanese, Mike's NY Pizza, Pizza Hut, Pizza Hut, Starbucks, Subway, Taco Bell ⊙ CVS Drug, Food4Less, Goodyear/auto, Staples
8	CA 54
7c	E St, Bonita Rd, **E on Bonita Plaza Rd** 🍴 Applebee's, El Torito, Outback Steaks, Red Robin, Starbucks, Subway ⊙ JC Penney, Macy's, mall, Target, **W** ⛽ Chevron/dsl, Circle K, Shell/dsl 🍴 Burger King, Denny's, La Tequila Mexican 🏨 Comfort Inn, La Quinta
7b a	H St, **E** ⛽ Shell 🍴 China China, Coldstone, Daphne's CA Greek, D'Lish Pizza, Honeybaked, Jack-in-the-Box, Robeks Juice, Subway, Taco Bell ⊙ CVS Drug, Marshall's, Vons Foods, **W** 🍴 Caffe Tazza
6	L St, Telegraph Canyon Rd, **E** ⛽ Arco/dsl 🍴 Little Caesar's, Mandarin Canyon, McDonald's, Starbucks, Subway ⊙ 🏥, Olympic Training Ctr, Rite Aid, vet, Von's Foods, **W** ⛽ 76/Circle K/dsl, USA 🍴 Canada Steakburger ⊙ 7-11
4	Orange Ave, **E** 🏨 Olympic Training Ctr
3	Main St, Otay Valley Rd, **E** ⛽ Shell/dsl 🍴 Panda Express, Souplantation ⊙ Ford/Kia, Honda, Kohl's, Nissan, PetsMart, Staples, Toyota/Scion, **W** ⛽ Circle K/dsl 🏨 Best Western

CA

⬆N INTERSTATE 805 (San Diego) Cont'd

Exit #	Services
2	Palm Ave, **E** 🅿 Arco, Chevron 🍴 Carl's Jr, Hometown Buffet, Starbucks, Subway, Taco Bell ⊙ AT&T, Home Depot, Meineke, Tire Pros, USPO, Von's Foods, Walmart/McDonald's, **W** 🅿 Chevron 🍴 Golden House Chinese, KFC, Little Caesar's, McDonald's
1b	CA 905, **E** Brown Field Airport, Otay Mesa Border Crossing
1a	San Ysidro Blvd, **E** 🅿 Shell/dsl, Valero 🍴 Church's ⊙ 99c Store, CVS Drug, Factory2U, O'Reilly Parts, **W** 🅿 76, Chevron, Mobil/dsl, Shell 🍴 Denny's, McDonald's 🛏 Motel 6
0	I-805 begins/ends on I-5.

⬆N INTERSTATE 880 (Bay Area)

Exit #	Services
46b a	I-80 W (exits left). I-80 E/580 W.
44	7th St, Grand Ave, downtown
42b a	Broadway St, **E** 🍴 KFC, McDonald's 🛏 Marriott, **W** 🛏 Jack London Inn ⊙ to Jack London Square
41a	Oak St, Lakeside Dr, downtown
40	5th Ave, Embarcadero, **E** 🍴 Burger King, **W** 🍴 Starbucks, Subway 🛏 Best Western, Executive Inn, Homewood Suites, Motel 6
39b a	29th Ave, 23rd Ave, to Fruitvale, **E** 🅿 Shell 🍴 Boston Mkt, DonutStar, Popeye's, Starbucks ⊙ AT&T, AutoZone, FoodMaxx, **W** 🅿 7-11
38	High St, to Alameda, **E** 🅿 Mash/dsl 🛏 Bay Breeze Inn, Coliseum Motel, **W** 🅿 Shell/dsl 🍴 McDonald's ⊙ Home Depot
37	66th Ave, Zhone Way, **E** coliseum
36	Hegenberger Rd, **E** 🅿 Arco/24hr, Shell/dsl 🍴 Burger King, Chubby Freeze, Denny's, Jack-in-the-Box/24hr, McDonald's, Taco Bell 🛏 Comfort Inn, Day's Hotel, La Quinta, Motel 6, Quality Inn ⊙ Freightliner, GMC/Volvo, **W** 🅿 76/dsl, Chevron/Del Taco/dsl, Shell 🍴 Black Bear Diner, Chipotle, Francesco's Rest., In-N-Out, Jamba Juice, Panda Express, Red Brick Pizza, Starbucks, Subway, Subway, Wing Stop 🛏 Best Western, Courtyard, Econolodge, Hilton, Holiday Inn, Holiday Inn Express, Red Lion ⊙ Harley-Davidson, Infiniti, Lexus, to Oakland Airport, Toyota/Scion
35	98th Ave, **W** ⊙ 📠
34	Davis St, **W** 🅿 Shell/Burger King 🍴 Hawaiian BBQ, Togo's ⊙ $Tree, Costco/gas, Home Depot, Office Depot, See's Candy, Verizon, Walmart/McDonald's
33b a	Marina Blvd, **E** 🅿 Chevron/dsl, Valero 🍴 Jack-in-the-Box, La Salsa Mexican, Panda Express, Pieology, Starbucks, Taco Bell ⊙ Chevrolet, Ford/Lincoln, Honda, Hyundai, Kia, Marshall's, Nissan, Nordstrom's, Volvo, **W** 🅿 Flyers/dsl 🍴 A&W/KFC, Denny's
32	Washington Ave (from nb), Lewelling Blvd (from sb), **W** 🅿 76/dsl, Arco, Chevron 🍴 Jack-in-the-Box, McDonald's, Mtn Mike's Pizza, Papa Murphy's, Subway 🛏 Nimitz Motel ⊙ 99c Store, Big O Tire, CVS, Food Maxx, GNC, Jo-Ann, Safeway, same as 30, Walgreens/24hr
31	I-238 (from sb), to I-580, Castro Valley
30	Hesperian Blvd, **E** 🅿 National 🍴 In-N-Out, Starbucks, Taco Bell ⊙ O'Reilly Parts, Walmart/Subway, Wheel Works, **W** 🅿 76, Arco, Chevron 🍴 Black Angus, Peking Garden, Round Table Pizza 🛏 Hilton Garden, Nimitz Inn ⊙ 99c Store, CVS, Food Maxx, Lucky Foods, same as 32, USPO
29	A St, San Lorenzo, **E** 🅿 880/dsl/e85 🍴 McDonald's 🛏 Best Western ⊙ Costco, tires/repair, **W** 🅿 76/7-11/dsl, Valero/dsl

O A K L A N D   A R E A

F R E M O N T

29	Continued 🍴 Burger King, Chef Ming, Five Guys, Hawaiian BBQ, Jamba Juice, Pizza Hut, Rigatoni's Italian, Starbucks, Subway 🛏 Days Inn, La Quinta, Rodeway Inn ⊙ $Tree, Home Depot, Mi Pueblo Foods, Target
28	Winton Ave, **W** 🅿 Chevron 🍴 Applebee's, Buffalo Wild Wings, Coldstone, Elephant Grill, Famous Dave's BBQ, Hawaiian BBQ, Hometown Buffet, Olive Garden, Panda Express, Panera Bread, Sizzler, Subway ⊙ Dick's, Firestone/auto, Goodyear/auto, JC Penney, Macy's, mall, O'Reilly Parts, Ross, Sears/auto, Verizon
27	CA 92, Jackson St, **E** 🅿 76/dsl, Valero 🍴 Asian Wok, Hawaiian BBQ, Mtn Mike's Pizza, Nations Burgers, Papa John's, Popeye's, Round Table Pizza, Starbucks, Subway, Taco Bell ⊙ 7-11, CVS, Grocery Outlet, Lucky Foods, Safeway, Walgreens, **W** San Mateo Br
26	Tennyson Rd, **E** 🅿 76, All Star dsl, Shell 🍴 Jack-in-the-Box, KFC ⊙ O'Reilly Parts, Walgreens, **W** 🅿 ⊙ 🅷
25	Industrial Pkwy (from sb), **E** 🅿 Golden Gate/dsl, Industrial dsl 🍴 Fuzhou Kitchen, Starbucks, Straw Hat Pizza, Subway **W** 🛏 Pheonix Lodge
24	Whipple Rd, Dyer St, **E** 🅿 76/dsl, Chevron/dsl/24hr 🍴 Country Waffles, Denny's, Hawaiian BBQ, McDonald's, Panda Express, Starbucks, Subway, Taco Bell, Wing Stop 🛏 Best Value Inn, Motel 6 ⊙ FoodMaxx, Home Depot, PepBoys, Target, **W** 🅿 Shell 🍴 Andersen Baker a Cafe, Applebee's, Baskin-Robbins, Buckhorn Grill, Buffalo Wild Wings, Chevys Mexican, Chili's, Chipotle, Coldstone, Fuddrucker's, IHOP, In-N-Out, Jamba Juice, Jollibee, Krispy Kreme, La Salsa Mexican, Mtn Mike's Pizza, Pasta Pormadora, Starbucks, Texas Roadhouse, TGIFriday, Togo's, Tomatina Italian 🛏 Extended Stay America, Hampton Inn, Holiday Inn Express ⊙ AT&T, Best Buy, GNC, Lowe's Whse, Lucky Foods, Michael's, PetCo, Tuesday Morning, Verizon, Walmart
23	Alvarado-Niles Rd, **E** 🅿 Shell 🛏 Crowne Plaza ⊙ 7-11 **W** 🅿 Shell 🍴 Burger King ⊙ Walmart, (same as 24)
22	Alvarado Blvd, Fremont Blvd, **E** 🍴 Fortune Kitchen, Subway 🛏 Motel 6 ⊙ Lucky Foods
21	CA 84 W, Decoto Rd to Dumbarton Br, **E** 🅿 7-11 🍴 McDonald's ⊙ Walgreens
19	CA 84 E, Thornton Ave, Newark, **E** ⊙ U-Haul, **W** 🅿 Chevron/dsl, Shell 🍴 Carl's Jr, KFC, Mtn Mike's Pizza, My Cafe, Round Table Pizza, Subway, Taco Bell ⊙ 7-11, BigLots, Home Depot
17	Mowry Ave, Fremont, **E** 🅿 76/Circle K, Chevron/dsl, QuikStop, Valero 🍴 Applebee's, Chick-fil-A, Denny's, Olive Garden, Papa Murphy's, Starbucks, Subway 🛏 Best Western, Extended Stay America, Residence Inn ⊙ 🅷, Lucky Foods, **W** 🅿 🍴 Arby's, BJ's Rest., Bombay Garden, Jack-in-the-Box, Little Caesar's, McDonald's, Papa John's, Ray's Chinese, Ray's Crabshack, Red Robin, Subway, Taco Bell 🛏 Chase Suites, Comfort Inn, E-8 Motel, Homewood Suites, Towneplace Suites ⊙ Chrysler/Dodge/Jeep, Firestone/auto, Ford, JC Penney, Jiffy Lube, Lion Mkt, Macy's, mall, Mazda, Sears/auto, Target, VW
16	Stevenson Blvd, **E** 🅿 Arco/dsl, Shell 🍴 Jack-in-the-Box, Outback Steaks ⊙ $Tree, **W** 🅿 Chevron 🍴 Carl's Jr, Chuck E Cheese, Isla Filipino, Nijo Castle Japanese, Starbucks, Subway, World Gourmet Buffet 🛏 Doubletree ⊙ Fiat, Ford, Walmart
15	Auto Mall Pkwy, **E** 🅿 Arco, Chevron/dsl, **W** 🅿 Shell/dsl 🍴 Applebee's, Asian Pearl, Bennigan's, Blaze Pizza, Buffalo Wild Wings, Chick-fil-A, Chipotle, ClaimJumper, Coldstone, Dickey's BBQ, Dog Haus, Firehouse Subs, Five Guys, Habit Burger, Hawaiian BBQ, In-N-Out, Jamba Juice, Krispy Kreme

INTERSTATE 880 (Bay Area) Cont'd

15	Continued
	MilkCow Cafe, Mkt Broiler, Panchero's, Panda Express, Panera Bread, PF Chang's, Rubio's, Starbucks, Subway, Wendy's, Which Wich?, Wing Stop 🛏 Holiday Inn Express 🅾 Acura, AT&T, BMW, Buick/GMC/Cadillac, Chevrolet, Costco/gas, Dick's, Honda, Jo-Ann Fabrics, Kia, Kohl's, Lexus, Lowe's Whse, Mercedes, Nissan, Nordstrom's, Old Navy, Target, TJ Maxx, Toyota/Scion, Verizon, Volvo
14mm	weigh sta both lanes
13	Fremont Blvd, Irving Dist, **W** 🅟 Chevron/Subway 🍴 McDonald's 🛏 Extended Stay America, GoodNite Inn, La Quinta, Marriott
13a	Gateway Blvd (from nb), **E** 🛏 Comfort Inn
12	Mission Blvd, **E** 🅟 🍴 Burger King, Carl's Jr, Denny's, Jack-in-the-Box, KFC, Subway, Taco Bell 🛏 Comfort Inn 🅾 CVS, Safeway, to I-680, **W** 🛏 Courtyard, Hampton Inn, Hyatt Place
10	Dixon Landing Rd, **E** 🍴 McDonald's 🛏 Residence Inn 🅾 7-11
8b	CA 237, Alviso Rd, Calaveras Rd, to McCarthy Rd, Milpitas, **E** 🅟 76/7-11/dsl, Arco 🍴 Black Bear Diner, Burger King, Chili's, Denny's, King Egg Roll, Lee's Sandwiches, Milpitas Buffet 🛏 Best Western, Chili Palace, Days Inn, Heritage Inn 🅾 7-11, BigLots, Grocery Outlet, O'Reilly Parts, Walgreens, **W** 🍴 Applebee's, Black Angus, Happi House, In-N-Out, Macaroni Grill, McDonald's, On the Border, Starbucks, Subway, Taco Bell, Togo's 🛏 Crowne Plaza, Extended Stay America, Hampton Inn, Hilton Garden, Larkspur Landing Hotel, Staybridge Suites 🅾 $Tree, AT&T, Best Buy, Chevron, GNC, Michael's, Petsmart, RanchMkt Foods, Ross, Verizon, Walmart/McDonald's/auto
8a	Great Mall Parkway, Tasman Dr, **E** 🅾 Honda, Toyota
7	Montague Expswy, **E** 🅟 Shell/dsl, Valero 🍴 Carl's Jr, Jack-in-the-Box 🛏 Quality Inn 🅾 U-Haul, **W** 🅟 Chevron/dsl 🛏 Beverly Heritage Hotel, Sheraton
5	Brokaw Rd, **E** 🅾 Lowe's Whse, **W** 🅾 America's Tire, CHP, Ford Trucks, Fry's Electronics

4d	Gish Rd (nb only), **W** 🅾 auto/dsl repair/transmissions
4c b	US 101, N to San Francisco, S to LA
4a	1st St, **E** 🅟 Chevron/dsl, Shell/repair 🍴 Subway, **W** 🅟 🍴 Cathay Chinese, Denny's/24hr, Genji Japanese 🛏 Caravelle Inn, Comfort Suites, Country Inn Suites, Days Inn, Extended Stay America, EZ 8 Motel, Holiday Inn, Residence Inn, Springhill Suites, Vagabond Inn, Wyndham Garden 🅾 7-11
3	Coleman St, **E** 🅟 Valero/dsl, **W** 🅟 Chevron/dsl 🍴 Chipotle, In-N-Out, Mod Pizza, Smoking PIG BBQ, Starbucks, Which Wich? 🅾 🖨, Lowe's, Staples
2	CA 82, The Alameda, **W** 🅟 Shell/repair 🍴 Bill's Cafe, Round Table Pizza, Starbucks, Subway, Taco Bell 🛏 Best Western, Santa Clara Inn, St. Francis Hotel, Sterling Motel, Valley Inn 🅾 Safeway, Santa Clara U
1d	Bascom Ave, to Santa Clara, **W** 🅟 Rotten Robbie/dsl, Valero 🍴 Burger King
1c	Stevens Creek Blvd, San Carlos St, **E** 🅟 Valero/dsl, Valley/dsl 🛏 The Row Hotel 🅾 🅷, **W** 🅟 🍴 Arby's, CheeseCake Factory, Jack-in-the-Box, Yard House 🅾 7-11, Audi/VW, Best Buy, Chevrolet, CVS, Ford, Goodyear/auto, Kia, Lexus, Macy's, mall, Nordstrom's, Old Navy, Safeway, Subaru
1b	I-280. I-880 begins/ends on I-280.
1a	Ca 17 to Santa Cruz.

SAN JOSE AREA

NOTES

🅟 = gas 🍴 = food 🛏 = lodging 🅞 = other 🆁🆂 = rest stop Copyright 2018 - The Next EXIT

COLORADO

⬆N	INTERSTATE 25
Exit #	Services
299	Colorado/Wyoming state line
296	point of interest both lanes
293	to Carr, Norfolk
288	Buckeye Rd
281	Owl Canyon Rd, **E** 🅞 KOA Campground, truck repair
278	CO 1 S, to Wellington, **W** 🅟 Kum&Go/dsl, Loaf'N Jug/dsl, Shell/dsl 🍴 Burger King, Domino's, McDonald's, Subway, Taco John's 🛏 Days Inn 🅞 Bella Mkt, Family$, USPO, vet
271	Mountain Vista Dr, **W** 🅞 Budweiser Brewery
269b a	CO 14, to US 87, Ft Collins **E** 🍴 CF&G Cookhouse, McDonald's 🛏 Best Value Inn, **W** 🅟 Shell/dsl 🍴 Denny's, Hacienda Real, Waffle House 🛏 9 Motel, Comfort Inn, Days Inn, EconoLodge, La Quinta, Motel 6, Red Lion Inn, Rodeway Inn, Super 8 🅞 to CO St U, vet
268	Prospect Rd, to Ft Collins, **W** **Welcome Ctr**/🆁🆂 **both lanes, full** ♿ **facilities, litter barrels,** 🚽, **petwalk,** 🅞 🏥
267mm	weigh sta both lanes
266mm	**E** 🅞 st patrol
265	Harmony Rd, Timnath, **E** 🅟 Murphy USA/dsl 🍴 Freddy's 🅞 Costco/dsl, Walmart/Subway, **2-3 mi W** 🅟 Shell/dsl 🍴 Austin's Grill, BJ's Rest., Carrabba's, Chipotle, Famous Dave's, Firehouse Subs, Five Guys, HuHot, IHOP, Jersey Mike's, Macaroni Grill, McAlister's Deli, Old Chicago, Outback Steaks, Panera Bread, Papa John's, Qdoba, Red Robin, Rustic Oven, SmashBurger, Sprouts Mkt, Starbucks, Subway, Texas Roadhouse, Tom+Chee, Village Inn, Wahoo's, Which Wich? 🛏 Cambria Suites, Comfort Suites, Courtyard, Hampton Inn, Hilton Garden, Holiday Inn Express, Homewood Suites, Residence Inn 🅞 🏥, Kohl's, Lowe's, Office Depot, Safeway/gas, Sam's Club, Staples, Target, Verizon, Walgreens, World Mkt
262	CO 392 E, to Windsor, **E** 🅟 7-11/dsl, Shell/Subway/dsl 🍴 Arby's, Pueblo Viejo, Taco John's 🛏 AmericInn 🅞 vet, **W** 🅞 Powder River RV Ctr
259	Crossroads Blvd, **E** 🅟 7-11/dsl, Shell/dsl 🍴 Boot Grill, Carl's Jr, Nordy's, Palomino Mexican, Perkins, Qdoba Mexican, Subway 🛏 Candlewood Suites, Embassy Suites, Holiday Inn Express, Woodspring Suites, **W** 🍴 Hooters 🅞 BMW, Buick/GMC, CarMax, Chevrolet, Harley-Davidson, Hyundai, Mercedes, Mini, Subaru, to 🛩
257b a	US 34, to Loveland, **E** 🅟 7-11/dsl, Shell/dsl 🍴 Bent Fork Grill, Biaggi Italian, BoneFish Grill, Culver's, East Coast Pizza, On-the-Border, PF Chang's, Qdoba, Red Robin, Rock Bottom Rest., Starbucks 🅞 AT&T, Barnes&Noble, Best Buy, Dick's, GNC, Macy's, See's Candies, Verizon, **W** 🅟 Conoco/dsl 🍴 Buffalo Wild Wings, Carino's Italian, Chick-fil-A, Chili's, Chipotle Mexican, Cracker Barrel, IHOP, Jimmy John's, KFC/Taco Bell, LoneStar Steaks, McDonald's, Mimi's Cafe, Noodles&Co, Old Chicago, Panera Bread, Starbucks, Subway, Wendy's 🛏 Best Western, Fairfield Inn, Hampton Inn, Residence Inn 🅞 🏥, Jo-Ann Fabrics, Loveland Outlets/famous brands, Loveland RV Resort, Marshall's, museum, Old Navy, Petsmart, Ross, Sportsman's Whse, Staples, Target, to Rocky Mtn NP
255	CO 402 W, to Loveland
254	to CO 60 W, to Campion, **E** 🍴 Johnson's Corner/Sinclair/café/dsl/scales/motel/24hr 🛏 Budget Host 🅞 RV retreat/service
252	CO 60 E, to Johnstown, Milliken, **W** 🅟 Loaf'n Jug/Subway/dsl

250	CO 56 W, to Berthoud, **W** 🍴 ❤Loves/Subway/dsl, scales/24hr 🅞 to Carter Lake
245	to Mead
243	CO 66, to Longmont, Platteville, **E** 🅟 Conoco/dsl, Kum&Go/dsl, Shell/7-11 🍴 Rancheros Rest., Red Rooster Rest. 🅞 Camping World/K&C RV Ctr, tires, vet, **W** 🅞 to Estes Park, to Rock Mtn NP
241mm	St Vrain River
240	CO 119, to Longmont, **E** 🅟 Shell/7-11/dsl 🍴 Burger King, Carl's Jr, Del Taco, Good Times Grill, Pizza Hut, Popeye's, Qdoba, Starbucks, Wendy's 🛏 Best Western, Comfort Suites, Woodspring Suites 🅞 Century RV Ctr, Home Depot, Kia, Lexus, Toyota/Scion, Transwest RV Ctr, **W** 🅟 7-11/Subway/dsl, Conoco/dsl/scales/24hr, Shell/Circle K/dsl 🍴 Arby's, McDonald's, Pizza Hut/Taco Bell, Waffle House 🛏 1st Inn, Best Value Inn, Quality Inn, Super 8, Travelodge 🅞 museum, to Barbour Ponds SP, truckwash, Valley Camper RV Ctr
235	CO 52, Dacono, **E** 🅟 Kum&Go/dsl 🅞 Ford, Infiniti, **W** 🅟 Conoco/dsl/LP 🍴 McDonald's, Pepper Jacks Grille, Starbucks, Subway 🅞 Harley-Davidson, to Eldora Ski Area
232	to Erie, Dacono
229	CO 7, to Lafayette, Brighton, **E** 🍴 Buffalo Wild Wings, Chick-fil-A, Chili's, Famous Dave's BBQ, Goodtimes Burgers, Gunther Toody's, La Fogata, Starbucks, Subway, Village Inn 🅞 AT&T, Costco/gas, Dick's, Home Depot, Petsmart, Sears Grand
228	E-470 **(tollway)**, to Limon
226	144th Ave, **E** 🅟 Murphy Express/dsl 🍴 Firehouse Subs, Freddy's 🅞 Cabela's, Hobby Lobby, **W** 🍴 HuHot Mongolian, Mimi's Cafe, Mooyah Burgers, Panera Bread, Red Robin, Rustic Bucket, Starbucks, Which Wich? 🅞 🏥, $Tree, AT&T, JC Penney, Macy's, Marshall's, Old Navy, REI, Ross, Staples, Target, Verizon
225	136th Ave, **W** 🅟 Valero/dsl 🍴 Big Burrito, Carl's Jr, KFC, Silver, Starbucks, Subway 🅞 Advance Parts, Firestone/auto, Lowe's, URGENT CARE, Walmart/McDonald's
223	CO 128, 120th Ave, to Broomfield, **E** 🅟 Conoco, Valero/dsl 🍴 Applebee's, Bad Daddy's Burger Bar, Burger King, Cafe Rio, Chick-fil-A, Chipotle Mexican, Coldstone, Fazoli's, Fire Watch Cafe, Jimmy John's, Jim'N Nick's BBQ, Krispy Kreme, LoneStar Steaks, Longhorn Steaks, McDonald's, Olive Garden, Outback Steaks, Panda Express, Panera Bread, Smashburger, Sonic, Starbucks, Subway, Taziki's Cafe, Tequila's Mexican, TGIFriday's 🛏 DoubleTree, EconoLodge, Hampton Inn, Holiday Inn Express, Ramada Inn 🅞 $Tree, Albertson's, AT&T, Barnes&Noble, Big O Tire, Brakes+, CarQuest, Discount Tire, GNC, Meineke, Michael's, O'Reilly Parts, PetCo, Sprouts Mkt, Target, Tires+, Verizon, vet, Walgreens, **W** 🅟 Conoco/dsl, Shell/Circle K/Popeye's/dsl, Valero/dsl 🍴 CB Potts Rest., Chili's, Cracker Barrel, DQ, Hooters, Laguna's Mexican, Perkins, Qdoba, Starbucks, Subway, Village Inn Rest., Wendy's 🛏 Comfort Suites, Cottonwood Suites, Extended Stay America, Fairfield Inn, La Quinta, Super 8
221	104th Ave, to Northglenn, **E** 🅟 Conoco, Shell 🍴 Buffalo Wild Wings, Burger King, CiCi's Pizza, Denny's, DQ, Firehouse Subs, Old Chicago, Qdoba, Subway, Texas Roadhouse 🅞 🏥, GNC, Home Depot, King's Soopers, Tires+, Walgreens, **W** 🅟 7-11, Shell/Circle K/dsl 🍴 Applebee's, Atlanta Bread, Blackeyed Pea, Cinzzetti's Italian, GoodTimes Burger, Gunther Toody's, McDonald's, Seoul BBQ, Starbucks, Taco Bell, The Armadillo 🅞 Best Buy, Fiat, Firestone/auto, Ford, Goodyear/auto

CO

THORNTON

INTERSTATE 25 Cont'd

221 Continued
Hyundai, Jo-Ann Fabrics, Lowe's, Marshalls, Office Depot, Petsmart, Ross, Sheplar's

220 Thornton Pkwy, **E** 🍴 Golden Corral, Rico Pollo 🅾 🏨, AT&T, Hobby Lobby, Sam's Club/gas, Thornton Civic Ctr, Walmart/McDonald's, **W** 🅿 Shell, Valero/dsl, Western/dsl 🍴 Subway

219 84th Ave, to Federal Way, **E** 🅿 Shell/dsl, Valero/dsl 🍴 Arby's, McDonald's, Quiznos, Sonic, Starbucks, Subway, Taco Bell, Taco Star, Waffle House 🅾 O'Reilly Parts, **W** 🅿 Econogas, Valero/dsl 🍴 Burger King, DQ, El Fogon, McDonald's, Popeye's, Santiago's Mexican, Village Inn Rest. 🏨 Motel 6 🅾 🏨, AutoZone, CarQuest, Discount Tire, Meineke, Save-A-Lot, vet

217 US 36 W (exits left from nb), to Boulder, **W** 🅿 Ammco 🍴 Subway 🅾 Chevrolet, Toyota/Scion

216b a I-76 E, to I-270 E

215 58th Ave, **E** 🍴 Burger King, McDonald's, Steak Escape, Subway, Wendy's 🏨 Comfort Inn 🅾 URGENT CARE, **W** 🅿 Conoco/dsl, Shamrock/dsl 🏨 Super 8 🅾 O'Reilly Parts

214c 48th Ave, **E** 🅾 ✈, coliseum, **W** 🍴 Village Inn Rest. 🏨 Quality Inn, Ramada

214b a I-70, E to Limon, W to Grand Junction

213 Park Ave, W 38th Ave, 23rd St, downtown, **E** 🅿 Conoco 🍴 Domino's, McDonald's, Starbucks 🏨 La Quinta, **W** 🏨 Town&Country Motel

212c 20th St, downtown, Denver

DENVER AREA

212b a Speer Blvd, **E** 🅾 museum, downtown, **W** 🅿 Conoco/dsl, Shell/dsl 🍴 Starbucks, Subway 🏨 Hampton Inn, Ramada, Residence Inn, Super 8 🅾 AutoZone, Walgreens

211 23rd Ave, **E** 🅾 funpark

210c CO 33 (from nb)

210b US 40 W, Colfax Ave, **W** 🍴 Denny's, KFC 🏨 Ramada Inn/rest., Red Lion Inn 🅾 Mile High Stadium

210a US 40 E, Colfax Ave, **E** 🅾 civic center, U-Haul, downtown

209c 8th Ave

209b 6th Ave W, US 6, **W** 🅿 Shell/dsl

209a 6th Ave E, downtown, Denver

208 CO 26, Alameda Ave (from sb), **E** 🅿 Shamrock/dsl 🍴 Burger King, Denny's 🅾 Home Depot, same as 207b, **W** 🅿 Conoco/dsl

207b US 85 S, Santa Fe Dr, same as 208

207a Broadway, Lincoln St, **E** 🍴 Griff's Burgers 🅾 USPO

206b Washington St, Emerson St, **E** 🅾 Whole Foods Mkt, **W** 🅾 🏨

206a Downing St (from nb)

205b a University Blvd, **W** 🅾 to U of Denver

204 CO 2, Colorado Blvd, **E** 🅿 Conoco/dsl, Loaf'n Jug, Shamrock, Shell/Circle K 🍴 Arby's, Black Eyed Pea, Chili's, Domino's, GoodTimes Grill, Hacienda Colorado, IHOP, Jimmy John's, McDonald's, Noodles&Co, Old Chicago Pizza, Pizza Hut, Qdoba, Smashburger, Starbucks, Subway, Taco Bell, Tokyo Joe's, Village Inn Rest., Wahoo's, Whole Foods Mkt 🏨 Belcaro Motel, Courtyard, Fairfield Inn, Hampton Inn 🅾 Barnes&Noble, Best Buy,

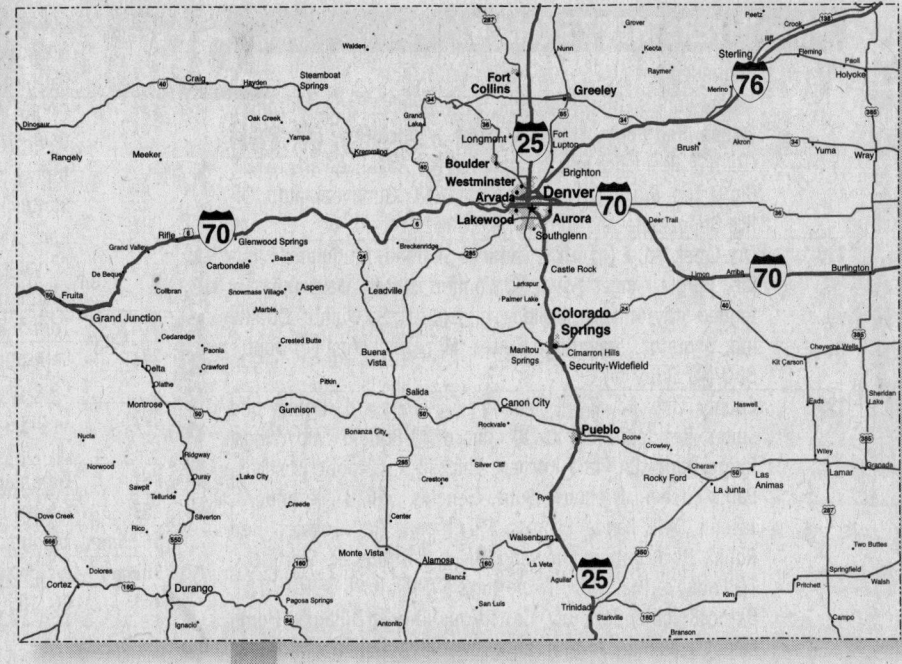

204 Continued
Chevrolet, Home Depot, Mercedes/BMW, Petco, Ross, Safeway Foods, Staples, vet, VW, Walgreens, **W** 🅿 Conoco 🍴 A&W/KFC, Dave&Buster's, McDonald's, Pei Wei, Perkins, Which Wich 🏨 La Quinta 🅾 Natural Grocers, Office Depot, USPO

203 Evans Ave, **E** 🍴 Rockies Inn, **W** 🏨 Cameron Motel 🅾 Ford

202 Yale Ave, **W** 🍴 BeauJo's CO Pizza, Chipotle Mexican 🅾 GNC, King's Sooper, Michaels, Petsmart

201 US 285, CO 30, Hampden Ave, to Englewood, Aurora, **E** 🅿 Conoco/Circle K/LP, Shamrock, Shell 🍴 Chick-fil-A, Chipotle Mexican, Coldstone, Domino's, Firehouse Subs, Jimmy John's, McDonald's, Noodles&Co, NY Deli, Panera Bread, Qdoba, Smashburger, Starbucks, Subway, Wahoos Fish Taco, Zanitas Mexican 🏨 Embassy Suites 🅾 Discount Tire, King's Sooper/dsl, Omaha Steaks, Petco, Target, URGENT CARE, Verizon, vet, Walgreens, Whole Food Mkt, **W** 🅿 Conoco/7-11 🍴 Burger King, Starbucks 🅾 Safeway

200 I-225 N, to I-70

199 CO 88, Belleview Ave, to Littleton, **E** 🍴 Baker St Grill, Chipotle Mexican, Cool River Cafe, Fiocchi's Pizzeria, Fornaio Rest., Garcia's Mexican, Great Northern Rest., Noodles&Co, Pancake House, Panera Bread, Qdoba, Starbucks, Wendy's, Which Wich 🏨 Hampton Inn, Hilton Garden, Hyatt Place, Marriott, **W** 🅿 Conoco, Shamrock 🍴 McDonald's, Pappadeaux Café, Pizza Hut/Taco Bell 🏨 Extended Stay Am, Extended Stay America 🅾 Lexus

198 Orchard Rd, **E** 🍴 Del Frisco's Steaks 🅾 Shepler's, **W** 🅿 Shell/Circle K/dsl 🍴 Subway 🏨 DoubleTree 🅾 vet

197 Arapahoe Blvd, **E** 🅿 Conoco/dsl, Shell/Circle K/dsl 🍴 A&W/KFC, Bros BBQ, Burger King, Chick-fil-A, Del Taco, Dickie's BBQ, Domino's, El Parral, El Tapatio Mexican, Gunther Toody's Rest., Hoong's Palace, McDonald's, Outback Steaks, Pat's Cheesesteak, Pizza Hut, Qdoba, Schlotsky's, Smashburger, Sonic, Starbucks, Subway, Volcano Chinese, Wendy's 🏨 Best Western, Courtyard, Extended Stay America, Hawthorn Suites, Hyatt House, LaQuinta, Motel 6, Sleep Inn 🅾 Chrysler/Jeep, Discount Tire, Ford, Home Depot, Honda, Hyundai, Kia, Lowe's Whse, Mazda, Nissan, Subaru, Target, Toyota/Scion, USPO, Walmart, **W** 🅿 Phillips 66/dsl, Shell/dsl, Valero/dsl 🍴 Arby's, Boston Mkt, CB & Potts, Chipotle Mexican, DQ, Elephant Bar Rest., Five Guys, Garbanzo Grill, Goodtimes, Jamba Juice,

DENVER AREA

⬆N INTERSTATE 25 Cont'd

197 Continued
Jimmy John's, Macaroni Grill, McDonald's, Papa Murphy's, Qdoba, Red Robin, Starbucks, Subway, Taco Bell, Twin Peaks Grill 🏠 Residence Inn, Wingate Inn Ⓞ Advance Parts, AT&T, Big O Tire, Brakes+, Firestone/auto, GNC, Goodyear/auto, Office Depot, Safeway, Sprouts Mkt, URGENT CARE, vet

196 Dry Creek Rd, E 🍴 IHOP, Landry's Seafood, Maggiano's Italian, Purple Ginger Asian 🏠 Comfort Suites, Days Inn, Extended Stay America, Holiday Inn Express, La Quinta, Quality Inn, Sheraton, Staybridge Suites, W ⛽ 7-11/dsl 🍴 Bono's BBQ 🏠 Drury Inn

195 County Line Rd, E 🍴 Fleming's 🏠 Courtyard, Homewood Suites, Residence Inn, W ⛽ Conoco 🍴 Buffalo Wild Wings, Burger King, CA Pizza Kitchen, Chick-fil-A, Chipotle Mexican, Earl's Kitchen, Firehouse Subs, Genghis Grill, J Alexander's, Jason's Deli, Panda Express, PF Changs, Red Lobster, Red Robin, Rock Bottom Brewery/Cafe, Smashburger, Starbucks, TGIFriday's, Thai Basil, Tokyo Joe's 🏠 Hyatt Place Ⓞ AT&T, Barnes&Noble, Best Buy, Costco/gas, Dick's, Dillard's, Home Depot, JC Penney, Jo-Ann Fabrics, Macy's, Marshall's, Michaels, Nordstrom, Old Navy, PetsMart, REI, Ross, Verizon

194 CO 470 W, CO 470 E **(tollway)**

193 Lincoln Ave, to Parker, E ⛽ 7-11/dsl, Conoco, Valero/dsl 🍴 Carl's Jr, Hacienda Colorado, Starbucks, Subway 🏠 Candlewood Suites, Hilton Garden, W ⛽ Conoco/dsl 🍴 Chili's, Chipotle Mexican, Firehouse Subs, Five Guys, Garbanzo Grill, Heidi's, KFC, McDonald's, Noodles&Co, Papa John's, Papa Murphy's, Pizza Hut/Taco Bell, Qdoba, Starbucks, Subway 🏠 Hampton Inn, Marriott Ⓞ ♿, Discount Tire, GNC, Safeway, Sprouts Mkt, Target

192 Ridgegate Pkwy, W 🏠 TownePlace Suites Ⓞ ♿, Cabela's

191 no services

190 Surrey Ridge, Surrey Ridge

188 Castle Pines Pkwy, W ⛽ Conoco/dsl, Shell/Circle K/Taco Bell/dsl 🍴 La Dolce Vita, Las Fajitas Mexican, Papa John's, Papa Murphy's, Starbucks, Subway, Wendy's Ⓞ Big O Tires, Discount Tire, King's Sooper/dsl, Safeway, URGENT CARE, vet, Walgreens

187 Happy Canyon Rd, W Ⓞ services 2 mi

185 Castle Rock Pkwy, W Ⓞ Petco, Sam's Club/dsl, TJ Maxx, Verizon

CASTLE ROCK

184 Founders Pkwy, Meadows Pkwy, to Castle Rock, E ⛽ Conoco/dsl, Shell/Circle K/dsl 🍴 A&W/KFC, Applebee's, Baskin-Robbins, Chick-fil-A, Chipotle Mexican, Coldstone, Five Guys, Goodtimes Grill, Jimmy John's, Little Caesars, Noodles&Co, Outback Steaks, Panera Bread, Parry's Pizza, Qdoba, Red Robin, Sonic, Starbucks, Subway, Taco Bell, Wendy's Ⓞ $Tree, Advance Parts, AT&T, Brakes+, Discount Tire, Firestone/auto, GNC, Goodyear/auto, Grease Monkey, Home Depot, Just Brakes, King's Sooper, Kohl's, Michael's, Natural Grocers, Office Depot, O'Reilly Parts, Petsmart, Sprouts Mkt, Target, Verizon, vet, Walgreens, Walmart, W ⛽ Loaf'n Jug/dsl 🍴 Arby's, Blackeyed Pea, Cafe Rio, Chili's, Food Court, Freddy's Steakburger, IHOP, McDonald's, MOD Pizza, Popeye's, Potbelly, Rockyard Grill, Smashburger 🏠 Best Western, Comfort Suites, Days Inn, Hampton Inn, Holiday Inn Express Ⓞ Castle Rock Outlet/famous brands, King's Sooper/dsl, Lowe's, Midas, st patrol

182 CO 86, Castle Rock, Franktown, E ⛽ 7-11/dsl, Conoco/dsl, Phillips 66/dsl 🍴 Augustine Grill, B&B Cafe, Castle Cafe, El Meson Mexican 🏠 Castle Pines Motel Ⓞ vet, W ⛽ Shell/Circle K/dsl, Valero/dsl 🍴 Burger King, Domino's, Guadalajara Mexican, Jack-in-the-Box, McDonald's, Old West BBQ, Santiago's

182 Continued
Mexican, Village Inn, Waffle House, Wendy's 🏠 Castle Inn, LaQuinta, Super 8 Ⓞ NAPA

181 CO 86, Wilcox St, Plum Creek Pkwy, Castle Rock, E ⛽ Conoco, Valero/dsl, Western/dsl 🍴 Blimpie, DQ, El Meson Mexican, Jimmy John's, Papa John's, Papa Murphy's, Pizza Hut, Quiznos, Starbucks, Stumpy's Pizzaria, Subway, Taco Bell 🏠 Castle Rock Motel Ⓞ AutoZone, Big O Tire, Buick/Chevrolet/GMC, Chrysler/Dodge/Jeep, Ford, Midas, Safeway/dsl, Tuesday Morning, URGENT CARE, USPO, Walgreens

LARKSPUR

174 Tomah Rd, W Ⓞ Yogi Bear's Campground

173 Larkspur (from sb, no return), 3 mi W ⛽ Conoco/Larkspur Cafe/dsl/♿

172 Upper Lake Gulch Rd, Larkspur, 2 mi W ⛽ Conoco/dsl/♿ 🍴 Larkspur Pizza Cafe, Spur Grill Ⓞ USPO

167 Greenland

163 County Line Rd

162.5mm Monument Hill, elev 7352

162mm weigh sta both lanes

161 CO 105, Woodmoor Dr, E ⛽ Conoco 🍴 3 Margaritas Mexican, Jimmy John's, Papa John's 🏠 Ramada/Sundance Mtr Lodge/rest. Ⓞ CO Hts RV Park (2mi), W ⛽ 7-11, Phillips 66, dsl 🍴 Arby's, Domino's, La Casa Fiesta New Mexican, McDonald's, Rosie's Diner, Starbucks, Subway, Taco Bell, Village Inn Ⓞ Big O Tire, Natural Grocers, Safeway/dsl, USPO, Walgreens

158 Baptist Rd, E ⛽ Murphy USA/dsl, Shell/Circle K/Popeye's/dsl/24hr 🍴 Borriello Bros. Pizza, Carlos Miguel's, Chili's, Coldstone, Freddy's Steakburgers, McDonald's, Mexican Grill, Papa Murphy's, Qdoba, Subway, TX Roadhouse 🏠 Fairfield Inn Ⓞ Advance Parts, AutoZone, Christian Bros. Auto, Discount Tire, GNC, Home Depot, King's Sooper, Kohl's, Natural Grocers, O'Reilly Parts, Petsmart, Staples, URGENT CARE, Verizon, Walgreens, Walmart/Subway, Jiffy Lube, W ⛽ Shamrock, dsl/scales

156b N Entrance to USAF Academy, E ⛽ Loaf'n Jug/Subway/dsl 🍴 Bourbon Bros Kitchen, C B & Potts Rest., Costa Vida, Jimmy John's, Kneaders Cafe, Wendy's Ⓞ AT&T, Bass Pro Shops, W Ⓞ visitors center

156a Gleneagle Dr, E Ⓞ mining museum

153 InterQuest Pkwy, E ⛽ Kum&Go/dsl, Kum&Go/dsl 🍴 Cheddar's, CO Mtn Brewery/rest., Dickey's BBQ, Freddy's, Jersey Mike's, Starbucks, Taco Bell, Zoup! 🏠 Drury Inn, Hampton Inn, Residence Inn

152 scenic overlook on sb

151 Briargate Pkwy, E ⛽ 7-11 🍴 Biaggi's, CA Pizza Kitchen, Garbanzo Grill, Marco's Pizza, Panera Bread, PF Changs, Qdoba, Salsa Brava Mexican, Starbucks, Ted's MT Grill 🏠 Hilton Garden, Homewood Suites Ⓞ AT&T, to Black Forest

150b a CO 83, Academy Blvd, E ⛽ Shamrock/dsl, Shell/Circle K/dsl 🍴 A&W, Amanda's Fonda, Applebee's, Baskin-Robbins, Buffalo Wild Wings, Burger King, Chick-fil-A, Chipotle Mexican, Coldstone, Cracker Barrel, Crave Burgers, Culver's, Del Taco, Denny's, Drifters Hamburgers, Egg&I Café, Elephant Bar Rest., Extreme Pizza, Famous Dave's, Firehouse Subs, Five Guys, HuHot Mongolian, IHOP, Jason's Deli, Jimmy John's, KFC, McDonald's, Mimi's Café, Noodles&Co, Olive Garden, Olive Garden, On-the-Border, Panera Bread, Pei Wei, Qdoba, Red Robin, Salt Grass Steaks, Schlotzsky's, Sonic, Starbucks, Steak'n Shake, Subway, Tokyo Joe's Grill, Wendy's 🏠 Academy Hotel, Comfort Suites, Days Inn, Drury Inn, EconoLodge, Howard Johnson, Super 8 Ⓞ $Tree, Advance Parts, AT&T, Barnes&Noble, Best Buy

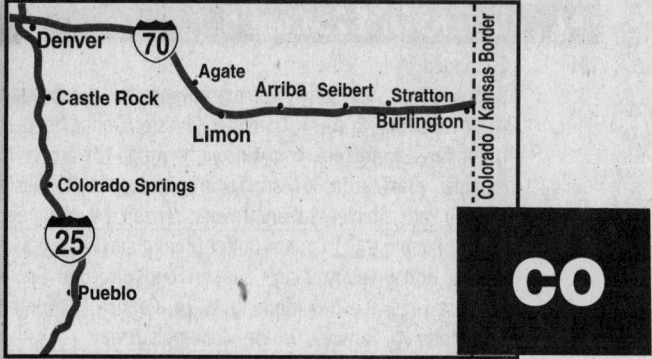

INTERSTATE 25 Cont'd

150b a   Continued

Chevrolet, Dick's, Dillard's, Firestone/auto, Ford, Hobby Lobby, Home Depot, Hyundai, JC Penney, Kia, King's Sooper, Macy's, Marshall's, Michael's, Midas, Natural Grocers, Old Navy, O'Reilly Parts, PepBoys, Petsmart, REI, Ross, Sam's Club/gas, Sears/auto, to Peterson AFB, URGENT CARE, Verizon, VW, Walmart/Subway, Whole Foods Mkt, **W** S Entrance to USAF Academy

149   Woodmen Rd, **E** 🍴 Carl's Jr, Carraba's ⭕ Nissan, **W** 🅿 Shell/Circle K/dsl 🍴 Hooters, Old Chicago Pizza, Outback Steaks, TGIFriday's 🛏 Comfort Inn, Embassy Suites, Fairfield Inn, Hampton Inn, Holiday Inn Express, Microtel, Staybridge Suites

148   Corporate Ctr Dr, Nevada Ave, **E** 🍴 BJ's Rest., Bonefish Grill, Chipotle Mexican, Hacienda Colorado, Noodles&Co, Panera Bread, Pita Pit, Smashburger, Tokyo Joe's Grill, Which Wich? 🛏 The Lodges ⭕ BMW, Costco/gas, Harley-Davidson, Kohl's, Lowe's, Petco, SteinMart, Trader Joe's, **W** 🅿 Shell/Circle K 🛏 Crestwood Suites, Extended Stay America, Hyatt House, Marriott ⭕ to Rodeo Hall of Fame

146   Garden of the Gods Rd, **E** 🅿 Conoco/7-11, Shell/Circle K/dsl 🍴 Carl's Jr, Caspian Cafe, Drifter's Burgers, McDonald's 🛏 Best Value Inn, La Quinta ⭕ Aamco, **W** 🅿 Conoco/7-11, Exxon/dsl, Phillips 66/Circle K, Shamrock/dsl 🍴 Applebee's, Arby's, Arceo's Mexican, Blackeyed Pea, Chick-fil-A, Freddy's Steakburgers, Jimmy John's, Mollica's Italian, Sonic, Souper Salad, Subway, Taco Bell, Taco Bueno, Village Inn, Wendy's 🛏 Days Inn, Hyatt Place, Quality Inn, Super 8 ⭕ $Tree, AutoZone, Discount Tire, to Garden of Gods, vet

145   CO 38 E, Fillmore St, **E** 🅿 Conoco/7-11, Shamrock/dsl, Western/dsl 🍴 Arby's, Burger King, Carl's Jr, DQ, Lucky Dragon, McDonald's, Subway, Taco Bell 🛏 Budget Host ⭕ 🅷 Advance Parts, Walgreens, **W** 🅿 Kum&Go/dsl 🍴 Waffle House 🛏 Motel 6, Super 8

144   Fontanero St

143   Uintah St, **E** 🅿 7-11 ⭕ Uintah Fine Arts Ctr

142   Bijou St, Bus Dist, **E** 🛏 The Antlers Hotel ⭕ Firestone/auto, visitor info, **W** 🍴 Denny's 🛏 Clarion, Holiday Inn Express, Quality Inn

141   US 24 W, Cimarron St, to Manitou Springs, **W** 🅿 Shell/7-11/dsl, Sinclair/dsl 🍴 Arby's, Capt D's, La Casita Mexican, McDonald's, Popeye's, Sonic, TX Roadhouse ⭕ Acura, Audi, AutoZone, Brakes+, Buick/GMC, Cadillac, Chevrolet, Chrysler/Dodge/Jeep, Discount Tire, Ford, Grease Monkey, Hobby Lobby, Hyundai, Infiniti, Kia, Land Rover/Jaguar, Lexus, Lincoln, Mazda, Meineke, Mercedes, NAPA, Office Depot, Porsche, Subaru, to Pikes Peak, Toyota/Scion, Volvo, VW, Walmart/McDonald's

140b   US 85 S, Tejon St, **E** ⭕ Peerless Tires, **W** 🅿 Conoco/dsl ⭕ access to same as 141

140a   Nevada Ave, **E** 🅿 Kum & Go/dsl 🛏 Chateau Motel, Howard Johnson ⭕ repair, **W** 🅿 7-11, Shamrock 🍴 Arceo's Mexican, Burger King, China Kitchen, Chipotle Mexican, IHOP, KFC, McDonald's, Noodles&Co, On the Border, Panda Express, Panera Bread, Rancho Alegre Mexican, Red Robin, Schlotzsky's, Starbucks, Subway, Taco Bell, Taco Express, Wendy's 🛏 Rodeway Inn, Sunsprings Motel, Travel Star Inn ⭕ $Tree, access to auto dealers at 141, Big O Tire, Family$, Michael's, Midas, Natural Grocers, Office Depot, O'Reilly Parts, Petsmart, Ross, Safeway Foods, Sears, Tuesday Morning, Walgreens

139   US 24 E, to Lyman, Peterson AFB

138   CO 29, Circle Dr, **E** 🅿 Conoco, Shell/Circle K/dsl 🍴 McDonald's 🛏 Days Inn, Hotel Elegante, Super 8 ⭕ 🐾, Kohl's, URGENT CARE, zoo, **W** 🅿 7-11 🍴 Arby's, Buffalo Wild Wings, Burger King, Carl's Jr, Carrabba's, Chili's, ChuckeCheese, Culver's, Denny's, Fazoli's, Flatiron Grill, Macaroni Grill, Outback Steaks, Smoothie King, Subway, Village Inn 🛏 Best Western, Comfort Inn, Courtyard, DoubleTree Hotel, Fairfield Inn, Hampton Inn, La Quinta, Residence Inn ⭕ AT&T, GNC, PetCo, Target

135   CO 83, Academy Blvd, **E** to 🐾, to Cheyenne Mtn SP, **W** 🍴 Jersey Mike's, Qdoba ⭕ Ft Carson, Sam's Club/dsl, Walmart/Subway

132   CO 16, Wide Field Security, **E** 🅿 ♥Loves/Subway/dsl ⭕ Camping World RV Ctr, KOA

128   to US 85 N, Fountain, Security, **E** 🅿 7-11, Loaf'n Jug/Subway/dsl ⭕ Family$, USPO, **W** 🅿 Tomahawk/Exxon/rest./dsl/24hr/@ 🛏 Fountain Inn, Super 8 ⭕ Freightliner

125   Ray Nixon Rd

123   no services

122   to Pikes Peak Meadows, **W** ⭕ Pikes Peak Intn'l Raceway

119   Rancho Colorado Blvd, Midway

116   county line rd

115mm   🆁🆂 nb, full ♿ facilities, litter barrels, petwalk, 🚮

114   Young Hollow

112mm   🆁🆂 sb, full ♿ facilities, litter barrels, petwalk, 🚮

110   Pinon

108   Purcell Blvd, Bragdon, **E** ⭕ racetrack, **W** ⭕ KOA

106   Porter Draw

104   Eden, **W** 🅿 ♥Loves/Chester's/Subway/dsl/scales/24hr ⭕ Peterbilt

102   Eagleridge Blvd, **E** 🅿 Loaf'n Jug/dsl 🍴 Burger King, Subway, TX Roadhouse 🛏 Candlewood Suites, Holiday Inn Express ⭕ Big O Tire, Home Depot, Sam's Club/gas, **W** 🅿 Conoco/dsl 🍴 Buffalo Wild Wings, Cactus Flower Mexican, Chili's, Cracker Barrel, IHOP, Mexican Grill, Starbucks, Village Inn, Wonderful Bistro 🛏 Best Western, Comfort Inn, EconoLodge, Hampton Inn, La Quinta, Ramada, Wingate Inn ⭕ Best Buy, Cavender's Boots, Dick's, frontage rds access 101, Harley-Davidson, Kohl's, Old Navy, PetCo

101   US 50 W, Pueblo, **E** 🍴 Capt D's, Coldstone, Country Buffet, Denny's, Margaritas Mexican, Ruby Tuesday, Souper Salad 🛏 Baymont Inn ⭕ Barnes&Noble, CO Tire, Dillard's, JC Penney, Jo-Ann, mall, Petsmart, Ross, Sears/auto, Target, TJ Maxx, U-Haul, Verizon, Walmart/Subway, **W** 🅿 Conoco/7-11, Loaf'n Jug/dsl, Shell/dsl, Valero/dsl 🍴 Applebee's, Arby's, Arriba Mexican, Blackeyed Pea, Carl's Jr, China Rest., Chipotle Mexican, Country Kitchen, DJ's Steaks, Domino's, DQ, Fazoli's, Golden Corral, Jack-in-the-Box, Little Caesars, Manhattan's Pizza, McAlister's Deli, McDonald's, Noodles&Co, Old Chicago, Olive Garden, Papa John's, Papa Murphy's, Pass Key Rest., Pizza Hut, Popeye's, Red Lobster, Starbucks, Subway, SW Grill, Taco Bell, Wendy's 🛏 Clarion, Days Inn, Motel 6, Quality Inn,

C O L O R A D O   S P R I N G S

P U E B L O

⛽ = gas   **🍴 = food**   **🛏 = lodging**   **⊙ = other**   **Rs = rest stop**   Copyright 2018 - The Next EXIT

CO

⬆N INTERSTATE 25 Cont'd

Exit	Services
101	Continued
	Rodeway Inn, Super 8 ⊙ Aamco, Advance Parts, Albertson's, AT&T, AutoZone, Brakes+, Chevrolet, Chrysler/Dodge/Jeep, Discount Tire, EmergiCare, Ford/Lincoln, frontage rds access 102, Hyundai, Kia/Mazda, K-Mart, Lowe's, Midas, NAPA, Nissan, O'Reilly Parts, Staples, Subaru, Toyota, Verizon, vet, Walgreens
100b	29th St, Pueblo, E 🍴 Country Buffet, Mongolian Grill ⊙ $Tree, Car Dr, Hobby Lobby, King's Sooper Foods, Natural Grocers, Peerless Tires, Tuesday Morning, W ⛽ Conoco 🍴 Sonic 🛏 USA Motel ⊙ Family$, Grease Monkey, Safeway
100a	US 50 E, to La Junta, E ⛽ Loaf'n Jug/dsl, Shell 🍴 Little Caesars, McDonald's, Pizza Hut, Wendy's ⊙ Advance Parts, AutoZone, Belmont Tire/repair, Family$, Save-A-Lot Foods, Walgreens
99b a	Santa Fe Ave, 13th St, downtown, W 🍴 Subway, Taco Bell, Wendy's 🛏 Bramble Tree Inn, Travelers Motel ⊙ H, Buick/Cadillac/GMC, CarQuest, Honda
98b	CO 96; 1st St, Union Ave Hist Dist, Pueblo, W ⛽ Loaf'n Jug/dsl 🍴 Carl's Jr 🛏 Courtyard
98a	US 50E bus, to La Junta, W 🍴 Sonic
97b	Abriendo Ave
97a	Central Ave, W ⛽ Alta/dsl 🍴 McDonald's ⊙ $General
96	Indiana Ave, W ⊙ H
95	Illinois Ave (from sb), W ⊙ to dogtrack
94	CO 45 N, Pueblo Blvd, W ⛽ Loaf'n Jug/dsl, Western/dsl 🍴 Subway, Taco Bell 🛏 Hampton Inn, Microtel ⊙ Forts RV Park, to Lake Pueblo SP
91	Stem Beach
88	Burnt Mill Rd
87	Verde Rd
83	no services
77	Hatchet Ranch Rd, Cedarwood
74	CO 165 W, Colo City, E ⛽ Shamrock/deli/dsl/24hr 🍴 Obie's BBQ ⊙ KOA, W Rs both lanes, full ♿ facilities, litter barrels, petwalk, ⊙, 🦶, vending ⛽ Sinclair/Subway/dsl 🍴 Max's Place 🛏 Days Inn/rest.
71	Graneros Rd
	to Apache
64	Lascar Rd
60	Huerfano
59	Butte Rd
56	Redrock Rd
55	Airport Rd
52	CO 69 W, to Alamosa, Walsenburg, W ⛽ Loaf'n Jug/dsl (2mi), Phillips 66/A&W/dsl, Western/dsl 🍴 Carl's Jr (2mi), George's Rest., KFC/Taco Bell, Subway (2mi) 🛏 Best Western, Budget Host/RV ⊙ Country Host RV Park, Dakota RV Park/camping, Fam (2mi), San Luis Valley, to Great Sand Dunes NM
50	CO 10 E, La Junta, W ⊙ H
49	Lp 25, to US 160 W, Walsenburg, 1 mi W ⛽ Loaf'n Jug/dsl 🍴 Carl's Jr., Subway ⊙ Lathrop SP, to Cuchara Ski Valley
42	Rouse Rd, to Pryor
41	Rugby Rd
34	Aguilar
30	Aguilar Rd, W ⊙ Green Earth RV Park
27	Ludlow, W ⊙ Ludlow Memorial
23	Hoehne Rd
18	El Moro Rd, W Rs both lanes, full ♿ facilities, litter barrels, petwalk, 🦶
15	US 350 E, Goddard Ave, E 🍴 Burger King, Pizza Hut 🛏 Super 8 ⊙ H, AutoZone, Big R Ranch Store, Family$, W ⛽ Shell/dsl 🛏 Frontier Motel/café

WALSENBURG (side tab)

Exit	Services
14	Commercial St, downtown, Trinidad, same as 13b
13b	Main St, Trinidad, E CO Welcome Ctr, ⛽ Shell/dsl 🍴 KFC, Taco Bell, McDonald's, Sonic 🛏 Days Inn ⊙ CarQuest, Safeway Foods/dsl, Trinidad Motor Inn, W ⛽ Conoco/dsl ⊙ Monument Lake, RV camping, to Trinidad Lake
13a	Santa Fe Trail, Trinidad, E ⊙ RV camping
11	Starkville, E ⛽ Shell/Wendy's/dsl/24hr 🍴 Tequila's Mexican 🛏 Budget Host/RVPark, Holiday Inn, Rodeway Inn ⊙ Summit RV Park, to Santa Fe Trail, weigh/check sta, W 🛏 La Quinta, Quality Inn/rest ⊙ Big O Tire, Grease Monkey, O'Reilly Parts, Walmart
8	Springcreek
6	Gallinas
2	Wootten
1mm	scenic area pulloff nb
0mm	Colorado/New Mexico state line, Raton Pass, elev 7834, weigh sta sb

TRINIDAD (side tab)

⬆E INTERSTATE 70

Exit #	Services
450mm	Colorado/Kansas state line
438	US 24, Rose Ave, Burlington, N ⛽ Conoco/dsl 🛏 Hi-Lo Motel, Sloan's Motel ⊙ H, $General, Buick/Cadillac/Chevrolet/GMC, CarQuest, Family$, Ford/Lincoln, NAPA, O'Reilly Parts, Outback RV Park, Safeway Foods, S ⛽ Sinclair/Reynaldo Mexican/dsl/24hr ⊙ truck repair
437.5mm	Welcome Ctr wb, full ♿ facilities, historical site, info, litter barrels, petwalk, ⊙, 🦶
437	US 385, Burlington, N ⛽ Conoco/dsl, Western/dsl 🍴 Arby's, Burger King, Denny's, McDonald's, Pizza Hut, Route Steak, Subway 🛏 Best Value Inn, Burlington Inn, Chaparral Motel, Quality Inn, Western Motel ⊙ H, ShopKO, S ⛽ ♥Love's/Carl's Jr/dsl/scales/24hr/@ 🛏 Best Western/rest., Fairfield Inn, Woodbridge Suites
429	Bethune
419	CO 57, Stratton, N ⛽ Cenex/dsl, Conoco/dsl 🍴 Dairy Treat 🛏 Claremont Inn/café, Rodeway Inn ⊙ Marshall As Village Camping, Trails End Camping
412	Vona, 1/2 mi N ⊙ gas, ⊙
405	CO 59, Seibert, N ⊙ Shady Grove Camping/RV dump, S ⛽ Conoco/dsl ⊙ tire repair
395	Flagler, N ⛽ Loaf'N Jug/dsl 🍴 I-70 Diner, Subway 🛏 Little England Motel ⊙ Flagler SWA, G&B RV camping, NAPA, S ⛽ Cenex/dsl ⊙ golf
383	Arriba, N ⛽ DJ/café/dsl 🛏 motel, S Rs both lanes full ♿ facilities, litter barrels, petwalk, 🦶, point of interest, RV camping
376	Bovina
371	Genoa, N 🍴, ⛽, ⊙, point of interest, S ⊙ H
363	US 24, US 40, US 287, to CO 71, to Hugo, Limon, 13 mi S ⊙ H
361	CO 71, Limon, N ⊙ Ace Hardware, Chrysler/Dodge/Jeep, S ⛽ Shell/Wendy's/dsl, Sinclair/dsl 🍴 Golden China, Pizza Hut 🛏 1st Inn Gold, Coyote Motel ⊙ KOA, RV camping, patrol
360.5mm	weigh/check sta both lanes
359	to US 24, to CO 71, Limon, N ⛽ ⊛FLYING J/IHOP/dsl/scales/LP/24hr ⊙ dsl repair, RV camping, S ⛽ Qwest/dsl, Sinclair/dsl, TA/Phillips 66//Subway//Country Pride/dsl/scales/24hr/@ ⊙ Arby's, Denny's, McDonald's, Oscar's Grill, Taco Bell 🛏 Comfort Inn, EconoLodge, Holiday Inn Express, Quality Inn, Super 8, TS Inn ⊙ camping
354	no services
352	CO 86 W, to Kiowa

BURLINGTON (side tab)

LIMON (side tab)

🛣 INTERSTATE 70 Cont'd

Exit #	Services
348	to Cedar Point
340	Agate, 1/4 mi **S** 📷/dsl, ⊙
336	to Lowland
332mm	Rs wb, full 🛗 facilities, info, litter barrels, petwalk, ⊙, 🖼, vending
328	to Deer Trail, **N** 📷 Phillips/dsl, **S** 📷 Shell/dsl ⊙ USPO
325mm	East Bijou Creek
323.5mm	Middle Bijou Creek
322	to Peoria
316	US 36 E, Byers, **N** 📷 Sinclair/dsl 🛏 Budget Host ⊙ Thriftway Foods/Drug, **S** 📷 Tri Valley 🍴 Country Burger Rest. ⊙ USPO
310	Strasburg, **N** 📷 Conoco/dsl 🍴 Coronas Mexican, KT's BBQ, Patio Cafe, Subway ⊙ Country Gardens RV Camping (3mi), dsl/auto repair, KOA, NAPA, USPO, vet, Western Hardware
306mm	Kiowa, Bennett, **N** Rs both lanes, full 🛗 facilities, litter barrels, petwalk, ⊙, 🖼
305	Kiowa (from eb)
304	CO 79 N, Bennett, **N** 📷 Conoco/Hotstuff Pizza/dsl, ❤Love's/McDonald's/dsl/scales/24hr 🍴 Carl's Jr, China Kitchen, High Plains Diner, Starbucks, Subway, Taco Bell ⊙ Family$, King Soopers Foods/dsl, O'Reilly Parts, USPO, **S** ⊙ Ace Hardware
299	CO 36, Manila Rd, **S** 📷 Shamrock/dsl
295	Lp 70, Watkins, **N** 📷 Shell/Tomahawk/rest/dsl/24hr/@ 🍴 Biscuit's Cafe, Lulu's Cafe 🛏 Country Manor Motel ⊙ USPO
292	CO 36, Airpark Rd
289	E-470 Tollway, 120th Ave, CO Springs
288	US 287, US 40, Lp 70, Colfax Ave (exits left from wb)
286	CO 32, Tower Rd, **N** 📷 Murphy Express/dsl 🍴 Chick-fil-A, Chili's, Chipotle Mexican, Del Taco, DQ, Firehouse Subs, McAlister's Deli, Noodles&Co, Panda Express, Starbucks, Wendy's ⊙ $Tree, AT&T, Best Buy, Brakes+, Discount Tire, GNC, Home Depot, Les Schwab Tire, Office Depot, O'Reilly Parts, PetCo, Verizon, Walmart/Subway
285	Airport Blvd, **N** ⊙ Denver Int Airport, **S** 📷 ⊛FLYING J/Denny's/dsl/scales/24hr, Conoco/McDonald's/dsl 🛏 Comfort Inn, Quality Inn ⊙ Harley-Davidson
284	I-225 N (from eb)
283	Chambers Rd, **N** 📷 Conoco, Shell/Circle K/Popeye's 🍴 A&W/KFC, Anthony's Pizza, Applebees, Chicago Grill, Jimmy John's, LJ Silver/Taco Bell, Outback Steaks, Pizza Hut, Qdoba, Sonic, Subway, Ted's MT Grill, Urban Sombrero, Wendy's, Zume Asian 🛏 A Loft, Cambria Suites, Country Inn&Suites, Crowne Plaza, Econolodge, Hampton Inn, Hilton Garden, Homewood Suites, Hyatt Place, Marriott, Residence Inn, TownePlace Suites, Woolley's Suites ⊙ Tires+, U-haul, **S** 📷 Shamrock 🍴 Burger King, Jack-in-the-Box 🛏 Crossland Suites, Woodspring Suites ⊙ RV America, URGENT CARE
282	I-225 S, to Colorado Springs
281	Peoria St, **N** 📷 7-11, Conoco/dsl, Shell/dsl 🍴 Ajua Mexican, Burger King, Del Taco, Domino's, GoodTimes Burgers, McDonald's, Peoria Grill, Quizno's, Starbucks, Subway 🛏 Holiday Inn Express, La Quinta, Rodeway Inn, Timbers Motel ⊙ Big O Tire, Family$, **S** 📷 Phillips 66/dsl, Shamrock/dsl 🍴 Bennett's BBQ, Denny's, Ho Mei Chinese, Taco Bell, Taco Mex 🛏 Motel 6, Rodeway Inn, Star Hotel, Stay Inn ⊙ auto/RV repair, Goodyear/auto
280	Havana St, **N** 🛏 Embassy Suites

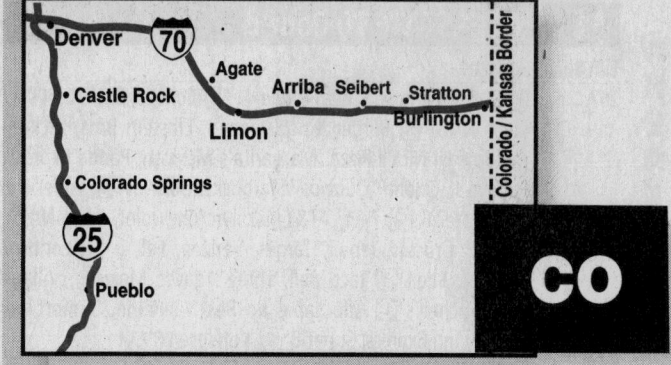

279b	Central Ave, **N** 🛏 Drury Inn, Residence Inn
279	I-270 W, US 36 W (from wb), to Ft Collins, Boulder
278	CO 35, Quebec St, **N** 📷 Sapp Bros/Sinclair/Subway/dsl/ @, TA/dsl/rest./24hr/@ 🍴 Bar Louie, Coldstone, Del Taco, Islamorada Fish Co, Jim'n Nick's BBQ, La Sandia Cantina, Marco's Pizza, Olive Garden, Qdoba, Red Lobster, Red Robin, Starbucks, Subway, TGIFriday's, TX Roadhouse, Wahoo's, Which Wich? 🛏 Best Inn, Comfort Inn, Staybridge Suites ⊙ Bass Pro Shops, JC Penney, Macys, Old Navy, Super Target, **S** 🍴 Arby's, Buffalo Wild Wings, Country Buffet, Famous Dave's BBQ, IHOP, Jimmy John's, La Mariposa, McDonald's, Panda Express, Panera Bread, Papa John's, Smashburger, Sonic, Subway 🛏 Best Western, Courtyard, DoubleTree Hilton, DoubleTree Hotel, Holiday Inn, Renaissance Inn, Super 8 ⊙ AT&T, GNC, Home Depot, Office Depot, Petsmart, Ross, Sam's Club/gas, Tires+, Walgreens, Walmart/Subway
277	to Dahlia St, Holly St, Monaco St, frontage rd
276b	US 6 E, US 85 N, CO 2, Colorado Blvd, **S** 📷 Conoco/Subway/dsl 🍴 Carl's Jr, Domino's, KT'S BBQ, Starbucks
276a	Vasquez Ave, **N** 📷 Pilot/Wendy's/dsl/scales/24hr 🛏 Western Inn ⊙ Blue Beacon, Ford Trucks, Peterbilt, **S** 📷 7-11 🍴 Burger King
275c	York St (from eb)
275b	CO 265, Brighton Blvd, Coliseum, **N** 📷 7-11
275a	Washington St (from wb), **N** 📷 7-11 🍴 Pizza Hut, **S** 📷 Conoco/dsl 🍴 McDonald's
274b a	I-25, N to Cheyenne, S to Colorado Springs
273	Pecos St, **N** 📷 Conoco/7-11/dsl ⊙ Family$, SavALot Foods, **S** 📷 7-11 🍴 Quiznos ⊙ Autocare
272	US 287, Federal Blvd, **N** 📷 Phillips 66/dsl, Sinclair 🍴 Burger King, Goodtimes Burgers, Little Caesar's, McCoy's Rest., McDonald's, Pizza Hut, Rico Pollo, Subway, Taco Bell, Village Inn, Wendy's, Winchell's 🛏 Motel 6 ⊙ $Tree, 7-11, Advance Parts, Family$, tires, **S** 📷 Conoco/Mkt/dsl 🍴 El Padrino Mexican, Popeye's, Starbucks 🛏 Travelers Inn
271b	Lowell Blvd, Tennyson St (from wb)
271a	CO 95, **S** ⊙ funpark
270	Sheridan Blvd, **N** 📷 Shell/dsl, **S** 📷 Murphy Express/dsl 🍴 El Paraiso Mexican, Grammy's Pizza ⊙ Family$, Firestone/auto, fun park, Schwab Tire, Walmart
269b	I-76 E (from eb), to Ft Morgan, Ft Collins
269a	CO 121, Wadsworth Blvd, **N** 📷 7-11, Conoco, Shell/dsl 🍴 Anthony's Pizza, Applebee's, BeauJo's, Bennet's BBQ, Chick-fil-A, Chipotle Mexican, Coldstone, Country Buffet, El Tapatio Mexican, Fazoli's, HuHot, IHOP, Jimmy John's, Kukoro Japanese, McDonald's/playplace, Red Robin, Ruby Tuesday, Smiling Moose Deli, Starbucks, Subway, Taco Bell, TX Roadhouse ⊙ $Tree, Advance Parts, Big O Tire, city park, Costco/gas, Discount Tire, Home Depot, Lowe's, Petsmart, Sam's Club, Tires+, URGENT CARE

D E N V E R A R E A

W H E A T   R I D G E

CO

L A K E W O O D

↑E	INTERSTATE 70 Cont'd
Exit #	Services
267	CO 391, Kipling St, Wheat Ridge, **N** 🅟 Conoco, Shell/Carl's Jr/ Circle K/dsl 🍴 Burger King, Denny's, Einstein Bros, Jack-in-the-Box, Lil Nick's Pizza, Margarita's Mexican, Panda Express, Popeye's, Qdoba, Quiznos, Starbucks, Subway 🛏 American Inn, Motel 6 🅞 7-11, AT&T, Cadillac/Chevrolet, GNC, NAPA, Natural Grocers, repair, Target, Verizon, vet, **S** 🅟 Conoco/ Mkt/dsl, Shell 🍴 Taco Bell, Three Agaves Mexican, Village Inn, Winchell's 🛏 Affordable Inn, Best Value Inn, Comfort Inn, Holiday Inn Express, Super 8 🅞 Ketelesen RV Ctr
266	CO 72, W 44th Ave, Ward Rd, Wheat Ridge, **N** 🅟 Conoco/dsl 🅞 transmissions, **S** 🅟TA/Country Pride/dsl/scales/24hr/@, Valero/dsl 🛏 Howard Johnson 🅞 Trailer Source RV Ctr
265	CO 58 W (from wb), to Golden, Central City
264	Youngfield St, W 32nd Ave, **N** 🅟 Phillips 66/mkt 🍴 Denny's, GoodTimes Burgers 🛏 La Quinta, **S** 🍴 Abrusci's Italian, Chili's, Chipotle, DQ, McDonald's, Noodles&Co, Pizza Hut, Pizza Hut/Taco Bell, Qdoba, SmashBurger, Starbucks, Subway 🅞 Four Seasons RV Ctr, King's Sooper/24hr, Petsmart, Tuesday Morning, Walgreens, Walmart/Subway
263	Denver West Blvd, **N** 🛏 Marriott/rest., **S** 🍴 Coldstone, Freddy's, Jamba Juice, Keg Steaks, Macaroni Grill, Mimi's Cafe, Noodles&Co, Olive Garden, Qdoba, Twin Peaks 🅞 Barnes&Noble, Best Buy, Old Navy, same as 262, Whole Foods Mkt
262	US 40 E, W Colfax, Lakewood, **N** 🅟 Sinclair/dsl 🍴 El Señor Sol Mexican, Jack-in-the-Box, Lil' Ricci's Cafe, Subway 🛏 Hampton Inn, Holiday Inn Express 🅞 Buick/GMC, Camping World RV Ctr, Chrysler/Jeep, Dodge, Home Depot, Honda, Hyundai, Kohl's, PetCo, Staples, Subaru, transmissions, U-Haul, vet, **S** 🅟 Shell/Circle K/dsl/LP 🍴 Bonefish Grill, Cafe Rio, Carrabba's, Chick-fil-A, Chipotle Mexican, Five Guys, Garbanzo Grill, Jamba Juice, Jimmy John's, Mimi's Cafe, Mod Mkt Eatery, Native Foods Cafe, On-the-Border, Outback Steaks, Panera Bread, Pei Wei Asian, Pieology, Wendy's, Which Wich?, Yard House 🛏 Courtyard, Days Inn/rest., Mtn View Inn, Residence Inn 🅞 Chevrolet, Lexus, mall, Marshall's, Old Navy, same as 263, Target, Toyota, Verizon, World Mkt
261	US 6 E (from eb), W 6th Ave, to Denver
260	CO 470, to Colo Springs
259	CO 26, Golden, **N** 🅟 Shamrock/dsl 🛏 Hampton Inn (2mi), Holiday Inn Express (2mi) 🅞 Heritage Sq Funpark, **S** 🅞 Music Hall, to Red Rocks SP
257mm	runaway truck ramp eb
256	Lookout Mtn, **N** 🅞 to Buffalo Bill's Grave
254	Genesee, Lookout Mtn, **N** 🅞 to Buffalo Bill's Grave, **S** 🅟 Conoco/Genesee Store 🍴 Chart House Rest., Guido's Pizza, Hideaway Cafe 🅞 vet
253	Chief Hosa, **S** 🅞 RV Camping, 🍴
252	(251 from eb), CO 74, Evergreen Pkwy, **S** 🅟 Phillips 66 🍴 El Señor Sol, Illegal Burger, McDonald's, Qdoba, Starbucks 🛏 Comfort Suites 🅞 Big O Tire, Echo Mtn Ski Area, Home Depot, King Sooper (2mi), Walmart/Subway
248	(247 from eb), Beaver Brook, Floyd Hill, **S** 🅞 antiques
244	US 6, to CO 119, to Golden, Central City , Eldora Ski Area
243	Hidden Valley, **N** 🅟 Valero/dsl
242mm	tunnel
241b a	rd 314, Idaho Springs West, **N** 🅟 Phillips 66/McDonald's/ dsl, Shell/dsl, Sinclair, Western/dsl/e85 🍴 Carl's Jr, Cherry Blossom Chinese, Marion's Rest., Picci's Pizzaria, Smokin' Yards BBQ, Starbucks, Subway, Wildfire Rest. 🛏 6&40 Motel, Argo Inn, Columbine Inn, H&H Motel, Idaho Springs Hotel,

I D A H O   S P R I N G S

S I L V E R T H O R N E   F R I S C O

241b a	Continued
	JC Motel 🅞 CarQuest, Safeway Foods/Drug, USPO
240	CO 103, Mt Evans, **N** 🅟 Kum&Go/dsl, Shell/dsl, Sinclair/ dsl 🍴 2 Bros Deli, Azteca Mexican, Beaujo's Pizza, Buffa Rest., Jiggie's Cafe, Main St Rest., Tommy Knocker Grill, We Winds Cafe 🅞 same as 241, vet, **S** to Mt Evans
239	Idaho Springs, **S** 🅞 camping
238	Fall River Rd, to St Mary's Glacier
235	Dumont (from wb)
234	Downeyville, Dumont, **N** 🅟 Sinclair/Subway/dsl 🍴 Sta bucks, Taco Bell 🅞 ski rentals, **S** 🅞 **weigh sta both lanes**
233	Lawson (from eb)
232	US 40 W, to Empire, **N** 🅞 Rocky Mtn NP, to Berthoud Pa Winterpark/Sol Vista ski areas
228	Georgetown, **S** 🅟 Exxon/Subway/dsl, Shell/dsl, Valer dsl 🍴 Blue Sky Cafe, Mountain Buzz Cafe 🛏 Best Value In Chateau Chamonix 🅞 Family$, visitors ctr
226.5mm	scenic overlook eb
226	Georgetown, Silver Plume Hist Dist, **N** 🅞 repair
221	Bakerville
220mm	Arapahoe NF eastern boundary
219	parking area (eb only)
218	no services
216	US 6 W, Loveland Valley, Loveland Basin, ski areas
214mm	Eisenhower/Johnson Tunnel, elev 11013
213mm	parking area eb
205	US 6 E, CO 9 N, Dillon, Silverthorne, **N** 🅟 7-11, Kum&G dsl, Shell/7-11/dsl, Sinclair/dsl 🍴 Cafe Toro, Chipotle Me can, Dominos, Mint Cafe, Mtn Lyon Café, Murphy's Cafe, C Chicago, Quiznos, Wendy's, Which Wich? 🛏 1st Intersta Inn, Days Inn, La Quinta, Luxury Suites, Quality Inn, Silv Inn 🅞 AutoZone, Buick/Cadillac/Chevrolet/GMC, CarQue Chrysler/Dodge/Jeep, Ford, Lowe's, Murdoch's, Outlets/ mous brands, Subaru, Target, TrueValue, **S** 🅟 Conoco, She dsl 🍴 Arby's, Bamboo Garden, Blue Moon Deli, Burger Kir Chimayo Burrito, Dam Brewery/Rest., DQ, Fiesta Mexica Jimmy John's, McDonald's, Nick'n Willy's Pizza, Noodles&C Nozawa Japanese, Pizza Hut, Qdoba, Red Mtn Grill, Ruby Tue day, SmashBurger, Smiling Moose Cafe, Starbucks, Subw Sunshine Cafe 🛏 Comfort Suites, Dillon Inn, Hampton Ir Super 8 🅞 AT&T, City Mkt Foods/gas, GNC, Natural Groce Outlets/famous brands, Petco, Tuesday Morning, Verizon, v Walgreens
203.5mm	scenic overlook both lanes
203	CO 9 S, to Breckenridge, Frisco, **S** 🅟 7-11, Conoco/Wendy dsl, Shell/dsl, Valero/dsl 🍴 Hacienda Real Mexican, K Q4U BBQ, Rio Grande Mexican, Spinelli's Pizza/Subs, Spc ing News Grill, Starbucks, Subway, Szechuan Chinese, Ta Bell 🛏 Alpine Inn, Baymont Inn, Holiday Inn, Ramada L Summit Inn 🅞 Big O Tire, Meadow Creek Tire/auto, NAPA, Resort (6mi), Safeway Foods, to Breckenridge Ski Area, Verize Walmart, Whole Foods Mkt
201	Main St, Frisco, **S** 🅟 Loaf N' Jug 🍴 Backcountry Brew Pt Bagali's Italian, Blue Spruce Inn, Boatyard Pizzaria, Butt horn Cafe, Frisco Emporium, Greco's Pastaria, Log Cabin Ca Lost Cajun Rest., Moosejaw Cafe, Rainbow Ct Rest. 🛏 Fris Lodge, Hotel Frisco, Snowshoe Motel 🅞 museum/visitor in RV camping, to Breckenridge Ski Area, USPO
198	Officers Gulch, emergency callbox
196mm	scenic area (wb only)
195	CO 91 S, to Leadville, **1 mi S** 🅟 Conoco/dsl 🍴 Healthy Tor to Deli 🛏 Copper Lodging 🅞 to Copper Mtn Ski Resort

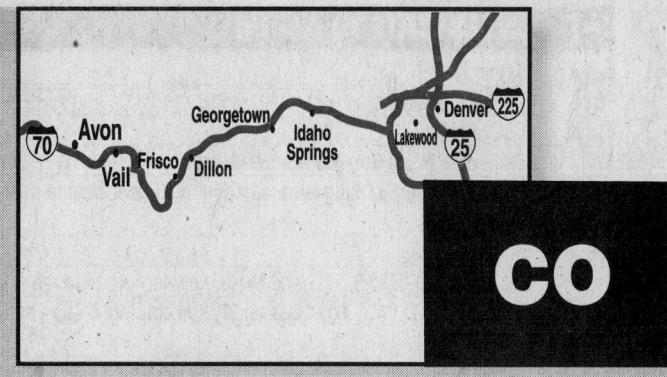

◄► INTERSTATE 70 Cont'd

Exit #	Services
190	S 🆁🆂 both lanes, full ♿ facilities, litter barrels, 🅒, 🚮
189mm	elev 10662 ft, parking area both lanes, Vail Pass Summit
180	Vail East Entrance, 🅒, **services 3-4 mi S**
176	Vail, S 🅞 🅗, ski info/lodging
173	Vail Ski Area, **N** 🅟 Phillips 66, Shell/dsl 🅕 Casa Mexico, May Palace, McDonald's, Old Forge Pizza, Qdoba, Subway, Westside Cafe 🅛 Holiday Inn 🅞 Ace Hardware, City Mkt Foods/deli, Safeway Food/Drug, USPO, **S** 🅟 Conoco/dsl/LP 🅛 Marriott/ Streamside Hotel
171	US 6 W, US 24 E, to Minturn, Leadville, **N** 🅞 Ski Cooper ski area, **2 mi S** 🅟 Shell 🅕 Magusto's Italian, Minturn Steaks 🅛 Minturn Inn 🅞 RV Camping, USPO
169	Eaglevale, (from wb), no return
168	William J. Post Blvd, **S** 🅕 Castle Peak Grill 🅞 Home Depot, Verizon, Walmart/McDonald's
167	Avon, **N** 🅟 Exxon/7-11/dsl, Shell 🅕 Northside Kitchen 🅞 vet, **S** 🅕 Boxcar Rest., Burger King, Domino's, Fiesta Jalisco Mexican, Gondola Pizza, Montana's Smokehouse, Pazzo's Pizza, Starbucks, Subway 🅛 Avon Ctr Lodge, Christie Lodge, Comfort Inn, Sheraton, Westin 🅞 City Mkt/drugs, GNC, ski info, to Beaver Creek/Arrowhead Ski, URGENT CARE, USPO, Walgreens
163	Edwards, **S** 🅟 Conoco/dsl, Shell/Wendy's/dsl 🅕 Cafe Milano, Dive Cafe, East Asian, Fiestas Cafe, Gashouse Rest., Gore Range Brewery, Henry's Chinese, Main St Grill, Marble Slab Creamery, Marko's Pizza, Old Forge Pizza, Smiling Moose, Starbucks, Subway, Zino's Italian 🅛 Riverwalk Inn 🅞 AT&T, to Arrowhead Ski Area, USPO, Village Mkt, 🆁🆂 **both lanes, full** ♿ **facilities, litter barrel,** 🚮, **RV dump**
162mm	scenic area eb
159mm	Eagle River
157	CO 131 N, Wolcott, **N** to Steamboat Ski Area
147	Eagle, **N** 🅟 Kum&Go/dsl 🅕 Burger King, Roberto's Italian, Starbucks 🅛 AmericInn, Comfort Inn, Holiday Inn Express 🅞 AT&T, City Mkt Foods, **S** 🅟 Conoco/dsl, Shell/dsl, Sinclair/Subway/dsl 🅕 Eagle Diner, Gourmet China, Grand Ave Grill, Moe's Original BBQ, Pazzo's Pizzaria, Primavera Mexican, Taco Bell, Wendy's 🅛 Best Western, Eagle Lodge& Suites, Hawthorn Suites 🅞 AutoZone (3mi), Costco/dsl (3mi), 🆁🆂 **both lanes, full** ♿ **facilities, info,** USPO, vet
140	Gypsum, **S** 🅟 Conoco, Kum&Go/dsl, Shell/dsl 🅕 Asian Fusion, Buffalo Grill, Gypsum Grill, Ridley's Mkt, Tu Casa Mexican 🅞 🖳, Family$, O'Reilly Parts, River Dance Resort camping, USPO
134mm	Colorado River
133	Dotsero, **N** 🅞 River Dance RV Camping (3mi)
129	Bair Ranch, **S** 🆁🆂 **both lanes, full** ♿ **facilities, litter barrels, petwalk,** 🚮
128.5mm	parking area eb
127mm	tunnel wb
125mm	tunnel
125	to Hanging Lake (no return eb)
123	Shoshone (no return eb)
122.5mm	exit to river (no return eb)
121	to Hanging Lake, Grizzly Creek, **S** 🆁🆂 **both lanes, full** ♿ **facilities, litter barrels,** 🚮
119	No Name, 🆁🆂 **both lanes, full** ♿ **facilities, rafting, RV camping**
118mm	tunnel
116	CO 82 E, to Aspen, Glenwood Springs, **N** 🅟 Kum&Go/dsl, Shell/dsl 🅕 Chomp's Rest., Fiesta Guadalajara, KFC, Qdoba,

116	**Continued** Subway, Tequilas Rest., Village Inn 🅛 Best Western, Glenwood Springs Inn, Hampton Inn, Holiday Inn Express, Hotel Colorado, Hotel Glenwood Springs, Ramada Inn, Silver Spruce Motel, Starlight Motel 🅞 Hot Springs Bath, Land Rover, **0-2 mi S** 🅟 Conoco, Phillips 66/dsl, Shamrock/dsl, Shell, Sinclair 🅕 19th St Diner, Chang Thai Cuisine, China Town, Domino's, Jimmy John's, McDonald's, Pizza Hut, Starbucks, Subway, Taco Bell, Taipei Japanese, Wendy's 🅛 Caravan Inn, Cedar Lodge, Frontier Lodge, Hotel Denver 🅞 🅗, 7-11, Alpine Tire, AutoZone, B.Thornal DDS, Chrysler/Dodge/Jeep, City Mkt Foods, city park, Midas, NAPA, Office Depot, Rite Aid, Safeway Foods, to Ski Sunlight, USPO, Walmart
114	W Glenwood Springs, **N** 🅟 7-11, Loco/Fazoli's/dsl, Shell/dsl 🅕 Culver's, Jilberito's Mexican, Rte 6 Grill House, Vicco's Charcoal Burger 🅛 Affordable Inn, Hanging Lake Inn, Ponderosa Motel, Red Mtn Inn, Rodeway Inn 🅞 Big O Tire, Carquest, Chevrolet, Discount Tire, Ford, Honda, mall, O'Reilly Parts, Ross, Subaru, Toyota, Verizon, **S** 🅟 Kum&Go/DQ/ dsl 🅕 Chili's, Moe's SW Grill, Russo's Pizza, Starbucks, Zheng Asian 🅛 Courtyard, Glenwood Suites, Quality Inn, Residence Inn 🅞 AT&T, Audi/VW, Harley-Davidson, Lowe's, Natural Grocers, PetCo, Target, URGENT CARE, Verizon
111	South Canyon
109	Canyon Creek
108mm	**parking area both lanes**
105	New Castle, **N** 🅟 Conoco/dsl, Kum&Go/dsl 🅕 Hong's Garden, McDonald's, New Castle Diner, Subway 🅛 Econolodge 🅞 City Mkt Foods/deli, Elk Creek Campground (4mi), **S** 🅞 Best Hardware
97	Silt, **N** 🅟 Conoco/dsl, Kum&Go/dsl, Phillips 66/dsl 🅕 Brickhouse Italian 🅛 Red River Inn 🅞 $General, to Harvey Gap SP, **S** 🅛 Holiday Inn Express 🅞 Heron's Nest RV Park, KOA
94	Garfield County Airport Rd
90	CO 13 N, Rifle, **N** 🆁🆂 **both lanes, full** ♿ **facilities, litter barrels, NF Info,** 🚮, **RV dump,** 🅟 Conoco/dsl, Kum&Go/dsl, Phillips 66/dsl, Shell 🅕 Dickey's BBQ 🅛 Gateway Lodge 🅞 Rifle Gap SP (10mi), USPO, **S** 🅟 Kum&Go/dsl, Phillips 66/ Subway/dsl 🅕 Burger King, Domino's, Little Caesar's, McDonald's/playplace, Rib City Grill, Sonic, Starbucks, Subway, Taco Bell 🅛 Comfort Inn, Hampton Inn, La Quinta, Rodeway Inn 🅞 🅗, AutoZone, O'Reilly Parts, Verizon, Walmart/Subway
87	to CO 13, West Rifle
81	Rulison
75	Parachute, **N** 🆁🆂 **both lanes, full** ♿ **facilities, info, litter barrels, petwalk,** 🅒, 🚮, 🅟 CNG, Shell/Wienerschnizel/dsl, Sinclair/dsl 🅕 El Tapatio Mexican, Hong's Garden Chinese, Outlaws Rest., Subway 🅛 Comfort Inn, Parachute Inn 🅞 NAPA, USPO, vet, **S** 🅟 Phillips 66/Domino's/dsl, Shell/Wendy's/dsl 🅛 Candlewood Suites, Days Inn 🅞 Family$, RV Park (4mi)

P A R A C H U T E

CO

⬆️E INTERSTATE 70 Cont'd

Exit #	Services
72	US 6, W Parachute
63mm	Colorado River
62	De Beque, N 🅖 Kum&Go/Subway/dsl
50mm	Colorado River, **parking area eastbound**, tunnel begins eastbound
49mm	Plateau Creek
49	CO 65 S, to CO 330 E, to Grand Mesa, Powderhorn Ski Area
47	Island Acres St RA, N 🄾 CO River SP, RV camping, S 🅖 Conoco/rest./dsl
46	Cameo
44	Lp 70 W, to Palisade, 3 mi S 🄾 🍴, 🅖, lodging
43.5mm	Colorado River
42	US 6, Palisade, S 🅖 gas 🛏 Wine Country Inn 🄾 Fruitstand/store, wineries
37	to US 6, to US 50 S, Clifton, Grand Jct, 0-1 mi S 🅖 Conoco/dsl, Maverik/dsl, Shamrock/dsl, Shell/dsl, Sinclair/dsl 🍴 Burger King, Chin Chin Oriental, China Jade, Denny's, Dos Hombres, Enzo's Pizza, Jimmy John's, KFC, Little Caesar's, McDonald's/playplace, Papa John's, Papa Murphy's, Pizza Hut, Qdoba, Sonic, Starbucks, Starvin Arvin's Steaks, Subway, Taco Bell, Taco John's, Wendy's 🛏 Best Western 🄾 Ace Hardware, AutoZone, City Mkt Food/dsl, Family$, GNC, Murdoch's Store, O'Reilly Parts, repair, RV Ranch, URGENT CARE, USPO, vet, Walgreens, Walmart (2mi)
31	Horizon Dr, Grand Jct, N 🅖 Shell/dsl 🍴 Enzo's Pizza, Pantuso Mexican, Peppers Rest., Tepanyaki Rest., Village Inn, Wendy's 🛏 Best Value Inn, Clarion, Comfort Inn, Courtyard, Econolodge, Grand Vista Hotel, Holiday Inn, La Quinta, Motel 6, Ramada Inn, Residence Inn 🄾 🔁, Harley-Davidson, Zarlingo's Repair, S 🅖 Conoco/Subway/dsl, Shell/dsl 🍴 Applebee's, Burger King/playland, Denny's, Freddy's, Good Pastures Rest., Nick'n Willy's Pizza, Pizza Hut, Sang Garden, Starbucks, Sushi&Rok, Taco Bell 🛏 Affordable Inn, Days Inn, Doubletree Hotel, Mesa Inn, Quality Inn, Super 8, Super 8, Travelodge 🄾 🄷, CO NM, golf, Safeway Food/drug/gas, to Mesa St Coll, visitors ctr
28	Redlands Pkwy, 24 Rd, N 🄾 Kenworth, 0-2 mi S 🛏 Candlewood Suites, city park, same as 26, Woodspring Suites 🄾 Subaru, VW
26	US 6, US 50, Grand Jct, N 🅖 ♥Love's/Carl's Jr/dsl/scales/Lp724hr, 🅻🅻🅻🅻/PJ Fresh/dsl/scales/24hr 🄾 Hyundai, Jct W RV Park, 0-4 mi S 🅖 Conoco/A&W/dsl 🍴 Boston's Grill, Buffalo Wild Wings, Burger King, Cafe Rio, Chick-fil-A, Chili's, Chipotle Mexican, ChuckeCheese, Citrolas Italian, Coldstone, Costa Vida, Del Taco, Famous Dave's BBQ, Genghis Grill, Golden Corral, Grand Buffet, Honeybaked Ham, IHOP, Jimmy John's, McDonald's/playplace, Mi Mexico, Noodles&Co, Olive Garden, Outback Steaks, Papa Murphys, Qdoba, Red Lobster, Red Robin, Schlotzky's, Sonic, Starbucks, Subway, Taco Bell, Tequila's, Wendy's, Which Wich? 🛏 Holiday Inn Express, West Gate Inn 🄾 $Tree, AT&T, AutoZone, Barnes&Noble, Best Buy, Big O Tire, Buick/Chevrolet, Cabela's, Chrysler/Dodge/Jeep, City Mkt/dsl, Ford, Freightliner, Herberger's, Hobby Lobby, Home Depot, JC Penney, Kohl's, Lowe's, mall, Michael's, Mobile City RV Park, Natural Grocers, Nissan, Office Depot, Old Navy, PetCo, Petsmart, Ross, Sam's Club/dsl, Scott RV Ctr, Sears/auto, Sprouts Mkt, Target, TJ Maxx, Toyota, Verizon, Walmart/McDonald's
19	US 6, CO 340, Fruita, N 🅖 Conoco/dsl 🍴 Burger King, Munchie's Burgers/Pizza 🛏 Balanced Rock Motel 🄾 🄷,

G R A N D   J C T

Exit #	Services
19	Continued City Mkt Foods/deli/24hr, city park, NAPA, USPO, Walgreens S Welcome Ctr, full 🅷 facilities, litter barrels, petwalk, 🄲, 🍴 RV dump 🅖 Conoco/Subway/dsl/24hr, LNG, Shell/Wendy's/dsl/24hr 🍴 El Tapatio Mexican, FeedLot Rest., McDonald's/playplace, Pablo's Pizza, Rib City Grill, Taco Bell 🛏 Comfort Inn, La Quinta, Super 8 🄾 dinosaur museum, Monument RV Park, Peterbilt/Volvo, to CO NM, vet
17mm	Colorado River
15	CO 139 N, to Loma, Rangely, N 🅖/dsl, 🄲, to Highline Lake SP
14.5mm	🄲, weigh/check sta both lanes
11	Mack, 2-3 mi N 🄾 🍴, 🅖/dsl
2	Rabbit Valley, N 🄾 to Trail Through Time
0mm	Colorado/Utah state line

⬆️E INTERSTATE 76

Exit #	Services
185mm	I-76 begins/ends on NE I-80, exit 102.
184mm	Colorado/Nebraska state line
180	US 385, Julesburg, N Welcome Ctr/🆁🆂 both lanes, full 🅷 facilities, info, RV dump, RV dump, 🅖 Shell 🍴 Subway 🛏 Budget Host 🄾 🄷, S 🅖 Conoco/dsl
172	Ovid
165	CO 59, to Haxtun, Sedgewick, N 🍴 Lucy's Cafe
155	Red Lion Rd
149	CO 55, to Fleming, Crook, S 🅖 Sinclair/dsl/café
141	Proctor
134	Iliff
125	US 6, Sterling, 0-3 mi N 🆁🆂 both lanes, full 🅷 facilities, 🍴 litter barrels, petwalk, vending, RV dump, 🅖 Cenex/dsl, H?/dsl 🍴 Arby's, Bamboo Garden, Burger King, Domino's, D?, KFC/LJ Silver, Little Caesar's, McDonald's, Mi Ranchito, Old Town Bistro, Papa Murphy's, Pizza Hut, Sonic, Subway, Taco Bell, Taco John's, Village Inn, Wendy's 🛏 1st Interstate Inn, Best Western 🄾 🄷, $Tree, AutoZone, Buick/Chevrolet, Chrysler/Dodge/Jeep, Family Food Mkt, Ford/Lincoln, Home Depot, museum, N Sterling SP, NAPA, O'Reilly Parts, st patrol, USPO, Verizon, vet, Walgreens, Walmart, S 🅖 Reata/dsl 🍴 Country Kitchen 🛏 Comfort Inn, Ramada Inn, Super 8, Travel Inn 🄾 RV Camping
115	CO 63, Atwood, N 🅖 Sinclair/dsl 🄾 🄷, S 🍴 Steakhouse
102	Merino
95	Hillrose
92	to US 6 E, to US 34, CO 71 S
90b a	CO 71 N, to US 34, Brush, N 🅖 Brush Trkstp/Shell/Subway/dsl/24hr 🍴 China Buffet, Pizza Hut, Wendy's 🛏 Econolodge S 🅖 Conoco/dsl 🍴 McDonald's 🛏 Microtel
89	Hospital Rd, S 🅖 ♥Love's/Carl's Jr/dsl/scales/24hr 🄾 golf
86	Dodd Bridge Rd
82	Barlow Rd, N 🍴 Maverick's Grill 🛏 Comfort Inn, Rodeway Inn 🄾 Silver Spur Camping, S 🅖 Reata/dsl/scales, US?/dsl 🍴 Burger King 🄾 $Tree, Walmart/Subway
80	CO 52, Ft Morgan, N 🄾 City Park, Golf, RV Camping, S 🅖 Conoco/dsl, Maverik/dsl, Sinclair/dsl, Western/dsl 🍴 Arby's, D?, El Jacal Mexican, McDonald's, Sonic, Subway, Taco Bell, Taco John's, Wonderful House Chinese 🛏 Central Motel, Hampton Inn, Sands Inn, Super 8 🄾 🄷, AutoZone, Family$, Toyota, Verizon, Walgreens
79	CO 144, to Weldona, (no wb return)
75	US 34 E, to Ft Morgan, S 🅖 Shell/pizza/dsl 🍴 Embassy Rest. 🛏 Clarion 🄾 st patrol

S T E R L I N G

F T   M O R G A N

◤E INTERSTATE 76 Cont'd

Exit #	Services
74.5mm	weigh sta both lanes
73	Long Bridge Rd
66b	US 34 W (from wb), to Greeley
66a	CO 39, CO 52, to Goodrich, **N** █ Phillips 66/dsl █ RV Camping, to Jackson Lake SP, **S** █ both lanes, full █ facilities, █, litter barrels, petwalk, vending █ Sinclair/cafe/dsl/e-85
64	Wiggins
60	to CO 144 E, to Orchard
57	rd 91
49	Painter Rd (from wb)
48	to Roggen, **N** █ Conoco/dsl, **S** █ USPO
39	Keenesburg, **S** █ Shell/dsl █ Dos Hijos Mexican █ Keene Motel █ Family$, Tim's Car Clinic
34	Kersey Rd
31	CO 52, Hudson, **N** █ Loves/Subway/Carl's Jr/scales/24hr/dsl, **S** █ Conoco/dsl, Shell/dsl █ El Faro Mexican, Pepper Pod Rest. █ Pepper Pod Camping, USPO
25	CO 7, Lochbuie, **N** █ Shell/dsl
22	Bromley, **N** █ Valero/dsl █ KFC/LJ Silver, Wendy's █ Hampton Inn (4mi) █ █, Lowe's, **S** █ Barr Lake SP
21	144th Ave, Eagle Blvd, **N** █ Buffalo Wild Wings, Chick-fil-A, Chili's, McDonald's, Subway, Taco Bell █ Candlewood Suites, Holiday Inn Express █ █, $Tree, AT&T, Dick's, GNC, Home Depot, JC Penney, Kohl's, Michael's, Office Depot, Petsmart, Ross, Target, Verizon
20	136th Ave, **N** █ Barr Lake RV Park, same as 21
18	E-470 tollway, to Limon (from wb)
16	CO 2, Sable Blvd, Commerce City, **N** █ Shell/diner/dsl/24hr/@, to Denver Airport
12	US 85 N, to Brighton (exits left from eb), Greeley
11	96th Ave, **N** █ dsl repair, **S** █ Buick/GMC
10	88th Ave, **N** █ Shell/dsl █ La Quinta, Super 8, **S** █ flea mkt
9	US 6 W, US 85 S (no EZ wb return), Commerce City, **S** █ Shell/dsl █ st patrol, transmissions
8	CO 224, 74th Ave (no EZ eb return), **1 mi N** █ NAPA
6b a	I-270 E, to Limon, to █, to I-25 N
5	I-25, N to Ft Collins, S to Colo Springs
4	Pecos St
3	US 287, Federal Blvd, **N** █ Shamrock/dsl, **S** █ Advance Parts, Family$, vet
1b	CO 95, Sheridan Blvd
1a	CO 121, Wadsworth Blvd, **N** █ 7-11/gas, Conoco, Shell/dsl █ Anthony's Pizza, Applebee's, BeauJo's, Bennet's BBQ, Chick-fil-A, Chipotle Mexican, Coldstone Creamery, Country Buffet, El Tapatio Mexican, Fazoli's, HuHot, IHOP, Jimmy John's, Kukoro Japanese, McDonald's/playplace, Red Robin, Ruby Tuesday, Smiling Moose, Starbucks, Subway, Taco Bell, TX Roadhouse █ $Tree, Advance Parts, Big O Tire, Costco/gas, Discount Tire, Home Depot, Lowe's Whse, Petsmart, Sam's Club, Tires+, URGENT CARE

I-76 begins/ends on I-70, exit 269b.

◤N INTERSTATE 225 (Denver)

Exit #	Services
12b a	I-70, W to Denver, E to Limon
10	US 40, US 287, Colfax Ave, **E** █ Conoco/dsl, Shell/dsl, Sinclair █ Burger King, Del Taco, Domino's, DQ, El Pelicano Seafood, KFC, McDonald's, Pizza Hut/Taco Bell, Popeye's, Starbucks, Subway, Village Inn, Wendy's █ 7-11, Aamco,

CO

Exit #	Services (Continued)
10	Continued Advance Parts, Chevrolet, Family$, King's Sooper/gas, NAPA, Walgreens, **W** █ Conoco/dsl, Shamrock/dsl █ Caribou Coffee, Chipotle Mexican, Noodles&Co, Panera Bread, Smashburger, Which Wich? █ SpringHill Suites █ █, U-Haul
9	Co 30, 6th Ave, **E** █ Conoco/dsl █ Denny's █ Travelodge, Woodspring Suites, **W** █ Shell/dsl █ █
8	Alameda Ave, **E** █ Valero/dsl █ Atlanta Bread, BJ's Rest., Chick-fil-A, Chili's, Coldstone, FatBurger, Jamba Juice, Jimmy John's, L&L BBQ, Macaroni Grill, Mimi's Cafe, Panda Express, Sabor Mexican, Starbucks, TGIFriday, Wingstop █ AT&T, Barnes&Noble, Dillards, Hobby Lobby, JC Penney, Macy's, Michael's, Petsmart, Ross, Sears/auto, Super Target, **W** █ Conoco/dsl, Shell/Circle K █ $Tree
7	Mississippi Ave, Alameda Ave, **E** █ Arby's, Burger King, Chubby's Mexican, ChuckeCheese, CiCi's, Fazoli's, Guadalajara Mexican, McAlister's Deli, Schlotsky's, Sonic, Starbucks, Subway, Tokyo Joe's, Village Inn █ Best Western, Holiday Inn Express, La Quinta █ Best Buy, Burlington Coats, Home Depot, JoAnn Fabrics, Sam's Club/gas, Tires+, Verizon, Walmart, **W** █ IHOP, McDonald's, Mirage Rest., Senor Ric's, Waffle House █ 7-11, AutoZone, Pepboys
5	Iliff Ave, **E** █ 7-11 █ Ajuua Mexican, Applebee's, Boston Mkt, Carrabba's, Hibachi Japanese, Joe's Crabshack, Outback Steaks, Real de Minas Mexican, Rosie's Diner, Ruby Tuesday, Sweet Tomatoes, TX Roadhouse █ Comfort Inn, Crestwood Suites, Extended Stay America, Extended Stay America (2), Fairfield Inn, Motel 6 █ **W** █ Conoco █ Dragon Boat, Legends Grill, Subway █ DoubleTree █ 7-11
4	CO 83, Parker Rd, **E** █ Radisson █ Cherry Creek SP, **W** █ Shell/dsl █ Big Burrito, DQ, Little Caesar's, Popeye's, Starbucks, Subway, Taco Bell, Wendy's █ $Tree, 7-11, Firestone/auto, King Sooper/dsl
2b	Yosemite St
2	DTC Blvd, Tamarac St, **W** █ Conoco/7-11 █ Fel Fel Mediterranean, La Fogata Mexican, Sonic, South Garden Chinese, Subway █ $Tree, Goodyear/auto
1b a	I-25. I-225 begins/ends on I-25, exit 200.

◤E INTERSTATE 270 (Denver)

Exit #	Services
4	I-70
3	**N** █ TA/Burger King/Country Pride/Popeye's/Pizza Hut/dsl/24hr/@, **S** █ Sapp Bros/Sinclair/Subway/dsl/@
2b a	US 85, CO 2, Vasquez Ave, **N** █ Arby's, Carls Jr, Chipotle Mexican, Jack-in-the-Box, KFC/LJ Silver, McDonald's, Taco Bell, Wendy's █ TDS Tire, Walgreens, Walmart
1b	York St
1a	I-76 E, to Ft Morgan
1c	I-25 S, to Denver

D E N V E R (side margin)

D E N V E (side margin)

🅿 = gas 🍴 = food 🛏 = lodging 🅾 = other ℞ = rest stop Copyright 2018 - The Next EXIT

CONNECTICUT

HARTFORD		
	60 (69)	US 6, US 44, Burnside Ave (from eb)
	59 (68)	I-384 E, Manchester
	58 (67)	Roberts St, Burnside Ave, **N** 🍴 Margaritas Grill, Nolita Ristorar 🛏 Comfort Inn, Hartford Hotel, **S** 🅿 Mobil, Sunoco 🍴 Dunk Donuts, Pizza Hut, Queen Pizza, Taco Bell 🅾 Cabelas, vet
	57 (66)	CT 15 S, to I-91 S, Charter Oak Br
	56 (65)	Governor St, E Hartford, **S** 🅾 ♿
	55 (64)	CT 2 E, New London, downtown
	54 (63)	Old State House; **N** 🅾 Chevrolet, Chrysler/Dodge/Jeep, Fo Kia, Lexus, Lincoln, **S** 🛏 Hampton Inn
	53 (62)	CT Blvd (from eb), **S** 🛏 Holiday Inn
	52 (61)	W Main St (from eb), downtown
	51 (60)	I-91 N, to Springfield
	50 (59.8)	to I-91 S (from wb), **N** 🛏 Radisson, **S** 🛏 Hilton, Residence I
	48 (59.5)	Asylum St, downtown, **N** 🛏 Radisson, **S** 🛏 Holiday Inn E press, Homewood Suites 🅾 🍴
	47 (59)	Sigourney St, downtown, **N** 🅾 Hartford Seminary, Mark Twa House
	46 (58)	Sisson St, downtown (from wb, exits left), **N** 🅾 UConn La School
	45 (57)	Flatbush Ave (from wb, exits left)
	44 (56.5)	Prospect Ave, **N** 🅿 Mobil, Shell/dsl 🍴 Burger King, D'a gelo, Goldroc Diner, Hibachi Grill, McDonald's, Prospect Piz Wendy's 🅾 ShopRite Foods
	43 (56)	Park Rd, W Hartford, **N** 🅾 to St Joseph Coll
	42 (55)	Trout Brk Dr (exits left from wb), to Elmwood
	41 (54)	S Main St, Elmwood, **N** 🅾 American School for the Deaf
	40 (53)	CT 71, New Britain Ave, **S** 🅿 Sunoco/dsl, Tesla EVC 🍴 B Grille, Burger King, Chili's, China Pan, Chipotle Mexican, D'. gelo, McDonald's, Olive Garden, Panera Bread, PF Chang's, F Robin, Ruby Tuesday, Starbucks, Subway, Wendy's 🛏 Cou yard 🅾 AT&T, Barnes&Noble, Best Buy, JC Penney, Mac mall, Michael's, Nordstrom, Old Navy, PetCo, Sears/auto, T get, TJ Maxx, Trader Joe's, Verizon
	39a (52)	CT 9 S, to New Britain, Newington, **S** 🅾 🍴
	39 (51.5)	CT 4, (exits left from eb), Farmington, **N** 🅾 🍴
	38 (51)	US 6 W (from wb), Bristol, **N** 🅿 same as 37
	37 (50)	Fienemann Rd, to US 6 W, **N** 🅿 Shell 🍴 Dunkin Donuts, S way 🛏 Hampton Inn, Marriott, **S** 🅿 Noble/Dunkin Donu dsl 🛏 Extended Stay America
	36 (49)	Slater Rd (exits left from eb), **S** 🅾 🍴
	35 (48)	CT 72, to CT 9 (exits left from both lanes), New Britain, **S** 🅾
	34 (47)	CT 372, Crooked St, **N** 🅿 Gulf/dsl, Sunoco 🍴 Applebe Friendly's, McDonald's, Starbucks, Taco Bell, Wendy's 🛏 field Inn 🅾 $Tree, AT&T, Big Y Mkt, Dick's, Ford/Linc Kohl's, Lowe's, Marshall's, Old Navy, Petsmart, VW
	33 (46)	CT 72 W, to Bristol (exits left from eb)
	32 (45)	Ct 10, Queen St, Southington, **N** 🅿 Cumberland Farms, E on, Shell/dsl 🍴 Bertucci's, Buffalo Wild Wings, Burger Ki Chili's, D'angelo, Denny's, Dunkin Donuts, Gobi Mongol IHOP, JD's Rest., KFC, Liberty Pizza, Luenhop, McDona Moe's SW Grill, Noodles&Co, Outback Steaks, Puerto \ larta, Smashburger, Starbucks, Subway, Taco Bell 🛏 M 6 🅾 🍴, $Tree, 7-11, AutoZone, BJ's/gas, CVS Drug, G Home Depot, Jo-Ann, O'Reilly Parts, PetCo, ShopRite Fo Staples, TJ Maxx, TownFair Tire, Verizon, **S** 🅿 Speedv Mobil, Sunoco 🍴 Aziagos Italian, Dunkin Donuts, El Som ro, Friendly's, Nardelli's Cafe, Panera Bread, Pizza Hut, Ri Custard, Subway, TD Homer's Grill, Wendy's, Wood'n Tap a

The letters **S O U T H I N G T O N** appear vertically in the right margin.

↖ E INTERSTATE 84

The letters **H A R T F O R D** appear vertically in the left margin of the left column. The letters **V E R N O N C T R** and **W I N D S O R** appear vertically in the far-left margin.

CT (side tab)

Exit #	Services
98mm	Connecticut/Massachusetts state line
74 (97)	CT 171, Holland, **S** 🍴 Traveler's Book Rest. 🅾 Campers Inn RV Ctr, RV camping
95mm	weigh sta wb
73 (95)	CT 190, Stafford Springs, **N** 🅾 camping (seasonal), motor speedway, st police
72 (93)	CT 89, Westford, **N** 🛏 Ashford Motel, camping (seasonal)
71 (88)	CT 320, Ruby Rd, **S** 🅿 TA/Shell/Burger King/Country Pride/ dsl/scales/24hr/@ 🍴 Dunkin Donuts 🛏 Rodeway Inn
70 (86)	CT 32, Willington, **N** 🅾 🍴, **S** 🅿 Mobil/dsl, Sunoco/dsl 🅾 RV Camping
85mm	℞ both lanes, campers, full ♿ facilities, info, litter barrels, petwalk, 🍴, 📷, vending
69 (83)	CT 74, to US 44, Willington, **S** food, gas, 🍴, RV camping, st police
68 (81)	CT 195, Tolland, **N** 🅿 Gulf/dsl, Mobil 🍴 Dunkin Donuts, Papa T's Rest., Subway 🅾 NAPA, **S** 🅿 Citgo 🍴 Camille's Pizza 🅾 AT&T, Big Y Foods, vet
67 (77)	CT 31, Rockville, **N** 🅿 Mobil, Shell/dsl 🍴 Beni's Grill, Burger King, China Taste, Dunkin Donuts, McDonald's, Subway 🅾 🍴, **S** 🅾 Nathan Hale Mon
66 (76)	Tunnel Rd, Vernon
65 (75)	CT 30, Vernon Ctr, **N** 🅿 Cumberland/dsl, Mobil/dsl, Shell 🍴 Brick Oven Pizza, Buffet Palace, Burger King, Donuts Donuts, KFC, Oki Asian, Rein's Deli, Simply Thai, Vernon Diner 🛏 Days Inn, Red Roof Inn 🅾 Firestone/auto, K-Mart, Meineke, Stop&Shop/gas
64 (74)	Vernon Ctr, **N** 🅿 Sunoco 🍴 99 Rest., Angellino's Italian, Anthony's Pizza, D'angelo's, Denny's, Dunkin Donuts, Friendly's, McDonald's, Moe's SW, Rita's Custard, Starbucks, Taco Bell, Wood'n Tap 🛏 Holiday Inn Express 🅾 $Tree, AutoZone, CVS Drug, Goodyear/auto, PriceChopper, Staples, TJ Maxx, vet, **S** 🛏 Motel 6 🅾 VW
63 (72)	CT 30, CT 83, Manchester, S Windsor, **N** 🍴 Azteca Mexican, Chipotle Mexican, Dunkin Donuts, HomeTown Buffet, IHOP, Longhorn Steaks, McDonald's, Outback Steaks, Panera Bread, Red Robin, Smashburger, Starbucks, Subway, TGI-Friday's 🛏 Courtyard, Residence Inn 🅾 AT&T, Best Buy, Marshall's, PetCo, same as 62, Verizon, Walgreens, Walmart, **S** 🅿 BP/dsl, Shell/dsl, Sunoco/dsl, Xtra 🍴 Misaki Buffet, Tomato Joe's 🛏 Baymont Inn, Best Value Inn, Extended Stay America, Motel 6 🅾 🍴, Big Y Mkt, Hyundai, Kohl's, Nissan, Subaru, Toyota/Scion, U-Haul
62 (71)	Buckland St, **N** 🅿 Mobil/Dunkin Donuts/dsl 🍴 Artisanal Burger, Bertucci's, Bonefish Grill, Boston Mkt, Burton's Grill, Chili's, Dave&Buster's, Five Guys, Friendly's, Hooters, Maggie McFly's, Market Grill, Moe's SW Grill, Olive Garden, Panchero's, Panera Bread, Starbucks, Taco Bell, Ted's MT Grill 🛏 Fairfield Inn, Hampton Inn 🅾 $Tree, Barnes&Noble, BigLots, Dick's, Hobby Lobby, Home Depot, JC Penney, Jo-Ann Fabrics, LL Bean, Lowe's, Macy's, mall, Michael's, Old Navy, PetsMart, same as 63, Sam's Club, Sears/auto, Target, Town Fair Tire, Verizon, **S** 🅿 Shell/dsl 🍴 Buffalo Wild Wings, Burger Fi, Carrabba's, ChuckeCheese, Dunkin Donuts, Golden Dragon, McDonald's, Sonic, Subway, TX Roadhouse, Wendy's 🅾 BJ's Whse/gas, Firestone/auto, GNC, Honda, USPO
61 (70)	I-291 W, to Windsor

INTERSTATE 84 Cont'd

32 (45)	Continued
	🛏 Days Inn, Holiday Inn Express ⊙ Advance Parts, AT&T, Firestone/auto, Midas, Monro, PriceChopper Foods, Rite Aid, URGENT CARE, Walmart
31 (44)	CT 229, West St, **N** 🚗 Mobil/dsl, Sunoco/dsl 🍴 Dunkin Donuts 🛏 Homewood Suites ⊙ Lowe's, Target, **S** 🚗 Citgo, Valero/dsl 🍴 Dunkin Donuts, Giovanni's Pizza, Subway 🛏 Residence Inn
30 (43)	Marion Ave, W Main, Southington, **N** ⊙ ski area, **S** 🚗 Mobil/dsl ⊙ 🄷
29 (42)	CT 10, from wb, exits left, Milldale (exits left from wb)
41.5mm	Rs eb, full ♿ facilities, info, litter barrels, petwalk, 🚻, 🅿
28 (41)	CT 322, Marion, **S** 🚗 Fleet/dsl, Mobil, TA/Country Pride/Pizza Hut/Popeye's/Taco Bell/dsl/scales/24hr/@ 🍴 Blimpie, Burger King, DQ, Dunkin Donuts, Manor Inn Rest., Subway, Young Young Chinese 🛏 Comfort Suites, EconoLodge ⊙ Home Depot
27 (40)	I-691 E, to Meriden
26 (38)	CT 70, to Cheshire, **N** 🍴 Blackie's Cafe
25a (37)	Austin Rd, **N** 🚗 Winzz/dsl 🍴 Asian Garden, Subway, Tiramisu Italian ⊙ Costco/gas, funpark, Kohl's
25 (36)	Harper's Ferry Rd, Reed Dr, Scott Rd, E Main St, **N** 🚗 Mobil/dsl 🍴 Dunkin Donuts ⊙ AT&T, NAPA, **S** 🍴 Burger King, Dunkin Donuts, Friendly's, Golden Wok, McDonald's, Nino's Rest., Subway, TX Roadhouse 🛏 Quality Inn ⊙ Aldi Foods, BJ's Whse/gas, Cadillac/Chevrolet, CVS Drug, Super Stop&Shop/gas
23 (33.5)	CT 69, Hamilton Ave, **N** 🍴 Bertucci's, Buffalo Wild Wings, Chili's, IHOP, McDonald's, Olive Garden, TGIFriday's ⊙ 🄷, Barnes&Noble, JC Penney, Macy's, mall, Michael's, Petco, Save-a-Lot Foods, Sears/auto, TJ Maxx, **S** 🚗 Shell 🍴 Dunkin Donuts
22 (33)	Baldwin St, Waterbury, **N** 🚗 Gulf 🛏 Courtyard ⊙ 🄷, same as 23, USPO
21 (33)	Meadow St, Banks St, **N** 🚗 7-11, **S** 🚗 Exxon/dsl ⊙ Home Depot, PetsMart
20 (32)	CT 8 N (exits left from eb), to Torrington
19 (32)	CT 8 S (exits left from wb), to Bridgeport
18 (32)	W Main, Highland Ave, **N** 🚗 ProFuel/dsl 🍴 Dunkin Donuts, Lena's Deli, Starbucks, Subway, Wayback Burger 🛏 Hampton Inn ⊙ 🄷, CVS Drug
17 (30)	CT 63, CT 64, to Watertown, Naugatuck, **N** 🍴 Maggie McFly's Rest., **S** 🚗 Mobil/dsl 🍴 Leo's Rest., Maples Rest., Subway
16 (25)	CT 188, to Middlebury, **N** 🚗 Mobil 🍴 Patty's Pantry Deli 🛏 Crowne Plaza
15 (22)	US 6 E, CT 67, Southbury, **N** 🚗 Citgo/deli, Mobil, Shell/repair 🍴 Dunkin Donuts, McDonald's, Panera Bread, Subway 🛏 Heritage Hotel ⊙ AT&T, Stop&Shop, TJ Maxx, Verizon, **S** ⊙ to Kettletown SP
14 (20)	CT 172, to S Britain, **N** 🚗 Mobil 🍴 Dunkin Donuts, Maggie McFly's, **S** ⊙ st police
20mm	motorist callboxes begin eb, end wb
13 (19)	River Rd (from eb), to Southbury
11 (16)	CT 34, to New Haven
10 (15)	US 6 W, Newtown, **N** 🍴 Fig's Rest., Foundry Kitchen, Subway, Villa Rest., **S** 🚗 Citgo/dsl, Mobil/dsl 🍴 Blue Colony Diner, Pizza Palace, Starbucks
9 (11)	CT 25, to Hawleyville, **S** 🍴 McGuire's Alehouse
8 (8)	Newtown Rd, **N** 🚗 Global, Mobil/dsl 🍴 Applebee's, Outback Steaks 🛏 La Quinta ⊙ Best Buy, Harley-Davidson, Lowe's, Volvo, **S** 🚗 Shell/dsl, Sunoco 🍴 99 Rest., Black Angus, Boston Mkt, Burger King, Chili's, Denny's, Dunkin Donuts, Friendly's, Ichiro Steaks, Little Caesar's, McDonald's, Puerto Vallarta, Rizzuto's, Subway, Taco Bell 🛏 Best Western, Courtyard, Days Inn, Hampton Inn, Holiday Inn/rest., Microtel ⊙ $Tree, Aldi Foods, Goodyear/auto, Marshall's, Staples, Stop&Shop, Subaru, Target, Town Fair Tire, Verizon, Walmart
7 (7)	US 7N/202E, to Brookfield (exits left from eb), New Milford, **1 mi N on Federal Rd** 🚗 Mobil, Sunoco 🍴 Arby's, Chick-fil-A, Five Guys, KFC, McDonald's, Moe's SW, Panera Bread, Pizza Hut, Starbucks, Subway, Wendy's ⊙ AT&T, Bj's Whse/gas, Costco/gas, CVS Drug, Firestone/auto, Ford, GNC, Home Depot, Jo-Ann Fabrics, Kohl's, Michael's, Petco, ShopRite Foods, Stew Leonards, TJ Maxx, Town Fair Tire, Toyota/Scion, Verizon, Walgreens
6 (6)	CT 37 (from wb), New Fairfield, **N** 🚗 Gulf 🍴 Burger King, Castello's Italian, Dunkin Donuts, Elmer's Diner, Grand Century Buffet, McDonald's, Moon Star Chinese ⊙ $Tree, CVS Drug, Rite Aid, **S** 🚗 Shell 🍴 KFC
5 (5)	CT 37, CT 39, CT 53, Danbury, **N** 🚗 Gulf/dsl, Shell 🛏 Best Value Inn, **S** 🚗 Mobil 🍴 Dunkin Donuts, Taco Bell ⊙ 🄷, to Putnam SP
4 (4)	US 6 W/202 W, Lake Ave, **N** 🚗 Exxon, Gulf/dsl, Shell/dsl 🍴 Dunkin Donuts, McDonald's 🛏 Ethan Allen Hotel, Maron Hotel, Super 8 ⊙ CVS Drug, Stop&Shop Foods, **S** 🍴 Chuck's Steaks 🛏 Residence Inn, to mall
3 (3)	US 7 S (exits left from wb), to Norwalk, **S** 🚗 Mobil/Burger King/dsl 🍴 Agave Mexican, Brio Grille, Buffalo Wild Wings, Cheesecake Factory, Coldstone, Olive Garden, Panera Bread, Red Lobster ⊙ AT&T, Barnes&Noble, Dick's, JC Penney, LL Bean, Lord&Taylor, Macy's, mall, Petco, Sears/auto, Whole Foods Mkt
2b a (1)	US 6, US 202, Mill Plain Rd, **N** 🚗 Mobil/dsl 🍴 Chipotle, Rosy Tomorrows, Starbucks, Tuscanero's Pizza 🛏 Hilton Garden, Holiday Inn Express Rite Aid, Staples, Trader Joe's, **S Welcome Ctr/weigh sta, full** ♿ facilities, info, 🅿 litter barrels, petwalk, 🛏 SpringHill Suites ⊙ to Old Ridgebury
1 (0)	Saw Mill Rd, **N** 🛏 Hilton Garden, Holiday Inn Express, Maron Hotel
0mm	Connecticut/New York state line

D A N B U R Y

ⓖ = gas ⓕ = food ⓛ = lodging ⓞ = other Ⓡⓢ = rest stop   Copyright 2018 - The Next EXIT

⬆N INTERSTATE 91

Exit #	Services
58mm	Connecticut/Massachusetts state line
49 (57)	US 5, to Longmeadow, MA, **E** ⓖ Pride/dsl, Valero ⓕ Backyard Grille, McDonald's ⓛ Holiday Inn ⓞ Meineke, repair, **W** ⓖ Sunoco/dsl ⓕ Baco's Pizza, Cloverleaf Café, DQ, Dunkin Donuts, Pizza Palace ⓞ $General, Chrysler/Dodge
48 (56)	CT 220, Elm St (same as 47), **E** ⓖ Mobil/dsl ⓕ Arby's, Burger King, Denny's, Dunkin Donuts, Figaro, Friendly's, Jason's Seafood, McDonald's, Outback Steaks, Oyama Japanese, Panera Bread, Ruby Tuesday, TGIFriday's, Wendy's ⓞ $Tree, AutoZone, Best Buy, Costco/gas, Dick's, Firestone/auto, Home Depot, Honda, Hyundai, Jo-Ann Fabrics, Kohl's, Nissan, Sears/auto, Target, TownFair Tire, Toyota, USPO, VW
47 (55)	CT 190, to Hazardville (same as 48), **E** ⓕ 99 Rest., Acapulcos Mexican, Cheng's Garden, Chipotle, D'angelo, Domino's, Dunkin Donuts, Longhorn Steaks, McDonald's, Moe's SW Grill, Olive Garden, Pizza Hut, Plaza Azteca Mexican, Red Robin, Starbucks, Subway, Taco Bell ⓛ Hampton Inn, Motel 6, Red Roof Inn ⓞ Ⓗ, Advance Parts, Aldi Foods, AT&T, Barnes&Noble, Big Y Foods, CVS Drug, Ford, Goodyear, Marshall's, Michael's, NAPA, Old Navy, PetCo, Petsmart, Rite Aid, ShopRite, Staples, Stop&Shop/gas, URGENT CARE, Verizon, Walgreens
46 (53)	US 5, King St, to Enfield, **E** ⓖ Mobil ⓕ Astro's Rest., **W** ⓕ Hacienda Del Sol ⓛ Enfield Inn
45 (51)	CT 140, Warehouse Point, **E** ⓖ Shell ⓕ Burger King, Chen's Chinese, Cracker Barrel, Dunkin Donuts, Friendly's, Jake's Burgers, Sofia's Rest., Subway ⓛ Comfort Inn ⓞ to Trolley Museum, **W** ⓖ Sunoco/dsl ⓛ Clarion ⓞ Advance Parts
44 (50)	US 5 S, to E Windsor, **E** ⓖ Sunoco/dsl ⓕ Dunkin Donuts, KFC, Sky Diner, Taco Bell, Wendy's ⓛ Baymont Inn ⓞ Walmart
49mm	Connecticut River
42 (48)	CT 159, Windsor Locks, **E** Longview RV Ctr, **W** same as 41
41 (47)	Center St (exits with 39), **W** ⓕ Ad's Pizzaria ⓛ HillPoint Hotel
40 (46.5)	CT 20, **W** ⓞ ⊠, Old New-Gate Prison
39 (46)	Kennedy Rd (exits with 41), Community Rd, **E** ⓞ vet, **W** ⓖ Shell/dsl ⓕ Charkoon, Chili's ⓞ $Tree, GNC, PetCo, Stop&Shop Foods, Target
38 (45)	CT 75, to Poquonock, Windsor Area, **E** ⓖ Mobil/dsl ⓕ Buffalo Wild Wings, Buffalo Wild Wings, China Sea, Dunkin Donuts, Izote SW Grill, Pizzarama, Subway ⓞ AT&T, PriceChopper Foods, to Ellsworth Homestead, **W** ⓕ River City Grill ⓛ Courtyard, Hilton Garden, Hyatt House Suites, Marriott
37 (44)	CT 305, Bloomfield Ave, Windsor Ctr, **E** ⓖ Mobil/dsl ⓕ McDonald's, **W** ⓖ Sunoco ⓛ Residence Inn
36 (43)	CT 178, Park Ave, to W Hartford
35b (41)	CT 218, to Bloomfield, to S Windsor, **E** ⓕ, ⓖ/dsl
35a	I-291 E, to Manchester
34 (40)	CT 159, Windsor Ave, **E** ⓖ Shell/dsl, **W** ⓖ Citgo/dsl ⓛ Flamingo Inn, RanchHouse Rest. ⓞ Ⓗ
33 (39)	Jennings Rd, Weston St, **E** ⓞ Cadillac, Fiat, Jaguar, VW, **W** ⓖ Mobil, Sunoco/dsl ⓕ Burger King, Dunkin Donuts, McDonald's, Subway ⓛ Super 8, Travel Inn ⓞ CarMax, Honda, Hyundai, Infiniti, Mazda, Mercedes, Midas, Nissan, Subaru, Toyota/Scion
32b (38)	Trumbull St (exits left from nb), **W** ⓛ Crowne Plaza, Hilton ⓞ Ⓗ, Goodyear, to downtown
32a	(exit 30 from sb), I-84 W
29b (37)	I-84 E, Hartford
29a (36.5)	US 5 N, CT 15 N (exits left from nb), **W** ⓞ Ⓗ, capitol, civic ctr, downtown

Exit #	Services
28 (36)	US 5, CT 15 S (from nb), **W** ⓖ Citgo ⓕ Burger King, Dun▮ Donuts, Wendy's
27 (35)	Brainerd Rd, Airport Rd, **E** ⓕ Mobil/Dunkin Donuts/Subwa▮ dsl, Shell/Dunkin Donuts/dsl ⓕ McDonald's, USS Chowder Days Inn, Hartford Suites ⓞ Ford Trucks, to Regional Mkt
26 (33.5)	Marsh St, **E** ⓞ CT MVD, Silas Deane House, Webb House
25 (33)	CT 3, Glastonbury, Wethersfield
24 (32)	CT 99, Rocky Hill, Wethersfield, **E** ⓖ Phillips 66/dsl, Su▮ co ⓕ Algarve Grill, Chuck's Steaks, Dakota Steaks, Dun▮ Donuts, McDonald's, On-the-Border, Rita's Custard, Rocky▮ Pizza, Saybrook Seafood, Subway ⓛ Hampton Inn, How▮ Johnson, Super 8 ⓞ Aldi Foods, Kohl's, Meineke, Mon▮ **W** ⓖ Mobil, Shell/dsl, Valero/dsl ⓕ Buffalo Wild Win▮ Burger King, D'Angelo, Denny's, Dunkin Donuts, Friendl▮ Ginza Cuisine, HomeTown Buffet, KFC, Ming Dynasty, Pan▮ Bread, Pizza Hut, Red Lobster, Sake Japanese, Sophia's P▮ zaria, Starbucks, Subway, Tamarind Rest., Tilted Kilt, Tov▮ line Diner, Wendy's, Wood-n-Tap Grill ⓛ Comfort Inn, Mo▮ 6 ⓞ $Tree, AT&T, CVS Drug, Goodyear/auto, Marshalls, Off▮ Depot, Stop&Shop, TJMaxx, TownFair Tire, TrueValue, Veriz▮ Walgreens, Walmart/Subway
23 (29)	to CT 3, West St, Rocky Hill, Vet Home, **E** ⓛ Sheraton ⓞ Dinosaur SP, **W** ⓖ Mobil, Valero/dsl ⓕ Dunkin Donu▮ Michelangeo's Pizza, Papa John's, Subway ⓛ Residence ▮ ⓞ IGA Foods
22 (27)	CT 9, to New Britain, Middletown
21 (26)	CT 372, to Berlin, Cromwell, **E** ⓖ Sunoco/dsl/rep▮ ⓛ Crowne Plaza, Quality Inn ⓞ Krauszer's Foods, Low▮ **W** ⓖ Citgo/Subway/dsl, Mobil/dsl ⓕ Baci Grill, Bur▮ King, Chili's, Cromwell Diner, Dunkin Donuts, McDonal▮ Nordelli's, Oyama Japanese ⓛ Courtyard, Super 8 ⓞ $P▮ Firestone/auto, Price Rite Foods, Verizon, vet, Walmart
20 (23)	Country Club Rd, Middle St
22mm	Ⓡⓢ/weigh sta nb, full ⓖ facilities, info, litter barrels, petw▮ Ⓒ, ⊠, RV dump, vending
19 (21)	Baldwin Ave (from sb)
18 (20.5)	I-691 W, to Marion, access to same as 16 & 17, ski area
17 (20)	CT 15 N (from sb), to I-691, CT 66 E, Meriden
16 (19)	CT 15, E Main St, **E** ⓖ Gulf/dsl, Mobil/dsl, Valero ⓕ Am▮ ican Steaks, Gianni's Rest., Huxley's Cafe, Kings Garden C▮ nese, Olympos Diner, Subway ⓛ Hampton Inn, Hawth▮ Inn, The Meridan Inn ⓞ URGENT CARE, Volvo, **W** ⓖ Get▮ dsl, Gulf/repair, Shell/dsl ⓕ Boston Mkt, Boston Mkt, Bu▮ er King, Dominos, Dunkin Donuts, KFC, Les' Dairy Bar, Li▮ Caesar's, McDonald's, Nordelli's, Subway, Taco Bell, Wayba▮ Burgers, Wendy's ⓛ Comfort Inn ⓞ Ⓗ, CarQuest, CVS Dr▮ Hancock's Drug, Verizon, Walgreens
15 (16)	CT 68, to Durham, **E** ⓞ golf, **W** ⓛ Courtyard, Fairfield ▮ Homewood Suites
15mm	Ⓡⓢ sb, full ⓖ facilities, info, litter barrels, petwalk, Ⓒ, ⊠
14 (12)	CT 150 (no EZ return), Woodhouse Ave, Wallingford
13 (10)	US 5 (exits left from nb), Wallingford, 2 mi **W** on US 5 ⓞ▮ Wharton Brook SP, services
12 (9)	US 5, Washington Ave, **E** ⓖ Shell, Sunoco, Valero ⓕ Bos▮ Mkt, Burger King, D'angelo's, DQ, Dunkin Donuts, Hibachi B▮ fet, McDonald's, Popeyes, Starbucks, Subway, Wendy's ⓞ ▮ Drug, Stop&Shop Food, Town Fair Tire, URGENT CARE, US▮ Walgreens, **W** ⓖ Citgo, Gulf/dsl, Mobil ⓕ Arby's, Athen▮ Diner, Dunkin Donuts, Outback Steaks ⓛ Best Western/H▮ ry's Grill ⓞ Advance Parts, BigY Foods/drug, vet
11 (7)	CT 22 (from nb), North Haven, same as 12

Side labels: **CT** | **WINDSOR AREA** | **ROCKY HILL** | **WALLINGFORD**

N E W   H A V E N

◤N INTERSTATE 91 Cont'd

Exit #	Services
10 (6)	CT 40, to Cheshire, Hamden
9 (5)	Montowese Ave, **W** 🛢 Berkshire/dsl, Sunoco 🍴 Buffalo Wild Wings, Dunkin Donuts, Dynasty Chinese, Friendly's, Longhorn Steaks, McDonald's, Olive Garden, Panera Bread, Red Lobster, Ruby Tuesday, Subway, Wendy's ⭕ $Tree, AT&T, Barnes&Noble, Best Buy, BigLots, BJ's Whse/gas, GNC, Home Depot, Michael's, Nissan/Jeep, PetCo, Petsmart, Target, TJMaxx, URGENT CARE, Verizon
8 (4)	CT 17, CT 80, Middletown Ave, **E** 🛢 7-11, Citgo, Global/dsl, Mercury/dsl, Shell, Sunoco 🍴 Burger King, Country House Rest., Dunkin Donuts, Exit 8 Diner, KFC, McDonald's, Taco Bell 🏠 Days Inn ⭕ Advance Parts, Aldi Foods, AutoZone, Lowe's, vet, Walgreens, Walmart/Subway
7 (3)	Ferry St (from sb), Fair Haven, **W** 🛢 Speedway/dsl ⭕ NAPA
6 (2.5)	Willow St (exits left from nb), Blatchley Ave, **E** ⭕ repair
5 (2)	US 5 (from nb), State St, Fair Haven
4 (1.5)	State St (from sb), downtown
3 (1)	Trumbull St, downtown, **W** ⭕ Peabody Museum
2 (.5)	Hamilton St, downtown, New Haven
1 (.3)	CT 34W (from sb), New Haven, **W** ⭕ 🄷, downtown
	I-91 begins/ends on I-95, exit 48.

◤N INTERSTATE 95

Exit #	Services
94mm	Connecticut/Rhode Island state line
93 (111)	CT 216, Clarks Falls, **E** 🛢 Shell/dsl/repair 🍴 Subway, to Burlingame SP, **W** 🛢 Mobil/dsl, 🚂/Shell/Stuckey's/Roy Rogers/Sbarro's/dsl/scales/24hr 🍴 Dunkin Donuts 🏠 Budget Inn, Stardust Motel
92 (107)	CT 2, CT 49 (no EZ nb return), 🅡 **sb, full facilities**, Pawcatuck, **E** 🛢 Shell 🍴 Dunkin Donuts, McDonald's 🏠 La Quinta ⭕ 🄷, Stop&Shop, **W** 🏠 Cedar Park Suites ⭕ FoxWoods (8mi), KOA
91 (103)	CT 234, N Main St, to Stonington, **E** ⭕ 🄷
90 (101)	CT 27, Mystic, **E** 🛢 Shell/Domino's/Dunkin Donuts/dsl 🍴 Boathouse Rest., Five Guys, Friendly's, Go Fish, McDonald's, Mystic Diner, Starbucks, Steak Loft 🏠 EconoLodge, Hilton, Holiday Inn Express, Howard Johnson, Hyatt Place ⭕ aquarium, Mystic Outlet Shops, **W** 🛢 Mobil/Subway/dsl 🍴 Antonio's Ristorante, Dunkin Donuts, Frank's Grille 🏠 Days Inn, Hampton Inn, Quality Inn, Ramada Inn, Residence Inn ⭕ Chevrolet, Chrysler/Dodge/Jeep, Ford, RV camping, TrueValue, VW
89mm	Mystic River, scenic overlook nb, scenic overlook
89 (99)	CT 614, Mystic St, Allyn St, **W** ⭕ camping (seasonal)
88 (98)	CT 117, to Noank, **E** ⭕ 🍴, **W** 🍴 Octagon Steaks, Starbucks 🏠 Marriott
87 (97)	Sharp Hwy (exits left from sb), Groton, **E** 🍴 Applebee's 🏠 Hampton Inn ⭕ 🍴, to Griswold SP
86 (96)	rd 184 (exits left from nb), Groton, **E** 🍴 99 Rest., Applebee's 🏠 Hampton Inn, Rodeway Inn ⭕ Walgreens, **W** 🛢 Cory's/dsl, Mobil/dsl, Shell/dsl, Speedway 🍴 Bayou Smokehouse, Chinese Kitchen, Domino's, Dunkin Donuts, Flanagan's Diner, Groton Rest., Moe's SW, Panera Bread, Subway, Taco Bell 🏠 Best Western, Groton Inn, Super 8 ⭕ Advance Parts, GNC, Honda, Kia, Kohl's, Midas, Stop&Shop, to US Sub Base, Verizon
85 (95)	US 1 N, Groton, downtown, **E** ⭕ NAPA
84 (94)	CT 32 (from sb), New London, downtown
83 (92)	CT 32, New London, **E** to Long Island Ferry

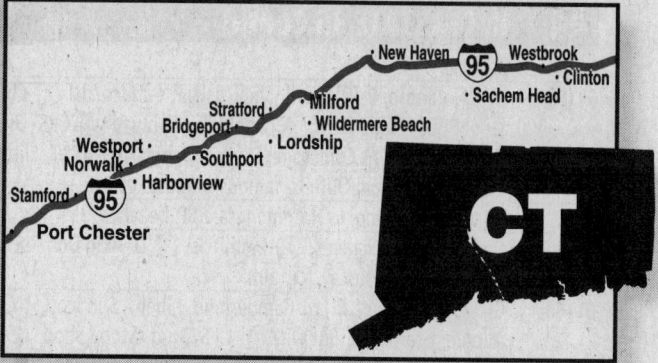

N E W   L O N D O N

N I A N T I C

Exit #	Services
82a (90.5)	frontage rd, New London, **E** 🛢 Mobil/dsl 🍴 TX Roadhouse ⭕ AutoZone, Goodyear/auto, NSA Foods, same as 82, Staples, TownFair Tire, **W** 🛢 Sunoco 🍴 Chili's, Outback Steaks 🏠 Clarion, SpringHill Suites ⭕ Marshall's, Petsmart, same as 82, ShopRite Foods
82 (90)	CT 85, to I-395 N, New London, **W** 🛢 Mobil/Dunkin Donuts 🍴 Buffalo Wild Wings, Coldstone, Jersey Mike's, Longhorn Steaks, Moe's SW, Olive Garden, Panera Bread, Ruby Tuesday, Smashburger, Starbucks, Subway ⭕ BAM, Best Buy, Dick's, Home Depot, JC Penney, Macy's, mall, Michael's, PetCo, Sears/auto, Target, Verizon
90mm	weigh sta both directions
81 (89.5)	Cross Road, **W** 🏠 Rodeway Inn ⭕ $Tree, BJ's Whse/gas, Lowe's, Walmart/McDonald's
80 (89.3)	Oil Mill Rd (from sb), **W** 🏠 Rodeway Inn
76 (89)	I-395 N (from nb, exits left), to Norwich
75 (88)	US 1, to Waterford
74 (87)	rd 161, to Flanders, Niantic, **E** 🛢 Citgo/dsl, Cory's/repair, Mobil 🍴 Burger King, Country Gourmet, Dunkin Donuts, Illiano's Grill, Starbucks 🏠 Best Value Inn, Days Inn, Motel 6, Sleep Inn ⭕ Ford, Stop&Shop/gas, Tires+, Verizon, **W** 🛢 Shell 🍴 Five Guys, Flanders Seafood, Kings Garden Chinese, McDonald's, Osaka Japaneses, Shack Rest., Smokey O'Grady's BBQ, Subway, Yummy Yummy Pizza ⭕ CVS Drug, IGA Foods, Rite Aid, TrueValue
74mm	🅡 **sb, full ♿ facilities, st police**
73 (86)	Society Rd
72 (84)	to Rocky Neck SP, **2 mi E** 🍴, 🏠, RV camping, to Rocky Neck SP
71 (83)	4 Mile Rd, River Rd, to Rocky Neck SP, **1 mi E** camping (seasonal), beaches
70 (80)	US 1, CT 156, Old Lyme, **W** 🛢 Shell/dsl 🍴 Dunkin Donuts, Morning Glory Cafe, Subway 🏠 Old Lyme Inn/dining ⭕ Big Y Foods, Griswold Museum, Rite Aid, USPO, vet
69 (77)	US 1, CT 9 N, to Hartford, **W** 🍴 Otter Cove 🏠 Quality Inn
68 (76.5)	US 1 S, Old Saybrook, **E** 🛢 Mobil, Shell/dsl 🍴 Cloud 9 Deli, Mystic Mkt Kitchen, **W** ⭕ Buick/GMC, Chevrolet, Chrysler/Dodge/Jeep, Hyundai, Kia, Nissan, VW
67 (76)	CT 154, Elm St (no EZ sb return), Old Saybrook, **E** 🍴 Pasta Vita Itaian ⭕ same as 68
66 (75)	to US 1, Spencer Plain Rd, **E** 🛢 Citgo/dsl 🍴 Blue Crab Steaks, Brick Oven Pizza, Cuckoo's Nest Mexican, Dunkin Donuts, Five Guys, Sal's Pizza, Samurai Japanese, Wayback Burgers 🏠 EconoLodge, Saybrook Motel, Super 8 ⭕ Benny's Mkt, Big Y Mkt, Kohl's, NAPA, transmissions, URGENT CARE, vet
65 (73)	rd 153, Westbrook, **E** 🛢 Mobil/Dunkin Donuts, Valero 🍴 Cafe Rotier, Cristy's Rest., Denny's, Subway ⭕ Honda, 🄷, Old Navy, Tanger Factory Stores/famous brands, Toyota/Scion, USPO, Walgreens
64 (70)	rd 145, Horse Hill Rd, Clinton

📶 = gas   🍴 = food   🛏 = lodging   ⊙ = other   Rs = rest stop   Copyright 2018 - The Next EXIT

INTERSTATE 95 Cont'd

Exit #	Services
63 (68)	CT 81, Clinton, **E** 📶 Shell, Shell/dsl/LP, Sunoco/dsl 🍴 Chester's BBQ, Chips Rest., McDonald's, Subway ⊙ CVS Drug, USPO, vet, **W** 🍴 Coldstone, Dunkin Donuts ⊙ AT&T, Clinton Crossing Premium Outlets/famous brands, PetCo
62 (67)	**E** ⊙ RV camping, to Hammonasset SP, beaches
66mm	**service area both lanes**, 📶 Mobil/dsl 🍴 Dunkin Donuts, McDonald's (sb), Subway ⊙ atm
61 (64)	CT 79, Madison, **E** 📶 Cumberland, Shell, Sunoco 🍴 Cafe Allegre, Starbucks, Subway ⊙ CVS Drug, Stop&Shop, USPO, Verizon
61mm	East River
60 (63.5)	Mungertown Rd (from sb, no return), **E** food, lodging
59 (60)	rd 146, Goose Lane, Guilford, **E** 📶 Citgo, Mobil/24hr, Shell/DQ/dsl 🍴 Avest Pizza, Dunkin Donuts, First Garden, Grand Apizza, McDonald's, Shoreline Diner, Wendy's, Whole Enchilada 🛏 Comfort Inn, Tower Motel ⊙ $Tree, Big Y Foods, NAPA, transmissions, Verizon, Walmart, **W** ⊙ st police, URGENT CARE
58 (59)	CT 77, Guilford, **E on US 1** 🍴 Dunkin Donuts, Gulf/dsl, Mobil, Wave/dsl, Xpress ⊙ CVS Drug, to Henry Whitfield Museum, Walgreens, **W** ⊙ st police
57 (58)	US 1, Guilford, **E** ⊙ Shell/Dunkin Donuts/dsl, **W** ⊙ Fresh Mkt, Land Rover, Michael's
56 (55)	rd 146, to Stony Creek, **E** 🛏 Rodeway Inn, **W** 📶 Mobil, Shell/dsl, TA/Popeye's/Starbucks/Subway/dsl/scales/24hr/@ 🍴 56 Diner, Dunkin Donuts, USS Chowderpot 🛏 Baymont Inn, Best Value Inn ⊙ Freightliner, Stop&Shop Foods
55 (54)	US 1, **E** 📶 Branford/repair, Cumberland, Shell/dsl 🍴 Carson's Rest., Hornet's Nest Deli, Lynn's Rest., Marco Pizzaria 🛏 Days Inn, Holiday Inn Express, Motel 6 ⊙ Ford, vet, Walgreens, **W** 📶 Gulf, Mobil/Dunkin Donuts/dsl 🍴 Brother's Deli, Cafe Fiore, Chuck's Margarita Grill, Parthenon Diner, Su Casa Mexican
54 (53)	Cedar St, Branford, **E** 📶 Mobil, Stop&Shop Gas 🍴 Dragon East Chinese, Dunkin Donuts, La Luna Ristorante ⊙ Kia, Staples, Subaru, **W** ⊙ Krauszer's Foods, NAPA
52mm	**service area both lanes**, 📶 Mobil/dsl/24hr 🍴 Dunkin Donuts, McDonald's (nb), Subway
52 (50)	rd 100, North High St, **E** ⊙ to Trolley Museum, **W** ⊙ st police
51 (49.5)	US 1, Easthaven, **E** 📶 Speedway/dsl, Sunoco, Valero/dsl 🍴 Boston Mkt, Chili's, Dunkin Donuts 🛏 Quality Inn ⊙ $Tree, Chevrolet, Hobby Lobby, Lexus, TJ Maxx, **W** 🍴 Dunkin Donuts, Wendy's ⊙ AutoZone, CarMax, Home Depot, Hyundai
50 (49)	Woodward Ave (from nb), **E** 📶 Shell ⊙ Ft Nathan Hale, US Naval/Marine Reserve
49 (48.5)	Stiles St (from nb)
48 (48)	I-91 N, to Hartford
47 (47.5)	CT 34, New Haven, **W** 📶 Mobil/Dunkin Donuts/dsl 🍴 Brazi's Italian, Greek Olive Diner 🛏 La Quinta ⊙ Ikea, Long Wharf Theater, same as 46
46 (47)	Long Wharf Dr, Sargent Dr, **E** 🍴 Lenny & Joe's Rest., **W** 📶 Mobil/Dunkin Donuts/dsl 🍴 Brazi's Italian, Greek Olive Diner 🛏 La Quinta ⊙ Ikea, Long Wharf Theater
45 (46.5)	CT 10 (from sb), Blvd, **W** 🍴 Dunkin Donuts, McDonald's ⊙ same as 44
44 (46)	CT 10 (from nb), Kimberly Ave, **E** 🛏 Super 8, **W** 🍴 DQ, Dunkin Donuts, McDonald's, Popeyes ⊙ same as 45
43 (45)	CT 122, 1st Ave (no EZ return), West Haven, **W** 📶 1st Fuel/dsl, Xtra ⊙ 🄷, NAPA, to U of New Haven, vet

42 (44)	CT 162, Saw Mill Rd, **E** 🍴 Pizza Hut 🛏 EconoLodg▪ **W** 📶 Shell 🍴 American Steaks, Denny's, Dunkin Donut▪ Starbucks, Subway, TX Roadhouse, Uncle Willie's BBQ 🛏 Be▪ Western, Hampton Inn ⊙ Aldi Foods, Firestone/aut▪ Walmart/Subway
41 (42)	Marsh Hill Rd, to Orange
41mm	**service area both lanes**, 📶 Mobil/dsl 🍴 Dunkin Donut▪ McDonald's, Subway
40 (40)	Old Gate Lane, Woodmont Rd, **E** 📶 Citgo/dsl ▪▪▪/We▪ dy's/dsl/scales/24hr, Shell, Sunoco 🍴 Cracker Barrel, Duc▪ ess Rest., Dunkin Donuts, Gipper's Rest., Popeyes, Titlt▪ Kilt 🛏 Hilton Garden, Holiday Inn Express, Mayflower Mot▪ Milford Inn ⊙ Blue Beacon, Lowe's, Midas
39 (39)	US 1, to Milford, **E** 📶 Cumberland Farms/dsl 🍴 Athenia▪ Diner, Chicago Grill, Dunkin Donuts, Friendly's, Hooters, Man▪ Teresa's 🛏 Howard Johnson, Super 8 ⊙ $Tree, CVS Dru▪ Firestone/auto, Mazda/Volvo, ShopRite Foods, URGENT CAR▪ vet, Walgreens, **W on US 1** 📶 Mobil 🍴 Boston Mkt, Bost▪ Mkt, Buffalo Wild Wings, Burger King, Chili's, Chipotle Me▪ can, DiBella Subs, Domino's, Dunkin Donuts, Hometown Buffe▪ HoneyBaked Ham, McDonald's, Panera Bread, Sonic, Starbuck▪ Subway, Taco Bell, Villano's Rest. ⊙ Acura, Advance Par▪ AT&T, Barnes&Noble, BigLots, Chrysler/Dodge/Jeep, Costc▪ gas, Dick's, Jo-Ann Fabrics, Macy's, mall, Marshall's, Michael▪ Old Navy, PetCo, Rite Aid, Sears/auto, Shop&Shop/gas, S▪ ples, Target, TownFair Tire, Walmart/Subway, Whole Foods M▪
38 (38)	CT 15, Merritt Pkwy, Cross Pkwy
37 (37.5)	High St (no ez nb return), **E** 📶 Gulf, Sunoco, USA 🍴 Su▪ way ⊙ 7-11, Toyota/Scion, vet
36	Plains Rd, **E** 🍴 Dunkin Donuts, Gusto Italian 🛏 Hampt▪ Inn ⊙ Aldi Foods
35 (37)	Bic Dr, School House Rd, **E** 📶 Citgo 🍴 Wendy's 🛏 Fairfie▪ Inn ⊙ AutoZone, Buick/GMC, Chevrolet, CVS Drug, Denn▪ Parts, Ford/Lincoln, Honda, Kia, Land Rover, Nissan, Stop&Sh▪ Foods/gas, Subaru, Walgreens, **W** 🛏 Red Roof Inn, Residen▪ Inn, SpringHill Suites
34 (34)	US 1, Milford, **E on US 1** 🍴 Dunkin Donuts, McDonald's, Piz▪ Hut, Subway, Taco Bell 🛏 Devon Motel ⊙ $Tree, Hyund▪ K-Mart, Walgreens
33 (33.5)	US 1 (from nb, no EZ return), CT 110, Ferry Blvd, **E** ⊙ Shell/c▪ Sunoco/dsl 🍴 Danny's Drive-In, Lumi Rest., Riverview Bist▪ Subway ⊙ $Tree, BJ's Whse, PetCo, Staples, **W** 🍴 99 Re▪ McDonalds, Villa Pizza ⊙ Home Depot, Marshall's, ShopR▪ Foods, Stop&Shop/dsl, USPO, Walmart/Subway
32 (33)	W Broad St, Stratford, **E** 📶 Petra/Subway/dsl, **W** 📶 Gu▪ dsl 🍴 Dunkin Donuts
31 (32)	South Ave, Honeyspot Rd, **E** 📶 Gulf/Dunkin Donuts 🛏 Ho▪ eySpot Motel, Quality Inn, **W** 📶 Citgo/dsl ⊙ NAPA, Tow▪ Fair Tire
30 (31.5)	Lordship Blvd, Surf Ave, **E** 📶 Gulf/dsl, Shell/dsl 🍴 Dun▪ Donuts 🛏 Stratford Hotel ⊙ URGENT CARE, **W** 📶 Mass▪ dsl
29 (31)	rd 130, Stratford Ave, Seaview Ave, **W** ⊙ 🄷
28 (30)	CT 113, E Main St, Pembrook St
27 (29.5)	Lafayette Blvd, downtown, **W** 🍴 Dunkin Donuts ⊙ 🄷, Barn▪ Museum
27a (29)	CT 25, CT 8, to Waterbury
26 (28)	Wordin Ave
25 (27)	CT 130 (from sb, no EZ return), State St, Commerce Dr, Fairfi▪ Ave, **E** ⊙ Audi, Infiniti, Mercedes, Porsche, USPO, **W** 🍴 ▪ Donald's

MADISON   **CT**   **BRANFORD**   **NEW HAVEN**   **MILFORD**

INTERSTATE 95 Cont'd

Exit #	Services
24 (26.5)	Black Rock Tpk, **E** 🍴 Blackrock Oyster Bar, Fairfield Pizza, Rio Bravo, Sweet Basil 🏨 Best Western ⊡ BJ's Whse/Subway, Lexus, Porsche, Staples, USPO, Verizon, **W** 🛢 Gulf ⊡ Firestone/auto, Nissan
23 (26)	US 1, Kings Hwy, **E** 🛢 Sunoco/dsl 🍴 Chipotle, Five Guys ⊡ CVS Drug, Home Depot, Petco, Whole Foods Mkt
22 (24)	Round Hill Rd, N Benson Rd
23.5mm	**service area both lanes**, 🛢 Mobil/dsl 🍴 FoodCourt (sb), McDonald's
21 (23)	Mill Plain Rd, **E** 🛢 Citgo/dsl, Mobil/dsl 🍴 Avellino's Italian, DQ, Geronimo SW Grill, Kiraku Japanese, Rawley's Drive-In, Starbucks, Subway, Wilson's BBQ ⊡ Hemlock Hardware, Rite Aid
20 (22)	Bronson Rd (from sb)
19 (21)	US 1, Center St, **W** 🛢 BP, Shell/dsl 🍴 Athena Diner, Baskin-Robbins/Dunkin Donuts, Panera Bread, Subway 🏨 Westport Inn ⊡ Balducci's Mkt, Honda, Stop&Shop, TownFair Tire, Walgreens
18 (20)	to Westport, **E** ⊡ beaches, Sherwood Island SP, st police, **1 mi W on US 1** 🛢 Gulf, Mobil 🍴 Angelina's Trattoria, Arby's, Bertucci's Italian, Fresh Mkt, McDonald's, Sakura Japanese, Sherwood Diner, Starbucks, Subway ⊡ Barnes&Noble, Toyota/Scion, URGENT CARE, Walgreens
17 (18)	CT 33, rd 136, Westport
16 (17)	E Norwalk, **E** 🛢 Citgo, Gulf, Mobil/dsl, Shell/dsl 🍴 Baskin-Robbins/Dunkin Donuts, Eastside Café, Penny's Diner, Subway ⊡ Rite Aid
15 (16)	US 7, to Danbury, Norwalk, **E** 🛢 Shell ⊡ Walgreens, **W** 🛢 Exxon, Sunoco
14 (15)	US 1, CT Ave, S Norwalk, **E** ⊡ st police, **W** 🛢 Shell/Dunkin Donuts 🍴 Burger King, Dunkin Donuts, Post Road Diner, Silver Star Diner, Subway, Wendy's ⊡ 🏨, Barnes&Noble, Best Buy, CVS Drug, Kohl's, Old Navy, Petsmart, same as 13, ShopRite Foods, Stop&Shop, TJ Maxx, TownFair Tire
13 (13)	US 1 (no EZ return), Post Rd, Norwalk, **W** 🛢 Mobil, Shell, Sunoco 🍴 American Steaks, Bertucci's, Chipotle Mexican, Darien Diner, Friendly's, KFC, McDonald's, Palmwich 🏨 DoubleTree Hotel ⊡ AT&T, Costco, Home Depot, Mini, same as 14, Staples, vet, Walmart
12.5mm	**service area nb**, 🛢 Mobil/dsl 🍴 Dunkin Donuts, McDonald's, Subway
12 (12)	rd 136, Tokeneke Rd (from nb, no return), **W** 🍴 deli
11 (11)	US 1, Darien, **E** 🛢 Exxon 🏨 Chuck's Steaks ⊡ Chevrolet, Nissan, repair, vet, **W** 🛢 Gulf 🍴 Panera Bread ⊡ BMW, Whole Foods Mkt
10 (10)	Noroton, **W** 🛢 Shell, Standard ⊡ vet
9.5mm	**service area sb**, 🛢 Mobil/dsl 🍴 McDonald's, Subway
9 (9)	US 1, rd 106, Glenbrook, **E** 🏨 Best Value Inn, **W** 🛢 Gulf 🍴 Dunkin Donuts, McDonald's, Subway ⊡ Advance Parts, Meineke
8 (8)	Atlantic Ave, Elm St, **E** ⊡ U-Haul, **W** 🛢 Sunoco 🏨 Marriott ⊡ 🏨
7 (7)	CT 137, Atlantic Ave, **W** 🍴 PF Chang's 🏨 Hampton Inn, Marriott ⊡ Barnes&Noble, same as 8, USPO
6 (6)	Harvard Ave, West Ave, **E** 🛢 Gulf 🍴 City Limits Diner, Starbucks 🏨 La Quinta ⊡ Advance Parts, Petsmart, Subaru, USPO, **W** 🛢 Shell 🏨 Super 8 ⊡ 🏨
5 (5)	US 1, Riverside, Old Greenwich, **W** 🛢 BP, Mobil, Shell 🍴 Boston Mkt, Corner Deli, Hunan Cafe, McDonald's, Starbucks, Taco Bell, Valbello Ristorante 🏨 Hyatt Regency ⊡ A&P Mkt, CVS Drug, GNC, Staples, USPO, Walgreens

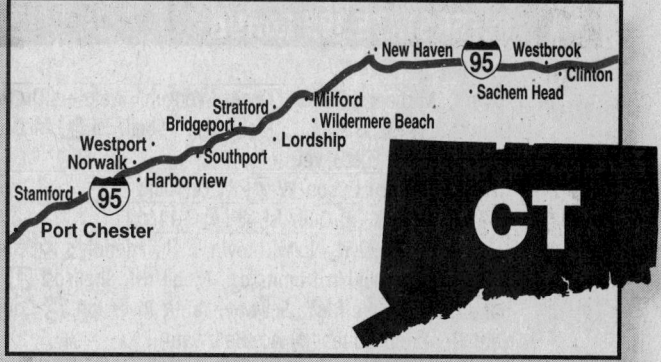

Exit #	Services
4 (4)	Indian Field Rd, Cos Cob, **W** ⊡ Bush-Holley House Museum
3 (3)	Arch St, Greenwich, **E** ⊡ Bruce Museum, **W** 🛢 Shell ⊡ 🏨, Lexus
2mm	weigh sta nb
2 (1)	Delavan Ave, Byram
0mm	Connecticut/New York state line

INTERSTATE 395

Exit #	Services
55.5mm	Connecticut/Massachusetts state line
53 (54)	E Thompson, to Wilsonville
50 (50)	rd 200, N Grosvenor Dale, **W** ⊡ W Thompson Lake Camping (seasonal)
49 (49)	to CT 12 (from nb, exits left), Grosvenor Dale, same as 99
47 (47)	US 44, to E Putnam, **E** 🍴 Dunkin Donuts, Empire Buffet, McDonald's/playplace, Subway, Wendy's ⊡ $Tree, Advance Parts, CVS Drug, Giant Pizza, GNC, Kmart, Stop&Shop/gas, **W** 🛢 Mobil, Shell/dsl/repair ⊡ Walmart/Subway
46 (46)	to CT 12, Putnam, **W** 🏨 King's Inn ⊡ 🏨
45 (45)	Kennedy Dr, to Putnam, **E** ⊡ Ford, **W** ⊡ 🏨
43 (43)	Ballouville, **W** 🍴 Gold Eagle Rest. 🏨 Comfort Inn
41 (41)	CT 101, to Dayville, **E** 🛢 Gulf, Shell/dsl 🍴 Burger King, China Garden, Dayville Mexican, Domino's, Dunkin Donuts, Subway, Yamoto Japanese, Zip's Diner 🏨 Budget Inn ⊡ $General, $Tree, Aldi Foods, Kohl's, Town Fair Tire, Walgreens, **W** 🛢 Mobil/Taco Bell/dsl, Shell/dsl 🍴 99 Rest., Dunkin Donuts, McDonald's, Mozzarella's Grill ⊡ AT&T, city park, GNC, Lowe's, Michael's, PetCo, Staples, Stop&Shop, Target, TJ Maxx, Verizon
38 (39)	to S Killingly, **W** 🍴 Dunkin Donuts, Giant Pizza ⊡ st police
37 (38)	US 6 W, to Danielson, to Quinebaug Valley Coll
35 (36)	to US 6 E (from nb), to Providence
35mm	℞ both lanes, full ♿ facilities, 🛢 Mobil/dsl 🍴 Dunkin Donuts, Subway
32 (32)	CT 14, to Sterling, Central Village, **E** 🛢 Cumberland, Gulf/repair 🍴 Billy's Pizza, Pizza Pizzaz ⊡ Rite Aid, RV camping, USPO, **W** 🛢 Shell/Dunkin Donuts/dsl 🍴 Dunkin Donuts, Frank O's Pizza, Subway 🏨 Knights Inn ⊡ $General, transmissions
29 (30)	CT 14A to Plainfield, **E** ⊡ RV camping (seasonal), **W** 🛢 Mobil
28 (28)	Lathrop Rd, to Plainfield, **E** 🛢 Shell/Domino's/dsl 🍴 Dunkin Donuts, HongKong Star Chinese, Subway, Wendy's 🏨 La Quinta, Quality Inn ⊡ Big Y Foods, Ford, Hyundai/VW, Mazda, **W** 🛢 Gulf, Sunoco/dsl 🍴 Bakers Dozen Cafe, McDonald's, Mr Z's Rest. ⊡ Advance Parts, CVS Drug
24 (24)	rd 201, Hopeville, **E** ⊡ Hopeville Pond SP, RV camping
22 (23)	CT 164, CT 138, to Pachaug, Preston, **E** 🛢 Exxon/Petro Max/Dunkin Donuts/dsl ⊡ $Tree, RV camping, **W** 🏨 AmericInn
21 (21)	CT 12, Jewett City, **E** 🍴 Chili's, Panera Bread, Ruby Tuesday ⊡ Aldi Foods, AT&T, Dick's, GNC, Home Depot, Kohl's,

Side labels: **NORWALK**, **GREENWICH** (left margin); **PUTNAM**, **PLAINFIELD** (right margin)

CT

NORWICHTOWN

⬆N INTERSTATE 395 Cont'd

21 (21)	Continued
	Lowe's, Michael's, PetCo, Target, Verizon, Walmart/Dunkin Donuts, **W** 🅖 Gulf/dsl, Mobil/dsl, Shell/dsl 🍴 McDonald's 🅞 Val-U Foods, vet
19a (20)	CT 169 (from nb), Lisbon, **W** 🅞 RV camping
18 (18)	rd 97, Taftville, **E** 🅖 Gulf/dsl, **W** 🅖 7-11/dsl
14 (14)	to CT 2 W, CT 32 N, Norwichtown, **E** 🍴 Friendly's 🅞 tires, **W** 🅖 Global/Dunkin Donuts/dsl, Mobil/dsl, Shell/dsl 🍴 Iliano's Grill, Prime Rest., Subway, Yantic River Inn 🛏 Courtyard, Rosemont Suites 🅞 Ace Hardware
13b a (14)	CT 2 E, CT 32 S, Norwich, **E** 🅞 🏥
11 (12)	CT 82, Norwich, **E** 🅖 Mobil, Shell/dsl 🍴 99 Rest., Burger King, Chinese Buffet, Dunkin Donuts, Five Guys, KFC/Taco Bell, Little Caesar's, McDonald's, Mr Pizza, Papa Gino's, Popeye's, Starbucks, Subway, Wendy's 🅞 $Tree, AT&T, Jo-Ann Fabrics, Rite Aid, ShopRite Foods, Staples, TJ Maxx, TownFair Tire, Verizon, **W** 🛏 Holiday Inn 🅞 Big Y Foods, Walmart
9a (10)	CT 2A E, to Ledyard, **E** 🅞 to Pequot Res
8.5mm	service plaza sb, nb 🅖 Mobil/dsl 🍴 Dunkin Donuts, Subway 🅞 st police nb
6 (6)	rd 163, to Uncasville, Montville, **1 mi E** 🅖 Mobil/dsl 🍴 Dunkin Donuts, Friendly Pizza, McDonald's, Subway 🅞 repair, Rite Aid
5 (5)	CT 32 (from sb, exits left), to New London, RI Beaches
2 (2)	CT 85, to I-95 N, Colchester, **1/2 mi E** 🅖 Dunkin Donuts, Shell/dsl 🛏 Oakdell Motel
I-95. I-395 begins/ends on I-95, exit 76.	

⬆E INTERSTATE 691

Exit #	Services
I-691 begins/ends on I-91.	
12 (12)	Preston Ave
11 (11)	I-91 N, to Hartford
10 (11)	I-91 S, to New Haven, CT 15 S, W Cross Pkwy
9	Berlin Tpk
8 (10)	US 5, Broad St, **N** 🅖 HH Gas, Irving, Shell/dsl 🍴 Broad St Pizza, DQ
7 (9)	downtown (no ez wb return), Meriden (from wb), **S** 🅖 Citgo
6 (8)	Lewis Ave (from wb, no EZ return), to CT 71, **N** 🍴 Ruby Tuesday 🅞 🏥, Best Buy, Dick's, Macy's, mall, Old Navy, Sears auto, Target, TJ Maxx, **S** 🅖 7-11 🍴 Subway
5 (7)	CT 71, to Chamberlain Hill (from eb, no EZ return), **N** 🅞 🏥 Best Buy, mall, Target, **S** 🅖 7-11/gas 🍴 Subway
4 (4)	CT 322, W Main St (no re-entry from eb), **N** 🅖 Sunoco 🍴 Dunkin Donuts, Hubbard Park Pizza 🅞 🏥
3mm	Quinnipiac River
3 (1)	CT 10, to Cheshire, Southington, **N** 🍴 Sam's Clams Rest., Tony's Rest.
2 (0)	I-84 E, to Hartford
1 (0)	I-84 W, to Waterbury
I-691 begins/ends on I-84.	

NOTES

DELAWARE

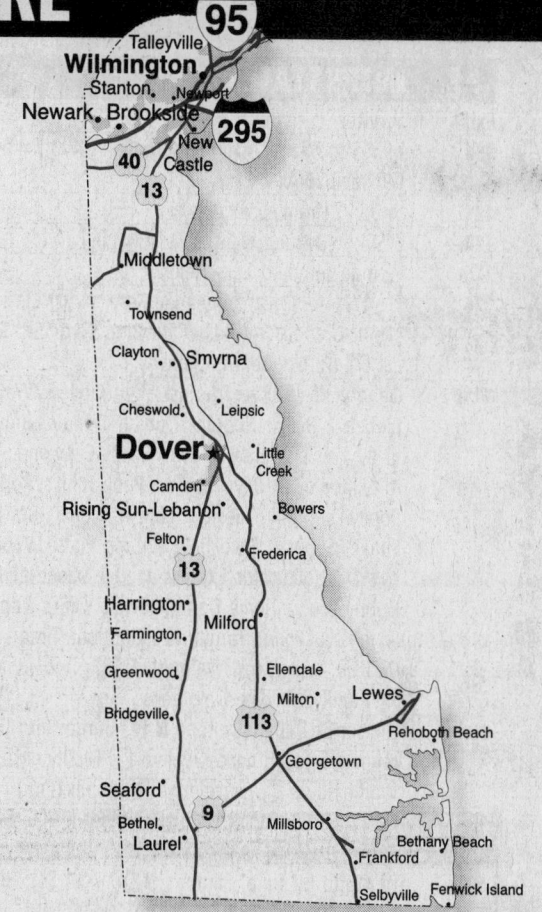

⬆N INTERSTATE 95

Exit #	Services
23mm	Delaware/Pennsylvania state line, motorist callboxes for 23 miles sb
11 (22)	to I-495 S, DE 92, Naamans Rd, **E** 🔲 $General, Burlington Coats, Goodyear/auto, Jo-Ann Fabrics, SaveALot, WaWa, **W** 🔲 Shell/Circle K/dsl, WaWa/dsl 🔲 KFC/Taco Bell 🔲 Crowne Plaza 🔲 CVS Drug, Home Depot, Rite Aid
10 (21)	Harvey Rd (no nb return)
9 (19)	DE 3, to Marsh Rd, **E** 🔲 Dunkin Donuts 🔲 Rockwood Museum, st police, to Bellevue SP
8b a (17)	US 202, Concord Pike, to Wilmington, **E** 🔲 Home Depot, to Brandywine Park
7b a (16)	DE 52, Delaware Ave
6 (15)	DE 4, MLK Blvd, **E** 🔲 Joe's Crabshack, McDonald's 🔲 AAA, Fresh Grocer Foods, Rite Aid, **W** 🔲 Liberty 🔲 Family$
5c (12)	I-495 N, to Wilmington, to DE Mem Bridge
5b a (11)	DE 141, to US 202, to New Castle, Newport, **E** 🔲 Sheraton
4b a (8)	DE 1, DE 7, to Christiana, **E** 🔲 Bahama Breeze, Brio Tuscan Grille, CA Pizza Kitchen, Cheesecake Factory, Don Pablo, Foodcourt, JB Dawson's Rest., Panera Bread, Ted's MT Grill 🔲 Barnes&Noble, Cabela's, Costco, Dick's, JC Penney, Macy's, mall, Michael's, Nordstrom, PetCo, Target, **W** 🔲 Applebee's, Dunkin Donuts, Firebird's Grill, Fuddrucker's, Jimmy John's, Marble Slab Creamery, Michael's Rest., Olive Garden, Red Lobster 🔲 Country Inn&Suites, Courtyard, Days Inn, Extended Stay America, Hampton Inn, Hilton, Quality Inn, Red Roof Inn 🔲 🔲 AAA, Best Buy, casino/racetrack, Home Depot, Petsmart, TJ Maxx, Verizon
3b a (6)	DE 273, to Newark, Dover, **E** 🔲 BP, Exxon/dsl 🔲 Bertucci's, Bob Evans, Boston Mkt, Ciao Pizza, Famous Dave's BBQ, Olive Grill Italian, Red Robin, Shell Hammer's Grille, Wendy's 🔲 Ramada Inn, Residence Inn, Sheraton, Staybridge Suites, TownePlace Suites 🔲 Acme Foods, Boscov's, Jo-Ann Fabrics, Old Navy, Staples, Walgreens, **W** 🔲 Getty, Shell/dsl 🔲 Denny's, Dunkin Donuts 🔲 Comfort Inn, Holiday Inn Express, Motel 6 🔲 7-11
5mm	**service area both lanes (exits left from both lanes),** 🔲 Sunoco/dsl 🔲 Baja Fresh, Burger King, Famiglia, Popeye's, Starbucks 🔲 info
1b a (3)	DE 896, to Newark, to U of DE, Middletown, **W** 🔲 Exxon, Shell/dsl, Sunoco 🔲 Boston Mkt, China Garden, Dunkin Donuts, Friendly's, Jersey Mike's, Malin's Deli, Mario's Pizza, McDonald's, TGIFriday's 🔲 Baymont Inn, Candlewood Suites, Embassy Suites, Homewood Suites, Red Roof Inn, Rodeway Inn 🔲 DE Tire Ctr
1mm	toll booth, st police
0mm	Delaware/Maryland state line, motorist callboxes for 23 miles nb

⬆N INTERSTATE 295 (Wilmington)

Exit #	Services
15mm	Delaware/New Jersey state line, Delaware River, Delaware Memorial Bridge
14.5mm	toll plaza
14	DE 9, New Castle Ave, to Wilmington, **E** 🔲 🔲 Giovanni's Cafe 🔲 Advance Parts, CVS Drug, Family$, Firestone/auto, Harley-Davidson/rest., Rite Aid, Super G Foods, **W** 🔲 Shell, Super/dsl 🔲 Dunkin Donuts, McDonald's 🔲 Best Night Inn, Budget Inn, SuperLodge

13	US 13, US 40, to New Castle, **E** 🔲 BP, Shell/dsl, Speedway/dsl, Sunoco/dsl, WaWa 🔲 Applebee's, Arby's, Arner's Rest, Burger King, Checkers, DogHouse, Dove Diner, Dunkin Donuts, Hooters, IHOP, KFC, Krispy Kreme, Little Caesar's, McDonald's, Popeye's, Season's Pizza, Taco Bell, TGIFriday's, Wendy's 🔲 Quality Inn, Super 8 🔲 $General, $Tree, Acura, AutoZone, Big Lots, BJ's Whse/gas, Chevrolet, Chrysler/Jeep/Dodge, Cottman Transmissions, Fiat, Ford, GNC, Home Depot, Hyundai, Lincoln, Mazda, Nissan, PepBoys, repair, Ross, Save-a-Lot, Staples, Toyota/Scion, URGENT CARE, Verizon, Walgreens, Walmart, **W** 🔲 WaWa/dsl 🔲 Dunkin Donuts 🔲 Clarion, Fairfield Inn 🔲 Ford Trucks, Lowe's
12	I-495, US 202, N to Wilmington

I-295 begins/ends on I-95.

⬆N INTERSTATE 495

Exit #	Services
11mm	I-95 N. I-495 begins/ends on I-95.
5 (10)	US 13, Phila Pike, Claymont, **W** 🔲 BP, Exxon/dsl, Sunoco/dsl, WaWa/dsl 🔲 Arby's, Boston Mkt, Burger King, Dunkin Donuts, McDonald's 🔲 Milan Motel 🔲 Aamco, Family$, Food Lion, USPO
4 (5)	US 13, rd 3, Edgemoor Rd, to Fox Point Park
3 (4)	12th St
2 (3)	rd 9A, Terminal Ave, Port of Wilmington
1 (1)	US 13, **E** 🔲 WaWa/dsl 🔲 Dunkin Donuts 🔲 Clarion 🔲 Ford Trucks, Lowe's
0mm	I-95 S. I-495 begins/ends on I-95.

🛢️ = gas   🍴 = food   🏨 = lodging   🅾️ = other   Ⓡˢ = rest stop   Copyright 2018 - The Next EXIT

FLORIDA

⤴E INTERSTATE 4

Exit #	Services
132	I-95, S to Miami, N to Jacksonville, FL 400. I-4 begins/ends on I-95, exit 260b.
129	to US 92 (from eb, exits left)
118	FL 44, to DeLand, N 🛢️ BP/dsl 🅾️ Ⓗ
116	Orange Camp Rd, Lake Helen
114	FL 472, to DeLand, Orange City, N 🅾️ Clark Campground (1mi), Orange City Resort, to Blue Sprgs SP, S 🛢️ RaceTrac/dsl 🍴 Dunkin Donuts, Subway
111b a	Deltona, N 🛢️ RaceTrac/dsl, Shell/Circle K, Wawa/dsl 🍴 Applebee's, Baskin-Robbins/Dunkin Donuts, Bob Evans, Chick-fil-A, Chili's, Denny's, Five Guys, Fujiyama, Jimmy John's, KFC, Moe's SW, Olive Garden, Papa John's, Perkins, Pizza Hut, Popeye's, Ruby Tuesday, Sonny's BBQ, Starbucks, Steak'n Shake, Subway, Taco Bell, Tijuana Flats, Woody's BBQ, Zaxby's 🏨 Holiday Inn Express 🅾️ Ⓗ, $General, Firestone/auto, Hobby Lobby, Home Depot, Lowe's, Office Depot, Publix/deli, Save-A-Lot Foods, Target, Tire Kingdom, Tires+, URGENT CARE, Verizon, Walgreens, Walmart, S 🛢️ Citgo/repair 🍴 Wendy's 🅾️ Family$, Publix, Walgreens
108	Dirksen Dr, DeBary, Deltona, N 🍴 Burger King, IHOP 🏨 Hampton Inn, S 🛢️ Citgo/dsl, Valero 🍴 McDonald's, Subway (2mi), Waffle House 🏨 Travelodge 🅾️ Publix (2mi)
104	US 17, US 92, Sanford, N 🅾️ La Mesa RV Ctr, S 🛢️ Marathon/Subway/dsl 🅾️ Myers RV Ctr
101c	rd 46, to Mt Dora, Sanford, N 🛢️ 7-11 🍴 IHOP, Subway, Tijuana Flats 🅾️ Ace Hardware, Audi, Ford, vet, S 🛢️ 7-11, Chevron/dsl, Mobil, Murphy USA/dsl, RaceTrac/dsl, Shell/dsl 🍴 Buffalo Wild Wings, Burger King, Carrabba's, Cheddar's, Chianti's Pizza, Chipotle, Cracker Barrel, Don Pablo, Dunkin Donuts, El Paso Mexican, Firehouse Subs, Habaneros, Honeybaked Ham, Hooters, Joe's Crabshack, LJ Silver/Taco Bell, Logan's Roadhouse, Longhorn Steaks, McDonald's, Mellow Mushroom, Olive Garden, Orlando Alehouse, Outback Steaks, Panda Express, Panera Bread, PDQ Grill, Pollo Tropical, Red Lobster, Red Robin, Rte 46 Smokehouse, Smokey Bones BBQ, Steak'n Shake, Subway, Wendy's 🏨 Comfort Inn, SpringHill Suites 🅾️ Ⓗ, $Tree, Aldi Foods, AT&T, Beall's, Best Buy, Big Lots, BJ's Whse/gas, Books-A-Million, Chrysler/Dodge/Jeep, CVS Drug, Dick's, Dillard's, GNC, Goodyear/auto, Harley-Davidson, JC Penney, Jo-Ann Fabrics, Macy's, mall, Marshall's, Michael's, Old Navy, PetCo, Ross, Sears/auto, Target, Tire Kingdom, Tuesday Morning, Tuffy Auto, URGENT CARE, Verizon, Walmart, World Mkt
101a b	rd 46a, FL 417 (toll), FL 46, Sanford , Heathrow, N 🍴 Applebee's, Coldstone, Crisper's, Duffy's Grill, F&D Cafe, FishBones, Friendly Confines Grill, McDonald's, Moe's SW Grill, Papa Joe's Pizza, Ruth's Chris Steaks, Shula's 347 Grill, Subway, Terra Mia Pizza 🏨 Hampton Inn, Marriott, Residence Inn, Westin 🅾️ Publix, URGENT CARE, Walgreens, S 🍴 Giovanni's, Jersey Mike's, Marco's Pizza, Smokey Joe's BBQ 🅾️ 7-11, Acura, CarMax, CVS Drug, Honda, Infiniti, Kohl's, Mercedes, Publix, Sam's Club/gas, Toyota/Scion
98	Lake Mary Blvd, Heathrow, N 🛢️ Shell 🍴 Casey's Grill, Luigino's Italian, Panera Bread, RW Blue Grill, Stonewood Grill, Subway 🏨 Courtyard, Hyatt Place 🅾️ CVS Drug, Walgreens, Winn-Dixie, S 🛢️ 7-11, BP/24hr, Marathon/Kangaroo/dsl, Mobil/dsl 🍴 Arby's, Baskin-Robbins/Dunkin Donuts, Bob Evans,

98	Continued
	Boston Mkt, Burger Fi, Burger King, Chick-fil-A, Chili's, Chi~~ King, Chipotle Mexican, Chop Stix, Domino's, Dunkin Donu~~ Firehouse Subs, Fred's Mkt, Jason's Deli, Jimmy John's, KF~~ Longhorn Steaks, Marble Slab, McDonald's, Mikado Japanes~~ Noodles&Co, Panera Bread, Papa Joe's Pizza, Papa John's, Pa~~ Murphy's, Starbucks, Steak'n Shake, Subway, Taco Bell, Tilt~~ Kilt, Wendy's, Which Wich? 🏨 Candlewood Suites, Exter~~ ed Stay America, Hilton Garden, Homewood Suites, La Qu~~ ta 🅾️ Advance Parts, AT&T, Fresh Mkt, GNC, Goodyear/au~~ Home Depot, Office Depot, Petsmart, Publix, Ross, Staples, T~~ get, Tires+, TJ Maxx, USPO, Verizon, Walgreens
95mm	Ⓡˢ both lanes, full ♿ facilities, 24hr security, litter barrels, p~~ walk, 🅲, 🔁, vending
94	FL 434, to Winter Springs, Longwood, N 🛢️ 7-11, Chevr~~ Mobil/7-11/dsl 🍴 Burger King, China Gate, FirstWatch Ca~~ Imperial Dynasty, Jimmy John's, Kobe Japanese, Melting~~ Rest., Mykonos Greek, Panera Bread, Papa Joe's Pizza, St~~ bucks, Starbucks, Tijuana Flats, Wendy's 🅾️ CVS Drug, Pub~~ vet, S 🍴 Bonefish Grill, Boston Mkt, Carmela's Rest., Pick~~ NY, Smokehouse 🅾️ Ⓗ
92	FL 436, Altamonte Springs, N 🛢️ 7-11, Chevron/dsl, She~~ Circle K/dsl 🍴 Boston Mkt, Checkers, Chick-fil-A, Chipo~~ Mexican, ChuckeCheese, Cracker Barrel, Kobe Japanese, Li~~ Caesar's, Longhorn Steaks, McDonald's, Olive Garden, P~~ kins, Pollo Tropical, Popeye's, Red Lobster, Sweet Tomato~~ Taco Bell, Twin Peaks, Waffle House, WingHouse 🏨 Days I~~ Hampton Inn, Howard Johnson, Quality Inn, Ramada, Remi~~ ton Inn, Residence Inn, SpringHill Suites 🅾️ Best Buy, CVS Dr~~ Family$, Firestone/auto, O'Reilly Parts, Tire Kingdom, U-Ha~~ URGENT CARE, Walgreens, S 🛢️ BP/Circle K, Chevron, Mob~~ dsl, Speedway/dsl 🍴 Bahama Breeze, Burger King, Chi~~ Coldstone, Denny's, Duffy's Grill, Dunkin Donuts, Five Guys,~~ son's Deli, Moe's SW Grill, Orlando Alehouse, Panda Expre~~ Pei Wei, Starbucks, Steak'n Shake, Subway, Wendy's 🏨 E~~ bassy Suites, Extended Stay America, Hilton 🅾️ Ⓗ, Adva~~ Parts, Albertson's, AT&T, Barnes&Noble, CVS Drug, Dillar~~ JC Penney, Marshall's, PetCo, Publix, Ross, Sears/auto, Wh~~ Foods Mkt
90b a	FL 414, Maitland Blvd, N 🛢️ 7-11 🍴 Applebee's, Chick-fi~~ Oak Grill, Wendy's 🏨 Extended Stay America, Extended S~~ America (2), Homewood Suites, Sheraton, S 🅾️ Maitland Art~~
88	FL 423, Lee Rd, N 🛢️ 7-11 🍴 Christner's Rest., IHOP, Li~~ Caesar's, LJ Silver/Taco Bell, McDonald's, Popeye's, She~~ Rest., Wild Rice Buffet 🏨 Europe Inn, InTown Suites, Mote~~ Quality Inn 🅾️ Advance Parts, Family$, Firestone/auto, Ho~~ Depot, O'Reilly Parts, VW, S 🛢️ Chevron/dsl, Sunoco 🍴 D~~ ny's 🅾️ Aamco, BMW
87	FL 426, Fairbanks Ave (no eb re-entry), N 🛢️ Speedw~~ Dunkin Donuts/dsl
86	Par St (from eb, no re-entry), S 🛢️ Shell/Circle K
85	Princeton St, S 🛢️ 7-11 🍴 Wendy's 🏨 Comfort Suites
84	FL 50, Colonial Dr, Ivanhoe Blvd, N 🏨 Crowne Plaza
83b	US 17, US 92, FL 50, Amelia St (from eb), N 🏨 Crowne Plaz~~
83a	FL 526 (from eb), Robinson St
83	South St (from wb), downtown
82c	Anderson St E, Church St Sta Hist Dist, downtown
82b	Gore Ave (from wb), S 🅾️ Ⓗ, downtown
82a	FL 408 (toll), to FL 526

DELTONA

HEATHROW   ALTAMONTE SPRINGS

FL

INTERSTATE 4 Cont'd

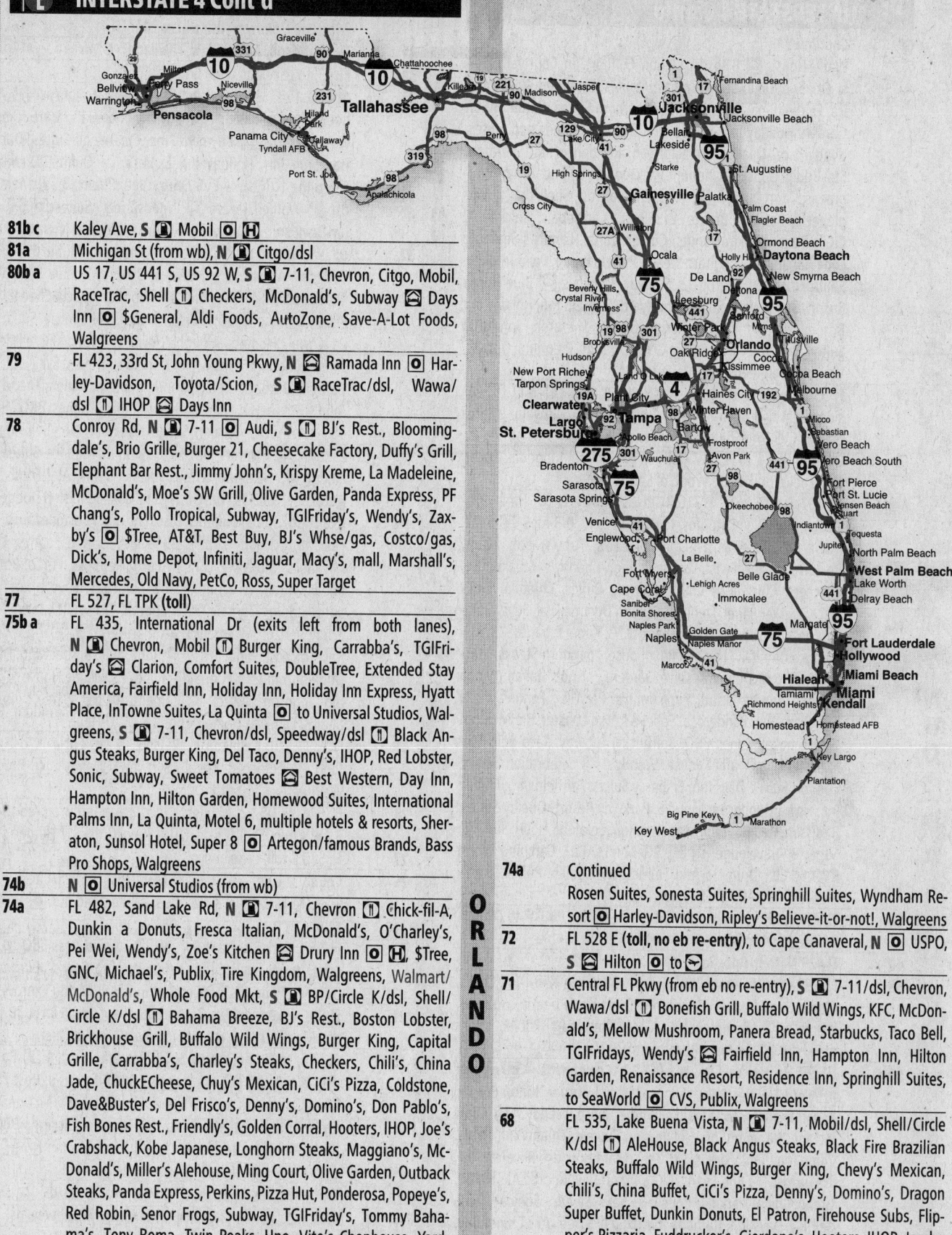

81b c	Kaley Ave, **S** Mobil H
81a	Michigan St (from wb), **N** Citgo/dsl
80b a	US 17, US 441 S, US 92 W, **S** 7-11, Chevron, Citgo, Mobil, RaceTrac, Shell Checkers, McDonald's, Subway Days Inn $General, Aldi Foods, AutoZone, Save-A-Lot Foods, Walgreens
79	FL 423, 33rd St, John Young Pkwy, **N** Ramada Inn Harley-Davidson, Toyota/Scion, **S** RaceTrac/dsl, Wawa/dsl IHOP Days Inn
78	Conroy Rd, **N** 7-11 Audi, **S** BJ's Rest., Bloomingdale's, Brio Grille, Burger 21, Cheesecake Factory, Duffy's Grill, Elephant Bar Rest., Jimmy John's, Krispy Kreme, La Madeleine, McDonald's, Moe's SW Grill, Olive Garden, Panda Express, PF Chang's, Pollo Tropical, Subway, TGIFriday's, Wendy's, Zaxby's $Tree, AT&T, Best Buy, BJ's Whse/gas, Costco/gas, Dick's, Home Depot, Infiniti, Jaguar, Macy's, mall, Marshall's, Mercedes, Old Navy, PetCo, Ross, Super Target
77	FL 527, FL TPK **(toll)**
75b a	FL 435, International Dr (exits left from both lanes), **N** Chevron, Mobil Burger King, Carrabba's, TGIFriday's Clarion, Comfort Suites, DoubleTree, Extended Stay America, Fairfield Inn, Holiday Inn, Holiday Inn Express, Hyatt Place, InTowne Suites, La Quinta to Universal Studios, Walgreens, **S** 7-11, Chevron/dsl, Speedway/dsl Black Angus Steaks, Burger King, Del Taco, Denny's, IHOP, Red Lobster, Sonic, Subway, Sweet Tomatoes Best Western, Day Inn, Hampton Inn, Hilton Garden, Homewood Suites, International Palms Inn, La Quinta, Motel 6, multiple hotels & resorts, Sheraton, Sunsol Hotel, Super 8 Artegon/famous Brands, Bass Pro Shops, Walgreens
74b	**N** Universal Studios (from wb)
74a	FL 482, Sand Lake Rd, **N** 7-11, Chevron Chick-fil-A, Dunkin a Donuts, Fresca Italian, McDonald's, O'Charley's, Pei Wei, Wendy's, Zoe's Kitchen Drury Inn H, $Tree, GNC, Michael's, Publix, Tire Kingdom, Walgreens, Walmart/McDonald's, Whole Food Mkt, **S** BP/Circle K/dsl, Shell/Circle K/dsl Bahama Breeze, BJ's Rest., Boston Lobster, Brickhouse Grill, Buffalo Wild Wings, Burger King, Capital Grille, Carrabba's, Charley's Steaks, Checkers, Chili's, China Jade, ChuckECheese, Chuy's Mexican, CiCi's Pizza, Coldstone, Dave&Buster's, Del Frisco's, Denny's, Domino's, Don Pablo's, Fish Bones Rest., Friendly's, Golden Corral, Hooters, IHOP, Joe's Crabshack, Kobe Japanese, Longhorn Steaks, Maggiano's, McDonald's, Miller's Alehouse, Ming Court, Olive Garden, Outback Steaks, Panda Express, Perkins, Pizza Hut, Ponderosa, Popeye's, Red Robin, Senor Frogs, Subway, TGIFriday's, Tommy Bahama's, Tony Roma's, Twin Peaks, Uno, Vito's Chophouse, Yardhouse Avanti Resort, Best Western, Castle Hotel, Comfort Inn, Courtyard, Crowne Plaza, EconoLodge, Embassy Suites, Extended Stay America, Fairfield Inn, Hampton Inn, Hampton Inn (2), Holiday Inn Express, Homewood Suites, Hyatt Place, Hyatt Regency, La Quinta, La Quinta (2), Ramada Inn, Residence Inn,

74a	**Continued**
	Rosen Suites, Sonesta Suites, Springhill Suites, Wyndham Resort Harley-Davidson, Ripley's Believe-it-or-not!, Walgreens
72	FL 528 E **(toll, no eb re-entry)**, to Cape Canaveral, **N** USPO, **S** Hilton to
71	Central FL Pkwy (from eb no re-entry), **S** 7-11/dsl, Chevron, Wawa/dsl Bonefish Grill, Buffalo Wild Wings, KFC, McDonald's, Mellow Mushroom, Panera Bread, Starbucks, Taco Bell, TGIFridays, Wendy's Fairfield Inn, Hampton Inn, Hilton Garden, Renaissance Resort, Residence Inn, Springhill Suites, to SeaWorld CVS, Publix, Walgreens
68	FL 535, Lake Buena Vista, **N** 7-11, Mobil/dsl, Shell/Circle K/dsl AleHouse, Black Angus Steaks, Black Fire Brazilian Steaks, Buffalo Wild Wings, Burger King, Chevy's Mexican, Chili's, China Buffet, CiCi's Pizza, Denny's, Domino's, Dragon Super Buffet, Dunkin Donuts, El Patron, Firehouse Subs, Flipper's Pizzaria, Fuddrucker's, Giordano's, Hooters, IHOP, Jamba Juice, Joe's Crabshack, Johnnie's Rest., Kobe Japanese, Macaroni Grill, McDonald's, Noodles&Co, Olive Garden, Perkins, Pizza Hut, Qdoba, Red Lobster, Seadog Brewing, Shoney's, Sofrito Latin Cafe, Steak'n Shake, Subway, Sweet Tomatoes, Taco Bell, TGIFriday's, The Knife Argentinian Steaks, Tom+Chee, Uno,

(side tab: ORLANDO)

(side tab: FL)

INTERSTATE 4 Cont'd

ORLANDO

68 Continued
Waffle House 🏠 B Resort, Clarion, Comfort Inn, Courtyard, Delta Orlando, DoubleTree, Embassy Suites, Extended Stay America, Fairfield Inn, Hampton Inn, Hawthorn Suites, Hilton, Hilton Garden, Holiday Inn, Holiday Inn Express, Homewood Suites, Hyatt Place, Quality Inn, Radisson, Residence Inn, Sheraton, StayBridge Suites, Wyndham ⦿ Gooding's Foods/drug, Walgreens, Winn Dixie, **S** 🅿 7-11, Chevron/dsl, Shell/dsl ⦿ Applebee's, Bahama Breeze, BJ's Rest., Carrabba's, Chick-fil-A, CiCi's Pizza, Dunkin Donuts, Golden Corral, Landry's Seafood, LoneStar Steaks, Longhorn Steaks, Panera Bread, Pollo Tropical, Santa Fe Steaks, Starbucks, Subway, Wendy's 🏠 Blue Heron Resort, Buena Vista Suites, Courtyard, Fairfield Inn, Holiday Inn Resort, Marriott Village, Residence Inn, Sheraton, SpringHill Suites ⦿ $Tree, CVS Drug, GNC, Orlando Premium Outlets, Verizon, Walgreens, ⦿ Papa John's

67 Fl 536, to Epcot, **N** ⦿ DisneyWorld, **1 mi S** 🅿 7-11 ⦿ Fusion Rest. 🏠 Buena Vista Suites, Caribe Royale, Marriott ⦿ CVS Drug, multiple resorts, to ♻

65 Osceola Pkwy, to FL 417 (**toll**), **N** ⦿ Animal Kingdom, Epcot, to DisneyWorld, Wide World of Sports

64b a US 192, FL 536, to FL 417 (**toll**), to Kissimmee, **N** ⦿ Harley-Davidson, Hollywood Studios, to DisneyWorld, **0-3 mi S** 🅿 7-11, Mobil/dsl, RaceTrac/dsl ⦿ Applebee's, Arby's, Bob Evans, Boston Lobster Feast, Burger King, Charley's Steakhouse, Checkers, Chick-fil-A, Chili's, Chinese Buffet, Chipotle, CiCi's Pizza, Cracker Barrel, Denny's, Dunkin Donuts, Five Guys, Golden Corral, IHOP, Joe's Crabshack, KFC, Kobe Japanese, Krispy Kreme, Little Italy, Logan's Roadhouse, Longhorn Steaks, Macaroni Grill, McDonald's, Olive Garden, Pacino's Italian, Panda Express, Panera Bread, Papa John's, Pei Wei, Perkins, Pizza Hut, Pizza Hut, Ponderosa, Popeye's, Red Lobster, Rio Mexican Grill, Smokey Bones BBQ, Starbucks, Subway, Taco Bell, TGI-Friday's, Uno, Waffle House, Wendy's 🏠 Celebration Suites, Comfort Suites, Days Inn, Embassy Suites, Fairfield Inn, Holiday Inn, Howard Johnson, Motel 6, Parkway Resort, Quality Suites, Radisson, Red Roof Inn, Rodeway Inn, Seralago Hotel, Sun Inn, Super 8, Travelodge ⦿ 🏥 $General, AT&T, Camping World RV Ctr, CVS Drug, Jo-Ann Fabrics, Marshall's, Publix, Sam's Club/dsl, Target, USPO, Walgreens

62 FL 417 (**toll**, from eb), World Dr, Celebration, **N** ⦿ to DisneyWorld, **S** ⦿ to ♻

60 Fl 429 N (**toll**), Apopka

58 FL 532, to Kissimmee, **N** 🅿 7-11, BP/Circle K/dsl ⦿ Chili's, China One, Dunkin Donuts, McDonald's, Pizzaria, Subway, Wendy's 🏠 Championship Gate Resort ⦿ Publix, Walgreens, **S** 🏠 Reunion Resort (2mi)

55 US 27, to Haines City, **N** 🅿 7-11, Chevron/dsl, ❤Loves/Arby's/dsl/scales/24hr, Sunoco/dsl ⦿ Burger King, Cracker Barrel, Denny's, McDonald's, Waffle House, Wendy's 🏠 Comfort Inn, Hampton Inn, Holiday Inn Express, Quality Inn ⦿ FL Camp Inn (5mi), Ford, **S** 🅿 7-11, Marathon/dsl, RaceTrac/dsl, Wawa/dsl ⦿ Bob Evans, CiCi's Pizza, Davenport's Ale House, Grand China, Perkins, Popeye's, Sake Steaks, Subway, Taco Bell 🏠 Days Inn, Ramada Inn ⦿ 🏥 $Tree, AT&T, Best Buy, Books-A-Million, Deer Creek RV Resort, Dick's, Family$, GNC, JC Penney, KOA, Michael's, Petsmart, Ross, Staples, Target, Theme World RV Park, to Cypress Gardens, tourist info

48 rd 557, to Winter Haven, Lake Alfred, **S** 🅿 Marathon/dsl

46mm Ⓡ both lanes, full ♿ facilities, 24hr security, litter barrels, petwalk, 🅿, 🚶, vending

---

LAKELAND

44 FL 559, to Auburndale, **S** 🅿 ❤Loves/Arby's/dsl/scale 24hr, Shell/Subway/dsl/scales/24hr

41 FL 570 W **toll**, Auburndale, Lakeland

38 FL 33, to Lakeland, Polk City

33 rd 582, to FL 33, Lakeland, **N** 🅿 7-11, Exxon/dsl ⦿ Applebee's, Cracker Barrel, Five Guys, McDonald's, Starbucks, Subway, Wendy's 🏠 Baymont Inn, Crestwood Suites, Days Inn, Hampton Inn, Holiday Inn Express, La Quinta, Quality Inn, Sleep Inn ⦿ BMW, CVS Drug, GNC, Publix, **S** 🅿 Marathon/dsl ⦿ Waffle House 🏠 Woodspring Suites ⦿ 🏥 Harley-Davidson, Lakeland RV Resort, Mercedes, Nissan

32 US 98, Lakeland, **N** 🅿 7-11, Marathon, Mobil/dsl, Murphy USA/dsl, Wawa/dsl ⦿ Beef o' Brady's, Buffalo Wild Wings, Checkers, Chick-fil-A, Chili's, Chipotle, ChuckeCheese, CiCi's Pizza, Domino's, DQ, Dunkin Donuts, Firehouse Subs, Golden Corral, Hooters, Hungry Howie's, IHOP, KFC, Little Caesar's, Longhorn Steaks, McDonald's, Moe's SW Grill, Olive Garden, Outback Steaks, Panda Express, Panera Bread, Papa John's, Pizza Hut, Red Lobster, Smokey Bones BBQ, Sonny's BBQ, Starbucks, Steak'n Shake, Subway, Taco Bell, Wendy's, Zaxby's 🏠 Comfort Inn, La Quinta, TownPlace Suites, Travelodge ⦿ $General, $Tree, Advance Parts, Aldi Foods, AT&T, AutoZone, Beall's, Best Buy, Big Lots, Chrysler/Dodge/Jeep, CVS Drug, Dick's, Dillard's, Discount Tire, Firestone/auto, Goodyear/auto, Hobby Lobby, JC Penney, JoAnn Fabrics, Lowe's, Michael's, Old Navy, O'Reilly Parts, PepBoys, PetCo, Petsmart, Publix, Ross, RV World, Sam's Club/gas, Save a Lot, Sears/auto, Staples, Target, Tire Kingdom, Tires+, TJ Maxx, Toyota/Scion, Verizon, Walgreens, Walmart (2mi), **S** 🅿 7-11, Coastal, RaceTrac/dsl, Sunoco/dsl ⦿ Bob Evans, Burger King, Denny's, Dunkin Donuts, McDonald's, Popeye's, Waffle House 🏠 Howard Johnson, Motel 6, Ramada ⦿ 🏥 $Tree, AutoZone, Beall's, Family$, Home Depot, NAPA, U-Haul

31 FL 539, to Kathleen, Lakeland, **N** ⦿ Circle K/dsl, Marathon ⦿ Romeo's Pizza, Subway, Wendy's ⦿ Publix/dsl, Walgreens, **S** hist dist

28 FL 546, to US 92, Memorial Blvd, Lakeland (from eb re-entry), **S** 🅿 Citgo, Shell/Circle K/dsl, Sunoco/dsl ⦿ Hardee's

27 FL 570 E **toll**, Lakeland

25 County Line Rd, **S** 🅿 Mobil/dsl, Shell/Circle K/Subway ⦿ McDonald's, Wendy's 🏠 Fairfield Inn ⦿ FL Air Museum

22 FL 553, Park Rd, Plant City, **N** ⦿ Smokin Aces BBQ ⦿ Chevrolet, **S** 🅿 Shell/Circle K/Subway ⦿ Arby's, Burger King, Denny's, Popeye's 🏠 Comfort Inn, Holiday Inn Express

21 FL 39, Alexander St, to Zephyrhills, Plant City, **S on FL 39** 🅿 dsl, Mobil/dsl 🏠 Knights Inn, Red Rose Inn/rest.

19 FL 566, to Thonotosassa, **N** 🅿 Marathon/dsl, **S** 🅿 RaceTrac/dsl, Wawa/dsl ⦿ Applebee's, BuddyFreddy's Rest., Burger King, Carrabba's, Lin's Chinese, Little Caesar's, McDonald's, Mi Casa, OutBack Steaks, Pizza Hut/Taco Bell, Sonny's BBQ, Starbucks, Subway, Waffle House 🏠 Hampton Inn ⦿ 🏥 $General, AT&T, GNC, Publix, Walgreens

17 Branch Forbes Rd, **N** 🅿 Citgo/dsl, Marathon/dsl ⦿ Dinos World, **S** 🅿 BP, Citgo/dsl, Shell/Circle K/Subway/dsl ⦿ Advance Parts, AutoZone

---

MANGO

14 McIntosh Rd, **N** 🅿 BP/dsl ⦿ Camping World RV Ctr, Wilward RV Park (2mi), **S** 🅿 7-11/dsl, Marathon/dsl, RaceWay/dsl, Speedway/dsl ⦿ Burger King, McDonald's/playplace ⦿ East Tampa RV Park, General RV Ctr, Tampa RV Ctr

12mm both lanes, weigh sta

INTERSTATE 4 Cont'd

Exit #	Services
10	rd 579, Mango, Thonotosassa, **N** 🍽 ⊕FLYING J/Denny's/dsl/LP/scales/24hr, Sunoco, TA/Arby's/Popeye's/dsl/scales/24hr/@ 🍽 Bob Evans, Cracker Barrel 🛏 Country Inn&Suites, Hampton Inn 🅾 Ford/Lincoln, Hillsboro River SP, Lazy Day's RV Ctr/Resort, **S** 🍽 Shell/Circle K/dsl 🍽 Hardee's, Subway, Wendy's 🛏 Masters Inn
9	I-75, N to Ocala, S to Naples
7	US 92W, to US 301, Hillsborough Ave, **N** 🍽 Mobil/dsl, Mobil/rest./dsl/scales/24hr, Wawa/dsl 🍽 Waffle House 🅾 Hard Rock Hotel/casino, **S** 🍽 BP, Speedway/Dunkin Donuts/dsl, Wawa/dsl 🍽 Five Guys, WingHouse 🛏 Comfort Suites, Holiday Inn Express, La Quinta, Red Roof Inn 🅾 FL Expo Fair
6	Orient Rd (from eb)
5	FL 574, MLK Blvd, **N** 🍽 McDonald's 🅾 truck/rv wash, 🍽 BP, Mobil, Sunoco/Subway 🍽 Wendy's 🛏 Fairfield Inn 🅾 Kenworth
3	US 41, 50th St, Columbus Dr (exits left from eb), **N** 🍽 Chevron/dsl, Shell/Subway/dsl 🛏 Days Inn, Quality Inn 🅾 $General, to Busch Gardens, **S** 🍽 Marathon/dsl, Sunoco/Circle K/dsl 🍽 Burger King, Checkers, Church's, KFC, McDonald's, Salem's Subs, Subway, Taco Bell 🛏 Rodeway Inn 🅾 Advance Parts, Family$, Save-A-Lot, URGENT CARE
1	FL 585, 22nd, 21st St, Port of Tampa, **S** 🍽 Sunoco 🍽 Burger King, McDonald's 🅾 museum
	I-4 begins/ends on I-275, exit 45b.

INTERSTATE 10

Exit #	Services
363mm	I-10 begins/ends on I-95, exit 351b.
362	Stockton St, to Riverside, **S** 🍽 BP, Gate 🅾 🏥
361	US 17 S (from wb)
360	FL 129, McDuff Ave, **S** 🍽 Sunoco 🍽 Popeye's
359	Luna St, to Lenox Ave (from wb)
358	FL 111, Cassat Ave , **N** 🍽 Shell/Subway/dsl, Sunoco/Godfather's/Quiznos/dsl 🍽 Burger King, McDonald's, Popeye's 🅾 AutoZone, **S** 🍽 BP/dsl, RaceWay/dsl 🍽 Baskin-Robbins/Dunkin Donuts, Domino's, Krispy Kreme, Pizza Hut, Royal Buffet, Taco Bell, Wendy's 🅾 Advance Parts, Discount Tire, Lowe's, Walgreens
357	FL 103, Lane Ave, **N** 🍽 CNG, Speedway/dsl 🍽 Andy's Sandwiches 🛏 Knights Inn, Stars Rest Inn, **S** 🍽 BP, Shell/dsl 🍽 Applebee's, Bono's BBQ, Cross Creek Steaks, Hardee's, KFC, Lee's Dragon, McDonald's 🛏 Diamond Inn, Sleep Inn 🅾 CVS Drug, Firestone/auto, Home Depot, Office Depot, PepBoys
356	I-295, N to Savannah, S to St Augustine
355	Marietta, **N** 🍽 Flash, **S** 🍽 Speedway/Dunkin Donuts/dsl 🍽 Domino's
354	Hammond Blvd
351	FL 115, Chaffee Rd, to Cecil Fields, **N** 🍽 Kangaroo/dsl 🅾 $General, Campers RV Ctr, **S** 🍽 Shell/Subway/dsl, Valero 🍽 Cracker Barrel, King Wok, McDonald's, Mr Chubby's Wings, Perard's Italian, Subway, Wendy's 🛏 Best Western, Fairfield Inn, Hampton Inn, Holiday Inn Express 🅾 Family$, Winn-Dixie
350	FL 23, Cecil Commerce Ctr Pkwy
343	US 301, to Starke, Baldwin, **S** 🍽 Pilot/Subway/dsl/scales/24hr, TA/Shell/Arby's/dsl/scales/24hr/@, Valero 🍽 Burger King, McDonald's, Waffle House 🛏 Red Roof Inn

Vertical side text: **LAKE CITY LIVE OAK**

Exit #	Services
336	FL 228, to Maxville, Macclenny, **N** 🍽 Murphy USA/dsl 🍽 Starbucks 🅾 🏥, fireworks, GNC, Walmart/Subway
335	FL 121, to Lake Butler, Macclenny, **N** 🍽 Mobil, Shell/dsl 🍽 China Dragon, Crystal River Seafood, Domino's, Firehouse Subs, Hardee's, KFC, Krystal, McDonald's, Pier 6, Pizza Hut, Subway, Taco Bell, Waffle House, Wendy's, Woody's BBQ, Zaxby's 🛏 Motel 6 🅾 🏥, $General, $Tree, Advance Parts, AutoZone, Save-A-Lot Foods, USPO, Verizon, vet, Walgreens, Winn-Dixie, **S** 🍽 Exxon/dsl, RaceWay/dsl 🍽 Burger King, China Buffet, San Jose Mexican 🛏 EconoLodge, Travelodge
333	rd 125, Glen Saint Mary, **N** 🍽 Citgo/dsl/e85
327	rd 229, to Raiford, Sanderson
324	US 90, to Olustee, Sanderson, **S** 🍽 Mobil/dsl, Osceola NF, to Olustee Bfd
318mm	🆁🆂 both lanes, full ♿ facilities, 24hr security, litter barrels, petwalk, 🅲, 🅿🅵, vending
303	US 441, Lake City, **N** 🍽 Chevron/dsl 🅾 Lake City Camping (1mi), Lake City RV Resort, **S** 🍽 Shell/dsl, Sunoco/dsl 🍽 Huddle House 🛏 Days Inn 🅾 🏥
301	US 41, to Lake City, **N** 🍽 Marathon/Busy Bee/dsl 🅾 to Stephen Foster Ctr, **S** 🅾 🏥
296ba	I-75, N to Valdosta, S to Tampa
294mm	🆁🆂 both lanes, full ♿ facilities, 24hr security, litter barrels, petwalk, 🅲, 🅿🅵, vending
292	rd 137, to Wellborn
283	US 129, to Live Oak, **N** 🍽 Busy Bee/Burger King/Dunkin Donuts/dsl/24hr, to Boys Ranch, **S** 🍽 BP, Chevron/dsl, Exxon/dsl, Murphy USA/dsl, Shell/dsl 🍽 China Buffet, Hungry Howie's, Krystal, McDonald's, Subway, Taco Bell, Waffle House, Wendy's, Zaxby's 🛏 EconoLodge, Holiday Inn Express, Quality Inn 🅾 🏥, $Tree, GNC, Lowe's, Verizon, Walmart
275	US 90, Live Oak, **N** 🅾 to Suwannee River SP, **S** 🅾 🏥
271mm	truck insp sta both lanes
269mm	Suwannee River
265mm	🆁🆂 both lanes, full ♿ facilities, 24hr security, litter barrels, petwalk, 🅲, 🅿🅵, vending
264mm	weigh sta both lanes
262	rd 255, Lee, **N** 🅾 to Suwannee River SP, **S** 🍽 Jimmy's/Chevron/Red Onion Grill/dsl/scales/24hr/@, Loves/Arby's/dsl/scales/24hr
258	FL 53, **N** 🍽 Chevron/McDonald's/dsl, Mobil/DQ/Subway/Wendy's/dsl/scales/24hr 🍽 Denny's, Waffle House 🛏 Best Western, Days Inn, Super 8 🅾 🏥, **S** 🛏 Deerwood Inn 🅲 Jellystone Camping, Madison Camping
251	FL 14, to Madison, **N** 🍽 Mobil/Arby's/24hr 🅾 🏥
241	US 221, Greenville, **N** 🍽 Mobil/DQ
234mm	🆁🆂 both lanes, full ♿ facilities, 24hr security, litter barrels, petwalk, 🅲, 🅿🅵
233	rd 257, Aucilla, **N** 🍽 Shell/dsl

INTERSTATE 10 Cont'd

Exit #	Services
225	US 19, to Monticello, **N** 🅾 Camper's World Camping, **S** 🅿 Chevron/McDonald's/dsl, Mobil/Arby's/dsl, Sunoco/dsl 🛏 Days Inn, Super 8 🅾 A Stones Throw RV Park, KOA
217	FL 59, Lloyd, **S** 🅿 BP/rest/dsl/scales/24hr, Shell/Subway/dsl 🛏 EconoLodge
209b a	US 90, Tallahassee, **N** 🛏 Staybrige Suites, **S** 🅿 Circle K/dsl, Shell/Subway/dsl 🍴 Eastern Chinese, Waffle House 🛏 Best Western, Country Inn&Suites 🅾 auto museum, Publix, Tallahassee RV Park
203	FL 61, US 319, Tallahassee, **N** 🅿 BP/dsl, Shell/Circle K, Sunoco/dsl 🍴 Baskin-Robbins/Dunkin Donuts, Bonefish Grill, Burger Bar, Chipotle, Far East Asian, Firehouse Subs, Five Guys, Hungry Howie's, Jimmy John's, McDonald's, Moe's SW Grill, Newk's Eatery, Panda Buffet, Panera Bread, Pepper's Cantina, Popeye's, Shogun Japanese, Smashburger, Sonny's BBQ, Starbucks, Subway, Taco Bell, Trader Joe's, Waffle House, Wendy's, Which Wich? 🅾 $Tree, AT&T, Books-A-Million, CVS Drug, Discount Tire, Fresh Mkt Foods, GNC, Hobby Lobby, Petco, Publix, SteinMart, SuperLube, TJ Maxx, Walgreens, Walmart (3mi), **S** 🅿 Citgo, Marathon/dsl 🍴 Carrabba's, Chick-fil-A, McDonald's, Osaka Japanese, Outback Steaks, Steak'n Shake, Subway, Ted's MT Grill, TGIFriday's, TX Roadhouse, Village Inn, Zaxby's 🛏 Courtyard, Extended Stay America, Hampton Inn, Hilton Garden, Holiday Inn Express, Mainstay Suites, Residence Inn 🅾 🏥, Advance Parts, Goodyear/auto, Home Depot, Infiniti, Office Depot, O'Reilly Parts, Petsmart, U-Haul, URGENT CARE
199	US 27, Tallahassee, **N** 🅿 Chevron/dsl, Kangaroo/dsl, McKenzie/dsl 🍴 Burger King, Domino's, McDonald's, Papa John's, Pizza Hut, Starbucks, Subway, Taco Bell, Waffle House 🛏 Baymont Inn, Baymont Inn, Best Western, Country Inn&Suites, Fairfield Inn, Holiday Inn, Microtel, Quality Inn 🅾 $General, Ace Hardware, Advance Parts, AutoZone, Big Oak RV Park (2mi), CVS Drug, Family$, USPO, vet, Walgreens, Walmart, Winn-Dixie, **S** 🅿 Chevron/dsl, Shell, Shell/Circle K 🍴 Arby's, Boston Mkt, Chick-fil-A, China Buffet, ChuckECheese, Cracker Barrel, Crystal River Seafood, Denny's, DQ, Dunkin Donuts, El Jalisco, Firehouse Subs, Golden Corral, Guthrie's, Hardee's, Hooters, IHOP, Kacey's Rest, Krispy Kreme, Little Caesar's, Longhorn Steaks, McDonald's, Melting Pot, Papa John's, Red Lobster, Sonic, Sonny's BBQ, Starbucks, Subway, Wendy's, Whataburger, Zaxby's 🛏 EconoLodge, Howard Johnson, La Quinta, Motel 6, Red Roof Inn, Rodeway Inn, Suburban Hotel, Travelodge, Wingate 🅾 Advance Parts, AT&T, AutoZone, Barnes&Noble, Belk, city park, CVS Drug, PepBoys, Publix, Ross, Staples, Sun Tire, Tuffy Auto, U-Haul, Verizon, vet, Walgreens
196	FL 263, Tallahassee, **S** 🅿 Chevron/dsl, Inland/dsl, Murphy USA/dsl, Shell/dsl, Stop'n Save Gas 🍴 Applebee's, DQ, Dunkin Donuts, Firehouse Subs, KFC, McDonald's, Sonic, Steak'n Shake, Subway, Taco Bell, Waffle House, Wendy's, Zaxby's 🛏 Sleep Inn 🅾 $Tree, Advance Parts, 🔧, AutoZone, Chrysler/Dodge/Jeep, Harley-Davidson, Home Depot, Hyundai, Lowe's, Mazda, Office Depot, Toyota, Verizon, Walgreens, Walmart
194mm	🆁🆂 both lanes, full ♿ facilities, 24hr security, litter barrels, petwalk, 🚶, 🐾, vending
192	US 90, to Tallahassee, Quincy, **N** 🅿 FLYING J/Denny's/dsl/LP/scales/24hr, BP 🛏 Comfort Inn, Howard Johnson 🅾 Camping World RV Ctr (2mi), **S** 🅿 ⛽/Subway/dsl/scales/24hr 🍴 Waffle House 🛏 Best Western

181	FL 267, Quincy, 1 mi N 🅿 Murphy USA/dsl 🍴 Domino, Mayflower Chinese 🅾 🏥, Walmart, **S** 🅿 BP/dsl, Citgo, 🛏 Hampton Inn, Holiday Inn Express, Parkway Inn, to La Talquin SF
174	FL 12, to Greensboro, **N** 🅿 Marathon/dsl, Shell/Burger King/
166	rd 270A, Chattahoochee, **N** 🅾 to Lake Seminole, **S** 🅿 She dsl 🅾 to Torreya SP, Triple C RV Park (1mi)
161mm	🆁🆂 both lanes, full ♿ facilities, 24hr security, litter barrels, p walk, 🚶, 🐾, vending
160mm	Apalachicola River, central/eastern time zone
158	rd 286, Sneads, **N** 🅾 Lake Seminole, to Three Rivers SP
155mm	weigh sta both lanes
152	FL 69, to Grand Ridge, Blountstown, **N** 🅿 Exxon/dsl, Ma thon/dsl
142	FL 71, to Marianna, Oakdale, **N** 🅿 Murphy USA/dsl, ⛽ Arby's/dsl/scales/24hr 🍴 Beef'O'Brady's, Burger Ki Firehouse Subs, Hong Kong Chinese, Pizza Hut, PoFo Ruby Tuesday, San Marco's Mexican, Sonny's BBQ, Wa House 🛏 Comfort Inn, Days Inn, Econolodge, Fairfield I Marianna Inn, Microtel, Quality Inn, Super 8 🅾 🏥, $Tr AT&T, Lowe's, to FL Caverns SP (8mi), Verizon, Walmart/S way, **S** 🅿 Chevron/dsl, TA/Pizza Hut/Popeye's/Taco Bell/d scales/24hr/@ 🍴 Dickey's BBQ, DQ, McDonald's 🛏 B Value Inn 🅾 Dove Rest RV Park
136	FL 276, to Marianna, **N** 🅾 to FL Caverns SP (8mi)
133mm	🆁🆂 both lanes, full ♿ facilities,24hr security, litter barrels, p walk, 🚶, 🐾
130	US 231, Cottondale, **N** 🅿 Chevron, Sunoco/dsl 🍴 Harde Subway, **S** 🅿 ♥Loves/Chester's/McDonald's/dsl/scal 24hr/@
120	FL 77, to Panama City, Chipley, **N** 🅿 Exxon/Burger Ki Stuckey's, Marathon/dsl, Murphy USA/dsl, Shell/dsl 🍴 A gel's Buffet, Arby's, Cancun Mexican, Dunkin Donuts, Harde Hungry Howie's, JinJin Chinese, KFC, McDonald's, Pizza H Sonic, Subway, Waffle House, Wendy's 🛏 Comfort Inn, D Inn/rest., Executive Inn, Quality Inn, Super 8 🅾 🏥, $Gene $Tree, Advance Parts, Brickyard Mkt, NAPA, O'Reilly Parts, V zon, Walmart, **S** 🅾 Falling Water SP
112	FL 79, Bonifay, **N** 🅿 Chevron, Shell/dsl, Tom Thun dsl 🍴 Burger King, Cancun Mexican, Castaway Cafe, Ha ee's, Hungry Howie, McDonald's, Pizza Hut, Subway, Wa House 🛏 Bonifay Inn, Holiday Inn Express, Tivoli Inn 🅾 FL Springs RV Camping, Fred's, **S** Panama City Beach
104	rd 279, Caryville
96	FL 81, Ponce de Leon, **N** 🅾 $General, to Ponce de Leon S Vortex Spring Camping (5mi), **S** 🆁🆂 both lanes, full ♿ facilit 24hr security, 🚶, 🐾, litter barrels, petwalk 🅿 Shell/dsl, noco, Sunoco/Subway/dsl 🛏 Ponce de Leon Motel
85	US 331, De Funiak Springs, **N** 🅿 Murphy USA/dsl, Suno dsl 🍴 Arby's, Beef O'Brady's, Burger King, Hungry Howi McLain's Steaks, Pizza Hut, Sonic, Subway, Taco Bell, Wa House 🛏 Econolodge, Regency Inn, Sundown Inn, Su 8 🅾 $General, $Tree, AT&T, Buick/Chevrolet, Lowe's, V zon, Walgreens, Walmart, winery, Winn-Dixie, **S** 🅿 Sun Sunoco/dsl, Sunoco/dsl 🍴 KFC, McDonald's, Whatabu er 🛏 Best Western 🅾 🏥
70	FL 285, to Ft Walton Bch, Eglin AFB, **N** 🅿 ♥Loves Donald's/Subway/dsl/scales24hr, RaceWay/dsl 🛏 Sleep 🅾 I-10 Truck Ctr, **S** 🛏 Econolodge 🅾 Dixie RV Ctr
60mm	🆁🆂 both lanes, full ♿ facilities, 24hr security, litter barrels, p walk, 🚶, 🐾, vending

▲🅴 INTERSTATE 10 Cont'd

Exit #	Services
56	FL 85, Crestview, Eglin AFB, **N** 🅿 BP/dsl, Mobil/Chester's/dsl 🍴 Applebee's, Beef O'Brady's, Burger King, Capt D's, China 1, Dunkin Donuts, Firehouse Subs, Golden Asian, Hungry Howie's, Hunon Chinese, Krystal, Lenny's Subs, McDonald's, Mia's Italian, Panera Bread, Papa Murphy's, Ryan's, Sonic, Starbucks, Taco Bell 🏠 Country Inn&Suites, EconoLodge ▢ 🄷, $General, Advance Parts, AT&T, AutoZone, BigLots, GNC, Lowe's, Publix, Staples, URGENT CARE, Verizon, Walgreens, Walmart, **S** 🅿 Exxon/dsl, Tom Thumb/dsl 🍴 Arby's, Cracker Barrel, Hardee's, Hooters, LaRumba Mexican, Waffle House, Wendy's, Whataburger, Zaxby's 🏠 Baymont Inn, Best Value Inn, Comfort Inn, Holiday Inn Express, Quality Inn, Super 8 ▢ Buick/GMC, Chevrolet, Chrysler/Dodge/Jeep, Ford, Stay Suites
45	rd 189, to US 90, Holt, **N** 🍴 Marathon (1mi) ▢ Eagle's Landing RV Park, to Blackwater River SP, **S** ▢ River's Edge RV Park (1mi)
31	FL 87, to Ft Walton Beach, Milton, **N** 🅿 Exxon/dsl 🍴 Waffle House 🏠 Holiday Inn Express ▢ Blackwater River SP, KOA, **S** 🅿 BP, Shell/dsl 🏠 Blackwater Inn, Milton Inn
31mm	Ⓡs both lanes, full 🄳 facilities, 24hr security, litter barrels, petwalk, 🄲, 🄰
28	rd 89, Milton, **N** ▢ 🄷
27mm	Blackwater River
26	rd 191, Bagdad, Milton, **N** 🅿 Shell/Circle K/dsl ▢ 🄷, $General, **S** 🅿 Chevron/DQ/Stuckey's ▢ Pelican Palms RV Park
22	**N** FL 281, Avalon Blvd, **N** 🅿 RaceWay/dsl, Tom Thumb 🍴 McDonald's, **S** 🅿 Shell/Circle K/Subway/dsl 🍴 Waffle House 🏠 Red Roof Inn ▢ Avalon Landing RV Park (3mi)
18mm	Escambia Bay
17	US 90, Pensacola, **N** 🅿 Marathon/dsl, **S** 🅿 Exxon/DQ 🏠 Quality Inn/rest.
13	FL 291, to US 90, Pensacola, **N** 🅿 Exxon, Shell/dsl 🍴 Arby's, Capt D's, Denny's, La Hacienda Mexican, McDonald's, Santino's Cafe, Subway, Taco Bell, Waffle House 🏠 Comfort Inn, Days Inn, Holiday Inn, La Quinta ▢ 🄷, $Tree, CVS Drug, Ross, U-Haul, Walgreens, **S** 🍴 Cheddar's, ChuckECheese, Dickey's BBQ, Egg&I Cafe, Fazoli's, HoneyBaked Ham, Jimmy John's, Moe's SW, O'Charley's, Shrimp Basket Rest, TX Roadhouse, Waffle House, Wendy's, Whataburger 🏠 Baymont Inn, Best Value Inn, Courtyard, Econolodge, Extended Stay America, Fairfield Inn, Hampton Inn, Mainstay Suites, Red Roof Inn, Springhill Suites, Super 6 Inn, TownePlace Suites ▢ $General, Big Lots, Books-A-Million, Firestone/auto, GNC, Hobby Lobby, JC Penney, Jo-Ann Fabrics, Mr Transmission, PepBoys, Petsmart, Sears/auto, TJ Maxx, Tuesday Morning, U-Haul, Verizon
12	I-110, to Pensacola, Hist Dist, Islands Nat Seashore
10 b a	US 29, Pensacola, **N** 🅿 Kangaroo/dsl/scales, Murphy USA/dsl 🍴 Church's, Hardee's, Ryan's, Sonic ▢ $Tree, Advance Parts, AT&T, AutoZone, Carpenter's RV Ctr, GNC, Office Depot, O'Reilly Parts, Tires+, Walmart, **0-2 mi S** 🅿 RaceWay/dsl, Shell/Circle K, Tom Thumb 🍴 3D Burgers, Capt D's, IHOP, McDonald's, Pizza Hut, Smokey's BBQ, Subway, Waffle House, Wendy's, Whataburger 🏠 Best Value Inn, Executive Inn, Key West Inn, Luxury Suites, Magnuson Hotel, Motel 6, Pensacola Inn ▢ $General, Buick/Cadillac/GMC, Chevrolet, Chrysler/Dodge/Jeep, Ford, funpark, Harley-Davidson, Honda, Hyundai, Kia, Lincoln, Mazda, NAPA Autocare, Nissan, Subaru, Toyota/Scion
7 b a	FL 297, Pine Forest Rd, **N** 🅿 Chevron 🍴 Beef'O'Brady's, Starbucks, Wendy's 🏠 Best Western, Garden Inn, Quality Inn, Woodspring Suites ▢ Publix, transmissions, Walmart Mkt,

7 b a	Continued
	S 🅿 Raceway/dsl, Shell, Tom Thumb 🍴 Burger King, Cracker Barrel, Hardee's, McDonald's, Ruby Tuesday, Sonny's BBQ, Subway, Waffle House, Wayne's Diner 🏠 Country Inn&Suites, Days Inn, Econolodge, Hampton Inn, Holiday Inn Express, Red Roof Inn ▢ Big Lagoon SRA (12mi)
5	US 90 A, **N** 🅿 Shell/Circle K, Shell/dsl 🍴 Beef'O Brady's, Hot Head Burrito, Jersey Mike's, Ollie's Grill, Papa Murphy's, Starbucks, Wendy's ▢ AT&T, Publix/gas, Verizon, Walgreens, **S** ▢ Leisure Lakes Camping
4mm	Welcome Ctr eb, full 🄳 facilities, 24hr security, info, litter barrels, petwalk, 🄲, 🄰, vending, wi-fi
3mm	weigh sta both lanes
1mm	inspection sta eb
0mm	Florida/Alabama state line, Perdido River

▲🅽 INTERSTATE 75

Exit #	Services
471mm	Florida/Georgia state line
469mm	Welcome Ctr sb, full 🄳 facilities, info, litter barrels, petwalk, 🄲, 🄰, vending
467	FL 143, Jennings, **W** 🅿 Marathon/dsl 🏠 N Florida Inn ▢ fireworks, Jennings Camping
460	FL 6, Jasper, **E** 🅿 Indian River Fruit/gas, Marathon/Burger King/dsl, Marathon/Huddle House/dsl 🏠 Budget Inn, **W** 🅿 Pilot/Subway/dsl/scales/24hr, Shell/dsl, Sunoco/dsl 🏠 American Inn ▢ Suwanee River SP
451	US 129, Jasper, Live Oak, **E** 🅿 Loves/Arby's/dsl/scales/24hr, Mobil/DQ/Subway/dsl, **W** 🅿 Marathon/Wendy's/dsl ▢ Suwanee Music Park (4mi), to FL Boys Ranch
448mm	weigh sta both lanes
446mm	insp sta both lanes
443mm	Historic Suwanee River
439	to FL 136, White Springs, Live Oak, **E** 🅿 Gate/dsl/e-85, Shell/dsl 🍴 McDonald's ▢ Suwanee RV Camping (4mi), to S Foster Ctr, **W** 🏠 Best Value Inn
435	I-10, E to Jacksonville, W to Tallahassee
427	US 90, to Live Oak, Lake City, **E** 🅿 Chevron/dsl, Exxon, Gas'n Go, Murphy USA/dsl, Shell/dsl 🍴 Applebee's, Arby's, Buffalo Wild Wings, Burger King, Cedar River Seafood, Chef's Brazilian Steaks, Chick-fil-A, CiCi's, Cracker Barrel, Domino's, DQ, Dunkin Donuts, El Potro, Elliano's Coffee, Firehouse Subs, Gondolier Italian, Hardee's, IHOP, Krystal, Longhorn Steaks, McDonald's, Moe's SW Grill, Neapolitan Pizza, Ole Times Buffet, Olive Garden, Panda Express, Panera Bread, Papa John's, Pizza Hut, Red Lobster, Ruby Tuesday, Sonny's BBQ, Starbucks, Steak'n Shake, Subway, Taco Bell, TX Roadhouse, Waffle House, Wendy's, Zaxby's 🏠 Best Inn, Cypress Inn, Days Inn, Driftwood Inn, Holiday Inn, Quality Inn, Ramada Ltd, Rodeway Inn ▢ 🄷,

⬆N INTERSTATE 75 Cont'd

LAKE CITY

427 Continued
$Tree, Advance Parts, AT&T, AutoZone, Belk, BigLots, CVS Drug, Discount Tire, Ford/Lincoln, Home Depot, Inn&Out RV Park, JC Penney, Kia, Lowe's, Michael's, Petsmart, Publix, Tire Kingdom, TireMart, TJ Maxx, Toyota/Scion, Verizon, Walgreens, Walmart, **W** 🅖 Chevron/dsl, Marathon/Subway, Shell/dsl, Sunoco 🍴 Bob Evans, China One, Waffle House 🏠 Best Value Inn, Comfort Suites, Country Inn&Suites, EconoLodge, Fairfield Inn, Gateway Inn, Hampton Inn, Home 2 Suites, Travelodge 🅞 $General, Cadillac/Chevrolet, Camping World RV Ctr, Chrysler/Dodge/Jeep, Family$, Harvey's Foods, Honda, Nissan

423 FL 47, to Ft White, Lake City, **E** 🅖 Shell/dsl 🅞 Mack/Volvo Trucks, **W** 🅖 Inland/dsl, Stop-N-Go/USPO 🍴 Little Caesar's, Subway, Wendy's 🏠 Super 8 🅞 $General, Casey Jones RV Park, Freightliner

414 US 41, US 441, to Lake City, High Springs, **E** 🅖 Chevron/dsl, Exxon, Pitstop 🏠 Traveler's Inn 🅞 $General, **W** 🅖 Marathon/dsl, Shell/Wendy's/dsl 🍴 Country Skillet, Subway 🅞 antiques, to O'Leno SP (5 mi)

413mm 🆁🆂 both lanes, full 🅰 facilities, 24hr security, litter barrels, petwalk, 🅲, 🏕, vending

409mm Santa Fe River

404 rd 236, to High Springs, **E** 🅖 Chevron/fruits/gifts, Citgo/dsl, Marathon, **W** 🅞 High Springs Camping

399 US 441, to High Sprs, Alachua, **E** 🅖 BP, Kangaroo 🍴 Domino's, El Toro, McDonald's, Mi Apa Latin Cafe, Moe's SW Grill, NY Pizza, Pizza Hut, Sonny's BBQ, Subway, Taco Bell, Waffle House 🏠 EconoLodge, Quality Inn 🅞 $General, Advance Parts, AT&T, AutoZone, CVS Drug, Family$, Hitchcock's Foods, Lowe's, Traveler's Campground (1mi), Verizon, vet, Walgreens, **W** 🅖 Exxon/Kangeroo, Kangaroo/Wendy's, Mobil/Dunkin Donuts/dsl, RaceWay/dsl 🍴 Hungry Howie's, Zaxby's 🏠 Best Value Inn, Royal Inn 🅞 Publix

390 FL 222, to Gainesville, **E** 🅖 Circle K/Subway/dsl, Marathon/McDonald's/dsl, Valero/dsl 🍴 Burger King, Chan's Chinese, Pomodoro Cafe, Sonny's BBQ, Wendy's 🅞 Publix, Walgreens, **W** 🅖 Shell/DQ/Dunkin Donuts/dsl 🍴 Wahoo Grill 🏠 Best Western 🅞 Harley-Davidson, vet

GAINESVILLE

387 FL 26, to Newberry, Gainesville, **E** 🅖 Chevron/dsl, Shell/dsl, Sunoco 🍴 BJ's Rest., Bono's BBQ, Boston Mkt, Buffalo Wild Wings, Burger King, Dunkin Donuts, FoodCourt, HoneyBaked Ham, Jason's Deli, McAlister's Deli, McDonald's, Ocean Buffet, Panda Express, Panera Bread, Perkins, Red Lobster, Red Robin, Ruby Tuesday, Starbucks, Subway, Wendy's 🏠 La Quinta 🅞 🅷, AT&T, Belk, Books-A-Million, Dillard's, Hobby Lobby, JC Penney, Macy's, mall, Office Depot, PetCo, Sears/auto, to UF, Verizon, **W** 🅖 BP, Chevron/dsl, Exxon/dsl, Marathon/dsl 🍴 Applebee's, Hardee's, Krystal, Moe's SW Grill, Napolatanos Rest., Peppers Mexican, Pizza Hut, Taco Bell, Waffle House 🏠 Baymont Inn, Best Value Inn, Days Inn, EconoLodge, TownePlace Suites 🅞 $Tree, Advance Parts, Goodyear/auto, Home Depot, K-Mart, PepBoys, Publix, tires/repair, TJ Maxx, vet, Walgreens

384 FL 24, to Archer, Gainesville, **E** 🅖 Exxon/dsl, Shell, Valero/dsl 🍴 Arby's, Asian Wok, Blaze Pizza, BoneFish Grill, Burger King, BurgerFi, Carrabba's, Chick-fil-A, Chili's, Chipotle Mexican, Chuy's Mexican, CiCi's Pizza, Coldstone, Domino's, DQ, Firehouse Subs, Five Guys, Gainesville Alehouse, Hungry Howie's, KFC, McAlister's Deli, McDonald's, Moe's SW Grill, Olive Garden, Outback Steaks, Panda Express, Panera Bread, Panera Bread,

GAINESVILLE

384 Continued
Papa John's, Pizza Hut, Pollo Tropical, Sonny's BBQ, Starbuc Steak'n Shake, Subway, Taco Bell, TGIFriday's, Tijuana Fla TX Roadhouse, Waffle House, Wendy's, Wing House, Zaxby Zoe's Kitchen 🏠 Comfort Inn, Courtyard, Extended Stay Am ica, Hampton Inn, Hilton Garden, Homewood Suites, Motel Red Roof Inn, Residence Inn, Sleep Inn, SpringHill Suites, Su 8, The Lodge 🅞 $Tree, AT&T, AutoZone, Best Buy, CVS Dr Discount Tire, Firestone/auto, GNC, Jo-Ann, Kohl's, Low Michael's, Old Navy, Petsmart, Publix, Publix, Ross, Targ Trader Joe's, Tuesday Morning, Verizon, Walgreens, Walma **W** 🅖 Marathon/dsl 🍴 Cracker Barrel 🏠 Country Inn Suites, Holiday Inn Express 🅞 to Bear Museum

382 FL 121, to Williston, Gainesville, **E** 🅖 Marathon/dsl, M bil/dsl 🍴 First Wok, Little Caesar's, McDonald's, S way 🅞 Publix, USPO, **W** 🅖 Chevron/dsl, Circle K/dsl, Sh dsl 🍴 43rd St Deli 🏠 Quality Inn, Rodeway Inn, Woodspr Suites 🅞 Fred Bear Museum

381mm 🆁🆂 both lanes, full 🅰 facilities, 24hr security, litter barrels, p walk, 🅲, 🏕, vending

374 rd 234, Micanopy, **E** 🅖 BP, Chevron/dsl 🅞 antiques, Paynes Prairie SP, **W** 🏠 Micanopy Inn 🅞 repair

368 rd 318, Orange Lake, **E** 🅖 Jim's/BBQ, Petro/BP/Iron Skill dsl/scales/24hr/@ 🍴 Wendy's 🅞 Grand Lake RV Park (3 **W** 🅞 Ocala N RV Camping

358 FL 326, **E** 🅖 Marathon/McDonald's/dsl, 🅿🅸🅻🅾🆃/Arby dsl/scales/24hr, 🅿🅸🅻🅾🆃/Wendy's/dsl/scales/24hr, Suno FL Citrus Ctr/dsl 🅞 auto/truck repair, Freightliner, **W** **Loves**/Chester's/Subway/dsl/scales/24hr, Shell/Circle dsl 🍴 DQ

OCALA

354 US 27, to Silver Springs, Ocala, **E** 🅖 Marathon/dsl, Ra Trac/dsl 🍴 Burger King, Rascal's BBQ 🏠 Golden Palms **W** 🅖 BP/dsl, Chevron/dsl, Shell/dsl 🍴 Blanca's Cafe, Ch Taste, CiCi's, Darrell's Diner, McDonald's, Pizza Hut, Roma ian, Subway 🏠 Budget Host, Comfort Suites, Days Inn, H ard Johnson, Motel 6 🅞 $General, $Tree, AT&T, Family$, G Nelson's Trailers, Oaktree Village Camping, Publix, Walgre Winn-Dixie

352 FL 40, to Silver Springs, Ocala, **E** 🅖 Chevron/dsl, Mobil/Ci K/dsl, RaceTrac/dsl, Sunoco/dsl, Valero/dsl 🍴 Dunkin nuts, McDonald's, Subway, Taco Bell, Waffle House, Wend Zaxby's 🏠 Days Inn/café, Motor Inn/RV 🅞 Family$, to S River SP (8mi), **W** 🅖 Shell/dsl 🍴 Burger King, Denny's, V fle House 🏠 Red Roof Inn, Super 8 🅞 Holiday Trav-L Par

350 FL 200 , to Hernando, Ocala, 0-2 mi 🅖 BP/dsl, Citgo/ Texaco/dsl 🍴 Applebee's, Arby's, Black Bear Smokeho Bob Evans, Boston Mkt, Burger King, Carrabba's, Check Chick-fil-A, Chili's, Chipotle, ChuckECheese, Cody's Roadho Coldstone, Crisper's, Domino's, El Toreo Mexican, Firehc Subs, Five Guys, Freddy's, Golden Corral, Hardee's, Hu Howie's, Jersey Mike's, Jimmy John's, Krystal, Lee's Chic Logan's Roadhouse, Maddio's Pizza, McDonald's, Moe's Grill, Ocean Buffet, Olive Garden, Outback Steaks, Panda press, Panera Bread, Papa John's, Papa Murphy's, PDQ Pizza Hut, Red Lobster, Ruby Tuesday, Smoothie King, Sonny's BBQ, Starbucks, Stevie B's Pizza, Subway, Taco Wendy's, Yummy House, Zaxby's 🏠 Country Inn&Suites, ton, La Quinta, Quality Inn 🅞 🅷, $Tree, Acura, Advance P Aldi Foods, Belk, Best Buy, Chevrolet, CVS Drug, Discount Goodyear/auto, Hobby Lobby, Home Depot, Honda, Hyur JC Penney, Jo-Ann Fabrics, Kia, Lowe's, Macy's, Mazda, chael's, Nissan, Office Depot, O'Reilly Parts, PepBoys, Petsn

ⓝ INTERSTATE 75 Cont'd

350 Continued
Ross, Sears/auto, Staples, Target, Tire Kingdom, TJ Maxx, Toyota/Scion, Tuesday Morning, Tuffy Auto, URGENT CARE, Verizon, Walgreens, Walmart, **W** ⓘ Marathon, RaceTrac/dsl, Tesla EVC, Valero/Kangaroo ⓘ Bonefish Grill, Burger King, Cracker Barrel, Crazy Cucumber, Dunkin Donuts, Edo Japanese, Gator's Dockside, KFC, Las Margaritas, McAlister's Deli, McDonald's, Mimi's Cafe, Panera Bread, Starbucks, Steak'n Shake, Tijuana Flats, Waffle House, Yamato Japanese ⓘ Best Western, Courtyard, Fairfield Inn, Hampton Inn, Holiday Inn, Homewood Suites, Residence Inn ⓘ ⓗ, AT&T, Barnes&Noble, BMW, Buick/GMC, Cadillac, Dick's, Dillard's, Kohl's, Ocala RV Park, Old Navy, PetCo, Porsche, Sam's Club/gas, Tires+, Verizon, vet, VW, Walgreens

346mm ⓡ both lanes, full ♿ facilities, 24hr security, litter barrels, petwalk, ⓘ, ⓘ, vending

341 rd 484, to Belleview, **E** ⓘ Exxon/dsl, Marathon/fruit, RaceTrac/dsl, Shell/dsl ⓘ Baskin-Robbins/Dunkin Donuts, Cracker Barrel, KFC/Taco Bell, Sonny's BBQ, Zaxby's ⓘ Microtel, Sleep Inn ⓘ drag racing museum, FL Citrus Ctr, **W** ⓘ ⓘ/DQ/Wendy's/dsl/scales/24hr ⓘ McDonald's, Subway, Waffle House ⓘ Hampton Inn ⓘ Ocala Sun RV Resort, outlets

338mm weigh sta both lanes

329 FL 44, to Inverness, Wildwood, **E** ⓘ Marathon/dsl, Sunoco, ⓘ/Steak'n Shake/dsl/scales/24hr ⓘ Burger King, McDonald's, Waffle House, Wendy's ⓘ FL Citrus Ctr, KOA **W** ⓘ Citgo/dsl/repair/24hr, ⓘ/dsl/scales/24hr, TA/BP/Pizza Hut/Popeye's/Subway/dsl/scales/24hr/@ ⓘ IHOP, KFC ⓘ Budget Inn, Days Inn, Days Inn, Motel 6 ⓘ truck repair, truckwash

328 FL TPK (from sb), to Orlando

321 rd 470, to Sumterville, Lake Panasoffkee, **E** ⓘ Spirit/deli/dsl/scales/24hr ⓘ Coleman Correctional, **W** ⓘ Chevron/Circle K/dsl, Mobil/Hardee's/Subway/dsl ⓘ Countryside RV Park, KOA

314 FL 48, to Bushnell, **E** ⓘ Citgo, Murphy USA/dsl, Shell/Circle K/Subway ⓘ Hong Kong Chinese, KFC/Taco Bell, Little Caesar's, McDonald's, Wendy's ⓘ Bushnell Inn ⓘ $Tree, AutoZone, BlueBerry Hill RV Camp, Red Oaks Camp (1mi), to Dade Bfd HS, Verizon, vet, Walmart, **W** ⓘ ♥Love's/Arby's/dsl/scales/24hr, Sunoco/dsl ⓘ Beef'O'Brady's, Sonny's BBQ ⓘ Microtel ⓘ Flagship RV Ctr

309 rd 476, to Webster, **E** ⓘ Breezy Oaks RV Park (1mi), Sumter Oaks RV Park (1mi)

307mm ⓡ both lanes, full ♿ facilities, 24hr security, coffee, litter barrels, petwalk, ⓘ, ⓘ, vending

301 US 98, FL 50, to Dade City, **E** ⓘ RaceTrac/dsl ⓘ Beef'O'Brady's, Cracker Barrel, Dunkin Donuts, McDonald's, Monticello's Pizzaria, Subway, Taco Bell, Waffle House, Wendy's ⓘ Days Inn, Holiday Inn Express ⓘ $General, Advance Parts, Winn-Dixie, **W** ⓘ Burger King ⓘ Hampton Inn, Microtel, Quality Inn ⓘ ⓗ

293 rd 41, to Dade City, **E** ⓘ Citgo (2mi) ⓘ to Sertoma Youth Ranch, **W** ⓘ Travelers Rest Resort RV Park (3mi)

285 FL 52, to Dade City, New Port Richey, **E** ⓘ ⊘FLYING J/Denny's/dsl/LP/scales/24hr ⓘ ⓗ, Blue Beacon

279 FL 54, to Land O' Lakes, Zephyrhills, **E** ⓘ Speedway/Dunkin Donuts/dsl ⓘ Applebee's, Burger King, Chili's, China Wok, City Grill, Gonna China, Las Vallartas, Papa's John's, Pizza Hut/Taco Bell, Sonny's BBQ, Subway, Waffle House, Wendy's ⓘ Ace Hardware, Advance Parts, Beall's, Fiat, Ford, Happy Days RV

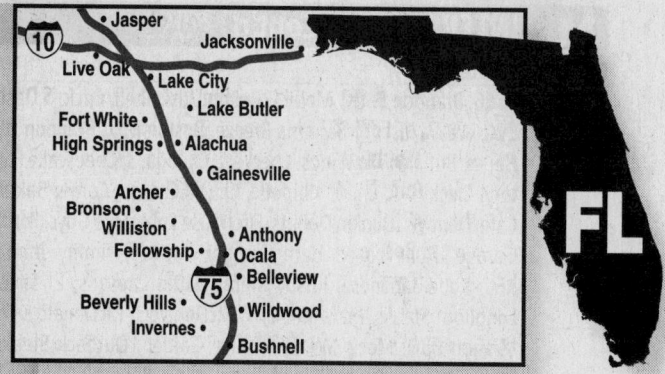

279 Continued
Camping (9mi), Kia, Leasure Days RV Park (7mi), Nissan, Publix, Ralph's RV Camping (7mi), to Hillsborough River SP (18mi), Toyota/Scion, Walgreens, Walmart, **W** ⓘ 7-11, Marathon, Mobil/Dunkin Donuts, Shell/Circle K/dsl ⓘ Beef'O'Brady's, ChuckECheese, Cody's Roadhouse, Cracker Barrel, DQ, Hardee's, Hungry Howie's, Marco's Pizza, McDonald's, Outback Steaks, Winghouse ⓘ Best Western, EconoLodge, Rodeway Inn, Sleep Inn ⓘ $General, $Tree, Advance Parts, Best Buy, Chevrolet, CVS Drug, Dick's, GNC, Goodyear/auto, Honda, Hyundai, Mazda, Michael's, Old Navy, Petsmart, Quail Run RV Camping, Ross, Tire Kingdom, TJ Maxx, Tuffy Auto, URGENT CARE, Verizon, Winn Dixie

277mm ⓡ both lanes, full ♿ facilities, 24hr security, litter barrels, petwalk, ⓘ, ⓘ, vending

275 FL 56, Land O Lakes, Tarpon Springs, **E** ⓘ BP/Dunkin Donuts/dsl, Gate/dsl, RaceTrac/dsl ⓘ Buffalo Wild Wings, TX Roadhouse ⓘ Hampton Inn, Holiday Inn Express ⓘ Mercedes, Mini, Publix (2mi), vet, **W** ⓘ Shell/dsl ⓘ Abuelo's, Culver's ⓘ Tampa Outlets/famous brands, Walgreens

274 I-275 (from sb), to Tampa, St Petersburg

270 rd 581, Bruce B Downs Blvd, **E** ⓘ 7-11, Mobil, Shell/Circle K/Taco Bell/dsl, Speedway/dsl ⓘ Baskin-Robbins/Dunkin Donuts, Boston Mkt, Chick-fil-A, Chili's, Chipotle, Coldstone, DQ, Glory Days Grill, Jimmy John's, Kobe Japanese, Kobe Japanese, Liang's Asian Bistro, McDonald's, Moe's SW Grill, Panera Bread, Papa John's, Pizza Hut, Ruby Tuesday, Senor T's, Starbucks, Steak'n Shake, Subway, TGIFriday's, Tijuana Flats, Wendy's ⓘ Holiday Inn Express, La Quinta ⓘ AT&T, Best Buy, CVS Drug, GNC, Home Depot, Kauffman Tire, Michael's, Publix, Tires+, Verizon, vet, Walgreens, Walmart/Subway, **W** ⓘ 7-11 ⓘ McDonald's, Olive Garden, Red Lobster, Stonewood Grill ⓘ SpringHill Suites ⓘ $Tree, BJ's Whse/Subway/gas, CVS Drug, Jo-Ann Fabrics, Lowe's, Petsmart, Ross, Staples, USPO

266 rd 582A, Fletcher Ave, **W** ⓘ Shell/Circle K/dsl ⓘ Baskin-Robbins/Dunkin Donuts, Bob Evans, Lenny's Subs, Starbucks, Wendy's ⓘ Courtyard, Extended Stay America, Fairfield Inn, Hampton Inn, Hilton Garden, Holiday Inn Express, Residence Inn, Sleep Inn, Sleep Inn ⓘ ⓗ

265 FL 582, Fowler Ave, Temple Terrace, **E** ⓘ flea mkt, Happy Traveler RV Park, **W** ⓘ Marathon, Sunoco, Value/dsl ⓘ IHOP, Marco's Pizza ⓘ Ramada Inn ⓘ to Busch Gardens, to USF

261 I-4, W to Tampa, E to Orlando

260b a FL 574, to Mango, Tampa, **E** ⓘ Citgo/dsl, Mobil, Shell/Circle K/Subway ⓘ Baskin-Robbins/Dunkin Donuts, China Wok, Domino's, Waffle House ⓘ Walgreens, Winn Dixie, **W** ⓘ Citgo, Mobil ⓘ Quality Inn, Residence Inn, Sheraton, Staybridge Suites ⓘ Family$

🅖 = gas 🍴 = food 🏠 = lodging 🅞 = other 🆁🆂 = rest stop   Copyright 2018 - The Next EXIT

⬆N INTERSTATE 75 Cont'd

B R A N D O N

Exit #	Services
257	FL 60, Brandon, **E** 🅖 Mobil (2), Mobil/dsl, Shell/Circle K, Tesla EVC, WaWa/dsl 🍴 Bahama Breeze, Boston Mkt, Brandon Ale House, Buffalo Wild Wings, Checkers, Cheddar's, Cheescake Factory, Chick-fil-A, Chili's, Chipotle, ChuckECheese, Corner Bakery Cafe, Denny's, Dunkin Donuts, Firehouse Subs, Five Guys, Ford's Garage, Honeybaked Ham, Hungry Howie's, Jimmy John's, KFC, Kobe Japanese, Krispy Kreme, Little Caesar's, LJ Silver, Longhorn Steaks, Macaroni Grill, McDonald's, McDonald's (2), Mission BBQ, Moe's SW Grill, Olive Garden, Outback Steaks, Panda Express, Panera Bread, Papa John's, Popeye's, Portillo's, Qdoba, Red Lobster, Smokey Bones BBQ, Smoothie King, Starbucks, Steak'n Shake, Subway, Taco Bell, Tibby's NO Kitchen, Tijuana Flats, Tops China Buffet, Tres Amigos Mexican, Tropical Smoothie, Waffle House, Yellow Mushroom 🏠 Extended Stay America, Holiday Inn Express, La Quinta 🅞 🏥 $General, $Tree, Aamco, Advance Parts, AT&T, AutoZone, Barnes&Noble, Best Buy, Books-A-Million, Cadillac, Costco/gas, CVS Drug, Dick's, Dillard's, Family$, Fiat, Firestone/auto, JC Penney, Jo-Ann Fabrics, K-Mart, Kohl's, Lowe's, Macy's, mall, Marshall's, Michael's, Office Depot, PepBoys, PetCo, Petsmart, Petsmart (2), Publix, Publix (2), Ross, Sam's Club/gas, Sears/auto, Staples, Target, Tires+, TJ Maxx, Verizon, Walgreens, Walmart, **W** 🅖 Citgo/dsl, Marathon, Shell 🍴 Bob Evans, Burger King, Hooters, McDonald's, Sonny's BBQ, Subway, Sweet Tomatoes, Wendy's 🏠 Clarion, Comfort Suites, Country Inn&Suites, Courtyard, Embassy Suites, Fairfield Inn, Homewood Suites, La Quinta, Motel 6, Red Roof Inn, SpringHill Suites 🅞 Bass Pro Shops, Buick/GMC, Chevrolet, Chrysler/Dodge/Jeep, Ford, Harley-Davidson, Home Depot, Honda, Hyundai, Kia, Mazda, Nissan, Office Depot, Toyota/Scion, VW
256	FL 618 W **(toll)**, to Tampa
254	US 301, Riverview, **E** 🅖 Thornton's/dsl, WaWa/dsl 🍴 Panda Express, Steak'n Shake 🅞 CVS Drug, Firestone/auto, Home Depot, Target, **W** 🅖 7-11/dsl 🍴 China 1, Crazy Cafe, Dunkin Donuts, McDonald's, Pizza Hut, Smokin' Pig BBQ, Starbucks, Subway 🏠 Hilton Garden 🅞 GNC, Publix
250	Gibsonton Dr, Riverview, **E** 🅖 7-11/dsl, RaceWay/dsl, Victory Lane/dsl, WaWa/dsl 🍴 Beef'O'Brady's, Burger King, DQ, Hungry Howie's, Jola Pizza, Little Caesar's, McDonald's, New China, Pizza Hut, Ruby Tuesday, Subway, Taco Bell, Wendy's 🅞 $Tree, Alafia River RV Resort, Beall's, CVS Drug, Family$, Hidden River RV Resort (4mi), Lowe's, Save-a-Lot, USPO, Walgreens, **W** 🅖 Murphy USA/dsl 🅞 Walmart/McDonald's
246	rd 672, Big Bend Rd, Apollo Bch, **E** 🅖 7-11, Speedway/dsl, Thornton's/dsl 🍴 Applebee's, Beef'O'Brady's, Buffalo Wild Wings, Burger King, China Taste, DQ, East Coast Pizza, Firehouse Subs, First Watch Cafe, Little Caesar's, McDonald's, Mi Casa, Panera Bread, Papa John's, PDQ Cafe, Pita's, Pizza Hut, Popeye's, Qdoba, Sakura Japanese, Sonic, Starbucks, Subway, Taco Bell, Tijuana Flats, Village Inn, Wendy's 🅞 $General, $Tree, Ace Hardware, Advance Parts, AT&T, AutoZone, Beall's, Dunkin Donuts, Firestone/auto, GNC, Goodyear/auto, 🏥, Kauffman Tire, Marshall's, Publix, Sam's Club/gas, Tire Choice, Tuffy Auto, URGENT CARE, Verizon, vet, Walgreens, Walmart Mkt, WaWa/dsl, Winn Dixie, **W** 🅖 Shell/Circle K/Dunkin Donuts/dsl
240b a	FL 674, Sun City Ctr, Ruskin, **E** 🅖 Shell 🍴 Beef'O'Brady's, Bob Evans, BubbaQue's BBQ, Burger King, Checkers, China Star, Denny's, Dunkin Donuts, Hungry Howie's, Little Caesar's,

B R A D E N T O N

Exit #	Services
240b a	Continued Pizza Hut, Popeye's, Sonny's BBQ, Subway, Taco Bell, We[n]dy's 🏠 Comfort Inn 🅞 🏥, AT&T, Beall's, GNC, Home D[e]pot, to Little Manatee River SP, Verizon, **W** 🅖 Circle K/d[sl] Marathon/dsl, RaceTrac/dsl 🍴 China Wok, KFC, McDo[n]ald's 🏠 Ruskin Inn 🅞 $General, auto repair, BigLots, NA[PA] SunLake RV Resort (1mi)
237mm	🆁🆂 both lanes, full 🚻 facilities, 24hr security, litter barrels, p[et] walk, 🚰, 🏧, vending
229	rd 683, Moccasin Wallow Rd, to Parrish, **E** 🅞 Little Manat[ee] Sprs SRA (10mi), **W** 🅞 Circle K, Fiesta Grove RV Park (3m[i]) Frog Creek RV Park (3mi), Terra Ceia RV Village (2mi), Winters[?] RV Park (3mi)
228	I-275 N, to St Petersburg
224	US 301, to Bradenton, Ellenton, **E** 🅖 Mobil, Shell/Circle [K/] dsl 🍴 Applebee's, Checkers, Chili's, Dunkin Donuts, Hu[n-] gry Howie's, King's Wok, McDonald's, Peach's Rest., Ru[by] Tuesday, Subway, Taco Bell, Wendy's, Winghouse, Wood[?] River Grill 🏠 Hampton Inn, Sleep Inn 🅞 $General, $Tr[ee] Ace Hardware, Beall's, Ellenton Outlets/famous bran[ds] GNC, K-Mart, TJ Maxx, USPO, Walgreens, **W** 🅖 🏧[?]/ dsl 🍴 Anna Maria's, Waffle House 🏠 Red Roof Inn, Super [8]
223	Manatee River
220b a	FL 64, to Zolfo Springs, Bradenton, **E** 🅞 Lake Manatee S[P] **W** 🅖 Citgo/dsl, Marathon/dsl, RaceTrac/dsl, Shell/Circle [K/] dsl 🍴 Burger King, Cracker Barrel, Dunkin Donuts, IHOP, [?] LJ Silver, McDonald's, Sonny's BBQ, Starbucks, Subway, W[af-] fle House, Wendy's 🏠 Best Value Inn, Best Western+, D[ays] Inn, Motel 6, Quality Inn, Sunrise Inn 🅞 🏥, Encore RV [Re-] sort (1mi), Gerzeny's RV Ctr, Harley-Davidson, Toyota/Sci[on] Walmart
217b a	FL 70, to Arcadia, **E** 🅖 Speedway/dsl 🍴 Burger King, C[ul-] ver's, Hungry Howie's, Jersey Mike's, Menchie's, PDQ Cafe, [?] Roadhouse, Wasabi Foods 🏠 Holiday Inn Express 🅞 G[?] Tire Choice/auto, Walmart/Subway, **W** 🅖 7-11/dsl, Marath[on] Dunkin Donuts/dsl, RaceTrac/dsl, Shell/Circle K 🍴 Applebe[e's] Bob Evans, Bogey's Rest., Boneyard BBQ, Chick-fil-A, DQ, Fr[ed-] dy's, Gecko's Grill, Jimmy John's, LJ Silver/Taco Bell, McD[on-] ald's, Papa John's, Rice Bowl, Starbucks, Subway 🏠 Cou[ntry] Inn&Suites 🅞 $Tree, Beall's, CVS Drug, Lowe's, Pleasant L[ake] RV Resort, Publix, Tire Kingdom, Tires+, Tuffy Auto, Verizon
213	University Parkway, to Sarasota, **E** 🅖 Mobil/Subw[ay/] dsl 🍴 Alamo Steaks, Broken Egg Cafe, Chili's, First Wa[tch] Cafe, Little Greek, Pizza Hut 🏠 Fairfield Inn, Holiday [Inn] Hyatt Place 🅞 🏥, GNC, Publix, URGENT CARE, Walgree[ns] **W** 🅖 WaWa/dsl 🍴 Apollonian Mediterranean, Blaze Pi[zza] BoneFish Grill, Brio, Buffalo Wild Wings, BurgerFi, Capital Gr[ille] Carrabba's, Cheesecake Factory, Chicken Kitchen, Chip[otle] Mexican, Daily Eats, Five Guys, Jason's Deli, Jersey Mike's [?] Jimmy John's, Kumo Japanese, Moe's SW Grill, Newk's Eat[ery] Panera Bread, Pei Wei, Ruby Tuesday, Seasons Rest., Selmo[?] Rest., Starbucks, Stonewood Grill, Subway, Sweet Tomato[es] Tijuana Flats, Tom+Chee, Valentino's, Wendy's, Zoe's Ki[tch-] en 🏠 Homewood Suites, Courtyard, Hampton Inn 🅞 $T[?] AT&T, Best Buy, BJ's Whse/gas, CVS Drug, Dillard's, Fresh [?] Foods, Home Depot, Jo-Ann Fabrics, Kohl's, Macy's, Marsha[ll's] Michael's, Old Navy, PetCo, Ross, Staples, SteinMart, Targe[t, TJ] Maxx, to Ringling Museum, Verizon, vet, Whole Foods Mkt
210	FL 780, Fruitville Rd, Sarasota, **E** 🅞 Sun-N-Fun RV Park (1[mi]) **W** 🅖 Marathon/dsl, Mobil/7-11/dsl, RaceTrac/dsl, Sh[ell/] dsl 🍴 Applebee's, Bob Evans, Burger King, Checkers, Ch[ick-] fil-A, Chipotle, Culver's, Daruma Japanese, Dunkin Don[uts]

S A R A S O T A

➤🅝 INTERSTATE 75 Cont'd

210 Continued
Firehouse Subs, Five Guys, Gecko's Grill, Gonzalez Asian, Jersey Mike's, Jets Pizza, Longhorn Steaks, McDonald's, Perkins, Ping's Chinese, Pollo Tropical, Rodizio Grill, Starbucks, Subway, Super Buffet, Taco Bell 🛏 Homewood Suites (2mi), La Quinta, Mainstay Suites, Sleep Inn 🅞 $Tree, Advance Parts, AT&T, CVS Drug, GNC, Lowe's, Office Depot, Publix, Sam's Club, Target, Tire Kingdom, Winn-Dixie

207 FL 758, Sarasota, E 🅖 RaceTrac/dsl, W 🅖 BP/Subway/dsl, Marathon/Dunkin Donuts/Subway 🍴 Arby's, Chili's, Domino's, First Watch Cafe, Jimmy John's, Joey D's Eatery, McDonald's, Panera Bread, Pizza Hut, Sarasota Alehouse, Starbucks, Steak'n Shake, Taco Bell 🛏 Hampton Inn 🅞 🅗, Beall's, Home Depot, Publix, to Selby Botanical Gardens (8mi), Verizon, vet, Walgreens, Walmart

205 FL 72, to Arcadia, Sarasota, E 🅞 Myakka River SP (9mi), W 🅖 7-11/dsl, Marathon/Jimmy John's/dsl, Mobil/7-11/dsl, Shell/Circle K 🍴 Applebee's, Burger King, Chick-fil-A, Dunkin Donuts, Gecko's Grill, McDonald's, Starbucks, Subway, Waffle House, Wendy's 🛏 Days Inn, Holiday Inn Express, Quality Inn 🅞 Acura, Audi, Beall's, BMW, CVS Drug, Infiniti, Jaguar, Land Rover, Lexus, Mercedes/Smart, O'Reilly Parts, Publix, Tire Kingdom, Turtle Beach Camping (8mi), USPO, vet, Walgreens, Walmart Mkt, Windward Isle RV Park

200 FL 681 S (from sb), to Venice, Osprey, Gulf Bchs

195 Laurel Rd, Nokomis, E 🅖 Shell/USPO/dsl 🍴 Subway, W 🅞 Encore RV Park (2mi), Scherer SP (6mi)

193 Jaracanda Blvd, Venice, W 🅖 RaceTrac/dsl, Shell, Speedway/dsl, WaWa/dsl 🍴 BrewBurgers, China Taste, Cracker Barrel, Culver's, Dunkin Donuts, McDonald's, Ping's Chinese, Tomatillo's 🛏 Best Western+, Fairfield Inn, Holiday Inn Express 🅞 CVS Drug, Publix, Verizon

191 rd 777, Venice Rd, to Englewood, W 🅞 Encore RV Park (3mi), KOA (6mi), to Myakka SF (9mi)

182 rd 771, Sumter Blvd, to North Port

179 rd 779, Toledo Blade Blvd, North Port, W 🅖 Mobil/Subway/dsl, Shell//dsl 🍴 Burger King 🅞 Publix

170 rd 769, to Arcadia, Port Charlotte, E 🅖 7-11/dsl, Murphy USA/dsl, RaceTrac/dsl 🍴 Applebee's, Culver's 🛏 Hampton Inn, Holiday Inn Express 🅞 Lettuce Lake Camping (7mi), Riverside Camping (5mi), Walmart, W 🅖 Mobil/Circle K/DQ/dsl, Shell/Circle K/Dunkin Donuts, Speedway/dsl 🍴 Burger King, Cracker Barrel, Domino's, DQ, Golden China, Jets Pizza, McDonald's, Papa John's, Pizza Hut, Starbucks, Subway, Taco Bell, Top China, Waffle House, Wendy's 🛏 Country Inn&Suites, La Quinta, Sleep Inn 🅞 🅗, $General, $Tree, Ace Hardware, Advance Parts, Beall's, CVS Drug, Publix, vet, Walgreens, Winn-Dixie

167 rd 776, Port Charlotte

164 US 17, Punta Gorda, Arcadia, E 🅖 7-11/dsl, RaceWay/dsl, Shell/Circle K/dsl 🍴 King House Chinese, RV camping, Subway, vet 🅞 $General, Winn-Dixie, W 🍴 Fisherman's Village Rest. (2mi) 🅞 🅗

161 rd 768, Punta Gorda, W 🅖 Marathon/DQ, Murphy USA/dsl, Pilot/Arby's/dsl/scales/24hr, Shell/dsl 🍴 Burger King, McDonald's, Pizza Hut, Subway, Waffle House, Wendy's 🛏 Best Value Inn, Holiday Inn Express, Knights Inn 🅞 Encore RV Park (2mi), Walmart

160mm weigh sta both lanes

158 rd 762, Tropical Gulf Acres, Tuckers Grade, E 🅞 Babcock-Wells Wildlife Mgt Area

143 FL 78, to Cape Coral, N Ft Myers, E 🅖 Marathon/dsl 🅞 Seminole Camping (1mi), Up River Camping, W 🅖 ♥Loves/Subway/Wendy's/dsl/scales/24hr 🛏 Encore RV Camping

141 FL 80, Palm Bch Blvd, Ft Myers, E 🅖 Marathon, Sunoco/dsl 🍴 Cracker Barrel, Waffle House 🛏 Comfort Inn, Woodspring Suites, W 🅖 Gulf, Mobil, Speedway/Dunkin Donuts/dsl 🍴 Domino's, Hardee's, KFC, Papa John's, Popeye's, Subway, Taco Bell 🅞 $General, BigLots, CVS Drug, Family$, North Trail RV Ctr, Save-A-Lot, USPO, vet

139 Luckett Rd, Ft Myers, E 🅞 Camping World RV Service/supplies, Cypress Woods RV Resort, W 🅖 Pilot/Subway/dsl/scales/24hr/@

138 FL 82, to Lehigh Acres, Ft Myers, E 🅖 7-11/dsl 🛏 Hyatt Place, W 🅖 Mobil/dsl, RaceTrac/dsl, Sunoco/dsl 🅞 Peterbilt

136 FL 884, Colonial Blvd, Ft Myers, E 🅖 7-11/dsl 🍴 Bajio, Bella Mozzarella, Buffalo Wild Wings, Domino's, Firehouse Subs, Five Guys, McAlister's Deli, Moe's SW, Pizza Hut, Starbucks, Subway 🛏 Candlewood Suites, Holiday Inn Express 🅞 GNC, Home Depot, PetCo, Ross, Staples, Target, Winn Dixie, W 🅖 7-11/dsl, Marathon/dsl, Murphy USA/dsl, RaceTrac/dsl, Shell/Circle K/dsl 🍴 Applebee's, Bellacino's, Bob Evans, Burger King, Chick-fil-A, Chili's, China King, Chipotle, Culver's, Dickey's BBQ, Dunkin Donuts, First Watch Cafe, Golden Corral, LJ Silver/Taco Bell, McDonald's, Panda Express, Pollo Tropical, Steak'n Shake, Subway, Tijuana Flats, Tropical Cafe, TX Roadhouse 🛏 Woodspring Suites 🅞 🅗, $Tree, AT&T, Beall's, BJ's Whse/gas, Hobby Lobby, Kohl's, Lowe's, Petsmart, Publix, Tire Choice/auto, Verizon, Walmart/McDonald's

131 rd 876, Daniels Pkwy, to Cape Coral, E 🆁🆂 both lanes, full ♿ facilities, 24hr security, 🅒, vending, 🏕, litter barrels, petwalk, 🅖 RaceTrac/dsl, Shell/Subway/dsl 🍴 Cracker Barrel, Fat Katz 🛏 Comfort Inn, Dsys Inn, Sheraton 🅞 ♿, Audi, CVS Drug, Harley Davidson, Porsche, W 🅖 7-11, RaceTrac/dsl, Shell/Circle K/dsl, Speedway/Dunkin Donuts/dsl 🍴 Arby's, Beef'O'Brady's, Burger King, Denny's, DQ, La Grotia, McDonald's, New China, Papa John's, Sports Page Grill, Starbucks, Subway, Taco Bell, Two Meatballs Italian, Waffle House, Wendy's 🛏 Baymont Inn, Best Western, Hampton Inn, La Quinta, Quality Inn, SpringHill Suites, Travelodge 🅞 🅗, AT&T, CVS Drug, Publix, Tire Choice/auto, Tuffy Auto, Walgreens

128 Alico Rd, San Carlos Park, E 🅖 7-11 🍴 Arby's, Aurelio's Pizza, BJ's Rest., BurgerFi, Carrabba's, Cheddar's, Chick-fil-A, Chili's, Chipotle, Connor's Steaks, Culver's, Famous Dave's BBQ, First Watch Cafe, Jason's Deli, Jimmy John's, Longhorn Steaks, McDonald's, Miller's Alehouse, Moe's SW Grill, Olive Garden, Outback Steaks, Panera Bread, PDQ Cafe, Pei Wei, PF Chang's, Pincher's Crabshack, Pita Pit, Pollo Tropical, Red Robin, Rita's, Starbucks, Subway, Taco Bell, Tijuana Flats, Twin Peaks, Zaxby's 🛏 Courtyard, Drury Inn, Hilton Garden, Holiday Inn, Homewood Suites, Residence Inn 🅞 $Tree, AT&T, Bass Pro

(vertical side text: FT MYERS / CAPE CORAL)

(map labels: Largo, Tampa, Brandon, 4, Lealman, Gibsonton, Memphis, Bradenton, Myakka City, Bee Ridge, Laurel, 75, Port Charlotte, Harbour Heights, Grove City, Fort Myers Shores, Fort Myers)

(side tab: FL)

↑N   INTERSTATE 75 Cont'd

ESTERO

128	Continued Shop/Islamorada Fish Co, Belk, Best Buy, Costco/gas, Dick's, GNC, JC Penney, Jo-Ann Fabrics, Marshall's, PetCo, Ross, Staples, Target, Verizon, **W** 7-11/dsl, Marathon/Dunkin Donuts/dsl, RaceTrac/dsl Family$
123	rd 850, Corkscrew Rd, Estero, **E** Marathon/7-11/dsl, Shell/Dunkin Donuts/dsl Beef'O'Brady's, China Gourmet, Duffy's Grill, Dunkin Donuts, Ford's Garage, Marsala's Italian, McDonald's, Naples Flat Bread, Perkins, Subway, Wasabi Steaks CVS Drug, GNC, Johnson Tire/auto, Miramar Outlet/famous brands, Publix, **W** 7-11, Mobil/dsl, Speedway/Dunkin Donuts/dsl Applebee's, Arby's, Culver's, Rib City, Ruby Tuesday Embassy Suites, Hampton Inn Chevrolet, Koreshan SHS (2mi), Lowe's, Tire Choice/auto, Woodsmoke RV Park (4mi)
116	Bonita Bch Rd, Bonita Springs, **E** 7-11, Mobil/7-11/dsl, RaceTrac/dsl China A, Dolce Rita's, Subway Advance Parts, Publix, Tire Choice/auto, **W** Chevron/dsl, Shell/McDonald's, Speedway/dsl, Speedway/dsl (2) Culver's, Waffle House Days Inn CVS Drug, Home Depot, Imperial Bonita RV Park, Tire Kingdom, to Lovers Key SP (11mi), Walgreens

NAPLES

111	rd 846, Immokalee Rd, Naples Park, **E** 7-11, Mobil/dsl Bob Evans, Burger King, Chili's, Fuzzy's Tacos, L'Appetito Pizza, Panera Bread Hampton Inn GNC, Petsmart, Staples, Target, World Mkt, **W** Shell/Circle K/dsl McDonald's, Skillets, Subway H, Publix, to Delnor-Wiggins SP, Verizon, Walmart
107	rd 896, Pinebridge Rd, Naples, **E** BP/McDonald's/dsl China Garden, Giovanni Ristorante, Subway, Tropical Smoothie H, Publix, vet, Walgreens, **W** RaceTrac/dsl, Shell/Circle K/dsl Burger King, Five Guys, Hooters, IHOP, Napoli Pizza, Perkins, Senor Tequilas, Sophia's Rest., Starbucks, Waffle House Best Western, Hawthorn Suites, Spinnaker Inn Harley-Davidson, Johnson Tire/auto, Nissan, URGENT CARE, vet
105	rd 886, to Golden Gate Pkwy, Golden Gate, **E** Subway CVS Drug, **W** to zoo
101	rd 951, to FL 84, to Naples, **E** Shell/Subway/dsl Fairfield Inn, SpringHill Suites, Woodspring Suites H, **W** Marathon/Subway/dsl, Mobil/Subway/dsl, Shell/dsl Chili's, China Dragon, Cracker Barrel, Dunkin Donuts, McDonald's, Taco Bell, Waffle House Comfort Inn, Holiday Inn Express, La Quinta, Super 8 $Tree, AT&T, Club Naples RV Resort, KOA (7mi), vet, Walmart
100mm	**toll plaza eb**
80	FL 29, to Everglade City, Immokalee, **W** Big Cypress NR, Everglades NP, Smallwoods Store
71mm	Big Cypress Nat Preserve, hiking, no security
63mm	**W** both lanes, full facilities, 24hr security, litter barrels, petwalk, , vending
49	rd 833, Snake Rd, Big Cypress Indian Reservation, **E** Miccosukee Service Plaza/deli/dsl museum, swamp safari
41mm	litter barrels, , rec area eb
38mm	litter barrels, , rec area wb
35mm	**W** /rec area both lanes, full facilities, 24hr security, litter barrels, petwalk, , vending
32mm	rec area both lanes, litter barrels,
25mm	motorist callboxes begin/end, **toll plaza wb**
23	US 27, FL 25, Miami, South Bay
22	FL 84 W, NW 196th, Glades Pkwy, **W** Publix, same as 21

21	FL 84 W (from nb), Indian Trace, **W** Exxon/dsl, Shell Rikuras, McDonald's, Papa John's, Spain's Cuisine CVS D
19	I-595 E, FL 869 (**toll**), Sawgrass Expswy
15	Royal Palm Blvd, Weston, Bonaventure, **W** Chevron, bil BurgerFi, Carolina Ale House, Flanigan's Rest, La G ja, Los Verdes, Lucille's Cafe, Moon Thai, Offerdahl's Grill, P Tropical, Subway, Wendy's Comfort Suites, Courtyard, idence Inn H, Meineke, Tires+, USPO, VW
13b a	Griffin Rd, **E** Shell/dsl, Usave/dsl Burger King, D to's Rest., DQ, Outback Steaks, Waffle House Goody auto, LDS Temple, Porsche, Publix, vet, **W** 7-11/dsl, Thumb/dsl Anthony's Pizza, Aprezo 2 Venezuelan, B Fish Grill, Chick-fil-A, Chili's, Chipotle, Coldstone, Domin Dunkin Donuts, HoneyBaked Ham, Jimmy John's, McDona Panera Bread, Pei Wei, Pizza Heaven, Starbucks, Weston er AT&T, Fiat, Home Depot, Honda, Hyundai, Nissan/Vc Office Depot, Publix, Toyota/Scion, vet, Walgreens
11b a	Sheridan St, **E** Chevron Cracker Barrel, Wendy's Hampton Inn, Holiday Inn Express Audi, BMW, H (3 Piccolo Park, **W** Shell/dsl China One, Coldstone, L Caesar's, McDonald's, Original Pancake House, Piola Pi Romeus Cuban, Starbucks, Subway, TGIFriday's Firestc auto, Lowe's, Publix, URGENT CARE, Verizon, vet, Walgree
9b a	FL 820, Pine Blvd, Hollywood Blvd, **E** Marat Shell BJ's Rest., Boston Mkt, Brimstone Woodfire Brio Italian, Cheesecake Factory, Chick-fil-A, Chili's, First W Cafe, Fuddrucker's, Habit Burger, Havana 1957, HoneyBa Ham, Jason's Deli, La Granja, Lime Mexican Grill, McDona Sal's Italian, Sergio's Grill, Starbucks, Subway, The Pub, Tiju Flats, Twin Peaks, Village Tavern, Wendys H, Barnes& ble, BJ's Whse/gas, Chrysler/Dodge/Jeep, Dick's, Merce Old Navy, Petsmart, Publix, Trader Joe's, USPO, Verizon, greens, Walmart, **W** Chevron/dsl, Marathon/dsl, bil Burger King, BurgerFi, Chipotle Mexican, Corner Ba Cafe, Dickey's BBQ, Firehouse Subs, KFC/Taco Bell, La Gra Las Vegas Cuban, Marco's Pizza, Mazda Mediterranean, Pa Express, Sal's Italian, SmashBurger, Starbucks, Sweet To toes, Wasabi, Wendy's, Wingstop $Tree, Acura, Adva Parts, AT&T, AutoZone, Costco/gas, CVS Drug, GNC, Le Petco, Publix, Ross, Sedano's Foods, Subaru, Tires+, TJ M Tuesday Morning, vet, Walgreens, Whole Foods Mkt
7b a	Miramar Pkwy, **E** Chevron Baskin-Robbins/Dunkin nuts, Blue Ginger Rest., Jimmy John's, La Carreta, McDona Papa John's, Pollo Tropical, Sal's Italian, Starbucks, Subway juana Flats, Wendy's Courtyard, Hilton Garden, Reside Inn, Wingate Inn $Tree, Publix, USPO, vet, Walgre **W** Mobil, Shell Anthony's Pizza, Benihana, Ch fil-A, Chili's, Chipotle, Coldstone, Jersey Mike's, McDona Orient Chef, Panera Bread, Primo's Pizza, Starbucks, Sub TX Roadhouse H, city park, CVS Drug, GNC, Home De Marshall's, Ross, SuperTarget, Verizon, Winn-Dixie
5	to FL 821 (from sb), FL TPK (**toll**)
4	FL 860, NW 186th, Miami Gardens Dr, **E** Chev Mobil Carrabba's, Dunkin Donuts, McDonald's, way AT&T, CVS Drug, GNC, Publix/deli, Sedanos Foods
2	NW 138th, Graham Dairy Rd, **W** Mobil, Shell/dsl C Casa, China Wok, IHOP, Latin Cuban Cafe, Little Caesar's, Donald's, Pollo Tropical, Starbucks, Subway, Wendy's $ eral, Aldi Foods, AT&T, GNC, Publix, Ross, vet, Walgreens
1b a	**I-75 begins/ends on FL 826, Palmetto Expswy**, multiple vices on FL 826.

MIAMI

FL

INTERSTATE 95

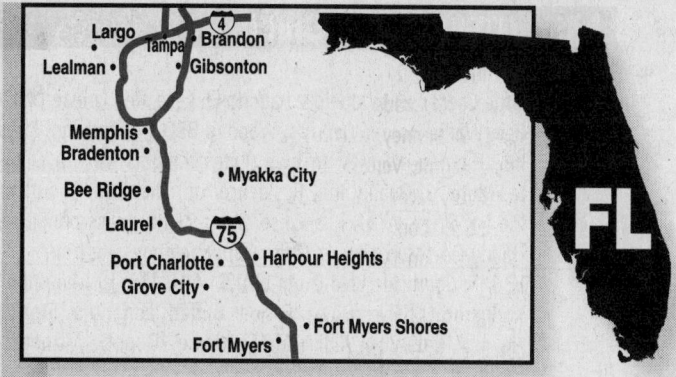

Exit #	Services
382mm	Florida/Georgia state line, St Marys River
381mm	inspection sta both lanes
380	US 17, to Yulee, Kingsland, **E** ⓞ Osprey RV Park, **W** ⓖ Shell/dsl
378mm	Welcome Ctr sb, full ♿ facilities, 24hr security, litter barrels, petwalk, ⓒ, 🛇, vending
376mm	weigh sta both lanes
373	FL 200, FL A1A, to Yulee, Callahan, Fernandina Bch, **E** ⓖ Flash/Krystal, Marathon/dsl, RaceWay/dsl ⓕ Burger King, DQ, KFC, McDonald's, Wendy's ⓛ Best Western, Comfort Inn, Holiday Inn Express ⓞ to Ft Clinch SP (16mi), **W** ⓖ BP/Subway/dsl, Flash/dsl
366	Pecan Park Rd, **E** ⓖ Loves/Chester's/Subway/dsl/scales/24hr, **W** ⓞ Flea&Farmer's Mkt, Pecan Park RV Camping
363b a	Duval Rd, **E** ⓖ Mobil/7-11/dsl ⓕ Arby's, BJ's Rest., Blaze Pizza, Boston's, Buffalo Wild Wings, Buffalo's Philly, Carrabba's, Chick-fil-A, Chili's, Chipotle, Coldstone, Cracker Barrel, Firehouse Subs, Five Guys, Green Papaya, Hardee's, Jimmy John's, Logan's Roadhouse, McDonald's, Mellow Mushroom Pizza, Moe's SW Grill, Newk's Eatery, Olive Garden, Outback Steaks, Panda Express, Panera Bread, Pollo Tropical, Red Lobster, Starbucks, Sticky Fingers, Subway, Taco Bell, Wasabi, Wendy's ⓛ A Loft ⓞ $Tree, AT&T, AutoZone, Best Buy, Dick's, Discount Tire, GNC, Goodyear/auto, Hobby Lobby, Lowe's, Marshall's, Michael's, Old Navy, Petsmart, Ross, Tire Kingdom, URGENT CARE, Verizon, Walgreens, Walmart/Subway, **W** ⓖ BP/dsl, Flash/dsl, Sunoco/Subway, Valero/dsl ⓕ Denny's, Longhorn Steaks, Millhouse Steaks, Ruby Tuesday, Waffle House, Zaxby's ⓛ Airport Inn, Best Airport Inn, Comfort Suites, Courtyard, Crowne Plaza, Days Inn, Econolodge, Fairfield Inn, Hampton Inn, Hilton Garden, Holiday Inn Express, Hyatt Place, Jacksonville Plaza Hotel, Microtel, Red Roof Inn, Residence Inn, SpringHill Suites, Travelodge ⓞ 🛇, Gore's RV Ctr
362b a	I-295 S, FL 9A, to Blount Island, Jacksonville
360	FL 104, Dunn Ave, Busch Dr, **E** ⓖ Gate/dsl ⓕ Hardee's, Waffle House ⓛ Woodspring Suites ⓞ NAPA, Sam's Club/gas, USPO, **W** ⓖ BP/dsl, Chevron/dsl, Marathon/dsl, Shell/dsl, Sunoco, Valero ⓕ Arby's, Burger King, Capt D's, Chan's Chinese, Checker's, China Buffet, CiCi's, Country Cabin Rest., Dunkin Donuts, Firehouse Subs, KFC, Krystal, Little Caesar's, McDonald's, New China, Papa Murphy's, Pizza Hut, Popeye's, Sonny's BBQ, Starbucks, Subway, Taco Bell, Wendy's ⓛ Knights Inn, Motel 6, River City Inn ⓞ $Tree, Aamco, Advance Parts, Camping World RV Ctr, CVS Drug, Family$, PepBoys, Publix, Tires+, Walgreens
358b a	FL 105, Broward Rd, Heckscher Dr, **E** ⓞ zoo, **W** ⓖ BP/dsl
357mm	Trout River
357	FL 111, Edgewood Ave, **W** ⓖ BP/dsl, Texaco/dsl
356b a	Fl 115, FL 117, Lem Turner Rd, Norwood Ave, **E** ⓕ Hardee's, **W** ⓖ BP/dsl, RaceWay/dsl, Shell, Speedway/Dunkin Donuts ⓕ Burger King, Checker's, Golden EggRoll, Ho-Ho Chinese, Krystal, Popeye's, Subway, Taco Bell ⓞ Advance Parts, King Tires, Save-A-Lot, Walgreens
355	Golfair Blvd, **E** ⓖ Shell, **W** ⓖ Chevron/dsl, RaceWay/dsl
354b a	US 1, 20th St, to Jacksonville, to AmTrak, MLK Pkwy
353d	FL 114, to 8th St, **E** ⓕ McDonald's ⓞ 🅷, Walgreens
353c	US 23 N, Kings Rd, downtown
353b	US 90A, Union St, ⓞ Sports Complex, downtown
353a	Church St, Myrtle Ave, Forsythe St, downtown
352d	I-10 W, Stockton St (from sb), Lake City
352c	Monroe St (from nb), downtown
352b a	Myrtle Ave (from nb), downtown
351d	Stockton St, **W** ⓞ 🅷, downtown
351c	Margaret St, downtown
351b	I-10 W, to Tallahassee
351a	Park St, College St, 🅷, to downtown
351mm	St Johns River
350b	FL 13, San Marco Blvd, **E** ⓞ 🅷
350a	Prudential Dr, Main St, Riverside Ave (from nb), to downtown, **E** ⓕ ⓛ Extended Stay America, Hampton Inn, **W** ⓕ Panera Bread ⓛ Hilton Garden, Homewood Suites
349	US 90 E (from sb), to beaches, **W** ⓖ Shell/dsl ⓛ Scottish Inn, downtown
348	US 1 S (from sb), Philips Hwy, **W** ⓛ Scottish Inn, Super 8
347	US 1A, FL 126, Emerson St, **E** ⓖ Chevron/dsl, Shell ⓕ Hot Wok ⓞ Advance Parts, Family$, O'Reilly Parts, **W** ⓖ BP/dsl, Gate, Gate/dsl, Speedway/dsl ⓕ Dunkin Donuts, McDonald's, Taco Bell ⓛ Emerson Inn ⓞ Chevrolet, Goodyear/auto
346b a	FL 109, University Blvd, **E** ⓖ BP, Shell, Speedway/dsl, Sunoco/dsl ⓕ Baldino's Subs, Capt D's, Checkers, DQ, Firehouse Subs, Happy Garden Chinese, Hungry Howie's, Korean BBQ, Krystal, Pizza Hut, Subway, Ying's Chinese, Zaxby's ⓞ 🅷, Ace Hardware, CVS Drug, Family$, Fresh Fields Mkt, Meineke, NAPA, Sun Tire, Tires+, Tires+, Winn-Dixie, **W** ⓖ BP/dsl, RaceTrac/dsl ⓕ Baskin-Robbins/Dunkin Donuts, Burger King, Famous Amos, KFC, Krispy Kreme, McDonald's, Papa John's, Sonny's BBQ, Taco Bell, Wendy's, Whataburger ⓛ Days Inn, Econolodge, Super 8 ⓞ $Tree, auto repair, AutoZone, Family$, TJ Maxx, U-Haul
345	FL 109, University Blvd (from nb), **E** ⓖ Gate/dsl/24hr, Mobil/Subway/dsl, Speedway/dsl ⓕ Bono's BBQ, Parisian Sandwich, Vino's Pizza ⓞ 🅷
344	FL 202, Butler Blvd, **E** ⓖ Gate/dsl ⓕ Dave&Buster's ⓛ Best Western, Candlewood Suites, Country Inn Suites, Extended Stay America, Holiday Inn Express, Marriott, Radisson ⓞ 🅷, USPO, **W** ⓖ BP/dsl, Shell, Texaco/dsl ⓕ Applebee's, Baskin-Robbins/Dunkin Donuts, Chick-fil-A, Cracker Barrel, Jimmy John's, McDonald's, Sonic, Starbucks, Waffle House, Wendy's, Whataburger/24hr, Zaxby's ⓛ Baymont Inn, Courtyard, Extended Stay America, Extended Stay America (2), Fairfield Inn, Hampton Inn, Hometown Inn, La Quinta, Red Roof Inn, TownePlace Suites
341	FL 152, Baymeadows Rd, **E** ⓖ BP/dsl, Gate/dsl, Shell/dsl ⓕ Arby's, Chili's, Four Rivers Smokehouse, Hardee's, Jimmy John's, Krystal, Panda Express, Subway ⓛ Comfort Suites, Embassy Suites, Extended Stay America, Ramada Inn ⓞ Advance Parts, Autozone, Publix, Tires+, Walgreens, **W** ⓖ Mobil/Kangaroo, Shell ⓕ Al's Pizza, Denny's, Dunkin Donuts, Firehouse Subs, Gator's Dockside, IHOP, Jersey Mike's, KFC, Larry's Subs,

Side margin: **JACKSONVILLE** (left), **JACKSONVILLE** (right)

↑ N INTERSTATE 95 Cont'd

341	Continued Little Caesar's, McDonald's, Pagoda Chinese, Red Lobster, Taco Bell, Waffle House, Wendy's, Woody's BBQ 🇱 Best Inn, Days Inn, Hawthorn Suites, InTown Suites, Knights Inn, La Quinta, Motel 6, Quality Inn, Residence Inn, Sheraton, Suburban Inn 🇴 $Tree, AT&T, BJ's Whse/gas, CVS Drug, Discount Tire, Harley-Davidson, Lowe's, Office Depot, Pepboys, Verizon
340	FL 115, Southside Blvd (from nb), **E on FL 115** 🇫 Marathon/Kangaroo 🇫 Five Guys, Fusion Buffet, Longhorn Steaks, Newk's Eatery 🇴 Aldi, AT&T, Home Depot, Michael's, Petsmart, same as 339, Target
339	US 1, Philips Hwy, **E** 🇫 BP/Circle K/dsl, Exxon/Kangaroo/dsl, RaceTrac/dsl 🇫 Arby's, Bono's BBQ, Buca Italian, Buffalo Wild Wings, Burger King, Chick-fil-A, Coldstone, Latitude 360 Grille, McDonald's, Mikado, Moe's SW Grill, Olive Garden, Ruby Tuesday, Starbucks, Taco Bell 🇴 $Tree, Belk, Best Buy, Chevrolet, Dillard's, Ford, JC Penney, mall, Mazda, Nissan, Sears/auto, Tire Kingdom, Toyota, vet, Volvo, Walmart, **W** 🇫 BP/dsl 🇫 Benito's Italian, Salsa's Mexican, Steak&Shake, Subway
337	I-295 N, to rd 9a, Orange Park, Jax Beaches
335	Old St Augustine Rd, **E** 🇫 Applebee's, Starbucks 🇱 Courtyard 🇴 H, **W** 🇫 Gate/dsl, Shell/dsl 🇫 Bamboo Wok, Bono's BBQ, Brooklyn Pizza, Chili's, Chipotle, Daruma Steaks, Dunkin Donuts, Five Guys, Hurricane Grill, Jersey Mike's, McDonald's, Moe's SW, Panda Express, Panera Bread, PDQ Cafe, Pei Wei, Pollo Tropical, Subway, Tijuana Flats, Wendy's, Zaxby's, Zoe's Kitchen 🇱 Hampton Inn, Residence Inn 🇴 AT&T, GNC, Goodyear/auto, Kohl's, Publix, Verizon, vet, Walgreens
333	FL 9b, to US 1, I-295, N Jacksonville Beaches
331mm	🇷ₛ both lanes, full 🇱 facilities, 24hr security, litter barrels, petwalk, 🇨, 🇫, vending
329	rd 210, Green Cove Springs, Ponte Vedra Beach, **E** 🇫 Pilot/McDonald's/dsl/scales/24hr, Sunoco/fruit, TA/Mobil/Subway/dsl/scales/24hr/@ 🇫 Waffle House, **W** 🇫 Circle K/dsl, Mobil/Subway/dsl/USPO, Shell/dsl 🇫 Burger King, China Wok, Domino's, Dunkin Donuts, Firehouse Subs, Jenk's Pizza, Los Portales, Papa John's, Starbucks, Tropical Smoothie, Yummy Asian 🇴 AT&T, CVS Drug, fireworks, Goodyear/auto, vet, Winn-Dixie
323	International Golf Pkwy, **E** 🇫 BP/dsl/USPO, Shell/Subway/dsl 🇱 St Augustine Suites, **W** 🇫 Cino's Pizza, King Wok, Village Grill/Subs 🇱 Renaissance Resort 🇴 vet, World Golf Village
318	FL 16, Green Cove Sprgs, St Augustine, **E** 🇫 Chevron/DQ/dsl, Gate/dsl/fruit, Mobil/Kangaroo/dsl, Shell/dsl 🇫 Burger King, Dunkin Donuts, Krystal, McDonald's, NY Diner, Starbucks, Subway 🇱 Comfort Inn, Courtyard, Fairfield Inn, Holiday Inn Express, La Quinta, Quality Inn, St Augustine Motel 🇴 Cadillac, Camping World RV Ctr, Ford/Lincoln, Gore's RV Ctr, St Augustine Outlets/Famous Brands, **W** 🇫 Exxon, RaceTrac/dsl 🇫 Cracker Barrel, Denny's, Giovanni's Italian, IHOP, KFC, Lemongrass Asian, Ruby Tuesday, Sonny's BBQ, Taco Bell, Wendy's 🇱 Best Western, Days Inn, Hampton Inn, Howard Johnson, Scottish Inn, Super 8, Wingate Inn 🇴 Discount Tire, funpark, St Augustine Outlets
311	FL 207, St Augustine, **E** 🇫 BP/Subway/dsl, RaceTrac/dsl 🇫 Burger King, Dunkin Donuts 🇴 H, flea mkt, Indian Forest RV Park (2mi), KOA (7mi), St Johns RV Park, to Anastasia SP, **W** 🇱 Quality Inn
305	FL 206, to Hastings, Crescent Beach, **E** 🇫 FLYING J/Denny's/Subway/dsl/LP/scales/24hr 🇴 to Ft Matanzas NM, truck repair, **W** 🇴 truck repair

302mm	🇷ₛ both lanes, full 🇱 facilities, 24hr security, litter barrels, pe◄ walk, 🇨, 🇫, vending
298	US 1, to St Augustine, **E** 🇫 BP/dsl, Indian River Fruit, Mar◄ thon 🇴 to Faver-Dykes SP, **W** 🇫 Mobil/DQ/dsl, Sunoco/ds◄
293	Matanzas Woods Pky
289	to FL A1A **(toll br)**, to Palm Coast, **E** 🇫 Exxon, Mobil/7-1◄ RaceTrac/dsl, Shell 🇫 Anthony's Pizza, China Express, Cra◄ er Barrel, Denny's, Dunkin Donuts, Grand China, Hungry Ho◄ ie's, KFC, McDonald's, Metro Diner, Salsa's Mexican, St◄ bucks, Wendy's 🇱 Best Western, Fairfield Inn, Microtel, R◄ Roof Inn 🇴 Beall's, CVS Drug, Publix, Staples, Walgreen◄ **W** 🇫 Citgo, Exxon, Exxon/Kangaroo/dsl, Kangaroo/dsl, She◄ dsl 🇫 Baskin-Robbins/Dunkin Donuts, Bob Evans, Bruste◄ Carrabba's, Chick-fil-A, China King, China One, Golden Corr◄ Houligan's, Joe's NY Pizza, McDonald's, Nathan's Cafe, Outba◄ Steaks, Ruby Tuesday, Sakura Japanese, Sonny's BBQ, Stea◄ Shake, Subway, Taco Bell, Wendy's, Zaxby's 🇱 Days Inn◄ $General, $Tree, Advance Parts, AutoZone, Beall's, Belk, C◄ Drug, Ford, GNC, Home Depot, Kohl's, Lowe's, Publix, Tire Kin◄ dom, Tuffy Auto, USPO, Verizon, Walgreens, Walmart, Winn-Di◄
286mm	weigh sta both lanes
284	FL 100, to Bunnell, Flagler Beach, **E** 🇫 Mobil/dsl, She◄ dsl 🇫 Burger King, Domino's, Joe's Pizza, McDonald's, ◄ ental Garden, Subway, Woody's BBQ 🇱 Hampton Inn, H◄ iday Inn Express 🇴 Ace Hardware, Winn-Dixie, **W** 🇫◄ terstate 100 🇫 McDonald's, Panda Express, Pizza H◄ Subway 🇱 Hilton Garden 🇴 H, $Tree, AT&T, Chevro◄ Chrysler/Dodge/Jeep, Dunkin Donuts, Michael's, Olive Gard◄ Panera Bread, Petsmart, Ross, Target, TJ Maxx, Verizon
278	Old Dixie Hwy, **E** 🇫 7-11 🇫 King Chinese, Mezzalu◄ Pizza 🇴 Bulow RV Park (3mi), Publix, to Tomoka SP, ◄ **W** 🇫 BP/dsl 🇴 Holiday Travel Park, vet
273	US 1, **E** 🇫 Mobil, RaceTrac/dsl 🇫 McDonald's, Wa◄ House 🇱 La Quinta, Motel 6 🇴 fruit/fireworks, Giant Rec◄ Ctr, **W** 🇫 Exxon/Burger King, ♥Loves/Arby's/dsl/scale◄ 24hr 🇫 Daytona Pig Stand BBQ, DQ, Houligan's 🇱 Days I◄ Econolodge, Howard Johnson, Scottish Inn, Super 8 🇴 Enc◄ RV Park, Harley-Davidson
268	FL 40, Ormond Beach, **E** 🇫 Speedway/dsl, Sunoco/dsl, Va◄ ro/dsl 🇫 Agave Cantina, Applebee's, Boston Mkt, Chick-fil◄ Chili's, Chipotle, Denny's, Dustin's BBQ, Houligan's, Jer◄ Mike's, Mama Mia's Pizza, Panera Bread, Papa John's, Pie Fi◄ Red Bowl, Starbucks, Steak'n Shake, Subway, Taco Bell, Take◄ Steaks, Wendy's, Wok&Roll 🇱 Sleep Inn 🇴 H, $Gene◄ $Tree, Beall's, Discount Tire, GNC, Love Whole Foods, Low◄ Petco, Publix, Ross, Tire Kingdom, to Tomoka SP, USPO, ◄ Walmart, **W** 🇫 7-11, BP/Dunkin Donuts, Citgo/dsl, RaceTra◄ dsl, Texaco 🇫 Cantina Mezcal, Cracker Barrel, Little Italy, M◄ Donald's 🇱 Baymont Inn, Hampton Inn 🇴 Walgreens
265	LPGA Blvd, Holly Hill, Daytona Beach, **E** 🇫 7-11, Shell/Ci◄ K/Dunkin Donuts/dsl 🇫 Vince Carter Rest., Wendy's 🇴 C◄ Drug, Tanger Outlets/famous brands, **W** 🇱 Holiday Inn ◄ BMW, Chrysler/Dodge/Jeep, Fiat, Ford, Infiniti, Lincoln, Maz◄ Mercedes, Mini, Nissan, VW
261b a	US 92, to DeLand, Daytona Bch, **E** 🇫 7-11, Citgo/dsl, Ra◄ Way/dsl, Speedway/Dunkin Donuts/dsl, Sunoco/dsl 🇫 ◄ plebee's, Asian Grill, Bahama Breeze, BJ's Rest., Bob Evans, ◄ falo Wild Wings, Burger King, Carrabba's, Checkers, Chedda◄ Chick-fil-A, Chili's, Chipotle Mexican, Cracker Barrel, Daytona◄ House, Firehouse Subs, Five Guys, Honeybaked Ham, Hoot◄ IHOP, Jersey Mike's Subs, Jimmy John's, Krystal, Longhorn Stea◄ McDonald's, Olive Garden, Outback Steaks, Panda Expr◄

Vertical side labels: FL · ST AUGUSTINE · PALM COAST · ORMOND BEACH

DAYTONA

INTERSTATE 95 Cont'd

261b a Continued
Panera Bread, Red Lobster, Ruby Tuesday, Smoke Shack BBQ, Starbucks, Subway, Taco Bell, Tijuana Flats, Waffle House, Wendy's, Winghouse 🛏 Best Western, Courtyard, Extended Stay America, Hampton Inn, Hilton Garden, Holiday Inn Express, Homewood Suites, La Quinta, Quality Inn, Residence Inn ◎ 🅷 $Tree, AT&T, Barnes&Noble, Bass Pro Shops, Beall's, Best Buy, BigLots, Books-A-Million, Dick's, Dillard's, Firestone/auto, Hobby Lobby, Home Depot, JC Penney, Jo-Ann Fabrics, Macy's, mall, Michael's, Old Navy, PepBoys, Petsmart, Sears/auto, Staples, SteinMart, Target, TJMaxx, to Daytona Racetrack, Tuesday Morning, Verizon, World Mkt, W 🅿 BP/dsl, RaceTrack/ dsl 🍴 McDonald's 🛏 Days Inn, Motel 6 ◎ flea mkt, KOA

260b a I-4, to Orlando, FL 400 E, to S Daytona, E 🍴 RaceTrac/dsl/e85, Shell/Kangaroo/dsl

256 FL 421, to Port Orange, E 🅿 BP, Murphy USA/dsl, Shell/dsl, WaWa/dsl 🍴 Applebee's, Bob Evans, Boston Mkt, Burger King, Chicken Salad Chick, Chick-fil-A, Chili's, Chipotle, Culver's, Daily Grind Burgers, Denny's, Domino's, Dustin's BBQ, Golden Corral, Houligan's, KFC, McDonald's, Mellow Mushroom, Moe's SW, Monterrey Grill, Panera Bread, Papa John's, Pollo Tropical, Red Bowl Asian, Smoothie King, Sonny's BBQ, Starbucks, Stonewood Grill, TGIFriday's, Tijuana Flats 🛏 Country Inn&Suites, La Quinta ◎ BigLots, BJ's/gas, CVS Drug, Daytona Beach RV Park, Home Depot, Lowe's, Save-a-Lot, Super Target, Tuffy Auto, Verizon, vet, Walgreens, Walmart, W 🅿 7-11/dsl, Marathon/dsl 🍴 China Chef, ChuckECheese, Coldstone, Five Guys, Luigi's Pizzaria, Malibu Beach Grill, McDonald's, Olive Garden, Panda Express, Popeye's, Red Robin, Subway, Takara Steaks, TX Roadhouse, Waffle House, Wendy's ◎ $Tree, AT&T, Belk, Firestone/auto, GNC, Kohl's, Love Whole Foods, Marshall's, Michael's, PetCo, Publix, Walgreens

249b a FL 44, to De Land, New Smyrna Beach, E ◎ New Smyrna RV Camp (3mi), W 🅿 Chevron/dsl 🍴 McDonald's ◎ Walmart/Subway

244 FL 442, to Edgewater, E 🅿 Marathon/dsl ◎ truck repair

231 rd 5A, Scottsmoor, E 🅿 BP/Stuckey's/dsl ◎ Crystal Lake RV Park

227mm ℞ sb, full 🛗 facilities, 24hr security, litter barrels, petwalk, Ⓒ, 🛋, vending

225mm ℞ nb, full 🛗 facilities, 24hr security, litter barrels, petwalk, Ⓒ, 🛋, vending

223 FL 46, Mims, E 🍴 McDonald's, W 🅿 BP, Chevron/dsl ◎ $General, KOA/LP, Seasons RV Park

220 FL 406, Titusville, E 🅿 BP/dsl, Shell/Hungry Howie's/dsl 🍴 Beef O'Brady's, First Wok, Kelsey's Pizza, McDonald's, Subway, Valentino's Rest., Wendy's 🛏 Executive Garden Inn ◎ 🅷 $General, $Tree, Advance Parts, GNC, O'Reilly Parts, Publix, Tires+, to Canaveral Nat Seashore, Walgreens

215 FL 50, to Orlando, Titusville, E 🅿 BP/KFC/dsl, Chevron/Subway/dsl, Exxon/Circle K, Murphy USA/dsl, Shell/Dunkin Donuts/dsl 🍴 Burger King, Denny's, Durango Steaks, McDonald's, Panda Express, Sonny's BBQ, Starbucks, Taco Bell, Waffle House, Wendy's 🛏 Best Western, Ramada Inn ◎ Aldi Foods, AT&T, Ford, GNC, Home Depot, Lowe's, Marshall's, Pepboys, PetCo, Staples, Target, Tire Kingdom, to Kennedy Space Ctr, Walmart, W 🍴 Cracker Barrel, IHOP 🛏 Days Inn, Fairfield Inn, Hampton Inn, Holiday Inn, Quality Inn ◎ Christmas RV Park (8mi), Great Outdoors RV/golf Resort

212 FL 407, to FL 528 toll (no re-entry sb)

208 Port St John

TITUSVILL

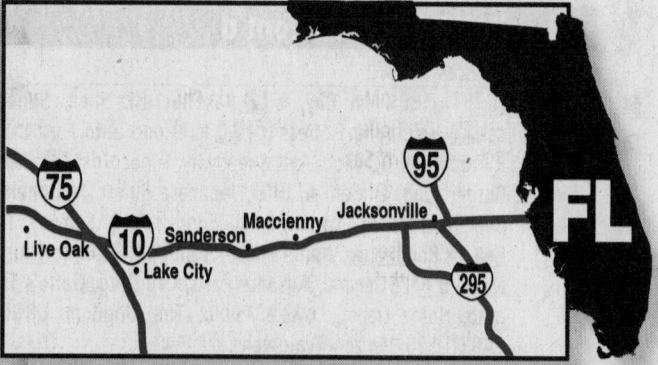

205 FL 528 (toll 528), to Cape Canaveral & Cape Port AFS, City Point

202 FL 524, Cocoa, E 🍴 ✈FLYING J/Wendy's/dsl/scales/24hr, Shell/dsl ◎ Museum of History&Science, W 🅿 BP/dsl 🛏 Days Inn

201 FL 520, to Cocoa Bch, Cocoa, E 🅿 BP/dsl, Exxon/Circle K, 🅿/Subway/dsl/scales/24hr 🍴 IHOP, Waffle House 🛏 Best Western, Budget Inn ◎ 🅷 fireworks, Sams Club/gas, W 🅿 Chevron/dsl, Shell/Burger King, Sunoco/dsl 🍴 McDonald's 🛏 Holiday Inn Express ◎ Camping World RV Ctr

195 FL 519, Fiske Blvd, E 🅿 7-11, Mobil/dsl 🍴 Baci Pizza, Ruby Tuesday 🛏 Swiss Inn ◎ 🅷 Discount Tire, Lowe's, Space Coast RV Park

191 rd 509, to Satellite Beach, Viera, E 🅿 7-11, BP, Speedway/dsl, Sunoco/dsl 🍴 Bob Evans, Carrabba's, Chick-fil-A, Domino's, DQ, Firehouse Subs, Jimmy John's, McDonald's, Papa John's, Perkins, Pizza Hut/Taco Bell, Sonny's BBQ, Subway, Uno Grill, Wendy's 🛏 Hampton Inn, Holiday Inn ◎ AT&T, CVS Drug, Publix, Tires+, to Patrick AFB, Tuffy Auto, URGENT CARE, Walgreens, zoo, W 🅿 Murphy USA/dsl, Shell/dsl 🍴 Asian Wok, Bonefish Grill, Buffalo Wild Wings, Burger King, Chili's, Chipotle, Coldstone, Cracker Barrel, Five Guys, Longhorn Steaks, Melting Pot, Moe's SW Grill, Outback Steaks, Panera Bread, Pizza Gallery, Pollo Tropical, Starbucks, Steak'nShake, Subway, Tijuana Flats, Which Wich? 🛏 La Quinta ◎ 🅷 $Tree, AT&T, Belk, Books-A-Million, GNC, Hobby Lobby, Kohl's, Lexus, Michael's, Office Depot, Old Navy, PetCo, Petsmart, Ross, SuperTarget, Tire Kingdom, TJ Maxx, Verizon, Walmart/McDonald's, World Mkt

188 FL 404, Patrick AFB, Satellite Beach

183 FL 518, Melbourne, Indian Harbour Beach, E 🅿 7-11, BP/dsl, Marathon/Dunkin Donuts, RaceTrac/dsl, WaWa/dsl ◎ 🅷 art museum, AT&T, W ◎ Flea Mkt

180 US 192, to Melbourne, E 🅿 BP/dsl, Cumberland/dsl, Mobil/dsl, RaceTrac/dsl, Shell/Circle K, Sunoco/dsl 🍴 ChuckECheese, Denny's, Dunkin Donuts, Waffle House 🛏 Best Value Inn, Budget Inn, Days Inn, Fairfield Inn, Hampton Inn, Holiday Inn Express, La Quinta, Melbourne Suites, Woodspring Suites ◎ 🅷 Ace Hardware, fireworks, Lowe's, Sam's Club/gas, Subaru, Volvo

176 rd 516, to Palm Bay, E 🅿 7-11, BP/Circle K/dsl, Murphy USA/dsl, Pro Energy, RaceTrac/dsl 🍴 Baskin Robbins/Dunkin Donuts, Chick-fil-A, Cracker Barrel, Denny's, Golden Corral, Popeye's, Starbucks, Tijuana Flats 🛏 Hampton Inn, Quality Inn ◎ Aldi Foods, Bass Pro Shops, BJ's Whse/gas, GNC, Harley-Davidson, Office Depot, Verizon, Walgreens, Walmart, W 🅿 7-11, Mobil/dsl, Shell 🍴 Buffalo Wild Wings, Burger King, Firehouse Subs, Five Guys, Long Doggers, Longhorn Steaks, McDonald's, Michelli's Pizzeria, Moe's SW Grill, Panda Express, Panera Bread, Pollo Tropical, Subway, Wendy's ◎ $Tree, AT&T, CVS Drug, Discount Tire, Giant RV Ctr, Kohl's, Marshall's, Michael's, PetCo, Publix, Ross, Target, URGENT CARE, vet, Walgreens

MELBOURNE

FL

INTERSTATE 95 Cont'd

Exit #	Services

173 FL 514, to Palm Bay, **E** 🅿 RaceTrac/dsl, Shell, Sunoco/dsl 🛏 Holiday Inn Express 🅾 🅗 Firestone/auto, Ford, truck/RV repair, **W** 🅿 Mobil/dsl, Speedway, Sunoco/dsl 🍴 Arby's, Burger King, Chick-fil-A, IHOP, Japanese Buffet, McDonald's/playplace, Panda Express, Sonic, Sonny's BBQ, Subway, Taco Bell, TX Roadhouse, Waffle House, Wendy's 🛏 Comfort Suites, Motel 6 🅾 $General, Advance Parts, CVS Drug, Gatto's Tire/auto, Home Depot, Lowe's, Publix, Tire Kingdom, URGENT CARE, USPO, Verizon, Walgreens, Walmart

168mm 🆁🆂 both lanes, full ♿ facilities, 24hr security, litter barrels, pet-walk, 🅲, 🐾, vending

156 rd 512, to Sebastian, Fellsmere, **E** 🅿 BP/DQ/Stuckey's/dsl, Chevron/McDonald's, RaceWay/dsl 🅾 🅗 Encore RV Park, Sebastian Inlet SRA, **W** 🅾 St Sebastian SP

147 FL 60, Osceola Blvd, **E** 🅿 7-11, BP/dsl, Citgo/dsl, Mobil/dsl, Sunoco, TA/BP/Popeye's/Subway/dsl/scales/24hr/@, Valero/dsl, WaWa/dsl 🍴 Dunkin Donuts, IHOP, McDonald's, Wendy's 🛏 Comfort Suites, Howard Johnson, Motel 6, Vero Beach Resort, Vero Beach Suites 🅾 🅗 Hyundai, USPO, vet, **W** 🅿 Shell/dsl 🍴 Cracker Barrel, McDonald's, Steak'n Shake 🛏 Country Inn&Suites, Hampton Inn, Holiday Inn Express 🅾 Vero Beach Outlets/famous brands

138 FL 614, Indrio Rd, 3 mi **E** 🅾 Oceanographic Institute

133mm 🆁🆂 both lanes, full ♿ facilities, 24hr security, litter barrels, pet-walk, 🅲, 🐾, vending

131b a FL 68, Orange Ave, **E** 🅾 🅗 to Ft Pierce SP, **W** 🅿 FLYING J/Denny's/Subway/dsl/LP/scales/24hr, Loves/Hardee's/dsl/scales/24hr 🅾 Blue Beacon

129 FL 70, to Okeechobee, **E** 🅿 Citgo, Murphy USA, RaceTrac/dsl, Shell, Sunoco/dsl 🍴 Applebee's, Cowboys BBQ, Golden Corral, Sonic, Waffle House 🅾 🅗 $General, $Tree, Advance Parts, AT&T, Firestone/auto, Home Depot, URGENT CARE, Walgreens, Walmart/Subway, **W** 🅿 Citgo, Loves/Arby's/dsl/24hr/@, Marathon/scales/dsl, Mobil/Dunkin Donuts/Subway, Pilot/McDonald's/dsl/scales/24hr 🍴 Burger King, Cracker Barrel, Golden Bear Rest., KFC, La Granja, LJ Silver, McDonald's, Red Lobster, Steak'n Shake, Subway, Waffle House, Wendy's 🛏 Best Value Inn, Comfort Suites, Days Inn, Fairfield Inn, Hampton Inn, Holiday Inn Express, La Quinta, Motel 6, Quality Inn, Rodeway Inn, Sleep Inn 🅾 to FL TPK, Treasure Coast RV Park

126 rd 712, Midway Rd, **E** 🅿 Marathon/Subway/dsl

121 St Lucie West Blvd, **E** 🅿 7-11, Mobil/Dunkin Donuts, Murphy USA/dsl, Shell/Subway/dsl 🍴 Arby's, Bob Evans, Burger King, Carrabba's, Cheddar's, Chili's, Chipotle Mexican, First Watch, Five Guys, Frank&Al's Pizza, Friendly's, Hokkaido, Jersey Mike's, Jimmy John's, KFC, Little Caesar's, McDonald's, Moe's SW Grill, Outback Steaks, Panda Express, Panera Bread, Pollo Tropical, Ruby Tuesday, Starbucks, Subway, Taco Bell, TGIFriday's, Tijuana Flats, Wendy's 🛏 Hampton Inn, Holiday Inn Express, Residence Inn, SpringHill Suites, TownePlace Suites 🅾 $Tree, AT&T, Beall's, CVS Drug, GNC, Outdoor Resorts Camping (2mi), PetCo, Publix/deli, Ross, Staples, SteinMart, Tire Kingdom, Tires+, URGENT CARE, USPO, Verizon, Walgreens, Walmart **W** 🅿 Chevron/dsl 🛏 Hilton Garden, MainStay Suites, Sheraton Resort, Sleep Inn 🅾 PGA Village

120 Crosstown Pkwy

118 Gatlin Blvd, to Port St Lucie, **E** 🅿 BP/dsl, Chevron/Dunkin Donuts/Subway/dsl, Mobil/Dunkin Donuts, RaceTrac, Sunoco/e85 🍴 McDonald's, Taco Bell, Wendy's 🅾 AutoZone, Bass Pro

118 Continued Shops, Home Depot, Sam's Club/gas, Tire Kingdom, Tires, vet, Walgreens, Walmart, **W** 🅿 WaWa/dsl 🍴 Culver's, Longhorn Steaks, McDonald's, Olive Garden, Panda Express, Panera Bread, Recovery Grill, Subway, Tropical Smoothie 🛏 Homewood Suites 🅾 🅗 AT&T, GNC, Michael's, Old Navy, Petsmart, Publix, Target, TJ Maxx

114 Becker Rd

112mm weigh sta sb

110 FL 714, to Martin Hwy, Palm City, **E** 🅾 🅗

106mm 🆁🆂 both lanes, full ♿ facilities, 24hr security, litter barrels, pet-walk, 🅲, 🐾, vending

102 Rd 713, High Meadow Ave, Palm City

101 FL 76, to Stuart, Indiantown, **E** 🅿 Chevron/dsl, RaceTrac/dsl, Sunoco/dsl 🍴 Popeye's, Baskin-Robbins/Dunkin Donuts, Cracker Barrel, La Forchetta Pizza, McDonald's, Wendy's 🛏 Courtyard, Holiday Inn Express 🅾 🅗 city park, Publix, Walgreens, **W** 🅿 Marathon/DQ/dsl, Mobil/dsl

96 rd 708, to Hobe Sound, **E** 🅾 Dickinson SP (11mi), RV camping

92mm weigh sta nb

87b a FL 706, to Okeechobee, Jupiter, **E** 🅿 Citgo, Mobil/dsl, Shell/dsl, Sunoco 🍴 Cheeseburgers&More, Chipotle, Domino's, Duffy's Rest., Dunkin Donuts, First Watch Cafe, Five Guys, Giuseppe's, Hurricane Grill, IHOP, Jersey Mike's Subs, KFC, McDonald's, Panera Bread, Park Ave Grill, Pollo Tropical, Rancho Chico, Starbucks, Subway, Taco Bell, Tijuana Flats, Tomato Pie, Vinny's Pizza, YumYum 🛏 Comfort Inn, Fairfield Inn 🅾 🅗 Advance Parts, AT&T, BMW, GNC, Home Depot, PepBoys, Petsmart, Publix, Tire Kingdom, to Dickinson SP, URGENT CARE, vet, Walgreens, Walmart, Winn-Dixie, **W** 🅿 Sunoco 🅾 CVS Drug, to FL TPK

83 Donald Ross Rd, **E** 🅿 Marathon/Subway, Shell/deli 🍴 McDonald's 🛏 Hampton Inn (3mi), Holiday Inn Express (3mi), Homewood Suites 🅾 🅗 AT&T, CVS Drug, Publix, stadium, Walgreens

79c FL 809 S (from sb), Military Tr, **W** same services as 79b, to TPK

79a b FL 786, PGA Blvd, **E** 🅿 Shell/dsl 🍴 Chili's, Moe's SW, Yardhouse Rest. 🛏 Hilton Garden, Marriott 🅾 🅗 Best Buy, Michael's, PetCo, Publix, Whole Foods Mkt, **W** 🅿 Shell/dsl 🍴 Blaze Pizza, Bonefish Grill, Chipotle Mexican, J Alexander's, Outback Steaks, Panera Bread, Starbucks, Three Forks Rest. 🛏 DoubleTree Hotel, Embassy Suites 🅾 CVS Drug, Publix

77 Northlake Blvd, to W Palm Bch, **E** 🅿 Shell/dsl, Speedway 🍴 Applebee's, Arby's, Burger King, Checkers, Chick-fil-A, Giovanni's Rest., Habit Burger, Jersey Mike's, Jimmy John's, La Granja, McDonald's, Miami Subs, Panera Bread, Pollo Tropical, Starbucks, Taco Bell 🅾 🅗 $Tree, AT&T, Buick/Chevrolet/GMC, Chrysler/Dodge/Jeep, Costco, CVS Drug, Ford, Ford, Hobby Lobby, Home Depot, Hyundai, Jo-Ann, Kia, Lowe's, PepBoys, Ross, Staples, Target, vet, VW, Walgreens, **W** 🅿 Chevron, Mobil/dsl, Shell, Sunoco/dsl 🍴 Duffy's Grill, Dunkin Donuts, Original Pancakes, Papa John's, Pizza Hut, Subway, Wendy's 🛏 Inn of America 🅾 Advance Parts, CVS Drug, Publix, Tires+, vet, Winn-Dixie

76 FL 708, Blue Heron Blvd, **E** 🅿 Marathon/dsl, Shell/dsl, WaWa/dsl 🍴 Wendy's 🛏 Travelodge 🅾 Honda, Nissan, **W** 🅿 7-11/dsl, Chevron/dsl, Cumberland Farms, Marathon/Subway/dsl, RaceTrac/dsl 🍴 Burger King, Denny's, McDonald's 🛏 Super 8

P A L M B E A C H

🅝 INTERSTATE 95 Cont'd

Exit #	Services
74	FL 702, 45th St, **E** 🄶 7-11/dsl 🄵 Burger King, IHOP 🄻 Days Inn 🄾 H, Cadillac, URGENT CARE, Walgreens, **W** 🄶 RaceTrac/dsl 🄵 Cracker Barrel, McDonald's, Pollo Tropical, Subway, Taco Bell, Wendy's 🄻 Courtyard, Extended Stay America, Holiday Inn Express, Homewood Suites, Red Roof Inn, Residence Inn, SpringHill Suites 🄾 FoodTown, Harley-Davidson, Sams Club/gas, Walmart
71	Lake Blvd, Palm Beach, **E** 🄶 Marathon/Dunkin Donuts/dsl 🄵 BJ's Rest., McDonald's, Pei Wei, Red Robin, Starbucks 🄻 Best Western, Hawthorn Suites 🄾 H, Best Buy, Home Depot, Old Navy, Petsmart, Ross, Target, TJ Maxx, Whole Foods Mkt, **W** 🄶 Texaco/dsl, Valero 🄵 Chick-fil-A, Chipotle Mexican, Dunkin Donuts, Hooters, Raindancer Steaks, Red Lobster, Sweet Tomatoes, Tijuana Flats, Twin Peaks 🄻 La Quinta, Ramada 🄾 URGENT CARE, vet, Walgreens
70b a	FL 704, Okeechobee Blvd, **E** 🄵 Ruth's Chris Steaks 🄻 Hilton, Marriott, **W** 🄶 BP/dsl, Chevron/dsl, Mobil/dsl, Shell, Speedway, Valero/dsl 🄵 Arby's, Burger King, Checkers, ChuckECheese, Denny's, Firehouse Grill, IHOP, McDonald's, PDQ Cafe, Pizza Hut, Pollo Tropical, Starbucks, Subway, Taco Bell 🄾 $Tree, Advance Parts, Aldi Foods, AT&T, Audi/Porsche, BMW/Mini, Chevrolet, Firestone/auto, GNC, Hyundai, Mercedes, Michael's, Office Depot, Staples, Verizon, VW
69b	**W** 🄾 to 🏕
69a	Belvedere Rd, **W** 🄶 BP, Shell, WaWa/dsl 🄵 Burger King, IHOP, Wendy's 🄻 Courtyard, DoubleTree, Embassy Suites, Hampton Inn, Hilton Garden, Holiday Inn/rest., Stay Inn, Studio 6
68	US 98, Southern Blvd, **E** 🄶 Coastal, W Palm Gas 🄵 Subway 🄾 CVS Drug, Publix, **W** 🄻 Hilton
66	Forest Hill Blvd, **W** 🄶 Chevron/dsl, Sunoco 🄵 Dunkin Donuts 🄾 Advance Parts
64	10th Ave N, **W** 🄶 Citgo, Marathon/Circle K/dsl, Mobil/dsl, Murphy USA/dsl 🄵 Chili's, Dunkin Donuts, Flanigan's Grill, Taco Bell, Wendy's 🄻 Woodspring Suites 🄾 CVS Drug, Ford, President Foods, Ross, Tires+, Walgreens, Walmart/Subway
63	6th Ave S, **W** 🄾 H
61	FL 812, Lantana Rd, **E** 🄶 Shell 🄵 Domino's, Dunkin Donuts, KFC, Little Caesar's, McDonald's, Riggins Crabhouse, Subway 🄻 Motel 6 🄾 $General, 7-11, Ace Hardware, AutoZone, CVS Drug, Publix, **W** 🄾 H, Costco/gas
60	Hypoluxo Rd, **E** 🄶 Chevron/dsl, Mobil/dsl, RaceTrac/dsl, Shell/dsl 🄵 Popeye's, Subway, Taco Bell, Wendy's 🄻 Comfort Inn, Holiday Inn Express, Super 8 🄾 Family$, NAPA, Sam's Club, Tire Kingdom, Tire Pros, Tires+, Winn-Dixie, **W** 🄶 Valero/dsl 🄵 Anchor Inn Rest. 🄾 Advance Parts
59	Gateway Blvd, **W** 🄶 Mobil/7-11/dsl 🄵 Bonefish Grill, Boynton Alehouse, BurgerFi, Carrabba's, Chili's, Egg&I Cafe, Firehouse Subs, Golden Phoenix Chinese, McDonald's, PizzaRox, Starbucks, Subway, Tropical Smoothie 🄻 Hampton Inn, ToenePlace Suites 🄾 $Tree, AT&T, CarMax, CVS Drug, Kohl's, Publix, Ross, Tuesday Morning, vet
57	FL 804, Boynton Bch Blvd, **E** 🄶 Marathon/dsl 🄵 KFC 🄻 Boynton Beach Inn 🄾 H, USPO, **W** 🄶 BP, Chevron/dsl, Mobil, Shell 🄵 Applebee's, Burger King, Checkers, Chick-Fil-A, Dunkin Donuts, Golden Corral, KFC, La Brasa, Little Caesar's, Olive Garden, Sonic, Starbucks, Steak'n Shake, Subway, TGIFriday's, Tijuana Flats, TX Roadhouse, Wendy's 🄾 $Tree, 7-11, Barnes&Noble, BJ's Whse/gas, CVS Drug, Dick's, GNC, Office Depot, Old Navy, PetCo, Petsmart, Publix, SteinMart, TJ Maxx, USPO, vet, Walgreens, Walmart

Exit #	Services
56	Woolbright Rd, **E** 🄶 Shell 🄵 McDonald's, Panera Bread, Smashburger, Subway, Tijuana Flats, Wendy's 🄾 H, 7-11, GNC, Jo-Ann Fabrics, Publix, vet, Walgreens, **W** 🄶 Marathon/McDonald's, RaceTrac/dsl 🄵 Burger King, Cracker Barrel, Dunkin Donuts 🄾 Advance Parts, Home Depot, Lowe's, Staples, Walgreens
52b a	FL 806, Atlantic Ave, **W** 🄶 Chevron/dsl, Shell/dsl 🄵 Dunkin Donuts, Sandwich Man, Silver Wok, Subway 🄾 H, Tires+, transmissions, Verizon, vet, Walgreens
51	rd 782, Linton Blvd, **E** 🄶 Shell 🄵 Arby's, Chick-fil-A, Chipotle Mexican, DQ, Duffy's Grill, Five Guys, KFC, McDonald's, Outback Steaks, Pollo Tropical, Starbucks, Steak'n Shake, Subway, Taco Bell, Tijuana Flats, Wendy's 🄾 $Tree, AT&T, Chevrolet, Ford, Home Depot, Marshall's, Mercedes, Michael's, Petsmart, Publix, Ross, Target, Tire Kingdom, TJ Maxx, **W** 🄶 Shell 🄵 Dunkin Donuts, Little Caesar's 🄾 H, AutoZone, URGENT CARE
50	Congress Ave, **W** 🄶 Mobil 🄻 Hilton Garden, Residence Inn 🄾 Costco/gas
48b a	FL 794, Yamato Rd, **E** 🄶 Mobil 🄵 Panera Bread 🄾 CVS Drug, **W** 🄶 BP/dsl, Mobil 🄵 Blue Fin, Dunkin Donuts, Jersey Mike's Subs, Jimmy John's, McDonald's, Miller's Alehouse, Sal's Italian, Starbucks, The Grille, Wendy's 🄻 Embassy Suites, Hampton Inn, Ramada, SpringHill Suites, TownePlace Suites
45	FL 808, Glades Rd, **E** 🄶 Mobil/dsl 🄵 J Alexander's Rest., Jamba Juice, PF Chang's 🄻 Fairfield Inn 🄾 Barnes&Noble, CVS Drug, Whole Foods Mkt, **W** 🄶 Marathon 🄵 Brewzzi Cafe, Brio Italian Grill, CA Pizza Kitchen, Capital Grille, Cheesecake Factory, Chili's, Chipotle Mexican, Farmer's Table, Hooters, Houston's Rest., Madison's Grill, Maggiano's Italian, Moe's SW Grill, Morton Steaks, Season's Rest., Starbucks 🄻 Courtyard, Marriott, Renaissance, Wyndham Garden 🄾 Publix
44	Palmetto Park Rd, **E** 🄶 Valero/dsl 🄵 Denny's, Dunkin Donuts, Subway, Taco Bell, Tomasso's Pizza 🄾 Publix, USPO
42b a	FL 810, Hillsboro Blvd, **E** 🄶 Marathon, Shell/dsl 🄵 Dunkin Donuts, Hook Fish&Chicken, McDonald's, Popeye's, Wendy's 🄻 Doubletree, Hampton Inn, La Quinta 🄾 Advance Parts, **W** 🄶 Chevron/dsl, Mobil/dsl, WaWa/dsl 🄵 Checkers, Dunkin Donuts, Subway 🄻 La Quinta 🄾 CVS Drug, Home Depot, Walgreens
41	FL 869 (**toll**), SW 10th, to I-75, **E** 🄶 Mobil/7-11 🄵 Cracker Barrel, Pizza Express 🄻 Extended Stay America, Woodspring Suites, **W** 🄻 Best Western+, Quality Suites
39	FL 834, Sample Rd, **E** 🄶 Marathon/dsl, Shell/dsl, Speedway/dsl 🄵 Taco Bell 🄾 H, $General, AutoZone, Save-A-Lot, U-Haul, **W** 🄶 Chevron, Citgo/dsl, Mobil, Mobil/dsl, Solo/dsl, Sunoco/dsl, WaWa/dsl 🄵 Burger King, Checkers, IHOP, La Granja, McDonald's, Miami Subs, Subway 🄾 CarMax, Costco/gas, CVS Drug, Family$, Seabra Foods, vet

🅖 = gas   🅕 = food   🛏 = lodging   🅞 = other   🆁🆂 = rest stop   Copyright 2018 - The Next EXIT

🔼N INTERSTATE 95 Cont'd

P O M P A N O   B E A C H   F T   L A U D E R D A L E

Exit #	Services
38b a	Copans Rd, **E** 🅖 Marathon/7-11 🅕 McDonald's 🅞 Land Rover, Mercedes, PepBoys, Porche/Audi, **W** 🅖 Chevron, Mobil/dsl 🅞 Home Depot, NAPA
36b a	FL 814, Atlantic Blvd, to Pompano Beach, **E** 🅖 RaceTrac/dsl 🅕 KFC/Pizza Hut/Taco Bell, Miami Subs, **1 mi W** 🅖 Marathon, Mobil/dsl, Murphy USA/dsl 🅕 Baskin-Robbins/Dunkin Donuts, Burger King, Golden Corral, KFC/LJ Silver, McDonald's, Pollo Tropical, Subway, Wendy's 🅞 $Tree, Chevrolet/Mazda, CVS Drug, to FL TPK, USPO, Walmart/Subway
33b a	Cypress Creek Rd, **E** 🅖 Marathon, Speedway 🅕 Duffy's Diner, Subway 🛏 Extended Stay America, Hampton Inn, Westin Hotel 🅞 7-11, **W** 🅖 Shell/repair 🅕 Arby's, Blaze Pizza, Burger Freak, Burger King, Carlucci's Italian, Chili's, Five Guys, Hooters, Jersey Mike's, Jimmy John's, Longhorn Steaks, McDonald's, Moonlite Diner, Starbucks, Subway, Sweet Tomatoes, Wendy's 🛏 Courtyard, La Quinta, Marriott, Sheraton Suites 🅞 AT&T, GNC, Jaguar, Office Depot, Tires+, URGENT CARE
32	FL 870, Commercial Blvd, Lauderdale by the Sea, Lauderhill, **E** 🅕 Subway, **W** 🅖 Chevron, Circle K, Mobil/dsl, Shell, Sunoco/dsl 🅕 Dunkin Donuts, KFC, McDonald's, Miami Subs, Waffle House 🛏 Best Western, Holiday Inn Express, Universal Palms Motel 🅞 Advance Parts, auto repair, BJ's Whse/gas
31b a	FL 816, Oakland Park Blvd, **E** 🅖 7-11, Chevron, Mobil/dsl 🅕 Burger King, Denny's, Dunkin Donuts, Little Caesar's, McDonald's, Miami Subs, Subway, Wendy's 🅞 Lowe's, Publix, Walgreens, **W** 🅖 Chevron/dsl, Exxon, RaceTrac/dsl, Shell, Valero 🅕 Baskin-Robbins/Dunkin Donuts, Burger King, Checkers, KFC, Subway 🛏 Days Inn 🅞 $General, Home Depot, Toyota/Scion, USPO, Walgreens
29b a	FL 838, Sunrise Blvd, **E** 🅖 Marathon/dsl, Mobil/dsl, Shell, Sunoco/dsl/e85 🅕 Burger King, Miami Subs, Popeye's 🅞 Advance Parts, auto repair/tires, AutoZone, Family$, to Birch SP, **W** 🅖 BP, Exxon/dsl, Marathon, Shell, Valero 🅕 China Bowl, Church's, Dunkin Donuts, KFC, McDonald's, Snapper's Fish&Chicken, Subway 🅞 🅷, Family$
27	FL 842, Broward Blvd, Ft Lauderdale, **E** 🅞 🅷
26	I-595 (from sb), FL 736 (from nb), Davie Blvd, **E** 🅞 to ⊙
25	FL 84, **E** 🅖 7-11, Marathon, Marathon/dsl, RaceTrac/dsl, Sunoco/dsl, Texaco 🅕 Dunkin Donuts, Li'l Red's BBQ, McDonald's, Ruby Chinese, Subway, Wendy's 🛏 Best Western, Candlewood Suites, Hampton Inn, Holiday Inn Express, Motel 6, Sky Motel 🅞 $Tree, BigLots, Firestone/auto, U-Haul, Walgreens, Winn-Dixie, **W** 🛏 Ramada Inn, Red Carpet Inn, Rodeway Inn
24	I-595 (from nb), to I-75, **E** 🅞 to ⊙
23	FL 818, Griffin Rd, **E** 🛏 Ft Lauderdale Hotel, **W** 🅖 Mobil 🅕 Dunkin Donuts, Subway, Wendy's 🛏 Courtyard, Fairfield Inn, Homewood Suites, Residence Inn 🅞 Bass Pro Shops, Publix
22	FL 848, Stirling Rd, Cooper City, **E** 🅖 Mobil/Dunkin Donuts/dsl 🅕 AleHouse Grill, Burger King, Chipotle Mexican, Dave&Buster's, Firehouse Subs, McDonald's, Moonlite Diner, Red Lobster, Sal's Italian, Subway, Sweet Tomatoes, Taco Bell, TGIFriday's, Wendy's, Yum Berry Yogurt 🛏 Hampton Inn, Hilton Garden, Hyatt House, Hyatt Place, La Quinta, Quality Inn, SpringHill Suites 🅞 Advance Parts, BJ's Whse, GNC, Home Depot, K-Mart, Marshall's, Michael's, Old Navy, Petsmart, Ross, to Lloyd SP, Verizon, **W** 🅕 Las Vegas Cuban, Subway 🛏 Best Western, Cambria Suites, Comfort Suites, Home 2 Suites 🅞 CVS Drug, PepBoys, Tire Kingdom, vet, Walgreens

H O L L Y W O O D   M I A M I

Exit #	Services
21	FL 822, Sheridan St, **E** 🅖 Chevron/dsl, Cumberland Farms/gas, Marathon/Dunkin Donuts/dsl 🅕 Domino's, **W** 🅖 Shell 🅕 Denny's, McDonald's 🛏 Days Inn, Holiday Inn
20	FL 820, Hollywood Blvd, **E** 🅖 Shell 🅕 IHOP, Miami Subs 🛏 Hollywood Gateway Inn 🅞 Goodyear/auto, U-Haul, vet, **W** 🅖 Chevron/dsl, Marathon 🅕 Boston Mkt, Burgers&Shakes, China Hollywood, Coldstone, McDonald's, Offerdahl's Grill, Starbucks, Subway, Taco Bell, Waffle Works, Wendy's 🅞 🅷, Publix, Target, Walgreens
19	FL 824, Pembroke Rd, **E** 🅖 Orion/dsl, Shell 🅞 Family$ **W** 🅖 Mobil/dsl
18	FL 858, Hallandale Bch Blvd, **E** 🅖 7-11, Exxon, Shell 🅕 Baskin-Robbins/Dunkin Donuts, Burger King, Denny's, IHOP, KFC, La Granja, Little Caesar's, McDonald's, Miami Subs, Pollo Tropical, Subway, Taco Bell, Wendy's, Won Ton Garden 🛏 Best Western+ 🅞 Family$, Goodyear/auto, Tire Kingdom, vet, Walgreens, Winn-Dixie, **W** 🅖 Mobil/dsl, RaceTrac/dsl 🅞 🅷, Advance Parts
16	Ives Dairy Rd, **E** 🅞 🅷, mall, **W** 🅖 Marathon/7-11 🅕 Subway
14	FL 860, Miami Gardens Dr, N Miami Beach, **E** 🅞 🅷, Oleta River SRA, **W** 🅖 Shell/dsl, Valero/dsl
12c	US 441, FL 826, FL TPK, FL 9, **E** 🅖 7-11, Chevron, Exxon/dsl, Marathon/dsl, Marathon/dsl, Speedway, Valero/dsl 🅕 Baskin-Robbins/Dunkin Donuts, Burger King, La Granja, McDonald's, Starbucks, Subway, Taco Bell/Pizza Hut, Wendy's 🛏 Rodeway Inn 🅞 🅷, PepBoys, Toyota
12b	US 441 (from nb), same as 12c
12a	FL 868 (from nb), FL TPK N
11	NW 151st (from nb), **W** 🅖 Sunoco/dsl 🅕 McDonald's 🅞 Advance Parts, Winn-Dixie
10b	FL 916, NW 135th, Opa-Locka Blvd, **W** 🅖 Chevron, Mobil/dsl 🅕 Checkers, Pizza Hut, Subway
10a	NW 125th, N Miami, Bal Harbour, **W** 🅖 Shell 🅕 Burger King, Wendy's 🅞 $General
9	NW 119th (from nb), **W** 🅖 7-11/dsl, Marathon/McDonald's 🅕 KFC, Pollo Tropical, Popeye's 🅞 Advance Parts, AutoZone, CVS Drug, Family$, Walgreens, Winn-Dixie
8b	FL 932, NW 103rd, **E** 🅖 Chevron, Shell 🅞 7-11, **W** 🅖 Sunoco, Sunshine/dsl 🅕 $General, Baskin-Robbins/Dunkin Donuts, Bravo Foods
8a	NW 95th, **E** 🅖 Chevron, **W** 🅖 7-11/dsl, CR/dsl, Mobil/dsl 🅕 McDonald's 🅞 🅷, Advance Parts, Walgreens
7	FL 934, NW 81st, NW 79th, **E** 🅖 Chevron/dsl, Valero/dsl, **W** 🅖 Sunoco 🅕 Checkers
6b	NW 69th (from sb)
6a	FL 944, NW 62nd, NW 54th, **W** 🅕 China Town, McDonald's, Subway 🅞 Family$, Presidente Mkt, Walgreens
4b a	I-195 E, FL 112 W (**toll**), Miami Beach, **E** downtown, **W** 🅞 ⊙
3b	NW 8th St (from sb)
3a	FL 836 W (**toll**) (exits left from nb), **W** 🅞 🅷, to ⊙
2d	I-395 E (exits left from sb), to Miami Beach
2c	NW 8th, NW 14th (from sb), Miami Ave, **E** 🅞 Port of Miami
2b	NW 2nd (from nb), downtown Miami
2a	US 1 (exits left from sb), Biscayne Blvd, downtown Miami
1b	US 41, SW 7th, SW 8th, Brickell Ave, **E** 🅖 Chevron, Citgo 🅕 Burger King, Graziano's, McDonald's, Pepper's Mexican Grill, Subway, Wendy's 🛏 Extended Stay America, Hampton Inn 🅞 CVS Drug, GNC, Publix, **W** 🅖 Shell 🅕 Papa John's
1a	SW 25th (from sb), downtown, to Rickenbacker Causeway, **E** 🅞 to Baggs SRA
0mm	I-95 begins/ends on US 1. **1 mi S** 🅖 Mobil

FL

INTERSTATE 275 (Tampa)

Exit #	Services
59mm	I-275 begins/ends on I-75, exit 274.
53	Bearss Ave, **E** 🅿 Citgo/dsl, Wawa/dsl 🍴 Culver's 🅾 Carmax, Walmart, **W** 🅿 BP, Chevron/dsl, Marathon/Dunkin Donuts, RaceTrac/dsl, Shell/dsl 🍴 Burger King, IHOP, McDonald's, Popeye's, Subway 🏨 Vista Inn 🅾 Aldi Foods, BigLots, CVS Drug, GNC, Ross
52	Fletcher Ave, **E** 🅿 Citgo/dsl, Marathon, Mobil/dsl, RaceTrac/dsl, Speedway, Sunoco, Wawa/dsl 🍴 Arby's, Bruno's Pizza, Church's, DQ, Krystal, McDonald's, Popeye's 🏨 Days Inn 🅾 🏥, Aldi Foods, Family$, to USF, Toyota/Scion, Walmart, **W** 🅿 Citgo, Marathon, Mobil 🏨 Super 8 🅾 Cadillac, Family$, Jaguar, Save-A-Lot
51	FL 582, Fowler Ave, **E** 🅿 Citgo/dsl, Marathon/dsl, Mobil/dsl, Shell/Circle K 🍴 A&W/LJ Silver, Burger King, Chili's, Chipotle Mexican, Denny's, Firehouse Subs, Five Guys, Jason's Deli, Jimmy John's, KFC, Longhorn Steaks, McDonald's, Panda Express, Pizza Hut, Shell Rest., Sonic, Starbucks, Steak'n Shake, Subway, Taco Bell, TGIFriday's, Waffle House, Wendy's 🏨 Clarion, Embassy Suites, Holiday Inn, Hyatt Place, La Quinta, Wingate Inn 🅾 $General, $Tree, Advance Parts, AT&T, CVS Drug, O'Reilly Parts, Sears/auto, Verizon, Walgreens, Winn Dixie, **W** 🏨 Rodeway Inn 🅾 Audi, BMW, Chevrolet, NAPA, Porsche, VW
50	FL 580, Busch Blvd, **E** 🅿 Citgo, Marathon 🍴 Burger King, McDonald's, Olive Garden, Popeye's, Red Lobster, Subway, Taco Bell 🏨 Hampton Inn, Holiday Inn Express, La Quinta, Red Roof Inn 🅾 $General, Advance Parts, AutoZone, Busch Gardens, Family$, Walgreens, **W** 🍴 Burger King 🅾 $Tree, Advance Parts, CVS Drug, Family$, Firestone/auto, Home Depot, Walmart Mkt
49	Bird Ave (from nb), **E** 🅾 Family$, **W** 🍴 Checkers, KFC, Krispy Kreme, McDonald's, Subway, Wendy's 🅾 $General, K-Mart, Save-A-Lot
48	Sligh Ave, **E** 🅿 Marathon, Sunoco 🅾 USPO, **W** 🅾 zoo
47b a	US 92, to US 41 S, Hillsborough Ave, **E** 🅿 Marathon, Mobil/dsl, Shell/Circle K 🍴 Burger King, Checkers, McDonald's, Popeye's, Subway, Taco Bell, Wendy's 🅾 Advance Parts, Ross, vet, Walgreens, Walmart, **W** 🅿 BP, Shell/Circle K 🍴 Papa John's, Starbucks 🏨 Dutch Motel
46b	FL 574, MLK Blvd, **E** 🅿 🅾 Advance Parts, Walgreens, Winn Dixie, **W** 🅿 Chevron/dsl 🍴 McDonald's 🅾 🏥
46a	Floribraska Ave (from sb, no return)
45b	I-4 E, to Orlando, I-75
45a	Jefferson St, downtown E
44	Ashley Dr, Tampa St, downtown W
42	Howard Ave, Armenia Ave, **W** 🅿 Marathon/dsl 🍴 Popeye's
41c	Himes Ave (from sb), **W** 🅾 RJ Stadium
41b a	US 92, Dale Mabry Blvd, **E** 🅿 Marathon, Marathon (2), Mobil/dsl, Shell/Circle K, Wawa/dsl 🍴 Brickhouse Grill, Burger King, Carrabba's, Chick-Fil-A, Crispers, Don Pan Cuban, Donatello Italian, Grill 116, IHOP, J.Alexanders Rest, Jersey Mike's Subs, Little Caesar's, Pei Wei, Pizza Hut, Ruby Tuesday, Shells Rest., Starbucks, Subway, Village Inn 🏨 Best Western, Courtyard, Quality Inn, Tahitian Inn/cafe 🅾 AT&T, Barnes&Noble, CVS Drug, Hancock Fabrics, Office Depot, Publix, Tire Kingdom, to MacDill AFB, Trader Joe's, Verizon, **W** 🅿 Marathon/Dunkin Donuts 🍴 Burger King, Chili's, China 1, Chipotle, Denny's, Jimmy John's, Joe's Pizza, McDonald's, Moe's SW Grill, Sonic, Starbucks, Subway, Sweet Tomatoes, Wendy's 🏨 Fairfield Inn,

TAMPA

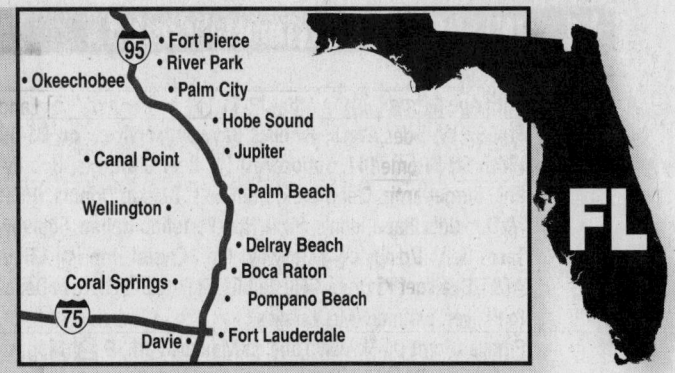

41b a	Continued Hilton, Howard Johnson, Residence Inn 🅾 Best Buy, Chrysler/Dodge/Jeep, Family$, Home Depot, Honda, Petsmart, Staples, Target, to RJ Stadium, Walmart, Whole Foods Mkt, Winn Dixie
40b	Lois Ave, **W** 🅿 Marathon/dsl 🍴 Charley's Rest. 🏨 DoubleTree Hotel, Sheraton
40a	FL 587, Westshore Blvd, **E** 🅿 BP, Chevron/dsl, Citgo/Subway 🍴 Burger King, Chipotle Mexican, Gogo's Greek, Jimmy John's, Maggiano's Rest., McDonald's, Panera Bread, PF Chang's, Season's Grill, Starbucks, Taco Bell, Waffle House 🏨 Crowne Plaza, Embassy Suites 🅾 Firestone, JC Penney, Macy's, Old Navy, PetCo, Sears/auto, Walgreens, **W** 🅿 Shell/Subway 🍴 Blue Water Grill 🏨 Hampton Inn, Holiday Inn, Marriott, Ramada Inn, SpringHill Suites
39b a	FL 60 W, **W** 🅾 to ✈
32	Fl 687 S, 4th St N, to US 92 (no sb re-entry)
31b a	9th St N, MLK St N (exits left from sb), 🅾 ✈, info
30	FL 686, Roosevelt Blvd, **0-2mi W** 🅿 Rally 🍴 Bascom's Chophouse, Bob Evans, Burger King, Chil-fil-A, Cracker Barrel, Kingfish Grill, Mamma Mia's, McDonald's, Panchero's Mexican, Starbucks, Subway, Taco Bell, Wendy's 🏨 Comfort Inn, Courtyard, Extended Stay America, Fairfield Inn, Hampton Inn, Holiday Inn, La Quinta, Marriott, Quality Inn, Red Roof Inn, Sleep Inn, SpringHill Suites, Super 8 🅾 CVS Drug, Publix
28	FL 694 W, Gandy Blvd, Indian Shores, **0-2mi W** 🅿 Citgo, Murphy USA/dsl, Speedway/dsl, WaWa/dsl 🍴 Applebee's, BJ's Brewhouse, Bob Evans, Buffalo Wild Wings, Burger King, Cheddar's, Chick-fil-A, Chili's, Chipotle, Coldstone, Dunkin Donuts, Firehouse Subs, Five Guys, IHOP, McDonald's, Moe's SW, Panda Express, Panera Bread, Pizza Hut/Taco Bell, Pollo Tropical, Sonny's BBQ, Starbucks, Subway, Wendy's 🏨 La Quinta 🅾 $Tree, Bentley, BMW, Cadillac, GNC, Home Depot, Honda, Marshall's, Michael's, Office Depot, PetCo, Publix, Rolls Royce, Target, U-Haul, Walgreens, Walmart
26b a	54th Ave N, **E** 🅿 Cracker Barrel 🏨 Comfort Inn, Holiday Inn Express, **W** 🅿 RaceTrac/dsl 🍴 Waffle House 🏨 Knights Inn 🅾 🏥, Harley-Davidson, NAPA
25	38th Ave N, to beaches, **W** 🅿 Citgo/dsl, Wawa/dsl 🍴 Burger King, Hardee's 🅾 Subaru, VW, Walgreens
24	22nd Ave N, **W** 🅿 Citgo/dsl, RaceTrac/dsl, Wawa/dsl 🍴 Dunkin Donuts, Little Caesar's 🅾 Advance Parts, Home Depot, Lowe's
23b	FL 595, 5th Ave N, **E** 🅾 🏥
23a	I-375, **E** 🅾 The Pier, Waterfront, downtown
22	I-175 E, Tropicana Field, **E** 🅾 🏥
21	28th St S, downtown
20	31st Ave (from nb), downtown
19	22nd Ave S, Gulfport, **W** 🅿 Chevron, Citgo, Shell/dsl 🍴 Church's, KFC 🅾 Family$

ST PETERSBURG

FL

⬆N INTERSTATE 275 (Tampa) Cont'd

Exit #	Services
18	26th Ave S (from nb)
17	FL 682 W, 54th Ave S, Pinellas Bayway, **services on US 19 (34th St) W** 🅖 7-11, Sunoco/dsl 🅕 Beef'O'Brady's, Bob Evans, Burger King, China Wok, Domino's, Dunkin Donuts, IHOP, McDonald's, Papa John's, Pizza Hut, Portofino Italian, Subway, Taco Bell, Wendy's 🅐 Bayway Inn, Crystal Inn 🅞 $Tree, AT&T, Beall's, CVS Drug, GNC, Publix, St Pete Beach, to Ft DeSoto Pk, vet, Walmart/McDonald's
16	Pinellas Point Dr, Skyway Lane, to Maximo Park, **E** 🅐 Magnuson Resort, **W** 🅞 marina
16mm	toll plaza sb
13mm	N Skyway Fishing Pier, **W** 🆁🆂 both lanes, full ♿ facilities, litter barrels, petwalk, 🅒, 🅰, vending
10mm	Tampa Bay
7mm	S Skyway Fishing Pier, **E** 🆁🆂 both lanes, full ♿ facilities, litter barrels, petwalk, 🅒, 🅰, vending
6mm	toll plaza nb
5	US 19, Palmetto, Bradenton
2	US 41, (last nb exit before **toll**), Palmetto, Bradenton, **E** 🅞 Circle K, Fiesta Grove RV Resort, Frog Creek Campground, Terra Ceia Village Campground, Winterset RV Resort, **W** 🅖 Shell/DQ/Subway/dsl
0mm	I-275 begins/ends on I-75, exit 228.

⬆N INTERSTATE 295 (Jacksonville)

Exit #	Services
61b a	I-295 begins/ends on I-95, exit 337.
60	US 1, Philips Hwy, **E** 🅖 RaceTrac/dsl 🅞 Buick/GMC, Honda, Toyota/Scion, VW, **W** 🅖 BP/dsl 🅞 Chevrolet, Ford, Mazda, Nissan, Tire Kingdom, Volvo
58	FL 9b (from sb)
56	FL 152, Baymeadows Rd, **E** 🅖 Gate/dsl 🅕 McDonald's 🅐 Holiday Inn 🅞 Chrysler/Dodge/Jeep, Fiat, **W** 🅖 Shell 🅕 Carrabba's, China Wok, Hurricane Grill, Outback Steaks, Sticky Fingers, Tequila's Mexican, Tony D's Pizza, Wendy's 🅐 Hampton Inn 🅞 Publix, SteinMart, URGENT CARE, Walgreens, Winn Dixie
54	Gate Pkwy, **W** 🅕 Melting Pot, Otaki Japanese Steaks
53	FL 202, Butler Blvd, **1 mi W on Gate Pkwy** 🅖 Shell/dsl 🅕 Arby's, Bahama Breeze, BJ's Rest, Bono's BBQ, Brio Grille, BurgerFi, Cantina Laredo, Capital Grill, Cheesecake Factory, Chick-fil-A, Chipotle Mexican, Cooper's Hawk, J Alexander's, Maggiano's Italian, McDonald's, Mimi's Cafe, Moxie Kitchen, Ovinte, Panda Express, Panera Bread, Pei Wei, PF Chang's, Pollo Tropical, Seasons Rest, Ted's MT Grill, Wasabi, Wendy's, Zaxby's, Zoe's Kitchen 🅐 Sheraton 🅞 $Tree, AT&T, Barnes&Noble, Best Buy, Costco, CVS Drug, Dick's, Dillard's, Jo-Ann, Nordstrom, Old Navy, Petsmart, REI, Ross, Staples, Target, Verizon
52	U of NF Dr, Town Center Pkwy, same as 53
51	US 90, Beach Blvd, **E** 🅕 Burger King, Dunkin Donuts, Jimmy John's, **W** 🅖 Shell 🅕 Arby's, Checkers, McDonald's, Pizza Hut, Sonic, Taco Bell 🅐 InTown Suites 🅞 $Tree, Advance Parts, Sam's Club/gas, USPO, vet, Walgreens, Winn-Dixie
49	St John's Bluff Rd (from nb), **E** 🅖 BP, Shell 🅕 Papa John's 🅐 Holiday Inn Express, InTown Suites 🅞 $Tree, Nissan, O'Reilly Parts
48	FL 10, to Atlantic Blvd
47	Monument Rd, **E** 🅖 Marathon/Kangaroo/dsl 🅕 Domino's, Hong Kong Chinese, Mudville Grille 🅞 vet, **W** 🅖 Gate/dsl

47	Continued
	🅕 Ruby Tuesday 🅐 Courtyard, Hampton Inn 🅞 Walmar◄ McDonald's
46	FL 116 E, Wonderwood Connector, Merrill Rd, **E** 🅐 Candle◄ wood Suites, **W** 🅐 Woodspring Suites
44mm	St John's River
41	FL 105, Heckscher Dr, Zoo Pkwy, **E** 🅖 Gate/dsl, **W** 🅖 Valere◄ Kangaroo/dsl 🅕 Wendy's 🅐 Holiday Inn Express 🅞 zoo
40	Alta Dr, **E** 🅕 Molly Brown's Grill, Viva Mexican
37	Pulaski Rd, **E** 🅖 Marathon/Kangaroo/dsl
36	US 17, Main St, **E** 🅖 Kangaroo/dsl 🅕 DQ, McDonald◄ 🅞 Winn-Dixie, **W** 🅕 Subway
35b a	I-95, S to Jacksonville, N to Savannah
33	Duval Rd, **W**🔄
32	FL 115, Lem Turner Rd, **E** 🅖 7-11/dsl 🅕 Burger King, Chi na Wok, McDonald's (1mi), Subway, Waffle House, Wen dy's 🅞 $Tree, Home Depot, Walmart/McDonald's, **W** 🅞 Fla mingo Lake RV Resort, Lakeside Cabins/RV Park
30	FL 104, Dunn Ave, **E** 🅖 7-11/dsl, Gate/dsl, Shell (1mi), Valer◄ (1mi) 🅕 McDonald's (1mi), **W** 🅞 Big Tree RV Park
28b a	US 1, US 23, to Callahan, Jacksonville, **E** 🅖 Kangaroo/ds◄ **W** 🅖 auto repair, BP/DQ/dsl, RaceTrak/dsl 🅕 Wendy's, 🅖 Valero/Kangaroo/Subway/dsl
25	Pritchard Rd, **W** 🅖 Kangaroo/Subway/deli/dsl/24hr
22	Commonwealth Ave, **E** 🅖 BP/dsl 🅕 Burger King, Hard◄ ee's, Waffle House, Zaxby's 🅐 Quality Inn 🅞 dogtrack, 🅕 Wendy's 🅐 Comfort Suites, Country Inn&Suites
21b a	I-10, W to Tallahassee, E to Jacksonville
19	FL 228, Normandy Blvd, **E** 🅖 BP/dsl, Murphy USA◄ dsl 🅕 Burger King, Capt D's, El Potro, Firehouse Subs, Gold en Corral, Hot Wok, McDonald's, Panda Express, Papa John'◄ Sonic, Waffle House, Wendy's 🅞 $Tree, AT&T, CVS Drug, Save A-Lot, Walgreens, Walmart, **W** 🅖 BP, RaceTrac/dsl, Shell/ds◄ Speedway/dsl 🅕 Famous Amos, Golden China, Hardee'◄ KFC, Larry's Subs, McDonald's, Pizza Hut, Popeye's, Sam's Sea food Rest., Whataburger 🅞 Advance Parts, CVS Drug, Fam ly$, Publix, Walgreens, Winn-Dixie
17	FL 208, Wilson Blvd, **E** 🅖 7-11/dsl, BP/Subway/dsl, Speed◄ way/Dunkin Donuts/dsl 🅕 China Wok, Hardee's 🅞 $Gener◄ al, Advance Parts, FL RV Ctr, Walmart Mkt, **W** 🅖 Kangaroo
16	FL 134, 103rd St, Cecil Field, **E** 🅖 BP/dsl, Gate/dsl, Murph◄ Express/dsl, RaceTrac/dsl, Speedway 🅕 Applebee's, Cap◄ D's, Firehouse Subs, Krispy Kreme, Krystal, Papa John's, Pizz◄ Hut, Popeye's, Sonic, Wendy's, Ying's Chinese 🅐 Hospitalit◄ Inn 🅞 $General, $Tree, Advance Parts, AT&T, CVS Drug, GNC◄ Goodyear/auto, NAPA, Save-A-Lot Foods, Tires+, U-Haul, UR◄ GENT CARE, Walmart/McDonald's, **W** 🅖 BP/dsl, Exxon/ds◄ Shell 🅕 Burger King, DQ, Dunkin Donuts, IHOP, KFC, Little Cae◄ sar's, McDonald's, Subway, Taco Bell, Waffle House 🅞 Aamc◄ AutoZone, Family$, Goodyear/auto, O'Reilly Parts, Publix, Su◄ Tires, vet, Walgreens
12	FL 21, Blanding Blvd, **E** 🅖 BP, RaceTrac/dsl, Speedway◄ Dunkin Donuts/dsl, Texaco 🅕 Burger King, Dunkin Donut◄ Larry's Subs, McDonald's, Pizza Hut, Subway 🅞 $Genera◄ Acura, Audi, Best Buy, BMW, Buick/GMC, Cadillac, CarMax◄ Chrysler/Dodge/Jeep, CVS Drug, Fiat, Ford, Honda, Hyunda◄ Infiniti, Lexus, Lincoln, Mazda, Mercedes/Smart, Nissan, Of◄ fice Depot, Subaru, U-Haul, USPO, VW, Walgreens, **W** 🅖 B◄ Carrabba's, Marathon/Kangaroo/dsl, Shell 🅕 Applebee's◄ Arby's, Buffalo Wild Wings, Burger King, Chick-fil-A, Chili's◄ China Buffet, Chipotle Mexican, ChuckeCheese, Denny's, Dick◄ Wings, Firehouse Subs, Five Guys, HoneyBaked Ham, Hooters◄

↑N INTERSTATE 295 (Jacksonville) Cont'd

12 Continued
KFC, Krystal, Kyodai Steaks, Longhorn Steaks, Mission BBQ, Olive Garden, Orange Park Ale House, Outback Steaks, Panda Express, Panera Bread, Papa John's, Red Lobster, Ruby Tuesday, Starbucks, Steak'n Shake, Sweet Tomatoes, Taco Bell, Ted's MT Grill, TGIFriday's, Thai Garden, Wendy's 🛏 Country Inn Suites, La Quinta, Motel 6, Quality Inn, Red Roof Inn, Super 8 🅞 🛏, $Tree, AT&T, Belk, Books-A-Million, Dick's, Dillard's, Discount Tire, Firestone/auto, Goodyear/auto, Home Depot, JC Penney, Jo-Ann Fabrics, mall, Michael's, O'Reilly Parts, PepBoys, Petsmart, Publix, Sam's Club/gas, Sears/auto, Tires+, TJMaxx, Toyota/Scion, Verizon, Walgreens, Walmart/dsl

10 US 17, FL 15, Roosevelt Blvd, Orange Park, **E** 🛏 Best Western, **W** 🅟 BP/dsl, Chevron/dsl, RaceTrac/dsl, Speedwaydsl 🍴 Aron's Pizza, Cracker Barrel, Dunkin Donuts, Four Rivers Smokehouse, Krystal, McDonald's, Subway, Waffle House, Wendy's 🛏 Courtyard, Days Inn, Fairfield Inn, Hampton Inn, Hilton Garden, Holiday Inn, Rodeway Inn 🅞 🛏, $Tree, CVS Drug, General RV Ctr, Harley-Davidson, Sun Tire, vet, Winn-Dixie

7mm St Johns River, Buckman Br

5b a FL 13, San Jose Blvd, **E** 🅟 Speedway/dsl, Valero/DQ/dsl 🍴 Arby's, Bob Evans, Bono's BBQ, Carrabba's, Chick-fil-A, Crystal River Seafood, Dickey's BBQ, Domino's, Famous Amos, Firehouse Subs, Five Guys, HoneyBaked Ham, Krystal, McDonald's,

5b a Continued
Outback Steaks, Popeye's, Red Elephant Pizza, Smoothie King, Starbucks, Steak'n Shake, The Loop Pizza, Village Inn, Which Wich?, Zaxby's 🛏 La Quinta, Ramada Inn 🅞 Aamco, Advance Parts, BigLots, CVS Drug, Firestone/auto, K-Mart, Office Depot, PepBoys, Publix, Save-A-Lot, Sun Tire, Target, Tire Kingdom, Tires+, URGENT CARE, Verizon, Whole Foods Mkt, **W** 🅟 BP, Citgo, Shell 🍴 Al's Pizza, Bonefish Grill, Bruster's, Chili's, Chipotle Mexican, Dunkin Donuts, Golden Corral, Hardee's, Jimmy John's, Krispy Kreme, Mama Fu's, Mandarin Ale House, McDonald's, Moe's SW Grill, Newk's Eatery, Osaka Grill, Panera Bread, Papa John's, Papa Murphy's, Pizza Hut, Pollo Tropical, Starbucks, Subway, Taco Bell, Tree Steakhouse 🅞 $Tree, Advance Parts, AT&T, AutoZone, Barnes&Noble, Goodyear/auto, Marshall's, Michael's, NAPA, PetCo, Publix, Staples, SteinMart, Tire Kingdom, TJ Maxx, U-Haul, vet, Walgreens, Walmart, Winn-Dixie, World Mkt

3 Old St Augustine Rd, **E** 🅟 BP/dsl, Shell/dsl 🍴 Burger King, Little Caesar's, Little China, McDonald's, Pizza Hut, Salento Steaks, St Mary's Seafood, Taco Bell, Wendy's 🛏 Holiday Inn Express 🅞 $General, $Tree, CVS Drug, GNC, Hobby Lobby, Publix/deli, Winn-Dixie, **W** 🅟 Gate/dsl, Marathon/Kangaroo/dsl 🍴 Firehouse Subs, KFC, Rosy's Mexican, Subway, Vino's Pizza 🅞 Lowe's, vet, Walgreens

FL

NOTES

 Copyright 2018 - The Next EXI

GEORGIA

INTERSTATE 16

Exit #	Services
167b a	W Broad, Montgomery St, Savannah, **0-1 mi N** Chevron, Enmark, Parker's Best Western, Courtyard, DoubleTree, Fairfield Inn, Hampton Inn, Hilton Garden, Holiday Inn, Quality Inn, Residence Inn, Springhill Suites, **S** Burger King, Popeye's, Wendy's **I-16 begins/ends in Savannah.**
166	US 17, Gwinnet St, Savannah, Savannah Visitors Ctr
165	GA 204, 37th St (from eb), to Ft Pulaski NM, Savannah College
164b a	I-516, US 80, US 17, GA 21
162	Chatham Pkwy, **S** Shell/dsl Kan Pai Japanese, Larry's Subs, Nicky's Pizza, Sunrise Rest. Chrysler/Dodge/Jeep, Kia, Lexus, Subaru, Toyota/Scion
160	GA 307, Dean Forest Rd, **N** Pilot/Subway/dsl/scales, Shell/dsl Ronnie's Rest., Waffle House
157b a	I-95, S to Jacksonville, N to Florence
155	Pooler Pkwy, **N** Murphy USA/dsl Jalapeno's Mexican, Papa John's, Subway, Wasabi Fusion Lowe's, to Airport, Verizon, **S** BP/dsl
152	GA 17, to Bloomingdale
148	Old River Rd, to US 80
144mm	**weigh sta both lanes**
143	US 280, to US 80, **S** El Cheapo/dsl, Gas'n Go/Subway/dsl
137	GA 119, to Pembroke, Ft Stewart
132	Ash Branch Church Rd
127	GA 67, to Pembroke, Ft Stewart, **N** BP/dsl, Shell/dsl Bay South Rest., Gator Rest. antiques
116	US 25/301, to Statesboro, **N** Chevron/rest/dsl/scales/24hr Magnolia Springs SP (45 mi), to GA S U, **S** Patriot Inn
111	Pulaski-Excelsior Rd, **S** Citgo/Grady's Grill/dsl Beaver Run RV Park, tires/repair

METTER

Exit #	Services
104	GA 22, GA 121, Metter, **N** BP/dsl/scales/24hr, Exxon, Parker's/dsl, Shell/dsl Bevrick's Grille, Burger King, Chinese Buffet, DQ, El Mariachi, Jomax BBQ, KFC/Taco Bell, McDonald's, Papa Buck's BBQ, Pizza Hut, Pond House Grill, Shogun, Subway, Waffle House, Zaxby's American Inn, Days Inn, Econo Inn, Garden Inn H, Chevrolet, info, O'Reilly Parts, Rite Aid, to Smith SP, **S** Marathon/dsl, Phillips 66/dsl Ford
101mm	Canoochee River
98	GA 57, to Stillmore, **S** BP/dsl/24hr, Chevron/dsl to Altahama SP
90	US 1, to Swainsboro, **N** Gasco/Subway/dsl, Marathon/dsl
88mm	Ohoopee River
84	GA 297, to Vidalia, **N** truck sales
78	US 221, GA 56, to Swainsboro
71	GA 15, GA 78, to Soperton, **N** Chevron/dsl
67	GA 29, to Soperton, **S** Chevron/dsl, Marathon/dsl Huddle House
58	GA 199, Old River Rd, East Dublin
56mm	Oconee River
54	GA 19, to Dublin, **S** Chevron/dsl/24hr

DUBLIN

Exit #	Services
51	US 441, US 319, to Dublin, **N** BP/Stuckey's/Subway/dsl, Flash/gas, Neighbor's/dsl, Pilot/dsl/scales/24hr Arby's, Burger King, KFC, King's Inn/rest., McDonald's, Ruby Tuesday, Sanchez Border Grill, Taco Bell, Waffle House, Wendy's Baymont Inn, Best Western, Days Inn, Holiday Inn Express, Quality Inn, Relax Inn, Super 8 H, $General, Chrysler/Dodge/Jeep, Steve's RV, **S** Chevron/dsl Cracker Barrel, Longhorn Steaks,
51	Continued Zaxby's Hampton Inn, La Quinta Pinetucky Campi (2mi), to Little Ocmulgee SP, visitor ctr
49	GA 257, to Dublin, Dexter, **N** Chevron/dsl H, **S** Love's/Chester's/Subway/dsl/scales/24hr
46mm	wb, full facilities, litter barrels, petwalk, dump, vending
44mm	eb, full facilities, litter barrels, petwalk, RV dum vending
42	GA 338, to Dudley
39	GA 26, to Cochran, Montrose
32	GA 112, Allentown, **S** Chevron/dsl
27	GA 358, to Danville
24	GA 96, to Jeffersonville, **N** Marathon/dsl, **S** Exxon/Hud House/dsl/24hr Suburban Inn museum, to Robins AFB

OCMULGEE

Exit #	Services
18	Bullard Rd, to Jeffersonville, Bullard
12	Sgoda Rd, Huber, **N** Marathon/dsl
6	US 23, US 129A, East Blvd, Ocmulgee, **N** Shell/Circle K/D Texaco/dsl McDonald's, Waffle House GA Forestry C to, **S** Chevron/Huddle House/dsl/scales/24hr, Friend Gus Subway
2	US 80, GA 87, MLK Jr Blvd, **N** Marriott H, conv ctr, O mulgee NM, **S** Marathon/dsl to Hist Dist
1b	GA 22, to US 129, GA 49, 2nd St (from wb), **S** H

MACON

Exit #	Services
1a	US 23, Gray Hwy (from eb), **N** Citgo, Flash/dsl, QuikServ Valero Arby's, Burger King, Chen's Wok, DQ, El Sombre Mexican, Fincher's BBQ, Hardee's, Hong Kong Express, Kris Kreme, Krystal, Little Caesar's, McDonald's, Papa John's, Su way, Taco Bell, Wendy's H, Attaway Tire, CVS Drug, Far ily$, Kroger, O'Reilly Parts, U-Haul, Walgreens, **S** Jumbo Sunoco/dsl Burger King, Checker's, Krystal, Pizza Hut, Wa fle House, Zaxby's
0mm	I-75, S to Valdosta, N to Atlanta. **I-16 begins/ends on I-75, ex 165 in Macon.**

INTERSTATE 20

Exit #	Services
202mm	Georgia/South Carolina state line, Savannah River
201mm	**Welcome Ctr wb, full facilities, litter barrels, petwalk, vending**
200	GA 104, Riverwatch Pkwy, Augusta, **N** Pilot/Wendy' dsl/scales/24hr Waffle House Baymont Inn, Candl wood Suites, Comfort Suites, Jameson Inn, Microtel, Quali Inn, Sleep Inn, Woodspring Suites Freightliner, **S** Cab la's, Costco/gas

AUGUSTA

Exit #	Services
199	GA 28, Washington Rd, Augusta, **0-3 mi N** BP, RaceWa Shell/Circle K, Sprint Applebee's, Baskin-Robbins/Dunki Donuts, Burger King, CA Dreaming, Capt D's, Checkers, Chic fil-A, Denny's, Domino's, DQ, Fujiyama Japanese, Krystal, Long horn Steaks, McDonald's, Mi Rancho Mexican, Piccadilly, Pizz Hut, Rhinehart's Seafood, Starbucks, Steakout, Veracruz Mex can, Waffle House, Wife Saver Rest, Wild Wing Cafe Clario Courtyard, Econolodge, Hampton Inn, Hilton Garden, Holida Inn Express, Homewood Suites, La Quinta, Masters Inn, Scottis Inn, Sheraton, Sunset Inn, Super 8, Travelodge $Tree, A toZone, Buick/GMC, Chevrolet, Chrysler/Dodge/Jeep, Hyunda Infiniti, Lexus, Mercedes, NAPA, Nissan, Toyota/Scion, Tuesda Morning, **S** BP, Circle K/dsl, Shell/Circle K/dsl Arby'

GA

INTERSTATE 20 Cont'd

199 Continued
BoneFish Grill, Carrabba's, Crazy Turk's Pizza, Five Guys, HoneyBaked Ham, Hooters, Krispy Kreme, McDonald's, Moe's SW Grill, New Peking, Olive Garden, Outback Steaks, Red Lobster, Roadrunner Cafe, Shangri La, Straw Hat Pizza, Subway, Taco Bell, T-Bonz Steaks, Teresa's Mexican, TGIFriday's, Thai Jong Rest., TX Roadhouse, Vallarta Mexican, Waffle House, Wendy's, Zaxby's 🛏 Best Western, Country Inn&Suites, Knights Inn, Magnolia Inn, Motel 6, Parkway Inn, Staybridge Suites, Westbank Inn Ⓞ $Tree, AT&T, CVS Drug, Firestone/auto, Fresh Mkt Foods, Goodyear/auto, Kroger/dsl, Midas, PepBoys, Publix, SteinMart, Tire Kingdom, Verizon, Walgreens, Whole Food Mkt

196b GA 232 W, N 🅿 Enmark, Murphy Express/dsl 🍴 Checkers, Golden Corral, Krystal, Salsa's Grill, Stevi B's Pizza 🛏 Baymont Inn, Travel Inn Ⓞ Aldi Foods, Discount Tire, GNC, Home Depot, Lowe's, NTB, O'Reilly Parts, Sam's Club/dsl, URGENT CARE, Walgreens, Walmart

196a I-520, Bobby Jones Fwy, S 🍴 Atlanta Bread Co, Buffalo Wild Wings, Carolina Alehouse, Chick-fil-A, Chili's, Dunkin Donuts, Genghis Grill, Logan's Roadhouse, Macaroni Grill, McDonald's, O'Charley's, Panera Bread, Starbucks, Sticky Fingers, Subway, Waffle House 🛏 DoubleTree Hotel Ⓞ 🅷, Best Buy, Hobby Lobby, Michael's, Office Depot, Old Navy, Petsmart, Rite Aid, Staples, Target, Tires+, to 🕱, Verizon, vet

195 Wheeler Rd, N 🅿 Sprint 🍴 Barnyard Burgers 🛏 Hyatt Place Ⓞ CarMax, S 🅿 Shell/Circle K/Blimpie 🍴 Guiseppe's Pizza, Sonic 🛏 Days Inn Ⓞ 🅷, BP/dsl, Harley-Davidson, Rite Aid, URGENT CARE

194 GA 383, Belair Rd, to Evans, N 🅿 Shell/Circle K/dsl, Sprint 🍴 Bojangles, Burger King, Hungry Howie's, Popeye's, Sun Kwong Chinese, Taco Bell, Waffle House, Wendy's 🛏 GA Inn Ⓞ Family$, Food Lion, Fun Park, S 🅿 BP/DQ/dsl, Fuel Express, Pilot/Subway/dsl/scales/24hr 🍴 Cookout, Cracker Barrel, McDonald's, Steak'n Shake, Waffle House 🛏 Augusta Inn, Best Suites, Best Value Inn, Best Western, Comfort Inn, Hampton Inn, Hawthorn Suites, Holiday Inn, Howard Johnson, Quality Inn, Red Roof Inn, Super 8, Wingate Inn Ⓞ Goodyear/auto, Kenworth

190 GA 388, to Grovetown, N 🅿 TPS/dsl/scales/24hr 🍴 Waffle House, S 🅿 Murphy Express/dsl 🍴 Applebee's, Arby's, Chick-fil-A, Culver's, Jersey Mike's, Mi Rancho 🛏 Home 2 Suites Ⓞ AT&T, Verizon, Walmart

189mm weigh sta both lanes

183 US 221, to Harlem, Appling, N Ⓞ Cushman RV Ctr, S 🅿 Exxon/dsl Ⓞ to Laurel&Hardy Museum

182mm ℞s both lanes, full 🚾 facilities, litter barrels, petwalk, 🎁, 🛱, RV dump, vending

175 GA 150, N 🅿 Chevron/rest/dsl/24hr 🛏 Express Inn Ⓞ to Mistletoe SP

172 US 78, GA 17, Thomson, N 🅿 Love's/Chester's/Subway/dsl/scales/24hr 🍴 Waffle House Ⓞ Chrysler/Dodge/Jeep, S 🅿 BP/DQ/dsl, Circle K/Blimpie/dsl, M&A/dsl, RaceWay/dsl 🍴 Arby's, Bojangles, Burger King, Checkers, Domino's, Habaneros Mexican, Kiosco Mexican, Krystal, LJ Silver, Lucky Chinese, McDonald's, MingWah Chinese, Pizza Hut, Popeye's, Ryan's, Taco Bell, Waffle House, Wendy's, Zaxby's 🛏 Comfort Inn, EconoLodge, Hampton Inn, Scottish Inn, White Columns Inn Ⓞ 🅷, $General, Advance Parts, AutoZone, Bi-Lo, Family$, O'Reilly Parts, URGENT CARE, Verizon, Walgreens

169 Thomson

165 GA 80, Camak

160 E Cadley Rd, Norwood

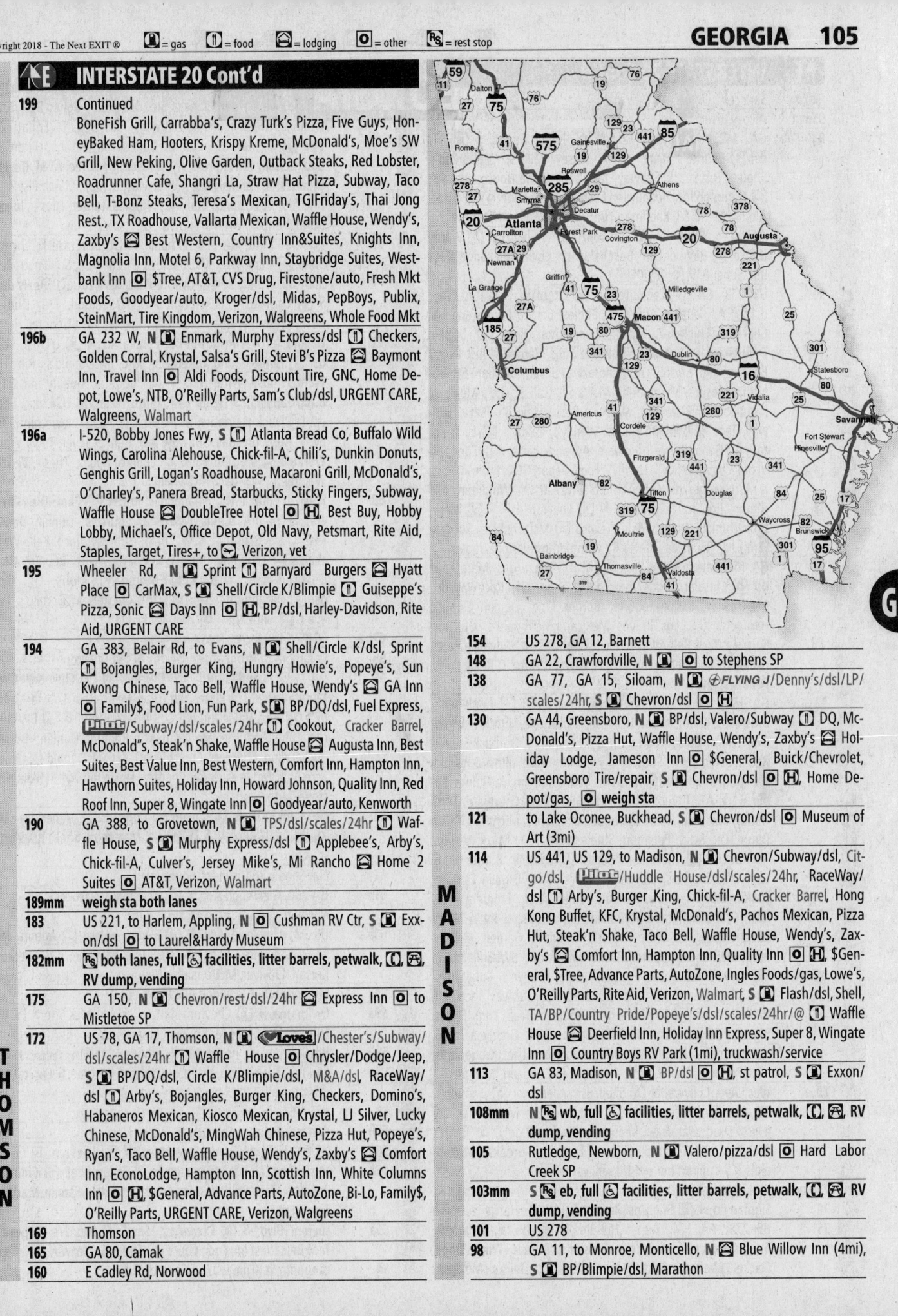

154 US 278, GA 12, Barnett

148 GA 22, Crawfordville, N 🅿 Ⓞ to Stephens SP

138 GA 77, GA 15, Siloam, N 🅿 FLYING J/Denny's/dsl/LP/scales/24hr, S 🅿 Chevron/dsl Ⓞ 🅷

130 GA 44, Greensboro, N 🅿 BP/dsl, Valero/Subway 🍴 DQ, McDonald's, Pizza Hut, Waffle House, Wendy's, Zaxby's 🛏 Holiday Lodge, Jameson Inn Ⓞ $General, Buick/Chevrolet, Greensboro Tire/repair, S 🅿 Chevron/dsl Ⓞ 🅷, Home Depot/gas, Ⓞ weigh sta

121 to Lake Oconee, Buckhead, S 🅿 Chevron/dsl Ⓞ Museum of Art (3mi)

114 US 441, US 129, to Madison, N 🅿 Chevron/Subway/dsl, Citgo/dsl, Pilot/Huddle House/dsl/scales/24hr, RaceWay/dsl 🍴 Arby's, Burger King, Chick-fil-A, Cracker Barrel, Hong Kong Buffet, KFC, Krystal, McDonald's, Pachos Mexican, Pizza Hut, Steak'n Shake, Taco Bell, Waffle House, Wendy's, Zaxby's 🛏 Comfort Inn, Hampton Inn, Quality Inn Ⓞ 🅷, $General, $Tree, Advance Parts, AutoZone, Ingles Foods/gas, Lowe's, O'Reilly Parts, Rite Aid, Verizon, Walmart, S 🅿 Flash/dsl, Shell, TA/BP/Country Pride/Popeye's/dsl/scales/24hr/@ 🍴 Waffle House 🛏 Deerfield Inn, Holiday Inn Express, Super 8, Wingate Inn Ⓞ Country Boys RV Park (1mi), truckwash/service

113 GA 83, Madison, N 🅿 BP/dsl Ⓞ 🅷, st patrol, S 🅿 Exxon/dsl

108mm N ℞s wb, full 🚾 facilities, litter barrels, petwalk, 🎁, 🛱, RV dump, vending

105 Rutledge, Newborn, N 🅿 Valero/pizza/dsl Ⓞ Hard Labor Creek SP

103mm S ℞s eb, full 🚾 facilities, litter barrels, petwalk, 🎁, 🛱, RV dump, vending

101 US 278

98 GA 11, to Monroe, Monticello, N 🛏 Blue Willow Inn (4mi), S 🅿 BP/Blimpie/dsl, Marathon

THOMSON

MADISON

GA

🕽 = gas   🍴 = food   🛏 = lodging   ⊙ = other   Ⓡs = rest stop   Copyright 2018 - The Next EXIT

INTERSTATE 20 Cont'd

Exit #	Services
95mm	Alcovy River
93	GA 142, Hazelbrand Rd, N ⊙ Home Depot, S 🕽 QT/dsl 🍴 Bullrito's Cafe, IHOP, Jersey Mike's, McDonald's, Shane's Rib Shack, Subway, Taco Bell, Waffle House, Wendy's 🛏 Hampton Inn, Holiday Inn Express, Travelodge ⊙🛏 $Tree, Aldi Foods, AT&T, Kauffman Tire, Verizon, Walmart/Subway
92	Alcovy Rd, N 🕽 Chevron/dsl, Shell/dsl 🍴 Waffle House 🛏 Baymont Inn, Best Value Inn, Covington Lodge, Days Inn, Super 8, S ⊙🛏
90	US 278, GA 81, Covington, S 🕽 Citgo/dsl, QT, RaceWay/dsl 🍴 Applebee's, Arby's, Bojangles, Burrito Loco, Capt D's, Checkers, Chick-fil-A, Church's, Covington Diner, DQ, Dunkin Donuts/Baskin-Robbins, Firehouse Subs, Hardee's, Just Dogs/Burgers, KFC, Krystal, Little Caesars, LJ Silver, Longhorn Steaks, Mama Maria's, McDonald's, Moe's SW Grill, Pacho's Mexican, Papa John's, Pizza Hut, Stalvey's Rest., Stevi B's Pizza, Subway, Taco Bell, Waffle House, Wendy's, Zaxby's 🛏 La Quinta ⊙ $General, Ace Hardware, Advance Parts, AutoZone, BigLots, Chevrolet, CVS, Family$, Food Depot, GNC, Ingles Foods, K-Mart, Kroger/dsl, O'Reilly Parts, Rite Aid, vet, Walgreens
88	Almon Rd, to Porterdale, N 🕽 Chevron/dsl, S 🕽 Marathon/Dunkin Donuts/deli, Texaco 🍴 McDonald's, Subway (2mi) ⊙ Riverside Estates RV Camp, transmissions/repair
84	GA 162, Salem Rd, to Pace, N 🕽 BJ's Whse/gas, Marathon/dsl ⊙ Chrysler/Dodge/Jeep, S 🕽 Gitgo, QT, RaceWay/dsl, Shell/dsl 🍴 Baskin-Robbins, Burger King, Dunkin Donuts, Hardee's, KFC, Los Bravos Mexican, McDonald's, Quiznos, Subway, Taco Bell, Waffle House, Wendy's ⊙ Advance Parts, Family$, Food Depot, Ingles/gas, Olympic Auto, O'Reilly Parts, PepBoys, Rite Aid
82	GA 138, GA 20, Conyers, N 🕽 BP/dsl, QT 🍴 Applebee's, Bruster's, Chili's, ChuckECheese, Coldstone, Cracker Barrel, Don Tello's, Golden Corral, IHOP, O'Charley's, Outback Steaks, Red Lobster, Sonic, Subway 🛏 Country Inn&Suites, Days Inn, Hampton Inn, Holiday Inn Express, Jameson Inn, La Quinta, Super 8 ⊙ AT&T, Belk, Chevrolet/Buick/GMC, Courtyard, Ford, Harley-Davidson, Home Depot, Jo-Ann, Kohl's, Michael's, Office Depot, Old Navy, Petsmart, Staples, Tires+, TJ Maxx, U-Haul, Walmart, S 🕽 Chevron, Shell/dsl 🍴 Blimpie, Burger King, Capt D's, Checkers, Chick-fil-A, CiCi's Pizza, Dunkin Donuts/Baskin-Robbins, Firehouse Subs, Folk's Rest., Frontera Mexican, Grand Buffet, HoneyBaked Ham, Hooters, Jim'n Nick's BBQ, KFC, Krystal, Little Caesar's, Mandarin Garden, McDonald's, Mellow Mushroom, Milano Cafe, Moe's SW Grill, Panda Express, Panera Bread, Piccadilly Cafe, Popeye's, Ruby Tuesday, Silver Dragon, Sonny's BBQ, Starbucks, Subway, Taco Bell, Waffle House 🛏 Microtel ⊙ $General, $Tree, Aldi Foods, BigLots, Discount Tire, Firestone/auto, GNC, Goodyear/auto, Hobby Lobby, Honda, Hyundai, Kauffman Tire, Kroger/gas, NTB, PepBoys, Publix, Ross, Target, USPO, Verizon, Walgreens
80	West Ave, Conyers, N 🕽 Shell/dsl, Valero/dsl 🍴 Domino's, DQ, Subway, Waffle House 🛏 Best Value Inn, Motel 6 ⊙ Conyers Drug, Family$, Meineke, Piggly Wiggly, S 🕽 QT/dsl, Texaco/dsl 🍴 Fish House, Longhorn Steaks, McDonald's 🛏 Comfort Inn ⊙ Nissan, vet
79mm	parking area eb
78	Sigman Rd, N 🕽 Shell/dsl, Texaco 🍴 Waffle House
75	US 278, GA 124, Turner Hill Rd, N 🕽 BP/dsl, Citgo/dsl, S 🍴 Applebee's, Arizona's, Bruster's, Buffalo Wild Wings, Chicken&Waffles, Chick-fil-A, Chili's, Don Tello's Mexican,

Exit #	Services
75	Continued Firehouse Subs, Grand China, IHOP, Kampai's Steaks, McDonald's, Olive Garden, Panera Bread; Smokey Bones BBQ, Steak n'Shake, Steak'n Shake, Subway, Taco Bell, TGIFriday, Zaxby's 🛏 Comfort Inn, Comfort Suites, Fairfield Inn, Hilton Garden, Holiday Inn Express, Hyatt Place ⊙ $Tree, AT&T, Big Lots, Dillard's, JC Penney, Kia, Kohl's, Macy's, mall, Marshalls, PetCo, Rite Aid, Ross, Sam's Club/gas, Staples, Target, Tires+, Toyota/Scion, Verizon, Walmart
74	Evans Mill Rd, GA 124, Lithonia, N 🕽 BP/Circle K, Chevron, Shell 🍴 Capt D's, McDonald's, Pizza Hut, SoulFood Rest, Subway, Wendy's ⊙ Advance Parts, CVS Drug, O'Reilly Parts, S 🕽 Citgo/dsl 🍴 Da-Bomb Wings/Seafood, DQ, Dudley Rest., Krystal, Waffle House 🛏 Microtel ⊙ $General
71	Hillandale Dr, Farrington Rd, Panola Rd, N 🕽 QT/dsl, Shell/dsl 🍴 Burger King, Checkers, KFC, McDonald's, Rib Tip, Waffle House, Wings&Philly 🛏 Budgetel, Quality Inn, Super 8 ⊙ Family$, S 🕽 BP/dsl, Citgo, Murphy USA/dsl, Shell/dsl 🍴 Dunkin Donuts, IHOP, Marco's Pizza, New China, Popeye's, Ruby Tuesday, Subway, Taco Bell/LJ Silver, Town Wings, Wendy's 🛏 Red Roof Inn ⊙ Lowe's, Publix, Tires+, Verizon, Walgreens, Walmart/McDonald's
68	Wesley Chapel Rd, Snapfinger Rd, N 🍴 Capt D's, Checkers, Chick-fil-A, China Cafeteria, Church's, Dunkin Donuts, KFC, Little Caesar's, New China, Subway, Taco Bell, Waffle House 🛏 Economy Inn ⊙ $General, DJ's Repair, Home Depot, Kroger, NTB, S 🕽 Chevron/dsl, Mobil, QT, Shell/dsl 🍴 Dragon Chinese, JJ's Fish& Chicken, McDonald's, Popeye's 🛏 Super Inn ⊙ Family$, USPO
67b a	I-285, S to Macon, N to Greenville
66	Columbia Dr (from eb, no return), N 🕽 Chevron
65	GA 155, Candler Rd, to Decatur, N 🕽 Chevron, Citgo, Marathon/dsl 🍴 Pizza Hut, Popeye's, Red Lobster, Wendy's 🛏 Best Value Inn ⊙ CVS Drug, U-Haul, S 🕽 BP, Chevron, Shell/dsl, Texaco 🍴 Baskin-Robbins/Dunkin Donuts, Burger King, Checkers, Church's, DQ, KFC, McDonald's, Subway, Taco Bell, Waffle King 🛏 Country Hearth Inn ⊙ BigLots, Firestone/auto, Macy's
63	Gresham Rd, N 🕽 Chevron, Citgo/dsl 🍴 American Deli ⊙ Walmart/Subway, S 🕽 Citgo, Marathon, Shell, Texaco/dsl 🍴 Church's
62	Flat Shoals Rd (from eb, no return)
61b	GA 260, Glenwood Ave, N 🕽 Chevron, Texaco/dsl
61a	Maynard Terrace (from eb, no return)
60b a	US 23, Moreland Ave, N 🕽 Exxon, Valero 🛏 Atlanta Motel ⊙ Advance Parts, S 🕽 Citgo/dsl, Shell 🍴 Checkers, Krystal, LJ Silver, McDonald's, Wendy's
59b	Memorial Dr, Glenwood Ave (from eb)
59a	Cyclorama, N 🕽 Chevron/Blimpie/dsl ⊙ MLK Site, S 🕽 BP, Subway ⊙ Confederate Ave Complex, CVS
58b	Hill St (from wb, no return), N 🕽 Shell 🍴 Mrs. Winners
58a	Capitol St (from wb, no return), N to GA Dome, S Capital Inn downtown
57	I-75/85
56b	Windsor St (from eb), ⊙ to Turner Field
56a	US 19, US 29, McDaniel St (eb only), N 🕽 Chevron/dsl
55b	Lee St (from wb), Ft McPherson, S 🕽 Exxon, Shell 🍴 Church's, Popeye's, Taco Bell, West Inn Food Court ⊙ $Family, Maxway, Sav-A-Lot
55a	Lowery Blvd, S 🕽 Exxon/dsl, Shell 🍴 Church's, Popeye's, Taco Bell, West Inn Food Court ⊙ Family$, Maxway, Sav-A-Lot
54	Langhorn St (from wb), to Cascade Rd

Side labels: COVINGTON, CONYERS (left); LITHONIA, ATLANTA AREA (right)

GA

INTERSTATE 20 Cont'd

ATLANTA AREA

Exit #	Services
53	MLK Dr, to GA 139, **N** 🅖 Chevron, Shell/dsl, **S** 🅖 Texaco/dsl 🅞 auto repair
52b a	GA 280, Holmes Dr, High Tower Rd, **S** 🅖 Chevron, Exxon/dsl 🅕 Hong Kong Chinese, McDonald's, Wendy's 🅞 AutoZone, CVS Drug, Family$
51b a	I-285, S to Montgomery, N to Chattanooga
49	GA 70, Fulton Ind Blvd, **N** 🅖 Citgo/dsl, Shamrock/dsl 🅕 Wendy's 🅛 Budgetel, Days Inn 🅞 🖦, **S** 🅖 BP/dsl, Chevron/dsl, Texaco/dsl, Valero 🅕 Grand Buffet, McDonald's, Waffle House 🅛 Fairview Inn, Red Roof Inn 🅞 U-Haul
48mm	Chattahoochee River
47	Six Flags Pkwy (from wb), **N** 🅖 🅛 EconoLodge, **S** 🅛 Knights Inn, Sleep Inn, Wingate Inn 🅞 Six Flags Funpark
46b a	Riverside Parkway, **N** 🅖 Citgo/Church's, Marathon, QT 🅕 Hong Kong Buffet, Waffle House 🅛 Super 8 🅞 Family$, **S** 🅖 Citgo 🅕 Wendy's 🅛 Knights Inn, Sleep Inn, Wingate Inn 🅞 Six Flags Funpark
44	GA 6, Thornton Rd, to Lithia Springs, **N** 🅖 BP, QT, RaceTrac/dsl, Shell/dsl, Valero 🅕 Applebee's, BBQ House, Bojangles, Burger King, Chick-fil-A, Church's, Domino's, Firehouse Subs, Golden Dragon Chinese, Hardee's, IHOP, KFC, Krystal, McDonald's, Olive Tree Rest., Popeye's, Ruby Tuesday, Shoney's, Sonic, Subway, Taco Bell, Waffle House, Wendy's, Zaxby's 🅛 Budget Inn, Holiday Inn Express, InTowne Suites, Quality Inn 🅞 $General, AT&T, Atlanta West Camping (2mi), Autozone, Carmax, Chevrolet, Ford, Harley Davidson, Home Depot, Honda, Hyundai, Kroger/gas, Midas, Nissan, Office Depot, Tires+, Verizon, vet, VW, Walgreens, **S** 🅖 Shell 🅕 Bei Jin China, Cracker Barrel, Fiesta Mexican 🅛 Candlewood Suites, Country Inn&Suites, Courtyard, Fairfield Inn, Hampton Inn, Hilton Garden, Motel 6, SpringHill Suites 🅞 Chrysler/Dodge/Jeep, Kia, to Sweetwater Creek SP, Toyota/Scion, Walmart
42mm	weigh sta eb
41	Lee Rd, to Lithia Springs, **N** 🅖 Marathon/dsl
37	GA 92, to Douglasville, **N** 🅖 RaceTrac/dsl, Shell/dsl 🅕 Blimpie, Checker's, Chick-fil-A, Church's, DQ, Kenny's Rest., Krystal, Longhorn Steaks, Martin's Rest., McDonald's, Pizza Hut, Popeye's, Subway, Taco Bell, Waffle House, Wendy's 🅛 Best Value Inn, Comfort Inn, Days Inn, EconoLodge, Quality Inn, Ramada Ltd, Royal Inn 🅞 🖦, AutoZone, CVS Drug, Family$, Kroger/dsl, NAPA, O'Reilly Parts, Tires+, Walgreens, **S** 🅖 Chevron/dsl, QT, Texaco/dsl 🅕 Domino's, Waffle House 🅞 $General, Aamco, Advance Parts, Ingles Foods
36	Chapel Hill Rd, **N** 🅞 🖦, **S** 🅖 QT, Shell/dsl 🅕 5 Guys Burgers, Arby's, Carrabba's, China Garden, Coldstone, Daruma, Joe's Crabshack, Johnny's Subs, Logan's Roadhouse, McDonald's, O'Charley's, Olive Garden, Outback Steaks, Panda Express, Provino's Italian, Shane's Rib Shack, Starbucks, Subway, TX Roadhouse, Waffle House 🅛 Hampton Inn 🅞 $Tree, Aldi Foods, Belk, BigLots, Dillard's, Discount Tire, Firestone/auto, Hobby Lobby, JC Penney, Kohl's, Macy's, Marshall's, Michael's, Old Navy, Petsmart, Rite Aid, Ross, Sears/auto, Target, Verizon
34	GA 5, to Douglasville, **N** 🅖 RaceTrac/dsl, Texaco/dsl 🅕 Atlantic Grill, Cracker Barrel, Stevie B's Pizza, Waffle House, Williamson Bros BBQ, Zaxby's 🅛 Holiday Inn Express, La Quinta, Sleep Inn 🅞 $Tree, Kauffman Tires, Sam's Club, URGENT CARE, Walmart, **S** 🅖 Chevron/dsl, Circle K, Shell/dsl 🅕 Applebee's, Bruster's, Buffalo Wild Wings, Burger King, Chick-fil-A, ChuckECheese, DQ, Dunkin Donuts, El Tio Mexican, Fiesta Mexican, Folk's Rest., Golden Corral, HoneyBaked Ham, IHOP,

DOUGLASVILLE

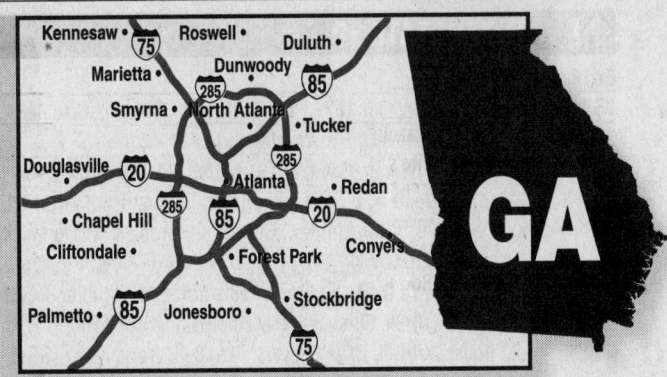

34	**Continued** KFC, King Buffet, Krystal, La Salsa, LJ Silver, McDonald's, Moe's SW Grill, Monterrey Mexican, Papa John's, Pizza Buffet, Popeyes, Quiznos, Red Lobster, Seabreeze Seafood, S'more BBQ, Sonic, Steak'n Shake, Subway, Taco Bell, Taco Mac, Waffle House, Wasabi Japanese, Wendy's 🅛 InTown Suites 🅞 Advance Parts, AT&T, Batteries+, Best Buy, Goodyear/auto, Home Depot, Jo-Ann Crafts, Kroger/dsl, Lowe's, Meineke, NTB, Office Depot, O'Reilly Parts, PepBoys, Publix, Tuesday Morning, U-Haul, vet, Walgreens
30	Post Rd, **S** 🅖 Shell/dsl
26	Liberty Rd, Villa Rica, **N** 🅖 Shell/dsl, Swifty/dsl 🅕 China Wok, Johnny's Pizza, McDonald's, Mex-Grill, Olive Tree Rest., Subway, Sumo Japanese, Waffle House 🅞 🖦, $General, Publix, vet, Walgreens, **S** 🅖 Chevron, 🄿🄸🄻🄾🅃/Subway/dsl/scales/24hr 🅛 American Inn
24	GA 101, GA 61, Villa Rica, **N** 🅖 BP/dsl, RaceTrac/dsl, Shell/dsl 🅕 Arby's, Chick-fil-A, Hardee's, KFC/Taco Bell, Krystal, Lin's Garden Chinese, McDonald's, Pizza Hut, Romero's Italian, Sonic, Stix Grill, Subway, Waffle House, Wendy's 🅛 Comfort Inn, Days Inn, EconoLodge, Super 8 🅞 🖦, Advance Parts, AT&T, AutoZone, CVS Drug, Ingles Foods, Rite Aid, Walgreens, **S** 🅖 QT, Shell/dsl 🅕 Bojangles, Burger King, Capt D's, Domino's, El Ranchito Mexican, O'Charley's, Papa John's, Waffle House, Zaxby's 🅞 $Tree, Chevrolet, GNC, Home Depot, to W GA Coll, URGENT CARE, Verizon, Walmart/Subway
21mm	Little Tallapoosa River
19	GA 113, Temple, **N** 🅖 ⓕFLYING J/dsl/scales/24hr, 🄿🄸🄻🄾🅃/Subway/Wendy's/dsl/scales/24hr/@ 🅕 El Tapatio's, Fortune Star Chinese, Hardee's, McDonald's, Temple Pizza, Waffle House 🅞 Ingles Foods/gas
15mm	weigh sta wb
11	US 27, Bremen, Bowdon, **N** 🅖 Chevron/dsl, Marathon/dsl, Murphy USA/dsl, Valero/Domino's/dsl 🅕 Arby's, Capt D's, Checker's, Chopsticks Chinese, Cracker Barrel, Jack's, Juanito's, KFC/Taco Bell, Little Caesar's, McDonald's, Papa John's, Subway, Waffle House, Wendy's, Zaxby's 🅛 Hampton Inn, Holiday Inn Express, Microtel, Motel 6, Quality Inn 🅞 🖦, $General, Advance Parts, Ford, Ingles Foods/gas, URGENT CARE, Verizon, Walmart/McDonald's, **S** 🅖 BP/dsl, Kangaroo/dsl 🅕 John Tanner SP
9	Waco Rd, **N** 🅖 ♥Loves/Chesters/Subway/dsl/scales/24hr 🅞 Jellystone RV Park (2mi)
5	GA 100, Tallapoosa, **N** 🅖 Citgo/dsl/24hr, Exxon/dsl 🅕 Waffle House 🅞 Big Oak RV park, **S** 🅖 Newborn TrkStp/rest/dsl/24hr/@, 🄿🄸🄻🄾🅃/KFC/Taco Bell/dsl/scales/24hr, Robinson/Subway 🅕 DQ, GA Diner 🅛 Super 8 🅞 to John Tanner SP, truck repair/wash
1mm	**Welcome Ctr eb, full** 🅰**facilities, litter barrels, petwalk,** 🅒, 🅰, **vending**
0mm	**Georgia/Alabama state line, Eastern/Central time zone**

VILLA RICA

BREMEN

GA

⬆N   INTERSTATE 59

Exit #	Services
	I-59 begins/ends on I-24, exit 167. For I-24, turn to TN Interstate 24.
20mm	I-24, W to Nashville, E to Chattanooga
17	Slygo Rd, to New England, **W** 🍴 Midnite/dsl 🅾 KOA (2mi)
11	GA 136, Trenton, **E** 🛢 Chevron/dsl, Exxon/dsl, Marathon/Kangaroo 🍴 Asian Garden, Guthrie's, Hardee's, McDonald's, Pizza Hut, Subway 🛏 Days Inn 🅾 Advance Parts, CVS Drug, Family$, Fred's Drug, Ingles, O'Reilly Parts, to Cloudland Canyon SP, **W** 🛢 BP, Citgo/dsl, Marathon/Kangaroo/dsl 🍴 Huddle House, Krystal, Little Caesars, Taco Bell, Wendy's 🅾 $General, BiLo, Food Outlet
4	Rising Fawn, **E** 🛢 Citgo, **W** 🛢 BP/dsl, 🚛/Subway/dsl/scales/24hr 🅾 camping
0mm	Georgia/Alabama state line, eastern/central time zone

⬆N   INTERSTATE 75

Exit #	Services
355mm	Georgia/Tennessee state line
354mm	Chickamauga Creek
353	GA 146, Rossville, **E** 🛢 Marathon 🛏 Cloud Springs Lodge, **W** 🛢 BP/Subway/dsl, Shell/dsl 🅾 Cabela's, Costco/gas
352mm	Welcome Ctr sb, full ♿ facilities, info, litter barrels, petwalk, 📞, 🚮, vending
350	GA 2, Bfd Pkwy, to Ft Oglethorpe, **E** 🛢 Chevron/dsl/24hr, Mobil/Kangaroo/dsl 🛏 Hampton Inn, Hometown Inn, **W** 🛢 RaceTrac/dsl 🍴 Subway 🅾 🏥, KOA, to Chickamauga NP
348	GA 151, Ringgold, **E** 🛢 BP/Kangaroo/dsl, Mapco 🍴 Cracker Barrel, Hardee's, KFC, Los Maguey Mexican, McDonald's, Pizza Hut, Sonic, Subway, Taco Bell, Waffle House 🛏 Holiday Inn Express, Super 8 🅾 $General, Advance Parts, AutoZone, Chevrolet, Chrysler/Dodge/Jeep, CVS Drug, Ingles, vet, Walgreens, **W** 🛢 Exxon/dsl 🍴 Domino's, Guthries, Krystal, New China, Wendy's 🅾 Ace Hardware, Family$, Food Lion, Northgate RV Ctr, Peterbilt, truck repair
345	US 41, US 76, Ringgold, **E** 🛢 BP, **W** 🛢 Cochran's TP/rest./dsl/scales/24hr/@, Kangaroo/Subway/dsl/scales/24hr, Shell 🍴 Waffle House
343mm	weigh sta both lanes
341	GA 201, to Varnell, Tunnel Hill, **W** 🛢 BP/Mapco, Chevron 🅾 carpet outlets
336	US 41, US 76, Dalton, Rocky Face, **E** 🛢 Mapco, Murphy USA/dsl, RaceTrac/dsl 🍴 Checkers, Waffle House 🅾 🏥, Ford/Lincoln, Home Depot, Kohl's, PetCo, Verizon, Walmart/Subway, **W** 🛢 BP/dsl, Exxon 🍴 Los Pablos, Tijuana Mexican, Wendy's 🛏 Baymont Inn, carpet outlets, Econolodge, Guest Inn, Motel 6, Staylodge
333	GA 52, Dalton, **E** 🛢 BP/dsl, Exxon/dsl, RaceTrac/dsl 🍴 Applebee's, Bruster's, Burger King, Capt D's, Chick-fil-A, CiCi's Pizza, Cracker Barrel, DQ, El Patron Mexican, Five Guys Burgers, Fuji Japanese, IHOP, Jersey Mike's Subs, KFC, Las Palmas Mexican, LJ Silver, Longhorn Steaks, McDonald's, O'Charley's, Outback Steaks, Panda Express, Panera Bread, Pizza Hut, Schlotzsky's, Shoney's, Sonic, Starbucks, Steak'n Shake, Subway, Taco Bell, Tony's Italian, Waffle House 🛏 Days Inn, Hampton Inn, Red Roof Inn 🅾 $Tree, AT&T, BigLots, Chevrolet, Chrysler/Dodge/Jeep, Harley-Davidson, K-Mart, Kroger/dsl, TJ Maxx, Tuesday Morning, Walgreens, **W** 🍴 Bojangle's, Chili's, Red Lobster, Zaxby's 🛏 Comfort Inn, Country Inn Suites, Courtyard, Holiday Inn, Holiday Inn Express, Howard Johnson, La Quinta, Quality Inn, Super 8 🅾 NW GA Trade/Conv Ctr

Exit #	Services
328	GA 3, to US 41, **E** 🛢 BP/Kangaroo/dsl, 🚛/Arby's/dsl/scales/24hr 🍴 Waffle House, Wendy's 🛏 Best Value Inn **W** 🅾 carpet outlets
326	Carbondale Rd, **E** 🛢 LNG, 🚛/McDonald's/Subway/dsl/scales, **W** 🛢 BP
320	GA 136, to Lafayette, Resaca, **E** 🛢 ✈FLYING J/Denny's/dsl/LP/24hr 🅾 truck repair/parts
319mm	🆁🆂 sb, full ♿ facilities, litter barrels, Oostanaula River, petwalk, 📞, 🚮, vending
318	US 41, Resaca, **E** 🛢 🚛/DQ/Wendy's/scales/dsl/24hr 🍴 Hardee's 🛏 Rodeway Inn, **W** 🛢 Pure, Shell/dsl 🍴 Chuckwagon Rest. 🛏 Best Inn, Budget Inn, Duffy's Motel, Executive Inn
317	GA 225, to Chatsworth, **E** New Echota HS, Vann House HS **W** 🛢 Marathon (1mi) 🛏 Express Inn
315	GA 156, Redbud Rd, to Calhoun, **E** 🍴 Subway, Waffle House 🅾 Food Lion, KOA (2mi), **W** 🛢 BP/dsl 🍴 Arby's, Shoney's 🛏 Ramada 🅾 🏥, Rite Aid, URGENT CARE
312	GA 53, to Calhoun, **E** 🛢 Shell/dsl 🍴 Applebee's, Cracker Barrel, Longhorn Steaks, Wendy's 🛏 Country Inn&Suites, Days Inn, Fairfield Inn, La Quinta 🅾 Calhoun Outlets/famous brands, **W** 🛢 BP/Arby's, Chevron/dsl/24hr, Marathon/Kangaroo, Murphy USA, RaceTrac/dsl 🍴 Bojangles, Burger King, Capt D's, Checkers, Chick-fil-A, China Palace, Church's, DQ, Dunkin Donuts, Eastern Buffet, El Nopal Mexican, Gondolier Pizza, Hibachi Buffet, Huddle House, IHOP, KFC, Krystal, Little Caesars, LJ Silver, McDonald's, Pizza Hut, Popeyes, Ruby Tuesday, Starbucks, Subway, Taco Bell, Tokyo Steaks, Waffle House, Zaxby's 🛏 Baymont Inn, Holiday Inn Express, Motel 6, Scottish Inn, Super 8 🅾 $General, Advance Parts, AT&T, AutoZone, GNC, Goodyear/auto, Home Depot, Ingles, Kroger/dsl, NAPA, Office Depot, Verizon, vet, Walmart
308mm	🆁🆂 nb, full ♿ facilities, litter barrels, petwalk, 📞, 🚮, vending
306	GA 140, Adairsville, **E** 🛢 Click/dsl, Patty's Tkstp/rest./dsl, QT/dsl/scales/24hrs, Valero/dsl 🍴 Cracker Barrel, Wendy's 🛏 Hampton Inn 🅾 truck repair, **W** 🛢 Adairsville TP/dsl/scales, BP/dsl, Chevron/dsl, Exxon/dsl 🍴 Burger King, Hardee's, McDonald's, Subway, Taco Bell, Waffle House, Zaxby's 🛏 Magnuson Hotel, Quality Inn, Ramada Ltd 🅾 Advance Parts, AT&T, AutoZone, Family$, Food Lion, Harvest Moon RV Park
296	Cassville-White Rd, **E** 🛢 🚛/McDonald's/Subway/dsl/scales, Pure, TA/BP/Burger King/Pizza Hut/Popeye's/Taco Bell/dsl/scales/24hr/@, Texaco/dsl 🛏 Cartersville North Inn 🅾 truckwash, **W** 🛢 Chevron, Marathon, Shell/dsl 🛏 Country Hearth Inn 🅾 KOA
293	US 411, to White, **E** 🛢 Sunoco/dsl, Texaco/dsl 🛏 Quality Inn, **W** 🛢 Chevron/dsl, Marathon 🍴 AJ's Cafe, Waffle House 🛏 Clarion 🅾 Harley-Davidson, mineral museum, RV camping, st patrol
290	GA 20, to Rome, **E** 🛢 Chevron/dsl, Exxon/Subway/dsl, Kangaroo/dsl 🍴 Arby's, McDonald's, Wendy's 🛏 Best Value Inn, Best Western, Country Inn Suites, EconoLodge, Motel 6, Red Roof Inn, Super 8, **W** 🛢 BP/dsl, Murphy USA (1.5mi), Shell/dsl 🍴 Cracker Barrel, Shoney's, Waffle House, Zaxby's 🛏 Days Inn, Hampton Inn 🅾 🏥, $Tree, Lowe's, Rite Aid, RV camping (7mi), Walmart/McDonald's
288	GA 113, Cartersville, 0-2 mi **W** 🛢 Exxon/Subway/dsl, Kangaroo/dsl 🍴 Applebee's, Bojangles, Bruster's, Burger King, Chick-Fil-A, Chili's, CiCi's, Gondolier Pizza, IHOP, KFC, Krystal, Larry's Subs, Longhorn Steaks, Los Reyes Mexican, McDonald's, McDonald's, Ming Moon, Moe's SW Grill, Papa John's, Red Lobster, Starbucks, Steak'n Shake, Subway, Taco Bell, Waffle House,

📓 = gas   🍴 = food   🏠 = lodging   🅾 = other   🆁🆂 = rest stop

▲N INTERSTATE 75 Cont'd

288 Continued
Wendy's 🏠 Fairfield Inn, Hilton Garden, Knights Inn 🅾 $General, $Tree, AT&T, Belk, Big Lots, Chrysler/Dodge/Jeep, GNC, Goodyear/auto, Hobby Lobby, Honda, Kohl's, Kroger/dsl, O'Reilly Parts, Publix, Staples, Target, TJ Maxx, to Etowah Indian Mounds (6mi), USPO, Verizon

286mm Etowah River

285 Emerson, **E** 📓 Sunoco 🏠 Red Top Mtn Lodge 🅾 to Red Top Mtn SP, **W** 🅾 to Allatoona Dam

283 Allatoona Rd, Emerson, **E** 📓 camping (2mi), **W** 📓 ❤Loves /McDonald's/Subway/dsl/scales/24hr 🍴 Chick-fil-A, Wendy's 🏠 Hampton Inn, Loves Hotel

280mm Allatoona Lake

278 Glade Rd, to Acworth, **E** 📓 Marathon/dsl, Shell 🏠 Best Value 🅾 McKinney Camping (3mi), to Glade Marina, **W** 📓 Marathon/dsl, RaceTrac/dsl 🍴 Bojangles, KFC, Krystal, Papa John's, Pizza Hut, Subway, Taco Bell, Waffle House 🏠 Best Inn 🅾 AutoZone, Ingles/cafe, O'Reilly Parts, Rite Aid

277 GA 92, Acworth, **E** 📓 BP/Dunkin Donuts/dsl, RaceTrac/dsl 🍴 Hardee's, Waffle House 🏠 Days Inn, Holiday Inn Express, La Quinta 🅾 Cabela's, **W** 📓 Chevron/dsl, Shell/DQ/dsl 🍴 Bamboo Garden, China Chef, Domino's, La Bamba Mexican, McDonald's, Sonic, Subway, Waffle House, Wendy's, Zaxby's 🏠 Best Western, Econolodge, Quality Inn, Super 8 🅾 $General, Advance Parts, CVS Drug, Family$, Goodyear/auto, Publix, Walgreens

273 Wade Green Rd, **E** 📓 BP/dsl, RaceTrac/dsl 🍴 Arby's, Burger King, Dunkin Donuts, Firehouse Subs, Happy Panda, Las Palmas Mexican, Marco's Pizza, McDonald's, Papa John's, Sam's Eatery, Subway, Taco Bell, Waffle House 🏠 Magnuson Motel, Sleep Inn 🅾 BigLots, GNC, Goodyear/auto, O'Reilly Parts, Publix, Rite Aid, Tires+, **W** 📓 Shell, Texaco/dsl 🍴 BBQ Street, Donny's Rest., Johnny's Pizza/Subs, Mandarin Cafe, Starbucks, Wendy's, Wing Zone 🅾 $Tree, Home Depot, Kauffman Tire, Kroger/gas, Verizon, Walgreens

271 Chastain Rd, to I-575 N, **E** 📓 Chevron 🍴 CA Dreaming, Chick-Fil-A, Cookout, Cracker Barrel, Del Taco, Dunkin Donuts/Baskin Robbins, Firehouse Subs, Five Guys Burgers, Los Reyes, Maddio's Pizza, O'Charley's, Panda Express, Panera Bread, Ruth's Chris Steaks, Starbucks, Taco Mac, Tin Lizzy Cantina, Zaxby's 🏠 Best Western, Comfort Suites, Embassy Suites, Fairfield Inn, Residence Inn, **W** 📓 Shell/dsl, Swifty Save Gas/Blimpie 🍴 Arby's, Jimmy John's, Mellow Mushroom, Taco Bell, Waffle House, Wendy's 🏠 Baymont Inn, SpringHill Suites, Sun Suites 🅾 museum

269 to US 41, to Marietta, **E** 📓 Shell/dsl 🍴 Applebee's, Fuddrucker's, Fujihana, Honey Baked Ham, Jimmy John's, Longhorn Steaks, McDonald's, Olive Garden, Penang Asian, Provino's, Red Lobster, Shogun Japanese, Smashburger, Smoothie King, Starbucks, Subway, Twin Peaks 🏠 Comfort Inn, Holiday Inn Express, La Quinta, Red Roof Inn 🅾 Belk, Firestone/auto, Home Depot, JC Penney, Macy's, mall, Marshall's, Midas, Pepboys, Sears/auto, TJ Maxx, Verizon, **W** 📓 BP/dsl, Exxon 🍴 Bahama Breeze, Burger King, Carrabbas, Chick-fil-A, Chili's, Chipotle, ChuckeCheese, Chuy's Mexican, Coldstone, Copelands Grill, Golden Corral, Jason's Deli, Joe's Crabshack, Melting Pot, On-the-Border, Outback Steaks, Panera Bread, Pollo Tropical, Rafferty's, Starbucks, Steak'n Shake, Sweet Tomato, Ted's MT Steaks, TGIFriday, Tilted Kilt, Willy's Mexican 🏠 Courtyard, Day's Inn, Hampton Inn, Hilton Garden, Homewood Suites, Quality Inn, Wingate Inn 🅾 Best Buy,

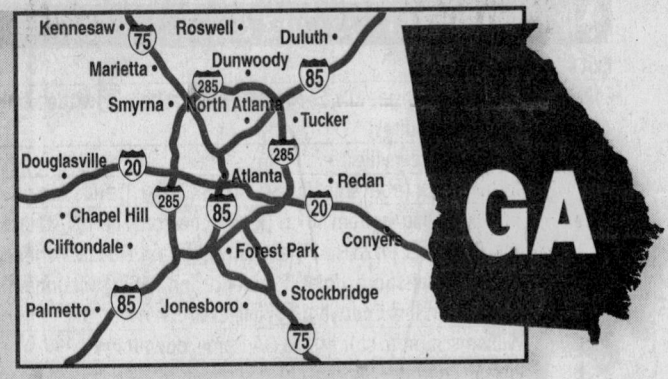

269 Continued
Buick/GMC, CarMax, Chevrolet, Costco/gas, Dick's, Ford/Lincoln, Hobby Lobby, Jo-Ann Fabrics, Kia/Toyota, Michaels, Nissan, NTB, Old Navy, PetsMart, REI, Subaru, Target, to Kennesaw Mtn NP, VW

268 I-575 N, GA 5 N, to Canton

267b a GA 5 N, to US 41, Marietta

265 GA120, N Marietta Pkwy, **W** 📓 Chevron/dsl, Shell/dsl 🏠 Days Inn 🅾 Advance Parts, Family$, Office Depot, O'Reilly Parts

263 GA 120, to Roswell, **E** 📓 Chevron, QT, Shell, **W** 📓 Exxon/dsl, QT 🍴 Applebee's, China Kitchen, DQ, Hardee's, Haveli Rest., Piccadilly's, Subway, Tasty China 🏠 Econolodge, Hampton Inn, Ltd Suites, Radisson, Super 8 🅾 U-Haul, Verizon

261 GA 280, Delk Rd, to Dobbins AFB, **E** 📓 Exxon/dsl, RaceTrac/dsl, Shell, Shell/Subway/dsl 🍴 China Wok, Cosmopolitan Cafeteria, Hardee's, KFC/Taco Bell, Little Caesar's, Marco's Pizza, McDonald's, Ruby Tuesday, Waffle House 🏠 Courtyard, Drury Inn, Howard Johnson, Motel 6, Ramada, **W** 📓 BP, Chevron/dsl 🍴 Cracker Barrel, Dave&Busters 🏠 Baymont Inn, Days Inn, Holiday Inn Express, Marietta Hotel, Quality Inn

260 Windy Hill Rd, to Smyrna, **E** 📓 BP/dsl 🍴 Boston Mkt, Frontera Mex, Fuddrucker's, Houston's Rest., Jersey Mike's Subs, NY Pizza, Pappadeaux Seafood, Pappasito's Cantina, Rose&Crown, Schlotzsky's, Subway 🏠 Best Value Inn, Country Hearth Inn, Extended Stay America, Hilton Garden, Hyatt, Marriott 🅾 CVS Drug, USPO, **W** 📓 Chevron, Conoco, Gulf/dsl, Shell 🍴 Arby's, Chick-fil-A, McDonald's, Panda Express, Popeye's, Starbucks, Subway, Waffle House, Wendy's 🏠 Comfort Inn, Country Inn&Suites, Courtyard, Days Inn, DoubleTree, Masters Inn, Red Roof Inn, Sky Suites 🅾 🅷, Target

259b a I-285, W to Birmingham, E to Greenville, Montgomery

258 Cumberland Pkwy, **E** 🏠 Hyatt House, **W** 🍴 Chick-fil-A, Chipotle Mexican, Copelands Rest, Firehouse Subs, Hooters, Longhorn Steaks, Moe's SW Grill, Shane's Ribshack, Subway 🏠 Homewood Suites 🅾 Krogers

257mm Chattahoochee River

256 to US 41, Northside Pkwy

255 US 41, W Paces Ferry Rd, **E** 📓 Chevron, Shell/dsl 🍴 Blue Ridge Grill, Caribou Coffee, Chick-fil-A, Flying Biscuit Cafe, Houston's Rest., McDonald's/playplace, OK Café, Pero's Pizza, Smoothie King, Starbucks, Steak'n Shake, Taco Bell, Willy's Mexicana 🅾 🅷, Ace Hardware, CVS Drug, Publix, **W** 📓 Exxon

254 Moores Mill Rd

252b Howell Mill Rd, **E** 📓 Shell/auto 🍴 Chick-fil-A, Chipotle, Domino's, Jersey Mike's, McDonald's, Willy's Grill 🅾 Goodyear/auto, Publix, Rite Aid, USPO, **W** 📓 Shell 🍴 Arby's, Chin Chin Chinese, La Parrilla Mexican, Piccadilly, Starbucks, Subway, Taco Bell, Waffle House, Wendy's 🅾 Ace Hardware, Firestone/auto, GNC, Kroger, NTB, Office Depot, Petsmart, Ross, TJ Maxx, Verizon, Walmart

🅖 = gas   🍴 = food   🛏 = lodging   Ⓞ = other   🆁🆂 = rest stop   Copyright 2018 - The Next EXIT

⬆N INTERSTATE 75 Cont'd

Exit #	Services
252a	US 41, Northside Dr, **E** Ⓞ 🅗, **W** 🅖 Shell 🍴 Little Zio's 🛏 InTown Suites
251	I-85 N, to Greenville
250	Techwood Dr (from sb), 10th St, 14th St, **E** 🛏 Travelodge
249d	10th St, Spring St (from nb), **E** 🅖 BP, Chevron/24hr 🍴 Checker's, Domino's, Pizza Hut, The Varsity 🛏 Fairfield Inn, Regency Suites, Renaissance Hotel, Residence Inn, **W** 🍴 McDonald's 🛏 Comfort Inn, Courtyard Ⓞ 🅗, to GA Tech
249c	Williams St (from sb), Ⓞ to GA Dome, downtown
249b	Pine St, Peachtree St (from nb), downtown, **W** 🛏 Hilton, Marriott
249a	Courtland St (from sb), downtown, **W** 🛏 Hilton, Marriott Ⓞ GA St U
248d	Piedmont Ave, Butler St (from sb), downtown, **W** 🛏 Courtyard, Fairfield Inn, Radisson Ⓞ 🅗, Ford, MLK NHS
248c	GA 10 E, Intn'l Blvd, downtown, **W** 🛏 Hilton, Holiday Inn, Marriott Marquis, Radisson
248b	Edgewood Ave (from nb), **W** Ⓞ 🅗, downtown, hotels
248a	MLK Dr (from sb), **W** st capitol, to Underground Atlanta
247	I-20, E to Augusta, W to Birmingham
246	Georgia Ave, Fulton St, **E** 🛏 Comfort Inn, Country Inn& Suites, Holiday Inn Ⓞ stadium, **W** 🍴 🍴 KFC Ⓞ GSU, to Coliseum
245	Ormond St, Abernathy Blvd, **E** 🛏 Comfort Inn, Country Inn& Suites Ⓞ stadium, **W** Ⓞ st capitol
244	University Ave, **E** 🅖 Chevron, Exxon Ⓞ NAPA, **W** 🍴 Mrs Winner's
243	GA 166, Lakewood Fwy, to East Point
242	I-85 S, Ⓞ to 🆁🆂
241	Cleveland Ave, **E** 🅖 BP, Chevron/Subway/dsl 🍴 Checkers, Church's, McDonald's Ⓞ Advance Parts, **W** 🅖 Citgo/dsl, ExpressZone, Marathon 🍴 Ameican Deli, Burger King, Krystal, Papa John's 🛏 American Inn Ⓞ $Tree, AutoZone, Big Lots, CVS Drug, Family$, Kroger, Walgreens
239	US 19, US 41, **E** 🅖 Chevron/dsl 🍴 Waffle House Ⓞ USPO, **W** 🅖 Texaco 🍴 Chick-fil-A, IHOP, McDonald's, Wendy's 🛏 Best Western Ⓞ to 🆁🆂
238b a	I-285 around Atlanta
237a	GA 85 S (from sb)
237	GA 331, Forest Parkway, **E** 🅖 BP, Chevron/dsl, Shell/McDonald's, SunPetro/dsl 🍴 Burger King, Mr Taco, Subway, Waffle House 🛏 Econolodge Ⓞ Farmer's Mkt, **W** 🅖 BP, Exxon/Subway/dsl 🍴 Quizno's 🛏 Atlanta Inn, Ramada Ltd Ⓞ Lee Tires/repair
235	US 19, US 41, GA 3, Jonesboro, **E** 🅖 Chevron/dsl, Circle K/Subway/dsl, Texaco/dsl 🛏 Super 8, Travelodge, **W** 🅖 Chevron/dsl, Citgo, Texaco/dsl 🍴 Applebee's, Burger King, Checkers, ChuckeCheese, Dunkin Donuts, Hibachi Grill, Hooters, Little Caesar's, McDonald's, Popeye's, Red Lobster, Waffle House, Zaxby's 🛏 Amercan Inn, Econolodge, Motel 6 Ⓞ 🅗, $General, $Tree, Little Giant Farmers Mkt, Office Depot, O'Reilly Parts
233	GA 54, Morrow, **E** 🅖 BP/dsl, Citgo, Gulf 🍴 Cookout, Cracker Barrel, IHOP, Krystal, Taco Bell, Waffle House, Wendy's 🛏 Best Western, Comfort Suites, Days Inn, Drury Inn, Red Roof Inn Ⓞ Walmart, **W** 🅖 Chevron/dsl, Exxon/dsl, QT/dsl 🍴 China Café, Golden Buddha, KFC, Lenny's Subs, Olive Garden, Subway, Three$ Cafe, Waffle House, Wendy's 🛏 Hampton Inn, Quality Inn Ⓞ Acura, Buick/GMC/Mazda, Burlington Coats, Cadillac, Costco/gas, Fiat, Harley-Davidson, Kia, Macy's, Nissan, Sam's Club/gas, Sears/auto, TJ Maxx, Toyota/Scion

ATLANTA · **JONESBORO** · **MORROW** · **MCDONOUGH** · **GA**

Exit #	Services
231	Mt Zion Blvd, **E** Ⓞ Chrysler/Dodge/Jeep, Ford/Lincoln, Honda, **W** 🅖 BP/Circle K/Subway/dsl, Chevron, Texaco/dsl 🍴 Arby's, Atlanta Bread, Bruster's, Burger King, Carrabba's, Chili's, China King, Chipotle, City Cafe Diner, Joe's Crab shack, Longhorn Steaks, McDonald's, Moe's SW Grill, Mo-Jo Wings, Panda Express, Papa John's, Pizza Hut, Skyboxx Rest, Steak'n Shake, Taco Bell, TGIFriday, Truett's Rest., Waffle House, Wendy's, Wok Asian, Zaxby's 🛏 Best Value Inn, Country Inn&Suites, Extended Stay America, Sun Suites Ⓞ AT&T, Barnes & Noble, Best Buy, Home Depot, NTB, Petsmart, Publix, Ross, Verizon
228	GA 54, GA 138, Jonesboro, **E** 🅖 Raceway/dsl 🍴 Applebee's, Broadway Diner, Chick-fil-A, Frontera Mexican, Golden Corral, Honeybaked Ham, IHOP, Krystal, Marco's Pizza, O'Charley's, Piccadilly's, Stevi B's Pizza, Subway, Taco Mac, Tokyo Seafood, Waffle House, Wing Nuts 🛏 Comfort Inn, Day's Inn, Express Inn, Hampton Inn, Holiday Inn, La Quinta, Red Roof Inn Ⓞ Kroger/dsl, Lowes Whse, Office Depot, Tires+, URGENT CARE, Verizon, **W** 🅖 Marathon, Mobil, Raceway/Wendy's/dsl 🍴 Dragon Garden Chinese, McDonald's, Ranchero's Mexican 🛏 Fairfield Inn Ⓞ CarMax, CVS Drug, Kohl's
227	I-675 N, to I-285 E (from nb)
224	Hudson Bridge Rd, **E** 🅖 Shell/dsl, Texaco/dsl 🍴 Chick-fil-A, China Wok, DQ, Italian Oven, Johnny's NY Pizza, KFC, La Hacienda, Outback Steaks, Pueblo Mio, Serafino Itlian, Starbucks, Sticky Cactus Mexican, Subway, Waffle House, Wendy's 🛏 Quality Inn Ⓞ 🅗, Kauffman Tire, Publix, Rite Aid, Walgreens, **W** 🅖 Murphy USA/dsl, QT 🍴 Arby's, China Cafe, Firehouse Subs, McDonald's, Mellow Mushroom, Taco Bell, Zaxby's 🛏 Super 8 Ⓞ $Tree, AT&T, AutoZone, Discount Tire, GNC, Verizon, Walmart
222	Jodeco Rd, **E** 🅖 Citgo, Shell, Texaco 🍴 Hardee's, **W** 🍴 Fifteenth St Pizza Ⓞ Atlanta So. RV Camping
221	Jonesboro Rd, **E** 🅖 QT/dsl, Shell/dsl Ⓞ Kauffman Tire, Kroger/gas (2mi), **W** 🍴 American Deli, Arby's, Burger King, Cheddar's, Chili's, Firehouse Subs, Golden Corral, Hong Kong Cafe, Hooters, La Parrilla, Logan's Roadhouse, Longhorn Steaks, Marble Slab Creamery, McDonald's, Mike's Burger, O'Charley's, Olive Garden, Red Lobster, Rocky's Pizza, Starbucks, Subway, Truett's Grill, Wendy's, Wild Wing Cafe, Yuki Hibachi 🛏 Courtyard, Fairfield Inn, Home 2 Suites Ⓞ AT&T, AutoZone, Belk, Best Buy, Books-A-Million, Dick's, Home Depot, Marshall's, Michael's, Old Navy, PetsMart, Ross, Sam's Club/gas, Staples, Target, Verizon
218	GA 20, GA 81, McDonough, **E** 🅖 BP/dsl, Murphy USA/dsl, QT, Texaco 🍴 American Deli, Applebee's, Arby's, Burger King, China King, China Star, Cracker Barrel, DQ, IHOP, KFC, Maritza&Frank's Rest., McDonald's, Mesquite Mexican, Moe's SW Grill, Montego Bay Cafe, OB's BBQ, Pizza Hut, Popeye's, Ruby Tuesday, Sakura Hibachi, South Side Diner, Taco Bell, Three $ Cafe, Waffle House, Zaxby's 🛏 Baymont Inn, Best Western, Economy Inn, Howard Johnson, Super 8 Ⓞ $General, $Tree, Aamco, Discount Tire, Goodyear, Lowe's Whse, Office Depot, Rite Aid, URGENT CARE, Walmart, **W** 🅖 RaceTrac/dsl, Shell 🍴 Chick-fil-A, Dunkin Donuts, El Agade Mexican, Firehouse Subs, Folks Rest., Freddy's, Hardee's, Ichiban Express, Jimmy John's, Starbucks, Subway, Waffle House 🛏 Comfort Suites, Econolodge, Fair Bridge Inn, Hampton Inn, Hilton Garden, Holiday Inn Express, Motel 6 Ⓞ Advance Parts, AT&T, Hobby Lobby, Honda, JC Penney, Kia, Kohl's, NTB, TJ Maxx, Toyota/Scion, Verizon
216	GA 155, McDonough, Blacksville, **E** 🅖 Shell/dsl, Sunoco 🍴 Honk Kong Express, Sonic 🛏 Best Value, Day's Inn,

⬆N   INTERSTATE 75 Cont'd

216   Continued
Rodeway Inn 🅾 Chevrolet/Buick/GMC, Ford, GMC, Hyundai, Tire South, **W** 📻 BP, Chevron, Citgo/dsl/24hr, Exxon/dsl, QT 🍴 Bass BBQ, Da Vinci's Pizza, El Jimador, Graffiti's Pizza, Krystal, Kuma Japanese, Steve's Cafe, Subway, Waffle House 🛏 Country Inn&Suites, Quality Inn, Sleep Inn

212   to US 23, Locust Grove, **E** 📻 BP/McDonald's/dsl, Chevron/Burger King, Marathon/Quizno's, Murphy USA/dsl, QT/dsl, Shell/dsl 🍴 American Deli, Capt D's, Denny's, Hamburger Mike's, IHOP, KFC/Taco Bell, Koji Japanese, Little Caesar's, Pizza Hut, San Diego Mexican, Shane's Ribshack, Subway, Sunrise China, Waffle House, Wendy's, Zaxby's 🛏 Executive Inn, La Quinta, Ramada, Red Roof Inn 🅾 $Tree, Advance Parts, AT&T, Ingles/gas, NapaCare, Tanger Outlet/famous brands, Verizon, Walmart, **W** 📻 Exxon/dsl, Shell/DQ/dsl 🍴 Subway 🛏 Comfort Suites, Scottish Inn, Sundown Lodge, Super 8 🅾 Bumper Parts

205   GA 16, to Griffin, Jackson, **E** 📻 BP, **W** 📻 Chevron/Subway/dsl 🍴 Hogfather's BBQ 🅾 Forest Glen RV Park

201   GA 36, to Jackson, Barnesville, **E** 📻 ♥Loves/McDonald's/dsl/grill/scales/24hr, TA/Subway/Taco Bell/dsl/scales/24hr/@, 🅿️/Dunkin Donuts/DQ/Wendy's/dsl/scales/24hr/@ 🅾 Blue Beacon, **W** 📻 ✈FLYING J/Denny's/dsl/LP/24hr, BP/dsl 🍴 Waffle House 🅾 Speedco Lube, truckwash

198   Highfalls Rd, **E** 📻 Exxon (1mi) 🍴 High Falls BBQ 🛏 High Falls Lodge 🅾 High Falls SP, HighFalls RV Park (1mi)

193   Johnstonville Rd, **W** 📻 Marathon/dsl

190mm   weigh sta both lanes

188   GA 42, **E** 📻 Shell 🛏 Budget Inn, Hill Top Garden Inn 🅾 RV camping, to Indian Springs SP

187   GA 83, Forsyth, **E** 🛏 Econolodge, Regency Inn 🅾 KOA, **W** 📻 Citgo/dsl, Exxon/Circle K, Marathon, Shell, Valero/dsl 🍴 Burger King, Capt D's, DQ, Hardee's, McDonald's, Subway, Taco Bell, Waffle House, Wendy's 🛏 Day's Inn 🅾 $Tree, Advance Parts, Family$, Freshway Foods, O'Reilly Parts, Verizon, Walmart/dsl

186   Tift College Dr, Juliette Rd, Forsyth, **E** 🅾 Jarrell Plantation HS (18mi), KOA, **W** 📻 BP/dsl, Chevron/dsl, Marathon 🍴 Waffle House 🛏 Holiday Inn Express, Motel 6, Super 8 🅾 🄷, CVS Drug, Ingles/Deli

185   GA 18, **E** 🅾 L&D RV Park (2mi), **W** 📻 Exxon/Circle K, Shell, dsl 🍴 Shoney's 🛏 Comfort Inn 🅾 Ford, st patrol

181   Rumble Rd, to Smarr, **E** 📻 BP/dsl

179mm   🆁🆂 sb, full 🍴 facilities, litter barrels, petwalk, 🚻, 🎴, vending

177   I-475 S around Macon (from sb)

175   Pate Rd, Bolingbroke (from nb, no re-entry)

172   Bass Rd, **E** 🍴 McDonald's, Zaxby's 🅾 Bass Pro Shop, **W** 📻 Citgo/dsl, Flash/DQ/dsl 🍴 Chick-fil-A, Genghis Grill, Homewood Suites, Magarita's Mexican, Mellow Mushroom, Natalia's Rest., Subway, Taco Bell, Zheng's Wok 🛏 Microtel, Woodspring Suites 🅾 CVS, Publix, to Museum of Arts&Sciences

171   US 23, to GA 87, Riverside Dr, **E** 📻 BP, Marathon/dsl 🍴 Barbarito's Cantina, Bonefish Grill, Buca Italian, Chili's, Firehouse Subs, GA Bob's BBQ, Jersey Mike's, La Parrilla, TX Roadhouse, Wild Wing Cafe 🛏 SpringHill Suites 🅾 Acura, AT&T, Barnes & Noble, Belk, BMW, Dick's, Dillard's, GNC, Hobby Lobby, Jo-Ann, Mercedes, Petsmart, Subaru, Verizon, Volvo, **W** 🅾 Lexus, Toyota/Scion

169   to US 23, Arkwright Dr, **E** 📻 Shell/Circle K/24hr 🍴 Carrabba's, Logan's Roadhouse, Outback Steaks, Waffle House, Wager's Grill 🛏 Candlewood Suites, Comfort Inn, Country Inn & Suites,

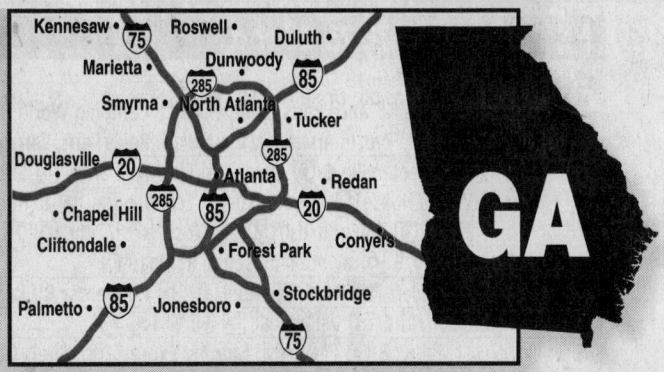

169   Continued
Courtyard, Fairfield Inn, Hampton Inn, Holiday Inn, Home 2 Suites, La Quinta, Red Roof Inn, Residence Inn, Sleep Inn 🅾 Buick/Cadillac/GMC, **W** 📻 Chevron/dsl, Marathon/dsl 🍴 Arby's, Buffalo Wild Wings, Burger King, Cheddar's, Chick-fil-A, Chipotle, Cracker Barrel, Dunkin Donuts, Five Guys, Guitarras Mexican, Hooters, IHOP, Joy's Buffet, KFC, Krystal, Little Caesar's, Longhorn Steaks, Mandarin Chinese, McDonald's, Panda Express, Panera Bread, Papa John's, Starbucks, Steak'n Shake, Steve B's Pizza, Subway, Taco Bell, Waffle House, Wendy's 🛏 Baymont Inn, Budgetel, Days Inn, Extended Stay America, Quality Inn, Rodeway Inn, Travelodge, Wingate Inn 🅾 🄷, $General, $Tree, Ace Hardware, Chrysler/Jeep/Dodge, GNC, Goodyear/auto, Hyundai, Kia, Kroger/dsl, Mazda, O'Reilly Parts, Publix, Tuesday Morning

167   GA 247, Pierce Ave, **E** 📻 United Inn, **W** 📻 Exxon, Fastrip/dsl, Shell/Circle K/dsl, Shell/dsl 🍴 Applebee's, Loco's Grill, Marco's Pizza, Metropolis Mediterranean, S&S Cafeteria, Shogun Japanese, SteakOut, Waffle House 🛏 Best Western/rest., Holiday Inn Express, Howard Johnson, Magnuson Hotel, Palmtree Extended Stay 🅾 Firestone/auto, Rite Aid

165   I-16 E, to Savannah

164   US 41, GA 19, Forsyth Ave, Macon, **E** 🍴 Sid's Rest. 🅾 🄷, hist dist, **W** 📻 Citgo/dsl 🅾 museum

163   GA 74 W, Mercer U Dr, **E** 🛏 Hilton Garden 🅾 to Mercer U, **W** 📻 Citgo

162   US 80, GA 22, Eisenhower Pkwy, **W** 📻 Citgo/dsl, Lo-lo Gas, Sunoco/dsl 🍴 Burger King, Capt D's, Checker's, Krispy Kreme, Krystal, McDonald's, Mrs Winners, Overtyme Grill, Subway, Wendy's 🛏 InTown Suites 🅾 $Tree, O'Reilly Parts, PepBoys, Save-A-Lot Foods, Walgreens

160   US 41, GA 247, Pio Nono Ave, **E** 📻 Flash/dsl, RaceWay/Dunkin Donuts/dsl 🍴 Waffle House, **W** 📻 BP, Enmark/dsl 🍴 Arby's, DQ, KFC, McDonald's, Subway, Waffle House 🅾 $General, Advance Parts, Family$, O'Reilly Parts, Piggly Wiggly, Raffield Tire, Roses

156   I-475 N around Macon (from nb)

155   Hartley Br Rd, **E** 📻 Shell/KFC/dsl 🍴 Domino's, Subway, Waffle House, Wendy's 🅾 Kroger/dsl, Verizon, **W** 📻 Citgo/dsl, Flash/DQ/dsl 🍴 McDonald's, Zaxby's 🛏 Best Value Inn 🅾 Advance Parts, CVS Drug

153   Sardis Church Rd, **E** 📻 Citgo/dsl

149   GA 49, Byron, **E** 📻 Chevron/dsl, Shell/dsl 🍴 Burger King, Casa Mexico, Denny's, GA Bob's BBQ, Krystal, Marco's Pizza, McDonald's, Pizza Hut, Subway, Waffle House, Wendy's, Zaxby's 🛏 Best Western, Comfort Suites, Holiday Inn Express, Super 8 🅾 Campers Inn RV Ctr, Mid-State RV Ctr, Peach Stores/famous brands, **W** 📻 Citgo/dsl/24hr, Flash/dsl, Marathon/dsl, RaceWay/dsl, Texaco/dsl 🍴 DQ, Hardee's, Hudson's BBQ, Waffle House 🛏 Budget Inn, Days Inn, EconoLodge, Quality Inn

FORSYTH

MACON

MACON

= gas   = food   = lodging   = other   Rs = rest stop   Copyright 2018 - The Next EXIT

INTERSTATE 75 Cont'd

Exit	Description
149	Continued
	☐ $General, Advance Parts, Bumper Parts, Camping World RV Ctr, Chevrolet, Ford, Interstate RV Ctr/park, O'Reilly Parts, Verizon
146	GA 247, to Centerville, **E** 🛢 Exxon/dsl, Flash/dsl, Shell 🍴 Subway, Waffle House 🛏 Comfort Lodge, EconoLodge ☐ to Robins AFB, **W** 🛢 Chevron/dsl, 🛢/Arby's/dsl/24hr ☐ Ⓗ
144	Russel Pkwy, **E** ☐ aviation museum, Robins AFB
142	GA 96, Housers Mill Rd, **E** 🛢 Shell/dsl ☐ Ponderosa RV Park
138	Thompson Rd, **E** 🛢 Valero/dsl ☐ Ⓗ, **W** ☐ ⊡
136	US 341, Perry, **E** 🛢 Flash/dsl, Murphy Express/dsl, Shell/Circle K/dsl 🍴 Burger King, Capt D's, Chick-fil-A, China House, George & Bob's BBQ, Hibachi Buffet, Jalisco Grill, KFC, Krystal, Little Caesar's, Longhorn Steaks, McDonald's, Pizza Hut, Red Lobster, Sonny's BBQ, Steamers Seafood, Subway, Taco Bell, Waffle House, Wendy's, Zaxby's 🛏 Great Inn, Hampton Inn, Howard Johnson, Jameson Inn, Motel 6, Rodeway Inn, Super 8 ☐ Ⓗ, $General, $Tree, Ace Hardware, Advance Parts, Boland's RV Park, GNC, Kroger/dsl, NAPA, Verizon, Walmart, **W** 🛢 Shell/Circle K/dsl 🍴 Applebee's, Grill Master BBQ 🛏 Days Inn, EconoLodge, Hardee's, Holiday Inn Express, Knights Inn, Passport Inn, Quality Inn, Ramada Inn ☐ Crossroads Travel Oark
135	US 41, GA 127, Perry, **E** 🛢 Chevron/dsl, Flash/dsl, Flash/dsl (2), Shell, Texaco/dsl 🍴 Cracker Barrel, DQ, Subway, Waffle House 🛏 Best Western, Budget Inn, Comfort Inn, Relax Inn, Travelodge ☐ Chrysler/Dodge/Jeep, GA Nat Fair, Kia, **W** ☐ Fair Harbor RV Park, st patrol
134	South Perry Pkwy, **W** 🛏 Microtel ☐ Buick/Chevrolet/GMC, Ford
127	GA 26, Henderson, **E** ☐ Twin Oaks Camping, **W** 🛢 Shell/dsl
122	GA 230, Unadilla, **E** 🛢 Chevron/dsl ☐ Chevrolet/Ford
121	US 41, Unadilla, **E** 🛢 Borum/repair, Flash/DQ/dsl 🍴 Subway 🛏 Scottish Inn ☐ $General, Family$, Firestone, Piggly Wiggly, Southern Trails RV Resort, USPO, **W** 🛢 Citgo/rest./dsl/scales/24hr
118mm	Rs sb, full ♿ facilities, litter barrels, petwalk, ⊙, ♨, RV dump, vending
117	to US 41, Pinehurst, **W** 🛢 GasnGo/Subway/dsl
112	GA 27, Vienna
109	GA 215, Vienna, **E** 🛢 🛢/McDonalds/dsl/scales/24hr, **W** 🛢 Shell/dsl, Sunoco 🍴 Popeye's 🛏 Executive Inn ☐ $General Mkt, Cotton Museum
108mm	Rs nb, full ♿ facilities, litter barrels, petwalk, ⊙, ♨, RV dump, vending
104	Farmers Mkt Rd, Cordele
102	GA 257, Cordele, **E** 🛢 Sunoco/dsl, **W** 🍴 Smoothie's BBQ ☐ Ⓗ
101	US 280, GA 90, Cordele, **E** 🛢 BP/dsl, 🛢/Arby's/dsl/scales/24hr, Shell 🍴 Denny's, Golden Corral, Waffle House 🛏 Fairfield Inn, Holiday Inn Express, Motel 6, Ramada Inn ☐ Ford, st patrol, **W** 🛢 Flash/dsl, Gas'n Go, Sunoco, VP/Subway 🍴 Burger King, Capt D's, Chick-fil-A, Cracker Barrel, DQ, Hachi Japanese Grill, Hardee's, KFC, Krystal, Los Compadres, McDonald's, New China, Pizza Hut, Sonic, Subway, Taco Bell, TJ's Rest, Wendy's, Zaxby's 🛏 Ashburn Inn, Athens 8 Motel, Baymont Inn, Best Western, EconoLodge, Hampton Inn, Quality Inn, Travelodge ☐ $General, $Tree, Advance Parts, AT&T, AutoZone, Belk, Harvey's Foods, Home Depot, J Carter HS, Kauffman Tire, O'Reilly Parts, Save-A-Lot, to Veterans Mem SP, Verizon, Walgreens, Walmart
99	GA 300, GA/FL Pkwy, **E** 🍴 Marathon/DQ/dsl, **W** 🍴 Waffle House 🛏 Comfort Inn ☐ to Chehaw SP

Exit	Description
97	to GA 33, Wenona, **E** ☐ Cordele RV Park, dsl repair, W ☐ KOA, truckwash
92	Arabi, **E** 🍴 Shell/Plantation House, **W** ☐ Southern Gates R Park
85mm	Rs nb, full ♿ facilities, litter barrels, petwalk, ⊙, ♨, vending
84	GA 159, Ashburn, **W** 🍴 Chevron/DQ/Blimpie/dsl/24hr 🛏 Ashburn Inn/RV Park
82	GA 107, GA 112, Ashburn, **W** 🍴 BP, Shell, Sunoco/dsl 🍴 Carroll's Sausage & Country Store/RV Park, KFC, McDonald's, Pizza Hut, Shoney's, Subway, Waffle House, Zaxby's 🛏 Best Western, Days Inn, Super 8 ☐ $General, Auto Value Parts, Buick Chevrolet/GMC, Fred's, O'Reilly Parts, Piggly Wiggly, Rite Aid to Chehaw SP
80	Bussey Rd, Sycamore, **E** 🍴 Marathon/dsl, Valero, **W** ☐ Allen's Tires
78	GA 32, Sycamore, **E** to Jefferson Davis Mem Pk (14mi)
76mm	Rs sb, full ♿ facilities, litter barrels, petwalk, ⊙, ♨, vending
75	Inaha Rd
71	Willis Still Rd, Sunsweet, **W** 🍴 Citgo/dsl
69	Chula-Brookfield Rd, **E** 🍴 Sunoco/dsl 🛏 Economy Inn
66	Brighton Rd
64	US 41, Tifton, **E** 🍴 BP/dsl 🍴 Waffle House ☐ Ⓗ, $General Harvey's Foods, **W** 🍴 Shell
63b	8th St, Tifton, **E** 🍴 Flash/dsl/e-85 🍴 Firehouse Subs, Lo Compadres ☐ Jo-Ann, Publix, TJ Maxx, **W** 🍴 Pit Sto BBQ ☐ GA Museum of Agriculture
63a	2nd St, Tifton, **E** 🍴 BP/dsl, Marathon 🍴 Arby's, Asah Xpress, Barberito's, Checker's, El Metate, JoJo's Rest., KFC Krystal, McDonald's, Pizza Hut, Ranchero's Grill, Red Lobster, Subway, Taco Bell, Waffle House 🛏 EconoLodge, Supe 8 ☐ $General, $Tree, Big Lots, **W** 🍴 Bob's/dsl 🍴 El Cazadore Mexican 🛏 Motel 6, Quality Inn
62	US 82, to US 319, Tifton, **E** 🍴 BP, Flash/dsl 🍴 Applebee's Bojangles, Charles Seafood, Chili's, Cracker Barrel, DQ, Golde Corral, Hardee's, King Buffet, Logan's Roadhouse, Ole Time Buffet, Sonic, Tokyo Japanese, Waffle House, Zaxby's 🛏 Comfort Inn, Country Inn&Suites, Fairfield Inn, Hampton Inn, Holiday Inn Express, Microtel ☐ $Tree, Advance Parts, AutoZone BigLots, Family$, Ford/Lincoln, NAPA, O'Reilly Parts, Peca Outlet, Save-A-Lot, Staples, **W** 🍴 EZ Mart, Flash/dsl, Murph USA/dsl, RaceWay/dsl, Shell/dsl 🍴 Burger King, Capt D's Chick-fil-A, Dick's Wings, HogBones BBQ, Little Caesar's, Longhorn Steaks, McDonald's, Oishi Japanese, Olive Garden, Pizz Hut, Ruby Tuesday, Starbucks, Subway, Waffle House, Wendy's 🛏 Days Inn, Hilton Garden, Scottish Inn ☐ $General AT&T, Chevrolet, Chrysler/Dodge/Jeep, Hobby Lobby, Honda Lowe's, Toyota, URGENT CARE, Verizon, Walmart/Subway
61	Omega Rd, **E** ☐ Nissan, **W** 🍴 Shell/Waffle King/pizza/dsl/24hr 🛏 Howard Johnson ☐ Harley-Davidson, Pines RV Park
60	Central Ave, Tifton, **E** 🍴 Chevron 🍴 Dragon 1 Chinese, W 🍴 🛢/Steak'n Shake/Subway/dsl/scales/24hr ☐ Blu Beacon, KOA
59	Southwell Blvd, to US 41, Tifton, **E** 🍴 Loves/Hardee's dsl/24hr
55	to Eldorado, Omega, **E** 🍴 Shell/Magnolia Plantation/dsl
49	Kinard Br Rd, Lenox, **E** 🍴 Dixie/dsl 🛏 Extended Stay, W 🍴 BP/dsl/24hr ☐ repair
47mm	Rs both lanes, full ♿ facilities, litter barrels, petwalk, ⊙, vending
45	Barneyville Rd, **E** 🛏 Economy Inn
41	Rountree Br Rd, **E** 🍴 Citgo, **W** ☐ to Reed Bingham SP

Side labels: PERRY, CORDELE, ASHBURN, TIFTON, GA

▲N INTERSTATE 75 Cont'd

Exit #	Services
39	GA 37, Adel, Moultrie, **E** 🅖 Citgo/dsl, Dixie Gas, McDonald's, Quick Gas 🅕 DQ, Hardee's, Subway, Waffle House 🅛 Scottish Inn, Super 8 🅞 🅗 $General, Ace Hardware, Advance Parts, Family$, Harvey's Foods, O'Reilly Parts, Piggly Wiggly, Rite Aid, **W** 🅖 BP, Citgo/dsl/scales, Shell 🅕 Burger King, Capt D's, China Buffet, IHOP, Taco Bell, Wendy's, Western Sizzlin 🅛 Days Inn, Hampton Inn 🅞 to Reed Bingham SP, Verizon, Walmart
37	Adel, **E** 🅖 Liberty/dsl 🅞 GMC
32	Old Coffee Rd, Cecil, **E** 🅖 Citgo/dsl 🅛 Stagecoach Inn, **W** 🅖 Chevron/dsl 🅞 Cecil Bay RV Park
29	US 41 N, GA 122, Hahira, Sheriff's Boys Ranch, **E** 🅕 Harvey's Mkt, Huddle House, Slice Pizza 🅞 NAPA, vet, **W** 🅖 Big Foot TC/cafe/dsl/24hr, Citgo/dsl 🅛 Hahira Inn
23mm	weigh sta both lanes
22	US 41 S, to Valdosta, **E** 🅖 BP, Subway/dsl 🅕 Waffle House 🅛 Best Western 🅞 🅗, Buick/Chevrolet/GMC, Mazda, **W** 🅖 Citgo/dsl 🅕 Burger King, DQ 🅛 Howard Johnson 🅞 Valdosta Oaks RV Park
18	GA 133, Valdosta, **E** 🅖 Citgo/dsl, Exxon, Flash, Mobil 🅕 Applebee's, Arby's, Atl. Bread Co, Beijing Cafe, Bruster's, Buffalo Wild Wings, Burger King, Chick-fil-A, Chili's, Chow Town, Ci-Ci's Pizza, Cracker Barrel, Crystal River Seafood, Denny's, Dick's Wings, El Potro Mexican, El Toreo, Fazoli's, Five Guys, Honeybaked Ham, Hooters, KFC, Krystal, Little Caesar's, Longhorn Steaks, Marble Slab, McDonald's, Ole Times Country Buffet, Olive Garden, Outback Steaks, Panda Express, Red Lobster, Shane's Ribshack, Sonny's BBQ, Starbucks, Steak'n Shake, Subway, Taco Bell, TX Roadhouse, Waffle House, Wendy's, Zaxby's 🅛 Baymont Inn, Comfort Suites, Country Inn&Suites, Courtyard, Drury Inn, Hilton Garden, Holiday Inn Express, In-Town Suites, Jolly Inn, La Quinta, Motel 6, Quality Inn, Rodeway Inn 🅞 $Tree, AT&T, Belk, Best Buy, Books-A-Million, Family$, Goodyear/auto, Hobby Lobby, Home Depot, JC Penney, Kohl's, Lowe's, mall, Michael's, Office Depot, Old Navy, Petsmart, Publix, Ross, Target, TJ Maxx, URGENT CARE, Verizon, Walgreens, **W** 🅖 BP/dsl, RaceWay/dsl, Shell 🅛 Days Inn, EconoLodge, Sleep Inn, Super 8 🅞 RiverPark Camping, Toyota/Scion
16	US 84, US 221, GA 94, Valdosta, **E** 🅖 BP/dsl, Citgo/DQ/dsl, Murphy Express/dsl, Pure/dsl, Shell/dsl, Sunoco 🅕 Aligatou Japanese, Bojangles, Bubba Jax Crab Shack, Burger King, Cheddar's, IHOP, McDonald's, Pizza Hut, Smokin' Pig BBQ, Sonic, Waffle House, Wendy's 🅛 Best Value Inn, Comfort Inn, Days Inn, Fairfield Inn, Hampton Inn, Holiday Inn, Motel 6, Quality Inn, Super 8 🅞 Sam's Club/gas, to Okefenokee SP, Walmart/Subway, **W** 🅖 Shell/dsl/24hr 🅕 Austin's Steaks 🅛 Briarwood Inn, Kinderlou Inn
13	Old Clyattville Rd, Valdosta, **W** 🅞 Wild Adventures Park
11	GA 31, Valdosta, **E** 🅖 LNG, 🅿Pilot/Subway/dsl/24hr/@, 🅿Pilot/Dunkin Donuts/dsl/scales/24hr 🅕 Waffle House 🅛 Travelers Inn 🅞 truckwash, **W** 🅖 Quick Gas 🅞 $General
5	GA 376, to Lake Park, **E** 🅖 Citgo, Flash Foods/Stuckey's/dsl, RaceWay/dsl, Shell 🅕 Chick-fil-A, Cowboys Grill, Domino's, Farmhouse Rest., Krystal, Lin's Garden Chinese, Rodeo Mexican, Subway, Taco Bell, Waffle House, Zaxby's 🅛 Motel 6, Quality Inn 🅞 $Tree, antiques, Eagles Roost Camping, Family$, Fred's, Horizon RV Ctr, USPO, Winn-Dixie, **W** 🅖 Exxon/dsl, Shell/dsl 🅕 Cracker Barrel, McDonald's, Pizza Hut, Wendy's 🅛 Best Value Inn, Days Inn, Hampton Inn, Travelodge 🅞 Camping World RV Ctr, GS Camping

3mm	Welcome Ctr nb, full 🅗 facilities, litter barrels, petwalk, 🄲, 🄰, vending
2	Lake Park, Bellville, **E** 🅖 TA/BP/Arby's/dsl/scales/24hr/@ 🅞 SpeedCo, **W** 🅖 ⊕FLYING J/Denny's/Subway/dsl/LP/scales/24hr 🅞 lube/tires/wash
0mm	Georgia/Florida state line

▲N INTERSTATE 85

Exit #	Services
179mm	Georgia/South Carolina state line, Lake Hartwell, Tugaloo River
177	GA 77 S, to Hartwell, **E** 🅖 BP/gifts/dsl 🅕 Dad's Grill 🅞 to Hart SP, **W** 🅞 Tugaloo SP
176mm	Welcome Ctr sb, full 🅗 facilities, info, litter barrels, petwalk, 🄲, 🄰, vending
173	GA 17, to Lavonia, **E** 🅖 Raceway/dsl 🅕 Bojangles, La Cabana Mexican, McDonald's, Subway, Taco Bell, Waffle House 🅛 Magnuson Hotel 🅞 $General, Lavonia Foods, Rite Aid, **W** 🅖 Chevron/dsl, Exxon/dsl 🅕 Burger King, DQ, Hardee's, J Peters Grill, Pizza Hut, Shoney's, Zaxby's 🅛 Hampton Inn, Holiday Inn Express, Super 8 🅞 Chrysler/Dodge/Jeep, Ford, to Tugaloo SP
171mm	weigh sta nb
169mm	weigh sta sb
166	GA 106, to Carnesville, Toccoa, **E** 🅖 Exxon/dsl, 🅿Pilot/Dunkin Donuts/DQ/Wendy's/dsl/scales/24hr 🅕 Subway, **W** 🅖 Echo Trkstp/Chevron/Echo Rest./dsl/scales/24hr
164	GA 320, to Carnesville, **E** 🅖 Chevron/dsl/24hr
160	GA 51, to Homer, **E** 🅖 Maathon/Subway/dsl/24hr 🅞 Sterling RV Ctr, to Russell SP, Ty Cobb Museum, Victoria Bryant SP, **W** 🅖 ⊕FLYING J/dsl/24hr, Petro/BP/Iron Skillet/dsl/scales/24hr@ 🅞 Blue Beacon
154	GA 63, Martin Br Rd
149	US 441, GA 15, to Commerce, Homer, **E** 🅖 Murphy USA, QT/dsl, TA/Shell/Country Pride/dsl/scales/24hr/@ 🅕 Bojangles, Capt D's, El Azteca, Grand Buffet, Koji Japanese, Krispy Kreme, Longhorn Steaks, Outback Steaks, Papa John's, Sonny's BBQ, Taco Bell, Waffle House, Zaxby's 🅛 Days Inn, Hampton Inn, Red Roof Inn, Scottish Inn 🅞 🅗, $General, $Tree, AT&T, Chrysler/Dodge/Jeep, Funopolis, GNC, O'Reilly Parts, URGENT CARE, Walmart/Subway, **W** 🅖 BP/Krystal/dsl, RaceTrac/dsl, Valero/dsl 🅕 Applebee's, Arby's, Burger King, Chick-fil-A, Cracker Barrel, DQ, Five Guys Burgers, Hawg Wild BBQ, La Hacienda, McDonald's, Pizza Hut, Ruby Tuesday, Ryan's, Sonic, Starbucks, Subway, Wendy's 🅛 Best Inn, Best Western, Comfort Suites, Fairfield Inn, Holiday Inn Express, Howard Johnson, Motel 6, Quality Inn, Super 8, Travelodge 🅞 Home Depot, Pritchett Tires, Tanger Outlet/famous brands, Verizon
147	GA 98, to Commerce, **E** 🅖 ⊕FLYING J/Dunkin Donuts/dsl/24hr, Valero/dsl 🅞 🅗, **W** 🅞 Gulf

⬆N INTERSTATE 85 Cont'd

J E F F E R S O N

Exit #	Services
140	GA 82, Dry Pond Rd, **E** 🅞 Freightliner, **W** 🅞 RV & Truck Repair
137	US 129, GA 11 to Jefferson, **E** 🅖 RaceTrac/dsl 🍴 Arby's, Bojangles, El Jinete Mexican, KFC/Taco Bell, McDonald's, Waffle House, Zaxby's 🛏 Quality Inn 🅞 museum, **W** 🅖 QT/dsl/scales/24hr 🍴 Burger King, Waffle House, Wendy's 🅞 flea mkt
129	GA 53, to Braselton, **E** 🅖 Chevron/dsl, Shell/Golden Pantry/dsl 🍴 La Hacienda Mexican, Waffle House 🛏 Best Western 🅞 USPO, **W** 🅖 🅖/McDonald's/dsl/scales/24hr 🍴 Cracker Barrel, Domino's, El Centinela, Stonewall's BBQ, Subway, Tea Garden Chinese, Wendy's, Zaxby's
126	GA 211, to Chestnut Mtn, **E** 🅖 Circle K/Burger King/dsl, Shell/dsl 🍴 Subway, Waffle House 🛏 Country Inn&Suites, **W** 🅖 BP/dsl 🍴 Chateau Elan Winery/rest., China Garden, Papa John's 🛏 Holiday Inn Express 🅞 Publix, vet
120	to GA 124, Hamilton Mill Rd, **E** 🅖 BP, QT/dsl 🍴 Arby's, Buffalo's Café, Burger King, Caprese Rest., Firehouse Subs, Five Guys Burgers, McDonald's, Moe's SW Grill, Riverside Pizza, Starbucks, Subway, Wendy's, Zaxby's 🅞 Aldi Foods, auto repair, Home Depot, Kohl's, Publix/Deli, RV World of GA (1mi), vet, **W** 🅖 Chevron, Murphy USA/dsl, Shell/dsl 🍴 Barbarito's, Chick-fil-A, Chili's, El Molcajate, Hardee's, Italy's Pizza, Little Caesars, Taco Bell 🅞 $Tree, AT&T, CVS Drug, O'Reilly Parts, Tires+, USPO, Verizon, Walmart/Subway
115	GA 20, to Buford Dam, **E** 🅖 🍴 Waffle House 🅞 Pepboys, **W** 🍴 Arby's, Atlanta Bread, Bonefish Grill, Bruster's, Burger 21, Burger King, Cheesecake Factory, Chick-fil-A, Chili's, Chipotle, ChuckeCheese, East Coast Wings, Einstein's Bagels, Firehouse Subs, Genghis Grill, Honeybaked Ham, Kani House, Krispy Kreme, Longhorn Steaks, Macaroni Grill, Maddio's Pizza, McDonald's, Mimi's Cafe, Moe's SW Grill, O'Charley's, Olive Garden, On-the-Border, Panda Express, Panera Bread, PF Chang's, Provino's Italian, Red Lobster, Shogun Japanese, Sonny's BBQ, Starbucks, Steak n' Shake, Subway, Taco Mac, Ted's MT Grill, TGIFriday's, Tilted Kilt, Waffle House, Wendy's, Which Wich? 🛏 Country Inn&Suites, Courtyard, Hampton Inn, SpringHill Suites, Wingate Inn 🅞 $Tree, AT&T, Barnes&Noble, Belk, Best Buy, Buick/GMC, Costco/gas, Dick's, Dillard's, Discount Tire, Fiat, Firestone/auto, Honda, Hyundai, JC Penney, Lowe's, Macy's, Mall of GA, Marshall's, Mazda, Michael's, Nissan, Nordstrom Rack, PetCo, Petsmart, REI, Ross, Sam's Club/gas, Staples, SteinMart, Target, TJ Maxx, to Lake Lanier Islands, Toyota/Scion, Tuesday Morning, Verizon, Von Maur, VW, Walmart
113	I-985 N (from nb), to Gainesville

S U W A N E E   D U L U T H

Exit #	Services
111	GA 317, to Suwanee, **E** 🅖 BP/dsl, Valero/dsl 🍴 Applebee's, Arby's, Checker's, Chick-fil-A, Cracker Barrel, Dunkin Donuts, Orient Garden, Outback Steaks, Philly Connection, Pizza Hut, Pizza Hut/Taco Bell, Schlotsky's, Subway, Waffle House, Wendy's 🛏 Comfort Suites, Courtyard, Fairfield Inn, Motel 6, Quality Inn, Sun Suites 🅞 CVS Drug, GNC, O'Reilly Parts, **W** 🅖 Chevron/dsl, Murphy USA/dsl, QT/dsl, Raceway/dsl, Shell 🍴 Dunkin Donuts, Greek Island, HoneyBaked Ham, IHOP, Jimmy John's, KFC, McDonald's, Moe's SW Grill, Sonic, Subway, Taco Mac 🛏 Red Roof Inn, Super 8 🅞 $Tree, Advance Parts, AT&T, Lowe's, Office Depot, Walmart
109	Old Peachtree Rd, **E** 🅖 🍴 McAlister's, McDonald's, Mi Casa Mexican 🛏 Hampton Inn, Homewood Suites 🅞 Bass Pro Shops, Publix, **W** 🍴 Arena Tavern, Carrabba's, Chick-fil-A, China Delight, Firehouse Subs, Five Guys Burgers, Jim&Nicks BBQ, Starbucks, Subway, Tilted Kilt, Waffle House 🛏 Hilton Garden, Holiday Inn, Residence Inn 🅞 Home Depot

A T L A N T A   A R E A

Exit #	Services
108	Sugarloaf Pkwy (from nb), **E** 🛏 Hampton Inn, Homewood Suites, **W** 🍴 Carrabba's, Chick-fil-A, Tin Lizzy Cantina 🛏 Hilton Garden, Holiday Inn 🅞 Gwinnett Civic Ctr
107	GA 120, to GA 316 E, Athens, **E** 🅖 Shell 🍴 Burger King, Carino's, Dave&Busters, Dunkin Donuts, Subway, Zaxby's 🅞 Bass Pro Shops, Books-a-Million, Burlington Coats, Discount Tire, Rite Aid, Ross, Saks 5th Ave, Sears, Suburban Tire, **W** 🅖 BP/dsl, Chevron 🍴 Bojangles, China Gate, McDonald's, Subway, Waffle House 🛏 La Quinta, Suburban Lodge
106	Boggs Rd (from sb, no return), Duluth, **W** 🅖 QT/dsl/24hr 🅞 Mercedes
104	Pleasant Hill Rd, **E** 🅖 Chevron/e85, QT/dsl, Shell/dsl, Valero/dsl 🍴 Bahama Breeze, Burger King, Chick-fil-A, Costas Nayaritas, Don Pedro Mexican, East Pearl, Fung Mei Chinese, GA Diner, Golden House, Joe's Crabshack, McDonald's, Popeye's, Schlotsky's, Stevie B's Pizza, Subway, Super Buffet, TGIFriday's, Waffle House, Wendy's 🛏 Best Western, Candlewood Suites, Comfort Suites, Fairfield Inn, Hampton Inn Suites, Holiday Inn Express, Residence Inn, Sonesta 🅞 $General, $Tree, Advance Parts, Best Buy, Family$, Home Depot, Publix, URGENT CARE, Walgreens, **W** 🅖 BP/Dunkin Donuts/dsl, Chevron/dsl, Valero/dsl 🍴 Applebee's, Arby's, Barnacle's, Bruster's, Burger King, Checker's, Chili's, Chipotle Mexican, Hooters, IHOP, Jimmy John's, KFC, Krispy Kreme, McDonald's, Melting Pot, Olive Garden, On the Border, Panda Express, Red Lobster, Starbucks, Steak'n Shake, Subway, Taco Bell, Wendy's 🛏 Courtyard, Extended Stay America, Hyatt Place, Jameson Inn, Quality Inn, Wingate Inn, Wyndham Garden 🅞 AT&T, Audi, Batteries+, Belk, BMW, Buick/GMC, Firestone/auto, Ford, Fry's Electronics, Goodyear/auto, Honda, Hyundai, Infiniti, JC Penney, Jo-Ann Fabrics, Kia, Macy's, mall, Marshall's, Nissan, PetCo, Rite Aid, Sears/auto, Staples, Subaru, TJ Maxx, Toyota/Scion, Verizon
103	Steve Reynolds Blvd (from nb, no return), **W** 🅖 QT/dsl, Shell 🍴 Dave&Buster's, Waffle House 🛏 InTown Suites 🅞 $Tree, Big Lots, Costco/gas, Kohl's, Petsmart, same as 104, Sam's Club
102	GA 378, Beaver Ruin Rd, **E** 🅖 QT, Shell/dsl, Valero/dsl 🍴 Subway, **W** 🅖 Citgo
101	Lilburn Rd, **E** 🅖 QT, Shell/dsl 🍴 Blimpie, Bruster's, Burger King, Domino's, Hong Kong Buffet, Jimmy John's, KFC, Krystal, McDonald's/playplace, Starbucks, Taco Bell, Waffle House 🛏 Guesthouse Inn, InTown Suites, Super 8 🅞 Jones RV Park, **W** 🅖 Chevron, Marathon/dsl, QT 🍴 Arby's, China Panda, El Taco Veloz, Papa John's, Pizza Plaza, Subway, Waffle House, Wendy's 🛏 Knights Inn, Red Roof Inn 🅞 CarMax, Chrysler/Dodge/Jeep, Lowe's
99	GA 140, Jimmy Carter Blvd, **E** 🅖 Shell/dsl 🍴 Checker's, Chick-fil-A, Cracker Barrel, Denny's, Dunkin Donuts, McDonald's, Papa John's, Pizza Hut/Taco Bell, Pollo Campero, Subway 🛏 Congress Suites, Courtyard, Horizon Inn, La Quinta, Motel 6, Rite4Us Inn 🅞 Advance Parts, Aldi Foods, Family$, U-Haul, Walgreens, **W** 🅖 Chevron/dsl, QT/dsl, Valero/dsl 🍴 Hibachi Grill, Hong Kong Buffet, Pappadeaux Steak seafood, Sonic, Waffle House, Wendy's 🛏 Country Inn&Suites, Days Inn, Microtel, Rodeway Inn 🅞 AutoZone, CarQuest, NTB, O'Reilly Parts, PepBoys
96	Pleasantdale Rd, Northcrest Rd, **E** 🍴 Burger King, Pleasantdale Chinese, **W** 🅖 Exxon/dsl, QT/dsl 🍴 Subway 🛏 Atlanta Lodge
95	I-285
94	Chamblee-Tucker Rd, **E** 🅖 Chevron/Subway/dsl, Shell/dsl 🅞 to Mercer U, **W** 🅖 QT/dsl 🍴 DQ, Waffle House 🛏 Motel 6, Super 8

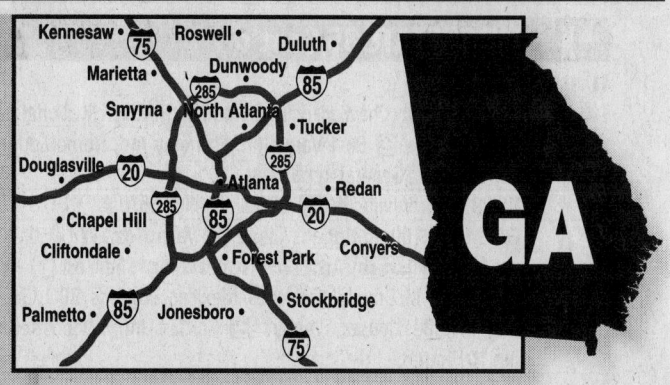

INTERSTATE 85 Cont'd

Exit #	Services
93	Shallowford Rd, to Doraville, **E** 📷 Shell 🍴 Hop Shing Chinese, Marco's Pizza, Subway ⭕ Publix, U-Haul, **W** 🍴 Shell/dsl 🛏 Quality Inn
91	US 23, GA 155, Clairmont Rd, **E** 📷 Chevron/dsl, QT/dsl 🍴 IHOP, Mo's Pizza, Popeye's ⭕ repair, URGENT CARE, **W** 📷🍴 McDonald's, Waffle House 🛏 Extended Stay America, Holiday Inn Express, Marriott ⭕ NTB, Sam's Club/dsl
89	GA 42, N Druid Hills, **E** 📷 Chevron/Subway/dsl, QT, Shell/dsl 🍴 Arby's, Boston Mkt, Burger King, Chick-fil-A, El Torero, Fortune Cookie, Grub Burger, Jersey Mike's, McDonald's, Moe's SW Grill, Newk's Eatery, Panera Bread, Penn Sta Subs, Piccadilly's, Starbucks, Taco Bell, Tin Roof Cantina, Willy's Mexicana, Zoe's Kitchen 🛏 Courtyard ⭕ $Tree, Firestone/auto, GNC, Target, Walgreens, **W** 📷 Chevron/dsl, Exxon/dsl, Shell 🍴 HoneyBaked Ham, Krystal, McDonald's, Waffle House 🛏 DoubleTree, Hampton Inn, Red Roof Inn ⭕ CVS Drug, Just Brakes
88	Lenox Rd, GA 400 N, Cheshire Br Rd (from sb), **E** 📷 Valero/dsl 🍴 McDonald's 🛏 La Quinta
87	GA 400 N (from nb)
86	GA 13 S, Peachtree St, **E** 📷 BP, Chevron 🍴 Papa John's, Wendy's 🛏 Intown Inn ⭕ Sprouts Mkt, vet
85	I-75 N, to Marietta, Chattanooga
84	Techwood Dr, 14th St, **E** 📷 BP, Shell 🍴 CheeseSteaks, La Bamba Mexican, Thai Cuisine, VVV Ristorante Italiano 🛏 Best Western, Hampton Inn, Marriott, Sheraton, Travelodge ⭕ Woodruff Arts Ctr, **W** 🍴 Blimpie 🛏 Courtyard, Knights Inn ⭕ CVS Drug, Dillard's, Office Depot, to Georgia Tech
77	I-75 S
76	Cleveland Ave, **E** 📷 Citgo/dsl 🍴 Burger King, Papa John's ⭕ 🏥 $Tree, AutoZone, BigLots, CVS Drug, Family$, Kroger, Walgreens, **W** 📷 Shell/dsl, Texaco/dsl 🍴 Chick-fil-A, Church's ⭕ CVS, O'Reilly Parts
75	Sylvan Rd, **E** 📷 Shell/dsl
74	Loop Rd, ⭕ Aviation Commercial Center
73b a	Virginia Ave, **E** 📷 Citgo/dsl 🍴 Jimmy John's, Jonny's Pizza, Landmark Diner, Malone's Grill, McDonald's, Pizza Hut, Ruby Tuesday, Schlotsky's, Spondivit's Rest., Waffle House, Wendy's, Willy's Mexican 🛏 Courtyard, Drury Inn, Hilton, Motel 6, Renaissance Hotel, Residence Inn, **W** 📷 Chevron/Subway, Shell 🍴 Arby's, BBQ Kitchen, Blimpie, Giovanna's Italian, Happy Buddha Chinese, KFC, La Fiesta Mexican, Waffle House 🛏 Country Inn&Suites, Crowne Plaza, DoubleTree, EconoLodge, Fairfield Inn, Hampton Inn, Hilton Garden, Holiday Inn, Homewood Suites, Hyatt Place, Palms Hotel, Staybridge Inn, Wellesley Inn
72	Camp Creek Pkwy
71	Riverdale Rd, Atlanta Airport, **E** 🍴 Ruby Tuesday 🛏 Courtyard, Fairfield Inn, Hampton Inn, Holiday Inn, Hyatt Place, La Quinta, Microtel, Sheraton/grill, Sleep Inn, Super 8, **W** 🛏 Days Inn, Embassy Suites, Hilton Garden, Holiday Inn Express, Marriott, Westin Hotel
70	I-85 (from sb)
69	GA 14, GA 279, **E** 📷 Chevron/dsl, Citgo, Exxon/dsl, Valero 🍴 Blimpie, Bojangles, Burger King, Checker's, China Cafe, Church's, Cozumel, KFC, Krystal, McDonald's, Piccadilly Cafeteria, Subway, Taco Bell, Waffle House, Wendy's 🛏 Comfort Inn, Days Inn, Quality Inn, Super 8, Travelodge, Windsor Atl Hotel ⭕ AutoZone, Family$, U-Haul, URGENT CARE, **W** 📷 Chevron/dsl, Texaco 🍴 Waffle House 🛏 EconoLodge

FAIRBURN NEWNAN (vertical side tab)

ATLANTA AREA (vertical left tab)

68	I-285 Atlanta Perimeter (from nb)
66	Flat Shoals Rd, **W** 🍴 BP, Chevron/dsl/24hr, Shell/Blimpie 🍴 King's Rest., Waffle House 🛏 Motel 6
64	GA 138, to Union City, **E** 📷 BP/dsl, RaceTrac/dsl 🍴 Waffle House 🛏 EconoLodge, Western Inn ⭕ BMW/Mini, Chevrolet, Chrysler/Dodge/Jeep, CVS Drug, Ford/Lincoln, Honda, Infiniti, Kia/Nissan, Lexus, Toyota/Scion, VW, **W** 📷 Chevron/dsl, QT, Shell/dsl 🍴 Arby's, Burger King, Capt D's, China Garden, China King, Corner Cafe, Dunkin Donuts, IHOP, KFC, Krystal, McDonald's, Papa John's, Pizza Hut, Sonic, Southern Grill, Subway, Taco Bell, Wendy's, Zaxby's 🛏 Best Western, Comfort Inn, Country Hearth Inn, Garden Inn, La Quinta, Magnuson Hotel, Microtel ⭕ $Tree, Advance Parts, AT&T, BigLots, Firestone/auto, Kroger/dsl, NTB, O'Reilly Parts, PepBoys, vet, Walgreens, Walmart/Subway
61	GA 74, to Fairburn, **E** 📷 BP/Huddle House/dsl/scales/24hr, Los Mariachis, QT/dsl, RaceWay/dsl, Shell 🍴 Chick-fil-A, Cracker Barrel, Dunkin Donuts, Hardee's, McDonald's, Taco Bell, Waffle House, Wendy's, Zaxby's 🛏 Country Inn&Suites, Hampton Inn, Holiday Inn Express, Sleep Inn, Wingate Inn ⭕ Tire Depot, vet, **W** 📷 Chevron/dsl, Citgo/dsl 🛏 Efficiency Motel
56	Collinsworth Rd, **W** 📷 Marathon/dsl, Shell 🍴 Frank's Rest. ⭕ South Oaks Camping
51	GA 154, to Sharpsburg, **E** 📷 Phillips 66/dsl, Texaco/Blimpie/dsl 🍴 Hardee's, **W** 📷 Chevron/dsl, Shell/Subway/dsl 🍴 Waffle House
47	GA 34, to Newnan, **E** 📷 BP, Chevron/dsl, Marathon/Subway/dsl, QT, Shell/dsl 🍴 Applebee's, Arby's, Asian Chef, Capt D's, Chin Chin, Dunkin Donuts, Fried Tomato Buffet, Hooters, La Hacienda, Longhorn Steaks, Marco's Pizza, Moe's SW Grill, Panda Express, Red Lobster, Ruby Tuesday, Sprayberry's BBQ, Steak'n Shake, Stevi B's Pizza, TX Roadhouse, Waffle House, Wendy's 🛏 Country Inn&Suites, Hampton Inn, Quality Inn, Springhill Suites ⭕ GNC, Goodyear/auto, Hobby Lobby, Home Depot, Jo-Ann, Kauffman Tire, Kohl's, Lowe's, Petsmart, Ross, Walmart/McDonald's, **W** 📷 RaceTrac/dsl 🍴 5 Guys Burgers, Burger King, Checkers, Chick-fil-A, Coldstone, Cracker Barrel, Firehouse Subs, Goldberg's Deli, Golden Corral, HoneyBaked Ham, IHOP, Jimmy John's, KFC, Krystal, La Parrilla Mexican, Newk's Cafe, O'Charley's, Olive Garden, Panera Bread, Red Robin, Rockback Pizza, Shane's BBQ, Shoney's, Starbucks, Taco Bell, Taco Mac, Thai Heaven, Tokyo Japanese, Yogli Mogli, Zaxby's 🛏 Best Western, Comfort Inn, La Quinta, Motel 6, Newnan Inn ⭕ 🏥 $General, $Tree, AT&T, Barnes&Noble, Belk, Best Buy, BigLots, BJ's Whse/gas, Buick/Cadillac/GMC, Chevrolet, Dick's, Dillards, Ford/Lincoln, Hyundai, JC Penney, Michael's, Office Depot, Old Navy, Publix, Target, Tires+, TJ Maxx, Toyota/Scion, Verizon, vet, Walgreens
41	US 27/29, Newnan, **E** 📷 Murphy/Subway/Wendy's/dsl/scales/24hr ⭕ Little White House NHS, Roosevelt SP,

⬆N INTERSTATE 85 Cont'd

41	Continued W 🅖 BP/dsl, Chevron/dsl 🅕 Huddle House, McDonald's, Waffle House 🅛 Best Value Inn, Economy Inn, Home Lodge, Super 8 🅞 $General, repair
35	US 29, to Grantville, W 🅖 BP/dsl, Phillips 66/dsl
28	GA 54, GA 100, to Hogansville, E 🅖 Valero/dsl, W 🅖 Chevron/dsl, **Loves**/Arby's/dsl/scales/24hr, Shell/dsl 🅕 Int-nat'l Cafe, McDonald's, Nachos Mexican, Roger's BBQ, Subway, Waffle House, Wendy's 🅛 Garden Inn, Woodstream Inn 🅞 Ingles
23mm	Beech Creek
22mm	**weigh sta both lanes**
21	I-185 S, to Columbus
18	GA 109, to Mountville, E 🅖 Marathon/Domino's 🅛 Red Roof Inn, Wingate Inn 🅞 Little White House HS, to FDR SP, W 🅖 BP/dsl, Circle K/dsl, RaceTrac/dsl, Shell/dsl, Texaco/dsl 🅕 Applebee's, Banzai Japanese, Burger King, Chick-fil-A, Cracker Barrel, IHOP, Juanito's Mexican, Longhorn Steaks, Los Nopales, McDonald's, Mi Casa Mexican, Moe's SW Grill, Starbucks, Subway, Waffle House, Wendy's, Zaxby's 🅛 Baymont Inn, Comfort Inn, Holiday Inn Express, La Quinta, Lafayette Garden Inn, Quality Inn, Super 8 🅞 AT&T, Belk, Chrysler/Dodge/Jeep, Ford/Lincoln, Home Depot, Honda, Hyundai, JC Penney, mall, RV Park (3mi), TJ Maxx, Verizon
14	US 27, to La Grange, W 🅖 Pure, Shell, Summit/dsl 🅛 Hampton Inn
13	GA 219, to La Grange, E 🅕 Waffle House 🅛 Days Inn, W 🅖 **Pilot**/Subway/dsl/scales/24hr, Shell/dsl 🅕 Arbys, McDonald's 🅞 🅗
10mm	Long Cane Creek
6	Kia Blvd, W Kia Plant
2	GA 18, to West Point, E 🅖 Shell/dsl, Summit/dsl 🅛 Best Value, W 🅕 Subway (1.5) 🅞 camping, to West Point Lake
.5mm	**Welcome Ctr nb, full ♿ facilities, litter barrels, petwalk, 🅒, 🏧, vending**
0mm	Georgia/Alabama state line, Chattahoochee River

⬆N INTERSTATE 95

Exit #	Services
113mm	Georgia/South Carolina state line, Savannah River
111mm	**Welcome Ctr/weigh sta sb, full ♿ facilities, info, litter barrels, petwalk, 🅒, 🏧, vending**
109	GA 21, to Savannah, Pt Wentworth, Rincon, E 🅖 Enmark/dsl, **Pilot**/McDonald's/Subway/dsl/scales/24hr 🅕 Waffle House 🅛 Best Western, Country Inn&Suites, Hampton Inn, Mulberry Grove Inn 🅞 Freightliner, W 🅖 Flash/dsl, Murphy Express/dsl, Shell/Circle K/Blimpie/dsl 🅕 Bojangles, Dunkin Donuts, El Ranchito, Happy Wok, Island Grill, Port Side Seafood, Sweet Tea Grill, Wendy's, Zaxby's 🅛 Comfort Suites, Days Inn, Holiday Inn Express, Palm Extended Stay, Quality Inn, Savannah Inn, Sleep Inn, Super 8 🅞 CVS Drug, Family$, Food Lion, Whispering Pines RV Park (3mi)
107mm	Augustine Creek
106	Jimmy DeLoach Pkwy
104	Savannah Airport, E 🅖 BP, Shell/Wendy's/dsl 🅕 Sam Sneed's Grill, Waffle House, Waffle House 🅛 Candlewood Suites, Comfort Suites, Country Inn&Suites, DoubleTree, Fairfield Inn, Hampton Inn, Hilton Garden, Holiday Inn Express, Hyatt Place, SpringHill Suites, Staybridge Suites, TownePlace Suites, Wingate Inn 🅞 to🛫, W 🅖 Murphy USA, Parkers/dsl
104	Continued Shell/Subway 🅕 Applebee's, Arby's, Buffalo Wild Wings, Cheddar's, Chick-fil-A, Chili's, Chipotle, CookOut, DQ, Fatz Cafe, Firehouse Subs, Five Guys, Hilliard's Rest., IHOP, Jalapeños, Jersey Mike's, Jimmy John's, Krystal, Little Caesar's, Logan Roadhouse, Longhorn Steaks, McAlister's Deli, McDonald's, Mellow Mushroom, Moe's SW, Olive Garden, Panda Express, Panera Bread, Ruby Tuesday, Shane's Rib Shack, Sonic, Starbucks, Steak'n Shake, TX Roadhouse, Wild Wing Cafe, Zaxby's 🅛 Embassy Suites, Holiday Inn, Red Roof Inn, Residence Inn 🅞 AT&T, Chevrolet, Dick's, GNC, Goodyear, Hobby Lobby, Home Depot, Michael's, Petsmart, Publix, Ross, Sam's Club/gas, Savannah Tire, Tanger Outlets/famous brands, TJ Maxx, URGENT CARE, Verizon, Walmart/McDonald's
102	US 80, to Garden City, E 🅖 El Cheapos/Baldinos Subs, Er market/dsl, Flash/dsl 🅕 Bojangles, Cracker Barrel, Dickey's BBQ, Guerrero Mexican, Hiranos Steaks, Jersey Style Subs, KFC, Krystal, Larry's Subs, Los Bravos Mexican, McDonald's, Pekin Chinese, Spanky's, Subway, Taco Bell, Waffle House 🅛 Best Western, Microtel, Motel 6, Quality Inn, Travelodge 🅞 Camping World RV Ctr, Family$, Food Lion, museum, to Ft Pulaski NM, W 🅖 Gate/dsl, Marathon, Shell 🅕 Burger King, Domino's, El Potro Mexican, Hardee's, Italian Pizza, Pizza Hut, Wendy's, Western Sizzlin 🅛 EconoLodge, Holiday Inn, La Quinta, Magnolia Inn, Ramada, Sleep Inn 🅞 $General
99b a	I-16, W to Macon, E to Savannah
94	GA 204, to Savannah, Pembroke, E 🅖 76/dsl/e85, BP/dsl, Exxon, Murphy USA/dsl (2mi), Shell/dsl 🅕 Applebee's, Cracker Barrel, Denny's, Hardee's, Houlihan's, IHOP, McDonald's, Perkins, Ruby Tuesday, Sonic 🅛 Baymont Inn, Best Inn, Best Western, Clarion, Comfort Suites, Country Inn Suites, Days Inn, EconoLodge, Fairfield Inn, Hampton Inn, Holiday Inn, Holiday Inn Express, Howard Johnson, La Quinta, Quality Inn, Red Roof Inn, San's Boutique Hotel, Scottish Inn, Sleep Inn, SpringHill Suites, Super 8, Travelodge 🅞 🅗, Factory Stores/Famous Brands, GNC, Walmart (2mi), W 🅖 Chevron/dsl, Sunoco 🅕 Hooters, Shellhouse Rest, Subway, Waffle House 🅛 Motel 6, Rodeway Inn 🅞 Harley-Davidson, Indian Motorcycles, Savannah Oaks RV Park (2mi)
91mm	Ogeechee River
90	GA 144, Old Clyde Rd, to Ft Stewart, Richmond Hill S E 🅖 Exxon/dsl, Parkers 🅕 DQ, Jalapeno's, Pizza Hut, Subway, Zaxby's 🅞 AT&T, Kroger/deli/dsl, URGENT CARE, Verizon, W 🅖 **Loves**/McDonald's/dsl/scales/24hr, Marathon/dsl 🅞 Gore's RV Ctr
87	US 17, to Coastal Hwy, Richmond Hill, E 🅖 BP/Subway, Chevron/dsl, RaceWay/dsl 🅕 China 1, Denny's, Domino's, Fuji Japanese, Molly McPherson's Grill, Papa Murphy's, Smokin' Pig BBQ, Southern Image Rest., Steamer's Rest, Waffle House 🅛 Days Inn, Motel 6, Royal Inn, Scottish Inn, Travelodge 🅞 Food Lion, URGENT CARE, W 🅖 McDonald's, Shell/dsl, Sunoco/dsl, TA/BP/Pizza Hut/Popeye's/dsl/scales/24hr/@ 🅕 Arby's, KFC/Taco Bell, Waffle House, Wendy's 🅛 Best Western+, EconoLodge, Fairfield Inn, Hampton Inn, Holiday Inn Express, Quality Inn, Super 8 🅞 KOA
85mm	Elbow Swamp
80mm	Jerico River
76	US 84, GA 38, to Midway, Sunbury, E hist sites, W 🅖 Gulf/McDonald's/dsl, Parker's/dsl, Shell/dsl/scales 🅕 Huddle House, Smokin' Pig BBQ 🅞 🅗
67	US 17, Coastal Hwy, to S Newport, E 🅖 BP/Subway/dsl, Citgo/dsl, El Cheapo, Shell/McDonald's 🅕 Jones BBQ 🅞 Harris Neck NWR, W 🅖 Texaco

Left margin: **LAGRANGE**, **GA**, **SAVANNAH**
Right margin: **SAVANNAH**

INTERSTATE 95 Cont'd

Exit #	Services
58	GA 99, GA 57, Townsend Rd, Eulonia, **E** 🅖 BP/dsl, Citgo 🅞 $General, USPO, **W** 🅖 Exxon/dsl, Shell/Stuckey's/dsl, Snappy 🅕 Huddle House 🛏 Motel 6 🅞 Lake Harmony RV Park, McIntosh Lake RV Park
55mm	weigh sta both lanes
49	GA 251, to Darien, **E** 🅖 Mobil/dsl 🅕 DQ, McDonald's, Waffle House 🅞 Ford, Inland Harbor RV Park, **W** 🅖 BP/dsl, scales, Parker's 🅕 Burger King, KFC/Taco Bell, Ruby Tuesday, Wendy's 🛏 Days Inn, Econolodge, Hampton Inn, Quality Inn, Super 8
47mm	Darien River
46.5mm	Butler River
46mm	Champney River
45mm	Altamaha River
42	GA 99, **E** to Hofwyl Plantation HS
41mm	🆁🆂 sb, full ♿ facilities, info, litter barrels, petwalk, 🅒, 🅐, vending
38	US 17, GA 25, N Golden Isles Pkwy, Brunswick, **E** 🅖 RaceTrac/dsl 🅕 McDonald's, Millhouse Steaks 🛏 Comfort Suites, Country Inn&Suites, Embassy Suites (2mi), Fairfield Inn, Holiday Inn, Microtel 🅞 🅗, Nissan, **W** 🅖 Flash, Marathon/dsl, Parker's, Shell/dsl 🅕 China Town, Denny's, Huddle House, Subway, Toucan's, Waffle House 🛏 Best Western+, Courtyard, EconoLodge, Guest Cottage Motel, Hampton Inn, Quality Inn, Sleep Inn 🅞 $General, Family$, Harley-Davidson, Toyota/Scion, Winn Dixie
36b a	US 25, US 341, to Jesup, Brunswick, **E** 🅖 Chevron/Subway/dsl, Exxon/dsl, RaceWay/dsl 🅕 Burger King, Cracker Barrel, IHOP, KFC, Krystal, McDonald's, Pizza Hut, Starbucks, Taco Bell, Waffle House, Wendy's 🛏 Days Inn, Jameson Inn, La Quinta, Motel 6, Red Roof Inn, Tropical Inn 🅞 Jack's Tires, **W** 🅖 Parker's/dsl, Shell/dsl 🅕 Capt Joe's Seafood, China Buffet, Huddle House, Larry's Subs, Sonny's BBQ, Waffle House 🛏 Clarion, Comfort Inn, Economy Inn, Magnuson Inn, Ramada Inn, Stay Express, Super 8 🅞 $General, Advance Parts, AutoZone, CVS Drug, Family$, Fred's, URGENT CARE, Winn-Dixie
33mm	Turtle River
30mm	S Brunswick River
29	US 17, US 82, GA 520, S GA Pkwy, Brunswick, **E** 🅖 Exxon/dsl, Flash, ♥Love's/Godfather's/Subway/Chester's/dsl/scales/24hr, Mobil/dsl 🅕 Bubba Jack's Crab Shack, Huddle House, Krystal, McDonald's, Zaxby's 🛏 Comfort Suites 🅞 Blue Beacon, SpeedCo, **W** 🅖 ⊘FLYING J/Denny's/dsl/LP/scales/24hr, Shell/Dunkin Donuts/dsl, TA/BP/Burger King/Starbucks/Subway/dsl/24hr 🅕 Domino's, Larry's Subs, Waffle House, Zachry's Rest 🛏 EconoLodge, Motel 6, Super 8 🅞 $General, Family$, Golden Isles Camping, TA Truck Service, Winn Dixie
27.5mm	Little Satilla River
26	Dover Bluff Rd, **E** 🅖 Mobil/Stuckey's/dsl
22	Horse Stamp Church Rd
21mm	White Oak Creek
19mm	Canoe Swamp
15mm	Satilla River
14	GA 25, to Woodbine, **W** 🅕 Chevron/Sunshine/rest/dsl/scales/24hr 🛏 Stardust Motel (3mi)
7	Harrietts Bluff Rd, **E** 🅖 Flash/dsl, Shell/Subway, **W** 🅖 BP/dsl 🅞 Walkabout Camping/RV Park
6.5mm	Crooked River
6	Laurel Island Pkwy, **E** 🅖 Gtrac Express/dsl, Shell/Chester's/dsl

Exit #	Services
3	GA 40, Kingsland, to St Marys, **E** 🅖 Chevron, El Cheapo/dsl, Flash/dsl, Mobil, Murphy USA/dsl, Shell/Subway, Sunoco 🅕 Angelo's Italian, Applebee's, Burger King, Capt D's, Chick-fil-A, DQ, Dunkin Donuts, Firehouse Subs, KFC, Little Caesar's, Longhorn Steaks, McDonald's, OPS Kitchen, Papa John's, Ruby Tuesday, Sonny's BBQ, Taco Bell, Waffle House, Wendy's, Zaxby's 🛏 Best Western, Comfort Suites, Country Inn&Suites, Days Inn, Fairfield Inn, Hawthorn Suites, Magnolia Inn, Microtel, Motel 6, Quality Inn, Red Roof Inn, Rodeway Inn, Sleep Inn 🅞 🅗, $Tree, Buick/Chevrolet, Chrysler/Dodge/Jeep, CVS Drug, Ford, GNC, Lowe's, NAPA, Publix, Tire Kingdom, to Crooked River SP, to Submarine Base, URGENT CARE, Verizon, Walgreens, Walmart, Winn-Dixie, **W** Welcome Ctr/info 🅖 Flash/dsl, Petro/Popeye's/dsl/scales/24hr/@, RaceWay/dsl, Shell/dsl 🅕 Cracker Barrel, Denny's, Domino's, IHOP, Millhouse Steaks, Waffle House 🛏 Baymont Inn, EconoLodge, Hampton Inn, La Quinta, Springfield Suites, Travelers Inn 🅞 Ace Hardware, Advance Parts, Fred's, Kiki RV Park
1	St Marys Rd, to Cumberland Is Nat Seashore, **E** Welcome Ctr nb, full ♿ facilities, 🅒, vending, 🅐, litter barrels, petwalk, 🅖 🚛/Subway/PJ Fresh/dsl/scales/24hr, Shell/dsl **W** 🅖 BP/dsl, Chevron/dsl, 🚛/Dunkin Donuts/Wendy's/dsl/scales/24hr 🅕 Little Pearl's Bistro 🅞 Country Oaks RV Park, KOA
0mm	Georgia/Florida state line, St Marys River

INTERSTATE 185 (Columbus)

Exit #	Services
48	I-85. I-185 begins/ends on I-85.
46	Big Springs Rd, **E** 🅖 Shell/dsl, **W** 🅞 tires
42	US 27, Pine Mountain, **E** 🅖 Shell/dsl, Summit/dsl 🅕 Waffle House 🅞 Little White House HS, Pine Mtn Camping, to Callaway Gardens
34	GA 18, to West Point, **E** 🅞 to Callaway Gardens
30	Hopewell Church Rd, Whitesville, **W** 🅖 Shell/dsl
25	GA 116, to Hamilton, **W** 🅞 RV camping
19	GA 315, Mulberry Grove, **W** 🅖 Chevron/dsl/24hr
14	Smith Rd
12	Williams Rd, **W** Welcome Ctr/rest rooms 🅖 Shell, Summit/dsl 🛏 Country Inn&Suites, Microtel
10	US 80, GA 22, to Phenix City, **W** 🅞 Springer Opera House
8	Airport Thruway, **E** 🅕 Bojangles, Great Wall 🅞 $Tree, GNC, Home Depot, Walmart/Subway, **W** 🅖 Circle K/dsl, Shell/Circle K 🅕 Applebee's, Baskin Robbins, Ben's Chophouse, Blue Iguana Grill, Burger King, Cafe Le Rue, Capt D's, Country Road Buffet, Fuddruckers, Hardee's, Houlihan's, IHOP, McDonald's, Mikata Japanese, Outback Steaks, Pickle Barrel Cafe, Stevi B's Pizza, Subway, Taco Bell 🛏 Comfort Suites, DoubleTree, Extended Stay America, Hampton Inn, Sleep Inn 🅞 AAA, BigLots, K-Mart, Office Depot

Kennesaw • Roswell • Duluth • Marietta • Dunwoody • Smyrna • North Atlanta • Tucker • Douglasville I-20 Atlanta • Redan • Chapel Hill I-285 • Conyers Cliftondale • Forest Park I-20 • Palmetto I-85 Jonesboro • Stockbridge

ST MARYS

BRUNSWICK

GA

COLUMBUS

⬆ INTERSTATE 185 (Columbus) Cont'd

Exit #	Services
7	45th St, Manchester Expswy, **E** 🍴 Applebee's, Burger King, Carino's Italian, Krystal, Ruby Tuesday 🛏 Courtyard, La Quinta, Super 8 🅾 Best Buy, Cadillac/Chevrolet, Dillard's, JC Penney, Macy's, mall, **W** 🅿 BP/dsl, Chevron/dsl, Circle K/dsl, Marathon 🍴 Arby's, China Express, Dunkin Donuts, Goldberg's Deli, Golden Corral, Jimmy John's, KFC, Little Caesar's, Logan's Roadhouse, Lucky China, McDonald's, Pizza Hut, Ryan's, Shogun Japanese, Sonic, Starbucks, SteakOut, Subway, Waffle House 🛏 Fairfield Inn, Holiday Inn, TownePlace Suites 🅾 🄷, $General, Advance Parts, Big T Tire/repair, Civil War Naval Museum, Midas, Mr Transmission
6	GA 22, Macon Rd, **E** 🅿 Chevron/dsl, Circle K/dsl 🍴 Bruster's, Burger King, DQ, Little Caesars, Taco Bell, Waffle House 🛏 Best Western, Comfort Inn, Days Inn 🅾 $General, Rite Aid, U-Haul, vet, Walgreens, **W** 🅿 Chevron/dsl, Shell/dsl 🍴 American Deli, Capt D's, ChuckeCheese, Cici's, Country's BBQ, Denny's, DunkinDonuts/Baskin Robbins, Firehouse Subs, Jimmy John's, Longhorn Steaks, McDonald's, Subway, Zaxby's 🛏 Efficiency Lodge, La Quinta 🅾 AT&T, CVS Drug, Fred's, GNC, Goodyear/auto, Publix, TJ Maxx, Tuesday Morning, Verizon
4	Buena Vista Rd, **E** 🅿 BP, Circle K, Solo 🍴 Burger King, Capt D's, Checkers, Church's, Krystal, McDonald's, Papa John's, Pizza Hut, Subway, Taco Bell, Waffle House, Zaxby's 🅾 $Tree, AutoZone, Family$, Firestone/auto, Goodyear/auto, O'Reilly Parts, Rainbow Foods, repair, USPO, vet, Walgreens, Walmart, Winn-Dixie, **W** 🅿 Marathon
3	St Marys Rd, **E** 🍴 Domino's 🛏 Microtel 🅾 Family$, **W** 🅿 FuelTech/dsl, Shell/dsl 🍴 Hardee's, Shark Seafood/Chicken 🅾 $General, Ace Hardware, Piggly Wiggly
1b a	US 27, US 280, Victory Dr, **0-3 mi W** 🅿 Chevron/dsl, Circle K, Liberty, RaceWay/dsl 🍴 Burger King, Capt D's, Checkers, Krystal, McDonald's, Papa John's, Sonic, Subway, Taco Bell, Waffle House, Wendy's 🛏 Candlewood Suites, Columbus Inn, EconoLodge, Holiday Inn Express, Motel 6, Suburban Lodge 🅾 $General, Advance Parts, AutoZone, CVS Drug, Family$, O'Reilly Parts, Piggly Wiggly, Verizon
0mm	**I-185 begins/ends on Victory Dr**

INTERSTATE 285 (Atlanta)

ATLANTA AREA

Exit #	Services
62	GA 279, S Fulton Hwy, Old Nat Hwy, **N** 🅿 Chevron/dsl, Texaco 🍴 Waffle House 🛏 Econolodge, **S** 🅿 Chevron, Citgo, Exxon, Shell, Valero 🍴 American Deli, Blimpie, Bojangles, Burger King, Checker's, China Cafeteria, Church's, Cozumel Mexican, KFC, Krystal, McDonald's, Piccadilly Cafeteria, Subway, Taco Bell, Waffle House, Wendy's 🛏 Baymont Inn, Day's Inn, Quality Inn, Super 8, Travelodge, Windsor Atl Hotel 🅾 AutoZone, Family$, Midas, O'Reilly Parts, U-Haul
61	I-85, N to Atlanta, S to Montgomery
60	GA 139, Riverdale Rd, **N** 🛏 Fairfield Inn (2mi), Microtel (2mi), Wingate Inn (2mi), **S** 🅿 QT/dsl, Shell/dsl, Valero/dsl 🍴 Checkers, Church's, McDonald's, Papa John's, Waffle House 🛏 Best Western, Day's Inn, Quality Hotel 🅾 $General, Advance Parts, Family$
59	Clark Howell Hwy, **N** 🅾 air cargo
58	I-75, N to Atlanta, S to Macon (from eb), to US 19, US 41, to Hapeville, **S** 🅿 BP/dsl, Citgp/dsl, Exxon/dsl 🍴 American Deli, Jimmy John's, Subway, Tijuana Joe's, Waffle House, Wendy's 🛏 Home Lodge Motel

ATLANTA AREA

Exit #	Services
55	GA 54, Jonesboro Rd, **N** 🛏 Super 8, **S** 🅿 BP/dsl, Citgo/dsl, Shell/dsl, Texaco/dsl 🍴 DaiLai Vietnamese, McDonald's 🅾 Family$, Home Depot, repair
53	US 23, Moreland Ave, to Ft Gillem, **N** 🅿 BP/dsl, Citgo/dsl, **S** 🅿 Chevron/dsl, Citgo 🍴 Wendy's 🛏 EconoLodge 🅾 USPO
52	I-675, S to Macon
51	Bouldercrest Rd, **N** 🅿 BP, 🍴/Wendy's/dsl/24hr 🍴 Checkers, Domino's, Hardee's, KFC, WK Wings 🅾 Family$, Wayfield Foods, **S** 🅿 Exxon/dsl, Shell/Blimpie/dsl, Texaco/dsl
48	GA 155, Flat Shoals Rd, Candler Rd, **N** 🅿 BP, Chevron, Citgo/dsl, Shell/dsl, Texaco/dsl 🍴 Burger King, Checkers, Church's, DQ, Dunkin Donuts/BR, KFC, McDonald's, Taco Bell, Waffle King, WK Wings 🛏 Gulf American Inn 🅾 BigLots, Macy's, **S** 🅿 Citgo, QT, Texaco/dsl 🍴 Burger King, China One, Sonic, Subway 🅾 Family$
46b a	I-20, E to Augusta, W to Atlanta
44	GA 260, Glenwood Rd, **E** 🅿 Sunoco/dsl 🛏 EconoLodge **W** 🅿 Exxon/dsl, Texaco/dsl, Valero/dsl
43	US 278, Covington Hwy, **E** 🅿 Chevron/Subway, Texaco/dsl 🍴 Waffle House 🅾 U-Haul, **W** 🅿 Mystik/dsl, QT, RaceTrac/dsl, Texaco/dsl 🍴 HoneyBaked Ham, Wendy's 🛏 Best Inn 🅾 Advance Parts, Family$
42	(from nb), 🅾 Marta Station
41	GA 10, Memorial Dr, Avondale Estates, **E** 🅿 Citgo, Mystik 🍴 Applebee's, Baskin-Robbins/Dunkin Donuts, Burger King, Church's, Domino's, IHOP, Pancake House, Pizza Hut, Subway, Taco Bell, Waffle House, Wendy's 🛏 Best Value Inn Budgetel, United Suites 🅾 $Tree, Advance Parts, Atl Tires, AutoZone, Family$, Firestone/auto, GNC, Office Depot, Ross, transmissions, U-Haul, USPO, Walgreens
40	Church St, to Clarkston, **E** 🅿 Chevron, Marathon/dsl, Texaco 🅾 auto repair, **W** 🅾 🄷
39b a	US 78, to Athens, Decatu
38	US 29, Lawrenceville Hwy, **E** 🅿 Citgo, QT/dsl, RaceTrac/dsl 🍴 Bojangle's, Waffle House 🛏 Best Value Inn, Knights Inn 🅾 🄷, **W** 🅿 Citgo/dsl 🍴 Bruster's 🛏 Masters Inn Motel 6 🅾 AutoZone, CVS Drug
37	GA 236, to LaVista, Tucker, **E** 🅿 Chevron/dsl, Exxon 🍴 Checkers, Folks Rest., Hudson Grille, IHOP, O'Charley's, Piccadilly's, Pollo Tropical, Waffle House 🛏 Comfort Suites, Days Inn 🅾 DeKalb Tire/auto, Firestone/auto, Target **W** 🅿 BP/Domino's, Chevron, Shell/dsl 🍴 Blue Ribbon Grill, Capt D's, Chick-fil-A, Chipotle, Coco Cabana Cuban, Dunkin Donuts, Eduardo's Mexican, HoneyBaked Ham, Jason's Deli, Kacey's Rest., Kobe Steaks, Lucky Key Chinese, Maddio's Pizza, Marlow's Tavern, McDonald's, Mellow Mushroom, Moe's SW, Monterrey Mexican, Panda Express, Panera Bread, Pizza Hut, Popeye's, Red Lobster, Starbucks, Subway 🛏 Courtyard, DoubleTree, Holiday Inn, Quality Inn 🅾 $Tree, Aldi Foods, AT&T, Best Buy, Goodyear/auto, JC Penney, Kohl's, Kroger, mall, Michael's, Office Depot, Petsmart, Publix, Sears/auto, TJ Maxx, Verizon
36	Northlake Pkwy (from sb, no return)
34	Chamblee-Tucker Rd, **E** 🅿 Texaco/dsl 🍴 $3 Cafe, China Star, Galaxy Diner, Hunan Inn, Jersey Mike's Subs, KFC/Taco Bell, Moe's SW Grill, Wendy's 🅾 Advance Parts, Goodyear/auto, Kroger, Rite Aid, USPO, **W** 🅿 Citgo, Shell 🍴 McDonald's, Subway 🅾 BigLots, vet
33b a	I-85, N to Greenville, S to Atlanta
32	US 23, Buford Hwy, to Doraville, **E** 🅿 BP/dsl 🍴 Baldino's Subs, Bojangle's, Burger King/playland, Checkers, Chick-fil-A, McDonald's, Waffle House, White Windmill Café, Zaxby's

INTERSTATE 285 (Atlanta) Cont'd

32 Continued
Advance Parts, Firestone/auto, Marshalls, PepBoys, **W** Citgo, QT/dsl McDonald's, Monterrey Mexican, Subway, Waffle House Clarion $Tree, Aamco, Meineke

31b a GA 141, Peachtree Ind, to Chamblee, **W** Arby's, Baskin-Robbins/Dunkin Donuts, Chick-fil-A, IHOP, McDonald's, Pizza Hut, Subway, Wendy's Acura, Advance Parts, AT&T, Audi, Brandsmart, Buick/GMC, Chevrolet, Chrysler/Dodge/Jeep, CVS Drug, Firestone/auto, Ford, Honda, Hyundai, Infiniti, Kia, Lexus, Mazda, Mini, Nissan, Office Depot, Porsche, Toyota, VW, Walgreens

30 Chamblee-Dunwoody Rd, N Shallowford Rd, to N Peachtree Rd, **N** BP/dsl, BP/Dunkin Donuts, Shell, Texaco/dsl Bagel&Co. Deli, Burger King, Marco's Pizza, McDonald's, Starbucks, Subway, Takorea, Waffle House Kroger, Tuesday Morning, **S** Exxon/dsl, Mobil, Shell, Texaco/dsl, Valero La Botana Mexican, Mad Italian Rest., Papa John's, Taco Bell, Wendy's, Wild Ginger Thai Residence Inn

29 Ashford-Dunwoody Rd, **N** Exxon/Subway Brio Tuscan, Broken Egg, CA Pizza Kitchen, Capital Grille, Cheesecake Factory, Chick-fil-A, Chili's, Corner Bakery&Cafe, Fogo de Chao, J. Alexander's, Jason's Deli, Maddio's Pizza, Maggiano's Little Italy, McCormick&Schmick's, McDonald's, McKendrick Steaks, Memphis BBQ, Newk's Eatery, Olive Garden, PF Chang's, Popeye's, Schlotzsky's, Seasons 32 Grill, Starbucks, Wild Wing Cafe Crowne Plaza, Hampton Inn Barnes&Noble, Best Buy, Dillard's, Hobby Lobby, Macy's, mall, Marshalls, Nordstrom, Old Navy, USPO, Walmart, **S** Hilton Garden

28 Peachtree-Dunwoody Rd (no EZ return wb), **N** Arby's, Chuy's Mexican, Domino's, Five Guys, Panera Bread, Subway, Uncle Julio's Mexican, Willy's Mexican Comfort Suites, Courtyard, Extended Stay America, Extended Stay America (2), Fairfield Inn, Hampton Inn, Hilton Suites, Holiday Inn Express, La Quinta, Marriott, Microtel, Residence Inn, Sheraton, Westin Costco/gas, GNC, Home Depot, mall, Publix, Rite Aid, Ross, Target, TJ Maxx, **S**

27 US 19 N, GA 400, 2 mi N LDS Temple

26 Glenridge Dr (from eb), Johnson Ferry Rd

25 US 19 S, Roswell Rd, Sandy Springs, **N** BP, Shell/dsl, Shell/dsl Andres Mexican, Bobbys Burgers, Boston Mkt, Burger King, Chick-fil-A, Chipotle Mexican, Domino's, Dunkin Donuts, Egg Harbor Café, El Azteca Mexican, Firehouse Subs, Five Guys, Hudson Grille, IHOP, Jimmy John's, Longhorn Steaks, Maya Steaks, McDonald's, Mellow Mushroom, Moe's SW Grill, Pizza Hut, Roasters, Starbucks, Steak'n Shake, Subway, Taco Bell, Waffle House, Wendy's, Willy's Mexican, Zaxby's Comfort Inn $Tree, Aldi Foods, AT&T, CVS Drug, DeKalb Tire, Lowe's, Marshalls, Mr Tire, NAPA AutoCare, Office Depot, PepBoys, PetCo, Publix, Target, Toyota, Trader Joe's, Tuesday Morning, URGENT CARE, Verizon, Walgreens, Whole Foods Mkt, **S** Chevron/dsl, Citgo, Shell Barberitos, El Taco Veloz, Five Seasons Rest., Marlow's Tavern, Panda Express, Starbucks, Taco Mac Publix, Staples, Target, URGENT CARE

24 Riverside Dr

22 New Northside Dr, to Powers Ferry Rd, **N** Shell/Subway/dsl Extended Stay America, **S** BP, Chevron/dsl McDonald's, Ray's Rest., Rio Bravo, Subway, Waffle House Wyndham CVS Drug, Publix, vet

21 (from wb), **N** Chevron Harry's Pizza, Homestead Village Extended Stay America BMW/Mini

20 I-75, N to Chattanooga, S to Atlanta (from wb), to US 41 N

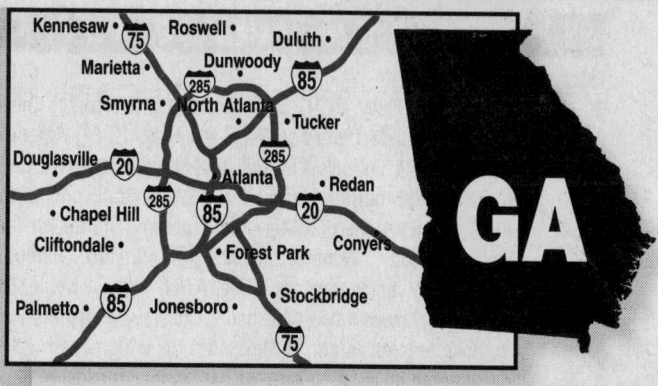

19 US 41, Cobb Pkwy, to Dobbins AFB, **N** BP/dsl, Marathon, QT Applebee's, Bruster's, Burger King, Carrabba's, Chuck-e-Cheese, Del Taco, Dunkin Donuts, IHOP, Jade Palace, KFC, McDonald's, Olive Garden, Panda Express, Papa John's, Red Lobster, Scalini's Italian, Subway, Taco Bell, Thompson Bros BBQ, Waffle House, Wendy's, Zaxby's DoubleTree, Extended Stay America, Hampton Inn, Holiday Inn Express, Hyatt, Residence Inn, Wingate Inn $Tree, Aldi Foods, Best Buy, Braves Stadium, Cadillac, Chevrolet, Discount Tire, Honda, Hyundai, Kia, Lexus, Marshall's, Michael's, NTB, Office Depot, PetsMart, Ross, Target, Verizon, Walgreens, **S** Buffalo Wild Wings, Cheesecake Factory, Chick-fil-A, Chipotle Mexican, Corner Bakery Cafe, Firehouse Subs, Hooters, Jason's Deli, Longhorn Steaks, Maggiano's Italian, PF Chang's, Pizza Hut, Pollo Tropical, Schlotsky's, Stoney River Steaks, Subway, Tilted Kilt, Zoe's Kitchen Courtyard, Hampton Inn, Homewood Suites, Renaissance, Sheraton Suites AT&T, Barnes&Noble, Costco/gas, Macy's, mall, Old Navy, Sears/auto, USPO

18 Paces Ferry Rd, to Vinings, **N** Panera Bread Fairfield Inn, La Quinta, **S** QT/24hr Chick-fil-A, Starbucks, Subway, Willy's Grill Extended Stay America Goodyear/auto, Home Depot, Publix, Verizon

16 S Atlanta Rd, to Smyrna, **N** Five Guys, Waffle House Days Inn H, **S** Chevron/Subway/dsl, Shell/dsl Jersey Mike's Kroger

15 GA 280, S Cobb Dr, **E** Araamda U-Haul, **W** BP/dsl, Mobil, RaceTrac/dsl, Shell Arby's, Chick-fil-A, China Cafe, Dunkin Donuts, IHOP, Jimmy John's, Krystal, McDonald's, Subway, Taco Bell, Zaxby's Baymont Inn, Comfort Inn, Country Inn Suites, Knight's Inn, Sun Suites

14mm Chattahoochee River

13 Bolton Rd (from nb)

12 US 78, US 278, Bankhead Hwy, **E** Petro/Iron Skillet/dsl/scales/24hr/@, Shell/dsl/24hr, Valero/dsl Burger King Blue Beacon, **W** BP, Texaco

10b a I-20, W to Birmingham, E to Atlanta (exits left from nb), **W** to Six Flags

9 GA 139, MLK Dr, to Adamsville, **E** Quikmart, Shell Family$, O'Reilly Parts, Wayfield Foods, **W** Chevron, Shell, Texaco/dsl Checker's, Church's, KFC/Taco Bell, McDonald's $General, Family$

7 Cascade Rd, **E** Exxon/dsl Papa John's Kroger, **W** BP/dsl, Shell/dsl Applebee's, China Express, KFC, Little Caesar's, McDonald's, Pizza Hut, Starbucks, Subway, Wendy's GNC, Home Depot, Publix, Tires+, Walgreens, Walmart

5b a GA 166, Lakewood Fwy, **E** Chevron, Shell Burger King, Capt D's, Checker's, KFC, Little Caesar's, Subway, Wendy's CVS Drug, Firestone, Goodyear/auto, Kroger, Macy's, mall, **W** BP, RaceWay/dsl, Shell/dsl, Texaco/dsl, Valero Church's Deluxe Inn AutoZone, Family$, O'Reilly Parts

(side margin) ATLANTA AREA

MACON

CANTON

WOODSTOCK

GA

INTERSTATE 285 (Atlanta) Cont'd

Exit #	Services
2	Camp Creek Pkwy, to ✈, **E** ⌷ Exxon/dsl, Texaco ⏽ Checker's, Church's, McDonald's, **W** ⌷ RaceTrac/dsl ⏽ American Deli, Bruster's, Carino's, Chick-fil-A, Chili's, China 1, Five Guys, Jason's Deli, LongHorn Steaks, Moe's SW, Panda Express, Papa John's, Popeyes, Red Lobster, Ruby Tuesday, Starbucks, Taco Bell, TGIFriday, Wendys, Zaxby's ⌂ Courtyard, Hampton Inn, Holiday Inn Express ⊙ $Tree, AT&T, Barnes&Noble, BJ's Whse/gas, Lowes Whse, Marshall's, Old Navy, PetsMart, Publix, Ross, Staples, Target, TJ Maxx, Verizon, Walgreens
1	Washington Rd, **E** ⌷ Texaco/dsl, **W** ⌷ Chevron/dsl

▶N INTERSTATE 475 (Macon)

Exit #	Services
16mm	I-475 begins/ends on I-75, exit 177.
15	US 41, Bolingbroke, **1 mi E** ⌷ Exxon/dsl/LP, Marathon/dsl
9	Zebulon Rd, **E** ⌷ Marathon/dsl, Shell/Circle K/24hr ⏽ Applebee's, Buffalo's Café, Chick-fil-A, Johnny's NY Pizz, Krystal, Macon Pizza Co, Margarita's Mexican, McAlister's Deli, McDonald's, Moe's SW, NU Way Wieners, Papa John's, Pizza Hut, Sonic, Subway, Taco Bell, Taki Japanese, Tutti Frutti, Waffle House, Wendy's ⌂ Baymont Inn, Comfort Suites, Fairfield Inn, Sleep Inn ⊙ Ⓗ, Goodyear/auto, Kohl's, Kroger/dsl, Lowe's, URGENT CARE, USPO, Verizon, Walgreens, Walmart/Subway, **W** ⌷ Marathon/dsl, Sunoco/dsl ⏽ Marco's Pizza, Polly's Cafe, Zaxby's ⊙ Advance Parts, CVS Drug
8mm	Ⓡs nb, full ♿ facilities, litter barrels, petwalk, ⏽, ✲, vending
5	GA 74, Macon, **E** ⌷ RaceWay/dsl ⏽ Waffle House ⊙ Harley-Davidson, to Mercer U, **W** ⌷ Flash/Subway/dsl, Texaco/Church's/dsl ⏽ Capt D's ⌂ A1 Economy ⊙ $General, Tires+, to Lake Tobesofkee, vet
3	US 80, Macon, **0-2 mi E** ⌷ Marathon/dsl, Murphy USA/dsl, RaceWay, Shell/Circle K/Subway ⏽ Aldi Foods, Applebee's, Burger King, Chick-fil-A, China Buffet, Cracker Barrel, DQ, Firehouse Subs, Golden Corral, JL's BBQ, Margarita's Mexican, McAlister's Deli, McDonald's, Papa John's, S&S Cafeteria, Silver Bay Seafood, Smokin' Pig BBQ, Taco Bell, Waffle House, Zaxby's ⌂ Best Inn, Best Western, Bridgeview Inn, Comfort Suites, Days Inn, Discovery Inn, EconoLodge, Hampton Inn, Holiday Inn Express, La Quinta, Motel 6, Quality Inn, Ramada Inn, Red Roof Inn, Super 8, Woodspring Suites ⊙ $Tree, AT&T, Best Buy, BigLots, CVS Drug, Dick's, Discount Tire, Firestone/auto, GNC, Home Depot, Honda, Kroger/gas, Lowe's, Macy's, mall, Marshall's, Michael's, Nissan, Office Depot, Old Navy, Petsmart, Ross, Sam's Club/gas, Staples, Target, Verizon, vet, VW, Walmart/Subway, **W** ⌷ Shell/Circle K, Sunoco/dsl ⏽ Burger King ⌂ Best Value Inn, Windsor Economy Inn
1	Hartley Bridge Rd, same as I-75 exit 156
0mm	I-475 begins/ends on I-75, exit 156.

▶N INTERSTATE 575

Exit #	Services
30mm	I-575 begins/ends on GA 5/515.
27	GA 5, Howell Br, to Ball Ground
24	Airport Dr
20	GA 5, to Canton, **E** ⌷ ⏽ Bojangles, Buffalo's Cafe, Casey's Rest., Chick-fil-A, Dos Margaritas Mexican, Jin's Buffet, Stevi B's Pizza, Waffle Wouse, Wendy's ⌂ Econolodge, Homestead Inn, Motel 6 ⊙ AT&T, Chevrolet, Chrysler/Dodge/Jeep, GNC, Toyota, Verizon, Walmart, **W** ⌷ RaceTrac/dsl, Shell/Subway, Texaco/dsl ⏽ Applebee's, Arby's, Cracker Barrel, Five Guys, Honeybaked Ham, Longhorn Steaks, McDonald's, O'Charley's,
20	Continued Okinawa Steaks, Outback Steaks, Panda Express, Provino's, Re Lobster, Seven Tequilas Mexican, Starbucks, Zaxby's ⌂ Bes Western, Hampton Inn, Holiday Inn Express ⊙ Ⓗ, Belk, Hom Depot, Michaels, Publix, Ross
19	GA 20 E, Canton, **E** ⏽ Bobby's Burgers, Chick-fil-A, Chipotl IHOP, Jimmy John's, La Parrilla Mexican, Maddio's Pizza, McDon ald's, Olive Garden, Starbucks, Subway, Taco Mac, Waffle Hous Which Wich?, Zaxby's ⊙ Best Buy, BooksAMillion, Dick's Goodyear/auto, Kohl's, Lowe's, NTB, Petsmart, Target, TJ Maxx
17	GA 140, to Roswell (from sb), Canton
16	GA 20, GA 140, **W** ⌷ Citgo, RaceTrac/dsl ⏽ Burger Kin KFC, Mandarin House, Papa John's, Subway, Taco Bell, Waff House ⊙ $General, Advance Parts, Rite Aid
14	Holly Springs, **E** ⌷ Texaco/dsl ⏽ Domino's, Ichiban Buffe Las Palmas Mexican, Pizza Hut ⌂ Pinecrest Motel ⊙ ve Walmart/Subway, **W** ⌷ Chevron, Shell/dsl ⏽ Dunkin Do nuts, Golden China, McDonald's, Subway, Taste of Italy, Viv Mexico, Wendy's, Zaxby's ⊙ Autozone, Family$, Kauffma Tire, Kroger/dsl, Publix, Verizon, Walgreens
11	Sixes Rd, **E** ⌷ Chevron/dsl, QT ⏽ Shane's Ribshack, Za by's ⊙ Home Depot, Verizon
9	Ridgewalk Pkwy, **E** ⏽ Applebee's, Chick-fil-A, Five Guys, M Donald's, Panda Express ⊙ outlets/famous brands
8	Towne Lake Pkwy, to Woodstock, **E** ⌷ Shell/dsl ⏽ Subwa Waffle House ⊙ Ford, **W** ⌷ Phillips 66, QT ⏽ Chili's, Long horn Steaks ⊙ Tuesday Morning, Walgreens
7	GA 92, Woodstock, **E** ⌷ Chevron, QT ⏽ Arby's, Bubba Q Rest., Burger King, Capt D's, Checker's, Chick-fil-A, Chin Chi Del Taco, DQ, Dunkin Donuts, Firehouse Subs, Folk's Kitche Honeybaked Ham, Maddio's Pizza, McDonald's, Moe's SW Grill, O'Charley's, Resturante Mexico, Ruby Tuesday, Starbuck Stevi B's Pizza, Subway, Taco Bell, Waffle House ⌂ Comfo Suites, Hampton Inn, InTown Suite ⊙ Camping World, Fire stone/auto, Goodyear/auto, **W** ⌷ Texaco/dsl ⏽ Hacienda Vieja Mexican, IHOP, Jimmy John's, Schlotzsky's, Steak'n Shak Taco Mac ⌂ Microtel ⊙ AT&T, Atlanta Bread, Big Lots, BJ Whse/gas, Discount Tire, GNC, Home Depot, Honda, Kohl Lowe's Whse, Old Navy, Petsmart, Target, Verizon
4	Bells Ferry Rd, **W** ⌷ QT, RaceTrac/dsl, Shell/dsl ⏽ Arby Burger King, Dunkin Donuts, Pizza Hut, Ralph's Grill, Subwa Waffle House ⊙ Pepboys, Publix, Walgreens
3	Chastain Rd, to I-75 N, **W** ⌷ Chevron ⏽ CA Dreamin Cookout, Cracker Barrel, Del Taco, Firehouse Subs, Five Guy Los Reyes, Maddio's Pizza, Marlow's Tavern, O'Charley's, Pa da Express, Papa's Cuban, Ruth's Chris Steks, Starbucks, Tac Mac ⌂ Best Western, Comfort Suites, Embassy Suites, Fairfie Inn, Residence Inn, Springhill Suites ⊙ to Kennesaw St Coll
1	Barrett Pkwy, to I-75 N, US 41, **E** ⌷ Murphy USA/ds QT ⏽ Bobby's Burgers, Buffalo Wild Wings, Burger Kin Moe's SW Grill, Pacific Grill, Starbucks, Stevi B's Pizza, Tex Roadhouse, Twisted Kitchen, Waffle House, Wendy's, Za by's ⊙ $Tree, AT&T, Barnes&Noble, CVS Drug, Kauffman Tir Petco, Publix, Ross, SteinMart, Tuesday Morning, Walmart/Su way, **W** ⌷ Shell/dsl ⏽ Applebee's, Fuddrucker's, Fujihan Honeybaked Ham, Jimmy John's, Longhorn Steaks, McDo ald's, Olive Garden, Provino's Italian, Red Lobster, Shogun Ja anese, Smashburger, Starbucks, Subway, Twin Peaks ⌂ Con fort Inn, Holiday Inn Express, La Quinta, Red Roof Inn ⊙ Be Firestone/auto, Home Depot, mall, Marshall's, Midas, Pepboy TJ Maxx, Verizon
0mm	I-575 begins/ends on I-75, exit 268.

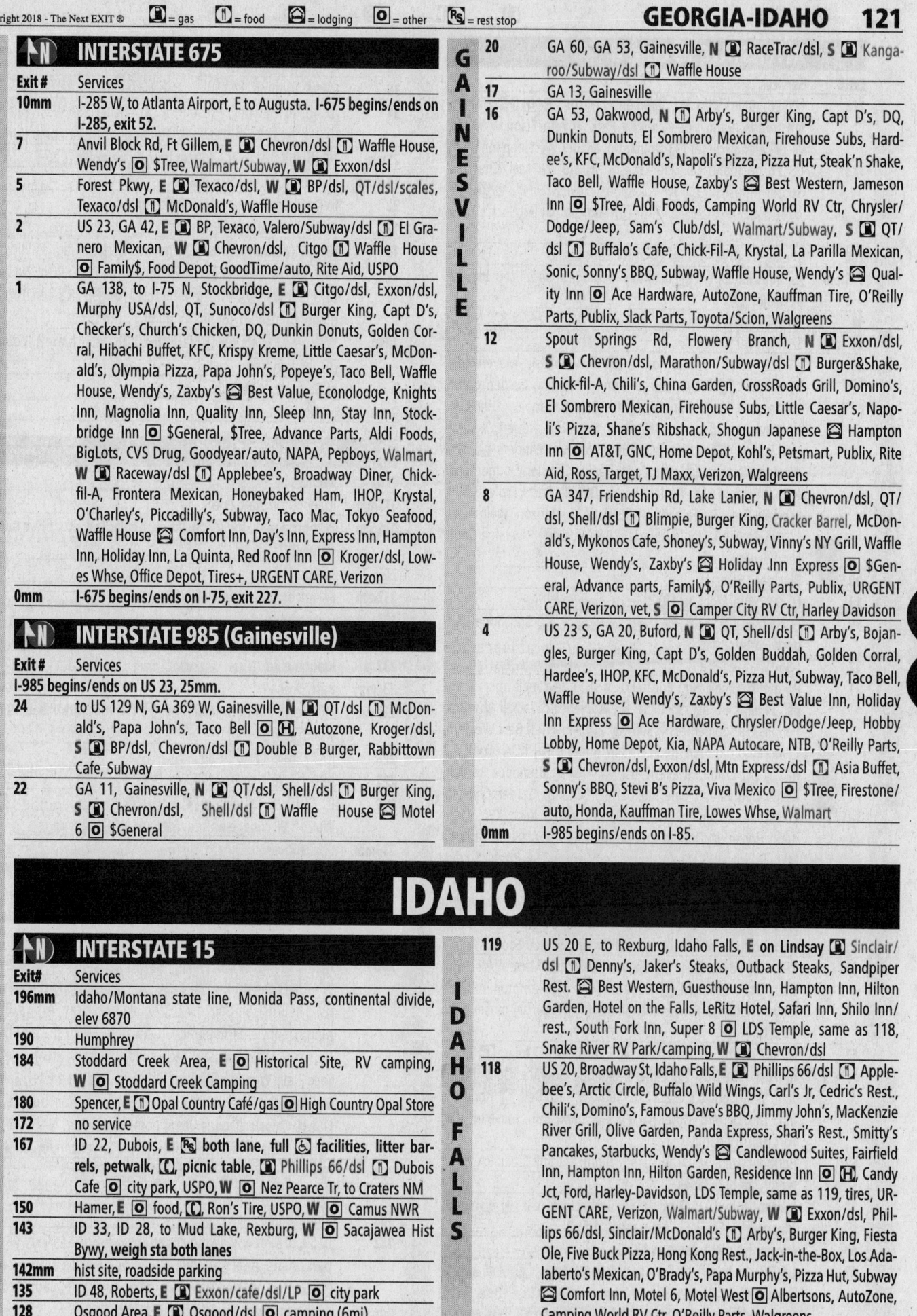

INTERSTATE 675

Exit #	Services
10mm	I-285 W, to Atlanta Airport, E to Augusta. **I-675 begins/ends on I-285, exit 52.**
7	Anvil Block Rd, Ft Gillem, **E** 📳 Chevron/dsl 🍴 Waffle House, Wendy's 🅾 $Tree, Walmart/Subway, **W** 📳 Exxon/dsl
5	Forest Pkwy, **E** 📳 Texaco/dsl **W** 📳 BP/dsl, QT/dsl/scales, Texaco/dsl 🍴 McDonald's, Waffle House
2	US 23, GA 42, **E** 📳 BP, Texaco, Valero/Subway/dsl 🍴 El Granero Mexican, **W** 📳 Chevron/dsl, Citgo 🍴 Waffle House 🅾 Family$, Food Depot, GoodTime/auto, Rite Aid, USPO
1	GA 138, to I-75 N, Stockbridge, **E** 📳 Citgo/dsl, Exxon/dsl, Murphy USA/dsl, QT, Sunoco/dsl 🍴 Burger King, Capt D's, Checker's, Church's Chicken, DQ, Dunkin Donuts, Golden Corral, Hibachi Buffet, KFC, Krispy Kreme, Little Caesar's, McDonald's, Olympia Pizza, Papa John's, Popeye's, Taco Bell, Waffle House, Wendy's, Zaxby's 🛏 Best Value, Econolodge, Knights Inn, Magnolia Inn, Quality Inn, Sleep Inn, Stay Inn, Stockbridge Inn 🅾 $General, $Tree, Advance Parts, Aldi Foods, BigLots, CVS Drug, Goodyear/auto, NAPA, Pepboys, Walmart, **W** 📳 Raceway/dsl 🍴 Applebee's, Broadway Diner, Chick-fil-A, Frontera Mexican, Honeybaked Ham, IHOP, Krystal, O'Charley's, Piccadilly's, Subway, Taco Mac, Tokyo Seafood, Waffle House 🛏 Comfort Inn, Day's Inn, Express Inn, Hampton Inn, Holiday Inn, La Quinta, Red Roof Inn 🅾 Kroger/dsl, Lowes Whse, Office Depot, Tires+, URGENT CARE, Verizon
0mm	**I-675 begins/ends on I-75, exit 227.**

INTERSTATE 985 (Gainesville)

Exit #	Services
	I-985 begins/ends on US 23, 25mm.
24	to US 129 N, GA 369 W, Gainesville, **N** 📳 QT/dsl 🍴 McDonald's, Papa John's, Taco Bell 🅾 🛏, Autozone, Kroger/dsl, **S** 📳 BP/dsl, Chevron/dsl 🍴 Double B Burger, Rabbittown Cafe, Subway
22	GA 11, Gainesville, **N** 📳 QT/dsl, Shell/dsl 🍴 Burger King, **S** 📳 Chevron/dsl, Shell/dsl 🍴 Waffle House 🛏 Motel 6 🅾 $General

20	GA 60, GA 53, Gainesville, **N** 📳 RaceTrac/dsl, **S** 📳 Kangaroo/Subway/dsl 🍴 Waffle House
17	GA 13, Gainesville
16	GA 53, Oakwood, **N** 🍴 Arby's, Burger King, Capt D's, DQ, Dunkin Donuts, El Sombrero Mexican, Firehouse Subs, Hardee's, KFC, McDonald's, Napoli's Pizza, Pizza Hut, Steak'n Shake, Taco Bell, Waffle House, Zaxby's 🛏 Best Western, Jameson Inn 🅾 $Tree, Aldi Foods, Camping World RV Ctr, Chrysler/Dodge/Jeep, Sam's Club/dsl, Walmart/Subway, **S** 📳 QT/dsl 🍴 Buffalo's Cafe, Chick-Fil-A, Krystal, La Parilla Mexican, Sonic, Sonny's BBQ, Subway, Waffle House, Wendy's 🛏 Quality Inn 🅾 Ace Hardware, AutoZone, Kauffman Tire, O'Reilly Parts, Publix, Slack Parts, Toyota/Scion, Walgreens
12	Spout Springs Rd, Flowery Branch, **N** 📳 Exxon/dsl, **S** 📳 Chevron/dsl, Marathon/Subway/dsl 🍴 Burger&Shake, Chick-fil-A, Chili's, China Garden, CrossRoads Grill, Domino's, El Sombrero Mexican, Firehouse Subs, Little Caesar's, Napoli's Pizza, Shane's Ribshack, Shogun Japanese 🛏 Hampton Inn 🅾 AT&T, GNC, Home Depot, Kohl's, Petsmart, Publix, Rite Aid, Ross, Target, TJ Maxx, Verizon, Walgreens
8	GA 347, Friendship Rd, Lake Lanier, **N** 📳 Chevron/dsl, QT/dsl, Shell/dsl 🍴 Blimpie, Burger King, Cracker Barrel, McDonald's, Mykonos Cafe, Shoney's, Subway, Vinny's NY Grill, Waffle House, Wendy's, Zaxby's 🛏 Holiday Inn Express 🅾 $General, Advance parts, Family$, O'Reilly Parts, Publix, URGENT CARE, Verizon, vet, **S** 🅾 Camper City RV Ctr, Harley Davidson
4	US 23 S, GA 20, Buford, **N** 📳 QT, Shell/dsl 🍴 Arby's, Bojangles, Burger King, Capt D's, Golden Buddah, Golden Corral, Hardee's, IHOP, KFC, McDonald's, Pizza Hut, Subway, Taco Bell, Waffle House, Wendy's, Zaxby's 🛏 Best Value Inn, Holiday Inn Express 🅾 Ace Hardware, Chrysler/Dodge/Jeep, Hobby Lobby, Home Depot, Kia, NAPA Autocare, NTB, O'Reilly Parts, **S** 📳 Chevron/dsl, Exxon/dsl, Mtn Express/dsl 🍴 Asia Buffet, Sonny's BBQ, Stevi B's Pizza, Viva Mexico 🅾 $Tree, Firestone/auto, Honda, Kauffman Tire, Lowes Whse, Walmart
0mm	**I-985 begins/ends on I-85.**

IDAHO

INTERSTATE 15

Exit#	Services
196mm	Idaho/Montana state line, Monida Pass, continental divide, elev 6870
190	Humphrey
184	Stoddard Creek Area, **E** 🅾 Historical Site, RV camping, **W** 🅾 Stoddard Creek Camping
180	Spencer, **E** 🍴 Opal Country Café/gas 🅾 High Country Opal Store
172	no service
167	ID 22, Dubois, **E** 🆁🆂 **both lane, full** ♿ **facilities, litter barrels, petwalk,** 🐾 **picnic table,** 📳 Phillips 66/dsl 🍴 Dubois Cafe 🅾 city park, USPO, **W** 🅾 Nez Pearce Tr, to Craters NM
150	Hamer, **E** 🅾 food, 🐾, Ron's Tire, USPO, **W** 🅾 Camus NWR
143	ID 33, ID 28, to Mud Lake, Rexburg, **W** 🅾 Sacajawea Hist Bywy, **weigh sta both lanes**
142mm	hist site, roadside parking
135	ID 48, Roberts, **E** 📳 Exxon/cafe/dsl/LP 🅾 city park
128	Osgood Area, **E** 📳 Osgood/dsl 🅾 camping (6mi)

119	US 20 E, to Rexburg, Idaho Falls, **E on Lindsay** 📳 Sinclair/dsl 🍴 Denny's, Jaker's Steaks, Outback Steaks, Sandpiper Rest. 🛏 Best Western, Guesthouse Inn, Hampton Inn, Hilton Garden, Hotel on the Falls, LeRitz Hotel, Safari Inn, Shilo Inn/rest., South Fork Inn, Super 8 🅾 LDS Temple, same as 118, Snake River RV Park/camping, **W** 📳 Chevron/dsl
118	US 20, Broadway St, Idaho Falls, **E** 📳 Phillips 66/dsl 🍴 Applebee's, Arctic Circle, Buffalo Wild Wings, Carl's Jr, Cedric's Rest., Chili's, Domino's, Famous Dave's BBQ, Jimmy John's, MacKenzie River Grill, Olive Garden, Panda Express, Shari's Rest., Smitty's Pancakes, Starbucks, Wendy's 🛏 Candlewood Suites, Fairfield Inn, Hampton Inn, Hilton Garden, Residence Inn 🅾 🛏, Candy Jct, Ford, Harley-Davidson, LDS Temple, same as 119, tires, URGENT CARE, Verizon, Walmart/Subway, **W** 📳 Exxon/dsl, Phillips 66/dsl, Sinclair/McDonald's 🍴 Arby's, Burger King, Fiesta Ole, Five Buck Pizza, Hong Kong Rest., Jack-in-the-Box, Los Adalaberto's Mexican, O'Brady's, Papa Murphy's, Pizza Hut, Subway 🛏 Comfort Inn, Motel 6, Motel West 🅾 Albertsons, AutoZone, Camping World RV Ctr, O'Reilly Parts, Walgreens

[■] = gas　[1] = food　[△] = lodging　[O] = other　[Rs] = rest stop　Copyright 2018 - The Next EXIT

▲N INTERSTATE 15 Cont'd

Exit#	Services
116	US 26, Sunnyside Rd, Ammon, Jackson, **E** [O] [H], Chevrolet, Honda, Sunnyside Acres RV Park, Toyota/Scion, VW, zoo, **W** [■] Exxon/diesel [1] DoubleDown Grill [△] Sleep Inn
113	US 26, to Idaho Falls, Jackson, **E** [■] Blu LNG/dsl, Chevron/Burger King/dsl, ⑭FLYING J/Subway/dsl/24hr/@, ♥Love's/McDonald's/dsl/scales/24hr [1] Subway [O] [H], Jack's Tires, Peterbilt
108	Shelley, Firth Area, **1 mi E** [O] RV Park/dump
101mm	[Rs] both lanes, full [&] facilities, geological site, litter barrels, petwalk, [C], [▲]
98	Rose-Firth Area
94.5mm	Snake River
93	US 26, ID 39, Blackfoot, **E** [■] Chevron/dsl, Maverik/dsl, Stinker/dsl [1] Arby's, Burger King, Domino's, Golden China, Homestead Rest., Hong Kong Garden, Italiano's, Little Caesar's, McDonald's, Papa Murphy's, Pizza Hut, Roberto's Mexican, Subway, Taco Bell, Taco Time, Wendy's, Wingers [△] Best Western, Super 8 [O] AutoZone, Bealls, Chrysler/Dodge/Ford/Jeep, city park, GNC, Kesler's Foods, O'Reilly Parts, Ridley's Mkt, Schwab Tire, Tire Factory, URGENT CARE, Verizon, Walgreens, Walmart/Subway. **W** [■] Sinclair/A&W/dsl [O] Riverside Boot/saddleshop (4mi)
90.5mm	Blackfoot River
89	US 91, S Blackfoot, **W** [■] Sinclair/Sage Cafe/dsl
80	Ft Hall, **W** [■] Phillips 66/rest./dsl/casino [△] Shoshone Bannock Hotel/casino
72	I-86 W, to Twin Falls
71	Pocatello Creek Rd, Pocatello, **E** [■] Chevron/Burger King/dsl, Phillips 66/dsl, Shell/dsl [1] Applebee's, Jack-in-the Box, Perkins, Sandpiper Rest., Subway [△] AmeriTel, Best Western, Clarion, Comfort Inn, Red Lion Inn, Super 8 [O] KOA (1mi), **0-2 mi W** [■] Exxon, Maverik/dsl [1] Arby's, Bamboo Garden, Butter Burr's Rest., Café Rio, Carl's Jr, Changs Garden Chinese, Coldstone, El Caparal, Golden Corral, Jamba Juice, KFC, Mandarin House, McDonald's, Papa Murphy's, Pizza Hut, Ridley's Mkt, Schlotzsky's, Senor Iguana's Mexican, SF Pizza, Sizzler, Sonic, Subway, Taco Bell, Taco Time, Thai Kitchen, Wendy's, Winger's [O] $Tree, AutoZone, BigLots, Buick/GMC, Chevrolet, Fred Meyer/dsl, Harley-Davidson, Honda, O'Reilly Parts, Subaru, Toyota, Tuesday Morning, Walgreens, WinCo Foods
69	Clark St, Pocatello, **E** [■] Chevron/cafe/dsl, Maverik/dsl, Sinclair/Arctic Circle/dsl [1] Ruby Tuesday [△] Hampton Inn, Holiday Inn Express, TownePlace Suites [O] [H], **W** [O] museum, to ID St U
67	US 30/91, 5th St, Pocatello, **E** [■] Exxon/dsl, **1-2 mi W** [■] Chevron/dsl, Shell/dsl [1] Elmer's Dining, Goody's Deli, Jimmy John's, McDonald's, Pizza Hut, Subway, Taco Bell [△] Rodeway Inn, Thunderbird Motel [O] [H], city park, info, museum, Old Fort Hall, RV dump
63	Portneuf Area, **W** [O] RV camp/dump, to Mink Creek RA
59mm	weigh sta both lanes
58	Inkom (from sb), **1/2 mi W** [■] Sinclair/café/dsl [O] Bisharat's Mkt, Pebble Creek Ski Area, repair, USPO
57	Inkom (from nb), same as 58
47	US 30, to Lava Hot Springs, McCammon, **E** [■] ⑭FLYING J/dsl/scales/LP/RV dump/24hr, Chevron/A&W/Taco Time/dsl [1] Subway [O] Lava Hot Springs RA, McCammon RV Park, to KOA

Exit#	Services
44	Lp 15, Jenson Rd, McCammon, **E** access to food
40	Arimo, **E** [O] USPO
36	US 91, Virginia
31	ID 40, to Downey, Preston, **E** [■] Shell/Flags West/café/dsl/motel/24hr/@ [O] Downata Hot Springs RV camping (6mi)
25mm	[Rs] sb, full [&] facilities, litter barrels, petwalk, [C], [▲]
24.5mm	elev 5574, Malad Summit
22	to Devil Creek Reservoir, **E** RV camping
17	ID 36, to Weston, to Preston
13	ID 38, Malad City, **W** [■] Chevron/Burger King, Phillips 66 café/dsl, Texaco/dsl [1] Me&Lou's Rest., Pines Rest., Sperow BBQ, Subway [△] Village Inn Motel [O] [H], 3R's Tire, Family's pioneer museum, repair, RV dump
7mm	Welcome Ctr nb, full [&] facilities, info, litter barrels, petwalk [C], [▲], vending
3	to Samaria, Woodruff
0mm	Idaho/Utah state line

▲E INTERSTATE 84

Exit#	Services
275mm	Idaho/Utah state line
270mm	[Rs] both lanes, full [&] facilities, geological site, litter barrel, petwalk, [C], [▲]
263	Juniper Rd
257mm	Sweetzer Summit, elev 5530
254	Sweetzer Rd
245	Sublett Rd, to Malta, **N** [■] Middle of Nowhere/dsl/café
237	Idahome Rd
234mm	Raft River
229mm	[Rs]/weigh sta both lanes, full [&] facilities, litter barrels, petwalk, [C], [▲]
228	ID 81, Yale Rd, to Declo
222	I-86, US 30, **E** to Pocatello
216	ID 77, ID 25, to Declo, **N** [■] Phillips 66/Food Court/dsl [O] [H], Walcott SP, Village of Trees RV Park, **S** [■] Shell/Pit Stop Grill/d
215mm	Snake River
211	ID 24, Heyburn, Burley, **N** [■] Sinclair/A&W/café/dsl [1] Wayside Cafe [△] Tops Motel [O] [H], Country RV Village/park, **S** [■] ♥Love's/Carl's Jr./dsl/scales/24hr [O] Riverside Park, truck repair, truck wash
208	ID 27, Burley, **N** [■] Phillips 66/dsl [1] Conner's Cafe [△] Super 8 [O] Kenworth, **S** [■] Chevron/Subway/dsl/24hr, Maverik/dsl, Shell/dsl, Sinclair/dsl [1] Aguila's Mexican, Arby's, Burger King, Denny's, El Caporal, Guadalajara Mexican, Jack-in-the Box, KFC, Little Caesar's, McDonald's, Morey's Steaks, Perkins, Taco Bell, Wendy's [△] Best Western, Budget Motel, Fairfield Inn [O] [H], $Tree, Beall's, Buick/GMC, Cal Ranch Store, CarQuest, Chrysler/Dodge/Jeep, Commercial Tire, NAPA, O'Reilly Parts, to Snake River RA, URGENT CARE, Verizon, Walmart
201	ID 25, Kasota Rd, to Paul, **N** [O] Kasota RV Park
194	ID 25, to Hazelton
188	Valley Rd, to Eden
182	ID 50, to Kimberly, Twin Falls, **N** [■] Sinclair/dsl [O] Gary's RV Ctr/park/dump, **S** [■] Shell/Blimpie/Taco Time/dsl/scales/24hr [1] Garden of Eden Cafe [△] Amber Inn [O] [H], auto/truck repair, to Shoshone Falls scenic attraction

🚏 INTERSTATE 84 Cont'd

TWIN FALLS

Exit#	Services
173	US 93, Twin Falls, **N** 🅿 ⊕FLYING J/dsl/LP/24hr/@ 🍴 Subway 🏨 Comfort Inn, Days Inn 🅾 Blue Beacon, Freightliner, KOA (1mi), to Sun Valley, **5 mi S** 🅿 Chevron/Subway/dsl, Maverik/dsl, Phillips 66/dsl, Shell/dsl, Sinclair, Walmart Fuel/dsl 🍴 Applebee's, Arby's, Arctic Circle, Baskin-Robbins, Buffalo Wild Wings, Burger King, Cafe Rio, Carino's, Chick-fil-A, Chili's, Coldstone, Culver's, Denny's, Dickey's BBQ, DQ, Five Guys, Golden Corral, Idaho Joe's, IHOP, IHOP, Jack-in-the-Box, Jakers Grill, Jamba Juice, Jimmy John's, KFC, La Fiesta, Mandarin Chinese, McDonald's, Noodles&Co, Outback Steaks, Panda Express, Papa John's, Papa Murphy's, Perkins, Pizza Hut, River Rock Grill, Shari's, Sizzler, Sonic, Starbucks, Subway, Taco Bell, Tomato's Italian, Wendy's, Wok In Grill 🏨 Best Western, Fairfield Inn, Hampton Inn, Hilton Garden, Holiday Inn Express, La Quinta, Motel 6, Quality Inn, Red Lion, Shilo Inn, Super 8 🅾 Ⓗ, $Tree, AT&T, AutoZone, Barnes&Noble, Best Buy, Buick/GMC, Chevrolet, Chrysler/Dodge/Jeep, Coll of S ID, Commercial Tire, Costco/gas, Dick's, Ford/Lincoln, Fred Meyer/dsl, Home Depot, Honda, Hyundai, JC Penney, Jo-Ann Fabrics, LDS Temple, Les Schwab Tire, Lowe's, Macy's, Mazda/VW, Michael's, Nissan, Old Navy, O'Reilly Parts, Petco, Petsmart, Ross, Sears/auto, ShopKO, Sportsmans Whse, Target, Tire Factory, TJ Maxx, Verizon, visitors ctr, Walgreens, Walmart/Subway, WinCo Foods
171mm	Ⓡⓢ/weigh sta eb, full ♿ facilities, litter barrels, petwalk, ⒞, 🐾, vending
168	ID 79, to Jerome, **N** 🅿 Blu/LNG/dsl, Chevron/dsl/24hr, Shell/Wendy's/dsl, Tesoro/dsl 🍴 Burger King, Domino's, DQ, Garibaldi's Mexican, Little Caesar's, McDonald's, Pizza Hut 🏨 Best Western, Crest Motel, Holiday Motel 🅾 Ⓗ, $Tree, AutoZone, Brockman RV Ctr, Family$, Les Schwab Tire, NAPA, O'Reilly Parts, Verizon, Walmart/Subway, **S** 🍴 Subway 🅾 Chevrolet
165	ID 25, Jerome, **N** 🅿 Sinclair/dsl 🏨 Holiday Motel (1mi) 🅾 Ⓗ, RV camping/dump, vet
157	ID 46, Wendell, **1 mi N** 🍴 Subway 🅾 Ⓗ, CarQuest, Family$, Intermountain RV Park, **S** 🅿 Phillips 66/dsl 🍴 Farmhouse Rest.
155	ID 46, to Wendell, **N** 🅾 Intermountain RV Camp/ctr
147	to Tuttle, **S** 🅾 High Adventure RV Park/cafe, to Malad Gorge SP
146mm	Malad River
141	US 26, to US 30, Gooding, **N** 🅾 Ⓗ, **S** 🅿 Phillips 66/café/dsl, Sinclair/dsl 🏨 Amber Inn, Hagerman Inn (9mi) 🅾 Hagerman RV Village (8mi)
137	Lp 84, to US 30, to Pioneer Road, Bliss, **2 mi S** 🅿 Sinclair/Stinker/dsl/24hr 🅾 camping
133mm	Ⓡⓢ both lanes, full ♿ facilities, info, litter barrels, petwalk, ⒞, 🐾
129	King Hill
128mm	Snake River
125	Paradise Valley
122mm	Snake River
121	Glenns Ferry, **1 mi S** 🅿 Sinclair/dsl, Veltex/dsl 🏨 Hansen Motel/cafe, Redford Motel 🅾 Carmela Winery/rest., Family$, fudge factory, NAPA, tires, to 3 Island SP, Trails Break RV camp/dump
120	Glenns Ferry (from eb), same as 121
114	ID 78 (from wb), to Hammett, **1 mi S** access to gas/dsl, to Bruneau Dunes SP
112	to ID 78, Hammett, **1 mi S** 🍴, 🅿/dsl, to Bruneau Dunes SP
99	ID 51, ID 67, to Mountain Home, **2 mi S** 🅾 camping
95	US 20, Mountain Home, **N** 🅿 Chevron/KFC/dsl, 🅿 Arby's/dsl/scales/24hr 🍴 AJ's Rest., Jack-in-the-Box, Subway, Wingers 🏨 Best Western, Hampton Inn, Mtn Home Inn,

MOUNTAIN HOME

Exit#	Services
95	Continued **S** 🅿 USA 🍴 Jade Palace, McDonald's, Smoky Mtn Pizza, Wendy's 🏨 Hilander Motel (1mi), Towne Ctr Motel (1mi) 🅾 Ⓗ, $Tree, AT&T, Chrysler/Dodge/Jeep, Ford/Lincoln, to Mtn Home RV Park, Verizon, visitors ctr, Walmart/Subway
90	to ID 51, ID 67, W Mountain Home, **S** 🅿 Chevron/Burger King/dsl 🍴 McDonald's (4mi) 🏨 Maple Cove Motel (4mi), to Hilander Motel (4mi), Towne Ctr Motel (4mi) 🅾 KOA
74	Simco Rd
71	Orchard, Mayfield, **S** 🅿 Sinclair/rest./StageStop Motel/dsl/24hr 🅾 ⒞, truckwash
66mm	weigh sta both lanes
64	Blacks Creek, Kuna, historical site
62mm	Ⓡⓢ both lanes, full ♿ facilities, litter barrels, OR Trail info, petwalk, ⒞, 🐾, vending
59b a	S Eisenman Rd, Memory Rd
57	ID 21, Gowen Rd, to Idaho City, **N** 🅿 Sinclair 🍴 Jack-in-the-Box, McDonald's, Quiznos, Subway, Taco Del Mar 🏨 Best Western/NW Lodge 🅾 Albertsons/Sav-On, Peterbilt, to Micron, **S** 🅿 Chevron/dsl 🍴 Burger King, FoodCourt 🅾 Boise Stores/famous brands, ID Ice World
54	US 20/26, Broadway Ave, Boise, **N** 🅿 ⊕FLYING J/dsl/LP/24hr, Chevron/dsl, Fred Meyer/dsl, Shell/dsl 🍴 A&W/KFC, Arby's, Fiesta Mexican, IHOP, Jack-in-the-Box, Mongolian Noodles, Pizza Pie Cafe, Port Of Subs, Sonic 🏨 Courtyard (3mi) 🅾 Big O Tire, Firestone/auto, Fred Meyer, Goodyear/auto, Home Depot, Jo-Ann Fabrics, O'Reilly Parts, PetCo, Ross, ShopKO, to Boise St U, vet, Walgreens, **S** 🅿 TA/Country Pride/Taco Bell/Subway/dsl/24hr/@ 🏨 Shilo Inn 🅾 Bretz RV Ctr, Kenworth, Mtn View RV Park
53	Vista Ave, Boise, **N** 🅿 Shell/dsl, Texaco/dsl 🍴 Applebee's, Pizza Hut 🏨 Comfort Suites, Extended Stay America, Fairfield Inn, Hampton Inn, Holiday Inn/rest., La Quinta, Super 8, Wyndham Garden 🅾 museums, st capitol, st police, zoo, **S** 🅿 Chevron/dsl 🍴 Denny's, Kopper Kitchen 🏨 Best Western, InnAmerica, Motel 6, Quality Inn, Rodeway Inn 🅾 🎁

BOISE

ID

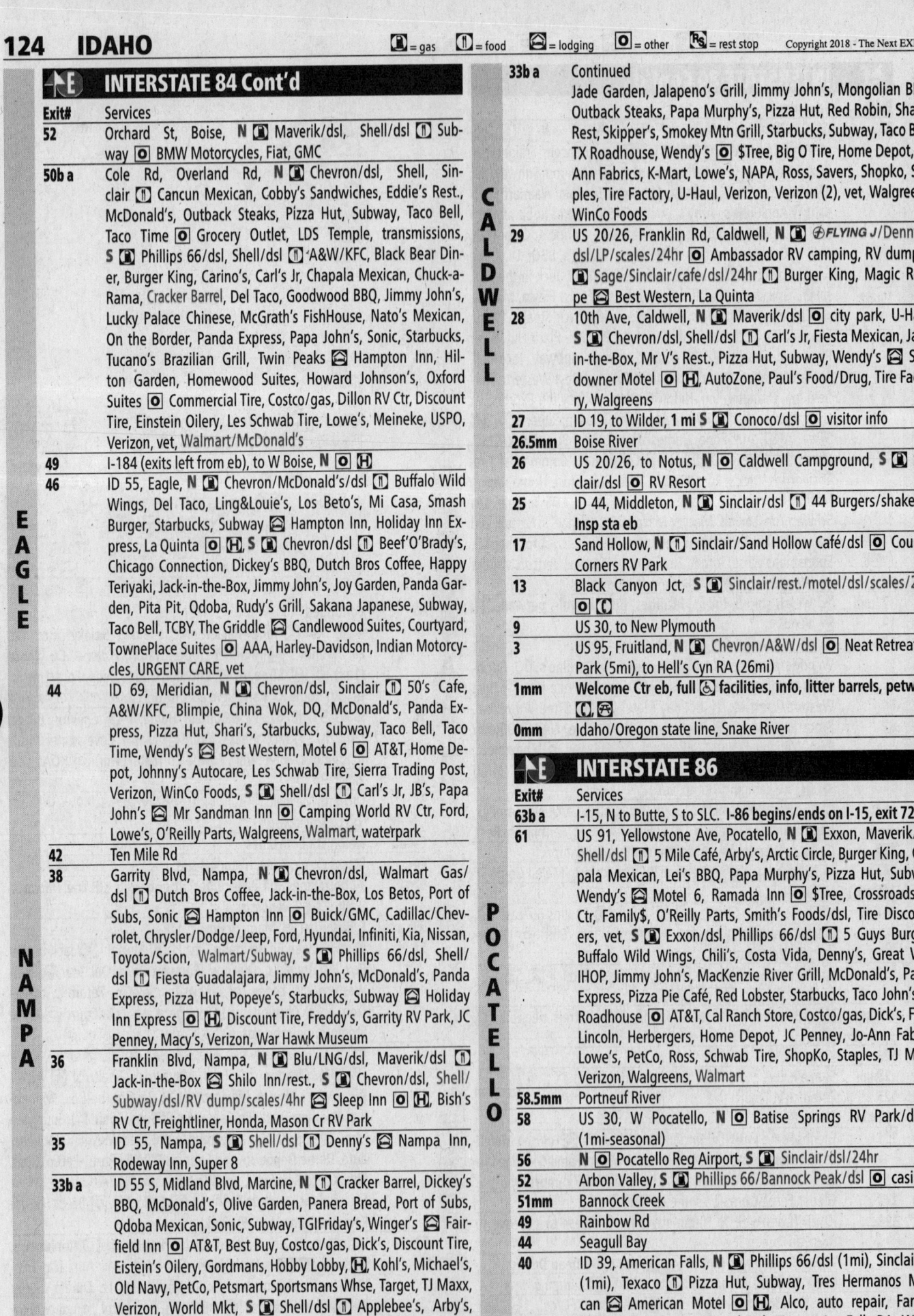

INTERSTATE 84 Cont'd

Exit#	Services
52	Orchard St, Boise, **N** 🅖 Maverik/dsl, Shell/dsl 🅕 Subway 🅞 BMW Motorcycles, Fiat, GMC
50b a	Cole Rd, Overland Rd, **N** 🅖 Chevron/dsl, Shell, Sinclair 🅕 Cancun Mexican, Cobby's Sandwiches, Eddie's Rest., McDonald's, Outback Steaks, Pizza Hut, Subway, Taco Bell, Taco Time 🅞 Grocery Outlet, LDS Temple, transmissions, **S** 🅖 Phillips 66/dsl, Shell/dsl 🅕 A&W/KFC, Black Bear Diner, Burger King, Carino's, Carl's Jr, Chapala Mexican, Chuck-a-Rama, Cracker Barrel, Del Taco, Goodwood BBQ, Jimmy John's, Lucky Palace Chinese, McGrath's FishHouse, Nato's Mexican, On the Border, Panda Express, Papa John's, Sonic, Starbucks, Tucano's Brazilian Grill, Twin Peaks 🅛 Hampton Inn, Hilton Garden, Homewood Suites, Howard Johnson's, Oxford Suites 🅞 Commercial Tire, Costco/gas, Dillon RV Ctr, Discount Tire, Einstein Oilery, Les Schwab Tire, Lowe's, Meineke, USPO, Verizon, vet, Walmart/McDonald's
49	I-184 (exits left from eb), to W Boise, **N** 🅞 🅗
46	ID 55, Eagle, **N** 🅖 Chevron/McDonald's/dsl 🅕 Buffalo Wild Wings, Del Taco, Ling&Louie's, Los Beto's, Mi Casa, Smash Burger, Starbucks, Subway 🅛 Hampton Inn, Holiday Inn Express, La Quinta 🅞 🅗, **S** 🅖 Chevron/dsl 🅕 Beef'O'Brady's, Chicago Connection, Dickey's BBQ, Dutch Bros Coffee, Happy Teriyaki, Jack-in-the-Box, Jimmy John's, Joy Garden, Panda Garden, Pita Pit, Qdoba, Rudy's Grill, Sakana Japanese, Subway, Taco Bell, TCBY, The Griddle 🅛 Candlewood Suites, Courtyard, TownePlace Suites 🅞 AAA, Harley-Davidson, Indian Motorcycles, URGENT CARE, vet
44	ID 69, Meridian, **N** 🅖 Chevron/dsl, Sinclair 🅕 50's Cafe, A&W/KFC, Blimpie, China Wok, DQ, McDonald's, Panda Express, Pizza Hut, Shari's, Starbucks, Subway, Taco Bell, Taco Time, Wendy's 🅛 Best Western, Motel 6 🅞 AT&T, Home Depot, Johnny's Autocare, Les Schwab Tire, Sierra Trading Post, Verizon, WinCo Foods, **S** 🅖 Shell/dsl 🅕 Carl's Jr, JB's, Papa John's 🅛 Mr Sandman Inn 🅞 Camping World RV Ctr, Ford, Lowe's, O'Reilly Parts, Walgreens, Walmart, waterpark
42	Ten Mile Rd
38	Garrity Blvd, Nampa, **N** 🅖 Chevron/dsl, Walmart Gas/dsl 🅕 Dutch Bros Coffee, Jack-in-the-Box, Los Betos, Port of Subs, Sonic 🅛 Hampton Inn 🅞 Buick/GMC, Cadillac/Chevrolet, Chrysler/Dodge/Jeep, Ford, Hyundai, Infiniti, Kia, Nissan, Toyota/Scion, Walmart/Subway, **S** 🅖 Phillips 66/dsl, Shell/dsl 🅕 Fiesta Guadalajara, Jimmy John's, McDonald's, Panda Express, Pizza Hut, Popeye's, Starbucks, Subway 🅛 Holiday Inn Express 🅞 🅗, Discount Tire, Freddy's, Garrity RV Park, JC Penney, Macy's, Verizon, War Hawk Museum
36	Franklin Blvd, Nampa, **N** 🅖 Blu/LNG/dsl, Maverik/dsl 🅕 Jack-in-the-Box 🅛 Shilo Inn/rest., **S** 🅖 Chevron/dsl, Shell/Subway/dsl/RV dump/scales/4hr 🅛 Sleep Inn 🅞 🅗, Bish's RV Ctr, Freightliner, Honda, Mason Cr RV Park
35	ID 55, Nampa, **S** 🅖 Shell/dsl 🅕 Denny's 🅛 Nampa Inn, Rodeway Inn, Super 8
33b a	ID 55 S, Midland Blvd, Marcine, **N** 🅕 Cracker Barrel, Dickey's BBQ, McDonald's, Olive Garden, Panera Bread, Port of Subs, Qdoba Mexican, Sonic, Subway, TGIFriday's, Winger's 🅛 Fairfield Inn 🅞 AT&T, Best Buy, Costco/gas, Dick's, Discount Tire, Eistein's Oilery, Gordmans, Hobby Lobby, 🅗, Kohl's, Michael's, Old Navy, PetCo, Petsmart, Sportsmans Whse, Target, TJ Maxx, Verizon, World Mkt, **S** 🅖 Shell/dsl 🅕 Applebee's, Arby's, Baskin-Robbins, Blimpie, Buffalo Wild Wings, Carl's Jr, Chipotle, Coldstone, Costa Vida, DQ, Golden Corral, IHOP, Jack-in-the-Box,

---

CALDWELL (vertical label)

Exit#	Services
33b a	Continued: Jade Garden, Jalapeno's Grill, Jimmy John's, Mongolian BBQ, Outback Steaks, Papa Murphy's, Pizza Hut, Red Robin, Shari Rest., Skipper's, Smokey Mtn Grill, Starbucks, Subway, Taco Bell, TX Roadhouse, Wendy's 🅞 $Tree, Big O Tire, Home Depot, Jo-Ann Fabrics, K-Mart, Lowe's, NAPA, Ross, Savers, Shopko, Staples, Tire Factory, U-Haul, Verizon, Verizon (2), vet, Walgreens, WinCo Foods
29	US 20/26, Franklin Rd, Caldwell, **N** 🅖 ⬥FLYING J/Denny's/dsl/LP/scales/24hr 🅞 Ambassador RV camping, RV dump, 🅖 Sage/Sinclair/cafe/dsl/24hr 🅕 Burger King, Magic Recipe 🅛 Best Western, La Quinta
28	10th Ave, Caldwell, **N** 🅖 Maverik/dsl 🅞 city park, U-Haul, **S** 🅖 Chevron/dsl, Shell/dsl 🅕 Carl's Jr, Fiesta Mexican, Jack-in-the-Box, Mr V's Rest., Pizza Hut, Subway, Wendy's 🅛 Sundowner Motel 🅞 🅗, AutoZone, Paul's Food/Drug, Tire Factory, Walgreens
27	ID 19, to Wilder, 1 mi **S** 🅖 Conoco/dsl 🅞 visitor info
26.5mm	Boise River
26	US 20/26, to Notus, **N** 🅞 Caldwell Campground, **S** 🅖 Sinclair/dsl 🅞 RV Resort
25	ID 44, Middleton, **N** 🅖 Sinclair/dsl 🅕 44 Burgers/shakes, Insp sta eb
17	Sand Hollow, **N** 🅕 Sinclair/Sand Hollow Café/dsl 🅞 Country Corners RV Park
13	Black Canyon Jct, **S** 🅖 Sinclair/rest./motel/dsl/scales/24hr 🅞 🅒
9	US 30, to New Plymouth
3	US 95, Fruitland, **N** 🅖 Chevron/A&W/dsl 🅞 Neat Retreat RV Park (5mi), to Hell's Cyn RA (26mi)
1mm	Welcome Ctr eb, full 🅗 facilities, info, litter barrels, petwalk, 🅒, 🅰
0mm	Idaho/Oregon state line, Snake River

INTERSTATE 86

Exit#	Services
63b a	I-15, N to Butte, S to SLC. **I-86 begins/ends on I-15, exit 72.**
61	US 91, Yellowstone Ave, Pocatello, **N** 🅖 Exxon, Maverik/dsl, Shell/dsl 🅕 5 Mile Café, Arby's, Arctic Circle, Burger King, Chapala Mexican, Lei's BBQ, Papa Murphy's, Pizza Hut, Subway, Wendy's 🅛 Motel 6, Ramada Inn 🅞 $Tree, Crossroads Ctr, Family$, O'Reilly Parts, Smith's Foods/dsl, Tire Discounters, vet, **S** 🅖 Exxon/dsl, Phillips 66/dsl 🅕 5 Guys Burgers, Buffalo Wild Wings, Chili's, Costa Vida, Denny's, Great Wall, IHOP, Jimmy John's, MacKenzie River Grill, McDonald's, Panda Express, Pizza Pie Café, Red Lobster, Starbucks, Taco John's, TX Roadhouse 🅞 AT&T, Cal Ranch Store, Costco/gas, Dick's, Ford, Lincoln, Herbergers, Home Depot, JC Penney, Jo-Ann Fabrics, Lowe's, PetCo, Ross, Schwab Tire, ShopKo, Staples, TJ Maxx, Verizon, Walgreens, Walmart
58.5mm	Portneuf River
58	US 30, W Pocatello, **N** 🅞 Batise Springs RV Park/dump (1mi-seasonal)
56	**N** 🅞 Pocatello Reg Airport, **S** 🅖 Sinclair/dsl/24hr
52	Arbon Valley, **S** 🅖 Phillips 66/Bannock Peak/dsl 🅞 casino
51mm	Bannock Creek
49	Rainbow Rd
44	Seagull Bay
40	ID 39, American Falls, **N** 🅖 Phillips 66/dsl (1mi), Sinclair (1mi), Texaco 🅕 Pizza Hut, Subway, Tres Hermanos Mexican 🅛 American Motel 🅞 🅗, Alco, auto repair, Family$ (1mi), Jiffy Lube, NAPA, Schwab Tire, to Am Falls RA, Willow Bay RV Park/dump, **S** 🅛 Hillview Motel

EAGLE (vertical label)
NAMPA (vertical label)
POCATELLO (vertical label)
ID (label)

🆂🅴 INTERSTATE 86 Cont'd

Exit#	Services
36	ID 37, to Rockland, American Falls, **2 mi N** 🅖 Shell/dsl 🅛 Falls Motel 🅞 🅷, **2 mi S** 🅞 Indian Springs RV Resort
33	Neeley Area
31mm	🆁🆂 wb, full ♿ facilities, hist site, litter barrel, petwalk, 🅲, picnic table, vending
28	**N** 🅞 Register Rock Hist Site, RV camping/dump, to Massacre Rock SP
21	Coldwater Area
19mm	🆁🆂 eb, full ♿ facilities, hist site, litter barrel, petwalk, 🅲, picnic table, vending
15	Raft River Area
1	I-84 E, to Ogden. **I-86 begins/ends on I-84, exit 222.**

🆂🅴 INTERSTATE 90

Exit#	Services
74mm	Idaho/Montana state line, Pacific/Central time zone, Lookout Pass elev 4680
73mm	scenic area/hist site wb
72mm	scenic area/hist site eb
71mm	runaway truck ramp wb
70mm	runaway truck ramp wb
69	Lp 90, Mullan, **N** 🅖 Sinclair/dsl 🅛 Lookout Motel (1mi) 🅞 Mullan Trail grocery/RV Park, museum, USPO
68	Lp 90 (from eb), Mullan, same as 69
67	Morning District, Morning District
66	Gold Creek (from eb)
65	Compressor District
64	Golconda District
62	ID 4, Wallace, **S** 🅖 Conoco 🅕 Pizza Factory, Smokehouse Rest. 🅛 Brooks Hotel, Stardust Motel 🅞 Depot RV Park, Harvest Foods, museum, TrueValue
61	Lp 90, Wallace, **S** 🅖 Conoco/dsl 🅕 Pizza Factory, Red Light Garage, Smokehouse Rest., Wallace Sta Rest./gifts 🅛 Brooks Hotel/rest., Molly B-Damm Inn, Wallace Inn 🅞 auto repair, info ctr, same as 62
60	Lp 90, Silverton, **S** 🅛 Molly B-Damm Inn 🅞 RV camping
57	Lp 90, Osburn, **S** 🅖 76/dsl 🅞 Blue Anchor RV Park, Stein's Foods, USPO
54	Big Creek, **N** 🅞 hist site
51	Lp 90, Division St, Kellogg, **N** 🅖 Conoco/dsl 🅛 Trail Motel 🅞 🅷, Buick/Cadillac/Chevrolet/GMC, Chrysler/Dodge/Jeep, Schwab Tire, Stein's Foods, Sunnyside Drug, vet, **S** 🅕 In Cahoots Cafe, Moose Creek Grill 🅞 USPO
50	Hill St (from eb), Kellogg, **N** 🅕 Humdinger Drive-In 🅛 Trail Motel 🅞 Ace Hardware, NAPA, Stein's Foods, Sunnyside Drug, tires, **S** 🅖 Conoco/dsl 🅕 Greek Deli 🅞 museum, Silver Mtn Ski/summer resort/rec area, Yoke's Foods
49	Bunker Ave, **N** 🅖 Conoco/dsl 🅕 McDonald's, Sam's Drive-In, Subway 🅛 Silverhorn Motel/rest. 🅞 🅷, **S** 🅕 Noah's Canteen, Silver Mtn Rest. 🅛 GuestHouse Inn, Morning Star Lodge 🅞 city park, museum, RV dump, Silver Mtn RA
48	Smelterville, **S** 🅞 O'Reilly Parts, Tire Factory, USPO, Walmart
45	Pinehurst, **S** 🅖 Chevron/dsl/repair, Conoco/dsl 🅞 By-the-way Camping, Harvest Foods, TrueValue, USPO
43	Kingston, **N** 🅖 Conoco/dsl 🅞 RV camping, **S** 🅖 Exxon/dsl, rv dump, USPO
40	Cataldo, **N** 🅕 Mission Inn Rest., USPO, **S** 🅞 RV Park
39.5mm	Coeur d' Alene River

Exit#	Services
39	Cataldo Mission, **S** 🅞 Nat Hist Landmark, Old Mission SP
34	ID 3, to St Maries, Rose Lake, **S** 🅖 Conoco/dsl, Rose Lake/dsl 🅕 Rose Lake Cafe 🅞 White Pines Scenic Rte
33	chain removal eb
32mm	chainup area/weigh sta wb
31.5mm	4th of July Creek, eastern boundary, Idaho Panhandle NF
28	4th of July Pass RA, elev 3069, Mullan Tree HS, ski area, snowmobile area, turnout both lanes
24mm	chainup eb, removal wb
22	ID 97, to St Maries, L Coeur d' Alene Scenic ByWay, Wolf Lodge District, Harrison, **1 mi N** 🅞 Wolf Lodge Camping, **S** 🅞 Lake Coeur d'Alene RV Park, Squaw Bay Resort (7mi)
20.5mm	Lake Coeur d' Alene
17	Mullan Trail Rd
15	Lp 90, Sherman Ave, Coeur d' Alene, **N** 🅞 forest info, Lake Coeur D' Alene RA/HS, **S** 🅖 Exxon/dsl, Tesoro/dsl/LP, Texaco 🅕 Jeffrey's Rest., Jimmy's Cafe, Michael D's Eatery, O'Shay's Rest., Roger's Burgers, Subway, Zip's Rest. 🅛 Bates Motel, BudgetSaver Motel, Cedar Motel/RV park, El Rancho Motel, Flaming Motel, Holiday Motel, Japan House Suites, La Quinta, State Motel 🅞 auto repair, Peterson's Foods, tourist info
14	15th St, Coeur d' Alene, **S** 🅕 TAJ Mart 🅞 Jordon's Grocery
13	4th St, Coeur d' Alene, **N** 🅖 A&D/dsl 🅕 Atilano's Mexican, Baskin Robbins, Carl's Jr, Davis Donuts, Denny's, DQ, Fiesta Mexican, IHOP, Jimmy John's, Little Caesars, Original Mongolian BBQ, Panda Express, Satay Bistro, Starbucks, Subway, Taco Time, Uva Trattoria, Wendy's 🅛 Comfort Inn 🅞 AutoZone, BigLots, CarQuest, Costco/gas, NAPA, same as 12, Schwab Tire, **S** 🅕 Exxon/dsl 🅕 Thai Bamboo
12	US 95, to Sandpoint, Moscow, **N** 🅖 Exxon/dsl, Holiday/dsl, Mobil/dsl 🅕 Applebee's, Arby's, Buffalo Wild Wings, Burger King, Cafe Rio, Chili's, Del Taco, Dragon House Chinese, Elmer's, Golden Corral, JB's Rest., Jimmy John's, MacKenzie River Pizza, McDonald's, Olive Garden, Panda Express, Papa Murphy's, Pizza Hut, Qdoba, Red Lobster, Skipper's, Taco Bell, Tomato St., TX Roadhouse 🅛 Best Western, Guesthouse Inn, Motel 6, Quality Inn, Shilo Suites, Super 8 🅞 $Tree, Albertson's, AT&T, Best Buy, Buick/GMC, Cadillac, Cour d' Alene RV, Discount Tire, Ford/Lincoln, Fred Meyer/dsl, Grocery Outlet, Home Depot, JC Penney, Jo-Ann Fabrics, Kia, Kohl's, Michael's, Natural Grocers, O'Reilly Parts, PetCo, Ross, RVs NW, Safeway/dsl, Sears/auto, Subaru, Super 1 Foods, Target, TireRama, TJ Maxx, Toyota/Scion, Tuesday Morning, U-Haul, URGENT CARE, Verizon, Walgreens, Walmart/Subway, **S** 🅖 Conoco/dsl, Tesoro 🅕 Asian Twist, Jack-in-the-Box, Jamba Juice, Papa Murphy's, Qdoba Mexican, Quiznos, Schlotzsky's, Shari's, Starbucks 🅛 La Quinta 🅞 🅷, Albertson's, AT&T, GNC, Rite Aid, same as 13, ShopKO/drugs, Staples
11	Northwest Blvd, **N** 🅖 Conoco/dsl 🅕 Jack-in-the-Box, Subway 🅞 Lowe's, WinCo Foods, **S** 🅖 Exxon/dsl, Texaco 🅕 Azteca Mexican, Bullman's Woodfired Pizza, Coldstone, McDonald's, Outback Steaks, Porky G's BBQ, Red Robin, SF Sourdough, Starbucks, Ugly Fish Rest. 🅛 Days Inn, Hampton Inn, Holiday Inn Express, Springhill Suites 🅞 🅷, Honda, Riverwalk RV Park, Verizon
8.5mm	**Welcome Ctr/weigh sta eb, full ♿ facilities, info, litter barrels, petwalk, 🅲, 🎁, 🆁🆂 both lanes**
7	ID 41, to Rathdrum, Spirit Lake, **N** 🅖 76/dsl 🅕 Burger King, Del Taco, La Cocina Mexican, NY Pizza, Papa Murphy's, Pita Pit, Pizza Factory, Quiznos, Sonic, Starbucks, Subway, Wendy's 🅞 $Tree, AT&T, auto repair, Chevrolet, Chrysler/Dodge/Jeep,

🅖 = gas 🅕 = food 🏠 = lodging 🄾 = other 🆁🆂 = rest stop   Copyright 2018 - The Next EXIT

INTERSTATE 90 Cont'd

7	Continued Couer d'Alene RV Park, Hyundai, Mazda, Nissan, VW, Walmart/ Subway, **S** 🅖 Chevron/dsl, Coleman/dsl 🅕 A&W/KFC, Capone's Grill, DQ 🏠 Comfort Inn 🄾 Robins RV Ctr, truck repair, Veri- zon, vet
6	Seltice Way, **N** 🅖 7-11 🅕 La Cabana Mexican, Paul Bunyan Burgers, Pizza Hut 🄾 NAPA, Super 1 Foods, Walgreens, **S** 🅖 Conoco/dsl/LP 🅕 Denny's, Fuki Japanese, Lide St Cafe, Little Caesars, McDonald's, Moons Mongolian, Old Europe- an Cafe, Rancho Viejo Mexican, Taco Bell 🄾 Ace Hardware, O'Reilly Parts, TireRama, Trading Co Foods, USPO, vet
5	Lp 90, Spokane St, Treaty Rock HS, **N** 🅖 76/dsl, Exxon/ dsl 🅕 Corner Cafe, Domino's, Hunter's Rest., Rob's Seafood/ burgers, Subway, WhiteHouse Grill 🄾 AutoZone, Blue Dog RV Ctr, Meineke, Perfection Tire/repair, Schwab Tire, **S** 🅖 Handy Mart/Pacific Pride/dsl 🏠 Red Lion Inn 🄾 visitors ctr
2	Pleasant View Rd, **N** 🅖 *FLYING J*/Conoco/Subway/dsl/LP/ scales/24hr, Exxon/dsl, **Loves**/Carl's Jr/dsl/scales/24hr 🅕 McDonald's, Toro Viejo Mexican 🏠 Silver Stone Inn 🄾 RV/truckwash, Suntree RV Park, **S** 🅖 Exxon/dsl 🅕 Zip's Drive-in 🏠 Riverbend Inn, Sleep Inn 🄾 dogtrack
1	Beck Rd, **N** 🄾 Cabela's, Walmart/Subway, **S** 🄾 greyhound track
0mm	Idaho/Washington state line

INTERSTATE 184 (Boise) Cont'd

Exit#	Services
6mm	**I-184 begins/ends on 13th St,** downtown, 🅖 Shell 🅕 Bone fish Grill, Chandler's Steaks, Five Guys, PF Chang's 🏠 Hamp ton Inn, Safari Inn, The Grove 🄾 Office Depot, USPO
5	River St (from eb), **W** 🅖 Chevron 🅕 McDonald's 🄾 Red Lio
4.5mm	Boise River
3	Fairview Ave, to US 20/26 E, **W** 🅕 Joe's Crabshack, Tepany. ki Japanese 🏠 Boise Inn, Cottonwood Suites, Riverside Hot 🄾 Commercial Tire
2	Curtis Rd, to Garden City, **E** 🅖 Shell 🄾 🄷
1 b a	Cole Rd, Franklin Rd, **E** 🅖 Chevron/Subway/dsl 🄾 Acur Chrysler/Dodge/Jeep, Honda, Jaguar, Land Rover, Mercede Volvo, **W** 🅖 Chevron/dsl, Sinclair/dsl 🅕 Applebee's, Ca Ole, Cafe Rio, Carl's Jr, Cheesecake Factory, Chick-fil-A, Chili Chipotle, Dave&Buster's, Fujiyama Japanese, Golden Co ral, IHOP, Jalapeno's, McDonald's, Noodles&Co, Old Chicag Pizza, Olive Garden, Port of Subs, Quiznos, Red Lobster, R Robin, Rumbi Island Grill, Shari's, Sizzler, Smash Burger, Sta bucks, Wendy's 🏠 Candlewood Suites, La Quinta, Residenc Inn 🄾 AT&T, AT&T, Audi/VW, Best Buy, Cabela's, Dick's, D lard's, JC Penney, Kohl's, Macy's, mall, Michael's, Old Navy, Pe Co, Petsmart, Petsmart, REI, Ross, Sears/auto, Target, TJ Max Tuesday Morning, Verizon
0mm	**I-184 begins/ends on I-84, exit 49.**

ILLINOIS

INTERSTATE 24

Exit #	Services
38mm	Illinois/Kentucky state line, Ohio River
37	US 45, Metropolis, **N** 🄾 🆁🆂 **both lanes, full** ♿ **facilities, info, litter barrels, petwalk,** 🐾 **vending, S** 🅖 BP/Quiznos/dsl 🅕 China House, McDonald's, Pizza Hut, Sonic 🏠 Best Value Inn, Holiday Inn Express, Metropolis Inn, Motel 6, Super 8 🄾 🄷, $General, Buick/Chrysler/Dodge/GMC/Jeep, camping, Chevro- let, Ft Massac SP, O'Reilly Parts, Plaza Tire, to Riverboat Casino
27	to New Columbia, Big Bay
16	IL 146, Vienna, **N** 🄾 Gambit Golf, **S** 🅖 BP/dsl, Citgo/dsl, FastStop 🅕 DQ, Jumbo Grill, McDonald's, Subway, Vienna Diner 🏠 Limited Inn 🄾 vet
14	US 45, Vienna, **S** 🄾 camping
7	to Goreville, Tunnel Hill, **N** 🄾 winery (7mi), **S** 🄾 camping, to Ferne Clyffe SP
1	I-57, N to Chicago, S to Memphis. I-24 begins/ends on I-57, exit 44.

INTERSTATE 39

Exit #	Services
122.5	**I-39 and I-90 run together into Wisconsin. See Illinois Inter- state 90, exits 15mm-1.**
122 b a	US 20 E, Harrison Ave, to Belvidere (last nb exit before **toll** rd), **W** 🅖 Fas Fuel/Subway/dsl, Mobil, Tesla EVC 🅕 Arby's, Bergner's, Burger King, DQ, Granite City Rest., Lung Fung, Rosa- ti's, Rosati's Pizza, Sonic, Taco Bell, TGIFriday's 🄾 Barnes&No- ble, BMW, Buick/Chevrolet/GMC, Collier RV Ctr, Goodyear/ auto, Harley-Davidson, JC Penney, Macy's, mall, Menards, Schnuck's Foods/gas, Sears/auto, Tires+, vet, VW, Walgreens
119	US 20 W, Alpine Rd, to Rockford

116.5mm	Kishwaukee River
115	Baxter Rd, **E** 🅖 Shell/Subway/dsl/scales/24hr/@
111	IL 72, to Monroe Center, **E** 🅖 BP/Sunrise Family Res dsl/24hr, Marathon (1mi)
104	IL 64, to Oregon, Sycamore, **W** 🅕 Grubsteakers Rest/tru parking (2mi)
99	IL 38, to De Kalb, Rochelle, **0-2 mi W** 🅖 Murphy USA/d Murphy USA/dsl, Petro/Iron Skillet/dsl/scales/RV Dump/ Phillips 66/Circle K/dsl, Road Ranger/🅿️🅿️/Subway/d scales/24hr, Shell/dsl 🅕 Arby's, Butterfly Rest, China We Culver's, Dunkin Donuts, Jimmy John's, Little Ceasar's, McDo ald's, New China, Pizza Hut, Subway, Taco Bell, Wendy's Comfort Inn, Country Hearth Inn, Holiday Inn Express, Supe 🄾 🄷, $General, $Tree, Blue Beacon, GNC, O'Reilly Parts, Su van's Foods, Verizon, Walgreens, Walmart
97 b a	I-88 tollway, to Moline, Rock Island, Chicago
93	Steward
87	US 30, to Sterling, Rock Falls, **E** 🄾 to Shabbona Lake **W** 🄾 Yogi Bear Camping (16mi)
84.5mm	🆁🆂 both lanes, full ♿ facilities, litter barrels, petwalk, 🄲🅂, playground, vending
82	Paw Paw, 3 mi **E** 🅖 Casey's (3mi), **W** many wind turbines
72	US 34, to Mendota, Earlville, **W** 🅖 BP/Cindy's/dsl/scales/24 Road Ranger/🅿️🅿️/Subway/dsl/scales/24hr 🅕 KFC/Ta Bell, McDonald's 🏠 Quality Inn, Super 8/truck parking 🄾
67.5mm	Little Vermilion River
66	US 52, Troy Grove, **E** 🄾 KOA (6mi)
62.5mm	Tomahawk Creek
59 b a	I-80, E to Chicago, W to Des Moines
57	US 6, to Peru, La Salle, **1-2 mi W** 🅖 Casey's 🏠 Daniel's M 🄾 city park
56mm	Illinois River, Abraham Lincoln Mem Bridge

BOISE

ROCKFORD

⬆N INTERSTATE 39 Cont'd

Exit #	Services
54	Oglesby, **E** 📷 BP/dsl, Casey's, Phillips 66/dsl, Shell 🍴 Burger King, Delaney's Rest., KFC/Taco Bell, McDonald's, Root Beer Stand, Subway 🛏 Best Western, Days Inn 🅾 Starved Rock SP, **W** 📷 🔵Loves/Hardee's/dsl/scales/24hr
52	IL 251, to La Salle, Peru
51	IL 71, to Hennepin, Oglesby
48	Tonica, **E** 📷 Casey's 🅾 city park
41	IL 18, to Streator, Henry
35	IL 17, to Wenona, Lacon, **E** 📷 BP/dsl, Casey's (2mi), Shell/Burger King/dsl/RV dump 🍴 Subway 🛏 Best Value Inn/truck parking
27	to Minonk, **E** 📷 Casey's (2mi), 🔲/Road Ranger/Subway/Woody's Rest./dsl/24hr 🛏 Motel 6 🅾 NAPA
22	IL 116, to Peoria, Benson
14	US 24, to El Paso, Peoria, **E** 📷 BP/Subway/dsl/24hr, Casey's/dsl, Freedom/dsl 🍴 DQ, Hardee's, McDonald's, Woody's Family Rest. 🛏 Days Inn 🅾 Buick/Chevrolet/GMC, city park, Ford, IGA Foods, USPO, **W** 🍴 Monical's Pizza 🛏 Super 8 🅾 $General, Hickory Hill Camping (4mi), PROMPT CARE
9mm	Mackinaw River
8	IL 251, Lake Bloomington Rd, **E** 🅾 Lake Bloomington, **W** 🅾 Evergreen Lake, to Comlara Park
5	Hudson, 1 mi **E** 📷 Casey's/dsl
2	US 51 bus, Bloomington, Normal
0mm	I-39 begins/ends on I-55, exit 164.

⬆N INTERSTATE 55

Exit #	Services
295mm	I-55 begins/ends on US 41, Lakeshore Dr, in Chicago.
293a	to Cermak Rd (from nb)
292	I-90/94, W to Chicago, E to Indiana
290	Damen Ave, Ashland Ave (no EZ nb return), **E** 📷 Marathon, Shell 🅾 Target
289	to California Ave (no EZ nb return), **E** 📷 Citgo, Speedway/dsl
288	Kedzie Ave, (from sb no ez return), **E** 📷 Citgo
287	Pulaski Rd, **E** 📷 Mobil/dsl, Shell 🍴 Burger King, Domino's, Quiznos, Subway 🅾 Advance Parts, Aldi Foods, Dodge, Family$, Honda, Pete's Mkt, Staples, Target, Walgreens
286	IL 50, Cicero Ave, **E** 📷 Citgo/dsl, Marathon, Mobil 🍴 Burger King, Dunkin Donuts, JJ Fish, McDonald's, Pepe's Mexican, Popeye's, Starbucks, Subway 🅾 Family$, O'Reilly Parts, to 📷, Walgreens
285	Central Ave, **E** 📷 BP/dsl, Citgo, Marathon/Dunkin Donuts 🍴 Burger King, Donald's HotDogs
283	IL 43, Harlem Ave, **E** 📷 Shell 🍴 Baskin-Robbins/Dunkin Donuts, Burger King, Domino's, El Pollo Loco, Little Caesars, Portillo HotDogs, Subway 🅾 AT&T, AutoZone, Fannie May Candies, Walgreens
282b a	IL 171, 1st Ave, **W** 🅾 Brookfield Zoo, Mayfield Park
279b	US 12, US 20, US 45, La Grange Rd, **0-2 mi W** 📷 BP, Mobil, Shell/Circle K 🍴 Andy's Custard, Applebee's, Arby's, Baskin-Robbins/Dunkin Donuts, Boston Mkt, Burger King, Chick-fil-A, Cocula Rest., Dragon Buffet, Dunkin Donuts, Hooters, JC Georges Rest., Jimmy John's, Ledo's Pizza, LoneStar Steaks, McDonald's, Nonno's Pizza, Panda Express, Pizza Hut, Popeye's, Starbucks, Subway, Taco Bell, Taco Tico, Time Out Grill, TX Roadhouse, Via Bella, Wendy's, White Castle 🛏 Best Western, Holiday Inn 🅾 $Tree, Aldi Foods, Best Buy, Buick/Cadillac/GMC, Chevrolet, Chrysler/Dodge/Jeep, Discount Tire,

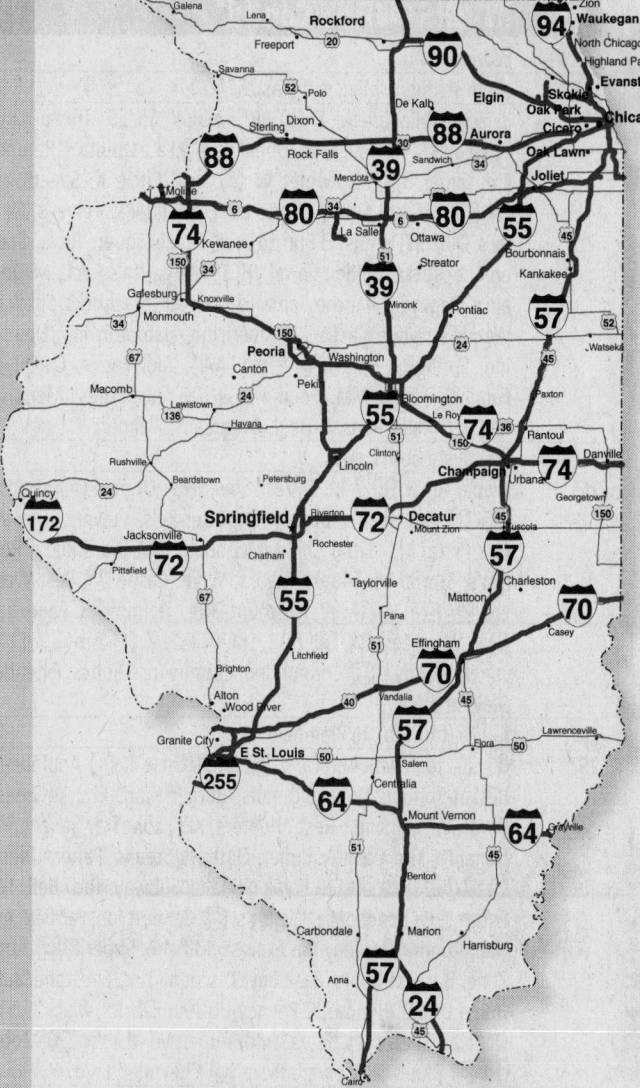

Exit #	Services
279b	**Continued** Firestone/auto, Ford, GNC, Harley Davidson, Home Depot, Honda, Jo-Ann Fabrics, Kohl's, Mazda, Menards, NAPA, Nissan, NTB, O'Reilly Parts, PepBoys, PetCo, Petsmart, Sam's Club/gas, Subaru, Target, Toyota/Scion, Verizon, VW, Walmart
279a	La Grange Rd, **to I-294 toll**, S to Indiana
277b	**I-294 toll** (from nb), S to Indiana
277a	**I-294 toll**, N to Wisconsin
276c	Joliet Rd (from nb)
276b a	County Line Rd, **E** 🍴 Capri Rest., China King, Ciazzi's Cafe, Cooper's Hawk, Max&Erma's, Moon Dance Diner, Salerno's Pizza, Starbucks, Subway, Topaz Rest. 🛏 Extended Stay America, Marriott, Quality Inn 🅾 Brookhaven Mkt, Tuesday Morning, **W** 🛏 SpringHill Suites
274	IL 83, Kingery Rd, **E** 📷 Shell, **W** 📷 7-11, Mobil/dsl, Phillips 66/dsl, Shell 🍴 Bakers Square, Barnelli's Pasta, Buffalo Wild Wings, Burger King, Chipotle Mexican, Denny's, Domino's, Dunkin Donuts, Jamba Juice, Jimmy John's, Papa John's, Patio BBQ, Pei Wei, Portillo's HotDogs, Potbelly's Rest., Starbucks, Subway, Wendy's 🛏 Holiday Inn, La Quinta, Red Roof Inn, Super 8 🅾 AT&T, Firestone, Ford/KIA, Michael's, Staples, Target, Verizon
273b a	Cass Ave, **W** 📷 Shell 🍴 La Notte Due Rest., Rosati's Pizza, Uncle Mao's Chinese 🅾 vet
271b a	Lemont Rd, **E** 🛏 Extended Stay America, **W** 📷 Shell
269	**I-355 toll**, to W Suburbs

Left margin: **OGLESBY** **CHICAGO AREA**

Right margin: **IL**

= gas = food = lodging = other = rest stop Copyright 2018 - The Next EXIT ®

B O L I N G B R O O K

INTERSTATE 55 Cont'd

Exit #	Services
268	(from sb only), Joliet, same as 267
267	IL 53, Bolingbrook, **E** BP, Phillips 66/55 Trkstp/rest./dsl/scales/24hr/@ McDonald's La Quinta, Ramada Ltd, Super 8 Chevrolet, **W** Shell/Circle K, Speedway/dsl A&W/LJ Silver, Burger King, Cheddar's, Culver's, Denny's, Dunkin Donuts, El Burrito Loco, Family Square Rest., Golden Chopsticks, Golden Corral, IHOP, Margarita's Rest., McDonald's, Popeye's, Rancho Santa Fe Mexican, Starbucks, Subway, Wendy's, White Castle AmericInn, Hampton Inn, Holiday Inn, SpringHill Suites $Tree, AAA, Aldi Foods, CarQuest, Family$, Fiesta Mkt, Food-4-Less/gas, Just Tires, Menards, NAPA, O'Reilly Parts, U-Haul, Walgreens, Walmart
266mm	weigh sta both lanes
263	Weber Rd, **E** 7-11, BP/dsl, Speedway/Dunkin Donuts/dsl/e85 Applebee's, Burger King, Burrito's, Culver's, Giovanny's Pizza, KFC, Little China, McDonald's, Michal's Pizza, Popeye's, Starbucks, Todake Steaks, White Castle Best Western Ace Hardware, Discount Tire, Dominick's Food/gas, GNC, Walgreens, **W** 7-11, Shell/Circle K Arby's, Cracker Barrel, Wendy's Comfort Inn, Country Inn&Suites, Extended Stay America
261	IL 126 (from sb), to Plainfield
257	US 30, to Joliet, Aurora, **E** Shell/Circle K Applebee's, Baskin-Robbins/Dunkin Donuts, Burger King, ChuckeCheese, Denny's, Diamand's Rest., Hooters, KFC, LoneStar Steaks, McDonald's, Old Country Buffet, Outback Steaks, Panera Bread, Pizza Hut, Red Lobster, Steak'n Shake, Subway, Taco Bell, TGIFriday's, TX Roadhouse, Wendy's Comfort Inn, Fairfield Inn, Hampton Inn, Holiday Inn Express, Motel 6, Super 8 AutoZone, Barnes&Noble, Best Buy, Discount Tire, Firestone/auto, Home Depot, Honda, JC Penney, Jo-Ann Fabrics, Macy's, NTB, Old Navy, Petsmart, Sears/auto, Target, Verizon, **W** Mobil/dsl Blue's BBQ, Luigi's Pizza Chevrolet, Ford
253b a	US 52, Jefferson St, Joliet, **E** Citgo/dsl, Mobil/dsl, Shell Joe's Rest., KFC/Pizza Hut, McDonald's Best Budget Inn, Best Western, Elk's Motel, Joliet Inn, Wingate Inn , Ford, Freightliner, Harley-Davidson, Rick's RV Ctr, **W** BP/dsl Al's Beef, Burger King, Casa Maya, DQ, Louie's Chophouse, Nancy's Pizza, Rosati's Pizza, Subway , 7-11, Chrysler/Dodge/Jeep, Jewel-Osco/gas, NAPA
251	IL 59 (from nb), to Shorewood, access to same as 253 W
250b a	I-80, W to Iowa, E to Toledo
248	US 6, Joliet, **E** /Dunkin Donuts/Subway/dsl/24hr, Speedway/dsl Taco Burrito King Manor Motel, **W** BP/McDonald's Lone Star Rest. (2mi) to Ill/Mich SP
247	Bluff Rd
245mm	Des Plaines River
244	Arsenal Rd, **E** Exxon/Mobil Refinery
241	to Wilmington
241mm	Kankakee River
240	Lorenzo Rd, **E** BP/dsl, **W** Mobil/pizza/dsl/scales/24hr River Rest. Knights Inn
238	IL 129 S, to Wilmington (from nb), Braidwood
236	IL 113, Coal City, **E** Good Table Rest. Fossil Rock Camping, **W** Casey's, Shell/DQ/dsl KFC/Taco Bell, Los 3 Burritos, WhistleStop Cafe EZ Living RV Ctr
233	Reed Rd, **E** Marathon/ds Jones-sez BBQ, **W** antiques
227	IL 53, Gardner, **E** Casey's Gardner Rest., Subway $General, truck/tire repair, **W** Shell/dsl

J O L I E T

IL

P O N T I A C

N O R M A L

220	IL 47, Dwight, **E** BP/Burger King/dsl, /Hardee's/dsl/scales/24hr, Marathon/Circle K/dsl/24hr Arby's, Dwight Chinese, Dwight Pizza, McDonald's, Pete's Rest., Subway Classic Motel, Super 8
217	IL 17, Dwight, **E** Casey's, Shell/Circle K/dsl/24hr DQ, Rte 66 Rest. Best Hardware, Doc's Drug, Family$, NAPA, ShopKO
213mm	Mazon River
209	Odell, **E** USPO
201	IL 23, Pontiac, 0-3 mi **E** Marathon DQ, La Mex 4k RV Camp (seasonal) RV Ctr, **W** truck repair
198mm	Vermilion River
197	IL 116, Pontiac, **E** BP/dsl, Freedom, Shell/dsl, Thornton's dsl Arby's, Baby Bull's Rest., Burger King, Cafe Fontana, KFC, LJ Silver, McDonald's, Monical's Pizza, Pizza Hut, Subway, Taco Bell, Wendy's Best Western, Fiesta Motel (1mi), Quality Inn, Super 8 $General, $Tree, Aldi Foods, AT&T, Auto Zone, Big R Store, Buick/Chevrolet, Cadillac/GMC, Chrysler/Dodge/Jeep, Firestone/auto, Lincoln, st police, Verizon, Walgreens, Walmart/Subway, **W** Mobil/dsl
193mm	both lanes, full facilities, litter barrels, petwalk, , vending
187	US 24, Chenoa, **E** Casey's, Phillips 66/McDonald's/dsl, Shell, Subway/dsl Best Value Inn, Chenoa Family Rest.
179mm	Des Plaines River
178	Lexington, **E** BP/McDonalds/dsl, Freedom/dsl Subway $General, **W** Chevrolet
178mm	Mackinaw River
171	Towanda, **E** FastStop/dsl
167	Lp 55 S Veterans Pkwy, to Normal, 0-3 mi **E** BP/Circle K, Marathon/Circle K/dsl Alexander's Steaks, Applebee's, Bandana's BBQ, Biaggi's Ristorante, Bob Evans, Burger King, Carlos O'Kelly's, Chick-fil-A, Chili's, Chipotle Mexican, Chucke Cheese, Coldstone, Destihl Rest., DQ, Fazoli's, Fiesta Ranchero Mexican, FlatTop Grill, Hardee's, IHOP, Jason's Deli, Jimmy John's, Jimmy John's (2), Krispy Kreme, Logan's Roadhouse, Lonestar Steaks, McDonald's, Monical's Pizza, Noodles&Co, Olive Garden, Outback Steaks, Panda Express, Panera Bread, Papa John's, Pizza Hut, Pizza Ranch, Popeye's, Portillo's, Potbelly, Qdoba Mexican, Red Lobster, Red Robin, Schlotzsky's, Smashburger, Sonic, Starbucks, Steak'n Shake, Subway, Taco Bell, Tony Roma's, Wendy's, Wild Berries Rest. Baymont Inn, Candlewood Suites, Chateau, Comfort Suites, Courtyard, Hampton Inn, Holiday Inn Express, Motel 6, Quality Inn, Super 8 , $Tree, Advance Parts, Aldi Foods, AT&T, AutoZone, Barnes&Noble, Best Buy, Cub Foods, CVS Drug, Dick's, Fresh Mkt, GNC, Goodyear/auto, Gordman's, Hobby Lobby, Home Depot, Honda, Hyundai, HyVee, Jewel-Osco, Jo-Ann Fabrics, Kohl's, Kroger/dsl, Lowe's, mall, Meijer/dsl, Meineke, Menards, Michael's, Midas, Office Depot, Old Navy, O'Reilly Parts, PetCo, Sam's Club/gas, Schnuck's Foods, Sears/auto, Target, TJ Maxx, to , Tuesday Morning, Tuffy, Verizon, Von Maur, Walgreens, Walmart/Subway
165b a	US 51 bus, to Bloomington, **E** BP/Circle K, Mobil/Arby's/dsl, Qik-n-EZ, Shell/Burger King/dsl Denny's, Dunkin Donuts, McDonald's, Moe's SW Grill, Rosati's Pizza, Smoothie King, Starbucks, Steak'n Shake, Subway, Uncle Tom's Pancake, Wendy's Baymont Inn, Motel 6, Radisson, Super 8 $General, $Tree, Discount Tire, Schnuck's Foods, to Ill St U, Verizon, Walgreens, **W** dsl repair
164	I-39, US 51, N to Peru
163	I-74 W, to Peoria

INTERSTATE 55 Cont'd

BLOOMINGTON

LINCOLN

Exit #	Services
160b a	US 150, IL 9, Market St, Bloomington, E BP/Circle K, Freedom/dsl, /Wendy's/dsl/scales/24hr, Shell/repair, TA/Country Pride/dsl/scales/24hr/@ Arby's, Cracker Barrel, Culver's, KFC, McDonald's, Popeye's, Subway, Taco Bell Days Inn, EconoLodge, Hawthorn Suites, Quality Inn, Quality Suites, Red Roof Inn , Advance Parts, Blue Beacon, Family$, Peterbilt, W Marathon/Circle K/dsl, Murphy USA/dsl Bob Evans, Fiesta Ranchera Mexican, Steak'n Shake/24hr Comfort Suites, Country Inn&Suites, Fairfield Inn, Hampton Inn, Holiday Inn Express, Ramada Ltd Aldi Foods, Farm&Fleet, Walmart
157b	Lp 55 N, Veterans Pkwy, Bloomington, E , to
157a	I-74 E, to Indianapolis, US 51 to Decatur
154	Shirley
149	W both lanes, full facilities, litter barrels, petwalk, , , playground, vending
145	US 136, E Quality RV Ctr, W Dixie/ /Road Ranger/Subway/dsl/scales/24hr, Mobil/dsl McDonald's, Rte 66 Drive Thru Super 8
140	Atlanta, E RV camping (3mi), W Casey's/dsl Country-Aire Rest. Atlanta Inn $General, NAPA
133	Lp 55, Lincoln, 2 mi E , Camp-A-While Camping
127	I-155 N, to Peoria
126	IL 10, IL 121 S, Lincoln, 0-2 mi E BP/Arby's/dsl/24hr, Casey's/dsl, Thornton's/ /dsl/scales/24hr Bonanza Steaks, Burger King, Cracker Barrel, Culver's, Daphne's Rest., DQ, Dunkin Donuts, El Mazatlan Mexican, Hardee's, McDonald's, Pizza Hut, Rio Grande Grill, Steak'n Shake, Subway, Taco Bell, Wendy's EconoLodge, Hampton Inn, Holiday Inn Express, Super 8 , $General, $Tree, Aldi Foods, AT&T, AutoZone, Chrysler/Dodge/Jeep, CVS Drug, Ford/Lincoln, Kroger, O'Reilly Parts, Russell Stover, Verizon, Walgreens, Walmart/Subway
123	Lp 55, to Lincoln, E
119	Broadwell
115	Elkhart
109	IL 123, Williamsville, E Casey's Subway, W Love's /McDonalds/dsl/scales/24hr Huddle House New Salem SHS
107mm	weigh sta sb
105	Lp 55, to Sherman, W Casey's Cancun Mexican, China King, Fairlane Diner, Fire&Ale Grill, Ricco's Pizza, Sam's Too Pizza, Subway Conv Ctr, County Mkt Foods, hist sites, Military Museum, repair, Riverside Park Campground, Verizon, vet, Walgreens
103mm	sb, full facilities, litter barrels, petwalk, , , vending
102mm	Sangamon River
102mm	nb, full facilities, litter barrels, petwalk, , , vending
100b	IL 54, Sangamon Ave, Springfield, W BP/Circle K, Marathon/Circle K, Murphy USA/dsl, Shell/dsl Arby's, Buffalo Wild Wings, Burger King, Culver's, DQ, Hickory River BBQ, Jimmy John's, McDonald's, Panda Express, Parkway Cafe, Penn Sta Subs, Sonic, Steak'n Shake, Taco Bell, Thai Basil, Wendy's, Wings Etc, Xochimilco Mexican, Yummy House Northfield Suites, Ramada , , Aldi Foods, AT&T, GNC, Harley-Davidson, Lowe's, Menards, to Vet Mem, Verizon, Walmart/Subway
100a	Il 54, E to Clinton, E Road Ranger/ /Subway/dsl/scales/24hr Kenworth/Ryder/Volvo, truckwash
98b	I-72, IL 97, Springfield, W BP/Circle K, Casey's, Shell/dsl Chesapeake Seafood House, Freddy's Steakburger, Hardee's, Mario's Pizza, McDonald's, Starbucks, Subway Best

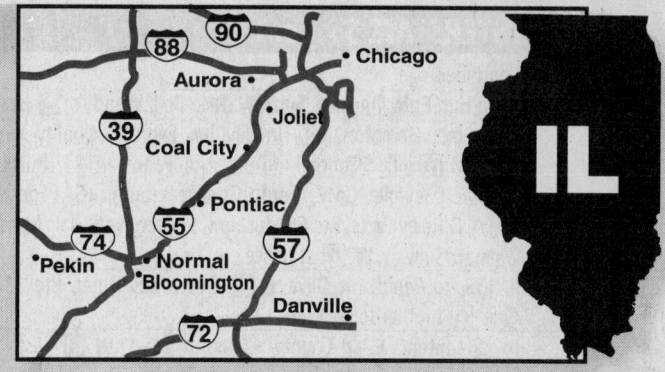

SPRINGFIELD

98b	Continued Western, Lincoln's Lodge , city park, Ford Trucks, K-Mart/Little Caesar's, to Capitol Complex, Walgreens
98a	I-72 E, US 36 E, to Decatur
96b a	IL 29 N, S Grand Ave, Springfield, W FasMart/dsl, Marathon/dsl Burger King, Godfather's, Popeye's Red Roof Inn, Super 8 $General, Advance Parts, AutoZone, Buick/GMC, Hyundai, JC Penney, museum, O'Reilly Parts, Shop'n Save
94	Stevenson Dr, Springfield, E KOA (7mi), W BP/Circle K/Dsl, Mobil/Subway/dsl, Shell/dsl Applebee's, Arby's, Bob Evans, Cancun Mexican, Cheddar's, Gallina Pizza, Hardee's, Hooters, IHOP, La Fiesta Mexican, LJ Silver, Luca Pizza, McAlister's Deli, McDonald's, Outback Steaks, Panera Bread, Papa John's, Red Lobster, Smokey Bones BBQ, Steak'n Shake, Taste of Thai Candlewood Suites, Comfort Suites, Country Inn Suites, Crowne Plaza, Drury Inn, Hilton Garden, Holiday Inn Express, Microtel, Residence Inn, Wingate Inn $General, auto repair, BigLots, CVS Drug, GNC, Walgreens
92b a	I-72 W, US 36 W, 6th St, Springfield, W Marathon/dsl, Thornton's Arby's, Burger King, Chadito's Tacos, Cozy Drive In, Golden Corral, Jimmy John's, KFC, Marco's Pizza, McDonald's, New China, Pizza Hut, Pizza Ranch, Sgt. Pepper's Cafe, Starbucks, Subway, Taco Bell Comfort Inn, La Quinta, Route 66 , Aldi, AutoZone, CarX, County Mkt Foods, Lincoln, Mazda, Walgreens, Walmart/McDonald's
90	Toronto Rd, E Qik-n-EZ/Wendy's/dsl, Shell/Circle K Antonio's Pizza, China Express, Cracker Barrel, Head West Subs, Hen House, McDonald's, Subway, Taco Bell Baymont Inn, Day's Inn, Motel 6, W /Road Ranger/dsl/24hr
89mm	Lake Springfield
88	E Lake Dr, Chatham, E KOA, to Lincoln Mem Garden/Nature Ctr, W JJ RV Park/camping (2mi)
83	Glenarm, W JJ RV Park/camping (4mi)
82	IL 104, to Pawnee, E to Sangchris Lake SP, W Mobil/Auburn Trvl Ctr/Subway/scales/dsl/rest/24hr Toni's Cafe antiques/crafts
80	Hist 66, Divernon, W antiques
72	Farmersville, W Phillips 66/Subway/dsl/24hr, Shell
65mm	both lanes, full facilities, litter barrels, petwalk, , , playground, vending
63	IL 48, IL 127, to Raymond
60	IL 108, to Carlinville, E Kamper Kampanion RV Park, W Shell/dsl/LP/café Magnuson Grand Hotel/cafe antiques, to Blackburn Coll
56mm	weigh sta nb
52	IL 16, Hist 66, Litchfield, E BP, Casey's, Faststop/deli/dsl/scales, Murphy USA/dsl, Phillips 66/Jack-in-the-Box/dsl, Shell A&W/LJ Silver, Arby's, Ariston Café, Burger King, China Town, Denny's, DQ, El Rancherito Mexican, Huddle House, Jimmy John's, Jubelt's Rest., KFC, Maverick Steaks, McDonald's,

⬆N	**INTERSTATE 55 Cont'd**
52	Continued
	Pizza Hut, Ruby Tuesday, Subway, Taco Bell, Wendy's 🛏 Best Value Inn, Hampton Inn, Holiday Inn Express, Quality Inn, Super 8 ⊡ 🅗, $General, $Tree, Aldi Foods, AT&T, Buick/Cadillac/Chevrolet/GMC, Ford, Goodyear/auto, IGA Foods, NAPA, O'Reilly Parts, Rte 66 Museum, Verizon, vet, Walgreens, Walmart/Subway, **W** ⊡ st police
44	IL 138, to Benld, Mt Olive, **E** 🍴 Crossroads Diner, Rte 138 Cafe ⊡ Mother Jones Mon
41	to Staunton, **E** ⊡ Country Classic Cars, **W** ⛽ Casey's 🍴 DQ 🛏 Super 8 ⊡ 🅗, $General, Chrysler/Dodge/Jeep
37	Livingston, New Douglas, **W** ⛽ Shell/dsl 🍴 Gasperoni's Café 🛏 Country Inn/cafe ⊡ AutoCare, IGA Foods, USPO
33	IL 4, to Staunton, Worden
30	IL 140, Hamel, **E** ⛽ ♥Love's/McDonald's/Subway/dsl/scales/24hr 🛏 Innkeeper Motel, **W** ⛽ Shell 🍴 Weezy's Grill
28mm	Ⓡs both lanes, full ♿ facilities, litter barrels, petwalk, Ⓒ, ⊞, vending
23	IL 143, Edwardsville, **E** ⛽ Phillips 66/dsl
20b	I-270 W, to Kansas City
20a	I-70 E, to Indianapolis
I-55 S and I-70 W run together 18 mi.	
18	IL 162, to Troy, **E** ⛽ Casey's/dsl, Phillips 66/Circle K/dsl, 〖Pilot〗/Arby's/dsl/scales/24hr, TA/BP/Country Pride/dsl/scales/24hr/@, ZX 🍴 Alfonzo's Pizza, Burger King, China King, Domino's, DQ, Dunkin Donuts, El Potro Mexican, Jack-in-the-Box, Little Caesar's, McDonald's/playplace, Pizza Hut, Subway ⊡ 🅗, $General, Ace Hardware, O'Reilly Parts, Schuette's Mkt, Speedco, truckwash, USPO, vet, Walgreens, **W** 🍴 Cracker Barrel, Fire'n Smoke Kitchen, Joe's Pizza, Taco Bell 🛏 Best Western, Holiday Inn Express, Motel 6, Red Roof Inn, Super 8 ⊡ Freightliner, Verizon
17	US 40 E, to Troy, to St Jacob
15b a	IL 159, Maryville, Collinsville, 0-2 mi **E** ⛽ Phillips 66/Circle K/dsl, VP/dsl, Zx Gas 🍴 Asia Garden, Carisillo's Mexican, KFC, McDonald's, Sonic, Subway ⊡ $General, Advance Parts, Aldi Foods, AutoZone, CVS Drug, Ford/Lincoln, O'Reilly Parts, vet, Walgreens, **W** 🛏 Loyalty Inn
14mm	weigh sta sb
11	IL 157, Collinsville, **E** ⛽ Casey's 🍴 A&W/LJ Silver, Denny's, Golden Corral, Little Caesar's, McDonald's, Penn Sta Subs, Qdoba Mexican, St Louis Bread Co, Starbucks, Waffle House, Wendy's 🛏 Best Value Inn ⊡ AT&T, Dobbs Tire, Gateway RV Ctr, GNC, Home Depot, Midas, Verizon, Walgreens, Walmart/Subway, **W** ⛽ Motomart/dsl/24hr 🍴 Applebee's, Arby's, Bandana's BBQ, Bob Evans, Burger King, Colton's Steaks, Culver's, DQ, Jimmy John's, Pizza Hut, Porter's Steaks, Ruby Tuesday, Steak'n Shake, White Castle/24hr, Zapata's Mexican 🛏 Comfort Inn, Days Inn, DoubleTree Inn, Drury Inn, Fairfield Inn, Hampton Inn, La Quinta, Super 8 ⊡ Buick/GMC, st police
10	I-255, S to Memphis, N to I-270
9	Black Lane (from nb, no return), **E** Fairmount RaceTrack
6	IL 111, Great River Rd, Fairmont City, **E** ⛽ Exxon 🛏 Relax Inn, Royal Budget Inn ⊡ auto repair, **W** ⊡ Horseshoe SP
4b a	IL 203, Granite City, **E** ⛽ BP/dsl 🛏 Western Inn, **W** ⛽ 〖Pilot〗/Subway/Taco Bell/dsl/scales/24hr/@ ⊡ Gateway Int Raceway
3c	Exchange Ave
3b	I-70 W, to KC
3a	I-64 E, IL 3 N, St Clair Ave
2b	3rd St
2a	M L King Bridge, to downtown E St Louis
1	IL 3, to Sauget (from sb)
I-55 N and I-70 E run together 18 mi.	
0mm	Illinois/Missouri state line, Mississippi River

⬆N	**INTERSTATE 57**
Exit #	Services
358mm	I-94 E to Indiana, **I-57 begins/ends on I-94, exit 63 in Chicago**
357	IL 1, Halsted St, **E** ⛽ ⊡ auto repair, **W** 🍴 Shell/Dunkin Donuts, Supersave 🍴 McDonald's, Shark's, Subway ⊡ Walgreens
355	111th St, Monterey Ave, **W** ⛽ BP, Citgo
354	119th St, **W** ⛽ Citgo/Dunkin Donuts 🍴 Chili's, Panda Express, Subway ⊡ $Tree, AT&T, GNC, Jewel-Osco, Marshall, PetCo, Target
353	127th St, Burr Oak Ave, **E** ⛽ Citgo, GoLo, Shell 🍴 Burger King, Dillinger's Drive-In, Dunkin Donuts, McDonald's, Wendy's 🛏 M Hotel, Magnuson, Plaza Inn ⊡ Ace Hardware, Advance Parts, Family$, Walgreens, **W** ⛽ BP, Citgo/dsl ⊡ 🅗, Fish&Chicken
352mm	Calumet Sag Channel
350	IL 83, 147th St, Sibley Blvd, **E** ⛽ Marathon/dsl 🍴 Checkers, Domino's, Harold's Chicken, McDonald's, Subway ⊡ $General, Aldi Foods, Family$, O'Reilly Parts, **W** ⊡ USPO
348	US 6, 159th St, **E** ⛽ BP/dsl, Clark, Marathon/dsl 🍴 Baskin-Robbins/Dunkin Donuts, Burger King, McDonald's, Popeye's, Subway, Taco Bell, White Castle ⊡ $Tree, AutoZone, U-Haul, Walgreens, **W** ⛽ Gas Depot/dsl, Mobil/dsl
346	167th St, Cicero Ave, to IL 50, **E** ⛽ BP, Shell/dsl 🍴 Applebee's, Baskin-Robbins/Dunkin Donuts, Harold's Chicken, Kenny's Ribs, McDonald's, Panda Express, Pizza Hut, Shark's Fish&Chicken, Sonic, Wendy's 🛏 Best Western ⊡ AT&T, GNC, Walmart/Subway, **W** ⛽ Shell ⊡ 7-11
345b a	I-80, W to Iowa, E to Indiana, to I-294 N **toll** to Wisconsin
342	Vollmer Rd, **E** ⛽ Shell/Circle K/dsl ⊡ 🅗
340b a	US 30, Lincoln Hwy, Matteson, **E** ⛽ BP, Marathon/dsl 🍴 A&W/LJ Silver, Afusion Asian, Bar Louie, Bocce's Grill, Burger King, Chipotle, ChuckeCheese, Culver's, Dusties Buffet, Five Guys, Fuddrucker's, Giordano's, Harold's Chicken, Hibachi Grill, IHOP, Jimmy John's, KFC, McDonald's, Olive Garden, Panda Express, Panera Bread, Pepe's, Perros Bros Gyros, Pizza Hut, Red Lobster, Rosati's, Shark's, Starbucks, Subway, Wendy's, White Castle, Wing Stop/Dunkin Donuts 🛏 Country Inn&Suites, Hampton Inn, Holiday Inn, La Quinta, Quality Inn ⊡ $Tree, Aldi Foods, AT&T, Chrysler/Dodge/Jeep, Discount Tire, Firestone/auto, GNC, Home Depot, JC Penney, Marshall's, Menards, NTB, PepBoys, Petsmart, Ross, Sam's Club/gas, Target, USPO, Verizon, Walgreens, **W** ⊡ Buick/Cadillac/GMC, Ford/Lincoln, Honda, Hyundai, Kia, Nissan, Toyota/Scion, Walgreens
339	Sauk Trail, to Richton Park, **E** ⛽ BP/dsl, Marathon/dsl 🍴 Domino's, McDonald's, Uncle John's BBQ/Ribs ⊡ Family$, Walgreens, **W** ⊡ Walmart/dsl
337	Stuenkel Rd
335	Monee, **E** ⛽ BP/Dunkin Donuts/Subway/dsl, Petro/Iron Skillet/dsl/e-85/scales/24hr/@, 〖Pilot〗/McDonald's/dsl/scales/24hr 🍴 Burger King, Culver's, KFC/Taco Bell, Lucky Burrito, Schoops Rest. 🛏 Best Value, Country Host Motel, Red Roof Inn, Super 8 ⊡ AdvanceParts, Blue Beacon
332mm	Prairie View Rest Area both lanes, full ♿ facilities, info, litter barrels, petwalk, Ⓒ, ⊞, vending
330mm	weigh sta both lanes
327	to Peotone, **E** ⛽ Casey's, Shell/Circle K 🍴 McDonald's/parking

L I T C H F I E L D
C O L L I N S V I L L E

IL

C H I C A G O

M A T T E S O N

⬆N INTERSTATE 57 Cont'd

Exit #	Services
322	Manteno, **E** 🅖 BP/McDonald's/dsl, Casey's/dsl, Phillips 66/Subway 🅕 DQ, Jimmy John's, KFC/Pizza Hut/Taco Bell, Monical's Pizza, Pizza Hut, Wendy's 🅛 Country Inn&Suites, Howard Johnson 🅞 Harley-Davidson, vet, **W** 🅖 BP/Dunkin Donuts/Dallas
320	E. 6000N Rd
315	IL 50, Bradley, **E** 🅖 EVC, F&F, Shell/Circle K/Burger King 🅕 Buffalo Wild Wings, Cracker Barrel, McDonald's, Noodles&Co, Olive Garden, Panera Bread, Red Lobster, Starbuck's, Taco Bell, TGIFriday's, Tucci's Rest., White Castle 🅛 Comfort Inn, Fairfield Inn, Holiday Inn Express, Magnuson 🅞 Aldi, AT&T, Barnes&Noble, Best Buy, Chrysler/Dodge/Jeep, Dick's, Discount Tire, JC Penney, Kohl's, mall, Marshall's, Michael's, PetCo, Petsmart, Ross, Sears/auto, Staples, Target, Verizon, Walmart/Subway, **W** 🅖 BP/dsl, Phillips 66/CircleK/dsl, Shell/Circle K/dsl, Speedway/dsl 🅕 Applebee's, Arby's, Bakers Square, Coyote Canyon, Denny's, El Cortez Mexican, IHOP, LJ Silver, Mancino's Pizza, McDonald's, Oberweis Ice Cream, Panda Express, Steak'n Shake, Subway, Texas Roadhouse, Wendy's 🅛 Quality Inn, Rte. 50 Motel, Super 8 🅞 $Tree, AT&T, Bradley RV Ctr, Buick/GMC, Chevrolet, Hobby Lobby, Honda, Hyundai, Jo-Ann Fabrics, Kia, Lowe's, Menards, Nissan, O'Reilly, to Kankakee River SP, URGENT CARE, Verizon, vet
312	IL 17, Kankakee, **W** 🅖 BP/dsl, Marathon/dsl, Shell/Circle K 🅕 McDonald's, PoorBoy Rest. 🅞 🅷, $ General, Advance Parts, Family$
310.5mm	Kankakee River
308	US 45, US 52, to Kankakee, **E** 🅖 ♥Loves/Arby's/dsl/scales/24hr 🅞 KOA (3mi), **W** 🅖 Gas Depot, Murphy USA, Speedway/Dunkin Donuts/Subway/dsl 🅕 El Mexicano, KFC/Taco Bell 🅛 Fairview Motel, Hilton Garden 🅞 $Tree, 🖂, Aldi Foods, Walmart/Subway
302	Chebanse, **W** 🅞 truck repair
297	Clifton, **W** 🅖 Phillips 66/Circle K/DQ/dsl 🅞 $General
293	IL 116, Ashkum, **E** 🅖 BP/Subway/dsl 🅞 tires, **W** 🅕 Loft Rest. 🅞 st police
283	US 24, IL 54, Gilman, **E** 🅖 K&H Trkstp/BP/dsl/scales/24hr/ @, Mobil/dsl, PILOT/Denny's/dsl/scales/24hr 🅕 Burger King, DQ, McDonald's, Monical's Pizza, Red Door Rest. 🅛 Motel 6, Super 8, **W** 🅖 BP/Subway/dsl
280	IL 54, Onarga, **E** 🅖 Casey's, Phillips 66 🅞 USPO, **W** 🅞 Lake Arrowhead RV camping
272	to Roberts, Buckley
268.5mm	🆁🆂 both lanes, full ♿ facilities, litter barrels, petwalk, 🚻s, 🖼, vending
261	IL 9, Paxton, **0-1 mi E** 🅖 Casey's, Phillips 66/dsl 🅕 Hardee's, Monical's Pizza, Pizza Hut, Subway 🅞 Buick/Cadillac/Chevrolet/GMC, IGA Foods, TrueValue, USPO, **W** 🅖 Phillips/dsl 🅕 Country Garden Rest. 🅛 Paxton Inn
250	US 136, Rantoul, **0-1 mi E** 🅖 BP/Circle K, Casey's/dsl, Mobil/Circle K/dsl 🅕 Arby's, Burger King, Dunkin' Donuts, Hardee's, McDonald's, Monical's Pizza, Papa John's, Red Wheel Rest., Subway, Taco Bell 🅛 Days Inn, Heritage Inn, Holiday Inn Express, Super 8 🅞 $General, Chrysler/Dodge/Jeep, Ford, NAPA, to Chanute AFB, vet, Walgreens, Walmart
240	Market St, **E** 🅖 Road Ranger/PILOT/McDonald's/dsl/scales 🅞 Kenworth/Volvo, truck/tire repair, **W** 🅞 D&W Lake Camping/RV Park
238	Olympian Dr, to Champaign, **W** 🅖 Mobil/Circle K/dsl 🅕 DQ 🅛 Microtel 🅞 RV/dsl repair

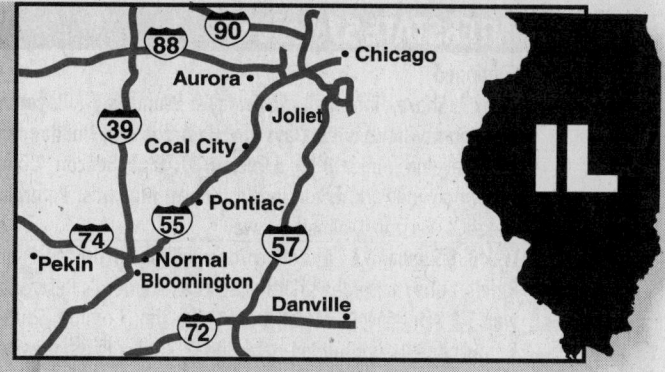

237b a	I-74, W to Peoria, E to Urbana
235b	I-72 W, to Decatur
235a	University Ave, to Champaign, **E** 🅞 🅷, U of Ill
232	Curtis Rd
229	to Savoy, Monticello, **E** 🅕 Marathon/dsl
221.5mm	🆁🆂 both lanes, full ♿ facilities, litter barrels, petwalk, 🚻s, 🖼, vending
220	US 45, Pesotum, **E** 🅞 st police
212	US 36, Tuscola, **E** 🅕 FuelMart/dsl, **W** 🅖 BP/dsl, Phillips 66/Circle K, PILOT/Road Ranger/dsl/scales/24hr 🅕 Amish Land Country Buffet, Big Red Barn Rest., Burger King, Daylight Donuts, Denny's, DQ, Jimmy John's, McDonald's, Monical's Pizza, Pantry Cafe, Pizza Hut, Subway, Taco Bell 🅛 Baymont Inn, Holiday Inn Express, Super 8 🅞 Ford, IGA Foods, O'Reilly Parts, ShopKO, Tuscola Outlets/Famous Brands, Verizon
203	IL 133, Arcola, **E** 🅛 Best Western, **W** 🅖 Phillips 66/Subway/dsl, Sunrise/dsl 🅕 DQ, El Toro Mexican, Hen House, McDonalds, Monical's Pizza 🅛 Arcola Inn, Comfort Inn 🅞 $General, city park, NAPA, Rockome Gardens (5mi), vet
192	CtyRd 1000 N, Rd 18
190b a	IL 16, to Mattoon, **E** 🅖 BP/dsl 🅞 🅷, Fox Ridge SP, to E IL U, **W** 🅖 Huck's, Murphy USA/dsl, Phillips 66/Subway/dsl 🅕 A&W/LJ Silver, Alamo Steaks, Arby's, Buffalo Wild Wings, Cracker Barrel, Denny's, Domino's, Don Sol Mexican, DQ, El Vaquero Mexican, Freddy's, Japanese Steaks, Jimmy John's, Jumbo Buffet, KFC, Lee's Chicken, McDonald's/playplace, McHugh's, Pizza Hut, QQ Buffet, Stadium Grill, Steak'n Shake, Taco Bell, Wendy's 🅛 Baymont Inn, Comfort Suites, Hampton Inn, Holiday Inn Express, Suite Dreams, Super 8 🅞 $General, $Tree, Aldi Foods, BigLots, CVS Drug, Home Depot, JC Penney, Joann, Petsmart, Staples, Verizon, Walgreens, Walmart/Subway
184	US 45, IL 121, to Mattoon, **E** 🅖 Phillips 66/Subway/dsl, **W** 🅕 McDonald's 🅛 Motel 6, Quality Inn 🅞 to Lake Shelbyville
177	US 45, Neoga, **E** 🅕 FuelMart/Subway/dsl/e-85 🅞 NAPA, **W** 🅖 Casey's/dsl (1mi) 🅞 $General
166.5mm	🆁🆂 both lanes, full ♿ facilities, litter barrels, petwalk, 🚻s, 🖼, vending
163	I-70 E, to Indianapolis
I-57 S and I-70 W run together 6 mi.	
162	US 45, Effingham, **E** 🅕 Motomart 🅞 Harley-Davidson, **W** 🅕 PILOT/McDonald's/dsl/scales/24hr 🅕 Subway 🅞 Camp Lakewood (2mi), truck repair
160	IL 33, IL 32, Effingham, **E** 🅕 Domino's, Jimmy John's, LoneStar Steaks, Papa John's, Pizza Hut 🅛 Delta Inn, Fairfield Inn, Quality Inn 🅞 🅷, $General, Aldi Foods, AutoZone, Save-a-Lot, Verizon, vet, **W** 🅖 ⊘FLYING J/Denny's/dsl/LP/scales/24hr, Murphy USA/dsl, Phillips 66/dsl, TA/Popeye's/dsl/@ 🅕 Arby's, Buffalo Wild Wings, Burger King, Cracker Barrel, Denny's, El Rancherito Mexican, Firefly Grill, Fujiyama Steaks, LJ Silver, McDonald's, Panda Express, Ruby Tuesday, Ryan's, Starbucks,

Side markers: BRADLEY, KANKAKEE, RANTOUL (vertical left); MATTOON, EFFINGHAM (vertical right)

IL

⬆N INTERSTATE 57 Cont'd

EFFINGHAM

160	Continued
	Steak'n Shake, Taco Bell, TGIFriday's, Wendy's 🏠 Baymont Inn, Country Inn&Suites, Days Inn, Hampton Inn, Holiday Inn, Rodeway Inn, Super 8 ⬜ $Tree, AT&T, Blue Beacon, Camp Lakewood RV Park, Ford/Lincoln, Kohl's, Menards, Peterbilt, SpeedCo, Verizon, Walmart/Subway
159	US 40, Effingham, E 🛢️ Conoco/dsl, Phillips 66/dsl 🍴 China Buffet, Culver's, Hardee's, Little Caesar's, Niemerg's Rest, Subway 🏠 Abe Lincoln Motel, Best Value Inn, Comfort Suites, EconoLodge, Lexington Inn ⬜ Honda, O'Reilly Parts, tires/repair, Walgreens, W 🛢️ Petro/Iron Skillet/dsl/24hr/@ 🏠 Best Western ⬜ Blue Beacon

I-57 N and I-70 E run together 6 mi.

157	I-70 W, to St Louis
151	Watson, 5 mi E ⬜ Percival Springs RV Park
150mm	Little Wabash River
145	Edgewood, E 🛢️ Phillips 66/dsl ⬜ city park
135	IL 185, Farina, E 🛢️ Shell/Subway/dsl ⬜ $General, Ford
127	to Kinmundy, Patoka

SALEM

116	US 50, Salem, E 🛢️ Huck's/dsl, Motomart, Shell/Circle K/dsl 🍴 Burger King, Domino's, Hardee's, La Cocina Mexican, LJ Silver, McDonald's, Pizza Hut, Pizza Man, Subway, Taco Bell, Village Garden, Wendy's 🏠 Holiday Inn Express ⬜ Ⓗ, AutoZone, Chrysler/Dodge/Jeep, CVS Drug, GMC, NAPA, O'Reilly Parts, Save-A-Lot, to Forbes SP, USPO, W 🍴 Murphy USA/dsl, Phillips 66/dsl 🍴 Applebee's, Arby's, Denny's, El Rancherito, KFC 🏠 Guesthouse Inn, Salem Inn, Super 8 ⬜ $Tree, AT&T, Buick/Chevrolet, Carlisle Lake (23mi), Ford, Salem Tires, Walmart
114mm	Ⓡˢ both lanes, full ♿ facilities, litter barrels, petwalk, 🔌s, 🚬, playground, vending
109	IL 161, to Centralia, W 🍴 Biggie's General Store/cafe/dsl
103	Dix, E 🛢️ Phillips 66/dsl 🏠 Red Carpet Inn
96	I-64 W, to St Louis

MT VERNON

95	IL 15, Mt Vernon, E 🛢️ Hucks, Phillips 66/Circle K/dsl 🍴 Agave Mexican, Asian Buffet, Bandana's BBQ, Domino's, El Rancherito Mexican, Fazoli's, Hardee's, Hardee's, KFC, Little Caesar's, LJ Silver, McDonald's, Moe's SW Grill, Panda Express, Papa John's, Pizza Hut, Starbucks, Steak'n Shake, Subway, Taco Bell, Waffle Co, Wendy's 🏠 Best Inn, Best Value Inn, Comfort Suites, Drury Inn, Motel 6, Super 8 ⬜ Ⓗ, Aldi Foods, AT&T, AutoZone, Big Lots, Chevrolet/Cadillac, Chrysler/Dodge/Jeep, CVS Drug, Ford/Lincoln, Harley-Davidson, Hobby Lobby, JC Penney, K-Mart, Kroger/dsl, Midas, O'Reilly Parts, Prompt Care, Ross, Verizon, Walgreens, W 🍴 ⭐FLYING J/Hucks/Country Cookin/dsl/scales/24hr, Pilot/Denny's/dsl/scales/24hr, Shell/Circle K/dsl, TA/Country Pride/Popeye's/dsl/24hr/@, Tesla EVC 🍴 Applebee's, Arby's, Bob Evans, Buffalo Wild Wings, Burger King, Chili's, Cracker Barrel, Double Overtime Grill, Jimmy John's, LoneStar Steaks, McDonald's, Ryan's, Sonic, Subway 🏠 Days Inn, Doubletree, Fairfield Inn, Hampton Inn, Holiday Inn Express, Quality Inn ⬜ $Tree, Archway RV Park, Buick/GMC, Freightliner, Kohl's, Lowe's, NAPA, Staples, Toyota, truckwash, Verizon, Walmart
94	Veteran's Memorial Dr, E ⬜ Ⓗ
92	I-64 E, to Louisville
83	Ina, E 🛢️ ♥Love's/McDonald's/dsl/scales 🍴 Uncle Joe's BBQ ⬜ tire/trailer repair, W ⬜ to Rend Lake Coll
79mm	Ⓡˢ sb, full ♿ facilities, info, litter barrels, petwalk, 🔌s, 🚬, playground, vending

BENTON

77	IL 154, to Whittington, E 🛢️ Shell/dsl 🏠 Lake Cove Reso⬜ Whittington Woods RV Park, W 🍴 Birdies Grille 🏠 Seasons at Rend Lake Lodge/rest. ⬜ golf, to Rend Lake, Wayr Fitzgerrell SP
74mm	Ⓡˢ nb, full ♿ facilities, litter barrels, petwalk, 🔌s, 🚬, pla ground, vending
71	IL 14, Benton, E 🛢️ Phillips 66/dsl 🍴 Arby's, Hardee KFC/Taco Bell, Pizza Hut 🏠 Econolodge, Gray Plaza Mote Magnuson Hotel ⬜ Ⓗ, AutoZone, CVS Drug, KOA (1.5m O'Reilly Parts, Plaza Tire, W 🍴 Murphy USA/dsl, Philli 66/dsl 🍴 Applebee's, Burger King, McDonald's, Subwa ⬜ $Tree, AT&T, to Rend Lake, Verizon, Walmart
65	IL 149, W Frankfort, E 🛢️ Gas-4-Less, Phillips 66/Circle K/d ROC/dsl 🍴 China Star, Dixie Cream Deli, Don Luna Mexica Hardee's, La Fiesta Mexican, LJ Silver, Mike's Drive-In, Mira da's Rest., Sonic, Subway 🏠 Gray Plaza Motel ⬜ CVS Dru MadPricer Foods, NAPA, W 🛢️ Casey's/dsl 🍴 McDonald Pizza Hut 🏠 Best Value Inn ⬜ $General, $Tree, AT&T, Buic Chevrolet/GMC, Chrysler/Dodge/Jeep, K-Mart, Kroger, VF Fa tory Stores
59	to Herrin, Johnston City, E 🛢️ Citgo/dsl/e85, ZX/dsl 🍴 D McDonald's, Subway ⬜ $General, Bandy Drug, campi (2mi), NAPA, W ⬜ Ⓗ, camping (4mi)

MARION

54b a	IL 13, Marion, E 🛢️ Phillips 66/dsl 🍴 Arby's, Fazoli Hardee's, KFC, La Fiesta Mexican, Little Caesar's, LJ Silv Papa John's, Pizza Hut, Subway, Tequila's Mexican, We dy's 🏠 EconoLodge ⬜ $General, Advance Parts, Aldi Food AutoZone, Ford/Hyundai/Lincoln, Kroger/gas, Plaza Tire, Sa A-Lot Foods, USPO, Walgreens, W 🛢️ Huck's/dsl, Phillips 6 dsl, Pilot/Subway/dsl/scales/24h 🍴 17th St Grill, Appl bee's, Asian Bistro, Backyard Burger, Bob Evans, Buffalo Wi Wings, Burger King, Culver's, Hong Kong BBQ, IHOP, Jimr John's, Krispy Kreme, Logan's Roadhouse, Mackie's Pizz McAlister's Deli, McDonald's, O'Charley's, Panera Bread, R Lobster, Ryan's, Sonic, Steak'n Shake, Taco Bell, Wok'n R Buffet 🏠 Best Inn, Comfort Inn, Country Inn&Suites, Drury In Fairfield Inn, Hampton Inn, Holiday Inn Express, Super 8 ⬜ Ⓗ $Tree, AT&T, Buick/Chevrolet/GMC, Chrysler/Dodge/Jeep, D lard's, Harley-Davidson, Home Depot, Honda, Menards, M cedes, Nissan, Sam's Club/gas, Sears/auto, Subaru, Targ Toyota/Scion, Verizon, Walmart/Subway
53	Main St, Marion, E 🛢️ Casey's/dsl 🍴 DQ 🏠 Motel Mari ⬜ Ⓗ, Marion Camping/RV Park, NAPA, W 🛢️ Motom 🍴 Cracker Barrel, HideOut Steaks 🏠 Best Western, Comf Suites, Quality Inn
47mm	weigh sta both lanes
45	IL 148, 1 mi E 🛢️ King Tut's Food/dsl 🏠 Lake Tree Inn camping, dsl repair, vet
44	I-24 E to Nashville
40	Goreville Rd, E ⬜ camping, Ferne Clyffe SP, scenic overlook
36	Lick Creek Rd, W ⬜ vineyards
32mm	Trail of Tears Rest Area both lanes, full ♿ facilities, info, lit barrels, petwalk, 🔌s, 🚬, playground, vending
30	IL 146, Anna, Vienna, W 🛢️ Fast Stop/dsl ⬜ Ⓗ, auto/RV rep
25	US 51 N (from nb, exits left), to Carbondale
24	Dongola Rd, W 🛢️ BP/dsl 🍴 Subway ⬜ $General
18	Ullin Rd, W 🛢️ Fast Stop/dsl 🍴 EEE BBQ 🏠 Best Value ⬜ Chevrolet, st police
8	Mounds Rd, to Mound City, E 🍴 Huckleberry's Rest. ⬜ Ⓚ AutoTruck/dsl/repair
1	IL 3, to US 51, Cairo, E 🏠 Quality Inn ⬜ $General, campi Mound City Nat Cem (4mi), W ⬜ camping
0mm	Illinois/Missouri state line, Mississippi River

IL

🅴 INTERSTATE 64

Exit #	Services
131.5mm	Illinois/Indiana state line, Wabash River
131mm	**Skeeter Mtn Welcome Ctr wb, full 🚻 facilities, litter barrels, petwalk, 📞, 🐾, vending**
130	IL 1, to Grayville, **N** 📍 Casey's (2mi), [Pilot]/Road Ranger/dsl/scales/24hr 🍴 Guadalajara Mexican, Subway 🛏 Super 8, Windsor Oaks Inn/rest. ⊡ Beall Woods SP (10mi)
124mm	Little Wabash River
117	Burnt Prairie, **S** 📍 CountryMark/dsl 🍴 ChuckWagon Charlie's Café ⊡ antiques
110	US 45, Mill Shoals
100	IL 242, to Wayne City, **N** 📍 Citgo/dsl
94	Veterans Memorial Drive, **N** ⊡ 🏥
89	to Belle Rive, Bluford
86mm	Ⓡ wb, full 🚻 facilities, litter barrels, petwalk, 📞, 🐾, vending
82.5mm	Ⓡ eb, full 🚻 facilities, litter barrels, petwalk, 📞, 🐾, vending
80	IL 37, to Mt Vernon, **2 mi N** 📍 Hucks/dsl/24hr, Phillips 66/Circle K/Burger King/dsl ⊡ $General
78	I-57, S to Memphis, N to Chicago
	I-64 and I-57 run together 5 mi. See I-57, exits 95-94.
73	I-57, N to Chicago, S to Memphis
69	Woodlawn
61	US 51, to Centralia, Richview
50	IL 127, to Nashville, **N** ⊡ to Carlyle Lake, **S** 📍 Citgo/rest/E-85/dsl, Little Nashville/Conoco/rest/dsl/scales/24hr, Shell/dsl 🍴 McDonald's 🛏 Best Western ⊡ 🏥
41	IL 177, Okawville, **S** 📍 [Pilot]/Road Ranger/dsl/24hr 🍴 Burger King, DQ, Subway 🛏 Original Springs Motel, Super 8 ⊡ $General, truck repair, USPO
37mm	Kaskaskia River
34	to Albers, **3 mi N** 📍 Casey's
27	IL 161, New Baden, **N** 📍 Casey's/dsl, Shell/dsl 🍴 China King, Four Corners Pizza, Good Ol Days Rest., McDonald's, Subway ⊡ $General, Chevrolet, **S** 📍 ♥Love's/Hardee's/dsl/scales/24hr
25mm	Ⓡ both lanes, full 🚻 facilities, info, litter barrels, petwalk, 📞, 🐾, vending
23	IL 4, to Mascoutah, **N** 📍 Mobil/dsl, Phillips 66/Huddle House/dsl/RV dump 🛏 Best Western+, **S** ⊡ 🚬
21	Rieder Rd
19b a	US 50, IL 158, **N** 📍 Motomart/dsl 🍴 Amore Italian, Subway 🛏 Super 8 ⊡ 🏥, **S** ⊡ to Scott AFB
18mm	weigh sta eb
16	to O'Fallon, Shiloh, **N** 🍴 Bella Milano, Sonic, The Egg & I 🛏 Hilton Garden ⊡ CVS Drug, Harley-Davidson, URGENT CARE, **S** 📍 Motomart/dsl 🍴 54th St. Grille, Applebee's, Arby's, Aroy Thai, Buffalo Wild Wings, China King, Coldstone, Cracker Barrel, Freddy's, Golden Corral, Jersey Mike's, Jimmy John's, La Casa Mexicana, Little Caesar's, McAlister's Deli, McDonald's, Noodles&Co, Qdoba, Ravanelli's Rest., St. Louis Bread Co., Starbucks, Subway, TX Roadhouse, White Castle 🛏 Drury Inn, Holiday Inn Express ⊡ AT&T, Dierbergs Foods, Dobb's Tire, Menard's, Michael's, Target, vet, World Mkt
14	O'Fallon, **N** 📍 Motomart, Phillips 66/Circle K, Shell/dsl 🍴 IHOP, Japanese Garden, Steak'n Shake, Subway 🛏 Country Inn&Suites, Extended Stay America, La Quinta, Sleep Inn, Suburban Inn ⊡ Cadillac, Chevrolet, Ford, O'Reilly Parts, **S** 🍴 Chevy's Mexican, Culver's, Hardee's, Jack-in-the-Box, KFC, La Parrilla Mexican, McDonald's, O'Charley's, Panda Express, Papa Murphy's, Sake Grill, Schiappa's Pizza, Syberg's Rest., Taco Bell 🛏 Candlewood Suites, Days Inn, Quality Inn ⊡ Aldi

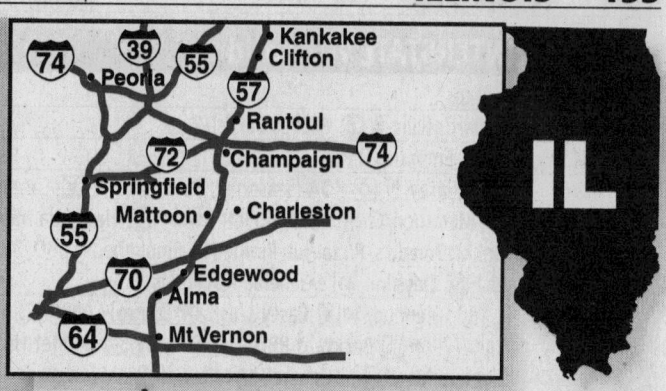

14	Continued Foods, BMW, Home Depot, Honda, Hyundai, Kia, Mazda, Nissan, Petsmart, Sam's Club/gas, Toyota, VW, Walmart
12	IL 159, to Collinsville, **N** 📍 Shell/Circle K 🍴 Agostino's, Applebee's, Bob Evans, Houlihan's, Joe's Crabshack, Lotawata Creek Grill, Olive Garden, Red Lobster, Shogun Japanese 🛏 Best Value Inn, Comfort Suites, Drury Inn, Fairfield Inn, Hampton Inn, Holiday Inn, Sheraton, Super 8 ⊡ Fiat, Gordman's, **S** 📍 BP/dsl, Motomart/dsl 🍴 Arby's, Boston Mkt, Burger King, Capt D's, Cheddar's, Chick-fil-A, Chili's, Chipotle Mexican, ChuckECheese, Domino's, Dunkin Donuts, Fazoli's, Firehouse Subs, Five Guys, Honeybaked Ham, Hooters, Imo's Pizza, Jimmy John's, Krispy Kreme, Little Caesar's, LJ Silver, Longhorn Steaks, McAlister's Deli, McDonald's, Popeye's, Red Robin, Ruby Tuesday, Smokey Bones BBQ, St. Louis Bread, Steak'n Shake, Subway, Taco Bell, Wasabi, Wendy's, White Castle ⊡ $General, $Tree, Aamco, Advance Parts, AT&T, Barnes&Noble, Best Buy, BigLots, Burlington Coats, CarX, Dick's, Dillard's, Dobb's Tire, Firestone/auto, Hobby Lobby, JC Penney, Jo-Ann Fabrics, Kohl's, Lowe's, Macy's, Marshall's, Meineke, Midas, NTB, Old Navy, O'Reilly Parts, PetCo, Ross, Russell Stover, Schnuck's Foods, Sears/auto, TJ Maxx, Tuesday Morning, Verizon, vet, Walgreens
9	IL 157, to Caseyville, **N** 📍 Gulf/Subway, Huck's/dsl 🍴 Hardee's 🛏 Western Inn, **S** 📍 🍴 Cracker Barrel, Domino's, DQ, McDonald's, Taco Bell 🛏 Best Inn, Motel 6, Quality Inn, Rodeway Inn
7	I-255, S to Memphis, N to Chicago
6	IL 111, Kingshighway, **N** 📍 BP, Mobil 🍴 Church's, Ray's Rest.
5	25th St
4	15th St, Baugh
3	I-55 N, I-70 E, IL 3 N, to St Clair Ave, to stockyards
2b a	3rd St, **S** 📍
1	IL 3 S, 13th St, E St Louis, **N** ⊡ Casino Queen
0mm	Illinois/Missouri state line, Mississippi River

Vertical text: **COLLINSVILLE**

🅴 INTERSTATE 70

Exit #	Services
156mm	Illinois/Indiana state line
154	US 40 W
151mm	weigh sta wb
149mm	Ⓡ wb, full 🚻 facilities, info, litter barrels, petwalk, 📞, 🐾, vending
147	IL 1, Marshall, **N** 📍 [Pilot]/Road Ranger/Church's/dsl/scales/24hr 🍴 Crossroads Rest., **S** 📍 Casey's (1mi), DQ, Marathon/Arby's/dsl, Phillips 66/Jiffy/dsl 🍴 Burger King, Los Tres Caminos, McDonald's, Pizza Hut, Sam's Steaks, Subway, Wendy's 🛏 Lincoln Suites, Relax Inn, Super 8 ⊡ antiques, camping, Ford, Lincoln Trail SP, Walmart

⬆E INTERSTATE 70 Cont'd

Exit #	Services
136	to Martinsville, S 🅟 Phillips 66/dsl/24hr
134.5mm	N Fork Embarras River
129	IL 49, Casey, N 🅾 KOA (seasonal), RV service, S 🅟 Casey's, DQ, Marathon/Circle K/dsl, Phillips 66/dsl 🍴 Hacienda Mexican, McDonald's, Pizza Hut, Prairie Fire Smokehouse BBQ, Subway 🛏 Days Inn 🅾 $General, IGA Foods
119	IL 130, Greenup, S 🅟 Casey's/dsl, 🚂Loves/Chester's/dsl/scales/24hr 🍴 Backyard BBQ, DQ, Subway 🛏 Budget Host, Greenup Motel 🅾 $General, hist sites, NAPA
105	Montrose, N 🅾 Spring Creek Camping (1mi), S 🅟 BP/dsl, Phillips/dsl 🛏 Red Carpet Inn
98	I-57, N to Chicago
	I-70 and I-57 run together 6 mi. See I-57, exits 159-162.
92	I-57, S to Mt Vernon
91mm	Little Wabash River
87mm	🆁🆂 both lanes, full ♿ facilities, info, litter barrels, petwalk, 🕭, 🏞, playground, RV dump, vending
82	IL 128, Altamont, N 🅟 Casey's, Fast Stop/dsl, Phillips 66/Subway/dsl/24hr 🍴 Dairy Bar, Joe's Pizza/pasta, McDonald's 🛏 Altamont Motel 🅾 $General, city park, S 🛏 Super 8
76	US 40, St Elmo, N 🅟 Casey's 🛏 Waldorf Motel 🅾 Timberline Camping (2mi)
71mm	weigh sta eb
68	US 40, Brownstown, N 🅾 Okaw Valley Kamping, S 🅾 truck repair
63.5mm	Kaskaskia River
63	US 51, Vandalia, N 🍴 Chuck Wagon Cafe, LJ Silver 🛏 Best Value Inn, S 🅟 BP/Burger King/24hr, Casey's, Phillips 66 🍴 Arby's, China Buffet, DQ, McDonald's, Pizza Hut, Rancho Nuevo Mexican, Sonic, Subway, Wendy's 🛏 Economy Inn, Jay's Inn 🅾 🛏, Aldi Foods, city park, County Mkt Foods, hist site
61	US 40, Vandalia, N 🅟 Fast Stop/Denny's/dsl/scales/24hr, S 🅟 Murphy USA/dsl 🍴 China King, Embers Pizza, Huddle House, KFC/Taco Bell, Ponderosa 🛏 Holiday Inn Express, Ramada 🅾 $Tree, AT&T, AutoZone, Verizon, Walmart
52	US 40, Mulberry Grove, N 🅾 Timber Trail Camp-In (2mi), tires, S 🅾 Cedar Brook Camping (1mi)
45	IL 127, Greenville, N 🅟 Love/Subway/dsl/scales/24hr, Phillips 66/Domino's/dsl, Shell/dsl 🍴 Chang's Buffet, Cunetto's Rest., Huddle House, KFC/Taco Bell, Lu-Bob's Rest., McDonald's 🛏 EconoLodge, Red Carpet Inn, Super 8 🅾 🛏, S 🍴 La Hacienda Mexican 🛏 Comfort Inn 🅾 American Farm Heritage Museum, RV Service, to Carlyle Lake
41	US 40 E, to Greenville
36	US 40 E, Pocahontas, S 🅟 BP/dsl, Phillips 66/dsl 🍴 Funderburk's Grill 🛏 Lighthouse Lodge, Powhatan Motel/rest., Tahoe Motel 🅾 truck/tire repair
30	US 40, IL 143, to Highland, S 🅟 Shell/dsl/wifi 🍴 Blue Springs Café 🅾 🛏, Tomahawk RV Park (7mi)
26.5mm	Silver Lake 🆁🆂 both lanes, full ♿ facilities, litter barrels, petwalk, 🕭, 🏞, vending
24	IL 143, Marine, 4 mi S 🍴 Ponderosa 🛏 Holiday Inn Express 🅾 🛏
21	IL 4, Troy
19mm	motorist callboxes begin wb every 1/2 mile
15b a	I-55, N to Chicago, S to St Louis, I-270 W to Kansas City
	I-70 and I-55 run together 18 mi. See I-55, exits 1-18.
0mm	Illinois/Missouri state line, Mississippi River

⬆E INTERSTATE 72

Exit #	Services
183mm	1 mi E on University 🅟 Gas Depot, Thornton's/dsl 🍴 Arby's, Burger King, Garcia's Pizza, Ichiban Buffet, Jimmy John's, KFC, La Bamba Mexican, McDonald's, Monical's Pizza, Origin Pancakes, Papa John's, Pizza Hut, Sonic, Subway, Taco Bell, TX Roadhouse, Za's Italian 🅾 $General, Advance Parts, AutoZone, Big Lots, County Mkt Foods, CVS Drug, O'Reilly Parts, Schnuck's Foods/e85, Walgreens
182b a	I-57, N to Chicago, S to Memphis, to I-74
176	IL 47, to Mahomet
172	IL 10, Lodge, Seymour
169	White Heath Rd
166	IL 105 W, Market St, N 🅾 🛏, Ford, S 🅟 Mobil/Subway/dsl 🍴 Red Wheel Rest. 🛏 Best Western, Foster Inn 🅾 city park, railway museum
165mm	Sangamon River
164	Bridge St, 1 mi S 🅟 Mobil/Circle K/dsl 🍴 China Star, Dairy Hardee's, McDonald's, Monical's Pizza, Pizza Hut, Subway 🅾 🛏, $General, Buick/Chevrolet, Chrysler/Dodge/Jeep, USPO
156	IL 48, to Weldon, Cisco, N 🅾 Friends Creek Camping (may-oct) (3mi)
153mm	🆁🆂 both lanes, full ♿ facilities, litter barrels, petwalk, 🕭, 🏞, vending
152mm	Friends Creek
150	Argenta
144	IL 48, Oreana, S 🅟 🚂/McDonald's/Subway/dsl/scales/24hr 🛏 Sleep Inn 🅾 🛏, Chrysler/Dodge/Jeep, Honda, Hyundai, Pressley RV Ctr (3mi)
141b a	US 51, Decatur, N 🅟 Shell/Circle K 🍴 Applebee's, Buffalo Wild Wings, Cheddar's, Cracker Barrel, HomeTown Buffet, McDonald's, O'Charley's, Pizza Hut, Red Lobster, Steak'n Shake, Subway, Taco Bell, TX Roadhouse 🛏 Baymont Inn, Country Inn&Suites, Fairfield Inn, Hampton Inn, Homewood Suites, Quality Inn, Ramada Ltd, Residence Inn 🅾 $Tree, AT&T, Bergner's, Best Buy, Buick/Cadillac/GMC, Harley-Davidson, Hobby Lobby, Kohl's, Lowe's, Menards, Petsmart, Ross, Verizon, Von Maur, S 🍴 Arby's, Burger King, El Rodeo Mexican, Fuji Japanese, La Fondita, Monical's Pizza, Olive Garden, Panera Bread, Papa Murphy's, Starbucks 🅾 🛏, Jo-Ann Fabrics, Sam's Club, Target, Verizon, Walgreens, Walmart/Subway
138	IL 121, Decatur, S 🅾 🛏
133b a	US 36 E, US 51, Decatur, S 🅟 Phillips 66/Subway/dsl 🛏 Best Value Inn, Decatur Hotel/rest.
128	Niantic
122	to Mt Auburn, Illiopolis, N 🅟 FastStop/dsl
114	Buffalo, Mechanicsburg, 2 mi S 🅟 Gas Depot/dsl 🅾 USPO
108	Riverton, Dawson
107mm	Sangamon River
104	Camp Butler, 2 mi N 🍴 McDonald's, Starbucks, Subway 🛏 Best Rest Inn, Best Western, Lincoln Inn, Park View Motel 🅾
103b a	I-55, N to Chicago, S to St Louis, IL 97, to Springfield
	I-72 and I-55 run together 6 mi. See I-55, exits 92-98.
97b a	6th St, I-55 S, Loop 55 N (from eb), N 🅟 Road Ranger 🍴 Golden Corral, McDonald's, Pizza Ranch 🛏 Comfort Inn, La Quinta, Rte 66 🅾 Aldi Foods, Lincoln, Mazda, Walmart
96	MacArthur Blvd, N 🅟 Tesla EVC 🍴 Engrained Brewing 🅾 Scheels
93	IL 4, Springfield, N 🅟 Hucks, Thorntons/dsl 🍴 Applebee's, Arby's, Bakers Square, Burger King, Chili's, Chipotle Mexican, Cooper's Hawk Rest., Denny's, Five Guys, Ginger Asian, Jersey Mike's

VANDALIA (left margin)
IL (left margin)
URBANA (right margin)
DECATUR (right margin)

INTERSTATE 72 Cont'd

93	Continued
	Jimmy John's, Longhorn Steaks, Los Agaves Mexican, Los Rancheros Mexican, McDonald's, Noodles&Co, Olive Garden, Panda Express, Panera Bread, Penn Sta Subs, Popeye's, Qdoba, Red Robin, Sonic, Starbucks, Subway, Taco Bell, TGIFriday's, TX Roadhouse, Wasabi Japanese, Wendy's 🅛 Courtyard, Fairfield Inn, Quality Inn, Sleep Inn 🅞 Aldi Foods, AT&T, Barnes&Noble, Bergner's, Best Buy, County Mkt Foods, Dick's, Discount Tire, Gordman's, Hobby Lobby, Jo-Ann Fabrics, Kohl's, Lowe's, Macy's, Michael's, Office Depot, Old Navy, PetCo, Petsmart, Ross, Sam's Club/gas, Sears/auto, Staples, Target, TJ Maxx, Verizon, Walgreens, Walmart, S 🅖 Meijer/dsl/E85 🅕 Bob Evans, Monical's Pizza, O'Charley's, Steak'n Shake 🅛 Hampton Inn, Staybridge Suites 🅞 Cadillac, Chevrolet, Chrysler/Jeep, Fiat, Ford, Honda, Menards
91	Wabash Ave, to Springfield, N 🅖 Qik-n- EZ/dsl 🅕 Bella Milano, Buffalo Wild Wings, Culver's, Firehouse Subs, IHOP, McDonald's, Mimosa Thai, Papa Frank's Italian 🅞 Audi/VW, Dodge/Ram, Kia/Subaru, Nissan, Toyota, S 🅞 Colmans RV Ctr
82	New Berlin, S 🅖 🕮/Road Ranger/Subway/dsl 🅞 $General
76	IL 123, to Ashland, Alexander
68	to IL 104, to Jacksonville, 2 mi N 🅖 BP/Circle K, Casey's/dsl 🅞 �🇭
64	US 67, to Jacksonville, 2 mi N 🅖 BP/Circle K/dsl, Casey's, FastStop/dsl, Loves/IHOP/dsl/scales/24hr, Qik-n-EZ/Subway/dsl 🅕 KFC, Little Caesar's, McDonald's 🅛 Baymont Inn, Comfort Inn, Holiday Inn Express 🅞 🇭, $General, CVS Drug, Family$, Hopper RV Ctr, Walgreens
60	to US 67 N, to Jacksonville, 6 mi on IL 104 🅞 🇭, 🅕, 🅞, 🅛
52	to IL 106, Winchester, N 🅞 golf, 2 mi S 🅕, 🅞, 🅛
46	IL 100, to Bluffs
42mm	Illinois River
35	US 54, IL 107, to Pittsfield, Griggsville, 4 mi N 🅕, 🅞, 🅛, S 🅞 🇭, Jellystone Camping (6mi), st police
31	to Pittsfield, New Salem, 5 mi S 🅞 🇭, Jellystone Camping, 🅕, 🅞, 🅛
20	IL 106, Barry, S 🅖 FastStop/dsl/24hr, Shell/dsl 🅕 Subway, Wendy's 🅛 Ice House Inn
10	IL 96, to Payson, Hull
4a	I-172, N to Quincy
1	IL 106, to Hull
0mm	Illinois/Missouri state line, Mississippi River.
	Exits 157 & 156 are in Missouri.
157	to Hannibal, MO 179, S 🅖 Ayerco, BP, Phillips 66, Shell/dsl 🅕 Mark Twain Dinette, Subway 🅛 Best Value Inn, Best Way Inn, Best Western, Hotel Mark Twain 🅞 auto repair, visitor info
156	US 61, New London, Palmyra. **I-72 begins/ends in Hannibal, MO on US 61.** N 🅖 BP, Casey's/dsl, Conoco/dsl, Murphy USA/dsl 🅕 Burger King, Country Kitchen, Domino's, Gabriella's Mexican, Golden Corral, Hardee's, LJ Silver, McDonald's, Mi Mexico, Pizza Hut, Royal Garden, Rustic Oak Grill, Sonic; Subway, Taco Bell 🅞 $General, $Tree, Aldi Foods, BigLots, Ford, JC Penney, Lowe's, Walmart, 0-2 mi S 🅖 Ayerco, Shell/dsl 🅕 Cassano's Subs, China King, DQ, Gran Rio Mexican, Hardee's, Jimmy John's, KFC, Logue's Rest, Wendy's 🅛 Days Inn, EconoLodge, Hannibal Inn, Holiday Inn Express, Motel 6, Super 8 🅞 $General, AT&T, AutoZone, Buick/Chevrolet, Chrysler/Dodge/Jeep, County Mkt Foods, CVS Drug, O'Reilly Parts, Walgreens

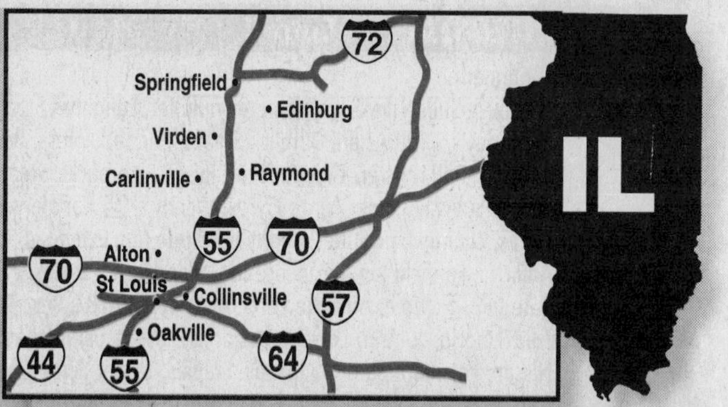

INTERSTATE 74

Exit #	Services
221mm	Illinois/Indiana state line, Central/Eastern Time Zone
220	Lynch Rd, Danville, N 🅖 Marathon/dsl (1mi), Shell/dsl 🅕 Big Boy 🅛 Best Western, Hampton Inn, Holiday Inn Express, Motel 6, Quality Inn, Red Roof Inn, Sleep Inn, Super 8
216	Bowman Ave, Danville, N 🅖 Mobil/dsl, Phillips 66/dsl 🅕 Godfather's, KFC, McDonald's 🅞 city park, CVS Drug, Walgreens
215b a	US 150, IL 1, Gilbert St, Danville, N 🅖 Casey's/dsl, Circle K/dsl 🅕 Arby's, El Toro, La Potosina, LJ Silver, McDonald's, Pizza Hut, Steak'n Shake, Subway, Taco Bell 🅛 Best Western, Days Inn 🅞 🇭, Aldi Foods, BigLots, S 🅖 Casey's/dsl, Marathon/Circle K/dsl 🅕 Burger King, Green Jade Chinese, Mike's Grill, Monical's Pizza, Rich's Rest. 🅞 $General, AutoZone, Big R, Buick/Chevrolet/GMC, Country Mkt, Family$, Forest Glen Preserve Camping (11mi), Toyota/Scion
214	G St, Tilton
210	US 150, MLK Dr, 2 mi N 🅖 Marathon 🅕 Little Nugget Steaks 🅞 🇭, to Kickapoo SP
208mm	Welcome Ctr wb, full ♿ facilities, info, litter barrels, petwalk, 🅒, 🚻, vending
206	Oakwood, S 🅖 Casey's (1mi), Phillips 66/Subway/dsl/scales 🕮/PJ Fresh/dsl/scales/24hr 🅕 McDonald's 🅞 $General
200	IL 49 N, to Rankin
197	IL 49 S, Ogden, S 🅖 Phillips 66/Godfather's/dsl 🅕 Rich's Rest. 🅞 city park
192	St Joseph, S 🅖 Casey's, Shell/dsl 🅕 DQ, Monical's Pizza, Subway 🅞 antiques
185	IL 130, University Ave
184	US 45, Cunningham Ave, Urbana, N 🅖 F&F 🅞 Hyundai, Kia, Mazda, Toyota/Scion, VW, S 🅖 Marathon/Circle K/Subway/dsl, Shell/dsl 🅕 Arby's, Cracker Barrel, Hickory River BBQ, McDonald's, Steak'n Shake, Toro Loco, Wendy's 🅛 Eastland Suites, Motel 6 🅞 $General, auto repair, vet
183	Lincoln Ave, Urbana, S 🅖 Circle K/dsl, Marathon/Circle K/dsl 🅕 Urbana Garden Rest. 🅛 Comfort Suites, Holiday Inn Express, Knights Inn, Ramada Inn, Sleep Inn, Wyndham Garden 🅞 🇭, Harley-Davidson, to U of IL
182	Neil St (same as 181), Champaign, N 🅕 Alexander's Steaks, Bob Evans, Buca Italian, Food Court, McDonald's, Old Chicago, Olive Garden, Panera Bread, Taco Bell, TGIFriday's, Za's Italian 🅛 Baymont Inn, La Quinta, Quality Inn, Red Roof Inn, Super 8 🅞 Barnes&Noble, Bergner's, Cadillac/Chevrolet, Chrysler/Dodge/Jeep, Dick's, Field&Stream, Gordman's, Hobby Lobby, Kohl's, Macy's, mall, Mercedes/Volvo, Office Depot, Sears Hometown, TJ Maxx, Verizon, S 🅖 Mobil/Circle K
181	Prospect Ave (same as 182), Champaign, N 🅖 Murphy USA/dsl 🅕 Applebee's, Best Wok, Buffalo Wild Wings, Burger King, Chili's, China Town, Chipotle, Culver's, Denny's, Denny's, Fazoli's,

SPRINGFIELD (vertical left margin)

DANVILLE (vertical right margin)

IL (right margin tab)

C H A M P A I G N

INTERSTATE 74 Cont'd

181	Continued Firehouse Subs, Five Guys, Hometown Buffet, Longhorn Steaks, O'Charley's, Oishi Asian, Outback Steaks, Panda Express, Penn Sta Subs, Red Lobster, Ruby Tuesday, Ryan's, Starbucks, Steak'n Shake, Subway, Super Niro's Gyros, Wendy's Candlewood Suites, Country Inn&Suites, Courtyard, Drury Inn, Extended Stay America, Fairfield Inn, Residence Inn, Woodspring Suites, Wingate Inn $Tree, Advance Parts, Aldi Foods, AT&T, Best Buy, Ford/Lincoln, Jo-Ann, Lowe's, Meijer/dsl, Menards, Michael's, Nissan, Petsmart, Sam's Club/gas, Staples, Target, Tires+, Verizon, Walmart/Subway, S Freedom/dsl, Marathon/Circle K, Mobil/Jimmy John's, Phillips 66/dsl Arby's, Dos Reales Mexican, Dunkin Donuts, LJ Silver, McDonald's, Popeye's Best Value Inn, Days Inn $General, CarX, Home Depot, NAPA, Tire Barn, Walgreens
179b a	I-57, N to Chicago, S to Memphis
174	Lake of the Woods Rd, Prairieview Rd, N BP, Casey's, Mobil/Circle K/dsl $General, auto repair, Lake of the Woods SP, Tin Cup RV Park, S Marathon/Subway/dsl McDonald's
172	IL 47, Mahomet, N R&S RV Sales, S Mobil/dsl, Shell/Domino's/dsl Arby's, Azteca, DQ, El Toro Mexican, HenHouse Rest., Monical's Pizza, Peking House, Subway, The Wok Heritage Inn Ace Hardware, CVS Drug, IGA Foods, NAPA, Walgreens
166	Mansfield, S Phillips 66/dsl Mansfield Gen. Store/Rest.
159	IL 54, Farmer City, S Casey's/dsl, Huck's/Godfather's/dsl Imo's Cafe, Subway Budget Motel, Days Inn $General, NAPA, to Clinton Lake RA, USPO
156mm	both lanes, full facilities, litter larrels, petwalk, , , playground, vending
152	US 136, to Heyworth
149	Le Roy, N Freedom/dsl, Loves /Arby's/dsl/scales/24hr Jack's Cafe, McDonald's, Roma Pizza, Subway Holiday Inn Express $General, Doc's Drug, IGA Foods, NAPA, to Moraine View SP, TrueValue, S Shell/Woody's Rest./dsl/scales/24hr Days Inn camping, Clinton Lake
142	Downs, N BP/Pizza/Subs/dsl/24hr USPO
135	US 51, Bloomington, N Huck's/dsl, Mobil/Circle K/dsl McDonald's, Pizza Hut $General, S FastStop/dsl
134b[157]	N , to , Bloomington, Veterans Pkwy
134a	I-55, N to Chicago, S to St Louis, I-74 E
	I-74 and I-55 run together 6 mi. See I-55, exits 157b-160b a.
127[163]	I-55, N to Chicago, S to St Louis, I-74 W to Peoria
125	US 150, to Bloomington, Mitsubishi Motorway
123mm	weigh sta wb
122mm	weigh sta eb
120	Carlock, N BP/dsl/repair Carlock Rest., S Kamp Komfort Camping (Apr-Oct)
114.5mm	both lanes, full facilities, litter barrels, petwalk, , , vending
113.5mm	Mackinaw River
112	IL 117, Goodfield, N Shell/Subway/dsl Busy Corner Rest. Eureka Coll, Jellystone Camping (1mi), Reagan Home, to Timberline RA, USPO
102b a	Morton, N BP/rest./dsl, Mobil/Arby's/dsl/scales/24hr Burger King, Cracker Barrel, Culver's, Hardee's, Ruby Tuesday, Steak'n Shake, Taco Bell Baymont Inn, Best Value Inn, Best Western, Holiday Inn Express, Quality Inn, Travelodge Chrysler/Dodge/Jeep, Farm&Fleet, Freightliner, Walmart/Subway, S BP/Circle K, Marathon/Circle K, Shell/Subway/dsl/24hr China Dragon, Domino's, Great Harvest Bread,

B L O O M I N G T O N

P E O R I A

102b a	Continued Jimmy John's, KFC, La Fiesta, Lin's Buffet, McDonald's, Mor cal's Pizza, Pizza Hut, Pizza Ranch $Tree, Buick/GMC, CV Drug, Ford, Kroger/dsl, O'Reilly Parts, Verizon
101	I-155 S, to Lincoln
99	I-474 W,
98	Pinecrest Dr
96	95c (from eb), US 150, IL 8, E Washington St, E Peoria, N Fa Stop/dsl Subway, Super Gyros Super 8 O'Reilly Par
95b	(from eb) IL 116, to Metamora, N Shell/dsl Burger Ki Hampton Inn, Paradise Hotel casino
95a	N Main St, Peoria, S BP/Circle k A&W/LJ Silver, B Evans, Chipotle Mexican, Firehouse Pizza/subs, Grand Villa Buffet, Hardee's, IHOP, Jersey Mikes, Jimmy John's, Johnny Italian Steaks, McDonald's, Noodles&Co, Panda Express, Pap Murphy's, Pizza Hut, Popeyes, Potbelly, Red Robin, Subwa Taco Bell, Tequilas Grill Best Western, Fairfield Inn, Holid Inn, Motel 6 $Tree, Advance Parts, Aldi Foods, AT&T, Cos co/gas, CVS Drug, GNC, Goodyear/auto, Gordman's, Kohl Kroger, Ross, Target, Verizon, Walgreens
94	IL 40, RiverFront Dr, S Hucks/Godfather's/dsl Appl bee's, Arby's, Buffalo Wild Wings, Chili's, Culver's, Gran City Grill, Logan's Roadhouse, Lorena's Mexican, Ming's Res Panera Bread, Papa John's, Qdoba Mexican, Steak'n Shake, Roadhouse, Uncle Buck's Grill Embassy Suites Bass P Shop, Lowe's, PetsMart, Verizon, Walmart/Subway
93.5mm	Illinois River
93b	US 24, IL 29, Peoria, N BP, S Mark Twain Hotel civic
93a	Jefferson St, Peoria, N BP, S Two 25 Grill Ma Twain Hotel, Marriott, Sheraton to civic ctr
92b	Glendale Ave, Peoria, S , downtown
92a	IL 40 N, Knoxville Ave, Peoria, S Sheraton
91	University St, Peoria
90	Gale Ave, Peoria, S Marathon to Bradley U
89	US 150, War Memorial Dr, Peoria, **N on War Memorial** B Circle K, Marathon/dsl, Shell Arby's, Avanti's Res Baskin-Robbins/Dunkin Donuts, Biaggi's Ristorante, B Evans, Burger King, Chick-fil-A, Chipotle Mexican, Chuck Cheese, Dunkin Donuts, Five Guys, Golden Corral, Hokkai Hibachi, Hometown Buffet, IHOP, Mango Grill, McDonald Panda Express, Panera Bread, Papa Murphy's, Perkins, R Lobster, Sonic, Steak'n Shake, Subway, Wendy's, Wild Berr Rest. Baymont Inn, Comfort Suites, Courtyard, EconoLodg Extended Stay America, Grand Hotel, Quality Inn, Red Roof I Residence Inn, SpringHill Suites, Super 8 $Tree, Aldi Foo AT&T, AutoZone, Barnes&Noble, Best Buy, Chevrolet/Cadill Hobby Lobby, JC Penney, Lowe's, mall, Midas, NAPA, PetsMa Ross, Sears/auto, Shop'n Save Foods, Target, The Fresh M Tires+, U-Haul, Verizon, vet, Walgreens, Walmart/Subway
88	to US 150, War Memorial Dr, same as 89
87b a	I-474 E, IL 6, N to Chillicothe, S
82	Edwards Rd, Kickapoo, N Mobil/dsl/service, Shell/Subwa dsl Jubilee Café to Jubilee Coll SP, S USPO, Wild Prairie SP
75	Brimfield, Oak Hill, N Casey's/dsl
71	to IL 78, to Canton, Elmwood
62mm	both lanes, full facilities, litter barrels, petwalk, , vending
61.5mm	Spoon River
54	US 150, IL 97, Lewistown, N TravL Park Camping (1n S Mobil/dsl (2mi) Alfano's Pizza (2mi)
51	Knoxville, S BP/dsl, Phillips 66/Charley's Subs/dsl/sca Hardee's, McDonald's Super 8

IL

INTERSTATE 74 Cont'd

Exit #	Services
48b a	E Galesburg, Galesburg, **N** 🛏 Best Western ⊙ Harley-Davidson, **S** 🅟 BP/Circle K/dsl, HyVee/dsl, Phillps 66/Beck's/dsl 🍴 DQ, Hardee's, Jalisco Mexican, KFC, Marco's Pizza, McDonald's, Pizza Hut, Subway, Taco Bell 🛏 Holiday Inn Express ⊙ Family$, Firestone, HyVee Foods, Lincoln-Douglas Debates, Sav-A-Lot Foods, to Sandburg Birthplace, Walgreens
46b a	US 34, to Monmouth, **N** ⊙ Nichol's dsl Service, **1 mi S** 🍴 Buffalo Wild Wings, Crazy Buffet ⊙ 🅷, Aldi Foods, Menards, Toyota/Scion, Verizon, vet, Walmart/Subway
32	IL 17, Woodhull, **N** 🅟 BP/dsl 🍴 Subway, **S** 🅟 Pilot/dsl/scales/24hr ⊙ Shady Lakes Camping (8mi)
30mm	℞ wb, full 🚻 facilities, litter barrels, petwalk, 🅲, 🏕, playground, RV dump, vending
28mm	℞ eb, full 🚻 facilities, litter barrels, petwalk, 🅲, 🏕, playground, RV dump, vending
24	IL 81, Andover, **N** 🅟 camping, Casey's (2mi)
14mm	I-80, E to Chicago, I-80/I-280 W to Des Moines
8mm	weigh sta wb
6mm	weigh sta eb
5b	US 6, Moline, **S** 🅟 Shell/dsl 🍴 Bare Bones BBQ, McDonald's, MT Jack's 🛏 Best Inn, Country Inn&Suites, Hampton Inn, Holiday Inn Express, La Quinta, Motel 6, Quality Inn ⊙ 🆘
5a	I-280 W, US 6 W, to Des Moines
4b a	IL 5, John Deere Rd, Moline, **N** 🅟 BP/7-11, Phillips 66, Shell/dsl 🍴 Applebee's, Burger King, Chipotle Mexican, Culver's, Hungy Hobo, Osaka Buffet, Panera Bread, Ryan's, Starbucks, Steak'n Shake, Subway, Wendy's 🛏 Residence Inn ⊙ $Tree, Cadillac, Farm&Fleet, Honda, Hyundai, Lowe's, Menard's, Sam's Club/dsl, Staples, Subaru, Tires+, Toyota/Scion, Volvo, Walmart/Subway, **S** 🅟 BP/7-11 🍴 A&W/LJ Silver, Arby's, Buffalo Wild Wings, China Cafe, Denny's, KFC, Los Agaves, McDonald's, New Mandarin Chinese, Qdoba Mexican, Taco Bell 🛏 Best Western, Comfort Inn, Fairfield Inn, Motel 6 ⊙ $General, Best Buy, Buick/GMC, Chevrolet, Chrysler/Dodge/Jeep, Dillards, Firestone/auto, Ford/Lincoln, Goodyear/auto, Gordman's, JC Penney, mall, Mazda, Nissan, PetCo, Von Maur, Walgreens, Younkers
3	23rd Ave, Moline, **N** 🛏 Economy Inn
2	7th Ave, Moline, **S** 🅟 QuikStop 🍴 La Casa Mexican ⊙ riverfront, to civic ctr, USPO
1	3rd Ave (from eb), Moline, **S** 🅟 QuickStop 🛏 Stoney Creek Inn
0mm	Illinois/Iowa state line, Mississippi River
Exits 4-1 are in Iowa.	
4	US 67, Grant St, State St, Bettendorf, **N** 🅟 BP/dsl 🍴 Hardee's, McDonald's, Subway 🛏 Waterfront Conv Ctr ⊙ CarQuest, **S** 🍴 Village Inn Rest. 🛏 City Ctr Motel ⊙ $General
3	Middle Rd, Locust St, Bettendorf, **S** 🅟 BP/dsl 🍴 China Taste, Grinders Rest., Jimmy John's, McDonald's, Pizza Ranch, Red Ginger Asian, Starbucks, Subway 🛏 Hilton Garden ⊙ 🅷, AT&T, Burlington Coats, Hobby Lobby, Home Depot, Marshall's, Schuck's Foods, Verizon, Walgreens
2	US 6 W, Spruce Hills Dr, Bettendorf, **N** 🅟 BP/dsl, Phillips 66 🍴 Domino's, Old Chicago Pizza 🛏 Courtyard, EconoLodge, Ramada Inn, Super 8, The Lodge Hotel/rest. ⊙ U-Haul, **S** 🅟 Hyvee Gas 🍴 Applebee's, KFC, Panera Bread, Red Lobster 🛏 Days Inn, Fairfield Inn, Holiday Inn, La Quinta ⊙ Buick/GMC, Gordman's, Kohl's, Lowe's, PetCo, Sam's Club/gas, st patrol
1	53rd St, Hamilton, **N** 🅟 🍴 Bad Boyz Pizza, Biaggi's Italian, Buffalo Wild Wings, Chili's, Coldstone, Granite City Rest., Los

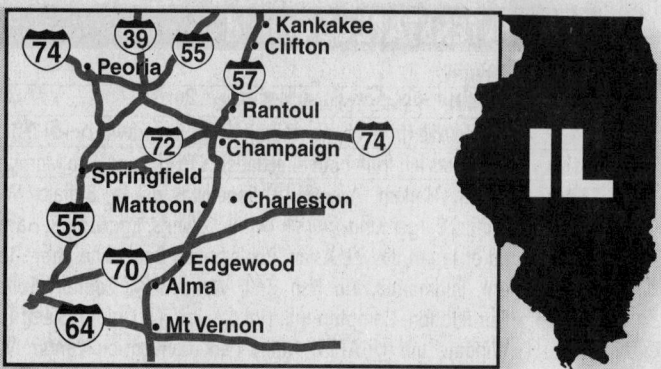

1	Continued
	Agaves, Maggie Moo's, Moe's SW, Osaka Steaks, Panchero's Mexican, Red Lantern Chinese, Red Robin, TX Roadhouse 🛏 Hampton Inn, Homewood Suites, Staybridge Suites ⊙ 🅷, GNC, Harley-Davidson, HyVee Foods, Michael's, Natural Grocers, Old Navy, TJ Maxx, Walgreens, **S** 🅟 Murphy USA/dsl, Shell/dsl 🍴 Arby's, Azteca Mexican, Burger King, Chick-fil-A, China Cafe, Chipotle Mexican, DQ, Dynasty Buffet, Golden Corral, HuHot, Hungry Hobo, IHOP, La Rancherita, Noodles&Co., PepperJax Grill, Quiznos, Sonic, Starbucks, Steak'n Shake, Subway, Taco Bell, Village Inn Rest., Wendy's 🛏 Sleep Inn ⊙ $Tree, Aldi Foods, AT&T, Best Buy, Costco/dsl, Dick's, Discount Tire, Field&Stream, Meineke, PetsMart, Staples, Target, Verizon, Walmart

I-74 begins/ends on I-80, exit 298. Exits 1-4 are in Iowa.

INTERSTATE 80

Exit #	Services
163mm	Illinois/Indiana state line
161	US 6, IL 83, Torrence Ave, **N** 🅟 🍴 Burger King, Chili's, Culver's, Dixie Kitchen, Hooters, IHOP, Kenny's Ribs, Liang's Garden, New China Buffet, Oberweiss, Olive Garden, Subway, Wendy's 🛏 Comfort Suites, Extended Stay America, Holiday Inn Express, Howard Johnson Express, Red Roof Inn, Sleep Inn ⊙ $General, $Tree, Aldi Foods, Best Buy, CarX, Chrysler/Jeep/Dodge, Fannie May Candies, Firestone/auto, Home Depot, Honda, JustTires, PepBoys, Ultra Foods, **S** 🅟 Allstar, Marathon, Mobil 🍴 Burger King, China Chef, DQ, Dunkin Donuts, Golden Crown, Johnny K's Cafe, McDonald's, Round the Clock, Subway ⊙ AT&T, Auto Clinic, Chevrolet, O'Reilly Parts, Saab, SunRise Foods, vet, Walgreens, Walmart/Subway
160b	I-94 W, to Chicago, **tollway begins wb, ends eb**
160a	IL 394 S, to Danville
159mm	Oasis, 🅟 Mobil/dsl 🍴 McDonald's, Panda Express, Starbucks, Subway
157	IL 1, Halsted St, **N** 🅟 Citgo/dsl, Marathon/dsl 🍴 Burger King 🛏 Chicago Southland Hotel, Clarion, Comfort Inn, Comfort Suites, EconoLodge, Regency Inn, **S** 🅟 Citgo, Delta Sonic, Shell, Speedway 🍴 Applebee's, Arby's, Athens Gyros, Boston Mkt, Burger King, Chili's, Dunkin Donuts, Fannie May Candies, KFC, McDonald's, Panda Express, Pizza Hut, Popeye's, Starbucks, Subway, Taco Bell, Washington Square Rest., Wendy's, White Castle 🛏 Homewood Hotel, Super 8 ⊙ $Tree, Aldi Foods, AT&T, Best Buy, Chevrolet, Discount Tire, Fanny May Candies, Firestone/auto, Goodyear/auto, Home Depot, Jewel-Osco, Jo-Ann Fabrics, Kohl's, Menards, PepBoys, PetCo, Target, TJ Maxx, Walgreens
156	Dixie Hwy (from eb, no return), **S** 🅟 Mobil 🍴 Leona's Rest. ⊙ golf

INTERSTATE 80 Cont'd

Exit #	Services
155	I-294 N, Tri-State Tollway, **toll plaza**
154	Kedzie Ave (from eb, no return), **N** 🅿 Speedway, **S** 🅾 🅷
151 b a	I-57 (exits left from both directions), N to Chicago, S to Memphis
148 b a	IL 43, Harlem Ave, **N** 🅿 Speedway/dsl 🍴 Buffalo Wild Wings, Burger King, Cracker Barrel, Culver's, Egg&I Grill, Hamada of Japan, Joyyee Asian, Pop's Italian Beef, Side Street Tavern, Submarina, Tin Fish Grill, Wendy's 🏠 Comfort Suites, Fairfield Inn, Hampton Inn, Holiday Inn, La Quinta, Sleep Inn, Wingate Inn 🅾 AT&T, Tinley Park Convention Center, Verizon, **S** 🍴 Arby's, Panera Bread, Subway, Taco Bell, TGIFriday's 🅾 ampitheater, Best Buy, Carmax, Dick's, GNC, Kohl's, Michael's, Old Navy, PetsMart, Ross, SuperTarget, TJ Maxx
147.5mm	weigh sta wb
145 b a	US 45, 96th Ave, **N** 🍴 Arby's, Arrenello's Pizza, Baskin-Robbins/Dunkin Donuts, Egg&I, Tokyo Steaks, TX Roadhouse 🏠 Country Inn&Suites, Hilton Garden 🅾 Harley-Davidson, vet, **0-2 mi S** 🅿 BP, Shell/Circle K/dsl/24hr 🍴 Beggar's Pizza, Chipotle, Denny's, Doc's Smokehouse, Dominos, DQ, Legends, Mindy's Ribs, Mobil, Rising Sun Chinese, Starbucks, Stoney Pt Grill, Subway, Wendy's, White Castle 🏠 Super 8 🅾 Firestone/auto, repair, vet
143mm	weigh sta eb
140	SW Hwy, **I-355 N Tollway**, US 6 S
137	US 30, New Lenox, **N** 🍴 Williamson's Rest., **S** 🅿 Shell/Circle K/dsl, Speedway/dsl 🍴 Al's Hotdogs, Beggar's Pizza, Buffalo Wild Wings, Burger King, KFC, McDonald's/playplace, Paisono's Pizza, Subway, Taco Bell 🅾 Ace Hardware, Goodyear/auto, Jewel-Osco/dsl, vet, Walgreens
134	Briggs St, **N** 🅿 Speedway, **S** 🅿 Mobil/dsl, Shell/dsl 🅾 EZ Lube, Martin Camping
133	Richards St
132 b a	US 52, IL 53, Chicago St
131.5mm	Des Plaines River
131	US 6, Meadow Ave, **N** 🅾 to Riverboat Casino
130 b a	IL 7, Larkin Ave, **N** 🅿 Delta Sonic/dsl, Marathon/24hr, Mobil/CircleK/dsl, Shell, Speedway 🍴 Baskin-Robbins/Dunkin Donuts, Bob Evans, Boston Mkt, Burger King, Checkers, Culver's, DQ, JJ Fish&Chicken, KFC, Little Caesar's, McDonald's, Steak'n Shake, Subway, Taco Bell, Wendy's, White Castle 🏠 Budget Inn, Clarion, Motel 6, Quality Inn, Red Roof Inn, Rodeway Inn 🅾 🅷, 7-11, AT&T, auto repair, Cadillac/Chevrolet, Discount Tire, Goodyear/auto, Meineke, Pepboys, Sam's Club/gas, to U of St Francis, **S** 🅿 Mobil/dsl
127	Houbolt Rd, to Joliet, **N** 🅿 7-11, BP/deli 🍴 Burger King, China Kitchen, Cracker Barrel, Dunkin Donuts, Heros Sports Grill, Jimmy John's, JimmyK's, McDonald's, Subway 🏠 Candlewood Suites, Comfort Inn, Fairfield Inn, Hampton Inn, Holiday Inn and Suites, TownePlace Suites 🅾 Riverboat Casino
126 b a	I-55, N to Chicago, S to St Louis
125.5mm	Du Page River
122	Minooka, **N** 🅿 Citgo/dsl, **S** 🅿 BP, 🅿/Arby's/scales/dsl/24hr 🍴 2-Fers Pizza, Baskin-Robbins/Dunkin Donuts, KFC, McDonald's/playplace, Rosati's Pizza, Subway, Taco Bell, Wendy's 🏠 Hampton Inn, TownePlace Suites 🅾 $General, 7-11
119mm	🆁🆂 wb, full ♿ facilities, litter barrels, petwalk, 🆚s, 🖼, playground, vending
117mm	🆁🆂 eb, full ♿ facilities, litter barrels, petwalk, 🆚, 🖼, playground, vending

116	Brisbin Rd
112	IL 47, Morris, **N** 🅿 🅿/Subway/dsl/scales/24hr, 🅿/Subway/dsl/scales/24hrs, TA/BP/RPlace/scales/dsl/24hr/ 🍴 Bellacino's, Chili's, IHOP 🏠 Comfort Inn, Days Inn, Holid Inn Express, Quality Inn 🅾 $General, Menards, URGENT CA **S** 🅿 BP/dsl, Mobil/dsl, Shell, Spirit 🍴 Buffalo Wild Wing Burger King, Culver's, DQ, Dunkin Donuts, Hong Kong Chine KFC/LJ Silver, Little Caesar's, Maria's Ristorante, McDonald Morris Diner, Pizza Hut, Rosati's Pizza, Subway, Taco Bell, We dy's 🏠 Park Motel, Sherwood Oaks Motel, Super 8 🅾 $Tree, Aldi Foods, AT&T, AutoZone, Big R Store, Buick/Cadill Chevrolet, Chrysler/Dodge/Jeep, Fisher Parts, Ford, GMC, GM Jewel-Osco, to Stratton SP, transmissions/repair, Verizon, W greens, Walmart/Subway
105	to Seneca
97	to Marseilles, **S** 🅿 Shell/dsl 🅾 Four Star Camping (5m Glenwood Camping (4mi), to Illini SP
93	IL 71, Ottawa, **N** 🅿 🅿/Road Ranger/Subway/dsl/scale 24hr, Shell/rest./dsl, **S** 🍴 Hank's Farm Rest., New Chi 🅾 🅷
92.5mm	Fox River
90	IL 23, Ottawa, **N** 🅿 BP/Subway 🍴 Arby's, Cracker Bar Taco Bell 🏠 Hampton Inn, Holiday Inn Express 🅾 AT&T, F Honda, Toyota/Scion, Walmart/McDonald's, **S** 🅿 BP/dsl/ Thornton's/dsl 🍴 Culver's, Dunkin Donuts, Hardee's, KFC Silver, Papa Murphy's, Sunfield Rest. 🏠 EconoLodge, Fairfi Inn, Super 8, Surrey Motel 🅾 🅷, $Tree, Aldi Foods, Ford/L coln/Kia, Harley-Davidson, Kroger, O'Reilly Parts, USPO
81	IL 178, Utica, **N** 🅿 Loves/McDonald's/Subway/d scales/24hr 🅾 Hickory Hollow Camping, KOA (2mi), 🅿 Shell/Jimmy Johns/dsl 🏠 Starved Rock Inn 🅾 repair, Starved Rock SP, visitor info
79 b a	I-39, US 51, N to Rockford, S to Bloomington
77.5mm	Little Vermilion River
77	IL 351, La Salle, **S** 🅿 FLYING J/Denny's/dsl/scales/2 🍴 UpTown Grill (3mi) 🏠 Daniels Motel (1mi) 🅾 st polic
75	IL 251, Peru, **N** 🅿 BP, Shell/rest./dsl/24hr 🍴 4Star Re Arby's, McDonald's, Olive Garden, Starbucks, Taco Bell 🏠 H iday Inn Express, Quality Inn, Super 8 🅾 Kohl's, Petsm Walmart/Dunkin Donuts/Subway, **S** 🅿 BP, Shell 🍴 Ap bee's, Buffalo Wild Wings, Burger King, Culver's, DQ, IH Jalepeno's Mexican, Jimmy John's, Master Buffet, McDonal Mi Margarita, Papa John's, Pizza Hut, Red Lobster, Stea Shake, Subway, Wendy's 🏠 Fairfield Inn, Hampton Inn, Quinta 🅾 🅷, $Tree, Advance Parts, Aldi Foods, AT&T, toZone, BigLots, Buick/GMC, Chevrolet/Mercedes, Chrys Dodge/Jeep, CVS Drug, Ford/Hyundai/Lincoln, Goodyear/au Hobby Lobby, Home Depot, HyVee Food/dsl, Jo-Ann Fabr Marshall's, Menards, Mercedes, Midas, NAPA, Nissan, O'Re Parts, Sears/auto, Staples, Target, Verizon, Walgreens
73	Plank Rd, **N** 🅿 Sapp Bros/Burger King/dsl/scales/@ 🍴 Apple Rest. 🅾 Barney's Lake Camping, Kenworth/Volvo
70	IL 89, to Ladd, **N** 🅿 Casey's, **S** 🅿 BP (3mi), Shell (3 🏠 Spring Valley Motel 🅾 🅷, golf
61	I-180, to Hennepin
56	IL 26, Princeton, **N** 🅿 Road Ranger/🅿/scales/ds 🏠 Super 8, **S** 🅿 BP/Beck's/dsl, Shell/dsl 🍴 Big Apple Re Burger King, Coffee Cup Rest., Culver's, KFC, McDonald's, S way, Wendy's 🏠 AmericInn, Days Inn, EconoLodge 🅾 $General, antiques, AutoZone, Buick/Cadillac/Chevro O'Reilly Parts, Pennzoil, Sullivan's Food/gas/E-85, vet, Waln

IL (side tab)

MORRIS (vertical side label)

PERU (vertical side label)

INTERSTATE 80 Cont'd

Exit #	Services
51mm	🅟🅢 both lanes, full ♿ facilities, litter barrels, petwalk, 🔄, 🏤, playground, RV dump, vending
45	IL 40, **N** ⊙ antiques, to Ronald Reagan Birthplace (21mi), **S** ⊙ Hennepin Canal SP
44mm	Hennepin Canal
33	IL 78, to Kewanee, Annawan, **N** 📠 Shabbona RV Ctr/Camp (3mi), **S** 📠 Cenex/dsl, FS/dsl/E-85, Shell/Subway/dsl 🏠 Best Western ⊙ to Johnson-Sauk Tr SP
27	to US 6, Atkinson, **N** 🍴 Casey's (1mi)
19	IL 82, Geneseo, **N** 📠 BP/dsl, Casey's/dsl 🍴 Culver's, DQ, Happy Joe's Pizza, Hardee's, McDonald's, New China, Pizza Hut, Subway, Sweet Pea's Grill 🏠 Best Western ⊙ 🏥 \$General, Ford, SaveALot Foods, Verizon, Walgreens, Walmart, **S** 🍴 Los Ranchitos Mexican
10	I-74, I-280, W to Moline, E to Peoria
9	US 6, to Geneseo, **N** 🍴 Lavender Crest Winery/Cafe, **S** ⊙ Niabi Zoo
7	Colona, **N** 📠 Shell/dsl 🍴 Country Fixins Rest.
5mm	Rock River
4a	IL 5, IL 92, W to Silvis, **S** ⊙ Lundeen's Camping, st police
4b	I-88, IL 92, E to Rock Falls
2mm	weigh sta both lanes
1.5mm	Welcome Ctr eb, full ♿ facilities, info, litter barrels, petwalk, 🔄, 🏤, scenic overlook
1	IL 84, 20th St, Great River Rd, E Moline, **N** 📠 BP/dsl 🍴 Bros Rest. ⊙ camping, The Great River Rd, **3 mi S** ⊙ camping
0mm	Illinois/Iowa state line, Mississippi River

INTERSTATE 88

Exit #	Services
139.5mm	I-88 begins/ends on I-290.
139	I-294, S to Indiana, N to Milwaukee
138mm	toll plaza
137	IL 83 N, Cermak Rd, **N** 🍴 Cheesecake Factory, Clubhouse Rest., Ditka's Rest., McDonald's 🏠 Marriott ⊙ Barnes&Noble, Lord&Taylor, Macy's, Nieman-Marcus
136	IL 83 S, Midwest Rd (from eb), **N** 📠 Shell/Circle K 🍴 Chipotle Mexican, Denny's, Devon Steaks, Giordano's Rest., Jamba Juice, Jimmy John's, McDonalds, Noodles&Co, Redstone Grill, Starbucks, Subway, Subway, Twin Peaks, Which Wich? 🏠 Courtyard, Holiday Inn, La Quinta, Staybridge ⊙ AT&T, Big Lots, Costco/gas, Home Depot, Nordstrom's, Old Navy, REI, TJ Maxx, Walgreens, World Mkt
134	Highland Ave (no EZ wb return), **N** 🍴 Barbokoa, Benihana, Brick House, Brio Grille, Buca Italian, Burger King, Capital Grille, Chama Guacha Brazilian, Champps Grill, Chick-fil-A, Chipotle, Claimjumper Rest., Fuddruckers, Harry Caray's, Honey-Jam Cafe, Hooters, Kona Grill, Kyoto, McCormick & Schmick's, Melting Pot, Miller's Rest., Noodles&Co, Olive Garden, Olive Therapy Oizza, Panera Bread, PF Chang's, Portilo's Hotdogs, Potbelly, Red Lobster, Red Lobster, Rockbottom Brewery, Ruby Tuesday, Starbucks, Starbucks, Subway, Sweet Tomatoes, TGIFriday's, Tom&Eddie's Burgers, Uncle Julio's 🏠 Comfort Inn, Embassy Suites, Extended Stay America, Holiday Inn Express, Hyatt Place, Marriott, Red Roof Inn; Westin Hotel ⊙ 🏥 \$Tree, Best Buy, Dick's, Home Depot, JC Penney, Kohl's, mall, Marshall's, Michael's, Petsmart, Ross, Taget, Tuesday Morning, Verizon, Vonmaur, **S** 🍴 Parkers Ocean Grill
132	I-355 N (from wb)

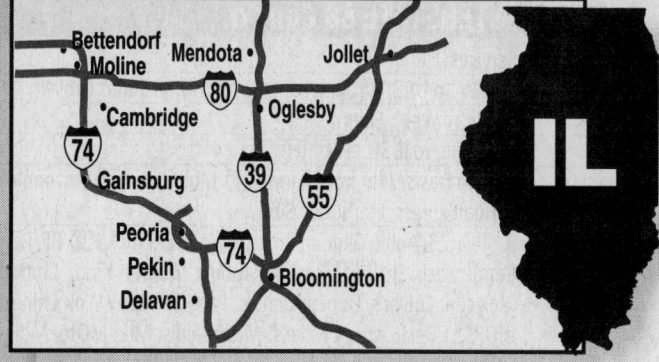

131	I-355 S (from eb)
130	IL 53 (from wb), **1 mi N** 📠 BP, Mobil 🍴 McDonald's ⊙ Walmart
127	Naperville Rd, **N** 🍴 Mullen's Grill 🏠 Hilton, Sheraton, **S** 📠 Mobil 🍴 Arby's, Buona Beef, Butterfield's Pancakes, Chipotle, Coopers Hawk, Fogo de Chao Brazilian, Granite City, HoneyBaked Ham, Jason's Deli, Maggiano's, McDonald's, Ming Hin, Morton's Steaks, Paisan's Pizza, Panera Bread, Pizza Hut, Subway, Tom & Eddie's Burgers, Uncle Julio's, Wendy's, White Chocolate Grill 🏠 Best Western, Country Inn & Suites, Courtyard, Embassy Suites, Extended Stay America, Fairfield Inn, Hampton Inn, Marriott, Motel 6, Regency Inn ⊙ \$Tree, CVS, Staples, Subaru
125	Winfield Rd, **N** 📠 BP, Mobil 🏠 Hyatt House, Hyatt Place, Resedence Inn ⊙ 🏥, Walgreens, **S** 🍴 Buffalo Wild Wings, CA Pizza Kitchen, Chipotle Mexican, Corner Bakery Cafe, Eddie Merlot, Masala, McDonald's, Potbelly, Red Robin, Rockbottom Brewery, Starbucks, Twin Peaks, Zoup 🏠 Hilton Garden, Springhill Suites ⊙ SuperTarget
123	IL 59, **N** 📠 Speedway/dsl ⊙ CarMax, **S** 📠 BP/Domino's, Delta Sonic, Speedway 🍴 Baskin Robbins/Dunkin Donuts, Cracker Barrel, Firehouse Subs, Jimmy John's, McDonald's, Oberweis, Starbucks, Subway, TX Roadhouse, Wendy's 🏠 Extended Stay America, Fairfield Inn, Red Roof Inn, Sleep Inn, Towneplace Suites ⊙ \$Tree, 7-11, CVS Drug
119	Farnsworth Ave, **N** 📠 BP, Shell, Thornton's/dislike 🍴 Chipotle, McDonald's, Noodles&Co, Panera Bread, Papa Bear Rest., Quizno's, Sonic, Starbucks 🏠 Fox Valley Inn, Motel 6 ⊙ Advance Parts, AT&T, Firestone/auto, GNC, Premium Outlets/Famous Brands, Verizon, Walgreens, Walmart/Subway, **S** 📠 Marathon, Moble, Shell, Speedway 🍴 Baskin-Robbins/ Dunkin Donuts, Goody's, Little Caesars, McDonald's, Mike&Denise's Pizza, Subway, Taco Bell ⊙ \$General, 7-11, AutoZone, Family\$, Walgreens
118mm	toll plaza
117	IL 31, IL 56, to Aurora, Batavia, **N** 📠 BP/dsl 🍴 A&W ⊙ 7-11, **S** 📠 Mobil, Speedway/dsl, Thornton's/dsl 🍴 Baskin-Robbins/Dunkin Donuts, Burger King, Culver's, Denny's, McDonald's, Nikarry's, Popeye's, Subway, Taco Bell, Wendy's, White Castle 🏠 Baymont Inn ⊙ 🏥, \$General, \$Tree, Ace Hardware, Advance Parts, AutoZone, Cermak Foods, Family\$, Firestone, GNC, O'Reilly Parts, Ross, U-Haul, Walgreens
115	Orchard Rd, **N** 🍴 Dunkin Donuts, McDonald's, Subway ⊙ \$Tree, Best Buy, Chrysler/Dodge/Jeep, Ford/Lincoln, Hyundai, JC Penney, Kia, Michaels, Nissan, PetCo, Subaru, Target, Verizon, Woodman's/dsl, **0-2 mi S** ⊙ 7-11 🍴 Arby's, Buffalo Wild Wings, Chili's, Chipotle, IHOP, Jimmy John's, Panera Bread, Papa Saverio's, Pizza Hut, Starbucks, Wendy's 🏠 Candlewood Suites, Hampton Inn, Holiday Inn ⊙ AT&T, CVS Drug, Discount Tire, Home Depot, Office Depot

[] = gas   [] = food   [] = lodging   [] = other   [] = rest stop   Copyright 2018 - The Next EXI

INTERSTATE 88 Cont'd

Exit #	Services
114	IL 56W, to US 30 (from wb, no EZ return), to Sugar Grove
109	IL 47 (from eb), Elburn
94	Peace Rd, to IL 38, N [] []
93mm	Dekalb Oasis/24hr both lanes, [] Mobil/dsl [] McDonald's, Panda Express, Starbucks, Subway
92	IL 38, IL 23, Annie Glidden Rd, to DeKalb, 2-3 mi N [] BP, Road Ranger/dsl, Shell [] Baskin-Robbins, Burger King, Chipotle Mexican, Culver's, Dunkin Donuts, Fatty's, Happy Wok Chinese, IHOP, Jct Rest., Jersey Mike's, McDonald's, Miki MOto, Molly's Eatery, Panda Express, Papa John's, Pizza Hut, Pizza Pros, Pizza Villa, Potbelly, Starbucks, Subway, Taco Bell, Tom&Jerry's, Topper's Pizza [] Baymont Inn, Hampton Inn, Red Roof Inn, Super 8 [] CVS, Ford, Illini Tire, Schnuck's Food/Drug, to N IL U, Walgreens
86mm	toll plaza
78	I-39, US 51, S to Bloomington, N to Rockford
76	IL 251, Rochelle, N [] BP/dsl, Casey's, Shell [] [], Ford, tires/repair
56mm	toll plaza
54	IL 26, Dixon, N [] Murphy USA/dsl, [] Pilot/Road Ranger/dsl/24hrs [] Hardee's, Las Palmas, Panda Chinese, Pizza Hut [] Comfort Inn, Super 8 [] [], $Tree, Aldi, GNC, to John Deere HS, to Ronald Reagan Birthplace, to St Parks, URGENT CARE, Verizon, Walmart
44	US 30 (last free exit eb), N [] Leisure lake RV Ctr (2mi), food, gas, lodging
41	IL 40, to Sterling, Rock Falls, 1-2 mi N [] Mobil/dsl, Shell [] American Grill, Arby's, Arthur's Deli, Burger King, Candlelight Rest., Culver's, Gazi's Rest., Hardee's, Jimmy John's, McDonald's/playplace, Perna's Pizza, Pizza Hut, Red Apple Rest., Subway [] Country Inn&Suites, Days Inn, Holiday Inn Express, Super 8 [] [], $General, AutoZone, Harley-Davidson, O'Reilly Parts, Sav-a-Lot, Verizon, Walgreens, Walmart
36	to US 30, Rock Falls, Sterling
26	IL 78, to Prophetstown, Morrison, N [] to Morrison-Rockwood SP
18	to Albany, Erie
10	to Port Byron, Hillsdale, S [] Phillips 66/dsl, Shell/Subway/scales/dsl/24hr
6	IL 92 E, to Joslin, N [] Jammerz Roadhouse (2mi), S [] Sunset Lake Camping (1mi)
2	Former IL 2
1b a	I-80, W to Des Moines, E to Chicago
0mm	IL 5, IL 92, W to Silvis. Lundeen's Camping, to Quad City Downs. **I-88 begins/ends on I-80, exit 4b.**

(Left margin vertical labels: D E K A L B, D I X O N, E M O L I N E)

INTERSTATE 90

Exit #	Services
	Illinois/Indiana state line, **Chicago Skyway Toll Rd begins/ends**
1mm	US 12, US 20, 106th St, Indianapolis Blvd, N [] Mobil [] Burger King, Starbucks, Taco Bell [] Aldi Foods, AutoZone, casino, Jewel-Osco, S [] Citgo [] Beggars Pizza, McDonald's [] auto repair
2.5mm	[] Skyway Oasis [] McDonald's [] toll plaza
3mm	87th St (from wb)
4mm	79th St , services on 79th St and Stoney Island Ave
5.5mm	73rd St (from wb)
6mm	State St (from wb), S [] Citgo
7mm	I-94 N (mile markers decrease to IN state line)

I-90 E and I-94 E run together. See I-94, exits 43b - 59a.

84	I-94 W Lawrence Ave, N [] BP/dsl
83b a	Foster Ave (from wb), N [] [] Elly's Pancakes, Subw [] Advance Parts, Firestone/auto, Walgreens
82c	Austin Ave, to Foster Ave
82b	Byrn-Mawr (from wb)
82a	Nagle Ave
81b	Sayre Ave (from wb)
81a	IL 43, Harlem Ave, S [] Gas Depot, Shell [] Dunkin Don Popeye's, Sally's Pancakes, Wendy's [] $Tree, AutoZone
80	Canfield Rd (from wb), N [] Walgreens
79b a	IL 171 S, Cumberland Ave (from wb), N [] 7-11, Mobil [] Burgers, Dunkin Donuts/Baskin Robbins, Hooters, McDonal Nancy's Pizza, Outback Steaks [] Marriott, SpringHill Sui Westin Hotel [] Hampton Inn, Mariano's Mkt, S [] Bar L ie's, Starbucks [] Holiday Inn, Hyatt, Renaissance
78	I-294, I-190 W, N [] Mobil [] McDonald's [] Hampton Westin, S [] Hyatt [] to O'Hare Airport
76	IL 72, Lee St (from wb), N [] Buona, Chili's, Chipotle, Culve IHOP, Jimmy John's, Longhorn Steaks, Panda Express, Stea Shake, Subway [] Extended Stay America, Radisson, R idence Inn [] Target, S [] McDonald's [] Best Weste Holiday Inn Express, Holiday Inn Select, Sheraton Gateway
73	Elmhurst Rd (from wb), S [] Shell [] Burger King, McD ald's, Subway, White Castle [] Best Western, Days Inn, Towne Suites, La Quinta, Motel 6, Super 8, Wyndham Garde
70	Arlington Hts Rd, N on Algonquin [] BP/dsl, Shell/dsl [] by's, Buona Beef, Chef Ping, Chipotle Mexican, Coopers Ha Denny's, Five Guys, Honey Baked Ham, Jimmy Johns, McD ald's, Noodles&Co, Panda Express, Panera Bread, Pie Five, belly's, Steak'n Shake [] Comfort Inn, Courtyard, DoubleT Holiday Inn Express, Red Roof Inn, Wingate Inn [] AT&T, G Lowe's Whse, Meijer/dsl, NTB, Staples, vet, Walmart, S [] bil, Shell [] Subway [] Sheraton [] Chevrolet,
68	I-290, IL 53, N on Algonquin [] Embassy Suites, Holiday Holiday Inn Express, Renaissance Inn, 1 mi S on Golf Rd [] Pizza Kitchen, Cheesecake Factory, Chevy's Mexican, Hoot Joe's Crabshack, Longhorn Steaks, Maggiano's, Olive G den, Panera Bread, Qdoba, Red Robin, Starbucks, Subw TGI Friday's, Uno [] Extended Stay America, Hyatt, R dence Inn [] AT&T, Costco/gas, Firestone/auto, JC Pen Lord&Taylor, Macy's, Marshall's, Michael's, Nordstrom, Navy, Petsmart, Sears/auto, Trader Joe's
65	Roselle Rd (from wb, no return), N [] Medieval Times Funp S [] Mobil [] Boston Mkt, Chipotle Mexican, Denny's, &Hound, Jimmy John's, KFC, McDonald's, Melting Pot, Outb Steaks, Panda Express, Papa John's, Subway, Taco Bell, W dy's [] Country Inn&Suites, Extended Stay America, Exte ed Stay America (2), Holiday Inn Express, Radisson [] 7 Buick/GMC, Carmax, Chrysler/Dodge/Jeep, Fiat, Firesto auto, Jewel-Osco, Mazda, Office Depot, O'Reilly Parts, PetCo Maxx, Walgreens
62	Barrington Rd (from wb), N [] Apple Villa Pancake Ho Gino's East, Hunan Beijing, Jersey's Grill, Jimmy John's, Lu Monk [] Hilton Garden [] vet, S [] BP, Mobil/dsl [] B na Beef, Burger King, Chili's, Domino's, IHOP, Macaroni C McDonald's, Moretti's, Starbucks, Steak'n Shake, Subw Sweet Caroline's [] Hampton Inn, Hawthorn Suites, H Place, La Quinta, Quality Inn, Red Roof Inn [] U-Haul
59	IL 59, N [] Buffalo Wild Wings, Chipotle Mexican, Ch Jumper Rest., Cooper's Hawk Rest., Culver's, Dunkin Don Firehouse Subs, Jersey Mike's, Jimmy John's, Moe's SW C

(Right margin vertical labels: C H I C A G O   A R E A, S C H A U M B U R G)

(Far left margin: IL)

INTERSTATE 90 Cont'd

59	Continued
	Noodles&Co, Panda Express, Panera Bread, Potbelly, Red Robin, Rookie's Grill, Ruth's Chris Steaks, Starbucks, Subway, Which Wich? Marriott Cabela's, CVS Drug, Duluth Trading, GNC, Petsmart, Ross, Target, TJ Maxx, Verizon, World Mkt
58	Beverly Rd (from wb)
56	IL 25, N Lexington Inn, S BP/dsl, Shell/dsl, Speedway/dsl Arby's, Baker Hill Pancakes, Subway, Wendy's Advance Parts, city park, NAPA AutoCare
54b a	IL 31, N BP, Thornton's Alexander's Rest., Baskin-Robbins/Dunkin Donuts Courtyard, Hampton Inn, Holiday Inn, Quality Inn, Super 8, TownePlace Suites
53.5mm	Elgin Toll Plaza,
52	Randall Rd, N Shell Big Sammy's Hot Dogs, Burnt Toast, Cafe Roma, DQ, Jimmy John's, Jimmy's Charhouse, Mr Wok, Panera Bread, Rookies Grill, Starbucks, Village Pizza Comfort Suites, Country Inn&Suites Honda, VW, S 7-11 Candlewood Suites , Subaru
46	IL 47, to Woodstock, N Ford, General RV Ctr, Huntley Outlets/famous brands
42	US 20, Marengo, N Citgo/Mexican Grill/dsl/scales/24hr, /Road Ranger/Subway/dsl/scales/24hr, Speedway/Speedy's Cafe/dsl/24hr, TA/BP/Country Pride/Burger King/Popeye's/dsl/scales/24hr/@ McDonald's, Wendy's Super 8 access to services at exit 46 (6mi), Ford, Huntley Outlets, to museums
38mm	Marengo Toll Plaza (from eb)
25	Genoa Rd, to Belvidere, N Murphy USA/dsl Applebee's, Rosati's Pizza, Starbucks, Subway Verizon, Walmart/Dunkin Donuts
24mm	Belvidere Oasis both lanes, Mobil/7-11/dsl/24hr Food Court, McDonald's, Panda Express, Sbarro, Starbucks, Subway
20	Irene Rd
18mm	Kishwaukee River
17mm	I-39 S, US 20, US 51, to Rockford, S funpark
15	US 20, State St, N Mobil/dsl, Phillips 66/Subway/dsl Cracker Barrel Baymont Inn, Clocktower Resort, Days Inn, 0-2 mi S FasFuel/dsl, Mobil/dsl Applebee's, Buffalo Wild Wings, Burger King, Chick-fil-A, Chili's, Chipotle Mexican, City Buffet, Coldstone, Culver's, Denny's, Dos Reales, Fiesta Cancun, Five Guys, Gerry's Pizza, Giovanni's Rest., Hoffman House Rest., Hooters, IHOP, Jason's Deli, Jersey Mike's, Jimmy John's, KFC/LJ Silver, Lino's Italian, LoneStar Steaks, Longhorn Steaks, Machine Shed Rest., McDonald's, Noodles&Co, Old Chicago Grill, Olive Garden, Outback Steaks, Panda Express, Panera Bread, Panino's Drive-Thru, Perkins, Pizza Hut/Taco Bell, PotBelly, Red Lobster, Red Robin, Ruby Tuesday, Starbucks, Steak'n Shake, Stone Eagle Tavern, Subway, ThunderBay Grille, TX Roadhouse, Wendy's Candlewood Suites, Comfort Inn, Courtyard, Extended Stay America, Fairfield Inn, Hampton Inn, Hilton Garden, Holiday Inn, Motel 6, Quality Suites, Radisson, Red Roof Inn, Residence Inn, Sleep Inn, Staybridge Suites, Super 8 , \$Tree, Advance Parts, Aldi Foods, AT&T, Best Buy, BigLots, Burlington Coats, Cadillac, Chrysler/Dodge/Jeep, Dick's, Discount Tire, GNC, Gordman's, Hobby Lobby, Home Depot, Hyundai, JoAnn Fabrics, Kohl's, Lowe's, Marshall's, Mazda, Michael's, Nissan, Old Navy, Old Time Pottery, PetCo, Petsmart, Ross, Sam's Club/gas, Schnuck's Foods, Subaru, Target, Tuesday Morning, Valli Foods, Verizon, Walgreens, Walmart/McDonald's

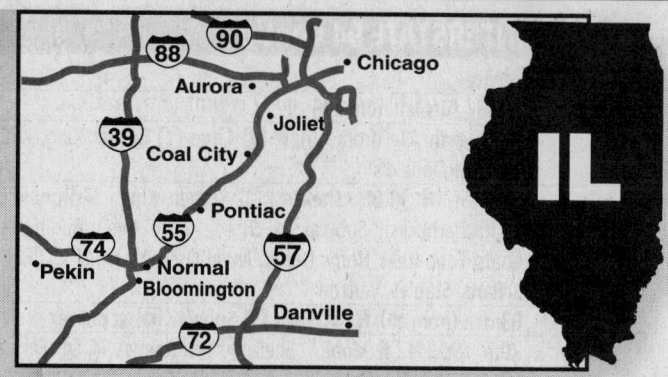

12	E Riverside Blvd, Loves Park, 0-2 mi S BP, Mobil/dsl, Phillips 66/dsl, Road Ranger/ /Subway/dsl, Shell/dsl 2nd Cousin's Grill, Arby's, BeefARoo, Ciaobella, Culver's, DQ, Greenfire Rest., India House, Japanese Express, KFC, McDonald's, RBI Rest., Rosatti's Pizza, Sam's Ristorante, Singapore Grill, Subway, Taco Bell, Wendy's Holiday Inn Express, Quality Inn Audi/Honda/Mercedes, Autowerks, Farm&Fleet, funpark, Lexus, to Rock Cut SP, Toyota/Scion, Tuffy Auto, Walgreens
8	Il 173, S to Rock Cut SP
3.5mm	S Beloit Toll Plaza
3	Rockton Rd, S Loves/Hardee's/dsl/scales/24hr
1.5mm	Welcome Ctr/ eb, full facilities, info, litter barrels, petwalk, , , playground, RV dump
1	US 51 N, IL 75 W, S Beloit, N Road Ranger/McDonald's/dsl, S FLYING J/Denny's/dsl/scales/24hr, Road Ranger/ /Subway/dsl/E85/scales/24h Best Western, Tollway Inn Finnegan's RV Ctr
0mm	Illinois/Wisconsin state line

INTERSTATE 94

Exit #	Services
77mm	Illinois/Indiana state line
	I-94 & I-80 run together 3 mi. See I-80, exit 161.
74[160]b	I-80/I-294 W
74a	IL 394 S, to Danville
73b a	US 6,159th St, N Loves/Hardee's/dsl/scales/24hr, Mobil Applebee's, Buffalo Wild Wings, Continental Rest., Denny's, Outback Steaks, Panda Express, Sonic, Starbucks, Taco Bell, Tilly's, White Castle BigLots, Cadillac, Goodyear Commercial Tire, Hyundai, JC Penney, Kia, Lincoln, Macy's, Marshall's, Nissan, PetCo, Ross, Sam's Club, Toyota/Scion, USPO, vet, S BP, Marathon Checkers, Harold's Chicken, Little Caesar's, McDonald's, Papa John's, Popeye's, Shark's, Subway Holland Inn Aldi Foods, Family\$, Jewel-Osco, O'Reilly Parts, Stanfa Tire/repair
71b a	Sibley Blvd, N BP/dsl, Citgo, Mobil/dsl McDonald's, Nick's Gyros, Popeye's, Shark's, Subway Baymont Inn \$Tree, Family\$, Pete's Mkt, S Circle K/Checkers/dsl, Marathon/dsl, Shell Baskin-Robbins/Dunkin Donuts, Burger King, KFC, Taco Bell, Wendy's, White Castle Best Motel \$General, Advance Parts, AutoZone, Family\$, Food4Less/gas, Menards, Walgreens
70b a	Dolton
69	Beaubien Woods (from eb), Beaubien Woods Forest Preserve
68b a	130th St
66b	115th St, S McDonald's
66a	111th Ave, S Citgo/dsl, Shell , \$Tree, Firestone/auto, Ross, Walmart
65	103rd Ave, Stony Island Ave

CHICAGO AREA

= gas = food = lodging = other = rest stop Copyright 2018 - The Next EXIT

INTERSTATE 94 Cont'd

Exit #	Services
63	I-57 S (exits left from wb)
62	Wentworth Ave (from eb), N Citgo Burger King, KFC, S McDonald's
61b	87th St, N BP, Shell/dsl Burger King, McDonald's, S Starbucks, Subway $Tree, AutoZone, Burlington Coats, Food4Less, Home Depot, Jewel-Osco, Marshall's, O'Reilly Parts, Staples, Verizon
61a	83rd St (from eb), N Shell Subway st police
60c	79th St, N Mobil, Shell Walgreens, S Falcon Church's, Subway
60b	76th St, N BP, Mobil, Shell Walgreens, S KFC, Popeye's
60a	75th St (from eb), N BP, Shell Aldi Foods, S KFC, Popeye's
59c	71st St, N BP, S McDonald's
59a	I-90 E, to Indiana Toll Rd
58b	63rd St (from eb), N BP, S Mobil
58a	I-94 divides into local and express, 59th St, S Mobil
57b	Garfield Blvd, N Checker's Family$, Walgreens, S Citgo, Mobil, Shell/24hr Wendy's
57a	51st St
56b	47th St (from eb)
56a	43rd St, S BP/Subway/dsl, Citgo/dsl
55b	Pershing Rd
55a	35th St, S to New Comiskey Park
54	31st St
53c	I-55, Stevenson Pkwy, N to downtown, Lakeshore Dr
53b	I-55, Stevenson Pkwy, S to St Louis
52c	18th St (from eb), S Whole Foods
52b	Roosevelt Rd, Taylor St (from wb), N Citgo Best Buy, Home Depot, Walgreens, Whole Foods Mkt
52a	Taylor St, Roosevelt Rd (from eb), N Citgo
51h-i	I-290 W, to W Suburbs
51g	E Jackson Blvd, downtown
51f	W Adams St, downtown
51e	Monroe St (from eb), downtown, S Crowne Plaza Walgreens, Whole Foods
51d	Madison St (from eb), S Crowne Plaza Walgreens, Whole Foods, downtown
51c	E Washington Blvd, downtown
51b	W Randolph St, downtown
51a	Lake St (from wb)
50b	E Ohio St, S Marathon, downtown
50a	Ogden Ave
49b a	Augusta Blvd, Division St, N Acura, Lexus, Mercedes, S BP, Shell
48b	IL 64, North Ave, N BP, S Mercedes
48a	Armitage Ave, N Best Buy, Kohl's, Lexus, S Shell Jaguar, Land Rover, Volvo
47c b	Damen Ave, N car/vanwash
47a	Western Ave, Fullerton Ave, N Mobil Burger King, Dunkin Donuts, Popeye's, Starbucks, Subway Costco/gas, Home Depot, Jo-Ann Fabrics, Pepboys, Petsmart, Staples, Target, S Marathon
46b a	Diversey Ave, California Ave, S IHOP/24hr, Popeye's Walgreens
45c	Belmont Ave
45b	Kimball Ave, N Marathon/dsl CVS Drug, Home Depot, S Shell Dunkin Donuts, Subway Aldi Foods, Best Buy, Walgreens
45a	Addison St

Exit #	Services
44b	Pulaski Ave, Irving Park Rd, N Mobil/Subway, Shell/dsl
44a	IL 19, Keeler Ave, Irving Park Rd, N Mobil/Subway, She dsl to Wrigley Field
43c	Montrose Ave
43b	I-90 W
43a	Wilson Ave
42	W Foster Ave (from wb), S Marathon/service, Mc Subway
41mm	Chicago River, N Branch
41c	IL 50 S, to Cicero, to I-90 W
41b a	US 14, Peterson Ave, N Whole Foods Mkt
39b a	Touhy Ave, N BP/dsl, Shell/Circle K Cassidy T Toyota/Scion, S BP, Citgo, Mobil, Shell Bar Loui Baskin-Robbins/Dunkin Donuts, Brickhouse Rest., Buffalo W Wings, Burger King, Chili's, Chipotle Mexican, ChuckeChee Corner Bakery Cafe, Jersey Mike's, Jimmy John's, McDonale Noodles&Co, Outback Steaks, Panda Express, Penn Sta Su Red Robin, Sander's Rest., Shallot's Bistro, Starbucks, Subw Tilted Kilt Holiday Inn Barnes&Noble, Best Buy, Dicl Fresh Farms Mkt, GNC, Jewel-Osco, Michael's, Nissan, PepBc Petsmart, Ross, Tuesday Morning, vet, Walgreens, Walmart
37b a	IL 58, Dempster St, N Shell Panda Express, Subw S BP/dsl, Shell Pizza Hut Midas
35	Old Orchard Rd, N BP, Shell Bloomingdale's, But lo Wild Wings, CA Pizza Kitchen, CheeseCake Factory, M Cormick&Schmick's Rest Lord&Taylor, Macy's, m Nissan, Nordstrom's, S Ruby Tuesday Extended S America, Hampton Inn, Residence Inn
34c b	E Lake Ave, N BP/dsl Corner Bakery Cafe, Five Gu Panda Express, Starbucks, Subway Fresh Mkt Foo GNC, Walgreens, S Shell DQ, Jimmy John's, Starbu auto repair
34a	US 41 S, Skokie Rd (from eb)
33b a	Willow Rd, S Shell Dunkin Donuts, Starbucks M ano's Mkt, USPO, Walgreens
31	E Tower Rd, S BMW, Carmax, Infiniti, Land Rover, M cedes, Toyota/Scion, vet, Volvo
30b a	Dundee Rd (from wb, no EZ return), S Citgo/dsl Ba aby's Rest., Chipotle, Morton's Steaks, Noodles&Co, Pan Bread, Potbelly, Roti Mediterranean, Ruth's Chris Steaks, St bucks Renaissance Mariano's Mkt
29	US 41, to Waukegan, to Tri-state tollway
28	IL 43, Waukegan Rd (from eb), N BP, Shell Dur Donuts/Baskin Robbins, Mod Pizza, Noodles&Co, S bucks Courtyard, Embassy Suites, Red Roof Inn Hol Lobby, Home Depot, Jewel-Osco, Just Tires
25	I-294 S, Lake-Cook Rd (from sb), E Embassy Suites, Hy W J Alexander's Rest.
24	Deerfield Rd (from nb), W Mobil Marriott Suites
21	IL 22, Half Day Rd, E Leaf Cafe La Quinta, W Ho wood Suites
19	IL 60, Town Line Rd, E , W Hilton Garden, Reside Inn Costco/gas
18mm	Lake Forest Oasis both lanes, Mobil/7-11/dsl K Taco Bell, McDonald's, Panda Express, Starbucks, Sub info
16mm	IL 176, Rockland Rd (no nb re-entry), E Harley-Davidson Lamb's Farm
14mm	IL 137, Buckley Rd, E Chicago Med School, to VA
11mm	IL 120 E, Belvidere Rd (no nb re-entry), E
10mm	IL 21, Milwaukee Ave (from eb, no eb re-entry), E, Six F

CHICAGO AREA

IL

🛣 INTERSTATE 94 Cont'd

Exit #	Services
8mm	IL 132, Grand Ave, **E** 🅖 Speedway/dsl 🅕 Baskin-Robbins/ Dunkin Donuts, Burger King, ChuckeCheese, Cracker Barrel, Cravings Red Hots, Culver's, Golden Corral, Ichibahn, IHOP, Jimmy John's, Joe's Crabshack, KFC/LJ Silver, Mama K's Zpizza, McDonald's, Oberweiss, Old Chicago Red Hots, Olive Garden, Outback Steaks, Rosati's Pizza, Starbucks, Subway 🅛 Baymont Inn, Country Inn&Suites, Extended Stay America, Hampton Inn, Key Lime Cove Resort, La Quinta, Super 8 🅞 Six Flags Park, **0-2 mi W** 🅖 Shell/Circle K 🅕 Bakers Square, Boston Mkt, Buffalo Wild Wings, Chili's, Chipotle Mexican, Denny's, Five Guys, Giordano's Pizza, Jersey Mike's Subs, Jimano's Pizza, LoneStar Steaks, McDonald's, Noodles&Co, Panda Express, Panera Bread, Penn Sta Subs, Pizza Hut, Portillo's, Potbelly's, Red Lobster, Red Robin, Ruby Tuesday, Starbucks, Steak'n Shake, Taco Bell, TGIFriday's, Uno Grill, Wendy's, White Castle 🅛 Comfort Inn, Fairfield Inn, Holiday Inn 🅞 $Tree, AT&T, AutoZone, Bass Pro Shops, Best Buy, Buick/GMC, Chrysler/ Dodge/Jeep, Goodyear, Gurnee Mills Outlet Mall/famous brands, Home Depot, Honda, Hyundai, Jewel-Osco, Kohl's, Macy's, Mariano's Mkt, Marshall's, Menards, Michael's, Old Navy, Petsmart, Ross, Sam's Club, Sears Grand/auto, Target, TJ Maxx, Tuesday Morning, Verizon, VW, Walgreens, Walmart
5mm	**Waukegan toll plaza**
2	IL 173 (from nb, no return), Rosecrans Ave, **E** 🅞 to IL Beach SP
1b	US 41 S, to Waukegan (from sb)
1a	Russell Rd, **E** 🅞 I-94 RV Ctr, **W** 🅕 Citgo/dsl/scales, TA/Country Pride/dsl/scales/24hr/@ 🅞 Peterbilt
0mm	Illinois/Wisconsin state line

🛣 INTERSTATE 255 (St Louis)

Exit #	Services
	I-255 begins/ends on I-270, exit 7.
30	I-270, W to Kansas City, E to Indianapolis
29	IL 162, to Glen Carbon, to Pontoon Beach, Granite City
26	Horseshoe Lake Rd, **E** st police
25b a	I-55/I-70, W to St Louis, E to Chicago, Indianapolis
24	Collinsville Rd, **E** 🅖 🅕 Jack-in-the-Box 🅞 Shop'n Save, **W** 🅞 Fairmount Racetrack
20	I-64, US 50, W to St Louis, E to Louisville. **Services 1 mi E off I-64, exit 9.**
19	State St, E St Louis, **E** 🅛 Western Inn, **W** 🅞 Holten SP
17b a	IL 15, E St Louis, to Belleville, Centreville, **E** 🅕 ⛽FLYING J/ Denny's/dsl/scales/24hr, **W** 🅖 Phillips 66 🅞 auto repair
15	Mousette Lane, **E** 🅞 🅛, **W** 🅞 Peterbilt
13	IL 157, to Cahokia, **E** 🅖 Phillips 66, **W** 🅖 BP, MotoMart 🅕 Capt D's, China Express, Classic K Burgers, Domino's, Hardee's, KFC, Little Caesar's, McDonald's, Pizza Hut, Rally's, Subway, Taco Bell, White Castle 🅛 Comfort Inn 🅞 $General, $Tree, Advance Parts, Aldi Foods, AutoZone, Dobb's Tires, Family$, Schnuck's, Shop'n Save Foods, Walgreens, Walmart
10	IL 3 N, to Cahokia, E St Louis, **W** 🅖 Fuelmart/Subway/dsl
9	to Dupo, **W** 🅖 Hucks
6	IL 3 S, to Columbia (exits left from sb), **E** 🅖 Phillips 66, Shell/ dsl/24hr 🅛 Hampton Inn (2mi) 🅞 Chevrolet
4mm	Missouri/Illinois state line, Mississippi River
3	Koch Rd
2	MO 231, Telegraph Rd, **N** 🅖 Conoco, Shell/Circle K 🅕 Great Wall, Little Caesar's, McDonald's, Pizza Hut/Taco Bell, Steak'n Shake, Waffle House 🅞 Advance Parts, AT&T, Jefferson Barracks

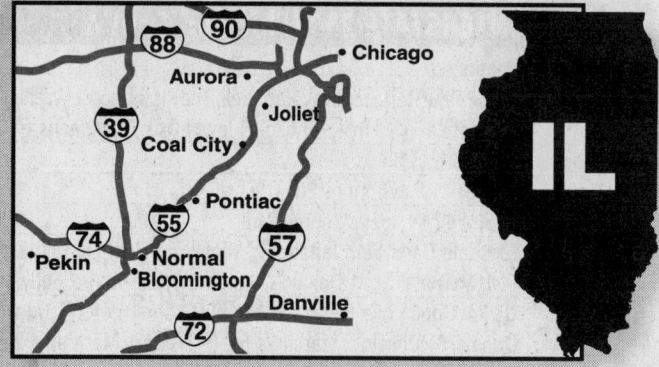

2	**Continued** Nat Cem, Petco, SaveALot, Walmart/Subway, **S** 🅖 Phillips 66/dsl, QT, Shell/Circle K/dsl 🅕 China Wok, DQ, Dunkin Donuts 🅞 Verizon
1d c	US 50, US 61, US 67, Lindbergh Blvd, Lemay Ferry Rd, accesses same as I-55 exit 197 E, **N** 🅖 Phillips 66 🅕 Applebee's, Arby's, Buffalo Wild Wings, ChuckeCheese, CiCi's Pizza, Dillard's, Hometown Buffet, HoneyBaked Ham, Hooters, IHOP, Imo's Pizza, Krispy Kreme, McAlister's Deli, Noodles&Co, Penn Sta Subs, Qdoba Mexican, Starbucks, Steak'n Shake, Subway, Taco Bell, Tucker's Place, Wendy's 🅛 Holiday Inn 🅞 AT&T, Best Buy, Chrysler/Dodge/Jeep, Costco/gas, CVS Drug, Dick's, Ford/Lincoln, Home Depot, JC Penney, Macy's, mall, Marshall's, NTB, Sears/auto, Verizon, vet, **S** 🅖 Phillips 66 🅕 Jack-in-the-Box, Jimmy John's, McDonald's, Rich & Charlie's Italian, White Castle 🅞 $General, $Tree, BigLots, Firestone, Old Navy, Petsmart, Sam's Club/gas, Walgreens
1b a	I-55 S to Memphis, N to St Louis.
	I-255 begins/ends on I-55, exit 196.

INTERSTATE 270

See Missouri Interstate 270 (St Louis)

🛣 INTERSTATE 294 (Chicago)

Exit #	Services
	I-294 begins/ends on I-94, exit 71.
	I-294 & I-80 run together five mi. See I-80, exits 155-160.
5mm	I-80 W, access to I-57
5.5mm	167th St, toll booth, 🅒
6mm	US 6, 159th St, **E** 🅖 Citgo, Exxon/dsl, Marathon, Mobil/ dsl, Shell/dsl 🅞 $Tree, AutoZone, Family$, **W** 🅖 BP/dsl 🅕 Baskin-Robbins/Dunkin Donuts, Burger King, McDonald's, Popeye's, Subway, Taco Bell, White Castle 🅛 Chicago Inn& Suites 🅞 $Tree, AutoZone, U-Haul, Walgreens
11mm	Cal Sag Channel
12mm	IL 50, Cicero Ave, **E** 🅖 BP, Shell/dsl 🅕 Dunkin Donuts, Subway, White Castle 🅞 Home Depot, O'Reilly Parts, **W** 🅖 BP, Shell/dsl 🅕 Applebee's, Boston Mkt, Chipotle, Culver's, IHOP, Lone Star Steaks, Panda Express, Pizza Hut, Popeye's, Portillo's Dogs, Potbelly, Starbucks, Subway 🅛 Baymont Inn, Days Inn, DoubleTree, Holiday Inn Express 🅞 AT&T, Best Buy, GNC, Jo-Ann, Kohl's, NTB, PepBoys, Petsmart, Ross, Target, TJ Maxx, Ultra Foods, Walgreens, Walmart/Subway
18mm	US 12/20, 95th St, **E** 🅖 Marathon 🅕 Buffalo Wild Wings, Chick-fil-A, Starbucks, TX Corral 🅞 🅛, CarMax, Discount Tire, mall, Mazda, Sears/auto, **W** 🅖 7-11, BP, Shell, Speedway/ dsl 🅕 Arby's, Baskin-Robbins, Burger King, Denny's, Dunkin Donuts, Jimmy John's, Les Bros Rest., McDonald's, Papa John's,

GJRN

CHICAGO AREA

IL

🧭E INTERSTATE 294 (Chicago) Cont'd

18mm	Continued Prime Time Rest., Subway, Taco Bell, The Pit Ribhouse, Wendy's 🛏 Motel 6 🅞 $Tree, AutoZone, Jewel-Osco, Walgreens
20mm	toll booth, 🅒
22mm	75th St, Willow Springs Rd
23mm	I-55, Wolf Rd, to Hawthorne Park
25mm	Hinsdale Oasis both lanes, 🅖 Mobil/7-11/dsl 🍴 KFC/Taco Bell, McDonald's, McDonald's, Panda Express, Sbarro, Subway
28mm	US 34, Ogden Ave, **E** 🅞 zoo, **W** 🅖 BP, Shell/deli 🍴 Dunkin Donuts, McDonald's, Starbucks 🅞 🅗, Ferrari/Maserati, Firestone/auto, LandRover, Whole Foods Mkt
28.5mm	Cermak Rd (from sb, no return)
29mm	I-88 tollway
30mm	toll booth, 🅒
31mm	IL 38, Roosevelt Rd (no EZ nb return), **E** 🅖 Shell/dsl 🛏 Hillside Manor Motel 🅞 vet
32mm	I-290 W, to Rockford (from nb)
34mm	I-290 (from sb), to Rockford
38mm	O'Hare Oasis both lanes, 🅖 Mobil/7-11/dsl 🍴 KFC, McDonald's, Panda Express, Sbarro, Starbucks, Subway, Taco Bell, TCBY
39mm	IL 19 W (from sb), Irving Park Rd, **E** 🅖 Citgo, Marathon/dsl, Shell/dsl 🍴 Dunkin Donuts, McDonald's, Starbucks, Subway, Wendy's 🛏 Comfort Suites 🅞 7-11, Aldi Foods, Walgreens, **W** 🅖 BP/Subway/desk 🍴 Mirage Rest. 🛏 Candlewood Suites, Hampton Inn, Sheraton
40mm	I-190 W, **E** 🅖 Mobil 🍴 Basil's Kitchen, McDonald's, Starbucks 🛏 Courtyard, Doubletree, Embassy Suites, Hampton Inn, Hilton, Hilton Garden, Holiday Inn, Hyatt, Hyatt Regency, Marriott, Rosemont Suites, Westin
41mm	toll booth, 🅒
42mm	Touhy Ave, **W** 🅖 Mobil/service 🍴 Tiffany's Rest. 🛏 Comfort Inn, Radisson
43mm	Des Plaines River
44mm	Dempster St (from nb, no return), **E** 🍴 Wendy's 🅞 🅗, CVS Drug, **W** 🍴 Dunkin Donuts, Subway
46mm	IL 58, Golf Rd, **E** 🅖 Mobil/Dunkin Donuts/dsl, Shell/Subway/dsl 🍴 Omega Rest. 🛏 Wyndham 🅞 CVS Drug, Golf Mill Mall, Meijer, Meineke, Target, **W** 🅞 🅗
49mm	Willow Rd, **W** 🅖 BP/Subway/dsl 🍴 Chipotle, Jimmy John's, McDonald's, Pie Five Pizza, Starbucks, TGIFriday's 🛏 Best Western, Country Inn Suites, Courtyard, Motel 6 🅞 CVS Drug, Mariano's Mkt
53mm	Lake Cook Rd (no nb re-entry), **E** 🛏 Embassy Suites, Hyatt, **W** 🍴 J Alexander's
	I-294 begins/ends on I-94.

🧭N INTERSTATE 355 (Illinois)

Exit #	Services
30mm	I-355 begins/end on I-290.
29	US 20 W Lakes St, **E** 🅖 Citgo/dsl, Marathon, Shell 🍴 Applebee's, Baskin-Robbins/Dunkin Donuts, Culver's, Famous Dave's BBQ, Home Run Rest., IHOP, Jimmy John's, La Hacienda Mexican, Nana Hotdogs, Panera Bread, Ristorante de Marco's, Starbucks, Wok'n Fire, Zaza's Steaks 🛏 Hampton Inn 🅞 Midas, Verizon, Walmart, **W** 🅖 Shell 🍴 Venuti's Rest
28	IL 64, E North Ave, **E** 🅖 BP/Subway/dsl, Burger King, Comfort Suites, Fairfield Inn, McDonald's, Shell/Circle K, **W** 🅖 Phillips 66, Speedway/dsl 🛏 Hilton Garden, Ramada 🅞 Art's RV Ctr, Goodyear

25	Roosevelt, **E** 🅖 Mobil 🍴 Boston Mkt, Buffalo Wild Wing▶ Jimmy John's, Odyssey Greek, Pizza Hut, Roundhead P▶ za, Starbucks, White Castle, Wolfy's Dogs 🛏 Crowne P▶ za 🅞 $General, AutoZone, Cadillac, Jewel-Osco, Toyota/S▶ on, **W** 🅞 NAPA
22	IL 56, Butterfield Rd, **E** 🍴 Arby's, Brick House Rest., Burg▶ King, Chama Gaucha Brazilian, Chipotle Mexican, Fuddrucke▶ Hooters, Melting Pot, Olive Garden, Panera Bread, Portillo's, R▶ Lobster, Ruby Tuesday, Starbucks, Subway, Zoup! 🛏 Comfo▶ Inn, Extended Stay America, Holiday Inn Express, Marriott, R▶ Roof Inn 🅞 $Tree, Best Buy, Kohl's, Michael's, Petsmart, Ro▶ Verizon, **W** 🍴 Carlucci Italian 🛏 DoubleTree Suites 🅞 7-1▶ Home Depot
20mm	I-88 E/I-355 run together
19	US 34, Ogden Ave, **E** 🅖 Shell 🍴 Culver's, Jimmy John▶ McDonald's 🛏 InTown Suites 🅞 AT&T, Buick/GMC, Chr▶ ler/Dodge/Jeep, Ford, **W** 🍴 Baskin-Robbins/Dunkin Don▶ 🛏 Extended Stay America 🅞 Chevrolet, Speedway/dsl, ve▶
18	Maple Ave, **1 mi W** 🅖 BP, Mobil, Shell/Circle K 🍴 KFC/Ta▶ Bell, McDonald's 🅞 Jewel Osco, Walgreens
16	63rd St, Hobson Rd, **E** 🅖 Mobil/dsl, Thornton's/McDonald▶ dsl 🍴 Steven's Rest, Subway 🅞 AutoZone, Familia Fre▶ Mkt, GNC, Target, Walgreens
15	W 75th St, **E** 🅖 Mobil 🍴 Arby's, Bakers Square Rest 🅞 Ho▶ by Lobby, Home Depot, Sam's Club/gas, **W** 🅖 Marath▶ 🍴 Dunkin-Donuts, El Burro Loco, McDonald's, Pizza Italia▶ 🅞 Jewel-Osco
14	87th St, Baughton Rd, **E** 🅖 BP, Shell 🍴 Al's Pizza, Dunkin-D▶ nuts, McDonald's, Oberweiss, Subway, Wendy's 🅞 Costc▶ gas, CVS Drug, **W** 🅖 Mobil 🍴 Bar Louie, Buffalo Wild Wi▶ Famous Dave's BBQ, Five Guys, IHOP, Jimmy John's, Longho▶ Steaks, Panda Express, Panera Bread, Potbelly, Starbucks, Te▶ MT Grill 🛏 ALoft 🅞 AT&T, Barnes&Noble, Bass Pro Sho▶ Discount Tire, IKEA, Macy's, Meijer/gas, Verizon, Walgreens
12	I-55
8	127th St, **E** 🍴 Burger King, Jimmy John's, KFC, McDonal▶ Starbucks, Subway, Taco Bell 🅞 Aldi Foods, AT&T, Firesto▶ auto, Jewel-Osco, Jiffy Lube, Pepper's Autocare, USPO, Veriz▶ Walgreens
6	IL 171, Archer Ave, 143rd St, **E** 🅞 Kohl's, Target, vet
4	159th Ave, IL 7, Orland Park, Homer Glen, **E** 🅖 Citgo/▶ **W** 🍴 URGENT CARE
3mm	toll booth both directions
1	US 6, **E** 🅖 Rte 6 Food'n Fuel/Dunkin Donuts/dsl, **W** 🅞 🅗▶
0mm	I-80 E, W, I-355 begins/ends on I-80 exit 140.

🧭E INTERSTATE 474 (Peoria)

Exit #	Services
15	I-74, E to Bloomington, W to Peoria
9	IL 29, E Peoria, to Pekin, **N** 🅖 Shell/Arby's/dsl, Thornton's▶ DQ, Driftwood Pizza, Taco John's 🛏 Ragon Motel 🅞 $Gene▶ Riverboat Casino (6mi), **S** 🅖 Casey's, Shell/Subway/dsl▶ Denny's, KFC, Lian Wang, McDonald's, Mickie's Pizza▶ Chrysler/Dodge/Jeep, Toyota/Scion
8mm	Illinois River
6b a	US 24, Adams St, Bartonville, **S** 🅖 BP/dsl, Shell/dsl 🍴 Ha▶ ee's, KFC, McDonald's, Tyroni's Café
5	Airport Rd, **S** 🅖 Phillips 66/e-85/dsl 🅞 🖃
3a	to IL 116, Farmington, **S** 🅞 🖃 Wildlife Prairie Park
0b a	I-74, W to Moline, E to Peoria.
	I-474 begins/ends on I-74, exit 87.

Left margin: **CHICAGO AREA**

IL

Right margin: **PEORIA**

INDIANA

🔼E INTERSTATE 64

Exit #	Services
124mm	Indiana/Kentucky state line, Ohio River
123	IN 62 E, New Albany, **N** 📱 Marathon/dsl, Shell/Circle K 🍴 DQ 🅾 🏥, Family$, Firestone/auto, Save-A-Lot, **S** 📱 Shell/Circle K, Valero 🍴 Daisy's Cafeteria, Subway, Waffle House 🏨 Best Western, Holiday Inn Express
121	I-265 E, to I-65 (exits left from eb), **N** access to 🏥
119	US 150 W, to Greenville, **N** 📱 Marathon 🍴 Bean St Cafe, Bearno's Buffet, Beef O'Brady's, Chillburger, China Cafe, Domino's, DQ, El Nopal, McDonald's, Papa John's, Sam's Family Rest., Subway, Taco Bell, Tumbleweed SW Grill 🅾 AutoZone, JayC Foods, Rite Aid, URGENT CARE, Walgreens
118	IN 62, IN 64W, to Georgetown, **N** 📱 Marathon/dsl/24hr, Shell/Circle K 🍴 Korner Kitchen, McDonald's 🏨 Red Roof Inn 🅾 CashSaver Foods, Mr. Hardware, **S** 📱 Marathon/dsl
115mm	Welcome Ctr wb, full ♿ facilities, litter barrels, 🚻, 🏧, vending
113	to Lanesville
105	IN 135, to Corydon, **N** 📱 Marathon/dsl, Shell 🍴 Big Boy 🏨 Comfort Inn, **S** 📱 5 Star, BP/dsl 🍴 Alberto's Italian, Arby's, Beef O'Brady's, Burger King, Cracker Barrel, Culver's, Domino's, DQ, El Nopal Mexican, Hong Kong Buffet, Jimmy John's, KFC, Lee's Chicken, LJ Silver, McDonald's, O'Charley's, Papa John's, Papa Murphy's, Pizza Hut, Ryan's, Subway, Taco Bell, Waffle House, Wendy's, White Castle 🏨 Baymont Inn, Hampton Inn, Holiday Inn Express, Super 8 🅾 🏥, $Tree, Advance Parts, AT&T, AutoZone, Big O Tire, Buick/Chevrolet, Chrysler/Dodge/Jeep, CVS Drug, Family$, Ford, Verizon, Walgreens, Walmart/Subway
100mm	Blue River
97mm	parking area both lanes
92	IN 66, Carefree, **N** 🅾 Marengo Caves, **S** 📱 Marathon/dsl, rest./24hr, 🚛/Subway/dsl/scales/24hr 🍴 Big Dadd's Rest., Country Style Rest. 🏨 Red Carpet Inn 🅾 Carefree Truckwash, Harrison Crawford SF, repair, to Wyandotte Caves
88mm	Hoosier Nat Forest eastern boundary
86	IN 37, to Sulphur, **N** to Patoka Lake, **S** 🍴, 📱, scenic route
79	IN 37, to Tell City, St Croix, **S** 📱 Marathon/Subshop/pizza/dsl 🅾 to Hoosier NF, to OH River Br
76mm	Anderson River
72	IN 145, to Birdseye, **N** 🅾 to Patoka Lake, **S** 🅾 St Meinrad Coll, winery (2mi), gas
63	IN 162, to Ferdinand, **N** 📱 Sunoco/dsl 🍴 China Garden, McDonald's, Subway, Taco Bell, Wendy's 🏨 Comfort Inn, Red Roof Inn 🅾 CVS Drug, Ferdinand SF, **S** 🅾 Lake Rudolph RV Camping (8mi)
58mm	℞s both lanes, full ♿ facilities, info, litter barrels, 🚻, 🏧, vending
57	US 231, to Dale, Huntingburg, **N** 🅾 🏥, **S** 📱 Chuckles/dsl 🍴 Denny's, Wendy's 🏨 Baymont Inn, Motel 6 🅾 Lincoln Boyhood Home, Lincoln SP
54	IN 161, to Holland, Tennyson
39	IN 61, Lynnville, **N** 📱 Marathon 🍴 Monterrey Mexican 🅾 USPO
32mm	**N** 🅾 Wabash & Erie Canal
29b a	I-69 N, IN 57 N&S, to Evansville

25b a	US 41, to Evansville, **N** 📱 ✈FLYING J/Denny's/dsl/scales/24hr, ❤Love's/Wendy's/dsl/24hr, 🚛/Subway/Taco Bell/dsl/24hr 🏨 Baymont Inn 🅾 Blue Beacon, truck repair/lube, **S** 📱 Marathon/dsl 🍴 Arby's, Denny's, McDonald's, Stoll's Amish Rest. 🏨 Holiday Inn Express, Quality Inn, Red Roof Inn, Super 8 🅾 st police, to U S IN
18	IN 65, to Cynthiana, **S** 📱 Motomart/dsl/24hr
12	IN 165, Poseyville, **S** 📱 CountryMark/Subway/dsl 🍴 Red Wagon Rest. 🅾 NAPA, New Harmonie Hist Area/SP
7mm	Black River Welcome Ctr eb, full ♿ facilities, litter barrels, petwalk, 🚻, 🏧
5mm	Black River
4	IN 69 S, New Harmony, Griffin, **1 mi N** USPO, **S** Harmony St Park
2mm	Big Bayou River
0mm	Indiana/Illinois state line, Wabash River

🔼N INTERSTATE 65

Exit #	Services
262	I-90, W to Chicago, E to Ohio. **I-65 begins/ends on US 12, US 20.**
261	15th Ave, to Gary, **E** 🅾 Mack/Volvo Trucks, **W** 📱 Clark
259b a	I-94/80, US 6W
258	US 6, Ridge Rd, **E** 📱 Luke/dsl, Marathon/dsl 🍴 Diner's Choice Rest., **W** 📱 Clark, Save Gas

🅿 = gas   🍴 = food   🛏 = lodging   🅾 = other   Rs = rest stop   Copyright 2018 - The Next EXIT

INTERSTATE 65 Cont'd

Exit #	Services
255	61st Ave, Merrillville, E 🅿 Family Express/dsl, Speedway/dsl 🍴 Arby's, Cracker Barrel, McDonald's, Pizza Hut/Taco Bell, Wendy's 🛏 Comfort Inn, EconoLodge 🅾 �H, Chevrolet, I-65 Repair, Menards, 1 mi W 🅿 Clark 🍴 Burger King, Subway 🅾 Walgreens
253b	US 30 W, Merrillville, W 🅿 Luke, Payless, Speedway/dsl 🍴 Abuelo's Mexican, Applebee's, Bar Louie, Barnelli's, Baskin-Robbins/Dunkin Donuts, Denny's, DQ, Gino's Rest., Golden Corral, Hooters, Johnnie's Rest., La Carreta Mexican, McAlister's Deli, McDonald's, Old Chicago Pizza, Oriental Buffet, Outback Steaks, Panda Express, Panera Bread, Pepe's Mexican, Pizza Hut, Portillo's Hot Dogs, Qdoba, Starbucks, Steak'n Shake, Subway, TX Corral Steaks, Wendy's, White Castle 🛏 Clarion, Deluxe Inn, Fairfield Inn, Hampton Inn, Holiday Inn Express, Radisson, Red Roof Inn, Residence Inn 🅾 H, $Tree, Acura, Aldi Foods, Buick/GMC, Cadillac, CarX, Chrysler/Dodge/Jeep, CVS Drug, Discount Tire, Fanny May Candies, Ford/Lincoln, Hyundai, Mazda, Meijer/dsl, Midas, NTB, Old Time Pottery, Staples, Subaru, U-Haul, Verizon, Walgreens
253a	US 30 E, E 🅿 BP/Luke/dsl, Speedway/dsl 🍴 Bakers Square, BC Osaka, Bob Evans, Buffalo Wild Wings, Chick-fil-A, Chili's, Chipotle Mexican, ChuckeCheese, Culver's, Firehouse Subs, IHOP, Jimmy John's, Joe's Crabshack, KFC/LJ Silver, Longhorn Steaks, McDonald's, Olive Garden, Popeye's, Potbelly, Red Lobster, Red Robin, Sheffield's Rest., Starbucks, Starbucks (2), Taco Bell, TGIFriday's, Wendy's 🛏 Best Value Inn, Best Western, Candlewood Suites, Comfort Suites, Country Inn&Suites, Extended Stay America, Hilton Garden, La Quinta, Motel 6, Quality Inn, Staybridge Suites, Super 8 🅾 AT&T, Audi/VW, AutoZone, Best Buy, BigLots, Carmax, Costco/gas, Dick's, Firestone/auto, Hobby Lobby, Home Depot, Honda, JC Penney, Jo-Ann, Kia, Kohl's, Lowe's, Macy's, mall, Michael's, Nissan, Office Depot, Old Navy, PetCo, Petsmart, Ross, Sam's Club/gas, Sears/auto, Target, Tire Barn, TJ Maxx, Toyota/Scion, Tuesday Morning, vet, Walmart/McDonald's
249	109th Ave, W 🅿 Speedway/dsl 🍴 China Garden, Dunkin Donuts, Golden Apple Rest., Jimmy John's, La Quesadilla, Rosati's Pizza 🅾 $Tree, Aldi, GNC, Verizon, Walgreens
247	US 231, Crown Point, E 🅾 Korean/Vietnam Vet Mem, W 🅿 Family Express 🅾 H
241mm	weigh sta sb
240	IN 2, Lowell, E 🅿 ⊕FLYING J/Denny's/dsl/24hr/@, ⬚⬚⬚/Wendy's/dsl/scales/24hr 🍴 Arby's, McDonald's, Subway 🛏 Comfort Inn, Super 8 🅾 truck repair, truck wash, W 🅾 st police
234mm	Kankakee River
231mm	Rs both lanes, full ♿ facilities, info, litter barrels, petwalk, 🅲s, 🛢, vending
230	IN 10, Roselawn, E 🅿 Loves/Arby's/dsl/scales/24hr, TA/BP/Country Pride/dsl/scales/24hr/@, W 🅿 Citgo/Subway, Family Express/e85 🍴 China Wok, J&J Pizza, Sycamore Drive-In 🅾 $General, CVS Drug, Fagen Drug, Lake Holiday Camping, Oak Lake Camping, SaveALot, TrueValue
220	IN 14, Winamac, W 🅿 BP/Subway/dsl, CNG 🅾 Fair Oaks Farms Store
215	IN 114, Rensselaer, E 🅿 Family Express/dsl/e85/24hr 🍴 Arby's, DQ, KFC, McDonald's, Taco Bell 🛏 Baymont Inn, Comfort Suites, Interstate Motel 🅾 H, W 🅿 Marathon/Trail Tree Rest./dsl/24hr 🍴 Burger King 🛏 Economy Inn 🅾 fireworks, tires/repair/towing/24hr
212mm	Iroquois River

205 US 231	Remington, E 🅿 Crazy D/dsl 🅾 H, to St Joseph's Coll
201	US 24/231, Remington, E 🅾 Caboose Lake RV Campi▶ W 🅿 Family Express/dsl, Petro/Shell/Iron Skillet/dsl/scale▶ 24hr/@, ⬚⬚⬚/Subway/dsl/scales/24hr 🍴 KFC, McDonal◀ 🛏 Sunset Inn, Super 8
196mm	Rs both lanes, full ♿ facilities, info, litter barrels, petwalk, 🅲 🛢, vending
193	US 231, to Chalmers, E 🅿 Marathon/DQ
188	IN 18, to Brookston, Fowler, many windmills
178	IN 43, W Lafayette, E 🅿 Phillips 66/Subway/dsl, Speedwa▶ Taco Bell 🍴 McDonald's, Wendy's 🛏 EconoLodge 🅾 m◀ seum, st police, to Tippecanoe Bfd, W 🅾 to Purdue U
176mm	Wabash River
175	IN 25, Lafayette, E 🅿 BP/dsl, Family Express/dsl/e8▶ W 🅾 H
172	IN 26, Lafayette, E 🍴 Cracker Barrel, DQ, El Rodeo, Fox's Piz◀ Starbucks, Steak'n Shake, Subway, White Castle 🛏 Baym◀ Inn, Candlewood Suites, Comfort Inn, Comfort Suites, Days I▶ La Quinta, Motel 6, TownePlace Suites 🅾 Meijer/dsl/e▶ visitor's ctr, W 🅿 Luke/dsl, Mobil/Circle K/dsl, Speedwa▶ dsl 🍴 Arby's, Bob Evans, Burger King, Camille's Cafe, Ch▶ dar's, Chick-fil-A, Chili's, Chipotle, ChuckeCheese, Coldsto▶ Culver's, Denny's, Don Pablo, Fazoli's, Firehouse Subs, Gold▶ Corral, Grindstone Charlie's, HuHot, IHOP, Jets Pizza, Jim▶ John's, KFC, Logan's Roadhouse, Longhorn Steaks, McAliste▶ Deli, McDonald's, Moe's SW Grill, Mtn Jack's, Noodles&◀ Olive Garden, Outback Steaks, Pizza Hut, Red Lobster, Sor▶ Spageddie's, Starbucks, Steak'n Shake, Subway, Taco Bell, T▶ Friday's 🛏 Courtyard, Doubletree, Eco Lodge, Fairfield I▶ Hampton Inn, Holiday Inn Express, Homewood Suites, Knig▶ Inn, Quality Inn, Red Roof Inn, Red Roof Inn, Residence I▶ Super 8 🅾 H, $General, $Tree, Aamco, Chevrolet, CVS Dr▶ Discount Tire, Fresh Thyme Mkt, Gordman's, Harley Davids▶ Hobby Lobby, Home Depot, Hyundai, Lowe's, Nissan, Off▶ Depot, Sam's Club/gas, Target, TJ Maxx, to Purdue U, Toyo▶ Scion, USPO, Verizon, vet, Walgreens, Walmart/Subway
168	IN 38, IN 25 S, Dayton, E 🅿 BP/Subway, CNG, Phillips 66/C▶ cle K/dsl
158	IN 28, to Frankfort, E 🅿 BP/Subway/dsl 🅾 Mack/Volvo, 2▶ W 🛏 Lincoln Lodge Motel
150mm	Rs sb, full ♿ facilities, info, litter barrels, petwalk, 🅲, ▶ vending
148mm	Rs nb, full ♿ facilities, info, litter barrels, petwalk, 🅲, ▶ vending
146	IN 47, Thorntown, W 🅾 camping
141	US 52 W (exits left from sb), Lafayette Ave, E 🅾 H
140	IN 32, Lebanon, E 🅿 BP/repair, Marathon/dsl 🍴 Denn▶ Depot Rest., McDonald's, Stats Grill, White Castle 🛏 Qua▶ Inn 🅾 H, AutoZone, Goodyear/auto, Menards, O'Reilly Pa▶ Pomp's Tires, W 🅿 McClure/dsl/e85, Shell 🍴 Arby's, Flapja▶ Pancakes, KFC, Steak'n Shake, Subway, Taco Bell 🛏 Best Va▶ Inn, EconoLodge, Holiday Inn Express, Motel 6 🅾 truckwash
139	IN 39, Lebanon, E 🅿 Speedway/dsl 🍴 Penn Sta Subs, S▶ bucks, Wendy's, W 🅿 ⊕FLYING J/Huddle House/dsl/▶ scales/24hr 🅾 Donaldson's Chocolates
138	to US 52, Lebanon, E 🅿 BP/dsl
133	IN 267, Whitestown, W 🅿 Loves/McDonald's/Subw▶ dsl/scales/24hr
130	IN 334, Zionsville, E 🅿 Marathon/Starbucks/dsl, Shell/Cir▶ K/Subway/dsl 🍴 Buffalo Wild Wings, Burger King, Cra▶ er Barrel, El Rodeo Mexican, Flapjacks Pancakes, Fox's Piz▶ Gandolfo's Deli, McDonald's, Pie Five, Taco Bell, Which Wi▶

MERRILLVILLE

IN

LAFAYETTE

LEBANON

INTERSTATE 65 Cont'd

130	Continued
	⊡ 🄷, AT&T, CVS Drug, Lowe's, Meijer/dsl, Verizon, vet, **W** 🍴 TA/BP/Popeye's/dsl/scales/24hr/@
129	I-865 E, to I-465 E, US 52 E (from sb)
126mm	Fishback Creek
124	71st St, **1 mi E** 🅖 🍴 Starbucks, Steak'n Shake 🛏 Candlewood Suites, Courtyard, Hampton Inn, Hilton Garden, Holiday Inn Express, Residence Inn, Wingate Inn, **W** ⊡ Eagle Creek Park
123	I-465 S, **S** ⊡ to ✈
121	Lafayette Rd, **E** 🅖 Speedway (2), Speedway/dsl 🛏 Quality Inn, **W** 🅖 Shell/Circle K 🍴 Applebee's, Arby's, Church's, Fazoli's, La Bamba Burritos, Wendy's 🛏 Executive Inn ⊡ 🄷, $Tree, Aldi Foods, AT&T, Batteries+Bulbs, Best Buy, Discount Tire, Family$, GNC, Hyundai, Kia, Mazda, Nissan, PepBoys, same as 119, SaveALot, Tire Barn, Toyota/Scion, vet, Walmart/Subway
119	38th St (no nb return), Dodge, **W** 🅖 Phillips 66, Speedway/dsl 🍴 KFC, McDonald's, Papa John's, Pizza Hut, Red Lobster, Taco Bell ⊡ Advance Parts, Aldi Foods, Best Buy, Chevrolet, Hyundai, Meijer/dsl, same as 121, Tires+
117.5mm	White River
117	MLK St (from sb), **W** 🅖 Marathon/dsl
116	29th St, 30th St (from nb), **W** ⊡ Marian Coll
115	21st St, **E** 🅖 Shell/Circle K ⊡ 🄷, **W** ⊡ museums, zoo
114	MLK St, West St, downtown
113	US 31, IN 37, Meridian St, to downtown, **E** ⊡ 🄷
112a	I-70 E, to Columbus
111	Market St, Michigan St, Ohio St, **E** 🍴 Hardee's ⊡ museum, **W** ⊡ City Market
110b	I-70 W, to St Louis
110a	Prospect St, Morris St, East St
109	Raymond St, **E** ⊡ 🄷, **W** 🅖 BP, Speedway/dsl 🍴 Little Caesar's, White Castle ⊡ CVS Drug, Family$, Safeway
107	Keystone Ave, **E** 🅖 Phillips 66 🛏 Best Value Inn ⊡ 🄷, **W** 🅖 Phillips 66/dsl, Speedway/dsl, Valero 🍴 Big Kahuna Pizza, Burger King, Denny's, DQ, McDonald's, Subway, Wendy's 🛏 Comfort Inn ⊡ $General, U of Indianapolis, Walmart Mkt
106	I-465 and I-74
103	Southport Rd, **E** 🅖 BP/McDonald's, Shell/Circle K 🍴 Arby's, Chicago Grill, Chick-fil-A, Hardee's, Hotbox Pizza, Jersey Mike's, Jimmy John's, Longhorn Steaks, Mr Wok, Noble Roman's, O'Charley's, Panda Express, Panera Bread, Penn Sta Subs, Pizza Hut, Qdoba, Rally's ⊡ Aldi Foods, AT&T, Firestone/auto, Harley-Davidson, Home Depot, Kohl's, Meijer/dsl/e85, Menards, Staples, Target, **W** 🅖 Marathon/Circle K, Phillips 66, Speedway/dsl 🍴 Bob Evans, Burger King, Carrabba's, Cheeseburger Paradise, Cracker Barrel, KFC, McDonald's, Scotty's Brewhouse, Stacked Pickle, Starbucks, Steak'n Shake, Subway, TX Roadhouse, Waffle House, Wendy's 🛏 Baymont Inn, Best Western, Comfort Suites, Country Inn&Suites, Courtyard, Fairfield Inn, Hampton Inn, Motel 6, Super 8 ⊡ 🄷
101	CountyLine Rd, **E** 🍴 Candlewood Suites, **W** 🅖 Murphy USA/dsl, Shell/Circle K/dsl 🍴 Buffalo Wild Wings, Cheddar's, El Meson Mexican, Fireside Rest., Lindo Mexico, Pasquale's Pizza, Popeye's, Primanti Bros, Sonic, Taco Bell, Tokyo Buffet, Zaxby's 🛏 Hilton Garden, Holiday Inn Express, Woodspring Suites ⊡ 🄷, Costco/dsl, Kroger/dsl, Verizon, Walmart/Subway
99	Greenwood, **E** 🛏 Road Ranger/⬛⬛⬛⬛/Subway/dsl/scales/24hr, **W** 🅖 Marathon, Shell/Circle K, Sunoco 🍴 Arby's, Byrd's Cafeteria, China Wok, Denny's, Main St Grille, McDonald's, Puerto Vallarta, Starbucks, Subway, Taco Bell, Waffle House,

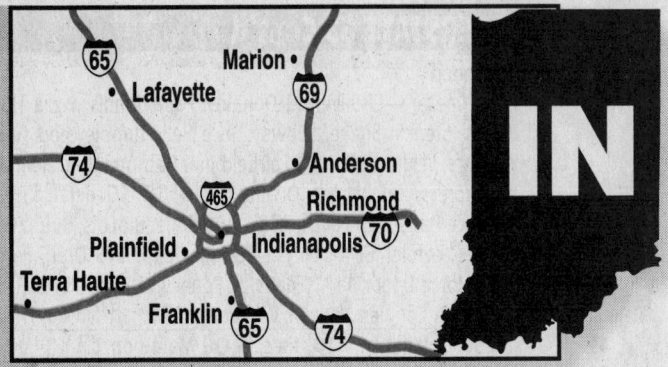

99	Continued
	White Castle 🛏 InTown Suites, La Quinta, Red Carpet Inn, Red Roof Inn ⊡ 🄷, Camping World RV Ctr, Sam's Club, vet
97	Worthsville Rd, **W** 🅖 Circle K/dsl
95	Whiteland, **E** 🅖 🍴 *FLYING J*/Denny's/scales/dsl/LP/RV dump/24hr ⊡ Blue Beacon, SpeedCo, tires, **W** 🅖 *Loves*/Arby's/dslscales/24hr, ⬛⬛⬛⬛/McDonald's/dsl/scales/24hr/@
90	IN 44, Franklin, **W** 🅖 Marathon/Subway/dsl, Shell/Circle K 🍴 Burger King, McDonald's/RV Parking, Waffle House 🛏 Baymont Inn, Motel 6, Quality Inn ⊡ 🄷, golf
85mm	Sugar Creek
82mm	Big Blue River
80	IN 252, to Flat Rock, Edinburgh, **W** 🅖 Marathon/dsl, Shell/dsl
76b a	US 31, Taylorsville, **E** 🅖 Shell/Circle K/dsl, Speedway/dsl 🍴 A&W/KFC, Burger King, El Toreo Mexican, Waffle House 🛏 Red Roof Inn ⊡ 🄷, $ General, Toyota/Scion, **W** 🅖 Marathon, Ricker's/dsl, Thornton's/café/dsl 🍴 Applebee's, Arby's, Cracker Barrel, Hardee's, Max&Erma's, McDonald's, MT Mikes, Ruby Tuesday, Snappy Tomato Pizza, Subway, Taco Bell 🛏 Best Western, Comfort Inn, Hampton Inn, Hilton Garden, Holiday Inn Express ⊡ antiques, Goodyear, Harley-Davidson, Premium Outlets/famous brands, repair
73mm	℞ˢ both lanes, full ♿ facilities, info, litter barrels, petwalk, 🄲, 🄴, vending
68mm	Driftwood River
68	IN 46, Columbus, **E** 🅖 Shell/Circle K, Speedway/dsl 🍴 Buffalo Wild Wings, Burger King, Culver's, IHOP, Jimmy John's, Lincoln Sq Rest., McDonald's, RuYi Asian, Snappy Tomato Pizza, Starbucks, Subway, Waffle House, Wendy's 🛏 Clarion/rest., Comfort Inn&Suites, Fairfield Inn, Sleep Inn, Super 8 ⊡ 🄷, AutoZone, Chevrolet, Menards, Sam's Club/gas, Verizon, Walgreens, Walmart/Subway, **W** 🅖 🍴 Arby's, Bob Evans, Chicago's Pizza, El Nopal Mexican, Freddy's, Marco's Pizza, Noble Roman's, Papa's Grill, Taco Bell 🛏 Courtyard, Days Inn, La Quinta, Motel 6, Residence Inn ⊡ $General, CVS Drug, Jay-C Foods, to Brown Co SP, vet
64	IN 58, Walesboro, **W** 🅖 Mobil/Circle K/dsl, Ricker's/Burritos/dsl ⊡ to RV camping
55	IN 11, to Jonesville, Seymour
54mm	White River
51mm	weigh sta both lanes
50b a	US 50, Seymour, **E** 🅖 Mobil/Circle K/dsl, Sunshine Cafe/Waffle House, TA/BP/Country Pride/dsl/24hr/@ 🍴 McDonald's 🛏 Allstate Inn, Days Inn, EconoLodge, Economy Inn, Motel 6, Travelodge, **W** 🅖 Circle K/dsl, Murphy USA/dsl, Shell/Circle K/dsl, Speedway/dsl 🍴 Applebee's, Arby's, Bonanza, Buffalo Wild Wings, Buffet China, Burger King, Capt D's, Chili's, Cracker Barrel, Domino's, DQ, El Nopal Mexican, Hardee's, KFC,

GREENWOOD **COLUMBUS** **INDIANAPOLIS AREA**

IN

▲N INTERSTATE 65 Cont'd	
50b a	Continued
	Little Caesar's, LJ Silver, McDonalds, Papa John's, Pizza Hut, Rally's, Steak'n Shake, Subway, Taco Bell, Tumbleweed Grill, Wendy's, White Castle 🏠 Fairfield Inn, Hampton Inn, Holiday Inn Express, Knights Inn, Quality Inn 🅞 🅗, $General, $Tree, Advance Parts, Aldi Foods, AT&T, AutoZone, BigLots, Buick/Cadillac/Chevrolet/GMC, Chrysler/Dodge/Jeep, CVS Drug, Ford, GNC, Home Depot, Jay-C Foods, JC Penney, O'Reilly Parts, Russell Stover Candies, Verizon, Walgreens, Walmart/Subway
41	IN 250, Uniontown, E 🅞 tires, W 🅖 Marathon/dsl
36	US 31, Crothersville, E 🅞 tires, W 🅖 Marathon/dsl
34a b	IN 256, Austin, E 🅖 Shell/Circle K 🅞 Clifty Falls SP, to Hardy Lake, W 🅖 Fuelmart/dsl/scales, Sunoco/Huddle House/dsl
29b a	IN 56, to Salem, Scottsburg, E 🅖 MotoMart/dsl, Speedway/dsl 🅗 Burger King, Cracker Barrel, Denny's, KFC, Papa John's, Ponderosa, Sonic, Subway, Taco Bell 🏠 Holiday Inn Express, Mariann Inn 🅞 🅗, Ace Hardware, Advance Parts, AutoZone, CVS Drug, O'Reilly Parts, W 🅖 Marathon/dsl, Murphy USA, Shell/Circle K 🅗 Arby's, LJ Silver, McDonald's, Pizza Hut, Roadhouse USA, Waffle House, Wendy's 🏠 Hampton Inn, Quality Inn, Red Roof Inn 🅞 Big O Tire, Buick/Chevrolet, Jellystone Camping (4mi), Verizon, Walmart/Subway
22mm	🆁🆂 both lanes, full ♿ facilities, info, litter barrels, petwalk, 🅲, 🍴, vending
19	IN 160, Henryville, E 🅖 Marathon/Subway/dsl, Shell/Circle K 🅞 $General, Family$, USPO
16	Memphis Rd, Memphis, E 🅖🅗 Loves/McDonald's/Subway/dsl/scales/24hr, W 🅖 ▥▥▥/Arby's/dsl/scales/24hr/@ 🅞 Customers 1st RV Ctr
9	IN 311, to New Albany, Sellersburg, E 🅖 Shell/Circle K, Sunoco 🅗 Arby's, Cracker Barrel, DQ, Quiznos, Waffle House 🏠 Days Inn, Ramada Inn 🅞 Carmerica/repair, Ford, O'Reilly Parts, W 🅖 Marathon/Circle K 🅗 Burger King, El Nopal Mexican, McDonald's, Taco Bell 🏠 Quality Inn
7	IN 60, Hamburg, E 🅖 Clark/dsl, W 🅖 Blu/LNG/dsl 🅗 Cricket's Cafe, KFC/Pizza Hut 🏠 Travelodge
6b a	I-265 W, to I-64 W, IN 265 E , New Albany
5	Veterans Parkway, E 🅖 Marathon/dsl 🅗 Bubba's BBQ, Culver's, Krispy Kreme, Popeye's 🅞 🅗, AT&T, Menards, Tire Discounters, W 🅗 Buffalo Wild Wings, Cheddar's, Chick-fil-A, Chuy's Mexican, DQ, Famous Dave's, IHOP, Jimmy John's, Kansai, Longhorn Steaks, McAlister's Deli, Moe's SW Grill, Olive Garden, Panda Express, Panera Bread, Papa Murphy's, Pizza Hut, Qdoba, Subway, Taco Bell 🅞 Bass Pro Shops, Best Buy, Buick/Chevrolet/GMC, Lowe's, Michael's, Old Navy, Old Time Pottery, Petsmart, Rite Aid, Ross, Sam's Club/gas, Staples, Target, Target, Verizon, Walmart/Subway
4	US 31 N, IN 131 S, Clarksville, New Albany, E 🅖 Thorntons/dsl 🅗 White Castle 🏠 Woodspring Suites 🅞 Raben Tire, W 🅖 Speedway/dsl 🅗 Applebee's, Arby's, Bob Evans, Burger King, Capt D's, Chili's, ChuckeCheese, Denny's, Fazoli's, Frisch's, Golden Corral, Hooters, Iguana Rest., LJ Silver, Logan's Roadhouse, McDonald's, Mr Gatti's, O'Charley's, Outback Steaks, Papa John's, Rally's, Red Lobster, Steak'n Shake, TX Roadhouse, Wendy's, Zesto 🏠 Best Western, Candlewood Suites, Hampton Inn, Suburban Lodge 🅞 $Tree, AT&T, AutoZone, BigLots, Books-A-Million, CVS Drug, Dick's, Dillard's, Ford, Hobby Lobby, Home Depot, Honda, JC Penney, Jo-Ann Fabrics, Kia, Kroger/gas, Mowery Tire/auto, Nissan, Office Depot, O'Reilly Parts, PepBoys, Sears/auto, TJ Maxx, Toyota/Scion, Tuesday Morning, USPO, VW, Walgreens

Side labels (Interstate 65 column): S E Y M O U R / S C O T T S B U R G / CLARKSVILLE / IN

2	Eastern Blvd, Clarksville, E 🏠 Days Inn, Motel 6, Quality Suites, Value Inn 🅞 🅗, U-Haul, W 🅖 Shell/Circle K 🏠 Best Inn
1	US 31 S, IN 62, Stansifer Ave, E 🅖 Thornton's/dsl 🅗 DQ, Subway 🅞 🅗, $General, Advance Parts, Walgreens, W 🅖 Clark on 🅞 Stinnett RV Ctr
0	Jeffersonville, E 🅖 Thornton's/dsl 🅗 Hardee's 🅞 🅗, Chrysler/Jeep/Dodge, CVS Drug, Hyundai, to Falls of OH SP, Walgreens, W 🅗 Hooters 🏠 Fairfield Inn, Sheraton, TownePlace Suites
0mm	Indiana/Kentucky state line, Ohio River

▲N INTERSTATE 69	
Exit #	Services
358mm	Indiana/Michigan state line
357	Lake George Rd, to IN 120, Fremont, Lake James, E 🅖 Petro/Iron Skillet/dsl/LP/scales/24hr/@ 🅞 Freightliner/Western Star Truck Repair, Kenworth, W 🅖 Marathon/dsl, ▥▥▥/Wendy's/dsl/scales/24hr, Shell/Subway/dsl 🅗 McDonald's, Red Arrow Rest. 🏠 Holiday Inn Express, Redwood Inn 🅞 Freemont Outlet/Famous Brands, GNC, Jellystone Camping (5mi), to Pokagon SP
356	I-80/90 Toll Rd, E to Toledo, W to Chicago
354	IN 127, to IN 120, IN 727, Fremont, Orland, E 🏠 Budgetel Motel, Comfort Inn, Quality Inn, Ramada, Travelers Inn 🅞 golf, W 🅖 Marathon/dsl 🏠 Holiday Inn Express 🅞 Freemont Outlets/Famous Brands, Jellystone Camping (4mi), to Pokagon SP
350	rd 200 W, to Lake James, Crooked Lake, E 🅖 Sunoco/Subway/dsl 🅞 fireworks, W 🅖 Marathon, Shell 🅗 Caruso's Rest., Tasty Pizza 🅞 Marine Ctr
348	US 20, to Angola, Lagrange, E 🅖 Marathon/Subway/dsl, Speedway/Taco Bell/dsl 🅗 McDonald's 🏠 Happy Acres Camping (1mi), University Inn (2mi) 🅞 🅗, W 🅖 Loves/Hardee's/dsl/scales/24hr 🅞 Circle B RV Prk (2mi)
345mm	Pigeon Creek
344mm	🆁🆂 sb, full ♿ facilities, info, litter barrels, petwalk, 🅲, 🍴, vending
340	IN 4, to Hamilton, Ashley, Hudson, 1 mi W 🅖 Marathon/Subway/dsl
334	US 6, to Waterloo, Kendallville, E 🅗 Subway 🅞 $General, W 🅖 BP/dsl, Marathon/dsl/24hr 🅗 Maria's Pancakes
329	IN 8, to Garrett, Auburn, E 🅖 BP, Lassus, Speedway/dsl, Speedway/dsl (2) 🅗 Applebee's, Arby's, Bob Evans, Burger King, DQ, Hungry Howie's, Jimmy John's, KFC, Little Caesar, McDonald's, Papa John's, Peking Buffet, Penguin Point Rest., Pizza Hut, Ponderosa, Richard's Rest., Starbucks, Steak'n Shake, Subway, Taco Bell, Wendy's 🏠 Comfort Suites, Days Inn, Holiday Inn Express, La Quinta, Quality Inn, Super 8 🅞 🅗, $General, $Tree, Ace Hardware, Advance Parts, AT&T, AutoZone, Buick/Chevrolet/RV Ctr, Chrysler/Dodge/Jeep, CVS Drug, Ford, GNC, Kroger/dsl, Walmart/Subway, W 🅖 Marathon/dsl 🅗 Buffalo Wild Wings, Cebolla's Mexican, Cracker Barrel, Paradise Buffet, Subway 🏠 Hampton Inn 🅞 Home Depot, Verizon
326	rd 11A, to Garrett, Auburn, E 🅞 Auction Park, W 🅞 Fireside Camping
324	🆁🆂 nb, full ♿ facilities, info, litter barrels, 🍴, vending
317	Union Chapel Rd, E 🅞 🅗
316	IN 1 N, Dupont Rd, E 🅖 Lassus/Elmo's/dsl, Phillips 66/Burger King 🅗 Arby's, Culver's, Taco Bell 🏠 Comfort Suites, Hampton Inn 🅞 🅗, W 🅖 Speedway/dsl 🅗 Bagger Dave's Burgers, Bob Evans, Cozy Nook Cafe, Domino's, Jimmy John's, Mancino's Grinders, McDonald's, Panera Bread, Pine Valley Grill, Starbucks, Trolley Grill 🏠 Baymont Inn, La Quinta
315	I-469, US 30 E, W 🏠 Woodspring Suites

Side labels (Interstate 69 column): A U B U R N

= gas = food = lodging = other = rest stop

INTERSTATE 69 Cont'd

Exit #	Services
312b a	Coldwater Rd, **E** BP/dsl, Marathon, Sunoco Agaves Mexican, Arby's, Chili's, Cork'N Cleaver, Firehouse Subs, Fortune Buffet, Hall's Factory Rest., Hunan Chinese, IHOP, Jimmy John's, Koto Japanese, Mister Coney, Papa John's, Rally's, Red Lobster, Red River Steaks, Steak'n Shake, Subway, Taco Bell, Wendy's Hotel Ft Wayne, Hyatt Place $Tree, Dick's, Hobby Lobby, Hyundai, JoAnn Fabrics, O'Reilly Parts, Pet-Co, Tuesday Morning, Tuffy Auto, U-Haul, Walmart/Subway, **W** Marathon Salsa Grille
311b a	US 27 S, IN 3 N, **E** Shell/dsl, Sunoco/dsl Arby's, Cheddar's, ChuckECheese's, DQ, Fazoli's, Golden Corral, Hall's Rest., Longhorn Steaks, McDonald's, Olive Garden, Starbucks, TGIFriday's, Tim Horton's Candlewood Suites, Hawthorn Suites, TownePlace Suites Aldi Foods, Barnes&Noble, Chevrolet, Chrysler/Dodge/Jeep, Costco/gas, Discount Tire, Fiat, Ford/Lincoln, Honda, Infiniti, JC Penney, Macy's, Nissan, Sears, Subaru, Toyota/Scion, Verizon, **W** BP/dsl, Lassus/Elmo's Pizza/dsl, Marathon/dsl Applebee's, Burger King, Chipotle, Cracker Barrel, Culver's, Hardee's, IHOP, Logan's Roadhouse, McDonald's, Panda Express, Sapporo Japanese, Starbucks, Subway, Taco Bell, TX Roadhouse Best Value Inn, Best Western, Comfort Inn, Days Inn, EconoLodge, Extended Stay America, Fairfield Inn, Guesthouse Motel, Hampton Inn, Quality Inn, Super 8 Belle Tire, CVS Drug, Home Depot, Lowe's, Meijer/dsl/E85, Sam's Club/gas, VW
309b a	US 33, Goshen Rd, Ft Wayne, **E** Phillips 66/dsl, Pilot/dsl/scales/24hr, Shell Liberty Diner, McDonald's Country Hearth Inn, Knights Inn, Motel 6, Red Roof Inn, Travel Inn H, auto/dsl repair, Blue Beacon, NAPA
305b a	IN 14 W, Ft Wayne, **E** Lassus, Murphy USA, Shell/Subway/dsl, Speedway/dsl/LP Arby's, Biaggi's, Burger King, Chick-fil-A, Chipotle Mexican, Coldstone, Domino's, Eddy Merlot Rest., Firehouse Subs, Flat Top Grill, Great Wall Buffet, Logan's Roadhouse, McAlister's Deli, Noodles&Co., O'Charley's, Panda Express, Panera Bread, Penn Sta Subs, Qdoba, Smokey Bones BBQ, Starbucks, Steak'n Shake, Subway, Taco Bell, Tilted Kilt Eatery, Tuscano's, Wendy's Klopfenstein Suites H, $General, $Tree, Acura, Advance Parts, Audi/Porsche, Barnes&Noble, Best Buy, BigLots, BMW, Buick/GMC, Cadillac, Chevrolet, Chrysler/Dodge/Jeep, Dick's, Ford/Lincoln, Gordman's, Harley-Davidson, Kia, Kohl's, Lexus, Lowe's, mall, Marshall's, Mazda, Meijer/dsl, Menards, Michael's, NAPA, Old Navy, Patriot Tire/auto, Petsmart, Staples, Target, to St Francis U, Toyota/Scion, Tuesday Morning, Verizon, vet, Volvo, Walmart/Subway
302	US 24, to Jefferson Blvd, Ft Wayne, **E** Subway (1mi), Taco Bell (1mi) Extended Stay America, Hampton Inn, Residence Inn H, IN Wesleyan Ft Wayne, **W** Lassus, Marathon/dsl Applebee's, Arby's, Bob Evans, Buffalo Wild Wings, Coventry Tavern Rest., McDonald's, Naked Chopstix, Outback Steaks, Pizza Hut, Salsa Grille, Sara's Rest., Starbucks, Wendy's, Zesto Drive-In Best Western, Comfort Suites, Hilton Garden, Holiday Inn Express, Homewood Suites, Staybridge Suites Kroger/dsl, Meineke, st police, Walgreens
299	Lower Huntington Rd, **E** to
296b a	I-469, US 24 E, US 33 S, **E** to
286	US 224, to Huntington, Markle, **E** Marathon/dsl, Phillips 66/Subway/dsl, Sunoco/dsl Daily Diner, DQ, Vinatelli's Econolodge, Motel 6 H, repair/tires, **W** Roush Lake, to Huntington Reservoir

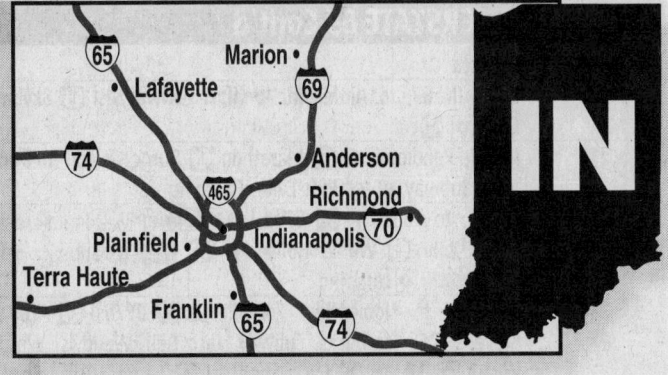

280mm	weigh sta sb/parking area nb
278	IN 5, to Warren, Huntington, **E** Phillips 66/dsl Huggy Bear Motel, **W** Marathon/Subway/dsl, Sunoco/HomeTown Diner/dsl/scales/24hr McDonald's, Ugalde's Rest. Arlington Inn, Comfort Inn H, fireworks, RV camping, to Salamonie Reservoir
276mm	Salamonie River
273	IN 218, to Warren
264	IN 18, to Marion, Montpelier, **E** Love's/McDonalds/dsl/scales/24hr, **W** BP/Subway/dsl, FLYING J/Wendy's/dsl/scales/24hr Arby's Best Value Inn H, Harley-Davidson, Ram
260mm	Walnut Creek
259	US 35 N, IN 22, to Upland, **E** Shell/Subway Burger King, Casa Grande Mexican, China 1, Cracker Barrel Best Western, Super 8 Mar-Brook Camping, Taylor U, **W** Marathon/dsl, McClure Trkstp/dsl/24hr, Phillips 66/dsl Hardee's, KFC/Taco Bell, Starbucks Holiday Inn Express to IN Wesleyan
255	IN 26, to Fairmount
250mm	both lanes, full facilities, info, litter barrels, pet walk, , , vending
245	US 35 S, IN 28, to Alexandria, Albany, **E** Petro/Shell/Iron Skillet/Subway/dsl/scales/24hr/@ RV Camping
241	IN 332, to Muncie, Frankton, **E** BP/Subway/dsl H, to Ball St U
234	IN 67, to IN 32, Chesterfield, Daleville, **E** Pilot/Subway/dsl/scales/24hr, Shell Arby's, Pizza Hut, Smokehouse BBQ, Taco Bell, Waffle House, White Castle Budget Inn H, **W** McClure/dsl/E85, Pilot/Denny's/dsl/scales/24hr, Speedway/dsl 3rd Generation Pizza, McDonald's, Subway, Wendy's Travel Inn Timberline Valley Camping (3mi)
226	IN 9, IN 109, to Anderson, **E** A&W/KFC, Culver's, Golden Corral, MT Mike's Fairfield Inn, Hampton Inn, Holiday Inn Express, Quality Inn, Red Roof Inn Meijer/dsl, Menards, visitors ctr, **W** BP, Marathon/dsl, Speedway/dsl Applebee's, Arby's, Bob Evans, Buffalo Wild Wings, Burger King, Cracker Barrel, Fazoli's, IHOP, Jimmy John's, LoneStar Steaks, McDonald's, Olive Garden, Panda Express, Panera Bread, Papa Murphy's, Payless Mkt/dsl, Penn Sta Subs, Perkins, Pizza Hut, Ponderosa, Popeye's, Qdoba, Red Lobster, Riviera Maya, Ruby Tuesday, Starbucks, Steak'n Shake, Subway, Supreme Buffet, Taco Bell, Waffle House, Wendy's, White Castle Best Value Inn, Best Western, Comfort Inn, Days Inn, Motel 6, Super 8 H, $Tree, AT&T, Big Lots, Cadillac/Chevrolet, Chrysler/Dodge/Jeep, GNC, Hobby Lobby, Honda, Kohl's, Marshall's, Nissan, O'Reilly Parts, Petsmart, Tire Barn, to Anderson U, to Mounds SP, Toyota, Verizon, vet, Walmart/Subway

Copyright 2018 - The Next EXIT ®

FT WAYNE

ANDERSON

🅟 = gas   🍴 = food   🛏 = lodging   🅞 = other   🆁🆂 = rest stop   Copyright 2018 - The Next EXIT

🔼N INTERSTATE 69 Cont'd

Exit #	Services
222	IN 9, IN 67, to Anderson,, **W** 🅟 Speedway/dsl 🍴 Skyline Chili 🅞 🅗
219	IN 38, Pendleton, **E** 🅟 Marathon 🍴 Burger King, McDonald's, Subway, **W** 🅞 Pine Lakes Camping
214	IN 13, to Lapel, **E** 🅟 BP/dsl, ♥Love's/McDonald's/dsl/scales/24hr 🍴 Waffle House, **W** 🅟 Pilot/Subway/dsl/scales/24hr 🅞 camping
210	IN 238, to Noblesville, Fortville, **E** 🅟 BP/dsl 🍴 Arby's, Culver's, DQ, Starbucks, Subway, Taco Bell, Wendy's, Which Wich? 🅞 🅗, **W** 🅟 EVC, Shell/dsl 🍴 Aspen Grill, Chick-fil-A, Chuy's, Coldstone, Famous Dave's, Five Guys, Houlihan's, McAlister's Deli, McDonald's, Mo's Cafe, Olive Garden, Panda Express, Paradise Cafe, Perkins, Primanti Bros, Qdoba, Red Robin, Stone Creek Rest., Tuscano's 🛏 Cambria Suites, Holiday Inn Express 🅞 $Tree, AT&T, Cabela's, CVS Drug, Dick's, Earth Fare Foods, Firestone/auto, GNC, JC Penney, Old Navy, Sleepy Bear Camping, Steinmart, Verizon
205	IN 37 N, 116th St, to Noblesville, Fishers, **E** 🅟 🍴 Bent Cafe Asian, Penn Sta Subs, Sunrise Cafe 🅞 Fresh Mkt, Kroger, URGENT CARE, **W** 🅟 Shell/Circle K, Speedway 🍴 Brixx Pizzaria, Coldstone, Five Guys, Handel's Ice Cream, Happy Dragon, Jet's Pizza, Marco's Pizza, McAlister's Deli, McDonald's, Moe's SW Grill, O'Charley's, Original Pancakes, Qdoba, Riviera Mexican, Starbucks, Steak'n Shake, Subway, Verde Mexican, Wendy's, Wild Ginger Asian 🛏 Hampton Inn 🅞 AT&T, CVS Drug, Firestone/auto, Target, URGENT CARE
203	96th St, **E** 🅟 Marathon/dsl, Marathon/dsl (2), Murphy USA/dsl, Shell/Circle K 🍴 Applebee's, Blimpie, Bubba's Rest,, Cracker Barrel, Donato's Pizza, Dunkin Donuts, Gandolfo's Deli, IHOP, Jersey Mike's, Jimmy John's, McDonald's, Noodles&Co., Panera Bread, Qdoba, Rita's, Ruby Tuesday, Sahm's Grill, Slimm's Pizza, Smoothie King, Starbucks, Steak'n Shake, Subway, Tijuana Flats, Wendy's 🛏 AmericInn, Baymont Inn, Hilton Garden, Holiday Inn Express, Studio 6 🅞 $Tree, AT&T, Fry's, GNC, Kohl's, Marsh Mkt, Meijer/dsl, PepBoys, PetCo, Staples, Tuesday Morning, Verizon, Walmart, **W** 🅟 Marathon/dsl 🍴 Arby's, Bob Evans, Burger King, Culver's, DJ's Hotdogs, Izakya Japanese, Journey Rest., La Cabana, Panda Express, Peterson's Steaks/seafood, Quiznos, Starbucks, Taco Bell, Wolfie's Grill 🛏 Comfort Suites, Residence Inn, SpringHill Suites, Staybridge Suites 🅞 Aldi Foods, Home Depot, Menards, NAPA, Sam's Club/gas, vet
201	82nd St, Castleton, **E** 🅟 Shell 🍴 Boston Mkt, Burger King, Golden Corral, Jet's Pizza, O'Charley's, Red Robin 🛏 Drury Inn, Extended Stay America, Red Roof Inn, Super 8 🅞 🅗, CVS Drug, Lowe's, vet, Walgreens, **W** 🅟 Speedway/dsl 🍴 Applebee's, Arby's, Burger King, Castleton Grill, Charleston's Rest., Denny's, Domino's, Fazoli's, Firehouse Subs, Formosa Buffet, Hooters, Houlihan's, Jimmy John's, Joe's Grille, KFC, LJ Silver, Longhorn Steaks, Los Cabos Mexican, McAlister's Deli, McDonald's, Olive Garden, Pizza Hut, Popeye's, Rally's, Red Lobster, Skyline Chili, Starbucks, Subway, Taco Bell, Thai Orchid, Twin Peaks, Wendy's 🛏 Candlewood Suites, Days Inn, Hampton Inn, Motel 6, Suburban Suites 🅞 Aamco, Advance Parts, AutoZone, Best Buy, CarX, Dick's, Discount Tire, Firestone/auto, fireworks, Goodyear/auto, JC Penney, Macy's, mall, Midas, O'Reilly Parts, Sears/auto, Tire Barn, Verizon
200mm	I-465 around Indianapolis. **I-69 begins/ends on I-465, exit 37, at Indianapolis.**

INDIANAPOLIS AREA

IN

🔼E INTERSTATE 70

Exit #	Services
156.5mm	Indiana/Ohio state line, **weigh sta**
156b a	US 40 E, Richmond, **N** 🅟 Petro/BP/Iron Skillet/dsl/24hr @ 🛏 Fairfield Inn 🅞 Blue Beacon, **S** 🅟 BP/White Castle, Murphy USA/dsl, Shell/dsl, Speedway/dsl 🍴 A&W/LJ Silver, Applebee's, Arby's, Big Boy, Bob Evans, Buffalo Wild Wings, Buffalo Wings&Rings, Burger King, Chili's, Chipotle Mexican, Cracker Barrel, El Rodeo Mexican, Fazoli's, Galo's Italian, Golden Corral, IHOP, Jade House Chinese, KFC, McDonald's, MCL Cafeteria, O'Charley's, Olive Garden, Papa Murphy's, Pizza Hut, Rally's, Red Lobster, Starbucks, Steak'n Shake, Subway, Taco Bell, TX Roadhouse, Yamato Japanese 🛏 Days Inn, EconoLodge, Hampton Inn, Holiday Inn, Motel 6, Quality Inn 🅞 $General, $Tree, Advance Parts, Aldi Foods, AT&T, Best Buy, Big Lots, Buick/GMC, CarQuest, Chevrolet, Chrysler/Dodge/Jeep, Dick's, Dillard's, Firestone/auto, Ford, Hobby Lobby, JC Penney, Jo Ann Fabrics, Kohl's, Kroger/dsl, Lowe's, Menards, O'Reilly Parts, Save-A-Lot Foods, Tires+, TJ Maxx, Toyota/Scion/Nissan, U-Haul, Verizon, Walgreens, Walmart/Subway
153	IN 227, to Whitewater, Richmond, **2 mi N** 🅞 KOA, car repair, Grandpa's Farm RV Park (seasonal)
151b a	US 27, to Chester, Richmond, **N** 🍴 Fricker's Rest. 🅞 Honda, KOA, **S** 🅟 Shell 🍴 Bob Evans, Burger King, Carver's Rest, China Buffet, McDonald's, Rally's, Subway, Taco Bell, Wendy's 🛏 Comfort Inn, Super 8 🅞 🅗, CVS Drug, Harley-Davidson, Meijer/dsl/E85
149b a	US 35, IN 38, to Muncie, **N** 🅟 ♥Love's/Hardee's/dsl/scales/24hr, **S** 🅟 Shell/dsl 🅞 Camping World RV Ctr
148mm	**weigh sta wb**
145	Centerville, **N** 🅟 Marathon/DQ/Godfather's/dsl 🛏 Super 8 🅞 Goodyear/truck repair, **S** 🅞 Warm Glow Candles/cafe
145mm	🅞 Nolands Fork Creek
144mm	🆁🆂 wb, full ♿ facilities, info, litter barrels, petwalk, 🅒, 🖨 vending
141mm	Greens Fork River
137	IN 1, to Hagerstown, Connersville, **N** 🅞 Amish Cheese, 🅟 BP/Arby's/dsl/24hr, Shell/Burger King, Speedway/dsl/e85 🍴 McDonald's
131	Wilbur Wright Rd, New Lisbon, **S** 🅟 Shell/Pizza Hut/Taco Bell/dsl/scales/24hr/@ 🅞 New Lisbon RV park
126mm	Flatrock River
123	IN 3, to New Castle, Spiceland, **N** 🛏 All American Inn (3mi), Holiday Inn Express (3mi) 🅞 🅗, **S** 🅟 ✈FLYING J/Denny's/Subway/dsl/LP/scales/24hr, Mr Fuel/rest./dsl/scales/24hr 🍴 Montgomery's Steaks 🅞 tires/repair
117mm	Big Blue River
115	IN 109, to Knightstown, Wilkinson, **N** 🅟 ♥Love's/McDonald's/Subway/dsl/scales/24hr, Speedway/rest./dsl/scales/24hr 🍴 Burger King 🅞 Jellystone Camping
107mm	🆁🆂 both lanes, full ♿ facilities, litter barrels, petwalk, 🅒, 🖨 vending
104	IN 9, Greenfield, Maxwell, **N** 🅟 Speedway/dsl, **S** 🅟 Murphy USA/dsl, Shell/Circle K, Speedway/dsl, Sunoco/dsl 🍴 Applebee's, Arby's, Bamboo Garden, Bob Evans, Burger King, Chicago's Pizza, China Inn, Cracker Barrel, Culver's, Firehouse Subs, Hardee's, Jimmy John's, KFC, Little Caesars, McDonald's, Mi Casa Mexican, Mozzi's Pizza, MT Mike's Steaks, O'Charley's, Papa John's, Papa Murphy's, Penn Sta Subs, Pizza Hut, Ponderosa, Popeye's, Qdoba, Starbucks, Steak'n Shake, Subway, Taco Bell, Waffle House, Wasabi, Wendy's, White Castle, Wings Etc 🛏 Comfort Inn, Country Inn&Suites, Greenfield Inn, Hampton Inn

RICHMOND

GREENFIELD

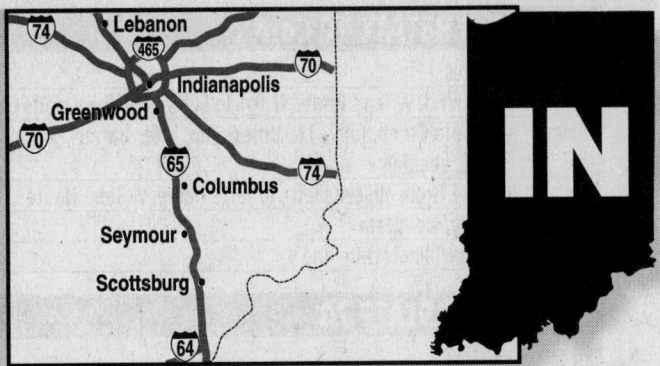

➤E INTERSTATE 70 Cont'd

104	Continued
	Holiday Inn Express, Quality Inn, Super 8 🅞 🅗, $General, $Tree, Advance Parts, Aldi Foods, AutoZone, Big Lots, CVS Drug, GNC, Home Depot, Kroger/dsl, Marsh Foods, Verizon, Walgreens, Walmart
96	Mt Comfort Rd, **N** 🅖 (Pilot)/Pizza Hut/dsl/scales/24hr, Speedway/Subway/dsl 🅕 Burger King, Wendy's, **S** 🅕 Shell/ Circle K 🅕 McDonald's 🅞 KOA (seasonal), Mt Comfort RV Ctr
91	Post Rd, to Ft Harrison, **N** 🅖 Mobil/Circle K 🅕 Cracker Barrel, Denny's, Outback Steaks, Steak'n Shake, Wendy's 🅛 InTown Suites, La Quinta 🅞 Lowe's, st police, **S** 🅖 Admiral, BP/dsl, Shell/dsl, Speedway 🅕 Hardee's, Jack-in-the-Box, KFC/Taco Bell, Little Caesar's, Subway, Waffle House 🅛 Country Hearth Inn, Days Inn 🅞 CVS Drug, Family$, Home Depot, Marsh Foods
90	I-465 (from wb)
89	Shadeland Ave, I-465 (from eb), **N** 🅖 Marathon/dsl 🅕 Bob Evans 🅛 Comfort Inn, Hampton Inn, Holiday Inn Express, Motel 6 🅞 Toyota/Scion, U-Haul, **S** 🅖 Admiral/dsl, Circle K, Marathon, Shell, Speedway/dsl 🅕 Arby's, Burger King, Damon's, Four Seasons Diner, Jimmy John's, Lincoln Sq Rest., McDonald's, Papa John's, Penn Sta Subs, Rally's, Red Lobster, Starbucks, Subway, Taco Bell, TX Roadhouse, Wendy's, Zelma's Rest. 🅛 Always Inn, Best Value Inn, Candlewood Suites, Fairfield Inn, Knights Inn, La Quinta, Marriott, Quality Inn 🅞 $General, CarX, Chevrolet, Chrysler/Dodge/Jeep, CVS Drug, Honda, Kia, Kroger/gas, Mazda, Nissan
87	Emerson Ave, **N** 🅖 BP/McDonald's, Speedway/dsl, **S** 🅕 Shell 🅞 🅗
85b a	Rural St, Keystone Ave, **N** 🅞 fairgrounds
83b (112)	I-65 N, to Chicago
83a (111)	Michigan St, Market St, **S** 🅕 Hardee's, downtown
80 (110a)	I-65 S, to Louisville
79b	Illinois St, McCarty St, downtown
79a	West St, **N** 🅖 Speedway/dsl 🅛 Comfort Suites, Holiday Inn Express, Hyatt, JW Marriott, Staybridge Suites 🅞 🅗, Govt Ctr, Lucas Oil Stadium, zoo
78	Harding St, to downtown, **S** 🅖 Marathon/Subway 🅕 Wendy's
77	Holt Rd, **N** 🅖 Phillips 66/dsl 🅕 Rally's, Steak'n Shake, **S** 🅖 Shell/dsl 🅕 McDonald's 🅞 Ford /Volvo Trucks
75	Airport Expswy, to Raymond St (no EZ wb return), **N** 🅖 Marathon/dsl, Speedway/dsl 🅕 Indy's Rest., Jimmy John's, Library Rest., Subway, Waffle House 🅛 Candlewood Suites, Courtyard, Extended Stay America, Fairfield Inn, Hyatt Place, La Quinta, Quality Inn, Ramada, Residence Inn, Super 8, Wyndham 🅞 NAPA, to ✈
73b a	I-465 N/S, I-74 E/W
69	(only from eb) to I-74 E, to I-465 S
68	Six Points Rd, **N** 🅛 Hampton Inn 🅞 ✈, **S** 🅕 Subway 🅛 Hilton Garden, Holiday Inn
66	IN 267, to Plainfield, Mooresville, **N** 🅖 Blu/dsl, BP, Shell/Circle K, Speedway/dsl, Thornton's/dsl 🅕 Arby's, Bob Evans, Burger King, Coachman Rest., Cracker Barrel, Golden Corral, McDonald's, Narita Japanese, Steak'n Shake, Subway, Taco Bell, Waffle House, White Castle 🅛 Baymont Inn, Best Western, Budget Inn, Cambria Suites, Comfort Inn, Days Inn, Hampton Inn, Holiday Inn Express, Homewood Suites, La Quinta, Quality Inn, Staybridge Suites, Super 8, Woodspring Suites, Wingate Inn 🅞 Buick/GMC, Chateau Thomas Winery, Harley-Davidson
65mm	🆁🆂 both lanes, full ♿ facilities, info, litter barrels, petwalk, 🅒, 🎾, vending
59	IN 39, to Belleville, **N** 🅖 ♥Loves/McDonald's/Subway/ dsl/scales/24hr, **S** 🅖 TA/Country Pride/dsl/scales/24hr/@, truckwash
51	rd 1100W, **S** 🅖 Koger's/Sunoco/dsl/rest./24hr 🅞 repair/ towing/24hr
41	US 231, to Greencastle, Cloverdale, **S** 🅖 BP/dsl, Casey's (2mi), Marathon/dsl/scales/24hr 🅕 Arby's, Chicago's Pizza, El Cantarito, KFC, McDonald's, Subway, Taco Bell 🅛 Days Inn, EconoLodge, Holiday Inn Express, Motel 6, Super 8 🅞 $General, Family$, Jordan's Carcare, NAPA, Taylor's Hardware, to Lieber SRA, Value Mkt Foods
37	IN 243, to Putnamville, **S** 🅖 Marathon/dsl 🅞 Misty Morning Campground (4mi), to Lieber SRA
23	IN 59, to Brazil, **N** 🅖 (Pilot)/McDonald's/Subway/dsl/ scales/24hr 🅞 🅗, truck repair, **S** 🅖 BP/dsl, Petro/Iron Skillet/dsl/scales/24hr/@, Road Ranger/(Pilot)/Subway/dsl/ scales 🅕 Burger King, Family Table Rest. 🅛 Best Western, Knights Inn
15mm	Honey Creek
11	IN 46, Terre Haute, **N** 🅖 (Pilot)/Subway/dsl/scales/24hr, Thornton/dsl 🅕 Burger King, Holiday Inn Express, McDonald's, Real Hacienda, Sonic, Taco Bell 🅞 $Tree, ⊙, GNC, Meijer/dsl, Verizon, Walmart, **S** 🅞 KOA
7	US 41, US 150, Terre Haute, **N** 🅖 Casey's/dsl, Marathon/dsl, Thornton's/dsl 🅕 Applebee's, Bob Evans, Coyote's Mexican, Cracker Barrel, East Star Buffet, Fazoli's, IHOP, Moe's SW Grill, NewDay Cafe, Pizza Hut, Real Hacienda Mexican, Starbucks, Steak'n Shake, TX Roadhouse, Wise Pies 🅛 Comfort Suites, Days Inn, Drury Inn, Fairfield Inn, PearTree Inn, Red Roof Inn, Super 8 🅞 AT&T, AutoZone, Chrysler/Jeep, Kia, Mike's Mkt, O'Reilly Parts, URGENT CARE, **S** 🅖 Speedway/dsl, Thornton's/ dsl 🅕 Arby's, Baskin-Robbins, Buffalo Wild Wings, Burger King, Cheddar's, Chick-fil-A, Chili's, Denny's, DQ, Five Guys, Fuddrucker's, Golden Corral, Hardee's, Jimmy John's, KFC, Little Caesar's, LJ Silver, Los Tres Caminos, McDonald's, Monical's Pizza, Olive Garden, Outback Steaks, Panda Express, Panda Garden, Panera Bread, Papa John's, Penn Sta Subs, Qdoba, Rally's, Red Lobster, Ruby Tuesday, Ryan's, Starbucks, Subway, Taco Bell, TGIFriday's, Wendy's, White Castle 🅛 Hampton Inn, Holiday Inn, Motel 6, SpringHill Suites 🅞 🅗, $Tree, Aldi Foods, AT&T, Best Buy, Big O Tire, BigLots, BooksAMillion, Buick/Cadillac/GMC, Burlington Coats, Chevrolet, Dodge, Ford, Goodyear/ auto, Harley-Davidson, Hobby Lobby, Hyundai, JC Penney, JoAnn Fabrics, Kohl's, Kroger/dsl, Lowe's, Macy's, NAPA, Nissan, Old Navy, Petsmart, Sam's Club/gas, Sears/auto, Staples, Tire Barn, TJ Maxx, Verizon, Walgreens, Walmart
5.5mm	Wabash River

I N D I A N A P O L I S   A R E A

T E R R E   H A U T E

IN

⛽ = gas   🍴 = food   🏨 = lodging   ⊙ = other   Rs = rest stop   Copyright 2018 - The Next EXIT

🔼E INTERSTATE 70 Cont'd

Exit #	Services
3	Darwin Rd, W Terre Haute, N ⊙ to St Mary of-the-Woods Coll
1.5mm	Welcome Ctr eb, full ♿ facilities, info, litter barrels, petwalk, 🛗, 🅿, vending
1	US 40 E (from eb, exits left), to Terre Haute, W Terre Haute
.5mm	eb only, weigh sta
0mm	Indiana/Illinois state line

🔼E INTERSTATE 74

Exit #	Services
171.5mm	Indiana/Ohio state line
171mm	weigh sta wb
169	US 52 W, to Brookville
168.5mm	Whitewater River
164	IN 1, St Leon, N ⛽ Exxon/Noble Romans, Shell/dsl, S ⛽ BP/Blimpie/dsl 🍴 Skyline Chili
156	IN 101, to Sunman, Milan, S ⛽ Exxon/dsl ⊙ KOA (2mi)
152mm	Rs both lanes, full ♿ facilities, litter barrels, petwalk, 🛗, 🅿, vending
149	IN 229, to Oldenburg, Batesville, N ⛽ Marathon, Shell/dsl 🍴 China Buffet, McDonald's, Pizza Hut, Pizza King, Subway, Toros Mexican, Wendy's 🏨 Hampton Inn ⊙ $General, Advance Parts, Kroger/dsl, ShopKo, URGENT CARE, Verizon, S ⛽ 🍴 Arby's, DQ, KFC/Taco Bell, La Rosa's Pizza, Skyline Chili, Steak'n Shake 🏨 Comfort Inn ⊙ 🄷, CVS Drug, O'Reilly Parts
143	to IN 46, New Point, N ⛽ Petro/Iron Skillet/Subway/dsl/scales/24hr/@, S ⛽ 🏨 Hwy 46 Inn
134b a	IN 3, to Rushville, Greensburg, S ⛽ BP/dsl, Marathon/DQ/Subway, Speedway/dsl 🍴 A&W, Arby's, Big Boy, Buffalo Wings&Rings, Burger King, Chili's, El Chile Poblano, El Reparo Mexican, Great Wall Buffet, Jimmy John's, KFC/LJ Silver, Lincoln St Grill, Little Caesars, McDonald's, Papa John's, Pizza Hut, Taco Bell, Waffle House, Wendy's 🏨 Baymont Inn, Holiday Inn Express, Quality Inn ⊙ $General, $Tree, Aldi Foods, AT&T, AutoZone, Buick/Chevrolet, Chrysler/Dodge/Jeep, CVS Drug, Ford, GNC, O'Reilly Parts, TrueValue, Verizon, Walgreens, Walmart/Subway
132	US 421, to Greensburg, S ⛽ BP/dsl, CNG 🏨 Hampton Inn, Holiday Inn Express (2mi)
130mm	Clifty Creek
123	Saint Paul, S ⛽ Loves/McDonald's/Subway/dsl/scales/24hr ⊙ camping, repair
119	IN 244 E, to Milroy
116	IN 44, to Shelbyville, Rushville, N ⛽ Marathon/Circle K/dsl, S ⛽ BP/dsl, Country Mark/dsl, Marathon, Murphy USA/dsl, Sunoco/dsl 🍴 Agustin's Mexican, Applebee's, Arby's, Bellacino's, Bob Evans, Buffalo Wild Wings, Burger King, China Wok, Cholula Mexican, Denny's, Domino's, DQ, Dunkin Donuts, Fazoli's, Jimmy John's, KFC, King Buffet, McDonald's, Papa John's, Penn Sta Subs, Pizza Hut, Rally's, Starbucks, Subway, Taco Bell, Wendy's, White Castle 🏨 Quality Inn ⊙ 🄷, $General, $Tree, Ace Hardware, Advance Parts, Aldi Foods, AT&T, AutoZone, BigLots, Chevrolet, Ford, GNC, Kroger/dsl, Midas, O'Reilly Parts, Verizon, Walgreens, Walmart/Subway
115mm	Little Blue River
113mm	Big Blue River
113	IN 9, to Shelbyville, N ⛽ Speedway/dsl 🍴 CrackerBarrel, TX Corral, Wendy's, S ⛽ Shell, Shell/Circle K/Subway/dsl 🍴 McDonald's, Waffle House 🏨 Comfort Inn, EconoLodge, Hampton Inn,

(Greensburg / Shelbyville side labels)

Exit #	Services
113	Continued Holiday Inn Express, Super 8 ⊙ 🄷
109	Fairland Rd, N ⛽ Pilot/McDonald's/dsl/scales/24 ⊙ Indiana Downs/casino, S ⊙ Brownie's Marine
103	London Rd, to Boggstown
102mm	Big Sugar Creek
101	Pleasant View Rd, N ⛽ Country Mark/dsl/repair
99	Acton Rd
96	Post Rd, N ⛽ Marathon/Subway/dsl/24hr 🍴 McDonald S ⛽ Shell/Circle K/dsl 🍴 Wendy's ⊙ Chevrolet
94b a	I-465/I-74 W, I-465 N, US 421 N.

I-74 and I-465 run together 21 miles. See I-465, exits 2-16, and 52-53.

Exit #	Services
73b	I-465 N, access to same services as 16a on I-465
73a	I-465 S, I-74 E
71mm	Eagle Creek
68	Ronald Reagan Pkwy
66	IN 267, Brownsburg, N ⛽ Citgo/dsl, Shell/Circle K 🍴 Applebee's, Asia Wok, Buffalo Wild Wings, Dunkin Donut Hardee's, Papa's Pizzaria, Steak'n Shake, Subway, Tequi Mexican 🏨 Hampton Inn, Quality Inn ⊙ Big O Tire, Mida S ⛽ BP/dsl, Speedway/dsl 🍴 Arby's, Bob Evans, Burg King, China's Best, Elegance Rest., Firehouse Subs, Five Guy HoWah, IHOP, Jimmy John's, KFC, Little Caesar's, McDonald Mediterranean Pizza, Papa Murphy's, Penn Sta Subs, Sta bucks, Taco Bell, The Toros Mexican, Wendy's, White Ca tle 🏨 Comfort Suites, Super 8 ⊙ AT&T, Firestone/auto, For GNC, Kohl's, Kroger/gas, Lowe's, O'Reilly Parts, USPO, Verizo Walmart/Subway
61	to Pittsboro, S ⛽ Loves/Godfather's/Subway/ds scales/24hr
58	IN 39, to Lebanon, Lizton, S ⛽ Sunoco/dsl/e85 ⊙ $Gener
57mm	Rs both lanes, full ♿ facilities, litter barrels, petwalk, 🛗, 🅿 vending
52	IN 75, to Advance, Jamestown, 2 mi S camping, 🍴, ⛽
39	IN 32, to Crawfordsville, S ⛽ Pilot/Subway/dsl/scales/24
34	US 231, to Linden, S ⛽ Marathon/dsl, McClure/dsl, Mobi Circle K, Speedway, Sunoco/dsl 🍴 Burger King, Cracker Barre McDonald's, Subway 🏨 Comfort Inn, Hampton Inn, Holida Inn Express, Motel 6, Quality Inn, Ramada Ltd, Super 8 ⊙ 🄷 KOA (1mi), Sugar Creek Campground (4mi)
25	IN 25, to Wingate, Waynetown
19mm	weigh sta eb/parking area wb
15	US 41, to Attica, Veedersburg, 1 mi S ⛽ Casey's/dsl, Marathon/dsl, Valero/Subway 🍴 Apple Tree Diner ⊙ campin Family$, to Turkey Run SP
8	Covington, N ⛽ Marathon/dsl, Valero/dsl 🍴 Benjamin' Overpass Pizza, Snoddy's Mill Grill ⊙ fireworks, Ford
7mm	Wabash River
4	IN 63, to Newport, N ⛽ Pilot/Arby's/dsl/scales/24hr Shell/Wendy's 🍴 Beefhouse Rest.
1mm	Welcome Ctr eb, full ♿ facilities, info, litter barrels, petwall 🛗, 🅿, vending
0mm	Indiana/Illinois state line, Eastern/Central Time Zone

🔼E INTERSTATE 80/90

Exit #	Services
157mm	Indiana/Ohio state line
153mm	toll plaza, litter barrels
144	I-69, US 27, Angola, Ft Wayne, N ⛽ Petro/Iron Skillet/dsl scales/24hr/@@, Pilot/Wendy's/dsl/scales, Shell/Subway/dsl 🍴 McDonald's, Red Arrow Rest. 🏨 Redwood In ⊙ Freightliner/Western Star/truck repair, **services on IN 12**

(Brownsburg side label)

INTERSTATE 80/90 Cont'd

144	Continued
	S 🅟 Marathon/dsl 🛏 Comfort Inn, Holiday Inn Express, Quality Inn, Travelers Inn ⊙ Freemont Outlet Shops/famous brands, GNC, golf/rest, Jellystone Camping (5mi), to Pokagon SP
131.5mm	Fawn River
126mm	**Ernie Pyle TP both lanes,** 🅟 Sunoco/dsl 🍴 Hardee's, Red Burrito ⊙ gifts, RV dump
121	IN 9, to Lagrange, Howe, **2 mi N** 🅟 Golden Buddha, Marathon, Murphy USA/dsl, Speedway/dsl 🍴 Applebee's, Buffalo Wild Wings, Burger King, Culver's, Fiesta Mexican, Hot'n Now, KFC, King Dragon, Little Caesar's, McDonald's, Pizza Hut, Subway, Taco Bell, Wendy's 🛏 American Inn, Best Western, Hampton Inn, Regency Inn, Travel Inn ⊙ $Tree, AT&T, CarQuest, Family$, Ford, GNC, 🅗 (4mi), Kroger, Meijer/dsl, Rite Aid, Walgreens, Walmart/Subway, **S** 🅟 Valero/dsl 🛏 Holiday Inn Express, Super 8 ⊙ 🅗 (8mi)
120mm	Fawn River
108mm	**trucks only** 🅡ₛ **both lanes**
107	US 131, IN 13, to Middlebury, Constantine, **0-3 mi N** 🅟 Marathon/dsl, Speedway/dsl 🍴 Country Table Rest., McDonald's 🛏 Patchwork Quilt Inn, Plaza Motel ⊙ $General, **1 mi S** 🅟 BP/Blimpie/dsl 🍴 Yup's DairyLand 🛏 McKenzie House B&B ⊙ Eby's Pines RV Park, KOA (apr-nov)
101	IN 15, to Goshen, Bristol, **0-2 mi S** 🅟 Mobil/7-11, Speedway/dsl 🍴 Subway ⊙ Eby's Pines Camping (3mi), USPO
96	Rd 1, E Elkhart, **2 mi S** 🅟 BP/dsl, Marathon, Mobil/7-11 🍴 Arby's, China Star, DQ, McDonald's, Subway, Taco Bell ⊙ Ace Hardware, RV/MH Hall of Fame
92	IN 19, to Elkhart, **N** 🅟 Marathon, Mobil/7-11/dsl, Phillips 66/Subway/dsl 🍴 Applebee's, Cracker Barrel, Perkins, Steak'n Shake 🛏 Best Western, Candlewood Suites, Comfort Suites, Country Inn&Suites, Diplomat Motel, EconoLodge, Fairfield Inn, Fairway Inn, Hampton Inn, Hilton Garden, Holiday Inn Express, Microtel, Quality Inn, Sleep Inn, Staybridge Suites, Turnpike Motel ⊙ $General, Aldi Foods, CVS Drug, Elkhart Campground (1mi), Martin's Foods, Tiara RV Ctr, transmissions, Walgreens, **0-2mi S** 🅟 Exxon, Marathon/dsl, Speedway/dsl 🍴 Arby's, Buffalo Wild Wings, Burger King, Callahan's, Chubby Trout, Culver's, DQ, Dunkin Donuts, El Camino Real, Jets Pizza, Jimmy John's, KFC, King Wha Chinese, LJ Silver, Matterhorn Rest., McDonald's, Noodles&Co, North Garden Buffet, Olive Garden, Panda Express, Papa John's, Penn Sta Subs, Pizza Hut, Qdoba, Red Lobster, Subway, Taco Bell, TX Roadhouse, Wendy's, Wings Etc. 🛏 Baymont Inn, Budget Inn, Daylite Inn, Garden Inn, Red Roof Inn, Super 8 ⊙ 🅗, $Tree, Advance Parts, AT&T, AutoZone, Belle Tire, CarQuest, Family$, Honda, Indian Motorcycles, Lowe's, Menards, O'Reilly Parts, Petsmart, Ross, Verizon, Walmart/Subway
91mm	Christiana Creek
90mm	**Schricker TP both directions,** 🅟 Phillips 66/dsl 🍴 Burger King, Pizza Hut, Starbucks ⊙ RV Dump, USPO, Z Mkt
83	to Mishawaka, **N** 🅟 BP/dsl, Phillips 66/dsl, Phillips 66/Subway/dsl 🍴 Applebee's, Bar Louie, Five Guys, Granite City Grill, Olive Garden, Starbucks, Subway, Wendy's 🛏 Best Western, Country Inn&Suites, Fairfield Inn, Hampton Inn, Holiday Inn Express, Super 8 ⊙ Barnes&Noble, Best Buy, Costco/dsl, CVS Drug, JC Penney, KOA (mar-nov), Macy's, mall, Martin's Foods/gas, Menards, Michael's, Ross, Sears/auto, Target, Verizon, Walgreens, **S** ⊙ 🅗
77	US 33, US 31B, IN 933, South Bend, **2 mi N on frtge rd** 🅟 Admiral, Mobil/dsl, Murphy USA/dsl 🍴 Applebee's, Arby's,

77	Continued
	Burger King, DQ, Dunkin Donuts, Eleni's Rest., Fazoli's, Hacienda Mexican, Jimmy John's, Jimmy John's, KFC, Little Caesar's, Marco's Pizza, McDonald's, McDonald's, Papa John's, Pizza Hut, Ponderosa, Sonic, Starbucks, Steak'n Shake, Subway 🛏 Comfort Suites, Hampton Inn, Motel 6, Staybridge Suites, Suburban Lodge, Waterford Lodge ⊙ $Tree, Aldi Foods, AutoZone, BMW/Mazda, Meijer/dsl/24hr, NAPA, O'Reilly Parts, TrueValue, vet, Walgreens, Walmart/Subway, **S** 🅟 Marathon, Phillips 66/Subway/dsl 🍴 American Pancake House, Bob Evans, HoPing House Chinese, King Gyros, Perkins, Pizza King, Taco Bell, Wendy's 🛏 Best Value Inn, Econolodge, Hilton Garden, Holiday Inn Express, Microtel, Quality Inn, St Marys Inn ⊙ 🅗, CarX, to Notre Dame
76mm	St Joseph River
72	US 31, to Niles, South Bend, **N** 🅟 🅿/Subway/dsl/scales/24hr, Speedway/Subway/dsl 🍴 Bruno's Pizza, El Arriero, Taco Bell, **S** ⊙ 🚌, to Potato Creek SP (20mi)
62mm	Eastern Time Zone/Central Time Zone
56mm	**TP both lanes,** 🅟 Phillips 66/dsl 🍴 DQ, McDonald's ⊙ litter barrel, 🅒, RV dump
49	IN 39, to La Porte, **N** 🛏 Hampton Inn, **3mi S** 🅟 Family Express, Phillips 66/dsl 🍴 DQ, El Bracero Mexican 🛏 Best Western, Blue Heron Inn, Cassidy Inn & RV, Holiday Inn Express, Travelodge
39	US 421, to Michigan City, Westville, **S** Purdue U North Cent
38mm	**trucks only** 🅡ₛ **both lanes, litter barrels**
31	IN 49, to Chesterton, Valparaiso, **N** 🅟 Family Express/dsl, Phillips 66, Speedway/dsl 🍴 AJ's Pizza, Bob Evans, Clock Rest., Culver's 🛏 Hilton Garden ⊙ CVS Drug, Sand Creek RV Park (3mi, Apr-Oct), Strack&Van Til Mkt, Tire Pros, to IN Dunes Nat Lakeshore, **S** 🛏 Hampton Inn (8mi), Super 8 (8mi)
24mm	**toll plaza**
23	Portage, Port of Indiana, **0-2 mi N** 🅟 Marathon, Shell 🍴 Denny's, Mark's Grill 🛏 $Inn, Best Western, Comfort Inn, Country Inn&Suites, Days Inn, Holiday Inn Express, Super 8, **S** 🅟 BP, Speedway/dsl 🍴 Burger King, CiCi's Pizza, DQ, Dunkin Donuts, El Contarito Mexican, Jimmy John's, KFC, Little Caesar's, McDonald's, Rosewood Rest., Starbucks, Subway, Wendy's ⊙ Ace Hardware, Advance Parts, AutoZone, Family$, GNC, O'Reilly Parts, Town&Country Mkt, USPO, Verizon, Walgreens
22mm	**TP both lanes,** 🅟 Phillips 66/dsl 🍴 Hardee's, Red Burrito ⊙ info, scales
21mm	**I-90 and I-80 run together eb, separate wb. I-80 runs with I-94 wb. For I-80 exits 1 through 15, see Indiana Interstate 94.**
21	I-94 E to Detroit, I-80/94 W, US 6, IN 51, Lake Station, **S** 🅟 ⊛FLYING J/Denny's/dsl/scales/24hr/@, Mr Fuel/dsl/scales/24hr, 🅿/Road Ranger/Subway/dsl/scales, TA/BP/Popeye's/dsl/scales/24hr/@ ⊙ Blue Beacon, Blue Beacon
17	I-65 S, US 12, US 20, Dunes Hwy, to Indianapolis
14b	IN 53, to Gary, Broadway, **S** 🅟 Citgo

(Map of Indiana showing: Gary, Elkhart, Orland, South Bend, Lagrange, Crown Point, Auburn, Fort Wayne, 94, 90, 80, 469, 65, Lafayette, 69, 74, Crawfordsville, Brownburg, 465, Indianapolis, Shelbyville, Greensburg, 70, 65, 74 — **IN**)

Side tabs: **ELKHART**, **MISHAWAKA**, **SOUTH BEND**, **PORTAGE**, **IN**

🅶 = gas 🍴 = food 🛏 = lodging 🅾 = other 🆁🆂 = rest stop   Copyright 2018 - The Next EXIT

INTERSTATE 80/90 Cont'd

Exit #	Services
14a	Grant St, to Gary, S 🅾 🅷
10	IN 912, Cline Ave, to Gary, N 🅾 🖂, casino
5	US 41, Calumet Ave, to Hammond, S 🅶 Nice'n Easy, Race-Co, Speedway/dsl 🍴 Arby's, Aurelio's Pizza, Dunkin Donuts, Johnel's Rest., KFC, McDonald's, Subway, Taco Bell, White Castle 🛏 Quality Inn, Ramada Inn, Super 8 🅾 Aldi Foods, Auto-Zone, Murray's Parts, Walgreens
3	IN 912, Cline Ave, to Hammond, N 🅾 to Gary Reg Airport, S 🅶 BP
1.5mm	toll plaza
1mm	US 12, US 20, 106th St, Indianapolis Blvd, N 🅶 Citgo, Mobil, Shell/dsl 🅾 casino, S 🍴 Burger King, KFC, McDonald's 🅾 Aldi Foods, auto repair, Jewel-Osco
0mm	Indiana/Illinois state line

INTERSTATE 94

Exit #	Services
46mm	Indiana/Michigan state line
43mm	Welcome Ctr wb, full ♿ facilities, info, litter barrels, petwalk, 🍴, 🅿, vending
40b a	US 20, US 35, to Michigan City, N 🍴 McDonald's (3mi) 🅾 🅷, S 🅶 Speedway/dsl
34b a	US 421, to Michigan City, N 🅶 BP/dsl, Family Express/e-85, Speedway/dsl, Speedway/White Castle/dsl 🍴 Arby's, Baskin-Robbins/Dunkin Donuts, Buffalo Wild Wings, Burger King, Chili's, Crawford's Eatery, Culver's, Denny's, El Bracero Mexican, Fiesta Cantina, Hibachi Buffet, IHOP, Jimmy John's, KFC, LJ Silver, McDonald's, Olive Garden, Panda Express, Panera Bread, Pizza Hut/Taco Bell, Red Lobster, Ryan's, Schoop's Rest., Sophia's Pancakes, Starbucks, Steak'n Shake, Subway, TX Corral, Wendy's 🛏 ABC Motel, Baymont Inn, Clarion, Comfort Inn, Country Inn&Suites, Hampton Inn, Knights Inn, Microtel, Red Roof Inn, Super 8, Travel Inn 🅾 🅷, $General, $Tree, Advance Parts, Aldi Foods, AT&T, AutoZone, Big R, BigLots, Family$, Fannie May Candies, Ford/Lincoln, GNC, Hobby Lobby, JC Penney, Jo-Ann Fabrics, Kohl's, Lowe's, Meijer/dsl, Menards, Midas, Petsmart, Ross, Save-a-Lot, Sears/auto, TJ Maxx, Verizon, Walgreens, Walmart/Subway, S 🅶 Speedway/Subway/dsl/scales/24hr 🅾 Buick/Chevrolet/GMC, Harley-Davidson
29mm	weigh sta both lanes
26b a	IN 49, Chesterton, N 🅾 to IN Dunes SP, S 🅶 BP/White Castle, Speedway/dsl 🍴 A&W/KFC, Applebee's, Arby's, Burger King, DQ, Dunkin Donuts, El Salto Mexican, Gelsosomo's Pizza, Happy Wok, Jimmy John's, Lemon Tree Grill, Little Caesar's, LJ Silver, McDonald's, Papa John's, Pizza Hut, Subway, Taco Bell, Tao Chen's, Third Coast Cafe, Wendy's 🛏 Best Western, EconoLodge, Hilton Garden (3mi), Lakeside Inn, Quality Inn 🅾 🅷, Advance Parts, AutoZone, Jewel-Osco, Sand Cr Camping (5mi), to Valparaiso, Verizon, Walgreens
22b a	US 20, Burns Harbor, N 🅶 Shell/Subway/dsl/scales/LP, TA/BP/Country Pride/Pizza Hut/Popeye's/Taco Bell/dsl/scales/24hr/@ 🛏 Comfort Inn 🅾 fireworks, S 🅶 Luke/dsl, Ⓟⓘⓛⓞⓣ/McDonald's/Subway/dsl/scales/24hr 🅾 Camp-Land RV Ctr, Chevrolet, fireworks, Ford, Kia, Nissan, repair, Toyota/Scion
19	IN 249, to Port of IN, Portage, N 🅶 Family Express/dsl/e-85 🍴 Corner Bistro, DQ, Longhorn Steaks, McDonald's, Quaker Steak&Lube, Starbucks, Subway 🛏 Affordable Suites, Country Inn&Suites 🅾 Bass Pro Shops, S 🅶 Marathon/dsl, Shell/Luke 🍴 Denny's, Shenanigans Grill 🛏 Best Western, Days Inn, Dollar Inn, Hampton Inn, Super 8, Travel Inn

16	access to I-80/90 toll road E, I-90 toll road W, IN 51N, Ripley; same as 15b&a
I-94/I-80 run together wb	
15b	US 6W, IN 51, N 🅶 ⒻFLYING J/Denny's/dsl/scales/24hr/@, Mr Fuel/dsl/scales/24hr, TA/BP/Popeye's/Subway/dsl/scales/24hr/@ 🍴 Ponderosa, Wing Wah 🅾 Blue Beacon, Blue Beac▪
15a	US 6E, IN 51S, to US 20, S 🅶 BP/Luke, GoLo, Road Ran▪er/Ⓟⓘⓛⓞⓣ/Subway/dsl/scales/24hr 🍴 Burger King, DQ, Silver, Papa John's, Ruben's Café, Wendy's 🅾 Ace Hardwar▪ Walgreens
13	Central Ave (from eb)
12b	I-65 N, to Gary and toll road
12a	I-65 S (from wb), to Indianapolis
11	I-65 S (from eb)
10b a	IN 53, Broadway, N 🅶 23rd St Gas, Clark 🍴 JJ Fis▪ S 🅶 GoLo 🍴 DQ, Rally's
9	Grant St, N 🅶 Clark 🅾 $Tree, Advance Parts, County M▪ Foods/gas, Family$, Walgreens, S 🅶 Citgo, ♥Loves/Den▪ ny's/dsl/scales/LP/24hr/@, Petro/Iron Skillet/Pizza Hut/d▪ scales/24hr 🍴 Burger King, Church's, Dunkin Donuts, McDo▪ ald's, Subway 🅾 $Tree, Aldi Foods, AutoZone, Fagen Dru▪ Firestone/auto, Midas
6	Burr St, N 🅶 Ⓟⓘⓛⓞⓣ/Subway/dsl/scales/24hr/ @, TA/Coun▪ try Pride/Pizza Hut/Taco Bell/dsl/scales/24hr/@ 🍴 J&J Fis▪ & Chicken, Philly Steaks, Rico's Pizza 🅾 SpeedCo, S 🅶 GoL▪ Mr Fuel/dsl/24hr
5	IN 912, Cline Ave, S 🅶 BP, Speedway/dsl 🍴 Arby's, Culver DQ, Jedi's Garden Rest., KFC, McDonald's, Pizza Hut, Popeye▪ Subway, Taco Bell, Wendy's, White Castle 🛏 Best Western Hometowne Lodge, Motel 6 🅾 $Tree, Family$, Fannie Ma▪ Candies
3	Kennedy Ave, N 🅶 GoLo, Speedway 🍴 Burger King, Dom▪ no's, Dunkin Donuts/Baskin Robbins, McDonald's 🅾 repai▪ Walgreens, S 🅶 Sixers 🍴 Buffalo Wild Wings, Cracker Barre▪ Squigi's Pizza, Subway, Wendy's 🛏 Courtyard, Fairfield In▪ Hampton Inn, Residence Inn 🅾 IN Welcome Ctr, USPO
2	US 41S, IN 152N, Indianapolis Blvd, N 🅶 GoLo, Luke, SavA▪ top 🍴 Dunkin Donuts, House Of Pizza, Papa John's, Pepe▪ Mexican, Petros Rest., Pizza Hut, Popeye's, Rally's, Schoop▪ Burgers, Stuffed Pepper, Subway, Taco Bell, Wally's Gyro▪ Wendy's, Wheel Rest. 🅾 CarX, Chevrolet, Family$, Goodyea▪ Midas, vet, S 🅶 Ⓟⓘⓛⓞⓣ/dsl/scales/24hr 🍴 JJ Fish, Sta▪ bucks, White Castle 🛏 Comfort Inn 🅾 Aldi Foods, Cabela's Walmart/Subway
1	US 41N, Calumet Ave, N 🅶 Speedway/dsl 🍴 Barton's Piz▪ za, Baskin-Robbins/Dunkin Donuts, Subway 🅾 Walgreens S 🅶 BP, CT Fuel, GoLo, Marathon 🍴 Arby's, Baskin-Robbins Dunkin Donuts, Boston Mkt, Burger King, Canton House Ch▪ nese, Chipotle, Edwardo's Pizza, El Salto Mexican, Firehous▪ Subs, Five Guys, Fortune House, Munster Gyros, Panera Brea▪ Pizza Hut, Subway, Taco Bell, Wendy's 🅾 $Tree, AT&T, Jew▪ el-Osco, Staples, Target, URGENT CARE, Verizon, vet
0mm	Indiana/Illinois state line

INTERSTATE 465 (Indianapolis)

Exit #	Services
I-465 loops around Indianapolis. Exit numbers begin/end on I-65 exit 106.	
53b a	I-65 N to Indianapolis, S to Louisville
52	Emerson Ave, N 🅶 BP/dsl, Marathon, Shell/Circle K, Speedway/dsl 🍴 Burger King, Domino's, El Mariachi, KFC, LJ Silve▪

(left margin, vertical): MI CITY · CHESTERTON · IN

(right margin, vertical): GARY AREA

INTERSTATE 465 (Indianapolis) Cont'd

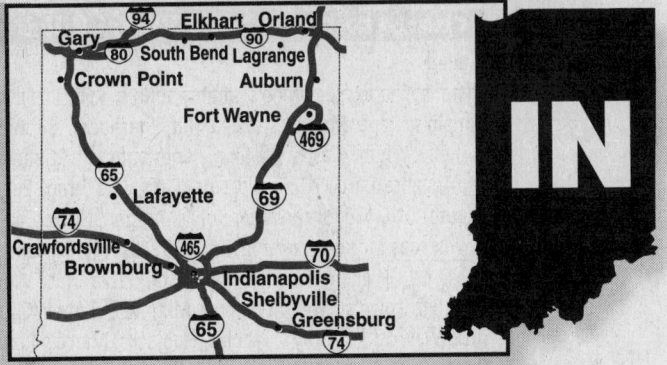

52 Continued
Subway, Taco Bell, Waffle House ▱ Motel 6 ▢ ▯ $General, S ▯ Murphy USA/dsl, Speedway/dsl ▯ Arby's, Bamboo House, China Buffet, DJ's Hotdogs, DQ, Egg Roll, El Puerto Mexican, Fazoli's, Firehouse Subs, Fujiyama, Hardee's, Jets Pizza, Jimmy John's, Little Caesar's, McDonald's, Papa John's, Papa Murphy's, Pizza Hut, Ponderosa, Rally's, Starbucks, Steak'n Shake, Subway, Taco Bell, Wendy's, White Castle ▱ Holiday Inn Express, La Quinta, Red Roof Inn, Super 8 ▢ $Tree, Advance Parts, AT&T, AutoZone, CarX, GNC, Goodyear/auto, Kroger/dsl, Lowe's Whse, Meineke, O'Reilly Parts, Verizon, vet, Walgreens, Walmart/Subway

I-74 W and I-465 S run together around S Indianapolis 21 miles.

49 I-74 E, US 421 S

48 Shadeland Ave (from nb)

47 US 52 E, Brookville Rd, E ▯ Marathon, Speedway/dsl ▯ Bugsy's Grill, Burger King, McDonald's, Subway, Taco Bell ▱ Baymont Inn ▢ CVS Drug, Family$, vet

46 US 40, Washington St, E ▯ Marathon, Phillips 66, Shell/dsl, Speedway/dsl ▯ Arby's, Blueberry Hill Pancakes, Church's, LJ Silver, Olive Garden, Skyline Chili, Steak'n Shake, Yen Ching Chinese ▢ $General, Advance Parts, AutoZone, Ford, Meineke, O'Reilly Parts, W ▯ Thornton's/dsl ▯ Applebee's, Bob Evans, Fazoli's, McDonald's, Subway ▱ Comfort Stay ▢ Buick/GMC, Hyundai, PepBoys

44b I-70 E, to Columbus

44a I-70 W, to Indianapolis

42 US 36, IN 67 N, Pendleton Pike, E ▯ Cafe Heidelberg, Chile Verde, Hardee's, Papa's Rest., Popeye's, Skillet Rest., Wendy's ▢ $General, $Tree, Menards, Save-A-Lot Foods, U-Haul, W ▯ GetGo/dsl, Speedway/dsl, Thornton's/dsl ▯ Arby's, Domino's, Dunkin Donuts, KFC, LJ Silver, Los Rancheros, McDonald's, Rally's, Subway, Taco Bell, Waffle House, White Castle ▢ ▯ Advance Parts, Aldi Foods, CVS Drug, Family$, Meineke, Menards, O'Reilly Parts

40 56th St, Shadeland Ave, E ▯ Marathon, to Ft Harrison SP

37b a I-69, N to Ft Wayne, IN 37, E ▢ ▯, W ▢ services on frontage rds

35 Allisonville Rd, N ▯ Bravo Italian, Buca Italian, Buffalo Wild Wings, Buffalo Wild Wings, Dave&Buster's, Hardee's, MCL Cafeteria, Melting Pot, On-the-Border, Outback Steaks ▱ Courtyard ▢ Costco/gas, Firestone/auto, JC Penney, Jo-Ann Fabrics, Macy's, mall, REI, Sears/auto, Van Maur, S ▯ Shell, Speedway/dsl ▯ Chipotle, ChuckeCheese, Five Guys, Noodles&Co, Panera Bread, Papa John's, Pie Five, Qdoba, White Castle ▱ Quality Inn ▢ $Tree, Marsh Foods, Michael's, Petsmart, Ross, TJ Maxx, Trader Joe's

33 IN 431, Keystone Ave, N ▯ BP/McDonald's, Marathon/dsl ▯ Bob Evans, Coopers Hawk, Steak'n Shake ▢ Acura, BMW/Mini, Chevrolet, Fiat, Ford, Harley-Davidson, Honda, Hyundai, Infiniti, Kia, Mercedes, Nissan, Porsche, Subaru, Toyota/Scion, S ▯ Benihana, Champp's, Cheesecake Factory, Chipotle, Fleming's Steaks, LePeep Rest., Maggiano's, McAlister's Deli, PF Chang's, Pizza Hut, Ruth Chris Steaks, Seasons 52, Starbucks, Sullivan's Steaks, TGIFriday's ▱ Hyatt Place, Marriott, Sheraton ▢ Kohl's, mall, Nordstrom's

31 US 31, Meridian St, N ▱ Comfort Inn, Courtyard, Holiday Inn ▢ ▯, S ▯ Marathon/DQ/dsl, Shell/Circle K/dsl ▯ Another Broken Egg Cafe, Arby's, Firebirds Grill, Granite City, McAlister's Deli, McDonald's, Paradise Cafe Bakery, Starbucks ▱ Drury Inn

27 US 421 N, Michigan Rd, N ▯ Marathon, Speedway/dsl ▯ Applebee's, Burger King, DQ, HoneyBaked Ham, Jimmy John's, KFC/Taco Bell, McDonald's, Olive Garden, Outback Steaks, Red Robin, Subway, Wendy's ▱ Holiday Inn Express, Red Roof Inn ▢ AutoZone, Best Buy, Buick/GMC, Chevrolet, Chrysler/Dodge/Jeep, Home Depot, Kohl's, Marshall's, PetCo, Target, Walgreens, S ▯ Citgo/dsl, Marathon, Shell/Circle K ▯ Arby's, Blaze Pizza, Burger King, Chick-fil-A, Chipotle Mexican, CiCi's, Cracker Barrel, Denny's, El Meson Mexican, Famous Dave's, Five Guys, Hardee's, Jack-in-the-Box, McAlister's Deli, McDonald's, Noodles&Co, Panda Express, Panera Bread, Papa Murphy's, Pizza Hut, Popeye's, Qdoba, Rally's, Ruby Tuesday, Steak'n Shake, Subway, Taco Bell, Tilted Kilt, TX Roadhouse, Wendy's, White Castle, Yen Ching Chinese, Zaxby's ▱ Best Western, Comfort Inn, Days Inn, Drury Inn, Embassy Suites, Extended Stay America, Extended Stay America (2), Gatehouse Suites, Homewood Suites, InTown Suites, La Quinta, Motel 6, Quality Inn, Rodeway Inn ▢ $General, $Tree, Aamco, Aldi Foods, BigLots, Costco/gas, Discount Tire, Firestone, GNC, JC Penney, Lowe's Whse, Office Depot, Sam's Club/gas, Staples, Walgreens, Walmart

25 I-865 W, I-465 N to Chicago

23 86th St, E ▯ BP, Speedway/dsl ▯ Abuelo's, Arby's, Chili's, Coldstone, DiBella Subs, Jimmy John's, Longhorn Steaks, Macaroni Grill, Monical's Pizza, Noodles&Co, Panera Bread, Qdoba, Starbucks, Subway, Taco Bell, Ted's MT Grill, Tom+Chee, Traders Mill Grill, Wendy's ▱ Extended Stay America, Fairfield Inn, InTown Suites ▢ ▯, AT&T, Big-O Tires, BooksAMillion, Dick's, Marsh Foods, Michael's, Old Navy, Petsmart

21 71st St, E ▯ BP/dsl ▯ Chef Mike's, Hardee's, McDonald's, Steak'n Shake, Subway ▱ Candlewood Suites, Clarion Inn, Courtyard, Hampton Inn, Holiday Inn Express, TownePlace Suites, W ▯ Gatsby's, Hotbox Pizza, Jimmy John's, LePeep, Starbucks ▱ Hilton Garden, Residence Inn, Wingate Inn

20 I-65, N to Chicago, S to Indianapolis

19 56th St (from nb), E ▯ Marathon, Speedway/dsl

17 38th St, E ▯ BP, Marathon/dsl, Shell/Circle K, Speedway ▯ DQ, El Maguey Mexican, Golden Corral, Jack-in-the-Box, Little Caesar's, Red Lobster, Steak'n Shake, Subway, White Castle ▢ $General, $Tree, AutoZone, Chevrolet, CVS Drug, Family$, Home Depot, Meijer, O'Reilly Parts, W ▯ Arby's, Burger King, Chili's, Cracker Barrel, IHOP, Jersey Mike's, McDonald's, Taco Bell, TGIFriday's ▱ Baymont Inn ▢ Marsh Foods, Target

I-74 W and I-465 S run together around S Indianapolis 21 miles.

16b I-74 W, to Peoria

16a US 136, to Speedway, E ▯ Circle K, Shell/Circle K, Thornton's/dsl ▯ Applebee's, Arby's, Buffalo Wild Wings, Burger King, Chicago's Pizza, Chipotle, Denny's, El Rodeo, Firehouse Subs,

🅖 = gas   🍴 = food   🛏 = lodging   Ⓞ = other   🆁🆂 = rest stop   Copyright 2018 - The Next EXIT

INTERSTATE 465 (Indianapolis) Cont'd

16a   Continued
Grindstone Charley's, Hardee's, Jimmy John's, KFC, LJ Silver, McDonald's, Papa Murphy's, Pizza Hut, Starbucks, Subway, Taco Bell, White Castle 🛏 $Inn, Courtyard Ⓞ $General, $Tree, Advance Parts, AT&T, Big Lots, CarX, CVS Drug, Firestone/auto, GNC, Goodyear/auto, Kohl's, Kroger/dsl, PetCo, TJ Maxx, Tuesday Morning, Verizon, **W** 🅖 BP/dsl 🛏 Clarion

14b a   10th St, **E** 🍴 Peking Chinese, Penn Sta, Pizza Hut, Wendy's Ⓞ 🄷, Lowe's Whse, Walmart Mkt, **W** 🅖 Shell/Circle K, Speedway/dsl 🍴 Arby's, Fazoli's, Flapjacks, Marco's Pizza, McDonald's, Rally's, Starbucks, Taco Bell Ⓞ CVS Drug, Marsh Foods, Walgreens

13b a   US 36, Rockville Rd, **E** 🅖 Mobil 🍴 Kazablanka Grill 🛏 Holiday Inn Express, Microtel, Motel 6, Wingate Inn Ⓞ Sam's Club, **W** 🅖 Speedway/dsl 🍴 Bob Evans 🛏 Best Western

12b a   US 40 E, Washington St, **E** 🅖 BP/dsl 🍴 Burger King, China Inn, Church's, Fazoli's, McDonald's, Papa John's, Pizza Hut, Taco Bell, Wendy's, White Castle Ⓞ $General, $Tree, $Tree, Ace Hardware, Advance Parts, AutoZone, CVS Drug, Family$, Kroger/gas, O'Reilly Parts, Speedway Parts, U-Haul, vet, **W** 🅖 Circle K/dsl, Phillips 66/dsl, Thornton's/dsl 🍴 Arby's, Hardee's, Jimmy John's, LJ Silver, McDonald's, Steak'n Shake, Subway 🛏 Regal 8 Inn Ⓞ $General, CarX, Goodyear/auto, K-Mart, Save-A-Lot Foods

11b a   Sam Jones Expwy, **E** 🅖 Marathon/dsl, Speedway/dsl 🍴 Indy's Rest., Jimmy John's, Library Rest., Subway, Waffle House 🛏 Candlewood Suites, Courtyard, Extended Stay America, Fairfield Inn, Hyatt Place, La Quinta, Quality Inn, Ramada Inn, Residence Inn, Super 8, Wyndham, **W** 🛏 Crowne Plaza, Radisson

9b a   I-70, E to Indianapolis, W to Terre Haute

8   IN 67 S, Kentucky Ave, **E** 🅖 Phillips 66/dsl Ⓞ 🄷, **W** 🅖 BP/McDonald's/dsl, Shell/Subway/dsl, Speedway/dsl 🍴 Burger King, Culver's, Denny's, KFC, Rally's 🛏 Country Inn & Suites Ⓞ Walmart Mkt

7   Mann Rd (from wb), **E** Ⓞ 🄷

4   IN 37 S, Harding St, **N** 🅖 Mr Fuel/dsl/scales, 🄿🄸🄻🄾🅃/Subway/dsl/scales/24hr 🍴 Omelette Shoppe 🛏 Best Inn, Quality Inn Ⓞ 🄷, Blue Beacon, **S** 🅖 FLYING J/Denny's/dsl/LP/scales/24hr/@, Marathon 🍴 Hardee's, McDonald's, Taco Bell, Waffle House, White Castle 🛏 Knight's Inn Ⓞ Freightliner, SpeedCo, TruckoMat/scales

2b a   US 31, IN 37, **N** 🅖 BP/dsl, Marathon/Dunkin Donuts/dsl 🍴 Arby's, China Garden, CiCi's, Domino's, El Azabach, Golden Wok, KFC, King Gyros, Little Caesar's, LJ Silver, MC Cafeteria, Penn Sta Subs, Pizza Hut, Qdoba, Steak'n Shake, White Castle Ⓞ $General, $Tree, Advance Parts, Aldi Foods, AT&T, AutoZone, CarQuest, Family$, Firestone/auto, GNC, Kroger/gas, Marshall's, Meineke, Midas, Save-A-Lot, U-Haul, **S** 🅖 BP/dsl, Speedway/dsl 🍴 8 Lucky Buffet, Bob Evans, Jalapeño, McDonald's, Red Lobster, Subway, Taco Bell, Wendy's 🛏 Comfort Inn, Holiday Inn Express, Indy Lodge, Super 8, Travel Inn Ⓞ CVS Drug, Walgreens

53b a   I-65 N to Indianapolis, S to Louisville

I-465 loops around Indianapolis. Exit numbers begin/end on I-65 exit 106.

🔼 N   INTERSTATE 469 (Ft Wayne)

Exit #	Services
31c b a	I-69, US 27 S, Auburn Road. **I-469 begins/ends.**
29mm	St Joseph River
29b a	Maplecrest Rd, **W** 🅖 Lassus/DQ/Subway/dsl, Marathon/dsl
25	IN 37, to Ft Wayne, **W** 🅖 Murphy USA/dsl 🍴 Agaves Mexican, Antonio's Pizza, Applebee's, Bob Evans, Buffalo Wild Wings, Cracker Barrel, DQ, Steak'n Shake, Subway, Wendy's, Wings Etc, Zianos Italian Ⓞ AT&T, Discount Tire, Kohl's, Marshall's, Meijer/dsl, Menards, Michael's, Office Depot, Petsmart, Verizon, Walgreens, Walmart/McDonald's
21	US 24 E
19b a	US 30 E, to Ft Wayne, **E** 🅖 FLYING J/Huddle House/Subway/dsl/LP/scales/24hr, Sunoco/Taco Bell/dsl Ⓞ Freightliner, Mack/Volvo, Peterbilt, truck/tire repair, **W** 🅖 Marathon 🍴 Garno's Italian, Golden Gate Chinese, Mancino's Grinders, Richard's Rest., Zesto Drive-In 🛏 Holiday Inn Express Ⓞ $General
17	Minnich Rd
15	Tillman Rd
13	Marion Center Rd
11	US 27, US 33 S, to Decatur, Ft Wayne, **E** 🅖 Shell/Subway/dsl
10.5mm	St Marys River
9	Winchester Rd
6	IN 1, to Bluffton, Ft Wayne, **W** Ⓞ to 🌲
2	Indianapolis Rd, **W** Ⓞ to 🌲
1	Lafayette Ctr Rd

NOTES

IOWA

⬆N   INTERSTATE 29

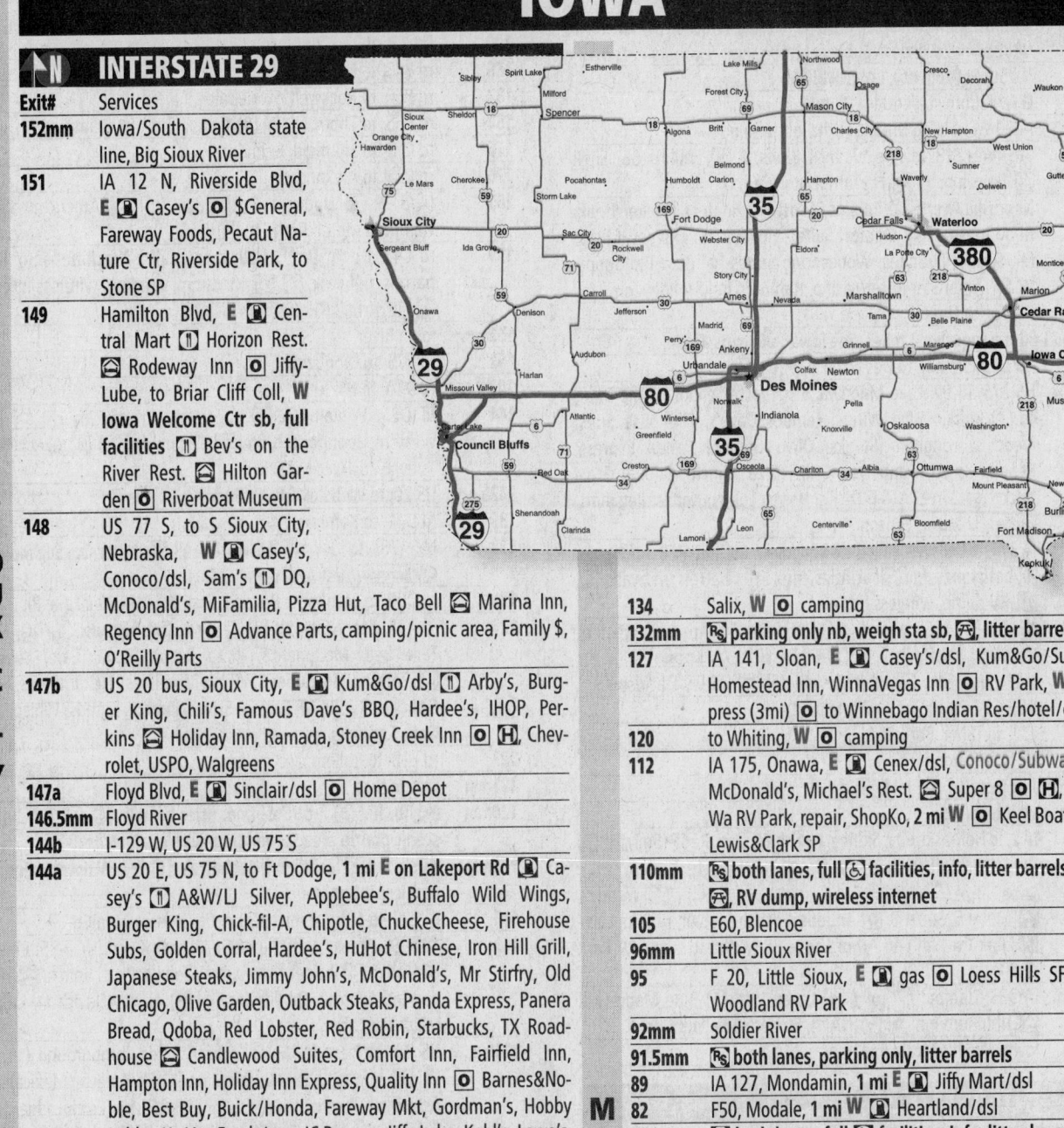

Exit#	Services
152mm	Iowa/South Dakota state line, Big Sioux River
151	IA 12 N, Riverside Blvd, **E** 🅖 Casey's 🅞 $General, Fareway Foods, Pecaut Nature Ctr, Riverside Park, to Stone SP
149	Hamilton Blvd, **E** 🅖 Central Mart 🅕 Horizon Rest. 🅛 Rodeway Inn 🅞 Jiffy-Lube, to Briar Cliff Coll, **W** **Iowa Welcome Ctr sb, full facilities** 🅕 Bev's on the River Rest. 🅛 Hilton Garden 🅞 Riverboat Museum
148	US 77 S, to S Sioux City, Nebraska, **W** 🅖 Casey's, Conoco/dsl, Sam's 🅕 DQ, McDonald's, MiFamilia, Pizza Hut, Taco Bell 🅛 Marina Inn, Regency Inn 🅞 Advance Parts, camping/picnic area, Family $, O'Reilly Parts
147b	US 20 bus, Sioux City, **E** 🅖 Kum&Go/dsl 🅕 Arby's, Burger King, Chili's, Famous Dave's BBQ, Hardee's, IHOP, Perkins 🅛 Holiday Inn, Ramada, Stoney Creek Inn 🅞 🅷, Chevrolet, USPO, Walgreens
147a	Floyd Blvd, **E** 🅖 Sinclair/dsl 🅞 Home Depot
146.5mm	Floyd River
144b	I-129 W, US 20 W, US 75 S
144a	US 20 E, US 75 N, to Ft Dodge, **1 mi E** on Lakeport Rd 🅖 Casey's 🅕 A&W/LJ Silver, Applebee's, Buffalo Wild Wings, Burger King, Chick-fil-A, Chipotle, ChuckeCheese, Firehouse Subs, Golden Corral, Hardee's, HuHot Chinese, Iron Hill Grill, Japanese Steaks, Jimmy John's, McDonald's, Mr Stirfry, Old Chicago, Olive Garden, Outback Steaks, Panda Express, Panera Bread, Qdoba, Red Lobster, Red Robin, Starbucks, TX Roadhouse 🅛 Candlewood Suites, Comfort Inn, Fairfield Inn, Hampton Inn, Holiday Inn Express, Quality Inn 🅞 Barnes&Noble, Best Buy, Buick/Honda, Fareway Mkt, Gordman's, Hobby Lobby, Hy-Vee Foods/gas, JC Penney, Jiffy Lube, Kohl's, Lowe's, Marshall's, Michael's, Old Navy, Petsmart, Scheel's, Sears/auto, Staples, Target, URGENT CARE, Verizon, Younkers
143	US 75 N, Singing Hills Blvd, **E** 🅖 Cenex/dsl, Murphy USA/dsl, 🚂🚂🚂/Burger King/Subway/dsl/scales/24hr 🅕 China Buffet, Culver's, Four Bros Grill, Hunan Palace, KFC, McDonald's, Pizza Hut, Taco Bell, Taco John's 🅛 AmericInn, Days Inn, Victorian Inn 🅞 $Tree, AT&T, Buick/Cadillac/GMC, Ford/Lincoln, Kia, Mazda, Nissan, Sam's Club/gas, Sgt Floyd Mon, Subaru, Toyota/Scion, URGENT CARE, VW, Walmart/Subway, **W** 🅖 🚛Loves🚛/Subway/dsl/scales/24hr/@ 🅕 Wendy's 🅛 Super 8 🅞 Peterbilt, truckwash/repair
141	D38, Sioux Gateway Airport, **E** 🅖 Cenex, Shell/dsl 🅕 Aggies Rest., Pizza Ranch, Subway 🅛 DeSoto Inn 🅞 $General, **W** 🅛 Travelodge 🅞 , museum
139mm	🆁🆂 both lanes, full 🦽 facilities, info, litter barrels, 🚻, 🐾, RV dump, wireless internet
135	Port Neal Landing
134	Salix, **W** 🅞 camping
132mm	🆁🆂 parking only nb, weigh sta sb, 🐾, litter barrels
127	IA 141, Sloan, **E** 🅖 Casey's/dsl, Kum&Go/Subway/dsl 🅛 Homestead Inn, WinnaVegas Inn 🅞 RV Park, **W** 🅕 Pony Express (3mi) 🅞 to Winnebago Indian Res/hotel/casino (3mi)
120	to Whiting, **W** 🅞 camping
112	IA 175, Onawa, **E** 🅖 Cenex/dsl, Conoco/Subway/dsl 🅕 DQ, McDonald's, Michael's Rest. 🅛 Super 8 🅞 🅷, NAPA, On-Ur-Wa RV Park, repair, ShopKo, **2 mi W** 🅞 Keel Boat Exhibit, KOA, Lewis&Clark SP
110mm	🆁🆂 both lanes, full 🦽 facilities, info, litter barrels, petwalk, 🚻, 🐾, RV dump, wireless internet
105	E60, Blencoe
96mm	Little Sioux River
95	F 20, Little Sioux, **E** 🅖 gas 🅞 Loess Hills SF (9mi), **W** 🅞 Woodland RV Park
92mm	Soldier River
91.5mm	🆁🆂 both lanes, parking only, litter barrels
89	IA 127, Mondamin, **1 mi E** 🅖 Jiffy Mart/dsl
82	F50, Modale, **1 mi W** 🅖 Heartland/dsl
79mm	🆁🆂 both lanes, full 🦽 facilities, info, litter barrels, 🚻, 🐾, RV dump, wireless internet
75	US 30, Missouri Valley, **E** Iowa Welcome Ctr (5mi) 🅖 Shell/dsl/24hr 🅕 Arby's, McDonald's, Penny's Diner, Subway 🅛 Oaktree Inn 🅞 🅷 (2mi), to Steamboat Exhibit, **W** 🅖 Cenex/dsl, PetroMart/dsl 🅕 Burger King, Taco John's, The Edge Rest. 🅛 Best Value Inn, DeSoto Inn, Rath Inn 🅞 Buick/Chevrolet
72.5mm	Boyer River
72	IA 362, Loveland, **E** 🅖 Phillips 66/dsl, **W** 🅞 to Wilson Island SP (6mi)
71	I-680 E, to Des Moines
	I-29 S & I-680 W run together 10 mi.
66	Honey Creek , **W** 🅞 RV Camping
61b	I-680 W, to N Omaha, **W** Mormon Trail Ctr
	I-29 N & I-680 E run together 10 mi.
61a	IA 988, to Crescent, **E** 🅖 Casey's/dsl
56	IA 192 S (sb only, exits left), Council Bluffs, **E** 🅞 🅷, URGENT CARE, Walmart

S I O U X   C I T Y

M O   V A L L E Y

IA

⬆N INTERSTATE 29 Cont'd

Exit#	Services
55	N 25th, Council Bluffs, E 🅖 Cenex/dsl, Sinclair 🅞 URGENT CARE (1mi), Walmart/Subway (1mi)
54b	N 35th St (from nb), Council Bluffs
54a	G Ave (from sb), Council Bluffs
53b	I-480 W, US 6, to Omaha (exits left from nb)
53a	9th Ave, S 37th Ave, Council Bluffs, E 🅖 Phillips 66, Shell 🅛 Days Inn, W 🅞 Harrah's Hotel/Casino
52	Nebraska Ave, E 🅖 Phillips 66/dsl 🅕 Hooters, Quaker Steak, Ruby Tuesday 🅛 Comfort Suites, Holiday Inn Express, Microtel, SpringHill Suites, Woodspring Suites 🅞 Bass Pro Shops, W 🅛 AmeriStar Hotel/casino, Hampton Inn, Holiday Inn
51	I-80 W, to Omaha
	I-29 and I-80 run together 3 miles. See Iowa I-80, exits 1b-3.
48	I-80 E (from nb), to Des Moines, E 🅞 🅗
47	US 275, IA 92, Lake Manawa, E 🅞 Iowa School for the Deaf, W 🅕 Buffalo Wild Wings, Famous Dave's, Firehouse Subs, Freddy's, Longhorn Steaks, Olive Garden, Panda Express, Panera Bread, Pepperjax Grill, Pizza Ranch, Qdoba, Starbucks 🅞 $Tree, AT&T, Dick's, Hobby Lobby, Kohl's, Petsmart, Target, TJ Maxx, Verizon
42	IA 370, to Bellevue, W 🅞 K&B Saddlery, to Offutt AFB, truck parts
38mm	🆁🆂 both lanes, full ♿ facilities, info, litter barrels, petwalk, 🏪, 🄰, RV dump, wireless internet
35	US 34 E, to Glenwood, E 🅕 McDonalds (4mi) 🅛 Western Inn (4mi) 🅞 RV Park, W 🅖 BP/rest/dsl, Loves/Subway/dsl/scales/24hr 🅛 Bluff View Motel 🅞 Harley-Davidson
32	US 34 W, Pacific Jct, to Plattsmouth
24	L31, to Tabor, Bartlett
20	IA 145, Thurman
15	J26, Percival, 1-2 mi E 🅖/dsl
11.5mm	weigh sta nb
10	IA 2, to Nebraska City, Sidney, E 🅞 to Waubonsie SP (5mi), W 🅖 Cenex/Godfathers/dsl/E85, 🚋/Subway/dsl/scales/24hr, Sapp Bros/Apple Barrel Rest/dsl/scales/24hr 🅕 Wendy's 🅛 Motel 6, Super 8 🅞 antiques, dsl/tire repair, IA Info, Lewis&Clark Ctr (3mi), to Arbor Lodge SP, Victorian Acres RV Park (3mi)
1	IA 333, Hamburg, 1 mi E 🅖 Casey's/dsl 🅕 Blue Moon Grill 🅛 Hamburg Inn 🅞 🅗, NAPA, Stoner Soda Fountain
0mm	Iowa/Missouri state line

⬆N INTERSTATE 35

Exit #	Services
219mm	Iowa/Minnesota state line
214	rd 105, to Northwood, Lake Mills, E 🅛 Royal Motel (7mi), W Welcome Ctr both lanes, full ♿ facilities, litter barrels, petwalk, 🄰, RV dump, vending, wireless internet 🅖 BP/Burger King/dsl, Kum&Go/dsl 🅛 Country Inn&Suites, Holiday Inn Express 🅞 casino
212mm	weigh sta sb, 🆁🆂 nb, 🄰, litter barrels
208	rd A38, to Joice, Kensett, windmills
203	IA 9, to Manly, Forest City, W 🅞 to 🚋 Knob SP
202mm	Winnebago River
197	rd B20, 8 mi E Lime Creek Nature Ctr
196mm	🆁🆂 both lanes, litter barrels, parking only
194	US 18, to Mason City, Clear Lake, E 🅖 Kwik Star/dsl/24hr 🅞 Chevrolet, Freightliner, 🅗 (8mi), W 🅖 Casey's/dsl, Kum&Go/dsl, 🚋/Subway/dsl/scales 🅕 Arby's, Bennigan's, Culver's, DQ, KFC/Taco Bell, McDonald's, Perkins, Wendy's 🅛 AmericInn, Best Western, Best Western, Microtel 🅞 Ford

193	rd B35, to Mason City, Emery, E 🅖 Kum&Go/Taco John's/dsl, e85 🅛 Super 8 🅞 truckwash, W 🅕 Seven Stars Rest. 🅞 t Clear Lake SP
190	US 18, rd 27 E, to Mason City
188	rd B43, to Burchinal
182	rd B60, to Rockwell, Swaledale
180	rd B65, to Thornton, W 🅖 Cenex (2mi) 🅞 camping
176	rd C13, to Sheffield, Belmond
170	rd C25, to Alexander
165	IA 3, E 🅖 Dudley's Corner/Rest./dsl 🅛 AmericInn (9mi) Hampton Motel (9mi) 🅞 🅗 (7mi)
159	rd C47, Dows, W 🆁🆂 both lanes, full ♿ facilities info, litter barrels, petwalk, 🏪, 🄰, RV dump, vending, wireless interne 🅖 BP/Arby's/Godfather's/dsl/24hr,
155mm	Iowa River
151	rd R75, to Woolstock
147	rd D20, to US 20 E
144	rd D25, Williams, E 🅖 Boondocks Trkstp/cafe/dsl 🅛 Bes Western, Boondocks Motel 🅞 RV camping, W 🅖 FLYING J Subway/dsl/scales/24hr
142b a	US 20, to Webster City, Ft Dodge
139	rd D41, to Kamrar
133	IA 175, to Jewell, Ellsworth, W 🅖 Kum&Go/Subway/dsl Loves/rest./dsl/scales/24hr
128	rd D65, to Stanhope, Randall, 5 mi W Little Wall Lake Pk
124	rd 115, Story City, W 🅖 Casey's, Kum&Go/dsl 🅕 DQ, KFC, Taco Bell, McDonald's, Pizza Ranch, Royal Cafe, Subway 🅛 Comfort Inn, Super 8, Viking Motel/rest 🅞 antiques, Ford Goodlife RV Ctr, VF Factory Stores/famous brands, Whispering Oaks Camping
123	rd E18, to Roland, McCallsburg
121mm	prairie area sb
120mm	🆁🆂 nb, full ♿ facilities, info, litter barrels, 🏪, 🄰, RV dump scenic prairie area sb, vending, wireless internet
119mm	🆁🆂 sb, full ♿ facilities, litter barrels, 🏪, 🄰, RV dump, vending wireless internet
116	rd E29, to Story, 2 mi W Story Co Conservation Ctr
113	13th St, Ames, W 🅖 Kum&Go/Burger King/dsl/ E-85, Phillips 66/Arby's 🅕 Burger King, Jimmy John's, Pizza Ranch 🅛 Holiday Inn Express, Quality Inn 🅞 🅗, Harley-Davidson, ISU, to USDA Vet Labs
111b a	US 30, to Nevada, Ames, E Twin Acres Campground (11mi), W 🅖 Kum&Go/DQ/Subway/dsl 🅕 El Azteca Mexican 🅛 AmericInn, Baymont Inn, Country Inn&Suites, EconoLodge, Fairfield Inn, Hampton Inn, Microtel, Red Roof, Super 8, TownePlace Suites 🅞 Chrysler/Dodge/Jeep, to IA St U
109mm	S Skunk River
106mm	weigh sta sb, 🆁🆂 nb, no restrooms
102	IA 210, to Slater, 3 mi W 🅕 Subway
100mm	🆁🆂 both lanes, full ♿ facilities, 🄰, litter barrels, petwalk
96	to Elkhart, W 🅞 to Big Creek SP (11mi), Saylorville Lake
94	NE 36th St, Ankeny, W 🅖 Kum&Go/dsl 🅕 Subway
92	1st St, Ankeny, W 🅖 Kum&Go, QT 🅕 Applebee's, Arby's, Burger King, Cazador Mexican, Fazoli's, Guadalajara Mexican, KFC, Subway, Tokyo Steaks, Village Inn 🅛 Days Inn, Fairfield Inn, Quality Inn, Ramada, Super 8 🅞 Goodyear/auto, O'Reilly Parts, Tires+
90	IA 160, Ankeny, E 🅖 Casey's/dsl 🅕 Outback Steaks, Waterfront Seafood 🅛 AmericInn, Comfort Inn, Country Inn&Suites, Courtyard, Holiday Inn Express, Homewood Suites 🅞 Buick/GMC, W 🅖 Casey's 2, Casey's/dsl, MurphyUSA/dsl 🅕 B-bops Rest., Buffalo Wild Wings, Burger King, Chick-fil-A, Chili's,

Vertical side text: **COUNCIL BLUFFS** / **IA** / **CLEAR LAKE** / **AMES** / **ANKENY**

⬆N INTERSTATE 35 Cont'd

90	Continued
	China Buffet, Chipotle, Culver's, Fuzzy's Tacos, HuHot Chinese, IHOP, Jimmy John's, Los Charro, Maid Rite, Marble Slab, McDonald's, Noodles&Co, Okoboji, Old Chicago, Olive Garden, Panchero's Mexican, Panda Express, Panera Bread, Pepperjax, Perkins, Starbucks, Subway, Taco Bell, Tasty Tacos, Wendy's 🅾 AT&T, Best Buy, Big O Tires, Chevrolet, Chrysler/Dodge/Jeep, Duluth Trading, Ford, GNC, Home Depot, Jo-Ann Fabrics, Kohl's, Menards, Michael's, Petsmart, Staples, Target, TJ Maxx, to Saylorville Lake (5mi), Tuesday Morning, Tuffy Auto, Verizon, Walgreens, Walmart/Subway
89	Corporate Woods Dr, **E** 🛏 Hampton Inn, **W** 🛏 Woodspring Suites 🅾 F&F/dsl, Sam's Club/dsl
87 b a	I-235, I-35 and I-80
I-35 and I-80 run together 14 mi around NW Des Moines. See I-80, exits 124-136.	
72c	(124 from I-80) University Ave, **See I-80, exit 124.**
72b	I-80 W
72a	I-235 E, to Des Moines
70	Civic Pkwy, Mills, **E** 🍴 Kum&Go/McDonald's 🍴 Fire Creek Grill, Legend's Grill, Quiznos, Starbucks 🅾 Hy-Vee Foods/gas, Verizon, vet, Walgreens, **W** 🍴 Casey's/dsl 🍴 Applebee's, Bar Louie, BoneFish Grill, Bravo Italiana, Buffalo Wild Wings, Caribou Coffee, Cheesecake Factory, Chick-fil-A, Draught House 50, Fleming's Rest., Fuddruckers, Iron Wok, Jimmy John's, Joe's Crabshack, Johnny's Italian Steaks, Joseph's Steaks, Monterrey Mexican, Noodles&Co, On-the-Border, Panda Express, Panera Bread, PF Chang's, Red Robin, Tasty Tacos, Wellman's Grill 🛏 Courtyard, Drury Inn, Hilton Garden, Holiday Inn, Residence Inn 🅾 🅷, $Tree, Aldi Foods, Barnes&Noble, Best Buy, Costco/gas, Dick's, Dillards, Firestone/auto, Kohl's, Lowe's, Old Navy, PetCo, Scheel's Sports, Target, TJ Maxx, Trader Joe's, Verizon, Walmart, Younkers
69 b a	Grand Ave, W Des Moines
68.5mm	Racoon River
68	IA 5, **7 mi E** 🅾 to 🚉, to Walnut Woods SP
65	G14, to Norwalk, Cumming, **W** 🅾 John Wayne Birthplace (14mi), Madison Co Museum (14mi)
61mm	North River
56	IA 92, to Indianola, Winterset, **W** 🅾 Good Life RV Ctr
56mm	Middle River
53mm	🆁🆂 nb, litter barrels, no restrooms
52	G50, St Charles, St Marys, **W** 🍴 Casey's/dsl 🅾 John Wayne Birthplace (14mi), museum (14mi)
51mm	🆁🆂 sb, litter barrels, no restrooms
47	rd G64, to Truro, **W** 🍴 Kum&Go (4mi)
45.5mm	South River
43	rd 207, New Virginia, **E** 🍴 Kum&Go/Subway/dsl
36	rd 152, to US 69, **3 mi E** 🛏 Blue Haven Motel, Evergreen Inn, **W** 🅾 st patrol
34	Clay St, Osceola, **W** 🍴 ▨▨▨/Subway/dsl/scales/24hr 🅾 Lakeside Casino Resort/camping
33	US 34, Osceola, **E** 🍴 Casey's/dsl/scales 🍴 McDonald's, Pizza Hut, Subway 🛏 Best Value Inn, Quality Inn, Super 8 🅾 🅷, Ford, Goodyear, Hy-Vee Foods, O'Reilly Parts, **W** 🍴 BP/Arby's/dsl 🍴 KFC/Taco Bell 🛏 AmericInn 🅾 Harley-Davidson, Walmart
32mm	🆁🆂 both lanes, full ♿ facilities, litter barrels, petwalk, 🅲, 🖼, RV dump, vending, wireless internet
31mm	parking area sb, weigh sta nb

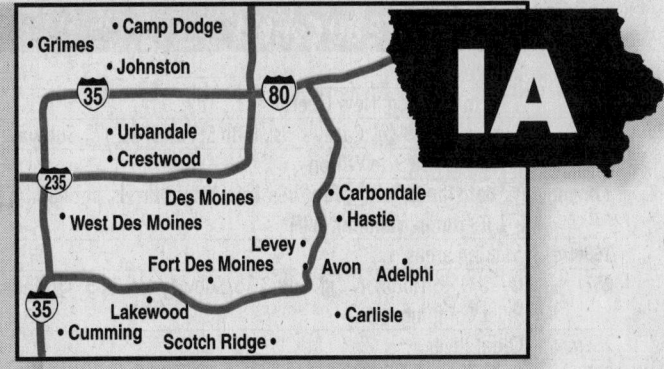

29	rd H45
22	rd J14, Van Wert
18	rd J20, to Grand River
12	rd 2, Decatur City, Leon, **5 mi E** 🍴 Shell/dsl 🛏 Little River Motel (5mi) 🅾 🅷
7.5mm	Grand River
7mm	🆁🆂 both lanes, full ♿ facilities, info, litter barrels, petwalk, 🅲, 🖼, RV dump, vending, wireless internet
4	US 69, to Davis City, Lamoni, **E** to 9 Eagles SP (10mi), **W** 🍴 Casey's (2mi), Kum&Go/dsl/e85 🍴 Maid-Rite Cafe, Pizza Hut (2mi), QC Rest., Subway (2mi) 🛏 Chief Lamoni Motel, Super 8 🅾 auto/truck repair, IA Welcome Ctr
0mm	Iowa/Missouri state line

➡E INTERSTATE 80

Exit #	Services
307mm	Iowa/Illinois state line, Mississippi River
306	US 67, to Le Claire, **N** 🍴 BP/A&W (2mi), Shell/dsl 🍴 Bierstube Grill, Hungry Hobo, McDonald's, Pizza Hut, Steventon's Rest., Subway 🛏 Comfort Inn, Holiday Inn Express, Super 8 🅾 Buffalo Bill Museum, Slagles Foods, **S** 🍴 BP (2mi)
301	Middle Rd, to Bettendorf
300mm	🆁🆂 both lanes, full ♿ facilities, litter barrels, petwalk, 🅲, 🖼, RV dump, vending, WiFi
298	I-74 E, to Peoria, **S** 🅾 st patrol, to 🅷
295 b a	US 61, Brady St, to Davenport, **N** 🍴 BP/dsl 🅾 Fiat, Sears Auto Ctr, to Scott CP, **0-2 mi S** 🍴 BP, KwikStar/dsl, Shell 🍴 Burger King, Cracker Barrel, Happy Joe's Pizza, Hardee's, Hooters, Los Agaves Mexican, McDonald's, Mo Brady's Steaks, Olive Garden, Papa John's, ThunderBay Grille, Village Inn Rest. 🛏 Baymont Inn, Best Western, Casa Loma Suites, Clarion, Country Inn&Suites, Motel 6, Quad City Inn, Quality Inn, Residence Inn, Super 8, Travelodge, Wickliffe Inn 🅾 $General, AutoZone, CarQuest, Firestone/auto, Honda, Hyundai, JC Penney, Lexus, mall, Menards, Nissan, Sears/auto, Tires+, Toyota, US Adventures RV Ctr, vet, Von Maur, VW
292	IA 130 W, Northwest Blvd, **N** 🍴 ⚡FLYING J/Denny's/dsl/LP/scales/24hr, ❤Loves/Arby's/dsl/scales/24hr 🛏 Comfort Inn 🅾 Farm&Fleet, Interstate RV Park (1mi), Peterbilt, truckwash, **S** 🍴 BP/McDonald's/dsl, Sinclair 🍴 Machine Shed Rest. 🛏 Days Inn 🅾 Freightliner
290	I-280 E, to Rock Island
284	Y40, to Walcott, **N** 🍴 ▨▨▨/Arby's/dsl/24hr/scales, TA/IA 80/BP/DQ/Pizza Hut/Taco Bell/Wendy's/dsl/scales/24hr/@ 🍴 Checkered Flag Grille, Gramma's Rest. 🛏 Best Value Inn, Comfort Inn 🅾 Blue Beacon, IA 80 Trucking Museum, IA 80 Truck-o-Mat, SpeedCo Lube, tires, **S** 🍴 ▨▨▨/Subway/dsl/24hr 🍴 McDonald's 🛏 Days Inn 🅾 Cheyenne Camping Ctr, Walcott CP

Sidebar (left margin, rotated): **DES MOINES**   **OSCEOLA**

Sidebar (right margin, rotated): **DAVENPORT**   **IA**

⬆E INTERSTATE 80 Cont'd

Exit #	Services
280	Y30, to Stockton, New Liberty
277	Durant, **2 mi S** 🅿 Casey's/dsl, Fifth St Petro/dsl 🍴 Subway
271	US 6 W, IA 38 S, to Wilton
270mm	Ⓡ🅂 both lanes, full ♿ facilities, info, litter barrels, petwalk, ⓒ, 🖼, RV dump, vending, WiFi
268mm	parking areas
267	IA 38 N, to Tipton, **N** 🅿 Kum&Go/Subway/dsl/e85 Ⓞ Cedar River Camping
266mm	Cedar River
265	to Atalissa, **S** 🅿 🚃/dsl only/scales/24hr
259	to West Liberty, Springdale, **S** 🅿 BP/dsl 🛏 EconoLodge Ⓞ Little Bear Camping
254	X30, West Branch, **N** 🅿 BP/Quiznos/dsl, Casey's Ⓞ Hoover NHS, Jack&Jill Foods, USPO, **S** 🅿 Kum&Go 🍴 Casa Tequila Mexican, McDonald's 🛏 Days Inn Ⓞ Chrysler/Dodge/Jeep
249	Herbert Hoover Hwy, **N** Ⓞ winery (2mi), **S** 🍴 Wildwood Smokehouse Ⓞ golf
246	IA 1, Dodge St, **N** 🅿 BP/Subway/dsl 🍴 Jimmy John's, Joensy's 🛏 Clarion Ⓞ URGENT CARE, **S** 🅿 Sinclair 🍴 Bob's Pizza 🛏 Travelodge
244	Dubuque St, Iowa City, **N** Coralville Lake, **S** Ⓞ ⊞, museum, to Old Capitol
242	to Coralville, **N** 🍴 Twelve 01 Kitchen 🛏 Hampton Inn, Radisson, **S** 🅿 BP, Kum&Go/dsl 🍴 30 Hop Cafe, Applebee's, Arby's, Back Pocket Brewing, Bandana's BBQ, Burger King, Casa Azul, DQ, Dunkin Donuts, Edge Water Grill, Hardee's, IA Riverpower Rest., McDonald's, Milio's Sandwiches, Mondo's Cafe, Monica's Rest., Old Chicago Grill, Panera Bread, Papa John's, Peking Buffet, Perkins, Sparti's Gyros, Subway, Taco John's, Wig&Pen Rest. 🛏 Baymont Inn, Best Western, Big Ten Inn, Comfort Inn, Heartland Inn, Homewood Suites, IA Lodge, Marriott, Quality Inn, Super 7, Super 8 Ⓞ ⊞, auto repair, vet, Von Maur, Walgreens
240	IA 965, to US 6, Coralville, N Liberty, **N** 🅿 BP, Casey's/dsl 🍴 Buffalo Wild Wings, Cheddars, Cheddar's, Culver's, Jimmy John's, La Cava Mexican, McDonald's, Steak'n Shake, TX Roadhouse, Village Inn, Wendy's 🛏 AmericInn, Country Inn&Suites, Suburban Lodge Ⓞ Colony Country Camping (3mi), Costco/gas, Gordman's, Harley-Davidson, Kohl's, Michael's, PetCo, TJ Maxx, URGENT CARE, Walgreens, Walmart/Subway, **S** 🅿 Casey's/dsl 🍴 Caribou Coffee, Chili's, Coldstone, Food Court, Huhot Mongolian, IHOP, Jimmy John's, Longhorn Steaks, Mellow Mushroom, Noodles&Co, Olive Garden, Panchero's Mexican, Papa Murphy's, Pizza Hut, Red Lobster, Starbucks, Taste of China, Which Wich? 🛏 Comfort Suites, Holiday Inn Express, Residence Inn Ⓞ Ace Hardware, Advance Parts, Barnes&Noble, Best Buy, Dillard's, Discount Tire, Hobby Lobby, HyVee Foods/dsl, JC Penney, Lowe's, mall, Old Navy, Scheel's Sports, Target, Tires+, U-Haul, Verizon, Younkers
239b	I-380 N, US 218 N, to Cedar Rapids
239a	US 218 S
237	Tiffin, **N** 🅿 Kum&Go/Subway/dsl 🍴 Jon's Rest (1mi) (seasonal)
236mm	Ⓡ🅂 both lanes, full ♿ facilities, litter barrels, petwalk, ⓒ, 🖼, RV dump, vending, wireless internet
230	W38, to Oxford, **N** Ⓞ Sleepy Hollow Camping, **S** Ⓞ Kalona Village Museum (15mi)
225	US 151 N, W21 S, **N** 🛏 Heritage Inn, to Amana Colonies, **S** 🅿 Casey's 🍴 7 Villages Rest., MaidRite Cafe 🛏 Motel 6, Ramada

Exit #	Services
220	IA 149 S, V77 N, to Williamsburg, **N** 🅿 BP, Casey's/Landma▸ Rest./dsl 🍴 Arby's, McDonald's, Subway 🛏 Cozy House In▸ Crest Motel, Super 8 Ⓞ factory outlets/famous brands, GN▸ Old Navy, **S** 🛏 Days Inn Ⓞ $General, Williamsburg Tire/au▸
216	to Marengo, **N** 🅿 Kum&Go/Subway/dsl Ⓞ ⊞ (8mi)
211	to Ladora, Millersburg, **S** Ⓞ Lake IA Park (5mi)
208mm	Ⓡ🅂 both lanes, full ♿ facilities, litter barrels, petwalk, ⓒ, 🖼 RV dump, vending, wireless internet
205	to Victor
201	IA 21, to Deep River, **N** 🅿 🚃/Subway/dsl/scales/ 24▸ 🛏 Pleasant Stay Inn, **S** 🅿 KwikStar/Denny's/dsl/scale▸ 24hr/@, truck repair
197	to Brooklyn, **N** 🅿 TA/Country Pride/Dunkin Donuts/ds▸ scales/24hr/@
191	US 63, to Montezuma, **S** Ⓞ to Diamond Lake SP (9mi)
182	IA 146, to Grinnell, **0-2 mi N** 🅿 Casey's, Kum&Go/Subwa▸ dsl/24hr 🍴 Casa Margaritas, Grinnell Steakhouse, KFC/Ta▸ Bell, McDonald's, Pizza Ranch 🛏 Best Western, Comfort In▸ Country Inn, Quality Inn, Super 8 Ⓞ $General, Ace Hardwar▸ Buick/Chevrolet/GMC, Chrysler/Dodge/Jeep, ⊞ (4mi), HyVe▸ Foods, O'Reilly Parts, Verizon, vet, Walmart
180mm	Ⓡ🅂 both lanes, full ♿ facilities, litter barrels, petwalk, ⓒ, ▸ playground, RV dump (eb) wireless internet, vending, weath▸ info
179	IA 124, to Oakland Acres, Lynnville
175mm	N Skunk River
173	IA 224, Kellogg, **N** 🅿 Phillips 66/Best Burger/dsl/24hr Ⓞ Ke▸ logg RV Park, Rock Creek SP (9mi), **S** Ⓞ Pella Museum
168	SE Beltline Dr, to Newton, **1 mi N** 🅿 Casey's/dsl, Murph▸ USA/dsl 🍴 Arby's Ⓞ $Tree, KOA (seasonal), Walmart, **S** ▸ 🅿Loves/Chester's/McDonald's/dsl/scales, Valero/dsl ▸ AmericInn, Boulders Inn Ⓞ Iowa Speedway
164	US 6, IA 14, Newton, **N** 🅿 Casey's/dsl, Phillips 66/Subwa▸ dsl 🍴 Culver's, KFC/Taco Bell, MT Mikes, Okoboji Grill, Pe▸ kins, Pizza Ranch 🛏 Days Inn, EconoLodge, Quality Inn, Sup▸ 8 Ⓞ ⊞, museum, **S** 🛏 Best Value Inn Ⓞ Cadillac/Chevr▸ let, Chrysler/Jeep/Dodge, Ford/Lincoln, to Lake Red Rock
159	F48, to Jasper, Baxter
155	IA 117, Colfax, **N** 🅿 BP/McDonald's/dsl 🍴 Subway 🛏 Co▸ fax Inn, Microtel Ⓞ truck repair, **S** 🅿 Casey's, Kum&Go/p▸ za/dsl/e85/24hr
153mm	S Skunk River
151	weigh sta wb
149	Mitchellville
148mm	Ⓡ🅂 both lanes, full ♿ facilities, litter barrels, petwalk, ⓒ, ▸ RV dump, vending, wireless internet
143	Altoona, Bondurant, **S** 🅿 Casey's/dsl, Kum&Go/dsl 🛏 Ham▸ ton Inn, Holiday Inn Express
142b a	US 65, Hubble Ave, Des Moines, **S** 🅿 BP, ✈FLYING J/Max▸ Diner/dsl/scales/24hr/@, Git'n Go 🍴 Bianchi Boys Pizz▸ Big Steer Rest., Burger King, Culver's, Jethro's BBQ, KFC/Tac▸ Bell, McDonald's/playplace, Perkins, Pizza Hut, Subway, Tac▸ John's 🛏 Adventureland Inn, Best Western, Comfort Inn, M▸ tel 6, Quality Inn Ⓞ Adventureland Funpark, Blue Beaco▸ camping, casino, Freightliner, Peterbilt
141	US 6 W, US 65 S, Pleasant Hill, Des Moines, **S** 🍴 Uncle Buck▸ Grill Ⓞ Bass Pro Shops
137b a	I-35 N, I-235 S, to Des Moines
I-80 W and I-35 S run together 14 mi.	
136	US 69, E 14th St, Camp Sunnyside, **N** 🅿 BP/dsl, C▸ sey's 🍴 Bonanza Steaks, MT Mikes 🛏 Budget Inn, Mot▸

E   INTERSTATE 80 Cont'd

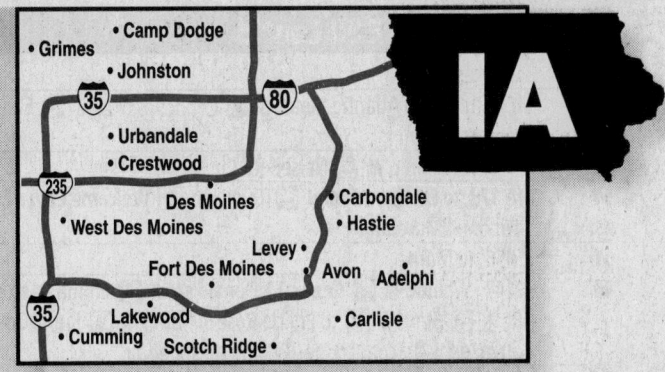

136	Continued
	6, Quality Inn, Rodeway Inn 🅾 Allied Tire, antiques, Volvo, **0-1 mi S** 🚉 Casey's/dsl, QT/Burger King/dsl/scales/24hr, Star Gas 🍴 Arby's, Fazoli's, Hardee's, KFC, McDonald's, Papa Murphy's, Pueblo Viejo Mexican, Subway, Taco Bell, Taco John's, Village Inn, Wendy's 🏨 Baymont Inn, Travelodge 🅾 $General, Advance Parts, Aldi Foods, AutoZone, CarX, Family$, O'Reilly Parts, Tires+, TruckLube, USPO
135	IA 415, 2nd Ave, Polk City, **N** 🚉 Kum&Go/dsl 🍴 Smokey D's BBQ 🅾 antiques, Harley-Davidson, Ryder Trucks, **S** 🍴 Git'n Go, QT, Shop&Save 🅾 Earl's Tire, NAPA, st patrol
133mm	Des Moines River
131	IA 28 S, NW 58th St, **N** 🚉 Casey's, QT 🍴 Bandit Burrito, Chopsticks, DQ, El Mariachi Mexican, Greenbriar Rest., Jimmy John's, Pagliai's Pizza, Panera Bread, Sonic, Subway, VanDee's Icecream/Sandwiches 🏨 AmericInn 🅾 Ace Hardware, Acura, Audi/VW, Goodyear/auto, Hy-Vee Food/dsl, USPO, vet, **S** 🚉 BP/dsl/LP/24hr, Casey's, QT 🍴 Applebee's, Arby's, Bamboo Buffet, Bennigan's, Buffalo Wild Wings, Burger King, Carlos O'Kelly's, Chipotle Mexican, Cici's Pizza, Dunkin Donuts, Famous Dave's BBQ, Fazoli's, Hardee's, IHOP, Jimmy John's, KFC, McDonald's, Noodles&Co, Old Chicago, Panda Express, Perfect Taco, Perkins, Pita Pit, Popeye's, Starbucks, Subway, Taco John's, Wendy's 🏨 Days Inn, EconoLodge, Holiday Inn, Quality Inn, Ramada/Rest., Super 8 🅾 $Tree, Advance Parts, AT&T, Big Lots, BigLots, CarX, Chevrolet, Dahl's Food/Fuel, Firestone/auto, Ford, Goodyear/auto, Hobby Lobby, Kia, Kohl's, mall, NAPA, Nissan, Office Depot, Old Navy, PriceChopper, Sears/auto, Staples, Target, Toyota/Scion, URGENT CARE, Verizon, vet, Younkers
129	NW 86th St, Camp Dodge, **N** 🚉 Kum&Go 🍴 Burger King, Legends Grill, McDonald's, Okoboji Grill, Panchero's Mexican, Planet Sub, Starbucks, TX Roadhouse, Village Inn 🏨 Hilton Garden, Stoney Creek Inn, TownePlace Suites 🅾 Dahl's Foods, Verizon, **S** 🚉 Casey's, Kum&Go/dsl 🍴 Arby's, B-Bops Burgers, Culver's, Friedrich's Coffee, Overtime Grill, Papa Murphy's, Pizza Ranch, Ruby Tuesday, Subway, Viva La Bamba 🏨 Fairfield Inn, Hampton Inn, Holiday Inn Express, Microtel 🅾 Walgreens
127	IA 141 W, Grimes, **N** 🚉 BP/dsl, QT/dsl 🍴 MaidRite Cafe, McCoy's Grill, Subway 🅾 to Saylorville Lake, Toyota/Scion, **S** 🚉 Kum&Go/dsl/e85 🍴 McDonald's, Quiznos 🅾 Firestone/auto, Home Depot, Target
126	Douglas Ave, Urbandale, **E** 🚉 Casey's/dsl 🏨 EconoLodge, Extended Stay America 🅾 Chevrolet, **W** 🚉 Kum&Go/dsl, 🚚 /Subway/dsl/scales/24hr/@ 🍴 Mama Lacona's
125	US 6, Hickman Rd, **E** 🍴 IA Machine Shed Rest., Subway 🏨 Hotel Renovo, Sleep Inn 🅾 CarMax, Fiat, Honda, Hyundai, to Living History Farms, **W** 🚉 Kum&Go/dsl, 💙Love's/Denny's/dsl/scales/LP/24hr 🅾 Chrysler/Dodge/Jeep, Menards, **S** 🍴 Starbucks 🏨 Clive Hotel
124	(72c from I-35 nb), University Ave, **E** 🚉 Git'n Go/dsl 🍴 Applebee's, Bakers Square, Chili's, Chuck-fil-A, Huhot Mongolian, Jason's Deli, KFC, Little Caesars, McDonald's, Mi Mexico, Outback Steaks, Qdoba Mexican, RockBottom Rest./brewery, Starbucks, TCBY, Twin Peaks, Wobbly Boots BBQ 🏨 Courtyard, Days Inn, Sheraton, Sterling Suites, Super 8, Wildwood Lodge 🅾 AT&T, Barnes&Noble, Best Buy, Home Depot, Kohl's, Lowe's, Marshall's, Office Depot, Petsmart, Target, Verizon, Whole Foods Mkt, World Mkt, **W** 🚉 Kum&Go/Burger King, QT 🍴 Biaggi's

124	Continued
	Rest, Caribou Coffee, Cracker Barrel, El Rodeo Mexican, Jersey Mike's, Other Place Grill, Panera Bread, Red Rossa Pizza, Wendy's, Z'Marik's Cafe 🏨 Best Western, Country Inn&Suites, La Quinta 🅾 Ⓗ, Granite City Food, Walgreens, **S** 🍴 Mi Mexico
I-80 E and I-35 N run together 14 mi.	
123b a	I-80/I-35 N, I-35 S to Kansas City, I-235 to Des Moines
122	(from eb) 60th St, W Des Moines, **N** 🅾 Ⓗ, same as 121
121	74th St, W Des Moines, **N** 🍴 Biaggi's Rest., Panera Bread, Red Rossa Pizza 🏨 Hampton Inn, Staybridge Suites 🅾 Ⓗ, Granite City Foods, HyVee Food/gas, Walgreens, **S** 🚉 Kum&Go/Subway 🍴 Arby's, Burger King, CK's, Culver's, McDonald's, Perkins, Quiznos, Taco John's 🏨 Candlewood Suites, Fairfield Inn, Marriott, Motel 6, SpringHill Suites, vet
118	Grand Prairie Pky, **N** 🚉 Kum&Go/dsl
117	R22, Booneville, Waukee, **N** 🚉 Kum&Go/dsl/e85 🍴 Organic Farm Rest. 🅾 Timberline Camping (2mi), **S** 🍴 Rube's Steaks, Waveland Rest. (2mi)
115mm	weigh sta eb
113	R16, Van Meter, 1 mi **S** 🚉 Casey's 🅾 Veteran's Cemetary
112mm	N Racoon River
111mm	Middle Racoon River
110	US 169, to Adel, DeSoto, **N** 🅾 camping (6mi), **S** 🚉 Casey's/dsl, Kum&Go/dsl/e85 🏨 Countryside Inn, Edgetowner Motel 🅾 $General, John Wayne Birthplace (14mi), USPO
106	F90, P58, **N** 🅾 KOA (apr-oct)
104	P57, Earlham, **S** 🚉 Casey's (1mi)
100	US 6, to Redfield, Dexter, **N** 🚉 Casey's (2mi) 🍴 Drew's Chocolate (2mi)
97	P48, to Dexter, **N** 🚉 camping, Casey's (2mi)
93	P28, Stuart, **N** 🚉 Casey's/dsl/scales, Kum&Go/dsl/e85 🍴 Burger King, McDonald's/playplace, Subway 🏨 AmericInn, Best Value a Inn 🅾 $General, camping (7mi), Chevrolet, city park, Hometown Foods, **S** 🚉 Phillips 66/dsl 🍴 Country Kitchen 🏨 Economy Inn 🅾 NAPA
88	P20, Menlo
86	IA 25, to Greenfield, Guthrie Ctr, **N** 🅾 to Spring Brook SP, **S** 🅾 Hospital (13mi)
85mm	Middle River
83	N77, Casey, 1 mi **N** 🚉 Kum&Go 🅾 camping
80.5mm	🆁🆂 both lanes, full ♿ facilities, litter barrels, petwalk, 🚻, 🏕, RV dump, vending, wireless internet
76	IA 925, N54, Adair, **N** 🚉 Casey's/dsl, Kum&Go/Subway/dsl 🍴 Chuck Wagon Rest. 🏨 Adair Budget Inn, Super 8 🅾 camping, city park
75	G30, to Adair
70	IA 148 S, Anita, **S** to Lake Anita SP (6mi)
64	N28, to Wiota
61mm	E Nishnabotna River

⬆️E INTERSTATE 80 Cont'd

Exit #	Services
60	US 6, US 71, to Atlantic, Lorah, **S** 🅖 Conoco/dsl/24hr 🏠 Sunset Inn
57	N16, to Atlantic, **N** 🅞 Nelsen RV Ctr, **S** 🅞 🅷 (7mi)
54	IA 173, to Elk Horn, **6 mi N** 🏠 Tivoli Inn 🅞 **Welcome Ctr/wifi**, Windmill Museum
51	M56, to Marne
46	M47, Walnut, **N** 🅖 Cenex/McDonald's/dsl 🍴 Emma Jean's Rest. 🏠 Super 8 🅞 to Prairie Rose SP (8mi), **S** 🅖 Kum&Go/pizza/dsl 🏠 EconoLodge/RV Park, tires/repair
44mm	weigh sta wb/parking area eb
40	US 59, to Harlan, Avoca, **N** 🅖 *FLYING J*/Taco John's/Maid-Rite Cafe/dsl/24hr/scales 🍴 Subway 🏠 Cobblestone Inn, Motel 6 🅞 🅷 (12mi), truckwash, **S** 🅖 Casey's/dsl, Shell/dsl 🍴 Embers Rest. 🏠 Acova Motel, Capri Motel 🅞 Avoca Foods, Farmall-Land Museum (seasonal), Nishna Museum
39.5mm	W Nishnabotna River
34	M16, Shelby, **N** 🅖 BP/rest./dsl/e85, Shell/Cornstalk Cafe/dsl 🍴 DQ, Godfather's 🏠 Shelby Country Inn/RV Park, **S** 🅖 ❤️Love's/McDonald's/Chester's/dsl/scales/24hr
32mm	🆁🆂 both lanes, parking only
29	L66, to Minden, **S** 🅖 Casey's/dsl 🏠 Midtown Motel (2mi) 🅞 winery (4mi)
27	I-680 W, to N Omaha
23	IA 244, L55, Neola, **S** 🅖 Kum&Go/dsl/e85 🅞 camping, to Arrowhead Park
20mm	**Welcome Ctr eb**/🆁🆂 **wb, full** ♿ **facilities, litter barrels, petwalk,** 🄲, 🚮, **RV dump, vending, Wireless Internet**
17	G30, Underwood, **N** 🅖 Cenex/Subway/dsl/24hr 🏠 Underwood Motel 🅞 truck/tire repair
8	US 6, Council Bluffs, **N** 🅖 Casey's/dsl (1mi) 🅞 $General, 🅷 (3mi), K-Mart, **S** 🅞 st patrol
5	Madison Ave, Council Bluffs, **N** 🅖 BP/dsl 🍴 Burger King, FoodCourt, Great Wall Chinese, KFC, McDonald's, Papa Murphy's, Starbucks, Subway 🏠 AmericInn 🅞 HyVee Foods/drug, Verizon, Walgreens, **S** 🅖 Phillips 66 🍴 DQ, Village Inn Rest. 🏠 Western Inn 🅞 Family Fare Mkt
4	I-29 S, to Kansas City
3	IA 192 N, Council Bluffs, **N** 🅞 to Hist Dodge House, **S** 🅖 Casey's/dsl, Shell/dsl, TA/Valero/Country Pride/dsl/scales/24hr/@ 🍴 Applebee's, Beijing Rest., Burger King, Cracker Barrel, Dickey's BBQ, DQ, Fazoli's, Golden Corral, Hardee's, Huhot Mongolian, Jimmy John's, La Mesa Mexican, LJ Silver, McDonald's, Perkins, Red Lobster, Subway, Taco Bell 🏠 Days Inn, Fairfield Inn, Motel 6, Red Roof Inn 🅞 Advance Parts, Aldi Foods, Best Buy, Buick/GMC, Cadillac/Chevrolet, Chrysler/Dodge/Jeep, Ford, Freightliner, Gordman's, Home Depot, Hyundai/Subaru, Kia, Menards, Nissan, Outdoor Recreation RV, Sam's Club/gas, truck/dsl repair, U-Haul, Walmart/Subway
1b	S 24th St, Council Bluffs, **N** 🅖 BP, Casey's, 🅻🅾🆅🅴🆂/Arby's/scales/dsl/24hr, Sapp Bros/Burger King/dsl 🍴 Famous Dave's BBQ, Hooters, Quaker Steak&Lube, Ruby Tuesday, Uncle Buck's 🏠 American Inn, Best Western, Country Inn&Suites, Hilton Garden, Holiday Inn Express, Microtel, SpringHill Suites, Super 8 🅞 Bass Pro Shop, Blue Beacon, Camping World RV Ctr, casino, Horseshoe RV Park, Peterbilt, SpeedCo, **S** 🍴 Culver's, TX Roadhouse 🅞 **Welcome Ctr, full facilities**, JC Penney, PetCo, ShopKO
1a	I-29 N, to Sioux City
0mm	Iowa/Nebraska state line, Missouri River

⬆️N INTERSTATE 235 (Des Moines)

Exit #	Services
15	I-80, E to Davenport
12	US 6, E Euclid Ave, **E** 🅖 Casey's 🍴 Burger King, Drago House Chinese, Papa John's, Perkins, Tasty Tacos 🅞 $Tree, HyVee Foods/drug, Walgreens, **W** 🅖 QT/dsl 🅞 Midas, NAPA
11	Guthrie Ave, **W** 🅖 Kum&Go/dsl 🅞 CarQuest
10b a	IA 163 W, E University Ave, Easton Dr
9	US 65/69, E 14th, E 15th, **N** 🍴 Subway 🅞 Walgreens **S** 🅖 🍴 McDonald's, Quiznos, Tasty Tacos 🅞 🅷, st capitol, URGENT CARE, zoo
8b	E 6th St, Penn Ave (from wb), **N** 🅞 🅷
8a	3rd St, 5th Ave, **N** 🏠 Holiday Inn 🅞 🅷, **S** 🏠 Embassy Suites, Marriott, Quality Inn 🅞 Conv Ctr
7	Keo Way
6	MLK Blvd/31st St, **N** 🅞 Drake U, **S** 🅞 🏛️, Governor's Mansion
5b	42nd St, Science & Art Ctr, **N** 🅖 Git'n Go 🍴 Papa John's 🅞 Drake Automotive
5a	56th St (from wb), **N** 🅞 golf
4	IA 28, 63rd St, to Windsor Heights, **S** 🅞 Historic Valley Jct, zoo
3	8th St, W Des Moines, **N** 🅖 Kum&Go 🍴 B-Bop's Café, Burger King, Papa Murphy's, Starbucks 🅞 HyVee Foods, PetCo, Sam's Club/gas, Walmart/Subway, **S** 🅖 BP, Kum&Go/dsl/e85 🍴 Dunkin Donuts, Jimmy John's, Lemon Grass Thai, Tacos Andreas 🏠 Days Inn
2	22nd St, 24th St, W Des Moines, **N** 🅖 BP, Casey's/dsl, Kum&Go/dsl, QT/dsl 🍴 Arby's, ChuckeCheese, Culver's, Famous Dave's BBQ, Hardee's, Hibachi Buffet, Jethro's BBQ, McDonald's, SmashBurger, Taco Bell, Village Inn 🅞 $Tree, Car×, Firestone/auto, Gordman's, Meineke, Michael's, Midas, Walgreens
1b	Valley West Dr, W Des Moines, **N** 🅖 BP/dsl 🍴 Chipotle Mexican, Cozy Cafe, Hamilton's Rest., Hurricane Grill, Jimmy John's, La Hacienda, Noodles&Co, Olive Garden, Panda Express, Panera Bread, Red Lobster, Subway 🏠 Valley West Inn 🅞 AT&T, Best Buy, Home Depot, HyVee Foods, JC Penney, mall, Marshall's, Target, Von Maur, Whole Foods Mkt, Younker's

I-235 begins/ends on I-80, exit 123.

⬆️E INTERSTATE 280 (Davenport)

Exit #	Services
18b a	I-74, US 6, Moline, **S** 🅖 Shell/dsl 🍴 Bare Bones BBQ, McDonald's, MT Jack's 🏠 Best Inn, Country Inn&Suites, Hampton Inn, Holiday Inn Express, La Quinta, Motel 6, Quality Inn 🅞 🆂
15	Airport Rd, Milan, **1 mi N** 🍴 Hardee's, MaidRite Café, McDonald's, Subway 🅞 auto repair, Buick/Chevrolet, Firestone
11b a	IL 92, to Andalusia, Rock Island, **S** 🏠 Jumer's Hotel/casino/rest. 🅞 KOA Camping
9.5mm	Iowa/Illinois state line, Mississippi River
8	rd 22, Rockingham Rd, to Buffalo
6	US 61, W River Dr, to Muscatine, **W** 🅞 camping, 🅖
4	Locust St, rd F65, 160th St, **E** 🅞 🅷, St Ambrose U, to Palmer Coll, **W** 🅖 Shell/Subway/dsl
1	US 6 E, IA 927, Kimberly Rd, to Walcott, **3 mi E** 🅖 Murphy USA/dsl 🍴 Applebee's, Culver's, Harlan's Rest., Steak 'n Shake, Subway, Wendy's 🅞 Discount Tire, GNC, Walmart

I-280 begins/ends on I-80, exit 290.

DES MOINES (vertical side text)

IA   **COUNCIL BLUFFS** (vertical side text)

🚏 INTERSTATE 380 (Cedar Rapids)

Exit #	Services
73mm	I-380 begins/ends on US 218, 73mm in Waterloo. **E** 🅿 BP/dsl, **W** 🅿 Clark 🍴 Pizza Hut
72	San Marnan Dr, **W** 🅿 Casey's, Kwik Star/Dallas/e85 🍴 A&W/ LJ Silver, Applebee's, Burger King, Carlos O'Kelly's, Chick-fil-A, DQ, Freddie's, Hardee's, IHOP, Jimmy John's, Little Ceasar's, Lone Star, Longhorn Steaks, McDonald's, Noodles&Co, Olive Garden, Panchero's, Panda Express, Panera Bread, Red Lobster, Starbucks, Subway, Taco Bell, Taco John's, Tokyo Bay, Wendy's 🏠 Baymont Inn, Candlewoods Suites, Comfort Inn, Country Inn&Suites, Days Inn, Fairfield Inn, Hampton Inn, Holiday Inn Express, Motel 6, Super 8 🅾 Advance Parts, Aldi Foods, AT&T, Barnes & Noble, Best Buy, Chevrolet, Chrysler/Dodge/ Jeep, CVS Drug, Dick's, Dillards, Ford, Gordman's, Hobby Lobby, Home Depot, HyVee Foods, Jo-Ann Fabrics, KIA, Menards, PetCo, PetsMart, Sears/auto, Staples, Target, Tires+, TJ Maxx, Verizon, Walmart
71	I-380, US 20, IA 27, Cedar Rapids, Cedar Falls, Dubuque US 18 **W** 🏠 Isle Hotel/Casino
70	River Forest Rd
68	Elk Run Heights, Evansdale Dr, **E** ⭐FLYING J/Denny's/dsl/ scales/24hr, 🅿Pilot/RR/Junie's/Subway/dsl/scales/24hr/@ 🍴 Arby's, McDonald's 🏠 Days Inn 🅾 Freightliner, Paine's RV Ctr, truckwash/repair
66	Gilbertville, Raymond
65	US 20 E, Dubuque
62	rd d-38, Gilbertville
55	rd v-65, Jesup, La Port, **W** 🅾 Hickory Hills Park, McFarlane Park
54mm	weigh sta sb
51mm	weigh sta nb
49	rd d-48, Brandon, 1 mi **W** 🍴, 🅿
43	IA 150, Independence, Vinton, **E** 🅿 Casey's/dsl 🏠 Urbana Inn Suites 🅾 truckwash
41	Urbana, **E** 🅾 Lazy Acres RV Park, **W** 🅿 Casey's/dsl 🅾 $General
35	rd w-36, Center Point, **E** 🅿 BP, Casey's, Sinclair/McDonald's/ Subway/dsl/scales/24hr 🅾 $General, Chrysler/Dodge/Jeep/ Ford, **W** 🅾 Pleasant Creek SRA (5mi)
28	rd e-34, Robins, Toddville, **E** 🅿 BP/dsl, **W** 🅾 Wickiup Outdoor Learning Ctr (5mi)
25	Boyson Rd, Hiawatha, **E** 🅿 Casey's 🍴 Culver's 🅾 Buick/ GMC/Cadillac, Ketelsen RV Ctr, Kia, Nissan, Subaru, **W** 🅿 🅾 Toyota/Mazda

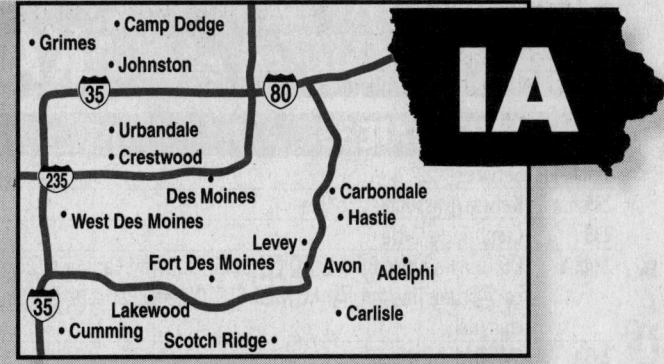

Exit #	Services
24	IA 100, Blairs Ferry Rd, **E** 🅿 KwikShop/dsl 🍴 Buffalo Wild Wings, Domino's, Hardee's, KFC, Las Glorias Mexican, McDonald's, Scott Family Rest., Wendy's 🏠 Comfort Inn, Country Inn&Suites, Days Inn, Residence Inn 🅾 Advance Parts, Chrysler/Dodge/Jeep, CVS Drug, Honda, O'Reilly Parts, Target, **W** 🅿 Fas Fuel 🍴 Adelitas Mexican, Arby's, Burger King, Dunkin' Donuts, Freddy's, Pizza Hut, Starbucks, Subway, Taco Bell 🅾 Aldi Foods, AutoZone, GNC, Lowe's, Sam's Club/gas, Walmart
22	Glass Rd, 32nd St, **E** 🅿 KwikShop/dsl 🍴 Papa Johns
21	H St, Cedar Rapids, downtown
20b	7th St E, Cedar Rapids, **E** 🅾 🅷, downtown
20a	US 151 Bus., **E** 🏠 DoubleTree
19b	1st Ave W, **W** 🏠 Best Western 🅾 NAPA
18	Wilson Ave, 🅾 museums
17	33rd ave SW, Hawkeye Downs, **W** 🅿 Casey's, Casey's/dsl (2) 🍴 Burger King, Cancun, McDonald's, Taco Bell, Wendy's 🏠 Clarion, Econolodge, Economy Inn, Fairfield Inn, Hampton Inn, Holiday Inn Express, Hometown Inn, Motel 6, Quality Inn, Red Roof Inn, Residence Inn, Super 8, Super 8
16	US 30 W, US 151 S, US 218 N, Tama
13	Ely, **W** 🅿 Casey's/A&W/dsl, Casey's/dsl/scales, Kwik Star/ dsl/e85 🍴 McDonald's, Subway 🏠 AmericInn, Country Inn&Suites 🅾 🆁🆂
12mm	🆁🆂 both lanes, littler barrels, petwalk, 🍴, 🏠, RV Dump, vending, wireless internet
10	rd f-12, Shueyville, Swisher, **E** 🅿 BP/dsl 🅾 Lake Mcbride SP, **W** 🅾 Amana Colonies
8mm	Iowa River
4	rd f-28, North Liberty, **E** 🅿 Casey's/Blimpie, Kum&Go/dsl/ e85 🏠 Sleep Inn 🅾 Colony Country RV Park (5mi)
0b a	I-80 E to Iowa City, W to Des Moines, I-380 **begins/ends on I-80.**

IA *(tab right margin)*

NOTES

KANSAS

KANSAS CITY AREA

KS

Ⓝ	INTERSTATE 35
Exit#	Services
235mm	Kansas/Missouri state line
235	Cambridge Circle
234b a	US 169, Rainbow Blvd, **E** 🅖 🆏 Sonic, Subway, Taqueria Mexico 🏠 Oak Tree Inn 🅞 KU MED CTR, O'Reilly Parts, **W** 🅖 Sinclair/dsl
233a	SW Blvd, Mission Rd
233b	37th Ave (from sb)
232b	US 69 N, **E** 🅖 Phillips 66/dsl, QT 🆏 Burger King, China Star, Cici's, McDonald's, Subway, Taco Bell 🅞 Aldi Foods, Lowe's, Price Chopper, Walgreens, Walmart
232a	Lamar Ave, **E** 🅖 🏠 Wood Spring Suites
231b a	I-635 (exits left from sb)
230	Antioch Rd (from sb)
229	Johnson Dr, **E** 🅖 QT/dsl 🆏 Chili's, China Garden, Jack-in-the-Box, Jimmy John's, McDonald's, Starbucks, Subway, Taco Bell 🅞 AT&T, Dick's, GNC, Hen House Mkt, Hobby Lobby, Home Depot, IKEA, Marshall's, Old Navy, Petsmart, Verizon, Walgreens, **W** 🅖 Cenex/dsl
228b	US 56 E, US 69, Shawnee Mission Pkwy, **E** 🅖 Shell 🆏 Caribou Coffee, Denny's, Krispy Kreme 🏠 Drury Inn, Extended Stay America, Super 8 🅞 BMW/Mini, **W** 🆏 A&W, Arby's, LJ Silver, McAlister's Deli, Panera Bread, Pizza Hut, Subway 🅞 AutoZone, Discount Tire, Famil$, Firestone/auto, Ford, Goodyear/auto, Jo-Ann Fabrics, O'Reilly Parts, Russell Stover, Walgreens
228a	67th St, **E** 🏠 Quality Inn 🅞 CarMax, **W** 🅖 Phillips 66/dsl 🅞 Hyundai, Infiniti, Jaguar, Land Rover, Lexus, Maserati, Mercedes, Porsche Smart, Toyota/Scion
227	75th St, **E** 🆏 McDonald's 🏠 Extended Stay America 🅞 Ⓗ, Acura, Audi, Walmart, **W** 🅖 QT/dsl 🆏 Domino's, Sonic, Starbucks, Subway, Taco Bell, Wendy's 🏠 Hampton Inn 🅞 Hyundai, URGENT CARE
225b	US 69 S (from sb), Overland Pkwy
225a	87th St, **E** 🅖 🆏 Green Mill Rest, Wendy's 🏠 Holiday Inn, **W** 🅖 Phillips 66/dsl 🆏 Dunkin Donuts, Taco Bell, Zarda BBQ
224	95th St, **E** 🆏 Applebee's, BD Mongolian BBQ, Burger King, Cheddar's, Chick-fil-A, Chipotle Mexican, Five Guys, Houlihan's, Jimmy John's, KFC, McDonald's, Noodles&Co, On-the-Border, Outback Steaks, Panda Express, Pie Five, Subway, Taco Bell, Winstead's Cafe, Zoe's Kitchen 🏠 Crossland Suites, Crowne Plaza, La Quinta, Motel 6, Quality Inn, Super 8 🅞 Ⓗ, Advance Parts, Barnes&Noble, Best Buy, Dillard's, Firestone/auto, Hobby Lobby, JC Penney, Kohl's, Macy's, mall, Nordstrom, Office Depot, PetCo, Ross, Sam's Club/gas, Target, Verizon, **W** 🅖 Phillips 66 🆏 Mi Ranchito 🅞 Costco/gas, O'Reilly Parts, U-Haul
222b a	I-435 W & E
220	119th St, **E** 🅖 Conoco/7-11, Phillips 66, Phillips 66/dsl 🆏 A&W, Buffalo Wild Wings, Burger King, Chick-fil-A, Chipotle Mexican, Chuy's, Coldstone, Cracker Barrel, Firehouse Subs, Five Guys, Five Guys, Freddy's, Granite City Cafe, Hira's Steak, IHOP, Jimmy John's, KC Joe's BBQ, KC Super Buffet, LJ Silver, Master Wok, McDonald's, Mr Gyros Greek, Noodles&Co, Old Chicago, Olive Garden, Panda Express, Panera Bread, Papa Murphy's, Pei Wei, Penn Sta Subs, Pie Five, Planet Sub, Popeye's, Red Lobster, Schlotzsky's, Smashburger, Starbucks, Steak'n Shake, Subway, Taco Bell, Twin Peaks, TX Roadhouse, Wendy's, Zaxby's, Zoe's Kitchen 🏠 Fairfield Inn, Hampton Inn,

OLATHE

OTTAWA

220	**Continued**
	Hilton Garden, Holiday Inn Express, Residence Inn, Woo Spring Suites 🅞 AT&T, Best Buy, Chrysler/Dodge/Jeep, Dick' Fiat, GNC, Goodyear/auto, Home Depot, Honda, Marshall' Michael's, Natural Grocers, NTB, Old Navy, Petsmart, Ros Target, U-Haul, Verizon, Whole Foods Mkt, **W** 🆏 Houlihan' Jason's Deli, Longhorn Steaks, Starbucks 🅞 Bass Pro Shops
218	135th, Santa Fe St, Olathe, **E** 🅖 Phillips 66/dsl 🆏 Apple bee's, Burger King, Chapala Mexican, China Buffet, Church' McDonald's, Other Place Grill, Papa John's, Perkins, Pizza S Sheridan's Custard, Subway, Taco Bell 🅞 $General, $Tree Ace Hardware, Aldi Foods, AutoZone, BigLots, Discount Food Ford/Lincoln, GNC, Hobby Lobby, Kohl's, Midas, Office Depo vet, **W** 🅖 🆏 Domino's, KFC, McDonald's, Subway, Tac Bell, Waffle House 🏠 Rodeway Inn 🅞 Aamco, Advance Parts, Buick/GMC, Chevrolet, Harley-Davidson, Hyundai, Kia Meineke, Nissan, O'Reilly Parts, Subaru, Toyota/Scion, VW
217	Old Hwy 56 (from sb), same as 215
215	US 169 S, KS 7, Olathe, **E** 🅖 Phillips 66/dsl, QT/dsl 🆏 Ch potle Mexican, IHOP, Jimmy John's, MOD Pizza, Panera Brea Red Robin 🏠 Candlewood Suites, Quality Inn 🅞 Aldi Food Discount Tire, GNC, Home Depot, Jiffy Lube, NTB, Targe **W** 🅖 Phillips 66/dsl/scales/24hr 🆏 54th St Grill, Chili' McDonald's, Taco Bell, Wendy's 🏠 Best Western, Days In Econolodge, La Quinta, Motel 6 🅞 Ⓗ, Burlington Coats, Mazd
214	Lone Elm Rd, 159th St
213mm	weigh sta both lanes
210	US 56 W, Gardner, **W** 🅖 Phillips 66/dsl, QT/dsl 🆏 Arby' Burger King, KFC, McDonald's, Perkins, Pizza Hut, Sonic, Sub way, Taco Bell, Waffle House 🏠 Super 8 🅞 AutoZone, Pric Chopper, Walgreens, Walmart
207	US 56 E, Gardner Rd, **E** 🅞 Olathe RV Ctr, **W** 🅖 Phillips 66 dsl, Phillips 66/dsl (2)
205	Homestead Lane
202	Edgerton
198	KS 33, to Wellsville, **W** food, gas
193	Tennessee Rd, Baldwin
188	US 59 N, to Lawrence
187	KS 68, Ottawa, **W** 🅖 Phillips 66/dsl 🅞 Central RV Ctr, Mid west RV Ctr
185	15th St, Ottawa
183	US 59, Ottawa, **E** 🅖 ♥Love's/Hardee's/dsl/scales/24h **W** 🅖 BP, Ottawa/dsl, Phillips 66/dsl 🆏 Applebee's, Burge King, Freddy's, McDonald's, Nagoya Japanese, Old 56 Rest Pizza Hut, Sirloin Stockade, Taco Bell, Wendy's 🏠 Best Wes ern, Comfort Inn, Days Inn, EconoLodge, Super 8 🅞 Ⓗ, $Gen eral, $Tree, Advance Parts, Ford, Walmart
182b a	US 50, Eisenhower Rd, Ottawa
176	Homewood, **W** 🅞 RV camping
175mm	Ⓡˢ both lanes, full ♿ facilities, litter barrels, petwalk, Ⓒ, Ⓕ RV dump, vending, wireless internet
170	KS 273, Williamsburg, **W** 🅖 Gas&Food
162	KS 31 S, Waverly
160	KS 31 N, Melvern
155	US 75, Burlington, Melvern Lake, **E** 🅖 Conoco/Subway/ds TA/Shell/Wendy's/dsl/scales/24hr/@ 🏠 Wyatt Earp In 🅞 dsl repair
148	KS 131, Lebo, **E** 🅖 Casey's, Cenex/dsl 🏠 Universal In 🅞 $General, **W** 🅞 to Melvern Lake

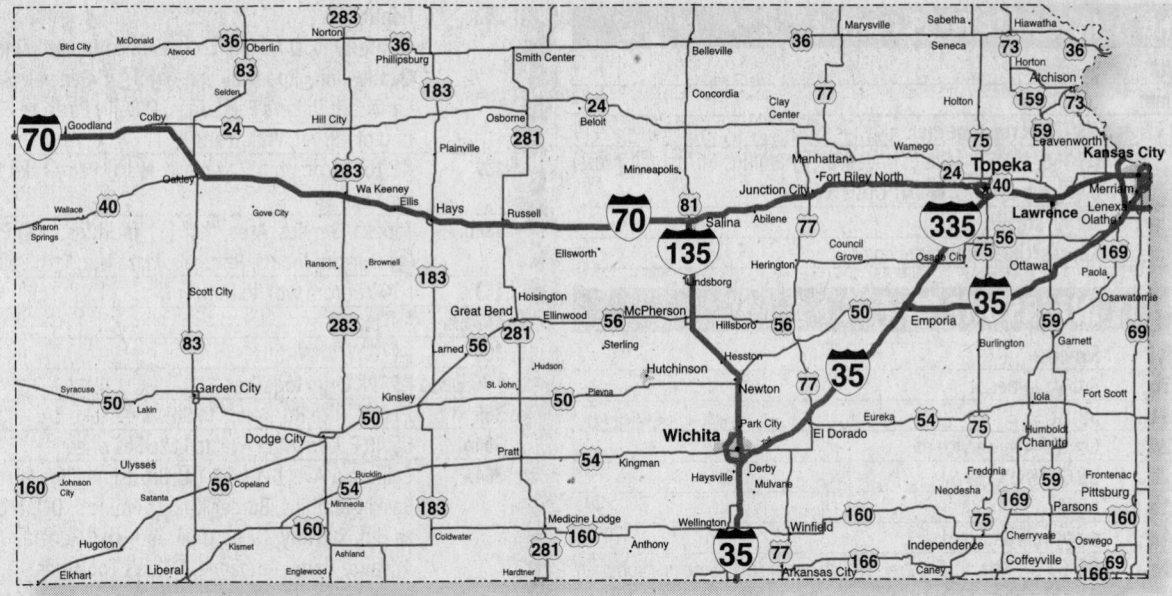

N	**INTERSTATE 35 Cont'd**		

Exit#	Services
141	KS 130, Neosho Rapids, **E** Ⓞ NWR (8mi)
138	County Rd U
135	County Rd R1, **W** Ⓞ Dieker RV Ctr, RV camping/🚻
133	US 50 W, 6th Ave, Emporia, **1-3 mi E** 🚹 Casey's 🛏 Budget Host
131	KS 57, KS 99, Burlingame Rd, **E** 🚹 Phillips 66/Circle K/dsl 🍴 Goodcents Subs, Hardee's Ⓞ Dillon's Food, repair, Tire Pros
130	KS 99, Merchant St, **E** 🚹 Phillips 66/dsl 🍴 Subway Ⓞ CVS Drug, Emporia SU, Lyon Co Museum
128	Industrial Rd, **E** 🍴 Arby's, Bruff's Steaks, Burger King, China Buffet, Gambino's Pizza, Ichiban Japanese, Spangles, Subway 🛏 EconoLodge, Knights Inn, Motel 6 Ⓞ 🚹 $General, Aldi Foods, AT&T, JC Penney, Walgreens, **W** 🚹 Phillips 66/WhichWich?/dsl 🍴 Applebee's, Braum's, Domino's, IHOP, KFC, McDonald's, MT Mike's Steaks, Pizza Hut, Pizza Ranch, Planet Sub, Starbucks, Taco Bell 🛏 Candlewood Suites, Comfort Inn, Hampton Inn, Holiday Inn Express, La Quinta, Quality Inn Ⓞ $Tree, Staples, Verizon, Walmart/Subway
127c	KS Tpk, I-335 N, to Topeka
127b a	US 50, KS 57, Newton, **E** 🚹 ⓕFLYING J/Huddle House/dsl/LP/scales/24hr, Casey's/dsl 🍴 Arby's, China Buffet, Papa John's 🛏 Best Inn, Best Western/rest., Days Inn, Rodeway Inn, Super 8 Ⓞ Buick/Chevrolet, Chrysler/Dodge/Jeep, dsl repair, Ford/Lincoln, Kenworth, NAPA, Nissan, PriceChopper Foods, Tires4Less, Toyota, **W** Ⓞ Emporia RV Park
127mm	I-35 and I-335 KS Tpk
I-35 S and KS Tpk S run together, toll plaza	
125mm	Cottonwood River
111	Cattle Pens
97.5mm	Matfield Green Service Area (both lanes exit left), 🚹 Phillips 66/dsl 🍴 Hardee's/Dunkin Donuts
92	KS 177, Cassoday, **E** 🍴 Fuel'n Service, 🚻
76	US 77, El Dorado N, **3 mi E** 🚹 Casey's, Phillips 66/dsl 🍴 Pizza Hut, Taco Bell 🛏 Stardust Motel Ⓞ $General, Ace Hardware, city park, Dillon's Foods/dsl, El Dorado SP, Walgreens
71	KS 254, KS 196, El Dorado, **E** 🚹 Casey's/dsl, Phillips 66/dsl, QT/dsl 🍴 Arbys, Braum's, Burger King, Domino's, Freddy's, Gambino's Pizza, Hog Wild BBQ, Jimmy's Egg, KFC, LJ Silver, McDonald's, Pizza Hut, Sonic, Spangles, Subway 🛏 Days Inn,

Exit#	Services
71	Continued Holiday Inn Express, Motel 6, Red Coach Inn, Sunset Inn, Super 8 Ⓞ 🛏, $General, AutoZone, Buick/Cadillac, Bumper Parts, Deer Grove RV Park, KS Oil Museum, O'Reilly Parts, Verizon, Walmart
65mm	Towanda Service Area (both lanes exit left), 🚹 Phillips 66/dsl 🍴 Hardee's/Dunkin Donuts
62mm	Whitewater River
57	21st St, Andover, **W** golf, 🚻
53	KS 96, Wichita
50	US 54, Kellogg Ave, **E on Kellogg Ave** 🍴 Beijing Bistro, Burger King, Golden Corral, IHOP, McDonald's, Panda Express, Subway, Taco Bell Ⓞ $Tree, Acura, AT&T, CarMax, Costco/dsl, Infiniti, Lincoln, Lowe's, Mazda, Michael's, Nissan, Petsmart, Subaru, Verizon, VW, Walmart/Subway, **W on Kellogg Ave** 🍴 BJ's Rest., Bubba's Rest., Carlos Kelly's, Chipotle Mexican, Denny's, Firehouse Subs, Green Mill Rest., LJ Silver, Logan's Roadhouse, Longhorn Steaks, Noodles&Co, Old Chicago Pizza, Red Lobster 🛏 Best Western, Comfort Inn, Days Inn, Extended Stay America, Fairfield Inn, Hampton Inn, Hawthorn Suites, Holiday Inn, La Quinta, Marriott, Motel 6, Super 8 Ⓞ AT&T, Bosley Tires, Cadillac/Chevrolet, CarQuest, Chrysler/Dodge/Jeep, Dillard's, Fiat, Firestone/auto, Ford, Honda, JC Penney, Ross, Sears/auto, TJ Maxx, Toyota/Scion, USPO, Von Maur
45	KS 15, Wichita, **E** Ⓞ Spirit Aero Systems
44.5mm	Arkansas River
42	47th St, I-135, to I-235, Wichita, **W** 🚹 QT/dsl 🍴 Applebee's, Arby's, Braum's, Burger King, Carlos O'Kelly's, Domino's, Godfather's, Goodcents Subs, Heritage Rest., Hog Wild BBQ, IHOP, KFC, Little Caesar's, LJ Silver, McDonald's, New China, Pizza Hut, Spangles Rest., Subway, Taco Bell 🛏 Best Western, Days Inn, Holiday Inn Express, Quality Inn, Springfield Inn, Super 8, Woodspring Suites Ⓞ $General, $Tree, Air Capital RV Park, Dillon's Foods/dsl, K-Mart, O'Reilly Parts, Verizon
39	US 81, Haysville, **W** 🚹 JumpStart 🍴 Sonic, Subway 🛏 Express Inn, Sleep Inn
33	KS 53, Mulvane, **E** Ⓞ Mulvane Hist Museum, **W** 🛏 Hampton Inn, Kansas Star Casino/Hotel Ⓞ Wyldewood Winery
26mm	Belle Plaine Service Area (both lanes exit left), 🚹 Phillips 66/dsl 🍴 McDonald's
19	US 160, Wellington, **3 mi W** 🍴 KFC, McDonald's, Penny's Diner 🛏 OakTree Inn Ⓞ KOA

W I C H I T A (vertical side tab)

E M P O R I A (vertical side tab)

KS (side tab)

INTERSTATE 35 Cont'd

Exit#	Services
17mm	**toll plaza**
I-35 N and KS TPK N run together.	
4	US 166, to US 81, South Haven, **E** Phillips 66/dsl Motel 6 repair/tires, **W** Oasis RV Park
1.5mm	**weigh sta nb**
0mm	Kansas/Oklahoma state line

INTERSTATE 70

KANSAS CITY

Exit #	Services
423b	3rd St, James St
423a	5th St
422d c	Central Ave, service rd
422b a	US 69 N, US 169 S
421b	I-670
421a	**S** railroad yard
420b a	US 69 S, 18th St Expswy, **N** Cenex/dsl, Sinclair/Subway/dsl China Town, Jack-in-the-Box, Little Caesar's, Tapatio Mexican GNC, SunFresh Foods
419	38th St, Park Dr, access to 10 motels
418b	I-635 N (eb only)
418a	I-635 S
417	57th St
415a	KS 32 E (from eb)
415b	to US 24 W, State Ave, Kansas City, **N on US 24** Papa John's, Taco Bell Gables Motel Chrysler/Jeep/Dodge, Lowe's
414mm	**parking area both lanes, , vehicle insp sta wb**
414	78th St, **N on US 24** Phillips 66, QT/dsl Arby's, Burger King, Capt D's, Hardee's, KFC, Krispy Kreme, Little Caesar's, Lucky Chinese, McDonald's, Papa John's, Papa Murphy's, Sonic, Subway, Taco Bell, Wendy's Days Inn H, $Tree, Advance Parts, BigLots, Buick/GMC, CVS Drug, Firestone/auto, K-Mart, Marshall's, O'Reilly Parts, Petsmart, PriceChopper Foods, SavALot, Tires+, Walgreens, XPress/auto/tire, **S** American Motel, Comfort Inn
411b	I-435 N, to KCI Airport, access to Woodlands Racetrack
411a	I-435 S

BONNER SPGS

Exit #	Services
410	110th St, **N** Chateau Avalon, Great Wolf Lodge Cabela's, KS Speedway
225mm	**I-70 W and KS TPK W run together.**
224	KS 7, to US 73 (last free exit wb before KS TPK), Bonner Springs, Leavenworth, **N** Phillips 66/7-11/dsl, QT/dsl el Potro Mexican, KFC/Taco Bell, Waffle House Holiday Inn Express, Super 8 museum, **S** Arby's, Burger King, Goodcents Subs, Lin's Chinese, McDonald's, Papa Murphy's, Pizza Hut, Taco John's $Tree, AutoZone, Cottonwood RV Camp, Ford, PriceChopper Foods, TrueValue, Walgreens, Walmart/Subway
217mm	**toll booth**
212	Eudora, Tonganoxie

LAWRENCE

Exit #	Services
209mm	**Lawrence Service Area (both lanes exit left) full facilities,** Phillips 66/dsl McDonald's
204	US 24, US 59, to E Lawrence, **S** Phillips 66/Subway Burger King, Sonic Motel 6, SpringHill Suites (1mi) $General, O'Reilly Parts
203mm	Kansas River
202	US 59 S, to W Lawrence, **S on US 40** Conoco, Phillips 66/dsl, Snappy, Zarco/dsl Burger King, Domino's, Dunkin Donuts, Jimmy John's, Kobe Japanese, McDonald's, Panda Garden, Sonic, Subway, Taco Bell, Taco John's, Wendy's Baymont Inn,
202	Continued Comfort Inn, Days Inn, EconoLodge, Hampton Inn, Holiday Inn Quality Inn, Rodeway Inn H, $General, Advance Parts CarQuest, Dillon's Foods/gas, O'Reilly Parts, to Clinton Lake SP to U of KS, vet, Walgreens
197	KS 10, Lecompton, Lawrence, **N** Perry Lake SP, **S** Clinton Lake SP
188mm	**Topeka Service Area, full facilities,** Phillips 66/ds Dunkin Donuts, Hardee's, Pizza Hut, Taco Bell
183	I-70 W (from wb), to Denver
367mm	**toll plaza**
366	I-470 W, to Wichita
I-70 E and KS TPK E run together.	

TOPEKA

Exit #	Services
365	21st St, Rice Rd, access to Shawnee Lake RA
364b	US 40 E, Carnahan Ave, to Lake Shawnee
364a	California Ave, **0-1 mi S** BP/dsl, Phillips 66/dsl Arby's Baskin-Robbins, Burger King, Domino's, DQ, McDonald's, Pizza Hut, Subway, Tacos Mexicano $General, Ace Hardware Advance Parts, AutoZone, Dillon's Food/gas, Family$, O'Reilly Parts, repair, TrueValue, vet, Walgreens, Walmart/Subway
363	Adams St, downtown
362c	10th Ave (from wb), **N** Ramada Inn, **S** st capitol
362b a	to 8th Ave, **N** Ramada, **S** to St Capitol, downtown
361b	3rd St, Monroe St
361a	1st Ave, **S** Ryder
359	MacVicar Ave, **S** Kenworth
358b a	Gage Blvd
357b a	Fairlawn Rd, 6th Ave, **S** Conoco/dsl, Phillips 66 Best Western, Motel 6, Ramada/rest. $General, NAPACare, vet zoo-rain forest
356b a	Wanamaker Rd, **N** Red Robin Hyatt Place KS Museum of History, **S** BP, Murphy Express/dsl, Phillips 66 dsl Applebee's, Arby's, Buffalo Wild Wings, Burger King Chili's, Chipotle Mexican, Chow Time Buffet, ChuckECheese CiCi's Pizza, Coldstone, Coyote Canyon Café, Cracker Barrel Denny's, Famous Dave's BBQ, Five Guys, Freddy's Steakburgers, Golden Corral, Hardee's, Hooters, HuHot Chinese, IHOP Jason's Deli, Jersey Mike's Subs, Jimmy John's, Jose Pepper's Longhorn Steaks, McAlister's, McDonald's, Noodles&Co, Old Chicago, Olive Garden, On-the-Border, Outback Steaks, Panda Express, Panera Bread, Papa John's, Perkins, Pie Five Pizza, Pizza Hut, Qdoba, Red Lobster, Sonic, Spangles, Starbucks, Steak'n Shake, Taco Bell, Taco John's, TX Roadhouse, Wendy's Baymont Inn, Candlewood Suites, Clubhouse Inn, Comfort Suites Country Inn&Suites, Courtyard, Days Inn, Econolodge, Fairfield Inn, Hampton Inn, Holiday Inn Express, Homewood Suites Motel 6, Quality Inn, Residence Inn, Sleep Inn, Super 8, Woodspring Suites $Tree, AAA, AT&T, Barnes&Noble, Best Buy Burlington Coats, Dick's, Dillard's, Goodyear/auto, Hobby Lobby, Home Depot, JC Penney, Jo-Ann, Kohl's, Lowe's, mall Menards, Michael's, Natural Grocers, Office Depot, Old Navy PetCo, Sam's Club/gas, Sears/auto, Target, TJ Maxx, Tuesday Morning, Verizon, Walmart/Subway
355	I-470 E, US 75 S, to VA MED CTR, Topeka, **1 mi S** same as 356 air museum
353	KS 4 W, to Auburn Rd
351	frontage rd (from eb), Mission Creek
350	Valencia Rd
347	West Union Rd
346	Carlson Rd, to Rossville, Willard
343	Ranch Rd
342	Keene-Eskridge Rd, access to Lake Wabaunsee

INTERSTATE 70 Cont'd

Exit#	Services
341	KS 30, Maple Hill, **S** 🍴 24-7/Subway/café/dsl/RV dump
338	Vera Rd, **S** 🅿 Valero/Baskin-Robbins/dsl
336mm	℞ (exits left from both lanes), full ♿ facilities, litter barrels, petwalk, 🄲, 🄵, RV parking, wireless internet
335	Snokomo Rd, Paxico, Skyline Mill Creek Scenic Drive
333	KS 138, Paxico, **N** 🅾 Mill Creek RV Park, winery
332	Spring Creek Rd
330	KS 185, to McFarland
329mm	weigh sta both lanes
328	KS 99, to Alma, **S** Wabaunsee Co Museum
324	Wabaunsee Rd, **N** 🅾 Grandma Horners Store&Factory
322	Tallgrass Rd
318	frontage rd
316	Deep Creek Rd
313	KS 177, to Manhattan, 8 mi **N** 🅿 Phillips 66 🍴 Chili's, IHOP, Longhorn Steaks, McAlister's Deli, McDonald's, Olive Garden, Sonic, Taco Bell, TX Roadhouse, Wendy's 🏠 Best Western, Candlewood Suites, Comfort Inn, Fairfield Inn, Hampton Inn, Hilton Garden, Motel 6, Quality Inn, Super 8 🅾 Aldi Foods, JC Penney, Sears/auto, to KSU, Walmart/Subway
311	Moritz Rd
310mm	℞ both lanes, full ♿ facilities, litter barrels, petwalk, 🄲, 🄵, RV dump
307	McDowell Creek Rd, scenic river rd to Manhattan
304	Humboldt Creek Rd
303	KS 18 E, to Ogden, Manhattan, **N** 🅾 to KSU
301	Marshall Field, **N** 🅾 Cavalry Museum, Custer's House, KS Terr Capitol, to Ft Riley
300	US 40, KS 57, Council Grove, **S** hist church
299	Flinthills Blvd, to Jct City, Ft Riley, **N** 🅿 Phillips 66/dsl 🍴 Stacy's Rest 🏠 EconoLodge, Grandview Plaza Inn, Great Western Inn
298	Chestnut St, to Jct City, Ft Riley, **N** 🅿 Shell/dsl/24hr 🍴 Arby's, Cox Bros BBQ, Cracker Barrel, Family Buffet, Freddy's Steakburgers, La Fiesta, Pizza Hut, Qdoba, Starbucks, Taco Bell 🏠 Best Western, Candlewood Suites, Courtyard, Holiday Inn Express, Quality Inn 🅾 $General, $Tree, CVS Drug, Verizon, Walmart/Subway
296	US 40, Washington St, Junction City, **N** 🅿 Casey's, Cenex/dsl, Phillips 66, Shell/dsl 🍴 IHOP, McDonald's, Munson's Prime, Peking Chinese, Sonic, Subway 🏠 Budget Host/RV park, Comfort Inn, Express Inn, Hampton Inn, Super 8, Woodspring Suites 🅾 Cadillac/Chevrolet, Haas Tire, Harley-Davidson, vet
295	US 77, KS 18 W, Marysville, to Milford Lake, **N** 🅿 Phillips 66/Sapp Bros/A&W/dsl/24hr 🏠 Motel 6 🅾 🄷, Ford/Lincoln/Kia/Chrysler/Dodge/Jeep, RV Ctr, **S** 🅾 Owls Nest Camping, truckwash
294mm	℞ both lanes, full ♿ facilities, litter barrels, petwalk, 🄲, 🄵, RV dump
290	Milford Lake Rd
286	KS 206, Chapman, **S** 🅿 Casey's/dsl, Cenex/dsl 🅾 $General, Chapman Creek RV Park, KS Auto Racing Museum
281	KS 43, to Enterprise, **N** 🅿 Shell/dsl 🅾 4 Seasons RV Ctr/Park
277	Jeep Rd
275	KS 15, to Clay Ctr, Abilene, **N** 🍴 DQ 🏠 Brookville Hotel/rest., Holiday Inn Express, **S** 🅿 24-7/dsl, KwikShop, Sips 🍴 Burger King, M&R Grill, McDonald's, Pizza Hut, Sonic, Subway 🏠 Best Value Inn, Budget Inn, Super 8 🅾 🄷, $General, Auburn Drug, AutoZone, Buick/Cadillac/Chevrolet, CountryMart Foods, O'Reilly Parts, ShopKO, to Eisenhower Museum
272	Fair Rd, to Talmage, **S** 🅾 Russell Stover Candies

266	KS 221, Solomon
265mm	℞ both lanes, full ♿ facilities, litter barrels, petwalk, 🄲, 🄵, RV dump, vending
264mm	Solomon River
260	Niles Rd, New Cambria
253mm	Saline River
253	Ohio St, **N** 🅾 RV park, **S** 🅿 ⒻⓁⓎⒾⓃⒼ J/Huddle House/dsl/LP/scales/24hr, LNG 🅾 🄷, Harley-Davidson, Kenworth
252	KS 143, 9th St, Salina, **N** 🅿 24-7/Subway/dsl/24hr, Petro/Shell/Starbucks/Wendy's/dsl/24hr/@ 🍴 IHOP, Iron Skillet, McDonald's 🏠 Days Inn, Holiday Inn Express, Howard Johnson, La Quinta, Motel 6, Rodeway Inn, Super 8 🅾 Blue Beacon, dsl repair, Freightliner, KOA, **S** 🅿 Pilot/Grandma Max/dsl/scales/24hr/@ 🏠 EconoLodge
250b a	I-135, US 81, N to Concordia, S to Wichita
249	Halstead Rd, to Trenton
244	Hedville, **S** 🅿 Valero/dsl 🅾 Rolling Hills Park (2mi)
238	to Brookville, Glendale, Tescott
233	290th Rd, Juniata
225	KS 156, to Ellsworth, **S** 🅿 D&S/dsl 🅾 Ft Harker Museum, Ft Larned HS
224mm	℞ both lanes, full ♿ facilities, litter barrels, petwalk, 🄲, 🄵, RV dump
221	KS 14 N, to Lincoln
219	KS 14 S, to Ellsworth, **S** 🅿 Conoco/dsl
216	to Vesper
209	to Sylvan Grove
206	KS 232, Wilson, **N** 🅿 Travel Shoppe/rest. 🅾 Wilson Lake (6mi), **S** 🅾 RV camping
199	Dorrance, **N** 🅾 to Wilson Lake, **S** 🅿 Agco/dsl/food
193	Bunker Hill Rd, **N** 🅿 Conoco/pizza/dsl/24hr, to Wilson Lake WA
189	US 40 bus, Pioneer Rd, Russell
187mm	℞ both lanes, litter barrels, petwalk, 🄵, RV dump
184	US 281, Russell, **N** 🅿 24-7/dsl, Cenex/Fossil Sta./dsl 🍴 A&W, McDonald's, Meridy's Rest., Pizza Hut, Sonic, Subway 🏠 Days Inn, Fossil Creek Hotel, Greenwood Inn, Russell's Inn 🅾 🄷, $General, Bumper Parts, CarQuest, Fossil Creek RV Park, JJJ RV Park, Klema Mkt, st patrol
180	Balta Rd, to Russell
175	Gorham, 1 mi **N** 🅿 Co-Op/dsl
172	Walker Ave
168	KS 255, to Victoria, **S** 🅿 255 Diner/dsl, to Cathedral of the Plains
163	Toulon Ave
161	Commerce Parkway
159	US 183, Hays, **N** 🅿 Cenex/Schlotzky's/dsl, Qwest/dsl, Tesla EVP 🍴 Applebee's, Golden Corral, IHOP, Wendy's 🏠 Best Western, Comfort Inn, Fairfield Inn, Hampton Inn, Holiday Inn

Vertical margin labels (left): JCT CITY, ABILENE; (right): SALINA, RUSSELL, HAYS

KS

◀E INTERSTATE 70 Cont'd

H A Y S

159	Continued
	Express, Sleep Inn, TownePlace Suites ▢ Chrysler/Dodge/ Jeep, Ford/Lincoln, Harley-Davidson, Home Depot, Toyota, Verizon, Walmart/Subway, **S** ▯ 24-7/dsl, Conoco/dsl/24hr, ♥Love's, Phillips 66/dsl, Valero/dsl ▯ Arby's, Burger King, China Garden, Freddy's Steakburgers, Jimmy John's, KFC, LJ Silver, Lucky Buffet, McDonald's, Pheasant Run Pancakes, Pizza Hut, Qdoba, Sonic, Subway, Taco Bell, Taco Grande, Thirsty's Grill, Vernie's Hamburger House, Wendy's, Whiskey Creek Grill ▢ Ambassador Hotel, Baymont Inn, Best Value Inn, Days Inn, EconoLodge, Motel 6, Quality Inn, Super 8 ▢ ▣ Ace Hardware, Advance Parts, Chevrolet, Dillon's Foods/gas, Firestone/auto, Hobby Lobby, JC Penney, O'Reilly Parts, st patrol, Tires 4 Less, Verizon, Walgreens

E L L I S

157	US 183 S byp, to Hays, **N** ▢ Peterbilt, **S** ▢ museum, to Ft Hays St U, tourist info
153	Yocemento Ave
145	KS 247 S, Ellis, **S** ▯ Casey's, ♥Love's/DQ/Subway/dsl/ scales/24hr ▯ Cancun Mexican ▢ Days Inn ▢ Railroad Museum, RV camping, to Chrysler Museum, USPO
140	Riga Rd

W A K E E N E Y

135	KS 147, Ogallah, **N** ▯ Frontier Selfserve/dsl, **S** ▢ to Cedar Bluff SP (13mi)
132mm	Rs both lanes, full ▣ facilities, litter barrels, petwalk, ⚲ RV dump
128	US 283 N, WaKeeney, **N** ▢ Super 8
127	US 283 S, WaKeeney, **N** ▯ Jake & Chet's Cafe, Pizza Hut, Tropical Mexican ▢ Best Western, KS Kountry Inn ▢ $General, **S** ▯ 24-7/McDonald's/dsl/24hr, Conoco/Subway/dsl ▢ EconoLodge ▢ antiques, auto repair, KOA
120	Voda Rd
115	KS 198 N, Banner Rd, Collyer
107	KS 212, Castle Rock Rd, Quinter, **N** ▯ Sinclair/dsl ▢ First Inn/rest. ▢ ▣, **S** ▯ Conoco/dsl/24hr ▯ DQ, Pizza Sta
99	KS 211, Park, 1 mi **N** ▯ Sinclair/dsl
97mm	Rs both lanes, full ▣ facilities, litter barrels, petwalk, ⚲ RV dump, vending
95	KS 23 N, to Hoxie
93	KS 23, Grainfield, **N** ▯ Sinclair/dsl
85	KS 216, Grinnell
79	Campus Rd
76	US 40, to Oakley, **S** ▯ TA/Shell/Buckhorn Rest./Subway/ dsl/e-85/scales/24hr/@ ▢ Relax Inn, Rodeway Inn (2mi), Sleep Inn ▢ ▣, Blue Beacon, Fick Museum
70	US 83, to Oakley, **N** ▢ Free Breakfast Inn, **S** ▯ Cenex/ dsl ▯ Colonial Steaks ▢ ▣, antiques, Fick Museum, High-Plains RV Park
62	rd K, Mingo, **S** ▯ gas/dsl/▢

C O L B Y

| 54 | Country Club Dr, Colby, **N** ▯ LNG, Pilot/Subway/dsl/ scales/24hr ▢ Hampton Inn ▢ ▣, truck/dsl repair |
| 53 | KS 25, Colby, **N** ▯ 24-7/Subway/dsl ▯ Arby's, Burger King, China Buffet, Jimmy John's, McDonald's, MT Mike's Steaks, Pizza Hut, Sonic, Subway, Taco John's ▢ Days Inn, Holiday Inn Express, Motel 6, Quality Inn, Sleep Inn, Super 8 ▢ ▣, $General, Dillon's Foods/dsl, dsl repair, Ford/Lincoln, Haas Tire, O'Reilly Parts, Prairie Museum, Quilt Cabin, RV park/antiques, visitors ctr, Walmart, **S** ▯ Petro/Phillips 66/scales/ dsl/@ ▯ City Limits Grill, Qdoba, Quiznos, Starbucks, Village Inn ▢ American Inn, Comfort Inn ▢ Chrysler/Dodge/Jeep, truck repair |

48.5mm	Rs both lanes, full ▣ facilities, litter barrels, petwalk, ▢, ▢ RV park/dump, vending
45	US 24 E, Levant
36	KS 184, Brewster, **N** ▯ Fuel Depot/dsl
35.5mm	Mountain/Central time zone
27	KS 253, Edson

G O O D L A N D

19	US 24, Goodland, **N** ▯ Pizza Hut ▢ $General, High Plain Museum, KOA, NAPA
17	US 24, KS 27, Goodland, **N** ▯ Cenex/dsl, Conoco, Phillips 66 dsl ▯ DQ, McDonald's, Reynaldo's Mexican, Sonic, Subwa Taco John's ▢ Best Value Inn, Comfort Inn, Motel 6, Suns Inn, Super 8 ▢ ▣, CarQuest/Firestone, Chevrolet/GMC, For Walmart, **S** ▯ 24-7/dsl/scales ▯ Steak'n Shake ▢ Holida Inn Express ▢ Mid-America Camping, Tesla EVP
12	rd 14, Caruso
9	rd 11, Ruleton
7.5mm	Welcome Ctr eb/Rs wb, full ▣ facilities, info, litter barrel petwalk, ▢, ⚲, RV dump, vending, wireless internet
1	KS 267, Kanorado, **N**▢, ▯
.5mm	weigh sta eb
0mm	Kansas/Colorado State Line

▲N INTERSTATE 135 (Wichita)

Exit #	Services
95b a	I-70, E to KC, W to Denver, US 81 N. **I-135 begins/ends on I-7 exit 250.**
93	KS 140, State St, Salina, **E** ▢ art ctr, museum

S A L I N A

92	Crawford St, **E** ▯ 24-7/dsl, KwikShop, Shell, Sinclair ▯ A by's, Braum's, Cotijas Mexican, Great Wall Chinese, Gutierre Mexican, Hickory Hut BBQ, Jim's Chicken, KFC, La Casita, I Hacienda, McDonald's, Russell's Rest., Spangles, Subway, Tac Bell, Western Sizzlin ▢ Ambassador Hotel, AmericInn, Ba mont Inn, Days Inn, Econolodge, Value Inn&Suites ▢ $Ge eral, $Tree, Advance Parts, Dillon's Foods, Kansa Land Tire K-Mart, NAPA, O'Reilly Parts, Walgreens, **W** ▯ Phillips 6 dsl ▢ Quality Inn
90	Magnolia Rd, **E** ▯ Casey's, Phillips 66/dsl ▯ Buffalo Wil Wings, Burger King, Carlos O'Kelly's, Chick-fil-A, Chili's, Coyo Canyon Café, Domino's, Freddy's Burgers, Goodcents Subs, Ho Wild BBQ, Hong Kong Buffet, IHOP, Jalisco Mexican, Longho Steaks, Marco's Pizza, McDonald's, Pancho's Mexican, Pap Murphy's, Schlotzsky's, Sonic, Spangles, Starbucks, Subwa Taco Bell ▢ Best Value Inn, Candlewood Suites ▢ $Genera $Tree, Aldi Foods, AT&T, AutoZone, BigLots, Cadillac/Chevrole Dick's, Dillard's, Dillon's Foods/dsl, Hobby Lobby, Honda, Penney, Jo-Ann Fabrics, Kohl's, Marshall's, Old Navy, O'Re ly Parts, PetCo, Ross, Subaru, Toyota, Verizon, **W** ▯ Cene dsl ▢ Menard's
89	Schilling Rd, **E** ▯ KwikShop/dsl ▯ Applebee's, Daima Steaks, Five Guys, Olive Garden, Pizza Hut, Red Lobster, R Crib BBQ, Taco John's, Tucson's Steaks, Wendy's ▢ Count Inn&Suites, Courtyard, Hampton Inn, Hilton Garden, Ho day Inn ▢ Lowe's, Sam's Club/gas, Target, URGENT CAR Walmart/Subway, **W** ▯ Casey's ▢ Best Western, Comfo Suites, Super 8
88	Water Well Rd, **E** ▢ Sleep Inn ▢ Chrysler/Dodge/Jeep, For Nissan
86	KS 104, Mentor, Smolan
82	KS 4, Falun Rd, Assaria, **E** ▢ RV Camping
78	KS 4 W, Lindsborg, **W** ▢ to Sandz Gallery/Museum
72	Lindsborg, **4 mi E** ▢ Maxwell WR, McPherson St Fishing Lak **W** ▢ ▣, camping, ▯, ▯, ▢, museum

KS

↖N INTERSTATE 135 (Wichita) Cont'd

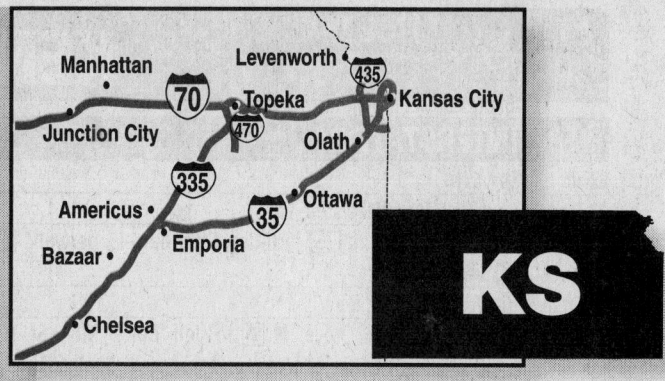

Exit #	Services
68mm	🆁🆂 (both lanes exit left), full ♿ facilities, litter barrels petwalk, 🅾, 🚮, RV dump
65	Pawnee Rd
62	Mohawk Rd
60	US 56, McPherson, Marion, E 🅿 Loves/Hardee's/dsl/LP/scales/24hr, W 🅿 24/7/Burger King/dsl, Phillips 66/dsl 🍴 Applebee's, Arby's, Braum's, Freddy's Burgers, Golden Dragon Chinese, KFC/LJ Silver, La Fiesta Mexican, McDonald's, MT Mike's, Perkins, Pizza Hut, Subway, Taco Bell, Taco John's, Woodie's BBQ 🏠 Best Western, Days Inn, EconoLodge, Fairfield Inn, Hampton Inn, Holiday Inn Express, Knights Inn 🅾 🏥, AutoZone, Buick/Cadillac/GMC, Chrysler/Dodge/Jeep, Ford, Walgreens, Walmart
58	US 81, KS 61, to Hutchinson, McPherson
54	18th Ave, Comanche Rd, Elyria
48	KS 260 E, Moundridge, 2 mi W 🅿
46	KS 260 W, Moundridge, 2 mi W 🅾 truck repair, food, gas
40	Lincoln Blvd, Hesston, E 🍴 Panda Kitchen 🏠 AmericInn 🅾 Cottonwood Grove RV Camping, W 🅿 Casey's/dsl/24hr 🍴 El Cerrito Grill, Lincoln Perk Coffee, Pizza Hut, Sonic, Subway 🏠 Best Value Inn 🅾 city park
34	KS 15, N Newton, to Abilene, KS 15, E 🅾 RV camping, W 🍴 Papa John's (1mi), Subway (1mi), Taco Bell (1mi) 🅾 Kauffman Museum
33	US 50 E, to Peabody (from nb)
31	1st St, Broadway St, E 🍴 LoneStar/dsl, Newell TC/dsl/@ 🍴 Applebee's, CJ's Rest., KFC 🏠 Days Inn, Holiday Inn Express, Newton Inn 🅾 Cadillac/Chevrolet, Chrysler/Dodge/Jeep, Ford/Lincoln, W 🍴 Braum's, MT Mike's 🏠 Comfort Inn, Red Coach Inn
30	US 50 W, KS 15 (exits left from nb), to Hutchinson, Newton, W 🅿 KwikShop/dsl 🍴 Arby's, Panda Kitchen, Papa Murphy's, Pizza Hut, Sonic, Subway 🅾 🏥, $Tree, AutoZone, Buick/GMC, Dillon's Foods, R Tires, Verizon, Walmart
28	SE 36th St, W 🅿 Phillips 66/dsl 🍴 Burger King 🅾 Chisholm Trail Outlets/famous brands
25	KS 196, to Whitewater, El Dorado
23mm	🆁🆂 both lanes, full ♿ facilities, litter barrels, petwalk, 🅾, 🚮, RV dump, vending
22	125th St
19	101st St, W 🅾 RV camping
17	85th St, Valley Ctr
16	77th St, E 🏠 Motel 6 🅾 Wichita Greyhound Park
14	61st St, E 🅿 QT/dsl 🍴 Applebee's, Chopstix, Cracker Barrel, Pizza Hut, Spangles Rest., Subway, Taco Bell, Wendy's 🏠 Red Roof Inn 🅾 Chevrolet, W 🅿 Phillips 66/dsl 🍴 KFC, McDonald's 🏠 Quality Inn, Super 8 🅾 Goodyear/auto
13	53rd St, E 🅾 Freightliner, Harley-Davidson, Volvo/Mack Trucks, W 🅿 Phillips 66/dsl 🍴 Arby's, Country Kitchen 🏠 Best Western, Days Inn
11b	I-235 W, KS 96, to Hutchinson
11a	KS 254, to El Dorado
10b	29th St, Hydraulic Ave
10a	KS 96 E
9	21st St, E 🅿 Valero 🍴 Sonic 🅾 $General, Wichita St U
8	13th St, E 🅾 $General, W 🍴 Pig In Pig Out BBQ
7b	8th St, 9th St, Central Ave, E 🅾 School of Medicine
7a	downtown
6b	1st St, 2nd St, downtown
5b	US 54, US 400, Kellogg Ave, E 🅿 QT/dsl
5a	Lincoln St, E 🍴 DQ, W 🅿 QT/dsl
4	Harry St, 1 mi E 🍴 Arby's, Bionic Burger, Burger King, Denny's, Hardee's, Jimmy's Egg, LA Fried Chicken, Little Caesar's, McDonald's, NuWay Drive-Thru, Poblano Mexican, Shanghai Chinese, Spangles Rest., Subway, Taco Bell, Wendy's 🅾 🏥, BigLots, CVS Drug, Firestone/auto, Goodyear/auto, W 🍴 BD-C/dsl
3	Pawnee Ave, E 🅿 🅾 Family$, O'Reilly Parts, W 🅿 Jumpstart/dsl 🍴 Burger King, Pizza Hut, Spangles 🅾 $General, AutoZone
2	Hydraulic Ave, E 🅿 KwikShop, W 🍴 McDonald's, Subway
2mm	Arkansas River
1c	I-235 N, 2 mi W 🏠 Hilton
1b a	US 81 S, 47th St, E 🅿 QT/dsl 🏠 Days Inn, Holiday Inn Express, Quality Inn, Super 8, W 🍴 Applebee's, Arby's, Braum's, Burger King, Carlos O'Kelly's, Domino's, Godfather's, Goodcents Subs, Heritage Rest., Hog Wild BBQ, IHOP, KFC, Little Caesar's, LJ Silver, McDonald's, New China, Pizza Hut, Spangles Rest., Subway, Taco Bell 🏠 Best Western, Springfield Inn, Woodspring Suites 🅾 $General, $Tree, Air Capital RV Park, Dillon's Foods/dsl, K-Mart, O'Reilly Parts, Verizon

I-135 begins/ends on I-35, exit 42.

NOTES

KENTUCKY

◤E INTERSTATE 24

Exit#	Services
93.5mm	Kentucky/Tennessee state line
93mm	Welcome Ctr wb, full ♿ facilities, litter barrels, petwalk, 🚬, 🗑, vending
91.5mm	Big West Fork Red River
89	KY 115, to Oak Grove, **N** 🅾 to Jeff Davis Mon St HS, **S** 🅿 ▭▭▭/McDonald's/dsl/scales/24hr, Shell/Subway/dsl 🅾 truck repair
86	US 41A, to Ft Campbell, Pennyrile Pkwy, Hopkinsville, **N** 🅿 Marathon/Chester's/dsl/scales/24hr, **S** 🅿 ⓕFLYING J/Denny's/dsl/LP/scales/24hr, Exxon/dsl, ▭▭▭/Subway/Wendy's/dsl/scales/24hr 🍴 McDonald's, Waffle House 🛏 Candlewood Suites, Comfort Suites, Days Inn, Holiday Inn Express, Quality Inn, Sleep Inn 🅾 Ⓗ, truck wash
81	Pennyrile Pky N, to Hopkinsville
79mm	Little River
73	KY 117, to Gracey, Newstead
65	US 68, KY 80, to Cadiz, **S** 🅿 BP/dsl, Marathon/dsl, Shell/dsl 🍴 Cracker Barrel, KFC, McDonald's, Subway, Taco Bell, Wendy's 🛏 Econolodge, Knights Inn, Super 7 Inn, Super 8 🅾 Ⓗ, Chevrolet, golf, to NRA
56	KY 139, to Cadiz, Princeton, **S** 🅿 Marathon/dsl 🅾 KOA (9mi), NRA
47mm	Lake Barkley
45	KY 293, to Princeton, Saratoga, **S** 🅿 Marathon/dsl 🅾 Mineral Mound SP, RV Camping, to KY St Penitentiary
42 I-69	to W KY Pkwy, Elizabethtown
40	US 62, US 641, Kuttawa, Eddyville, **N** 🛏 Regency Inn (2mi), Relax Inn 🅾 camping, Mineral Mound SP, **S** 🅿 BP/Wendy's/dsl/24hr, Exxon, ▭▭▭/Huck's/Quiznos/dsl/scales/24hr 🍴 Huddle House, SW Grill 🛏 Days Inn, Hampton Inn 🅾 camping, KY Lake Rec Areas, to Lake Barkley
36mm	weigh sta both lanes, 🚬
34mm	Cumberland River
31	KY 453, to Grand Rivers, Smithland, **N** 🅿 BP/dsl 🛏 Patti's Inn, **S** 🅿 Exxon/dsl 🍴 Miss Scarlett's 🛏 Best Value Inn, Green Turtle Resort (3mi), Lighthouse Landing Resort 🅾 Exit 31 RV Park, NRA
29mm	Tennessee River
27	US 62, to KY Dam, Calvert City, **N** 🅿 BP/dsl, Marathon/dsl 🍴 Cracker Barrel, DQ, KFC, McDonald's, Waffle House 🛏 Days Inn, KY Dam Motel, Super 8 🅾 Cypress Lakes Camp, Freightliner, KOA, vet, **S** 🅿 ♥Loves/Arby's/dsl/scales/24hr 🍴 Subway 🛏 Econolodge 🅾 truck repair
25 b a	to Calvert City, Carroll/Purchase Pkwy, **N** 🅾 services 1 mi, **S** 🅾 to KY Lake RA
16	US 68, to Paducah, **S** 🅿 BP/Southern Pride/Subway/dsl/scales/24hr 🅾 flea mkt
11	rd 1954, Husband Rd, to Paducah, **N** 🅿 BP/dsl, FiveStar/dsl 🛏 Best Western 🅾 Duck Creek RV Park, **S** 🅾 Harley-Davidson
7	US 45, US 62, to Paducah, **N** 🅿 FiveStar/dsl 🍴 Burger King, Taco Bell 🅾 Ⓗ, **S** Welcome Ctr both lanes, full ♿ facilities, litter barrels, petwalk, 🚬, 🗑, vending, 🅿 BP, Marathon/dsl 🍴 Arby's, Backyard Burger, Chong's Chinese, Domino's, Hardee's, KFC, Los Amigo's Mexican, McDonald's, Papa John's,

(Interstate 24 continued, right column)

Exit#	Services
7	Continued Popeye's, Sonic, Subway, Waffle House, Wendy's 🛏 Travelers Inn 🅾 AT&T, Banks Mkt/gas, CVS Drug, Family$, K-Mart, O'Reilly Parts, Plaza Tires, Verizon
4	US 60, to Paducah, **N** 🅿 🍴 Applebee's, Bob Evans, Burger King, McDonald's, O'Charley's, Outback Steaks, Rafferty's 🛏 Auburn Place, Candlewood Suites, Courtyard, Days Inn, Drury Inn, Fairfield Inn, Hampton Inn, Holiday Inn Express, Homewood Suites, La Quinta, Residence Inn, Westown Inn 🅾 Toyota/Scion, **S** 🅿 BP, Murphy USA/dsl 🍴 Arby's, Backyard Burger, Buffalo Wild Wings, Capt D's, Chick-fil-A, Chong's Chinese, ChuckeCheese, Coldstone, Cracker Barrel, Domino's, Fazoli's, Firehouse Subs, Gondolier Italian, Hanano Hibachi, Hardee's, IHOP, Logan's Roadhouse, Los Amigos, Lo Garcia's, McAlister's Deli, Olive Garden, Panchero's, Panera Bread, Penn Sta. Subs, Pizza Hut, Red Lobster, Ryan's, Sonic, Steak'n Shake, Taco Bell, Taco John's, TGIFriday's, Tokyo Hibachi, TX Roadhouse, Wendy's 🛏 Comfort Suites, Country Inn&Suites, Drury Suites, Motel 6, PearTree Inn, Super 8, Thrift Inn 🅾 $General, $Tree, AAA, Advance Parts, Aldi Foods, AT&T, Best Buy, Books-A-Million, Dick's, Dillard's, Goodyear/auto, Hobby Lobby, Home Depot, JC Penney, Kohl's, Lowe's, mall, Michael's, Office Depot, Old Navy, Petsmart, Plaza Tire, Sam's Club/gas, TJ Maxx, Tuesday Morning, Verizon, Walmart
3	KY 305, to Paducah, **N** 🅿 Shell/dsl, Superway/dsl 🛏 Best Value Inn, Comfort Inn/rest., Red Roof Inn, **S** 🅿 Cheers/Nobel Romans/dsl/e85, ▭▭▭/Subway/dsl/scales/24hr 🍴 Waffle Hut, Yu's Kitchen 🛏 Baymont Inn 🅾 Fern Lake Camping
0mm	Kentucky/Illinois state line, Ohio River

◤E INTERSTATE 64

Exit #	Services
192mm	Kentucky/West Virginia state line, Big Sandy River
191	US 23, to Ashland, 1-2 mi **N** 🅿 Exxon, Marathon/Subway/dsl, Speedway/dsl 🍴 Arby's, Little Caesar's, McDonald's, Waffle House, Wendy's 🛏 Ramada Ltd 🅾 Ⓗ, IGA Foods, Rite Aid, USPO
185	KY 180, Cannonsburg, 0-3 mi **N** 🅿 Exxon/dsl, Marathon/dsl, Shell/McDonald's/USPO, Superquik 🍴 Arby's, Bob Evans, Burger King, DQ, Gatti's Pizza, Hermanos Nunez Mexican, KFC, Subway, Taco Bell, Waffle House, Wendy's 🛏 Days Inn, Fairfield Inn, Hampton Inn, Holiday Inn Express 🅾 $Tree, Ⓗ, Walmart/Subway, **S** 🅿 ⓕFLYING J/Denny's/dsl/LP/scales/24hr
181	181 US 60, to Princess, **N** 🅿 BP/dsl, **S** 🅿 Marathon/dsl
179	rd 67, Industrial Pkwy, **N** 🅾 KOA@
174mm	Ⓡₛ eb, full ♿ facilities, litter barrels, petwalk, 🚬, 🗑, vending
173mm	Ⓡₛ wb, full ♿ facilities, litter barrels, petwalk, 🚬, 🗑, vending
172	rd 1, rd 7, Grayson, **N** 🅿 Marathon/dsl, Superquik/dsl/24hr 🍴 A&W/LJ Silver, Huddle House, KFC, Pizza Hut, Shoney's, Subway 🛏 Days Inn, Econolodge, Quality Inn 🅾 $General, $Tree, Chrysler/Dodge/Jeep, Ford, K-Mart, Save-A-Lot Foods, URGENT CARE, **S** 🅿 BP, Exxon/Hardees, ♥Loves/Wendy's/scales/dsl/24hr, Marathon, Shell/dsl, Speedway/dsl 🍴 Arby's, Biscuit World, China House, DQ, Little Caesar's, McDonald's, Papa John's, Taco Bell, Taco Loco 🛏 Super 8 🅾 $General, Advance Parts, AT&T, AutoZone, Family$, Food Fair, O'Reilly Parts, Rite Aid, USPO, Verizon

(vertical text between columns) **PADUCAH** ... **GRAYSON**

KY

M O R E H E A D

INTERSTATE 64 Cont'd

Exit#	Services
161	US 60, to Olive Hill, N 🅿 🏠 Spanish Manor Motel 🅾 to Carter Caves SP
156	rd 2, to KY 59, to Olive Hill, S 🅿 BP
148mm	weigh sta wb
141mm	Ⓡ🅂 both lanes, full ♿ facilities, litter barrels, petwalk, 🍴, 🖼, vending
137	KY 32, to Morehead, N 🅿 BP/dsl, Speedway/dsl 🍴 DQ, Huddle House 🅾 AT&T, Big Lots, Kroger/dsl, Lowe's, Walmart/Subway, S 🅿 BP/McDonald's/dsl/24hr, Marathon/dsl 🍴 China Star, Cracker Barrel, Domino's, Don Señor, Hardee's, Lee's Chicken, Reno's Roadhouse 🏠 Best Western, Days Inn, Hampton Inn, Motel 6, Red Roof Inn 🅾 🅷, $General, Ace Hardware, auto repair, AutoZone, st police
133	rd 801, to Sharkey, Farmers, N 🅿 Shell/dsl 🅾 Chrysler/Dodge/Jeep/Ford, S 🅿 BP/Subway/dsl 🏠 Comfort Inn 🅾 Outpost RV Park (4mi)
123	US 60, to Salt Lick, Owingsville
121	KY 36, to Owingsville, N 🅿 BP/dsl, Exxon/dsl, Valero/dsl 🍴 DQ, McDonald's, Subway 🅾 $General, Family$, S 🅾 Save-a-Lot Foods
113	US 60, to Mt Sterling, N 🅿 Shell/dsl, S 🅿 ▢▢▢/McDonald's/Subway/dsl/scales/24hr
110	US 460, KY 11, Mt Sterling, N 🅿 Shell/Krystal/Subway/dsl, Valero/dsl 🍴 Cattleman's Roadhouse, Cracker Barrel 🏠 Comfort Inn, Ramada Ltd, S 🅿 BP/dsl, Exxon, Marathon, Marathon/dsl, Murphy Express/dsl, Speedway/dsl 🍴 Applebee's, Arby's, Asian Buffet, Bojangle's, Burger King, Capt D's, City King Buffet, Don Señor, El Camino Real, Hardee's, KFC, Lee's Chicken, Little Caesar's, LJ Silver, Los Rodeos, McDonald's, Pizza Hut, Subway, Taco Bell, Waffle House, Wendy's 🏠 Budget Inn, Days Inn 🅾 🅷, $Tree, Advance Parts, Advance Parts, AT&T, AutoZone, Chevrolet, Chrysler/Dodge/Jeep, CVS Drug, Family$, Ford, JC Penney, Kroger, Lowe's, O'Reilly Parts, Verizon, Walmart/Subway
101	US 60
98.5mm	Ⓡ🅂 eb, full ♿ facilities, litter barrels, petwalk, 🍴, 🖼, vending
98	KY 402 (from eb), S 🏠 Natural Bridge Resort SP
96b a	KY 627, to Winchester, Paris, N 🅿 96 Truck Plaza/dsl/rest./scales, BP/dsl, S 🏠 Baymont Inn, Hampton Inn, Red Roof Inn 🅾 Buick/Chevrolet/GMC

W I N C H E S T E R

94	KY 1958, Van Meter Rd, Winchester, N 🅿 Marathon/dsl/24hr, Shell/scales/dsl 🏠 Comfort Inn, Value Stay Inn, S 🅿 BP/dsl, Marathon/dsl, Murphy Express/dsl, Shell/dsl, Speedway/dsl 🍴 Applebee's, Arby's, Big Boy, Bojangle's, Burger King, Capt D's, Dickey's BBQ, Domino's, Don Senor, DQ, El Camino Real, Fazoli's, Golden Corral, Great Wall Chinese, Hardee's, Jade Garden Chinese, Jimmy John's, KFC, Little Caesar's, McDonald's, Papa John's, Pizza Hut, Puerta Grande, Rally's, Sakura Express, Sir Pizza, Sonic, Starbucks, Subway, Taco Bell, Taste Of China, Waffle House, Wendy's 🏠 Holiday Inn Express 🅾 🅷, $Tree, Advance Parts, AT&T, auto repair, AutoZone, Chrysler/Dodge/Jeep, Kroger/dsl, Lowe's, Office Depot, O'Reilly Parts, Rite Aid, Tire Discounters, to Ft Boonesborough Camping, Verizon, Walgreens, Walmart/Subway
87	KY 859, Blue Grass Sta
81	I-75 S, to Knoxville
	I-64 and I-75 run together 7 mi. See I-75, exits 113-115.
75	I-75 N, to Cincinnati, access to KY Horse Park
69	US 62 E, to Georgetown, N 🅾 antiques (6mi), to Georgetown Coll., S 🅾 Equus Run Vineyards (2mi)
65	US 421, Midway, S 🅿 BP/dsl, Shell/dsl 🍴 McDonald's, Subway
60mm	Ⓡ🅂 both lanes, full ♿ facilities, litter barrels, petwalk, vending
58	US 60, Frankfort, N 🅿 BP/dsl, Five Star/dsl, Shell/dsl, Speedway/dsl 🍴 Arby's, Buffalo Wild Wings, Capt. D's, Cattleman's Roadhouse, DQ, KFC, McDonald's, Miguel's Mexican, Starbucks, Subway, Taco Bell, Waffle House, Wendy's, White Castle, Zaxby's 🏠 Best Western, Bluegrass Inn, Fairfield Inn 🅾 $General, $Tree, Buick/Chevrolet/GMC, Chrysler/Dodge/Jeep, Dick's, ElkHorn Camping (5mi), Ford/Lincoln, GNC, Honda, Kohl's, Kroger/gas, KYSU, Michael's, Nissan, TireDiscounters, TJMaxx, to KY St Capitol, to Viet Vets Mem, Toyota/Scion, Walgreens, S 🍴 Cracker Barrel, Logan's Roadhouse
55mm	Kentucky River
53b a	US 127, Frankfort, N 🅿 Marathon, Speedway/dsl, Speedway/dsl 🍴 Applebee's, Arby's, Baskin-Robbins, Beef O'Brady's, Big Boy, Burger King, Capt D's, Carino's Italian, Chili's, China Buffet, CookOut, DQ, Fazoli's, Ginza Japanese, Hardee's, KFC, Longhorn Steaks, McDonald's, My Guadalajara, O'Charley's, Panera Bread, Penn Sta Subs, Qdoba Mexican, Sonic, Starbucks, Staxx BBQ, Steak'n Shake, Subway, Taco Bell, Tacos n More, Wendy's 🏠 Best Value Inn, Days Inn, Hampton Inn, Holiday Inn Express 🅾 🅷, $General, Advance Parts, Ancient Age Tour, AT&T, AutoZone, BigLots, Big-O Tire, Family$, GNC, Goodyear/auto,

F R A N K F O R T

🅶 = gas 🍴 = food 🏠 = lodging Ⓞ = other ℞ˢ = rest stop Copyright 2018 - The Next EXIT

⬆️Ⓔ INTERSTATE 64 Cont'd

53b a	Continued JC Penney, Kroger/gas, Lowe's, Midas, Office Depot, Petco, Rite Aid, st police, Staples, to KY St Capitol, URGENT CARE, USPO, Verizon, Walgreens, Walmart/Subway, **S** 🅶 BP/dsl
48	KY 151, to US 127 S, **S** 🅶 Marathon/dsl, Valero/dsl
43	KY 395, Waddy, **N** 🅶 ⊘FLYING J/Denny's/dsl/LP/scales/24hr, **S** 🅶 ♥Loves/McDonald's/Subway/dsl/scales/24hr
38.5mm	weigh sta eb
35	KY 53, Shelbyville, **N** 🅶 Marathon/dsl, Shell/Circle K/dsl, Speedway/dsl 🍴 Cracker Barrel, KFC, Little Caesar's, McDonald's (1mi), Subway, Taco Bell, Waffle House Ⓞ $General, Advance Parts, Family$, Ford, Kroger/deli/dsl, Lake Shelby Camping (3mi), vet, **S** 🅶 Huck's/White Castle/dsl, Valero/Subway/dsl 🏠 Holiday Inn Express Ⓞ golf
32b a	KY 55, Shelbyville, **W** 🍴 Zaxby's, **1-2 mi N** 🅶 Murphy USA/dsl, Valero/dsl 🍴 Arby's, Asian Buffet, Bojangle's, El Nopal, Firefresh BBQ, Hardee's, McDonald's, Pizza Hut, Subway, Taco Bell, Waffle House, Wendy's, Zaxby's 🏠 Best Western, Econolodge, Red Roof Inn Ⓞ 🏠, $Tree, AutoZone, Big O Tire, Buick/Chevrolet/GMC, Chrysler/Dodge/Jeep, CVS Drug, Lowe's, Rolling Hills Camping (16mi), Verizon, Walgreens, Walmart, **S** 🍴 Cattleman's Roadhouse 🏠 Ramada Ⓞ Taylorsville Lake SP
28mm	℞ˢ eb, full 🚻 facilities, info, litter barrels, petwalk, 🍴, 🖂, vending
28	KY 1848, Veechdale Rd, Simpsonville, **N** 🅶 ⬛⬛⬛/Wendy's/dsl/scales/24hr 🍴 DQ, Subway, Zaxby's Ⓞ golf, **S** 🍴 Bob Evans, Culver's, McDonald's Ⓞ Blue Grass Outlets/famous brands
19b a	I-265, Gene Snyder Fwy, **N** to Tom Sawyer SP
17	S Blankenbaker, **N** 🅶 Shell/Circle K/dsl 🍴 Mellow Mushroom Pizza, Zaxby's 🏠 Staybridge Suites Ⓞ Harley-Davidson, **S** 🅶 Marathon, Speedway/Subway/dsl, Thornton's/dsl 🍴 Arby's, BackYard Burger, Burger King, Cracker Barrel, El Caporal Mexican, HomeTown Buffet, KFC, Kingfish Rest., LJ Silver/Taco Bell, Logan's Roadhouse, McDonald's, Penn Sta Subs, Qdoba, Ruby Tuesday, Starbucks, Waffle House, Wendy's 🏠 Comfort Suites, Country Inn&Suites, Extended Stay America, Fairfield Inn, Hampton Inn, Hawthorn Suites, Hilton Garden, Holiday Inn Express, La Quinta, Microtel, Quality Inn, Sleep Inn, Wingate Inn, Woodspring Suites Ⓞ Lexus, Sam's Club/gas
15	Hurstbourne Pkwy, Louisville, **0-2 mi N** 🅶 Shell/Circle K/dsl, Speedway, Thorton's/dsl 🍴 Arby's, Bob Evans, Bonefish Grill, Carrabba's, Chili's, Fazoli's, Firehouse Subs, IHOP, Jimmy John's, Macaroni Grill, McDonald's, Mimi's Cafe, Momma's BBQ, Noodles&Co, Olive Garden, Panda Express, Panera Bread, Papa John's, PF Changs, Pita Pit, Qdoba, Sichuan Garden, Skyline Chili, Smashburger, Starbucks, Subway, Waffle House 🏠 Baymont Inn, Courtyard, Days Inn, Drury Inn, Holiday Inn, Hyatt Place, Red Roof Inn, Residence Inn Ⓞ Barnes&Noble, Kroger/gas, Lowe's, Towery's Auto, Tuesday Morning, Walgreens, **S** 🍴 Applebee's, BoomBozz Pizza, Buca Italian, Buffalo Wild Wing, Burger King, Cattleman's Roadhouse, Chick-fil-A, Chuckee Cheese, Coldstone, DQ, El Marlin Seafood, El Torazo Mexican, Famous Daves, Happy China, Home Run Burgers, J Gumbo's Cajun, Jason's Deli, Jumbo Buffet, Kansai Japanese, Longhorn Steaks, McAlister's Deli, McDonald's, Melting Pot, Moe's SW Grill, O'Charley's, Old Chicago, Panera Bread, Penn Sta. Subs, Pizza Hut, Qdoba, Shogun Japanese, Smokey Bones BBQ,

15	Continued Starbucks, Steak'n Shake, Taco Bell, Tumbleweed SW Gri▪ Wendy's, White Castle, Yen Ching 🏠 Best Western, Exten▪ ed Stay America, Marriott, Ramada, Red Carpet Inn Ⓞ $Tre▪ Autozone, BMW, Buick/GMC, Cadillac, Carmax, Chevrolet, D▪ count Tire, GNC, Home Depot, Honda, Infiniti, Kroger/gas, M▪ chael's, Office Depot, Staples, Subaru, Target, Verizon, Volv▪ VW, Walgreens, Walmart
12b	I-264 E, Watterson Expswy, **1 exit N** on US 60 🍴 Thornton' dsl 🍴 Arby's, Big Boy, Bravo Cucina Italin, Buffalo Wild Wing▪ CA Pizza, Cheesecake Factory, Chick-Fil-A, Chuy's Mexican, J▪ son's Deli, Logan's Roadhouse, McDonald's, Outback Steak▪ Panera Bread, Red Robin, Speedway/dsl, Taco Bell, We▪ dy's Ⓞ Acura, Best Buy, Dick's, Dillard's, Ford/Lincoln, Goo▪ year/auto, Hyundai, JC Penney, Jo-Ann, Kia, Kohl's, Macy▪ mall, Old Navy, Sears/auto, Staples, SteinMart, Toyota/Scio▪ Von Maur, Whole Foods Mkt
12a	I-264 W, access to 🏠
10	Cannons Lane
8	Grinstead Dr, Louisville, **S** 🅶 gas 🍴 Le Moo
7	US 42, US 62, Mellwood Ave, Story Ave
6	I-71 N (from eb), to Cincinnati
5a	I-65, S to Nashville, N to Indianapolis
5b	3rd St, Louisville, **N** 🍴 Joe's CrabShack, **S** 🏠 Galt House H▪ tel, Marriott Ⓞ 🏠
4	9th St, Roy Wilkins Ave, **S** Ⓞ KY Art Ctr, science museu▪ downtown
3	US 150 E, to 22nd St, **S** 🅶 Marathon/dsl, Shell/Circle 🍴 DQ, McDonald's Ⓞ Family$
1	I-264 E, to Shively, **S** Ⓞ ⊙, zoo
0mm	Kentucky/Indiana state line, Ohio River

⬆️Ⓝ INTERSTATE 65

Exit #	Services
138mm	Kentucky/Indiana state line, Ohio River
137	I-64 W, I-71 N, I-64 E, **W** Ⓞ to Galt House, downtown
136c	Jefferson St, Louisville, **E** Ⓞ 🏠, Walgreens, **W** 🅶 Sh▪ 🍴 McDonald's, Papa John's, Subway, White Castle 🏠 Cou▪ yard, EconoLodge, Fairfield Inn, Hampton Inn, Hyatt, Marrio▪ SpringHill Suites Ⓞ Tires+
136b	Broadway St, Chestnut St (from nb), **E** Ⓞ 🏠, NAPA, Wa▪ greens, **W** 🅶 Shell, Thornton's 🍴 McDonald's, Subwa▪ White Castle 🏠 Courtyard, Fairfield Inn, Hampton Inn, Hya▪ Marriott, Springhill Suites Ⓞ same as 136c, Tires+
135	W St Catherine, **E** 🅶 Shell
134b a	KY 61, Jackson St, Woodbine St, **W** 🅶 Shell/Circle K 🏠 Da▪ Inn, Quality Inn Ⓞ Harley-Davidson
133b	US 60A, Eastern Pkwy, Taylor Blvd, **E** 🍴 Denny's, Subwa▪ **W** 🅶 Speedway/dsl 🍴 Cracker Barrel, McDonald's, Pa▪ John's Ⓞ Churchill Downs, museum, U of Louisville
133a	Crittenden Dr (132from sb), **E** 🍴 Denny's, same as 13▪ **W** 🅶 🍴 Arby's, Burger King, Cracker Barrel, Hall of Fam▪ Cafe 🏠 Country Inn&Suites, Hilton Garden, Holiday Inn, R▪ mada Inn, Sheraton, Super 8
131b a	I-264, Watterson Expswy, **W** Ⓞ ⊙, Cardinal Stadium, Ex▪ Center
130	KY 61, Preston Hwy, **E** on Ky 61 🅶 Shell/Circle K, Speedwa▪ dsl, Thornton's 🍴 Bob Evans, Domino's, Fazoli's, Little Ca▪ sar's, McDonald's, Papa John's, Popeye's, Rally's, Slabhou▪ BBQ, Subway, Waffle House, Wendy's 🏠 EconoLodge, R▪ Roof Inn, Super 8 Ⓞ $General, $Tree, Aamco, AutoZone, B▪

KY

(side tabs: SHELBYVILLE, LOUISVILLE, LOUISVILLE)

INTERSTATE 65 Cont'd

130 Continued
O Tire, BigLots, Chevrolet/Kia, Dodge, Ford, GNC, O'Reilly Parts, Sav-A-Lot Foods, Tires+, U-Haul

128 KY 1631, Fern Valley Rd, **E** [P] BP, Mapco/dsl/e85, Marathon/Circle K, Thornton's/dsl [F] Big Boy, Dunkin Donuts, El Nopal Mexican, Hardee's, Indi's Rest., McDonald's, Outback Steaks, Shoney's, Subway, Taco Bell, Waffle House, Wendy's, White Castle, Zaxby's [L] Baymont Inn, Comfort Suites, Days Inn, Holiday Inn, InTown Suites [O] Sam's Club/gas, Walgreens, **W** [O] UPS Depot

127 KY 1065, outer loop, **E** [F] Cheddar's, TX Roadhouse, **W** [F] McDonald's/RV Parking

125b a I-265 E, KY 841, Gene Snyder Fwy

121 KY 1526, Brooks Rd, **E** [P] BP, Marathon [F] Burger King, Cracker Barrel, McDonald's, Subway, Tumbleweed Grill [L] Comfort Inn, Fairfield Inn, Holiday Inn Express [O] [H], **W** [P] BP/dsl, [Pilot]/Subway/dsl/scales/24hr [F] Taco Bell, Waffle House [L] Baymont Inn, EconoLodge, Hampton Inn, Quality Inn

117 KY 44, Shepherdsville, **E** [P] BP/dsl, Valero [F] Denny's [L] Best Western/rest., Garden Inn [O] KOA (2mi), vet, **W** [P] Marathon, Speedway/dsl [F] Arby's, Big Boy, Cattlemans Roadhouse, China Buffet, Domino's, DQ, El Nopal, El Tarasco, Fazoli's, KFC, Little Caesar's, LJ Silver, McDonald's/playplace, Mr Gatti's, Papa John's, Penn Sta Subs, Quiznos, Sonic, Starbucks, Subway, Taco Bell, Waffle House, Wendy's, White Castle [L] Country Inn&Suites, Motel 6, Sleep Inn, Super 8 [O] $General, Advance Parts, AT&T, AutoZone, BigLots, Family$, Kroger/dsl, Lowe's, NAPA, O'Reilly Parts, Rite Aid, SaveALot, Towery Tire/auto, Walgreens, Walmart/dsl

116.5mm Salt River

116 KY 480, to KY 61, **E** [P] Loves/Chester's/Subway/dsl/scales/24hr, Valero/dsl [O] House of Quilts, **W** [P] Marathon/dsl [O] Grandma's RV Park/flea mkt

114mm [R] sb, full [&] facilities, litter barrels, petwalk, [C], [F], vending

112 KY 245, Clermont, **E** [P] Valero/dsl [O] Bernheim Forest, Jim Beam Outpost, to My Old Kentucky Home SP (15mi)

105 KY 61, Lebanon Jct, **W** [P] [Pilot]/McDonald's/Subway/dsl/scales/24hr/@, Speedway/dsl

102 KY 313, to KY 434, Radcliff, **W** to Patton Museum

94 US 62, Elizabethtown, **E** [P] BP/dsl, Marathon/dsl [F] Denny's, Waffle House, White Castle [L] Days Inn, Quality Inn, Super 8 [O] $General, **W** [P] BP/dsl, Speedway/dsl [F] Arby's, Burger King, Chalupa's Mexican, Cracker Barrel, Gatti's Pizza, HoneyBaked Ham, KFC/Taco Bell, McDonald's, Papa John's, Pizza Hut, Ruby Tuesday, Ryan's, Shoney's, Subway, TX Outlaw Steaks, TX Roadhouse, Wendy's [L] Baymont Inn, Comfort Suites, Fairfield Inn, Hampton Inn, Holiday Inn Express, La Quinta, Motel 6, Ramada Inn, Wingfield Inn [O] [H], $General, Advance Parts, AutoZone, Crossroads Camping, Kroger/gas, Skagg's RV Ctr, st police, USPO, visitors ctr, Walgreens

93 to Bardstown, to BG Pky, **E** [O] Maker's Mark Distillery (27mi), to My Old KY Home SP (25mi)

91 US 31 W, KY 61, WK Pkwy, Elizabethtown, **E** [P] Marathon/dsl [F] LJ Silver, Subway [L] Best Value Inn, Royal Inn [O] $General, to Lincoln B'Place, **W** [P] Doug's/dsl, Marathon [O] [H]

90mm weigh sta sb only

86 KY 222, Glendale, **E** [Pilot]/McDonalds/dsl/scales/24hr [O] Glendale Camping, trk repair, **W** [P] Petro/Dunkin Donuts/dsl/scales/24hr/@ [L] Glendale Economy Inn [O] Blue Beacon

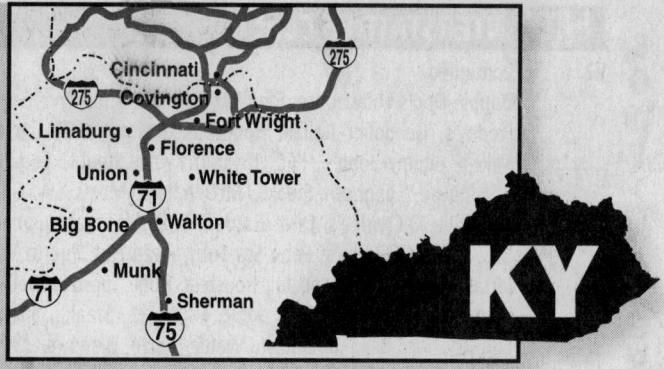

83mm Nolin River

81 KY 84, Sonora, **E** [P] [Pilot]/Subway/dsl/scales/24hr [O] to Lincoln B'Place, **W** [P] Five Star/dsl

76 KY 224, Upton, **E** [P] Marathon/dsl **W** [O] to Nolin Lake

75mm eastern/central time zone

71 KY 728, Bonnieville

65 US 31 W, Munfordville, **E** [P] BP/Subway/dsl, FiveStar/dsl [F] DQ, El Mazatlan, King Buffet, McDonald's, Pizza Hut, Sonic [L] Super 8 [O] $General, Advance Parts, Fred's Store, IGA Foods, Save-A-Lot, **W** [P] Marathon/dsl, Shell [F] Bucky Bee's BBQ, to Nolin Lake

61mm [R] both lanes, full [&] facilities, Green River, info, litter barrels, petwalk, [C], [F], vending

58 KY 218, Horse Cave, **E** [P] Loves/McDonald's/dsl/scales/24hr/@ [O] [H], **W** [L] Hampton Inn, Quality Inn [O] KOA, to Mammoth Cave NP

53 KY 70, KY 90, Cave City, **E** [P] BP/dsl, Gulf/dsl/repair, Shell/Subway/Sonic/dsl [F] A&W/LJ Silver, Cracker Barrel, El Mazatlan, KFC, McDonald's, Pizza Hut, Wendy's [L] Baymont Inn, Comfort Inn, Days Inn/rest., Motel 6, Red Roof Inn, Sleep Inn, Super 8 [O] [H], $General, Barren River Lake SP (24mi), Olde General Store, **W** [F] Watermill Rest. [O] Jellystone Camping, Mammoth Cave NP, Onyx Cave

48 KY 255, Park City, **E** [P] Shell/Subway/dsl [O] $General, Park Mammoth Resort, **W** [O] Diamond Caverns Resort, to Mammoth Cave NP

43 Nun/Cumberland Pky, **E** [O] to Barren River Lake SP

38 KY 101, Smiths Grove, **W** [P] Exxon/dsl/scales, Marathon/Subway/dsl, Shell/Schlotsky's/dsl [F] Bestway Pizza, McDonald's, Miss Betty's Diner, Wendy's [L] Bryce Inn [O] $General, auto repair, city park, IGA Foods

36 US 68, KY 80, Oakland, (no nb return)

31 to Bristol Rd

28 rd 446, to US 31 W, Bowling Green, **W** [P] Huck's/dsl, Shell/dsl [F] Hardee's, Jerry's Rest., McDonald's, Wendy's [L] Best Value Inn, Country Hearth Inn, Super 8, Value Lodge [O] [H], Corvette Museum/cafe, to WKYU

26 KY 234, Bowling Green, **W** [P] Shell/dsl [F] Subway [O] [H], IGA Foods

22 US 231, Bowling Green, **E** [P] Exxon/dsl, Marathon/Godfather's, Shell, Shell/dsl [F] Cracker Barrel, Culver's, Domino's, El Maguey, El Mazatlan, Hardee's, Motor City Grill, Ryan's, Sonic, Waffle House, Zaxby's [L] Baymont Inn, Best Western, Days Inn, Greenwood Hotel, HomeTowne Suites, Jameson Inn, La Quinta, Microtel, Quality Inn, Ramada Inn, Sleep Inn, Super 8 [O] $General, Camping World, Harley-Davidson, URGENT CARE, USPO, **W** [P] Marathon/dsl, Speedway/dsl [F] Applebee's, Arby's, Beijing Chinese, Bob Evans, Bojangles, Bruster's, Buffalo Wild Wings, Burger King, Capt D's, Chick-fil-A, Chipotle, ChuckeCheese, Chuy's Mexican, Corner Bakery Cafe,

ELIZABETHTOWN

KY

🛢️ = gas   🍴 = food   🏠 = lodging   🅾️ = other   🆁🆂 = rest stop

BOWLING GREEN

⬆️N INTERSTATE 65 Cont'd

Exit #	Services
22	Continued
	Double-Dog's Chowhouse, Fazoli's, Firehouse Subs, Five Guys, Freddy's, Gondolier Italian, Honeybaked Ham, IHOP, Jersey Mike's, Jimmy John's, KFC, Krystal, Kyoto Steaks, Logan's Roadhouse, Longhorn Steaks, McDonald's, Moe's SW Grill, MT Grille, O'Charley's, Olive Garden, Outback Steaks, Panera Bread, Papa Murphy's, Penn Sta Subs, Pizza Hut, Puerto Vallarta, Rafferty's, Red Lobster, Roosters, Ruby Tuesday, Saladworks, Smokey Bones BBQ, Sonic, Starbucks, Steak'n Shake, Subway, Taco Bell, Toots Rest., Waffle House, Wendy's, White Castle, Zaxby's 🏠 Candlewood Suites, Country Inn&Suites, Courtyard, Drury Inn, Econolodge, Hampton Inn, Hilton Garden, Holiday Inn, Holiday Inn Express, Home 2 Suites, Motel 6, Red Roof Inn 🅾️ 🏥, $General, $Tree, Advance Parts, AT&T, AutoZone, Barnes&Noble, Best Buy, BMW/Mercedes, Buick/GMC/Cadillac, Cabela's, Chevrolet, Chrysler/Dodge/Jeep, CVS Drug, Dick's, Dillard's, Ford/Lincoln, Goodyear/auto, Hobby Lobby, Home Depot, Honda, Hyundai, JC Penney, Kia, KOA, Kohl's, Kroger/gas, Lowe's, Meijer, Michael's, Nissan, Old Navy, PetCo, Petsmart, Sam's Club/gas, Sears, Staples, Target, TJ Maxx, Toyota, Tuesday Morning, U-Haul, URGENT CARE, Walgreens, Walmart/McDonald's
20	WH Natcher Toll Rd, to Bowling Green, access to W KY U, **W** 🅾️ st police
6	KY 100, Franklin, **E** 🛢️ Shell/dsl/24hr 🅾️ truckwash, **W** 🛢️ 🅿️Pilot/Subway/dsl/scales/24hr, 🅿️Pilot/Wendy's/dsl/scales/24hr 🍴 El Potrero 🏠 Comfort Inn, Days Inn, Knights Inn 🅾️ 🏥, Bluegrass RV Park, SpeedCo, TA Truck Service, truck&tires/repair, truckwash, Volvo Trucks
4mm	weigh sta nb
2	US 31 W, to Franklin, **E** 🛢️ ✈️FLYING J/Denny's/dsl/LP/scales/24hr, Keystop/Marathon/Burger King/dsl/24hr, **W** 🛢️ BP/dsl 🍴 Cracker Barrel, Franklin Steakhouse, McDonald's, Oasis SW Grill, Solazteca, Waffle House 🏠 Baymont Inn, EconoLodge, Hampton Inn, Holiday Inn Express, Quality Inn, Super 8 🅾️ 🏥, antiques
1mm	Welcome Ctr nb, full ♿ facilities, litter barrels, petwalk, 📞, 🅿️, vending
0mm	Kentucky/Tennessee state line

FRANKLIN

⬆️N INTERSTATE 71

Exit #	Services
100	Kentucky/Ohio state line, Ohio River
	I-71 and I-75 run together 19 miles. See I-75, exits 175-192.
77[173]	I-75 S, to Lexington
75mm	weigh sta sb
72	KY 14, to Verona, **E** 🛢️ BP/dsl, Marathon/dsl 🅾️ Oak Creek Camping (5mi)
62	US 127, to Glencoe, **E** 🛢️ 62 TrkPlaza/rest./dsl, **W** 🛢️ Valero/dsl/rest. 🏠 127 Motel
57	KY 35, to Sparta, **E** 🛢️ Marathon/dsl 🅾️ Eagle Valley Camping (10mi), Sparta RV Park (3mi), **W** 🛢️ BP/dsl 🏠 Ramada 🅾️ KY Speedway
55	KY 1039, **W** 🛢️ 💙Loves/McDonald's/Subway/dsl/scales/24hr 🅾️ casino, KY Speedway
44	KY 227, to Indian Hills, **W** 🛢️ Marathon/dsl, Marathon/dsl, Murphy USA/dsl, Valero/dsl 🍴 Arby's, Burger King, El Nopal, Hometown Pizza, KFC, McDonald's, Mi Viejo Mexican, New China, Subway, Taco Bell, Waffle House 🏠 Hampton Inn, Holiday Inn Express, Quality Inn, Red Roof Inn, Super 8 🅾️ 🏥, $General,

LOUISVILLE

Exit #	Services
44	Continued
	$Tree, AutoZone, Chevrolet, Ford, Gen. Butler SP, Kroger/ds Save-a-Lot Foods, URGENT CARE, Verizon, Walmart
43.5mm	Kentucky River
43	KY 389, to KY 55, English
34	US 421, New Castle, Campbellsburg, **W** 🛢️ Marathon/d Valero/Subway/dsl 🅾️ st police
28	KY 153, KY 146, to US 42, Pendleton, **E** 🛢️ 🅿️Pilot/Subway dsl/scales/24hr/@, Valero/dsl, **W** 🛢️ 🅿️Pilot/McDonald' scales/dsl/24hr 🅾️ truck repair
22	KY 53, La Grange, **E** 🛢️ Murphy USA/dsl, Speedway/Ra ly's/dsl, Valero/dsl 🍴 Applebee's, Beef O'Brady's, Bur er King, Jumbo Buffet, Papa John's, Papa Murphy's, Su way, Waffle House, Wendy's 🏠 Best Western-Ashbur Comfort Inn 🅾️ 🏥, $General, AT&T, Big-O Tire, GNC, Kroge gas, Towery's Tire/auto, Verizon, Walgreens, Walmart/Subwa **W** 🛢️ Marathon/dsl 🍴 Arby's, Cracker Barrel, Domino's, D El Nopal, Hometown Pizza, KFC, LJ Silver, McDonald's, Ta Bell 🏠 Quality Suites, Super 8 🅾️ $Tree, Advance Part Buick/Chevrolet/GMC, Lee Tires, NAPA, Rite Aid, USPO, vet
18	KY 393, Buckner, **W** 🛢️ Marathon/dsl 🍴 Subway 🅾️ Ford
17	KY 146, Buckner, **W** 🛢️ Thornton's/dsl/24hr 🅾️ USPO
14	KY 329, Crestwood, Pewee Valley, Brownsboro, **E** 🛢️ B dsl 🍴 DQ, Hometown Pizza, McDonald's, Sonic, Starbuck Subway
13mm	🆁🆂 both lanes, full ♿ facilities, litter barrels, petwalk, 📞, 🅿️ vending
9b a	I-265, KY 841, Gene Snyder Fwy, **E** 🏠 Drury Inn, Hilton Ga den 🅾️ Cabela's, Costco/gas, 🏥, to Sawyer SP
5	I-264, Watterson Expswy (exits left from sb), **E** 🅾️ to Sawy SP
2	Zorn Ave, **E** 🅾️ VA 🏥, **W** 🛢️ Shell/dsl, Valero 🍴 El Nop Mexican, KingFish Rest. 🏠 Ramada Inn 🅾️ WaterTower A Museum
1b	I-65, S to Nashville, N to Indianapolis

⬆️N INTERSTATE 75

Exit #	Services
193mm	Kentucky/Ohio state line, Ohio River
192	5th St (from nb), Covington, **E** 🛢️ BP/dsl, Shell/Circle K, Spee way/dsl 🍴 Big Boy, Burger King, GoldStar Chili, McDonald Popeyes, Riverfront Pizza, Skyline Chili, Subway, Taco Bell, W fle House, Wendy's, White Castle 🏠 Courtyard, Extended St America, Holiday Inn, Radisson 🅾️ Lexus, Riverboat Casir **W** 🏠 Hampton Inn
191	12th St, Covington, **E** 🅾️ 🏥, museum, same as 192
189	KY 1072, Kyles Lane, **W** 🛢️ BP/dsl, Shell/dsl 🍴 Big Bo Skyline Chili, Substation II Subs 🏠 Rodeway Inn 🅾️ same 188, Walgreens
188	US 25, US 42, Dixe Hwy, **E** 🛢️ Marathon 🍴 Starbucks, Su way 🅾️ GNC, Kroger/dsl, Tuesday Morning, **W** 🏠 Rodew Inn 🅾️ Mercedes, same as 189
186	KY 371, Buttermilk Pike, Covington, **E** 🛢️ BP/dsl, Ma thon/DQ/dsl 🍴 Graeter's Ice Cream, Oriental Wok, Pa John's 🏠 Montgomery Inn, Super 8, **W** 🛢️ BP, Speedwa dsl, Sunoco/dsl 🍴 Arby's, Baskin-Robbins/Dunkin Donu Bonefish Grill, Burger King, Cancun Mexican, Chipotle Mexica Domino's, Empire Buffet, Firehouse Subs, GoldStar Chili, Ji my John's, La Rosa's Pizza, Marco's Pizza, McDonald's, Mi ko Steaks, Outback Steaks, Skyline Chili, Subway, Sweet Ba Thai 🅾️ $Tree, Field & Stream, Home Depot, Petco, Rem Foods, Staples, Verizon, Walgreens

COVINGTON

KY

INTERSTATE 75 Cont'd

Exit #	Services
185	I-275 E and W, **W** to 🆁🆂
184	KY 236, Donaldson Rd, to Erlanger, **E** 🅖 BP, Erlanger/Dunkin Donuts 🅕 Double Dragon Oriental, **W** 🅖 Racers/Subway/ dsl, Speedway/dsl 🅕 Peecox Grill, Waffle House 🅛 Country Hearth Inn, EconoLodge, Red Roof Inn, Wingate Inn 🅞 Good- year/auto
182	KY 1017, Turfway Rd, **E** 🅖 BP/dsl, Shell/dsl 🅕 Bamboo Garden, Big Boy, China City, Lee's Chicken, McDonald's, Papa John's, Subway, Taco Bell 🅛 Baymont Inn, Courtyard, Days Inn, Woodspring Suites 🅞 BigLots, CVS Drug, Family$, Of- fice Depot, Remke Foods, USPO, **W** 🅕 Applebee's, Chick- fil-A, Chili's, CiCi's Pizza, Cracker Barrel, Famous Dave's BBQ, Firebowl Grill, Longhorn Steaks, Noodles&Co., O'Charley's, Potbelly, Rafferty's, Skyline Chili, Steak'n Shake, Subway, Wen- dy's 🅛 Comfort Inn, Extended Stay America, Hampton Inn, Hilton, Hyatt Place, La Quinta, SpringHill Suites 🅞 🅗, Best Buy, Dick's, Home Depot, Jo-Ann, Kohl's, Lowe's, Meijer, Mi- chael's, Petsmart, Sam's Club, Target, Turfway Park Racing
181	KY 18, Florence, **E** 🅖 Speedway/dsl, TA/Valero/Pizza Hut/ Popeye's/Subway/dsl/24hr/@ 🅕 Kiwha Korean, Waffle House 🅛 Best Value Inn, Best Western, Heritage Inn 🅞 Chev- rolet, **W** 🅖 BP/dsl, Marathon/dsl, Speedway/dsl 🅕 Buffalo Wild Wings, Cheddar's, Chipotle Mexican, Chuy's Mexican, City BBQ, Currito Burrito, El Rio Grande, Fazoli's, Firehouse Subs, Fuji Steaks, Hooters, IHOP, Jersey Mike's, La Rosa's, Laughing Noodle, Logan's Roadhouse, Miyoshi Japanese, Panda Ex- press, Panera Bread, Red Robin 🅛 Homewood Suites, Stay Lodge 🅞 AT&T, Buick/GMC, Chrysler/Jeep/Dodge, Ford, Hon- da, Hyundai, Mazda, Nissan, Tire Discounters, Toyota/Scion, URGENT CARE, Verizon, VW, Walmart/Subway
180a	Mall Rd (from sb), **W** 🅕 Asian Buffet, BJ's Rest., Buca Ital- ian, ChuckeCheese, GoldStar Chili, HoneyBaked Ham, Jimmy John's, Olive Garden, Pizza Hut, Qdoba, Quaker Steak, Sky- line Chili, Smokey Bones BBQ, Starbucks, Subway, Taco Bell, Which Wich? 🅞 $General, $Tree, AT&T, Barnes&Noble, Harley Davidson, Hobby Lobby, JC Penney, Kroger/dsl, Macy's, mall, Old Navy, same as 180, Sears/auto, Staples, TJ Maxx, Tuesday Morning
180	US 42, US 127, Florence, Union, **E** 🅖 BP/dsl, Speedway/ dsl 🅕 Big Boy, Bob Evans, Capt D's, Chipotle Mexican, El Nopal Mexican, Mai Thai, McDonald's, Penn Sta Subs, Ral- ly's, Red Lobster, Subway, Wendy's 🅛 Holiday Inn, Howard Johnson, Knights Inn, Motel 6, Quality Inn, Super 8 🅞 Cadil- lac, funpark, Subaru, **W** 🅖 Marathon/dsl, Murphy USA/dsl, Speedway/dsl 🅕 Arby's, Chick-fil-a, Dave&Buster's, KFC, Lit- tle Caesars, LJ Silver, outback, Ponderosa, Waffle House, White Castle 🅛 Magnuson Hotel, Travelodge 🅞 CarX, Costco/dsl, Midas, O'Reilly Parts, PepBoys, Tire Discounters, Tires+, Wal- greens
178	KY 536, Mt Zion Rd, **E** 🅖 Marathon/Rally's/dsl, Speedway/ dsl, Sunoco/Subway/dsl 🅕 Buffalo Bob's, Chopsticks, Gold- Star Chili, Hot Head Burritos, Jersey Mike's Subs, La Fuentes Mexican, La Rosa's Pizza, Mad Mike's Burgers, Sonic, Steak'n Shake, Taco Bell 🅞 AutoZone, Goodyear/auto, Kroger
177mm	Welcome Ctr sb/🆁🆂 nb, full 🅗 facilities, litter barrels, 🅒, 🅐, RV dump, vending
175	KY 338, Richwood, **E** 🅖 🄿🄸🄻🄾🅃/Subway/dsl/24hr, TA/BP/ Country Pride/Taco Bell/dsl/24hr/@ 🅕 Arby's, Burger King, White Castle 🅛 Richwood Inn 🅞 RV Park, **W** 🅖 BP/dsl, 🄿🄸🄻🄾🅃/Subway/dsl/scales/24hr, Shell/dsl 🅕 GoldStar Chili,

175	**Continued** Gourmet Cafe, Hong Kong Cafe, McDonald's, Papa Dino's Piz- za, Penn Sta Subs, Skyline Chili, Snappy Tomato Pizza, Waffle House, Wendy's 🅛 EconoLodge, Holiday Inn Express 🅞 to Big Bone Lick SP
173	I-71 S, to Louisville
171	KY 14, KY 16, to Verona, Walton, **E** 🅖 BP/dsl, Marathon/DQ/ dsl 🅕 China Moon, El Toro Mexican, McDonald's, Pizza Hut, Starbucks, Subway, Waffle House 🅞 AT&T, AutoZone, Kohl's, Kroger/dsl, Tire Discounters, URGENT CARE, Walton Drug, **W** 🅖 ⓕFLYING J/Denny's/dsl/scales/24hr 🅞 Blue Beacon, Delightful Days RV Ctr, Oak Creek Camping (1mi), to Big Bone Lick SP, vet
168mm	weigh sta/rest haven sb
166	KY 491, Crittenden, **E** 🅖 BP/dsl, Marathon/dsl 🅕 McDon- ald's 🅞 Chrysler/Dodge/Jeep, Cincinnati S Camping (2mi), **W** 🅖 Marathon/dsl, Shell/Gold Star Chili 🅕 China Castle, Subway, Wendy's 🅞 $General, Grant Co Drugs
159	KY 22, to Owenton, Dry Ridge, **E** 🅖 BP, Shell/dsl, Speedway/ dsl 🅕 Arby's, Burger King, Happy Dragon Chinese, KFC/ Taco Bell, La Rosa's, LJ Silver, McDonald's, Pizza Hut, Skyline Chili, Subway, Waffle House, Wendy's 🅛 Microtel, Value Stay 🅞 🅗, $General, Buick/Chevrolet, O'Reilly Parts, Verizon, Walmart, **W** 🅖 Road Ranger/dsl, Speedway/dsl 🅕 Country Grill, Cracker Barrel, El Rio Grande Mexican 🅛 Comfort Inn, Hampton Inn 🅞 Camper Village, Dry Ridge TowneCtr, Sav-A- Lot, Tire Discounters, Toyota/Scion
156	Barnes Rd, **E** 🅞 🅗
154	KY 36, Williamstown, **E** 🅖 Marathon/dsl, Shell/dsl 🅞 🅗, to Kincaid Lake SP, **W** 🅖 Marathon/dsl 🅕 El Jalisco Mexi- can 🅛 Best Value Inn, Sunrise Inn
144	KY 330, to Owenton, Corinth, **E** 🅖 Marathon/dsl, Noble's Trk Plaza/rest./dsl, **W** 🅖 🅕 Gary's Grill Inn 🅛 Three Springs Motel
136	KY 32, to Sadieville, **E** 🅖 Loves/Hardee's/dsl/scales/24hr
130.5mm	weigh sta nb
129	rd 620, Cherry Blossom Wy, **E** 🅖 🄿🄸🄻🄾🅃/Wendy's/dsl/ scales/24hr/@ 🅕 Waffle House 🅛 Days Inn, Motel 6, **W** 🅖 🄿🄸🄻🄾🅃/McDonald's/dsl/scales/24hr, Shell 🅞 Whis- pering Hills RV Park (3mi)
127mm	🆁🆂 both lanes, full 🅗 facilities, litter barrels, petwalk, 🅒, 🅐, vending
126	US 62, to US 460, Georgetown, **E** 🅖 Marathon/dsl, Murphy USA/dsl 🅕 Applebee's, Asian Royal Buffet, Big Boy, Buf- falo Wild Wings, Gold Star Chili, Jimmy John's, McDonald's, O'Charley's, Papa John's, Penn Sta Subs, Pepe's Mexican, Qdoba, Starbucks, Steak'n Shake, Subway 🅛 Holiday Inn Express 🅞 AT&T, Kohl's, Lowe's, Tire Discounters, URGENT CARE, Verizon, Walmart/Subway, **W** 🅖 Marathon, Shell/ Subway, Speedway/dsl 🅕 Cane's, Chick-fil-A, Cracker Barrel,

FLORENCE

KY

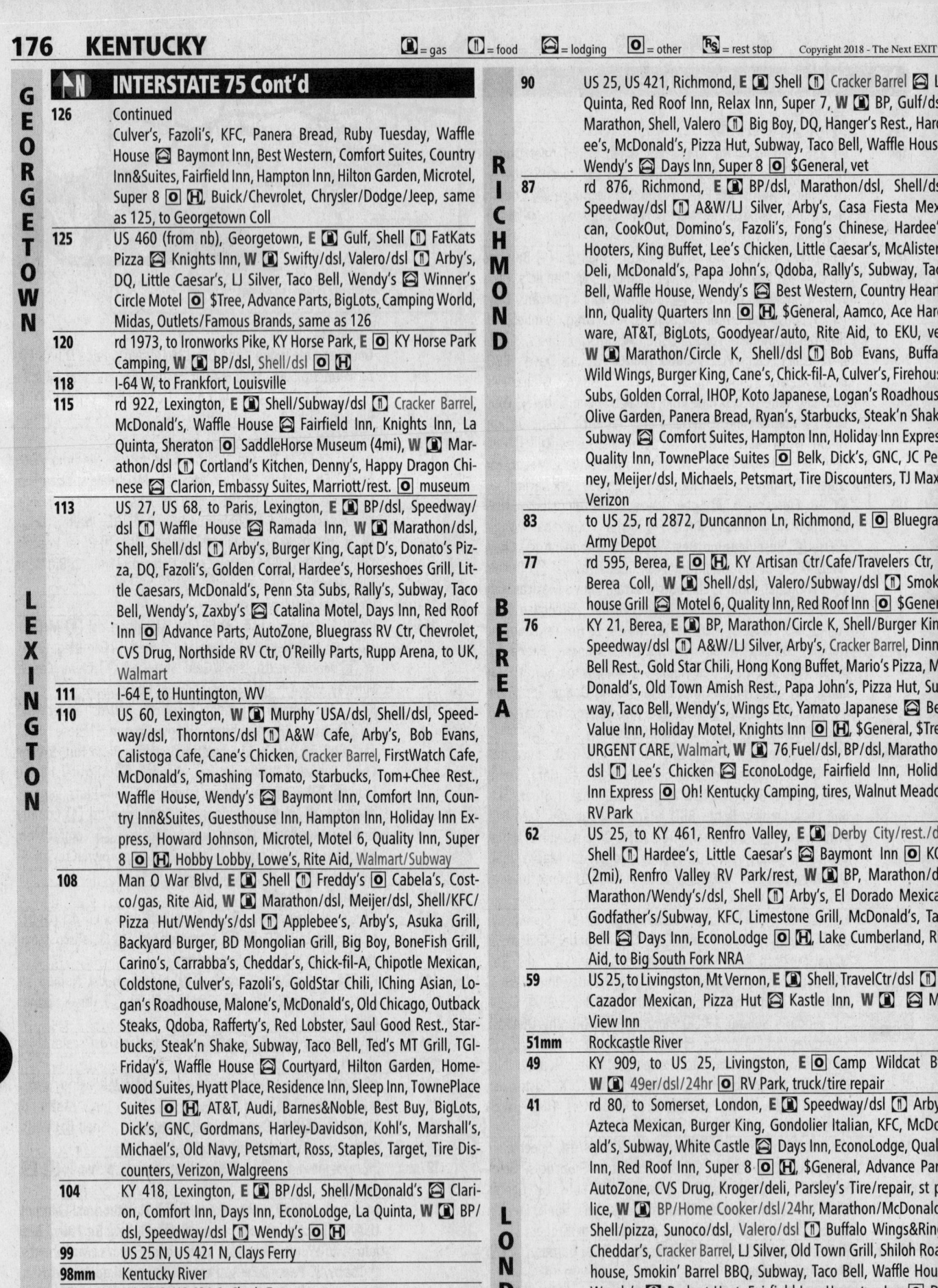

G E O R G E T O W N

L E X I N G T O N

▲N INTERSTATE 75 Cont'd

126	Continued Culver's, Fazoli's, KFC, Panera Bread, Ruby Tuesday, Waffle House ☒ Baymont Inn, Best Western, Comfort Suites, Country Inn&Suites, Fairfield Inn, Hampton Inn, Hilton Garden, Microtel, Super 8 ⊙ Ⓗ, Buick/Chevrolet, Chrysler/Dodge/Jeep, same as 125, to Georgetown Coll
125	US 460 (from nb), Georgetown, E 🅶 Gulf, Shell 🅵 FatKats Pizza ☒ Knights Inn, W 🅶 Swifty/dsl, Valero/dsl 🅵 Arby's, DQ, Little Caesar's, LJ Silver, Taco Bell, Wendy's ☒ Winner's Circle Motel ⊙ $Tree, Advance Parts, BigLots, Camping World, Midas, Outlets/Famous Brands, same as 126
120	rd 1973, to Ironworks Pike, KY Horse Park, E ⊙ KY Horse Park Camping, W 🅶 BP/dsl, Shell/dsl ⊙ Ⓗ
118	I-64 W, to Frankfort, Louisville
115	rd 922, Lexington, E 🅶 Shell/Subway/dsl 🅵 Cracker Barrel, McDonald's, Waffle House ☒ Fairfield Inn, Knights Inn, La Quinta, Sheraton ⊙ SaddleHorse Museum (4mi), W 🅶 Marathon/dsl 🅵 Cortland's Kitchen, Denny's, Happy Dragon Chinese ☒ Clarion, Embassy Suites, Marriott/rest. ⊙ museum
113	US 27, US 68, to Paris, Lexington, E 🅶 BP/dsl, Speedway/dsl 🅵 Waffle House ☒ Ramada Inn, W 🅶 Marathon/dsl, Shell, Shell/dsl 🅵 Arby's, Burger King, Capt D's, Donato's Pizza, DQ, Fazoli's, Golden Corral, Hardee's, Horseshoes Grill, Little Caesars, McDonald's, Penn Sta Subs, Rally's, Subway, Taco Bell, Wendy's, Zaxby's ☒ Catalina Motel, Days Inn, Red Roof Inn ⊙ Advance Parts, AutoZone, Bluegrass RV Ctr, Chevrolet, CVS Drug, Northside RV Ctr, O'Reilly Parts, Rupp Arena, to UK, Walmart
111	I-64 E, to Huntington, WV
110	US 60, Lexington, W 🅶 Murphy USA/dsl, Shell/dsl, Speedway/dsl, Thorntons/dsl 🅵 A&W Cafe, Arby's, Bob Evans, Calistoga Cafe, Cane's Chicken, Cracker Barrel, FirstWatch Cafe, McDonald's, Smashing Tomato, Starbucks, Tom+Chee Rest., Waffle House, Wendy's ☒ Baymont Inn, Comfort Inn, Country Inn&Suites, Guesthouse Inn, Hampton Inn, Holiday Inn Express, Howard Johnson, Microtel, Motel 6, Quality Inn, Super 8 ⊙ Ⓗ, Hobby Lobby, Lowe's, Rite Aid, Walmart/Subway
108	Man O War Blvd, E 🅶 Shell 🅵 Freddy's ⊙ Cabela's, Costco/gas, Rite Aid, W 🅶 Marathon/dsl, Meijer/dsl, Shell/KFC/Pizza Hut/Wendy's/dsl 🅵 Applebee's, Arby's, Asuka Grill, Backyard Burger, BD Mongolian Grill, Big Boy, BoneFish Grill, Carino's, Carrabba's, Cheddar's, Chick-fil-A, Chipotle Mexican, Coldstone, Culver's, Fazoli's, GoldStar Chili, IChing Asian, Logan's Roadhouse, Malone's, McDonald's, Old Chicago, Outback Steaks, Qdoba, Rafferty's, Red Lobster, Saul Good Rest., Starbucks, Steak'n Shake, Subway, Taco Bell, Ted's MT Grill, TGIFriday's, Waffle House ☒ Courtyard, Hilton Garden, Homewood Suites, Hyatt Place, Residence Inn, Sleep Inn, TownePlace Suites ⊙ Ⓗ, AT&T, Audi, Barnes&Noble, Best Buy, BigLots, Dick's, GNC, Gordmans, Harley-Davidson, Kohl's, Marshall's, Michael's, Old Navy, Petsmart, Ross, Staples, Target, Tire Discounters, Verizon, Walgreens
104	KY 418, Lexington, E 🅶 BP/dsl, Shell/McDonald's ☒ Clarion, Comfort Inn, Days Inn, EconoLodge, La Quinta, W 🅶 BP/dsl, Speedway/dsl 🅵 Wendy's ⊙ Ⓗ
99	US 25 N, US 421 N, Clays Ferry
98mm	Kentucky River
97	US 25 S, US 421 S, Clay's Ferry
95	rd 627, to Boonesborough, Winchester, E 🅶 BP/dsl, ♥Loves /Arby's/dsl/scales/24hr ⊙ camping, Ft Boonesborough SP, W 🅶 Shell/Subway/dsl

R I C H M O N D

B E R E A

L O N D O N

90	US 25, US 421, Richmond, E 🅶 Shell 🅵 Cracker Barrel ☒ L Quinta, Red Roof Inn, Relax Inn, Super 7, W 🅶 BP, Gulf/ds Marathon, Shell, Valero 🅵 Big Boy, DQ, Hanger's Rest., Hard ee's, McDonald's, Pizza Hut, Subway, Taco Bell, Waffle House Wendy's ☒ Days Inn, Super 8 ⊙ $General, vet
87	rd 876, Richmond, E 🅶 BP/dsl, Marathon/dsl, Shell/ds Speedway/dsl 🅵 A&W/LJ Silver, Arby's, Casa Fiesta Mex can, CookOut, Domino's, Fazoli's, Fong's Chinese, Hardee' Hooters, King Buffet, Lee's Chicken, Little Caesar's, McAlister Deli, McDonald's, Papa John's, Qdoba, Rally's, Subway, Tac Bell, Waffle House, Wendy's ☒ Best Western, Country Heart Inn, Quality Quarters Inn ⊙ Ⓗ, $General, Aamco, Ace Hard ware, AT&T, BigLots, Goodyear/auto, Rite Aid, to EKU, ve W 🅶 Marathon/Circle K, Shell/dsl 🅵 Bob Evans, Buffal Wild Wings, Burger King, Cane's, Chick-fil-A, Culver's, Firehous Subs, Golden Corral, IHOP, Koto Japanese, Logan's Roadhous Olive Garden, Panera Bread, Ryan's, Starbucks, Steak'n Shak Subway ☒ Comfort Suites, Hampton Inn, Holiday Inn Expres Quality Inn, TownePlace Suites ⊙ Belk, Dick's, GNC, JC Pen ney, Meijer/dsl, Michaels, Petsmart, Tire Discounters, TJ Max Verizon
83	to US 25, rd 2872, Duncannon Ln, Richmond, E ⊙ Bluegra Army Depot
77	rd 595, Berea, E ⊙ Ⓗ, KY Artisan Ctr/Cafe/Travelers Ctr, Berea Coll, W 🅶 Shell/dsl, Valero/Subway/dsl 🅵 Smok house Grill ☒ Motel 6, Quality Inn, Red Roof Inn ⊙ $Gener
76	KY 21, Berea, E 🅶 BP, Marathon/Circle K, Shell/Burger Kin Speedway/dsl 🅵 A&W/LJ Silver, Arby's, Cracker Barrel, Dinn Bell Rest., Gold Star Chili, Hong Kong Buffet, Mario's Pizza, M Donald's, Old Town Amish Rest., Papa John's, Pizza Hut, Su way, Taco Bell, Wendy's, Wings Etc, Yamato Japanese ☒ Be Value Inn, Holiday Motel, Knights Inn ⊙ Ⓗ, $General, $Tre URGENT CARE, Walmart, W 🅶 76 Fuel/dsl, BP/dsl, Maratho dsl 🅵 Lee's Chicken ☒ EconoLodge, Fairfield Inn, Holida Inn Express ⊙ Oh! Kentucky Camping, tires, Walnut Meado RV Park
62	US 25, to KY 461, Renfro Valley, E 🅶 Derby City/rest./d Shell 🅵 Hardee's, Little Caesar's ☒ Baymont Inn ⊙ KC (2mi), Renfro Valley RV Park/rest, W 🅶 BP, Marathon/d Marathon/Wendy's/dsl, Shell 🅵 Arby's, El Dorado Mexica Godfather's/Subway, KFC, Limestone Grill, McDonald's, Ta Bell ☒ Days Inn, EconoLodge ⊙ Ⓗ, Lake Cumberland, Ri Aid, to Big South Fork NRA
59	US 25, to Livingston, Mt Vernon, E 🅶 Shell, TravelCtr/dsl 🅵 Cazador Mexican, Pizza Hut ☒ Kastle Inn, W 🅶 ☒ M View Inn
51mm	Rockcastle River
49	KY 909, to US 25, Livingston, E ⊙ Camp Wildcat B W 🅶 49er/dsl/24hr ⊙ RV Park, truck/tire repair
41	rd 80, to Somerset, London, E 🅶 Speedway/dsl 🅵 Arby Azteca Mexican, Burger King, Gondolier Italian, KFC, McDo ald's, Subway, White Castle ☒ Days Inn, EconoLodge, Quali Inn, Red Roof Inn, Super 8 ⊙ Ⓗ, $General, Advance Par AutoZone, CVS Drug, Kroger/deli, Parsley's Tire/repair, st p lice, W 🅶 BP/Home Cooker/dsl/24hr, Marathon/McDonald Shell/pizza, Sunoco/dsl, Valero/dsl 🅵 Buffalo Wings&Rin Cheddar's, Cracker Barrel, LJ Silver, Old Town Grill, Shiloh Roa house, Smokin' Barrel BBQ, Subway, Taco Bell, Waffle Hous Wendy's ☒ Budget Host, Fairfield Inn, Hampton Inn ⊙ D Patch Ctr
38	rd 192, to Rogers Pkwy, London, E 🅶 BP/dsl, Marathon, Murp USA/dsl, Shell/Mama's Subs/dsl, Speedway/dsl 🅵 Big B

KY

⬆N INTERSTATE 75 Cont'd

38	Continued
	Burger King, Capt D's, Dino's Italian, Domino's, DQ, Dunkin Donuts/Baskin Robins, El Dorado Mexican, Fazoli's, Golden Corral, Great Wall Chinese, Hardee's, Huddle House, Krystal, McDonald's, Penn Sta Subs, Pizza Hut, Starbucks, Steak'n Shake, Subway, Sun Buffet, Taco Bell ⌂ Baymont Inn, Comfort Suites, Country Inn&Suites, Holiday Inn Express, Microtel ◎ $Tree, Advance Parts, ⬇, AT&T, camping, E Kentucky RV Ctr, Ford/Lincoln, Kroger/dsl, Lowe's, NAPA, Nissan, Office Depot, Peterbilt, Rogers Pkwy to Manchester/Hazard, to Levi Jackson SP, USPO, Verizon, Walgreens, Walmart/Subway, W ◎ H, to Laurel River Lake RA
34mm	truck haven, weigh sta both lanes
30.5mm	Laurel River
29	US 25, US 25E, Corbin, E 🗄 Marathon, Murphy USA, (Pilot)/McDonald's/Subway/dsl/scales/24hr, Spur Oil ⊓ David's Steaks, DQ, Huddle House, Mi Jalisco Mexican, Taco Bell ⌂ Super 8 ◎ Aldi Foods, AutoZone, Blue Beacon, Lowe's, to Cumberland Gap NP, Walmart/Subway, W 🗄 BP/Krystal/dsl, ♥Loves/Hardee's/dsl/scales/24hr/@, Marathon, Shell/dsl ⊓ Cracker Barrel, Sonny's BBQ ⌂ Baymont Inn, Fairfield Inn, Hampton Inn, Knights Inn, Quality Suites ◎ KOA, tires/repair, to Laurel River Lake RA
25	US 25W, Corbin, E 🗄 Speedway/dsl ⊓ Applebee's, Bojangle's, Burger King, Cayenne SW Grill, CB's Grill, Dino's Italian, McDonald's, Taco Bell, Wendy's ⌂ EconoLodge, Holiday Inn Express, Landmark Inn, Red Roof Inn ◎ H, auto repair/tires, W 🗄 Shell ⊓ Arby's, El Dorado Mexican, Subway, Waffle House ⌂ Best Western ◎ to Cumberland Falls SP
15	US 25W, to Williamsburg, Goldbug, W 🗄 Shell, Xpress/dsl ◎ Cumberland Falls SP
14.5mm	Cumberland River
11	KY 92, Williamsburg, E 🗄 BP/dsl, Shell ⊓ Arby's, El Dorado Mexican, Hardee's, KFC, Little Caesar's, McDonald's, Pizza Hut, Subway, Taco Bell ⌂ Budget Inn, Cumberland Inn, Super 8 ◎ $General, Advance Parts, AutoZone, Family$, museum, Sav-A-Lot, Windham Drug, W 🗄 (Pilot)/Wendy's/dsl/scales/24hr, Shell ⊓ Burger King, DQ, Huddle House, Krystal, LJ Silver ⌂ Hampton Inn ◎ $Tree, to Big South Fork NRA, Walmart
1.5mm	Welcome Ctr nb, full ♿facilities, litter barrels, petwalk, Ⓒ, 🚮, vending
0mm	Kentucky/Tennessee state line

◆N INTERSTATE 275 (Cincinnati)

Exit #	Services
84	I-71, I-75, N to Cincinnati, S to Lexington, Louisville
83	US 25, US 42, US 127, S 🗄 Shell/Circle K/dsl, Thornton's/dsl ⊓ Abuelo's Mexican, Buffalo Wings&Rings, Carrabba's, Chipotle, Coldstone, Dewey's Pizza, Donato's Pizza, First Watch Cafe, Five Guys, Gold Star Chili, Jimmy John's, KFC, Max&Erma's, McAlister's Deli, McDonald's, Moe's SW Grill, Panera Bread, Starbucks, Subway, Taco Bell, The Pub, Wendy's ◎ $Tree, CarX, Dillard's, GNC, K-Mart, Verizon, Walgreens
82	rd 1303, Turkeyfoot Rd, S ⊓ TGIFriday's ◎ H
80	KY 17, Independence, N 🗄 Speedway/dsl, United/dsl ⊓ Arby's, Big Boy, Bob Evans, Buffalo Wild Wings, Burger King, El Ranchero Mexican, Golden Corral, Hot Head Burrito, Penn Sta Subs, Snappy Tomato Pizza, Subway, Taco Bell, TX Roadhouse, Wendy's, White Castle ◎ AT&T, Petco, TireDiscounters,

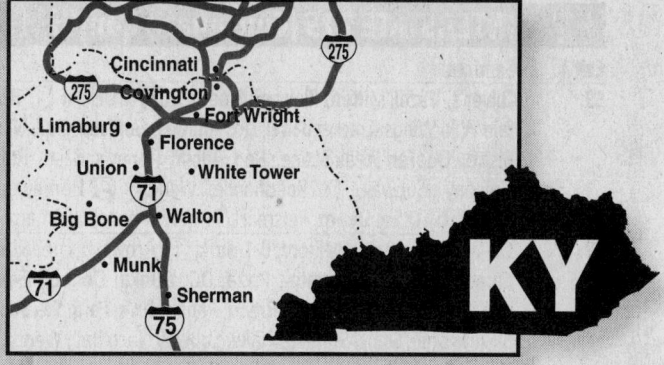

80	Continued
	Verizon, Walmart/Subway, S 🗄 Thornton's/dsl ⊓ McDonald's, Waffle House
79	KY 16, Taylor Mill Rd, N 🗄 BP, Marathon, Speedway/dsl ⊓ Domino's, Goldstar Chili, McDonald's, Peking Chinese, Subway, Wendy's ◎ $General, $Tree, Big Lots, Burlington Coats, CVS Drug, Kroger/gas, URGENT CARE, Walgreens, S 🗄 BP/dsl ⊓ El Jinete Mexican, Graeter's Rest., KFC/Taco Bell, La Rosa's Pizza, Marco's Pizza, McDonald's, Original Wok, Skyline Chili, Subway ◎ Remke's Mkt, Verizon, vet
77	KY 9, Maysville, Wilder, N ⌂ Hampton Inn, S 🗄 Speedway/dsl, Thorntons/dsl, UDF/dsl ⊓ DQ, Goldstar Chili, McDonald's, Mellow Mushroom Pizza, Subway, Waffle House ⌂ Country Inn Suites
76	Three Mile Rd
74a	Alexandria, (exits left from sb), to US 27
74b	I-471 N, Newport, Cincinnati, N ◎ H
73mm	OH/KY state line, OH River
72	US 52 W, Kellogg Ave, S 🗄 Marathon (2mi) ◎ Coney Island Funpark
71	US 52 E, New Richmond
69	5 Mile Rd, W 🗄 BP/dsl ⊓ Big Boy, Carrabba's, Firehouse Subs, IHOP, La Rosa's Mexican, McDonald's, Moe's SW Grill, Outback, TGIFriday's ◎ H, CVS, Kroger/gas, TireDiscounters
65	OH 125, Beechmont Ave, Amelia, E 🗄 Shell, Speedway, UDF/dsl ⊓ Hibachi Grill, Los Cazadores, Red Lobster, Ron's Chinese, Tender Towne, Wendy's ⌂ Beechmont Motel ◎ CarX, Family$, Ford, Lowe's, Tires+, Walgreens, W 🗄 BP, Marathon, Speedway/dsl ⊓ Big Boy, Bob Evans, Burger King, Butterbee's Grille, Chick-fil-A, Chipotle Mexican, McDonald's, Olive Garden, Peking Chinese, Skyline Chili, Smashburger, Starbucks, Waffle House, White Castle ⌂ Best Western, Days Inn, Red Roof Inn ◎ $Tree, Aldi Foods, AT&T, Audi, AutoZone, BigLots, Goodyear/auto, Home Depot, Honda, Kroger, O'Reilly Parts, Staples, Sumerel Tire/repair, Target, TireDiscounters, TJ Maxx, Toyota/Scion, Tuesday Morning, Verizon
63b a	OH 32, Batavia, Newtown, E 🗄 UDF ⊓ Applebee's, Big Boy, Bob Evans, Burger King, Chick-fil-A, China Buffet, Chipotle, ChuckECheese, City BBQ, Firehouse Subs, Five Guys, Fuji Steaks, Golden Corral, Hwy 55 Cafe, Jimmy John's, KFC, LaRosa's Pizza, LJ Silver, Logan's Roadhouse, Longhorn Steaks, McDonalds, O'Charley's, Panera Bread, Penn Sta Subs, Pizza Hut, Popeye's, Skyline Chili, Skyline Chili, Sonic, Starbucks, Steak'n Shake, Taco Bell, Wendy's, White Castle ⌂ Comfort Inn, Fairfield Inn, Hampton Inn, Holiday Inn ◎ $Tree, Advance Parts, Aldi Foods, AT&T, Best Buy, Dick's, Dillard's, Firestone/auto, Hobby Lobby, JC Penney, Jo-Ann Fabrics, Jungle Jim's Mkt, Kohl's, Kroger/dsl, Marshall's, Meijer/dsl, PepBoys, Petsmart, Sam's Club/gas, Sears, URGENT CARE, Walmart/Subway, W 🗄 Marathon, Speedway/dsl, Sunoco ⊓ Gold Star Chili, Gramma's Pizza ◎ Kroger, Midas

CORBIN

KY

🅶 = gas 🍴 = food 🛏 = lodging 🅾 = other 🆁🆂 = rest stop Copyright 2018 - The Next EXIT

INTERSTATE 275 (Cincinnati) Cont'd

Exit #	Services
59	OH 452, US 50, Milford Pkwy, Hillsboro, **S** 🅶 UDF/dsl 🍴 Buffalo Wild Wings, Cracker Barrel, Dos Amigos, Goldstar Chili, Mint Bistro, Quaker Steak&Lube, Red Robin, Roney's Rest., Ruby Tuesday, Subway, TX Roadhouse, Wendy's 🛏 Homewood Suites 🅾 Office Depot, Petsmart, Target, Verizon, Walmart
57	OH 28, Blanchester, Milford, **0-1 mi N** 🍴 Arby's, Burger King, Chipotle Mexican, Donato's Pizza, DQ, Dunkin Donuts, Goldstar Chili, IHOP, KFC, Panera Bread, Papa John's, Penn Sta Subs, Skyline Chili, Sonic, Steak'n Shake, Subway, Taco Bell, Wendy's, White Castle 🅾 GNC, Home Depot, Kroger/dsl, Lowe's, Meijer/dsl, Petco, URGENT CARE, **S** 🅶 Thornton's/dsl 🍴 Bob Evans, Cazadore's Mexican, Putter's Grill, Roosters Grill 🛏 Holiday Inn Express 🅾 Goodyear/auto, vet
54	Wards Corner Rd, **N** 🅶 BP, **S** 🅶 UDF/dsl 🍴 Big Boy, Dominos, Goldstar Chili, Subway 🛏 Hilton Garden
53mm	Little Miami River
52	Loveland, Indian Hill, **N** 🅶 Marathon/Circle K/dsl, Shell, Speedway/dsl 🍴 Arby's, Burger King, Penn Sta Subs, Pizza Hut, Skyline Chili, Starbucks, Subway, Taco Bell, Wendy's 🅾 CVS Drug, Indian Motorcycles, URGENT CARE, Verizon, vet, Walgreens
50	US 22, OH 3, Montgomery, **N** 🅶 Shell 🍴 Buffalo Wild Wings, Chili's, deSha's Tavern, Dewey's Pizza, Donato's Puzza, DQ, Johnny Chan's, Melting Pot, Panera Bread, Starbucks, Subway, Taco Casa, Which Wich? 🅾 Acura, AT&T, Fresh Thyme Mkt, GNC, Hyundai, Kroger/dsl, TJ Maxx, **S** 🅶 BP/dsl, Shell/Subway/Dunkin Donuts 🍴 El Jinete, Goldstar Chili, McDonald's, Merlot's Rest., Skyline Chili, Wendy's 🅾 🅷
49	I-71 N to Columbus, S to Cincinnati
47	Reed Hartman Hwy, Blue Ash, **S** 🍴 Chipotle, Jersey Mike's, Jimmy John's, Kanpai Japanese, Ruby Tuesday, Smashburger, Starbucks, Tropical Cafe 🛏 DoubleTree, Hyatt Place, Quality Inn, Residence Inn
46	US 42, Mason, **N** 🅶 🍴 Chipotle, KFC, Marie's Scrambler, Max&Erma's, McDonald's, Skyline Chili, Taco Bell, Wendy's, White Castle 🛏 Holiday Inn, Motel 6, Woodspring Suites 🅾 Advance Parts, CVS Drug, Goodyear/auto, Kroger/dsl, Walgreens, **S** 🅶 Marathon/dsl, Shell, Speedway/dsl, UDF/dsl 🍴 Arby's, El Rancho Grande, Waffle House 🛏 Days Inn 🅾 Midas, Mr Transmission, Tire Discounters
44	Mosteller Rd, **N** 🍴 Subway, **S** 🛏 Homewood Suites
43b a	I-75, N to Dayton, S to Cincinnati
42	OH 747, Springdale, Glendale, **N** 🅶 Sunoco, Thorntons 🅾 $General, Staples, **S** 🅶 Shell/dsl 🍴 BJ's Brewhouse, Blue Agave Mexican, Chick-fil-A, Chipotle, Firehouse Subs, La Rosa's Pizza, McDonald's, Noodles&Co, Panera Bread, Steak'n Shake, TGIFriday's 🅾 BigLots, Chevrolet, Chrysler/Dodge/Jeep, Dillard's, Hancock Fabrics, Hobby Lobby, Lowe's, Macy's, Michael's, Office Depot, Petsmart, Sears/auto, TJ Maxx, Verizon
41	OH 4, Springdale Pkwy, **N** 🅶 Shell, Speedway/dsl, Sunoco/dsl 🍴 Burger King, Hooters, Olive Garden, Pappadeaux, Rib City, Skyline Chili, SmoQ Rest., Wendy's 🛏 La Quinta, **S** 🅶 BP, UDF/dsl 🍴 Beef'O'Brady's, DJ's Tavern, DQ, Goldstar Chili, Outback Steaks, Penn Sta Subs, Subway, White Castle 🛏 Extended Stay America, Howard Johnson, Super 8 🅾 CVS Drug, Family$, O'Reilly Parts
39	Winton Rd, Winton Woods, **N** 🅶 🍴 Asian Buffet, Chipotle, Golden Corral, IHOP, McDonald's, Old Spaghetti Factory, Panera Bread, Red Lobster, Steak'n Shake 🛏 Comfort Suites, Hampton Inn 🅾 Bass Pro Shops, CarMax, Home Depot, Kohl's,
39	Continued Meijer/dsl, Tire Discounters, **S** 🅶 Marathon/dsl, Shell/ds UDF/dsl 🍴 Big Boy, Cancun Mexican, China Garden, Crack Barrel, Izzy's Cafe, Jade House Chinese, Jax Tavern, KFC, La Fieta Mexican, Papa John's, Penn Sta Subs, Popeye's, Skyline Chil Starbucks, Subway, Taco Bell, Wendy's 🛏 Quality Inn, Spring Hill Suites 🅾 $Tree, AAA, Aldi Foods, AutoZone, Kroger/ga Tires+, vet, Walmart
36	US 127, Hamilton, Mt Healthy, **N** 🅶 Marathon/Circle K/ds Speedway 🍴 Wendy's 🅾 CVS Drug, **S** 🅶 Shell/dsl, Sunoc UDF 🍴 Big Boy, China Island, La Rosa's Pizza, Little Caesar McDonald's, Rally's, Subway, Taco Bell 🅾 Advance Part Family$, O'Reilly Parts
33	US 27, US 126, Colerain Ave, **N** 🅶 Speedway/dsl 🍴 Bur er King, Skyline Chili, Steak'n Shake, Wendy's 🅾 Dick Jo-Ann, Lowe's, Petsmart, TireDiscounters, Walmart/Subwa **S** 🅶 Shell 🍴 Applebee's, Arby's, Big Boy, Bob Evans, Buffa Wild Wings, Burger King, Cheddar's, Chipotle, Five Guys, Ho eybaked Ham, IHOP, KFC, La Piñata Mexican, La Rosa's Pizza, Silver, Logan's Roadhouse, Longhorn Steaks, McDonald's, Oli Garden, Outback Steaks, Panera Bread, Pizza Hut, Popeye Potbelly, Qdoba, Quaker Steak, Red Lobster, Starbucks, Ta Bell, TGIFriday's, White Castle 🅾 Aldi Foods, AT&T, Best Bu GNC, Hobby Lobby, JC Penney, Kroger, Macy's, Marshalls, Me jer/dsl, Michael's, Old Navy, Sumerel Tire/auto, Tires+, Tuesda Morning, URGENT CARE, Verizon, Walgreens
31	Ronald Reagan Hwy, Blue Rock Rd
28	I-74, US 52, E to Cincinnati, W to Indianapolis
25	I-74, E to Cincinnati, W to Indianapolis
21	Kilby Rd, 🅾 Indian Springs Camping (3mi)
18mm	Ohio/Indiana State Line, Ohio/Indiana State Line
16	US 50, Greendale, Lawrenceburg, **W** 🅶 Ameristop/dsl, Ma athon/dsl, Shell/Circle K/Subway 🍴 Buffalo Wings&Ring Burger King, KFC, La Rosa's Pizza, Maverick's Grill, McDonald Taco Bell, Waffle House, White Castle 🛏 Comfort Inn, Holida Inn Express, Modern Inn, Riverside Inn 🅾 casino, Chevrole Chrysler/Dodge/Jeep, Ford, TireDiscounters, Walgreens
14mm	Kentucky/Indiana state line, Ohio River
11	Petersburg
8b a	KY 237, Hebron, **N** 🅶 Marathon/DQ/dsl, UDF/dsl 🍴 Aga Mexican, Arby's, China Wok, Hebron Grille, Jets Pizza, Ji my John's, Longnecks Grill, Papa John's, Penn Sta Subs, Piz Hut, Strong's Pizza, Wendy's 🅾 Remke's Mkt, URGENT CAR **S** 🅶 Speedway/Subway/dsl 🍴 Burger King, Goldstar Ch Skyline Chili, Sonic, Waffle House
4a b	KY 212, KY 20, **N** 🅶 Shell/dsl 🛏 Comfort Suites, Country I &Suites, Hampton Inn, Marriott, **S** 🛏 DoubleTree (2mi) 🅾 🅷
2	Mineola Pike, **N** 🅶 Mobil/Rally's/Subway/dsl 🛏 Holid Inn, Quality Inn, **S** 🅶 Shell/dsl 🍴 Hot Head Burrito, Subw 🛏 Courtyard Inn, Residence Inn

NOTES

LOUISIANA

⊞E INTERSTATE 10

Exit#	Services
274mm	Louisiana/Mississippi state line, Pearl River
272mm	West Pearl River
270mm	Welcome Ctr wb, full 🚻 facilities, info, litter barrels, petwalk, Ⓒ, 🚮, RV dump
267b	I-12 W, to Baton Rouge
267a	I-59 N, to Meridian
266	US 190, Slidell, **N** 🅿 RaceTrac/dsl, Shell/dsl, TA/Country Pride/dsl/scales/24hr/@, Valero/dsl 🍴 Arby's, Baskin-Robbins, Cane's Rest., Carreta's Mexican, Chesterfield Grill, Chick-fil-A, Copeland's Rest., Golden Dragon Chinese, KFC, Los Tres Amigos, McDonald's, NOLA Southern Grill, Panda Express, Retro Grill, Rotolo's Pizza, Shoney's, Sonic, Subway, Taco Bell, Wendy's, Zydecos Rest. 🏠 Best Value Inn, Best Western, Deluxe Motel, Motel 6 Ⓞ Ⓗ, CVS Drug, Firestone/auto, Freightliner, GNC, Harley-Davidson, Hobby Lobby, Office Depot, O'Reilly Parts, PepBoys, Petco, Rouse's Mkt, U-Haul, Walgreens, **S** 🅿 Chevron/Subway/dsl, Murphy USA/dsl, RaceTrac/dsl 🍴 Applebee's, Big Easy Diner, Cracker Barrel, Fuji Yama Hibachi, Hooters, McAlister's Deli, Outback Steaks, Ruby Tuesday, Sonic, Starbucks, TX Roadhouse, Waffle House 🏠 Days Inn, La Quinta, Value Inn, Wingate Inn Ⓞ Ⓗ, $General, $Tree, AT&T, CVS, Home Depot, Lowe's, repair/transmissions, Rite Aid, vet, Walmart/Subway
265	US 190, Fremaux Ave, **N** 🅿 Shell/Purple Cow/dsl 🍴 Cheddar's, Felipe's Mexican, Longhorn Steaks, Panera Bread, Starbucks Ⓞ Best Buy, Dick's, Kohl's, Michaels, Petsmart, TJ Maxx, Verizon

263	LA 433, Slidell, **N** 🅿 Exxon/Circle K/dsl, Shell/dsl, Valero 🍴 Oishii Buffet, Waffle House 🏠 Hampton Inn, Super 8 Ⓞ repair, **S** 🅿 Kangaroo/Subway/scales/dsl, Valero/dsl 🍴 McDonald's, Taco Bell, Wendy's 🏠 Holiday Inn Ⓞ Buick/GMC, Chevrolet/Cadillac, Chrysler/Dodge/Jeep, Ford, Honda, Hyundai, Kia, Mazda, Nissan, NO East RV Park (1mi), Pinecrest RV Park, Toyota/Scion
261	Oak Harbor Blvd, Eden Isles, **N** 🅿 Exxon/Circle K/dsl 🍴 Waffle House 🏠 Sleep Inn, **S** 🅿 Shell/Subway/dsl Ⓞ Bayou Country Store
255mm	Lake Pontchartrain
254	US 11, to Northshore, Irish Bayou, **S** 🅿 Texaco/dsl
251	Bayou Sauvage NWR, **S** Ⓞ swamp tours
248	Michoud Blvd
246b a	I-510 S, LA 47 N, S to Chalmette, N to Little Woods
245	Bullard Ave, **N** 🅿 Chevron/dsl, Shell/dsl 🍴 Southern Smoque Diner, Waffle House 🏠 Comfort Suites, Holiday Inn Express Ⓞ Family$, Honda, **S** 🅿 Chevron/dsl, Shell 🍴 Burger King, IHOP, KFC/Taco Bell, McDonald's, Papa John's, Super Cajun Seafood 🏠 Baymont Inn, Motel 6 Ⓞ Chrysler/Dodge/Jeep, Home Depot, Nissan, PepBoys, Rite Aid, Tire Kingdom, Toyota/Scion, Walgreens, Walmart
244	Read Blvd, **N** 🅿 Shell/dsl 🍴 McDonald's Ⓞ Walgreens, **S** 🅿 EZ Stop/dsl 🍴 Popeye's, Subway, Waffle House, Wendy's 🏠 Clarion, Days Inn, Knights Inn Ⓞ Ⓗ, CVS, Lowe's, SaveALot Foods
242	Crowder Blvd, **N** 🅿 Chevron, **S** 🅿 Crowder Ctr, Exxon/dsl 🍴 Subway 🏠 Quality Inn Ⓞ Walgreens
241	Morrison Rd, **N** 🅿 Big E-Z/dsl, FuelXpress/dsl
240b a	US 90 E, Chef Hwy, Downman Rd, **N** 🅿 Shell/dsl 🏠 Super 8 Ⓞ Chevrolet, U-Haul, USPO, **S** 🅿 Chevron/dsl, DZ/dsl Ⓞ Delta Tires
239b a	Louisa St, Almonaster Blvd, **N** 🅿 Big Easy TP/rest./dsl, Chevron/dsl, Exxon/dsl, FuelZone/dsl 🍴 Burger King, Church's, McDonald's, Min Moon Chinese, Popeyes, Rally's, Subway, Taco Bell, Waffle House, Wendy's 🏠 EconoLodge, Motel 6 Ⓞ $General, Family$, Goodyear/auto, Walgreens, Walmart, Winn-Dixie, **S** 🅿 Day&Night/dsl
238b	I-610 W (from wb)
237	Elysian Fields Ave, **N** 🍴 Mardi Gras Trkstp/Subway/dsl Ⓞ Lowe's
236c	St. Bernard Ave

236b	LA 39, N Claiborne Ave
236a	Esplanade Ave, downtown
235a	Orleans Ave, to Vieux Carre, French Qtr, **S** 🅿 Chevron/dsl 🏠 Clarion, Marriott, Sheraton
235b	Poydras St, **N** Ⓞ Ⓗ, **S** Ⓞ to Superdome, downtown
234a	US 90A, Claiborne Ave, to Westbank, **S** Ⓞ Superdome
232	US 61, Airline Hwy, Tulane Ave, **N** 🍴 Burger King, **S** 🅿 Exxon, Shell 🍴 McDonald's, Popeye's, Rallys, Subway, Wendy's Ⓞ Costco/gas, CVS, Family$, Firestone/auto, Pepboys, to Xavier U, USPO, vet

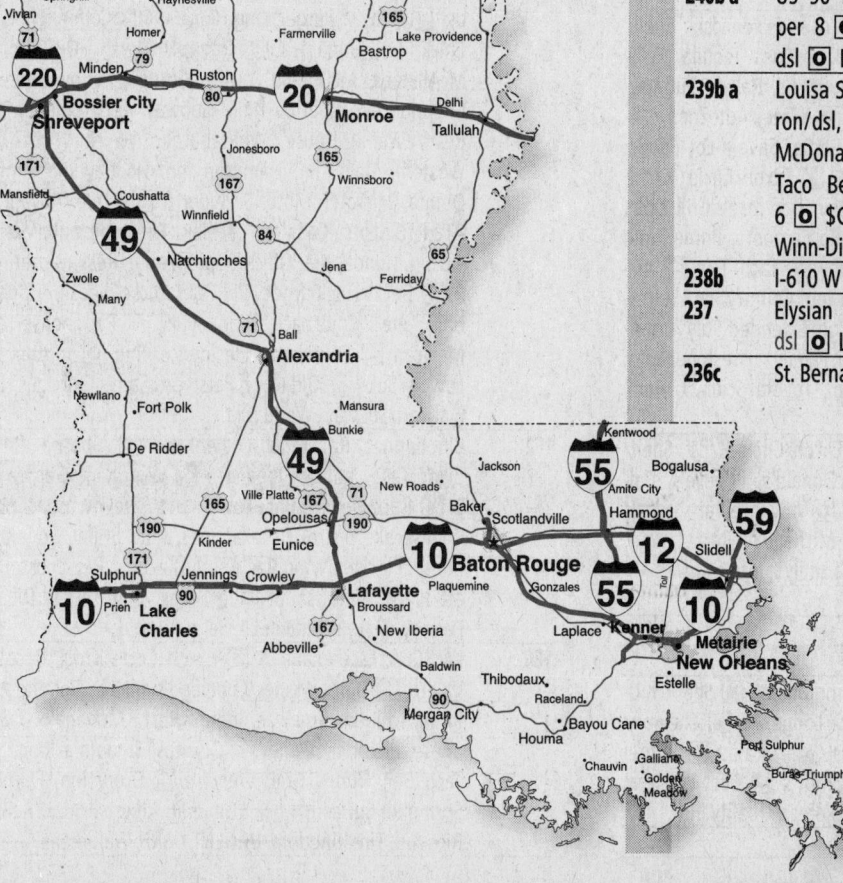

LA

NEW ORLEANS AREA

INTERSTATE 10 Cont'd

Exit#	Services
231b	Florida Blvd, WestEnd
231a	Metairie Rd
230	I-610 E (from eb), to Slidell
229	Bonnabel Blvd
228	Causeway Blvd, N 🛢 Exxon/dsl, Shell/dsl 🍴 Buffalo Wild Wings, Cheesecake Factory, Cucina Italiana, Outback Steaks, PF Chang's, Red Lobster, Ruth's Chris Steaks, TGIFriday's 🛏 Best Western, Hampton Inn, Ramada ⊙ Dick's, Dillard's, JC Penney, Macy's, Whole Foods Mkt, S 🛢 DZ, Exxon/Circle K 🍴 IHOP, Little Tokyo 🛏 Courtyard, Days Inn, Extended Stay America, Holiday Inn, La Quinta, Residence Inn, Sheraton
226	Clearview Pkwy, Huey Long Br, N 🛢 Chevron/dsl, Exxon/Circle K/dsl 🍴 Cafe Dumonde, Cane's, Chili's, Copeland's Cheesecake Bistro, Corky's BBQ, Don's Seafood Hut, Hooters, Houston's Rest., Izzo's Burrito, Jimmy John's, Popeye's, Romano Italian, Starbucks, Taco Bell, Taco Tico, Zea Rotisserie 🛏 Sleep Inn ⊙ Sears/auto, Target, Tire Kingdom, Walgreens, S 🛢 Chevron, Danny&Clyde 🍴 Beijing Chinese, Burger King, Piccadilly, Smoothie King, Subway 🛏 Sun Suites, Super 8 ⊙ Ⓗ, AT&T, Buick/GMC, Firestone/auto
225	Veterans Blvd, N 🛢 Chevron, DZ/dsl, Shell 🍴 Bonefish, Burger King, Coyote Blues, Denny's, Hooters, McDonald's, Panera Bread, Pei Wei 🛏 La Quinta ⊙ CVS Drug, Honda, Hyundai, Rite Aid, Rouses Mkt, URGENT CARE, S 🛢 Shell/dsl 🍴 Burger King, Casa Garcia, ChuckeCheese, Little Caesars, Louisiana Purchase Kitchen, New Orleans Burgers, O'Henry's, Popeye's, Starbucks, Subway, Tiffin Pancakes, Wendy's 🛏 Evergreen Inn, Sheraton ⊙ $General, Acura, Best Buy, BigLots, BMW, Chevrolet, GNC, Home Depot, Jo-Ann Fabrics, Kia, K-Mart, Lexus, Michaels, Nissan, Office Depot, PepBoys, Petsmart, TJ Maxx, Verizon, vet, VW, Walgreens, Walmart
224	Power Blvd (from wb)
223b a	LA 49, Williams Blvd, N 🛢 DZ/dsl, Exxon/dsl, Shell/dsl 🍴 Cafe Dumonde, Cane's Chicken, Casa Tequila, Fisherman's Cove, IHOP, Papa's Pizza, Popeye's, Rally's, Subway, Taco Bell, Wendy's 🛏 Fairfield Inn ⊙ $Tree, AutoZone, Dillards, Family$, Ford, Office Depot, PetCo, Save-a-Lot Foods, Target, TrueValue, Walmart Mkt, S 🛢 Exxon/Circle K/dsl, Shell 🍴 American Pie Diner, Brick Oven, Don Jose's Grill, Dot's Diner, KFC/LJ Silver, McDonald's, Pollo Campero, Prime Time Steaks/Seafood, Quiznos, Sonic, Subway, Taco Tico 🛏 Airport Inn, Comfort Suites, Contempra Inn, Country Inn&Suites, Crowne Plaza, DoubleTree, EconoLodge, Extended Stay America, La Quinta ⊙ $General, CVS Drug, Family$, Firestone/auto, Goodyear/auto, NAPA, Tire Kingdom, Toyota/Scion, U-Haul, USPO, Winn-Dixie
221	Loyola Dr, N 🛢 Chevron, Circle K, Exxon/Circle K/dsl, Shell/dsl 🍴 Church's, Little Caesar's, McDonald's, Popeye's, Rally's, Subway, Taco Bell, VooDoo BBQ ⊙ Advance Parts, Sam's Club/gas, S 🛢 Citgo/dsl, DZ 🍴 Michelle's Rest., Wendy's 🛏 Sleep Inn ⊙ $General, 🖂, Family$, info
220	I-310 S, to Houma
214mm	Lake Pontchartrain
210	I-55N (from wb)
209	I-55 N, US 51, to Jackson, LaPlace, Hammond, N 🛢 Shell/Huddle House/casino/dsl 🛏 Suburban Lodge, S 🛢 Chevron/dsl, Circle K/dsl, 🍴/Subway/dsl/24hr/scales 🍴 Burger King, McDonald's, Waffle House, Wendy's 🛏 Best Western, Days Inn, Hampton Inn, Holiday Inn Express, Quality Inn
207mm	weigh sta both lanes

GONZALES

206	LA 3188 S, La Place, S 🛢 Citgo/dsl, Shell/dsl ⊙ Ⓗ, Chrysler/Dodge/Jeep, Ford, Goodyear/auto
194	LA 641 S, to Gramercy, 4-6 mi S 🛢 Chevron, Shell, Taylor dsl 🍴 Golden Grove Rest, McDonald's, Popeye's ⊙ Ⓗ, plantations
187	US 61, N to Sorrento, S to Gramercy
182	LA 22, Sorrento, N 🛢 Shell/Popeye's/dsl, Texaco/dsl, 🛢 Chevron/Subway/dsl/scales/24hr, SJ/dsl 🍴 McDonald, Waffle House ⊙ tourist info
179	LA 44, Gonzales, 1 mi N 🛢 Exxon/Popingo's Cafe/dsl, Murphy USA/dsl 🍴 Alabasha Cafe, Subway ⊙ $General, Buick/GMC, Fred's Store, Walgreens
177	LA 30, Gonzales, N 🛢 Cracker Barrel/dsl, Shell/dsl 🍴 Burger King, El Paso Mexican, Jack-in-the-Box, McDonald's, Outback Steaks, Taco Bell, Taco Bell, Waffle House 🛏 Best Inn, Best Western, Budget Inn, Clarion, Highland Inn, Western Inn ⊙ Ⓗ, Home Depot, S 🛢 Chevron/dsl, RaceTrac/dsl, Shell/dsl 🍴 Chili's, Cracker Barrel, Don's Seafood Hut, KFC, Logan's Roadhouse, Popeye's, Sonic, Starbucks, Subway, Taco Buffet, Wendy's 🛏 Comfort Suites, Hampton Inn, Holiday Inn Express, La Quinta, SpringHill Suites, Supreme Inn, TownePlace Suites ⊙ Cabela's, Tanger/famous brands, Vesta RV Park
173	LA 73, to Geismar, Prairieville, N 🛢 Shell/dsl ⊙ vet, 🛢 Chevron/dsl, Exxon/dsl, Mobil/McDonald's/dsl, RaveTrac dsl, Sunoco/dsl 🍴 Athenos Cafe, Burger King, DeAngelo's Pizza, Griffin Grill, Hot Wok, Las Palmas Mexican, Papa Murphy, Pizza Hut, Popeye's, Smoothie King, Sonic, Subway ⊙ Family$, Harvest Foods, repair, Twin Lakes RV Park (1mi), Walgreens
166	LA 42, LA 427, Highland Rd, Perkins Rd, N 🛢 Chevron, Church's/dsl, Exxon/Circle K/dsl 🍴 Las Palmas Mexican, Popeye's, Ruffino's Italian, Sonic, Starbucks, Waffle House ⊙ Alexander's Mkt, funpark, Goodyear/auto, Home Depot, Tire Pros, S 🛢 Shell/BBQ/dsl, Texaco/dsl 🍴 Subway
163	Siegen Lane, N 🛢 Chevron, RaceTrac/dsl, Shell/Circle K/dsl 🍴 Arby's, Burger King, Cane's, CC's Coffee, Chee Burger, Chick-fil-A, China 1, CiCi's Pizza, Hooters, IHOP, Jason's Deli, McAlister's, McDonald's, Olive Garden, PoBoy Express, Ralph Chophouse, Smoothie King, Subway, Taco Bell, Twin Peaks Rest., Waffle House, Whataburger, Which Witch? 🛏 Best Western, Days Inn, Hampton Inn, Holiday Inn Express, La Quinta, Microtel, Motel 6, Super 8 ⊙ $Tree, Advance Parts, AT&T, BigLots, Cadillac, CarMax, Firestone/auto, Harley-Davidson, Honda, Kia, Office Depot, PetCo, Ross, Target, Verizon, S 🍴 Backyard Burger, Chili's, ChuckeCheese, Honeybaked Ham, Joe's Crabshack, Teppanyaki, TX Roadhouse, Zapata Mexican 🛏 Courtyard, Residence Inn ⊙ Jo-Ann, Kohl's, Lowe's/Subway, Old Navy, Petsmart, Sam's Club/gas, TJ Maxx, Walmart/Subway, World Mkt
162	Bluebonnet Rd, N 🛢 Chevron/dsl 🍴 Albasha Rest., Cadillac Cafe, Kabuki Japanese 🛏 Wyndham Garden ⊙ vet, S 🛢 Raceway 🍴 Bar Louie, BJ's Brewhouse, Copeland's Cheesecake Bistro, J Alexander's, King Buffet, Logan's Roadhouse, Pluckers Wing Bar, Ralph&Kacoo's, Red Lobster 🛏 Hyatt Place, Renaissance ⊙ Ⓗ, Best Buy, Dick's, Dillard's, JC Penney, Macy's, Mall of LA, Sears/auto
160	LA 3064, Essen Lane, S 🛢 Exxon/Circle K/dsl, RaceTrac/dsl, Valero 🍴 Burger King, Copeland's Bistro, Domino's, Gatti Pizza, Ichiban Japanese, India's Rest., McDonald's, Omi Japanese, Piccadilly, Popeye's, Quiznos, Smoothie King, Subway, Taco Bell, Times Grill, Wendy's 🛏 Drury Inn, Fairfield Inn, Springhill Suites ⊙ Ⓗ, $General, Albertson's, O'Reilly Parts, Rite Aid, Tire Kingdom, URGENT CARE, Walgreens

↑E INTERSTATE 10 Cont'd

Exit#	Services
159	I-12 E, to Hammond
158	College Dr, Baton Rouge, **N** 🅟 Valero 🍴 Broken Egg Cafe, Cane's, Firehouse Subs, Hooters, Izzo's Grill, Jason's Deli, Koto Rest., Mansurs Rest., Marble Slab Creamery, Melting Pot, On-the-Border, Pelican House Rest., Subway, Sullivan's Rest., Waffle House, Wendy's 🛏 Best Western, Chase Suites, Extended Stay America, Homewood Suites, Marriott 🅞 🅗, Barnes&Noble, Meineke, Midas, **S** 🅟 Chevron, Exxon/ dsl, Shell/Circle K 🍴 Casa Maria Mexican, Chick-fil-A, Chili's, Gino's Rest., IHOP, Jingdu Japanese, Marina's Mexican, McDonald's, Ninfa's Mexican, Panda Express, Ruth's Chris Steaks, Sporting News Grill, Starbucks, Station Grill, Subway, Taco Bell 🛏 Aspen Suites, Comfort Inn, Comfort Suites, Crowne Plaza, DoubleTree, Embassy Suites, Hampton Inn, Holiday Inn, Holiday Inn Express 🅞 $Tree, Albertson's/Sav-On, AutoZone, Hobby Lobby, Office Depot, USPO, Verizon, Walgreens, Walmart/Subway
157b	Acadian Thwy, **N** 🅟 Chevron/dsl, Shell/Circle K 🍴 Mestizo Grill, Rib's Rest. 🛏 La Quinta, Radisson 🅞 🅗, **S** 🅟 Shell/Circle K/dsl 🍴 Acme Oyster House, Coyote Blues Mexican, Galatoire's Bistro, Juban's Rest., Outback Steaks, Pei Wei 🛏 Courtyard 🅞 AT&T, PetCo, Trader Joe's, Tuesday Morning
157a	Perkins Rd (from eb), same as 157b
156b	Dalrymple Dr, **S** 🅞 to LSU
156a	Washington St
155c	Louise St (from wb)
155b	I-110 N, to Baton Rouge bus dist, 🅞 ⊟
155a	LA 30, Nicholson Dr, Baton Rouge, **N** 🛏 Belle Hotel, **S** 🅟 Shell/Circle K/dsl 🅞 to LSU
154mm	Mississippi River
153	LA 1, Port Allen, **N** 🅟 Chevron, Shell/Circle K/dsl 🍴 Church's, Pizza Hut 🅞 AutoZone, Family$, Kenworth, NAPA, O'Reilly Parts, repair, Walgreens, **S** 🅟 Chevron, LA 1S TP/Exxon/Casino/dsl/scales/24hr, RaceTrac/dsl 🍴 Burger King, Domino's, Hardee's, Smoothie King, Waffle House 🛏 Magnuson Hotel 🅞 $General, $Tree, AT&T, Verizon, Walmart/Subway
151	LA 415, to US 190, **N** 🅟 Cash's Trk Plaza/dsl/scales/casino, Chevron/dsl, Emerald Plaza Trkstp/Champs Chicken/dsl, Exxon/dsl, Nino's/dsl/casino, Shell/Blimpie/dsl 🍴 Bergeron's Cajun, Burger King, KFC/Taco Bell, McDonald's, Popeye's, Subway, Waffle House 🛏 Best Western, Comfort Suites, Hampton Inn, Holiday Inn Express, Quality Inn, West Inn 🅞 $General, **S** 🅟 Valero/dsl/24hr, ♥Loves/Arby's/dsl/scales/24hr 🛏 Audubon Inn, Motel 6, Super 8 🅞 truck repair
139	LA 77, Grosse Tete, **N** 🅟 Shell/Subway/dsl 🍴 Big Heads BBQ 🅞 Chevrolet, **S** 🅟 Tiger/Country Store/dsl/rest./@
135	LA 3000, to Ramah
127	LA 975, to Whiskey Bay
126.5mm	🌉 Channel of Whiskey Bay
122mm	Atchafalaya River
121	Butte La Rose, **N** 🅞 **Visitors ctr/🆁🆂 both lanes, full 🅗 facilities, litter barrels, petwalk, 🍴 tourist info, vending, S** 🍴 Lazy Cajun Grill (2mi) 🅞 Frenchman's Wilderness Camground (.5mi)
115	LA 347, to Cecilia, Henderson, **N** 🅟 Exxon/dsl/24hr, Shamrock/dsl, Texaco/dsl 🍴 Chicken on the Bayou, Landry's Seafood 🛏 Holiday Inn Express 🅞 casinos, **S** 🅟 Chevron/dsl, Exxon/Subway/dsl, Shell/McDonald's/dsl, Texaco/dsl, Valero/dsl 🍴 Popeye's, Waffle House
109	LA 328, to Breaux Bridge, **N** 🅟 Shell/dsl, Texaco/Quiznos/dsl/casino 🛏 Microtel, **S** 🅟 Conoco/dsl, Exxon/Domino's/dsl, Murphy USA/dsl, 🌉/Arby's/dsl/scales/24hr, Valero/

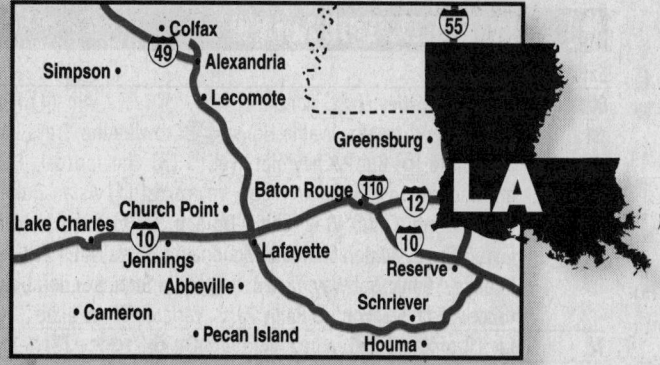

109	**Continued** Popeye's/dsl 🍴 Burger King, City Buffet, Crazy Bout Cajun, Hacienda Real, McDonald's, Pizza Hut, Sonic, Taco Bell, Waffle House, Wendy's, Zapote Mexican, Zeus 🛏 Best Value Inn, Super 8 🅞 $General, $Tree, AT&T, AutoZone, Chevrolet, Chrysler/Dodge/Jeep, city park, Family$, Ford/Lincoln, O'Reilly Parts, Pioneer RV Park, USPO, Verizon, Walgreens, Walmart/Subway, Winn-Dixie
108mm	**weigh sta both lanes**
104	Louisiana Ave, **S** 🍴 Chick-fil-A, McDonald's, Subway, Taco Bell 🅞 AT&T, GNC, JC Penney, Office Depot, PetCo, Ross, Target, Verizon
103b	I-49 N, to Opelousas
103a	US 167 S, to Lafayette, **S** 🅟 Chevron/dsl, Murphy USA/dsl, RaceTrac/dsl, Shell/dsl, Valero 🍴 Checkers, McDonald's, Pizza Hut, Popeye's, Subway, Taco Bell, Waffle House, Wendy's 🛏 Baymont Inn, Best Value Inn, Best Western, Comfort Inn, EconoLodge, Fairfield Inn, Holiday Inn, Howard Johnson, La Quinta, Ramada, Super 8, TravelHost Inn 🅞 🅗, $Tree, CVS Drug, Home Depot, repair, Super 1 Foods/gas, transmissions, Walmart/Subway
101	LA 182, to Lafayette, **N** 🅟 Chevron/McDonald's, Shell/dsl, TA/Country Pride/dsl/scales/24hr/@, Valero/Subway/dsl 🍴 Burger King, Waffle House, Whataburger 🛏 Red Roof Inn, **S** 🅟 Exxon, RaceTrac/dsl, Shell/dsl, Shell/dsl, Texaco 🍴 Cracker Barrel, Popeyes 🛏 Days Inn, Drury Inn, Hilton Garden (2mi), Motel 6, Peartree Inn 🅞 🅗, $General, Advance Parts, Family$, Kia, O'Reilly Parts
100	Ambassador Caffery Pkwy, **N** 🅟 Exxon/Subway/dsl 🅞 Gauthier's RV Ctr, Peterbilt, Ryder Trucks, **S** 🅟 Chevron/dsl, RaceTrac/dsl, Shell/dsl 🍴 Burger King, McDonald's, Pizza Hut/Taco Bell, Sonic, Waffle House, Wendy's 🛏 Ambassador Inn, Hampton Inn, Microtel, Sleep Inn 🅞 🅗, Southern Tire Mart
97	LA 93, to Scott, **S** 🅟 Chevron/McDonald's, Shell/Church's/dsl 🍴 Billy's Cracklings, Fezzo's Seafood, Huddle House, Popeyes, Rochetto's Pizza 🛏 Comfort Inn, Holiday Inn Express, Howard Johnson 🅞 Harley-Davidson, KOA
92	LA 95, to Duson, **N** 🅟 Exxon/dsl/casino/RV dump/scales/24hr, ♥Loves/Chester's/Wendy's/dsl/scales/24hr, **S** 🅟 Chevron/dsl, Roady's/cafe/dsl/casino, Shell/Subway/dsl/casino 🛏 Super 8 🅞 Frog City RV Park
87	LA 35, to Rayne, **N** 🅟 Chevron/dsl, Shell/Subway/casino/dsl 🍴 Burger King, Chef Roy's Rest., McDonald's 🛏 Days Inn 🅞 $General, RV camping, **S** 🅟 Frog City/Exxon/Cajun Rest./dsl, Mobil/dsl, Shop Rite, Valero/dsl 🍴 Candyland Ice Cream, DQ, Gabe's Café, Great Wall Chinese, Pizza Hut, Popeye's, Sonic 🛏 Best Western 🅞 Advance Parts, Family$, O'Reilly Parts, Walgreens, Winn-Dixie
82	LA 1111, to E Crowley, **S** 🅟 Chevron/dsl, Murphy USA 🍴 Chili's, Wendy's 🅞 🅗, $Tree, AT&T, GNC, Lowe's, Walgreens, Walmart/Subway

BATON ROUGE (side tab)

LAFAYETTE (side tab)

LA (side tab)

🛢 = gas ⚹ = food 🛏 = lodging 🔲 = other 🆁🆂 = rest stop Copyright 2018 - The Next EXIT

C R O W L E Y   J E N N I N G S   L A K E   C H A R L E S

⬆E INTERSTATE 10 Cont'd

Exit#	Services
80	LA 13, to Crowley, **N** 🛢 Conoco/Exit 80/dsl/rest./24hr ⚹ Fezzo's Seafood/steaks, Waffle House 🛏 Crowley Inn, Days Inn, La Quinta 🔲 Buick/Chevrolet, vet, **S** 🛢 Chevron/dsl, Exxon, Raceway/dsl, Tobacco+/gas, Valero/dsl ⚹ Asian Buffet, Burger King, Cajun Way, China Dragon, El Dorado Mexican, Gatti's Pizza, Golden Seafood, McDonald's, Pizza Hut, PJ's Grill, Popeye's, Sonic, Subway, Taco Bell 🔲 $General, $General, AutoZone, Family$, Ford, O'Reilly Parts, Verizon, Winn-Dixie
76	LA 91, to Iota, **S** 🛢 Petro/Shell/Subway/dsl/scales/24hr
72	Egan, **N** 🔲 Cajun Haven RV Park
65	LA 97, to Jennings, **S** 🛢 Shell/dsl/casino 🛏 Howard Johnson
64	LA 26, to Jennings, **N** ⚹ Los Tres Potrillos 🔲 LA Oil & Gas Park, RV Park, **S** 🛢 Exxon/dsl, EZ Mart, Jennings Trvl Ctr/dsl/casino, Murphy USA/dsl, Valero/dsl ⚹ Burger King, Gatti's Pizza, General Wok Chinese, La Rumba Mexican, McDonald's, Pizza Hut, Popeye's, Shoney's, Sonic, Subway, Taco Bell, Waffle House 🛏 Days Inn, Hampton Inn, Motel 6 🔲 🅷, $General, $Tree, AT&T, AutoZone, Buick/GMC, Chrysler/Dodge/Jeep, Fred's Store, O'Reilly Parts, Verizon, Walgreens, Walmart/Subway
59	LA 395, to Roanoke, **N** 🛢 Petos TrvlCtr/Chevron/dsl/scales/24hr
54	LA 99, Welsh, **S** 🛢 Cajun Lunch/dsl, Citgo/Perky's Pizza, Exxon/dsl/24hr ⚹ Cajun Tales Seafood, DQ
48	LA 101, Lacassine, **S** 🛢 Exxon
44	US 165, to Alexandria, **N** 🔲 Quiet Oaks RV Park (10mi), **S** ⚹ Rabideaux's Cajun 🔲 RV Park
43	LA 383, to Iowa, **N** 🛢 Loves/Hardee's/dsl/scales/24hr, /Arby's/PJ Fresh/dsl/scales/24hr ⚹ Burger King 🛏 Howard Johnson Express, La Quinta 🔲 United RV Ctr, **S** 🛢 Citgo/dsl, Shell/McDonald's/dsl, Valero ⚹ Boudreaux's Cajun, Sonic, Subway 🔲 $General, I-10 Outlet/famous brands, RV park
36	LA 397, to Creole, Cameron, **N** 🔲 I-10 RV Camping, Jean Lafitte RV Park (2mi), Jellystone Camping, **S** 🛢 Cash Magic/grill/dsl/RV Dump, Chevron/dsl 🛏 Red Roof Inn 🔲 casino, RV Camping
34	I-210 W, to Lake Charles
33	US 171 N, **N** 🛢 Chevron/dsl, Conoco/dsl, Exxon/dsl, RaceWay/dsl/E85, Shell/ dsl ⚹ Burger King, Church's, Subway, Taco Bell 🛏 Best Value, Best Western, Comfort Suites, Lake Charles Inn, Richmond Suites 🔲 $General, AutoZone, Family$, O'Reilly Parts, to Sam Houston Jones SP, **S** 🛏 EconoLodge, Holiday Inn Express, Motel 6
32	Opelousas St, **N** 🛢 Exxon, **S** 🛏 EconoLodge, Holiday Inn Express, Motel 6
31b	US 90 E, Shattuck St, to LA 14, **N** 🛢 Shell/Subway/dsl/casino, **S** 🛢 Valero/dsl
31a	US 90 bus, Enterprise Blvd, **S** ⚹ Popeye's
30b	downtown
30a	LA 385, N Lakeshore Dr, Ryan St, **N** 🛢 Exxon ⚹ Steamboat Bill's Rest., Waffle House 🛏 Days Inn, Oasis Inn, **S** ⚹ Wendy's 🛏 Best Suites
29	LA 385 (from eb), same as 30a
28mm	Calcasieu Bayou, Lake Charles
27	LA 378, to Westlake, **N** 🛢 Chevron/dsl, Conoco/dsl, Shell/dsl, Valero ⚹ Burger King, El Tapatia Mexican, McDonald's, Popeye's, RoundTop Burger, Sonic, Subway 🔲 $General, Bumper Parts, Family$, Fred's, MarketBasket, O'Reilly Parts, to Sam Houston Jones SP (6mi), **S** 🛏 Inn at the Isle 🔲 Riverboat Casinos

S U L P H U R

Exit	Services
26	US 90 W, Southern Rd, Columbia, **N** 🛢 Exxon/dsl
25	I-210 E, to Lake Charles
23	LA 108, to Sulphur, **N** 🛢 Chevron, Circle K, Exxon/dsl, Murp USA, Shell ⚹ Burger King, Cane's, Chili's, China Wok, Hollie Cajun Diner, Japanese Steaks, McDonald's, Popeye's, Subw Taco Bell, Wendy's 🛏 Quality Inn 🔲 $General, $Tree, AT& Bumper Parts, Lowe's, Verizon, Walgreens, Walmart/Subw **S** 🛢 Chevron/Jack-in-the-Box/dsl, Citgo/Cash Magic/dsl, S phur Trkstp/Shell/Subway/dsl/casino ⚹ Cracker Barrel, W fle House 🛏 Best Western, Comfort Suites, Crossland Suit Days Inn, Holiday Inn Express, Studio 6, Super 8 🔲 Southe Tire Mart
21	LA 3077, Arizona St, **N** 🛢 Conoco/dsl, Shell ⚹ Boiling Po Cajun, China Taste, Papa John's, Starbucks 🔲 $General, AT& Chevrolet, CVS Drug, Ford, GNC, Kroger/gas, NAPA, Walgree **S** 🛢 Chevron/dsl, Valero/dsl/casino 🔲 🅷, Hidden Ponds Park
20	LA 27, to Sulphur, **N** 🛢 Chevron/dsl, Circle K, Conoco/ Gulf, Valero/dsl ⚹ Burger King, Casa Ole Mexican, Checke Gatti's Pizza, Hollier's Cajun, Hong Kong Chinese, Joe's Pizz pasta, Johnny T's Grill, La Rumba Mexican, LeBleu's Landing jun, Little Caesar's, McDonald's, Pitt Grill Cajun, Popeye's, S way, Taco Bell, Wendy's 🛏 Best Value, Hampton Inn, Mc 6 🔲 🅷, Brookshire Bros/gas, Family$, Firestone/auto, Go year/auto, Jiffy Lube, **S** 🛢 Conoco/dsl, Shell/dsl ⚹ Navr key's Burgers, Pizza Hut, Sonic, Waffle House 🛏 Baymont Candlewood Suites, Fairfield Inn, Holiday Inn, La Quinta, Su Inn, Wingate Inn 🔲 casino, Stine, to Creole Nature Trail
8	LA 108, Vinton, **N** 🛢 Chevron/dsl, Exxon/dsl ⚹ Cajun Co boy's Rest. 🔲 V RV Park
7	LA 3063, Vinton, **N** 🛢 Exxon/dsl ⚹ Burger King, Sonic, Subw 🔲 $General, casino, **S** 🛢 Loves/Arby's/dsl/scales/ 2
4	US 90, LA 109, Toomey, **N** 🛢 Cash Magic/dsl/grill/cas Chevron/dsl/casino, Shell/deal 🔲 truck repair, **S** 🛢 Exx dsl, Valero/dsl/rest. ⚹ Subway 🛏 Best Western 🔲 c nos, RV Park
2.5mm	weigh sta wb lanes
1.5mm	Welcome Ctr eb, full ♿ facilities, litter barrels, petwalk, 🔲
1	(from wb), Sabine River Turnaround
0mm	Louisiana/Texas state line, Sabine River

⬆E INTERSTATE 12

Exit #	Services
85c	I-10 E, to Biloxi. **I-12 begins/ends on I-10, exit 267.**
85b	I-59 N, to Hattiesburg
85a	I-10 W, to New Orleans
83	US 11, to Slidell, **N** 🛢 Exxon/dsl, Valero/dsl ⚹ Burger K McDonald's, Sonic, Waffle House, **S** 🛢 RaceTrak/dsl, Sh Subway/dsl 🔲 🅷
80	Airport Dr, North Shore Blvd, **N** 🛢 Kangaroo/Krystal ⚹ Dickey's BBQ, IHOP, PJ's Coffee, Sonic 🛏 Comfort 🔲 AT&T, Petsmart, Ross, Target, **S** 🛢 Chevron, Shell ⚹ Burger King, Chili's, ChuckECheese's, Domino's, McD ald's, Olive Garden, Starbucks, Subway, Taco Bell, Waffle Ho Wendy's, Zea Grill 🛏 Candlewood Suites, Holiday Inn Exp Homewood Suites, La Quinta 🔲 $Tree, Burlington, Dilla Goodyear/auto, Home Depot, Jo-Ann, mall, Marshalls, Sa Club/gas, Walgreens, Walmart
74	LA 434, to Lacombe, **N** 🛢 Chevron/Subway/dsl 🔲 🅷, Ste RV Ctr, **S** 🔲 Big Branch Marsh NWR
68	LA 1088, to Mandeville,

LA

INTERSTATE 12 Cont'd

Exit#	Services
65	LA 59, to Mandeville, **N** 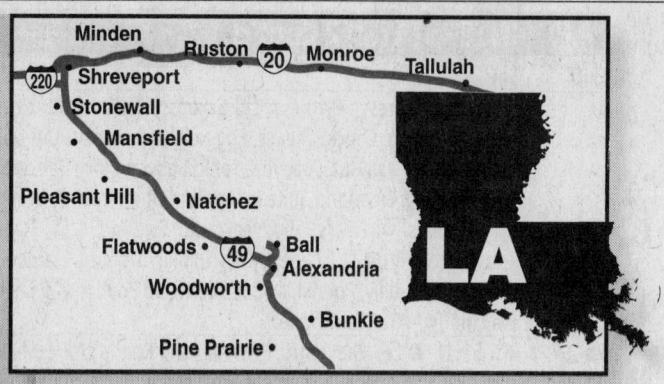 Chevron/dsl, Exxon/Danny& Clyde's/cafe/dsl, Shell/dsl Fat Spoon Cafe, Popeye's, Smoothie King, Sonic, Subway, Waffle House Comfort Suites, **S** Kangaroo/Arby's/dsl, Valero/Domino's/ dsl El Rancho Mexican, Liu's Wok, McDonald's, PJ's Coffee, Quiznos O camping, to Fontainebleau SP, vet, Winn-Dixie
63b a	US 190, Covington, Mandeville, **N** Chevron/dsl, Exxon, RaceTrac, Shell/Circle K Acme Oyster House, Applebee's, Burger King, Cane's, Chick-fil-A, Copeland's Grill, Dakota Rest., Don's Seafood, Dunkin Donuts, Four Seasons Chinese, Honey-Baked Ham, IHOP, Jimmy John's, Johnny's Pizza, La Carreta, Lee's Hamburgers, McAlister's Deli, Mellow Mushroom Cafe, North Shore Empress Asian, Osaka Japanese, Outback Steaks, Papi's Fajita Factory, Piccadilly, Sonic, Starbucks, Subway, Thai Chili, Waffle House, Wendy's, Zea Rotisserie Best Western, Clarion, Comfort Inn, Country Inn&Suites, Courtyard, Hampton Inn, Hilton Garden, Holiday Inn, Homewood Suites, Residence Inn, Staybridge Suites, Super 8 O Ace Hardware, AT&T, AutoZone, Chevrolet, Chrysler/Dodge/Jeep, CVS Drug, Firestone/ auto, GNC, Home Depot, Honda, Hyundai, Lowe's, Nissan, Office Depot, Petsmart, Rouse's Mkt, Subaru, Toyota/Scion, Verizon, Walmart/McDonald's, **S** O H, st police, to New Orleans via toll causeway
60	Pinnacle Pkwy, to Covington, same as 59
59	LA 21, to Covington, Madisonville, **N** Chevron/dsl, Kangaroo, Shell/dsl Buffalo Wild Wings, Cafe Du Monde, Carreta's Grill, Chili's, Cracker Barrel, Firehouse Subs, Five Guys, Golden Wok, Isabella's Pizza, Italian Pie, Izzo's Burrito, Jimmy John's, McDonald's, Olive Garden, Panda Buffet, Panera Bread, PJ's Coffee, Safa Mediterranean, Sake Steaks, Seafood Grill, Smoothie King, Steak'n Shake, Subway, TX Roadhouse La Quinta O H, $Tree, AT&T, AutoZone, CVS Drug, Hobby Lobby, Kohl's, Petco, URGENT CARE, Walgreens, Winn-Dixie, **S** Valero/Domino's Chick-fil-A, ChuckECheese's, Dickey's BBQ, Habaneros Mexican, Longhorn Steaks, Pardo's Grill, Taco Bell, Wendy's, Which Wich?, Zoe's Kitchen Holiday Inn Express O Belk, Best Buy, Fairview Riverside SP, GNC, JC Penney, Marshall's, Michael's, Ross, Sam's Club/dsl, Target, Verizon, World Mkt
57	LA 1077, to Goodbee, Madisonville, **S** QuickWay/PoBoys/ dsl Best Wok, Pizza Hut, PJ's Coffee, Subway O to Fairview Riverside SP, vet
47	LA 445, to Robert, **1-3 mi N** O Jellystone Camping, to Global Wildlife Ctr
42	LA 3158, to Airport, **N** Chevron/Quiznos/dsl/24hr, Texaco/ dsl McDonald's, Popeye's Friendly Inn, **S** Shell/ Subway/dsl O H, Berryland RV Ctr
40	US 51, to Hammond, **N** RaceTrac/dsl, Shell/Circle K Burger King, Cane's, Chick-fil-A, China Garden, Church's, Coldstone, Don's Seafood, East of Italy, IHOP, Jimmy John's, McDonald's, Nagoya Rest., Olive Garden, Ryan's, Santa Fe Steaks, Shane's Rib Shack, Smoothie King, Sonic, Subway, Taco Bell, Wendy's, Which Wich? Best Western, Courtyard, Holiday Inn, Quality Inn O AT&T, Best Buy, Books-A-Million, Dillard's, GNC, Harley-Davidson, JC Penney, mall, Rite Aid, Sears/ auto, Target, TJ Maxx, U-Haul, Verizon, Walgreens, **S** Petro/Mobil/Subway/dsl/scales/24hr/@, Arby's/dsl/ scales/24hr, Shell/dsl Waffle House Colonial Inn, Days Inn, La Quinta O H, $General, Blue Beacon, SpeedCo
38b a	I-55, N to Jackson, S to New Orleans

37mm	weigh sta both lanes
35	Pumpkin Ctr, Baptist, **N** Texaco/dsl O $General, Dixie Camping World RV Service/Supplies, Punkin RV Park (2mi), **S** Chevron/Bayou Boyz/Subway/dsl
32	LA 43, to Albany, **N** Chevron/Subway/dsl, Exxon/dsl, Shell/ Big River/dsl McDonald's, **S** O to Tickfaw SP (11mi), tourist info
29	LA 441, to Holden, **N** Sunoco/dsl O Berryland Campers
22	LA 63, to Frost, Livingston, **N** Chevron/dsl Pizza Hut, Subway, Wayne's BBQ O Carters Foods, Family$, Thrift Town Drug, USPO, **S** O Lakeside RV Park (1mi)
19	to Satsuma, Colyell, **N** Exxon/dsl Subway
15	LA 447, to Walker, **N** Murphy Express/dsl, Shell/Subway/ dsl, Texaco/dsl Burger King, China Wok, Domino's, Foochow Buffet, Jack-in-the-Box, McDonald's, Papa John's, Papa Murphy's, Pizza Hut, Popeye's, Quiznos, Sherwood PoBoy's, Sombrero Mexican, Sonic, Taco Bell, Waffle House, Wendy's La Quinta O $General, $Tree, AT&T, AutoZone, NAPA, O'Reilly Parts, Verizon, Walgreens, Walmart/Subway, Winn-Dixie, **S** Chevron/dsl/24hr O H
12	LA 1036, Juban Rd, **N** Marble Slab, Moe's SW O Belk, Kohl's, Michael's, Old Navy, Petsmart, Ross, Rouse's Mkt, TJ Maxx, Verizon, **S** Shell/dsl
10	LA 3002, to Denham Springs, **N** Chevron, Exxon, RaceTrac/ dsl, Shell/Circle K/dsl Arby's, Baskin-Robbins, Burger King, Cactus Café, Cane's, Chili's, Church's, Domino's, Don's Seafood, Gatti's Pizza, IHOP, McDonald's, Papa John's, Papi's Fajita, Pizza Hut, Popeye's, Ron's Seafood, Ryan's, Sonic, Starbucks, Subway, Taco Bell, Waffle House, Wendy's Best Value Inn, Candlewood Suites, Carom Inn, Comfort Suites, Hampton Inn, Motel 6 O $General, $Tree, Advance Parts, Albertsons, AT&T, AutoZone, CVS Drug, Home Depot, Meineke, NTB, Office Depot, O'Reilly Parts, PetCo, Rite Aid, Tire Pros, Walgreens, Walmart/Subway, **S** /Subway/dsl/scales/24hr, Shell Cafe Phoenicia, El Rancho Mexican, Hardee's, Hooters, Islamorada Fish Co, Longhorn Steaks, Piccadilly, Rotolo's Pizza, VooDoo BBQ Days Inn, Highland Inn O Bass Pro Shops, Cavender's, Chrysler/Dodge/Jeep, Ford, KOA, Sam's Club/dsl, Walgreens
8.5mm	Amite River
7	O'Neal Lane, **N** Mobil, RaceTrac/dsl La Quinta, Quality Inn O Hobby Lobby, Toyota/Scion, **S** Murphy USA/dsl, RaceTrac/dsl, Shell, Texaco/Subway/dsl China King, Hardee's, Las Palmas Mexican, Little Caesar's, LoneStar Steaks, McDonald's, Popeye's, Rice Bowl, Sonic, Taco Bell, Waffle House, Wendy's O H, $Tree, AutoZone, O'Reilly Parts, Walgreens, Walmart/Subway
6	Millerville Rd, **N** Chevron/dsl Chick-fil-A, Chili's O Best Buy, Lowe's, Office Depot, Petsmart, Super Target, **S** Texaco/dsl Rotolo's Pizza, Subway O Ace Hardware

LA

BATON ROUGE

🔼🔽 INTERSTATE 12 Cont'd

Exit#	Services
4	Sherwood Forest Blvd, N 🅟 Exxon, Shell/Circle K/dsl 🅕 Burger King, ChuckECheese, Egg Roll King, Jack-in-the-Box, McDonald's, Pizza Hut, Popeye's, Sonic, Subway, Taco Bell, Waffle House 🅛 Crossland Suites, Red Roof Inn, Super 8, Woodspring Suites 🅞 Fred's, Goodyear/auto, Rite Aid, S 🅟 RaceTrac/dsl, Shell/dsl 🅕 Cane's, DQ, Dunkin Donuts, Hardee's, Nagoya, Piccadilly, Podnuh's BBQ, Sherwood PoBoys 🅛 Calloway Inn 🅞 AT&T, auto care
2b	US 61 N, N 🅟 Chevron/dsl, Mobil/dsl, Rende's/dsl, Shell/Circle K 🅕 Applebee's, Chinese Inn, Cracker Barrel, Little Caesar's, McDonald's, Taco Bell 🅛 Days Inn, Holiday Inn, Knights Inn, Magnuson Hotel, Microtel, Motel 6, Sleep Inn 🅞 $Tree, Albertsons/gas, Burlington Coats, Dodge/Ram, GNC, Marshall's, Michael's, Nissan, PepBoys, SteinMart, Toyota/Scion, Walgreens, Walmart Mkt
2a	US 61 S, S 🅟 Circle K, Exxon/Circle K/dsl 🅕 Burger King, China 1, Fernando's Mexican, Isabella's Pizza, Jimmy John's, McDonald's, Subway, Waffle House 🅞 $Tree, Costco/gas, Home Depot, Hyundai, Volvo
1b	LA 1068, to LA 73, Essen Lane, N 🅟 Shell/Circle K/dsl 🅕 Cane's, China Wok, McDonald's, VooDoo BBQ 🅞 Family$, Le Blanc's Mkt, S 🅞 🅷
1a	I-10 (from wb). I-12 begins/ends on I-10, exit 159 in Baton Rouge.

🔼🔽 INTERSTATE 20

Exit #	Services
189mm	Louisiana/Mississippi state line, Mississippi River
187mm	weigh sta both lanes
186	US 80, Delta, S 🅟 Chevron/Subway/dsl/24hr
184mm	🆁🆂 wb, full ♿ facilities, litter barrels, petwalk, 🄲, 🄵, RV dump
182	LA 602, Mound
173	LA 602, Richmond
171	US 65, Tallulah, N 🅟 Chevron/Subway/dsl, Shell/dsl 🅕 Chopsticks Buffet, McDonald's, Wendy's 🅛 Days Inn, Super 8 🅞 🅷, S 🅟 Exxon/dsl/scales, ♥Love's/Arby's/dsl/scales/24hr, TA/Country Pride/dsl/scales/24hr/@, Texaco 🅕 Red Top Grill
164mm	Tensas River
157	LA 577, Waverly, N 🅟 Waverly Trkstp/rest./dsl/24hr 🅞 to Tensas River NWR, S 🅟 Chevron/Hunt Bros Pizza/dsl/24hr, Shell/rest./dsl/24hr 🅞 Casino
155mm	Bayou Macon
153	LA 17, Delhi, N 🅟 Chevron/Subway, Texaco/dsl 🅕 Boomers, Burger King, Pizza Hut, Sonic 🅞 🅷, $General, AT&T, Brookshire's Foods, Family$, Fred's, USPO, S 🅟 Valero/dsl 🅛 Best Western, Executive Inn
148	LA 609, Dunn
145	LA 183, rd 202, Holly Ridge
141	LA 583, Bee Bayou Rd
138	US 425, Rayville, N 🅟 Bud's, 🄿🄸🄻🄾🅃/Wendy's/dsl/scales/24hr 🅕 Fox's Pizza, McDonald's, Sonic 🅛 Days Inn 🅞 🅷, $General, $Tree, AutoZone, Brookshire's Foods, Buick/Chevrolet, Family$, repair, Verizon, Walmart, S 🅟 Chevron/Subway/dsl/24hr, Exxon/Circle K/Quiznos/dsl, RaceWay/dsl 🅕 Big John's Rest., Popeye's, Waffle House 🅛 Super 8
135mm	Boeuf River
132	LA 133, Start, N 🅟 Exxon/dsl

MONROE

128mm	Lafourche Bayou
124	LA 594, Millhaven, N 🅟 Shell/dsl 🅞 st police, to Sage Wildlife Area
120	Garrett Rd, Pecanland Mall Dr, N 🅟 Chevron/dsl 🅕 Applebee's, ChuckECheese, Copeland's Rest., Fiesta Linda, IHOP, Longhorn Steaks, McAlister's, O'Charleys, Olive Garden, Red Lobster, Ronin Habachi, Sonic 🅛 Courtyard, Residence Inn, TownePlace Suites 🅞 $Tree, AT&T, Belk, Best Buy, Dick's, Dillard's, Firestone/auto, Home Depot, JC Penney, Kohl's, mall, Michael's, Old Navy, PetCo, Petsmart, Ross, Sears/auto, Stein Mart, Target, TJ Maxx, S 🅟 Shell/dsl 🅛 Best Western, Days Inn, Hampton Inn 🅞 Harley-Davidson, Hope's Camper, Lowe's, Ouachita RV Park, Pecanland RV Park, Sam's Club/gas
118b a	US 165, N 🅟 Valero/dsl 🅛 Clarion, Motel 6, Stratford House Inn 🅞 Hyundai, Kia, Nissan, to NE LA U, S 🅟 Chevron, Conoco/dsl, Exxon, Now Save/dsl, Shell/Circle K 🅕 Burger King, Capt D's, Church's, KFC, McDonald's, Popeye's, Sonic, Subway, Taco Bell, Wendy's 🅛 Comfort Suites, Hampton Inn, Motel 6, Super 8
117b	LA 594, Texas Ave, N 🅟 Now Save/deli/dsl
117a	Hall St, Monroe, N 🅞 🅷, Civic Ctr
116b	US 165 bus, LA 15, Jackson St, N 🅞 🅷
116a	5th St, Monroe
115	LA 34, Mill St, N 🅟 Chevron
114	LA 617, Thomas Rd, N 🅟 Murphy USA, RaceWay/dsl 🅕 Burger King, Cane's, Capt D's, Cheddar's, Chick-fil-A, El Chico, El Verde, Five Guys, Grandy's, Hibachi Grill, IHOP, KFC, McAlister's Deli, McDonald's, Podnuh's BBQ, Popeye's, Subway, Taco Bell, Waffle House, Wendy's 🅛 Best Value Inn, Super 8, Wingate Inn 🅞 🅷, AT&T, BigLots, Hobby Lobby, Office Depot, Rite Aid, Walgreens, Walmart/McDonald's, S 🅟 Chevron, Exxon/Circle K/Subway/dsl 🅕 Buffalo Wild Wings, Chili's, Cracker Barrel, El Sombrero, Four Bros Rest., Genghis Grill, Hooters, Logan's Roadhouse, Outback Steaks, Peking Chinese, Pizza Hut, Ronin Hibachi, Sonic, TX Roadhouse, Waffle House 🅛 Best Western, Comfort Inn, La Quinta, Motel 6, Quality Inn, Red Roof Inn
113	Downing Pines Rd, S 🅛 Fairfield Inn, Hampton Inn, Hilton Garden, Holiday Inn Express, Home 2 Suites 🅞 Chrysler/Dodge/Jeep, Hyundai
112	Well Rd, N 🅟 Conoco, Now Save/dsl, Shell/Circle K/dsl, Texaco/dsl 🅕 Burger King, DQ, McDonald's, Sam's Eatery, San Francisco TexMex, Sonic, Subway, Taco Bell, Waffle House, Zaxby's 🅞 Advance Parts, CVS Drug, Mac's Fresh Mkt, vet, Walgreens, Walmart Mkt/dsl, S 🅟 🄿🄸🄻🄾🅃/Subway/Wendy's/dsl/scales/24hr 🅞 Pavilion RV Park
108	LA 546, to US 80, Cheniere, N 🅟 Shell/dsl, Smart/dsl
107	Camp Rd, rd 25, Cheniere
103	US 80, Calhoun, N 🅟 Chevron, USA/dsl/24hr 🅕 Johnny's Pizza (1mi) 🅛 Avant Motel
101	LA 151, to Calhoun, S 🅟 Chevron/Huddle House/Subway/dsl, Exxon 🅕 Sonic 🅞 101 RV Park
97mm	🆁🆂 wb, full ♿ facilities, litter barrels, petwalk, 🄲, 🄵, dump
95mm	🆁🆂 eb, full ♿ facilities, litter barrels, petwalk, 🄲, 🄵, RV dump
93	LA 145, Choudrant, S 🅟 Choudrant 🅞 camping, Jimmie Davis SP (28mi)
86	LA 33, Ruston, N 🅟 Murphy USA, RaceWay/dsl, Shell/Circle K/Quiznos/dsl, Texaco/dsl 🅕 Arby's, Cane's Chicken, burger Cheeburger, Chili's, El Jarrito Mexican, Hot Rod BBQ, Huddle House, Log Cabin Grill, Logan's Roadhouse, Portico Grill, Ronin Hibachi, Ryan's, Sonic, Taco Bell, Whataburger, Buffet 🅛 Comfort Inn, Days Inn, Home 2 Suites 🅞 $Tree

INTERSTATE 20 Cont'd

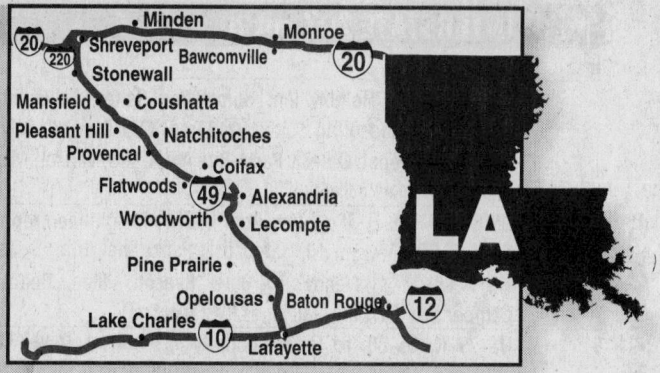

86	**Continued** AT&T, Buick/GMC, Cadillac/Chevrolet, Chrysler/Dodge/Jeep, Ford/Lincoln, Fred's, GNC, Lowe's, Toyota, vet, Walmart/Subway, **S** ⊞ Spirit/dsl ⊞ Best Western, Fairfield Inn, Holiday Inn Express
85	US 167, Ruston, **N** ⊞ Chevron/Subway, Exxon, Shell/Circle K ⊞ Applebee's, Burger King, Capt D's, Little Caesar's, McDonald's, Peking Chinese, Wendy's ⊞ Courtyard, Hampton Inn, Relax Inn ⊡ $General, Office Depot, Super 1 Foods, TrueValue, Walgreens, **S** ⊞ Texaco, Valero/dsl ⊞ Pizza Hut ⊞ Best Value Inn, Sleep Inn ⊡ ⊞, Advance Parts, Verizon
84	LA 544, Ruston, **S** ⊞ Chevron/dsl, Exxon ⊞ Domino's, Johnny's Pizza, Pizza Inn, Smoothie King, Starbucks, Subway, Waffle House ⊞ Super 8
81	LA 149, Grambling, **S** ⊞ Chevron/Church's/dsl, Exxon ⊡ to Grambling St U
78	LA 563, Industry, **S** ⊞ Texaco/dsl
77	LA 507, Simsboro
69	LA 151, Arcadia, **N** ⊞ Chevron/dsl, Mobil/Burger King/dsl ⊞ La Fogata Mexican, **S** ⊞ Exxon/dsl, Gulf/dsl, Shell/Church's/dsl ⊞ El Jarrito Mexican, McDonald's, Sonic, Subway ⊞ Days Inn ⊡ ⊞, $General, Brookshire Foods, Bumper Parts, Factory Stores/famous brands, Fred's, tires/repair
67	LA 9, Arcadia, **N** ⊡ to Lake Claiborne SP, **S** ⊞ Shell/dsl/repair
61	LA 154, Gibsland, **N** ⊡ to Lake Claibourne SP
55	US 80, Ada, Taylor
52	LA 532, to US 80, Dubberly, **N** ⊞ Exxon/dsl, Texaco/CJ's Diner/dsl
49	LA 531, Minden, **N** ⊞ ♥Loves/Arby's/dsl/scales/24hr, Murphy USA (3mi), Quick Draw TrkStp/Shell/dsl/rest./24hr, QuickDraw/Subway/dsl ⊞ KFC (3mi), Pizza Hut (3mi), Taco Bell (3mi) ⊡ Walmart (3mi), **S** ⊡ truck/tire repair
47	US 371 S, LA 159 N, Minden, **N** ⊞ Chevron/dsl, Exxon/dsl, Valero/dsl ⊞ Beanie&Bubba's Grill ⊞ Best Western, Exacta Inn/rest., Holiday Inn Express, Southern Inn ⊡ ⊞, Ford, **S** ⊡ camping, to Lake Bistineau SP
44	US 371 N, Cotton Valley, **N** ⊞ Exxon/Huddle House/dsl ⊞ Crawfish Hole #2, Nicky's Cantina, Sonic ⊞ Minden Motel (2mi) ⊡ Cinnamon Creek RV/camping, Family$, Lakeside RV Camping
38	Goodwill Rd, **S** ⊞ Gulf/Rainbow Diner/dsl/24hr ⊡ Ammo Plant, truck/trailer repair
33	LA 157, Fillmore, **S** ⊞ Exxon, ⊞/Arby's/dsl/scales/24hr ⊞ Pizza Hut, Waffle House ⊡ $General, Family$, Fred's, Lake Bistineau SP, USPO
26	I-220, Shreveport, **1 mi N** ⊞ RaceWay/dsl ⊞ Comfort Suites, Holiday Inn, Springhill Suites ⊡ Casino
23	Industrial Dr, **N** ⊞ Exxon/dsl, Shell/Circle K, Valero/dsl ⊞ McDonald's, Popeye's, Sue's Country Kitchen, Taco Bell, Wendy's ⊞ Ramada Inn ⊡ O'Reilly Parts, RV Repair, st police, **S** ⊞ Mobil/dsl ⊞ EconoLodge ⊡ Peterbilt, Southern RV Ctr
22	Airline Dr, **N** ⊞ Citgo/dsl, Mobil/McDonald's, Shell/Circle K, Valero/dsl ⊞ Applebee's, Arby's, Burger King, Chili's, China Flag, DQ, Five Guys, Gatti's Pizza, IHOP, Johnny's Pizza, Logan's Roadhouse, Notini's Italian, Popeye's, Red Lobster, Shogun Steaks, Sonic, Starbucks, Subway, Taco Bell, TX Street Steaks, Waffle House ⊞ Country Hearth Inn, Crossland Suites, Rodeway Inn, Super 8 ⊡ ⊞, Albertsons, BigLots, Books-A-Million, CVS Drug, Dillard's, Firestone/auto, JC Penney,
22	**Continued** mall, Meineke, Michael's, Office Depot, PepBoys, Sears/auto, Tuesday Morning, Verizon, Walgreens, **S** ⊞ Exxon/dsl, Gulf/dsl ⊞ Beard's Catfish/seafood, Capt John's, Church's, Griff's Burgers, Outback Steaks, Quizno's ⊞ Microtel, Quality Inn, Red Carpet Inn ⊡ AutoZone, Fred's, Super1 Foods, to Barksdale AFB
21	LA 72, to US 71 S, Old Minden Rd, **N** ⊞ Shell/Circle K/dsl, Valero ⊞ DAQ's Grill, Denny's, Johnny's Pizza, McDonald's, Pancho's Mexican, Podnah's BBQ, Posado's Mexican, Ralph&Kacoo's, Subway, TX Roadhouse, Whataburger ⊞ Best Value Inn, Hampton Inn, Hilton Garden, Homewood Suites, La Quinta, MainStay Suites, TownePlace Suites ⊡ $General, Bayou RV Ctr, O'Reilly Parts, USPO, VW, **S** ⊞ RaceWay ⊞ Waffle House, Wendy's ⊞ Days Inn, Motel 6, Woodspring Suites ⊡ visitor info
20c	to US 71 S, to Barksdale Blvd
20b	LA 3, Benton Rd, same as 21
20a	Hamilton Rd, Isle of Capri Blvd, **N** ⊞ Circle K ⊞ Quality Inn, Wingate Inn, **S** ⊞ Exxon ⊞ Bossier Inn, Travelodge ⊡ casino
19b	Traffic St, Shreveport, **N** ⊞ Courtyard ⊡ Bass Pro Shop, casino, Chevrolet, **S** ⊡ casino, downtown
19a	US 71 N, LA 1 N, Spring St, Shreveport, **N** ⊞ Chateau Suites, Hilton, Shreveport Hotel
18b-d	Fairfield Ave (from wb), **S** ⊡ ⊞, downtown Shreveport
18a	Line Ave, Common St (from eb), **S** ⊡ ⊞, downtown
17b	I-49 S, to Alexandria
17a	Lakeshore Dr, Linwood Ave
16b	US 79/80, Greenwood Rd, **N** ⊡ ⊞, **S** ⊞ Citgo/dsl ⊞ El Chico ⊞ Travelodge
16a	US 171, Hearne Ave, **N** ⊞ Shell/dsl ⊞ Subway ⊡ ⊞, vet, **S** ⊞ Raceway/dsl ⊞ KFC, Wendy's ⊞ Cajun Inn
14	Jewella Ave, Shreveport, **N** ⊞ Clark/dsl, Phillips 66/dsl, Valero ⊞ Burger King, Church's, McDonald's, Popeye's, Sonic, Subway, Whataburger ⊡ AutoZone, County Mkt Foods, Family$, O'Reilly Parts, Rite Aid, Super 1 Foods, Walgreens
13	Monkhouse Dr, Shreveport, **N** ⊞ Bro's Cafe ⊞ Best Western, Days Inn, Residence Inn, Super 8, Value Inn, **S** ⊞ Citgo/dsl, Exxon/Subway/dsl, Valero/dsl ⊞ Waffle House ⊞ Baymont Inn, Hampton Inn, Holiday Inn Express, Merryton Inn, Moonrider Inn, Motel 6, Quality Inn, Regency Inn ⊡ to ⊞
11	I-220 E, LA 3132 E, to I-49 S
10	Pines Rd, **N** ⊞ Chevron/dsl ⊞ DQ, Johnny's Pizza, Pizza Hut, Popeye's, Sam's Eatery, Subway ⊡ Meineke, **S** ⊞ Circle K, Exxon/dsl, Murphy USA/dsl, Shell/Circle K/Quiznos/dsl ⊞ Burger King, CiCi's Pizza, Cracker Barrel, Domino's, Dragon Chinese, Great Wall Chinese, IHOP, KFC, McDonald's, Nicky's Mexican, Papa John's, Sonic, Taco Bell, Waffle House, Wendy's, Whataburger ⊞ Comfort Suites, Courtyard, Fairfield Inn,

SHREVEPORT

🅿 = gas 🍴 = food 🛏 = lodging 🅾 = other Ⓡs = rest stop   Copyright 2018 - The Next EX

INTERSTATE 20 Cont'd

GREENWOOD

Exit #	Services
10	Continued
	Hilton Garden, Holiday Inn, Homewood Suites, La Quinta, Sleep Inn, Woodspring Suites 🅾 $Tree, CVS Drug, Family$, GNC, Home Depot, O'Reilly Parts, Rite Aid, USPO, Verizon, Walgreens, Walmart/Subway
8	US 80, LA 526 E, **N** 🛏 Red Roof Inn 🅾 Freightliner, repair, tires, **S** 🅿 Chevron/dsl, Citgo/dsl, Petro/Shell/Iron Skillet/dsl/scales/@ 🍴 Wendy's 🅾 Blue Beacon, Blue Beacon, Camper's RV Ctr/park, Tall Pines RV Park (1mi)
5	US 79 N, US 80, to Greenwood, **N** 🍴 Outpost Travel Ctr/dsl, TA/Valero/Country Pride/Subway/dsl/scales/24hr/@ 🛏 Country Inn, Mid Continent Motel 🅾 RV park, **S** 🍴 Pizza Hut 🅾 $General, Southern Living RV Park
3	US 79 S, LA 169, Mooringsport, **N** 🅾 Gator's RV Park (4mi), **S** 🅿 ⓕFLYING J/Denny's/dsl/LP/scales/24hr, 🔵Loves/Arby's/dsl/scales/24hr 🍴 Sonic 🅾 SpeedCo
2mm	Welcome Ctr eb, full ♿ facilities, litter barrels, petwalk, Ⓒ, 🅰, RV dump
1mm	weigh sta both lanes
0mm	Louisiana/Texas state line

INTERSTATE 49

SHREVEPORT

Exit #	Services
246.5mm	Louisiana/Arkansas state line
245	LA 168, Ida, Rodessa
241	Rd 16, Mira Myrtis Rd, to Mira
237	LA 2, Plain Dealing, Hosston
234	US 71, Gilliam, Hosston
231	LA 170, Gilliam, Vivian, **W** 🅾 🄷
228	LA 530, Belcher, Oil City
223	LA 169, Mooringsport
221	LA 173, Dixie, Blanchard
215	LA 1, N Market St (I-49 begins/ends), **E** 🍴 Dickey's BBQ 🅾 Family$, vet
	I-49 begins/ends in Shreveport on I-20, exit 17.
206	I-20, E to Monroe, W to Dallas
205	King's Hwy, **E** 🍴 Cane's, McDonald's, Piccadilly's, Taco Bell 🅾 Dillard's, mall, Sears/auto, **W** 🍴 Valero/dsl 🍴 Burger King, LJ Silver, Subway 🛏 Sleep Inn 🅾 🄷
203	Hollywood Ave, Pierremont Rd, **W** 🍴 Chevron/dsl
202	LA 511, E 70th St, **E** 🍴 RaceWay/dsl, **W** 🍴 Circle K 🍴 SC Chicken 🅾 $General, Family$
201	LA 3132, to Dallas, Texarkana
199	LA 526, Bert Kouns Loop, **E** 🍴 Chevron/Arby's/dsl/24hr, Exxon/Circle K 🍴 Burger King, KFC, Taco Bell, Wendy's 🛏 Comfort Inn 🅾 Home Depot, **W** 🍴 RaceWay/dsl, Shell/dsl 🍴 McDonald's, Sonic, Starbucks, Subway, Waffle House 🅾 Brookshire Foods, Verizon
196	Southern Loop
196mm	Bayou Pierre
191	LA 16, LA 3276, to Stonewall, **W** 🅾 Chevrolet/Buick
186	LA 175, to Frierson, Kingston, **E** 🅾 Trailerhood RV Park (3mi), **W** 🍴 Relay Sta./rest./casino/dsl/scales 🅾 Heart of Haynesville RV Park (7mi)
177	LA 509, to Carmel, **E** 🍴 Texaco/Eagles Trkstp/casino/dsl/rest, **W** 🅾 Hwy 509 RV Park (4mi)
172	US 84, to Grand Bayou, Mansfield, **W** 🅾 Civil War Site, New Rockdale RV Park (4mi)
169	Asseff Rd
162	US 371, LA 177, to Evelyn, Pleasant Hill

NATCHITOCHES

Exit #	Services
155	LA 174, to Ajax, Lake End, **W** 🅾 Country Livin' RV Pk, Co boys/dsl
148	LA 485, Powhatan, Allen
142	LA 547, Posey Rd
138	LA 6, to Natchitoches, **E** 🍴 French Mkt/cafe/dsl, RaceWa dsl 🍴 Cane's (5mi), IHOP, Popeye's, Wendy's 🛏 Best We ern, Comfort Suites, Days Inn, Fairfield Inn, Holiday Inn press 🅾 🄷, Walmart (5mi), **W** 🍴 Chevron/dsl/24hr, Exx Texaco/dsl 🍴 Burger King, El Patio Nexican, Huddle Hou McDonald's, Subway 🛏 EconoLodge, Hampton Inn, Qua Inn 🅾 Nakatosh RV Park, to Kisatchie NF
132	LA 478, rd 620
127	LA 120, to Cypress, Flora, **E** 🍴 Exxon/dsl 🅾 to Cane Ri Plantations
119	LA 119, to Derry, Cloutierville, **E** to Cane River Plantations
113	LA 490, to Chopin, **E** 🍴 Express Mart TrkStp/dsl
107	to Lena, **E** 🅾 USPO
103	LA 8 W, to Flatwoods, **E** 🍴 Shell/dsl, **W** 🅾 RV camping, Cotile Lake
99	LA 8, LA 1200, to Boyce, Colfax, **6 mi** **W** 🅾 Cotile Lake Camping
98	LA 1 (from nb), to Boyce
94	rd 23, to Rapides Sta Rd, **E** 🍴 Rapides/dsl, **W LA** Welco Ctr, full ♿ facilities, litter barrels, petwalk, 🅰, vend 🍴 🔵Loves/Arby's/dsl/scales/24hr 🅾 Alexandria RV P (2mi), I-49 RV Ctr
90	LA 498, Air Base Rd, **W** 🍴 Chevron/dsl/CNG/24hr, Exx Subway/dsl, Shell/dsl, Texaco/Eddie's BBQ/dsl 🍴 Bur King, Cracker Barrel, McDonald's 🛏 Comfort Suites, Hamp Inn, La Quinta, Rodeway Inn, Super 8 🅾 Cabana RV Park
86	US 71, US 165, MacArthur Dr, **0-2 mi** **W** 🍴 Chevron, Co co/dsl, Exxon/dsl, Mobil/dsl, Shell/Circle K/dsl, Texaco/ Valero/dsl 🍴 Applebee's, Burger King, Cajun Landing Re Cane's, Chick-fil-A, Church's, CiCi's Pizza, Dominos, DQ, Edd BBQ, El Paso Mexican, El Reparo Mexican, Golden Corral, tle Caesar's, McDonald's, Outlaw's BBQ, Piccadilly, Popey Schlotzsky's, Sonic, Subway, Taco Bell, Taco Bueno, TX Ro house 🛏 Alexandria Inn, Best Value Inn, Best Western, C dlewood Suites, Comfort Inn, EconoLodge, Guesthouse Holiday Inn Express, Magnuson Inn, Motel 6, Quality Inn, mada Ltd, Super 8, Woodspring Suites 🅾 $General, $T Advance Parts, AutoZone, BigLots, Buick/GMC, Family$, Kroger/gas, NAPA, O'Reilly Parts, Petco, Rite Aid, Staples, per 1 Foods, Tuesday Morning
85b	Monroe St, Medical Ctr Dr (from nb), **E** 🅾 🄷
85a	LA 1, 10th St, MLK Dr, downtown
84	US 167 N, LA 28, LA 1, Pineville Expswy (no EZ nb return)
83	Broadway Ave, **E** 🍴 Conoco, Valero 🅾 $General, 1 **W** 🍴 Murphy USA/dsl 🍴 Checker's, Little Caesar's, Sc Wendy's 🅾 $Tree, AutoZone, Harley-Davidson, Walmart
81	US 71 N, LA 3250, Sugarhouse Rd, MacArthur Dr (from sb) same as 80 and 83
80	US 71 S, US 167, MacArthur Dr, Alexandria, **0-3 mi** **W** 🍴 C ron/dsl, Exxon/dsl, Shell 🍴 Buffalo Wild Wings, Burger K Capt D's, Carino's Italian, Chili's, Copeland's Rest., IHOP, Logan's Roadhouse, McDonald's, Outback Steaks, Pizza Popeye's, Sonic, Subway, Taco Bell 🛏 Courtyard 🅾 $Ge al, Albertsons, Best Buy, Dillard's, Family$, Ford/Lincoln, Hy dai, JC Penney, mall, Marshall's, Mazda, Michael's, Old N Petsmart, Sam's Club/gas, U-Haul
73	LA 3265, rd 22, to Woodworth, **W** 🍴 Chevron/dsl/24hr 🅾 Conf Ctr, RV camping, to Indian Creek RA

ALEXANDRIA

LA

INTERSTATE 49 Cont'd

Exit#	Services
66	LA 112, to Lecompte, **E** [🅖] Chevron/dsl/24hr [🍴] Burger King, **W** [🅖] Exxon/dsl [◎] museum (10mi)
61	US 167, to Meeker, **E** [◎] to Loyd Hall Plantation (3mi), Turkey Creek
56	LA 181, Cheneyville
53	LA 115, to Bunkie, **E** [🅖] Sammy's/Chevron/dsl/casino/24hr [🛏] Howard Johnson
46	LA 106, to St Landry, **W** [◎] to Chicot SP
40	LA 29, to Ville Platte, **E** [🅖] Exxon/Cafe Mangeur/casino/dsl
35mm	**E** [℞]/rec area both lanes, full [♿] facilities, litter barrels, pet-walk, [🐾], RV dump, vending
27	LA 10, to Lebeau
25	LA 103, to Washington, Port Barre, **W** [🅖] Citgo, Mobil [◎] Family$
23	US 167 N, LA 744, to Ville Platte, **E** [🅖] Chevron/Subway/Stuckey's/dsl/scales/casino, Valero/dsl/casino, **W** [🅖] Exxon/dsl/casino [◎] visitors ctr
19b a	US 190, to Opelousas, **E** [◎] Evangeline Downs Racetrack, **W** [🅖] Chevron/dsl, Exxon/dsl, RaceTrac/dsl, Valero [◎] [🅗] CVS Drug, Lowe's, USPO
18	LA 31, to Cresswell Lane, **E** [🅖] Murphy USA/dsl [🍴] Casa Ole's, Little Caesar's, Sombreros, Waffle House [🛏] Comfort Inn, Holiday Inn [◎] $Tree, Chrysler/Dodge/Jeep, Ford/Lincoln, URGENT CARE, Verizon, Walmart/Subway, **W** [🅖] Chevron/dsl, Shell, Valero/dsl [🍴] Burger King, Cane's, Cresswell Lane, Domino's, Gatti's Pizza, Hacienda Mexican, McDonald's, Peking Buffet, Pizza Hut, Subway, Taco Bell, Wendy's [🛏] Days Inn, Super 8 [◎] AT&T, Buick/GMC, Danny's Tires, Family$, Nissan, Piggly Wiggly, repair, Save-A-Lot, Walgreens
17	Judson Walsh Dr, **E** [🅖] Texaco/dsl, Valero/dsl
15	LA 3233, Harry Guilbeau Rd, **W** [🛏] Regency Inn [◎] [🅗], Courvelle RV Ctr, Toyota/Scion
11	LA 93, to Grand Coteau, Sunset, **E** [🅖] Chevron, Citgo/rest./dsl/24hr, Exxon/Popeye's/dsl, Valero/dsl [🍴] Beau Chere Rest., McDonald's [◎] Primeaux RV Ctr, vet, **W** [🍴] Subway [◎] $General, Family$, Janise's Foods
7	LA 182, **W** [◎] Primeaux RV Ctr
4	LA 726, Carencro, **E** [🍴] Popeye's, Rotolo's Pizza, Taco Bell [◎] GNC, Super 1 Foods/gas, URGENT CARE, **W** [🅖] Chevron/dsl, Texaco/dsl [🍴] Burger King, King Wok, McDonald's [🛏] Economy Inn [◎] $General, Champagne's Mkt, Family$, Fred's, USPO
2	LA 98, Gloria Switch Rd, **E** [🅖] Chevron/deli/dsl [🍴] Chili's, IHOP, Prejean's Rest., Wendy's [◎] Lowe's, **W** [🅖] Shell/Church's/dsl [🍴] Domino's, Great Wall Buffet, Picante Mexican, Subway
1c	Pont Des Mouton Rd, **E** [🅖] Exxon/dsl/LP, Texaco/dsl, Valero/dsl [🍴] Buffalo Wild Wings, Burger King [🛏] Motel 6, Plantation Inn [◎] CVS, Walgreens, **W** [◎] Firestone/auto, Ford
0b a	I-10, **W** to Lake Charles, **E** to Baton Rouge, US 167 S [🅖] Chevron/dsl, Murphy USA/dsl, RaceTrac/dsl, Shell, Shell/dsl, Valero [🍴] Checker's, McDonald's, Pizza Hut, Popeye's, Subway, Taco Bell, Waffle House, Wendy's [🛏] Baymont Inn, Best Value Inn, Best Western, Comfort Inn, EconoLodge, Fairfield Inn, Holiday Inn, Howard Johnson, La Quinta, Ramada, Super 8, Travel Host Inn [◎] [🅗], $Tree, Home Depot, repair, Super 1 Foods/gas, transmissions, Walmart/Subway

I-49 begins/ends on I-10, exit 103.

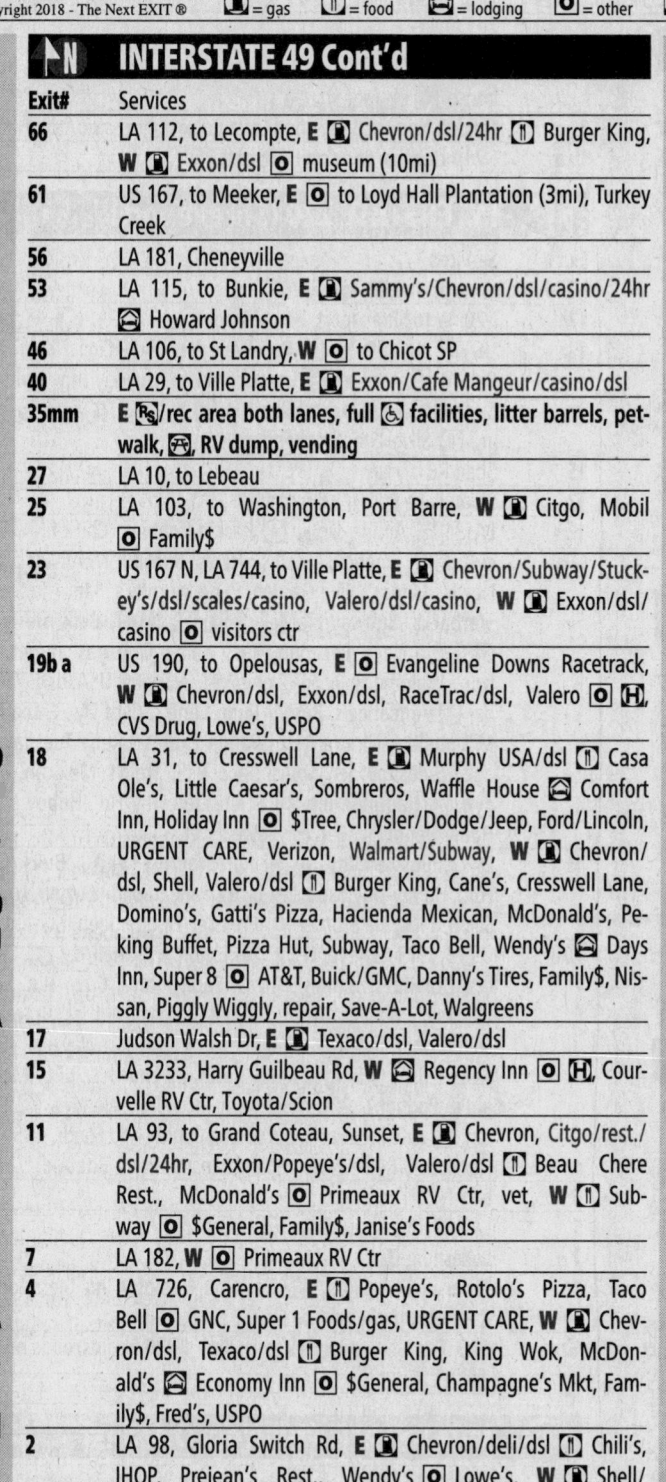

INTERSTATE 55

Exit #	Services
66mm	Louisiana/Mississippi state line
65mm	Welcome Ctr sb, full [♿] facilities, litter barrels, petwalk, [🚰], [🐾], tourist info
64mm	weigh sta nb
61	LA 38, Kentwood, **E** [🅖] Chevron/dsl/24hr, Texaco [🍴] Jam Chicken, Popeye's, Sonic [◎] $General, AutoZone, Family$, Fred's, IGA Foods, Super$, **W** [🅖] Kangaroo/dsl, Kangaroo/dsl (2)
58.5mm	weigh sta sb
57	LA 440, Tangipahoa, **E** [◎] to Camp Moore Confederate Site
53	LA 10, to Greensburg, Fluker, **W** [◎] [🅗]
50	LA 1048, Roseland, **E** [🅖] Chevron/dsl [🍴] Subway (1mi)
46	LA 16, Amite, **E** [🅖] Exxon/dsl, Murphy USA/dsl, RaceTrac/dsl [🍴] Burger King, Master Chef, McDonald's, Mike's Catfish, Panda Garden, Popeye's, Smoothie King, Sonic, Subway, Taco Bell, Waffle House, Wendy's, Yamato Japanese [🛏] Comfort Inn [◎] [🅗], $Tree, AutoZone, Fred's, O'Reilly Parts, to Bogue Chitto SP, Verizon, Walgreens, Walmart/Subway, Winn-Dixie, **W** [🛏] Colonial Inn, Holiday Inn Express [◎] Buick/Chevrolet/GMC
40	LA 40, Independence, **E** [🅖] Best Stop [◎] [🅗], **W** [◎] Indian Cr Camping (2mi)
36	LA 442, Tickfaw, **E** [🅖] Chevron/dsl/24hr [◎] to Global Wildlife Ctr (15mi), **W** [🅖] Exxon/dsl
32	LA 3234, Wardline Rd, **E** [🅖] Chevron, Kangaroo/dsl, Texaco [🍴] Burger King, McDonald's, Popeye's, Sarita Grill, Sonic, Subway, Taco Bell, Wendy's [🛏] Lexington Inn [◎] Tony's Tire
31	US 190, Hammond, **E** [🅖] Exxon/dsl, Murphy USA/dsl, RaceTrac/dsl, Shell/dsl/scales/24hr [🍴] Applebee's, Baskin-Robbins, Buffalo Wild Wings, Burger King, Cane's, Chili's, CiCi's Pizza, Cracker Barrel, Firehouse Subs, Hi-Ho 1 BBQ, McDonald's, Pizza Hut, Sonic, Starbucks, Taco Bell, Voodoo BBQ, Waffle House, Wendy's [🛏] Comfort Inn, Hampton Inn, Super 8, Woodspring Suites, Western Inn [◎] [🅗], $General, $Tree, Advance Parts, AT&T, AutoZone, Chrysler/Dodge/Jeep, CVS Drug, Family$, Hobby Lobby, LeBlanc's Foods Lowe's, Lowe's, Office Depot, Ross, Sav-A-Lot Foods, Tuesday Morning, URGENT CARE, Walgreens, Walmart/Subway, Winn-Dixie
29b a	I-12, **W** to Baton Rouge, **E** to Slidell
28	US 51 N, Hammond, **E** [🅖] Exxon, RaceTrac/dsl, Valero/dsl [🍴] Don's Seafood/Steaks, Great Wall Chinese [🛏] Best Value Inn, Red Roof Inn [◎] [🅗], Buick/GMC, dsl repair, Mitchell RV Ctr, Toyota/Scion
26	LA 22, to Springfield, Ponchatoula, **E** [🅖] Chevron/dsl, Exxon/dsl, Murphh Express/dsl, RaceTrac/dsl/e85, Shell/dsl [🍴] Burger King, China King, Hi-Ho BBQ, McDonald's/playplace, Papa John's,

🔼Ⓝ INTERSTATE 55 Cont'd

Exit #	Services
26	Continued
	Pizza Hut, Popeye's, Smoothie King, Sonic, Subway, Taco Bell, Waffle House, Wendy's 🛏 Microtel 🅞 AutoZone, Bohning's Foods, CVS Drug, Family$, Ford, O'Reilly Parts, Rouse's Mkt, Walgreens, Walmart/Subway, **W** 🅖 Kangaroo/Domino's/dsl 🅞 $General, Tickfaw SP (13mi)
23	US 51, Ponchatoula
22	frontage rd (from sb)
15	Manchac, **E** 🍴 Middendorf Café 🅞 Ⓒ, swamp tours, USPO
7	Ruddock
1	US 51, to I-10, Baton Rouge, La Place, **S** 🅖 Chevron/dsl, Circle K/dsl, 🚛/Subway/dsl/24hr/scales, Shell/Huddle House/casino/dsl 🍴 Burger King, McDonald's, Waffle House, Wendy's 🛏 Best Western, Days Inn, Hampton Inn, Holiday Inn Express, Quality Inn, Suburban Lodge
	I-55 begins/ends on I-10, exit 209.

🔼Ⓝ INTERSTATE 59

Exit #	Services
11	**W** to Bogue Chito NWR, Pearl River Turnaround
5b	Honey Island Swamp
5a	LA 3081, Pearl River, **E** 🍴 Riverside TrvlCtr/dsl
3	US 11 S, LA 1090, Pearl River, 0-1 mi **W** 🅖 Chevron/dsl, Interstate Fuels/dsl, Shell/Subway/dsl, Texaco, 🍴 McDonald's, Sonic, Waffle House, 🛏 Microtel, Autozone, Family$, Jubilee Foods/drug, NAPA
1.5mm	Welcome Ctr sb, full 🛏 facilities, info, litter barrels, petwalk Ⓒ 🚐RV dump
1c b	I-10, E to Bay St Louis, W to New Orleans
1a	I-12 W, to Hammond. **I-59 begins/ends on I-10/I-12.**

🔼Ⓔ INTERSTATE 210 (Lake Charles)

Exit#	Services
12	I-210 begins/ends on I-10, exit 34.
11	US 90, Broad St, Fruge St **E** 🅖 Exxon/dsl, Shell/dsl, **W** 🛏 Best Value Inn
10	Legion St **E** 🅖 Shell/dsl 🅞 ⊡, Luke's RV Ctr, **W** 🅞 Kia, Nissan
8	LA 14, Gerstner Mem Dr, **N** 🅖 Citgo/dsl 🍴 Chili's, IHOP 🅞 Hobby Lobby, **S** 🅖 Murphy USA/dsl, Valero 🍴 ChuckE-Cheese, Kyoto, Logan's Roadhouse, Outback, Panda Buffet, Sonic, Taco Bell, Wendy's 🛏 Quality Inn, Woodspring Suites 🅞 $Tree, AT&T, Chrysler/Jeep/Dodge, GMC, Home Depot, Lowe's, Old Navy, Toyota/Scion, VW, Walmart
7b	Enterprise Blvd, LA Blvd, **N** 🅖 Conoco/dsl, Exxon/dsl 🍴 Sonic, Subway 🛏 Best Western, Super 8 🅞 $General, AutoZone, O'Reilly Parts, **S** 🅖 Shell/dsl 🅞 Chevrolet/Cadillac, Ford, Honda, Hyundai
6a	LA 385, Ryan St, **N** 🍴 Burger King, McDonald's, Popeye's, Tony's Pizza 🛏 Comfort Inn 🅞 Aamco, **S** 🍴 Church's, CiCi's, Gatti's Pizza, Jason's Deli 🅞 $General, Firestone/auto, Goodyear/auto, Tuesday Morning
5	Lake St, **N** 🍴 McAlister's Deli, Wendy's 🛏 Best Value Inn 🅞 🅗, AT&T, Best Buy, Dick's, Dillard's, Kohl's, Petco, Verizon
4	LA 1138, Nelson Rd, **N** 🍴 Buffalo Wild Wings, Jo Jo's Chinese, Mongolian Grill, O'Charley's, Olive Garden, Sonic, Subway 🛏 Candlewood Suites, Courtyard, Hampton Inn, La Quinta, Residence Inn, Springhill Suites, Wingate Inn 🅞 Marshall's, Ross, Sam's Club/gas, Target, **S** 🅖 Murphy USA/dsl,

Exit #	Services
4	Continued
	Tobacco+ 🍴 Chick-fil-A, Panera Bread, Starbucks, TX Roadhouse 🅞 Walmart/Subway
3	Golden Nugget Blvd, Prien Lake Rd, **N** 🅞 casino/hotel
1b a	I-210 begins/ends on I-10, exit 25.

🔼Ⓔ INTERSTATE 220 (Shreveport)

Exit #	Services
	I-220 begins/ends on I-20, exit 26.
17b	I-20, W to Shreveport, E to Monroe
17a	US 79, US 80, **N** 🅖 RaceWay/dsl, Shell/Circle K 🍴 Taco Bell, Waffle House 🛏 Comfort Suites, Holiday Inn, Springhill Suites 🅞 Racetrack/casino, **S** 🅖 Chevron/Huddle House/dsl 🍴 Silver Star Smokehouse
15	Shed Rd
13	Swan Lake Rd
12	LA 3105, Airline Dr, **N** 🍴 Baskin-Robbins, Chick-fil-A, Dickey's BBQ, Firehouse Subs, Izzo's Burrito, McAlister's Deli, Newk's Eatery, Olive Garden, Papa Murphy's, Santa Fe Steak, Starbucks, Subway, TaMolly's 🅞 🅗, AT&T, Belk, Best Buy, GNC, Old Navy, Petsmart, Ross, Sam's Club/gas, Target, Verizon, Walgreens, **S** 🅖 Exxon/dsl, Murphy USA/dsl, Valero/dsl 🍴 Applebee's, Burger King, Cane's, Capt D's, China Fl., McDonald's, Nicky's Rest., Panda Express, Ruby Tuesday, Ryan's, Smashburger, Sonic, Taco Bell, Trejo's Mexican, Wendy's 🛏 Hampton Inn 🅞 $Tree, Gateway Tire, Hobby Lobby, Home Depot, Kroger/dsl, Lowe's, vet, Walmart
11	LA 3, Bossier City, **N** 🅖 RaceWay/dsl 🅞 🅗, Buick/GMC, Ford, Harley-Davidson, Lexus, RV Park, Subaru, Suzuki, Toyota/Scion, **S** 🅖 Valero/dsl 🅞 Chrysler/Dodge/Jeep, Nissan
7b a	US 71, LA 1, Shreveport, **N** 🅖 Exxon/dsl, Shell/dsl 🍴 Checkers, Domino's, Johnny's Pizza, Papa John's, Pizza Hut, Sonic, Subway, Waffle House, Whataburger/24hr 🅞 Brookshire's Foods/gas, Family$, Walgreens, **S** 🅖 RaceWay/dsl, Shell, Valero/dsl 🍴 Burger King, Carl's Jr, Church's, KFC, McDonald's, Podnah's BBQ, Popeye's, Taco Bell, Wendy's 🛏 Roadway Inn 🅞 Advance Parts, AutoZone, County Mkt Foods, CVS Drug, Family$, O'Reilly Parts, repair/transmissions, Rite Aid, U-Haul
6	I-49 N
5	LA 173, Blanchard Rd, **N** 🅖 Citgo/dsl
2	Lakeshore Dr
1a	Jefferson Paige Rd, **S** 🛏 Days Inn, Hampton Inn, Merryton Inn, Ramada Inn, Residence Inn, Super 8, Value Inn
1b c	I-20, E to Shreveport, W to Dallas. **I-220 begins/ends on I-20, exit 11.**

🔼Ⓝ INTERSTATE 610 (New Orleans)

Exit #	Services
	I-610 begins/ends on I-10.
4	Franklin Ave (from eb)
3	Elysian fields, **S** 🅖 B Express, Shell 🍴 Burger King, McDonald's, Waffle House 🅞 🅗, Lowe's
2b	US 90, N Broad St, New Orleans St (from wb)
2c	Paris Ave (from wb, no return), **S** 🅖 Jimmy's, Shell/24hr 🍴 Popeye's
2a	St Bernard Ave (from eb), to LSU School of Dentistry, auto racetrack
1a	Canal Blvd
1b	I-10, to New Orleans
	I-610 begins/ends on I-10.

MAINE

N INTERSTATE 95

Exit#	Services
305mm	US/Canada border, Maine state line, US Customs. **I-95 begins/ends.**
305	US 2, to Houlton, **E** Ⓞ DFA Duty Free Shop, Houlton Airport
303mm	Meduxnekeag River
302	US 1, Houlton, **E** 📕 Irving/Circle K/dsl/24hr 🍴 Amato's, Burger King, McDonald's, Pizza Hut, Tang's Chinese Ⓞ Ⓗ IGA Foods, Mardens, O'Reilly Parts/VIP Service, Rite Aid, **W** Ⓡˢ **both lanes, full ♿ facilities, litter barrels, petwalk,** 📞 🚗 📕 Citgo/Subway/dsl, Irving/Circle K/dsl/scales/@, Shell/Dunkin Donuts/dsl 🍴 Tim Hortons/Coldstone 🛏 Ivey's Motel, Shiretown Motel Ⓞ Arrowstook SP, Family$, Ford, Shop'n Save, Toyota, Walmart
301mm	B Stream
291	US 2, to Smyrna, **E** 🛏 Brookside Motel/rest.
286	Oakfield Rd, to ME 11, Eagle Lake, Ashland, **W** 📕 Irving/Circle K/dsl, Valero/dsl 🍴 A Place To Eat Ⓞ USPO
277mm	Mattawamkeag River, W Branch
276	ME 159, Island Falls, **E** 📕 Dysarts Fuel, Porter's/rest. Ⓞ Bishop's Mkt, USPO, **W** Ⓞ RV camping, to Baxter SP (N entrance)
264	to ME 11, Sherman, **E** 📕 Shell/dsl/LP/rest., **W** 📕 Irving/Circle K/dsl 🛏 Katahdin Valley Motel Ⓞ to Baxter SP (N entrance)
259	Benedicta (from nb, no re-entry)
252mm	scenic view Mt Katahdin, nb
247mm	Salmon Stream
244	ME 157, to Medway, E Millinocket, **W** 📕 Irving/Circle K/dsl 🍴 The Bridge Rest. 🛏 Gateway Inn Ⓞ Ⓗ city park, Pine Grove Camping (4mi), to Baxter SP (S entrance), USPO, vet
244mm	Penobscot River
243mm	Ⓡˢ **both lanes, full ♿ facilities, litter barrels, petwalk,** 📞 🚗
227	to US 2, ME 6, Lincoln, 4 mi **E** Ⓞ Ⓗ RV camping, 🍴 📕 🛏
219mm	Piscataquis River
217	ME 6, Howland, **E** 📕 Irving/95 Diner/dsl Ⓞ 95er Towing/repair, camping, LP
201mm	Birch Stream
199	ME 16 (no nb re-entry), to LaGrange
197	ME 43, to Old Town, **E** 📕/dsl
196mm	Pushaw Stream
193	Stillwater Ave, to Old Town, **E** 📕 Citgo/dsl, Gulf/Subway/dsl, Irving/Circle K/dsl 🍴 Burger King, China Garden, Dunkin Donuts, Governor's Rest., McDonald's, Tim Horton, Wendy's 🛏 Black Bear Inn Ⓞ $Tree, IGA Foods, O'Reilly Parts/VIP Service
191	Kelly Rd, to Orono, **2-3 mi E** camping, 🍴 📕 🛏
187	Hogan Rd, Bangor Mall Blvd, to Bangor, **E** 📕 Citgo 🍴 Denny's 🛏 Courtyard, Hampton Inn, Hilton Garden, TownePlace Suites Ⓞ Ⓗ, Audi/VW, Buick/GMC, Cadillac/Chevrolet, Chrysler/Dodge/Jeep, Firestone/auto, Ford, Honda, Hyundai, Mazda, Mercedes, Nissan, Sam's Club/gas, Subaru, Volvo, **W** 📕 Citgo/dsl, Irving/Circle K/dsl 🍴 Applebee's, Arby's, Buffalo Wild Wings, Bugaboo Creek Café, Burger King, Chicago Grill, Chili's, Dunkin Donuts, Five Guys, Green Tea Japanese, Happy China, KFC, Kobe Japanese, Las Palapas, Longhorn Steaks, McDonald's, Miguel's Mexican, Olive Garden, Papa Johns, Pizza Hut, Quiznos, Ruby Tuesday, Starbucks, Subway, TX Roadhouse, Wendy's 🛏 Bangor Motel, Comfort Inn, Country Inn, Quality Inn Ⓞ $Tree, Advance Parts, AT&T, Best Buy, BigLots, BooksAMillion, Dick's, Goodyear/auto,

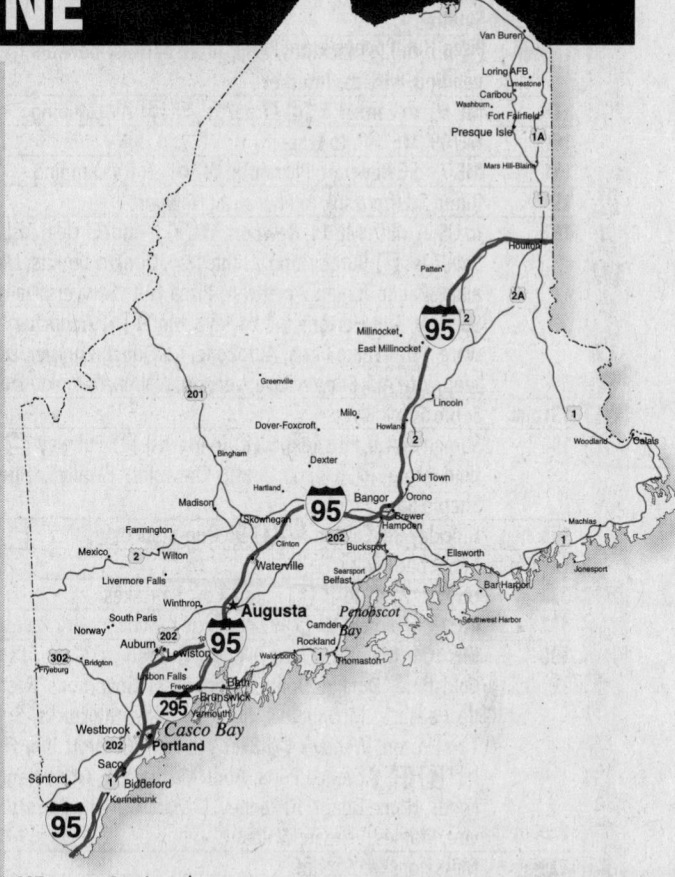

187	Continued Hannaford Foods, Harley-Davidson, Hobby Lobby, Home Depot, JC Penney, Jo-Ann Fabrics, Kia, Kohl's, LL Bean, Lowe's, mall, Old Navy, O'Reilly Parts/VIP Service, PetCo, Petsmart, Sears/auto, Staples, Target, Town Fair Tire, URGENT CARE, Verizon, Walmart
186	Stillwater Ave, same as 187
185	ME 15, to Broadway, Bangor, **E** 📕 Irving/Circle K/dsl 🍴 Tri-City Pizza Ⓞ Ⓗ, **W** 📕 Citgo 🍴 Amato's, BoBo Chinese, China Light, Coldstone/Tim Hortons, Governor's Rest., KFC, McDonald's, Moe's BBQ, Pizza Hut, Subway, Taco Bell Ⓞ CarQuest, Family$, Hannaford Foods, Rite Aid, TJ Maxx, Walgreens
184	ME 222, Union St, to Ohio St, Bangor, **E** 📕 Citgo, Irving Ⓞ Rite Aid, **W** 📕 Citgo, Gulf, Shell/dsl 🍴 Burger King, Capt Nick's Rest., Dunkin Donuts, McDonald's, Nicky's Rest., Wendy's 🛏 Sheraton Ⓞ $Tree, Hannaford Foods, Marshall's, Midas, RV Camping, to 🏥
183	US 2, ME 2, Hammond St, Bangor, **E** 📕 Citgo, Shell 🍴 Angelo's Pizza, Papa Gambino's Pizza, Whoopie Pie Cafe Ⓞ Corner Store, Fairmont Mkt, NAPA, TrueValue, **W** Ⓞ 🏥
182b	US 2, ME 100 W, **W** 📕 Irving/Subway/dsl, Shell/dsl 🍴 Dunkin Donuts, Ground Round, Tim Hortons 🛏 Days Inn, EconoLodge, Fairfield Inn, Holiday Inn, Howard Johnson, Motel 6, Ramada Inn, Super 8, Travelodge Ⓞ O'Reilly Parts/VIP Service, RV camping, Tire Whse
182a	I-395, to US 2, US 1A, Bangor, downtown
180	Cold Brook Rd, to Hampden, **E** 📕 Citgo 🍴 Angler's Rest. (1mi), **W** 📕 Citgo/dsl/24hr/@, Dysarts Fleet Fuel/dsl 🛏 Best Western Ⓞ dsl repair, Mack, Volvo
178mm	Ⓡˢ sb, full ♿ facilities, info, litter barrels, petwalk, 📞 🚗 vending, wireless internet
177mm	Soudabscook Stream

ME

🅿 = gas   🍴 = food   🛏 = lodging   ⭕ = other   🅁🅂 = rest stop   Copyright 2018 - The Next EXI

⬆N INTERSTATE 95 Cont'd

Exit#	Services
176mm	🅁🅂 nb, full ♿ facilities, info, litter barrels, petwalk, 🚻, 🪑, vending, wireless internet
174	ME 69, to Carmel, **E** 🅿 Citgo/dsl, **W** ⭕ RV camping
167	ME 69, ME 143, to Etna
161	ME 7, to E Newport, Plymouth, **W** ⭕ LP, RV camping
159	Ridge Rd (from sb), to Plymouth, Newport
157	to US 2, ME 7, ME 11, Newport, **W** 🅿 Irving/Circle K/dsl/24hr, Shell/dsl 🍴 Burger King, China Way, Dunkin Donuts, McDonald's, Pando Italian American, Pizza Hut, Sawyers Dairy Bar, Subway, Tim Hortons 🛏 Lovley's Motel ⭕ Aubuchon Hardware, Auto Value Parts, AutoZone, CarQuest, Chrysler/Dodge/Jeep, Rite Aid, Shop'n Save, Verizon, Walmart/Dunkin Donuts
151mm	Sebasticook River
150	Somerset Ave, Pittsfield, **E** 🅿 Irving/dsl 🍴 Subway 🛏 Pittsfield Motel ⭕ 🏥, CarQuest, Chevrolet, Family$, Rite Aid, Shop'n Save Foods
138	Hinckley Rd, Clinton, **W** 🅿 95 One-Stop/dsl
134mm	Kennebec River
133	US 201, Fairfield, **E** 🍴 Purple Cow Pancakes
132	ME 139, Fairfield, **W** 🅿 Irving/Circle K/Subway/dsl/scales/ 24hr
130	ME 104, Main St, Waterville, **E** 🅿 Citgo 🍴 Cappza's Pizza, Coldstone, Dunkin Donuts, Friendly's, Governor's Rest., Little Caesar's, McDonald's, Ruby Tuesday, Starbucks, Subway, Tim Horton, Wendy's 🛏 Best Western, Comfort Inn, Fireside Inn ⭕ 🏥, Advance Parts, Audi/Mazda/VW, GNC, Hannaford Foods, Home Depot, JC Penney, K-Mart, O'Reilly Parts/VIP Service, Staples, Verizon, Walmart
129mm	Messalonskee Stream
127	ME 11, ME 137, Waterville, Oakland, **E** 🅿 Irving/dsl/24hr, Xpress/dsl 🍴 Applebee's, Burger King, DQ, Dunkin Donuts, KFC/Taco Bell, McDonald's, Pad Thai, Papa John's, Pizza Hut, Sam's Italian, Subway, Super Buffet, Weathervane Seafood 🛏 Budget Host, EconoLodge, Hampton Inn ⭕ 🏥, AutoZone, Buick/Chevrolet, Chrysler/Dodge/Jeep, CVS Drug, Hannaford Foods, Jo-Ann Fabrics, Marden's, Shaw's Foods/Osco Drug, Tire Whse, TJ Maxx, Toyota/Scion, Verizon, **W** 🅿 Shell/dsl ⭕ Aubuchon Hardware, CarQuest, Ford/Lincoln
120	Lyons Rd, Sidney
117mm	weigh sta both lanes
113	ME 3, Augusta, Belfast
112	ME 27, ME 8, ME 11, Augusta, **E** 🅿 Citgo 🍴 Denny's, DQ, Dunkin Donuts, Longhorn Steaks, Olive Garden, Panera Bread, Red Robin, Rooster's, Ruby Tuesday, Sam's Italian, Subway 🛏 Best Western ⭕ Barnes&Noble, Dick's, GNC, Home Depot, Kohl's, Michaels, Old Navy, Sam's Club, TownFair Tire, Verizon, Walmart, **W** 🅿 Irving/Circle K/dsl/24hr 🍴 99 Rest., Great Wall Chinese, KFC/Taco Bell, Wendy's 🛏 Comfort Inn, Fairfield Inn ⭕ Advance Parts
109	US 202, ME 11, ME 17, ME 100, Augusta, **E** 🅿 Citgo/Dunkin Donuts/dsl, Irving/Circle K/dsl 🍴 Amato's Rest., Applebee's, Arby's, Burger King, China King, Damon's Italian, Domino's, DQ, Friendly's, KFC, Little Caesar's, McDonald's, Pizza Hut, Subway, Tim Horton, Wendy's 🛏 Senator Inn ⭕ $Tree, Best Buy, BigLots, Family$, K-Mart, Lowe's, O'Reilly Parts/VIP Service, Petsmart, Shaw's Foods/Osco Drug, Staples, Target, U-Haul, USPO, vet, Walgreens, **W** 🅿 Valero 🍴 Margarita's Mexican, TX Roadhouse 🛏 Hampton Inn, Motel 6, Quality Inn, Super 8 ⭕ CarQuest, Chrysler/Dodge, Hannaford Foods, Honda, Hyundai, Jeep, Kia, Nissan, PetCo, Subaru, TJ Maxx, Toyota/Scion

Exit#	Services
103	to I-295 S (from sb), ME 9, ME 126, to Gardiner, **service plaza,** Citgo 🍴 Burger King, Hersheys, Quiznos, Starbucks ⭕ ZM
102	to I-295 S (from nb), rd 9, rd 106, **service plaza,** 🅿 C go 🍴 Burger King, Hersheys, Quiznos, Starbucks ⭕ ZMkt
100mm	toll plaza
86	to ME 9, Sabattus
84mm	Sabattus Creek
80	ME 196, Lewiston, **W on ME 196** 🅿 Coast Fuels, Gendron's/ Mobil, Shell/dsl, Sunoco, XPress/dsl 🍴 Burger King, Cath Hut Chinese, D'Angelo, Dunkin Donuts, Governor's Rest., KF Taco Bell, McDonald's, Papa John's, Pepper&Spice Thai, Sa Italian, Subway 🛏 Advance Parts, Motel 6, Ramada Inn, Su 8 ⭕ 🏥, $Tree, Family$, NAPA, Rite Aid, Staples, USPO
78mm	Androscoggin River
75	US 202, rd 4, rd 100, to Auburn, **E** 🅿 Irving/Circle K/dsl, M bil/Subway/dsl 🍴 Danny Boy's Rest., Dunkin Donuts, Pek Chinese 🛏 Fireside Inn ⭕ RV Camping, **W** ⭕ 🏥
71mm	Royal River
66mm	toll plaza
63	US 202, rd 115, rd 4, to ME 26, Gray, **E** 🅿 Citgo, Gulf, Mo Sunoco 🍴 China Gray, Dunkin Donuts, Goody's Pizza, McD ald's, Subway ⭕ $Tree, Ace Hardware, Family$, NAPA, Sho Save Mkt
59mm	**service plaza both lanes** 🅿 Citgo/dsl 🍴 Chicago Pizza, St bucks ⭕ atm
55mm	Piscataqua River
53	to ME 26, ME100 W, N Portland, **E** 🅿 Irving/Circle K/Subw dsl 🍴 Dunkin Donuts, Maddens Grill ⭕ 🏥, Hannaford Fo
52	to I-295, US 1, Freeport
48	ME 25, to Portland, **E** 🅿 Citgo 🍴 Applebee's, Asian Bistro, Belly Deli, Little Caesar's, Subway 🛏 Portland Inn ⭕ $Tree, gLots, BJ's Whse/gas, Chevrolet, CVS Drug, Fiat, Jo-Ann Fabr Lowe's, Sullivan Tire, vet, **W** 🅿 Gulf, Irving/Circle K/dsl 🍴 A ato's Rest., Burger King, Chipotle, Denny's, Dunkin Don Egg&I Cafe, KFC/Taco Bell, McDonald's, Panera Bread, Pizza H Ruby Tuesday, Seasons Grille, Wendy's 🛏 Fireside Inn, How Johnson, Motel 6, Super 8, Travelodge ⭕ Advance Parts, AT CarQuest, Chrysler/Dodge/Jeep, Ford, GNC, Harley-Davids Home Depot, Hyundai, Kohl's, Lexus/Toyota/Scion, Lincoln, das, NAPA, O'Reilly Parts/VIP Service, Shaw's Foods/Osco D Sullivan Tire, Tire Whse, vet
47	to ME 25, Rand Rd
47mm	Stroudwater River
46	to ME 22, Congress St, same as 45
45	to US 1, Maine Mall Rd, S Portland, **E** 🅿 Citgo/dsl, Suno dsl 🍴 Bugaboo Creek Steaks, Burger King, Chili's, Chip le Mexican, Cracker Barrel, Dunkin Donuts, Five Guys, F Court, Friendly's, Great Wall Chinese, Hokkaido Japane HomeTown Buffet, IHOP, Imperial China, Jimmy the Gr Rest., Longhorn Steaks, Macaroni Grill, McDonald's, Newi Lobster House, Olive Garden, On the Border, Panera Bre Pizza Hut, Qdoba, Ruby Tuesday, Sebago Brewing Rest., St bucks, Tim Horton/Coldstone, UNO Pizzaria, Weatherva Seafood, Wendy's 🛏 Comfort Inn, Courtyard, Days Inn, D bleTree, EconoLodge, Fairfield Inn, Hampton Inn, Homew Suites ⭕ $Tree, Best Buy, BonTon, BooksAMillion, Dic Hannaford Foods, Honda, JC Penney, Macy's, mall, Micha Nissan, Old Navy, PetCo, Sears/auto, Staples, TJ Maxx, To Fair Tire, Verizon, **W** 🍴 Applebee's, Starbucks 🛏 Holiday Express, Marriott ⭕ Target
44	I-295 N (from nb), to S Portland, Scarborough, **1 mi E on** 114 🅿 Cumberland 🍴 Chia Sen Chinese, KFC/Taco F

ME (state tab)

🔼N INTERSTATE 95 Cont'd

44	**Continued**
	Little Caesars, Red Robin, Shogun Japanese, Subway, TX Roadhouse 🏨 Homewood Suites, Residence Inn, TownePlace Suites ⊙ 🏥, AT&T, Lowe's, NAPA, O'Reilly/VIP Parts/service, Sam's Club/gas, Shaw's Foods/Osco Drug, Walmart/Dunkin Donuts
42mm	Nonesuch River
42	to US 1, E 🍴 Famous Dave's, Portland Pie ⊙ Cabela's, Scarborough Downs Racetrack (seasonal)
36	I-195 E, to Saco, Old Orchard Beach, E 🏨 Hampton Inn ⊙ KOA, Paradise Park Resort RV
35mm	E 🏨 Ramada Inn/Saco Hotel Conference Ctr
33mm	Saco River
32	ME 111, to Biddeford, E 🍴 Irving/Circle K/Subway/dsl 🍴 Amato's Sandwiches, Dunkin Donuts, Ruby Tuesday, Wendy's 🏨 Best Value Inn, Holiday Inn Express ⊙ 🏥, AAA, AutoZone, O'Reilly/VIP Parts/Service, Osco Drug, Shaw's Foods, Walmart, W 🍴 Cumberland/dsl 🍴 Applebees, Casa Fiesta Mexican, Kobe Japanese, Longhorn Steaks, Olive Garden, Panera Bread ⊙ GNC, Home Depot, Kohl's, MarketBasket Foods, Michaels, Petsmart, Staples, Target, TJ Maxx, TownFair Tire, Verizon
25mm	Kennebunk River
25	ME 35, Kennebunk Beach, E 🏨 Turnpike Motel
24mm	**service plaza both lanes**, 🍴 Citgo/dsl 🍴 Burger King, Hersheys, Popeye's, Starbucks ⊙ atm, Z Mkt
19.5mm	Merriland River
19	ME 9, ME 109, to Wells, Sanford, W ⊙ to Sanford RA
7mm	**Maine Tpk begins/ends, toll booth**
7	ME 91, to US 1, The Yorks, E 🍴 Gulf, Irving/Circle K/dsl, Mobil/dsl, Shell 🍴 China Bistro, Norma's Rest., Ruby's Grill, Wild Willy's Burgers, York 54 Cafe 🏨 Best Western, Microtel, York Corner Inn ⊙ 🏥, Ford, Hannaford Foods, NAPA, Rite Aid, TrueValue, vet, **last exit before toll rd nb**
5.5mm	**weigh sta nb**
5mm	York River
4mm	**weigh sta sb**
3mm	**Welcome Ctr nb, full ♿ facilities, info, litter barrels, petwalk, 🍴, ℞, vending, wireless**
2	(2 & 3 from nb), US 1, to Kittery, E on US 1 🍴 7-11/dsl, Irving/Circle K/dsl/scales 🍴 Burger King, DQ, McDonald's, Robert's Maine Grill, Starbucks, Subway, Sunrise Grill, Tasty Thai, Weathervane Seafood Rest. 🏨 Blue Roof Motel, Days Inn, Northeaster Hotel, Ramada Inn ⊙ Outlets/Famous Brands, vet
1	ME 103 (from nb, no re-entry), to Kittery
0mm	Maine/New Hampshire state line, Piscataqua River

🔼N INTERSTATE 295 (Portland)

Exit #	Services
I-295 begins/ends on I-95, exit 103.	
51	ME 9, ME 126, to Gardiner, Litchfield, **toll plaza, W service plaza**, 🍴 Citgo 🍴 Burger King, Hersheys, Quiznos, Starbucks ⊙ ZMkt
49	US 201, to Gardiner
43	ME 197, to Richmond, E 🍴 Irving/Quincey's Deli/dsl 🍴 Dunkin Donuts, Subway, W ⊙ KOA (5mi)
37	ME 125, Bowdoinham
31b a	ME 196, to Lisbon, Topsham, E 🍴 Gibbs/dsl, Irving/Circle K/Dunkin Donuts/Subway 🍴 99 Rest., Arby's, Fairground Cafe, Firehouse Subs, Little Caesars, McDonald's, Panera Bread, Romeo's Pizza, Ruby Tuesday, Starbucks, Tim Horton's, Wendy's ⊙ $Tree, AT&T, Best Buy, Dick's, Hannaford Foods, Home

31b a	**Continued**
	Depot, Jo-Ann Fabrics, Meineke, Nissan, O'Reilly Parts/VIP Service, PetCo, Rite Aid, Target, Tire Whse, Town Fair Tire, Toyota/Scion, Verizon, W 🍴 Xpress Stop/dsl
30mm	Androscoggin River
28	US 1, Bath, **1 mi** E on US 1 🍴 Cumberland/dsl, Irving/dsl, Mobil/dsl, Shell 🍴 Amato's, Dunkin Donuts, McDonald's, Subway 🏨 Best Value Inn, Comfort Inn, Fairfield Inn, Knights Inn, Travelers Inn ⊙ 🏥, Chevrolet/Mazda, Chrysler/Dodge/Jeep, Ford
24	to Freeport (from nb), **services 1 mi** E on US 1
22	ME 125, to Pownal, **1 mi** E on US 1 🍴 Irving/Circle K 🍴 Azure Cafe, Corsican Rest., Jameson Rest., Linda Bean's ME Kitchen, McDonald's, Sam's Italian, Starbucks, Subway, Tuscan Bistro 🏨 Harraseeket Inn, Hilton Garden ⊙ CVS Drug, LL Bean, outlets/famous brands, USPO, W to Bradbury Mtn SP
20	Desert Rd, Freeport, E 🍴 Irving/Circle K 🍴 Antonia's Pizza, Buck's BBQ, Dunkin Donuts, Thai Garden Rest. 🏨 Comfort Suites, Econolodge, Hampton Inn, Holiday Inn Express, Super 8 ⊙ RV camping, Shaw's Foods
17	US 1, Yarmouth, E ℞ **both lanes, full ♿ facilities, info** 🍴 Day's Takeout, Muddy Rudder Rest. 🏨 Best Western ⊙ Delorme Mapping, Ford, W 🍴 Citgo/dsl, Cumberland/dsl 🍴 McDonald's, Pat's Pizza ⊙ Ace Hardware, Hannaford Foods, O'Reilly Parts/VIP Service, Tire Whse
15	US 1, to Cumberland, Yarmouth, W 🍴 Irving/dsl, Mobil 🍴 233 Grill, Chopstick Asian, Romeo's Pizza, Subway ⊙ AT&T, Rite Aid
11	to I-95, ME Tpk (from sb)
10	US 1, to Falmouth, E 🍴 Citgo/dsl, Irving/dsl 🍴 Dunkin Donuts, Foreside Rest., House of Pizza, Leavitt & Sons Deli, McDonald's, Orchid Thai, Ricetta's Pizza, Starbucks, Subway, Wendy's 🏨 Falmouth Inn ⊙ Ace Hardware, Audi/VW, Goodyear/auto, Mazda, Rite Aid, Shaw's Foods, Staples, vet, Walmart
9mm	Presumpscot River
9	US 1 S, ME 26, to Baxter Blvd
8	ME 26 S, Washington Ave, E ⊙ U-Haul
7	US 1A, Franklin St, E 🍴 Miss Portland Diner ⊙ AAA Car Care, AT&T, CarQuest, NAPA, Trader Joe's, Verizon, Walgreens, Whole Foods Mkt
6b a	US 1, Forest Ave, E 🍴 Citgo ⊙ 🏥, Firestone/auto, USPO, W 🍴 Mobil/dsl 🍴 Burger King, Leonardo's Pizza, Pizza Hut, Stavro's Pizza, Subway ⊙ CVS Drug, Hannaford Foods, U of SME, Walgreens
5b a	ME 22, Congress St, E 🍴 Amato's Rest., D'Angelos, Denny's, Dunkin Donuts, Lang's Chinese, McDonald's, Subway 🏨 La Quinta ⊙ 🏥, Sullivan Tire, W 🍴 Gulf/Dunkin Donuts, Mobil/dsl 🍴 Anania's Italian 🏨 Clarion
3mm	Fore River
4	US 1 S, to Main St, to S Portland, US 1 S, **services** E on US 1
3	ME 9, to Westbrook St, no sb return, W 🍴 Citgo/dsl, Irving/Circle K/dsl 🍴 Buffalo Wild Wings, El Rodeo Mexican, Olive Garden, Seadog Brew Co., Subway, Wild Willy's Burger ⊙ Chevrolet, Home Depot, Marshalls
2	to US 1 S, S Portland, E 🍴 7-11, Irving/Circle K/dsl, Mobil 🍴 Dunkin Donuts 🏨 Howard Johnson, Super 8, 🏨 Best Western, Knights Inn, **services** E on US 1 🍴
1	to I-95, to US 1, **multiple services** E on US 1, same as 2
I-295 begins/ends on I-95, exit 44.	

🛢 = gas   🍴 = food   🛏 = lodging   🅾 = other   🆁🆂 = rest stop   Copyright 2018 - The Next EXIT

MARYLAND

H A N C O C K

🔼E INTERSTATE 68

Exit#	Services
82c	I-70 W, to Breezewood. I-68 begins/ends on I-70, exit 1.
82b	I-70 E, US 40 E, to Hagerstown
82a	US 522, Hancock, **S** 🛢 Mobil/dsl, Sheetz/dsl 🍴 Hardee's, Park'n Dine, Pizza Hut, Subway, Weaver's Rest. 🛏 Best Value Inn, Super 8 🅾 $General, Chevrolet, Chrysler/Dodge/Jeep, Happy Hills Camping, NAPA, Save-A-Lot Foods
77	US 40, MD 144, Woodmont Rd, **S** 🅾 RV camping
75mm	runaway truck ramp eb
74mm	Sideling Hill 🆁🆂/exhibit both lanes, full ♿ facilities, vending, 1269 ft (seasonal)
74	US 40, Mountain Rd (no return from eb)
73mm	Sideling Hill Creek
72mm	truck ramp wb
72	US 40, High Germany Rd, Swain Rd, **S** 🛢 Citgo/dsl 🍴 Oak Barrel Cafe
68	Orleans Rd, **N** 🛢 Exxon/dsl
67mm	Town Hill, elevation 940 ft, Town Hill
64	MV Smith Rd, **S** 1040 ft, 🄲, scenic overlook, to Green Ridge SF HQ
62	US 40, 15 Mile Creek Rd, **N** 🅾 Billmeyer Wildlife Mgt Area
58.7mm	elevation 1246 ft, Polish Mtn
57mm	Town Creek
56mm	Flintstone Creek
56	MD 144, National Pike, Flintstone, **S** 🛢 Billie's Gas&Grub 🛏 Seven C's Lodge 🅾 USPO
52	MD 144, Pleasant Valley Rd (from eb), National Pike
50	Pleasant Valley Rd, **N** 🍴 Lakeside Grill, Signature's Grill 🛏 Rocky Gap Lodge/golf/rest. 🅾 to Rocky Gap SP
47	US 220 N, MD 144, Dehaven Rd (from wb), Old National Pike, Bedford, **S** 🛢 ♥Loves/Arby's/dsl/scales/24hr 🛏 Sleep Inn
46	US 220 N, Dehaven Rd, Baltimore Pike, Naves Crossroads, **N** 🛢 Sheetz/dsl 🛏 Cumberland Motel 🅾 $General, Advance Parts, **S** 🛢 ♥Loves/Arby's/dsl/scales/24hr 🍴 Puccini's Rest.
45	Hillcrest Dr, **S** 🛢 Sunoco/dsl
44	US 40A, Baltimore Ave, Willow Brook Rd, to Allegany Comm Coll, **S** 🅾 🅷, to Allegany Comm Coll
43d	Maryland Ave, **N** 🛏 Ramada 🅾 USPO, **S** 🛢 Gulf/7-11 🍴 Chick-fil-A, Papa John's 🅾 🅷, AT&T, AutoZone, Martin's Foods/gas
43c	downtown, same as 43b
43mm	Youghiogheny River
43b	MD 51, Industrial Blvd, **N** 🍴 McDonald's, Subway 🛏 Ramada 🅾 Family$, SaveALot Foods, **S** 🛢 Gulf/dsl 🍴 Roy Rogers, Taco Bell, Wendy's 🛏 Fairfield Inn
43a	to WV 28A, Beall St, Industrial Blvd, to Cumberland, Johnson St, **N** 🛢 Sheetz
42	US 220 S, Greene St, Ridgedale
41	Seton Dr (from wb, no directory turn)
41mm	elev 1240 ft, Haystack Mtn
40	US 220 S, to US 40A, Vocke Rd, La Vale, **N** 🛢 BP/dsl, Sunoco 🍴 Arby's, Asian Garden, Bob Evans, Burger King, D'Atri Rest., Denny's, DQ, Grand China, KFC, LJ Silver, McDonald's, Pizza Hut, Rio Grande Mexican, Rita's Custard, Ruby Tuesday, Subway, TX Grill, Wendy's 🛏 Best Western/rest, Comfort Inn, Holiday Inn Express, Slumberland Motel, Super 8 🅾 $General,

F R O S T B U R G

40	Continued
	Advance Parts, AT&T, AutoZone, CVS Drug, Harley-Davidson, Jo-Ann Fabrics, Lowe's, Mr Tire, NAPA, st police, Staples, U... GENT CARE, **S** 🍴 Applebee's, Dragon China Buffet, Ponderosa, Wasabi Japanese 🛏 EconoLodge 🅾 $Tree, Aldi Foods, BonTon, JC Penney, Kohl's, mall, Martin's Foods/gas, Sears/auto, TJ Maxx, Walmart/McDonald's
39	US 40A (from wb), same as 40
34	MD 36, to Westernport, Frostburg, **N** 🛢 Sheetz/dsl, Valero/dsl 🍴 Burger King, Fox's Pizza, Mario's Italian, McDonald's, Pizza Hut, Subway 🛏 Hampton Inn, Quality Inn 🅾 🅷, $General, Food Lion, Rite Aid, Save-A-Lot, **S** 🅾 to Dans Mtn SP
33	Midlothian Rd, to Frostburg, **N** 🅾 🅷, **S** 🅾 to Dans Mt SP
31mm	weigh sta eb
30mm	Big Savage Mtn, elevation 2800 ft
29	MD 546, Finzel, **N** 🍴 Hen House Rest. (2mi) 🅾 Mason-Dixon Camping (4mi/seasonal), **S** 🍴 Savage River Lodge/rest. (4m...
25.8mm	eastern continental divide, elevation 2610 ft
24	Lower New Germany Rd, to US 40A, **S** 🅾 to New Germany ...to Savage River SF
23mm	elevation 2780 ft, Meadow Mtn
22	US 219 N, to Meyersdale, **N** 🛢 💳📶/Arby's/dsl/scale... 24hr, Sunoco/dsl 🍴 Burger King, Hilltop Rest., Penn A... Rest., Subway 🅾 $General, Ford, Hilltop Fruit Mkt, NAPA, R... Aid, Shop'n Save, TrueValue, **S** 🛢 Valero/dsl 🛏 Comfort ... 🅾 New Germany SP, Savage River SF
20mm	Casselman River
19	MD 495, to US 40A, Grantsville, **N** 🛢 Exxon/Subway/... Sunoco/dsl 🛏 Casselman Motel/rest. 🅾 Medicine Shop... USPO
15mm	elevation 2740 ft, Mt Negro
14mm	elevation 2880 ft, Keyser's Ridge
14b a	US 219, US 40 W, Oakland, **N** 🛢 Liberty/Ridge/rest./dsl , S... noco/7-11/dsl 🍴 McDonald's, repair
6mm	Welcome Ctr eb, full ♿ facilities, info, litter barrels, petwa... 🄲, ♿, vending
4.5mm	Bear Creek
4	MD 42, Friendsville, **N** 🛢 Liberty/dsl, Marathon/dsl 🛏 You... Valley Motel 🅾 S&S Mkt, USPO, **S** 🛏 Sunset Inn 🅾 cam...ing, to Deep Creek Lake SP
0mm	Maryland/West Virginia state line

🔼E INTERSTATE 70

B A L T I M O R E

Exit#	Services
	I-70 begins/ends in Baltimore at Cooks Lane.
94	Security Blvd N, **S** 🛢 Shell
91b a	I-695
87b a	US 29 (exits left from wb) to MD 99, Columbia, **2 mi S**. on...40 🛢 BP/dsl, Exxon/dsl, Gulf, Shell/dsl, Sunoco 🍴 Arb... Baskin-Robbins/Dunkin Donuts, Boston Mkt, Burger Ki... Checkers, Domino's, Jimmy John's, McDonald's, Papa Joh... Pizza Hut, Qdoba, Starbucks, Subway 🅾 7-11, Acura, Adva... Parts, Cadillac/Chevrolet, Carmax, CVS Drug, Giant Foo... Goodyear/auto, H Mart Foods, Home Depot, Honda, Infin... Kia, Mars Foods, Midas, Mr Tire, Nissan, Rite Aid, Safew... Foods, Verizon, Walgreens, Walmart
83	US 40, Marriottsville (no EZ wb return), **2 mi S** 🛏 Turf Va... Hotel/Country Club/rest.

MD

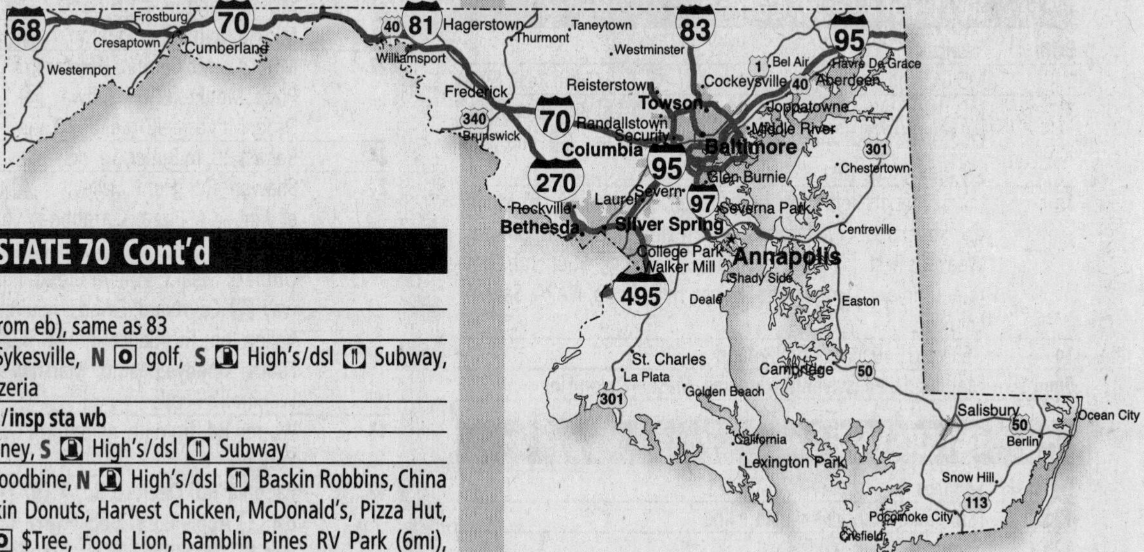

INTERSTATE 70 Cont'd

Exit#	Services
82	US 40 E (from eb), same as 83
80	MD 32, Sykesville, N [other] golf, S [gas] High's/dsl [food] Subway, Tony's Pizzeria
79mm	**(C), weigh/insp sta wb**
76	MD 97, Olney, S [gas] High's/dsl [food] Subway
73	MD 94, Woodbine, N [gas] High's/dsl [food] Baskin Robbins, China Yee, Dunkin Donuts, Harvest Chicken, McDonald's, Pizza Hut, Subway [other] $Tree, Food Lion, Ramblin Pines RV Park (6mi), Verizon, S [gas] BP/dsl, Citgo [food] Town Grill
68	MD 27, Mt Airy, N [gas] 7-11, Liberty/dsl [food] Arby's, Baskin-Robbns/Dunkin Donuts, Burger King, Chipotle, Chong Yet Yin Chinese, Domino's, Five Guys, J&P Pizza, Jersey Mike' Subs, KFC/Taco Bell, Ledo's Pizza, McDonald's, Papa John's, Pizza Hut, Rita's Custard, Starbucks, Subway [other] Ace Hardware, Advance Parts, AT&T, Food Lion, GNC, Goodyear, Mr Tire, Rite Aid, Safeway, Verizon, Walmart, S [gas] Exxon/dsl, Shell/dsl [lodging] Budget Inn
66mm	**truckers parking area eb**
64mm	**weigh/insp sta eb**
62	MD 75, Libertytown, N [gas] Falcon Fuels, High's/dsl [food] Asian Bistro, Baskin Robbins, Burger King, Domino's, Dunkin Donuts, McDonald's, Morgan's Grill [other] CVS Drug, Food Lion, New Market Hist Dist
59	MD 144
57mm	Monocacy River
56	MD 144, N [gas] BP, Sheetz [food] Beijing, Burger King, JR's Pizza, McDonald's, Roy Rogers, Taco Bell, Wendy's [other] to Hist Dist, S [other] Triangle RV Ctr
55	South St, **1 mi N** [gas] BP, Sheetz/dsl [other] same as 56
54	Market St, to I-270, N [gas] Costco/gas [lodging] Super 8, S [gas] 7-11, Sheetz/dsl, Shell/dsl, SouStates/dsl, Valero/dsl, Wawa/dsl [food] Applebee's, Arby's, Bob Evans, Burger King, Checker's, ChuckeCheese, Cracker Barrel, KFC/Taco Bell, Longhorn Steaks, McDonald's, Panera Bread, Papa John's, Peking Gourmet, Pizza Hut, Popeye's, Red Robin, Ruby Tuesday, Sonic, Subway, Tilted Kilt, Waffle House [lodging] Country Inn Suites, Courtyard, Days Inn, EconoLodge, Extended Stay America, Fairfield Inn, Hampton Inn, Hilton Garden, Holiday Inn, Residence Inn, Sleep Inn [other] $Tree, AAA, Aamco, Audi, Barnes&Noble, Best Buy, Buick/GMC, Chrysler/Dodge/Jeep, Dick's, Home Depot, Honda, Hyundai, JC Penney, Kia, Kohl's, Lincoln, Lowe's, Macy's, mall, Michael's, Mr Tire, Nissan, Office Depot, Petsmart, Ross, Sam's Club/dsl, Sears/auto, Staples, Target, Tires+, TJMaxx, Toyota/Scion, Volvo, Walmart
53b a	I-270 S, US 15 N, US 40 W, to Frederick
52b a	US 15 S, US 340 W, Leesburg
49	US 40A, Braddock Heights, S [other] camping, to Washington Mon SP, N on US 40 [gas] Citgo/dsl, Exxon/dsl, Freestate/dsl, GetGo, Shell/dsl, Sunoco [food] Arby's, Bob Evans, Boston Mkt, Burger King, Carrabba's, Casa Rico Mexican, Denny's, Domino's, Dunkin Donuts, Famous Dave's BBQ, Flaming Grill, Fritchie's Rest.,

FREDERICK

Exit#	Services
49	Continued Ground Round, HoneyBaked Ham, KFC, Los Trios, McDonald's, McDonald's, Mtn View Diner, Outback Steaks, Pizza Hut, Popeye's, Red Horse Rest., Red Lobster, Roy Rogers, Ruby Tuesday, Starbucks, Subway, Taco Bell, Wendy's [lodging] Comfort Inn, Motel 6 [other] (H), $General, 7-11, Aldi Foods, AT&T, AutoZone, Boscov's, CVS Drug, Giant Eagle Foods, Home Depot, K-Mart, Merchant Tire, Mr Tire, PepBoys, PetCo, st police, Subaru, Toyota, Verizon, Weis Foods
48	US 40 E, US 340 (from eb, no return), **1 mi N** same as 49
42	MD 17, Myersville, N [gas] Exxon, Sunoco/dsl [food] Burger King, McDonald's, Old Town Diner [other] Greenbrier SP (4mi), to Gambrill SP (6mi), S [gas] Crown/dsl [food] Subway
39mm	**[RS] both lanes, full (handicapped) facilities, litter barrels, petwalk, (C), (picnic), vending**
35	MD 66, to Boonsboro, S [gas] Sheetz/dsl (1mi) [other] camping, to Greenbrier SP
32b a	US 40, Hagerstown, N [gas] 7-11, BP, Exxon/dsl, Sheetz/dsl, Sunoco [food] Baskin-Robbins/Dunkin Donuts, Bob Evans, Burger King, Cancun Cantina, Checkers, Denny's, DQ, El Ranchero Mexican, Family Diner, Five Guys, Jimmy John's, KFC, Ledo's Pizza, McDonald's, Papa John's, Pizza Hut, Popeye's, Sonic, Subway, Supreme Buffet, Taco Bell, TX Roadhouse [lodging] Best Western, Clarion, Comfort Inn, Comfort Suites, Days Inn, Hampton Inn, Rodeway Inn, Super 8 [other] (H), $General, Advance Parts, Aldi Foods, AT&T, AutoZone, Cadillac/Chevrolet, Chrysler/Dodge/Jeep, CVS Drug, Family$, Firestone/auto, Martin's Foods, Mercedes, Midas, Mr Tire, Nissan, Tires+, Toyota/Scion, URGENT CARE, Walgreens, Weis Foods, S [other] Buick/GMC, Honda, Kia, Subaru/Mazda/VW
29b a	MD 65, to Sharpsburg, N [gas] Exxon/Subway/dsl, Sheetz/dsl [food] FoodCourt, Longhorn Steaks [other] (H), Prime Outlets/famous brands, st police, S [gas] Liberty/7-11/dsl [food] Burger King, Cracker Barrel, McDonald's, Waffle House, Wendy's [lodging] Sleep Inn [other] Jellystone Camping, to Antietam Bfd
28	MD 632, Hagerstown
26	I-81, N to Harrisburg, S to Martinsburg
24	MD 63, Huyett, N [gas] Pilot/Subway/dsl/24hr, Sheetz/dsl (2mi), S [lodging] Red Roof Inn [other] C&O Canal, KOA (2mi)
18	MD 68 E, Clear Spring, N [gas] BP/dsl, Liberty [food] McDonald's [lodging] Sleep Inn, S [gas] Exxon/dsl [food] Wendy Hill Café
12	MD 56, Indian Springs, S [gas] Exxon/dsl [other] Ft Frederick SP
9	US 40 E (from eb, exits left), Indian Springs

HAGERSTOWN

MD

🅿 = gas 🍴 = food ⛺ = lodging ⭕ = other Ⓡ = rest stop   Copyright 2018 - The Next EXIT

⬆E INTERSTATE 70 Cont'd

Exit#	Services
5	MD 615 (no immediate wb return), N ⭕ Log Cabin Rest. (2mi)
3	MD 144, Hancock (exits left from wb), S 🅿 ACT/Exxon/dsl, Liberty/rest./dsl/24hr 🍴 Hardee's, Park'n Dine ⛺ Hilltop Inn ⭕ Blue Goose Mkt
1b	US 522 (exits left from both lanes), Hancock, S 🅿 Mobil/dsl, Sheetz/dsl 🍴 Hardee's, Park'n Dine, Pizza Hut, Subway, Weaver's Rest. ⛺ Best Value Inn, Super 8 ⭕ $General, Chevrolet, Chrysler/Dodge/Jeep, Happy Hills Camp, NAPA, Save-A-Lot Foods
1a	I-68 W, US 40, W to Cumberland
0mm	Maryland/Pennsylvania state line, Mason-Dixon Line

⬆N INTERSTATE 81

Exit#	Services
12mm	Maryland/Pennsylvania state line
10b a	Showalter Rd, E ⭕ ⬆
9	Maugans Ave, E 🅿 BP, Sheetz/dsl, Shell/Domino's/dsl 🍴 Fox's Pizza, Hometown Diner, McDonald's, Papa Murphy's, Pizza Hut, Pollo Loco, Quiznos, Subway, Taco Bell, Waffle House ⛺ Hampton Inn ⭕ $General, AutoZone, CVS Drug, Food Lion, Martin's Foods/gas, Meineke, vet, Walgreens, W 🍴 Burger King, Dunkin Donuts ⛺ Microtel ⭕ Kenworth, Volvo
7b a	MD 58, Hagerstown, same as 6
6b a	US 40, Hagerstown, E 🅿 Shell ⭕ Ⓗ, W 🍴 Arby's, Chipotle Mexican, Five Guys, IHOP, Jersey Mike's Subs, KFC, McDonald's, Number One Chinese, Panera Bread, Ryan's, Starbucks, Subway, TGIFriday's, Uno Pizza, Wendy's ⭕ $Tree, AT&T, Best Buy, Dick's, GNC, Home Depot, Marshall's, Petsmart, Walmart
5b a	Halfway Blvd, E 🅿 AC&T/dsl 🍴 Bob Evans, Boston Mkt, Boston Mkt, Buffalo Wild Wings, Burger King, Chick-fil-A, ChuckE-Cheese's, CiCi's Pizza, Cinco de Mayo, Coldstone, El Ranchero Mexican, Fireside Rest., Golden Corral, Hard Times Cafe, Jimmy John's, McDonald's, Nikko Japanese, Noodles&Co, Olive Garden, Outback Steaks, Papa John's, Pizza Hut, Popeye's, Red Lobster, Red Robin, Roy Rogers, Ruby Tuesday, Sakura Steaks, Starbucks, Taco Bell, Tilted Kilt, Wendy's ⛺ Country Inn&Suites, Courtyard, Holiday Inn Express, Homewood Suites, Motel 6, Ramada, SpringHill Suites ⭕ $Tree, BigLots, Bon-Ton, CVS Drug, Firestone/auto, Ford, Hobby Lobby, Hyundai, JC Penney, Kohl's, Lowe's, mall, Martin's Foods/gas, Michael's, PetCo, Ross, Sam's Club/gas, Sears/auto, Staples, Target, W 🅿 Exxon/dsl/scales/24hr, 🚚McDonald's/Subway/dsl/scales/24hr ⛺ Super 8 ⭕ Freightliner
4	I-70, E to Frederick, W to Hancock, to I-68
2	US 11, Williamsport, E 🅿 AC&T/dsl, W 🅿 Exxon/dsl, Sunoco/dsl 🍴 China 88, McDonald's, Subway, Waffle House ⛺ Red Roof Inn ⭕ auto repair, KOA (4mi)
1	MD 63, MD 68, Williamsport, E 🅿 Bowman/dsl ⭕ Jellystone, to Antietam Bfd, W 🅿 Citgo ⭕ $General, KOA, NAPA
0mm	Maryland/West Virginia state line, Potomac River

⬆N INTERSTATE 83

Exit#	Services
38mm	Maryland/Pennsylvania state line, Mason-Dixon Line
37	to Freeland (from sb)
36	MD 439, Bel Air, W 🅿 Filler-Up 🍴 Maryland Line Inn Grill ⭕ Holiday Travel Park (5mi), Morris Meadows Camping (5mi)
35mm	weigh/insp sta sb

Exit#	Services
33	MD 45, Parkton, E ⭕ USPO
31	Middletown Rd, to Parkton, E ⭕ golf
27	MD 137, Mt Carmel, Hereford, E 🅿 Exxon/dsl 🍴 Michae Pizza, Monkton Grill, Subway ⭕ 7-11, Graul's Foods, Herefo Drug, Mt Carmel Drug, USPO, vet
24	Belfast Rd, to Butler, Sparks
20	Shawan Rd, Hunt Valley, E 🅿 Exxon/dsl, Mobil 🍴 Bur er King, CA Pizza, Carrabba's, Chick-fil-A, Chipotle Mexica Coal Fire Cafe, Joe's Crabshack, McDonald's, Noodles&C Outback Steaks, Panera Bread, Pei Wei, Sakura Hibachi, Su way ⛺ Courtyard, Embassy Suites, Holiday Inn Express, Hu Valley Inn, Residence Inn ⭕ Burlington Coats, Dick's, Gia Foods, Goodyear/auto, Marshall's, Sears/auto, Verizon, ve Wegman's Foods
18	Warren Rd (from nb, no return), Cockeysville, E ⛺ services York Rd
17	Padonia Rd, Deereco Rd, E 🅿 7-11, BP/dsl, Gulf/dsl, Hes dsl 🍴 Applebee's, Bob Evans, Chili's, Macaroni Grill, We dy's ⛺ Extended Stay America, Hampton Inn, Holid Inn ⭕ Audi/VW, Chevrolet, Goodyear/auto, Lowe's Whs Mars Mkt, Mr Tire, Porsche, Rite Aid, Sam's Club, Subaru, Ta get, USPO, services E on York Rd
16b a	Timonium Rd, E 🅿 Sunoco/dsl 🍴 Baja Fresh, Firehou Subs, Little Caesar's, McDonald's ⛺ N Baltimore Plaza H tel, Red Roof Inn ⭕ Infiniti/Nissan, Petsmart, REI, Rite A ShopRite Foods, services E on York Rd
14	I-695 N
13	I-695 S, Falls Rd, ⭕ Ⓗ, st police
12	Ruxton Rd (from nb, no return)
10b a	Northern Parkway, E 🅿 Exxon, Shell, W ⭕ Ⓗ
9b a	Cold Spring Lane
8	MD 25 N (from nb), Falls Rd
7b a	28th St, E ⭕ Ⓗ, W ⭕ Baltimore Zoo
6	US 1, US 40T, North Ave, downtown
5	MD Ave (from sb), downtown
3	Chase St, Gilford St, downtown
2	Pleasant St (from sb), downtown
1	Fayette St, downtown Baltimore, I-83 begins/ends.

⬆N INTERSTATE 95

Exit#	Services
110mm	Maryland/Delaware state line
109b a	MD 279, to Elkton, Newark, E 🅿 CF/dsl, ✈FLYING J/Gol en Corral/dsl/scales/24hr/@ 🍴 Cracker Barrel, KFC/Ta Bell, McDonald's, Waffle House ⛺ Days Inn, Elkton Lodg Hampton Inn, Knights Inn, La Quinta, Motel 6 ⭕ Ⓗ, Bl Beacon, W 🅿 7-11, TA/Country Pride/dsl/24hr/@, WaW dsl ⛺ Holiday Inn Express ⭕ to U of DE
100	MD 272, to North East, Rising Sun, E 🅿 ✈FLYING J/Denny dsl/LP/24hr, Sunoco/dsl 🍴 Burger King, Dunkin Donu Frank's Pizza, Little Caesar's, McDonald's, Waffle House, We dy's ⛺ Comfort Inn, Holiday Inn Express ⭕ $General, $Tre Advance Parts, AT&T, auto repair, Food Lion, Lowe's, PetCo, police, to Elk Neck SP, Verizon, Walgreens, Walmart/Subw W 🅿 High's/dsl 🍴 Hunan Wok, Pizza Hut ⛺ Best We ern ⭕ zoo
96mm	Chesapeake House service area (exits left from bo lanes) 🅿 Sunoco/dsl 🍴 Burger King, Peets Coffee, Piz Hut, Popeye's, Wendy's
93	MD 275, to Rising Sun, US 222, to Perryville, E 🅿 Exxon/d 🚚/Subway/dsl/scales/24hr 🍴 Denny's ⛺ Days ⭕ Ⓗ

BALTIMORE (vertical text)

HAGERSTOWN (vertical text)

⬆N INTERSTATE 95 Cont'd

Exit#	Services
92mm	weigh sta/toll booth
91.5mm	Susquehanna River
89	MD 155, to Havre de Grace (last nb exit before toll) 1-3 mi E ⊞ Burger King, Chesapeake Grill, Dunkin Donuts, MacGregor's Rest., McDonald's, Waffle House ⊟ Super 8, Van Divers B&B ⊡ Ⓗ, W ⊡ to Susquehanna SP
85	MD 22, to Aberdeen, E ⊞ 7-11, Crown/dsl, Royal Farms/dsl, Shell/dsl ⊞ Applebee's, Baskin-Robbins/Dunkin Donuts, Bob Evans, Burger King, Chap's Pit Beef, Chick-fil-A, IHOP, KFC, La Tolteca Mexican, Little Caesar's, McDonald's, Olive Tree Italian, Panera Bread, Papa John's, Rita's Custard, Subway, Taco Bell, Wendy's ⊟ Comfort Inn, Days Inn, Hampton Inn, Hilton Garden, Holiday Inn Express, La Quinta, Red Roof Inn, Super 8, Travelodge ⊡ $General, $Tree, Firestone/auto, GNC, Home Depot, Rite Aid, ShopRite Foods, Target, Verizon, Walgreens, W ⊟ Courtyard, Residence Inn
81mm	MD House service area (exits left from both lanes) ⊞ Sunoco/dsl ⊞ Dunkin Donuts, Jerry's, Phillips Seafood, Starbucks, Wendy's
80	MD 543, to Riverside, Churchville, E ⊞ 7-11, BP/Burger King, Shell/dsl, Sunoco ⊞ Arby's, China Moon, Cracker Barrel, Lee's Asian Bistro, McDonald's, Pizza Hut, Riverside Grille, Riverside Pizzeria, Ruby Tuesday, Subway, Waffle House ⊟ Candlewood Suites, Country Inn&Suites, Extended Stay America, Homewood Suites, SpringHill Suites, Wingate Inn ⊡ Bar Harbor RV Park (4mi), Rite Aid, ShopRite Foods
77b a	MD 24, to Edgewood, Bel Air, E ⊞ Exxon/dsl, Royal Farms/dsl, Sunoco/dsl ⊞ Denny's, My 3 Sons Rest., Subway, Waffle House ⊟ Comfort Inn, Hampton Inn, Holiday Inn Express, La Quinta, Motel 6, Ramada, Red Roof Inn, Sleep Inn ⊡ Old Navy, W ⊞ Exxon/dsl, WaWa/dsl ⊞ Boston's, Chick-fil-A, Dickey's BBQ, KFC/Taco Bell, McDonald's, Panda Express, Panera Bread, Starbucks ⊡ Ⓗ, $Tree, BJ's Whse, GNC, JC Penney, Lowe's, Petsmart, Target, Walmart/Subway, Wegman's Foods
74	MD 152, Fallston, Joppatowne, E ⊞ CF/dsl, Exxon/dsl, WaWa/dsl ⊞ Friendly's, Subway ⊟ Super 8 ⊡ Toyota (1mi), W ⊞ Royal Farms/dsl
70mm	Big Gunpowder Falls
67b a	MD 43, to White Marsh Blvd, US 1, US 40, E on MD 7 ⊞ BP/dsl ⊞ Applebee's, Chick-fil-A, Chipotle, Five Guys, Jimmy John's, Ledo Pizza, McDonald's, Noodles&Co, Panda Express, Panera Bread, Pie Five, Qdoba, Starbucks, Subway, Zoe's Kitchen ⊟ Home 2 Suites ⊡ Best Buy, Carmax, Chevrolet, Dick's, Lowe's, Michael's, Petco, Target, TJ Maxx, W on White Marsh Blvd ⊞ 7-11, Exxon/dsl ⊞ All About Burger, Bertucci's, Buffalo Wild Wings, Burger King, Chili's, China Wok, Coldstone, Don Pablo, Kobe Japanese, McDonald's, Olive Garden, PF Chang's, Red Brick Sta., Red Lobster, Red Robin, Starbucks, Taco Bell, TGIFriday's, Tilted Kilt, TX Roadhouse, Wendy's ⊟ Fairfield Inn, Hampton Inn, Hilton Garden, Residence Inn, Woodspring Suites ⊡ AT&T, Barnes&Noble, Giant Foods, IKEA, JC Penney, Macy's, mall, Mr Tire, Old Navy, Sears/auto, Staples, to Gunpowder SP, USPO, Verizon
64b a	I-695 (exits left), E to Essex, W to Towson
62	to I-895 (from sb)
61	US 40, Pulaski Hwy, E ⊞ BP, Shell/dsl ⊞ McDonald's
60	Moravia Rd
59	Eastern Ave, W ⊞ BP/dsl, Exxon, Royal Farms/dsl, WaWa ⊞ Broadway Diner, McDonald's, Subway, Wendy's ⊡ Ⓗ, Home Depot, Shoppers Foods

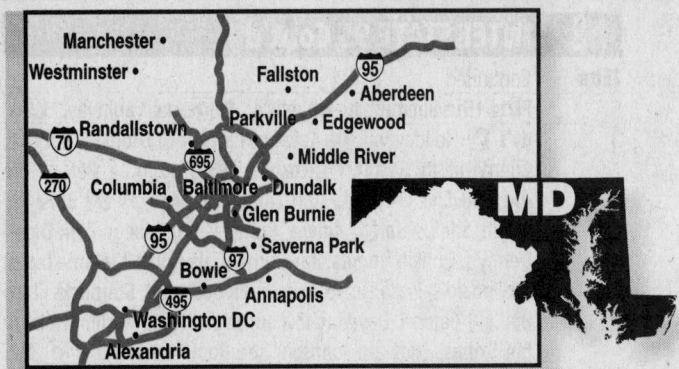

58	Dundalk Ave, (from nb), E ⊞ Citgo
57	O'Donnell St, Boston St, E ⊞ TA/Buckhorn/Country Pride/Subway/dsl/scales/motel/@ ⊞ McDonald's ⊟ Best Western
56	Keith Ave
56mm	McHenry Tunnel, toll plaza (north side of tunnel)
55	Key Hwy, to Ft McHenry NM, last nb exit before toll
54	MD 2 S, to Hanover St, W ⊡ Ⓗ, Harris Teeter, downtown
53	I-395 N, to MLK, W ⊡ Oriole Park, downtown
52	Russell St N, W ⊡ Ⓗ
51	Washington Blvd
50.5mm	inspection sta nb
50	Caton Ave, E ⊞ Hess/dsl, Shell/dsl, US/dsl ⊞ Caton House, Loafers Grill, McDonald's ⊟ Motel 6 ⊡ 7-11, Aldi Foods, auto repair, Midas, Toyota/Scion, W ⊡ Ⓗ
49b a	I-695, E to Key Bridge, Glen Burnie, W to Towson, to I-70, to I-83
47b a	I-195, to MD 166, to BWI Airport, to Baltimore
46	I-895, to Harbor Tunnel Thruway
43b a	MD 100, to Glen Burnie, 1 mi E on US 1 ⊞ Exxon/Wendy's/dsl, Xtra ⊟ Best Western
41b a	MD 175, to Columbia, E ⊞ BP/dsl, Exxon/dsl, Shell/dsl, TA/Country Pride/Subway/dsl/scales/24hr/@ ⊞ Arby's, Burger King, Frank's Diner, IHOP, McDonald's, Panda Express, Starbucks ⊟ Comfort Suites, Holiday Inn, La Quinta, Red Roof Inn, Sleep Inn, Super 8 ⊡ $Tree, Advance Parts, Mom's Organic Mkt, W ⊞ Exxon ⊞ Bob Evans, Fat Burger, Houlihan's, Jersey Mike's, McDonald's, Mimi's Cafe, Olive Garden, On the Border, TGIFriday's ⊟ Extended Stay America, Homewood Suites ⊡ Ⓗ, Best Buy, Costco/gas, CVS Drug, Lowe's, Loyola U, Office Depot, Royal Farms, to Johns Hopkins U, Trader Joe's
38b a	MD 32, to Ft Meade, 2 mi E on US 1 ⊞ BP/dsl, Exxon/Wendy's/dsl, Royal Farms, Shell/dsl ⊞ Burger King, Dunkin Donuts, McDonald's, Subway, Taco Bell ⊟ Comfort Inn, Extended Stay America ⊡ Ⓗ, to BWI Airport
37mm	Welcome Ctr both lanes, full ♿ facilities, info, litter barrels, petwalk, Ⓒ, 🚮, RV Dump, vending
35b a	MD 216, to Laurel, E ⊞ Exxon, Shell/dsl ⊞ McDonald's, Subway ⊡ Weis Food/drug
34mm	Patuxent River
33b a	MD 198, to Laurel, E ⊞ Exxon ⊡ Ⓗ, W ⊞ Exxon/Blimpie/dsl, Shell ⊞ Outback Steaks ⊟ Holiday Inn
31	MD 200 (toll), to I-270
29	MD 212, to Beltsville, E ⊡ Cherry Hill RV Resort, W ⊞ Exxon/Blimpie/dsl ⊞ Baskin-Robbins, Danny's Subs, KFC, McDonald's, Taco Bell, The Villa Rest., TJ's Rest., Wendy's ⊟ Comfort Inn, Sheraton ⊡ CVS Drug, Giant Foods
27	I-495 S around Washington
25b a	US 1, Baltimore Ave, to Laurel, College Park, E ⊞ 7-11, BP/dsl, Exxon/dsl, Shell, Sunoco, Wawa/dsl ⊞ Arby's, Buffalo Wild Wings, Burger King, Chipotle, Domino's, Dunkin Donuts, McDonald's, Moose Creek Steaks, Panera Bread, Papa John's,

Side tabs: ABERDEEN · BALTIMORE · BALTIMORE · COLUMBIA · MD

⬆N INTERSTATE 95 Cont'd

25b a	**Continued**
	Pizza Hut/Taco Bell, Potbelly's, Starbucks, Subway, Wendy's 🛏 Holiday Inn 🅾 Advance Parts, Aldi Foods, AutoZone, Cherry Hill RV Resort, Costco/gas, CVS Drug, IKEA, PetCo, Rite Aid, URGENT CARE, US Agri Library, Verizon, **W** 🅿 BP/24hr, Exxon, Shell, Xtra 🍴 Azteca, Burger King, College Park Diner, Denny's, Dunkin Donuts, Hard Times Cafe, IHOP, Mamma Lucia, McDonald's, Pizza Hut, Sakura Seafood Buffet, Starbucks, Taco Bell 🛏 Clarion, Days Inn, EconoLodge, Hampton Inn, Holiday Inn Express, Howard Johnson, Red Roof Inn, Super 8 🅾 CVS Drug, GNC, Home Depot, Honda, Hyundai, Nissan, Shoppers Foods, to U of MD, vet
24	(from sb), to metro
23	MD 201, Kenilworth Ave, **E** 🛏 Marriott/rest., **1 mi W** on **Greenbelt** 🍴 Boston Mkt, Checker's, Chipotle Mexican, Domino's, Jersey Mike's, Joe's Crabshack, KFC, McDonald's, Popeye's, Silver Diner, TGIFriday's, Wendy's 🛏 Courtyard, Hilton Garden, Residence Inn, Shell 🅾 AutoZone, Buick/GMC/Cadillac, CVS Drug, Giant Food/drug, Jo-Ann Fabrics, Marshall's, Staples, Target, URGENT CARE
22	Baltimore-Washington Pkwy, **E** 🅾 to NASA
20b a	MD 450, Annapolis Rd, Lanham, **E** 🍴 Burger King, McDonald's, Red Lobster 🛏 Best Western, Days Inn/rest., Red Roof Inn 🅾 Ford/KIA, NTB, **W** 🅿 7-11/dsl, BP, Citgo, Shell 🍴 Bojangles, Chipotle, Dunkin Donuts, El Gran Chaparral, Jersey Mike's, KFC, King Pollo, Papa John's, Popeye's, Starbucks, Subway, Wendy's 🛏 Metro Points Hotel 🅾 Ⓗ, Advance Parts, Chrysler/Dodge/Jeep, CVS Drug, Family$, Foodway Foods, JustTires, Lowe's, Meineke, SaveALot, Shoppers Foods, Staples
19b a	US 50, to Annapolis, Washington
17	MD 202, Landover Rd, to Upper Marlboro, **E** 🍴 Chipotle, Copper Canyon, Jasper's Rest., Kobe Japanese, Outback Steaks, Ruby Tuesday 🛏 Doubletree, Hampton Inn, Holiday Inn Express 🅾 Best Buy, Costco/gas, Old Navy, Petco, Wegman's Foods **W** 🅾 FedEx Center
16	Arena Dr, **E** 🍴 Carolina Kitchen, Chick-fil-A, ChuckeCheese, Famous Dave's, Five Guys, Golden Corral, Kobe Japanese, Longhorn Steaks, Panda Express, TGIFriday's 🛏 Courtyard, Residence Inn, **W** 🅾 to FedEx Field
15	MD 214, Central Ave, **E** 🛏 Extended Stay America, Hotel Largo 🅾 to Six Flags, **W** 🅿 BP, Exxon/dsl, Shell 🍴 Checker's, Dunkin Donuts, IHOP, KFC, McDonald's, Panda Express, Taco Bell, Wendy's 🛏 Fairbridge Inn&Suites, La Quinta 🅾 Family$, Goodyear/auto, Home Depot, NTB, U-Haul, URGENT CARE
13	Ritchie-Marlboro Rd, Capitol Hgts, **W** 🅿 WaWa/dsl 🍴 Chick-fil-A, Chipotle, Dave&Buster's, Five Guys, Ledo Pizza, McDonald's, Popeye's, Sonic, Tropical Cafe 🅾 $Tree, Advance Parts, Big Lots, BJ Whse/gas, Honda, Hyundai, Tires+, TJ Maxx
11	MD 4, Pennsylvania Ave, to Upper Marlboro, **W** 🅿 Exxon, Shell, Sunoco 🍴 Applebee's, Arby's, Domino's, IHOP, LJ Silver, Starbucks, Subway, Taco Bell, Wendy's 🅾 $Tree, CVS Drug, JC Penney, Marshall's, PetCo, Shoppers Foods, Target
9	MD 337, to Allentown Rd, **E** 🅿 Exxon, Shell/repair 🍴 Checker's, Dunkin Donuts, McDonald's, Popeye's 🛏 Days Inn, Quality Inn, Rodeway Inn, Super 8 🅾 to Andrews AFB, U-Haul, **W** 🅿 Sunoco
7	MD 5, Branch Ave, to Silver Hill, **E** 🅿 Citgo, Exxon, Sunoco 🍴 Dunkin Donuts, Wendy's, **W** 🅿 Shell/Subway/dsl 🍴 Red Lobster 🛏 Country Inn Suites, Hampton Inn, Holiday Inn Express 🅾 Ⓗ, BMW, Chrysler/Dodge/Jeep, Ford, Infiniti, KIA, Mazda, Nissan, Toyota/Scion

WASHINGTON DC AREA

4b a	MD 414, St Barnabas Rd, Marlow Hgts, **E** 🅿 Citgo/dsl, Zip in 🍴 Bojangle's, Burger King, Checker's, IHOP, KFC, McDonald's, Outback Steaks, Wendy's 🛏 Red Roof Inn 🅾 $Tree, CVS Drug, GNC, Home Depot, K-Mart, Petsmart, Ross, Safeway Foods, Staples, **W** 🅿 Exxon/7-11/dsl, Shell/autocare 🍴 China Best, McDonald's, Subway 🅾 Family$
3b a	MD 210, Indian Head Hwy, to Forest Hgts, **E** 🅿 Gulf, Sunco 🍴 Popeye's, Subway, Taco Bell 🛏 Comfort Inn, Ramada 🅾 Advance Parts, Aldi Foods, MGM Casino, Sav-A-Lot Foods, Shoppers Foods, Tanger Outlets/famous brands, USPS, **W** 🅿 BP/dsl, Citgo, Shell 🍴 7-11, Burger King, CVS Drug, Family$, Giant Foods, Goodyear/auto, McDonald's, Papa John's, Popeye's, Rite Aid, Subway, **S** 🅿 Exxon/dsl 🍴 Pizza Hut, Rita's 🅾 Marshall's, Safeway
2b a	I-295, N to Washington
0mm	Maryland/Virginia state line, Potomac River, Woodrow Wilson Bridge

⬆N INTERSTATE 97

Exit#	Services
17	I-695. I-97 begins/ends on I-695.
16	MD 648, Ferndale, Glen Burnie, **E** 🅿 BP, Crown 🍴 Dunkin Donuts, Hong Kong Cafe, McDonald's, Rita's Custard, Wendy's 🅾 $General, Giant Foods, Roses, **W** 🅿 Carroll 🅾 UHaul
15b a	MD 176 W, Dorsey Rd, Aviation Blvd, **E** 🅿 BP, Crown 🍴 Dunkin Donuts, McDonald's, Wendy's, **W** 🅾 st police, to BWI
14b a	MD 100, Ellicott City, Gibson Island
13b a	MD 174, Quarterfield Rd, **E** 🅿 7-11, Gulf, Liberty dsl 🍴 Squisito Pizza, Subway, The Grill, **W** 🅿 Shell/dsl, WaWa/dsl 🍴 Chick-fil-A, Ichiban, Pizza Hut 🅾 AT&T, Kohl's, Lowe's, Rite Aid, Sam's Club/dsl, Shoppers Foods, Walmart, Subway
12	MD 3, New Cut Rd, Glen Burnie, **E on Veterans Hwy** 🅿 BP, Exxon, Gulf, Royal Farms, Sunoco, WaWa/dsl 🍴 Burger King, Domino's, Dunkin Donuts, Fortune Cooky, Hardee's, KFC, McDonald's, Popeye's, Steak'n Shake, Subway, Taco Bell, Wendy's 🅾 Ⓗ, CVS Drug, Giant Foods, Goodyear/auto, Shoppers, Target, Verizon, vet, Walgreens
10b a	Benfield Blvd, Severna Park, **E** 🅿 BP/dsl, Exxon/dsl, Transit dsl/scales 🍴 Baskin-Robbins/Dunkin Donuts, Hella's Rest, Ledo's Pizza 🅾 $General, 7-11, access to same as 12
7	MD 3, MD 32, Bowie, Odenton, **E** 🛏 White Gables Motel, **W** 🅾 KOA
5	MD 178 (from sb, no EZ return), Crownsville

I-97 begins/ends on US 50/301.

GLEN BURNIE

⬆N INTERSTATE 270 (Rockville)

Exit#	Services
32	I-270 begins/ends on I-70, exit 53.
31b a	MD 85, **N** 🅿 7-11, Sheetz/24hr, Shell/dsl, SouStates/dsl, Valero/dsl, Wawa/dsl 🍴 Applebee's, Arby's, BJ's Rest., Bob Evans, Burger King, Checker's, Chick-fil-A, ChuckeCheese, Golden Corral, Jersey Mike's, KFC/Taco Bell, Longhorn Steaks, McDonald's, Olive Garden, Panera Bread, Papa John's, Peking Gourmet, Pizza Hut, Popeye's, Red Robin, Roy Rogers, Ruby Tuesday, Smashburger, Sonic, Subway, Tilted Kilt, UNO Grill, Waffle House 🛏 Country Inn Suites, Days Inn, EconoLodge, Holiday Inn, Sleep Inn, Super 8 🅾 $Tree, AAA, Aamco, Audi, Barnes&Noble, Best Buy, Buick/GMC, CarMax, Chrysler/Dodge/Jeep, Costco/gas, Dick's, Harley-Davidson, Home Depot, Hyundai, JC Penney, Kohl's, Lincoln, Lowe's, Macy's, mall

FREDERICK

MD

INTERSTATE 270 (Rockville) Cont'd

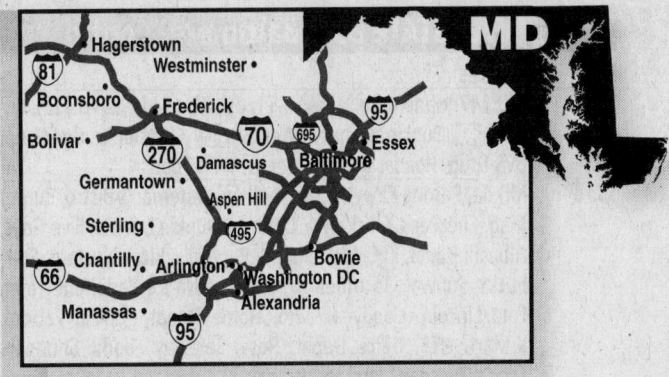

31b a	Continued
	Michael's, Mr Tire, Nissan, Office Depot, Petsmart, Ross, Sam's Club/dsl, Sears/auto, Staples, Target, Tires+, TJ Maxx, Verizon, Volvo, Walmart, **S** 🅖 🅕 Cafe Rio, Chipotle Mexican, Cici's, Cracker Barrel, Firehouse Subs, Five Guys, IHOP, Jimmy John's, Macaroni Grill, McDonald's, Noodles&Co, Panda Express, Starbucks, TGIFriday's, TX Roadhouse 🅛 Comfort Inn, Courtyard, Extended Stay America, Fairfield Inn, Hampton Inn, Hilton Garden, Homewood Suites, MainStay Suites, Residence Inn, TownePlace Suites 🅞 Honda, Toyota/Scion
30mm	Monocacy River
28mm	scenic view wb, no rest rooms
26	MD 80, Urbana, **N** 🅖 7-11, Exxon, Royal Farms/dsl, Shell/dsl 🅕 Black Hog BBQ, Buffalo Wild Wings, Burger King, China Taste, Dunkin Donuts, Jimmy John's, Ledo's Pizza, McDonald's, Waffle House 🅞 Advance Parts, CVS Drug
22	MD 109, to Barnesville, Hyattstown, **N** 🅖 Carroll/dsl 🅕 Denise Deli, Dunkin Donuts, Laurienzo Cafe 🅞 Food+
21mm	weigh/insp sta both lanes
18	MD 121, to Clarksburg, Boyds, **N**Little Bennett Pk, **S** 🅞 Clarksburg Outlets/famous brands, Blackhill Pk
16	MD 27, Father Hurley Blvd, to Damascus, **N** 🅖 Exxon, Free State/dsl, Sunoco, Washington Express 🅕 Applebee's, Bob Evans, Jersey Mike's Subs, McDonald's, Starbucks 🅛 Extended Stay America 🅞 AT&T, Best Buy, Giant Foods, GNC, Home Depot, Kohl's, Michael's, PepBoys, Petsmart, Target, TJ Maxx, Verizon, Walmart
15b a	MD 118, to MD 355, **N** 🅛 Holiday Inn Express, **S** 🅖 7-11, BP/dsl, Exxon/Circle K, Sunoco/dsl 🅕 Baja Fresh, Burger King, Carrabba's, Chick-fil-A, Chipotle, Domino's, Firehouse Subs, Five Guys, Greene Turtle, IHOP, Longhorn Steaks, McDonald's, Panda Express, Panera Bread, Pizza Hut, Red Robin, Ruby Tuesday, Senor Tequilas, Starbucks, Taco Bell, Wendy's, Zoe's Kitchen 🅛 Extended Stay America, Fairfield Inn 🅞 Giant Foods, Honda, Mercedes/Smart Car, Nissan, Petco, Rite Aid, Safeway Foods
13b a	Middlebrook Rd (from wb)
11	MD 124, Quince Orchard Rd, **N** 🅖 Exxon, Exxon 🅕 Boston Mkt, ChuckeCheese, Ichiban Rest., KFC, McDonald's, Panera Bread, Popeye's, Subway 🅛 Hampton Inn, Hilton, Holiday Inn, Homewood Suites, TownePlace Suites 🅞 Aamco, Acura, AT&T, Costco, CVS Drugs, Ford, Hyundai/Subaru, JC Penney, Lincoln, Lord&Taylor, Macy's, mall, Mazda, Mini, Ross, Sam's Club, Sears/auto, Toyota, Verizon, VW/Kia, **S** 🅖 Shell/dsl 🅕 Buffalo Wild Wings, Dunkin Donuts, Jerry's Subs, Jimmy John's, McDonald's, Starbucks 🅛 Motel 6 🅞 Advance Parts, Aldi Foods, Chevrolet, Chrysler/Dodge/Jeep, Fiat, Giant Foods, JoAnn Fabrics, Rite Aid, Seneca Creek SP, Staples
10	MD 117, Clopper Rd (from wb), same as 11
9b a	I-370, to Gaithersburg, Sam Eig Hwy, **S on Washington Blvd** 🅕 Copper Canyon Grill, Corner Cafe Bakery, Joe's Crabshack, Pizza Hut, Uncle Julio's 🅛 Courtyard 🅞 Barnes&Noble, Dick's, Kohl's, Target
8	Shady Grove Rd, **N** 🅖 Shell/dsl 🅕 Burger King, Five Guys, Red Lobster, Subway 🅛 Red Roof Inn, Sheraton 🅞 7-11, Best Buy, Home Depot, Office Depot, vet, **S** 🅕 Thatsamore 🅛 Courtyard, Marriott, Radisson, Residence Inn, Sleep Inn, SpringHill Suites 🅞 🅗
6b a	MD 28, W Montgomery Ave, **S** 🅖 Shell 🅛 Best Western
5b a	MD 189, Falls Rd

ROCKVILLE (vertical)

GAITHERSBURG (vertical)

4b a	Montrose Rd, **S** 🅕 Elevation Burger, Starbucks, Zoe's Kitchen 🅞 Harris Teeter, Walgreens
2	I-270/I-270 spur diverges eb, converges wb
1b a	MD 187, Old Georgetown Rd, **S** 🅖 Exxon 🅕 Chipotle, Not Your Joe's, Subway 🅞 🅗 Balducci's Foods, Giant Foods, Verizon
1	(I-270 spur)Democracy Blvd, **E** 🅛 Marriott, **W** 🅖 Exxon/dsl, Shell/dsl 🅞 Macy's, mall, Nordstrom, Sears
I-270 begins/ends on I-495, exit 35.	

INTERSTATE 495 (DC)

See Virginia Interstate 495 (DC)

INTERSTATE 695 (Baltimore)

Exit#	Services
48mm	Patapsco River, Francis Scott Key Br
44	Broening Ave (from nb)
43	MD 157, **toll plaza**
42	MD 151 S, Sparrows Point (last exit before **toll** sb), **E** 🅖 Citgo/dsl 🅞 North Point SP
41	MD 20, Cove Rd, **W** 🅖 Royal Farms/dsl, WaWa 🅕 Burger King, McDonald's
40	MD 150, MD 151, North Point Blvd, (nb only)
39	Merritt Blvd, **W** 🅖 🅕 Burger King, Dunkin Donuts, McDonald's, Rita's 🅞 $Tree, Aldi Foods, Ford, Giant Foods, Honda, Hyundai, JC Penney, Mazda, Mr Tire, Walmart
38b a	MD 150, Eastern Blvd, to Baltimore, **E** 🅖 Royal Farms, **W** 🅕 Applebee's, Arby's, Checker's, Chick-fil-A, Dunkin Donuts, Hibachi Buffet, Hip Hop Fish&Chicken 🅞 $Tree, AT&T, JC Penney, Kia/Nissan, Staples
36	MD 702 S (exits left from sb), Essex
35	US 40, **N** 🅖 Sunoco, WaWa/dsl 🅕 Arby's, Chipotle Mexican, DQ, Dunkin Donuts, IHOP, Longhorn Steaks, Panda Express, Panera Bread, Sonic 🅞 Aldi Foods, Best Buy, Harley-Davidson, Home Depot, Mr Tire, NTB, Office Depot, PetCo, same as 34, Sam's Club/gas, U-Haul, Walmart
34	MD 7, Philadelphia Rd, **N** 🅕 McDonald's, Panda Express, Popeye's 🅛 La Quinta 🅞 🅗 $General, $Tree, Giant Foods, Goodyear/auto, Marshall's, **S** 🅖 Exxon/dsl 🅞 same as 35, Walgreens
33b a	I-95, N to Philadelphia, S to Baltimore
32b a	US 1, Bel Air, **N** 🅖 Exxon 🅕 Bob Evans, Burger King, Dunkin Donuts, Golden Corral, IHOP, McDonald's, Peking House, Taco Bell 🅞 $Tree, 7-11, BJ's Whse, Giant Foods, Merchants Tire/auto, Mr Tire/auto, Nissan, Toyota/Scion, Verizon, vet, Walmart, **S** 🅖 Shell 🅕 Baskin-Robbins/Dunkin Donuts, Carrabba's, Papa John's, Rita's Custard, Subway, Szechuan Taste 🅞 7-11, Goodyear/auto, Verizon
31c	MD 43 E (from eb, exits left)

MD

INTERSTATE 695 (Baltimore) Cont'd

Exit#	Services
31b a	MD 147, Harford Rd, N 🅿 7-11/dsl, BP, CF/dsl, CF/dsl (2), Sunoco 🍴 Dunkin Donuts, Wendy's 🅾 Chrysler/Dodge/Jeep, CVS Drug, Honda, VW, Walgreens, Weis Foods
30b a	MD 41, Perring Pkwy, N 🅿 Shell 🍴 Bateman's Bistro, Burger King, Checker's, Chick-fil-A, Denny's, Dunkin Donuts, Five Guys, Hibachi Buffet, KFC, McDonald's, Popeye's, Rita's Custard, Starbucks, Subway, Taco Bell 🅾 $Tree, Advance Parts, Chevrolet, Ford/Lincoln, Goodyear/auto, Home Depot, Jo-Ann Fabrics, K-Mart, NTB, Office Depot, Ross, Safeway Foods, Shoppers Foods, Tuesday Morning, Verizon
29b	MD 542, Loch Raven Blvd, S 🅿 BP, Gulf, Royal Frms, Speedway 🍴 Dunkin Donuts, Hooters, McDonald's, Papa John's, Pizza Hut, Subway 🛏 Comfort Inn, Days Inn, Welcome Inn 🅾 Mr Tire, PepBoys
29a	Cromwell Bridge Rd, S 🛏 Best Western
28	Providence Rd, S 🅿 Sunoco
27b a	MD 146, Dulaney Valley Rd, N 🅾 Hampton NHS, S 🅿 Exxon 🍴 BJ's Rest., Bonefish Grill, Cheesecake Factory, PF Chang's, Starbucks, Stoney River Steaks 🛏 Sheraton 🅾 Barnes&Noble, Fresh Mkt, Macy's, mall, Trader Joe's
26b a	MD 45, York Rd, Towson, N 🅿 BP, Citgo, Exxon/dsl, Oceanic, Sunoco/dsl 🍴 Dunkin Donuts, Ocean Pride Rest., Pizza Hut, Subway 🅾 Best Buy, Firestone/auto, Kia, Mazda, Mr Tire, NTB, Petco, Rite Aid, S 🅿 Exxon, Shell 🍴 Burger King, Five Guys, McDonald's, Towson Diner 🅾 CVS Drug, Goodyear/auto, Honda, Hyundai, Lexus, Safeway Foods, Verizon, vet, Walgreens
25	MD 139, Charles St, S 🅾 🄷
24	I-83 N, to York
23b	MD 25, Falls Rd, Baltimore, N 🅿 Exxon/Circle K/dsl
23a	I-83 S, MD 25 N, Baltimore
22	Greenspring Ave
21	MD 129, to Stevenson Rd, Park Hghts Rd
20	MD 140, Reisterstown Rd, Pikesville, N 🅿 Exxon/7-11/dsl 🍴 Chipotle Mexican, Starbucks 🅾 AT&T, Barnes&Noble, Trader Joe's, S 🅿 BP/dsl, Shell/dsl, Sunoco/Subway 🍴 McDonald's, Olive Branch Italian 🛏 Doubletree, Ramada Inn 🅾 Target, vet
19	I-795, NW Expswy
18b a	MD 26, Randallstown, Lochearn, E 🅿 Shell/dsl, Sunoco/dsl 🍴 Baskin-Robbins/Dunkin Donuts, KFC, Popeye's, Subway 🅾 $General, Family$, W 🅿 BP, Exxon/dsl, Shell/dsl 🍴 Burger King, Dunkin Donuts, McDonald's, Sonic, Subway, Taco Bell 🅾 🄷, 7-11, Firestone/auto, Giant Foods, Shoppers Foods, vet, Walgreens
17	MD 122, Security Blvd, E 🅿 BP/repair, Shell 🍴 City View Grill, Dunkin Donuts, Little Caesar's, McDonald's, Subway, Taco Bell 🛏 Days Inn, Knights Inn, Motel 6 🅾 Chevrolet, Family$, Nissan, PriceRite Foods, Rite Aid, W 🅿 Carroll/dsl, Exxon/dsl 🍴 Burger King, Chipotle, Five Guys, McDonald's, Panera Bread, Popeye's, Rita's Custard 🛏 Hampton Inn, Quality Inn 🅾 Ford, Macy's, mall, Old Navy, Rite Aid, Sears/auto, Weis Foods
16b a	I-70, E to Baltimore, W to Frederick
15b a	US 40, Ellicott City, Baltimore, E 🅿 🍴 Burger King, Checker's, Chick-fil-A, ChuckECheese's, KFC, McDonald's, Panera Express, Quiznos, Shirley's Diner, Subway 🛏 Holiday Inn Express, Quality Inn 🅾 $Tree, BigLots, CVS Drug, Dodge, Firestone/auto, Lowe's, Marshall's, Mr Tire, Rite Aid, Ross, Safeway Foods/gas, Sam's Club/gas, Shoppers Foods, U-Haul, Walgreens, W 🅿 BP/dsl, Exxon/dsl, Shell, Shell 🍴 Applebee's, Bob Evans, McDonald's, Popeye's, Starbucks, Starbucks, Subway, Taco Bell, TT Diner 🛏 Ramada 🅾 $Tree, Aamco, Aldi Foods, Chrysler/Jeep, Firestone/auto, Giant Foods, Goodyear/auto, Home Depot, Hyundai, NTB, Office Depot, Office Depot, PepBoys, Petsmart, Staples, Toyota/Scion, Verizon, Walgreen, Walmart/McDonald's
14	Edmondson Ave, E 🍴 Grilled Cheese&Co 🅾 Royal Farm, W 🅿 Carroll 🍴 Papa John's
13	MD 144, Frederick Rd, Catonsville, W 🅿 BP, Gas+, Gu 🍴 Baskin-Robbins/Dunkin Donuts, McDonald's, Subway 🅾 7-11
12c b	MD 372 E, Wilkens, E 🅾 🄷
11b a	I-95, N to Baltimore, S to Washington
10	US 1, Washington Blvd (from wb only), E 🅿 Royal Farm/dsl, WaWa 🍴 3 Bros Pizza, Chick-fil-A, Dunkin Donuts, IHOP, Quiznos, Wendy's 🛏 Beltway Motel/rest. 🅾 Home Depot, Office Depot, PetCo, Walmart, W 🍴 Burger King
9	Hollins Ferry Rd, Lansdowne, E 🅿 Carroll/Circle K/Subway, Sunoco/7-11/dsl 🍴 Victor's Deli 🅾 Royal Farms
8	MD 168, Nursery Rd, N 🅿 Exxon, Shell 🍴 Hardee's, KFC, McDonald's, Taco Bell, Wendy's 🛏 Motel 6, S 🅿 BP, Carroll/dsl 🍴 Dunkin Donuts, G&M Rest., Happy Garden Chinese, Rita's Custard, Seasons Pizza
7b a	MD 295, N to Baltimore, S 🅾 BWI ✈
6b a	Camp Mead Rd (from eb)
5	MD 648, Ferndale, N 🅿 Exxon/7-11/dsl, Shell/dsl 🍴 Checker's, Dunkin Donuts 🛏 Best Western, Comfort Inn 🅾 NAPA, 🍴 Hot Wok
4b a	I-97 S, to Annapolis
3b a	MD 2, Brooklyn Park, S 🅿 Exxon, Royal Farms/dsl, Shell/dsl 🍴 Bob Evans, BoneFish Grill, Checker's, Chick-fil-A, ChuckE Cheese's, Coldstone, Denny's, Five Guys, Golden Corral, Hibachi Buffet, HipHop Fish&Chicken, Ledo Pizza, McDonald's, Moe's SW, Noodles&Co, Panera Bread, Pappas Rest., Pie Five, Pizza Hut, Qdoba, Starbucks, Subway, Taco Bell, Wendy's 🛏 Days Inn, Extended Stay America, Hampton Inn, La Quinta 🅾 $Tree, Advance Parts, Aldi Foods, AT&T, AutoZone, Best Buy, BigLots, Buick/GMC, Dick's, Hyundai, Just Tires, Lowe's, Office Depot, PetCo, Salvo Parts, ShopRite Foods, Subaru, Target, Tuesday Morning, Verizon, Walgreens, Walmart
2	MD 10, Glen Burnie, S 🍴 McDonald's 🅾 Costco/gas, Home Depot, Petsmart
1	MD 174, Hawkins Point Rd, S 🅿 Citgo/deli/dsl

NOTES

MD

MASSACHUSETTS

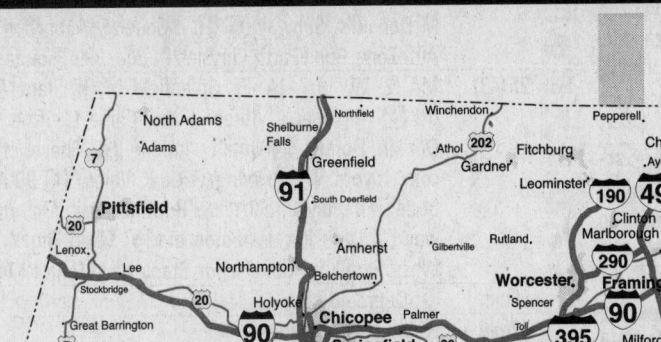

STURBRIDGE

⛰🅴 INTERSTATE 84

Exit#	Services
4 (11)	I-84 begins/ends on I-90, Exit 9.
3b a (9)	US 20, Sturbridge, 0-2 mi **N** 🅶 Citgo, Cumberland Farms 🍴 Admiral O'Brien's, Bentley Rest., Burger King, Dunkin Donuts, Empire Village, Friendly's, McDonald's, Sturbridge Seafood, Subway, Village Pizza 🏨 EconoLodge, Express Inn, Hampton Inn, Holiday Inn Express, Old Sturbridge Lodges, Sturbridge Host Hotel, Super 8 🅾 USPO, 0-2 mi **S** 🍴 NE TrkStp/dsl, S&S, Shell/Dunkin Donuts/Subway 🍴 Applebee's, Cracker Barrel, Uno Pizzaria, Wendy's 🏨 Comfort Inn 🅾 Marshall's, Michael's, Petco, Staples, Stop&Shop, Verizon, vet, Walmart/Subway
2 (5)	MA 131, to Old Sturbridge Village, Sturbridge, **2 mi S** 🏨 Publick House, RV camping
4mm	🆁🆂 wb, litter barrels
1 (3)	Mashapaug Rd, to Southbridge, **S** 🅶 Mobil/dsl, 🄿🄸🄻🄾🅃/deli/dsl/scales/24hr/@ 🏨 Days Inn 🅾 🅷
2mm	weigh sta both lanes
.5mm	🆁🆂 eb
0mm	Massachusetts/Connecticut state line

⛰🅴 INTERSTATE 90

Exit#	Services
140mm	I-90 begins/ends near Logan Airport.
25	to I-93, to downtown Boston
24	to I-93, to downtown Boston
22 (134)	Presidential Ctr, downtown
20 (132)	MA 28, Alston, Brighton, Cambridge, **N** 🏨 Courtyard, Doubletree Inn 🅾 🅷, **S** 🅶 Mobil
131mm	toll plaza
18 (130)	MA Ave (from eb), **N** 🍴 IHOP, McDonald's 🏨 Day's Inn
17 (128)	Centre St, Newton, **N** 🍴 Bertucci's, Starbucks 🏨 Crowne Plaza 🅾 Honda, Nissan, Walgreens
16 (125)	MA 16, W Newton, **N** 🍴 Blue Ribbon BBQ 🅾 CVS Drug, **S** 🅶 Shell/repair
15 (124)	I-95, **N** 🅶 Speedway 🏨 Marriott
123mm	toll plaza
14 (122)	MA 30, Weston
117mm	**Natick Travel Plaza eb,** 🅶 Gulf/dsl 🍴 Dunkin Donuts, McDonald's 🅾 info
13 (116)	MA 30, Natick, **S** 🅶 Cumberland, Mobil, Shell 🍴 Boston Mkt, Burger King, Dunkin Donuts, Five Guys, Lotus Flower Chinese,

BOSTON AREA

Exit#	Services
13 (116)	Continued
	McDonald's, Panera Bread, Papa Gino's, Stop&Shop 🏨 Magnuson, Red Roof Inn 🅾 Best Buy, BJ's Whse, Home Depot, Kia, Kohl's, Lowe's, Macy's, mall, Marshall's, REI, Target, TJ Maxx, USPO, Walmart
114mm	**Framingham Travel Plaza wb,** 🅶 Gulf/dsl 🍴 Boston Mkt, McDonald's 🅾 info
12 (111)	MA 9, Framington, **N** 🅶 BP, Speedway 🍴 Acapulco Mexican, Dunkin Donuts, Wendy's 🏨 Motel 6, Sheraton, **S** 🍴 Samba West 🅾 Toyota/Scion
11a (106)	I-495, N to NH, S to Cape Cod
105mm	**Westborough Travel Plaza wb,** 🅶 Gulf/dsl 🍴 Boston Mkt, D'angelo, Dunkin Donuts, Papagino's 🅾 gifts
11 (96)	MA 122, to Millbury, **N** 🅾 UMA Med Ctr
10a (95)	MA 146
94mm	Blackstone River
10 (90)	I-395 S, to Auburn, I-290 N, Worcester, **N** 🍴 Outback, Papa Gino's 🏨 Comfort Inn, La Quinta, **S** 🅶 Shell, Shell/repair/24hr 🍴 Applebee's, D'angelo, Dunkin Donuts, Friendly's, Wendy's 🏨 Fairfield Inn, Hampton Inn, Holiday Inn Express 🅾 CVS Drug, Hyundai, Park'n Shop, TJ Maxx
84mm	**Charlton Travel Plaza wb,** 🅶 Gulf/dsl 🍴 McDonald's, info
80mm	**Charlton Travel Plaza eb,** 🅶 Gulf/dsl 🍴 McDonald's 🅾 info, st police
79mm	toll plaza
9 (78)	I-84, to Hartford, NYC, Sturbridge, access to 🅷
67mm	Quaboag River
8 (62)	MA 32, to US 20, Palmer, **S on MA 32** 🅶 Pride, Shell/dsl, Speedway 🍴 Domino's, Jenny Chan's Chinese, McDonald's, Subway, Wendy's 🅾 🅷, Big Y Foods, Chevrolet, CVS Drug, repair/transmissions, Rite Aid
58mm	Chicopee River
56mm	**Ludlow Travel Plaza wb,** 🅶 Gulf/dsl 🍴 Boston Mkt, D'angelo
55mm	**Ludlow Travel Plaza eb,** 🅶 Gulf/dsl 🍴 McDonald's

MA

🅖 = gas   🍴 = food   🏨 = lodging   🅞 = other   🆁🆂 = rest stop   Copyright 2018 - The Next EXIT

↗E INTERSTATE 90 Cont'd

Exit#	Services
7 (54)	MA 21, to Ludlow, **N** 🅖 Gulf, Pride/dsl, Sunoco, Verizon 🍴 Burger King, Dunkin Donuts, Friendly's, Joy's Pizza, McDonald's, Starbucks, Subway 🅞 Ace Hardware, Big Y Foods, CVS Drug, Jo-Ann Fabrics, **S** 🅖 Shell/dsl 🍴 Dominos, Taco Bell 🏨 Holiday Inn Express
6 (51)	I-291, to Springfield, Hartford CT, **N** 🅖 Pride/50's Diner/Subway/dsl 🍴 Dr. Deegan's Steaks, Dunkin Donuts, McDonald's, Po's Chinese 🏨 Motel 6 🅞 🅷 Basketball Hall of Fame, to Bradley Int Airport
5 (49)	MA 33, to Chicopee, Westover AFB, **N** 🍴 99 Rest., Applebee's, Arby's, Buffalo Wild Wings, Chick-fil-A, Chipotle Mexican, Denny's, Dunkin Donuts, Friendly's, Little Caesar's, McDonald's, Panera Bread, PapaGino's, Popeye's, Royal Buffet, Starbucks, Subway, Wendy's 🏨 Days Inn, Hampton Inn, Quality Inn, Residence Inn 🅞 $Tree, Aldi Foods, Big Y Foods, BJ's Whse/gas, Chrysler/Dodge/Jeep, Home Depot, Honda, Marshall's, Marshall's, Monro, Nissan, Petsmart, Staples, Staples, Stop&Shop/gas, TownFair Tire, U-Haul, Verizon, Walmart/Subway, **S** 🅖 Pride/Dunkin Donuts/Subway/dsl 🅞 Buick/GMC
46mm	Connecticut River
4 (46)	I-91, US 5, to Holyoke, W Springfield, **N on US 5** 🅖 Shell 🍴 Dunkin Donuts 🏨 Welcome Inn, **S on US 5** 🅖 Pride/dsl 🍴 Donut Dip, Five Guys, Hooters, On the Border, Outback Steaks, Subway 🏨 Hampton Inn, Red Roof Inn, Residence Inn, Springfield Inn, Super 8 🅞 BMW, Honda/Lexus/Toyota/Scion
41mm	st police wb
3 (40)	US 202, to Westfield, **N** 🅖 Mobil 🍴 Alessio's Pizza, **S** 🅖 Citgo/Subway/dsl, Shell/dsl 🍴 Dunkin Donuts, Friendly's, McDonald's, Wendy's 🏨 Holiday Inn Express, Quality Inn 🅞 🅷 repair, vet
36mm	Westfield River
35.5mm	runaway truck ramp eb
29mm	Blandford/Ludlow TP both lanes, 🅖 Gulf/dsl 🍴 McDonald's 🅞 info, vending
20mm	highest point on MA Tpk, 1724 ft
14.5mm	Appalachian Trail
2 (11)	US 20, to Lee, Pittsfield, **N** 🅖 Citgo, Shell/dsl, Sunoco 🍴 Athena's Rest., Dunkin Donuts, Friendly's, McDonald's, Subway 🏨 Morgan House/rest., Pilgrim Inn, Sunset Motel, Super 8 🅞 PriceChopper Foods, Rite Aid, True Value, **S** 🅖 Big Y/dsl 🍴 Orient Taste, Simply Grillicious, Subway, Villa Pizza 🅞 Big Y Foods, Lee Outlets/famous brands
10.5mm	Hoosatonic River
8mm	Lee Travel Plaza both lanes, 🅖 Gulf/dsl 🍴 McDonald's 🅞 atm, info, vending
4mm	toll booth, 🅒
1 (2)	MA 41 (from wb, no return), to MA 102, W Stockbridge, the Berkshires, **N** 🏨 Pleasant Valley Motel 🅞 to Bousquet Ski Area
0mm	Massachusetts/New York state line

↗N INTERSTATE 91

Exit#	Services
55mm	Massachusetts/Vermont state line, call boxes
54mm	parking area both lanes, 🆁🆂
28 (51)	US 5, MA 10, Bernardston, **E** 🏨 Fox Inn, **W** 🅖 Sunoco 🍴 Antonio's II Ristorante, Four-leaf Clover Rest., Hillside Organic Pizza 🅞 Country Corner Store, RV camping, USPO

27 (45)	MA 2 E (exits left from sb), Greenfield, **E on US 5** 🅖 Gu Speedway/Dunkin Donuts, Stop&Shop, Sunoco/dsl 🍴 Burg King, Denny's Pantry, Domino's, Dunkin Donuts, Goodies Res McDonald's, Subway 🅞 🅷 $General, Aubuchon Hardwa AutoZone, Bond Parts, Chrysler/Dodge/Jeep, Honda, Walgree
26 (43)	MA 2 W, MA 2A E, Greenfield, **E** 🅖 Planet/dsl, She dsl 🍴 Applebee's, Athens Pizza, China Gourmet, D'Angel Dunkin Donuts 🏨 Quality Inn 🅞 🅷, Chevrolet, Ford/Lincoln, Toyota, **W** 🅖 Irving/Circle K, Valero 🍴 99 Rest., Asia Buffet, Friendly's, KFC/Pizza Hut/Taco Bell, McDonald's, Subway 🏨 Days Inn, Hampton Inn 🅞 $Tree, Big Y Foods, B Whse, Family$, Home Depot, Staples, to Mohawk Tr, Verizon
39mm	🅞 Deerfield River
37mm	weigh sta both lanes
25 (36)	MA 116 (from sb), S Deerfield, camping, hist dist, same as 24
24 (35)	US 5, MA 10, MA 116, Deerfield (no EZ return), **E** 🅖 Irving Circle K/Dunkin Donuts/Subway/dsl 🏨 Red Roof Inn 🍴 nal Markdown, vet, Yankee Candle Co, **W** 🅖 Roady's Trkst diner/dsl/24hr 🍴 24hr Diner
34.5mm	parking area both lanes
23 (34)	US 5 (from sb), **E** 🍴 Tom's Hot Dog 🅞 Orchard Trailers, Rai bow Motel/camping
22 (30)	US 5, MA 10 (from nb), N Hatfield, **W** Diamond RV Ctr
21 (28)	US 5, MA 10, Hatfield, **W** 🅖 Sunoco/dsl 🍴 Subway 🏨 Scc tish Inn 🅞 st police
20 (26)	US 5, MA 9, MA 10 (from sb), Northampton, **W** 🅖 Prid Dunkin Donuts/dsl, Speedway/dsl 🍴 Burger King, D'ang lo's, KFC, McDonald's, PapaGino's Italian, Taco Bell 🅞 AutoZone, Big Y Food/Drug, BigLots, Chevrolet, CVS Drug, Fi stone/auto, Ford, Goodyear/auto, Honda, Hyundai, Kia, NAP Staples, Stop&Shop/gas, TownFair Tire, Toyota/Scion, U-Ha Verizon, VW, Walgreens, Walmart/Subway
19 (25)	MA 9, to Amherst, Northampton, 0-2 mi **E** 🅖 Gulf, Philli 66/Dunkin Donuts, Shell/dsl 🍴 Primo Pizza 🏨 Hampt Inn 🅞 🅷, Nissan, to Elwell SP, vet
18 (22)	US 5, Northampton, **E** 🍴 Page's Loft Rest. 🏨 Clarion, Cou try Inn&Suites (5mi), **W** 🅖 Shell/Dunkin Donuts 🏨 Fairfie Inn, Quality Inn 🅞 to Smith Coll
18mm	scenic area both lanes
17b a (16)	MA 141, S Hadley, **E** 🅖 Mobil/dsl, Shell/dsl 🍴 Dunkin D nuts, Real China, Subway 🏨 Days Inn 🅞 Meineke, Rite Ai Walgreens, **W** 🅞 to Mt Tom Ski Area
16 (14)	US 202, Holyoke, **W** Soldier's Home
15 (12)	to US 5, Ingleside, **E** 🅖 Shell/Dunkin Donuts 🍴 Chicac Grill, Cracker Barrel, JP's Rest., Red Robin 🏨 Howard Joh son 🅞 🅷, Barnes&Noble, Best Buy, CVS Drug, Hobby Lobb JC Penney, Macy's, mall, Old Navy, PetCo, Sears/auto, Target, Maxx
14 (11)	to US 5, to I-90 (Mass Tpk), E to Boston, W to Albany, **E** 🅞 🅷
13b a (9)	US 5 N, W Springfield, **E** 🅖 Pride/dsl 🍴 Backyard Grill, D nut Dip, Five Guys, Hooters, On-the-Border, Outback Steak Shallot Thai, Subway 🏨 Knights Inn, Red Roof Inn, Residen Inn, Springfield Inn, Super 8 🅞 BMW, Lexus/Toyota/Scio **W** 🅖 Mobil/dsl, Pride/dsl 🍴 99 Rest., Arby's, Bertucci Burger King, Cal's Grill, Carrabba's, Chili's, D'angelo's, Frien ly's, IHOP, KFC, Longhorn Steaks, McDonald's, Nippon Grill, Ol ive Garden, Panera Bread, Pizza Hut, Tokyo Cuisine 🏨 Bel A Inn, Candlewood Suites, Clarion, Days Inn, EconoLodge, Ham ton Inn, Quality Inn, Red Carpet Inn, Travelodge 🅞 $Tree, Al Foods, AT&T, Chrysler/Dodge/Jeep, Costco, CVS Drug, Dick Fiat, GNC, Home Depot, Honda, Kohl's, Mazda, Michael's, Ni san, Staples, Stop&Shop, Subaru, TownFair Tire, Verizon

Side labels (vertical): PITTSFIELD · GREENFIELD · NORTHAMPTON · SPRINGFIELD

MA

INTERSTATE 91 Cont'd

Exit#	Services
12 (8.5)	I-391 N, to Chicopee
11 (8)	Birnie Ave (from sb), E 🅿 Mobil 🅾 H
10 (7.5)	Main St (from nb), Springfield, E 🅿 Mobil
9 (7)	US 20 W, MA 20A E (from nb), E 🍴 McDonald's, W 🅿 Pride/Subway/dsl
8 (6.5)	I-291, US 20 E, to I-90, E downtown
7 (6)	Columbus Ave (from sb), E 🅿 Pride/Subway/dsl 🛏 Marriott, Sheraton, W 🅾 to Basketball Hall of Fame
6 (5.5)	Springfield Ctr, E 🅿 Pride/Dunkin Donuts/Subway/dsl 🍴 Starbucks, W 🍴 Coldstone, Plan B Burger 🅾 Basketball Hall of Fame
5 (5)	Broad St, E 🅿 Mobil/dsl 🛏 Hampton Inn 🅾 Hyundai, W 🅿 Sunoco/dsl 🍴 Chicago Grill, Subway 🛏 Hilton Garden 🅾 Buick/GMC, same as 4
4 (4.5)	MA 83, Broad St, Main St, E 🅿 Mobil/dsl 🍴 Antonio's Grinders 🅾 Hyundai, W 🅿 Sunoco/dsl 🍴 Chicago Grill, Subway 🛏 Buick/GMC, Chevrolet, Hilton Garden, same as 5
3 (4)	US 5 N, to MA 57, Columbus Ave, W Springfield, E 🅿 Sunoco 🍴 Antonio's Pizza, W 🅾 Chevrolet
2 (3.5)	MA 83 S (from nb), to E Longmeadow, E 🍴 Friendly's
1 (3)	US 5 S (from sb)
0mm	Massachusetts/Connecticut state line, callboxes begin/end

INTERSTATE 93

Exit#	Services
47mm	Massachusetts/New Hampshire state line, callboxes begin/end
48 (46)	MA 213 E, to Methuen, E 🅾 H
47 (45)	Pelham St, Methuen, E 🅿 Sunoco 🍴 Dunkin Donuts, Heavenly Donuts, McDonald's, Outback Steaks, W 🅿 BP, Irving, Circle K/Subway/dsl 🍴 Fireside Rest., NE Seafood 🛏 Day's Hotel/rest. 🅾 Chrysler/Dodge/Jeep
46 (44)	MA 110, MA 113, to Lawrence, E 🅿 BP/repair, Mobil, Shell 🍴 Burger King, Dunkin Donuts, KFC/Taco Bell, McDonald's, PapaGino's, Pizza Hut 🅾 H, $Tree, MktBasket Foods, Rite Aid, W 🅿 Citgo, Super 🍴 Dunkin Donuts, Irish Cottage Rest., Jules Rest., Riverside Pizza, Royal Roast Beef 🛏 Passport Inn
45 (43)	Andover St, River Rd, to Lawrence, E 🛏 Courtyard, Homewood Suites, Wyndham, W 🅿 Mobil/Dunkin Donuts 🍴 Chateu Italian, Chili's 🛏 La Quinta, Residence Inn, SpringHill Suites 🅾 vet
44b a (40)	I-495, to Lowell, Lawrence, E 🅾 H
43 (39)	MA 133, N Tewksbury, E 🅿 Mobil/Dunkin Donuts, W 🍴 99 Rest.
42 (38)	Dascomb Rd, East St, Tewksbury, W 🅿 Citgo/dsl 🍴 Dunkin Donuts, Luna Rossa Italian, Subway 🅾 7-11
41 (35)	MA 125, Andover, 🅾 st police
40 (34)	MA 62, Wilmington
39 (33)	Concord St, E 🍴 Dunkin Donuts, Subway 🅾 Shriners Auditorium, URGENT CARE
38 (31)	MA 129, Reading, W 🅿 Mobil/Dunkin Donuts/Subway/dsl 🍴 Burger King, Pacific Grove Chinese, Red Heat Tavern
37c (30)	Commerce Way, Atlantic Ave, W 🍴 Chipotle Mexican, Firehouse Subs, Starbucks 🛏 Red Roof Inn, Residence Inn 🅾 PetCo, Petsmart, Target, Verizon
37b a (29)	I-95, S to Waltham, N to Peabody
36 (28)	Montvale Ave, E 🅿 Mobil/Circle K 🍴 Deli Works, Dunkin Donuts 🛏 Courtyard, W 🅿 BP, Gulf, Speedway/dsl 🍴 Bick

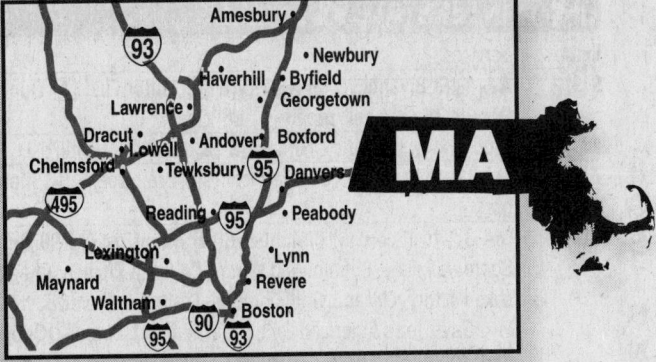

Exit#	Services
36 (28)	Continued ford's Grille, Dunkin Donuts, McDonald's, O'Conner's Rest., Polcari's Italian, Wendy's 🛏 Best Western, Comfort Inn 🅾 H
35 (27)	Winchester Highlands, Melrose, E 🅾 H (no EZ return to sb)
34 (26)	MA 28 N (from nb, no EZ return), Stoneham, E 🅿 Mobil/dsl 🍴 Friendly's, W 🅾 H
33 (25)	MA 28, Fellsway West, Winchester, W 🅾 H
32 (23)	MA 60, Salem Ave, Medford Square, W 🛏 Hyatt Place 🅾 H, to Tufts U
31 (22)	MA 16 E, to Revere (no EZ return sb), W 🅿 Fred's Gas, Mobil/dsl, Mr. C's/dsl 🍴 Avellino's Italian, Burger King, Dunkin Donuts, Pizza Hut 🅾 AutoZone, Chrysler/Dodge/Jeep, Kia, Nissan
30 (21)	MA 28, MA 38, Mystic Ave, Somerville, W 🅿 Mr. C's/dsl 🍴 Burger King 🅾 AutoZone, VW
29 (20)	MA 28 (from nb), Somerville, E 🍴 99 Rest., Dunkin Donuts 🛏 La Quinta 🅾 Home Depot, K-Mart, mall, Staples, TJ Maxx, W 🅿 Gulf, Speedway 🍴 Dunkin Donuts 🅾 same as 30, Stop&Shop
28 (19)	Sullivans Square, Charles Town, downtown
27	US 1 N (from nb)
26 (18.5)	MA 28 N, Storrow Dr, North Sta, downtown
25	Haymarket Sq, 🅾 Gov't Center
24 (18)	Callahan Tunnel, E 🅾 ⊘
23 (17.5)	High St, Congress St, W 🛏 Marriott
22 (17)	Atlantic Ave, Northern Ave, South Sta, 🅾 Boston World Trade Ctr
21 (16.5)	Kneeland St, ChinaTown
20 (16)	I-90 W, to Mass Tpk
19 (15.5)	Albany St (from sb), W 🅾 H
18 (15)	Mass Ave, to Roxbury, W 🅾 H
17 (14.5)	E Berkeley (from nb)
16 (14)	S Hampton St, Andrew Square, W 🍴 Applebee's, Olive Garden, Panera Bread 🛏 Courtyard, Holiday Inn Express 🅾 Best Buy, Home Depot, Marshall's, Old Navy, Stop&Shop/gas, Target, TJ Maxx
15 (13)	Columbia Rd, Everett Square, E 🛏 DoubleTree 🅾 JFK Library, to UMA, W 🅿 Gulf, Speedway
14 (12.5)	Morissey Blvd (from nb no return), E 🅾 JFK Library, W 🅿 Shell
13 (12)	Freeport St, to Dorchester, (from nb), W 🅿 7-11, Citgo 🍴 Boston Mkt, Deadwood Cafe, Freeport Tavern, Ruritan Pizza 🛏 Comfort Inn, Ramada 🅾 CVS Drug, Lambert's Mkt, Stop&Shop, Toyota/Scion
12 (11.5)	MA 3A S (from sb, no EZ return), Quincy, E 🅿 Express, repair 🛏 Best Western, W 🅿 Gulf/Dunkin Donuts, Speedway/dsl 🍴 PapaGino's 🅾 AutoZone, CVS Drug, Staples, Verizon, Walgreens
11b a (11)	to MA 203, Granite Ave, Ashmont
10 (10)	Squantum Ave (from sb), Milton, W 🅾 H

METHUEN (side tab, left margin)

BOSTON AREA (side tab, center margin)

MA (bottom right)

■ = gas   🍴 = food   🏠 = lodging   ⊙ = other   Rs = rest stop   Copyright 2018 - The Next EXIT

BOSTON AREA

⬆N INTERSTATE 93 Cont'd

Exit#	Services
9 (9)	Adams St, Bryant Ave, to N Quincy, **E** ■ Milton Fuel 🍴 Dunkin Donuts, **W** ■ Shell/repair ⊙ USPO
8 (8)	Brook Pkwy, to Quincy, Furnace, **E** ■ Gulf/dsl, Mobil/dsl
7 (7)	MA 3 S, to Cape Cod (exits left from sb), Braintree, **E** 🏠 Marriott
6 (6)	MA 37, to Holbrook, Braintree, **E** ■ Mobil/dsl 🍴 99 Rest., Boardwalk Café, Buffalo Wild Wings, CA Pizza Kitchen, Cheesecake Factory, Chicago Grill, Chipotle, D'angelo, Dave&Buster's, Five Guys, Joe's American Grill, Legal Seafood, Potbelly, Qdoba, Red Robin, Starbucks, TGIFriday's, Tokyo Japanese 🏠 Hyatt Place ⊙ AT&T, Lord&Taylor, Macy's, mall, Nordstrom's, Sears/auto, Sullivan Tire/auto, Target, URGENT CARE, **W** ■ Citgo 🍴 Ascari Café 🏠 Candlewood Suites, Extended Stay America, Hampton Inn, Holiday Inn Express ⊙ Barnes&Noble, Ford, VW
5b a (4)	MA 28 S, to Randolph, Milton, **E** ■ Citgo, Mobil/dsl, Shell/dsl 🍴 Domino's, Dunkin Donuts, La Scala, Lombardo's, Randolph Cafe, Wong's Chinese 🏠 Comfort Inn ⊙ AT&T
4 (3)	MA 24 S (exits left from sb), to Brockton
3 (2)	MA 138 N, to Ponkapoag Trail, Houghtons Pond
2b a (1)	MA 138 S, to Stoughton, Milton, **E** ⊙ golf, **W** ■ BlueHill/dsl, Mobil/dsl, Shell/dsl 🍴 Blue Hills Grill, Dunkin Donuts 🏠 Homewood Suites
1 (0)	I-95 N, S to Providence. **I-93 begins/ends on I-95, exit 12.**

⬆N INTERSTATE 95

AMESBURY

Exit#	Services
89.5mm	Welcome Ctr/Rs sb, full ♿ facilities, litter barrels, 🚮, Massachusetts/New Hampshire state line
60 (89)	MA 286, to Salisbury, beaches, **E** ■ Mobil/dsl 🍴 Cosmos Rest., Dunkin Donuts, Lena's Seafood Rest. ⊙ Black Bear Camping (seasonal)
59 (88)	I-495 S (from sb)
58b a (87)	rd 110, to I-495 S, to Amesbury, Salisbury, **E** ■ Sunoco/Dunkin Donuts/Subway/dsl 🍴 China Buffet, Niko's Place, Sylvan St Grille, Winner's Circle Rest. ⊙ Ford, U-Haul, vet, **W** ■ Irving Gas/Circle K, Mobil, Sunoco/dsl 🍴 Acapulco's Mexican, Burger King, Dunkin Donuts, Friendly's, McDonald's, PapaGino's 🏠 Fairfield Inn ⊙ AT&T, Chevrolet, Stop&Shop, Verizon
57 (85)	MA 113, to W Newbury, **E** ■ Mobil/dsl, Shell/dsl/repair, Sunoco 🍴 China One, D'angelo, Dunkin Donuts, Dunkin Donuts, Giuseppe's Italian, Hana Japan, McDonald's, Panera Bread, PapaGino's, Sal's Pizza, Wendy's ⊙ 🏥, 7-11, GNC, Marshall's, Midas, MktBasket Foods, Rite Aid, Shaw's Foods, Verizon, Walgreens
56 (83)	Scotland Rd, to Newbury, **E** ⊙ st police
55 (82)	Central St, to Byfield, **E** 🍴 Gen Store Eatery, Parker River Grille, **W** ■ Prime/dsl/repair
54b a (78)	MA 133, E to Rowley, W to Groveland, **E** ⊙ vet
77mm	weigh sta both lanes
53b a (76)	MA 97, S to Topsfield, N to Georgetown
52 (74)	Topsfield Rd, to Topsfield, Boxford
51 (72)	Endicott Rd, to Topsfield, Middleton
50 (71)	US 1, to MA 62, Topsfield, **E** ■ Gulf/dsl, Mobil/dsl ⊙ Honda, **W** ■ S&S 🍴 Supino's Rest., Timothy's Rest., TX Roadhouse 🏠 DoubleTree, Knights Inn ⊙ CVS Drug, st police, Staples, Stop&Shop
49 (70)	MA 62 (from nb), Danvers, Middleton, **W** same as 50

PEABODY

Exit#	Services
48 (69)	Hobart St (from sb), **W** 🍴 Calitri's Italian 🏠 Comfort Inn, Extended Stay America, Motel 6 ⊙ Home Depot
47b a (68)	MA 114, to Middleton, Peabody, **E** ■ Gulf/Dunkin Donuts, Speedway/dsl, Sunoco 🍴 Dunkin Donuts, Honey Dew Donuts, McDonald's, Olive Garden, Outback Steaks, PapaGino's, Pizza Hut, Subway ⊙ Audi, Chevrolet, Chrysler/Dodge/Jeep, Infiniti, Lexus, Lowe's, NTB, Petsmart, Porsche, Subaru, TJ Maxx, Toyota/Scion, Trader Joe's, Verizon, vet, VW, Walmart, **W on US 1** 🍴 Chili's, Hardcover Rest., TGIFriday's 🏠 Motel 6, Residence Inn, TownePlace Suites ⊙ Costco/gas, Home Depot, LandRover, Meineke, NAPA
46 (67)	to US 1, **W** ■ Best, Global, Gulf/dsl, Sunoco/dsl 🍴 Dunkin Donuts, Honey Dew Donuts ⊙ auto repair
45 (66)	MA 128 N, to Peabody
44b a (65)	US 1 N, MA 129, **E** ⊙ 🏥, **W** ■ 7-11, Shell, Sunoco 🍴 Bertucci's, Bros Kouzina Rest., Carrabba's, Dunkin Donuts, Marco Italian, Santarpio's Pizza, Sonic, Wendy's 🏠 Hampton Inn, Holiday Inn, Homewood Suites, Plaza Motel, SpringHill Suites
43 (61)	Walnut St, Lynnfield, **E** ⊙ to Saugus Iron Works NHS (3mi), **W** 🏠 Sheraton ⊙ golf
42 (62)	Salem St, Montrose, **E** ■ Irving/Circle K/Subway, Sunoco 🍴 Dunkin Donuts, **W** 🏠 Sheraton
41 (60)	Main St, Lynnfield Ctr, **E** ■ Shell
40 (59)	MA 129, Wakefield Ctr, N Reading, **E** 🍴 Bellino's Italian, Honey Dew Donuts ⊙ city park, vet, **W** ■ Gulf 🍴 Dunkin Donuts, Mandarin Chinese ⊙ Chevrolet, Mazda, REI

READING

Exit#	Services
39 (58)	North Ave, Reading, **E** 🏠 Clarion ⊙ city park, Subaru, Volvo, **W** ■ Shell/dsl 🍴 Bertucci's, Chili's, Fuddrucker's, Longhorn Steaks, Macaroni Grill, Oye's Rest., Starbucks ⊙ 🏥, Home Depot, Honda, Mkt Basket Foods, Staples, Stop&Shop Foods, URGENT CARE, Verizon
38b a (57)	MA 28, to Reading, **E** ■ Gulf/repair, Mobil, Speedway/dsl 🍴 99 Rest., Burger King, Burger King, D'Angelo's/PapaGino's, Dunkin Donuts, Dunkin Donuts, Five Guys, Subway, Uno Fresco Cafe ⊙ Advance Parts, AutoZone, CVS Drug, Ford, GNC, Marshall's, Michaels, Stop&Shop/gas, Walgreens, **W** ■ Eleven Variety, Mobil/dsl, Shell, Sunoco 🍴 Anthony's Roastbeef, Burger King, Calariso's Farm Stand, Domino's, Dunkin Donuts, Harrow's Chicken Pies, McDonald's, Sam's Bistro, Starbucks ⊙ Meineke
37b a (56)	I-93, N to Manchester, S to Boston
36 (55)	Washington St, to Winchester, **E** ■ 🍴 Dunkin Donuts, Fresh City, Sal's Pizza, Starbucks, Subway 🏠 Hilton ⊙ Hogan's Tires, Jaguar, Nissan, Staples, Toyota, **W** ■ Sunoco 🍴 99 Rest., Bertucci's, Chicago Grill, China Pearl, d'angelo, Dunkin Donuts, Joe's Grill, On the Border, Panera Bread, Papa Gino's, Qdoba, Sarku Japan 🏠 Courtyard, Fairfield Inn, Holiday Inn Express, Red Roof Inn ⊙ $Tree, AT&T, CVS Drug, Kohl's, Lowe's, Mkt Basket Foods, NTB, TJ Maxx, Town Fair Tire, USPO
35 (54)	MA 38, to Woburn, **E** 🍴 Scoreboard Grill 🏠 Crowne Plaza ⊙ 🏥, **W** ■ Mobil/dsl 🍴 Applebee's, Dunkin Donuts, Sichuan Garden 🏠 Extended Stay America ⊙ city park, CVS Drug, Stop&Shop Foods
34 (53)	Winn St, Woburn
33b a (52)	US 3 S, MA 3A N, to Winchester, **E** 🍴 Bickford's Grille, Bonefish Grill, Café Escadrille, Capital Grille, ChuckeCheese, Coldstone, Dunkin Donuts, Panera Bread, Papa Razzi, Potbelly, Seasons Grill, Starbucks, Subway 🏠 Hyatt House ⊙ CVS Drug, Honda, LL Bean, Marshall's, Michael's, Roche Bros Mkt, **W** ■ Prime, Speedway 🍴 Chopps Grill 🏠 Marriott ⊙ Audi/Porsche, Kia, Mercedes, repair

MA

INTERSTATE 95 Cont'd

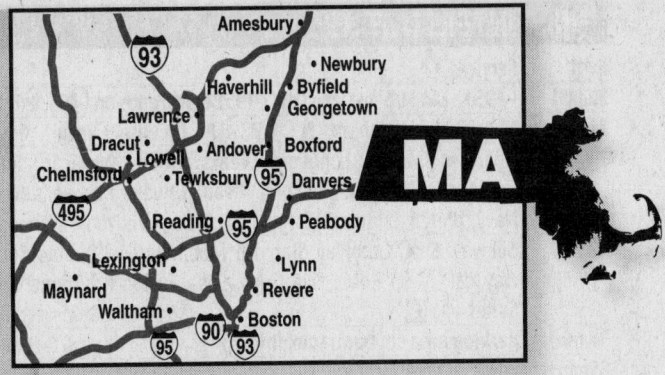

Exit#	Services
32b a (51)	US 3 N, MA 2A S, to Lowell, **E** Ⓖ Mobil/dsl, Shell Ⓕ Burger King, Burton's Grill, Chateau Italian, d'Angelo, Dunkin Donuts, Five Guys, McDonald's, Subway Ⓛ Hilton Garden, Sonesta Suites Ⓞ Best Buy, Jo-Ann, Midas, Mkt Basket Foods, Nordstrom, Old Navy, PetCo, Trader Joe's, Verizon, **W** Ⓕ Border Cafe, Buffalo Wild Wings, Cheesecake Factory, Chicago Grill, Chili's, Chipotle, Del Frisco's Grill, Legal Seafoods, Macaroni Grill, Noodles&Co, Qdoba, Wendy's Ⓛ Candlewood Suites, Extended Stay America Ⓞ AT&T, Barnes&Noble, Kohl's, Lord&Taylor, Macy's, mall, Nordstrom, Sears/auto, Staples, URGENT CARE
31b a (48)	MA 4, MA 225, Lexington, **E** Ⓖ Gulf, Mobil/dsl/repair Ⓕ Alexander's Pizza, Qdoba, Starbucks Ⓞ Stop&Shop, Walgreens **W** Ⓖ Gulf, Shell Ⓕ d'Angelo, Dunkin Donuts, Great Wall, Margarita's, McDonald's, Papa Gino's Ⓛ Bedford Plaza Hotel, Quality Inn Ⓞ Stop&Shop, TJ Maxx, vet
30b a (47)	MA 2A, Lexington, **E** Ⓖ Sunoco/Dunkin Donuts/dsl, **W** Ⓛ ALoft, Element Hotel Ⓞ Ⓗ, Hanscom AFB, to Minute-Man NP
46.5mm	travel plaza nb, Ⓖ Gulf/dsl/CNG Ⓕ Honey Dew Donuts, McDonald's Ⓞ gifts
29b a (46)	MA 2 W, Cambridge
28b a (45)	Trapelo Rd, Belmont, **E** Ⓖ Gulf/dsl, Mobil/dsl Ⓕ Boston Mkt, Burger King, Dunkin Donuts, Friendly's, McDonald's, Panera Bread, Papa Gino's, Starbucks, Subway Ⓞ city park, Shaw's Foods/Osco Drugs
27b a (44)	Totten Pond Rd, Waltham, **E** Ⓖ Shell Ⓕ Bonefish Grill, Copper House, Dunkin Donuts, Naked Fish Rest., Osteria Posto Ⓛ Best Western, Courtyard, Extended Stay America, Hilton Garden, Holiday Inn Express, Home Suites, Hyatt, Westin Hotel, **W** Ⓕ Bertucci's Rest., Green Papaya Thai Ⓛ Embassy Suites/The Grill Ⓞ AT&T, Costco, Home Depot, Ⓕ D'Angelo
26 (43)	US 20, to MA 117, to Waltham, **E** Ⓖ Sunoco/dsl, **W** Ⓖ Mobil/dsl Ⓕ Chicago Grill, Dunkin Donuts Ⓞ NTB, vet
25 (42)	I-90, MA Tpk
24 (41)	MA 30, Newton, Wayland, **E** Ⓖ Speedway Ⓛ Marriott/rest.
23 (40)	Recreation Rd (from nb), to MA Tpk
22b a (39)	Grove St, **E** Ⓛ Hotel Indigo Ⓞ golf
38.5mm	travel plaza sb, Ⓖ Gulf/dsl Ⓕ HoneyDew Donuts, McDonald's Ⓞ gifts
21b a (38)	MA 16, Newton, Wellesley, **E** Ⓞ Ⓗ, **W** Ⓖ Sunoco Ⓕ Dunkin Donuts, North End Pizza, Papa Razzi, Starbucks Ⓞ CVS Drug
20b a (36)	MA 9, Brookline, Framingham
19 (35)	Highland Ave, Newton, Needham, **E** Ⓖ Speedway Ⓕ Acapulco's, Chipotle Mexican, D'Angelo, Five Guys, Fresh City, Mandarin Cuisine, Mighty Subs, Panera Bread, Papa Gino's, Petsmart, Starbucks Ⓛ Residence Inn, Sheraton/rest. Ⓞ AAA, CVS Drug, Marshall's, Michael's, PetCo, Staples, TJ Maxx, **W** Ⓕ Three Squares Rest. Ⓞ Chevrolet, Ford
18 (34)	Great Plain Ave, W Roxbury
33.5mm	parking area sb, litter barrels, Ⓒ
17 (33)	MA 135, Needham, Wellesley
32mm	truck turnout sb
16b a (31)	MA 109, High St, Dedham, **W** Ⓖ Mobil/dsl
15b a (29)	US 1, MA 128, 0-2 mi **E** Ⓖ Gulf Ⓕ Chili's, Joe's Grill, Legal Seafood, Panera Bread, PapaGino's, PF Chang's, Qdoba, Subway, Summer Shack, TGI Friday's, Victory Grille, Yard House Rest. Ⓛ Fairfield Inn, Holiday Inn, Residence Inn Ⓞ AT&T, AutoZone, Best Buy, BJ's Whse, Costco/gas, CVS Drug, EVC, LL Bean, Monro/service, PepBoys, PetCo, Staples, Star Foods, Tesla, Verizon, vet, Walgreens, Whole Foods Mkt, 0-2 mi **W** Ⓕ

Exit#	Services
15b a (29)	Continued Irving/dsl, Shell/dsl Ⓕ Burger King, Dunkin Donuts, Jade Chinese, McDonald's Ⓛ Budget Inn Ⓞ AAA, AT&T, Audi/Porsche, Buick/GMC, Chevrolet, Chrysler/Dodge/Jeep, Fiat, Honda, Kia, Mercedes, Toyota/Scion
14 (28)	East St, Canton St, **E** Ⓛ Hilton
27mm	Ⓡⓢ sb, full Ⓓ facilities, litter barrels, Ⓒ, Ⓐ
13 (26.5)	University Ave
12 (26)	I-93 N, to Braintree, Boston, motorist callboxes end nb
11b a (23)	Neponset St, to Canton, **E** Ⓖ Citgo/repair, Sunoco/dsl Ⓕ Dunkin Donuts, **2 mi W** on US 1 Ⓖ Gulf/dsl, Sunoco Ⓕ Jake&Joe's Ⓛ Hampton Inn, The Chateau Ⓞ Ⓗ, Chevrolet, Ferrari, Ford, Honda, Hyundai, Maserati, Nissan, Toyota/Scion, Volvo
22.5mm	Neponset River
10 (20)	Coney St (from sb, no EZ return), to US 1, Sharon, Walpole, **1 mi W** on US 1 Ⓖ Mobil Ⓕ 99 Rest., Bertucci's, British Beer Co, Chili's, Chipotle Mexican, Dunkin Donuts, Five Guys, Friendly's, IHOP, McDonald's, Outback Steaks, Panda Express, Panera Bread, PapaGino's, Starbucks, Subway, Taco Bell, TX Roadhouse Ⓛ Courtyard, Holiday Inn Express, Residence Inn, Sheraton Ⓞ Acura, Advance Parts, Barnes&Noble, CarMax, Home Depot, Jo-Ann, Kohl's, Old Navy, O'Reilly Parts, PetCo, Petsmart, Staples, Stop&Shop, TownFair Tire, VW, Walgreens
9 (19)	US 1, to MA 27, Walpole, **W** Ⓖ Gulf, Mobil/dsl, Stop$Shop Gas Ⓕ Applebee's, Dunkin Donuts, Starbucks Ⓛ Best Western, EconoLodge Ⓞ BigY Foods/drug, Lexus, same as 10, Stop&Shop, Walmart
8 (16)	S Main St, Sharon, **E** Ⓕ Dunkin Donuts Ⓞ Rite Aid, Shaw's Foods
7b a (13)	MA 140, to Mansfield, **E** Ⓕ 99 Rest., Jake'nJoe's Grille Ⓛ Comfort Inn, Courtyard, Holiday Inn, Red Roof Inn, Residence Inn Ⓞ Stop&Shop/gas, **W** Ⓖ Shell/HoneyDew Donuts/dsl Ⓕ Dunkin Donuts, PapaGino's Ⓞ $Tree, AT&T
6b a (12)	I-495, S to Cape Cod, N to NH
10mm	Welcome Ctr/Ⓡⓢ nb, full Ⓓ facilities, info, litter barrels, petwalk, Ⓒ, Ⓐ
9mm	truck parking area sb
5 (7)	MA 152, Attleboro, **E** Ⓞ Ⓗ, **W** Ⓖ Gulf/dsl Ⓕ Barett's Alehouse, Wendy's Ⓞ Shaw's Foods/Osco Drug
4 (6)	I-295 S, to Woonsocket
3 (4)	MA 123, to Attleboro, **E** Ⓖ Shell/dsl Ⓕ Dunkin Donuts Ⓞ Ⓗ, zoo
2.5mm	parking area/weigh sta both lanes, litter barrels, no restrooms
2b a (1)	US 1A, Newport Ave, Attleboro, **E** Ⓖ Mobil/dsl Ⓕ McDonald's, Olive Garden Ⓞ Home Depot, Market Basket Foods, Verizon, **W** Ⓕ Grampy's Ⓞ Kia
1 (.5)	US 1 (from sb), **E** Ⓛ Attleboro Inn Ⓞ Rite Aid, Volvo, **W** Ⓖ Speedway/dsl
0mm	Massachusetts/Rhode Island state line

MA

🅖 = gas 🍽 = food 🏨 = lodging 🅞 = other 🆁🆂 = rest stop   Copyright 2018 - The Next EXIT

🅝 INTERSTATE 195

Exit#	Services
22 (41)	I-495 N, MA 25 S, to Cape Cod. **I-195 begins/ends on I-495, exit 1.**
21 (39)	MA 28, to Wareham, **N** 🍽 BB's Rest., Casa Cancun, Cosi, Gourmet Garden, Longhorn Steaks, Qdoba Mexican, Red Robin 🅞 GNC, JC Penney, LL Bean, Lowe's, Michael's, Old Navy, PetCo, Staples, Target, TJ Maxx, Verizon, Walmart/Subway, **S** 🅖 Gateway Star/dsl, Mobil/Dunkin Donuts/Subway/dsl 🍽 99 Rest., Five Guys, Saga Fusion 🏨 TownPlace Suites 🅞 🅷
37mm	parking area eb, boatramp, info
36mm	Sippican River
20 (35)	MA 105, to Marion, **S** 🅞 RV camping (seasonal)
19b a (31)	to Mattapoisett, **S** 🅖 Mobil 🍽 Nick's Pizza, Ying Dynasty 🅞 USPO
18 (26)	MA 240 S, to Fairhaven, 1 mi **S** 🅖 7-11 🍽 99 Rest., Burger King, China Cafe, Dunkin Donuts, Frontera Grill, Jake's Diner, McDonald's, PapaGino's, Pasta House, Riccardi's Italian, Subway, Taco Bell, Wendy's 🏨 Hampton Inn 🅞 $Tree, AutoZone, Brahmin Handbags, Buick/GMC, GNC, Marshall's, Mazda, Staples, Stop&Shop/gas, Sullivan Tire, TownFair Tire, Walgreens, Walmart
25.5mm	Acushnet River
17 (24)	Coggeshall St, (from wb only), New Bedford, **N** 🅖 7-11/gas, Petro/dsl, Sunoco 🍽 Dunkin Donuts, HoneyDew Donuts, Little Caesar's, McDonald's, Papa John's, Subway, Taco Bell 🅞 GNC, Market Basket Foods, same as 16, URGENT CARE, Verizon
16 (23)	Washburn St (from eb), **N** 🅖 Sunoco 🍽 McDonald's, Papa John's
15 (22)	MA 18 S, New Bedford, **S** 🅖 Mutual 🅞 hist dist, to downtown, Whaling Museum
14 (21)	Penniman St (from eb), New Bedford, downtown
13b a (20)	MA 140, **N** 🅞 ♻, **S** 🅖 Sunoco 🍽 Dunkin Donuts 🅞 🅷, Buttonwood Park/zoo, CVS Drug, Shaw's Foods, Walgreens
12b a (19)	N Dartmouth, **S** 🅖 Mobil/dsl, Mobil/Subway/dsl, Speedway 🍽 99 Rest., Applebee's, Azuma Asian, Buffalo Wild Wings, Burger King, Chipotle, ChuckeCheese, Coldstone, Dunkin Donuts, Five Guys, Friendly's, IHOP, Jimmy's Pizza, McDonald's, Olive Garden, Panera Bread, PapaGino's, Peking Garden, Ruby Tuesday, Subway, Taco Bell, TGIFriday's, Tropical Smoothie, TX Roadhouse, Wendy's 🏨 Residence Inn 🅞 $Tree, AT&T, Barnes&Noble, Best Buy, BJ's Whse/gas, Chevrolet, Dick's, Firestone/auto, Home Depot, JC Penney, Jo-Ann, Kia, Kohl's, Lowe's, Macy's, mall, Michael's, Nissan, Old Navy, PetCo, Sears/auto, st police, Stop&Shop/gas, Target, TJ Maxx, TownFair Tire, Toyota/Scion, USPO, Walgreens, Walmart
11b a (17)	Reed Rd, to Dartmouth, **S** 🅖 Shell 🍽 Dunkin Donuts
10 (16)	MA 88 S, to US 6, Westport, **S** 🅖 Cumberland 🅞 CVS Drug, same as 9
9 (15.5)	MA 24 N (from nb), Stanford Rd, Westport, **S** 🅖 Rte 6 Gas, Supreme, Valero 🍽 Dunkin Donuts, Galley Grill 🏨 Hampton Inn 🅞 White's Hospitality
8b	MA 24 N, (exits left from eb)
8a (15)	MA 24 S, Fall River, Westport
7 (14)	MA 81 S, Plymouth Ave, Fall River, **N** 🅖 Speedway 🍽 99 Rest., Boston Mkt, Burger King, D'angelo, Dunkin Donuts, HoneyDew Donuts, KFC, Subway, Wendy's 🅞 🅷, CVS Drug, Hyundai, **S** 🅖 Gulf, Shell 🍽 Applebee's, McDonald's 🅞 Stop&Shop, Sullivan Tire, Walgreens
6 (13.5)	Pleasant St, Fall River, downtown
5 (13)	MA 79, MA 138, to Taunton, **S** 🅖 7-11, Speedway/dsl 🍽 Dunkin Donuts

Exit#	Services
12mm	Assonet Bay
4b a (10)	MA 103, to Swansea, Somerset, **N** 🍽 Wilbur's 🍽 Roge Rest. 🅞 repair, vet, **S** 🅖 Shell 🍽 Jillian's Grill 🏨 Riverview Inn
3 (8)	US 6, to MA 118, Swansea, Rehoboth, **N** 🅖 Mobil/Dunk Donuts, Speedway, Swansea/dsl 🍽 Five Guys, Friendly's, McDonald's, Ruby Tuesday, Subway, Thai Taste, Wendy's 🅞 $Tree, AT&T, BigLots, Firestone/auto, Jo-Ann Fabric Macy's, mall, Marshall's, Petsmart, Price Rite Foods, Targe Verizon, Walmart/Subway, **S** 🅖 Gulf 🍽 Anthony's Sea food, Umi Japanese 🏨 Holiday Inn Express, Swansea Motel 🅞 Kia, NAPA, USPO
5.5mm	parking area wb
2 (5)	MA 136, to Newport, **S** 🅖 Mobil/24hr, Shell/24hr 🍽 Dunk Donuts, McDonald's, Subway 🅞 CVS Drug, Toyota/Scion
3mm	weigh sta eb
1 (1)	MA 114A, to Seekonk, **N** 🅖 Crossroads/Subway/dsl, Exxo Shell/dsl 🍽 99 Rest., Dunkin Donuts, HoneyDew Donut Newport Creamery 🏨 Motel 6 🅞 vet, **S** 🅖 Mobil/24h Speedway/dsl, Stop&Shop Gas/repair 🍽 1149 Rest., Applebee's, BigLots, Burger King, Chili's, Chipotle, Coldston D'Angelo, Dunkin Donuts, Five Guys, Friendly's, Hichigo Ich Japanese, IHOP, Joe's Kitchen, Longhorn Steaks, McDonald Moe's SW, Outback Steaks, Panera Bread, PapaGino's, Plaza Azteca, Starbucks, Subway, Taco Bell, TGIFriday's, Wendy's 🏨 Best Western, Clarion, Comfort Inn, Extended Sta America, Hampton Inn, Knights Inn, Mary's Motel 🅞 $Tree Acura, Advance Parts, AT&T, Best Buy, BigLots, BJ's/gas, Bob Stores, Dick's, Firestone/auto, GNC, Hobby Lobby, Home Depo Kohl's, Lowe's, Michael's, PepBoys, Petco, Sam's Club, Staple Stop&Shop Foods, Target, TJMaxx, TownFair Tire, Verizo Walmart
0mm	Massachusetts/Rhode Island state line. **Exits 8-1 are in RI.**
8 (5)	US 1A N, Pawtucket, **S** 🅖 Mobil/dsl 🍽 Subway 🅞 CVS Dru
7 (4)	US 6 E, CT 114 S, to Barrington, Seekonk
6 (3)	Broadway Ave, **N** 🅞 Monro
5 (2.5)	RI 103 E, Warren Ave
4 (2)	US 44 E, RI 103 E, Taunton Ave, Warren Ave
3 (1.5)	Gano St, **S** 🅞 Wyndham Garden
2 (1)	US 44 W, Wickenden St, India Pt, **N** 🅖 Shell/dsl, **S** 🅞 Wyndham Garden, downtown
1 (.5)	Providence, downtown
	I-195 begins/ends on I-95, exit 20 in Providence, RI. Exits 1-8 are in RI.

🅔 INTERSTATE 290

Exit#	Services
26b a (20)	I-495. **I-290 begins/ends on I-495, exit 25.**
25b a (17)	Solomon Pond Mall Rd, to Berlin, **N** 🅖 EVC 🍽 Bertucci's, Olive Garden, TGIFriday's 🏨 Quality Inn, Residence Inn 🅞 Best Buy, JC Penney, Macy's, mall/foodcourt, Old Navy, Sears/auto Target, **S** 🍽 Guiseppe's Grille
24 (15)	Church St, Northborough
23b a (13)	MA 140, Boylston, **N** 🅖 Gulf/Dunkin Donuts/dsl, Shell/dsl
22 (11)	Main St, Worcester, **N** 🍽 Dunkin Donuts
21 (10)	Plantation St (from eb), **N** 🍽 Dunkin Donuts, same as 20
20 (8)	MA 70, Lincoln St, Burncoat St, **N** 🅖 Gulf/Subway/dsl, Shell dsl 🍽 Crown Chicken, Denny's, Dunkin Donuts, Five Guys, KFC Kyoto, McDonald's, PapaGino's/D'Angelo, Plaza Azteca, Ruby Tuesday, Subway, Taco Bell, TX Roadhouse, Wendy's 🏨 Quality Inn 🅞 $Tree, Aldi Foods, AT&T, AutoZone, Barnes&Noble CVS Drug, Dick's, Kohl's, Lowe's, Staples, Stop&Shop, Target URGENT CARE, USPO, Walgreens

SEEKONK **PROVIDENCE**

FALL RIVER

MA

WORCESTER

▲E INTERSTATE 290 Cont'd

Exit#	Services
19 (7)	I-190 N, MA 12
18	MA 9, Framington, Ware, **N** 🅞 Worcester Airport, **S** 🅞 🅷
16	Central St, Worcester, **N** 🅕 99 Rest., Starbucks 🅛 Hilton Garden, Holiday Inn Express 🅞 USPO
14	MA 122, Barre, Worcester, downtown
13	MA 122A, Vernon St, Worcester, downtown
12	MA 146 S, to Millbury
11	Southbridge St, College Square, **W** 🅕 Culpepper's Cafe, **N** 🅖 Shell/dsl 🅕 Golden House Chinese, Wendy's 🅞 Family$
10	MA 12 N (from wb), Hope Ave
9	Auburn St, to Auburn, **E** 🅖 Shell 🅕 Arby's, Auburn Town Pizza, Dunkin Donuts, McDonald's, Outback, PapaGino's, Starbucks, Subway, Yong Shing 🅛 Comfort Inn, Holiday Inn Express (1mi), La Quinta 🅞 Acura, AutoZone, Firestone/auto, Macy's, mall, Midas, Petco, Sears/auto, Shaw's Foods, Staples, TownFair Tire, USPO
8	MA 12 S(from sb), Webster, **W** 🅖 Shell 🅛 Holiday Inn Express
7	I-90, E to Boston, W to Springfield. **I-290 begins/ends on I-90.**

▲N INTERSTATE 395

Exit#	Services
12.5	**I-395 begins/ends on I-290, exit 10.**
7 (12)	to I-90 (MA Tpk), MA 12, **E** 🅕 Holiday Inn Express, **W** 🅖 Shell 🅕 Bentley Cafe 🅞 same as 6b
6b a (11)	US 20, **E** 🅖 Cumberland 🅕 Frank&Nancy's Cafe, Major League Roast Beef 🅞 NAPA, Saab/VW, truck tires/repair, **W** 🅖 Shell 🅕 Applebee's, Chuck's Steakhouse, D'angelo, Dunkin Donuts, Friendly's, Wendy's 🅛 Fairfield Inn, Hampton Inn 🅞 BJ's Whse/dsl, Buick/Cadillac/GMC, Chevrolet, Ford, Home Depot, Hyundai, Nissan, TJ Maxx
5 (8)	Depot Rd, N Oxford
4b a (6)	Sutton Ave, to Oxford, **E** 🅖 Shell/Dunkin Donuts/dsl 🅞 $Tree, Home Depot, MktBasket Foods, **W** 🅖 Mobil/dsl 🅕 Dunkin Donuts, McDonald's, NE Pizza, Subway 🅞 Cahill's Tire/repair, Cumberland Farms, CVS Drug
3 (4)	Cudworth Rd, to N Webster, S Oxford
2 (3)	MA 16, to Webster, **E** 🅞 RV Camping, Subaru, **W** 🅖 BP/repair, Gulf, Sunoco 🅕 Burger King, D'angelo, Dunkin Donuts, Empire Wok, Friendly's, HoneyDew Donuts, KFC/Taco Bell, Little Caesar's, McDonald's, Mexicali Grill, Panera Bread, PapaGino's, Wendy's 🅞 🅷, $Tree, Advance Parts, AutoZone, CVS Drug, Ford, O'Reilly Parts, PriceChopper Foods, Rite Aid, Verizon, Walgreens
1 (1)	MA 193, to Webster, **E** 🅞 🅷, **W** 🅖 Mobil/dsl 🅕 Golden Greek Rest., Wind Tiki Chinese 🅞 Goodyear/auto
0mm	**Massachusetts/Connecticut state line**

▲N INTERSTATE 495

Exit#	Services
119	**I-495 begins/ends on I-95, exit 59.**
55 (119)	MA 110 (from nb, no return), to I-95 S, **E** 🅖 Irving/Circle K, Mobil, Sunoco/dsl 🅕 Acupulco Mexican, Burger King, Dunkin Donuts, Friendly's, McDonald's, PapaGino's 🅛 Fairfield Inn 🅞 AT&T, Chevrolet, Stop&Shop, Verizon, **W** 🅖 Gulf 🅞 CVS, NAPA
54 (118)	MA 150, to Amesbury, **W** 🅞 RV camping
53 (115)	Broad St, Merrimac, **W** 🅕 Citgo/repair 🅕 Dunkin Donuts

OXFORD

HAVERHILL

Exit#	Services
114mm	**parking area sb (6AM-8PM), litter barrels, 🎏, restrooms**
52 (111)	MA 110, to Haverhill, **E** 🅖 Seafood Etc 🅞 🅷, **W** 🅖 Racing Mart 🅕 Biggart Ice Cream, Dunkin Donuts
110mm	**parking area nb, litter barrels, 🎏**
51 (109)	MA 125, to Haverhill, **E** 🅖 Gulf 🅕 Bros Pizza, China King, Dunkin Donuts 🅞 🅷, Family$, **W** 🅖 Mobil/dsl 🅕 Applebee's, Burger King, Dunkin Donuts, Friendly's, Li's Asian, Longhorn Steaks, Lucky Corner Chinese, McDonald's, Mr Mikes Grill, Starbucks, Taco Bell, Tuscan House Pizza, Wendy's 🅞 Monro Service
50 (107)	MA 97, to Haverhill, **W** 🅞 Ford, Target
49 (106)	MA 110, to Haverhill, **E** 🅖 Gulf, Sunoco 🅕 99 Rest., Athens Pizza, Dunkin Donuts, McDonald's, Oriental Garden, PapaGino's 🅛 Best Western, Hampton Inn 🅞 Buick/Chevrolet/GMC, Chrysler/Dodge/Jeep, CVS Drug, Marshall's, MktBasket Foods, Walgreens
105.8mm	Merrimac River
48 (105.5)	MA 125, to Bradford, **E** 🅖 BJ's Whse/gas
47 (105)	MA 213, to Methuen, **1-2 mi W** 🅕 Burger King, Chucke-Cheese, Friendly's, Joe's Crabshack, McDonald's, New Tokyo, Olive Garden, OrangeLeaf, Santana Rae's Mexican, Starbucks, TGIFriday's, Wendy's 🅞 🅷, Home Depot, Marshalls, MktBasket Foods, Old Navy, Stop&Shop, Target, The Mann Orchards/Bakery, Walmart/Subway
46 (104)	MA 110, **E** 🅕 Giovanni's Deli, Pleasant Valley Gas, Sunoco, **W** 🅞 🅷
45 (103)	Marston St, to Lawrence, **W** 🅞 Chevrolet, Honda, Kia, Nissan, VW
44 (102)	Merrimac St, to Lawrence
43 (101)	Mass Ave
42 (100)	MA 114, **E** 🅖 Gulf, Mobil, Wave 🅕 Bertucci's, Boll Wood Grill, Boston Mkt, Burger King, Burtons Grill, Chipotle Mexican, Dunkin Donuts, Friendly's, Lee Chin Chinese, Panera Bread 🅛 Holiday Inn Express 🅞 Ace Hardware, CVS Drug, Kohl's, MktBasket Foods, PetCo, Staples, TJ Maxx, Walgreens, **W** 🅕 Denny's, Dunkin Donuts, KFC, Little Caesar's, Pizza Hut/Taco Bell, Subway, Wendy's 🅞 🅷, Advance Parts, Family$, Marshall's, Monroe Service, O'Reilly Parts/VIP Service, vet
41 (99)	MA 28, to Andover, **E** 🅕 Dunkin Donuts 🅞 Cadillac/Chevrolet
40b a (98)	I-93, N to Methuen, S to Boston
39 (94)	MA 133, to Dracut, **E** 🅖 Speedway 🅕 Longhorn Steaks, McDonald's 🅛 Extended Stay America, **W** 🅖 Mobil/Circle K/dsl 🅕 Cracker Barrel, Wendy's 🅛 Fairfield Inn, Holiday Inn/rest., Residence Inn
38 (93)	MA 38, to Lowell, **E** 🅖 Petroil/dsl 🅕 99 Rest., Applebee's, Burger King, Dunkin Donuts, IHOP, Jade East, Waffle House 🅛 Motel 6 🅞 Hogan Tire/auto, Home Depot, Honda, TownFair Tire, Toyota, URGENT CARE, Walmart, **W** 🅕 Citgo, Mobil, Sunoco, USA/dsl 🅕 Dunkin Donuts, Jillie's Rest., McDonald's, Milan Pizza, Wendy's 🅞 Buick/GMC, Chevrolet,

LOWELL

MA

🅶 = gas   🍴 = food   🛏 = lodging   🅾 = other   🆁🆂 = rest stop   Copyright 2018 - The Next EXIT

L O W E L L

⬆ N INTERSTATE 495 Cont'd

Exit	Description
38 (93)	Continued Chrysler/Dodge/Jeep, CVS Drug, Hannaford Foods, Marshall's, Mazda, MktBasket Foods
37 (91)	Woburn St, to S Lowell, **W** 🅶 Gulf/Dunkin Donuts/Subway
35c (90)	to Lowell SP, Lowell ConX, 0-2 mi **W** on US 3 🍴 Chili's, Outback Steaks 🛏 Courtyard 🅾 Kia/VW, Lincoln, Shop&Save, Target, Walgreens
35b a (89)	US 3, S to Burlington, N to Nashua, NH
34 (88)	MA 4, Chelmsford, **E** 🅶 Ampet, Mobil, Sunoco 🍴 110 Grill, Domino's, Dunkin Donuts, Friendly's, Jimmy's Pizza, PapaGino's 🛏 Radisson 🅾 CVS Drug, USPO, Walgreens, **W** 🅶 Shell 🍴 Moonstone's Rest. 🛏 Best Western
33	MA 4, N Chelmsford (from nb)
87mm	🆁🆂 both lanes (8AM-8PM), full ♿ facilities, litter barrels, 🅲, 🦮, vending
32 (83)	Boston Rd, to MA 225, **E** 🅶 Cumberland Farms, Gulf, Mobil 🍴 British Beer Co, Burton's Grill, Chili's, Chipotle, D'angelo, Dunkin Donuts, Evviva Cucina, Five Guys, McDonald's, Panera Bread, PapaGino's, Starbucks, Subway 🛏 Hampton Inn, Residence Inn 🅾 🅷, CVS Drug, GNC, Jo-Ann Fabrics, Marshall's, MktBasket Foods, Petco, Rite Aid, to Nashoba Valley Ski Area, Verizon, vet, Walgreens, Whole Foods Mkt
31 (80)	MA 119, to Groton, **E** 🅶 Gulf, Mobil/dsl, Shell 🍴 Dunkin Donuts, Littleton Subs, Subway, Yangtze River Chinese 🅾 Aubuchon Hardware, CVS Drug, Donelan's Foods, Toyota/Scion, Verizon, vet
30 (78)	MA 110, to Littleton, **1 mi E** 🅶 Shell 🍴 CVS Drug, USPO 🅾 vet, **W** 🅶 Mobil/Dunkin Donuts 🍴 vet 🅾 🅷
29b a (77)	MA 2, to Leominster, **E** 🅾 to Walden Pond St Reserve
28 (75)	MA 111, to Boxborough, Harvard, **E** 🅶 Gulf/Dunkin Donuts 🛏 Holiday Inn
27 (70)	MA 117, to Bolton, **E** 🅶 Mobil/dsl 🍴 Subway, **W** 🅾 vet
26 (68)	MA 62, to Berlin, **E** 🅶 Gulf/Dunkin Donuts 🍴 110 Grill 🛏 Holiday Inn Express 🅾 🅷, BJ's Whse/gas, Cabela's, GNC, Lowe's, Market Basket, Michael's, Petsmart, TJ Maxx, Verizon, **W** 🅶 Mobil/dsl
66mm	Assabet River
25b (64)	I-290, to Worcester
25a	to MA 85, Marlborough, **1 mi E** 🅶 Gulf, Mobil/dsl 🍴 99 Rest., Applebee's, Burger King, Checkerboards Rest., Dunkin Donuts, HoneyDew Donuts, KFC/Taco Bell, PapaGino's 🅾 $Tree, AutoZone, Chevrolet, CVS Drug, Hannaford Foods, Hogan Tire/auto, PetCo, Stop&Shop/gas, Verizon, Walgreens, Walmart
24b a (63)	US 20, to Northboro, Marlborough, **E** 🅶 Mobil/dsl 🍴 Allora Rest., D'angelo, Dunkin Donuts, Lake Williams Pizza 🛏 Holiday Inn, **W** 🅶 Gulf, Shell 🍴 99 Rest., Boston Mkt, China Taste, Chipotle Mexican, Five Guys, Japan 1, Jersey Mike's, Longhorn Steaks, McDonald's/playplace, Panera Bread, PapaGino's, Starbucks, Subway, Wendy's 🛏 Best Western, Courtyard, Embassy Suites, Extended Stay America, Hampton Inn 🅾 $Tree, GNC, Hannaford Foods, Sullivan Tire/auto, URGENT CARE, vet
23c (60)	Simrano Dr, Marlborough
23b a (59)	MA 9, to Shrewsbury, Framingham, **E** 🅶 Cumberland/Dunkin Donuts, Gulf 🍴 Wendy's 🛏 Red Roof Inn 🅾 Cadillac, Volvo, **0-2 mi W** 🅶 Mobil/dsl, Shell 🍴 Bertucci's, Burger King, Chateau Rest., Chipotle Mexican, D'angelo, Dunkin Donuts, Harry's Rest., Mandarin, McDonald's, Ruby Tuesday, Starbucks, Subway 🛏 Courtyard, Doubletree Inn, Extended Stay America, Extended Stay America (2), Extended Stay America (3), Hampton Inn, Residence Inn 🅾 🅷, Buick/GMC, CarMax, Chrysler/Dodge/Jeep, Marshall's, Staples, Stop&Shop, VW

M A R L B O R O

M I L F O R D

Exit	Description
22 (58)	I-90, MA TPK, E to Boston, W to Albany
21b a (54)	MA 135, to Hopkinton, Upton, **E** 🅶 Cumberland, Mobil, Dunkin Donuts 🍴 110 Grill, Dynasty Chinese, Hiller's Pizza, Starbucks 🅾 Verizon
20 (50)	MA 85, to Milford, **W** 🅶 Gulf/dsl/LP, Mobil/dsl 🍴 99 Rest, Pizza 85/deli, TGIFriday's, Wendy's 🛏 Courtyard, Fairfield Inn, Holiday Inn Express, Quality Inn 🅾 🅷, Best Buy, Lowe's, Pet Co, Staples, Stop&Shop, Target, TJ Maxx, Toyota/Scion
19 (48)	MA 109, to Milford, **W** 🅶 Mobil/Circle K/dsl, Shell 🍴 Alamo Mexican, Applebee's, Bugaboo Cr Steaks, Burger King, D'angelo, Dunkin Donuts, Five Guys, Friendly's, KFC, McDonald's/playplace, Panera Bread, PapaGino's, Subway 🛏 Doubletree, La Quinta 🅾 $General, $Tree, AutoZone, CVS Drug, Hannaford Foods, Jo-Ann Fabrics, Kohl's, Rite Aid, TownFair Tire
18 (46)	MA 126, to Bellingham, **E** 🍴 Chili's, McDonald's, Moe's SW 🅾 Barnes&Noble, Michael's, MktBasket Foods, Old Navy, Staples, Verizon, Walmart/Subway, Whole Foods Mkt **W** 🅶 Mobil, Speedway/dsl, Sunoco/dsl 🍴 Chicago Grill, DQ, Dunkin Donuts, Outback Steaks 🅾 Home Depot, Petsmart
17 (44)	MA 140, to Franklin, Bellingham, **E** 🅶 Mobil/dsl, Shell 🍴 Tedeschi 🍴 British Beer Co, Burger King, Chipotle, Dunkin Donuts, Firehouse Subs, Five Guys, HoneyDew Donuts, Longhorn Steaks, Noodles&Co, Panera Bread, PapaGino's, Peppe Terrace Thai, Starbucks, Subway, Taco Bell, Wendy's 🅾 AT&T, AutoZone, Buick/GMC, CVS Drug, GNC, Marshall's, Stop&Shop, URGENT CARE, **W** 🅶 Stop&Shop Gas 🍴 99 Rest., Hichigo, Ichie Hibachi, Incontro Rest. 🛏 Residence Inn 🅾 BJ's Whse, Subway/gas
16 (42)	King St, to Franklin, **E** 🅶 Tedeschi 🍴 Dunkin Donuts, Joe's Grill, King St Cafe, Spruce Pond Creamery 🛏 Hampton Inn **W** 🛏 Hawthorn Inn
15 (39)	MA 1A, to Plainville, Wrentham, **E** 🅶 Shell 🍴 Assisi Pizza **W** 🅶 Mobil/dsl 🍴 Chicago Grill, Cracker Barrel, Dunkin Donuts, Friendly's, Ruby Tuesday 🅾 Premium Outlets/famous brands
14b a (37)	US 1, to N Attleboro, **E** 🅶 Shell/dsl 🍴 Luciano's Rest. 🛏 Arbor Motel 🅾 Bass Pro Shops (4mi), **W** 🅶 Mobil 🍴 Chili's, Dunkin Donuts, Panera Bread, The Tavern 🛏 Holiday Inn Express 🅾 casino, Lowe's, Macdonald's RV Ctr, NTB, Stop&Shop, Target, TJ Maxx, vet
13 (32)	I-95, N to Boston, S to Providence, access to 🅷
12 (30)	MA 140, to Mansfield, **E** 🍴 Asian Grill, Bertucci's Italian, Buffalo Wild Wings, Chipotle Mexican, Coldstone, Dunkin Donuts, Longhorn Steaks, Papa Gino's, Qdoba Mexican, Sake Japanese, TGIFriday's 🅾 AT&T, Best Buy, Firestone/auto, GNC, Home Depot, Kohl's, LL Bean, Michael's, PetCo, Shaw's Foods, Staples, Verizon
11 (29)	MA 140 S (from sb), **1 mi W** 🅶 Cumberland, Mobil 🍴 Best Sandwich, Dunkin Donuts, Fiesta Mexican, Mandarin Chinese, McDonald's 🅾 $Tree, Roche Bros Mkt
10 (26)	MA 123, to Norton, **E** 🍴 Dunkin Donuts 🅾 QuickStop, **W** 🅾 🅷
9 (24)	Bay St, to Taunton, **E** 🍴 Chateau Rest., **W** 🍴 Dunkin Donuts, Jaybo Cafe, Ruby Tuesday, Wendy's 🛏 Extended Stay America, Holiday Inn 🅾 $Tree, BJ's Whse, Tadeschi Foods, Watson Pond SP
8 (22)	MA 138, to Raynham, **E** 🅶 Mobil/dsl, Speedway/dsl 🍴 Christopher's Pizza, HoneyDew Donuts, **W** 🅶 AARC/dsl/repair, Gulf/dsl, Stop'n Go/dsl 🍴 Brothers Pizza, Cape Cod Cafe, China Garden, D'angelo, Dunkin Donuts, HoneyDew Donuts, Lucky Corner Chinese, McDonald's 🅾 🅷, Ace Hardware, Mkt Basket Foods, USPO, Walmart

INTERSTATE 495 Cont'd

Exit#	Services
7b a (19)	MA 24, to Fall River, Boston, **1/2 mi E** 🅖 Mobil/dsl 🍴 Burger King
18mm	**weigh sta both lanes**
17mm	Taunton River
6 (15)	US 44, to Middleboro, **E** 🅖 Super/dsl 🍴 Burger King, Dunkin Donuts, Friendly's, PapaGino's, Subway, **W** 🅖 Irving/Circle K/Dunkin Donuts/dsl 🏠 Fairfield Inn, Holiday Inn Express
5 (14)	MA 18, to Lakeville, **E** 🅖 Shell, Super/dsl 🍴 D'Angelo, Dave's Diner, Harry's Grille, Lorenzo's Rest, PapaGino's, Persy's Place Cafe 🅾 CVS Drug, Kelly's Tire, Trucchi's Mkt, **W** 🅾 Massasoit SP, RV camping (seasonal)

Exit#	Services
4 (12)	MA 105, to Middleboro, **E** 🅖 Cumberland/dsl, PetroMax, Sunoco 🍴 Best Pizza, China Sails, DQ, Dunkin Donuts, McDonald's 🏠 Days Inn 🅾 AutoZone, Rite Aid
11mm	**parking area eb**
10mm	**parking area both lanes**
3 (8)	MA 28, to Rock Village, S Middleboro, **E** 🅖 GeKo/dsl 🅾 repair, **W** 🅖 Mobil/Dunkin Donuts/Subway/dsl
2 (3)	MA 58, W Wareham, **E** 🅖 Mobil/dsl (2mi) 🅾 to Myles Standish SF, **W** 🅖 7-11 🅾 RV camping
2mm	Weweantic River
I-495 begins/ends on I-195, MA 25 S.	

NOTES

MICHIGAN

INTERSTATE 69

Exit#	Services
	I-69 E and I-94 E run together into Port Huron. See I-94, exits 274-275mm.
199	Lp 69 (from eb, no return), to Port Huron, **0-2 mi S on Lp 69** 🅖 Mobil/dsl, Speedway 🍴 Arby's, Burger King, Jimmy John's, KFC, Little Caesar's, McDonalds, Subway, Taco Bell, Tim Horton's, Wendy's 🅾 $General, Advance Parts, AutoZone, Kroger/gas, repair, Sam's Club/gas, to Port Huron, USPO
198	I-94, to Detroit and Canada
196	Wadhams Rd, **N** 🅖 BP/Wendy's, Marathon, Speedy Q/dsl 🍴 Hungry Howie's, McDonald's, Peking Kitchen, Subway, Taco Bell 🅾 KOA (1mi), Vinckier Foods, Wadham's Drugs, **S** 🅖 🚂/Subway/dsl/scales/24hr 🅾 golf
194	Taylor Rd, **N** 🅾 Goodells CP, RV camping
189	Wales Center Rd, to Goodells, **S** 🅾 golf
184	MI 19, to Emmett, **N** 🅖 Citgo/dsl/scales/24hr 🅾 repair, USPO, **S** 🅖 Marathon/dsl/24hr
180	Riley Center Rd, **N** 🅾 KOA
176	Capac Rd, **N** 🅖 BP/McDonald's/dsl/scales, ♥Loves/Chester's/dsl/scales/24hr 🍴 Subway (2mi)
174mm	Rs wb, full 🅰 facilities, litter barrels, petwalk, 🄲, 🚼, vending
168	MI 53, Imlay City, **N** 🅖 BP/dsl, Speedway/dsl 🍴 Big Boy, Burger King, DQ, Hungry Howie's, John's Country Kitchen, Little Caesar's, Lucky's Steaks, McDonald's, New China, Taco Bell, Wah Wong Chinese, Wendy's/Tim Horton 🏠 Days Inn, M53 Motel, Super 8 🅾 AutoZone, Chevrolet, Chrysler/Dodge/Jeep, Ford, GNC, Kroger/dsl, NAPA, O'Reilly Parts, Sav-On Drug, ShopKO, Verizon
163	Lake Pleasant Rd, to Attica
160mm	Rs eb, full 🅰 facilities, litter barrels, petwalk, 🄲, 🚼, vending
159	Wilder Rd
158mm	Flint River

LAPEER / **FLINT**

155	MI 24, Lapeer, **1 mi N** 🅖 Speedy Q/dsl, Sunoco/dsl 🍴 Apple Tree Rest., Applebee's, Arby's, Blind Fish Rest., Brian's Rest., Buffalo Wild Wings, Burger King, Checkers, DQ, Jet's Pizza, Jimmy John's, KFC, Leo's Coney Island, Little Caesar's, Mancino's, McDonald's, Nick's Grill, Sonic, Starbucks, Subway, Taco Bell, Tim Horton, Wah Wong Chinese, Wendy's 🏠 Best Western, Holiday Inn Express 🅾 🄷, $Tree, AT&T, AutoZone, Belle Tire, Home Depot, Kohl's, Kroger/gas, Meijer/dsl, Midas, Office Depot, O'Reilly Parts, Rite Aid, st police, URGENT CARE, Verizon, vet, Walgreens, **S** 🅖 Mobil/dsl 🅾 Chrysler/Dodge/Jeep, Harley Davidson
153	Lake Nepessing Rd, **S** 🅾 camping, golf, to Thumb Correctional
149	Elba Rd, **N** 🅾 Torzewski CP, **S** 🅾 Country Mkt, RV/truck repair
145	MI 15, Davison, **N** 🅖 Marathon, Shell/dsl, Speedway/dsl 🍴 Apollo Rest., Applebee's, Arby's, Big Boy, Big John's Rest., Burger King, Chee Kong Chinese, Flag City Diner, Hungry Howie's, Italia Gardens, Jimmy John's, KFC, Little Caesar's, Lucky's Steaks, McDonald's, Pizza Hut, Senor Lucky, Subway, Taco Bell, Tim Horton, Tropical Smoothie 🏠 Best Western 🅾 AutoValue Parts, Buick/GMC, Davison Automotive, GNC, Rite Aid, Valley Tire, Verizon, Walgreens, YaYa Chicken, **S** 🅖 Mobil/dsl 🍴 Sicilian Pizza 🅾 vet
143	Irish Rd, **N** 🅖 Speedway/dsl 🅾 Menard's, **S** 🅖 Shell/McDonald's/24hr 🅾 Meijer/dsl/e-85
141	Belsay Rd, Flint, **N** 🅖 Marathon/Wendy's/dsl/24hr, Mobil 🍴 Halo Burger, McDonald's, Subway, Taco Bell 🅾 Walmart/Subway/auto, **S** 🅖 Sunoco/A&W/LJ Silver/dsl 🍴 O'Malley's Grill
139	Center Rd, Flint, **N** 🅖 Speedway/dsl 🍴 Applebee's, Domino's, El Cozumel Mexican, Empire Wok, Halo Burger, Old Country Buffet, Olympic Grill, Quiznos, Starbucks, Subway, Tim Horton 🅾 Aldi Foods, AT&T, Big Lots, Discount Tire, Home Depot, JC Penney, Jo-Ann Fabrics, Lowe's, Staples, **0-2 mi S** 🍴 Bob Evans, China 1, Coney Island, DQ, Hungry Howie's, McDonald's,

MA

⛽ = gas   🍴 = food   🛏 = lodging   🅾 = other   🆁🆂 = rest stop   Copyright 2018 - The Next EXIT

⬆N INTERSTATE 69 Cont'd

139	**Continued**
	Red Baron Rest., Subway, Walli's Rest. 🛏 Super 8 🅾 $Tree, Belle Tire, Meijer/dsl, Target, TJ Maxx, Verizon
138	MI 54, Dort Hwy, **N** ⛽ BP/dsl, Speedway/dsl, Sunoco/dsl 🍴 Big John's Rest., KFC, Little Caesar's, Tom's Coney Island, YaYa's Chicken 🅾 ℍ, $General, KanRock Tires, Rite Aid, Save-a-Lot, Walgreens, **0-2 mi S** ⛽ Admiral, Marathon, Sunoco 🍴 Arby's, Big John Steak, Burger King, Church's, Empress of China, KFC, McDonald's, Subway, Taco Bell 🛏 Travel Inn 🅾 $General, Advance Parts, AutoZone, Express Tire/auto, Family$, O'Reilly Parts, Rite Aid, Tuffy Auto, U-Haul, Walgreens
137	I-475, UAW Fwy, to Detroit, Saginaw
136	Saginaw St, Flint, **N** ⛽ Sunoco/dsl 🅾 ℍ, U MI at Flint
135	Hammerberg Rd, industrial area
133b a	I-75, S to Detroit, N to Saginaw, US 23 S to Ann Arbor
131	MI 121, to Bristol Rd, **1/2 mi N on Miller Rd** 🍴 Bar Louie, BD Mongolian BBQ, Buffalo Wild Wing, Casa Real, Chili's, Chucke-Cheese, Famous Dave's BBQ, Fortune Buffet, Golden Corral, Golden Moon Chinese, Halo Burger, Hooters, Leo's Coney Island, LJ Silver, Logan's Roadhouse, Olive Garden, Osaka Buffet, Outback Steaks, Panera Bread, Red Robin, Subway, Taco Bell, Telly's Coney Island, TX Roadhouse, Valley Diner 🅾 $Tree, AT&T, Barnes&Noble, Belle Tire, Best Buy, BigLots, Discount Tire, Hobby Lobby, JC Penney, Jo-Ann Fabrics, Kohl's, Macy's, mall, Michael's, Old Navy, PetCo, Petsmart, Sears/auto, Target, TJ Maxx, USPO, Valley Tire, Verizon
129	Miller Rd, **S** 🍴 Arby's, Burger King, McDonald's, Subway, Taco Bell, Wendy's 🅾 Kroger/gas
128	Morrish Rd, **N** 🅾 Meijer/dsl/e85, **S** ⛽ Admiral, Mobil/dsl
126mm	🆁🆂 eb, full ♿ facilities, info, litter barrels, petwalk, 🅲, 🖼
123	MI 13, to Saginaw, Lennon, **N** ⛽ Speedway/dsl 🅾 USPO
118	MI 71, to Corunna, Durand, **N** 🅾 Durand Automotive, **S** ⛽ Shell/dsl, Valero 🍴 China House, Hungry Howie's, McDonald's, Subway, Wendy's 🛏 Quality Inn 🅾 Ace Hardware, CarQuest, Chevrolet, Family$, golf, Rite Aid
115mm	Shiawassee River
113	Bancroft, **S** ⛽ BP/dsl (1.5mi) 🅾 RV camping
105	MI 52, to Owosso, Perry, **S** ⛽ Citgo/Subway/dsl, Exxon/7-11, Mobil/dsl, Sunoco/dsl/scales/24hr 🍴 Burger King, Cafe Sports, China Garden, Hungry Howie's, McDonald's, Taco Bell 🛏 Heb's Inn 🅾 Family$, IGA Foods, Rite Aid, RV camping, truck repair (1mi), USPO
101mm	🆁🆂 wb, full ♿ facilities, litter barrels, petwalk, 🅲, 🖼
98.5mm	Vermilion River
98	Woodbury Rd, to Laingsburg, Shaftsburg
94	Lp 69, Marsh Rd, to E Lansing, Okemos, **S** ⛽ Admiral/dsl, Speedway/dsl 🍴 McDonald's 🅾 Gillette RV Ctr, Meijer/Subway/dsl/e85, Monticello's Mkt
92	Webster Rd, Bath
89	US 127 S, to E Lansing
87	Old US 27, to Clare, Lansing, **N** ⛽ Marathon, Speedway/dsl 🍴 Arby's, Bob Evans, Burger King, China Gourmet, FlapJack Rest., Little Ceasars, Mancino's, McDonald's, Subway, Tim Horton 🛏 Sleep Inn 🅾 Annie Rae RV Ctr, Chevrolet, Meijer/dsl, Verizon, vet, **S** ⛽ Speedway/dsl 🛏 American Inn 🅾 GNC
85	DeWitt Rd, to DeWitt
84	Airport Rd
91	I-96 (from sb), W to Grand Rapids, Grand River Ave, Frances Rd, **W** ⛽ 🟡 FLYING J/Denny's/dsl/24hr

93b a	MI 43, Lp 69, Saginaw Hwy, to Grand Ledge, **0-2 mi N** ⛽ She Speedway/dsl 🍴 Applebee's, Buffalo Wild Wings, Burger Ki Carrabba's, Cheddar's, Chipotle, Denny's, Fazoli's, Finley's Gr Frank's Grill, Hibachi Grill, Honeybaked Ham, Houlihan's, Loga Roadhouse, Longhorn Steaks, McDonald's, Outback Stea Panera Bread, Qdoba, Red Robin, Subway 🛏 Comfort Inn, Fa field Inn, Hampton Inn, Motel 6, Quality Inn, Ramada Inn, R Roof Inn, Residence Inn 🅾 ℍ, $Tree, Aldi, AT&T, Barnes&N ble, Best Buy, BigLots, Chrysler/Dodge/Jeep, Hobby Lobby, Penney, Kohl's, Kroger/dsl, Meijer/dsl/24hr, Target, TJ Ma vet, Walgreens, Younkers, **S** ⛽ BP/Dunkin Donuts, QD, Sun co/McDonald's 🍴 Arby's, Biggby Coffee, Bob Evans, Canc Mexican, Cracker Barrel, Culver's, Steak'n Shake 🛏 Spring Suites 🅾 Belle Tire, Buick/GMC, Discount Tire, Lowe's, Mazd Volvo, Menards, Michael's, PetsMart, Staples, Walmart/Subway
95	I-496, to Lansing
72	I-96, E to Detroit, W to Grand Rapids
70	Lansing Rd
68mm	🆁🆂 nb, full ♿ facilities, litter barrels, petwalk, 🅲, 🖼, vendin
66	MI 100, to Grand Ledge, Potterville, **W** ⛽ BP/dsl, Shell/Su way/dsl 🍴 Charlie's Grill, McDonald's, to Fox Co Park
61	Lansing Rd, **E** ⛽ Murphy USA/dsl 🍴 Applebee's 🛏 Com fort Inn 🅾 $Tree, AutoZone, Buick/Chevrolet/GMC, Verizo Walmart/Subway, **W** ⛽ QD, Speedway/dsl 🍴 Arby's, B Boy, Biggby Coffee, Burger King, Jersey Subs, Jet's Pizza, KF Little Caesar's, McDonald's, Pizza Hut, Rally's, Taco Bell, Tas Twist, Top Chinese, Wendy's 🅾 ℍ, Ace Hardware, Advanc Parts, Charlotte Tires, Family$, Ford, NAPA, O'Reilly Parts, vet
60	MI 50, Charlotte, **E** 🛏 Holiday Inn Express 🅾 Meijer/dsl, U GENT CARE, **W** ⛽ Admiral 🛏 Best Value Inn 🅾 ℍ
57	Lp 69, Cochran Rd, to Charlotte, **E** 🅾 RV camping
51	Ainger Rd, **1 mi E** ⛽ gas 🍴 food 🅾 RV camping
48	MI 78, to Bellevue, Olivet, **1 mi E** ⛽ Marathon/Subway/d 🅾 to Olivet Coll
42	N Drive N, Turkeyville Rd, **W** 🍴 Cornwell's Rest. (1mi)
41mm	🆁🆂 sb, full ♿ facilities, litter barrels, petwalk, 🅲, 🖼
38	I-94, E to Detroit, W to Chicago
36	Michigan Ave, to Marshall, **E** ⛽ Admiral, Citgo/dsl/E8 Shell/Subway/dsl 🍴 Applebee's, Arby's, Biggby Coffee, Litt Caesar's, McDonald's, Pizza Hut, Speedy Chick, Taco Bell, Wer dy's, Yin Hai Chinese 🛏 Comfort Inn 🅾 $General, $Tree, Ac Hardware, AT&T, AutoZone, Chevrolet, Family Fare Mkt/gas K-Mart, NAPA, O'Reilly Parts, Rite Aid, Save-A-Lot, Tuffy Aut Verizon, **W** 🛏 Arbor Inn 🅾 ℍ, Chrysler/Dodge/Jeep
32	F Drive S, **E** ⛽ Shell/dsl 🍴 Moonraker Rest. (3mi) 🅾 R Camping
25	MI 60, to Three Rivers, Jackson, **E** ⛽ BP/dsl, Sunoco/ds TA/Shell/Country Pride/dsl/scales/24hr/@ 🍴 McDonald' Subway 🅾 $General, Auto Value Parts, auto/truck repair, R camping
23	Tekonsha, **W** access to RV camping
16	Jonesville Rd, **W** 🅾 Waffle Farm Camping (2mi)
13	US 12, to Quincy, Coldwater, **E** ⛽ Speedway/dsl 🍴 Apple bee's, Biggby Coffee, Bob Evans, Buffalo Wild Wings, Gran Buffet 🛏 Hampton Inn, Holiday Inn Express, Red Roo Inn 🅾 $Tree, Aldi Foods, AT&T, AutoZone, Belle Tire, BigLots Buick/Chevrolet/GMC, GNC, Haylett RV Ctr, Home Depot, Mei jer/dsl, Verizon, Walmart/Subway, Younkers, **W** ⛽ Citgo/ds Speedway/dsl 🍴 Arby's, Big Boy, Burger King, Coldwate Garden Rest., Culver's, Dickey's BBQ, Jimmy John's, KFC, Littl Caesar's, McDonald's, Pizza Hut, Ponderosa, Subway, Taco Bell Wendy's 🛏 Best Western, Comfort Inn 🅾 ℍ, auto repair

🚹N	**INTERSTATE 69 Cont'd**
13	Continued
	Ford/Lincoln, O'Reilly Parts, Rite Aid, st police, Walgreens
10	Lp 69, Fenn Rd, to Coldwater, **W** 🅞 Harbor Cove RV Park (4mi)
8mm	weigh sta nb
6mm	Welcome Ctr nb, full ♿ facilities, litter barrels, petwalk, 🅒, 🏞, vending
3	Copeland Rd, Kinderhook, **W** 🅖 BP/dsl 🅕 camping
0mm	Michigan/Indiana state line

🚹N	**INTERSTATE 75**
Exit#	**Services**
395mm	US/Canada Border, Michigan state line, **I-75 begins/ends** at toll bridge to Canada.
394	Easterday Ave, **E** 🅖 Krist/dsl 🅕 McDonald's 🅛 Holiday Inn Express, Ramada Inn (2mi) 🅞 🅷, to Lake Superior St U, **W** Welcome Ctr/🆁🆂, info, 🅖 Admiral/dsl, Holiday/dsl/currency exchange
392	3 Mile Rd, Sault Ste Marie, **E** 🅖 Admiral/dsl, BP/dsl, Holiday/dsl, Marathon/dsl, Shell/dsl 🅕 Applebee's, Arby's, Buffalo Wild Wings, Burger King, Country Kitchen, Domino's, DQ, Great Wall Chinese, Indo China Garden, Jimmy John's, Little Caesar's, McDonald's, Pizza Hut, Studebaker's Rest., Subway, Taco Bell, Wendy's 🅛 Best Value Inn, Best Western, Comfort Inn, Days Inn, Hampton Inn, Park Inn, Plaza Motel, Quality Inn, Skyline Motel, Super 8 🅞 🅷, $Tree, Advance Parts, AT&T, AutoZone, BigLots, Buick/Chevrolet/GMC, Family Fare Mkt, Family$, Goodyear/auto, Jo-Ann Fabrics, Kohl's, NAPA, Save-a-Lot, Soo Locks Boat Tours, st police, TJ Maxx, Verizon, Walgreens, Walmart/Subway
389mm	🆁🆂 nb, full ♿ facilities, info, litter barrels, petwalk, 🅒, 🏞
386	MI 28, **E** 🅞 Clear Lake Camping (5mi), **W** 🅞 to Brimley SP
379	Gaines Hwy, **E** Clear Lake Camping, to Barbeau Area
378	MI 80, Kinross, **E** 🅖 BP/dsl 🅕 Frank&Jim's Diner 🅞 🖶, golf, RV Camping, to Kinross Correctional
373	MI 48, Rudyard, **2 mi W** 🅖 gas/dsl 🅕 food 🅛 lodging
359	MI 134, to Drummond Island, **W** 🅞 National Forest Camping
352	MI 123, to Moran, Newberry
348	H63, to Sault Reservation, St Ignace, **0-2 mi E** 🅕 Jose's Cantina 🅛 Bavarian Haus, Bayview Motel, Bear Cove Inn, Best Value Inn, Birchwood Motel, Cedars Motel, Comfort Inn, Evergreen Motel, Great Lakes Motel, Holiday Inn Express, Kewadin Inn, NorthernAire Motel, Pines Motel, Quality Inn 🅞 🅷, 🖶, casino, Castle Rock Camping, st police, to Mackinac Trail, **W** 🅞 Castle Rock Gifts
346mm	🆁🆂/scenic turnout sb, full ♿ facilities, litter barrels, petwalk, 🏞
345	Portage St (from sb), St Ignace
344b	US 2 W, **W** 🅖 BP/dsl, Holiday/dsl, Shell/dsl 🅕 Big Boy, Burger King, Clyde's Drive-In, McDonald's, Subway, Suzy's Pasties 🅛 4 Star Motel, Quality Inn, Sunset Motel, Super 8 🅞 Ford, golf, Lakeshore RV Park
344a	Lp 75, St Ignace, **0-2 mi E** 🅖 Shell 🅕 BC Pizza, Bentley's Cafe, Galley Rest., Mackinac Grille, Marina Rest., Northern Lights Rest. 🅛 Aurora Borealis Motel, Boardwalk Inn, Cedar Hill Lodge, Colonial House, Moran Bay Motel, Normandy Motel, Thunderbird Motel, Village Inn/rest., Voyager Motel 🅞 🅷,

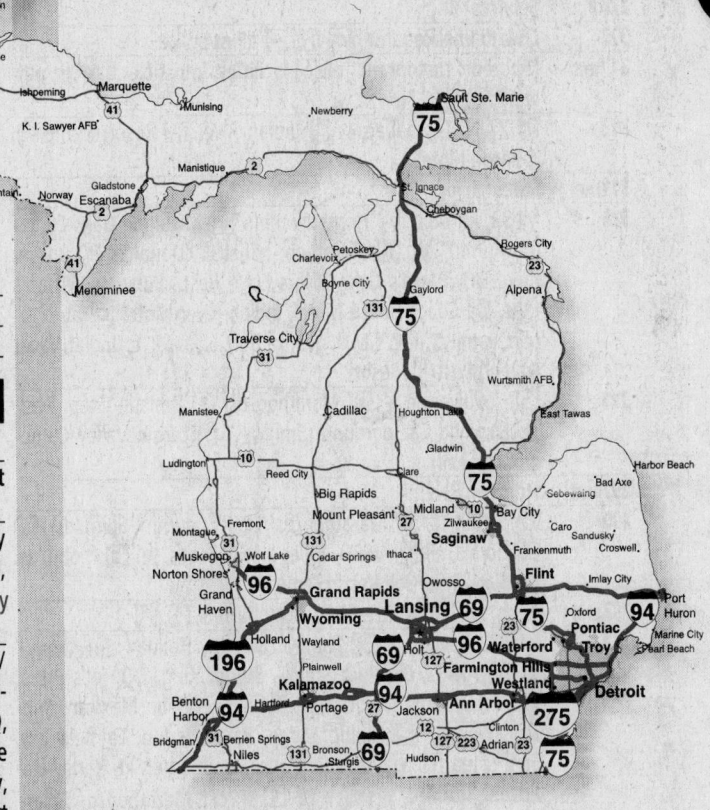

344a	Continued
	$General, Ace Hardware, Bay Drug, Family Fare Mkt, Family$, NAPA, public marina, st police, Straits SP, to Island Ferrys, TrueValue, USPO, Cedar Hill Lodge, Cedar Hill Lodge
343mm	**E** Welcome Ctr nb, full ♿ facilities, litter barrels, 🅒, 🏞, **W** museum, **toll booth to toll bridge**
341mm	**toll bridge, Lake Huron, Lake Michigan**
339	US 23, Jamet St, **E** 🅕 Audie's Rest. 🅛 Days Inn, Knights Inn, LightHouse View Motel, Parkside Motel, Riviera Motel, Super 8, **W** 🅖 Shell 🅕 Darrow's Rest., Mackinaw Cookie Co 🅛 Holiday Inn Express, Vindel Motel 🅞 Wilderness SP
338	US 23 (from sb), **E** 🅖 Marathon/dsl 🅕 BC Pizza, Burger King, DQ, KFC, Mama Mia's Pizza, Pancake Chef, Subway, Wienerlicious 🅛 Baymont Inn, Court Plaza Hotel 🅞 Mackinaw Mkt, Mackinaw Outfitters, same as 337, USPO, **W** 🅛 Holiday Inn Express
337	MI 108 (from nb, no EZ return), Nicolet St, Mackinaw City, **E** Welcome Ctr/🆁🆂, 🅖 Citgo/dsl/LP 🅕 Blue Water Grill, Embers Rest., Lighthouse Rest., Mackinaw Pastie&Cookie Co., Starbucks 🅛 Bayside Inn, Beach House Cottages, BeachComber Motel, Bell's Melody Motel, Best Value Inn, Best Western, Bridge Vista Beach Motel, Bridgeview Motel, Budget Inn, Capri Motel, Clarion, Clearwater Lakeshore Motel, Comfort Inn, Crown Choice Inn, Days Inn, EconoLodge, Fairview Inn, Great Lakes Inn, Hamilton Inn, Mackinaw Inn, North Winds Motel, Quality Inn, Rainbow Motel, Ramada Ltd, Sundown Motel, Sunrise Beach Motel, Super 8, Thunderbird Inn, Waterfront Inn 🅞 Harley-Davidson, Old Mill Creek SP, Tee Pee Camping, to Island Ferrys, **W** 🅞 KOA, Wilderness SP
336	US 31 S (from sb), to Petoskey
328mm	🆁🆂 sb, full ♿ facilities, info, litter barrels, petwalk, 🅒, 🏞
326	C66, to Cheboygan, **E** 🅖 gas/dsl 🅞 🅷, Sea Shell City/gifts, st police

🅖 = gas 🍴 = food 🛏 = lodging 🄾 = other 🆁🆂 = rest stop Copyright 2018 - The Next EXIT

INTERSTATE 75 Cont'd

Exit#	Services
322	C64, to Cheboygan,E 🄾 🅗🅷,⛴, LP, st police
317mm	🆁🆂/scenic turnout nb, full ♿ facilities, info, litter barrels, petwalk, 📞, 🗑
313	MI 27 N, Topinabee, E 🛏 Indian River RV Resort/Camping, Johnson Motel
311mm	Indian River
310	MI 33, MI 68, E 🛏 Hometown Inn 🄾 Michigan Oaks Camping (3mi), W 🅖 Marathon, Shell/McDonald's 🍴 Burger King, DQ, Paula's Cafe, Rivers Edge Rest., Subway, Wilson's Rest. 🛏 Coach House Motel, Indian River Motel 🄾 auto repair, Family$, Ken's Mkt/gas, to Burt Lake SP, to Indian River Trading Post/RV Resort
301	C58, Wolverine, E 🅖 Marathon/dsl 🍴 Whistle Stop Rest. 🄾 Elkwood Campground (5mi), W 🄾 Sturgin Valley Campground (3mi)
297mm	Sturgeon River
290	Vanderbilt, E 🅖 Marathon/dsl/LP/RV dump, Spirit/dsl 🍴 Elk Horn Grill 🄾 USPO, Village Mkt Foods, W 🅖 Mobil/dsl 🄾 Black Bear Golf Resort (2mi)
287mm	🆁🆂 sb, full ♿ facilities, info, litter barrels, 📞, 🗑
282	MI 32, Gaylord, E 🅖 Family Fare/dsl, Holiday, Speedway/dsl 🍴 Arby's, Big Buck Steaks, Burger King, DQ, Jet's Pizza, KFC, La Senorita Mexican, McDonald's, Qdoba Mexican, Subway, Wendy's 🛏 Alpine Lodge, Baymont Inn, Fairfield Inn, Quality Inn 🄾 🅗, Advance Parts, Family FareMkt, Harley-Davidson, Rite Aid, st police, W 🅖 BP/dsl, Marathon/dsl, Marathon/dsl (2), Mobil/dsl, Murphy USA/dsl, Shell/dsl 🍴 Applebee's, BC Pizza, Big Boy, Biggby Coffee, Bob Evans, China Buffet, Coldstone/Tim Horton, Culver's, El Rancho Mexican, Jimmy John's, Little Caesar's, Mancino's Pizza, Panera Bread, Ponderosa, Ruby Tuesday, Starbucks, Taco Bell 🛏 Hampton Inn, Holiday Inn Express 🄾 $Tree, Aldi Foods, AT&T, BigLots, Chrysler/Dodge/Jeep, GNC, Hobby Lobby, Home Depot, Kenworth, Lowe's, Northern MI RV Ctr, Save-A-Lot Foods, Verizon, Walgreens,Walmart/Subway
279mm	45th Parallel halfway between the equator and north pole
279	Old US 27, Gaylord, E 🅖 Marathon/Subway/dsl, Mobil/dsl, Shell 🍴 Burger King, Mama Leone's 🛏 Best Value Inn 🄾 Ace Hardware, Buick/GMC, Chevrolet, Ford/Lincoln, st police, transmissions,W 🍴 Bennethum's Rest., Stampede Saloon 🛏 KOA (3mi)
277mm	🆁🆂 nb, full ♿ facilities, info, litter barrels, petwalk, 📞, 🗑
270	Waters, E 🅖 Marathon/dsl 🍴 Hilltop Rest., W 🅖 BP/dsl, Waters Inn 🄾 Freeway North RV Ctr, to Otsego Lake SP, USPO
264	Lewiston, Frederic,W 🍴 access to food 🄾 camping
262mm	🆁🆂 sb, full ♿ facilities, litter barrels, petwalk, 📞, 🗑
259	MI 93,E 🄾 Hartwick Pines SP
256	(from sb), to MI 72, Grayling, access to same as 254
254	MI 72 (exits left from nb, no return), Grayling, 1 mi W 🅖 Admiral/dsl, Marathon/dsl, Shell, Speedway/dsl 🍴 Big Boy, Burger King, DQ, Keg'O'Nails, Little Caesar's, McDonald's, Pizza Hut, Subway, Taco Bell, Wendy's 🛏 Days Inn, Ramada 🄾 🅗, $General, 7-11, Ace Hardware, AT&T, Auto Value Parts, Family Fare Mkt, Family$, Ford, K-Mart, NAPA, O'Reilly Parts, Rite Aid, Save-A-Lot Foods, Verizon, Walgreens
251mm	🆁🆂 nb, full ♿ facilities, info, litter barrels, petwalk, 📞, 🗑 vending
251	4 Mile Rd,E 🄾 Jellystone RV Park (5mi), W 🅖 Marathon/Arby's/dsl/scales/RV Dump/24hr 🛏 Super 8
249	US 127 S (from sb), to Clare

Exit#	Services
244	MI 18, Roscommon, 3 mi E 🅖 Mobil/dsl, Shell/dsl 🍴 McDonald's,W 🅖 Valero/dsl 🄾 Higgins Lake SP, KOA (1mi)
239	MI 18, Roscommon, S Higgins Lake SP, 3 mi E 🅖 Marathon McDonald's/dsl 🄾 camping,W 🄾 camping, Higgins Lake S
235mm	🆁🆂 sb, full ♿ facilities, info, litter barrels, petwalk, 📞, 🗑 vending
227	MI 55 W, rd F97, to Houghton Lake, 5 miW 🍴 food
222	Old 76, to St Helen, 2-4 miE 🍴 food 🛏 lodging 🄾 campin
215	MI 55 E, West Branch,E 🅖 Shell/dsl 🄾 🅗
212	MI 55, West Branch,E 🅖 Mobil/dsl, Murphy USA/dsl, Shell Subway/dsl 🍴 Applebee's, Arby's, Big Boy, Burger King, KFC Lumberjack Rest., McDonald's, Ponderosa, Rally's, Taco Bel Tim Hortons, Wendy's 🛏 Quality Inn, Super 8 🄾 🅗, Hom Depot, st police,Walmart/Subway, West Branch Outlets/famou brands,W 🅖 Marathon/dsl
210mm	🆁🆂 nb, full ♿ facilities, info, litter barrels, petwalk, 📞, 🗑 vending
202	MI 33, to Rose City, Alger,E 🅖 Marathon/Narski's Mkt/jerk Mobil/jerky outlet/dsl, Shell/Subway/dsl 🄾 camping
201mm	🆁🆂 sb, full ♿ facilities, litter barrels, petwalk, 📞, 🗑, vending
195	Sterling Rd, to Sterling, 6 mi E 🅖 gas 🄾 Riverview Campin (seasonal)
190	MI 61, to Standish,E 🄾 🅗, Standish Correctional,W 🅖 Mar athon,Mobil/jerky/dsl
188	US 23, to Standish, 2-3 miE 🅖 gas 🍴 food 🄾 camping
181	Pinconning Rd, E 🅖 Shell/McDonald's/dsl 🍴 Cheesehous Diner 🛏 Pinconning Inn (2mi),W 🅖 BP/pizza/dsl/24hr
175mm	🆁🆂 nb, full ♿ facilities, litter barrels, petwalk, 📞, 🗑, vending
173	Linwood Rd, to Linwood, E 🅖 Mobil/dsl/jerky 🍴 Arby' (2mi)
171mm	Kawkawlin River
168	Beaver Rd, to Willard,E 🄾 to Bay City SRA,W 🅖 Mobil/jerk
166mm	Kawkawlin River
164	to MI 13, Wilder Rd, to Kawkawlin,E 🍴 Cracker Barrel, Luck Steaks, Ponderosa, Uno 🛏 AmericInn, Holiday Inn Expres 🄾 KanRock Tire, Meijer/dsl, Menards
162b a	US 10, MI 25, to Midland
160	MI 84, Delta, E 🅖 Mobil/Subway, Shell/dsl, W 🅖 Speed way/dsl 🍴 Berger's Rest., Burger King, KFC/Taco Bell, McDonald's 🛏 Econolodge 🄾 RV World Super Ctr, to Saginaw Valley SU
158mm	🆁🆂 sb, full ♿ facilities, litter barrels, petwalk, 📞, 🗑, vending
155	I-675 S, to downtown Saginaw, 4 mi W 🍴 Outback Steaks 🛏 Hampton Inn
154	to Zilwaukee
153mm	Saginaw River
153	MI 13 E Bay City Rd, Saginaw
151	MI 81, to Reese, Caro, E 🅖 BP/McDonald's/dsl 🄾 Volvo Trucks,W 🅖 ⊘FLYING J/Wendy's/dsl/LP/24hr
150	I-675 N, to downtown Saginaw, 6 mi W 🍴 Outback Steaks 🛏 Hampton Inn
149b a	MI 46, Holland Ave, to Saginaw, W 🅖 BP, Speedway/ds 🍴 Arby's, Big John's Steaks, Burger King, McDonald's, Popeye's, Subway, Taco Bell 🛏 Motel 6 🄾 🅗, Advance Parts, Save-A-Lot Foods, USPO
144b a	Bridgeport,E 🅖 Speedway/dsl 🄾 Jellystone Camping (9mi), W 🅖 Mobil/dsl/e-85, TA/Country Pride/dsl/scales/24hr/@ 🍴 Arby's, Big Boy, Cracker Barrel, Hungry Howie's, McDonald's, Subway, Taco Bell, Wendy's 🛏 Baymont Inn, Knights Inn 🄾 $General, Family$, Kroger/gas, Rite Aid, st police, USPO
143mm	Cass River
138mm	pull off both lanes

Sidebar labels: GAYLORD, GRAYLING, SAGINAW

INTERSTATE 75 Cont'd

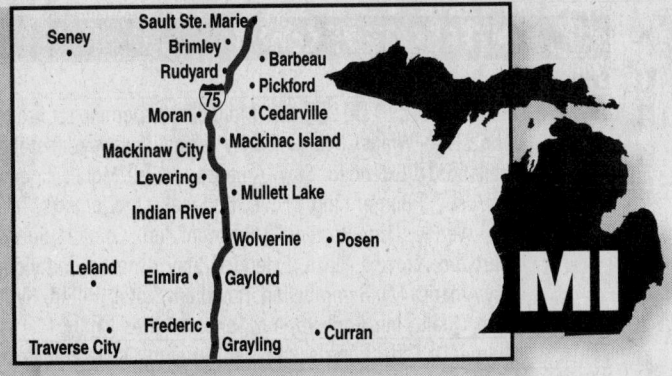

Exit#	Services
136	MI 54, MI 83, Birch Run, E 🅟 **Mobil/dsl/24hr** 🍴 Halo Burger, KFC, Subway 🛏 Best Value Inn, Best Western, Comfort Inn, Hampton Inn, Holiday Inn Express ⊙ CarQuest, General RV Ctr, Mejier/dsl/E-85, Totten Tires, W 🅟 BP, Citgo/7-11, Marathon 🍴 A&W, Applebee's, Arby's, Bagger Dave's Burgers, Bob Evans, Buffalo Wild Wings, Culver's, DQ, Leo's Coney Island, Little Caesar's, McDonald's, Sonic, Starbucks, Taco Bell, Tony's Rest., Uno, Victor&Merek's Pizza, Wendy's 🛏 Country Inn& Suites ⊙ Birch Run Outlet/famous brands, Buick/Chevrolet, Family$, GNC, Old Navy, USPO
131	MI 57, to Montrose, E 🅟 BP, Marathon 🍴 Arby's, Big John's Steaks, Burger King, DQ, KFC, McDonald's, Oriental Express, Subway, Taco Bell, Tim Hortons, Twins Pizza, Wendy's ⊙ AutoZone, Chevrolet, Chrysler/Dodge/Jeep, KanRock Tire, K-Mart, Tradewinds RV Ctr, vet, W 🅟 **Mobil/Rally's/dsl**, Murphy USA/dsl 🍴 Applebee's, Big Boy, Lucky Steaks, Tropical Smoothie Cafe ⊙ $Tree, auto repair, Menards, Verizon, **Walmart/Subway**
129mm	🆁🆂 both lanes, full ♿ facilities, litter barrels, petwalk, 🄲, 🄰, vending
126	to Mt Morris, E 🅟 **B&B/Halo Burger/dsl/scales/24hr**, W 🅟 BP/dsl
125	I-475 S, UAW Fwy, to Flint
122	Pierson Rd, to Flint, E 🅟 BP/dsl, Marathon/dsl 🍴 McDonald's, Papa's Coney's, Subway ⊙ Family$, O'Reilly Parts, Tuffy Auto, W 🅟 Citgo/dsl, ClicMart/dsl 🍴 Applebee's, Arby's, Bob Evans, Burger King, **Cracker Barrel**, Domino's, Halo Burger, LJ Silver, Red Lobster, Taco Bell, Tim Hortons, YaYa Chicken 🛏 Baymont Inn, Great Western Inn ⊙ $General, $Tree, Aldi Foods, AT&T, Belle Tire, Discount Tire, Home Depot
118	MI 21, Corunna Rd, E 🅟 🍴 Badawest Lebanese, Big John's Steaks, Burger King, Church's, Hungry Howie's, Little Caesar's, Taco Bell, Wing Fong Chinese, YaYa Chicken ⊙ H, Advance Parts, Family$, Kroger/gas, Rite Aid, W 🅟 BP/dsl, Marathon/Wendy's, Mobil, Speedway/dsl, Valero 🍴 A&W/KFC, Burger King, Mega Diner, Rally's, Tim Horton, White Castle 🛏 Economy Motel ⊙ $General, Aldi Foods, AutoZone, Buick, Chevrolet, GMC, Home Depot, KanRock Tire, Kroger/gas, Lowe's Whse, O'Reilly Parts, Rite Aid, Sam's Club/gas, st police, Verizon, Walgreens, **Walmart**
117b	Miller Rd, to Flint, E 🅟 Speedway/dsl 🍴 Applebee's, Arby's, Classic Diner, Cottage Inn Pizza, Domino's, Fuddrucker's, McDonald's, Popeye's, Qdoba, Sonic, Subway, West Side Diner 🛏 Motel 6, Quality Inn, Rodeway Inn ⊙ Harley Davidson, Tuffy Auto, W 🅟 Admiral, Marathon 🍴 Bar Louie, BD's Mongolian BBQ, Bob Evans, Casa Real, Chili's, ChuckeCheese, Famous Dave's BBQ, Golden Corral, Halo Burger, HoneyBaked Ham, Hooters, Italia Garden, Logan's Roadhouse, Olive Garden, Osaka Buffet, Outback Steaks, Pizza Hut, Red Robin, Salvatori's Ristorante, Starbucks, Subway, Taco Bell, Telly's Coney Island, TX Roadhouse, Valley Diner 🛏 Red Roof Inn, Super 8 ⊙ AT&T, Barnes&Noble, Best Buy, Big Lots, Dale's Foods, Discount Tire, Hobby Lobby, JC Penney, Jo-Ann Fabrics, Macy's, mall, Michael's, Office Depot, Old Navy, PetCo, Petsmart, Sears/auto, Target, U-Haul, Valley Tire, Verizon, vet
117a	I-69, E to Lansing, W to Port Huron
116	MI 121, Bristol Rd, E 🅟 Mobil, Speedway/dsl 🍴 Capitol Coney Island, KFC, McDonald's ⊙ Advance Parts, AutoZone, W 🅟 Marathon/dsl ⊙ 🔁
115	US 23 (from sb), 🅟 on Hill Rd 🅟 Citgo, Mobil 🍴 Arby's, Jimmy John's, McDonald's, Redwood Steaks, Subway, Taco Bell,

Exit#	Services
115	Continued Tim Hortons 🛏 Best Western, Courtyard, Hampton Inn, Holiday Inn, Residence Inn ⊙ $Tree, Meijer/dsl
111	I-475 N (from nb), UAW Fwy, to Flint
109	MI 54, Dort Hwy (no EZ return to sb)
108	Holly Rd, to Grand Blanc, E 🅟 Sunoco/dsl 🍴 Bagger Dave's Burgers, Big Apple Bagels, Buffalo Wild Wings, Culver's, Halo Burger, Taco Bell 🛏 Comfort Inn, Holiday Inn Express ⊙ BMW/Mercedes/Toyota, Nissan, URGENT CARE, W 🅟 BP/McDonald's/dsl 🍴 Arby's ⊙ H
106	Dixie Hwy (exits left from sb, no nb return), Saginaw Rd, to Grand Blanc
101	Grange Hall Rd, Ortonville, E 🅟 Shell/dsl ⊙ Groveland Oaks Camping, Holly RA, KOA, W 🅟 Shell/dsl ⊙ to Seven Lakes SP
98	E Holly Rd, E 🅟 Mobil/Tubby's/dsl ⊙ Ford, golf
96mm	🆁🆂 nb, full ♿ facilities, info, litter barrels, petwalk, 🄲, 🄰, vending
95mm	🆁🆂 sb, full ♿ facilities, info, litter barrels, petwalk, 🄲, 🄰, vending
93	US 24, Dixie Hwy, Waterford, E 🅟 BP/dsl 🍴 McDonald's ⊙ Chrysler/Dodge/Jeep, Kroger/gas (2mi), **1-3 mi** W 🍴 Wendy's ⊙ CVS Drug, GNC, Office Depot, to Pontiac Lake RA, Walgreens
91	MI 15, Davison, Clarkston, E 🅟 Sunoco/dsl, W 🅟 BP/dsl 🍴 Andiamo Italian ⊙ URGENT CARE
89	Sashabaw Rd, E 🅟 Mobil/dsl 🍴 Culver's, Ruby Tuesday, Taco Bell, Tropical Smoothie Cafe ⊙ county park, W 🅟 BP, Citgo 🍴 Chicken Shack, Dunkin Donuts, E Ocean Chinese, Guido's Pizza, Hong Kong Chinese, Hungry Howie's, Jimmy John's, Leo's Coney Island, Little Caesar's, McDonald's, Sagano Japanese, Starbucks, Subway, Tim Horton, Wendy's ⊙ $Tree, AT&T, CVS Drug, Kroger/dsl, vet
86mm	weigh sta sb
84b a	Baldwin Ave, E 🅟 BP/dsl 🍴 Arby's, Big Boy, Chipotle, Joe's Crabshack, Longhorn Steaks, Panera Bread, Potbelly, Starbucks, Taco Bell, Wendy's ⊙ $Tree, Best Buy, Costco/gas, Discount Tire, Kohl's, Michael's, Nordstrom Rack, Old Navy, PetCo, Staples, W 🅟 Mobil 🍴 Bar Louie, Chili's, Five Guys, Jimmy John's, Kerry's Coney Island, McDonald's, On-the-Border, Oriental Forest Buffet, Qdoba Mexican, Rainforest Cafe, Starbucks, Steak'n Shake, Subway 🛏 TownePlace Suites ⊙ AT&T, Bass Pro Shops, Batteries+Bulbs, Great Lakes Crossing Outlet/famous brands, Hampton Inn, Holiday Inn Express, Marshall's, TJ Maxx, USPO, Verizon, Vitamin Shoppe
83b a	Joslyn Rd, E 🍴 Applebee's, Biggby Coffee, Checkers, Logan's Roadhouse, Olive Garden, Subway ⊙ Belle Tire, Home Depot, Jo-Ann Fabrics, Meijer/dsl, Sam's Club/gas, Target, W 🅟 BP
81	MI 24, Pontiac (no EZ return), E ⊙ The Palace Arena, to Bald Mtn RA

⛽ = gas | 🍴 = food | 🛏 = lodging | ⊙ = other | Ⓡs = rest stop | Copyright 2018 - The Next EXIT

MI

AUBURN HILLS · TROY

INTERSTATE 75 Cont'd

Exit#	Services
79	University Dr, E ⛽ 🍴 BD Mongolian, Domino's, Jimmy John's, Rio Wraps, Spargo Coney Island, Subway, Taste of Thailand 🛏 Extended Stay America, W ⛽ Mobil, Speedway/dsl 🍴 Burger King, KFC, Lelli's Steaks, McDonald's, Taco Bell, Wendy's/Tim Horton 🛏 Baymont Inn, Comfort Suites, Courtyard, Crowne Plaza, Extended Stay America, Extended Stay America (2), Hampton Inn, Hawthorn Suites, Hilton, Hyatt Place, Quality Inn, Rodeway Inn, Sonesta Suites ⊙ 🏥
78	Chrysler Dr, E ⊙ Chrysler, Chrysler Museum, Oakland Tech Ctr
77b a	MI 59, to Pontiac, **2 mi** E on Adams 🍴 112 Pizza, Five Guys, Grand Tavern, Kerry's Cone Island, Panera Bread 🛏 Holiday Inn Express ⊙ GNC, Meijer/dsl, Petsmart, Walmart/Subway
75	Square Lake Rd (exits left from nb), to Pontiac, W ⊙ 🏥, St Mary's Coll
74	Adams Rd
72	Crooks Rd, to Troy, W 🍴 Cedar Grill, Jimmy John's, Kerby's Coney Island, Loccino Italian, Papa Romano's Pizza, Red Robin, Starbucks 🛏 Embassy Suites
69	Big Beaver Rd, E 🍴 Champp's Grill, Kona Grill, Shula's Steaks, TGIFriday's 🛏 Drury Inn, Marriott, W ⛽ 🍴 Benihana, Bonefish Grill, Capital Grille, Carrabba's, Chipotle Mexican, Granite City Rest, J Alexander's, Jersey Mike's, Jimmy John's, Kruse&Muer, Maggiano's Italian, McCormick&Schmick's, Melting Pot Rest., Morton's Steaks, Noodles&Co, Papa Romano's Pizza, PF Chang's, Potbelly, Ruth's Chris Steaks, Starbucks 🛏 Hampton Inn, Hilton Garden, Somerset Inn ⊙ Macy's, mall, Neiman Marcus, Nordstrom, Verizon
67	Rochester Rd, to Stevenson Hwy, E ⛽ BP, Shell/dsl, Sunoco 🍴 2Booli Mediterranean, Bahama Breeze, Burger King, Detroit Burger Bar, Dickey's BBQ, Domino's, El Charro, Hills Grille, Hooters, Hungry Howies, Jimmy John's, McDonald's, Ntl Coney Island, Orchid Cafe, Panera Bread, Papa John's, Pei-Wei, Picano's Italian, Qdoba, Sakura Japanese, Subway, Taco Bell, Tim Hortons, Troy Deli, Wendy's ⊙ Discount Tire, Fresh Thyme Mkt, Nordstrom Rack, Office Depot, Petsmart, REI, Tuesday Morning, Uncle Ed's Oil Shoppe, vet, W ⛽ 🛏 Courtyard, Quality Inn, Red Roof Inn ⊙ tires/repair
65b a	14 Mile Rd, Madison Heights, E ⛽ Mobil/dsl, Shell/dsl 🍴 Azteca Mexican, Bob Evans, Burger King, Chili's, Chipotle, Chucke-Cheese, Coldstone, Jersey Mike's, Jimmy John's, Krispy Kreme, Logan's Roadhouse, McDonald's, Panchero's, Panera Bread, Pizza Hut, Pizza Papalis, Red Robin, Sonic, Steak'n Shake, Taco Bell, Wendy's 🛏 Motel 6, Red Roof Inn ⊙ $Tree, AT&T, Barnes&Noble, Belle Tire, Best Buy, BigLots, CVS Drug, Dick's, Field & Stream, Firestone/auto, Ford, JC Penney, Jo-Ann Fabrics, Kohl's, Macy's, Michael's, Sears/auto, Target, TJ Maxx, Verizon, W ⛽ Mobil 🍴 Applebee's, Dolly's Pizza, McDonald's, NY Coney Island, Outback Steaks, Twin Peaks 🛏 Baymont Inn, Courtyard, Days Inn, EconoLodge, Extended Stay America, Fairfield Inn, Hampton Inn, Holiday Inn Express, Residence Inn, TownPlace Suites ⊙ Costco/gas, Value Ctr Foods
63	12 Mile Rd, E ⛽ Marathon/dsl 🍴 Culver's, Green Lantern Rest., McDonald's, Penn Sta Subs, Red Lobster, Sero's Rest., Starbucks, Tim Hortons, TX Roadhouse ⊙ Home Depot, Lowe's, Midas, Sam's Club/gas, Uncle Ed's Oil, USPO, vet, W ⛽ Marathon, Speedway 🍴 Col's Rest. ⊙ Chevrolet, Costco/gas
62	11 Mile Rd, E ⛽ Mobil, Synergy/dsl 🍴 Biggby Coffee, Boodles Rest., Happy's Pizza, Jets Pizza, Telway Burgers ⊙ 7-11, Advance Parts, CVS Drug, Key's Auto Care, repair/tires, Save-a-

DETROIT AREA

62	Continued Lot, Walgreens, W ⛽ BP, Marathon/dsl, Mobil 🍴 KFC, Taco Bell, Tim Hortons, Tubby's Subs ⊙ Belle Tire, vet
61	I-696 E, to Port Huron, W to Lansing, to Hazel Park Raceway
60	9 Mile Rd, John R St, E 🍴 Checkers, China 1 Buffet, DQ, Harlee's, McDonald's, Subway, Tim Hortons ⊙ CVS Drug, Family\$, Kroger/gas, O'Reilly Parts, USPO, W ⛽ Exxon, Marathon, Mobil 🍴 Tubby's Subs, Wendy's ⊙ Hasting's Parts, repair
59	MI 102, 8 Mile Rd
58	7 Mile Rd, W ⛽ BP/dsl
57	McNichols Rd, E ⛽ Mobil/dsl 🍴 LA Coney Island
56b a	Davison Fwy
55	Holbrook Ave, Caniff St, E ⛽ Mobil/dsl, W 🍴 Grandy's Coney Island
54	E Grand Blvd, Clay Ave, W ⛽ BP/dsl
53b	I-94, Ford Fwy, to Port Huron, Chicago
53a	Warren Ave, E ⛽ Mobil, W ⛽ BP
52	Mack Ave, E ⛽ Shell/dsl 🍴 McDonald's
51c	I-375 to civic center, tunnel to Canada, downtown
51b	MI 3 (exits left from nb), Gratiot Ave, downtown
50	Grand River Ave, downtown
49b	MI 10, Lodge Fwy, downtown
49a	Rosa Parks Blvd, E ⊙ Firestone, Tiger Stadium, W ⛽ Mobil/dsl
48	**I-96 begins/ends**
47b	Porter St, E bridge to Canada, DutyFree/24hr, MI Welcome Ctr
47a	MI 3, Clark Ave, E ⛽ BP/Subway/dsl, W ⛽ Marathon
46	Livernois Ave, to Hist Ft Wayne, E ⛽ Marathon 🍴 Universal Coney Island
45	Fort St, Springwells Ave, E ⛽ BP/dsl, W ⛽ Mobil 🍴 McDonald's
44	Deerborn St (from nb)
43b a	MI 85, Fort St, to Schaefer Hwy, E ⛽ Shell/dsl, W ⛽ Marathon Refinery ⊙ to River Rouge Ford Plant
42	Outer Dr, E ⛽ Marathon/dsl 🍴 Happy's Pizza, W ⛽ BP/dsl ⊙ Family\$, truck tires
41	MI 39, Southfield Rd, to Lincoln Park, E 🍴 A&W, Tim Hortons, White Castle ⊙ Aldi Foods, O'Reilly Parts, Walgreens, W ⛽ Citgo/Tim Hortons, Mobil 🍴 Burger King, Checker's, Hungry Howie, LJ Silver, McDonald's, Pizza Hut, Starbucks, Taco Bell, Wendy's 🛏 Red Roof Inn ⊙ AT&T, Belle Tire, GNC, Kroger/gas, Walgreens
40	Dix Hwy, E ⛽ AAA/A&W/dsl, Marathon/dsl, Sunoco, Welcome 🍴 Baskin-Robbins/Dunkin Donuts, Cathay House, Toma's Coney Island ⊙ 7-11, CVS Drug, Meijer, repair, URGENT CARE, W ⛽ Fuel Depot, Marathon 🍴 Big Boy, Burger King, Checker's, DQ, LJ Silver, McDonald's, Pizza Hut, Starbucks, Taco Bell, Wendy's ⊙ AT&T, auto repair, Belle Tire, Family\$, Kroger/gas, Sears/auto, Verizon, Walgreens
37	Allen Rd, North Line Rd, to Wyandotte, E ⛽ BP/dsl, Shell/Tim Hortons 🛏 Hampton Inn, Holiday Inn ⊙ 🏥, Sam's Club/gas, W ⛽ Citgo/dsl, Sunoco 🍴 Arby's, Burger King, Mallie's Grill, McDonald's, Wendy's 🛏 Comfort Suites, La Quinta, Motel 6
36	Eureka Rd, E ⛽ Speedway, Sunoco 🍴 Bob Evans, Denny's, Golden Corral, Tim Hortons 🛏 Super 8 ⊙ vet, W 🍴 Big Boy, Culver's, Famous Dave's, HoneyBaked Ham, Hooters, Jimmy John's, Leo's Coney Island, Little Daddy's Grill, McDonald's, Panera Bread, Penn Sta Subs, Pizza Papalis, Primanti Bros, Qdoba, Starbucks, Subway, TX Roadhouse, Wendy's 🛏 Red Roof Inn ⊙ AT&T, Belle Tire, Best Buy, Big Lots, Dick's, Discount Tire, Hobby Lobby, Home Depot, JC Penney, Jo-Ann, Kohl's, Macy's, mall, Meijer/dsl, Petsmart, Target, Verizon, Walgreens
35	US 24, Telegraph Rd, (from nb, exits left)

INTERSTATE 75 Cont'd

Exit#	Services
34b	Sibley Rd, Riverview, **E** 🛢 Sunoco/Baskin-Robbins/Dunkin Donuts/Subway ⭕ General RV Ctr
34a	to US 24 (from sb), Telegraph Rd
32	West Rd, to Trenton, Woodhaven, **E** 🛢 ⭐FLYING J/Detroiter/IHOP/dsl/LP/scales/24hr/@, Speedway/dsl 🍴 Applebee's, Bagger Dave's Burgers, Baskin-Robbins/Dunkin Donuts, Blue Margarita Mexican, Bob Evans, Buffalo Wild Wings, Chipotle, Christoff's Rest., Coldstone, Firehouse Subs, Five Guys, Jersey Subs, MOD Pizza, Olga's Kitchen, Panda Express, Panera Bread, Pizza Hut, Starbucks, Steak'n Shake, Stevi B's, Subway, Taco Bell, Tim Hortons, Wendy's, White Castle ⭕ Aldi Foods, Belle Tire, Chevrolet, Chrysler/Dodge/Jeep, Discount Tire, Firestone/auto, Ford, GNC, Home Depot, Kohl's, Lowe's, Marshall's, Meijer/dsl, Michael's, Office Depot, O'Reilly Parts, Petsmart, Target, URGENT CARE, Verizon, Walmart, **W** 🛢 BP/Tim Hortons, Citgo, Shell/Hardee's/dsl 🍴 Andy's Pizza, Domino's, DQ, Jimmy John's, Little Caesar's, McDonald's, Sparta Coney Island, Subway 🏨 Best Western/rest., Holiday Inn Express, Westwood Inn ⭕ 🏥, $Tree, AT&T, CVS Drug, Kroger/dsl, SavOn Drug, Walgreens
29	Gilbralter Rd, to Flat Rock, Lake Erie Metropark, **E** 🛢 Citgo/dsl 🍴 McDonald's, Peking Chinese, Sammy's Pizza, Subway, Wendy's ⭕ 🏥, GNC, Kroger/gas, **W** 🛢 Marathon/Burger King/dsl 🏨 Sleep Inn ⭕ Ford
28	rd 85 (from nb), Fort St, **E** 🛢 ⭕ 🏥
27	N Huron River Dr, to Rockwood, **E** 🛢 Mobil/7-11/dsl 🍴 Benito's Pizza, Marco's Pizza, Subway ⭕ $General, Rite Aid, SaveALot, USPO, **W** 🛢 Speedway/dsl 🍴 Rockwoods Rest.
26	S Huron River Dr, to S Rockwood, **E** 🛢 Sunoco/dsl 🍴 Dixie Cafe, Drift Inn ⭕ USPO
21	Newport Rd, to Newport, **E** 🛢 BP/Subway/dsl, **W** 🛢 Marathon/Burger King/dsl/24hr
20	I-275 N, to Flint
18	Nadeau Rd, **W** 🛢 🛢🛢🛢/Taco Bell/dsl/scales/24hr ⭕ 🏥, RV camping
15	MI 50, Dixie Hwy, to Monroe, **E** 🛢 Citgo 🍴 Burger King, Red Lobster, Subway 🏨 Best Value Inn, Days Inn, Hampton Inn, Holiday Inn Express ⭕ to Sterling SP, **W** 🛢 🛢🛢🛢/Subway/dsl/scales/24hr, TA/BP/Country Pride/Pizza Hut/Popeye's/Tim Hortons/dsl/scales/24hr/@ 🍴 Cracker Barrel, Denny's, El Maguey, IHOP, McDonald's, Taco Bell, Wendy's 🏨 Quality Inn ⭕ 🏥, to Viet Vet Mem
14	Elm Ave, to Monroe
13	Front St, Monroe
11	La Plaisance Rd, to Bolles Harbor, **W** 🛢 Marathon/Taco Bell/dsl, Speedway/dsl 🍴 McDonald's 🏨 Econolodge, Harbor Town RV Resort
10mm	Welcome Ctr nb, full 🔵 services, info, litter barrels, petwalk, 🔵, 🖼, vending
9	S Otter Creek Rd, to La Salle, **W** ⭕ antiques
7mm	weigh sta both lanes
6	Luna Pier, **E** 🛢 Sunoco/Subway/dsl/scales 🍴 Beef Jerky Un-Ltd., Ganders Rest. 🏨 Super 8 ⭕ USPO
5	to Erie, Temperance
2	Summit St (no nb re-entry)
0mm	Michigan/Ohio state line

MONROE (vertical)
PORT HURON (vertical)

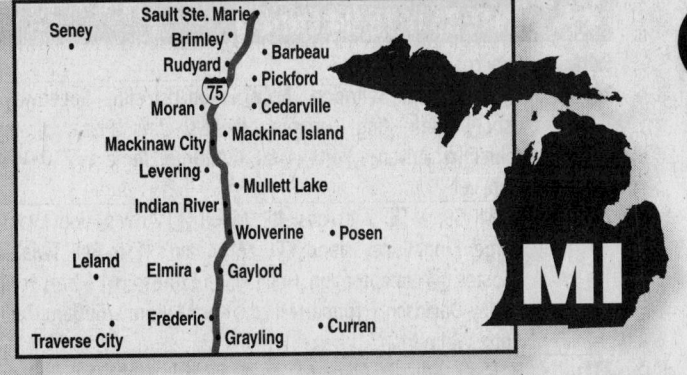

INTERSTATE 94

Exit#	Services
275mm	I-69/I-94 begin/end on MI 25, **N** Pinegrove Ave in Port Huron 🛢 BP, Shell/dsl, Speedway/dsl 🍴 Arby's, McDonald's, Tim Horton, Wendy's 🏨 Days Inn, Quality Inn ⭕ Family$, Honda, Rite Aid, **tollbridge to Canada**
274.5mm	Black River
274	Water St, Port Huron, **N** 🍴 Cracker Barrel 🏨 Best Western ⭕ Lake Port SP, Port Huron RV Park, **S** 🛢 SpeedyQ/dsl 🍴 Bob Evans 🏨 Comfort Inn, Fairfield Inn, Hampton Inn, Holiday Inn Express ⭕ Menard's, O'Reilly Parts
273mm	Welcome Ctr 🅁🅂 wb, full 🔵 facilities, 🖼 litter barrels, petwalk
271	I-69 E and I-94 E run together eb, Lp I-69, 0-2 mi **S** on Lp 69 🛢 Mobil/dsl, Speedway 🍴 Arby's, Burger King, Jimmy John's, KFC, Little Caesar's, McDonalds, Subway, Taco Bell, Tim Horton's, Wendy's ⭕ $General, Advance Parts, AutoZone, Kroger/gas, repair, Sam's Club/gas, to Port Huron, USPO
269	Dove St, Range Rd, **N** 🛢 Speedway/dsl 🍴 Theo's Rest. 🏨 Baymont Inn
266	Gratiot Rd, Marysville, 0-2 mi **S** 🛢 BP, Marathon/dsl/scales/24hr, Speedway/dsl 🍴 Arby's, Big Boy, Burger King, China Lite, Dairy Boy, Daliono's, Four Star Grille, Hungry Howie's, Jets Pizza, Jimmy John's, KFC, Little Caesars, McDonald's, Mr Pita, Pelican Café, Seros Rest., Subway, Taco Bell, Tim Horton 🏨 Super 8 ⭕ 🏥, $General, $Tree, AutoZone, CarQuest, CVS Drug, Meijer/dsl, O'Reilly Parts, Rite Aid, Verizon, vet, Wally's Foods
262	Wadhams Rd, **N** ⭕ camping, **S** 🛢 Mobil/dsl
257	St Clair, Richmond, **N** 🛢 Sunoco/dsl, **S** 🛢 BP/dsl ⭕ st police
255mm	🅁🅂 eb, full 🔵 facilities, info, litter barrels, petwalk, 🔵s, 🖼
251mm	🅁🅂 wb, full 🔵 facilities, info, litter barrels, petwalk, 🔵s, 🖼
248	26 Mile Rd, to Marine City, **N** 🍴 McDonald's (2mi), **S** 🛢 7-11/gas, Speedy Q (1mi) 🍴 Asian Garden, My Place Cafe, Subway, Taco Bell, Tim Horton ⭕ Mejier/dsl
247mm	Salt River
247	MI 19 (no eb return), New Haven
243	MI 29, MI 3, Utica, New Baltimore, **N** 🛢 BP, Marathon/dsl, Sunoco/dsl 🍴 Applebee's, Arby's, Buffalo Wild Wings, Burger King, Chophouse, Coldstone, Coney Island, Dimitri's Rest., Dolly's Pizza, Eagles Grill, Father&Son Pizzaria, Happy's Pizza, Jersey Mike's, Little Caesars, McDonald's, Noodles&Co, Panera Bread, Qdoba, Ruby Tuesday, Starbucks, Stevie B's Pizza, Tim Horton, TX Roadhouse, Wendy's, White Castle 🏨 Chesterfield Motel ⭕ $Tree, AutoZone, Belle Tire, Best Buy, Big Lots, Dick's, Discount Tire, GNC, Hobby Lobby, Home Depot, JC Penney, Jo-Ann Fabrics, Kohl's, Lowe's, Meijer/Subway/dsl, Michael's, NAPA, Old Navy, O'Reilly Parts, PetCo, PetsMart, Rite Aid, Staples, Target, TJ Maxx, URGENT CARE, Verizon, Walgreens, **S** 🛢 Marathon/dsl/24hr, Speedway/dsl/24hr 🍴 Big Boy, Buscemi's Pizza, Checkers, Taco Bell 🏨 LodgeKeeper

MI

INTERSTATE 94 Cont'd

Exit#	Services
241	21 Mile Rd, Selfridge, N ⛽ Exxon/dsl/e85, Speedway/dsl 🍴 China King, Hungry Howie's, Jets Pizza, Jimmy John's ⭕ Advance Parts, AT&T, CVS Drug, same as 240, Verizon, vet
240	to MI 59, N ⛽ 7-11/gas, BP, Mobil 🍴 Arby's, Bob Evans, Burger King, Coney Island, KFC, McDonald's, Taco Bell, Twisted Rooster 🛏 Hampton Inn, Holiday Inn Express ⭕ $Tree, Ford, Harley-Davidson, Hyundai/Mazda, Kia, Menard's, Subaru, Tuffy Auto, Walmart
237	N River Rd, Mt Clemens, N ⛽ BP/dsl, Mobil/Subway/dsl 🍴 Captain's Landing Grill, McDonald's ⭕ 🏥, General RV Ctr, Gibraltar Trade Ctr
236.5mm	Clinton River
236	Metro Parkway, S 🍴 Big Apple Bagels, Empire Chinese, Little Caesars, McDonald's, Subway ⭕ 🏥, CVS Drug, GNC, Kroger, URGENT CARE, Verizon
235	Shook Rd (from wb)
234b a	Harper Rd, 15 Mile Rd, N ⛽ BP/McDonald's, Marathon/dsl, SpeedyQ, Sunoco/dsl 🍴 Domino's, Gina's Cafe, Tim Horton's ⭕ Family$, vet, S ⛽ Shell 🍴 China Moon, Subway, Travis Rest., Winners Grill ⭕ URGENT CARE
232	Little Mack Ave (from wb only), N ⛽ Citgo, Marathon, Mobil, Shell, Sunoco 🍴 Coldstone, Denny's, Hooters, Longhorn Steaks, McDonald's, Pizza Hut, Red Robin 🛏 Hampton Inn, Holiday Inn Express, Red Roof Inn, Relax Inn, Super 8, Victory Inn ⭕ Advance Parts, Aldi Foods, Belle Tire, Discount Tire, Firestone, O'Reilly Parts, Sam's Club/gas, Sears/Auto, Staples, Target, Tuesday Morning, S ⛽ Speedway/dsl 🍴 Cracker Barrel, Culver's, IHOP 🛏 Baymont Inn ⭕ Home Depot, Jo-Ann Fabrics, Meijer/dsl/24hr, PetsMart, same as 231
231	(from eb), MI 3, Gratiot Ave, N ⛽ Exxon/dsl, Marathon 🍴 Applebee's, Arby's, Bob Evans, Burger King, Chili's, Chipotle, ChuckECheese, Del Taco, Denny's, Famous Dave's BBQ, Logan's Roadhouse, Longhorn Steaks, Marco's Italian, McDonald's, National Coney Island, Panera Bread, PetCo, Pizza Hut, Potbelly, Qdoba, Ruby Tuesday, Starbucks, Subway, Tim Horton, TX Roadhouse 🛏 Days Inn, Extended Stay America, Hampton Inn, Microtel ⭕ Belle Tire, Best Buy, Dick's, Discount Tire, Firestone/auto, Honda/Acura, Kia, Kohl's, Kroger, mall, Michael's, Nissan, Sam's Club/gas, Staples
230	12 Mile Rd, N ⛽ Mobil/dsl, Sunoco/dsl 🍴 BD's Mongolian, Jimmy John's, Outback Steaks, Starbucks, Taco Bell ⭕ $Tree, AT&T, CVS Drug, Marshall's, Verizon, Walmart/Subway, S ⛽ Marathon
229	I-696 W, Reuther Fwy, to 11 Mile Rd, S ⛽ Shell/dsl, Speedway/dsl ⭕ 7-11
228	10 Mile Rd, N ⛽ 7-11, BP 🍴 Baskin-Robbins, Donna's Rest., Eastwind Chinese, Friendly Rest., Jet's Pizza, Little Italy Pizza, Sugarbush Rest. ⭕ Save Mor Drugs, URGENT CARE
227	9 Mile Rd, N ⛽ Metro, Speedway/dsl, Sunoco 🍴 DQ, McDonald's, Milestone Grill, Popeye's, Subway, Taco Bell, Tim Horton's, Wendy's ⭕ $Tree, Aldi Foods, CVS Drug, Family$, Fresh Choice Foods, Office Depot, TrueValue, vet, S ⛽ Mobil/dsl, Mobil/dsl 🛏 Shore Pointe Motel ⭕ Cadillac, Mercedes
225	MI 102, Vernier Rd, 8 Mile Rd, S ⛽ BP/Subway, Mobil, Sunoco/dsl 🍴 Coney Island, KFC, Taco Bell, Wendy's ⭕ Kroger, Walgreens
224b	Allard Ave, Eastwood Ave
224a	Moross Rd, S ⛽ Shell ⭕ 🏥, Family Foods

Exit#	Services
223	Cadieux Rd, S ⛽ BP/Subway, Mobil, Shell/dsl, Sunoc 🍴 Checkers, McDonald's, Papa's Pizza, Popeye's, Tubby Subs, Wendy's, White Castle ⭕ Family$, Rite Aid
222b	Harper Ave (from eb), S ⭕ Hastings Auto
222a	Chalmers Ave, Outer Dr, N ⛽ BP/Subway/dsl, Clark 🍴 Coney Island, KFC, Little Caesars ⭕ Family$
220b	Conner Ave, N ⛽ BP, Sunoco
220a	French Rd, S ⛽ Citgo
219	MI 3, Gratiot Ave, N ⛽ Clark, Marathon/Subway 🍴 Coney Island, McDonald's ⭕ Family$, Farmer John's Foods, USPO, S ⛽ Citgo 🍴 Burger King
218	MI 53, Van Dyke Ave, N ⛽ BP, Mobil/dsl
217b	Mt Elliott Ave, S ⛽ Citgo, Mobil/dsl 🍴 Royal BBQ
217a	E Grand Blvd, Chene St, S ⛽ Marathon
216b	Russell St (from eb), to downtown
216a	I-75, Chrysler Fwy, to tunnel to Canada
215c	MI 1, Woodward Ave, John R St
215b	MI 10 N, Lodge Fwy
215a	MI 10 S, tunnel to Canada, downtown
214b	Trumbull Ave, ⭕ to Ford Hospital
214a	(from wb)Grand River Ave
213b	I-96 W to Lansing, E to Canada, bridge to Canada, to Tiger Stadium
213a	W Grand (exits left from eb)
212b	Warren Ave (from eb)
212a	Livernois Ave, S ⛽ Marathon/Subway/dsl, Sunoco/dsl
211b	Cecil Ave (from wb), Central Ave
211a	Lonyo Rd, S ⛽ Sunoco ⭕ Ford
210	US 12, Michigan Ave, Wyoming Ave, N ⛽ Mobil/dsl, S ⛽ BP/dsl, Sunoco/dsl 🍴 Checkers
209	Rotunda Dr (from wb)
208	Greenfield Rd, Schaefer Rd, N ⛽ Mobil/dsl 🍴 Wendy's/Tim Horton ⭕ 7-11, S ⭕ River Rouge Ford Plant
207mm	Rouge River
206	Oakwood Blvd, Melvindale, N ⛽ Marathon, Shell 🍴 Applebee's, Biggby Coffee, Carino's, Chili's, Coldstone, Coney Island, Five Guys, Jimmy John's, Little Caesar's, Longhorn Steaks, Olga's Kitchen, On-the-Border, Panda Express, Panera Bread, Potbelly, Qdoba, Starbucks, Subway, Taco Bell ⭕ AAA, Barnes&Noble, Best Buy, GNC, Greenfield Village Museum, Home Depot, JoAnn Fabrics, Lowe's, Meijer, Michael's, Old Navy, PetCo, Staples, Target, TJ Maxx, USPO, Verizon, S ⛽ BP/dsl 🍴 Burger King, Hungry Howie's, McDonald's, Sabina's, Subway, Tim Horton's 🛏 Best Western, Holiday Inn Express ⭕ $General, $Tree, 7-11, CVS Drug, O'Reilly Parts, Rite Aid
205mm	⭕ Largest Uniroyal Tire in the World
204b a	MI 39, Southfield Fwy, Pelham Rd, N ⛽ Marathon/dsl, Mobil, Valero/dsl ⭕ 7-11, to Greenfield Village, S ⛽ Exxon/dsl, Marathon/dsl, Marathon/dsl ⭕ Walgreens
202b a	US 24, Telegraph Rd, N ⛽ Citgo, Shell, Sunoco 🍴 Burger King, Checkers, Dunkin Donuts, KFC, McDonald's, Pizza Hut, Ram's Horn Rest., Subway, Taco Bell, Wendy's ⭕ Advance Parts, Aldi Foods, Rite Aid, Walgreens, 0-2 mi S ⛽ BP, Citgo/dsl, Marathon/dsl, Valero/dsl 🍴 Arby's, Big Boy, Burger King, Dunkin Donuts, Hungry Howie's, Jimmy John's, KFC, Leon's Rest., Leo's Coney Island, Little Caesar's, LJ Silver, Marina's Pizza, McDonald's, New Hong Kong, Pancho's Mexican, Pizza Hut, Popeye's, Subway, Super China, Taco Bell, Teppanyaki, Tim Horton's/Coldstone, Wendy's 🛏 Comfort Inn ⭕ $Tree, AT&T, AutoZone, Family$, Firestone/auto, Home Depot, Rite Aid, st police, U-Haul, Verizon, vet, Walgreens, Walmart/Burger King

DETROIT AREA (left margin)

DETROIT AREA (right margin)

🅴 INTERSTATE 94 Cont'd

Exit#	Services
200	Ecorse Rd, (no ez eb return), to Taylor, **N** 🅿 Marathon/Subway/dsl/scales 🍴 Tim Horton's,**S** 🅿 Citgo/dsl, Rich
199	Middle Belt Rd,**S** 🅿 BP/dsl 🍴 Checkers, McDonald's, Wendy's 🛏 Days Inn, Knights Inn, Quality Inn
198	Merriman Rd, **N** 🅿 Citgo/dsl, Marathon, Speedway/Speedy Cafe/dsl 🍴 Big Boy, Bob Evans, Capitol Bistro, Fortune Chinese, Leonardo's Italian, McDonald's, Merriman St Grill, Sporting News Grill, Subway, Toarmina's Pizza 🛏 Baymont Inn, Best Value Inn, Clarion, Comfort Inn, Courtyard, Embassy Suites, Extended Stay America, Fairfield Inn, Hampton Inn, Hilton Garden, Holiday Inn, Holiday Inn Express, Howard Johnson, La Quinta, Magnuson Hotel, Marriott, Red Lion Inn, Rodeway Inn, Sheraton, Sheraton Four Points, SpringHill Suites, Wyndham Garden Hotel,**S** Ⓞ Wayne Co Airport
197	Vining Rd
196	Wayne Rd, Romulus, **N** 🅿 Shell/dsl 🍴 Little Caesar's, McDonald's, Taco Bell Ⓞ $General, **S** 🅿 Mobil/dsl 🍴 Burger King, Subway
194b a	I-275, N to Flint, S to Toledo
192	Haggerty Rd, **N** 🅿 BP/Tubby's/dsl, Mobil/dsl, **S** Ⓞ Lower Huron Metro Park
190	Belleville Rd, to Belleville, **N** 🅿 BP/Quizno's/dsl, Marathon 🍴 Applebee's, Arby's, Asian Garden, Coney Island, Cracker Barrel, Culver's, Happy's Pizza, Hungry Howie's, McDonald's, Taco Bell, Tim Horton, Twisted Rooster, Wendy's 🛏 Hampton Inn, Holiday Inn Express, Red Roof Inn Ⓞ $Tree, AT&T, AutoZone, Belle Tire, Camping World RV Ctr, CVS Drug, Firestone/auto, Ford, Meijer/dsl, National RV Ctr, O'Reilly Parts, Verizon, Walgreens, Walmart, **S** 🅿 Shell 🍴 Burger King, China City, Dos Pesos Mexican, Mike's Kitchen, Subway 🛏 Comfort Inn, Super 8 Ⓞ URGENT CARE, USPO
189mm	🆁🆂 wb, full 🚻 facilities, info, litter barrels, petwalk, 🏧, 🖼, vending
187	Rawsonville Rd, **N** Ⓞ Freightliner, **S** 🅿 Mobil/dsl, Speedway/dsl 🍴 Burger King, Denny's, KFC, Little Caesars, McDonald's, Pearl River Chinese, Pizza Hut, Taco Bell, Tim Horton, Wendy's Ⓞ $General, $Tree, Detroit Greenfield RV Park, GNC, K-Mart
185	US 12, Michigan Ave (from eb, exits left, no return), to frontage rds, Ⓞ 🔀
184mm	Ⓞ Ford Lake
183	US 12, Huron St, Ypsilanti, **N** 🅿 Citgo/dsl Ⓞ 🅷, to E MI U, **S** 🅿 a Shell 🍴 Buffalo Wild Wings, Coney Island, Jet's Pizza, McDonald's, Tim Horton's 🛏 Marriott Ⓞ Kroger/dsl, st police
181b a	US 12 W, Michigan Ave, Ypsilanti,**N** 🅿 Speedway/dsl 🍴 Coney Island, Dunkin Donuts, Hong Kong Chinese, Roundtree Grill, Taco Bell, Tim Horton/Wendy's Ⓞ 🅷, Aamco, BigLots, GNC, Walmart/Subway, 0-2 mi**S** 🅿 Citgo/Subway/dsl, Mobil/Circle K, Sunoco/dsl 🍴 Harvest Moon Cafe, McDonald's Ⓞ Sam's Club/gas
180b a	US 23, to Toledo, Flint
177	State St,**N** 🅿 BP, Mobil 🍴 Bravo Italiana, Buffalo Wild Wings, Burger King, CA Pizza, Chipotle, Graham's Steaks, Los Amigos, Macaroni Grill, Max&Erma's, Mediterrano Rest, Olive Garden, Panda Express, PF Chang's, Red Robin, Wendy's 🛏 Comfort Inn, Courtyard, Extended Stay America, Extended Stay America, Fairfield Inn, Hampton Inn, Hilton Garden, Holiday Inn, Holiday Inn Express, Kensington Court Inn, Red Roof Inn, Residence Inn, Sheraton, TownePlace Suites Ⓞ Firestone/auto, Honda,

Exit#	Services
177	Continued JC Penney, Macy's, mall, Porsche, Sears/auto, to UMI, URGENT CARE, Von Maur, VW, World Mkt, **S** 🅿 Citgo/Subway/dsl, Speedway/dsl 🍴 Coney Island, McDonald's, Taco Bell, Tim Horton's 🛏 Motel 6 Ⓞ Belle Tire, Costco/gas, U-Haul
175	Ann Arbor-Saline Rd, **N** 🅿 Shell/Tim Horton's 🍴 Applebee's, Bagger Dave's, Bella Italia, Dibella Subs, Moe's SW Grill, Old Carolina BBQ, Panera Bread, Subway, Tony Sacco's Pizza 🛏 Candlewood Suites Ⓞ REI, to UMI Stadium, vet, Whole Foods Mkt, **S** 🍴 ChuckECheese's, Five Guys, Joe's Crabshack, McDonald's, Outback Steaks, Panchero's, Subway, TGIFriday's Ⓞ AT&T, Best Buy, BigLots, Dick's, Jo-Ann Fabrics, Kohl's, Meijer/dsl/e-85, Petsmart, Target
172	Jackson Ave, to Ann Arbor, **N** **on Stadium Ave** 🍴 Marathon, Shell/dsl 🍴 Burger King, Jersey Mike's, McDonald's, Noodles&Co, Quarter Rest., Subway, Taco Bell, Zingerman's Roadhouse Ⓞ 🅷, $Tree, CVS, Goodyear/auto, Kroger, Midas, O'Reilly Parts, Plum Mkt, Rite Aid, Staples, TJ Maxx, Verizon, Walgreens, **S** 🅿 Marathon 🍴 Weber's Rest. 🛏 Hampton Inn, Wyndham Garden Ⓞ Chevrolet/Cadillac, Ford, Hyundai, Mini, Nissan, Subaru, Toyota/Scion
171	MI 14 (from eb, exits left), Ann Arbor, to Flint by U.S. 23
169	Zeeb Rd,**N** 🅿 BP/dsl 🍴 Big Boy, Grand Traverse Pies Co, McDonald's, Metzger's Rest. 🛏 Holiday Inn Express,**S** 🅿 Citgo/dsl 🍴 Arby's, Biggby Coffee, Burger King, Creekside Grill, Culver's, Domino's, Panera Bread, Pizza Hut, Subway, Taco Bell, Wendy's, Westside Grill Ⓞ CVS Drug, Discount Tire, Lowe's, Meijer/dsl, Menard's, vet
167	Baker Rd, Dexter, **N** 🅿 🅿Pilot/Subway/scales/dsl/24hr, **S** 🅿 🅿Pilot/Arby's/dsl/scales/24hr, TA/BP/Popeye's/dsl/scales/24hr/@ 🍴 McDonald's Ⓞ Blue Beacon
162	Jackson Rd, Fletcher Rd, **S** 🅿 BP/Subway/dsl/24hr 🍴 Stiver's Rest.
161mm	🆁🆂 eb, full 🚻 facilities, litter barrels, petwalk, 🏧, 🖼, vending
159	MI 52, Chelsea, **N** 🅿 Shell/dsl, Speedway/dsl, Sunoco/dsl 🍴 Big Boy, Biggby Coffee, Chelsea Grill, China Garden, Chinese Tonite, Jimmy John's, KFC/Taco Bell, McDonald's, Subway, Uptown Coney Island, Wendy's 🛏 Comfort Inn, Holiday Inn Express Ⓞ 🅷, $Tree, Ace Hardware, AutoZone, Buick/Chevrolet, Chrysler/Dodge/Jeep, Country Mkt Foods/drug, CVS Drug, Travel Land RV Ctr, USPO, Verizon,**S** Ⓞ Buick/Chevrolet
157	Jackson Rd, Pierce Rd,**N** Ⓞ Gerald Eddy Geology Ctr
156	Kalmbach Rd,**N** Ⓞ to Waterloo RA
153	Clear Lake Rd,**N** 🅿 Marathon/dsl
151.5mm	weigh sta both lanes
150	to Grass Lake,**S** 🅿 Mobil/Dunkin Donuts/Subway/dsl
150mm	🆁🆂 wb, full 🚻 facilities, litter barrels, petwalk, 🏧, 🖼, vending
147	Race Rd, **N** Ⓞ camping, to Waterloo RA, **S** 🛏 lodging Ⓞ Holiday RV Camp
145	Sargent Rd,**S** 🅿 🍴 McDonald's, Wendy's 🛏 Colonial Inn

MI

J A C K S O N

M A R S H A L L

INTERSTATE 94 Cont'd

Exit#	Services
144	Lp 94 (from wb), to Jackson
142	US 127 S, to Hudson, **1 mi S** 🅿 Meijer/dsl, Speedway/dsl 🍴 Arby's, Bob Evans, KFC, McDonald's, Taco Bell, Wendy's 🅾 $General, $Tree, Advance Parts, Kroger, Rite Aid, to MI Speedway, Verizon, Walgreens
141	Elm Rd, **N** 🏨 Travelodge 🅾 Chevrolet, Chrysler/Dodge/Jeep, Ford/Lincoln, Honda, Nissan, **S** 🅾 🄷
139	MI 106, Cooper St, to Jackson, **N** 🅾 st police/prison, **S** 🅿 Citgo/Subway 🅾 🄷, Meefhof Tire
138	US 127 N, MI 50, to Lansing, Jackson, **N** 🍴 Red Lobster, Yen King Chinese 🏨 Baymont Inn, Comfort Inn, Fairfield Inn, Hampton Inn, Super 8 🅾 vet, **S** 🅿 Admiral, BP/dsl, Shell/dsl 🍴 Arby's, Big Boy, Bob Evans, Burger King, Dunkin Donuts, Fazoli's, KFC, LJ Silver, Los Tres Amigos, McDonald's, Old Country Buffet, Outback Steaks, Panda Express, Panera Bread, Papa John's, Qdoba, Rally's, Starbucks, Subway, Wendy's 🏨 Best Value Inn 🅾 $Tree, Advance Parts, Aldi Foods, AT&T, AutoZone, Belle Tire, Best Buy, BigLots, Discount Tire, Family$, Home Depot, JoAnn Fabrics, Kohl's, Kroger/gas, Lowe's, Michael's, Midas, O'Reilly Parts, Petsmart, Sears/auto, Target, TJ Maxx, URGENT CARE, Verizon, Walgreens
137	Airport Rd, **N** 🅿 Marathon/dsl, Shell/Taco Bell 🍴 Burger King, Denny's, McDonald's, Steak'n Shake, Subway, Wendy's 🏨 Holiday Inn 🅾 7-11, Meijer/dsl, **S** 🅿 BP/dsl 🍴 Cracker Barrel, Culver's, LoneStar Steaks, Olive Garden 🏨 Holiday Inn Express 🅾 Sam's Club/gas, Save-A-Lot Foods
136	Lp 94, MI 60, to Jackson
135mm	🆁🆂 eb, full 🚻 facilities, litter barrels, petwalk, 🄲, 🏕, vending
133	Dearing Rd, Spring Arbor, **S** 🅾 to Spring Arbor U
130	Parma
128	Michigan Ave, **N** 🅿 BP/Burger King/scales/dsl/24hr 🅾 RV camping
127	Concord Rd, **N** 🅾 wineries
124	MI 99, to Eaton Rapids
121	28 Mile Rd, to Albion, **N** 🅿 Mobil/Subway/dsl 🍴 Arby's 🏨 Days Inn, **S** 🅿 AllStar/dsl, BP/dsl, Speedway/dsl 🍴 Frosty Dan's, KFC, La Casa Mexican, Maria's Garden Rest., McDonald's, Pizza Hut 🏨 Super 9 Inn 🅾 🄷, $General, Albion Tire/auto, AutoZone, Buick/Chevrolet, Family Fare Foods, Family$, Ford, O'Reilly Parts
119	MI 199, 26 Mile Rd
115	22.5 Mile Rd, **N** 🅿 Citgo/115 Rest./dsl/24hr
113mm	🆁🆂 wb, full 🚻 facilities, litter barrels, petwalk, 🄲, 🏕, vending
112	Partello Rd, **S** 🅿 Loves/Hardee's/scales/dsl/24hr 🍴 Schuler's Rest.
110	Old US 27, Marshall, **N** 🅿 Shell/Country Kitchen/Subway/dsl/24hr, **S** 🅿 Citgo/dsl 🍴 Denny's, Pizza Hut (2mi), Schuler's Rest. (2mi) 🏨 Hampton Inn, Holiday Inn Express 🅾 🄷, sheriff
108	I-69, US 27, N to Lansing, S to Ft Wayne
104	11 Mile Rd, Michigan Ave, **N** 🅿 ▨▨▨▨/McDonald's/dsl/scales/24hr, TA/Country Pride/dsl/scales/24hr/@, **S** 🅿 Citgo/Subway/dsl/e-85 🏨 Quality Inn/rest. 🅾 casino
102mm	Kalamazoo River
100	rd 294, Beadle Lake Rd, **N** 🍴 Moonraker Rest., **S** 🅿 Citgo/dsl/repair 🅾 Binder Park Zoo
98b	I-194 N, to Battle Creek
98a	MI 66, to Sturgis, **S** 🅿 Citgo/Tim Horton/dsl 🍴 Chili's, Los Aztecas, McDonald's, Ruby Tuesday, Schlotzsky's, Starbucks, Steak'n Shake 🏨 Courtyard, Holiday Inn 🅾 AT&T, Best Buy,

K A L A M A Z O O

98a	Continued Discount Tire, Kohl's, Lowe's, Meijer/dsl, Menards, Michael PetCo, same as 97, Sam's Club/gas, Staples, TJ Maxx, Verizo Walgreens, Walmart/Subway
97	Capital Ave, to Battle Creek, **N** 🅿 BP, Marathon 🍴 Arby LoneStar Steaks, Lux Cafe, McDonald's, Old China, Red Lo ster 🏨 Comfort Inn, Knights Inn, **S** 🅿 Citgo/Subway, She dsl 🍴 Applebee's, Bob Evans, Buffalo Wild Wings, Burg King, Canton Buffet, Cracker Barrel, Culver's, Denny's, Don Pa lo, Fazoli's, Jimmy John's, La Cocina, Old Country Buffet, Pane Bread, Pizza Hut, Taco Bell, Wendy's 🏨 Baymont Inn, Best Va ue Inn, Best Western, Fairfield Inn, Hampton Inn, Red Roof In Rodeway Inn, Travelodge 🅾 $Tree, AAA, Barnes&Noble, Bel Tire, BigLots, Firestone/auto, Harley Davidson, Hobby Lobb Jo-Ann Fabrics, mall, Sears/auto, Target, Uncle Ed's Oil Shopp URGENT CARE, vet
96mm	🆁🆂 eb, full 🚻 facilities, litter barrels, petwalk, 🄲, 🏕, vendin
95	Helmer Rd, **2 mi N** 🅿 Citgo/dsl 🍴 Arby's, Big Boy 🅾 Me jer/dsl/e-85, st police
92	Lp 94, rd 37, to Battle Creek, Springfield, **N** 🅿 Citgo/Arlene Trkstp/dsl/rest./24hr, Shell 🅾 RV camping, to Ft Custer RA
88	Climax, **N** 🅾 Galesburg Speedway
85	35th St, Galesburg, **N** 🅿 Shell/dsl 🍴 McDonald's, Subwa 🅾 Galesburg Speedway, River Oaks CP, to Ft Custer RA, 🅾 Colebrook CP, RV camping, Scott's Mill CP, Winery Tours
85mm	🆁🆂 wb, full 🚻 facilities, litter barrels, petwalk, 🄲, 🏕, vendin
81	Lp 94 (from wb), to Kalamazoo
80	Cork St, Sprinkle Rd, to Kalamazoo, **N** 🅿 Marathon/ds Speedway/dsl 🍴 Arby's, Bennucci's Grill, Burger King, Cre Rest., Denny's, Godfather's, Taco Bell 🏨 Baymont Inn, Cla ion, Holiday Inn Express, Red Roof Inn, Sheraton 🅾 Monr vet, **S** 🅿 BP/dsl, Speedway/dsl 🍴 McDonald's, Michelle Rest., Nob Hill Grill, Subway, Wendy's 🏨 Candlewood Suite EconoLodge, Motel 6, Quality Inn
78	Portage Rd, Kilgore Rd, **N** 🅿 Mobil/Circle K 🍴 China Hu Summer Thyme Cafe 🏨 AmericInn 🅾 🄷, repair, **S** 🅿 Ma athon/dsl, Shell, Speedway 🍴 Angelo's Italian, Biggby Coffe Bravo Rest., Brewster's, Café Meli, CJ's Lubritorium, McDonald' Pizza King, Subway, Taco Bell, Theo&Stacy's Rest. 🏨 Count Inn&Suites, Days Inn, Hampton Inn 🅾 AutoValue Parts, Fiel Fabrics
76	Westnedge Ave, **N** 🅿 Admiral, Meijer/dsl, Speedway/d 🍴 Burger King, Grand Traverse Pie Co, Hibachi Buffet, Hoo ers, IHOP, Lee's Chicken, McDonald's, Old Chicago Grill, Ou back Steaks, Papa John's, Papa Murphy's, Pizza Hut, Qdc ba, Riviera Mayo, Root Beer Stand, Steak'n Shake, Subway Taco Bell, Theo&Stacy's Rest. 🏨 Courtyard, Homewoo Suites 🅾 $Tree, Advance Parts, BigLots, Discount Tire, Eart Fare, Family$, Firestone/auto, Goodyear/auto, Lowe's, Me jer, Midas, Office Depot, Walgreens, **S** 🅿 Shell 🍴 Antiqu Kitchen Rest., Applebee's, Biggby Coffee, Bilbo's Pizza, Bo Evans, Brann's Steaks, Burger King, Carrabba's, Chili's, ChuckE Cheese's, Coldstone, Culver's, Five Guys, HoneyBaked Ham Jimmy John's, KFC, Little Caesars, LJ Silver, Logan's Roadhouse Los Amigos Mexican, McDonald's, Moe's SW Grill, Noodles& Co, Olive Garden, Panchero's Mexican, Panera Bread, Pen Sta Subs, Pizza Hut, Qdoba Mexican, Red Lobster, Red Robin Schlotzsky's, Subway, Taco Bell, Tim Horton, TX Roadhouse Wendy's, Zoup! 🏨 Holiday Motel 🅾 $Tree, Aldi Foods, AT& AutoZone, Barnes&Noble, Belle Tire, Best Buy, Buick/Cadillac GMC, Dick's, Fannie May Candies, Firestone/auto, Harding' Foods, Hobby Lobby, Home Depot, JC Penney, JoAnn Fabrics

INTERSTATE 94 Cont'd

76 Continued
Kohl's, Macy's, mall, Menard's, Michael's, Monro, Old Navy, O'Reilly Parts, PepBoys, Petco, Sam's Club/gas, Sears/auto, Target, TJMaxx, Tuesday Morning, Tuffy Auto, Uncle Ed's Oil Shoppe, URGENT CARE, Verizon, Walgreens, World Mkt

75 Oakland Dr

74b a US 131, to Kalamazoo, **N** 🅞 Kalamazoo Coll, to W MI U

72 9th St, Oshtemo, **N** 🅖 Citgo/dsl, Speedway/dsl 🅕 Arby's, Culver's, McDonald's, Taco Bell, Wendy's 🅛 Hampton Inn, **S** 🅕 Cracker Barrel 🅛 Fairfield Inn, Microtel, Towne Place Suites

66 Mattawan, **N** 🅖 Citgo/dsl, Speedway/Subway/dsl/scales/24hr 🅕 Mancino's Italian 🅞 Family$, Freightliner, R&S RV Service, Rossman Auto/repair, vet, **S** 🅕 Shell/dsl 🅕 Pizza Hut, Subway 🅞 USPO, Wagoner's Foods

60 MI 40, Paw Paw, **N** 🅖 Citgo, Speedway/dsl 🅕 Arby's, Burger King, Chicken Coop, Copper Grille, McDonald's, Pizza Hut, Red's Root Beer, Subway, Subway, Taco Bell, Wendy's 🅛 Comfort Inn, EconoLodge, Travelodge 🅞 Ⓗ, Advance Parts, AT&T, Buick/Chevrolet/GMC, Chrysler/Dodge/Jeep, Family Fare Foods, Ford, O'Reilly Parts, St Julian Winery, Walgreens, **S** 🅞 Walmart/Subway

56 MI 51, to Decatur, **N** 🅞 st police, **S** 🅖 Citgo/dsl, Marathon/dsl

52 Lawrence

46 Hartford, **N** 🅖 Shell/dsl 🅕 McDonald's, Panel Room Rest., Subway, **S** 🅞 fruit stand

42mm 🆁🆂 wb, full 🅰 facilities, litter barrels, petwalk, Ⓒ, 🖼, vending

41 MI 140, to Niles, Watervliet, **N** 🅖 Citgo, Marathon/dsl, Shell/dsl 🅕 Burger King, Chicken Coop, Frosty Boy, Mill Creek Charlie's Rest., Subway, Taco Bell 🅛 Fairfield Inn 🅞 Ⓗ, KOA (Apr-Oct) (7mi)

39 Millburg, Coloma, Deer Forest, 0-1 mi **N** 🅖 BP/dsl, Shell/dsl, Speedway/dsl, Wesco/dsl 🅕 DQ, El Asadero Mexican, Friendly Grill, McDonald's, Subway 🅞 Family$, Krenek RV Ctr, **S** 🅞 fruit mkt, Jollay Mkt, wine tasting

34 I-196 N, US 31 N, to Holland, Grand Rapids

33 Lp I-94, to Benton Harbor, 2-4 mi **N** 🅞 🖼, sheriff's dept

30 Napier Ave, Benton Harbor, **N** 🅕 🔲🔲🔲/Wendy's/dsl/LP/24hr/@, Shell/dsl 🅛 Knights Inn 🅞 Ⓗ, Blue Beacon

29 Pipestone Rd, Benton Harbor, **N** 🅕 Applebee's, Asian Grill, Burger King, Cravings Bistro, El Rodeo Mexican, IHOP, Mancino's Pizza, McDonald's, Sophia's Pancake House, Steak'n Shake, Subway, Super Buffet, TX Corral 🅛 Best Western, Days Inn, Hilton Garden, Motel 6, Red Roof Inn 🅞 Aldi Foods, Best Buy, Big Lots, Chrysler/Dodge/Jeep, Home Depot, JC Penney, Jo-Ann Fabrics, Lowe's, Meijer/dsl, NAPA Autocare, Staples, Walmart/Subway, **S** 🅖 BP/dsl 🅕 Bob Evans 🅛 Comfort Suites, Holiday Inn Express

28 US 31 S, MI 139 N, Scottdale Rd, to Niles, **N** 🅖 Citgo/dsl, Marathon/dsl 🅕 Burger King, Chicken Coop, Country Kitchen, DQ, Henry's Burgers, KFC, Little Caesars, Pizza Hut, Sonic, Subway, Taco Bell, Wendy's 🅛 Best Value Inn, Rodeway Inn 🅞 Ⓗ, $Tree, AutoZone, Belle Tire, Chevrolet/Buick/GMC, Family$, Kohl's, M&W Tire, Michael's, Midas, NAPA, O'Reilly Parts, Petsmart, radiators/repair/transmissions, Rite Aid, Save-A-Lot, Target, TJ Maxx, U-Haul, vet, Walgreens

27mm St Joseph River

27 MI 63, Niles Ave, to St Joseph, **N** 🅖 Citgo 🅕 Nye's Apple Barn, **S** 🅖 Tesla 45 🅕 Five Guys, Moe's SW Grill, Panera Bread 🅞 Goodyear

23 Red Arrow Hwy, Stevensville, **N** 🅖 Admiral, Marathon/dsl, Shell/dsl 🅕 Big Boy, Burger King, Chicago Grill, Cracker Barrel, Culver's, DQ, LJ Silver, McDonald's, Papa John's, Rio's Mexican, Subway 🅛 Baymont Inn, Candlewood Suites, Comfort Suites, Super 8 🅞 Honda, Walgreens, **S** 🅕 Five O'Clock Grill 🅛 Hampton Inn 🅞 Meijer/dsl/e85

22 John Beers Rd, Stevensville, **N** 🅖 Chalet on the Lake 🅞 to Grand Mere SP, **S** 🅖 Marathon/dsl

16 Bridgman, **N** 🅖 BP/Quiznos/dsl 🅞 camping, to Warren Dunes SP, **S** 🅖 Citgo 🅕 Lydia's Rest., McDonald's, Olympus Rest., Pizza Hut, Roma Pizza, Subway 🅛 Bridgman Inn 🅞 auto repair, Chevrolet, Chrysler/Dodge/Jeep, Ford/Mazda, st police, vet

12 Sawyer, **N** 🅖 Marathon/deli/dsl/scales/24hr 🅞 truck wash, **S** 🅖 TA/Burger King/Popeye's/Taco Bell/scales/dsl/24hr/@ 🅕 Fitzgerald's Grill, Greenbush Brewing 🅛 Super 8 🅞 USPO

6 Lakeside, Union Pier, **N** 🅞 Round Barn Winery, St Julian Winery, **S** 🅞 RV camping

4b a US 12, to Three Oaks, New Buffalo, **N** 🅕 Pizza Hut, Redamak's Hamburgers, Roma Pizza 🅞 st police

2.5mm weigh sta both lanes

1 MI 239, to Grand Beach, New Buffalo, 0-2 mi **N** 🅖 Shell/Quiznos/dsl 🅕 Brewster's Italian, Casey's Grille, Jimmy's Grill, McDonald's, Nancy's, Rosie's Rest., Stray Dog Grill, Subway 🅛 Baymont Inn, Comfort Inn, Fairfield Inn, Holiday Inn Express, Super Inn 🅞 $General, **S** 🅖 Plaza1/dsl/scales/24hr 🅕 Wendy's 🅞 casino

.5mm Welcome Ctr eb, full 🅰 facilities, info, litter barrels, petwalk, Ⓒ, 🖼, vending

0mm Michigan/Indiana state line

INTERSTATE 96

Exit#	Services
I-96 begins/ends on I-75, exit 48 in Detroit.	
191	I-75, N to Flint, S to Toledo, US 12, to MLK Blvd, to Michigan Ave
190b	Warren Ave, **N** 🅖 BP/dsl
190a	I-94 E to Port Huron
189	W Grand Blvd, Tireman Rd, **N** 🅖 BP/dsl, Mobil
188b	Joy Rd, **N** 🅕 Church's
188a	Livernois, **N** 🅖 Mobil, Shell/Subway 🅕 Burger King, KFC, McDonald's, Wendy's
187	Grand River Ave (from eb)
186b	Davison Ave, I-96 local and I-96 express divide, no exits from express
186a	Wyoming Ave
185	Schaefer Hwy, to Grand River Ave, **N** 🅖 Mobil, Shamrock 🅕 Coney Island, McDonald's 🅞 CVS Drug, **S** 🅖 Sunoco/dsl
184	Greenfield Rd
183	MI 39, Southfield Fwy, exit from expswy and local

B E N T O N   H A R B O R

D E T R O I T   A R E A

🅖 = gas 🅕=food 🛏 = lodging 🅞 = other 🆁🆂 = rest stop   Copyright 2018 - The Next EXIT

MI

D E T R O I T A R E A

INTERSTATE 96 Cont'd

Exit#	Services
182	Evergreen Rd
180	Outer Dr, N 🅖 BP/dsl/lube
180mm	I-96 local/express unite/divide
179	US 24, Telegraph Rd, N 🅖 BP, Marathon/dsl 🅕 Arby's, Baskin-Robbins/Dunkin Donuts, China King, Little Caesar's, McDonald's, Tim Horton's, White Castle 🅞 AutoZone, Chevrolet, Family$, Family$, OReilly Parts, URGENT CARE, S 🅖 Marathon/dsl, Shell/dsl
178	Beech Daly Rd, N 🅖 gas
177	Inkster Rd, N 🅖 BP/Tim Horton 🅕 Subway 🛏 Best Value Inn 🅞 $General, 7-11, URGENT CARE
176	Middlebelt Rd, N 🅕 Bob Evans, IHOP, Olive Garden 🛏 Comfort Inn, 0-1 mi S 🅕 Applebee's, Biggby Coffee, Chili's, Culver's, Del Taco, Five Guys, Jimmy John's, Leo's Coney Island, Logan's Roadhouse, McDonald's, MOD Pizza, Noodles&Co, Outback, Panera Bread, Pizza Hut, Potbelly, Qdoba, Red Lobster, Starbucks 🛏 Crossland Suites 🅞 $Tree, AT&T, BigLots, Costco/gas, Dick's, Firestone/auto, GNC, Home Depot, Marshall's, Meijer, Menard's, Michael's, Office Depot, Petsmart, Target, URGENT CARE, Verizon, Walgreens, Walmart, car repair, Jo-Ann Fabrics
175	Merriman Rd, N 🅖 Mobil/dsl, Speedway/dsl, S 🅖 Exxon/dsl 🅕 Blimpie, Prime Grill
174	Farmington Rd, N 🅖 Mobil/dsl, Sunoco 🅕 Looney Baker, S 🅖 🅕 KFC
173b	Levan Rd, N 🅞 🛏, to Madonna U
173a	Newburgh Rd
	I-275 and I-96 run together 9 miles.
170	6 Mile Rd, N 🅕 Bar Louie, Big Boy, Buffalo Wild Wings, Jimmy John's, Panera Bread, Qdoba, Red Robin 🛏 Best Western, Courtyard, Holiday Inn, Marriott 🅞 🛏, Ace Hardware, Busch's Foods, GNC, mall, O'Reilly. Parts, Rite Aid, URGENT CARE, Verizon, Walgreens, S 🅖 Marathon, Mobil 🅕 Applebee's, Brann's Steaks, Bravo Italian, Buca Italian, Charlie's Grille, Claddagh Rest., Fleming's, Food on Wood Grill, Jimmy John's, McDonald's, Mitchell's Fish Mkt, Noodles&Co, Panchero's, Papa Vino's, PF Chang, Potbelly, Subway, Tahini Grill, Tim Horton, Wendy's, Zoe's Pancakes 🛏 Fairfield Inn, Residence Inn, TownePlace Suites 🅞 Barnes&Noble, CVS, Kroger, Office Depot, Petsmart, REI
169b a	7 Mile Rd, N 🅕 Dave&Buster's, Doc's Grill, Little Daddy's 🛏 Embassy Suites, S 🅕 Andiamo's Cafe, Bahama Breeze Rest., Burger Fi, Champp's Rest., Chipotle, Gaucho Brazilian, Granite City Grill, J Alexander's Rest., Macaroni Grill, Mod Pizza, Rusty Bucket Rest., Tom Chee 🛏 Hyatt Place 🅞 Home Depot
167	8 Mile Rd, to Northville, S 🅖 BP/dsl, Speedway/dsl 🅕 Aubree's Pizza, Benihana, Big Boy, Chili's, Five Guys, Kerry's Koney Island, McDonald's, On-the-Border, Panera Bread, Qdoba, Starbucks, Taco Bell, TGIFriday's, Zoup! 🛏 Extended Stay America, Hampton Inn, Holiday Inn Express, Quality Inn, Sheraton 🅞 Best Buy, Costco/gas, Dick's, Firestone/auto, Kohl's, Meijer/dsl, Target, to Maybury SP, Trader Joe's, Verizon
165	I-696, I-275, MI 5, Grand River Ave.
	I-275 and I-96 run together 9 miles.
163	I-696 (from eb)
162	Novi Rd, to Walled Lake, Novi, N 🅖 🅕 Bar Louie, Black Rock Rest., Buddy's Pizzaria, Buffalo Wild Wings, CA Pizza, Carrabba's, Cheesecake Factory, ChuckECheese's, Coldstone, Denny's, Max-&Erma's, McDonald's, Novi Chophouse, Red Lobster, Subway,

162	Continued
	Tilted Kilt Eatery 🛏 Crowne Plaza, Hilton Garden, Renaissance, Residence Inn 🅞 BigLots, Dick's, JC Penney, JoAnn Fabrics, Kohl's, Lord&Taylor, Macy's, mall, Marshalls, Michaels, Midas, Nordstrom, Old Navy, Sears/auto, S 🅖 Mobil/dsl, Sunoco/dsl 🅕 Athenian Coney Island, Bagger Dave's Burgers, BD Mongolian BBQ, Big Salad, Biggby Coffee, Blaze Pizza, Bonefish Grill, Boston Mkt, Famous Dave's, Honeybaked Express, IHOP, Kim's Chinese, Maisano's Italian, Olive Garden, Panera Bread, Pei Wei, Potbelly, Qdoba, Red Robin, Rojo Mexican, Steve&Rocky's, TGIFriday's, Tony Sacco Pizza, Wasabi, Wendy's 🛏 Courtyard, DoubleTree, Towne Place Suites 🅞 🛏, Advance Parts, AT&T, Belle Tire, Better Health Foods, Chevrolet, Discount Tire, Firestone/auto, Hobby Lobby, Kia, NAPA, O'Reilly Parts, TJ Maxx, URGENT CARE, Verizon, Walmart
160	Beck Rd, 12 Mile Rd, S 🅖 Shell/Tim Horton 🅕 Applebee's, China King, Guido's Pizza, Halo Burger, La Herraduro Mexican, Lee's Coney Island, Olga's Kitchen, Outback Steaks, Subway, Zoup! 🛏 Hyatt Place, Staybridge Suites 🅞 🛏, GNC, Home Depot, Kroger, Staples, to Maybury SP
159	Wixom Rd, Walled Lake, N 🅖 Marathon/dsl, Sunoco/dsl 🅕 Culver's, Leon's Rest., Papa Romano's Pizza, Quiznos, Wendy's 🛏 Holiday Inn Express 🅞 General RV Ctr, Meineke, Menard's, to Proud Lake RA, S 🅖 Mobil/dsl, Shell, Valero/dsl 🅕 A&W/KFC, Arby's, Baskin-Robbins/Dunkin Donuts, Biggby Coffee, Burger King, Don's Diner, Jimmy John's, La Rosa Mexican, McDonald's, Red Olive Rest., Stinger's Grill, Taco Bell 🛏 Comfort Suites 🅞 AutoZone, Lincoln, Meijer/dsl, Sam's Club/gas, Target
155b a	to Milford, New Hudson, N 🅞 Camp Dearborn (5mi), For to Lyon Oaks CP, S 🅖 Sunoco 🅕 Applebee's, Arby's, Biggby Coffee, Jet's Pizza, Kensington Grill, Leo's Coney Island, McDonald's, Starbucks, Subway 🅞 AAA, AT&T, Belle Tire, Chevrolet, Discount Tire, Hyundai, Lowe's, URGENT CARE, Verizon, Walmart
153	Kent Lake Rd, N 🅞 Kensington Metropark, S 🅖 BP/dsl 🛏 Country Meadows Inn (3mi)
151	Kensington Rd, N 🅞 Kensington Metropark, S 🅕 food 🛏 lodging 🅞 Island Lake RA
150	Pleasant Valley Rd (no return wb)
148b a	US 23, N to Flint, S to Ann Arbor
147	Spencer Rd, N 🅖 Mobil/dsl 🅕 Cherry's Cafe 🅞 st police, S 🅕 Bagger Dave's Burgers (2mi) 🅞 to Brighton St RA
145	Grand River Ave, to Brighton, N 🅖 BP, Shell/dsl 🅕 Arby's, Baskin-Robbins/Dunkin Donuts, Cracker Barrel, Outback Steaks, Pizza Hut 🛏 Courtyard 🅞 🛏, $General, Buick/GMC, Ford, Honda, Mazda, URGENT CARE, vet, S 🅖 Marathon 🅕 Subway 🅕 Big Boy, Border Cantina, Burger King, Chili's, Firehouse Subs, Gourmet Garden, Halo Burger, IHOP, Jimmy John's, Leo's Coney Island, Lil Chef, McDonald's, Olga's Kitchen, Panera Bread, Pi's Asian, Red Robin, Starbucks, Taco Bell, Tim Horton, Wendy's 🛏 Holiday Inn Express, Homewood Suites 🅞 $Tree, AAA, Advance Parts, Aldi Foods, AT&T, Belle Tire, Best Buy, Bob's Tire, CVS Drug, Home Depot, JoAnn Fabrics, Marshalls, Meijer/dsl/E85, Michael's, O'Reilly Parts, Petsmart, Staples, Target, to Brighton Ski Area, USPO, Verizon, Verizon, Walgreens
141	Lp 96(from wb, return at 140), to Howell, 0-2 mi N 🅖 BP/dsl, Shell/Tim Horton/dsl, Speedway, Sunoco/dsl 🅕 Applebee's, Arby's, Asian Fusian Buffet, Aubree's Pizzaria, Biggby Coffee, Bluefin Steaks, Bob Evans, Buffalo Wild Wings, Jimmy John's, KFC, Leo's Coney Island, Little Caesars, Los Tres Amigos, McDonald's, Qdoba, Subway, Taco Bell, Wendy's, White Castle

↖E INTERSTATE 96 Cont'd

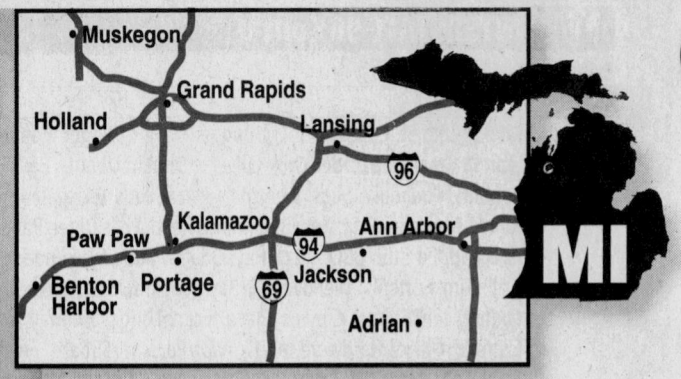

141	Continued
	⊙ $Tree, AT&T, Belle Tire, Big Lots, Chevrolet, Discount Tire, GNC, Home Depot, Kohl's, Lowe's, Meijer, O'Reilly Parts, TJ Maxx, URGENT CARE, Walmart
140	S Latson Rd, same as 141
137	D19, to Pinckney, Howell, N 📶 Mobil/dsl, Shell, Speedway/dsl, Sunoco/Baskin-Robbins/Dunkin Donuts/dsl 🍴 All Star Coney Island, Bock Brewing Co, Hog Wild BBQ, Joanna's ToGo, Wendy's 🛏 Kensington Inn ⊙ H, Parts+, Spartan Tire, True Value, USPO, vet, S 🍴 Wooly Bully's Rest. 🛏 Howell Inn
135mm	🅿️ eb, full ♿ facilities, litter barrels, petwalk, 🚮, 🖼, vending
133	MI 59, Highland Rd, N 📶 Marathon/McDonald's/dsl 🍴 Arby's, Leo's Coney Island 🛏 Baymont, Holiday Inn Express ⊙ Tanger Outlets/famous brands
129	Fowlerville Rd, Fowlerville, N 📶 Marathon/dsl, Shell/dsl, Sunoco/dsl 🍴 A&W/KFC, Great Lakes Rest., McDonald's, Pizza Hut/Taco Bell, Wendy's 🛏 Magnuson Hotel ⊙ Chevrolet, O'Reilly Parts, Walmart, S 📶 Mobil/dsl 🍴 Subway ⊙ Chrysler/Dodge/Jeep, Ford
126mm	weigh sta both lanes
122	MI 43, MI 52, Webberville, N 📶 Mobil/dsl/24hr 🍴 McDonald's ⊙ Sinclair Grill (2mi)
117	to Dansville, Williamston, N 📶 Marathon/Jersey's Giant Subs/dsl 🍴 Spag's Grill (3mi), S 📶 Sunoco/dsl
111mm	🅿️ wb, full ♿ facilities, litter barrels, petwalk, 🚮, 🖼, vending
110	Okemos, Mason, N 📶 Marathon/dsl, Shell/Jimmy John's/dsl, Sunoco/Dunkin Donuts 🍴 Applebee's, Arby's, Backyard BBQ, Big John's Steaks, Biggby Coffee, Coldstone/Tim Horton, Cracker Barrel, Culver's, Frank's Press Box Grille, Gilbert&Blake's, Grand Traverse Pie Co., Leaf Salad Bar, Little Caesars, McDonald's, Ozzy Mediterranean, Panchero's Mexican, Starbucks, Stillwater Grill, Subway, Taco Bell 🛏 Comfort Inn, Fairfield Inn, Hampton Inn, Holiday Inn Express, Staybridge Suites ⊙ 7-11, BMW/Porsche, Mercedes, to stadium, Verizon
106b a	I-496, US 127, to Jackson, Lansing, N ⊙ St Police
104	Lp 96, Cedar St, to Holt, Lansing, N 📶 Admiral, Speedway/dsl 🍴 Applebee's, Arby's, Asia's Finest, Big John's, Biggby Coffee, Blimpie, Bob Evans, Boston Mkt, Burger King, China King, Domino's, Fazoli's, Finley's Rest., Happy's Pizza, Hooters, Jet's Pizza, KFC, Los Tres Amigos, Mikado Grill, Panda Gourmet, Pizza Hut, Steak'n Shake, Taco Bell, TX Roadhouse, Wendy's, Zeus Coney Island 🛏 Best Value Inn, Magnuson Hotel, Super 8 ⊙ H, $Tree, Aldi Foods, AT&T, auto repair, Belle Tire, Cadillac, Chevrolet, Chrysler/Dodge/Jeep, Discount Tire, Family$, GNC, Hyundai, Kia, Lexus, Meijer/dsl, Menards, Sam's Club/gas, Target, Toyota/Scion, Tuffy Auto, vet, S 📶 Speedway/dsl 🍴 Aldaco's Taco Bar, Burger King, Champion's Grill, China East Buffet, Dairy Dan, Famous Dave's BBQ, Flapjack Rest., Hungry Howie's, McDonald's, Subway, Tim Horton/Coldstone 🛏 Causeway Bay Hotel ⊙ Advance Parts, AutoZone, Budget Tire, CVS Drug, Family$, Kroger/gas, Lowe's, NAPA, Rite Aid, URGENT CARE, Verizon
101	MI 99, MLK Blvd, to Eaton Rapids, 0-3 mi N 📶 🍴 Arby's, Tim Horton ⊙ Kroger/gas, Meijer/dsl, S 📶 Speedway/Subway/dsl 🍴 Coach's Grill, McDonald's, Wendy's
98b a	Lansing Rd, to Lansing, N 🍴 Arby's, Wendy's 🛏 Comfort Inn, Holiday Inn Express ⊙ Harley-Davidson, S ⊙ st police
97	I-69, US 27 S, S to Ft Wayne, N to Lansing
95	I-496, to Lansing

93b a	MI 43, Lp 69, Saginaw Hwy, to Grand Ledge, 0-2 mi N 📶 Shell, Speedway/dsl 🍴 Applebee's, Buffalo Wild Wings, Burger King, Carrabba's, Cheddar's, Chipotle, Denny's, Fazoli's, Finley's Grill, Frank's Grill, Hibachi Grill, Honeybaked Ham, Houlihan's, Logan's Roadhouse, Longhorn Steaks, McDonald's, Outback Steaks, Panera Bread, Qdoba, Red Robin, Subway 🛏 Comfort Inn, Fairfield Inn, Hampton Inn, Motel 6, Quality Inn, Ramada Inn, Red Roof Inn, Residence Inn ⊙ H, $Tree, Aldi, AT&T, Barnes&Noble, Best Buy, BigLots, Chrysler/Dodge/Jeep, Hobby Lobby, JC Penney, Kohl's, Kroger/dsl, Macy's, Meijer/dsl/24hr, Target, TJ Maxx, vet, Walgreens, Younkers, S 📶 BP/Dunkin Donuts, QD, Sunoco/McDonald's 🍴 Arby's, Biggby Coffee, Bob Evans, Cancun Mexican, Cracker Barrel, Culver's, Steak'n Shake 🛏 SpringHill Suites ⊙ Belle Tire, Buick/GMC, Discount Tire, Lowe's, Mazda/Volvo, Menards, Michael's, Petsmart, Staples, Walmart/Subway
92mm	Grand River
91	I-69 N (from wb), US 27 N, to Flint
90	Grand River Ave, to 🚑 (from wb), S 🍴 ⛽FLYING J/Denny's/dsl/24hr
89	I-69 N, US 27 N (from eb), to Flint
87mm	🅿️ eb, full ♿ facilities, litter barrels, petwalk, 🚮, 🖼, vending
86	MI 100, Wright Rd, to Grand Ledge, S 📶 Mobil/McDonald's/dsl, Speedway/Subway/24hr
84	to Eagle, Westphalia
79mm	🅿️ wb, full ♿ facilities, info, litter barrels, petwalk, 🚮, 🖼, vending
77	Lp 96, Grand River Ave, Portland, N 📶 BP/dsl, Shell/Subway, Speedway/dsl 🍴 Arby's, Biggby Coffee, Burger King, Little Caesar's, McDonald's, New China Buffet, Red Tomato Pizza 🛏 American Heritage Inn ⊙ CarQuest, Family$, Rite Aid, Tom's Foods, Verizon, S 📶 Tom's/dsl 🍴 Wendy's
76	Kent St, Portland
76mm	Grand River
73	to Lyons-Muir, Grand River Ave
69mm	weigh sta both lanes
67	MI 66, to Ionia, Battle Creek, N 📶 ▇▇▇/Subway/dsl/scales/24hr 🍴 Corner Landing Grill 🛏 Midway Motel, Super 8 ⊙ H, Alice Springs RV Park (3mi), Lakeside Camping, Meijer/dsl (4mi), st police, Walmart (4mi)
64	to Lake Odessa, Saranac, N ⊙ Ionia St RA, S ⊙ I-96 Speedway
63mm	🅿️ eb, full ♿ facilities, litter barrels, petwalk, 🚮, 🖼, vending
59	Clarksville
52	MI 50, to Lowell, N 📶 Mobil/Subway/dsl ⊙ fairgrounds, S 📶 Marathon/Noble Roman's/dsl (2mi)
46mm	Thornapple River
46	rd 6, to rd 37

MI

C A S C A D E

G R A N D   R A P I D S

🅔 INTERSTATE 96 Cont'd

Exit#	Services
44	36 St, **S** 🅞 🆁🆂
43b a	MI 11, 28th St, Cascade, **N** 🍴 Bagger Dave's, Biggby Coffee, Brann's Steaks, Cascades Grill, Culver's, Dunkin Donuts/Baskin Robbins, Firehouse Subs, Georgio's Pizza, Jet's Pizza, Jimmy John's, Macaroni Grill, New Beginnings Rest., Pal's Diner, Panera Bread, Pit Stop BBQ, Pizza Hut, Qdoba, Subway, Sundance Grill, Tim Horton's, Wendy's 🏠 Baymont Inn, Best Western, Country Inn&Suites, Crowne Plaza, EconoLodge, Holiday Inn Express 🅞 Ace Hardware, AT&T, Audi/Porsche/Subaru, Fresh Mkt, GNC, Meijer/dsl, Mercedes/Volvo/VW, Subaru, Verizon, Walmart, **0-3 mi S** 🅖 Citgo, Shell, Speedway/dsl 🍴 Applebee's, Arby's, Arby's, Arnie's Rest., Bob Evans, Burger King, Cantina Mexican, Carrabba's, Chili's, Chipotle Mexican, ChuckeCheese, Dave&Buster's, Denny's, Don Julio's, Five Guys, Grand Traverse Pie Co, Honey Baked Ham, IHOP, Jimmy John's, Krispy Kreme, Longhorn Steaks, McDonald's, Moe's SW Grill, Noodles&Co, Old Chicago, Olive Garden, Osaka Japanese, Outback Steaks, Panera Bread, Paulina's Mexican, Pizza Hut, Pizza Ranch, Potbelly, Red Lobster, Red Olive Rest., Red Sun Buffet, Smokey Bones, Starbucks, Steak'n Shake, Subway, Taco Bell, TX Roadhouse, Wendy's 🏠 Clarion, Comfort Inn, Courtyard, DoubleTree, Drury Inn, Extended Stay America, Fairfield Inn, Hampton Inn, Hawthorn Suites, Homewood Suites, Motel 6, Ramada, Red Roof Inn, Residence Inn, SpringHill Suites, Wyndham Garden 🅞 $General, $Tree, Aldi Foods, Belle Tire, Best Buy, Big Lots, CarQuest, Costco/gas, Dick's, Ford/Mazda, Hobby Lobby, Home Depot, Honda, Hyundai/Kia, Jo-Ann Fabrics, Lowe's, Michael's, Monro Auto, Nissan, Office Depot, Old Navy, Petsmart, Sam's Club/gas, Staples, Target, TJ Maxx, Tuesday Morning, U-Haul, World Mkt
40b a	Cascade Rd, **N** 🅖 BP/dsl, Forrest Hills Fuel 🍴 Biggby Coffee, China Garden, Forrest Hills Rest., Great Harvest, Jets Pizza, Little Bangkok, Little Caesar's, Manna a Cafe, Subway 🅞 vet, Walgreens, **S** 🅖 Shell/dsl, Speedway/dsl 🍴 Bonefish Grill, Jimmy John's, Zoup! 🅞 �🄷 Keystone Drug
39	MI 21 (from eb), to Flint
38	E Beltline Ave, to MI 21, MI 37, MI 44, **N** 🅖🍴 Applebee's, Fuji Yama Japanese, Gus's Original, Red Hot Inn Rest., Wendy's 🅞 Meijer/dsl, RV camping, URGENT CARE, Verizon, **S** 🍴 Gravity Grille 🏠 Country Inn&Suites 🅞 🄷
37	I-196 (from wb, exits left), Gerald Ford Fwy, to Grand Rapids
36	Leonard St, **2 mi S** 🍴 Arby's, Jimmy John's, McDonald's 🅞 sheriff's dept
33	Plainfield Ave, MI 44 Connector, **N** 🅖 Citgo/dsl, Speedway/dsl 🍴 Arby's, Biggby Coffee, Charlie's Grille, Cheers Grill, Dunkin Donuts, Fred's Italian, Golden Dragon, Jimmy John's, KFC, Little Caesar's, McDonald's, Pizza Hut, Rice Wok, Russ' Rest., Subway, Taco Bell, Tim Horton's, Tokyo Roadhouse, Wendy's 🏠 Knights Inn, Lazy T Motel 🅞 $Tree, AAA, AutoZone, Belle Tire, BigLots, Chevrolet, Chrysler/Jeep, CVS, Discount Tire, Dodge, Firestone/auto, Ford, Goodyear/auto, Kia, Lowe's, Meijer/dsl, Midas, NAPA, Nissan/VW, O'Reilly Parts, Toyota, U-Haul, vet, Walgreens, **S** 🅖 🍴 Denny's
31mm	Grand River
31b a	US 131, N to Cadillac, S to Kalamazoo, **1 mi N** 🅖 Speedway/Subway/dsl 🍴 McDonald's
30b a	Alpine Ave, Grand Rapids, **N** 🅖 BP/dsl, Marathon/dsl, Mobil 🍴 Applebee's, Buffalo Wild Wings, Checkers, ChuckeCheese, Cinco de Mayo, Coldstone, Culver's, El Burrito Mexican, Empire

30b a	Contined
	Buffet, Firehouse Subs, First Wok, Five Guys, Golden Corr, Hibachi Grill, IHOP, Jimmy John's, Little Caesar's, Logan Roadhouse, McDonald's, Olive Garden, Outback Steak, Panera Bread, Qdoba, Russ' Rest., Sonic, Starbucks, Steak Shake, Subway, Taco Bell, TGIFriday's, Three Happine Chinese 🏠 Hampton Inn, Holiday Inn Express, SpringH Suites 🅞 $Tree, Aldi Foods, AT&T, AutoZone, Belle Tire, Be Buy, CarQuest, Discount Tire, Ford, GNC, Hobby Lobby, Jo-An Kohl's, Marshall's, Menards, Michael's, NAPA, PepBoys, PetC Sam's Club/gas, Target, TJ Maxx, Verizon, Walgreens, Walma **S** 🅖 Admiral/dsl, Speedway/dsl 🍴 Arby's, Burger Kin Fazoli's, KFC, LJ Silver, McDonald's, Papa John's, Pizza H Wendy's 🏠 Best Value Inn 🅞 Goodyear/auto, Home Depo Meijer/dsl, Midas, O'Reilly Parts, U-Haul, URGENT CARE
28	Walker Ave, **S** 🅖 Meijer/dsl/24hr 🍴 Bob Evans, McDonal 🏠 Baymont Inn, Quality Inn
26	Fruit Ridge Ave, **N** 🅖 Citgo/dsl, **S** 🅖 Citgo/deli/dsl
25mm	🆁🆂 eb, full ♿ facilities, litter barrels, petwalk, 🄲, 🅿
25	8th Ave, 4Mile Rd (from wb), **S** 🅖 Marathon/dsl 🏠 Waysi Motel
24	8th Ave, 4Mile Rd (from eb), **S** 🅖 Marathon/dsl 🏠 Waysi Motel
23	Marne, **N** 🅞 tires, **S** 🍴 Depot Café, Rinaldi's Café 🅞 Ernie Mkt, fairgrounds/raceway, USPO
19	Lamont, Coopersville, **N** 🍴 food, **S** 🅞 LP
16	B-35, Eastmanville, **N** 🅖 Citgo/Subway/dsl, Shell/Burg King/dsl, Speedway/dsl/24hr 🍴 #1 Chinese, Arby's, Hung Howie's, Little Caesar's, McDonald's, New Beginnings Res Taco Bell 🏠 Rodeway Inn 🅞 Buick/Chevrolet, Family Fa Foods, Family$, Fun 'N Sun RV Ctr, Rite Aid, vet, **S** 🅖 Paci Pride/dsl 🅞 RV camping
10	B-31 (exits left from eb), Nunica, **N** 🍴 Turk's Res **S** 🅞 Conestoga RV camping, golf course/rest.
9	MI 104 (from wb, exits left), to Grand Haven, Spring Lak **S** 🅖 Marathon/dsl 🅞 to Grand Haven SP
8mm	🆁🆂 wb, full ♿ facilities, litter barrels, petwalk, 🄲, 🅿, vendi
5	Fruitport (from wb, no return)
4	Airline Rd, **S** 🅖 Speedway/dsl, Wesco/dsl 🍴 Burger Cre Diner, Dairy Bar, McDonald's, Subway, Village Inn 🅞 $Ge eral, auto/tire repair, Grover Drug, Orchard Mkt Foods, to Hoffmaster SP, USPO, Water Park (5mi)
1c	Hile Rd (from eb), **S** 🍴 Arby's, Asian Buffet, Bob Evans, Bran Grille, Buffalo Wild Wings, Burger King, ChuckeCheese, Fi Guys, Golden Corral, Grand Traverse Pie Co, Kazumi Steak KFC/Taco Bell, Logan's Roadhouse, McDonald's, Olive Garde Qdoba, Red Lobster, Red Robin, Starbucks, Subway, TX Roa house 🏠 Baymont Inn, Fairfield Inn, Hampton Inn 🅞 $Tre AT&T, Barnes&Noble, Belle Tire, Best Buy, Dick's, Gordman Hobby Lobby, JC Penney, Jo-Ann Fabrics, Kohl's, mall, Meije dsl, Menards, Old Navy, PetCo, Sears/auto, Target, TJ Max Verizon, VW/Audi/Nissan/Subaru/Toyota/Scion, Younkers
1b a	US 31, to Ludington, Grand Haven, **2 mi N on Sherma Blvd** 🍴 Applebee's, Arby's, Fazoli's, Los Amigos, McDo ald's, Panera Bread, Pizza Ranch, Red Wok, Subway, We dy's 🏠 Airline Motel, Alpine Motel, Bel-aire Motel, Comfo Inn/rest. 🅞 🄷 $Tree, All Seasons RV Ctr, Big Lots, GN Lowe's, Marathon/dsl, Norton Automotive, Petsmart, Sam Club/gas, Staples, Walmart, **S** same as 1c
	I-96 begins/ends on US 31 at Muskegon.

🅴 INTERSTATE 196 (Grand Rapids)

Exit#	Services
81mm	I-196 begins/ends on I-96, 37mm in E Grand Rapids.
79	Fuller Ave, **N** 🅞 sheriff, **S** 🅖 Shell/dsl, Speedway/dsl 🅕 Biggby Coffee, Bill's Rest., Checkers, Elbow Room, KFC, Subway, Taco Bell, Wendy's 🅞 🅗, Ace Hardware, Family$, Verizon, Walgreens
78	College Ave, **S** 🅖 Mobil/Circle K 🅕 McDonald's, Omelette Shop 🅞 🅗, Ford Museum
77c	Ottawa Ave, **S** 🅞 Gerald R Ford Museum, downtown
77b a	US 131, S to Kalamazoo, N to Cadillac
76	MI 45 E, Lane Ave, **S** 🅞 Gerald R Ford Museum, John Ball Park&Zoo
75	MI 45 W, Lake Michigan Dr, **N** 🅞 to Grand Valley St U
74mm	Grand River
73	Market Ave, **N** 🅞 to Vanandel Arena
72	Lp 196, Chicago Dr E (from eb)
70	MI 11 (exits left from wb), Grandville, Walker, **S** 🅖 BP/dsl, Shell 🅛 Days Inn 🅞 USPO, vet
69c	Baldwin St (from wb)
69b a	Chicago Dr, **N** 🅖 Speedway 🅕 Biggby Coffee, Culver's, Domino's, Fazoli's, KFC, McDonald's, Peppino's Pizza, Subway, Taco Bell 🅞 $Tree, Advance a Parts, Aldi Foods, AutoZone, Meijer/dsl, O'Reilly Parts, USPO, Walgreens, **S** 🅖 Admiral, Speedway/dsl 🅕 Adobe Mexican, Arby's, Brann's a Steaks, Little Caesar's, Rainbow Grill, Russ' Rest., Wings&More 🅛 Grand Village Inn, Holiday Inn Express 🅞 NAPA
67	44th St, **N** 🅖 Mobil/dsl 🅕 Burger King, Cracker Barrel, Panera Bread, Steak'n Shake 🅛 Comfort Suites 🅞 Honda, Walmart/Subway, **0-2 mi S** 🅕 Applebee's, Bagger Dave's, Big Boy, Carrabba's, Famous Dave's, Great Harvest Bread Co, IHOP, Jimmy John's, Kobe Japanese, Logan's Roadhouse, Noodles&Co, Olive Garden, On the Border, Qdoba, Red Lobster, Red Robin, Starbucks, Subway, TGIFriday's, Tropical Smoothie, TX Roadhouse, Uccello's Ristorante, Wendy's 🅛 Residence Inn 🅞 $Tree, Barnes&Noble, Best Buy, Chrysler/Dodge/Jeep, Costco/gas, Dick's, Discount Tire, Family Fare Foods, Fiat, Gordman's, Hobby Lobby, Home Depot, JC Penney, Kohl's, Lowe's, Macy's, Marshall's, Meijer/zeal, Michael's, Old Navy, Petsmart, Sears/auto, Verizon, World Mkt, Younkers
64	MI 6 E, to Lansing (exits left from wb)
62	32nd Ave, to Hudsonville, **N** 🅖 BP/dsl, Citgo/dsl 🅕 Arby's, Biggby Coffee, Burger King, Hudsonville Grille, Little Caesar's, McDonald's 🅛 Quality Inn 🅞 camping, Chevrolet, **S** 🅖 Mobil/Subway/dsl/24hr 🅕 Rainbow Grill 🅛 Travelodge 🅞 Harley-Davidson, Harvest Foods
58mm	🆁🆂 eb, full 🅿 facilities, litter barrels, petwalk, 🅲, 🆙, vending
55	Byron Rd, Zeeland, **N** 🅖 Citgo/7-11 🅕 Blimpie, McDonald's 🅞 🅗, to Holland SP
52	16th St, Adams St, **2 mi N** 🅖 Speedway/dsl 🅕 Burger King, Jimmy John's, Papa Murphy's, Pizza Ranch, Wendy's 🅞 🅗, Meijer/dsl/e-85, **S** 🅖 Mobil/Subway/dsl
49	MI 40, to Allegan, **N** 🅖 BP/McDonald's/dsl 🅛 Residence Inn, **S** 🅖 Tulip City/Marathon/Subway/dsl/scales/24hr 🅕 Rock Island Rest. 🅞 truck repair, truck wash
44	US 31 N (from eb), to Holland, **3-5 mi N** 🅛 Country Inn 🅞 🅗, food, gas
43mm	🆁🆂 wb, full 🅿 facilities, info, litter barrels, petwalk, 🅲, 🆙, vending
41	rd A-2, Douglas, Saugatuck, **N** 🅖 BP/dsl, Marathon/dsl, Shell/Subway/dsl 🅕 Burger King, Dairy Dayz, Spectators Grill 🅛 BestWestern(1mi), Timberline Motel(3mi) 🅞 $General, NAPA, to Saugatuck SP, **S** 🅕 Belvedere Inn Rest. 🅞 Red Barn Gifts

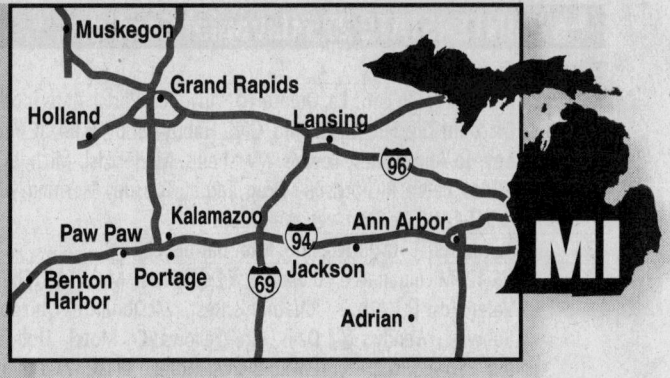

38mm	Kalamazoo River
36	rd A-2, Ganges, **N** 🅖 Shell 🅕 Christo's Rest., Pizza Mambo, Saugatuck Brewing Co, Zing Rest. 🅛 AmericInn, Blue Star Motel
34	MI 89, to Fennville, **N** 🅞 to West Side CP, **S** 🅖 Shell 🅞 Cranes Pie Pantry (4mi, Lyons Farm Mkt, Winery Tours (seasonal)
30	rd A-2, Glenn, Ganges, **N** 🅞 to Westside CP (4mi)
28mm	🆁🆂 eb, full 🅿 facilities, litter barrels, petwalk, 🅲, 🆙, vending
26	109th Ave, to Pullman, **N** 🅞 Dutch Farm Mkt
22	N Shore Dr, **N** 🅞 Cousin's RV Camping/rest., to Kal Haven Trail SP
20	rd A-2, Phoenix Rd, **N** 🅖 BP/dsl, Marathon/dsl 🅕 Arby's, China Buffet, Taco Bell 🅞 🅗, $Tree, AutoZone, Meijer/dsl, st police, Walgreens, **S** 🅖 Murphy USA/dsl, Shell/dsl 🅕 Big Boy, McDonald's, Sherman's Dairybar, Wendy's 🅛 Baymont Inn, Comfort Suites, Hampton Inn, Holiday Inn Express 🅞 $General, Aldi Foods, Menards, Walmart
18	MI 140, MI 43, to Watervliet, **0-2 mi N** 🅖 Shell/dsl, Sunoco/dsl 🅕 Burger King, Hungry Howie's, Little Caesar's, McDonald's, Pizza Hut 🅛 Great Lakes Inn, LakeBluff Motel 🅞 🅗, auto repair, AutoValue Parts, Buick/Cadillac/GMC, Chevrolet, Chrysler/Dodge/Jeep, Ford/Lincoln, st police, Village Mkt Foods, **7 mi S** 🅞 KOA (Apr-Oct)
13	to Covert, **N** 🅞 RV camping, to Van Buren SP
7	MI 63, to Benton Harbor, **N** 🅕 DiMaggio's Pizza 🅞 RV camping
4	to Coloma, Riverside, **S** 🅖 Shell/dsl 🅞 KOA (Apr-Oct)
2mm	Paw Paw River
1	Red Arrow Hwy, **N** 🅞 SW Michigan Airport
0mm	I-94, E to Detroit, W to Chicago

I-196 begins/ends on I-94, exit 34 at Benton Harbor.

🅽 INTERSTATE 275 (Livonia)

Exit#	Services
	I-275 and I-96 run together 9 miles. See I-96, exits 165-170.
29	I-96 E, to Detroit, MI 14 W, to Ann Arbor
28	Ann Arbor Rd, Plymouth, **E** 🅖 BP/Dunkin Donuts, Mobil, Shell/dsl 🅕 Denny's, Little Caesars, McDonald's 🅛 Red Roof Inn 🅞 $Tree, Verizon, vet, **W** 🅕 Burger King, Firehouse Subs, Grand Traverse Pie Co., Lee's Coney Island 🅛 Comfort Inn 🅞 Cadillac, CVS Drug, Lincoln, URGENT CARE, vet
25	MI 153, Ford Rd, Garden City, **E** 🅕 Hayden's Grill, Logan's Roadhouse, Parthenon Coney Island, Starbucks 🅞 Home Depot, Sam's Club, Walmart, **W** 🅖 BP, Speedway, Valero/dsl 🅕 Applebee's, Basement Burger Bar, BD Mongolian BBQ, Black Rock Grill, Bob Evans, Boston Mkt, Bowery Grill, Buffalo Wild Wings, Burger King, Carrabba's, Carvel Ice Cream, Chili's, ChuckeCheese, Dunkin Donuts/Baskin-Robbins, Five Guys, JerseyMike's, Jimmy John's, KFC, Little Caesar's, McDonald's, Mexican Fiesta, Olga's Kitchen, Outback Steaks, Panera Bread, Pizza Hut, Potbelly, Subway, Taco Bell, TGIFriday's, Tilted Kilt, Tim Hortons/Coldstone, Wendy's, Wendy's, White Castle/Church's 🅛 Comfort Suites, Extended Stay America, Fairfield

🅖=gas 🍴=food 🛏=lodging 🄾=other 🆁🆂=rest stop Copyright 2018 - The Next EXIT

MI

🛣N INTERSTATE 275 (Livonia) Cont'd

25	Continued Inn, Hampton Inn, La Quinta 🄾 Advance Parts, Aldi Foods, Discount Tire, Firestone/auto, GNC, Hobby Lobby, IKEA, JC Penney, Jo-Ann, Kohl's, Lowe's, Marshall's, Meijer/dsl, Michael's, Midas, PetCo, Richardson's Drug, Target, Tuesday Morning, URGENT CARE, Verizon, vet, Walgreens
23	🆁🆂 nb, full ♿ facilities, info, litter barrels, 🅲, 🏕
22	US 12, Michigan Ave, to Wayne, E 🅖 BP/dsl, Mobil/dsl, Shell, Valero/dsl 🍴 Arby's, Jonathan's Rest., McDonald's, Quiznos, Subway, Wendy's 🛏 Days Inn, Fellows Cr Motel, Holiday Inn Express, Super 8, Willo Acres Motel, W 🅖 Marathon/dsl 🍴 Jimmy John's 🄾 Kia, Nissan, URGENT CARE
20	Ecorse Rd, to Romulus, E 🅖 7-11, Shell/dsl, W 🅖 BP/Burger King/scales/dsl/24hr
17	I-94 E to Detroit, W to Ann Arbor, E 🄾 ⚓
15	Eureka Rd, E 🅖 ⚓, Shell/Subway/dsl
13	Sibley Rd, New Boston, W 🅖 Mobil/Subway/dsl 🄾 to Lower Huron Metro Park
11	S Huron Rd, W 🅖 Sunoco/Burger King/dsl 🍴 Iron Mike's Rest.
8	Will Carleton Rd, to Flat Rock
5	Carleton, South Rockwood, W 🅖 Speedway/dsl, Sunoco/Subway/dsl 🄾 $General, USPO
4mm	🆁🆂 sb, full ♿ facilities, litter barrels, 🅲, 🏕
2	US 24, to Telegraph Rd, W 🅖 BP/dsl, Marathon/Subway/dsl 🄾 $General
0mm	I-275 begins/ends on I-75, exit 20.

🛣N INTERSTATE 475 (Flint)

Exit#	Services
17mm	I-475 begins/ends on I-75, exit 125.
15	Clio Rd, W 🅖 🄾 Chevrolet
13	Saginaw St, E 🅖 🍴 McDonald's, Taco Bell 🄾 Advanced Parts, Family$, Kroger/gas, O'Reilly Parts, W 🅖 Marathon 🍴 Burger King, Little Caesar's
11	Carpenter Rd
10	Pierson Rd
9	rd 54, Dort Hwy, Stewart Ave, E 🅖 BP/dsl 🍴 McDonald's
8mm	Flint River
8b	Davison Rd, Hamilton Ave
8a	Longway Blvd, W 🛏 Holiday Inn Express 🄾 🄷, farmers mkt, USPO
7	rd 21, Court St, downtown Flint
6	I-69, W to Lansing, E to Port Huron
5	Atherton Rd (from sb), E 🅖 Mobil/dsl
4	Hemphill Rd, Bristol Rd, E 🅖 Speedway/dsl 🍴 Rally's, Subway 🄾 Rite Aid, W 🅖 Speedway/dsl 🍴 Little Caesar's, Tim Horton/Wendy's 🄾 Family$, Kroger/dsl, vet
2	Hill Rd, E 🅖 Speedway 🍴 Applebee's, Bob Evans 🛏 Wingate Inn 🄾 vet, W 🅖 Mobil/Tim Horton, Speedway/dsl 🍴 Arby's, Burger King, Burger St Grill, Little Caesar's, McDonald's, Wendy's 🄾 Rite Aid
	I-475 begins/ends on I-75, exit 111.

🛣E INTERSTATE 696 (Detroit)

	I-696 begins/ends on I-94.
28	I-94 E to Port Huron, W to Detroit, 11 Mile Rd, E 🅖 7-11, BP/dsl, Shell/dsl
27	MI 3, Gratiot Ave, N 🅖 BP, Marathon, Valero 🍴 Checkers, Firehouse Subs, McDonald's, National Coney Island, Tubby's Subs 🄾 Costco/gas, S 🅖 Marathon, Mobil/McDonald's/dsl, Shell 🍴 Biggby Coffee, DQ, KFC, Subway, Taco Bell, Tim Horton's,

---

DETROIT

27	Continued White Castle 🄾 Belle Tire, Chrysler/Dodge/Jeep, Family$, GM, Goodyear/auto, Kroger/gas, Rite Aid, Sav-A-Lot Foods, TJ Ma
26	MI 97, Groesbeck Ave, Roseville, N 🅖 BP/dsl, S 🍴 Omega G
24	Hoover Rd, Schoenherr Rd, N 🅖 🍴 Burger King, KF S 🅖 BP/dsl, Mobil/7-11 🍴 Boston Mkt, Del Taco, Do Rest., DQ, Little Caesar's, Red Lobster, Subway, Taco Bell, T Horton, Wendy's 🛏 Holiday Inn Express 🄾 $Tree, Advan Parts, CVS Drug, GNC, Home Depot, Kroger, Marshall's
23	MI 53, Van Dyke Ave, N 🅖 BP, Marathon, Mobil/dsl 🍴 A plebee's, Arby's, Baskin-Robbins/Dunkin Donuts, Julian Rest., McDonald's, Subway 🄾 $General, Cadillac, Chry ler/Dodge/Jeep, Toyota, Walmart, S 🍴 Luca's Coney land 🄾 Chevrolet/Buick/GMC, Discount Tire, Ford, Rite A USPO, vet
22	Mound Rd, N 🅖 BP/Burger King, Mobil/dsl
20	Ryan Rd, Dequindre Rd, N 🅖 7-11, Shell, Sunoco 🍴 Po derosa 🛏 Knights Inn, Red Roof Inn 🄾 auto repair, BigLo vet, S 🍴 Bob Evans, Church's, LA Coney Island, McDonal 🛏 Best Inn, Victory Suites 🄾 transmissions
19	Couzens St, 10 Mile Rd, S 🄾 Hazel Park Racetrack
18	I-75 N to Flint, S to Detroit
17	Campbell Ave, Hilton Ave, Bermuda, Mohawk, S 🅖 Mar thon/dsl
16	MI 1, Woodward Ave, Main St, N 🄾 zoo, S 🅖 Sunoco
14	Coolidge Rd, 10 Mile Rd, S 🅖 Speedway 🍴 Hungry Ho ie's, Jade Palace Chinese, Little Caesar's, Sahara Grill, Subw 🄾 CVS Drug, Family$, URGENT CARE
13	Greenfield Rd, N 🅖 Marathon, Mobil 🍴 Church's, L Geor Coney Island, McDonald's, Ponderosa, Popeye's, Subwa White Castle 🄾 $Tree, Aldi Foods, Family$, Save a L Foods, Sol's Automotive, URGENT CARE, S 🅖 Shell, Sun co 🍴 Baskin-Robbins/Dunkin Donuts, Front Page Deli, P Cafe, Starbucks 🄾 Rite Aid
12	MI 39, Southfield Rd, 11 Mile Rd, N 🄾 Discount Ti S 🅖 Shell 🍴 Happy's Pizza 🄾 AT&T, Verizon
11	Evergreen Rd, S 🅖 Mobil, Speedway/dsl 🍴 Benito's Pizz China Gourmet, Chipotle, Coldstone/Tim Horton's, Fuddruc er's, Jimmy John's, Potbelly, Qdoba, Subway, TGIFriday 🛏 Hawthorn Suites, Holiday Inn Express
10	US 24, Telegraph Rd, N 🅖 Marathon, Mobil, Sunoco 🍴 Big by Coffee, Burger Joint, Chipotle, DiBella Subs, Fat Burg Five Guys, Jimmy John's, Mezzanine Mediterranian, No dles&Co, Panera Bread, Popeye's, Potbelly, Qdoba, Starbuc Wendy's 🛏 Baymont Inn, Embassy Suites, Extended St America, Red Roof Inn, Springhill Suites 🄾 AT&T, Belle Ti Best Buy, Buick/GMC, Chevrolet, Chrysler/Dodge/Jeep, For Honda, Hyundai, Kia, Lexus, Lincoln, Lowe's, Meijer/dsl, N chael's, Mini, Nissan, Office Depot, Petsmart, Subaru, Verizo S 🅖 Mobil/7-11, Sunoco 🍴 Kerry's Koney Island, Tim Ho ton's 🛏 Candlewood Suites, Courtyard, Holiday Inn Expres Marriott, Quality Inn 🄾 AutoZone, Family$
8	MI 10, Lodge Fwy
7	American Dr (from eb), N 🛏 Embassy Suites, S 🛏 Extend Stay America, Hilton Garden
5	Orchard Lake Rd, Farmington Hills, N 🅖 Marathon, Mobil/d Valero 🍴 Arby's, Burger King, Camelia's Mexican, Coney land, Hong Hua Chinese, Jet's Pizza, Jimmy John's, Kabuki Ja anese, Marie's Scrambler, Ruby Tuesday, Starbucks, Subwa Wendy's 🛏 Comfort Inn, Courtyard, Extended Stay Americ Fairfield Inn 🄾 CVS, Discount Tire, Holocaust Museum, Pet to St Mary's Coll, Verizon
1	(from wb), I-96 W, I-275 S, to MI 5, Grand River Ave

MINNESOTA

🧭 N   INTERSTATE 35

Exit#	Services
260mm	I-35 begins/ends on MN 61 in Duluth.
259	MN 61, London Rd, to Two Harbors, North Shore, **W** 🅖 BP/dsl, Holiday/dsl, Holiday/dsl (2), ICO/dsl 🅕 Blackwoods Grill, Dunn Bros Coffee, KFC, McDonald's, Perkins, Subway, Taco John's, Wendy's 🅛 Days Inn, Esdgewater Inn
258	21st Ave E (from nb), to U of MN at Duluth, same as 259
256b	Mesaba Ave, Superior St, **E** 🅖 ICO/DQ 🅕 Bellisio's, Caribou Coffee, Famous Dave's BBQ, Grandma's Grill, Greenmill Rest., Grizzly's, Little Angie's Cantina, Old Chicago, Red Lobster, Smokehouse Rest., Subway, Timberlodge Steaks 🅛 Canal Park Lodge, Comfort Suites, Hampton Inn, Inn at Lake Superior, Suites Hotel, **W** 🅛 Holiday Inn, Radisson, Sheraton
256a	Michigan St, **E** 🅞 waterfront, **W** 🅞 🅗, downtown
255a	US 53 N (exits left from nb), **W** 🅖 Mobil 🅞 Kia, downtown
255b	I-535 spur, to Wisconsin
254	27th Ave W, **W** 🅖 Holiday/Burger King/dsl, KwikTrip/dsl 🅕 Duluth Grill, Little Caesar's, Subway 🅛 Motel 6 🅞 USPO
253b	40th Ave W, **W** 🅖 Holiday/dsl/CNG 🅕 Perkins 🅛 Comfort Inn, Super 8
253a	US 2 E, US 53, to Wisconsin
252	Central Ave, W Duluth, **W** 🅖 Holiday/dsl, Mobil/Charley's/dsl 🅕 China King Buffet, Domino's, Jimmy John's, KFC, McDonald's, Pizza Hut, Subway, Taco John's 🅞 $Tree, Advance Parts, CVS Drug, K-Mart, Menards, O'Reilly Parts, Super 1 Foods, USPO, Walgreens
251b	MN 23 S, Grand Ave
251a	Cody St, **E** 🅛 Allyndale Motel 🅞 zoo
250	US 2 W (from sb), to Grand Rapids, 1/2 mi **W** 🅖 Holiday/dsl, Mobil/dsl/LP 🅕 Blackwoods Grill 🅛 AmericInn
249	Boundary Ave, Skyline Pkwy, **E** 🅖 Holiday/dsl 🅕 McDonald's 🅛 Best Western 🅞 to ski area, to Spirit Mtn RA, **W** 🆁🆂 both lanes, full 🅗 facilities, info, litter barrels, 🅒, 🄰, vending 🅖 Exxon/Subway/dsl 🅕 Blackwoods Grill 🅛 AmericInn, Best Value Inn 🅞 Mack/Volvo
246	rd 13, Midway Rd, Nopeming, **W** 🅖 Armor/dsl 🅕 Dry Dock Rest.
245	rd 61, **E** 🅕 Buffalo House Rest./camping
242	rd 1, Esko, Thomson, **E** 🅖 Mobil
239.5mm	St Louis River
239	MN 45, to Cloquet, Scanlon, **E** 🅞 Jay Cooke SP, KOA (May-Oct) (3mi), **W** 🅖 Holiday, KwikTrip/dsl/e85 🅕 Trapper Pete's Steaks 🅛 Golden Gate Motel 🅞 🅗, Coates RV Ctr, dsl repair
237	MN 33, Cloquet, **1 mi** **W** 🅖 Lemon Tree/dsl, Mobil, Murphy USA/dsl 🅕 Applebee's, Arby's, DQ, Erbert&Gerberts, Little Caesar's, McDonald's, Papa Murphy's, Perkins, Pizza Hut, South Gate Pizza, Subway, Taco John's/Steak Escape, Wendy's 🅛 AmericInn, Super 8 🅞 🅗, $Tree, AT&T, AutoZone,

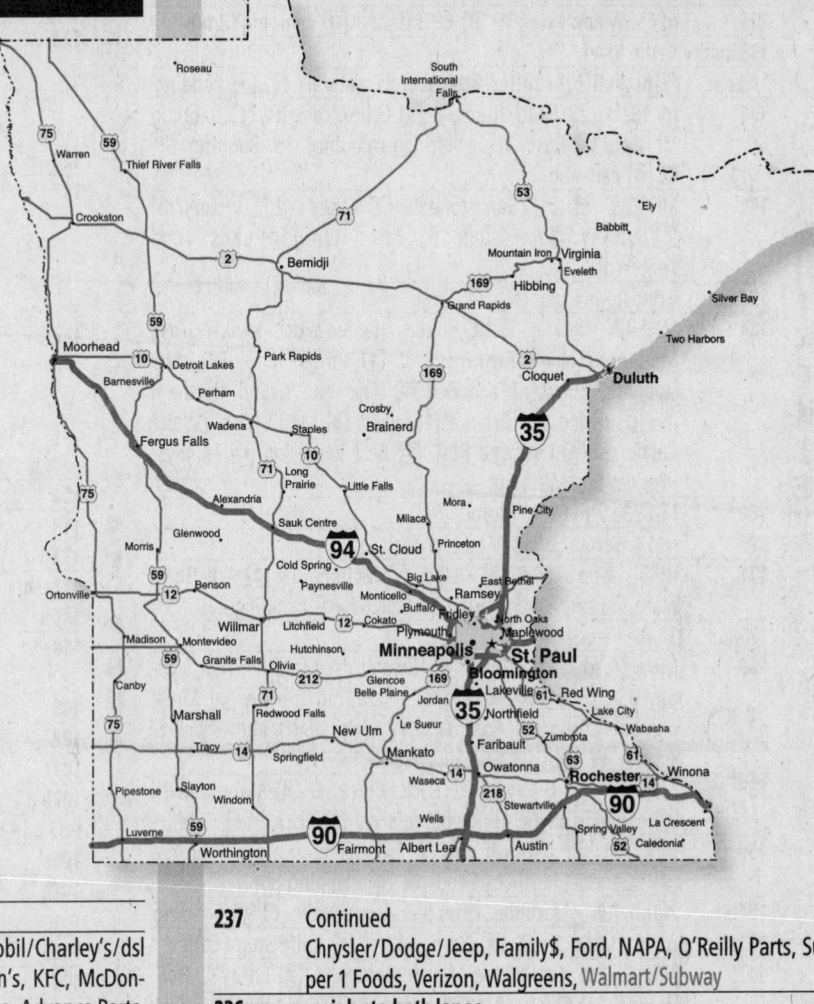

237	Continued
	Chrysler/Dodge/Jeep, Family$, Ford, NAPA, O'Reilly Parts, Super 1 Foods, Verizon, Walgreens, Walmart/Subway
236mm	weigh sta both lanes
235	MN 210, to Cromwell, Carlton, **E** 🅖 BP/rest./dsl, ICO/dsl/24hr 🅕 Spirits Rest. 🅛 AmericInn, Royal Pines Motel 🅞 to Jay Cooke SP, **W** 🅞 Black Bear Casino/Hotel/rest.
235mm	Big Otter Creek
233mm	Little Otter Creek
227	rd 4, Mahtowa, **E** 🅞 camping, **W** 🅞 TJ's Country Store/gas (2 mi)
226mm	🆁🆂 nb, full 🅗 facilities, litter barrels, petwalk, 🅒, 🄰, vending
220	rd 6, Barnum, **E** 🅞 Bear Lake Camping, **W** 🅖 Mobil/café/dsl/24hr 🅕 Lazy Bear Rest. 🅛 Northwoods Motel 🅞 Munger Tr
219mm	Moose Horn River
218mm	Moose Horn River
216	MN 27 (from sb, no EZ return), Moose Lake, **1-2 mi** **W** 🅖 Cenex/dsl, Holiday/dsl 🅕 Art's Café, DQ, Lazy Moose Grille 🅛 Days Inn (4mi), Moose Lake Motel 🅞 🅗, 1918 Museum, Ace Hardware, AutoValue Parts, Mkt Place Foods, O'Reilly Parts, to Munger Trail
214	rd 73, **E** 🅞 camping, Moose Lake SP (2mi), **W** 🅖 KwikTrip/dsl/e85/scales, Mobil/dsl 🅕 McDonald's, Subway 🅛 Days Inn, Moose Lake Motel 🅞 🅗, Munger Trail, Red Fox Camping
209	rd 46, Sturgeon Lake, **E** 🅖 Mobil/dsl 🅕 Doc's Cafe 🅞 Sturgeon Lake, **W** 🅕 Ernie's Rest. (seasonal) 🅛 Sturgeon Lake Motel 🅞 camping (3mi)

🅟 = gas   🍴 = food   ⌂ = lodging   ⊙ = other   Ⓡs = rest stop

⬆N INTERSTATE 35 Cont'd

Exit#	Services
209mm	Ⓡs sb, full ♿ facilities, litter barrels, petwalk, Ⓒ, 🏞, vending
206.5mm	Willow River
205	rd 43, Willow River, **W** 🅟 BP/cafe/dsl ⊙ camping (2mi)
198.5mm	Kettle River
198mm	Ⓡs nb, full ♿ facilities, litter barrels, petwalk, Ⓒ, 🏞, vending
195	rd 18, rd 23 E, to Askov, **E** 🅟 Cenex/cafe/dsl 🍴 Banning Jct Cafe ⌂ Best Value Inn ⊙ camping, to Banning SP, **W** ⊙ camping
191	MN 23, rd 61, Sandstone, **E** 🅟 Casey's/dsl, Victory/dsl 🍴 Subway ⌂ Sandstone 61 Motel (2mi) ⊙ Chris' Food Center/dsl
184mm	Grindstone River
183	MN 48, Hinckley, **E** 🅟 Holiday/Hardee's/dsl, KwikTrip/dsl, Marathon/Tobie's Rest./dsl/E-85 🍴 Burger King, DQ, McDonald's, Subway, Taco Bell ⌂ Days Inn, Grand Northern Inn ⊙ casino, to St Croix SP (15mi), **W** 🅟 Mobil, Mobil/White Castle/dsl 🍴 Cassidy's Rest. ⌂ Best Value Inn ⊙ Family$, Hinckley Fire Museum
180	MN 23 W, rd 61, to Mora
175	rd 14, Beroun, **E** 🅟 Marathon/dsl
171	rd 11, Pine City, **E** 🅟 SA/dsl 🍴 McDonald's ⊙ Ace Hardware, Chrysler/Dodge/Jeep, Verizon, **W** ⊙ camping
170mm	Snake River
169	MN 324, rd 7, Pine City, **E** 🅟 Holiday/dsl, Marathon/dsl, Murphy USA/dsl 🍴 A&W, DQ, KFC, Pizza Hut, Subway ⊙ $Tree, Campbell Auto/tire, Ford, O'Reilly Parts, USPO, vet, Walmart/Subway, **W** ⊙ to NW Co Fur Post HS
165	MN 70, to Grantsburg, Rock Creek, **E** 🅟 Marathon/dsl ⊙ camping, **W** 🅟 Heidelbergers/dsl 🍴 Rock Creek Cafe
159	MN 361, rd 1, Rush City, **E** 🅟 Holiday/Burger King/dsl ⊙ $General, Rush City Foods, **W** ⊙ camping (2mi)
154mm	Ⓡs nb, full ♿ facilities, litter barrels, petwalk, Ⓒ, 🏞, vending
152	rd 10, Harris, 1 mi **E** 🅟 Harris 61/dsl 🍴 Kaffe Stuga Caffe
147	MN 95, to Cambridge, North Branch, **E** 🅟 Casey's, Holiday/dsl 🍴 China Taste, Domino's, DQ, McDonald's, Oak Inn Rest., Perkins, Subway, Taco Bell ⌂ AmericInn, Budget Host ⊙ Family$, Fisk Tire, NAPA, O'Reilly Parts, to Wild River SP (14mi), vet, **W** 🅟 Holiday/dsl/e85 🍴 Burger King, Denny's, Dickey's BBQ, Don Lulu Mexican, Papa Murphy's ⊙ Chevrolet, County Mkt Foods, Ford, North Branch Outlets/famous brands, ShopKo, USPO, Verizon
143	rd 17, **W** 🅟 Tesoro/dsl
139	rd 19, Stacy, **E** 🅟 Gas+ 🍴 Rustic Inn Rest., Stacy Grill, Subway ⊙ city park, **W** 🅟 KwikTrip/dsl/e85 ⊙ A-1 Tires
135	US 61 S, rd 22, Wyoming, **E** 🅟 Casey's, Sinclair/dsl 🍴 DQ, Linwood Pizza, Subway, Tasty Asia ⊙ 🅷, CarQuest, IGA Foods, WY Drug, **W** 🅟 Shell/dsl 🍴 McDonald's, Village Inn Rest. ⊙ camping (10mi), golf, vet
132	US 8 (from nb), to Taylors Falls
131	rd 2, Forest Lake, **E** 🅟 BP, Holiday/dsl, SA/dsl 🍴 Applebee's, Arby's, Burger King, Culver's, Joy Garden, KFC, McDonald's, Papa John's, Perkins, Quack's Cafe, Subway, Taco Bell, White Castle ⌂ AmericInn ⊙ Aldi Foods, AutoZone, O'Reilly Parts, RV/Auto repair, Target, Tires+, Verizon, Walgreens, Walmart/Subway, **W** 🅟 Holiday/dsl 🍴 Famous Dave's BBQ, Jimmy John's, Papa Murphy's, Starbucks, Taco John's, Wendy's ⌂ Country Inn&Suites ⊙ AT&T, Buick/GMC, Cadillac/Chevrolet, Chrysler/Dodge/Jeep, Cub Foods, GNC, Home Depot, Jiffy Lube, Menards
131mm	Ⓡs sb, full ♿ facilities, litter barrels, petwalk, Ⓒ, 🏞, vending
129	MN 97, rd 23, **E** 🅟 Kwik Trip/dsl/e85 ⊙ camping (6mi), **W** Holiday/dsl ⊙ camping (1mi), Coates RV Ctr
128mm	weigh sta both lanes
127	I-35W, S to Minneapolis. See I-35W.
123	rd 14, Centerville, **E** 🅟 Kwik Trip 🍴 Blue Heron Grill, Dun Bros Coffee, McDonald's, Papa Murphy's ⊙ Festival Food vet, White Bear RV Ctr, **W** 🅟 Mobil, Shell/Circle K 🍴 DQ, esta Cancun, WiseGuys Pizza ⊙ auto repair
120	rd J (from nb, no return)
117	rd 96, **E** 🅟 SA/dsl 🍴 Burger King, Carbone's Pizza ⌂ AmericInn ⊙ Goodyear/auto, NAPA, **W** 🅟 Holiday 🍴 $5 Pizza, Applebee's, Arby's, Caribou Coffee, Culver's, McDonald's, Noodles&Co, Punch Pizza, Subway, Zen Asia ⊙ AutoZone, Cub Foods, Tires+, USPO, Walgreens
115	rd E, **E** 🅟 BP/repair, SA/dsl 🍴 Jimmy John's, Jimmy's Res Perkins, Savoy Pizza ⌂ Country Inn&Suites, Fairfield Inn, Holiday Inn Express ⊙ URGENT CARE, **W** 🍴 Chipotle Mexican, KFC, Mad Jack's Cafe, Panera Bread, Papa Murphy's, Wendy ⊙ $Tree, AT&T, Fresh Thyme Mkt, GNC, Target, Walmart
114	I-694 E (exits left from sb)
113	I-694 W
112	Little Canada Rd, **E** 🅟 BP, **W** 🍴 Porterhouse Rest.
111a/b	MN 36 E, to Stillwater/MN 36 W, to Minneapolis
110b	Roselawn Ave
110a	Wheelock Pkwy, **E** 🅟 BP, Gulf 🍴 May's Deli, Roadside Pizza Subway
109	Maryland Ave, **E** 🅟 SA/dsl, **W** 🍴 Wendy's ⊙ K-Mart
108	Pennsylvania Ave, downtown
107c	University Ave, **E** 🅟 SA/dsl, **W** ⊙ 🅷, to st capitol, downtow
107b a	I-94, W to Minneapolis, E to St Paul.
I-35 and I-94 run together.	
106c	11th St (from nb), Marion St, downtown
106b	Kellogg Blvd (from nb), **E** 🍴 Eagle St Grill ⌂ Holiday I ⊙ 🅷, downtown
106a	Grand Ave, **E** ⊙ 🅷
105	St Clair Ave
104c	Victoria St, Jefferson Ave
104b	Ayd Mill Rd (from nb)
104a	Randolph Ave
103b	MN 5, W 7th St, **E** 🍴 Burger King, **W** 🅟 SA/dsl ⊙ Mida USPO
103a	Shepard Rd (from nb)
102mm	Mississippi River
102	MN 13, Sibley Hwy, **W** 🅟 BP, Holiday/Subway
101b a	MN 110 W, **E** 🅟 BP/dsl 🍴 Caribou Coffee, McDonald Subway, Teresa's Mexican, Tommy Chicago's Pizza ⊙ Verizo Walgreens, **W** 🅟 SA/dsl/e85
99b a	I-494 W/I-494 E
98	Lone Oak Rd, **E** ⌂ Extended Stay America, Microtel ⊙ Sam Club/gas, URGENT CARE, USPO, **W** 🅟 Shell 🍴 Farm Grandson's Eatery ⌂ Hampton Inn, Sonesta Suites
97b	Yankee Doodle Rd, **E** 🍴 Applebee's, Arby's, Buffalo W Wings, Burger King, Chipotle, Coldstone, Culver's, Domino DQ, Genghis Grill, Houlihan's, Jake's Grille, Jersey Mike Jimmy John's, KFC, Noodles&Co, Old Chicago Pizza, Pan Express, Panera Bread, Papa John's, Papa Murphy's, Perki Pizza Man, Potbelly, Qdoba, Smashburger, Taco Bell ⊙ $Tre AT&T, Barnes&Noble, Best Buy, BigLots, GNC, Home Dep Kohl's, Lunds&Byerly's Mkt, Michael's, Old Navy, O'Re Parts, Petsmart, TJ Maxx, Verizon, Walgreens, Walmart/Su way, **W** 🅟 BP/dsl, SA/dsl 🍴 El Loro Mexican, Granite C

Side vertical labels: HINCKLEY, FOREST LAKE, ST PAUL

MN

Copyright 2018 - The Next EXIT ®

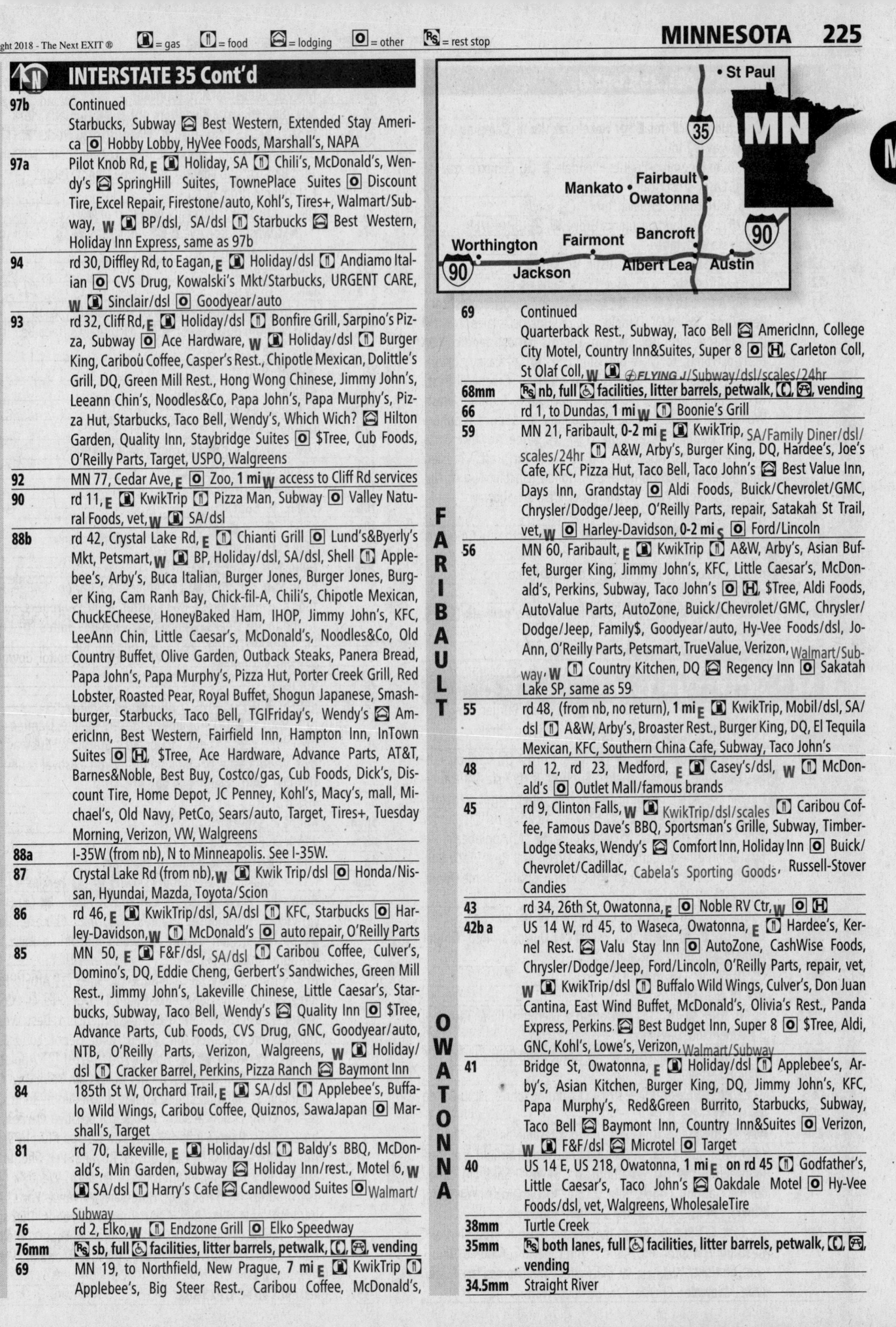

INTERSTATE 35 Cont'd

97b	Continued Starbucks, Subway ⊙ Best Western, Extended Stay America ⊙ Hobby Lobby, HyVee Foods, Marshall's, NAPA
97a	Pilot Knob Rd, **E** ⊙ Holiday, SA ⊙ Chili's, McDonald's, Wendy's ⊙ SpringHill Suites, TownePlace Suites ⊙ Discount Tire, Excel Repair, Firestone/auto, Kohl's, Tires+, Walmart/Subway, **W** ⊙ BP/dsl, SA/dsl ⊙ Starbucks ⊙ Best Western, Holiday Inn Express, same as 97b
94	rd 30, Diffley Rd, to Eagan, **E** ⊙ Holiday/dsl ⊙ Andiamo Italian ⊙ CVS Drug, Kowalski's Mkt/Starbucks, URGENT CARE, **W** ⊙ Sinclair/dsl ⊙ Goodyear/auto
93	rd 32, Cliff Rd, **E** ⊙ Holiday/dsl ⊙ Bonfire Grill, Sarpino's Pizza, Subway ⊙ Ace Hardware, **W** ⊙ Holiday/dsl ⊙ Burger King, Caribou Coffee, Casper's Rest., Chipotle Mexican, Dolittle's Grill, DQ, Green Mill Rest., Hong Wong Chinese, Jimmy John's, Leeann Chin's, Noodles&Co, Papa John's, Papa Murphy's, Pizza Hut, Starbucks, Taco Bell, Wendy's, Which Wich? ⊙ Hilton Garden, Quality Inn, Staybridge Suites ⊙ $Tree, Cub Foods, O'Reilly Parts, Target, USPO, Walgreens
92	MN 77, Cedar Ave, **E** ⊙ Zoo, **1 mi W** access to Cliff Rd services
90	rd 11, **E** ⊙ KwikTrip ⊙ Pizza Man, Subway ⊙ Valley Natural Foods, vet, **W** ⊙ SA/dsl
88b	rd 42, Crystal Lake Rd, **E** ⊙ Chianti Grill ⊙ Lund's&Byerly's Mkt, Petsmart, **W** ⊙ BP, Holiday/dsl, SA/dsl, Shell ⊙ Applebee's, Arby's, Buca Italian, Burger Jones, Burger Jones, Burger King, Cam Ranh Bay, Chick-fil-A, Chili's, Chipotle Mexican, ChuckECheese, HoneyBaked Ham, IHOP, Jimmy John's, KFC, LeeAnn Chin, Little Caesar's, McDonald's, Noodles&Co, Old Country Buffet, Olive Garden, Outback Steaks, Panera Bread, Papa John's, Papa Murphy's, Pizza Hut, Porter Creek Grill, Red Lobster, Roasted Pear, Royal Buffet, Shogun Japanese, Smashburger, Starbucks, Taco Bell, TGIFriday's, Wendy's ⊙ AmericInn, Best Western, Fairfield Inn, Hampton Inn, InTown Suites ⊙ H $Tree, Ace Hardware, Advance Parts, AT&T, Barnes&Noble, Best Buy, Costco/gas, Cub Foods, Dick's, Discount Tire, Home Depot, JC Penney, Kohl's, Macy's, mall, Michael's, Old Navy, PetCo, Sears/auto, Target, Tires+, Tuesday Morning, Verizon, VW, Walgreens
88a	I-35W (from nb), N to Minneapolis. See I-35W.
87	Crystal Lake Rd (from nb), **W** ⊙ Kwik Trip/dsl ⊙ Honda/Nissan, Hyundai, Mazda, Toyota/Scion
86	rd 46, **E** ⊙ KwikTrip/dsl, SA/dsl ⊙ KFC, Starbucks ⊙ Harley-Davidson, **W** ⊙ McDonald's ⊙ auto repair, O'Reilly Parts
85	MN 50, **E** ⊙ F&F/dsl, SA/dsl ⊙ Caribou Coffee, Culver's, Domino's, DQ, Eddie Cheng, Gerbert's Sandwiches, Green Mill Rest., Jimmy John's, Lakeville Chinese, Little Caesar's, Starbucks, Subway, Taco Bell, Wendy's ⊙ Quality Inn ⊙ $Tree, Advance Parts, Cub Foods, CVS Drug, GNC, Goodyear/auto, NTB, O'Reilly Parts, Verizon, Walgreens, **W** ⊙ Holiday/dsl ⊙ Cracker Barrel, Perkins, Pizza Ranch ⊙ Baymont Inn
84	185th St W, Orchard Trail, **E** ⊙ SA/dsl ⊙ Applebee's, Buffalo Wild Wings, Caribou Coffee, Quiznos, SawaJapan ⊙ Marshall's, Target
81	rd 70, Lakeville, **E** ⊙ Holiday/dsl ⊙ Baldy's BBQ, McDonald's, Min Garden, Subway ⊙ Holiday Inn/rest., Motel 6, **W** ⊙ SA/dsl ⊙ Harry's Cafe ⊙ Candlewood Suites ⊙ Walmart/Subway
76	rd 2, Elko, **W** ⊙ Endzone Grill ⊙ Elko Speedway
76mm	Rs sb, full ⊙ facilities, litter barrels, petwalk, ⊙, ⊙, vending
69	MN 19, to Northfield, New Prague, **7 mi E** ⊙ KwikTrip ⊙ Applebee's, Big Steer Rest., Caribou Coffee, McDonald's,

69	Continued Quarterback Rest., Subway, Taco Bell ⊙ AmericInn, College City Motel, Country Inn&Suites, Super 8 ⊙ H, Carleton Coll, St Olaf Coll, **W** ⊙ FLYING J/Subway/dsl/scales/24hr
68mm	Rs nb, full ⊙ facilities, litter barrels, petwalk, ⊙, ⊙, vending
66	rd 1, to Dundas, **1 mi W** ⊙ Boonie's Grill
59	MN 21, Faribault, **0-2 mi E** ⊙ KwikTrip, SA/Family Diner/dsl/scales/24hr ⊙ A&W, Arby's, Burger King, DQ, Hardee's, Joe's Cafe, KFC, Pizza Hut, Taco Bell, Taco John's ⊙ Best Value Inn, Days Inn, Grandstay ⊙ Aldi Foods, Buick/Chevrolet/GMC, Chrysler/Dodge/Jeep, O'Reilly Parts, repair, Satakah St Trail, vet, **W** ⊙ Harley-Davidson, **0-2 mi** ⊙ Ford/Lincoln
56	MN 60, Faribault, **E** ⊙ KwikTrip ⊙ A&W, Arby's, Asian Buffet, Burger King, Jimmy John's, KFC, Little Caesar's, McDonald's, Perkins, Subway, Taco John's ⊙ H, $Tree, Aldi Foods, AutoValue Parts, AutoZone, Buick/Chevrolet/GMC, Chrysler/Dodge/Jeep, Family$, Goodyear/auto, Hy-Vee Foods/dsl, Jo-Ann, O'Reilly Parts, Petsmart, TrueValue, Verizon, Walmart/Subway, **W** ⊙ Country Kitchen, DQ ⊙ Regency Inn ⊙ Sakatah Lake SP, same as 59
55	rd 48, (from nb, no return), **1 mi E** ⊙ KwikTrip, Mobil/dsl, SA/dsl ⊙ A&W, Arby's, Broaster Rest., Burger King, DQ, El Tequila Mexican, KFC, Southern China Cafe, Subway, Taco John's
48	rd 12, rd 23, Medford, **E** ⊙ Casey's/dsl, **W** ⊙ McDonald's ⊙ Outlet Mall/famous brands
45	rd 9, Clinton Falls, **W** ⊙ KwikTrip/dsl/scales ⊙ Caribou Coffee, Famous Dave's BBQ, Sportsman's Grille, Subway, TimberLodge Steaks, Wendy's ⊙ Comfort Inn, Holiday Inn ⊙ Buick/Chevrolet/Cadillac, Cabela's Sporting Goods, Russell-Stover Candies
43	rd 34, 26th St, Owatonna, **E** ⊙ Noble RV Ctr, **W** ⊙ H
42b a	US 14 W, rd 45, to Waseca, Owatonna, **E** ⊙ Hardee's, Kernel Rest. ⊙ Valu Stay Inn ⊙ AutoZone, CashWise Foods, Chrysler/Dodge/Jeep, Ford/Lincoln, O'Reilly Parts, repair, vet, **W** ⊙ KwikTrip/dsl ⊙ Buffalo Wild Wings, Culver's, Don Juan Cantina, East Wind Buffet, McDonald's, Olivia's Rest., Panda Express, Perkins ⊙ Best Budget Inn, Super 8 ⊙ $Tree, Aldi, GNC, Kohl's, Lowe's, Verizon, Walmart/Subway
41	Bridge St, Owatonna, **E** ⊙ Holiday/dsl ⊙ Applebee's, Arby's, Asian Kitchen, Burger King, DQ, Jimmy John's, KFC, Papa Murphy's, Red&Green Burrito, Starbucks, Subway, Taco Bell ⊙ Baymont Inn, Country Inn&Suites ⊙ Verizon, **W** ⊙ F&F/dsl ⊙ Microtel ⊙ Target
40	US 14 E, US 218, Owatonna, **1 mi E** on rd 45 ⊙ Godfather's, Little Caesar's, Taco John's ⊙ Oakdale Motel ⊙ Hy-Vee Foods/dsl, vet, Walgreens, WholesaleTire
38mm	Turtle Creek
35mm	Rs both lanes, full ⊙ facilities, litter barrels, petwalk, ⊙, ⊙, vending
34.5mm	Straight River

F A R I B A U L T

O W A T O N N A

🅖 = gas, 🍴 = food, 🏨 = lodging, 🅞 = other, 🆁🆂 = rest stop   Copyright 2018 - The Next EXIT

MN

🅝 INTERSTATE 35 Cont'd

Exit#	Services
32	rd 4, Hope, **1/2 mi E** 🅞 Hope Oak Knoll Camping, **1 mi W** 🅖 gas 🍴 food
26	MN 30, to Blooming Prairie, Ellendale, **E** 🅖 Cenex/pizza/dsl, **W** 🅖 Casey's/dsl/scales
22	rd 35, to Hartland, Geneva, **1 mi E** 🍴 food
18	MN 251, to Hollandale, Clarks Grove, **W** 🅖 BP/dsl/LP
17mm	weigh sta both lanes
13b a	I-90, W to Sioux Falls, E to Austin, **W** 🅞 🏨
12	US 65 S (from sb), Lp 35, Albert Lea, same as 11
11	rd 46, Albert Lea, **E** 🅖 ❤Loves/Wendy's/dsl/scales/24hr, Petro/Iron Skillet/McDonald's/Pizza Hut/dsl/scales/24hr/@ 🏨 Comfort Inn, Holiday Inn Express 🅞 dsl repair, KOA (may-oct/6mi), to Myre-Big Island SP, **W** 🅖 Casey's, Kwik-Trip 🍴 Burger King, Casa Zamora Mexican, GreenMill Rest., KFC, Perkins, Subway, Taco John's, Taco King, Trumble's Rest., Wok'n Roll 🏨 Best Value Inn, Country Inn&Suites, Countryside Inn, Heritage Hotel, Motel 6 🅞 🏨 $Tree, Advance Parts, AutoValue Parts, AutoZone, Buick/GMC, CarQuest, Chrysler/Dodge/Jeep, Ford, Home Depot, Honda, Lincoln, NAPA, Nissan/VW, O'Reilly Parts, Volvo Trucks, Walmart/Subway
9mm	Albert Lea Lake
8	US 65, Lp 35, Albert Lea, **2 mi W** 🅖 Freeborn City Co-op/dsl 🍴 DQ, Hardee's
5	rd 13, to Glenville, Twin Lakes, **3 mi W** 🅞 camping
2	rd 5
1mm	Welcome Ctr nb, full ♿facilities, litter barrels, petwalk, 🄲, 🄰, vending
0mm	Minnesota/Iowa state line

🅝 INTERSTATE 35 West

Exit#	Services
41mm	I-35W begins/ends on I-35, exit 127.
36	rd 23, **E** 🅖 Holiday/dsl, **W** 🅖 Minnoco/dsl 🍴 Caribou Coffee, Don Julio, DQ, McDonald's, Subway, Tasty Asia 🏨 Hampton Inn 🅞 AT&T, Discount Tire, Kohl's, Super Target, Verizon
33	rd 17, Lexington Ave, **E** 🅖 F&F/dsl, Holiday/dsl 🍴 Burger King, Walmart/Subway 🅞 Aldi Foods, **W** 🍴 Applebee's, Arby's, Bonfire Rest., Caribou Coffee, Green Mill Rest., Taco Bell, Wendy's, Zantigo's Mexican 🅞 Cub Foods, GNC, Home Depot, Michael's, Walgreens
32	95th Ave NE, to Lexington, Circle Pines, **W** 🅞 Nat Sports Ctr
31b a	Lake Dr, **E** 🅖 Shell/Circle K/dsl 🍴 Quizno's, Red Ginger Asian 🏨 Country Inn&Suites
30	US 10 W, MN 118, to MN 65
29	rd I, **W** 🅖 Cenex/dsl
28c b	rd 10, rd H, **W** 🅖 🍴 McDonald's, Mermaid Café, Taco Bell 🏨 AmericInn, Days Inn
28a	MN 96, **E** 🅖 Holiday/dsl, **W** 🏨 Homewood Suites
27b a	I-694 E and W
26	rd E2, **W** 🅖 Exxon/Circle K/dsl 🍴 Jimmy John's, Limu Coffee 🅞 USPO
25b	MN 88, to Roseville (no EZ return to sb), same as 25a
25a	rd D (from nb), **E** 🅖 BP/dsl 🏨 Courtyard, Fairfield Inn, Residence Inn, **W** 🅖 Marathon/dsl, SA/dsl, Shell 🍴 Barley John's, Caribou Coffee, Jake's Café, McDonald's, New Hong Kong, Perkins/24hr, Sarpino's Italian, Subway
24	rd C, **E** 🍴 Burger King, India Palace Rest., Joe Senser's Rest. 🏨 Hampton Inn, Home 2 Suites, Key Inn, Motel 6, Radisson 🅞 USPO, Walmart, **W** 🏨 Holiday Inn Express 🅞 Buick/GMC, Chevrolet, Chrysler/Dodge/Jeep, Norm's Tires

A L B E R T   L E A

M I N N E A P O L I S

Exit#	Services
23b	Cleveland Ave, MN 36
23a	MN 280, Industrial Blvd (from sb)
22	MN 280, Industrial Blvd (from nb), **E** 🏨 Ramada Plaza
21b a	Broadway St, Stinson Blvd, 🄴 🅞 Ford/Isuzu Trucks, **W** 🍴 Ba... Sol, Burger King, Caribou Coffee, Leeann Chin, McDonal... Taco Bell 🅞 Cub Foods, GNC, Home Depot, Target
19	E Hennepin (from nb)
18	US 52, 4th St SE, University Ave, to U of MN
17c	11th St, Washington Ave, 🄴 🏨 Courtyard, **W** 🍴 Mobil 🅞 ... US Bank Stadium
17b	I-94 W (from sb)
17a	MN 55, Hiawatha
16b a	I-94 (from nb), E to St Paul, W to St Cloud, to MN 65
15	31st St (from nb), Lake St, 🄴 🍴 McDonald's, Taco Bell 🅞 ... AutoZone
14	35th St, 36th St
13	46th St
13mm	Minnehaha Creek
12b	Diamond Lake Rd
12a	60th St (from sb), 🅦 🅖 Mobil 🅞 Cub Foods
11b	MN 62 E, to 🔄, 🅞 to 🔄
11a	Lyndale Ave (from sb)
10b	MN 62 W, 58th St
10a	rd 53, 66th St, 🄴 🅖 SA
9c	76th St (from sb)
9b a	I-494, MN 5, to 🔄, 🅞 to 🔄
8	82nd St, 🄴 🅞 BMW, 🅦 🍴 Applebee's, Caribou Coffee, Jim... John's, Panda Express, Red Lobster, Sonic, Starbucks, Subw... Timberlodge Steaks, Wendy's 🏨 Embassy Suites 🅞 Chev... let, Chrysler/Dodge/Jeep, GNC, Infiniti, Kia, Kohl's, TJ Ma... Verizon, Walgreens
7b	90th St
7a	94th St, 🄴 🅞 Goodyear/auto, **W** 🏨 Holiday Inn
6	rd 1, 98th St, 🄴 🍴 Applebee's, Bakers Square, Domino's, Ji... my John's, Leeann Chin, McDonald's, Starbucks, Subway, We... dy's, White Castle 🅞 Bloomington Drug, Festival Foods, Fo... URGENT CARE, Walgreens, 🅦 🅖 SA/dsl
5	106th St
5mm	Minnesota River
4b	113th St, Black Dog Rd
4a	Cliff Rd, 🄴 🅞 Dodge, Subaru, Walmart
3b a	MN 13, Shakopee, Canterbury Downs, **W** 🍴 Perkins
2	Burnsville Pkwy, 🄴 🅖 🍴 Carbone's Pizza, **W** 🅖 Holic... 🍴 Clive's Roadhouse, Denny's, Gourmet Chinese, Perk... 🏨 Best Value Inn, LivInn, Norwood Inn, Prime Rate Mo... 🅞 auto repair, vet
1	rd 42 (from sb), Crystal Lake Rd, **E** 🅖 Shell 🍴 Arby's, Burg... King, Chianti Grill, HoneyBaked Ham, McDonald's, Old Coun... Buffet, Roasted Pear, Taco Bell 🏨 AmericInn, Best Weste... Fairfield Inn, Hampton Inn 🅞 🏨, Home Depot, Lunds&By... ly's Mkt, PetsMart, 🅦 🍴 Holiday/dsl, SA/dsl 🍴 Applebe... Buca Italian, Burger Jones, Burger King, Cam Ranh Bay, Chi... fil-A, Chili's, Chipotle, ChuckECheese, IHOP, Jimmy John's, K... LeAnn Chin, Little Caesar's, Noodles&Co, Olive Garden, O... back Steaks, Panera Bread, Papa John's, Papa Murphy's, Piz... Hut, Porter Creek Grill, Red Lobster, Royal Buffet, Shogun Ja... anese, Smashburger, Starbucks, TGIFriday's, Wendy's 🏨 ... Town Suites 🅞 $Tree, Ace Hardware, Advance Parts, AT... Barnes&Noble, Best Buy, Costco/gas, Cub Foods, Dick's, D... count Tire, JC Penney, Kohl's, Macy's, mall, Michael's, Old Na... PetCo, Sears/auto, Target, Tires+, Tuesday Morning, Veriz... VW, Walgreens

I-35W begins/ends on I-35, exit 88a.

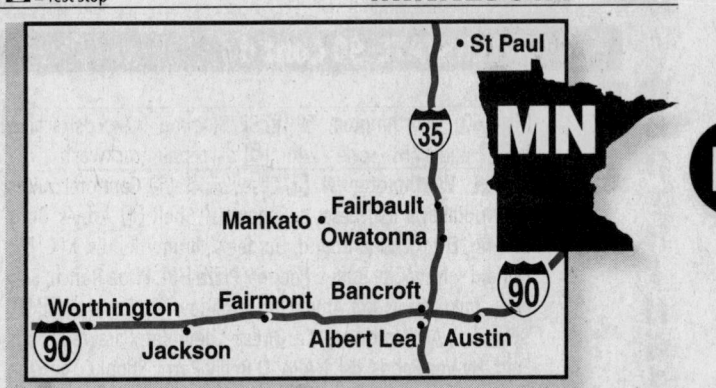

🔼E INTERSTATE 90

Exit#	Services
278mm	Minnesota/Wisconsin state line, Mississippi River
276	US 14, US 61, to MN 16, La Crescent, **N** Welcome Ctr wb, full 🅖 facilities, info, litter barrels, petwalk, 🅒, 🅐, vending, **S** 🅕 Kwik Trip (1mi)
273b a	Dresbach
271	Dakota
270	US 14, US 61, to Winona (from wb), **N** to OL Kipp SP/camping
267	rd 12, Nodine, **N** 🅞 Great River Bluffs SP, **S** 🅕 Kwik Trip/ Hearty Platter Rest./dsl/e-85/scales/24hr/@
261mm	weigh sta both lanes
258	MN 76, to Houston, Ridgeway, Witoka, **N**🅖 gas, **S**🅞 camping
252	MN 43 N, to Winona, 7 mi **N** 🅕 Taco Bell 🅛 Express Inn, Holiday Inn Express, Plaza Hotel, Quality Inn 🅞 🅗, **S** 🅞 vet
249	MN 43 S, to Rushford, **N** 🅞 Peterbilt Trucks/repair
244mm	🆁🆂 eb, full 🅖 facilities, litter barrels, petwalk, 🅒, 🅐, vending
242	rd 29, Lewiston
233	MN 74, to Chatfield, St Charles, **N** 🅕 Kwik Trip/LP/24hr (2mi) 🅕 A&W (2mi), Subway (2mi) 🅞 Whitewater SP, **S** 🅕 BP/Amish Ovens Rest./dsl/RV dump/LP
229	rd 10, Dover
224	MN 42, rd 7, Eyota, **N** 🅕 KwikTrip/dsl/e85 (3mi) 🅕 Country Cafe (3mi)
222mm	🆁🆂 wb, full 🅖 facilities, litter barrels, petwalk, 🅒, 🅐, vending
218	US 52, to Rochester, **S** 🅕 BP/dsl 🅞 KOA (Mar-Oct) (1mi)
209b a	US 63, MN 30, to Rochester, Stewartville, 8-10 mi **N** 🅕 Clarion, EconoLodge, Hampton Inn, Super 8, 1 mi **S** 🅕 KwikTrip/ dsl 🅕 DQ, Pizza Ranch, Subway 🅛 Best Inn 🅞 Family$, Verizon
205	rd 6
202mm	🆁🆂 eb, full 🅖 facilities, litter barrels, petwalk, 🅒, 🅐, vending
193	MN 16, Dexter, **N** 🅕 BP/Oasis Rest./dsl **S** 🅛 Windmill Motel
189	rd 13, to Elkton
187	rd 20, **S** 🅞 Jellystone Camping
183	MN 56, to Rose Creek, Brownsdale, **S** 🅕 Freeborn County Co-op/dsl/LP
181	28th St NE
180b a	US 218, 21st St NE, to Austin, Oakland Place, **S** 🅕 Shell 🅛 Rodeway Inn
179	11th Dr NE, to Austin, **N** 🅕 KwikTrip/dsl/24hr
178b	6th St NE, to Austin, **S** 🅞 Spam Museum
178a	4th St NW, **N** 🅕 Culver's, Jimmy John's, Perkins, Torge's Grille 🅛 AmericInn, Days Inn, Holiday Inn 🅞 Buick/Chevrolet/GMC, vet, **S** 🅕 KwikTrip/dsl 🅕 Burger King, Hardee's, Subway 🅞 🅗
177	US 218 N, to Owatonna, Austin, Mapleview, **N** 🅕 Applebee's, Arby's, China Star, El Patron Mexican, KFC, King Buffet, Pizza Hut, Pizza Ranch, Wendy's 🅞 $Tree, Aldi Foods, AT&T, AutoZone, Hy-Vee Foods/gas, JoAnn Fabrics, O'Reilly Parts, ShopKO, Verizon, Walmart/Subway, Younkers, **S** 🅕 Sinclair/McDonald's/dsl 🅛 Super 8
175	MN 105, rd 46, to Oakland Rd, **N** 🅛 Econolodge, **S** 🅕 BP/dsl, Shell/dsl 🅞 Chrysler/Dodge/Jeep, Ford/Lincoln, vet
171mm	🆁🆂 wb, full 🅖 facilities, litter barrels, petwalk, 🅒, 🅐
166	rd 46, Oakland Rd, **N** 🅞 KOA/LP
163	rd 26, Hayward, **S** 🅕 Freeborn County Co-op/dsl 🅕 McDonald's (4mi), Pizza Hut (4mi), Trails Rest. (4mi) 🅛 Holiday Inn Express (4mi) 🅞 KOA, Myre-Big Island SP
161.5mm	🆁🆂 eb, full 🅖 facilities, petwalk, 🅒, 🅐 litter barrels
159b a	I-35, N to Twin Cities, S to Des Moines
157	rd 22, Albert Lea, **N** 🅞 Kenworth, **S** 🅕 HyVee/dsl 🅕 Applebee's, Arby's, Caribou Coffee, DQ, KwikTrip/dsl, McDonald's, Pizza Ranch, Plaza Morina Mexican 🅛 AmericInn, Best Western+ 🅞 🅗, Ace Hardware, Chevrolet, Harley-Davidson, Herberger's, Hy-Vee Foods, ShopKO, Verizon
154	MN 13, to US 69, to Manchester, Albert Lea, **N** 🅕 SA/dsl, 3 mi **S** 🅛 Best Value Inn
146	MN 109, to Wells, Alden, **S** 🅕 Cenex/dsl/rest, Freeborn Co-Op Gas/dsl/E-85 🅞 truck/dsl repair
138	MN 22, to Wells, Keister, **N** 🅕 Casey's (6mi)
134	MN 253, rd 21, to Bricelyn, MN Lake
128	MN 254, rd 17, Frost, Easton
119	US 169, to Winnebago, Blue Earth, **S** 🅕 Shell/dsl, Sinclair/dsl 🅕 Country Kitchen, DQ, McDonald's, Pizza Hut, Subway 🅛 AmericInn, Super 8 🅞 🅗, $General, Jolly Green Giant
119mm	🆁🆂 both lanes, full 🅖 facilities, litter barrels, petwalk, 🅒, 🅐, playground
113	rd 1, Guckeen
107	MN 262, rd 53, to East Chain, Granada, **S** 🅞 camping (May-Oct) (1mi), gas/dsl
102	MN 15, to Madelia, Fairmont, **N** 🅕 Verizon, Walmart/Subway, 0-2 mi **S** 🅕 BP, Cenex/dsl, SA/dsl/24hr 🅕 Arby's, Bean Town a Grill, Burger King, China Buffet, DQ, Green Mill Rest., Hardee's, McDonald's, Perkins, Pizza Ranch, Ranch Family Rest., Subway 🅛 Budget Inn, Comfort Inn, Hampton Inn, Holiday Inn, Super 8 🅞 🅗, $Tree, Ace Hardware, Advance Parts, auto repair, Chevrolet, Chrysler/Dodge/Jeep, Fareway Foods, Ford, Freightliner, Goodyear/auto, Hy-Vee Foods, NAPA, O'Reilly Parts, ShopKO, USPO, Walgreens
99	rd 39, Fairmont
93	MN 263, rd 27, Welcome, 1/2 mi **S** 🅕 Casey's/dsl 🅞 camping
87	MN 4, Sherburn, **N** 🅞 Fox Lake Camping (3mi), **S** 🅕 Casey's/dsl, Kum&Go/Subway/dsl/E-85
80	rd 29, Alpha
73	US 71, Jackson, **N** 🅕 SA/dsl 🅕 Burger King 🅛 EconoLodge, Super 8 🅞 KOA, to Kilen Woods SP, **S** 🅕 BP/DQ, Casey's/dsl 🅕 Embers Rest., Pizza Ranch, Subway 🅛 AmericInn, Earth Inn, Prairie Winds Motel 🅞 🅗, Ace Hardware, Buick/Chevrolet, Chrysler/Dodge/Jeep, city park, Family$, Sunshine Foods, to Spirit Lake
72.5mm	W Fork Des Moines River
72mm	🆁🆂 wb, full 🅖 facilities, litter barrels, petwalk, 🅒, 🅐, vending
69mm	🆁🆂 eb, full 🅖 facilities, litter barrels, petwalk, 🅒, 🅐, vending
64	MN 86, Lakefield, **N** 🅕 gas/dsl 🅕 food 🅞 camping, to Kilen SP (12mi)
57	rd 9, to Heron Lake, Spafford
50	MN 264, rd 1, to Brewster, Round Lake
47	rd 3 (from eb, no return)
46mm	weigh sta eb

A L B E R T   L E A

F A I R M O N T

A U S T I N

MN **WORTHINGTON**

🔼E INTERSTATE 90 Cont'd

Exit#	Services
45	MN 60, Worthington, **N** 🅿 BP/Blueline Cafe/dsl/scales, **S** 🅿 Holiday/dsl/scales/24hr 🅾 dsl repair, truckwash
43	US 59, Worthington, **N** 🅿 Casey's/dsl 🛏 Comfort Suites, Norwood Inn, **S** 🅿 Casey's, Cenex/dsl, Shell 🍴 Arby's, Burger King, DQ, Ground Round, Hardee's, Jimmy John's, KFC, McDonald's, New City Buffet, Perkins, Pizza Hut, Pizza Ranch, Subway, Taco John's 🛏 AmericInn, Holiday Inn Express 🅾 🏥 $General, Ace Hardware, CarQuest, Chevrolet, Fareway Foods, Ford, Hy-Vee Foods/dsl, NAPA, O'Reilly Parts, ShopKO, Verizon, Walgreens, Walmart/Subway
42	MN 266, rd 25, to Reading, **S** 🛏 Days Inn, Super 8
33	rd 13, to Wilmont, Rushmore
26	MN 91, Adrian, **S** 🅿 Cenex/dsl, Kum&Go/Subway/dsl/E-85/24hr 🍴 Countryside Steaks 🅾 $General, Adrian Camping, city park
25mm	Ⓡs wb, full 🚻 facilities, litter barrels, petwalk, Ⓒ, 🏕
24mm	Ⓡs eb, full 🚻 facilities, litter barrels, petwalk, Ⓒ, 🏕
18	rd 3, Kanaranzi, Magnolia, **N** 🅾 camping
12	US 75, Luverne, **N** 🅿 BP/dsl/E-85, Casey's/dsl, Holiday/Subway/dsl 🍴 McDonald's, Papa's Place Rest., Taco John's, Tasty Drive-In 🛏 Cozy Rest Motel (1mi), GrandStay Hotel, Quality Inn 🅾 🏥 $General, Buick/Cadillac/Chevrolet/GMC, Chrysler/Dodge/Jeep, Ford, Lewis Drugs, Pipestone NM, Sturdevant's Parts, to Blue Mounds SP, **S** 🍴 Blue Stem Rest. 🛏 Super 8 🅾 ShopKO
5	rd 6, Beaver Creek, **N** 🅿 Local/dsl
3	rd 4 (from eb), Beaver Creek
1	MN 23, rd 17, to Jasper, **N** 🅾 access to gas/dsl, to Pipestone NM
0mm	**Welcome Ctr eb, full 🚻 facilities, info, litter barrels, Ⓒ, 🏕, Minnesota/South Dakota state line**

🔼E INTERSTATE 94

Exit#	Services
259mm	Minnesota/Wisconsin state line, St Croix River
258	MN 95 N, to Stillwater, Hastings, Lakeland, **N** 🍴 Bungalow Rest.
257mm	**Welcome Ctr wb, full 🚻 facilities, litter barrels, petwalk, Ⓒ, 🏕, vending, weigh sta wb**
253	MN 95 S, rd 15, Manning Ave, **N** 🅾 StoneRidge Golf, **S** 🅾 ski area, to Afton Alps SP
251	rd 19, Keats Ave, Woodbury Dr, **S** 🅿 KwikTrip, SA/dsl 🍴 Applebee's, Arby's, Burger King, Caribou Coffee, Chili's, Chipotle Mexican, ChuckECheese, Culver's, Dino's Rest., Dunn Bros Coffee, Fiesta Brava, Jersey Mike's, Lakes Grill, LeeAnn Chin, Little Chopstix, McDonald's, Noodles&Co, Papa Murphy's, Quiznos, Ray J's Grill, SmashBurger, Starbucks, Subway, Which Wich? 🛏 Extended Stay America, Holiday Inn Express 🅾 $Tree, AT&T, Discount Tire, Hobby Lobby, Michael's, Sam's Club/gas, Staples, Target, Trader Joe's, Verizon, Walmart/Subway, Woodbury Lakes Outlets/famous brands
250	rd 13, Radio Dr, Inwood Ave, **N** 🍴 Buffalo Wild Wings, Caribou Coffee, Five Guys, Machine Shed Rest., Milio's Rest., Olive Garden, Red Lobster 🛏 Hilton Garden, Holiday Inn 🅾 Best Buy, **S** 🅿 Holiday/e85 🍴 Domino's, DUC Vietnamese, Firehouse Subs, Jamba Juice, Little Caesar's, Pei Wei, Piada Italian, Pie Five, Potbelly, Qdoba, Starbucks, Taco Bell, Tamarack Rest., Wendy's, Wild Bill's Grill, Zupas 🛏 Residence Inn 🅾 Aldi Foods, BigLots, Cabela's, Cub Foods, CVS Drug, Dick's, Fannie May,

ST PAUL

Exit#	Services
250	**Continued** GNC, Gordman's, Heppner's Auto Ctr, Home Depot, JC Penney, Jo-Ann, LandsEnd Inlet, Old Navy, Petsmart, Tires+, Verizon, w
249	I-694 N & I-494 S
247	MN 120, Century Ave, **N** 🍴 Denny's 🛏 LivInn 🅾 Harley-Davidson, **S** 🅿 SA/dsl 🍴 GreenMill Rest. 🛏 Country Inn/rest. 🅾 CarQuest, Chevrolet
246c b	McKnight Ave, **N** 🅾 3M, **S** 🛏 Holiday Inn
246a	Ruth St (from eb, no return), **N** 🅿 🍴 Culver's, Domino, Hoho Chinese, Jimmy John's, Leeann Chin 🅾 $Tree, Cu Foods, Firestone/auto, GNC, TJ Maxx
245	White Bear Ave, **N** 🅿 SA/dsl 🍴 Subway 🛏 Motel 🅾 Walgreens, **S** 🅿 🍴 Arby's, Davanni's Pizza/subs, L Ocampo, McDonald's, Papa John's, Popeye's, Sonic, Taco Be Wendy's 🅾 Aldi Foods, Family$, NAPA, O'Reilly Parts, Targe
244	US 10 E, US 61 S, **S** 🅾 Mounds/Kellogg
243	US 61, Mounds Blvd, **S** River Centre
242d	US 52 S, MN 3, 6th St, (exits left from wb), **N** 🛏 Holiday/c 🍴 Subway
242c	7th St, **S** 🅿 SA
242b a	I-35E N, US 10 W, I-35E S (from eb)
241c	I-35E S (from wb)
241b	10th St, 5th St, to downtown
241a	12th St, Marion St, Kellogg Blvd, **N** 🛏 Best Western+, **S** 🅾 Paul's Cathedral
240	Dale Ave
239b a	Lexington Pkwy, Hamline Ave, **N** 🅿 BP, SA 🍴 DQ, Hardee Leeann Chin, Noodles&Co, Popeye's, White Castle 🅾 $Tre Aldi, AutoZone, Cub Foods, Discount Tire, Herberger's, O'Rei Parts, Target, TJ Maxx, Verizon, **S** 🅾 🏥
238	MN 51, Snelling Ave, **N** 🍴 Culver's, Little Caesar's, McDo ald's, Peking Garden, Perkins 🅾 CVS Drug, Family$, GN Rainbow Foods, same as 239, Walgreens, Walmart/Subwa **S** 🅾 Tires+
237	Cretin Ave, Vandalia Ave, to downtown
236	MN 280, University Ave, to downtown
235b	Huron Blvd
235mm	Mississippi River
235a	Riverside Ave, 25th Ave, **N** 🅿 Fina 🍴 Starbucks, **S** 🍴 Pe kins, Taco Bell
234c	Cedar Ave, downtown
234b a	MN 55, Hiawatha Ave, 5th St, **N** 🛏 Courtyard 🅾 to downtow
233b	I-35W N, I-35W S (exits left from wb)
233a	11th St (from wb), **N** downtown
231b	Hennepin Ave, Lyndale Ave, to downtown
231a	I-394, US 12 W, to downtown
230	US 52, MN 55, 4th St, 7th St, Olson Hwy, **N** 🅾 US Bank Sta um, **S** 🅾 🏥, Int Mkt Square
229	W Broadway, Washington Ave, **N** 🅿 EZ Stop/dsl, Holida dsl 🍴 Broadway Pizza, **S** 🅿 Winner 🍴 Burger King, Lit Caesar's, McDonald's, Subway, Taco Bell, Wendy's 🅾 $Tre AutoZone, Cub Foods, Family$, Walgreens
228	Dowling Ave N
226	53rd Ave N, 49th Ave N
225	I-694 E, MN 252 N, to Minneapolis
	I-94 and I-494 run together. See I-494/694, exits 28-34.
216	I-94 W and I-494
215	rd 109, Weaver Lake Rd, **N** 🅿 SA/dsl, Shell 🍴 Angeno's, A by's, Broadway Pizza, Burger King, Caribou Coffee, Chin Yun ChuckECheese's, Domino's, DQ, El Rodeo Mexican, Famo Dave's BBQ, Frankie's Pizza, Golden Corral, Great Harvest Bre Co., Jimmy John's, McDonald's, Papa John's, Papa Murphy

MINNEAPOLIS

ST PAUL

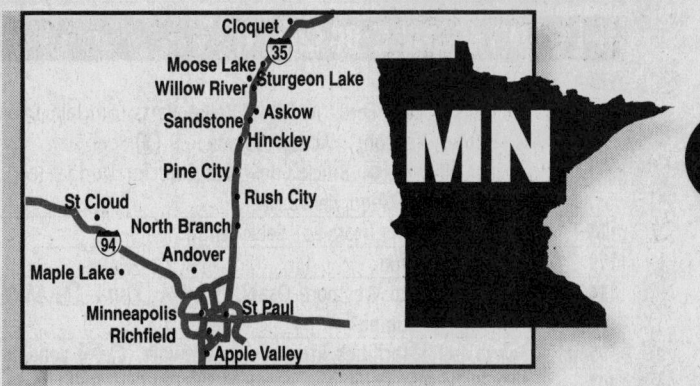

INTERSTATE 94 Cont'd

215 Continued
Rita's, Starbucks, Subway, Taco Bell, Wendy's AT&T, Barnes&Noble, Cub Foods, GNC, Goodyear/auto, JC Penney, Kohl's, Lund&Byerly's Foods, Michael's, Midas, Old Navy, PetCo, same as 28, Tires+, USPO, Verizon, Walgreens, S Applebee's

214mm eb, full facilities, litter barrels, ,

213 rd 30, 95th Ave N, Maple Grove, N SA/dsl Chipotle Mexican, Subway Cambria Suites , , Aldi Foods, GNC, Home Depot, Target, S Holiday/dsl Caribou Coffee, Culver's, Jersey Mike's, Jets Pizza, Leeann Chin, McDonald's, Starbucks, Teresa's Mexican, Which Wich?, White Castle $Tree, AT&T, BigLots, Discount Tire, Firestone/auto, Goodyear/auto, Hobby Lobby, KOA (2mi) (Apr-Oct), Menards, Sam's Club/gas, Verizon, Walgreens, Walmart/Subway

212 101st Ave (from eb)

207 MN 101, to Elk River, Rogers, N Holiday/dsl, SA/dsl, TA/Country Pride/dsl/scales/24hr/@ Applebee's, Arby's, Burger King, China Kitchen, Chipotle, Culver's, Davanni's Pizza, Denny's, Dickey's BBQ, Domino's, DQ, Hardee's, Jimmy John's, Maynard's, McDonald's, Noodles&Co, Papa Murphy's, Starbucks, Subway, Taco Bell, Wendy's Hampton Inn, Holiday Inn Express, Super 8 $Tree, AT&T, Cabela's, Camping World, Cub Foods, Discount Tire, GNC, Kohl's, NAPA, NTB, O'Reilly Parts, Target, Tires+, Verizon, vet, Walgreens, S BP/Circle K/dsl, Holiday BoBo Asian, Guadalajara Mexican, Minne's Diner AmericInn Chevrolet, CVS Drug, TrueValue, URGENT CARE, USPO

205.5mm Crow River

205 MN 241, rd 36, St Michael, S KwikTrip/dsl, SA/dsl

202 rd 37, Albertville, N Shell/dsl Emma Krumbee's Rest., S BP/dsl, SA/dsl, same as 201

201 rd 19 (from eb), Albertville, St Michael, N Andy's Pizza, Burger King, Five Guys, Hana Steaks, Michael B's Grill, Subway Country Inn&Suites Albertville Outlets/famous brands, Old Navy, S Casey's, Mobil/Circle K Caribou Coffee, China Dragon, Culver's, Little Caesar's, Papa Murphy's, Space Aliens Grill, Subway, Taco Bell Ace Hardware, auto repair, Coburn's/dsl, Goodyear/auto, Verizon

194 rd 18, rd 39, Monticello, N KwikTrip/dsl Caribou Coffee, Little Caesar's , , AT&T, GNC, Home Depot, Marshall's, Petsmart, Target, Verizon

193 MN 25, to Buffalo, Monticello, Big Lake, N Holiday/dsl Burger King, Caribou Coffee, KFC, Papa Murphy's, Perkins, Quiznos, Rancho Grande Mexican, Taco Bell AmericInn AutoValue Parts, Cub Foods, USPO, Walgreens, S Holiday/dsl, SA/dsl Applebee's, Arby's, Buffalo Wild Wings, China Buffet, Culver's, DQ, Jimmy John's, McDonald's, Pizza Ranch, Subway, Taco John's Best Western, Days Inn, Super 8 $Tree, Aldi Foods, AutoZone, Buick/GMC, Chevrolet, Goodyear/auto, Lake Maria SP, NAPA, O'Reilly Parts, Verizon, Walmart/Subway

187mm eb, full facilities, litter barrels, petwalk, , , vending

183 rd 8, to Silver Creek, Hasty, Maple Lake, S SA/rest./dsl/scales/24hr/@ camping, to Lake Maria SP

178 MN 24, to Annandale, Clearwater, N Holiday/Petro/dsl/scales/24hr/@ Burger King, DQ, Kettle, Subway, Taco Gringo Best Value Inn Clearwater Hardware, Coburn's Foods/gas, Parts City, repair, USPO, S A-J Acres RV Camping (Apr-Oct), Recreation Outdoor RV Ctr

178mm wb, full facilities, litter barrels, petwalk, , , vending

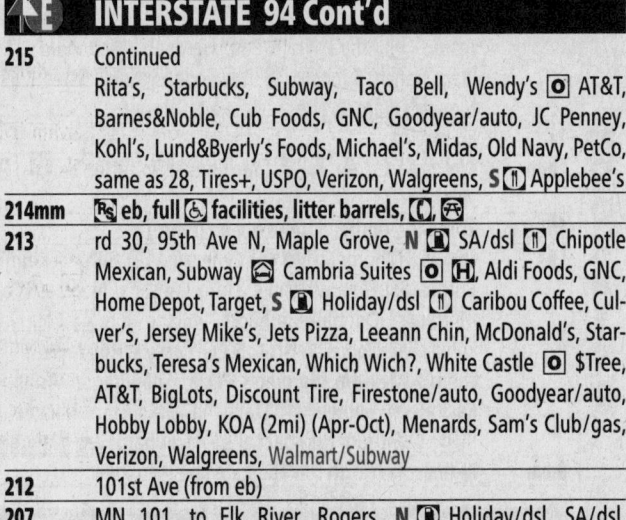

ST CLOUD

173 Opportunity Dr

171 rd 7, rd 75, St Augusta, N /dsl/scales/24hr, Shell/Burger King/dsl McDonald's, RJ's Grill, Subway AmericInn, Holiday Inn Express, Travelodge , , Goodyear/auto, S , Freightliner, Pleasureland RV Ctr

167b a MN 15, to St Cloud, Kimball, 4 mi N Holiday, SA/dsl Applebee's, Arby's, Bonanza, Boulder Taphouse, Buffalo Wild Wings, Burger King, Caribou Coffee, Chick-fil-A, Chipotle, ChuckECheese's, Coldstone, Famous Dave's BBQ, Five Guys, Granite City Grill, Grizzly's Grill, IHOP, La Casita Mexican, Leeann Chin, McDonald's, Noodles&Co, Old Chicago Pizza, Olive Garden, Panda Express, Perkins, Pizza Ranch, Red Lobster, Red Robin, Sammy's Pizza, Starbucks, Subway, Taco Bell, Taco John's, TX Roadhouse, Wendy's, White Castle Country Inn&Suites, Days Inn, Fairfield Inn, Hampton Inn, Holiday Inn, Homewood Suites, Quality Inn, Super 8 , , AT&T, Barnes&Noble, Best Buy, CashWise Foods, Dick's, Fresh Thyme Mkt, Hobby Lobby, Home Depot, JC Penney, Jo-Ann Fabrics, Kohl's, Macy's, Michael's, Office Depot, Old Navy, Petsmart, Sam's Club, Save-A-Lot, Scheel's Sports, Sears/auto, ShopKo, Subaru, Target, Walgreens, Walmart

164 MN 23, to St Cloud, Rockville, 4-6 mi N KwikTrip/dsl, SA/dsl Culver's, IHOP, KFC, Subway, Wendy's Astaria Inn $Tree, Discount Tire, Grande Depot Gourmet Foods, Honda, Hyundai, Kia, Menards, Petsmart, same as 167, Toyota/Scion

162.5mm Sauk River

160 rd 2, to Cold Spring, St Joseph, N , Coll of St Benedict

158 rd 75 (from eb exits left), to St Cloud, 3 mi N same as 160

156 rd 159, St Joseph, S St Johns U

153 rd 9, Avon, N Casey's/dsl, Tesoro/McDonald's/dsl Subway Budget Host city park, USPO, S El Rancho Manana Camping (10mi)

152mm wb, full facilities, litter barrels, petwalk, , , vending

147 MN 238, rd 10, Albany, N Holiday/dsl, Shell/Godfather's/dsl A&W/Subway, DQ, Hillcrest Rest. Baymont Inn , , CVS Drug, golf, S Chrysler/Dodge/Jeep, NAPA, vet

140 rd 11, Freeport, N Cenex/dsl, Sinclair/dsl Ackie's Pioneer Rest., Charlie's Café auto repair, vet

137 MN 237, rd 65, New Munich

137mm Sauk River

135 rd 13, Melrose, N Sinclair/dsl/repair, Victory/Subway/dsl Burger King, Cornerstone Buffet , , $General, S Casey's/dsl DQ, El Portal Mexican Super 8 TrueValue, vet

132.5mm Sauk River

131 MN 4, to Paynesville, Meire Grove

128mm Sauk River

127 US 71, MN 28, Sauk Centre, N Casey's, Holiday/dsl, Trillium CNG DQ, Four Seas Buffet, Hardee's, McDonald's, Subway AmericInn, Best Value Inn , , Ace Hardware,

MN

	⤴🅴 INTERSTATE 94 Cont'd
127	Continued Coborn's Foods, Ford, NAPA, O'Reilly Parts, Sinclair Lewis Home, Verizon, Walmart/Subway, S 🛢 Shell/café/dsl/scales/24hr/@ Ⓞ Buick/Chevrolet/Chrysler/Dodge/Jeep, Chrysler/Dodge/Jeep, Kenworth
124	Sinclair Lewis Ave (from eb), Sauk Centre
119	rd 46, West Union
114	MN 27, rd 3, to Westport, Osakis, **3 mi N** 🛢 gas 🍴 A&W, Subway 🛏 lodging
105mm	Ⓡ wb, full ♿ facilities, litter barrels, petwalk, Ⓒ, 🛒, vending
103	MN 29, to Glenwood, Alexandria, N 🛢 F&F/dsl, Holiday/dsl, Simonson/dsl 🍴 Arby's, Burger King, Caribou Coffee, China Buffet, Culver's, Dolittle's Grill, Great Hunan, Hardee's, Jimmy John's, KFC, McDonald's, Perkins, Qdoba, Subway, Taco Bell, TN Roadhouse, Wendy's 🛏 AmericInn, Best Western, Days Inn, Hampton Inn, Super 8 Ⓞ 🛏, $Tree, Aldi Foods, AT&T, AutoZone, Cadillac/Chevrolet/Mazda, Cub Foods, Goodyear/auto, Harley-Davidson, Herberger's, Jo-Ann Fabrics, Mazda, Menards, Target, Verizon, Walmart/Subway, S 🛢 Holiday/dsl 🛏 Country Inn&Suites, Holiday Inn Ⓞ Alexandria RV Ctr, Buick/GMC
100	MN 27, N 🛢 [illeg]/Subway/dsl/scales/24hr/@ 🛏 Best Inn/Alexandria RV Park (2mi) Ⓞ 🛏, S Ⓞ camping
100mm	Lake Latoka
99mm	Ⓡ eb, full ♿ facilities, litter barrels, petwalk, Ⓒ, 🛒, vending
97	MN 114, rd 40, to Lowry, Garfield
90	rd 7, Brandon, S camping, ski area
82	MN 79, rd 41, to Erdahl, Evansville, **2 mi N** 🛢 BP/dsl Ⓞ 🛏, S Ⓞ camping
77	MN 78, rd 10, to Barrett, Ashby, N 🛢 gas/dsl Ⓞ camping, S Ⓞ camping
69mm	Ⓡ wb, full ♿ facilities, litter barrels, petwalk, Ⓒ, 🛒, vending
67	rd 35, Dalton, N Ⓞ camping, S Ⓞ camping
61	US 59 S, rd 82, to Elbow Lake, N 🛢 Tesoro/café/dsl/LP/24hr Ⓞ 🛏, camping (4mi), S Ⓞ camping
57	MN 210 E, rd 25, Fergus Falls, N Ⓞ 🛏
55	rd 1, to Wendell, Fergus Falls, N Ⓞ antiques
54	MN 210 W, Lincoln Ave, Fergus Falls, N 🛢 Cenex/dsl, F&F/dsl, Tesoro/dsl 🍴 Applebee's, Arby's, Burger King, Family Diner, Hardee's, Hunan Spring Buffet, McDonald's, Papa Murphy's, Perkins, Pizza Hut, Pizza Ranch, Subway, Thrifty White Drug 🛏 AmericInn, Best Value Inn, Best Western, Comfort Inn, Motel 7, Super 8 Ⓞ 🛏, $Tree, Aldi Foods, AT&T, Chrysler/Dodge/Jeep, Ford/Lincoln, GMC, Herberger's, Home Depot, Kenworth, museum, NAPA, O'Reilly Parts, SunMart Foods/dsl, Target, Tires+, Toyota, USPO, S 🍴 Mabel Murphy's Rest. Ⓞ Walmart
50	rd 88, rd 52, to US 59, to Fergus Falls, Elizabeth, Ⓞ camping
38	rd 88, Rothsay, S 🛢 Tesoro/cafe/dsl/24hr 🍴 Powerhouse Grill 🛏 Comfort Zone Inn Ⓞ tires
32	MN 108, rd 30,to Pelican Rapids, Lawndale, **19 mi N** Ⓞ Maplewood SP
24	MN 34, Barnesville, N 🍴 Renee's Drive-in, **1 mi S** 🛢 Cenex/dsl, Tesoro/dsl 🍴 DQ, Subway Ⓞ $General, city park, Wagner Park Camping (May-Oct)
22	MN 9, Barnesville, **1 mi S** 🛢 Cenex/dsl, Tesoro/dsl 🍴 DQ, Subway Ⓞ $General
15	rd 10, Downer
8mm	Buffalo River
6	MN 336, rd 11, to US 10, Dilworth, N Ⓞ to Buffalo River SP
5mm	Red River **weigh sta eb**

A L E X A N D R I A

F E R G U S   F A L L S

2b	34th St, Moorhead, **2 mi N** 🛢 Casey's/dsl, Holiday/dsl/e-[ ] Tesoro 🍴 Arby's, Fry'n Pan, Hardee's, McDonald's, Perki[ ] Pizza Ranch, Subway 🛏 Travelodge Ⓞ 🛏, $Tree, CVS Dr[ ] Menards, Target, Tires+, Walmart/Subway
2a	no service
1mm	Welcome Ctr eb, full ♿ facilities, info, litter barrels, Ⓒ, [ ] vending
1b	20th St, Moorhead (from eb, no return)
1a	US 75, Moorhead, N 🛢 Cenex/dsl 🍴 Burger King, Cra[ ] Burger Co., Jimmy John's, Little Caesar's, Noodles&Co, Pa[ ] Murphy's, Qdoba, Starbucks, Village Inn 🛏 Courtyard [ ] Family Fare Foods, Verizon, S 🛢 Casey's, Holiday/dsl 🍴 Pa[ ] chero's Mexican, Sarpino's Pizza, Snapdragon Asian, Sp[ ] Easy Rest., Subway 🛏 Days Inn, Grand Inn, Microtel, Su[ ] 8 Ⓞ CVS Drug, Hornbacher's Mkt, Subaru, vet, Walgreens
0mm	Minnesota/North Dakota state line, Red River

M O O R H E A D

	⤴🅴 INTERSTATE 494/694
Exit#	Services
I-494/I-694 loops around Minneapolis/St Paul.	
71	rd 31, Pilot Knob Rd, N 🛏 Courtyard, Fairfield Inn, S 🛏 H[ ] day Inn
70	I-35E, N to St Paul, S to Albert Lea
69	MN 149, MN 55, Dodd Rd, S 🍴 Caribou Coffee, Jimmy Joh[ ] McDonald's, Subway 🛏 Country Inn&Suites
67	MN 3, Roberts St, **1 mi N** 🛢 BP, Holiday 🍴 Applebee's, [ ] by's, Baker's Square, Burger King, Chick-fil-A, Chipotle Mexic[ ] Culver's, Jimmy John's, KFC, Noodles&Co, Panda Express, Pa[ ] ra Bread, Papa Murphy's, Taco Bell, White Castle Ⓞ $T[ ] Aamco, Aldi Foods, AT&T, Best Buy, Buick/GMC, Chevrolet, [ ] Foods, Discount Tire, Ford, Home Depot, Honda, Hyundai, [ ] Lincoln, Lowe's, Mazda, NAPA, Nissan, NTB, O'Reilly Parts, P[ ] Boys, Petco, Target, Toyota/Scion, VW, Wagreens, Walmart
66	US 52, S 🛢 🍴 Applebee's, B-52 Burger, Outback Ste[ ] 🛏 AmericInn, Holiday Inn Express, Microtel
65	7th Ave, 5th Ave
64b a	MN 56, Concord St, N 🛢 KwikTrip/dsl/scales 🍴 Burger Ki[ ] Subway 🛏 Clarion Ⓞ Goodyear, Peterbilt, Stockmens/[ ] S 🛢 Holiday/dsl Ⓞ Chrysler/Jeep/Dodge, Parts+
63mm	Mississippi River
63c	Maxwell Ave
63b a	US 10, US 61, to St Paul, Hastings, S 🛢 BP, SA 🍴 Bur[ ] King, Subway 🛏 Boyd's Motel Ⓞ NAPA
60	Lake Rd, E 🛢 SA/dsl 🍴 Carbone's Pizza, Milio's Sandwich[ ] W Ⓞ 🛏
59	Valley Creek Rd, E 🛢 BP/repair, SA/dsl/LP 🍴 Applebe[ ] Chipotle Mexican, Coldstone, DQ, Jersey Mike's, Jimmy Joh[ ] Noodles&Co, Panda Express, Papa Murphy's, Perkins, F[ ] belly, Red's Savoy Pizza, Starbucks, Yang's Chinese 🛏 [ ] Inn Ⓞ $Tree, Barnes&Noble, GNC, Kohl's, Lunds&Byerly's M[ ] Marshall's, PetCo, Target, URGENT CARE, USPO, Walgree[ ] W 🛢 Shell 🍴 Bonfire Rest., Burger King, Keys Cafe, McD[ ] ald's, Sole Mio Italian, Subway 🛏 Hampton Inn Ⓞ 🛏, [ ] Hardware, Goodyear
58c	Tamarack Rd, E 🍴 Tavern Grill, Woodbury Cafe 🛏 La Quin[ ] Sheraton
58b a	I-94, E to Madison, W to St Paul. **I-494 S begins/ends, I-69[ ] begins/ends.**
57	rd 10, 10th St N, E 🛢 SA/dsl 🍴 IHOP, Pizza Man, Sgt P[ ] pers Grill, Wild Boar Grill 🛏 Best Western, W 🛢 Holiday[ ] 🍴 Burger King, Caribou Coffee, Hardee's, Hunan Buffet, K[ ] Papa Murphy's, Starbucks Ⓞ $Tree, Cub Foods, HyVee/dsl[ ]

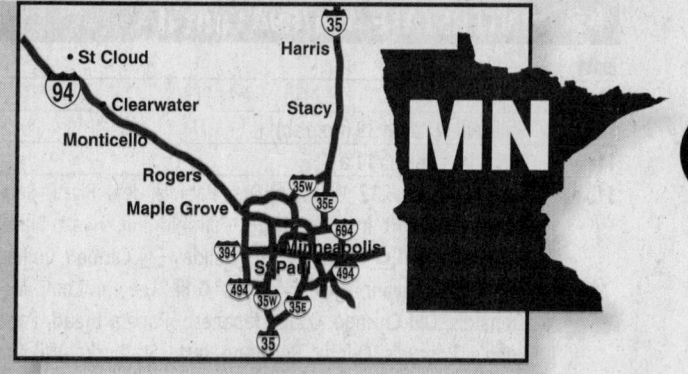

INTERSTATE 494/694 Cont'd

Exit#	Services
55	MN 5, **E** 🅖 SA/dsl 🅕 McDonald's 🅞 Target, **W** 🅖 Holiday/dsl, KwikTrip/dsl 🅕 Subway 🅞 Menards, st patrol
52b a	MN 36, N St Paul, to Stillwater, **W** 🅖 F&F/dsl 🅕 Burger King, Caribou Coffee, DQ
51	MN 120, **E** 🅖 BP, SA/dsl 🅕 Dulano's Pizza, Jethro's, Tacos Fresh, **W** 🅕 The Corner/gas 🅞 vet
50	White Bear Ave, **N** 🅖 SA/dsl 🅞 Cub Foods, Sam's Club/gas, **S** 🅕 Acapulco, Arby's, Bakers Square, Buffalo Wild Wings, Caribou Coffee, Chili's, Chipotle, Denny's, Great Moon Buffet, IHOP, Jake's Grill, Jimmy John's, McDonald's, Noodles&Co, Olive Garden, Osaka, Outback Steaks, Perkins/24hr, Pizza Hut, Pizza Ranch, Popeye's, Red Lobster, Taco Bell, TGI Friday, Wendy's 🅛 Emerald Inn 🅞 Aamco, Barnes&Noble, Best Buy, Firestone/auto, Hobby Lobby, JC Penney, Jo-Ann Fabrics, Kohl's, Macy's, mall, Marshall's, Michael's, Sears/auto, Tires+, Verizon, Walgreens
48	US 61, **N** 🅖 KwikTrip/dsl 🅞 Acura, Chrysler/Dodge/Jeep, Ford, Honda, Hyundai, Kia, Lincoln, Subaru, **S** 🅕 Chili's, Jake's Grill, McDonald's, Olive Garden, Subway 🅞 🅗 Audi/Porsche, CarMax, Costco/gas, Lexus, Mercedes, Nissan, Toyota/Scion, Venburg Tire, Volvo
47	I-35E, N to Duluth
46	I-35E, US 10, S to St Paul
45	rd 49, Rice St, **N** 🅖 Gas+, Mobil/dsl 🅕 Subway, Taco Bell, **S** 🅕 Burger King, Caribou Coffee
43b	Victoria St
43a	Lexington Ave, **N** 🅕 Greenmill Rest., Red Robin 🅛 Best Western+, Hilton Garden, **S** 🅖 Exxon/Circle K/dsl 🅕 Arby's, Cane's, Caribou Coffee, Chipotle, Davanni's Pizza, Five Guys, Jimmy John's, Leeann Chin, Noodles&Co, Papa John's, Papa Murphy's, Perkins, Potbelly, Starbucks, Subway, Wendy's 🅛 Quality Inn 🅞 AT&T, Cub Foods, GNC, Target, Trader Joe's
42b	US 10 W (from wb), to Anoka
42a	MN 51, Snelling Ave, **1 mi S** 🅖 Shell/dsl 🅕 Flaherty's Grill, Lindey's Steaks, McDonald's 🅛 Country Inn&Suites 🅞 vet
41b a	I-35W, S to Minneapolis, N to Duluth
40	Long Lake Rd, 10th St NW
39	Silver Lake Rd, **N** 🅖 🅕 Acapulco Mexican, McDonald's, Subway 🅞 Ford, U-Haul
38b a	MN 65, Central Ave, **N** 🅖 Holiday/dsl 🅕 Subway, **S** 🅖 🅕 A&W/KFC, Applebee's, Asia Rest., Big Marina Deli, Chipotle, Domino's, Embers Rest., Flameburger Rest., Jimmy John's, La Casita Mexican, Leeann Chin, Little Caesar's, McDonald's, Papa John's, Pizza Hut, Sonic, Starbucks, Subway, Taco Bell, Wendy's 🅛 LivInn Hotel 🅞 $General, Advance Parts, Aldi Foods, AT&T, AutoZone, Discount Tire, Menards, Noodles&Co, PetCo, Target, Tires+, vet, Walgreens
37	rd 47, University Ave, **N** 🅖 Holiday, SA/dsl 🅕 Burger King, McDonald's, Panchero's, Papa Murphy's Pizza, Zantigo's Rest. 🅞 Cub Foods, CVS Drug, Duluth Trading, Home Depot, NTB, **S** 🅖 Bona Bros/repair, Shell
36	E River Rd
35mm	I-494 W begins/ends, I-694 E begins/ends.
35c	MN 252, **N** 🅖 Holiday, SA
35b a	I-94 E to Minneapolis
34	to MN 100, Shingle Creek Pkwy, **N** 🅕 Denny's 🅛 Best Western, Country Inn&Suites, Doubletree, Extended Stay America, Motel 6, Norwood Inn, Quality Inn, Super 8, **S** 🅕 Ocean Buffet, Panera Bread, Rose Garden 🅛 Embassy Suites 🅞 AT&T, Target, Tires+, Walmart

Exit#	Services
33	rd 152, Brooklyn Blvd, **N** 🅖 SA/dsl 🅕 Culver's, Slim's Café, Subway 🅞 Buick/GMC, Chevrolet, Honda, Toyota/Scion, USPO, VW, **S** 🅖 🅞 AutoZone, Family$, Sun Foods, Walgreens
31	rd 81, Lakeland Ave, **N** 🅖 SA/dsl 🅕 Chipotle Mexican, Wagner's Drive-In, Wendy's 🅞 CarMax, Target, U-Haul, **S** 🅛 Northstar Inn
30	Boone Ave, **N** 🅛 La Quinta, Marriott, **S** 🅞 Home Depot
29b a	US 169, to Hopkins, Osseo
28	rd 61, Hemlock Lane, **N on Elm Creek** 🅕 Arby's, Benihana, Biaggi's Italian, Buca Italian, Chick-fil-A, Chipotle Mexican, Coldstone, Dave&Buster's, Dickey's BBQ, Firehouse Subs, Five Guys, Freddy's, Granite City Rest., Leeann Chin, Malone's Grill, Mongo's Grill, Noodles&Co, Olive Garden, Panda Express, Panera Bread, Patrick's Cafe, PF Chang's, Pittsburgh Blue, Potbelly's, Red Lobster, Redstone Grill, Starbucks, Subway, TGIFriday's, Wild Bill's Café, Zupas 🅛 Courtyard, Hampton Inn, Holiday Inn, Staybridge Suites 🅞 $Tree, Best Buy, Costco/gas, Dick's, Jo-Ann Fabrics, Lowe's, Marshalls, Petsmart, REI, Trader Joe's, Verizon, Whole Foods Mkt, World Mkt, **S** 🅖 🅕 Perkins 🅛 Asteria Suites
27	I-94 W to St Cloud, I-94/694 E to Minneapolis
26	rd 10, Bass Lake Rd, **E** 🅖 Freedom 🅕 Caribou Coffee, Culver's, McDonald's, Subway 🅛 Extended Stay America 🅞 vet, **W** 🅖 BP, Holiday/dsl 🅕 Jimmy John's, Pancake House, Pizza Hut, Rusty Taco, Solos Pizza 🅛 Hilton Garden 🅞 auto repair, CVS Drug
23	rd 9, Rockford Rd, **E** 🅖 Holiday 🅕 Chili's, Domino's, Five Guys, Sunshine Factory Grill 🅞 AT&T, GNC, Kohl's, O'Reilly Parts, PetsMart, Target, TJ Maxx, Walgreens, **W** 🅖 BP, Freedom/dsl 🅕 DQ, LeAnn Chin, Subway, Toppers Pizza, 🅕 Caribou Coffee
22	MN 55, **E** 🅖 Holiday/dsl 🅕 Broadway Pizza, Caribou Coffee, Green Mill Rest., Jimmy John's, McDonald's, Red Robin, Solos Pizza, Starbucks, Subway 🅛 Crowne Plaza, Ramada, Red Roof Inn, Residence Inn, **W** 🅖 Holiday/dsl 🅕 Arby's, Burger King, Davanni's Rest., Firehouse Subs, Jake's Rest., Perkins, Wendy's 🅛 Comfort Inn, Days Inn 🅞 Goodyear/auto, Tires+
21	rd 6, **E** 🅖 KwikTrip 🅞 Discount Tire, Home Depot
20	Carlson Pkwy, **E** 🅖 Holiday/dsl 🅕 Pizza Hut, Subway, **W** 🅕 Grizzy's Grill 🅛 Country Inn&Suites
19b a	I-394 E, US 12 W, to Minneapolis, **1/2 mi W** 🅖 BP, Holiday 🅕 Chipotle, KFC, McDonald's 🅞 BMW, Chevrolet, Goodyear/auto, Lexus, Nissan, **1 mi E off of I-394** 🅕 Wendy's 🅞 Barnes&Noble, Best Buy, Ford, JC Penney, Jo-Ann Fabrics, Lunds&Byerly's Foods, Mazda, Mercedes, Office Depot, Petco, Sears/auto, Subaru, Target, Tires+, Whole Foods
17b a	Minnetonka Blvd, **E** 🅖 Minnoco Gas 🅕 DQ, Royal Subs
16b a	MN 7, **1 mi W** 🅕 Christo's Rest., Davanni's Rest., Famous Dave's BBQ, Taco Bell 🅞 Goodyear

M
I
N
N
E
A
P
O
L
I
S

MN

INTERSTATE 494/694 Cont'd

Exit#	Services
13	MN 62, rd 62
12	Valleyview Rd, rd 39 (from sb)
11c	MN 5 W, same as 11 a b
11b a	US 169 S, US 212 W, **N** 🍴 Don Pablo's, Jets Pizza, Subway 🏠 Comfort Inn, Courtyard, Fairfield Inn, Hyatt Place, Residence Inn 🅾 vet, **S** 📟 BP, Holiday 🍴 Caribou Coffee, Champp's, Davanni's Rest., Jake's Grill, Leeann Chin, McDonald's, Old Chicago, Osaka Japanese, Panera Bread, Papa John's, Popeye's, Qdoba, Redstone Rest., Starbucks, Wildfire Steaks 🏠 Extended Stay America, SpringHill Suites, TownePlace Suites 🅾 $Tree, Barnes&Noble, Best Buy, Costco/gas, Cub Foods, Discount Tire, JC Penney, Office Depot, Petco, Sears/auto, Target, Walgreens, Walmart
10	US 169 N, to rd 18
8	rd 28 (from wb, no return), E Bush Lake Rd, same as 7 a b
7b a	MN 100, rd 34, Normandale Blvd, **N** 📟 Shell/dsl 🍴 Burger King, Chili's, DQ, Jimmy John's, Starbucks, Subway, TGIFridays 🏠 Days Inn, Doubletree, Sheraton, **S** 📟 Holiday/dsl 🍴 El Loro 🏠 Country Inn&Suites, Crowne Plaza, Hampton Inn, Hilton Garden, La Quinta, Staybridge Inn
6b	rd 17, France Ave, **N** 📟 Mobil 🍴 Fuddrucker's, Perkins 🏠 Holiday Inn Express, Park Plaza Hotel, Residence Inn 🅾 🅷, Marshall's, Michael's, Staples, Trader Joe's, World Mkt, **S** 🍴 Denny's, Joe Senser's Grill, Olive Garden 🏠 AmericInn, Hilton 🅾 Buick/GMC, Hyundai, Mercedes, Toyota/Scion
6a	Penn Ave (no EZ eb return), **S** 🍴 Applebee's, Caribou Coffee, Jimmy John's, McDonald's, Red Robin, Starbucks, Subway, Which Wich? 🏠 Embassy Suites, Home 2 Suites 🅾 AT&T, Chevrolet, Chrysler/Jeep/Dodge, Fresh Thyme Mkt, Herberger's, Hobby Lobby, Kohl's, Target, TJ Maxx, Walgreens
5b a	I-35W, S to Albert Lea, N to Minneapolis
4b	Lyndale Ave, **N** 📟 BP, SA 🍴 Boston Mkt, Chipotle Mexican, DQ, Eddie Cheng's, Noodles&Co, Papa John's, Potbelly, Sarpino's Pizza, Starbucks, Subway 🏠 Candlewood Suites, Sheraton 🅾 Best Buy, Honda, Lands End, PetsMart, **S** 🏠 Extended Stay America 🅾 Acura/Subaru, Lincoln, REI
4a	MN 52, Nicollet Ave, **N** 📟 SA/dsl 🍴 Taco Bell 🅾 Menards, **S** 📟 Holiday/dsl 🍴 Culver's, McDonald's 🏠 La Quinta, Super 8 🅾 Home Depot, Sam's Club
3	Portland Ave, 12th Ave (from eb), **N** 🍴 Arby's, Khan's BBQ 🏠 AmericInn, **S** 📟 🍴 $Tree, Denny's, Jimmy John's, Outback Steaks, Pizza Hut, Subway 🏠 Comfort Inn, Microtel, Quality Inn, Residence Inn 🅾 Walgreens, Walmart/Subway
2c b	MN 77, **N** 📟 🏠 Motel 6, **S** 🍴 Outback Steaks 🏠 Comfort Inn, Courtyard, Fairfield Inn, Hampton Inn, Hilton Garden, JW Marriott, Marriott, Northwood Inn, Radisson, Residence Inn, SpringHill Suites, TownePlace Suites 🅾 IKEA, Macy's, Mall of America, Nordstrom's, Sears
2a	24th Ave, same as 2c b
1b	34th Ave, Nat Cemetary, **N** 📟 Holiday/dsl, **S** 🏠 Crowne Plaza, Embassy Suites, Hilton, Hyatt Place, Hyatt Regency
1a	MN 5 E, **N** 🅾 ✈
0mm	Minnesota River. **I-494/I-694 loops around Minneapolis/St Paul.**

NOTES

MISSISSIPPI

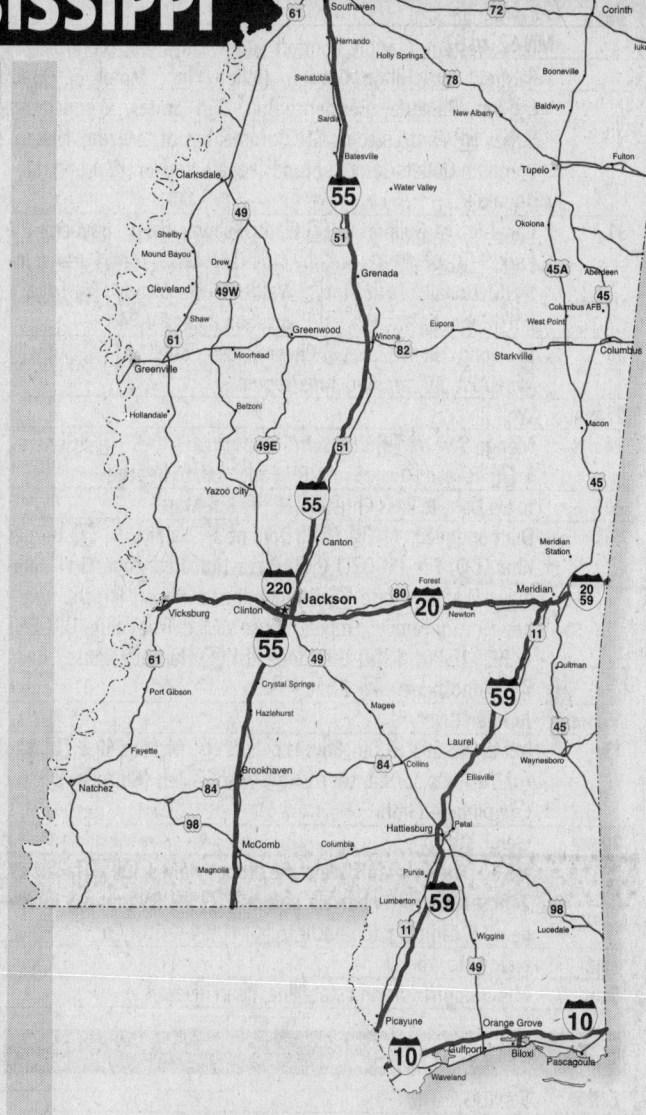

INTERSTATE 10

Exit#	Services
77mm	Mississippi/Alabama state line, **weigh sta wb**
75	Franklin Creek Rd
75mm	S Welcome Ctr wb, full 🦽 facilities, litter barrels, petwalk, 📱, 🍴, RV dump ⊡ weigh sta eb
74mm	Escatawpa River
69	MS 63, to E Moss Point, **N** 📱 Raceway/dsl, Valero/Domino's/dsl/24hr 🍴 Waffle House 🛏 Best Value, Deluxe Inn, La Quinta, **S** 📱 Chevron/dsl/24hr, Exxon/Subway/dsl, Pilot/Moe's SW/dsl/scales/24hr, Shell 🍴 Burger King, Cracker Barrel, Hardee's, KFC, McDonald's, Pizza Hut, Ruby Tuesday, San Miguel Mexican, Taco Bell, Waffle House, Wendy's 🛏 Best Western, Comfort Inn, Days Inn, Hampton Inn, Holiday Inn Express, Quality Inn, Shular Inn ⊡ 🄷, Toyota
68	MS 613, to Moss Point, Pascagoula, **N** 📱 BP/Chester's, Chevron/dsl 🍴 Coco Loco Mexican, Tugus' Rest. 🛏 Super 8, **S** 📱 Marathon/dsl ⊡ 🄷, Pelican Landing Conf Ctr
64mm	Pascagoula River
63.5mm	🅁🅂 both lanes, full 🦽 facilities, 24hr security, litter barrels, petwalk, 📱, 🍴, RV dump
61	to Gautier, **N** ⊡ MS Nat Golf Course, 1-3 mi **S** 📱 Marathon/dsl 🍴 Hardee's, KFC, McDonald's, Pizza Hut, Wendy's 🛏 Best Western, Suburban Lodge ⊡ Sandhill Crane WR, Shephard Camping
57	MS 57, to Vancleave, **N** 📱 Chevron/dsl/24hr 🍴 Shed BBQ ⊡ Journey's End Camping, tires/repair, **S** 📱 Exxon ⊡ 🄷
50	MS 609 S, Ocean Springs, **N** 📱 Valero/Domino's/dsl 🍴 Waffle House 🛏 Best Western, Comfort Inn, Country Inn&Suites, Motel 6, Ramada Ltd, Scottish Inn, Super 8 ⊡ Martin Lake Camping (1mi), tires/repair, **S** 📱 Chevron/McDonald's, Kangaroo/Subway/dsl, Marathon/dsl 🍴 Denny's, El Rancho Mexican, Waffle House, Wendy's 🛏 Comfort Suites, Days Inn, Hampton Inn, Holiday Inn Express, Quality Inn ⊡ $General, Family$, Nat Seashore
46b a	I-110, MS 15 N, to Biloxi, **N** 📱 Chevron/dsl 🍴 5 Guys Burgers, Beef O'Brady's, Beijing Chinese, Buffalo Wild Wings, Chick-fil-A, Chili's, Dickey's BBQ, IHOP, Logan's Roadhouse, Moe's SW Grill, Newk's Cafe, Olive Garden, Osaka Japanese, Outback Steaks, Panda Palace, Papa John's, Red Lobster, Ruby Tuesday, Salsarita 's, Samurai, Sonic, Starbucks, Subway, Waffle House, Wendy's, Whataburger, Which Wich? 🛏 Courtyard, Home2 Suites, Regency Inn, Wingate Inn ⊡ AT&T, Best Buy, CVS, Dick's, GNC, Kohl's, Lowe's, Marshall's, Mercedes, Michaels, Office Depot, Petsmart, Ross, Target, Tire Kingdom, URGENT CARE, Verizon, vet, VW, Walgreens, Walmart, **S** ⊡ 🄷, to beaches
44	Cedar Lake Rd, to Biloxi, **N** 📱 ♥Love's/Subway/dsl/scales/24hr ⊡ Chevrolet, **S** 📱 Shell/dsl, Valero/dsl 🍴 Applebee's, El Rey Mexican, El Saltillo, KFC/LJ Silver, McDonald's, Pop's Pizza, Sonic, Subway, Taco Bell, Waffle House 🛏 La Quinta ⊡ 🄷, $General, Biloxi Nat Cem, Cedar Lake Drug, Harley-Davidson, Home Depot, O'Reilly Parts, to Jeff Davis Shrine (Beauvoir), vet
41	MS 67 N, to Woolmarket, **N** 📱 Chevron/dsl, Texaco/dsl ⊡ golf (6mi), **S** ⊡ Freightliner, Mazalea RV Prk, Parkers Landing RV Prk, Reliable RV Ctr, Southern Tire Mart
39.5mm	Biloxi River
38	Lorraine-Cowan Rd, **N** 📱 Exxon/Subway, Kangaroo/dsl 🍴 Capt Al's Cafe, Domino's, McDonald's, Sonic ⊡ Toyota/Scion, **S** ⊡ 🄷, Baywood RV Park (3mi), Foxes RV Park (8mi), to beaches
34b a	US 49, to Gulfport, **N** 📱 Exxon, Kangaroo/dsl, Valero/dsl 🍴 Burger King, Cane's Chicken, Chick-fil-A, Chili's, Chucke-Cheese, Cracker Barrel, Dickey's BBQ, Domino's, Five Guys, Golden Corral, Hardee's, KFC, Krystal, Little Caesars, Logan's Roadhouse, Longhorn Steaks, Marble Slab, McDonald's, Newk's Cafe, O'Charley's, O'Neal's PoBoy, Panda Palace, Papa John's, Pepper's Deli, Pizza Hut, Popeye's, Sicily's Italian Buffet, Sonic, Starbucks, Subway, Taco Bell, Taco Sombrero, TGIFriday's, Waffle House, Wendy's, Whataburger 🛏 Hampton Inn, Sleep Inn ⊡ 🄷, $Tree, Advance Parts, AT&T, Barnes&Noble, Belk, Best Buy, Buick/Cadillac/Chevrolet, CVS Drug, Foley's RV Ctr, Food Giant/gas, Fred's Store, Goodyear/auto, Hobby Lobby, Honda, K-Mart, Michael's, Office Depot, Old Navy, Petsmart, Rite Aid, Ross, Sam's Club/dsl, Tire Kingdom, TJ Maxx, URGENT CARE, USPO, Walgreens, Winn-Dixie, **S** 📱 Kangaroo/dsl, Murphy USA, RaceWay/dsl, Shell/dsl 🍴 Applebee's, Arby's, Burger King, Dynasty Buffet, Food Court, Hibachi Express, Hooters, IHOP, KFC/LJ Silver, Krispy Kreme, Los Tres Amigos, McAlister's Deli, McDonald's, Morelia's Mexican, Shrimp Basket, Sonic, Taco Bell, Tres Amigos, Waffle House, Wendy's 🛏 Best Value,

G U L F P O R T

➤E INTERSTATE 10 Cont'd

34b a	Continued
	Best Western, Clarion, Comfort Suites, Days Inn, EconoLodge, Fairfield Inn, Hilton Garden, Holiday Inn, Motel 6, Quality Inn, Ramada, Residence Inn, Sun Suites, Woodspring Suites 🔲 Ford/Lincoln, GNC, Home Depot, Mazda, Nissan, Premium Outlets/famous brands, repair, Verizon, Walmart/McDonald's
31	Canal Rd, to Gulfport, N 🚰 Clarks/Subway/dsl 🔲 Bayberry RV Park, S 🚰 ⊕FLYING J/Denny's/dsl/LP/scales/24hr, Pure Country/McDonald's/dsl/24hr 🍴 Waffle House, Wendy's 🛏 Legacy Inn, Magnolia Bay Inn 🔲 Plantation Pines RV Prk
28	to Long Beach, S 🚰 Chevron/dsl, Shell/dsl 🍴 Subway 🔲 NAPA, RV camping, tires/repair
27mm	Wolf River
24	Menge Ave, N 🚰 Chevron/Subway/dsl/scales 🔲 $General, S 🚰 Texaco 🔲 flea mkt/RV Park, golf, to beaches
20	to De Lisle, to Pass Christian, N 🚰 Kin-Mart
16	Diamondhead, N 🚰 Shell/Domino's, Valero/dsl 🍴 Burger King, DQ, Fire Pit BBQ Grill, Pizza Hut, Red Zone Grill, Subway, Waffle House 🛏 Diamondhead Resort 🔲 Diamondhead Drug, Family$, repair, Rouse's Mkt, TrueValue, URGENT CARE, USPO, S 🚰 Giterdone/dsl 🍴 Harbor House Rest. 🛏 EconoLodge, 🔲 $Tree
15mm	Jourdan River
13	MS 43, MS 603, to Kiln, Bay St Louis, N 🔲 McLeod SP, S 🚰 Bay Fuel/dsl, Exxon/Subway/dsl 🛏 Knights Inn (6mi) 🔲 🏥, RV Camping (8-13mi)
10mm	weigh sta eb
2	MS 607, to Waveland, **Welcome Ctr both lanes, full ♿ facilities, 24hr security, litter barrels, petwalk, 🚻, 🗑, RV dump,** S Buccaneer SP, camping, to beaches, 🔲 NASA Visitor Ctr
1mm	weigh sta wb
0mm	Mississippi/Louisiana state line, Pearl River

➤E INTERSTATE 20

Exit#	Services
172mm	**Mississippi/Alabama state line. I-20 W and I-59 S run together to Meridian.**
170mm	**weigh sta both lanes**
169	US 11, US 80, Kewanee, S 🚰 Kewanee Trkstp/BBQ/dsl 🔲 Simmons-Wright Gen Store
165	to US 11, Toomsuba, N 🚰 Dee's/dsl, Sunoco/Subway, S 🚰 ♥Loves/Arby's/dsl/scales/24hr 🔲 KOA (2mi)
164mm	**Welcome Ctr wb, full ♿ facilities, 24hr security, litter barrels, petwalk, 🚻, 🗑, RV dump, vending, wi-fi**
160	to Russell, N 🚰 TA/Country Pride/dsl/scales/24hr/@ 🔲 Nanabe RV Camping (1mi), S 🚰 Shell/dsl 🔲 KOA (4mi)
157b a	US 45, to Macon, Quitman
156	Jimmie Rodgers Pkwy
154b a	MS 19 S, MS 39 N, Meridian, N 🚰 MapleLeaf/dsl, Shell, Texaco/dsl 🍴 Applebee's, Buffalo Wild Wings, Cracker Barrel, IHOP, Logan's Roadhouse, Penn's Rest, Waffle House, Western Sizzlin 🛏 Days Inn, Drury Inn, Fairfield Inn, Hampton Inn, Hilton Garden, Holiday Inn, Home 2 Suites, Relax Inn, Rodeway Inn, Sleep Inn, Super 8, Super Inn, Western Motel 🔲 auto repair, Back Country RV Ctr, Chrysler/Dodge/Jeep/Kia, U-Haul, S 🚰 Chevron/dsl, Texaco/dsl 🍴 Chick-fil-A, Chili's, CiCi's, Dickey's BBQ, Honey Baked Ham, McAlister's Deli, McDonald's, O'Charley's, Olive Garden, Outback Steaks, Popeye's, Red Lobster, Ryan's, Taco Bell 🛏 Baymont Inn, Comfort Inn, Country

154b a	Continued
	Inn&Suites, Microtel 🔲 $Tree, AT&T, Belk, Best Buy, Books Million, Dillard's, Harley-Davidson, Jo-Ann Fabrics, mall, Pet Ross, Sam's Club/gas, Sears/auto, TJ Maxx, Tuesday Mornin
153	MS 145 S, 22nd Ave, Meridian, N 🚰 Shell, Xpress L 🍴 Arby's, Bumper's Drive-In, Burger King, Capt D's, Ch Buffet, Hardee's, KFC, McDonald's, Pizza Hut, Subway, W dy's 🔲 🏥, $General, CarQuest, Cash Saver Foods, Ford/ san, Fred's, Goodyear/auto, S 🚰 Exxon/dsl, Murphy USA/ Texaco/dsl, Valero/dsl 🍴 A&W/LJ Silver, Checkerboard Ki en, El Norte Mexican, Waffle House 🛏 Astro Motel, Budg Motel, EconoLodge, Extended Suites, Hamilton Inn, Holiday Express, La Quinta, Motel 6, Sleep Inn 🔲 Chevrolet, Low Office Depot, Verizon, Walmart/McDonald's
152	29th Ave, 31st Ave, Meridian, N 🚰 Chevron/dsl 🛏 Ram Ltd, S 🛏 Royal Inn
151	James Chaney Dr, N 🔲 tires, S 🚰 Pilot/Subway/ scales/24hr 🔲 stockyards
150	US 11 S, MS 19 N, Meridian, N 🚰 Exxon/dsl, Queen Trkstp/dsl/rest./@ 🍴 McDonald's, Waffle House 🔲 Oka bee Lake, RV camping, S 🚰 Chevron/Stuckey's/Subway/ Shell/dsl 🔲 🔃, Peterbilt
130[149]	**I-59 S, to Hattiesburg. I-20 E and I-59 N run together.**
129	US 80 W, Lost Gap, S 🚰 Spaceway/Grill King/dsl Dump/24hr
121	Chunky
119mm	Chunky River
115	MS 503, Hickory
109	MS 15, Newton, N 🚰 Shell/Jct Deli/dsl/24hr 🍴 Los Pa leros 🛏 Thrifty Inn 🔲 🏥, lube/repair, S 🚰 Chevron. Newton Jct/dsl, Texaco/dsl 🍴 Cooks BBQ, Hardee's, Taco Bell, McDonald's, Panda Buffet, Pizza Hut, Sonic, Subw Zack's Steaks 🛏 Days Inn 🔲 $General, Advance Parts, A AutoZone, Fred's, Piggly Wiggly, Walmart/Subway
100	US 80, Lake, Lawrence, N 🚰 Marathon/rest/dsl
96	Lake, S 🚰 ♥Loves/Chester's/Subway/dsl/scales/24hr
95mm	Bienville NF, eastern boundary, Bienville Nat Forest, Bien Nat Forest
90mm	🅿️ eb, full ♿ facilities, 24hr security, litter barrels, petw 🚻, 🗑, RV dump
88	MS 35, Forest, N 🚰 Murphy USA/dsl, Shell, Texaco/C ter's/dsl, Valero/dsl 🍴 KFC, Las Parrillas Mexican, Mc ald's, Popeye's, Taco Bell, Waffle House, Wendy's, Zh Garden 🛏 Best Value Inn, Days Inn, EconoLodge, Hol Inn Express 🔲 🏥, $Tree, AT&T, O'Reilly Parts, Walgre Walmart/Subway, S 🚰 Chevron/dsl/24hr 🍴 Penn's Rest.
80	MS 481, Morton, S 🔲 RV Camping
77	MS 13, Morton, N 🚰 Exxon/McDonald's/dsl, Tex dsl 🔲 🏥, Green Tree RV Park (4mi), to Roosevelt S 🚰 Shell/Subway/dsl
76mm	Bienville NF, western boundary
75mm	🅿️ wb, full ♿ facilities, 24hr security, litter barrels, petw 🚻, 🗑, RV dump
68	MS 43, Pelahatchie, N 🚰 Chevron/Subway/dsl, Texaco/ dsl/24hr 🔲 Jellystone Camping, S 🚰 Marathon/dsl
59	US 80, E Brandon, 2 mi S 🚰 Shell/dsl
56	US 80, Brandon, N 🚰 Shell/dsl 🍴 El Potrillo Mexican, tal, Sonny's BBQ, Taco Bell 🛏 Microtel 🔲 AT&T, Auto2 O'Reilly Parts, USPO, Verizon, S 🚰 BP, Chevron, Exxon, Gas, Texaco/dsl 🍴 DQ, Penn's Rest., Sonic, Waffle H Wendy's 🛏 Best Value Inn, Red Roof Inn 🔲 Auto+, to Barnett Reservoir, vet

🇲 INTERSTATE 20 Cont'd

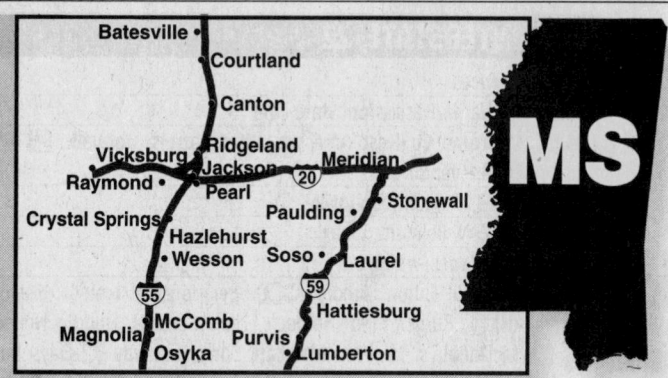

Exit#	Services

54 Crossgates Blvd, W Brandon, **N** 🅿 Circle K/dsl, Exxon, Murphy USA 🍴 Abner's Chicken, Applebee's, Burger King, Chick-fil-A, China Buffet, Fernando's Fajita Factory, KFC, Little Caesar's, Mazzio's, McAlister's Deli, McDonald's, Newk's Rest, Papa John's, Pizza Hut, Popeye's, Subway, Waffle House 🅾 🅷, $Tree, BigLots, Buick/GMC, Chevrolet, CVS Drug, Ford/Lincoln, Fred's, GNC, Kroger/dsl, Nissan, Office Depot, Piggly Wiggly, Scotty's Tire/repair, Toyota/Scion, Tuesday Morning, Walgreens, Walmart/Subway, **S** 🅿 Circle K/dsl, Exxon/dsl, Mobil/Domino's/dsl 🍴 Steak Escape, Wendy's 🛏 La Quinta 🅾 Home Depot, Honda, Tire Pros

52 MS 475, **N** 🅿 Exxon/Subway/dsl, RaceWay/dsl, Texaco/dsl 🍴 Waffle House 🛏 Quality Inn, Ramada, Sleep Inn, Super 8 🅾 Peterbilt, to Jackson Airport

48 MS 468, Pearl, **N** 🅿 Exxon/dsl, Shell/dsl, Texaco 🍴 Arby's, Baskin Robbins, Bumpers Drive-In, Cracker Barrel, Domino's, DQ, Dunkin Donuts, Jose's Rest., KFC, Kobe Japanese, Logan's Roadhouse, LoneStar Steaks, Los Parrilleros, McAlister's Deli, McDonald's, Mikado, Mikado Japanese, Moss Creek Fishouse, O'Charley's, Popeye's, Ruby Tuesday, Ryan's, Ryan's, Sonic, Subway, Waffle House, Wendy's 🛏 Baymont Inn, Best Western, Comfort Inn, Courtyard, Days Inn, Fairfield Inn, Hampton Inn, Hilton Garden, Holiday Inn Express, Motel 6 🅾 AT&T, CarCare, **S** 🅿 Exxon/dsl, Mobil/dsl 🛏 Candlewood Suites, Country Inn&Suites, La Quinta 🅾 $General, Family$

47b a US 49 S, Flowood, **N** 🅿 ⭐FLYING J/Denny's/dsl/LP/RV dump/24hr, 🔴Loves/Subway/dsl/scales/24hr 🍴 Western Sizzlin 🛏 Airport Inn, Holiday Inn 🅾 Bass Pro Shop, MS Outlets/famous brands, Sam's Club/dsl, SpeedCo, **2-3 mi S** 🅿 RaceWay/dsl 🍴 Waffle House 🅾 Freightliner, Kenworth, tires

46 I-55 N, to Memphis

45b US 51, State St, to downtown

45a Gallatin St, to downtown, **N** 🅿 BP/dsl, Petro/Iron Skillet/dsl/scales/24hr/@, Shell 🅾 Blue Beacon, tires/truck repair, vet, **S** 🅿 🔲/McDonald's/dsl/scales/24hr 🍴 Hilltop Inn 🅾 Nissan

44 I-55 S (exits left from wb), to New Orleans

43b a Terry Rd, **N** 🅿 Exxon/dsl, Jasco 🅾 Apache RV Ctr

42b a Ellis Ave, Belvidere, **N** 🅿 BP, Citgo/dsl, Shell 🍴 Capt D's, Church's, McDonald's, Pizza Hut, Popeye's, Sonny's BBQ, Wendy's 🛏 Best Inn, Metro Inn, Scottish Inn, Super 8 🅾 $Tree, Advance Parts, AutoZone, CarQuest, Family$, Firestone/auto, O'Reilly Parts, Sav-a-Lot Foods, transmissions, U-Haul, zoo, **S** 🅿 Citgo/dsl, Exxon/dsl 🍴 DQ

41 I-220 N, US 49 N, to Jackson

40b a MS 18 W, Robinson Rd, **N** 🅿 Exxon/dsl, Jasco/dsl, Shell/dsl 🍴 Arby's, Krystal, Mazzio's, Piccadilly, Popeye's 🅾 $General, AT&T, Office Depot, USPO, **S** 🅿 Chevron, Citgo/dsl, Murphy USA, RaceWay/dsl, Shell/Church's/dsl 🍴 Chan's Garden, IHOP, McDonald's, Subway, Waffle House, Wendy's 🛏 Quality Inn 🅾 🅷, $Tree, GNC, Lowe's, Walmart/Subway

36 Springridge Rd, Clinton, **N** 🅿 Chevron/Burger King, Citgo/dsl, Murphy USA/dsl, Shell 🍴 Capt D's, Chick-fil-A, China Buffet, Chopstick Buffet, DQ, El Sombrero, Hungry Howie's, KFC, Kroger/dsl, Little Ceasar's, Mazzio's, McAlister's, McDonald's, Newk's Cafe, Smoothie King, Sonic, Starbucks, Subway, Taco Bell, Waffle House, Wendy's, Zaxby's 🛏 Comfort Inn, Days Inn, Fairfield Inn 🅾 $Tree, Advance Parts, AT&T, BigLots, CVS Drug, Family$, Fred's, Home Depot, Kroger/gas, O'Reilly Parts, Verizon, Walgreens, Walmart (2mi), **S** 🅿 Exxon/Baskin-Robbins/Quiznos/dsl, Valero/dsl 🍴 Applebee's, Bonsai, Froghead Grill,

36 Continued
Pizza Hut, Popeye's, Salsa's Mexican, Shoney's 🛏 Best Western, Econolodge, Hampton Inn, Holiday Inn Express, Quality Inn, Super 8 🅾 $General, Davis Tire, Springridge RV Park, vet

35 US 80 E, Clinton, **N** 🅿 Chevron, Circle K/dsl, Shell/dsl 🅾 vet

34 Natchez Trace Pkwy

31 Norrell Rd

27 Bolton, **S** 🅿 Chevron/dsl

19 MS 22, Edwards, Flora, **N** 🅾 Askew's Landing Camping (2mi), **S** 🅿 Exxon/dsl, Shell/dsl 🛏 Relax Inn

17mm Big Black River

15 Flowers

11 Bovina, **N** 🅿 Exxon/Subway/dsl/24hr 🅾 RV camping

10mm weigh sta wb

8mm weigh sta eb

6.5mm parking area eb

5b a US 61, MS 27 S, **N** 🅿 Exxon/dsl, Shell/dsl 🍴 Sonic, **S same as 4a**

4b a Clay St, **N** 🅿 Shell 🛏 Hampton Inn, Motel 6, Super 8, Vicksburg Inn 🅾 🅷, RV Park, to Vicksburg NP, **S** 🅿 Shell/dsl, Texaco 🍴 Baskin Robbins, Bumper's Drive-In, China Buffet, Cracker Barrel, Little Caesar's, McAlister's deli, Pizza Inn, Rowdy's Rest., Subway, Waffle House, Wendy's 🛏 Beechwood Inn/rest., Comfort Suites, Courtyard, Econolodge, Holiday Inn Express, La Quinta, Quality Inn, Scottish Inn 🅾 $General, Outlet Mall/famous brands/deli, same as 5

3 Indiana Ave, **N** 🅿 Shell/Subway/dsl 🍴 China King, McDonald's, Papa John's, Waffle House 🛏 Best Western, Deluxe Inn 🅾 Chevrolet, Chrysler/Dodge/Jeep, Corner Mkt Foods, Ford/Lincoln, Honda, Mazda, Nissan, Rite Aid, Toyota, **S** 🅿 Shell/dsl 🍴 Goldie's BBQ, Heavenly Ham, KFC 🛏 Best Inn 🅾 Buick/Cadillac/GMC, Family$

1c Halls Ferry Rd, **N** 🅿 Exxon/dsl 🍴 Burger King, Sonic 🛏 Travel Inn 🅾 🅷, CVS Drug, Durst Drugs, **S** 🅿 Shell/dsl 🍴 Asian Kitchen, Capt D's, Chick-fil-A, DQ, El Sombrero Mexican, Garfield's Rest., Goldie's Express, Little Caesar's, Newk's Eatery, Pizza Hut, Popeye's, Shoney's, Subway, Taco Bell, Taco Casa, Wendy's, Whataburger 🛏 Candlewood Suites, Holiday Inn, Howard Johnson, Ramada Inn, Rodeway Inn 🅾 $General, Advance Parts, AT&T, Belk, BigLots, Dillard's, Fred's, Hobby Lobby, Home Depot, Kroger/dsl, TJ Maxx, USPO, Walgreens

1b US 61 S, **S** 🅿 Murphy Express/dsl, Shell/Domino's/dsl 🍴 McDonald's, Panda Buffet, Waffle House 🅾 $Tree, same as 1c, Verizon, Walmart/Subway

1a Washington St, Vicksburg, **N** Welcome Ctr both lanes, full ♿ facilities, 🚻, 🅿 Shell/dsl 🛏 AmeriStar Hotel/Casino/RV Park , **S** 🍴 Waffle House 🛏 Best Value Inn, Days Inn

0mm Mississippi/Louisiana state line, Mississippi River

🅖 = gas　🍴 = food　🛏 = lodging　⊙ = other　Ⓡ𝐬 = rest stop　Copyright 2018 - The Next EXIT

⛰E　INTERSTATE 22

Exit#	Services
118mm	Alabama/Mississippi State Line
115mm	Welcome Ctr/Rest Area wb, litter barrels, petwalk, ♿, RV dump, vending
113	rd 23, Tremont, Smithville
108	rd 25 N, Belmont, Iuka
106mm	both lanes, weigh sta
104	rd 25 S, Fulton, Amory, **N** 🅖 Shell/cafe/dsl/scales, Texaco/dsl 🍴 Burger King, Hardee's, Homer's BBQ, Huddle House, McDonald's, Mi Toro Mexican, Sonic, Subway 🛏 Days Inn, Holiday Inn Express ⊙ $General, AutoZone, Food Giant/dsl, Fred's, O'Reilly Parts, RV camping, Whitten HS, Brown's Auto Repair, **S** 🅖 Murphy USA/dsl 🍴 Peking Palace ⊙ AT&T, KFC, Los Compadres Mexican, Pizza Hut, URGENT CARE, Walmart, Wendy's
104mm	Tombigbee River/Tenn-Tom Waterway
101	rd 178, rd 363, Peppertown, Mantachie, **N** 🅖 Bill's Foodmart, **S** 🅖 Dorsey Fuel/dsl (2mi)
97	Fawn Grove Rd
94	rd 371, Mantachie, Mooreville, **N** 🅖 Woodchuck's/pizza/dsl
90	Auburn Rd, **N** 🅖 Chevron/dsl
87	Veterans Blvd, **N** 🅖 Shell/Chix Rest/dsl 🍴 Huddle House 🛏 Wingate Inn ⊙ E. Presley Campground/Park, **S** ⊙ Tombigbee SP
86	US 45 N, Tupelo, to Corinth, **1 exit N** 🅖 Shell/dsl, Texaco, Valero 🍴 Abner's Rest., Applebee's, Baskin Robbins, Buffalo Wild Wings, Burger King, Capt D's, Chick-fil-A, Chili's, ChuckeCheese, Cracker Barrel, Crossroads Rib Shack, D'Casa Grill, Dickey's BBQ, Five Guys, IHOP, Kyoto Japanese, Lenny's Subs, Logan's Roadhouse, Longhorn Steaks, Margaritas Mexican, McDonald's, Mt Fuji Japanese, New China Buffet, Newk's Eatery, O'Charley's, Olive Garden, Pizza Hut, Pizza Pro, Red Lobster, Ryan's, Sake Japanese, Sonic, Subway, Taco Bell, Thai Garden, Waffle House, Wendy's 🛏 Best Inn, Best Western, Econolodge, Fairfield Inn, Hampton Inn ⊙ $Tree, AT&T, AutoZone, Barnes&Noble, Belk, Best Buy, CarMax, Dick's, Ford/Lincoln, Hobby Lobby, Home Depot, Hyundai, JC Penney, Jo-Ann, Kohl's, Kroger/gas, Lowe's, Mazda, Midas, NAPA, Nissan, Old Navy, Petsmart, Ross, Sam's Club/gas, Sears, Staples, TJ Maxx, Toyota, Tuesday Morning, URGENT CARE, Verizon, Walgreens, Walmart
85	Natchez Trace Pkwy
82	Barnes Crossing Rd, Coley Rd
81	rd 178, McCullough Blvd, **N** 🅖 ♥Love's/McDonald's/dsl/scales/24hr 🛏 Best Value Inn, **S** 🅖 Exxon/dsl, Shell/dsl 🍴 Old Venice Pizza, Sonic 🛏 Super 8 ⊙ $General, USPO
76	rd 9 S, Sherman, Pontotoc, **N** 🅖 Wild Bill's/dsl ⊙ Sherman RV Ctr
73	rd 9 N, to Magnolia Way, Blue Springs
64	rd 15, rd 30 E, Pontotoc, Ripley, **N** 🅖 Eagle/dsl, **S** 🅖 Circle K/dsl, 🅖/Arby's/scales/dsl/24hr
63	New Albany, **N** 🅖 Dee's Oil/dsl ⊙ Buick/Chevrolet/GMC, Ford
62mm	Tallahatchie River
61	rd 30 W, W New Albany, **N** 🅖 Dee's 🍴 China Buffet, Cracker Barrel, McAlister's Deli, McDonald's, Pizza Hut, Subway, Waffle House, Wendy's 🛏 Hampton Inn ⊙ 🄷, Rite Aid, Walgreens, **S** 🅖 Exxon, Murphy USA/dsl, Shell 🍴 Burger King, Capt D's, Domino's, El Agave Mexicn, Huddle House, KFC, Mi Pueblo Mexican, Taco Bell, Zaxby's 🛏 Comfort Inn, Economy Inn, Hallmarc Inn, Holiday Inn Express ⊙ $Tree, AT&T, Lowe's, to U of MS, Verizon, Walmart

60	Glenfield, to Oxford, **N** 🅖 Pure 🛏 Budget Inn ⊙ Tire Pro **S** ⊙ to U of MS
55	Myrtle
48	rd 178, Hickory Flat, **S** 🅖 Exxon/Trkstp/rest/dsl/24hr
41	rd 346, Potts Camp, **S** 🅖 Flicks/dsl ⊙ $General, NAPA
41mm	Tippah River
37	Lake Center, **N** ⊙ Chewalla Lake/RV camping
30	rd 7, rd 4, Holly Springs, Oxford, **N** 🅖 Exxon, Shell/Chester's/BBQ 🍴 Burger King, Domino's, El Nopalito, Hudd House, KFC, Little Caesar's, McDonalds, Panda Buffet, Piz Hut, Popeye's, Sonic, Subway, Taco Bell, Wendy's 🛏 Magnolia Inn ⊙ $General, AT&T, AutoZone, Liddy's Drug, O'Rei Parts, Save-a-Lot, Wall Doxey SP/RV camping, **S** 🅖 She dsl 🛏 Days Inn, Quality Inn ⊙ Walmart
26	W Holly Springs
21	Red Banks, **N** 🅖 Dee's Oil/dsl, Texaco/dsl
18	Victoria, E Byhalia, **N** 🅖 Marathon/dsl, **S** 🅖 Victoria/dsl
14	rd 309, Byhalia, **N** 🅖 BP/dsl, Shell/dsl 🛏 Best Value I ⊙ Autozone, Fred's
12	I-69
10	W Byhalia, **N** 🅖 Marathon/dsl
6	Bethel Rd, Hacks Crossroad, **N** 🅖 ⊛FLYING J/Subway dsl/scales/LP/RV dump/24hr, BP, Exxon/Baskin Robbins/🍴 JR's Grill, Rancho Grande, Tops BBQ 🛏 Best Western, S per 8 ⊙ truck repair, **S** ⊙ 🄷
4	rd 305, Olive Branch, Independence, **N** 🅖 BP/dsl, She Circle K, Valero/Huddle House 🍴 DQ, Old Style BBQ, Piz Hut 🛏 Holiday Inn Express ⊙ $General, Piggly Wigg USPO, **S** 🅖 Exxon/dsl ⊙ CVS Drug
3.5mm	weigh sta both lanes
2	rd 302, Olive Branch, **N** 🅖 Murphy Express/dsl 🍴 Abba Rest., Baskin-Robbins, Buffalo Wild Wings, Chick-fil-A, Chil Colton's Steaks, IHOP, Krystal, Lenny's Subs, McAlisters De Mis Pueblos Mexican, O'Charley's, Starbucks, Wendy's 🛏 Ca dlewood Suites, Comfort Suites ⊙ $Tree, Ford, Home Dep Lowe's, Verizon, Walmart/Subway, **S** 🅖 Chevron/dsl, She Circle K 🍴 Applebees, Backyard Burger, Burger King, Ca Mexicana, Honeybaked Ham, Hunan Chinese, McDonald Panera Bread, Papa John's, Steak Escape, Subway, Taco B Waffle House, Zaxby's 🛏 Comfort Inn, Hampton Inn, Home Suites ⊙ AutoZone, CVS Drug, GNC, Goodyear/auto, Krog dsl, Petco
1	Craft Rd, **N** 🛏 Candlewood Suites ⊙ Camping World RV C Chevrolet, Hyundai
0mm	Mississippi/Tennessee state line, **I-22 begins/ends. US 78 co tinues wb.**

⛰N　INTERSTATE 55

Exit#	Services
291.5mm	Mississippi/Tennessee state line
291	State Line Rd, Southaven, **E** 🅖 Exxon, RaceWay/dsl, She dsl 🍴 Interstate BBQ, Little Caesar's, Subway, Tops BB Waffle House 🛏 Days Inn, Quality Inn, Southern Inn, Su 8 ⊙ Family$, Firestone/auto, Goodyear/auto, Kroger/ Southaven RV Park, Walgreens, **W** 🅖 Exxon, Valero 🍴 C D's, Checker's, Dale's Rest., El Patron Mexican, Lucky Chi Sonic, Taco Bell, Wendy's ⊙ BigLots, Fred's, Mainstreet Au motive, Rite Aid, tires, USPO, Walgreens
289	MS 302, to US 51, Horn Lake, **E** 🅖 BP/Circle K, Shell/Ci K 🍴 Abbays Rest., Backyard Burger, Baskin-Robbins, Buff Wild Wings, Burger King, Chick-fil-A, Chili's, Dunkin Donu Fazoli's, Firehouse Subs, Five Guys, Fox&Hound, Huey's Re

Left margin vertical text: **C O R I N T H**

Right margin vertical text: **O L I V E B R A N C H**　**S O U T H A V E N**

Far left: **MS**

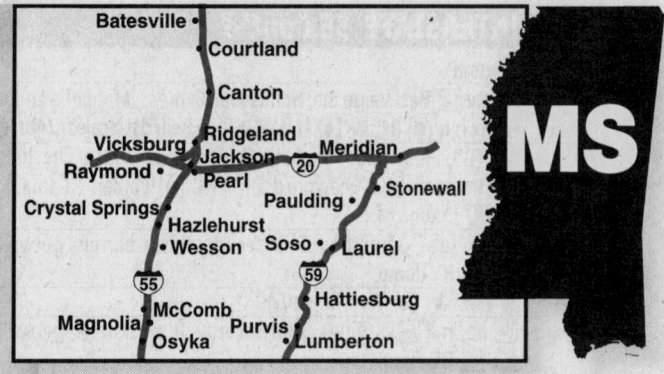

INTERSTATE 55 Cont'd

289 Continued

IHOP, Jimmy John's, Krystal, Kublai Khan, Lenny's Subs, Logan's Roadhouse, Longhorn Steaks, McDonald's, Mi Pueblo, Nagoya Japanese, Naru Japanese, Newk's Eatery, O'Charley's, Olive Garden, On-the-Border, Outback Steaks, Red Lobster, Sonic, Starbucks, Steak'n Shake, Subway, Swanky's Tacos, TGIFriday's, Wendy's, Wing Stop 🛏 Candlewood Suites, Comfort Suites, Courtyard, Fairfield Inn, Hampton Inn, Hilton Garden, Holiday Inn, Holiday Inn Express, Home2Suites, Homewood Suites, Residence Inn ⊙ 🅗 $Tree, Advance Parts, Aldi Foods, AT&T, Best Buy, Books-A-Million, Buick/GMC, Chevrolet, Chrysler/Dodge/Jeep, CVS Drug, Dillard's, Discount Tire, Ford, GNC, Gordman's, JC Penney, Jo-Ann Fabrics, Lowe's, Marshall's, Nissan, Office Depot, Old Navy, PetCo, Sam's Club/gas, Tuesday Morning, URGENT CARE, Verizon, Walmart/Subway, W 📷 BP/Circle K, Phillips 66/dsl, Shell/Circle K/dsl 🍴 Applebee's, Arby's, ChuckE-Cheese's, Country Home Buffet, Cracker Barrel, Grand Buffet, Hardee's, Hooters, KFC, McDonald's, Memphis BBQ, Papa John's, Pizza Hut, Popeye's, Starbucks, Taco Bell, TX Roadhouse, Waffle House, Wendy's, Zaxby's 🛏 Best Value Inn, Best Western, Comfort Inn, Drury Inn, EconoLodge, La Quinta, Motel 6, Sleep Inn ⊙ CVS Drug, Family$, Gateway Tires/repair, Home Depot, Kroger, Meineke, Save-a-Lot Foods, Target, Walgreens

287 Church Rd, E 📷 Citgo/dsl 🍴 Area 50 Grill, Domino's ⊙ AutoZone, Tanger Outlets/famous brands, W 📷 Citgo/dsl, Mapco/dsl/deli, Shell/Circle K/dsl 🍴 Boiling Point Seafood, Casa Mexicana, Dixie Queen, McDonald's, Sonic, Subway, Taco Bell, Three Guys Pizza, Waffle House 🛏 Homegate Inn, Magnolia Inn ⊙ El Daze RV Camping (1mi), Family$, Fred's, Harley-Davidson, Jellystone Camping, Southaven RV Ctr, Walgreens

285mm weigh sta both lanes

284 to US 51, Nesbit Rd, W 📷 Shell 🍴 Happy Daze Dairybar ⊙ USPO

283 I-69, MS 304, Tunica

280 MS 304, US 51, Hernando, E 📷 Exxon, Murphy USA/dsl 🍴 Arby's, Buon Cibo, Capt D's, Domino's, Fins Grill, Guadalajara Mexican, KFC, Royal Buffet, Sonic, Steak Escape, Taco Bell, Zaxby's 🛏 Days Inn, Hampton Inn ⊙ $Tree, AT&T, GNC, Ultimate Tires/repair, URGENT CARE, Walgreens, Walmart/Subway, W 📷 Mobil, Shell/Circle K/dsl 🍴 Brick Oven Rest., Coleman's BBQ, Lenny's Subs, Little Caesar's, McDonald's, Mi Pueblo, Mr Chen's, Papa John's, Pizza Hut, Subway, Taco Felix, Waffle House, Wendy's 🛏 Super 8 ⊙ AutoZone, Bryant Repair, Desoto Museum, Fred's, Kroger/gas, NAPA, to Arkabutla Lake, USPO, vet

279mm Welcome Ctr sb, 24hr security, full ♿ facilities, litter barrels, petwalk, 🚻, 🎍, RV dump

276mm 🅡 nb, full ♿ facilities, 24hr security, litter barrels, petwalk, 🚻, 🎍, RV dump

273mm Coldwater River

271 MS 306, Coldwater, W 📷 Shell/dsl 🍴 Subway ⊙ Lake Arkabutla, Memphis S RV Park

265 MS 4, Senatobia, W 📷 Marathon/dsl, [🍴]/Huddle House/dsl/scales/24hr, Shell/dsl 🍴 Applebee's, Coleman's BBQ, Domino's, Hardee's, KFC, McDonald's, New China Buffet, Pizza Hut, Popeye's, Rio Lindo Mexican, Sonic, Subway, Taco Bell, Waffle House, Wendy's, Zaxby's 🛏 Best Value Inn, Magnolia Inn ⊙ 🅗, CarQuest, Fred's, Kaye Mkt, USPO

263 rd 740, S Senatobia

BATESVILLE

GRENADA

257 MS 310, Como, E ⊙ N Sardis Lake, W 📷 Citgo/dsl 🍴 Windy City Grille (1mi) ⊙ $General

252 MS 315, Sardis, E 📷 Chevron/dsl, Local/dsl 🍴 McDonald's 🛏 Lake Inn, Rodeway Inn ⊙ NAPA, repair, RV camping, Sardis Dam, to Kyle SP, W 📷 BP/Subway/dsl, Shell/dsl 🍴 Sonic ⊙ $General, Fred's

246 MS 35, N Batesville, E ⊙ to Sardis Lake, W 📷 ♥Loves/McDonald's/Subway/dsl/scales/24hr, Shell/dsl

243b a MS 6, to Batesville, E 📷 Marathon/dsl, Mobil/dsl, Murphy USA/dsl, RaceWay/dsl 🍴 Backyard Burger, Chili's, Mi Pueblo Mexican, Zaxby's 🛏 Comfort Suites, Home 2 Suites ⊙ 🅗, $Tree, Lowe's, to Sardis Lake, to U of MS, Walmart/Subway, W 📷 BP, Exxon/dsl, Phillips 66/dsl, Shell/dsl 🍴 Burger King, Burn's BBQ, Cafe Ole, Capt D's, Cracker Barrel, Domino's, Hardee's, Huddle House, KFC, Little Caesar's, McDonald's, New China, Pizza Hut, Popeye's, Sonic, Subway, Taco Bell, Waffle House, Wendy's, Yamato Hibachi 🛏 Best Value Inn, Days Inn, EconoLodge, Hampton Inn, Holiday Inn ⊙ $General, AT&T, AutoZone, Factory Stores/famous brands, Family$, Fred's, Kroger/dsl, O'Reilly Parts, Piggly Wiggly, Save-a-Lot, URGENT CARE, USPO, Walgreens

240mm 🅡 both lanes, full ♿ facilities, 24hr security, litter barrels, petwalk, 🚻, 🎍, RV dump

237 to US 51, Courtland, E 📷 Pure/dsl, W ⊙ $General

233 to Enid Dam, E ⊙ RV camping, to Enid Lake

227 MS 32, Oakland, E ⊙ to Cossar SP, W 📷 Sayle/Baskin Robbins/dsl, Shell/dsl 🍴 Country Catfish ⊙ $General

220 MS 330, Tillatoba, E 📷 Conoco/rest./dsl/@

211 MS 7 N, to Coffeeville, E ⊙ Frog Hollow RV Park, W 📷 Exxon/Aunt M's/dsl, Marathon/dsl

208 Papermill Rd, E 📷 Monroe's/Chester's/dsl/scales ⊙ Grenada Airport

206 MS 8, MS 7 S, to Grenada, E 📷 Exxon/dsl, Shell/dsl, Sprint 🍴 Applebee's, China Buffet, Church's, Great Wall Chinese, Jake&Rip's Catfish, La Cabana Mexican, Little Caesar's, McAlister's Deli, McDonald's, No Way Jose, Pizza Hut, Pizza Inn, Shoney's, Simply Southern Cafe, Subway, Taco Bell, Wendy's 🛏 Baymont Inn, Best Value Inn, EconoLodge, Grenada Inn, Hampton Inn, Holiday Inn Express, Knights Inn, Relax Inn, Rodeway Inn ⊙ 🅗, $General, $Tree, Advance Parts, AT&T, AutoZone, Chevrolet, CVS Drug, GNC, O'Reilly Parts, SaveALot, to Grenada Lake/RV camping, Walmart/McDonald's, W 📷 Exxon/Huddle House, Sayle/Baskin Robbins/dsl 🍴 Waffle House 🛏 Comfort Inn, Hilltop Inn ⊙ Ford/Lincoln, Nissan, Toyota

199 Troutt Rd, S Grenada, E ⊙ to camp McCain

195 MS 404, Duck Hill, E ⊙ to Camp McCain, W 📷 Conoco/dsl

185 US 82, Winona, E 📷 Exxon, Shell/Kangaroo/Little Caesar's/dsl 🍴 Huddle House, KFC, McDonald's, Sonic, Subway, Waffle

🅖 = gas 🍴 = food 🏠 = lodging 🅞 = other 🆁🆂 = rest stop Copyright 2018 - The Next EXIT

⬆N INTERSTATE 55 Cont'd

185	Continued House 🏠 Best Value Inn, Holiday Inn Express, Magnolia Lodge, Relax Inn 🅞 🍴, W 🍴 🚆/Taco Bell/dsl/scales/24hr/@
174	MS 35, MS 430, Vaiden, E 🅖 35-55 Trkstp/Chester's/dsl/scales/24hr, Chevron/dsl, Shell 🅞 Vaiden Camping, W 🅖 Exxon/dsl
173mm	🆁🆂 sb, full 🚻 facilities, 24hr security, litter barrels, petwalk, Ⓒ, 🐾, RV dump
164	to West, W 🍴 West Trkstp/dsl
163mm	🆁🆂 nb, full 🚻 facilities, 24hr security, litter barrels, petwalk, Ⓒ, 🐾, RV dump
156	MS 12, Durant, E 🍴 Shell/Chester's/dsl 🍴 Subway 🏠 Durant Motel/rest. (3mi), Oak Tree Inn, W 🅞 🍴 (7mi)
150	E 🅞 Holmes Co SP, RV camping
146	MS 14, Goodman, W 🅞 to Little Red Schoolhouse
144	MS 17, to Pickens, W 🍴 Marathon/Baskin-Robbins/dsl/24hr 🅞 to Little Red Schoolhouse
139	MS 432, to Pickens
133	Vaughan
128mm	Big Black River
124	MS 16, to N Canton
119	MS 22, to MS 16 E, Canton, E 🍴 Exxon, Kangaroo/Subway/dsl, Marathon/dsl, Shell/Domino's, Valero/dsl 🍴 El Sombrero Mexican, McDonald's, Pizza Hut, Popeye's, Sonic, Waffle House, Wendy's 🏠 Best Value Inn, Best Western, Econolodge, Hampton Inn, Holiday Inn Express, La Quinta, Relax Inn, Super 8 🅞 🍴, $General Mkt, Family$, Nissan, O'Reilly Parts, to Ross Barnett Reservoir, W 🍴 Chevron/KFC/dsl, Citgo, ❤Loves /Arby's/dsl/scales/24hr/@, Texaco/Penn's/dsl 🍴 Bumpers Drive-In, Two Rivers Steaks 🅞 Walmart
118a b	Nissan Parkway, E 🅞 to Nissan
114a b	Sowell Rd
112	US 51, Gluckstadt, E 🍴 Exxon/Krystal/dsl 🍴 Sonic 🏠 Super 8 🅞 Goodyear/auto, W 🍴 Shelk/Pizza Hut/dsl 🅞 Camper Corral RV Ctr, vet
108	MS 463, Madison, E 🍴 Kangaroo/Mobil/dsl, Shell/dsl 🍴 Applebee's, Backyard Burger, Burger King, Chick-Fil-A, Chili's, Corner Bakery Café, Dickey's BBQ, El Potrillo, Jimmy John's, La Guadalupe Mexican, Little Caesar's, Longhorn Steaks, Subway 🅞 $Tree, AT&T, Best Buy, Dick's, GNC, Lowe's, Michael's, Office Depot, PetCo, SteinMart, Walmart, W 🍴 Exxon/KFC/dsl 🍴 BoneFish Grill, KFC, Nagoya Japanese, Papito's Grill, Pizza Inn, Schlotsky's, Subway, Tay's BBQ, Wendy's 🏠 Hilton Garden 🅞 CVS Drug, Home Depot, Kroger, Walgreens
107	Colony Park Blvd, Madison Ave, E 🅞 Sam's Club/dsl
105c b	Old Agency Rd, E 🍴 Chevron/dsl 🍴 Home2Suites 🅞 Honda, Hyundai, W 🍴 Biaggi's Ristorante, Five Guys, Panera Bread, PF Changs, Ruth's Chris Steaks, Smoothie King, Starbucks 🏠 Hyatt Place 🅞 Barnes&Noble, Fresh Mkt Foods, GNC
105a	Natchez Trace Pkwy
104	I-220, to W Jackson
103	County Line Rd, E 🍴 Chevron, Exxon/dsl, Murphy Express/dsl 🍴 Bop's Custard, Bulldog Grill, Burgers&Blues Cafe, Cane's, Chick-fil-A, ChuckECheese's, Drago's Rest., Fortune Chinese, Grand China, HoneyBaked Ham, Jason's Deli, KFC, King Buffet, Krispy Kreme, Papito's Grill, Pizza Hut, Popeye's, Taco Bell, Wendy's, Whataburger, Zaxby's 🏠 Cabot Lodge, Courtyard, Days Inn, EconoLodge, Extended Stay America, Hilton, Quality Inn, Red Roof Inn, Staybridge Suites 🅞 $Tree, Acura, Belk, BigLots, Cadillac, Dillard's, JC Penney, Lowe's, Marshall's, Old Navy, Ross, TJ Maxx, to Barnett Reservoir, Tuesday Morning, Verizon, Walmart, W 🍴 Logan's Roadhouse, Nagoya
103	Continued Japanese, Olive Garden, Red Lobster, Subway 🏠 Drury In Holiday Inn Express, Motel 6 🅞 Home Depot, Jo-Ann Fabric Petsmart, Target, Upton Tire
102b	Beasley Rd, Adkins Blvd, E 🍴 Sunoco 🍴 Cracker Barr Outback Steaks, Twin Peaks Rest. 🏠 Super 8 🅞 Chevr let, Ford, Nissan, Toyota/Scion, W 🍴 Shell/dsl, Texac dsl 🍴 Baskin-Robbins, Burger King, Chili's, Fuddrucker's, IHC Luby's, McDonald's, Waffle House 🏠 Baymont Inn, Comf Inn, Extended Stay America, Fairfield Inn, Howard Johns InTown Suites, La Quinta 🅞 CarMax, Chrysler/Dodge/Jee frontage rds access 102a, Mercedes, Save-A-Lot Foods
102a	Briarwood, E 🏠 Rodeway Inn 🅞 Buick/GMC, W 🍴 Ca D's, Popeye's 🏠 Clarion 🅞 Chrysler/Dodge/Jeep, Porsche
100	North Side Dr W, E 🍴 Chevron, Marathon/dsl, Sprint 🍴 Bu er King, Char Rest., McAlister's Deli, Papa John's, Piccadilly Pizza Hut, Starbucks, Subway, Wendy's 🏠 Extended St America 🅞 $Tree, Audi, Books-A-Million, CVS Drug, Fire tone/auto, Goodyear/auto, Jaguar/LandRover, Kroger/d Office Depot, SteinMart, Verizon, vet, VW, Walgreens, Wh Foods Mkt, W 🍴 Exxon/dsl, FastLane, Shell 🍴 Dominc Hooters, Waffle House 🏠 Select Motel, USA Inn
99	Meadowbrook Rd, Northside Dr E (from nb), E 🍴 Newk's Eate
98c b	MS 25 N, Lakeland Dr, E 🍴 Shell/dsl 🏠 Parkside Inn 🅞 Fleur's Bluff SP, museum, W 🅞 🍴, 🐾
98a	Woodrow Wilson Dr (exits left from nb), downtown
96c	Fortification St, E 🏠 Studio 6 Suites, W 🅞 🍴, Bellhaven Colle
96b	High St, Jackson, E 🅞 BMW, Chevrolet, Infiniti, Lex W 🍴 Exxon/Subway/dsl, Valero/Kangaroo/dsl 🍴 Arby Chimneyville Cafe, Domino's, Popeye's, Taco Bell, Waffle Hou Wendy's, Whataburger 🏠 Best Value Inn, Best Western, Co fort Inn, Hampton Inn, Holiday Inn Express, Red Roof Inn, gency Hotel 🅞 🍴, fairgrounds, Honda, museum, st capit Subaru/Volvo
96a	Pearl St (from nb), Jackson, W access to same as 96b, downto
94	(46 from nb), I-20 E, to Meridian, US 49 S
45b[I-20]	US 51, State St, N 🍴 Marathon, Petro/Iron Skillet/d scales/24hr, Shell, S 🍴 🚆/McDonald's/dsl/scales/24 to downtown
45a	Gallatin St (from sb), W 🅞 Blue Beacon, N 🍴 Marathon, P ro/Iron Skillet/dsl/scales/24hr, Shell, S 🍴 🚆/McD ald's/dsl 🅞 Nissan
92c	(44 from sb), I-20 W, to Vicksburg, US 49 N
92b	US 51 N, State St, Gallatin St
92a	McDowell Rd, 1 mi E 🍴 Petro/Iron Skillet/dsl/scales/24 🚆/McDonald's/dsl, W 🍴 Citgo/dsl, Exxon, Marathe dsl, Shell 🍴 McDonald's, Waffle House 🅞 Family$, Food-l pot, Fred's, Rite Aid, Roses
90b	Daniel Lake Blvd (from sb), W 🍴 Shell 🅞 Harley-Davidson
90a	Savanna St, E 🅞 transmissions, W 🍴 Gas 🅞 Caney Cre RV Ctr
88	Elton Rd, W 🍴 Exxon/dsl, Shell/Subway/dsl 🅞 Camp World RV Ctr
85	Byram, E 🍴 Blue Sky/dsl, Hungry Jack's/dsl 🍴 Daddi BBQ, Krystal, Mexican Grill 🏠 Comfort Inn, Woodspring Sui 🅞 Swinging Bridge RV Park, W 🍴 Byram/dsl, Chevron/ Exxon/dsl, Mobil/Kangaroo/dsl 🍴 Backyard Burger, Bur King, Capt D's, Domino's, KFC, Mazzio's, McAlister's Deli, Donald's, New China, Newk's Eatery, Papa John's, Pizza H Popeye's, Sonic, Subway, Taco Bell, Waffle House, Wendy's Best Value Inn, Holiday Inn Express 🅞 $General, AutoZo Family$, Mkt Place Foods, NAPA, O'Reilly Parts, Tire Dep Walgreens, Walmart/Subway
81	Wynndale Rd, E 🅞 repair, W 🍴 Chevron/dsl/24hr

Side markers: CANTON, MADISON (left column); JACKSON (right column); MS

INTERSTATE 55 Cont'd

Exit#	Services
78	Terry, **E** Ⓖ Citgo/dsl, Texaco/Subway/dsl Ⓞ Buick/Chevrolet/GMC (1mi), Fred's, USPO, **W** Ⓖ Quick Trip Ⓞ $General
72	MS 27, Crystal Springs, **E** Ⓖ Exxon/Subway/dsl, Phillips 66/dsl Ⓕ Louise's Pit BBQ, McDonald's, Popeye's Ⓞ Ford
68	to US 51, S Crystal Springs, **E** Ⓖ gas/dsl Ⓞ Red Barn Produce, vet
65	to US 51, Gallman, **E** Ⓖ Stuckey's/dsl
61	MS 28, Hazlehurst, **E** Ⓖ Exxon/Circle K/Subway/dsl, Murphy Express/dsl, Phillips 66/dsl Ⓕ Burger King, KFC/Taco Bell, Los Parrilleros, McDonald's, Pizza Hut, Sonic, Waffle House, Wendy's 🏠 Best Value Inn, Rodeway Inn, Western Inn Ⓞ 🅷 $General, $Tree, Advance Parts, AT&T, Family$, Fred's, Piggly Wiggly, SaveALot, Verizon, Walgreens, Walmart
59	to S Hazlehurst
56	to Martinsville
54mm	Ⓡ both lanes, full 🚻 facilities, 24hr security, litter barrels, petwalk, Ⓒ, 🚮, RV dump, vending
51	to Wesson, **E** Ⓞ Lake Lincoln SP, **W** Ⓖ Texaco/Country Jct Trkstp/dsl/rest.
48	Mt Zion Rd, to Wesson
42	to US 51, N Brookhaven, **E** Ⓖ Exxon/Subway, Shell/Gridiron Grill/dsl/scales/24hr Ⓞ 🅷, **W** 🏠 Super 8
40	to MS 550, Brookhaven, **E** Ⓖ Blue Sky, Exxon/Subway, Marathon/Domino's/dsl, Murphy USA/dsl, Shell/dsl Ⓕ Bowie BBQ, Burger King, China Buffet, Cracker Barrel, DQ, El Dorado Mexican, Hudgey's Rest., KFC, Krystal, Little Caesar's, Little Tokyo, Los Parrilleros, McDonald's, Mitchell's Steaks, Pizza Hut, Popeye's, Sonic, Taco Bell, Waffle House, Wards Burgers, Wendy's 🏠 Best Value Inn, Comfort Inn, Hampton Inn, Holiday Inn Express, Lincoln Inn, Rodeway Inn, Spanish Inn Ⓞ 🅷 $General, $Tree, AT&T, AutoZone, Buick/Cadillac/Chevrolet/GMC, CarQuest, Family$, Ford/Lincoln, Fred's, Gene's Tires, GNC, Honda, Nissan, O'Reilly Parts, Rite Aid, Save-A-Lot Foods, Toyota, Walgreens, Walmart/Subway, **W** Ⓕ IHOP Ⓞ Home Depot
38	US 84, S Brookhaven, **W** Ⓖ Chevron/dsl/24hr
30	Bogue Chitto, Norfield, **E** Ⓖ Shell/BogueChitto/dsl
24	Johnston Station, **E** Ⓞ to Lake Dixie Springs
20b a	US 98 W, to Natchez, Summit, **E** Ⓖ Marathon/dsl, Shell/dsl, Stop'n Shop/dsl, **W** Ⓖ Exxon/Subway/dsl, ShawnMart/dsl
18	MS 570, Smithdale Rd, N McComb, **E** Ⓖ Marathon, Murphy USA/dsl Ⓕ Burger King, McDonald's, Piccadilly's, Ruby Tuesday 🏠 Holiday Inn Express Ⓞ 🅷, AT&T, Belk, Hobby Lobby, JC Penney, Kia, Lowe's, Walgreens, Walmart/Subway, **W** Ⓖ Chevron/Mr Whiskers/dsl Ⓕ Applebee's, Arby's, El Dorado Mexican, Santa Fe Steaks 🏠 Comfort Inn, Deerfield Inn, Hampton Inn Ⓞ Ford/Lincoln
17	Delaware Ave, McComb, **E** Ⓖ Blue Sky, Chevron/dsl, Exxon/Penn's Rest., Marathon/Subway/dsl, Pump&Savor Ⓕ Burger King, Domino's, Golden Corral, Kyoto Steaks, Little Caesar's, Pizza Hut, Popeye's, Smoothie King, Sonic, Taco Bell, Tortillo Soup, Waffle House, Wendy's 🏠 Best Western, Quality Inn Ⓞ 🅷 $General, AutoZone, Chrysler/Dodge/Jeep, CVS Drug, Family$, Fred's, Kroger, McComb Mkt, Office Depot, O'Reilly Parts, Rite Aid, Verizon, **W** 🏠 Days Inn
15b a	US 98 E, MS 48 W, McComb, 1 mi **E** Ⓖ Citgo/dsl, Exxon/Subway/dsl, Presley QuikStop/dsl, Pump&Savor, Shell Ⓕ Church's, KFC 🏠 Camellian Motel Ⓞ $General, $Tree, Advance Parts, Family$, tires, vet, $Tree, **W** Ⓖ Marathon/dsl
13	Fernwood Rd, **E** Ⓞ truck repair, **W** Ⓖ Loves/Chester's/McDonald's/dsl/scales/24hr/@ Ⓞ golf, to Percy Quin SP
10	MS 48, Magnolia, 1 mi **E** Ⓖ Exxon/Subway/dsl, Marathon, Shell/dsl Ⓞ RV camping, Marathon

8	MS 568, Magnolia
4	Chatawa
3mm	Welcome Ctr nb, 24hr security, full 🚻 facilities, litter barrels, petwalk, Ⓒ, 🚮, RV dump
2mm	weigh sta nb
1	MS 584, Osyka, Gillsburg
0mm	Mississippi/Louisiana state line

INTERSTATE 59

Exit#	Services
172mm	Mississippi/Alabama state line
	I-59 S and I-20 W run together to Meridian. See I-20, exits 170mm-150.
142	to US 11, Savoy, **W** to Dunns Falls
137	to N Enterprise, to Stonewall
134	MS 513, S Enterprise, **E** Ⓖ FastStop
126	MS 18, to Rose Hill, Pachuta, **E** Ⓖ BB/dsl, Pachuta TP/dsl
118	to Vossburg, Paulding
113	MS 528, to Heidelberg, **E** Ⓖ Chevron/dsl/24hr, Exxon/Subway/dsl, Shell Ⓕ Ward's Burgers
109mm	parking area sb, litter barrels, no restrooms
106mm	parking area nb, litter barrels, no restrooms
104	Sandersville
99	US 11, **E** Ⓞ Sleepy Hollow RV Park (1mi)
97	US 84 E, **E** Ⓖ Exxon/Huddle House/dsl/scales, Kangaroo/Subway/dsl Ⓕ Hardee's, Ward's Burgers, **W** Ⓖ Shell Ⓕ KFC, Vic's Rest.
96b	MS 15 S, Cook Ave
96a	Masonite Rd, 4th Ave
95d	(from nb)
95c	Beacon St, Laurel, **W** Ⓕ Burger King, Church's, McDonald's, Panda Chinese, Popeye's 🏠 TownHouse Motel Ⓞ $General, Family$, Firestone/auto, Grocery Depot, 🅷, JC Penney, museum of art, NAPA, USPO, Winn-Dixie
95b a	US 84 W, MS 15 N, 16th Ave, Laurel, 0-2 mi **W** Ⓖ Alliance/dsl, Chevron, Exxon/dsl, Murphy Express/dsl, Pure, Shell Ⓕ Applebee's, Arby's, Buffalo Wild Wings, Buffet City, Buffet Palace, Burger King, Cane's, Capt D's, Checkers, China Town, China Wok, Dickey's BBQ, Domino's, DQ, Eatza Pizza, Hardee's, IHOP, KFC, Laredo Grill, Little Caesar's, McDonald's, Mi Casita, Panda Express, Papa John's, Pizza Hut, Popeye's, Shipley's Donuts, Shoney's, Sonic, Subway, Sweet Peppers Deli, Taco Bell, Tokyo Grill, Waffle House, Ward's Burgers, Wendy's 🏠 Best Western, Comfort Suites, EconoLodge, Hampton Inn, Holiday Inn Express, Rodeway Inn, Super 8 Ⓞ 🅷 $General, $Tree, Advance Parts, auto tech, AutoZone, BigLots, Buick/GMC, Chevrolet, Chrysler/Dodge/Jeep, CVS Drug, Ford/Lincoln, Grocery Depot, Kia, Kroger/dsl, Lowe's, Nissan, Office Depot, O'Reilly Parts, Piggly Wiggly, Roses, Toyota, Tuesday Morning, Verizon, Walgreens, Walmart/Subway

B R O O K H A V E N

M C C O M B

L A U R E L

🅟 = gas 🍴 = food 🛏 = lodging 🅞 = other Ⓡs = rest stop   Copyright 2018 - The Next EXIT ®

⬆N INTERSTATE 59 Cont'd

Exit#	Services
93	US 11, S Laurel, **W** 🅟 Exxon/Subway/dsl, Shell/dsl 🍴 Hardee's 🅞 Southern Tires
90	US 11, Ellisville Blvd, **E** 🅟 Texaco/dsl 🍴 Huddle House, **W** 🅟 Valero/dsl
88	MS 588, MS 29, Ellisville, **E** 🅟 Chevron/dsl/24hr, Fast Mkt/dsl, Keith's/dsl 🍴 Domino's, KFC, Little Caesar's, McDonald's, Pizza Hut, Sonic, Subway, Ward's Burgers 🅞 $General, Auto-Zone, CashSaver, Ellisville Drug, Family$, NAPA, O'Reilly Parts, **W** 🅟 Shell/dsl 🛏 Best Western
85	MS 590, to Ellisville
80	to US 11, Moselle, **E** 🅟 Chevron/dsl/24hr
78	Sanford Rd
76	**W** 🅞 to Hattiesburg-Laurel Reg Airport
73	Monroe Rd, to Monroe
69	MS 42 E, Gandy Pkwy, to Petal, Eatonville
67b a	US 49, Hattiesburg, **E** 🅟 Clark's/dsl, Exxon, Shell, Texaco, Valero/Kangaroo/dsl/scales 🍴 Arby's, Burger King, Cracker Barrel, DQ, Krystal, McDonald's, Waffle House 🛏 Budget Inn, Clarion, EconoLodge, Executive Inn, Motel 6, Quality Inn, Red Carpet Inn, Sleep Inn, Sunset Inn, Super 8 🅞 $General, Hattiesburg Cycles, **W** 🅟 Chevron, MapleLeaf/dsl, Pure/dsl, Shell/Subway, Stuckey's Express/dsl, Texaco 🍴 Sonic, Waffle House, Ward's Burgers, Wendy's 🛏 Candlewood Suites, Holiday Inn, Northgate Inn 🅞 URGENT CARE
65b a	US 98 W, Hardy St, Hattiesburg, **E** 🅟 JR Mart, Shell/dsl 🍴 Applebee's, Baskin Robbins, Bop's Custard, Buffalo Wild Wings, Cane's, Checkers, Chinese Express, CiCi's Pizza, Domino's, Ed's Burger Joint, Firehouse Subs, IHOP, Izzo's Pizza, Jimmy John's, Kobe Japanese, Lenny's Subs, Little Caesar's, McDonald's, Papa John's, Pizza Hut, Purple Parrot Cafe, Qdoba, Smoothie King, Starbucks, Subway, Tabella Italian, Taco Bell, Ward's Burgers 🛏 Courtyard, Days Inn, Fairfield Inn, La Quinta, Residence Inn, Super 8, TownePlace Suites, Western Motel 🅞 Corner Mkt Foods, CVS Drug, Goodyear/auto, Home Depot, Ⓗ, to USM, URGENT CARE, Verizon, vet, Walgreens, **W** 🅟 Exxon/Domino's, Kangaroo, Shell/Jimmy John's/dsl, Texaco 🍴 Arby's, Burger King, Cheddar's, Chesterfield's Rest., Chick-fil-A, Chili's, China Buffet, ChuckECheese's, Dickey's BBQ, FireHouse Subs, Five Guys, Gatti Town Pizza, Georgia Blue Rest., Golden Corral, Grand China, Hardee's, HoneyBaked Ham, Hooters, Krispy Kreme, Logan's Roadhouse, Longhorn Steaks, Marble Slab, McAlister's Deli, McDonald's, Newk's Eatery, O'Charley's, Olive Garden, Outback Steaks, Panda Express, Papa Murphy's, Pepper's Deli, Pizza Hut, Plaid Rhino Burger, Popeye's, Red Lobster, Super King Asian, Taco Bell, TGIFriday's, Waffle House, Ward's Burgers, Wendy's, Yamato Japan, Zaxby's 🛏 Baymont Inn, Best Western, Comfort Suites, Hampton Inn, Hilton Garden, Home 2 Suites, Microtel, Ramada Inn, Sun Suites 🅞 $Tree, Aamco, Advance Parts, AT&T, AutoZone, Belk, Best Buy, BigLots, Books-A-Million, Dick's, Dillard's, Firestone/auto, Goodyear/auto, Great Wall Buffet, Hobby Lobby, JC Penney, Kohl's, Lowe's, mall, Michael's, Nissan, Office Depot, Old Navy, PetCo, Petsmart, Ross, Sam's Club/gas, Sears/auto, SteinMart, Target, TJ Maxx, Tuesday Morning, Verizon, Walgreens, Walmart, Winn-Dixie
60	US 11, S Hattiesburg, **E** 🅟 Shell/dsl, **W** 🅟 Kangaroo/Subway/dsl/24hr, Texaco, Valero/dsl 🍴 Huddle House 🅞 Freightliner, Peterbilt
59	US 98 E, to US 49, Lucedale, MS Gulf Coast

HATTIESBURG

Exit#	Services
56mm	parking area both lanes, litter barrels, no restrooms
51	rd 589, to Purvis, **W** 🅟 Chevron/dsl/24hr, Pinebelt Oil/dsl, Shell/dsl (2mi) 🍴 McDonald's (2mi), Pizza Hut (2mi), to Little Black Cr Water Park
48mm	Little Black Creek
41	MS 13, to Lumberton, **W** 🅞 $General, to Little Black Cr Water Park
35	Hillsdale Rd, **E** 🅟 Pitstop/dsl 🛏 to Kings Arrow Ranch, to Lake Hillside Resort
32mm	Wolf River
29	rd 26, to Poplarville, **W** 🅟 ♥Loves/Arby's/dsl/scales/24hr, Pure/dsl 🅞 NAPA, tires/repair
27	MS 53, to Poplarville, Necaise, **W** 🅟 Chevron/dsl 🍴 McDonald's 🅞 RV Camping (2mi)
19	to US 11, Millard
15	to McNeill, **W** 🅟 McNeill Trkstop/rest./dsl
10	to US 11, Carriere, **E** 🅟 Texaco/Huddle House/dsl 🅞 Clearwater RV Camp (5mi)
6	MS 43 N, N Picayune, **E** 🍴 Mi Sol Mexican, Paul's Pastries, **W** 🅟 Chevron/dsl 🍴 McDonald's, Sonic, Subway, Waffle House 🛏 Super 8 🅞 Ⓗ, $General, Claiborne Hill Mkt, CVS Drug, Family$, Walgreens, Winn-Dixie
4	MS 43 S, to Picayune, **E** 🅟 Murphy USA/dsl, RaceTrac/dsl 🍴 McDonald's, Rio Grande Mexican, Ryan's 🅞 $Tree, AT&T, Buick/Cadillac/Chevrolet/GMC, Chrysler/Dodge/Jeep, GNC, Home Depot, Nissan, Verizon, Walgreens, Walmart, **W** 🅟 Chevron/dsl, Exxon/dsl, Shell/dsl 🍴 Applebee's, Burger King, Domino's, Don's Seafood, Hardee's, IHOP, Little Caesar's, New Buffet City, Papa John's, Pizza Hut, Popeye's, Subway, Taco Bell, Tokyo Grill, Waffle House, Wendy's 🛏 Days Inn, EconoLodge, Heritage Inn, Holiday Inn Express 🅞 Ⓗ, $General, Advance Parts, AutoZone, Family$, Firestone/auto, Ford/Lincoln, Fred's, O'Reilly Parts, Paw Paw's RV Ctr, Rite Aid, URGENT CARE, Winn-Dixie
3mm	Welcome Ctr nb, full ♿ facilities, litter barrels, petwalk, 🍴, RV dump, vending
1.5mm	weigh sta both lanes
1	US 11, MS 607, **E** 🅞 NASA, **W** 🅟 Chevron/dsl 🍴 Subway
0mm	Mississippi/Louisiana state line, Pearl River

PICAYUNE

⬆E INTERSTATE 220 (Jackson)

Exit#	Services
11mm	I-220 begins/ends on I-55, exit 104.
9	Hanging Moss Rd, County Line Rd, **E** 🅟 Marathon/dsl
8	Watkins Dr, **E** 🅟 Exxon/Subway, Shell/Chester's/dsl
5b a	US 49 N, Evers Blvd, to Yazoo City, **E** 🅟 Citgo 🍴 KFC, Sonic 🛏 Star Motel 🅞 $General, Family$, Food Depot/gas, **W** 🅟 Exxon/Burger King, Forty Nine TS/Subway/dsl, Shell, Baskin Robbin/dsl 🅞 $General
3	Industrial Dr
2b a	Clinton Blvd, Capitol St, **E** 🅞 to Jackson Zoo, **W** 🅟 RaceWay, Shell 🍴 McDonald's, Popeye's, Sonic 🅞 Family$
1b a	US 80, **E** 🅟 Citgo/dsl, Shell 🍴 Capt D's, Country Fisherman, DQ, KFC, McDonald's, Pizza Hut, Popeye's, Taco Bell, Wendy's 🛏 Best Inn, Scottish Inn 🅞 AutoZone, Firestone/auto, Mr Transmission, UHaul, **W** 🅟 Citgo/dsl, Exxon/dsl 🍴 Arby's, Krystal 🅞 $General
0mm	I-220 begins/ends on I-20, exit 41.

MS

MISSOURI

🧭 INTERSTATE 29

Exit#	Services
124mm	Missouri/Iowa state line
123mm	Nishnabotna River
121.5mm	weigh sta both lanes
116	rd A, rd B, to Watson, **W** 🅾 fireworks
110	US 136, Rock Port, Phelps City, **E** 🅟 Sinclair/dsl 🛏 fireworks, Rockport Inn, to NW MO St U, **W** 🅟 Cenex/Godfather's/dsl/24hr, Phillips 66/Subway/dsl/24hr 🍴 McDonald's, Trails End Rest. 🛏 Super 8 🅾 fireworks, Rivers Edge RV Park, truck wash
109.5mm	Welcome Ctr sb, full ♿ facilities, info, litter barrels, petwalk, 🅲, 🛗
107	MO 111, to Rock Port
106.5mm	Rock Creek
102mm	Mill Creek
99	rd W, Corning
97mm	Tarkio River
92	US 59, to Fairfax, Craig, **W** 🅟 Sinclair/dsl
90.5mm	Little Tarkio Creek
86.5mm	Squaw Creek
84	MO 118, Mound City, **E** 🅟 Sinclair/Subway/dsl, Valero/dsl 🍴 Breadeaux Pizza, McDonald's, Quacker's Steaks, Senor Barrigas Mexican, Shakers Icecream 🛏 Audrey's Motel, Super 8 🅾 $General, Bumper Parts, Chrysler/Dodge/Jeep, USPO, **W** 🅟 BP/dsl 🅾 Big Lake SP (12mi)
82mm	truck parking both lanes, limited facilities
79	US 159, Rulo, **E** 🅟 Phillips 66 Trkstp/dsl/rest/RV dump/@, **W** 🅾 to Big Lake SP (12mi), to Squaw Creek NWR (3mi)
78mm	Kimsey Creek
75	US 59, to Oregon
67	US 59 N, to Oregon
66.5mm	Nodaway River
65	US 59, rd RA, to Fillmore, Savannah, **E** 🅟 Trex/dsl 🅾 antiques, fireworks
60	rd K, rd CC, Amazonia, **W** 🅾 Hunt's Fruit Barn
58.5mm	Hopkins Creek
56b a	I-229 S, US 71 N, US 59 N, to St Joseph, Maryville
55mm	Dillon Creek
53	US 59, US 71 bus, to St Joseph, Savannah, **E** 🅾 AOK Camping, **W** 🅟 Phillips 66/dsl 🅾 antiques, fireworks
50	US 169, St Joseph, King City, **1-3 mi W on Belt Hwy** 🅟 Cenex/dsl, Conoco, Shell, Sinclair/Subway/dsl 🍴 54th St Grill, Bob Evans, Buffalo Wild Wings, Cheddar's, Chick-fil-A, Chili's, Chipotle Mexican, Coldstone, Culver's, Famous Dave's, Hardee's, IHOP, KFC, McDonald's, Olive Garden, Panda Express, Ryan's, Sonic, Starbucks, Subway, Taco Bell 🛏 Candlewood Suites, Fairfield Inn, Holiday Inn Express 🅾 Advance Parts, Aldi Foods, AT&T, Autozone, Best Buy, Dick's, Home Depot, Kohl's, Lowe's, Michael's, Old Navy, Petco, Petsmart, Sam's Club/gas, Target, Tires+, TJ Maxx, URGENT CARE, Walgreens, Walmart/Subway
47	MO 6, Frederick Blvd, to Clarksdale, St Joseph, **E** 🅟 Conoco 🍴 Bandanas BBQ 🛏 Days Inn, Drury Inn 🅾 🏥, **W** 🅟 Sinclair/dsl 🍴 Applebee's, Arby's, Burger King, Cracker Barrel, Denny's, Dunkin Donuts, El Maguey Mexican, Fazoli's, Five Guys, Golden Corral, LJ Silver, McAlister's Deli, McDonald's,

47	**Continued** New China Super Buffet, Pancheros, Panera Bread, Papa John's, Papa Murphy's, Perkins, Pizza Hut, Red Lobster, Rib Crib BBQ, Sonic, Starbucks, Subway, Taco Bell, TX Roadhouse, Wendy's, Whiskey Creek Steaks 🛏 Best Value Inn, Hampton Inn, Motel 6, Quality Suites, Ramada, Stoney Creek Inn 🅾 $General, Apple Mkt Foods, BigLots, Buick/GMC, Chevrolet, CVS Drug, Dillard's, Firestone/auto, Ford/Lincoln, Hobby Lobby, Honda, HyVee Foods/dsl, JC Penney, Jo-Ann Fabrics, Nissan, Office Depot, Taco John's, Toyota/Scion, U-Haul, Verizon, vet, Walgreens
46b a	US 36, to Cameron, St Joseph, **E** 🅾 to MWSU, **1 mi W on US 169** 🅟 BP/dsl, FP/dsl, Murphy USA/dsl, Roadstar/dsl, Sinclair/dsl 🍴 Burger King, Jimmy John's, Pizza Hut, Taco John's, Wendy's 🅾 $General, Ace Hardware, AT&T, CVS, KIA, Klein RV Ctr, O'Reilly Parts, Walgreens, Walmart/Subway
44	US 169, to Gower, St Joseph, **E** 🅟 ❤Love's/Arby's/dsl/scales/24hr, Phillips 66 🍴 Nelly's Mexican, Subway 🛏 Guesthouse Inn 🅾 dsl repair, **W** 🅟 Murphy USA/dsl, Shell/dsl/24hr 🍴 DQ, El Maguey, Goodcents Subs, McDonald's, San Jose Steaks, Sonic, Taco Bell, Waffle House 🅾 $Tree, Apple Mkt Foods, Chrysler/Dodge/Jeep, Harley-Davidson, Hyundai, Menards, Walmart/Subway
43	I-229 N, to St Joseph
39.5mm	Pigeon Creek
35	rd DD, Faucett, **W** 🅟 Farris Trkstp/dsl/motel/rest/24hr/@
33.5mm	Bee Creek
30	rd Z, rd H, Dearborn, New Market, **E** 🅟 Trex/Subway/dsl/24hr
29.5mm	Bee Creek
27mm	🆁🆂 both lanes, full ♿ facilities, litter barrels, petwalk, 🅲, 🛗, vending
25	rd E, rd U, to Camden Point, **E** 🅟 Trex/dsl
24mm	weigh sta nb/truck parking sb
20	MO 92, MO 273, to Atchison, Leavenworth, **W** 🅾 antiques, to Weston Bend SP

S T   J O S E P H

▣ = gas ▥ = food ▤ = lodging ▢ = other ℞ = rest stop   Copyright 2018 - The Next EXIT

🔼N INTERSTATE 29 Cont'd

Exit#	Services
19.5mm	Platte River
19	rd HH, Platte City (sb returns at 18), W ▣ Casey's, Platte-Clay Fuel/dsl ▥ DQ, Maria's Mexican, Pizza Hut, Red Dragon Chinese, Roxanne's Cafe ▤ Quality Inn, Travelodge ▢ $General, Airport RV Park, CarQuest, O'Reilly Parts, same as 18, USPO
18	MO 92, Platte City, E ▢ Basswood RV Park (5mi), W ▣ Phillips 66/Jimmy John's, QT/dsl ▥ Arby's, Burger King, China Wok, Culver's, DQ, El Maguey, GoodCents Subs, McDonald's, Pizza Hut/Taco Bell, Pizza Shoppe, Sonic, Subway, Waffle House, Wendy's ▤ Ramada, Super 8 ▢ Buick/Chevrolet, Chrysler/Dodge/Jeep, CVS Drug, Ford, Goodyear/auto, PriceChopper Foods, same as 19, TrueValue, Verizon, Walgreens
17	I-435 S, to Topeka
15	Mexico City Ave, W ▤ Marriott ▢ ⊙
14	I-435 E (from sb), to St Louis
13	to I-435 E, E ▤ Extended Stay America, Fairfield Inn, Holiday Inn, Microtel, Plaza Hotel, Quality Suites, Sheraton, Super 8, W ▤ Marriott ▢ KCI Airport
12	NW 112th St, E ▣ BP, Conoco/dsl ▤ Best Western, Candlewood Suites, Comfort Inn, Days Inn, Extended Stay America, Hampton Inn, Hilton, W ▤ EconoLodge
10	Tiffany Springs Pkwy, E ▣ Phillips 66/dsl ▥ Beaches Cantina, SmokeBox BBQ ▤ Embassy Suites, Holiday Inn Express, Homewood Suites, Residence Inn, W ▥ Cracker Barrel, Ruby Tuesday, Waffle House, Wendy's ▤ Chase Suites, Courtyard, Drury Inn, Extended Stay America, Hyatt Place, Sleep Inn ▢ Buick/GMC, Harley-Davidson, Honda, Lexus, Nissan, Toyota/Scion
9b a	MO 152, to Liberty, Topeka
8	MO 9, rd T, NW Barry Rd, E ▣ Phillips 66/dsl ▥ Applebee's, Big Biscuit, Burger King, Chick-fil-A, Chili's, China Wok, Chipotle Mexican, ChuckeCheese, Dickey's BBQ, Five Guys, Golden Corral, Honeybaked Cafe, Hong's Buffet, Hooters, Houlihan's, Jason's Deli, Kato Japanese, On the Border, Panchero's, Panda Express, Panera Bread, Papa Murphy's, Rally House, Sheridan's Custard, Starbucks, Subway, Taco Bell, Wendy's, Winstead's Rest. ▢ Ⓗ, $Tree, AutoZone, Best Buy, Ford, Hobby Lobby, Home Depot, HyVee/dsl, JC Penney, Lowe's, NTB, Petsmart, Ross, Target, Verizon, vet, Walmart, W ▣ Phillips 66/dsl, QT/dsl ▥ 54th St Grill, A&W/LJSilver, Abuelo's, Arby's, Bar Louie, BoLings Chinese, Bravo Italian, Buffalo Wild Wings, Granite City, Hardee's, Hereford House, Jimmy John's, McDonald's, Minsky's Pizza, Noodles&Co, Outback Steaks, Rainbow Oriental, Smokehouse BBQ, Sonic, Stone Canyon Pizza, Taco Bueno ▤ La Quinta, Motel 6, Super 8 ▢ AT&T, Barnes&Noble, CVS Drug, Dick's, Dillard's, Marshall's, Michael's, Old Navy, Staples, Tires+, Verizon
6	NW 72nd St, Platte Woods, E ▣ Sinclair/dsl ▢ vet, W ▣ Phillips 66 ▥ Iron Wok, Papa John's, Tasty Thai ▢ K-Mart
5	MO 45 N, NW 64th St, W ▣ Shell/dsl ▥ Bonefish Grill, Caribou Coffee, Chamas Brazilian Grill, Culver's, Goodcents Subs, IHOP, Luna Azteca, McDonald's, Papa Murphy's, Quiznos, Saki Asian, Starbucks, Subway, Taco Bell ▢ $General, CVS Drug, GNC, Hen House Mkt, HyVee, Sprouts Mkt, Tuesday Morning, vet
4	NW 56th St (from nb), W ▣ Phillips 66
3c	rd A (from sb), Riverside, W ▣ QT/dsl ▥ Corner Café, Sonic ▢ Rverside Automotive, USPO
3b	I-635 S
3a	Waukomis Dr, rd AA (from nb)

2b	US 169 S (from sb), to KC
2a	US 169 N (from nb), to Smithville
1e	US 69, Vivion Rd, E ▣ Phillips66/dsl ▥ Steak'n Shake ▢ Cadillac/Chevrolet, Fiat, Home Depot, Lincoln, Subaru
1d	MO 283 S, Oak Tfwy (from sb), W ▣ BP/dsl ▥ McDonald's, Subway ▢ CVS, O'Reilly Parts
1c	Gladstone (from nb), E ▣ Phillips 66 ▥ Arby's, Freddy's, Panda Express, Pizza Ranch, Taco Bueno, Wendy's ▢ Ⓗ, BigLots, Discount Tire, Lowe's, Petco, PriceChopper Foods, Sam's Club/dsl
1b	I-35 N (from sb), to Des Moines
1a	Davidson Rd
8mm	I-35 N. I-29 and I-35 run together 6 mi.

See Missouri Interstate 35, exits 3-8a.

🔼N INTERSTATE 35

Exit#	Services
114mm	Missouri/Iowa state line
114	US 69, to Lamoni, W ▣ Conoco/dsl/24hr
113.5mm	Zadie Creek
112mm	MO welcome ctr sb, full ♿ facilities, litter barrels, petwalk, ▢ ℞, wireless internet
110	weigh sta both lanes
106	rd N, Blythedale, E ▣ Phillips 66/Dinner Bell Cafe/motel/dsl/24hr/@, Phillips 66/fireworks ▤ Eagles Landing Motel ▢ camping, dsl repair, W ▣ Loves/Subway/dsl/scales/24hr ▢ Eagle Ridge RV Park (2mi), fireworks
99	rd A, to Ridgeway, 5 mi W ▢ camping
94mm	E Fork Big Creek
93	US 69, Bethany
92	US 136, Bethany, E ▣ Casey's/dsl/scales, Sinclair/Subway/dsl ▥ KFC/Taco Bell, McDonald's ▤ Budget Inn, W ▣ BP/dsl, Casey's/dsl, Kum&Go/dsl, MFA ▥ China King, DQ, Nopal Mexican, Pizza Hut, Sonic, TootToot Rest. ▤ Comfort Inn, Super 8 ▢ Ⓗ, $General, Peterbilt, Walmart
90mm	Pole Cat Creek
88	MO 13, to Bethany, Gallatin
84	rds AA, H, to Gilman City, E ▢ Crowder SP (24mi)
81mm	truck parking, limited facilities
80	rds B, N, to Coffey
78	rd C, Pattonsburg, W ▣ gas/dsl
74.5mm	Grand River
72	rd DD
68	US 69, to Pattonsburg
64	MO 6, to Maysville, Gallatin
61	US 69, Winston, Gallatin, E ▣ Shell/rest./dsl/24hr
54	US 36, Cameron, E ▣ Shell/Baskin-Robbins/Wendy's/dsl/24hr, Sinclair/dsl/scales/24hr ▥ McDonald's, Subway ▤ Comfort Inn, Guesthouse Inn, Motel 6 ▢ Ⓗ, W ▣ Valero/dsl ▥ Burger King, Chinese Chef, DQ, El Maguey Mexican, KFC, Taco Bell, Pizza Hut, Sonic, Washington Street Rest. ▤ Best Value Inn, Days Inn, EconoLodge, Super 8 ▢ Advance Parts, antiques, Buick/Chevrolet/GMC, Cameron Mkt, O'Reilly Parts, Twin Creeks Tire, USPO, Verizon, Walmart
52	rd BB, Lp 35, to Cameron, E ▢ Ⓗ, W ▣ Casey's ▢ $General, same as 54
49mm	Brushy Creek
48.5mm	Shoal Creek
48	US 69, Cameron, E ▢ to Wallace SP (2mi)
40	MO 116, Lathrop, E ▣ Trex/Country Cafe/dsl ▢ antiques
34.5mm	℞ both lanes, full ♿ facilities, litter barrels, petwalk, ▢ ▢, vending

Vertical side labels: MO · PLATTE CITY · KANSAS CITY · BETHANY · CAMERON

INTERSTATE 35 Cont'd

Exit#	Services
33	rd PP, Holt, **E** ▯ auto repair, **W** ▯ BP/dsl, Conoco/dsl ▯ American Eagle Inn ▯ $General
30mm	Holt Creek
26	MO 92, Kearney, **E** ▯ Casey's/dsl, Phillips 66/dsl, QT/dsl ▯ China Wok, Jimmy John's, McDonald's, Papa Murphy's, Pizza Hut, Sonic ▯ Comfort Inn, Super 8 ▯ CVS Drug, Price Chopper, to Watkins Mill SP, True Value, Verizon, **W** ▯ ▯/Taco Bell/dsl/scales/24hr ▯ Arby's, Burger King, Hunan Garden Chinese, JJ's Homestead Rest., Pizza Shoppe, Stables Grill, Subway ▯ EconoLodge, Quality Inn ▯ Goodyear/auto, O'Reilly Parts, to Smithville Lake
22mm	parking area sb, weigh sta nb
20	US 69, MO 33, to Excelsior Springs, **E** ▯ ▯
17	MO 291, rd A, **1 mi E** ▯ BP, QT/dsl ▯ A&W, CiCi's, Dickey's BBQ, Firehouse Subs, Hardee's, LJ Silver, McDonald's, Minsky's Pizza, Papa John's, Papa Murphy's, Perkins, Sonic, Subway, Taco Bell ▯ $General, Chevrolet, Days Inn, Firestone/auto, KC Auto, Liberty RV Ctr, O'Reilly Parts, same as 16, Walgreens, **W** ▯ Phillips 66/dsl, QT ▯ DQ, Masabi Japanese, McDonald's, Nicky's Pizza, Sonic, Subway, Zaxby's ▯ Sleep Inn, Woodspring Suites ▯ Price Chopper Foods, to KCI Airport, URGENT CARE, Walgreens
16	MO 152, Liberty, **E** ▯ EVC, Phillips 66 ▯ Baskin-Robbins, Chick-fil-A, CiCi's Pizza, Culver's, Domino's, Five Guys, IHOP, Jimmy John's, Margarita's, MOD Pizza, Olive Garden, Perkins, Pizza Hut, Pizza Ranch, Planet Sub, Red Robin, Starbucks, TX Roadhouse, Wendy's ▯ Days Inn, Super 8 ▯ ▯, Advance Parts, AutoZone, Chevrolet, CVS Drug, Dick's, Discount Tire, Firestone/auto, Gordman's, Hy-Vee/gas, Lowe's, Ross, URGENT CARE, Walgreens, **W** ▯ Murphy USA/dsl, Phillips 66/dsl ▯ 54th St Grill, Applebee's, Arby's, Buffalo Wild Wings, Burger King, Cheddar's, Chili's, Chipotle Mexican, Corner Cafe, Cracker Barrel, Fanner's Grill, Freddy's Burgers, Jose Peppers, Joy Wok, KFC, LongHorn Steaks, McDonald's, Noodles&Co, Old Chicago Pizza, Panda Express, Panera Bread, PepperJax Grill, Qdoba, Steak'n Shake, Subway, Taco Bell, Ted's Cafe Escondido, Waffle House ▯ Comfort Suites, Fairfield Inn, Hampton Inn, Holiday Inn Express ▯ Aldi Foods, AT&T, Best Buy, Christian Bros Auto, Ford, Home Depot, JC Penney, Jiffy Lube, Kohl's, Michael's, NAPA, NTB, Office Depot, Petsmart, Sam's Club/dsl, Sprouts Mkt, Target, TJ Maxx, Tuesday Morning, URGENT CARE, Verizon, Walmart/Subway
14	US 69 (exits left from sb), Liberty Dr, to Glenaire, Pleasant Valley, **E** ▯ Phillips 66, Sinclair/dsl, **W** ▯ QT/dsl/scales/24hr
13	US 69 (from nb), to Pleasant Valley, **E** ▯ Phillips 66, Sinclair/dsl, **W** ▯ QT/dsl/scales/24hr
12b a	I-435, to St Louis
11	US 69 N, Vivion Rd, **E** ▯ BP/dsl, Phillips 66/dsl ▯ Church's, McDonald's, **W** ▯ QT/dsl ▯ Sonic, Stroud's Rest., Subway ▯ CVS Drug, O'Reilly Parts, USPO, vet
10	N Brighton Ave (from nb), **W** ▯ QT/dsl ▯ Church's, Sonic ▯ CVS Drug
9	MO 269 S, Chouteau Trfwy, **E** ▯ Phillips 66 ▯ IHOP, McDonald's, Ming Garden, Papa Murphy's, Subway, Wing Stop ▯ Festival Foods, GNC, Harrah's Casino/rest., Target, **W** ▯ Wendy's (1mi)
8c	MO 1, Antioch Rd, **E** ▯ 7-11 ▯ Domino's ▯ Best Western ▯ auto repair, **W** ▯ Phillips 66, QT ▯ Dickey's BBQ, Waffle House ▯ AT&T, Walgreens
8b	I-29 N, US 71 N, KCI ▯

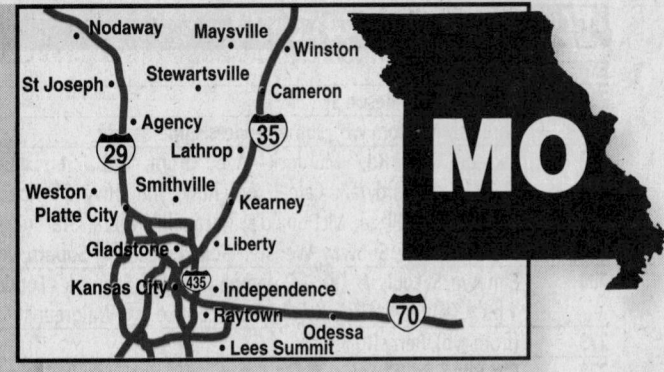

I-35 S and I-29 S run together 6 mi.

8a	Parvin Rd, **E** ▯ BP/dsl, Shell/dsl ▯ Subway ▯ O'Reilly Parts
6b a	Armour Rd, **E** ▯ Phillips 66/dsl ▯ Arby's, Burger King, Denny's, McDonald's, Quiznos, Subway ▯ EconoLodge, La Quinta ▯ ▯, repair, to Riverboat Casino, **W** ▯ Flash/dsl, Phillips 66, QT ▯ DQ, Jimmy John's, Lucky Dragon Chinese, Pizza Hut, Subway, Taco Bell, Wendy's ▯ American Inn, Holiday Inn Express ▯ URGENT CARE, USPO
5b	16th Ave, industrial district
5a	Levee Rd, Bedford St, industrial district
4.5mm	Missouri River
4b	Front St, **E** ▯ Isle of Capri Riverboat Casino/rest.
4a	US 24 E, Independence Ave
3	I-70 E, US 71 S, to St Louis
2g	**I-35 N and I-29 N run together 6 mi.**
2e	Oak St, Grand-Walnut St, **E** ▯ Phillips 66 ▯ Marriott
2d	Main-Delaware, Wyandotte St, downtown
2a	I-70 W, to Topeka
2y	US 169, Broadway, to downtown
2w	12th St, Kemper Arena, to downtown
2v	14th St, to downtown
2u	I-70 E, to Broadway, **E** ▯ Denny's
1e	US 69, Vivion Rd, **E** ▯ Phillips66/dsl
1d	20th St (from sb), **E** ▯ Phillips 66
1c	27th St, SW Blvd, W Pennway (from nb), **E** ▯ Phillips 66 ▯ ▯
1a	SW Trafficway (from sb)
0mm	Missouri/Kansas state line

INTERSTATE 44

Exit#	Services
293mm	I-44 begins/ends on I-70, exit 249 in St Louis.
290a	I-55 S, to Memphis
290c	Gravois Ave (from wb), 12th St, **S** ▯ Jack-in-the-Box
290b	18th St (from eb), downtown
289	Jefferson Ave, St Louis, **N** ▯ Phillips 66 ▯ Subway ▯ Holiday Inn Express, Residence Inn ▯ Family$, SaveALot, **S** ▯ Conoco ▯ Lee's Chicken, McDonald's ▯ Family$
288	Grand Blvd, St Louis, **N** ▯ ▯ Water Tower Inn ▯ ▯, vet **S** ▯ Jack-in-the-Box, Qdoba, St Louis Bread, Starbucks, Subway ▯ Family$
287b a	Kingshighway, Vandeventer Ave, St Louis, **N** ▯ BP, QT/dsl ▯ ▯, Jiffy Lube, U-Haul, **S** ▯ ▯ Chevrolet, to MO Botanical Garden, Walgreens
286	Hampton Ave, St Louis, **N** ▯ BP, Mobil, Phillips 66, Shell/Circle K ▯ Courtesy Diner, Denny's, Jack-in-the-Box, McDonald's, Steak'n Shake, Subway, Taco Bell ▯ zoo, **S** ▯ Shell/Circle K/dsl ▯ Bartolino's Rest., Hardee's, Wendy's ▯ Drury Inn, Holiday Inn, Red Roof Inn ▯ museums
285	SW Ave (from wb, no EZ return)

INTERSTATE 44 Cont'd

Exit#	Services
284b a	Arsenal St, Jamieson St
283	Shrewsbury (from wb), some services same as 282
282	Laclede Sta Rd, Murdock Ave (from eb), St Louis, N 🅖 🅕 Boardwalk Cafe, Front Row Grill, Hwy 61 Roadhouse, Imo's Pizza, McDonald's, Racanelli's Pizza, Starbucks, Stratton's Cafe, Subway, Webster Wok Chinese 🅞 Subaru, vet
280	Elm Ave, St Louis, N 🅖 🅕 Jamba Juice 🅞 Schnuck's Foods, 1 mi S 🅖 Shell/Circle K 🅕 Steak'n Shake 🅞 Walgreens
279	(from wb), Berry Rd
278	Big Bend Rd, St Louis, N 🅕 Culver's, Hardee's 🅞 🅗, Sam's Club/gas, URGENT CARE, S 🅖 Mobil/dsl, QT
277b	US 67, US 61, US 50, Lindbergh Blvd, N 🅕 Arby's, Buffalo Wild Wings, Chili's, Chipotle Mexican, Dunkin Donuts, Jason's Deli, O'Charley's, Sonic, Steak&Rice Chinese, TX Roadhouse, White Castle 🅛 Best Western 🅞 🅗, $Tree, AT&T, Harley-Davidson, Hobby Lobby, Lowe's Whse, Office Depot, PetCo, Target, TJ Maxx, Verizon, Walmart, S 🅖 Phillips 66/dsl, Shell/Circle K/dsl 🅕 Burger King, Chick-fil-A, Denny's, Five Guys, Fuddrucker's, Helen Fitzgerald's Grill, IHOP, Lion's Choice, Longhorn Steaks, Panda Express, Ruby Tuesday, St Louis Bread, Steak'n Shake, Subway 🅛 Days Inn/rest., EconoLodge, Hampton Inn, Holiday Inn 🅞 Dobb's Auto/Tire, GNC, Home Depot, Marshall's, Old Navy, Petsmart, Ross, Stein Mart
277a	MO 366 E, Watson Rd, access to same as 277b S
276b a	I-270, N to Chicago, S Memphis
275	N Highway Dr (from wb), Soccer Pk Rd, N 🅖 🅛🅕/Road Ranger/rest/dsl
274a b	Bowles Ave, N 🅖 Road Ranger/🅛🅕/Subway/dsl, S 🅖 Phillips 66/dsl, QT/dsl, ZX/dsl 🅕 Bandana's BBQ, Cracker Barrel, Denny's, Jack-in-the-Box, Krispy Kreme, McDonald's, White Castle 🅛 Drury Inn, Fairfield Inn, Holiday Inn Express, Motel 6, PearTree Inn, Stratford Inn, Super 8, TownePlace Inn
272	MO 141, Fenton, Valley Park, N 🅖 Motomart, S 🅖 Phillips 66/dsl 🅕 Bob Evans, Burger King, Dickey's BBQ, Hardee's, Jimmy John's, McDonald's, Ruby Tuesday, Starbucks, Steak'n Shake, Subway, Sugarfire BBQ, Taco Bell 🅛 Drury Inn, Hampton Inn 🅞 Curves, Save-A-Lot Foods
269	Antire Rd, Beaumont
266	Lewis Rd, N 🅞 golf, Rte 66 SP
266mm	Meramec River
265	Williams Rd (from eb)
264	MO 109, rd W, Eureka, N 🅖 Phillips 66/dsl 🅕 Arby's, Burger King, Culver's, Domino's, Jimmy John's, Little Caesar's, McDonald's, Pizza Hut, Poor Richard's, Smokers BBQ, St Louis Bread, Taco Bell, White Castle 🅞 AT&T, Byerly RV Ctr, O'Reilly Parts, Schnuck's Foods, to Babler SP, Valvoline, S 🅖 QT/dsl 🅞 Walgreens
261	Lp 44, to Allenton, N 🅖 Motomart/McDonald's/dsl 🅕 China King, Denny's, Imo's Pizza, Lion's Choice, Steak'n Shake, Subway 🅛 Best Inn, Holiday Inn, Super 8 🅞 $Tree, AutoZone, GNC, Jellystone RV Camping, same as 264, to Six Flags, Walmart, S 🅖 Shell/Circle K/dsl 🅞 KOA
257	(256 from eb) Lp 44, Pacific, N 🅖 Phillips 66, 🅛🅕/Subway/dsl/scales/24hr 🅛 Comfort Inn 🅞 fireworks, S 🅖 BP/dsl, Mobil/dsl, Motomart 🅕 El Agave Mexican, Hardee's, KFC, McDonald's, New China, Pizza Hut, Taco Bell 🅛 Quality Inn 🅞 $General, Chrysler/Dodge/Jeep, CVS Drug, O'Reilly Parts, Queen's Foods, SaveALot, st police
253	MO 100 E, to Gray Summit, S 🅖 Phillips 66/dsl 🅛 Travelodge 🅞 CarQuest, fireworks, Shaw Nature Preserve

251	MO 100 W, to Washington, N 🅖 BP/dsl, Mr Fuel/dsl/scale Phillips 66/Burger King/dsl 🅞 $General, antiques, 🅗 (11m
247	US 50 W, rd AT, rd O, to Union, N 🅞 Harley-Davidson, Pin O Creek RV Park, S 🅞 to Robertsville SP
247mm	Bourbeuse River
242	rd AH, to Hist Rte 66
240	MO 47, St Clair, N 🅖 Phillips 66/Taco Bell/dsl 🅕 Burg King 🅞 tire/auto, S 🅖 Mobil/dsl 🅕 Domino's, McDo ald's, Subway 🅛 Budget Lodge, Super 8 🅞 $General, Cou try Mart Foods, NAPA, Save-A-Lot Foods, USPO
239	MO 30, rds AB, WW, St Clair, N 🅞 repair, S 🅖 Phillips 66/d
238mm	weigh sta both lanes
235mm	🆁🆂 both lanes (both lanes exit left), full 🅗 facilities, litter ba rels, petwalk, 🅒, 🅟, vending
230	rds W, Stanton, S 🅖 Amstar/fireworks 🅞 KOA, Merama Caverns Camping (3mi), USPO
226	MO 185 S, Sullivan, N 🅖 ⓕFLYING J/Denny's/dsl/L🅛 scales/24hr 🅞 vet, S 🅖 Phillips 66/Burger King 🅕 A plebee's, Arby's, China Buffet, DQ, Imo's Pizza, KFC, McDo ald's, Steak'n Shake, Subway, Taco Bell 🅞 $General, $Tre Aldi Foods, AutoZone, Lowe's, O'Reilly Parts, same as 225, Meramec SP, Verizon, Walmart
225	MO 185 N, rd D, Sullivan, N 🅖 Mobil, Phillips 66/dsl 🅕 Dom ino's, Du Kum Inn Rest 🅛 Baymont Inn, Best Value Inn, Fami Inn, Super 8 🅞 Chevrolet/Buick/GMC, Chrysler/Dodge/Jee Ford, S 🅖 BP/Fas-Trip/dsl/café, ZX 🅕 Cracker Barrel, El Nop Mexican, Jack-in-the-Box, Lion's Choice, Pizza Hut 🅛 Comfo Inn 🅞 🅗, AT&T, city park, same as 226
218	rds N, C, J, Bourbon, N 🅖 ZX/dsl 🅛 Budget Inn, S 🅖 M bil/dsl 🅕 Planet Sub, Subway 🅞 $General, Blue Spr Camping (6mi), Bourbon RV Ctr, Riverview Ranch Campir (8mi), Town&Country Mkt
214	rd H, Leasburg, N 🅖 Mobil/dsl, S 🅕 Skippy's Rte 6 Rest. 🅞 to Onandaga Cave SP (7mi)
210	rd UU, N 🅞 Meremac Valley Resort, S 🅕 MO Hick BB (2mi) 🅞 winery
208	MO 19, Cuba, N 🅖 Midwest/Phillips 66/Dotty's Rest./ds scales/24hr/@ 🅕 Country Kitchen, Huddle House, Pi za Hut 🅛 EconoLodge, Super 8 🅞 antiques, Blue Be con, S 🅖 Casey's, Mobil 🅕 East Sun Chinese, Hardee Jack-in-the-Box, McDonald's, Sonic, Subway 🅛 Chatea Inn 🅞 $General, Mace Foods, O'Reilly Parts, to Ozark Nat Sc nic Riverways, Walmart
203	rds F, ZZ, N 🅞 Ladybug RV Park, S 🅞 Rosatti Winery (2mi)
195	MO 8, MO 68, St James, Maramec Sprg Park, N 🅖 BP/Circ K/dsl, Mobil/dsl 🅕 China King, McDonald's, Pizza Hut, Son ic, Subway 🅛 Economy Inn, Greenstay Inn 🅞 $Genera Ford, O'Reilly Parts, Ray's Tires, to Maremac Winery, tours c S 🅖 Delano/dsl, Phillips 66/dsl 🅕 Burger King 🅛 Finn Motel 🅞 CountryMart Foods
189	rd V, Industrial Park Dr, Hypoint, N 🅖 ⓛLoves/McDo ald's/Subway/dsl/scales/24hr, S 🅞 Mule Trading Post
186	US 63, MO 72, Rolla, N 🅖 Sinclair 🅕 Steak'n Shake 🅛 Dr ry Inn, Hampton Inn, Sooter Inn 🅞 Big O Tire, Kia, Kohl Lowe's, Nissan, Plaza Tire, S 🅖 Mobil/dsl, Phillips 66 🅕 Bu falo Wild Wings, Colton's Steaks, Donut King, Koi Chinese, Lee Chicken, Panera Bread 🅛 Budget Motel 🅞 🅗
185	rd E, to Rolla, N 🅞 hwy patrol, S 🅖 Delano 🅕 Arby's, D Gordoz Steaks, Hardee's, Huddle House, Jimmy John's, Kyot Japanese, LJ Silver, Papa John's, Subway, Taco Bell, Wendy 🅞 🅗, CVS Drug, Ford, Kroger, UMO at Rolla

Vertical side tab: **MO**

Vertical labels: **SULLIVAN** • **CUBA** • **ROLLA**

📗 = gas 🍴 = food 🛏 = lodging ⭕ = other 🅱ₛ = rest stop

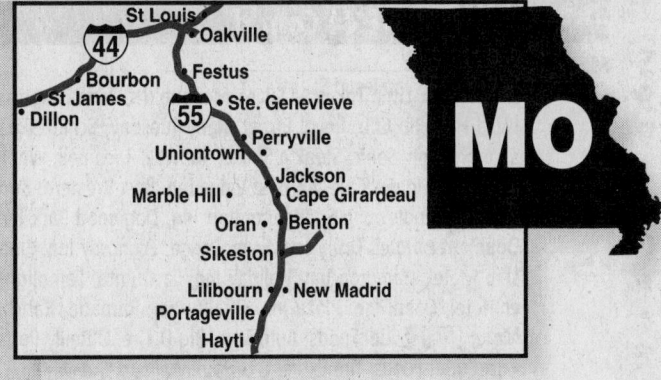

MO

↱E̅ INTERSTATE 44 Cont'd

Exit#	Services
184	US 63 S, to Rolla, **N** 🛏 Comfort Suites, Holiday Inn Express, **S** 📗 Delano, MotoMart, Route 66 🍴 Arby's, Bandana's BBQ, Burger King, Denny's, Little Caesars, LJ Silver, Los Cazadores, Lucky House Chinese, Maid-Rite, McDonald's, Penelope's Rest., Pizza Hut, Pizza Inn, Sirloin Stockade, Waffle House, Wendy's 🛏 Baymont Inn, Best Way Inn, Best Western, Days Inn, EconoLodge, Quality Inn, Sunset Inn, Super 8 ⭕ Ⓗ, Buick/Cadillac/GMC, Chevrolet, city park, CVS Drug, Kroger
179	rds T, C, to Doolittle, Newburg, **S** 📗 Phillips 66/dsl 🍴 Cookin' From Scratch Rest. ⭕ $General
178mm	truck parking both lanes, restrooms
176	Sugar Tree Rd, **S** 🛏 Vernelle's Motel ⭕ Arlington River Resort Camping (2mi)
172	rd D, Jerome, **N** ⭕ camping
169	rd J
166	to Big Piney
164mm	Big Piney River
163	MO 28, to Dixon, **N** 📗 Pilot/Road Ranger/Chesters/Subway/dsl/scales/24hr, **S** 📗 Phillips 66/dsl 🍴 Country Café, Sweetwater BBQ 🛏 Best Western, Country Hearth Inn, Days Inn ⭕ RV Park, Uranus Fudge a Factory
161b a	rd Y, to Ft Leonard Wood, **N** 📗 Mobil/dsl, Shell/dsl 🍴 Aussie Jack's, Cracker Barrel, Denny's, Domino's, Mama Mia Diner, Ocean Buffet, Papa Murphy's, Pizza Hut, Rte 66 Diner, Ruby Tuesday, Wendy's 🛏 Baymont Inn, Best Value Inn, Candlewood Suites, Comfort Inn, Fairfield Inn, Hampton Inn, Howard Johnson, Mainstay Suites, Red Roof Inn ⭕ AT&T, Kwik Kar, Lowe's, Toyota/Scion, visitors ctr, Walmart/Subway, **S** 📗 Cenex/dsl, Kum&Go/dsl 🍴 Arby's, Buffalo Wild Wings, Cantina Bravo, Colton's Steaks, Culver's, Hardee's, Little Caesar's, McDonald's, Panera Bread, Papa John's, Subway, Taco Bell, Waffle House 🛏 Budget Inn, EconoLodge, Holiday Inn Express, Liberty Lodge, Motel 6, Quality Inn, ZLoft Hotel ⭕ $General, $Tree, AutoZone, Chrysler/Dodge/Jeep, Family$, Ford/Lincoln, Mazda, NAPA, O'Reilly Parts, Verizon
159	Lp 44, to Waynesville, St Robert, **N** 📗 Road Star/dsl 🍴 DQ, Sonic 🛏 All Star Motel, Super 8 ⭕ auto repair, O'Reilly Parts, **S** 📗 Cenex/dsl 🍴 Don Jose 🛏 Alliance Inn ⭕ Big O Tire, Cadillac/GMC
158mm	Roubidoux Creek
156	rd H, Waynesville, **N** 📗 BP, Express Stop/dsl/E-85, Kum&Go/dsl 🍴 McDonald's, Subway ⭕ $General, Chevrolet, Price Cutter+
153	MO 17, to Buckhorn, **N** 🛏 Ft Wood Inn, **S** 📗 Shell/dsl ⭕ Glen Oaks RV Park
150	MO 7, rd P to Richland, **S** 🍴 Roadhouse Steaks
145	MO 133, rd AB, to Richland, **N** 📗 Sinclair/Oasis/cafe/dsl/24hr, **S** ⭕ camping
143mm	Gasconade River
140	rd N, to Stoutland, **S** 📗 Cenex/pizza/dsl
139mm	Bear Creek
135	rd F, Sleeper
130	rd MM, **N** 📗 Casey's/dsl, Conoco/dsl 🍴 Angie's Place 🛏 EconoLodge, Munger Moss Inn, **S** 📗 Kum&Go ⭕ Ⓗ
129	MO 5, MO 32, MO 64, to Hartville, Lebanon, **N** 🍴 Applebee's, Arby's, Bamboo Garden, Bandana's BBQ, Burger King, DQ, Elm St Eatery, KFC, Little Caesars, LJ Silver, McDonald's, Papa Murphy's, Sonic, Steak'n Shake, Subway, Taco Bell, Wendy's ⭕ Aldi Foods, AT&T, AutoZone, Chevrolet, Ford, O'Reilly Parts, repair, Rte 66 Museum, Smitty's Foods, to Bennett Sprgs SP,
129	Continued to Lake of the Ozarks, Verizon, Walgreens, Walnut Bowl Factory, **S** 📗 Conoco/dsl, Phillips 66/dsl 🍴 Capt D's, Domino's, Hardee's, La Tolteca, Pizza Hut, T's Steaks ⭕ Ⓗ, $Tree, Lowe's, O'Reilly Parts, Sawyer Tire/auto, Walmart/Subway
127	Lp 44, Lebanon, **N** 📗 B&D/J Diner/dsl/scales/24hr, Phillips 66/dsl 🍴 Dowd's Catfish&BBQ, El Sombrero Mexican, Great Wall Chinese, Subway, Waffle House 🛏 Best Value Inn, Days Inn, Hampton Inn, Holiday Inn Express, Midwest Inn, Rte 66 Motel, Super 8 ⭕ $General, Chrysler/Dodge/Jeep, Cutlery/Walnut Bowl Outlet, Firestone/auto, **S** 📗 Conoco/McDonald's/dsl 🍴 Dickey's BBQ ⭕ Buick/Cadillac/GMC, Harley-Davidson, Russell Stover
123	County Rd, **S** ⭕ antiques, Happy Trails RV Ctr, Happy Trails RV Park
118	rds C, A, Phillipsburg, **S** 📗 Phillips 66 ⭕ Redmond's Gifts, tourist info
113	rds J, Y, Conway, **N** 📗 Conoco/dsl 🍴 Rockin Chair Café 🛏 Budget Inn ⭕ to Den of Metal Arts, **S** 📗 Sinclair/dsl ⭕ $General, SummerFresh Foods, USPO
111mm	🅱ₛ both lanes, full ♿ facilities, litter barrels, petwalk, 🚻, 🛐, playground, vending
108mm	Bowen Creek
107	Sparkle Brooke Rd, Sampson Rd
106mm	Niangua River
100	MO 38, rd W, Marshfield, **N** 📗 Murphy USA/dsl, Phillips 66 ⭕ $Tree, auto repair, Chevrolet, Chrysler/Dodge/Jeep, Ford, Walmart/Subway, **S** 📗 Casey's/dsl, Conoco/dsl, Phillips 66/dsl 🍴 DQ, El Charro, Golden China, Grillos Cafe, KFC/Rib Crib, McDonald's, Pizza Hut, Sonic, Subway, Taco Bell 🛏 Holiday Inn Express ⭕ $General, AutoZone, O'Reilly Parts, RV Express RV Park, Verizon, Walgreens
96	rd B, Northview, **N** Paradise RV Park (2mi)
89mm	weigh sta both lanes
88	MO 125, to Fair Grove, Strafford, **N** 📗 Loves/Hardee's/dsl/scales/rv dump/24hr, TA/Subway/Taco Bell/dsl/scales/24hr/ @ 🍴 McDonald's ⭕ Camping World RV Ctr, truckwash, **S** 📗 Breaktime/dsl, Kum&Go 🍴 Fox's Pizza, Pizza Hut 🛏 Super 8 ⭕ $General, Strafford RV Park
84	MO 744, **S** ⭕ Peterbilt
82b a	US 65, to Branson, Fedalia, **S** 📗 Kum&Go/dsl, Phillips 66/dsl 🍴 Waffle House ⭕ Bull Shoals Lake, Kenworth, st patrol, to Table Rock Lake
80b a	rd H to Pleasant Hope, Springfield, **N** 📗 Conoco/rest./dsl/24hr, Kum&Go/dsl, Sinclair 🍴 Waffle House 🛏 Days Inn, Microtel, Super 8 ⭕ $General, **S** 📗 Casey's, Kum&Go/dsl, Phillips 66/Circle K/dsl, Shell 🍴 Andy's Custard, Applebee's, Bob Evans, Braum's, Buckingham BBQ, Cracker Barrel, Culver's, El Maguey Mexican, Fazoli's, Hardee's, Hong Kong Inn, Houlihan's, Ichiban Buffet, Jade East Chinese, Jose Locos,

ROLLA (side tab)

LEBANON (side tab)

MARSHFIELD (side tab)

LEBANON (side tab)

S P R I N G F I E L D

MO

	INTERSTATE 44 Cont'd
80b a	Continued
	Little Tokyo, Little Tokyo, LJ Silver, McDonald's, Panda Express, Pizza Hut, Rib Crib, Royal Buffet, Ruby Tuesday, Schlotzsky's, Shanghai Inn, Sonic, Steak'n Shake, Subway, Taco Bell, Whole Hog Cafe, Ziggies Cafe 🅛 Best Value Inn, Best Western, Budget Inn, Candlewood Suites, Comfort Inn, Dogwood Park Inn, Doubletree Hotel, Drury Inn, EconoLodge, Economy Inn, Flagship Motel, Hampton Inn, Holiday Inn, La Quinta, Lamplighter Hotel, Ozark Inn, Plaza Inn, Quality Inn, Ramada, Rancho Motel 🅞 🅗, Aldi Foods, AutoZone, Big O Tire, O'Reilly Parts, PriceCutter Foods, Tire Express, U-Haul, Walmart/Subway
77	MO 13, KS Expswy, N 🅟 Kum&Go/dsl/e-85 🅞 Lowe's, S 🅟 Casey's/dsl, Phillips 66/dsl 🅗 Arby's, Braum's, Buffalo Wild Wings, Chuckwagon BBQ, El Charro, Five Guys, Golden Corral, Goodcents, IHOP, Jimmy John's, McAlister's Deli, McDonald's, Moe's SW Grill, New China, Panera Bread, Papa John's, Papa Murphy's, Pizza Inn, Subway, Taco Bell, Waffle House 🅞 $Tree, AT&T, BigLots, Drug Mart, GNC, Goodyear/auto, Hobby Lobby, PriceCutter Foods, Staples, Verizon, Walgreens, Walmart
75	US 160 W byp, to Willard, Stockton Lake, S 🅟 Kum&Go/dsl 🅗 Wendy's 🅛 Courtyard, La Quinta
72	MO 266, to Chesnut Expwy, **1-2 mi** S 🅟 Casey's, Cenex, Kum&Go/dsl 🅗 Alli's Rest., Arby's, China Wok, Hardee's, KFC, LJ Silver, McDonald's, Plaza Mexico, Sonic, Subway, Taco Bell, Taco Bueno, Waffle House 🅛 Best Budget Inn, Best Western, Redwood Motel 🅞 $General, AutoZone, city park, PriceCutter Foods
70	rds MM, B, N 🅞 fireworks, S 🅞 KOA (1mi), Wilson's Creek Nat Bfd (5mi)
69	to US 60, Springfield
67	rds N, T, Bois D' Arc, to Republic, S 🅟 Conoco/dsl 🅛 AmericInn (5mi) 🅞 art glass
66mm	Pond Creek
64.6mm	Dry Branch
64.5mm	Pickerel Creek
61	rds K, PP, N 🅟 Cenex/Hoods/dsl/scales/LP/24hr, Phillips 66 🅛 Hood I-44 Motel
58	MO 96, rds O, Z, to Carthage, Halltown, S 🅟 Shell/dsl 🅞 truck repair
57	to rd PP (from wb)
56.5mm	Turnback Creek
56mm	Goose Creek
52.5mm	**truck parking both lanes**
49	MO 174E, rd CCW, Chesapeake
46	MO 39, MO 265, Mt Vernon, Aurora, N 🅟 Casey's/dsl, Gulf/dsl, Kum&Go/dsl, TA/Conoco/46Diner/dsl/scales/24hr/@ 🅗 Bamboo Garden Chinese, El Azteca Mexican, KFC/LJ Silver, Mazzio's, McDonald's, Pizza Hut, Sonic, Subway, Taco Bell 🅛 Best Western, USA Inn 🅞 $General, Family$, O'Reilly Parts, PriceCutter Foods, True Value, S 🅟 Conoco/dsl 🅛 Best Value Inn 🅞 to Table Rock Lake
44	rd H, to Monett, Mt Vernon, N 🅗 Subway (1mi) 🅞 Mid-America Dental/Hearing, Walmart
43.5mm	Spring River
38	MO 97, to Stotts City, Pierce City, N 🅟 gas/dsl/repair/tires, S 🅞 U of MO SW Ctr (4mi)
33	MO 97 S, to Pierce City, S 🅗 Hungry House Cafe
29	rd U, to La Russell, Sarcoxie, N 🅞 antiques, Beagle Bay RV Camping, OzarkLand Gifts, S 🅟 Casey's (1mi), Kum&Go-Subway/dsl 🅞 antiques

29mm	Center Creek
26	MO 37, to Reeds, Sarcoxie, N 🅞 Bill's Truck/trailer repair
22	rd 100 N, N 🅞 Colaw RV Ctr, S 🅞 Consignment RV Sales
21mm	Jones Creek
18b a	I-49 N, US 71 N, MO 59 S, to Carthage, Neosho, N 🅞 Coachlight RV Ctr/Camping
15	MO 66 W, Lp 44 (from wb), Joplin, N 🅛 Tara Motel
15mm	Grove Creek
14mm	Turkey Creek
13	Prigmore Ave
11b a	I-49 S, US 71 S, MO 249 N, to Neosho, Ft Smith, S 🅟 FLYING J/Denny's/dsl/LP/scales/24hr/@, Goodyear Tires/repair, Speedco 🅞 Blue Beacon, Kenworth
8b a	US 71, to Neosho, Joplin, N 🅟 Conoco/dsl, Kum&Go/dsl, Phillips 66/dsl 🅗 Andy's Custard, Applebee's, Arby's, Billy Sims BBQ, Bob Evans, Braum's, Buffalo Wild Wings, Carino's Italian, Casa Montez Mexican, Cheddar's, Chick-fil-A, Chipotle, ChuckeCheese, CiCi's, Denny's, Domino's, El Vallarta Mexican, Firehouse Subs, Five Guys, Freddy's, Garfield's, Golden Corral, Golden Dragon, Hardee's, HuHot, IHOP, Jim Bob's Steaks, Jimmy John's, Jimmy's Egg, King Palace, Logan's Roadhouse, Longhorn Steaks, McAlister's, McDonald's, Noodle&Grill, Ocean Rest., Olive Garden, Outback Steaks, Panda Express, Pitcher's Grill, Pizza Hut, Popeye's, Qdoba, Red Hot&Blue Grill, Red Lobster, Rib Crib, Ruby Tuesday, Schlotzsky's, Sonic, Starbucks, Steak'n Shake, Subway, Taco Bell, TX Roadhouse, Waffle House, Wasab Steaks, Wendy's 🅛 Baymont Inn, Best Western, Candlewood Suites, Comfort Inn, Days Inn, Drury Inn, Fairfield Inn, Hampton Inn, Hilton Garden, Homewood Suites, Joplin Hotel, La Quinta, Motel 6, Quality Inn, Residence Inn, Sunrise Inn, Super 8 🅞 $Tree, Aldi Foods, AT&T, AutoZone, Best Buy, Books-A-Million, Chrysler/Dodge/Jeep, Discount Tire, Firestone/auto, Food4Less, Ford/Lincoln, Freightliner, Goodyear/auto, Hobby Lobby, Home Depot, Honda, Hyundai, JC Penney, Jo-Ann Fabrics, Kia, Kohl's, Lowe's, Macy's, Mercedes, Michael's, Nissan, Office Depot, O'Reilly Parts, Petsmart, Ross, Sam's Club/gas, Target, TJ Maxx, Toyota/Scion, Verizon, Walgreens, Walmart/Subway, S 🅟 Casey's 🅗 Cracker Barrel, Fazoli's 🅛 Microtel, TownePlace Suites 🅞 vet, Wheelen RV Ctr
6	MO 86, MO 43 N, to Racine, Joplin, N 🅟 Phillips 66 🅗 Moe's SW Grill, Schlotzsky's 🅞 CVS Drug, Walgreens, S 🅞 🅗, Harley-Davidson
5.5mm	Shoal Creek
4	MO 43 to Seneca, N 🅟 Loves/Hardee's/dsl/scales/24hr, S 🅟 Conoco/Subway/dsl, Petro/Iron Skillet/Pizza Hut/Taco Bell/dsl/scales/24hr/@, TA/Wendy's/dsl/scales/24hr 🅗 McDonald's 🅛 Sleep Inn 🅞 $General, fireworks, IA 80 Truckomat, KOA
3mm	**weigh sta both lanes**
2mm	**Welcome Ctr eb, full ♿ facilities, litter barrels, 🅗, 🚻, 🆁🆂 restrooms, vending; truck parking wb**
1	US 400, US 166W, to Baxter Springs, KS, N 🅟 Downstream/dsl 🅞 Downstream Casino/RV Park, Downstream RV Park, S 🅞 Sandstone Gardens
0mm	Missouri/Oklahoma state line

	INTERSTATE 49
Exit#	**Services**
184	I-435, I-470.
I-49 begins/ends, continues N as US 71.	
182	Red Bridge Rd, Longview Rd, E 🅟 Phillips 66/dsl 🅗 McDonald's 🅞 auto repair, W 🅟 7-11, BP/dsl 🅛 Woodspring Suites

J O P L I N

INTERSTATE 49 Cont'd

Exit#	Services
181	Blue Ridge Blvd, **E** 🅿 Shell/dsl 🍴 Church's 🛏 Best Value Inn 🅾 NAPA, U-Haul, **W** 🍴 Applebee's, Arby's, Goodcents Subs, IHOP, KFC, Papa John's, Pizza Hut, Wendy's 🅾 $Tree, Advance Parts, AutoZone, Burlington Coats, CVS, GNC, Price Chopper, Tires+, TrueValue
180	(from sb), same as 181 w, **W** 🅾 Jerry's Auto Repair
179	Main St, **E** 🅿 Conoco 🍴 Burger King, Capestre Mexican, Capt D's, Little Caesar's, Popeye's, Providence Pizzeria 🅾 $General, Firestone/auto, Holiday Inn Express, to Longview Lake CP, **W** 🅿 Phillips 66/dsl 🍴 Taco Bell, TJ's Cafe, Waffle House 🅾 transmissions, USPO, Walgreens
178	140th St, **W** 🅿 Phillips 66/dsl
177	MO 150, **E** 🅿 QT/dsl, Shell/dsl 🍴 Sonic, Subway 🅾 Harley Davidson
176	155th St, to Belton, **W** 🅿 Conoco 🍴 Domino's
175	rd Y, 163rd St, Belton, **E** 🛏 Hampton Inn, **W** 🅿 Conoco/dsl, QT/dsl 🍴 Pizza Hut, Taco Bueno 🅾 🅷 AutoZone, CVS, Menards, O'Reilly Parts, Price Chopper
174	MO 58, Belton, **E** 🅿 QT, Shell/dsl 🍴 Burger King, Church's, Golden Corral, KFC, Papa John's, Pizza Hut, Ryan's, Steak'n Shake, Taco Bell, Waffle House, Wendy's 🛏 Comfort Inn 🅾 Advance Parts, AT&T, Chrysler/Dodge/Jeep, Firestone/auto, 🅷, Lowe's, NTB, Sam's Club/dsl, Walmart/Subway, **W** 🍴 A&W/LJ Silver, Applebee's, Arby's, Bob Evans, Buffalo Wild Wings, Chipotle, IHOP, Jimmy John's, Jose Pepper's, Little Caesar's, Longhorn Steaks, McDonald's, New China, Papa Murphy's, Pepper Jax Cafe, Ruby Tuesday, Starbucks, Subway 🛏 EconoLodge 🅾 $Tree, Aldi Foods, Discount Tire, Express Auto Service, GNC, Home Depot, HyVee/dsl, Jo-Ann, Kohl's, Petsmart, Target, Verizon, Walgreens
172	N Cass Pkwy
167	MO C, J, Peculiar, **E** 🅿 Casey's, ✈FLYING J/Denny's/dsl/Lp/scales/24hr 🍴 Subway 🅾 Peculiar RV Park, **W** 🍴 Sonic 🅾 CountryMart/dsl, USPO
160	MO 291 N, Harrisonville, **E** 🅿 Casey's/dsl, Murphy USA, QT/dsl 🍴 Applebee's, Arby's, Baskin Robbins, Bonsai Grill, Branding Iron BBQ, Capt D's, El Mezcal Mexican, Hardee's, KFC, McDonald's, Subway, Sunrise Chinese, Taco Bell, Wendy's 🛏 Caravan Motel, Harrisonville Inn 🅾 $Tree, GNC, 🅷, vet, Walmart, **W** 🅾 Ford, 🛏 Best Value Inn
159	MO 2 W, 7 N, Mechanic St, Harrisonville, **E** 🅿 BP, Phillips 66/dsl 🍴 Burger King, China Wok, DQ, Jimmy John's, Papa Murphy's, Pizza Hut, Starbucks 🅾 Advance Parts, AT&T, CVS, DLS Tire/auto, Price Chopper, Verizon, vet, Walgreens
158	MO 2 E, Commercial Blvd, Harrisonville, **E** 🅿 Conoco/dsl, Phillips 66 🍴 Best Burrito 🛏 Comfort Inn 🅾 Russell Stover, Sutherland's
157mm	weigh sta both lanes
157	MO 7 S, to Clinton, **E** 🅾 ♿, **W** 🅿 BP/dsl, Phillips 66 🛏 Slumber Inn
153	307th St
148mm	S Grand River
147	MO A, B, Archie, Drexel, **W** 🅿 Conoco/dsl, Phillips 66 🍴 Mama's Kitchen
144	MO E, AA, Crescent Hill
141	MO 18, Adrian, to Clinton, **W** 🅿 Casey's/dsl, Phillips 66/dsl 🍴 Old 71 Cafe 🅾 $General, NAPA
136	rds D, F, Passaic, to Butler, **W** 🅾 McBee's Bratwurst/BBQ
131	MO 52 W, Butler, Amoret, **E** 🅿 Conoco 🍴 McDonald's, Pizza Hut, Sonic, Subway, Taco Bell 🛏 DaysInn, Super8 🅾 $General,

131	Continued Chrysler/Dodge/Jeep/Ford, CountryMart, 🅷, Walmart, **W** 🍴 El Charro
130	US 71 Bus (from nb), to Butler
129	MO 52 E, Appleton City
120	rds B, A, Rich Hill, to Osceola, **W** 🅿 Phillips 66/dsl 🍴 Swope's Drive In 🅾 $General, Food Fair Mkt/drug
116	Rd TT, to Panama
112	Horton, **W** 🅾 Farm Mkt
110	Rd D, Stotesbury
107	Rd M, Compton Jct
103	Highland Ave, to Nevada, **W** 🍴 Breakfast Cafe 🅾 $General, Buick/Chevrolet/GMC, Osage Prairie RV Park
102b	49 Bus, **W** 🅾 same as 103
102a	US 54, Nevada, to El Dorado Springs, **W** 🅿 MFA/dsl/e85 🍴 54 Cafe, Rodeo Grill 🅾 Centennial Park, Highly Tires
101	Rd K, Nevada, to Camp Clark, **E** 🅿 Conoco/dsl, **W** 🅿 Hot Spot/dsl, Murphy USA/dsl, 🅿Pilot/dsl/scales/24hr 🍴 Burger King, Buzz's BBQ, Chinese Chef, Pizza Hut, Sonic, Subway 🛏 Best Value Inn, Country Inn&Suites, Holiday Inn Express, Nevada Inn, Super 8 🅾 AutoZone, Chrysler/Dodge/Jeep/Ford, Verizon, Walmart/Subway, Wilson Tire
95	Rd E, Milo
91	Rds DD, BB, to Bellamy
88	Rds B, N, Sheldon, Bronaugh, **E** 🅾 to Stockton Lake (33 mi)
83	Rds C, V, Irwin
80	Rds EE, DD
77	US 160, Lamar, Mindenmines, **E** 🅿 Phillips 66, Sinclair/dsl/scales/24hr 🍴 Bamboo House, KFC/Taco Bell, McDonald's, Pizza Hut, Sonic, Subway, Taco Palace 🛏 Blue Top Inn, Super 8 🅾 $General, Blue Top Quiltshop, Family$, O'Reilly Parts, truck/trailer/tire repair, truckwash, **W** 🅿 Conoco/Roady's/dsl, Murphy USA/dsl 🍴 DQ 🅾 🅷, Lamar Truck/tire, Walmart
74	30th Rd
70	MO 126, Golden City, Pittsburg
66	Rds K, H, Jasper, **W** 🅿 Conoco/dsl, Judy's Trkstp/Cafe/dsl 🅾 $General
63	Rds N, M
56	Garrison Ave (from sb), to Carthage, **E** 🛏 Best Inn (2 mi)
55	Civil War Rd, to Carthage
53	MO 571 S, MO 96, MO 171 N, Central Ave, Carthage, **E** 🅿 Casey's/dsl, Phillips 66/dsl 🍴 Arby's, Boomer's BBQ, Burger King, LJ Silver, McDonald's, Sirloin Stockade, Sonic, Subway 🛏 EconoLodge 🅾 $General, Price Cutter
51	Fairview Ave, to Carthage
50	Rd HH, Fir Rd, **E** 🅿 Murphy USA, Phillips 66/McDonald's/dsl 🍴 Big Ben's BBQ, Hardee's, Iggy's Diner, Little Caesar's, Shakes Custard, Taco Bell, Wendy's 🛏 Best Western, Super 8 🅾 $General, $Tree, Aldi Foods, Chrysler/Dodge/Jeep, Ford, Lowe's, Walgreens, Walmart/Subway, **W** 🅾 🅷

⇅ INTERSTATE 49 Cont'd

Exit#	Services
49	MO 571, Garrison Ave, to Carthage (from nb)
47	Cedar Rd, **W** 🅞 Coachlight RV Ctr/Park, Mid America RV Ctr
46mm	I-44, E to Springfield, W to Joplin. **I-49 and I-44 run together 7 mi. See I-44, exit 15.**
39b	I-44, E to Springfield, W to Joplin. **I-49 and I-44 run together 7 mi. See I-44, exit 15.**
39a	Rd FF, 32nd St, **E** 🅞 Kenworth, **W** 🅖 *FLYING J*/Denny's/dsl/LP/scales/24hr/@ 🅞 Blue Beacon, Goodyear Tires/repair, Speedco
35	Rd V, Diamond, **E** 🅞 G Washington Carver NM
33	MO 175, Gateway Dr, **W** 🅖 Phillips 66/dsl/deli 🅞 Shoal Creek RV Park
30	Iris Rd
27	MO 86, to Neosho, Racine, **E** 🅖 ♥Loves/McDonald's/Subway/dsl/scales/24hr, Phillips 66/dsl
24	US 60, to Neosho, Seneca, **E** 🅖 Kum&Go/dsl/e85, Murphy USA 🍴 Burger King, Denny's, El Charro, KFC, LJ Silver, Taco Bell 🛏 Best Western, Super 8 🅞 $Tree, Lowe's, Verizon, Walmart, **W** 🅞 Whispering Woods RV Park (12 mi)
20	Rd AA
17	Rds C, B, to Goodman, **E** 🅞 truck repair
16	MO 59 (from sb), Kelley Springs
10	MO 76, to Anderson, **W** 🅖 Conoco/Subway/dsl 🛏 EconoLodge
7	Rd EE, to Pineville, Lanagan
5	Rd H, to Pineville.
	I-49 begins/ends, US 71 continues S, W 🅞 Bib Elk Camping (1 mi)

⇅ INTERSTATE 55

Exit#	Services
209mm	Missouri/Illinois state line at St. Louis, Mississippi River
209b	to I-70 W to Kansas City
209a	**W** 🅞 Busch Stadium, to Arch
208	Park Ave, 7th St, **W** 🅖 🍴 Rally's, Taco Bell, White Castle 🛏 Hilton
207c b	I-44W, Truman Pkwy, to Tulsa
207a	Gravois St (from nb), **E** 🅖 Midwest Petroleum, **W** 🍴 A-1 Chinese Wok, Jack-in-the-Box
206c	Arsenal St, **E** 🅞 Anheuser-Busch Tour Ctr, **W** 🅖 Shell/dsl
206b	Broadway (from nb), Broadway (from nb)
206a	Potomac St (from nb)
205	Gasconade, **W** 🅞 🅗
204	Broadway, **E** 🅖 Phillips 66, **W** 🅖 Conoco/dsl 🍴 Hardee's, McDonald's, Subway 🅞 Family$, O'Reilly Parts, Walgreens
203	Bates St, Virginia Ave, **W** 🅖 🅞 7-11
202c	Loughborough Ave, **W** 🍴 Burger King, China King, Little Caesar's, Qdoba, St Louis Bread Co, Starbucks 🅞 AutoZone, Firestone/auto, Lowe's Whse, Schnuck's Foods
202b	Germania (from sb)
202a	Carondelet (from nb)
201b	Weber Rd
201a	Bayless Ave, **E** 🅖 🍴 McDonald's, **W** 🅖 7-11/gas, Mobil/dsl 🍴 DQ, Jack-in-the-Box, Subway, Taco Bell 🅞 auto repair
200	Union Rd (from sb)
199	Reavis Barracks Rd, **E** 🅖 Shell/Circle K 🍴 STL BBQ
197	US 50, US 61, US 67, Lindbergh Blvd, **E** 🅖 Phillips 66 🍴 Applebee's, Arby's, Buffalo Wild Wings, ChuckeCheese, CiCi's, Dillard's, Hometown Buffet, HoneyBaked Ham, Hooters, IHOP, Imo's Pizza, KFC, Krispy Kreme, McAlister's, Noodles&Co, Penn Sta Subs, Qdoba, Starbucks, Steak'n Shake, Subway,

Exit#	Services
197	Continued
	Taco Bell, Tucker's Place, Wendy's 🛏 Holiday Inn 🅞 AT& Best Buy, Chrysler/Dodge/Jeep, CVS Drug, Dick's, Dobbs Tir Ford/Lincoln, Home Depot, JC Penney, Jo-Ann Fabrics, Macy' mall, Marshall's, NTB, Sears/auto, Verizon, vet, **W** 🅖 QT dsl 🍴 Bob Evans, Culvers, Denny's, Golden Corral, O'Cha ley's, Panda Express, Pasta House 🛏 Best Value Inn 🅞 Al Foods, AT&T, CarMax, Chevrolet, Costco/gas, Honda, Hyunda Kia, Mazda, Nissan, Target, VW
196b	I-270 W, to Kansas City
196a	I-255 E, to Chicago
195	Butler Hill Rd, **E** 🅖 Phillips 66 🛏 Hampton Inn 🅞 Advanc Parts, Walgreens, **W** 🅖 Phillips 66 🍴 Burger King, Hardee' Subway, Taco Bell, Waffle House 🅞 Schnuck's Foods, tires/repa
193	Meramec Bottom Rd, **E** 🅖 QT/dsl 🍴 Cracker Barrel 🛏 Be Western 🅞 Midwest RV Ctr
191	MO 141, Arnold, **E** 🅖 🍴 54th St Grill, Applebee's, Arby' Bandana's BBQ, Capt D's, Chick-fil-A, China King, Denny' Dunkin Donuts/Baskin Robbins, Fazoli's, Five Guys, Jac in-the-Box, Jimmy John's, Las Fuentes, Lee's Chicken, Lion Choice, LJ Silver, McDonald's, Panda Express, Papa John's, Ra ly's, Starbucks, Steak'n Shake, Super China Buffet, Taco Be Terrazza Grill, Wendy's 🛏 Drury Inn, Pear Tree Inn 🅞 Al Foods, AT&T, CVS Drug, Dobbs Tire, Gordman's, Hobby Lob by, Kohl's, NAPA, O'Reilly Parts, PetCo, Shop'n Save Food vet, Walgreens, Walmart/Subway, **W** 🅖 Phillips 66/Circle K dsl 🍴 Chili's, First Wok, Pasta House, Penn Sta Subs, Qdob St Louis Bread, Sunny St Cafe, TX Roadhouse 🛏 Woodsprin Suites 🅞 $Tree, Dierberg's Foods, GNC, Lowe's, Office Depo Petsmart, Ross, Verizon
190	Richardson Rd, **E** 🅖 BP/McDonald's, Hucks, Phillips 66/ds Shell/Circle K/dsl 🍴 Culver's, Domino's, DQ, Pizza Hut, Po derosa, Taco Bell, White Castle 🅞 $Tree, Advance Parts, Aut Tire, Firestone, Save-A-Lot Foods, URGENT CARE, **W** 🅖 Phi lips 66/dsl, Shell/Circle K/dsl 🍴 Burger King, Front Row Gri Happy Wok, Imo's Pizza, McDonald's/playplace, Mr. Goodcen Subs, Ruby Tuesday, Waffle House 🛏 Comfort Inn 🅞 7-11 Aamco, AutoZone, GNC, Home Depot, Plaza Tire, Schnuck Foods, Target, Walgreens
186	Imperial, Kimmswick, **E** 🅖 Mobil, Shell/Circle K 🍴 Big Carl BBQ, Blue Owl (1mi) 🅞 auto repair, **W** 🅖 Phillips 66/Jack in-the-Box/dsl 🍴 China Wok, Domino's, Ginono's Grill, Pap John's, Scottie's Grill, Subway 🅞 to Mastodon SP, USPO
185	rd M, Barnhart, Antonia, **W** 🅖 Phillips 66, Phillips 66/d 🅞 Karsch's Mkt, USPO, Walgreens
184.5mm	weigh sta both lanes
180	rd Z, to Hillsboro, Pevely, **E** 🅖 Mobil/dsl 🍴 Burger King Domino's, Main St BBQ, Pizza Hut, Subway, Taco Bell 🅞 $Ger eral, Queens Foods, **W** 🅖 Mr Fuel/dsl, Phillips 66/McDon ald's/dsl/scales 🛏 Super 8 🅞 auto repair, rv camping
178	Herculaneum, **E** 🅖 QT/Wendy's/dsl/scales, Shell/Circle 🍴 Cracker Barrel, DQ, Jack-in-the-Box, La Pachanga Mexica Subway 🅞 Toyota/Scion, **W** 🅞 Buick/GMC, Cadillac/Chev rolet, Ford, vet
175	rd A, Festus, **E** 🅖 Mobil, Murphy USA/dsl, Phillips 66/d 🍴 Arby's, Bob Evans, Burger King, Capt D's, China 1, Fazoli' Hibachi Grill, Imo's Pizza, Jack-in-the-Box, McDonald's/play place, Oriental Buffet, Panda Express, Papa John's, Sonic, S Louis Bread Co, Steak'n Shake, Subway, Taco Bell, Tanglefoc Steaks, White Castle 🛏 Drury Inn, Lexington 🅞 $Tree, Ad vance Parts, Aldi Foods, AT&T, AutoZone, CVS Drug, Dobbs Tir GNC, Home Depot, K-Mart, Plaza Tire, Schnuck's Foods/ga

Copyright 2018 - The Next EXIT ® 📤 = gas   🍴 = food   🏠 = lodging   ⊡ = other   📷 = rest stop

▲N INTERSTATE 55 Cont'd

175	**Continued** URGENT CARE, Walgreens, Walmart, **W** 📤 7-11/dsl, Phillips 66/Domino's/dsl 🍴 Hardee's, Jimmy John's, Ruby Tuesday, Waffle House, Whittaker's Pizza 🏠 Comfort Inn, Holiday Inn Express ⊡ Chrysler/Dodge/Jeep, Lowe's
174b a	US 67, Lp 55, Festus, Crystal City, **E** 📤 Phillips 66/dsl ⊡ 🏥
170	US 61, **W** 📤 BP/dsl/LP 🍴 Gators Grill
165	rd TT (from sb)
162	rds DD, OO
160mm	📷 nb/weigh sta sb, full ♿ facilities, litter barrels, petwalk, 🕯, 🖼, vending
157	rd Y, Bloomsdale, **E** 📤 Phillips 66/Subway, **W** 📤 💙Loves/Chester's/McDonald's/dsl/scales/24hr
154	rd O, to St Genevieve
150	MO 32, rds B, A, to St Genevieve, **E** 📤 🍴 DQ ⊡ 🏥, Hist Site (6mi), **W** 📤 Phillips 66/dsl ⊡ Hawn SP (11mi)
143	rds J, M, N, Ozora, **W** 📤 Exxon/Subway/dsl/scales/24hr 🏠 Econolodge ⊡ truckwash
141	rd Z, St Mary
135	rd M, Brewer
129	MO 51, to Perryville, **E** 📤 MotoMart/McDonald's/dsl, Phillips 66/dsl 🍴 Burger King, KFC, Ponderosa, Taco Bell ⊡ 🏥, Ford, **W** 📤 Rhodes/dsl 🍴 5 Star Chinese, China Buffet, Subway 🏠 Comfort Inn, Days Inn, Super 8 ⊡ AT&T, Buick/Chevrolet, Chrysler/Dodge/Jeep, Walmart
123	rd B, Biehle, **W** 📤 Rhodes/dsl
119mm	Apple Creek
117	rd KK, to Appleton, **E** ⊡ Ron's Grocery
111	rd E, Oak Ridge
110mm	📷 both lanes, full ♿ facilities, litter barrels, petwalk, 🕯, 🖼, vending
105	US 61, Fruitland, **E** 📤 Casey's, Phillips 66/dsl, Rhodes/dsl ⊡ $General, Purcell Tires/repair, Trail of Tears SP (11mi), **W** 📤 D-Mart/dsl 🍴 Bavarian Halle, DQ, Pizza Inn 🏠 Drury Inn
102	LaSalle Ave, E Main St
99	US 61, MO 34, to Jackson, **E** ⊡ RV camping, **W** 🍴 Delmonico's Steaks 🏠 Comfort Suites ⊡ Hill Top RV, McDowell South RV Ctr
96	rd K, to Cape Girardeau, **E** 📤 Phillips 66 🍴 Applebee's, Bob Evans, Buffalo Wild Wings, Burger King, Chick-fil-A, China Town, CiCi's Pizza, Cracker Barrel, Daddy's Cheesecake, Denny's, Dexter BBQ, DQ, El Acapulco, Firehouse Subs, Great Wall Chinese, Honey Baked Ham, IHOP, Logan's Roadhouse, O'Charley's, Olive Garden, Panera Bread, Papa Murphy's, Popeye's, Qdoba, Red Lobster, Ruby Tuesday, Ryan's, Starbucks, Steak'n Shake, Subway, Taco Bell, TX Roadhouse, Wendy's 🏠 Auburn Place, Drury Lodge/rest., Hampton Inn, Holiday Inn Express, PearTree Inn ⊡ 🏥, AT&T, Barnes&Noble, Best Buy, BigLots, CVS Drug, Hobby Lobby, JC Penney, Macy's, Old Navy, Schnuck's Foods, to SEMSU, Verizon, **W** 📤 Shell 🍴 McDonald's/playplace, Outback Steaks, Penn Sta Subs, White Castle 🏠 Drury Suites, Quality Inn ⊡ $Tree, Chrysler/Dodge/Jeep, Honda, Hyundai, Kohl's, Lowe's, Mazda, Nissan, PetCo, Plaza Tire, Sam's Club, Sears Grand, Staples, Target, TJ Maxx, Toyota, Walmart/Subway
95	MO 74 E, **E** 📤 Mercato/dsl 🏠 Candlewood Suites ⊡ URGENT CARE, **W** ⊡ Menards
93a b	MO 74 W, Cape Girardeau, **E** ⊡ diesel repair
91	rd AB, to Cape Girardeau, **E** 📤 Rhodes/dsl 🍴 Staxx Diner ⊡ Harley-Davidson, tire repair, vet, **W** ⊡ 🔧, Capetown RV Ctr

89	US 61, rds K, M, Scott City, **E** 📤 Rhodes 🍴 Burger King, Ice Cream Corner, Las Brisas Mexican, Pizza Hut, Pizza Pro, Subway ⊡ $General, Bob's Foods, Medicap Drug, NAPA, Plaza Tire/auto
80	MO 77, Benton, **E** 📤 Express/dsl, **W** 📤 Exxon/McDonald's/dsl/fireworks 🍴 Subway ⊡ antiques, winery (8mi)
69	rd HH, to Sikeston, Miner, **E** ⊡ Peterbilt, **W** ⊡ 🏥, golf
67	US 60, US 62, Miner, **E** 📤 Breaktime/dsl 🏠 Best Value Inn, Best Western, Motel 6 ⊡ Hinton RV Park, **0-2 mi W** 📤 Cenex, Hucks, Jasper's Gas, Mobil, QuickCheck 🍴 Bo's BBQ, Buffalo Wild Wings, Burger King, Dexter BBQ, El Tapatio Mexican, Lambert's Rest., Little Caesars, McDonald's, Papa Murphy's, Pizza Hut, Pizza Inn, Ruby Tuesday, Sergio's Mexican, Sonic, Subway, Taco John's, Wendy's 🏠 Comfort Inn, Country Hearth Inn, Drury Inn, PearTree Inn, Super 8 ⊡ 🏥, $General, AutoZone, Buick/Chevrolet, Cadillac/GMC, CVS Drug, Family$, Food Giant, Food Giant, Raben Tires, Sikeston Outlets/famous brands, Walgreens
66b	US 60 W, to Poplar Bluff, **3 mi W on US 61/62** 📤 Breaktime/E-85 🍴 A&W/LJ Silver, Applebee's, Arby's, China Buffet, Colton's Steaks, DQ, El Bracero Mexican, Hardee's, La Ruleta Mexican, McDonald's, Sonic, Taco Bell 🏠 Days Inn, Holiday Inn Express ⊡ $Tree, Aldi Foods, AT&T, Chrysler/Dodge/Jeep, Ford/Lincoln, GNC, JC Penney, Lowe's, O'Reilly Parts, Walmart/Subway
66a	I-57 E, to Chicago, US 60 W
59mm	St Johns Bayou
58	MO 80, Matthews, **E** 📤 TA/Taco Bell/dsl/scales/24hr/@ ⊡ to Big Oak Tree SP (24mi), truck repair, **W** 📤 ⚡FLYING J/Denny's/dsl/LP/RV dump/scales/24hr, LNG, 💙Loves/Chester's/Subway/dsl/scales/24hr ⊡ repair
52	rd P, Kewanee, **E** 📤 Mobil/BJ Trvl Ctr/BBQ/dsl
49	US 61, US 62, New Madrid, **E** ⊡ Hunter-Dawson HS (3mi)
44	US 61, US 62, Lp 55, New Madrid, **E** ⊡ hist site
42mm	📷 sb, truck parking nb, full ♿ facilities, litter barrels, petwalk, 🕯, 🖼, restrooms, vending
40	rd EE, St Jude Rd, Marston, **E** 📤 Pilot/Subway/dsl/scales/24hr 🏠 Hunter Lodge, **W** 📤 MFA 🏠 Moore's Landing Suites
32	US 61, MO 162, Portageville, **W** 📤 Casey's, Phillips 66/dsl 🍴 China King, McDonald's, Sonic, Subway ⊡ $General
27	rds K, A, BB, to Wardell, **E** ⊡ RV camping (2mi), **W** ⊡ Delta Research Ctr
20mm	Welcome Ctr, 📷 nb, full ♿ facilities, litter barrels, petwalk, 🕯, picnic table, vending
19	MO 84, Hayti, **E** 📤 Double Nickel/dsl, Pilot/Arby's/dsl/scales/24hr, Shell 🍴 KFC/Taco Bell, McDonald's, Pizza Hut 🏠 Comfort Inn/rest., M Motel ⊡ Lady Luck Casino/camping, **W** 📤 BP/dsl, Exxon/Hayti Trvl Ctr/Subway/dsl, R&P/dsl 🍴 Apple Barrel, Chubby's BBQ, Los Portales, Patty Ann's BBQ

Sidebar labels (left): **P E R R Y V I L L E**, **C A P E G I R A R D E A U**

Sidebar labels (right): **M I N E R**, **H A Y T I**

⬆N INTERSTATE 55 Cont'd

19	Continued
	🛏 Drury Inn ⭕ 🅷 $General, CarQuest, Fred's Store, Hay's Foods, repair, USPO
17b a	I-155 E, US 412, to TN
14	rds J, H, U, to Caruthersville, Braggadocio
10mm	weigh sta nb
8	US 61, MO 164, Steele, **E** ⭕ truck repair, **W** 🚪 Shell/Subway/dsl/scales 🛏 Deerfield Inn
4	rd E, to Holland, Cooter
3mm	truck parking, restrooms
1	US 61, rd O, Holland, **W** 🚪 Shell/dsl/24hr
0mm	Missouri/Arkansas state line

⬆N INTERSTATE 57

Exit#	Services
22mm	Missouri/Illinois state line, Mississippi River
18.5mm	weigh sta both lanes
12	US 62, MO 77, Charleston, **E** 🚪 *FLYING J*/Huddle House/dsl/scales/24hr 🛏 Eagle Inn ⭕ JSH Towing/repair, **W** 🚪 Casey's/dsl 🍴 Las Brisas Mexican 🛏 Super 8 ⭕ vet
10	MO 105, Charleston, **E** 🚪 Exxon/Boomland/dsl 🍴 McDonald's, Wally's Eatery ⭕ Boomland RV Park, **W** 🚪 Casey's 🍴 China Buffet, Pizza Hut, Subway 🛏 Quality Inn ⭕ city park, CountryMart Foods, Plaza Tire
4	rd B, Bertrand
1b a	I-55, N to St Louis, S to Memphis.
	I-57 begins/ends on I-55, exit 66.

⬅E INTERSTATE 64

Exit#	Services
41mm	Missouri/Illinois state line, Mississippi River
40b a	Broadway St, to Stadium, to the Arch, **N** 🛏 Hilton, Sheraton, stadium, **S** ⭕ Dobb's Tire
40c	(from wb), I-44 W, I-55 S
39c	11th St (exits left), downtown
39b	14th St, **N** 🛏 Sheraton, **S** 🚪 BP, downtown
39a	21st St, Market St (from wb), **N** 🛏 Drury Inn, Hampton Inn
38d	Chestnut at 20th St, **N** 🛏 Drury Inn, Hampton Inn
38c	Jefferson Ave, St Louis Union Sta, **N** ⭕ Joplin House, **S** 🛏 Residence Inn
38a	Forest Park Blvd (from wb), **N** 🚪 Shell
37b a	Market St, Bernard St, Grand Blvd, **N** 🚪 Shell 🍴 Del Taco 🛏 Adam's Mark Hotel, Courtyard, Drury Inn, Hampton Inn, Hyatt, Marriott
36d	Vandeventer Ave, Chouteau Ave
36b a	Kingshighway, **N** ⭕ 🅷, **S** 🚪 BP
34d c	Hampton Ave, Forest Park, **N** ⭕ museums, zoo, **S** 🚪 BP, Mobil, Phillips 66 🍴 Courtesy Diner, Hardee's, Imo's Pizza, Jack-in-the-Box, Smokin' Al's BBQ, Steak'n Shake, Subway, Taco Bell 🛏 Hampton Inn
34a	Oakland Ave, **N** 🚪 🍴 Del Taco, Subway ⭕ 🅷
33d	McCausland Ave, **N** 🚪 🍴 Del Taco
33c	Bellevue Ave, **N** ⭕ 🅷
33b	Big Bend Blvd
32b a	Eager Rd, Hanley Rd, **S** 🚪 Shell 🍴 Chick-fil-A, Chipotle, Lion's Choice, McDonald's, Panda Express, Subway ⭕ Best Buy, Dierberg's Foods, Home Depot, Petco, Petsmart, REI, Target, Trader Joe's, Whole Foods Mkt
31b a	I-170 N, **N** 🍴 Burger King, CA Pizza Kitchen, Cheesecake Factory, Five Guys, IHOP, Maggiano's, PF Chang's, St Louis Bread

31b a	Continued
	🛏 Homewood Suites ⭕ CVS Drug, Dillard's, Macy's, mal Nordstrom, Verizon, **S** 🍴 Bonefish Grill, Chick-fil-A, Subway ⭕ Dierberg's Foods, Drury Inn, Michael's, Target
30	McKnight Rd
28b	Clayton Rd (from wb)
28a	US 67, US 61, Lindbergh Blvd, **N** ⭕ Honda, **S** 🍴 Bricktops Brio Grill, Fleming's Rest., Schneithouse Rest., St Louis Bread Starbucks, Tim Hortons 🛏 Hilton ⭕ Shnuck's Foods
27	Spoede Rd
26	rd JJ, Ballas Rd, **N** ⭕ 🅷, **S** ⭕ 🅷
25	I-270, N to Chicago, S to Memphis
24	Mason Rd, **N** 🛏 Courtyard, Marriott ⭕ hwy patrol, LDS Templ
23	Maryville Centre Dr (from wb), **N** 🛏 Courtyard, Marriott
22	MO 141, **N** ⭕ 🅷, **S** 🍴 Five Guys, Hot Wok
21	Timberlake Manor Pkwy
20	Chesterfield Pkwy (from wb), same as 19b a
19b a	MO 340, Chesterfield Pkwy, Olive Blvd, **N** 🚪 BP, Shell 🍴 Charlie Gitto's, Sheridan's Custard, Taco Bell 🛏 DoubleTree Hotel Hampton Inn, Homewood Suites, Residence Inn, SpringHil Suites ⭕ Dobb's Tire, Schnucks Foods, USPO, Walgreens **S** 🚪 Mobil 🍴 California Pizza Kitchen, Cheesecake Factory Chili's, Edgewild Rest., PF Chang's, Twin Peaks 🛏 Drury Plaza Hotel, Hyatt Place ⭕ Dillard's, mall
17	Boones Crossing, Long Rd, Chesterfield Airport Rd, **N** ⭕ Prestige Outlets/famous brands, **S** 🚪 Mobil 🍴 54th St Grill, Bar Louie, Brickhouse Tavern, Buffalo Wild Wings, Cane's, Chick fil-A, Culver's, East Coast Pizza, Fox&Hound, Hardee's, IHOF Jason's Deli, Kaldi's Coffee, Lion's Choice, Longhorn Steaks McDonald's, Mimi's Cafe, Old Spaghetti Factory, Olive Garden Original Pancakes, Panda Express, Pie Five, Qdoba Mexican Red Lobster, Red Robin, SmokeHouse Rest., Sonic, St Loui Bread, St Louis Bread, Steak'n Shake, Subway, Syberg's Cafe Taco Bell, Wendy's 🛏 Courtyard, Hampton Inn, Hilton Garden ⭕ $Tree, Aldi Foods, AutoTire Care, AutoZone, Best Buy Dick's, Dobb's Tire, Firestone/auto, Ford, GNC, Gordman's Home Depot, Lowe's, Michael's, Old Navy, Petsmart, Ross Sam's Club, Target, Verizon, Walgreens, Walmart, WorldMkt
16	Long Rd (from wb)
14	Chesterfield Airport Rd (from eb), **S** 🚪 BP/dsl, Phillips 66 dsl 🛏 Comfort Inn ⭕ Premium Outlets/famous brands
13mm	Missouri River
11	Research Park Ctr Dr, **S** 🛏 Wingate Inn
10	MO 94 (from wb), **N** ⭕ Mercedes
9	rd k, O'Fallon, **N** 🚪 Mobil, QT/dsl 🍴 Arby's, Cracker Barrel Culver's, Denny's, Las Margaritas, McDonald's, Starbucks, Subway, Walnut Grill, Wendy's 🛏 Holiday Inn Express, Residence Inn, Sleep Inn, Staybridge Suites ⭕ Chevrolet, Honda, 🅷 Walgreens
6	rd DD, Wing Haven Blvd, **N** 🚪 Phillips 66 🍴 Bristol Seafood Hunan King, Massa's Italian, Outback Steaks, Subway 🛏 Hilton Garden ⭕ vet
4	rd N, **N** 🚪 Phillips 66 🍴 Qdoba Mexican, Red Robin ⭕ JC Penney, Petco, Shop'n Save, Target, **S** 🚪 Murphy USA/dsl Phillips 66 🍴 Arby's, El Maguay, Jack-in-the-Box, McDonald's Sonic, St. Louis Bread Co., Starbucks, Steak'n Shake, Subway Taco Bell, Wendy's, White Castle ⭕ $Tree, Aldi Foods, AutoZone, Dobb's Tire, Firestone/auto, GNC, Lowe's, Walmart
2	Lake St. Louis Blvd, **N** 🚪 Hucks/dsl 🍴 BC's Rest., Max&Erma's ⭕ Old Navy, Schnuck's Foods, Von Maur, Walgreens
1	Prospect Rd
0mm	I-70 E to St Louis, W to Kansas City

MO (side tab)

ST LOUIS (side tab)

CHESTERFIELD (side tab)

INTERSTATE 70

Exit#	Services
251.5mm	Missouri/Illinois state line, Mississippi River
251a	I-55 S, to Memphis, to I-44, to downtown/no return
249b	Tucker Blvd, downtown St Louis, S 🅿 Mobil/dsl
249a	I-44 W, I-55 S
248b	St Louis Ave, Branch St
248a	Salisbury St, McKinley Br, S 🅿 BP, Phillips 66
247	Grand Ave, N 🅿 BP, Phillips 66/Subway/dsl 🏨 Western Inn
246b	Adelaide Ave
246a	N Broadway, O'Fallon Park, N 🅿 Loves/McDonald's, Subway/dsl/scales/24hr, Mobil/dsl ⭕ Freightliner, truck tires
245b	W Florissant
245a	Shreve Ave, S 🅿 BP
244b	Kingshighway, S 🅿 🍽 Burger King, McDonald's, Subway ⭕ Walgreens
244a	Bircher Blvd, Union Blvd, N 🅿 BP/dsl, Mobil/dsl
243b	(243c from eb)Bircher Blvd
243a	Riverview Blvd
243	Goodfellow Blvd, N 🅿 BP, Conoco/dsl
242b a	Jennings Sta Rd, S 🏨 Western Inn
241b	Lucas-Hunt Rd, N 🅿 Shell/Circle K, 3/4 mi S 🍽 Church's, Lee's Chicken, McDonald's ⭕ Walgreens
241a	Bermuda Rd, S ⭕ Ⓗ
240b a	Florissant Rd, N 🅿 BP/McDonald's ⭕ Family$, Schnuck's Foods
239	N Hanley Rd, N 🏨 Hilton Garden, S 🅿 BP
238c b	I-170 N, I-170 S, no return
238a	N ⭕ Lambert-St Louis Airport, S 🏨 Renaissance Hotel
237	Natural Bridge Rd (from eb), S 🅿 Phillips 66, Shell 🍽 Church's, Jack-in-the-Box, Rally's, Steak'n Shake, Waffle House 🏨 Ramada Inn, Renaissance, Travelodge
236	Lambert-St Louis Airport, S 🅿 BP/dsl 🍽 Bandana's BBQ, Golden Pancake, Lombardo's Café Rafferty's Rest., Subway 🏨 Best Value Inn, Drury Inn, Econolodge, Hampton Inn, Hilton, Holiday Inn, Holiday Inn Express, Marriott, Peartree Inn, Quality Inn
235c	Cypress Rd, rd B W, N ⭕ to ✈
235b a	US 67, Lindbergh Blvd, N 🏨 Airport Plaza Hotel, S 🍽 Lion's Choice Rest., TGIFriday's 🏨 Crowne Plaza, Embassy Suites, Extended Stay America ⭕ Menard's
234	MO 180, St Charles Rock Rd, N 🅿 BP, Phillips 66/dsl 🍽 A&W/LJ Silver, Applebee's, Arby's, Chimi's Mexican, Chipotle, Fazoli's, HomeTown Buffet, Imo's Pizza, Jack-in-the-Box, Jimmy John's, LoneStar Steaks, McDonald's, New China Buffet, Pizza Hut, Ponderosa, Red Lobster, St Louis Bread, Subway, Taco Bell, Wendy's, White Castle, Ya Hala Mediterranean ⭕ Ⓗ, $Tree, Aldi Foods, AT&T, AutoZone, Best Buy, CVS Drug, Hobby Lobby, Kohl's, Lowe's, Meineke, NTB, Office Depot, Petsmart, Save-A-Lot Foods, Target, Verizon, Walgreens, Walmart/Burger King, S 🅿 🍽 IHOP, Lion's Choice ⭕ Chrysler/Dodge/Jeep, Home Depot, Schnuck's, Shamel Tires/repair, Walgreens
232	I-270, N to Chicago, S to Memphis
231b a	Earth City Expwy, N 🅿 Motomart, Phillips 66/Jack-in-the-Box/dsl 🍽 Malone's Grill, McDonald's 🏨 Candlewood Suites, Courtyard, Extended Stay America, Holiday Inn, Residence Inn, SpringHill Suites, S 🅿 Mobil 🍽 Burger King, Dave&Buster's, Subway 🏨 Holiday Inn Express, Homewood Suites, La Quinta ⭕ Hollywood Casino/Hotel, Riverport Ampitheatre
230mm	Missouri River
229b a	5th St, St Charles, N 🅿 BP, Mobil/dsl, Motomart/dsl 🍽 Bellacino's Italian, Buffalo Wild Wings, China House Buffet,

229b a	Continued
	Denny's, Dunkin Donuts, Firehouse Subs, Jack-in-the-Box, Lee's Chicken, Little Tokyo, McDonald's, Qdoba, Starbucks, TX Roadhouse, Waffle House 🏨 Best Value Inn, Best Western, Comfort Suites ⭕ Aldi Foods, Ameristar Casino, Bass Pro Shops, Gordman's, Walgreens, S 🅿 QT/dsl 🍽 Bar Louie, Cracker Barrel, Five Guys, Tuscanos Brazilian 🏨 Drury Suites, Embassy Suites, Fairfield Inn ⭕ malls
228	MO 94, to Weldon Springs, St Charles, N 🅿 Mobil/dsl, QT/dsl 🍽 Arby's, DQ, Imo's Pizza, Papa John's, Steak'n Shake ⭕ Advance Parts, AutoZone, CVS Drug, GNC, NAPA, Schnuck's, Valvoline, S 🅿 Mobil/dsl, QT 🍽 Chinese Express, ChuckECheese, Fazoli's, Gingham's Rest., Grappa Grill, Jimmy John's, McAlister's Deli, Outback Steaks, Pizza Hut, Tilted Kilt 🏨 Intown Suites ⭕ $General, access to 227, Dobb's Tire
227	Zumbehl Rd, N 🅿 Phillips 66/dsl, ZX 🍽 Culpepper's Grill 🏨 Super 8 ⭕ Ford, Lowe's, Sav-A-Lot Foods, S 🅿 BP, Hucks/dsl 🍽 Applebee's, Big Woody's BBQ, Bob Evans, Capt D's, El Mariachi Mexican, Fratelli's Ristorante, Golden Corral, Hardee's, Hoho Chinese, Jack-in-the-Box, McDonald's, Papa Murphy's, Penn Sta Subs, Shogun, Smashburger, St Louis Bread, Subway, Taco Bell 🏨 Red Roof Inn, TownePlace Suites ⭕ $Tree, access to 228, Dierberg's Foods, GNC, Jiffy Lube, Michael's, NTB, Petco, Petsmart, Sam's Club/gas, Schnuck's Foods, URGENT CARE, vet, Walgreens, Walmart
225	Truman Rd, to Cave Springs, N 🅿 Phillips 66/dsl 🏨 Hampton Inn, Rodeway Inn ⭕ Buick/GMC, Cadillac, Harley Davidson, Indian Motorcycles, Mazda, Subaru, U-Haul, VW, S 🅿 Conoco, QT 🍽 Bandanas BBQ, Burger King, Chimi's Mexican, Culver's, Denny's, Hibachi Grill, Hooters, IHOP, Jack-in-the-Box, KFC, Lion's Choice Rest., LJ Silver, Longhorn Steaks, Los Chavez Mexican, McDonald's, O'Charley's, Pasta House, Red Lobster, Steak'n Shake, Subway, Taco Bell, Thai Kitchen, Wendy's, White Castle 🏨 Country Inn&Suites, Courtyard ⭕ Ⓗ, Advance Parts, AT&T, Batteries+Bulbs, Chrysler/Dodge/Jeep, Firestone, Hobby Lobby, Home Depot, Kia, Office Depot, Shop'n Save, Target, TJ Maxx, URGENT CARE, Verizon
224	MO 370 E
222	Mid-Rivers Mall Dr, rd C, St Peters, N 🅿 QT/dsl/24hr 🍽 Burger King ⭕ CarMax, Chevrolet, Honda, Lincoln, Toyota/Scion, S 🅿 Mobil/dsl 🍽 Arby's, Bob Evans, Buffalo Wild Wings, Chili's, China Wok, Domino's, Fazoli's, HoneyBaked Ham, Joe's Crabshack, Max & Erma's, McDonald's/playplace, Olive Garden, Planet Sub, Qdoba, Red Robin, Ruby Tuesday, St Louis Bread, Steak'n Shake, Subway, Taco Bell, Wendy's 🏨 Drury Inn, Extended Stay America ⭕ Aldi Foods, Barnes&Noble, Best Buy, BigLots, Costco/gas, Dick's, Dillard's, Hyundai/Nissan/VW, JC Penney, Jo-Ann Fabrics, Kia, Macy's, Marshall's, NTB, Sears/auto, Verizon

ST LOUIS

ST PETERS

🅿 = gas 🍴 = food 🛏 = lodging Ⓞ = other Ⓡˢ = rest stop Copyright 2018 - The Next EX►

📶 INTERSTATE 70 Cont'd

Exit#	Services
220	MO 79, to Elsberry, **N** Ⓞ Cherokee Lakes Camping (7mi), **S** 🅿 7-11/gas, BP, Phillips 66/dsl 🍴 Caleco's Rest., El Mezon, Jack-in-the-Box, McDonald's/playplace, Pirrone's Pizzaria, Sonic, Subway 🛏 Days Inn Ⓞ Dierberg's Foods, O'Reilly Parts, Walgreens
219	T R Hughes Blvd, **S** 🅿 🛏 Comfort Inn
217	rds K, M, O'Fallon, **N** 🅿 Hucks/dsl 🍴 Baskin-Robbins, Burger King, Jack-in-the-Box, Piggy's BBQ, Pizza Hut/Taco Bell, Rally's, Sonic, Waffle House Ⓞ Firestone, Jiffy Lube, O'Reilly Parts, **S** 🅿 Mobil/dsl, Phillips 66/dsl 🍴 Applebee's, Arby's, Bob Evans, Cappuccino's, Domino's, Fazoli's, Golden Corral, Jimmy John's, KFC, Lion's Choice Rest., McDonald's/playplace, Pantera's Pizza, Papa John's, Pizza Hut, Red Robin, St Louis Bread, Stefanina's Pizza, Subway, TX Roadhouse, Wendy's Ⓞ Advance Parts, Aldi Foods, Auto Tire, AutoZone, CVS Drug, GNC, Home Depot, Lowe's, Meineke, Midas, Schnuck's Foods, Shop'n Save Foods, Verizon, Walgreens, Walmart
216	Bryan Rd, **N** 🛏 Super 8 Ⓞ Ford, Peterbilt, St Louis RV Ctr, **S** 🅿 Conoco, Phillips 66/Jack-in-the-Box/dsl, QT 🍴 DQ, Little Caesar's, Mr. Goodcents, Wendy's
214	Lake St Louis, **N** 🅿 Phillips 66/McDonald's/dsl, **S** 🅿 Phillips 66/dsl, Shell/Circle K 🍴 Denny's, Hardee's 🛏 Best Value Inn Ⓞ 🅗
212	rd A, **N** 🛏 Economy Inn Ⓞ Camping World, **S** 🅿 Mobil 🍴 Pizzamenti's Cafe 🛏 Regency Plaza Hotel Ⓞ Chrysler/Dodge/Jeep
210 b a	to I-64, US 40 E, US 61 S, **S** Ⓞ 🅗
209	rd Z, Church St, New Melle, **N** 🍴 DQ, **S** 🅿 Phillips 66/dsl 🍴 Stone Summit Steaks 🛏 Hampton Inn
208	Pearce Blvd, Wentzville Pkwy, Wentzville, **N** 🅿 Mobil/dsl, QT/dsl 🍴 54th St Grill, 88 China, Applebee's, Arby's, Bob Evans, Buffalo Wild Wings, Chick-fil-A, China Buffet, Culver's, Domino's, El Maguey, Fritz's Custard, Hardee's, Jack-in-the-Box, Jimmy John's, KFC, Lion's Choice, Little Caesar's, McDonald's, Olive Garden, Panda Express, Papa John's, Penn Sta., Pizza Hut, Pizza Pro, Ruby Tuesday, St Louis Bread, Starbucks, Steak'n Shake, Subway, Sunny St Cafe, Taco Bell, Waffle House, Wendy's, White Castle 🛏 Fairfield Inn Ⓞ 🅗, $General, AT&T, AutoZone, Best Buy, Chevrolet, Dick's, Dierberg's Foods, Dobb's Tire, GNC, Home Depot, Kohl's, Lowe's, Michael's, NAPA, O'Reilly Parts, Petsmart, Ross, Sam's Club/dsl, Save-A-Lot, Schnuck's Food, Target, URGENT CARE, Verizon, Walgreens, Walmart, **S** 🅿 BP/dsl 🍴 Bandana's BBQ, Chimi's FreshMex, IHOP 🛏 Super 8 Ⓞ Hyundai, Thomas RV Ctr
204mm	weigh sta both lanes
203	rds W, T, Foristell, **N** 🅿 Mr Fuel/dsl/scales, TA/BP/Pizza Hut/Popeye's/Taco Bell/dsl/scales/24hr/@ 🛏 Quality Inn, **S** 🅿 Phillips 66/McDonald's/dsl Ⓞ dsl repair
200	rds J, H, F (from wb), Wright City, **N** 🅿 Phillips 66/dsl 🍴 Ruiz Castillo's Mexican (1mi) Ⓞ $General, **S** 🅿 🍴 Subway 🛏 Super 7 Inn
199	rd J, H, F, Wright City, **N** 🅿 Shell/McDonald's/dsl Ⓞ $General, **S** 🛏 Super 7 Inn Ⓞ Volvo Trucks
198mm	Ⓡˢ both lanes, full ♿ facilities, litter barrels, petwalk, 🅲, 🛏
193	MO 47, Warrenton, **N** 🅿 Mobil/dsl, Phillips 66/Chester's/dsl 🍴 1st Wok, Applebee's, Burger King, China House, Dominos, DQ, El Jimador Mexican, Jack-in-the-Box, Little Caesar's, McDonald's, Pizza Hut, Subway, Waffle House, Wendy's 🛏 Best Value Inn, Holiday Inn Express, Super 8 Ⓞ Aldi Foods, AT&T, Mosers Foods, Walmart, **S** 🅿 BP/dsl, Conoco/dsl, Phillips 66/dsl
193	Continued 🍴 Denny's, Imo's Pizza, Papa John's, Taco Bell 🛏 Baym► Inn Ⓞ AutoZone, CarQuest, Chevrolet, NAPA, O'Reilly Pa► Walgreens
188	rds A, B, to Truxton, **S** 🅿 ⭐FLYING J/Denny's/dsl/LP/► Dump/scales/24hr 🛏 Motel 6
183	rds E, NN, Y, Jonesburg, **1 mi N** 🛏 Jonesburg Gardens Cam► ing, **S** 🅿 Phillips 66/Chester's/dsl Ⓞ USPO
179	rd F, High Hill, **S** 🛏 Colonial Inn, Motel 70
175	MO 19, New Florence, **N** 🅿 BP/dsl, Shell/dsl/24hr 🍴 Da► Jct Cafe, McDonald's 🛏 Best Inn, Best Value Inn, D► Inn Ⓞ auto repair; Stone Hill Winery/gifts (15mi)
170	MO 161, rd J, Danville, **N** 🅿 Red's/dsl Ⓞ Kan-Do RV Park, Graham Cave SP, **S** Ⓞ Lazy Day RV Park
169.5mm	truck parking
168mm	Loutre River
167mm	truck parking eb
161	rds D, YY, Williamsburg, **N** 🅿 Cranes/mkt 🍴 Marlene's Re► Ⓞ USPO
155	rds A, Z, to Calwood, **N** Ⓞ antiques
148	US 54, Kingdom City, **N** 🅿 BP/dsl, Phillips 66/Burger Kin► dsl 🍴 Taco Bell Ⓞ MO Tourism Ctr, to Mark Twain La► **S** 🅿 Gulf/Gasper's/Arby's/dsl/scales/@, Petro/Mobil/I► Skillet/dsl/scales/24hr/@, Phillips 66/dsl, Phillips 66/Subwa► dsl/scales/24hr 🍴 Denny's, McDonald's 🛏 Comfort I► Days Inn, Holiday Inn Express, Motel 6, Super 8 Ⓞ Ozarkla► Gifts, Wheeler's Truckwash
144	rds M, HH, to Hatton, **S** Ⓞ fireworks
137	rds DD, J, to Millersburg, Stephens, **S** 🍴 Ranch House B► Ⓞ antiques, Freightliner, to Little Dixie WA (4mi)
133	rd Z, to Centralia, **N** Ⓞ Camping World RV Ctr
131	Lake of the Woods Rd, **N** 🅿 BP, Phillips 66/Subway/dsl 🍴 Buckingham BBQ, George's Rest, Sonic 🛏 Super 8 Ⓞ H► ley-Davidson, **S** 🅿 Conoco/dsl 🍴 Jimmy John's 🛏 Holiday ►
128a	US 63, to Jefferson City, Columbia, **N** 🅿 CNG, Mobil/► QT 🍴 Bandanas BBQ, Bob Evans, Burger King, China Garde► Cracker Barrel, Golden Corral, Hooters, KFC, McDonald's, Piz► Hut, Ruby Tuesday, Steak'n Shake, Taco Bell, Wendy's, Wh► Castle 🛏 Best Western, Fairfield Inn, Hampton Inn, Hilt► Garden, Red Roof Inn, Residence Inn, SpringHill Suites, Sup► 8 Ⓞ Bass Pro Shop, Home Depot, Menard's, Pine Grove ► Park, **S** 🅿 BreakTime/dsl 🍴 Applebee's, Baskin-Robbi► Chili's, Chipotle Mexican, CiCi's, Culver's, El Maguey, Fi► house Subs, Five Guys, Freddy's, Good Cents Subs, Houlihan► IHOP, Kobe Japanese, Little Caesar's, Longhorn Steaks, Pa► da Express, Panera Bread, Sonic, Starbucks, Subway, TGIF► day's 🛏 Country Inn&Suites, Drury Plaza, Motel 6, Quality In► Ramada, Staybridge Suites, Suburban Inn, Wingate Inn Ⓞ ► $Tree, HyVee Foods, Lowe's/Subway, Patricia's Foods, San► Club, Staples, Verizon, Walmart/McDonald's
128	Lp 70 (from wb), Columbia, **N** 🅿 Shell 🍴 Hardee's Ⓞ Ho► da, **S** 🛏 Eastwood Motel Ⓞ 🅗, Big O Tire, NAPA, same ► 128a
127	MO 763, to Moberly, Columbia, **N** 🍴 Waffle House 🛏 Budg► Host Ⓞ Chrysler/Dodge/Jeep, Fiat, Hyundai, Mazda, Toyot► Scion, transmissions, VW, **S** 🅿 Phillips 66/dsl 🛏 Super 7 Mo►
126	MO 163, Providence Rd, Columbia, **N** 🅿 Phillips 66/► 🍴 Country Kitchen 🛏 Quality Inn, Red Roof Inn Ⓞ Ca► Quest, McKnight Tire, same as 127, **S** 🅿 BreakTime/► 🍴 Burger King, Carlito's Mexican, Church's, DQ, LJ Silv► McDonald's, Pizza Hut, Subway, Taco Bell Ⓞ 🅗, AutoZon► Buick/Cadillac/Chevrolet/GMC, Nissan, O'Reilly Parts

MO

O'FALLON

WENTZVILLE

WARRENTON

COLUMBIA

↑E INTERSTATE 70 Cont'd

Exit#	Services
125	Lp 70, West Blvd, Columbia, **N** 🛏 Comfort Suites, **S** 🍴 Phillips 66/dsl 🍴 Agave Mexican, Cheddar's, Domino's, Fazoli's, Imo's Pizza, JJ's Cafe, Olive Garden, Teppanyaki Grill 🛏 Days Inn 🅾 Aldi Foods, BMW, Firestone/auto, Kia, Mercedes, Mosers Foods, same as 124, Subaru, U-Haul, vet
124	MO 740, rd E, Stadium Blvd, Columbia, **N** 🛏 Extended Stay America, **S** 🍴 BreakTime, Phillips 66/dsl 🍴 Applebee's, ChuckECheese, Denny's, Five Guys, Hardee's, Jazz Kitchen, KFC, Lee's Chicken, McDonald's, Pancheros, Panera Bread, Pizza Hut, Red Lobster, Ruby Tuesday, Smokehouse BBQ, Sports Zone Grill, Steak'n Shake, Subway, Taco Bell, TX Roadhouse, Wendy's 🛏 Best Value Inn, Drury Inn, Holiday Inn, La Quinta, Royal Inn 🅾 $Tree, AT&T, Barnes&Noble, Best Buy, Dick's, Dillard's, Ford, Hobby Lobby, JC Penney, mall, Marshalls, Michael's, Natural Grocers, Old Navy, O'Reilly Parts, PetCo, Petsmart, same as 125, Sears/auto, Target, to U of MO, URGENT CARE, Verizon
122mm	Perche Creek
121	US 40, rd UU, Midway, **N** 🍴 Midway/dsl/rest., Phillips 66 🛏 Budget Inn 🅾 tires/repair, **S** 🅾 golf
117	rds J, O, to Huntsdale, Harrisburg
115	rd BB N, Rocheport, **N** 🅾 to Katy Tr SP, winery
114.5mm	Missouri River
111	MO 98, MO 179, to Wooldridge, Overton, **S** 🍴 Cenex/dsl/repair 🅾 RV Park
106	MO 87, Bingham Rd, to Boonville, **S** 🍴 Cenex/dsl
104mm	🆁🆂 both lanes, full 🚻 facilities, litter barrels, petwalk, 🕻, 🎡, vending
103	rd B, Main St, Boonville, **N** 🍴 Breaktime, Casey's/dsl, Murphy USA/dsl 🍴 China One Buffet, La Hacienda Mexican, McDonald's, Pizza Hut, Sonic, Subway, Taco Bell 🛏 Days Inn, Super 8 🅾 🏥, NAPA, RV Express Camping, to Katy Tr SP, Walmart/Subway, **S** 🍴 Cenex/dsl 🍴 Rte B Cafe 🛏 QT Inn 🅾 Buick/Chevrolet/GMC
101	US 40, MO 5, to Boonville, **N** 🍴 ▦▦▦▦▦/Wendy's/dsl/24hr 🍴 Arby's 🛏 Comfort Inn, Holiday Inn Express, Isle of Capri Hotel (3mi) 🅾 Buick/Cadillac/Chevrolet/GMC, Ford, Russell Stover Candies, **S** 🍴 ◀Loves▶/Hardee's/scales/dsl/24hr 🅾 to Lake of the Ozarks
98	MO 41, MO 135, Lamine, **N** 🅾 tires, to Arrow Rock HS (13mi), **S** 🍴 Conoco/Ma's Kettle/dsl, Settlers/dsl 🅾 repair
93mm	Lamine River
89	rd K, to Arrow Rock, **N** 🅾 to Arrow Rock HS
84	rd J, **N** 🍴 truck repair, Valero/DQ/Stuckey's
78b a	US 65, to Marshall, **N** 🍴 Conoco/dsl 🅾 fireworks, RV Park
77mm	Blackwater River
74	rd YY, **N** 🍴 Cenex/Betty's/cafe/dsl/repair/24hr 🛏 Welcome Motel
71	rds EE, K, to Houstonia
66	MO 127, Sweet Springs, **N** 🅾 🏥, **S** 🍴 BreakTime/dsl, Casey's/dsl 🍴 Brownsville Sta Rest. 🛏 Night Inn, Super 8 🅾 $General, Bumper Parts
65.5mm	Davis Creek
62	rds VV, Y, Emma
58	MO 23, Concordia, **N** 🍴 TA/Country Pride/Subway/dsl/scales/24hr/@ 🍴 El Patron, McDonald's 🅾 $General, Bratchers Mkt, truck/RV wash, **S** 🍴 Breaktime/dsl, Casey's/dsl, Cenex/dsl 🍴 Dempsey's BBQ, Pizza Hut 🛏 Best Value Inn, Budget Inn, Days Inn 🅾 Bumper Parts
57.5mm	🆁🆂 both lanes, full 🚻 facilities, litter barrels, petwalk, 🕻, 🎡, vending

Exit#	Services
52	rd T, Aullville
49	MO 13, to Higginsville, **N** 🍴 Casey's/dsl, ▦▦▦/McDonald's/Subway/dsl/scales/24hr 🛏 Camelot Inn/rest. 🅾 to Confederate Mem, **S** 🛏 Super 8 🅾 Great Escape RV Park
45	rd H, to Mayview
43mm	weigh sta both lanes
41	rds O, M, to Lexington, Mayview
38	MO 131 (from wb), Odessa, **S** 🍴 BP/dsl, Phillips 66/dsl, Shell 🍴 McDonald's, Pizza Hut, Sonic, Subway, Taco John's, Thompson's Country Kitchen 🅾 $General Mkt, $Tree, camping, O'Reilly Parts, same as 37
37	MO 131, Odessa, **N** 🅾 Country Gardens RV Park/dump, **S** 🍴 BP/dsl, Phillips 66/dsl, Shell 🍴 El Camino Real, McDonald's, Pizza Hut, Sonic, Subway, Taco John's, Thompson's Country Kitchen 🛏 Parkside Inn 🅾 $General Mkt, $Tree, fireworks, NAPA, O'Reilly Parts, same as 38, Sunrise Mkt
35mm	truck parking both lanes
31	rds D, Z, to Bates City, Napoleon, **N** 🅾 Bates City RV Camping, **S** 🍴 Valero/dsl 🍴 Bates City BBQ 🅾 fireworks
29.5mm	Horse Shoe Creek
28	rd H, rd F, Oak Grove, **N** 🍴 TA/Country Pride/Popeye's/dsl/scales/24hr/@ 🛏 Oak Grove Inn 🅾 Blue Beacon, KOA, **S** 🍴 Casey's, Petro/BP/Iron Skillet/DQ/Wendy's/scales/dsl/@, QT/dsl 🍴 China Buffet, Hardee's, KFC/Taco Bell, McDonald's, PJ's Rest., Subway, Waffle House 🛏 EconoLodge 🅾 Cash Saver Foods, Lake Paradise RV/Camping (9mi), O'Reilly Parts, SpeedCo Lube, Walgreens, Walmart
24	US 40, rds AA, BB, to Buckner, **N** 🍴 Casey's/dsl 🍴 Papa Murphy's 🛏 Best Value Inn, Comfort Inn 🅾 LifeStyle RV Ctr, vet, Walmart Mkt, **S** 🍴 Conoco/Subway/dsl/scales/24hr 🍴 McDonald's, Sonic 🅾 Advance Parts, Trailside RV Park/Ctr
21	Adams Dairy Pkwy, **N** 🅾 Camping World RV Ctr (1mi), **S** 🍴 Murphy USA/dsl, Phillips 66/Burger King/dsl 🍴 Arby's, Cane's, Chick-fil-A, Chipotle Mexican, Five Guys, Jersey Mike's, Olive Garden, Panda Express, Panera Bread, Pepper Jax Grill, Planet Sub, Sonic, Subway, Taco Bell, TX Roadhouse 🛏 Courtyard 🅾 AT&T, GNC, Gordman's, Home Depot, Kohl's, Michael's, NTB, PetCo, Ross, Target, TJ Maxx, Verizon, Walmart
20	MO 7, Blue Springs, **N** 🍴 Phillips 66/dsl, QT/dsl 🍴 Backyard Burger, Bob Evans, China 1, Custard's, Dunkin Donuts, Goodcents Subs, Minsky's Pizza, Papa Murphy's, Rancho Grande, Sonic, Subway 🛏 Best Value Inn, Days Inn, Econolodge, Rodeway Inn 🅾 $General, Ace Hardware, CVS Drug, NAPA, O'Reilly Parts, PriceChopper Foods, Walgreens, Walmart Mkt, **S** 🍴 BP/dsl, QT, Valero/dsl 🍴 Applebee's, Big Biscuit, Denny's, Firehouse Subs, Jack-in-the-Box, Jimmy John's, KFC, LJ Silver, McDonald's, Original Pizza, Starbucks, Subway, Taco Bell, Taco Bueno, Wendy's, Winsteads Cafe, Zarda's BBQ 🛏 Hampton Inn,

Side labels: BOONEVILLE   CONCORDIA   ODESSA   BLUE SPGS

INTERSTATE 70 Cont'd

20	Continued
	Quality Inn 🅞 🅗, Advance Parts, Aldi Foods, AutoZone, BigLots, Chevrolet, Firestone/auto, Goodyear/auto, Hobby Lobby, Hy-Vee Foods/gas, Office Depot, Russell Stover, transmissions, URGENT CARE
18	Woods Chapel Rd, **N** 🅛 La Quinta, Motel 6, Super 8, Welcome Inn 🅞 Harley-Davidson, **S** 🅖 Conoco/dsl, Phillips 66/dsl, QT, QT (2) 🅕 China Kitchen, KFC/Taco Bell, Las Playas Mexican, McDonald's, Pizza Hut, Sonic, Subway, Taco John's, Waffle House 🅞 CVS Drug, Ford, Hyundai, Nissan, same as 20
17	Little Blue Pkwy, 39th St, **N** 🅖 QT/dsl 🅕 Buffalo Wild Wings, Coldstone, Hereford House, Jimmy John's, Joe's Crabshack, On the Border, Saints Grill, Sonic, Twin Peaks 🅛 Hilton Garden 🅞 🅗, mall entrance, Menard's, World Mkt, **S** 🅖 🅕 Arby's, BD Mongolian, Carrabba's, Chipotle Mexican, Corner Cafe, Culver's, Golden Corral, Hooters, IHOP, Kobe Steaks, McDonald's, Outback Steaks, Panera Bread, Pie Five, Qdoba, Red Robin, Subway 🅛 Comfort Suites, Drury Inn, Holiday Inn Express, My Place 🅞 Candlewood Suites, Carmax, Costco/gas, Lowe's
16mm	Little Blue River
15b	MO 291 N, Independence, **1 exit N on 39th St** 🅕 Phillips 66, QT 🅕 54th St Grill, Applebee's, Burger King, Chick-fil-A, Chili's, ChuckECheese, Famous Dave's, Fazoli's, Logan's Roadhouse, Longhorn Steaks, McDonald's, Noodles&Co, Perkins, Smokehouse BBQ, Starbucks, Taco Bell, Zio's Italian 🅛 Fairfield Inn, Residence Inn, Staybridge Suites 🅞 🅗, AT&T, AutoZone, Barnes&Noble, Best Buy, Dick's, Dillard's, JC Penney, Jo-Ann, Kohl's, Macy's, mall, Marshalls, NTB, Petsmart, Ross, Sam's Club/gas, Sears/auto, Target, Walmart
15a	I-470 S, MO 291 S, to Lee's Summit, same as 14
14	Lee's Summit Rd, **1 mi N** 🅕 Longhorn Steaks, **S** 🅕 Tesla EVC 🅕 Cheddar's, Cracker Barrel, Los Cabos, Old Chicago, Pizza Ranch, Slim Chickens 🅛 Stoney Creek Hotel 🅞 Bass Pro Shops, Duluth Trading, Hobby Lobby, Home Depot
12	Noland Rd, Independence, **N** 🅖 Conoco/dsl, QT, Shell 🅕 China Town, Denny's, Domino's, Hardee's, Mr Goodcents, Pizza St, Sheridan's Custard, Sonic, Subway 🅛 Best Western, Super 8 🅞 $General, Advance Parts, Buick/GMC/Cadillac, Chevrolet, Chrysler/Jeep, CVS Drug, Firestone/auto, Ford, Office Depot, to Truman Library, TrueValue, Walgreens, Walmart Mkt, **S** 🅕 Phillips 66/Kicks 🅕 Arby's, Bandana's BBQ, Baskin Robbins, Burger King, HoneyBaked Ham, KFC/Taco Bell, Krispy Kreme, Ma Ma Garden, McDonald's, Olive Garden, Pizza Hut, Quiznos, Red Lobster, Ruby Tuesday, Steak'n Shake, Wendy's 🅛 American Inn, Best Value Inn, Days Inn, Quality Inn, Red Roof Inn 🅞 $Tree, BigLots, GNC, Gordman's, HyVee Foods/gas, Old Time Pottery, Petco, PriceChopper Mkt, Tires+, U-Haul
11	US 40, Blue Ridge Blvd, Independence, **N** 🅖 🅕 A&W/LJ Silver, La Fuentes, Rosie's Cafe, Sonic, Subway, V's Italian, **S** 🅖 7-11, BP, Murphy USA/dsl, Sinclair 🅕 Applebee's, Big Boy Burgers, Chipotle Mexican, Church's, East Buffet, Firehouse Subs, IHOP, McDonald's, Papa John's, Samurai Chef, Starbucks 🅞 Family$, GNC, Lowe's, O'Reilly Parts, Verizon, vet, Walmart/Subway
10	Sterling Ave (from eb), same as 11
9	Blue Ridge Cutoff (from wb), **N** 🅕 Denny's 🅛 Drury Inn, Holiday Inn, Woodspring Suites, **S** 🅖 BP, Phillips 66/Subway 🅕 Taco Bell 🅛 Sheraton 🅞 Sports Complex
8b a	I-435, N to Des Moines, S to Wichita
7b	Manchester Trafficway
7mm	Blue River

7a	US 40 E, 31st St
6	Van Brunt Blvd, **N** 🅖 7-11, Phillips 66/dsl, **S** 🅖 🅕 Mcald's, Pizza Hut 🅞 NAPA, VA 🅗
5c	Jackson Ave (from wb)
5b	31st St (from eb)
5a	27th St (from eb)
4c	23rd Ave
4b	18th St
4a	Benton Blvd (from eb), Truman Rd, **N** 🅖 Super Stop/Wendy's dsl 🅕 Subway 🅞 Advance Parts, Save-A-Lot Foods
3c	Prospect Ave, **N** 🅖 🅕 Church's, **S** 🅕 McDonald's
3b	Brooklyn Ave (from eb), **N** 🅖 🅕 Church's, Gates BBQ **S** 🅕 McDonald's
3a	Paseo St, **S** 🅖 BP/dsl 🅞 tires
2m	US 71 S, downtown
2l	I-670, to I-35 S
2j	11th St, downtown
2g	I-29/35 N, US 71 N, to Des Moines
2h	US 24 E, downtown
2e	MO 9 N, Oak St, **S** 🅖 Phillips 66 🅛 Marriott
2d	Main St, downtown
2c	US 169 N, Broadway, **S** 🅕 Phillips 66 🅛 Marriott
2b	Beardsley Rd
2a	I-35 S, to Wichita
0mm	Missouri/Kansas state line, Kansas River

INTERSTATE 270 (St Louis)

Exit#	Services
15b a	I-55 N to Chicago, S to St Louis. **I-270 begins/ends in Illinois on I-55/I-70, exit 20.**
12	IL 159, to Collinsville, **1 mi N** 🅖 Conoco, QT/dsl 🅕 Applebee's, Denny's, DQ, Hardee's, IHOP, Jack-in-the-Box, Jimmy John's, KFC, Little Caesar's, Papa John's, Subway 🅞 Aldi Foods, AT&T, Chrysler/Dodge/Jeep, Home Depot, Lowe's, PetsMart, Sam's Club/dsl, Walgreens, Walmart, **S** 🅞 🅗
9	IL 157, to Collinsville, **N** 🅕 Quality Inn, **S** 🅖 BP/dsl 🅛 Hampton Inn
7	I-255, to I-55 S to Memphis
6b a	IL 111, **N** 🅖 ⚑FLYING J/Denny's/dsl/scales/24hr 🅕 Henry House Rest. 🅛 Motel 6 🅞 Blue Beacon/scales, Speedco truck/trailer repair, **S** 🅖 Mobil/dsl 🅕 Denny's, McDonald's/playplace, Taco Bell 🅛 Best Western, Days Inn, Fairfield Inn, La Quinta, Super 8 🅞 to Pontoon Beach
4	IL 203, Old Alton Rd, to Granite City
3b a	IL 3, **N** 🅞 Riverboat Casino, **S** 🅕 Phillips 66 🅕 Hardee's, Waffle House 🅛 Budget Motel, EconoLodge, Economy Inn, Sun Motel 🅞 KOA, MGM Camping
2mm	Chain of Rocks Canal
0mm	Illinois/Missouri state line, Mississippi River
34	Riverview Dr, to St Louis, **N Welcome Ctr/🆁🆂 both lanes, full facilities, info, litter barrels,** 🅲, 🚾, 🅕 Moto Mart/Subway
33	Lilac Ave, **N** 🅞 USPO, **S** 🅖 Phillips 66/Jack-in-the-Box/dsl, QT/dsl/scales/24hr 🅕 Hardee's
32	Bellefontaine Rd, **N** 🅖 Shell/Circle K 🅕 China King, McDonald's, Pizza Hut, Steak'n Shake 🅛 Budget Inn 🅞 Advance Parts, Family$, Firestone/auto, Schnuck's Foods, **S** 🅖 🅕 White Castle 🅞 Aldi Foods
31b a	MO 367, **N** 🅖 BP, QT/dsl 🅕 Jack-in-the-Box, Little Caesar's, McDonalds, Subway, Taco Bell 🅞 🅗, $General, CVS Drug, Family$, Shop'n Save Foods, U-Haul, Walgreens
30b a	Hall's Ferry Rd, rd AC, **N** 🅖 Conoco/dsl, QT/dsl, Shell/dsl 🅕 Applebee's, Capt. D's, White Castle 🅛 Knights Inn

MO · KANSAS CITY · INDEPENDENCE

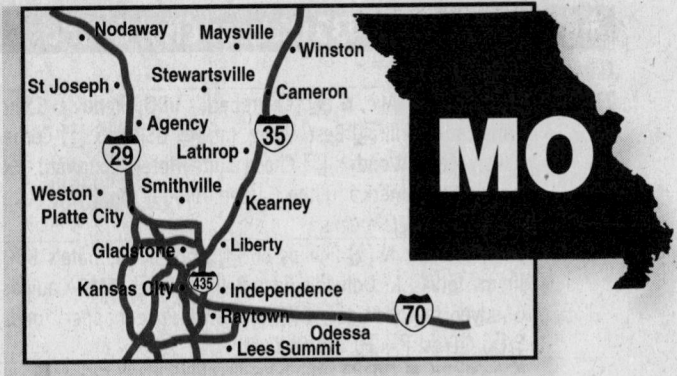

INTERSTATE 270 (St Louis) Cont'd

30b a   Continued

Ford/Lincoln, Kia, **S** BP/dsl, Conoco, Phillips 66 China Wok, Church's, Cracker Barrel, IHOP, Steak'n Shake, Subway AutoZone, Home Depot, Meineke, O'Reilly Parts, Shop'n Save Foods

29   W Florissant Rd, **N** China Moon, Jack-in-the-Box, Lion's Choice, Pasta House $General, Aldi Foods, Dobb's Tire/auto, Family$, Firestone, GNC, Ross, **S** Phillips 66/dsl, QT/dsl Arby's, Burger King, Domino's, Hibachi Grill, Krispy Kreme, Little Caesar's, McDonald's, Starbucks $General, $Tree, AT&T, NTB, Sam's Club/gas, Walmart

28   Elizabeth Ave, Washington St, **N** Phillips 66/dsl Jack-in-the-Box, Subway, Taco Bell Chevrolet, Schnuck's Foods, Walgreens

27   New Florissant Rd, rd N, **N** Shell/Circle K CVS Drug

26b   Graham Rd, N Hanley, **N** Phillips 66/7-11/dsl Arby's, LJ Silver, Starbucks Motel 6, Quality Inn H, $Tree, **S** McDonald's Days Inn $General

26a   I-170 S

25b a   US 67, Lindbergh Blvd, **N** BP, Phillips 66, QT/dsl Bandana's BBQ, Burger King, Church's, Domino's, Five Guys, IHOP, Imo's Pizza, Jack-in-the-Box, Jimmy John's, McDonald's, Papa John's, Pizza Hut, Pueblo Nuevo Mexican, Starbucks, Subway, Taco Bell, Waffle House, Wendy's Comfort Inn, Holiday Inn Express, InTown Suites, La Quinta $General, AutoZone, Dierberg's Deli, Family$, Firestone/auto, Ford, GNC, Hyundai, NAPA, Nissan, O'Reilly Parts, Sav-a-Lot Foods, Schnuck's Foods, Toyota/Scion, Walgreens, **S** Jimmy John's Budget Inn, Crossland Suites Honda, USPO, VW

23   McDonnell Blvd, **E** Denny's, Quiznos Baymont Inn, **W** Mobil/dsl, QT/dsl Arby's, Jack-in-the-Box, Lion's Choice, McDonald's, Steak'n Shake, Subway, Taco Bell Buick/GMC

22b a   MO 370 W, to MO Bottom Rd

20c   MO 180, St Charles Rock Rd, **E** BP, Phillips 66/dsl A&W/LJ Silver, Applebees, Arby's, Chimi's Mexican, Chipotle, Fazoli's, Hometown Buffet, Imo's Pizza, Jack-in-the-Box, Jimmy John's, Lonestar Steaks, McDonald's, New China Buffet, Pizza Hut, Ponderosa, Red Lobster, St. Louis Bread, Subway, Taco Bell, Wendy's, White Castle, Ya Hala Mediterranean H, $Tree, Aldi Foods, AT&T, AutoZone, Best Buy, CVS Drug, Hobby Lobby, Kohl's, Lowe's, Meineke, NTB, Office Depot, Petsmart, Save-a-Lot, Target, Verizon, Walgreens, Walmart/Burger, **W** Bob Evans, Olive Garden, Waffle House Best Value Inn, Motel 6, Super 8

20b a   I-70, E to St Louis, W to Kansas City

17   Dorsett Rd, **E** Bandana's BBQ, Papa John's, Syberg's Grill, Waffle House Drury Inn, Hampton Inn, Homewood Suites, **W** Mobil, Phillips 66/dsl, Shell Arby's, Denny's, Firehouse Subs, McDonald's, MOD Pizza, Steak'n Shake, Subway Motel 6 GNC, Schnuck's Mkt, Walgreens

16b a   Page Ave, rd D, MO 364 W, **E** BP, QT, Shell/Circle K/dsl Hardee's, Hooters, McDonald's, Spazio Café, Starbucks Comfort Inn, Courtyard, Days Inn, DoubleTree, Extended Stay America, Extended Stay America (2), Extended Stay America (3), Fairfield Inn, Hawthorn Suites, La Quinta, Red Roof Inn, Residence Inn, Sheraton, Sonesta Suites

14   MO 340, Olive Blvd, **E** Phillips 66/dsl Applebee's, Bristol Cafe, Five Guys, Granite City, Lion's Choice Rest., McDonald's, Pasta House, Pei Wei, Pieology, Potbelly, Qdoba, Starbucks, Subway Courtyard, Drury Inn Aldi Foods, AT&T,

14   Continued

BMW/Audi/Infiniti, Chevrolet, CVS Drug, Dierberg's Mkt, Land Rover/Jaguar, Lexus, Mercedes, Verizon, **W** Coldstone, IMO's Pizza, Jet's Pizza, La Salsa, Subway, TGIFriday's H, Dierberg's Foods, Kohl's, Schnuck's Mkt, vet, Walgreens

13   rd AB, Ladue Rd

12b a   I-64, US 40, US 61, E to St Louis, W to Wentzville, **E** H

9   MO 100, Manchester Rd, **E** Bravo, Cane's, Chick-fil-A, Elephant Bar, Five Guys, Imo's Pizza, Jimmy John's, McAlister's Deli, McCormick&Schmick, McDonald's, Qdoba, Subway Barnes&Noble, Dick's, Macy's, mall, Nordstrom, Schnuck's, **W** Shell Red Robin

8   Dougherty Ferry Rd, **2 mi S** Citgo/7-11, Mobil McDonald's H

7   Big Ben Rd, **N** H

5b a   I-44, US 50, MO 366, E to St Louis, W to Tulsa

3   MO 30, Gravois Rd, **N** BP, Phillips 66 Bandana BBQ, Olive Garden, Outback Steaks Ford

2   MO 21, Tesson Ferry Rd, **N** Baskin Robbins, Jimmy John's, Joey B's, Panda Chinese, Pizza Hut, Shogun Japanese Acura, AutoZone, Buick/GMC, Dobb's Auto, O'Reilly Parts, Toyota/Scion, **S** Shell/Circle K/dsl Chevy's Mexican, Little Caesar's Dierberg's Foods, N on Lindbergh Mobil 54th St Grill, Burger King, Church's, Jack-in-the-Box, Olive Garden, Outback Steaks, Quizno's, Red Lobster, Subway, Taco Bell, TGIFriday's, Waffle House, White Castle Honda, Schnuck's Foods, Shop'n Save, Walgreens

1b a   I-55 N to St Louis, S to Memphis

INTERSTATE 435 (Kansas City)

Exit#	Services
83	I-35, N to KS City, S to Wichita
82	Quivira Rd, Overland Park, **N** Burger King, Cheddar's, Chick-fil-A, KFC, Mimi's Cafe, Outback Steaks, Sonic, Taco Bell H, AT&T, Dillard's, JC Penney, Macy's, Nordstrom's, Target, **S** Boston Mkt, Domino's, McDonald's, Subway, Taco Bell, Wendy's Extended Stay America CVS Drug, Hen House Mkt
81	US 69 S, to Ft Scott
80	Antioch Rd
79	Metcalf Ave, **N** Conoco/7-11, Phillips 66/dsl/repair Buffalo Wild Wings, Carrabba's, Chartroose Caboose, ChuckECheese, D'Bronx Pizza, Denny's, Fox&Hound, Hardee's, Hooters, Jack-in-the-Box, Jose Pepper's, Krispy Kreme, Subway Comfort Inn, Days Inn, Embassy Suites, Extended Stay America, Hampton Inn, Homewood Suites, La Quinta, Motel 6, Overland Park Place Hotel, Super 8 H, AAA, Office Depot, vet, Walmart Mkt, **S** Applebee's, McDonald's, Panera Bread Drury Inn, Marriott, PearTree Inn

🅿 = gas   🍴 = food   🛏 = lodging   🅾 = other   🆁🆂 = rest stop   Copyright 2018 - The Next EXI

◣N INTERSTATE 435 (Kansas City) Cont'd

Exit#	Services
77b a	Nall Ave, Roe Ave, **N** 🅿 🍴 Brobeck's BBQ, Freddy's, Sonic, Winstead's Grill 🛏 Best Value Inn 🅾 USPO, **S** 🍴 Corner Bakery Cafe, Wendy's 🛏 Chase Suite Hotel, Courtyard, Extended Stay America, Hilton Garden, Holiday Inn, Hyatt Place, Sheraton 🅾 Walgreens
75b	State Line Rd, **N** 🅿 Phillips 66 🍴 Applebee's, Gate's BBQ, Jimmy John's, McDonald's, Taco Bell 🅾 Buick/GMC/Cadillac, Goodyear/auto, Midas, O'Reilly Parts, PriceChopper Foods, **S** 🅿 QT/dsl 🅾 🏥, city park
75a	Wornall Rd, **N** 🅿 🍴 Applebee's, China King, Coach's Grill, Dunkin Donuts, Fuzzy's Taco Shop, McDonald's, Panera Bread, Pizza Hut, Subway 🅾 Acura, Audi, Chevrolet, Honda, Nissan, Price Chopper, Toyota/Scion, VW
74	Holmes Rd, **N** 🅿 Phillips 66/dsl 🍴 Subway, Thai House, **S** 🛏 Courtyard, Extended Stay America
73	103rd St (from wb)
71b a	I-470/US 50 E, I-49/US 71S
70	Bannister Rd, **E** 🅿 Phillips 66 🍴 Wendy's 🅾 Walgreens, **W** 🍴 Taco Bell 🅾 Firestone/auto, Home Depot
69	87th St., **E** 🅿 Conoco/dsl, QT 🍴 McDonald's 🛏 Capital Inn 🅾 Advance Parts, **W** 🛏 Days Inn
67	Gregory Blvd (same as 66a b), **W** 🅾 Nature Ctr, zoo
66	MO 350 E, 63rd st
65	Eastwood Tfwy, **W** 🅿 Conoco 🍴 Church's, McDonald's, Peachtree Rest.
63c	Raytown Rd, Stadium Dr (nb only), **E** 🅾 to Sports Complex
63b a	I-70, W to KC, E to St Louis
61	MO 78, **2 mi E** 🍴 Church's
60	MO 12 E, Truman Rd, 12th St, **E** 🅿 Phillips 66/dsl, **W** 🅿 QT
59	US 24, Independence Ave, **E** 🅿 🅾 to Truman Library, **W** 🍴 Hardee's 🅾 CarQuest
57	Front St, **E** 🅿 ⓕFLYING J/Conoco/rest/dsl/scales/24hr 🅾 Blue Beacon, Kenworth, **W** 🅿 Phillips 66/dsl, QT, Sinclair/dsl 🍴 Denny's, McDonald's, Smugglers Rest., Subway, Waffle House 🛏 Howard Johnson Plaza, Quality Inn 🅾 URGENT CARE
56mm	Missouri River
55b a	MO 210, **E** 🅿 Phillips 66/dsl 🍴 Subway 🛏 Ameristar Hotel/Casino, Motel 6 🅾 Ford/Volvo/GMC/Mercedes Trucks, Riverboat Casino
54	48th St, Parvin Rd, **E** 🅾 Funpark, **W** 🅿 🍴 All Star Grill, Taco Bell, Waffle House, Wendy's 🛏 Candlewood Suites, Comfort Inn, Crossland Suites, Days Inn, Fairfield Inn, Hampton Inn, Holiday Inn, Super 8
52a	US 69, **E** 🅿 Phillips 66/dsl, **W** 🍴 McDonald's, Pizza Hut, Subway 🅾 $General, Walgreens
52b	I-35, S to KC
51	Shoal Creek Dr, **W** 🅾 LDS Temple
49b a	MO 152 E, to I-35 N, Liberty, **2 mi E** 🍴 54th St Grill, Applebee's, Bob Evans, Buffalo Wild Wings, Cracker Barrel, Longhorn Steaks, Steak'n Shake 🛏 Best Western, Comfort Inn, Fairfield Inn, Hampton Inn, Holiday Inn Express, Super 8
47	NE 96th St
46	NE 108th St
45	MO 291, NE Cookingham Ave, **E** to I-35 N
42	N Woodland Ave
41b a	US 169, Smithville, **4 mi N** 🅿 Kum&Go 🍴 Burger King, McDonald's, Sonic 🛏 Super 8
40	NW Cookingham
37	NW Skyview Ave, rd C, **N** 🅿 Cenex (1mi), **S** 🅾 golf (3mi)

Exit#	Services
36	to I-29 S, to KCI Airport, **N** 🅿 Cenex, **S** 🛏 Extended St America, Fairfield Inn, Holiday Inn, Marriott, Microtel, Pla Hotel, Quality Suites, Sheraton, Super 8
31	I-29 N, to St Joseph, S to KC, Prairie Creek
29	rd D, NW 120th St
24	MO 152, rd N, NW Berry Rd
22	MO 45, Weston, Parkville, **E** 🍴 The Station/DiBella's Pizza/
20mm	Missouri/Kansas state line, Missouri River
18	KS 5 N, Wolcott Dr, **E** 🅾 to Wyandotte Co Lake Park
16	Donohoo Rd
15b a	Leavenworth Rd, **E** 🅿 Conoco/Subway/dsl 🛏 Comfort Sui 🅾 Woodlands Racetrack
14b a	Parallel Pkwy, **E** 🅾 Honda, Toyota/Scion, **W** 🅿 Phillips 66/ 11/Subway/dsl 🍴 Applebee's, Arby's, Bob Evans, Bryan BBQ, Carino's Italian, Chick-fil-A, Chili's, Chipotle Mexica Chuisano's Brick Oven, Culver's, Danny's Grill, Dave&Buster Five Guys, Fuddrucker's, Granite City Rest, Hooters, IHOP, Jac in-the-Box, Jose Pepper's Grill, Longhorn Sreaks, McDonald Olive Garden, Panda Express, Panera Bread, Pizza Hut, R Lobster, Sheridan's Custard, Sonic, Starbucks, Stix Asian, Ta Bell, Taco Bueno, Wendy's 🛏 Candlewood Suites, Count Inn&Suites, Holiday Inn Express, Residence Inn 🅾 AT&T, Penney, Kohl's, NTB, Old Navy, Sam's Club/dsl, Target, TJ Max Verizon, Walmart
13b a	US 24, US 40, State Ave, **E** 🍴 Frontier Steaks 🅾 wat park, **W** 🍴 Casa Agave, Famous Dave's BBQ, Lones Steaks 🛏 Best Western, Chateau Avalon, Great Wolf Lodg Hampton Inn 🅾 Cabela's, KS Race Track, Russell Stovers
12b a	I-70, KS Tpk, to Topeka, St Louis
11	Kansas Ave
9	KS 32, KS City, Bonner Springs, **W** 🅿 Phillips 66/dsl
8b	Woodend Rd, **E** 🅾 Peterbilt, **W** 🅿 Shell/Subway/dsl/scale
8.8mm	Kansas River
8a	Holliday Dr, to Lake Quivira
6c	Johnson Dr
6b a	Shawnee Mission Pkwy, **E** 🍴 Chili's, Grand Wok, IHOP, M Donald's, Pizza Hut, Subway 🅾 Aldi Foods, GNC, Home D pot, Kohl's, Lowe's, Michael's, NTB, Petsmart, Target, Walma Subway
5	Midland Dr, Shawnee Mission Park, **E** 🅿 Conoco, Phillips 66/ 11/Subway/dsl 🍴 Barley's Brewhaus, Chen's Kitchen, Egg Jose Pepper's Grill, Minsky's Pizza, Paula&Bill's Ristoran Wendy's 🛏 Hampton Inn, **W** 🍴 Hereford House 🛏 Cou yard, Holiday Inn Express
3	87th Ave, **E** 🅿 BP, Phillips 66/dsl 🍴 Freddy's, McDo ald's, Panera Bread, Papa John's, Papa Murphy's, Sonic, Tac Bell 🅾 Ace Hardware, Aldi Foods, Sprouts Mkt, Walgreen **W** 🍴 Gambino's Pizza, Grand St Cafe, Hen House Mkt, Su way 🛏 Hyatt Place
2	95th St
1b	KS 10, to Lawrence
1a	Lackman Rd, **N** 🅿 Phillips 66/dsl 🛏 Suburban Lodge
0mm	I-435 begins/ends on I-35.

NOTES

MONTANA

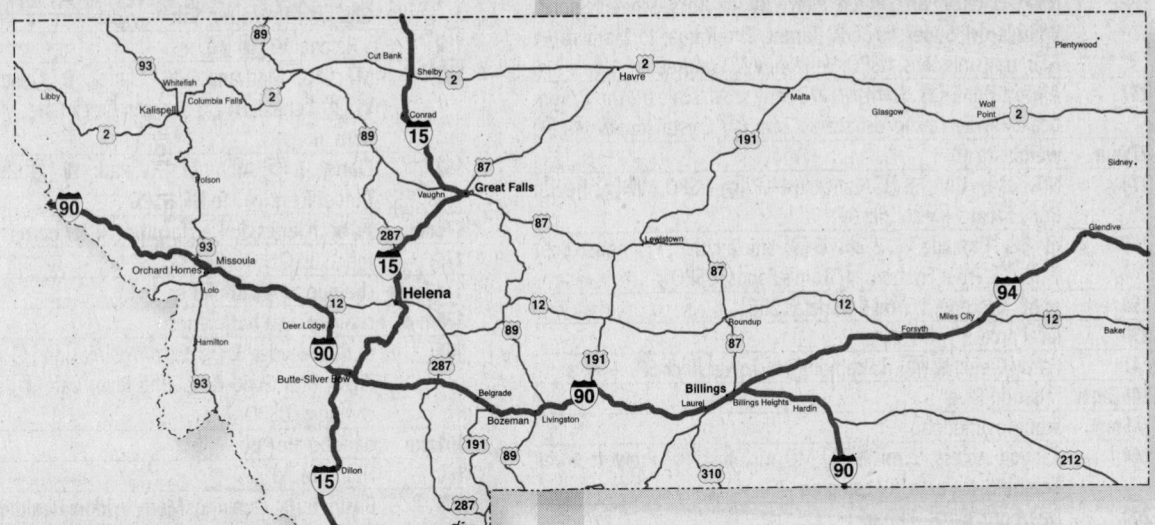

MO

MT

⬆N INTERSTATE 15

Exit#	Services
398mm	Sweetgrass, Montana/US/Canada Border
397	Sweetgrass, **W** 🆁🆂 both lanes, full 🚾 facilities, litter barrels, petwalk, 🚰, 🖾, 🅿 Gastrak 🛏 Glocca Morra Motel/cafe Ⓞ Duty Free
394	ranch access
389	MT 552, Sunburst, **W** 🅿 CFN/dsl Ⓞ Sunburst Mercantile, Sunburst RV Park, USPO
385	Swayze Rd
379	MT 215, MT 343, to Kevin, Oilmont, **W** 🍴 Four Corners Café
373	Potter Rd
369	Bronken Rd
366.5mm	weigh sta sb
364	Shelby, **E** Ⓞ Lewis&Clark RV Park, **W** Ⓞ 🅿 🔄
363	US 2, Shelby, to Cut Bank, Shelby, 0-1 mi **E** 🅿 Cenex, 🄿🄸🄻🄾🅃/Exxon/Country Skillet/dsl/scales/24hr, Sinclair/dsl 🍴 Dash Drive-In, Dixie Inn Steaks, Kowloon Chinese, Pizza Hut, Subway, The Griddle 🛏 Comfort Inn, Crossroads Inn, Glacier Motel/RV Park, O'Haire Motel Ⓞ 🏥, Albertsons, CarQuest, city park, Mark's Tire, Parts+, Shelby RV Park, TrueValue, USPO, visitor info, **W** 🛏 Best Western Ⓞ ShopKo, to Glacier NP
361mm	parking area nb
358	Marias Valley Rd, to Golf Course Rd, **E** Ⓞ camping
357mm	Marias River
352	Bullhead Rd
348	rd 44, to Valier, **W** Ⓞ Lake Frances RA (15mi)
345	MT 366, Ledger Rd, **E** Ⓞ to Tiber Dam (42mi)
339	Conrad, **E** 🆁🆂/weigh sta both lanes, full 🚾 facilities, 🖾, litter barrels, petwalk, **W** 🅿 Calumet/dsl, Cenex/dsl, Conoco/dsl, Exxon/Subway/dsl 🍴 A&W/Chester's, Home Cafe, Main Drive-In 🛏 Northgate Motel, Super 8 Ⓞ 🏥, Buick/Chevrolet/GMC, CarQuest, Conrad Tire/repair, Ford, IGA Foods, museum, Olson's Drug, Pondera RV Park, TrueValue, USPO, vet, Village Drug, Westco RV Ctr
335	Midway Rd, Conrad, **4 mi W** 🅿 gas 🍴 food 🛏 lodging Ⓞ 🏥, RV camping
328	MT 365, Brady, **W** 🅿 Mtn View Co-op/dsl Ⓞ city park, USPO
321	Collins Rd

Exit#	Services
319mm	🆁🆂 both lanes, full 🚾 facilities, litter barrels, petwalk, 🚰, 🖾, **Teton River**
313	MT 221, MT 379, Dutton, **W** 🅿 Cenex/dsl 🍴 The Drive-In Ⓞ city park, USPO
302	MT 431, Power
297	Gordon
290	US 89 N, rd 200 W, to Choteau, **W** 🅿 Conoco/dsl, Sinclair/dsl/LP/RV dump Ⓞ USPO
288mm	parking area both lanes
286	Manchester, **W** Ⓞ livestock auction, same as 290 (2mi)
282	US 87 N (from sb), NW bypass, **2-3 mi E** 🅿 Conoco/dsl, Holiday/dsl 🍴 Arby's, Buffalo Wild Wings, Burger King, Little Caesar's, McDonald's, New Peking, Subway, Taco Bell, Taco John's 🛏 Days Inn Ⓞ $Tree, Ace Hardware, Albertsons/Osco, K-Mart, O'Reilly Parts, Sam's Club/gas, ShopKo, Staples, Tire-Rama, TJ Maxx, Walgreens, Walmart
280	US 87 N, Central Ave W, Great Falls, **E** 🅿 Loaf 'N Jug/dsl 🍴 A&W/KFC, Ford's Drive-In, Lippi's Kitchen, Papa John's 🛏 Alberta Inn, Central Motel, Days Inn (3mi), Staybridge Suites Ⓞ city park, to Giant Sprgs SP, U-Haul/LP, vet, Whalen Tire
280mm	Sun River
278	US 89 S, rd 200 E, 10th Ave, Great Falls, **E** 🅿 Calumet/dsl, Cenex/dsl, Conoco/dsl, Exxon/dsl, Holiday/Subway/dsl, Sinclair/dsl, Town Pump/dsl 🍴 4B's Rest., Applebee's, Arby's, Baskin-Robbins, Beef'O'Brady's, Best Wok, Boston's Pizza, Burger King, Café Rio, Chili's, Classic 50s Diner/casino, Coldstone, DQ, Fuddrucker's, Golden Corral, Hardee's, Jaker's Rest., JB's Rest., Jimmy John's, Little Caesar's, MacKenzie River Pizza, McDonald's, Ming's Chinese, Noodle Express, Papa John's, Papa Murphy's, Pita Pit, Pizza Hut, Sonic, Starbucks, Subway, Taco Bell, Taco Del Mar, Taco John's, Taco Treat, Wendy's, Wheat MT, ZPizza 🛏 Best Western, Comfort Inn, Comfort Inn (2), Extended Stay America, Fairfield Inn, Hampton Inn, Hilton Garden, Holiday Inn, Holiday Inn Express, La Quinta, Motel 6, Super 8, Western Motel Ⓞ $Tree, Ace Hardware, Albertsons/Osco, AT&T, AT&T, AutoZone, Barnes&Noble, Big O Tire, BigLots, Cadillac/Chevrolet/Toyota, CarQuest, Chrysler/Dodge/Jeep, CVS Drug, Dick's RV Park, Firestone/auto, Ford, Gardner's RV Ctr, Harley-Davidson, Herberger's, Home Depot, Honda, JC Penney,

SHELBY

CONRAD

GREAT FALLS

⛽ = gas   🍴 = food   🛏 = lodging   Ⓞ = other   🆁🆂 = rest stop   Copyright 2018 - The Next EXIT ®

⬆N   INTERSTATE 15 Cont'd

278	Continued Jo-Ann Fabrics, KOA, Michael's, Midas, NAPA, Nissan, Old Navy, O'Reilly Parts, PetCo, Pierce RV Ctr, Ross, Scheels Sports, Smith's/dsl, Super 1 Foods, Target, Tire-Rama, to Malmstrom AFB, transmissions, USPO, Verizon, VW, Walgreens
277	Airport Rd, E ⛽ 🔷*FLYING J*/Denny's/dsl/scales/24hr, P/Conoco/Subway/casino/dsl/scales/24hr 🛏 Crystal Inn, W Ⓞ 🖼
275mm	weigh sta nb
270	MT 330, Ulm, E ⛽ Cenex/dsl/LP Ⓞ USPO, W 🍴 Beef'n Bone Steaks Ⓞ to Ulm SP
256	rd 68, Cascade, 1/2 mi E ⛽ Sinclair/dsl 🍴 Angus Bear Cafe 🛏 Trout Flyshop Ⓞ Tom's Foods, USPO
254	rd 68, Cascade, 1/2 mi E same as 256
250	local access
247	Hardy Creek, W Ⓞ RV camping, to Tower Rock SP
246.5mm	Missouri River
245mm	scenic overlook sb
244	Canyon Access, 2 mi W 🍴 MO Inn Rest. Ⓞ Prewett Creek Camping, rec area, RV camping
240	Dearborn, E Ⓞ RV park
239mm	🆁🆂 both lanes, full ♿ facilities, litter barrels, petwalk, 🅲, 🖼
238mm	Stickney Creek
236mm	Missouri River
234	Craig, E 🍴 Izaak's Cafe, Trout Shop Café/lodge 🛏 Flyshop Ⓞ boating, camping, rec area
228	US 287 N, to Augusta, Choteau
226	MT 434, Wolf Creek, E ⛽ Exxon/dsl 🍴 Oasis Café 🛏 Wolf Creek Angler Ⓞ camping, to Holter Lake, W 🍴 Frenchman&Me Café Ⓞ USPO
222mm	parking area both lanes
219	Spring Creek, Recreation Rd (from nb), Spring Creek, Ⓞ boating, camping
218mm	Little Prickly Pear Creek
216	Sieben
209	E Ⓞ to Gates of the Mtns RA
202mm	weigh sta sb
200	MT 279, MT 453, Lincoln Rd, W ⛽ Sinclair/Bob's Mkt/dsl 🍴 GrubStake Rest. Ⓞ Lincoln Rd RV Park, to ski area
194	Custer Ave, E ⛽ Conoco/dsl 🍴 Chili's, Hardee's, IHOP, Nagoya Japanese, Qdoba 🛏 Comfort Suites, Residence Inn Ⓞ Costco/gas, GNC, Hobby Lobby, Home Depot, Staples, Super 1 Foods, TJ Maxx, W ⛽ Cenex/dsl, Conoco/dsl, Exxon/dsl 🍴 Applebee's, Arby's, Buffalo Wild Wings, Burger King, DQ, Jade Garden, Mackenzie River Pizza, McDonald's, Panda Express, Papa Murphy's, Pizza Hut, Quiznos, Steve's Cafe, Subway, Taco Bell, Taco Del Mar 🛏 Holiday Inn Express Ⓞ $Tree, Albertson's, AT&T, AutoZone, CVS Drug, Helena RV Park (5mi), Jo-Ann, Lowe's, Macy's, Murdoch's, Natural Grocers, PetCo, Petsmart, Ross, ShopKo, Target, Verizon
193	Cedar St, Helena, E Ⓞ 🖼, W ⛽ Conoco/dsl, Conoco/dsl, Exxon/dsl 🍴 Godfather's, Little Caesar's, Perkins, Steffano's Pizza, Subway, Taco John's 🛏 Quality Inn, Wingate Inn Ⓞ Ace Hardware, Chevrolet/Buick/GMC, K-Mart, O'Reilly Parts, Tire Rama, USPO, vet
192b a	US 12, US 287, Helena, Townsend, E ⛽ Cenex, Conoco/dsl 🍴 Burger King, Pizza Hut 🛏 Hampton Inn Ⓞ Big Lots, Chrysler/Dodge/Jeep, D&D RV Ctr, Ford/Lincoln, Honda, Nissan, Schwab Tire, st patrol, Toyota, Walmart/Subway, W ⛽ Exxon/dsl, Holiday, Sinclair/dsl 🍴 DQ, Jimmy John's, L&D Chinese, McDonald's, Overland Express Rest., Papa John's, Papa Murphy's, Rte 12 Diner, Starbucks, Steve's Cafe, Taco John's, Taco Treat,
192b a	Continued Village Inn Pizza, Wendy's 🛏 Baymont Inn, Days Inn, Fairfield Inn, Howard Johnson, Jorgenson's Inn, La Quinta, Motel 6, Radisson, Shilo Inn, Super 8 Ⓞ 🖼, Albertson's, CVS Drug, GNC, J&J Tire/auto, Safeway/dsl, Verizon, Walgreens
190	S Helena, W Ⓞ 🖼
187	MT 518, Montana City, Clancy, E 🍴 Hugo's Pizza/casino, W ⛽ Cenex/dsl 🍴 Jackson Creek Cafe, MT City Grill 🛏 Elkhorn Inn
182	Clancy, E Ⓞ Alhambra RV Park, W 🍴 Chubby's Grill, Legal Tender Rest. Ⓞ to NF, USPO
178mm	🆁🆂 both lanes, full ♿ facilities, litter barrels, petwalk, 🅲, 🖼
176	Jefferson City, NF access
174.5mm	chainup area both lanes
168mm	chainup area both lanes
164	rd 69, Boulder, E ⛽ Exxon/dsl/casino 🍴 Elkhorn Cafe, Joe's Pizza, Mtn Good Rest., The River Café Ⓞ auto repair, RC RV camping, USPO
161mm	parking area nb
160	High Ore Rd
156	Basin, E Ⓞ camping, Merry Widow Health Mine/RV camping, W Ⓞ Basin Cr Pottery, USPO
154mm	Boulder River
151	to Boulder River Rd, Bernice, W Ⓞ camping, picnic area
148mm	chainup area both lanes
143.5mm	chainup area both lanes
138	Elk Park, W Ⓞ Sheepshead Picnic Area, wildlife viewing
134	Woodville
133mm	continental divide, elev 6368, continental divide
130.5mm	scenic overlook sb
129	I-90 E, to Billings
I-15 S and I-90 W run together 8 mi.	
127	Harrison Ave, Butte, E ⛽ Cenex/dsl, ConocoPhillips/dsl, Exxon/dsl, Exxon/dsl (2), Sinclair/dsl 🍴 A&W/KFC, Arby's, Asia Buffet, Buffalo Wild Wings, Burger King, MacKenzie River Pizza, McDonald's, MT Club Rest., Perkins, Pizza Hut, Pizza Ranch, Silver Bow Pizza, Starbucks, Subway, Taco Bell, Three Amigos, Wendy's 🛏 Best Western, Comfort Inn, Hampton Inn, Super 8 Ⓞ $Tree, American Car Care, Buick/Chevrolet/GMC, CarQuest, casinos, Chrysler/Dodge/Jeep, Ford, Hart's RV Ctr, Herberger's, Honda, Jo-Ann Fabrics, Kia, K-Mart, Murdoch's, NAPA, Petco, Rocky Mtn RV Ctr, Staples, Subaru, Toyota/Scion, Verizon, vet, Walmart/Subway, W ⛽ Cenex/dsl, Conoco/dsl 🍴 Derby Steaks, Domino's, DQ, El Taco Mexican, Hanging 5 Rest., Hardee's, John's Rest., Papa John's, Papa Murphy's, Quiznos, Royse's Burgers, Taco John's 🛏 Days Inn, Fairfield Inn, Holiday Inn Express, La Quinta, Quality Inn Ⓞ Ace Hardware, AutoZone, Lisac's Tires, O'Reilly Parts, Safeway, Walgreens
126	Montana St, Butte, E ⛽ Conoco/dsl, Exxon/dsl, W 🍴 Chef's Garden Italian 🛏 Eddy's Motel Ⓞ 🖼, Safeway, Schwab Tire
124	I-115 (from eb), to Butte City Ctr
123mm	weigh sta sb
122	Rocker, E ⛽ 🔷🔷🔷/Conoco/McDonald's/Subway/dsl/scales/24hr 🛏 Econolodge Ⓞ weight sta nb, casino, W ⛽ 🔷*FLYING J*/Exxon/rest./dsl/LP/24hr 🛏 Best Value Inn Ⓞ 2 Bar Lazy-H RV Camping
121.5	I-15 N and I-90 E run together 8 mi
121	I-90 W, to Missoula
119	Silver Bow, W Ⓞ Port of MT Transportation Hub
116	Buxton
112mm	Continental Divide, elevation 5879

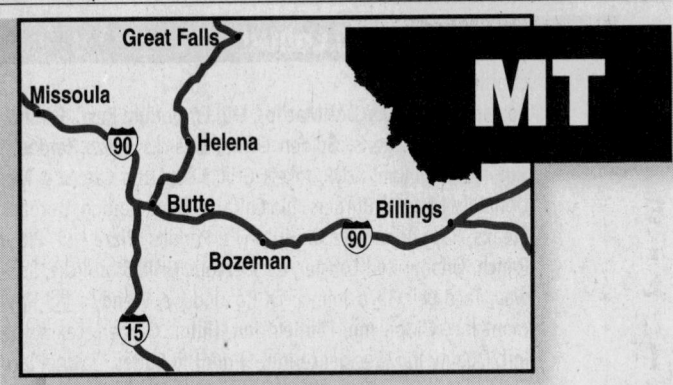

MT

INTERSTATE 15 Cont'd

Exit#	Services
111	Feely
109mm	Rs/weigh sta both lanes, full ♿ facilities, litter barrels, petwalk, ⊙, 🚮
102	rd 43, to Wisdom, Divide, **W** ⊙ rv camping (2mi), to Big Hole Nat Bfd (62mi)
99	Moose Creek Rd
93	Melrose, **W** 🍴 Hitchin Post Rest., Melrose Café/grill/dsl 🛏 Great Waters Inn (5mi), Pioneer Mtn Cabins ⊙ Sportsman Motel/RV Park, Sunrise Flyshop, USPO
85.5mm	Big Hole River
85	Glen, **E** ⊙ Willis Sta RV camping (3mi)
74	Apex, Birch Creek
64mm	Beaverhead River
63	Lp 15, rd 41, Dillon, Twin Bridges, **E** ⛽ Cenex/dsl/LP/RV Dump, Exxon/dsl, Phillips 66/dsl 🍴 Lions Den, McDonald's, Pizza Hut, Subway, Whistlestop Diner 🛏 Best Value Inn, Best Western/rest., Comfort Inn, GuestHouse Inn, Motel 6, Sundowner Motel ⊙ 🛗, auto repair/tires, Buick/Chevrolet, CarQuest, city park, Family$, KOA, Les Schwab Tire, Murdoch's, museum, NAPA, O'Reilly Parts, Safeway/dsl, W MT U
62	Lp 15, Dillon, **E** 🍴 DQ, El Toro Mexican, Sparky's Rest., Taco John's 🛏 Flyshop Inn ⊙ 🛗, KOA, Southside RV Park, to W MT U, Van's/IGA Foods
60mm	Beaverhead River
59	MT 278, to Jackson, **W** ⊙ Bannack SP, Countryside RV Park/LP
56	Barretts, **E** ⊙ RV camping, **W** ⛽ Big Sky Trkstp/RV Park
55mm	parking area sb, litter barrels
52	Grasshopper Creek
51	Dalys (from sb, no return)
50mm	Beaverhead River
46mm	Beaverhead River
45mm	Beaverhead River
44	MT 324, **E** 🍴 Buffalo Lodge ⊙ Armstead RV Park, **W** ⊙ Clark Cyn Reservoir/RA, RV camping
38.5mm	Red Rock River
37	Red Rock
34mm	parking area both lanes, litter barrels, restrooms
29	Kidd
23	Dell, **E** ⛽ Cenex/dsl 🍴 Yesterdays Calf-a ⊙ USPO
16.5mm	weigh sta both lanes
15	Lima, Rs both lanes, ♿ facilities, litter barrels, petwalk **E** ⛽ Exxon/dsl 🍴 Jan's Café 🛏 Mtn View Motel/RV Park ⊙ ambulance, Big Sky Tire/auto, Ralph's Tire, USPO
9	Snowline
0	Monida, **E** ⊙ ⊙, to Red Rock Lakes
0mm	Montana/Idaho state line, Monida Pass, elevation 6870

INTERSTATE 90

Exit#	Services
554.5mm	Montana/Wyoming state line
549	Aberdeen
544	Wyola
530	MT 463, Lodge Grass, 1 mi **S** ⛽ gas/dsl 🍴 food 🛏 lodging
517.5mm	Little Bighorn River
514	Garryowen, **N** ⛽ Conoco/Subway ⊙ Custer Bfd Museum, **S** ⊙ 7th Ranch RV camp (3mi)
511.5mm	Little Bighorn River
510	US 212 E, **N** ⛽ Conoco/café/dsl/gifts ⊙ casino, casino, 🛗, to Little Bighorn Bfd

Exit#	Services
509.5mm	weigh sta both lanes, exit left
509.3mm	Little Bighorn River
509	Crow Agency, **N** ⛽ Conoco, **S** ⊙ to Bighorn Canyon NRA
503	Dunmore
498mm	Bighorn River
497	MT 384, 3rd St, Hardin, **N** ⊙ fireworks, **S** 🛏 Western Motel ⊙ 🛗, Bighorn Cty Museum
495	MT 47, City Ctr, Hardin, **N** ⛽ Cenex/dsl, Loves/Hardee's/dsl/scales/24hr 🍴 Golden Bridge Chinese ⊙ KOA, **S** ⛽ Cenex/dsl, Exxon/dsl, FLYING J/Conoco/Subway/dsl/LP/24hr 🍴 DQ, McDonald's, Pizza Hut, Taco John's 🛏 Rodeway Inn, Super 8, Western Motel ⊙ 🛗, Chevrolet, Grand View Camping/RV Park, Sunset Village RV Park
484	Toluca
478	Fly Creek Rd
477mm	Rs both lanes, full ♿ facilities, litter barrels, petwalk, ⊙, 🚮
469	Arrow Creek Rd
462	Pryor Creek Rd
456	I-94 E, to Bismarck, ND
455	Johnson Lane, **N** ⛽ Pilot/Conoco/McDonald's/dsl/scales/24hr, **S** ⛽ FLYING J/dsl/LP/scales/24hr, Exxon/A&W/dsl 🍴 Burger King, Domino's, DQ, Jin's Chinese, Subway 🛏 Holiday Inn Express ⊙ Bretz RV Ctr, Verizon, Whalen Tire
452	US 87 N, City Ctr, Billings, 2-4 mi **N** on US 87 ⛽ Conoco/Arby's/dsl/LP 🍴 Applebee's, Arby's, Burger King, Domino's, DQ, Fuddrucker's, Godfather's, Golden Phoenix, Jimmy John's, MacKenzie River Pizza, McDonald's, Panda Express, Papa John's, Papa Murphy's, Pizza Hut, Sonic, Starbucks, Subway, Taco Bell, Taco John's, Wendy's 🛏 Boothill Inn, Country Inn&Suites, Heights Motel ⊙ Ace Hardware, Albertsons/Osco, American Spirit RV Ctr, AT&T, AutoZone, BigLots, CarQuest, Cenex/dsl, CVS Drug, GNC, Holiday/dsl, Metra Rv Ctr, O'Reilly Parts, Petsmart, Target, Tire Rama, U-Haul, Verizon, vet, Walgreens, Walmart, **S** ⛽ Cenex/dsl ⊙ RV Camping
451.5mm	Yellowstone River
450	MT 3, 27th St, Billings, **N** ⛽ Conoco/dsl 🍴 Blondy's Cafe, Pizza Hut 🛏 Doubletree, Vegas Motel ⊙ 🛗, CarQuest, city park, USPO, visitor ctr, **S** ⊙ KOA, Yellowstone River Camping
447	S Billings Blvd, **N** ⛽ Conoco/Subway/dsl, Holiday/dsl 🍴 4B's Rest., Burger King, DQ, Fiddlers Green Grill, McDonald's, Popeye's, Taco Bell 🛏 Best Western/Kelly, Comfort Suites, Days Inn, Extended Stay America, Hampton Inn, Ledgestone Hotel, My Place, Sleep Inn, Super 8 ⊙ Cabela's Sporting Goods, NAPA, Sam's Club/dsl, **S** ⊙ Freightliner, Kenworth, KOA (2mi), Yellowstone River Campground
446	King Ave, Billings, **N** ⛽ Conoco/dsl, Conoco/dsl, Holiday/dsl, Phillips 66/dsl 🍴 Applebee's, Arby's, Asian Sea Grill, Bruno's Italian, Buffalo Wild Wings, Burger King, Cactus Creek Steaks, Café Rio, Carino's Italian, ChuckECheese's, City Brew Coffee,

DILLON · **HARDIN** · **BILLINGS**

🅟 = gas 🍴 = food 🏠 = lodging 🅞 = other 🆁🆂 = rest stop Copyright 2018 - The Next EXIT

▲E INTERSTATE 90 Cont'd

446	Continued
	Coldstone, Denny's, Dos Machos, DQ, Emporium Rest., Famous Dave's, Fuddrucker's, Golden Corral, Gusicks Rest., Hardee's, HuHot Mongolian, IHOP, Jake's Grill, KFC, Little Caesar's, McDonald's, MooYah Burgers, Old Chicago, Olive Garden, Outback Steaks, Papa John's, Papa Murphy's, Perkins, Pizza Hut, Pizza Ranch, Qdoba, Red Lobster, Rendezvous Grill, Starbucks, Subway, Taco Bell, Taco John's, TX Roadhouse, Wendy's 🏠 Baymont Inn, C'Mon Inn, Fairfield Inn, Hilton Garden, Lexington Inn, Quality Inn, Residence Inn, SpringHill Suites, TownePlace Suites, Western Executive Inn 🅞 $Tree, Albertsons/Osco, AT&T, AutoZone, Barnes&Noble, Best Buy, Chevrolet, Chrysler/Dodge/Jeep, Costco/gas, Dillards, Ford, Hobby Lobby, Home Depot, JC Penney, JoAnn Fabrics, Kia, Lisac's Tire, Lowe's, Mercedes, Michael's, Natural Grocers, Nissan, Office Depot, Old Navy, O'Reilly Parts, Petsmart, Ross, ShopKo, Subaru, USPO, Verizon, vet, Walmart/Subway, World Mkt, **S** 🅟 Conoco/dsl 🍴 Cracker Barrel, Emporium Rest. 🏠 EconoLodge, Howard Johnson, Kelly Inn, La Quinta, Motel 6, Motel 6 (2), Radisson, Red Lion Inn 🅞 Volvo/Mack Trucks
443	Zoo Dr, to Shiloh Rd, **N** 🅟 Holiday/dsl 🍴 Five Guys, MT Rib/Chophouse 🏠 Bighorn Resort/waterpark, Hampton Inn, Holiday Inn Express, Homewood Suites 🅞 Honda, Hyundai/Volvo/Buick, Pierce RV Ctr, zoo, **S** 🅞 Harley-Davidson, vet
439mm	weigh sta both lanes
437	E Laurel, **S** 🅟 TA/Sinclair/cafe/dsl/scales/casino/motel/RV Park/24hr
434	US 212, US 310, to Red Lodge, Laurel, **N** 🅟 Cenex/dsl, Conoco/dsl, Exxon/dsl 🍴 Beartooth Grill, City Brew Coffee, Gauica's Mexican, Hardee's, McDonald's, Pizza Hut, Subway, Taco Bell, Taco John's 🏠 Best Western, Locomotive Inn 🅞 Ace Hardware, AutoZone, Chevrolet, CVS Drug, Ford, IGA Foods, O'Reilly Parts, Rapid Tire, Verizon, Walmart/Subway, **S** 🅞 Riverside Park/RV Camping, to Yellowstone NP
433	Lp 90 (from eb), same as 434
426	Park City, **S** 🅟 Cenex/café/dsl/24hr, KwikStop 🍴 The Other Cafe 🅞 USPO
419mm	🆁🆂 both lanes, full 🅰 facilities, litter barrels, petwalk, 🅲, 🅰
408	rd 78, Columbus, **N** 🅞 Mtn Range RV Park, **S** 🅟 Conoco, Pilot/Exxon/dsl/24hr 🍴 Bearstone Cafe, McDonald's, Subway 🏠 Big Sky Motel, Super 8 🅞 casino, city park, Family$, 🅷, IGA Foods, tires/repair, to Yellowstone
400	Springtime Rd
398mm	Yellowstone River
396	ranch access
392	Reed Point, **N** 🅟 Sure Stop/dsl 🅞 Old West RV Park, USPO
384	Bridger Creek Rd
381mm	🆁🆂 both lanes, full 🅰 facilities, litter barrels, petwalk, 🅲, 🅰
377	Greycliff, **S** 🅞 KOA, Prairie Dog Town SP
370	US 191, Big Timber, **1 mi N** 🅟 Sinclair/dsl 🏠 Grand Hotel, Lazy J Motel 🅞 🅷, Spring Creek RV Ranch (4mi), USPO, vet
369mm	Boulder River
367	US 191 N, Big Timber, **N** 🅟 Conoco/dsl, Exxon/dsl 🍴 Country Skillet 🏠 River Valley Inn, Super 8 🅞 CarQuest, Family$, historic site/visitor info, Spring Creek Camping (3mi)
362	De Hart
354	MT 563, Springdale
352	ranch access
350	East End access
343	Mission Creek Rd, **N** 🅞 Ft Parker HS

340	US 89 N, to White Sulphur Sprgs, **S** 🅞 🆕
337	Lp 90, to Livingston, **2 mi N** 🅞 services in Livingston
333mm	Yellowstone River
333	US 89 S, Livingston, **N** 🍴 Clark's Rest., DQ, Mark's In&Out, Pizza Hut, Taco John's 🏠 Budget Host, Livingston Inn, Quality Inn, Rodeway Inn, Yellowstone Pioneer Lodge 🅞 🅷, Ace Hardware, Chrysler/Dodge/Jeep, ShopKo, Town&Country Foods, True Value Hardware, Verizon, Western Drug, **S** 🅟 Cenex/dsl, Conoco/dsl, Exxon/dsl 🍴 Arby's, McDonald's, Rosa's Pizza, Subway 🏠 Comfort Inn, Super 8 🅞 Albertsons/Osco, KOA (10mi), Osen's RV Park/Lp, to Yellowstone, URGENT CARE, vet
330	Lp 90, Livingston, **1 mi N** 🅟 Cenex/Yellowstone Trkstp/dsl rest./24hr
326.5mm	chainup/chain removal area both lanes
324	ranch access
323mm	chainup/chain removal area wb
322mm	Bridger Mountain Range
321mm	turnouts/hist marker both lanes
319	Jackson Creek Rd
319mm	chainup area both lanes
316	Trail Creek Rd
313	Bear Canyon Rd, **S** 🅞 Bear Canyon Camping
309	US 191 S, Main St, Bozeman, **N** 🅞 Subaru, Sunrise RV Park, **S** 🅟 Cenex/dsl, Conoco/dsl, Exxon/dsl 🍴 MT Ale Works 🏠 Ranch House Motel, Western Heritage Inn 🅞 🅷, East Main Foods, repair, Tire Rama, to Yellowstone
306	MT 205, N 7th, to US 191, Bozeman, **N** 🅟 Cenex 🍴 McDonald's, Panda Buffet 🏠 Fairfield Inn, La Quinta, Microtel, Motel 6, Ramada, Rodeway Inn, Super 8 🅞 Murdoch's, ski area, Whalen Tire, **S** 🅟 Conoco/Arby's/dsl, Exxon 🍴 Applebee's, Bar-3 BBQ, Dominos, DQ, Famous Dave's BBQ, Papa John's, Santa Fe Red's Cafe, Taco John's, Village Inn Pizza 🏠 Best Western, Bozeman Inn, Comfort Inn, Days Inn, Hampton Inn, Holiday Inn, Homewood Suites, Royal 7 Inn 🅞 Big O Tire, Firestone/auto, Museum of the Rockies, U-Haul, Verizon, Walmart, McDonald's
305	MT412, N 19th Ave, **N** 🅟 Exxon 🏠 Mountainview Inn, 0-mi **S** 🆁🆂, full 🅰 facilities, petwalk, 🅰/litter barrels 🅟 Conoco/dsl 🍴 A&W/KFC, Buffalo Wild Wings, Carino's Italian, City Brew Coffee, Clarks Fork Rest., Corner Bakery Cafe, Five Guys, IHOP, Jimmy John's, Mongolian BBQ, Noodles&Co, Old Chicago Pizza, Olive Garden, Outback Steaks, Papa Murphy's, Starbucks, Subway, Wasabi Grill, Wendy's 🏠 C'mon Inn, Comfort Suites, Country Inn Suites, Hilton Garden, Holiday Inn Express, My Place Extended Stay, Residence Inn, Spring Hill Suites 🅞 AT&T, Costco/gas, Ford/Lincoln/RV Ctr, Home Depot, Lowe's, Michael's, Office Depot, Petsmart, REI, Ross, Smith's Foods/dsl, Staples, Target, TJMaxx, USPO, Verizon, vet, World MKT
299	Airway Blvd, **N** 🅞 🆕
298	MT 291, rd 85, Belgrade, **N** 🅟 Cenex/dsl, Exxon/Subway/dsl 🍴 Burger King, DQ, McDonald's, Papa Murphy's, Pizza Hut, Rosa's Pizza, Starbucks, Taco Bell, Taco Time 🏠 Holiday Inn Express 🅞 Albertson's/Osco, NAPA, Town&Country Foods, Verizon, Whalen Tire, **S** 🅟 FLYING J/Conoco/dsl/scales/LP, Pilot/Conoco/dsl/scales/24hr 🍴 Fiesta Mexicana 🏠 La Quinta, Quality Inn, Super 8 🅞 Freightliner, Harley-Davidson, repair, Tire Factory, to Yellowstone NP, TrueValue
292.5mm	Gallatin River
288	MT 288, MT 346, Manhattan, **N** 🅟 Conoco/Subway/dsl 🅞 RV camping

(Side margin labels: BILLINGS, MT, LIVINGSTON, BOZEMAN, BELGRADE)

INTERSTATE 90 Cont'd

Exit#	Services
283	Logan, **S** [O] Madison Buffalo Jump SP (7mi)
279mm	Madison River

Exit#	Services
278	MT 205, rd 2, Three Forks, Trident, **N** [O] Missouri Headwaters SP, **1 mi S** [gas] Conoco/dsl [food] Iron Horse Cafe [lodging] Broken Spur Motel, Lewis&Clark Motel, Sacajawea Hotel [O] CarQuest, golf
277.5mm	Jefferson River
274	US 287, to Helena, Ennis, **N** [gas] Conoco/dsl [food] Wheat MT Bakery/deli [lodging] Ft 3 Forks Motel/RV Park [O] dsl repair, to Canyon Ferry SP, **S** [gas] [food]/Exxon/Subway/dsl/scales/24hr [O] Camp 3 Forks, Lewis&Clark Caverns SP, to Yellowstone NP
267	Milligan Canyon Rd
261.5mm	**chain-up area**
257mm	Boulder River
256	MT 359, Cardwell, **S** [gas] Cenex/dsl/RV Park [O] Lewis&Clark Caverns SP, RV camping, to Yellowstone NP
249	rd 55, to rd 69, Whitehall, **S** [gas] Exxon/dsl [food] A&W/KFC, Subway [lodging] Rodeway Inn [O] casino, Cliff's Tire/auto, to Virginia City NHS
241	Pipestone
240.5mm	**chainup/chain removal area both lanes**
238.5mm	runaway ramp eb
237.5mm	pulloff eb
235mm	**truck parking both lanes, litter barrels, restrooms**
233	Continental Divide, elev 6393, Homestake
230mm	**chain-up area both lanes**
228	MT 375, Continental Dr, **S** [gas] Conoco/dsl [O] Harley-Davidson, Three Bears Foods
227	I-15 N, to Helena, Great Falls
I-90 and I-15 run together 8 mi. See Montana I-15, exits 122-127.	
123mm	**weight sta wb**
219	I-15 S, to Dillon, Idaho Falls
216	Ramsay
211	MT 441, Gregson, 3-5 mi **S** Fairmont RV Park (Apr-Oct), [food], [lodging]
210.5mm	**Pintlar Scenic route info, parking area wb**
208	rd 1, Pintler Scenic Loop, Georgetown Lake RA, Opportunity, Anaconda, **S** Rs **both lanes,full** [facilities] facilities, litter barrels, lodging, petwalk, [food], [O] [H], [food], RV camp/dump, ski area
201	Warm Springs, **S** [O] MT ST [H]
197	MT 273, Galen, **S** [O] to MT ST [H]
195	Racetrack
187	Lp 90, Deer Lodge (no wb return), 2 mi **S** [gas] Calumet/dsl [lodging] Budget Inn [O] [H], KOA (seasonal), Old MT Prison/auto museum, same as 184, Valley Foods
184	Deer Lodge, 0-1 mi **S** [gas] Conoco/dsl/casino, Exxon/dsl/casino [food] 4B's Rest., A&W, McDonald's, Pizza Hut, Yak Yak Cafe [lodging] Travelodge, Western Big Sky Inn [O] [H], city park, Grant-Kohrs Ranch NHS, Indian Creek Camping, KOA, Safeway/deli, Schwab Tire, USPO
179	Beck Hill Rd
175	US 12 E, Garrison, **N** [O] hist site, [food], RiverFront RV Park
175mm	Little Blackfoot River
174	US 12 E (from eb), **S** [food] Ranch House Cafe/RV Park, same as 175
170	Phosphate
168mm	Rs **both lanes, full** [facilities] facilities, hist site, litter barrels, petwalk, [food], [food]
166	Gold Creek, **S** [O] Camp Mak-A-Dream, USPO

Exit#	Services
162	Jens
154	to MT 1 (from wb), Drummond, **S** [gas] Cenex/dsl, Conoco/dsl [food] Parker's Rest., Wagon Wheel Café [lodging] Drummond Motel, Sky Motel, Wagon Wheel Motel [O] city park, Front St Mkt, Georgetown Lake RA, Goodtime RV Park (3mi), Pintler Scenic Lp
153	MT 1 (from eb), **N** [O] Garnet GhostTown, Goodtime RV Park (3mi), **S** same as 154
150.5mm	**weigh sta both lanes**
143mm	Rs **both lanes, full** [facilities] facilities, litter barrels, petwalk, [food], [food]
138	Bearmouth Area, **N** [O] Chalet Bearmouth Camp/rest., food, lodging, to gas
130	Beavertail Rd, **S** [O] camping (seasonal), rec area, to Beavertail Hill SP
128mm	**parking area both lanes, litter barrels/restrooms**
126	Rock Creek Rd, **S** [gas] Rock Creek Lodge/gas/casino [O] rec area
120	Clinton, **N** [gas] Conoco/dsl [food] Poor Henry's Café (1mi W on frtg rd) [O] Clinton Market, **S** [O] USPO
113	Turah, **S** Turah RV Park/gas
109.5mm	Clark Fork
109mm	Blackfoot River
109	MT 200 E, Bonner, **N** [gas] [food]/Exxon/Arby's/Subway/dsl/scales/casino/LP/24hr [food] River City Grill [O] hist site, USPO
108.5mm	Clark Fork
107	E Missoula, **N** [gas] Ole's Mkt/Conoco/diner/dsl, Sinclair [food] Reno Cafe [lodging] Aspen Motel [O] dsl repair
105	US 12 W, Missoula, **S** [gas] Cenex/dsl, Conoco/dsl, Sinclair/dsl [food] 5 Guys Burgers, Burger King, Finn &Porter Rest., McDonald's, Pizza Hut, Qdoba, Subway, Taco Bell [lodging] Budget Inn, Campus Inn, Comfort Inn, DoubleTree, Motel 6, Thunderbird Motel [O] Ace Hardware, Albertson's, Kingfisher Flyshop, O'Reilly Parts, U of MT, Verizon, Vietnam Vet's Mem
104	Orange St, Missoula, **S** [gas] Conoco/dsl [food] Pagoda Chinese, Subway, Taco John's [lodging] Best Value Inn, Red Lion Inn [O] [H], TireRama, to City Ctr
101	US 93 S, Reserve St, **N** [gas] Conoco/dsl [food] Cracker Barrel, MacKenzie River Pizza, Starbucks [lodging] Best Western, C'Mon Inn, Motel 6 [O] ski area, 0-2 mi **S** [gas] Cenex/dsl/LP, Conoco/dsl, Exxon/Subway/dsl, Sinclair/dsl [food] Arby's, Buffalo Wild Wings, Burger King, Cafe Rio, Carino's, China Bowl, Coldstone, DQ, Famous Dave's BBQ, Fuddrucker's, HoagiVille, Hooters, IHOP, Jimmy John's, Little Caesars, McDonald's, MT Club Rest./casino, Outback Steaks, Perkins, Pizza Hut, Quiznos, Rowdy's Cabin Rest., Stone Of Accord, Taco Bell, Taco Time/TCBY, Wendy's [lodging] Courtyard, EconoLodge, Hampton Inn, Hilton Garden, Holiday Inn Express, La Quinta, Quality Inn, Ruby's Inn/rest., Staybridge Suites, Super 8, TownePlace Suites, Travelers Inn [O] Albertson's, Barnes&Noble, Best Buy, Bretz RV/Marine, casinos, Chevrolet/Cadillac, Costco/gas, dsl repair, Firestone/auto, GNC, Home Depot, Lowe's, Michael's, Old Navy,

Great Falls
Missoula
Helena
Butte
Billings
Bozeman
90
15
MT

BUTTE
DEER LODGE
MISSOULA

🅟 = gas 🅕 = food 🅛 = lodging 🅞 = other 🆁🆂 = rest stop Copyright 2018 - The Next EXIT

⟨E⟩ INTERSTATE 90 Cont'd

101	Continued Petsmart, Ross, Staples, Target, TJ Maxx, Verizon, VW, Walgreens, Walmart/Subway
99	Airway Blvd, **S** 🅟 Mobil/dsl/24hr, Sinclair/dsl 🅛 Stone Creek Lodge, Wingate Inn 🅞 🚲, Chrysler/Dodge/Jeep, Harley-Davidson, Kia
96	US 93 N, MT 200W, Kalispell, **N** 🅟 Conoco/rest./dsl/scales/24hr/@, ⬥FLYING J/Exxon/McDonald's/dsl/scales/24hr 🅕 WheatMT/deli 🅛 Days Inn/rest. 🅞 Jellystone RV Park (1mi), Jim&Mary's RV Park (1mi), Peterbilt, to Flathead Lake&Glacier NP, **S** 🅟 Sinclair/dsl, TA/Sinclair/Country Pride/dsl/scales/24hr 🅛 Redwood Lodge 🅞 Kenworth
92.5mm	inspection sta both lanes
89	Frenchtown, **N** 🅞 to Frenchtown Pond SP, **S** 🅟 Conoco/dsl/café 🅕 Alcan Grill, Eugene's Cafe, Quiznos 🅞 Broncs Grocery/gas, USPO
85	Huson, **S** 🅟 gas 🅕 cafe 🅞 🅲
82	Nine Mile Rd, **N** 🅕 Mile House Rest. 🅞 food, Hist Ranger Sta/info, 🅲
81.5mm	Clark Fork
80mm	Clark Fork, Clark Fork
77	MT 507, Petty Creek Rd, Alberton, **S** 🅟 access to gas 🅕 food 🅛 lodging 🅞 🅲
75	Alberton, **N** 🅕 Cenex/dsl 🅞 USPO, **S** 🅛 River Edge Rest 🅞 casino, motel, RV camp
73mm	parking area wb, litter barrels
72mm	parking area eb, litter barrels
70	Cyr
70mm	Clark Fork
66	Fish Creek Rd
66mm	Clark Fork
61	Tarkio
59mm	Clark Fork
58mm	🆁🆂 both lanes, full ♿ facilities, litter barrels, NF camping (seasonal), petwalk, 🅲, 🅿
55	Lozeau, Quartz
53.5mm	Clark Fork
49mm	Clark Fork
47	MT 257, Superior, **N** 🅟 Conoco/dsl, Mtn West/LP 🅕 Durango's Rest./gas 🅛 Big Sky Motel, Hilltop Motel 🅞 🅷, Family Foods, Mineral Drug, NAPA, USPO, **S** 🅟 🅵🅻🆈🅸🅽🅶🅹/Exxon/dsl/casino/24hr
45mm	Clark Fork
43	Dry Creek Rd, **N** 🅞 NP camping (seasonal)
37	Sloway Area
34mm	Clark Fork
33	MT 135, St Regis, **N** 🅟 Conoco/rest/dsl/gifts, Exxon, Sinclair 🅕 Frosty Drive-In, Huck's Grill, Jasper's Rest., OK Café/casino, Subway (seasonal) 🅛 Little River Motel, St Regis Motel, Super 8 🅞 antiques, city park, Nugget Camground, St Regis Campground (seasonal), to Glacier NP, USPO
30	Two Mile Rd, **S** 🅞 fishing access
29mm	🅞 fishing access, wb
26	Ward Creek Rd (from eb)
25	Drexel
22	Camels Hump Rd, Henderson, **N** 🅞 antiques (1mi), camping (seasonal)
18	DeBorgia, **N** 🅕 O'aces Rest. 🅞 Black Diamond Guest Ranch, USPO
16	Haugan, **N** 🅟 Exxon/dsl/24hr 🅛 50000 Silver $/motel/rest./casino/RV park

15mm	weigh sta both lanes, exits left from both lanes
10	Saltese, **N** 🅛 Mangold's Motel
10mm	St Regis River
5	Taft Area, access to Hiawatha Trail
4.5mm	🆁🆂 both lanes, chainup/removal, full ♿ facilities, 🅿, litter barrels, petwalk
0	Lookout Pass, 🅞 access to Lookout Pass ski area/lodge, info
0mm	Montana/Idaho state line, Central/Pacific time zone, Lookout Pass elev 4680

⟨E⟩ INTERSTATE 94

Exit#	Services
250mm	Montana/North Dakota state line
248	Carlyle Rd
242	MT 7 (from wb), Wibaux, **S** 🆁🆂 both lanes, full ♿ facilities, litter barrels, 🅲, 🅿 🅞 Amsler's/dsl, Cenex/dsl/service 🅕 Tastee Hut 🅛 Beaver Creek Inn,
241	MT 261 (from eb), to MT 7, Wibaux, **S** same as 242
240mm	weigh sta both lanes
236	ranch access
231	Hodges Rd
224	Griffith Creek, frontage road
222.5mm	Griffith Creek
215	MT 335, Glendive, City Ctr, **N** 🅟 Cenex/dsl 🅕 C's Family Café, Penny's Diner 🅛 Astoria Suites, Comfort Inn, Days Inn, Holiday Inn Express, Oak Tree Inn, Super 8 🅞 Glendive Camping (apr-oct), museum, Running's Hardware, **S** 🅟 Exxon/dsl, Holiday/dsl 🅕 Subway 🅛 El Centro Motel, Glendive Inn, La Quinta 🅞 🅷, to Makoshika SP, Verizon
215mm	Yellowstone River
213	MT 16, to Sidney, Glendive, **N** 🅟 Town Pump/dsl/scales 🅞 s patrol, **S** 🅟 Cenex/dsl, Sinclair/dsl 🅕 Pizza Hut 🅛 Riverside Inn 🅞 Albertson's/Osco, Ford, K-Mart, NAPA, Reynolds Mkt
211	MT 200S (from wb, no EZ return), to Circle
210	Lp 94, to rd 200 S, W Glendive, **S** 🅟 Cenex/dsl, Exxon, dsl 🅞 Buick/Chevrolet, I-94 RV Park, Makoshika SP, Tire Rama
206	Pleasant View Rd
204	Whoopup Creek Rd
198	Cracker Box Rd
192	Bad Route Rd, **S** 🆁🆂/weigh sta both lanes, camping, full ♿ facilities, litter barrels, petwalk, 🅲, 🅿, weather info
187mm	Yellowstone River
185	MT 340, Fallon, **S** 🅕 café 🅞 🅲
184mm	O'Fallon Creek
176	MT 253, Terry, **N** 🅟 Cenex/dsl, Four Corners/dsl 🅕 Dizzy Diner 🅛 Kempton Hotel 🅞 🅷, museum, Terry RV Oasis
170mm	Powder River
169	Powder River Rd
159	Diamond Ring
148	Valley Access
141	US 12 E, Miles City, **N** 🅞 RV Camping
138	rd 59, Miles City, **N** 🅟 Cenex/dsl, Conoco/dsl, 🅵🅻🆈🅸🅽🅶🅹/Exxon/dsl/24hr 🅕 4B's Rest., Arby's, Black Iron Grill, Boardwalk Rest., City Brew Coffee, DQ, Gallagher's Rest., Little Caesar's, McDonald's, Mexico Lindo, MT Rib&Chophouse, Pizza Hut, Subway, Taco John's, Wendy's 🅛 Best Western, EconoLodge, Motel 6, Sleep Inn 🅞 $Tree, Ace Hardware, Albertsons/Osco, Buick/Chevrolet, casinos, Murdoch's, O'Reilly Parts, Verizon, **Walmart**, **S** 🅟 Cenex/dsl 🅕 New Hunan Chinese 🅛 Comfort Inn, Guesthouse Inn, MC Hotel, Super 8

GLENDIVE

MILES CITY

INTERSTATE 94 Cont'd

Exit#	Services
137mm	Tongue River
135	Lp 94, Miles City, N 🅞 KOA (Apr-Oct)
128	local access
126	Moon Creek Rd
117	Hathaway
114mm	🆁🆂 eb, full ♿ facilities, litter barrels, petwalk, 🅒, 🚮
113mm	🆁🆂 wb, full ♿ facilities, litter barrels, overlook, petwalk, 🅒, 🚮
106	Butte Creek Rd, to Rosebud, N 🅕 food 🅞 🅒
103	MT 446, MT 447, Rosebud Creek Rd, N 🅕 food 🅞 🅒
98.5mm	weigh sta both lanes
95	Forsyth, N 🅖 Exxon/dsl, Forsyth Watering Hole 🅕 DQ 🅛 Sundowner Inn 🅞 🅗, Ford, NAPA, to Rosebud RA, Van's/IGA, vet, S 🅞 Wagon Wheel Camping
93	US 12 W, Forsyth, N 🅖 Exxon/dsl, Forsyth Watering Hole 🅕 Fitzgerald's Rest., Top That Eatery 🅛 Rails Inn, Restwel Inn, WestWind Motel 🅞 🅗
87	rd 39, to Colstrip
82	Reservation Creek Rd
72	MT 384, Sarpy Creek Rd
67	Hysham, 1-2 mi N 🅖 gas 🅕 food 🅞 🅒
65mm	🆁🆂 both lanes, full ♿ facilities, litter barrels, petwalk, 🅒, 🚮
63	ranch access
53	Bighorn, access to 🅒

Exit#	Services
52mm	Bighorn River
49	MT 47, to Hardin, Custer, S 🅕 Ft Custer Café 🅞 camping, to Little Bighorn Bfd
47	Custer, S 🅖 Cenex/Custer Sta/dsl 🅕 Jct City Saloon/café 🅞 USPO
41.5mm	🆁🆂 wb, full ♿ facilities, litter barrels, petwalk, 🅒, 🚮
38mm	🆁🆂 eb, full ♿ facilities, litter barrels, petwalk, 🅒, 🚮
36	frontage rd, Waco
23	Pompeys Pillar, N 🅞 Pompeys Pillar Nat Landmark
14	Ballentine, Worden, S 🅕 Long Branch Café/casino
6	MT 522, Huntley, N 🅕 Pryor Creek Café/casino, S 🅕 golf
0mm	I-90, E to Sheridan, W to Billings, I-94 begins/ends on I-90, exit 456.

NOTES

Ⓖ = gas Ⓕ = food Ⓛ = lodging Ⓞ = other Ⓡˢ = rest stop Copyright 2018 - The Next EX▮

NEBRASKA

INTERSTATE 80

Exit#	Services
455mm	Nebraska/Iowa state line, Missouri River
454	13th St, **N** Ⓖ BP/dsl, Midtown, Valero Ⓕ Big Horn BBQ, Burger King, Jimmy John's, McDonald's/playplace Ⓛ Comfort Inn Ⓞ Family$, tires/repair, **S** Ⓕ King Kong Burgers Ⓞ Doorly Zoo
453	24th St (from eb)
452b	I-480 N, US 75 N, **N** Ⓞ Eppley Airfield
452a	US 75 S
451	42nd St, **N** Ⓖ BP/dsl Ⓞ Ⓗ, **S** Ⓖ Phillips 66 Ⓕ Burger King, McDonald's, Taco Bell Ⓞ Pitstop Lube
450	60th St, **N** Ⓖ Phillips 66 Ⓞ NAPA, to U of NE Omaha, **S** Ⓖ Casey'/dsl Ⓞ transmissions
449	72nd St, to Ralston, **N** Ⓖ BP, QT Ⓕ Burger King, Spezia Italian Ⓛ Baymont Inn, Best Value Inn, Comfort Inn, DoubleTree, Quality Inn, Ramada, Super 8 Ⓞ Ⓗ, Walmart, **S** Ⓖ Cenex/dsl Ⓕ Anthony's Steaks
448	84th St, **N** Ⓖ BP/dsl Ⓕ Arby's, Crane Coffee, Denny's, Farmhouse Café, Great Wall Chinese, Husker Hounds, La Casa, Little Caesar's, McDonald's, Pizza Ranch, Subway, Taco Bell Ⓛ Motel 6 Ⓞ Ace Hardware, Advance Parts, CVS Drug, Jensen's Tire/auto, Mangelson's Crafts, ShopKO, USPO, **S** Ⓖ Kum&Go/dsl/e85, QT, Shell/dsl Ⓕ Wendy's Ⓞ Chevrolet, Kia
446	I-680 N, to Boystown
445	US 275, NE 92, I thru L St, **N** Ⓖ Casey's/dsl Ⓕ Buffalo Wings&Rings, Cheddar's, Famous Dave's BBQ, Hardee's, Jason's Deli, Noodles&Co, Pita Pit, Qdoba, SmashBurger, Starbucks, Wendy's Ⓛ Carol Hotel Ⓞ Book-A-Million, Buick/GMC, Home Depot, Michael's, Nelsen's RV Ctr, PetCo, Sam's Club/gas, Super Target, Verizon, Walmart, **S** Ⓖ BP, QT/dsl Ⓕ Arby's, Brew Burgers, Burger King, Dunkin Donuts, Godfather's Pizza, Hog Wild BBQ, Hunan Garden, Jimmy' Egg Cafe, Jimmy John's, LJ Silver, McDonald's, Runza, Subway, Taco Bell, Valentino's, Village Inn Ⓛ Best Western, La Quinta, Motel 6, Super 8, Victorian Inn, Westmont Inn Ⓞ Bag'n Save Foods, Family$, Jensen Automotive, O'Reilly Parts, URGENT CARE
444	Q St, **N** Ⓖ Casey's/dsl
442	126th St, Harrison St, **N** Ⓞ Chrysler/Dodge/Jeep, Toyota/Scion, VW, **S** Ⓖ Phillips 66/dsl Ⓕ Burger King, Houston's, Jimmy John's, Pizza West, Runza, Summer Kitchen Ⓛ Courtyard, Embassy Suites, Hampton Inn, My Place, Woodspring Suites Ⓞ Cabela's
440	NE 50, to Springfield, **N** Ⓖ BP/dsl/e85, Phillips 66/dsl, Sapp Bros/Subway/dsl/24hr/@ Ⓕ Azteca Mexican, Cracker Barrel, Hardee's, McDonald's Ⓛ Countryside Suites, EconoLodge, Hometown Lodge, Motel 6, Quality Inn, Red Carpet Inn Ⓞ Ford, tires, **S** Ⓖ BP, to Platte River SP Ⓞ Ⓗ
439	439 NE 370, to Gretna, **N** Ⓖ Kum&Go/dsl Ⓕ Arby's Ⓛ Holiday Inn Express Ⓞ Walmart/Subway, **S** Ⓞ Ⓗ, museum, Volvo Trucks
432	US 6, NE 31, to Gretna, **N** Ⓖ Pum&Pantry/dsl/24hr Ⓕ McDonald's, Subway Ⓛ Super 8 Ⓞ KOA, Nebraska X-ing/famous brands, **S** Ⓖ ✈FLYING J/Denny's/dsl/LP/24hr Ⓞ to Schramm SP
431mm	Ⓡˢ wb, full Ⓛ facilities, info, litter barrels, petwalk, Ⓒ, Ⓐ
427mm	Platte River
426	NE 66, to Southbend, **N** Ⓞ museum, rv camping, to Mahoney SP

Exit#	Services
425.5	Ⓡˢ eb, full Ⓛ facilities, litter barrels, petwalk, Ⓒ, Ⓐ, vendi▮
420	NE 63, Greenwood, **N** Ⓖ Cenex/cafe/dsl/scales/24hr Ⓞ P▮ Grove RV Park, **S** Ⓖ Shell/dsl Ⓞ antiques, to Platte River WWII Museum
416mm	weigh sta both lanes
409	US 6, to E Lincoln, Waverly, **N** Ⓖ Casey's (2mi) Ⓕ McD▮ ald's (2mi), Subway (2mi), **S** Ⓞ Ⓗ
405	US 77 N, 56th St, Lincoln, **S** Ⓖ Phillips 66 Ⓞ Ⓗ, antiqu▮ Freightliner, Peterbilt, truck service/wash/tires
403	27th St, Lincoln, 0-3 mi **S** Ⓖ Conoco/Wendy's/dsl, Mo▮ Phillips 66/Subway/dsl, Shell Ⓕ Amigos Mexican, App▮ bee's, Arby's, Asian Buffet, Burger King, Cane's, Carlos O'K▮ ly's, China Inn, CiCi's Pizza, Cracker Barrel, Culver's, daVin▮ Italian, Dickey's BBQ, DQ, Fazoli's, Golden Corral, IHOP, Jim▮ John's, King Kong Burger, Mazatlan Mexican, McDonal▮ Papa John's, Papa Murphy's, Pizza Hut, Popeye's/Taco J▮ Ruby Tuesday, Runza, Schlotzsky's, Sonic, Taco Bell, Taco Joh▮ Village Inn Ⓛ AmericInn, Best Western, Country Inn&Suit▮ Countryside Suites, Fairfield Inn, Hampton Inn, Holiday Inn▮ press, La Quinta, Microtel, Motel 6, Quality Inn, Red Roof I▮ Staybridge Suites, Super 8, TownePlace Suites, Woodspri▮ Suites Ⓞ $Tree, AutoZone, BMW, Buick/Chevrolet/GM▮ Chrysler/Dodge/Jeep, Ford/Lincoln, GNC, Gordman's, Ha▮ Tire, Home Depot, HyVee Foods, Lexus, Menards, Merced▮ Petsmart, Sam's Club/dsl, ShopKO, Super Saver Foods, to U ▮ Toyota/Scion, URGENT CARE, Verizon, Walmart/McDonald's
401b	US 34 W, **S** Ⓞ RV camping
401a	I-180, US 34 E, to 9th St, Lincoln
399	NW 12th St, Lincoln, **N** Ⓖ FatDogs/dsl, Phillips 66/▮ Ⓕ Baskin-Robbins, McDonald's, Perkins, Quiznos Ⓛ B▮ Value Inn, Comfort Inn, Country Inn Suites, Hampton Inn, H▮ iday Inn Express, Horizon Inn, Howard Johnson, Knights I▮ Luxury Inn, Quality Inn, Travelodge Ⓞ to ☺, **S** Ⓖ Casey▮ dsl Ⓕ Subway Ⓛ EconoLodge, Economy Lodge
397	US 77 S, to Beatrice
396	US 6, West O St (from eb), **S** Ⓛ Rodeway Inn, Super 8
395	US 6, NW 48th St, **S** Ⓖ Phillips 66/dsl, Shoemaker's/She▮ dsl/scales/@ Ⓛ Cobbler Inn Ⓞ Harley-Davidson, truck rep▮
388	NE 103, to Crete, Pleasant Dale
382	US 6, Milford, **S** Ⓖ Phillips 66/dsl
381mm	Ⓡˢ eb, full Ⓛ facilities, litter barrels, petwalk, Ⓒ, Ⓐ, vendi▮
379	NE 15, to Seward, 2-3 mi **N** Ⓕ McDonald's Ⓛ Sunset ▮ Ⓞ Ⓗ, antiques, Buick/Chevrolet/GMC, Ford, **S** Ⓖ Shell/ds▮
375mm	truck parking (wb)
373	80G, Goehner, **N** Ⓖ gas
369	80E, Beaver Crossing, 3 mi **S** Ⓞ Ⓗ, food, RV camping
366	80F, to Utica
360	93B, to Waco, **N** Ⓖ Phillips 66/Waco Rest/dsl/24hr, **S** ▮ Double Nickel Camping
355mm	Ⓡˢ wb, full Ⓛ facilities, info, litter barrels, petwalk, Ⓒ, ▮ vending
353	US 81, to York, **N** Ⓖ Conoco/dsl, Pump-N-Pantry/e85, Sa▮ pBros/Sinclair/Subway/scales/dsl, Shell/dsl Ⓕ Arby's, Burg▮ King, China Buffet, Dickey's BBQ, DQ, Golden Gate Chine▮ KFC/Taco Bell, La Carreta Mexican, McDonald's, Runza, Sta▮ bucks, Taco John's, The Kitchen, Wendy's Ⓛ Best Value Ir▮ Comfort Inn, Days Inn, Hampton Inn, Holiday Inn Express, Ne▮ Victorian Inn, Super 8, Yorkshire Motel Ⓞ Ⓗ, Buick/GM▮ Chevrolet, Elms RV Park, Ford, RV Camp, Walmart/Subw▮

Side markers: **OMAHA** · **NE** · **LINCOLN** · **YORK**

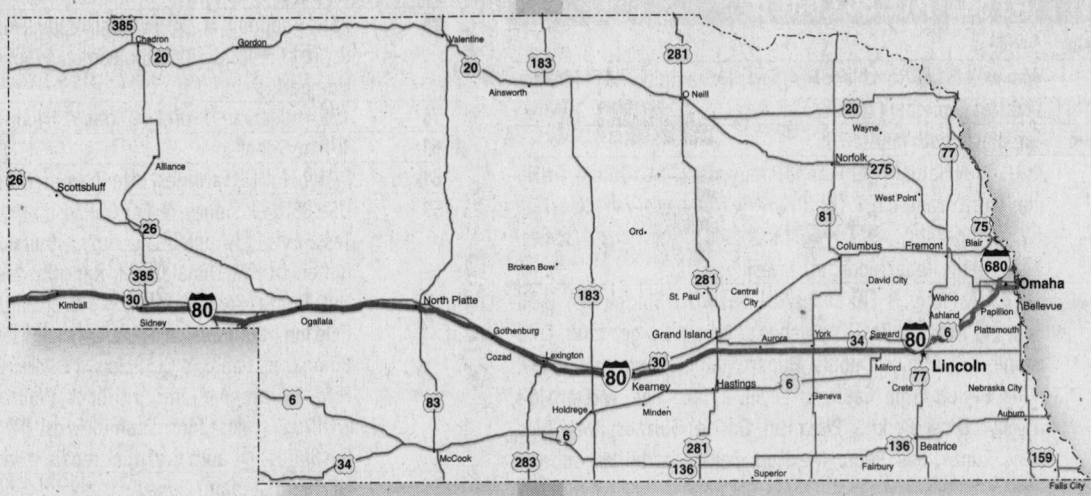

INTERSTATE 80 Cont'd

A U R O R A

353 Continued
S 🅿 Petro/Phillips 66/Iron Skillet/Pizza Hut/dsl/24hr/@, Shell/ Huddle House/dsl 🍴 Applebee's 🏠 Best Western+, Motel 6 🅾 Blue Beacon, Freightliner, tires/wash/lube

351mm 🆁🆂 eb, full ♿ facilities, info, litter barrels, petwalk, ⓒ, 🖼, vending

348 93E, to Bradshaw

342 93A, Henderson, N 🅾 Prairie Oasis Camping, S 🅿 Henderson Trkstp/dsl 🍴 Subway 🏠 Sun Motel 🅾 🏥

338 41D, to Hampton

332 NE 14, Aurora, **2-3 mi** N 🅿 Casey's 🍴 McDonald's, Pizza Hut, Subway 🏠 Budget Host 🅾 🏥, Ford, to Plainsman Museum, S 🅿 Loves/Arby's/dsl/scales/24hr

324 41B, to Giltner

318 NE 2, to Grand Island, S 🅾 KOA (seasonal)

317mm 🆁🆂 wb, full ♿ facilities, info, litter barrels, petwalk, ⓒ, 🖼, vending

315mm 🆁🆂 eb, full ♿ facilities, info, litter barrels, petwalk, ⓒ, 🖼, vending

314mm Platte River

314 Locust Street, to Grand Island, **4-6 mi** N 🅾 food, gas, lodging

312 US 34/281, to Grand Island, N 🅿 Bosselman/Little Caesar's/Subway/scales/dsl/24hr, Fat Dogs 🍴 Thunder Road Grill 🏠 Motel 6, USA Inn 🅾 🏥, Mormon Island RA, to Stuhr Pioneer Museum, S 🅿 Phillips 66/Arby's/dsl 🏠 Days Inn, Quality Inn/Riverfront Grille 🅾 Hastings Museum (15mi), Peterbilt

305 40C, to Alda, N 🅿 Sinclair/dsl, TA/Country Pride/dsl/scales/24hr/@, S 🅾 Crane Meadows Nature Ctr/🆁🆂

300 NE 11, Wood River, N 🅾 to Cheyenne SRA, S 🅿 Little Subway/dsl/scales/24hr 🏠 motel/RV park

291 10D, Shelton, N 🅾 War Axe SRA

285 10C, Gibbon, N 🅿 Petro Oasis/dsl 🅾 RV camping, Windmill SP, S 🏠 Country Inn

279 NE 10, to Minden, N 🅿 Shell/dsl, S 🅾 Pioneer Village Camping (13mi)

275 NE 10, Kearney, N 🅾 Archway Mon

275mm The Great Platte River Road Archway Monument

272 NE 44, Kearney, N 🅿 Casey's, Casey's/dsl, Cenex/Subway/dsl, Pump&Pantry/dsl, Shell/dsl 🍴 Amigo's, Angus Burger, Arby's, Burger King, Coppermill Steaks, DQ, Egg&I, El Limon, El Maguey, Gourmet House Japanese, Hunan's Rest., King's Buffet, LJ Silver, McDonald's, Old Chicago Rest, Perkins, Pizza Hut,

K E A R N E Y

L E X I N G T O N

272 Continued
Red Lobster, Ruby Tuesday, Runza, Taco Bell, Taco John's, USA Steaks, Wendy's, Whiskey Creek 🏠 AmericInn, Boarders Inn, Candlewood Suites, Comfort Inn, Country Inn&Suites, EconoLodge, Fairfield Inn, Hampton Inn, Holiday Inn, Howard Johnson, La Quinta, Microtel, Midtown Western Inn, Motel 6, New Victorian Inn, Quality Inn, Ramada Inn, Rodeway Inn, Super 8, Western Inn South, Wingate Inn 🅾 🏥, $General, Apache Camper Ctr, Boogaart's Foods, Buick/Cadillac, Chevrolet, Chrysler/Dodge/Jeep, Kearney RV Park/camping, Museum of NE Art, to Archway Mon, U NE Kearney, Verizon, Walmart (3mi), S 🅿 Qwest/dsl 🍴 Skeeter's BBQ 🏠 Best Western+, Holiday Inn Express

271mm 🆁🆂 wb, full ♿ facilities, info, litter barrels, petwalk, ⓒ, 🖼

269mm 🆁🆂 eb, full ♿ facilities, info, litter barrels, petwalk, ⓒ, 🖼

263 Rd 10 b, Odessa, N 🅿 Sapp Bros./Apple Barrel Rest./dsl 🅾 UP Wayside

257 US 183, Elm Creek, N 🅿 Little/Subway/dsl/scales/24hr 🏠 Rodeway Inn 🅾 Antique Car Museum, Sunny Meadows Camping, S 🅾 Nebraska Prarie Museum (9mi)

248 Overton, N 🅿 Jay Bros/dsl

237 US 283, Lexington, N 🅿 Casey's, Cenex/dsl, Gulf/dsl, Phillips 66/dsl 🍴 Arby's, Baskin-Robbins, Burger King, Delight Donuts, DQ, Hong Kong Buffet, Little Caesar's, McDonald's, Pizza Hut, San Pedro Mexican, Sonic, Wendy's 🏠 Comfort Inn, Days Inn, Econolodge, Holiday Inn Express, Minute Man Motel 🅾 🏥, $General, $Tree, Advance Parts, Buick/Chevrolet, Military Vehicle Museum, O'Reilly Parts, Plum Creek Foods, Verizon, Walmart/Subway, S 🅿 Sinclair/dsl/@ 🍴 Kirk's Café 🏠 Super 8 🅾 to Johnson Lake RA (6mi)

231 Darr Rd

227mm 🆁🆂 both lanes, full ♿ facilities, info, litter barrels, petwalk, ⓒ, 🖼, vending

222 NE 21, Cozad, N 🅿 Casey's/dsl, Cenex/dsl 🍴 Burger King, DQ, Panda Buffet, Pizza Hut, Runza, Subway 🏠 Knights Inn, Rodeway Inn 🅾 🏥, $General, Firestone/auto, museum

211 NE 47, Gothenburg, N 🅿 Cenex/dsl, Cenex/dsl/24hr 🍴 Lasso Espresso, McDonald's, Mi Ranchito Mexican, NE Grill, Pizza Hut, Runza 🏠 Comfort Suites, Howard Johnson, Travel Inn 🅾 🏥, Buick/Chevrolet, Carquest, Pony Express Sta Museum (1mi), ShopKO, S 🅾 Blue Heron Camping/Gas

199 Brady, N 🅿 Brady 1 Stop/DQ/dsl

194mm 🆁🆂 both lanes, full ♿ facilities, litter barrels, petwalk, ⓒ, 🖼, vending

▲E INTERSTATE 80 Cont'd

Exit#	Services
190	Maxwell, **N** ▯ Ranchland/dsl, **S** ▯ RV camping, to Ft McPherson Nat Cemetary (2mi)
181mm	weigh sta both lanes
179	to US30, N Platte, **N** ▯ Pump&Pantry/dsl ▯ La Quinta, Tru Hilton ▯ RV camping, **S** ▯ ⊕FLYING J/Denny's/dsl/scales/LP/RV dump/24hr, ◆Loves/McDonald's/Subway/dsl/scales/24hr ▯ tire/lube/repair, truckwash
177	US 83, N Platte, **N** ▯ Cenex/dsl, Shell/dsl, Sinclair/dsl, U-Fillem ▯ Amigo's Rest., Applebee's, Arby's, Burger King, Coldstone, DQ, Dunkin Donuts, Hunan Moon, Jimmy John's, KFC, King Buffet, Little Caesar's, LJ Silver/Taco Bell, McDonald's, Penny's Diner, Perkins, Pizza Hut, Qdoba, Quiznos, Ruby Tuesday, Runza, San Pedro Mexican, Sonic, Starbucks, Subway, Wendy's, Whiskey Creek Steaks ▯ Blue Spruce Motel, Fairfield Inn, Hampton Inn, Howard Johnson, Knights Inn, Motel 6, Oak Tree Inn, Quality Inn ▯ ▯, $General, $Tree, Advance Parts, Goodyear/auto, Harley-Davidson, Herberger's, Holiday RV Park, mall, museum, Staples, SunMart Foods, Tire Pros, to Buffalo Bill's Ranch, Verizon, visitor ctr, Walgreens, Walmart/Subway, **S** ▯ Cenex, Gulf/Taco Bell/dsl/24hr, U-Fillem/Subway/dsl/RV dump ▯ Taco John's ▯ Best Western+, Comfort Inn, Days Inn, Holiday Inn Express, Super 8 ▯ Chevrolet/Cadillac, Chrysler/Dodge/Jeep, dsl repair, Ford/Lincoln, Hobby Lobby, Honda, Menards, Nissan, Seevers Tire/auto, to Lake Maloney RA, Toyota, vet, veterans memorial/info
164	56C, Hershey, **N** ▯ Western/Western Cafe/dsl/24hr/@ ▯ KJ's Ranch Store
160mm	▯ both lanes, full ▯ facilities, info, litter barrels, petwalk, ▯, ▯
158	NE 25, Sutherland, **N** ▯ Park Motel (1mi) ▯ RV camping, **S** ▯ Sinclair/Godfather's Pizza/dsl ▯ RV camping
149mm	Central/Mountain time zone
145	51C, Paxton, **N** ▯ Shell/dsl/24hr ▯ Days Inn ▯ RV camping
133	51B, Roscoe
132mm	▯ wb, full ▯ facilities, info, litter barrels, petwalk, ▯, ▯
126	US 26, NE 61, Ogallala, **N** ▯ Casey's/dsl, Cenex/dsl, Kwik Stop, Sapp Bros/Shell/dsl/24hr, Watering Hole/dsl, Western/dsl ▯ Arby's, Denny's, Front Street Cafe, Golden Village Chinese, Margarita's, McDonald's, Peking Chinese, Pizza Hut, Runza, Spur Steaks, Valentino's ▯ Days Inn, Lonesome Dove Lodge, Quality Inn, Travelodge ▯ ▯, $General, Bomgaars, Buick/Chevrolet/GMC, Chrysler/Dodge/Jeep, Firestone/auto, Ford/Lincoln, NAPA, O'Reilly Parts, SunMart Foods, to Lake McConaughy, U-Save Drug, Verizon, **S** ▯ Gulf/Subway/dsl, TA/Country Pride/dsl/scales/24hr/@ ▯ DQ, Mi Ranchito Mexican, Royal Buffet, Wendy's ▯ Holiday Inn Express, Rodeway Inn, Super 8 ▯ Ace Hardware, Countryview Camping, ShopKO, Sleepy Sunflower RV Park, truck repair, Walmart/dsl
124mm	▯ eb, full ▯ facilities, info, litter barrels, petwalk, ▯, ▯
117	51A, Brule, **N** ▯ Happy Jack's/dsl ▯ Riverside RV camping
107	25B, Big Springs, **N** ▯ Big Springs/dsl, ⊕FLYING J/Grandma Max's/Subway/dsl/scales/24hr/@ ▯ Sam Bass' Steaks ▯ Motel 6 ▯ truckwash, **S** ▯ McGreer's Camping
102	I-76 S, to Denver
102mm	S Platte River
101	US 138, to Julesburg, **S** truck parking
99mm	scenic turnout eb

95	NE 27, to Julesburg
85	25A, Chappell, **N** ▯ FVC/dsl/repair, Pump&Pantrydsl, Shell/dsl ▯ Creekside RV Park/Camping, Super Foods, USPO, wayside park
76	17F, Lodgepole, **1 mi N** ▯ gas/dsl, lodging
69	17E, to Sunol
61mm	▯ wb, full ▯ facilities, litter barrels, petwalk, ▯, ▯, vendin
59	US 385, 17J, Sidney, **N** ▯ Gulf/dsl, Sapp Bros/Shell/dsl/24hr Tesla EVC ▯ Applebee's, Arby's, Buffalo Point Rest., China Buffet, DQ, McDonald's, Mi Ranchito Mexican, Perkins, Piz Hut, Runza, Sonic, Subway ▯ Best Western+, Days Inn, Fai field Inn, Hampton Inn, Motel 6, Quality Inn ▯ auto/dsl repa Bomgaars, Cabela's Outfitters/RV Park, Chrysler/Dodge/Jee Ford, RV camping (2mi), visitor ctr, Walmart, **S** ▯ ◆Love's IHOP/dsl/scales/24hr, Shamrock/dsl ▯ Comfort Inn, Count Inn Suites ▯ auto tire/truck repair, truckwash
55	NE 19, to Sterling, Sidney
51.5mm	▯/hist marker eb, full ▯ facilities, litter barrels, petwalk, ▯, ▯, vending
48	to Brownson
38	rd 17 b, Potter, **N** ▯ FVC/dsl/LP ▯ repair
29	53A, Dix, **1/2 mi**, **N** ▯ food, gas
22	53E, Kimball, **1-2 mi N** ▯ Kwik Stop, Vince's/dsl ▯ Pizza Hu Subway ▯ Days Inn, Motel Kimball, Sleep4Less Motel ▯ ci park, Kimball RV Park (seasonal), Main St Mkt, NAPA
20	NE 71, Kimball, **0-2 mi N** ▯ Conoco/dsl, FVC/dsl, Kwik Sto Vince's/dsl ▯ O'Henry's Diner, Pizza Hut, Subway ▯ 1st Inte state Inn, Days Inn, Motel Kimball, Sleep4Less Motel, Super ▯ city park, Kimball RV Park (seasonal), Main St Mkt, NAP ShopKO
8	53C, to Bushnell
1	53B, Pine Bluffs, **1 mi N** ▯ RV camping
0mm	Nebraska/Wyoming state line

▲E INTERSTATE 680 (Omaha)

Exit#	Services
	I-680 begins/ends on I-80, exit 27.
29b a	I-80, W to Omaha, E to Des Moines.
28	IA 191, to Neola, Persia
21	L34, Beebeetown
19mm	▯ wb, full ▯ facilities, info, litter barrels, petwalk, ▯, ▯
16mm	▯ eb, full ▯ facilities, info, litter barrels, petwalk, ▯, ▯
15mm	scenic overlook
71	I-29 N, to Sioux City
66	Honey Creek
3b a	(61 b a from wb) I-29, S to Council Bluffs, IA 988, to Crescen **E** ▯ Casey's/dsl ▯ to ski area
1	County Rd
14mm	Nebraska/Iowa state line, Missouri River, Mormon Bridge
13	US 75 S, 30th St, Florence, **E** ▯ Shell/dsl ▯ Enzo's, Zesto Di er ▯ HyVee Drug, LDS Temple, Mormon Trail Ctr, **W** ▯ Flo ence/dsl
12	US 75 N, 48th St, **E** ▯ Cenex/dsl ▯ Burger King (2mi), Tac Bell (2mi)
9	72nd St, **1-2 mi E** ▯ Kwikshop ▯ Burger King, Golde Corral, Jimmy John's, KFC, Panda Express, Taco Bell, Villag Inn ▯ ▯, Big Lots, Marshall's, Petsmart, Target, Walgree **W** ▯ Cunningham Lake RA
6	NE 133, Irvington, **E** ▯ BP, MurphyUSA/dsl ▯ Burger Kin Jimmy John's ▯ Verizon, Walmart/Subway/drugs/24hr, **W** ▯ Legend's Grill, Zesto Cafe ▯ Fairfield Inn, Holiday Inn Expres

(Left margin vertical labels: **N PLATTE**, **OGALLALA**; Right margin vertical labels: **SIDNEY**, **KIMBALL**; Far left: **NE**)

OMAHA *(side tab)*

↖E INTERSTATE 680 (Omaha)

Exit#	Services
5	Fort St, **W** 🅖 KwikShop, QT 🅕 Dunkin Donuts 🅞 CVS Drug, HyVee Foods, Walgreens
4	NE 64, Maple St, **E** 🅖 BP, **W** 🅖 Kum&Go/dsl, Megasaver 🅕 Burger King, China 1, Godfather's Pizza, Jimmy John's, La Mesa Mexican, McDonald's, Pizza Hut, Runza, Subway, Taco Bell, Taco John's 🏠 Comfort Suites, La Quinta 🅞 $General, Bag'n Save, O'Reilly Parts, vet
3	US 6, Dodge St, **E** 🅕 Cheesecake Factory, Granite City Rest., JC Manderin Chinese, Joe's Crabshack, Panera Bread, PF Chang's 🏠 AmericInn, Marriott 🅞 AAA, Audi/VW, BMW, Dick's, Hyundai, Jaguar/Land Rover, JC Penney, mall, Mazda, Mini, Subaru, Von Maur, Whole Foods Mkt, Younkers, **W** 🅖 Phillips 66 🅕 Boston Mkt, Burger King, Chick-fil-A, China Buffet, Cilantro's, DQ, Jimmy John's, McDonald's, Starbucks, Subway, Which Wich 🏠 Best Western, Hampton Inn, Sheraton, Super 8, TownPlace Suites 🅞 Cadillac, Chevrolet, Costco/gas, Discount Tire, Menards

(Map of Nebraska with cities: Sioux City, 29, Biencoe, Fremont, 680, Omaha, Pine Bluffs, Lodgepole, North Platte, Grand Island, Lorenzo, Gothenburg, Kearney, 80, Lincoln, 29, Westmark Hastings, 80)

NE *(state outline label)*

2	Pacific St, **E** 🏠 Regency Lodge, **W** 🅖 BP
1	NE 38, W Center Rd, **E** 🅖 Cenex/dsl 🅕 Don Carmelo's, Don&Millie's Rest., Subway, **W** 🅖 Phillips 66 🅕 Arby's, Burger King, Dickey's BBQ, IHOP, Krispy Kreme, McAlister's Deli, Ozark BBQ, Starbucks, Subway, Taco Bell, Wendy's 🅞 $Tree, Baker's Foods/dsl, Office Depot, TJ Maxx, Tuesday Morning
0mm	I-680 begins/ends on I-80, exit 446.

(Side tabs: NE / NV)

NEVADA

MESQUITE *(side tab)*

↖N INTERSTATE 15

Exit#	Services
123mm	Nevada/Arizona state line, Pacific/Mountain time zone
122	Lp 15, Mesquite, **E** NV Welcome Ctr both lanes, full ♿ facilities, **petwalk** 🅖 Arco, Maverik/dsl, Shell/DQ/dsl 🅕 Alberto's Mexican, Canton Chinese, Cucina Italiano, Dominos, Golden West Rest./casino, Jack-in-the-Box, KFC, Los Lupes, Panda Garden, Taco Bell 🏠 Best Western 🅞 $General, Ace Hardware, AutoZone, Big O Tire, CarQuest, city park, Smith's/Subway/dsl, Sun Resort RV Park, USPO, Walgreens, **W** 🅖 Rebel/dsl/LP/RV park 🅕 McDonald's, Starbucks 🏠 Eureka Motel/casino, Virgin River Hotel/casino
120	Lp 15, Mesquite, Bunkerville, **E** 🅖 Shell/dsl, Terrible's 🅕 McDonald's 🏠 Casablanca Resort/casino/RV Park, Oasis Resort RV Park 🅞 USPO, **W** 🅖 Chevron/dsl 🅕 Del Taco, Popeye's, Roberto's Tacos 🏠 Holiday Inn Express 🅞 🅷 $Tree, Beall's, Ford/RV Ctr, Verizon, Walmart/Subway
118	Lower Flat Top Rd
112	NV 170, Riverside, Bunkerville
110mm	truck parking both lanes, litter barrels
100	to Carp, Elgin
96mm	truck parking both lanes, litter barrels
93	NV 169, to Logandale, Overton, **E** 🅖 Chevron (3mi) 🅞 Lake Mead NRA, Lost City Museum
91	NV 168, Glendale, **W** 🅖 Arco/dsl 🅕 Muddy River Rest. 🅞 USPO
90.5mm	Muddy River
90	NV 168 (from nb), Glendale, Moapa, **W** 🅖 gas 🅞 Moapa Indian Reservation, USPO
88	Hidden Valley
88mm	parking area both lanes, litter barrels
84	Byron
80	Ute
75	Valley of Fire SP, Lake Mead NRA, **E** 🅖 Chevron/dsl/24hr 🅞 casino, fireworks
64	US 93 N, Great Basin Hwy, to Ely, Great Basin NP, **W** 🅖 Love's/Subway/Godfather's/dsl/scales/24hr

LAS VEGAS *(side tab)*

60mm	livestock check sta sb
58	NV 604, Las Vegas Blvd, to Apex, Nellis AFB
54	Speedway Blvd, Hollywood Blvd, **E** 🅖 Petro/Valero/dsl/scales/24hr/@ 🅕 Race Day Cafe 🅞 Las Vegas Speedway
52	rd 215 W
50	Lamb Ave, 1-2 mi **E** 🅖 Shell/dsl 🏠 Comfort Inn 🅞 Hitchin Post RV Park
48	Craig Rd, **E** 🅖 Arco, 🅖 KFC/Pizza Hut/dsl/scales/24hr Shell, Sinclair/Subway/dsl 🅕 Burger King, Jack-in-the-Box, Taco Bell, Zapata's Cantina 🏠 Comfort Inn 🅞 7-11, Firestone/auto, Freightliner, to Nellis AFB, **W** 🅖 7-11 🅕 Cane's, Cannery Grill, Carl's Jr, Chipotle Mexican, Del Taco, Famous Dave's BBQ, Five Guys, In-N-Out, Jamba Juice, Marble Slab, Mulligan's, Panda Express, Sonic, Starbucks, Subway 🏠 Best Western, Hampton Inn, Springhill Suites 🅞 Batteries&Bulbs, Lowe's, Sam's Club/gas
46	Cheyenne Ave, **E** 🅕 CiCi's Pizza, Marianna's Mkt, Panda Express, Subway, Taco Bell 🅞 $Tree, 7-11, NAPA, vet, **W** 🅖 7-11, Valero/Mortons/Subway/dsl/LP24hr 🅕 Denny's, McDonald's, Tacos El Gordo 🏠 Sunrise Inn 🅞 Aamco, Blue Beacon, dsl repair, Kenworth, SpeedCo, tires
45	Lake Mead Blvd, **E** 🅖 Chevron, Rebel/dsl 🅕 Arby's, Burger King, Jack-in-the-Box, McDonald's 🅞 7-11, PepBoys, **W** 🅖 Arco/dsl
44	Washington Ave (from sb), **E** 🅞 casinos
43	D St (from nb), same as 44
42b a	I-515 to LV, US 95 N to Reno, US 93 S to Phoenix
41b a	NV 159, Charleston Blvd, **E** 🅖 7-11, Arco/dsl 🅕 Cheesecake Factory, Chipotle 🅞 Premium Outlets/famous brands, Walgreens, **W** 🅖 Chevron, Rebel/dsl 🅕 Carl's Jr, Del Taco, Jimmy John's, McDonald's, Starbucks, Wendy's 🅞 🅷 CVS Drug, Smith's Foods
40	Sahara Ave, **E** 🏠 Artisan Hotel 🅞 multiple casinos/hotels, The Strip, **W** 🅖 7-11, Arco/dsl, Chevron, Rebel/dsl, Shell 🅕 Carl's Jr, Chipotle Mexican, DQ, El Pollo Loco, In-N-Out, KFC, Landry's Seafood, Los Tacos, Macaroni Grill, McDonald's, Panda Express, PDQ Cafe, Pizza Hut, Shilla BBQ, Starbucks,

⬆️⬇️N INTERSTATE 15 Cont'd

40	Continued
	Subway, TGIFriday's, Wendy's 🛏 Palace Sta. Hotel/Casino 🅾 $Tree, AT&T, casinos, CVS Drug, Mariana's Mkt, Office Depot, Ross, TJ Maxx
39	Spring Mtn Rd (from sb), E 🅾 multiple hotels/casinos, W 🍴 Multiple Asian Cuisine, Subway 🅾 Firestone/auto
38b a	Flamingo Rd, E 🅾 multiple casinos/hotels, The Strip, to UNLV, W 🅟 Chevron, Rebel/dsl 🍴 Burger King, McDonald's, Ricardo's Mexican, Sonic, Starbucks, Subway, TGIFriday's 🛏 Gold Coast Hotel, Palms Hotel, Rio Hotel 🅾 Smith's Foods
37	Tropicana Ave, E 🅟 Rebel 🍴 Coco's Rest. 🛏 Bellagio, Excaliber Hotel, Hooters Hotel/casino, Mandalay Bay, MGM Grand, Monte Carlo, Motel 6, Tropicana Hotel 🅾 ♿, multiple hotels/casinos, W 🅟 Rebel/dsl, Shell/Subway, Standard, Texaco 🍴 Burger King, Cane's, Dennys, In-N-Out, Jack-in-the-Box, McDonald's, Wendy's 🛏 Budget Suites, Days Inn, Hampton Inn, La Quinta, Motel 6, Orleans Hotel, Siegel Suites
36	Russell Rd, E 🅾 multiple hotels/casinos, to ♿, W 🍴 Chevron/Herbst/dsl 🛏 Courtyard, Fairfield Inn, Holiday Inn Express, Residence Inn, Staybridge Suites
34	to I-215 E, Las Vegas Blvd, to The Strip, E 🅾 McCarran Airport
33	NV 160, to Blue Diamond, Death Valley, E 🅟 7-11, Chevron/dsl, Rebel/dsl 🍴 Bootlegger Bistro, Buffalo Wild Wings, Burger King, Cane's, Chili's, Chipotle Mexican, Denny's, Dickey's BBQ, Dunkin Donuts, Five Guys, Hawaiian BBQ, IHOP, Jersey Mikes, McDonald's, NY Pizza, Outback Steaks, Panda Express, Popeyes, Smashburger, Starbucks, Subway, Wienerschnitzel 🛏 Baymont Inn, Budget Suites, Caribe Resort, Hilton Garden 🅾 CVS Drug, factory outlet/famous brands, Oasis RV Resort, Smith's Foods, W 🍴 Chevron/dsl, Shell, TA/Burger King/Subway/TacoTime/dsl/LP/scales/24hr/@ 🍴 Cafe Rio, Carl's Jr, Chipotle, Del Taco, Domino's, Famous Dave's BBQ, In-N-Out, Jack-in-the-Box, McDonald's, Panda Express, Papa Murphy's, Subway 🛏 Silverton Lodge/Casino 🅾 AT&T, $Tree, 99c Store, Albertson's, Bass ProShops, BigLots, Discount Tire, GNC, Kohl's, Meineke, Office Depot, PetCo, Ross, Target, Verizon, Walgreens, WorldMkt
31	Silverado Ranch Blvd, E 🍴 Steak'n Shake 🛏 South Point Hotel/Casino
27	NV 146, to Henderson, Lake Mead, Hoover Dam, 0-2 mi E 🅟 Arco, Chevron/dsl, Shell 🍴 Burger King, Jack-in-the-Box, Starbucks, Subway 🛏 Best Western, Hampton Inn 🅾 Camping World, casino, W 🅾 vet
25	NV 161, Sloan, 1 mi E 🅾 Camping World
24mm	bus/truck check sta nb
12	NV 161, to Goodsprings, Jean, E 🅟 Shell/dsl 🍴 Denny's 🅾 Gold Strike Casino/hotel, NV Correctional, NV HP, skydiving, USPO, W 🅟 Chevron
1	Primm, E 🅟 Chevron/Subway/dsl, Texaco/dsl 🍴 Carl's Jr, Dennys, KFC, Mad Greek Cafe, McDonald's, Panda Express, Starbucks, Taco Bell 🅾 Buffalo Bill's Resort/casino, factory outlets, Primm Valley Resort/casino, W 🅟 ⚡FLYING J/Subway/Qdoba/DQ/dsl/scales 🛏 Whiskey Pete's Hotel/casino
0mm	Nevada/California state line

⬆️➡️E INTERSTATE 80

Exit#	Services
411mm	Nevada/Utah state line
410	US 93A, to Ely, W Wendover, S NV Welcome Ctr/info, full ♿ facilities, ♿ 🍴 Chevron/dsl, 🏨/Arby's/dsl/scales/24hr,

WENDOVER

410	Continued
	Shell/Taco Time/dsl 🍴 Burger King, McDonald's, Pizza Hut, Subway 🛏 Knights Inn, Motel 6, Nugget Hotel/casino, Peppermill Hotel/casino/RV parking, Rainbow Hotel/casino, Red Garter Hotel/casino 🅾 Best Hardware, city park, KOA, Smith's Foods/dsl
407	Ola, W Wendover
405mm	Pacific/Mountain time zone
398	to Pilot Peak
390mm	Silverzone Pass, elev 5940, Silverzone Pass
387	to Shafter
378	NV 233, to Montello, Oasis
376	to Pequop
373mm	Pequop Summit, elev 6967, 🆁🆂 both lanes, litter barrels, ♿ rest rooms
365	to Independence Valley, N 🅾 prison camp
360	to Moor
354mm	parking area eb
352b a	US 93, Great Basin Hwy, E Wells, N 🅟 Chevron/Quiznos/dsl LP, Petro/Sinclair/dsl/café/casino 🍴 Bella's Diner, Burger King/Subway 🛏 LoneStar Motel, Motel 6, Rest Inn Motel, Sharon Motel, Super 8 🅾 Crossroads RV Park, repair, Tire Factory, S 🅟 ⚡FLYING J/dsl/scales/LP/casino/RV Dump/24hr, LNG ♥Love's/McDonalds/dsl/scales/24hr 🅾 Great Basin NP
351	W Wells, N 🅟 Wells/dsl/LP 🅾 Family$, Mtn Shadows RV Park, Roy's Foods, USPO, Well's Hardware, S 🅾 Angel Lake RV Park, to Angel Lake RA
348	to Beverly Hills, N 🅾 RV camping
343	to Welcome, Starr Valley, N 🍴 food 🅾 ♿, Welcome RV Park
333	Deeth, Starr Valley
328	to River Ranch
321	NV 229, Halleck, Ruby Valley
318mm	N Fork Humboldt River
317	to Elburz
314	to Ryndon, Devils Gate, N 🅟 Sinclair/cafe/dsl, S 🅾 RV camping
312mm	check sta both lanes
310	to Osino, 4 mi S 🅾 Valley View RV Park
303	E Elko, N 🅟 Flyers/CFN/dsl, Sinclair/Arctic Circle/dsl/24hr 🍴 Wingers 🛏 Ledgestone Hotel, TownePlace Suites, S 🅟 Chevron/dsl, Conoco/dsl, Maverik/dsl, Sinclair/dsl, Tesoro/dsl 🍴 Blue Moon Rest., Burger King, Chef Cheng's Chinese, Domino's, DQ, King Buffet, McDonald's/playplace, Monkey Sun Chinese, Pizza Barn, Pizza Hut, Quiznos, Subway, Taco Time, Toki Ona Diner, Wendy's 🛏 Best Value Inn, Best Western, Budget Inn, Comfort Inn, Days Inn, High Desert Inn, Hilton Garden, Holiday Inn Express, Holiday Motel, Motel 6, Quality Inn, Red Lion Inn/casino, Super 8 🅾 ♿, Albertson's, AT&T, Big O Tire, Buick/Cadillac/Chevrolet/GMC, Cal Ranch Store, city park, Double Dice RV Park, Ford, Gold Country RV Park, Goodyear/auto, Iron Horse RV Park, JC Penney, Kenworth, NE NV Museum, Valley View RV Park
301	NV 225, Elko, N 🅟 Maverik/dsl 🍴 9 Beans/Burrito, Arby's, Burger King, Denny's, Greatwall Chinese, Jack-in-the-Box, Mattie's Grill, McDonald's/playplace, Papa Murphy's, Port of Subs, RoundTable Pizza 🛏 OakTree Inn, Shilo Inn Suites 🅾 AT&T, GNC, Home Depot, JoAnn Fabrics, K-Mart, Marshall's, Petco, Raley's Foods, Ross, Verizon, Walmart/Subway, S 🅟 Shell, Shell/dsl 🍴 Costa Vida, Dos Amigos, KFC, Little Caesar's, Sergio's Mexican, Starbucks, Subway, Taco Bell 🛏 American Inn, Centre Motel, Economy Inn, Elko Inn, Esquire Inn, Manor Inn, Midtown Motel, Rodeway Inn, Scottish Inn, Stampede Motel

WELLS

ELKO

JEAN

NV

INTERSTATE 80 Cont'd

301 Continued
Stockmen's Hotel/casino, Thunderbird Motel 🅞 🅗 🗩, AutoZone, CarQuest, Cimarron West RV Park, CVS Drug, Family$, O'Reilly Parts, Smith's Foods/dsl, transmission, URGENT CARE, Verizon

298 W Elko

292 to Hunter, **N** 🅞 CA Trail Interpretive Ctr

285mm Humboldt River, tunnel

282 NV 221, E Carlin, **N** 🅞 prison area

280 NV 766, Carlin, **N** 🅕 Pizza Factory 🅞 Desert Gold RV Park, dsl repair, **S** 🅕 Chevron/dsl, 🄿🄸🄻🄾🅃/Subway/dsl/scales/24hr 🅕 Chin's Cafe, Rigobertos Mexican, State Café/casino 🛏 Carlin Inn, Cavalier Motel 🅞 Ace Hardware, Family$, tires, USPO

279 NV 278 (from eb), to W Carlin, **1 mi S** 🅕 Flyers/dsl

271 to Palisade

270mm Emigrant Summit, elev 6114, **truck parking both lanes, litter barrels**

268 to Emigrant

261 NV 306, to Beowawe, Crescent Valley

259mm 🆁🆂 both lanes, full ♿ facilities, litter barrels, petwalk, 🎡

257mm Humboldt River

254 to Dunphy

244 to Argenta

233 NV 304, to Battle Mountain, **N** 🅕 Conoco/dsl 🅕 Mama's Pizza/deli 🛏 Best Value Inn 🅞 🅗, FoodTown, Royal Hardware

231 NV 305, Battle Mountain, **1 mi N** 🅕 ⊕FLYING J/76/Blimpie/dsl/casino/24hr, Chevron/dsl, Maverik/dsl 🅕 El Aguila Real, Hide-a-way Steaks, McDonald's, Ming Dynasty, Owl Rest., Pizza Factory, Port of Subs 🛏 Big Chief Motel, Nevada Hotel, Owl Motel, Super 8 🅞 🅗, city park, Family$, Mills Drug, NAPA, NAPA Care, Tire Factory, USPO

229 NV 304, W Battle Mountain, **N** 🅕 ⊕FLYING J/76/Blimpie/dsl/casino/scales/24hr, Shell/dsl 🅕 Colt Rest./casino 🛏 Battle Mtn. Inn, Big Chief Motel 🅞 Colt RV camping, NAPA Care, **S** 🅞 Tire Factory

222 to Mote

216 Valmy, **N** 🅕 Shell/USPO/dsl, **S** 🆁🆂 both lanes, full ♿ facilities, litter barrels, petwalk, 🎡, RV dump

212 to Stonehouse

205 to Pumpernickel Valley

203 to Iron Point

200 Golconda Summit, elev 5145, **truck parking area both lanes, litter barrels**

194 Golconda, **N** 🅞 USPO

187 to Button Point, **N** 🆁🆂 both lanes, full ♿ facilities, litter barrels, petwalk, 🎡, RV dump

180 NV 794, E Winnemucca Blvd

178 NV 289, Winnemucca Blvd, Winnemucca, **S** 🅕 Chevron/dsl, Maverik/dsl 🅕 Las Margaritas, Rte 66 Grill 🛏 Budget Inn, Candlewood Suites, Cozy Motel, Frontier Motel, Valu Motel 🅞 🅗, CarQuest, carwash

176 US 95 N, Winnemucca, **N** 🅕 Pacific Pride/dsl, **S** 🅕 ⊕FLYING J/dsl/LP/RV dump/24hr, Chevron/dsl/24hr, Conoco/dsl, G Gas, Kwik Serv/dsl 🅕 Burger King, China Garden, Dos Amigos Mexican, Dotty's, Griddle Rest., Jack-in-the-Box, KFC/LJ Silver, McDonald's/playplace, Pig BBQ, Pizza Hut, Port of Subs, RoundTable Pizza, Sid's Rest., Subway, Taco Bell, Taco Time 🛏 Best Western, Days Inn, Economy Inn, Holiday Inn Express, Holiday Motel, Model T Motel/casino/RVPark, Motel 6,

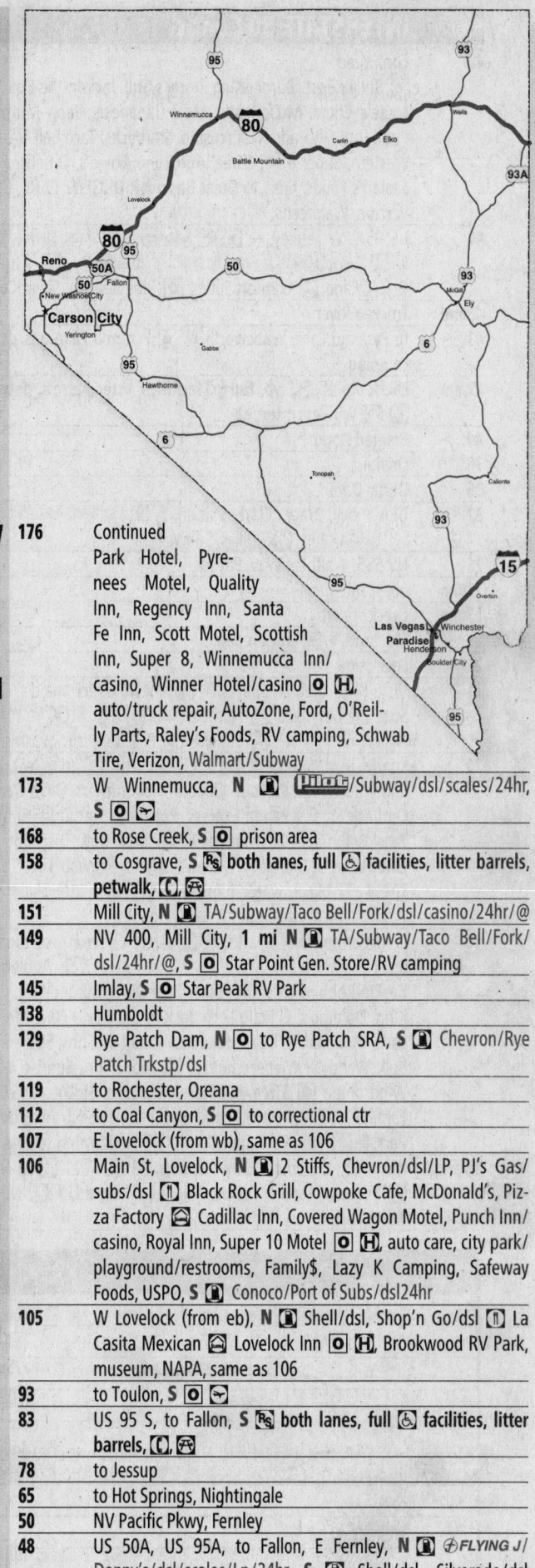

WINNEMUCCA   LOVELOCK

176 Continued
Park Hotel, Pyrenees Motel, Quality Inn, Regency Inn, Santa Fe Inn, Scott Motel, Scottish Inn, Super 8, Winnemucca Inn/casino, Winner Hotel/casino 🅞 🅗, auto/truck repair, AutoZone, Ford, O'Reilly Parts, Raley's Foods, RV camping, Schwab Tire, Verizon, Walmart/Subway

173 W Winnemucca, **N** 🅕 🄿🄸🄻🄾🅃/Subway/dsl/scales/24hr, **S** 🅞 🗩

168 to Rose Creek, **S** 🅞 prison area

158 to Cosgrave, **S** 🆁🆂 both lanes, full ♿ facilities, litter barrels, petwalk, 🄲, 🎡

151 Mill City, **N** 🅕 TA/Subway/Taco Bell/Fork/dsl/casino/24hr/@

149 NV 400, Mill City, **1 mi N** 🅕 TA/Subway/Taco Bell/Fork/dsl/24hr/@, **S** 🅞 Star Point Gen. Store/RV camping

145 Imlay, **S** 🅞 Star Peak RV Park

138 Humboldt

129 Rye Patch Dam, **N** 🅞 to Rye Patch SRA, **S** 🅕 Chevron/Rye Patch Trkstp/dsl

119 to Rochester, Oreana

112 to Coal Canyon, **S** 🅞 to correctional ctr

107 E Lovelock (from wb), same as 106

106 Main St, Lovelock, **N** 🅕 2 Stiffs, Chevron/dsl/LP, PJ's Gas/subs/dsl 🅕 Black Rock Grill, Cowpoke Cafe, McDonald's, Pizza Factory 🛏 Cadillac Inn, Covered Wagon Motel, Punch Inn/casino, Royal Inn, Super 10 Motel 🅞 🅗, auto care, city park/playground/restrooms, Family$, Lazy K Camping, Safeway Foods, USPO, **S** 🅕 Conoco/Port of Subs/dsl24hr

105 W Lovelock (from eb), **N** 🅕 Shell/dsl, Shop'n Go/dsl 🅕 La Casita Mexican 🛏 Lovelock Inn 🅞 🅗, Brookwood RV Park, museum, NAPA, same as 106

93 to Toulon, **S** 🅞 🗩

83 US 95 S, to Fallon, **S** 🆁🆂 both lanes, full ♿ facilities, litter barrels, 🄲, 🎡

78 to Jessup

65 to Hot Springs, Nightingale

50 NV Pacific Pkwy, Fernley

48 US 50A, US 95A, to Fallon, E Fernley, **N** 🅕 ⊕FLYING J/Denny's/dsl/scales/Lp/24hr, **S** 🅕 Shell/dsl, Silverado/dsl

🆎 INTERSTATE 80 Cont'd

48	**Continued** 🅕 Bully's Rest., Burger King, Dotty's Grill, Jack-in-the-Box, KFC, Louie's China, McDonald's, Moto Japanese, Papa Murphy's, Pizza Hut, Silverado Rest./casino, Starbucks, Taco Bell 🅛 Best Western, Super 8 🅞 $Tree, AutoZone, Lowe's, O'Reilly Parts, Scolari's Foods, tires, to Great Basin NP, URGENT CARE, USPO, Verizon, Walgreens, Walmart/Subway
46	US 95A, W Fernley, **N** 🅖 Loves/Arby's/dsl/scales/24hr, **S** 🅖 Pilot/DQ/Wendy's/dsl/scales/24hr 🅕 Chukars Grill/Casino 🅛 Comfort Suties 🅞 Blue Beacon, SpeedCo
45mm	Truckee River
43	to Pyramid Lake, Wadsworth, **N** 🅖 Pyramid Lake gas/dsl/RV camping
42mm	check sta eb, 🆁🆂 wb, full 🅰 facilities, litter barrels, petwalk, 🅲, 🅰, wireless internet
40	Painted Rock
38	Orchard
36	Derby Dam
32	USA Pkwy, Tracy, Clark Station, **S** 🅖 Golden Gate/Port of Subs/dsl/scales 🅕 Phillys, Subway
28	NV 655, Waltham Way, Patrick
27mm	eb, scenic view
25mm	check sta wb
23	Mustang, **S** 🅖 truck repair
22	Lockwood
21	Vista Blvd, Greg St, Sparks, **N** 🅖 Chevron/McDonald's, Qwik-Stop 🅕 Del Taco 🅛 Fairfield Inn 🅞 🅷, **S** 🅖 Petro/Iron Skillet/dsl/24hr/@ 🅛 Super 8 🅞 Peterbilt, truckwash
20	Sparks Blvd, Sparks, **N** 🅖 7-11, Shell/dsl 🅕 BJ's Rest., Buffalo Wild Wings, Carl's Jr, Chipotle, Fuddruckers, Olive Garden, Outback Steaks, Panda Express, Popeye's, Starbucks, Subway, Taco Bell, Taco del Mar 🅞 AT&T, Best Buy, Discount Tire, GNC, Lowe's, Old Navy, Scheel's Sports, Schwab Tire, Target, Tires+, TJ Maxx, water funpark, **S** 🅖 Petro/Iron Skillet/dsl/scales/24hr/@ 🅛 Super 8 🅞 Freightliner
19	E McCarran Blvd, Sparks, **N** 🅖 Arco, Chevron/dsl, Sinclair/dsl, TA/Valero/Country Pride/dsl/scales/@ 🅕 Applebee's, Baskin-Robbins, BJ's BBQ, Black Bear Diner, Burger King, China King, Domino's, El Pollo Loco, Jack-in-the-Box, KFC, Little Caesar's, McDonald's, Pizza Hut, Pizza+, Port Of Subs, Sizzler, Taco Bell, Wendy's, Wienerschnitzel 🅛 Aloha Inn, Sunrise Motel, Windsor Inn 🅞 $Tree, 99c Store, AutoZone, BigLots, CVS Drug, Family$, O'Reilly Parts, Ross, Savemart Foods, Victorian RV Park, **S** 🅕 Denny's, Super Burrito 🅛 Holiday Inn 🅞 NAPA
18	NV 445, Pyramid Way, Sparks, **N** 🅖 7-11 🅕 In-N-Out 🅛 Bourbon Square Casino, Nugget Courtyard, **S** 🅛 Nugget Hotel/casino
17	Rock Blvd, Nugget Ave, Sparks, **N** 🅖 Arco, Chevron, dsl 🅛 Safari Motel, Victorian Inn, Wagon Train Motel 🅞 sinos, O'Reilly Parts, **S** 🅛 Nugget Hotel/casino
16	B St, E 4th St, Victorian Ave, **N** 🅖 Arco 🅕 Jack's Cafe 🅛 tel 6 🅞 Rail City Casino, **S** 🅖 Chevron/repair
15	US 395, to Carson City, Susanville, **0-1 mi S** 🅛 Best Weste Holiday Inn Express, Hyatt Place, La Quinta 🅞 🅶, Costco/g Grand Sierra Resort, USPO, Walmart/McDonald's
14	Wells Ave, Reno, **N** 🅛 Motel 6, **S** 🅖 Chevron/dsl 🅕 C row's Rest., Denny's 🅛 America's Best Inn, Days Inn, Rama Inn 🅞 auto repair, Big O Tire, Goodyear
13	US 395, Virginia St, Reno, **N** 🅕 Shell/dsl 🅕 Giant Burg **S** 🅞 🅷, Circus Circus, to downtown hotels/casinos, to U VReno, Walgreens
12	Keystone Ave, Reno, **N** 🅖 Arco 🅕 Pizza Hut, Starbu 🅛 Gateway Inn, Motel 6 🅞 7-11, CVS Drug, Raley's Foo **S** 🅖 Chevron/dsl 🅕 Burger King, Jack-in-the-Box, KFC, Li Caesar's, McDonald's, Port of Subs, Round Table Pizza, T Bell, Wendy's 🅞 casinos, Keystone RV Park, Meineke, NA O'Reilly Parts, SaveMart/drug
10	McCarran Blvd, Reno, **N** 🅖 7-11/dsl, Arco 🅕 Applebe Asian Wok, Baskin-Robbins, Bully's Grill, Burger King, Carl's Chili's, Del Taco, DQ, El Pollo Loco, Hacienda Mexican, Hawa BBQ, IHOP, Jack-in-the-Box, KFC, Little Caesar's, McDonal Papa Murphy's, Pizza+, Popeyes, Qdoba Mexican, RoundTa Pizza, Silver Chop Chinese, Starbucks, Subway, Taco Bell, cos el Rey 🅞 $Tree, AT&T, AutoZone, Big O Tire, Discount T Kohl's, O'Reilly Parts, Petsmart, Ross, Safeway/dsl, SaveM Foods, Staples, Tires+, Walgreens, Walmart/McDonal **S** 🅖 7-11 🅞 Home Depot, URGENT CARE, vet
9	Robb Dr, **N** 🅖 Chevron/dsl, Maverik/dsl 🅕 Bully's G Burger Me, Casa Grande, China Kitchen, Dickey's BBQ, Do ino's, Jimmy John's, Moxie's Cafe, Port Of Subs, Starbu Subway 🅛 Hampton Inn 🅞 CVS Drug, Raley's Foods/ Scolari's Foods
8	W 4th St (from eb), Robb Dr, Reno, **S** 🅞 RV camping
7	Mogul
6.5mm	truck parking/hist marker/scenic view both lanes
5	to E Verdi (from wb no return), **N** 🅕 Backstop Grill
4.5mm	scenic view eb
4	Garson Rd, Boomtown, **N** 🅖 Chevron/Boomtown Hotel/ casino 🅕 Peet's Rest. 🅞 Cabela's, KOA/RV dump
3.5mm	check sta eb
3	Verdi (from wb)
2.5mm	Truckee River
2	Lp 80, to Verdi, **N** 🅖 Sinclair/dsl/24hr 🅕 Jack-in-the-M 🅛 Gold Ranch RV Resort/casino
0mm	Nevada/California state line

RENO

SPARKS

NV

NOTES

NEW HAMPSHIRE

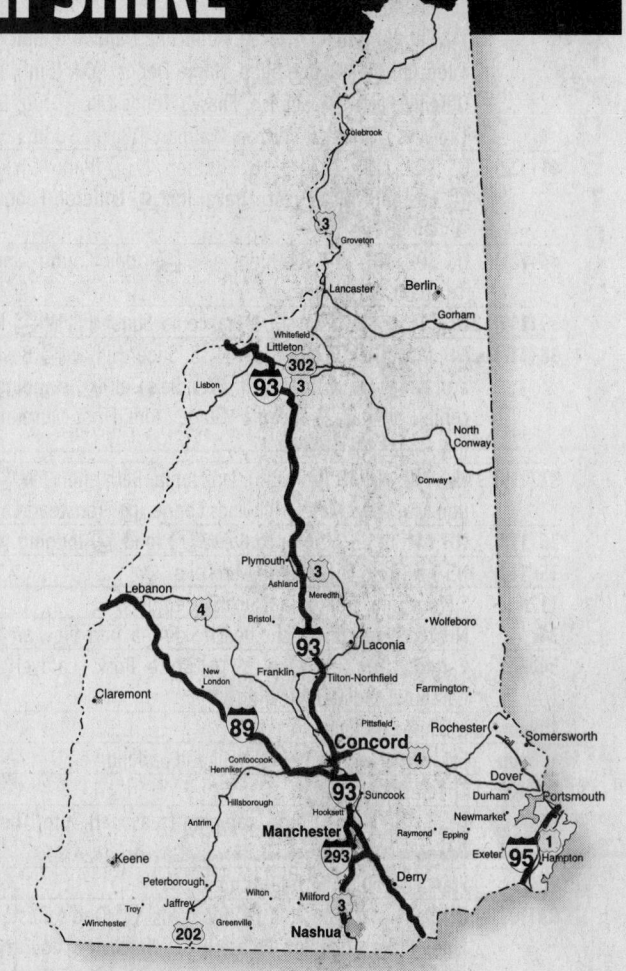

◤N INTERSTATE 89

Exit#	Services
61mm	New Hampshire/Vermont state line, Connecticut River
20 (60)	NH 12A, W Lebanon, **E** 🅿 Sunoco 🍴 99 Rest., Chili's, Dunkin Donuts, KFC/Taco Bell, Lui Lui Pizza, Subway 🅾 GNC, Hannaford Foods, Jo-Ann Fabrics, K-Mart, LL Bean, Rite Aid, Shaw's Foods, TJ Maxx, Town Fair Tire, USPO, **W** 🍴 7 Barrel Rest., Applebee's, Burger King, D'angelo's, Denny's, Five Guys, Friendly's, Koto Japanese, McDonald's, Moe's SW Grill, Panera Bread, Pizza Hut, Weathervane Seafood, Wendy's 🛏 Baymont Inn, Fireside Inn 🅾 $Tree, AT&T, Best Buy, BJ's Whse, BooksAMillion, CVS Drug, Home Depot, JC Penney, Kohl's, Midas, Price-Chopper Foods, Sears, Staples, Verizon, Walgreens, **Walmart**
19 (58)	US 4, NH 10, W Lebanon, **E** 🅿 Gulf/dsl, Shell 🍴 China Station 🅾 AutoZone, Family$, Ford, Harley-Davidson, Honda, Pricechopper Foods, **W** 🅿 Maplewoods/dsl, Sunoco/repair 🅾 Bond Parts
57mm	**Welcome Ctr/🆁🆂/weigh sta sb, weigh sta nb, full ♿ facilities, litter barrels, petwalk, 🅲, 🅰, vending**
18 (56)	NH 120, Lebanon, **E** 🅿 Citgo/dsl/scales 🛏 Courtyard (3mi), Days Inn, Residence Inn (2mi) 🅾 🄷, Cadillac/Chevrolet, Chrysler/Dodge/Jeep, Freightliner, Nissan, to Dartmouth Coll, Volvo/VW, Wilson Tire/repair, **W** 🅿 Mobil/Subway/dsl, Shell 🅾 U-Haul
17 (54)	US 4, to NH 4A, Enfield, **E** 🅾 RV Camping, vet
16 (52)	Eastman Hill Rd, **E** 🅿 Gulf/Subway/dsl, **W** 🅿 Mobil/Dunkin Donuts/dsl 🅾 Whaleback Ski Area
15 (50)	Montcalm
14 (47)	NH 10 (from sb), N Grantham
13 (43)	NH 10, Grantham, **E** 🅿 Irving/Gen Store/dsl, **W** 🅿 Irving/Circle K 🍴 Dunkin Donuts, Pizza Chef 🅾 repair, vet
40mm	🆁🆂 nb, full ♿ facilities, info, litter barrels, petwalk, 🅲, picnic table, vending
12A (37)	Georges Mills, **W** 🅾 food, lodging, 🅲, RV camping, to Sunapee SP
12 (34)	NH 11 W, New London, **2 mi E** 🅿 Irving/dsl 🍴 McKenna Rest. 🛏 Maple Hill Country Inn, New London Inn 🅾 🄷
11 (31)	NH 11 E, King Hill Rd, New London, **2-3 mi E** 🍴 Hole in the Fence Cafe 🛏 Fairway Motel, New London Inn, ski area
10 (27)	to NH 114, Sutton, **E** 🅾 to Winslow SP, **1 mi W** 🛏 lodging 🅾 to Wadleigh SB
26mm	**weigh sta nb, full ♿ facilities, info, litter barrels, petwalk, 🅲, 🅰, vending**
9 (19)	NH 103, Warner, **E** 🅿 Irving/Circle K/Dunkin Donuts/dsl, Shell/Subway/pizza 🍴 McDonald's 🅾 Aubuchon Hardware, MktBasket Foods, Rollins SP, **W** 🅾 ski area, to Sunapee SP
8 (17)	NH 103 (from nb, no EZ return), Warner, **1 mi W** 🅿 gas 🍴 food 🅾 museum, to Rollins SP
15mm	Warner River
7 (14)	NH 103, Davisville, **E** 🅾 camping, **W** 🅾 Pleasant Lake Camping
12mm	Contoocook River
6 (10)	NH 127, Contoocook, **E** 🅿 Sunoco 🍴 Country Fair Cafe 🅾 vet, **W** 🅾 Elm Brook Park, Sandy Beach Camping (3mi)
5 (8)	US 202 W, NH 9 (exits left from nb), Hopkinton, **W** 🅾 food, RV camping (seasonal)
4 (7)	NH 103, Hopkinton (from nb, no EZ return), **E** 🅿 gas 🅾 Horse-Shoe Tavern
3 (4)	Stickney Hill Rd (from nb)
2 (2)	NH 13, Clinton St, Concord, **E** 🅾 🄷, **W** 🅾 NH Audubon Ctr
1 (1)	Logging Hill Rd, Bow, **E** 🅿 Mobil 🍴 Chen Yang Li Chinese 🛏 Hampton Inn
0mm	I-93 N to Concord, S to Manchester, **I-89 begins/ends on I-93, 36mm.**

◤N INTERSTATE 93

Exit#	Services
2 (11)	I-91, N to St Johnsbury, S to White River Jct. **I-93 begins/ends on I-91, exit 19.**
1 (8)	VT 18, to US 2, to St Johnsbury, **2 mi E** 🅿 gas 🍴 food 🛏 camping, lodging
1mm	**Welcome Ctr nb, full ♿ facilities, info, litter barrels, petwalk, 🅲, 🅰, vending, WiFi**
131mm	Vermont/New Hampshire state line, Connecticut River, **exits 1-2 are in VT.**
44 (130)	NH 18, NH 135, **W** Welcome Ctr (8am-8pm) /scenic vista both lanes, full ♿ facilities, info, litter barrels, petwalk, 🅲, 🅰
43 (125)	NH 135 (from sb), to NH 18, Littleton, **1-2 mi W** 🅾 🄷, same as 42
42 (124)	US 302 E, NH 10 N, Littleton, **E** 🅿 Citgo/Quiznos, Gulf, Irving, Sunoco 🍴 Burger King, Deluxe Pizza, Dunkin Donuts, Littleton Diner, Pizza Hut, Subway 🛏 Beal House, Littleton Motel 🅾 Bond Parts, Family$, Rite Aid, USPO, Walgreens, **W** 🅿 Mobil 🍴 99 Rest., Applebee's, Asian Garden, McDonald's

Vertical side margins: LEBANON • WARNER • LITTLETON

L I T T L E T O N

W O O D S T O C K

NH

⬆N INTERSTATE 93 Cont'd

Exit	Description
42 (124)	Continued
	🛏 Hampton Inn 🅾 $Tree, Aubuchan Hardware, Buick/Chevrolet, Chrysler/Dodge/Jeep, Home Depot, KOA (5mi), Lowe's, O'Reilly Parts/VIP Service, Shaw's Foods/Osco Drug, Staples, Tire Whse, TJ Maxx, Verizon, Walmart/Dunkin Donuts
41 (122)	US 302, NH 18, NH 116, Littleton, **E** 🅿 Irving/Circle K/dsl 🛏 Eastgate Motel/rest., Travel Inn 🅾 Littleton Food Co-op, **W** 🅾 NE Tire
40 (121)	US 302, NH 10 E, Bethlehem, **E** 🛏 Adair Country Inn/Rest. 🅾 to Mt Washington
39 (119)	NH 116, NH 18 (from sb), N Franconia, Sugar Hill, **W** 🛏 lodging
38 (117)	NH 116, NH 117, NH 142, NH 18, Sugar Hill, **E** 🛏 Best Western, **W** 🍴 DutchTreat Rest., Wendle's Deli 🅾 camping, Franconia Hardware, Franconia Village Store, Frost Museum, gifts, info, Mac's Mkt, USPO
37 (115)	NH 142, NH 18 (from nb), Franconia, Bethlehem, **W** 🛏 Cannon Mtn View Motel, Hillwinds Lodge 🅾 Franstead Camping
36 (114)	NH 141, to US 3, S Franconia, **W** 🍴 food 🛏 lodging 🅾 golf
35 (113)	US 3 N (from nb), to Twin Mtn Lake
112mm	S Franconia, Franconia Notch SP begins sb
34c	NH 18, S Franconia, Echo Beach Ski Area, info, view area
34b	Cannon Mtn Tramway, **W** 🅾 Boise Rock, Lafayette Place Camping, Old Man Viewing
109mm	trailhead parking
108mm	Lafayette Place Camping, trailhead parking
107mm	The Basin, The Basin
34a	US 3, The Flume Gorge, camping (seasonal), info, The Flume Gorge
104mm	Franconia Notch SP begins nb
33 (103)	US 3, N Woodstock, **E** 🅿 Irving/dsl 🍴 Dad's Rest., Fresolones Pizza, Longhorn Palace Rest., Notchview Country Kitchen 🛏 Beacon Lodge, EconoLodge, Franconia Notch Motel, Green Village Cottages, Indian Head Resort, Mt Coolidge Motel, Pemi Motel, Profile Motel, Rodeway Inn, Woodward's Resort/Rest. 🅾 Indian Head viewing, to Franconia Notch SP, waterpark, **W** 🍴 Sunny Day Diner 🛏 Country Bumpkin Cottages/Camping, Cozy Cabins, Mt Liberty Cabins, White Mtn Motel/Cottages 🅾 Arnold's NAPACare, Clark's Trading Post, Cold Springs Camping, Tim's Repair, vet
32 (101)	NH 112, Loon Mtn Rd, N Woodstock, **E** 🅿 Irving, Mobil, Tedeschi/dsl 🍴 3 Cultures Deli, Black Mtn Burger, Cafe Nacho's, Cheng Garden Chinese, Common Man Rest., Dunkin Donuts, Elvio's Pizza, Flapjack's Pancakes, GH Pizza, Gordi's Fish&Steaks, Gypsy Cafe, McDonald's, Subway, White Mtn Bagel Deli 🛏 Comfort Inn, Kancamagu's Lodge, Lincoln Sta. Lodge, Nordic Inn, South Mtn Resort 🅾 Aubuchan Hardware, Family$, NAPA, PriceChopper Foods, Rite Aid, USPO, **W** 🅿 Citgo 🍴 Lafayette Dinner Train, Landmark II Rest., Peg's Café, Truant's Rest., Woodstock Inn Rest. 🛏 Alpine Lodge, Autumn Breeze Motel, Carriage Motel, Cascade Lodge 🅾 candy/fudge/gifts, USPO
31 (97)	to NH 175, Tripoli Rd, **E** 🅾 RV camping (seasonal), **W** 🅾 KOA (2mi)
30 (95)	US 3, Woodstock, **E** 🍴 Lanterns End Grill, Tony's Rest. 🛏 Jack-O-Lantern Inn/rest. 🅾 golf, **W** 🅾 camping (seasonal)
29 (89)	US 3, Thornton, **E** 🅾 Pemi River RV Park/LP, **W** 🛏 Gilcrest Motel
28 (87)	NH 49, Campton, **E** 🅿 Gulf, Mobil 🍴 Dunkin Donuts, Exit 28 Pizza 🅾 Handy Man Hardware, RV camping, to ski area,

C O N C O R D

Exit	Description
28 (87)	Continued
	USPO, **W** 🅿 Irving/dsl 🍴 Sunset Grill 🅾 Branch Broo Camping, Chesley's Glory Sta., Mtn Vista RV Park, repair
27 (84)	Blair Rd, Beebe River, **E** 🍴 Country Cow Rest. 🛏 Days In Red Sleigh Condos
26 (83)	US 3, NH 25, NH 3A, Tenney Mtn Hwy, **W** 🛏 Common Ma Inn, EconoLodge, Pilgrim Inn 🅾 ℍ
25 (81)	NH 175 (from nb), Plymouth, **W** 🅿 Citgo/dsl, Irving/Circle dsl 🍴 Downtown Pizza, Fracher's Diner, HongKong Garde House of Pizza, Lucky Dog Grill, Subway, Thai Smile 🅾 Chase St Mkt, Plymouth State U, USPO
24 (76)	US 3, NH 25, Ashland, **E** 🅿 Gulf, Irving/Circle K/dsl, M bil 🍴 Ashland Pizza, Burger King, Common Man Din Dot's Bistro, Dunkin Dounts, Lucky Dragon Chinese, Villag Grill 🛏 Comfort Inn 🅾 Bob's Mkt, Jellystone RV Camp (4m repair, USPO
23 (71)	NH 104, NH 132, to Mt Washington Valley, New Hampto **E** 🅿 Irving/Circle K/dsl, Mobil/dsl 🍴 Dunkin Donuts, Ros Italian, Subway 🅾 Clearwater Campground, info, Jellyston USPO, **W** 🍴 Homestead Rest. (2mi) 🅾 RV Park (2mi), s area
22 (62)	NH 127, Sanbornton, 1-5 mi **W** 🅾 ℍ, food, gas/dsl, 🍴
61mm	℞ˢ sb, full ♿ facilities, info, litter barrels, petwalk, 🍴, ♿ vending
20 (57)	US 3, NH 11, NH 132, NH 140, Tilton, **E** 🅿 Irving/Circle dsl/24hr, Shell/Subway/dsl 🍴 99 Rest., Applebees, Burg King, Dunkin Donuts, Green Ginger Chinese, KFC, McDo ald's, Starbucks, Thai Cuisine, Tilt'n Diner, UNO, UpperCru Pizza, Wendy's 🛏 Hampton Inn, Holiday Inn Express, Sup 8 🅾 BJ's Whse/gas, Home Depot, Old Navy, O'Reilly Par VIP Service, Staples, Subaru, Tanger Outlet/famous brand Walgreens, **W** 🍴 Chili's, Pizza Hut 🅾 Chrysler/Dodge/Jee Ford, Kohl's, Lowe's, MktBasket Foods, Nissan, USPO, V Walmart/Subway
56mm	Winnipesaukee River
19 (55)	NH 132 (from nb no ez return), Franklin, **W** 🅿 Gulf 🍴 Cia Italian 🅾 ℍ, antiques, NH Vet Home
51mm	℞ˢ nb, full ♿ facilities, info, litter barrels, petwalk, 🍴, ♿ vending
18 (49)	to NH 132, Canterbury, **E** 🅿 Gulf 🅾 to Shaker Village HS
17 (46)	US 4 W, to US 3, NH 132, Boscawen, 4 mi **W** 🅿 gas
16 (41)	NH 132, E Concord, **E** 🅿 Mobil/dsl 🅾 Quality Cash Mkt
15W (40)	US 202 W, to US 3, N Main St, Concord, **W** 🅿 Citgo, Cu berland/Dunkin Donuts, Speedway 🍴 Domino's, Friendly 🛏 Courtyard/café
15E	I-393 E, US 4 E, to Portsmouth
14 (39)	NH 9, Loudon Rd, Concord, **E** 🅿 Irving/Circle K/Subwa dsl, Shell/dsl, Sunoco/dsl 🍴 99 Rest., Applebee's, Arni Place, Boloco Burritos, Buffalo Wild Wings, Burger King, C cago Grill, D'angelo's, Dunkin Donuts, El Rodeo Mexican, Fi Guys, Friendly's, KFC, LJ Silver/Taco Bell, Longhorn Steal McDonald's, Moritomo Japanese, Newick's Lobster Hous Olive Garden, Panera Bread, PapaGino's, Pizza Hut, Red A ple Buffet, Ruby Tuesday, Starbucks, Sunshine Oriental, TG Friday's, Wendy's, Windmill Rest., Wok Inn 🅾 $Tree, 7-1 AAA, Ace Hardware, Advance Parts, AutoZone, Best Buy, B Ton, BooksAMillion, city park, CVS, Dick's, GNC, Hannafo Foods, Home Depot, JC Penney, LLBean, Lowe's, Meinek Michael's, Midas, Mkt Basket Foods, Mobil, PetCo, Petsma Rite Aid, Sam's Club/gas, Sears/auto, Shaw's Foods/Os Drug, Staples, Target, TJ Maxx, TownFair Tire, URGENT CA

▲N INTERSTATE 93 Cont'd

14 (39)	Continued
	USPO, Verizon, Walgreens, Walmart, **W** 🅖 Citgo, Cumberland, Speedway 🍴 Domino's, Gas Lighter Rest., Nonni's Rest., Siam Orchid, Tea Garden Rest. 🛏 Holiday Inn 🄾 hist sites, Jo-Ann, Marshall's, MktBasket, museum, to state offices, vet
13 (38)	to US 3, Manchester St, Concord, **E** 🅖 Cumberland, Sunoco/dsl/deli 🍴 Beefside Rest., Brookside Pizza, Cityside Grille, Dunkin Donuts, Ichiban Japanese, Kaylen's Pizza, Red Blazer Rest., Veano's Italian 🄾 Buick/GMC, Cadillac/Chevrolet, Chrysler/Dodge/Jeep, Harley-Davidson, Kia, Nissan, O'Reilly Parts/VIP Service, Outdoor RV Ctr Subaru, Subaru, Tire Whse, Volvo, **W** 🅖 Mobil/dsl, Speedway/dsl 🍴 Burger King, Common Man Diner, D'angelo's, Dunkin Donuts, KFC, McDonald's 🛏 Best Western, Comfort Inn, Fairfield Inn, Residence Inn 🄾 🛏, Aubuchon Hardware, CVS Drug, Firestone, Goodyear/auto
12N (37)	NH 3A N, S Main, **E** 🅖 Gulf, Irving/Subway/dsl/24hr 🍴 Dunkin Donuts 🛏 Days Inn 🄾 Ford, Honda, Hyundai, Mazda, Toyota/Scion, **W** 🄾 🛏
12S	NH 3A S, Bow Junction
36mm	I-89 N to Lebanon, **toll road begins/ends**
31mm	Ⓡˢ both lanes, full ♿ facilities, info, Ⓒ, vending
11 (28)	NH 3A, to Hooksett, 4 mi **E** 🅖 [icons]/dsl/rest., Ⓒ, **toll plaza**
28mm	I-293, Everett Tpk
10 (27)	NH 3A, Hooksett, **E** 🅖 Irving/Circle K/dsl 🍴 Dunkin Donuts, Subway, Wendy's 🄾 BJ's Whse, Home Depot, Kohl's, Petco, Target, **W** 🅖 Irving/Circle K/Dunkin Donuts/dsl, Mr Gas 🄾 Bass Pro Shop, MktBasket Foods, Walmart/Subway
26mm	Merrimac River
9N S (24)	US 3, NH 28, Manchester, **E** 🅖 Irving/Dunkin Donuts/Circle K/dsl 🛏 Fairfield Inn, **W** 🅖 Manchester/dsl, Sunoco/dsl 🍴 Burger King, Cheng Du Chinese, D'angelo's, Happy Garden Chinese, La Carreta Mexican, Lusia's Italian, Mr Mac's Cafe, PapaGino's, Puritan Rest., Shorty's Mexican, Subway, Villaggio Ristorante 🄾 🛏, Chrysler/Dodge/Jeep, city park, Hannaford Foods, Kia, Lincoln, O'Reilly Parts/VIP Service, U-Haul
8 (23)	to NH 28a, Wellington Rd, **W** 🄾 Currier Gallery, VA 🛏
7 (22)	NH 101 E, to Portsmouth, Seacoast
6 (21)	Hanover St, Candia Rd, Manchester, **E** 🍴 Dunkin Donuts, Wendy's 🄾 vet, **W** 🅖 Mobil/dsl, Shell 🍴 Dunkin Donuts, McDonald's, Subway 🄾 🛏, GNC, Goodyear/auto, Hannaford Foods
19mm	I-293 W, to Manchester (from nb), 🄾 to 🄷
5 (15)	NH 28, to N Londonderry, **E** 🅖 Irving/Dunkin Donuts/dsl, Sunoco/dsl 🍴 Poor Boy's Diner, **W** 🅖 Shell/dsl 🍴 Subway 🛏 Sleep Inn
4 (12)	NH 102, Derry, **E** 🅖 Mobil/dsl, Mutual, Shell/dsl, Sunoco/dsl, Super 🍴 Burger King, Cracker Barrel, Derry Rest., Juliano's Pizza, Poorboys Drive-In, Subway 🄾 🛏, Advance Parts, R. Frost Farm, **W** 🅖 7-11, Global, Gulf/dsl/repair, Speedway 🍴 99 Rest., Dunkin Donuts, Ginger Garden, KFC/Taco Bell, McDonald's, PapaGino's, Wendy's, Whippersnappers Rest. 🄾 AT&T, Ford, GNC, Hannaford Foods, Home Depot, Mkt Basket Foods, O'Reilly Parts/VIP Service, Shaw's Foods, Staples, TJ Maxx, USPO, Verizon
7mm	**weigh sta both lanes**
3 (6)	NH 111, Windham, **E** 🅖 Mobil/McDonald's 🍴 House of Pizza, Windham Rest. 🄾 URGENT CARE, vet, **W** 🅖 B&H 🍴 Capri Pizza, Dunkin Donuts, Klemm's Bakery, TJ's Roast Beef,

3 (6)	Continued
	Windham Deli 🄾 Castleton Conference Ctr, CVS Drug, Osco Drug, Shaw's Foods, USPO
2 (3)	to NH 38, NH 97, Salem, **E** 🍴 Tuscan Kitchen 🛏 Red Roof Inn, **W** 🍴 A&A Rest., Blackwater Grill, Dunkin Donuts, Margarita's Cafe 🛏 Holiday Inn, La Quinta 🄾 URGENT CARE
1 (2)	NH 28, Salem, **E** 🅖 BP/dsl, Citgo/dsl, Gulf 🍴 99 Rest., Bickfords, Burger King, Chili's, Denny's, Grand China, LJ Silver, McDonald's, PapaGino's, Taco Bell, T-Bones 🛏 Park View Inn 🄾 AT&T, Barnes&Noble, Best Buy, Home Depot, JC Penney, K-Mart, Kohl's, Lord&Taylor, Macy's, mall, Marshall's, Meineke, Michael's, MktBasket Foods, NTB, PetCo, Petsmart, racetrack, Sears/auto, Shaw's Foods, Staples, Target, TJ Maxx, TownFair Tire, vet, Walgreens
1mm	**Welcome Ctr nb, full** ♿ **facilities, info, litter barrels, petwalk,** Ⓒ, ♨, **vending**
0mm	New Hampshire/Massachusetts state line

▲N INTERSTATE 95

Exit#	Services
17mm	New Hampshire/Maine state line, Piscataqua River
7 (16)	Market St, Portsmouth, Port Authority, **E** 🛏 Residence Inn, **0-2 mi W** 🅖 BP, Mobil 🍴 Applebee's, D'Angelo, Dunkin Donuts, Panera Bread, Qdoba, Ruby Tuesday, Starbucks, Wendy's 🛏 Courtyard, Hampton Inn, Homewood Suites 🄾 $Tree, BJ's Whse/gas, Marshall's, MktBasket Foods, PepBoys, PetCo, Rite Aid, Shaw's Foods, TJ Maxx, Verizon, vet, 🄾 waterfront hist sites
6 (15)	Woodbury Ave (from nb), Portsmouth, **E** 🛏 Best Inn, **W** same as 7
5 (14)	US 1, US 4, NH 16, The Circle, Portsmouth, **E** 🅖 Gulf, Shell/dsl 🍴 Roudabout Diner 🛏 Anchorage Inn, Best Inn, Best Western, Fairfield Inn, Holiday Inn, Port Inn 🄾 🛏, Buick/Cadillac/GMC, Chevrolet, U-Haul, **W** 🍴 Chipotle, Longhorn Steaks, McDonald's 🛏 Hampton Inn, Motel 6, Residence Inn 🄾 Barnes&Noble, Best Buy, Dick's, Ford/Lincoln, Home Depot, Kohl's, Mazda, Michael's, Nissan, Old Navy, Staples, Sullivan Tire, Trader Joe's
4 (13.5)	US 4 (exits left from nb), to White Mtns, Spaulding TPK, **E** 🄾 🛏, **W** 🄾 to Pease Int Trade Port
3a (13)	NH 33, Greenland
3b (12)	NH 33, to Portsmouth, **E** 🄾 🛏, **0-2 mi W** 🅖 Sunoco/dsl, TA/Country Pride/dsl/scales/24hr/@ 🍴 Dunkin Donuts, McDonald's 🄾 Lowe's, Mercedes, Target, VW
6.5mm	**toll plaza**
2 (6)	NH 101, to Hampton, **E** 🄾 🛏
4mm	Taylor River
1 (1)	NH 107, to Seabrook, **toll rd begins/ends, E** 🅖 BP, Irving/Circle K/dsl, Monster Energy, Prime, Richdale, Sunoco/Subway/dsl, Xtra 🍴 99 Rest., Applebees, Chili's, Dunkin Donuts, Five Guys, HoneyDew Donuts, KFC/Taco Bell, McDonald's, PapaGino's, Pizza Hut, Sal's Pizza, Starbucks, Wendy's 🛏 Hampshire Inn, Holiday Inn Express 🄾 $Tree, Advance Parts, AutoZone, CVS Drug, Dick's, GNC, Home Depot, Jo-Ann Fabrics, Kohl's, Lowe's, Meineke, MktBasket Foods, NTB, Petsmart, Staples, Sullivan Tire, TJ Maxx, to Seacoast RA, TownFair Tire, Verizon, Walmart, **W** 🅖 Citgo 🍴 McGrath's Dining 🛏 Seabrook Inn 🄾 NAPA, Sam's Club
.5mm	**Welcome Ctr nb, full** ♿ **facilities, litter barrels, petwalk,** Ⓒ, ♨, **vending**
0mm	New Hampshire/Massachusetts state line

Left margin: CONCORD · MANCHESTER · DERRY

Right margin: SALEM · PORTSMOUTH · SEABROOK · **NH**

= gas = food = lodging = other = rest stop Copyright 2018 - The Next EXIT

↑↓N INTERSTATE 293 (Manchester)

Exit#	Services
8 (9)	I-93, N to Concord, S to Derry. **I-293 begins/ends on I-93, 28mm.**
7 (6.5)	NH 3A N, Dunbarton Rd (from nb)
6 (6)	Amoskeag Rd, Singer Park, Manchester, **E** Sunoco/dsl La Quinta, **W** Mobil, Shell/dsl Dunkin Donuts, Hot Stone Pizza
5 (5)	Granite St, Manchester (from nb, no EZ return), **E** World Sports Grill Radisson, **W** 7-11, Gulf Dunkin Donuts, Subway , tires, Walgreens
4 (4)	US 3, NH 3A, NH 114A, Queen City Br, **E** 7-11 Elliott , **W on US 3** Mobil/dsl, Speedway/dsl, Z1 Gas/dsl Applebee's, Burger King, Chen's Garden, D'angelo's, DQ, Dunkin Donuts, Ipswich Clambake, KC's Rib Shack, KFC, Little Caesars, McDonald's, Panera Bread, Subway, Taco Bell, T-Bones, Wendy's Comfort Inn, EconoLodge Family$, Hannaford Foods, Subaru
3 (3)	NH 101, **0-2 mi W on US 3** Dunkin Donuts, IHOP Carrabba's, Chipotle, Fresh Mkt, Outback Steaks, Panera Bread, Starbucks Country Inn& Suites, Hampton Inn CVS Drug, Kohl's, Lexus, Lowe's, Macy's, Marshalls, Mini, O'Reilly Parts/VIP Service, Rite Aid, Staples, Target, URGENT CARE, vet

2.5mm	Merrimac River
2 (2)	NH 3A, Brown Ave, **S** Mobil/dsl, Shell/Subway/dsl A port Diner, Dunkin Donuts, McDonald's Holiday Inn, Sup 8 Manchester Airport
1 (1)	NH 28, S Willow Rd, **N** Mobil/dsl, Sunoco/dsl 5 Gu Burgers, Boston Mkt, Burger King, Cactus Jack's, Chipotle Me ican, Coldstone, D'angelo's, Dunkin Donuts, Friendly's, McDo ald's, Panera Bread, Papa John's, PapaGino's, Pizza Hut, Sa Pizza, Starbucks, Subway, Taco Bell, Wendy's, Yee Dynasty C nese Fairfield Inn, Holiday Inn Express, Sheraton $Tree, AT&T, AutoZone, Batteries+Bulbs, Buick/GMC, Chev let, CVS Drug, Hannaford Foods, Harley-Davidson, Home Dep Mazda, Mercedes, Michael's, PepBoys, PetCo, Petsmart, Sar Club, Sullivan Tire/repair, TJ Maxx, TownFair Tire, U-Haul, U GENT CARE, Verizon, vet, VW, **S** Shell 99 Rest., B tucci's, ChuckeCheese, D'angelo's, FoodCourt, Great Buff La Carreta, Longhorn Steaks, Masa Japanese Steaks, Ol Garden, Red Robin, TGIFriday's, TX Roadhouse Courtya TownePlace Suites Barnes&Noble, Best Buy, BMW, Fo Hobby Lobby, Honda, Hyundai, JC Penney, LL Bean, Macy mall, Nissan, NTB, Old Navy, Sears/auto, Staples, Toyota/Scic Walmart/Subway
0mm	I-93, N to Concord, S to Derry. **I-293 begins/ends on I-93.**

NEW JERSEY

↓→E INTERSTATE 78

Exit#	Services
58b a	US 1N, US 9N, NJ Tpk
57	US 1S, US 9S, **N** Doubletree, Ramada Inn, **S** Courtyard, Fairfield Inn, SpringHill Suites to Newark Airport
56	Clinton Ave (exits left from eb)
55	Irvington (from wb), **N** Speedway/dsl Burger King, Wendy's, White Castle , AutoZone
54	Hillside, Irvington (from eb), **N** Speedway/dsl Burger King, Wendy's, White Castle , AutoZone
52	Garden State Pkwy
50b a	Millburn (from wb), **N** BP, Exxon, Lukoil Manny's Wieners Best Buy, Firestone/auto, Ford/Lincoln, Home Depot Superstore, Target, USPO, Whole Foods Mkt
49b a	NJ 124 (from eb), to Maplewood, same as 50b a
48	to NJ 24, to I-287 N, (exits left from eb), Springfield
48mm	I-78 eb divides into express & local
45	NJ 527 (from eb), Glenside Ave, Summit
44	(from eb), to Berkeley Heights, New Providence
43	to New Providence, Berkeley Heights
41	to Berkeley Heights, Scotch Plains
40	NJ 531, The Plainfields, **S** Valero
36	NJ 651, to Warrenville, Basking Ridge, **N** Exxon Dunkin Donuts A&P, **S** Exxon
33	NJ 525, to Martinsville, Bernardsville, **N** 3West Rest., LingLing Chinese, Starbucks Courtyard, Hotel Indigo, Somerset Hills Inn USGA Golf Museum, **S** Exxon/7-11 Panera Bread Goodyear/auto, Verizon
32mm	scenic overlook wb
29	I-287, to US 202, US 206, I-80, to Morristown, Somerville, **S**

26	NJ 523 spur, to North Branch, Lamington
24	NJ 523, to NJ 517, to Oldwick, Whitehouse, **2-3 mi S** Ex on/dsl, Gulf/dsl Readington Diner, Starbucks, Su way Kings Mkt, Rite Aid
20b a	NJ 639 (from wb), to Cokesbury, Lebanon, **S** Exxon, She dsl, Sunoco Cutting Board Deli, Dunkin Donuts, Janina B tro, Kirsten's Italian Courtyard to Round Valley RA, v
18	US 22 E, Annandale, Lebanon, **N** same as 17, **S** , Hond
17	NJ 31 S, Clinton, **N** Exxon, Speedway, Valero/ Baskin-Robbins/Dunkin Donuts, Blimpie, Country Gridd Finnigal's, McDonald's STS Tire/auto, to Voorhees SP
16	NJ 31 N (from eb), Clinton, **N** same as 17
15	NJ 173 E, to Pittstown, Clinton, **N** Express/repair, Shell/ Subway Holiday Inn museum, **S** Cracker Bar Frank's Italian, Hunan Wok, Quiznos Hampton Inn GNC, ShopRite Foods, TJMaxx, Verizon, Walmart/Dunkin Don
13	NJ 173 W (from wb), **N** Clinton Sta Diner, same as 12
12	NJ 173, to Jutland, Norton, **N** Clinton/dsl, Exxon/Dunk Donuts/dsl, /Subway/dsl/scales/24hr Gra Colonial Rest. to Spruce Run RA, vet, **S** Shell B gelsmith Deli
11	NJ 173, West Portal, Pattenburg, **N** Mobil, Shell/pizz dsl Chalet Rest., Landslide Rest. Jugtown Camping, police
8mm	both lanes, litter barrels, no restrooms,
7	NJ 173, to Bloomsbury, West Portal, **N** RV campir **S** Citgo/deli, /Subway/dsl/scales/24hr, TA/Burg King/Country Pride/dsl/scales/24hr/@
6mm	weigh sta both lanes
6	Warren Glen, Asbury (from eb)
4	Warren Glen, Stewartsville (from wb)

NH

NJ

MANCHESTER

NEWARK

CLINTON

INTERSTATE 78 Cont'd

Exit#	Services
3	US 22, NJ 173, to Phillipsburg, **0-2 mi N** 📷 BP/dsl, Mobil/Subway/dsl, Penn Jersey Trkstp/dsl/scales/24hr, Speedway/dsl, US/dsl, Wawa 🍴 Applebee's, Burger King, Chick-fil-A, Dunkin Donuts, Frank's Trattoria, Friendly's, Key City Diner, McDonald's, Panera Bread, Perkins, Pizza Hut, Quaker Steak, Ruby Tuesday, Taco Bell, Teppanyaki, White Castle 🏠 Best Value Ⓞ 🏥 $Tree, Advance Parts, AutoZone, Best Buy, Bon-Ton, Hobby Lobby, Home Depot, Honda, Kohl's, Lowe's, Marshall's, Meineke, Michael's, PetCo, ShopRite Foods, Staples, Stop&Shop, Target, Walmart/Subway, **S** Ⓞ Hyundai
0mm	New Jersey/Pennsylvania state line, Delaware River

INTERSTATE 80

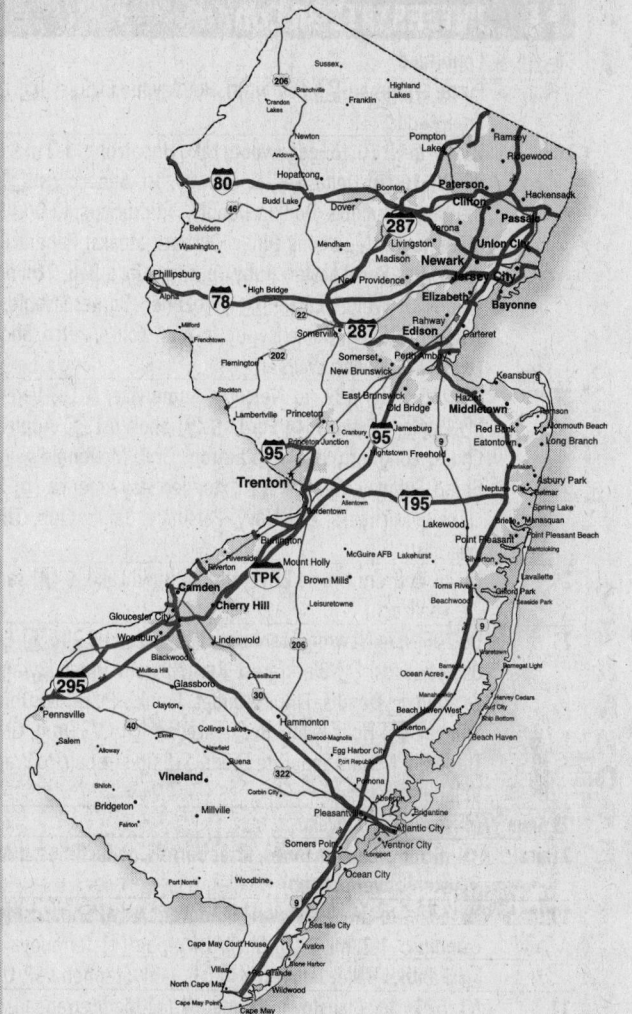

Exit#	Services
	I-80 begins/ends on I-95, exit 69.
68	Leonia, Teaneck, **N** 🏠 Marriott Ⓞ 🏥
68b a	I-95, N to New York, S to Philadelphia, to US 46
67	to Bogota (from eb)
66	Hudson St, to Hackensack
65	Green St, S Hackensack
64b a	NJ 17 S, to US 46 E, Newark, Paramus, **S** 📷 BP/dsl 🍴 Crow's Nest Rest. 🏠 Hilton Ⓞ PathMark Foods, Stop&Shop
63	NJ 17 N, **N** 📷 BP, Exxon/dsl, Mobil/dsl, Speedway/dsl, Sunoco, Wawa/dsl 🍴 Burger King, Five Guys, Longhorn Steaks, Outback Steaks Ⓞ 🏥 Acura, BMW, Harley-Davidson, Home Depot
62b a	GS Pkwy, to Saddle Brook, **N** 🍴 Dunkin Donuts 🏠 Holiday Inn, Marriott, **S** 🏠 Crowne Plaza
61	NJ 507, to Garfield, Elmwood Park, **N** Marcal Paper Co
60	NJ 20, N to Hawthorne, **N** Ⓞ 🏥 Lowe's, Michelin/Cooper Tires, Pepboys
59	Market St (from wb), to Paterson
58b a	Madison Ave, to Paterson, Clifton, **S** Ⓞ 🏥
57c	Main St (from wb), to Paterson
57b a	NJ 19 S, to Clifton, downtown Paterson
56b a	Squirrelwood Rd, to Paterson, **S** 📷 Lukoil/Dunkin Donuts
55b a	Union Blvd (from wb, no EZ return), Totowa, **N** 📷 Shell/dsl, **S** 🏠 Holiday Inn Ⓞ Cadillac
54	Minnisink Rd, to Paterson, **S** 🍴 Dunkin Donuts Ⓞ Home Depot, mall
53	US 46 E, to NJ 3 (no eb return), to Wayne, Cliffton, **0-2 mi S** 📷 Exxon 🍴 Applebee's, Bahama Breeze, Brio Tuscan Grill, CA Pizza, Chipotle, IHOP, Olive Garden, Ruby Tuesday, Sonic, TGIFriday's Ⓞ Bloomingdale's, Costco/gas, Hobby Lobby, JC Penney, Lord&Taylor, Macy's, Nissan, Office Depot, Old Navy, Sears/auto
52	US 46, the Caldwells
48	to Montville (from wb), Pine Brook
47b	US 46 W, to Montclair, **N** 📷 Sunoco 🍴 Five Guys, Longhorn Steaks, Wendy's 🏠 Holiday Inn Ⓞ ShopRite Foods
47a	I-280 E, to The Oranges, Newark
45	to US 46, Lake Hiawatha, Whippany, **0-2 mi N** on US 46 📷 BP/dsl, Gulf/dsl, Sunoco/dsl 🍴 Applebee's, Buffalo Wild Wings, Burger King, Eccola Rest., Empire Diner, Five Guys, Franco's Pizza, IHOP, Jasper Chinese, KFC, Longhorn Steaks, McDonald's, Moe's SW Grill, Outback Steaks, Pure Rest., Quin Dynasty, Sakura Japanese, Smashburger, Subway, Taco Bell, Wendy's 🏠 Budget Inn, Holiday Inn/rest., Howard Johnson, Ramada Ltd, Red Roof Inn Ⓞ $Tree, Firestone, Home Depot, Michael's, PepBoys, PetCo, ShopRite Foods, Staples, Verizon, Walgreens
43b a	I-287, to US 46, Boonton, Morristown
42b a	US 202, US 46, to Morris Plains, Parsippany, **0-1 mi N** on US 46 📷 76/Dunkin Donuts/dsl, Exxon 🍴 Fuddrucker's, McDonald's, TGIFriday's, Wendy's 🏠 Courtyard, Days Inn, Fairfield Inn, Hampton Inn Ⓞ Marshall's, same as 39, Subaru
39	(38 from eb), US 46 E, to NJ 53, Denville, **0-2 mi N** on US 46 📷 Citgo/dsl, Enrite Gas, Exxon, Speedway/Dunkin Donuts, Sunoco 🍴 Burger King, Casa Bella Italian, Charlie Brown's Steaks, Dunkin Donuts, Moe's SW Grill, Paul's Diner, Wendy's Ⓞ 🏥 Chevrolet, Verizon, Walgreens, **S** 📷 Delta
37	NJ 513, to Hibernia, Rockaway, **N** 📷 Exxon/dsl, Shell 🍴 Barn Rest., Dunkin Donuts, Hibernia Diner 🏠 Hampton Inn, Rockaway Hotel, **S** 📷 Ⓞ 🏥
35b a	to Dover, Mount Hope, **S** 📷 Exxon 🍴 Buffalo Wild Wings, Chipotle, Coldstone, Dunkin Donuts, La Salsa Mexican, Olive Garden, Quiznos, Red Robin, Tiff's Burger 🏠 Hilton Garden, Homewood Suites Ⓞ 🏥 Best Buy, JC Penney, Lord&Taylor, Macy's, mall, Michael's, Sears/auto, Verizon
34b a	NJ 15, to Sparta, Wharton, **N** 📷 Exxon/dsl 🍴 Fortune Buffet Ⓞ Rite Aid, **S** 🍴 Dunkin Donuts, Good 5 Chinese, Panera Bread, Qdoba, Starbucks, Townsquare Diner Ⓞ 🏥 $Tree, Big Lots, Costco/gas, Dick's, Home Depot, Petsmart, ShopRite Foods, Target, Walmart
32mm	truck ℞ wb
30	Howard Blvd, to Mt Arlington, **N** 📷 Exxon/dsl 🍴 Blossom Asian, Cracker Barrel, Davy's Hotdogs, Dunkin Donuts, Frank's

P A T E R S O N

◤E INTERSTATE 80 Cont'd

30	Continued Pizza, Wingman 🛏 Courtyard, Holiday Inn Express 🅾 Quick-Chek Foods
28	US 46, to NJ 10, to Ledgewood, Lake Hopatcong, **1-2 m S** on US 46, NJ 10 🅿 Delta Gas, Speedway/dsl, Sunoco/dsl 🍴 Boston Mkt, Domino's, Dunkin Donuts, Fuddruckers, KFC/LJ Silver, McDonald's, Muldoons Diner, Outback Steaks, Panera Bread, Pizza Hut, Red Lobster, Ruby Tuesday, Taco Bell, TGIFriday's, Wendy's, White Castle 🅾 AutoZone, Barnes&Noble, BJ's Whse, CVS Drug, Home Depot, Jo-Ann, Kohl's, Petco, ShopRite Foods, Walgreens, Walmart
27	US 206 S, NJ 182, to Netcong, Somerville, **N** 🅿 Valero/dsl 🍴 Dunkin Donuts 🅾 Ford, **S** 🅿 Shell/dsl 🍴 Applebee's, Chili's, Longhorn Steaks, Macaroni Grill, McDonald's, Panera Bread, Subway, Wendy's 🛏 Extended Stay America 🅾 $Tree, Lowe's, Michael's, Old Navy, Petsmart, Sam's Club, TJMaxx, Walmart
26	US 46 W (from wb, no EZ return), to Budd Lake, **S** 🅿 same as 27, Shell/dsl
25	US 206 N, to Newton, Stanhope, **1-2mi N** on US 206 🅿 Exxon/dsl, Shell/dsl 🍴 Blackforest Rest., Byram Diner, Byram Pizza, Dunkin Donuts, Empire Buffet, Frank's Pizza, McDonald's, Subway 🛏 Holiday Inn, Residence Inn 🅾 CVS Drug, GNC, Int Trade Ctr, Nissan, ShopRite Foods, STS tires/repair, to Waterloo Village, vet
23.5mm	Musconetcong River
21mm	🅾 picnic area both lanes, litter barrels, no facilities, petwalk, 🏞, scenic overlook (eb)
19	NJ 517, to Hackettstown, Andover, **N** 🅿 Shell/dsl 🅾 RV camping, **1-2 mi S** 🅿 Shell/dsl/repair 🍴 Terranova Pizza 🛏 Panther Valley Inn/rest. 🅾 Ⓗ, 7-11, Stephen's SP, USPO
12	NJ 521, to Blairstown, Hope, **N** 🍴 Mediterranean Diner 🅾 Harley-Davidson, st police, **S** 🅿 US Gas 🍴 Hope Mkt Deli 🅾 Jenny Jump SF, Land of Make Believe, RV camping (5mi), USPO
7mm	🆁🆂 eb, full ♿ facilities, info, litter barrels, petwalk, 🍴, 🏞, vending
6mm	scenic overlook wb, no trailers
4c	to NJ 94 N (from eb), to Blairstown
4b	to US 46 E, to Buttzville
4a	NJ 94, to US 46 E, to Portland, Columbia, **N** 🅿 TA/Pizza Hut/Taco Bell/dsl/scales/24hr/@ 🍴 McDonald's 🅾 RV camping, **S** 🅾 USPO
3.5mm	Hainesburg Rd (from wb), accesses services at 4
2	weigh sta eb
1mm	Worthington SF
1	to Millbrook (from wb), **N** 🅾 Worthington SF
0mm	New Jersey/Pennsylvania state line, Delaware River

◤N INTERSTATE 95

Exit#	Services
124mm	New Jersey/New York state line, Hudson River, Geo Washington Br
123mm	Palisades Pkwy (from sb)
73	NJ 67, Lemoine Ave, **W** 🅿 Sunoco 🍴 Five Guys, McDonald's 🅾 A&P Mkt, GNC, Verizon, Walgreens
72 (122)	US 1, US 9, US 46, Ft Lee, **E** 🛏 Doubletree, **W** 🅿 Sunoco 🍴 McDonald's
71 (121)	Broad Ave, Leonia, Englewood, **E** 🅿 Lukoil, **W** 🛏 Holiday Inn
70 (120)	to NJ 93, Leonia, Teaneck, **W** 🛏 Marriott

69 (119)	I-80 W (from sb), to Paterson
68 (118)	US 46, Challenger Blvd, Ridgefield Park, **E** 🅿 Exxon 🍴 Lar Garden Chinese 🛏 Day's Inn, Hampton Inn, Hilton Garden

I-95 and NJ Turnpike run together sb. See NJ Tpk, exits 7a-18.
I-95 nb becomes I-295 sb at US 1.

67b a	US 1, to Trenton, New Brunswick, **E** 🅿 Shell, WaWa/McDonald's/dsl 🍴 Michael's Diner 🛏 Howard Johnson, Sleepy Hollow Motel 🅾 Acura, **0-3 mi W** 🅿 LukOil/dsl 🍴 Applebee's, Bahama Breeze, Big Fish Bistro, Bonefish Grill, Brick House Tavern, Brio Grille, Buffalo Wild Wings, Cheesecake Factory Chipotle, ChuckECheese's, Corner Bakery Cafe, Dunkin Donuts Firehouse Subs, Hooters, Houlihan's, Jersey Mike's, Joe's Crab shack, Olive Garden, On-the-Border, Outback Steaks, Panera Bread, Pei Wei, PF Chang's, Red Lobster, Seasons 32, Smashburger, Starbucks, Subway, TGIFriday's, Wendy's 🛏 Clarion Comfort Inn, Extended Stay America, Hyatt Place, Hyatt Regency, Red Roof Inn, Residence Inn 🅾 $Tree, AT&T, Barnes&Noble, Best Buy, Buick/Cadillac/GMC, Chevrolet, Dick's, Firestone/auto, Hobby Lobby, Home Depot, JC Penney, Jo-Ann Fabrics, Kohl's, Lord&Taylor, Lowe's, Macy's, malls, Marshall's Michael's, Mini, NTB, Old Navy, PepBoys, PetCo, Petsmart, REI Ross, Sam's Club, Sears/auto, ShopRite Foods, Staples, Target TJ Maxx, Trader Joe's, Verizon, Walmart, Wegman's Foods Whole Foods Mkt
8b a	NJ 583, NJ 546, to Princeton Pike
7b a	US 206, **W** 🅿 LukOil/dsl 🍴 Fox's Pizza, Starbucks
5b a	Federal City Rd (sb only)
4b a	NJ 31, to Ewing, Pennington, **E** 🅿 Citgo/repair, Exxon/repair LukOil/Dunkin Donuts/dsl 🛏 SpringHill Suites 🅾 Robbin Drug, **W** 🅿 Exxon, LukOil/Blimpie/dsl 🍴 Mizuki Asian, Starbucks 🅾 ShopRite Foods, Stop&Shop Foods
3b a	Scotch Rd, **E** 🛏 Courtyard, **W** 🅾 Ⓗ
2	NJ 579, to Harbourton, **E** 🅿 LukOil (1mi) 🍴 Dunkin Donuts Red Star Pizza 🅾 7-11, **W** 🅿 BP
1	1 NJ 29, to Trenton, **2 mi W** 🅾 st police museum
0mm	New Jersey/Pennsylvania state line, Delaware River

◤N NEW JERSEY TURNPIKE

Exit#	Services
18 (117)	US 46 E, Ft Lee, Hackensack, **last exit before toll sb**
17 (116)	Lincoln Tunnel
115mm	Vince Lombardi Service Plaza nb, **W** 🅿 Sunoco/dsl 🍴 Burger King, Nathan's, Popeye's
114mm	toll plaza, 🍴
16W (113)	NJ 3, Secaucus, Rutherford, **E** 🅿 Shell, Speedway 🛏 Hilton **W** 🛏 Extended Stay America 🅾 Meadowlands
112mm	Alexander Hamilton Service Area sb, 🅿 Sunoco/dsl 🍴 Roy Rogers 🅾 gifts
16E (112)	NJ 3, Secaucus, **E** Lincoln Tunnel
15W (109)	I-280, Newark, The Oranges
15E (107)	US 1, US 9, Newark, Jersey City, **E** Lincoln Tunnel
14c	Holland Tunnel
14b	Jersey City
14a	Bayonne
14 (105)	I-78 W, US 1, US 9, **2 mi W** 🛏 Courtyard, Fairfield Inn, Spring Hill Suites 🅾 ⬆
102mm	Halsey Service Area, 🅿 Sunoco/dsl 🍴 Roy Rogers 🅾 services in Elizabeth
13a (102)	Elizabeth, **E** 🛏 Country Inn Suites, Courtyard, Embassy Suites Extended Stay America, Residence Inn, **W** 🍴 McDonald's 🛏 Crowne Plaza, Days Inn, Hampton Inn, Hilton, Rennaisance services on US1/US9

STANHOPE **TRENTON**

NJ

➤N NEW JERSEY TURNPIKE Cont'd

Exit#	Services
13 (100)	I-278, to Verrazano Narrows Bridge
12 (96)	Carteret, Rahway, **E** 🍴 McDonald's 🛏 Holiday Inn 🅾 CVS Drug, Walgreens, **W** 🛏 Executive Suites
93mm	**Cleveland Service Area nb, T Edison Service Area sb,** 🍴 Burger King, Dunkin Donuts, Popeye's, Roy Rogers, Sbarro's, Starbucks, Starbucks
11 (91)	US 9, Garden State Pkwy, to Woodbridge, **E** 🍴 McDonald's 🛏 Hampton Inn 🅾 $Tree, Home Depot, Walmart, **W** 🅿 Speedway/dsl 🛏 Residence Inn, The Forge Inn
10 (88)	I-287, NJ 514, to Perth Amboy, **E** 🅿 Speedway/dsl 🛏 Courtyard, Edison Hotel
9 (83)	US 1, NJ 18, to New Brunswick, E Brunswick, **E** 🅿 Gulf, Mobil/dsl, Speedway/dsl 🍴 Bone Fish Grill, Boston Mkt, Burger King, Carrabba's, Dunkin Donuts, Grand Buffet, Hooters, Jersey Mike's, KFC, McDonald's, Perkins, Popeye's, Starbucks 🛏 Days Hotel, Motel 6 🅾 $Tree, AT&T, Best Buy, Dick's, Kohl's, Lowe's, Petsmart, ShopRite Foods, TJ Maxx, Walmart/Subway, **W** 🅿 Exxon 🍴 Famous Dave's, Houlihan's, On the Border 🛏 Hilton, Holiday Inn Express
79mm	**Kilmer Service Area nb, Kilmer Service Area,** 🍴 Burger King, Cookies and Creamery, Sbarro, Starbucks 🅾 Sunoco/dsl
8a (74)	to Jamesburg, Cranbury, **W** 🛏 Courtyard, Crowne Plaza
72mm	**Pitcher Service Area,** 🅿 Sunoco/dsl 🍴 Cinnabon, Dick Clark's AB Grill, Nathan's, Roy Rogers, Starbucks
8 (67)	NJ 33, NJ 571, Highstown, **E** 🅿 Petro/dsl, Shell/Dunkin Donuts/dsl, Speedway/dsl 🍴 Prestige Diner 🛏 Days Inn, Hampton Inn, Holiday Inn 🅾 CVS Drug, vet, **W** 🛏 Quality Inn, Townhouse Motel
7a (60)	I-195 W to Trenton, E to Neptune
59mm	**Woodrow Wilson Service Area nb,** 🍴 Burger King, Nathan's, Pizza Hut, Quiznos, Roy Rogers, Starbucks, TCBY, **Richard Stockton Service Area sb,** 🅿 Sunoco/dsl, 🅿 Sunoco
7 (54)	US 206, to Bordentown, to Ft Dix, McGuire AFB, to I-295, Trenton, **W** 🅿 AmeriGas, Delta/dsl, Exxon, Gulf, ❤Love's/Wendy's/dsl/scales/24hr, Petro/Iron Skillet/dsl/scales/24hr/@, Sunoco, Valero/dsl 🍴 Denny's, Dunkin Donuts, McDonald's 🛏 Best Western, Comfort Inn, Days Inn, Hampton Inn, Ramada Inn 🅾 WaWa
6 (51)	I-276, to PA Tpk
5 (44)	to Mount Holly, Willingboro, **E** 🅿 AJ's Gas/dsl 🍴 Applebee's, Charlie Brown's Steaks, Cracker Barrel, McDonald's, Recovery Grill 🛏 Best Western, Hampton Inn, Hilton Garden, Quality Inn 🅾 vet, **W** 🅿 BP, Exxon/dsl, Valero/dsl 🍴 Burger King, China House, Dunkin Donuts, IHOP, TGIFriday's 🛏 Courtyard, Holiday Inn Express 🅾 $Tree, AT&T, Dick's, Home Depot, Kohl's, Motel 6, Target
39mm	**James Fenimore Cooper Service Area nb,** 🅿 Sunoco/dsl 🍴 Burger King, Cinnabon, Popeye's, Roy Rogers, TCBY 🅾 gifts
4 (34)	NJ 73, to Philadelphia, Camden, **E** 🅿 US Gas, WaWa/dsl 🍴 Applebee's, Chili's, Cracker Barrel, Dunkin Donuts, Kazumi, McDonald's, On-the-Border, Sage Rest., TGIFriday's, Wendy's 🛏 Candlewood Suites, Comfort Inn, Extended Stay America, Hampton Inn, Hilton Garden, Holiday Inn Express, Hyatt House, Hyatt Place, Knights Inn, La Quinta, Rodeway Inn, Staybridge Suites, Wyndham Hotel 🅾 BMW, Cadillac, Lexus, Mini, Toyota/Scion, Verizon, Whole Foods Mkt, **W** 🅿 Lukoil 🍴 Bob Evans, Miller's Alehouse, Starbucks 🛏 aLoft, Courtyard, Fairfield Inn, Hotel ML, Red Roof Inn, Super 8, Westin
30mm	**Walt Whitman Service Area sb,** 🅿 Sunoco 🍴 Cinnabon, Nathan's, Roy Rogers, TCBY 🅾 gifts

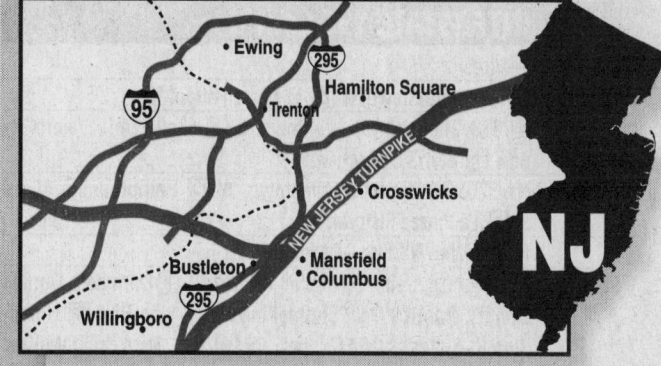

3 (26)	NJ 168, Atlantic City Expwy, Walt Whitman Br, Camden, Woodbury, **E** 🅿 Pioneer, WaWa/dsl 🍴 Antonietta's, Luigi's Pizza, Pat's Pizza, Phily Diner, Rita's Custard 🛏 Days Inn, La Quinta 🅾 Advance Parts, CVS Drug, Toyota/Scion, Walgreens, **W** 🅿 Riggins, Shell/dsl, Valero/dsl 🍴 Burger King, Club Diner, Dunkin Donuts, Vero Pizzaria, Wendy's 🛏 Bellmawr Motel, EconoLodge, Howard Johnson, Red Roof Inn, Super 8
2 (13)	US 322, to Swedesboro, **W** 🅿 Shell/Dunkin Donuts/dsl
5mm	**Barton Service Area sb, Fenwick Service Area nb,** 🅿 Sunoco/dsl 🍴 Burger King, Nathan's, Pizza Hut, Starbucks, TCBY
1 (1.2)	Deepwater, **W** 🅿 Gulf, 🍴/Subway/dsl/scales/24hr 🛏 Comfort Inn, Friendship Motor Inn, Holiday Inn Express, Red Carpet Inn
1mm	**toll road begins/ends**
2 (I-295)	I-295 N divides from toll road, I-295 S converges with toll road.
1 (I-295)	NJ 49, to Pennsville, **E** 🅿 WaWa/dsl 🍴 Applebee's, Burger King, Cracker Barrel, Dunkin Donuts, KFC/Taco Bell, McDonald's 🛏 Hampton Inn, Super 8 🅾 Peterbilt, **W** 🅿 Coastal 🛏 Seaview Motel
0mm	New Jersey/Delaware state line, Delaware River, Delaware Memorial Bridge

➤N INTERSTATE 195

Exit#	Services
36	Garden State Parkway N. **I-195 begins/ends on GS Pkwy, exit 98.**
35b a	NJ 34, to Brielle, GS Pkwy S, Pt Pleasant, 0-2 mi **S** 🅿 Exxon/dsl, Getty/dsl, Lukoil/dsl 🍴 Legends Japanese
31b a	NJ 547, NJ 524, to Farmingdale, **N** 🅾 to Allaire SP
28b a	US 9, to Freehold, Lakewood, **N** 🅿 LukOil/7-11/dsl, WaWa/dsl 🍴 Ivy League Grill, Lino's Pizza, Stewart's Drive-In 🛏 At 9 Motel, **S** 🅿 Exxon, Gulf, LukOil, QuickChek/dsl, WaWa 🍴 Applebee's, Arby's, Baskin-Robbins/Dunkin Donuts, Boston Mkt, Chick-fil-A, China Moon, Chipotle, Dunkin Donuts, Five Guys, IHOP, Jersey Mike's Subs, Longhorn Steaks, Luigi's Pizza, McDonald's, Panera Bread, Pizza Hut, Ruby Tuesday, Sonic, Starbucks, Subway, Taco Bell 🅾 $Tree, Advance Parts, AT&T, Barnes&Noble, Best Buy, BJ's/dsl, CVS Drug, GNC, Hobby Lobby, Kohl's, Lowe's, Michael's, PepBoys, PetCo, Petsmart, repair, ShopRite Foods, Staples, Stop&Shop, Target, TJ Maxx, USPO, Verizon, vet, Walgreens, Walmart/McDonald's
22	to Jackson Mills, Georgia, **N** 🅾 to Turkey Swamp Park, 2 mi **S** 🍴 McDonald's 🅾 ShopRite Foods
21	NJ 526, NJ 527, to Jackson, Siloam
16	NJ 537, to Freehold, **N** 🅿 Citgo/dsl, Sunoco 🍴 FoodCourt, GianMarco's Pizza 🅾 🅷, Jackson Outlets/famous brands, **S** 🅿 WaWa/dsl 🍴 Burger King, Chicken Holiday, Dunkin Donuts, KFC/LJ Silver, McDonald's, McGinns Pizzaria, Rio Grande Mexican, Tommy's Rest. 🅾 Six Flags

= gas   = food   = lodging   = other   = rest stop   Copyright 2018 - The Next EXIT

INTERSTATE 195 Cont'd

Exit#	Services
11	NJ 524, Imlaystown, **N** to Horse Park of NJ
8	NJ 539, Hightstown, Allentown, **S** Shell (1mi), Valero/repair Sam's Deli vet
7	NJ 526, Robbinsville, Allentown, **N** Hampton Inn, **1 mi** **S** La Piazza Ristorante
6	NJ Tpk, N to NY, S to DE Memorial Br
5b a	US 130, **N** Delta/dsl/repair, Valero/dsl Domino's, Dunkin Donuts, Rusert's Deli, ShrimpKing Rest., Taco Bell Homewood Suites AAA, vet, **S** GS Fuel/dsl, WaWa/dsl Chick-fil-A, Chili's, China Grill, Cracker Barrel, DQ, Jersey Mike's Subs, Longhorn Steaks, McDonald's, Outback Steaks, Panchero's, Panera Bread, Red Robin, Ruby Tuesday, Subway, TGIFriday's, Wendy's Hilton Garden, Residence Inn $Tree, AT&T, Barnes&Noble, GNC, Harry's Army Navy, Home Depot, Honda, Kohl's, Lowe's, Michael's, Old Navy, Petsmart, Ross, ShopRite Foods, Staples, to state aquarium, USPO, Verizon, Walmart
3b a	Hamilton Square, Yardville, **N** H
2	US 206 S, S Broad St, Yardville, **S** BP, Shell/dsl Subway $Tree, 7-11, CVS Drug, Rite Aid
1b a	US 206 (eb only), **N** Circle Deli, Taco Bell Advance Parts, Midas, **S** Papa John's ShopRite Foods
0mm	I-295, I-195 begins/ends.

INTERSTATE 287

Exit#	Services
68mm	New Jersey/New York state line
66	NJ 17 S, Mahwah, **1-3 mi** **E** Gulf, Liberty/dsl, Mobil/dsl, Pilot/dsl, Sunoco/dsl, Valero/Subway/dsl Boston Mkt, Burger King, Dunkin Donuts, McDonald's Comfort Suites, Courtyard, Doubletree, Hampton Inn, Homewood Suites, Sheraton, Super 8 Buick/GMC, Cadillac, Chrysler/Dodge/Jeep, Home Depot, Honda, Hyundai
59	NJ 208 S, Franklin Lakes
58	US 202, Oakland, **E** Lukoil/dsl Jr's Pizza, Mike's Doghouse, Starbucks, Subway $Tree, Staples, USPO, Walgreens, **W** Exxon
57	Skyline Dr, Ringwood
55	NJ 511, Pompton Lakes, **E** Frank's Pizza, Quizno's, Starbucks, Subway, Thatcher McGhee Eatery, Wendy's A&P, **W** Gulf/dsl Baskin-Robbins, Burger King, Dunkin Donuts Holiday Inn Express CVS Drug, Stop'n Shop
53	NJ 511A, rd 694, Bloomingdale, Pompton Lakes, **E** Sunoco, Valero Blimpie USPO
52b a	NJ 23, Riverdale, Wayne, Butler, **0-3 mi** **E** Delta, Gulf, Lukoil, Speedway/dsl, Valero/dsl 23 Buffet, Moe's SW Grill, Pompton Queen Diner, Stefano's Pizza H, GNC, Honda, Pepboys, Stop&Shop, TJ Maxx, Toyota/Scion, VW, **W** Lukoil, Lukoil Applebees, Chili's, Dunkin Donuts, Mangia Pizza, NJ Buffet, Subway, Wendy's Best Buy, BJ's Whse, Harley-Davidson, Home Depot, Jo-Ann, Lowes Whse, Staples, Target, Walmart
47	US 202, Montville, Lincoln Park, **E** Exxon Harrigan's Rest., Montville Inn Rest.
45	Myrtle Ave, Boonton, **W** Shell/dsl, Speedway Dunkin Donuts, McDonald's, Subway A&P Mkt, Buick/Chevrolet, Walgreens
43	Intervale Rd, to Mountain Lakes, **E** Valero/dsl, **W** Dodge

Exit#	Services
42	US 46, US 202 (from sb only), **W** 76/Dunkin Donuts, dsl, Exxon Fuddrucker's, McDonald's, TGIFriday's, Wendy's Courtyard, Day's Inn, Embassy Suites, Fairfield Inn, Hampton Inn Marshall's, Subaru, USPO
41b a	I-80, E to New York, W to Delaware Water Gap
40	NJ 511, Parsippany Rd, to Whippany, **W** BP, Shell/dsl, Wroco Gas Frank&Son Pizza, Subway, Wok's Chinese Embassy Suites (1mi) vet
39b a	NJ 10, Dover, Whippany, **E** Exxon, Shell Brookside Diner, Dunkin Donuts, Jersey Mike's, Melting Pot, Pancake House, Scallopini Rest., Whippany Diner CVS Drug, Farmtastic Mkt, Tuesday Morning, **W** Liberty/dsl, Lukoil, Raceway Atlanta Bread, Dunkin Donuts, Panchero's Mexican, Smashburger, Subway, Wendy's EconoLodge, Hilton, Hyatt House, Marriott Barnes&Noble, Buick/GMC, GNC, Harley-Davidson, Kohl's, Stop'n Shop, Verizon
37	NJ 24 E, Springfield
36b a	rd 510, Morris Ave, Lafayette
35	NJ 124, South St, Madison Ave, Morristown, **E** Friendly's Richie's Country Store, vet, **W** Best Western H, Rite Aid, Walgreens
33	Harter Rd
33mm	**E** truck nb, full facilities, litter barrels, petwalk, vending
30b a	to US 202, N Maple Ave, Basking Ridge, **E** Dolce Resort, **W** Gulf, Lukoil GrainHouse Rest., Vine Rest. Old Mill Inn/rest.
26b a	rd 525 S, Mt Airy Rd, Liberty Corner, **3 mi** **E** Exxon Courtyard, Somerset Hotel
22b a	US 202, US 206, Pluckemin, Bedminster, **E** Exxon, Exxon/dsl Burger King, Coldstone, Dunkin Donuts, Golden Palace, Panchero's, Rocco's Pizza, Starbucks, Subway CVS Drug, Fresh Mkt, King's Foods, URGENT CARE, Verizon
21b a	I-78, E to NY, W to PA
17	US 206 (from sb), Bridgewater, **W** Exxon, Speedway Buffalo Wild Wings, CA Pizza, Cheescake Factory, Chipotle Mexican, Dunkin Donuts, KFC, La Catena Ristorante, Maggiano's Italian, McCormick&Schmick's, McDonald's, TGIFriday, Wendy's Marriott Best Buy, Bloomingdale, Lord&Taylor, Macy's, mall
14b a	US 22, to US 202/206, **E** Speedway/dsl Chevrolet, Lexus, **W** Sunoco/dsl, Valero/dsl Houlihan's, Red Lobster Day's Inn Acura, Chrysler/Dodge/Jeep, Fiat, Ford, Infiniti, Kia, Mercedes, Nissan, Volvo
13b a	NJ 28, Bound Brook, **E** 76/dsl, BP/dsl 25 Burger, Burger King, Dunkin Donuts, Frank's Pizza, Girasole Rest, Little Caesar's 7-11, AT&T, AutoZone, QuickChek Mkt, ShopRite Foods, Walgreens, **W** Applebees, ChuckeChees, McDonald's, Panchero's Hilton Garden H, 7-11, Costco, Home Depot, Marshall's, Michael's, Old Navy, PepBoys, PetsMart, Target
12	Weston Canal Rd, Manville, **E** ShopRite (3mi), USPO, **W** Soho Grill La Quinta
10	NJ 527, Easton Ave, New Brunswick, **E** Hotel Somerset, **W** Exxon Dunkin Donuts, Lo Duca Pizza, Ruby Tuesday, Subway Candlewood Suites, Comfort Inn, Courtyard, Doubletree, EconoLodge, Extended Stay America, Fairfield Inn, Holiday Inn, Homewood Suites, Madison Suites, Residence Inn, Sonesta Suites H, Garden State Exhibit Ctr
9	NJ 514, River Rd, **W** Gulf Embassy Suites, Radisson
8.5mm	weigh sta nb
8	Possumtown Rd, Highland Park

P I S C A T A W A Y	

⟨N⟩ INTERSTATE 287 Cont'd

Exit#	Services
7	S Randolphville Rd, Piscataway, **E** ☐ Lukoil/dsl
6	Washington Ave, Piscataway, **E** ☐ Shell/7-11/dsl ☐ Popeye's, **W** ☐ Applebees, Chand Palace, Gourmet Oizza, Healthy Garden, Longhorn Steaks, Olive Garden, Panera Bread, Piscataway Pizza, Starbucks, Subway, TGIFriday's, Thai Basil ☐ 99c Depot, Aldi Foods, GNC, Lowes Whse, PetCo, same as 5, ShopRite Foods, Walmart/McDonald's
5	NJ 529, Stelton Rd, Dunellen, **E** ☐ BP/dsl, Gulf/dsl, Lukoil/dsl ☐ Enzo's Pizza, KFC ☐ Ramada Ltd. ☐ Advance Parts, Goodyear/auto, Home Depot, Meineke, Stop'n Shop, STS Tire/auto, **W** ☐ Exxon, Gulf ☐ 365 Bistro, Brickhouse Rest., Burger King, Chipotle, Corner Cafe, Dunkin Donuts, Five Guys, Fontainbleu Diner, Friendly's, Gabrieles Grill, Gianni Pizza, IHOP, Joe's Crabshack, Panda Express, Pizza Hut, Red Lobster, Red Robin, Ruby Tuesday, Taco Bell, Villa Pizza, Wendy's, White Castle ☐ Best Western, Hampton Inn, Holiday Inn, Motel 6 ☐ $Tree, Burlington Coats, Dick's, Hobby Lobby, Kohl's, Marshall's, NAPA, Pep Boys, Staples, Target, Verizon, Walgreens
4	Durham Ave (from nb, no EZ return), S Plainfield, **E** ☐ Full One/dsl ☐ Subway ☐ ☐, Firestone/auto
3	New Durham Rd (from sb), **E** ☐ Shell, **W** ☐ Dunkin Donuts, Red Onion Chinese ☐ Fairfield Inn, Red Roof Inn ☐ Walgreens
2b a	NJ 27, Metuchen, New Brunswick, **E** ☐ Brownstone Grill, **W** ☐ BP, Lukoil ☐ Dunkin Donuts, Little Caesar's ☐ Costco/gas, Petsmart, USPO, Walmart/Subway
1b a	US 1, **N** ☐ Exxon/dsl, Raceway/dsl, Shell ☐ Benihana, Champp's, Cheesecake Factory, Dunkin Donuts, Famous Dave's BBQ, Houlihan's, IHOP, Macaroni Grill, McDonald's, Menlo Park Diner, Panera Bread, Seasons Grill, Sonic, Uno, White Castle ☐ Barnes&Noble, Firestone/auto, Goodyear/auto, Macy's, Midas, Nordstrom's, Target, **S** ☐ Shell/7-11/dsl ☐ Applebees, Boston Mkt, ChuckeCheese, McDonald's ☐ Comfort Inn, Quality Inn ☐ $Tree, BJ's Whse, Home Depot, Infiniti, Land Rover/Jaguar/Porche, Mercedes, Office Depot, PepBoys, PetCo, Sam's Club/gas, Staples, Stop&Shop Foods, Volvo
0mm	I-287 begins/ends on NJ 440, I-95, NJ Tpk.

⟨N⟩ INTERSTATE 295

Exit#	Services
67b a	US 1. I-295 nb becomes I-95 sb at US 1. See NJ I-95, exit 67b a.
65b a	Sloan Ave, **E** ☐ Exxon ☐ Burger King, DeLorenzo's Pizza, Dunkin Donuts, Five Guys, New China Buffet, Subway, Taco Bell, Uno Grill ☐ Goodyear/auto, Risoldi's Mkt
64	NJ 535 N (from sb), to NJ 33 E, same as 63
63b a	NJ 33 W, rd 535, Mercerville, Trenton, **E** on rd 33 ☐ Lukoil, Speedway/dsl, Valero ☐ Applebee's, Lucky Star Buffet, McDonald's, Pizza Hut, Popeye's, Stewart's Rootbeer, Subway, Vincent's Pizza ☐ Ace Hardware, auto repair, CVS Drug, Ford/Subaru, Rite Aid, USPO, **W** ☐ Exxon ☐ Dunkin Donuts, White Horse Diner ☐ Advance Parts, Family$, transmissions, Walgreens, Walmart, WaWa
62	Olden Ave N (from sb, no return), **W** ☐ Delta, Exxon
61b a	Arena Dr, White Horse Ave, **W** ☐ 7-11
60b a	I-195, to I-95, W to Trenton, E to Neptune
58mm	scenic overlook both lanes
57b a	US 130, to US 206, **E** ☐ Amera, Valero ☐ Denny's, Dunkin Donuts, McDonald's, Rosario's Pizza ☐ Best Western, Days Inn, Ramada Inn ☐ Aldi, **W** ☐ Starbucks ☐ Candlewood Suites ☐ Acme Foods, st police, Verizon

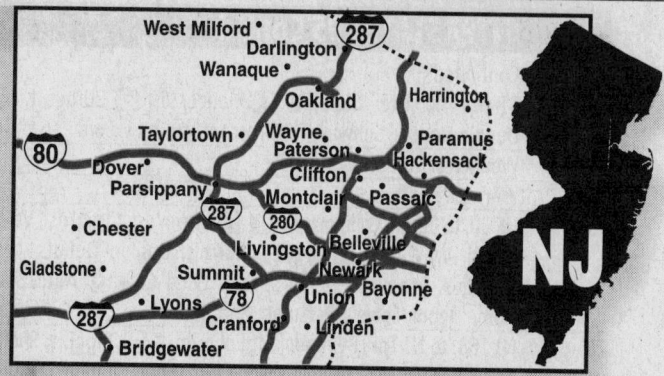

C H E R R Y H I L L	

56	to US 206 S (from nb, no return), to NJ Tpk, Ft Dix, McGuire AFB, **E** ☐ Loves/Wendy's/dsl/scales/24hr, Petro/Iron Skillet/dsl/scales/24hr/@ ☐ Days Inn, Hampton Inn ☐ Blue Beacon, same as 57, **W** ☐ Candlewood Suites ☐ st police
52b a	rd 656, to Columbus, Florence, 3 mi **E** ☐ Loves/Wendy's/dsl/scales/24hr, Petro/Iron Skillet/dsl/scales/24hr/@
47b a	NJ 541, to Mount Holly, NJ Tpk, Burlington, **E** ☐ BP, Exxon/dsl, Valero/dsl ☐ Applebee's, Burger King, China House, Cracker Barrel, Dunkin Donuts, IHOP, Recovery Grill, TGIFriday's ☐ Best Western, Courtyard, Hampton Inn, Hilton Garden, Holiday Inn Express, Motel 6, Quality Inn ☐ $Tree, AT&T, Dick's, Home Depot, Kohl's, mall, Target, **W** ☐ BP, Citgo/dsl, Gulf/dsl, WaWa/dsl ☐ Checker's, Chick-fil-A, Dunkin Donuts, Kum Fong, Subway, Villa Pizza, Wendy's ☐ ☐, AutoZone, Marshall's, ShopRite, Walmart/Subway
45b a	to Mt Holly, Willingboro, **W** ☐ LukOil/dsl ☐ ☐, auto repair
43b a	rd 636, to Rancocas Woods, Delran, **W** ☐ Exxon ☐ Carlucci's Rest.
40b a	NJ 38, to Mount Holly, Moorestown, **E** ☐ Ruby Tuesday ☐ Residence Inn, **W** ☐ Amera/dsl, WaWa/dsl ☐ Anthony's Pizza, Arby's, Chick-fil-A, Chipotle, Dunkin Donuts, Jimmy John's, Naf Naf Grill, Panera Bread, Qdoba, Starbucks, Subway, TGIFriday's, Wendy's ☐ SpringHill Suites ☐ ☐, Costco/gas, GNC, Jo-Ann Fabrics, Petsmart, Target, TJ Maxx, UHaul, Wegman's Foods
36b a	NJ 73, to NJ Tpk, Tacony Br, Berlin, **E** ☐ LukOil/dsl ☐ Bob Evans, Miller's Alehouse, Starbucks ☐ aLoft, Courtyard, EconoLodge, Fairfield Inn, Hotel ML, Red Roof Inn, Super 8, TownePlace Suites, Westin, **W** ☐ Citgo, Shell, WaWa/dsl ☐ Bertucci's, Boscov's, Boston Mkt, Buffalo Wild Wings, Burger King, Chick-fil-A, Chipotle Mexican, Corner Cafe, Don Pablo, Dunkin Donuts, Five Guys, Friendly's, Jersey Mike's, Old Town Buffet, Panera Bread, Pei Wei, Perkins, PJ Whelahin's, Popeye's, The Melting Pot, Uno Grill, Wendy's ☐ Crossland Suites, Homewood Suites, Motel 6, Quality Inn ☐ $Tree, Acura, Advance Parts, AT&T, AutoZone, Barnes&Noble, Best Buy, Dick's, Fiat, Ford/Lincoln, Home Depot, Infiniti, Lord&Taylor, Lowe's, mall, Marshall's, Michael's, Mr Tire, Old Navy, PepBoys, PepBoys, Petsmart, Ross, Sears/auto, ShopRite Foods, Staples
34b a	NJ 70, to Camden, Cherry Hill, **E** ☐ BP, Exxon, WaWa ☐ Burger King, Dunkin Donuts, PJ Whelihans, Rock Hill Rest., Stacy's Korean BBQ ☐ Extended Stay America, Residence Inn ☐ Mavis Tire, Tires+, **W** ☐ Jersey Gas, LukOil, US Gas ☐ Dunkin Donuts, Famous Dave's BBQ, Han Dynasty, McDonald's, Norma's Rest., Ponzio's Rest., Qdoba, Rita's, Salad Works, Seasons Pizza, Starbucks ☐ Woodspring Suites ☐ ☐, $Tree, AT&T, CVS Drug, Goodyear/auto, Mom's Mkt, Rite Aid, vet, WaWa, Whole Foods Mkt
32	NJ 561, to Haddonfield, Voorhees, **E** ☐ LukOil/dsl ☐ Herman's Deli, Hunan Wok, Tucchi's Pizza, Vito's Pizza ☐ ☐,

NJ

⬆N INTERSTATE 295 Cont'd

32	Continued
	$Tree, Trio Tire, USPO, W ⛽ Pioneer/dsl 🍴 Burger King, Dunkin Donuts, Subway, Tutti Toscani Ⓞ 7-11, Ford
31	Woodcrest Station
30	Warwick Rd (from sb)
29b a	US 30, to Berlin, Collingswood, E ⛽ Astro/dsl, Citgo/dsl, Valero/dsl, WaWa/dsl 🍴 Arby's, Church's, Dunkin Donuts, McDonald's, Popeye's, Wendy's, Wild Wing Cafe Ⓞ AutoZone, Home Depot, Lowe's, Petsmart, ShopRite
28	NJ 168, to NJ Tpk, Belmawr, Mt Ephraim, E ⛽ Riggins, Shell/dsl, Valero/dsl 🍴 Burger King, Club Diner, Dunkin Donuts, Vero Pizzaria, Wendy's 🏠 Bellmawr Motel, EconoLodge, Howard Johnson, Red Roof Inn, Super 8, W ⛽ BP, Conoco, Speedway/dsl, WaWa/dsl 🍴 Applebee's, Arby's, Black Horse Diner, Chick-fil-A, Da Vinci'sRest., Domino's, Dunkin Donuts, Little Caesar's, McDonald's, Pizza Hut/Taco Bell, Sonic Ⓞ Acme Foods, AutoZone, Chrysler/Dodge, CVS Drug, Firestone/auto, Harley-Davidson, Meinke, Midas, Mr Tire, PepBoys, URGENT CARE, USPO, Walgreens, Walmart/Subway
26	I-76, NJ 42, to I-676 (exits left from sb), Walt Whitman Bridge, Walt Whitman Bridge
25b a	NJ 47, to Westville, Deptford
24b a	NJ 45, NJ 551 (no EZ sb return), to Westville, E Ⓞ 🏠, AutoZone, W Ⓞ Chevrolet, Family$
23	US 130 N, to National Park
22	NJ 644, to Red Bank, Woodbury, E ⛽ Citgo 🍴 Dunkin Donuts, 1 mi W ⛽ Crown Point Trkstp/dsl/@
21	NJ 44 S, Paulsboro, Woodbury, W 🍴 WaWa, Wendy's 🏠 Westwood Motor Lodge
20	NJ 44, rd 643, to National Park, Thorofare, E 🏠 Best Western, W 🏠 Red Bank Inn
19	to NJ 44, rd 656, Mantua
18b a	rd 667, to rd 678, Clarksboro, Mt Royal, E ⛽ Exxon/dsl, TA/Shell/Country Pride/dsl/scales/@ 🍴 Dragon Nest Chinese, Dunkin Donuts, McDonald's Ⓞ RV camping, W ⛽ Valero, WaWa/dsl

17	rd 680, to Mickleton, Gibbstown, W 🍴 Burger King, Domino's, Dunkin Donuts, Mr Bee's Deli Ⓞ $General, Advance Parts, Family$, GNC, Rite Aid, ShopRite Foods
16b	rd 551, to Gibbstown, Mickleton
16a	rd 653, to Paulsboro, Swedesboro
15	rd 607, to Gibbstown
14	rd 684, to Repaupo
13	US 130 S, US 322 W, to Bridgeport (from sb, no return)
11	US 322 E, to Mullica Hill
10	Ctr Square Rd, to Swedesboro, E ⛽ Citgo/dsl, WaWa/dsl 🍴 Applebee's, Ciconte's Pizza, Dunkin Donuts, McDonald's, Wendy's 🏠 Hampton Inn, Holiday Inn, TownePlace Suites Ⓞ Acme Foods/Sav-On, Firestone/auto, Rite Aid, URGENT CARE, Verizon, W Ⓞ Camping World RV Supplies/service
7	to Auburn, Pedricktown
4	NJ 48, Woodstown, Penns Grove
3mm	weigh sta nb
2mm	Rs nb, full 🏠 facilities, info, litter barrels, Ⓒ, picnic table, dump, vending
2c	to US 130 (from sb), Deepwater, E same as 2b, W ⛽ ⊕FLYING J/Denny's/dsl/scales/LP/24hr, Sunoco/Dunkin Donuts/dsl/scales/24hr
2b	US 40 E, to NJ Tpk, E ⛽ Gulf, 🍴/Subway/dsl/scales/24hr 🏠 Comfort Inn, Friendship Motor Inn, Holiday Inn Express, Red Carpet Inn, W same as 2c
2a	to Delaware Bridge, US 40 W (from nb)
1c	NJ 551 S, Hook Rd, to Salem, E 🏠 White Oaks Motel
1b	US 130 N (from nb), Penns Grove
1a	NJ 49 E, to Pennsville, Salem, E ⛽ WaWa/dsl 🍴 Applebee's, Burger King, Cracker Barrel, Dunkin Donuts, KFC/Taco Bell, McDonald's 🏠 Hampton Inn, Super 8 Ⓞ Peterbilt, W ⛽ Coastal/dsl 🏠 Seaview Motel
0mm	New Jersey/Delaware state line, Delaware River, Delaware Memorial Bridge

NEW MEXICO

⬆E INTERSTATE 10

Exit#	Services
164.5mm	New Mexico/Texas state line
164mm	Welcome Ctr wb, full 🏠 facilities, litter barrels, petwalk, Ⓒ, 🏠
162	NM 404, Anthony, S ⛽ Alon/dsl Ⓞ Family$, RV camping
160mm	weigh sta wb
155	NM 227 W, to Vado, N Ⓞ Western Sky's RV Park, S ⛽ NTS/dsl/scales/24hr/@, Texaco/El Viajero/dsl/scales/24hr Ⓞ $General, El Camino Real HS
151	Mesquite
144	I-25 N, to Las Cruces
142	Rd 188, Rd 101, Valley Dr, Las Cruces, N ⛽ Chevron/dsl 🍴 Chilito's Mexican, Dick's Cafe, IHOP, Whataburger 🏠 Best Western, EconoLodge, Holiday Inn Express, Motel 6, Quality Inn, Ramada Inn, Super 8, Teakwood Inn Ⓞ 🏠, auto/RV repair/tires, Cadillac/Chevrolet, Dalmont's RV Camping, Ford/Lincoln, Honda, Hyundai, Mazda, Nissan, NMSU, vet, S ⛽ Alon/dsl Ⓞ USPO
140	NM 28, to Mesilla, Las Cruces, N ⛽ Alon/dsl 🍴 Applebee's, Blake's Lotaburger, BurgerTime, Cracker Barrel, Domino's, Golden

140	Continued
	Corral, K-Bob's, McDonald's, Murry Express, Starbucks, Subway 🏠 Best Value Inn, Days Inn, Drury Inn, Hampton Inn, La Quinta, SpringHill Suites Ⓞ Buick/GMC, Kia, Toyota/Scion, VW, Walmart/McDonald's, S 🍴 LunaRossa Pizza 🏠 Comfort Inn Ⓞ Harley-Davidson, Holiday World RV Ctr, Siesta RV Park, United RV Ctr
139	NM 292, Amador Ave, Motel Blvd, Las Cruces, N ⛽ 🍴/Subway/dsl/scales/24hr, TA/Burger King/Pizza Hut/Taco Bell/dsl/24hr/scales/@, S 🍴 PitStop Café 🏠 Coachlight Inn/RV Park Ⓞ NAPACare
138mm	Rio Grande River
135.5mm	Rs eb, full 🏠 facilities, litter barrels, petwalk, 🏠, scenic view
135	US 70 E, to W Las Cruces, Alamogordo, 1 mi N Ⓞ KOA
132	N Ⓞ fairgrounds, to 🏠, S ⛽ Love's/Subway/dsl/scales/24hr
127	Corralitos Rd, N ⛽ Exxon Ⓞ Bowlin's Trading Post, to fairgrounds
120.5mm	insp sta wb
116	NM 549
111mm	parking area wb, litter barrels

🛣E INTERSTATE 10 Cont'd

Exit#	Services
102	Akela, **N** 🅿 Exxon/dsl/gifts
85	East Motel Dr, Deming, **S** 🅿 Chevron/dsl, Conoco/dsl 🏠 Hampton Inn, Holiday Inn Express, La Quinta, Motel 6, Quality Inn 🄾 Buick/Cadillac/Chevrolet/GMC, Chrysler/Dodge/Jeep, Dreamcatcher RV Park
82b	Railroad Blvd, Deming, **N** 🅿 Chevron/dsl, **S** 🅿 Fina/dsl 🍴 DQ, Golden Star Chinese, IHOP, KFC, Little Caesars, Ranchers Grill, Wendy's 🏠 Days Inn, Grand Motel 🄾 $General, $Tree, AutoZone, Big O Tire, Deming Visitors Ctr, Ford/Lincoln, Little Vinyard RV Park, NAPA, O'Reilly Parts, Roadrunner RV Park, st police, Sunrise RV Park, to Rock Hound SP, Verizon, Wagon Wheel RV Park, Walmart/Subway
82a	US 180, NM 26, NM 11, Deming, **N** 🅿 Chevron/dsl 🍴 Blake's Lotaburger, **S** 🅿 Exxon, Phillips 66 🍴 Burger King, China Rest., Denny's, Domino's, KFC, Palma's Italian, Pizza Hut, Rancher's Grill, Si Senor 🏠 Butterfield Stage Motel 🄾 🅷 Budget Tire, CarQuest, museum, Rockhound SP, to Pancho Villa SP, Walgreens
81	NM 11, W Motel Dr, Deming, **S** 🅿 CNG, Shamrock/dsl 🍴 Benji's Rest, Burger Time, El Camino Real, McDonald's, Sonic, Subway, Taco Bell 🏠 Best Western, Comfort Inn, Deming Motel, Executive Motel, Super 8, Western Motel 🄾 🅷 81 Palms RV Park, city park, Hitchin Post RV Park, Rock Hound SP, to Pancho Villa SP
68	NM 418, **S** 🅿 Petro/Iron Skillet/Starbucks/dsl/scales/24hr, tires/repair
62	Gage, **S** 🅿 Butterfield Station/Exxon/DQ/dsl
61mm	🆁🅂 wb, full 🦽 facilities, litter barrels, petwalk, 🚮 vending
55	Quincy
53mm	🆁🅂 eb, full 🦽 facilities, litter barrels, petwalk, 🚮 vending
51.5mm	Continental Divide, elev 4585
49	NM 146 S, to Hachita, Antelope Wells
42	Separ, **S** 🄾 Bowlin's Continental Divide Trading Post/Gifts
34	NM 113 S, Muir, Playas
29	no services
24	US 70, E Motel Dr, Lordsburg, **N** 🅿 🍴 FLYING J/Denny's/dsl/LP/scales/RV Dump/24hr, 🅿🍴Arby's/dsl/scales/24hr 🏠 American Motel 🄾 Horseman RV Park
23.5mm	weigh sta both lanes
22	NM 494, Main St, Lordsburg, **N** 🍴 McDonald's 🏠 Comfort Inn, Hampton Inn 🄾 $General, Family$, NAPA, Saucedo's Foods, USPO, **S** 🅿 Valero/dsl 🍴 Kranberry's Rest. 🏠 EconoLodge, Motel 10, Motel 6, Plaza Inn 🄾 KOA
20b a	W Motel Dr, Lordsburg, **N** 🅿 ♥Love's/Godfather's Pizza/Subway/scales/dsl 🏠 Days Inn, **S** Visitors Ctr, full 🦽 facilities 🄾 info, 🅿 Chevron/dsl/24hr
15	to Gary
11	NM 338 S, to Animas
5	NM 80 S, to Road Forks, **S** 🏠 Desert West Motel/rest. 🄾 dsl/tire repair, fireworks
3	Steins
0mm	New Mexico/Arizona state line

🛣N INTERSTATE 25

Exit#	Services
460.5mm	New Mexico/Colorado state line
460	Raton Pass Summit, elev 7834, **weigh sta sb**, **E** 🄾 Cedar Rail Campground

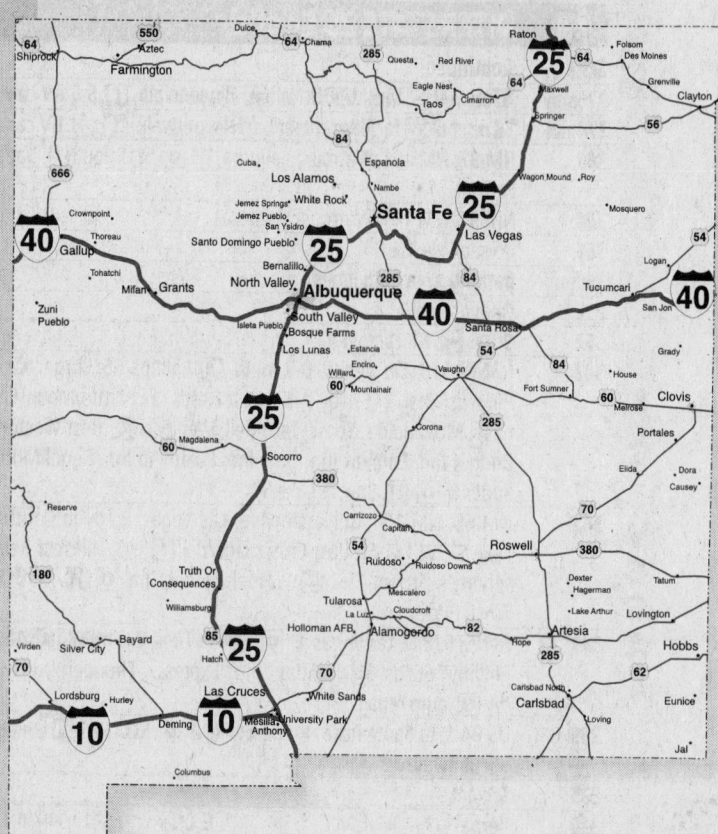

454	2nd St, Lp 25, Raton, **2 mi W** 🅿 Crossroads 🏠 Budget Host 🄾 🅷 CarQuest, Ford
452	NM 72 E, Raton, **E** 🄾 to Sugarite Canyon SP, **W** 🅿 Conoco
451	US 64 E, US 87 E, Raton, **E** 🅿 87 Express/dsl, Chevron/dsl, CR/dsl/24hr 🍴 Subway 🄾 Summerlan RV Park, to Capulin Volcano NM, **W** 🅿 Conoco/dsl, CR/dsl, Loaf'n Jug/dsl, Phillips 66, Shell/dsl 🍴 All Seasons Rest., Arby's, Denny's, Domino's, DQ, K-Bob's, McDonald's, Pizza Hut, Sand's Rest., Sonic 🏠 Best Value Inn, Best Western, Microtel, Motel 6, Oasis Motel/rest, Quality Inn, Robin Hood Motel, Super 8, Texan Motel, Travel Motel, Village Inn Motel 🄾 🅷 $General, Ace Hardware, AutoZone, Family$, K-Mart, KOA, Super Save Foods, Visitor's Ctr/info
450	Lp 25, Raton, **W** 🏠 Holiday Inn Express, Oasis Motel/rest. 🄾 🅷 AutoZone, KOA, vet
446	US 64 W, to Cimarron, Taos, **4 mi W** 🄾 camping, NRA Whittington Ctr
440mm	Canadian River
435	Tinaja
434.5mm	🆁🅂 both lanes, full 🦽 facilities, litter barrels, petwalk, 🚮 weather info
426	NM 505, Maxwell, **W** 🅿 Maxwell Station/dsl 🄾 to Maxwell Lakes, USPO
419	NM 58, to Cimarron, **E** 🅿 Chevron/Russell's/Subway/dsl/scales/24hr/@
414	US 56, Springer, **1 mi E** 🅿 Conoco/dsl, Crossroads/dsl 🍴 Minnie's Dairy Delite 🏠 Broken Arrow Motel, Oasis Motel 🄾 Old Santa Fe Trail RV Park
412	US 56 E, US 412 E, NM 21, NM 468, Springer, **1 mi E** 🅿 Alon 🏠 Brown Hotel/cafe 🄾 CarQuest, Family$, Springer Foods, USPO
404	NM 569, Colmor, Charette Lakes
393	Levy
387	NM 120, to Roy, Wagon Mound, **E** 🅿 Conoco/dsl, Phillips 66/dsl

NM

INTERSTATE 25 Cont'd

Exit#	Services
376mm	sb, full facilities, litter barrels, petwalk, RV camp
374mm	nb, full facilities, litter barrels, petwalk, RV camp
366	NM 97, NM 161, Watrous, Valmora, **W** Ft Union NM, Santa Fe Trail
364	NM 97, NM 161, Watrous, Valmora
361	no services
360mm	parking area both lanes
356	Onava, Onava
352	**E** , RV camping
347	to NM 518, Las Vegas, **0-2 mi W** Phillips 66/Burger King, Pino/dsl/rest. Arby's, Hillcrest Rest., KFC, Little Moon Chinese, McDonald's, Sonic, Taco Bell, Wendy's Best Western, Budget Inn, Comfort Inn, Days Inn, Palamino Inn, Regal Motel, Super 8 , Storrie Lake SP
345	NM 65, NM 104, University Ave, Las Vegas, **E** to Conchas Lake SP, **W** Allsups, Crossroads/dsl DQ, Hillcrest Rest., Johnny's Kitchen, KFC El Fidel, Knights Inn , Hist. Old Town Plaza
343	to NM 518 N, Las Vegas, **E** Garcia Tires, **0-2 mi W** Alon, Phillips 66/dsl Holiday Inn Express, Thunderbird Motel auto repair
339	US 84 S, to Santa Rosa, Romeroville, **E** KOA, **W** Phillips 66/Subway/dsl
335	Tecolote
330	Bernal
325mm	parking area both lanes, no rest rooms
323	NM 3 S, Villanueva, **E** La Risa (1mi) Madison Winery (6mi), to Villanueva SP/rv camping, USPO
319	San Juan, San Jose, **W** Pecos River Sta.
307	NM 63, Rowe, Pecos, **W** Hist Rte 66, Pecos NM, same as 299
299	NM 50, Glorieta, Pecos, **W** Phillips 66 dsl (4mi), Shell (3mi) Glorieta Conf Ctr
297	Valencia
294	Apache Canyon, **W** KOA, Rancheros Camping (Mar-Nov) (3mi)
290	US 285 S, to Lamy, S to Clines Corners, **E** Phillips 66/dsl (1mi), **W** Cafe Fina KOA (3mi), Rancheros Camping (Mar-Nov)
284	NM 466, Old Pecos Trail, Santa Fe, **W** Harry's Roadhouse, Pecos Trail Inn/Cafe , museums
282	US 84, US 285, St Francis Dr, **W** Conoco/Wendy's/dsl, Mobil/dsl Church's
278	NM 14, Cerrillos Rd, Santa Fe, **E** RV Ctr, **0-4 mi W** Giant/dsl, Murphy Express/dsl, Phillips 66/dsl, Shell Adelita's Mexican, Applebee's, Arby's, Blue Corn Cafe, Buffalo Wild Wings, Bumble Bee's Baja Grill, Burger King, Denny's, Domino's, Flying Tortilla, IHOP, KFC, Little Caesars, LJ Silver, Lotaburger, LuLu's Chinese, McDonald's, Olive Garden, Outback Steaks, Panda Express, Panera Bread, Papa Murphy's, Pizza Hut, Ranch House Steaks, Red Lobster, Schlotzsky's, Sonic, Starbucks, Taco Bell, Tortilla Flats Best Western, Comfort Inn, Comfort Suites, Courtyard, Days Inn, Doubletree, EconoLodge, Fairfield Inn, Hampton Inn, Holiday Inn Express, Hyatt Place, La Quinta, Motel 6, Quality Inn, Santa Fe Inn, Super 8, Tranquilla Inn AAA, Albertson's, AT&T, Best Buy, BigLots, BMW, Buick/GMC, Cadillac/Chevrolet, Chrysler/Dodge/Jeep, CVS Drug, Dillard's, Discount Tire, Firestone/auto, Ford/Lincoln, Harley-Davidson, Home Depot, Honda, JC Penney, Jo-Ann Fabrics, Kohl's, Land Rover, Lexus, Los Campos RV Park, Lowe's,

Exit#	Services
278	Continued
	Mazda, Mecedes/Smart, Meineke, Michaels, Natural Grocers, Peerless Tire, Penske, PepBoys, Petsmart, Ross, Sam's Club, gas, Santa Fe Outlets/famous brands, Sprouts Mkt, Staples, Subaru/VW, Target, TJ Maxx, Tuesday Morning, Verizon, Volvo, Walgreens, Walmart
276b a	NM 599, to NM 14, to Madrid, **E** Phillips 66/Allsup Santa Fe Skies RV Park, **4 mi W** Shell Sunrise Springs
271	CR 50F, La Cienega
269mm	nb, full facilities, litter barrels, petwalk,
267	Waldo Canyon Rd, insp sta., access to nb
264	NM 16, Pueblo, **W** to Cochiti Lake RA
263mm	Galisteo River
259	NM 22, to Santo Domingo Pueblo, **W** Phillips 66/cafe/dsl to Cochiti Lake RA (11mi)
257	Budaghers, **W** Mormon Battalion Mon
252	San Felipe Pueblo, **E** San Felipe TC/dsl San Felipe Cas no/rest.
248	Rte 66, Algodones
242	US 550, NM 44 W, NM 165 E, to Farmington, Aztec, **0-2 mi W** Chevron/dsl, Conoco/dsl, M&M/Burger King/dsl, Phillips 66/dsl, Valero/dsl Denny's, Guang Dong Chinese, IHOP, KFC, Lotaburger, McDonald's, Pizza Hut, Sonic, Starbucks, Subway, Taco Bell, Twisters, Wendy's Days Inn, Holiday Inn Express, Motel 6, Super 8 $General, AutoZone, Casino, Home Depot, KOA, O'Reilly Parts, to Coronado SP, Walgreens, Walmart
240	NM 473, to Bernalillo, **W** Conoco/dsl Abuelita's Mexican, Range Café KOA, to Coronado SP, USPO, vet
234	NM 556, Tramway Rd, **E** Valero/Subway/dsl casino, **W** Phillips 66/dsl
233	Alameda Blvd, **E** Chevron Burger King Comfort Suites, Motel 6, Staybridge Suites Audi/Porsche, Lincoln, Meineke, Mercedes, Toyota/Scion, Volvo, **W** Phillips 66/Circle K/dsl Carl's Jr Best Value, Holiday Inn Express Balloon Fiesta Park, CarMax
232	Paseo del Norte, Paseo del Norte, **E** Chick-fil-A, China Luck, Chipotle Mexican, Five Guys, Freddy's Steakburgers, Jason's Deli, Jimmy John's, McDonald's, Panda Express, Panera Bread, Starbucks, Subway, Tomato Cafe, Wendy's Howard Johnson Aloha RV Ctr, AutoZone, Discount Tire, Kohl's, Lowe's, Office Depot, Target, Verizon, Walgreens, **W** Shell/Circle K Arby's Courtyard, Marriott
231	San Antonio Ave, **E** Alon/7-11 Cracker Barrel, Denny's, Lotaburger Comfort Suites, Hilton Garden, Homewood Suites, La Quinta, Quality Inn , USPO, **W** Baymont Inn, Crossland Suites, LaQuinta Mazda, VW
230	San Mateo Blvd, Osuna Rd, Albuquerque, **E** Chevron, Circle K, Giant/dsl, Phillips 66/Circle K, Shell Applebee's, Arby's, Azuma Grill, Bob's Burgers, Burger King, Chick-fil-A, Chili's, ci's Pizza, Firehouse Subs, Furrs Buffet, Golden Corral, Hayashi, Hooters, Jack-in-the-Box, KFC, LJ Silver, McDonald's, Olive Garden, Papa John's, Pizza Hut/Taco Bell, Popeyes, Schloztsky's, Sonic, Souper Salad, Starbucks, Subway, SweetTomatoes, Taco Bueno, Taco Cabana, Teriyaki Chicken, TX Roadhouse, Village Inn, Wendy's, Wienerschnitzel Nativo Lodge $Tree, Albertson's, AT&T, AutoZone, Brake Masters, Cadillac, CVS Drug, Fiat, Firestone, Firestone/auto, GNC, Just Brakes, Midas, NAPA, O'Reilly Parts, Peerless Tire, PepBoys, PetCo, Ross, Sprouts Mkt, Subaru, Tuesday Morning, U-Haul, Walgreens, **W** Circle K, dsl, Valero/dsl McDonald's, Quiznos, Weck's Breakfast/lunch, Whataburger Studio 6 BMW/Mini

▲N INTERSTATE 25 Cont'd

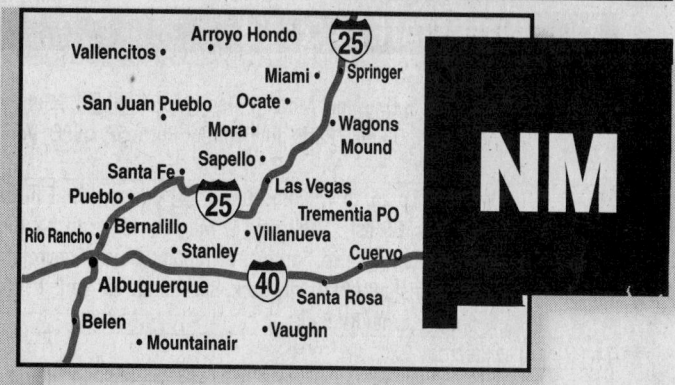

Exit#	Services
229	Jefferson St, **E** 🍴 ClaimJumper, Outback Steaks 🛏 Holiday Inn 🅾 same as 230, **W** 🍴 Boston's Pizza, Chama River Rest., Cheddar's, Chile Rio, Coldstone, Dickey's BBQ, Fox&Hound, Fuddrucker's, Genghis Grill, Mimi's Café, Nick&Jimmy's Grill, Pappadeaux, Pars Cuisine, PF Chang's, Plum Cafe Asian, Red Robin, Subway, Twin Peaks Rest., TX Land&Cattle Steaks 🛏 Drury Inn, Hampton Inn, Hampton Inn, Residence Inn, TownePlace Suites 🅾 Lexus
228	Montgomery Blvd, **E** 🅿 Alon/7-11/dsl, Chevron/dsl, Conoco/dsl 🍴 Fiestas Cantina, Lotaburger 🛏 Best Western 🅾 🏥, Discount Tire, **W** 🅿 Shell/Circle K 🍴 Arby's, Carl's Jr, IHOP, McDonald's, Panda Express, Starbucks, Wendy's 🛏 InTowne Suite 🅾 Acura, Costco/gas, Ford, Home Depot, Infiniti, Office Depot, Petsmart, REI, Sam's Club/gas, Sportsman's Whse
227b	Comanche Rd, Griegos Rd, **E** 🅾 UPS Depot
227a	Candelaria Rd, Albuquerque, **E** 🅿 Circle K/dsl, Pump'n'Save/dsl, Shell, TA/Valero/Country Pride/dsl/scales/24hr/@ 🍴 Applebee's, Little Anita's, Mesa Grill, Range Cafe, Subway, Village Inn 🛏 Candlewood Suites, Crowne Plaza, Days Inn, Elegante Hotel, Fairfield Inn, Holiday Inn Express, La Quinta, Motel 1, Motel 76, Quality Inn, Rodeway Inn, Super 8, Travelodge 🅾 Kenworth, **W** 🅿 Chevron/dsl 🛏 Ambassador Inn, Rodeway Inn 🅾 Penske
226b a	I-40, E to Amarillo, W to Flagstaff
225	Lomas Blvd, **E** 🅿 Phillips 66 🛏 Plaza Inn/rest. 🅾 Chevrolet, **W** 🅿 FillUp, Shell/Circle K/McDonald's 🍴 Burger King, Carl's Jr, Starbucks 🛏 Embassy Suites 🅾 🏥
224	Lead Ave, Coal Ave, Grand Ave, Central Ave, **E** 🅿 Alon/7-11 🍴 66 Diner 🛏 Crossroads Motel 🅾 🏥, **W** 🍴 M&M 🛏 Best Value Inn, EconoLodge, Hotel Parq Central, Knights Inn
223	Chavez Ave, **E** 🛏 Motel 6 🅾 sports arena
222b a	Gibson Blvd, **E** 🅿 Phillips 66/dsl 🍴 Applebee's, Buffalo Wild Wings, Burger King, Dion's Pizza, Fuddrucker's, IHOP, Subway, Village Inn, Waffle House 🛏 AmericInn, Best Western, Comfort Inn, Country Inn&Suites, Courtyard, Days Inn, Extended Stay America, Fairfield Inn, Hawthorn Suites, Hilton Garden, Holiday Inn Express, La Quinta, Quality Suites, Ramada Inn, Residence Inn, Sleep Inn, TownePlace Suites 🅾 🏥, Kirtland AFB, museum, vet, **W** 🅿 Alon/7-11/dsl 🍴 Church's, Lotaburger
221	Sunport, **E** 🛏 Holiday Inn, Homewood Suites, Hyatt Place, Staybridge Suites 🅾 ⌂, USPO
220	Rio Bravo Blvd, Mountain View, **E** 🅾 golf, 1-2 mi **W** 🅿 Shell/dsl, Valero/dsl 🍴 Bob's Burgers, Burger King, Church's, KFC/Taco Bell, McDonald's, Pizza Hut, Subway 🅾 Albertsons/Sav-On, Family$, O'Reilly Parts, vet, Walgreens
215	NM 47, **E** 🅿 Isleta One Stop/dsl, Phillips 66/Subway/dsl 🅾 casino, golf, st police, to Isleta Lakes RA/RV Camping
214mm	Rio Grande
213	NM 314, Isleta Blvd, **W** 🅿 Chevron/Subway/dsl 🅾 $General, vet
209	NM 45, to Isleta Pueblo
203	NM 6, to Los Lunas, **E** 🅿 Chevron/dsl, Murphy USA/dsl, Shell/Circle K/Wendy's/dsl/24hr, Valero/dsl 🍴 Applebee's, Benny's Burger, Del Taco, Denny's, Sonic, Starbucks 🛏 Days Inn, Los Lunas Inn 🅾 AutoZone, Big O Tire, Chevrolet, Chrysler/Dodge/Jeep, Ford, Home Depot, Lowe's, URGENT CARE, Walgreens, **W** 🅿 Phillips 66/Subway/dsl 🍴 Carl's Jr, Chili's, Coldstone, KFC, Mariscos Altamar, Panda Express 🛏 Western Skies Inn 🅾 Buick/GMC, Discount Tire, Verizon, Walmart/McDonald's

195	Lp 25, Los Chavez, **1** mi **E** 🅿 Roadrunner/grill/dsl 🍴 Pizza Hut/Taco Bell 🅾 Walmart/Subway
191	NM 548, Belen, **E** 🅿 Conoco/dsl, ◆Loves/Arby's/dsl/scales/24hr 🍴 McDonald's, Pizza Hut 🛏 Super 8 🅾 $General, USPO, Walgreens, **W** 🍴 Rio Grande Diner 🛏 Holiday Inn Express, RV park
190	Lp 25, Belen, **1-2** mi **E** 🅿 Conoco/dsl, Phillips 66 🍴 A&W/LJ Silver, McDonald's, Pizza Hut 🛏 Super 8 🅾 $General, Affordable Tire/repair, AutoZone, USPO, Walgreens
175	US 60, Bernardo, **E** 🅾 Salinas NM, **W** 🅾 Kiva RV Park
174mm	Rio Puerco
169	**E** 🍴 La Joya St Game Refuge 🅾 Sevilleta NWR
167mm	🆁🆂 both lanes, full ♿ facilities, litter barrels, petwalk, 🛏, vending
166mm	Rio Salado
165mm	weigh sta/parking area both lanes
163	San Acacia
156	Lemitar, **W** 🅿 Phillips 66/dsl/24hr
152	Escondida, **W** 🅾 to st police
150	US 60 W, Socorro, **W** 🅿 Chevron/dsl, Exxon/dsl, Phillips 66/dsl, Valero/dsl 🍴 Bodega Burger Co, Burger King, China Best, Denny's, Domino's, K-Bob's, Little Caesar's, Lotaburger, McDonald's, Pizza Hut, Socorro Springs Rest., Sofia's Kitchen, Sonic, Subway 🛏 Best Value, Best Western, Comfort Inn, Days Inn, EconoLodge, Economy Inn, Holiday Inn Express, Sands Motel, Super 8 🅾 $General, Ace Hardware, AutoZone, Brooks Foods, CarQuest, Family$, Ford, NAPA, Smith's Foods, to NM Tech, Verizon, vet, Walmart
147	US 60 W, Socorro, **W** 🅿 Chevron/dsl, Conoco/dsl/LP, Pump-N-Save/dsl, Shell/Circle K/dsl 🍴 Arby's 🛏 Rodeway Inn 🅾 🏥, repair/transmissions, Socorro RV Park, to ⌂
139	US 380 E, to San Antonio, **E** 🅾 to Bosque Del Apache NWR
124	to San Marcial, **E** 🅾 Ft Craig, to Bosque del Apache NWR
115	NM 107, **E** 🅿 Truck Plaza/dsl/rest./24hr 🅾 to Camino Real Heritage Ctr
114mm	🆁🆂s both lanes, full ♿ facilities, litter barrels, petwalk, 🛏, RV parking, vending
107mm	Nogal Canyon
100	Red Rock
92	Mitchell Point
90mm	La Canada Alamosa, La Canada Alamosa
89	NM 181, to Cuchillo, to Monticello, 🅾 RV Park (4mi)
83	NM 52, NM 181, to Cuchillo, **3** mi **E** 🍴 Ivory Tusk Inn& Tavern 🛏 Elephant Butte Inn/rest. 🅾 Elephant Lake Butte SP, RV Park
82mm	insp sta nb
79	Lp 25, to Truth or Consequences, **E** 🅿 Chevron/dsl, Circle K, Shell/dsl 🍴 Blakes's Lotaburger, Denny's, K-Bob's, La Cocina Mexican, Los Arcos Steaks, McDonald's, Pizza Hut, Sonic, Subway 🛏 Ace Lodge, Comfort Inn, Desert View Motel, Holiday Inn

⬆N	**INTERSTATE 25 Cont'd**
79	Continued
	Express, Hot Springs Inn, Motel 6, Oasis Motel ⊙ 🛏, $General, AutoZone, O'Reilly Parts, to Elephant Butte SP, USPO, Verizon, Walmart
76	(75 from nb)Lp 25, to Williamsburg, **E** ⊞ Conoco/dsl, FillUp/dsl, Phillips 66/dsl, Shell/dsl 🍴 Maria's Mexican 🛏 Rio Grande Motel ⊙ Alco, auto/tire repair, Buick/Chevrolet/GMC, Cielo Vista RV Park, city park, Rio Grande RV Park, RJ RV Park, Shady Corner RV Park
71	Las Palomas
63	NM 152, to Hillsboro, Caballo, **E** ⊙ Lakeview RV Park/dsl/LP
59	rd 187, Arrey, Derry, **E** ⊙ to Caballo-Percha SPs
58mm	Rio Grande
51	rd 546, to Arrey, Garfield, Derry
41	NM 26 W, Hatch, **1 mi W** ⊞ Alon/Subway/dsl 🍴 Burgers&More, Sparky's Cafe 🛏 Kings Pillow Inn ⊙ Chile Pepper Outlets, Franciscan RV Ctr, USPO
35	NM 140 W, Rincon
32	Upham
27mm	scenic view nb, litter barrels, 🚻
26mm	insp sta nb
23mm	℞ₛ both lanes, full 🚻 facilities, litter barrels, petwalk, 🚻, vending
19	Radium Springs, **W** ⊙ Family$, Fort Selden St Mon, Leasburg SP, RV camping, USPO
9	Dona Ana, **W** ⊞ Chucky's/dsl, Circle K/dsl 🍴 Chachi's Mexican, Jake's Cafe ⊙ $General, Family$, RV camping, USPO
6	US 70, to Alamogordo, Las Cruces, **E** ⊞ Alon/dsl, Shell 🍴 Domino's, IHOP, Outback Steaks, Papa Johns, Peter Piper Pizza, Pizzaria Uno, Red Brick Pizza, Ruby Tuesday, Starbucks, Subway 🛏 Fairfield Inn, Holiday Inn Express, Motel 6, Staybridge Suites, Towneplace Suites ⊙ 🛏, AT&T, Sam's Club/gas, USPO, vet, **W** ⊞ Alon/dsl, Chevron, Shell/dsl, Valero/dsl 🍴 Burger King, BurgerTime, China Express, Domino's, DQ, Dunkin Donuts, KFC, Little Caesar's, Lotaburger, McDonald's, Sonic, Spanish Kitchen, Subway, Taco Bell, Whataburger/24hr, Wienerschnitzel ⊙ $General, $Tree, Albertson's, AutoZone, CVS Drug, Family$, Kohl's, Lowe's, O'Reilly Parts, Verizon, vet, Walgreens
3	Lohman Ave, Las Cruces, **E** ⊞ Alon/dsl, Shell 🍴 Applebee's, Buffalo Wild Wings, Burger King, Cattle Baron Steaks, Chili's, ChuckeCheese, Dumkin Donuts, Empire Buffet, Farley's Grill, Fidencio's Mexican, Five Guys, Genghis Grill, Golden Corral, Hooters, Jack-in-the-Box, Jason's Deli, KFC, McAlister's Deli, Olive Garden, Pecan Grill, Red Lobster, Sonic, Starbucks, Village Inn, Whataburger 🛏 Hotel Encanto ⊙ Albertsons, AutoZone, Barnes&Noble, Dick's, Dillard's, Discount Tire, Home Depot, JC Penney, mall, Marshalls, PetCo, Ross, Sears/auto, Target, **W** ⊞ Giant/dsl, Valero/dsl 🍴 Arby's, Carl's Jr, Corner Bakery Cafe, McDonald's, Papa Murphy's, Quiznos, Subway, Taco Bell, TX Roadhouse, Wendy's 🛏 Hampton Inn ⊙ AT&T, Best Buy, Big Lots, Brake Masters, Hobby Lobby, NAPA, Old Navy, PepBoys, Petsmart, Staples, URGENT CARE, Verizon, vet, Walgreens, Walmart
1	University Ave, Las Cruces, **E** ⊞ AlonSubway/dsl 🛏 Hilton Garden ⊙ 🛏, golf, museum, st police, **W** ⊞ Giant/dsl 🍴 Dublin's Cafe, Lorenzo's Italian, McDonald's, Schlotsky's 🛏 Comfort Suites, Sleep Inn, Woodspring Suites ⊙ $Tree, Jo-Ann Fabrics, NMSU, Tuesday Morning
0mm	I-25 begins/ends on I-10, exit 144 at Las Cruces.

Side tabs (vertical): TUCUMCARI · SANTA ROSA (left column: LAS CRUCES)

⬆E	**INTERSTATE 40**
Exit#	**Services**
373.5mm	New Mexico/Texas state line, Mountain/Central time zone
373mm	**Welcome Ctr wb, full 🚻 facilities, litter barrels, petwalk, ℃,**
369	NM 93 S, NM 392 N, Endee, **N** ⊞ Chevron/Russell Truck&Travel/Subway/dsl/scales/24hr
361	Bard
358mm	weigh sta both lanes
356	NM 469, San Jon, **N** ⊞ Phillips 66/Dhillon//cafe/dsl ⊙ repair, to Ute Lake SP, **S** ⊞ Valero/dsl 🛏 San Jon Motel ⊙ city park, USPO
343	no services
339	NM 278, **N** ⊙ 🚲
335	Lp 40, E Tucumcari Blvd, Tucumcari, **N** ⊞ Conoco/dsl 🛏 Best Value, EconoLodge, Motel 6, Quality Inn, Rodeway Inn, Super 8 ⊙ to Conchas Lake SP, **S** ⊞ KOA
333	US 54 E, Tucumcari, **0-1 mi N** ⊞ ⨁FLYING J/Phillips 66/dsl/LP/scales/24hr, 💙Love's/Arbys/Chester's/Godfather's/dsl/scales 🛏 Fairfield Inn ⊙ city park, K-Mart, Mtn Rd RV Park, truck repair, truckwash
332	NM 209, NM 104, 1st St, Tucumcari, **0-2 mi N** ⊞ Shell/Circle K/Subway/dsl, Valero/Allsups/dsl 🍴 Blake's Lotaburger, K-Bob's, KFC, McDonald's, Pizza Hut, Sonic 🛏 Best Western, Days Inn, Desert Inn, Holiday Inn Express, La Quinta ⊙ $General, Ace Hardware, Dinosaur Museum, Family$, Lowe Foods, st police, to Conchas Lake SP
331	Camino del Coronado, Tucumcari
329	US 54, US 66 E, W Tucumcari Ave
321	Palomas
311	Montoya
302mm	℞ₛ both lanes, full 🚻 facilities, litter barrels, petwalk, ℃, RV dump
300	NM 129, Newkirk, **N** ⊞ Rte 66/dsl ⊙ to Conchas Lake, USPO
291	to Rte 66, Cuervo, **N** ⊞ Cuervo Gas/repair
284	no services
277	US 84 S, to Ft Sumner, **N** ⊞ Phillips 66/dsl, ⨁PILOT/Subway/dsl/scales/24hr 🍴 Annie's Rest., DQ, Silver Moon Cafe 🛏 Best Western, Budget Inn, Comfort Inn, Hampton Inn, Holiday Inn Express, Motel 6, Quality Inn ⊙ NAPACare, **S** 💙Love's/Carl's Jr/dsl/24hr, TA/Shell/Subway/dsl/24hr ⊙ truck/tire repair
275	US 54 W, Santa Rosa, **N** ⊞ Chevron/dsl, Valero/Allsup's 🍴 McDonald's, Rte 66 Rest., Santa Fe Grill 🛏 Days Inn, Econolodge, La Quinta, Motel 6 ⊙ Santa Rosa Camping, st police, **S** ⊞ Shell/Circle K/dsl 🍴 Joseph's Grill, Papo's Pizza 🛏 Laloma Motel/RV Park, Rodeway Inn, Sun'n Sand Motel/rest., Super 8, Tower Motel ⊙ 🛏, $General, CarQuest, park, Family$, NAPA, USPO
273.5mm	Pecos River
273	US 54 S, Santa Rosa, **N** ⊙ Santa Rosa Lake SP, **S** ⊞ Phillips 66/dsl 🛏 Best Value Inn ⊙ NAPACare, to Carlsbad Caverns NP
267	Colonias, **N** ⊞ Sinclair/dsl
263	San Ignacio
256	US 84 N, NM 219, to Las Vegas
252	no services
251.5mm	℞ₛ both lanes, full 🚻 facilities, litter barrels, petwalk, ℃, RV dump
243	Milagro, **N** ⊞ Phillips 66/dsl
239	no services
234	**N** ⊞ Exxon/Flying C/DQ/dsl/gifts

INTERSTATE 40 Cont'd

Exit#	Services
230	NM 3, to Encino, **N** to Villanueva SP
226	no services
220mm	parking area both lanes, litter barrels
218b a	US 285, Clines Corners, **N** Conoco/dsl/24hr, Phillips 66/dsl Clines Corners Rest., Subway, **S** to Carlsbad Caverns NP
208	Wagon Wheel
207mm	both lanes, full facilities, litter barrels, petwalk,
203	no services
197	to Rte 66, Moriarty, **S** Lisa's TC/dsl/rest./@ auto/RV repair, Glider Museum, same as 194
196	NM 41, Howard Cavasos Blvd, **N** Pilot/Subway/dsl/scales/24hr, **S** Lisa's TC/dsl, Phillips 66/Circle K/dsl Blakes Lotaburger Quality Inn, Sunset Motel auto repair, city park, Family$, to Salinas NM (35mi), USPO
194	NM 41, Moriarty, **S** Alon/7-11/dsl, Conoco/dsl, TA/Shell/Burger King/Country Pride/Pizza Hut/dsl/24hr/scales/@ Arby's, Chili Hills Mexican, El Comedor Mexican, KFC/Taco Bell, McDonald's, Subway Best Value Inn, Best Western, Motel 6, Ponderosa Motel, Super 8 $General, Chevrolet/GMC, Moriarty Foods, RV Ctr, URGENT CARE
187	NM 344, Edgewood, **N** Conoco/DQ/dsl Walmart/McDonald's, **S** Phillips 66/dsl Chili Hills Mexican, China Chef, Domino's, McDonald's, Pizza Barn, Sonic, Subway Comfort Inn $Tree, auto/rv repair, AutoZone, Ford, O'Reilly Parts, RV Camping, Smith's Foods/dsl, USPO, Walgreens
181	NM 217, Sedillo, **S** Route 66/dsl
178	Zuzax, **S** Fillup/dsl Hidden Valley RV Park, Leisure Mtn RV Park
175	NM 337, NM 14, Tijeras, **N** to Cibola NF, Turquoise Trail RV Park, **S** Subway USPO
170	Carnuel
167	Central Ave, to Tramway Blvd, **S** Alon/7-11, Phillips 66/Circle K/dsl, Pump-n-Save/dsl Blakes Lotaburger, KFC, Little Caesar's, McDonald's, Pizza Hut/Taco Bell, Starbucks, Subway, Waffle House Budget Host, Deluxe Inn, EconoLodge, Motel 6, Rodeway Inn, Suburban Lodge, Travelodge, Woodspring Suites $Tree, Rocky Mtn RV/marine, Smith's/gas, to Kirtland AFB, Valvoline
166	Juan Tabo Blvd, **N** Phillips 66/Circle K, Texaco/dsl AA Buffet, Dominos, Fedrico's Mexican, McDonald's, Olive Garden, Paul's Rest., Pizza Hut, Subway, Taco Bell, Twisters Diner, Village Inn Rest., Weck's Rest., Wendy's Best Value, Super 8 $General, Albertson's, Discount Tire, Family$, Hobby Lobby, Midas, Sav-On Drug, Tire Factory, transmissions, Tuesday Morning, vet, **S** Sonic, Wienerschnitzel $General, Chisholm Trail RV Ctr, Holiday RV Ctr, KOA/LP, Myer's RV Ctr, repair
165	Eubank Blvd, **N** Chevron, Phillips 66/Circle K Applebee's, Owl Cafe, Panda Express, Sadie's Rest., Sonic Days Inn, Guesthouse Inn, Holiday Inn Express, Ramada Best Buy, CarQuest, city park, PetCo, Target, **S** Conoco/dsl, Valero/dsl Bob's Burgers, Boston Mkt, Burger King, Chili's, Church's, Del Taco, Freddy's, Golden Corral, IHOP, Jack-in-the-Box, Starbucks, Subway, Taco Bell, Taco Cabana, Twister's Burritos, Wendy's AutoZone, Costco/gas, Home Depot, O'Reilly Parts, Peerless Tires, Petsmart, repair, Ross, Sam's Club/gas, Toyota, Walgreens, Walmart/McDonald's
164	Lomas Blvd, Wyoming Blvd, **N** Circle K/dsl, Phillips 66/dsl Black Angus, Dominos, Eloy's Mexican, Furr's Buffet,

Exit#	Services
164	Continued Krispy Kreme, Subway, Wendy's H, $Tree, NAPA, Walgreens, Walmart, **S** Chrysler/Dodge/Jee, Ford, Harley-Davidson, Honda, Hyundai, Kirtland AFB, Mazda, Subaru, transmissions, VW
162b a	Louisiana Blvd, **N** BJ's Rest., Bonefish Grill, Bravo Italian, Buca Italian, CA Pizza Kitchen, Chili's, Chipotle, Dave & Buster', Elephant Bar Rest., Fuddrucker's, Garduno's Mexican, Genghis Grill, Jasons Deli, LePeep, Macaroni Grill, McAlister's Deli, Melting Pot, OJos Locos, Panera Bread, Starbucks, Subway Hilton Garden, Homewood Suites, Hyatt Place, Marriott, Sheraton AT&T, Barnes&Noble, Big O Tire, Dillard's, Firestone/auto, JC Penney, Kohl's, Macy's, Sears/auto, Target, Trader Joe's, Verizon, **S** Shell Burger King atomic museum
161b a	San Mateo Blvd, Albuquerque, **N** Giant/dsl, Shell Bob's Burgers, Carl's Jr., Denny's, KFC, Pizza Hut, Starbucks, Subway, Taco Bell, Wendy's Motel 6 $Tree, Office Depot, Old Navy, Walmart Mkt, **S** Chevron/dsl Starbucks
160	Carlisle Blvd, Albuquerque, **N** Circle K/gas, Murphy Express/dsl, Pump'n Save, Shell, USA Applebee's, Blakes Lotaburger, China Wok, Jack-in-the-Box, Little Anita's, McDonald's, Papa Murphy's, Pizza Hut, Range Cafe, Rudy's BBQ, Sonic, Subway, Twisters Grill, Village Inn Rest., Whataburger Best Value Inn, Candlewood Suites, Days Inn, EconoLodge, Elegante Hotel, Hampton Inn, Holiday Inn Express, Hotel Cascada, Motel 6, Quality Inn, Residence Inn, Suburban Motel, Super 8 Autozone, Firestone/auto, Walgreens, Walmart, **S** Chevron/dsl, Circle K Burger King Home 2 Suites H, K-Mart, Whole Foods Mkt
159b c	I-25, **S** to Las Cruces, **N** to Santa Fe
158	6th St, 8th St, 12th St, Albuquerque, **N** Loves/Subway/dsl U-Haul, **S** Chevron/dsl Baymont Inn
157b	12th St (from eb), **N** Four Winds/Burrito Co/dsl McDonald's Holiday Inn Express Lowe's, Walgreens
157a	Rio Grande Blvd, Albuquerque, **N** Chevron, **S** Shell Ben Michaels, Blakes Lotaburger, Little Anita's, Starbucks Best Western/grill, Hotel Albuquerque repair
156mm	Rio Grande River
155	Coors Rd, Albuquerque, **N** Circle K, Duke City/dsl, Mobil, Valero/dsl Applebee's, Arby's, Baskin-Robbins, Burger King, Chili's, Cracker Barrel, Golden Corral, IHOP, Krispy Kreme, McDonald's, Mimmo's Pizza, Panda Express, Papa Murphy's, Sonic, Starbucks, Subway, Taco Cabana, Twisters Burritos, Wendy's, Wing Stop $Tree, AutoZone, Brake Masters, Brook's Foods, Family$, Firestone, GNC, Home Depot, Jiffy Lube, Midas, Staples, Verizon, Walgreens, Walmart/Subway, **S** Phillips 66/Circle K/dsl, Shell, Valero Altimar's Mexican, Blakes Lotaburger, Buffalo Wild Wings, China Buffet, Del Taco, Denny's, Dion's, McDonald's, Papa John's, Pizza Hut/Taco Bell, Subway,

🅖 = gas 🍽 = food 🛏 = lodging 🅞 = other 🆁🆂 = rest stop Copyright 2018 - The Next EXIT

INTERSTATE 40 Cont'd

155	Continued Twisters Burritos, Village Inn Rest. 🛏 Days Inn, EconoLodge, Hampton Inn, La Quinta, Motel 6, Motel 76, Quality Inn, Rodeway Inn, Super 8 🅞 BigLots, Discount Tire, O'Reilly Parts
154	Unser Blvd, N 🅖 Valero 🅞 to Petroglyph NM
153	98th St, S 🅖 ⓕFLYING J/Denny's/dsl/LP/24hr, LNG, Valero-dsl 🍽 Burger King, Church's, Godfather's, Jack-in-the-Box, Little Caesars, McDonald's, Subway 🛏 Microtel 🅞 $Tree, AutoZone, truckwash/tire/lube
149	Central Ave, Paseo del Volcan, N 🅞 Camping World, Enchanted Trails RV Camping, Freightliner, LaMesa RV Ctr, to Shooting Range SP, S 🅖 ♥Loves/Carl's Jr/dsl/scales 24hr 🅞 American RV Park, High Desert RV Park
140.5mm	Rio Puerco River, N 🅖 66 Pit Stop
140	Rio Puerco, N 🅖 66 Pit Stop/dsl, S 🅖 Rte 66 TC/DQ/Road Runner Cafe/hotel/casino/dsl/@
131	Canoncito
126	NM 6, to Los Lunas
120mm	Rio San Jose, Rio San Jose
117	Mesita
114	NM 124, Laguna, 1/2 mi N 🅖 66 Pit Stop/dsl
113.5mm	scenic view both lanes, litter barrels
108	Casa Blanca, Paraje, S 🅖 Rte 66 TC/DQ/dsl/24hr 🅞 casino, Dancing Eagle Mkt, RV park
104	Cubero, Budville
102	Sky City Rd, Acomita, N 🅖 Sky City/McDonald's/hotel/casino/dsl 🍽 Huwak'a Rest. 🅞 casino, RV Park/laundry, S 🆁🆂 both lanes, full ♿ facilities, litter barrels, petwalk, 🄲, 🕿, 🅞 🅷
100	San Fidel
96	McCartys
89	NM 117, to Quemado, N 🅖 Sky City/Subway/dsl/gifts, S 🅞 El Malpais NM
85	NM 122, NM 547, Grants, N 🅖 Alon/dsl, Phillips 66/dsl, Shell/dsl 🍽 Asian Buffet, Blakes Lotaburger, Canton Cafe, Denny's, Pizza Hut, Subway, Taco Bell 🛏 Comfort Inn, Days Inn, Holiday Inn Express, Motel 6, Quality Inn, Red Lion Hotel, Sands Motel, Super 8, Travelodge 🅞 🅷, $Tree, AutoZone, Delta Tire, O'Reilly Parts, repair/transmissions/towing, Walgreens, Walmart, S 🅞 Lavaland RV Park
81b a	NM 53 S, Grants, N 🅖 Phillips 66/dsl 🍽 Domino's, KFC, McDonald's 🅞 🅷, Ford, NAPA, USPO, S 🅞 Blue Spruce RV Park, El Malpais NM, KOA/Cibola Sands RV Park
79	NM 122, NM 605, Milan, N 🅖 Chevron/dsl, ♥Loves/Chester's/Subway/dsl/scales/24hr 🍽 DQ 🛏 Crossroads Motel 🅞 Bar-S RV Park, S 🅖 Petro/Iron Skillet/dsl/scales/24hr/@ 🅞 dsl repair, Speedco Lube
72	Bluewater Village, N 🅖 Exxon/DQ/dsl
63	NM 412, Prewitt, S 🅞 to Bluewater Lake SP (7mi)

53	NM 371, NM 612, Thoreau, N 🅖 Giant/Blimpie/dsl 🅞 Family$, NAPA, USPO
47	N 🅖 Phillips 66 🅞 Continental Divide Trdg Post, towing/repair, S 🅞 USPO, 🅞 7275 ft, Continental Divide
44	Coolidge
39	Refinery, N 🅖 🚊/Subway/Dennys/dsl/scales/24hr/@
36	Iyanbito
33	NM 400, McGaffey, Ft Wingate, N 🅞 museum, RV camping, Red Rock SP
26	E 66th Ave, E Gallup, N 🅖 Shell/Subway/dsl 🍽 Denny 🛏 Comfort Suites, Holiday Inn Express, La Quinta, Sleep Ir 🅞 museum, Red Rock Camping, st police, to Red Rock SP, S o Rte 66 🅖 Conoco/dsl, Giant/dsl, Pronto Express, Shell/Ortec Gifts 🍽 Aurelie's Diner, Blakes Lotaburger, Burger King, KF McDonald's, Sonic, Wendy's 🛏 Days Inn, Fairfield Inn, Hacie da Motel, Roadrunner Motel 🅞 🅷, $General, Verizon
22	Montoya Blvd, Gallup, N 🆁🆂 both lanes, full facilities, info, S o Rte 66 🅖 Duke City/dsl, Gas Up, Giant/dsl, Phillips 66 🍽 B Cheese Pizza, Church's, Domino's, DQ, Dragon Express, Ear Rest., Hong Kong Buffet, LJ Silver, Panz Alegra, Papa John's, Pi za Hut, Railway Cafe, Subway, Taco Bell 🛏 Blue Spruce Mot El Capitan Motel, El Rancho Motel/rest. 🅞 Albertson's, O'Re ly Parts, Shop'n Save, Walgreens
20	US 491, to Shiprock, Gallup, N 🅖 Alon/dsl, Giant/dsl 🍽 A plebee's, Arby's, Big Cheese Pizza, Blakes Lotaburger, Burg King, CA Chinese, Carl's Jr., Church's, Cracker Barrel, Denny's, D Golden Corral, KFC, King Dragon Chinese, Little Caesars, McDo ald's, Pizza Hut, Sizzler, Sonic, Subway, Super Buffet, Taco Be Wendy's 🛏 Comfort Inn, Hampton Inn, Hilton Garden, Qua ty Inn 🅞 $Tree, AT&T, AutoZone, Beall's, Big Lots, CarQue Chrysler/Dodge/Jeep, Family$, Home Depot, JC Penney, ma Nissan, O'Reilly Parts, PepBoys, Safeway, Verizon, Walma McDonald's, S on Rte 66 🅖 Phillips 66/dsl 🍽 Badlands Gr Blakes Lotaburger, Don Diego's, El Carrito, El Dorado Rest., Sombrero Mexican, Garcia's Rest., McDonald's, Rte 66 Din Sonic 🛏 Ambassador Motel, Best Value Inn, Days Inn, Des Skies, Golden Desert Motel, Rodeway Inn, Royal Holiday Mot Super 8 🅞 🅷, Ford/Lincoln, RV camping, Tire Factory
16	NM 118, W Gallup, Mentmore, N 🅖 ♥Loves/Chester Subway/dsl/24hr, Navajo/dsl/24hr, TA/Country Pride/d scales/24hr/@, USave Trkstp/dsl 🅞 Blue Beacon, dsl repa NKS Truck Repair, S 🅖 Conoco/dsl, Phillips 66/Allsup's, Th Way 🍽 Ranch Kitchen, Taco Bell, Virgie's Mexican 🛏 Bud Inn, EconoLodge, Gallup Inn, Hampton Inn, Knights Inn, Mic tel, Motel 6, Red Lion Hotel, Red Roof Inn, Travelodge 🅞 U RV Park
12mm	inspection/weigh sta eb
8	to Manuelito
3mm	Welcome Ctr eb, full ♿ facilities, litter barrels, petwalk, 🄲
0mm	New Mexico/Arizona state line

NM

GRANTS

GALLUP

NOTES

NEW YORK

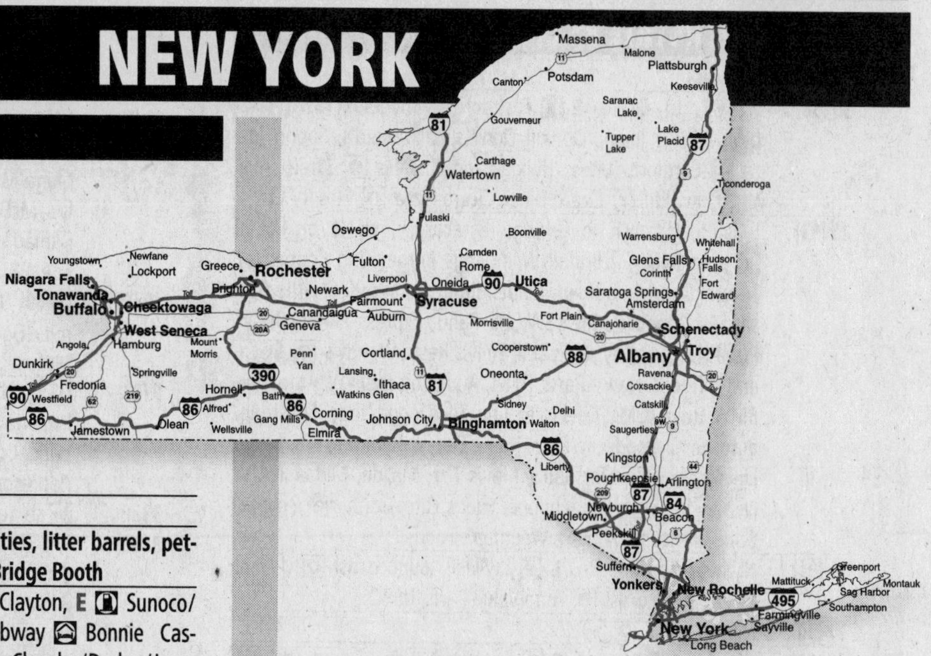

⬆N INTERSTATE 81

Exit#	Services
184mm	US/Canada border, New York state line. I-81 begins/ends.
183.5mm	US Customs (sb)
52 (183)	Island Rd, to De Wolf Point, **E** 🍴 food, last US exit nb
51 (180)	Island Rd, to Fineview, Islands Parks, **2-3 mi E** ⭕ camping, golf, USPO, **2-3 mi W** 🛏 Seaway Island Resort, Thousand Islands Park
179mm	St Lawrence River
178.5mm	NY Welcome Ctr/🆁🆂 sb, full ♿ facilities, litter barrels, petwalk, 🅲, 🛱, Thousand Islands Toll Bridge Booth
50NS (178)	NY 12, E to Alexandria Bay, W to Clayton, **E** 🅶 Sunoco/dsl 🍴 Kountry Kottage Rest., Subway 🛏 Bonnie Castle Rec Ctr, PineHurst Motel ⭕ 🏥 Chrysler/Dodge/Jeep, PriceChopper Mkt, st police, to Thousand Island Region, **W** NY Welcome Ctr/🆁🆂, 🅶 Mobil 🛏 Bridgeview Motel ⭕ to RV camping, vet
174mm	🆁🆂 nb, full ♿ facilities, litter barrels, petwalk, 🅲, 🛱, st police, vending
49 (171)	NY 411, to Theresa, Indian River Lake, **E** 🅶 Sunoco/dsl
168mm	parking area sb, 🛱
161mm	parking area nb
48a	I-781, CR 16, to Ft Drum
48 (158)	US 11, NY 37, **E** 🅶 Mirabito/dsl/scales, Nice'n Easy/dsl, Sunoco/Dunkin Donuts/dsl 🍴 Longway's Diner 🛏 Allen's Budget Motel, Royal Inn ⭕ Long-Park Tire
156.5mm	parking area both lanes
47 (155)	NY 12, Bradley St, Watertown, **E** 🅶 Nice'n Easy/Subway/dsl, Valero 🍴 Frosty Dairy Bar ⭕ 🏥, **W** 🛏 Rainbow Motel
154.5mm	Black River
46 (154)	NY 12F, Coffeen St, Watertown, **E** 🅶 Mobil/Dunkin Donuts/dsl 🍴 Cracker Barrel, Shorty's Diner ⭕ Home Depot, URGENT CARE, **W** 🅶 Nice'n Easy/dsl
45 (152)	NY 3, to Arsenal St, Watertown, **E** 🅶 Mobil/Tim Horton/dsl, Sunoco 🍴 Apollo Rest., Applebee's, Arby's, Buffalo Wild Wings, Burger King, Chipotle Mexican, CiCi's Pizza, Coldstone, Daily Buffet, Denny's, Dunkin Donuts, Five Guys, Friendly's, Japanese Steaks, Jreck Subs, KFC, McDonald's, Moe's SW Grill, Ponderosa, Riccardo's, Ruby Tuesday, Sonic, Starbucks, Taco Bell, Tilted Kilt 🛏 Comfort Inn, EconoLodge, Fairfield Inn, Hampton Inn, Hilton Garden, Holiday Inn Express, Quality Inn ⭕ $General, $Tree, Advance Parts, Aldi Foods, AT&T, AutoZone, BigLots, Jo-Ann Fabrics, Kost Tire, Mavis Discount Tire, Midas, Monro, PriceChopper Foods/24hr, Staples, TJ Maxx, USPO, Walgreens, **W** 🅶 Fastrac 🍴 Bob Evans, Olive Garden, Panera Bread, Pizza Hut, Red Lobster, Subway, TGIFriday's, TX Roadhouse 🛏 Ramada Inn ⭕ Best Buy, BonTon, Burlington Coats, Dick's, GNC, Hannaford Foods, JC Penney, Kohl's, Lowe's, mall, Michael's, Old Navy, PetCo, Sam's Club, Sears/auto, Target, to Sackets Harbor, Verizon, Walmart/Dunkin Donuts
149mm	parking area nb, 🅲
44 (148)	NY 232, to Watertown Ctr, **3 mi E** ⭕ 🏥
147mm	🆁🆂 sb, full ♿ facilities, litter barrels, petwalk, 🅲, 🛱, vending
43 (146)	US 11, to Kellogg Hill

42 (144)	NY 177, Adams Center, **E** 🅶 Nice'n Easy/Mama Mia's Pizza/dsl 🍴 Depot Cafe ⭕ Harley Davidson, Tugger's Camping (12mi)
41 (140)	NY 178, Adams, **E** 🅶 Sunoco/dsl 🍴 Dunkin Donuts, McDonald's, Subway ⭕ KOA, Willows on the Lake RV Park, **W** ⭕ st police
138mm	South Sandy Creek
40 (135)	NY 193, to Ellisburg, Pierrepont Manor
134mm	parking area both lanes, 🛱
39 (133)	Mannsville
38 (131)	US 11
37 (128)	Lacona, Sandy Creek, **E** 🍴 Two Bros Pizza 🛏 Harris Lodge ⭕ USPO, **W** 🅶 Mobil/dsl 🍴 Sandy Creek Diner 🛏 Anglers Roost B&B ⭕ $General, CarQuest, Colonial Court Camping (3mi), Sandy Island Beach SP, Tops/dsl
36 (121)	NY 13, Pulaski, **E** 🅶 Byrne Dairy/dsl, Valero 🍴 Ponderosa 🛏 Knights Inn ⭕ Chevrolet, Ford, **W** 🅶 KwikFill/dsl, Mobil/dsl, Nice'n Easy/Subway/dsl, Valero/dsl 🍴 Arby's, Burger King, Dunkin Donuts, Eddy's Place, Jreck Subs, McDonald's, Paulanjo's Pizza, River House Rest., Stefano's Rest. 🛏 1880 House B&B, Super 8 ⭕ Advance Parts, Aldi Foods, camping, Family$, fish hatchery, Kinney Drug, Mavis Tire, NAPA, Rite Aid, to Selkirk Shores SP, Top's Foods, URGENT CARE, Verizon
35 (118)	to US 11, Tinker Tavern Rd, **E** ⭕ Streamside RV Park
34 (115)	NY 104, to Mexico, **E** 🅶 Mobil/Maple View Rest./dsl/scales, **W** 🛏 Feeder Creek Lodge (5mi) ⭕ J&J (4mi), Jellystone Camping (9mi)
33 (111)	NY 69, Parish, **E** 🅶 Sunoco/dsl/24hr 🍴 Grist Mill Rest. 🛏 E Coast Resort (4mi) ⭕ $General, Up Country RV Park (8mi), **W** 🅶 Gulf, Mirabito/Dunkin Donuts/dsl 🍴 Passarella Pizza ⭕ USPO
32 (103)	NY 49, to Central Square, **E** 🅶 Mirabito/dsl, Sunoco/Subway/dsl 🍴 Good Golly's Rest. ⭕ Murphy's Automotive, **W** 🅶 Fastrac/gas 🍴 Burger King, Dunkin Donuts, McDonald's ⭕ $Tree, Advance Parts, Ford, NAPA, Rite Aid, st police, URGENT CARE, Verizon, Walmart/Subway
31 (99)	to US 11, Brewerton, **E** ⭕ Oneida Shores Camping, **W** 🅶 Mirabito/Tim Hortons/dsl, Nice'n Easy/dsl 🍴 Dunkin Donuts, Lin Li's Chinese, Little Caesars, McDonald's, Subway 🛏 Days Inn ⭕ $General, AT&T, Kinney Drugs, USPO, vet

(vertical text left margin: WATERTOWN)

(vertical text center margin: PULASKI)

NY

⬆N INTERSTATE 81 Cont'd

Exit#	Services
30 (96)	NY 31, to Cicero, **E** ⛽ Fastrac/dsl, Spedeway/dsl 🍴 Arby's, Cracker Barrel, Dunkin Donuts, McDonald's, Sapori Pizza 🏨 Comfort Suites, Holiday Inn Express ⊙ $Tree, Aldi, **W** ⛽ Kwikfill 🍴 Cicero Diner, Cicero Pizza ⊙ 70's RV Ctr
29 (93)	I-481 S, NY 481, to Oswego, Syracuse, **1 mi W on US 11** ⛽ Speedway 🍴 Buffalo Wild Wings, Burger King, Copper Top Tavern, Denny's, Dunkin Donuts, Jimmy John's, KFC, Little Caesars, McDonald's, Moe's SW Grill, Panda Express, Panera Bread, Pizza Hut, Subway, Taco Bell, Tully's Rest., Wendy's ⊙ $General, $Tree, Advance Parts, AT&T, Audi/Porsche/VW, AutoZone, BMW, Buick/GMC, Chevrolet, Chrysler/Dodge/Jeep, Firestone/auto, GNC, Goodyear/auto, Home Depot, Hyundai, Kia, Lexus, Lincoln, Lowe's, Marshall's, Mavis Tire, Mazda, Midas, NAPA, Nissan, PepBoys, PriceChopper Foods, Rite Aid, Target, Toyota/Scion, Verizon, Walmart, Wegman's Foods
28 (91)	N Syracuse, Taft Rd, **E** ⛽ KwikFill, Sunoco/dsl ⊙ U-Haul, **W** ⛽ Sunoco/dsl ⊙ Auto Value Parts, USPO
27 (90)	N Syracuse, **E** ⊙ 🚉
26 (89)	US 11, Mattydale, **E** ⛽ Sunoco/Dunkin Donuts/dsl 🍴 Hofmann Rest., Paladino's Pizza, Pizza Hut 🏨 Red Carpet Inn ⊙ $Tree, auto repair, BigLots, Dunn Tire/auto, Family$, GNC, Goodyear/auto, K-Mart, PetCo, Rite Aid, **W** ⛽ Delta Sonic/dsl 🍴 Applebee's, Arby's, Burger King, Denny's, Dunkin Donuts, Gino&Joe's, Julie's Diner, McDonald's, Ponderosa, Roma's Italian, Subway, Taco Bell, Tim Hortons, Wendy's 🏨 Candlewood Suites, EconoLodge, Holiday Inn Express ⊙ Advance Parts, Aldi Foods, AT&T, Kost Tire, Monro Auto, Rite Aid, Top's Foods
25a (88)	I-90, NY Thruway
25 (87.5)	7th North St, **E** ⛽ 🚛/McDonald's/dsl/scales/24hr ⊙ NAPA, repair, **W** ⛽ Sunoco/dsl 🍴 Burger King, Denny's, Dunkin Donuts, Flatiron Grill, Iamondo's Pizzeria, Subway, Tim Hortons, Tully's Rest. 🏨 Comfort Inn, Hampton Inn, Maplewood Inn/cafe, Quality Inn, Ramada Inn, Super 8
24 (86)	NY 370 W, to Liverpool, same as 23
23 (86)	NY 370 E, Hiawatha Blvd, **E** 🍴 Stella's Diner, Wendy's ⊙ Family$, **W** ⛽ Speedway 🍴 Cheesecake Factory, Dave&Busters, Panera Bread, PF Chang's ⊙ Best Buy, Bon Ton, Dick's, JC Penney, Lord&Taylor, Macy's, mall, TJ Maxx
22 (85)	NY 298, Court St
21 (84.5)	Spencer St, Catawba St (from sb), industrial area
20 (84)	I-690 W (from sb), Franklin St, West St
19 (84)	I-690 E, Clinton St, Salina St, to E Syracuse
18 (84)	Harrison St, Adams St, **E** 🏨 Crowne Plaza ⊙ Ⓗ, Civic Ctr, to Syracuse U
17 (82)	Brighton Ave, S Salina St, **W** ⛽ KwikFill, Valero/Chicken Basket
16a (81)	I-481 N, to DeWitt
16 (78)	US 11, to Nedrow, Onondaga Nation, **1-2 mi W** ⛽ Valero 🍴 McDonald's, Pizza Hut ⊙ $General, Aldi
15 (73)	US 20, La Fayette, **E** ⛽ Sunoco/dsl 🍴 La Fayette Inn, Old Tymes Rest. ⊙ $General, NAPA, st police, USPO, vet, **W** 🍴 McDonald's
71mm	truck insp sta both lanes, ⓒ
14 (67)	NY 80, Tully, **E** ⛽ Nice'n Easy/deli/dsl 🍴 A Pizza More, Tasty China 🏨 Best Western ⊙ $General, Chevrolet, Kinney Drug, USPO, **W** 🍴 Burger King
13 (63)	NY 281, Preble, **E** ⛽ Mirabito/Dunkin Donuts/Subway/dsl ⊙ to Song Mtn Ski Resort
60mm	🅁ₛ/truck insp nb, full 🚻 facilities, litter barrels, petwalk, ⓒ, 🔀, vending

(side marker: CORTLAND / SYRACUSE / BINGHAMTON)

Exit#	Services
12 (53)	US 11, NY 281, to Homer, **W** ⛽ KwikFill, Sunoco/dsl, Vale● 🍴 Fabio's Italian, Little Italy ⊙ Ⓗ, $General, st police, to Fi● more Glen SP
11 (52)	NY 13, Cortland, **E** 🍴 Perkins 🏨 Comfort Inn, Holiday Inn E● press, Quality Inn, **W** ⛽ Mobil/Dunkin Donuts/dsl 🍴 Arby● China Moon, Crown City Rest., Denny's, Dickey's BBQ, Friend● ly's, McDonald's, Subway, Taco Bell, Wendy's 🏨 Hampton In● Ramada Inn ⊙ Advance Parts, Family$, Jo-Ann Fabrics, Ko● Tire, P&C Foods
10 (50)	US 11, NY 41, to Cortland, McGraw, **W** ⛽ Pitstop/Dunkin D● nuts/Quesaritos/dsl, Sunoco/Subway/dsl/24hr 🏨 Cortlan● Motel, Days Inn
9 (38)	US 11, NY 221, **W** ⛽ Sunoco/XtraMart/dsl/24hr, Valero 🍴 N● Pizzaria 🏨 Greek Peak Lodge, Three Bear Inn/rest. ⊙ ci● park, Country Hills Camping, Gregg's Mkt, Maple Museu● Robinson's Repair, st police, USPO
33mm	🅁ₛ sb, full 🚻 facilities, litter barrels, petwalk, ⓒ, 🔀, vendin●
8 (30)	NY 79, to US 11, NY 26, NY 206 (no EZ return), Whitney ● **E** ⛽ Kwikfill, Speedway, Sunoco 🍴 Aiello's Ristorant● Arby's, Dunkin Donuts, McDonald's, Subway 🏨 Hotel Gr● fin ⊙ $General, Gregg's Mkt, NAPA, Parts+, to Dorches● Park, USPO
7 (21)	US 11, Castle Creek, **W** ⛽ Mirabito/Subway/Tim Hortons/d●
6 (16)	US 11, to NY 12, I-88E, Chenango Bridge, **E on US 11** ⛽ Gu● dsl, Speedway/dsl, Sunoco/dsl 🍴 Arby's, Burger King, De● ny's, Dunkin Donuts, Grande Pizza, Moe's SW Grill, Pizza H● Subway, Tokyo Buffet, Wendy's ⊙ Advance Parts, Chrysle● Dodge/Jeep, CVS Drug, Kost Tire, Lowe's, Mavis Tire, Meinek● Monro, Rite Aid, Staples, Valvoline, Verizon, Weis Foods, **W** ● US 11 ⛽ KwikFill, Wave/dsl 🍴 China Star, Friendly's, N● chi's Pizza, Sonic, Spot Diner, Subway 🏨 Comfort Inn, Howa● Johnson, Motel 6 ⊙ Aldi Foods, Harley Davidson
15mm	I-88 begins eb
5 (14)	US 11, Front St, **1 mi W** ⛽ Sunoco/McDonald's/dsl, Valero/● 🍴 Applebee's, Coldstone, Cracker Barrel, Starbucks, TLC Piz● 🏨 EconoLodge, Fairfield Inn, Red Roof Inn ⊙ Cutler Bota● cal Garden
4 (13)	NY 17, Binghamton
3 (12)	Broad Ave, Binghamton, **W** ⛽ Valero 🍴 KFC ⊙ CVS Dr● Weis Foods
3 (10)	Industrial Park, same as 2
2 (8)	US 11, NY 17, **1-2 mi W** ⛽ Gulf/dsl, ♥Loves/Wendy's/d● scales/24hr, TA/Country Pride/dsl/scales/24hr/@ 🍴 Burg● King, McDonald's, Subway, Taco Bell 🏨 Del Motel
1 (4)	US 11, NY 7, Kirkwood, **1-2 mi W** ⛽ Conklin, Mirabito/● 🍴 Hallo Berlin Rest. 🏨 Kirkwood Motel
2mm	Welcome ctr nb, full 🚻 facilities, litter barrels, petwalk, ⓒ, ● vending
1mm	truck insp sta nb
0mm	New York/Pennsylvania state line

⬆E INTERSTATE 84

Exit#	Services
71.5mm	New York/Connecticut state line
21 (69)	US 6, US 202, NY 121 (from wb), N Salem, same as 20
20N (67.5)	NY 22, Palling, **N** ⛽ Mobil, Shell/dsl, Valero 🍴 Dunkin D● nuts, Portofinos ⊙ Cadillac/Chevrolet, Ford, Honda, Subaru
20S	I-684, to NYC
19 (65)	NY 312, Carmel, **N** ⊙ st police, **S** 🍴 Applebee's, Dun● Donuts, Eveready Diner, Gaetano's Deli ⊙ Ⓗ, DeCicco's M● Home Depot, Kohl's, Marshall's, Michael's, Verizon
18 (62)	NY 311, Lake Carmel, **S** 🍴 La Famiglia

INTERSTATE 84 Cont'd

Exit#	Services
17 (59)	Ludingtonville Rd, **S** [gas] Speedway/dsl, Sunoco/dsl [food] Cutillo's Rest., Dunkin Donuts, Gappy's Pizza, Lou's Rest.
56mm	elevation 965 ft
55mm	**[RS] both lanes, full [handicapped] facilities, litter barrels, petwalk, [phone], [picnic], vending**
16 (53)	Taconic Parkway, N to Albany, S to New York
15 (51)	Lime Kiln NY, **3 mi N** [gas] Mobil [food] Dunkin Donuts [lodging] Arbor Ridge Inn
13 (46)	US 9, to Poughkeepsie, **N** [gas] Mobil/deli, Mobil/dsl, Shell/Dunkin Donuts/dsl [food] A&W/KFC, Boston Mkt, Coldstone, Cracker Barrel, Fishkill Grill, Five Guys, Panera Bread, Red Line Diner, Ruby Tuesday, Starbucks, Subway, Taco Bell, Wendy's [lodging] Courtyard, Extended Stay America, Extended Stay America, Hampton Inn, Hawthorn Inn, Hilton Garden, Holiday Inn Express, Hyatt House, Magnuson Hotel, Ramada Inn [other] AT&T, Sam's Club, Verizon, Walmart, **S** [gas] Speedway/dsl [food] Maya Cafe, McDonald's [other] Home Depot
12 (45)	NY 52 E, Fishkill, **N** [gas] Valero/dsl [food] Green Garden, Sal's Pizza [other] CVS Drug, USPO, **S** [gas] Mobil, Sunoco/dsl [food] 84 Diner, Hometown Deli [lodging] Quality Inn
11 (42)	NY 9D, to Wappingers Falls, **1 mi N** [gas] Gulf/dsl, Mobil/dsl
41mm	**toll booth**
40mm	Hudson River
10 (39)	US 9W, NY 32, to Newburgh, **N** [gas] Citgo/dsl, Sunoco [food] Alexis Diner, Andiamo Rest., Burger King, Dunkin Donuts, Green Garden Chinese, KFC, McDonald's, New China, Papa John's, Pizza Hut, Planet Pizza, Subway [other] $Tree, Advance Parts, BigLots, Family$, Firestone/auto, Monro, PriceChopper Foods, Rite Aid, Shop Rite Foods, Verizon, Walgreens, **S** [gas] Citgo/dsl, Shell/dsl, Sunoco [other] [H]
8 (37)	NY 52, to Walden, **N** [gas] 76/dsl
7b (36)	NY 300, Newburgh, **N** [gas] Mobil [food] Daddy's Grill, DQ, Dunkin Donuts, Leo's Pizzaria, McDonald's, Newburgh Buffet, Perkins, Taco Bell, Wendy's [other] $Tree, AT&T, AutoZone, BonTon, Marshall's, Mavis Tire, Midas, Office Depot, Sears/auto, Stop&Shop Foods, **S** [gas] Speedway/dsl, Sunoco/dsl [food] 5 Guys Burgers, Applebee's, Burger King, Chili's, China City, Cosimos Ristorante, Denny's, IHOP, Ikaros Diner, Longhorn Steaks, Neptune Diner, Panera Bread, Pizza Mia, Sonic, Starbucks, Steak'n Stein, Subway, TGIFriday's, Union Sq Rest., Yobo Asian [lodging] Days Inn, Howard Johnson, Ramada Inn, Super 8 [other] $General, Adam's Farm Mkt, Aldi Foods, Barnes&Noble, Buick/GMC, Cadillac/Chevrolet, Chrysler/Dodge/Jeep, Ford/Lincoln, Home Depot, Honda, Kohl's, Lowe's, Meineke, Michael's, Nissan, Orange County Choppers/cafe, PetsMart, Target, Verizon, Walmart
7a (35)	I-87, NY Thruway, Albany, to NYC
6 (34)	NY 17K, to Newburgh, **N** [gas] Mobil/dsl, Pilot/Arby's/dsl/scales/24hr [food] Airport Diner [lodging] Sheraton, **S** [gas] Shell/Dunkin Donuts/dsl [lodging] Courtyard, Days Inn, Howard Johnson
5a (33)	NY 747, International Blvd, **S** [lodging] Homewood Suites [other] to Stewart Airport
5 (29)	NY 208, Maybrook, **N** [gas] Mobil/dsl, Sunoco/dsl [food] Burger King, Dunkin Donuts, McDonald's [lodging] Holiday Inn Express [other] CarQuest, Rite Aid, ShopRite Foods, Verizon, Walgreens, Winding Hills Camping, **S** [gas] Speedway/dsl, TA/Valero/Country Pride/Pizza Hut/dsl/scales/24hr/@ [food] Prima's Deli, Renee's Deli, Subway [lodging] Super 8 [other] Advance Parts, auto/truck repair, Blue Beacon, st police

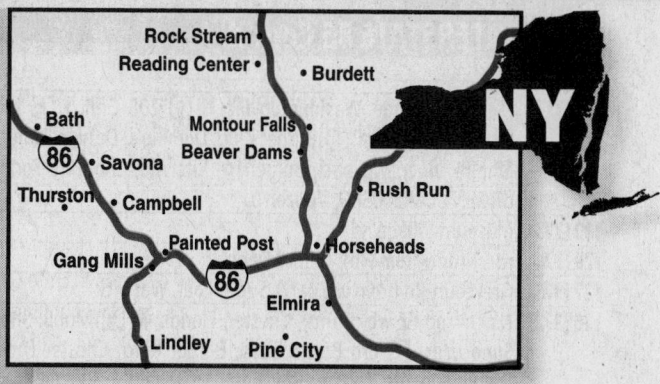

NEWBURGH

MIDDLETOWN

Exit#	Services
24mm	**[RS] wb, full [handicapped] facilities, litter barrels, petwalk, [phone], [picnic], vending**
4 (19)	NY 17, Middletown, **N** [gas] Mobil/24hr [food] Americana Diner, Applebee's, Baskin-Robbins/Dunkin Donuts, Boston Mkt, Buffalo Wild Wings, Burger King, Chipotle, ChuckeCheese, Cosimo's Italian, Denny's, Five Guys, Friendly's, Fuji Japanese, Golden Corral, Hardee's, KFC, McDonald's, Olive Garden, Panera Bread, Papa John's, Perkins, Pizza Hut, Popeye's, Red Lobster, Ruby Tuesday, Sonic, Starbucks, Subway, Taco Bell, TX Roadhouse, Wendy's, Youyou Japanese [lodging] Home 2 Suites, Howard Johnson, Middletown Motel, Super 8 [other] $Tree, Aldi Foods, AT&T, AutoZone, Best Buy, Big Lots, CVS Drug, Dick's, Firestone/auto, GNC, Hannaford Foods, Hobby Lobby, Home Depot, Honda, JC Penney, Jo-Ann Fabrics, Kohl's, Lowe's, Macy's, mall, Marshall's, Mavis Tire/auto, Michael's, Old Navy, PetCo, PetsMart, PriceChopper Foods, Rite Aid, Sam's Club/dsl, ShopRite/gas, Staples, Target, Tire Discount, TJ Maxx, U-Haul, Verizon, Walmart/Subway, **S** [food] Chili's, El Bandido Mexican, Outback Steaks, Soho Grill, TGIFriday [lodging] Courtyard, Hampton Inn, Holiday Inn, Microtel [other] [H], Midas, st police
17mm	**[RS] eb, full [handicapped] facilities, litter barrels, petwalk, [phone], [picnic], vending**
3 (15)	US 6, to Middletown, **N** [gas] Citgo/dsl, Mobil, QuickChek/dsl, Shell, Sunoco [food] Bro Bruno's Pizza, DQ, Dunkin Donuts, Hibachi Buffet, IHOP, McDonald's, Peking Chinese, Rita's Custard, Subway, Taco Bell, Wendy's [lodging] Sleep Inn [other] $General, Acura, Advance Parts, AutoZone, Buick/Chevrolet, Family$, Lexus, Mavis Discount Tire, Mazda, Meineke, Rite Aid, ShopRite Foods, Subaru, Verizon, VW, **S** [gas] Citgo/dsl, Geo/Dunkin Donuts/dsl [lodging] Days Inn, Global Budget Inn [other] Kia, Nissan, Toyota/Scion
2 (5)	Mountain Rd, **S** [food] Firehouse Deli
4mm	1272 ft eb, elevation 1254 ft wb
3mm	**parking area both lanes**
1 (1)	US 6, NY 23, Port Jervis, **N** [food] Arlene'n Tom's Diner, Baskin-Robbins/Dunkin Donuts [other] [H], Ford, **S** [gas] BP/dsl/LP, Citgo/dsl, Gulf/dsl, Pilot/Subway/dsl, Shell/dsl, Valero/dsl [food] DQ, McDonald's, Village Pizza [lodging] Days Inn [other] $Tree, GNC, ShopRite Foods, TJ Maxx
0mm	New York/Pennsylvania state line, Delaware River

INTERSTATE 86

Exit#	Services
	I-86 begins/ends on I-87, exit 16, toll booth
131 (379)	NY 17, **N** [food] Applebee's [other] Outlets/famous brands, **S** [gas] Gulf/dsl [food] Chili's, Dunkin Donuts, KFC, Outback Steaks, Panera Bread, TGIFriday's, Uno Grill, Wendy's [lodging] Days Inn, Hampton Inn [other] $Tree, Best Buy, BJ's Whse, BMW, GNC, Home Depot, Kohl's, Michael's, Old Navy, Petsmart, Staples, Target, TJMaxx, Verizon, Walmart/Subway
130a (378)	US 6, Bear Mtn, to West Point (from eb, no return)

🚪 = gas   🍴 = food   🏨 = lodging   ⊙ = other   ♨ = rest stop   Copyright 2018 - The Next EXIT

⟵E INTERSTATE 86 Cont'd

Exit# Services

130 (377) NY 208, Monroe, Washingtonville, **N** 🍴 208 Grill, **S** 🚪 Mobil/dsl, Sunoco/dsl 🍴 Burger King, Domino's, Dunkin Donuts, Empire Diner, Wayback Burger ⊙ Rite Aid, ShopRite Foods, URGENT CARE, USPO, Verizon

129 (375) Museum Village Rd

128 (374) rd 51 (only from wb), Oxford Depot

127 (373) Greycourt Rd (from wb only), Sugar Loaf, Warwick

126 (372) NY 94 (no EZ wb return), Chester, Florida, **N** 🚪 Mobil, Shell, Sunoco/dsl 🍴 Bro Bruno Pizza, Burger King, Chester Diner, Dunkin Donuts, Lobster Pier Rest., McDonald's, Subway, Taco Bell, Wendy's 🏨 Holiday Inn Express ⊙ CVS Drug, GNC, Goodyear/auto, Rite Aid, ShopRite Foods, USPO, Verizon, **S** ⊙ Lowe's

125 (369) NY 17M E, South St

124 (368) NY 17A, NY 207, **N** 🚪 Gulf/Subway/dsl, Mobil/dsl, Quick-Chek/dsl 🍴 Burger King, Dunkin Donuts, Friendly's, Goshen Diner, Pizza Hut ⊙ CVS Drug, Verizon, **S** 🏨 Comfort Inn ⊙ Chrysler/Dodge/Jeep, Hyundai, URGENT CARE

123 US 6, NY 17M (wb only), Port Jervis

122a (367) Fletcher St, Goshen

122 (364) rd 67, E Main St, Crystal Run Rd, **N** 🍴 Chili's, Outback Steaks, Soho Grill, TGIFriday's 🏨 Courtyard, Hampton Inn, Holiday Inn, Microtel ⊙ URGENT CARE, **S** 🍴 El Bandido Rest. ⊙ 🏥

121 (363) I-84, E to Newburgh, W to Port Jervis

120 (363) NY 211, **N** 🚪 Mobil 🍴 Buffalo Wild Wings, Cosimo's Ristorante, Fuji Japanese, Olive Garden, Perkins 🏨 Home 2 Suites, Howard Johnson, Middletown Motel, Super 8 ⊙ Best Buy, Dick's, Hannaford's Foods, Honda, JC Penney, Lowe's, Macy's, Mavis Discount Tire, Old Navy, PetCo, Sam's Club/dsl, ShopRite/gas, Target, **S** 🍴 Americana Diner, Applebee's, Boston Mkt, Burger King, Chipotle, ChuckECheese, Denny's, Dunkin Donuts, Five Guys, Franco Di Roma Italian, Friendly's, Golden Corral, Hardee's, KFC, McDonald's, Panera Bread, Papa John's, Pizza Hut, Popeye's, Red Lobster, Ruby Tuesday, Sonic, Starbucks, Subway, Taco Bell, TX Roadhouse, Wendy's, YouYou Chinese ⊙ $General, $Tree, Aldi Foods, AT&T, AutoZone, BigLots, Firestone/auto, GNC, Hobby Lobby, Home Depot, Jo-Ann, Kohl's, Marshall's, Michael's, Midas, Old Navy, Petsmart, PriceChopper, Rite Aid, ShopRite/gas, Staples, Tire Discount Ctr, TJMaxx, U-Haul, Verizon, Walmart/Subway

119 (360) NY 302, Circleville, to Pine Bush, Pine Bush, **S** 🚪 Citgo/dsl, Valero/Dunkin Donuts/dsl 🍴 Subway

118a (358) NY 17M, Fair Oaks

118 (358) Fair Oaks, Circleville, **N** 🏨 Economy Inn, **S** 🚪 Citgo/dsl, Mobil/dsl

116 (355) NY 17K, Bloomingburg, **N** 🍴 Mtn View Rest., **S** 🚪 Citgo/dsl 🍴 Quickway Diner

115 Burlingame Rd

114 Wurtsboro, Highview (from wb)

113 (350) US 209, Wurtsboro, Ellenville, **N** 🚪 Mobil/dsl, Stewarts/gas 🍴 Danny's Steaks 🏨 Days Inn ⊙ G-Mart Foods, **S** 🍴 Giovanni's Café (2mi)

112 (347) Masten Lake, Yankee Lake, **N** 🏨 Days Inn, **S** ⊙ Yankee Lake

111 (344) (eb only), Wolf Lake, **S** 🚪 Citgo/dsl

110 (343) Lake Louise Marie

109 (342) Rock Hill, Woodridge, **N** 🚪 Citgo/dsl 🍴 BHR Rest., Dutch's Cafe, Pizza Rock, RockHill Diner 🏨 Sullivan Ramada ⊙ Ace Hardware, auto repair, Hilltop Farms Camping (6mi), Super Mkt Trading Post, USPO, **S** 🚪 Mobil/dsl 🍴 Dragon Garden Chinese

108 (341) Bridgeville, same as 109

107 (340) Thompsonville, **S** ⊙ Chevrolet, Chrysler/Dodge/Jeep, Toyota

106 (339) East Broadway, E. Broadway, **N** ⊙ Ford/Lincoln, **S** 🚪 Mobil dsl 🏨 Super 8 (2 mi) ⊙ GMC Trucks, Hyundai, Toyota

105 (337) NY 42, Monticello, **N** 🚪 Mobil/dsl, Valero 🍴 Blue Horizon Diner, Bro Bruno's Pizza, Burger King, China City, Dunkin Donuts, Giovanni's Rest., KFC, McDonald's, Subway ⊙ AutoZone, Home Depot, museum, ShopRite Foods, Staples, Walmart/McDonald's, **S** 🚪 Citgo/dsl, Sunoco/dsl 🍴 Miss Monticello Diner, Nugget Rest., Pizza Hut, Stewart's, Wendy's 🏨 EconoLodge, Heritage Inn, Super 8 ⊙ Advance Parts, Family$, NAPA, Rite Aid

104 (336) NY 17B, Raceway, Monticello, **S** 🚪 Citgo/dsl, Mobil/Subway/dsl 🍴 Albella Rest., Colosseo Rest., Tilly's Diner 🏨 Best Western, Raceway Motel, Travel Inn ⊙ AT&T, Swinging Bridge Camp

103 Rapp Rd (wb only)

102 (332) Harris, **N** ⊙ 🏥

101 (327) Ferndale, Swan Lake, **S** 🚪 Mobil/dsl ⊙ Swan Lake Camping (5mi)

100 (327) NY 52 E, Liberty, **N** 🚪 Citgo/dsl, Sam's, Sunoco 🍴 Burger King, Dunkin Donuts, Last Licks Cafe, Liberty Diner, McDonald's, Piccolo Italian, Pizza Hut, Subway, Taco Bell 🏨 Days Inn, Knights Inn ⊙ $Tree, Ace Hardware, Advance Parts, Rite Aid, ShopRite Foods, USPO, **S** 🏨 Lincoln Motel ⊙ Buick/Cadillac, Chrysler/Dodge/Jeep, Ford/Lincoln, NAPA, Swan Lake Camping (5mi)

100a NY 52 W (no wb return), Liberty, **S** ⊙ st police

99 (325) NY 52 W, to NY 55, Liberty, **S** 🚪 Sunoco 🏨 Catskill Motel

98 (321) Cooley, Parksville, **N** 🚪 Mobil/dsl

97 (319) Morsston

96 (316) Livingston Manor, **S** 🚪 Citgo, Sunoco 🍴 Robinhood Diner ⊙ Covered Bridge Camping, Mongaup Pond Camping, Peck Mkt, to Covered Bridge, USPO

313mm ♨ eb, full 🚻 facilities, litter barrels, petwalk, ⊙, 🏕, vending, truck insp. sta (eb)

94 (311) NY 206, Roscoe, Lew Beach, **N** 🚪 Mobil/dsl, Sunoco/dsl 🍴 Raimondo's Diner, Roscoe Diner 🏨 Creekside B&B, Reynolds House Motel, Rockland House Motel, Roscoe Motel ⊙ Beaverkill St Camping (8mi), Catskill Grocers, st police, USPO, **S** 🚪 Mobil/dsl 🏨 Tennanah Lake Motel

93 (305) to Cooks Falls (from wb)

92 (303) Horton, Cooks Falls, Colchester, **S** 🚪 Sunoco/dsl 🍴 Riverside Café/lodge ⊙ Russell Brook Camping

90 (297) NY 30, East Branch, Downsville, **N** 🚪 Sunoco ⊙ Beaver-Del Camping, Oxbow Camping, Peaceful Valley Camping, **S** 🏨 E Branch Motel

295mm ♨ wb, full 🚻 facilities, litter barrels, petwalk, ⊙, 🏕, vending

89 (293) Fishs Eddy

87a (288) NY 268 (from wb, no ez-return), same as 87

87 (284) NY 97, to NY 268, to NY 191, Hancock, Cadosia, **S** 🚪 Mirabito/Subway/dsl, Sunoco, Valero 🍴 McDonald's, New China 🏨 Capra Inn, Hancock House Hotel ⊙ Family$, NAPA, Rite Aid, Tops Foods

276mm parking area wb

84 (274) Deposit, **N** 🚪 Mirabito/dsl 🍴 BC Pizza, New Moon Cafe, Pines Rest., Wendy's 🏨 Deposit Motel, Laurel Bank Motel ⊙ Family$, st police

83 (272) Deposit, Oquaga Lake

82 (270) NY 41, McClure, Sanford, **N** 🍴 Cornerstone Cafe ⊙ auto repair, Kellystone Park, **S** 🏨 Scott's Family Resort ⊙ Gueward Camping (3mi), Oquaga Creek SP

265mm parking area eb, litter barrels, 🏕

🔼🔽 E   INTERSTATE 86 Cont'd

Exit#	Services
81 (263)	E Bosket Rd
80 (261)	Damascus, N 📶 Mirabito/dsl ⊙ auto repair, Forest Hill Lake Park Camping (3mi)
79 (259)	NY 79, Windsor, N 📶 Sunoco/dsl 🍴 China Star, Maria's Pizza, Subway ⊙ Big M Mkt, USPO, S 🍴 Marian's Pizza/Subs ⊙ Lakeside Camping (8mi)
78 (256)	Dunbar Rd, Occanum
77 (254)	W Windsor, N 📶 Sunoco/dsl 🍴 McDonald's ⊙ $General
76 (251)	Haskins Rd, to Foley Rd
75 (250)	I-81 S, to PA (exits left from wb)
I-86/I-81 run together 4 miles.	
3	Colesville Rd (from eb), S 📶 ❤Loves/Wendy's/dsl/scales/24hr, Mirabito/Dunkin Donuts/dsl, TA/Country Pride/dsl/scales/24hr 🍴 Subway
I-86/I-81 run together 4 miles.	
3	Broad Ave (from wb, no return)
4NS	NY 7, I-86/I-81 run together 4 miles.
72 (244)	I-81 N, US 11, Front St, Clinton St, (no wb re-entry), S ⊙ Aamco
71 (242)	Airport Rd, Johnson City, S 📶 Mirabito 🏠 Microtel ⊙ Walmart
70 (241)	NY 201, Johnson City, N 📶 Mirabito, Speedway/dsl 🍴 Arby's, Dunkin Donuts, Food&Fire BBQ, Friendly's, Great China, Ground Round, McDonald's, Papa John's, Pizza Hut, Ruby Tuesday 🏠 Best Western, Hampton Inn, La Quinta, Red Roof Inn ⊙ $Tree, Bon-Ton, JC Penney, mall, Mavis Tire, Mr Tire, PetCo, Wegman's Foods, S ⊙ Home Depot
69 (239)	NY 17C
238mm	Susquehanna River
68 (237)	NY 17C, Old Vestal Rd, (from eb, no re-entry)
67 (236)	NY 26, NY 434, Vestal, Endicott, S on NY 434 📶 Mirabito/dsl, Mirabito/dsl (2), Speedway/dsl, Stop'N Gas 🍴 A&W/LJ Silver, Applebee's, Arby's, Burger King, CA Grill, Chili's, ChuckE-Cheese, Dunkin Donuts, IHOP, Jimmy John's, KFC, McDonald's, Moe's SW Grill, Olive Garden, Outback Steaks, Panera Bread, Pudgie's Pizza, Red Lobster, Red Robin, Starbucks, Subway, Taco Bell, TGIFriday's, Uno Grill, Wendy's 🏠 Candlewood Suites, Comfort Suites, Courtyard, Hampton Inn, Holiday Inn Express, Homewood Suites, Parkway Motel ⊙ $Tree, Aldi Foods, AT&T, Barnes&Noble, Best Buy, BigLots, CVS Drug, Dick's, Ford/Lincoln, Jo-Ann Fabrics, Kohl's, Lowe's, Mavis Tire, Meineke, Michael's, Mr Tire, Nissan, Old Navy, Petsmart, Price Rite Foods, Rite Aid, Sam's Club, Staples, Target, TJ Maxx, U-Haul, URGENT CARE, USPO, Verizon, vet, Volvo, VW, Walmart/Dunkin Donuts, Wies Foods
66 (231)	NY 434, Apalachin, S 📶 KwikFill, Sunoco 🍴 Big Dipper Drive-In, Blue Dolphin Diner, Dunkin Donuts, McDonald's, Perkins, Subway 🏠 Comfort Inn, Quality Inn
65 (225)	NY 17C, NY 434, Owego, N 📶 Sunoco 🍴 A&W/KFC, Arby's, McDonald's, Panda Wok, Pizza Hut, Subway, Wendy's 🏠 Hampton Inn, Holiday Inn Express, Red Roof Inn/rest. ⊙ $General, Buick/GMC, Hickories Park Camping, Mr Tire, Top's Foods, Verizon, S ⊙ st police
64 (223)	NY 96, Owego, N 🍴 Dunkin Donuts ⊙ AutoZone, CVS Drug, Rite Aid, USPO, S 📶 Mobil/dsl
222mm	🅿ₛ wb, full 🚻 facilities, litter barrels, petwalk, 🍴 picnic Tables, vending
63 (218)	Lounsberry, S 📶 Valero/rest./dsl/24hr
62 (214)	NY 282, Nichols, S 📶 Citgo/pizza/dsl 🏠 Hampton Inn ⊙ Jim's RV Ctr, Tioga Downs Race Track (2mi)
212mm	🅿ₛ eb, full 🚻 facilities, litter barrels, petwalk, 🍴, 🔧, vending
208mm	Susquehanna River

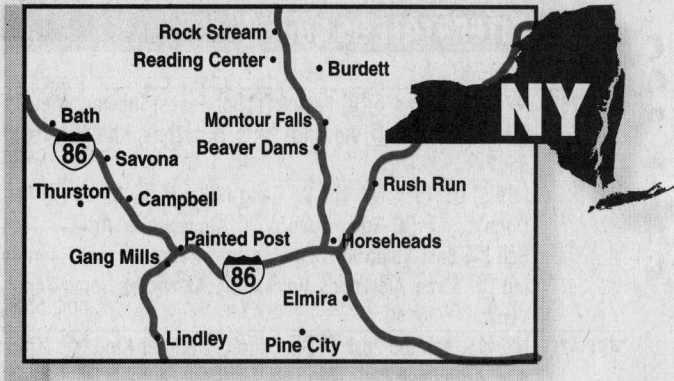

Exit#	Services
61 (206)	NY 34, PA 199, Waverly, Sayre, N ⊙ $General, Goodyear/gas, S 📶 Gulf, Sunoco/dsl 🏠 Best Western/rest. ⊙ Chrysler/Dodge/Jeep, Joe's RV Ctr, Nissan, Subaru
60 (204)	US 220, to Sayre, Waverly, N 🏠 O'brien's Inn, S 📶 Citgo/dsl, Mirabito/Dunkin Donuts/dsl 🍴 Wendy's (3mi) 🏠 Candlewood Suites, Comfort Inn, Hampton Inn ⊙ Advance Parts, Aldi Foods, K-Mart, Rite Aid, Top's Foods, Toyota
59a (202)	Wilawana, S 📶 Sunoco/Subway/dsl
59 (200)	NY 427, Chemung, N 📶 Dandy/dsl
58a (197)	to CR 60, Lowman
57 (195)	rd 2, Lowman, Wellsburg, N ⊙ Gardner Hill Campsites (4mi), USPO
56 (190)	Jerusalem Hill, N 🍴 Hilltop Rest., S 📶 Citgo/dsl, Sunoco/Dandy Pizza/Subway/dsl 🍴 Dunkin Donuts, McDonalds 🏠 Coachman Motel (3mi), Holiday Inn, Mark Twain Motel (3mi) ⊙ 🏥
54 (186)	NY 13, to Ithaca
53 (185)	Horseheads, S 📶 Sunoco/dsl 🍴 Burger King, Domino's, Dunkin Donuts, Guiseppe's Pizza, Lin Buffet, McDonald's, Rico's Pizza, Subway, Wendy's 🏠 Red Carpet Inn, Travelodge ⊙ Advance Parts, Family$, K-Mart, Rite Aid
52b (184)	NY 14, to Watkins Glen, N 🍴 Friendly's 🏠 Holiday Inn Express, Knights Inn, S 🍴 Denny's
52a (183)	Commerce Ctr, S 🍴 Buffalo Wild Wings, Cracker Barrel, Red Robin, TX Roadhouse 🏠 Fairfield Inn ⊙ Aldi Foods, AT&T, Dick's, Jo-Ann Fabrics, Kohl's, Mavis Discount Tire, Petsmart, Walmart/McDonald's
51a (182)	Chambers Rd, N 📶 Sunoco/Subway/dsl 🍴 Bon Ton, Chili's, Dunkin Donuts, McDonald's, Olive Garden, Outback Steaks, Red Lobster, Ruby Tuesday 🏠 Candlewood Suites, Country Inn&Suites, Courtyard, Hampton Inn, Hilton Garden ⊙ Firestone/auto, JC Penney, mall, Nissan, Sears/auto, S 🍴 Applebee's, Charley's Subs, Five Guys, Moe's SW, Mt Fuji Japanese, Old Country Buffet, Panera Bread, Popeye's, Taco Bell, TGIFridays, Wendy's 🏠 EconoLodge ⊙ $Tree, Barnes&Noble, Best Buy, Buick/GMC/Cadillac, Field&Stream, Hobby Lobby, Honda, Hyundai, Lowe's, Michael's, Mr Tire, Old Navy, PetCo, Sam's Club, Staples, Subaru, Target, TJ Maxx, Top's Foods, Toyota, URGENT CARE, Verizon
50 (180)	Kahler Rd, N ⊙ to Airport
49 (178)	Olcott Rd, Canal St, Big Flats, N ⊙ 🔄, antiques, S 📶 Sunoco 🍴 Picnic Pizza ⊙ USPO
48 (171)	NY 352, E Corning, N 📶 Citgo 🏠 Budget Inn, Gate House Motel ⊙ 🏥
47 (174)	NY 352, Gibson, E Corning, N 🏠 Budget Inn, Gate House Motel
46 (171)	NY 414, to Watkins Glen, Corning, N ⊙ Ferenbaugh Camping (5mi), KOA (14mi), Watkins Glen Camping, S 📶 Sunoco 🍴 Pizza Hut 🏠 Comfort Inn, Radisson, Staybridge Suites ⊙ Corning Glass Museum

(side margins, top to bottom) W I N D S O R · V E S T A L · O W E G O · E L M I R A · C O R N I N G

NY

⛽ = gas   🍴 = food   🏨 = lodging   ⊡ = other   Ⓡs = rest stop   Copyright 2018 - The Next EXIT

→E INTERSTATE 86 Cont'd

CORNING

Exit#	Services
45 (170)	NY 352, Corning, **S** ⛽ Fastrac 🍴 Bob Evans, Subway, Wendy's 🏨 Fairfield Inn ⊡ Advance Parts, AutoZone, Rite Aid, Tops/gas
44a	I-99 S, US 15 S, NY 417 W, Gang Mills, **N** ⛽ Mobil 🍴 McDonald's, **S** ⛽ Gulf, Sunoco 🍴 Applebee's, Arby's, Taco Bell 🏨 Best Value Inn, Corning Inn, Hampton Inn, Ramada Inn ⊡ $Tree, Aldi Foods, Buick/GMC, Chevrolet, Home Depot, Verizon, Walmart
43 (167)	NY 415, Painted Post, **N** ⛽ Citgo 🍴 Burger King ⊡ $General, AutoValue Parts, Big Lots, Firestone/auto, **S** ⛽ 7-11 🍴 Denny's, Dunkin Donuts 🏨 Hampton Inn, Holiday Inn Express
167mm	**parking area wb, litter barrels**
42 (165)	Coopers Plains, **N** ⊡ st police
41 (161)	rd 333, Campbell, **N** ⛽ Sunoco/Subway/dsl ⊡ Camp Bell Camping (1mi), **S** ⊡ antiques, Cardinal Campsites (6mi)
160mm	Ⓡs **eb, full** ♿ **facilities, litter barrels, petwalk,** 🅲, 🛒, **vending**
40 (156)	NY 226, Savona, **N** ⛽ Select/dsl ⊡ $General
39 (153)	NY 415, Bath, **N** 🍴 Chat-a-Whyle Rest. (3mi) 🏨 National Hotel, **S** ⊡ Jellystone (2mi)
38 (150)	NY 54, to Hammondsport, Bath, **N** ⛽ Exxon/dsl, KwikFill 🍴 Arby's, Burger King, Dunkin Donuts, Ling Ling Chinese, McDonald's/playplace, Pizza Hut, Rico's Pizza, Subway, Taco Bell 🏨 Budget Inn, Days Inn, Microtel, Super 8 ⊡ $General, Advance Parts, AT&T, Campers Haven Camping, Family$, Hickory Hill Camping (3mi), museum, Rite Aid, SaveALot, st police, to Keuka Lake, Top's Foods/gas, Verizon, Walgreens
147mm	Ⓡs **wb, full** ♿ **facilities, litter barrels, petwalk,** 🅲, 🛒, **vending**
37 (146)	NY 53, to Prattsburg, Kanona, **S** ⛽🍴▥▥▥/Subway/dsl/scales/24hr/@, Sunoco/Smokey's/dsl/scales ⊡ st police, USPO, Wilkin's RV Ctr (1mi)
36 (145)	I-390 N, NY 15, to Rochester
35 (138)	Howard, **S** ⊡ to Lake Demmon RA

BATH

HORNELL

NY

34 (130)	NY 36, Hornell, Arkport, 0-2 mi **S** ⛽ KwikFill, Mobil/dsl 🍴 Applebee's, Country Kitchen, Dunkin Donuts, McDonald's, Pizza Hut, Subway 🏨 Days Inn, EconoLodge, Sunshine Motel ⊡ $General, $Tree, Advance Parts, Aldi Foods, AutoZone, Chrysler/Dodge/Jeep, Ford, GNC, Lowe's, Verizon, Walmart/Subway, Wegman's Foods
125mm	scenic overlook eb
33 (124)	NY 21, to Alfred, Almond, Andover, **S** ⛽ 7-11/dsl ⊡ Kanakadea Camping, Lake Lodge Camping (8mi), USPO
117mm	2080 ft wb, elev 2110 ft eb, highest elevation on I-86
32 (116)	W Almond
31 (108)	Angelica, **N** ⛽ Valero/dsl 🏨 American House Inn
30 (104)	NY 19, Belmont, Wellsville, **N** ⊡ Letchworth SP (27mi), **S** ⊡ 🅷, st police
101mm	Ⓡs **eb, full** ♿ **facilities, litter barrels, petwalk,** 🅲, 🛒, **vending**
29 (99)	NY 275, to Bolivar, Friendship, **S** ⛽ Miller&Brandes Gas, Mobil/Subway/dsl
28 (92)	NY 305, Cuba, **N** 🍴 Moonwink's Rest. 🏨 EconoLodge ⊡ $General, Maple Lane RV Park, **S** ⛽ Sunoco/dsl, Valero/dsl 🍴 Charlie's Chicken Pizza, McDonald's, Subway ⊡ 🅷, Cuba Cheese Shop, Cuba Drug, Family$, Giant Foods
27 (84)	NY 16, NY 446, Hinsdale, **N** 🍴 food, **S** ⛽ gas 🏨 lodging
26 (79)	NY 16, Olean, **S** ⛽ 7-11 🍴 Burger King, Pizza Hut, Subway, Wendy's 🏨 Holiday Inn Express ⊡ 🅷
25 (77)	Buffalo St, Olean, **S** ⛽ Citgo/dsl ⊡ 🅷, 2 mi **S** on NY 417 🍴 Applebee's, Burger King, Coldstone/Tim Hortons, Domino's, Friendly's, Little Caesar's, McDonald's, Perkins, Ponderosa, Subway 🏨 Best Western, Fairfield Inn, Microtel ⊡ $Tree,

OLEAN

SALAMANCA

25 (77)	Continued
	Advance Parts, Aldi Foods, AT&T, BJ's Whse/gas, GNC, Hom▮ Depot, Jo-Ann Fabrics, KwikFill, Old Navy, St Bonaventure U▮ Staples, Tops Foods/gas, Verizon, Walmart/Subway
24 (74)	N 417, Allegany, **1mi** **S** ⛽ Mobil/7-11/dsl ⊡ t▮ St Bonaventure U
73mm	Ⓡs **wb, full** ♿ **facilities, litter barrels, petwalk,** 🛒
23 (68)	US 219 S, **N** ⛽ Allegany Jct./Subway/dsl, Sassy's Trkstp/dsl
66mm	Allegheny River
21 (61)	US 219 N, Salamanca
20 (58)	NY 417, NY 353, Salamanca, **N** ⛽ Allegany Gas, Antone's Ga▮ Nafco Quickstop/Burger King/24hr, Seneca OneStop/dsl/24h▮ VIP Gas 🍴 Burger King, Little Caesar's, McDonald's 🏨 Hol▮ day Inn Express, Hotel Westgate ⊡ AutoZone, Rail Museum▮ Seneca-Iroquis Museum, **S** ⊡ casino
19 (54)	**S** ⊡ Allegany SP, Red House Area
18 (51)	NY 280, **S** ⊡ Allegany SP, Quaker Run Area
17 (48)	NY 394, Steamburg, **S** ⛽ Seneca, WW/dsl
16 (41)	W Main St, Randolph, **N** ⛽ Mobil/7-11/dsl 🍴 R&M Res▮ ⊡ RV camping
40mm	parking area, 🛒
15 (39)	School House Rd
39mm	parking area, 🛒
14 (36)	US 62, Kennedy, **1 mi** **N** ⛽ Keystone Gas 🍴 Office Pizza▮ Subs, **S** ⊡ RV camping
32mm	Cassadaga Creek
13 (31)	NY 394, Falconer, **S** ⛽ Keystone, Mobil/dsl 🍴 Burger Kin▮ 🏨 Budget Inn, Red Roof Inn ⊡ CVS Drug, Harley-Davidson
12 (28)	NY 60, Jamestown, **N** ⛽ KwikFill/dsl ⊡ st police, **S** ⛽ M▮ bil/McDonald's/dsl 🍴 Bob Evans 🏨 Comfort Inn, Hampto▮ Inn, Holiday Inn Express ⊡ 🅷
11 (25)	to NY 430, Jamestown, **S** ⛽ gas/dsl 🍴 food 🏨 lodging
22mm	Welcome ctr/Ⓡs **eb, full** ♿ **facilities, litter barrels, petwalk,** 🛒 **vending**
10 (21)	NY 430 W, Bemus Point
9 (20)	NY 430 E (no EZ eb return), **N** ⛽ Mobil/dsl 🍴 Bemus Poi▮ Rest.
19mm	Chautauqua Lake
8 (18)	NY 394, Mayville, **N** ⛽ Keystone/dsl ⊡ RV camping, USPO
7 (15)	Panama
6 (9)	NY 76, Sherman, **N** ⛽ Keystone Gas 🍴 Main Street Dine▮ Murdock's Rest. ⊡ $General, city park, NAPA, Sherman Dru▮ USPO
4 (1)	NY 430, Findley Lake, **N** 🍴 86 Express Rest. 🏨 Holiday In▮ Express, **S** 🏨 Blue Heron Inn, Peek'n Peak Conference C▮ ⊡ to Peek'n Peak Ski Area
0mm	New York/Pennsylvania state line. **Exits 3-1 are in PA.**
3	PA 89, North East, Wattsburg, **N** ⛽ 🍴
1b a	I-90, W to Erie, E to Buffalo.
	I-86 begins/ends on I-90, exit 37.

JAMESTOWN

→N INTERSTATE 87

Exit#	Services
176mm	US/Canada Border, NY state line, **I-87 begins/ends.**
43 (175)	US 9, Champlain, **E** ⊡ Duty Free America, **W** ⛽ Peterbilt Tr▮ stp/deli/dsl/scales/24hr/@ ⊡ repair
42 (174)	US 11 S, to Rouse's Point, Champlain, **E** ⛽ Irving/dsl, Sunoc▮ Subway 🍴 China Buffet, J-reck Subs, Pizza+ ⊡ Ace Hard▮ ware, Chevrolet (3mi), Kinney Drug, PriceChopper, Rite Ai▮ USPO, **W** ⛽ Mobil/dsl, Valero/dsl 🍴 Dunkin Donuts, McDo▮ ald's, Papa John's
41 (167)	NY 191, Chazy, **E** ⊡ st police, **W** ⊡ Miner Museum

⬆N INTERSTATE 87 Cont'd

Exit#	Services
162mm	🆁🆂 both lanes, full ♿ facilities, info, litter barrels, petwalk, 🅒, 🖼
40 (160)	NY 456, Beekmantown, **E** 🅟 Mobil/dsl 🍽 Conroy's Organics 🛏 Pt Auroche Lodge, Stonehelm Motel/café, **W** 🅾 Twin Ells Camping
39 (158)	NY 314, Moffitt Rd, Plattsburgh Bay, **E** 🅟 Mobil/dsl, Stewarts 🍽 A&W, Dunkin Donuts, Gino's Pizza, Gus' Rest 🛏 Rip van Winkle Motel, Super 8 🅾 Plattsburgh RV Park, to VT Ferry, **W** 🅾 Shady Oaks Camping, to Adirondacks
38 (154)	NY 22, NY 374, to Plattsburgh, **E** 🅟 Mobil/dsl 🍽 Subway 🅾 Kinney Drug
37 (153)	NY 3, Plattsburgh, **E** 🅟 Stewarts, Sunoco 🍽 #1 Chinese, Buffalo Wild Wings, Burger King, China Buffet, Chipotle, Domino's, Dunkin Donuts, Five Guys, Guiseppe's Pizza, Jade Buffet, KFC, Koto Japanese, McDonald's, Michigans+ Rest., Panera Bread, Perkins, Pizza Hut, Starbucks, Subway, Taco Bell, TX Roadhouse, Wendy's 🛏 Comfort Inn, Holiday Inn 🅾 🅷, Aldi Foods, BigLots, Buick/GMC, Family$, Ford, GNC, Kinney Drug, Michael's, Petsmart, Rite Aid, Sam's Club, Staples, TJ Maxx, TrueValue, Verizon, vet, Walgreens, Walmart, **W** 🅟 Mobil, Shell, Sunoco/Jreck Subs 🍽 99 Rest., Anthony's Rest., Applebee's, Butcher Block Rest., Dickey's BBQ, Dunkin Donuts, Friendly's, Ground Round, PriceChopper, Subway, Uno 🛏 Best Value Inn, Best Western, Days Inn, EconoLodge, Hampton Inn, La Quinta, Microtel 🅾 $Tree, Advance Parts, AT&T, AutoZone, Best Buy, Dick's, Harley-Davidson, Honda, JC Penney, Kinney Drug, K-Mart, Lowe's, Midas, Prays Mkt, Sears/auto, Target, vet
151mm	Saranac River
36 (150)	NY 22, Plattsburgh AFB, **E** 🅟 Mobil/dsl 🅾 st police, U-Haul, **W** 🅟 Shell/Dunkin Donuts/dsl
146mm	🆁🆂 nb, full ♿ facilities, litter barrels, 🅒 petwalk, 🖼, truck insp sta both lanes
35 (144)	NY 442, to Port Kent, Peru, **2-8 mi E** 🅾 Iroquois/Ausable Pines Camping, to VT Ferry, **W** 🅟 Mobil/Dunkin Donuts/Subway/dsl, Mobil/repair 🍽 Livingood's Rest., McDonald's, Pasquale's Rest. 🅾 Aubuchon Hardware, Tops Foods, USPO, vet
143mm	emergency 🅒 at 2 mi intervals begin sb/end nb
34 (137)	NY 9 N, Ausable Forks, **E** 🅟 Sunoco/dsl 🍽 Mac's Drive-in, Pleasant Corner Rest. 🅾 vet, **W** 🅾 Ausable River RV Camping, auto repair, Prays Mkt
136mm	Ausable River
33 (135)	US 9, NY 22, to Willsboro, **E** 🅟 gas/dsl 🍽 food 🛏 lodging 🅾 RV camping, to Essex Ferry
125mm	N Boquet River
32 (124)	Lewis, **E** 🅾 RV Camping, **W** 🅟 Lukoil/dsl, Pierce's/dsl 🍽 Trkstp Diner 🅾 RV Camping, st police
123mm	🆁🆂 both lanes, full ♿ facilities, info, no restrooms, petwalk, 🅒, 🖼
120mm	Boquet River
31 (117)	NY 9 N, to Elizabethtown, Westport, **E** 🅟 Mobil 🛏 HillTop Motel 🅾 RV camp/dump, **W** 🅾 🅷, st police, vet
111mm	🆁🆂 nb, full ♿ facilities, litter barrels, petwalk, 🅒, 🖼, vending
30 (104)	US 9, NY 73, Keene Valley
99mm	🆁🆂 both lanes, full ♿ facilities, litter barrels, petwalk, 🅒, 🖼, truck insp sta
29 (94)	N Hudson, **E** 🅾 Jellystone Camping, USPO, **W** 🅾 Blue Ridge Falls Camping
28 (88)	NY 74 E, to Ticonderoga, Schroon Lake, **E** 🅾 Mt Severance Country Store, Sunoco/dsl 🛏 Maple Leaf Motel, Schroon Lake B&B 🅾 RV camp/dump, services on US 9, st police
27 (81)	US 9 (from nb, no EZ return), Schroon Lake, **E** 🅟 to gas/dsl 🍽 food 🛏 lodging

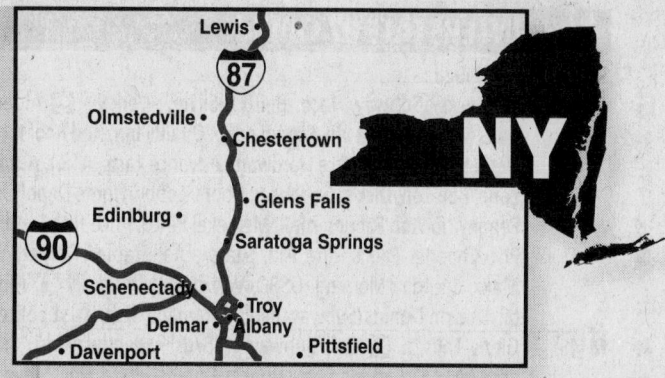

26 (78)	US 9 (from sb, no EZ return), Pottersville, Schroon Lake, **E** 🍽 Cafe Adirondack, Family Deli 🛏 Lee's Corner Motel 🅾 RV Camping, **W** 🅟 Valero/dsl 🍽 Black Bear Diner 🅾 USPO
25 (73)	NY 8, Chestertown, **E** 🅟 Crossroads Country Store 🍽 Suzie Q's Rest. 🅾 Country Haven Camping, **W** 🅟 Mobil/dsl
24 (67)	Bolton Landing, **E** 🅾 RV camping
67mm	Schroon River
66mm	parking area sb, no services, 🖼
64mm	parking area nb, no services, 🖼
23 (58)	to US 9, Diamond Point, Warrensburg, **W** 🅟 Citgo/dsl, Cumberland, Mobil/Dunkin Donuts/e85, Stewarts 🍽 Dragon Lee Chinese, Geroge Henry's Rest., McDonald's, Subway 🛏 Super 8 🅾 Central Adirondack Tr, Family$, Ford, PriceChopper Foods, Riverview Camping, Schroon River Camping (3mi), ski area, Tops Foods
22 (54)	US 9, NY 9 N, to Diamond Pt, Lake George, **E on US 9** 🍽 Big Smoke BBQ, Gino&Tony's, Guiseppe's Pizza, Mario's Italian, Monte Cristo's, Moose Tooth Grill 🛏 7 Dwarfs Motel, Admiral Motel, Balsam Motel, Barberry Ct, Best Value Inn, Blue Moon Motel, Brookside Motel, EconoLodge, Georgian Lakeside Resort, Georgian Motel, Heritage Motel, Lake Crest Inn, Lake George Inn, Lake Haven Motel, Lake Motel, Marine Village Resort, Motel Montreal, Nordick's Motel, Oasis Motel, O'Sullivan's Motel, Park Lane Motel, Sundowner Motel, Surfside Motel 🅾 multiple services, PriceChopper Foods, same as 21, **W** parking area both lanes
21 (53)	NY 9 N, Lake Geo, Ft Wm Henry, **E on US 9** 🅟 Stewarts, Sunoco/dsl, Valero 🍽 A&W, Adirondack Brewery, Barnsider BBQ, Blacksmith Rest., Dining Room, DJ's Cafe, Gaslight Grill, Jasper's Steaks, Lobster Pot, Mama Riso's Italian, McDonald's, Mezzaluna's, Pizza Hut 🛏 Best Western, Ft William Henry Inn, Hampton Inn, Holiday Inn Resort, Lake View Inn, Lincoln Log Motel, Motel 6, Quality Inn, Rodeway Inn, Super 8, Tiki Hotel, Travelodge, Villager Motel, Windsor Hotel, Wingate Inn 🅾 city park, Harley-Davidson, King Phillip Camping, Lake George Camping, multiple services, Rite Aid, same as 22, USPO, waterpark, **W** 🅟 Mobil/dsl/LP 🛏 Kathy's Cottages
51mm	**W** 🅾 Adirondack Park
20 (49)	NY 149, to Ft Ann, **E on US 9 N** 🅟 Mobil/Dunkin Donuts/dsl, Sunoco/dsl 🍽 Blue Moose Rest., Frank's Pizza, Johnny Rocket's, Logjam Rest., Olde Post Grille, Subway 🛏 Clarion, Comfort Suites, French Mtn Inn, Great Escape Lodge, Mohican Motel 🅾 6 Flags Funpark, Factory Outlets/famous brands, Ledgeview RV Park (3mi), st police, **E on US 9 S** waterpark
19 (47)	NY 254, Glens Falls, **E** 🅟 Mobil/dsl, Speedway, Sunoco 🍽 5 Guys Burgers, 99 Rest., Ambrosia Diner, Burger King, Chicago Grill, Dickey's BBQ, Dunkin Donuts, Friendly's, Giavano's Pizza, Golden Corral, KFC, Liberty Pizza, McDonald's, Moe's SW Grill, Mr B's Rest., Old China Buffet, Olive Garden, Outback Steaks, Panera Bread, Papa John's, Pizza Hut, Red Lobster, Silo Rest.,

(left margin vertical text: PLATTSBURGH)

(right margin vertical text: LAKE GEORGE)

(right margin tab: NY)

GLENS FALLS

⬆N INTERSTATE 87 Cont'd

19 (47) Continued
Starbucks, Subway, Taco Bell/LJ Silver, Wendy's ⓛ Alpen Haus Motel, Budget Inn, EconoLodge, Quality Inn, Red Roof Inn, Sleep Inn ⓞ $Tree, Ace Hardware, Advance Parts, AT&T, AutoZone, Bon Ton, Dick's, Goodyear, Hobby Lobby, Home Depot, JC Penney, Jo-Ann Fabrics, mall, Meineke, Petco, Price Rite Foods, PriceChopper Foods, Rite Aid, Sears/auto, Staples, Target, TJ Maxx, Tuesday Morning, USPO, Verizon, Walmart, **W** ⓕ Mobil/Dunkin Donuts/Subway/dsl ⓛ Ramada/rest. ⓞ st police

18 (45) Glens Falls, **E** ⓕ Gulf/Subway/e-85/dsl, Speedway/dsl, Sunoco/dsl ⓕ Carl R's Café, Dunkin Donuts, Pizza Hut, Steve's Place Rest. ⓛ Days Inn ⓞ ⓗ, CVS Drug, Hannaford Foods, Toyota/Scion, U-Haul, Walgreens, **W** ⓕ Stewarts ⓕ McDonald's, Taco Bell ⓞ Super 8

43mm ⓡ both lanes, full ♿ facilities, litter barrels, petwalk, ⓒ, 🏭, vending

42mm Hudson River

17 (40) US 9, S Glen Falls, **E** ⓕ Citgo/dsl, Gulf, Speedway/Blimpie/Dunkin Donuts, Sunoco/dsl, Valero/Subway/dsl ⓕ Dunkin Donuts, Fitzgerald's Steaks ⓛ Budget Inn, Landmark Motel (1mi) ⓞ Adirondack RV Camp, auto/truck repair/transmissions, Suzuki, vet, **W** ⓞ Moreau Lake SP

16 (36) Ballard Rd, Wilton, **E** ⓞ Coldbrook Campsites, golf, **W** ⓕ Mobil, Stewart's, Sunoco/Scotty's Rest./dsl/scales/24hr ⓛ Mt View Acres Motel ⓞ Alpin Haus RV Ctr

SARATOGA SPRINGS

15 (30) NY 50, NY 29, Saratoga Springs, **E** ⓕ Speedway/dsl, Sunoco ⓕ 5 Guys Burgers, 99 Rest., Applebee's, Burger King, Chicago Grill, Chipotle Mexican, Denny's, Dunkin Donuts, Friendly's, Golden Corral, KFC/Taco Bell, McDonald's, Moe's SW Grill, Osaka, Panera Bread, Subway, Sunny Wok, TGIFriday's ⓛ Comfort Inn ⓞ AT&T, Barnes&Noble, Best Buy, BJ's Whse, BonTon, Dick's, Ford, GNC, Hannaford Foods, Healthy Living Mkt, Home Depot, JC Penney, Kohl's, Lowe's, Mazda, Old Navy, Petsmart, PriceChopper Foods, Rite Aid, Sears/auto, Staples, Subaru, Target, TJ Maxx, Toyota/Scion, Walgreens, Walmart, **W** ⓛ Residence Inn ⓞ ⓗ

14 (28) NY 9P, Schuylerville, **2 mi W** ⓛ Hampton Inn, Holiday Inn ⓞ ⓗ, museum, racetrack

13 (25) US 9, Saratoga Springs, **E** ⓕ Bentley's Rest., DeLucia's Deli, Saratoga Pizza Place ⓛ Budget Inn, Locust Grove Motel ⓞ Ballston Spa SP, Nissan, **W** ⓕ Mobil/Dunkin Donuts/dsl, Stewarts ⓕ Finish Line Rest., Hibachi Grill, Jack Dillon's Rest., PJ's BBQ ⓛ Best Western, Hilton Garden (4mi), Roosevelt Inn/rest., Top Hill Hotel ⓞ Saratoga SP, vet

12 (21) NY 67, Malta, **E** ⓕ Getty/dsl, Sunoco/dsl ⓕ Bentley's Rest., Dunkin Donuts, KFC/Taco Bell, Malta Diner, McDonald's, Starbucks, Subway ⓛ Fairfield Inn ⓞ AT&T, CVS Drug, GNC, PriceChopper Foods, Saratoga NHP, st police, Stewart's, Verizon, **W** ⓛ Hyatt Place ⓞ URGENT CARE

11 (18) Round Lake Rd, Round Lake, **W** ⓕ Gulf/dsl, Sunoco/dsl ⓕ Mulligan's Rest. ⓞ Hannaford Foods, Rite Aid, Stewarts

10 (16) Ushers Rd, **E** ⓕ Speedway/Dunkin Donuts/dsl, Xtra/dsl ⓕ Ferretti's Rest. ⓞ auto repair, **W** ⓞ Stewarts

14mm ⓡ nb, full ♿ facilities, info, litter barrels, petwalk, ⓒ, 🏭, vending

9 (13) NY 146, Clifton Park, **E** ⓕ Speedway/Dunkin Donuts/dsl, USA ⓕ Burger King, Caputo's Pizza, Chili's, Cracker Barrel, Delmonico's Steaks, Giffy's BBQ, Harborhouse Fish Fry, Mr Subb, Peddler's Grill, Pizza Hut, Red Robin, Snyder's Rest., Subway, Wheatfields Bistro ⓛ Comfort Suites, Holiday Inn Express,

---

9 (13) Continued
Residence Inn ⓞ Advance Parts, Aldi Foods, BigLots, Goodyear/auto, Home Depot, Kohl's, Lowe's, Michael's, Midas, Petco, Rite Aid, Target, vet, **W** ⓕ Mobil, Sunoco/dsl ⓕ 5 Guys Burgers, 99 Rest., Bellini's Italian, Brick House Pizza, Buffalo Wild Wings, Chipotle Mexican, Dickey's BBQ, Dunkin Donuts, East Palace, East Wok, Friendly's, IHOP, La Fiesta, McDonald's, Moe's SW Grill, Olive Garden, Outback Steaks, Panera Bread, Pasta Pane, Ruby Tuesday, Salad Creations, Shane's Rib Shack, Starbucks, Subway, Taco Bell, TGIFriday's, Wendy's ⓛ Best Western, Hampton Inn, Hilton Garden ⓞ $Tree, AT&T, Chevrolet, CVS Drug, Firestone/auto, GNC, Hannaford Foods, JC Penney, Jo-Ann Fabrics, Marshall's, Petsmart, PriceChopper Foods, st police, Staples, Verizon, Walgreens

8a (12) Grooms Rd, to Waterford

8 (10) Crescent, Vischer Ferry, **E** ⓕ Speedway/Blimpie/Godfather's/dsl ⓕ McDonald's ⓞ USPO, **W** ⓕ Gulf/NY Pizza/dsl, Sunoco ⓕ Dunkin Donuts, Pancho's Mexican, Tufanos Pizza ⓞ Ace Hardware, CVS Drug, Stewarts

8mm Mohawk River

7 (7) NY 7, Troy, **E on US 9 N** ⓕ Speedway/dsl ⓕ Century House, Mr Subb ⓛ Clarion, Comfort Inn, Days Inn, Holiday Inn Express, Sycamore Motel ⓞ $General, Acura, Ford, Infiniti, Lexus, Nissan, Rite Aid, Volvo, **E on US 9 S** ⓕ Sunoco ⓕ Dunkin Donuts, McDonald's, Red Robin, Subway ⓞ Hobby Lobby, Marshall's

6 (6) NY 2, to US 9, Schenectady, **E** ⓕ Mobil, Speedway ⓕ Applebee's, Boston Mkt, Chicago Grill, ChuckeCheese, Circle Diner, Firehouse Subs, Joe's Crabshack, Mr Subb, Panera Bread, Rafferty's, Red Robin, Sake Japanese, Starbucks, Wendy's ⓛ Cocca's Inn, La Quinta, Travelodge ⓞ $Tree, CVS Drug, GNC, Hannaford Foods, Home Depot, Lowe's, Mavis Discount Tire, Michael's, Mkt Bistro, Petsmart, same as 7, Sams Club, Staples, Toyota/Scion, VW, Walmart, **W** ⓕ Mobil/dsl, Stewart's ⓕ Carrabba's, Chipotle Mexican, Denny's, DiBella's Subs, Dunkin Donuts, Kings Buffet, Ruby Tuesday, Subway ⓛ Microtel, Quality Inn, Super 8 ⓞ Goodyear/auto, Target, TJ Maxx, Verizon

5 (5) NY 155 E, Latham, **E** ⓕ DeeDee's Rest., Philly's Grill ⓞ USPO

4 (4) NY 155 W, Wolf Rd, **E on Wolf Rd** ⓕ Mobil/Subway, Speedway/dsl, Sunoco ⓕ 99 Rest., Arby's, Buffalo Wagon, Burger King, Capital Buffet, Chipotle Mexican, CiCi's Pizza, Denny's, Dunkin Donuts, Macaroni Grill, Maxie's Grill, McDonald's, Moe's SW Grill, Olive Garden, Outback Steaks, Pizza Hut, Red Lobster, Reel Seafood Co, Samurai, Starbucks, Subway, Ted's Fishfry, TX Roadhouse, Wolf Rd Diner, Wolf Rd Diner, Wolfs 1-11 ⓛ Best Western, Courtyard, Hampton Inn, Holiday Inn, Homewood Suites, Marriott, Red Roof Inn, Staybridge Suites ⓞ Chevrolet, CVS Drug, Firestone/auto, Hannfords Foods, Trader Joe's, **W** ⓕ Bluestone Bistro, Koto Japanese ⓛ Desmond Hotel, Hotel Indigo ⓞ to Heritage Park

2 (2) NY 5, Central Ave, **E on Wolf Rd** ⓕ Mobil/dsl, Sunoco ⓕ Bonefish Grill, Bucca Italian, Cheesecake Factory, Chili's, Delma's Diner, Five Guys, Honeybaked Ham, Hooters, IHOP, Panera Bread, PF Chang's, Starbucks, Taco Bell, Wendy's ⓛ Cocca's Inn, Comfort Inn, Scottish Inn, SpringHill Suites, Travelodge ⓞ Barnes&Noble, BJ's Whse/gas, Goodyear/auto, Jo-Ann Fabrics, Kost Tire, LL Bean, Lowe's, Macy's, mall, Marshall's, PetCo, Sears/auto, Staples, Target, Whole Foods Mkt, **W** ⓕ Gulf/dsl, Mobil, USA/dsl ⓕ Delmonico's Steak, Domino's, Dunkin Donuts, La Fiesta Mexican, McDonald's, Moe's SW Grill, Smokey Bones BBQ, Subway, Truman's Grill

ALBANY

⬆N INTERSTATE 87 Cont'd

2 (2) Continued
Wendy's 🅱 Days Inn, EconoLodge, Howard Johnson, Motel 6, Quality Inn, Super 8 🅾 Advance Parts, AT&T, Buick/GMC, Cadillac, Krause's Candy, Midas, PepBoys, ShopRite/gas, Subaru, Verizon, Walgreens

1W (1) NY State Thruway (from sb), I-87 S to NYC, I-90 W to Buffalo

1E (1) I-90 E (from sb), to Albany, Boston

1S (1) to US 20, Western Ave, **E on US 20** 🅿 Getty 🍴 5 Guys Burgers, 99 Rest., Burger King, Chipotle Mexican, Coldstone, Creo, Dunkin Donuts, Starbucks, TGIFriday's 🅱 Best Western, CVS Drug, Days Inn, Holiday Inn Express 🅾 AT&T, USPO, Verizon, vet, **W on US 20** 🅿 Mobil, USA 🍴 Capital City Diner, Dunkin Donuts, Hana Grill, Ichiban Japanese, McDonald's 🅾 Adirondack Tires, PriceChopper Foods

1N (1) I-87 N (from nb), to Plattsburgh

149 I-87 N to Montreal, **NY State Thruway goes west to Buffalo (I-90), S to NYC (I-87)**

24 (148) I-90 and I-87 N

23 (142) I-787, to Albany, US 9 W, **E on US 9 W** 🅿 Cumberland Farms/Dunkin Donuts/dsl, Sunoco/dsl 🅱 Comfort Inn 🅾 to Knickerbocker Arena, transmissions, **W** 🅿 Stewarts 🅱 Days Inn

139mm **parking area sb**, litter barrel, 🅲, 🚻

22 (135) NY 396, to Selkirk

21a (134) I-90 E, to MA Tpk, Boston

127mm **New Baltimore Travel Plaza both lanes**, 🅿 Mobil/dsl 🍴 Famous Famiglia, Quiznos, Roy Rogers, Starbucks, TCBY 🅾 atm, info, wi-fi

21b (124) US 9 W, NY 81, to Coxsackie, **W** 🅿 Sunoco/dsl, Trvl Plaza/Citgo/rest./dsl/scales/24hr 🍴 McDonald's 🅱 Best Western, Budget Inn, Holiday Inn Express, Red Carpet Inn 🅾 $Tree, Boat'n RV Whse, repair, vet

21 (114) NY 23, Catskill, **E** 🅿 Mobil, Sunoco/dsl 🅱 Catskill Motel/rest. (2mi), Pelokes Motel (2mi) 🅾 Home Depot, to Rip van Winkle Br, transmissions, visitors ctr, **W** 🍴 Anthony's Banquet Hall 🅱 Astoria Motel, Rip Van Winkle Motel 🅾 to Hunter Mtn/Windham Ski Areas

103mm **Malden Service Area nb**, 🅿 Mobil/dsl 🍴 Carvel Ice Cream, Hotdogs, McDonald's 🅾 atm, **parking area sb**, 🅲

20 (102) NY 32, to Saugerties, **E** 🅿 Mobil/dsl, Stewarts, Sunoco 🍴 Dunkin Donuts, Giordano's Pizza, McDonald's, Pizza Star, Starway Café, Subway 🅾 Advance Parts, Big Lots, Chrysler/Dodge/Jeep, CVS Drug, Family$, PriceChopper Foods, Verizon, **W** 🅿 Speedway/Blimpie/Dunkin Donuts/dsl, Sunoco/dsl 🍴 Land&Sea Grill, Saugerties Diner 🅱 Comfort Inn, Howard Johnson/rest. 🅾 Blue Mtn Campground (5mi), Brookside Campground (10mi), KOA (2mi), Rip Van Winkle Campground (3mi), to Catskills

99mm **parking area nb**, litter barrels, 🅲, 🚻

96mm **Ulster Travel Plaza sb**, 🅿 Sunoco/dsl 🍴 Nathan's, Pizza Hut, Roy Rogers, Starbucks, TCBY 🅾 atm, 🅲, wi-fi

19 (91) NY 28, Rhinecliff Br, Kingston, **E** 🅿 QuickChek/dsl 🍴 Blimpie, Olympic Diner, Picnic Pizza, Stadium Diner 🅱 Garden Plaza Hotel, Super 8 🅾 access to I-587 E, Advance Parts, CVS Drug, Hannaford Foods, Kia, Walgreens, **W** 🍴 NY Pizza, Roudigan's Steaks 🅱 Motel 19, Quality Inn, Rodeway Inn, SuperLodge 🅾 access to US 209, Camping World RV Ctr, Ford, Nissan

18 (76) NY 299, to Poughkeepsie, New Paltz, **E** 🅿 Mobil, Shell/dsl 🍴 College Diner 🅱 87 Motel, EconoLodge, Rodeway Inn 🅾 Lowe's, to Mid-Hudson Br, **W** 🅿 Sunoco 🍴 Burger King, Dunkin Donuts, Gabaletos Seafood, McDonald's,

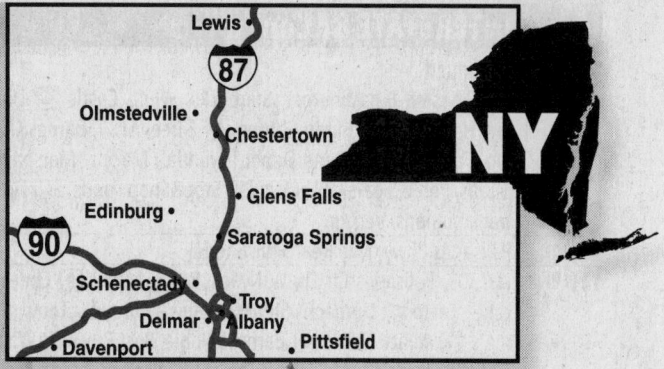

18 (76) Continued
Pasquale's Pizza, Plaza Diner, Rino's Pizza, Rococo's Pizza, Subway 🅱 Best Value Inn 🅾 Advance Parts, AT&T, KOA (10mi), Midas, Rite Aid, ShopRite Foods, Stop'n Shop, Verizon, vet

66mm **Modena service area sb**, 🅿 Sunoco/dsl 🍴 Carvel's Ice Cream, Chicago Grill, McDonald's, Moe's SW Grill 🅾 atm, UPS, wi-fi

65mm **Plattekill Travel Plaza nb**, 🅿 Sunoco/dsl 🍴 Nathan's, Roy Rogers, Starbucks 🅾 atm, info, wi-fi

17 (60) I-84, NY 17K, to Newburgh, **E on NY 300 N** 🅿 Mobil 🍴 Daddy's Grill, DQ, Dunkin Donuts, Joe's Deli, McDonald's, Newburgh Buffet, Perkins, Taco Bell, Wendy's 🅾 $Tree, AT&T, AutoZone, BonTon, Marshall's, Mavis Tire, Midas, Office Depot, Sears/auto, Stop&Shop, **E on NY 300 S** 🅿 Speedway/dsl, Sunoco/dsl 🍴 Applebee's, Burger King, Chili's, China City, Cosimos Ristorante, Denny's, Five Guys, IHOP, Ikaros Diner, Longhorn Steaks, Neptune Diner, Panera Bread, Pizza Mia, Sonic, Starbucks, Steak&Stein, Subway, TGIFriday's, Union Sq Rest., Yobo Asian 🅱 Days Inn, Howard Johnson, Ramada Inn, Super 8 🅾 $General, Adam's Food Mkt, Aldi Foods, Barnes&Noble, Buick/GMC, Cadillac/Chevrolet, Chrysler/Dodge/Jeep, Ford/Lincoln, Home Depot, Honda, Kohl's, Lowe's, Meineke, Michael's, Nissan, Petsmart, Target, Verizon, Walmart/McDonald's

16 (45) US 6, NY 17, to West Point, Harriman, **W** 🅿 Gulf/dsl 🍴 Applebee's, Chicago Grill, Chili's, Dunkin Donuts, KFC, Outback Steaks, Panera Bread, TGIFriday's, Wendy's 🅱 Days Inn, Hampton Inn 🅾 $Tree, Best Buy, BJ's Whse, BMW, GNC, Home Depot, Kohl's, Michaels, Old Navy, Petsmart, st police, Staples, Target, TJ Maxx, Verizon, Walmart/Subway, Woodbury Outlet/famous brands

34mm **Ramapo Service Area sb**, 🅿 Sunoco/dsl 🍴 Carvel, McDonald's, Uno Pizza 🅾 atm, wi-fi

33mm **Sloatsburg Travel Plaza nb**, 🅿 Sunoco/dsl 🍴 Burger King, Dunkin Donuts, Quiznos, Sbarro's 🅾 atm, gifts, info

15a (31) NY 17 N, NY 59, Sloatsburg

15 (30) I-287 S, NY 17 S, to NJ. **I-87 S & I-287 E run together.**

14b (27) Airmont Rd, Montebello, **E** 🅱 Crowne Plaza, **W on NY9** 🅿 Gulf/Dunkin Donuts/dsl 🍴 Airmont Diner, Applebee's, Bagel Boys Cafe, Bella Vita Pizza, Friendly's, Pasta Cucina, Starbucks, Sutter's Mill Rest. 🅱 Howard Johnson 🅾 🅷, ShopRite Foods, Tall Man Tires, Walgreens, Walmart

14a (23) Garden State Pkwy, to NJ, Chestnut Ridge

14 (22) NY 59, Spring Valley, Nanuet, **E** 🅿 Citgo/dsl, Shell/dsl, Valero/dsl 🍴 Burger King, Deliziosa Pizza, Domino's, IHOP, McDonald's, Planet Wings, Subway 🅱 Fairfield Inn 🅾 BMW, CarQuest, GNC, Maserati/Ferrari, Michael's, Target, TJ Maxx, Verizon, **W** 🅿 Citgo, Gulf 🍴 Baskin-Robbins/Dunkin Donuts, Bonefish, ChuckeCheese, Corner Bakery Cafe, Dunkin Donuts, Franko's Pizza, KFC/Taco Bell, Nanuet Diner, Panera Bread,

N E W B U R G H

NY

�N INTERSTATE 87 Cont'd

Exit	Services
14 (22)	**Continued**
	Red Lobster, Smashburger, Starbucks, White Castle 🏠 Days Inn, Hampton Inn, Hilton Garden ⊡ $Tree, AT&T, Barnes&Noble, Fairway Mkt, Home Depot, Hyundai, Macy's, Marshall's, Midas, PetCo, Sears/auto, Staples, Stop&Shop Foods, STS Tires, transmissions, Verizon
13 (20)	Palisades Pkwy, N to Bear Mtn, S to NJ
12 (19)	NY 303, Palisades Ctr Dr, W Nyack, **W** 🅟 Mobil 🍴 Cheesecake Factory, Outback Steaks, Panera Bread, Tony Roma's 🏠 Nyack Motel ⊡ Barnes&Noble, Best Buy, BJ's Whse, Dave&Buster's, Dick's, Home Depot, JC Penney, Lord&Taylor, Macy's, mall, Old Navy, Staples, STS Tire/repair, Target, Verizon
11 (18)	US 9W, to Nyack, **E** 🅟 Mobil, Shell/dsl 🏠 Best Western ⊡ Walgreens, **W** 🅟 Shell/dsl 🍴 Dunkin Donuts, McDonald's 🏠 Super 8 ⊡ 🄷, J&L Repair/tire, Midas, Old World Food Mkt, VW
10 (17)	Nyack (from nb), same as 11
14mm	Hudson River, Tappan Zee Br
13mm	**toll plaza**
9 (12)	to US 9, to Tarrytown, **E** 🅟 Shell, Speedway/dsl, ⊡ CVS Drug, **W** 🅟 Mobil 🍴 El Dorado West Diner 🏠 DoubleTree Hotel ⊡ Honda, Mavis Tire
8 (11)	I-287 E, to Saw Mill Pkwy, White Plains, **E** 🏠 Hampton Inn, Marriott
7a (10)	Saw Mill River Pkwy S, to Saw Mill River SP, ⊡ Taconic SP
7 (8)	NY 9A (from nb), Ardsley, **W** 🏠 Ardsley Acres Motel ⊡ 🄷
6mm	**Ardsley Travel Plaza nb**, 🅟 Sunoco/dsl 🍴 Burger King, Popeye's ⊡ vending
5.5mm	**toll plaza,** 🄲
6ba (5)	Stew Leonard Dr, to Ridge Hill, **W** ⊡ Costco, Home Depot, Stew Leonard's Farmfresh Foods
6 (4.5)	Tuckahoe Dr, Yonkers, **E** 🅟 Getty/repair 🍴 Marcellino's Pizza, McDonald's, Subway 🏠 Tuckahoe Motel ⊡ ShopRite Foods/drug, **W** 🅟 Gulf, Mobil/dsl 🍴 Domino's, Dunkin Donuts, Kim Wei Chinese 🏠 Ramada Inn, Royal Regency Hotel
5 (4.3)	NY 100 N (from nb), Central Park Ave, White Plains
4 (4)	Cross Country Pkwy, Mile Sq Rd, **E** ⊡ Ford/Lincoln/Subaru, Macy's, Marshall's, Sears/auto, TJ Maxx, **W** 🅟 BP, Shell/dsl, Shell/Dunkin Donuts/dsl 🍴 Burger King ⊡ Chevrolet, Mavis Tire
3 (3)	Mile Square Rd, **E** ⊡ GNC, mall, Stop&Shop, Thriftway Drug, **W** 🅟 BP, Citgo
2 (2)	Yonkers Ave (from nb), Westchester Fair, **E** 🅟 Mobil ⊡ Yonkers Speedway
1 (1)	Hall Place, McLean Ave, **E** 🍴 Dunkin Donuts ⊡ A&P Foods/Subway
0mm	**New York St Thruway and I-87 N run together to Albany**
14 (11)	McLean Ave, **E** 🅟 A&P/dsl 🍴 Dunkin Donuts, Subway
13 (10)	E 233rd , NE Tollway, ⊡ **service plaza both lanes**/Gulf/Dunkin Donuts
12 (9.5)	Hudson Pkwy (from nb), Sawmill Pkwy
11 (9)	Van Cortlandt Pk S
10 (8.5)	W 230th St (from sb), W 240th (from nb), **W** 🅟 Getty 🍴 Dunkin Donuts ⊡ 🄷, Marshall's, Target
9 (8)	W Fordham Rd, **E** 🅟 BP/dsl 🍴 Dallas BBQ ⊡ 🄷
8 (7)	W 179th (from nb), **W** ⊡ Roberto Clemente SP
7 (6)	I-95, US 1, S to Trenton, NJ, N to New Haven, CT
6 (5)	E 153rd t, River Ave, Stadium Rd, **E** ⊡ Yankee Stadium
5 (5)	E 161st, Macombs Dam Br, (exit 4 from nb), **E** ⊡ AT&T, Best Buy, Michael's, Target, Yankee Stadium
3 (3)	E 138th St, Madison Ave Br, **E** 🅟 BP/dsl

Exit	Services
2 (2)	Willis Ave, 3rd Ave Br, **E** 🅟 Mobil/dsl, **W** 🍴 McDonald's
1 (1)	Brook Ave, Hunts Point, **E** 🅟 BP, Speedway
0mm	**I-87 begins/ends on I-278.**

▶E INTERSTATE 88

Exit#	Services
25a	**I-90/NY Thruway. I-88 begins/ends on I-90, exit 25a.**
117mm	**toll booth** (to enter or exit NY Thruway)
25 (116)	NY 7, to Rotterdam, Schenectady, 3 mi S 🅟 Gulf, Pilot, Dunkin Donuts/Subway/dsl/scales/24hr 🍴 Burger King, McDonald's, Peppino's Pizza, Top's Diner, Wagon Trai BBQ 🏠 L&M Motel, Quality Inn ⊡ Frosty Acres Camping
24 (112)	US 20, NY 7, to Duanesburg, **N** 🅟 Stewart's, Valero/ds 🍴 Dunkin Donuts ⊡ st police, **S** 🍴 Duanesburg Dine ⊡ USPO
23 (101)	NY 30, to Schoharie, Central Bridge, **N** 🅟 Apple Food/d: 🏠 Holiday Motel ⊡ Hideaway Camping (2mi), Locust Par Camping, **S** 🅟 Mobil/Subway/dsl 🍴 Apple Barrel Cafe Dunkin Donuts 🏠 Hyland House B&B (2mi), Wedgewood B& (2mi)
22 (95)	NY 7, NY 145, to Cobleskill, Middleburgh, **2-5 mi N** 🅟 Speec way/dsl, Stewart's/dsl, Sunoco 🍴 Dunkin Donuts, Pizza Hut Subway 🏠 Colonial CT Motel, Holiday Motel, Super 8 ⊡ 🄷 $General, $Tree, Advance Parts, AT&T, Buick/Chevrolet/GM(Chrysler/Dodge/Jeep, Howe Caverns Camping, PriceChoppe Foods, to Howe Caverns, Walmart/McDonald's, **S** ⊡ st police Twin Oaks Camping (5mi)
21 (90)	NY 7, NY 10, to Cobleskill, Warnerville, **2-3 mi N** 🅟 Mobil/ds Speedway/dsl, Stewart's/dsl 🍴 Arby's, Burger King, Dair Deli, KFC/Taco Bell, McDonald's, Pizza Hut, Subway ⊡ 🄷 $General, Ace Hardware, AutoZone, CVS Drug, Mavis Tir NAPA, PriceChopper Foods, SavaLot, TrueValue, Walmart/Mc Donald's
20 (87)	NY 7, NY 10, to Richmondville, **S** 🅟 Mobil/dsl, Sunoco/d: 🍴 Reinhardt's Deli, Sub Express 🏠 Red Carpet Inn ⊡ USP
79mm	🆁 wb, full 🚻 facilities, litter barrels, petwalk, 🄲, 🎪, vendin
19 (76)	to NY 7, Worcester, **N** 🅟 Stewart's, Sunoco/dsl
73mm	🆁 eb, full 🚻 facilities, 🎪, litter barrels
18 (71)	to Schenevus, **N** 🅟 Mirabito/dsl 🍴 Schenevus Rest.
17 (61)	NY 7, to NY 28 N, Colliersville, Cooperstown, **2 mi N** 🅟 Su noco 🏠 Best Western (14mi), Red Carpet Inn ⊡ to Baseba Hall of Fame
16 (59)	NY 7, to Emmons, **N** 🍴 Arby's, Brooks BBQ, Farmhouse Rest Morey's Rest., Pizza Hut 🏠 Amber Life Motel, Rainbow In ⊡ PriceChopper Foods, Rite Aid
15	NY 28, NY 23, Oneonta, **N** 🅟 Speedway 🍴 Dunkin Donut: Friendly's, KFC 🏠 Townhouse Inn ⊡ 🄷, Advance Parts, t Soccer Hall of Fame, USPO, **S** 🅟 Mirabito/dsl, Speedway dsl 🍴 Applebee's, Asian Temptations, Buffalo Wild Wing: Burger King, Denny's, McDonald's, Moe's SW, Mt Fuji Japanese Panera Bread, Quiznos, Subway, Taco Bell, Wendy's 🏠 Buc get Inn, Christopher's Lodge/rest., Courtyard, Holiday Inn, Su Lodge, Super 8 ⊡ $Tree, Aldi Foods, AT&T, BJ's Whse/ga: Dick's, Ford, Hannaford Foods, Home Depot, JC Penney, Lowe' Mr Tire, Petco, TJ Maxx, Verizon, Walmart
14 (55)	Main St (from eb), Oneonta, **N** 🅟 Stewart's, Sunoco 🍴 A fresco's Italian ⊡ CarQuest
13 (53)	NY 205, **1-2 mi N** 🅟 Mirabito, Speedway, Valero/dsl 🍴 DC Dunkin Donuts, McDonald's 🏠 Celtic Motel, Hampton Inr Motel 88 ⊡ Buick/Cadillac/Chevrolet/GMC, Family$, Gilber Lake SP (11mi), Honda, Jellystone Park Camping, Kia, NAPA Nissan, Rite Aid, st police, Subaru, to Susquehanna Tr

Side labels: **N Y A C K**, **N Y C A R E A**, **NY**, **C O B L E S K I L L**, **O N E O N T A**

INTERSTATE 88 Cont'd

Exit#	Services
12 (47)	NY 7, to Otego, **S** 🅶 Mirabito/Subway/Tim Hortons/dsl/24hr
42	🆁ₛ wb, full ♿ facilities, tables, litter barrels
11 (40)	NY 357, to Unadilla, Delhi, **S** 🅾 KOA
39mm	🆁ₛ eb, full ♿ facilities, litter barrels, petwalk, 🄲, 🏞, vending
10 (38)	NY 7, to Unadilla, **2 mi N** 🅶 KwikFill, Mirabito 🏠 Country Motel (4mi) 🅾 Great American Foods, st police, USPO
9 (33)	NY 8, to Sidney, **N** 🅶 Citgo/dsl, Sunoco 🍴 China Buffet, Little Caesar's, McDonald's, Pizza Hut, Subway 🏠 Algonkin Motel, Country Motel, Super 8 🅾 🄷, $General, Advance Parts, K-Mart, PriceChopper Foods, Tall Pines Camping, USPO
8 (29)	NY 206, to Bainbridge, **N** 🅶 Citgo/dsl, Sunoco 🍴 Bob's Family Diner, Dunkin Donuts 🏠 Algonkin Motel, Susquehanna Motel 🅾 Auto Parts+, Chevrolet/GMC, Family$, Riverside RV Park, USPO, **S** 🅾 to Oquage Creek Park
7 (22)	NY 41, to Afton, **1-2 mi N** 🅶 Mobil, Sunoco/dsl 🍴 RiverClub Rest., Vincent's Rest. 🅾 Afton Golf/rest., Kellystone Park, Smith-Hale HS
6 (16)	NY 79, to NY 7, Harpursville, Ninevah, **S** 🅶 Mirabito/Subway/dsl 🍴 Gramma's Country Cafe 🅾 Family$, to Nathanial Cole Park
5 (12)	Martin Hill Rd, to Belden, **N** 🅶 Gulf Trstp/dsl 🅾 Belden Manor Camping
4 (8)	NY 7, to Sanitaria Springs, **S** 🅶 Speedway/dsl
3 (4)	NY 369, Port Crane, **N** 🅾 to Chenango Valley SP, **S** 🅶 Fastrac/dsl, KwikFill
2 (2)	NY 12a W, to Chenango Bridge, **N** 🅶 Mirabito/Tim Horton's 🅾 USPO
1 (1)	NY 7 W (no wb return), to Binghamton
0mm	I-81, N to Syracuse, S to Binghamton. **I-88 begins/ends on I-81.**

INTERSTATE 90

Exit#	Services
0mm	New York/Massachusetts state line
(B23)	NY 22, to Austerlitz, New Lebanon, W Stockbridge, **N** 🅶 Citgo/dsl/scales/24hr, ❤Love's/Dunkin Donuts/Subway/dsl/scales/24hr, **S** 🅶 Sunoco/dsl 🏠 Berkshire Travel Lodge 🅾 Woodland Hills Camp (3mi)
(B17)	toll plaza, 🄲
(B15)	NY 295, Taconic Pkwy, **1-2 mi S** 🅶 gas
(B7)	US 9, NY Thruway W, to I-87, 🄲, **toll booth**
12 (20)	US 9, to Hudson, **N** 🅶 Pilot/Subway/dsl/scales/24hr, **0-3 mi S** 🅾 to Van Buren NHS
18.5mm	🆁ₛ/weigh sta wb, full ♿ facilities, litter barrels, petwalk, 🄲, 🏞, vending
11 (15)	US 9, US 20, E Greenbush, Nassau, **N** 🅶 Speedway/dsl, Sunoco/dsl 🍴 Dunkin Donuts 🅾 st police, **S** 🅶 Stewart's 🍴 Mercato's Pizza, My Place 🏠 Host Field Inn, Knights Inn 🅾 Rite Aid, USPO, vet
10 (10)	Miller Rd, to E Greenbush, **S** 🅶 Mobil/dsl 🍴 Dunkin Donuts 🏠 Comfort Inn
9 (9)	US 4, to Rensselaer, Troy, **N** 🅶 Mobil/dsl 🍴 Applebee's, Domino's, Dunkin Donuts, Five Guys, McDonald's, Moe's SW, OffShore Pier Rest., Panera Bread, Starbucks, Subway, Taco Bell, The Sports Grill 🏠 Holiday Inn Express, Residence Inn 🅾 $Tree, AT&T, CVS Drug, Home Depot, Mavis Tire/auto, PetsMart, Staples, Target, Walmart, **S** 🅶 Mobil/dsl, Stewart's 🍴 Cracker Barrel, Denny's, Dunkin Donuts 🏠 Hampton Inn 🅾 Fairfield Inn
8 (8)	NY 43, Defreestville

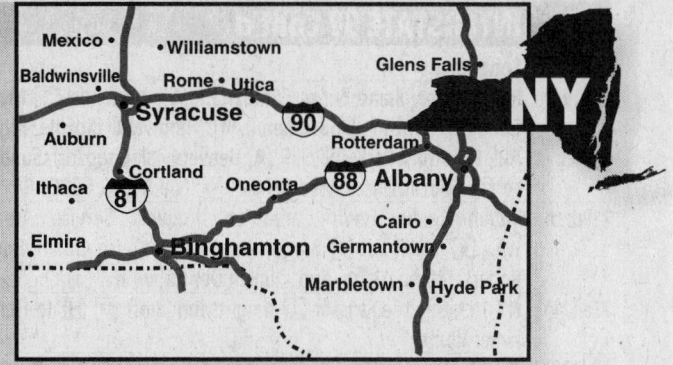

7 (7)	Washington Ave (from eb), Rensselaer
6.5mm	Hudson River
6a	I-787, to Albany
6 (4.5)	US 9, Northern Blvd, to Loudonville, **N** 🅶 Stewart's 🍴 Mr Subb, NY Pizza 🏠 Red Carpet Inn 🅾 🄷
5a (4)	Corporate Woods Blvd
5 (3.5)	Everett Rd, to NY 5, **S on NY 5, Central Ave** 🅶 ShopRite, Speedway/dsl 🍴 Dunkin Donuts, Gateway Diner, Hokkaido Asian, Little Caesar's, McDonald's, Popeye's, Subway, Taco Bell 🏠 Motel 6, Ramada 🅾 🄷, $Tree, Aamco, Advance Parts, AutoZone, Chevrolet, Chrysler/Dodge/Jeep, CVS Drug, Fiat, Ford, Hannaford's Foods, Home Depot, Hyundai, Kia, Mavis Tire, Mazda, Monro, Nissan, PepBoys, PriceChopper Foods, Rite Aid, ShopRite Foods, Verizon
4 (3)	NY 85 S, to Slingerlands
3 (2.5)	**S** 🅾 State Offices
2 (2)	Fuller Rd, Washington Ave, **S on Washington** 🅶 Sunoco/Subway 🍴 Dunkin Donuts 🏠 Courtyard, CrestHill Suites, Extended Stay America, Fairfield Inn, Hilton Garden, Red Carpet Inn, TownePlace Suites 🅾 same as 1S
1N (1)	I-87 N, to Montreal, to Albany Airport
1S (1)	US 20, Western Ave, **S** 🅶 Mobil 🍴 Black&Blue Rest., Blaze Pizza, Burger King, Capital City Diner, Chipotle Mexican, Coldstone, Creo Rest., Dave&Buster's, Dunkin Donuts, Five Guys, Hana Grill, Ichiban Japanese, McDonald's, Moe's SW Grill, Panera Bread, Peaches Cafe, Provence Rest., Starbucks, TGIFriday's, Uno Grill 🏠 Hampton Inn, Residence Inn 🅾 AT&T, Best Buy, CVS Drug, Dick's, Home Depot, JC Penney, Macy's, mall, Michael's, Old Navy, PetsMart, PriceChopper Foods, USPO, Verizon, Walmart
24 (149)	I-87 N to Albany, Montreal, S to NYC
153mm	Guilderland Service Area eb, 🅶 Mobil/dsl 🍴 McDonald's
25 (154)	I-890, NY 7, NY 146, to Schenectady
25a (159)	I-88 S, NY 7, to Binghamton, **S** 🅶 Pilot/Dunkin Donuts/Subway/dsl/scales/24hr
26 (162)	I-890, NY 5 S, Schenectady
168mm	Pattersonville Service Area wb, 🅶 Mobil/dsl 🍴 Hershey's, Roy Rogers, Starbucks 🅾 atm, NY Mkt, wi-fi
172mm	Mohawk Service Area eb, 🅶 Mobil/dsl 🍴 McDonald's
27 (174)	NY 30, Amsterdam, **1 mi N** 🅶 Mobil/dsl, Valero/Dunkin Donuts/dsl 🏠 Best Value Inn, Super 8, Valleyview Motel 🅾 Alpin Haus RV Ctr (3mi)
28 (182)	NY 30A, Fonda, **N** 🅶 Citgo/rest/dsl/motel/24hr, Sunoco/dsl, TA/Country Pride/dsl/motel/scales/24hr/@ 🍴 Dunkin Donuts, McDonald's 🏠 Holiday Inn (7mi), Microtel (4mi), Riverside Motel, Super 8 (8mi) 🅾 🄷, st police, truck repair
184mm	parking area/truck insp area both lanes, litter barrels, 🄲
187mm	🆁ₛ wb, full ♿ facilities, living history site

A L B A N Y

NY

⬆️🄴 INTERSTATE 90 Cont'd

Exit#	Services
29 (194)	NY 10, Canajoharie, **N** 🅖 Cumberland, Stewart's/dsl 🍴 McDonald's, Subway 🅞 $General, Ace Hardware, BigLots, Rite Aid, Riverfront Park, USPO, **S** 🅖 Beavers/dsl, Citgo/dsl, Sunoco 🍴 Mercato Pizza, Village Rest. 🅞 NAPACare, USPO
210mm	**Indian Castle Service area eb, Iroquois Service Area wb,** 🅖 Mobil/dsl 🍴 Burger King, Hershey's Ice Cream, Roy Rogers, Starbucks 🅞 atm, Dunkin Donuts, wi-fi
29a (211)	NY 169, to Little Falls, **N** 🛏 Knights Inn (3mi) 🅞 🅗, to Herkimer Home
30 (220)	NY 28, to Mohawk, Herkimer, **N** 🅖 FasTrac/dsl, Stewart's, Sunoco/Subway/dsl 🍴 Applebee's, Burger King, Denny's, Dunkin Donuts, KFC/Taco Bell, McDonald's, Pizza Hut, Tony's Pizzaria, Vinny's Pizza 🛏 Budget Motel, Inn Towne Motel, Red Roof Inn 🅞 $General, $Tree, Advance Parts, AutoZone, Mavis Tire/auto, Rite Aid, Verizon, vet, Walmart, **S** 🍴 FasTrac 🍴 Little Caesar's, Red Apple Chinese 🛏 Red Carpet Inn (2mi) 🅞 Family$, to Cooperstown (Baseball Hall of Fame)
227mm	**Schuyler Service Area wb,** 🅖 Mobil/dsl 🍴 Breyer's, McDonald's 🅞 atm, st police
31 (233)	I-790, NY 8, NY 12, to Utica, **N** 🅖 Citgo/dsl, Fastrac, Sunoco 🍴 Applebee's, Burger King, Charlie's Pizza, Franco's Pizza, Good Friend Chinese 🅞 $Tree, Bass Pro Shop, BigLots, BJ's Whse/gas, Lowe's, PriceChopper Foods, Rite Aid, Walmart/McDonald's, **S** 🅖 Speedway/dsl 🍴 Babe's Grill, Delmonico's Steaks, Denny's, Dunkin Donuts, McDonald's, Moe's SW, Subway, Taco Bell, Wendy's 🛏 Best Western, Days Inn, Fairfield Inn, Hampton Inn, Happy Journey Motel, Holiday Inn Epress, Knights Inn, Red Roof Inn, Rest Inn 🅞 AT&T
236mm	I-790 (from eb), to Utica
237.5mm	Erie Canal
238mm	Mohawk River
32 (243)	NY 232, Westmoreland, 4-8 mi **N** 🛏 EconoLodge, Quality Inn, Red Carpet Inn, Scottish Inn, 5 mi **S** 🍴 Stewart's 🛏 Hampton Inn
244mm	**Oneida Service Area eb,** 🅖 Sunoco/dsl 🍴 Burger King, Sbarro's, Starbucks 🅞 atm, gifts
250mm	**parking area eb, litter barrel,** 🚻, 🔀
33 (253)	NY 365, to Vernon Downs, Verona, **N** 🅖 SavOn Gas/Dunkin Donuts/dsl 🛏 Inn at Turning Stone, **S** 🅖 SavOn Gas/LP/repair 🍴 Dunkin Donuts, Recovery Grill 🛏 Fairfield Inn, La Quinta 🅞 🅗, Turning Stone Casino
256mm	**parking area wb, litter barrel,** 🚻, 🔀
34 (262)	NY 13, to Canastota, **N** 🅞 Verona Beach SP Camping, **S** 🅖 SavOn/dsl, Sunoco 🍴 Dunkin Donuts, McDonald's 🛏 Days Inn, Graziano Motel/rest. 🅞 Boxing Hall of Fame
266mm	**Chittenango Service Area wb,** 🅖 Sunoco/dsl 🍴 Sbarro's, Starbucks 🅞 atm, wi-fi
34a (277)	I-481, to Syracuse, Chittenango
35 (279)	NY 298, The Circle, Syracuse, **S** 🅖 Valero/dsl 🍴 Burger King, Denny's, Dunkin Donuts, East Wok, Grimaldi's, Jimmy John's, Joey's Italian, Jreck Subs, Justin's Grill, Mafia Pizza, McDonald's, Ruby Tuesday 🛏 Baymont Inn, Best Value Inn, Candlewood Suites, Comfort Inn, Courtyard, Cresthill Suites, Days Inn, Doubletree Inn, Embassy Suites, Extended Stay America, Hampton Inn, Hilton Garden, Homewood Suites, Motel 6, Quality Inn, Ramada Ltd, Red Roof Inn, Residence Inn, Rodeway Inn, Sira Inn, SpringHill Suites, Super 8 🅞 Goodyear/auto
280mm	**Dewitt Service Area eb,** 🅖 Sunoco/dsl 🍴 Edy's Ice Cream, McDonald's
36 (283)	I-81, N to Watertown, S to Binghamton
37 (284)	7th St, Electronics Pkwy, to Liverpool, **N** 🛏 Best Western, **S** 🅖 Speedway/Blimpie/Dunkin Donuts/Godfather's 🍴 KFC, Taco Bell 🛏 Holiday Inn, Homewood Suites, Knights Inn, Staybridge Suites 🅞 Kinney Drug
38 (286)	NY 57, to Liverpool, Syracuse, **N** 🅖 Fastrac/dsl, KwikFill, Speedway 🍴 Bangkok Thai, Dunkin Donuts, Pier 57 Diner, Pizza Hut, Salsarita's Grill 🛏 Hampton Inn (7mi), Super 8 🅞 $Tree, Aldi Foods, Midas, NAPA, Rite Aid
39 (290)	I-690, NY 690, Syracuse, **N** 🛏 Comfort Inn/rest. 🅞 Camping World RV Ctr, **S** 🛏 Holiday Inn Express
292mm	**Warners Service Area wb,** 🅖 Mobil/dsl 🍴 Boston Pizza, Edy's Ice Cream, McDonald's
40 (304)	NY 34, to Owasco Lake, Weedsport, **N** 🅞 Riverforest RV Park, **S** 🅖 Fastrac, KwikFill, Sunoco/dsl 🍴 Arby's, Arnold's Rest, Cj's Rest., DB's Drive-In, Dunkin Donuts, NY Pizzaria, Old Erie Diner, Peters Pizzaria 🛏 Best Western, Days Inn, Holiday Inn (12mi) 🅞 $General, Ace Hardware, Bass Pro Shops (12mi), Kinney Drug, NAPA, USPO, Weedsport Foods
310mm	**Port Byron Service Area eb,** 🅖 Mobil/dsl 🍴 Boston Pizza, Edy's Ice Cream, McDonald's
318mm	**parking area wb, litter barrels,** 🚻
41 (320)	NY 414, to Cayuga Lake, Waterloo, **S** 🅖 Nice'n Easy/dsl, Petro/Iron Skillet/dsl/scales/24hr/@ 🍴 MaGee Country Diner 🛏 Hampton Inn (4mi), Holiday Inn (4mi), Microtel (4mi) 🅞 Cayuga Lake SP/camping, Waterloo Outlets/famous brands (3mi)
324mm	**Junius Ponds Service Area wb,** 🅖 Sunoco/dsl 🍴 Dunkin Donuts, Roy Rogers 🅞 atm, wi-fi
42 (327)	NY 14, to Geneva, Lyons, **N** 🅞 RV camping, **S** 🅖 Mobil/7-11/dsl/scales 🛏 Belherst (6mi), Best Value Inn (6mi), Days Inn (6mi), Hampton Inn (6mi), Ramada Inn (6mi), Red Carpet Inn 🅞 Junius Ponds RV Camping, Waterloo Outlets/famous brands (3mi)
337mm	**Clifton Springs Service Area eb,** 🅖 Sunoco/dsl 🍴 Roy Rogers, Starbucks 🅞 atm, gifts
43 (340)	NY 21, to Palmyra, Manchester, **N** 🅞 Hill Cumorah LDS H (2mi), **S** 🅖 Sunoco/dsl 🍴 Grandpa Joe's Diner, McDonald's 🛏 Manchester Inn 🅞 KOA (6mi)
44 (347)	NY 332, Victor, **S** 🅖 7-11/dsl, Arrowmart/Subway, Speedway, Sunoco/dsl 🍴 Dunkin Donuts, KFC, McDonald's, Parkn Place Rest. 🛏 Best Value Inn, Budget Inn, Comfort Inn, Travelodge 🅞 $General, Aldi Foods, AutoZone, casino, CVS Drug, Family$, KOA (4mi), st police, Wade's Foods
350mm	**Seneca Service Area wb,** 🅖 Mobil/dsl 🍴 Checker's, Tim Hortons, Villa Pizza 🅞 atm, wi-fi
45 (351)	I-490, NY 96, to Rochester, **N** 🅖 Mobil/dsl 🍴 Biaggi's Rest, BoneFish Grill, Champp's Grill, Distillery Rest., Five Guys, Longhorn Steaks, McDonald's, Moe's SW Grill, Olive Garden, Panera Bread, PF Chang's, Starbucks, Subway, TGIFriday's, Uno Grill 🛏 Hampton Inn, Springdale Farm B&B 🅞 $Tree, AT&T, Best Buy, BJ's Whse/gas, Dick's, GNC, Home Depot, JC Penney, K-Mart, Kohl's, Lord&Taylor, Macy's, Michael's, Old Navy, Petsmart, Rite Aid, Sears/auto, Staples, Target, Verizon, Von Maur, Walmart, **S** 🅖 KwikFill/dsl 🍴 Burger King, Chili's, Denny's, Taco Bell, Wendy's 🛏 Best Western, Holiday Inn Express, Homewood Suites, Microtel, Royal Inn 🅞 Ballantyne RV Ctr
353mm	**parking area eb, litter barrels,** 🚻
46 (362)	I-390, to Rochester, **N on NY 253 W** 🅖 Gulf/dsl, Speedway/dsl, Sunoco/dsl 🍴 McDonald's, Peppermint's Rest., Tim Hortons, Wendy's 🛏 Country Inn&Suites, Days Inn, Fairfield Inn, Microtel, Red Roof Inn, Super 8 🅞 Buick/GMC
366mm	**Scottsville Service Area eb,** 🅖 Mobil/dsl 🍴 Arby's, Tim Horton 🅞 atm, info, wi-fi

NY

SYRACUSE

ROCHESTER

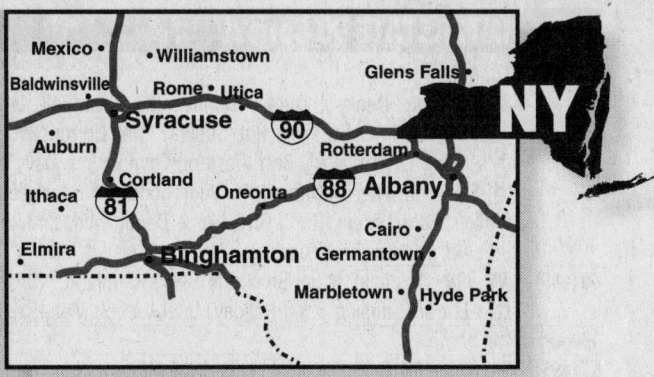

BATAVIA

INTERSTATE 90 Cont'd

Exit#	Services
376mm	**Ontario Service Area wb,** ◻ Sunoco/dsl ◻ Boston Pizza, Edy's Ice Cream, McDonald's ◻ atm, wi-fi
47 (379)	I-490, NY 19, to Rochester, **N** ◻ Timberline Camping
48 (390)	NY 98, to Batavia, **N** ◻ Comfort Inn, Hampton Inn, Holiday Inn Express, **S** ◻ Citgo ◻ Applebee's, Bob Evans, Subway, Taco Bell, Tim Horton's, Yume Asian Bistro ◻ Best Western, Budget Inn, Clarion, Days Inn, La Quinta, Red Roof Inn, Super 8, Super 8 ◻ AT&T, AutoZone, BJ's Whse, Dick's, Home Depot, K-Mart, Kohl's, Marshall's, Michael's, PetCo, Rite Aid, Target, Tops Foods, Verizon, Walmart/Subway
397mm	**Pembroke Service Area eb,** ◻ Sunoco/dsl ◻ Checker's, Tim Hortons ◻ atm, gifts, ◻, wi-fi
48a (402)	NY 77, Pembroke, **S** ◻ *FLYING J*/Denny's/Subway/dsl/LP/scales/24hr, TA/Valero/Country Pride/dsl/scales/24hr/@ ◻ Subway ◻ Darien Lake Lodge/camping, EconoLodge ◻ Sleepy Hollow Camping (8mi)
412mm	**Clarence Service Area wb,** ◻ Sunoco/dsl ◻ Arby's, Tim Hortons ◻ atm, full ◻ facilities, info, wi-fi
49 (417)	NY 78, Depew, **0-3 mi N** ◻ Delta Sonic, Mobil/dsl, Sunoco, Sunoco ◻ Applebee's, Arby's, Burger King, Carmine's Rest., Chili's, Chipotle, Coldstone, Cracker Barrel, Dave&Buster's, Dibella's Subs, DQ, Duff's Wings, Dunkin Donuts, Firehouse Subs, Five Guys, Friendly's, Garden Buffet, Jimmy John's, KFC, La Tolteca, McDonald's, Mighty Taco, Moe's SW Grill, Old Country Buffet, Olive Garden, Panera Bread, Picasso's Pizza, Pita Gourmet, Pizza Hut, Pizza Plant, Pomegranate, Protocol Rest., Quaker Steak&Lube, Red Lobster, Russel's Steaks, Salsarita's, Santora's Pizza, Shogun, Starbucks, Starbucks, Subway, Taco Bell, Ted's HotDogs, TGIFriday's, Tim Horton, Tully's Rest., Wendy's ◻ Clarion, Econolodge, Microtel, Motel 6, Salvatore's Hotel, Springhill Suites, Staybridge Suites, Super 8 ◻ $Tree, Acura, Advance Parts, Aldi Foods, AT&T, AutoZone, Barnes&Noble, Best Buy, BigLots, BJ's Whse/gas, BonTon, Buick/GMC, Chevrolet, Chrysler/Dodge/Jeep, Dick's, Dunn Tire, Firestone/auto, Ford, Goodyear/auto, Hobby Lobby, Home Depot, Honda, Hyundai, JC Penney, Jo-Ann Fabrics, Kohl's, Lowe's, mall, Marshall's, Mavis Tire, Michael's, Office Depot, PetCo, PetsMart, Rite Aid, Sears/auto, SteinMart, Target, TJ Maxx, Top's Food/deli, Tuesday Morning, Verizon, vet, Walgreens, Walmart/Subway, Wegman's Foods, **S** ◻ Kwikfill, Mobil/dsl ◻ Bob Evans, China 1, Dunkin Donuts, Italian Village, John&Mary's Cafe, McDonald's, Salvatore's Italian, Subway, Tim Horton ◻ Garden Place Hotel, Hospitality Inn, La Quinta, Red Roof Inn ◻ $Tree, 7-11, Aamco, CarQuest, Top's Foods/gas
419mm	**toll booth**
50 (420)	I-290 to Niagara Falls
50a (421)	Cleveland Dr (from eb)
51 (422)	NY 33 E, Buffalo, **S** ◻ ◻, st police
52 (423)	Walden Ave, to Buffalo, **N** ◻ Applebees, Burger King, Chipotle, Famous Dave's BBQ, IHOP, McDonald's, Ruby Tuesday, Starbucks, Subway, TGIFriday's, Tim Horton ◻ Hampton Inn, Holiday Inn Express, Residence Inn ◻ $Tree, Aldi Foods, AT&T, AutoZone, Firestone/auto, Ford, Goodyear/auto, Home Depot, Michael's, Office Depot, PetsMart, PriceRite Mkt, Target, Top's Foods, Walmart/Subway, **S** ◻ Delta Sonic, Jim's Trk Plaza/Sunoco/dsl/rest./scales/24hr, KwikFill ◻ Alton's Rest., Bar Louie's, Bravo Italiano, Cheesecake Factory, Dunkin Donuts, Gordon Biersch arrest., Jack Astor's Grill, Longhorn Steaks, McDonald's, Melting Pot, Mighty Taco, Milton's Rest., Olive Garden, Panera Bread, PF Chang's, Pizza Hut, Smokey Bones BBQ,

DEPEW

BUFFALO

52 (423)	Continued Taco Bell, Texas de Brazil Steaks, Tim Horton, Zahng's Buffet ◻ Home 2 Suites, Millenium Hotel, Oak Tree Inn ◻ Best Buy, Burlington Coats, Cabela's, Dick's, Dunn Tire, JC Penney, Lord&Taylor, Macy's, mall, Marshall's, Mavis Tire, Niagara Hobby, Sam's Club, Verizon
52a (424)	William St
53 (425)	I-190, to Buffalo, Niagara Falls, **N** ◻ Best Western
54 (428)	NY 400, NY 16, to W Seneca, E Aurora
55 (430)	US 219, Ridge Rd, Orchard Park, **S** ◻ Delta Sonic, Sunoco ◻ Denny's, Ferro's NY Puzza, Mighty Taco, Subway, Tim Horton, Wendy's ◻ Country Inn&Suites, Hampton Inn, Staybridge Suites ◻ $General, Aldi Foods, AT&T, BigLots, Goodyear/auto, Home Depot, K-Mart, Mr Tire, Pepboys, Petco, Tops Foods/gas, Verizon, Wegman's Foods
431mm	**toll booth**
56 (432)	NY 179, Mile Strip Rd, **N** ◻ Gulf/dsl, Sunoco, Valero ◻ Blasdell Pizza, China King, DiPallo's Rest., Odyssey Rest., Whse Rest. ◻ EconoLodge ◻ $General, CarQuest, CVS Drug, repair, Rite Aid, SaveALot Foods, USPO, **S** ◻ Applebee's, Boston Mkt, Buffalo Wild Wings, Chipotle, ChuckeCheese, El Canelo Mexican, Firehouse Subs, Five Guys, Friendly's, McDonald's, Mongolian Buffet, Olive Garden, Outback Steaks, Panera Bread, Pizza Hut, Red Lobster, Ruby Tuesday, Starbucks, Subway, TGIFriday's, Wendy's ◻ $Tree, Aldi Foods, Barnes&Noble, Best Buy, BJ's Whse, BonTon, Firestone/auto, Hobby Lobby, Home Depot, JC Penney, Jo-Ann Etc, mall, Old Navy, PepBoys, Sears, TJ Maxx, Wegman's Foods
57 (436)	NY 75, to Hamburg, **N** ◻ Mobil/Dunkin Donuts/dsl ◻ Arby's, Blasdell Pizza, Buffalo Grill, Denny's, McDonald's, Tim Horton, Uncle Joe's Diner, Waterstone Grill, Wendy's ◻ Comfort Inn, Holiday Inn Express, Motel 6, Red Roof Inn ◻ Ballentyne's RV Ctr, Chevrolet, Chrysler/Dodge/Jeep, Ford, Lowe's, repair, transmissions, Walmart, **S** ◻ Go Gas, Kwikfill/dsl, Mad J's ◻ Burger King, Hideaways Rest., Pizza Hut, Savory Cafe, Subway, Tim Horton ◻ Quality Inn, Super 8 ◻ $General, Advance Parts, AutoZone, Camping World, Carquest, Goodyear/auto, USPO, vet
442mm	**parking area both lanes, litter barrels, ◻**
57a (445)	to Eden, Angola, **2 mi N** ◻ Sunoco/dsl
447mm	**Angola Service Area both lanes,** ◻ Sunoco/dsl ◻ McDonald's, Moe's SW Grill, Subway ◻ atm, gifts, wi-fi
58 (456)	US 20, NY 5, to Silver Creek, Irving, **N** ◻ Kwikfill, Seneca Hawk Trkstp/dsl ◻ Burger King, Colony Rest., Dunkin Donuts, McDonald's, Millie's Rest., Primo's Rest., Subway, Sunset Bay, Sunset Grill, Tim Hortons, Tom's Rest. ◻ Lighthouse Inn ◻ ◻, auto repair, to Evangola SP, USPO
59 (468)	NY 60, Fredonia, Dunkirk, **N** ◻ Clarion (2mi), Dunkirk Motel (4mi) ◻ Lake Erie SP/camping (7mi), **S** ◻ Country Fair/dsl, Kwikfill/dsl ◻ Applebee's, Arby's, Azteca Cantina, Bob Evans,

HAMBURG

↑E INTERSTATE 90 Cont'd

59 (468)	Continued
	Burger King, Denny's, Dunkin Donuts, KFC/Taco Bell, Little Caesar's, McDonald's, Pizza Hut, Subway, Tim Hortons, Wendy's, Wing City Grille 🛏 Best Western, Comfort Inn, Days Inn 🄾 $General, $Tree, Advance Parts, Aldi Foods, AT&T, AutoZone, BigLots, Ford/Lincoln, GMC, GNC, Home Depot, Midas, Monro, Rite Aid, TJ Maxx, Tops Foods/gas, Verizon, Walmart/Subway
60 (485)	NY 394, Westfield, N 🄾 Brookside Beach Camping, KOA, to Lake Erie SP/camping, S 🛏 Holiday Motel, Webb's Motel 🄾 🄷
494mm	toll booth
61 (495)	Shortman Rd, to Ripley, N 🄾 Lakeshore RV Park
496mm	New York/Pennsylvania state line

↑N INTERSTATE 95

Exit#	Services
32mm	New York/Connecticut state line
22 (30)	Midland Ave (from nb), Port Chester, Rye, W 🍴 Subway 🄾 🄷, Home Depot, Staples
21 (29)	I-287 W, US 1 N, to White Plains, Port Chester, Tappan Zee
20 (28)	US 1 S (from nb), Port Chester, E 🅖 Shell 🄾 CVS Drug, Ford, Subaru, USPO
19 (27)	Playland Pkwy, Rye, Harrison
18b (25)	Mamaroneck Ave, to White Plains, E 🅖 Shell, Speedway 🍴 Domino's 🄾 A&P Foods, Mavis Tire
18a (24)	Fenimore Rd (from nb), Mamaroneck, E 🅖 Citgo, Gulf
17 (20)	Chatsworth Ave (from nb, no return), Larchmont
19.5mm	toll plaza
16 (19)	North Ave, Cedar St, New Rochelle, E 🍴 Applebee's, Buffalo Wild Wings, TX Roadhouse 🛏 Radisson, Residence Inn 🄾 ShopRite, Toyota, USPO, W 🄾 🄷
15 (16)	US 1, New Rochelle, The Pelhams, E 🅖 GasTrack/dsl, SuperGas 🄾 AutoZone, Costco/gas, CVS Drug, Harley-Davidson, Home Depot, Walgreens, W 🄾 repair
14 (15)	Hutchinson Pkwy (from sb), to Whitestone Br
13 (16)	Conner St, to Mt Vernon, E 🅖 Gulf/dsl 🛏 Ramada Inn, W 🅖 🍴 McDonald's 🛏 Holiday Motel 🄾 🄷, Goodyear/auto, Pepboys
12 (15.5)	Baychester Ave (exits left from nb)
11 (15)	Bartow Ave, Co-op City Blvd, E 🍴 Applebee's, Bartow Pizza, Burger King, Checker's, Dallas BBQ, Genarro's Pizza, McDonald's, Panera Bread, Popeye's, Red Lobster, Zinhi Chinese 🄾 $Tree, AT&T, Barnes&Noble, JC Penney, K-Mart, Marshall's, Old Navy, PathMark Foods, Staples, Verizon, W 🅖 BP/Dunkin Donuts, Sunoco/dsl, Wave/dsl 🍴 ChuckeCheese, Dunkin Donuts, Pizza Hut, TGIFriday's 🄾 Aldi Foods, Home Depot
10 (14.5)	Gun Hill Rd (exits left from nb), W 🛏 Pelham Bay Hotel/diner
9 (14)	Hutchinson Pkwy
8c (13.5)	Pelham Pkwy W
8b (13)	Orchard Beach, City Island
8a (12.5)	Westchester Ave (from sb)
7c (12)	Pelham Bay Park (from nb), Country Club Rd
7b (11.5)	E Tremont (from sb), W 🄾 Super FoodTown
7a (11)	I-695 (from sb), to I-295 S, Throgs Neck Br
6b (10.5)	I-278 W (from sb), I-295 S (from nb)
6a (10)	I-678 S, Whitestone Bridge
5b (9)	Castle Hill Ave, W 🅖 Sunoco 🍴 McDonald's
5a (8.5)	Westchester Ave, White Plains Rd
4b (8)	Bronx River Pkwy, Rosedale Ave, E 🅖 BP
4a (7)	I-895 S, Sheridan Expsy
3 (6)	3rd Ave, W 🄾 🄷
2b (5)	Webster Ave, W 🄾 🄷
2a (4)	Jerome Ave, to I-87

1c (3)	I-87, Deegan Expswy, to Upstate
1b (2)	Harlem River Dr
1a (1)	US 9, NY 9A, H Hudson Pkwy, 178th St, downtown
0mm	New York/New Jersey state line, Geo Washington Br, Hudson River

↑E INTERSTATE 190 (Buffalo)

Exit#	Services
25.5mm	US/Canada Border, US Customs
25b a	R Moses Pkwy, NY 104, NY 265, Lewiston, E 🄾 🄷
24	NY 31, Witmer Rd, E 🄾 🄷, st police
23	NY 182, Porter Rd, Packard Rd, E 🅖 Sunoco/dsl 🍴 Applebees, Buffalo Wild Wings, Burger King, Chili's, Chipotle, DQ, Five Guys, Longhorn Steaks, Mighty Taco, Olive Garden, Subway, Tim Horton 🄾 $Tree, Big Lots, CarQuest, Chrysler, Dodge/Jeep, Fashion Outlets/famous brands, Firestone/auto, Goodyear/Auto, Goodyear/Auto, Hobby Lobby, Jo-Ann Fabrics, K-Mart, Marshall's, Mavis Tire, Mr Tire, NAPA, Petco, Sam's Club/gas, U-Haul, Verizon, Walmart/Subway, Wegman's, Wegman's, W 🍴 Wendy's 🄾 Aldi Foods
22	US 62, Niagara Falls Blvd, E 🅖 Sunoco 🍴 Arby's, Bob Evans, Burger King, Denny's, Dunkin Donuts, Honey's Eatery, KFC, McDonald's, My Thai, Pizza Hut, Popeye's, Starbucks, Subway, Taco Bell, Wendy's 🛏 Beat Value Inn, Budget Host, Caravan Motel, Hampton Inn, Pelican Motel, Quality Inn, Red Carpet Inn, Super 8, Swiss Cottage Inn 🄾 $Tree, Advance Parts, AT&T, Dunn Tire, Ford, Rite Aid, Target, TJ Maxx, Top's Foods/gas, Walgreens, W 🛏 Econolodge, La Quinta 🄾 Home Depot
21a	La Salle Expswy
21	NY 384, Buffalo Ave, R Moses Pkwy, E 🛏 Ashram Hotel, Sheraton, W 🅖 Gulf 🄾 American Falls, casino, to NF SP
20.5mm	Niagara River East, toll booth sb
20b a	Long Rd, E 🛏 Budget Motel 🄾 Kelly's Country Store
19	Whitehaven Rd, E 🅖 Gulf/dsl, Noco Gas 🍴 McDonald's 🛏 Chateu Motel (2mi), Holiday Inn (4mi) 🄾 $Tree, funpark, KOA (1mi), Top's Foods/gas, W 🄾 Chevrolet, Hyundai, Toyota/Scion, vet
18b a	NY 324 W, Grand Island Blvd, E 🅖 Gulf/dsl, NOCO/dsl, Sunoco/dsl 🍴 Burger King, McDonald's, Tim Horton, Wendy's 🛏 Chateu Motel, Grand Suites 🄾 $Tree, Advance Parts, Tops/gas, W 🄾 Beaver Island SP
17.5mm	Niagara River East, toll booth
17	NY 266, last free exit nb
16	I-290 E, to I-90, Albany
15	NY 324, Kenmore Ave, E 🅖 7-11 🄾 city park, W 🄾 U-Haul
14	Ontario St, E 🅖 KwikFill 🍴 McDonald's, Tim Horton 🄾 Advance Parts, Family$
13	(from nb), same as 14
12	Amherst St, (from nb), downtown
11	NY 198, Buffalo, E 🅖 First Line
9	Porter Ave, to Peace Bridge, Ft Erie
8	NY 266, Niagara St, E 🛏 Adams Mark Hotel, W 🛏 Courtyard, downtown
7	NY 5 W, Church St, Buffalo, downtown
6	Elm St, E 🄾 🄷, downtown, W 🄾 Arena
5	Louisiana St, Buffalo, downtown
4	Smith St, Fillmore Ave, Buffalo, downtown
3	NY 16, Seneca St, from sb, W 🄾 CarQuest
2	US 62, NY 354, Bailey Ave, Clinton St
1	Ogden St, E 🅖 Sunoco 🍴 Wendy's 🛏 Best Western, Comfort Inn 🄾 Big Lots, CVS Drug, Family$
.5mm	toll plaza nb
0mm	I-90. I-190 begins/ends on I-90, exit 53.

NIAGARA FALLS

BUFFALO

NY

NYC AREA

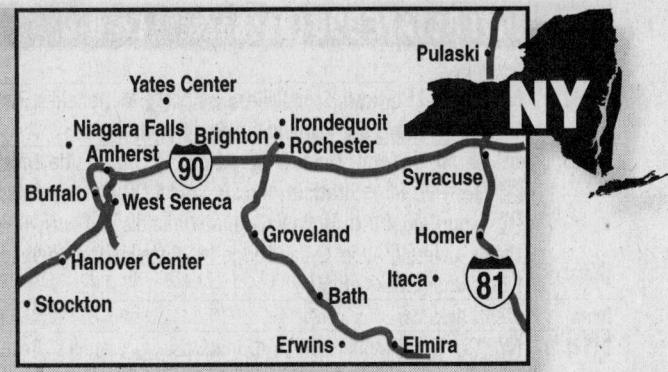

INTERSTATE 287 (New York City)

Exit#	Services
12	I-95, N to New Haven, S to NYC. **I-287 begins/ends on I-95, exit 21.**
11	US 1, Port Chester, Rye, **N** 🚗 BP, Mobil, Sunoco 🍴 Burger King, Domino's, Dunkin Donuts, KFC, McDonald's, Port Chester Diner, Subway, Wendy's 🅾 🏨, Goodyear/auto, Kohl's, Mavis Discount Tire, Nissan, Petsmart, Staples, Verizon
10	Bowman Ave, Webb Ave
9N S	Hutchinson Pkwy, Merritt Pkwy, to Whitestone Br
9a	I-684, Brewster
8	Westchester Ave, to White Plains, **S** 🚗 BP, Mobil 🍴 Cheese-cake Factory, Morton's Steaks, PF Chang's, Westchester Burger Co, White Plains Diner 🅾 Chrysler/Dodge/Jeep, Hyundai, Neiman Marcus, Nordstrom, Stop&Shop Foods, Westchester Mall Place, Whole Foods Mkt
7	Taconic Pkwy (from wb), to N White Plains
6	NY 22, White Plains
5	NY 100, Hillside Ave, **S** 🚗 Citgo, Gulf, Lukoil 🍴 Applebee's, Dunkin Donuts, Papa John's, Planet Pizza, Subway 🅾 Aamco, AutoZone, Barnes&Noble, GNC, K-Mart, Lexus, Mazda, vet
4	NY 100A, Hartsdale, **N** 🚗 Shell 🅾 🏨, **S** 🚗 Bamboo Garden Chinese, Burger King 🅾 BMW/Mini, Jaguar, Staples, Volvo
3	Sprain Pkwy, to Taconic Pkwy, NYC
2	NY 9A, Elmsford, **N** 🚗 BP, Citgo, Mobil, Sunoco 🍴 Dunkin Donuts, KFC/Taco Bell, Subway 🅾 Mavis Discount Tire, NAPA, Sam's Club, **S** 🚗 Shell 🍴 Wendy's
1	NY 119, Tarrytown, **N** 🚗 Gulf/dsl 🍴 Ruth's Chris Steaks 🏨 Marriott, Sheraton, **S** 🚗 Gulf/dsl 🍴 El Dorado Diner 🏨 Extended Stay America, Hampton Inn
0	**I-287 runs with I-87 N.**

INTERSTATE 290 (Buffalo)

Exit#	Services
8	I-90, NY Thruway, **I-290 begins/ends on I-90, exit 50.**
7b a	NY 5, Main St, **N** 🚗 Mobil/dsl, Sunoco 🍴 Coldstone, Dunkin Donuts, La Nova Pizza/Wings, McDonald's, Panera Bread, Subway, Tim Horton, Wendy's 🏨 Hampton Inn, Wyndham Garden 🅾 Tops Foods, Walgreens, **S** 🚗 Valero 🏨 Hyatt Place
6	NY 324, NY 240, **N** 🚗 Gulf/dsl 🏨 Courtyard 🅾 Cadillac, **S** 🚗 Gas Stop 🍴 China Star, ChuckeCheese, Domino's, Mc-Donald'd, Sheridan Rest., Subway 🅾 7-11, Aamco, CVS Drug, Fiat, Hyundai/Subaru, KIA/Mazda, Lexus, Nissan, URGNT CARE, Walgreens
5b a	NY 263, to Millersport, **N** 🚗 Gulf 🍴 Santora's Pizza, Zetti's Pizza 🏨 Candlewood Suites, Comfort Inn, DoubleTree, Marri-ott, Red Roof Inn, **S** 🚗 Mobil 🏨 Homewood Suites 🅾 Sci-on/Toyota, VW, Walgreens
4	I-990, to St U
3b a	US 62, to Niagara Falls Blvd, **N** 🚗 Mobil/7-11, Sunoco, Vale-ro 🍴 Anderson's Rest., Blvd Grill, Bob Evans, Dunkin Do-nuts, Just Pizza, Pancake House, Roadhouse Grill, Ted's Hot Dogs 🏨 Econolodge, Extended Stay America, Holiday Inn, Knight's Inn, Red Carpet Inn, Rodeway Inn, Sleep Inn 🅾 Chrys-ler/Dodge/Jeep, Home Depot, Honda, John&Mary's Rest., NAPA, Rite Aid, URGENT CARE, vet, **S** 🚗 Delta Sonic, Suno-co/dsl 🍴 Applebee's, Arby's, BoneFish Grill, Buffalo Wild Wings, Burger King, Carrabba's, Chili's, Chipotle, Corner Bakery Cafe, Denny's, Dibella's Subs, John's Pizza, McDonald's, Moe's SW Grill, Olive Garden, Outback Steaks, Panera Bread, Papa John's, PI Pizza, Starbucks, Subway, TGIFriday, Tim Horton,

3b a	Continued
	Tulley's 🏨 Days Inn, Royal Inn 🅾 $Tree, AT&T, Barnes&No-ble, Best Buy, BJ's/gas, Christmas Tree Shop, Firestone/auto, GNC, Goodyear/auto, JC Penney, Jo-Ann Fabrics, Lowes Whse, Macy's, mall, Michael's, Old Navy, Pepboys, PetCo, PetsMart, Target, TJ Maxx, Trader Joe's
2	NY 425, Colvin Blvd, **N** 🍴 Athena's Rest., KFC, McDonald's, Subway, Texas Roadhouse, Tim Horton, Wendy's 🅾 🏨, Big Lots, Family$, Top's Foods/gas, **S** 🚗 KwikFill 🍴 Dunkin Do-nuts 🅾 Pepboys
1b a	Elmwood Ave, NY 384, NY 265, **N** 🚗 KwikFill 🍴 Franco's Pizza, John's Pizza/Subs, Subway, Touch of Italy 🏨 Center Way Motel 🅾 🏨, $Tree, auto repair, Rite Aid, **S** 🚗 Sunoco/dsl 🍴 Arby's
0mm	I-190. **I-290 begins/ends on I-190 in Buffalo.**

INTERSTATE 390 (Rochester)

Exit#	Services
20b a	I-490. **I-390 begins/ends on I-490 in Rochester.**
19 (75)	NY 33a, Chili Ave, **N** 🅾 AutoZone, URGENT CARE, **S** 🚗 Su-noco 🍴 Burger King, KFC, Little Caesar's, Pizza Hut, Sub-way 🏨 Motel 6, Quality Inn 🅾 $General
18b a	NY 204, Brooks Ave, **N** 🏨 Ramada Inn, **S** 🏨 Fairfield Inn 🅾 ❤
17 (73)	NY 383, Scottsville Rd, **S** 🚗 7-11/dsl, Fastrac/dsl
16 (71)	NY 15a, to E Henryetta, **N** 🅾 🏨, **S** 🍴 Delmonico's Rest., TGI Friday's 🏨 Country Inn&Suites, Courtyard, Hampton Inn, Holi-day Inn Express 🅾 Rite Aid
15 (70)	I-590, Rochester
14 (68)	NY 15a, NY 252, **E** 🍴 Dunkin Donuts, Gray's Cafe, Jeremi-ah's, Outback Steaks, Tully's Rest. 🏨 Extended Stay Ameri-ca, Residence Inn 🅾 $Tree, Top's Foods/gas, **W** 🚗 Mobil/dsl 🍴 Bar Louie, Boston Mkt, Buffalo Wild Wings, Burger King, Dunkin Donuts, Five Guys, Jimmy John's, Moe's SW, Sonic, Star-bucks, Subway, Taco Bell 🏨 Best Western, DoubleTree Inn, Hampton Inn, Holiday Inn, Home 2 Suites 🅾 Big Lots, Staples, Verizon
13 (67)	Hylan Dr, **E** 🚗 Fastrac/dsl 🍴 Cracker Barrel 🏨 Comfort Suites, Homewood Suites, **W** 🚗 Mobil/dsl 🍴 Chili's, Chipo-tle, ChuckECheese, IHOP, Joe's Crabshack, Longhorn Steaks, McDonald's, Olive Garden, Panera Bread, Qdoba, Red Robin, Smashburger, Starbucks, Subway, Tim Hortons, TX Roadhouse, Uno Grill, Wendy's 🅾 Aldi Foods, Best Buy, BJ's Whse, Dick's, JC Penney, Lowe's, Marshall's, Michael's, Old Navy, PepBoys, PetCo, Sam's Club/gas, Sears, Target, Walmart, Wegman's Foods
12 (66)	I-90. NY Thruway, NY 253, **W** 🚗 Gulf/dsl/scales, Mobil/dsl, Speedway 🍴 Lehigh Rest., McDonald's, Peppermint's Rest., Tim Hortons, Wendy's 🏨 Country Inn&Suites, Days Inn, Fairfield Inn, Microtel, Red Carpet Inn, Red Roof Inn, Super 8 🅾 Buick/GMC

NY

Left margin: N Y C   A R E A

Left margin: B U F F A L O

Right margin: R O C H E S T E R

🅖 = gas 🍴 = food 🏨 = lodging 🅞 = other 🆁🆂 = rest stop   Copyright 2018 - The Next EXIT

⬆N INTERSTATE 390 (Rochester) Cont'd

Exit#	Services
11 (62)	NY 15, NY 251, Rush, Scottsville, **2 mi N** 🍴 McDonald's, Tim Hortons, Wendy's 🏨 Fairfield Inn, Red Roof Inn
10 (55)	US 20, NY 5, Avon, Lima, **N** 🅖 Exxon 🍴 Countryside Diner 🏨 CrestHill Inn, Stratford Inn, **3 mi S** 🅖 Quicklee's/dsl 🍴 Avon Cafe, Dutch Hollow Cafe, McDonald's, Subway, Tom Wahls Cafe 🏨 Avon Cedar Lodge 🅞 Chrysler/Dodge/Jeep, Ford, Sugar Creek Camping
9mm	scenic area wb
9 (52)	NY 15, **N** 🅖 Mobil/Dunkin Donuts/dsl 🍴 Fratelli's Rest., Lakeville Rest., McDonald's, Tee&Gee Cafe 🏨 Rodeway Inn 🅞 Chevrolet
8 (48)	US 20a, Geneseo, **2 mi E** 🅞 Aldi Foods, **N** 🅞 Conesus Lake Camping, **2 mi S** 🅖 Mobil/Dunkin Donuts 🍴 Applebee's, Denny's, KFC/Taco Bell, McDonald's, Subway, Tim Hortons, Wendy's 🏨 Hampton Inn, Quality Inn 🅞 $Tree, AT&T, Auto-Zone, GNC, Petsmart, Verizon, Walmart, Wegman's
7 (39)	NY 63, NY 408, Geneseo, **N** 🅞 st police, **S** 🍴 Doughboys/dsl, KwikFill, Valero/dsl 🍴 Dunkin Donuts, McDonald's 🏨 Alligence B&B, Country Inn&Suites, Geneseo River Hotel/Rest., Greenway Motel 🅞 Bonadonna Auto, Family$, Letchworth SP, Ridge Camping, Rite Aid, Save-A-Lot Foods
38mm	🆁🆂 both lanes, full ♿ facilities, litter barrels, petwalk, 🚻, vending
6 (33)	NY 36, Mt Morris, Sonyea
5 (26)	NY 36, Dansville, **N** 🍴 KwikFill/dsl, Mobil/7-11/dsl 🍴 Arby's, Burger King, Dunkin Donuts, McDonald's, Pizza Hut, Subway, Taco Bell 🅞 $Tree, Advance Parts, BigLots, Chevrolet, Chrysler/Dodge/Jeep, CVS Drug, Rite Aid, Save-A-Lot Foods, Top's Foods/gas, Verizon, **S** 🍴 TA/Valero/Country Pride/dsl/scales/24hr/@
4 (23)	NY 36, Dansville, **N** 🅖 Sunoco/dsl 🏨 Logan's Inn 🅞 🇭, **S** 🅞 Skybrook Camping, Stonybrook Park Camping, Sugar Creek Camping, Sunvalley Camping
3 (17)	NY 15, NY 21, Wayland, **N** 🅞 CarQuest (1mi), Holiday Hill Campground (7mi), st patrol
2 (11)	NY 415, Cohocton, Naples, **N** 🅖 Mobil (2mi) 🅞 Tumble Hill Camping (3mi)
1 (2)	NY 415, Avoca, **S** 🍴 Arrowmart 🏨 Caboose Motel (3mi) 🅞 $General, USPO (2mi)
	I-390 begins/ends on I-86, exit 36.

⬆E INTERSTATE 495 (Long Island)

Exit#	Services
	I-495 begins/ends on NY 25.
73	rd 58, Old Country Road, to Greenport, Orient, **0-2 mi S** 🅖 Gulf, Lukoil/7-11, Mobil/dsl, Speedway/dsl 🍴 Applebees, Boulder Creek Steaks, Panera Bread, Taco Bell, TGIFridays, Wendy's 🏨 Hilton Garden, Holiday Inn Express 🅞 AutoZone, Best Buy, Buick/GMC, Chevrolet, Chrysler/Jeep, Costco/gas, Curves, CVS Drug, Ford/Lincoln, Harley-Davidson, Home Depot, Honda, Kia/Mazda, Lowe's, Michael's, Nissan/Hyundai, PetCo, Stop&Shop, Subaru/VW, Tanger/famous brands, Target, Toyota/Scion, Volvo, Waldbaum's, Walgreens
72	NY 25, (no ez eb return), Riverhead, Calverton (no EZ eb return), **N** 🅞 funpark, **S** 🅖 Speedway 🏨 Hotel Indigo 🅞 Tanger/famous brands/foodcourt
71	NY 24, to Hampton Bays (no ez eb return), Calverton, **N** 🅖 Speedway/Subway/dsl

70	NY 111, to Eastport, Manorville, **S** 🅖 7-11, Mobil/dsl 🍴 McDonald's, Michelangelo's Rest., Starbucks 🅞 King Kullen Food/drug, Verizon
69	Wading River Rd, Center Moriches, to Wading River
68	NY 46, to Shirley, Wading River, **S** 🅞 7-11, golf
67	Yaphank Ave
66	NY 101, Sills Rd, Yaphank, **N** 🅖 Shell/24hr
65.5mm	parking area
65	Horse Block Rd, **N** 🍴 Baskin-Robbins/Dunkin Donuts, King Buffet 🅞 Ford/Kenworth/Mack, LI RV Ctr, **S** 🅞 funpark
64	NY 112, to Coram, Medford, **N** 🅖 Citgo/dsl, Speedway 🍴 Subway 🅞 7-11, Lowe's, Michael's, Sam's Club, Staples, Target, Walgreens, **S** 🅖 BP, Gulf, USA/dsl 🍴 J&R Steaks, Quiznos, Rita's Custard, Starbucks 🏨 Comfort Inn, Fairfield Inn 🅞 7-11, Aid Parts
63	NY 83, N Ocean Ave, **N** 🅖 Speedway/dsl 🍴 Applebee's, Burger King, McDonald's, Taco Bell, TGIFriday's 🅞 7-11, CVS Drug, Hampton Inn, K-Mart, Stop'n Shop, **S** 🅖 Gulf/dsl, Lukoil/dsl 🍴 Yogi's Grill 🏨 Crowne Plaza
62	Nicolls Rd, rd 97, to Blue Point, Stony Brook, **N** 🅖 Gulf, **S** 🍴 Charlie Brown's Steaks, Chili's, La Capannina Italian, Wendy's 🏨 Residence Inn
61	rd 19, to Patchogue, Holbrook, **N** 🅖 Mobil, **S** 🅖 Gulf/dsl, Speedway/dsl 🍴 China 4, Greek Islands Rest, Joe's Pizza/Pasta, Outback Steaks, Subway 🅞 7-11, CVS Drug, Waldbaum Foods
60	Ronkonkoma Ave, **N** 🅖 Gulf, **S** 🍴 Red Lobster, Smokey Bones BBQ 🏨 Courtyard
59	Ocean Ave, to Oakdale, Ronkonkoma, **S** 🅖 Gulf, Sunoco 🏨 Hilton Garden (2mi) 🅞 7-11
58	Old Nichols Rd, Nesconset, **N** 🅖 Gulf 🏨 Marriott 🅞 BJ Whse, **S** 🅖 BP
57	NY 454, Vets Hwy, to Hauppauge, **N** 🅖 Exxon/dsl 🍴 TGIFriday's, **S** 🅖 Getty's, Gulf/dsl, Shell, Sunoco 🍴 Dave&Buster's, Subway 🏨 Hampton Inn 🅞 7-11, Rite Aid, Stop&Shop Foods, TJ Maxx, Walmart
56	NY 111, Smithtown, Islip, **N** 🅖 Gulf/Subway/Domino's/dsl, Mobil, **S** 🅖 Mobil 🍴 Café La Strada 🏨 Holiday Inn Express
55	Central Islip, **N** 🅖 Mobil, **S** 🅖 Exxon/dsl
54	Wicks Rd, **N** 🅖 🏨 Sheraton, **S** 🅖 Mobil
53	Sunken Meadow Pkwy, to ocean beaches, Bayshore
52	rd 4, Commack, **N** 🅖 Mobil/dsl, Shell/repair 🍴 Conca d'Oro Pizza, Ground Round 🏨 Hampton Inn 🅞 Costco
51.5mm	parking area both lanes, litter barrels, ♿
51	NY 231, to Northport, Babylon
50	Bagatelle Rd, to Wyandanch
49N	NY 110 N, to Huntington, **N** 🏨 Marriott
49S	NY 110 S, to Amityville
48	Round Swamp Rd, Old Bethpage, **S** 🅖 Mobil/dsl 🍴 Old Country Pizza/deli 🏨 Homewood Suites, Palace Hotel, Sheraton 🅞 USPO
46	Sunnyside Blvd, Plainview, **N** 🏨 Holiday Inn
45	Manetto Hill Rd, Plainview, Woodbury
44	NY 135, to Seaford, Syosset
43	S Oyster Bay Rd, to Syosset, Bethpage, **N** 🅖 Mobil
42	Northern Pkwy, rd N, Hauppauge
41	NY 106, NY 107, Hicksville, Oyster Bay, **S** 🅖 BP, Mobil, Sunoco 🍴 Boston Mkt, Boulder Creek Steaks, Broadway Diner, Burger King, Dunkin Donuts, McDonald's, On the Border 🅞 Goodyear/auto, Sears/auto

INTERSTATE 495 (Long Island) Cont'd

Exit#	Services
40	NY 25, Mineola, Syosset, S 📷 BP, Exxon, Speedway/dsl, Shell 🍴 A&W, Burger King, Friendly's, IHOP, McDonald's, Wendy's 🏠 Howard Johnson ⊙ 7-11, Home Depot, Kohl's, Staples
39	Glen Cove Rd, N 📷 Mobil
38	Northern Pkwy E, Meadowbrook Pkwy, to Jones Beach
37	Willis Ave, to Roslyn, Mineola, N 📷 Gulf, Shell 🍴 Dunkin Donuts, Skinny Pizza, S 📷 Mobil/dsl 🍴 Tofu Chinese
36	Searingtown Rd, to Port Washington, S ⊙ 🏠
35	Shelter Rock Rd, Manhasset, S ⊙ 🏠
34	New Hyde Park Rd
33	Lakeville Rd, to Great Neck, N ⊙ 🏠
32	Little Neck Pkwy, N 📷 Gulf 🍴 Centre Pizza, Jain Rest., KFC/Taco Bell, Panera Bread, Starbucks
31	Douglaston Pkwy, S 📷 BP/service 🍴 Burger King, Grimaldi's Pizza, Pinecourt Chinese, Subway ⊙ DR Drug, USPO, Verizon, Waldbaum's Foods
30	E Hampton Blvd, Cross Island Pkwy
29	Springfield Blvd, S 📷 Citgo, Gulf/Dunkin Donuts 🍴 McDonald's
27	I-295, Clearview Expswy, Throgs Neck, N 📷 7-11, Gulf 🍴 Blue Bay Diner ⊙ drugstore
26	Francis Lewis Blvd
25	Utopia Pkwy, 188th St, N 📷 Citgo, Gulf, S 📷 Mobil, Quality/dsl, Savvy, Shell 🍴 5 Guys Burgers, Arby's, Baskin-Robbins, Dunkin Donuts, Subway ⊙ USPO
24	Kissena Blvd, N 📷 Gulf/dsl 🍴 Baskin-Robbins, Dunkin Donuts, S 📷 Mobil
23	Main St, N 🍴 Palace Diner
22	Grand Central Pkwy, to I-678, College Pt Blvd, N 🏠 Holiday Inn Express
21	108th St, N 📷 BP/7-11, Mobil
19	NY 25, Queens Blvd, Woodhaven Blvd, to Rockaways, N 🍴 McDonald's ⊙ JC Penney, Macy's, mall, S 📷 🍴 5 Guys Burgers, Applebees, Burger King, Dallas BBQ, Moe's SW Grill, Subway ⊙ Aldi Foods, Costco, Kohl's, Marshall's, Old Navy, Rite Aid, TJ Maxx
18.5	69th Ave, Grand Ave (from wb)
18	Maurice St, N 📷 Exxon, S 📷 🍴 McDonald's 🏠 Holiday Inn Express ⊙ dsl repair
17	48th St, to I-278, N 🏠 Queensboro Hotel ⊙ ⊙
16	I-495 begins/ends in NYC.

NORTH CAROLINA

INTERSTATE 26

Exit#	Services
71mm	North Carolina/South Carolina state line
69mm	N Pacolet River
67.5mm	Welcome Ctr wb, full ♿ facilities, litter barrels, 🚮, 📷
67	US 74 E, to NC 108, Columbus, Tryon, N 📷 Shell//dsl, Vgo/dsl 🍴 Cocula Mexican, Joy Wok, Larkin's Carolina Grill, McDonald's, Subway, Waffle House, Wendy's ⊙ Advance Parts, CVS Drug, Family$, Food Lion, S 📷 Exxon/dsl 🍴 KFC/Taco Bell, Mtn View Deli 🏠 Days Inn ⊙ 🏠, $General, Bi-Lo
59	Saluda, N 🏠 Saluda Mtn Lodge, S 📷 BP/dsl, Marathon/Subway/dsl 🍴 Crust&Kettle Cafe, Saluda Rest. 🏠 Orchard Inn B&B (2mi) ⊙ $General, AppleMill Outlet, Atkins Fruit, camping, repair, vet
56mm	Green River
54	US 25 (from eb), to Greenville, E Flat Rock, to Carl Sandburg Home
53.5mm	2130 ft, Eastern Continental Divide
53	Upward Rd, Hendersonville, N 📷 Marathon/Dunkin Donuts/dsl 🍴 Waffle House, Zaxby's 🏠 Mtn Inn&Suites ⊙ Bloomfields Giftshop, Lakewood RV Park, Wildflower RV Park, S 📷 Exxon/McDonald's, Shell/pizza 🍴 Cracker Barrel, Poplar Leaf Cafe, Subway 🏠 Holiday Inn Express, Quality Inn ⊙ repair, to Carl Sandburg Home
49b a	US 64, Hendersonville, N 📷 Marathon/dsl, Shell/dsl, Sunoco/dsl 🍴 Chick-fil-A, Golden Corral, Jack-in-the-Box, Moose Cafe, O'Charley's, Sonic, Starbucks, Waffle House, Zaxby's 🏠 Best Western, Hampton Inn, Quality Inn, Ramada Inn ⊙ $Tree, Advance Parts, Ingles/gas, PetCo, Sam's Club/gas, Staples, Walmart, World of Clothing, S 📷 Exxon/dsl/LP, Shell/dsl 🍴 Applebee's, Arby's, Binion's Roadhouse, Bojangles, Burger King, China Buffet, Denny's, Fatz Café, Hardee's, Harry's Rest., HoneyBaked Ham, KFC, Krispy Kreme, LJ Silver, Lon Sen Chinese, McDonald's, Outback Steaks, Pizza Hut, Subway, Taco Bell, Tequila's Grill, Wendy's 🏠 Days Inn, EconoLodge, Red Roof Inn
49b a	Continued ⊙ 🏠, Aldi Foods, Belk, BigLots, Bi-Lo Foods, Chrysler/Dodge/Jeep, Clark Tire/auto, CVS Drug, Family$, Home Depot, Jo-Ann, Lowe's, NAPA, TJ Maxx, Tuesday Morning, Verizon
46mm	weigh sta both lanes, 🚮
44	US 25, Fletcher, N 📷 Exxon/dsl 🍴 Hardee's, Subway ⊙ flea mkt/campground, vet; S 📷 Citgo/dsl, Shell/DQ/dsl/scales/24hr, Sonny's/dsl 🍴 Bojangles, Burger King, McDonald's, Valentina's Mexican 🏠 Mountain Inn&Suites ⊙ 🏠, Camping World RV Ctr, USPO
41mm	Rs both lanes, full ♿ facilities, litter barrels, 🚮, 📷, vending
40	NC 280, Arden, N 📷 Fastop/dsl, Shell/Arby's 🍴 Bojangles, Carrabba's, Casa Torres, Chili's, Cracker Barrel, Firehouse Subs, IHOP, Jersey Mike's, Little Caesar's, Lonestar Steaks, McDonald's, Moe's SW Grill, Olive Garden, Ruby Tuesday, Sonic, Tamarind Thai, Tokyo Express 🏠 Budget Motel, Clarion, Comfort Inn, Courtyard, EconoLodge, Hampton Inn, Knight's Inn ⊙ Acura/Honda, Aldi Foods, Best Buy, BigLots, Dick's, Lowe's, Marshalls, Michael's, Old Navy, Petsmart, Ross, Rutledge Lake RV Park, Target, World Mkt, S 📷 Citgo/dsl 🍴 Circle B Ranch BBQ, J&S Cafeteria 🏠 Fairfield Inn ⊙ Asheville Airport, BMW
37	NC 146, Skyland, N 📷 🍴 Arby's, Brixx Pizza, Broken Egg Cafe, Coldstone, Hickory Tavern, McDonald's, Neo Burrito, PF Changs, Starbucks, Waffle House, Which Wich 🏠 Hilton, Quality Inn ⊙ Barnes&Noble, CVS Drug, Ingles/gas, REI, S ⊙ Chevrolet
34mm	French Broad River
33	NC 191, Brevard Rd, 2 mi N ⊙ Asheville Farmers Mkt, Bear Creek RV Camp, Toyota/Scion, S 📷 Citgo, HotSpot/dsl 🍴 Apollo Flame, Harbor Inn Seafood, LJ Silver, McDonald's, Papa's Mexican, Ryan's, Shogun Buffet, Stoneridge Grill, Subway, Taco Bell, Waffle House 🏠 Comfort Suites, Country Inn&Suites, Fairfield Inn, Hampton Inn, Holiday Inn Express, Rodeway Inn ⊙ $Tree, Asheville Outlets, Belk, Dillards, Ingles Foods, Kia, K-Mart/Little Caesar's, PetCo, to Blue Ridge Pkwy

NY
NC

A R D E N

H E N D E R S O N V I L L E

🔼E INTERSTATE 26 Cont'd

Exit#	Services
31b a	I-40, E to Statesville, W to Knoxville
27mm	I-240 E, Patton Ave
I-26 and I-240 run together 3 mi. See NC I-240 exits 1-4.	
25	rd 251, **N** 🅾 to UNCA
24	Elk Mtn Rd, Woodfin
23	Merrimon Ave, N Asheville, **N** 🅿 Gulf/dsl, HotSpot 🍽 Bellagio Bistro, Frank's Pizza, Moe's BBQ 🛏 Days Inn 🅾 camping, vet
21	New Stock Rd, **N** 🅿 Citgo/dsl, Shell 🍽 Domino's, Granny's Kitchen, Pizza Hut 🅾 $General, Campfire Lodge RV Park, CVS, Ingles/gas
19a b	N US 25, W US 70, Marshall, **N** 🅿 Shell/dsl 🍽 Arby's, Bojangles, Burger King, Chapala Mexican, IHOP, KFC, La Carreta Mexican, Little Caesars, McDonald's, Peking East, Subway, TCBY, Waffle House, Zaxby's 🅾 Ace Hardware, Advance Parts, Aldi Foods, AutoZone, BigLots, Ingles/dsl, Roses, URGENT CARE, Verizon, **S** 🅿 Shell/DQ/dsl 🍽 Steak'n Shake 🅾 $Tree, CVS, Lowe's, Walmart/Subway
18	Weaverville (no EZ return from eb)
17	to Flat Creek
15	rd 197, to Jupiter, Barnardsville
13	Forks of Ivy, **N** 🅿 Mkt Ctr/dsl, **S** 🅿 Exxon/dsl
11	rd 213, to Mars Hill, Marshall, **N** 🅾 tires, **S** 🅿 Exxon//Hardee's/dsl, TriCo 🍽 Bojangles, Osaka Japanese, Subway, Waffle House, Wagon Wheel Rest. 🛏 Comfort Inn 🅾 $General, CVS, Ingles/dsl, NAPA
9	Burnsville, Spruce Pine, **N** 🅾 to Mt Mitchell SP
7mm	runaway truck ramp eb, scenic overlook wb
6mm	Welcome Ctr/🆁🆂 eb, full ♿ facilities
5.5mm	runaway truck ramp eb
5mm	Buckner Gap, elev. 3370
3	to US 23 A, Wolf Laurel, **N** 🅿 Exxon/dsl 🍽 Little Creek Cafe 🅾 to ski areas
2.5mm	eb runaway truck ramp
.5mm	eb brake insp sta
0mm	North Carolina/Tennessee state line

🔼E INTERSTATE 40

Exit#	Services
420mm	I-40 begins/ends at Wilmington, Services **N** on US 17 🍽 Buffalo Wild Wings 🛏 Hampton Inn 🅾 CarQuest, Home Depot, Hyundai, Kia, Kohl's, Land Rover, Mazda, Nissan, Subaru, Toyota/Scion, Volvo, Services **S** on US 17 🍽 BP, Exxon/dsl, Hugo's, Murphy USA/dsl 🍽 Arby's, Bojangles, Bonefish Grill, Carrabba's, Chick-fil-A, ChopStix, Church's, Cracker Barrel, Dunkin Donuts, Elizabeth's Pizza, Hardee's, Hooters, IHOP, Jason's Deli, McDonald's, Olive Garden, Sonic, Subway, Waffle House 🛏 Best Western, Budgetel, Comfort Suites, Days Inn, EconoLodge, Extended Stay America, Holiday Inn, MainStay Suites, Quality Inn, Ramada Inn, Red Roof Inn, Sleep Inn, Travel Inn, Wingate Inn 🅾 Advance Parts, AutoZone, Batteries+, Black's Tires/auto, Cadillac, Costco/gas, Marshall's, Petsmart, Rite Aid, Target, Walgreens, Walmart, **Services 2-4 mi S** on US 117/NC 132 🍽 BP/dsl, Exxon/dsl 🍽 Applebee's, Bojangles, Burger King, Carolina Ale House, Chili's, CiCi's Pizza, College Diner, Cookout, Golden Corral, Hardee's, Hieronymus Seafood, HoneyBaked Ham, Jersey Mike's, Jimmy John's, Kickback Jack's, Little Caesars, McAlister's Deli, McDonald's, Mission BBQ, Okami Japanese, Outback Steaks, Starbucks, Taco Bell, Wendy's 🛏 Baymont Inn, Comfort Inn, Country Inn

420mm	Continued Suites, Courtyard, Holiday Inn Express, Jameson Inn, Staybridge Suites 🅾 $Tree, Acura/Honda, AT&T, Best Buy, Buick/GM, Chevrolet, Chrysler/Dodge/Jeep, Dick's, Fiat, Harris-Teeter, Ann, Lowe's Foods, Lowe's Whse, Mercedes, Old Navy, PetC, Ross, Sam's Club/gas, Staples, TJ Maxx, to UNCW, URGE CARE, Verizon, VW
420b a	Gordon Rd, NC 132 N, **2 mi N** 🅿 Kangaroo/dsl, Speedway dsl 🍽 Andy's, Domino's, Hardee's, KFC, McDonald's, Wa House, Zaxby's 🅾 CVS Drug, KOA (4mi), Rite Aid, vet, Walgreens, **S** 🅿 BP/dsl, Go Gas/dsl, Kangaroo/dsl 🍽 Caroli BBQ, China Wok, McDonald's, Subway 🅾 $General, Family Lowe's Foods, Rite Aid
416b a	I-140, US 17, to Topsail Island, New Bern, Myrtle Beach
414	Holly Shelter Rd, to Brunswick Co beaches, Castle Hayn **S** 🅿 BP, GoGas/dsl, Kangaroo/dsl 🍽 Carolina Cafe, Dom ino's, Hardee's, Subway 🅾 $General, Bo's Foods, CVS Dru USPO
413mm	NE Cape Fear River
408	NC 210, **N** 🅾 Mack/Volvo/Isuzu, **S** 🅿 Phoenix TC/Exxo Subway/dsl/scales, 🅿 Pilot/Wendy's/dsl/cafe/scales/24 Shell/Noble Roman's/dsl 🍽 Hardee's, McDonald's 🅾 Advan Parts, Family$, Food Lion, to Moore's Creek Nat Bfd/campin USPO
398	NC 53, Burgaw, **2 mi S** 🅿 Carolina Petro 🍽 Hardee's, KF McDonald's, Subway 🛏 Burgaw Motel 🅾 🚑, Advance Par camping, Family$, Food Lion
390	to US 117, Wallace
385	NC 41, Wallace, **N** 🅿 Exxon/Village Subs 🍽 Bojangles, Ma Boar Rest. 🛏 Holiday Inn Express 🅾 Lake Leamon Campin **1.5 mi S** 🅿 Hess/dsl, Murphy USA/dsl 🍽 Burger King, Dor ino's, McDonald's, Subway, Taco Bell, Zaxby's 🅾 $Gener $Tree, Food Lion, O'Reilly Parts, Verizon, Walgreens, Walmar Subway
384	NC 11, Wallace
380	Rose Hill, **S** 🅿 BP/Subway/dsl (1mi), Marathon (1mi), Pu 🅾 Duplin Winery
373	NC 24 E, NC 903, Magnolia, **N** 🅿 BP/dsl, Exxon/dsl/e-8 🅾 🚑, Cowan Museum
369	US 117, Warsaw
364	NC 24, to NC 50, Clinton, 🆁🆂 both lanes, full ♿ facilities, li ter barrels, petwalk, 🚮, 🐾, vending **N** 🅿 Pilot/Arby's Dunkin Donuts/dsl/24hr, **S** 🅿 BP/dsl, Kangaroo/dsl, Ma athon, Sunoco/Bojangles 🍽 KFC, McDonald's, Smithfield BBQ, Subway, Waffle House, Wendy's 🛏 Days Inn, Quality In
355	NC 403, to US 117, Goldsboro, Faison, **3 mi N** 🅿 Exxon
348	Suttontown Rd
343	US 701, Newton Grove, **1 mi N** 🅿 Exxon/dsl, to Bentonvill Bfd
341	NC 50, NC 55, to US 13, Newton Grove, **1.5 mi N** 🅿 Exxon dsl 🍽 Hardee's 🅾 Food Lion, **S** 🅿 BP/McDonald's, Shel Subway/dsl 🍽 Smithfield BBQ 🅾 Family Auto/tire
334	NC 96, Meadow, **S** 🅿 Short Stop/dsl
328b a	I-95, N to Smithfield, S to Benson
325	NC 242, to US 301, to Benson, **S** 🅿 Marathon/dsl
324mm	🆁🆂 both lanes, full ♿ facilities, litter barrels, no overnigh parking, petwalk, 🚮, 🐾, vending
319	NC 210, McGee's Crossroads, **N** 🅿 BP/BBQ/dsl, Shell/Dunki Donuts/dsl 🍽 McDonald's 🅾 🚑, vet, **S** 🅿 Mobil/ds Sheetz/dsl 🍽 Bojangle's, China Star, Domino's, Italian Pizza Pasta, KFC/Taco Bell, Subway, Wendy's 🅾 $General, Auto Zone, CVS Drug, Food Lion

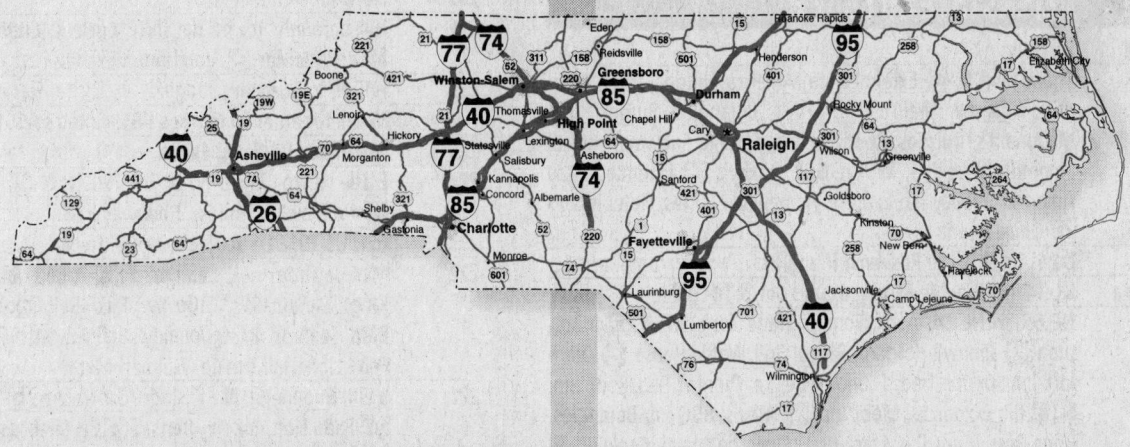

🏁E   INTERSTATE 40 Cont'd

Exit#	Services
312	NC 42, to Clayton, Fuquay-Varina, **N** 🅖 Murphy Express/dsl, Speedway/Dunkin Donuts/dsl/24hr, Speedway/Wendy's/dsl 🍴 Applebee's, China King, Cookout, Cracker Barrel, Divano's Pizza, Fiesta Mexicana, Hibachi&Co, Hwy 55 Burger, Jersey Mike's Subs, King Chinese, Pizza Inn, Ruby Tuesday, Smithfield BBQ, Wendy's 🛏 Comfort Inn, Holiday Inn Express, Super 8, Woodspring Suites 🅾 $Tree, JustTires, Lowe's, URGENT CARE, Verizon, Walmart/McDonald's, **S** 🅖 BP/Subway/dsl, Exxon/Burger King, Marathon/dsl, Shell/dsl 🍴 Bojangle's, Domino's, DQ, Jumbo China, KFC/Taco Bell, Little Caesar's, McDonald's, Snoopy's Hotdogs, Waffle House, Yummi Japan 🛏 Hampton Inn, Sleep Inn 🅾 AutoZone, CVS Drug, Food Lion, vet, Walgreens
309	US 70 E, Goldsboro, Smithfield
306b a	US 70 E bus, to Smithfield, Garner, Goldsboro, **1 mi N** 🅖 Citgo/dsl, Kangaroo/Subway/dsl 🅾 Chrysler/Dodge/Jeep, **S** 🅖 Sheetz/dsl 🍴 Blaze Pizza, Buffalo Bros Pizza, Buffalo Wild Wings, Carolina Alehouse, Char-Grill, Chick-fil-A, Chili's, Chipotle, City BBQ, Coldstone, Five Guys, Kaze Japanese, La Cocina Mexican, Logan's Roadhouse, Longhorn Steaks, McDonald's, Moe's SW Grill, New Japan Express, Panera Bread, Prima Vera Pizza, Red Robin, Starbucks, Subway, TGIFriday's, Wendy's, Zaxby's 🅾 $Tree, AT&T, Best Buy, BJ's Whse/gas, Burlington, Cabela's, Dick's, GNC, Kohl's, Michael's, Petsmart, Ross, Staples, Target, TJ Maxx
303	Jones Sausage Rd, **N** 🅖 Speedway/Dunkin Donuts/dsl 🍴 Bojangle's, Burger King, Smithfield BBQ, Subway, **S** 🅖 Speedway/Dunkin Donuts/dsl
301	I-440 E, US 64/70 E, to Wilson
300b a	Rock Quarry Rd, **N** 🅾 SaveALot, **S** 🅖 Exxon, Valero/dsl 🍴 Burger King, Little Caesar's, Subway, Wang's Kitchen 🅾 Family$, Food Lion, Rite Aid
299	Person St, Hammond Rd, Raleigh (no EZ return eb), **1 mi N** 🅖 Shell/dsl 🅾 to Shaw U
298b a	US 401 S, US 70 E, NC 50, **N** 🅖 Shell/dsl 🛏 Red Roof Inn, **S** 🅖 BP/Circle K, Citgo, Exxon, Exxon/dsl, Mobil, Speedway/dsl 🍴 Baskin-Robbins/Dunkin Donuts, Bojangle's, Burger King, Cook-Out, Domino's, Golden Corral, Mi Rancho Mexican, Taco Bell, Waffle House 🛏 Claremont Inn, Comfort Inn, Super 8 🅾 AutoZone, Carquest, Family$, Meineke, O'Reilly Parts, Sam's Club/gas
297	Lake Wheeler Rd, **N** 🅖 Exxon 🍴 Subway 🅾 Farmer's Mkt, **S** 🅖 Marathon
295	Gorman St, **1 mi N** 🅖 Exxon/dsl 🍴 Hardee's, Little Caesar's, Subway 🛏 Holiday Inn Express 🅾 Family$, to NCSU, Walgreens, **S** 🅖 Kangaroo
293	to I-440, US 1, US 64 W, Raleigh, **S** 🅖 Exxon, Shell 🍴 BJ's Rest., Bob Evans, Chick-fil-A, China King, Chipotle, Coldstone, Cook-Out, Dickey's BBQ, East Garden, Egg&I, HoneyBaked Ham, Jasmin, Jason's Deli, Jersey Mike's Subs, McDonald's, Moe's SW Grill, Noodles&Co, Olive Garden, Panera Bread, Red Lobster, Red Robin, Remington Grill, Ruby Tuesday, Starbucks, Subway, Sweet Tomatoes, Taco Bell, Waffle House, Wild Wing Cafe 🛏 Best Western, DoubleTree, Fairfield Inn, Hilton Garden, Holiday Inn, Red Roof Inn, SpringHill Suites 🅾 Best Buy, BJ's Whse, Dick's, Ford, GNC, Home Depot, Jo-Ann Fabrics, Kohl's, Lincoln, Lowe's, Marshalls, Mazda, Michael's, NTB, Office Depot, Old Navy, PetCo, Petsmart, REI, Ross, SteinMart, Target, Verizon, World Mkt
291	Cary Towne Blvd, Cary, **1 mi S** 🅖 Circle K 🍴 Dave&Buster's, DQ, Five Guys, Jersey Mike's, La Madeleine, Macaroni Grill, McDonald's, On-the-Border, Pei Wei, Penn Sta Subs, Primo Pizza, Starbucks 🅾 AT&T, Barnes&Noble, Belk, Dillard's, Firestone, Harris Teeter, JC Penney, vet
290	NC 54, Cary, **N** 🅖 Sheetz/dsl 🍴 McDonald's 🅾 Hyatt Place, Wingate Inn, **S** 🅖 Shell/dsl 🛏 Hampton Inn
289	to I-440, Wade Ave, to Raleigh, **N** 🅾 🏥, Carter-Finley Stadium, museum, to fairgrounds
287	Harrison Ave, Cary, **N** 🅾 to Wm B Umstead SP, **S** 🅖 BP/Circle/dsl 🍴 An Cuisine, Bonefish Grill, Burger King, BurgerFi, Carolina Cafe, Chick-fil-A, Jersey Mike's, McDonald's, Moe's SW Grill, NY Pizza, Ruth's Chris Steaks, Starbucks, Subway, Thai Cuisine, Wendy's 🛏 Embassy Suites, Extended Stay America, TownePlace Suites, Umstead Hotel 🅾 Bass Pro Shops, Mr Tire
285	Aviation Pkwy, to Morrisville, **N** 🅖 Sheetz/dsl 🛏 Hilton Garden 🅾 Raleigh/Durham Airport
284	Airport Blvd, **N** 🍴 Capital City Chophouse 🛏 Cambria Suites, Country Inn&Suites, Hyatt Place 🅾 to RDU Airport, **S** 🅖 BP/Circle/dsl, Mobil 🍴 Bojangles, Carmen's, Cracker Barrel, Hooters, KFC/Taco Bell, Los Tres Magueyes, Peng's Asian, TX Steaks, Waffle House, Wendy's 🛏 Courtyard, Days Inn, Extended Stay America, Fairfield Inn, Hampton Inn, Holiday Inn, Holiday Inn Express, La Quinta, Microtel, Residence Inn, Sheraton, Staybridge Suites 🅾 Morrisville Outlets/famous brands/food court
283	I-540 E, **toll I-540 W**, to US 70, Aviation Pkwy
282	Page Rd, **S** 🍴 Arby's, Bojangles, Jimmy John's, McDonald's, Mez Cafe, Page Road Grill, Starbucks 🛏 Comfort Suites, DoubleTree, Sheraton, Sleep Inn, Wingate Inn 🅾 Office Depot

R A L E I G H

C A R Y

NC

INTERSTATE 40 Cont'd

Exit#	Services
281	Miami Blvd, **N** 🛌 Extended Stay America, Hilton Garden, Marriott, **S** 🅖 BP, Shell/dsl 🅕 Arby's, Bojangles, Burger King, McDonald's, Quiznos, Randy's Pizza, Serena, Subway, Tropical Smoothie, Wendy's, Wok'n Grill, Zaxby's 🛌 Extended Stay America, Holiday Inn Express, Homewood Suites, Hotel Indigo 🅞 Office Depot
280	Davis Dr, **N** 🅞 to Research Triangle
279b a	NC 147 N, Triangle Expwy, to Durham, **N** 🅞 🅗
278	NC 55, to NC 54, Apex, Foreign Trade Zone 93, **N** 🅖 Marathon 🅕 Jimmy's Hotdogs, Sansui Grill, Waffle House 🛌 Comfort Inn, DoubleTree, EconoLodge, La Quinta, Red Roof Inn, **S** 🅖 BP, Exxon/dsl, Mobil/dsl 🅕 Arby's, BBQ Pit, Bojangles, Brigs Rest., Capt D's, Chick-fil-A, Cinco de Mayo, CookOut, El Dorado Mexican, Golden Corral, Hardee's, Little Caesar's, McDonald's, Papa John's, Pizza Hut, Starbucks, Subway, Taco Bell, Thai 55, Wendy's, William's Kitchen 🛌 Candlewood Suites, Courtyard, Crossland Suites, Extended Stay America, Residence Inn 🅞 $Tree, Aamco, Advance Parts, AutoZone, BigLots, Colonial Tire, CVS Drug, Firestone/auto, Food Lion, Jiffy Lube, Just Tires, Meineke, NAPA, O'Reilly Parts, Precision Tune, Walgreens
276	Fayetteville Rd, **N** 🅖 Circle K/dsl, Exxon/Circle K/dsl 🅕 China Cafe, City BBQ, McDonald's, Melting Pot, Orient Garden, Ruby Tuesday, Waffle House, Wendy's 🅞 GNC, Kroger/dsl, Roses, to NC Central U, Walgreens, **S** 🅕 Bufflo Wild Wings, CA Pizza Kitchen, Champp's Rest., Cheesecake Factory, Chili's, Chipotle, Firebird's, Fork-in-the-Road Cafe, Jersey Mike's, Los Tres Mexican, Maggiano's, McAlister's Deli, Melting Pot, Moe's SW Grill, Panera Bread, PF Chang's, Ruth's Chris Steaks, Starbucks, Ted's MT Grill 🛌 Hilton Garden 🅞 AT&T, Barnes&Noble, Belk, Best Buy, Buick/Cadillac/GMC, Chevrolet, JC Penney, Macy's, Mercedes, Nordstrom, Old Navy, Porsche, REI, Sears/auto, World Mkt
274	NC 751, to Jordan Lake, **N** 🅖 BP, Marathon 🅕 Asian Kitchen, Burger King, Char Grill, Denny's, Dunkin Donuts, Jimmy John's, KFC, Marco's Pizza, Taco Bell, Which Wich?, Wing Stop 🅞 Advance Parts, CVS Drug, Harris Teeter, Honda, Lexus, Rite Aid, Sheetz/dsl, URGENT CARE, Walgreens, **S** 🅖 🅕 Bonefish Grill, Bruster's, Chick-fil-A, Penn Sta Subs, Subway, Town Hall Burger 🛌 Fairfield Inn, Hyatt 🅞 Aldi Foods, Michael's, PetCo, Target
273	NC 54, to Durham, UNC-Chapel Hill, **N** 🅖 BP/dsl, **S** 🅖 BP, Shell/dsl 🅕 Amante Pizza, Hardee's, Jersey Mike's, Nantucket Grill, New China 🛌 Courtyard (2mi), Hampton Inn, Holiday Inn Express
270	US 15, US 501, Chapel Hill, Durham, **N** 🅕 Applebee's, Bob Evans, Carrabba's, Chipotle, Dickey's BBQ, Firehouse Subs, Five Guys, Freddy's, Jason's Deli, Jimmy John's, McAlister's, Moe's SW Grill, NY Pizza, Outback Steaks, Panera Bread, Papa John's, PDQ, Philly Steaks, Red Robin, Starbucks, Xank's Japanese 🛌 Comfort Inn, Home 2 Suites, Homewood Suites, SpringHill Suites, Staybridge Suites 🅞 $Tree, AT&T, Barnes&Noble, Best Buy, Dick's, Home Depot, 🅗S, Kohl's, Kroger/dsl, Marshalls, Michael's, Old Navy, Petsmart, to Duke U, Verizon, Walmart/Subway, **S** 🅖 Petco 🅕 Hardee's, La Hacienda, McDonald's, Starbucks, Subway, Wendy's 🛌 Quality Inn, Red Roof Inn, Residence Inn, Sheraton, University Inn 🅞 Acura, Advance Parts, AutoZone, BMW, CVS Drug, Food Lion, Lowe's, Mr Tire, Subaru, Trader Joe's
266	NC 86, to Chapel Hill, **2 mi S** 🅖 BP, Exxon, Speedway/dsl 🅕 Jersey Mike's, Subway

263	New Hope Church Rd
261	Hillsborough, 1.5 mi N 🅖 BP/Circle K, Citgo/dsl 🅕 McDonald's, Pizza Hut 🛌 Holiday Inn Express
259	I-85 N, to Durham

I-40 and I-85 run together 30 mi. See I-85, exits 131-161.

226	McConnell Rd, **S** 🅖 Exxon
224	E Lee St, to US 29 N, to US 220 N, **N** 🅖 BP/dsl, Shell/🛌 Holiday Inn Express, Rodeway Inn
223	to N US 29, E US 70, N US 20, Reidsville
222	MLK Jr (from eb), Sanford, **S** 🅖 Arby's, Biscuitville, Burger King, McDonald's, Subway, Taco Bell 🅕 Domino's, Ocean Blue Seafood Rest., Wendy's 🅞 Advance Parts, CVS Drug, Food Lion, Hall Tire Co, Walmart Mkt
221	S Elm-Eugene St, **N** 🅖 Citgo/dsl, Valero 🅞 AutoZone, Family$, Food Lion, O'Reilly Parts, **S** 🅖 BP, Shell/dsl 🛌 EconoLodge, Super 8 🅞 Home Depot
220	Randleman Rd, US 220 S, to Greensboro, Ashboro, **N** 🅖 Marathon/dsl, Valero 🅕 Biscuitville, Church's, KFC, McDonald's, Pizza Hut, Sub Sta 2, Subway 🅞 Greensboro Tire, Harley-Davidson, Rite Aid, Save-A-Lot, **S** 🅖 BP, Kangaroo 🅕 Cook-Out, Mayflower Seafood, Waffle House, Wendy's
219	US 29 S, W US 70, Highpoint (exits left from wb), Charlotte
218	US 220, Freeman Mill Rd, Ashboro
217	Highpoint Rd, Koury Blvd (from wb), **N** 🅖 Exxon, Shell/🅕 Biscuitville, Burger King, Chili's, Ham's Rest., Hooters, Ichiban Grill, J Butler's Grille, Little Caesar's, Olive Garden, Sakura Japanese, Santa Fe Mexican, Subway, Taco Bell 🛌 DoubleTree Hotel, Hampton Inn, Holiday Inn, Quality Inn, Red Roof Inn, Super 8 🅞 $General, $Tree, Office Depot, **S** 🅖 Shell 🅕 Bonefish Grill, Carrabba's, Darryl's Grill, Jimmy John's, Krispy Kreme, McDonald's, Popeye's, Smokey Bones BBQ, Waffle House, Wendy's, Zaxby's 🛌 Baymont Inn, Best Western, Comfort Suites, Drury Inn, Howard Johnson, Ramada Inn, Sheraton, Studio 6 🅞 Dillard's, Discount Tire, JC Penney, O'Reilly Parts, Walmart Mkt
216	(from eb), Greensboro, **N** 🅞 coliseum
214	Wendover Ave, **N** 🅖 Sheetz/dsl 🅕 Burger King, China Buffet, Coldstone, Jake's Diner, Mario's Pizza, Moe's SW Grill, New Orleans Rest., Noodles&Co, Panera Bread, Penn Sta Subs, Ruby Tuesday, Waffle House 🛌 Extended Stay, Fairfield Inn, Hilton Garden, Holiday Inn Express, Microtel 🅞 Audi, Costco/gas, CVS Drug, Ford, Nissan, PetCo, Staples, TJ Maxx, Verizon, VW, **S** 🅕 Applebee's, Arby's, Biscuitville, Bojangles, Chick-fil-A, Chipotle Mexican, CookOut, Cracker Barrel, Elizabeth Pizza, Golden Corral, Golden Wok, IHOP, Jimmy John's, Kabuto Japanese, La Hacienda Mexican, Logan's Roadhouse, Longhorn Steaks, McDonald's, O'Charley's, Panda Express, Papa John's, Red Lobster, Steak'n Shake, Subway, Taco Bell, TGIFriday's, Tripp's Rest., Villarosa Italian 🛌 Comfort Inn, Comfort Inn, Courtyard, Extended Stay America, Hyatt Place, InTown Suites, La Quinta, SpringHill Suites, Suburban Inn, Wingate Inn 🅞 $Tree, AT&T, Best Buy, Buick/GMC, Chevrolet, Dick's, Field&Stream, GNC, Goodyear, Hobby Lobby, Home Depot, Kohl's, Land River/Jaguar, Lowe's, Mazda, Meineke, Michael's, Old Navy, Petsmart, Ross, Sam's Club/gas, Target, Walmart
213	Guilford College Rd, **N** 🅖 BP/dsl 🛌 Wyndham Garden, **S** 🅖 same as 214, Sheetz 🅞 vet
212b a	I-73, US 241 S, to I-85, to Bryan Blvd, Ashboro, **N** 🅞 to ♿
211	Gallimore Dairy Rd, **N** 🅞 Freightliner
210	NC 68, to High Point, Piedmont Triad, **N** 🅖 Shell 🅕 Arby's, Carolina's Diner 🛌 Days Inn, Embassy Suites, Fairview Inn, Holiday Inn, Homewood Suites, Sleep Inn 🅞 Ford Truck

*(Side margins: **NC** / **GREENSBORO** / **CHAPEL HILL**)*

↑E INTERSTATE 40 Cont'd

210	Continued
	Kenworth, to ⮌, S 🅿 Exxon/dsl 🍴 Bojangles, Dunkin Do-nuts, Fatz Cafe, McDonald's, Pizza Hut/Taco Bell, Pollo Pizza/Pasta, Ruby Tuesday, Shoney's, Subway, Wendy's 🏠 Best Western, Comfort Suites, Courtyard, Extended Stay America, Fairfield Inn, Hampton Inn, Hawthorn Suites, Hilton Garden, Holiday Inn Express, Home 2 Suites, Motel 6, Quality Inn, Red Roof Inn, Residence Inn, SpringHill Suites
208	Sandy Ridge Rd, N 🅿 Exxon/Subway/dsl, Sheetz/dsl, Speed-way/dsl Ⓞ Camping World RV Ctr, S 🅿 Shell/Circle K/dsl Ⓞ Out Of Doors Mart
206	Lp 40 (from wb), to Kernersville, Winston-Salem, downtown
203	NC 66, to Kernersville, N 🅿 QM/Subway/dsl, Sheetz/dsl, Speedway/dsl 🍴 Capt Tom's Seafood, Clark's BBQ, Dairi-O, McDonald's, Wendy's 🏠 Hampton Inn, Sleep Inn Ⓞ 🅷, Ford, NTB, S 🅿 Shell/dsl 🏠 Holiday Inn Express
201	Union Cross Rd, N 🅿 BP/dsl 🍴 Blue Naples Pizza, Burger King, China Café, Subway Ⓞ CVS Drug, Food Lion, Walmart Mkt, S 🅿 Sheetz/dsl 🍴 Bojangle's
196	I-74, US 311 S, to High Point
195	US 311 N, NC 109, to Thomasville, S 🅿 Citgo, Speedway/dsl Ⓞ Family$
193b a	US 52, NC 8, to Lexington, S 🅿 Shell, Speedway/dsl 🍴 Hardee's
193c	Silas Creek Pkwy (from eb), same as 192
192	NC 150, to Peters Creek Pkwy, N 🅿 Shell, Speedway 🍴 Bo-jangles, Burger King, Hero House Rest, Hong Kong Buffet, IHOP, KFC, Little Caesar's, Monterrey Mexican, Mr BBQ, Subway, Taco Bell, Tokyo Japanese 🏠 University Inn Ⓞ $General, $Tree, Acura/Subaru, Audi, AutoZone, BigLots, Ford, Hamrick's, Hyundai, Infiniti, Mazda, Office Depot, Rite Aid, VW, S 🅿 BP, QM 🍴 Arby's, Baskin-Robbins/Dunkin Donuts, Cook-Out, Dairi-O, K&W Cafeteria, McDonald's, Papa John's, Pizza Hut, Waffle House, Wendy's, Zaxby's 🏠 Holiday Inn Express Ⓞ Advance Parts, Aldi Foods, BMW/Mini, CVS Drug, Family$, Food Lion, Honda, Mock Tire, Toyota/Scion
190	Hanes Mall Blvd (from wb, no re-entry), N 🍴 Carolina Ale-house, Chipotle Mexican, Coldstone, Elizabeth's Pizza, Genghis Grill, Jimmy John's, McDonald's, Ruby Tuesday, TGIFriday's, Tripp's Rest. 🏠 Best Western Ⓞ 🅷, Belk, Dick's, Dillard's, Firestone/auto, JC Penney, Macy's, mall, Marshalls, same as 189, Sears/auto, S 🍴 Bad Daddy's Burger, Burger King, ChuckECheese, Outback Steaks, Pan Asian, Starbucks, Sub-way 🏠 Comfort Suites, Microtel
189	US 158, Stratford Rd, Hanes Mall Blvd, N 🍴 BJ's Rest., Bojan-gles, Chili's, Golden Corral, Honeybaked Ham, Olive Garden, Red Lobster, Red Robin, Taco Bell, TX Roadhouse 🏠 Court-yard, Fairfield Inn Ⓞ 🅷, Belk, Buick/GMC, Cadillac, Chevro-let, Dillard's, JC Penney, Macy's, mall, Sears/auto, Walgreens, S 🅿 Shell 🍴 Applebee's, Bleu Rest., Brixx Pizza, Buffalo Wild Wings, Cheddar's, Chick-fil-A, Firebirds Grill, Five Guys, Hoot-ers, Jason's Deli, Jersey Mike's, KFC/LJ Silver, Longhorn Steaks, Mario's Pizza, Moe's SW Grill, Panera Bread, Qdoba, Subway, Tin Tin Asian, Twin Peaks, Village Tavern, Which Wich?, Zax-by's 🏠 Extended Stay America, Hampton Inn, Hilton Garden, La Quinta, Residence Inn, Sleep Inn, SpringHill Suites Ⓞ $Tree, AT&T, Barnes&Noble, Best Buy, Costco/gas, CVS Drug, Discount Tire, Hobby Lobby, Home Depot, Kohl's, Lowe's, Michael's, NTB, Petsmart, Ross, Sam's Club/gas, Target, Verizon
188	US 421, to Yadkinville, to WFU (no EZ wb return), Winston-Salem, 1/2mi N off US 421 🅿 BP, Exxon, Kangaroo, Shell

188	Continued
	🍴 Arby's, Burger King, Cook-Out, Dickey's BBQ, McDonald's, Starbucks, Waffle House, Wendy's Ⓞ CarMax, Lexus, Mer-cedes, Verizon, vet, Walmart/Subway
184	to US 421, Clemmons, N 🅿 Mobil/7-11, Shell 🍴 Applebee's, Dairi-O, Dunkin Donuts, IHOP, K&W Cafe, KFC, Milner Bros Rest., Panera Bread, Steak Escape 🏠 Quality Inn, S 🅿 BP/dsl, Circle K, Speedway/dsl 🍴 Arby's, Biscuitville, Brick Oven Pizza, Burger King, Cracker Barrel, Domino's, Kimono Japanese, Krispy Kreme, Little Richard's BBQ, McDonald's, Mi Pueblo Mexican, Mtn Fried Chicken, Pizza Hut, Ruby Tuesday, Sonic, Starbucks, Subway, Taco Bell, Time to Eat Cafe, Waffle House, Wendy's 🏠 Super 8, Village Inn Ⓞ $Tree, Advance Parts, AutoZone, BigLots, CVS Drug, GNC, K-Mart, Lowe's Foods, Meineke, NTB, O'Reilly Parts, Staples, USPO, Verizon, vet, Wal-greens, Walmart Mkt
182	Bermuda Run, Tanglewood, S 🍴 Chang Thai, Jersey Mike's, Lee's Chinese, Monte De Rey Mexican, Papa John's, Sub-way Ⓞ Harris-Teeter, Tanglewood Camping
182mm	Yadkin River
180	NC 801, Tanglewood, N 🅿 Sheetz/dsl 🍴 Capt's Galley Sea-food, Domino's, La Carreta Mexican, Subway 🏠 Hampton Inn Ⓞ 🅷, Lowe's Foods/dsl, Rite Aid, S 🅿 BP/McDonald's/dsl, Speedway/dsl 🍴 Asian View, Bojangles, Jade Garden, Miyabi Japanese, Venezia Italian, Wendy's, Zaxby's Ⓞ $Gen-eral, Ace Hardware, CVS Drug, Food Lion, Walgreens
177mm	℞ both lanes, full 🅰 facilities, litter barrels, petwalk, 🅲, 🅰, vending
174	Farmington Rd, N 🅿 Shell/dsl, S Ⓞ vineyards
170	US 601, Mocksville, N 🅿 Citgo/dsl, Murphy USA/dsl, TA/Shell/Country Pride/Popeye's/dsl/scales/24hr 🍴 JinJin Chi-nese, La Carreta Mexican Ⓞ $Tree, Campers Inn RV Ctr, GNC, Verizon, Walmart/Subway, S 🅿 BP, Sheetz/dsl, Speedway/Taco Bell 🍴 Arby's, Bojangles, Burger King, China Grill, Do-mingo's Mexican, Dunkin Donuts, Dynasty Chinese, East Coast Grill, KFC, Marco's Pizza, McDonald's, Papa John's, Pizza Hut, Sagebrush Steaks, Shiki Japanese, Subway, Waffle House, Wendy's 🏠 Comfort Inn, Days Inn, HighWay Inn, Scottish Inn Ⓞ 🅷, $General, Advance Parts, Lowe's, O'Reilly Parts, USPO, vet, Walgreens
168	US 64, to Mocksville, N 🅿 Exxon/dsl Ⓞ Lake Myers RV Re-sort (3mi), S 🅿 BP/dsl Ⓞ 🅷
162	US 64, Cool Springs, N Ⓞ Lake Myers RV Resort (5mi), S 🅿 Shell/dsl Ⓞ Midway Camping
161mm	S Yadkin River
154	to US 64, Old Mocksville Rd, N Ⓞ 🅷, S 🅿 Citgo/dsl 🍴 Jay-bee's Hotdogs Ⓞ repair/tires
153	US 64 (from eb), 1/2 mi S 🅿 Citgo/dsl 🍴 Jaybee's Hot-dogs Ⓞ repair/tires
152b a	I-77, S to Charlotte, N to Elkin

🅖 = gas   🍴 = food   🛏 = lodging   🅞 = other   ℞ₛ = rest stop   Copyright 2018 - The Next EX▮

INTERSTATE 40 Cont'd

STATESVILLE

Exit#	Services
151	US 21, E Statesville, N 🅖 Marathon/DQ/dsl, Speedway/dsl 🍴 Applebee's, Baskin-Robbins/Dunkin Donuts, Bojangles, Chick-fil-A, Chili's, Cook-Out, Cracker Barrel, K&W Cafeteria, KFC, Logan's Roadhouse, McDonald's, Mi Pueblo Café, Red Lobster, Ruby Tuesday, Shiki Japanese, Sorrento's Italian, Taco Bell, Wendy's, Zaxby's 🛏 Days Inn, Sleep Inn 🅞 $Tree, Advance Parts, Aldi Foods, AutoZone, BigLots, Chevrolet, CVS Drug, GNC, Hobby Lobby, Home Depot, Lowe's, Meineke, Michael's, NTB, Petsmart, Staples, TJ Maxx, URGENT CARE, Verizon, Verizon, Walmart/Subway, S 🅖 Exxon 🍴 BJ Hibachi, Greg's BBQ, Lonestar Steaks, Olde 1847 Pizza&Wing, Sonic, Waffle House 🛏 Holiday Inn Express, Masters Inn, Quality Inn 🅞 🅗, $General, URGENT CARE
150	NC 115, Statesville, N 🅖 BP/dsl, Citgo, Sheetz/dsl, Shell/Subway 🍴 Amalfi's Italian, Little Caesar's, Ol'Bob's BBQ, Waffle Shop 🅞 $General, CVS Drug, Food Lion, Fred's, museum
148	US 64, NC 90, W Statesville, N 🅖 Citgo/dsl, Shell 🍴 Arby's, BoxCar Grille, Burger King, McDonald's, Shiki Japanese, Subway, Village Inn Pizza 🛏 Economy Inn 🅞 $General, CVS Drug, Ingles Foods
146	Stamey Farm Rd, N 🅞 truck repair
144	Old Mountain Rd, N 🅖 Backyard's 🍴 Troy's Rest., S 🅖 BP/dsl, Shell/dsl
143mm	weigh sta both lanes
141	Sharon School Rd, N 🅖 Citgo/dsl
140mm	Catawba River
138	NC 10 W, Oxford School Rd, to Catawba, N 🅖 Valero/dsl
136mm	℞ₛ both lanes, full 🅰 facilities, litter barrels, petwalk, 🅲, 🅰, vending
135	Claremont, S 🅖 Shell/7-11 🍴 BoxCar Grille, Burger King, Hannah's BBQ, Hardee's, New Panda, Subway 🛏 Rodeway Inn 🅞 $General, Carolina Coach RV Ctr, Lowe's Foods
133	Rock Barn Rd, N 🅖 Shell/dsl, S 🅖 ▮▮▮▮/Subway/dsl/scales/24hr
132	to NC 16, Taylorsville, W 🍴 Hwy 55 Cafe, N 🅖 Marathon/Kangaroo, Murphy USA/dsl, Shell/dsl 🍴 Burger King, Jin's Buffet, Subway, Zaxby's 🛏 Holiday Inn Express 🅞 $Tree, AT&T, AutoZone, Walmart
130	Old US 70, N 🍴 Jack-in-the-Box, Subway 🅞 repair, Verizon, vet, S 🅖 Citgo, Pure 🅞 USPO
128	US 321, Fairgrove Church Rd, Hickory, N 🅖 BP, Marathon/dsl, Shell 🍴 McDonald's, Waffle House 🅞 🅗, S 🅖 Citgo, Marathon/dsl 🍴 Dos Amigos, Nagano Japanese, Papa Pesto's Greek/Italian, Wendy's 🛏 Days Inn, La Quinta 🅞 Chrysler/Dodge/Jeep, to Catawba Valley Coll
126	to US 70, NC 155, S 🅖 Marathon/dsl 🍴 Applebee's, Bob Evans, Buffalo Wild Wings, Chili's, East Coast Wings, IHOP, Jason's Deli, Krispy Kreme, McDonald's, O'Charley's, Olive Garden, Panera Bread, Popeye's, Taco Bell 🛏 Holiday Inn Express 🅞 Barnes&Noble, Discount Tire, Hickory Furniture Mart, Lowe's, Michael's, PetCo, Ross, Sam's Club/gas, URGENT CARE, Walmart/McDonald's
125	Hickory, N 🅖 RaceWay/dsl 🍴 Bojangles, Dickey's BBQ, Golden Corral, Hardee's, Kickback Jack's Grill, Mellow Mushroom, Rancho Viejo, Starbucks, TX Roadhouse 🛏 Red Roof Inn 🅞 $General, Aamco, Advance Parts, Firestone/auto, S 🅖 Shell/dsl, Speedway/dsl 🍴 Arby's, Atlanta Bread, Burger Fi, Carrabba's, Chick-fil-A, Chipotle, ChuckECheese, CiCi's Pizza, Coldstone, Cracker Barrel, Five Guys, Hooters, J&S Cafeteria, Jack-in-the-Box, KFC, Kobe Japanese, Longhorn Steaks,

HICKORY

Exit#	Services
125	Continued NY Hibachi Buffet, Outback Steaks, PDQ Rest., Red Lobst▮ Ruby Tuesday, Tony's Pizza, Waffle House, Wendy's, Wh▮ Wich?, Wild Wok, Zaxby's 🛏 Baymont Inn, Best Weste▮ Courtyard, Crowne Plaza, Fairfield Inn, Hampton Inn, Hilt▮ Garden, Quality Inn, Sleep Inn 🅞 $Tree, Aldi Foods, AT▮ Belk, Best Buy, Carmax, Dick's, Dillard's, Food Lion, Ford, Ha▮ rick's, Harley-Davidson, Home Depot, Honda, JC Penney, Koh▮ mall, Mazda, NAPA, Nissan, NTB, Office Depot, Old Na▮ O'Reilly Parts, Petsmart, Sears/auto, Sunrise Camping Ctr, S▮ zuki, Target, TJ Maxx, Toyota/Scion, Verizon
123	US 70/321, to NC 127, Hickory
121	Long View, N 🅞 Kenworth
119b a	Hildebran, N 🅖 Shell/Subway 🍴 Bojangles, Hardee's ▮ $General
118	Old NC 10, N 🅖 Pure, Shell/dsl
116	Icard, S 🅖 Marathon/McDonald's/dsl 🍴 Burger King, Gra▮ ny's Kitchen 🛏 Icard Inn 🅞 USPO
113	Connelly Springs, N 🅖 Citgo/dsl 🍴 Patsy Ann's Rest., Su▮ way 🅞 🅗, CVS Drug, Ford/Hyundai, Walgreens
112	Mineral Springs Mtn Rd, Valdese
111	Valdese
107	NC 114, to Drexel
106	Bethel Rd, S 🅖 Exxon/dsl 🛏 Economy Inn/rest.
105	NC 18, Morganton, N 🅖 BP/Dunkin Donuts/dsl 🍴 Abel▮ Rest., Arby's, Capt D's, Cracker Barrel, Fatz Café, Harbor I▮ Seafood, Las Salsas, McDonald's, Sonic, Wendy's, Zaxby's, Z▮ ko's Italian 🛏 Hampton Inn 🅞 🅗, Chevrolet/Buick/GM▮ S 🅖 Shell/dsl 🍴 El Paso Mexican, Sagebrush Steaks, Waf▮ House 🛏 Quality Inn, Sleep Inn 🅞 to South Mtns SP
104	Enola Rd, S 🍴 Chen's Garden 🅞 $Tree, BigLots, Food Lion
103	US 64, Morganton, N 🅖 Citgo/dsl, Exxon/dsl 🍴 Alliso▮ Rest., Chick-fil-A, Cook-Out, Village Inn Pizza 🛏 Days Inn, 🅖 Marathon, RaceWay/dsl 🍴 Bojangles, Butch's BBQ, De▮ ny's, Hardee's, KFC, Subway, Taco Bell, Tokyo Diner 🛏 Com▮ fort Inn 🅞 $General, Clark Tire/auto, Food Lion, Honda, Ingl▮ Foods, Lowe's
100	Jamestown Rd, N 🅖 BP/dsl 🍴 Waffle Shop 🅞 Chrysle▮ Dodge/Jeep, Ford/Lincoln
98	Causby Rd, to Glen Alpine, S 🅞 B&B/food
96	Kathy Rd
94	Dysartsville Rd, Lake James, N 🅞 Lake James SP
90	Lake James, Nebo, N 🅖 Nebo/dsl 🅞 to Lake James S▮ S 🅖 Marathon/dsl 🅞 Springs Creek RV Ctr
86	NC 226, to Spruce Pine, Marion, N 🅖 Exxon, ♥Loves/Su▮ way/Godfather's/dsl/scales/24hr 🍴 Hardee's, KFC, Waff▮ House 🅞 Jellystone RV Park (2mi)
85	US 221, Marion, N 🛏 Hampton Inn 🅞 to Mt Mitchell S▮ S 🅖 Marathon/dsl 🛏 Best Value Inn, Super 8 🅞 $Genera▮
83	Ashworth Rd
82mm	℞ₛ both lanes, full 🅰 facilities, litter barrels, petwalk, 🅲, F▮ vending
81	Sugar Hill Rd, to Marion, N 🅖 BP/dsl, Murphy Express▮ dsl 🍴 New China, Nopale's Mexican, Sixty Seven Pizz▮ 🅞 🅗, $Tree, Chrysler/Dodge/Jeep, GNC, Walmart/Subwa▮ S 🅖 Marion Travel Plaza/dsl
76mm	Catawba River
75	Parker Padgett Rd, S 🅖 Exxon/Stuckey's/DQ/dsl
73	Old Fort, N 🅖 BP/dsl 🍴 Hardee's 🅞 Auto+, S 🅖 Sunoc▮ dsl 🍴 McDonald's
72	US 70 (from eb), Old Fort, N 🛏 B&B
71mm	Pisgah NF, eastern boundary

MORGANTON

INTERSTATE 40 Cont'd

Exit#	Services
67.5mm	truck 🆁🆂 eb
66	Ridgecrest, **N** 🛏 B&B
65	(from wb), to Black Mountain, Black Mtn Ctr
64	NC 9, Black Mountain, **N** 🅿 Exxon, Shell/Subway 🍴 Pizza Hut ⊙ BiLo/café, **S** 🅿 BP/dsl 🍴 Denny's, McDonald's, Phil's BBQ, Starbucks, Taco Bell, Wendy's 🛏 Quality Inn ⊙ Ingles Foods/gas, Rite Aid
63mm	Swannanoa River
59	Swannanoa, **N** 🅿 BP/Subway, Shell/dsl 🍴 Athens Pizza, Burger King, Don Chon Chinese, Papa John's ⊙ Ace Hardware, CVS Drug, Family$, Harley-Davidson, Ingles Foods/gas, KOA (2mi), Miles RV Ctr/Park, to Warren Wilson Coll, USPO, vet, **S** ⊙ Mama Gertie's Camping
55	US 70, E Asheville, **N** 🅿 BP, Citgo/Subway, Mobil 🍴 Arby's, Bojangles, Cocula Mexican, Domino's, Gondolier Italian, Waffle House, Zaxby's 🛏 Days Inn, Holiday Inn, Motel 6, Quality Inn ⊙ Family$, Folk Art Ctr, Go Groceries, Tap's RV park, to Mt Mitchell SP, VA 🅷, vet
53b a	I-240 W, US 74 A, to Asheville, Bat Cave, **S** 🅿 Shell/dsl 🍴 Sonic, Subway ⊙ CVS Drug, Ingles, to Blue Ridge Pkwy, N on Fairview Rd 🍴 Ay Carumba Mexican, China Buffet, J&S Cafeteria, KFC, Little Caesars, McDonald's, Papa John's, Pizza Hut, Subway 🛏 Ramada Inn ⊙ $General, Advance Parts, Citgo/dsl, CVS Drug, Hamrick's, Home Depot, Meineke
51	US 25A, Sweeten Creek Rd, **S** 🍴 Subway 🛏 Brookstone Lodge
50	US 25, Asheville, **N** 🅿 Market Ctr, Shell, Shell/dsl 🍴 Arby's, Asaka Japanese, Chapala Mexican, Hardee's, Jimmy John's, LJ Silver, McDonald's, Moe's SW Grill, Ruth's Chris Steaks, Starbucks, Subway, TGIFriday's, TX Roadhouse, Wendy's, Zoe's Kitchen 🛏 Baymont Inn, Biltmore Village Lodge, Doubletree Inn, Grand Bohemian Hotel, Guesthouse Inn, Residence Inn ⊙ 🅷, to Biltmore House, URGENT CARE, **S** 🅿 Speedway/dsl 🍴 Apollo Flame Rest., Atl Bread Co, Bojangles, Huddle House, Juicy Lucy's ⊙ Advance Parts, Ingles/deli
47mm	French Broad River
47	NC 191, W Asheville, **N** ⊙ Bear Creek RV Camping, **S** 🅿 BP/Subway 🍴 Moose Cafe 🛏 Comfort Suites, Country Inn&Suites, Fairfield Inn, Hampton Inn, Holiday Inn Express, Rodeway Inn ⊙ Audi/Porsche/VW, Farmer's Mkt, Ford, Nissan
46b a	I-26 & I-240 E, **2 mi N** multiple services from I-240
44	US 19, US 23, W Asheville, **N** 🅿 BP, Shell/DQ/Quizno's/dsl, Speedway/dsl 🍴 Applebee's, Burger King, Cracker Barrel, Dunkin Donuts, El Chapala Mexican, Fatz Cafe, Hardee's, IHOP, Pizza Hut, Subway, Waffle House, Wendy's, Yao Grill 🛏 Comfort Inn, Country Inn&Suites, Ramada Inn, Red Roof Inn, Rodeway Inn, Sleep Inn, Whispering Pines Motel ⊙ Chevrolet, Chrysler/Dodge/Jeep, Family$, Ingles Foods, Lowe's, Mazda/Mercedes, **S** 🍴 McDonald's, Zaxby's 🛏 Budget Motel, Holiday Inn, Woodspring Suites ⊙ Bi-Lo Foods, CVS Drug, Home Depot
41mm	weigh sta both lanes
37	Candler, **N** 🅿 Sunoco, TA/Country Pride/dsl/scales/24hr/@ ⊙ Goodyear/truck tires, **S** 🅿 Exxon/dsl 🛏 Days Inn, Plantation Motel ⊙ $General, KOA
33	Newfound Rd, to US 74, **S** 🅿 Exxon
31	Rd 215, Canton, **N** 🍴 Sagebrush Steaks 🛏 Best Value Inn ⊙ URGENT CARE, **S** 🅿 BP/dsl, Marathon/DQ, Shell/dsl 🍴 Arby's, Bojangles, Burger King, McDonald's, Starbucks, Subway, Taco Bell, Waffle House 🛏 Quality Inn ⊙ Ford, Ingles Foods/dsl, RV/truck repair

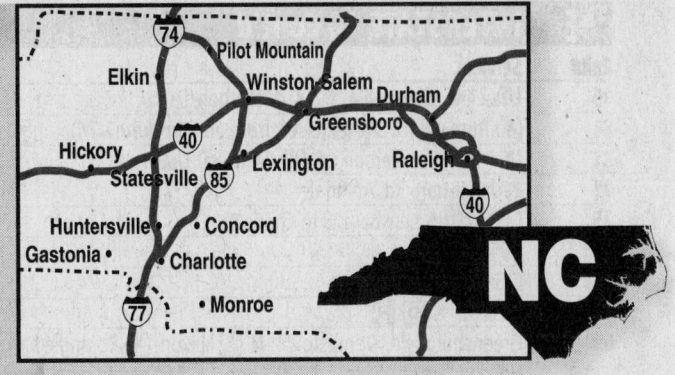

27	US 19/23, to Waynesville, Great Smokey Mtn Expswy, **3 mi S** 🍴 Burger King, Coffee Cup Cafe, Subway 🛏 Super 8 ⊙ 🅷, $Tree, Food Lion, GNC, Lowe's, to WCU (25mi)
24	NC 209, to Lake Junaluska, **N** 🅿 Pilot/Subway/dsl/scales/24hr/@ 🛏 Midway Motel, **S** 🅿 Shell/cafe/dsl/24hr ⊙ 🅷
20	US 276, to Maggie Valley, Lake Junaluska, **S** 🅿 BP/dsl, Exxon/dsl, Marathon (2mi) ⊙ Creekwood RV Park, Pride RV Resort, Winngray RV Park
16mm	Pigeon River
15	Fines Creek
13mm	Pisgah NF eastern boundary
10mm	🆁🆂 both lanes, full ♿ facilities, litter barrels, petwalk, 🕽, 🍴, vending
7	Harmon Den
4mm	**tunnel both lanes**
0mm	North Carolina/Tennessee state line

INTERSTATE 74

Exit#	Services
23	US 220 S, I-70/73 begins/ends
25	US 220 N, Ellerbe
28	to NC 73 W, Millstone Rd
30	Haywood Parker Rd
33	NC 73
35	Norman
39	Tabernacle Church Rd
41	US 220 S, US 220 A N, Candor
44	NC 211, Candor, Pinehurst, **N** 🅿 Exxon/dsl, Pilot/Dunkin Donuts/Wendy's/dsl/scales/24hr, **S** 🅿 Citgo/dsl ⊙ $General
49	NC 24, 27, Troy, Carthage, **S** 🅿 Citgo 🍴 Bojangle's, Hardee's, Waffle House 🛏 Day Inn ⊙ $General
52	Star, Robbins
56	US 220 A, Ether, Steeds
58	Black Ankle Rd
60	🆁🆂/visitor ctr both lanes, full ♿ **facilities**
61	NC 705, Seagrove, Robbins, **N** 🅿 Citgo/Hardee's/dsl
66	New Hope Church Rd
68	US 220, NC 134, Ulah, Troy
71	McDowell Rd, **N** 🅿 Tank$Tommy, **S** 🍴 K&W Cafeteria
72b a	US 64, NC 49, To Lexington, **N** 🅿 BP, Speedway/dsl 🍴 Arby's, Bamboo Garden, Biscuitville, Bojangle's, Burger King, Dunkin Donuts, Huddle House, McDonald's, Taco Bell, Wendy's 🛏 Comfort Inn ⊙ Lowe's Foods, **S** 🅿 Citgo/dsl 🍴 Subway 🛏 Randolph Inn ⊙ Food Lion
74	(exits left) Salisbury St, Sunset Ave
75	W Presnell St
76	Vision Dr
77	Spero Rd

A S H E V I L L E

A S H E B O R O

NC

[image: gas] = gas [image: food] = food [image: lodging] = lodging [image: other] = other [image: rest stop] = rest stop Copyright 2018 - The Next EXIT

INTERSTATE 74 Cont'd

Exit#	Services
79	Pineview St
86	(80 from wb) I-73 N (exits left from eb, runs with I-74)
84	US 311 S, Randleman, **S** [gas] Citgo [other] USPO
79	Cedar Square Rd, Archdale
75	I-85, N to Greensboro, S to Charlotte
71b	I-85BR, US 29
71a	E Green St
70	MLK Dr, **S** [other] [H]
69	Greensboro Rd, Jamestown, **N** [gas] Exxon [food] Bojangle's [other] Holiday Tire/auto, vet, **S** [gas] Citgo [food] McDonald's [other] Family$, SaveALot
67	NC 68, Eastchester Dr, to I-40, **S** [gas] Marathon/dsl [food] Barbarito's, Honeybaked Ham [other] URGENT CARE
66	Johnson St
65	US 311, N Main St, High Point, **S** [gas] Sheetz/dsl [food] McDonald's [other] Aldi Foods
63	NC 66, Kernersville
60	High Point Rd
59	Union Cross Rd
56	Ridgewood Rd
	I-74 begins/ends on I-40, exit 196
	Future I-74 connects via US 52 to US 311 around Winston Salem
122	Moore-RJR Dr, **N** [other] Hanging Rock SP
123	King, Tobaccoville, **N** [gas] Exxon/7-11 [food] Bojangle's, Burger King, KFC, Little Caesar's, Little Italy, McDonald's, Papa John's, Pizza Hut, Stratford BBQ, Subway, Taco Bell, Waffle House, Wendy's [lodging] Bestway Inn [other] $General, $Tree, Advance Parts, CVS Drug, Family$, Food Lion, Lowe's Foods, O'Reilly Parts, Rite Aid, USPO, vet, Walmart
127mm	scenic overlook wb
129	Pinnacle, **N** [gas] BP/dsl, **S** [gas] Marathon
131	Pilot Mtn SP
134	NC 268, Pilot Mtn, Elkin, **N** [gas] Exxon/dsl [food] McDonald's, Mtn View Rest. [lodging] Econolodge [other] Advance Parts, **S** [gas] Shell/Circle K/dsl, Speedway/Dunkin Donuts/dsl [food] Wendy's
135	Pilot Mtn
136	Cook School Rd, **N** [gas] Blue Mtn/dsl, Gas&Go [other] Ford
17	US 52 N, to Mt Airy
13	Park Dr
11	US 601, to Mt Airy, Dobson **N** [gas] Sheetz/dsl
8	Red Brush Rd, **N** [gas] Shell/Circle K/dsl
6	NC 89, to Mt Airy, **S** [gas] [Flying J]/Brintle's Rest./dsl/scales/24hr/@, Marathon/Subway/dsl, Shell/Circle K/dsl [food] Copper Pot Rest. [lodging] Best Western
5	(101 from eb) I-77, N to Wytheville, S to Statesville
0mm	**I-74 begins/ends at NC state line, runs with I-77.**

INTERSTATE 77

Exit#	Services
105mm	North Carolina/Virginia state line
105mm	**Welcome Ctr sb, full** [handicap] **facilities, info, litter barrels, petwalk, [C], [picnic], vending**
103mm	weigh sta both lanes
101	I-74 E, to Mt Airy, Winston-Salem, Greensboro, **E** [other] [H] (12mi)
100	NC 89, to Mt Airy, **E** [Flying J]/Brintle's Rest./dsl/scales/24hr/@, Marathon/Subway/dsl, Shell/Circle K/dsl [food] Copper Pot Rest. [lodging] Best Western [other] dsl repair, [H](12mi)
93	to Dobson, Surry, **E** [gas] BP/DQ/dsl, Exxon/Circle K/dsl [food] Diner, Harvest Grill (2mi), Putters Grill [lodging] Hampton Inn, Surry Inn

KING PILOT MTN (vertical left margin)

NC (left margin tab)

ELKIN STATESVILLE MOORESVILLE (vertical right margin)

85	NC 118, CC Camp Rd, to Elkin, **1-3 mi W** [gas] Exxon/7-11/d Murphy Express/dsl, Sheetz/dsl, Speedway/dsl [food] Burg King, KFC, Mazzini's Italian, McDonald's, Sonic, Taco Bell, Za by's [lodging] Fairfield Inn [other] [H], $Tree, AT&T, BigLots, Food Lic Lowe's, Rite Aid, Walmart/Subway
83	US 21 byp, to Sparta (from nb)
82.5mm	Yadkin River
82	NC 67, Elkin, **E** [gas] BP/Subway/dsl, Citgo/Case Outlet/dsl, Ex on/dsl [food] Arby's, Cracker Barrel, Sixty Seven Pizza [lodging] Be Western [other] Holly Ridge Camping (8mi), **W** [gas] Speedwa Dunkin Donuts/dsl [food] Bojangles, Breakfastime, McDonald Valentino's Pizza, Waffle House, Wendy's [lodging] Days Inn, Ham ton Inn, Quality Inn [other] $General, D-Rex Drug, Food Lion, U GENT CARE, vet
79	US 21 S, to Arlington, **E** [gas] Citgo/Subway/dsl [lodging] Royal In **W** [gas] BP/dsl [food] Glenn's BBQ [lodging] Best Value Inn
73b a	US 421, to Winston-Salem, **1 mi E** [gas] Exxon/Subway/7-11/c
72mm	[rest stop] nb, full [handicap] facilities, litter barrels, petwalk, [C], [picnic], vendin
65	NC 901, to Union Grove, Harmony, **E** [other] Van Hoy Farms Cam ing, **W** [gas] BP/dsl, Exxon/Subway/7-11/dsl [food] Burger Ba [other] $General, Ace Hardware, Fiddler's Grove Camping (2mi)
63mm	[rest stop] sb, full [handicap] facilities, litter barrels, petwalk, [C], [picnic], vendin
59	Tomlin Mill Rd, **W** [gas] Valero/dsl
58	[rest stop] both lanes, full [handicap] facilities
56.5mm	S Yadkin River
54	US 21, to Turnersburg, **E** [gas] Citgo, **W** [gas] Exxon/7-11/c [food] Arby's, Baskin-Robbins/Dunkin Donuts, Chick-fil-A, Coo Out, Golden Corral, Zaxby's
51b a	I-40, E to Winston-Salem, W to Hickory
50	E Broad St, Statesville, **E** [gas] Citgo, Exxon/Kangaroo/ds Shell [food] Arby's, Bojangles, Burger King, Domino's, Dunkin D nuts/Hungry Howie's, East Coast Grill, IHOP, Little Caesar's, Lc Compadres Mexican, McDonald's, Papa John's, Papa Murphy' Pizza Hut, Shanghai Buffet, Starbucks, Subway, Taco Bell, We dy's [lodging] Brookwood Inn, Red Roof Inn [other] $General, $Tre AT&T, Belk, Bi-Lo, Food Lion, K-Mart, Rite Aid, URGENT CARE
49b a	US 70, G Bagnal Blvd, to Statesville, **E** [gas] BP, Citgo/dsl, Citgo dsl, Marathon/dsl, Shell, Solo [food] KFC, Outback Steaks, Ric Fun Chinese, Subway, Village Inn Pizza, Waffle House [lodging] Be Value Inn, Best Western, Comfort Inn, Courtyard, Hampto Inn, Motel 6, Ramada Inn [other] auto repair, Camping World R Ctr, Ford/Lincoln, Harley-Davidson, Honda, Nissan, Toyota Scion, **W** [gas] Citgo/dsl, Exxon/dsl [lodging] Hilton Garden, Micro tel [other] Buick/GMC, Carquest, Chrysler/Dodge/Jeep
45	to Troutman, Barium Springs, **E** [other] KOA, RV Repair
42	US 21, NC 115, to Troutman, Oswalt, **E** [gas] [Pilot]/Sul way/Dunkin Donuts/dsl/scales/24hr, Sheetz/dsl [food] Boja gles, McDonald's, Taco Bell, Wendy's [other] AutoZone, Lowe' **W** [gas] CNG, Exxon/dsl [food] Arby's [other] to Lake Norman SP
39mm	[rest stop] both lanes, full [handicap] facilities, litter barrels, petwalk, [C], [picnic] vending
36	NC 150, Mooresville, **E** [gas] Circle K/dsl, Exxon, QT/dsl, Shell dsl [food] Applebee's, CookOut, Denny's, Domino's, Fat Boy Rest., Hong Mei Buffet, Pizza Hut, Pomodoro's, Popeyes, Sor ny's BBQ, Taco Bell, Waffle House, Wendy's, Zaxby's [lodging] Day Inn, Fairfield Inn, Holiday Inn Express, Quality Inn [other] $Tre Belk, Big Lots, Cadillac/Chevrolet, GNC, Jo-Ann Fabrics, Kia Kohl's, Subaru, Tuesday Morning, URGENT CARE, Walmar Subway, **W** [gas] Circle K/dsl, Qt/dsl, Shell/dsl, Speedway dsl [food] Baskin-Robbins/Dunkin Donuts, Bojangles, Buffal Wild Wings, Charanda Mexican, Chick-fil-A, Chili's, Chipotl Chopstix, Cracker Barrel, Duckworth's Grill, Firehouse Sub

⬆N　INTERSTATE 77 Cont'd

36 Continued
Five Guys, Golden Corral, Hardee's, Hickory Tavern Grill, Hooters, IHOP, Iron Thunder Grill, LoneStar Steaks, McAlister's Deli, McDonald's, Moe's SW Cafe, Noodles&Co, O'Charley's, Panera Bread, Papa Murphy's, Red Robin, Rita's Custard, Sagebrush Steaks, Showmar's, Smoothie King, Sonic, Starbucks, Steak'n Shake, Subway 🏨 Carolina Inn, Hampton Inn, Sleep Inn, Wingate Inn 🅾 Advance Parts, AT&T, AutoZone, Best Buy, BJ's Whse/gas, CVS Drug, Dick's, Discount Tire, Food Lion, Hobby Lobby, Lowe's, Michael's, NTB, Old Navy, PetCo, Petsmart, Ross, Sam's Club/dsl, Staples, Target, TJ Maxx, Tuffy Auto, Verizon, vet, Walgreens, World Mkt

35 Brawley School Rd

33 US 21 N, **E** 🅿 Shell 🍴 Brusco's Pizza, China Express, DQ, Iron Grill Japanese, Jeffrey's Rest, Jets Pizza, McDonald's, Starbucks, Subway 🏨 Candlewood Suites, Hilton Garden, SpringHill Suites, TownePlace Suites 🅾 🏥, **W** 🅿 Citgo/dsl, Marathon/dsl 🍴 Arby's, Baskin-Robbins/Dunkin Donuts, Sauza's Mexican 🅾 Food Lion, vet

31 Langtree Rd, **W** 🅿 Shell/dsl

30 Davidson, **E** 🅿 BP, Exxon/dsl 🍴 Char-Grill, Ming's Chinese, Subway 🏨 Homewood Suites 🅾 Harris-Teeter, to Davidson College, Woodie's Auto Service, **W** 🍴 North Harbor Rest

28 US 21 S, NC 73, Cornelius, Lake Norman, **E** 🅿 Cashion/dsl, Citgo 🍴 Acropolis Cafe 🏨 Days Inn, Hampton Inn 🅾 NAPA, vet, **W** 🅿 Marathon/Circle K 🍴 Asiana, Bojangles, Chicago Dog, Choplin's Rest., Domino's, Dragon Buffet, Fresh Chef Cafe, Honeybaked Ham, Jersey Mike's, Jimmy John's, KFC, Little Caesar's, Mac's BBQ, McAlister's Deli, McDonald's, Pizza Hut, Starbucks, Subway, Taco Bell, Waffle House, Wendy's 🏨 Clarion, Comfort Inn, EconoLodge, Microtel 🅾 $Tree, Chrysler/Dodge/Jeep, Fresh Mkt, Goodyear/auto, Hyundai, Infiniti, SteinMart, USPO, Walgreens

25 NC 73, Concord, Lake Norman, **E** 🅿 Exxon/7-11/dsl 🍴 Burger King, Chick-fil-A, Chili's, Duckworth's Grill, IHOP, Longhorn Steaks, McDonald's, Melting Pot, Moe's SW Grill, Panda Express, Panera Bread, Papa John's, Showmar's Rest., Starbucks, Subway, Zaxby's 🏨 Country Inn&Suites, Holiday Inn Express, Quality Inn 🅾 🏥, AAA, Advance Parts, AT&T, GNC, Harris-Teeter, Home Depot, Kohl's, Lowe's, Marshall's, PetCo, Staples, Target, Tuffy Auto, Verizon, vet, **W** 🍴 Shell/Circle K/dsl 🍴 Bob Evans, Bojangles, Bonefish Grill, Carrabba's, Chipotle, Hickory Tavern Grill, House of Taipei, Jason's Deli, Jimmy John's, Kabuto Japanese, Outback Steaks, Qdoba, Red Rock's Cafe, Starbucks, Subway, Taco Mac, Viva Chicken, Which Wich?, Zoe's Kitchen 🏨 Candlewood Suites, Courtyard, Sleep Inn 🅾 Barnes&Noble, Dick's, Office Depot, to Energy Explorium, Walgreens, Whole Foods Mkt

23 Gilead Rd, to US 21, Huntersville, **E** 🅿 BP, Pittstop, Shell 🍴 Baskin-Robbins/Dunkin Dounuts, Bojangles, Chico's Mexican, CookOut, Hardee's, Huntersville Rest., Jersey Mike's, Little Caesar's, Rocky's Pizza, Romanello's Subs, Subway, Taco Bell, Waffle House, Wendy's 🏨 Best Western, Comfort Suites, Hampton Inn, Super 8 🅾 AutoZone, Buick/GMC, Food Lion, Ford, Goodyear/auto, Honda, Mazda, O'Reilly Parts, Rite Aid, Toyota, Tuesday Morning, USPO, vet, VW, **W** 🍴 Shell/7-11/dsl 🍴 Domino's, Firehouse Subs, Five Guys, Fusion Asian, Groucho's Deli, Hawthorne's Pizza, Killington's Rest., McDonald's, Papa Murphy's, Pizza Hut, Starbucks 🅾 🏥, Batteries+, CVS Drug, Earth Fare, GNC, Harris-Teeter, Publix, URGENT CARE, Walgreens

19b a S I-485 Outer, Rd 115, to Spartanburg

18 Harris Blvd, Reames Rd, **E** 🅿 BP/Arby's, Shell/7-11/dsl 🍴 Azteca Mexican, Bob Evans, Hickory Tavern, Jack-in-the-Box, Jimmy John's, Subway, Waffle House 🏨 Comfort Suites, Courtyard, Fairfield Inn, Hilton Garden, Holiday Inn Express, Suburban Lodge 🅾 🏥, Advance Parts, Staples, to UNCC, Univ Research Park, URGENT CARE, **W** 🍴 Bravo Italian, Buffalo Wild Wings, Chick-fil-A, Chili's, East Coast Grill, Edomae Grill, Firebirds Grill, Firehouse Subs, Five Guys, Fox&Hound, Jersey Mike's, Mimi's Cafe, Moe's SW Grill, Olive Garden, On-the-Border, Panera bread, PF Chang's, Red Robin, Shane's Rib Shack, TGI Friday's, Wendy's 🏨 Drury Inn 🅾 $Tree, AT&T, Belk, Best Buy, Dick's, Dillard's, Discount Tire, Lowe's, Macy's, mall, Old Navy, Petsmart, REI, Target, Verizon

16b a US 21, Sunset Rd, **E** 🅿 Circle K, QT/dsl, Shell/7-11/dsl 🍴 Capt D's, Hardee's, KFC, McDonald's, Papa John's, Subway, Taco Bell, Wendy's 🏨 Days Inn, Super 8 🅾 $General, AutoZone, Just$ave Foods, NAPA, O'Reilly Parts, **W** 🅿 Circle K/dsl, Citgo/dsl, Shell/dsl/scales/24hr 🍴 Baskin-Robbins/Dunkin Donuts, Bojangles, Bubba's BBQ, CookOut, Denny's, Domino's, Jack-in-the-Box, Little Caesar's, Subway, Waffle House 🏨 Microtel, Sleep Inn 🅾 Advance Parts, Aldi Foods, CVS Drug, Family$, Food Lion, Meineke, Walgreens

13b a I-85, S to Spartanburg, N to Greensboro

12 La Salle St, **W** 🍴 Marathon/dsl, Shell/dsl

11b a I-277, Brookshire Fwy, NC 16

10b Trade St, 5th St, **E** 🅾 to Discovery Place, **W** 🅿 Marathon 🍴 Bojangles, Church's 🅾 Family$

10a US 21 (from sb), Moorhead St, downtown

9 I-277, US 74, to US 29, John Belk Fwy, downtown, **E** 🅾 🏥, stadium

8 Remount Rd (from nb, no re-entry)

7 Clanton Rd, **E** 🅿 Marathon/dsl 🏨 EconoLodge, Super 8 🅾 Family$, **W** 🅿 BP, Shell/7-11/dsl

6b a US 521, Billy Graham Pkwy, **E** 🅿 Citgo, QT/dsl, Shell/dsl 🍴 Arby's, Azteca Mexican, Bojangles, Capt D's, Carolina Prime Steaks, Domino's, Dragon House, Firehouse Subs, HoneyBaked Ham, IHOP, KFC, Papa John's, Tres Pesos Grill, Waffle House 🏨 Best Western, Days Inn, Ramada Ltd, Sheraton 🅾 CVS Drug, Family$, Home Depot, TJ Maxx, to Queens Coll, Walgreens, **W** 🅿 Kangaroo 🍴 Omaha Steaks 🏨 Courtyard, Embassy Suites, Extended Stay America, Hyatt House, InTowne Suites, La Quinta, Sleep Inn 🅾 🖂

5 Tyvola Rd, **E** 🅿 Kangaroo, Shell 🍴 Chili's, China King, Denny's, McDonald's, Sonny's BBQ, Subway 🏨 Comfort Inn, Crowne Plaza, Extended Stay America, Hawthorn Suites, Hilton, Quality Inn, Residence Inn 🅾 Costco/gas, Family$, Jaguar, Maserati, Meineke, Verizon, **W** 🏨 Extended Stay America, Home2 Suites, Wingate Inn

(left margin) CONCORD

(right margin) CHARLOTTE

(right tab) **NC**

🅟 = gas   🍽 = food   🛏 = lodging   🅞 = other   🆁🆂 = rest stop   Copyright 2018 - The Next EXIT

⬆🅝 INTERSTATE 77 Cont'd

Exit#	Services
4	Nations Ford Rd, **E** 🅟 Citgo, Shell/Circle K 🍽 Floyd's Rest. 🛏 Knights Inn, La Casa Inn, **W** 🅟 Shell/Burger King
3	Arrowood Rd, **E** 🍽 Cafe South, Jack-in-the-Box, Sonic, Starbucks, Wendy's 🛏 Courtyard, Fairfield Inn, Holiday Inn Express, Hyatt Place, Mainstay Suites, Sonesta Suites, TownePlace Suites, **W** 🍽 Ruby Tuesday 🛏 Hampton Inn
2	I-485
1.5mm	Welcome Ctr nb, full 🚻 facilities, info, litter barrels, petwalk, 🆑, 🎎, vending
1	Westinghouse Blvd, to I-485 (from nb), **E** 🅟 BP/dsl 🍽 Jack-in-the-Box, Subway, Waffle House 🛏 Super 8, **W** 🅟 Shell/7-11/dsl 🍽 Burger King
0mm	North Carolina/South Carolina state line

⬆🅝 INTERSTATE 85

Exit#	Services
234mm	North Carolina/Virginia state line
233	US 1, to Wise
231mm	**Welcome Ctr sb, full 🚻 facilities, litter barrels, petwalk, 🆑, 🎎**
229	Oine Rd, to Norlina, **W** 🅞 SRA
226	Ridgeway Rd, **W** 🅞 to Kerr Lake, to SRA
223	Manson Rd, **E** 🅞 USPO, **W** 🅞 to Kerr Dam
220	US 1, US 158, Flemingtown Rd, to Middleburg, **E** 🅟 Mobil/dsl, **W** 🅟 Exxon/dsl/scales/truck wash 🛏 Chex Trkstp/motel/rest.
218	US 1 S (from sb exits left), to Raleigh
217	Nutbush Bridge, **E** 🅞 auto repair, **W** 🅟 Exxon/dsl 🅞 Kerr Lake RA
215	US 158 BYP E, Henderson (no EZ return from nb), **E** 🅟 Citgo, Shell, Speedway/dsl 🍽 Burger King, Forsyth's BBQ, Golden China, Nunnery-Freeman BBQ, Subway 🛏 Budget Host, EconoLodge, Scottish Inn 🅞 $General, Food Lion, repair/tires, Roses, services on US 158
214	NC 39, Henderson, **E** 🅟 🍽 Waffle House, **W** 🅟 Mobil/dsl, Shell 🅞 to Kerr Lake RA
213	US 158, Dabney Dr, to Henderson, **E** 🅟 Marathon, Valero 🍽 Bamboo Garden, Big Cheese Pizza, Bojangles, Denny's, Ichibar Chinese, KFC, McDonald's, Papa John's, Pino's Italian, Subway, Wendy's 🅞 Family$, Food Lion, Roses, Save-a-Lot Foods, **W** 🅟 Shell 🍽 Chick-fil-A, Golden Corral, Mayflower Seafood, Pizza Hut, Ruby Tuesday, Smithfields BBQ, Taco Bell 🛏 Holiday Inn Express 🅞 Advance Parts, BigLots, Buick/Chevrolet/GMC, Chrysler/Dodge/Jeep, Ford/Lincoln, Lowe's, Rite Aid, Staples, Verizon
212	Ruin Creek Rd, **E** 🅟 Shell/dsl 🍽 Cracker Barrel, Mazatlan Mexican, Ribeye's, Waffle House 🅞 Toyota/Scion, **W** 🅟 Exxon/Burger King, Sheetz/dsl 🛏 Baymont Inn, Hampton Inn, Sleep Inn 🅞 H, $Tree, Belk, JC Penney, Walmart
209	Poplar Creek Rd, **W** 🅞 Vance-Granville Comm Coll
206	US 158, Oxford, **W** 🅟 BP/dsl 🅞 🍴
204	NC 96, Oxford, **E** 🅟 BP/dsl 🛏 Comfort Inn, King's Inn 🅞 Buick/Chevrolet/GMC, Ford, Honda, **W** 🅟 Shell, Speedway/dsl, Valero/Popeye's 🍽 Burger King, China Wok, CookOut, Domino's, KFC/Taco Bell, McDonald's, Pizza Hut, Subway, Wendy's 🛏 Regency Inn 🅞 H, GNC, Just Save
202	US 15, Oxford, **W** 🅟 Murphy Express/dsl 🍽 Bojangles, Hwy 55 Cafe 🛏 Crown Motel (2mi) 🅞 $Tree, Verizon, Walmart
199mm	🆁🆂 both lanes, full 🚻 facilities, litter barrels, petwalk, 🆑, 🎎
198mm	Tar River

Exit#	Services
191	NC 56, Butner, **E** 🅟 BP/dsl, Speedway/dsl 🍽 Arby's, Bob─ BBQ, Bojangles, Domino's, El Rio Mexican, KFC/Taco Be─ McDonald's, Pizza Hut, Pizza Mia, Sonic, Subway, Taste ─ China, Wendy's 🛏 Inn at Creedmoor 🅞 $General, $Tre─ Advance Parts, AutoZone, Food Lion, M&H Tires, Rite Aid, ─ Falls Lake RA, vet, **W** 🅟 Exxon, Shell/dsl 🍽 Hardee's, C─ South Rest. 🛏 Best Western, EconoLodge, Sunset Inn Expre─ 🅞 auto repair
189	Butner, **W** 🅟 BP/dsl, Exxon/dsl, Valero 🍽 BBQ Barn, Su─ way 🅞 repair
186b a	US 15, to Creedmoor, **E** 🅟 Variety Mart/dsl
185mm	Falls Lake
183	Redwood Rd
182	Red Mill Rd, **E** 🅟 Exxon/dsl 🅞 Kenworth/Isuzu Trucks
180	Glenn School Rd, **E** 🅟 Citgo/dsl 🍽 Hwy 55 Cafe 🅞 AT&─ Verizon, Walmart/Subway
179	E Club Blvd, **E** 🅟 Exxon
178	US 70 E, to Raleigh, Falls Lake RA, Research Triangle, **E** 🅞 RD─ Airport
177	Avondale Dr, NC 55, **W** 🅟 BP, Shell 🍽 American Hero, A─ by's, Guanajuato, McDonald's, Subway, Waffle House 🅞 A─ vance Parts, AutoZone, Family$
176b a	Gregson St, US 501 N, **E** 🅟 Biscuitville, Burger King, Hugo'─ PanPan Diner, Randy's Pizza, Ruby Tuesday, Tripp's Din─ 🛏 Hampton Inn 🅞 mall, Sears/auto, **W** 🅞 H, Museum ─ Life&Science
175	Guess Rd, **E** 🅟 Citgo 🍽 Hog Heaven BBQ, Pad Thai 🛏 Ho─ day Inn Express, Super 8 🅞 Rite Aid, **W** 🅟 BP/dsl, Exxon/d─ Pure/dsl 🍽 Bojangles, IHOP, Jimmy's Hotdogs, McDonald'─ Popeye's, TX Roadhouse 🛏 Red Roof Inn 🅞 $Tree, Costc─ gas, Family$, GNC, Home Depot, Kroger, PetsMart, Ross, Ve─ zon, vet
174a	Hillandale Rd, **W** 🅟 🍽 Bleu Olive, China King, El Corral, P─ modoro Italian 🛏 Comfort Inn, Courtyard 🅞 URGENT CAR─ Walgreens
174b	US 15 S, US 501 S
173	US 15, US 501, US 70, Colemill Rd, W Durham, **E** 🅟 BP, Exxon─ dsl, Mobil, Sheetz/dsl, Shell 🍽 Arby's, Biscuitville, Bojangle─ Chick-fil-A, Cookout, Cracker Barrel, DogHouse Rest., Domino'─ Japan Express, KFC/Taco Bell, McDonald's, Shanghai Chines─ Subway, Waffle House, Wendy's 🛏 Days Inn, Hilton, Motel ─ Quality Inn 🅞 H, $General, Advance Parts, AutoZone, CV─ Drug, Kroger, Mr Tire, O'Reilly Parts, Rite Aid
172	NC 147 S, to US 15 S, US 501 S (from nb), Durham
170	to NC 751, to Duke U (no EZ return from nb), **E** 🛏 Magnuso─ Hotel, Scottish Inn, **W** 🅞 to Eno River SP
165	NC 86, to Chapel Hill, **E** 🅟 Eagles/Burger King/dsl 🍽 Chin─ Fuji, Hwy 55, Papa John's, Subway 🅞 $Tree, Advance Part─ Home Depot, Walmart, **W** 🅟 BP/dsl 🅞 auto repair
164	Hillsborough, **E** 🅟 BP, Citgo/dsl 🍽 McDonald's 🛏 Ho─ day Inn Express, **W** 🅟 Shell 🍽 Bojangles, Colorado Burrit─ Domino's, Hardee's, KFC/Taco Bell, Pueblo Viejo Mexican, Su─ way, Waffle House, Wendy's 🛏 Microtel 🅞 $General, $Tre─ AutoZone, Food Lion, Ford, Goodyear/auto
163	I-40 E, to Raleigh.
	I-85 S and I-40 W run together 38 mi.
161	to US 70 E, NC 86 N
160	to NC 86 N, Efland, **W** 🅟 Exxon/dsl 🅞 Andrew's Repa─ **N** 🍽 Missy's Grill
158mm	weigh sta both lanes
157	Buckhorn Rd, **E** 🅟 BP/dsl, Petro/Valero/Dunkin Donuts/Iro─ Skillet/dsl/scales/24hr/@, **W** 🅟 Citgo

(Vertical margin markers: NC, BUTNER, DURHAM, HENDERSON, OXFORD)

INTERSTATE 85 Cont'd

MEBANE

BURLINGTON

Exit#	Services
154	Mebane-Oaks Rd, E [gas] Murphy USA/dsl, Sheetz/dsl [food] China Garden, Ciao Pizza, Hwy 55 Cafe, Starbucks, Subway, Taco Bell, Wendy's, Zaxby's [other] $Tree, AT&T, GNC, Walmart/Subway, W [gas] BP, Shell/dsl, Speedway/dsl [food] Biscuitville, Blue Ribbon Diner, Bojangles, La Fiesta Mexican, McDonald's, Roma Pizza, Sake Japanese, Waffle House [lodging] Budget Inn [other] Advance Parts, AutoZone, CVS Drug, Lowe's Foods, Tanger Outlets/famous brands, URGENT CARE, Verizon, vet, Walgreens
153	NC 119, Mebane, E [gas] BP/KFC/Pizza Hut/Taco Bell [food] Anna Maria's Pizza, Cracker Barrel, Hibachi, Hursey's BBQ, Jersey Mike's, La Cocina Mexican, Moe's SW Grill, Ruby Tuesday, Sakura Japanese, Smithfield's BBQ [lodging] Hampton Inn, Holiday Inn Express [other] $General, Lowe's, O'Reilly Parts, vet, W [gas] Exxon/Burger King [food] Asian Harbor, Catrina's, Domino's, Papa John's, Subway [other] Food Lion
152	Trollingwood Rd, E [gas] Pilot/McDonald's/dsl/scales/24hr, W [gas] Loves/Hardee's/dsl/scales/24hr
150	to Roxboro, Haw River, W [gas] FLYING J/Denny's/dsl/LP/scales/24hr, Pilot/DQ/Wendy's/dsl/scales/24hr, SpeedCo [lodging] Days Inn [other] Blue Beacon
148	NC 54, Graham, E [gas] BP/dsl, Shell/dsl, Synergy/Circle K [food] Waffle House [lodging] Quality Inn, W [food] AmMex 2 Cafe
147	NC 87, to Pittsboro, Graham, E [gas] Sheetz/dsl [food] AnnaMaria's Pizzeria, Arby's, Bojangles, Great Wall Chinese, Guerrero Mexican, Pizza Hut, Popeye's, Subway, Wendy's [other] Advance Parts, AutoZone, Champion Tire/Repair, Family$, Food Lion, Ford, Just Save, O'Reilly Parts, Rite Aid, W [gas] Citgo/dsl, Exxon/dsl, Shell/dsl [food] Biscuitville, Cook-Out, Golden China, La Fiesta Mexican, McDonald's, Taco Bell, Zaxby's [other] $General, CVS Drug, Verizon, Walgreens
145	NC 49, Burlington, E [gas] BP/dsl, Sheetz/dsl, Shell/dsl [food] Capt D's [lodging] EconoLodge, Microtel, Motel 6 [other] Harley-Davidson, W [gas] BP/dsl [food] Biscuitville, Bojangles, Burger King, China Inn, Hardee's, KFC, Subway [lodging] Red Carpet Inn, Red Roof Inn, Royal Inn [other] $General, Chrysler/Dodge/Jeep, Family$, Food Lion, Rite Aid
143	NC 62, Burlington, E [gas] Sav-Way [food] Hardee's, Waffle House, Wendy's [other] JR Outlet, to Alamance Bfd, W [gas] Marathon, Sheetz/dsl [food] Biscuitville, Cutting Board Rest, K&W Cafeteria [lodging] Ramada Inn [other] $General, auto repair, Cadillac, Chevrolet, Food Lion, Ford, Home Depot, Mazda, vet
141	Huffman Mill Rd, Burlington, E [gas] BP, Kangaroo [food] IHOP, Mayflower Seafood, Outback Steaks [lodging] Hampton Inn, Holiday Inn Express [other] [H], Nissan, W [gas] Raygo [food] Applebee's, Arby's, Biscuitville, Bojangles, Cancun Mexican, Chick-fil-A, China Gate, Cook-Out, Cracker Barrel, East Coast Cafe, Fire Pit, Five Guys, Golden Corral, Grill 584, Hibachi Buffet, HoneyBaked Ham, Hooters, KFC, Krispy Kreme, La Cocina Mexican, Longhorn Steaks, McDonald's, Mellow Mushroom, O'Charley's, Panera Bread, Sal's Italian, Starbucks, Steak'n Shake, Subway, Taco Bell, Village Grill [lodging] Best Western, Country Inn&Suites, Courtyard, Super 8 [other] $Tree, Harris Teeter/dsl, Hyundai, Lowe's, mall, Sears/auto, Subaru/Volvo/VW, to Elon Coll, URGENT CARE, Verizon, Walgreens, Walmart/McDonald's
140	University Ave, E [other] [H], Toyota/Scion, W [food] Brixx Pizza, Buffalo Wing Wings, Burger King, Chick-fil-A, Chili's, Coldstone, Freddy's, Jimmy John's, Little Italy, McDonald's, Moe's SW Grill, Olive Garden, Peking House, Red Bowl Asian, Red Lobster, Red Robin, San Marcos Mexican, Smithfield's BBQ, Starbucks, TX Roadhouse [lodging] Drury Inn [other] AT&T, Barnes&Noble, Belk, Best Buy,

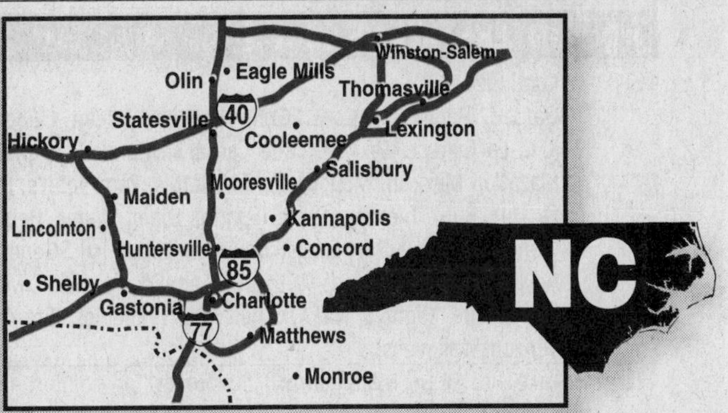

GREENSBORO

THOMASVILLE

Exit#	Services
140	Continued BJ's Whse/gas, Dick's, Dillard's, Discount Tire, GNC, Hobby Lobby, JC Penney, Kohl's, Michael's, Petsmart, Ross, Target, TJ Maxx, Verizon
139mm	[RS] both lanes, full [handicapped] facilities, litter barrels, [phone], [picnic], vending
138	NC 61, Gibsonville, W [gas] TA/BP/Burger King/Popeye's/dsl/scales/24hr/@ [other] truckwash
135	Rock Creek Dairy Rd, W [gas] Citgo, Kangaroo [food] Bojangles, China 1, Ciao Italian, Domino's, Guacamole Mexican, Jersey Mike's Subs, McDonald's, Osaka Japanese, Pizza Hut/Taco Bell, Subway [lodging] Comfort Suites [other] $General, CVS Drug, Food Lion, Verizon
132	Mt Hope Church Rd, E [gas] Citgo/Subway/dsl [food] McDonald's, Pascali's Pizza, W [gas] Liberty/dsl, Pilot/Wendy's/dsl/24hr [lodging] Hampton Inn
131	to I-85 S, to I-73 N, to US 421, Highpoint, Charlotte
129	Youngsmill Rd, W [other] KOA (4mi)
128	Alamance Church Rd, E [gas] Citgo/Subway/dsl
126b a	US 421, to Sanford, E [gas] Exxon/Kangaroo/dsl [other] Hagan Stone Park Camping
124	S Elm, Eugene St, E [gas] Murphy Express/dsl [food] Waffle House, W [food] Bamboo Grill, Bojangles, Cracker Barrel, McDonald's, Pizza Hut, Smithfield's BBQ, Starbucks, Subway, Wendy's, Zaxby's [other] AT&T, Lowe's, Verizon, Walmart/McDonald's
122c b a	US 220, to Greensboro, Asheboro (from sb)
121	I-40 W, I-73 N, to Winston-Salem
120	N US 29, E US 70, to I-40 W
119	Groometown Rd, from nb, W [gas] Citgo/dsl
118	US 29 S, US 70 W, to High Point, Jamestown, W [lodging] Grandover Resort [other] [H]
115mm	Deep River
113c	I-74, US 311, Ashboro, to Winston-Salem
113a	NC 62, Archdale, E [gas] Citgo/dsl, W [gas] BP/dsl [lodging] Quality Inn
111	US 311, to High Point, Archdale, E [gas] Sheetz/dsl [food] Bamboo Garden, Bojangles, Hardee's, Pizza Hut, Subway, Wendy's, Zaxby's [lodging] Days Inn [other] $General, CVS Drug, Food Lion, Lowe's Foods, Walmart Mkt, W [gas] Citgo, Exxon/McDonald's, Mobil/dsl, Shell/Circle K/dsl [food] Biscuitville, Rancho Rest., Waffle House [lodging] Comfort Inn, Country Inn&Suites, Fairfield Inn, Hampton Inn, Holiday Inn Express [other] [H], O'Reilly Parts, tires, USPO, vet
108	Hopewell Church Rd, Trinity
106	Finch Farm Rd, E [gas] BP/dsl, W [gas] Sheetz/dsl [food] BBQ Joe's, Subway (1mi)
103	NC 109, to Thomasville, E [gas] Exxon/dsl, Murphy USA/dsl, Sheetz/dsl [food] Arby's, Chen's Kitchen, Cookout Burgers, Elizabeth's Pizza, Subway, Taco Bell, Zaxby's [lodging] Staylodge [other] $Tree, CVS Drug, Ingles Foods, Walmart/McDonald's, W [gas] Exxon/dsl, RaceWay, Shell, Shell, Speedway/dsl [food] BBQ Shack, Biscuitville, Bojangles, Burger King, China

⬆N INTERSTATE 85 Cont'd

103	**Continued** Garden, Denny's, E Coast Grill, Hardee's, Hunan Chinese, KFC, La Carreta Mexican, Little Caesar's, Mandarin Express, Mazatlan Mexican, McDonald's, Mr Gatti's, Papa John's, Pizza Hut, Ruby Tuesday, Sonic, Sunrise Diner, Waffle House, Wendy's 🏠 Davidson Lodge, Davidson Lodge 🅞 $General, Advance Parts, Aldi Foods, AutoZone, Family$, Food Lion, Merchant's Tire, Mighty$, NAPA, O'Reilly Parts, Peebles, Rite Aid, Verizon, Walgreens
102	Lake Rd, **W** 🅖 Marathon/dsl, Sunoco/dsl 🏠 Comfort Inn, Microtel 🅞 🅷
100mm	🆁🆂 **both lanes, full** ♿ **facilities, litter barrels, petwalk,** 🅒, 🦮, **vending**
96	US 64, to Asheboro, Lexington, **E** 🅖 Citgo/dsl 🅞 Modern Tire, NC Zoo, **W** 🅖 Exxon/dsl, Gulf/dsl 🍴 Randy's Rest. 🅞 to Davidson Co Coll
94	Old US 64, **E** 🅖 Shell, **W** 🅞 Timberlake Gallery
91	NC 8, to Southmont, **E** 🅖 BP/dsl, Mobil/7-11, Shell/dsl 🍴 Biscuit King, Christo Rest., Hunan Express, Jimmy's BBQ, Kabuki Japanese, KFC, McDonald's, Ocean View Seafood, Subway, Wendy's 🏠 Days Inn, Hwy 8 Motel 🅞 Food Lion, High Rock Lake Camping (7mi), Kerr Drug, Mock Tire, **W** 🅖 Exxon/dsl, QM/dsl 🍴 Applebee's, Arby's, Burger King, Cagney's Kitchen, Cracker Barrel, Golden Corral, La Carreta Mexican, Little Caesar's, Mi Pueblo, Pizza Hut (1mi), Subway, Taco Bell, Zaxby's 🏠 Country Hearth Inn, Quality Inn 🅞 🅷, $Tree, Belk, GNC, Lowe's (1mi), Walgreens, Walmart
88	Linwood, **W** 🏠 Affordable Suites 🅞 🅷
87	US 29, US 70, US 52 (from nb), High Point, **W** 🅞 🅷, ⬛
86	Belmont Rd, **W** 🅖 Bill's Trkstp/dsl/scales/24hr/@
84	US 29 S, US 70 W, NC 150 (from nb), to Spencer
82	US 29, US 70 (from sb), to Spencer
81.5mm	Yadkin River
81	Long Ferry Rd, Spencer, **E** 🅖 BP/dsl
79	Spencer Shops SHS, Spencer, E Spencer, **1 mi** **W** 🅖 Citgo 🍴 Bojangles, Subway 🅞 $General, Food Lion, Kerr Drug
76b a	US 52, to Albemarle, Salisbury, **E** 🅖 BP, Citgo 🍴 Applebee's, Capriano's, ColdStone, E Coast Grill, IHOP, Mr Gatti's Pizza, Pancho Villa, Pancho Villa Mexican, Top China, Zaxby's 🏠 Days Inn, Economy Inn, Happy Traveler Inn 🅞 $Tree, Aldi Foods, AT&T, CVS Drug, Food Lion, GNC, Harley-Davidson, Lowe's, Marshall's, NTB, Old Navy, Petsmart, Rite Aid, Staples, Verizon, vet, Walgreens, **W** 🅖 Murphy Express/dsl, Shell/Circle K/dsl, Speedway/dsl 🍴 Blue Bay Seafood, Bojangles, Burger King, Capt D's, Chick-fil-A, China Buffet, Christo's Rest., Cookout, Cracker Barrel, Hardee's, HoneyBaked Ham, KFC, McDonald's, O'Charley's, Outback Steaks, Papa John's, Pizza Hut, Starbucks, Subway, Taco Bell, Tokyo Express, Wendy's 🏠 Comfort Suites, Courtyard, Holiday Inn Express 🅞 🅷, Advance Parts, AutoZone, BigLots, Family$, Firestone/auto, Goodyear/auto, K-Mart, Office Depot, USPO, Walmart/Subway
75	US 601, Jake Alexander Blvd, **E** 🅖 Sheetz/dsl 🍴 Arby's, Breakfastime 🏠 EconoLodge 🅞 Hall Automotive, to Dan Nicholas Park, **W** 🅖 BP, Citgo, Shell/dsl 🍴 Casa Grande Mexican, CiCi's Pizza, Ichiban Japanese, Nyoshi Japanese, Waffle House, Wendy's 🏠 Hampton Inn, Holiday Inn, Quality Inn 🅞 Buick, Cadillac/Chevrolet, Chrysler/Dodge/Jeep, Ford, GMC, Honda, Kia, Nissan, Toyota/Scion
74	Julian Rd, **E** 🍴 Salsarita's 🏠 Affordable Suites 🅞 Dick's, **W** 🍴 Longhorn Steaks, Los Arcos, Olive Garden, Subway 🅞 $Tree, Belk, Hobby Lobby, Kohl's, Michael's
72	Peach Orchard Rd
71	Peeler Rd, **E** 🅖 ♥Loves/Chester's/McDonald's/dsl/scale 24hr, **W** 🅖 🚚/Dunkin Donuts/Subway/dsl/scales/24 🍴 Bojangle's 🅞 dsl repair
70	Webb Rd, **E** 🅞 flea mkt, **W** 🅖 Shell/dsl 🍴 Internet Ca 🅞 st patrol
68	US 29, US 601, to Rockwell, China Grove, **W** 🅖 🍴 Bojangle's, Domino's, Gary's BBQ, Hardee's, Jimmie's Rest., Pa John's, Pizza Hut, Subway 🅞 $General, AutoZone, Family Food Lion, Rite Aid
63	Kannapolis, **E** 🅖 🚚/Subway/dsl/scales 🍴 Waf House 🏠 Motel 6
60	Earnhardt Rd, Copperfield Blvd, **E** 🅖 Exxon/dsl, Mar thon 🍴 Bojangles, Cracker Barrel, Waffle House 🏠 Count Inn&Suites, Hampton Inn, Sleep Inn 🅞 🅷, Discount Ti URGENT CARE, **W** 🅖 Marathon/Kangaroo/dsl 🍴 Carinc Italian, Casa Grande Mexican, Dragon Wok, Firehouse Sub Logan's Roadhouse, McDonald's, Ruby Tuesday, Steak'n Shak Subway, Taco Bell, Wendy's 🏠 Holiday Inn Express 🅞 Hobb Lobby, Kohl's, Lowe's, Sam's Club/gas, Walmart
59mm	🆁🆂 **both lanes, full** ♿ **facilities, litter barrels, petwalk,** 🅒, 🦮 **vending**
58	US 29, US 601, Concord, **E** 🅖 BP, Marathon/dsl, She dsl 🍴 Applebee's, Capt D's, Chick-fil-A, Chili's, El Vallar Mexican, Golden Corral, Jimmy John's, Mayflower Seafoo McDonald's, Moe's SW Grill, Mr C's Rest., O'Charley's, Popeye Starbucks, Subway, Wendy's 🏠 Best Value Inn, Howard Joh son, Rodeway Inn 🅞 🅷, Belk, Harris Teeter, JC Penney, ma Sears/auto, Staples, Verizon, Walgreens, **W** 🅖 BP, Spee way/dsl 🍴 CiCi's, IHOP 🏠 Econolodge, Fairfield Inn, Micr tel 🅞 $General, Ford, Home Depot, st patrol, vet
55	NC 73, to Davidson, Concord, **E** 🅖 Shell 🍴 McDonald **W** 🅖 Shell/Circle K/dsl 🏠 Days Inn
54	Kannapolis Pkwy, George W Lyles Pkwy, **E** 🅖 QT/dsl, S Mart 🍴 Bojangles, China Garden, Marco's Pizza, Off-th Grill 🅞 Advance Parts, AutoZone, CVS Drug, Fireston auto, Food Lion, Harris Teeter, URGENT CARE, vet, Walgreen **W** 🅖 Marathon/Kangaroo 🍴 Arby's, Asian Cafe, Buffa Wild Wings, Chick-fil-A, Jersey Mike's, McDonald's, Mi Pueb Starbucks, Zaxby's 🅞 $Tree, Best Buy, Dick's, Goodyear/aut Marshall's, Steinmart, Super Target
52	Poplar Tent Rd, **E** 🅖 Mobil/7-11/dsl 🍴 R&R BBQ 🅞 Lowe's Speedway, **W** 🅖 Exxon/7-11/dsl
49	Bruton Smith Blvd, Concord Mills Blvd, **E** 🅖 BP/McDonald Mobil 🍴 Bojangles, Carrabba's, ChuckECheese, Cinco Mayo Mexican, Cookout, Cracker Barrel, Firehouse Subs, Fi Guys, Hooters, Hot Shots Grill, Jack-in-the-Box, KFC/Taco Be Ruby Tuesday, Sonic, Sonny's BBQ, Starbucks, Subway, Tac Bell, TX Land&Cattle Steaks, TX Roadhouse, Waffle Hous Wendy's, Zaxby's 🏠 Comfort Suites, Courtyard, Embas Suites, Great Wolf Lodge, Hampton Inn, Hilton Garden, Ho day Inn Express, Home Towne Suites, Residence Inn, Sleep In SpringHill Suites, Wingate Inn 🅞 BJ's Whse/gas, Campir World, Camping World Resort (1.5mi), Chrysler/Dodge/Jee Harley-Davidson, Honda, Kia, to Lowe's Motor Speedwa Toyota/Scion, VW, **W** 🅖 Marathon/Circle K/dsl 🍴 Appl bee's, Bonefish Grill, Burger King, Carolina Alehouse, Charanc Mexican, Chick-fil-A, Chipotle, Dave&Buster's, Denny's, Dunk Donuts, Foster's Grille, Freddy's, Jason's Deli, Jimmy John' Mayflower Seafood, McAlisters Deli, Olive Garden, On-th Border, Outback Steaks, Panera Bread, PDQ Cafe, Queen Ci Q, Razzoo's Cafe, Red Lobster, Steak'n Shake, Sticky Finger

CONCORD

SALISBURY

NC

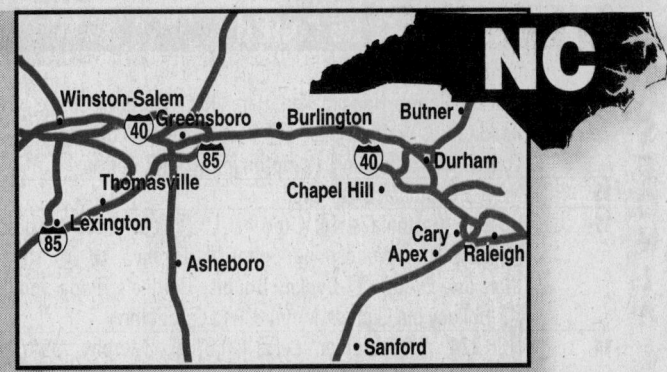

⬆Ⓝ INTERSTATE 85 Cont'd

49 Continued

TGI Friday's, Tijuana Flats, Twin Peaks 🅞 $Tree, AT&T, BassPro Shops, Best Buy, BooksAMillion, Concord Mills Mall, Discount Tire, Firestone/auto, Goodyear/auto, Lowe's, Old Navy, PetCo, Ross, TJ Maxx, URGENT CARE, Verizon, Walmart/Subway

48 I-485, to US 29, to Rock Hill

46 Mallard Creek Church Rd, **E** 🅖 Exxon/7-11, Kangaroo, Speedway/dsl 🅕 China Cafe, Giacomos Pizza, Jack-in-the-Box, Wild Wing Cafe 🅞 Research Park, vet, **W** 🅕 Shell/Circle K 🅕 Farley's Pizzaria, Hickory Tavern, Rita's, Starbucks, Thai Taste, Toyama Express, Zoe's Kitchen 🅞 PetCo, Trader Joe's

45b a Harris Blvd, **E** 🅕 360 Bistro, Applebee's, Bojangles, Buffalo Wild Wings, Burger King, Cheddar's, Chick-fil-A, Chili's, China Buffet, China Palace, Chipotle, Fuse Buffet, IHOP, Jersey Mike's Subs, Jimmy John's, Los Arcos, McDonald's, Nakato Steaks, Panera Bread, Papa John's, Picasso's Pizza, Qdoba, Shane's Rib Shack, Shoney's, Showmar's Rest, Smokey Bones, Starbucks, T. Mac Grill, Taco Bell, TGIFriday's 🅛 Country Inn&Suites, Courtyard, Drury Inn, Extended Stay America, Hampton Inn, Hilton, Holiday Inn, Homewood Suites, Microtel, Residence Inn, Sleep Inn 🅞 Ⓗ, Dick's, Food Lion, Kohl's, Michael's, Office Depot, Ross, Sam's Club, TJ Maxx, to Miz Scarlett's, to UNCC, U Research Park, Verizon, Walgreens, Walmart/McDonald's, 0-2 mi **W** 🅕 Longhorn Steaks, Macaroni Grill, Red Robin, Tony's Pizza 🅛 SpringHill Suites, TownePlace Suites 🅞 Harris Teeter, Rite Aid

43 University City Blvd, **E** 🅖 Marathon/Subway/dsl 🅕 Honeybaked Ham, Taco Bell, Zaxby's 🅛 Extended Stay America, InTowne Suites 🅞 Discount Tire, Firestone/auto, GNC, Hobby Lobby, IKEA, Marshall's, Old Navy, Petsmart, Walmart, World Mkt

42 US 29 (nb only)

41 Sugar Creek Rd, **E** 🅖 Exxon/7-11/gas 🅕 Bojangles, McDonald's, Taco Bell, Wendy's 🅛 Brookwood Inn, Continental Inn, Motel 6, Travelers Inn 🅞 Family$, **W** 🅕 Shell/Circle K/dsl 🅕 Chicken Box Rest., Cookout, TX Ranch Steaks 🅛 Days Inn, Quality Inn, Red Roof Inn, Rodeway Inn, Super 8

40 Graham St, **E** 🅖 Exxon/7-11/dsl 🅛 Budget Inn 🅞 repair, UPS, Volvo, Western Star, **W** 🅕 Marathon/dsl 🅞 Freightliner

39 Statesville Ave, **E** 🅖 ▭▭▭▭/Subway/dsl/scales/24hr 🅞 Advance Parts, repair, **W** 🅕 Citgo/dsl, Shell/dsl 🅕 Bojangles 🅞 Family$

38 I-77, US 21, N to Statesville, S to Columbia

37 Beatties Ford Rd, **E** 🅖 Marathon, Shell/7-11/dsl 🅕 Burger King, McDonald's, Subway 🅞 CVS Drug, Family$, Food Lion, USPO, **W** 🅕 Citgo

36 NC 16, Brookshire Blvd, **E** 🅛 Rodeway Inn 🅞 Ⓗ, repair, **W** 🅖 Hari/dsl, RaceWay/dsl, Shell/7-11/dsl, Sunoco/dsl 🅕 Burger King, Jack-in-the-Box, Mr C's Rest., Subway 🅞 Family$, Griffin Tire

35 Glenwood Dr, **E** 🅛 Knights Inn, **W** 🅕 Shell/dsl

34 NC 27, Freedom Dr, **E** 🅖 Citgo/dsl, Shell/Circle K 🅕 Beauregard's Rest, Bojangles, Capt D's, Cookout, McDonald's, Pizza Hut, Showmar's, Subway, Taco Bell, Wendy's 🅞 $Tree, Advance Parts, Aldi Foods, AutoZone, Family$, Goodyear, Rite Aid, Save-A-Lot Foods, URGENT CARE, vet, Walgreens, **W** 🅛 Charlotte Express 🅞 JiffyLube

33 US 521, Billy Graham Pkwy, **E** 🅕 Shell/dsl 🅕 Bojangles, KFC/Taco Bell, McDonald's, Wendy's 🅛 Baymont Inn, Comfort Suites, Royal Inn, Sheraton, SpringHill Suites 🅞 🖼 **W** 🅕 Exxon/dsl 🅕 Cracker Barrel, Ichiban, Waffle House

CHARLOTTE

33 Continued

🅛 EconoLodge, La Quinta, Microtel, Motel 6, Quality Inn, Red Roof Inn, Super 8

32 Little Rock Rd, **E** 🅕 Shell/7-11/dsl 🅛 Airport Inn, Courtyard, Hampton Inn, Holiday Inn, **W** 🅕 Citgo/dsl, Shell/7-11 🅕 Arby's, Bud's Chicken, Hardee's, Showmar's Rest., Subway 🅛 Country Inn&Suites, Day's Inn, Wingate Inn 🅞 Family$, Food Lion, Griffin Tire, Rite Aid

30b a I-485, to 1-77, Pineville

29 Sam Wilson Rd, **E** 🅕 BP (1mi) 🅞 camping, **W** 🅕 Shell/dsl

28mm weigh sta both lanes

27.5mm Catawba River

27 NC 273, Mt Holly, **E** 🅕 BP/Dunkin Donuts/dsl, Murphy USA/dsl 🅕 Arby's, Captain's Cap Seafood, Chick-fil-A, KFC, Pizza Hut, Sake Japanese, Subway, Taco Bell, Waffle House, Wendy's 🅞 Big Lots, CVS Drug, Family$, Firestone/auto, Lowe's, NAPA, Walgreens, Walmart/Subway, **W** 🅕 Citgo/dsl 🅛 Holiday Inn Express

26 NC 7, **E** 🅕 BP/dsl, Marathon/dsl 🅕 Bojangles, Hardee's, King Buffet, McDonald's, New China, Papa John's 🅛 Hampton Inn 🅞 $Tree, Advance Parts, Aldi Foods, AT&T, AutoZone, BiLo, Ford, Verizon, **W** 🅞 Belmont Abbey Coll

24mm South Fork River

23 NC 7, McAdenville, **W** 🅕 Exxon/dsl, Shell/Subway/dsl 🅕 Hardee's, Hillbilly's BBQ/Steaks

22 Cramerton, Lowell, **E** 🅕 Speedway/dsl, Marathon 🅕 Applebee's, Chick-fil-A, CiCi's, Jack-in-the-Box, Jersey Mike's Subs, Popeyes, Portofino's, Sakura Japanese, Schlotzsky's, Zaxby's 🅞 Books-A-Million, Buick/Cadillac/Chevrolet/GMC, Honda, Kia, Kohl's, Lowe's, Old Navy, Petsmart, Sam's Club/gas, U-Haul

21 Cox Rd, **E** 🅕 Marathon 🅕 Akropolis Cafe, Buffalo Wild Wings, Cheddar's, Chili's, Chipotle, ChuckeCheese, Cookout, Dynasty Buffet, Firehouse Subs, Five Guys, Golden Corral, Hibachi Buffet, Krispy Kreme, La Fuente, Logan's Roadhouse, Longhorn Steaks, McAlister's Deli, McDonald's, Olive Garden, On the Border, Panera Bread, Peking Garden, Qdoba, Ruby Tuesday, Starbucks, Steak'n Shake, Subway, Tijuana Flats 🅞 $Tree, AT&T, Best Buy, Chrysler/Dodge/Jeep, Dick's, Discount Tire, Ford/Subaru, GNC, Hobby Lobby, Home Depot, Lowes Foods, Mary Jo's Cloth, Michael's, Nissan, Office Depot, O'Reilly Parts, PepBoys, Petco, Ross, Target, Tire Kingdom, TJ Maxx, Verizon, vet, Walgreens, Walmart/Subway, **W** 🅕 Marathon 🅕 Arby's, Brixx Pizza, IHOP 🅛 Super 8 🅞 Ⓗ, $General, Medical Ctr Drug

20 NC 279, New Hope Rd, **E** 🅖 United, World 🅕 Capt D's, Jackson's Cafeteria, Los Arcos Mexican, McDonald's, O'Charley's, Pizza Hut, Red Lobster, Sake Japanese, Showmar's Rest, Taco Bell, Wendy's 🅞 Advance Parts, AutoZone, Belk, Dillard's, Family$, Firestone/auto, Tuesday Morning, **W** 🅕 Bojangles,

CHARLOTTE

NC

⬆🅽 INTERSTATE 85 Cont'd

20	Continued Cracker Barrel, Honeybaked Ham, KFC, Outback Steaks, TX Roadhouse, Waffle House 🛏 Best Western, Comfort Suites, Courtyard, Fairfield Inn, Hampton Inn 🅞 🅷, CarMax
19	NC 7, E Gastonia, **E** 🅖 Shell
17	US 321, Gastonia, **E** 🅖 Citgo/dsl/LP 🍴 Los Arcos Mexican 🛏 Days Inn, Woodspring Suites 🅞 Family$, **W** 🅖 Marathon/dsl, QT/dsl 🍴 Dunkin Donuts, Hardee's, Papa John's 🛏 Holiday Inn Express, Motel 6, Red Carpet Inn
14	NC 274, E Bessemer, **E** 🅖 Citgo/dsl, Murphy USA/dsl 🅞 Walmart, **W** 🅖 BP/Subway, Citgo/dsl 🍴 Bojangles, Waffle House 🛏 Express Inn
13	Edgewood Rd, Bessemer City, **E** 🅞 to Crowders Mtn SP, **W** 🅖 Exxon
10b a	US 74 W, US 29, Kings Mtn
8	NC 161, to Kings Mtn, **E** 🛏 Holiday Inn Express 🅞 camping, **W** 🅖 BP/dsl 🍴 McDonald's, Mi Pueblito Mexican, Subway, Taco Bell, Waffle House, Wendy's 🛏 Quality Inn, Super 8 🅞 🅷, $General, Campers Inn RV Ctr
5	Dixon School Rd, **E** 🅖 Citgo/dsl/24hr 🍴 truck/tire repair
4	US 29 S (from sb)
2.5mm	Welcome Ctr nb, full ♿ facilities, info, litter barrels, petwalk, 🄲, 🛒, vending
2	NC 216, Kings Mtn, **E** 🅞 to Kings Mtn Nat Military Park
0mm	North Carolina/South Carolina state line

⬆🅽 INTERSTATE 95

Exit#	Services
181mm	Welcome Ctr sb, full ♿ facilities, litter barrels, petwalk, 🄲, 🛒, vending, North Carolina/Virginia state line
180	NC 48, to Gaston, to Lake Gaston, Pleasant Hill, **W** 🅖 🍴/Subway/dsl/scales/24hr
176	NC 46, to Garysburg, **W** 🅖 Shell/dsl 🍴 Burger King 🛏 Super 8
174mm	Roanoke River
173	US 158, Roanoke Rapids, Weldon, **E** 🅖 BP/dsl, Shell/dsl 🍴 Frazier's Rest., Ralph's BBQ, Waffle House 🛏 Days Inn, Econolodge, **W** 🅖 BP/dsl, Exxon/DQ/Stuckey's, Murphy USA/dsl, Sheetz/dsl, Shell/dsl 🍴 Applebee's, Arby's, Bojangles, Burger King, Carolina BBQ, Chick-fil-A, China Lin, Cookout, Cracker Barrel, Hardee's, Ichiban, KFC, Little Caesar's, Logan's Roadhouse, Mayflower Seafood, McDonald's, New China, Papa John's, Pizza Hut, Popeyes, Ruby Tuesday, San Jose Mexican, Starbucks, Subway, Subway, Taco Bell, TX Steaks, Waffle House, Wendy's, Zaxby's 🛏 Baymont Inn, Hampton Inn, Holiday Inn Express, Motel 6, Sleep Inn 🅞 🅷, $General, $Tree, Advance Parts, AutoZone, Belk, BigLots, Firestone/auto, Food Lion, GNC, Harley-Davidson, Honda, Lowe's, O'Reilly Parts, Rite Aid, Save a Lot Foods, Staples, Toyota, URGENT CARE, Verizon, Walgreens, Walmart
171	NC 125, Roanoke Rapids, **E** 🛏 Hilton Garden 🅞 Carolina Crossroads RV Resort, Roanoke Rapids Theater, **W** 🅖 Shell/dsl 🛏 Best Western 🅞 st patrol
168	NC ·903, to Halifax, **E** 🅖 Exxon/Subway/dsl, Shell/Burger King/dsl, **W** 🅖 Oasis/Dunkin Donuts/LP/dsl
160	NC 561, to Brinkleyville, **E** 🅖 Exxon, **W** 🅖 Shell/dsl
154	NC 481, to Enfield, **1mi W** 🅞 KOA
151mm	weigh sta both lanes
150	NC 33, to Whitakers, **E** 🅞 golf, **W** 🅖 BP/Subway/DQ/Stuckey's/dsl
145	NC 4, to US 301, Battleboro, **E** 🅖 BP/dsl, Exxon/dsl, Marathon/dsl, Shell 🍴 Carolina BBQ, Denny's, Hardee's, Waffle House 🛏 Ashburn Inn, Best Western, Deluxe Inn, EconoLodge, Economy Inn, Quality Inn, Red Carpet Inn, Travelers Inn
142mm	🆁🆂 both lanes, full ♿ facilities, litter barrels, petwalk, 🄲, 🛒 vending
141	NC 43, Red Oak, **E** 🅖 BP/dsl, Exxon/dsl/LP 🅞 $General, Smith's Foods
138	US 64, **1 mi E** on Winstead 🅖 BP/dsl, Speedway/dsl 🍴 Bojangles, Cracker Barrel, Gardner's BBQ, Hardee's, Highway Diner, Outback Steaks, TX Steaks, Waffle House 🛏 Candlewood Suites, Comfort Inn, Country Inn&Suites, Courtyard, Doubletree, Hampton Inn, Holiday Inn, Residence Inn 🅞 🅷, Buick/GMC, Harley-Davidson, Honda, Rite Aid, to Cape Hatteras Nat Seashore, URGENT CARE
132	to NC 58, **E** 🅖 Pitstop/dsl, **1 mi W** 🅖 BP/dsl
128mm	Tar River
127	NC 97, to Stanhope, **E** 🅞 🛒
121	US 264a, Wilson, **0-4 mi E** 🅖 BP, Speedway/dsl, Kangaroo dsl/LP, Marathon, Murphy USA/dsl, Shell 🍴 Applebee's, Arby's, Buffalo Wild Wings, Burger King, Chick-fil-A, Chili's, Chopstix, Cookout, Denny's, El Tapatio, Golden Corral, Hardee's, Hibachi Buffet, Jersey Mike's, KFC/LJ Silver, Kobe Express, Mama Mia's Pizzaria, McDonald's, Moe's SW Grill, Olive Garden, Quino's, Red Chileez Grill, Ruby Tuesday, San Jose Mexican, Sonic, Starbucks, Subway, Teppanyaki, TX Steaks, Waffle House, Wendy's, Zaxby's 🛏 Candlewood Suites, Hampton Inn, Quality Inn 🅞 🅷, $General, $Tree, Aldi Foods, AT&T, AutoZone, Belk, Best Buy, Big Lots, Chevrolet, Chrysler/Dodge/Jeep, Ford/Lincoln, GNC, Harris-Teeter, Hobby Lobby, Honda, Lowe's, Marshall's, Mr Tire, Nissan, O'Reilly Parts, Petsmart, Ross, Staples, Target, Toyota/Scion, URGENT CARE, Verizon, vet, Walmart, White's Tires, **W** 🅖 🍴 Best-N-Burgers, Bojangles, Burger King, Cracker Barrel, McDonald's, Pino's Pizza 🛏 Comfort Suites, Country Inn&Suites, Fairfield Inn, Hampton Inn, Holiday Inn Express, Jameson Inn, Microtel, Sleep Inn 🅞 to Country Museum
119b a	I-795 S, US 264, US 117
116	NC 42, to Clayton, Wilson, **E** 🅖 Shell/dsl 🅞 🅷, **W** 🅖 Exxon/dsl 🅞 Rock Ridge Camping (2mi)
107	US 301, Kenly, **E** 🅖 BP/dsl, Citgo, Exxon/McDonald's/dsl, Fuel Doc, PitStop 🍴 Andy's Cafe, Golden China, Nik's Pizza, Norman's BBQ, Subway 🛏 Budget Inn, Deluxe Inn, Quality Inn 🅞 $General, CarQuest, Family$, Food Lion, Ford, O'Reilly Parts, Piggly Wiggly, Tobacco Museum
106	Truck Stop Rd, Kenly, **E** 🅖 FLYING J/Denny's/dsl/LP/scales/24hr, **W** 🅖 Kenly 95/Petro/DQ/Subway/Wendy's/dsl/scales/24hr/@, 🍴/Arby's/dsl/scales/24hr 🍴 Waffle House 🛏 Days Inn, Motel 6 🅞 Blue Beacon, Speedco Lube, Truck-o-Mat
105.5mm	Little River
105	Bagley Rd, Kenly, **E** 🅖 Big Boys/Shell/105 Pizza/dsl/scales/24hr 🍴 Lowell Mill Rest.
102	Micro, **W** 🅖 Shop'N-Go 🍴 Backdoor Cafe 🅞 $General, camp park, USPO
101	Pittman Rd
99mm	🆁🆂 both lanes, full ♿ facilities, hist marker, litter barrels, petwalk, 🄲, 🛒, vending
98	to Selma, **E** 🅞 RVacation
97	US 70 A, to Pine Level, Selma, **E** 🅖 Mobil/dsl 🍴 Denny's, Robbins Nest Rest. 🛏 Days Inn 🅞 J&R Outlet, **W** 🅖 BP/dsl, Exxon/dsl, Shell/dsl 🍴 Bojangles, Cookout, Don Beto's Tacos

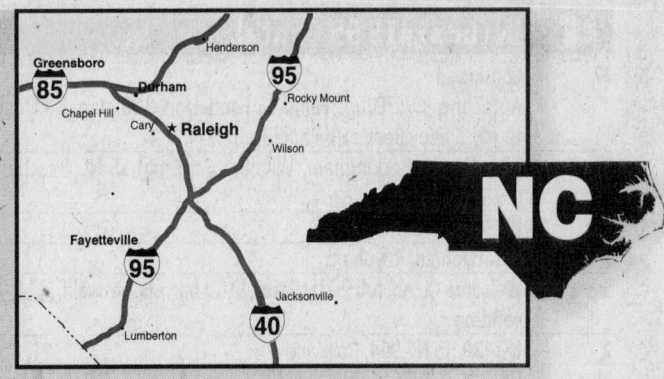

S M I T H F I E L D

INTERSTATE 95 Cont'd

97	Continued
	KFC, McDonald's, Shoney's, Waffle House, Wendy's 🅛 EconoLodge, Hampton Inn, Masters Inn, Quality Inn 🅞 🅗
95	US 70, Smithfield, **E** 🅛 Best Value Inn, Village Motel, **W** 🅖 Speedway/dsl, Sheetz/dsl, Sunoco/dsl 🅕 Bob Evans, Burger King, Checker's, CiCi's Pizza, Coldstone, Cracker Barrel, El Sombrero Mexican, Golden Corral, Outback Steaks, Ruby Tuesday, San Marcos Mexican, Subway, TX Steaks, Waffle House, Zaxby's 🅛 Baymont Inn, Best Western, Comfort Inn, Fairfield Inn, Sleep Inn, Super 8 🅞 🅗, Ava Gardner Museum, Carolina Premium Outlets/famous brands, Harley-Davidson
93	Brogden Rd, Smithfield, **W** 🅖 BP/dsl, Citgo 🅞 $General
91.5mm	Neuse River
90	US 301, US 701, to Newton Grove, **E** 🅖 BP/dsl, Valero/dsl 🅛 Travelers Inn 🅞 Happy Trails RV Park, Raleigh Oaks RV Resort, Ronnie's Tires, to Bentonville Bfd (14mi), **W** 🅖 Exxon/dsl 🅕 Holt Lake BBQ 🅛 Four Oaks Motel/RV Park
87	NC 96, Four Oaks, **W** 🅖 BP/dsl, Speedway/dsl, Walmart Express/dsl 🅕 McDonald's, Subway 🅞 $General
81b a	I-40, E to Wilmington, W to Raleigh
79	NC 50, to NC 27, to NC 242, Benson, Newton Grove, **E** 🅖 Citgo/dsl 🅕 Char-Grill, Waffle House 🅞 auto repair, **W** 🅖 Exxon/Burger King/dsl, Mule City/dsl 🅕 China 8, Domino's, McDonald's, Pizza Hut, Subway, Taco Bell, White Swan BBQ 🅛 Days Inn 🅞 Advance Parts, auto repair, Family$, Food Lion, Walgreens
78mm	Neuse River, Neuse River
77	Hodges Chapel Rd, **E** 🅖 ♥Love's/Subway/dsl/scales/RV dump/24hr
75	Jonesboro Rd, **W** 🅖 Exxon/Milestone Diner, 🅿ilot/Shell/DQ/Quiznos/dsl/scales/24hr/@
73	US 421, NC 55, to Dunn, Clinton, **E** 🅕 Cracker Barrel, McDonald's, Mi Casita Mexican, Panda House Chinese, Steak Escape 🅞 Chevrolet, Chrysler/Dodge/Jeep, Family$, Food Lion, **W** 🅖 Exxon/dsl, Shell, Speedway/dsl 🅕 Bojangles, Burger King, Dairy Freeze, El Charro Mexican, Hot Dog&Hamburger Heavan, Sagebrush Steaks, Subway, Taco Bell, Triangle Waffle 🅛 Baymont Inn, Hampton Inn, Holiday Inn Express, Quality Inn, Super 8 🅞 Charlie C's IGA, museum, to Campbell U.
72	Pope Rd, **E** 🅛 Comfort Inn, Royal Inn, **W** 🅖 BP, Pure/dsl 🅕 Brass Lantern Steaks 🅛 Fairfield Inn, Valley Motor Inn 🅞 Cadillac/GMC
71	Longbranch Rd, **E** 🅖 🅿ilot/Kangaroo/Hardee's/dsl/scales/24hr, **W** 🅞 to Averasboro Bfd
70	SR 1811, **E** 🅛 Relax inn
65	NC 82, Godwin, **E** 🅞 Falcon Children's Home, **W** 🅖 Epco/dsl
61	to Wade, **E** 🅖 61 Trkstp/dsl 🅞 Fayetteville RV Resort Cottages, **W** 🅖 Exxon/dsl
58	US 13, to Newton Grove, I-295 to Fayetteville, **E** 🅖 Shell/dsl/scales 🅕 Quiznos, Waffle House 🅛 Days Inn
56	Lp 95, to US 301 (from sb), Fayetteville, **W** 🅖 Epco/dsl, Kangaroo/dsl 🅞 🅗, Pope AFB, to Ft Bragg
55	NC 1832, Murphy Rd, **W** 🅖 Epco/dsl, Kangaroo/dsl
52	NC 24, Fayetteville, **W** 🅞 botanical gardens, museum, Pope AFB, to Ft Bragg
49	NC 53, NC 210, Fayetteville, **E** 🅖 BP/dsl, Exxon/dsl, Kangaroo/dsl, Marathon 🅕 Burger King, McDonald's, Pizza Hut, Taco Bell, Waffle House 🅛 Days Inn, Deluxe Inn, Hampton Inn, Motel 6, **W** 🅖 BP/Subway/dsl, Exxon/dsl, Sunoco/dsl 🅕 Cracker Barrel, Ruby Tuesday, Shoney's 🅛 Comfort Inn, Country Hearth Inn, Doubletree, EconoLodge, Fairfield Inn, Hampton Inn, Holiday Inn, Quality Inn, Rodeway Inn, Sleep Inn, Super 8

D U N N

F A Y E T T E V I L L E

48mm	🆁🆂 both lanes, full ♿ facilities, litter barrels, petwalk, 🌳 🏍, vending
47mm	Cape Fear River
46b a	NC 87, to Fayetteville, Elizabethtown, **W** 🅞 🅗, Civic Ctr, museum, to Agr Expo Ctr
44	Claude Lee Rd, **W** 🅞 Lazy Acres Camping, to 🛫
41	NC 59, to Hope Mills, Parkton, **E** 🅖 Kangaroo/Subway/dsl 🅕 Bojangles, **W** 🅖 BP/dsl 🅕 Grandsons Buffet 🅞 Lake Waldo's Camping, Spring Valley RV Park
40	Lp 95, to US 301 (from nb), to Fayetteville, services on US 301 (5-7mi)
33	US 301, St Pauls, **E** 🅖 BP/dsl
31	NC 20, to St Pauls, Raeford, **E** 🅖 BP, Marathon/Huddle House/dsl, Mobil/McDonald's, Valero 🅕 Burger King, Hardee's 🅛 Days Inn 🅞 Volvo Trucks, Walgreens, Walmart Mkt, **W** 🅖 Exxon/dsl, Sunoco 🅕 Taco Bell 🅞 Food Lion
25	US 301, **E** 🅖 Sun-Do/dsl
24mm	weigh sta both lanes
22	US 301, **E** 🅖 Exxon, Marathon, Shell/DQ 🅕 Burger King, Chick-fil-A, China Wok, Denny's, Firehouse Subs, Golden Corral, Hardee's, IHOP, Outback Steaks, Papa John's, Pizza Hut, Ruby Tuesday, San Jose Mexican, Shogun, Smithfield BBQ, Starbucks, TX Steaks, Waffle House, Wendy's, Zaxby's 🅛 Best Western, Comfort Suites, Hampton Inn, Holiday Inn, Super 8 🅞 $Tree, AT&T, Chrysler/Dodge/Jeep, Goodyear/auto, Honda, Lowe's, Lowe's Foods, Office Depot, SaveALot Foods, st patrol, Toyota/Scion, URGENT CARE, Verizon, Walmart/Subway, **W** 🅖 Gulf, Sun-Do/dsl, Sunoco/dsl 🅕 Bojangles, Uncle George's Rest. 🅛 Springhill Suites 🅞 Ford/Lincoln, Sam's Club/gas
20	NC 211, to NC 41, Lumberton, **E** 🅖 Exxon/dsl, Liberty/dsl 🅕 Arby's, Arnold's Rest., Bojangles, Burger King, Cape Fear BBQ, Capt D's, CiCi's Pizza, Cook Out, Hardee's, Hong Kong Chinese, Kami Japanese, KFC, Little Caesar's, McDonald's, Shoney's, Sonic, Subway, Taco Bell, Tokyo Japanese, Tuscan Garden Italian, Village Sta. Rest., Waffle House 🅛 Deluxe Inn, EconoLodge, Howard Johnson 🅞 🅗, Advance Parts, AutoZone, Belk, city park, CVS Drug, Food Lion/deli, JC Penney, Nissan, O'Reilly Parts, Verizon, Walgreens, **W** 🅖 Marathon/dsl, Sun-do/dsl 🅕 Cracker Barrel, Fuller's BBQ Buffet, San Jose Mexican 🅛 Best Value Inn, Comfort Inn, Country Inn&Suites, Days Inn/rest., Fairfield Inn, Quality Inn
19	Carthage Rd, Lumberton, **E** 🅖 🅛 Rodeway Inn, **W** 🅖 Valero/dsl 🅛 Motel 6, Royal Inn
18mm	Lumber River
17	NC 72, Lumberton, Pembroke, **E** 🅖 Atkinson's/dsl, BP/dsl, Dobbs, Dobb's/dsl, Go-Gas/dsl 🅕 Burger King, Hardee's, Huddle House, Little China, McDonald's, Papa Bill's BBQ, Pizza Hut, Ruby Tuesday, Subway, Waffle House 🅛 Atkinson Inn, Budget Inn, Southern Inn, Southern Inn 🅞 $General, Advance Parts,

L U M B E R T O N

NC

📳 = gas 🍴 = food 🛏 = lodging ⭕ = other ℞ = rest stop Copyright 2018 - The Next EXIT

⬆N INTERSTATE 95 Cont'd

17	Continued
	AutoZone, CVS Drug, Family$, Food Lion, Walmart Mkt/dsl, **W** ⭕ Sleepy Bear's RV Park (3mi)
13	I-74, US 74, Rockingham, Wilmington, **E** ⭕ SE NC Beaches, U.S.S Wilmington
10	US 301, to Fairmont
7	to McDonald, Raynham
5mm	**Welcome Ctr nb, full ♿ facilities, litter barrels, petwalk, 🚻, 🚮, vending**
2	NC 130, to NC 904, Rowland
1 b a	US 301, US 501, Dillon, **E** 📳 Exxon, Mobil 🍴 Hot Tamale Rest., Peddler Steaks, Porky's Truckstp, Sombrero Rest. 🛏 Budget Motel, South of the Border Motel, South-of-the-Border Motel ⭕ Pedro's Campground, **W** 🍴 Shell/dsl 🍴 Waffle House 🛏 Night Inn, Super 8
0mm	North Carolina/South Carolina state line

⬆E INTERSTATE 240 (Asheville)

Exit#	Services
9mm	**I-240 begins/ends on I-40, exit 53b a.**
8	Fairview Rd, **N** 📳 Shell/dsl 🍴 Ay Carumba, Cheddar's, China Buffet, Coldstone, J&S Cafeteria, KFC, Little Caesar's, McDonald's, Papa John's, Subway 🛏 Ramada Inn ⭕ $General, Advance Parts, Aldi Foods, Bi-Lo Foods, CVS Drug, Discount Tire, Hamrick's, Kohl's, Petsmart, U-Haul, Walmart/McDonald's, **S** 📳 Citgo 🍴 Pizza Hut ⭕ Home Depot
7.5mm	Swannanoa River
7	US 70, **N** 📳 Enmark 🛏 Best Western ⭕ Hyundai, KIA, Subaru, **S** 📳 Shell/dsl 🍴 Applebee's, Bonefish Grill, Buffalo Wild Wings, Burger King, Carrabba's, Chick-fil-A, Chili's, Chucke-Cheese, Cici's Pizza, Cook Out, Cornerstone Rest., Cracker Barrel, DQ, Firehouse Subs, IHOP, Jersey Mike's Subs, Longhorn Steaks, McAlister's Deli, McDonald's, McDonald's, Mikado Japanese, O'Charley's, Olive Garden, Outback Steaks, Papa's Mexican, Red Lobster, Starbucks, Subway, Taco Bell, Waffle House, Wild Wok 🛏 Country Inn&Suites, Courtyard, Days Inn, EconoLodge, Extended Stay America, Hampton Inn, Holiday Inn, Homewood Suites, InTown Motor Inn, Mountaineer Inn, SpringHill Suites, Super 8 ⭕ $Tree, AT&T, Barnes&Noble, Belk, Best Buy, BigLots, Clark Tire/auto, Dick's, Dillards, Firestone/auto, Ingles Foods/gas, JC Penney, Jo-Ann, Lowe's, Michael's, Midas, Office Depot, Old Navy, Ross, Sears/auto, Target, TJ Maxx, Walgreens, Whole Foods Mkt
6	Tunnel Rd (from eb), same as 7
5b	US 70 E, US 74A, Charlotte St, **N** 📳 Exxon, Shell 🍴 Charlotte St. Grill, Fuddruckers, Starbucks, Two Guys Hogi 🛏 B&B ⭕ vet, **S** 🍴 Chop House Rest. 🛏 Renaissance Hotel, Sheraton ⭕ Civic Ctr
5a	US 25, Merrimon Ave, **N** 📳 Enmark, Exxon/dsl, Shell/dsl 🍴 Bojangles, Chick-fil-A ⭕ Green Life Foods, Harris Teeter, Staples, Trader Joe's
4c	Haywood St (no EZ return to eb), Montford, **S** 🍴 Carmel's Rest., Isa's Bistro, Roman's Deli 🛏 B&B, Hotel Indigo ⭕ downtown
4b	Patton Ave (from eb), downtown
4a	US 19 N, US 23 N, US 70 W, to Weaverville
3b	Westgate, **N** 🍴 Green Sage Cafe, Jason's Deli, Oriental Pavillion 🛏 Country Inn Suites, Crowne Plaza ⭕ CVS Drug, EarthFare Foods, Mr Transmission, Sam's Club/gas, Tuesday Morning
3a	US 19 S, US 23 S, W Asheville, **N** 📳 Shell/dsl 🍴 A&W/LJ Silver, Bojangles, Burger King, CookOut, Denny's, Dragon China, El Que Pasa Mexican, Firehouse Subs, Green Tea Japanese,

3a	Continued
	Jersey Mike's, KFC, Krispy Kreme, Little Caesar's, McDonald's, Neo Burrito, New 1 China, Papa John's, Pizza Hut, Sonic, Subway, Taco Bell, Wendy's, Yoshida Japanese, Zinge Cafe ⭕ $General, Advance Parts, Aldi Foods, AT&T, AutoZon Clark Tire/auto, Ingles Foods, K-Mart, Sav-Mor Foods, URGEN CARE, vet, Walgreens
2	US 19, US 23, W Asheville, **N** 📳 Haywood Quickstop/c 🍴 Zia Mexican, **S** ⭕ B&B Drug
1c	Amboy Rd (from eb)
1b	NC 191, to I-40 E, Brevard Rd, **S** ⭕ camping, farmers mkt
1a	I-40 W, to Knoxville
0mm	I-240 begins/ends on I-40, exit 46b a.

⬆E INTERSTATE 440 (Raleigh)

Exit#	Services
16	I-40
15	Poole Rd, **E** 📳 Exxon 🍴 Quiznos, **W** 📳 BP/dsl, Citgo/c 🍴 Burger King, Family$, Food Lion, KFC/Taco Bell, McDo ald's, Subway
14	US 64, to Rocky Mount, limited access hwy
13b a	US 64, US 264 E, New Bern Ave, to Wilson, 0-2 mi **E** 📳 7⬛ Circle K, BP, Caroco/dsl, Exxon, Micro Mart, Murphy USA/d Shell/dsl 🍴 Bojangles, Burger King, Golden Corral, Jumb China, McDonald's, Papa John's, Quiznos, Roh Buffet, Ru Tuesday, Starbucks, Subway, Waffle House, Wendy's 🛏 Be Western, Comfort Suites, Holiday Inn Express, Microtel, Sup 8 ⭕ Advance Parts, AutoZone, CVS Drug, Firestone/aut Food Lion, Kroger, Office Depot, O'Reilly Parts, RV Ctr, U-Hau Walgreens, Walmart, **W** ⭕ ℍ
12	Yonkers Rd, Brentwood Rd
11b a	US 1, US 401, Capital Blvd N, **N** 📳 BP, Citgo, Exxon, Kang roo/dsl, Mobil, Shell 🍴 Baskin-Robbins/Dunkin Donuts, Bu falo Bro's, Burger King, ChuckeCheese, Cici's, Cookout, IHO Mayflower Seafood, McDonald's, Outback Steaks, Perkins, Ta Bell, Vallerta Mexican, Waffle House 🛏 Best Western, Da Inn, EconoLodge, Holiday Inn, Lodge America, Quality In Sleep Inn, Super 8, Wingate Inn ⭕ Aamco, AutoZone, Foo Lion, Pepboys, Rite Aid, U-Haul, Walgreens
10	Wake Forest Rd, **N** 🍴 Bahama Breeze, Denny's 🛏 Day Inn, Hilton, Homestead Suites, Hyatt Place ⭕ ℍ, CVS Dru **S** 📳 🍴 Applebee's, Arby's, Biscuitville, Burger King, Cou ney's Cafe, Jersey Mike's, Jimmy John's, Jumbo China, KF Taco Bell, McDonald's, Melting Pot Rest., Papa John's, Pizz Hut, Qdoba, Quiznos, Subway 🛏 Courtyard, Extended Sta America, Hampton Inn, Studio+ ⭕ Advance Parts, AutoZon Buick/GMC, Costco/gas, Curves, Discount Tire, Hyundai, Ma da, Nissan, Staples, Subaru, Trader Joe's, VW
8b a	6 Forks Rd, North Hills, **N** 📳 Exxon/repair 🍴 5 Guys Bur ers, Bonefish Grill, Chick-fil-A, Firebirds Grill, Fox&Hound Grill Moe's SW Grill, Panera Bread, Pig Shack, Ruths Chris Steak Starbucks, Tiola Pizza, Zoe's Kitchen 🛏 Renaissance ⭕ AT& GNC, Harris Teeter, JC Penney, Kerr Drug, Target
7b a	US 70, NC 50, Glenwood Ave, Crabtree Valley, **N** 📳 B Shell 🍴 Brio Grill, Cheesecake Factory, Fleming's, McDo ald's, PF Chang's 🛏 Crabtree Inn, Embassy Suites, Holid Inn, Marriott, Residence Inn, Windsor Inn ⭕ Barnes&Nob Belk, Best Buy, Just Tires, Macy's, mall, McCormick&Shmick Old Navy, Sears/auto
6	Ridge Rd (from nb), same as 7
5	Lake Boone Tr, **W** 📳 Circle K 🍴 McDonald's, Starbucks, Su way, Wendy's ⭕ ℍ, Food Lion, Tuesday Morning

NC (side tab)

A S H E V I L L E (side tab)

R A L E I G H (side tab)

INTERSTATE 440 (Raleigh) Cont'd

Exit#	Services
4b a	to I-40 W, Wade Ave, to RDU
3	NC 54, Hillsboro St, **E** 🅖 BP, Exxon, Hugo's, Pure 🅕 Applebee's, Arby's, Bean Sprout Chinese, Burger King, Marco's Pizza, Quiznos, Snoopy's Hotdogs, Subway, Waffle House, Zaxby's 🅞 to Meredith Coll, to St Mary's, USPO
2b a	Western Blvd, **E** 🅖 76/Circle K, Hugo's, Speedway 🅕 Bojangles, Cookout, Dunkin Donuts, Greek Fiesta, McDonalds, Pizza Hut, Subway, Taco Bell, Ten Ten Chinese, Wendy's 🅞 Advance Parts, BigLots, Food Lion, Shaw U, to NCSU, **W** 🅞 K-Mart
1d	Melbourne Rd (from sb)
1c	Jones-Franklin Rd
1b a	I-40. I-440 begins on I-40. 1-2 mi **W** on Walnut St 🅖 Exxon, Shell 🅕 Astor's Grill, Bob Evans, Chick-fil-A, China King, Coldstone, Cookout, Dickey's BBQ, Golden Corral, HoneyBaked Ham, Jasmin Bistro, McDonald's, Moe's SW Grill, Noodles&Co, Olive Garden, Panera Bread, Qdoba, Red Lobster, Red Robin, Remington Grill, Ruby Tuesday, Starbucks, Subway, Taco Bell, Waffle House 🅛 Best Western, Red Roof Inn 🅞 BJ's Whse, Ford, GNC, Home Depot, Jo-Ann Fabrics, Kohl's, Lowe's, mall, Marshall's, Michael's, NTB, Office Depot, Old Navy, PetsMart, Steinmart

INTERSTATE 485 (Charlotte)

Exit#	Services
67	I-77, US 21, to Charlotte, Columbia, **I-485 begins/ends.**
65	South Blvd, **N** 🅖 Kangaroo 🅕 Chick-fil-A, Golden Corral, Hooters, McDonald's, Popeyes, Steak'n Shake, Wendy's 🅞 $Tree, Advance Parts, Big Lots, Chevrolet, Discount Tire, Honda, Jo-Ann, Kohl's, Nissan, Old Navy, Petsmart, Ross, Subaru, Target, Toyota/Scion, Verizon, VW, World Mkt, **S** 🅕 Arby's 🅞 Cadillac, CarMax, Mercedes, NAPA, TreadQtrs Auto/tire, vet
64b a	rd 51, **N** 🅖 Exxon/dsl, Shell/Circle K/dsl 🅕 Bojangles, Chili's, CiCi's, CookOut, Firehouse Subs, Jimmy John's, K&W Cafeteria, KFC, McDonald's, Outback Steaks, Pizza Hut, Starbucks, Wendy's 🅛 Extended Stay America 🅞 🅷 Aldi Foods, AutoZone, Bi-Lo, Family$, Firestone/auto, **S** 🅖 Kangaroo, Shell/7-11 🅕 Applebee's, Buca Italian, Burger King, Capt D's, China Buffet, Harper's Rest., IHOP, Jason's Deli, Longhorn Steaks, McAlister's Deli, Olive Garden, Red Lobster, Sky Asian, Subway, Taco Bell 🅛 Comfort Suites, Hampton Inn, Hilton Garden, Holiday Inn Express, Quality Inn 🅞 $General, Barnes&Noble, Belk, Best Buy, Dick's, Dillard's, Food Lion, Home Depot, JC Penney, Macy's, Meineke, Midas, Office Depot, REI, Rite Aid, Sam's Club/gas, Sears/auto, SteinMart, Tire Kingdom, TJ Maxx
61b a	US 521 S, Johnston Rd, **N** 🅕 Global Rest., Hickory Tavern, Red Robin, Ruby Tuesday, Sticky Fingers, Viva Chicken 🅛 Homewood Suites, SpringHill Suites 🅞 Earth Fare Foods, **S** 🅖 Kangaroo/dsl 🅕 5 Guys Burgers, Duckworth's Grill, Mellow Mushroom Rest., Pei Wei, Starbucks, Stone Mtn Grill, Subway, Tony's Pizza, Vine American Kitchen 🅛 Ballantyne Hotel, Courtyard, Staybridge Suites 🅞 CVS Drug
59	Rea Rd, **E** 🅖 Exxon/7-11 🅕 1511 Cantina, Applebee's, Boneheads Grill, Chick-fil-A, City Tavern, Firebirds Grill, Marble Slab, Noodles Rest., Qdoba, Smashburger, Starbucks, True Pizza, Wendy's 🅛 Residence Inn 🅞 GNC, Goodyear/auto, Harris-Teeter, Michaels, Target, vet
57	Providence Rd, rd 16, **E** 🅖 Kangaroo/Wendy's 🅕 Hickory Tavern, Ilios Noche, Papa John's, Penn Sta, The Wok 🅞 Harris-Teeter, USPO, **W** 🅖 Exxon/7-11, Shell 🅕 BBQ Shack, BT Burgers, Macaroni Grill, On the Border, Red Bowl Rest.,

Exit#	Services
57	Continued
	Showmars Rest., Starbucks, Subway, Wolfman Pizza 🅞 CVS Drug, Harris-Teeter, Home Depot, Lowes Whse, Rite Aid, Staples, SteinMart, vet
52	E John St, to Matthews
51b a	US 74, to Charlotte, Monroe, **E** 🅖 Circle K/dsl, Shell/dsl 🅛 Country Inn&Suites, InTown Suites, Quality Inn 🅞 Country Camping RV Ctr, Toyota/Scion, **W** 🅖 Citgo/dsl, Exxon/7-11, Shell 🅕 Bojangles, Pizza Hut, TX Roadhouse, Wendy's 🅛 Courtyard, EconoLodge, Microtel 🅞 🅷, Aamco, AutoZone, Best Buy, Costco/gas, Firestone/auto, Goodyear/auto, Goodyear/auto, Lowe's Whse, Sam's Club/gas, Target, Tuesday Morning
49	Idlewild Rd, **E** 🅖 Exxon/7-11/dsl 🅕 Cactus Rose Mexican, China Cafe, Mama's Pizza 🅞 $Tree, GNC, Harris-Teeter, Meineke, Rite Aid
47	Lawyers Rd, **E** 🅖 Gate/dsl 🅕 Bellacino's Pizza, Best China, Carnita's Mexican, Domino's, McDonald's, Subway 🅞 CVS Drug, Firestone/auto, Harris-Teeter, vet
44	rd 218, to Mint Hill, **W** 🅖 BP/dsl, Shell/7-11 🅞 $General, city park, CVS
43	rd 51, to Mint Hill
41	rd 24, rd 27, to Albemarle, **E** 🅖 Speedway/dsl 🅕 Bojangles
39	Harrisburg Rd, **W** 🅖 BP/EVC 🅕 China Garden, Papa John's, Wendy's 🅞 Food Lion
36	Rocky River Rd, **E** 🅖 BP/dsl, Gate/dsl 🅕 Best China, Bojangles, Capriccio Pizza, Subway 🅞 CVS Drug, Discount Tire, EMERGENCY, GNC, Harris-Teeter, Tuffy Auto
33	rd 49, to Harrisburg, **E** 🅖 Speedway/dsl 🅕 Cici's Pizza 🅞 Food Lion, USPO, **W** 🅖 BP, Circle K/dsl, Exxon/7-11, Shell/7-11/dsl 🅕 Arby's, Chopsticks, Domino's, Little Caesar's, Wendy's 🅞 Family$
32	US 29, **N** 🅖 QT/dsl 🅞 CVS Drug, Walmart Mkt, **S** 🅖 Exxon/7-11/dsl, Kangaroo, Speedway/dsl 🅕 Jack-in-the-Box 🅞 🅷, Tire Kingdom
30b a	I-85, N to High Point, S to Charlotte
28	Mallard Creek Rd
26	Benfield Rd, Prosperity Church Rd, Prosperity Ridge Rd, **N** 🅖 BP/dsl 🅕 Bojangle's, IHOP, Jersey Mike's, Papa Murphy's, Starbucks, Subway 🅞 Aldi Foods, Giffen Bros Automotive, Harris Teeter, Publix, Rite Aid, **S** 🅖 Shell/Circle K/dsl
23c	rd 115, to Huntersville, **N** 🅖 Shell/7-11/dsl 🅞 Audi, BMW, Lexus, Mercedes, Walmart
23b a	I-77, to Charlotte, Statesville
21	rd 24, Harris Blvd, **S** 🅕 5 Guys Burgers, Bravo Italian, Buffalo Wild Wings, Chick-fil-A, Chili's, East Coast Grill, Edomae Grill, Firebirds Grill, Firehouse Subs, Fox&Hound, Jersey Mike's, McDonald's, Mimi's Cafe, Moe's SW Grill, Olive Garden, On-the-Border, Panera bread, PF Chang's, Red Robin, Shane's Rib Shack, TGI Friday's, Wendy's 🅛 Drury Inn 🅞 $Tree, AT&T,

INTERSTATE 485 (Charlotte) Cont'd

21	Continued
	Belk, Best Buy, Dick's, Dillard's, Discount Tire, Lowe's Whse, Macy's, mall, Old Navy, Petsmart, REI, Target, Verizon
16	rd 16, to Newton, Brookshire Blvd, **E** 🅾 city park, **W** 🍴 Bojangles, Bull&Barrister Grille, Chick-fil-A, Domino's, Los Arcos, McDonald's, Papa John's, Pizza Hut, Red Bowl Asian, Subway, Wendy's 🅾 AT&T, AutoZone, Harris-Teeter, Rite Aid, URGENT CARE, vet, Walmart/Subway
14	rd 27, to Mt Holly Rd, **W** 📷 BP (2mi) 🍴 Sonic (2mi) 🅾 Food Lion (2mi), Meineke (2mi)
12	Moores Chapel Rd, **E** 🍴 Jin Jin Chinese, Subway 🅾 Advance Parts, CVS Drug, Family$, Food Lion
10b a	I-85, to Spartanburg, Greensboro
9	US 29, US 74, Wilkinson Blvd, **S** 📷 🅾 camping
6	West Blvd

4	rd 160, to Fort Mill, **N** 📷 Exxon/7-11/dsl 🅾 CVS Dru **S** 📷 BP/dsl 🍴 Bojangles 🅾 Charlotte Premium Outlet famous brands
3	Arrowood Rd, **S** 🍴 Quizno's, Siam Garden
1	S Tryon St, NC 49, **N** 📷 Citgo, Exxon/7-11 🍴 Arby's, Bojagles, Chick-fil-A, Chili's, Dragon Buffet, IHOP, Lenny's Sub, Luigi's Pizza, McDonald's, O'Charley's, Panera Bread, Qdob Showmars Rest., Waffle House, Zaxby's 🅾 Family$, GN Lowe's Whse, Rite Aid, Walmart, **S** 📷 Kangaroo/dsl, Q dsl 🍴 Mac's BBQ, Applebee's, Baskin-Robbins/Dunkin D nuts, Burger King, Domino's, Don Pedro Mexican, Firehou Subs, Fortune Cookie, Hungry Howie's, Joe Momma's Pizz KFC, McAlister's Deli, Pan China, Portofino's, Starbucks, Su way, Taco Bell, Wild Wing Cafe 🛏 Hilton Garden, Homewo Suites 🅾 $Tree, AT&T, AutoZone, Discount Tire, Food Lio NAPA, Office Depot, Tire Kingdom, Tuffy Auto, URGENT CARE

NORTH DAKOTA

INTERSTATE 29

Exit#	Services
218mm	US/Canada border, North Dakota state line
217mm	US Customs sb
216mm	historical site nb, tourist info sb
215	ND 59, rd 55, Pembina, **E** 📷 Gastrak/DutyFree Store/dsl, Gastrak/pizza/dsl/scales/24hr 🅾 Pembina State Museum/info
212	no services
208	rd 1, to Bathgate
203	US 81, ND 5, to Hamilton, Cavalier, **W** 🅾 to Icelandic SP (25 mi), **weigh sta both lanes**
200	no services
196	rd 3, Bowesmont
193	no services
191	rd 11, to St Thomas
187	ND 66, to Drayton, **E** 📷 Cenex/pizza/dsl/E-85, Tesoro/dsl 🛏 Motel 66 🅾 city park, USPO
184	to Drayton, **2 mi E** 📷 gas/dsl 🅾 USPO
180	rd 9
179mm	🅁ₛ both lanes (both lanes exit left), full 🚻 facilities, litter barrels, petwalk, 🅲, 🏕, vending
176	ND 17, to Grafton, **10 mi W** 📷 gas 🍴 food 🛏 lodging 🅾 🏥
172	65th St NE
168	rd 15, to Minto, Warsaw
164	57th St NE
161	ND 54, rd 19, to Ardoch, Oslo
157	32nd Ave
152	US 81, to Gilby, Manvel, **W** 📷 Manvel/dsl/food
145	US 81 bus, N Washington St, to Grand Forks
141	US 2, Gateway Dr, Grand Forks, **E** 📷 Cenex, Loaf'N Jug/dsl, University Sta/dsl 🍴 Burger King, Far East Buffet, Little Caesar's, McDonald's, Northside Cafe, Papa Murphy's, Subway, Taco John's 🛏 Best Value Inn, Budget Inn, EconoLodge, Grand Forks Inn, Ramada Inn, Select Inn, Super 8 🅾 🏥, AT&T, Freightliner, Hugo's Foods, Kia, O'Reilly Parts, Subaru, to U of ND, transmissions, U-Haul, visitors ctr, **W** 📷 Simonson/café/dsl/24hr, StaMart/dsl/RV dump/scales/24hr/@ 🍴 Hardee's 🛏 Knights Inn 🅾 ♿, Budget RV Ctr, dsl repair, Mack/Volvo, NW Tire, to AFB, vet, Walmart/Subway

140	DeMers Ave, **E** 📷 Cenex/dsl, Loaf'N Jug/dsl, Valley Da 🍴 Red Pepper Cafe, Tim Hortons 🛏 Baymont Inn, Canada In Expressway Suites, Hilton Garden, La Quinta, My Place Suite Sleep Inn, Staybridge Suites 🅾 🏥, Alerus Ctr, to U of ND
138	US 81, 32nd Ave S, **E** 📷 Cenex, Holiday/dsl 🍴 Applebee Arby's, Buffalo Wild Wings, Burger King, Cherry Berry Yogu Coldstone, Culver's, Denny's, DQ, Erbert&Gerbert's, Firehou Subs, Five Guys, Ground Round, HuHot, IHOP, Jimmy John McDonald's, Noodles&Co, Olive Garden, Panera Bread, Pa Murphy's, Pizza Hut, Pizza Ranch, Qdoba Mexican, Red Lo ster, Ruby Tuesday, Sakura Japanese, Starbucks, Subway, T Roadhouse, Wendy's 🛏 Best Western, C'mon Inn, Count Inn&Suites, Days Inn, Fairfield Inn, Hampton Inn, Holiday I Express, Quality Inn, Rodeway Inn, SpringHill Suites 🅾 $Tre AT&T, Best Buy, Chrysler/Dodge/Jeep, CVS Drug, Ford/Lincol Gordman's, Hobby Lobby, Hornbacher's Mkt, Hugo's Foods, Penney, Jo-Ann Fabrics, Kohl's, Lowe's, Menards, Michael's, C Navy, PetCo, Sam's Club/gas, Scheel's, Target, Tire 1, Tires TJ Maxx, Toyota/Scion, Verizon, vet, Walmart/Subway, Whi Drug, car repair, Natural Grocers, **W** 📷 FLYING J/Subwa dsl/LP/scales/RV dump/24hr 🅾 Grand Forks Camping
130	ND 15, rd 81, Thompson, **1 mi W** 📷 gas 🍴 food
123	to Reynolds, **E** 🅾 to Central Valley School
120	truck insp sb
118	to Buxton
111	ND 200 W, to Cummings, Mayville, **W** 🅾 Big Top Fireworks, Mayville St U
104	Hillsboro, **E** 📷 Casey's, Cenex/Burger King/dsl/LP/24hr Subway 🛏 Hillsboro Inn 🅾 🏥, Hillsboro Camping, USPO
100	ND 200 E, ND 200A, to Blanchard, Halstad
99mm	🅁ₛ both lanes, full 🚻 facilities, litter barrels, petwalk, 🅲, 🏕 vending
92	rd 11, Grandin, **W** 📷 Stop&Shop/dsl
86	Gardner
78	Argusville
74.5mm	Sheyenne River
72	rd 17, rd 22, Harwood, **E** 📷 Cenex/pizza/dsl/LP/café/24hr
69	rd 20
67	US 81 bus, 19th Ave, **1 mi E** 🍴 Applebee's, Buffalo W Wings, Burger King, McDonald's, Pizza Hut, Subway, Taco Be

NC ND

GRAND FORKS

↑N INTERSTATE 29 Cont'd

67 Continued
🛏 Candlewood Suites, Days Inn, Homewood Suites 🅾 CVS Drug, Hector Int Airport, VA 🏥

66 12th Ave N, **E** 🅿 StaMart/dsl/scales/24hr 🍴 Marlin's Rest. 🛏 Woodspring Suites 🅾 🏥, to ND St U, tuck repair, **W** 🅿 Cenex/dsl 🍴 Arby's 🛏 Super 8

65 US 10, Main Ave, W Fargo, **E** 🅿 Tesoro/dsl 🅾 CarQuest, NAPA, OK Tire, vet, **W** 🅿 Cenex/Subway/dsl, Simonson/dsl 🍴 Hardee's, O'Kelly's Rest., Season Buffet Chinese 🛏 Biltmore on Main Inn 🅾 CarQuest, Honda, Kia, Lincoln, Mac's Hardware, Mazda, Mercedes, O'Reilly Parts, Recreation RV Ctr, Toyota/Scion, VW

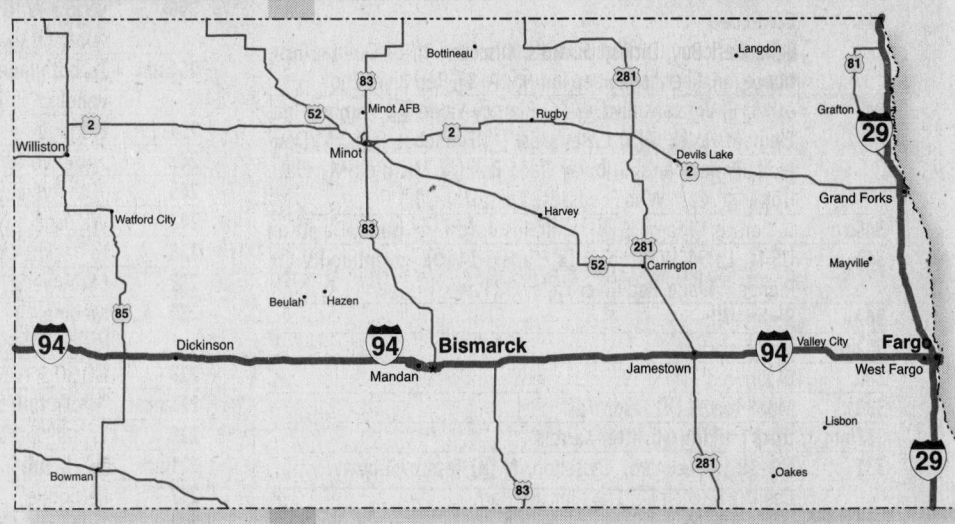

64 13th Ave, Fargo, **E** 🅿 Don's, Exxon, Kum&Go/dsl, PetroServe/dsl 🍴 Acapulco Mexican, Applebee's, Arby's, Buck's Rest., Burger King, ChuckeCheese, DQ, Erbert&Gerbert's Subs, Green-Mill Rest., Ground Round, Little Caesar's, Perkins, Sickie's Garage, Subway, Taco John's, Wendy's 🛏 AmericInn, Baymont Inn, Country Inn&Suites, Days Inn, EconoLodge, EconoLodge, Grand Inn, Motel 6, Quality Inn, Quality Suites, Super 8 🅾 AT&T, CashWise Foods/drug/gas, CVS Drug, Family$, Goodyear/auto, Meineke, O'Reilly Parts, Tires+/transmissions, Tuesday Morning, Verizon, White Drug, **W** 🍴 All-Stop/dsl, Casey's, Cenex 🍴 Applebee's, Arby's, Buffalo Wild Wings, Chili's, Culver's, Denny's, Domino's, DQ, Happy Joe's Pizza, KFC, Kobe Japanese, Kroll's Diner, LoneStar Steaks, Longhorn Steaks, McDonald's, Olive Garden, Osaka Japanese, Panchero's Mexican, Panera Bread, Paradiso Mexican, Pizza Hut, Red Lobster, Ruby Tuesday, Santa Lucia Cafe, Schlotzsky's, Spitfire Grill, Subway, Taco Bell, Taco John's, TX Roadhouse 🛏 Econolodge, Fairfield Inn, Fargo Inn, Holiday Inn, Holiday Inn Express, Kelly Inn, Ramada Inn, Red River Lodge 🅾 $Tree, Audi/VW, Barnes&Noble, Best Buy, BigLots, Cadillac/Chevrolet, Chrysler/Dodge/Jeep, Family Fare Mkt, GNC, Gordman's, Herberger's, Hobby Lobby, Hornbacher's Foods, Hyundai, JC Penney, Jo-Ann, Jo-Ann Fabrics, Kohl's, Lowe's, Macy's, Menards, Michael's, Natural Grocers, Nissan, Old Navy, PetCo, Petsmart, Sam's Club/gas, Target, TJ Maxx, USPO, Walgreens, Walmart/Subway

63b a I-94, W to Bismarck, E to Minneapolis

62 32nd Ave S, Fargo, **E** 🅿 F&F/dsl, Holiday, Tesoro 🍴 Arby's, Country Kitchen, Culver's, Jimmy John's, KFC, Little Caesar's, Moe's SW Grill, Noodles&Co, Papa John's, Starbucks, Subway, Taco John's, Village Inn 🅾 🏥, Buick/GMC, Family Fare Mkt, Ford, Freightliner, JiffyLube, Verizon, **W** 🅿 ⚑FLYING J/Huddle House/dsl/LP/scales/24hr/@, ♥Loves/McDonald's/Subway/dsl/scales/24hr 🛏 Motel 6 🅾 Fargo Tire/repair, Mack/Volvo, Peterbilt

60 52nd Ave S, to Fargo, **E** 🅿 Casey's/dsl/e85 🍴 Burger King, **W** 🅾 Walmart/Subway

56 to Wild Rice, Horace

54 rd 16, to Oxbow, Davenport

50 rd 18, Hickson

48 ND 46, to Kindred

44 to Christine

42 rd 2, to Walcott

37 rd 4, to Abercrombie, Colfax, **E** 🅾 to Ft Abercrombie HS, **3 mi** **W** 🅿 gas

31 rd 8, Galchutt

26 to Dwight

24mm weigh sta both lanes exit left

23b a ND 13, to Wahpeton, Mooreton, **10 mi E** 🅾 🏥, ND St Coll of Science

15 rd 16, to Mantador, Great Bend

8 ND 11, to Hankinson, Fairmount, **E** 🅿 Tesoro/dsl, **3 mi W** 🅾 camping

3mm Welcome Ctr nb, full ♿ facilities, litter barrels, petwalk, 🍴, 🏕

2 rd 22

1 rd 1E, **E** 🅾 Dakota Magic Casino/Hotel/rest./gas/dsl

0mm North Dakota/South Dakota state line

↑E INTERSTATE 94

Exit#	Services
352mm	North Dakota/Minnesota state line, Red River
351	US 81, Fargo, **N** 🅿 Casey's, Loaf'n Jug 🍴 Duane's Pizza, Great Harvest Breads, Great Wall Chinese, Taco Shop 🅾 🏥, Hornbacher's Foods, Medicine Shoppe, vet, **S** 🅿 Tesoro/dsl 🍴 Burger King, Happy Joe's Pizza, McDonald's, Pepper's Café, Randy's Diner, Subway, Taco Bell 🛏 Rodeway Inn, Vista Inn 🅾 Hornbacher's/gas, K-Mart, O'Reilly Parts, Verizon
350	25th St, Fargo, **N** 🅿 Casey's, **S** 🅿 Loaf'n Jug/dsl, Phillips/dsl 🍴 Dolittle's Grill, Ruby Tuesday
349b a	I-29, N to Grand Forks, S to Sioux Falls, services 1 mi N, exit 64
348	45th St, **N** Visitor Ctr/full ♿ facilities, litter barrels, 🏕, 🅿 Holiday/dsl, Petro/dsl/Lp/24hrs/@ 🍴 Carino's, Chipotle, Coldstone, Culver's, Denny's, Dunn Bros Coffee, Granite City, HuHot Mongolian, IHOP, Kroll's Diner, Little Caesar's, Longhorn Steaks, Maddio's Pizza, McDonald's, Noodles&Co, Panda Express, Papa Murphy's, Pizza Hut, Potbelly, Qdoba, Smashburger, Space Aliens Grill, Subway, Wendy's, Wild Bill's 🛏 Best Western, C'Mon Inn, Expressway Suites, Hilton Garden, Holiday Inn Express, Home 2 Suites, MainStay Suites, Ramada Inn, Red Roof Inn, Staybridge Suites, Wingate Inn 🅾 Blue Beacon, Hobby Lobby, Home Depot, Kohl's, NAPA, Old Navy, Sam's Club, Scheel's Sports, Target, Tuffy Auto, Verizon, Walmart/Subway, **S** 🅿 Casey's/DQ/dsl, Holiday 🍴 Applebee's, Famous Dave's BBQ, Five Guys, Hardee's, Korean BBQ, Mexican Village, Old Chicago Pizza, Pizza Ranch, Sonic, Taco John's, Taco Shop

ND

FARGO

INTERSTATE 94 Cont'd

Exit	Description
348	Continued
	🛏 AmericInn, Comfort Suites, Hampton Inn, La Quinta, Residence Inn, Sheraton, Sleep Inn 🅞 AT&T, Red River Zoo
347	9th St E, Veterans Blvd, **N** 🍴 Blarney Stone 🛏 Cambria Inn, Element Hotel, **S** 🅟 Casey's/dsl 🍴 Firehouse Subs, McDonald's, Papa John's, Subway, Taco Bell 🛏 Microtel, My Place Hotel 🅞 Cash Wise Foods/dsl, Costco/gas, Ⓗ
346b a	to Horace, W Fargo, **S** 🍴 repair, Tesoro/dsl 🅞 Harley Davidson
343	US 10, Lp 94, W Fargo, **N** 🍴 Cenex/dsl 🅞 Adventure RV Ctr, Pioneer Village, Red River Valley RV Park
342	38th St NE
342mm	weigh sta wb
340	to Kindred
338	Mapleton, **N** 🍴 Tesoro/dsl
337mm	truck parking wb, litter barrels
331	ND 18, to Leonard, Casselton, **N** 🍴 Tesoro/Subway/dsl 🍴 Country Kitchen 🛏 Days Inn/RV park
328	to Lynchburg
327mm	truck parking eb, litter barrels
324	Wheatland, to Chaffee
322	Absaraka
320	to Embden
317	to Ayr
314	ND 38 N, to Alice, Buffalo, **3 mi N** 🍴 gas 🍴 food
310	36th St SE
307	to Tower City, **N** 🍴 Cenex/café/dsl/RV Park/24hr, motel
304mm	🆁🆂 both lanes (both lanes exit left), full 🚻 facilities, info, litter barrels, petwalk, 🅒, 🐾, vending
302	ND 32, to Fingal, Oriska, **1 mi N** 🅞 city park
298	123rd Ave SE
296	121st Av SE
294	Lp 94, to Kathryn, Valley City, **N** 🅞 Ⓗ, camping
292	Valley City, **N** 🍴 PetroServe/Tesoro/café/dsl 🍴 Sabir's Rest. 🛏 AmericInn, Grand Stay Hotel, Super 8, Wagon Wheel Inn/rest. 🅞 Ⓗ, Ford, to Bald Hill Dam, **S** 🅞 Ft Ransom SP (35mi)
291	Sheyenne River
290	Lp 94, Valley City, **N** 🍴 Casey's/dsl 🍴 Burger King, Kenny's Rest., Kirin House Chinese, Pizza Ranch, Subway 🅞 Ⓗ, Buick/Chevrolet/GMC, Chrysler/Dodge/Jeep, Family$, Firestone/auto, NAPA, O'Reilly Parts, ShopKo
288	ND 1 S, to Oakes, **S** 🅞 Fort Ransom SP (36 mi)
283	ND 1 N, to Rogers
281	to Litchville, Sanborn, **1-2 mi N** 🍴 gas 🍴 food 🛏 lodging
276	Eckelson, **S** 🅞 Prairie Haven Camping/gas/dsl
275mm	continental divide, elevation 1490
272	to Urbana
269	Spiritwood
262	Bloom, **N** 🅞 🖼
260	Jamestown, **N** 🍴 Casey's, Cenex/café/dsl/@ 🛏 Starlite Motel 🅞 to St Ⓗ
259mm	James River
258	US 52 W, US 281, Jamestown, **N** 🍴 Exxon/TCBY/dsl, Tesoro/dsl 🍴 Arby's, DQ, Hardee's, McDonald's, Pizza Ranch, Subway, Taco Bell 🛏 Comfort Inn, Days Inn, Holiday Inn Express, Jamestown Motel 🅞 Buffalo Herd/museum, Buick/Chevrolet/GMC, Firestone/auto, NW Tire, O'Reilly Parts, Toyota, **S** 🍴 Shell/dsl 🍴 Applebee's, Burger King, Grizzly's Rest., Hong Kong Buffet, La Carreta Mexican, Paradiso Mexican, Perkins 🛏 EconoLodge, Fairfield Inn, Hampton Inn, My Place, Quality Inn, Super 8 🅞 $Tree, AT&T, Chrysler/Dodge/Jeep, Ford/Lincoln, GNC, Harley-Davidson, Mac's Hardware, mall, Menards, Verizon, Walmart

Exit	Description
257	Lp 94 (from eb, exits left), to Jamestown, **N** 🅞 dsl repair
256	US 52 W, US 281 N, **S** 🅞 Ⓗ, Jamestown Campground/dump (1mi)
254mm	🆁🆂 both lanes, full 🚻 facilities, litter barrels, petwalk, 🅒, 🐾 vending
251	Eldridge
248	74th Ave SE
245	70th Ave SE
242	Windsor
238	to Gackle, Cleveland
233	58th Ave SE
230	Medina, **1 mi N** 🍴 Famer's Union/dsl/LP 🍴 DairyTr🅞 city park, Medina RV Park, USPO
228	ND 30 S, to Streeter
224mm	🆁🆂 wb, full 🚻 facilities, litter barrels, petwalk, 🅒, 🐾, vendi
221	Crystal Springs
221mm	🆁🆂 eb, full 🚻 facilities, litter barrels, petwalk, 🅒, 🐾, vendi
217	Pettibone
214	Tappen, **S** 🍴 gas/dsl/food
208	ND 3 S, Dawson, **N** 🅞 RV camping, **1/2 mi S** 🍴 g🍴 food 🅞 RV camping, to Camp Grassick
205	Robinson
200	ND 3 N, to Tuttle, Steele, **S** 🍴 Shell/Subway/Pizza Hut/ 🛏 Cobblestone Inn 🅞 truckwash
195	20th Ave SE
190	Driscoll, **S** 🍴 food
182	US 83 S, ND 14, to Wing, Sterling, **S** 🍴 Cenex/dsl 🛏 To Motel (1mi)
176	McKenzie
170	Menoken, **S** 🅞 RV Park, to McDowell Dam
168mm	🆁🆂 both lanes, full 🚻 facilities, litter barrels, petwalk, 🅒, vending, wifi
161	Lp 94, Bismarck Expswy, Bismarck, **N** 🍴 Cenex/dsl/LP/24 Exxon/dsl 🛏 My Place 🅞 Peterbilt, Toyota/Scion, **S** 🍴 H iday/dsl, Tesoro/Marlin's Rest./dsl/scales/24hr 🍴 McD ald's 🛏 Ramada Ltd 🅞 Capital RV Ctr, Dakota Zoo, dsl pair, Freightliner, Kenworth, OK Tires
159	US 83, Bismarck, **N** 🍴 Holiday/dsl, Simonson/dsl 🍴 App bee's, Arby's, Buffalo Wings&Rings, China Star, Hong Ko Chinese, KFC, Kroll's Diner, Little Caesar's, Longhorn Stea MacKenzie River Pizza, McDonald's, Oahu BBQ, Olive Gard Papa Murphy's, Paradiso Mexican, Perkins, Pita Pit, Red Lobst Ruby Tuesday, Space Alien Grill, Taco Bell, Wendy's 🛏 Ame clnn, Candlewood Suites, Comfort Inn, Comfort Suites, Coun Suites, Courtyard, Fairfield Inn, Hampton Inn, Holiday Inn, H day Inn Express, Mainstay Suites, Motel 6, Residence Inn, Sle Inn, Staybridge Suites, Super 8, Wingate Inn 🅞 AT&T, Chev let, CVS Drug, Dan's Foods/USPO, Dick's, Gordman's, Hanc Fabrics, Hobby Lobby, Honda, Jo-Ann Fabrics, K-Mart, Menar Michael's, Nissan, NW Tire, Ross, Sears/auto, UHaul, USF VW, Walmart/Subway, **S** 🍴 Exxon/dsl, PetroServe/dsl, She dsl 🍴 DQ, East 40 Rest., Hardee's, Pizza Hut, Schlotzsky's, St bucks, Subway, Taco John's, Woodhouse Rest. 🛏 Best Val Inn, Days Inn, Kelly Inn, La Quinta, Ramada Inn, Super 8 🅞 O'Reilly Parts
157	Divide Ave, Bismarck, **N** 🍴 Shell/dsl 🍴 Carino's, Coldsto Cracker Barrel, Five Guys, Jimmy John's, Kobe's Japanese, N Donald's, Nardello's Pizza, Pancheros Mexican, Starbuc Subway, Taco John's, TX Roadhouse 🅞 $Tree, Best Buy, GN Kohl's, Lowe's, Old Navy, Petsmart, TJ Maxx, Verizon, v tor ctr, **S** 🍴 Cenex/dsl/E85/LP/RV Dump 🍴 Stadium C 🛏 Hampton Inn 🅞 Dan's Mkt/USPO

ND

(vertical tab, left) **JAMESTOWN**

(vertical tab, right) **BISMARCK**

INTERSTATE 94 Cont'd

Exit#	Services
156mm	Missouri River
156	I-194, Bismarck Expsway, Bismarck City Ctr, 1/2 mi **S** 🅾 Dakota Zoo
155	to Lp 94 (exits left from wb), Mandan, City Ctr, same as 153
153	ND 1806, Mandan Dr, Mandan, 1/2 mi **S** 🅖 Cenex/dsl, M&H/dsl, PetroServe/dsl, Tesoro 🍴 Bonanza, Burger King, Dakota Farms Rest., Domino's, DQ, Hardee's, Papa Murphy's, Pizza Hut, Pizza Ranch, Subway, Taco John's 🏨 North Country Inn 🅾 Chevrolet, Dacotah Centennial Park, Family$, Ft Lincoln SP (5mi), Goodyear/auto, NAPA, NW Tire, O'Reilly Parts, Subaru, Verizon
152	Sunset Dr, Mandan, **N** 🅖 Tesoro/dsl 🏨 Baymont Inn, Comfort Inn 🅾 Thrifty White Drug, Walmart/Subway, **S** 🅖 Tesoro/RV dump 🍴 Fried's Rest. 🅾 🅷
152mm	scenic view eb
147	ND 25, to ND 6, Mandan, **S** 🅖 ⛟FLYING J/Shell/Subway/dsl/scales/24hr
140	to Crown Butte
135mm	scenic view wb, litter barrel
134	to Judson, Sweet Briar Lake
127	ND 31 N, to New Salem, **N** 🅾 Knife River Indian Village (35mi), **S** 🅖 Cenex/dsl, Tesoro/dsl 🍴 Sunset Cafe 🏨 Arrowhead Inn/café 🅾 DFC/dsl, vet, World's Largest Cow
123	to Almont
120	no services
119mm	🆁🆂 both lanes, full 🅰 facilities, litter barrels, petwalk, 🍴, 🏨
117	no services
113	no services
110	ND 49, to Glen Ullin
108	to Glen Ullin, Lake Tschida, 3 mi **S** 🅖 gas 🍴 food 🏨 lodging 🅾 camping
102	Hebron, to Glen Ullin, to Lake Tschida, 3 mi **S** 🅖 gas 🍴 food 🏨 lodging 🅾 camping
97	Hebron, 2 mi **N** 🅖 gas 🍴 food 🏨 lodging
96.5mm	central/mountain time zone
90	no services
84	ND 8, Richardton, **N** 🅖 Cenex/dsl 🅾 🅷, Schnell RA, Springfield Mkt, to Assumption Abbey
78	to Taylor
72	to Enchanted Hwy, Gladstone

Exit#	Services
64	Dickinson, **S** 🅖 Cenex/Tiger Truckstop/rest./dsl/24hr, Dakota Diner 🅾 dsl repair, Ford/Lincoln, Honda, NW Tire, Toyota
61	ND 22, Dickinson, **N** 🅖 Cenex/dsl/LP, Mobil/Schlotsky's/dsl/scales/24hr, Simonson/dsl 🍴 Applebee's, Arby's, Burger King, City Brew Coffee, DQ, El Sombrero Mexican, Jimmy John's, Papa Murphy's, Pizza Ranch, Qdoba, Sakura Japanese, Sanford's Rest., Taco Bell, Taco John's, Wendy's 🏨 AmericInn, Astoria Suites, Best Western, Candlewood Suites, Comfort Inn, Hampton Inn, Holiday Inn Express, Microtel, My Place, Ramada, Red Roof Inn, TownePlace Suites 🅾 AT&T, Cashwise Foods, Chevrolet/Cadillac, Family Fare Mkt, Goodyear/auto, Herberger's, Midas, O'Reilly Parts, Runnings Hardware, USPO, Verizon, Walmart/Subway, White Drug, **S** 🅖 Cenex/dsl, Conoco/repair, Holiday/dsl, Tesoro/Domino's/dsl 🍴 A&W/KFC, Country Kitchen, Don Pedro's Mexican, King Buffet, McDonald's, Perkins, Subway 🏨 La Quinta, Motel 6, Quality Inn, Relax Inn, Rodeway Inn, Travel Inn 🅾 🅷, Ace Hardware, museum, visitor info
59	Lp 94, to Dickinson, **N** 🍴 Buffalo Wild Wings 🏨 Hawthorn Suites, Woodspring Suites 🅾 Family Fare/dsl, Menard's, Verizon, **S** 🅾 camping, 🅷, to Patterson Lake RA, services in Dickinson
56	116th Ave
51	South Heart
42	US 85, to Grassy Butte, Belfield, Williston, **N** 🅖 MVP/dsl 🅾 T Roosevelt NP (52mi), **S** 🅖 Cenex/dsl/24hr, Conoco/dsl 🍴 Trapper's Kettle Rest. 🏨 Trapper's Inn 🅾 NAPA
36	Fryburg
32	T Roosevelt NP, **N** 🅾 🆁🆂 both lanes, full 🅰 facilities, scenic overlook
27	Lp 94, **S** 🅾 Historic Medora (from wb), T Roosevelt NP
24.5mm	Little Missouri Scenic River
24	Medora, Historic Medora, **S** 🅾 Chateau de Mores HS, T Roosevelt NP, visitors ctr
23	West River Rd (from wb)
22mm	scenic view eb
18	Buffalo Gap, **N** 🅾 Buffalo Gap Camping (seasonal)
10	Sentinel Butte, Camel Hump Lake, **S** 🅖 gas
7	Home on the Range
1	ND 16, **S** Welcome/Visitor Ctr, full 🅰 facilities, litter barrels, petwalk, 🏨, 🅖 ⛟FLYING J/Subway/dsl/scales/LP/24hr, Cenex/dsl/LP/24hr 🏨 Buckboard Inn 🅾 Beach RV Park
1mm	weigh sta eb, litter barrel
0mm	North Dakota/Montana state line

ND

OH

OHIO

INTERSTATE 70

Exit#	Services
225.5mm	Ohio/West Virginia state line, Ohio River
225	US 250 W, OH 7, Bridgeport, **N** 🅖 Marathon, StarFire, Sunoco/dsl 🍴 DQ, Papa John's, Pizza Hut 🅾 Advance Parts, AutoZone, Family$, Meineke, NAPA, **S** 🅖 Clark, Exxon/dsl 🍴 Domino's
220	US 40, rd 214, **N** 🅖 Marathon, Sunoco/dsl 🏨 Comfort Inn, **S** 🅖 A Fuel Mart 🏨 Days Inn 🅾 vet
219	I-470 E, to Bel-Aire, Washington PA, (from eb)
218	Mall Rd, to US 40, to Blaine, **N** 🅖 BP, Exxon/Subway/dsl 🍴 Applebee's, Arby's, Buffalo Wild Wings, Burger King, DeFelice Pizza, Denny's, Eat'n Park, HoneyBaked Ham, King Buffet, Little Caesars, Outback Steaks, Pizza Hut, Red Lobster, Starbucks, Steak'n Shake, Taco Bell, Tlaquepaque Mexican, Undo's Rest., W Texas Steaks, Wendy's 🏨 Best Value Inn, EconoLodge,

Exit#	Services
218	Continued Hampton Inn, Hawthorn Suites, Holiday Inn Express, Microtel, Red Roof Inn, Super 8 🅾 $General, $Tree, AAA, Advance Parts, Aldi Foods, AT&T, AutoZone, Buick/Cadillac/Chevrolet, CVS Drug, Kroger, Lowe's, Sam's Club, Staples, Stewarts RV Ctr, URGENT CARE, Verizon, Walmart/McDonald's, **S** 🅖 Bob Evans, Chipotle, Cracker Barrel, Garfield's Rest., KFC/LJ Silver, Little Caesar's, Longhorn Steaks, McDonald's, Osaka Steaks, Panda Chinese, Panera Bread, Starbucks 🏨 Candlewood Suites, Fairfield Inn, Residence Inn 🅾 Boscov's, Chrysler/Dodge/Jeep, Elder-Beerman, Jo-Ann Fabrics, Macy's, mall, NTB, Sears/auto
216	OH 9, St Clairsville, **N** 🅖 BP
215	National Rd, **N** 🍴 Burger King, Domino's, WenWu Chinese 🅾 NAPA, Riesbeck's Foods, USPO
213	OH 331, Flushing, **S** 🅖 BP, Marathon/Subway/dsl, Sunoco/dsl

ⒺE INTERSTATE 70 Cont'd

Exit#	Services
211mm	Ⓡs both lanes, full ♿ facilities, litter barrels, petwalk, ◖, 🚮, vending
208	OH 149, Morristown, N 🅿 Exxon/McDonald's/dsl 🍴 Schlepp's Rest. 🛏 Arrowhead Motel (1mi), Days Inn ◻ \$General, Cannonball Speedway, Ford/Lincoln, S 🅿 Marathon/Quiznos/dsl, Ⓟⓘⓛⓞⓣ/Subway/dsl/scales/24hr 🛏 Sleep Inn ◻ Barkcamp SP, Harley-Davidson
204	US 40 E (from eb, no return), National Rd
202	OH 800, to Barnesville, S 🅿 Sunoco/dsl ◻ Ⓗ
198	rd 114, Fairview
193	OH 513, Middlebourne, N 🅿 BP, FuelMart/dsl ◻ fireworks
189mm	Ⓡs eb, full ♿ facilities, litter barrels, petwalk, ◖, 🚮, vending
186	US 40, OH 285, to Old Washington, N 🅿 Marathon/dsl, S 🅿 GoMart/dsl, Speedway/dsl/scales/24hr
180b a	I-77 N, to Cleveland, to Salt Fork SP, I-77 S, to Charleston
178	OH 209, Cambridge, 0-1 mi N 🅿 Marathon/dsl, Sheetz/dsl, Starfire/dsl 🍴 Bob Evans, Coldstone/Tim Hortons, Cracker Barrel, Denny's, DQ, Forum Rest, KFC, McDonald's, Papa John's, Pizza Hut, Ruby Tuesday, Subway, Wendy's 🛏 Comfort Inn, Days Inn, Hampton Inn, Holiday Inn Express, Microtel, Quality Inn, Sleep Inn, Southgate Hotel ◻ Ⓗ, \$General, Advance Parts, AutoZone, BigLots, Buick/Cadillac/GMC, Family\$, O'Reilly a Parts, Riesbecks Foods, Verizon, S 🅿 Murphy USA/dsl, Ⓟⓘⓛⓞⓣ/Subway/dsl/scales/24hr 🍴 Arby's, Buffalo Wild Wings, Burger King, Great Chinese, Little Caesars, Taco Bell, Tlaquepaque Mexican 🛏 Baymont Inn ◻ \$Tree, Aldi Foods, AT&T, Chevrolet, Chrysler/Dodge/Jeep, K-Mart/gas, Spring Valley RV Park (1mi), Verizon, Walmart/Subway
176	US 22, US 40, to Cambridge, N 🅿 Sunoco/dsl 🛏 Budget Inn ◻ RV camping, st patrol, vet, Western Shop
173mm	weigh sta both lanes
169	OH 83, to Cumberland, New Concord, N 🅿 Marathon/dsl 🛏 Wall Hotel ◻ John&Annie Glen Historic Site, RV camping, to Muskingum Coll
164	US 22, US 40, Norwich, N 🅿 🛏 Baker's Motel, Zane Gray Museum, S ◻ antiques, pottery
163mm	Ⓡs wb, full ♿ facilities, litter barrels, petwalk, ◖, 🚮, vending
160	OH 797, Airport Rd, N 🅿 ♥Loves♥/Arby's/dsl/scales/24hr, S 🅿 BP, Exxon/Subway/dsl 🍴 Denny's, McDonald's, Wendy's 🛏 Best Western, Economy Inn, Motel 6 ◻ ☼, st patrol
157	OH 93, Zanesville, N 🅿 BP, S 🅿 Marathon, Shell/dsl, st patrol
155	OH 60, OH 146, Underwood St, Zanesville, N 🍴 Bob Evans, Olive Garden, Oriental Buffet, Red Lobster, Steak'n Shake, Tumbleweed Grill 🛏 Comfort Inn, Fairfield Inn, Hampton Inn, Holiday Inn Express ◻ Ⓗ, Riesbeck's Mkt, USPO, S 🅿 Marathon/dsl 🍴 Cracker Barrel, Subway, Wendy's 🛏 Baymont Inn, EconoLodge, Travel Inn ◻ Rite Aid
154	5th St (from eb)
153b	Maple Ave (no EZ return from wb), N 🅿 🍴 DQ, Italian Eatery, Papa John's, Tee Jaye's Rest ◻ Ⓗ, CVS Drug, Family\$
153a	State St, N 🅿 Speedway/dsl ◻ to Dillon SP (8mi), USPO, S 🅿 Marathon
153mm	Licking River
152	US 40, National Rd, N 🅿 Exxon/A&W/Blimpie/dsl, Starfire/dsl 🍴 McDonald's 🛏 Super 8
142	US 40 (from wb, no EZ return), Gratiot, N ◻ RV camping
141	OH 668, US 40 (from eb, no return), to Gratiot, same as 142
132	OH 13, to Thornville, Newark, N ◻ Dawes Arboretum (3mi), S 🅿 BP, Shell 🍴 Subway (2mi) ◻ RV camping
131mm	Ⓡs both lanes, full ♿ facilities, litter barrels, petwalk, ◖, 🚮, vending

129b a	OH 79, to Buckeye Lake, Hebron, N 🛏 Best Western ◻ vance Parts, Kroger/gas, S 🅿 BP, Valero 🍴 Donato's za, McDonald's, Pizza Hut/Taco Bell, Subway, Wendy's EconoLodge ◻ Blue Goose Marina (2mi), CarQuest, KOA (2
126	OH 37, to Granville, Lancaster, N 🅿 Marathon/dsl, Ⓟⓘⓛⓞⓣ Chester's/Subway/dsl/scales/24hr, S 🅿 TA/BP/Popeye Sbarro's/dsl/scales/24hr/@, Valero/dsl 🛏 Deluxe Inn, Roof Inn ◻ IA 80 Truckomat/truckwash, KOA
122	OH 158, to Baltimore, Kirkersville, N 🛏 Regal I S 🅿 ✈FLYING J/Denny's/dsl/LP/scales/24hr ◻ firework
118	OH 310, to Pataskala, N 🅿 BP/McDonald's, Shell/dsl, Spe way/dsl 🍴 DQ, S 🅿 BP/Duke's/Subway/dsl ◻ RCD RV
112c	OH 204, to Blecklick Rd (from eb)
112	OH 256, to Pickerington, Reynoldsburg, N 🅿 BP, Shell/M Donald's 🍴 Buffalo Wild Wings, Chipotle Mexican, Culve Five Guys, IHOP, Logan's Roadhouse, Noodles&Co, O'Charle Olive Garden, Panera Bread, Penn Sta, Smokey Bones Bb Subway, TGIFriday's, Tim Horton's 🛏 Fairfield Inn, Holi Inn Express ◻ AT&T, Best Buy, Jo-Ann Fabrics, Marsha NTB, Old Navy, Petco, Petsmart, Sam's Club/gas, Staples, T get, Tire Discounters, Verizon, Walgreens, Walmart/Subw S 🅿 Speedway/dsl 🍴 Arby's, Bob Evans, Cane's, CiCi's F za, Classic's Diner, Cold Stone, Cracker Barrel, Feta Greek Ca Firehouse Subs, Iron Chef, Jimmy John's, KFC, La Fogata M ican, LJ Silver, Longhorn Steaks, Max&Erma's, Omezzo Itali Skyline Chili, Starbucks, Steak'n Shake, Tom+Chee, Uno, W dy's 🛏 Best Western, Comfort Inn, Hampton Inn ◻ Adva Parts, Barnes&Noble, Kohl's, Kroger/E85, Tuesday Morni URGENT CARE, Verizon
110	Brice Rd, to Reynoldsburg, N 🅿 Speedway/dsl, Su co 🍴 Burger King, Donato's, Genji Japanese, Golden C na, Popeye's, Subway, TeeJaye's Rest., Tim Horton's, Wa House 🛏 Days Inn, Extended Stay America, La Quinta, R Roof Inn, Super 8 ◻ BigLots, Family\$, Goodyear/auto, Ho Depot, O'Reilly Parts, S 🅿 BP, Speedway/dsl 🍴 Applebe Arby's, Asian Star, Boston Mkt, Chipotle Mexican, KFC, McD ald's, Starbucks, Subway, Taco Bell, Waffle House 🛏 Com Suites, Motel 6, Travelodge ◻ Acura, Advance Parts, A Foods, Discount Tire, Family\$, Fiat, Firestone/auto, GNC, Ho Lobby, Honda, Lowe's, Michael's, NTB, Toyota/Scion, Walgre
108b a	I-270 N to Cleveland, access to Ⓗ, I-270 S to Cincinnati
107a	OH 317, Hamilton Rd, to Whitehall, S 🅿 Shell/dsl 🍴 Arb Burger King, Capt D's, ChuckeCheese, Eastland Buffet, Ichib Japanese, McDonald's, Papa John's, Pizza Hut, Red Lobst Steak'n Shake, Taco Bell 🛏 AmeriVu Inn, Fort Rapids Res Hampton Inn, Hawthorn Inn, InTown Suites ◻ \$Gene AT&T, PepBoys
105a	US 33, to Lancaster, 2 mi N 🍴 Tat Italian
105b	US 33, James Rd, Bexley, N 🍴 Tat Italian
103b a	Livingston Ave, to Capital University, N 🅿 Exxon, Speedw dsl 🍴 Mr Hero Subs, Peking Dynasty, Popeye's, Subw Taco Bell, Tim Horton's, Wendy's ◻ auto repair, Katz Ti S 🅿 Marathon, Shell 🍴 McDonald's, Rally's, White Cas ◻ Family\$
102	Kelton Ave, Miller Ave
101a	I-71 N, to Cleveland
100b	US 23, to 4th St, downtown
99c	Rich St, Town St (exits left from wb)
99b	OH 315 N, downtown
99a	I-71 S, to Cincinnati
98b	Mound St (from wb, no EZ return), S 🅿 Speedway 🍴 Lit Caesar's, McDonald's, Rally's ◻ Aldi Foods, Family\$

Vertical side labels: CAMBRIDGE, ZANESVILLE, COLUMBUS AREA, OH

INTERSTATE 70 Cont'd

Exit#	Services
98a	US 62, OH 3, Central Ave, to Sullivant, same as 98b
97	US 40, W Broad St, N 🅶 Valero/dsl 🍴 Arby's, Burger King, McDonald's, Subway, Taco Bell, Tim Horton's, Wendy's, White Castle 🛏 Knights Inn, Travelodge 🅾 Aamco, CVS Drug, U-Haul, USPO
96	I-670 (exits left from eb), 🅾 to 🇭
95	Hague Ave (from wb), S 🍴 Sunoco
94	Wilson Rd, N 🍴 Marathon/Circle K/Subway/dsl, UDF, S 🍴 BP, 🚆/Wendy's/dsl/scales/24hr, Shell/dsl, Speedway 🍴 McDonald's, Waffle House 🛏 EconoLodge 🅾 vet
93b a	I-270, N to Cleveland, S to Cincinnati
91b a	to Hilliard, New Rome, N 🅶 GetGo, Shell, Speedway/dsl 🍴 Applebee's, Arby's, Buffalo Wild Wings, Burger King, Chick-fil-A, Chipotle, Cracker Barrel, Culver's, Donato's Pizza, El Vaquero Mexican, Fazoli's, Firehouse Subs, Five Guys, Golden Chopsticks, Hot Head Burrito, IHOP, KFC, McDonald's, Mikkado Japanese, Olive Garden, Outback Steaks, Panda Express, Panera Bread, Perkins, Red Robin, Rooster's Rest., Skyline Chili, Subway, Supreme Buffet, Taco Bell, Tim Horton's/Coldstone, Tom+Chee, TX Roadhouse, Wendy's, Which Wich?, White Castle, Wild Ginger Asian 🛏 Best Value Inn, Comfort Suites, Fairfield Inn, Hampton Inn, Hawthorn Inn, Holiday Inn, La Quinta, Motel 6, Red Roof Inn 🅾 Advance Parts, AT&T, Dick's, Discount Tire, Firestone/auto, Ford, Giant Eagle Foods/gas, GNC, Kohl's, Marshall's, Meijer/dsl, Michael's, Midas, Old Navy, Petsmart, Sam's Club/gas, Target, URGENT CARE, Verizon, Walmart/Subway, S 🅶 BP/dsl, Marathon/dsl 🍴 Bob Evans, Handel's Ice Cream, Steak'n Shake 🛏 Best Western, Country Inn&Suites, Super 8
85	OH 142, to Plain City, W Jefferson, N 🅾 Prairie Oaks SP, S 🅾 Battelle Darby SP
80	OH 29, to Mechanicsburg, S 🅾 hwy patrol
79	US 42, to London, Plain City, N 🍴 🚆/Arby's/dsl/scales/24hr 🍴 Waffle House 🅾 Camping World RV Ctr, truck/auto repair, S 🅶 Speedway/Subway/dsl, TA/BP/Pizza Hut/Popeye's/dsl/scales/24hr/@ 🍴 McDonald's, Taco Bell, Wendy's 🛏 Holiday Inn Express, Motel 6 🅾 🇭
72	OH 56, to London, Summerford, N 🍴 Marathon/Subway/dsl, 4 mi S 🅾 🇭
71mm	🆁🆂 both lanes, full ♿ facilities, litter barrels, petwalk, 🚬, 📶, vending
66	OH 54, to Catawba, South Vienna, N 🍴 Fuelmart/dsl/scales, S 🍴 Speedway/dsl
62	US 40, Springfield, N 🛏 Harmony Motel 🅾 🇭, antiques, auto repair, Harmony Farm Mkt, to Buck Creek SP, S 🅾 Beaver Valley Camping
59	OH 41, to S Charleston, N 🅾 🇭, Harley-Davidson, st patrol, S 🍴 BP/dsl, ❤Love's/Subway/Wendy's/dsl/scales/24hr 🅾 antiques
54	OH 72, to Cedarville, Springfield, N 🍴 BP/dsl, Shell, Speedway/dsl, Sunoco/dsl 🍴 A&W/LJ Silver, Arby's, Bob Evans, Burger King, Cassano's Pizza/subs, Cracker Barrel, Domino's, Dunkin Donuts, El Toro Mexican, Hardee's, Lee's Chicken, Little Caesars, McDonald's, Panda Chinese, Popeye's, Rally's, Rudy's Smokehouse, Subway, Taco Bell, Wendy's 🛏 Comfort Suites, Hampton Inn, Holiday Inn Express, Motel 6, Quality Inn, Ramada Ltd, Red Roof Inn, Super 8 🅾 🇭, Advance Parts, BigLots, Family$, Kroger/deli, Rite Aid, Walgreens, S 🍴 Marathon/dsl
52b a	US 68, to Urbana, Xenia, S 🅾 to John Bryan SP
48	OH 4 (from wb), to Enon, Donnelsville, N 🅾 camping, S 🍴 Speedway
47	OH 4 (from eb), to Springfield, N 🅾 Enon Beach Camping, S 🍴 Speedway

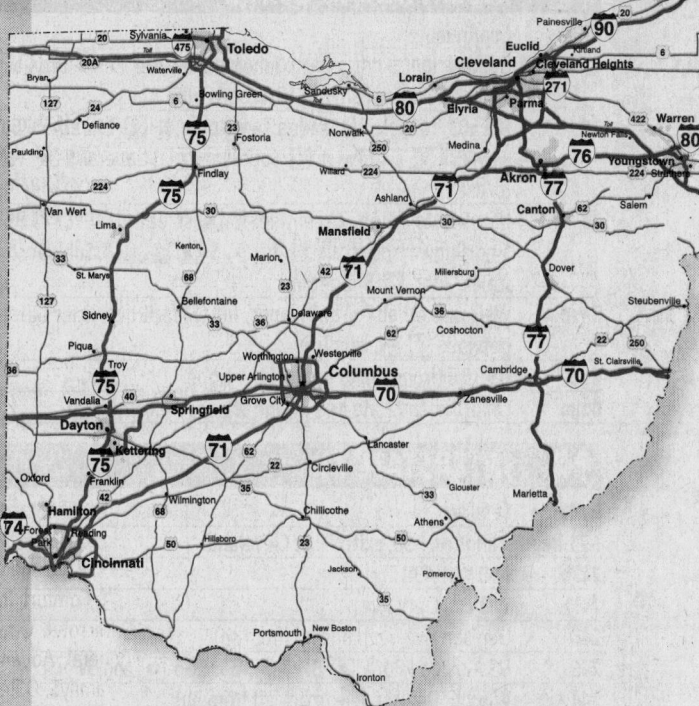

44	I-675 S, Spangler Rd, to Cincinnati
43mm	Mad River
41b a	OH 4, OH 235, to Dayton, New Carlisle, 1 mi N 🍴 Shell/dsl 🍴 KFC, McDonald's, Wendy's 🅾 Freightliner, Kenworth
38	OH 201, Brandt Pike, N 🍴 Marathon/dsl 🅾 Meijer/Subway/dsl/E85, S 🍴 Shell, UDF/dsl 🍴 Bob Evans, Sonic, Tim Horton's, Waffle House, Wendy's 🛏 Best Value Inn, Comfort Inn 🅾 vet, Walmart
36	OH 202, Huber Heights, N 🍴 Speedway/dsl 🍴 Applebee's, Big Boy, Dragon City, El Toro Grill, Fazoli's, Firehouse Subs, Osaka Japanese, Steak'n Shake, Taco Bell, Waffle House 🛏 Baymont Inn 🅾 $Tree, AT&T, Big Lots, Dick's, Elder Beerman, GNC, Hobby Lobby, Kia, Kohl's, Lowe's, Marshall's, Petsmart, Staples, Target, Verizon, vet, S 🍴 BP/dsl, Marathon/dsl 🍴 Arby's, Buffalo Wild Wings, Burger King, Cadillac Jack's, Chipotle Mexican, CiCi's Pizza, La Rosa's Pizza, McDonald's, Rooster's Rest., Skyline Chili, Subway, TGIFriday's, TX Roadhouse 🛏 Days Inn, Hampton Inn, Holiday Inn Express 🅾 Kroger/gas
33b a	I-75, N to Toledo, S to Dayton
32	to US 40, Vandalia, N 🅾 to Dayton Intn'l Airport
29	OH 48, to Dayton, Englewood, N 🍴 BP, Marathon/dsl, Speedway/dsl, Sunoco/dsl, Valero 🍴 Arby's, Big Boy, Bob Evans, Buffalo Wild Wings, Company BBQ, Hot Head Burrito, Lee's Chicken, Perkins, Pizza Hut, Ponderosa, Skyline Chili, Taco Bell, Tim Horton's, Tony's Italian, Wendy's, Yen Ching Chinese 🛏 Best Western, Clarion, Hampton Inn, Red Carpet Inn 🅾 Advance Parts, Aldi Foods, AutoZone, Family$, Grismer/auto, Midas, O'Reilly Parts, vet, S 🍴 Chipotle, El Toro, McDonald's, Steak'n Shake, Waffle House 🛏 Comfort Inn, Motel 6 🅾 🇭, Meijer/dsl/E85
26	OH 49 S, N 🍴 Murphy USA/dsl 🍴 Bob Evans, La Rosa's Pizza, Sonic, Subway 🅾 Petco, URGENT CARE, Verizon, Walmart/Subway, S 🍴 Shell/dsl 🍴 Wendy's
24	OH 49 N, to Greenville, Clayton, N 🅾 KOA (seasonal)
21	Arlington Rd, Brookville, N 🍴 Speedway/Subway/dsl, S 🍴 Speedway/dsl 🍴 Arby's, Brookville Grill, Great Wall Chinese, KFC/Taco Bell, K's Rest., Lee's Chicken, McDonald's, Pizza Hut, Rob's Rest., Subway, Waffle House, Wendy's 🛏 Brookville Inn,

D A Y T O N

S P R I N G F I

OH

= gas   = food   = lodging   = other   = rest stop   Copyright 2018 - The Next EXI

INTERSTATE 70 Cont'd

21	Continued
	Holiday Inn Express $General, Advance Parts, Brookville Parts, Chevrolet, Family$, IGA Foods, Rite Aid
14	OH 503, to West Alexandria, Lewisburg, **N** Marathon/Subway/dsl Dari Twist Super Inn $General, **S** Valero/dsl
10	US 127, to Eaton, Greenville, **N** st patrol, TA/BP/Burger King/Subway/dsl/scales/24hr/@, **S** /Subway/dsl/scales/24hr Budget Inn
3mm	Welcome Ctr eb/ both lanes, **full** **facilities, litter barrels, petwalk**, , , **vending**
1	US 35 E (from eb), to Eaton, New Hope
0mm	Ohio/Indiana state line, **weigh sta eb**, Welcome Arch

INTERSTATE 71

Exit#	Services
I-71 begins/ends on I-90, exit 170 in Cleveland.	
247b	I-90 W, I-490 E.
247a	W 14th, Clark Ave
246	Denison Ave, Jennings Rd (from sb)
245	US 42, Pearl Rd, **E** BP/7-11, Gas&Go zoo, **W**
244	W 65th, Denison Ave (exits left from nb)
242b a	W 130th, to Bellaire Rd, **W** Sunoco, Valero
240	W 150th, **E** Marathon, Speedway/dsl, Sunoco Burger King, Denny's, Happy's Pizza Marriott AutoZone, Goodyear/auto, Marc's Foods, **W** BP/Subway/dsl Nana's Italian, Somers Rest. Holiday Inn, La Quinta
239	OH 237 S (from sb), **W** to
238	I-480, Toledo, Youngstown, **W** to
237	Snow Rd, Brook Park, **E** BP, Marathon/Circle K, Shell Arby's, Bob Evans, Burger King, Dunkin Donuts, Garden Rest., Goody's Rest., KFC, Little Caesar's, McDonald's, Rally's, Reddi's Pizza, Subway, Taco Bell Best Western, Holiday Inn Express, Howard Johnson $General, $Tree, Advance Parts, AutoZone, Conrad Tire/repair, CVS Drug, Giant Eagle, O'Reilly Parts, Rite Aid, **W** to
235	Bagley Rd, **E** Bob Evans Mr Tire, vet, **W** BP/dsl, Shell, Speedway/dsl Aladdin's a Eatery, Baskin-Robbins/Dunkin Donuts, Burger King, Capri a Pizza, Caribou Coffee, Chipotle, Craft Brew Garden, Five Guys, Jimmy John's, Little Hong Kong, Max&Erma's, McDonald's, Olive Garden, Panera Bread, Perkins, Pizza Hut, Taco Bell Comfort Inn, Courtyard, Crowne Plaza, Days Inn, Extended Stay America, Hampton Inn, Motel 6, Red Roof Inn, Residence Inn, TownePlace Suites , Aldi Foods, K-Mart, Verizon
234	US 42, Pearl Rd, **E** Shell/dsl, Sunoco/dsl Hunan Chinese, Jet's Pizza, Katherine's Rest., Mr Hero, Santo's Italian, Three Bros Pizza Audi/Porsche, Honda, **W** Gas&Food/dsl, Sheetz/dsl Buffalo Wild Wings, Jennifer's Rest., Mad Cactus Rest., McDonald's Kings Inn, La Siesta Motel, Metrick's Motel Home Depot, Lowe's, Walmart/Subway
233	I-80 and Ohio Tpk, to Toledo, Youngstown
231	OH 82, Strongsville, **E** Shell Holiday Inn, Super 8 Chevrolet, **W** BP/7-11/dsl, Marathon/Subway/dsl Applebee's, Buca Italian, Chick-fil-A, Chipotle, DiBella's Subs, Firehouse Subs, Five Guys, Houlihan's, Longhorn Steaks, Macaroni Grill, Panera Bread, Red Lobster, Rockne's Grill, Rosewood Grill, Samurai Japanese, Starbucks, TGIFriday, Zoup! $Tree, AAA, AT&T, Best Buy, Costco/gas, Dick's, Dillard's,

231	Continued
	Heinen's Mkt, JC Penney, Kohl's, Macy's, mall, Midas, NTB, C Navy, PetCo, Sears/auto, Target, TJ Maxx, Verizon
226	OH 303, Brunswick, **E** Shell/dsl Pizza Hut Chrysl Dodge/Jeep, Hyundai, Subaru, Toyota/Scion, vet, VW, **W** GetGo, Speedway/dsl, Sunoco/dsl Applebee's, Arby's, B Evans, Burger King, Chipotle, Georgio's Pizza, House of Pea McDonald's, Muchos Buenos Mexican, Panera Bread, Panir Grill, Pizza Hut, Sonic, Starbucks, Steak'n Shake, Subway, Ta Bell, Wendy's Quality Inn $General, Buehler's Foo Ford, Giant Eagle Food, GNC, Home Depot, K-Mart, Marc's M Verizon
225mm	nb, **full** **facilities, litter barrels, petwalk**, ,
224mm	sb, **full** **facilities, litter barrels, petwalk**, ,
222	OH 3, Medina, Hinckley, **W** st patrol
220	I-271 N, (from nb) to Erie, Pa
218	OH 18, to Akron, Medina, **E** BP/dsl, Marathon/dsl, Su co/dsl Alexandri's Rest., Baskin-Robbins/Dunkin Donu Burger King, DQ, Fresh Food Deli, Master Pizza Holid Inn Express, Quality Inn, Super 8 Kia, Nissan, Veriz **W** Speedway/dsl Arby's, Bob Evans, Brown Der Buffalo Wild Wings, Denny's, McDonald's, Pizza Hut, Rockr Rest., Taco Bell, Waffle House, Wendy's Fairfield I Hampton Inn, Motel 6, Red Roof Inn , Aldi Foods, B hler's Foods, Buick/Cadillac/GMC, Chrysler/Dodge/Jeep, Fir tone/auto, Harley-Davidson, Honda, Verizon
209	I-76 E, to Akron, US 224, **W** /Subway/d scales/24hr, TA/Country Pride/Burger King/Popeye's/ scales/24hr/@ Arby's, McDonald's, Starbucks Su 8 Blue Beacon, Chippewa Valley Camping (1mi), SpeedC
204	OH 83, Burbank, **E** BP/dsl, Duke/dsl, Loves/Hardee dsl/scales/24hr Plaza Motel, **W** /Wendy's/d scales/24hr Bob Evans, Burger King, KFC/Taco Bell, M Donald's , Lodi Outlets/famous brands
198	OH 539, W Salem
196mm	both lanes, **full** **facilities, litter barrels, petwalk**, , vending
196	OH 301 (from nb, no re-entry), W Salem
186	US 250, Ashland, **E** Marathon Grandpa's Village/chees gifts, Perkins Hickory Lakes Camping (7mi), **W** Goas BP/Pizza Hut/Popeye's/Starbucks/Taco Bell/dsl/24hr, Ma thon/Subway/dsl Brian Buffet, Denny's, Dunkin Donu Jake's Rest., McDonald's, Wendy's Ashland Inn, Holid Inn Express, Quality Inn, Rodeway Inn, Super 8 , $Tr Aldi Foods, AT&T, Buehler's Foods, GNC, Home Depot, st pat to Ashland U, URGENT CARE, Verizon, Walmart/Subway
176	US 30, to Mansfield, **E** Heritage Inn fireworks
173	OH 39, to Mansfield
169	OH 13, Mansfield, **E** Marathon/7-11/dsl, Murphy US dsl Applebee's, Chipotle, Cracker Barrel, Steak'n Sha Wendy's Best Western, La Quinta Mohican Walmart/Subway, **W** BP/7-11 Arby's, Bob Evans, Bu er King, El Charrito Mexican, McDonald's, Subway, Taco B Hampton Inn, Super 8, Travelodge , st patrol
165	OH 97, to Bellville, **E** BP, Shell/dsl, Speedway/dsl Buc Express Diner, Burger King, Der Dutchman, KC's Rib House, M Donald's Comfort Inn, Days Inn, Economy Inn, Quality I to Mohican SP, **W** Loves/Subway/Taco John's/d scales/24hr Wendy's
151	OH 95, to Mt Gilead, **E** Duke/BP/deli, Marathon Bucke Country Diner, McDonald's, Wendy's Best Western patrol, **W** Shell/dsl, Sunoco/dsl/E85 Subway Knig Inn , Mt Gilead SP (6mi)
149mm	truck parking both lanes

Sidebar labels: AKRON, MANSFIELD, CLEVELAND, STRONGSVILLE, OH

INTERSTATE 71 Cont'd

Exit#	Services
140	OH 61, Mt Gilead, **E** /Arby's/dsl/scales/24hr, **W** BP/Taco Bell, Marathon/Subway Farmstead Rest. Cardinal Ctr Camping
131	US 36, OH 37, to Delaware, **E** *FLYING J*/Denny's/dsl/LP/scales/24hr/@, /Subway/dsl/scales/24hr Burger King Harley-Davidson, **W** BP/dsl, Shell/Tim Hortons Arby's, Bob Evans, Cracker Barrel, KFC/LJ Silver, McDonald's, Panera Bread, Starbucks, Taco Bell, Waffle House, Wendy's, White Castle Best Value Inn, Hampton Inn, Holiday Inn Express H, Alum Cr SP, Cross Creek Camping (6mi)
128mm	both lanes, full facilities, litter barrels, petwalk, , , vending
121	Polaris Pkwy, to Gemini Pl, **E** BP, Mobil, Shell/dsl Bonefish Grill, Buffalo Wild Wings, Canes, Carfagna's Kitchen, El Alcapulco, Firehouse Subs, Five Guys, McDonald's, Mellow Mushroom Pizza, Pei Wei, Polaris Grill, Skyline Chili, Starbucks, Steak'n Shake, Subway, Tim Horton's Fairfield Inn, Four Points Sheraton, Hampton Inn, Holiday Inn Express, Homewood Suites Firestone/auto, Mt Tire, **W** BP, Shell/Tim Horton Applebee's, Arby's, Bar Louie, Benihana, BJ's Rest., Brio Grille, Carrabba's, Charley Subs, CheeseCake Factory, Chick-fil-A, Chipotle Mexican, Coldstone, Dave&Buster's, El Vaquero Mexican, Firebird's Grill, Genghis Grill, Honey Baked Ham, Hooters, Jason's Deli, Jersey Mike's, Jimmy John's, Krispy Kreme, Marcella's Italian, Matt the Miller's Tavern, Max&Erma's, McDonald's, Merlot's Rest., Mimi's Cafe, Mitchell Steaks, Molly Woo's, Noodles&Co, O'Charley's, Olive Garden, Panera Bread, Papa John's, Penn Sta Subs, Potbelly's, Qdoba, Quaker Steak, Red Lobster, Red Robin, Rooster's Grill, Smokey Bones BBQ, Sonic, Starbucks, Subway, Taco Bell, Tequilas Mexican, TGIFriday's, TX Roadhouse, Waffle House, Wendy's Cambria Suites, Candlewood Suites, Comfort Inn, Extended Stay America, Hilton, Hilton Garden, Residence Inn AT&T, AutoZone, Barnes&Noble, Best Buy, BigLots, Cabela's, Costco/gas, Dick's, Earth Fare Mkt, funpark, GNC, Hobby Lobby, JC Penney, Jo-Ann Etc, Kroger/gas, Lowe's, Macy's, mall, NTB, Old Navy, Petsmart, Sears/auto, Target, TireDiscounters, TJ Maxx, Verizon, Von Maur, Walgreens, World Mkt
119b a	I-270, to Indianapolis, Wheeling
117	OH 161, to Worthington, **E** BP/dsl, Shell, Speedway/dsl, Sunoco/dsl Burger King, Carfagna's Italian, China Dynasty, Chipotle, Dunkin Donuts/Baskin Robbins, Happy's a Pizza, KFC, LJ Silver, Massey's Pizza, McDonald's, Popeye's, Rally's, Red Lobster, Subway, Super Seafood Buffet, Taco Bell, Wendy's, White Castle Comfort Inn, Days Inn, Red Roof Inn $General, auto repair, CVS Drug, Family$, Walgreens, **W** GetGo, Shell, Speedway/dsl Asian Kitchen, Bob Evans, China Jade, Domino's, McDonald's, Pizza Hut, Skyline Chili, Subway, Tim Hortons, Waffle House, Wendy's Continent Inn, Crowne Plaza, Extended Stay America, Hawthorn Suites, Lexington Inn&Suites, Motel 6, Super 8, Woodspring Suites Advance Parts, AutoZone, Chevrolet, Family$, Giant Eagle Foods, Premier Tire
116	Morse Rd, Sinclair Rd, **E** BP, Marathon/dsl, Shell/dsl, Speedway/dsl, Turkey Hill/dsl Chipotle, Jimmy John's, Little Caesars, McDonald's, Papa John's, Subway, Taco Bell, Tim Horton's Extend Suites $General, AT&T, Buick/GMC, Chrysler/Dodge/Jeep, CVS Drug, Family$, Firestone/auto, Ford, Kroger, Menard's, Mr Tire, PepBoys, Save-A-Lot Foods, URGENT CARE, **W** Sunoco Best Value Inn, Motel 6 NTB
115	Cooke Rd

COLUMBUS AREA

114	N Broadway, **W** Sunoco/dsl Broadway Mkt Cafe, Subway
113	Weber Rd, **W** Speedway/dsl CarQuest
112	Hudson St, **E** Marathon, Shell/dsl Wendy's Holiday Inn Express Family$, **W** Big Boy Aldi Foods, Lowe's, NTB
111	17th Ave, **W** McDonald's Comfort Suites, Days Inn
110b	11th Ave
110a	5th Ave, **E** Sunoco Royal Fish&Chicken, White Castle, **W** Valero Buckeye's Express, Church's, KFC, Wendy's AutoZone
109a	I-670
109b	OH 3, Cleveland Ave
109c	Spring St (exits left from sb)
108b	US 40, Broad St, downtown, downtown
108a	Main St
101a[70]	I-70 E, US 23 N, to Wheeling
100b a[70]	US 23 S, Front St, High St, downtown
106a	I-70 W, to Indianapolis
106b	OH 315 N, Dublin St, Town St
105	Greenlawn, **E** LJ Silver, White Castle Berliner Park, **W** Shamrock
104	OH 104, Frank Rd
101b a	I-270, Wheeling, Indianapolis
100	Stringtown Rd, **E** Bob Evans, Charley's Grilled Subs, Chick-fil-A, Chipotle, Coldstone, DQ, El Vaquero Mexican, Five Guys, Fusion Steaks, Jersey Mike's, Longhorn Steaks, O'Charley's, Olive Garden, Panda Express, Panera Bread, Red Robin, Roosters Grill, Smokey Bones BBQ, Sonic, Starbucks, Steak'n Shake, Subway, TX Roadhouse, White Castle Best Western, Candlewood Suites, Courtyard, Drury Inn, Hampton Inn, Hilton Garden, Holiday Inn Express, La Quinta, Quality Inn, Red Roof Inn AT&T, Best Buy, Dick's, Discount Tire, Firestone/auto, GNC, Hobby Lobby, Home Depot, Kohl's, Michael's, Petsmart, Staples, Target, TJ Maxx, Verizon, Walmart, **W** GetGo, Speedway/dsl, Sunoco/dsl, Turkey Hill/dsl Applebee's, Arby's, Burger King, Cane's Chicken Fingers, China Bell, City BBQ, Cracker Barrel, Donato's Pizza, Fazoli's, Golden Corral, KFC, Mariachi Mexican, McDonald's, Papa John's, Pizza Hut, Rally's, Ruby Tuesday, Starbucks, Subway, Taco Bell, TeeJaye's Rest., Tim Horton, Waffle House, Wendy's Comfort Inn, Days Inn, Motel 6, Travelodge Advance Parts, Aldi Foods, AutoZone, BigLots, CVS Drug, Giant Eagle Foods, GNC, Goodyear/auto, K-Mart, Kroger/dsl, PetCo, Tuffy Auto, USPO, Walgreens
97	OH 665, London-Groveport Rd, **E** Marathon/Circle K Arby's, Jimmy John's, McDonald's, Subway, Sunny St Cafe, Taco Bell, Tim Horton/Wendy's $Tree, AT&T, Chevrolet, CVS Drug, Kroger/gas/E85, Meijer/E85, TireDiscounters, to Scioto Downs, URGENT CARE, Verizon, vet
94	US 62, OH 3, Orient, **W** Sunoco/Subway/dsl Eddie's Repair
84	OH 56, Mt Sterling, **E** BP/Subway/dsl to Deer Creek SP (9mi)

= gas = food = lodging = other = rest stop   Copyright 2018 - The Next EXIT

↑N INTERSTATE 71 Cont'd

Exit#	Services
75	OH 38, Bloomingburg, **E** fireworks, **W** Sunoco/dsl
69	OH 41, OH 734, Jeffersonville, **E** ⊘FLYING J/Denny's/dsl/scales/LP/24hr , **W** BP, Shell/Subway/dsl Arby's, Wendy's Quality Inn Family$, Walnut Lake Camping
68mm	both lanes, full facilities, litter barrels, petwalk, , , vending
65	US 35, Washington CH, **E** Shell/dsl, Speedway/dsl, TA/BP/Pizza Hut/Popeye's/dsl/scales/24hr/@ A&W/KFC, Bob Evans, Chipotle Mexican, LJ Silver/Taco Bell, McDonald's, Subway, Waffle House, Wendy's, Werner's BBQ Baymont Inn, Fairfield Inn, Hampton Inn , Tanger Outlets/famous brands, **W** ♥Loves♥/Hardee's/dsl/scales/24hr EconoLodge
58	OH 72, to Sabina
50	US 68, to Wilmington, **E** , **W** BP/dsl, /Subway/dsl/scales/24hr, Shell/dsl Max&Erma's, McDonald's, Wendy's Budget Inn, Holiday Inn, repair/tires Robert's Centre
49mm	weigh sta nb
45	OH 73, to Waynesville, **E** BP, Shell/dsl 73 Grill , **W** Caesar Creek Camping (3mi), Caesar Creek SP (5mi), flea mkt
36	Wilmington Rd, **E** RV camping, to Ft Ancient St Mem
35mm	Little Miami River
34mm	both lanes, full facilities, litter barrels, petwalk, , , vending, scenic view
32	OH 123, to Lebanon, Morrow, **E** ⊘FLYING J/Wendy's/dsl/scales/24hr, Marathon, Valero Country Kitchen Morgan's Riverside Camping, 3 mi **W** Bob Evans, Skyline Chili
28	OH 48, S Lebanon, **E** Speedway/Speedy's Cafe/dsl Dickey's BBQ, Starbucks, White Castle $Tree, Kohl's, Lowe's, Petsmart, Target, Verizon, **W** hwy patrol, Lebanon Raceway (6mi)
25	OH 741 N, Kings Mills Rd, **E** Shell/Popeye's/Dunkin Donuts, Speedway/dsl Buffalo Wings&Rings, Chipotle, DQ, Jimmy John's, McDonald's, Outback Steaks, Ruby Tuesday, Taco Bell, Wendy's Comfort Suites, Great Wolf Lodge, Kings Island Resort Harley-Davidson, Verizon, **W** Ameristop/Subway, BP Arby's, Big Boy, Burger King, Perkins, Pizza Hut, Skyline Chili, Taste Wok, Waffle House Baymont Inn, Hampton Inn, Microtel, Super 8 CarX, CVS Drug, GNC, Kroger/dsl, vet
24	Western Row, King's Island Dr (from nb), **E** Sunoco Eli's Grill, Fantastic Wok King's Island Resort
19	US 22, Mason-Montgomery Rd, **E** Speedway/dsl Arby's, Big Boy, Boston Mkt, Burger King, Cracker Barrel, Dunkin Donuts, Firehouse Subs, Flipdaddy's Burgers, Fricker's, Golden Corral, HoneyBaked Ham, Iron Chef Grill, KFC, Longhorn Steaks, McDonald's, Olive Garden, Pizza Tower, Potbelly, Taco Bell, Wendy's, White Castle Comfort Inn, Red Roof Inn, SpringHill Suites, TownePlace Suites Aldi Foods, AT&T, AutoZone, Barnes&Noble, Best Buy, BigLots, Buick/GMC, Chevrolet, Chrysler/Dodge/Jeep, Costco/gas, Firestone/auto, Ford, GNC, Honda, Infiniti, JC Penney, Kia, Kohl's, Kroger, Lexus, Mazda, Meijer/dsl, Michael's, Nissan, Old Navy, Porsche, Sam's Club/gas, Subaru, Target, TireDiscounters, Tires+, Toyota/Scion, Tuffy Auto, USPO, Verizon, VW, Walgreens, **W** BP/dsl, Marathon/dsl, Shell/Dunkin Donuts Abuelo's Mexican, Applebee's, BD Mongolian Grill, Blaze Pizza, Bravo Italian, Burger King, Carrabba's, Chick-fil-A, Chipotle Mexican, DiBella Subs, Dickey's BBQ, Firebirds Grill, Five Guys, Fox&Hound Grill, Graeter's Cafe,

CINCINNATI AREA

Exit#	Services
19	Continued IHOP, Jimmy John's, LoneStar Steaks, McAlister's Deli, Mim Cafe, Noodles&Co, Oasis Grill, O'Charley's, Panda Expres: Panera Bread, Piada Italian, Qdoba, Red Robin, Remezo Gre River City Grille, Rusty Bucket, Skyline Chili, Steak'n Shake, Su way, Waffle House, Wendy's, Zoup! Best Western, Hilt Garden, Holiday Inn Express, Homewood Suites, Hyatt Pla La Quinta, Marriott, Mason Inn Dick's, Hobby Lobby, Ho Depot, Lowe's, Marshall's, NAPA, Staples, Tuesday Mornir URGENT CARE, vet, Walmart/Subway, Whole Foods Mkt
17b a	I-275, to I-75, OH 32
15	Pfeiffer Rd, **E** , **W** BP, Shell/dsl, Sunoco/dsl A plebee's, Bob Evans, Buffalo Wild Wings, City BBQ, Firehou Grill, Subway Courtyard, Crowne Plaza, Embassy Suit Hampton Inn, Holiday Inn Express, Red Roof Inn, Winga Inn Office Depot
14	OH 126, Reagan Hwy, Blue Ash
12	US 22, OH 3, Montgomery Rd, **E** BP/dsl, Shell/Dunkin [nuts/Subway, Sunoco Arby's, Bob Evans, Chipotle Me can, Chuy's, Coopers Hawk, Cucinova, Currito, Ember's, Fusi Jimmy John's, Outback Steaks, Panera Bread, Penn Sta Su Red Lobster, TGIFriday Tuesday Morning, **W** BP, M athon Burger King, Cheesecake Factory, Honeybaked Ha IHOP, Jersey Mike's, Maggiano's, McDonald's, Noodles& Potbelly, Ruby Tuesday, Starbucks, Wendy's Best We ern , AT&T, Barnes&Noble, Dick's, Dillard's, Firesto auto, Fresh Mkt Foods, Macy's, mall, Old Navy, PepBoys, S ples, Taco Bell, TireDiscounters, TJ Maxx, Trader Joe's, Verizc
11	Kenwood Rd, (from nb), **W** , same as 12
10	Stewart Rd (from nb), to Silverton, **E** BMW/M **W** Marathon/dsl
9	Redbank Rd, to Fairfax, (no ez sb return), **E** UDF Ral
8	Kennedy Ave, Ridge Ave W, **E** Meijer/dsl IH Steak&Shake Motel 6 Fresh Thyme Mkt, Krog dsl, Petsmart, Sam's Club/gas, Target, **W** Marathon/ Shell/Subway/dsl Gold Star Chili, Hooligan's, Jack-in-t Box, LJ Silver, McDonald's, Wendy's, White Castle D Inn $Tree, Aldi Foods, Big Lots, Buick/GMC, Burling Coats, Family$, Home Depot, Lowes Whse, Office Depot, Rer Mkt, Tire Discounter
7	(from sb) OH 562, Ridge Ave E, Norwood
6	Edwards Rd, **E** BP, Shell/Popeye's/Dunkin Donuts, Spe way/dsl Boston Mkt, Bravo Italiana, Buca Italian, Buff Wild Wings, Capital Grille, Don Pablo's, Donato's, Five Guy Alexander's Rest., Jason's Deli, Longhorn Steaks, Marco's Piz Max&Erma's, PF Chang's, Potbelly, Qdoba, Rusty Bucket, S sons Grill, Starbucks, The Pub Courtyard AT&T, G Old Navy, REI, SteinMart, TJ Maxx, URGENT CARE, Whole Fo Mkt, **W** Shell
5	Dana Ave, Montgomery Rd, **W** Xavier Univ, Zoo
3	Taft Rd (from sb), **W** U of Cincinnati
2	US 42, Reading Rd, Gilbert ave (from sb), **W** , art mu um, ballpark stadium arena, downtown
1k j	I-471 S
1d	Main St, downtown
1c b	Pete Rose Way, Fine St, downtown, stadium
1a	I-75 N, US 50, to Dayton
1	I-71 S and I-75 S run together
0mm	Ohio/Kentucky state line, Ohio River

OH

Ⓔ↑ INTERSTATE 74

Exit#	Services
20	I-75 (from eb), N to Dayton, S to Cincinnati, **I-74 begins/ends on I-75.**
19	Gilmore St, Spring Grove Ave
18	US 27 N, Colerain Ave
17	Montana Ave (from wb), **N** ▣ BP
14	North Bend Rd, Cheviot, **N** ▣ Shell, Speedway/dsl ▣ Big Boy, Dunkin Donuts, Jersey Mike's, Little Caesar's, McDonald's, Papa John's, Pizza Hut, Skyline Chili, Subway, Wendy's, White Castle ▣ Family$, Kroger, Petco, Sam's Club/gas, Tire Discounters, Verizon, Walgreens, **S** ▣ Shell ▣ Bob Evans ▣ vet
11	Rybolt Rd, Harrison Pike, **S** ▣ ▣ Chipotle, Longhorn Steaks, Marco's Puzza, McDonald's, Penn Sta Subs, Skyline Chili, Starbucks, Wendy's, White Castle ▣ Holiday Inn Express ▣ AT&T, Kohl's, Meijer/gas, Verizon
9	I-275 N, to I-75, N to Dayton, (exits left from eb)
8mm	Great Miami River
7	OH 128, to Hamilton, Cleves, **N** ▣ BP/dsl, Marathon/dsl ▣ Wendy's
5	I-275 S, to Kentucky
3	Dry Fork Rd, **N** ▣ BP/dsl, **S** ▣ Marathon/dsl, Shell/Dunkin Donuts/dsl
2mm	**weigh sta eb**
1	New Haven Rd, to Harrison, **N** ▣ BP/dsl ▣ Bob Evans, Buffalo Wild Wings, China Garden, Chipotle Mexican, Cracker Barrel, GoldStar Chili, Little Caesars, O'Charley's, Subway ▣ Best Western ▣ Ford, Home Depot, Kia, Remke Mkt, Staples, Tires+, URGENT CARE, Verizon, **S** ▣ Shell/Circle K, Speedway/dsl, Sunoco/White Castle, UDF ▣ A&W/KFC, Arby's, Big Boy, Burger King, Domino's, DQ, El Mariachi Cantina, Happy Garden, Harrison Rest., LJ Silver, McDonald's, Penn Sta Subs, Pizza Hut, Skyline Chili, Taco Bell, Waffle House, Wendy's ▣ Holiday Inn Express, Super 8 ▣ $General, $Tree, Advance Parts, AT&T, AutoZone, BigLots, CVS Drug, Family$, Firestone/auto, GNC, K-Mart, Kroger/dsl, Meineke, NAPA, O'Reilly Parts, Sumerel Tire/auto, Tire Discounters, Walgreens
0mm	Ohio/Indiana state line

⒩↑ INTERSTATE 75

Exit#	Services
211mm	Ohio/Michigan state line
210	OH 184, Alexis Rd, to Raceway Park, **W** ▣ BP/Circle K/dsl, ▣Ⓟ/Subway/dsl/scales/24hr ▣ Arby's, Bob Evans, Burger King, McDonald's, Taco Bell, Wendy's ▣ Courtyard, Fairfield Inn, Hampton Inn, Holiday Inn Express ▣ Aldi Foods, AutoZone, Meijer/dsl, Menards, URGENT CARE
210mm	Ottawa River
209	Ottawa River Rd (from nb), **E** ▣ BP, Sunoco ▣ China King, Little Caesars, Marco's Pizza, River Diner ▣ Kroger/E85, Rite Aid, Verizon
208	I-280 S, to I-80/90, to Cleveland
207	Stickney Ave, Lagrange St, **E** ▣ BP, S&G ▣ Arby's, McDonald's, Wendy's ▣ Family$, Rite Aid, Save-A-Lot Foods
206	to US 24, Phillips Ave, **W** ▣ auto repair, transmissions
205b	Berdan Ave, **E** ▣ Ⓗ, **W** ▣ Valero/dsl ▣ Burger King, Subway ▣ $General
205a	to Willys Pkwy, to Jeep Pkwy
204	I-475 W, to US 23 (exits left fom nb), to Maumee, Ann Arbor
203b	US 24, to Detroit Ave, **W** ▣ AP, Gas Express/dsl ▣ KFC, McDonald's, Rally's, Wendy's ▣ Family$, Rite Aid, Save-A-Lot Foods, U-Haul

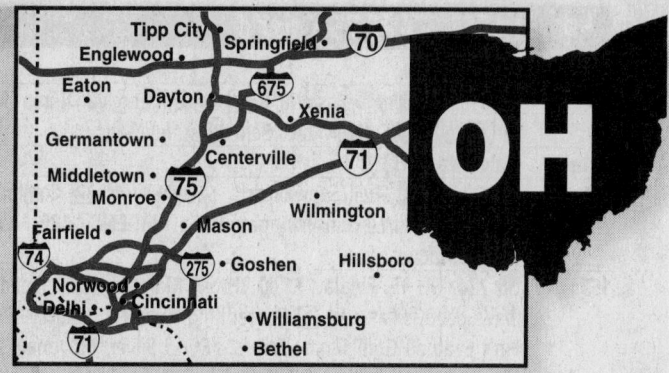

203a	Bancroft St, downtown
202	Washington St, Collingwood Ave (from sb, no EZ return), **E** ▣ Ⓗ, $Tree, Art Museum, **W** ▣ McDonald's ▣ Family$
201b a	OH 25, Collingwood Ave, **W** ▣ Toledo Zoo
200	South Ave, Kuhlman Dr
200mm	Maumee River
199	OH 65, Miami St, to Rossford, **E** ▣ Days Inn
198	Wales Rd, Oregon Rd, to Northwood, **E** ▣ S&G/dsl, Shell/Subway/dsl ▣ Arby's, Arturo's Kitchen, China Wok, Coney Island ▣ Best Value Inn, BridgePointe Inn
197	Buck Rd, to Rossford, **E** ▣ Shell/dsl ▣ Tim Horton's, Wendy's, **W** ▣ BP, Sunoco/dsl ▣ Denny's, McDonald's, Subway ▣ American Inn, Knights Inn
195	to I-80/90, OH 795, OH Tpk (**toll**), Perrysburg, **E** ▣ BP/Subway/dsl ▣ Country Inn&Suites, Courtyard, Hampton Inn, Staybridge Suites ▣ Bass Pro Shops, Camping World RV Ctr
193	US 20, US 23 S, Perrysburg, **E** ▣ BP/dsl ▣ 1st Wok, Arby's, Big Boy, Bob Evans, Burger King, Chick-fil-A, Chili's, China City, Chipotle, Cocina de Carlos, Cracker Barrel, Five Guys, Fricker's, IHOP, Jimmy John's, KFC, McDonald's, Panera Bread, Penn Sta Subs, Sonic, Starbucks, Subway, Taco Bell, Tim Horton's, Wendy's ▣ Candlewood Suites, Comfort Suites, EconoLodge, Holiday Inn, Holiday Inn Express, Quality Inn ▣ $Tree, Aldi Foods, Belle Tire, Best Buy, Discount Tire, GNC, Hobby Lobby, Home Depot, KOA (7mi), Kohl's, Kroger/gas/E85, Lowe's, Meijer/dsl, Michael's, Petsmart, Target, TJ Maxx, Tuesday Morning, Tuffy, URGENT CARE, Walgreens, Walmart/Subway, **W** ▣ Speedway/dsl ▣ La Quinta ▣ AutoZone, Harley-Davidson
192	I-475, US 23 N (exits left from nb), to Maumee, Ann Arbor
187	OH 582, to Luckey, Haskins
181	OH 64, OH 105, to Pemberville, Bowling Green, **E** ▣ Holiday Inn Express ▣ Meijer/dsl/E85, **W** ▣ BP/dsl, Circle K/Subway/dsl, Speedway/dsl ▣ Big Boy, Bob Evans, Buffalo Wild Wings, Burger King, Chipotle Mexican, Coldstone/Tim Horton's, El Zarape Mexican, Fricker's Rest., Hunan Buffet, Jimmy John's, McDonald's, Penn Sta Subs, Starbucks, Waffle House, Wendy's ▣ Best Western, Days Inn, Hampton Inn, Victory Inn ▣ Ⓗ, to Bowling Green State U, USPO, Verizon
179	US 6, to Fremont, Napoleon, **W** ▣ museum
179mm	Ⓡ both lanes, full ♿ facilities, litter barrels, petwalk, ▣, ▣, vending
175mm	weigh sta nb
171	OH 25, Cygnet
168	Eagleville Rd, Quarry Rd, **E** ▣ FuelMart/dsl
167	OH 18, to Fostoria, North Baltimore, **E** ▣ Petro/BP/Iron Skillet/dsl/scales/24hr/@ ▣ McDonald's ▣ truck repair, **W** ▣ ♥Loves♥/Arby's/dsl/scales/24hr, Sunoco ▣ $General, Great Scot Mkt
165mm	Rocky Ford River

CINCINNATI / **HARRISON** / **TOLEDO** / **PERRYSBURG**

OH

INTERSTATE 75 Cont'd

Exit#	Services
164	OH 613, to McComb, Fostoria, **E** ⊙ RV camping, Van Buren SP, **W** 🍴 Pilot/Subway/Taco Bell/dsl/scales/24hr
162mm	weigh sta sb, 🚻
161	rd 99, **E** ⛽ Shell/Subway/dsl, Speedway/dsl 🏨 Comfort Suites ⊙ Ford/Lincoln, hwy patrol, Kia, URGENT CARE, VW, **W** ⊙ antiques
159	US 224, OH 15, Findlay, **E** ⛽ BP/dsl, Marathon/dsl, Speedway/Speedy's Cafe/dsl 🍴 Burger King, Culver's, Dakota Grill, Fin's Seafood Grill, Jimmy John's, KFC/LJ Silver, McDonald's, Ming's Great Wall, Pizza Hut, Ralphie's, Spaghetti Shop, Steak'n Shake, Subway, Taco Bell, Wendy's 🏨 Drury Inn, Motel 6, Red Roof Inn, Rodeway Inn ⊙ 🏥, Advance Parts, **W** ⛽ Murphy USA/dsl, Shell/dsl 🍴 Bob Evans, Coldstone/Tim Horton's, Cracker Barrel, Denny's, Hokkaido Steaks, Jac&Do's Pizza, Landing Pad, Max&Erma's, Outback Steaks, Tony's Rest., TX Roadhouse, Waffle House 🏨 Country Inn&Suites, Hampton Inn, Hilton Garden, Holiday Inn Express, Quality Inn ⊙ AT&T, AutoZone, Best 1 Tires/repair, Chrysler/Dodge/Jeep, Peterbilt, Verizon, Walmart/Subway
158mm	Blanchard River
157	OH 12, Findlay, **E** ⛽ Marathon/dsl, **W** 🍴 Fricker's Rest. 🏨 EconoLodge ⊙ vet
156	US 68, OH 15, to Carey, **E** ⊙ 🏥
153mm	Rs both lanes, full ♿ facilities, litter barrels, petwalk, 🚻, 🏕, vending
145	OH 235, to Ada, Mount Cory, **E** ⊙ KOA
142	OH 103, to Arlington, Bluffton, **E** 🏨 Fairway Inn, **W** ⛽ Marathon/Circle K/dsl, Shell 🍴 Arby's, Burger King, McDonald's/rv parking, Subway, Subway, Taco Bell, Wendy's 🏨 Comfort Inn ⊙ $General, auto repair, to Bluffton U, vet
140	Bentley Rd, to Bluffton, **W** ⊙ 🏥
135	OH 696, to US 30, to Delphos, Beaverdam, **E** ⛽ Speedway/Speedy's Cafe/dsl/24hr, **W** ⛽ FLYING J/Denny's/dsl/scales/LP/24hr/@, Pilot/McDonald's/Subway/dsl/24hr/@ ⊙ $General, Blue Beacon, SpeedCo, tires, truck repair
134	Napolean Rd (no nb re-entry), to Beaverdam
130	Bluelick Rd, **E** 🍴 Clark
127 b a	OH 81, to Ada, Lima, **W** ⛽ Fuelstop/dsl, Valero/dsl 🍴 Subway, Waffle House 🏨 Comfort Inn
126mm	Ottawa River
125	OH 309, OH 117, Lima, **E** ⛽ Murphy USA/dsl, Speedway/Speedy's Cafe/dsl 🍴 Applebee's, Bob Evans, Burger King, Capt D's, China Bistro, China Buffet, Cracker Barrel, Hunan Garden, J's Grill, Lock Sixteen Steaks, McDonald's, Olive Garden, Panera Bread, Pizza Hut, Red Lobster, Skyline Chili, Subway, Taco Bell, TX Roadhouse, Wendy's 🏨 Courtyard, Hampton Inn, Howard Johnson, Motel 6 ⊙ AT&T, BigLots, Ford/Lincoln, Sam's Club/gas, Verizon, Walgreens, Walmart/McDonald's, **W** 🍴 Arby's, Kewpee Hamburger's, Yamato Steaks 🏨 Country Inn&Suites, Holiday Inn, Travelodge ⊙ 🏥, $General, Advance Parts, Best 1 Tires/repair, O'Reilly Parts, Rite Aid, Save-A-Lot Foods, Verizon
124	4th St, **E** ⊙ Ford/Lincoln, hwy patrol
122	OH 65, Lima, **E** ⛽ Speedway/dsl, **W** ⛽ Marathon/Subway/dsl ⊙ Freightliner, GMC, Mack, truck repair, vet, Volvo
120	Breese Rd, Ft Shawnee, **W** ⛽ Shawnee Fuelstop/dsl ⊙ Harley-Davidson
118	to Cridersville, **W** ⛽ Fuelmart/Subway/dsl, Speedway/dsl 🍴 Dixie Ley Diner ⊙ $General, Community Mkt, vet

Exit#	Services
114mm	Rs both lanes, full ♿ facilities, litter barrels, pet walk, 🚻, 🏕 vending
113	OH 67, to Uniopolis, Wapakeneta
111	Bellefontaine St, Wahpakeneta, **E** 🍴 TA/Hub Room Rest./dsl/scales/@ 🍴 Country Charm Rest. 🏨 Knights Inn ⊙ KOA, truck tires, **W** ⛽ Clark/dsl, Murphy USA/dsl, Shell 🍴 Arby's, Bob Evans, Burger King, Capt D's, DQ, El Azteca, Lucky Steer Rest., McDonald's, Pizza Hut, Subway, Taco Bell, Waffle House, Wendy's 🏨 Best Western, Holiday Inn Express, Super 8 ⊙ Advance Parts, Aldi Foods, CVS Drug, Lowe's, Neil Armstrong Museum, O'Reilly Parts, st patrol, URGENT CARE, Verizon, Walmart
110	US 33, to St Marys, Bellefontaine, **E** ⊙ hwy patrol, KOA
104	OH 219, **W** ⛽ Gulf/dsl, Marathon, Shell/Circle K/Subway/dsl 🏨 Budget Host ⊙ $General
102	OH 274, to Jackson Ctr, New Breman, **E** ⊙ bicycle museum, **W** ⊙ air stream tours
99	OH 119, to Minster, Anna, **E** ⛽ 99/dsl, Marathon/dsl, **W** ⛽ Shell, Speedway/Taco Bell/dsl 🍴 Subway, Wendy's ⊙ Family$, lube/wash/repair
94	rd 25A, Sidney, **E** 🍴 Marathon/deli
93	OH 29, to St Marys, Sidney, **W** ⊙ Lake Loramie SP, RV camping
92	OH 47, to Versailles, Sidney, **E** ⛽ Speedway/dsl 🍴 Arby's, China Garden, Coldstone, Fuji Steakhouse, Little Caesar's, Subway, Time Horton's, Wendy's ⊙ 🏥, Advance Parts, AutoZone, CVS Drug, NAPA, Save-A-Lot Foods, URGENT CARE, Walgreens, **W** ⛽ Murphy USA/dsl, Sunoco/dsl 🍴 Applebee's, Big Boy, Bob Evans, Buffalo Wild Wings, Burger King, Cazadores Mexican, Culver's, Fricker's, Hong Kong Buffet, KFC, McDonald's, Perkins, Pizza Hut, Smokin Jo's BBQ, Taco Bell, Waffle House 🏨 Comfort Inn, Country Hearth Inn, Days Inn, Holiday Inn Express, Travel Inn ⊙ $Tree, Aldi Foods, AT&T, Buick/Cadillac/Chevrolet/GMC, Chrysler/Dodge/Jeep, Ford/Lincoln, Kroger/dsl, Lowe's, Menards, Verizon, Walmart/Subway
90	Fair Rd, to Sidney, **E** ⛽ Sunoco/dsl, **W** ⛽ Marathon/Dsl 🏨 Hampton Inn
88mm	Great Miami River
83	rd 25A, Piqua, **W** 🍴 Sunoco/MaidRite Cafe/Noble Roman's/dsl ⊙ Chrysler/Dodge/Jeep, Sherry RV Ctr, to Piqua Hist Area
82	US 36, to Urbana, Piqua, **E** ⛽ Marathon, Murphy USA/dsl 🍴 A&W/LJ Silver, Arby's, China East, China Garden, DQ, El Sombrero, KFC, Subway, Taco Bell, Waffle House, Wendy's ⊙ $Tree, Aldi Foods, BigLots, Harley-Davidson, Home Depot, JoAnn Fabrics, st patrol, Verizon, vet, Walmart/Subway, **W** ⛽ Speedway 🍴 Bob Evans, Buffalo Wings&Rings, Cracker Barrel, McDonald's, Red Lobster 🏨 Budgetel, Comfort Inn, La Quinta ⊙ Elder Beerman, JC Penney, Sears/auto
81mm	Rs both lanes, full ♿ facilities, litter barrels, 🚻, 🏕, vending
78	rd 25A, **E** ⊙ 🏥
74	OH 41, to Covington, Troy, **E** ⛽ BP/dsl 🍴 Al's Pizza, China Garden, Little Caesars, McDonald's, Pizza Hut, Subway, Taco Bell ⊙ to Hobart Arena, URGENT CARE, vet, **W** ⛽ Shell, Speedway/dsl 🍴 Applebee's, Big Boy, Bob Evans, Buffalo Wild Wings, Burger King, Chipotle Mexican, Culver's, Fazoli's, Jimmy John's, KFC, Logan's Roadhouse, Los Pitayos Mexican, Outback Steaks, Panera Bread, Penn Sta Subs, Ruby Tuesday, Sakai Japanese, Skyline Chili, Steak'n Shake 🏨 Best Inn, Comfort Suites, Fairfield Inn, Hampton Inn, Holiday Inn Express, Residence Inn ⊙ $General, $Tree, AT&T, AutoZone, GNC, Grismer Auto Service, Kohl's, Lowe's, Meijer/dsl, Petco, Staples, Tire Discounters, Verizon, Walmart/Subway

Side labels: **FINDLAY**, **LIMA**, **OH**, **SIDNEY**, **TROY**

🧭 INTERSTATE 75 Cont'd

Exit#	Services
73	OH 55, to Ludlow Falls, Troy, **E** 🅿 BP, Shell 🍴 Boston Stoker Coffee House, Honeybaked Ham, Hot Head Burrito, Lincoln Sq Rest., Papa John's, Subway, Waffle House, Wendy's 🏠 Budget Inn, Motel 6, Royal Inn 🅾 $General, Kroger/e85, Verizon
69	rd 25A, **E** 🅿 Circle K/dsl, Gulf/dsl 🅾 Arbogast RV Ctr, Buick/GMC, Chrysler/Dodge/Jeep, Ford
68	OH 571, to West Milton, Tipp City, **E** 🅿 BP/dsl, Shell, Speedway/dsl 🍴 Burger King, Cassano's Pizza, Domino's, Fox's Pizza, Greenfire Bustro, Hickory River BBQ, Hong Kong Kitchen, Hot Head Burritos, McDonald's, Subway, Taco Bell 🅾 AT&T, CVS Drug, Family$, FoodTown, Goodyear/auto, Honda, O'Reilly Parts, **W** 🅿 Speedway/dsl 🍴 Arby's, Big Boy, Bob Evans, Tipp' O the Town Rest., Wendy's 🏠 Holiday Inn Express, La Quinta 🅾 Main St Parts, Menards, Performance Parts, vet
64	Northwoods Blvd, **E** 🍴 El Toro Mexican, Emperial Palace 🅾 $Tree, Kroger/dsl, **W** 🅿 ✈FLYING J/Subway/dsl/scales/RV dump/24hr
63	US 40, to Donnelsville, Vandalia, **E** 🅿 Speedway/dsl 🍴 Bunker's Grill, Dragon China, Fricker's 🅾 AutoZone, repair, **W** 🅿 BP/dsl, Shell, Speedway/dsl 🍴 Arby's, Burger King, Domino's, Hot Head Burrito, KFC/LJ Silver, McDonald's, Pizza Hut, Rib House, Subway, Taco Bell, Waffle House, Wendy's 🏠 Super 8 🅾 Goodyear/auto, Rexall Drug, Rite Aid
61b a	I-70, E to Columbus, W to Indianapolis, to Dayton Int Airport
59	Wyse Rd, Benchwood Rd, **E** 🍴 El Rancho Grande, Little York Pizza, Shen's 🏠 Hawthorn Suites, Knights Inn, Travelodge 🅾 BMW/Volvo/VW, Discount Tire, **W** 🅿 Speedway/dsl, Valero/dsl 🍴 Arby's, Asian Buffet, Big Boy, Bob Evans, Cassano's Pizza, Chick-fil-A, Chipotle Mexican, Coldstone, Cousin Vinny's Puzza, Cracker Barrel, El Toro Mexican, Fazoli's, Fricker's, Golden Corral, Hooters, Longhorn Steaks, Max&Erma's, McAlister's Deli, McDonald's, O'Charley's, Olive Garden, Outback Steaks, Panera Bread, Red Lobster, Ruby Tuesday, Sake Japanese, Skyline Chili, SmashBurger, SmokeyBones BBQ, Steak'n Shake, Subway, Taco Bell, Tim Horton's 🏠 Best Value Inn, Comfort Inn, Courtyard, Days Inn, Drury Inn, Extended Stay America, Fairfield Inn, Hampton Inn, Quality Inn, Red Roof Inn, Residence Inn, Springhill Suites, TownePlace Suites 🅾 Office Depot, Sam's Club/gas, Verizon, Walmart/Subway
58	Needmore Rd, to Dayton, **E** 🅿 BP/dsl, Shell/McDonald's 🍴 Hardee's 🅾 Goodyear/auto, to AF Museum, **W** 🅿 Marathon/dsl, Speedway/dsl, Sunoco/dsl 🍴 A&W/LJ Silver, Church's, Domino's, Subway, Tim Horton's, Waffle House, Wendy's 🅾 $General, $Tree, Advance Parts, auto repair, AutoZone, Family$, Kroger/gas, Midas, O'Reilly Parts, USPO, vet, Walgreens
57b	Wagner Ford Rd, Siebenthaler Rd, Dayton, **E** 🅿 Marathon 🏠 Ramada Inn
57a	Neva Rd
56	Stanley Ave, Dayton, **E** 🅿 Shell, **W** 🅿 Keowee 🍴 Dragon City Chinese, Gold Star Chili, McDonald's, Pancake House, Taco Bell 🏠 Dayton Motel
55b a	Keowee St, Dayton, downtown
54c	OH 4 N, Webster St, to Springfield, downtown
54mm	Great Miami River
54b	OH 48, Main St, Dayton, **E** 🅾 Chevrolet, Honda, **W** 🅾 🏥 Family$
54a	Grand Ave, Dayton, downtown
53b	OH 49, 1st St, Salem Ave, Dayton, downtown
53a	OH 49, 3rd St, downtown

Exit#	Services
52b a	US 35, E to Dayton, W to Eaton
51	Edwin C Moses Blvd, Nicholas Rd, **E** 🏠 Courtyard, Marriott 🅾 🏥, to U of Dayton, **W** 🅿 BP/dsl, ▼Loves/Hardee's/dsl/scales/24hr 🍴 McDonald's, Wendy's 🅾 SunWatch Indian Village
50b a	OH 741, Kettering St, Dryden Rd, **E** 🅾 🏥, vet, **W** 🅿 Marathon/dsl 🍴 TJ's Rest. 🏠 Super 8 🅾 U-Haul
47	Dixie Dr, W Carrollton, Moraine, **E** 🅿 Shell/dsl 🍴 Big Boy, Domino's, Waffle House 🅾 $General, auto repair, transmissions, **W** 🅿 Shell/dsl, Speedway/dsl 🍴 El Meson, KFC, McDonald's, Pizza Hut, Sonic, Taco Bell, Wendy's 🅾 $General, USPO
44	OH 725, to Centerville, Miamisburg, **E** 🅿 BP/dsl, Shell, Speedway/dsl 🍴 Applebee's, Baskin-Robbins, Big Boy, Bonefish Grill, Bravo Italiana, Burger King, ChuckeCheese, Dunkin Donuts, El Toro Mexican, Fazoli's, FirstWatch Cafe, Fricker's, Godfather's, Golden Corral, Hardee's, Jimmy John's, KFC, Logan's Roadhouse, Marion's Puzza, McDonald's, O'Charley's, Olive Garden, Panera Bread, Penn Sta Subs, PF Chang's, Qdoba, Red Lobster, Rooster's Grill, Rusty Bucket Grill, Saka Buffet, Sake Japanese, Skyline Chili, SmashBurger, Starbucks, Steak'n Shake, Subway, Taco Bell, TGIFriday's, Waffle House, Wendy's 🏠 Comfort Suites, Courtyard, Days Inn, DoubleTree Suites, Extended Stay America, Hampton Inn, Hawthorn Suites, Homewood Suites, InTowne Suites, SpringHill Suites, Studio 6, Woodspring Suites 🅾 🏥, $Tree, Advance Parts, Aldi Foods, AT&T, Audi/VW/Porsche/Jaguar, Barnes&Noble, Best Buy, Burlington Coats, Dick's, Discount Tire, Elder Beerman, Grismer Auto Service, Hobby Lobby, Home Depot, Honda/Nissan/Mazda, JC Penney, Jo-Ann Fabrics, Kia, Lowe's, Macy's, mall, Menard's, Michael's, Midas, Monro, NTB, Office Depot, PepBoys, Petsmart, Sears/auto, Target, Tire Discounters, Toyota/Scion, Verizon, vet, Walmart, **W** 🅿 BP, Marathon, Shell/dsl 🍴 Bob Evans, LJ Silver, Perkins, Tim Horton's 🏠 Knights Inn, Quality Inn, Red Roof Inn, Super 8 🅾 🏥, $General, Aamco, CarMax, Chevrolet, Ford, NAPA
43	I-675 N, to Columbus
41	Austin Blvd, **E** 🍴 BJ's Rest., Broken Egg Cafe, Chipotle, Chuy's, Coldstone, Dewey's Pizza, Firebirds, Five Guys, Noodles&Co, Panera Bread, Spicy Olive 🏠 Hilton Garden 🅾 AT&T, Field&Stream, Kohl's, Kroger/dsl, TJ Maxx
38	OH 73, Springboro, Franklin, **E** 🅿 Shell, Speedway/dsl, Thornton's/dsl 🍴 Applebee's, Arby's, Bob Evans, Burger King, China Garden, Chipotle Mexican, KFC, LJ Silver, McDonald's, Papa John's, Pizza Hut, Skyline Chili, Subway, Taco Bell, Tim Horton's, Waffle House, Wendy's 🏠 Comfort Inn, Hampton Inn 🅾 Kroger, O'Reilly Parts, Tire Discounters, USPO, vet, **W** 🅿 Murphy USA/dsl, Shell, Speedway/dsl 🍴 A&G Pizza, Big Boy, Cazadore's Mexican, Domino's, GoldStar Chili, Lee's Chicken, McDonald's 🏠 EconoLodge, Holiday Inn Express 🅾 $General,

OH

🅟 = gas 🍴 = food 🛏 = lodging 🅞 = other 🆁🆂 = rest stop Copyright 2018 - The Next EXIT

🧭 INTERSTATE 75 Cont'd

MIDDLETOWN

38	Continued
	$Tree, Advance Parts, AutoZone, Brothers Automotive, Kemper Tire, KOI Parts, NAPA, URGENT CARE, USPO, Walgreens, Walmart
36	OH 123, to Lebanon, Franklin, **E** 🅟 BP/Mom's Rest./dsl 🅟Pilot/Subway/Pizza Hut/dsl/scales/24hr/@, Shell/Wendy's/dsl 🍴 McDonald's, Waffle House 🛏 Motel 6, **W** 🅟 Marathon/White Castle/dsl, Sunoco
32	OH 122, Middletown, **E** 🍴 McDonald's 🛏 Days Inn, Red Roof Inn, Super 8 🅞 🅗, CVS Drug, **W** 🍴 Applebee's, Arby's, Big Boy, Bob Evans, Cracker Barrel, El Rancho Grande, Golden Corral, GoldStar Chili, Hot Head Burritos, KFC, La Rosa's Pizza, LoneStar Steaks, O'Charley's, Olive Garden, Schlotzsky's, Sonic, Steak'n Shake, Wendy's, White Castle 🛏 Drury Inn, Fairfield Inn, Hampton Inn, Holiday Inn Express, Quality Inn 🅞 $General, Aldi Foods, AT&T, AutoZone, BigLots, Elder Beerman, Kohl's, Kroger/dsl, Lowe's, Meijer/dsl, Petco, Sears/auto, Staples, Tire Discounters, URGENT CARE, Verizon, Walmart/Subway
29	OH 63, to Hamilton, Monroe, **E** 🅟 Shell/Popeye's/dsl, Stony Ridge/dsl 🍴 Burger King, Chipotle, Culver's, GoldStar Chili, Tim Horton/Wendy's, Waffle House 🛏 Comfort Inn 🅞 Premium Outlets/Famous Brands, Tire Discounters, Trader's World, **W** 🅟 Speedway/dsl 🍴 Froggy Blue's, McDonald's, Richard's Pizza, Subway 🛏 Best Western, Wave Hotel 🅞 Honda
27.5mm	🆁🆂 both lanes, full 🅗 facilities, info, litter barrels, petwalk, ⓒ, 🚮, vending
24	OH 129 W, to Hamilton, **W** 🅞 Dick's
22	Tylersville Rd, to Mason, Hamilton, **E** 🅟 Sunoco, Thornton's/dsl 🍴 Arby's, Bob Evans, BoneFish Grill, Burger King, Cane's, Chick-fil-A, Chipotle, City BBQ, Firehouse Subs, Fricker's, Geisha, Graeter's Grill, Great Wall, IHOP, Jack-in-the-Box, Jimmy John's, KFC, LJ Silver, Longhorn Steaks, McAlister's Deli, McDonald's, Milano's, Noodles&Co, Panda Express, Panera Bread, Perkins, Pizza Hut, Skyline Chili, SmashBurger, Soho Japanese, Starbucks, Subway, Taco Bell, TGIFriday's, Twin Dragon, Waffle House, Wendy's 🛏 Economy Inn 🅞 🅗, AT&T, Big Lots, Firestone/auto, Fresh Mkt, GNC, Goodyear/auto, Home Depot, Kohl's, Kroger, Michael's, Office Depot, Petsmart, Target, Tires+, TJ Maxx, URGENT CARE, Verizon, Walgreens, **W** 🅟 Speedway/dsl, Sunoco 🍴 O'Charley's 🛏 Wingate Inn 🅞 Aldi Foods, CarX, Lowe's, Meijer/dsl, Tire Discounters
21	Cin-Day Rd, **E** 🍴 Big Boy 🛏 Holiday Inn Express, **W** 🅟 Marathon/dsl, Speedway/dsl, UDF/Subway/dsl 🍴 Arby's, Domino's, Dunkin Donuts, El Rancho Nuevo, La Rosa's Pizza, Little Caesar's, Papa John's, Sonic, Tikka Grill, Waffle House, Wendy's, White Castle 🅞 Ace Hardware, AutoZone, Walgreens, Walmart/Subway
19	Union Centre Blvd, to Fairfield, **E** 🍴 Bravo Italiana, Champps Rest., Mitchell's Fish Mkt, Original Pancakes, Panera Bread, PF Chang's, Red Robin, Smokey Bones BBQ, Steak'n Shake 🅞 AT&T, Barnes&Noble, Verizon, **W** 🅟 BP/Subway/dsl, Marathon/Circle K, Shell 🍴 Aladdin's Eatery, Applebee's, Bob Evans, Buffalo Wild Wings, Burger King, Chipotle Mexican, Dingle House, Jag's Steaks, Jimmy John's, McDonald's, Mellow Mushroom, Rancho Nuevo, River City Grille, Skyline Chili, Starbucks, Subway, Tom+Chee, Uno, Wendy's 🛏 Comfort Inn, Courtyard, Hampton Inn, Hilton Garden, Holiday Inn, Homewood Suites, Marriott, Residence Inn, Staybridge Suites 🅞 IKEA, Mercedes, Monro, Volvo
16	I-275 to I-71, to I-74
15	Sharon Rd, to Sharonville, Glendale, **E** 🅟 Sunoco, Thornton's/dsl 🍴 Big Boy, Bob Evans, Cracker Barrel, Jim Dandy BBQ,

CINCINNATI AREA

15	Continued
	Ruby Tuesday, Skyline Chili, Subway, Waffle House 🛏 Bamont Inn, Drury Inn, Hawthorn Suites, Hilton Garden, Holiday Inn Express, La Quinta, Quality Inn, Red Roof Inn, Travel Inn, **W on Kemper** 🅟 Sunoco 🍴 Burger King, Cane's, Chick-fil-A, Chili's, ChuckeCheese, Five Guys, IHOP, LJ Silver, Macaroni Grill, McDonald's, Panera Bread, Penn Sta Subs, Pizza Hut, Subway, Taco Bell, Tokyo Japanese, Vincenzo's Italian, Wendy's 🛏 Crossland Suites, EconoLodge, Extended Stay America, Fairfield Inn, LivInn Suites, Red Lion Hotel, Residence Inn 🅞 Best Buy, Costco/gas, Dick's, Lowe's, Nissan, Sam's Club, Sears/auto, Sharonville Conv Ctr, Target
14	OH 126, to Woodlawn, Evendale, **E** 🛏 Wingate Inn (3mi) 🅞 GE Plant, **W** 🅟 Shell/dsl
13	Shepherd Lane, to Lincoln Heights, **E** 🅞 GE Plant, **W** 🍴 Taco Bell, Wendy's
12	Wyoming Ave, Cooper Ave, to Lockland, **W** 🅟 Marathon/dsl
10a	OH 126, Ronald Reagan Hwy
10b	Galbraith Rd (exits left from nb), Arlington Heights
9	OH 4, OH 561, Paddock Rd, Seymour Ave, **E** 🅞 to Cincinnati Gardens, **W** 🅞 fairgrounds
8	Towne St, Elmwood Pl (from nb)
7	OH 562, to I-71, Norwood, Cincinnati Gardens
6	Mitchell Ave, St Bernard, **E** 🅟 Mobil, Shell, Sunoco 🍴 White Castle 🛏 Quality Inn 🅞 to Cincinnati Zoo, to Xavier U, Walgreens, **W** 🅟 BP/Subway/dsl 🍴 Gold Star Chili, McDonald's, Rally's 🅞 Advance Parts, Family$, Ford, Honda, Hyundai, Kia, Kroger, Tires+
4	I-74 W, US 52, US 27 N, to Indianapolis
3	to US 27 S, US 127 S, Hopple St, **E** 🍴 Big Boy, White Castle 🛏 BudgetHost 🅞 🅗, U of Cincinnati, **W** 🅟 Shell 🍴 Isidore's Italian, Wendy's
2b	Harrison Ave, **W** 🅟 BP/Subway 🍴 McDonald's 🅞 Family, industrial district
2a	Western Ave, Liberty St (from sb)
1g	Ezzard Charles Dr (from sb), **W** 🛏 Guest Inn
1f	US 50W, Freeman Ave (from sb), **W** 🅟 Marathon/dsl, Shell, Subway 🍴 Big Boy, Taco Bell, Wendy's, White Castle 🛏 Guest Inn 🅞 Ford, NAPA, USPO
1e	7th St (from sb), downtown
1c	5th St, **E** 🛏 Hilton, Hyatt, Millennial Hotel 🅞 Macy's, Duke Energy Center, downtown
1a	I-71 N, to Cincinnati, downtown, to stadium
0mm	Ohio/Kentucky state line, Ohio River

🧭 INTERSTATE 76

Exit#	Services
65	Ohio/Pennsylvania state line. **See OH TPK, exits 232-234.**
60mm	I-76 eb joins Ohio TPK **(toll)**
57	to OH 45, Bailey Rd, to Warren
54	OH 534, to Newton Falls, Lake Milton, **N** 🅞 RV camping, **S** 🅟 Sunoco/dsl 🅞 camping, to Berlin Lake
52mm	Lake Milton
48	OH 225, to Alliance, **N** 🅞 camping, to W Branch SP, **S** 🅞 Berlin Lake, to Lake Milton SP
45mm	🆁🆂 both lanes, full 🅗 facilities, litter barrels, petwalk, ⓒ, 🚮
43	OH 14, to Alliance, Ravenna, **N** 🅞 to W Branch SP, **S** 🅟 Marathon/Subway/dsl 🅞 fireworks
38b a	OH 5, OH 44, to Ravenna, **N** 🅟 BP/dsl, Speedway/dsl 🍴 Arby's, McDonald's/rv parking, Wendy's, **S** 🅟 Marathon/Circle K/Subway 🍴 Cracker Barrel 🅞 🅗, $General, auto parts, Giant Eagle Foods, RV camping

OH

INTERSTATE 76 Cont'd

Exit#	Services
33	OH 43, to Hartville, Kent, **N** BP/dsl, Marathon Salsita's Mexican Comfort Inn, Days Inn, EconoLodge, Hampton Inn, Holiday Inn Express, Super 8 to Kent St U, **S** Circle K, Speedway/dsl Gionino's Pizza, McDonald's, Pizza Hut, Subway, Wendy's $General, Goodyear Tire/brakes, vet
31	rd 18, Tallmadge, **N** Murphy USA/dsl #1 Chinese, Applebee's, Beef'O'Brady's, DQ, La Terraza Mexican, Panera Bread $Tree, AT&T, GNC, Kohl's, Lowe's, Marshall's, Petco, Verizon, Walmart/Subway
29	OH 532, Tallmadge, Mogadore
27	OH 91, Canton Rd, Gilchrist Rd, **N** Bob Evans, **S** Marathon/Subway/dsl Hardee's Quality Inn
26	OH 18, E Market St, Mogadore Rd, **N** Marathon/dsl Hamad Tire/repair, **S** Arby's, McDonald's, Subway, Wendy's $General
25b a	Martha Ave, General St, Brittain, **N** Circle K/dsl Hilton Garden Mercedes, Toyota/Scion, **S** Goodyear HQ
24	Arlington St, Kelly Ave, **S** Goodyear HQ
23b	OH 8, Buchtell Ave, to Cuyahoga (exits left from eb), to U of Akron
23a	I-77 S, to Canton
22b	Grant St, Wolf Ledges, Akron, **N** USPO, **S** McDonald's Family$, downtown
22a	Main St, Broadway, downtown
21c	OH 59 E, Dart Ave, **N** H
21b	Lakeshore St, Bowery St (from eb)
21a	East Ave (from wb)
20	I-77 N (from eb), to Cleveland
19	Battles Ave, Kenmore Blvd
18	I-277, US 224 E, to Canton, Barberton
17b	OH 619, Wooster Rd, **S** Sunoco/dsl H, tires/repair
17a	(from eb, no return) State St, to Barberton, **S** Papa John's, Papa Roni's Pizza H, Walgreens
16	Barber Rd, **S** Rocky's/dsl/E85 DQ, Tomaso's Italian Chrysler/Dodge/Jeep, Fiat
14	Cleve-Mass Rd, to Norton, **S** BP/Blimpie/dsl, Circle K/dsl Arby's, Casa Del Mar Mexican, McDonald's, Pizza Hut, Subway, Wendy's $General, Ace Hardware, Acme Fresh Mkt, Advance Parts, CVS Drug, Family$, Ritzman Drug, USPO, Verizon
13b a	OH 21, N to Cleveland, S to Massillon
11	OH 261, Wadsworth, **N** Speedway/dsl, **S** GetGo/E85, Giant Eagle Arabica Cafe, Beef'O'Brady's, Wayback Burger AAA, GNC, Kohl's, Lowe's, MC Sports, PetCo, Target, Verizon
9	OH 94, to N Royalton, Wadsworth, **N** Marathon/Circle K Applebee's, Arby's, Bob Evans, Burger King, China Express, Chipotle Mexican, Galaxy Rest., Marie's Cafe, McDonald's, Panera Bread, Patron's Mexican, Pizza Hut, Romeo's Pizza, Starbucks, Subway, Taco Bell, Wendy's Comfort Inn, Holiday Inn Express $General, $Tree, BigLots, Buehler's Foods, DrugMart, Goodyear/auto, Home Depot, NTB, Verizon, Walmart/Subway, **S** Marathon/DQ/dsl, Sunoco Casa Del Rio, Dunkin Donuts, Papa John's Legacy Inn Advance Parts, auto repair, AutoZone, CVS Drug, NAPA, Rite Aid, vet
7	OH 57, to Rittman, Medina, **N** Marathon/dsl, **S** H,
6mm	weigh sta eb
2	OH 3, to Medina, Seville, **N** Marathon/Circle K/dsl DQ, Hardee's, Huddle House, Pizzazo's, Subway Comfort Inn, Hawthorn Suites Maple Lakes Camping (seasonal), **S** Clark, Shell/dsl #1 Chinese, E of Chicago Pizza, El Patron Mexican $General, Ritzman Drug, Verizon

| 1 | I-76 E, to Akron, US 224, **W on US 224** Pilot/Subway/dsl/scales/24hr, TA/BP/Burger King/Popeye's/dsl/scales/24hr/@ Arby's, McDonald's, Starbucks Super 8 Blue Beacon, Chippewa Valley Camping (1mi), SpeedCo |
| 0mm | I-76 begins/ends on I-71, exit 209. |

INTERSTATE 77

Exit#	Services
	I-77 begins/ends on I-90 exit 172, in Cleveland.
163c	I-90, E to Erie, W to Toledo
163b	E 9th St, Tower City
162b	E 22nd St, E 14th St (from nb)
162a	E 30th St, Woodland Ave, Broadway St (from nb), **W** USPO
161b	I-490 W, to I-71, E 55th, **E** H
161a	OH 14 (from nb), Broadway St
160	Pershing Ave (from nb), **W** H
159b	Fleet Ave, **E** BP/7-11/dsl
159a	Harvard Ave, Newburgh Heights, **W** BP/Subway/dsl
158	Grant Ave, Cuyahoga Heights
157	OH 21, OH 17 (from sb), Brecksville Rd
156	I-480, to Youngstown, Toledo
155	Rockside Rd, to Independence, **E** Shell, Sunoco/dsl Aladdin's, Bob Evans, Bonefish Grill, Chipotle, Del Monico's Steaks, Denny's, DiBella's Subs, Jimmy John's, McDonald's, Melt Grill, Outback Steaks, Panera Bread, Potbelly's, Red Robin, Shula's Steaks, Starbucks, Wendy's, Winking Lizard Grill, Zoup Comfort Inn, DoubleTree, Embassy Suites, Holiday Inn, La Quinta, Red Roof Inn AT&T, Drugmart, to Cuyahoga Valley NP, Verizon, Walgreens, **W** BP/dsl Applebee's, Longhorn Steaks, Wasabi Steaks Courtyard, Crowne Plaza, Hampton Inn, Hyatt Place, Residence Inn
153	Pleasant Valley Rd, to Independence, 7 Hills
151	Wallings Rd
149	OH 82, to Broadview Heights, Brecksville, **1 mi E** BP, Shell/dsl Austin's Grille, Panera Bread, Sakura Japanese, Simon's Rest., Starbucks, Subway CVS Drug, Marc's Foods, vet, Walgreens, **W** BP, GetGo/dsl Bob Evans, Chipotle Giant Eagle Foods
147	to OH 21, Miller Rd (from sb)
146	I-80/Ohio Tpk, to Youngstown, Toledo
145	OH 21 (from nb), **E** Pilot/Wendy's/dsl/scales Memories Rest., Subway Days Inn, Hampton Inn, Holiday Inn Express, Motel 6, Super 8
144	I-271 N, to Erie
143	OH 176, to I-271 S, **W** Shell McDonald's, Panda Chinese, Richfield Cafe, Subway, Teresa's Pizza
141mm	both lanes, full facilities, litter barrels, petwalk, , , vending
138	Ghent Rd, **W** Circle K/dsl Gasoline Alley, Lanning's Rest.

[■] = gas   [†] = food   [⌂] = lodging   [○] = other   [Rs] = rest stop   Copyright 2018 - The Next EXIT

F A I R L A W N

A K R O N

OH

◤N◢ INTERSTATE 77 Cont'd

Exit#	Services
137b a	OH 18, to Fairlawn, Medina, **E** [■] BP, GetGo, Shell, Speedway [†] Applebee's, A-Wok, Bob Evans, Boston Mkt, Chick-fil-A, Chili's, Chipotle Mexican, Coldstone, Cracker Barrel, Cucina Italiana, Donato's Pizza, Five Guys, Fleming's Steaks, Gionino's Pizza, HoneyBaked Ham, Hudson's Rest., Hyde Park Grille, Jimmy John's, Macaroni Grill, Max&Erma's, McDonald's, Menchie's, Olive Garden, Pad Thai, Panera Bread, Penn Sta Subs, PF Chang's, Rail Burger Bar, Red Lobster, Robeck's FruitJuice, Starbucks, Steak'n Shake, Subway, Taco Bell, Wendy's, Winking Lizard Grill, Yellow Tail Buffet, Zoup! [⌂] Courtyard, DoubleTree, EconoLodge, Hampton Inn, Hilton, Holiday Inn, Home 2 Suites, Homewood Suites, Motel 6, Quality Inn [○] $Tree, Acme Fresh Mkt, Aldi Foods, AT&T, Barnes&Noble, Best Buy, Dick's, Dillard's, Earth Fare Foods, Ford, Giant Eagle Foods, Goodyear/auto, Hobby Lobby, Home Depot, JC Penney, Jo-Ann Fabrics, Lowe's, Macy's, Michael's, NTB, Old Navy, Petsmart, Sam's Club, Staples, TJ Maxx, Verizon, Walmart, World Mkt, **W** [■] Sunoco [†] Burger King, Hooley House Rest., Longhorn Steaks, Outback Steaks, TGIFriday's, Tres Potrillos, Wasabi Grill [⌂] Baymont Inn, Best Western, Extended Stay America, Extended Stay America 2, Hawthorn Suites, Radisson, Residence Inn, Super 8 [○] [H]
136	(exits left from nb) OH 21S, to Massillon
135	Cleveland-Massillon Rd (from nb, no return)
133	Ridgewood Rd, Miller Rd, **E** [■] Circle K/dsl, **W** [†] Old Carolina BBQ, Teresa's Pizza, Tiffany's Bakery [○] Conrad's Automotive
132	White Pond Dr, Mull Ave
131	OH 162, Copley Rd, **E** [■] Circle K [†] China Star, Church's, Little Caesar's [○] Save-A-Lot Foods, Walgreens, **W** [■] BP/dsl [†] McDonald's, Pizza Hut
130	OH 261, Wooster Ave, **E** [■] Circle K, Valero/dsl [†] Ann's Place, Burger King, Church's, McDonald's, New Ming Chinese, Rally's, Subway [○] Advance Parts, AutoZone, Family$, O'Reilly Parts, **W** [○] Chevrolet, Toyota/Scion, U-Haul
129	I-76 W, to I-277, to Kenmore Blvd, Barberton
	I-77 and I-76 run together. See I-76, exits 21a-22b.
125b	I-76 E, to Youngstown, I-77 and I-76 run together
125a	OH 8 N, to Cuyahoga Falls, [○] U of Akron
124b	Lover's Lane, Cole Ave
124a	Archwood Ave, Firestone Blvd (from sb), **E** [■] BP
123b	OH 764, Wilbeth Rd, **E** [†] DQ [○] to [≎]
123a	Waterloo Rd (from sb), **W** [■] BP, GetGo [†] Burger King, House of Hunan, Hungry Howies, Mi Casa, Papa John's, Paramount Grille, Rally's, Subway, Waterloo Rest. [○] $General, $Tree, American Automotive, Big Lots, Giant Eagle Foods, GNC, Marc's Mkt, Rite Aid, Walgreens
122b a	I-277, US 224 E, to Barberton, Mogadore
120	Arlington Rd, to Green, **E** [■] Speedway/dsl [†] Applebee's, Denny's, Golden Corral, IHOP, Jimmy John's, Mr Hero, Shogun, Starbucks, Waffle House [⌂] Comfort Inn, Quality Inn, Red Roof Inn [○] $General, AT&T, AutoZone, Home Depot, Kohl's, Staples, Walmart/Subway, **W** [■] [†] Bob Evans, Burger King, Chipotle Mexican, CiCi's Pizza, McDonald's, Panera Bread, Subway, Taco Bell, TGIFriday's, Tommy Li's, Wendy's [⌂] Fairfield Inn, Hampton Inn, Holiday Inn Express, Residence Inn, Woodspring Suites [○] Aamco, Acura, Buick/GMC, Camping World RV Ctr, Chevrolet, GNC, Goodyear/auto, Honda, Hyundai, Infiniti, Lexus, Lowe's, Nissan, Subaru, Target, Verizon
118	OH 241, to OH 619, Massillon, **E** [■] Sheetz/dsl, Speedway/dsl [†] Gionino's Pizza, Handel's Ice Cream, Hunan Chinese, Subway, **W** [■] Circle K/dsl, GetGo [†] Arby's, DQ, Dunkin

C A N T O N

118	Continued
	Donuts, Hungry Howie's, Jimmy John's, Kasai Japanese, Lucky Star Chinese, McDonald's, Menche's Rest., Quizno's, Starbucks, Subway, Tom Chee Cafe [⌂] Cambria Suites, Super 8 [○] [?] $General, Acme Fresh Mkt, Advance Parts, Conrad Automotive, CVS Dug, Giant Eagle Foods
113	**W** [⌂] Hilton Garden [○] Akron-Canton Airport, General RV Ctr (2mi)
112	Shuffel St, **E** [⌂] Embassy Suites
111	Portage St, N Canton, **E** [■] Circle K, Marathon/dsl, Sunoco/dsl, TA/Country Pride/dsl/scales/24hr/@ [†] Burger King, Geisen Haus, Jimmy's Rest., KFC, Palombo's Italian, Quaker Steak, Subway, Sylvester's Italian [○] Mr Tire, TrueValue, **W** [■] BP/dsl, Speedway/dsl [†] Aladdin's Eatery, Bonefish Grill, Carraba's, ChuckeCheese, Coldstone, Cracker Barrel, Dunkin Donuts, Baskin-Robbins, Five Guys, IHOP, Longhorn Steaks, McDonald's, Menchie's, Outback Steaks, Panera Bread, Pizza Hut, Red Robin, Rockne's Cafe, Romeo's Pizza, Samantha's Rest., Starbucks, Taco Bell, Wasabi Japanese, Wendy's, Zoup! [⌂] Best Western, Microtel, Motel 6 [○] AAA, At&T, Best Buy, BJ's Whs, Book A Million, Chevrolet, DrugMart, Giant Eagle Foods, Goodyear/auto, Harley-Davidson, Home Depot, Lowe's, Marshall, Michael's, Old Navy, Sam's Club/gas, Walgreens, Walmart, Subway/auto
109b a	Everhard Rd, Whipple Ave, **E** [■] Marathon/Subway/dsl, Speedway/dsl [†] Denny's, Fazoli's, Waffle House [⌂] Comfort Inn, Fairfield Inn, Hampton Inn, Home 2 Suites, Hyatt Place, La Quinta, Residence Inn, Staybridge Suites [○] Buick/GMC, Ford, **W** [■] Marathon [†] A1 Japanese Steaks, Angry BBQ, Applebee's, Arby's, Bob Evans, Bravo Italiana, Brown Derby, Buffalo Wild Wings, Buffet Dynasty, Chick-fil-A, Chili's, Chipotle Mexican, CiCi's Pizza, DiBella Subs, Dunkin Donuts, Fox&Hound Grill, Golden Corral, HoneyBaked Ham, Jerzees Grille, Jimmy John's, Katanya Buffet, KFC, Max&Erma's, McDonald's, Mulligan's, Olive Garden, Panera Bread, Papa Bear's, Papa Gyros, Penn Sta Subs, Perkins, Potbelly, Red Lobster, Ruby Tuesday, Sahara Grill, Sakura Japanese, Starbucks, Steak'n Shake, Subway, Taco Bell, TGIFriday's, Tilted Kilt, TX Roadhouse, Wendy's [⌂] Courtyard, Holiday Inn, Knights Inn, Quality Inn, Ramada, Red Roof Inn, Springhill Suites [○] $Tree, Aamco, Aldi Foods, AT&T, Burlington Coat, Dick's, Dillard's, Firestone/auto, Goodyear/auto, Jo-Ann Fabrics, Kohl's, Macy's, mall, Marc's Foods, NTB, Petsmart, Sears/auto, Target, TJ Maxx, Tuesday Morning, Verizon, World Mkt
107b a	US 62, OH 687, Fulton Rd, to Alliance, **E** [■] Marathon/Circle K, Subway [○] city park, **W** [■] Circle K/Dunkin Donuts [○] Pro Football Hall of Fame, URGENT CARE
106	13th St NW, **E** [○] [H]
105b	OH 172, Tuscarawas St, **E** [†] McDonald's, **W** [■] [†] KFC, Subway [○] AutoZone, CVS
105a	6th St SW (no EZ return from sb), **E** [■] Sunoco [†] McDonald's [○] Ford, **W** [†] Subway [○] [H], AutoZone
104b a	US 30, US 62, to E Liverpool, Massillon
103	OH 800 S, **E** [■] Marathon/Subway/dsl, Speedway [†] Arby's, DQ, Italo's Pizza, McDonald's, Peking Chinese, Taco Bell, Waffle House [○] Advance Parts, auto repair, Family$, Goodyear/auto, Rite aid, Save-A-Lot Foods, **W** [○] Firestone
101	OH 627, to Faircrest St, **E** [■] [⛟]/Subway/dsl/scales/24hr, Speedway/McDonald's [†] Wendy's [⌂] Fairfield Inn
99	Fohl Rd, to Navarre, **W** [■] Sunoco [○] KOA (4mi)
93	OH 212, to Zoar, Bolivar, **E** [■] Speedway/dsl [†] Georgie Grill, McDonald's, Pizza Hut, Wendy's [⌂] Sleep Inn [○] $General, Giant Eagle Foods, NAPA, to Lake Atwood Region, vet, Zoar Tavern HS (3mi), **W** [■] Marathon/DQ/Subway/dsl [○] KOA

INTERSTATE 77 Cont'd

Exit#	Services
87	US 250W, to Strasburg, **W** 🅖 Marathon/dsl 🅕 Hardee's, Manor Rest., McDonald's, Subway 🅛 Ramada Ltd 🅞 Family$, Verizon
85	Schneiders Crossing Rd, to Dover, **E** 🅖 Marathon 🅕 Arby's, Subway 🅞 Buehler's Mkt/gas
83	OH 39, OH 211, to Sugarcreek, Dover, **E** 🅖 BP/dsl, Speedway/dsl 🅕 Bob Evans, KFC, McDonald's, Shoney's, Wendy's 🅛 77 Inn/Grill 🅞 🄷, Chrysler/Dodge/Jeep, Flynn's Tires, Ford, Honda, Lincoln, Nissan, **W** 🅛 Comfort Inn, Country Inn&Suites
81	US 250, to Uhrichsville, OH 39, New Philadelphia, **E** 🅖 Sheetz/dsl, Speedway 🅕 Buffalo Wild Wings, Burger King, Denny's, El San Jose Mexican, Hog Heaven BBQ, LJ Silver, McDonald's, Pizza Hut, Taco Bell, TX Roadhouse 🅛 Best Western, Hampton Inn, Holiday Inn Express, Knights Inn, New Philadelphia Inn, Schoenbrunn Inn 🅞 $General, $Tree, Advance Parts, Aldi Foods, BigLots, O'Reilly Parts, Walmart/Subway, **W** 🅖 Auto TP/rest./dsl/scales/24hr 🅞 Harley-Davidson
73	OH 751, to rd 53, Stone Creek, **W** 🅖 Marathon/dsl
65	US 36, Port Washington, Newcomerstown, **W** 🅖 BP, Duke TP/rest./dsl, Speedway/Wendy's 🅕 McDonald's 🅛 Hampton Inn, Super 8
64mm	Tuscarawas River
54	OH 541, rd 831, to Plainfield, Kimbolton, **W** 🅖 🅕 Jackie's Rest.
47	US 22, to Cadiz, Cambridge, **E** 🅛 lodging 🅞 RV camping, to Salt Fork SP (6mi), **W** 🅖 BP/repair 🅞 🄷, info, to Glass Museum
46b a	US 40, to Old Washington, Cambridge, **W** 🅖 Marathon/Wendy's/dsl, Speedway/dsl 🅕 Burger King, Hunan Chinese, Lee's Rest., LJ Silver, McDonald's 🅞 Family$, Riesbeck's Food
44b a	I-70, E to Wheeling, W to Columbus
41	OH 209, OH 821, Byesville, **W** 🅖 Circle K, Starfire 🅕 McDonald's, Subway 🅞 $General, Family$, museum, to Glenn HS
39mm	🆁🆂 nb, full 🅷 facilities, litter barrels, petwalk, 🅒, 🆎, vending
37	OH 313, Buffalo, **E** 🅖 🅕 Coutos Pizza, Subway 🅞 to Senecaville Lake, UPSO
36mm	🆁🆂 sb, full 🅷 facilities, litter barrels, petwalk, 🅒, 🆎, vending
28	OH 821, Belle Valley, **E** 🅖 Sunoco/dsl 🅞 RV camping, to Wolf Run SP, USPO
25	OH 78, Caldwel, **E** 🅖 Marathon/dsl, 🅟🅘🅛🅞🆃/Arby's/dsl/scales/24hr, Sunoco/Subway/dsl 🅕 DQ, Lori's Rest., McDonald's 🅛 Best Western, Days Inn, Microtel, **W** 🅛 Comfort Inn
16	OH 821, Macksburg
6	OH 821, to Devola, **E** 🅖 Exxon/Subway/dsl, **W** 🅖 Marathon/dsl/LP 🅞 🄷, RV camping
3mm	🆁🆂 nb, full 🅷 facilities, info, litter barrels, petwalk, 🅒, 🆎, vending
1	OH 7, to OH 26, Marietta, **E** 🅖 GoMart/dsl/24hr 🅕 DQ, Subway 🅛 Best Western, Comfort Suites, Fairfield Inn, Quality Inn, Red Roof Inn 🅞 $Tree, Aldi Foods, Buick/GMC, Cadillac/Chevrolet, Chrysler/Dodge/Jeep, Ford/Lincoln, GNC, Lowe's, Toyota/Scion, Walmart/McDonald's, **W** 🅖 BP/dsl, GetGo/dsl, Marathon/dsl, Speedway/dsl 🅕 Applebee's, Arby's, Bar-B-Cutie, Bob Evans, Burger King, Capt D's, China Fun, E Chicago Pizza, Empire Buffet, KFC, Las Trancas Mexican, Little Caesar's, LJ Silver, McDonald's, Napoli's Pizza, Papa John's, Pizza Hut, Qdoba, Shogun Hibachi, Shoney's, Subway, Taco Bell, Wendy's 🅛 Hampton Inn, Microtel, Super 8 🅞 Advance Parts, AT&T, AutoZone, BigLots, Family$, Food4Less, JoAnn Fabrics, K-Mart, Kroger, Rite Aid, st patrol, TrueValue, Verizon, Walgreens
0mm	Ohio/West Virginia state line, Ohio River

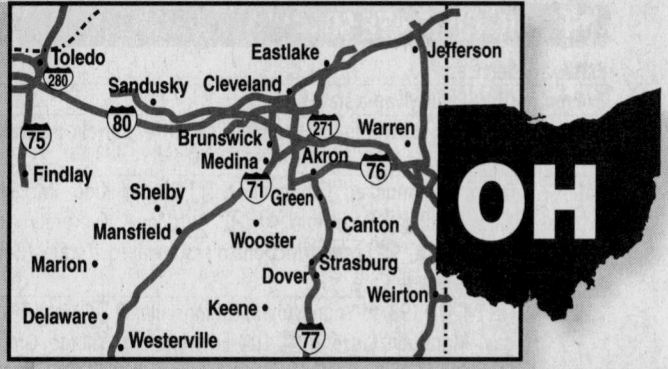

INTERSTATE 80

Exit#	Services
237mm	Ohio/Pennsylvania state line
237mm	Welcome Ctr wb, full 🅷 facilities, info, litter barrels, petwalk, 🅒, 🆎, vending
234b a	US 62, OH 7, Hubbard, to Sharon, PA, Hubbard, **N** 🅖 ⓕFLYING J/Denny's/dsl/LP/scales/24hr, Shell/rest./dsl/scales/motel/24hr/@ 🅕 Arby's, Burger King, Dunkin Donuts, McDonald's, Waffle House 🅛 Best Western, Travelodge 🅞 Blue Beacon, Homestead RV Ctr., tire/dsl repair, **S** 🅖 ♥Loves/Chester's/Subway/dsl/scales/24hr 🅞 Chevrolet
232mm	weigh sta wb
229	OH 193, Belmont Ave, to Youngstown, **N** 🅖 GetGo, Speedway/dsl 🅕 Chad Anthony's Italian, Fortune Garden, Handel's Ice Cream, Sta Square Italian, Subway 🅛 Hampton Inn, Motel 6, Super 8 🅞 Giant Eagle Foods, **S** 🅖 BP/dsl, Shell 🅕 Arby's, Bob Evans, Charley's Subs, Denny's, Fiesta Tapatia, Golden Hunan Chinese, Happy Buffet, Ianazones Pizza, Jimmy's Italian, KFC, Little Caesars, LJ Silver, McDonald's, Monteen's Southern Cuisine, Pizza Hut, Señor Jalapeño Mexican, Subway, Taco Bell, Uptown Pizza, Wendy's, Westfork Steaks, Youngstown Crab Co 🅛 Days Inn, Quality Inn 🅞 $General, Advance Parts, Aldi Foods, AutoZone, Family$, Firestone/auto, Goodyear/auto, O'Reilly Parts, Rite Aid, SaveALot Foods, vet, Walgreens, Walmart/Subway
228	OH 11, to Warren (exits left from eb), Ashtabula
227	US 422, Girard, Youngstown, **N** 🅖 Shell/dsl 🅕 Burger King, DQ, Firegrill BBQ, JibJab Hotdogs, Subway
226	Salt Springs Rd, to I-680 (from wb), **N** 🅖 BP/Dunkin Donuts/dsl, Sheetz/dsl 🅕 McDonald's, Waffle House 🅞 vet, **S** 🅖 Mr Fuel/Road Rocket Diner/dsl/24hr, Petro/Shell/Iron Skillet/dsl/scales/24hr/@, 🅟🅘🅛🅞🆃/Subway/dsl/scales/24hr 🅞 Blue Beacon, dsl repair, Frank's Truckwash, SpeedCo
224b	I-680 (from eb), to Youngstown
224a	OH 11 S, to Canfield
223	OH 46, to Niles, **N** 🅖 Country Fair/dsl, 🅟🅘🅛🅞🆃/McDonald's/dsl/scales/24hr 🅕 Bob Evans, Dunkin Donuts, IceHouse Rest., Salsita's Mexican 🅛 Candlewood Suites, Comfort Inn, Holiday Inn Express, Hotel California, **S** 🅖 BP/dsl, FuelMart/dsl/scales, Sunoco/Subway, TA/Counry Pride/dsl/scales/24hr/ @ 🅕 Arby's, Cracker Barrel, LJ Silver/Taco Bell, Los Gallos Mexican, Perkins, Quaker Steak&Lube, Starbucks, Wendy's 🅛 Best Western, Country Inn&Suites, EconoLodge, Fairfield Inn, Hampton Inn, Sleep Inn, Super 8 🅞 Freightliner/24hr, Harley-Davidson
221mm	Meander Reservoir
219mm	I-80 wb joins Ohio Tpk (toll)

For I-80 exits 2-218, see Ohio Turnpike.

YOUNGSTOWN

OH

INTERSTATE 90

Exit#	Services
244mm	Ohio/Pennsylvania state line
242mm	**[RS]/weigh sta wb, full [handicapped] facilities, info, litter barrels, petwalk, [phone], [picnic]**
241	OH 7, to Andover, Conneaut, N [food] Burger King, McDonald's (2mi) [lodging] Days Inn [other] [H], AutoZone, Evergreen RV Park, S [gas] Love's/McDonald's/Subway/dsl/scales/24hr [food] Beef&Beer Café
235	OH 84, OH 193, to Youngstown, N Kingsville, N [gas] Grab&Go/gas, Marathon/Circle K [lodging] Dav-Ed Motel [other] Village Green Camping (2mi), S [gas] Circle K/Subway/dsl, TA/BP/Burger King/dsl/scales/24hr/@ [food] Kay's Place Diner [lodging] Kingsville Motel [other] towing/repair
228	OH 11, to Ashtabula, Youngstown, N [H] (4mi)
223	OH 45, to Ashtabula, N [gas] Flying J/Denny's/Shell/dsl/LP/scales/24hr [food] Mr C's Rest. [lodging] Best Value Inn, Holiday Inn Express, Ramada, Sleep Inn [other] Buccaneer Camping, S [gas] Pilot/Subway/dsl/scales/24hr, SpeedCo [food] Burger King, Clay St Grill, McDonald's, Waffle House [lodging] Hampton Inn [other] auto repair
218	OH 534, Geneva, N [gas] GetGo [food] Best Friend's Grill, Chop's Grille, McDonald's, Pizza Hut, Wendy's [lodging] Motel 6 [other] [H], Goodyear/repair, to Geneva SP, Willow Lake Camping (4mi), S [gas] KwikFill/Subway/dsl/scales/24hr [other] Kenisse's Camping
212	OH 528, to Thompson, Madison, N [food] McDonald's, Pizza Roto [other] Mentor RV Ctr, S [gas] Marathon/dsl [other] Heritage Hills Camping (4mi), radiator repair
205	Vrooman Rd, **0-2 mi** S [gas] BP/dsl, Marathon/dsl [food] Capps Eatery, Subway [other] Indian Point Park, Masons Landing Park
200	OH 44, to Painesville, Chardon, S [gas] BP/dsl, Sunoco/dsl [food] McDonald's, Palmer's Bistro, Paninis Grill, Red Hawk Grille, Sunny St Cafe, Teresa's Pizzaria, Waffle House [lodging] Comfort Inn, Quail Hollow Resort [other] [H], hwy patrol, Reider's Foods, URGENT CARE
198mm	**[RS] both lanes, full [handicapped] facilities, litter barrels, petwalk, [phone], [picnic], vending**
195	OH 615, Center St, Kirtland Hills, Mentor, **1-2 mi** N [lodging] Best Western
193	OH 306, to Mentor, Kirtland, **0-2 mi** N [gas] BP/7-11/dsl, Shell [food] McDonald's [lodging] Best Value Inn [other] [H], S [gas] Speedway/dsl [food] Burger King [lodging] Days Inn, Red Roof Inn [other] Kirtland Temple LDS Historic Site
190	Express Lane to I-271 (from wb)
189	OH 91, to Willoughby, Willoughby Hills, N [gas] BP/7-11/dsl, Shell/dsl [food] Applebee's, Big Cheese Pizza, Bob Evans, Café Europa, Cracker Barrel, Eat'n Park, Peking Chef, Subway, TX Roadhouse, Wendy's [lodging] Courtyard, Motel 6, Travelodge [other] [H], CVS Drug, Walgreens, S [other] BMW/Mini, Lexus
188	I-271 S, to Akron
187	OH 84, Bishop Rd, to Wickliffe, Willoughby, S [gas] BP/7-11/dsl, Shell [food] Golden Mtn Chinese, McDonald's, Subway, Tony's Pizza [lodging] Ramada Inn [other] [H], $Tree, Chevrolet, CVS Drug, Giant Eagle Foods, Marc's Foods, Mazda/VW, NTB, O'Reilly Parts
186	US 20, Euclid Ave, N [gas] Sunoco [food] McDonald's [lodging] Quality Inn [other] Ford, radiators/transmissions, Subaru, S [gas] Shell [food] Arby's, KFC, Popeye's, R-Ribs, Sidewalk Cafe, Taco Bell [other] $General, Advance Parts, Family$, Firestone/auto, Save-a-Lot Foods
185	OH 2 E (exits left from eb), to Painesville
184b	OH 175, E 260th St, N [gas] Shell [other] USPO, S [other] auto/tire repair
184a	Babbitt Rd, N Buick/GMC

EUCLID

OH

Exit#	Services
183	E 222nd St, N [gas] repair, Sunoco/dsl, S [gas] BP, Sunoc dsl [other] vet
182b a	185 St, 200 St, N [gas] BP/7-11/dsl [food] Subway [other] Home D pot, Honda, Hyundai, S [other] Marathon/dsl, Shell/dsl, Spee way/dsl
181b a	E 156th St, S [gas] BP
180b a	E 140th St, E 152nd St
179	OH 283 E, to Lake Shore Blvd
178	Eddy Rd, to Bratenahl
177	University Circle, MLK Dr, N [other] Cleveland Lake SP, S [other] Rockefeller Park
176	E 72nd St
175	E 55th St, Marginal Rds
174b	OH 2 W, to Lakewood, downtown, N [other] Browns Stadiu Rock&Roll Hall of Fame
174a	Lakeside Ave
173c	Superior Ave, St Clair Ave, N [gas] BP, downtown
173b	Chester Ave, S [gas] BP
173a	Prospect Ave (from wb), downtown
172d	Carnegie Ave, S [gas] Shell/dsl [food] Burger King, KFC, McDo ald's [other] Cadillac, downtown
172c b	E 9th St, S [other] [H], to Cleveland St U
172a	I-77 S, to Akron
171b a	US 422, OH 14, Broadway St, Ontario St, N [gas] [lodging] Hilton Gard
171	Abbey Ave, downtown
170c b	I-71 S, to I-490
170a	US 42, W 25th St, S [gas] Royal
169	W 44th St, W 41st St, N [other] [H]
167b a	OH 10, West Blvd, 98th St, to Lorain Ave, N [other] [H], S [gas] E dsl [other] CVS Drug
166	W 117th St, N [gas] BP/dsl, GetGo/dsl, Shell [food] Penn Subs [other] Advance Parts, AutoZone, Giant Eagle Foods, Ho Depot, Staples, Target, S [gas] Gas USA [other] Monro
165	W 140th St, Bunts Rd, Warren Rd, S [other] [H]
164	McKinley Ave, to Lakewood
162	Hilliard Blvd (from wb), to Westway Blvd, Rocky River, S [gas] Shell [food] Joe's Rest. [other] USPO, vet
161	OH 2, OH 254 (from eb, no EZ return), Detroit Rd, Rocky Rive
160	Clague Rd (from wb), S [other] [H], same as 159
159	OH 252, Columbia Rd, N [food] Carrabba's, Damon's Grill, D e&Busters, Hooley House Grille, Outback Steaks [lodging] Courtya Super 8, TownePlace Suites [other] BMW, S [gas] BP/7-11 [food] H lihan's, Jets Pizza, KFC, McDonald's, Taco Bell, Urb Grill [other] [H], Chevrolet, NTB
156	Crocker Rd, Bassett Rd, Westlake, Bay Village, N [gas] Shell [lodging] DoublrTree, Extended Stay America, Holiday Express, Red Roof Inn, Residence Inn, S [gas] BP/7-11, Spe way [food] Aladdin's Eatery, Bar Louie, Bob Evans, Brio, Chee cake Factory, Chipotle Mexican, Don Ramon Mexican, F Guys, Jersey Mike's, Jimmy John's, Max&Erma's, McDonal Pizza by Robert, Starbucks, Subway, TGIFriday's, Vieng's Asi Wendy's, Yardhouse a Grille, Zoup! [lodging] Hampton Inn [other] Aldi Foods, CVS Drug, Dick's, Giant Eagle, GNC, mall, Ma Foods, Trader Joes, Verizon
155	Nagel Rd, Avon Lake, N [gas] GetGo/dsl [lodging] Residence S [other] Drugmart
153	OH 83, Avon Lake, N [gas] GetGo/dsl, Marathon/Circle Dunkin Donuts/dsl [food] Arby's, Buffalo Wild Wings (2mi), F yama, Istanbul Grill, King Yuan, Perkins, Rush Inn Grille, W dy's [other] Advance Parts, Ali Foods, AutoZone, Best Buy, count Tire, Firestone/auto, JC Penney, Lowe's, PetCo, Walm S [food] Antonio's Pizza, Applebee's, Bob Evans, Burger Ki

CLEVELAND

INTERSTATE 90 Cont'd

153   Continued
Chipotle, CiCi's Pizza, Coldstone, Five Guys, IHOP, Jimmy John's, Mandarin House, Moe's SW Grill, Panera Bread, Red Robin, Starbucks, Subway, Winking Lizard Tavern, Zeppe's Pizza, Zoup! AT&T, Costco/gas, CVS Drug, GNC, Heinen's Mkt, Home Depot, Kohl's, Marc's Foods, Marshall's, Michael's, Old Navy, Target, USPO, Verizon, World Mkt

151   OH 611, Avon, **N** BP/7-11/dsl, /Subway/dsl/24hr McDonald's Fairfield Inn, Woodspring Suites Buick/GMC, Chevrolet, Goodyear/repair, Harley-Davidson, vet, **S** BJ's Whse/gas Mulligan's Grille

148   OH 254, Sheffield, Avon, **N** Quaker Steak&Lube Homewood Suites Ford, Kia, Mazda, Nissan, **S** BP, GetGo, Sheetz/dsl, Speedway/dsl Arby's, Burger King, China Star, Cracker Barrel, KFC, Marco's Pizza, McDonald's, Panera Bread, Pizza Hut, Ruby Tuesday, Sorrento Pizzaria, Steak'n Shake, Subway, Sugarcreek Rest., Taco Bell, Wendy's $General, $Tree, Aldi Foods, Drug Mart, Giant Eagle Mkt, Sam's Club/gas, Verizon

147mm   Black River

145   OH 57, to Lorain, I-80/Ohio Tpk E, Elyria, **N** Burger King, George's Rest. Country Inn&Suites $General, Save-a-Lot, U-Haul, vet, **S** Speedway/dsl Applebee's, Bob Evans, Buffalo Wild Wings, Burger King, Chipotle Mexican, Denny's, Golden Corral, Harry Buffalo, Honeybaked Ham, IHOP, McDonald's, Midway Diner, Olive Garden, Red Lobster, Subway, TX Roadhouse, Wasabi Grill, Wendy's Best Western, Hampton Inn, Quality Inn, Ramada Inn, Red Roof Inn $General, $Tree, AT&T, Best Buy, Conrad's Automotive, Dick's, Firestone/auto, Giant Eagle Mkt, Home Depot, Honda, Hyundai, JC Penney, Jo-Ann Fabrics, Lowe's, Marc's Foods, Petsmart, Sears/auto, Staples, Target, Tuffy Repair, Verizon

144   OH 2 W (from wb, no return), to Sandusky

I-90 wb joins Ohio Tpk. WB exits to Ohio/Indiana state line are on Ohio Tpk, exits 142-0.

INTERSTATE 270 (Columbus)

Exit#	Services
55	I-71, to Columbus, Cincinnati
52b a	US 23, High St, Circleville, **N** Marathon/Circle K, Speedway/dsl, Turkey Hill/dsl Arby's, Bob Evans, Burger King, China City, KFC, Little Caesar's, LJ Silver, Los Mariachis, McDonald's, Pizza Hut, Ponderosa, Skyline Chili, Subway, Taco Bell, Tim Horton's, Waffle House, Wendy's, White Castle Kozy Inn $General, $Tree, Advance Parts, Aldi Foods, AutoZone, CVS Drug, Family$, Firestone/auto, Kroger/gas, Lowe's, NAPA, O'Reilly Parts, Walgreens, Walmart, **S** BP/dsl Kioto Downs
49	Alum Creek Dr, **N** BP/dsl, Shell/dsl, Thornton's/dsl Donato's Pizza, KFC/LJ Silver, Subway $General, Family$, **S** BP/dsl Arby's, McDonald's, Taco Bell, Wendy's Comfort Inn, Quality Inn
46b a	US 33, Bexley, Lancaster
43b a	I-70, E to Cambridge, W to Columbus
41b a	US 40, **E** Shell, Speedway Bob Evans, City BBQ, Honeybaked Ham, McDonald's, Outback Steaks, Rally's, Steak'n Shake, Taco Bell, Texas Roadhouse auto repair, AutoZone, Family$, NAPA, TJ Maxx, Verizon, Walgreens, **W** Shell/dsl, Speedway, UDF Golden Corral, Hunan Chinese, McDonald's, Mi Mexico, Poblanos Mexican, Subway $General, Family$
39	OH 16, Broad St, **E** GetGo, Speedway/dsl Arby's, Cane's, Chick-fil-A, Chipotle, Donato's Pizza, Dunkin Dontd, Five Guys, Hot Head Burrito, Jets Pizza, Jimmy John's, McDonald's,

39   Continued
Noodles&Co, Panera Bread, Penn Sta Subs, Potbelly's, Sonic, Starbucks, Subway, Sunny St Cafe, Taco Bell, Tim Horton's, Waffle House, Wendy's, White Castle Comfort Suites H, Giant Eagle Mkt, Goodyear/auto, Grismer Auto Service, Kroger, Menard's, URGENT CARE, Verizon, Walgreens, **W** Shell, Speedway/dsl Chevrolet

37   OH 317, Hamilton Rd, **E** BP/dsl, Speedway/dsl Arby's, Big Boy, Bob Evans, Burger King, Chinese Express, Chipotle, Dunkin Donuts, Firehouse Subs, Jersey Mike's, McDonald's, Panera Bread, Penn Sta Subs, Rusty Bucket, Starbucks, Taco Bell, Tim Horton's Holiday Inn Express Firestone/auto, GNC, Kroger/dsl, **W** Fairfield Inn, Hampton Inn, Hilton Garden Buick/GMC, Subaru/Jaguar/Porsche, Volvo, VW/Audi

35b a   I-670W, US 62, **E** Speedway/dsl City BBQ, Little Caesar's, McDonald's, Tim Horton's Advance Parts, AutoZone, CVS Drug, Family$, **W** I-670

33   Easton Way

32   Morse Rd, **E** Marathon/DM, Speedway/dsl, UDF CVS Drug, Mazda, Nissan, Toyota/Scion, **W** BP, Shell/Subway, UDF/dsl Abuelo's, Applebee's, BJ's Rest., Champp's Grill, Donato's Pizza, HomeTown Buffet, J Alexander's, Kobe Japanese, Logan's Roadhouse, McDonald's, On-the-Border, Papa John's, Pei Wei, Red Robin, Sakura Steaks, Smokey Bones, Steak'n Shake, Taco Bell, Wendy's Courtyard, Extended Stay America, Hampton Inn, Holiday Inn Express, Residence Inn, Woodspring Suites AT&T, Best Buy, Cadillac, Carmax, Costco/gas, Dick's, Discount Tire, Field&Stream, Infiniti, Jo-Ann Fabrics, Lexus, Lowe's Whse, Macy's, mall, Mercedes, Michael's, Nordstrom's, NTB, Old Navy, Petsmart, REI, Sam's Club, Staples, Target, TJ Maxx, Trader Joe's, Verizon, Walmart/McDonald's, Whole Foods Mkt, World Mkt

30   OH 161 E to New Albany, W to Worthington

29   OH 3, Westerville, **N** BP/dsl, Shell Arby's, Bob Evans, Chipotle Mexican, City BBQ, Fazoli's, McDonald's, Pizza Hut, Tim Horton's, Wendy's Red Roof Inn Advance Parts, AT&T, Big Lots, CarQuest, Firestone/auto, Kohl's, Kroger, Marc's Mkt, vet, Walmart, **S** Clark/dsl, Speedway/dsl Carsoni's Italian, China House, Domino's, Subway Aldi Foods, Family$, Grismer Tire/auto, Midas, Monro, USPO

27   OH 710, Cleveland Ave, **N** Speedway/dsl Subway, Wendy's Ramada Inn $General, CVS Drug, NAPA Autocare, Tuffy, **S** Turkey Hill/dsl El Rancho Allegre, McDonald's, O'Charley's Embassy Suites Home Depot

26   I-71, S to Columbus, N to Cleveland

23   US 23, Worthington, **N** Bob Evans, Chipotle Mexican, Columbus Fish Mkt, Cucina Italiana, El Acapulco, Hyde Park Steaks, J Alexander's, J Gilbert's Steaks, Lotus Grill, Ruth's Chris Steaks, Starbucks, Subway, Sushiko Japanese, Winking Lizard Courtyard, DoubleTree, Extended Stay America, Homewood Suites, Hyatt Place, Motel 6, Quality Inn, Red Roof

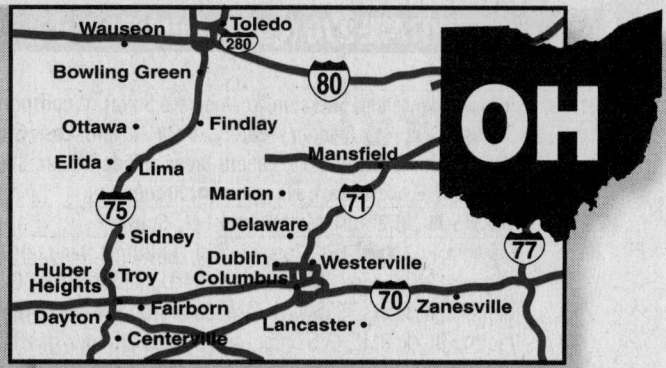

INTERSTATE 270 (Columbus) Cont'd

23	Continued Inn, Residence Inn, Sheraton, TownePlace Suites, Woodspring Suites, **S** 🅿 🍴 Aladdin's Eatery, Buca Italian, Cosi Grill, Jimmy John's, McDonald's, Panera Bread, Piada Italian, Starbucks 🛏 Econolodge, Holiday Inn 🅾 Kroger
22	OH 315, **N** 🅿 BP/dsl, Marathon/dsl 🍴 Subway
20	Sawmill Rd, **N** 🅿 BP, Marathon/dsl 🍴 Burger King, IHOP, Logan's Roadhouse, Max&Erma's, McDonald's, Olive Garden, Papa John's, Subway, Taco Bell, Wendy's 🛏 Fairfield Inn 🅾 Buick/GMC, CVS Drug, Ford, Hyundai, Kroger/gas, Lincoln, Mazda, NTB, Subaru, vet, **S** 🅿 🍴 Shell, Speedway 🍴 Applebee's, Arby's, bd Mogolian, Blue Ginger Asian, Bob Evans, Bonchon, Burger King, Cane's, Charlie's Subs, Chick-fil-A, Chili's, Chipotle Mexican, ChuckeCheese, El Vaquero Mexican, Firehouse Subs, Genji Japanese, Golden Corral, HoneyBaked Cafe, Jimmy John's, Joe's Crabshack, KFC, Krispy Kreme, McDonald's, Mellow Mushroom, Panera Bread, Pizza Hut, Red Lobster, Ruby Tuesday, Starbucks, Steak'n Shake, Subway, Ted's MT Grill, Vicenzos Italian 🛏 Cloverleaf Suites, Hampton Inn, Quality Inn 🅾 $Tree, Advance Parts, AT&T, AutoZone, Barnes&Noble, Big Lots, Cadillac/Honda, CarMax, Dick's, Discount Tire, Firestone/auto, GNC, Hobby Lobby, Home Depot, Infiniti, Jo-Ann Fabrics, Kohl's, Lexus, Lowe's Whse, Meijer, Meineke, Michael's, Mr Tire, Old Navy, PetCo, Petsmart, Sam's Club/gas, Staples, SteinMart, Target, Toyota/Scion, Trader Joe's, Verizon, vet, Whole Foods Mkt
17b a	US 33, Dublin-Granville Rd, **E** 🅿 Marathon, Sunoco 🍴 Bob Evans, Hyde Park Steaks, Jason's Deli, Max&Erma's, McDonald's, Pizza Hut, Subway 🛏 Courtyard, Crowne Plaza, Embassy Suites, Extended Stay America, Hilton Garden, Red Roof Inn, Residence Inn 🅾 CVS Drug, Fiat, Kroger, Mr Tire, USPO
15	Tuttle Crossing Blvd, **E** 🅿 BP, UDF 🍴 BJ's Rest., Bob Evans, Boston Mkt, Chipotle Mexican, DiBella's Subs, House of Japan, Longhorn Steaks, Macaroni Grill, McDonald's, Noodles&Co, Panera Bread, PF Chang's, River City Grill, Taco Bell, Wendy's 🛏 Drury Inn, Homewood Suites, Hyatt Place, La Quinta, Marriott 🅾 JC Penney, mall, Sears/auto, **W** 🅿 Shell, Turkey Hill/Subway/dsl 🍴 Steak'n Shake, Uno Pizzaria 🛏 Staybridge Suites 🅾 Best Buy, NTB, vet, Walmart/Subway, World Mkt
13	Cemetery Rd, Fishinger Rd, **E** 🅿 Exxon/Subway, Shell, Speedway 🍴 Burger King, Carrabba's, Chipotle Mexican, Damon's, Dave&Buster's, Donato's Pizza, KFC, Lunada Mexican, Panera Bread, Skyline Chili, Spageddie's, Starbucks, Steak&Shake, Tim Horton's 🛏 Comfort Suites, Homewood Suites 🅾 $Tree, CVS Drug, Discount Tire, GNC, Home Depot, Lowe's Whse, NTB, Staples, Tire Dicounters, Tuesday Morning, **W** 🅿 GetGo/dsl, Speedway 🍴 Bob Evans, Marie's Scrambler, Max&Erma's, McDonald's, Rusty Bucket Rest., Tim Horton's, Wendy's 🛏 Hampton Inn, Knights Inn 🅾 Giant Eagle Mkt, Nissan
10	Roberts Rd, **E** 🅿 Marathon, Thornton's/dsl 🍴 Subway, Tim Horton's, Wendy's 🛏 Woodspring Suites, **W** 🅿 Speedway/dsl 🍴 Tim Horton's, Waffle House 🛏 Courtyard, Quality Inn, Royal Inn 🅾 CVS Drug, Family$, O'Reilly Parts
8	I-70, E to Columbus, W to Indianapolis
7	US 40, Broad St, **E** 🅿 BP, Speedway/dsl 🍴 Bob Evans, Boston Mkt, Burger King, ChuckeCheese, McDonald's, Peacock West, Popeye's, TeeJay's, White Castle 🅾 Advance Parts, Big Lots, Buick/GMC, Chevrolet, GNC, Sears/auto, Target, **W** 🅿 GetGo, Speedway/dsl, Thornton's 🍴 A&W/LJ Silver, Arby's, Canes, KFC, McDonald's, Papa John's, Tim Horton's, Waffle House 🛏 Red Roof Inn 🅾 ℍ, CVS Drug, Family$, Giant

---

7	Continued Eagle Foods, Goodyear/auto, Home Depot, Jo-Ann Fabric, O'Reilly Parts, Walgreens
5	Georgesville, **E** 🅿 Shell/dsl, Sunoco/dsl, UDF/dsl 🍴 Jimm John's, Starbucks 🅾 Verizon, Walmart, **W** 🍴 Applebee' Arby's, Bob Evans, Buffalo Wild Wings, Chipotle Mexican, D Fiesta Mariachi, KFC/LJ Silver, McDonald's, O'Charley's, Re Lobster, Steak'n Shake, Subway, Taco Bell, Wendy's, Whi Castle 🅾 Advance Parts, AT&T, Chrysler/Dodge/Jeep, GN Honda, Hyundai/Subaru, Kia, Kroger/gas, Lowe's Whse, NT TireDiscounters, Toyota/Scion, VW
2	US 62, OH 3, Grove City, **N** 🅿 Turkey Hill/dsl 🛏 Woodsprin Suites, **S** 🅿 Marathon, Shell, Speedway/dsl 🍴 Big Bo Burger King, Domino's, Donato's Pizza, Little Caesar's, McDo ald's, Subway, Tim Horton/Wendy's, Waffle House, Wedg wood Pizza 🅾 CVS Drug, Verizon
0mm	I-71

⬆N INTERSTATE 271 (Cleveland)

Exit#	Services
39mm	I-271 begins/ends on I-90, exit 188.
36	Wilson Mills Rd, Highland Hts, Mayfield, **E** 🅿 Shell 🍴 Aladin's a Eatery, Austin's Steaks, Jersey Mike's, Yours Tru Rest. 🛏 Hilton Garden, Holiday Inn 🅾 Chrysler/Dodge/Jee CVS Drug, Heinen's Mkt, vet, **W** 🅿 Marathon/dsl 🍴 Burgers Beer, Denny's, Hibachi Steaks, Panera Bread, Qdoba 🅾 Dick DrugMart, Home Depot, Kohl's, Tuesday Morning, Verizon
34	US 322, Mayfield, Rd, **E** 🅿 BP/7-11, Circle K 🍴 Chipotl DiBella's Subs, Five Guys, Fox&Hound Grille, Georgio's Pizz Jimmy John's, Marie's Scrambler, Piccolo Italian, Potbelly, Sta bucks, Subway, Wendy's 🅾 ℍ, CVS Drug, Marc's Foods, M chael's, Mr Tire, Old Navy, Rite Aid, Target, Tire Pros, Walma **W** 🅿 Marathon, Shell, Speedway 🍴 Arby's, Bob Evan Burger King, ChuckECheese, Dunkin Donuts, Firehouse Sub Gaetano's Italian, McDonald's, Otani Japanese, Panera Brea Panini's Grill, Penn Sta Subs, Sonic, Subway, TGI Friday's, Tw Bucks Cafe 🅾 $Tree, AT&T, AutoZone, Best Buy, Conrad's Tir auto, Costco/gas, CVS Drug, Ford/Lincoln, Giant Eagle Food GNC, JoAnn Fabrics, Marshalls, Midas, Nissan, NTB, O'Rei Parts, Petsmart, Staples, Verizon, World Mkt
32	Brainerd Rd, **E** 🍴 Burntwood Tavern, J Alexander's 🅾 ℍ USPO
29	US 422 W, OH 87, Chagrin Blvd, Harvard Rd, **E** 🅿 Moone Shell, Speedway 🍴 Bahama Breeze, Bob Evans, Bravo Ita ian, Corky&Lenny's Rest., Firehouse Subs, Flemings, M Donald's, Mitchell's Fish Mkt, Paladar Latin Kitchen, Pa cake a House, Red Lobster, Starbucks, Stone Oven, Wasa Japanese, Wendy's 🛏 Courtyard, Extended Stay Americ Extended Stay America, Fairfield Inn, Hampton Inn, Sup 8 🅾 AT&T, Barnes&Noble, CVS Drug, Rite Aid, TJ Maxx, Tra er Joe's, Verizon, Whole Foods Mkt, **W** 🅿 BP/Subway, She dsl 🍴 Giovanni's Ristorante, Hyde Park Steaks, PF Chang Winking Lizard Tavern 🛏 Clarion, DoubleTree, Embas Suites, Homewood Suites, Hotel Indigo, Residence Inn 🅾 ℍ Buick/GMC, Cadillac, Infiniti, NTB, Porsche
28b	Harvard Rd, **E** 🍴 Red Robin, **W** 🍴 Abuelo's, Buffalo W Wings, Chick-fil-A, Chipotle, DiBella's Subs, Five Guys, Oli Garden, Panera Bread, Piada Italian, River City Grille, Robe Cafe, Zoup! 🛏 Aloft, Marriott 🅾 ℍ, Verizon
28a	OH 175, Richmond Rd, Emery Rd, **E** 🅿 BP, GetGo/dsl, Ma thon/Circle K/Subway/dsl 🍴 Baskin-Robbins/Dunkin Donu Don Ramon Mexican, Jimmy John's, McDonald's, Quizn 🅾 vet, **W** 🍴 BJ's Whse

C
O
L
U
M
B
U
S

C
L
E
V
E
L
A
N
D

⬆N INTERSTATE 271 (Cleveland) Cont'd

Exit#	Services
27b	I-480 W
27a	US 422 E, **E** ⊙ CarMax, Lowe's
26	Rockside Rd, **E** 🅿 Speedway/dsl, Sunoco/dsl 🍴 Burger King, Subway ⊙ Family$
23	OH 14 W, Forbes Rd, Broadway Ave, **E** 🅿 Sunoco 🍴 B&M BBQ, McDonald's, Wendy's 🛏 Holiday Inn Express ⊙ Sam's Club/dsl, **W** 🅿 Marathon/Circle K/dsl
21	I-480 E, OH 14 E (from sb), to Youngstown
19	OH 82, Macedonia, **E** 🅿 Speedway/dsl/E85 🍴 Papa John's, Penn Sta Subs, **W** 🍴 Antonio's Ouzza, Applebee's, Arby's, Chick-fil-A, Chili's, Chipotle, Coldstone, Fuji Japanese, Golden Corral, Jersey Mike's, McDonald's, Outback Steaks, Panera Bread, Pizza Hut, Popeye's, Steak'n Shake, Taco Bell, Wendy's ⊙ Aldi a Foods, AT&T, Best Buy, Chevrolet, Discount Tire, Giant Eagle Foods, GNC, Hobby Lobby, Home Depot, Kohl's, Lowe's, NTB, O'Reilly Parts, PetCo, Petsmart, Target, Verizon, Verizon, Walgreens, Walmart/Subway
18b a	OH 8, Boston Hts, to Akron, (exits left from sb), **E** 🅿 BP/7-11/dsl, GetGo, Speedway/dsl 🍴 Bob Evans, Pacific Chinese 🛏 Country Inn&Suites, Knights Inn, La Quinta, Motel 6, **W** same as 19
12	OH 303, Richfield, Peninsula
10	I-77, to I-80, OH Tpk (from nb), to Akron, Cleveland
9	I-77 S, OH 176 (from nb), to Richfield
8mm	℞ both lanes, full ♿ facilities, litter barrels, petwalk, 🍴, 🦺
3	OH 94, to I-71 N, Wadsworth, N Royalton, **W** 🅿 PetroUSA/dsl
0mm	I-271 begins/ends on I-71, exit 220.

INTERSTATE 275 (Cincinnati)

See Kentucky Interstate 275

⬆N INTERSTATE 280 (Toledo)

Exit#	Services
13	I-280 begins/ends on I-75, exit 208.
12	Manhattan Blvd, **E** 🅿 Sunoco, **W** 🅿 Sunoco/dsl
11	OH 25 S, Eerie St, **W** ⊙ Huntington Ctr
10mm	Maumee River
9	OH 65, Front St, **E** 🅿 Sunoco 🍴 Subway, Tony Packo's Cafe, **W** 🅿 Sunoco/dsl
8	Starr Ave, (from sb only)
7	OH 2 , Oregon, **E** 🅿 Sunoco 🍴 Arby's, Big Boy, Bob Evans, Burger King, Coldstone/Tim Horton's, Empire Chinese, McDonald's, Sonic, Taco Bell, Wendy's 🛏 Comfort Inn, Hampton Inn ⊙ Ⓗ, Ford, to Maumee Bay SP, Walgreens
6	OH 51, Woodville Rd, Curtice Rd, **E** 🅿 BP/dsl, Marathon 🍴 Bob Evans, Burger King ⊙ Menards, **W** 🅿 Speedway/dsl 🍴 Applebee's, Arby's, Big Boy, Gino's Pizza, KFC, LJ Silver, McDonald's, Subway, Taco Bell 🛏 Sleep Inn ⊙ Ⓗ, $General, $Tree, Advance Parts, Meijer/dsl, O'Reilly Parts, Tires+
4	Walbridge
2	OH 795, Perrysburg, **W** 🅿 Sunoco/Subway/dsl
1b	Bahnsen Rd, **E** 🅿 ⛽Flying J/Denny's/dsl/LP/scales/ 24hr 🛏 Crown Inn, Regency Inn, **W** 🅿 Loves/Arby's/dsl/ scales/24hr, Petro/BP/Iron Skillet/dsl/scales/24hr/@ 🛏 Budget Inn ⊙ Blue Beacon, SpeedCo, Super 8
1a	I-280 begins/ends on I 80/90, OH Tpk, exit 71. **S** 🅿 FuelMart/ Subway/dsl/scales, ⛽/McDonald's/dsl/scales/24hr, TA/ BP/Burger King/Taco Bell/dsl/scales/24hr/@ ⊙ KOA

⬆N INTERSTATE 475 (Toledo)

Exit#	Services
20	I-75. I-475 begins/ends on I-75, exit 204.
19	ProMedica Pky, Central Ave, **S** 🍴 Burger King, Gino's Pizza, Subway ⊙ Ⓗ
18b	Douglas Rd (from wb)
18a	OH 51 W, Monroe St
17	Secor Rd, **N** 🅿 Clark, Shell/dsl, Sunoco, Valero 🍴 Applebee's, Bambino's Pizza, Bob Evans, Boston Mkt, Burger King, Famous Dave's BBQ, Hooters, KFC, Monroe St Diner, Penn Sta Subs, Red Robin, Rudy's Hot Dogs, Tim Horton's ⊙ Ⓗ, $Tree, AT&T, Barnes&Noble, Best Buy, Jo-AnnFabrics, Kohl's, Kroger/ dsl, O'Reilly Parts, Walgreens, **S** 🅿 🍴 Big Boy, Chipotle Mexican, Del Taco, El Vaquero, Five Guys, Jamba Juice, Marie's Scrambler, McDonald's, Original Pancakes, Piada Italian, Pizza Hut, Popeye's, Sonic, Starbucks, Subway, Taco Bell, Uncle John's Pancakes 🛏 Hampton Inn, Holiday Inn Express, Quality Inn, Ramada Inn, Red Roof Inn ⊙ Batteries+Bulbs, Costco/gas, Fresh Mkt, Home Depot, Rite Aid, Sears/auto, Steinmart, U of Toledo
16	Talmadge Rd (from wb, no return), **N** 🅿 BP/dsl, Speedway/ dsl 🍴 Aladdin's Eatery, Bar Louie, bd Mongolian BBQ, Bravo Italiana, Chick-fil-A, Chipotle, Coldstone, IHOP, J Alexander's, Jimmy John's, Longhorn Steaks, Panera Bread, Potbelly, Starbucks ⊙ Dick's, JC Penney, Kohl's, Macy's, mall, Old Navy
15	Corey Rd (from eb, no return)
14	US 23 N, to Ann Arbor
13	US 20, OH 120, Central Ave, **E** 🅿 Speedway/dsl 🍴 Bob Evans, Burger King, Magic Wok, McDonald's, Rally's, Subway, Wendy's ⊙ BMW, Buick/GMC, Chrysler/Dodge/Jeep, Fiat, Ford, Honda, Hyundai, Kia, Nissan, Subaru, Toyota/Scion, Walmart, **W** 🅿 BP, Shell, Speedway 🍴 Buffalo Wild Wings, Jimmy John's, KFC, Tim Horton's ⊙ Lowe's, Verizon, Walgreens
8b a	OH 2, **E** 🅿 BP/dsl 🍴 Don Pablo's, Penn Sta Subs, TGIFriday's, TX Roadhouse 🛏 Extended Stay America, Hawthorn Suites, Knights Inn, Red Roof Inn ⊙ Ⓗ, Home Depot, Kohl's, Old Navy, to OH Med Coll, **W** 🅿 BP, Shell/dsl, Speedway/ dsl 🍴 Arby's, Bob Evans, Boston Mkt, Burger King, Chick-fil-A, Chili's, Chinese Cuisine, Chipotle Mexican, IHOP, KFC, Little Caesar's, Mancino's Pizza, Marco's Pizza, McDonald's, Panera Bread, Starbucks, Subway, Taco Bell, Tim Horton's, Waffle House, Wendy's 🛏 Courtyard, Quality Inn ⊙ $Tree, Aldi Foods, Best Buy, BigLots, Dick's, Firestone/auto, GNC, Kroger/ dsl, Menard's, Petsmart, Sam's Club/gas, Target, TJ Maxx, Verizon, Walmart/Subway
6	Dussel Dr, Salisbury Rd, to I-80-90/tpk, **E** 🅿 🍴 Amaya's Mexican Grill, Applebee's, Arby's, Bankok Kitchen, Bluewater Grille, Buffalo Wild Wings, Coldstone, Cracker Barrel, Don Juan's, Gino's Pizza, Jimmy John's, Longhorn Steaks, Marie's

Ⓜ ⒶⒸⒺⒹⓄⓃⒾⒶ **MACEDONIA** (vertical left margin)

TOLEDO (vertical right margin)

OH (tab marker, right side)

↑N INTERSTATE 475 (Toledo) Cont'd

6	Continued Scrambler, Max&Erma's, McDonald's, Outback Steaks, Panera Bread, Sam's Diner, Smokey Bones BBQ, Subway, Wendy's, Yoko Japanese 🛏 Country Inn&Suites, Courtyard, Extended Stay America, Fairfield Inn, Homewood Suites, Residence Inn, Super 8, **W** 🅟 🍴 Bob Evans, Briarfield Café, Carrabba's, JoJo's Pizza 🛏 Baymont Inn 🅞 Churchill's Foods, vet
4	US 24, to Maumee, Napolean, **N** 🅞 🅗, Toledo Zoo
3mm	Maumee River
2	OH 25, to Bowling Green, Perrysburg, **N** 🅟 BP/dsl, Circle K/dsl, Shell 🍴 American Table Rest., Arby's, Biggby Coffee, Buffalo Wild Wings, Charlie's Rest., Dave's Subs, El Vaquero, Gino's Pizza, Marco's Pizza, McDonald's, Subway, Wendy's 🅞 Auto Value, Churchill's Mkt, Costco/dsl, GMC, Goodyear/auto, Hyundai, URGENT CARE, Volvo, VW, **S** 🅟 Marathon, Speedway/dsl 🍴 Bar Louie's, Biaggi's, Blue Pacific Grill, Bob Evans, Marie's Scrambler, Max&Erma's, Nagoya Japanese, Starbucks, Tea Tree Asian, Waffle House 🛏 Economy Inn, Economy Inn, Hilton Garden 🅞 AT&T, Books-A-Million, GNC, Mytee Automotive, Tireman/auto, URGENT CARE, Verizon, vet
0mm	I-475 begins/ends on I-75, exit 192.

↑E INTERSTATE 480 (Cleveland)

Exit#	Services
42	I-80, PA Tpk, **I-480 begins/ends, 0-2mi** **S** 🅟 BP, GetGo, Marathon/Circle K, Marathon/Circle K, Sheetz/24hr, Shell 🍴 Applebees, Baskin Robbins/Dunkin Dounts, Bob Evans, Brown Derby Roadhouse, Buffalo Wild Wings, Burger King, China Chef, Chipotle, Denny's, DQ, El Campesino, Fun Buffet, Happy Moose Grill, Honeybaked Ham, Jimmy John's, KFC, Little Caesar's, McDonald's, Mr Hero, New Peking Chinese, Quizno's, Rockne's Grill, Ruby Tuesday, Sonic, Starbucks, Steak'n Shake, Subway, Taco Bell 🛏 Best Value Inn, Comfort Inn, Econolodge, Fairfield Inn, Hampton Inn, Holiday Inn Express, Microtel, TownePlace Suites, Wingate Inn 🅞 🅗, $General, $Tree, Aldi Foods, All Seasons RV Ctr, AT&T, AutoZone, Defer Tire/auto, Giant Eagle Mkt, GNC, Home Depot, Honda, Hyundai, Kia, Lowes Whse, Midas, NAPA, Nissan, NTB, Save-a-Lot Foods, Staples, Target, to Kent St U, U-Haul, USPO, Van's Tires, Verizon, vet, VW, Walgreens, Walmart
41	Frost Rd, Hudson-Aurora
37	OH 91, Solon, Twinsburg, **N** 🍴 Arby's, Brewster's, Chipotle, DQ, Mandarin Buffet, Panera Bread, Panini's Grill, Pizza Hut, Taco Bell 🅞 Comfort Suites, Giant Eagle Mkt, GNC, **S** 🅟 BP/7-11
36	OH 82, Aurora, Twinsburg, **N** 🅟 BP, McDonald's, Sheetz/dsl 🍴 Burger King 🛏 Super 8, **S** 🅟 Bob Evans, Cracker Barrel, Get'n Go, Wendy's 🍴 Blue Canyon Rest. 🛏 Hilton Garden
26	I-271, to Erie, PA
25a b c	OH 8, OH 43, Northfield Rd, Bedford, **S** 🅟 Marathon, Shell, Sunoco 🅞 Giant Eagle Mkt
24	Lee Rd (from wb)
23	OH 14, Broadway Ave, **N** 🅟 Marathon 🛏 Eldorado Motel 🅞 🅗, **S** 🅞 Freightliner
22	OH 17, Garanger, Maple Hts, Garfield Hts
21	Transportation Blvd, to E 98th St, **N** 🅞 🅗, **S** 🅟 GetGo 🍴 Applebee's, Chipotle, Penn Sta Subs, Starbucks, Steak'n Shake 🅞 AT&T, Giant Eagle Foods, Verizon
20b a	I-77, Cleveland
17	OH 176, OH 17, Cleveland

16	OH 94, to OH 17 S, State Rd, **N** 🅞 auto repair, Convenience Mart, transmissions, **S** 🅟 BP/7-11, Sunoco/dsl 🅞 Kia
15	US 42, Ridge Rd, **N** 🍴 Applebee's, Baskin-Robbins/Dunkin Donuts, Boston Mkt, CiCi's Pizza, Coldstone Creamery, El Tolteca Nexican, Hong Kong Buffet, McDonald's, Mr Hero, Penn Sta Subs, Pizza Hut, Rockne's Rest., Skyline a Chili, Starbucks, TX Roadhouse 🅞 $General, Giant Eagle Mkt, GNC, Lowes, Marc's Foods, Michael's, TJMaxx, URGENT CARE, USPO, Verizon, **S** 🅟 GetGo, Speedway/Speedy's Cafe/DSL 🍴 Arby', Colonial Eatery, Denny's, DQ, Taco Bell, Wendy's 🅞 $Tree, Advance Parts, AT&T, Best Buy, Buick/GMC, Hyundai, Meineke, Staples, Walgreens
13	Teideman Rd, Brooklyn, **S** 🅟 BP/dsl, Sheetz/dsl, Speedway/dsl 🍴 Buffalo Wild Wings, Burger King, Carrabba's, Chipotle Mexican, Cracker Barrel, Golden Corral, Hooley House Grill, Ice House Grill, IHOP, LJ Silver, McDonald's, Panera Bread, Perkins, Steak 'n Shake, Subway, TGIFriday's, Wild Ginger China Bistro 🛏 Extended Stay America, Hampton Inn 🅞 Aldi Foods, Home Depot, Jaguar, LandRover, Mazda, Sam's Club/gas, Volvo, Walmart
12b	W 150th, W130th, Brookpark, **N** 🅟 Marathon 🅞 Family$, **S** 🅟 Marathon/dsl, Shell/dsl 🍴 Big Boy, Bob Evans, Subway 🛏 Best Value Inn 🅞 Acura, Chevrolet, Chrysler/Dodge/Jeep, Infiniti, Lexus, Mini, Nissan, Toyota/Scion
11	I-71, Cleveland, Columbus
10	S rd 237, Airport Blvd (wb only)
9	OH 17, Brookpark Rd, **N** 🍴 Subway 🛏 Hilton Garden, Woodspring Suites 🅞 🅗, **S** 🍴 100th Bomb Group Rest. 🛏 Sheraton 🅞 ▢
7	(wb only) Clague Rd, to WestLake
6	OH 252, Great Northern Blvd, to N Olmsted, **N** 🅟 BP, Shell, Speedway/dsl 🍴 Applebee's, Arby's, Bamboo Garden, Bob Evans, Boston Mkt, Brown Bag Burgers, Burger King, Chickfil-A, Chili's, ChuckeCheese, Daishin Japanese, Denny's, Famous Dave's, Five Guys, Fox's Pizza, Frankie's Italian, Great Wall Buffet, Harry Buffalo, Jersey Mike's, Jimmy John's, Little Caesar's, Lonestar Steaks, Macaroni Grill, Marie's Scramble, Moe's SW Grill, Olive Garden, Panera Bread, Penn Sta Subs, Popeye's, Rail Burger Bar, Red Lobster, Red Robin, Ruby Tuesday, Smokey Bones BBQ, Wendy's, Wild Mango Rest. 🛏 Candlewood Suites, Courtyard, Extended Stay America, Extended Stay America, La Quinta, Radisson 🅞 $Tree, Aldi Foods, AT&T, Best Buy, Big Lots, Buick/GMC/Cadillac, Chipotle Mexican, Conrad's Tire/auto, Dick's, Dillard's, Firestone/auto, Home Depot, Honda, Hyundai/VW, JC Penney, Jo-Ann Etc, Macy's, mall, Marc's Foods, Mr Tire, NAPA, NTB, Petsmart, Sears/auto, Subaru, Target, Toyota, Walmart, World Mkt
3	Stearns Rd, **N** 🅞 🅗, **S** 🍴 Razzle's Cafe 🅞 CVS Drug
2	OH 10, Lorain Rd, to OH Tpk, **S** 🅟 BP, Sheetz/dsl, Speedway/dsl 🍴 Ace's Grille, Chipotle, Gourme Rest., Lone Tree Tavern, McDonald's, Panera Bread, Pizza Pan, Taco Bell 🛏 Motel 6, Super 8
1	OH 10 W, to US 20 (from wb), Oberlin
0mm	OH 10, to Cleveland, **I-480 begins/ends on exit 151, OH Tpk**

↑E INTERSTATE 680 (Youngstown)

Exit#	Services
14	OH 164, to Western Reserve Rd, **I-680 begins/ends on OH Tpk exit 234**, **S** 🅟 Shell/Subway/dsl 🍴 Cafe 422, Carmella's Cafe, Dunkin Donuts, McDonald's, Pizza Hut, Wendy's 🅞 🅗
11b a	US 224, **S** 🅟 BP, GetGo, Shell/dsl 🍴 Applebee's, Burger King, Carabba's, Chick-fil-A, Chipotle, Dunkin Donuts, Honey

INTERSTATE 680 (Youngstown) Cont'd

11b a	Continued baked Ham, IHOP, KFC, LJ Silver, Longhorn Steaks, McDonald's, Nicolinni's Italian, O'Charley's, Olive Garden, Outback Steaks, Papa John's, Perkins, Red Lobster, Smokey Bones, Springfield Grill, Starbucks, Subway, Taco Bell, TGIFriday's, TX Roadhouse 🅛 Best Western, Days Inn, Fairfield Inn, Hampton Inn, Holiday Inn, Red Roof Inn, Residence Inn 🅞 🅗, $Tree, Aldi Foods, AT&T, Best Buy, Big Lots, Giant Eagle, GNC, Lowe's, Marc's Foods, NTB, Petsmart, Sam's Club/gas, Staples, URGENT CARE, Walmart/Subway
9b a	OH 170, Midlothian Blvd, Struthers, **S** 🅖 Shell/dsl, Speedway/dsl 🅕 McDonald's, Subway 🅞 $General, Rite Aid, Walgreens
8	Shirley Rd, downtown
7	US 62, OH 7, South Ave, downtown
6b a	US 62, OH 7, Mkt St, downtown
5	Glenwood Ave, Mahoning Ave, downtown
4b a	OH 193, to US 422, Salt Springs Rd, **N** 🅞 🅗, museum
3c b	Belle Vista Ave, Connecticut Ave
3a	OH 711 E, to I-80 E
2	Meridian Rd, **S** 🅞 Ford/Peterbilt Trucks
1	OH 11

OHIO TURNPIKE

Exit#	Services
241mm	Ohio/Pennsylvania state line
239mm	toll plaza, 🅒
237mm	**Mahoning Valley Travel Plaza eb, Glacier Hills Travel Plaza wb,** 🅖 Sunoco/dsl/24hr 🅕 McDonald's 🅞 gifts, 🅒
234	I-680 (from wb), to Youngstown
232	OH 7, to Boardman, Youngstown, **N** 🅖 Sheetz, Valero/dsl 🅕 DQ, Los Gallos Mexican, Rita's Custard, Steamer's Stonewall Tavern 🅛 Best Value Inn, Budget Inn, Holiday Inn Express, Super 8 🅞 $General, antiques, **S** 🅖 Pilot/McDonald's/dsl/scales/24hr 🅛 Davis Motel, Liberty Inn
218	I-80 E, to Youngstown, Niles. **OH Tpk runs with I-76 eb, I-80 wb. Services S on Mahoning.**
216	Lordstown (from wb), **N** 🅞 GM Plant
215	Lordstown (from eb), **N** 🅞 GM Plant
210mm	Mahoning River
209	OH 5, to Warren, **N** 🅛 Budget Lodge, **S** 🅖 Marathon/dsl 🅛 EconoLodge, Holiday Inn Express
197mm	**Portage Service Plaza wb, Bradys Leap Service Plaza eb,** 🅖 Sunoco/dsl/24hr 🅕 McDonald's, Sbarro's, Starbucks 🅞 gifts, 🅒
193	OH 44, to Ravenna
192mm	Cuyahoga River
187	OH 14 S, I-480, to Streetsboro, **0-2mi S** 🅖 BP, GetGo, Marathon/Circle K, Marathon/Circle K, Sheetz, Shell 🅕 Applebee's, Baskin Robbins/Dunkin Dounts, Bob Evans, Brown Derby Roadhouse, Buffalo Wild Wings, Burger King, China Chef, Chipotle, Denny's, DQ, El Campesino, Fun Buffet, Happy Moose Grill, Honeybaked Ham, Jimmy John's, KFC, Little Caesar's, McDonald's, Mr Hero, New Peking Chinese, Quiznos, Rockne's Grill, Ruby Tuesday, Sonic, Starbucks, Steak'n Shake, Subway, Taco Bell 🅛 Best Value Inn, Comfort Inn, EconoLodge, Fairfield Inn, Hampton Inn, Holiday Inn Express, Microtel, TownePlace Suites, Wingate Inn 🅞 🅗, $General, $Tree, Aldi Foods, All Seasons RV Ctr, AT&T, AutoZone, Defer Tire/auto, Giant Eagle Mkt, GNC, Home Depot, Honda, Hyundai, Kia, Lowe's, Midas, NAPA, Nissan, NTB, Save-a-Lot Foods, Staples, Target, to Kent

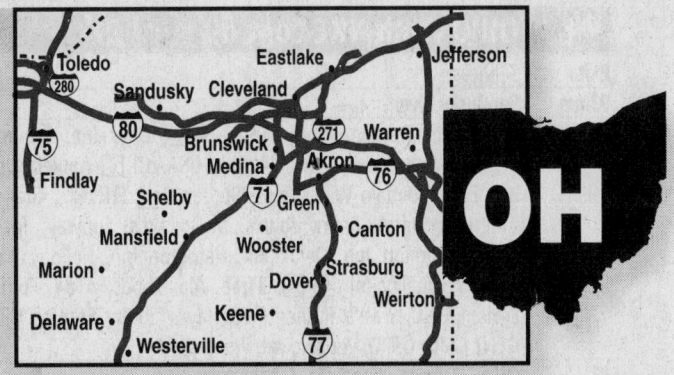

187	Continued St U, U-Haul, USPO, Van's Tires, Verizon, vet, VW, Walgreens, Walmart
180	OH 8, to I-90 E, **N** 🅛 Baymont Inn, Clarion, **S** 🅖 BP/dsl 🅞 to Cuyahoga Valley NRA
177mm	Cuyahoga River
173	OH 21, to I-77, **N** 🅖 Pilot/Wendy's/dsl/scales 🅛 Holiday Inn Express, Motel 6, **S** 🅕 Memories Rest., Subway 🅛 Days Inn, Hampton Inn, Super 8
170mm	**Towpath Service Plaza eb, Great Lakes Service Plaza wb,** 🅖 Sunoco/dsl/24hr 🅕 Burger King, FoodCourt, Panera Bread, Pizza Hut, Starbucks 🅞 gifts, 🅒
161	US 42, to I-71, Strongsville, **N on US 42** 🅖 Mobil/dsl, Sheetz/dsl 🅕 Buffalo Wild Wings, Jennifer's Rest., Mad Cactus Mexican, McDonald's 🅛 Kings Inn, La Siesta Motel, Metrick's Motel 🅞 Home Depot, Lowe's, vet, Walmart/Subway, **S on US 42** 🅛 Elmhaven Motel 🅞 Burger King, DQ, Fiat, J-Bella Rest., KFC, Marco's Pizza, Mr Hero, Olympia's Cafe, Staples, Tuesday Morning, vet
152	OH 10, to Oberlin, I-480, Cleveland, **N** 🅖 BP, Sheetz/dsl, Speedway/dsl 🅕 Ace's Grille, Chipotle, Gourme Rest., Lone Tree Tavern, McDonald's, Panera Bread, Pizza Pan, Taco Bell 🅛 Motel 6, Super 8
151	I-480 E (from eb), to Cleveland, 🅞 🅟
146mm	Black River
145	OH 57, to Lorain, to I-90, Elyria, **N** 🅖 Speedway/dsl 🅕 Applebee's, Bob Evans, Buffalo Wild Wings, Burger King, Chipotle Mexican, Denny's, Giant Eagle Mkt, Golden Corral, Harry Buffalo, Honeybaked Ham, IHOP, McDonald's, Midway Diner, Olive Garden, Red Lobster, Subway, TX Roadhouse, Wasabi Grill, Wendy's 🅛 Best Western, Country Inn&Suites, Hampton Inn, Quality Inn, Ramada, Red Roof Inn 🅞 $General, $Tree, AT&T, Best Buy, Conrad's Automotive, Dick's, Firestone/auto, Home Depot, Honda, Hyundai, JC Penney, Jo-Ann Fabrics, Lowe's, Macy's, Marc's Foods, Petsmart, Sears/auto, Staples, Target, Tuffy, Verizon, **S** 🅖 Shell, Speedway/dsl 🅛 Super 8
142	I-90 (from eb, exits left), OH 2, to W Cleveland
140	OH 58, Amherst, **N** 🅖 Sunoco/Subway 🅕 DQ, Moosehead Grill 🅞 $General, Chrysler/Dodge/Jeep, **S** 🅞 Ford
139mm	**Service Plaza both lanes,** 🅖 Sunoco/dsl/24hr 🅕 Burger King, Great Steak&Potato, Hershey's, Panera Bread, Popeye's, Starbucks 🅞 gifts, 🅒, RV parking
135	rd 51, Baumhart Rd, to Vermilion
132mm	Vermilion River
118	US 250, to Norwalk, Sandusky, **N** 🅖 Circle K/dsl, Marathon/dsl 🅕 McDonald's, Subway 🅛 Country Inn Suites, Days Inn, Hampton Inn, Motel 6, Quality Inn, Red Roof Inn, Super 8 🅞 Milan RV Park, to Edison's Birthplace, **S** 🅛 Colonial Inn
110	OH 4, to Bellevue
100mm	**Service Plaza both lanes,** 🅖 Sunoco/dsl/24hr 🅕 Burger King, Sbarro's, Starbucks 🅞 🅒

LORAIN

STREETSBORO

OH

🏁 OHIO TURNPIKE Cont'd

Exit#	Services
93mm	Sandusky River
91	OH 53, to Fremont, Port Clinton, **N** 🛏 Days Inn, **0-2 mi S** 🅟 BP/Subway/dsl/24hr, Murphy USA/dsl 🍴 Applebee's, Bob Evans, Buffalo Wild Wings, Burger King, Fricker's, Grand American Buffet, Jimmy John's, McDonald's, Subway, Taco Bell 🛏 Comfort Inn, Delux Inn, Hampton Inn, Holiday Inn Express, Quality Inn 🅞 🏥, $Tree, Aldi Foods, AT&T, Ford/Lincoln, GNC, Lowe's, Rutherford B. Hayes Library, Staples, URGENT CARE, USPO, Verizon, vet, Walmart
81	OH 51, Elmore, Woodville, Gibsonburg
80.5mm	Portage River
77mm	**Service Plaza both lanes,** 🅟 Sunoco/dsl/24hr 🍴 Hardee's, Mancino's, Red Burrito 🅞 🅒
71	I-280, OH 420, to Stony Ridge, Toledo, **N** 🅟 ⚡FLYING J/Denny's/dsl/scales/LP/24hr, 🅛🅞🅥🅔🅢/Arby's/dsl/scales/24hr, Petro/BP/Iron Skillet/dsl/scales/24hr/@ 🛏 Budget Inn, Crown Inn, Regency Inn, Super 8 🅞 Blue Beacon, SpeedCo, **S** 🅟 FuelMart/Subway/dsl/scales, 🅟🅘🅛🅞🅣/McDonald's/dsl/scales/24hr, TA/BP/Burger King/Taco Bell/dsl/scales/24hr/@ 🅞 KOA
64	I-75 N, to Toledo, Perrysburg, **S** 🅟 BP/Subway/dsl 🛏 Country Inn&Suites, Courtyard, Hampton Inn, Staybridge Suites 🅞 Bass Pro Shops, Camping World RV Ctr
63mm	Maumee River
59	US 20, to I-475, Maumee, Toledo, **N** 🅟 Shell/dsl, Speedway/dsl 🍴 Bob Evans, East of Chicago Pizza, Golden Lily, McDonald's, Nick's Cafe, Olive Garden, Steak'n Shake, Subway, Waffle House 🛏 Motel 6 🅞 $Tree, Family$, Goodyear/auto, Jo-Ann Fabrics, NAPA, O'Reilly Parts, Rite Aid, Savers, to Toledo

Side tab: **TOLEDO**

Exit#	Services
59	**Continued** Stadium, Walgreens, **S** 🅟 Shell/dsl, Speedway/dsl 🍴 B... Boy, Chipotle Mexican, Deet's BBQ, Five Guys, Fricker's, Je... BBQ, La Fiesta Mexican, Pizza Hut, Red Lobster, Schlotzsky... Steak Escape, Taco Bell, Tim Horton's 🛏 Best Value Inn, Bu... get Inn, Comfort Inn, Comfort Inn, Days Inn, Hampton Inn, Ho... day Inn, Red Roof Inn 🅞 antiques, AT&T, Ford, Honda, Kroge... dsl, Meijer/dsl, Toyota/Scion, Verizon, vet
52	OH 2, to Toledo, **N** 🍴 Loma Linda Mexican, **S** 🛏 Da... Inn 🅞 🖂, RV/truck repair
39	OH 109, **S** 🅟 Country Corral/Winchester's Rest./dsl/scal... /24hr
34	OH 108, to Wauseon, **S** 🅟 Shell/Subway/dsl/24hr 🛏 Be... Western, Holiday Inn Express, Wauseon Motel 🅞 🏥, **2 mi... on US 20A** 🅟 Circle K, Murphy USA/dsl 🍴 Burger King, D... Kamwa Chinese, McDonald's, Pizza Hut, Subway, Taco Be... Wendy's 🅞 Ace Hardware, AutoZone, Rite Aid, Walmart
25	OH 66, Burlington, **N** 🅞 Harrison Lake SP, **3 mi S** 🅞 Saud... Village Museum/Inn
24.5mm	Tiffen River
20	**Indian Meadow wb/Tiffen River eb Service Plaza,** 🅟 Sunoc... dsl 🍴 Burger King, Sbarro's, Starbucks
13	OH 15, to Bryan, Montpelier, **S** 🅟 Marathon/dsl, Suno... 🍴 Four Seasons Rest., Wynn's Rest. 🛏 EconoLodge, Holid... Inn Express, Quality Inn, Rainbow Motel 🅞 Hutch's Dsl Repa...
11.5mm	St Joseph River
3mm	**toll plaza,** 🅒
2	OH 49, to US 20, **N** 🍴 Burger King, Subway 🅞 truck repa... truck tires
0mm	Ohio/Indiana state line

Side tab: **WAUSEON**

OKLAHOMA

🔼N INTERSTATE 35

Exit#	Services
236mm	Oklahoma/Kansas state line
235	weigh sta sb
231	US 177, Braman, **E** 🅟 Conoco/deli/dsl 🅞 casino
230	Braman Rd
229mm	Chikaskia River
225mm	**Welcome Ctr sb, full** ♿**facilities, litter barrels, petwalk,** 🅒, 🆁🆂, **vending**
222	OK 11, to Blackwell, Medford, Alva, Newkirk, **E** 🅟 Conoco/dsl, Shell/dsl 🍴 Braum's, Cobb's Rest., KFC/Taco Bell, Los Potros Mexican, McDonald's, Subway 🛏 Best Way Inn, Best Western, Econolodge, Holiday Inn Express, Sleep Inn 🅞 🏥
218	Hubbard Rd
217mm	weigh sta both lanes
214	US 60, to Tonkawa, Lamont, Ponka City, **N** OK Coll, **E** 🅞 RV Park, **W** 🅟 Casey's/dsl, 🅟🅘🅛🅞🅣/Taco Bell/dsl/scales/24hr, Shell/dsl 🛏 New Western Inn 🅞 casino
213mm	Salt Fork of Arkansas River
211	Fountain Rd, **E** 🅟 🅛🅞🅥🅔🅢/Chester's/Subway/dsl/scales/24hr/RV Dump
209mm	**parking area, litter barrels**
203	OK 15, to Marland, Billings, **E** 🅟 Phillips 66/DQ/Subway/dsl/CNG/scales/24hr
199mm	Red Rock Creek
195mm	**parking area both lanes, litter barrels**

Side tab: **OH OK**

Exit#	Services
194b a	US 412, US 64 W, Cimarron Tpk, to Cimarron, Enid, **W** ... Phillips U
193	Airport Rd (from nb, no return)
191mm	Black Bear Creek
186	US 64 E, to Fir St, Perry, **E** 🅟 Mobil/Subway/dsl 🍴 Braum... McDonald's 🛏 Super 8 🅞 🏥, museum, **W** 🅟 Exxo... dsl 🛏 Comfort Suites, Holiday Inn Express, Microtel, Regen... Inn 🅞 Chevrolet/Buick/GMC
185	US 77, to Covington, Perry, **E** 🛏 American Inn, **W** 🅟 Philli... 66/rest/motel/dsl/24hr
180	Orlando Rd
174	OK 51, to Stillwater, Hennessee, **E** 🅟 Phillips 66/d... 🍴 Smokey Pokey Cafe 🛏 Fairfield Inn (12mi), Hampton In... (12mi), La Quinta (12mi), Residence Inn (12mi) 🅞 Lake Ca... Blackwell RV Park, to OSU
173mm	**parking area sb, parking only, litter barrels**
171mm	**parking area nb, parking only, litter barrels**
170	Mulhall Rd
166mm	Cimarron River
157	OK 33, to Cushing, Guthrie, **E** 🅟 🅛🅞🅥🅔🅢/Carl's Jr/ds... scales/24hr, Valero/Golden Chick/dsl 🅞 Langston U, **W** ... 🅛🅞🅥🅔🅢/Subway/dsl, Road Star, Shell/dsl, Valero 🍴 A... by's, Braum's, El Rodeo Mexican, Pizza Hut, Sonic, The Ri... shack 🛏 Best Value Inn, Hampton Inn, Holiday Inn Expres... Interstate Motel, La Quinta, Sleep Inn 🅞 🏥, OK Terr Museu... RV camping

Side tab: **GUTHRIE**

⬆N INTERSTATE 35 Cont'd

Exit#	Services
153	US 77 N (exits left from nb), Guthrie, **W** 🍴 McDonald's (3mi), Taco Bell (3mi) 🅾 Buick/Cadillac/GMC, Chevrolet, Chrysler/Dodge/Jeep, Ford
151	Seward Rd, **E** 📱 Shell/cafe/dsl 🅾 Lazy E Arena (4mi), Pioneer RV park
146	Waterloo Rd, **E** 📱 Phillips 66/dsl, Shell/Subway/dsl
143	Covell Rd, **E** 📱 Phillips 66/dsl 🍴 Subway, **W** 🏨 Hilton Garden
142	Danforth Rd (from nb)
141	US 77 S, OK 66E, to 2nd St, Edmond, Tulsa, **W** 📱 Conoco/dsl, Phillips 66/dsl 🏨 Best Western, Fairfield Inn, Hampton Inn, Holiday Inn Express, Home 2 Suites, La Quinta 🅾 🄷, vet
140	SE 15th St, Spring Creek, Arcadia Lake, Edmond Park, **W** 📱 Phillips 66/Circle K/Subway/dsl 🍴 Braum's, Buffalo Wild Wings, Chick-fil-A, Whataburger 🅾 Sam's Club/dsl, Walmart
139	SE 33rd St
138d	Memorial Rd
138c	Sooner Rd (from sb)
138b	Kilpatrick Tpk
138a	I-44 Tpk E to Tulsa
	I-35 S and I-44 W run together 8 mi.
137	NE 122nd St, to OK City, **E** 📱 Shamrock/dsl, Shell/dsl 🍴 Charly's Rest., IHOP 🏨 Budget Lodge, Hampton Inn, Sleep Inn, **W** 📱 ⊘FLYING J/Huddle House/dsl/scales/LP/24hr, ♥Loves/Godfathers/Subway/dsl/24hr, Phillips 66/dsl/scales 🍴 Cracker Barrel, McDonald's, Sonic, Waffle House 🏨 Baymont Inn, Best Value Inn, Days Inn, Economy Inn, Holiday Inn Express, Motel 6, Super 8 🅾 Abe's RV Park, Frontier City Funpark, Oklahoma Visitors Ctr/info/restrooms, truckwash
136	Hefner Rd, **W** 📱 Conoco/dsl 🅾 same as 137
135	Britton Rd
134	Wilshire Blvd, **W** 🏨 Executive Inn 🅾 Blue Beacon
	I-35 N and I-44 E run together 8 mi.
133	I-44 W, to Amarillo, **W** 🅾 Cowboy Hall of Fame, st capitol
132b	NE 63rd St (from nb), **1/2 mi E** 📱 Conoco/dsl 🍴 Braum's 🏨 Remington Inn
132a	NE 50th St, Remington Pk, **W** 🅾 funpark, museum, zoo
131	NE 36th St, **W** 📱 Phillips 66/Circle K/dsl 🅾 45th Inf Division Museum
130	US 62 E, NE 23rd St, **E** 📱 Shell/dsl, **W** 🅾 to st capitol
129	NE 10th St, **E** 📱 Valero/McDonald's/dsl 🅾 Family$
128	I-40 E, to Ft Smith
127	Eastern Ave, OK City, **W** 📱 Checkers/Subway/dsl/scales/24hr/@, Petro/Iron Skillet/dsl/24hr/@ 🍴 Waffle House 🏨 Comfort Inn, EconoLodge, Motel 6, Ramada 🅾 Lewis RV Ctr
126a	I-40, W to Amarillo, I-235 N, to st capitol
126b	I-35 S to Dallas
125d	SE 15th St, **E** 📱 Conoco/dsl 🏨 Holiday Inn Express
125b	SE 22nd St (from nb)
125a	SE 25th, same as 124b
124b	SE 29th St, **E** 🍴 China Queen, Denny's, El Sombrero, McDonald's, Sonic, Taco Bell 🏨 Best Value Inn, Days Inn, Plaza Inn, Royal Inn, **W** 📱 Phillips 66/Circle K 🍴 Mama Lou's Rest. 🏨 Executive Inn 🅾 same as 125a
124a	Grand Blvd, **E** 🏨 Studio 6, Super 8, **W** 🏨 Drover's Inn
123b	SE 44th St, **E** 📱 Shell 🍴 Domino's, Sonic 🏨 Best Value Inn, Courtesy Inn, Motel 6 🅾 $General, **W** 📱 Phillips 66 🍴 Subway, Taco Mayo 🅾 $General, Family$, USPO
123a	SE 51st St, **E** 📱 Conoco/dsl 🏨 Best Value Inn

122b	SE 59th St, **E** 📱 Phillips 66/dsl, **W** 📱 Shell/dsl, Valero/dsl 🅾 U-Haul
122a	SE 66th St, **E** 🍴 Burger King, Subway, TX Roadhouse 🏨 Fairfield Inn, Magnuson Hotel, Residence Inn, **W** 📱 7-11 🍴 Arby's
121b	US 62 W, I-240 E
121a	SE 82nd St, (from sb), **W** 🏨 Days Inn, Rodeway Inn
120	SE 89th St, **E** 📱 Valero/dsl/scales 🏨 Ford, **W** 📱 ♥Loves/Subway/dsl/24hr 🅾 Classic Parts
119b	N 27th St, **E** 📱 Shell/Circle K/dsl 🍴 Starbucks, **W** 🍴 Pickles Rest.
119a	Shields Blvd (exits left from nb)
118	N 12th St, **E** 🍴 Mazzio's, Peking Buffet 🏨 Super 8, **W** 📱 7-11, Shell, Valero/dsl 🍴 A&W/LJ Silver, Arby's, Braum's, Grandy's, KFC, Mamma Lou's, McDonald's, Papa John's, Subway, Taco Bell, Wendy's, Western Sizzlin 🏨 Best Western, Candlewood Suites, Econolodge, Hampton Inn, SpringHill Suites 🅾 $General, AutoZone, vet
117	OK 37, S 4th St, **W** 📱 7-11, On Cue/dsl/CNG/e10 🅾 🄷, USPO
116	S 19th St, **E** 📱 Sam's Club/dsl, Shell 🍴 Braum's, Garage Burgers, Genghis Grill, Jimmy John's, McDonald's, Ricky's Cafe, Slim Chickens, Taco Bell, Taco Bueno, Waffle House, Whataburger, Zaxby's 🅾 American Automotive, AT&T, Best Buy, Firestone/auto, GNC, Hobby Lobby, JC Penney, Office Depot, Petsmart, Ross, URGENT CARE, **W** 📱 Murphy USA 🍴 Alfredo's Mexican, Applebee's, Arby's, Buffalo Wild Wings, Burger King, Cane's, Carl's Jr, Chicken Express, Chick-fil-A, Chili's, China House, Del Taco, DQ, Earl's Ribs, Firehouse Subs, Five Guys, Freddy's Custard, Furr's Buffet, Hollies Steaks, IHOP, Jack-in-the-Box, Jersey's Mike's Subs, Jimmy's Egg, Luigi's Bistro, Mazzio's, McAlister's Deli, Oliveto's Italian, Panda Express, Pei Wei, Qdoba Mexican, Schlotzsky's, Smashburger, Sonic, Starbucks, Subway, Taco Mayo, Tropical Cafe 🏨 La Quinta 🅾 $Tree, Aldi Foods, AT&T, AutoZone, Dick's, Discount Tire, Gordman's, Harley-Davidson, Home Depot, Kohl's, Lowe's, Target, Tires+, Verizon, Walmart
114	Indian Hill Rd, **E** 🏨 Woodspring Suites, **W** 🍴 Double Dave's Pizza 🅾 Cadillac, funpark
113	US 77 S (from sb, exits left), Norman
112	Tecumseh Rd, **W** 🍴 McDonald's, Sonic 🅾 🄷, CVS Drug, Nissan, Toyota/Scion, URGENT CARE
110b a	Robinson St, **E** 🍴 Carl's Jr, Cheddar's, Chipotle, ChuckECheese, Five Guys, Logan's Roadhouse, Panda Express, Pei Wei, Qdoba Mexican, Sonic, Starbucks, Subway, Taco Bell, Wing Stop, Zio's Italian, Zoe's Kitchen 🏨 Embassy Suites, Holiday Inn Express, Motel6 🅾 🄷, $Tree, AT&T, Buick/GMC, CrestMkt, DiscountTire,

OKLAHOMA CITY

OK

🅿 = gas 🍴 = food 🛏 = lodging 🅾 = other Ⓡˢ = rest stop Copyright 2018 - The Next EXIT

⬆N INTERSTATE 35 Cont'd

NORMAN

110b a Continued
Ford, GNC, Homeland Foods/gas, Honda, Hyundai, Kohl's, Mazda, Michael's, Office Depot, PetCo, Target, Tires+, TJ Maxx, Verizon, VW, **W** 🅿 Conoco/Subway 🍴 Arby's, Braum's, Cafe Escondido, Chuy's Mexican, Cracker Barrel, Domino's, Jersey Mike's, Outback Steaks, Papa John's, Papa Murphy's, Rib Crib, Saltgrass Steaks, Waffle House, Yamato Steaks 🛏 Comfort Inn, Courtyard, Hilton Garden, Norman Hotel 🅾 Kia

109 Main St, **E** 🅿 Murphy USA/dsl, Phillips 66/dsl, Shell/Circle K, Sinclair 🍴 Arby's, Chick-fil-A, DQ, Golden Corral, Jimmy's Egg, Little Caesar's, Panera Bread, Subway, Waffle House, Wendy's, Whataburger, Zaxby's 🛏 Days Inn, EconoLodge, Super 8, Travelodge 🅾 Aldi Foods, AT&T, AutoZone, Best Buy, BigLots, Chrysler/Dodge/Jeep, Hobby Lobby, Kwik Kar, Lowe's, Tires+, Walmart/McDonald's, **W** 🅿 Conoco/Circle K/dsl 🍴 Applebee's, BJ's Brewhouse, Burger King, Cane's, Charleston's, Chili's, McDonald's, Olive Garden, Red Lobster 🛏 Fairfield Inn, Hampton Inn, La Quinta 🅾 Barnes&Noble, Dillard's, JC Penney, Jo-Ann, Old Navy, Sam's Club, Sears/auto

108b a OK 9 E, Norman, **E** 🅿 Conoco/Circle K 🍴 Braum's, Del Rancho Steaks, Schlotzsky's, Taco Bell 🛏 Sooner Legends Inn/rest. 🅾 $General, NAPA, O'Reilly Parts, to U of OK, **W** 🍴 Carino's Italian, IHOP, Jason's Deli, Red Robin 🛏 Country Inn&Suites, La Quinta 🅾 Chevrolet, Home Depot, Petsmart, Ross

107mm Canadian River

106 OK 9 W, to Chickasha, **E** 🅾 Casino, **W** 🅿 Loves/Subway/dsl/24hr, Shell 🍴 McDonald's, Sonic 🛏 Sleep Inn 🅾 casino, URGENT CARE, vet

104 OK 74 S, Goldsby, **E** 🅾 Floyd's RV Ctr, **W** 🅿 CNG, Valero/dsl 🍴 Libby's Cafe

101 Ladd Rd

98 Johnson Rd, **E** 🅾 Funtown RV Ctr

95 US 77 (exits left from sb), Purcell, **E** 🅿 Conoco/dsl 🍴 KFC, Mazzio's, Van's BBQ 🅾 Ⓗ, $General, AutoZone, Ford

91 OK 74, to OK 39, Maysville, **E** 🅿 Conoco/dsl, Murphy USA/dsl, Phillips 66/dsl 🍴 Braum's, McDonald's, New China, Subway, Taco Mayo 🛏 EconoLodge, Executive Inn, Ruby's Inn/rest. 🅾 AT&T, Walmart/Subway, **W** 🅿 Shell/dsl 🍴 A&W/LJ Silver, Taco Bell

86 OK 59, Wayne, Payne, **E** 🅾 American RV Park

79 OK 145 E, Paoli, **E** 🅿 Phillips 66/dsl ·

76mm Washita River

74 Kimberlin Rd, to OK 19

72 OK 19, Paul's Valley, **E** 🅿 Conoco/dsl, Murphy USA/dsl, Sunoco/dsl/rest/24hr 🍴 Arby's, Braum's, Chicken Express, Green Tea Chinese, Happy Days Diner, KFC/Taco Bell, McDonald's, Riviera Maya, Snider's Buffet, Sonic, Subway, Tio's Mexican 🛏 American Inn, Best Value Inn, Comfort Inn, Days Inn, Hampton Inn, Holiday Inn Express, Relax Inn 🅾 AT&T, Buick/Cadillac/GMC, Chrysler/Dodge/Jeep, URGENT CARE, Walmart, **W** 🅿 Phillips 66/dsl/24hr, Shell/dsl 🅾 Ford/Lincoln, truckwash

70 Airport Rd, **E** 🅿 Loves/Burger King/dsl/LP/scales/24hr/@ 🅾 Ⓗ, **W** 🅾 T&R RV Resort

66 OK 29, Wynnewood, **E** 🛏 Kent's Motel, **W** 🅿 Shell/dsl

64 OK 17A E, to Wynnewood, **E** 🅾 GW Exotic Animal Park

60 Ruppe Rd

59mm Ⓡˢ both lanes, full ♿ facilities, litter barrels, petwalk, 🅲, picnic table, RV dump

55 OK 7, Davis, **E** 🅿 Conoco/dsl, Phillips 66/A&W/dsl/24hr 🛏 The Inn 🅾 to Chickasaw NRA, Treasure Valley Casino/Inn, **W** 🅿 Phillips 66/dsl 🅾 Chickasaw Nation Welcome Ctr, to Arbuckle Ski Area

54.5mm Honey Creek Pass

53mm weigh sta both lanes

51 US 77, Turner Falls, **E** 🛏 Arbuckle Mtn Motel, Mtnview Inn (3mi) 🅾 RV camping, to Arbuckle Wilderness, **W** 🅿 Sinclair rv park

49mm scenic turnout both lanes

47 US 77, Turner Falls Area

46mm scenic turnout both lanes

42 OK 53 W, Springer, Comanche, **W** 🅿 Exxon/Subway/dsl

40 OK 53 E, Gene Autry, **E** 🅿 Valero/dsl/café/24hr 🅾 Gene Autry Museum (8mi)

33 OK 142, Ardmore, **E** 🅿 Shell, Valero/dsl 🍴 IHOP, Jimmy Egg Cafe 🛏 Best Value Inn, Courtyard, Holiday Inn, La Quinta, Nissan, Red Roof Inn, SpringHill Suites, Super 8 🅾 Honda, regional park, tires, **W** 🅿 FLYING J/Huddle House/dsl/LP/scales/24hr

32 12th St, Ardmore, **E** 🅿 Phillips 66/dsl, Shell 🍴 Arby's, Braum's, Chick-fil-A, Chili's, Cotton Patch Cafe, Freddy's, Quiznos, Rib Crib, Sakura Hibachi, Santa Fe Steaks, Starbucks, Whataburger 🛏 Baymont Inn, Candlewood Suites, La Quinta 🅾 $Tree, AT&T, Chevrolet, Hilton Garden, Hyundai, Lowe's, PetCo, Ross, Toyota, **W** 🅿 Loves/Godfather's/Subway/dsl/24hr/@ 🍴 McDonald's 🛏 Microtel

31b a US 70 W, OK 199 E, Ardmore, **E** 🅿 Shell/dsl, Valero/dsl 🍴 Applebee's, Burger King, Denny's, El Chico, El Tapatio, Interurban Grill, Jack-in-the-Box, KFC, McDonald's, Papa John's, Pizza Hut, Prairie Kitchen, Two Frogs Grill 🛏 Best Western+, Comfort Inn, Days Inn, Hampton Inn, Lexington Inn, Motel 6, Quality Inn 🅾 AutoZone, Econolodge, Kia, O'Reilly Parts, **W** 🅿 Conoco/dsl 🅾 Ardmore RV Park, Chrysler/Dodge/Jeep, Ford/Lincoln, vet

29 US 70 E, Ardmore, **E** 🅾 to Lake Murray SP/lodge (8mi), **W** 🅾 Hidden Lake RV Park

24 OK 77 S, **E** 🅾 By the Lake RV Park, Red River Livestock Mkt, to Lake Murray SP

22.5mm Hickory Creek

21 Oswalt Rd, **W** 🅿 Valero/dsl 🅾 Ardmore Marietta RV Park

15 OK 32, Marietta, **E** 🅿 Valero/dsl/24hr 🍴 Carl's Jr, La Roca Mexican, McDonald's, Robertson's Sandwiches, Sonic, Subway 🅾 Ⓗ, $General, Homeland Foods, to Lake Texoma SP, **W** 🅿 Gulf/dsl, Shell/dsl

5 OK 153, Thackerville, **W** 🅾 Red River Ranch RV Park, Shorty's Foods/gas

3.5mm Welcome Ctr nb, full ♿ facilities, litter barrels, petwalk, 🅲, vending

3 Winstar Blvd, **E** 🅾 casino, same as 1

1 US 77 N, **E** 🅿 Phillips 66/dsl/CNG 🍴 Sonic 🛏 Best Western, Red River Suites, The Inn 🅾 RV park, Winstar Casino, **W** 🅾 Red River RV Resort (3mi)

0mm Oklahoma/Texas state line, Red River

⬆E INTERSTATE 40

Exit#	Services
331mm	Oklahoma/Arkansas state line
330	OK 64D S (from eb), Ft Smith
329mm	weigh sta wb

ARDMORE

ROLAND

325 US 64, Roland, Ft Smith, **N** 🅿 Cherokee Trkstp/Valero/Subway/dsl/scales/24hr 🍴 Four Star Diner 🛏 Best Value Inn, Cherokee Inn 🅾 casino, **S** 🅿 ᴵᴴᴼᴾ/Wendy's/dsl/scales/24hr, Shell/dsl/scales, Valero/dsl 🍴 Arby's, El Celaya Mexican, Mazzio's, McDonald's, Sonic, Taco Bell 🛏 Interstate Inn 🅾 $General, Marvin's Foods, O'Reilly Parts

OK

Copyright 2018 - The Next EXIT ® 🅰=gas 🍴=food 🛏=lodging 🅾=other 🆁🆂=rest stop

INTERSTATE 40 Cont'd

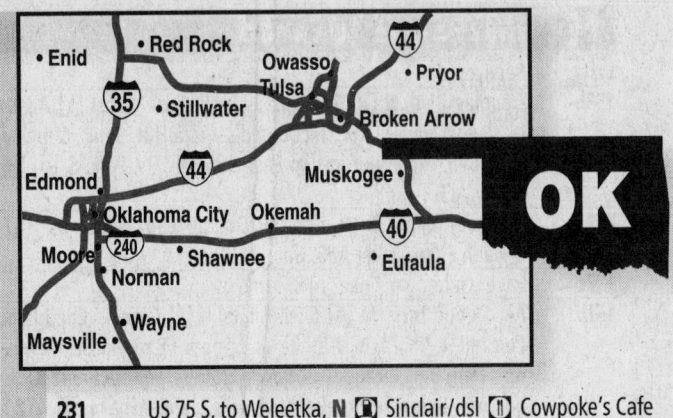

Exit#	Services
321	OK 64b N, Muldrow, N 🍴 Sonic (1mi), S 🅰 Shell/dsl 🛏 Executive Inn 🅾 auto/dsl repair
316mm	🆁🆂 eb, full ♿ facilities, info, litter barrels, petwalk, 🅲, 🅰, vending
313mm	🆁🆂 wb, full ♿ facilities, info, litter barrels, petwalk, 🅲, 🅰, RV dump, vending
311	US 64, Sallisaw, N 🍴 Ed's Truckstop/Phillips 66/diner/dsl, FL/dsl 🍴 Hardee's, KFC/Taco Bell, Pizza Hut, Simple Simon's Pizza 🛏 Motel 6, Sallisaw Inn 🅾 🅷, $General, AutoZone, Brushy Lake SP (10mi), NAPA, O'Reilly Parts, Sequoya's Home (12mi)
308	US 59, Sallisaw, N 🍴 Murphy USA/dsl, Phillips 66/dsl 🍴 A&W/LJ Silver, Arby's, Asian Star, Braum's, Geno's Pizza, Mazzio's, McDonald's, Roma's Italian, Sonic, Taco Pronto, Western Sizzlin 🛏 Blue Ribbon Inn, Days Inn, Economy Inn, Golden Spur Motel, Super 8 🅾 🅷, $General, $Tree, AT&T, casino, Verizon, Walmart/Subway, S 🅰 Valero/dsl 🍴 Chen's Garden 🅾 Buick/Chevrolet/GMC, Chrysler/Dodge/Jeep, Ford, KOA, to Kerr Lake, truck/tire repair
303	Dwight Mission Rd
297	OK 82 N, Vian, N 🅰 FL/dsl 🍴 Subway 🅾 Cherokee Landing SP (24mi), IGA Foods, to Tenkiller Lake RA (12 mi), USPO, S 🅾 Sequoia NWR
291	OK 10 N, to Gore, N 🅾 Greenleaf SP (10mi), Tenkiller SP (21mi)
290mm	Arkansas River
287	OK 100 N, to Webbers Falls, N 🍴 Love's/Burger King/Subway/dsl/24hr 🍴 Cox's Buffet 🅾 Greenleaf SP, parts/tires/repair, Tenkiller SP
286	Muskogee Tpk, to Muskogee
284	Ross Rd
283mm	parking area both lanes, litter barrels
278	US 266, OK 2, Warner, N 🍴 Conoco, Phillips 66/dsl, Sinclair/McDonald's/dsl 🍴 Cow Girls Drive Inn, Simon's Pizza, Sonic, Subway 🛏 Sleepy Traveler Motel 🅾 $General
270	Texanna Rd, to Porum Landing, S 🍴 Campbell's
265	US 69 bus, Checotah, N 🍴 Kwik'n Easy 🍴 Pizza Hut, Sonic, S 🅰 Phillips 66/dsl 🛏 Budget Inn 🅾 Chevrolet/Chrysler/Dodge/Jeep
264b a	US 69, to Eufaula, 1 mi N 🍴 FLYING J/Denny's/dsl/LP/scales/24hr, Casey's/dsl, Phillips 66/dsl/24hr 🍴 Charlie's Chicken, McDonald's, Simple Simon's Pizza 🛏 Best Value Inn 🅾 $General, AT&T, O'Reilly Parts, repair, TrueValue, Walmart/Subway
262	to US 266, Lotawatah Rd, N 🍴 Sunshine
261mm	Lake Eufaula
259	OK 150, to Fountainhead Rd, S 🅰 Shell/dsl 🛏 Lake Eufaula Inn 🅾 to Lake Eufaula SP
255	Pierce Rd, N 🅾 KOA
251mm	🆁🆂 both lanes
247	Tiger Mtn Rd, S 🅾 Quilt Barn/antiques
240b a	US 62 E, US 75 N, Henryetta, N 🍴 Conoco/dsl, Love's/dsl, Phillips 66, Shell, Sinclair 🍴 Arby's, Braum's, Classic Diner, El Charro Mexican, KFC, Mazzio's, McDonald's, Sonic, Subway, Taco Bell 🛏 Best Value Inn, Colonial Motel, Days Inn, Economy Inn, Relax Inn 🅾 Chevrolet, Chrysler/Dodge/Jeep, Ford, O'Reilly Parts, tires/repair, Walmart, S 🅾 Indian Nation Tpk
237	US 62, US 75, Henryetta, N 🅰 Shell/dsl 🍴 Cowboy Corner Rest. 🛏 Green Country Inn 🅾 🅷, Henryetta RV Park (2mi), S 🛏 Super 8
231	US 75 S, to Weleetka, N 🍴 Sinclair/dsl 🍴 Cowpoke's Cafe
227	Clearview Rd, S 🅾 casino
221	US 62, OK 27, Okemah, N 🍴 Phillips 66/McDonald's, Valero/Subway/dsl/24hr 🍴 Mazzio's, Pepino's Mexican, Sonic 🛏 Days Inn 🅾 $General, Chevrolet, Homeland Foods, NAPA, TrueValue, S 🍴 Love's/Chester Fried/dsl/24hr, Shell/dsl 🅾 casino, 🅷, truck repair
217	OK 48, to Bristow, Bearden, S 🅰 gas/dsl
216mm	N Canadian River
212	OK 56, to Cromwell, Wewoka, N 🅾 auto/tire repair, S 🍴 Valero/Chester's/dsl 🅾 to Seminole Nation Museum (16mi)
208mm	Gar Creek
202mm	Turkey Creek
200	US 377, OK 99, to Little, Prague, N 🍴 Bar H Bar TC/Shell/dsl/RV park, S 🍴 Conoco/dsl, Love's/Subway/dsl/24hr, Sinclair/dsl 🍴 Robertson's Ham Sandwiches, Roundup Rest/RV Park 🅾 🅷
197mm	🆁🆂 both lanes, full ♿ facilities, litter barrels, petwalk, 🅲, 🅰
192	OK 9A, Earlsboro, S 🍴 Valero/Godfather's/Cafe/dsl
189mm	N Canadian River
186	OK 18, to Shawnee, N 🍴 Phillips 66, Sinclair 🍴 Denny's 🛏 American Inn, Comfort Inn, Days Inn, La Quinta, Quality Inn, Super 8, S 🍴 Sinclair/DSL 🍴 Carl's Jr, Golden Corral, Sonic, Subway, Van's BBQ 🅾 Cadillac/Chevrolet/GMC, Chrysler/Dodge/Jeep, Ford, Homeland Foods
185	OK 3E, Shawnee Mall Dr, to Shawnee, N 🍴 Murphy USA/dsl 🍴 Buffalo Wild Wings, Chili's, KFC, Panda Express, Red Lobster, Santa Fe Steaks, Taco Bueno, Wendy's 🛏 Holiday Inn Express 🅾 $Tree, AT&T, Chevrolet, Dillard's, Ford, JC Penney, Jo-Ann, Kohl's, mall, Ross, Walgreens, Walmart/McDonald's, S 🍴 Phillips 66/Circle K/Quiznos/dsl 🍴 Braum's, Burger King, Chick-fil-A, Cracker Barrel, Delta Cafe, Freddy's, IHOP, Mazzio's, McAlister's Deli, McDonald's, Popeye's, Qdoba, Rib Crib BBQ, Sonic, Starbucks, Subway, Taco Bell, Whataburger 🛏 Hampton Inn 🅾 Aldi Foods, CVS Drug, Hobby Lobby, Kwik Kar, Lowe's, O'Reilly Parts, Petsmart, Staples, TJ Maxx, Verizon
181	US 177, US 270, to Tecumseh, S 🅰 Shell/dsl 🍴 Rosa's Mexican 🅾 dsl repair
180mm	N Canadian River
178	OK 102 S, Dale, N 🍴 Firelake/Subway/hotel/casino/dsl
176	OK 102 N, McLoud Rd, S 🍴 Love's/Subway/dsl/24hr, Sinclair/dsl 🍴 Curtis Watson Rest.
172	Newalla Rd, to Harrah
169	Peebly Rd
166	Choctaw Rd, to Woods, N 🍴 Love's/McDonald's/Subway/dsl/scales/24hr 🅾 KOA, S 🍴 Pilot/Wendy's/dsl/scales/24hr 🍴 Sonic 🅾 to Lake Thunderbird SP (11mi)
165	I-240 W (from wb), to Dallas
162	Anderson Rd, N 🅾 Leisure Time RV Ctr, LP

INTERSTATE 40 Cont'd

Exit#	Services
159b	Douglas Blvd, **N** 🅿 OnCue/dsl, Shell/Circle K/dsl 🍴 A&W/LJ Silver, Denny's, KFC, McDonald's, Pizza Hut, Sonic, Subway, Taco Bell, Whataburger ⭕ Eastland Hills RV Park, **S** ⭕ Ⓗ, Tinker AFB
159a	Hruskocy Gate, **N** ⭕ Chrysler/Dodge/Jeep, same as 157, U-Haul, **S** ⭕ Tinker AFB, Gate 7
157c	Eaker Gate, ⭕ Tinker AFB, same as 159
157b	Air Depot Blvd, **N** 🅿 Shell/Circle K 🍴 Cane's, Cheddar's, Chick-fil-A, Chili's, Jack-in-the-Box, Logans Roadhouse, McAlister's Deli, Old Chicago Grill, Panda Express, Panera Bread, Qdoba Grill, Santa Fe Steaks, Starbucks, Steak&Shake ⭕ AT&T, Best Buy, Dick's, Firestone/auto, GNC, JC Penney, Kohl's, Lowe's, Marshall's, Office Depot, Old Navy, O'Reilly Parts, Petsmart, Target, Verizon, **S** ⭕ Tinker AFB, Gate 1
157a	SE 29th St, Midwest City, **N** 🅿 PDQ/dsl, Shell/Circle K 🍴 On the Border 🏨 Best Western+, Traveler's Inn ⭕ O'Reilly Parts, **S** ⭕ Ford, Sam's Club/gas
156b a	Sooner Rd, **N** 🅿 Conoco/Circle K 🍴 Primo's Rest., Waffle House 🏨 Hampton Inn, Hawthorn Suites, Holiday Inn Express, La Quinta, Motel 6, Sheraton, Studio 6 ⭕ Home Depot, Walmart/Subway, **S** 🍴 Best China, Buffalo Wild Wings, Carl's Jr, Garage Grill, Hungry Howie's, Ted's Mexican 🏨 Candlewood Suites, SpringHill Suites, Super 8 ⭕ AT&T, Chevrolet/GMC, Discount Tire, Tires+, Toyota/Scion
155b	SE 15th St, Del City, **N** 🅿 Valero/dsl ⭕ Family$, Nissan
155a	Sunny Lane Rd, Del City, **N** 🅿 Conoco/Subway/dsl ⭕ Hyundai, U-Haul, **S** 🍴 Braum's, Church's, Dunkin Donuts, Sonic ⭕ $General
154	Reno Ave, Scott St, **N** 🏨 Woodspring Suites, **S** 🅿 7-11
152	(153 from wb) I-35 N, to Wichita
127	Eastern Ave (from eb), Okla City, **N** 🅿 Checkers/Subway/dsl/scales/24hr, Petro/Iron Skillet/dsl/scales/@ 🍴 Waffle House 🏨 Comfort Inn, Econolodge, Motel 6, Ramada ⭕ Lewis RV Ctr
151b c	I-35, S to Dallas, I-235 N, to downtown, ⭕ st capitol
151a	Lincoln Blvd, **N** 🅿 Conoco/Subway/Circle K/dsl 🍴 Earl's Rib Palace, McDonald's, Sonic 🏨 Hampton Inn, Homewood Suites, Residence Inn ⭕ Bass Pro Shop, Bricktown Stadium
150c	Robinson Ave (from wb), OK City, **N** 🍴 Spaghetti Whse, Zio's Italian 🏨 Courtyard, Hilton Garden, Residence Inn ⭕ U-Haul
150b	Harvey Ave (from eb), **N** 🏨 Courtyard, Hilton Garden, Renaissance Hotel, Sheraton, downtown
150a	Shields Blvd (from eb), **N** ⭕ to downtown
149b	Classen Blvd (from wb), same as 149a, to downtown
149a	Western Ave, Reno Ave, **N** 🅿 Conoco/dsl, Shell/dsl, VP/Subway/dsl 🍴 McDonald's, Sonic, Sweis Gyros, Taco Bell
148c	Virginia Ave (from wb), to downtown
148b	Penn Ave (from eb), **N** 🅿 Valero/dsl
148a	Agnew Ave, Villa Ave, **N** 🅿 VP/dsl
147c	May Ave
147b a	I-44, E to Tulsa, W to Lawton
146	Portland Ave (from eb, no return), **N** 🅿 Conoco/Subway/dsl
145	Meridian Ave, OK City, **N** 🅿 Conoco/Circle K/dsl, Shell/Circle K/dsl 🍴 Denny's, Earl's Ribs, Louie's Grill, McDonald's, On the Border, Portofinos Italian, Trapper's Rest. 🏨 Best Western, Biltmore Hotel, Days Inn, Extended Stay America, Howard Johnson, Red Roof Inn, Sonesta Suites, Studio 6, Super 8, **S** 🅿 Phillips 66/Circle K/dsl, Sinclair/dsl 🍴 Arby's, Billy Sims BBQ, Burger King, Charleston Rest., Chili's, Cracker Barrel, Five Star Grill, Frosted Mug Grill, Golden Palace Chinese, IHOP, Mackie's

Exit#	Services
145	Continued
	Steaks, Rib Crib, San Marcos Mexican, Shorty Smalls Ribs, Sonic, Subway, Taco Bell, Taco Bueno, Waffle House, Whataburger, Zapata's, Zio's Italian 🏨 AmericInn, Baymont Inn, Best Value Inn, Cambria Suites, Candlewood Suites, Comfort Suites, Comfort Suites (2), Country Inn&Suites, Courtyard, Embassy Suites, Fairfield Inn, Governors Suites, Hampton Inn, Hilton Garden, Holiday Inn, Holiday Inn Express, Hyatt Place, La Quinta, Meridian Inn, Motel 6, Oak Tree Inn, Quality Inn, Ramada, Residence Inn, Sheraton, Sleep Inn, Staybridge Suites, TownePlace Suites, Tru, Wingate Inn, Woodspring Suites, Wyndham Garden ⭕ Celebration Sta., Shepler's
144	MacArthur Blvd, **N** 🅿 Shell/Circle K/dsl 🍴 Applebee's, Chick-fil-A, China One, Coldstone, Golden Corral, Jack-in-the-Box, Jimmy John's, KFC, Lin's Buffet, McDonald's, Olive Garden, Panda Express, Panera Bread, Qdoba, Sonic, Starbucks, Steak'n'Shake, Taco Bueno, Taco Cabana, Twin Peaks, TX Roadhouse 🏨 SpringHill Suites ⭕ $Tree, AT&T, GNC, Hobby Lobby, Office Depot, Petsmart, Ross, Target, Verizon, Walmart/McDonald's, **S** 🏨 Comfort Inn, Green Carpet Inn, Microtel, Travelers Inn ⭕ Sam's Club/gas
143	Rockwell Ave, **N** 🅿 Shell/dsl 🍴 Buffalo Wild Wings, Jersey Mike's, Pizza Inn, Taco Bell 🏨 Homewood Suites, Rodeway Inn ⭕ Best Buy, Dick's, Discount Tire, Harley Davidson, Home Depot, McClain's RV Ctr, Tires+, **S** 🏨 Sands Motel/RV Park, LP ⭕ Rockwell RV Park
142	Council Rd, **N** 🅿 On Cue/dsl/CNG, Tammy's 🍴 BJ's Rest., Braum's, McDonald's, Rib Shack, Ricky's Tacos, Subway, Ted's Mexican, Whataburger 🏨 Super 40 Inn ⭕ dsl repair, **S** 🅿 TA/Country Pride/dsl/scales/24hr/@ 🏨 Econo Inn ⭕ Council Rd RV Park, Ford/Peterbilt, truckwash
140	Morgan Rd, **N** 🅿 🚂/McDonald's/dsl/24hr/@, TA, Popeye's/dsl/24hr/@ ⭕ Blue Beacon, **S** 🅿 Flying J/dsl/LP/scales/24hr, LNG, Loves/Subway/dsl/scales/24hr 🍴 Ricky's Cafe, Sonic ⭕ Speedco
139	Kilpatrick Tpk
138	OK 4, to Yukon, Mustang, **N** 🍴 Catfish Cove 🏨 Best Value Inn, Comfort Suites, Motel 6 ⭕ Chrysler/Dodge/Jeep, **S** 🅿 Conoco/Circle K/dsl 🍴 Braum's, Burger King, Golden Chick, Hunan Express, IHOP, Interurban Grill, Mam Mo's Pizza, McDonald's, Sonic, Subway, Taco Bell 🏨 Best Western, Hyatt Place, La Quinta ⭕ Aamco, CVS Drug, Homeland Food/drug, Mustang Run RV Park, URGENT CARE
137	Cornwell Dr, Czech Hall Rd, **N** 🅿 On Cue/dsl ⭕ Homeland Food/drug
136	OK 92, Garth Brooks Blvd, Yukon, **N** 🅿 Murphy USA/dsl, Shell, Circle K 🍴 A&W/LJ Silver, Braum's, Chelino's Mexican, CiCi Pizza, KFC, McDonald's, Primo's Italian, Subway, Taco Mayo, Waffle House, Wendy's, Wendy's, Yukon Buffet 🏨 Hampton Inn ⭕ $Tree, AutoZone, Big O Tire, GNC, NAPA, repair, Tuesday Morning, USPO, Verizon, Walgreens, Walmart, **S** 🅿 Domino/dsl 🍴 Alfredo's Mexican, Buffalo Wild Wings, Carino's Italian, Chick-fil-A, Chili's, Freddy's, Jersey Mike's, Jimmy's Egg Café, Logan's Roadhouse, Louie's Grill, McAlister's Deli, Pizza Hut, Quiznos, Rib Crib, Starbucks, Taco Bueno, Tokyo Moon, Top Shelf Grill 🏨 Fairfield Inn, Holiday Inn Express ⭕ Ⓗ, Aldi, AT&T, Big Lots, Discount Tire, Ford, Hobby Lobby, Kohl's, Kwik Kar, Lowe's, PetsMart, Staples, Target, Tires+
132	Cimarron Rd, **S** ⭕ ▣
130	Banner Rd, **N** 🅿 Shell/dsl/rest.
129mm	**weigh sta both lanes**
128	S Radio Rd

🅿 = gas   🍴 = food   🛏 = lodging   ⊙ = other   Ⓡs = rest stop

◄E INTERSTATE 40 Cont'd

Exit#	Services
125	US 81, to El Reno, N 🅿 ❤Loves/Subway/dsl, Phillips 66/dsl 🍴 China King, Serapio's Mexican, Swadley's BBQ, Taco Mayo 🛏 Best Value Inn, Economy Express, Ranger Motel ⊙ $General, Buick/GMC, Chevrolet, Chrysler/Dodge/Jeep, Ford/Lincoln
123	Country Club Rd, to El Reno, N 🅿 Murphy USA/dsl, Phillips 66, Shell/dsl, Valero/dsl 🍴 Arby's, Braum's, Burger King, Greatwall Chinese, KFC, Little Caesar's, McDonald's, Pizza Hut, Subway, Taco Bell 🛏 Hampton Inn, Home 2 Suites, Motel 6 ⊙ 🅷, AT&T, AutoZone, Walgreens, Walmart, S 🍴 Denny's, MT Mikes Steaks 🛏 Baymont Inn, Best Western/RV Park, Days Inn, Holiday Inn Express, Regency Motel
119	Lp 40, to El Reno
115	US 270, to Calumet
111mm	picnic area eb, 🚻, litter barrels
108	US 281, to Geary, N 🅿 Shell/Subway/dsl/24hr ⊙ KOA/Indian Trading Post, to Roman Nose SP, S 🅿 Phillips 66/Pizza Inn/dsl
105mm	S Canadian River
104	Methodist Rd
101	US 281, OK 8, Hinton, N ⊙ to Roman Nose SP, S 🅿 Loves/Chester's/Godfather's/Sonic/dsl/scales 🍴 Subway 🛏 Hinton Travel Inn ⊙ casino, Chevrolet, picnic area, to Red Rock Canyon SP
95	Bethel Rd
88	OK 58, to Hydro, Carnegie
84	Airport Rd, N 🅿 Phillips 66/dsl/CNG/scales/24hr 🍴 Lucille's Roadhouse 🛏 Holiday Inn Express, Travel Inn ⊙ 🅷, Buick/Cadillac/Chevrolet/GMC, S 🛏 La Quinta ⊙ Chrysler/Dodge/Jeep, Ford/Lincoln, Stafford Aerospace Museum
82	E Main St, Weatherford, N 🅿 Conoco/dsl, Phillips 66/dsl, Shell/dsl 🍴 Arby's, BBQ Shed, Braum's, Carl's Jr, Double 6 Diner, El Patio Mexican, Hibachi Buffet, Jerry's Rest., KFC, Little Caesar's, Mark Rest., McDonald's, Pizza Hut, Quiznos, Sonic, Subway, Taco Mayo 🛏 Best Western, Comfort Inn, Fairfield Inn, Scottish Inn ⊙ 🅷, $General, Ace Hardware, AT&T, GNC, NAPA, O'Reilly Parts, to SW OSU, United Mkt, Walgreens, S ⊙ Walmart/Subway
80a	(from eb), N 🅿 Conoco/dsl 🍴 Casa Soto Mexican
81	E Main St (from eb), ⊙ same as 82
80	W Main St, Mountainview, Thomas, N 🛏 Best Value Inn ⊙ NAPAcare
71	Custer City Rd, N 🅿 ❤Loves/Subway/dsl/24hr ⊙ Cherokee Trading Post/rest.
69	Lp 40 (from wb, no return), to Clinton
67.5mm	Washita River
66	US 183, Clinton, S 🅿 Shell/dsl ⊙ Buick/Chevrolet/GMC, Ford
65a	10th St, Neptune Dr, Clinton, N 🍴 Branding Iron Rest., China King, Oakwood Steaks, Picante Grille, Pizza Hut 🛏 Days Inn, Relax Inn, Super 8 ⊙ United Foods, S 🅿 Phillips 66/dsl 🛏 EconoLodge, Holiday Inn Express ⊙ Hargus RV Park
65	Gary Blvd, Clinton, N 🅿 Conoco, Hutch/dsl, Shell/dsl 🍴 Braum's, Del Rancho, Italian Villa, KFC/Taco Bell, LJ Silver, Mazzio's, McDonald's, MT Mike's, Palacios Mexican, Roberto's Mexican, Subway, Taco Mayo 🛏 Hampton Inn, Motel 6, Ramada Inn, Tradewinds Inn ⊙ 🅷, $General, K-Mart, Rte 66 Museum, S 🛏 Holiday Inn Express, La Quinta
62	Parkersburg Rd, S ⊙ Hargus RV Ctr
61	Haggard Rd
57	Stafford Rd
53	OK 44, Foss, N ⊙ to Foss SP, S 🅿 Cenex/dsl
50	Clinton Lake Rd, N ⊙ KOA/LP/dsl

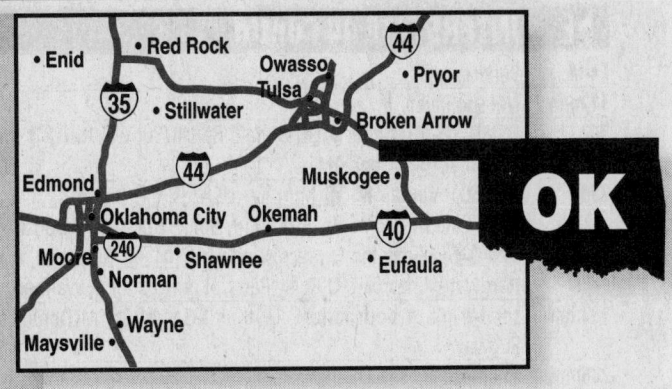

47	Canute, S 🅿 Shell/dsl 🛏 Sunset Inn
41	OK 34 (exits left from eb), Elk City, N 🅿 Hutch's/dsl, ❤Loves/Subway/dsl 🍴 Home Cooking Rest. 🛏 Best Value Inn (3mi), Elk City Motel, HomeTowne Inn, La Quinta, Motel 6, Sleep Inn, Super 8, Travel Inn ⊙ 🅷, Elk Run RV Park
40	E 7th St, Elk City, N 🍴 Portobello Grill 🛏 Holiday Inn Express ⊙ Chrysler/Dodge/Jeep, S 🅿 Hutch's/dsl/CNG 🍴 Huddle House, Rib Crib 🛏 Hampton Inn ⊙ Hobby Lobby, same as 41, Walmart/McDonald's
38	OK 6, Elk City, N 🅿 Conoco/dsl, Phillips 66/dsl 🍴 Arby's, Billy Sims BBQ, Boomtown Grill, China Super Buffet, LJ Silver, McDonald's, Western Sizzlin 🛏 Bedford Inn, Days Inn ⊙ Ace Hardware, Elk Creek RV Park, tires, vet, S 🅿 Phillips 66/dsl 🛏 Best Western, Clarion Inn, Comfort Inn, Ramada Inn, Rodeway Inn ⊙ Elk City RV Ctr, to Quartz Mtn SP
34	Merritt Rd
32	OK 34 S (exits left from eb), Elk City
26	Cemetery Rd, N 🅿 Shell/dsl ⊙ dsl repair, S 🅿 TA/Taco Bell/Subway/dsl/scales/24hr/@
25	Lp 40, Sayre, 1 mi N 🅿 Hutch's/dsl/CNG 🛏 Western Motel, Windgate Hotel ⊙ 🅷, $General, Bobcat Creek RV Park, Chevrolet/GMC, Ford
23	OK 152, Sayre, S 🅿 Cenex/dsl
22.5mm	N Fork Red River
20	US 283, Sayre, N 🅿 ⛟FLYING J/Denny's/dsl/LP/RV dump/scales/24hr 🍴 McDonald's 🛏 AmericInn ⊙ to Washita Bfd Site (25mi), Truck lube, truckwash
14	Hext Rd
13.5mm	check sta both lanes, litter barrels
11	Lp 40, to Erick, Hext
10mm	Welcome Ctr/Ⓡs both lanes, full 🚻 facilities, litter barrels, petwalk, 🐾, 🚻, RV dump
7	OK 30, Erick, N 🛏 Motel 6, S 🅿 ❤Loves/Subway/dsl/scales 🍴 Simple Simon's Pizza 🛏 Days Inn
5	Lp 40, Honeyfarm Rd
1	weigh sta eb
1	Texola, S ⊙ RV camping
0mm	Oklahoma/Texas state line

◄E INTERSTATE 44

Exit#	Services
329mm	Oklahoma/Missouri state line
321mm	Spring River
314mm	Oklahoma Welcome Ctr wb, full 🚻 facilities, info, restrooms
313	OK 10, Miami, N 🅿 Conoco, ❤Loves/dsl, Phillips 66/dsl 🍴 Donut Palace, Subway 🛏 Best Value Inn, Deluxe Inn, EconoLodge, Hampton Inn, Holiday Inn Express, Legacy Inn, Microtel ⊙ 🅷, auto repair, casino, Miami RV Park, to NE OK A&M Coll, S ⊙ Chrysler/Dodge/Jeep

OK

INTERSTATE 44 Cont'd

Exit#	Services
312mm	Neosho River
302	US 59, US 69, Afton, **S** 🚰 Buffalo Ranch/Subway/dsl 🛏 Rte 66 Motel 🅾 $General
289	US 60, Vinita, **N** 🚰 Murphy USA/dsl 🍴 Braum's, Clanton's Cafe, McDonald's, Pizza Hut, Sonic, Subway, Woodshed Deli 🛏 Holiday Inn Express, Vinita Inn 🅾 ℍ, $General, Ace Hardware, Chevrolet, O'Reilly Parts, st patrol, USPO, Walmart
288mm	**service plaza both lanes**, 🚰 Kum&Go/dsl 🍴 McDonald's, Subway
286mm	**toll plaza**
283	US 69, Big Cabin, **N** 🚰 Big Cabin/Subway/dsl/scales/24hr/ @ 🛏 Super 8 🅾 Cabin RV Park, trk repair
269	OK 28 (from eb, no re-entry), to Adair, Chelsea
255	OK 20, to Pryor, Claremore, **0-2 mi N** 🚰 Kum&Go/dsl/e-85, Murphy USA/dsl, QT/dsl 🍴 Carl's Jr 🛏 Hampton Inn, Holiday Inn Express, Super 8, Travel Inn, Will Rogers Inn 🅾 ℍ, $General, museum, to Rogers U, Walgreens, Walmart, Will Rogers Memorial
248	to OK 266, Port of Catoosa, **N** 🚰 QT/dsl 🛏 Comfort Inn (4mi), Hampton Inn (4mi), Microtel (2mi), Will Rogers Inn (4mi) 🅾 Dave's RV Ctr
244mm	Kerr-McClellan Navigation System
241mm	**Will Rogers Tpk begins eb, ends wb,** Ⓒ
241	OK 66 E, to Catoosa
240b	US 412 E, Choteau
240a	OK 167 N, 193rd E Ave, **N** 🍴 IHOP, KFC/Taco Bell, McDonald's, Panda Express, Taco Bueno, Waffle House, Wendy's 🛏 Cherokee Inn/Casino, Hampton Inn, Hardrock Hotel/Casino, La Quinta 🅾 AT&T, Petco, Ross, Walgreens, Walmart, **S** 🚰 🍴 Mazzio's, Port City Diner, Sonic, Subway 🛏 Holiday Inn Express 🅾 $General, O'Reilly Parts, tires/repair
238	161st E Ave, **N Cherokee Nation Welcome Ctr** 🚰 Sinclair/rest./dsl/scales/24hr 🅾 truckwash, **S** 🚰 QT/dsl/scales/ 24hr 🍴 Arby's, Burger King 🛏 Microtel 🅾 truckwash
236b	I-244 W, to downtown Tulsa, **N** 🅾 ⊘
236a	129th E Ave, **N** 🚰 🚰FLYING J/Denny's/dsl/LP/24hr 🅾 Southern Tire Mart, **S** 🍴 McDonald's
235	E 11th St, Tulsa, **N** 🍴 Mazzio's, Sonic, Subway 🛏 Economy Inn, Executive Inn, Knights Inn, Super 8 🅾 $General, O'Reilly Parts, Walgreens, **S** 🚰 🍴 Braum's, Taco Bueno 🛏 Oak Tree Inn 🅾 Whse Mkt
234b	same as 235
234a	US 169, N to Owasso, S to Broken Arrow, to ⊘
233	E 21st St, **N** 🍴 Golden Corral 🅾 Family$, **S** 🍴 El Chico 🛏 Comfort Suites 🅾 Dean's RV Ctr
231	US 64, OK 51, to Muskogee, E 31st St, Memorial Dr, **N** 🚰 QT/dsl 🍴 Sonic, Speedy Gonzales Mexican, Subway 🛏 Delux Inn, Motel 6, Ramada Inn, Tulsa Inn 🅾 Walgreens, **S** 🚰 Shell/Subway 🍴 Cracker Barrel, IHOP, Jimmy's Egg, McDonald's, Pizza Hut, Ruby Tuesday, Village Inn 🛏 Best Value Inn, Best Western, Comfort Suites, Country Inn Suites, Courtyard, EconoLodge, Embassy Suites, Extended Stay America, Fairfield Inn, Hampton Inn, Holiday Inn Express, Quality Inn, Sleep Inn, Super 8 🅾 Cavender's Boots, Chevrolet, Harley-Davidson, Nissan
230	E 41st St, Sheridan Rd, **N** 🚰 Shell 🍴 Carl's Jr, Chick-fil-A, Chipotle, Desi Wok, Flame Broiler, Jimmy John's, On-the-Border, Panera Bread, Schlotzsky's, Starbucks, Subway, TGIFriday's, Top That! Pizza, Whataburger 🅾 AT&T, Barnes&Noble, Cartec Automotive, Dillard's, JC Penney, Jo-Ann Fabrics, Michael's,

230	Continued Old Navy, Petco, Petsmart, Reasor's Foods, Ross, Verizon **S** 🍴 Buffalo Wild Wings, Carino's Italian 🛏 La Quirta 🅾 Batteries+Bulbs, Best Buy, Home Depot
229	Yale Ave, Tulsa, **N** 🚰 Shell 🍴 El Chico, McDonald's Subway 🅾 Firestone/auto, JC Penney, mall, PetCo **S** 🚰 Kum&Go/dsl/e85, Phillips 66/dsl, QT 🍴 Andy's Custard, Applebee's, Arby's, Braum's, Bravo's Grill, Cane's, Delta Cafe, Jack-in-the-Box, Outback Steaks, Qdoba, Red Lobster Smoothie King, Sonic, Taco Bell, Village Inn 🛏 Baymont Inn Hilton Garden, Holiday Inn Express, Knights Inn, Red Roc Inn 🅾 ℍ, Kia, vet
228	Harvard Ave, Tulsa, **N** 🚰 QT/dsl 🍴 El Tequila Mexican McDonald's, NYC Pizza 🛏 Tradewinds Motel, **S** 🚰 Express 🍴 A&W/LJ Silver, Chili's, Freckle's Frozen Custard, Jamil's Rest Mario's Pizza, Papa John's, Starbucks, Subway 🛏 Wingate Inn 🅾 $Tree, Hobby Lobby, Reasor's Mkt, SteinMart
227	Lewis Ave, Tulsa, **S** 🍴 Goldie's Grill 🅾 Walgreens
226b	Peoria Ave, Tulsa, **N** 🚰 Kum&Go/dsl, QT/dsl 🍴 Arby's Burger St., Charleston's Rest., China Wok, CiCi's, Egg Roll Express, Jimmy's Egg, KFC, Little Caesars, Mazzio's, Pizza Hut Ron's Burgers/Chili, Sonic, Subway, Super Buffet, Taco Bell Taco Bueno 🛏 Peoria Inn 🅾 Harley-Davidson, O'Reilly Parts, Reasor's Mkt, Robertson Tire, Walmart Mkt, Whole Food Mkt, **S** 🍴 Braum's, Corner Cafe, Golden Palace, Golden Palace 🅾 $General, AutoZone, Family$, Walgreens
226a	Riverside Dr
225mm	Arkansas River
225	Elwood Ave, **N** 🅾 Chevrolet, Ford, **S** 🛏 Budget Inn
224b a	US 75, to Okmulgee, Bartlesville, **N** 🚰 QT/dsl 🍴 Arnold' Burgers, KFC, Mazzio's, Sonic 🅾 $General, vet, Whse Mkt **S** 🛏 Royal Inn 🅾 Hurley RV Ctr
223c	33rd W Ave, Tulsa, **N** 🍴 Braum's, Domino's, **S** 🚰 Conoco 🍴 Rib Crib BBQ
223b	51st St (from wb)
223a	I-244 E, to Tulsa, downtown
222c	(from wb), **S** 🛏 Value Inn
222b	55th Place, **N** 🛏 Capri Motel, Crystal Motel, **S** 🛏 Best Value Inn, Economy Inn
222a	49th W Ave, Tulsa, **N** 🍴 Carl's Jr, Kelly's Country Cooking Monterey Mexican, Subway 🛏 Gateway Motel, Interstate Inn, Motel 6 🅾 $General, BigLots, Mack Trucks, **S** 🚰 QT/Kitchens/dsl/scales/24hr 🍴 Arby's, McDonald's, Taco Bueno, Waffle House 🛏 Comfort Inn, Super 8 🅾 Buick/GMC Freightliner, Kenworth
221a	57th W Ave, (from wb), **S** 🅾 Buick/GMC
221mm	**Turner Tkp begins wb, ends eb**
218	Creek Tpk E (from eb)
215	OK 97, to Sand Sprgs, Sapulpa, **S** 🚰 Kum&Go/dsl/ e85 🍴 Freddie's Rest., Subway, Three Amigos 🛏 Super 8 🅾 ℍ, Hunter RV Ctr, Route 66 RV Park
211	OK 33, to Kellyville, Drumright, **S** 🅾 Heyburn Lake SP
207mm	**service plaza wb**, 🚰 Phillips 66/dsl
196	OK 48, Bristow, **S** 🚰 Kenny's/dsl, Phillips 66/dsl 🍴 Mazzio's, McDonald's, Pizza Hut, Sonic, Steak'nEgg Rest, Taco Mayo 🛏 Carolyn Inn 🅾 $General, $Tree, Ford, O'Reilly Parts, Walmart
182mm	**toll plaza**
179	OK 99, to Drumright, Stroud, **N** 🛏 Best Western/rest. **S** 🚰 Kids/dsl, Phillips 66/Subway/dsl 🍴 5Star BBQ, Cozumel Mexican, Mazzio's, McDonald's, Sonic 🛏 Skyliner Motel, Sooner Motel 🅾 ℍ, auto/tire repair, USPO

🅴 INTERSTATE 44 Cont'd

Exit#	Services
178mm	Hoback Plaza **both lanes (exits left)**, 🅿 Phillips 66/dsl 🍴 McDonald's
167mm	**service plaza (from eb), S** 🅿 Phillips 66/dsl
166	OK 18, to Cushing, Chandler, **S** 🅿 Phillips 66/dsl 🍴 B's Rest., Sonic 🛏 EconoLodge, Lincoln Motel 🅾 Chandler Tire, Chevrolet/GMC, Ford
158	OK 66, to Wellston, **N** 🅿 Kum&Go/Subway/dsl/24hr 🅾 $General
146	Luther-Jones (from eb, no return)
138d	to Memorial Rd, to Enterprise Square
138a	I-35, I-44 E to Tulsa, Turner Tpk
	I-44 and I-35 run together 8 mi. See I-35, exits 137-134.
135mm	**Turner Tpk begins eb, ends wb.**
130	I-35 S, to Dallas, access to services on I-35 S
129	MLK Ave, Remington Park, **N** 🛏 Park Hill Inn 🅾 Cowboy Museum, **S** 🍴 McDonald's, Sonic, Subway 🅾 Family$
128b	Kelley Ave, OK City, **N** 🅿 Conoco, VP/Subway/dsl 🍴 Gabriella's Italian
128a	Lincoln Blvd, **S** 🅿 Lincoln Mart/dsl 🛏 Lincoln Inn Express, Oxford Inn 🅾 st capitol
127	I-235 S, US 77, City Ctr, Broadway St, **N on 63rd St** 🅿 Conoco/Circle K, Shell/Circle K 🛏 Best Western, Wyndham Garden 🅾 URGENT CARE
126	Western Ave, **S** 🛏 Sleep Inn
125c	NW Expressway (exits left from sb)
125	Classen Blvd, (exits left from wb), OK City, **N** 🍴 Cheesecake Factory, Chili's, Freebirds Burrito, Jamba Juice, Milagro Mexican, Olive Garden, Pei Wei, Smashburger, Subway, Whiskey Cake Kitchen 🅾 AT&T, Dillard's, JC Penney, Macy's, Old Navy, Ross, Verizon, Walmart/McDonald's, **S** 🍴 IHOP, McDonald's 🛏 Courtyard, Hyatt Place, Travelodge
125a	OK 3A, Penn Ave, to NW Expswy, **N** 🅿 VP Express, **S** 🅿 Shell/Circle K 🍴 Braum's 🛏 Habana Inn 🅾 auto/tire repair, Family$
124	N May, **N** 🅿 Shell/Circle K/Subway 🍴 San Marco's Mexican 🛏 Days Inn, Motel 6, Super 8 🅾 O'Reilly Parts, Sam's Club/dsl, **S** 🅿 Valero 🍴 Dunkin Donuts, Jersey Mike's, Starbucks, Wendy's 🅾 Aamco, Advance Parts, Family$, Ford, Lowe's
123b	OK 66 W, NW 39th, to Warr Acres, **N** 🅿 7-11, Shell, Valero/McDonald's/dsl 🍴 Braum's, Carl's Jr, Jimmy's Egg, Sonic 🛏 Carlyle Motel, Hospitality Inn 🅾 Family$, U-Haul
123a	NW 36th St, **S** 🅾 Woodspring Suites
122	NW 23rd St, **N** 🅿 7-11, Conoco/dsl 🍴 Church's, EggRoll King 🅾 Tires+, **S** 🅿 Conoco 🍴 Arby's, Sonic 🅾 Family$
121b a	NW 10th St, **N** 🅿 Shell, **S** 🅿 7-11, Sinclair 🍴 Subway 🅾 $General, antiques, fairgrounds, Family$, Whittaker's Foods
120b a	I-40, W to Amarillo, E to Ft Smith
119	SW 15th St
118	OK 152 W, SW 29th St, OK City, **E** 🅿 7-11, Shamrock 🍴 A&W/LJ Silver, Burger King, China Panda, CiCi's Pizza, KFC/Taco Bell, McDonald's, Pizza Hut, Sonic, Subway, Taco Bueno 🅾 $General, $Tree, Advance Parts, AT&T, AutoZone, Buy-4-Less Foods, city park, O'Reilly Parts, Walgreens, **W** 🅿 Alon/dsl 🅾 city park, transmissions, U-Haul/LP
117	SW 44th St, **W** 🅾 auto repair
116b	Airport Rd (exits left from nb), **W** 🅾 ✈
116a	SW 59th St, **E** 🅿 Conoco/Circle K 🍴 Pizza Inn, Subway, Taco Mayo 🅾 Family$, **W** 🅾 Will Rogers Airport
115	I-240 E, US 62 E, to Ft Smith

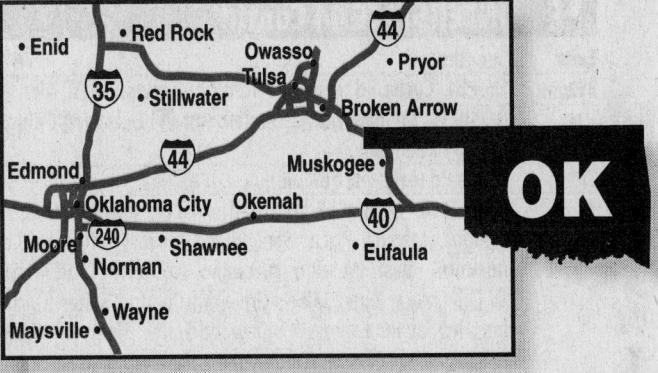

114	SW 74th St, OK City, **E** 🅿 Nova, Valero/dsl 🍴 Braum's, Burger King, Perry's Rest. 🛏 Cambridge Inn, Knights Inn 🅾 $General
113	SW 89th St, **E** 🅿 7-11, Loves/Subway/dsl, OG, Valero/dsl 🍴 Sonic 🅾 🄷, CVS Drug
112	SW 104th St, **E** 🅿 Valero
111	SW 119th St, **E** 🍴 Little Caesar's, Sonic
110	OK 37 E, to Moore, **E** 🅾 🄷
109	SW 149th St, **E** 🍴 JR's Grill
108mm	S Canadian River
108	OK 37 W, to Tuttle, **W** 🅿 Conoco/dsl, Phillips 66/dsl 🍴 Arby's, Braum's, Carlito's Mexican, Jimmy's Egg, KFC/Taco Bell, Little Caesars, Mazzio's, McDonald's, New China, Sonic 🅾 $General, AT&T, AutoZone, O'Reilly Parts, URGENT CARE, Verizon, Walgreens, Walmart/Subway
107	US 62 S (no wb return), to Newcastle, **E** 🛏 Comfort Inn, Newcastle Motel 🅾 casino, Newcastle RV, **S** 🅿 Loves/Subway/Dunkin Donuts/dsl/scales/24hr
99	H E Bailey Spur, rd 4, to Blanchard, Tuttle, Norman
97mm	🄲, toll booth
85.5mm	**service plaza, both lanes exit left,** 🅿 Phillips 66/dsl 🍴 McDonald's
83	US 62, Chickasha, **W** 🅿 Jay's/dsl, Valero/dsl 🅾 Southern Plains Indian Museum
80	US 81, Chickasha, **E** 🅿 Phillips 66/Circle K/dsl, Shell/dsl 🍴 Eduardo's Mexican, Jake's Rib, La Fiesta Mexican, Western Sizzlin 🛏 Best Value Inn, Hampton Inn, Holiday Inn Express, Maverick Inn, Super 8 🅾 Buick/GMC, Cadillac/Chevrolet, Chrysler/Dodge/Jeep, vet, **W** 🅿 Loves/dsl, Murphy USA/dsl, Valero 🍴 Arby's, Braum's, Chicken Express, China Dream, China Moon, Domino's, KFC, LJ Silver, Mazzio's Pizza, McDonald's, Napoli's Rest., New China, Pizza Hut, Sakura Japanese, Sonic, Subway, Taco Bell, Taco Mayo 🛏 Quality Inn, Ranch House Motel 🅾 🄷, $General, Ace Hardware, AT&T, AutoZone, Chickasha RV Park, CVS Drug, Ford, Griffith's Repair, O'Reilly Parts, Ralph&Son's Tires/repair, Save-A-Lot Foods, Staples, Verizon, Walgreens, Walmart/Subway
78mm	toll plaza, 🄲
62	to Cyril (from wb)
53	US 277, Elgin, Lake Ellsworth, **E** 🅿 Shamrock, Valero/McDonald's/dsl 🍴 Billy Sim's BBQ, China Garden, Sonic, Subway 🅾 $General, Family$, tires
46	US 62 E, US 277, US 281, to Elgin, Apache, Comanche Tribe, **last free exit eb**
45	OK 49, to Medicine Park, **W** 🅿 Loves/Subway/dsl/24hr 🍴 Burger King, Sonic 🅾 $General, Wichita NWR
41	to Ft Sill, Key Gate, **W** 🅾 Ft Sill Museum
40c	Gate 2, to Ft Sill
40a	to Cache
39	US 62 W, to Cache, **E** 🅿 Alon/dsl, **W** 🛏 Knights Inn
39b	US 281 (from sb), 🅾 same as 39a

(side tab) OKLAHOMA CITY

(side tab) CHICKASHA

(side tab) OK

INTERSTATE 44 Cont'd

Exit#	Services
39a	US 281, Cache Rd (exits left from nb), Lawton, **E** Alon/dsl, **1-3 mi W** Shamrock/dsl, Valero/dsl Subway Knights Inn $General
38	Cache Rd (exits left from nb)
37	Gore Blvd, Lawton, **E** Apache/dsl Braum's, Los Tres Amigos, Marco's Pizza, Sonic, Taco Mayo Apache Casino/Hotel, Best Western casino, URGENT CARE, USPO, **W** Cracker Barrel, Mike's Grille Comfort Suites, Fairfield Inn, Holiday Inn Express, Homewood Suites, Sleep Inn, SpringHill Suites Chrysler/Dodge/Jeep, Harley-Davidson
36a	OK 7, Lee Blvd, Lawton, **E** Phillips 66/dsl, **W** Alon/dsl/repair, Barefoot/dsl, Shamrock/dsl, WMS/dsl Big Chef Rest., Braum's, Burger King, KFC/Taco Bell, Leo&Ken's Rest., McDonald's, Salas Mexican, Sonic Motel 6 , $General, Advance Parts, CVS Drug, vet, Walgreens
33	US 281, 11th St, Lawton, **W**
30	OK 36 (last free exit sb), Geronimo
20.5mm	Elmer Graham Plaza (both lanes exit left), Phillips 66/dsl McDonald's info
20	OK 5, to Walters
19.5mm	toll plaza
5	US 277 N, US 281, Randlett, **last free exit nb**
1	OK 36, to Grandfield, **E** Comanche Nation TP/dsl, **W** casino
0mm	Oklahoma/Texas state line, Red River

INTERSTATE 240 (Oklahoma City)

Exit#	Services
16mm	I-240 begins/ends on I-40.
14	Anderson Rd, **S** Conoco/dsl
11b a	Douglas Blvd, **N** Tinker AFB
9	Air Depot Blvd
8	OK 77, Sooner Rd, **N** Phillips 66/dsl/CNG/e85 Sonic URGENT CARE, **S** Phillips 66/Popeye's/dsl, Valero/McDonald's/dsl

7	Sunnylane Ave, **S** Valero/Subway/dsl Woodspring Suite
6	Bryant Ave
5	S Eastern Ave
4c	Pole Rd, **N** Burger King, Subway, TX Roadhouse Fairfield Inn, Magnuson Hotel, Residence Inn
4b a	I-35, N to OK City, S to Dallas, US 77 S, US 62/77 N
3b	S Shields, **N** Valero/dsl Braum's Chrysler/Dodge/Jeep, Home Depot, **S** Discount Tire, Nissan, Subaru
3a	S Santa Fe, **N** Kia, **S** Murphy USA/dsl Chili's, IHOP, Jersey Mike's, Panda Express Lowe's, Staples, Walmart, McDonald's
2b	S Walker Ave, **N** 7-11, Shell/Circle K Johnnie's Broiler, Rib Crib, **S** Burger Joint, Carino's, ChuckeCheese, City Bites, Jimmy's Egg Grill, On-the-Border Holiday Inn Express PepBoys
2a	S Western Ave, **N** 7-11, Conoco Braum's, Burger King, CiCi's Pizza, House of Szechuan, Taste of China $General, Advance Parts, Hyundai, Tires+, vet, **S** 7-11, Valero/dsl A&W/LJ Silver, Chick-fil-A, Garage Burgers, Grandy's, Hibachi Buffet, Jimmy John's, KFC, McDonald's, Popeye's, Red Lobster Best Western, Comfort Inn, Hampton Inn, Home Suites, Quality Inn Chevrolet, Honda, Office Depot
1c	S Penn Ave, **N** Conoco/dsl Cane's, Carl's Jr, Charleston's Rest., Denny's, Golden Corral, Hooters, Old Chicago Pizza, Olive Garden, Outback Steaks, Pioneer Pies, SaltGrass Steaks, Schlotsky's AT&T, Best Buy, BigLots, GNC, Green Acres Mkt, Hobby Lobby, Marshall's, Michaels, Old Navy, Petsmart, Ross, Verizon, **S** Shell/Circle K Hunan Buffet, Joe's Crab shack, Mazzio's, Papa John's, Starbucks, Subway, Taco Bueno, Western Sizzlin $Tree, URGENT CARE
1b	S May Ave, **N** 7-11/gas Abel's Mexican, Jack-in-the-Box, New Mandarin, Taco Bell, Waffle House O'Reilly Parts, **S** Nova, Valero/dsl Braum's, Burger King, Perry Rest. Cambridge Inn, Knights Inn $General
1a	I-44, US 62, I-240 begins ends on I-44.

OREGON

INTERSTATE 5

Exit#	Services
308.5mm	Oregon/Washington state line, Columbia River
308	Jansen Beach Dr, **E** Chevron/dsl Burger King, Hooters, Starbucks, Taco Bell Oxford Suites, Red Lion Safeway, **W** BJ's Rest., Bradley's Grill, CJ's Deli, Denny's, Jersey Mike's, Jimmy John's, McDonald's, Panera Bread, Stanford's Rest., Starbucks, Subway Best Buy, Burlington Coats, GNC, Home Depot, Jansen Beach RV Park, Michael's, Old Navy, PetCo, Ross, Staples, Target, TJ Maxx, Verizon
307	OR 99E S, MLK Blvd, Union Ave, Marine Dr (sb only), **E** 76/dsl, Jubitz Trvl Ctr/rest/dsl/@ Pizza Mia, Portland Cascade Grill, Subway Courtyard, Fairfield Inn, Portlander Inn, Residence Inn Blue Beacon, truck repair, **W** Expo Ctr
306b	Interstate Ave, Delta Park, **E** Arco Burger King, Burrito House, Elmer's, Mars Meadows Chinese, Shari's Best Western, Days Inn, Motel 6 $Tree, Baxter Parts, Dick's, Lowe's, Portland Meadows, vet, Walmart
306a	Columbia (from nb), same as 306b
305b a	US 30, Lombard St (from nb, no return), **E** Little Caesar's

305b a	Continued Knecht's Parts, **W** Astro/dsl, Shell/dsl Panda Express, Subway, Wendy's Fred Meyer
304	Rosa Parks Way, **W** 76/dsl, Arco Nite Hawk Cafe Viking Motel U of Portland
303	Alberta St, Swan Island, **E** , **W** Subway, Taco Bell Monticello Motel, Westerner Motel CarQuest
302b	I-405, US 30 W, **W** to ocean beaches
302a	Rose Qtr, City Ctr, **E** 76/Circle K/dsl, Shell/dsl Bellagio's Pizza, Burger King, Chipotle Mexican, Jersey Mike's, McDonald's, Muchas Gracias, Qdoba Mexican, Starbucks, Wendy's Courtyard, Crowne Plaza, Shiloh Inn , 7-11, Kia, Schwab Tire, Toyota/Scion, Verizon, Walgreens, **W** coliseum
301	I-84 E, US 30 E, services E off I-84 exits
300	US 26 E (from sb), Milwaukie Ave, **W** Hilton, Marriott
299b	I-405, US 26 W, to city ctr
299a	US 26 E, OR 43 (from nb), City Ctr, to Lake Oswego
298	Corbett Ave
297	Terwilliger Blvd, **W** Baja Fresh, KFC, La Costita, Starbucks , , Fred Meyer, to Lewis and Clark Coll.
296b	Multnomah Blvd (from sb), **W** Safeway, same as 296a

INTERSTATE 5 Cont'd

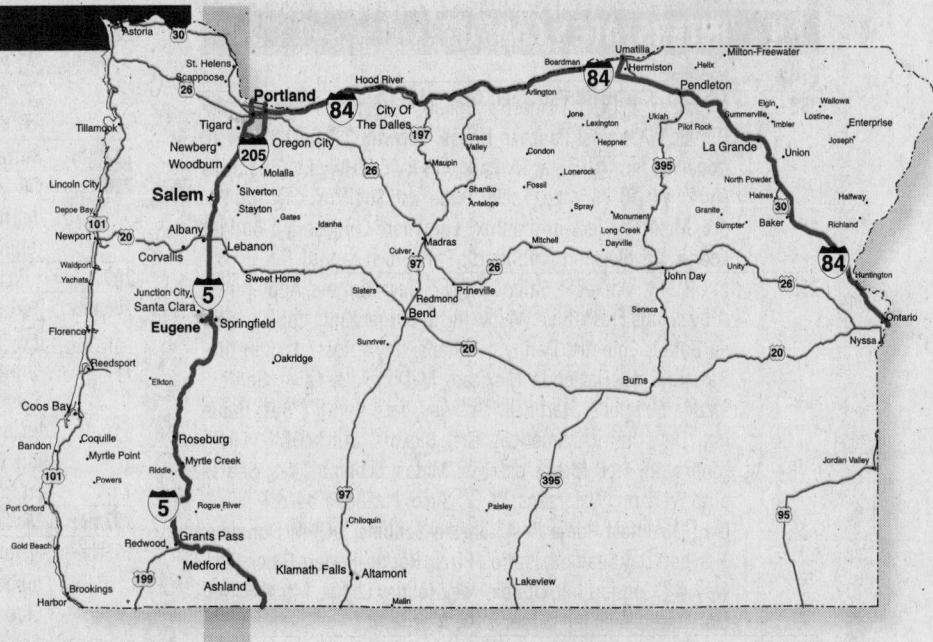

Exit#	Services
296a	(from sb), Barbur, **W** 🅿 76/dsl, Chevron/dsl 🍴 Bellagio's Pizza, Frack Burger, Subway 🛏 Aladdin Inn, Budget Lodge, Capitol Hill Motel 🄾 7-11, AT&T, Schwab Tire
295	Capitol Hwy (from sb), Taylors Ferry Rd (from nb), **E** 🅿 Shell/dsl 🍴 McDonald's, Sho Japanese, Starbucks, Thai Orchid 🛏 Hospitality Inn, **W** 🍴 Taco Time, Wendy's 🄾 Walgreens
294	Barbur Blvd, OR 99W, to Tigard, **E** 🛏 Comfort Suites, **W** 🅿 76, Chevron, Shell 🍴 Arby's, Baja Fresh, Banning's Rest., Baskin-Robbins, Burger King, Buster's BBQ, Carl's Jr, Chang's Mongolian Grill, Gators Eatery, Jimmy John's, Mazatlan Mexican, McDonald's, Starbucks, Subway, Taco Bell 🛏 Quality Inn, Regency Inn 🄾 $Tree, Americas Tire, auto repair, Baxter Parts, Costco, Fred Meyer, JoAnn Fabrics, NAPA, PetCo, Petsmart, Schwab Tire, transmissions, U-Haul, vet, Walmart/Subway, Winco Foods
293	Haines St, **W** 🄾 Ford/Lincoln
292	OR 217, Kruse Way, Lake Oswego, **E** 🅿 Shell/dsl 🍴 Applebee's, Chevy's Mexican, Chipotle, Olive Garden, Oswego Grill, Potbelly, Stanford's Rest., Starbucks 🛏 Crowne Plaza, Fairfield Inn, Hilton Garden, Phoenix Inn, Residence Inn 🄾 LDS Temple, **W** 🛏 Extended Stay America 🄾 Lowe's
291	Carman Dr, Carman Dr, **W** 🅿 76/dsl, Chevron 🍴 Burgerville, Domino's, El Sol De Mexico, Starbucks, Subway, Sweet Tomatoes 🛏 Courtyard, Holiday Inn Express 🄾 Home Depot, Office Depot
290	Lower Boonsferry Rd, Lake Oswego, **E** 🅿 Chevron/dsl, Space Age/dsl/LP 🍴 Arby's, Baja Fresh, Baskin-Robbins, Burger King, Cafe Yumm, Carl's Jr., Fuddruckers, Miller's Rest., Nicoli's Grill, Panda Express, Starbucks, Subway, Taco Bell 🛏 Motel 6 🄾 Dick's, Safeway Foods, See's Kitchen, Walgreens, **W** 🍴 CA Pizza Kitchen, Claim Jumper, Jamba Juice, Jimmy John's, McCormick&Schmick's, Pastini Pastaria, PF Chang's, Qdoba Mexican, Royal Panda, Starbucks, Twigs Bistro, Village Inn 🛏 Grand Hotel 🄾 Barnes&Noble, Verizon, Whole Foods Mkt
289	Tualatin, **E** 🅿 76, Shell/dsl 🍴 Chipotle Mexican, Famous Dave's BBQ, Jamba Juice, McDonald's, Panera Bread, Starbucks, Subway 🄾 🄷, 7-11, Best Buy, Old Navy, Petsmart, vet, **W** 🍴 Applebee's, Buffalo Wild Wings, Carl's Jr, Coldstone, Dickie Jo's Burgers, Hayden's Grill, Jack-in-the-Box, McDonald's, Outback Steaks, Pieology Pizzaria, Pizza Hut, Shari's, Starbucks, Subway, Taco Bell, Thai Rest., Wendy's 🛏 Century Hotel, Comfort Inn 🄾 Cabela's, Fred Meyer, Haggen's Foods, Michael's, New Seasons Mkt, O'Reilly Parts, PetCo, Staples, TJ Maxx
288	I-205, to Oregon City
286	Elligsen Rd, Boonsferry Rd, Stafford, **E** 🅿 76/dsl 🍴 Burger King, Cafe Yumm!, Moe's SW Grill, Panda Express, Pizza Schmizza, Starbucks, Subway, Zoup! 🛏 La Quinta, Super 8 🄾 America's Tire, Chrysler/Dodge/Jeep, Costco/gas, Ferrari/Maserati, Mercedes, Office Depot, Petsmart, Pheasant Ridge RV Resort, Target, **W** 🅿 Chevron/dsl 🍴 Boone Town Bistro, Carl's Jr 🛏 Holiday Inn/rest. 🄾 Audi, Camping World RV Ctr, Chevrolet, Nissan, Toyota/Scion

WILSONVILLE

Exit#	Services
283	Wilsonville, **E** 🅿 🍴 Abella Italian, Arby's, Bellagio's Pizza, Denny's, Jamba Juice, Jimmy John's, Juan Colorado, McDonald's, Papa Murphy's, Red Robin, Shari's, Starbucks, Subway, Taco Bell, Thai Rest., Wanker's Café, Wendy's, Wong's Chinese 🛏 GuestHouse Inn, Quality Inn, SnoozInn 🄾 $Tree, Ace Hardware, AT&T, Fry's Electronics, funpark, GNC, Honda, Lamb's Mkt, NAPA, Rite Aid, Schwab Tire, URGENT CARE, USPO, vet, **W** 🅿 Fred Meyer/dsl 🍴 Baskin-Robbins, Biscuits Cafe, Boone's Jct Pizza, Burger King, Domino's, Hunan Kitchen, Little Caesar's, McMenamin's Rest., Oswego Grill, Perfect Pizza, Qdoba, RAM Rest., Sonic, Starbucks, Subway, Wow Burger 🛏 Best Western Wilsonville 🄾 7-11, Albertson's, auto repair, Fred Meyer/dsl, O'Reilly Parts, Verizon, Walgreens
282.5mm	Willamette River
282	Charbonneau District, **E** 🍴 Langdon Farms Rest. 🄾 Langdon Farms Golf
281.5mm	🆁🆂 both lanes, full ♿ facilities, coffee, info, litter barrels, petwalk, 🚻, 🎡, vending
278	Donald, **E** 🅿 76/dsl/LP 🄾 Aurora Acres RV Park, **W** 🅿 ⓕ FLYING J/Subway/dsl/scales/24hr. TA/Country Pride/Popeye's/dsl/scales/24hr/@ 🄾 NAPA Truck Parts, SpeedCo Lube, to Champoeg SP, truckwash
274mm	weigh sta both lanes
271	OR 214, Woodburn, **E** 🅿 Arco/dsl, Chevron 🍴 Burger King, Denny's, DQ, KFC, McDonald's/playplace, Subway, Taco Bell, Yun Wah Chinese 🛏 Best Western, Super 8 🄾 76/repair, vet, Walgreens, Walmart/McDonald's, Yun Wah Chinese, **W** 🅿 Shell/dsl 🍴 Arby's, Elmer's, Jack-in-the-Box, Jamba Juice, Starbucks 🛏 La Quinta 🄾 Ford, Woodburn Outlets/famous brands, Woodburn RV Park
263	Brooks, Gervais, **E** 🅿 Chevron/dsl 🄾 Brooks Mkt/deli, **W** 🅿 ⓟ🅕🅕🅕/Subway/Taco Bell/dsl/LP/scales/24hr 🍴 Chalet Rest. 🄾 Antique Powerland Museum, Freightliner, Willamette Mission SP (4mi)
260b a	OR 99E, Chemawa Rd, Keizer, **2 mi E** 🄾 Silver Spur RV Park, **W** 🍴 Burger King, Jamba Juice, McDonald's, Outback Steaks, Panda Express, Panera Bread, RoundTable Pizza, Starbucks, Subway, Taco Bell, Taco del Mar 🄾 AT&T, GNC, Lowe's, Marshall's, Michael's, Old Navy, PetCo, REI, Ross, Staples, Target, Verizon, World Mkt
259mm	45th parallel, halfway between the equator and N Pole

OR

INTERSTATE 5 Cont'd

SALEM

Exit#	Services
258	N Salem, **E** ◫ ⫟ Figaro's Italian, Guesthouse Rest., McDonald's, Original Pancake House, Subway ⌂ Best Western, Rodeway Inn ⊙ 5 Star RV Park, Al's RV Ctr, Hwy RV Ctr, Roth's Foods, **W** ◫ 76, Arco, Pacific Pride/dsl, Shell/dsl ⫟ Don Pedro Mexican, Jack-in-the-Box, LumYuen Chinese ⌂ Budget Lodge, Travelers Inn ⊙ Stuart's Parts, to st capitol
256	to OR 213, Market St, Salem, **E** ⫟ 5 Guys Burgers, Applebee's, Arby's, Baja Fresh, Blue Willow Rest., Burger King, Carl's Jr, China Buffet, Chipotle, Denny's, Elmer's, Izzy's Rest., Jack-in-the-Box, KFC, La Hacienda Mexican, McDonald's, Olive Garden, Sizzler, Skipper's, Starbucks, Subway, Taco Bell ⌂ Best Value Inn, Days Inn ⊙ Americas Tire, BigLots, Buick/GMC, Firestone/auto, Fred Meyer/dsl, Kia, Midas, Schwab Tires, Sears/auto, Verizon, Walgreens, **W** ◫ Arco, Pacific Pride/dsl, Shell/dsl ⫟ Almost Home Rest., Baskin-Robbins, DQ, McDonald's, Newport Bay Seafood, Pietro's Pizza, Rockin-Rogers Diner, Subway ⌂ Comfort Inn, DoubleTree, Holiday Lodge, Motel 6, Red Lion Hotel, Shilo Inn, Super 8 ⊙ Mazda, vet
253	OR 22, Salem, Stayton, **E** ◫ Chevron, Shell/dsl, Space Age/dsl ⫟ Burger King, Carls Jr, Las Polomas Mexican, McDonalds/playplace, Shari's, Subway ⊙ $Tree, Home Depot, Salem Camping/RV Park, ShopKO, to Detroit RA, WinCo Foods, **W** ◫ Shell/dsl ⫟ Carl's Jr, Denny's, DQ, Jack-in-the-Box, Panda Express, Popeyes, Taco Del Mar ⌂ Best Western, Comfort Suites, Hampton Inn, La Quinta, Residence Inn ⊙ Ⓗ, AAA, Chrysler/Jeep, Costco/gas, K-Mart, Lowe's, Nissan, Schwab Tire, st police, Walmart
252	Kuebler Blvd
249	to Salem, 2 mi **W** ◫ 76, Arco ⫟ Arby's, Burger King, Carl's Jr, Kwan's Cuisine ⌂ Phoenix Inn ⊙ Safeway
248	Sunnyside, **E** ⊙ Enchanted Forest Themepark, Willamette Valley Vineyards, **W** ◫ Pacific Pride/dsl
244	to N Jefferson, **E** ⊙ Emerald Valley RV Park
243	Ankeny Hill
242	Talbot Rd
241mm	Ⓡ⒮ both lanes, full ♿ facilities, info, litter barrels, petwalk, ⊙, ⛱
240.5mm	Santiam River
239	Dever-Conner
238	S Jefferson, Scio
237	Viewcrest (from sb)
235	Millersburg
234	OR 99E, Albany, **E** ⫟ Cascade Grill ⌂ Comfort Suites, Holiday Inn Express ⊙ ⛱, Knox Butte Camping/RV dump, **W** ◫ Chevron ⫟ Burger King, Carl's Jr, DQ, Golden Town Buffet, McDonald's, Muchas Gracias, Subway, Taco Bell ⌂ Budget Inn, La Quinta, Motel 6, Super 8 ⊙ Ⓗ, Costco/gas, Kohl's, NAPA, to Albany Hist Dist
233	US 20, Albany, **E** ◫ 76/dsl, Chevron/dsl/LP ⫟ Denny's, LumYuen Chinese ⌂ Best western, EconoLodge, Phoenix Inn ⊙ Blue Ox RV Park, Chevrolet, Home Depot, Honda, Lassen RV Ctr, st police, Toyota/Scion, Walmart, **W** ◫ 76/dsl, Shell/dsl ⫟ Abby's Pizza, Arby's, Baskin-Robbins, Burgerville, Carl's Jr, Elmer's, Fox Den Pizza, Golden Wok, Jack-in-the-Box, Los Dos Amigos, Los Tequilos Mexican, Original Breakfast Cafe, Pizza Hut, Sizzler, Skipper's, Starbucks, Sweetwaters Rest., Taco Time, Wendy's ⌂ Valu Inn ⊙ Ⓗ, $Tree, Bi-Mart, CarQuest, Chrysler/Dodge/Hyundai/Jeep/Subaru, Fred Meyer/dsl, Hyundai, JoAnn Fabrics, Knechts's Parts, Old Navy, O'Reilly Parts, Rite Aid, Ross, Schwab Tires, Staples, Target, Walgreens

ALBANY

OR

SPRINGFIELD   EUGENE

228	OR 34, to Lebanon, Corvallis, **E** ◫ 76/dsl, Leather's/d ⫟ Pine Cone Cafe ⊙ Mallard Creek Golf/RV Resort, W ◫ Arco/dsl, Chevron/CFN/A&W/dsl, Shell/dsl ⫟ Subwa ⊙ KOA (5mi), to OSU
222mm	Butte Creek
216	OR 228, Halsey, Brownsville, **E** ◫ 76/Pioneer Villa TrkStp deli/dsl/24hr/@ ⌂ Travelodge, **W** ◫ Shell/dsl ⊙ parts repair/towing
209	to Jct City, Harrisburg, **W** ⊙ Diamond Hill RV Park
206mm	Ⓡ⒮ both lanes, full ♿ facilities, info, litter barrels, petwalk, ⊙ ⛱
199	Coburg, **E** ◫ Fuel'n Go/dsl ⊙ Premier RV Resort, **W** ◫ Shell/McDonald's/dsl, TA/Country Pride/Truck'n'Travel Mc tel/dsl/scales/24hr/@ ⫟ Coburg Crossing Cafe ⊙ Camp ing World, dsl repair, Eugene Kamping RV Park, Evert RV Ct Freightliner, hist dist, Volvo
197mm	McKenzie River
195b a	N Springfield, **E** ◫ Arco, Chevron/dsl ⫟ 5 Guys Burgers, A plebee's, Buffalo Wild Wings, Cafe Yummi, Carl's Jr, China Su Ciao Pizza, Denny's, Elmer's Rest., FarMan Chinese, Hacienda Amigo Mio, HomeTown Buffet, Hop Valley Rest., IHOP, Jack in-the-Box, Jimmy John's, KFC, McDonald's, Outback Steak Panda Express, Quiznos, Roadhouse Grill, Shari's, Sizzler, Sta bucks, Subway, Taco Bell, Taco Grande ⌂ Best Western, Com fort Suites, Courtyard, Hilton Garden, Holiday Inn, Holiday In Express, Motel 6, Quality Inn, Super 8 ⊙ Ⓗ, Best Buy, Cabe la's, Kohl's, mall, Michael's, Ross, Sears/auto, st police, Staple Target, USPO, Walmart Mkt, **W** ⫟ Taco Bell ⊙ Costco/ga Office Depot, Petsmart, ShopKO, to ⛱
194b a	OR 126 E, I-105 W, Springfield, Eugene, 1 mi **W** ◫ 76, Chev ron, Mobil ⫟ Carl's Jr, PF Chang's, Starbucks ⌂ La Quinta Residence Inn ⊙ Albertson's, Natural Grocers, Nissan, O Navy, Subaru, U Of O
193mm	Willamette River
192	OR 99 (from nb), to Eugene, **W** ◫ ⫟ House Of Chen, Su way, Wendy's ⌂ Best Western, Days Inn, Holiday Inn Express University Inn ⊙ Mkt Of Choice, to U of O
191	Glenwood, **W** ◫ 76/dsl, Shell/dsl/LP ⫟ Denny's ⌂ Com fort Suites, Motel 6
189	30th Ave S, Eugene, **E** ◫ Shell/dsl/LP ⊙ Harley-Davidson NW RV Supply, Shamrock RV Park, **W** ◫ Chevron/dsl, SeQur tial/dsl
188b	OR 99 S (nb only), Goshen
188a	OR 58, OR 99 S to Oakridge, **E** ⊙ Deerwood RV Park **W** ◫ Pacific Pride/dsl ⊙ tires
186	Dillard Rd, to Goshen (from nb)
182	Creswell, **E** ⫟ DQ, Subway ⌂ Comfort Inn ⊙ Bi-Mart, go OR RV Ctr, **W** ◫ 76/dsl, Arco/dsl ⫟ China Wok, Creswell Cafe Joe's Diner, My Boys Pizza, TJ's Rest. ⌂ Super 8 ⊙ Dari Mar Knecht's Parts, NAPA, Sherwood Forest RV Park, Tire Factory
180mm	Coast Fork of Willamette River
178mm	Ⓡ⒮ both lanes, full ♿ facilities, coffee, litter barrels, petwalk ⊙, ⛱
176	Saginaw
175mm	Row River
174	Cottage Grove, **E** ◫ Chevron/dsl/repair, Pacific Pride dsl ⫟ Chalerm Thai, Subway, Taco Bell ⌂ Village Resort/R park ⊙ Ⓗ, AutoZone, Chevrolet/GMC, Chrysler/Dodge/Jeep Walmart, **W** ◫ 76/dsl, Chevron/dsl/LP, Shell/dsl ⫟ Burge King, Carl's Jr, Domino's, Figaro's Pizza, Jack-in-the-Box, KFC McDonald's/RV parking, Papa Murphy's, Pinocchio's Pizza, To rero's Mexican, Vintage Rest. ⌂ Best Western, Comfort Inn

⬆N INTERSTATE 5 Cont'd

174	**Continued**
	Relax Inn ⊙ $Tree, Bi-Mart Foods, Grocery Outlet, Safeway/dsl, USPO, Walgreens
172	6th St (from sb), Cottage Grove Lake (from sb), **2 mi W** ⊙ Cottage Grove RV Village
170	to OR 99, London Rd (nb only), Cottage Grove Lake, **6 mi W** ⊙ Cottage Grove RV Village
163	Curtin, **E** 🏨 Stardust Motel ⊙ antiques, **W** ⊙ Pass Creek Park/camping
162	OR 38, OR 99, to Drain, Elkton
161	Anlauf (from nb)
160	Salt Springs Rd
159	Elk Creek, Cox Rd
154	Yoncalla, Elkhead
150	OR 99, to OR 38, Yoncalla, Red Hill, **W** ⊙ Trees of Oregon RV Park
148	Rice Hill, **E** ⛽ Arco/LP, Pacific Pride/dsl, [Pilot]/Denny's/Subway/dsl/scales/24hr 🍴 Ranch Rest. 🏨 Motel 6, Ranch Motel ⊙ Rice Hill RV Park, towing/dsl repair, **W** 🍴 K-R Drive-In
146	Rice Valley
144mm	Ⓡ𝖘 sb, full ♿ facilities, litter barrels, petwalk, 🅲, 🐾
143mm	Ⓡ𝖘 nb, full ♿ facilities, litter barrels, petwalk, 🅲, 🐾
142	Metz Hill
140	OR 99 (from sb), Oakland, **E** 🍴 Tolly's Rest. ⊙ Oakland Hist Dist
138	OR 99 (from nb), Oakland, **E** 🍴 Tolly's Rest. ⊙ Oakland Hist Dist
136	OR 138W, Sutherlin, **E** ⛽ 76/dsl, Chevron/A&W/dsl 🍴 Abby's Pizza, Apple Peddler Rest., Burger King, Hong Kong Chinese, McDonald's, Papa Murphy's, Pedotti's Italian, Sol de Sutherlin 🏨 Best Western, Guesthouse Inn, Relax Inn ⊙ Autocare, I-5 RV Ctr, NAPA, **W** ⛽ Shell/dsl 🍴 Dakota St Pizza, DQ, Si Casa Flores, Subway, Taco Bell ⊙ Hi-Way Haven RV Camp, Umpqua RV Park
135	Wilbur, Sutherlin, **E** ⛽ CFN/dsl, Shell/dsl/LP ⊙ vet
129	OR 99, Winchester, **E** 🍴 Del Ray Cafe ⊙ Kamper Korner RV Ctr (1mi), Rivers Edge RV Park, st police
129mm	N Umpqua River, N Umpqua River
127	Stewart Pkwy, Edenbower Rd, N Roseburg, **E** ⛽ Shell/dsl 🍴 Shari's Rest., Subway 🏨 Motel 6, Super 8 ⊙ Costco/gas, Home Depot, Lowe's, Mt Nebo RV Park, Verizon, **W** ⛽ Mobil, Valero/dsl 🍴 Applebee's, Del Taco, Jack-in-the-Box, McDonald's/playplace, Red Robin, Subway, Yummy Chinese 🏨 Sleep Inn ⊙ Ⓗ, Albertson's, Big O Tire, Macy's, Sherm's Foods, vet, Walmart
125	Garden Valley Blvd, Roseburg, **E** 🍴 Abbey's Pizza, Brutke's Rest., Casey's Rest., China Buffet, Elmer's, Gilberto's Mexican, Jack-in-the-Box, KFC, Los Dos Amigo's Mexican, McDonald's, Smokin' Friday BBQ, Sonic, Subway, Taco Bell 🏨 Fairbridge Express Inn, Quality Inn, Windmill Inn/rest. ⊙ AT&T, AutoZone, BigLots, Buick/Chevrolet/GMC, Ford/Lincoln, NAPA, Safeway/dsl, Toyota, U-Haul, Verizon, vet, Walgreens, **W** ⛽ Shell/LP/repair 🍴 Burger King, Burrito Vaquero, Carl's Jr, Fox Den Pizza, Panda Express, Pita Pit, Rodeo Steaks, RoundTable Pizza, Si Casa Flores Mexican, Sizzler, Starbucks, TomTom Rest., Wendy's 🏨 Best Value Inn, Best Western ⊙ Ⓗ, $Tree, Bi-Mart Foods, Fred Meyer/dsl, JC Penney, JoAnn Fabrics, mall, Marshall's, Michael's, O'Reilly Parts, PetCo, Rite Aid, Ross, Staples, Walgreens

124	OR 138, Roseburg, City Ctr, **E** ⛽ Chevron/dsl, Texaco/dsl 🍴 Chi's Chinese, Denny's 🏨 Dunes Motel, Holiday Inn Express, Rodeway Inn, Travelodge ⊙ Honda, Rite Aid, **W** ⛽ 76/dsl, Shell/dsl 🍴 Charley's BBQ, Domino's, Gay 90's Deli, KFC/LJ Silver, Pete's Drive-In, Subway, Taco Time ⊙ Grocery Outlet, Harvard Ave Drug
123	Roseburg, **E** ⊙ camping, museum, to Umpqua Park
121	McLain Ave
120.5mm	S Umpqua River
120	OR 99 N (no EZ nb return), Green District, Roseburg, **E** 🏨 Shady Oaks Motel, **W** ⊙ auto repair
119	OR 99 S, OR 42 W, Winston, **E** ⊙ Ingram Dist., **W** ⛽ Chevron/A&W/dsl, ◆Loves/Arby's/dsl/scales/LP/24hr, Shell/dsl 🍴 McDonald's, Ocampos Mexican, Papa Murphy's, Subway ⊙ Ray's Foods, Rising River RV Park, Western Star RV Park
113	Clarks Branch Rd, Round Prairie, **W** 🏨 Quikstop Motel ⊙ On the River RV Park (2mi)
112.5mm	S Umpqua River, S Umpqua River
112	OR 99, OR 42, Dillard, **E** ⊙ Rivers West RV Park
111mm	**weigh sta both directions**
110	Boomer Hill Rd
108	Myrtle Creek, **E** ⛽ Chevron 🍴 DQ, El Azteca, Golf Course Cafe, Subway ⊙ city park, Myrtle Creek RV Park, Ray's Foods
106	Weaver Rd
103	Tri City, Myrtle Creek, **E** ⊙ Tri-City RV Park, **W** ⛽ Chevron/A&W/dsl, Pacific Pride 🍴 McDonald's
102	Gazley Rd, **E** ⊙ Surprise Valley RV Park (1mi)
101.5mm	S Umpqua River
101	Riddle, Stanton Park, **W** ⊙ camping
99	Canyonville, **E** ⛽ Penny Pincher 🍴 Burger King, El Paraiso 🏨 7 Feathers Hotel/casino, Riverside Motel ⊙ Canyon Mkt, city park, **W** Ⓡ𝖘 ⛽ 7 Feathers Trkstp/café/dsl/scales/24hr/@ 🍴 Creekside Rest. 🏨 Holiday Inn Express ⊙ 7 Feathers RV Resort
98	OR 99, Canyonville, Days Creek, **E** ⛽ Arco/dsl, Shell/dsl 🍴 Ken's Cafe, Marla Kay's Cafe, Serafino's Italian, Subway 🏨 Leisure Inn ⊙ Ace Hardware, auto repair, NAPA, Ray's Foods, USPO, vet, **W** ⊙ museum
95	Canyon Creek
90mm	Canyon Creek Pass, elev 2020
88	Azalea
86	Barton Rd, Quine's Creek, **E** ⊙ Heaven on Earth Rest./rest., Meadow Wood RV Park (3mi)
83	Barton Rd (from nb), **E** ⊙ Meadow Wood RV Park/camping
80	Glendale, **W** ⊙ Cow Creek/Lp/Rest.
79.5mm	elev 1830, Stage Road Pass
78	Speaker Rd (from sb)
76	Wolf Creek, **W** ⛽ 76/deli/dsl, Pacific Pride/dsl, Shell/dsl 🍴 Wolf Creek Inn Rest. ⊙ Creekside RV park, USPO
74mm	elev 1730, Smith Hill Summit

S U T H E R L I N

R O S E B U R G

OR

⬆️N INTERSTATE 5 Cont'd

Exit#	Services
71	Sunny Valley, **E** 🅞 Covered Bridge Store/gas, **W** 🅞 Sunny Valley RV Park
69mm	Sexton Mtn Pass, elev 1960
66	Hugo, **E** 🅞 Joe Creek Waterfalls RV Park, **W** 🅞 Pottsville Museum (3mi)
63mm	🆁🆂 both lanes, full ♿ facilities, info, litter barrels, petwalk, 🅒, 🅰, vending
61	Merlin, **W** 🅕 Shell/dsl 🅞 Almeda RV Park, Beaver Creek RV Resort (2mi), OR RV Ctr, Ray's Foods, repair
58	OR 99, to US 199, Grants Pass, **W** 🅕 76/dsl/RV dump, CFN/dsl, Chevron, Fireball Gas, Shell/dsl/repair, Texaco/dsl, TownePump Gas 🅕 Angela's Mexican, Beacon Cafe, Black Bear Diner, Burger King, Carl's Jr, China Hut, Denny's, DQ, Jack-in-the-Box, McDonald's, Muchas Gracias Mexican, Orchid Thai, Papa Murphy's, Sizzler, Subway, Taco Bell, Wendy's 🅐 Best Way Inn, Buona Sera Inn, Comfort Inn, Hawks Inn, La Quinta, Motel 6, Redwood Motel, Royal Vue Motel, Shilo Inn, Sunset Inn, Super 8, Sweet-Breeze Inn, Travelodge 🅞 🅗, $Tree, AutoZone, Chevrolet/Honda, Chrysler/Dodge/Jeep, Jack's RV Resort, repair, Rouge Valley RV Park, Schwab Tire, st police, towing
55	US 199, Redwood Hwy, E Grants Pass, **W** 🅕 Arco/dsl, Mobil/dsl 🅕 Abby's Pizza, Applebee's, Arby's, Carl's Jr, Elmer's, KFC, Kobe Buffet, La Burrita, McDonald's, Pizza Hut, Shari's, Si Casa Flores Mexican, Subway, Taco Bell 🅐 Best Western, Holiday Inn Express 🅞 🅗, $Tree, Albertson's, AT&T, BigLots, Fred Meyer/dsl, Grocery Outlet, Home Depot, Jo-Ann, Moon Mtn RV Park (2mi), O'Reilly Parts, Petco, Rite Aid, RiverPark RV Park (4mi), Ross, Siskiyou RV Ctr, Staples, Verizon, Walmart
48	Rogue River, **E** 🅕 76/dsl, Chevron/Circle K/dsl 🅕 Abby's Pizza, Cottage Cafe, Homestead Rest. 🅞 Ace Hardware, auto repair, Rogue River RA, vet, **W** 🅕 La Guayacama, Mkt Basket Deli 🅐 Bella Rosa Inn, Best Western 🅞 Bridgeview RV Park, Chinook Winds RV Park, visitors ctr/info, Whispering Pines RV Park
45b	**W** Valley of the Rogue SP/🆁🆂 both lanes, full ♿ facilities, camping, litter barrels, petwalk, 🅒, 🅰
45mm	Rogue River
45a	OR 99, Savage Rapids Dam, **E** 🅞 Cypress Grove RV Park
43	OR 99, OR 234, to Crater Lake, Gold Hill, **E** 🅐 Lazy Acres Motel/RV Park, RoadRiver B&B
40	OR 99, OR 234, Gold Hill, **E** 🅕 Figaro's Pizza 🅞 KOA, Lazy Acres Motel/RV Park, Running Salmon RV Park, **W** 🅕 Dardanelle's/gas 🅞 Dardanelle's Trailer Park
35	OR 99, Blackwell Rd, Central Point, **2-4 mi W** 🅕 gas 🅕 food 🅐 lodging 🅞 Jacksonville Nat Hist Landmark, st police
33	Central Point, **E** 🅕 Chevron, LNG, 🅵🅻🅾/Subway/Taco Bell/dsl/scales/24hr 🅕 Burger King, KFC, Quiznos, Shari's Rest., Sonic 🅐 Candlewood Suites (2mi), Courtyard (2mi), Holiday Inn Express, Medford Inn, Super 8 🅞 funpark, **W** 🅕 76/Circle K/dsl, Shell/dsl 🅕 Abby's Pizza, Little Caesar's, Mazatlan Mexican, McDonald's 🅞 Albertson's, AT&T, USPO
30	OR 62, to Crater Lake, Medford, **E** 🅕 Arco, Chevron/dsl, Witham Trkstp/rest./dsl/24hr/@ 🅕 Abby's Pizza, Applebee's, Asian Grill, Baskin Robbins, Buffalo Wild Wings, Burger King, Carl's Jr, Del Taco, Denny's, DQ, Elmer's, McDonald's, Olive Garden, Outback Steaks, Panda Express, Papa John's, Papa Murphy's, Pita Pit, Pizza Hut, Red Robin, RoundTable Pizza, Si Casa Flores Mexican, Sizzler, Sonic, Starbucks, Subway, Taco Bell, Taco Delite, Thai Bistro, TX Roadhouse, Wayback Burger, Wendy's 🅐 Comfort Inn, Hampton Inn, Motel 6, Quality Inn, Ramada, Rogue Regency Hotel, Shilo Inn 🅞 🅗, $Tree, AT&T,

Exit#	Services
30	Continued
	AutoZone, Barnes&Noble, Best Buy, BigLots, BiMart, Chevrole Buick/GMC, Costco/gas, Food4Less, Ford/Lincoln, Fred Meye dsl, JoAnn, Lowe's, Mazda, Mercedes, Michael's, NAPA, O fice Depot, Old Navy, O'Reilly Parts, Petsmart, Ross, Safewa Schwab Tire, Sears/auto, st police, Subaru, TJ Maxx, Tuesda Morning, USPO, Verizon, vet, Walmart/Subway, **W** 🅕 76 dsl, Shell/dsl, Spirit/dsl 🅕 Chipotle, Jack-in-the-Box, K leidoscope Pizza, KFC, King Wah Chinese, Red Lobster, We dy's 🅞 CarQuest, JC Penney, Kohl's, Macy's, mall, Natur Grocers, Petco, REI, Target, Toyota/Scion, Trader Joe's, Verizo
27	Barnett Rd, Medford, **E** 🅕 Blackbear Diner, DQ 🅐 Be Western, Days Inn/rest., Homewood Suites, Motel 6, Tra elodge 🅞 🅗, **W** 🅕 76/Circle K/dsl, Chevron/dsl, Texac dsl 🅕 Abby's Pizza, Arby's, Burger King, Carl's Jr, Domino El Arriero Mexican, HomeTown Buffet, Jack-in-the-Box, KF McDonald's, McGrath's FishHouse, Panda Express, Pizza Hu Quiznos, Rooster's Rest., Shari's, Starbucks, Subway, Taco Be Wendy's 🅐 Comfort Inn, Holiday Inn Express, Medford In Royal Crest Motel, Sovana Inn, SpringHill Suites, TownePla Suites 🅞 $Tree, AT&T, Fred Meyer/dsl, GNC, Grocery Outle Harry&David's, O'Reilly Parts, Staples, Verizon, Walgreen Walmart/McDonald's, WinCo Foods
24	Phoenix, **E** 🅕 Petro/Iron Skillet/dsl/scales/RV dump/24h @, Shell/dsl 🅐 Best Inn/PearTree RV park 🅞 Home D pot, Peterbilt, **W** 🅕 Chevron/Circle K/dsl 🅕 Angelo's Pizz Jack-in-the-Box, Joe's Rest., McDonald's, Si Casa Flores Me ican 🅐 Bavarian Inn 🅞 CarQuest, Harley Davidson, Holida RV Park, Ray's Foods, Tire Pros
22mm	🆁🆂 sb, full ♿ facilities, litter barrels, petwalk, 🅒, 🅰, vendin
21	Talent, **W** 🅕 Chevron/dsl, Circle K/dsl 🅕 Subway 🅐 Goo Night Inn 🅞 American RV Resort, vet
19	Valley View Rd, Ashland, **W** 🅕 76/dsl, Pacific Pride/dsl, She dsl/LP 🅕 Burger King, El Tapatio Mexican 🅐 EconoLodg RV Park, La Quinta 🅞 Acura, Chevrolet, Ford, Suzuki
18mm	weigh sta both lanes
14	OR 66, to Klamath Falls, Ashland, **E** 🅕 76/dsl/LP, Chevro dsl, Valero/dsl 🅕 Caldera Rest., El Pariso Mexican, OakTre Rest. 🅐 Ashland Hills Inn & Suites, Best Western, Holiday I Express, Relax Inn 🅞 Emigrant Lake Camping (3mi), Glenya RV Park (3mi), **W** 🅕 Arco, Texaco 🅕 Little Caesar's, Pan Garden Chinse, Señor Sam's Mexican, Subway, Taco Bell, We dy's, Wild Goose Cafe 🅐 Rodeway Inn, Super 8 🅞 🅗, $Tre Albertson's, AT&T, Bi-Mart, NAPA, Rite Aid, Schwab Tire, Shop Kart, U-Haul, vet
11	OR 99, Siskiyou Blvd (nb only, no return)
6	to Mt Ashland, **E** 🅐 Callahan's Siskiyou Lodge/rest. 🅞 🅞 ski area
4mm	Siskiyou Summit, elev 4310, brake check both lanes
1	to Siskiyou Summit (from nb, no return)
0mm	Oregon/California state line

➡️E INTERSTATE 84

Exit#	Services
378mm	Oregon/Idaho state line, Snake River
377.5mm	Welcome Ctr wb, full ♿ facilities, info, litter barrels, petwal 🅒, 🅰, vending
376b a	US 30, to US 20/26, Ontario, Payette, **N** 🅕 Chevron/d 🅕 A&W/KFC, Burger King, Carl's Jr, China Buffet, Count Kitchen, Denny's, Domino's, DQ, Dutch Bros Coffee, Little Ca sar's, McDonald's, Panda Express, Subway, Taco Time, Wine ers 🅐 Best Value Inn, Best Western, Clarion, Motel 6, Quali Inn, Sleep Inn 🅞 $Tree, AT&T, GNC, Home Depot, st polic

Side labels: **GRANTS PASS**, **MEDFORD** (left column); **MEDFORD**, **ASHLAND** (right column)

Copyright 2018 - The Next EXIT ®

INTERSTATE 84 Cont'd

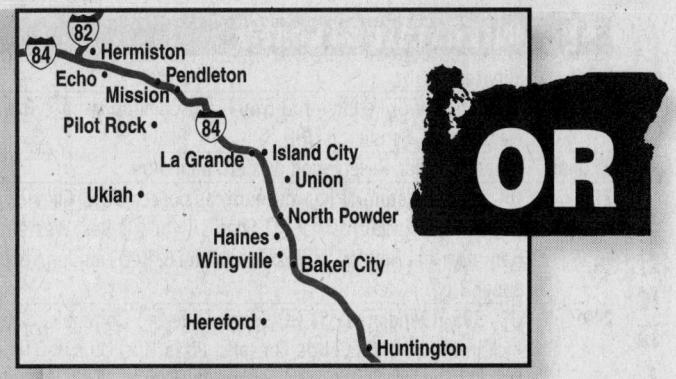

O N T A R I O

Exit	Description
376b a	**Continued**
	Staples, Toyota/Scion, Verizon, Walgreens, Walmart/Subway, S 🅿 /Arby's/dsl/scales/24hr, Sinclair/dsl 🍴 DJ's, East Side Cafe, Far East Chinese, Gandolfo's Deli, Ogawa's Japanese, Rusty's Steaks, Taco Bell 🏨 Economy Inn, Holiday Inn Express, OR Trail Motel, Stockman's Motel, Super 8 🅾 🅷, Commercial Tire, Les Schwab Tire, NAPA
374	US 30, OR 201, to Ontario, **N** 🅾 to Ontario SP, **2 mi S** 🅿 ♥ Loves/Chester's/Subway/dsl/scales/24hr/@, Pacific Pride 🏨 Budget Inn 🅾 🅷
373.5mm	Malheur River
371	Stanton Blvd, **2 mi S** 🅾 to correctional institution
362	Moores Hollow Rd
356	OR 201, to Weiser, ID, **3 mi N** 🅾 Catfish Junction RV Park, Oasis RV Park
354.5mm	weigh sta eb
353	US 30, to Huntington, **N** 🅾 info, RV camping, to Farewell Bend SP, **weigh sta wb**
351mm	Pacific/Mountain time zone
345	US 30, Lime, Huntington, **1 mi N** 🅿 gas 🍴 food 🏨 lodging 🅾 to Snake River Area, Van Ornum BFD
342	Lime (from eb)
340	Rye Valley
338	Lookout Mountain
337mm	Burnt River
335	to Weatherby, **N** 🆁🆂 both lanes, full ♿ facilities, litter barrels, Oregon Trail Info, petwalk, 🚮, vending
330	Plano Rd, to Cement Plant Rd, **S** 🅾 cement plant
329mm	pulloff eb
327	Durkee, **N** 🅿 Co-op/dsl/LP/café
325mm	Pritchard Creek
321mm	Alder Creek
317	to Pleasant Valley (from wb)
315	to Pleasant Valley (from wb)
313	to Pleasant Valley (from eb)
306	US 30, Baker, **2-3 mi S** 🅿 Chevron/dsl 🏨 Baker City Motel, Bridge Street Hotel, OR Trail Motel/rest. 🅾 🅷, Les Schwab Tire, same as 304, to st police

B A K E R

Exit	Description
304	OR 7, Baker, **N** 🅿 Chevron/dsl/24hr 🏨 Super 8, Welcome Inn, **S** 🅿 Maverik/dsl, Shell/dsl, Sinclair/dsl/rest./scales/24hr, USA/dsl 🍴 Big Chief's BBQ, Golden Crown, McDonald's, Papa Murphy's, Pizza Hut, Rising Sun Chinese, Starbucks, Subway, Sumpter Jct Rest., Taco Time 🏨 Best Western, Eldorado Inn, Geiser Grand Motel, Rodeway Inn 🅾 🅷, $Tree, Bi-Mart, Carquest, CarQuest, city park, Ford, Haggens Mkt, Mtn View RV Park/LP (3mi), museum, O'Reilly Parts, Paul's Transmissions/repair, Rite Aid, Safeway Foods, to hist dist, Verizon
302	OR 86 E to Richland, **S** 🅾 🅷, OR Tr RV Park/LP, st police
298	OR 203, to Medical Springs
297mm	Baldock Slough
295mm	🆁🆂 both lanes, full ♿ facilities, info, litter barrels, petwalk, 🚮, 🚮, vending
289mm	Powder River
287.5mm	45th parallel, halfway between the equator and north pole
286mm	N Powder River
285	US 30, OR 237, North Powder, **N** 🏨 North Powder Motel/cafe, **S** 🅾 ski area, to Anthony Lakes
284mm	Wolf Creek
283	Wolf Creek Lane
278	Clover Creek
273	Frontage Rd

L A G R A N D E

Exit	Description
270	Ladd Creek Rd (from eb, no return)
269mm	🆁🆂 both lanes, full ♿ facilities, info, litter barrels, petwalk, 🚮, 🚮, vending
268	Foothill Rd
265	OR 203, LaGrande, **N** 🅾 🖨, Eagles Hot Lake RV Park, **S** 🅿 ✈FLYING J/Shell/res./dsl/scales/24hr 🍴 SmokeHouse Rest. (2mi) 🅾 Freightliner
261	OR 82, LaGrande, **N** 🅿 Chevron/dsl, Shell/dsl 🍴 Denny's, Pizza Hut, Primo's Pizza, Starbucks, Taco Bell 🏨 LaGrande Inn 🅾 AT&T, Chrysler/Dodge/Jeep, Ford/Lincoln, Grocery Outlet, Thunder RV Ctr, Verizon, vet, Walmart/Subway, **S** 🅿 76/Baskin-Robbins/Subway/dsl, Chevron/dsl, Texaco/dsl 🍴 Bear Mtn. Pizza, China Buffet, Domino's, DQ, Dutch Bro's Coffee, KFC, La Fiesta Mexican, McDonald's, Moy's Dynasty, Nell's Steakburger, Papa Murphy's, Taco Time, Wendy's 🏨 Best Western, Royal Motel, Sandman Inn/Best Value, Super 8 🅾 🅷, $General, $Tree, Ace Hardware, E OR U, Rite Aid, Safeway/dsl, Schwab Tire, Wallowa Lake
260mm	Grande Ronde River
259	US 30 E (from eb), to La Grande, **1-2 mi S** 🅿 Chevron/dsl, Shell/dsl 🍴 Burger King 🏨 Greenwell Motel/rest., Rodeway Inn, Royal Motel, same as 261
257	Perry (from wb)
256.5mm	weigh sta eb
256	Perry (from eb)
255mm	Grande Ronde River
254mm	scenic wayside
252	OR 244, to Starkey, Lehman Springs, **S** 🅾 camping, chainup area, Hilgard SP
251mm	Wallowa-Whitman NF, eastern boundary
248	Spring Creek Rd, to Kamela, **3 mi N** 🅾 Oregon Trail Visitors Park
246mm	Wallowa-Whitman NF, western boundary
243	Summit Rd, Mt Emily Rd, to Kamela, **2 mi N** 🅾 Emily Summit SP, 🅾 Oregon Trail info
241mm	Summit of the Blue Mtns, elev 4193
238	Meacham
234	Meacham, **S** 🅾 Emigrant Sprs SP, RV camping
231.5mm	Umatilla Indian Reservation, eastern boundary
228mm	Deadman Pass, 🆁🆂 both lanes, full ♿ facilities, litter barrel, petwalk, picnic table, vending, 🚮 (wb), RV Dump (wb), Oregon Trail info
227mm	brake check area, weigh sta wb
224	Poverty Flats Rd, Old Emigrant Hill Rd, to Emigrant Springs SP
223mm	wb viewpoint, no restrooms
221.5mm	eb viewpoint, no restrooms
220mm	wb runaway truck ramp
216	Mission, McKay Creek, **N** 🅿 Arrowhead Trkstp/Pacific Pride/McDonald's/dsl/24hr 🍴 DQ, Subway 🅾 Wildhorse Casino/RV Park

OR

↑E INTERSTATE 84 Cont'd

Exit#	Services
213	US 30 (from wb), Pendleton, **3-5 mi N** 🅿 Chevron/dsl 🏨 Travelers Inn Ⓞ Pendleton NHD
212mm	Umatilla Indian Reservation western boundary
210	OR 11, Pendleton, **N** Ⓞ museum, st police, **S** 🅿 Chevron/Circle K/dsl, Sinclair/dsl/LP 🍴 Shari's/24hr 🏨 Best Western, Hampton Inn, Holiday Inn Express, Motel 6, Red Lion Inn/rest., Super 8 Ⓞ KOA
209	US 395, Pendleton, **N** 🅿 Space Age 🍴 Domino's, DQ, Jack-in-the-Box, KFC, Little Caesar's, Pizza Hut, Quiznos, Taco Bell 🏨 Oxford Suites, Travelodge Ⓞ $Tree, AT&T, Dean's Mkt, Grocery Outlet, O'Reilly Parts, Rite Aid, Safeway/dsl, Verizon, Walgreens, Walmart/Subway, **S** 🅿 Astro/dsl, Sinclair/dsl 🍴 Abby's Pizza, Burger King, Denny's, Dickey's BBQ, McDonald's, Rooster's Rest, Starbucks, Subway, Wendy's 🏨 EconoLodge Ⓞ Ⓗ, Les Schwab, Thompson RV Ctr
208mm	Umatilla River
207	US 30, W Pendleton, **N** 🅿 Shell/dsl/LP Ⓞ Lookout RV Park, truck repair
202	Barnhart Rd, to Stage Gulch, **N** Ⓞ Woodpecker Truck Repair
199	Stage Coach Rd, Yoakum Rd
198	Lorenzen Rd, McClintock Rd, **N** Ⓞ trailer/reefer repair
193	Echo Rd, to Echo, Ⓞ Oregon Trail Site
188	US 395 N, Hermiston, **5 mi N** 🅿 Chevron/dsl, 🅿Pilot/Subway/McDonald's/dsl/24hr/RV park 🍴 Denny's/24hr, Jack-in-the-Box, McDonald's, Shari's/24hr 🏨 Best Western, Economy Inn, Oak Tree Inn, Oxford Suites Ⓞ Ⓗ, **S** Ⓞ Echo HS, Henrietta RV Park (1mi)
187mm	℞ₛ both lanes, full ♿ facilities, info, litter barrels, petwalk, Ⓒ, 🏓
182	OR 207, to Hermiston, **N** 🅿 Space Age/A&W/dsl/LP/24hr 🏨 Comfort Inn
180	Westland Rd, to Hermiston, McNary Dam, **N** Ⓞ trailer repair, **S** 🅿 Western Express/dsl Ⓞ Freightliner
179	I-82 W, to Umatilla, Kennewick, WA
177	Umatilla Army Depot
171	Paterson Ferry Rd, to Paterson
168	US 730, to Irrigon, **8 mi N** Ⓞ Green Acres RV Park, Oasis RV Park, Oregon Trail info
165	Port of Morrow, **S** 🅿 Pacific Pride/dsl
164	Boardman, **N** 🅿 Chevron/Circle K/dsl, Sinclair/dsl 🍴 C&D Drive-In, Lynard's Cafe, Sunrise Cafe, Village Rest. 🏨 Knights Inn, Riverview Motel Ⓞ Boardman RV/Marina Park, city park, USPO, **S** 🅿 Shell/dsl 🍴 Subway 🏨 NAPA, Oregon Trail Library, Rodeway Inn, Select Mkt, Tire Factory
161mm	℞ₛ both lanes, full ♿ facilities, litter barrels, petwalk, Ⓒ, 🏓, vending
159	Tower Rd
151	Threemile Canyon
147	OR 74, to Ione, Blue Mtn Scenic Byway, Heppner, Ⓞ Oregon Trail Site
137	OR 19, Arlington, **S** 🅿 Shell/Circle K/dsl 🍴 Happy Canyon Cafe, Pheasant Grill, Rivers Edge Deli 🏨 Rodeway Inn Ⓞ Arlington Hardware, Arlington RV Park/dump, city park, Thrifty Foods
136.5mm	view point wb, litter barrels, 🏓
131	Woelpern Rd (from eb, no return)
129	Blalock Canyon, Ⓞ Lewis&Clark Trail
123	Philippi Canyon, Ⓞ Lewis&Clark Trail
114.5mm	John Day River
114	**S** Ⓞ LePage Park

Exit#	Services
112	**N** Ⓞ John Day Dam, parking area both lanes, litter barrels
109	Pendleton, **N** Ⓞ John Day Visitor Ctr, **S** 🅿 Sinclair/dsl 🍴 Bob's T-Bone, Bull Dog Diner 🏨 Hillview Motel, Tye Motel Ⓞ Ed's RV Park, Family Mkt/deli, Rufus RV Park
104	US 97, Biggs, **N** Ⓞ Des Chutes Park Bridge, Maryhill Museum, **S** 🅿 76/Circle K/Noble Roman's/dsl/24hr, 🅿Pilot/McDonald's/dsl/scales/24hr, Shell/Subway/dsl 🍴 Linda Rest. 🏨 Dinty's Motel, Three Rivers Inn Ⓞ Dinty's Mkt, dsl, tire repair
100mm	Columbia River Gorge Scenic Area, Deschutes River
97	OR 206, Celilo, **N** Ⓞ Celilo SP, restrooms, **S** Ⓞ Deschutes S, Indian Village
92mm	pulloff eb
88	**N** Ⓞ to The Dalles Dam
87	US 30, US 197, to Dufur, **N** 🅿 76/dsl/24hr, Chevron/dsl 🍴 McDonald's, Portage Grill 🏨 Comfort Inn, Shilo Inn Ⓞ Columbia Hills RV Park, Lone Pine RV Park, st police **S** 🍴 Big Jim's Drive-In 🏨 Celilo Inn
85	The Dalles, **N** Ⓞ Riverfront Park, litter barrels, Ⓒ, 🏓, playground, restrooms, Ⓞ marina **S** 🅿 76/dsl, Chevron, Shell 🍴 Burgerville, Canton Wok, Clock Tower Rest., Domino's, River Tap Rest. 🏨 Dalles Inn, Oregon Motel Ⓞ Ⓗ, AJ Radiators, Dalles Parts, to Nat Hist Dist, TrueValue, USPO
83	(84 from wb) W The Dalles, **N** 🍴 Casa El Mirador 🏨 Legends Hotel/Casino Ⓞ Tire Factory, **S** 🅿 Astro, Chevron/dsl, Fred Meyer/dsl 🍴 Burger King, Denny's, DQ, Dutch Bro Coffee, Ixtapa Mexican, Jack-in-the-Box, KFC, McDonald's, Papa Murphy's, Pizza Hut, Shari's Rest., Skipper's, Starbucks, Subway, Taco Bell, Taco Time, The BBQ 🏨 Cousin's Inn/rest, Fairfield Inn, Motel 6, Super 8 Ⓞ Ⓗ, $Tree, AT&T, Buick/Chevrolet/GMC, Chrysler/Dodge/Jeep, Ford, Fred Meyer, Grocery Outlet, Honda, Jo-Ann Fabrics, K-Mart, Nissan, Oil Can Henry's, O'Reilly Parts, PetCo, Rite Aid, Safeway/dsl, Staples, Subaru, Toyota/Scion, Verizon, Walgreens
82	Chenowith Area, **S** 🅿 76/dsl 🍴 Spooky's Café Ⓞ Bi-Mart Foods, Columbia Discovery Ctr, Home Depot, museum, same as 83
76	Rowena, **N** Ⓞ Lewis & Clark info, Mayer SP, Memaloose SP, windsurfing
73mm	Memaloose SP, ℞ₛ both lanes, full ♿ facilities, litter barrels, petwalk, Ⓒ, 🏓, RV dump Ⓞ camping
69	US 30, Mosier, **S** Ⓞ USPO
66mm	**N** ℞ₛ wb, full ♿ facilities, litter barrels, picnic table Ⓞ Koberg Beach SP
64	US 30, OR 35, to White Salmon, Hood River, **N** 🅿 Chevron/dsl, Shell 🍴 McDonald's, Riverside Grill, Starbucks 🏨 Best Western Ⓞ marina, museum, st police, visitors info
63	Hood River, City Ctr, **N** 🅿 Valero/dsl 🏨 Hampton Inn **S** 🅿 Astro 🍴 3 River's Grill, Andrew's Pizza, Big Horse Rest., Hood River Rest., Pietro's Pizza 🏨 Hood River Hotel, Oakstreet Hotel Ⓞ Ⓗ, USPO
62	US 30, Westcliff Dr, W Hood River, **N** 🍴 Charburger, White Buffalo Rest. 🏨 Columbia Gorge Hotel, Vagabond Lodge **S** 🅿 76/dsl, Chevron/dsl/LP 🍴 Domino's, DQ, Egg River Cafe, HoHo Chinese, McDonald's, Pelinti Cafe, Red Carpet Cafe, Starbucks, Subway, Taco Bell 🏨 Comfort Suites, Prater's Motel, Riverview Lodge Ⓞ Ⓗ, AT&T, Les Schwab Tire, Oil Can Henry's, Rite Aid, Safeway, Verizon, Walmart
61mm	pulloff wb
60	service rd wb (no return)
58	Mitchell Point Overlook (from eb)
56	**N** Ⓞ Ⓒ, RV camping, Viento SP

PENDLETON

BOARDMAN

OR

THE DALLES

HOOD RIVER

▶N INTERSTATE 84 Cont'd

Exit#	Services
55	Starvation Peak Tr Head (from eb), restrooms
54mm	weigh sta wb
51	Wyeth, **S** 🅾 camping
49mm	pulloff eb
47	Forest Lane, Hermon Creek (from wb), 🅾 camping
45mm	weigh sta eb
44	US 30, to Cascade Locks, **N** 🛢 Chevron/dsl, Shell/dsl 🍴 Bridgeside Rest., Cascade Inn Rest., Eastwind Drive-In, Waterfront Cafe 🏨 Best Western, Bridge of the Gods Motel, Cascade Motel, Columbia Gorge Inn 🅾 Columbia Mkt, KOA, Stern Wheeler RV Park, to Bridge of the Gods, USPO
41	Eagle Creek RA (from eb), to fish hatchery
40	**N** 🅾 Bonneville Dam NHS, info, to fish hatchery
37	Warrendale (from wb)
35	Historic Hwy, Multnomah (exits left from both lanes), **S** 🅾 Ainsworth SP, Fishery RV Park, scenic loop highway, waterfall area
31	Multnomah Falls (exits left from both lanes), **S** 🍴 Multnomah Falls Lodge/Rest. (hist site) 🅾 camping
30	**S** 🅾 Benson SRA (from eb)
29	Dalton Point (from wb)
28	to Bridal Veil (7 mi return from eb), **S** 🅾 USPO
25	**N** 🅾 Rooster Rock SP
23mm	hist marker, viewpoint wb
22	Corbett, **2 mi S** 🛢 Corbett Mkt 🍴 View Point Rest. 🅾 Crown Point RV Camping
19mm	Columbia River Gorge scenic area
18	Lewis&Clark SP, to Oxbow SP
17.5mm	Sandy River
17	Marine Dr, Troutdale, **N** 🍴 DQ 🏨 Comfort Inn, **S** 🛢 Chevron/dsl, ❤Love's/Chester's/dsl/LP/scales/24hr, TA/Shell/Country Pride/Popeye's/Subway/dsl/scales/24hr/@ 🍴 Arby's, McDonald's, Shari's/24hr, Subway, Taco Bell 🏨 Holiday Inn Express, Motel 6 🅾 Premium Outlets/famous brands, Sandy Riverfront RV Resort
16	238th Dr, Fairview, **N** 🛢 Arco/dsl/24hr 🍴 Bronx Eatery, Burger King, Jack-in-the-Box 🏨 Travelodge 🅾 Camping World, Walmart/Subway, **S** 🛢 🅾 H
14	207th Ave, Fairview, **N** 🛢 Shell/dsl 🍴 Parkway Grill 🅾 auto repair, Portland RV Park, Rolling Hills RV Park
13	181st Ave, Gresham, **N** 🛢 Chevron/dsl 🏨 Hampton Inn, **S** 🛢 76, Arco, Texaco 🍴 Burger King, Canton Pearl, Carl's Jr, McDonald's, Pizza Hut, Shari's, Wendy's, Xavier's 🏨 Days Inn, Extended Stay America, Guesthouse Suites, Rodeway Inn, Sheraton 🅾 $Tree, 7-11, U-Haul, vet
10	122nd Ave (from eb)
9	I-205, S to Salem, N to Seattle, to ✈, (to 102nd Ave from eb)
8	I-205 N (from eb), **N** 🅾 to ✈
7	Halsey St (from eb), Gateway Dist
6	I-205 S (from eb)
5	OR 213, to 82nd Ave (eb only), **N** 🏨 Days Inn, **S** 🍴 Eastern Cathay 🏨 Comfort Inn
4	68th Ave (from eb), to Halsey Ave
3	58th Ave (from eb), **S** 🛢 76, Shell/dsl 🅾 H, Fred Meyer
2	43rd Ave, 39th Ave, Halsey St, **N** 🛢 🍴 Burger King, Panera Bread, Starbucks 🏨 Banfield Motel 🅾 Rite Aid, Trader Joe's, **S** 🅾 H, same as 1
1	33rd Ave, Lloyd Blvd (eb only), downtown, **N** 🛢 Shell/dsl 🍴 Burger King, Starbucks 🅾 AT&T, **S** 🍴 Wendy's 🅾 Schwab Tire, same as 2

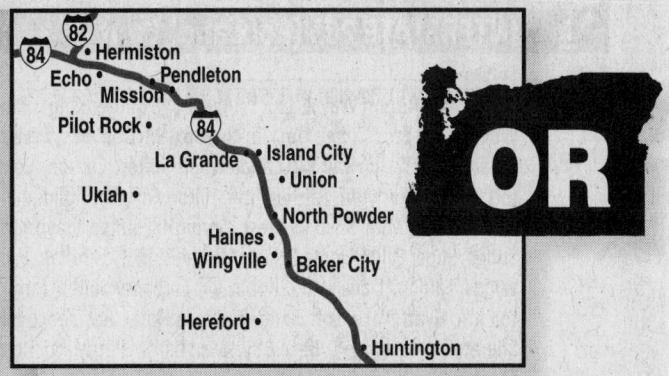

1	to downtown (wb only), **N** 🍴 Applebee's 🏨 Doubletree, Residence Inn 🅾 $Tree, Macy's, Marshall's, Nordstrom, Safeway, Sears, **S** 🅾 Cadillac
0mm	I-84 begins/ends on I-5, exit 301.

▶N INTERSTATE 205 (Portland)

Exit#	Services
37mm	I-205 begins/ends on I-5. Exits 36-27 are in Washington.
36	NE 134th St (from nb), **E** 🛢 Chevron/dsl 🏨 Holiday Inn Express 🅾 H, **W** 🛢 7-11, Arco, Mobil, Shell 🍴 Applebee's, Baskin-Robbins, Billygan's Roadhouse, Burger King, Burgerville, El Tapatio, Jack-in-the-Box, McDonald's, Muchas Gracias, Panda Express, Papa Murphy's, PizzaSchmitzza, Round Table Pizza, Starbucks, Subway, Taco Bell 🏨 La Quinta, Shilo Inn, Vancouver Inn 🅾 99 RV Park, Albertson's, Fred Meyer, Safeway/dsl, Verizon, Walgreens
32	NE 83rd St, Andreson Rd, Battle Ground, **W** 🛢 Shell/dsl/24hr 🍴 Burger King, Emporor Chinese, Krispy Kreme, Panda Express, Starbucks, Subway, Taste of China, Weinerschnitzel, Wendy's 🅾 Costco/gas, Home Depot, vet
30cba	WA 500, Orchards, Vancouver, **E** 🛢 76, Shell, Shell, USA 🍴 ABC Buffet, Applebee's, Burger King, Burgerville, DQ, Imperial Palace, KFC, McDonald's, Papa Murphy's, Subway, Wendy's 🅾 7-11, GNC, Jo-Ann Crafts, Midas, Office Depot, PetCo, repair, Sportsman's Whse, Toyota/Scion, Walgreens, **W** 🛢 7-11/dsl, Chevron/dsl, Shell/dsl 🍴 Burgerville, ChuckeCheese, Golden Tent BBQ, Great Taste Chinese, Hometown Buffet, IHOP, Jack-in-the-Box, Jamba Juice, LaCosta Mexican, Muchas Gracias, Olive Garden, Outback Steaks, Popeyes, Red Lobster, Red Robin, RoundTable Pizza, Shari's, Starbucks, Subway, Taco Bell 🏨 Best Western, Comfort Suites, Day's Inn, Heathman Lodge, Holiday Inn Express, Howard Johnson's, Residence Inn, Staybridge Inn 🅾 $Tree, Americas Tire, auto repair, Barnes&Noble, GNC, JC Penney, Macy's, mall, Old Navy, Petsmart, Ross, Sears/auto, Target, TJ Maxx, URGENT CARE, Verizon, Walmart Mkt
28	Mill Plain Rd, **E** 🛢 76, Chevron 🍴 Applebee's, Baskin-Robbins, Breakfast At Valerie's, Burger King, Burgerville, DQ, Elmer's Rest., Irishtown Grill, Jimmy John's, Kings Buffet, McDonald's, McGrath's Fish House, Muchas Gracias Mexican, Pizza Hut, Shari's, Starbucks, Starbucks, Sweet Tomatoes, Taco Bell, Yummy Mongolian 🏨 Best Western, DoubleTree Hotel, Extended Stay America, The Guesthouse Motel 🅾 $Tree, 7-11, Fred Meyer/dsl, O'Reilly Parts, PetCo, Schwab Tire, Trader Joe's, **W** 🛢 7-11, 76 🍴 Arby's, Jack-in-the-Box, Little Caesar's, Subway 🅾 H, auto/tire repair, Walgreens, Walmart/McDonald's
27	WA 14, Vancouver, Camas, Columbia River Gorge
25mm	Oregon/Washington state line. Columbia River, exits 27-36 are in Washington.

PORTLAND (left margin, I-84)

PORTLAND AREA (center margin, I-205)

OR (right margin tab)

INTERSTATE 205 (Portland) Cont'd

Exit#	Services
24	122nd Ave, Airport Way, **E** 🅿 7-11/dsl 🍴 Burger King, China Wok, Dutch Bros Coffee, Jack-in-the-Box, McDonald's, Panera Bread, Shari's, Subway 🛏 Candlewood Suites, Clarion, Comfort Suites, Courtyard, Fairfield Inn, Hilton Garden, Holiday Inn Express, La Quinta, Shilo Inn/rest., SpringHill Suites, Staybridge Suites, Super 8 ⊡ Home Depot, Michaels, **W** 🍴 Buffalo Wild Wings, Famous Dave's, Red Robin 🛏 Embassy Suites, Hampton Inn, Hyatt Place, Loft Hotel, Red Lion Hotel, Residence Inn, Sheraton/rest. ⊡ �̥, Best Buy, Marshall's, PetsMart, Ross, Staples
23b a	US 30 byp, Columbia Blvd, **E** 🅿 Leather's Fuel/dsl, Shell/dsl 🍴 Bill's Steaks, Elmer's Rest. 🛏 Best Western, Comfort Inn, Econolodge, Quality Inn, Rodeway Inn, **W** 🛏 Best Value Inn, Holiday Inn, Radisson, Ramada Inn
22	I-84 E, US 30 E, to The Dalles
21b	I-84 W, US 30 W, to Portland
21a	Glisan St, **E on NE 102nd St** 🅿 76, Arco 🍴 Applebee's, Carl's Jr, Izzy's Pizza, Jamba Juice, Starbucks, Subway ⊡ Fred Meyer, Kohl's, Office Depot, Ross, WinCo Foods
20	Stark St, Washington St, **E** 🅿 76/7-11, Chevron/dsl 🍴 Arby's, Baja Fresh, Burger King, Denny's, Elmer's Rest., Hometown Buffet, Jack-in-the-Box, McMenamin's Rest., Old Chicago Pizza, Olive Garden, Panda Express, Portland Seafood Co, Red Robin, Saylor's, Starbucks, Subway, Village Inn 🛏 Chestnut Tree Inn, Ramada ⊡ $Tree, Big Lots, Home Depot, Target, Tuesday Morning, Verizon, **W** 🍴 Stark St Pizza, Taco Bell 🛏 Motel 6 ⊡ 7-11
19	US 26, Division St, **E** 🅿 Space Age/dsl ⊡ 🔟, **W** 🅿 Shell 🍴 Burgerville, Campbell's BBQ, ChuckeCheese, McDonald's ⊡ Jo-Ann Fabrics, Walmart
17	Foster Rd, 1 mi **W** 🅿 Chevron 🍴 Copper Penney Grill
16	Johnson Creek Blvd, **W** 🅿 76, Arco 🍴 Applebee's, Bajio, Burger King, Carl's Jr, Five Guys, Hog Wild BBQ, Jack-in-the-Box, Jimmy John's, Krispy Kreme, McDonald's, McDonald's, Outback Steaks, Panda Express, RoundTable Pizza, Starbucks, Taco Bell ⊡ 7-11, Best Buy, Dick's, Firestone/auto, Fred Meyer/dsl, Home Depot, Knecht's Parts, O'Reilly Parts, PetsMart, RV Ctrs, Trader Joe's, Walgreens, Walmart/Subway

PORTLAND AREA

Exit	Services
14	Sunnyside Rd, **E** 🅿 76/dsl 🍴 A&W/KFC, Baja Fresh, Domino's, Garlic Jim's Pizza, Gustav's Grill, McMenamin's, Starbucks, Subway, TCBY, Thai BBQ 🛏 Days Inn, Motel 6 ⊡ 🔟 Office Depot, **W** 🅿 Chevron/dsl 🍴 Burger King, CA Pizza Kitchen, Chipotle, Claim Jumper, Dave&Buster's, Denny's, DQ, Jimmy John's, McDonald's, Muchas Gracias, Noodles&Co, Ol' Spaghetti Factory, Olive Garden, Panera Bread, Pieology Pizzaria, Pizza Hut, RAM Rest., Red Robin, Stanford's Rest., Wendy's 🛏 Courtyard, Monarch Hotel/rest. ⊡ America's Tire, Barnes&Noble, JC Penney, Kohl's, Macy's, mall, Nordstrom, Old Navy, PetCo, REI, Sears/auto, Target, U-Haul, Verizon, Walgreens, World Mkt
13	OR 224, to Milwaukie, **W** ⊡ CarMax, Lowe's
12	OR 213, to Milwaukie, **E** 🅿 Chevron/dsl, Pacific Pride, Shell 🍴 Denny's, Elmer's, KFC, McDonald's, New Cathay Chinese, Pronto Pizza, Subway, Taco Bell, Wendy's 🛏 Clackamas Inn, Hampton Inn ⊡ $Tree, 7-11, Fred Meyer, USPO, **W** 🛏 Comfort Suites
11	82nd Dr, Gladstone, **W** 🅿 Arco, Chevron 🍴 High Rock Rest., McDonald's, Starbucks, Subway 🛏 Holiday Inn Express ⊡ Harley-Davidson, Safeway
10	OR 213, Park Place, **E** 🅿 Chevron/dsl ⊡ 🔟, Home Depot, Oregon Trail Ctr
9	OR 99E, Oregon City, **E** 🅿 76, Chevron/dsl 🍴 KFC ⊡ 🔟, repair, Subaru, **W** 🍴 La Hacienda Mexican, McDonald's, Shari's, Starbucks, Subway, Thai Rest. 🛏 Best Western/rest ⊡ $Tree, AT&T, Firestone/auto, Michael's, Rite Aid, Ross, URGENT CARE
8.5mm	Willamette River
8	OR 43, W Linn, Lake Oswego, **E** 🅿 ⊡ museum, **W** 🅿 Chevron/dsl, Shell/dsl 🍴 BJ Willy's Pizza, Starbucks, Taco Del Mar, Thai Linn ⊡ Mkt of Choice, USPO, Verizon, vet
7mm	hist marker, viewpoint nb
6	10th St, W Linn St, **E** 🅿 Chevron/LP 🍴 5 Guys Burgers, Ixtapa Mexican, McDonald's, McMenamin's Rest., Papa Murphy's, Shari's/24hr, Wilamet Coffee House ⊡ Ace Hardware, Les Schwab, Oil Can Henry's, **W** 🍴 Biscuit's Cafe, Jack-in-the-Box, Starbucks, Subway ⊡ Albertsons/Sav-On
4mm	Tualatin River
3	Stafford Rd, Lake Oswego, **W** 🍴 Corner Saloon ⊡ 🔟
0mm	**I-205 begins/ends on I-5, exit 288.**

PENNSYLVANIA

INTERSTATE 70

Exit#	Services
171mm	Pennsylvania/Maryland state line, **Welcome Ctr wb, full** 🚻 **facilities, info, litter barrels, petwalk,** 🅲, 🛢, **vending**
168	US 522 N, Warfordsburg, **N** 🅿 Fuel/dsl, **S** ⊡ fireworks
163	PA 731 S, Amaranth
156	PA 643, Town Hill
153mm	🆁🆂 **eb, full** 🚻 **facilities, litter barrels, petwalk,** 🅲, 🛢, **vending**
151	PA 915, Crystal Spring, **N** ⊡ auto repair, **S** ⊡ Country Store/USPO
149	US 30 W, to Everett, **S** Breezewood (no immediate wb return), **3 mi S** 🍴 McDonald's 🛏 Wildwood Motel
147	US 30, Breezewood, **Services on US 30** 🅿 Exxon/dsl, ⚑**FLYING J**/Perkins/dsl/scales/24hr, Sheetz/dsl, Shell, Shell/Dunkin Donuts/Subway/dsl, Sunoco/dsl, TA/Valero/Gateway Rest./Subway/dsl/scales/24hr/@ 🍴 Bob Evans, Classic

NEW STANTON

Exit	Services
147	**Continued** American Diner, Hardee's, McDonald's, Pizza Hut, Starbucks, Subplicity, Taco Bell 🛏 Best Western, EconoLodge, Holiday Inn Express, Quality Inn, Wiltshire Motel ⊡ Blue Beacon
	I-70 and I-76/PA Tpk run together 71 mi. See I-76 PA/Tpk exit 148mm-75.
57b a	I-70 W, US 119, PA 66 **(toll)**, New Stanton, **N** 🅿 Exxon, Sheetz 🍴 BBG Grill, Bob Evans, Eat'n Park, McDonald's, Pagano's Rest., Pizza Hut, Subway, Szechuan Wok, Wendy's 🛏 Budget Inn, Comfort Inn, Days Inn, EconoLodge, Express Inn, Fairfield Inn, Garden Inn, Super 8, **S** 🅿 BP/dsl, Sunoco/dsl 🍴 Cracker Barrel, La Tavola Ristorante, TJ's Rest. ⊡ USPO
54	Madison, **N** ⊡ KOA, **S** ⊡ truck repair
53	Yukon
51b a	PA 31, West Newton, **S** ⊡ Volvo/Mack
49	Smithton, **N** 🅿 Citgo/rest./dsl/scales/@, ⚑**FLYING J**/Denny's/dsl/LP/scales/24hr/@

OR PA

INTERSTATE 70 Cont'd

Exit#	Services
46b a	PA 51, Pittsburgh, N 🅿 Sunoco/dsl 🍴 Burger King 🏨 Comfort Inn 🅾 Buick/Cadillac/Chevrolet, Ford/Kia, Honda, S 🅿 GetGo/dsl, PP/dsl 🍴 Clubhouse Grille 🏨 Belle Vernon Hotel, Budget Inn 🅾 golf
44	Arnold City
43b a	(43 from eb)PA 201, to PA 837, Fayette City, S 🅿 Exxon/dsl 🍴 A&W/LJ Silver, Burger King, Denny's, Domino's, Eat'n Park, Hibachi Buffet, Hoss' Rest., KFC, Little Bamboo, McDonald's, Old Mexico, Pizza Hut, Rita's Custard, Sonny's Grille, Starbucks, Subway, Taco Bell, Wendy's 🏨 Hampton Inn, Holiday Inn Express 🅾 $General, $Tree, Advance Parts, Aldi Foods, AT&T, BigLots, CVS Drug, Giant Eagle Foods, GNC, Jo-Ann Fabrics, Lowe's, NAPA, Rite Aid, Staples, URGENT CARE, Verizon, Walmart
42a	Monessen
42	N Belle Vernon, S 🅿 BP/McDonald's/7-11, Sunoco/dsl 🍴 DQ
41	PA 906, Belle Vernon
40mm	Monongahela River
40	PA 88, Charleroi, N 🅿 BP/dsl, Gulf, Sunoco 🍴 McDonald's, My Girl's Rest., Subway/TCBY 🅾 🅷 Rite Aid, Valley Tire
39	Speers, S 🅿 Exxon/dsl
37b a	PA 43 (toll), N to Pittsburgh, S to CA
36	Lover (from wb, no re-entry)
35	PA 481, Centerville
32b a	PA 917, Bentleyville, S 🅿 BP/dsl, Gain CNG, Pilot/DQ/Subway/dsl/scales/24hr 🍴 Burger King, King's Rest., McDonald's, Pizza Hut 🏨 Best Western, Holiday Inn Express 🅾 $General, Advance Parts, AutoZone, Blue Beacon, Giant Eagle Foods, Rite Aid
31	to PA 136, Kammerer, N 🏨 Carlton Motel
27	Dunningsville, S 🏨 Avalon Motel
25	PA 519, to Eighty Four, S 🅿 BP/7-11 Diner/dsl/24hr, Sunoco/dsl
21	I-79 S, to Waynesburg.

I-70 W and I-79 N run together 3.5 mi.

20	PA 136, Beau St, S 🅾 to Washington&Jefferson Coll
19b a	US 19, Murtland Ave, N 🅿 BP/dsl, GetGo 🍴 Applebee's, Arby's, Asahi Buffet, Buffalo Wild Wings, Chick-fil-A, Cracker Barrel, Five Guys, Fusion Steaks, Ichiban Steaks, Jimmy John's, Krispy Kreme, Longhorn Steaks, Max&Erma's, McDonald's, Moe's SW Grill, Noodles&Co, Olive Garden, Outback Steaks, Panera Bread, Penn Sta Subs, Plaza Azteca, Red Lobster, Red Robin, Rita's Custard, Starbucks, Subway, Taco Bell, TGI-Friday's, TX Roadhouse, Wong's Wok, Zoup! 🏨 SpringHill Suites 🅾 $Tree, Aldi Foods, AT&T, Dick's, Field&Stream, Ford, Giant Eagle Foods, GNC, Hobby Lobby, Honda, Hyundai, Kohl's, Lowe's, Mercedes, Michael's, Nissan, PetCo, Petsmart, Sam's Club/gas, Save-A-Lot Foods, Target, Toyota/Scion, URGENT CARE, Verizon, Walmart/McDonald's, S 🅿 BP/dsl, Exxon/dsl, Sunoco, Valero/dsl 🍴 A&W/LJ Silver, Bob Evans, Donut

19b a	Continued Connection, Eat'n Park, Grand China, KFC, Old Mexico, Papa John's, Pizza Hut, Waffle House 🏨 Hampton Inn, Motel 6 🅾 🅷 BigLots, Buick/GMC, Chevrolet, Firestone/auto, Home Depot, Jo-Ann Fabrics, Mazda, Pepboys, Staples, Subaru
18	I-79 N, to Pittsburgh.

I-70 E and I-79 S run together 3.5 mi.

17	PA 18, Jefferson Ave, Washington, N 🅿 GetGo/dsl 🍴 DQ, McDonald's 🅾 Family$, Rite Aid, S 🅿 Valero/dsl 🍴 4Star Pizza, Burger King, China Express, Domino's, Little Caesars, Subway 🅾 $General, Advance Parts, AutoZone, CarQuest, CVS Drug, Shop'n Save Foods, USPO, Walgreens
16	Jessop Place, N 🅿 Citgo 🏨 Extended Stay America, S 🅾 auto/truck repair
15	US 40, Chesnut St, Washington, N 🅾 Food Land, S 🅿 BP/7-11, Exxon/dsl, Sunoco/dsl, Valero 🍴 Angello's, Bob Evans, Denny's, Garfield's Rest., James Grill, McDonald's, Taco Bell, Wendy's 🏨 Best Value Inn, Comfort Suites, Days Inn, Ramada Inn, Red Roof Inn 🅾 BonTon, Jo-Ann, mall, Marshalls, Rite Aid, Ross, Sears/auto
11	PA 221, Taylorstown, N 🅿 BP/dsl 🅾 repair
6	PA 231, to US 40, Claysville, N 🅿 Exxon/dsl
5mm	Welcome Ctr eb, full 🅰 facilities, 🛑 litter barrels, petwalk, vending
1	W Alexander
0mm	Pennsylvania/Ohio state line

INTERSTATE 76

Exit#	Services
354mm	Pennsylvania/New Jersey state line, Delaware River, Walt Whitman Br
351	Front St, I-95 (from wb), N to Trenton, S to Chester
350	Packer Ave, 7th St, to I-95 (from eb), S 🏨 Holiday Inn 🅾 to sports complex
349	to I-95, PA 611, Broad St, N 🅿 Citgo 🍴 Talk of the Town
348	PA 291, W to Chester (exits left from wb)
347a	to I-95 S (exits left from wb)
347b	Passyunk Ave, Oregon Ave, N 🍴 Burger King, KFC, Little Caesar's, McDonald's, Pizza Hut 🅾 BJ's Whse, Home Depot, Ross, ShopRite, S 🅾 FDR Park
346c	28th St, Vare Ave, Mifflin St (from wb)

(side margins: FAYETTE CITY / WASHINGTON / PHILADELPHIA)

P H I L A D E L P H I A

⬛ INTERSTATE 76 Cont'd

Exit#	Services
346b	Grays Ferry Ave, University Ave, **N** 🍴 Fresh Grocer, Little Caesar's, McDonald's Ⓞ Ⓗ USPO, **S** 🚊 76, Speedway/dsl 🍴 Dunkin Donuts
346a	South St (exits left from wb)
345	30th St, Market St, downtown
344	I-676 E, US 30 E, to Philadelphia (no return from eb), **N** Ⓞ LDS Temple
343	Spring Garden St, Haverford
342	US 13, US 30 W, Girard Ave, **N** Ⓞ E Fairmount Park, **S** Ⓞ Philadelphia Zoo
341	Montgomery Dr, W River Dr, W Fairmount Park, **S** Ⓞ W Fairmount Park
340b	US 1 N, Roosevelt Blvd, to Philadelphia
339	US 1 S, **S** 🍴 CA Pizza Kitchen, Chili's, Chipotle Mexican, Houlihans, PeiWei Asian, Starbucks, TGIFriday's 🛏 Dave's Hotel Ⓞ Target, Verizon
340a	Lincoln Dr, Kelly Dr, to Germantown
338	Belmont Ave, Green Lane, **S** 🚊 76, Sunoco Ⓞ UHaul, WaWa
337	Hollow Rd (from wb), Gladwyne
332	PA 23 (from wb), Conshohocken, **N** 🛏 Marriott
331b a	I-476, PA 28 (from eb), to Chester, Conshohocken
330	PA 320, Gulph Mills, **S** Ⓞ to Villanova U
329	Weadley Rd (from wb), **N** 🚊 Exxon
328b a	US 202 N, to King of Prussia, **N** 🚊 Exxon/dsl, Lukoil, Shell, Sunoco, WaWa 🍴 Bahama Breeze, Baja Fresh, Burger King, CA Pizza Kitchen, Capital Grille, Champp's, Cheesecake Factory, Chili's, Fox&Hound, Hooters, Joe's Crabshack, Maggiano's, Morton's Steaks, Panera Bread, Red Lobster, Ruby's Diner, Ruth's Chris Steaks, Sullivan's Steaks 🛏 Best Western, Doubletree, Fairfield Inn, Hampton Inn, Holiday Inn Express, Hyatt, Inn of King of Prussia, Motel 6, Sheraton Ⓞ Best Buy, Bloomingdale's, Costco, Dick's, Home Depot, Lord&Taylor, Macy's, mall, Neiman Marcus, Nordstrom, Old Navy, **S** 🛏 Crowne Plaza
327	US 202 S, to US 420 W, Goddard Blvd, Valley Forge Park, **E** Ⓞ Valley Forge Park
326	I-76 wb becomes I-76/PA Tpk to Ohio

For I-76 westbound to Ohio, see I-76/PA Turnpike.

⬛ INTERSTATE 76 (Turnpike)

Exit#	Services

PA Tpk runs wb as I-276, eb ends on NJ Tpk.

360	US 130 exit is in NJ, to Bordentown, **N** Ⓞ $Tree, Rite Aid, **S** 🚊 Conoco/dsl, WaWa/dsl 🍴 Burger King, Dunkin Donuts
358.5	Pennsylvania/New Jersey state line, Delaware River. **I-276 runs eb to NJ TPK.**
358	US 13, Delaware Valley, **N** 🚊 🍴 Dallas Diner, McDonald's 🛏 Ramada Inn Ⓞ 7-11, auto repair, U-Haul, **S** 🚊 G Fuel, LukOil/dsl, Sunoco/dsl, Valero/dsl, WaWa/dsl 🍴 Burger King, Dunkin Donuts, Golden Eagle Diner, Italian Family Pizza, Porfirio's Pizza 🛏 Best Value Inn, Villager Lodge Ⓞ $General, Meineke
352.5mm	toll plaza
352	PA 132, Street Rd, EZ tag only, from eb
351	US 1, to I-95, to Philadelphia, **N** 🍴 Bar Louie, Bertucci's, Chick-fil-A, Chipotle, Cracker Barrel, Jimmy John's, Longhorn Steaks, McDonald's, On The Border, Panda Express, Red Robin, Starbucks, Uno, Wendy's 🛏 Crowne Plaza Ⓞ Barnes&Noble, Buick/GMC, CVS Drug, Home Depot, Lowes Whse, mall, Sears/auto,

351	Continued Target, Walmart, **S** 🚊 7-11/dsl, Classic/wash, Sunoco, dsl 🍴 Dunkin Donuts 🛏 Best Western, Comfort Inn, Courtyard, Hampton Inn, Knights Inn, Neshaminy Inn, Quality Inn, Radisson, Red Roof Inn Ⓞ Indian Motorcycles, Toyota/Scion
343	PA 611, Willow Grove, **N** 🚊 BP/dsl, Shell/dsl, Speedway/dsl, Sunoco 🍴 Carrabba's, Dunkin Donuts, Sonic 🛏 Courtyard, Fairfield Inn, SpringHill Suites Ⓞ 7-11, Home Depot, Lexus, NTB, **S** 🍴 Bonefish Grill, China Garden, Domino's, Dunkin Donuts, Ooka Japanese, Tony Roni's Pizza 🛏 Hampton Inn Ⓞ 7-11, Audi/Infiniti, Best Buy, PepBoys, repair, Staples, transmissions
340	to VA Dr, EZ tag only, from wb, no trucks, 🚊 WaWa/dsl, EZ tagholder only
339	PA 309, Ft Washington, **N** 🚊 LukOil/dsl 🍴 Friendly's, Subway 🛏 Best Western, Hilton Garden, Holiday Inn Express Ⓞ BMW, Mercedes, Volvo, WaWa
334	PA Tpk NE Extension, I-476, **S** to Philadelphia, **N** to Allentown
333	Germantown Pike, to Norristown, **N** 🚊 Lukoil, Sunoco 🍴 Azteca, Bertucci's, California Pizza Kitchen, Chipotle, Dave&Buster's, Dunkin Donuts, Elevation Burger, PF Chang's, Red Stone Grill, Starbucks, Zoup! 🛏 Courtyard, DoubleTree, Extended Stay America, SpringHill Suites Ⓞ Ⓗ, Boscov's, Verizon, Whole Foods, **S** 🚊 LukOil
328mm	**King of Prussia Service Plaza wb,** 🚊 Sunoco/dsl/24hr 🍴 Burger King, Starbucks

PA Tpk runs eb as I-276, wb as I-76.

326	I-76 E, to US 202, I-476, Valley Forge, **N** 🚊 Shell 🛏 Radisson, **S** 🚊 Exxon, LukOil, Shell, Sunoco, WaWa 🍴 CA Pizza Kitchen, Cheesecake Factory, Chili's, Hooters, Maggiano's, Red Lobster, Ruth's Chris Steaks, Sullivan Steaks 🛏 Best Western, Hampton Inn, Holiday Inn Express, Hyatt, Inn of King of Prussia, Motel 6, Sheraton Ⓞ Best Buy, Costco, Dick's, Home Depot, Macy's, mall, Neiman Marcus, Nordstrom, Walmart, Wegman's
325mm	**Valley Forge Service Plaza eb,** 🚊 Sunoco/dsl/24hr 🍴 Larson Grill, Starbucks
312	PA 100, to Downingtown, Pottstown, **N** 🚊 WaWa/dsl Ⓞ Car Sense, Harley-Davidson, **S** 🚊 Sunoco/dsl, WaWa 🍴 Applebee's, Chick-fil-A, Isaac's Deli, Red Robin, Starbucks, Uno Grill, Wendy's 🛏 Clarion, Comfort Suites, Extended Stay America, Fairfield Inn, Hampton Inn, Hilton Garden, Residence Inn Ⓞ Giant Foods, Target, Walgreens
305mm	**Camiel Service Plaza wb,** 🚊 Sunoco/dsl/24hr 🍴 Roy Rogers, Starbucks
298	I-176, PA 10, to Reading, Morgantown, **N** 🍴 Arby's, DQ, Dunkin Donuts, Sonic, Subway 🛏 USA Inn Ⓞ $Tree, AutoZone, Lowe's, Mavis Tire, Verizon, Walmart, **S** 🚊 Exxon, Sheetz/dsl 🍴 McDonald's, Rita's Custard 🛏 Holiday Inn Ⓞ Chevrolet, Rite Aid, USPO
290mm	**Bowmansville Service Plaza eb,** 🚊 Sunoco/dsl/24hr 🍴 Burger King, Hershey's, Starbucks
286	US 322, PA 272, to Reading, Ephrata, **N** 🚊 Citgo/dsl 🍴 Baskin-Robbins/Dunkin Donuts, Park Place Diner, Subway, Zia Maria's Eatery 🛏 Black Horse Inn/rest., **S** 🚊 Turkey Hill 🛏 Comfort Inn, Econolodge, Hampton Inn (11mi), Red Carpet Inn, Red Roof Inn
266	PA 72, to Lebanon, Lancaster, **N** 🚊 Speedway/dsl, Sunoco, Chester's 🍴 Comfort Inn 🛏 Holiday Inn Express (17 mi) Ⓞ Ⓗ, auto repair, Harley-Davidson, NAPA, **S** 🛏 Hampton Inn Ⓞ Mt Hope Winery, Pinch Pond Camping
259mm	**Lawn Service Plaza wb,** 🚊 Sunoco/dsl/24hr 🍴 Burger King, Starbucks Ⓞ RV dump

PA

⬆E INTERSTATE 76 (Turnpike) Cont'd

Exit#	Services
250mm	Highspire Service Plaza eb, 📳 Sunoco/dsl/24hr 🍴 Starbucks, Steak'n Shake
247	I-283, PA 283, to Harrisburg, Harrisburg East, Hershey, **N** 📳 Exxon/dsl, Sheetz/dsl, Sunoco 🍴 Bob Evans, Capitol Diner, Chick-fil-A, Chili's, Five Guys, Friendly's, Gilligan's Steaks, McDonald's, Moe's SW, Subway, Taco Bell, Wendy's 🛏 Best Western, Courtyard, Harrisburg Hotel, Holiday Inn, La Quinta, Red Lion, Red Roof Inn, Sheraton, Sleep Inn, Super 8 ⊙ GNC, Harrisburg East Camping, JC Penney, Kia, Petco, Target, Verizon
246mm	Susquehannah River
242	I-83, Harrisburg West, **N** 📳 Shell/dsl, Speedway, Sunoco 🍴 Bob Evans, John's Diner, McDonald's, Pizza Hut 🛏 Best Western, Budget Inn, Clarion Inn, Fairfield Inn, Holiday Inn Express, La Quinta, Motel 6, Quality Inn, Scottish Inn ⊙ vet, **S** 📳 Rutter's/dsl 🛏 Days Inn, Red Carpet Inn
236	US 15, to Gettysburg, Gettysburg Pike, Harrisburg, **N** 📳 Exxon, Gulf/dsl 🍴 Isaac's Rest, Marzoni's, McDonald's, Papa John's, Peppermill Rest, Subway, Subway (2) 🛏 Comfort Inn, Country Inn&Suites, Courtyard, EconoLodge, Hampton Inn, Homewood Suites, TownePlace Suites ⊙ Ⓗ, U-Haul, vet, **S** 📳 Sheetz 🍴 Arby's, Bros Pizza, Burger King, Cracker Barrel, Subway, Wendy's 🛏 Motel 6, Wingate Inn ⊙ $Tree, Giant Food/gas, GNC, Rite Aid
226	US 11, to I-81, to Harrisburg, Carlisle, **N** 📳 ✈FLYING J/Denny's/dsl/LP/scales/24hr/@, Gulf/dsl, 🔵Loves/Wendy's/dsl/scales/24hr, Petro/Iron Skillet/dsl/scales/24hr/@, Pioneer/dsl, Sunoco/Subway/dsl 🍴 Arby's, Bob Evans, Carelli's Subs, Dunkin Donuts, Embers Steaks, McDonald's, Middlesex Diner, Rte 11 Diner, Waffle House 🛏 Best Value Inn, Days Inn, EconoLodge, Hampton Inn, Hotel Carlisle, Knights Inn, Quality Inn, Red Roof Inn, Residence Inn, Rodeway Inn, Super 8, Travelodge ⊙ Blue Beacon, **S** 📳 Rutter's/dsl 🍴 Hoss' Rest. 🛏 Best Western, Holiday Inn Express, Motel 6 ⊙ Ⓗ, U-Haul, vet
219mm	Plainfield Service Plaza eb, 📳 Sunoco/dsl/24hr 🍴 Hershey's Ice Cream, Roy Rogers, Starbucks
203mm	Blue Mtn Service Plaza wb, 📳 Sunoco/dsl/24hr 🍴 Hershy's Ice Cream, Pizza Hut, Roy Rogers, Starbucks
201	PA 997, to Shippensburg, Blue Mountain, **S** 🛏 Kenmar Motel ⊙ auto/truck repair
199mm	Blue Mountain Tunnel
197mm	Kittatinny Tunnel
189	PA 75, Willow Hill, **S** 🍴 Double Dip Drive-In, Pizza Star 🛏 Willow Hill Motel/rest.
187mm	Tuscarora Tunnel
180	US 522, Mt Union, Ft Littleton, **N** 📳 Cutchall's/dsl, Noname/dsl 🍴 The Family Rest. 🛏 Downes Motel
172mm	Sideling Service Plaza both lanes, 📳 Sunoco/dsl/24hr 🍴 Burger King, Famiglia Pizza, Hershey's, Popeye's, Starbucks
161	US 30, Breezewood, **Services N on US 30** 📳 Exxon/dsl, ✈FLYING J/Perkins/dsl/scales/24hr, Sheetz/dsl, Shell, Shell/Dunkin Donuts/Subway/dsl, Sunoco/dsl, TA/Valero/Gateway Rest./Subway/dsl/scales/24hr/@ 🍴 Bob Evans, Classic American Diner, Hardee's, McDonald's, Pizza Hut, Starbucks, Subplicity, Taco Bell 🛏 Best Western, EconoLodge, Holiday Inn Express, Quality Inn, Wiltshire Motel ⊙ Blue Beacon
161mm	I-70 W and I-76/PA Turnpike W run together.
148mm	Midway Service Plaza both lanes, 📳 Sunoco/dsl/24hr 🍴 Sbarro's, Starbucks, Steak'n Shake
146	I-99, US 220, Bedford, **N** 📳 GetGo/McDonald's/dsl, PP/dsl, Sheetz/dsl/24hr, Shell/Subway/dsl 🍴 Bedford Diner, Clara's

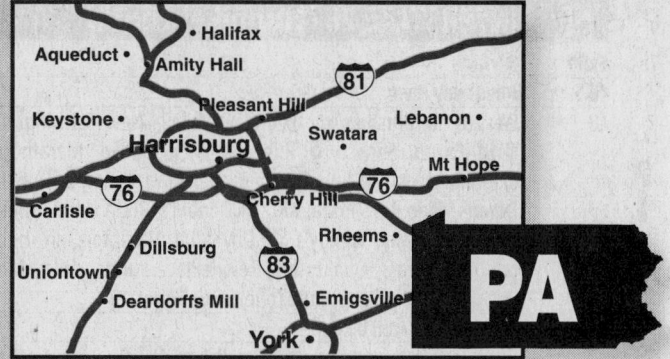

146	Continued Place, Denny's, Ed's Steaks, Hoss' Rest., LJ Silver, Pizza Hut, Salsa's Mexican, Wendy's 🛏 Best Value Inn, Budget Host, Fairfield Inn, Quality Inn, Rodeway Inn, Travelodge ⊙ Blue Knob SP (15mi), to Shawnee SP (10mi), **S** 🛏 Hampton Inn
123mm	Allegheny Tunnel
112mm	Somerset Service Plaza both lanes, 📳 Sunoco/dsl/24hr 🍴 Burger King, Pizza Hut, Popeye's, Starbucks
110	PA 601, to US 219, Somerset, **N** 📳 KwikFill/dsl, Sheetz 🍴 Hoss' Rest., King's Rest., Pizza Hut 🛏 $Inn, Economy Inn ⊙ Advance Parts, Ford, tires, **S** 📳 Somerset TravelCtr/dsl/@, Tesla EVC, Turkey Hill 🍴 Arby's, Bruster's Ice Cream, DQ, Eat'n Park, KFC, LJ Silver, McDonald's, Pine Grill, Ruby Tuesday, Starbucks, Subway, Summit Diner, Wendy's 🛏 Budget Host, Budget Inn, Comfort Inn, Days Inn, Econolodge, Hampton Inn, Holiday Inn Express, Quality Inn, Super 8 ⊙ Harley-Davidson
91	PA 711, PA 31, to Ligonier, Donegal, **N** 🍴 Tall Cedars Rest., **S** 📳 BP/McDonald's, Sunoco/dsl 🍴 DQ, Subway 🛏 Days Inn, Holiday Inn Express ⊙ camping, golf
78mm	New Stanton Service Plaza wb, 📳 Sunoco/dsl/24hr 🍴 Burger King, Hershey's Ice Cream, Quiznos, Starbucks
	I-70 E runs with I-76/PA Turnpike eb.
75	I-70 W, US 119, PA 66 (**toll**), New Stanton, **S** 📳 BP/7-11/dsl, Exxon, Sheetz, Sunoco 🍴 BBG Grill, Bob Evans, Campy's Pizza, Cracker Barrel, Eat'n Park, La Tavola Risorante, McDonald's, Pagano's Rest., Pizza Hut, Subway, Szechuan Wok, TJ's Rest., Wendy's 🛏 Budget Inn, Comfort Inn, Days Inn, EconoLodge, Express Inn, Fairfield Inn, Garden Inn, Super 8 ⊙ USPO
67	US 30, to Greensburg, Irwin, **N** 📳 BP/7-11/dsl, Sheetz/dsl 🍴 Domino's, DQ ⊙ Ⓗ, Ford, Mr Tire, **S** 📳 GetGo, Marathon/7-11/dsl, Sheetz/dsl, Sunoco/24hr 🍴 Applebee's, Arby's, Atria's, Bob Evans, Burger King, Denny's, Double Wide Grill, Dunkin Donuts, Eat'n Park, Fire Pit Grill, Five Guys, KFC, Little Caesar's, McDonald's, Panera Bread, Pizza Hut, Starbucks, Subway, Taco Bell, Wendy's 🛏 Hampton Inn, Holiday Inn Express ⊙ $Tree, Advance Parts, Aldi Foods, AT&T, Giant Eagle Foods/24hr, GNC, Kohl's, Rite Aid, Target, Verizon, Walmart
61mm	parking area eb
57	I-376, US 22, to Pittsburgh, Monroeville, **S** 📳 Marathon, Sheetz, Sunoco 🍴 Arby's, Blaze Pizza, Chick-fil-A, China Palace, Chipotle, Denny's, El Campesino, Five Guys, Golden Corral, Max&Erma's, McDonald's, Outback Steaks, Panda Express, Panera Bread, Penn Sta Subs, Primanti Bros, Red Lobster, Starbucks, Subway, Taco Bell, Wendy's 🛏 Comfort Suites, Courtyard, Day's Inn, Extended Stay America, Hampton Inn, Holiday Inn Express, Red Roof Inn ⊙ Ⓗ, AT&T, Big Lots, CVS Drug, GNC, Honda, Lowes Whse, Marshall's, NTB, Old Navy, Pet Land, PetCo, Rite Aid, to Heinz Field, URGENT CARE
49mm	Oakmont Service Plaza eb, 📳 Sunoco/dsl/e85/24hr 🍴 Burger King, Starbucks ⊙ litter barrels, 🛏

(left margin, vertical text: HARRISBURG · BREEZEWOOD)

(right margin: PA)

INTERSTATE 76 (Turnpike) Cont'd

Exit#	Services
48.5mm	Allegheny River
48	PA 28, to Pittsburgh, Allegheny Valley, New Kensington, **N** 🅿 Exxon, Sunoco 🅾 Rite Aid, **S** 🅿 GetGo, Marathon/dsl, Sheetz/dsl 🍴 Bob Evans, Burger King, Denny's, Dunkin Donuts, Gino Bro's Pizza, KFC, McDonald's, Pizza Hut, Primanti Bros, Subway, Wendy's 🏨 Day's Inn, Hampton Inn, Holiday Inn Express, Quality Inn, TownePlace Suites, Valley Motel 🅾 Advance Parts, AutoZone, Ford, Target
41mm	parking area/call box eb
39	PA 8, to Pittsburgh, Butler Valley, **0-1 mi N** 🅿 Exxon, GetGo, Sheetz/dsl, Sunoco 🍴 Applebee's, Atria's Rest., Bruno's Pizza, Buffalo Wild Wings, Eat'n Park, King's Rest., McDonald's, Starbucks, Taco Bell, Wendy's 🏨 Quality Inn 🅾 $Tree, Advance Parts, Chrysler/Dodge/Jeep, Dunkin Donuts, Giant Eagle Foods, GNC, Kohl's, Lowes Whse, Petco, Shop'n Save Foods, Target, TJ Maxx, USPO, Walmart/Subway, **S** 🅿 BP, Sunoco/dsl 🍴 Arby's, Bruster's, Burger King, China Bistro, Domino's, KFC, Little Caesar's, McDonald's, Panera Bread, Pasquales Pizza, Pizza Hut, Primanti Bros, Starbucks, Subway, Vocelli Pizza 🅾 �H, AT&T, AutoZone, CVS Drug, Firestone/auto, Home Depot, Mr. Tire, NTB, O'Reilly Parts, Pepboys, Rite Aid, USPO
31mm	Toll Plaza wb
28	to I-79, to Cranberry, Pittsburgh, **N** 🅿 BP/7-11/dsl, GetGo, Marathon/dsl, Sheetz/dsl, Sunoco/dsl 🍴 Aladdin's Eatery, Arby's, Bob Evans, Boston Mkt, Bravo Italian, Buffalo Wild Wings, Burger King, Chipotle Mexican, Denny's, Domino's, Dunkin Donuts, Dynasty, Eat'n Park, Emiliano's, Firehouse Subs, Five Guys, HotDog Shoppe, Houlihan's, Ichiban Steakhouse, Jason's Deli, Jersey Mike's, Jimmy John's, Mad Mex, Max&Erma's, McDonald's, Monte Cello's Grill, Panda Express, Panera Bread, Perkins, Pizza Hut, Pizza Roma, Primanti Bros, Saga Steaks, Subway, Vocelli Pizza, Wendy's 🏨 Candlewood Suites, Clarion, Comfort Inn, Doubletree, Hampton Inn, Hyatt Place, Motel 6, Quality Inn, Red Roof Inn, Residence Inn, Super 8, Woodspring Suites 🅾 $Tree, Aldi Foods, AT&T, AutoZone, Barnes&Noble, Best Buy, Costco/gas, Field&Stream, Firestone/auto, Giant Eagle, Giant Eagle Foods, GNC, Home Depot, JoAnn Fabrics, Marshall's, Michael's, NAPA, PepBoys, Petco, PetCo, Rite Aid, Toyota/Scion, Tuesday Morning, USPO, Verizon, Walgreens, Walmart
23.5mm	pulloff eb
17mm	parking area eb
13.4mm	parking area eb
13mm	Beaver River
13	PA 8, to Ellwood City, Beaver Valley, **N** 🅿 Al's Corner 🍴 Subway 🏨 Beaver Falls Motel, Lark Motel, Park Inn 🅾 �H, **S** 🏨 Super 8
10	PA 60 (toll), to New Castle, Pittsburgh, **S** 🅾 to 🖼
6mm	pulloff eb
2mm	pulloff eb
1mm	toll plaza eb
0mm	Pennsylvania/Ohio state line

INTERSTATE 78

Exit#	Services
77mm	Pennsylvania/New Jersey state line, Delaware River
76mm	Welcome Ctr wb, full 🏨 facilities, litter barrels, petwalk, 🅲, 🖼, vending, toll booth wb
75	to PA 611, Easton, **N** 🅿 TurkeyHill/dsl 🍴 Dunkin Donuts, McDonald's (1mi), Subway 🏨 Quality Inn 🅾 Crayola Factory, CVS Drug, **S** 🅿 Exxon/dsl

71	PA 33, to Stroudsburg, **1 mi N on Freemansburg Ave** 🍴 C. Asian, Frank's Pizza, Panera Bread, Ruby Tuesday, TGIFriday' TX Roadhouse, Wayback Burgers 🏨 Courtyard 🅾 Barnes&Noble, Best Buy, Dick's, �H, Lowe's, Michael's, Pet Supplies ShopRite Mkt, Staples
67	PA 412, Hellertown, **N** 🅿 TurkeyHill/gas 🍴 Wendy's Comfort Suites (3mi) 🅾 �H, Chevrolet, **S** 🅿 Citgo/dsl, Exxon/dsl, Sunoco 🍴 Bella's Ristorante, Dunkin Donuts, Pap John's, Rocco's Pizza, Roma Pizza, Vassi's Drive-In, Waff House 🏨 Holiday Inn Express 🅾 7-11, CVS Drug, repair
60b a	PA 145 N, PA 309 S, South Fort St, Quakertown
59	to PA 145 (from eb), Summit Lawn
58	Emaus St (from wb), **S** 🅿 Gulf 🅾 $General
57	Lehigh St, **N** 🅿 Sunoco/dsl, WaWa/dsl 🍴 China Hous IHOP, Palumbo Pizza, Queen City Diner, Subway, Willy Joe Rest. 🏨 Best Value Inn 🅾 $Tree, AAA, BigLots, CVS Dru Family$, Ford/Lincoln, Home Depot, Infiniti, Kia, Redner's Whs STS Tires/repair, Toyota/Scion, VW, **S** 🅿 Sunoco, TurkeyHi Valero 🍴 A1 Japanese, Bangkok, Brass Rail Rest., Domino' Dunkin Donuts, McDonald's, Papa John's, Perkins, Pizza Hu Taco Bell, Rodizio Grill, Rossi's Pizza, Starbucks, Subway, Tilte Kilt Eatery, Wendy's 🅾 Acura, AT&T, Audi/Mercedes/Porsch BonTon, Bottom$ Mkt, Buick/GMC, Cadillac/Chevrolet, Chry ler/Dodge/Jeep, Honda, Hyundai, Kost Tire, Mazda, Mida Ross, Staples, SteinMart, Verizon, Volvo, Williams Tire/auto
55	PA 29, Cedar Crest Blvd, **N** 🅿 Shell, **S** 🅾 �H
54b a	US 222, Hamilton Blvd, **N** 🅿 Speedway 🍴 Bamboo Asia Baskin-Robbins/Dunkin Donuts, Boston Mkt, Carrabba' Friendly's, Gourmet Buffet, Ice Cream World, McDonald' Menchie's, Perkins, Pistachio Cafe, Pizza Hut, Subway, Teppa Steaks, TGIFriday's, Wendy's 🏨 Comfort Suites/rest., Hol day Inn Express, Howard Johnson 🅾 Bottom$ Mkt, Dorne Funpark, Dorneyville Drug, Office Depot, Rite Aid, Weis Food **S** 🅿 WaWa 🍴 Dunkin Donuts, Hunan Springs 🏨 Winga Inn 🅾 Queen City Tire, repair, Subaru
53	PA 309 (wb only)
51	to I-476, US 22 E, PA 33 N (eb only), Whitehall
49b a	PA 100, Fogelsville, **N** 🍴 Arby's, Cracker Barrel, Joe's Pizza, Silver, Panda&Fish Chinese, Pizza Hut, Winger Deli 🏨 Comfo Inn, Hawthorn Inn 🅾 KOA (7mi), Rite Aid, STS Tire/repa **S** 🅿 Shell/Dunkin Donuts, Sunoco, WaWa/dsl 🍴 Boston Grill, Burger King, Florence Italian, Starlite Diner, Taco Be Yocco's Hotdogs 🏨 Hampton Inn, Hilton Garden, Holiday In Sleep Inn, Staybridge Suites 🅾 Clover Hill Winery, st polic Toyota/Scion
45	PA 863, to Lynnport, **N** 🅿 Exxon/Subway/dsl, Sunoco/Ne Smithville Diner/dsl 🅾 truck service, **S** 🏨 Super 8
40	PA 737, Krumsville, **N** 🅾 Pine Hill Campground, Robin Hill R Park (4mi)
35	PA 143, Lenhartsville, **3 mi S** 🅾 Robin Hill Park
30	Hamburg, **S** 🍴 Hamburg Mkt
29b a	PA 61, to Reading, Pottsville, **N** 🅿 Shell//Subway/dsl, WaWa dsl 🍴 Baskin-Robbins/Dunkin Donuts, Burger King, Crack Barrel, Five Guys, JA Buffet, LJ Silver/Taco Bell, Logan's Roa house, McDonald's, Pappy T's, Pizza Hut, Red Robin, Wer dy's 🏨 Microtel 🅾 $Tree, Advance Parts, AT&T, Boat'n R Ctr RV, Cabela's Outdoor, GNC, Harley-Davidson (8mi), Hyun ai, Lowe's, Pet Supplies+, Russell Stover, Toyota/Scion, Verizo Walmart/Subway
23	Shartlesville, **N** 🅿 Chromeshop/dsl, ♥Loves/McDonald' Subway/dsl/scales/24hr 🍴 Dunkin Donuts 🏨 Dutch M tel 🅾 Appalachian Campsites, **S** 🍴 Blue Mtn Family Res 🏨 Scottish Inn 🅾 antiques, camping, Dutch Haus/gifts, USP

PA

INTERSTATE 78 Cont'd

Exit#	Services
19	PA 183, Strausstown, **N** 🅕 Lukoil 🅛 Sheepskin Motel, **S** 🅖 Power/dsl
17	PA 419, Rehrersburg, **N** 🅕 Best 🅞 truck/tire repair
16	Midway, **N** 🅖 Exxon/dsl, Sunoco/dsl 🅕 J&S Pizza, Midway Diner 🅛 Comfort Inn, **S** 🅞 auto/truck repair
15	Grimes
13	PA 501, Bethel, **N** 🅕 Valero/dsl, **S** 🅖 Bethel/dsl 🅞 dsl repair
10	PA 645, Frystown, **S** 🅖 *FLYING J*/Huddle House/Subway/dsl/scales/24hr/@ 🅛 Travel Inn
6	(8 from wb, US 22) PA 343, Fredricksburg, **1 mi S** 🅖 PP/dsl, Redner's Whse/mkt 🅕 Esther's Rest. 🅞 KOA (5mi)

I-81. I-78 begins/ends on I-81, exit 89.

INTERSTATE 79

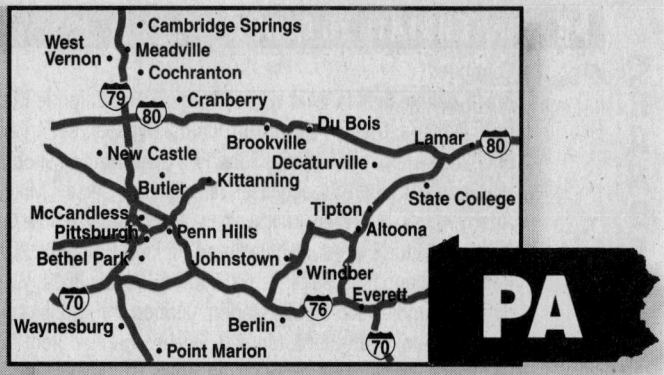

Exit#	Services
183b a	PA 5, 12th St, Erie, **E** 🅞 🅛, Valley Tire, **W** 🅕 Country Fair/dsl, GetGo, Sunoco/dsl 🅕 Applebee's, Bob Evans, Bruster's, Dunkin Donuts, Eat'n Park, El Canelo Mexican, Five Guys, Hibachi Japanese, KFC, McDonald's, Moe's SW Grill, Panera Bread, Pizza Hut, Serafini's, Taco Bell, Tim Hortons, Wendy's 🅛 Comfort Inn (2mi) 🅞 $General, $Tree, Advance Parts, Aldi Foods, BigLots, CVS Drug, Dunn Tire, Family$, Giant Eagle Foods, GNC, Save-a-Lot Foods, Tires-4-Less, to Presque Isle SP, Tuesday Morning, U-Haul, Verizon, vet
182	US 20, 26th St, **E** 🅕 Country Fair/dsl, KwikFill 🅕 Subway 🅞 🅛, CVS Drug, Family$, Tops Foods/gas/24hr, **W** 🅕 Country Fair/dsl, GetGo/dsl 🅕 Arby's, Burger King, DQ, Hong Kong Chinese, Hoss's Steaks, Hungry Howie's, Little Caesar's, LJ Silver, McDonald's, Subway, Tim Hortons 🅛 Glass House Inn 🅞 $General, AT&T, AutoZone, Ford, Giant Eagle Foods, K-Mart, Monro, O'Reilly Parts, TrueValue, URGENT CARE, USPO, vet, Volvo
180	US 19, to Kearsarge, **E** 🅕 Aoyama Japanese, Arby's, Buffalo Wild Wings, Cheddars, Coldstone, Firebirds Grill, Fox&Hound, KFC, Mad Mex, Max&Erma's, McDonald's, Moe's SW Grill, O'Charley's, Olive Garden, Outback Steaks, Primanti Bros, Red Lobster, Smokey Bones BBQ, Starbucks, Wendy's 🅛 Candlewood Suites, Fairfield Inn, Homewood Suites, SpringHill Suites, TownePlace Suites 🅞 🅛, Audi/Cadillac, Barnes&Noble, Bon-Ton, Chrysler/Dodge/Jeep, Dick's, Field & Stream, Firestone/auto, JC Penney, Macy's, mall, Michael's, Petco, PetCo, Rite Aid, Ross, Sears/auto, TJ Maxx, Toyota/Scion, Verizon, **W** 🅕 Country Fair/dsl 🅞 camping
178b a	I-90, E to Buffalo, W to Cleveland
174	to McKean, **E** 🅕 access to gas/dsl, **W** 🅞 KOA
166	US 6N, to Edinboro, **E** 🅕 Country Fair/dsl, Sheetz 🅕 McDonald's (3mi), Subway, TacoBell (2mi), Wendy's 🅛 Comfort Suites 🅞 Advance Parts, vet, Walmart/Subway
163mm	🆁🆂 both lanes, full ♿ facilities, litter barrels, petwalk, 🅒, 🖼, vending
154	PA 198, to Saegertown, Conneautville, **E** 🅞 Erie NWR (17mi)
147b a	US 6, US 19, US 322, to Meadville, **E** 🅕 All American Gas/wash, Country Fair, GetGo, Sheetz/dsl 🅕 Applebee's, Arby's, Chovy's Italian, Cracker Barrel, DQ, Five Guys, Hoss's Rest., KFC, Perkins, Pizza Hut, Subway, Super Buffet, Taco Bell 🅛 Days Inn/rest., EconoLodge, Holiday Inn Express 🅞 🅛, URGENT CARE, Advance Parts, AT&T, Family$, Giant Eagle Foods, Home Depot, Jo-Ann Fabrics, Save-a-Lot Foods, **W** 🅕 Sheetz/dsl 🅕 Burger

Exit#	Services
147b a	Continued King, Compadres Mexican, King's Rest., McDonald's, Red Lobster, Subway, Tim Hortons, Yuen's Garden 🅛 Hampton Inn, Quality Inn 🅞 $Tree, AutoZone, Buick/GMC, Chevrolet, GNC, Staples, to Pymatuning SP, Toyota, URGENT CARE, Verizon, Walmart/Subway
141	PA 285, to Geneva, **E** 🅞 to Erie NWR (20mi), **W** 🅕 Aunt Bee's Rest./dsl, Citgo/dsl
135mm	🆁🆂/weigh sta both lanes, full ♿ facilities, litter barrels, petwalk, 🅒, 🖼, vending
130	PA 358, to Sandy Lake, **W** 🅞 🅛 (13mi), to Goddard SP
121	US 62, to Mercer, **E** 🅞 Valley Tire, **W** 🅕 Sunoco/dsl 🅞 st police
116b a	I-80, E to Clarion, W to Sharon
113	PA 208, PA 258, to Grove City, **E** 🅕 Country Fair/dsl, Marathon/dsl 🅕 Compadres Mexican 🅞 🅛, **W** 🅕 KwikFill/Subway, Sheetz/dsl 🅕 Eat'n Park, Elephant&Castle Rest., Hoss' Rest., King's Rest., McDonald's, My Bro's Place, Primanti Bros, Taco Bell, Timber Creek Rest., Wendy's 🅛 Best Western, Candlewood Suites, Comfort Inn, Hampton Inn, Holiday Inn Express, Microtel, Super 8, TownePlace Suites 🅞 KOA (3mi), Premium Outlets/famous brands
110mm	🆁🆂/weigh sta sb, full ♿ facilities, litter barrels, petwalk, 🅒, 🖼, vending
107mm	🆁🆂/weigh sta nb, full ♿ facilities, litter barrels, petwalk, 🅒, 🖼, vending
105	PA 108, to Slippery Rock, **E** 🅕 DQ 🅛 Evening Star Motel 🅞 Slippery Rock Camping, to Slippery Rock U
99	US 422, to New Castle, **E** 🅞 to Moraine SP, **W** 🅕 🛒 McDonald's/Subway/dsl/scales/24hr 🅞 Coopers Lake Camping, to Rose Point Camping
96	PA 488, Portersville, **E** 🅞 Bear Run Camping, Moraine SP, **W** 🅕 Marathon/dsl 🅕 Brown's Country Kitchen 🅞 McConnell's Mill SP (3mi)
88	(87 from nb) US 19, PA 68, Zelienople, **W** 🅕 Exxon/dsl 🅕 Burger King, Fox's Pizza, Log Cabin Inn Rest., Pizza Hut
85	(83 from nb), PA 528 (no quick return), to Evans City, **W** 🅞 Buick/GMC
83	PA 528, Evans City
80mm	weigh sta both lanes
78	(76 from nb, exits left from nb), US 19, PA 228, to Mars, access to I-76, PA TPK, **E** 🅕 GetGo/dsl, Gulf/7-11/dsl 🅕 Anthony's Pizza, Applebee's, Chick-fil-A, Cracker Barrel, DiBella's Subs, Firebirds, Jimmy Wan's Chinese, Juniper Grill, Longhorn Steaks, McDonald's, Moe's SW Grill, Noodles&Co, Olive Garden, Patron Mexican, Red Robin, River City Grille, Smokey Bones BBQ, Starbucks, Subway 🅛 Best Western+, Courtyard, Hilton Garden, Home 2 Suites, Marriott, TownePlace Suites 🅞 Dick's, GNC, Kohl's, Lowe's, Petsmart, Staples, Target, TJ Maxx, Verizon, **W** on US 19 🅕 Aladdin's Eatery, Arby's, Bob Evans, Boston Mkt,

⬆N INTERSTATE 79 Cont'd

78	Continued
	Bravo Italian, Buffalo Wild Wings, Burger King, Chipotle Mexican, Denny's, Domino's, Dunkin Donuts, Dynasty, Eat'n Park, Emiliano's Mexican, Firehouse Subs, Five Guys, HotDog Shoppe, Houlihan's, Ichiban Steakhouse, Jason's Deli, Jersey Mike's, Jimmy John's, Mad Mex, Max&Erma's, McDonald's, Monte Cello's Grill, Panda Express, Panera Bread, Perkins, Pizza Hut, Pizza Roma, Primanti Bros, Saga Steaks, Subway, Vocelli Pizza, Wendy's 🛏 Candlewood Suites, Clarion, Comfort Inn, Doubletree, Hampton Inn, Hyatt Place, Motel 6, Quality Inn, Red Roof Inn, Residence Inn, Super 8, Woodspring Suites ⊙ 🄷, $Tree, Aldi Foods, AT&T, AutoZone, Barnes&Noble, Best Buy, BP/7-11/dsl, Costco/gas, Field&Stream, Firestone/auto, GetGo, Giant Eagle Foods, GNC, Home Depot, Jo-Ann Fabrics, Marathon/dsl, Marshall's, Michael's, NAPA, PepBoys, PetCo, Rite Aid, Sheetz/dsl, Sunoco/dsl, Toyota/Scion, Tuesday Morning, USPO, Verizon, Walgreens, Walmart
77	I-76/Tpk, to Youngstown
75	US 19 S (from nb), to Warrendale, services on US 19
73	PA 910, to Wexford, E 🅶 🍴 Eat'n Park, Starbucks 🛏 EconoLodge ⊙ Rite Aid, W 🅶 Exxon/dsl, Sheetz/dsl 🛏 Hampton Inn
72	I-279 S (from sb, exits left), to Pittsburgh
68	Mt Nebo Rd, E 🅶 Sheetz/dsl
66	to PA 65, Emsworth
65	to PA 51, Coraopolis, Neville Island, E 🅶 Speedway/Speedway Cafe 🍴 Kings Grille 🛏 Fairfield Inn ⊙ Penske Trucks, W 🍴 Subway
64.5mm	Ohio River
64	PA 51 (from nb), to Coraopolis, McKees Rocks
60	PA 60, Crafton, E 🅶 GetGo/dsl 🍴 Primanti Bros 🛏 Comfort Inn, EconoLodge, Hilltop Motel, Motel 6 ⊙ 🄷, W 🍴 Juliano's Rest. ⊙ Meineke
59b	I-376 W, US 22 W, US 30 (from nb), W ⊙ ⊜
59a	I-376 E, to Pittsburgh
57	to Carnegie
55	PA 50, to Heidelberg, E on PA 50 🅶 Advance Parts, Marathon/dsl, Sunoco 🍴 Arby's, Bob Evans, ChuckeCheese, Eat'n Park, Jersey Mike's, LJ Silver, McDonald's, Moe's SW, Panera Bread, Pizza Hut, Sonic, Starbucks, Subway, Taco Bell, TX Roadhouse, Walnut Grill, Wendy's ⊙ $Tree, BigLots, Firestone/auto, Ford, Giant Eagle Foods, GNC, Home Depot, Jo-Ann Fabrics, K-Mart/Little Caesar's, Lowe's, Mr Tire, Pepboys, Rite Aid, Shop'n Save, TJ Maxx, Tuesday Morning, Walgreens, Walmart
54	PA 50, to Bridgeville, E 🅶 BP/dsl, GetGo 🍴 Chipotle, Jimmy John's, McDonald's, Starbucks 🛏 Holiday Inn Express ⊙ 🄷, Aldi Foods, Chevrolet, Midas, Monro, NAPA, Rite Aid, USPO, W 🅶 Sunoco/dsl 🍴 Five Guys 🛏 Hampton Inn
50mm	🆁🆂/weigh sta both lanes, full 🅶 facilities, litter barrels, pet-walk, ⊙, 🛒, vending
48	South Pointe, W 🍴 Jackson's Rest. 🛏 Holiday Inn Express, Hilton Garden, Homewood Suites
45	to PA 980, Canonsburg, E 🅶 Sheetz ⊙ Toyota, W 🅶 Citgo 🍴 Dunkin Donuts, Hogfathers BBQ, KFC/Taco Bell, Little Caesar's, McDonald's, Papa John's, Pizza Hut, Starbucks, Subway, WaiWai Grill, Wendy's 🛏 Super 8 ⊙ $General, Advance Parts, auto/transmission repair, AutoZone, Walgreens
43	PA 519, Houston, E 🅶 BP/dsl, W 🅶 Sunoco ⊙ Freightliner
41	Race Track Rd, E 🅶 Marathon/dsl 🍴 Burger King, Dunkin Donuts, McDonald's, Waffle House, Wendy's 🛏 Cambria Suites, Candlewood Suites, Comfort Inn, Country Inn&Suites,

41	Continued
	Courtyard, Doubletree, Hampton Inn, Holiday Inn Express, Hyatt Place ⊙ Audi, Old Navy, racetrack, Tanger Outlets/famous brands, W 🅶 BP/dsl 🛏 Microtel ⊙ Trolley Museum
40	Meadow Lands, W ⊙ golf, racetrack, Trolley Museum (3mi)
38	I-70 W, to Wheeling
I-79 and I-70 run together 3.5 mi. See I-70, exits 19b-20.	
34	I-70 E, to Greensburg
33	US 40, to Laboratory, W ⊙ KOA
31mm	weigh sta sb
30	US 19, to Amity, W 🅶 Exxon/Subway/dsl
23	to Marianna, Prosperity
19	US 19, to PA 221, Ruff Creek, W 🅶 BP/dsl
14	PA 21, to Waynesburg, E 🅶 🍴 Bob Evans 🛏 Comfort Inn, Microtel ⊙ Walmart/Subway, W 🅶 BP/7-11/dsl, Exxon/dsl, GetGo, Marathon, Sheetz, Sunoco 🍴 Burger King, DQ, Golden Wok, Hardee's, KFC, Little Caesar's, McDonald's, Pizza Hut, Subway, Taco Bell, Wendy's 🛏 EconoLodge, Hampton Inn, Super 8 ⊙ 🄷, $General, $Tree, Advance Parts, Aldi Foods, AT&T, AutoZone, BigLots, Cadillac/Chevrolet/Subaru, Chrysler/Dodge/Jeep, CVS Drug, Giant Eagle Foods, Rite Aid, st police, Subaru, Verizon
7	to Kirby
6mm	Welcome Ctr/weigh sta nb, full 🅶 facilities, litter barrels, pet-walk, ⊙, 🛒, vending
1	Mount Morris, E 🅶 Sunoco/Huddle House/dsl/scales/24hr ⊙ Honda/Mazda, W 🅶 Marathon/dsl
0mm	Pennsylvania/West Virginia state line

⬆E INTERSTATE 80

Exit#	Services
311mm	Pennsylvania/New Jersey state line, Delaware River
310.5	toll booth wb, ⊙
310	PA 611, Delaware Water Gap, S Welcome Ctr/🆁🆂, full service info, 🅶 Fuel On, Gulf 🍴 Apple Pie Bakery, Doughboys Pizza, Water Gap Diner,
309	US 209 N, PA 447, to Marshalls Creek, N 🅶 Gulf 🍴 Blue Tequila Mexican, DQ, Dunkin Donuts, Landmark Cafe, Wendy's (2mi) 🛏 Days Inn, Staybridge Suites ⊙ 🄷
308	East Stroudsburg, N 🅶 Exxon/Subs Now ⊙ 🄷, vet, WaWa 1 mi S 🍴 Arby's, Burger King, CiCi's, Friendly's, Holy Guacamole, Ichiban Asian, KFC, McDonald's, Roasted Tomato Grill 🛏 Budget Motel, Super 8 ⊙ ShopRite Foods, Walmart, McDonald's
307	PA 191, Broad St, N 🛏 Hampton Inn ⊙ 🄷, S 🅶 Sunoco 🍴 Compton's Rest. 🛏 EconoLodge
306	Dreher Ave (from wb, no EZ return), N ⊙ WaWa
305	US 209, Main St, N 🅶 Gulf/dsl, Shell 🍴 Perkins 🛏 Quality Inn, S 🅶 Exxon/dsl 🛏 Holiday Inn Express
304	US 209, to PA 33, 9th St (from wb)
303	9th St, (from eb), N 🍴 5 Guys Burgers, Burger King, Dunkin Donuts, Fume Asin, Garfield's Rest., McDonald's, Olive Garden, Panera Bread, Popeye's, Ruby Tuesday, TX Roadhouse, Wendy's ⊙ $Tree, Best Buy, BJ's/Subway/gas, Bon Ton, Buick/GMC, Chevrolet, CVS Drug, Home Depot, Hyundai, JC Penney, Kia, Michaels, Midas, Old Navy, Petsmart, Staples, Target, TJ Maxx, URGENT CARE, Walgreens, Weis Foods/gas
302	PA 611, to Bartonsville, N 🅶 Exxon/dsl 🍴 Big Daddy's BBQ, Chili's, Dickey's BBQ, Dunkin Donuts, East Gourmet Buffet, Frank's Pizza, Ichiban Steaks, Longhorn Steaks, Moe's SW Grill, Red Lobster, Red Robin, Sonic, Studebaker's, Subway 🛏 Comfort Inn, Hampton Inn, Howard Johnson ⊙ $Tree, Advance Parts

(left margin vertical: CRANBERRY / PITTSBURGH / PA)

(center margin vertical: WAYNESBURG)

(right margin vertical: STROUDSBURG)

⬆E   INTERSTATE 80 Cont'd

302	Continued AT&T, Dick's, Giant Foods/gas, Kohl's, Lowe's, URGENT CARE, Verizon
299	PA 715, Tannersville, **N** 📷 Citgo/dsl, Mobil/Burger King/dsl, Turkey Hill 🍴 DQ, Dunkin Donuts, FoodCout, Friendly's, Pocono Diner 🏨 Ramada Ltd, Scotrun Motel 🅾 $General, CVS Drug, The Crossing Factory Outlet/famous brands, Weis Foods, **S** 📷 Sunoco/dsl 🍴 Tannersville Diner 🏨 Days Inn, Summit Resort 🅾 to Big Pocono SP, to Camelback Ski Area
298	PA 611 (from wb), to Scotrun, **N** 📷 Sunoco/dsl 🍴 Brick Oven Pizza 🏨 Great Wolf Lodge, Scotrun Diner/motel 🅾 to Mt Pocono
295mm	℞ⓢ eb, full 🚻 facilities, litter barrels, petwalk, 🎇, �̲, vending
293	I-380 N, to Scranton, (exits left from eb)
284	PA 115, to Wilkes-Barre, Blakeslee, **N** 📷 WaWa/dsl 🏨 Best Western, Blakeslee Inn (2mi) 🅾 Fern Ridge Camping, st police, **S** 📷 Exxon/dsl 🍴 Ray's Tuscan Villa 🅾 to Pocono Raceway
277	PA 940, to PA Tpk (I-476), to Pocono, Lake Harmony, Allentown, **N** 📷 WaWa 🍴 A&W/LJ Silver, Arby's, McDonald's, Subway 🏨 Comfort Inn, ÉconoLodge, Holiday Inn Express, Mtn Laurel Resort, Pocono Inn/Resort, Quality Inn, Split Rock Resort
274	PA 534, **N** 📷 Hickory Run/Valero/rest./dsl/scales/24hr, Sunoco/Subs Now/dsl/24hr 🅾 towing/repair, **S** 🅾 to Hickory Run SP (6mi)
273mm	Lehigh River
273	PA 940, PA 437, to Freeland, White Haven, **N** 📷 Exxon, Fuel One, **S** 🍴 Forks Rest., Powerhouse Eatery
270mm	℞ⓢ eb, full 🚻 facilities, info, litter barrels, petwalk, 🎇, �̲, vending
262	PA 309, to Hazleton, Mountain Top, **N** 📷 Citgo 🍴 Mary's Rest., Wendy's 🏨 EconoLodge 🅾 auto/truck repair, **S** 📷 Valero/dsl 🏨 Holiday Inn Express 🅾 Nescopeck SP (5mi)
260b a	I-81, N to Wilkes-Barre, S to Harrisburg
256	PA 93, to Nescopeck, Conyngham, **N** 📷 Citgo/repair, 🄿🄸🄻🄾🅃/Subway/dsl/scales/24hr, **S** 🍴 Tom's Kitchen (2mi) 🏨 Hampton Inn (4mi), Motel 6 🅾 Ⓗ, towing/truck repair
251mm	Nescopeck River
246mm	℞ⓢ/weigh sta both lanes, full 🚻 facilities, litter barrels, petwalk, 🎇, �̲, vending, weather info
242	PA 339, to Mainville, Mifflinville, **N** 📷 ♥Loves♥/Arby's/dsl/scales/24hr, Sunoco/Burger King/Subway/dsl 🍴 McDonald's 🏨 Super 8, **S** 📷 Exxon/dsl 🏨 Comfort Inn
241mm	Susquehanna River
241b a	US 11, to Berwick, Lime Ridge, Bloomsburg, **N** 🏨 Red Maple Inn (2mi) 🅾 Ⓗ, **2-5 mi S** 📷 Sheetz/dsl, Sunoco/Subs Now/dsl 🍴 Applebee's, Arby's, Burger King, Domino's, Dunkin Donuts, Kemlar's Rest., Marley's Grill, McDonald's, Morris Rest., Oliran Japanese, Pizza Hut, Rita's Custard, Subway, Taco Bell, Taste of Italy, Wendy's 🏨 Budget Host, Relax Inn 🅾 AAA, Ace Hardware, Advance Parts, BigLots, Buick/GMC, Cadillac/Chevrolet, CVS Drug, Ford/Honda, Giant Foods/gas, Kost Tire, Rite Aid, Staples, U-Haul, Weis Foods/gas
236	PA 487, to Bloomsburg, Lightstreet, **S** 📷 Sunoco 🍴 Denny's 🏨 Hampton Inn, Relax Inn (2mi), Turkey Hill Inn 🅾 Ⓗ, to Bloomsburg U
232	PA 42, Buckhorn, **N** 📷 Exxon/Subs Now, TA/Country Pride/Subway/dsl/scales/24hr/@ 🍴 Burger King, Cracker Barrel, KFC, Perkins, Quaker Steak&Lube, Ruby Tuesday, Wendy's 🏨 EconoLodge, Holiday Inn Express 🅾 AT&T, BonTon, Home Depot, **S** 🍴 Carini's Italian, Gourmet Buffet, Olive Garden, Panera Bread 🏨 Comfort Suites 🅾 $Tree, Indian Head

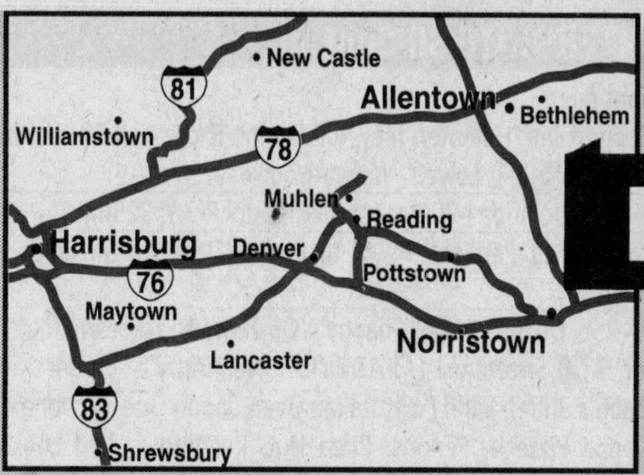

232	Continued Camping (3mi), Lowe's, Marshall's, PetCo, Verizon, Walmart/McDonald's
224	PA 54, to Danville, **N** 📷 Exxon/Subway/dsl 🏨 Quality Inn, **S** 📷 Mobil/dsl 🍴 Friendly's, McDonald's 🏨 Best Western, Hampton Inn, Red Roof Inn, Super 8 🅾 Ⓗ
219mm	℞ⓢ both lanes, full 🚻 facilities, info, litter barrels, petwalk, 🎇, �̲, vending
215	PA 254, Limestonevill, **S** 📷 ⊘FLYING J/Penn 80 Rest./Subway/dsl/scales/24hr/@ 🅾 Eagle Truckwash
212b a	I-180 W, PA 147 S, to Muncy, Williamsport, **S** 📷 Sunoco (1mi)
210.5mm	Susquehanna River
210b a	US 15, to Williamsport, Lewisburg, **S** 📷 Sunoco/dsl 🍴 Bonanza 🏨 Holiday Inn Express, Quality Inn 🅾 Ⓗ, KOA (5mi)
199	Mile Run
194mm	℞ⓢ/weigh sta both lanes, full 🚻 facilities, litter barrels, petwalk, 🎇, �̲, vending
192	PA 880, to Jersey Shore, **N** 📷 Sunoco/dsl 🅾 Ⓗ, **S** 📷 Valero/dsl 🅾 towing/truck repair
185	PA 477, Loganton, **N** 📷 Valero 🍴 Dar's Diner, **S** 🍴 Twilight Diner 🅾 RB Winter SP (12mi)
178	US 220, Lock Haven, **5 mi N** 📷 KwikFill/dsl, Sheetz/dsl 🍴 Little Caesar's, Pizza Hut, Ruby Tuesday 🅾 Ⓗ, $General, $Tree, Advance Parts, Lowe's, Walmart/Subway, Weis Foods
173	PA 64, Lamar, **N** 📷 🄿🄸🄻🄾🅃/Subway/dsl/scales/24hr 🍴 Cottage Rest., McDonald's 🏨 Hampton Inn, Quality Inn/rest. 🅾 repair, **S** 📷 ⊘FLYING J/Denny's/dsl/LP/scales/24hr/, TA/Country Pride/dsl/scales/24hr/@, Valero
161	I-99, US 220 S, PA 26, to Bellafonte, **N** 🅾 Bellefonte Camping, KOA (2mi), **S** 🅾 to PSU
158	US 220 S, PA 150, to Altoona, Milesburg, **N** 📷 Bestway/rest./dsl/motel/24hr/@, Shell/Subway, TA/Country Pride/dsl/scales/24hr/@, Valero/dsl 🍴 McDonald's 🏨 Quality Inn, **S** st police
147	PA 144, to Snow Shoe, **N** 📷 Exxon/dsl/repair/24hr, Sunoco/dsl/24hr 🍴 Snow Shoe Rest., Snow Shoe Sandwich Shop, Subway 🅾 Hall's Foods, USPO
146mm	℞ⓢ both lanes, full 🚻 facilities, litter barrels, petwalk, 🎇, �̲, vending
138mm	Moshannon River
133	PA 53, to Philipsburg, Kylertown, **N** 📷 KwikFill/motel/dsl/scales 🍴 Roadhouse Rest. 🅾 dsl repair, Mtn View Mkt, USPO, **S** 🅾 Ⓗ, Black Moshannon SP (9mi)
123	PA 970, to Shawville, Woodland, **N** 🅾 Woodland Camping, **S** 📷 Gio's BBQ/dsl (2mi), PP/dsl 🅾 st police, USPO
120mm	Susquehanna River, W Branch
120	PA 879, Shawville, Clearfield, **N** 📷 Sapp Bros/rest./dsl/scales/24hr/@ 🏨 Days Inn 🅾 Peterbilt, **S** 📷 BP/dsl, Sheetz, Snappy's 🍴 Arby's, BurgerKing, Chinese Buffet, Dunkin Donuts, Dutch Pantry, KFC/Taco Bell, McDonald's 🏨 Best Western+,

PA

◄E   INTERSTATE 80 Cont'd

120	Continued Comfort Inn, Hampton Inn, Holiday Inn Express, Red Roof Inn, Super 8 ⊙ 🍴, Lowe's, Walmart/Subway
111mm	highest point on I-80 east of Mississippi River, 2250 ft
111	PA 153, to Penfield, N ⊙ to Parker Dam, to SB Elliot SP, S ⊙ 🍴
101	PA 255, Du Bois, N 🍴 Snappy's/Quiznos/dsl ⊙ camping, 1-2 mi S 🍴 Sheetz/dsl 🍴 A&W/LJ Silver, Arby's, Burger King, Dubois Buffet, Eat'n Park, Italian Oven, Japan One, McDonald's, Napoli Pizzeria, Perkins, Pizza Hut, Ponderosa, Red Lobster, Ruby Tuesday, Station 101 Grill, Subway, Taco Bell, Valley Dairy Rest., Wendy's 🛏 Fairfield Inn, Hampton Inn, Homewood Suites ⊙ 🍴, $General, $Tree, Aldi Foods, BigLots, BonTon, CVS Drug, JC Penney, Jo-Ann Fabrics, Lowe's, mall, Old Navy, PetCo, Rite Aid, Ross, Sears/auto, Shop'n Save Foods, st police, Staples, TJ Maxx, URGENT CARE, Verizon, Walmart/Subway
97	US 219, to Brockway, Du Bois, S 🍴 Pilot/Arby's/dsl/scales/24hr, Sheetz/dsl/24hr 🍴 Dutch Pantry Rest., Hoss' Rest. (2mi) 🛏 Best Western (2mi), Clarion, Holiday Inn Express ⊙ 🍴, Advance Parts (2mi), AutoZone (2mi), Freightliner, st police
90	PA 830 E, N ⊙ Du Bois Regional Airport
87.5mm	Rs both lanes, full 🅗 facilities, litter barrels, petwalk, 🅒, 🎿, vending
86	PA 830, to Reynoldsville
81	PA 28, to Brookville, Hazen, S Brookville, hist dist (2mi)
78	PA 36, to Sigel, Brookville, N 🍴 Flying J/Denny's/dsl/LP/scales/24hr, TA/BP/Taco Bell/dsl/scales/Howard Johnson/24hr/@ 🍴 DQ, McDonald's, Pizza Hut 🛏 Super 8 ⊙ NAPA, to Cook Forest SP, S 🍴 GetGo/dsl, Oring CNG, Sheetz 🍴 Arby's, Burger King, China Wok, Plyler's Buffet, Subway 🛏 Gold Eagle Inn, Quality Inn ⊙ Chrysler/Dodge/Jeep, Family$, truckwash
73	PA 949, Corsica, N ⊙ to Clear Creek SP, S ⊙ USPO
70	US 322, to Strattanville
64	PA 66 S, to New Bethlehem, Clarion, N ⊙ to Clarion U
62	PA 68, to Clarion, N 🍴 BP, KwikFill/dsl 🍴 Applebee's, Arby's, Burger King, Eat'n Park, Hunan King, McDonald's, Perkins, Pizza Hut, RRR Roadhouse, Sakura Buffet, Subway, Taco Bell 🛏 Comfort Inn, Hampton Inn, Holiday Inn Express, Microtel, Motel 6, Park Inn, Quality Inn, Super 8 ⊙ 🍴, $Tree, Advance Parts, Aldi Foods, AT&T, AutoZone, JC Penney, Verizon, Walmart/Subway
61mm	Clarion River
60	PA 66 N, to Shippenville, N 🍴 Jiffy/dsl ⊙ camping, to Cook Forest SP
56mm	**weigh sta both lanes**
53	to PA 338, to Knox, N 🍴 Satterlee Gas/dsl (cardlock) 🍴 BJ's Eatery ⊙ Countryside Crafts/Quilts, Wolf's Camping Resort, S ⊙ Good Tire Service
45	PA 478, to St Petersburg, Emlenton, **4 mi** S ⊙ Golf Hall of Fame
44.5mm	Allegheny River
42	PA 38, to Emlenton, N 🍴 Exxon/Subway/dsl, Shell/Trkstp/rest./dsl/scales/24hr 🛏 Emlenton Motel ⊙ Gaslight RV Park, truck/RV repair
35	PA 308, to Clintonville
30.5mm	Rs both lanes, full 🅗 facilities, litter barrels, petwalk, 🅒, 🎿, vending
29	PA 8, to Franklin, Barkeyville, N 🍴 Speedway/Speedway Cafe/dsl 🍴 Arby's, Burger King, King's Rest. 🛏 Motel 6,

---

29	Continued Quality Inn ⊙ Freightliner, S 🍴 Heath/dsl, KwikFill/dsl/scales/motel/24hr, TA/BP/Subway/dsl/scales/24hr/@ ⊙ to Slippery Rock U, truckwash
24	PA 173, to Grove City, Sandy Lake, S ⊙ 🍴, Grove City Coll
19b a	I-79, N to Erie, S to Pittsburgh
15	US 19, to Mercer, N 🍴 PP/dsl, Shell 🍴 Burger King, Margarita King Mexican, McDonald's/rv parking 🛏 Comfort Inn ⊙ st police, **2 mi** S 🍴 Iron Bridge Rest., Springfield Grill ⊙ KOA (4mi)
4b a	I-376, PA 60, to PA 18, to Sharon-Hermitage, New Castle, N 🍴 Sheetz/dsl, Sunoco/Subway/dsl 🛏 EconoLodge, Hampton Inn, Holiday Inn Express, Park Inn, Quality Inn, Red Roof Inn, Super 8, S 🍴 DQ, MiddleSex Diner ⊙ $General
2.5mm	Shenango River
1mm	Welcome Ctr eb, full 🅗 facilities, litter barrels, petwalk, 🅒, 🎿 vending
0mm	Pennsylvania/Ohio state line

▲N   INTERSTATE 81

Exit#	Services
233mm	Pennsylvania/New York state line
232mm	Welcome Ctr/weigh sta sb, full 🅗 facilities, litter barrels, petwalk, 🅒, 🎿
230	PA 171, Great Bend, E 🍴 Valero ⊙ Lakeside Camping (5mi), W 🍴 Exxon/Tim Hortons/dsl, Sunoco/dsl 🍴 Burger King, Dobb's Country Kitchen, Dunkin Donuts, McDonald's, Subway 🛏 Colonial Brick Motel ⊙ Family$, Reddon's Drugs, Rob's Foods
223	PA 492, New Milford, E ⊙ East Lake Camping/RV Park (3mi), W 🍴 Gulf/dsl, Sunoco, Valero 🍴 Green Gable Rest. 🛏 Blue Ridge Motel, Lynn Lee B&B (1.5mi)
219	PA 848, to Gibson, E 🍴 Sunoco/Burger King/dsl, 🍴 Flying J/Denny's/dsl/scales/24hr, Exxon/McDonald's dsl/24hr 🛏 Holiday Inn Express, st police
217	PA 547, Harford, E 🍴 Exxon/Subway/dsl/24hr, Mobil/dsl/24hr
211	PA 92, Lenox, E ⊙ Elk Mtn Ski Area, Shady Rest Camping (3mi), W 🍴 Pump-N-Pantry/dsl, Shell/dsl 🍴 Bingham' Rest., Lenox Rest. ⊙ Lenox Drug
209mm	Rs sb, full 🅗 facilities, litter barrel, petwalk, 🅒, 🎿, vending
206	PA 374, to Glenwood, Lenoxville, E 🍴 Sunoco/dsl ⊙ to Elk Mountain Ski Resort
203mm	Rs nb, full 🅗 facilities, litter barrels, petwalk, 🅒, 🎿, vending
202	PA 107, to Fleetville, Tompkinsville
201	PA 438, East Benton, W 🍴 Duchniks/dsl/repair 🍴 B&B Rest
199	PA 524, Scott, E 🍴 Mobil/dsl, W 🍴 Exxon/Subway 🛏 Motel 81 ⊙ to Lackawanna SP
197	PA 632, Waverly, E ⊙ Rite Aid, Weis Foods, W 🍴 Sunoco 🍴 Doc's Deli 🛏 Camelot Inn/rest
194	US 6, US 11, to I-476/PA Tpk, Clarks Summit, W 🍴 Exxon/dsl Sheetz/dsl, Sunoco/dsl, Valero 🍴 Burger King, Damon's, Dino&Francesco's, Domino's, Dunkin Donuts, Krispy Kreme, Kyoto Japanese, La Tonalteca, McDonald's, Moe's SW Grill, New Century Chinese, Starbucks, Subway, Sunny Chinese, Taco Bell, Waffle House, Wendy's 🛏 Comfort Inn, EconoLodge, Hampton Inn, Nichols Village Inn, Ramada Inn ⊙ Ace Hardware, Advance Parts, Kost Tire, Monro, Rite Aid, Verizon, Weis Foods
191b a	US 6, US 11, to Carbondale, E 🍴 Sheetz/dsl, Sunoco 🍴 A&W LJ Silver, Applebee's, Buffalo Wild Wings, Burger King, China Palace, Chipotle, ChuckECheese, Denny's, Dunkin Donuts, Five Guys, HoneyBaked Ham, Kobe Japanese, La Tonalteca, McDonald's, Olive Garden, Panera Bread, Perkins, Quaker

DU BOIS BROOKVILLE CLARION

PA

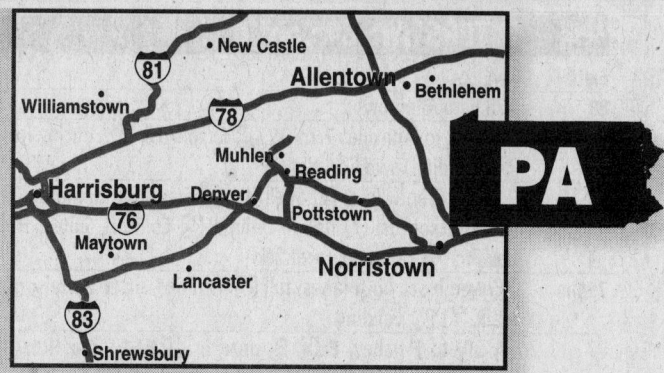

⬆N INTERSTATE 81 Cont'd

191b a   Continued
Steak&Lube, Red Lobster, Red Robin, Rita's Custard, Roma Pizza, Royal Buffet, Ruby Tuesday, Starbucks, Subway, TCBY, TGI-Friday's, TX Roadhouse, Uno Grill, Viewmont Diner 🛏 Days Inn, Holiday Inn Express 🅾 $Tree, Aldi Foods, AT&T, Books-A-Million, Dick's, Field&Stream, Firestone/auto, Harley-Davidson, Hobby Lobby, Home Depot, Hyundai, JC Penney, Jo-Ann Crafts, Kohl's, Macy's, mall, Marshall's, Michael's, Old Navy, PepBoys, Petsmart, Target, TJ Maxx, Verizon, Walmart, William's Tires, **W** 🅾 to Anthracite Museum

190   Main Ave, Dickson City, **E** 🍴 Teppanyaki Buffet, Wendy's 🛏 Fairfield Inn, Microtel, Residence Inn 🅾 auto repair, Best Buy, Ford, Lowe's, Sam's Club/gas, Staples, vet, **W** 🅾 Schiff's Foods, Toyota/Scion

188   PA 347, Throop, **E** ⛽ Sheetz/dsl, Sunoco/dsl 🍴 McDonald's, Wendy's 🛏 Dunmore Inn, Quality Inn, Scottish Inn, Sleep Inn 🅾 Advance Parts, BigLots, Monro, Mr Tire, Nissan, PriceChopper Foods, st police, URGENT CARE, **W** ⛽ Exxon/Subway/dsl 🍴 Burger King, Dunkin Donuts, Friendly's

187   to I-84, I-380, US 6 (no return from nb)
186   PA 435, Drinker St (from nb), **E** ⛽ Valero/dsl, **W** ⛽ Exxon/dsl
185   Central Scranton Expwy (exits left from nb), **W** 🅾 🏥
184   to PA 307, River St, **W** ⛽ Exxon/Subway/dsl, Valero, Vamco 🍴 Asian Taste, Dunkin Donuts 🛏 Sheraton 🅾 🏥, $Tree, CVS Drug, Gerrity Foods

182   Davis St, Montage Mtn Rd, **E** ⛽ Exxon/Coldstone/Subway/dsl 🍴 Doc's Oyster House, Gourmet Slice Pizza, Johnny Rockets Cafe, Longhorn Steaks, Nonno's Pizza, Panchero's Mexican, Panera Bread, Quiznos, Ruby Tuesday, Starbucks 🛏 Comfort Suites, Courtyard, Hampton Inn, Springhill Suites, TownePlace Suites 🅾 AT&T, GNC, Verizon, **W** ⛽ Sunoco 🍴 Dunkin Donuts, Waffle House, Wendy's 🛏 EconoLodge 🅾 CVS Drug, USPO

180   to US 11, PA 502, to Moosic, (exits left from nb), **W** on US 11 ⛽ Exxon/dsl, Sunoco 🍴 Subway

178b a   to US 11, Avoca, **E** 🛏 Holiday Inn Express, **W** ⛽ Petro/Valero/Iron Skillet/dsl/scales/24hr/@

175b a   PA 315 S, to I-476, Dupont, **E** ⛽ Exxon/Subway/dsl, Sunoco/dsl 🍴 Arby's, McDonald's, Perkins 🛏 Knights Inn 🅾 Volvo, **W** ⛽ 🛒/Wendy's/dsl/scales/24hr 🍴 Burger King, Star Asia Buffet, Uncle Joe's Pizza 🛏 Comfort Inn 🅾 truck repair, Verizon, Walmart/Subway

170b a   PA 115, PA 309, Wilkes-Barre, **E** ⛽ Exxon/Subway/dsl, Sunoco/dsl 🛏 Holiday Inn 🅾 to Pocono Downs, **W** ⛽ Citgo, Sunoco/dsl 🍴 Buffalo Wild Wings, Burger King, Denny's, Dunkin Donuts, Friendly's, Grotto Pizza, Jersey Mike's, LJ Silver, Longhorn Steaks, McDonald's, Moe's SW Grill, Red Lobster, Sonic, Taco Bell, TGIFriday's, Wendy's 🛏 Days Inn, Extended Stay America, Fairfield Inn, Holiday Inn Express, Host Inn, Quality Inn, Red Roof Inn 🅾 🏥, $General, BonTon, Chevrolet, Goodyear, Harley-Davidson, JC Penney, Macy's, mall, Sears/auto

168   Highland Park Blvd, Wilkes-Barre, **W** ⛽ Sheetz/dsl, Sunoco, TurkeyHill 🍴 Applebee's, Bob Evans, Chili's, Chipotle, Chuck-E-Cheese, Cracker Barrel, Five Guys, King's Buffet, La Tolteca Mexican, Logan's Roadhouse, Lucky's SportHouse, Mizu Steaks, Nello's Pizza, Olive Garden, Outback Steaks, Panera Bread, Popeye's, Red Robin, Smokey Bones BBQ, Starbucks, Subway, Wendy's 🛏 Courtyard, Hampton Inn, Hilton Garden, Motel 6 🅾 AT&T, Barnes&Noble, Best Buy, Dick's, Firestone/auto, Home Depot, Kohl's, Lowe's, Marshall's, Michael's, Mr Tire, Nissan, Old Navy, PepBoys, PetCo, Petsmart, PriceChopper, Ross, Sam's Club/gas, Staples, Target, TJ Maxx, U-Haul, URGENT CARE, Verizon, Walgreens, Walmart/Subway, Wegman's Foods

165b a   PA 309 S, (exits left from nb), Wilkes-Barre, **W** ⛽ Citgo/dsl, Gulf 🍴 Dunkin Donuts, McDonald's, Perkins, Taco Bell 🛏 Comfort Inn, EconoLodge 🅾 $Tree, Advance Parts, K-Mart, Rite Aid

164   PA 29, to Nanticoke, Ashley

159   Nuangola, **W** ⛽ Valero/Subs Now/dsl 🅾 camping (10mi)

157mm   ℞/weigh sta sb, full ♿ facilities, litter barrels, petwalk, 🌂, 🐾, vending

156mm   ℞/weigh sta nb, full ♿ facilities, litter barrels, petwalk, 🌂, 🐾, vending

155   to Dorrance, **E** ⛽ Sunoco/dsl 🛏 EconoLodge (2mi), **W** 🍴 Blue Ridge Plaza/dsl

151b a   I-80, E to Mountaintop, W to Bloomsburg

145   PA 93, W Hazleton, **E** ⛽ Sunoco/dsl, TurkeyHill/dsl 🍴 Applebee's, Arby's, Bonanza, Damon's, Denny's, Five Stars Chinese, Friendly's, LJ Silver, McDonald's, Perkins, Pizza Hut, Taco Bell, Wendy's 🛏 Best Western (2mi), Comfort Inn, Fairfield Inn, Forest Hill Inn, Ramada Inn (2mi) 🅾 🏥, $Tree, Advance Parts, Aldi Foods, AT&T, Big Lots, Boscov's, Buick/Cadillac/GMC, Chrysler/Dodge/Jeep, JC Penney, K-Mart, Lowe's, Mazda, Michael's, Old Navy, Petsmart, st police, Staples, Weis Foods, **W** 🍴 Shell, Top of the 80's 🛏 Candlewood Suites, Hampton Inn

143   PA 924, to Hazleton, **W** ⛽ Fuelon/Subs Now/dsl/scales, Sunoco/Subway, TurkeyHill/dsl 🍴 Burger King, Sonic 🛏 Residence Inn

141   PA 424, S Hazleton Beltway, **E** 🛏 Mt Laurel Motel
138   PA 309, to McAdoo, **2 mi E** 🛏 Pines Motel
134   to Delano
132mm   parking area/weigh sta both lanes

131b a   PA 54, Mahanoy City, **E** 🅾 to Tuscarora/Locust Lake SP, **W** 🍴 Shell/dsl, Sunoco/dsl 🛏 Mainstay Suites

124b a   PA 61, to Frackville, **E** 🍴 Cracker Barrel, McDonald's 🛏 Holiday Inn Express 🅾 BigLots, BonTon, mall, **W** ⛽ Exxon, Gulf/dsl, Speedway 🍴 Anthony's Pizza, Dutch Kitchen, Subway 🛏 EconoLodge, Granny's Motel, Rodeway Inn 🅾 🏥, Goodyear/auto, Rite Aid, st police

119   High Ridge Park Rd, to Gordon, **E** 🛏 Country Inn&Suites
116   PA 901, to Minersville, **E** 🍴 901 Rest.
112   PA 25, to Hegins, **W** 🅾 camping
107   US 209, to Tremont

104   PA 125, Ravine, **E** ⛽ Exxon/Burger King/dsl/scales/24hr 🅾 Echo Valley Campground

100   PA 443, to Pine Grove, **E** ⛽ Exxon/dsl 🍴 Arby's, McDonald's 🛏 Comfort Inn, EconoLodge 🅾 $General, **W** ⛽ 🛒 DQ/Subway/dsl/scales/24hr 🍴 Gooseberry Farms Diner 🛏 Hampton Inn 🅾 KOA (5mi), truckwash

90   PA 72, to Lebanon, **E** ⛽ Exxon/Subway, Love's/McDonald's/dsl/scales/24hr, Speedway/Blimpie/Dunkin Donuts/dsl 🍴 DQ, Wendy's 🛏 Best Western, Days Inn 🅾 KOA, repair, st police, **W** 🛏 Comfort Inn

PA

🅖 = gas 🍴 = food 🏨 = lodging 🅞 = other 🆁🆂 = rest stop Copyright 2018 - The Next EXIT

INTERSTATE 81 Cont'd

Exit#	Services
89	I-78 E, to Allentown
85 b a	PA 934, to Annville, **2 mi W** 🅖 Exxon/dsl 🍴 Funck's Rest. 🅞 to IndianTown Gap Nat Cem
80	PA 743, Grantville, **E** 🅖 Shell/dsl 🏨 Days Inn, Hampton Inn, **W** 🅖 Exxon/dsl 🍴 Italian Delight 🏨 Comfort Suites, Holiday Inn 🅞 camping, racetrack
79mm	🆁🆂/weigh sta both lanes, full ♿ facilities, litter barrels, petwalk, 🅲, 🛢, vending
77	PA 39, to Hershey, **E** 🅖 Exxon/dsl, ▨▨▨/Pizza Hut/dsl/scales/24hr, Valero/dsl 🍴 Hershey Rd Rest. 🏨 Country Inn&Suites, EconoLodge, La Quinta, Motel 6, Scottish Inn 🅞 st police, to Hershey Attractions, **W** 🅖 Exit 77 TP/Subway/dsl, TA/Country Pride/dsl/scales/24hr/@, 🈁FLYING J/Perkins/dsl/24hr/@ 🍴 McDonald's 🏨 Holiday Inn Express 🅞 Goodyear, SpeedCo, truck repair
72	to US 22, Linglestown, **E** 🅖 Sheetz/dsl, Speedway/dsl, Sunoco/dsl 🍴 Burger King, Chipotle Mexican, Five Guys, McDonald's, Red Robin, Starbucks, Subway, Tonino's Pizza 🏨 Comfort Inn, Quality Inn 🅞 Advance Parts, Chrysler/Dodge/Jeep, Costco/gas, CVS Drug, Giant Foods, Harley-Davidson, Karn's Foods, Target, Toyota/Scion, U-Haul, **W** 🅖 Turkey Hill 🍴 Mikado Japanese, Sindbaad Diner, Subway 🏨 Candlewood Suites, Ramada Inn 🅞 $General
70	I-83 S, to York, 🅞 🈯
69	Progress Ave, **E** 🍴 Cracker Barrel, Dunkin Donuts, Harvest Grill, Macaroni Grill, Starbucks, Tonino's Grill 🅞 AT&T, CVS Drug, st police, Susquehanna Shoppes, **W** 🅖 Turkey Hill/dsl 🍴 Arby's, YP Rest. 🏨 Clarion, Hampton Inn, Red Roof Inn, SpringHill Suites
67 b a	US 22, US 322 W, PA 230, Cameron St, to Lewistown
66	Front St, **E** 🅞 🈯, **W** 🅖 Exxon, Sunoco 🍴 Bro's Pizza, Front St Diner, McDonald's, Pizza Hut, Simply Turkey, Taco Bell, Wendy's 🏨 Best Value, Days Inn
65	US 11/15, to Enola, **1 mi E** 🅖 Sunoco/dsl, Tom's 🍴 Al's Pizza, China Taste, DQ, Dunkin Donuts, McDonald's, Subway, Summerdale Diner, Wendy's 🏨 Quality Inn 🅞 $Tree, Advance Parts, Fischer Parts, K-Mart, Rite Aid, Sure Fine Foods
61	PA 944, to Wertzville, **E** 🏨 Holiday Inn Express 🅞 🈯, Giant/dsl, Weiss Mkt, **W** 🅖 Turkey Hill/dsl 🏨 Microtel
59	PA 581, to US 11, to I-83, Harrisburg, **3 mi E on Carlisle Pk** 🅖 Sheetz/dsl, Sunoco 🍴 Applebee's, Bob Evans, Burger King, Carrabba's, Denny's, Dunkin Donuts, McDonald's, Outback Steaks, Quaker Steak, TGIFriday's, Wayback Burger, Wendy's 🏨 Park Inn 🅞 AutoZone, Buick/GMC, Dick's, GNC, Home Depot, Hyundai, Lowe's, Nissan, NTB, Pepboys, Petsmart, Staples, TJ Maxx
57	PA 114, to Mechanicsburg, **2 mi E** 🅖 Sheetz/dsl 🍴 Alfredo's Pizza, Arby's, Dickey's BBQ, Great Wall Chinese, Isaac's Rest., KFC/LJ Silver, McDonald's, Olive Garden, Pizza Hut, Red Robin, Silver Spring Diner, Subway, Taco Bell 🏨 Baymont Inn 🅞 CarMax, Giant Foods/gas, Marshall's, Sam's Club/gas, Verizon, Walmart
52 b a	US 11, to I-76/PA Tpk, Middlesex, **E** 🅖 🈁FLYING J/Denny's/dsl/scales/24hr/@, Pioneer/dsl 🍴 Bob Evans, Dunkin Donuts, Ember's Steaks, Middlesex Diner 🏨 Best Value Inn, Days Inn, Hotel Carlisle, Red Roof Inn, Super 8 🅞 🈯, **W** 🅖 Gulf, ♥Love's/Wendy's/dsl/24hr, Petro/Iron Skillet/dsl/24hr/@, Sunoco/Subway/dsl 🍴 Arby's, Carelli's Subs, McDonald's, Rte 11 Diner, Waffle House 🏨 Best Western, EconoLodge, Hampton Inn, Holiday Inn Express, Knights Inn, Motel 6, Quality Inn,

Exit#	Services
52 b a	Continued Quality Inn, Residence Inn, Rodeway Inn, Travelodge 🅞 [Blue Beacon
49	PA 74 (no EZ sb return), **E** 🅖 Sheetz/dsl 🅞 same as 4 **W** 🍴 Trindle Grill 🅞 AAA
48	PA 74, York Rd (no EZ nb return), **E** 🅖 Gulf/dsl 🍴 Asian Caf Red Robin, Starbucks, Subway 🅞 $Tree, Aldi Foods, Kohl Michael's, Petsmart, Rite Aid, Target, Verizon, **W** 🅖 Spee way 🍴 Burger King, Little Caesars, McDonald's, Pizza Hu Taco Bell 🅞 BonTon, CVS Drug, Dunkin Donuts, Ford, Lowe Midas, Weis Foods
47	PA 34, Hanover St, **E** 🍴 Chili's, Cracker Barrel 🏨 Sleep I 🅞 Home Depot, **W** 🍴 Al's Pizza, Applebee's, Bruster's/N than's, DQ, Palace China, Panera Bread, Papa John's, Rita's Cu tard, Subway, Super Buffet, Vinny's Rest., Wendy's 🅞 AT& CVS Drug, Rite Aid, Staples, TJ Maxx, Walmart/McDonald's
45	College St, **E** 🅖 Gulf/dsl 🍴 Alfredo Pizza, Arby's, Great W Buffet, McDonald's, Subway, Walnut Bottom Diner 🏨 Da Inn, Super 8 🅞 🈯, K-Mart, Nell's Foods, Tire Pros, Verizon
44	PA 465, Allen Rd, to Plainfield, **E** 🏨 Country Inn&Suites, Fa field Inn 🅞 🈯, st police, **W** 🅖 Sheetz/dsl 🍴 Subway
38.5mm	🆁🆂 both lanes, full ♿ facilities, litter barrels, petwalk, 🅲, 🛢
37	PA 233, to Newville, **E** 🅞 Pine Grove Furnace SP, **W** 🅞 C Denning SP
29	PA 174, King St, **E** 🅖 Sunoco/dsl 🏨 Rodeway Inn, **W** 🅖 Gu Rutter's/dsl 🍴 Bros Pizza, Burger King, Domino's, KFC, Litt Caesar's, Subway, Taco Bell, Wendy's 🏨 Best Western, Ho day Inn Express, Theo's Motel 🅞 $General, Advance Par Aldi Foods, AT&T, Cadillac/Chevrolet, CVS Drug, Ford, Lowe Verizon, vet, Walmart
24	PA 696, Fayette St, **W** 🅖 Pacific Pride/dsl
20	PA 997, Scotland, **E** 🍴 Bonanza, McDonald's 🏨 Comfort In Super 8 🅞 BonTon, JC Penney, mall, **W** 🅖 Sunoco 🏨 Sleep I
17	Walker Rd, **W** 🅖 Sheetz/dsl 🍴 Aki Steaks, Bruster's/N than's, Cafe del Sol, Chipotle Mexican, Fuddrucker's, Longho Steaks, Olive Garden, Panera Bread, Red Robin, Sonic, Subwa TGIFriday's, TX Roadhouse 🏨 Candlewood Suites, Country I n&Suites 🅞 AT&T, BJ's/dsl, Buick/Chevrolet/GMC, Ford, Gia Foods/gas, Kohl's, Michael's, Mr Tire, Petsmart, Staples, Targe URGENT CARE, Verizon
16	US 30, to Chambersburg, **E** 🅖 Fuel Ctr, Sheetz 🍴 Arby Broadway Deli, Bro's Pizza, Burger King, Dunkin Donu Hoss's Rest., KFC, Little Caesars, Perkins, Popeye's, Rita Custard, Rte 30 Rest., Ryan's, Supreme Buffet, Waffle Hous Wendy's 🏨 Days Inn 🅞 $Tree, AAA, Aldi Foods, Dick's, Ha ley-Davidson, Hobby Lobby, Jo-Ann Fabrics, Lowe's, Mida NAPA, Nissan/Toyota/Scion, Petco, TJ Maxx, U-Haul, Verizo vet, Walmart/Subway, **W** 🅖 Speedway/dsl 🍴 Big Oak Ca Burger King, Chambersburg Diner, Copper Kettle, LJ Silver, M Donald's, Pizza Hut, Ruby Tuesday, Starbucks, Subway, Ta Bell 🏨 Best Western, Clarion, La Quinta 🅞 🈯, Advan Parts, AutoZone, Lincoln, URGENT CARE, Walgreens
14	PA 316, Wayne Ave, **E** 🅖 Sheetz/dsl 🍴 Bob Evans, Cra er Barrel 🏨 Fairfield Inn, Hampton Inn, Red Carpet In **W** 🅖 KwikFill, Shell 🍴 Applebee's, Arby's, China Buff China Wok, Denny's, Mario's Italian, Montezuma Mexica Papa John's, Red Lobster, Stoney's Rest., Subway, Twin Drag Chinese, Volcano Japanese, Wendy's 🏨 Holiday Inn Expre Quality Inn, Red Roof Inn 🅞 $Tree, CVS Drug, Giant Food gas, GNC, K-Mart, Mr Tire, Save-a-Lot Foods, Verizon, We Foods
12mm	weigh sta sb
10	PA 914, Marion

(left margin, vertical) HARRISBURG CARLISLE

(right margin, vertical) CHAMBERSBURG

PA

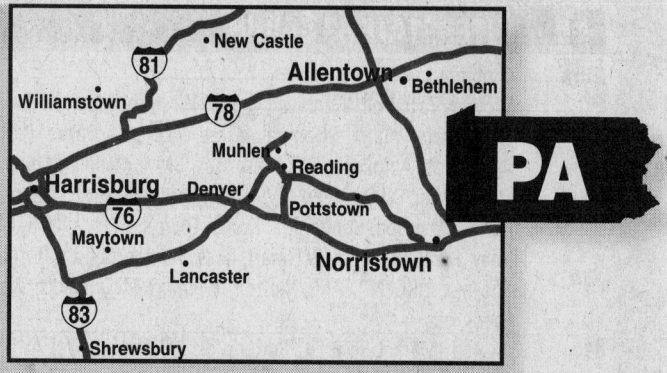

▲N INTERSTATE 81 Cont'd

Exit#	Services
7mm	weigh sta nb
5	PA 16, Greencastle, E 🅾 Shell/dsl, Sunoco/grill/dsl, TA/Country Pride/dsl/scales/24hr/@ 🍴 McDonald's, Subway, Taco Bell 🏨 Super 8 🅾 Truckwash, Whitetail Ski Resort, W 🅾 Exxon/dsl 🏨 Castle Green Motel/rest 🅾 AutoZone
3	US 11, E 🅾 Sunoco/dsl 🍴 Bro's Pizza 🏨 Comfort Inn, W 🅾 Sheetz/dsl
2mm	Welcome Ctr nb, full ♿ facilities, litter barrels, petwalk, 🍴, 🏨, vending
1	PA 163, Mason-Dixon Rd, W 🏨 Stateline Inn, Stateline Motel 🅾 Keystone RV Ctr
0mm	Pennsylvania/Maryland state line, Mason-Dixon Line

▲N INTERSTATE 83

Exit#	Services
51b a	I-83 begins/ends on I-81, exit 70.
50b a	US 22, Jonestown Rd, Harrisburg, E 🅾 Speedway/dsl, Sunoco/dsl, USA 🍴 5 Guys Burgers, Applebee's, Arby's, Buffalo Wild Wings, Chipotle Mexican, Cold Stone, Colonial Park Diner, Domino's, El Rodeo Mexican, Gilligan's Grill, Hibachi Grill, LJ Silver, Longhorn Steaks, McDonald's, Old Country Buffet, Olive Garden, Panera Bread, Pizza Hut, Red Lobster, Red Robin, Shogun Asian, Starbucks, Subway, Taco Bell, Tonino's Pizza, Wendy's 🅾 Aamco, Advance Parts, AutoZone, Best Buy, Bon-Ton, Boscov's, Costco/gas, Dick's, Ford, Giant Foods, Goodyear/auto, Home Depot, Jo-Ann, K-Mart, Kohl's, mall, Marshall's, Meineke, Michael's, NTB, Old Navy, PepBoys, PetCo, Ross, Sears/auto, Shannon Tire/auto, Target, Tires+, U-Haul, Verizon, vet, Weis Foods, William's Tires/repair, W 🅾 Sunoco/dsl 🍴 DQ, Dunkin Donuts, Friendly's, Gabriella's Italian, KFC, Roberto's Pizza 🅾 Rite Aid
48	Union Deposit Rd, E 🅾 Sunoco 🍴 Arby's, Burger King, Infinito's Buffet, Panera Bread 🏨 Best Western, Hampton Inn 🅾 🏥 $Tree, Giant Foods/gas, Rite Aid, Staples, URGENT CARE, W 🅾 Gulf/dsl, Sheetz/dsl 🍴 ChuckeCheese, Empire Asian Bistro, Great Wall Chinese, Jimmy John's, JoJo's Pizza, McDonald's, Naples Pizza, New China, Outback Steaks, Rita's Ice Cream, Starbucks, Subway, TGIFriday's, TX Roadhouse, Waffle House, Wendy's 🏨 Country Inn&Suites, EconoLodge, Fairfield Inn, Holiday Inn Express 🅾 $Tree, BigLots, Family$, Lowe's, PriceRite Foods, Tuesday Morning, Weis Foods
47	(46b from nb), US 322 E, to Hershey, Derry St, E 🅾 Speedway 🍴 Papa John's, Pizza Hut 🅾 Home Depot, Petsmart
46b a	I-283 S, to I-76/PA Tpk, W 🍴 Taco Bell, Wendy's 🏨 Days Inn, **services E off I-283 S** 🅾 Exxon/dsl, Sunoco/dsl 🍴 Bob Evans, Capitol Diner, Chili's, Five Guys, Friendly's, Lancaster Brewing Rest., Leeds Rest., McDonald's, Moe's SW Grill, Subway 🏨 Courtyard, EconoLodge, Holiday Inn, Howard Johnson, La Quinta, Red Roof Inn, Sheraton, Sleep Inn, Super 8, Wyndham Garden 🅾 $General, GNC, JC Penney, Kia, Target, Verizon
45	Paxton St, E 🅾 Sheetz/dsl 🍴 Applebees, Burger King, Cafe Fresco, Fiesta Mexico, Hibachi Buffet, Isaac's Rest., McDonald's, Melting Pot, Papa Joe's Pizza, Pizza Hut, Qdoba, Ruby Tuesday, Starbucks, Tomato Pie Cafe 🏨 Hilton Garden, Homewood Suites, Towneplace Suites 🅾 Advance Parts, Bass Pro Shops, Macy's, mall, Mazda/Subaru, Meineke, Nissan, Toyota/Scion
44b	17th St, 19th St, E 🅾 Sunoco, Turkey Hill 🍴 Benihana Japanese, Dunkin Donuts, Hardee's 🅾 Advance Parts, AutoZone, Buick/GMC, Firestone/auto, Honda, Hyundai, Midas

Exit#	Services
44a	PA 230, 13th St, Harrisburg, E 🅾 Family$, W 🅾 Chevrolet, VW, downtown
43	2nd St, Harrisburg, W 🏨 Crowne Plaza, Hilton 🅾 🏥, st capitol, downtown
42.5mm	Susquehanna River
42	Lemoyne
41b	Highland Park, E 🅾 Turkey Hill 🍴 Burger King, KFC, W 🅾 Sunoco 🍴 Papa Joe's 🅾 Ace Hardware, Weis Foods
41a	US 15, PA 581 W, to Gettysburg
40b	New Cumberland, W 🅾 Gulf/dsl 🍴 Cedar Cliff Pizza, McDonald's, New China, Subway 🅾 $General, CVS Drug
40a	Limekiln Rd, to Lewisberry, E 🅾 Shell/dsl, Sunoco 🍴 Bob Evans, John's Diner, McDonald's, Pizza Hut 🏨 Budget Inn, Clarion, Fairfield Inn, Holiday Inn Express, La Quinta, Quality Inn, W 🅾 Speedway 🏨 Best Western, Motel 6, Scottish Inn 🅾 vet
39b	I-76/PA Tpk
39a	PA 114, Lewisberry Rd, E 🅾 Rutter's/dsl 🏨 Days Inn, Highland Inn, Red Carpet Inn
38	Reesers Summit
36	PA 262, Fishing Creek, E 🅾 Speedway/Dunkin Donuts 🍴 Bruster's, Mamma's Pizza 🅾 CVS Drug
35	PA 177, Lewisberry, E 🍴 601 Pizzaria, W 🅾 Exxon 🍴 Francescos, Summit Rest. 🏨 Alpine Inn
34mm	parking area/weigh sta sb
34	Valley Green (from nb), same as 33
33	PA 392, Yocumtown, E 🅾 Speedway/Dunkin Donuts/dsl, Rutter's 🍴 Brothers Pizzaria, Burger King, Golden Plate Diner, Hong Kong Buffet, KFC/Taco Bell, Maple Donuts, McDonald's, New China Buffet, Subway 🏨 Super 8 🅾 $Tree, Advance Parts, Darrenkamp's Mkt, GNC, Rite Aid, Verizon, Walmart/Subway
33mm	parking area/weigh sta nb
32	PA 382, Newberrytown, E 🅾 Rutter's/deli/dsl/24hr, Sunoco/dsl, W 🅾 Exxon/dsl
28	PA 295, Strinestown, W 🅾 Rutter's/24hr 🍴 83 Diner, Wendy's
24	PA 238, Emigsville, W 🅾 Sunoco/dsl 🍴 4 Bros Rest.
22	PA 181, N George St, E 🅾 Rutter's 🏨 Comfort Inn, Homewood Suites, W same as 21b
21b a	US 30, Arsenal Rd, to York, E 🅾 Sheetz/dsl 🍴 Cheddar's, Clock Diner, Qdoba, San Carlo's Rest., Starbucks 🏨 Days Inn, EconoLodge, Motel 6, Sheraton 🅾 AT&T, Buick/GMC, W 🅾 Royal Farms/dsl, Rutter's/dsl, Sheetz/dsl 🍴 5 Guys Burgers, Arby's, Bob Evans, Burger King, Chick-fil-A, Chili's, China Buffet, CiCi's, Denny's, Domino's, DQ, Dunkin Donuts, El Rodeo Mexican, Friendly's, Great Wall, Hardee's, Hoss's, Jimmy John's, KFC, Little Caesars, LJ Silver, Logan's Roadhouse, Lyndon Diner, Maple Donuts, McDonald's, Mission BBQ, Old Country Buffet, Olive Garden, Panera Bread, Pizza Hut, Quaker Steak, Rita's Custard, Ruby Tuesday, Smokey Bones BBQ,

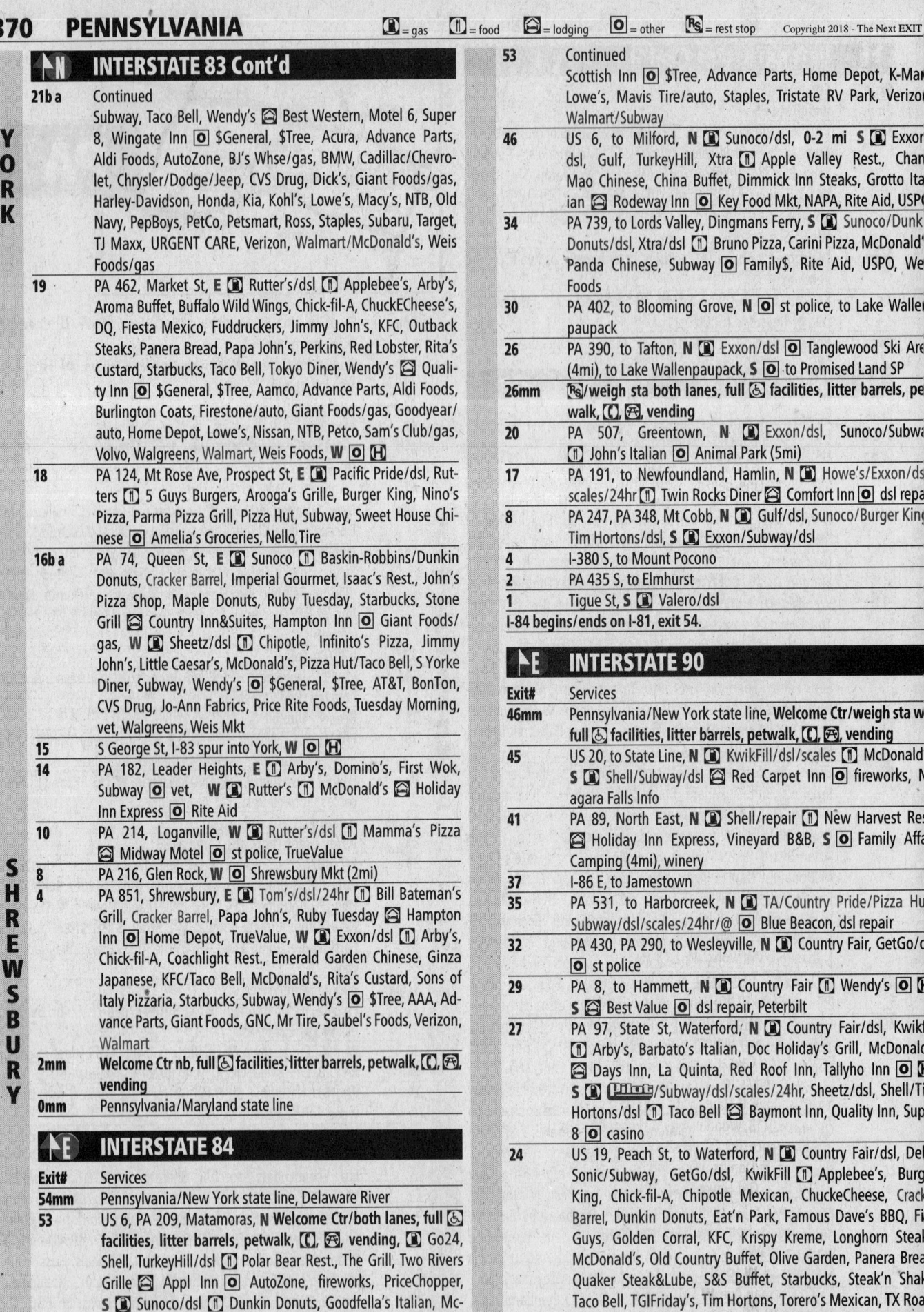

INTERSTATE 83 Cont'd

YORK

21b a Continued
Subway, Taco Bell, Wendy's ⌂ Best Western, Motel 6, Super 8, Wingate Inn ⊙ $General, $Tree, Acura, Advance Parts, Aldi Foods, AutoZone, BJ's Whse/gas, BMW, Cadillac/Chevrolet, Chrysler/Dodge/Jeep, CVS Drug, Dick's, Giant Foods/gas, Harley-Davidson, Honda, Kia, Kohl's, Lowe's, Macy's, NTB, Old Navy, PepBoys, PetCo, Petsmart, Ross, Staples, Subaru, Target, TJ Maxx, URGENT CARE, Verizon, Walmart/McDonald's, Weis Foods/gas

19 PA 462, Market St, E ⛽ Rutter's/dsl ⑪ Applebee's, Arby's, Aroma Buffet, Buffalo Wild Wings, Chick-fil-A, ChuckECheese's, DQ, Fiesta Mexico, Fuddruckers, Jimmy John's, KFC, Outback Steaks, Panera Bread, Papa John's, Perkins, Red Lobster, Rita's Custard, Starbucks, Taco Bell, Tokyo Diner, Wendy's ⌂ Quality Inn ⊙ $General, $Tree, Aamco, Advance Parts, Aldi Foods, Burlington Coats, Firestone/auto, Giant Foods/gas, Goodyear/auto, Home Depot, Lowe's, Nissan, NTB, Petco, Sam's Club/gas, Volvo, Walgreens, Walmart, Weis Foods, W ⊙ H

18 PA 124, Mt Rose Ave, Prospect St, E ⛽ Pacific Pride/dsl, Rutters ⑪ 5 Guys Burgers, Arooga's Grille, Burger King, Nino's Pizza, Parma Pizza Grill, Pizza Hut, Subway, Sweet House Chinese ⊙ Amelia's Groceries, Nello Tire

16b a PA 74, Queen St, E ⛽ Sunoco ⑪ Baskin-Robbins/Dunkin Donuts, Cracker Barrel, Imperial Gourmet, Isaac's Rest., John's Pizza Shop, Maple Donuts, Ruby Tuesday, Starbucks, Stone Grill ⌂ Country Inn&Suites, Hampton Inn ⊙ Giant Foods/gas, W ⛽ Sheetz/dsl ⑪ Chipotle, Infinito's Pizza, Jimmy John's, Little Caesar's, McDonald's, Pizza Hut/Taco Bell, S Yorke Diner, Subway, Wendy's ⊙ $General, $Tree, AT&T, BonTon, CVS Drug, Jo-Ann Fabrics, Price Rite Foods, Tuesday Morning, vet, Walgreens, Weis Mkt

15 S George St, I-83 spur into York, W ⊙ H

14 PA 182, Leader Heights, E ⑪ Arby's, Domino's, First Wok, Subway ⊙ vet, W ⛽ Rutter's ⑪ McDonald's ⌂ Holiday Inn Express ⊙ Rite Aid

10 PA 214, Loganville, W ⛽ Rutter's/dsl ⑪ Mamma's Pizza ⌂ Midway Motel ⊙ st police, TrueValue

8 PA 216, Glen Rock, W ⊙ Shrewsbury Mkt (2mi)

4 PA 851, Shrewsbury, E ⛽ Tom's/dsl/24hr ⑪ Bill Bateman's Grill, Cracker Barrel, Papa John's, Ruby Tuesday ⌂ Hampton Inn ⊙ Home Depot, TrueValue, W ⛽ Exxon/dsl ⑪ Arby's, Chick-fil-A, Coachlight Rest., Emerald Garden Chinese, Ginza Japanese, KFC/Taco Bell, McDonald's, Rita's Custard, Sons of Italy Pizzaria, Starbucks, Subway, Wendy's ⊙ $Tree, AAA, Advance Parts, Giant Foods, GNC, Mr Tire, Saubel's Foods, Verizon, Walmart

SHREWSBURY

2mm Welcome Ctr nb, full ♿ facilities, litter barrels, petwalk, ⊙, ♨, vending

0mm Pennsylvania/Maryland state line

INTERSTATE 84

Exit#	Services
54mm	Pennsylvania/New York state line, Delaware River
53	US 6, PA 209, Matamoras, N Welcome Ctr/both lanes, full ♿ facilities, litter barrels, petwalk, ⊙, ♨, vending, ⊙ Go24, Shell, TurkeyHill/dsl ⑪ Polar Bear Rest., The Grill, Two Rivers Grille ⌂ Appl Inn ⊙ AutoZone, fireworks, PriceChopper, S ⛽ Sunoco/dsl ⑪ Dunkin Donuts, Goodfella's Italian, McDonald's, Peking Garden, Perkins, Subway, Taco Bell, Village Diner, Wayback Burger, Wendy's ⌂ Best Western, Hampton Inn,

53 Continued
Scottish Inn ⊙ $Tree, Advance Parts, Home Depot, K-Mar Lowe's, Mavis Tire/auto, Staples, Tristate RV Park, Verizon Walmart/Subway

46 US 6, to Milford, N ⛽ Sunoco/dsl, 0-2 mi S ⛽ Exxon dsl, Gulf, TurkeyHill, Xtra ⑪ Apple Valley Rest., Chan Mao Chinese, China Buffet, Dimmick Inn Steaks, Grotto Ita ian ⌂ Rodeway Inn ⊙ Key Food Mkt, NAPA, Rite Aid, USPO

34 PA 739, to Lords Valley, Dingmans Ferry, S ⛽ Sunoco/Dunk Donuts/dsl, Xtra/dsl ⑪ Bruno Pizza, Carini Pizza, McDonald Panda Chinese, Subway ⊙ Family$, Rite Aid, USPO, We Foods

30 PA 402, to Blooming Grove, N ⊙ st police, to Lake Walle paupack

26 PA 390, to Tafton, N ⛽ Exxon/dsl ⊙ Tanglewood Ski Are (4mi), to Lake Wallenpaupack, S ⊙ to Promised Land SP

26mm ⓡ/weigh sta both lanes, full ♿ facilities, litter barrels, pe walk, ⊙, ♨, vending

20 PA 507, Greentown, N ⛽ Exxon/dsl, Sunoco/Subwa ⑪ John's Italian ⊙ Animal Park (5mi)

17 PA 191, to Newfoundland, Hamlin, N ⛽ Howe's/Exxon/ds scales/24hr ⑪ Twin Rocks Diner ⌂ Comfort Inn ⊙ dsl repa

8 PA 247, PA 348, Mt Cobb, N ⛽ Gulf/dsl, Sunoco/Burger King Tim Hortons/dsl, S ⛽ Exxon/Subway/dsl

4 I-380 S, to Mount Pocono

2 PA 435 S, to Elmhurst

1 Tigue St, S ⛽ Valero/dsl

I-84 begins/ends on I-81, exit 54.

INTERSTATE 90

Exit#	Services
46mm	Pennsylvania/New York state line, Welcome Ctr/weigh sta w full ♿ facilities, litter barrels, petwalk, ⊙, ♨, vending
45	US 20, to State Line, N ⛽ KwikFill/dsl/scales ⑪ McDonald' S ⛽ Shell/Subway/dsl ⌂ Red Carpet Inn ⊙ fireworks, N agara Falls Info
41	PA 89, North East, N ⛽ Shell/repair ⑪ New Harvest Re: ⌂ Holiday Inn Express, Vineyard B&B, S ⊙ Family Affa Camping (4mi), winery
37	I-86 E, to Jamestown
35	PA 531, to Harborcreek, N ⛽ TA/Country Pride/Pizza Hu Subway/dsl/scales/24hr/@ ⊙ Blue Beacon, dsl repair
32	PA 430, PA 290, to Wesleyville, N ⛽ Country Fair, GetGo/c ⊙ st police
29	PA 8, to Hammett, N ⛽ Country Fair ⑪ Wendy's ⊙ S ⌂ Best Value ⊙ dsl repair, Peterbilt
27	PA 97, State St, Waterford, N ⛽ Country Fair/dsl, Kwik ⑪ Arby's, Barbato's Italian, Doc Holiday's Grill, McDonalc ⌂ Days Inn, La Quinta, Red Roof Inn, Tallyho Inn ⊙ H S ⛽ ⑪/Subway/dsl/scales/24hr, Sheetz/dsl, Shell/Ti Hortons/dsl ⑪ Taco Bell ⌂ Baymont Inn, Quality Inn, Sup 8 ⊙ casino
24	US 19, Peach St, to Waterford, N ⛽ Country Fair/dsl, De Sonic/Subway, GetGo/dsl, KwikFill ⑪ Applebee's, Burg King, Chick-fil-A, Chipotle Mexican, ChuckeCheese, Crack Barrel, Dunkin Donuts, Eat'n Park, Famous Dave's BBQ, Fi Guys, Golden Corral, KFC, Krispy Kreme, Longhorn Steal McDonald's, Old Country Buffet, Olive Garden, Panera Brea Quaker Steak&Lube, S&S Buffet, Starbucks, Steak'n Shak Taco Bell, TGIFriday's, Tim Hortons, Torero's Mexican, TX Roa house ⌂ Courtyard, Hilton Garden ⊙ H, $Tree, Advan Parts, Aldi Foods, AT&T, BestBuy, GiantEagleFoods, HobbyLobb

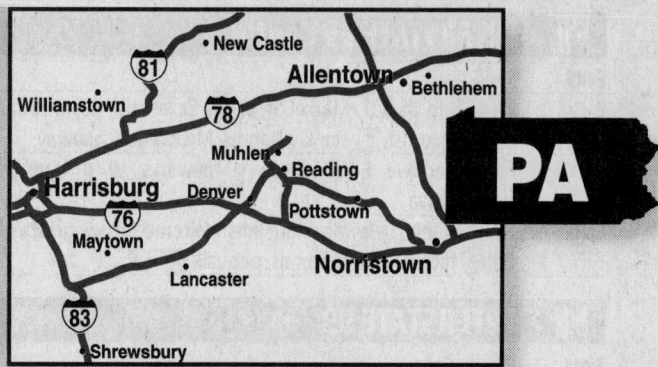

◄E INTERSTATE 90 Cont'd

24	Continued
	Home Depot, Jo-Ann Fabrics, Kohl's, Lowe's, Marshall's, Old Navy, Petsmart, Sam's Club/gas, Staples, Target, URGENT CARE, Verizon, Walmart/Subway, Wegman's Foods, S 🍴 Country Fair, Shell/Subway 🍴 Blotto's Grill, Bob Evans 🛏 Comfort Inn, Country Inn&Suites, EconoLodge, Hampton Inn, Holiday Inn Express, Home 2 Suites, Microtel, Residence Inn, Wingate Inn 🅾 waterpark
22b a	I-79, N to Erie, S to Pittsburgh, **3-5 mi N** services in Erie
18	PA 832, Sterrettania, **N** 🅿 Marathon/dsl 🍴 Burger King 🅾 Presque Passage RV Park, to Presque Isle SP, Waldameer Park (8mi), **S** 🍴 Beechwood Rest. 🛏 Quality Inn 🅾 golf, KOA, West Haven RV Park/camping
16	PA 98, to Franklin Center, Fairview, **S** 🅾 Follys Camping (2mi), Mar-Da-Jo-Dy Camping (5mi)
9	PA 18, to Girard, Platea, **N** 🅾 Fiesler's Service/repair/tires, Langer's Automotive, st police, **S** 🛏 Green Roof Inn (2mi)
6	PA 215, to Albion, East Springfield, **N** 🛏 lodging
3	US 6N, to Cherry Hill, West Springfield, **N** 🛏 lodging on US 20, **S** 🅿 State Line/deli/dsl/scales/24hr
2.5mm	🆁🆂/weigh sta eb, full 🚻 facilities, info, litter barrels, petwalk, 🍴, 🎁, vending
0mm	Pennsylvania/Ohio state line

▲N INTERSTATE 95

Exit#	Services
51mm	Pennsylvania/New Jersey state line, Delaware River
51	PA 32, to New Hope, **W** Washington Crossing Hist Park
50mm	Welcome Ctr sb, full 🚻 facilities, litter barrels, petwalk, 🍴, 🎁, vending
49	PA 332, to Yardley, Newtown, **W** 🍴 Dunkin Donuts 🛏 Hampton Inn 🅾 🖸, to Tyler SP
46b a	US 1 to I-276, PA TPK, Langhorne, Oxford Valley, **W** 🅾 🖸
44	US 1, PA 413, to Penndel, Levittown, **E** 🅿 Shell/7-11/dsl 🍴 Arrano Hibachi Steaks, ChuckECheese's, Dunkin Donuts, Friendly's, Great American Diner, Hong Kong Pearl, Ming's Asian, Olive Garden, Panera Bread, Red Lobster, Ruby Tuesday, Subway, Wendy's 🅾 $Tree, Acura, Chevrolet, Chrysler/Dodge/Jeep, Firestone/auto, Ford, GNC, Goodyear/auto, Harley-Davidson, Honda, Hyundai, Jaguar, Kia, Lowe's, Marshall's, Redner's Whse Mkt, Sam's Club, Staples, Subaru, Subaru, Target, VW/Volvo, **W** 🅿 LukOil/dsl 🍴 Denny's, McDonald's 🅾 🖸, Toyota/Scion, U-Haul
40	PA 413, I-276, to Bristol Bridge, Burlington
37	PA 132, to Street Rd, **W** 🅿 BP/dsl, Sunoco/dsl 🍴 Burger King, China Sun Buffet, Dunkin Donuts, Golden Corral, Krispy Kreme, Little Caesar's, McDonald's, Popeye's, Sonic, TX Roadhouse, Wendy's 🅾 $General, Aldi Foods, GNC, Goodyear/auto, PepBoys, U-Haul, Walgreens, WaWa
35	PA 63, to US 13, Woodhaven Rd, Bristol Park, **W** 🅿 BP, Liberty, LukOil, Sunoco/dsl 🍴 Arby's, Bob Evans, Boston Mkt, Burger King, Dunkin Donuts, Dynasty Rest., Grand China Buffet, KFC, McDonald's, Old Haven Pizza, Pizza Hut, Rita's Custard, Taco Bell, Wendy's 🛏 Holiday Inn Express 🅾 🖸, $Tree, Acme Foods, Dick's, Home Depot, Marshall's, NTB, Verizon, Verizon, Walmart, WaWa
32	Academy Rd, **W** 🅾 🖸
30	PA 73, Cottman Ave, **W** 🅿 Sunoco
27	Bridge St, **W** 🅿 7-11, Citgo/dsl, Exxon, Lukoil 🍴 Dunkin Donuts 🅾 🖸, Rite Aid

26	to NJ 90, Betsy Ross Brdg, **W** 🅿 BP/Dunkin Donuts, Speedway, Sunoco/dsl, WaWa/dsl 🍴 Applebee's, Burger King, Chick-fil-A, KFC, McDonald's, Sonic, Wendy's 🅾 $Tree, Advance Parts, Home Depot, Lowe's, SavaLot, ShopRite Foods, Target, Walmart
25	Allegheny Ave, **W** 🅿 Sunoco/dsl 🅾 🖸, WaWa
23	Lehigh Ave, Girard Ave, **E** casino, **W** 🅿 Exxon 🍴 Applebee's, Arby's, Coldstone, Dunkin Donuts, Pizza Hut, Rita's Custard 🅾 🖸, $Tree, AutoZone, CVS Drug, Family$, GNC, PepBoys, Rite Aid, WaWa/dsl
22	I-676, US 30, to Central Philadelphia, Independence Hall
20	Columbus Blvd, Penns Landing, **1-2 mi E on Columbus** 🅿 BP, Liberty/WaWa/dsl 🍴 Burger King, Chick-fil-A, ChuckECheese, Dunkin Donuts, Famous Dave's BBQ, IHOP, Longhorn Steaks, McDonald's, Ruby Buffet, Wendy's 🛏 Holiday Inn Express, Sheraton 🅾 $Tree, AT&T, Best Buy, GNC, Home Depot, IKEA, Lowe's, Marshall's, Old Navy, PepBoys, ShopRite Foods, Staples, Target, Verizon, Walmart
19	I-76 E, to Walt Whitman Bridge, **W** 🅿 BP, Liberty, Sunoco/dsl 🍴 Burger King, Dunkin Donuts, KFC, Little Caesar's, McDonald's, Pizza Hut, Popeye's 🛏 Holiday Inn 🅾 $General, Aldi Foods, to stadiums
17	PA 611, to Broad St, Pattison Ave, **W** 🅾 🖸, to Naval Shipyard, to stadium
15mm	Schuylkill River
15	Enterprise Ave, Island Ave (from sb)
14	Bartram Ave, Essington Ave (from sb)
13	PA 291, to I-76 W (from nb), to Central Philadelphia, **E** 🛏 Aloft, Doubletree, Hawthorn Suites, Marriott, Renaissance Inn, Sheraton Four Points, Sheraton Suites, **W** 🛏 Residence Inn
12	Philadelphia Intl Airport, **E** services same as 10
10	PA 291, Bartrom Ave, (from nb), Cargo City, **E** 🛏 Marriott, Renaissance Hotel, **W** 🅿 WaWa/dsl 🍴 Ruby Tuesday 🛏 Courtyard, Embassy Suites, Extended Stay America, Extended Stay America, Fairfield Inn, Hampton Inn, Microtel 🅾 Heinz NWR
9b a	PA 420, to Essington, Prospect Park, **E** 🅿 Sunoco/dsl, Valero/dsl 🍴 Denny's, Lehmans Rest., Mel's Diner, Philly Diner 🛏 Clarion, Comfort Inn, La Quinta, Motel 6, Red Roof Inn, SpringHill Suites, Wyndham Garden 🅾 USPO, WaWa
8	to Chester Waterfront, Ridley Park, **E** 🅿 Royal Farms 🍴 Wendy's 🛏 Microtel, SpringHill Suites, **W on US 13** 🍴 Stargate Diner
7	I-476 N, to Plymouth, Meeting
6	PA 352, PA 320, to Edgmont Ave, **E** 🍴 McDonald's, Popeye's 🅾 $General, AT&T, AutoZone, Shoprite, Walmart/Subway, **W** 🛏 Days Inn
5	Kerlin St (from nb), **E** 🅿 Sunoco
4	US 322 E, to NJ, to Barry Bridge, **W** 🛏 Highland Motel
3	(from nb, no EZ return) US 322 W, Highland Ave, **E** 🅿 Sunoco/dsl 🅾 $General, Ford, Goodyear

PA

INTERSTATE 95 Cont'd

Exit#	Services
2	PA 452, to US 322, Market St, **W** [gas] Exxon/dsl, Royal Farms/dsl, Sunoco/dsl [food] Dunkin Donuts, McDonald's, Subway
1	Chichester Ave, **E** [gas] Sunoco [other] fireworks, **W** [other] transmissions, WaWa
0mm	Pennsylvania/Delaware state line, **Welcome Ctr/weigh sta nb, full** [lodging] **facilities, litter barrels, petwalk,** [C], [Rs]

INTERSTATE 99

Exit#	Services
85	**I-99 begins/ends on I-80, exit 161**
83	PA 350, Bellefonte, **E** [gas] Weis Foods/gas, **W** [gas] Lyken's Mkt [food] Bonfatto's Rest., Burger King, Pizza Hut [other] Rite Aid, TrueValue
81	PA 26 S, to PA 64, to Pleasant Gap
80	Harrison Rd (from nb, no re-entry)
78b a	PA 150, to Bellafonte, **W** [gas] Sheetz/dsl [food] Bro's Pizza, Colts Rest. [lodging] EconoLodge [other] auto repair, Ford
76	Shiloh Rd, **E** [gas] Sheetz/dsl [food] Garfields, McDonald's, Perkins, Quaker Steak, Rey Azteca [lodging] Best Western [other] $Tree, AAA, Advance Parts, Barnes&Noble, BigLots, BonTon, Chevrolet, JC Penney, Jo-Ann Fabrics, Macy's, Office Depot, Ross, Sam's Club, Subaru, Walmart/Subway
74	Innovation Park, Beaver Stadium, Penn State U
73	US 322 E, Lewiston, State College
71	Woodycrest, Tofftrees, **E** [food] Applebee's, Chick-fil-A, Cracker Barrel, Eat'n park, McDonald's, Olive Garden, Outback Steaks, Red Lobster, Starbucks, TX Roadhouse [lodging] Hampton Inn, Holiday Inn Express, SpringHill Suites [other] $Tree, Best Buy, Dick's, Kohl's, Michael's, PetCo, Target, Verizon, Walmart, Wegman's Foods, **W** [food] Down Under Cafe [lodging] Marriott Golf Resort
69	US 322 E, Valley Vista Dr, **E** [gas] Sheetz/dsl [other] Home Depot, Lowe's
68	Skytop Mtn Rd, Grays Woods, Waddle
62	US 322 W, to Phillipsburg (from sb)
61	to US 322 W, Port Matilda, **E** [gas] Lykens Mkt/Sub Express/dsl [food] Brother's Pizza [lodging] Port Matilda Hotel [other] USPO
52	PA 350, **W** [gas] Snappy's/Subway/dsl
48	PA 453, Tyrone, **W** [gas] Sheetz/dsl [food] Burger King, Nino's Pizza, Subway [other] [H], a USPO, Rite Aid
45	Tipton, Grazierville, **W** [gas] Rossi's [food] Aunt Nettie's Cafe [other] [H], DelGrosso's Funpark, Ford
41	PA 865 N, Bellwood, **E** [other] Ft Roberdeau HS (6mi), **W** [gas] Martin Gen Store/dsl, Sheetz/dsl [other] DelGrosso's Funpark (3 mi)
39	PA 764 S, Pinecroft, **W** [food] La Scalia Rest. [lodging] Comfort Inn, Days Inn [other] Martin's Foods, Oak Spring Winery
33	17th St, Altoona, **E** same as 32, **W** [gas] Sheetz/dsl [other] Aldi Foods, Lowe's, Railroader Museum, U-Haul
32	PA 36, Frankstown Rd, Altoona, **E** [gas] GetGo, Sheetz/dsl [food] Chili's, Chipotle, DQ, Millie's Pizza, Panera Bread, Subway, TX Roadhouse [other] Barnes&Noble, Best Buy, Boscov's, Canoe Cr SP, Dick's, Giant Eagle Foods, GNC, Home Depot, Kohl's, Michael's, PetCo, Ross, Staples, Verizon, **W** [gas] Sheet/dsl [food] ChuckeCheese, Dunkin Donuts, El Campesino Mexican, Five Guys, Honeybaked Ham, HongKong Buffet, McDonald's, Olive Garden, Papa John's, Perkins, Pizza Hut, Red Lobster, Subway, Wendy's [lodging] EconoLodge, Holiday Inn Express, Super 8 [other] [H], $Tree, AT&T, AutoZone, Chrysler/Dodge/Jeep, CVS Drug, Jo-Ann Fabrics, Nissan, Rite Aid, Save-A-Lot, URGENT CARE, USPO, Walgreens
31	Plank Rd, Altoona, **E** [food] Friendly's, Jethro's Rest., King's Rest Montezuma Mexican, Outback Steaks, TGIFriday's [lodging] Altoona Grand Hotel [other] Field&Stream, Firestone/auto, Sam Club/gas, st police, Target, TJ Maxx, Walmart/McDonald **W** [gas] GetGo [food] Applebee's, Arby's, Bob Evans, Burger Kin Casa Valadez, Champs Grill, Coldstone, Cracker Barrel, Denny Eat'n Park, Gourmet Buffet, KFC, Little Ceasars, LJ Silver, Lon horn Steaks, Taco Bell [lodging] Hampton Inn, Motel 6 [other] Advan Parts, BigLots, Buick/GMC, Hobby Lobby, JC Penney, K-Ma Macy's, Martin's/gas, Petco, Sears/auto, Verizon, Weis Foods
28	US 22, to Ebensburg, Holidaysburg
23	PA 36, PA 164, Roaring Spring, Portage, **E** [gas] GetGo/d Sheetz/24hr, Turkey Hill [food] Backyard Burger [other] [H], truck r pair, Walmart/Subway
15	Claysburg, King, Claysburg, King, **W** [gas] Sheetz/dsl [food] Su way [other] $General
10	to Imler, **W** [food] Slick's Ivy Stone Rest. (2mi), Blue Knob SP (8m
7	PA 869, Osterburg, St Clairsville, **W** [food] Slick's Ivy Stone Res (2mi), Blue Knob SP
3	PA 56, Johnstown, Cessna, **E** [other] st police, truck parts
1	I-70/76, **E** [gas] GetGo/McDonald's/dsl, Pacific Pride/d Sheetz/dsl, Shell/Subway/dsl [food] Bedford Diner, Clara's Plac Denny's, Ed's Steaks, Hoss' Rest., LJ Silver, Pizza Hut, Salsa Mexican, Wendy's [lodging] Best Value, Budget Host, Fairfield In Hampton Inn, Quality Inn, Rodeway Inn, Travelodge

I-99 begins/ends on US 220.

INTERSTATE 476

Exit#	Services
131	US 11, US 6. **I-476 begins/ends on I-81. Services same as I-8 exit 194.**
122	Keyser Ave, Old Forge, Taylor
121mm	**toll plaza**
115	I-81, PA 315, Wyoming Valley, Pittston, **W** [gas] Exxon/Subwa dsl, [Pilot]/Wendy's/dsl/scales/24hr, Sunoco/dsl [food] Arby Burger King, McDonald's, Perkins [lodging] Comfort Inn, Knigh Inn [other] Volvo, Walmart/Subway
112mm	**toll plaza**
105	PA 115, Wilkes-Barre, Bear Creek, **E** [gas] Exxon, Mobil [food] Dunk Donuts
95	I-80, PA 940, Pocono, Hazleton, **W** [gas] WaWa [food] A&W/LJ S ver, Arby's, McDonald's, Subway [lodging] Comfort Inn, EconoLodg Holiday Inn Express, Mtn Laurel Resort, Pocono Inn/Reso Quality Inn, Split Rock Resort
87	PA 903, Jim Thorpe (tag holder only)
86mm	**Hickory Run Service Plaza both lanes,** [gas] Sunoco/dsl [food] Bur er King, Jamba Juice, Quizno's, Starbucks
74	US 209, Mahoning Valley, Lehighton, Stroudsburg, **W** [gas] C go, Shell/Subway/dsl [food] Trainer's Inn Rest. [lodging] Country Inn Suites, Hampton Inn
71mm	Lehigh Tunnel
56	I-78, US 22, PA 309, Lehigh Valley, **E** [food] China Hou Dunkin Donuts, Dunkin Donuts, Jamba Juice, Moe's S Pazzo's Pizza, Red Robin, Subway, Trivet Diner, Wend [lodging] Econolodge [other] BMW/Mini, K-Mart, Lexus, Maserati, Pe co, Staples, Tuesday Morning, **W on US 22** [gas] Exxon, Suno [food] Chris Rest., Potsy Pizza [lodging] Holiday Inn Express, Motel [other] CVS Drug, Dan's Auto Repair, Jaguar, Land Rover
56mm	**Allentown Service Plaza both lanes,** [gas] Sunoco/dsl [food] Fan glia Pizza, Hershey's Ice Cream, Roy Rogers, Starbucks
44	PA 663, Quakertown, Pottstown, **E** [gas] BP, Exxon/Subway/d Wawa/dsl [food] Caitlyn&Cody's Diner, Dunkin Donuts, Farac

⬆N | INTERSTATE 476 Cont'd

44	Continued
	Pizza 🛏 Hampton Inn, Holiday Inn Express, Quality Inn, SpringHill Suites 🅞 🏥
31	PA 63, Lansdale, **E** 🅟 Gulf, Lukoil 🍴 Margaritas Mexican, Osaka Japanese 🛏 Courtyard, Holiday Inn 🅞 🏥, USPO, Walgreens, WaWa
20	Germantown Pike W, to I-276 W, PA Tpk W
19	Germantown Pike E
18b a	(18 from sb), Conshoshocken, Norristown, **E** 🅟 Lukoil, Sunoco 🍴 Andy's Diner, Burger King, Domino's, Dunkin Donuts, Five Guys, Illiano's Pizza, McDonald's, Outback Steaks, Panera Bread, Qdoba, Rita's Ice Cream, Ruby Tuesday, Salad Works, Starbucks, Subway 🛏 Hampton Inn 🅞 AT&T, Barnes&Noble, Best Buy, Cracker Barrel, Dick's, Giant Foods, Lowe's, Marshall's, Old Navy, Petsmart, REI, Rite Aid, Ross, Target, Toyota/Scion, Verizon, Weis Mkt, **W** 🍴 Papa John's,

---

18b a	Continued
	Uno, Wendy's 🅞 Audi/Porsche, BJ's Whse, Ford, Home Depot, Honda, Hyundai, IKEA, Kia, Mazda, Michael's, Nissan
16b a	(16 from sb), I-76, PA 23, to Philadelpia, Valley Forge
13	US 30, **E** 🅟 Shell 🍴 Campus Pizza, First Watch Cafe, Nova Grill, Starbucks, Winger's 🅞 🏥, Staples, to Villanova U, USPO
9	PA 3, Broomall, Upper Darby, **E** 🍴 Barnaby's Rest. 🅞 🏥, URGENT CARE
5	US 1, Lima, Springfield, **E** 🍴 Chipotle, Dragon Garden, Hibachi Japanese, Moe's SW, Smashburger, Subway 🅞 AT&T, Giant Foods, Giant Foods, Jo-Ann Fabrics, Marshall's, Old Navy, Petsmart, Staples, Verizon, Walmart
3	Baltimore Pike, Media, Swarthmore, **E** 🅟 Mobil/dsl 🍴 Carrabba's, Ruby Tuesday 🅞 🏥, Macy's, Swarthmore Coll, Target
1	McDade Blvd, **E** 🅟 Exxon 🍴 Dunkin Donuts, McDonald's 🅞 $Tree, CVS Drug
0mm	I-476 begins/ends on I-95, exit 7.

RHODE ISLAND

⬆N | INTERSTATE 95

Exit#	Services
43mm	Rhode Island/Massachusetts state line
30 (42)	East St, to Central Falls, **E** 🍴 Dunkin Donuts, Subway
29 (41)	US 1, Cottage St, **W** 🍴 d'Angelo
28 (40)	RI 114, School St, **E** 🅟 Sunoco 🅞 🏥, to hist dist, Yarn Outlet
27 (39)	US 1, RI 15, Pawtucket, **W** 🅟 Shell/repair/dsl, Sunoco/dsl/24hr 🍴 Burger King, Dunkin Donuts, Murphy's Law 🛏 Hampton Inn
26 (38)	RI 122, Lonsdale Ave (from nb), **E** 🅞 U-Haul
25 (37)	US 1, RI 126, N Main St, Providence, **E** 🅟 Shell/dsl, Speedway/dsl 🍴 Chili's, Dunkin Donuts, Gregg's Rest., Subway 🅞 🏥, $Tree, Firestone/auto, PepBoys, Walgreens, **W** 🍴 NE Express, Speedway 🍴 Burger King, Chelo's Rest. 🅞 Aamco
24 (36.5)	Branch Ave, Providence, **W** 🅟 Mobil 🍴 Wendy's 🅞 Home Depot, Stop&Shop, URGENT CARE, Walmart/Subway, downtown
23 (36)	RI 146, RI 7, Providence, **E** 🅟 Mobil/dsl 🛏 Marriott 🅞 🏥, **W** 🅞 USPO
22 (35.5)	US 6, RI 10, Providence, **E** 🍴 Cheesecake Factory, Dave&Buster's, Fleming's Steaks 🅞 CVS Drug, Macy's, mall, Nordstrom's
21 (35)	Broadway St, Providence, **E** 🛏 Hilton
20 (34.5)	I-195, to E Providence, Cape Cod
19 (34)	Eddy St, Allens Ave, to US 1, **W** 🍴 Dunkin Donuts, Wendy's 🅞 🏥
18 (33.5)	US 1A, Thurbers Ave, **W** 🅟 Shell/dsl 🍴 Burger King 🅞 🏥
17 (33)	US 1 (from sb), Elmwood Ave, **W** 🅞 Cadillac, Tires Whse
16 (32.5)	RI 10, Cranston, **E** 🅞 Williams Zoo/park
15 (32)	Jefferson Blvd, **E** 🅟 Mobil 🍴 Dunkin Donuts, Shogun Steaks 🛏 Courtyard, La Quinta, Motel 6, **W** 🅞 Ryder Trucks
14 (31)	RI 37, Post Rd, to US 1, **W** 🅟 CNG, gas/dsl, Shell/dsl 🍴 Burger King 🅞 Aldi, CVS Drug, Ford/Lincoln, Mazda, Volvo
13 (30)	1 mi **E** 🅟 Shell, Sunoco/Dunkin Donuts 🍴 Chelo's Grill, HoneyDew Donuts, Legal Seafood, Subway, Wendy's 🛏 Best Western, Comfort Inn, Extended Stay America, Hampton Inn, Hilton Garden, Holiday Inn Express, Homewood Suites, Radisson, Residence Inn 🅞 TF Green Airport
12b (29)	RI 2, I-295 N (from sb)

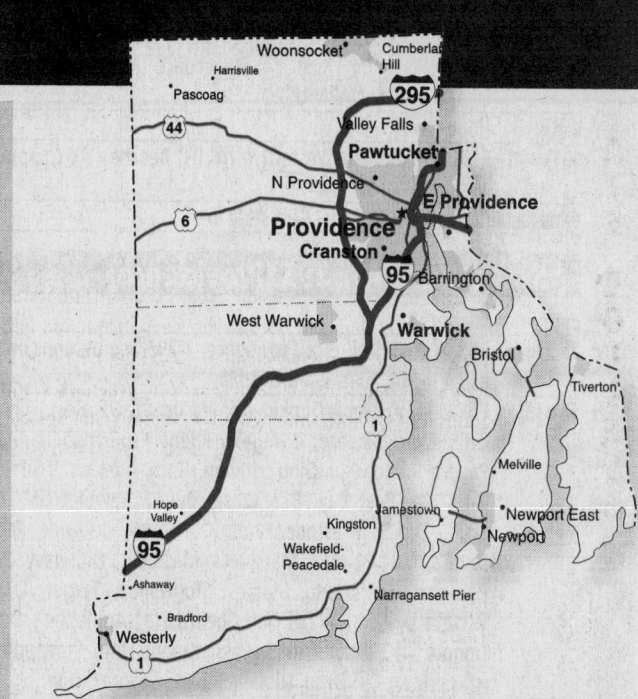

12a	RI 113 E, to Warwick, **E** 🅟 Shell/Dunkin Donuts/dsl 🛏 Crowne Plaza Hotel 🅞 Lowe's, Stop&Shop, **W** 🅟 Sunoco 🍴 ChuckeCheese, Wendy's 🅞 Kohl's, mall, Sears/auto, Walmart/Subway
11 (29)	I-295 N (exits left from nb), to Woonsocket
10b a (28)	RI 117, to Warwick, **W** 🅞 🏥
9 (25)	RI 4 S, E Greenwich
8b a (24)	RI 2, E Greenwich, **E** 🅟 Shell/dsl 🍴 Dunkin Donuts, McDonald's, Outback Steaks, Panera Bread, PieZone Pizza, Ruby Tuesday, TX Roadhouse 🛏 Extended Stay America 🅞 AT&T, CVS Drug, Dave's Mkt, **0-2 mi** 🅟 Sunoco/dsl 🍴 Agave's Mexican, Applebee's, Carrabba's, Chick-fil-A, Chili's, Corner Bakery Cafe, Denny's, Five Guys, KFC, Moe's SW, Olive Garden, PapaGino's Pizza, Smokey Bones BBQ, TGIFriday's, Wendy's 🛏 SpringHill Suites 🅞 Acura, Aldi Foods, Arlington RV Ctr, Audi/Bentley/BMW/Inifinti/Lexus/Mini/Porsche/Smart, Barnes&Noble, Best Buy, Cadillac, Dick's, Home Depot, Honda, Hyundai, Jaguar, Jo-Ann Fabrics, Land Rover, Lowe's, Mercedes, Michael's, Nissan, PepBoys, Petco, Petsmart, Staples, Stop&Shop, Subaru, Target, VW

Rs = gas | 🍴 = food | 🏠 = lodging | O = other | Rs = rest stop | Copyright 2018 - The Next EXIT

N INTERSTATE 95 Cont'd

Exit#	Services
7 (21)	to Coventry, **E** Mobil/dsl, **W** Cumberland Applebee's, Cilantro Mexican, Cracker Barrel, Denny's, Dunkin Donuts, McDonald's, Wendy's Hampton Inn, La Quinta, Residence Inn O BJ's Whse/gas, CVS Drug, GNC, Home Depot, Verizon, Walmart/Subway
6a (20)	Hopkins Hill Rd, **W** Dunkin Donuts O park&ride
6 (18)	RI 3, to Coventry, **W** Petro, Shell/dsl/24hr, Sunoco/dsl Dunkin Donuts, Gentleman Farmer Diner, Subway, Venus Pizza, Wicked Good Pizza Best Western, Super 8 O True-Value, vet
5b a (15)	RI 102, **W** TA/Shell/Popeye's/dsl/scales/24hr Dan's Rest. Classic Motor Lodge
10mm	Rs/weigh sta both lanes
4 (9)	RI 3, to RI 165 (from nb), Arcadia, **W** O Arcadia SP, camping
3b a (7)	RI 138 E, to Kingston, Wyoming, **E** Dunkin Donuts, McDonald's, Wendy's O Rite Aid, Stop&Shop/gas, vet, **W** Cumberland/dsl, Mobil/dsl, Speedway/dsl Bali Village Chinese, Billy Hill's Roadhouse, Dragon Palace, Subway, Village Pizza, Wood River Inn Rest. Stagecoach House B&B O CVS Drug, Family$, NAPA, USPO
2 (4)	Hope Valley
1 (1)	RI 3, to Hopkinton, Westerly, **E** O H, beaches, RV camping, to Misquamicut SP
0mm	Rhode Island/Connecticut state line

N INTERSTATE 295 (Providence)

Exit#	Services
2b a (4)	I-95, N to Boston, S to Providence. **I-295 begins/ends on I-95, exit 4 in MA. Exits 2-1 are in MA.**
1b a (2)	US 1, **E** Mobil/Dunkin Donuts/dsl 99 Rest., Chicago Grill, ChuckeCheese, d'Angelo, Friendly's, Longhorn Steaks, Panera Bread, PapaGino's Italian, Ruby Tuesday, TGIFriday's O $Tree, Best Buy, BJ's Whse, Buick/Chevrolet/GMC, CVS Drug, Dick's, Firestone/auto, JC Penney, Jo-Anne Fabrics, Lowe's, Macy's, mall, Marshall's, Michael's, Old Navy, Petco, Petsmart, Sears/auto, Staples, Stop&Shop, Target, TJMaxx, Verizon, Walmart, **W** Gulf, Shell/dsl Applebee's, Dunkin Donuts Holiday Inn Express, Knights Inn, Pineapple Inn O CarMax, CVS Drug, Nissan, Subaru, Toyota/Scion
0mm	Rhode Island/Massachusetts state line. **Exits 1-2 are in MA.**
11 (24)	RI 114, to Cumberland, **E** Shell/dsl, Sunoco Dunkin Donuts, HoneyDew Donuts O CVS Drug, Dave's Foods, USPO **W** J's Deli, Saki's Pizza/subs O Diamond Hill SP
10 (21)	RI 122, **E** Gulf Burger King, Dunkin Donuts, Jacky's Rest., McDonald's O Verizon, **W** Casa Vallarta Mexican, Fortune House Chinese, HoneyDew Donuts, Pamfilios Deli, Subway O AAA, Ace Hardware, CVS Drug, Rite Aid, Seabra Foods, URGENT CARE

P R O V I D E N C E

20mm	Blackstone River
19.5mm	weigh sta/Rs (full facilities) nb, Baskin-Robbins/Dunkin Donuts
9b a (19)	RI 146, Woonsocket, Lincoln, **E** Sunoco/dsl Asian Grill, Chili's, Five Guys, McDonald's, Starbucks Courtyard O $Tree, AT&T, Marshall's, Stop&Shop/gas, Target
8b a (16)	RI 7, N Smithfield, **E** Terrazza Ristorante, **W** 7-11/dsl B's Cafe, Dunkin Donuts, Parentes Rest. Hampton Inn, Holiday Inn Express O Smith-Appleby House
7b a (13)	US 44, Centerdale, **E** Speedway, Valero Cancun Mexican, La Cucina Italian O H, NAPA, repair, **W** Exxon/dsl, Mobil, Shell/dsl Applebee's, Burger King, Chelo's Grill, Chicago Grill, Chili's, Chipotle, D'angelo, Dominos, Dunkin Donuts, KFC/Taco Bell, McDonald's, Panera Bread, Papa Gino's, PapaGino's, Sonic, Starbucks, Subway, TinTsin Chinese, Yamato Steaks O $Tree, AT&T, Barnes&Noble, CVS Drug, Dave's Foods, Dick's, Home Depot, Kohl's, Michael's, Old Navy, Rite Aid, Staples, Stop&Shop, Target, TJ Maxx, to Powder Mill Ledges WR, URGENT CARE, Verizon
6b c (10)	US 6, to Providence, **E** 7-11, Shell Atwood Grill, Burger King, D'Angelo, Denny's, Dunkin Donuts, Jacky's Rest., KFC, Popeye's, Ruby Tuesday, Subway O AT&T, AutoZone, BJ Gas, Buick/GMC, Chevrolet, Chrysler/Dodge/Jeep, CVS Drug, Fiat, Honda, Kia, PetsMart, Rite Aid, Stop&Shop/gas, Town Fair Tire, USPO
6a (9)	US 6 E Expswy, **E** Chipotle, McDonald's, Ruby Tuesday, Taco Bell O $Tree, BJ's Whse, Home Depot, Petsmart, Verizon
5 (8)	O RI Resource Recovery Industrial Park
4 (7)	RI 14, Plainfield Pk, **E** Speedway/dsl McDonald's O $Tree, Walmart/Subway, **W** Gulf, Mobil/dsl/24hr Dunkin Donuts, Palmieri Pizza, Subway O CVS Drug, repair
3b a (4)	rd 37, Phenix Ave, **E** O TF Green Airport
2 (2)	RI 2 S, to Warwick, **E** Chicago Grill, Longhorn Steaks, Red Robin Extended Stay America O JC Penney, Macy's, mall, Marshalls, Old Navy, Verizon, Walgreens, **W** Mobil, Sunoco/Subway Burger King, Chili's, Chipotle Mexican, ChuckeCheese, Corner Bakery Cafe, Dunkin Donuts, McDonald's/playplace, Olive Garden, On-the-Border, Panera Bread, Smashburger, Smokey Bones, Starbucks, Subway, Taco Bell, Wendy's O AT&T, AutoZone, Barnes&Noble, Best Buy, Chrysler/Dodge/Keep/Kia, Dick's, Hobby Lobby, Home Depot, Jaguar, Kia, Kohl's, mall, Petco, PetsMart, Price Rite Foods, Rite Aid, Sears/auto, Staples, Target, TJMaxx, TownFair Tire, Trader Joe's, Verizon, Walmart/Subway
1 (1)	RI 113 W, to W Warwick, same as 2
0mm	I-295 begins/ends on I-95, exit 11.

NOTES

SOUTH CAROLINA

🅴 INTERSTATE 20

Exit#	Services
141b a	I-95, N to Fayetteville, S to Savannah. I-20 begins/ends on I-95, exit 160. See Interstate 95, exit 160a for services.
137	SC 340, to Timmonsville, Darlington, **N** 🅿 BP/dsl (1mi) 🅾 $General, **S** 🍴 Marathon
131	US 401, SC 403, to Hartsville, Lamar, **N** 🅿 Exxon/dsl 🅾 to Darlington Int Raceway, **S** 🍴 Shell/Markette/dsl
129mm	commercial vehicles only, parking area both lanes
123	SC 22, **N** 🅾 camping, Lee SP
121mm	Lynches River
120	SC 341, Bishopville, Elliot, **N** 🅿 BP/dsl 🅾 to Cotton Museum, **S** 🅿 Exxon/dsl 🍴 Taste of Country Rest. 🏨 Best Value Inn
116	US 15, to Sumter, Bishopville, **N** 🅿 Shell/KFC/dsl/24hr 🍴 McDonald's, Pizza Hut, Subway (1mi), Waffle House, Zaxby's 🏨 EconoLodge 🅾 to Cotton Museum, **S** 🍴 Pilot/DQ/Wendy's/dsl/scales/24hr 🍴 Huddle House 🅾 Shaw AFB
108	SC 34, to SC 31, Manville, **N** 🅿 BP/dsl, **S** 🅿 Exxon/dsl
101	rd 329
98	US 521, to Camden, **N** 🅿 BP/dsl, Exxon/McDonald's, Marathon, Shell/dsl 🍴 Fatz Cafe, Waffle House 🏨 Comfort Suites, Holiday Inn Express 🅾 🅷, to Revolutionary War Park
96mm	Wateree River
93mm	🆁🆂 both lanes, full 🏨 facilities, litter barrels, petwalk, 🍴, 🏨, vending
92	US 601, to Lugoff, **N** 🅿 Mobil, Pilot/DQ/Subway/dsl/scales/24hr, Shell/Bojangles/dsl 🍴 Hardee's, Waffle House 🏨 Days Inn, EconoLodge
87	SC 47, to Elgin, **N** 🅿 BP/dsl, Shell/dsl
82	SC 53, to Pontiac, **N** 🅿 Mobil, Shell 🍴 Blimpie, Burger King, Egg Roll Express, Quaker Steak & Lube 🏨 Woodspring Suites 🅾 $General, Harley-Davidson, vet, **S** 🅿 BP/dsl 🅾 Clothing World Outlet
80	Clemson Rd, **N** 🅿 Circle K, Exxon/dsl, Shell/Bojangles/dsl 🍴 China Garden, D's, Dunkin Donuts, Groucho's Deli, Henry's, Krispy Kreme, Maurice's BBQ, McDonald's, San Jose Mexican, Subway, Sumo Japanese, Travinia Italian, Waffle House, Zaxby's 🏨 Hampton Inn, Holiday Inn Express 🅾 CVS Drug, Firestone/auto, **S** 🍴 Wendy's 🅾 Chevrolet, Ft Jackson Nat Cem, Hyundai
76b	Alpine Rd, to Ft Jackson, **N** 🅾 Sesquicentennial SP
76a	(76 from eb), I-77, N to Charlotte, S to Charleston
74	US 1, Two Notch Rd, to Ft Jackson, **N** 🅿 Mobil/dsl 🍴 Chili's, Fazoli's, Hooters, IHOP, Lizard's Thicket, Outback Steaks, Waffle House 🏨 Best Western, Comfort Suites, EconoLodge, Fairfield Inn, Hampton Inn, La Quinta, Microtel, Motel 6, Red Roof Inn 🅾 Home Depot, to Sesquicentennial SP, USPO, **S** 🅿 BP, Exxon, Shell 🍴 Applebee's, Bojangles, Brickhouse, China Garden, Church's, Harbor Inn Seafood, Hardee's, Honeybaked Ham, Jasmine Buffet, Maurice's BBQ, McDonald's, Monterrey Mexican, Substaion II 🏨 Days Inn 🅾 Advance Parts, AT&T, AutoZone, Best Buy, Firestone/auto, Lowe's, mall, Marshalls, Sears/auto, Verizon
73b	SC 277 N, to I-77 N
73a	SC 277 S, to Columbia, **S** 🅾 🅷
72	SC 555, Farrow Rd
71	US 21, N Main, to Blythewood, Columbia, **N** 🅿 Citgo/dsl, Save-a-Ton/dsl, TA/Subway/Taco Bell/dsl/scales/24hr/@ 🍴 McDonald's 🏨 Days Inn 🅾 tires/repair, truckwash, **S** 🅿 Shell
70	US 321, Fairfield Rd, **S** 🅿 Flying J/Denny's/dsl/LP/24hr, Exxon 🍴 Hardee's 🏨 Super 8 🅾 Blue Beacon, truck repair
68	SC 215, Monticello Rd, to Jenkinsville, **N** 🅿 Exxon/dsl, Shell/dsl, **S** 🅿 Shell/dsl
66mm	Broad River
65	US 176, Broad River Rd, to Columbia, **N** 🅿 BP, El Cheapo, Exxon, Shell/Circle K 🍴 Applebee's, Bojangles, Rush's BBQ, Sonic, Subway, Waffle House 🏨 Economy Inn 🅾 $Tree, Aamco, CVS Drug, U-Haul, Walgreens, **S** 🅿 RaceWay/dsl, Speedway/dsl 🍴 Arby's, Atlantic Seafood, Baskin-Robbins/Dunkin Donuts, Chick-fil-A, Church's, KFC, Lizard's Thicket, McDonald's, Nick's, Ocean View Seafood, Ruby Tuesday, Sandy's HotDogs, Scholtzsky's, Taco Bell, Wendy's, Zaxby's 🏨 American Inn, In-Town Suites, Quality Inn, Ramada Ltd, Royal Inn 🅾 $General, Advance Parts, Belk, Office Depot, PepBoys, Rite Aid
64b a	I-26, US 76, E to Columbia, W to Greenville, Spartanburg
63	Bush River Rd, **N** 🅿 Shell/Circle K 🍴 Burger King, Cracker Barrel, Real Mexican, Subway 🏨 Travelodge 🅾 CVS Drug, **S** 🅿 Marathon, Murphy USA/dsl, RaceWay, Sunoco/dsl 🍴 Fuddrucker's 🏨 Best Western, DoubleTree, Knights Inn, Sleep Inn 🅾 Hamrick's, Walmart
61	US 378, W Cola, **N** 🅿 Exxon/Hardee's 🍴 Chick-Fil-A, Chili's, McDonald's, Taco Bell 🏨 Wingate Inn 🅾 Honda, **S** 🅿 BP/dsl, Shell/Burger King/dsl 🍴 Waffle House
58	US 1, W Columbia, **N** 🅿 Shell/Subway/dsl, Sunoco 🍴 Waffle House, **S** 🅿 Murphy Express/dsl 🍴 Bojangles, San Jose Mexican 🏨 Woodspring Suites 🅾 auto repair, County Tire
55	SC 6, to Lexington, **N** 🅿 Shell/dsl 🍴 Chicken Shack 🏨 Hampton Inn (2mi) 🅾 CarQuest, John's RV Ctr, **S** 🅿 BP/dsl,

COLUMBIA

🛣 E INTERSTATE 20 Cont'd

55	Continued
	Kangaroo/DQ/dsl, Pops 🍽 Bojangles, Dunkin Donuts, Great Wall Chinese, Maurice's BBQ, McDonald's, Waffle House, Wendy's 🛏 Days Inn 🅞 $General, CVS Drug, Piggly Wiggly
52.5mm	weigh sta wb
51	SC 204, to Gilbert, N 🅖 Exxon/dsl, Shell/Subway/dsl/24hr 🍽 Burger King, S 🅖 Loves/Chester's/McDonald's/dsl/scales/24hr, Mobil/dsl 🅞 $General
44	SC 34, to Gilbert, N 🅖 44Trkstp/rest/dsl/24hr, BP/Blimpie/dsl
39	US 178, to Batesburg, N 🅖 Exxon/dsl, S 🅖 Marathon/dsl/scales 🍽 Hillview Rest.
35.5mm	weigh sta eb
33	SC 39, to Wagener, N 🅖 Cheapway/dsl, S 🅖 Shell/Huddle House/dsl/scales
29	SC 49, Wire Rd
22	US 1, to Aiken, S 🅖 BP/dsl, RaceWay/dsl, Shell/Circle K/dsl 🍽 Baynham's, Hardee's, McDonald's, Waffle House 🛏 Days Inn, Quality Inn 🅞 $General, Palmetto Lake RV Camping, to USC Aiken
20mm	parking area both lanes (commercial vehicles only)
18	SC 19, to Aiken, S 🅖 Exxon/Subway/dsl, Shell/Circle K 🍽 Waffle House 🛏 Deluxe Inn, Guesthouse Inn 🅞 🅷
11	Bettis Academy Rd, SC 144, Graniteville, N 🅖 Shell/Huddle House/dsl/scales/24hr, S 🅖 🚛/Subway/dsl/scales/24hr 🍽 McDonald's
6	I-520 to N Augusta
5	US 25, SC 121, N 🅖 BP/repair/dsl, Circle K/dsl, Shell/Circle K/dsl 🍽 Bojangles, Burger King, Checkers, Little Caesar's, McDonald's, Sonic, Subway, Zaxby's 🅞 $General, Advance Parts, Food Lion, Walmart, S 🅖 Marathon 🍽 Waffle House 🛏 Sleep Inn
1	SC 230, Martintown Rd, N Augusta, N 🅖 Gas+/dsl, S 🅖 Shell/Circle K/Subway/dsl 🍽 Waffle House 🅞 to Garn's Place
.5mm	Welcome Ctr eb, full 🅰 facilities, litter barrels, petwalk, 🆆, 🚐, vending
0mm	South Carolina/Georgia state line, Savannah River

🛣 E INTERSTATE 26

Exit#	Services
221	Meeting St, Charleston, 2 mi E 🍽 Church's, KFC 🛏 Hampton Inn 🅞 Family$, Piggly Wiggly, Visitors Ctr
221b	US 17 N, to Georgetown
	I-26 begins/ends on US 17 in Charleston, SC.
221a	US 17 S, to Kings St, to Savannah, N 🅞 🅷
220	Romney St (from wb)
219b	Morrison Dr, East Bay St (from eb), N 🅖 Exxon
219a	Rutledge Ave (from eb, no EZ return), to The Citadel, 🅞 College of Charleston
218	Spruill Ave (from wb), N Charleston
217	N Meeting St (from eb)
216b a	SC 7, Cosgrove Ave, to US 17 S
215	SC 642, Dorchester Rd, N Charleston, N 🅖 El Cheapo/dsl 🛏 Clarion, S 🅖 BP/dsl 🍽 Alex's Rest 🅞 Rodeway Inn
213b a	Montague Ave, Mall Dr, N 🍽 Piccadilly's, Red Lobster 🛏 Courtyard, Sheraton, Woodspring Suites 🅞 Charles Towne Square, S 🅖 BP/dsl, Mobil, Spinx/dsl 🍽 5 Guys Burgers, Arby's, Big Billy's Burgers, Bufflo Wild Wings, Burger King, Chick-fil-A, CiCi's Pizza, Fatz Cafe, Firehouse Subs, Golden Corral, Grand Buffet, Gringos, Hardee's, IHOP, Jimmy John's, Jim'N Nick's BBQ, Kamille's Cafe, La Hacienda,

213b a	Continued
	McAlister's Deli, McDonald's, Panda Express, Panera Brea[d], Qdoba, Rita's Custard, Sake Japanese, Starbucks, Steak[n] Shake, Waffle House 🛏 ALoft, Crowne Plaza, Days In[n], EconoLodge, Embassy Suites, Extended Stay Deluxe, Fairfie[ld] Inn, Hampton Inn, Hilton Garden, Holiday Inn Express, Hom[e] Place Suites, Homestead Suites, Homewood Suites, Hya[tt] Place, InTown Suites, N Charleston Inn, Residence Inn, Slee[p] Inn 🅞 $Tree, AT&T, Old Navy, Sam's Club/gas, Staples, Tang[er] Outlet/Framous Brands, Verizon, vet, Walmart/Subway
212c b	I-526, E to Mt Pleasant, W to Savannah, S 🅞 🚐
212a	Remount Rd, Hanahan, N on US 52/78 🅖 Sunoco/dsl 🍽 KF[C], Taco Bell 🅞 Advance Parts, AutoZone, Ford
211b a	Aviation Pkwy, N on US 52/78 🅖 Citgo, Exxon 🍽 A[r]by's, Burger King, Capt D's, Church's, KFC, McDonald's, Pa[pa] John's, Popeye's, Sonic, Subway, Super Buffet, Taco Be[ll], Zaxby's 🛏 Masters Inn, Radisson 🅞 O'Reilly Parts, Pe[p] Boys, PetCo, U-Haul, USPO, S 🅖 Kangaroo/dsl 🍽 Waff[le] House 🛏 Budget Inn
209	Ashley Phosphate Rd, to US 52, N 🅖 Exxon, Kangaroo 🍽 A[p]plebee's, Cane's, Carrabba's, Chick-fil-A, China Buffet, Chipo[tle] Mexican, ChuckECheese, Coldstone, Denny's, Dickey's BB[Q], Firehouse Subs, Five Guys, Hardee's, Hooters, Jersey Mike[s] Subs, Jimmy John's, King Street Grill, Longhorn Steaks, L[os] Reyes, Moe's SW Grill, Noisy Oyster, O'Charley's, Olive Garde[n], Outback Steaks, Panda Express, Smokey Bones BBQ, Sta[r]bucks, Subway, Taco Bell, Waffle House, Wendy's, Wild Wi[ng] Cafe 🛏 Candlewood Suites, Country Inn&Suites, DoubleTre[e], Extended Stay America, Hawthorn Inn, Holiday Inn Express, [In]Town Suites, Red Roof Inn, Rodeway Inn, Suburban Inn 🅞 $General, $Tree, AT&T, Barnes&Noble, Belk, Best Buy, BigLo[t], Books-A-Million, Dillard's, Firestone/auto, GNC, Hobby Lobb[y], Home Depot, JC Penney, Lowe's, Michael's, Nissan, NTB, [Of]fice Depot, Old Navy, Petco, Petsmart, Ross, Target, Toyot[a]/Scion, Tuesday Morning, URGENT CARE, Verizon, Walgree[ns], Walmart/McDonald's, S 🅖 BP, RaceWay/dsl, Speedway/d[sl], Sunoco/dsl 🍽 Bojangles, Cracker Barrel, IHOP, McDonald[s], Osaka Asian, Ruby Tuesday, Waffle House 🛏 Best Weste[rn], Fairfield Inn, Hampton Inn, Hyatt Place, InTown Suites, La Qu[in]ta, Motel 6, Quality Inn, Relax Inn, Residence Inn, Sleep I[nn], Staybridge Suites, Woodspring Suites
209a	to US 52 (from wb), to Goose Creek, Moncks Corner
205b a	US 78, to Summerville, N 🅖 BP/Dunkin Donuts, Speedwa[y/] dsl, Sunoco/dsl 🍽 Arby's, Bruster's, Cook-Out, East Bay D[eli], Firehouse Subs, Fortune Garden, Jersey Mike's, Sonic, St[ar]bucks, Subway, Waffle House, Wendy's, Willie Jewell's BB[Q], Zaxby's 🛏 Fairfield Inn, Hampton Inn, Holiday Inn Expre[ss], Wingate Inn 🅞 🅷, Charleston Southern U, CVS Drug, Fa[mi]ly$, S 🅖 Citgo, Speedway/dsl, Sunoco/dsl 🍽 Burger Ki[ng], KFC, Subway, Taco Bell 🅞 Advance Parts, BiLo, CVS Drug, K[oa]
204mm	🆁🆂 eb, full 🅰 facilities, litter barrels, petwalk, 🆆, 🚐, vendi[ng]
203	College Park Rd, Ladson, N 🅖 BP, Sunoco/dsl 🍽 McD[on]ald's, Waffle House 🛏 Best Western, Days Inn, S 🅖 Spin[x/] dsl 🅞 KOA (2mi)
202mm	🆁🆂 wb, full 🅰 facilities, litter barrels, petwalk, 🆆, 🚐, vendi[ng]
199b a	US 17 A, to Moncks Corner, Summerville, N 🅖 BP, Kangar[oo/] dsl, Marathon, 🚛/McDonald's/dsl/scales/24hr, Spe[ed]way/Dunkin Donuts/dsl 🍽 Carolina Alehouse, China Ch[ef], China Wok, KFC, Pizza Hut, Subway 🛏 Courtyard 🅞 $G[en]eral, Advance Parts, AutoZone, BiLo, Buick/GMC, CVS Dr[ug], Family$, O'Reilly Parts, vet, S 🅖 Shell/Circle K 🍽 App[le]bee's, Atlanta Bread, Bojangles, Box Car Betty's, Burger Ki[ng]

Side margin: NORTH CHARLESTON / CHARLESTON

Bottom margin: **SC**

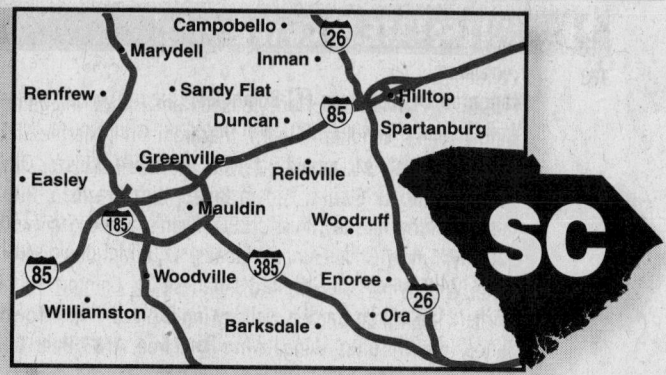

INTERSTATE 26 Cont'd

199b a Continued

Chick-fil-A, China Token, Cracker Barrel, Domino's, Dunkin Donuts, Five Guys, Hardee's, IHOP, Jersey Mike's Subs, La Hacienda, Logan's Roadhouse, Marble Slab, McAlisters Deli, Mellow Mushroom, Moe's SW Grill, Newk's Eatery, O'Charleys, Panera Bread, Papa John's, Ruby Tuesday, Ryan's, Shoney's, Smashburger, Starbucks, Sticky Fingers, Waffle House, Which Wich?, Zaxby's ☒ Comfort Inn, Comfort Suites, Country Inn&Suites, EconoLodge, Economy Inn, Hampton Inn, Holiday Inn Express, Quality Inn, Sleep Inn ☒ AT&T, Belk, Best Buy, Chrysler/Dodge/Jeep, Dick's, Earthfare Mkt, GNC, Home Depot, Jo-Ann, Kohl's, Lowe's, NTB, Petco, Petsmart, Ross, Staples, Target, TJ Maxx, Verizon, Walgreens, Walmart/McDonald's, World Mkt

194 SC 16, to Jedburg, access to Foreign Trade Zone 21

187 SC 27, to Ridgeville, St George, **N** ☒ Shell, **S** ☒ BP/dsl ☒ Francis Beidler Forest (10mi)

177 SC 453, to Holly Hill, Harleyville, **S** ☒ Shell/dsl ☒ Ashley Lodge/RV park

174mm weigh sta both lanes

172b a US 15, to Santee, St George, **S** ☒ Horizon/Domino's/Subway/dsl/e-85/scales/24hr

169b a I-95, N to Florence, S to Savannah

165 SC 210, to Bowman, **N** ☒ Exxon/dsl, **S** ☒ BP/dsl

159 SC 36, to Bowman, **N** ☒ Pilot/McDonald's/dsl/scales/24hr/@, **S** ☒ Exxon

154b a US 301, to Santee, Orangeburg, **N** ☒ Days Inn, **S** ☒ Exxon, ☒ Love's/Chesters/Subway/dsl/scales/24hr, Shell/dsl ☒ Waffle House

152mm ☒ wb, full ☒ facilities, litter barrels, petwalk, ☒, ☒, vending

150mm ☒ eb, full ☒ facilities, litter barrels, petwalk, ☒, ☒, vending

149 SC 33, to Cameron, to SC State Coll, Orangeburg, ☒ Claflin Coll

145b a US 601, to Orangeburg, St Matthews, **S** ☒ BP/dsl, Exxon, Shell, Sunoco/dsl, United/dsl ☒ Burger King, Chick-fil-A, Cracker Barrel, Fatz Café, Hardee's, McDonald's, Ruby Tuesday, Seafood Academy, Subway, Waffle House, Wendy's, Zaxby's ☒ Carolina Lodge, Comfort Inn, Country Inn&Suites, Days Inn, Fairfield Inn, Hampton Inn, Holiday Inn Express, Howard Johnson, Quality Inn, Sleep Inn, Southern Lodge ☒ ☒ $General, Cadillac/Chevrolet, Chrysler/Dodge/Jeep, Ford, Nissan, Toyota/Scion

139 SC 22, to St Matthews, **S** ☒ Horizon/e-85, Mobil, ☒Pilot☒/Dunkin Donuts/Arby's/dsl/scales/24hr ☒ Sweetwater Lake Camping (2.5mi)

136 SC 6, to North, Swansea, **N** ☒ Exxon/dsl

129 US 21, **N** ☒ Shell/dsl

125 SC 31, to Gaston, **N** ☒ Wolfe's Truck/trailer repair

123mm ☒ both lanes, full ☒ facilities, litter barrels, petwalk, ☒, ☒, vending

119 US 176, US 21, to Dixiana, **S** ☒ BP/Subway/dsl, Exxon/dsl

116 I-77 N, to Charlotte, US 76, US 378, to Ft Jackson

115 US 176, US 21, US 321, to Cayce, **N** ☒ BP, Gulf, RaceWay, Shell/dsl ☒ Pizza Hut, Waffle House ☒ $General, $Tree, Advance Parts, Bi-Lo, CVS Drug, Family$, Reid's Foods, **S** ☒ ☒Pilot☒/DQ/Wendy's/dsl/scales/24hr, Shell/dsl ☒ Bojangles, Carolina Wings, Great China, Hardee's, McDonald's, Sonic, Subway ☒ Country Hearth Inn ☒ Firestone, Piggly Wiggly

113 SC 302, Cayce, **N** ☒ Marathon, Mobil/Burger King, Sunoco/dsl ☒ Waffle House ☒ Airport Inn, Knights Inn, Masters Inn ☒ $General, AutoZone, O'Reilly Parts, Rite Aid, Save-A-Lot, Toyota/Scion, Walgreens, **S** ☒ BP/dsl, RaceWay,

---

113 Continued

Shell/Circle K ☒ Lizard's Thicket, Shoney's, Subway, Waffle House ☒ Carolina Lodge, Country Inn&Suites, Days Inn, Sleep Inn, Travelers Inn ☒ ☒, NAPA

111b a US 1, to W Columbia, **N** ☒ Murphy USA/dsl, RaceWay, Shell/Circle K/dsl ☒ Chick-fil-A, Domino's, Dragon City Chinese, Hardee's, Little Caesar's, Maurice's BBQ, Moe's SW Grill, Ruby Tuesday, San Jose, Sonic, Subway, Tokyo Grill, Waffle House, Zaxby's ☒ Clarion, Delta Motel, Quality Inn ☒ $General, $Tree, AT&T, Bi-Lo, GNC, Hobby Lobby, Pet Supplies+, to USC, Walgreens, Walmart, **S** ☒ Speedway/dsl ☒ Applebee's, China Chef, Fat Boy Greek, Popeye's, Wendy's ☒ Aldi Foods, BigLots, Family$, Lowe's, U-Haul

110 US 378, to W Columbia, Lexington, **N** ☒ Grecian Gardens, Happy China, Lizard's Thicket, McDonald's, Rush's Rest., Subway, Waffle House ☒ America's Inn, Hampton Inn, Holiday Inn ☒ CVS Drug, Family$, Food Lion, Toyota, **S** ☒ Mobil/dsl, Shell/Circle K ☒ Atlanta Bread, Bojangles, China Dragon, Firehouse Subs, La Fogata, Pizza Hut ☒ Executive Inn ☒ ☒, URGENT CARE

108b a I-126 to Columbia, Bush River Rd, **N** ☒ BP, Exxon/dsl, Shell/dsl ☒ Capt D's, Chick-fil-A, Hardee's, Ruby Tuesday, Schlotzsky's, Waffle House, Wendy's, Zaxby's ☒ Comfort Inn, Embassy Suites, Extended Stay America, Homewood Suites ☒ $General, Advance Parts, Belk, Chrysler/Jeep/Dodge, Dodge/Ram, Firestone/auto, Ford/Lincoln, Hyundai, Kia, Mazda, Midas, Office Depot, Rite Aid, Verizon, **S** ☒ City Gas, Murphy USA/dsl, RaceWay/dsl, Sunoco/dsl ☒ Bamboo House, Fuddrucker's, Pizza Hut, Tokyo Grill ☒ Baymont Inn, Best Western, DoubleTree, Knights Inn, Sleep Inn ☒ GNC, Hamrick's, Riverbanks Zoo, Walmart

107b a I-20, E to Florence, W to Augusta

106b a St Andrews Rd, **N** ☒ Exxon/dsl ☒ ChuckECheese, IHOP, Papa John's, Sonic, Top China Buffet ☒ Motel 6 ☒ $Tree, Bi-Lo, Camping World RV Ctr, CVS Drug, Infiniti, Jaguar, Nissan, Walgreens, **S** ☒ BP/dsl, Hess/Dunkin Donuts/dsl, Shell ☒ Domino's, King Buffet, Maurice's BBQ, McDonald's, Nick's Grill, Pizza Hut, Sandy's Hot Dogs, Substation II, Waffle House, WG's Wings, Zaxby's ☒ EconoLodge, Red Roof Inn ☒ $General, KJ's IGA, Tire Kingdom, vet

104 Piney Grove Rd, **N** ☒ Sunoco/dsl ☒ Hardee's, San Jose Mexican, Waffle House ☒ Quality Inn ☒ Costco/gas, Sportsmans Whse, vet, **S** ☒ Exxon, Shell/dsl ☒ Country Inn&Suites, Microtel ☒ Carmax, Land Rover

103 Harbison Blvd, **N** ☒ Applebee's, Hooters, Wendy's ☒ Hampton Inn ☒ Chevrolet, funpark, Home Depot, Lowe's, **S** ☒ Speedway/Dunkin Donuts/dsl, Shell/Circle K ☒ Bojangles, BoneFish Grill, Buffalo Wild Wings, Carolina Alehouse, Carrabba's, Casa Linda, Chick-fil-A, Chili's, Chipotle Mexican, Coldstone, Copper River Grill, Denny's, Fazoli's, Firehouse Subs,

SUMMERVILLE ... **ORANGEBURG** ... **COLUMBIA**

IRMO

⬆E   INTERSTATE 26 Cont'd

103	**Continued**
	Five Guys, Flaming Grill, Honey Baked Ham, Huhot Mongolian, Jimmy John's, Longhorn Steaks, Macaroni Grill, Marble Slab, McAlister's Deli, McDonald's, Miyabi Japanese, Miyo's, Olive Garden, Outback Steaks, Panera Bread, Rioz Brazilian, Rita's Custard, Ruby Tuesday, Rush's BBQ, Ryan's, Sonic, Starbucks, Subway, Tokyo Grill, Tsunami Steaks, TX Roadhouse, Which Wich, Wild Wing Cafe, Yamato Japanese 🛏 Comfort Suites, Fairfield Inn, Hilton Garden, Holiday Inn Express, Home Towne Suites, InTown Suites, Wingate Inn ⊙ $Tree, AT&T, Belk, Best Buy, Buick/GMC, Dick's, Dillard's, Firestone/auto, Goodyear/auto, JC Penney, Kohl's, mall, Marshalls, Michael's, Midas, Old Navy, Petsmart, Publix, Ross, Sam's Club/dsl, Staples, SteinMart, Target, Tire Kingdom, TJ Maxx, Verizon, Walmart
102	SC 60, Ballentine, Irmo, **N** 🍴 Cracker Barrel 🛏 Extended Stay Deluxe, Hyatt Place ⊙ 🅷, **S** 🅖 JP/dsl, Shell 🍴 Arby's, Bellacino's Pizza, Dunkin Donuts, Groucho's Deli, Marco's Pizza, Maurice's BBQ, Moe's SW Grill, Papa John's, Smashburger, Taco Bell, Zaxby's, Zoe's Kitchen 🛏 Residence Inn ⊙ AAA, CVS Drug, Jiffy Lube, same as 103
101b a	US 76, US 176, to N Columbia, **1/2 mi N** 🅖 Exxon/Subway/dsl 🍴 Bojangles, China House, Fatz Café, Fuji Cafe, HotDog Heaven, Jersey Mike's Subs, Zorba's ⊙ $General, AutoZone, Food Lion, Harley-Davidson, Publix, Rite Aid, Walgreens, **S** 🅖 BP, Hickory Point/dsl, Mobil, Shell/dsl 🍴 Burger King, Lucky's BurgerShack, Waffle House ⊙ $General, Bi-Lo, Toyota/Scion
97	US 176, to Ballentine, Peak, **N** 🍴 China 1, Subway ⊙ Food Lion, **S** 🅖 Exxon/dsl
94mm	**weigh sta wb**
91	SC 48, to Chapin, **S** 🅖 BP/dsl, Exxon/Taco Bell/dsl, Shell/dsl 🍴 Bojangles, Farm Boys BBQ, McDonald's, Waffle House ⊙ to Dreher Island SP, URGENT CARE
85	SC 202, Little Mountain, Pomaria, **S** ⊙ to Dreher Island SP
82	SC 773, to Prosperity, Pomaria, **N** 🅖 Exxon/Kangaroo/Subway/dsl/24hr, 🅿Pilot/Wendy's/dsl/scales/24hr 🍴 Waffle House
81mm	**weigh sta eb**
76	SC 219, to Pomaria, Newberry, **N** 🅖 ♥Loves/McDonald's/Chester's/dsl/scales/24hr, **0-2 mi S** 🅖 BP, Murphy USA 🍴 Burger King, Wendy's 🛏 Hampton Inn (4mi), Holiday Inn Express ⊙ to Newberry Opera House, Walmart
74	SC 34, to Newberry, **N** 🅖 BP/dsl, Shell/dsl 🍴 Bill&Fran's Café, **2-4 mi S** 🅖 Citgo/dsl 🍴 Arby's, Capt D's, Hardee's, McDonald's, Waffle House 🛏 Days Inn, Days Inn, Economy Inn ⊙ 🅷, to NinetySix HS
72	SC 121, to Newberry, **S** 🅖 Citgo/dsl ⊙ 🅷, to Newberry Coll
66	SC 32, to Jalapa
63.5mm	🆁🆂 **both lanes, full** 🅰 **facilities, litter barrels, petwalk,** 🄲, 🄵, **vending**
60	SC 66, to Joanna, **S** 🅖 BP/dsl ⊙ Magnolia RV Park
54	SC 72, to Clinton, **N** 🅖 BP/dsl, **S** 🅖 Citgo/dsl 🍴 Fatz Cafe, Zaxby's 🛏 Hampton Inn ⊙ 🅷, to Presbyterian Coll
52	SC 56, to Clinton, **N** 🅖 🅿Pilot/Subway/dsl/scales/24hr 🍴 Blue Ocean Rest., McDonald's 🛏 Comfort Suites, Quality Inn, **S** 🅖 Citgo/dsl 🍴 Hardee's, Waffle House, Wendy's 🛏 Days Inn ⊙ 🅷
51	I-385, to Greenville (from wb)
45.5mm	Enoree River
44	SC 49, to Cross Anchor, Union
41	SC 92, to Enoree, **N** 🅖 Valero

SPARTANBURG

38	SC 146, to Woodruff, **N** 🅖 HotSpot/Shell/Hardee's/dsl/scale/24hr
35	SC 50, Walnut Grove Rd, to Woodruff, **S** 🅖 BP/dsl
33mm	S Tyger River
32mm	N Tyger River
28	US 221, to Spartanburg, **N** 🅖 Kangaroo/dsl/24hr, Shell, Subway/dsl 🍴 Bojangles, Burger King, Italian Pizza, Waffle House ⊙ 🅷, Pine Ridge Camping (3mi), to Walnut Gro Plantation
22	SC 296, Reidville Rd, to Spartanburg, **N** 🅖 Exxon/dsl, Marathon/Kangaroo/dsl, Spinx/dsl 🍴 Arby's, Blue Bay Res Bruster's, Chief's Rest., Fatz Cafe, Fuddrucker's (1mi), Little Caesars, McDonald's, Outback Steaks, Substation II, Waffle House, Wasabi Japanese, Wayback Burger, Zaxby's ⊙ $General, Advance Parts, to Croft SP, USPO, vet, **S** 🅖 7-11/dsl, QT/dsl, Sunoco/dsl 🍴 Clock Rest., Denny's, Domino's, Dunkin Donuts, Limon Mexican, Hardee's, Hong Kong Express, Hunan K, Panda Garden, Papa John's, Subway 🛏 Sleep Inn, Southern Suites, Super 8 ⊙ $General, Abbott Farms, Bi-Lo, CVS Drug, Hyundai, Midas, Rite Aid, Toyota/Scion, vet, VW, Walgreens
21b a	US 29, to Spartanburg, **N** 🍴 Marathon/Kangaroo, Spinx/dsl 🍴 A&W/LJ Silver, Bojangles, Brasilia Steaks, Buffalo Wild Wings, Burger King, Chick-fil-A, Chipotle Mexican, Chuck E Cheese, CiCi's, City Range Steaks, Corona Mexican, DQ, Firehouse Subs, FoodCourt, Golden Corral, Jack-in-the-Box, Jason's Deli, Jin Jin Buffet, Kanpai Tokyo, KFC, La Taverna Italian, Longhorn Steaks, McAlister's Deli, Moe's SW Grill, O'Charley's, Olive Garden, Panera Bread, Pizza Hut, Red Bowl Asian, Red Lobster, Ruby Tuesday, Ryan's, Starbucks, Subway, Wendy's 🛏 Comfort Suites, Hampton Inn, Hilton Garden, Holiday Inn Express ⊙ AT&T, Barnes&Noble, Belk, Best Buy, Costco/gas, Dick's, Dillard's, Discount Tire, Firestone/auto, Hamrick's, Home Depot, JC Penney, Jo-Ann Fabrics, Lowe's, mall, Meineke, Michael's, Office Depot, Old Navy, Petsmart, Rite Aid, Ross, Sears/auto, TJ Maxx, Tuesday Morning, USPO, Verizon, Walmart/McDonald's, **S** 🅖 Marathon/dsl, Shell/dsl 🍴 Apollo's Pizza, Applebee's, Compadre's TexMex, IHOP, McDonald's, Shogun Japanese, Starbucks, Taco Bell, Waffle House ⊙ $Tree, Advance Parts, CarQuest, Hobby Lobby, Ingles Foods/gas, Kohl's, Sam's Club/gas, Target, TrueValue
19b a	Lp I-85, Spartanburg, **N** 🅖 BP/dsl, Valero 🍴 Cracker Barrel, Subway 🛏 Residence Inn, **S** 🅖 Valero 🛏 Brookwood Inn
18b a	I-85, N to Charlotte, S to Greenville
17	New Cut Rd, **S** 🅖 BP/dsl, Virk/dsl 🍴 Burger King, Fatz Cafe, McDonald's, Waffle House 🛏 Days Inn, Howard Johnson, Red Roof Inn, Rodeway Inn
16	John Dodd Rd, to Wellford, **N** 🅖 Marathon/Circle K/Aunt M dsl ⊙ Camping World RV Ctr
15	US 176, to Inman, **N** 🅖 Breakers, Shell/Circle K/dsl/scale 🍴 Waffle House ⊙ 🅷, **S** 🅖 QT/dsl ⊙ Simply RV Ctr
10	SC 292, to Inman, **N** 🅖 Shell/Hot Spot/Subway/dsl/scales/24hr
7.5mm	Lake William C. Bowman
5	SC 11, Foothills Scenic Dr, Chesnee, Campobello, **N** 🅖 Kangaroo/🅿Pilot/Subway/dsl/scales/24hr, **S** 🅖 Marathon/Cricket/dsl
3mm	**Welcome Ctr eb, full** 🅰 **facilities, info, litter barrels, petwalk** 🄲, 🄵, **vending, wi-fi**
1	SC 14, to Landrum, **S** 🅖 Shell/Burger King/dsl 🍴 Bojangles, China Cafe, Papa John's, Pizza Hut (1mi), Starbucks, Subway ⊙ $General, Bi-Lo Foods, Ingles/café/gas, Verizon, vet
0mm	South Carolina/North Carolina state line

SC

⬆N   INTERSTATE 77

Exit#	Services
91mm	South Carolina/North Carolina state line
90	US 21, Carowinds Blvd, **E** 🅾 Gulf/Quizno's/dsl, Kangaroo/dsl, QT/dsl 🍴 Bojangles, McDonald's 🅾 🏨 Carowinds Camping (4mi), fireworks, **W** 🅾 Exxon/7-11, Kangaroo/Subway, Shell/Circle K/Wendy's/dsl 🍴 Cracker Barrel, Culver's, KFC, La Unica Mexican 🏨 Best Western, Clarion, Comfort Inn, EconoLodge, Motel 6, Quality Inn 🅾 Carowinds Funpark
89.5mm	Welcome Ctr sb, full ♿ facilities, info, litter barrels, petwalk, 🚮, vending, weigh sta nb
88	Gold Hill Rd, to Pineville, **E** 🅾 URGENT CARE, **W** 🅾 QT/dsl, Shell/dsl, Valero/dsl 🍴 Hardee's 🏨 WingBonz Cantina 🅾 Chrysler/Dodge/Jeep, Fiat, Ford, Hyundai, KOA, Publix
85	SC 160, Ft Mill, Tega Cay, **E** 🅾 Exxon 🍴 Subway 🅾 Bi-Lo, Ft Mill Drug, The Drug Store, **W** 🅾 BP/dsl, QT/dsl, Shell/Circle K/dsl 🍴 Akahana Asian, Beef O'Brady's, Big Wok, Burger King, Charanda Mexican, Chick-fil-A, Empire Pizza, Fratelli's Italian, Jimmy John's, McAlister's Deli, Moe's SW Grill, Papa John's, Pizza Hut, Starbucks, Wendy's, Zaxby's 🅾 CVS Drug, Firestone/auto, Goodyear/auto, Harris-Teeter, Lowe's, Meineke, vet, Walgreens
84.5mm	weigh sta sb
83	SC 49, Sutton Rd, **W** 🅾 Loves/Chester/Subway/dsl/scales/24hr
82.5mm	Catawba River
82c	US 21, SC 161, Rock Hill, Ft Mill, **E** 🅾 Exxon 🍴 IHOP, Sonny's BBQ, Steak'n Shake, Zaxby's 🅾 Home Depot, Petsmart, **W** 🅾 Corner Stop, Kangaroo/dsl, QT/dsl, Shell/Circle K, Shell/dsl 🍴 Big Wok, Chinese Bistro Deli, Empire Grill, Hooters, Krispy Kreme, McDonald's, Outback Steaks, Sonic, Starbucks 🏨 Courtyard 🅾 🏨 $General, Food Lion, TreadQtrs Auto, Walgreens
82b a	**E** 🅾 Exxon 🏨 Ramada Inn, **W** 🅾 Kangaroo, RaceWay 🍴 Arby's, Bojangles, Burger King, Chick-fil-A, China Kitchen, CiCi's Pizza, Cookout, Golden Corral, HoneyBaked Ham, HongKong Chinese, Italian Island Pizza, Jack-in-the-Box, Little Caesar's, Luigi& Sons Italian, Mario's Pizza, McDonald's, Penn Sta. Subs, Pizza Hut, Popeyes, Sake Express, Sakura Japanese, Señor Nachos Mexican, Subway, Taco Bell, Waffle House, Wendy's 🏨 Baymont Inn, Best Way, Country Inn&Suites, Days Inn, EconoLodge, Economy Express Inn, Howard Johnson, Microtel, Motel 6, Quality Inn, Regency Inn, Super 8 🅾 $General, Advance Parts, Aldi Foods, AutoZone, BigLots, Cadillac/Chevrolet, city park, Family$, Firestone/auto, K-Mart, Midas, NAPA, Office Depot, O'Reilly Parts, PepBoys, Publix, Verizon, York Co Museum
79	SC 122, Dave Lyle Blvd, to Rock Hill, **E** 🅾 BP/dsl, Murphy USA/dsl 🍴 Amber Buffet, Applebee's, Buffalo Wild Wings, Charanda Mexican, Chick-fil-A, Cracker Barrel, Five Guys, Hardee's, Jersey Mike's, Longhorn Steaks, Newk's Eatery, O'Charley's, Ruby Tuesday, TX Roadhouse 🏨 Comfort Suites, Hampton Inn, Holiday Inn, TownePlace Suites, Wingate Inn 🅾 $Tree, Belk, Discount Tire, Food Lion, Hobby Lobby, Honda, JC Penney, Kohl's, Lowe's, mall, Meineke, Nissan, Sam's Club/dsl, Sears/auto, Staples, Tire Kingdom, Toyota/Scion, Verizon, Walmart, **W** 🅾 Kangaroo/dsl 🍴 Bob Evans, Chili's, DQ, Jack-in-the-Box, McAlister's Deli, McDonald's, Mellow Mushroom Pizza, Moe's SW Grill, Olive Garden, Panera Bread, Pizza Cafe, Quiznos, Subway, Taco Bell, Wendy's 🏨 Hilton Garden 🅾 Best Buy, Books-A-Million, Dick's, Ford, Michael's, Ross, Target, TJ Maxx, URGENT CARE, visitor ctr
77	US 21, SC 5, to Rock Hill, **E** 🅾 BP/Subway/dsl, 🚚/dsl 🅾 to Andrew Jackson SP (12mi), **W** 🅾 Exxon/dsl, Valero/dsl 🍴 Waffle House 🅾 to Winthrop Coll

75	Porter Rd, **E** 🅾 Sunoco/dsl
73	SC 901, to Rock Hill, York, **E** 🅾 *FLYING J*/Denny's/dsl/scales/LP/24hr, Exxon/dsl, **W** 🅾 🏨
66mm	Rs both lanes, full ♿ facilities, litter barrels, petwalk, 🚮, vending
65	SC 9, to Chester, Lancaster, **E** 🅾 BP/dsl, Citgo/dsl, Liberty/Subway/dsl 🍴 Bojangles, China Wok, Waffle House 🏨 Days Inn, EconoLodge, Relax Inn 🅾 $General, IGA Foods/gas, **W** 🅾 Exxon/dsl 🍴 Burger King, Country Omelette, Front Porch Cafe, KFC/Taco Bell, McDonald's, Zaxby's 🏨 Comfort Inn, Motel 6, Super 8 🅾 🏨, vet
62	SC 56, to Fort Lawn, Richburg
55	SC 97, to Chester, Great Falls, **E** 🅾 Exxon/dsl, **W** 🅾 🏨, to Chester SP
48	SC 200, to Great Falls, **E** 🅾 Shell/Grand Central Rest./dsl/@, **W** 🅾 🚚/Wendy's/dsl/scales/24hr/
46	SC 20, to White Oak
41	SC 41, to Winnsboro, **E** 🅾 to Lake Wateree SP
34	SC 34, to Winnsboro, Ridgeway, **E** 🅾 Am Pm/dsl 🏨 Ridgeway Motel (1mi) 🅾 Bryan's Auto/tire, Ridgeway Camping (1mi), **W** 🅾 Exxon/dsl 🍴 Waffle House 🏨 Ramada Ltd
32	Peach Rd, Ridgeway, 🅾 Little Cedar Creek Camping (2mi)
27	Blythewood Rd, **E** 🅾 BP/Dunkin Donuts, Exxon/Bojangles/dsl/24hr 🍴 Carolina Wings, China King, Hardee's, KFC/Pizza Hut, McDonald's, San Jose Mexican, Subway, Valentina's Greek, Waffle House, Wendy's 🏨 Comfort Inn, Days Inn, Holiday Inn Express 🅾 $General, IGA Foods, repair/tires, USPO, vet, **W** 🍴 Lizard's Thicket 🅾 Food Lion, Groucho's Deli
24	US 21, to Wilson Blvd., **E** 🅾 BP/dsl, Shell/Subway/dsl 🅾 auto repair, **W** 🅾 Exxon/dsl
22	Killian Rd, **E** 🅾 Mobil/Burger King/dsl, Murphy Express/dsl 🍴 Bojangles, McDonald's, Taco Bell, Zaxby's 🅾 Acura, Aldi Foods, AutoZone, CVS Drug, Discount Tire, Firestone, Honda, Kia, Lowe's, Mazda, Rite Aid, Toyota/Scion, VW, Walgreens, **W** 🍴 China Dragon, Monterrey's Mexican 🅾 AT&T, Lexus/Buick/GMC/Cadillac, Verizon, Walmart/McDonald's
19	SC 555, Farrow Rd, **E** 🅾 BP/dsl, Exxon, Shell/dsl 🍴 Bojangles, Cracker Barrel, Sonic, Wendy's 🏨 Courtyard, Hilton Garden, Residence Inn 🅾 🏨, Carquest, Longs Drug, **W** 🅾 Shell/dsl 🍴 Waffle House 🅾 SC Archives
18	to SC 277, to I-20 W (from sb), Columbia
17	US 1, Two Notch Rd, **E** 🅾 BP, Citgo, Kangaroo, Shell/Circle K 🍴 Arby's, Burger King, TX Roadhouse, Waffle House 🏨 Holiday Inn, InTown Suites, Quality Inn, Wingate Inn 🅾 Bi-Lo, Family$, Rite Aid, to Sesquicentennial SP, U-Haul, USPO, vet, Walgreens, **W** 🅾 Mobil 🍴 Chili's, Fazoli's, Hooters, IHOP, Lizard's Thicket, Outback Steaks, Waffle House 🏨 Best Western, Comfort Suites, EconoLodge, Fairfield Inn, Hampton Inn, La Quinta, Microtel, Red Roof Inn 🅾 Home Depot
16b a	I-20, W to Augusta, E to Florence, Alpine Rd

SC (state outline with cities: Gramling, Greer, Greenville, Saxon, Gaffney, Spartanburg, Roebuck, Rock Hill, Piedmont, Buffalo, Chester, Gray Court, Enoree, Laurens, Carlisle, Great Falls, Whitmire, Joanna, Monticello, Winnsboro, Newberry, Prosperity, Saluda, Irmo, Columbia, Batesburg-Leesville; routes 85, 26, 385, 26, 77, 20)

⛽ = gas　🍴 = food　🛏 = lodging　⭕ = other　Ⓡ🅢 = rest stop　Copyright 2018 - The Next EXIT

⬆⬇ INTERSTATE 77 Cont'd

Exit#	Services
15 b a	SC 12, to Percival Rd, **W** ⛽ Shell
13	Decker Blvd (from nb), **W** ⛽ El Cheapo, Spinx/dsl
12	Forest Blvd, Thurmond Blvd, **E** to Ft Jackson, **W** ⛽ BP/dsl, Shell/dsl/24hr 🍴 Chick-fil-A, Cookout, Domino's, Eastern Buffet, Fatz Café, Golden Corral, McDonald's, Pancho's, Sonic, Subway, Wendy's 🛏 Extended Stay America, Super 8 ⭕ 🄷, $Tree, AT&T, Hobby Lobby, museum, Sam's Club/gas, Tuesday Morning, Verizon, vet, Walmart
10	SC 760, Jackson Blvd, **E** to Ft Jackson, **2 mi W** ⛽ Shell 🍴 Applebee's, Bojangles, Buffalo Wild Wings, Maurices BBQ, Moe's SW, Ruby Tuesday, Smashburger, Subway 🛏 EconoLodge ⭕ Bilo, Staples, Walgreens, Whole Foods Mkt
9 b a	US 76, US 378, to Sumter, Columbia, **0-2 mi E** ⛽ BP, Citgo, Murphy USA/dsl, Shell, Shell/Burger King, Sunoco/dsl 🍴 Arby's, Bojangles, Capt D's, Chick-fil-A, Domino's, Ichiban, KFC, McDonald's, Pizza Hut, Popeye's, Ruby Tuesday, Rush's Rest., Shoney's, Subway, Taco Bell, Waffle House, Waffle House, Wendy's, Zaxby's 🛏 Baymont Inn, Candlewood Suites, Comfort Inn, Country Inn&Suites, Days Inn, Hampton Inn, Hampton Inn, Holiday Inn Express, La Quinta, Microtel, Quality Inn, Sleep Inn, TownePlace Suites ⭕ $Tree, Advance Parts, Aldi Foods, Auto-Zone, CVS Drug, Family$, Firestone/auto, Ford, Interstate Batteries, Lowe's, NTB, O'Reilly Parts, URGENT CARE, USPO, Verizon, Walgreens, Walmart, **W** ⛽ Circle K, Shell 🍴 CiCi's Pizza, Eric's Mexican, Hardee's, Jimmy John's, Krispy Kreme, Panera Bread, Sonic, Starbucks, Sub Station, Wendy's 🛏 Best Value Inn ⭕ 🄷, $General, BigLots, GNC, Goodyear/auto, Rite Aid, Sav-A-Lot Foods, Target
6 b a	Shop Rd, **W** ⭕ fairgrounds, to USC Coliseum
5	SC 48, Bluff Rd, **W** ⛽ ♥Love's/McDonald's/Subway/dsl/scales/24hr, Shell/Burger King/dsl 🍴 Bojangles (2mi) ⭕ $General, Petro/Starbucks/dsl/scales/24hr
3mm	Congaree River
2	SC 35, to Cayce, W Columbia
1	US 21, US 176, US 321 (from sb), Cayce, **W** accesses same as SC I-26, exit 115.
	I-77 begins/ends on I-26, exit 116.

⬆⬇ INTERSTATE 85

Exit#	Services
106.5mm	South Carolina/North Carolina state line
106	US 29, to Grover, **E** ⛽ BP/dsl, **W** ⛽ Exxon/dsl, Hickory Point/gas, Mobil/dsl/fireworks, 🄿🄸🄻🄾🅃/DQ/Wendy's/dsl/scales/24hr
104	SC 99, Tribal Rd, **E** ⛽ ♥Love's/McDonald's/Subway/dsl/scales/24hr, **W** ⭕ fireworks
103mm	Welcome Ctr sb, full 🚻 facilities, info, litter barrels, petwalk, 🄲, 🄵, vending
102	SC 198, to Earl, **E** ⛽ BP/dsl, Shell 🍴 Hardee's, **W** ⛽ ✈FLYING J/Denny's/dsl/scales/LP/24hr, Citgo/dsl 🍴 McDonald's, Waffle House
100mm	Buffalo Creek
100	SC 5, to Blacksburg, Shelby, **W** ⛽ Citgo, Subway/dsl/scales/24hr
98	Frontage Rd (from nb)
97mm	Broad River
96	SC 18, **E** ⛽ Kangaroo/Krystal/dsl
95	SC 18, to Gaffney, **E** ⛽ Kangaroo/Aunt M's Rest/dsl, Petro-Max/dsl 🍴 Italian Grill/Pizzaria, Mr Waffle 🛏 Gaffney Inn, Shamrock Inn ⭕ 🄷, to Limestone Coll

GAFFNEY

92	SC 11, to Gaffney, **E** ⛽ Fast Point/dsl, Marathon/Subway/dsl, Murphy USA/dsl 🍴 Aegean Pizza, Applebee's, Bojangles, Burger King, Chick-fil-A, China Express, CookOut, Daddy Joe's BBQ, Domino's, Firehouse Subs, KFC, Little Caesars, McDonald's, Olive Garden, Papa John's, Pizza Hut, Sagebrush Steak, Sonic, Taco Bell, Waffle House, Wendy's, Zaxby's 🛏 Baymont Inn, Super 8 ⭕ $General, $Tree, Advance Parts, AM Foods, Belk, BigLots, BiLo, Ingles Foods, Lowe's, O'Reilly Parts, Rite Aid, to Limestone Coll, USPO, Verizon, Walgreens, Walmart, **W** ⛽ 🍴 Fatz Cafe 🛏 Homestead Lodge, Quality Inn ⭕ Chevrolet, Foothills Scenic Hwy, to The Peach
90	SC 105, SC 42, to Gaffney, **E** ⛽ Marathon/Kangaroo/DQ/dsl, 🄿🄸🄻🄾🅃/Arby's/dsl/scales/24hr, QT/dsl 🍴 Bojangles, Bronco Mexican, Clock Rest., Starbucks, Subway, Waffle House 🛏 Red Roof Inn, Sleep Inn, **W** ⛽ Citgo/dsl, Kangaroo/Burger King 🍴 Cracker Barrel, Cruisers, Food Court, Outback Steaks 🛏 Hampton Inn ⭕ fruit stand, Hamrick's, Prime Outlets/famous brands
87	SC 39, **E** ⭕ KOA
83	SC 110, **E** ⭕ fruit stand, **W** ⛽ Westar/dsl/scales/24hr ⭕ fruitstand, to Cowpens Bfd
82	Frontage Rd (from nb)
80.5mm	Pacolet River
80	SC 57, to Gossett, **E** ⛽ Hot Spot/Shell/dsl
78	US 221, Chesnee, **E** ⛽ Citgo/dsl 🍴 Hardee's 🛏 Motel 6, **W** ⛽ QT/dsl, RaceWay/dsl, Sunoco/Burger King/dsl 🍴 Arby's, Bojangles, McDonald's, Southern BBQ, Subway, Waffle House, Wendy's 🛏 Hampton Inn, Holiday Inn Express ⭕ $General, Advance Parts, Harley-Davidson, Ingles Foods/cafe/dsl
77	Lp 85, Spartanburg, services along Lp 85 exits E

SPARTANBURG

75	SC 9, Spartanburg, **E** 🍴 Denny's 🛏 Best Value Inn, **W** ⛽ Marathon/Burger King/dsl, Pure, QT/dsl, RaceWay/dsl 🍴 Bruster's, Capri's Italian, CookOut, Copper River Grill, Fatz Café, Grapevine Rest, Jade House Asian, La Paz Mexican, McDonald's, Pizza Hut, Waffle House, Zaxby's 🛏 Comfort Inn, Days Inn ⭕ CVS Drug, Ingles/cafe/gas, Parr 3 Automotive, USPO
72	US 176, to I-585, **E** ⭕ to USCS, Wofford/Converse Colleges, **W** ⛽ Kangaroo/dsl, RaceWay/dsl 🍴 China Fun, El Limon Mexican, Subway, Waffle House ⭕ $General, Ingles Foods/cafe/gas
70 b a	I-26, E to Columbia, W to Asheville
69	Lp 85, SC 41 (from nb), to Fairforest
68	SC 129, to Greer
67mm	N Tyger River
66	US 29, to Lyman, Wellford, **E** ⛽ Exxon/Subway/dsl 🍴 Waffle House
63	SC 290, to Duncan, **E** ⛽ Circle K/dsl, Citgo/dsl, QT/dsl, Spinx/dsl, Dunkin Donuts/dsl 🍴 Chick-Fil-A, Clock Rest., Cracker Barrel, El Primo Mexican, Firehouse Subs, KFC, Paisanos Italian, Pizza Inn, Sake Japanese, Taco Bell, Thai Garden, Waffle House, Zaxby's 🛏 Baymont Inn, Hampton Inn, Microtel, **W** ⛽ BP, Marathon/dsl, 🄿🄸🄻🄾🅃/Wendy's/dsl/scales/24hr, TA/BP/DQ/rest/dsl/scales/24hr/@ 🍴 Bojangles, Demetre's Grill, El Molcajete Mexican, Hardee's, McDonald's 🛏 Day's Inn, Holiday Inn Express, Quality Inn, Woodspring Suites ⭕ Blue Beacon, Sonny's RV Ctr, Speedco
62.5mm	S Tyger River
60	SC 101, to Greer, **E** ⛽ Citgo/dsl, Marathon, Sunoco/dsl 🍴 Landmark Diner, Subway, Theo's Rest, **W** ⛽ Spinx/Burger King/dsl 🍴 Bojangles, Waffle House 🛏 Super 8 ⭕ BMW Visitor Ctr

COLUMBIA

SC

▲N   INTERSTATE 85 Cont'd

Exit#	Services
58	Brockman-McClimon Rd
57	**W** 🅾 Greenville-Spartanburg Airport
56	SC 14, to Greer, **E** 🅟 Citgo/dsl 🅾 🅗, **W** 🅟 QT/dsl, Spinx/dsl 🅾 Goodyear Truck Tires, Ledford's Adventure RV Ctr
55mm	Enoree River
54	Pelham Rd, **E** 🅟 Marathon/Kangaroo, Stop-A-Minute/dsl 🍴 Burger King, Corona Mexican, Skin's Hotdogs, Waffle House 🏠 Best Western, **W** 🅟 BP/dsl 🍴 5 Guys Burgers, Acapulcos Mexican, Atlanta Bread Co, Bellacino's, Bertolos Pizza, Bojangles, California Dreaming Rest., Chick-fil-A, China Kitchen, Chophouse 47, Dunkin Donuts, Firehouse Subs, Frankie's Pizza, Hardee's, Joe's Crabshack, Joy of Tokyo, Logan's Roadhouse, Macaroni Grill, McDonald's, Moe's SW Grill, On the Border, Palmetto Alehouse, Papa Murphy's, PDQ Rest., Ruby Tuesday, Schlotzsky's, Starbucks, Subway 🏠 Courtyard, EconoLodge, Extended Stay America, Fairfield Inn, Hampton Inn, Holiday Inn Express, Home2 Suites, MainStay Suites, Marriott, Quality Inn, Residence Inn, Wingate Inn 🅾 Advance Parts, Bi-Lo, CVS Drug, EarthFare Foods, Goodyear/auto, Verizon, Walgreens, Walmart
51	I-385, SC 146, Woodruff Rd, **E** 🍴 Brixx Pizza, Buffalo Wild Wings, Chipotle Mexican, Coldstone, Cracker Barrel, Fuddrucker's, IHOP, Lieu's Bistro, Longhorn Steaks, Monterrey Mexican, Oriental House, Panera Bread, PF Chang's, Red Robin, Sticky Fingers 🏠 Drury Inn, Hampton Inn, Hilton Garden, Homewood Suites, Staybridge Suites 🅾 Barnes&Noble, Best Buy, Dick's, Goodyear/auto, Hamrick's Outlet, Lowe's, Marshalls, PetCo, Petsmart, Ross, Verizon, vet, Whole Foods Mkt, **W** 🅟 Marathon/Kangaroo, QT/dsl, RaceWay/dsl 🍴 Bad Daddy's Burger, Carolina Alehouse, Carrabba's, Cheddars, Chuy's Mexican, Dave&Busters's, Firebirds, HuHot Mongolian, Krystal, Krystal, McDonald's, MidTown Deli, Ruby Tuesday, Ruth's Chris Steaks, Starbucks, Subway, TGIFriday's, Tucanos Brazilian Grill, Twin Peaks Rest, Waffle House, Yardhouse Rest., Zoe's Kitchen 🏠 Candlewood Suites, Comfort Inn, Crowne Plaza, Days Inn, Embassy Suites, Holiday Inn Express, La Quinta, Micotel 🅾 AT&T, Cabela's, Costco/gas, Firestone/auto, Home Depot, Old Navy, Target, Trader Joe's
48b a	US 276, Greenville, **E** 🅟 BP/dsl 🍴 Waffle House 🏠 Red Roof Inn 🅾 BMW/Mini, CarMax, to ICAR, **W** 🅟 Exxon/dsl 🍴 Arby's, Bojangles, Burger King, Happy China, Hooters, McDonald's, Olive Garden, Pizza Hut/Taco Bell, Ryan's, Subway 🏠 Comfort Inn, Embassy Suites 🅾 $Tree, Acura, Audi, Porsche/VW, Bi-Lo, Buick/GMC, Chevrolet/Cadillac, Chrysler/Dodge/Jeep, CVS Drug, Ford/Lincoln, GNC, Honda, Infiniti, Jaguar, Kia, Lexus, Mazda, Meineke, Mercedes, Michael's, Nissan, Office Depot, Old Time Pottery, PepBoys, Petsmart, SteinMart, Subaru, Toyota/Scion, Volvo
46c	rd 291, Pleasantburg Rd, Mauldin Rd, **W** 🅟 Citgo/dsl 🍴 Jack-in-the-Box, Papa John's, Subway 🏠 InTown Suites, Quality Inn, Super Lodge, Woodspring Suites 🅾 Aamco, Advance Parts, Bi-Lo/gas, CVS Drug, Home Depot, same as 46ba, Tire Kingdom
46b a	US 25 bus, Augusta Rd, **E** 🅟 Mike&Jack/dsl, QT/dsl, Spinx/dsl, Vgo 🍴 Burger King, Waffle House 🏠 Country Hearth Inn, Southern Suites, **W** 🏠 Economy Inn, Traveler's Inn 🅾 Home Depot, same as 46c
44	US 25, White Horse Rd, **E** 🅟 Spinx/Subway/dsl, **W** 🅟 Citgo/McDonald's, RaceWay/dsl 🍴 Waffle House 🅾 🅗, Freightliner
44a	SC 20 (from sb), to Piedmont

42	I-185, to Greenville, I-185 S (**toll**), Columbia, **W** 🅾 🅗
40	SC 153, to Easley, **E** 🅟 BP/dsl 🍴 Waffle House, **W** 🅟 Citgo/dsl, RaceWay/dsl, Spinx/dsl 🍴 Arby's, Bojangles, Burger King, Cracker Barrel, El Sureno Mexican, Huddle House, KFC, Little Caesars, Los Amigos, McDonald's, Pizza House, Pizza Hut/Taco Bell, Sonny's BBQ, Subway, Zaxby's 🏠 Best Western, Executive Inn, Hampton Inn (4mi), Super 8 🅾 $General, Advance Parts, Bi-Lo, CVS Drug, GNC, Rite Aid, Verizon, Walgreens, **N** 🅟 7-11/dsl, QT/dsl 🍴 Chick-Fil-A, Firehouse Subs 🅾 Walmart
39	SC 143, to Piedmont, **E** 🅟 Vgo/dsl, **W** 🅟 Shell/dsl
35	SC 86, to Easley, Piedmont, **E** 🅟 BP/Subway (1.5mi), 🚛 McDonald's/dsl/scales/24hr 🍴 Cancun Mexican, Hardee's (1.5mi), Millhouse Rest., Tony' Pizza 🅾 O'Reilly Parts, repair/tires, Rite Aid, **W** 🅟 Spinx/Pete's Grill/dsl 🍴 Bojangles
34	US 29 (from sb), to Williamston
32	SC 8, to Pelzer, Easley, **E** 🅟 7-11/dsl, Shell/dsl
27	SC 81, to Anderson, **E** 🅟 BP/dsl, Exxon/dsl 🍴 Arby's, Fiesta Rodeo Mexican, McDonald's, Waffle House 🏠 Hampton Inn, Holiday Inn Express 🅾 🅗
23mm	🅡🅢 sb, full ♿ facilities, litter barrels, petwalk, 🐾, 📱, vending
21	US 178, to Anderson, 2 mi **E** 🅟 BP/dsl, QT/dsl 🍴 Applebee's, Chick-fil-A, Chili's, Longhorn Steaks, O'Charley's, Waffle House 🅾 Publix/deli
19b a	US 76, SC 28, to Anderson, 2 mi **E** 🅟 Exxon/dsl, QT/dsl, Shell/dsl, Stop A Minit/dsl 🍴 Applebee's, Barbarito's, Bojangles, Carson Steaks, Chick-fil-A, Chili's, Chipotle, CookOut, Denny's, Five Guys Burgers, Fuddruckers, Golden Corral, Golden Corral, Grand China, Hardee's, Hardee's, Hibachi Grill, Jack-in-the-Box, Logan's Roadhouse, Longhorn Steaks, O'Charley's, Olive Garden, Panera Bread, Red Lobster, Sake Japanese, Starbucks, Tucker's Rest., TX Roadhouse, Zaxby's 🏠 Best Value Inn, Days Inn, Hilton Garden, Holiday Inn, Rodeway Inn, Super 8 🅾 $General, $Tree, Advance Parts, Aldi Foods, AT&T, Best Buy, Chrysler/Dodge/Jeep, Dick's, Ford/Mazda, GNC, Goodyear, Harley-Davidson, Hobby Lobby, Home Depot, Honda, Kohl's, Lowe's, Meineke, Michael's, Nissan, Office Depot, Old Navy, O'Reilly Parts, Petsmart, Publix/deli, Ross, Russell Stover, Sam's Club, Staples, Target, TJ Maxx, Toyota/Scion, Verizon, vet, Walmart/Subway, **W** 🅟 RaceWay/dsl, Shell/McDonald's 🍴 Arby's, Cracker Barrel, Fatz Cafe, Hooters, J Peters Grill, Outback Steaks, Subway, Waffle House, Wendy's, Wild Wing Cafe 🏠 Baymont Inn, Comfort Suites, Country Inn&Suites, Fairfield Inn, Hampton Inn, Holiday Inn Express, Microtel 🅾 to Clemson U (11mi)
18mm	🅡🅢 nb, full ♿ facilities, litter barrels, petwalk, 🐾, 📱, vending
15mm	Lake Hartwell
14	SC 187, to Clemson, Anderson, **E** 🅟 Marathon/dsl 🍴 Huddle House 🅾 camping (1mi), **W** 🅟 Hickory Point/dsl 🍴 Famous Pizza Grill 🏠 Budget Inn 🅾 to Clem Research Pk

GREENVILLE

ANDERSON

SC

🚹 = gas   🍴 = food   🏠 = lodging   ⊙ = other   Ⓡ = rest stop   Copyright 2018 - The Next EXIT

⬆N INTERSTATE 85 Cont'd

Exit#	Services
12mm	Lake Hartwell, Seneca River
11	SC 24, SC 243, to Townville, **E** 🚹 Exxon/dsl 🍴 Subway ⊙ to Savannah River Scenic Hwy, **W** 🚹 Shell/dsl 🍴 Townville Cafe ⊙ RV camping
9mm	weigh sta nb
4	SC 243, to SC 24, Fair Play, **E** 🚹 ♥Loves/Arby's/dsl/scales/24hr
2	SC 59, to Fair Play, **W** ⊙ fireworks
1	SC 11, to Walhalla, **W** 🍴 Gazebo Rest. ⊙ fireworks, to Lake Hartwell SP
.5mm	Welcome Ctr nb, full ♿ facilities, info, litter barrels, petwalk, 🚻, 🎁, vending
0mm	South Carolina/Georgia state line, Lake Hartwell, Tugaloo River

⬆N INTERSTATE 95

Exit#	Services
198mm	South Carolina/North Carolina state line
196mm	Welcome Ctr sb, full ♿ facilities, info, litter barrels, petwalk, 🚻, 🎁, vending
195mm	Little Pee Dee River
193	SC 9, SC 57, to N Myrtle Beach, Dillon, **E** 🚹 Exxon/dsl, Mobil/dsl, Murphy Express/dsl, Sunoco/dsl 🍴 B&C Steak/BBQ, Burger King, Huddle House, Papa John's, Pizza Hut, Popeyes, Shoney's, Subway, Tokyo Cafe, Waffle House, Wendy's, Zaxby's 🏠 Best Value Inn, Days Inn, Quality Inn, Red Roof Inn, Royal Regency Inn ⊙ 🅗, $General, $Tree, Advance Parts, CVS Drug, fireworks, Food Lion, O'Reilly Parts, SaveALot Foods, Walgreens, Walmart, **W** 🍴 Eastern Cafe Chines 🏠 EconoLodge, Super 8 ⊙ Bass Lake RV Camp/LP
190	SC 34, to Dillon, **W** 🚹 ♥Loves/Arby's/dsl/scales/24hr
181	SC 38, Oak Grove, **E** 🚹 ✈FLYING J/dsl/LP/scales/24hr, BP/Subway/dsl/24hr, Shell/McDonald's/dsl/24hr 🍴 Shuler's BBQ (5 mi) ⊙ fireworks, **W** 🚹 🖼/DQ/Wendy's/dsl/scales/24hr 🏠 Best Western
175mm	Pee Dee River
170	SC 327, **E** 🚹 BP, 🖼/Wendy's/dsl/scales/24hr 🍴 McDonald's, Subway, Waffle House, Zaxby's 🏠 Holiday Inn Express ⊙ Missile Museum, to Myrtle Beach
169	TV Rd, to Florence, **E** ⊙ dsl repair, Florence RV Park, **W** 🚹 BP, Petro/Shell/Iron Skillet/dsl/scales/24hr/@ 🏠 Best Value Inn ⊙ Blue Beacon, dsl repair, Peterbilt
164	US 52, to Darlington, Florence, **E** 🚹 Exxon/dsl, RaceWay, Shell/Huddle House/dsl 🍴 Angelo's Seafood Rest., Cracker Barrel, McDonald's, Quincy's, Quiznos, Ruby Tuesday, Waffle House, Wendy's 🏠 Baymont Inn, Best Western, EconoLodge, Motel 6, Ramada Inn, Suburban Lodge, Super 8, Travel Inn ⊙ 🅗, Chrysler/Dodge/Jeep, Hyundai, **W** 🚹 🖼/Subway/Taco Bell/dsl, TA/BP/Popeye's/dsl/scales/@ 🍴 Arby's, Calabria Mexican, Dickey's BBQ, Dunkin Donuts, Fatz Café, Hardee's, Krispy Kreme, Shoney's, Young's Pecans, Zaxby's 🏠 Comfort Suites, Country Inn&Suites, Days Inn, Hampton Inn, Howard Johnson, La Quinta, Microtel, Sleep Inn, Thunderbird Inn, Travel House Inn ⊙ to Darlington Raceway, transmissions
160b	I-20 W, to Columbia
160a	Lp 20, to Florence, **E** 🚹 Exxon/dsl 🍴 Arby's, Bruster's Ice Cream, Buffalo Wild Wings, Burger King, Chick-fil-A, Chili's, Chipotle, ChuckeCheese, Firehouse Subs, Golden Corral, Hibachi Grill, IHOP, La Bamba Mexican, Longhorn Steaks, Mellow Mushroom, Olive Garden, Outback Steaks, Percy & Willy,

Exit#	Services
160a	Continued Red Bowl Asian, Red Lobster, Ruby Tuesday, San Jose's, Waffle House, Western Sizzlin 🏠 Courtyard, Fairfield Inn, Hampton Inn, Hilton Garden, Holiday Inn Express, Home2 Hilton, Quality Inn, Red Roof Inn, Residence Inn, SpringHill Suites ⊙ $Tree, AT&T, Barnes&Noble, Belk, Best Buy, Big Lots, Dick's, Hamrick, Hobby Lobby, Home Depot, JC Penney, Kohl's, Lowes Whsmall, Petsmart, Sam's Club/gas, Target, Walmart
157	US 76, Timmonsville, Florence, **E** 🚹 Citgo/dsl, Kangaroo/dsl, Marathon/dsl, Shell/McDonald's 🍴 Peking Asian, Waffle House 🏠 Florence Inn, Travelodge ⊙ Abbott Farms Peache, **W** 🚹 Bull/dsl 🏠 Ramada/rest., Swamp Fox Camping (1mi), Tree Top Inn ⊙ auto repair
153	Honda Way, **W** 🚹 Exxon/dsl ⊙ Honda Plant
150	SC 403, to Sardis, **E** 🚹 BP/dsl/scales 🍴 Hotplate Ca 🏠 Budget Inn, **W** 🚹 Exxon/dsl
147mm	Lynches River
146	SC 341, to Lynchburg, Olanta, **E** 🏠 Relax Inn
141	SC 53, SC 58, to Shiloh, **E** 🚹 Exxon ⊙ DonMar RV Ctr, Woods Bay SP, **W** 🚹 Shell
139mm	Ⓡ both lanes, full ♿ facilities, litter barrels, petwalk, 🚻, 🎁 vending
135	US 378, to Sumter, Turbeville, **E** 🚹 BP/dsl, Citgo/dsl/24 🍴 Compass Rest. 🏠 Day's Inn, **W** 🚹 Exxon/Subway/dsl
132	SC 527, to Sardinia, Kingstree
130mm	Black River
122	US 521, to Alcolu, Manning, **W** 🚹 Exxon/dsl
119	SC 261, to Paxville, Manning, **0-1 mi E** 🚹 Mobil, Murphy USA/dsl, Shell/dsl, TA/BP/Pizza Hut/Popeye's/dsl/scales/24hr @ 🍴 Arby's, Bojangles, Golden Chick, Huddle House, Marichi's Mexican, McDonald's, Shoney's, Sonic, Subway, Taco Be Waffle House, Wendy's, Yucatan Mexican, Zaxby's 🏠 Baymont Inn, Days Inn, Hampton Inn, Quality Inn, Ramada Inn ⊙ $General, AutoZone, Chrysler/Dodge/Jeep, CVS Drug, For O'Reilly Parts, truckwash, Verizon, Walmart, **W** 🚹 Horizo dsl/e-85, Paxville 🏠 Super 8 ⊙ auto repair
115	US 301, to Summerton, Manning, **W** 🚹 Shell/dsl 🍴 Gec gio's Rest 🏠 Knights Inn
108	rd 102, Summerton, **E** 🚹 BP/DQ, Travel Depot/dsl ⊙ Ta Caw Camping (6m), **W** 🏠 Days Inn, Deluxe Inn
102	US 15, US 301 N, to N Santee, **E** 🚹 Marathon/dsl 🏠 Sant Resort/Motel ⊙ Bigwater RV Camping, Santee Lakes Cam ing, **W** 🚹 Horizon/dsl/e-85 ⊙ to Santee NWR
100mm	Lake Marion
99mm	Ⓡ both lanes, full ♿ facilities, info, litter barrels, petwalk, 🚻, 🎁, vending
98	SC 6, to Eutawville, Santee, **E** 🚹 BP/Bojangles, Citgo, Exxon, Mobil 🍴 Coaster's Seafood, Huddle House, Piz Hut, Shoney's, Subway 🏠 Best Value Inn, Best Weste Econolodge, Hampton Inn, Rodeway Inn, Super 8, Whitten I ⊙ $General, IGA Foods, **W** 🚹 Horizon/dsl/e-85, Maratho dsl, Shell 🍴 Burger King, Cracker Barrel, Domino's, Mauric BBQ, McDonald's, Waffle House, Wendy's 🏠 Clark Inn/res Comfort Inn, Holiday Inn, Howard Johnson, Lake Marion Ir Quality Inn ⊙ CarQuest, CVS Drug, Family$, Food Lion, Rive Country Store, to Santee SP (3mi), USPO
97	US 301 S (from sb, no return), to Orangeburg
93	US 15, to Santee, Holly Hill
90	US 176, to Cameron, Holly Hill, **W** 🚹 Exxon/dsl
86b a	I-26, W to Columbia, E to Charleston
82	US 178, to Bowman, Harleyville, **E** 🚹 Horizon/Subw 🖼/Wendy's/DQ/dsl/scales/24hr 🏠 Peachtree In **W** 🚹 Shell/dsl ⊙ tires/truck repair

Vertical side labels: D I L L O N   F L O R E N C E   M A N N I N G   S A N T E E

SC

⬆️N INTERSTATE 95 Cont'd

Exit#	Services
77	US 78, to Bamberg, St George, **E** 🅿️ 🍴*FLYING J*/Denny's/dsl/scales/24hr, Horizon/Subway/dsl/e-85, Monoco, Sunoco 🍴 Georgio's Rest., Hardee's, KFC, McDonald's, Pizza Hut, Skynyrd's Grill, Waffle House 🛏️ Best Value Inn, Comfort Inn/RV Park, EconoLodge, Quality Inn 🅾️ $General, Ace Hardware, BiLo, Chevrolet/GMC, CVS Drug, Family$, Ford, USPO, **W** 🅿️ BP, Shell/Taco Bell/dsl 🛏️ Country Hearth Inn, Knights Inn
74mm	parking area commercial vehicles only sb, weigh sta nb
68	SC 61, Canadys, **E** 🅿️ BP, Crosco Express, Shell/Subway/dsl 🅾️ to Colleton SP (3mi), truck lube/repair
62	McLeod Rd
57	SC 64, Lodge, Walterboro, **E** 🅿️ Citgo/dsl, Horizon/e85, Shell/DQ, Sunoco/dsl 🍴 Arby's, Bojangles, Burger King, Capt D's, Dimitrio's Rest., Domino's, Dunkin Donuts, Hardee's, Huddle House, KFC, McDonald's, Olde House Café, Subway, Taco Bell, Waffle House, Wendy's 🛏️ Carolina Lodge, Sleep Inn, Southern Inn 🅾️ 🅷 $General, Ace Hardware, Advance Parts, AutoZone, Belk, Family$, Ford, GNC, O'Reilly Parts, Rite Aid, **W** 🅿️ Murphy USA/dsl 🍴 China Buffet, Zaxby's 🛏️ Super 8 🅾️ $Tree, AT&T, PetCo, Verizon, Walmart
53	SC 63, to Varnville, Walterboro, Hampton, **E** 🅿️ BP/McDonald's, El Cheapo, Exxon, Petro Express/dsl, Shell/DQ 🍴 Ruby Tuesday, Shoney's, Waffle House 🛏️ Best Western, Comfort Inn, EconoLodge, Palms Inn, Quality Inn, Ramada Inn, Red Roof Inn, Rice Planter's Inn 🅾️ fireworks, **W** 🅿️ Horizon/dsl 🍴 Cracker Barrel 🛏️ Country Hearth Inn, Days Inn, Hampton Inn, Holiday Inn Express, Microtel 🅾️ Green Acres Camping
47mm	🆁🆂 both lanes, full 🦽 facilities, litter barrels, petwalk, 🅲, 🍽️, vending
42	US 21, to Yemassee, Beaufort
40mm	Combahee River
38	SC 68, to Hampton, Yemassee, **E** 🅿️ Horizon/dsl/e-85 🅾️ Family$, **W** 🅿️ BP/Subway/TCBY, Exxon/dsl, Shell/dsl 🛏️ Rodeway Inn
33	US 17 N, to Beaufort, **E** 🅿️ BP/dsl, Exxon/McDonald's, Marathon/Subway/TCBY, Shell 🍴 Denny's, Waffle House, Wendy's 🛏️ Best Western, Hampton Inn, Motel 6, Red Roof Inn 🅾️ Confederate Railroad Museum, KOA, The Oaks RV Camping
30.5mm	Tullifinny River
29mm	Coosawhatchie River
28	SC 462, to Coosawhatchie, Hilton Head, Bluffton, **W** 🅿️ El Cheapo, Tiger Express/dsl
22	US 17, Ridgeland, **W** 🅿️ Sunoco 🅾️ 🅷
21	SC 336, to Hilton Head, Ridgeland, **E** 🅿️ Citgo/dsl, Marathon/dsl 🍴 McDonald's, Wendy's 🅾️ Boat'n RV Whse, **W** 🅿️ BP/DQ/dsl, Exxon, Gulf/dsl, Shell 🍴 BBQ Buffet, Bella Pizza, Burger King, Hong Kong Chinese, KFC, Subway, Waffle House 🛏️ Carolina Lodge, EconoLodge, Quality Inn, Travelodge 🅾️ 🅷 $General, Harvey's Foods, Rite Aid
18	SC 13, to US 17, US 278, to Switzerland, Granville, Ridgeland
17mm	parking area both lanes, commercial vehicles only
8	US 278, to Bluffton, Hardeeville, **E** 🅿️ BP/Burrito/dsl/scales, Exxon, Kangaroo/McDonald's 🍴 Waffle House 🅾️ 🅷, Hilton Head info, **W** 🅿️ Horizon/Subway/dsl, Shell/dsl 🛏️ Holiday Inn Express, Motel 6
5	US 17, US 321, to Savannah, Hardeeville, **E** 🅿️ Citgo/dsl, Exxon/Blimpie, 🍴🅿️/Subway/dsl/scales/24hr, Shell 🍴 Mi Tierrita Mexican, Waffle House 🛏️ Days Inn, Economy Inn, Sleep Inn 🅾️ fireworks, to Savannah NWR, **W** 🅿️ Butlers/dsl/repair,

5	Continued Octane/dsl, Speedway/dsl, Sunoco/dsl 🍴 Burger King, Wendy's 🛏️ Best Western+, Deluxe Inn, Knights Inn, Magnolia Motel, Quality Suites, Red Roof Inn, Rodeway Inn, Stay Express Inn, Super 8 🅾️ $General, Advance Parts, Family$, fireworks, NAPA
4.5mm	Welcome Ctr nb, full 🦽 facilities, info, litter barrels, petwalk, 🅲, 🍽️, vending, wi-fi
4mm	weigh sta both lanes
0mm	South Carolina/Georgia state line, Savannah River

⬆️N INTERSTATE 385 (Greenville)

Exit#	Services
42	US 276, Stone Ave, to Travelers Rest, **I-385 begins/ends on US 276. E** 🅾️ CarQuest, vet, **1-2 mi W** 🅿️ Spinx/dsl 🅾️ multiple services on US 276, to Greenville Zoo
40b a	SC 291, Pleasantburg Dr, **E** 🅿️ Sunoco 🍴 Jack-in-the-Box, Little Caesar's, Olive Tree, S&S Cafeteria, Sonic, Starbucks, Subway, Taco Casa, Wendy's 🅾️ $Tree, CVS Drug, Family$, Furman U, to BJU, Walgreens, **W** 🅿️ Citgo/dsl, QT/dsl 🍴 Domino's, Krispy Kreme 🛏️ Phoenix Inn/Rest., Sleep Inn 🅾️ Cottman Transmissions, Midas
39	Haywood Rd, **E** 🅿️ Spinx 🍴 Noodleville, Outback Steaks, Portofino's, Tony's Pizzeria 🛏️ Clarion, Courtyard, Hawthorn Inn, Hilton, Hyatt Place, La Quinta 🅾️ Firestone/auto, USPO, **W** 🅿️ Spinx/dsl 🍴 Applebee's, Backyard Burger, Burger King, Chick-fil-A, Chili's, Chipotle, ChuckeCheese, CiCi's Pizza, CityRange Steaks, Clock Rest., Copper River Grill, Don Pablo, Firehouse Subs, Five Guys, Fried Green Tomatoes, Grille 33, Habiba Mediterranean, Halton Country Buffet, Harbor Inn Seafood, Jason's Deli, Jimmy John's, Kanpai Tokyo, McAlister's Deli, Miyabi Japanese, Moe's SW Grill, Monterrey Mexican, Panera Bread, Papa's&Beer, Rafferdi's, Saskatoon Rest., Starbucks, Stax Grill, Steak'n Shake, Waffle House 🛏️ Baymont Inn, Extended Stay America, Hampton Inn 🅾️ AT&T, Barnes&Noble, Belk, Dillard's, Discount Tire, JC Penney, Jo-Ann, Macy's, mall, Sears/auto, TJ Maxx, Verizon, vet
37	Roper Mtn Rd, **W** 🅿️ Marathon/Kangaroo/dsl, QT/dsl, RaceWay/dsl 🍴 Carrabba's, Cheddar's, Chuy's Mexican, Dave&Busters, HuHot Mongolian, Krystal, McDonald's, MidTown Deli, Ruby Tuesday, Ruths Chris Steaks, Starbucks, Strossner's Cafe, Subway, TGI Friday's, Tucnos Brazilian Grill, Twin Peaks Rest., Waffle House, Yardhouse Rest. 🛏️ Candlewood Suites, Comfort Inn, Crowne Plaza, Days Inn, Embassy Suites, Holiday Inn Express, La Quinta, Microtel 🅾️ AT&T, Cabela's, Costco/gas, Firestone/auto, Home Depot, Hyundai, Old Navy, Target, Trader Joe's
36b a	I-85, N to Charlotte, S to Atlanta
35	SC 146, Woodruff Rd, **0-2 mi E** 🅿️ Marathon, QT/dsl, Spinx 🍴 Applebee's, Bojangles, Bone Fish Grill, Boston Pizzeria, Bruster's, Chick-fil-A, Chili's, China Buffet, CookOut,

W A L T E R B O R O

H A R D ... (vertical left margin, partial)

G R E E N V I L L E (vertical center margin)

SC

� N INTERSTATE 385 (Greenville) Cont'd

GREENVILLE

35	Continued
	Culver's, Dunkin Donuts, Epic Curean Rest., Firehouse Subs, Great Harvest Bread, Green Tomato Buffet, Hardee's, Hibachi Grill, Jersey Mike's, JP's 4 Corners SW Rest., KFC, Krispy Kreme, Little Caesar's, McAlister's Deli, McDonald's, Mimi's Japanese Steaks, Moe's SW Grill, Pizza Inn, Sonic, Starbucks, Stevi B's, Subway, Taco Bell, Topper's Rest., Travinia Italian, Waffle House, Wendy's, Your Pizza Pie, Zaxby's 🅞 $Tree, AAAAZ, Ace Hardware, Aldi Foods, BigLots, Bi-Lo Foods, Discount Tire, GNC, Hobby Lobby, Kohl's, O'Reilly Parts, Publix, Rite Aid, Sam's Club/gas, Save-a-Lot Foods, Staples, Tire Kingdom, URGENT CARE, USPO, Walmart, **W** 🅖 Red Robin 🅕 Brixx Pizza, Buffa-lo Wild Wings, Chipotle Mexican, Coldstone, Cracker Barrel, Fud-drucker's, Genghis Grill, IHOP, La Parrilla Mexican, Lieu's Bistro, Longhorn Steaks, Monterrey Mexican, Oriental House, Panera Bread, PF Chang's, Red Robin, Salsarita's, Sticky Fingers, Which Wich? 🅛 Drury Inn, Hampton Inn, Hilton Garden, Homewood Suites, Staybridge Suites 🅞 Barnes&Noble, Best Buy, Dick's, Goodyear/auto, Hamrick's Outlet, Lowe's, Marshall's, Petco, Petsmart, REI, Ross, Verizon, vet, Whole Foods Mkt, World Mkt
34	Butler Rd, Mauldin, **E** 🅖 Spinx/dsl 🅕 Arby's, **W** 🅕 Bojan-gles, Dino's Rest., Moretti's Pizzeria, Sub Sta. 2 🅞 $General
33	Bridges Rd, Mauldin
31	I-185 **toll**, SC 417, to Laurens Rd, **E** 🅖 Marathon, Shell/dsl 🅕 Hardee's, McDonald's, Subway 🅞 BiLo, SaveALot Foods, **W** 🅖 Spinx/dsl
30	I-185 **toll**, US 276, Standing Springs Rd
29	Georgia Rd, to Simpsonville, **W** 🅛 Woodspring Suites
27	Fairview Rd, to Simpsonville, **E** 🅖 Shell 🅕 Carolina Rest., CoachHouse Rest., JB's BBQ, Little Caesar's, McDonald's, Mi-lano Pizzeria, Subway 🅛 Palmetto Inn 🅞 🅷, $General, Advance Parts, AutoZone, Big Lots, CVS Drug, O'Reilly Parts, **W** 🅖 Exxon, Murphy USA, Spinx/dsl 🅕 Anthony's Pizza, Ap-plebee's, Arby's, AZ Steaks, Baskin-Robbins, Bellacino's, Brust-er's, Burger King, Chick-fil-A, Cracker Barrel, Epic Buffet, Fire-house Subs, Five Guys, Hibachi House, Hungry Howie's, IHOP, Jack-in-the-Box, Jersey Mike's, KFC, La Fogata Mexican, Mad Cuban, McDonald's, Mei Mei House, Moe's SW Grill, O'Char-ley's, Panera Bread, Pizza Hut, Ruby Tuesday, Sonic, Starbucks, Subway, Taco Bell, Tequila's Mexican, Waffle House, Wendy's, Zaxby's 🅛 Comfort Suites, Days Inn, Hampton Inn, Holiday Inn Express, Motel 6, Quality Inn 🅞 $Tree, AT&T, Belk, Bi-Lo, CVS Drug, GNC, Goodyear/auto, Home Depot, Ingles Foods, Kohl's, Lowe's, Publix, Ross, Target, Tire Kingdom, TJ Maxx, UR-GENT CARE, USPO, Verizon, Walgreens, Walmart
26	Harrison Bridge Rd, **W** 🅖 7-11/dsl, QT/dsl, same as 27
24	Fairview St, **E** 🅖 Marathon 🅕 Hardee's, Waffle House
23	SC 418, to Fountain Inn, Fork Shoals, **E** 🅖 Exxon/pizza/subs/dsl 🅕 Bojangles, Zaxby's 🅞 $General, O'Reilly Parts, USPO, **W** 🅖 Sunoco/dsl
22	SC 14 W, Old Laurens Rd, to Fountain Inn
19	SC 14 E, to Gray Court, Owings
16	SC 101, to Woodruff, Gray Court
10	rd 23, Barksdale, Ora
9	US 221, to Laurens, Enoree, **E** 🅖 S&H Trkstp/dsl 🅕 Waffle House 🅛 Budget Lodge, **W** 🅞 Walmart Dist Ctr
6mm	🆁🆂 both lanes (both lanes exit left), full 🅳 facilities, litter bar-rels, petwalk, 🄲, 🛢, vending
5	SC 49, to Laurens, Union
2	SC 308, to Clinton, Ora, **W** 🅞 🅷, to Presbyterian Coll in Clinton
0mm	I-26 S to Columbia, I-385 begins/ends on I-26 at 52mm

SIMPSONVILLE

🛏 N INTERSTATE 526 (Charleston)

CHARLESTON

Exit#	Services
33mm	I-526 begins/ends.
32	US 17, **0-1 mi N** 🅖 Speedway/dsl, Shell 🅕 Atl Bread, Bojan-gles, Burger King, Burton's Grill, Cane's, Five Guys, Grimaldi Brick Oven, IHOP, PF Chang's, Qdoba, Sonic, Taco Bell, TGIFri-day, Zoe's Kitchen 🅛 Courtyard, Hampton Inn 🅞 Advanc Parts, AT&T, Barnes&Noble, Belk, BiLo, Chevrolet, CVS Dru GNC, Lowes Whse, Midas, Old Navy, Rite Aid, Tire Kingdom TrueValue, Verizon, Walgreens, **0-1 mi S** 🅖 Shell/Circle K, S noco/dsl 🅕 Applebees, Arby's, Chick-fil-A, Cici's, Firehous Subs, Hardee's, Huddle House, Jimmy John's, La Hacienda Me icana, Liberty Rest., McDonald's, Melvin's Ribs& Cue, Moe's S' Grill, Momma Goldberg's Deli, Outback Steaks, Sticky Finger Subway, Wendy's, Zeus Grill 🅛 Best Western, Clarion, Day Inn, Extended Stay America, Hampton Inn, Hilton Garden, Ho day Inn, Holiday Inn Express, Mainstay Suites, Quality Inn, Re Roof Inn, Sleep Inn 🅞 $Tree, Bi-Lo, CVS Drug, Firestone/aut Harris Teeter, Jiffy Lube, Marshall's, Michaels, NAPA, Office D pot, O'Reilly Parts, Petco, Publix, Staples, TJ Maxx, Trader Joe USPO, Verizon, vet, VW, Walmart, Whole Foods Mkt
28	Long Point Rd, **N** 🅖 BP, Exxon 🅕 Bamboo Garden, Beef Brady's, McAlister's, Moe's SW Grill, Sonic, Starbucks, Subwa Waffle House, Wendy's 🅞 Charles Pinckney NHS, CVS Dru Food Lion, Harris Teeter Foods, PetsMart, Ross, Steinmart
26mm	Wando River
24	Daniel Island, **S** 🅖 Texaco 🅕 Dragon Palace, Lana's Me can, Queen Anne's Steaks/seafood, Subway 🅛 Hampton In 🅞 Publix
23b a	Clements Ferry Rd
21mm	Cooper River
20	Virginia Ave (from eb), **S** 🅖 Speedway Depot
19	N Rhett Ave, **N** 🅖 Kangaroo/Subway/dsl, Speedw 🅕 Hardee's 🅞 Family$, Food Lion, Rite Aid, **S** 🅖 BP
18b a	US 52, US 78, Rivers Ave, **N** 🅖 BP/dsl, Kangaroo/dsl, Spee way 🅕 KFC, Peking Gourmet, Pizza Hut/Taco Bell 🅞 auto r pair, AutoZone, Dodge, Family$, Ford, H&L Foods, **S** 🅖 Exxo
17b a	I-26, E to Charleston, W to Columbia
16	Montague Ave, Airport Rd, **S** 🅕 Bonefish Grill, Chili's, De ny's, Jersey Mike's, La Hacienda, Panera Bread, Starbuck Wendy's 🅛 Embassy Suites, Hilton Garden, Holiday In Homewood Suites, Residence Inn 🅞 Sam's Club/gas, Staple Tanger Outlet/famous brands, Walmart/Subway
15	SC 642, Dorchester Rd, Paramount Dr, **N** 🅖 Shell/Circle 🅞 auto service, Family$, **S** 🅖 Citgo/dsl, Sunoco 🅕 Burg King, Checker's, Domino's, East Bay Deli, Huddle House, Lit Caesars, Pizza Hut, Subway 🅛 Airport Inn 🅞 Advance Par Bi-Lo Foods, CVS Drug, Family$, Food Lion, Harley-Davidso U-Haul
14	Leeds Ave, **S** 🅛 Woodspring Suites 🅞 boat marina
13mm	Ashley River
11b a	SC 61, Ashley River Rd, **N** 🅕 Baron's Pizza, Chick-fil-A, M Donald's, O'Charley's 🅞 🅷, Food Lion, Home Depot, Jo-An Kohl's, Lowes Whse, Marshall's
10	US 17, SC 7, **E** services from US 17 🅖 🅕 5 Guys Burge Bessinger's BBQ, Capt D's, Chick-fil-A, CookOut, Dunkin D nuts, Hopsing's Asian, IHOP, King St Grille, Krispy Kreme, Fontana Italian, McDonald's, Panera Bread, Red Lobster, Ru Tuesday, Taco Bell 🅛 Best Western, Evergreen Motel, Holid Inn Express, Motel 6, Sleep Inn, Town & Country Suites 🅞 A toZone, Belk, BiLo, BMW/Mini, Buick/GMC/Cadillac, Chevrol Chrysler/Dodge/Jeep, Dick's, Dillard's, Ford/Lincoln, Hon

INTERSTATE 526 (Charleston) Cont'd

10	Continued
	Hyundai, Hyundai, Infiniti, Jaguar/Range Rover/Porsche, JC Penney, Maserati, Mercedes, Nissan, Pepboys, Petsmart, Ross, Sears/auto, Smart, Target, Tire Kingdom, vet, Volvo, **W** services from US 17 📟 AMFlag, Shell/Circle K,Speedway/dsl 🍴 China Fun, Hardees, Inyabi Japanese, Subway, Waffle House 🏠 Comfort Suites, Econolodge, Hampton Inn, Hawthorn Suites, InTown Suites 🅾 Acura, Advance Parts, Audi, Carmax, Costco/gas, CVS Drug, DriveTime, Family$, Food Lion, Kia, Lexus, Toyota
9	I-526 begins/ends on US 17.

NOTES

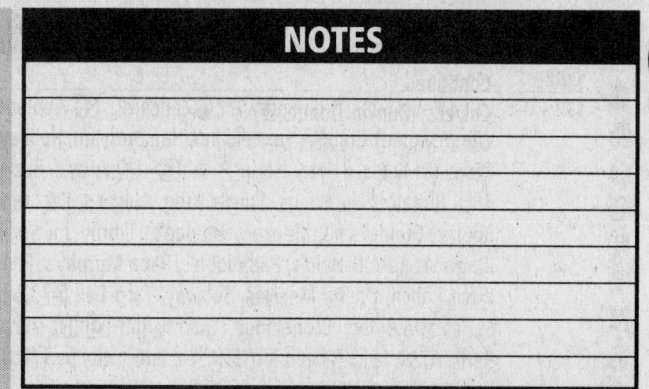

SOUTH DAKOTA

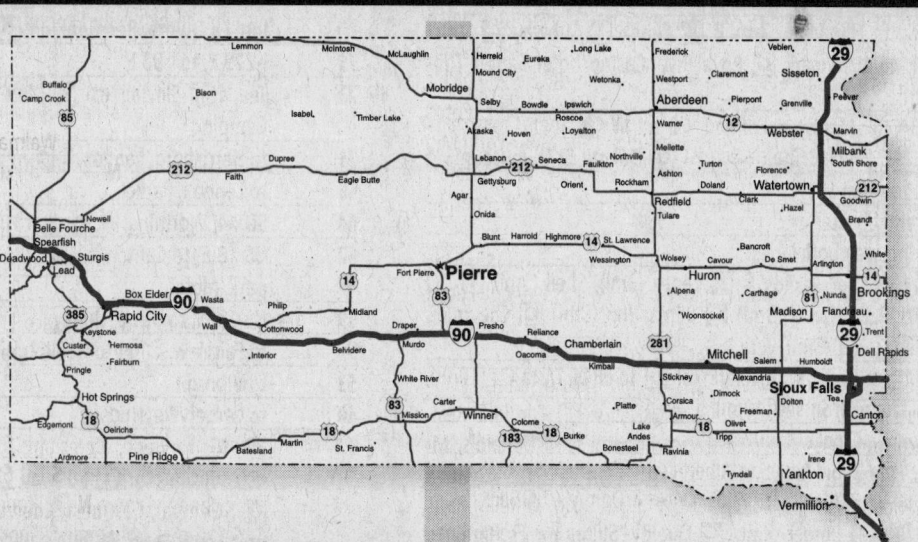

INTERSTATE 29

Exit#	Services
253mm	South Dakota/North Dakota state line
251mm	Welcome Ctr sb, full ♿ facilities, info, litter barrels, petwalk, 🚻, 🚽, RV dump
246	SD 127, to Rosholt, New Effington, 3 mi **W** 📟 gas 🍴 food 🅾 RV camping, Sica Hollow SP (24mi)
242	110th St
235mm	weigh sta sb
232	SD 10, Sisseton, **E** 📟 Dakota Connection/dsl/casino/24hr 🍴 Crossroads Cafe, **1-3 mi W** 📟 Amstar/dsl, FuelMax/dsl, Sinclair/dsl/e85, Tesoro 🍴 Cottage Rest, DQ, Pizza Hut, Subway, Taco John's 🏠 Holiday Motel, I-29 Motel, Super 8 🅾 🏥, Camp Dakotah, Family$, Ft Sisseton SP (35mi), NAPA, ShopKO, Teals Mkt, to Roy Lake SP (25mi)
224	Peever, Sioux Tribal Hqtrs, **E** 📟 I-29 Food'n Fill/dsl, **W** 🅾 Pickerel Lake (16mi)
213	SD 15, to Wilmot, **E** 🆁🆂 both lanes, full ♿ facilities, litter barrels, petwalk, 🚻, 🚽, RV dump, st patrol 🅾 to Hartford Beach SP (17mi),
207	US 12, Summit, **E** 📟 Cenex/Pizza Hut/Subway/dsl/24hr 🍴 County Line Camping (1mi), **W** 🅾 Blue Dog Fish Hatchery (15mi), Waubay NWR (19mi)
201	to Twin Brooks
193	SD 20, to South Shore, Stockholm
185	to Waverly, **W** 🅾 Dakota Sioux Casino/Cenex/rest. (4mi)

180	US 81 S, to Watertown, 5 mi **W** 📟 Sinclair 🅾 🔄, Bramble Park Zoo
177	US 212, Watertown, **E** 📟 Tesoro/Grainery Cafe/dsl/24hr 🏠 Holiday Inn Express 🅾 fireworks, truck repair, truck wash, WW Tires, **0-2 mi W** 📟 Cenex/Subway/dsl, Cenex/Subway/dsl (2), Freedom/dsl, Sinclair/dsl, Tesoro/dsl 🍴 Applebee's, Arby's, Buffalo Wild Wings, Burger King, China Buffet, Culver's, Domino's, DQ, Firehouse Subs, Four Seasons Buffet, Godfather's, Guadalajara Mexican, Hardee's, IHOP, Jimmy John's, KFC, Little Caesar's, Marco's Pizza, McDonald's, Papa Murphy's, Perkins, Pizza Hut, Qdoba, Senor Max's Mexican, Starbucks, Subway, Taco Bell, Taco John's 🏠 Country Inn Suites, Days Inn, Econolodge, Hampton Inn, Quality Inn 🅾 $Tree, Advance Parts, AT&T, Chrysler/Dodge/Jeep, Ford/Lincoln, Goodyear/auto, Harley-Davidson, Herberger's, Hobby Lobby, 🏥, Hy-Vee Foods, Menards, NAPA, O'Reilly Parts, ShopKO, Target, Tires+, to Sandy Shore RA (10mi), Verizon, Walgreens, Walmart/Subway
164	SD 22, to Castlewood, Clear Lake, 9 mi **E** 📟 Cenex/dsl 🅾 🏥
161mm	🆁🆂 both lanes, full ♿ facilities, litter barrels, petwalk, 🚻, 🚽, vending
157	to Brandt
150	SD 28, SD 15 N, to Toronto, 7 mi **W** 📟 gas 🍴 food 🏠 lodging 🅾 Lake Poinsett RA (24 mi), SD Amateur Baseball Hall of Fame (24 mi)
140	SD 30, to White, Bruce, **W** 🅾 Oakwood Lakes SP (12mi)
133	US 14 byp, Brookings, **E** 🅾 WW Tires, **W** 🅾 Laura Ingalls Wilder Home (43 mi), museums, to SD St U

SC

SD

BROOKINGS

⬆N INTERSTATE 29 Cont'd

Exit#	Services
132	US 14, Lp 29, Brookings, **E** 🅖 Cenex/dsl 🍴 Applebee's, Whiskey Creek Grill 🛏 Fairfield Inn, Hampton Inn, Holiday Inn Express, My Place Hotel, Super 8, **W** 🅖 🍴 Arby's, Backyard BBQ, Buffalo Wild Wings, Burger King, Culver's, DQ, Ground Round, Guadalajara Mexican, Hardee's, Jimmy John's, KFC, King's Wok, McDonald's, Papa John's, Papa Murphy's, Perkins, Pizza Ranch, Qdoba Mexican, Subway, Taco Bell 🛏 Comfort Suites, Days Inn, Econolodge, Quality Inn 🅞 🄷 Advance Parts, AT&T, Buick/Chevrolet/GMC, CarQuest, city park, Lowe's, Verizon, Walmart/Subway
127	SD 324, to Elkton, Sinai
124mm	Big Sioux River
121	to Nunda, Ward, **E** 🆁🆂 both lanes, full 🦽 facilities, litter barrels, petwalk, 🅒, 🚿, RV dump, st patrol, vending
114	SD 32, to Flandreau, **7 mi E** 🅖 Cenex 🍴 Subway 🛏 Sioux River Motel/RV park 🅞 Royal River Casino/hotel, Santee Tribal Hqtrs
109	SD 34, to Madison, Colman, **20 mi W** 🅖 Shell/Crossroads Rest./dsl, Sinclair/Prairie Jct/dsl 🅞 Dakota St U, museum, to Lake Herman SP
104	to Trent, Chester
103mm	parking area both lanes
98	SD 115 S, Dell Rapids, **E** 🅖 Cenex (3mi), Shell (3mi) 🍴 DQ (3mi), Pizza Ranch (3mi) 🛏 Bilmar Inn (3mi) 🅞 Chevrolet, dsl service, 🄷 (3mi), vet
94	SD 114, to Baltic, **E** 🅖 Clark/dsl 🅞 to EROS Data Ctr (10mi), US Geological Survey (10mi)
86	to Renner, Crooks
84b a	I-90, **W** to Rapid City, **E** to Albert Lea
83	SD 38 W, 60th St, **E** 🅖 ⊕FLYING J/Denny's/dsl/LP/scales/24hr/@ 🍴 Burger King 🛏 Quality Suites 🅞 Freightliner, Harley-Davidson, Indian Motorcycles, Truckwash, **W** 🅞 fireworks, hwy patrol, Walmart/Subway
82	Benson Rd, **E** 🍴 BeefOBrady's 🛏 Fairfield Inn
81	SD 38 E, Russell St, Sioux Falls, **E** 🅖 BP, Food'n Fuel/Quiznos 🍴 Roll'n Pin Rest. 🛏 Arena Motel, Best Western+, Dakotah Lodge, Guesthouse Inn, Motel 6, Ramada Inn, Sheraton, Sioux Falls Inn, Sleep Inn, Super 8 🅞 golf, Schaap's RV Ctr, **W** 🍴 Subway
80	Madison St, **E** 🅖 Sinclair/dsl 🅞 to fairgrounds
79	SD 42, 12th St, **E** 🅖 BP, Freedom 🍴 Burger King, Burger Time, Fry'n Pan, Golden Harvest Chinese, KFC, McDonald's, Pizza Hut, Sneaky's Chicken, Subway, Taco Bell, Taco John's, Tomacelli's Pizza, Wendy's 🛏 Ramada, Woodspring Suites 🅞 🄷, $General, Ace Hardware, BMW/Cadillac/Mercedes, Chevrolet, city park, Lewis Drug, NAPA, Nissan, to Great Plains Zoo/museum, Toyota/Scion, USPO, Walgreens, **W** 🅖 BP/dsl, Cenex/Chester's/dsl, Food'n Fuel 🍴 Hardee's 🅞 Meineke, Tower RV Park
78	26th St, Empire St, **E** 🅖 BP/dsl/e85 🍴 Buffalo Wild Wings, Carino's Italian, Carnaval Brazillian Grill, Chevy's Mexican, ChuckeCheese, Coldstone, Cracker Barrel, Culver's, Domino's, Granite City Rest, Outback Steaks, Puerto Vallarta, Ruby Tuesday, Sonic 🛏 ClubHouse Suites, Hampton Inn, Holiday Inn Express, StayBridge Suites 🅞 BigLots, Home Depot, Michael's, Petsmart, Sam's Club/gas, USPO, World Mkt, **W** 🍴 DQ, Papa John's, Starbucks 🛏 TownePlace Suites 🅞 Hy-Vee Foods/gas, Lowe's, Tuffy Auto, Verizon

SIOUX FALLS

Exit#	Services
77	41st St, Sioux Falls, **E** 🅖 BP, SA/dsl, Shell, Sinclair/dsl 🍴 Applebee's, Arby's, Burger King, Chili's, Firehouse Subs, Fry'n Pan Rest., Fuddrucker's, HuHot Mongolian, KFC, Lonestar Steaks, McDonald's, Old Chicago Pizza, Olive Garden, Pancake House, Panda Express, Papa Murphy's, Perkins, Pizza Hut, Pizza Ranch, Qdoba Mexican, Red Lobster, Starbucks, Subway, Szechwan Chinese, Taco Bell, Taco John's, TX Roadhouse, Valentino's, Wendy's 🛏 Best Western, Comfort Suites, Courtyard, Fairfield Inn, Microtel, MyPlace Hotel, Red Rock Inn, Residence Inn, SpringHill Suites, Super 8 🅞 Advance Parts, Barnes&Noble, Best Buy, Dick's, Ford/Lincoln, Goodyear/auto, Gordman's, Hyundai, Hy-Vee Foods/dsl, JC Penney, Kohl's, Macy's, Mazda, Menards, Old Navy, PetCo, Sears/auto, ShopKO, Target, Tires+, TJ Maxx, Verizon, Walgreens, Walmart/Subway, Younkers, **W** 🅖 Holiday/dsl 🍴 Burger King, Godfather's, IHOP, Little Caesar's, Perkins, Subway 🛏 AmericInn, Baymont Inn, Days Inn, La Quinta, Red Roof Inn 🅞 Lewis Drug, USPO
75	I-229 E, to I-90 E
73	Tea, **E** 🅖 Sinclair/dsl 🍴 Marlin's Rest, **1.5mi W** 🅞 Red Barn Camping
71	to Harrisburg, Lennox, **E** 🅞 repair, **W** 🅞 RV camping
68	to Lennox, Parker
64	SD 44, Worthing, **W** 🅞 Buick/Chevrolet, New Prairie RV Ctr
62	US 18 E, to Canton, **E** 🅖 Cenex/pizza/dsl 🛏 Countryside RV park/motel
59	US 18 W, to Davis, Hurley
56	to Fairview, **E** 🅞 to Newton Hills SP (12mi)
53	to Viborg
50	to Centerville, Hudson
47	SD 46, to Irene, Beresford, **E** 🅖 BP/Burger King, Casey's, dsl, Sinclair/dsl 🍴 Subway 🛏 Crossroads Motel, Super 8 🅞 $General, CarQuest, Chevrolet, Fiesta Foods, Jet Auto Repair, Lewis Drug, **W** 🅖 Conoco/Dutch Rest./dsl/scales/24hr
42	to Alcester, Wakonda
41mm	truck check (from sb)
38	to Volin, **E** 🅞 to Union Co SP (3mi)
31	SD 48, to Akron, Spink
26	SD 50, to Vermillion, **E** Welcome Ctr/🆁🆂 both lanes, full 🦽 facilities, info, litter barrels, petwalk, 🅒, 🚿, **W** 🅖 BP/Subway, Pizza Hut/dsl 🍴 Burger King (6mi), Godfather's Pizza (6mi), Jimmy John's (6mi), Red Steakhouse (6mi), Subway (6mi), Taco John's (6mi) 🛏 Best Western (6mi), Comfort Inn (6mi), Holiday Inn Express (6mi), Prairie Inn (6mi), Super 8 (6mi) 🅞 🄷 (6mi), Hy-Vee Foods (6mi), to Lewis & Clark RA (6mi), to U of SD (6mi), Walmart (6mi)
18	Lp 29, to Burbank, Elk Point, **E** 🅖 A-1/dsl, Casey's 🛏 Home Towne Inn
15	to Elk Point, **E** 🅖 Kum&Go/Subway/dsl, **W** 🅞 fireworks
13mm	weigh sta nb, parking area sb
9	SD 105, Jefferson, **E** 🅖 Conoco/Choice Cut Rest.
4	North Shore Dr, McCook, **1 mi W** 🅞 Adams Homestead/nature preserve, KOA (seasonal)
2	SD 105, N Sioux City, **E** 🅖 Goode/casino/dsl/E10/20/30 🍴 McDonald's, Subway, Taco John's 🅞 fireworks, USPO, **W** 🅖 Casey's, Clark 🛏 Days Inn, Hampton Inn, Red Carpet Inn, Super 8 🅞 KOA
1	Dakota Dunes Blvd, **W** 🅖 Cenex/dsl 🍴 Graham's Grill 🛏 Country Inn&Suites 🅞 Dakota Dunes Golf Resort
0mm	South Dakota/Iowa state line, Big Sioux River

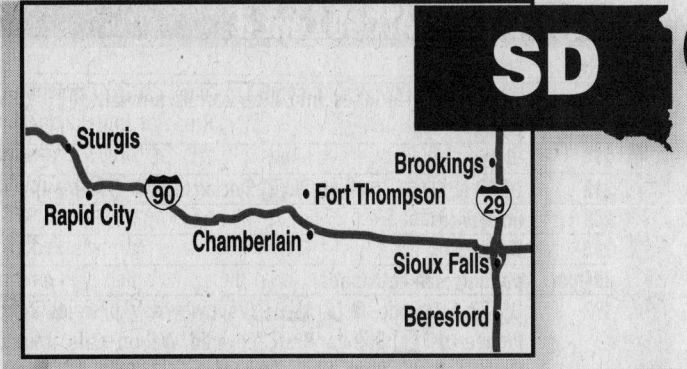

INTERSTATE 90

Exit#	Services

412.5mm   South Dakota/Minnesota state line

412mm   Welcome Ctr wb/🅿️ eb, full ♿ facilities, info, litter barrels, petwalk, 🔲, 🚮, RV dump (wb), weigh sta (wb)

410   Valley Springs, **N** 🔲 Palisades SP (7mi), **S** 🔲 gas 🍴 food 🔲 Beaver Creek Nature Area

406   SD 11, Brandon, Corson, **N** 🔲 Palisades SP (10mi), **S** 🔲 BP/dsl, Holiday/McDonald's/dsl, Local 🍴 Brandon Steaks, DQ, Great Wall, Papa Murphy's, Pizza Hut, Pizza Ranch, Subway, Taco John's, Tailgator's Grill 🛏 Holiday Inn Express, Quality Inn 🔲 Ace Hardware, Lewis Drug, Sturdevant's Parts, Sunshine Foods, to Big Sioux RA (4mi), Verizon

402   EROS Data Ctr, **N** 🔲 Jellystone RV Park, tires

400   I-229 S

399   SD 115, Cliff Ave, Sioux Falls, **N** 🔲 KOA, Spader RV Ctr, **S** 🔲 BP/Get'n Go/dsl, Conoco, Holiday/dsl/e85, 〽️Loves/Grandma Max's/Subway/dsl/scales/24hr/@, Sinclair/dsl 🍴 Arby's, Burger King, McDonald's/truck parking, Perkins, Taco Bell, Taco John's 🛏 Cloud Nine Motel, Days Inn, EconoLodge, Super 8 🔲 🛏 Graham Tire, Kenworth, Peterbilt, Volvo

398mm   Big Sioux River

396 b a   I-29, N to Brookings, S to Sioux City

395   Marion Rd, Marion, **S** 🔲 Walmart/Subway

390   SD 38, Hartford, **N** 🍴 Pizza Ranch (3mi) 🔲 Goos RV Ctr, **S** 🔲 Cowboy Town/dsl

387   rd 17, Hartford, **N** 🔲 BP/dsl 🍴 Midway Grill, Pizza Ranch (1.6mi) 🛏 AmericInn

379   SD 19, Humboldt, **N** 🔲 Clark/dsl 🔲 USPO

375mm   E Vermillion River

374   to SD 38, Montrose, **5 mi S** 🔲 Battle Creek Res., Lake Vermillion RA, RV camping

368   Canistota, **5 mi S** 🛏 Best Western, Canistota Depot Inn, Ortman Hotel

364   US 81, to Yankton, Salem, **1 mi N** 🔲 Cenex 🛏 Home Motel 🔲 Camp America

363.5mm   W Vermillion River

363mm   🅿️ both lanes, full ♿ facilities, litter barrels, petwalk, 🔲, 🚮, RV dump, st patrol, vending

357   to Bridgewater, Canova

353   Spencer, Emery, **S** 🔲 FuelMart/Subway/dsl/casino/24hr

352mm   Wolf Creek

350   SD 25, Emery, Farmer, **N** 🔲 to DeSmet, Home of Laura Ingalls Wilder

344   SD 262, to Fulton, Alexandria, **S** 🔲 Sinclair/dsl

337mm   parking area both lanes

335   Riverside Rd, **N** 🔲 KOA (1mi)

334.5mm   James River

332   SD 37 S, to Parkston, Mitchell, **N** 🔲 Cenex/Chester's/dsl, Clark, I-90/Holiday/Marlin's Rest./Subway/dsl/scales/24hr, Mobil/Jimmy John's, Sinclair 🍴 Arby's, Cattleman's Club Steaks, Chef Louie Steaks, Corona Village Mexican, McDonald's, Perkins, Pizza Hut, Pizza Ranch, Twin Dragon Chinese 🛏 AmericInn, Corn Palace Inn, Days Inn, Quality Inn, Super 8/truck parking, Thunderbird Motel 🔲 🛏 Advance Parts, AutoZone, Chrysler/Dodge/Jeep, Museum of Pioneer Life, O'Reilly Parts, Rondee's Campground, to Corn Palace, transmissions, URGENT CARE, Verizon, Walgreens, **S** 🔲 Shell/Godfather's/Taco Bell/dsl/24hr 🍴 Culver's, Hardee's, Quiznos, Ruby Tuesday, Whiskey Creek Grill 🛏 Comfort Inn, Hampton Inn, Holiday Inn Express, Kelly Inn 🔲 $Tree, AT&T, Cabela's, Menards, Verizon, Walmart/Subway

330   SD 37 N, Mitchell, **N** 🔲 Cenex/Chester's/dsl, Shell/dsl, Sinclair/dsl 🍴 DQ 🛏 Budget Inn, Motel 6, Ramada Inn, Siesta Motel, Travelodge 🔲 🛏 County Fair Foods, Jack's Campers/RV Ctr, Lewis Drug, Mr. Tire, museum, to Corn Palace, weigh sta, **S** 🔲 Dakota RV Park

325   Betts Rd, **S** 🔲 Famil-e-Fun Camping

319   Mt Vernon, **1 mi N** 🔲 Sinclair/dsl, Westey's One Stop/dsl

310   US 281, to Stickney, **S** 🔲 Sinclair/Deli Depot/dsl/24hr 🔲 to Ft Randall Dam

308   Lp 90, to Plankinton, **N** 🔲 Sinclair/Al's Cafe/dsl 🛏 Cabin Fever Motel/RV Park, Smart Choice Inn 🔲 Gordy's Camping, Hills RV Park, repair, USPO

301.5mm   🅿️ both lanes, full ♿ facilities, litter barrels, 🔲, 🚮, RV dump

296   White Lake, **1 mi N** 🔲 Hillman's/dsl 🛏 A-Z Motel 🔲 USPO, **S** 🔲 Siding 36 Motel/RV Park

294mm   Platte Creek

289   SD 45 S, to Platte, **S** 🔲 to Snake Cr/Platte Cr RA (25mi)

284   SD 45 N, Kimball, **N** 🔲 Clark, Conoco/Ditty's/Diner/dsl 🍴 Frosty King 🛏 Dakota Winds Motel, Westwood Inn 🔲 Parkway Campground, repair/tires, **S** 🔲 tractor museum

272   SD 50, Pukwana, **2 mi N** 🔲 gas 🍴 food 🛏 lodging, **S** 🔲 Snake/Platte Creek Rec Areas (25mi)

265   SD 50, Chamberlain, **N** 🔲 Cenex/DQ/dsl 🛏 AmericInn 🔲 🛏 ShopKO, St Joseph Akta Lakota Museum (4mi), vet, **S** 🔲 SA/dsl 🔲 Happy Camper Campground

264mm   🅿️ both lanes, full ♿ facilities, info, litter barrels, 🔲, 🚮, scenic view

263   Chamberlain, **N** 🔲 Sinclair/dsl 🍴 McDonald's, Pizza Hut, Subway (1mi), Taco John's 🛏 Bel Aire Motel (1mi), Best Western (1mi), Super 8 🔲 Crow Creek Sioux Tribal Hqtrs, SD Hall of Fame

262mm   Missouri River

260   SD 50, Oacoma, **N** 🔲 Cenex/Arby's/dsl, Clark/dsl, Shell/dsl 🛏 Al's Oasis/Motel/Camping/cafe/mkt, Baymont Inn, Cedar Shore Motel/Camping (3mi), Days Inn, Howard Johnson, Quality Inn 🔲 antiques, Buick/Chevrolet, Dakota Camping, Oasis Camping, Old West Trading Post

251   SD 47, to Winner, Gregory

248   SD 47, Reliance, **N** 🔲 Cenex (1mi), Farmer's Union/dsl (1mi) 🔲 Sioux Tribal Hqtrs, to Big Bend RA

241   to Lyman

235   SD 273, Kennebec, **N** 🔲 Clark/dsl 🍴 Hot Rods Steaks 🛏 Budget Host, Kings Inn 🔲 auto repair, KOA, USPO

226   US 183 S, Presho, **N** 🔲 Cenex/dsl, Sinclair/dsl 🛏 Hutch's Motel/café 🔲 New Frontier RV Park, pioneer museum, repair, vet

225   lp 90, Presho, same as 226

221mm   🅿️ wb, full ♿ facilities, info, litter barrels, petwalk, 🔲, 🚮, RV dump

220   no services

📧 = gas   🍴 = food   🏨 = lodging   🅾 = other   🆁🆂 = rest stop   Copyright 2018 - The Next EXIT

SD

🔷 INTERSTATE 90 Cont'd

Exit#	Services
218mm	🆁🆂 eb, full 🦽 facilities, info, litter barrels, petwalk, 📞, 🏕, RV dump
214	Vivian
212	US 83 N, SD 53, to Pierre, N 📧 Sinclair/dsl 🅾 🎗 (34mi)
208	no services
201	Draper
194mm	parking area both lanes
192	US 83 S, Murdo, N 📧 Pilot/Subway/dsl/Lp/scales/24hr, Pioneer/dsl 🍴 Buffalo Rest., Covered Wagon Cafe, Murdo Drive-In, Prairie Pizza, Rusty Spur Steaks, Star Rest. 🏨 American Inn, Best Western, Iversen Inn, Range Country Lodge, Sioux Motel, Super 8 🅾 American RV Park/camping, auto museum, city park, Ford, Murdo Foods, USPO, S 🏨 Country Inn 🅾 to Rosebud
191	Murdo, N same as 192
188mm	parking area both lanes
183	Okaton, S 🅾 Ghost Town
177	no services
175mm	central/mountain timezone
172	to Cedar Butte
170	SD 63 N, to Midland, N 📧 Conoco/dsl 🅾 1880's Town, KOA
167mm	🆁🆂 wb, full 🦽 facilities, litter barrels, petwalk, 📞, 🏕, RV dump
165mm	🆁🆂 eb, full 🦽 facilities, litter barrels, petwalk, 📞, 🏕, RV dump
163	SD 63, Belvidere, S 📧 Belvidere Store/dsl 🍴 JR's Grill
152	Lp 90, Kadoka, N 📧 Conoco/rest./dsl/24hr, S 🅾 Badlands Petrified Gardens
150	SD 73 S, Kadoka, N 🏨 Dakota Inn/rest., S 📧 Conoco/dsl, Sinclair/pizza/dsl 🍴 Subway, Sunset Grill 🏨 Best Value Inn, Budget Host, El Centro Motel/rest., Ponderosa Motel/RV Park, Wagon Wheel Motel, West Motel 🅾 Kadoka Kampground, repair, to Buffalo Nat Grasslands
143	SD 73 N, to Philip, 15 mi N 🅾 🎗
138mm	scenic overlook wb
131	SD 240, N 🅾 Minuteman Missle NHS, S 📧 Conoco 🏨 Badlands Inn (9mi), Cedar Pass Lodge/rest. (9mi) 🅾 Circle 10 Camping, KOA (11mi), Prairie Home NHS, to Badlands NP
129.5mm	scenic overlook eb
127	no services
121	Bigfoot Rd
116	239th St
112	US 14 E, to Philip
110	SD 240, Wall, N 📧 Conoco/dsl, Exxon, Phillips 66/Subway 🍴 Cactus Cafe, DQ, Red Rock Rest., Roadtrip Cafe, Wall Drug Rest. 🏨 Ann's Motel, Best Value Inn, Best Western, Days Inn, EconoLodge, Fountain Hotel, Sunshine Inn, Super 8, The Wall Motel, Travelodge, Welsh Motel 🅾 Ace Hardware, Arrow Campground, Harley Davidson, National Grasslands Visitor Ctr, Pronto Parts, Sleepy Hollow RV Park/Camping, Wall Drug, Wall Foods, Wounded Knee Museum, S 🏨 Frontier Cabins Motel 🅾 RV camping, to Badlands NP
109	W 4th Ave, Wall, 1-2 mi N access to same as 110
107	Cedar Butte Rd
101	Jensen Rd, to Schell Ranch
100mm	🆁🆂 both lanes, full 🦽 facilities, info, litter barrels, petwalk, 📞, 🏕, RV dump, vending
99.5mm	Cheyenne River
98	Wasta, N 📧 Mobil/dsl 🅾 24 Express RV Camping, USPO
90	173rd Ave, to Owanka
88	171st Ave (from eb, no re-entry)

84	167th Ave, N 🅾 Olde Glory Fireworks
78	161st Ave, New Underwood, S 📧 Sinclair/dsl, Steve's General Store/dsl/motel/rest. 🍴 Harry's Hideaway Rest. 🏨 BJ's Motel 🅾 Boondocks Camping
69mm	parking area both lanes
67	to Box Elder, N 📧 Loves/Hardee'sdsl/scales/24hr 🅾 Air & Space Museum, Ellsworth AFB
63	(eb only) to Box Elder, S 📧 Phillips 66/dsl, 🅾 Ellsworth AFB
61	Elk Vale Rd, N 📧 FLYING J/Conoco/CountryMkt/dsl/e-85/LP/RV dump/scales/24hr/@ 🍴 Quaker Steak 🏨 Cambrian Suites, MainStay Suites, My Place 🅾 Black Hills Visitor Ctr, Cabela's, Dakota RV Ctr, S 📧 Conoco/dsl, Sinclair/dsl/e85 🍴 Arby's, Dakotah Steakhouse, Marco's Pizza, McDonald's, Perkins, Taco Bell 🏨 Baymont Inn, Comfort Suites, Fairfield Inn, Home 2 Suites, La Quinta, Residence Inn, Sleep Inn 🅾 KOA (2mi seasonal)
60	Lp 90, to Mt Rushmore, Rapid City, N 🅾 Buick/GMC, Chevrolet, Ford/Lincoln, Great Western Tire, Kenworth/Volvo, Nissan, Toyota, S 📧 Holiday/dsl 🍴 Blaze Pizza, Culver's, Famous Dave's, Five Guys, Fuji Japanese Steaks, HuHot Mongolian, Longhorn Steaks, MacKenzie River, Native Grill, Noodles&Co, On the Border, Panera Bread, Pizza Ranch, Popeyes, Qdoba Mexican, Smiling Moose Deli, Starbucks 🏨 Staybridge Suites 🅾 🎗, $Tree, Aamco, AT&T, Gordman's, Menards, Michael's, Nat Coll of Mines/Geology, PetCo, Ross, Sam's Club/dsl, Scheel's Sports, Target, TJ Maxx, Verizon
59	La Crosse St, Rapid City, N 📧 Mobil/dsl, Phillips 66 🍴 Boston's Rest., Burger King, Denny's, Fuddrucker's, Minerva's Rest, Outback Steaks, Starbucks, TGIFriday's, TX Roadhouse 🏨 Best Western, Country Inn&Suites, EconoLodge, Hilton Garden, Holiday Inn Express, Super 8 🅾 Herberger's, Hobby Lobby, mall, Sears/auto, st patrol, S 📧 Exxon/24hr, Sinclair 🍴 Arnold Diner, China Wok, Golden Corral, Little Caesar's, MillStone Rest., Mongolian Grill, Pacific Rim Cafe, Perkins, Philly Ted's, Subway 🏨 AmericInn, Days Inn, Fair Value Inn, Foothills Inn, Grand Gateway Hotel, Hampton Inn, Microtel, Motel 6, Quality Inn, Ramada, Rodeway Inn 🅾 AT&T, URGENT CARE, Walgreens, Walmart/McDonald's
58	Haines Ave, Rapid City, N 📧 Fresh Start/dsl 🍴 Applebee's, Chili's, Hardee's, IHOP, Olive Garden, Red Lobster 🏨 Best Value Inn, Grand Stay Motel 🅾 BAM!, Best Buy, Herbergers, JCPenney, Jo-Ann, Kohl's, Lowe's, Petsmart, Tires+, to Rushmore Mall, S 📧 Loaf'n Jug, Maverik/dsl 🍴 ChuckECheese, Dickey's BBQ, Jimmy John's, Papa John's, Pizza Hut, Taco John's, Wendy's 🅾 🎗, Family$, ShopKO, URGENT CARE
57	I-190, US 16, to Rapid City, Mt Rushmore, 1 mi S on North St 📧 Exxon 🍴 Panchero's Mexican 🏨 Holiday Inn, Howard Johnson, The Rushmore Hotel 🅾 Family Thrift Foods, Knecht Home Ctr, Office Depot
55	Deadwood Ave, N 🅾 Dakota RV Ctr, Harley-Davidson cafe, S 📧 Pilot/Subway/dsl/scales/24hr/@ 🍴 Marlin's Rest. 🅾 dsl repair
52	Peaceful Pines Rd, Black Hawk, N 🅾 Lazy JD RV Park (4mi), Three Flags Camping (1mi), S 🍴 BJ's/dsl, Godfather's Pizza, Longhorn Rest. 🅾 Family$, USPO
48	Stagebarn Canyon Rd, S 📧 Conoco/Haggar's Mkt/food, Pit Stop/dsl 🍴 Pizza Hut 🏨 Ramada 🅾 $General, Camping World RV Ctr
46	Piedmont Rd, Elk Creek Rd, N 🍴 Elk Creek Steakhouse 🅾 Elk Creek RV Park, to Petrified Forest, S 📧 Mobil/Country Corner Cafe/Papa John's/dsl 🍴 Sacora Sta Rest. 🅾 Sacora Sta Camping

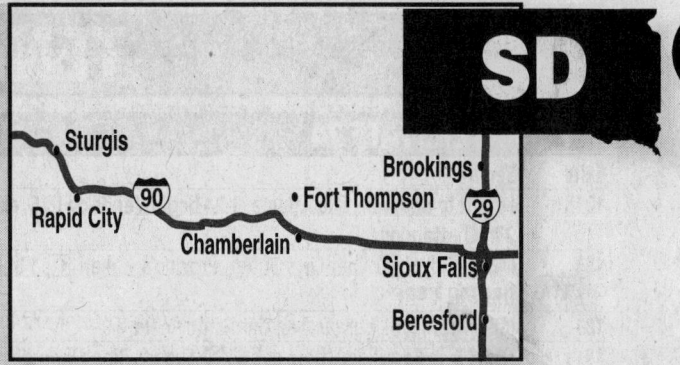

🔼E   INTERSTATE 90 Cont'd

Exit#	Services
44	Bethlehem Rd, **S** 🅾 Jack's RV Ctr (2mi)
42mm	**parking area both lanes**
40	Tilford, **S** 🅾 RV Park
39mm	**weigh sta eb**
37	Pleasant Valley Rd, **N** 🅾 Kickstands Camp, **S** 🅾 Bulldog Camping, Rush-No-More Camping
34	**S** 🅾 Black Hills Nat Cemetary, No Name City RV Park
32	SD 79, Jct Ave, Sturgis, **N** 🍴 Conoco/dsl, Exxon/dsl 🍴 Sturgis Grill, Taco John's 🛏 Best Western 🅾 🏥, Ford, Grocery Mart, NAPA, to Bear Butte SP, vet, **S** 🍴 Mobil/Arby's/Papa John's/dsl 🅾 Ford
30	US 14A W, SD 34E, to Deadwood, Sturgis, **N** 🍴 Cenex/dsl, Phillips 66/dsl 🍴 McDonald's, Pizza Hut, Shanghai Chinese, Sturgis Coffee Co 🅾 $General, CarQuest, Day's End Camping, Family$, Indian Motorcycles, Mr Tire, O'Reilly Parts, ShopKO, USPO, **S** 🍴 Conoco/dsl, RanchMart 🍴 Burger King, DQ, Kang San Asian, Pizza Ranch, Subway 🛏 Days Inn, Holiday Inn Express, Super 8 🅾 BMW Motorcycles, Chevrolet, Verizon
23	SD 34 W, to Belle Fourche, Whitewood, **N** 🅾 Northern Hills RV Ctr, **S** 🍴 Howdy's/dsl, Mobil/Sonset Sta/dsl 🍴 Hideaway Diner 🛏 Tony's Motel 🅾 USPO
17	US 85 S, to Deadwood, **S** 🍴 Cenex/Dickey's BBQ/dsl 🅾 Deadwood NLH (17mi), Elkhorn Ridge RV Resort, KOA (9mi)
14	US 14A, Spearfish Canyon, **N** 🍴 FreshStart/dsl 🍴 Applebee's, Culver's, Subway 🛏 Fairfield Inn, Hampton Inn, Holiday Inn/rest., Quality Inn 🅾 $Tree, AutoZone, Verizon, Walmart, **S** 🍴 Phillips 66/dsl 🍴 KFC/LJ Silver, Perkins, Pizza Ranch, Roma's Rest. 🛏 Baymont Inn, Super 8, Travelodge 🅾 Ace Hardware, Bomgaars, Ford/Lincoln, transmissions
12	Jackson Blvd, Spearfish, **S** 🍴 Conoco/dsl, Exxon, Loaf'n Jug, Phillips 66/dsl 🍴 Arby's, Barbacoa's, Domino's, Jade Palace Chinese, McDonald's, Millstone Rest., Papa Murphy's, Pizza Hut, Taco John's 🛏 Best Western 🅾 🏥, Black Hills St U, CarQuest, Chrysler/Dodge/Jeep, historic fish hatchery, same as 10
10	US 85 N, to Belle Fourche, **S** 🍴 Burger King, Cedar House Rest., City Brew, Golden Dragon Chinese, Little Caesar's, McDonald's, Philly Ted's, Qdoba, Subway, Taco Bell 🛏 Days Inn 🅾 🏥, Buick/Chevrolet, Cadillac/GMC, KOA, Safeway/dsl, same as 12, USPO, Walgreens
8	McGuigan Rd, W Spearfish, **S** 🍴 Phillips 66/dsl 🅾 KOA (1mi)
2	**1 mi N** 🅾 McNenny St Fish Hatchery
1mm	**Welcome Ctr eb, full 🅿 facilities, info, litter barrels, petwalk, 🚻, 🆖, RV dump**
0mm	South Dakota/Wyoming state line

🔼N   INTERSTATE 229 (Sioux Falls)

Exit#	Services
10b a	I-90 E and W. **I-229 begins/ends on I-90, exit 400.**
9	Benson Rd, **W** 🍴 Sinclair/pizza/dsl 🍴 DQ, Jimmy John's, Marlin's Rest. 🅾 Ford Trucks, Western Star
7.5mm	Big Sioux River
7	Rice St, **E** winter sports, **W** to stockyards
6	SD 38, 10th St, **E** 🍴 Sinclair 🍴 A&W, Applebee's, Arby's, Denny's, Domino's, DQ, Fryn' Pan Rest., Jimmy John's, KFC, Pizza Hut, Pizza Ranch, Taco Bell, Tokyo Hibachi, Tomacelli's Italian 🛏 Super 8 🅾 AT&T, AutoZone, Family$, Hy-Vee Foods, O'Reilly Parts, ShopKO, Sturdevant's Parts, USPO, Valvoline, vet, **W** 🍴 BP/dsl, Casey's/dsl, Shell 🍴 Burger King,

6	**Continued** BurgerTime, Hardee's, Little Caesar's, McDonald's, Pita Pit, Pizza Inn, Pizza Man, Puerto Vallarta, Qdoba Mexican, Subway, Taco John's 🛏 Rushmore Motel 🅾 Lewis Drug, vet
5.5mm	Big Sioux River
5	26th St, **E** 🍴 Holiday/dsl 🍴 Burger King, Cherry Creek Grill, Dario's Pizza, McDonald's, Saigon Panda 🅾 city park, **W** 🅾 🏥
4	Cliff Ave, **E** 🍴 BP
3	SD 115, Lp 229, Minnesota Ave, **E** 🅾 city park, **W** 🍴 BP/dsl, Sinclair 🍴 Arby's, Burger King, Camilles Cafe, Culver's, DQ, Famous Dave's BBQ, Golden Bowl Chinese, Hardee's, Little Caesar's/TCBY, McDonald's, Subway 🅾 $Tree, Ace Hardware, Acura, Buick/GMC, Costco/gas, Hy-Vee Foods/dsl, Kia, Lewis Drug, Staples, tires, USPO, vet
2	Western Ave, **E** 🍴 Holiday/dsl 🍴 Bracco Cafe, DQ, Scooters Coffee, Starbucks, **W** 🍴 Cenex/dsl, Holiday 🍴 Buck's Roadhouse, Burger King, China Buffet, Huhot Mongolian, Lone Star Steaks, Papa Murphy's, PepperJax Grill, Perkins, Qdoba Mexican, Redrossa Pizza, Scheel's, Valentino's 🅾 🏥, Advance Parts, AutoZone, Best Buy, Goodyear/auto, Hancock Fabrics, Tuesday Morning
1.5mm	Big Sioux River
1c	Louise Ave, **E** 🍴 Holiday/dsl 🛏 Comfort Suites, Hampton Inn, Holiday Inn Express, Homewood Suites 🅾 🏥, Chrysler/Dodge/Jeep, Fiat, Lewis Drug, **W** 🍴 🍴 Burger King, Five Guys, Jimmy John's, Marco's Pizza, McDonald's, Noodles&Co, Panera Bread, Qdoba Mexican, Royal Palace, Spezia's Rest, Taco John's, Wendy's 🛏 Hilton Garden Inn 🅾 Barnes&Noble, Dick's, Honda, Hy-Vee Foods/dsl, JC Penney, Jo-Ann Fabrics, Kohl's, mall, Target, Verizon, Walgreens
1b a	I-29 N and S. **I-229 begins/ends on I-29, exit 75.**

NOTES

TENNESSEE

INTERSTATE 24

Exit#	Services
185b a	I-75, N to Knoxville, S to Atlanta. **I-24 begins/ends on I-75, exit 2 in Chattanooga.**
184	Moore Rd, **S** Chef Lin's Buffet, Provino's Italian $Tree, URGENT CARE
183	(183a from wb), Belvoir Ave, Germantown Rd
181a	US 41 S, to East Ridge (from eb), **S** Sugar's Ribs, Underdog's Grill King's Lodge
181	Fourth Ave, to TN Temple U, Chattanooga, **N** Citgo/dsl, Exxon/dsl, Hi-Tech Fuel, Stop'n Save Bojangles, Burger King, Capt D's, Hardee's, Krystal, Subway, Waffle House Chatt Inn $General, BiLo, Family$, Mack/Volvo Trucks, NAPA, O'Reilly Parts, repair, vet, **S** Mystik
180b a	US 27 S, TN 8, Rossville Blvd, **N** Best One Tires/service, to UT Chatt, **S** Mapco/dsl, RaceWay/dsl Hamilton Inn auto repair, Family$, NTB, to Chickamauga Battlefield
178	US 27 N, Market St, to Lookout Mtn, Chattanooga, **N** BP/dsl, Citgo Country Hearth Inn, La Quinta, Marriott, Staybridge Suites Chevrolet, Ford/Lincoln, Midas, Nissan, to aquarium, to Chattanooga ChooChoo, U-Haul, **S** RaceWay/dsl KFC Comfort Suites, Motel 6, Red Roof Inn
175	Browns Ferry Rd, to Lookout Mtn, **N** BP, Spirit/dsl China Gourmet, El Rey Mexican Best Value Inn, La Quinta CVS Drug, vet, **S** Mapco/dsl Hardee's, McDonald's Comfort Inn, EconoLodge, Quality Inn $General
174	US 11, US 41, US 64, Lookout Valley, **N** Waffle House Days Inn Racoon Mtn Camping (1mi), st patrol, **S** BP/dsl, Exxon/Circle K/dsl, Murphy USA/dsl Cracker Barrel, Diamond Pizza, Jack's Rest., Logan's Roadhouse, Los 3 Amigos, New China, Taco Bell, Waffle House, Wendy's Best Western, Budget Motel, Clarion, Country Inn&Suites, Fairfield Inn, Hampton Inn, Holiday Inn Express, Knights Inn, Quality Inn, Red Roof Inn, Super 8 $Tree, Ace Hardware, AT&T, URGENT CARE, Verizon, Walmart/Subway
172mm	eb, full facilities, litter barrels, petwalk, , , vending
171mm	Tennessee/Georgia state line
169	GA 299, to US 11, **N** Mapco/dsl, **S** BP/Krispy Chicken/dsl/24hr, Citgo, /Subway/dsl/scales/24hr $General, repair
167	I-59 S, to Birmingham
167mm	Tennessee/Georgia state line, Central/Eastern time zone
161	TN 156, to Haletown, New Hope, **N** Anchor Inn/dsl (1mi) Hales Bar RV Park (2.5mi), **S** Chevron/fireworks
160mm	Tennessee River/Nickajack Lake
159mm	Welcome Ctr wb/ eb, full facilities, litter barrels, petwalk, , , vending
158	US 41, TN 27, Nickajack Dam, **N** Loves/McDonald's/Subway/dsl/scales/24hr, **S** Shellmound Camping (2.5mi), fireworks
155	TN 28, Jasper, **N** Hi-Tech/dsl Hardee's, Western Sizzlin Quality Inn, **S** BP/Mapco/dsl
152	US 41, US 64, US 72, Kimball, S Pittsburg, **N** Phillips 66/fireworks, RaceWay/dsl, Shell/dsl A&W/LJ Silver, Arby's, China Buffet, Cracker Barrel, Domino's, El Toril, KFC, Krystal, Little Caesar's, McDonald's, Pizza Hut, Shoney's, Subway, Taco Bell, Waffle House, Wendy's Best Value Inn, Comfort Inn, Hampton Inn, Holiday Inn Express, Super 8 $Tree, Buick/

152	Continued
	Chevrolet/GMC, GNC, Lowe's, Walmart, **3 mi S** Lodge Ca Iron, to Russell Cave NM
143	Martin Springs Rd, **N** Citgo/dsl
135	US 41 N, Monteagle, **N** Marathon/dsl, /Wendy' dsl/scales/24hr High Point Rest., Rocky Top Rest., Sha Chinese Family$, Monteagle Parts, USPO, **S** Motel 6
134	US 64, US 41A, to Sewanee, Monteagle, **N** BP/Mapco McDonald's/dsl Sonic American Eagle Inn CV Drug, to S Cumberland SP, **S** Exxon/dsl, Marathon/Kangroo Hardee's, Pizza Hut, Smokehouse BBQ, Subway, Waff House Best Western, Mountain Inn, Super 8 $Genera Auto/tire repair, Fred's, Piggly Wiggly, to U of The South
133mm	both lanes, full facilities, litter barrels, petwalk, , vending
128mm	Elk River
127	US 64, TN 50, to Winchester, Pelham, **N** Citgo, Maratho dsl, **S** Gulf/dsl to Tims Ford SP/RV camping
119mm	parking area both lanes, trucks only
117	to Tullahoma, USAF Arnold Ctr, UT Space Institute
116mm	weigh sta both lanes
114	US 41, Manchester, **N** Exxon/24 Truckers/scales/ds Marathon/dsl, Murphy USA/dsl, Shell/dsl Great Wall Ch nese, Logan's Roadhouse, O'Charley's, Potrillos Mexican, Sta bucks Comfort Suites, Holiday Inn Express, Motel 6, Qua ity Inn, Scottish Inn, Sleep Inn, Truckers Inn $Tree, AT& Home Depot, KOA, Nissan, tire/truck repair, Toyota, Verizo Walmart/Subway, **S** Mobil/Circle K, RaceWay/dsl A by's, Baskin-Robbins, Bojangles, Burger King, Capt D's, Hon Kong Buffet, KFC, Krystal, McDonald's/playplace, Papa John' Pizza Hut, Rafael's Italian, Subway, Taco Bell, Waffle House Wendy's Days Inn, Microtel, Red Roof Inn, Regency In Royal Inn Advance Parts, AutoZone, Family$, Ford/Lincol O'Reilly Parts, Russell Stover, USPO, vet
111	TN 55, Manchester, **N** Co-op/dsl, Marathon/dsl, Mobil/Ci cle K , to Rock Island SP, vet, **S** Hardee's, J&G Pizza Steaks, Sonic $General, Gateway Auto, Old Stone Fort S Rite Aid, to Jack Daniels Dist HS, Walgreens
110	TN 53, Manchester, **N** Exxon, Mobil/Circle K/dsl, Petro dsl Cracker Barrel, Emma's Rest., Las Fajitas Mexican, Oa Rest. Ambassador Inn, Econolodge, Economy Inn, Ham ton Inn , **S** Shell/dsl Los 3 Amigos, Prater's BB Waffle House repair
110mm	Duck River
105	US 41, **N** Exxon/dsl, Marathon/dsl, **S** Dickel HS, tire repair, to Normandy Dam, Whispering Oaks Camping (1.5mi)
97	TN 64, to Shelbyville, Beechgrove, **S** Marathon/dsl
89	Buchanan Rd, **N** Loves/McDonald's/dsl/scales/24h Subway, **S** Shell/dsl $General, A&L RV Ctr
84	Joe B. Jackson Pkwy, **N** Subway
81	US 231, Murfreesboro, **N** Exxon, Gulf/dsl, Mapco, She Cathay Asian, Cracker Barrel, Krystal, Parthenon Grille Shoney's, Sports Seasons Grill, Wendy's Best Value Inr Knights Inn, Quality Inn, Ramada Ltd, Regal Inn Chrysler/Dodge/Jeep, Honda, **S** Kangaroo, Mapco/ds Mobil, /Arby's/scales/dsl/24hr Bojangles, Burg er King, La Siesta Mexican, McDonald's/playplace, Pizza Hu Rick's BBQ, Sonic, Starbucks, Subway, Taco Bell, Waffle House Whitt's BBQ, Zaxby's Select Inn, Vista Suites $Genera

CHATTANOOGA — **MONTEAGLE** — **MANCHESTER**

TN

M U R F R E E S B O R O

N A S H V I L L E

◢E INTERSTATE 24 Cont'd

81	**Continued**
	Advance Parts, AutoZone, Discount Tire, Gateway Auto, Kroger/dsl, O'Reilly Parts, Rite Aid, Toyota/Scion, vet
80	New Salem Hwy, rd 99, **S** 🅿️ Speedway/Speedy's Cafe/dsl 🍴 Domino's, Marco's Pizza, Subway
78	TN 96, to Franklin, Murfreesboro, **N** 🅿️ Marathon, Murphy USA/dsl, Phillips 66/Church's/White Castle/dsl, Shell/Jack-in-the-Box 🍴 Arby's, Baskin-Robbins, Bonefish Grill, Buffalo Wild Wings, Carrabba's, Cheddar's, Chick-fil-A, Chipotle, Chophouse, ChuckECheese, Coconut Bay Cafe, Cracker Barrel, Egg&I Cafe, Fazoli's, Firehouse Subs, Five Guys, IHOP, Jason's Deli, Jimmy John's, Jim'n Nick's BBQ, KFC, McDonald's, Mi Patria, Moe's SW Grill, Old Chicago, Olive Garden, Outback Steaks, Panda Express, Panera Bread, Red Lobster, Red Robin, Sam's Grill, Samurai's Cuisine, Sandwich Factory, SmashBurger, Starbucks, Steak'n Shake, Subway, TGIFriday's, Waffle House, Wendy's, Zaxby's 🏠 Baymont Inn, Best Western, Candlewood Suites, Clarion, Comfort Suites, Country Inn&Suites, Days Inn, DoubleTree, EconoLodge, Fairfield Inn, Hampton Inn, Holiday Inn Express, Microtel, Motel 6, Red Roof Inn, Sleep Inn, Super 8 🅾️ $Tree, Aldi Foods, AT&T, Books-A-Million, Dillard's, Discount Tire, Firestone, Hobby Lobby, Home Depot, JC Penney, Jo-Ann Fabrics, Lowe's, Marshalls, NTB, Petsmart, Ross, Sears/auto, Staples, SteinMart, Target, TJ Maxx, to Stones River Bfd, Verizon, vet, Walgreens, Walmart, **S** 🅿️ Kangaroo/dsl, Mapco, Marathon/dsl, Shell/dsl 🍴 Camino Real Mexican, Capt D's, China Garden, Dos Rancheros, DQ, Hardee's, Jersey Mike's Subs, McDonald's, O'Charley's, Papa Murphy's, Pizza Garden, Pizza Hut, Sonic, Subway, Taco Bell, Waffle House, Wasabi Japanese 🏠 Woodspring Suites 🅾️ $General, auto repair, AutoZone, Kohl's, Kroger/dsl, Old Time Pottery, O'Reilly Parts, Rite Aid, Sam's Club/gas, vet, Walgreens
76	Fortress Blvd, Manson Pike, Medical Center Pkwy, **N** 🅿️ Thornton's/dsl 🍴 Bar Louie, Chili's, Culver's, Genghis Grill, Longhorn Steaks, Macaroni Grill, Mimi's Cafe, Newk's Eatery, Peter D's, Starbucks, Subway, Which Wich? 🏠 Embassy Suites, Hilton Garden, Holiday Inn, Residence Inn 🅾️ Ⓗ, Barnes&Noble, Belk, Best Buy, Dick's, GNC, Michael's, Old Navy, Petco, Tire Discounters, to Stones River Nat. Bfd, World Mkt, **S** 🅿️ Exxon/dsl 🍴 Sonic 🅾️ Chevrolet/Cadillac/GMC/Buick, Toyota/Scion
74b a	TN 840, to Lebanon, Franklin
70	TN 102, Lee Victory Pkwy, Almaville Rd, to Smyrna, **N** 🅿️ Speedway/Speedy Cafe/dsl/scales 🍴 Asian Cafe, Bojangles, Mi Tierro Mexican, Naked Fish 🅾️ Publix, **S** 🅿️ Kangaroo/Little Caesar's/dsl, Mapco, Shell/dsl 🍴 Legends Steaks, McDonald's, Sonic, Subway 🏠 Deerfield Inn 🅾️ $General
66	TN 266, Sam Ridley Pkwy, to Smyrna, **N** 🅿️ Shell/dsl 🍴 A&W/LJ Silver, Arby's, Asuka Hibachi, Blue Coast Burrito, Buffalo Wild

66	**Continued**
	Wings, Cheddar's, Chick-fil-A, Chili's, CiCi's Pizza, DQ, Famous Dave's BBQ, Firehouse Subs, Five Guys, Hickory Falls Cafe, IHOP, Jersey Mike's Subs, Jim'n Nick's BBQ, Krispy Kreme, La Siesta Mexican, Logan's Roadhouse, Longhorn Steaks, Panda Express, Panera Bread, Papa Murphy's, Pollo Tropical, Razz Grill, Smoothie King, Sonic, Starbucks, Subway, Waffle House, Wendy's, Zaxby's 🅾️ Ⓗ, $General, $Tree, AT&T, CVS Drug, Discount Tire, Firestone/auto, GNC, Home Depot/gas, Kohl's, Kroger/dsl, Lowe's, Nashville I-24 Camping (3mi), Petsmart, Publix, Ross, Staples, Target, Tire Discounters, URGENT CARE, Verizon, Walgreens, **S** 🍴 Cracker Barrel, O'Charley's, Ruby Tuesday 🏠 Candlewood Suites, Comfort Suites, Fairfield Inn, Hampton Inn, Hilton Garden, Holiday Inn Express, Home 2 Suites, La Quinta, Sleep Inn, TownePlace Suites
64	Waldron Rd, to La Vergne, **N** 🅿️ Kangaroo, Kwik Sak, Pilot/Subway/dsl/scales/24hr 🍴 Arby's, Hardee's, Krystal, McDonald's, Waffle House 🏠 Comfort Inn, Quality Inn, Ramada Inn, **S** 🅿️ Mapco/dsl 🅾️ $General
62	TN 171, Old Hickory Blvd, **N** 🅿️ Citgo/Subway/dsl, Shell/dsl, TA/BP/Burger King/Popeye's/dsl/scales/24hr@ 🍴 Acapulco Burrito 🏠 Rodeway Inn
60	Hickory Hollow Pkwy, **N** 🅿️ Exxon/dsl, Mapco, Thornton's/dsl 🍴 360 Burger, Burger King, ChuckECheese, KFC/LJ Silver, Logan's Roadhouse, McDonald's/Playplace, New Century Buffet, O'Charley's, Red Lobster, Starbucks, Subway, Taco Bell, Wendy's, Zaxby's 🏠 Country Inn&Suites, Hampton Inn, Holiday Inn Express 🅾️ Chevrolet, Chrysler/Dodge/Jeep, Family$, Firestone/auto, Kroger/gas, Mazda, Office Depot, **S** 🅿️ BP/Quiznos/dsl, Shell/Dunkin Donuts 🍴 Camino Real Mexican, Casa Fiesta Mexican, IHOP, Olive Garden, Shoney's, Steak'n Shake 🏠 Antioch Qtrs, Knights Inn, Super 8 🅾️ Home Depot, Kia, vet
59	TN 254, Bell Rd, same as 60
57	Haywood Lane, **N** 🅿️ Kwik Sak/dsl 🍴 Hardee's, Whitt's BBQ 🅾️ $General, Walgreens, **S** 🅿️ Kangaroo, Shell
56	TN 255, Harding Place, **N** 🅿️ Delta/dsl, Exxon, Shell/dsl 🍴 Applebee's, Bar-B-Cutie, Chicago Gyros, Dunkin Donuts, KFC, McDonald's, Mikado Japanese, Pizza Hut/Taco Bell, Subway, Waffle House, Wendy's 🏠 Executive Inn, M Motel, Stay Lodge, Thrifty Inn 🅾️ $Tree, Sam's Club/gas, **S** 🅿️ Delta/dsl, Shell/dsl 🍴 Burger King, Hooters, Jack-in-the-Box, La Fiesta 🏠 Best Value Inn, Travelodge 🅾️ Ⓗ
54b a	TN 155, Briley Pkwy, 🅾️ to Opryland
53	I-440 W, to Memphis
52	US 41, Murfreesboro Rd, **N** 🅿️ Phillips 66/dsl, Shell 🍴 Waffle House 🏠 Best Western, Days Inn, Holiday Inn Express, Rodeway Inn, Super 8, **S** 🅿️ Mapco/dsl, SpeedCo/dsl/e85 🍴 BP/dsl 🅾️ NAPA
52b a	I-40, E to Knoxville, W to Memphis

[gas] = gas [food] = food [lodging] = lodging [other] = other [RS] = rest stop

TN

INTERSTATE 24 Cont'd

NASHVILLE

Exit#	Services
	I-24 and I-40 run together 2 mi. See I-40, exits 212-213.
50b	I-40 W
49	Shelby Ave, (from wb only), S [gas] Exxon [other] to LP Field
48	James Robertson Pkwy, N [gas] Citgo, S [gas] Exxon, TA/Country Pride/dsl/24hr/@ [food] Gerst Haus Rest., Shoney's [lodging] Quality Inn, Stadium Inn [other] LP Stadium, st capitol
47a	US 31E
47	N 1st St, Jefferson St, N [gas] BP, Citgo, Zmart/dsl [other] Family$, S [gas] Mystic Gas [lodging] Clarion, Knights Inn [other] U-Haul
	I-24 and I-65 run together. See I-65, exit 87 b a.
44b a	I-65, N to Louisville, S to Nashville
43	TN 155, Briley Pkwy, Brick Church Pike
40	TN 45, Old Hickory Blvd, N [gas] Marathon/Subway/dsl, Phillips 66/dsl, Shell/dsl [food] El Rey Azteca [lodging] Super 8
35	US 431, to Joelton, Springfield, N [other] H, S [gas] BP/Heritage TC/DQ/Subway/dsl, Shell/dsl [food] Family Rest., Mazatlan Mexican, McDonald's [lodging] Days Inn [other] $General, auto repair, Family$, OK Camping
31	TN 249, New Hope Rd, N [gas] Shell/Taco Tico/dsl, S [gas] Marathon/dsl, Shell/dsl
24	TN 49, to Springfield, Ashland City, N [gas] Mapco/dsl, Marathon/Pizza Hut/dsl [lodging] Quality Inn [other] H, S [gas] Shell/dsl, SS/Dunkin Donuts/Wendy's/dsl [food] Dragon Buffet, KFC/Taco Bell, Sonic, Subway [other] $General Mkt, city park, Hill Foods, USPO, vet
19	TN 256, Maxey Rd, to Adams, N [gas] Phillips 66/dsl, S [gas] Shell/dsl [other] $General

CLARKSVILLE

Exit#	Services
11	TN 76, to Adams, Clarksville, N [gas] Shell/dsl, S [gas] Citgo, Exxon/dsl [food] McDonald's, Pancho Villa Grille, Subway, Waffle House [lodging] Baymont Inn, Comfort Inn, Days Inn, Super 8 [other] H, $General, vet
9mm	Red River
8	TN 237, Rossview Rd, S [other] Dunbar Cave SP
4	US 79, to Clarksville, Ft Campbell, N [gas] Exxon/dsl, Shell/dsl [food] Cracker Barrel [lodging] Best Western, Hilton Garden [other] Sam's Club/gas, Spring Creek Camping (2mi), S [gas] BP/dsl, Murphy USA/dsl, Shell/Subway/dsl [food] Applebee's, Arby's, Baskin-Robbins, Buffalo Wild Wings, Burger King, Canela Mexican, Capt D's, Cheddar's, Chick-Fil-A, Chili's, China King, Chipotle, ChuckeCheese, Church's/White Castle, DQ, Fazoli's, Firehouse Subs, Golden Corral, Harbor Cafe, IHOP, Jersey Mike's, KFC, Krispy Kreme, Krystal, LJ Silver, Logan's Roadhouse, Longhorn Steaks, McDonald's, Moe's SW Grill, Noodles&Co, O'Charley's, Old Chicago Pizza, Olive Garden, Outback Steaks, Panera Bread, Rafferty's, Red Lobster, Shogun Japanese, Shoney's, Starbucks, Steak'n Shake, Subway, Taco Bell, Tilted Kilt, TX Roadhouse, Waffle House, Wendy's, Zaxby's [lodging] Baymont Inn, Best Inn, Best Value Inn, Candlewood Suites, Country Inn&Suites, Courtyard, Days Inn, EconoLodge, Fairfield Inn, Gateway Inn, Guesthouse Inn, Hampton Inn, Hometowne Suites, La Quinta, Mainstay Suites, Microtel, Quality Inn, Ramada Ltd, Red Roof Inn, Rodeway Inn, Super 8, Woodspring Suites [other] H, $Tree, AT&T, Belk, Best Buy, Books-A-Million, Buick/GMC, Dick's, Firestone/auto, Goodyear/auto, Hobby Lobby, Home Depot, Hyundai, JC Penney, Kohl's, Kroger/dsl, Lowe's, mall, Mazda, Office Depot, Petco, Petsmart, Ross, Sears/auto, Subaru, Target, TJ Maxx, to Austin Peay St U, to Land Between the Lakes, Toyota, U-Haul, Verizon, Walmart/McDonald's
1	TN 48, to Clarksville, Trenton, N [gas] Exxon/dsl, Shell/dsl [other] Clarksville RV Camping, S [gas] Exxon/dsl, Shell/dsl [food] Bojangles, Burger King, Coldstone, Dunkin Donuts, Bracero Mexican, Little Caesar's, Marco's Pizza, McDonald's, Sonic, Starbucks, Subway, Wendy's, Zaxby's [other] $General, AT&T, AutoZone, Walgreens
.5mm	**Welcome Ctr eb, full [handicapped] facilities, litter barrels, petwalk, [phone], [picnic] vending**
0mm	Tennessee/Kentucky state line

INTERSTATE 26

ERWIN

Exit#	Services
54.5mm	Tennessee/North Carolina state line
54mm	**runaway truck ramp wb**
52mm	**runaway truck ramp wb, scenic overlook eb (no trucks)**
50	Flag Pond Rd
47.5mm	scenic overlook wb (no trucks)
46mm	**N Welcome Ctr/[RS] both lanes, full [handicapped] facilities, litter barrels, petwalk, [phone], [picnic]**
44mm	Higgins Creek
43	US 19 W, rd 352, Temple Hill Rd
42mm	S Indian Creek
40	Jackson-Love Hwy, Erwin, Jonesborough, N [gas] Valero/dsl [lodging] Mtn Inn [other] H, Nolichucky Gorge Camping (2mi)
37	TN 81, rd 107, Erwin, Jonesborough, N [gas] Shell [food] Bojangles, Huddle House, McDonald's, Pal's Drive-Thru, Taco Bell [other] H, USPO, Walgreens, S [lodging] Super 8 [other] A. Johnson NHS (31mi), River Park Camping (5mi)
36	Main St, Erwin, N [gas] BP/dsl, Exxon/dsl/e-85 [food] Azteca Mexican, Hardee's, KFC, Little Caesars, Pizza Hut, Subway, Wendy's [other] $General, Advance Parts, AutoZone, Firestone, Rite Aid
34	Tinker Rd, N [gas] Murphy USA/dsl [food] Los Jalapenos, Primo Pizza [other] Walmart
32	rd 173, Unicoi Rd, to Cherokee NF, N [gas] Jerry's Mkt [food] Clarence's Drive-In, Whistle Stop Deli [other] $General, Grandview Ranch Camping (7mi), USPO, S [other] Woodsmoke Camping
27	rd 359 N, Okolona Rd, N [gas] [lodging] Budget Inn (3mi) [other] truck repair

JOHNSON CITY

Exit#	Services
24	US 321, TN 67, Elizabethton, N [gas] Shell/Dunkin Donuts/dsl [other] Roan Mtn SP, S [gas] BP/dsl [food] Arby's, Burger King, Fox's Pizza, Little Caesars, LJ Silver, Subway [lodging] Comfort Inn [other] H, Advance Parts, CVS, Food City/gas, Price Less Foods, to ETSU, Walgreens
23	rd 91, Market St, N [food] DQ, McDonald's, S [other] museum
22	rd 400, Unaka Ave, Watauga Ave
20b a	US 11 E, US 19 N, to Roan St, N [gas] Shell/dsl, Sunoco/dsl [food] Arby's, Cootie Brown's Rest., Harbor House Seafood, Hardee's, Little Caesars, LJ Silver, Mellow Mushroom Pizza, Moto Japanese, Peerless Rest., Perkins, Popeye's, Sonic [lodging] Best Western, Holiday Inn, Ramada Ltd, Super 8 [other] Acura, Advance Parts, AT&T, AutoZone, BigLots, Ford, Fred's, Honda, Hyundai, Mazda, NAPA Repair, O'Reilly Parts, Subaru, Tuesday Morning, UHaul, VW, S [food] Applebees, Babylon Grill, Bojangles, Bonefish Grill, Brusco's Pizza, Fazoli's, Five Guys, Greg's Pizza, Hana Steaks, Hibachi Grill, Hooters, Jack's City Grill, KFC, Longhorn Steaks, McAlister's Deli, McDonald's, O'Charley's, Olive Garden, Papa Murphy's, Red Lobster, Shoney's, Smokey Bones BBQ, Starbucks, Subway, Taco Bell, TX Roadhouse, Zaxby's [lodging] Doubletree, Motel 6, Red Roof Inn [other] $General, $Tree, Belk, Books-A-Million, CVS, Dick's, FreeService Tire/auto, JC Penney, Kroger, Office Depot, Sears/auto, Target, TJ Maxx, Verizon, Walgreens

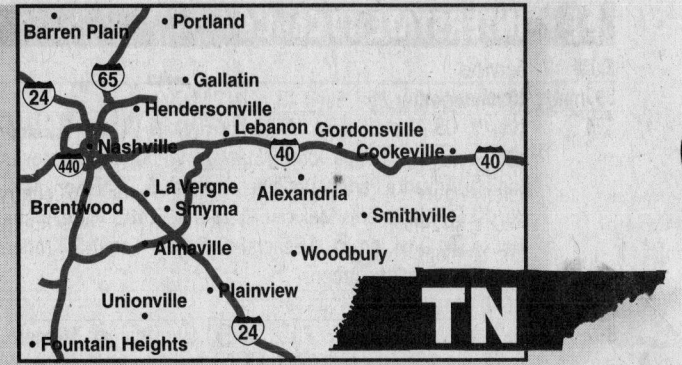

INTERSTATE 26 Cont'd

KINGSPORT

Exit#	Services
19	TN 381, to St of Franklin Rd, to Bristol, **N** 🅶 Murphy USA/dsl, Valero/McDonald's 🍴 Golden Corral, Honeybaked Ham, Logan's Roadhouse, Outback Steaks, Subway 🛏 Comfort Suites 🅾 Walmart, **0-2 mi S** 🍴 Amigo Mexican, Barberito's Grille, Buffalo Wild Wings, Carrabba's, Cheddar's, Chick-fil-A, Chili's, ChuckECheese's, East Coast Wings, Fuddruckers, IHOP, Jason's Deli, Mad Greek, Ming's Asian, Panera Bread, Rita's Custard, Wendy's, Which Wich? 🛏 Courtyard, Hampton Inn, Sleep Inn 🅾 🏥, AT&T, Barnes&Noble, Best Buy, Home Depot, Kohl's, Lowe's, Michael's, Natural Foods Mkt, Old Navy, PetsMart, Ross, Sam's Club/gas, Steinmart, USPO, Verizon, vet
17	Boone St, **N** 🅶 BP, QP/dsl 🍴 Beef'o Brady's, Bob Evans, Giovanni's Italian, Hardee's, McDonald's, Pal's Drive-in, Pizza+ 🅾 $General, Ingles Foods/dsl, **S** 🅶 Exxon/e-85, Shell/Subway/dsl 🍴 Cracker Barrel, Domino's, Poblano's Mexican, Waffle House, Wendy's 🛏 Holiday Inn Express, Quality Inn, Woodspring Suites
13	rd 75, Bobby Hicks Hwy, **N** 🅶 BP, Shell 🍴 Burger King, China Luck, DQ, La Carreta, McDonald's, Pal's Drive-Thru, Papa John's, Pizza Hut, Sicily Italian, Subway, Taco Bell, Yong Asian 🅾 $General, Advance Parts, Food City/gas, O'Reilly Parts, USPO, Walgreens, **S** 🅶 Exxon/dsl
10	Eastern Star Rd, **N** 🍴 Phil's Dream Pit BBQ
8 b a	I-81, to Bristol, Knoxville
6	rd 347, Rock Springs Rd, **S** 🅶 Rite Quik/dsl
5mm	**Welcome Ctr/🆁🆂, full 🛗 facilities both lanes, 🏞 litter barrels, petwalk**
4	TN 93, Wilcox Dr, **N** 🅶 BP/Subway, Mobil/McDonald's/dsl 🍴 Burger King, Hardee's, La Carreta Mexican, Pizza Hut, Wendy's 🛏 Comfort Suites, Hampton Inn, Holiday Inn Express, Quality Inn 🅾 $General, Cave's Drug, Price Less Foods, **S** 🅶 Exxon, Mobil/Arby's/dsl/e-85 🍴 Pizza+
3	Meadowview Pkwy, **N** 🛏 Marriott
1	US 11 W, West Stone Dr, **N** 🅶 Shell 🍴 Little Caesars, Molcajete's Mexican 🛏 Super 8 🅾 🏥, Walgreens, **S** 🅶 Exxon, Murphy USA/dsl 🍴 Bojangles, China Star, Fatz Cafe, Sonic, Subway 🅾 $Tree, Lowe's, Walmart
	I-26 begins/ends on US 23.

INTERSTATE 40

Exit#	Services
451mm	Tennessee/North Carolina state line
451	Waterville Rd
447	Hartford Rd, **N** 🅶 Citgo/dsl, **S** 🅶 BP/dsl 🍴 Bean Tree Cafe, Pigeon River Smokehouse 🅾 Foxfire Camping, Shauan's Riverside RV Park, USPO, whitewater rafting
446mm	**Welcome Ctr wb, full 🛗 facilities, litter barrels, NO TRUCKS, petwalk, 🚻, 🏞, vending**
443	Foothills Pkwy, to Gatlinburg, **S** 🅾 camping, 🅾 Great Smoky Mtns NP
443mm	Pigeon River
440	US 321, to Wilton Spgs Rd, Gatlinburg, **N** 🅶 440 Trkstp/cafe/dsl, **S** 🅶 Marathon 🍴 Broasted Chicken 🅾 Arrow Creek Camping (14mi), CrazyHorse Camping (14mi), Jellystone Camping (12mi)
439mm	Pigeon River
435	US 321, to Gatlinburg, Newport, **N** 🅶 Exxon/Biodsl/e-85, Marathon, Mobil, Shell/dsl, Weigel/dsl 🍴 Arby's, Burger King, Hardee's, KFC, Lois' Country Kitchen, McDonald's, Pizza Hut,

NEWPORT

435	Continued SageBrush Steaks, Subway, Taco Bell 🛏 Motel 6, Parkway Inn 🅾 🏥, CVS Drug, O'Reilly Parts, Town&Country Drug, USPO, Walgreens, **S** 🅶 Mobil/dsl, Murphy USA/dsl 🍴 Bojangles, Brooklyn Pizza, Cracker Barrel, Monterrey Mexican, New China, Papa John's, Ruby Tuesday, Waffle House, Wendy's 🛏 Best Western, Days Inn, Family Inn, Holiday Inn Express, Super 8 🅾 $General, $Tree, AT&T, Lowe's, Save-A-Lot Foods, Verizon, Walmart/Subway
432 b a	US 70, US 411, US 25W, to Newport, **N** 🅶 Exxon/dsl, Marathon/dsl, TimeOut TC/BP/Huddle House/dsl/scales/ 🍴 Brandywine Creek Steaks 🛏 Comfort Inn, Relax Inn 🅾 Buick/Chevrolet, Chrysler/Dodge/Jeep, Ford, KOA (2mi), Tana-See RV Park, truck service, Westgate Tire, **S** 🅶 BP/pizza, Citgo/dsl, Marathon/dsl, Shell/dsl 🛏 Family Inn/rest. 🅾 $General
426mm	🆁🆂 wb, full 🛗 facilities, litter barrels, petwalk, 🚻, 🏞, vending
425mm	French Broad River
424	TN 113, Dandridge, **N** 🅶 Marathon/dsl
421	I-81 N, to Bristol
420mm	🆁🆂 eb, full 🛗 facilities, litter barrels, petwalk, 🚻, 🏞, vending

DANDRIDGE

417	TN 92, Dandridge, **N** 🅶 Marathon/dsl, Pilot/Subway/dsl/scales/24hr/@ 🍴 Capt's Galley, Hardee's, McDonald's, Perkins, Ruby Tuesday, Taste of Dandridge 🛏 EconoLodge, **S** 🅶 Exxon/Wendy's/dsl, Marathon/dsl, Weigel's/dsl 🍴 Arby's, Bojangles, LJ Silver/Taco Bell, Shoney's, Waffle House 🛏 Hampton Inn, Holiday Inn Express, Jefferson Inn, Quality Inn, Super 8 🅾 Advance Parts
415	US 25W, US 70, to Dandridge, **S** 🅶 Marathon/dsl 🍴 Sonic (3mi)
412	Deep Sprgs Rd, to Douglas Dam, **N** 🅶 Love's/Chester's/Subway/dsl/scales/24hr, Speedway/dsl
407	TN 66, to Sevierville, Pigeon Forge, Gatlinburg, **N** 🅶 Shell/Subway/dsl 🍴 Chophouse, Cracker Barrel, McDonald's, Uncle Buck's Grill 🛏 Best Value Inn, Fairfield Inn, Hampton Inn, Holiday Inn Express 🅾 Bass Pro Shops, Harley Davidson, RV Camping, Smoky Mtn Visitor's Ctr, **S** 🅶 BP/Subway/dsl, Exxon/dsl, Mobil/Dunkin Donuts/dsl, Shell/Krystal/dsl 🍴 Burger King, FlapJack's, Wendy's 🛏 Best Western, Comfort Suites, Days Inn, Quality Inn 🅾 Chrysler/Dodge/Jeep, flea mkt, Russell Stover, RV Camping, TN Tourist Info, USPO, multiple services/outlets
402	Midway Rd
398	Strawberry Plains Pk, Strawberry Plains Pk, **N** 🅶 BP/dsl, Citgo/dsl, Exxon/dsl, Shell/dsl 🍴 Aubrey's Rest., McDonald's, Outback Steaks, Waffle House, Wendy's 🛏 EconoLodge, Hampton Inn, Holiday Inn Express, Knight's Inn, Quality Inn, Red Roof Inn, Rodeway Inn, Super 8 🅾 TN RV Ctr, **S** 🅶 Pilot/Subway/dsl/scales/24hr, Weigel's 🍴 Arby's, Burger King, Cracker Barrel, Golden Wok Chinese, KFC, Krystal, Puleo's Grille, Taco Bell 🛏 Best Western, Comfort Suites, Fairfield Inn, La Quinta, Motel 6

🅴 INTERSTATE 40 Cont'd

Exit#	Services
395mm	Holston River
394	US 70, US 11E, US 25W, Asheville Hwy, **N** 🅖 BP, Pilot/dsl, Shell/dsl 🍴 Papa John's, Subway, Wendy's 🛏 Gateway Inn Ⓞ Advance Parts, AutoZone, city park, **S** 🅖 Exxon, Mapco/dsl 🍴 Habaneros Mexican, Pizza Hut, Scott's Place, Waffle House 🛏 Days Inn Ⓞ $General, CVS Drug, Family$, Kroger/gas, NAPA, vet, Walgreens
393	I-640 W, to I-75 N
392	US 11W, Rutledge Pike, **N** 🅖 Citgo/dsl Ⓞ $General, truck repair, U-Haul, **S** 🅖 Shell 🍴 Buddy's BBQ, Hardee's, Shoney's Ⓞ NAPA, Sav-A-Lot Foods, to Knoxville Zoo, transmissions
390	Cherry St, Knoxville, **N** 🅖 Marathon/dsl, Top Fuel Mart, Weigel's/Subway 🍴 Happy Garden Chinese 🛏 Knoxville Inn Ⓞ tires, **S** 🅖 Exxon 🍴 Arby's, Little Caesar's, LJ Silver, McDonald's 🛏 Regency Inn Ⓞ Advance Parts, Family$, O'Reilly Parts, vet, Walgreens
389	US 441 N, Broadway, 5th Ave, **N** 🅖 Pilot/dsl, Shell/dsl, Star 🍴 Burger King, KFC, Krystal, McDonald's, Sonic, Subway, Taco Bell, Wendy's Ⓞ $General, Ace Hardware, Belew Drug, CVS Drug, Family$, Firestone/auto, Kroger/dsl, Save-A-Lot Foods, USPO, Walgreens/24hr
388	US 441 S (exits left from wb), **S** 🛏 Crowne Plaza, Hilton, Holiday Inn Ⓞ downtown, to Smokey Mtns, to U of TN
387a	I-275 N, to Lexington
387	TN 62, 17th St, **N** 🅖 Gas'N Go, Pilot/dsl 🛏 Hamilton Inn, Royal Inn Ⓞ $General, Food City, vet
386b a	US 129, University Ave, to UT
385	I-75 N, I-640 E

I-40 W and I-75 S run together 17 mi.

383	Papermill Rd, **N** 🛏 Red Roof Inn, **S** 🅖 Exxon/dsl, Pilot/dsl 🍴 Barberitos, Buddy's BBQ, Burger King, Five Guys, Krispy Kreme, Sonic, Twin Peaks, Waffle House 🛏 Courtyard, Hampton Inn, Holiday Inn Express, Travelodge Ⓞ Food City, same as 380, Walgreens
380	US 11, US 70, West Hills, **S** 🅖 Delta Express, Mapco/dsl 🍴 Arby's, Brazeiro's Brazilian Steaks, Brixx Pizza, Burro Flojo Mexican, Cheesecake Factory, Chick-fil-A, Chili's, Cookout, Doc's Grille, Dunkin Donuts, Firehouse Subs, Hardee's, Honeybaked Ham, Hooters, IHOP, Jets Pizza, Jimmy John's, Longhorn Steaks, McAlister's Deli, McDonald's, Mooyah Burger, Mr Gatti's, O'Charley's, Olive Garden, Papa John's, Penn Sta Subs, Petro's Chili, PF Chang's, Pizza Hut, PlumTree Chinese, Qdoba Mexican, Red Lobster, Salsarita's Cantina, Starbucks, Subway, Taco Bell, Tropical Smoothie Cafe, TX Roadhouse, Zaxby's 🛏 Extended Stay America, Ramada Inn Ⓞ $Tree, AT&T, Barnes&Noble, Belk, Dillards, Food City, JC Penney, Kohl's, mall, Office Depot, Old Navy, O'Reilly Parts, Petsmart, REI, Ross, Sears/auto, Steinmart, Target, TJ Maxx, Trader Joe's, U-Haul, Walgreens, Whole Foods Mkt
379	Bridgewater Rd, **N** 🅖 Exxon/Subway/dsl, Pilot/McDonald's/dsl 🍴 Taco Bell Ⓞ Sam's Club/gas, Walmart/Subway, **S** 🅖 Conoco/dsl, Marathon/dsl 🍴 Asia Kitchen, Buddy's BBQ, Burger King, Cheddar's, ChuckeCheese, CiCi's Pizza, Makino Japanese, Misaki Japanese, Shoney's, Sonic, Wendy's 🛏 InTown Suites Ⓞ Aamco, Advance Parts, AutoZone, Books-A-Million, Buick/GMC, Chrysler/Dodge/Jeep, Firestone/auto, Ford/Lincoln, Hyundai/Subaru, Mazda, Nissan, NTB, Tire Barn, Transmission World
378	Cedar Bluff Rd, **N** 🅖 Pilot/Taco Bell/dsl, Shell, Weigel's/dsl 🍴 Arby's, Burger King, Cracker Barrel, Dunkin Donuts, KFC,

378	Continued
	Little Caesar's, McDonald's, Old Mill Bread Co., Papa John's, Starbucks, Subway, Waffle House, Wendy's 🛏 Country Inn& Suites, Days Inn, Hampton Inn, Holiday Inn, Quality Inn Ⓞ Ⓗ $General, **S** 🅖 Exxon 🍴 Applebee's, Blaze Pizza, Cancun Mexican, Capt D's, Carrabba's, Chipotle, Chuy's Mexican, Famous Dave's BBQ, Firehouse Subs, Fuddrucker's, Hardee's, Jason's Deli, Koko Japanese, Krystal, La Rosa's, Lenny's Subs, Newk's Cafe, Outback Steaks, Panera Bread, Parkside Grill, Peerless Grill, Penn Sta. Subs, Pizza Hut, Puleo's Grill, Rafferty's, Salsarita's, Starbucks, Which Wich?, Zaxby's 🛏 Baymont Inn, Best Western, Comfort Inn, Courtyard, Embassy Suites, Extended Stay America, Hilton Garden, Home 2 Suites, Microtel, Motel 6, Red Roof Inn, Residence Inn, Towne Place Suites Ⓞ $Tree, Aldi Foods, AT&T, Best Buy, Cadillac, Chevrolet, CVS Drug, Dick's, Fiat, Ford/Lincoln, GNC, Home Depot, Jo-Ann Fabrics, Kia, Kroger/dsl, Lowe's, Pepboys, Staples, Tuesday Morning, Volvo, Walgreens
376	I-140 E, TN 162 N, to Maryville, **N** to Oak Ridge Museum
374	TN 131, Lovell Rd, **N** 🅖 Shell/dsl, Speedway/Speedy Cafe dsl/scales/24hr, TA/Country Pride/dsl/scales/24hr/@ 🍴 Bojangles, Subway, Waffle House 🛏 Econolodge Ⓞ Harley-Davidson, **S** 🅖 Pilot/Wendy's/dsl/24hr 🍴 Abuelo's Mexican, Arby's, Baskin-Robbins, Bonefish Grill, Brixx Pizza, Buffalo Wild Wings, Calhoun's Rest., Chick-fil-A, Chipotle, Connor's Rest., Egg&I Cafe, Flemings, Hurricane Grill, IHOP, Jimmy John's, Kabuki Japanese, Krystal, Lenny's Subs, McAlister's Deli, McDonald's, Mimi's Cafe, Moe's SW Grill, Noodles&Co, O'Charley's, Olive Garden, Panera Bread, Pei Wei, Red Robin, Salsarita's Cantina, Smokey Mtn Brewery, Sonic, Starbucks, Steak'n Shake, Taco Bell, TX Roadhouse, Wasabi Japanese, Zoe's Kitchen 🛏 Budget Inn, Candlewood Suites, Homewood Suites, SpringHill Suites Ⓞ Ⓗ $Tree, Advance Parts, AutoZone, Belk, Best Buy, BMW/Mini, CarMax, Costco/gas, EarthFare Foods, GNC, Hobby Lobby, Honda, Land Rover, Lexus, Marshall's, Mercedes, Old Navy, Petsmart, Ross, Target, Toyota/Scion, Walgreens, Walmart/Subway, World Mkt
373	Campbell Sta Rd, **N** 🅖 Marathon/dsl, Shell/dsl 🛏 Comfort Suites, Country Inn&Suites, Fairfield Inn, Holiday Inn Express, Super 8 Ⓞ Buddy Gregg RV Ctr, **S** 🅖 Exxon/dsl, Pilot/dsl, Weigel's 🍴 Bad Daddy's Burger, Cracker Barrel, Dunkin Donuts, Hardee's, La Parrilla, Longhorn Steaks, Mellow Mushroom, Newk's Grill, Panda Express, Potbelly, Seasons Grille, Taco Boy, Wild Wing Cafe, Zaxby's 🛏 Clarion, Hampton Inn, Staybridge Suites Ⓞ AT&T, JC Penney, Publix, Verizon, Walgreens
372mm	**weigh sta both lanes**
369	Watt Rd, **N** 🅖 FLYING J/Denny's/dsl/LP/scales/RV dump/24hr, Speedco Ⓞ Blue Beacon, **S** 🅖 Petro/Iron Skillet/dsl/scales/24hr/@, TA/Marathon/Burger King/Pizza Hut/Popeye's/Subway/dsl/24hr/@ Ⓞ Knoxville Coach & RV

I-40 E and I-75 N run together 17 mi.

368	I-75 and I-40
364	US 321, TN 95, Lenoir City, Oak Ridge, **N** Ⓞ Crosseyed Cricket Camping (2mi), 4-5 mi **S** 🅖 Loves/McDonald's/Subway/dsl/24hr 🍴 Ruby Tuesday 🛏 Days Inn, EconoLodge, Hampton Inn, Holiday Inn Express
362	Industrial Park Rd
360	Buttermilk Rd, **N** Ⓞ Soaring Eagle RV Park
356	TN 58 N, Gallaher Rd, to Oak Ridge, **N** 🅖 Marathon/dsl, Weigels/dsl 🛏 Motel 6 Ⓞ $General, 4 Seasons Camping
355	Lawnville Rd, **N** 🅖 Pilot/Subway/dsl

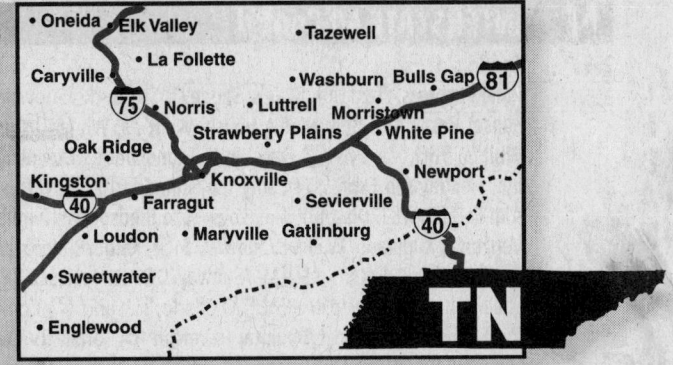

INTERSTATE 40 Cont'd

Exit#	Services
352	TN 58 S, Kingston, **N** 🛏 Lakeview Inn, **S** 🍴 Exxon/dsl, Mobil/dsl, RaceWay 🍴 Buddy's BBQ, Hardee's, Little Caesar's, McDonald's, Sonic, Subway, Taco Bell 🛏 Super 8 Ⓞ $General, Cash Saver Foods, Family$, Marina RV Park, to Watts Bar Lake, USPO
351mm	Clinch River
350	US 70, Midtown, **S** 🍴 Weigel's/dsl 🍴 Bojangles, Gondolier Italian, Subway, Zaxby's Ⓞ 🅷, AT&T, Caney Creek Camping (3mi), Kroger, Lowe's, Walgreens
347	US 27, Harriman, **N** 🍴 Phillips 66/dsl 🍴 Hardee's, KFC, LJ Silver, Los Primos Mexican, McDonald's, Pizza Hut, Ruby Tuesday, Subway, Taco Bell, Wendy's 🛏 Days Inn Ⓞ Big S Fork NRA, to Frozen Head SP, Verizon, **2-3 mi S** 🍴 Murphy USA/dsl, Shell/Krystal/dsl/24hr, Sunoco/dsl 🍴 Cancun Mexican, Capt D's, China King, Cracker Barrel, Domino's, McDonald's, Shoney's, Sonic 🛏 Comfort Inn, Holiday Inn Express, Quality Inn, Rodeway Inn Ⓞ 🅷, Ace Hardware, BigLots, vet, Walmart
340	TN 299 N, Airport Rd
339.5mm	eastern/central time zone line
338	TN 299 S, Westel Rd, **S** 🍴 Exxon/dsl, Sunoco/dsl Ⓞ Boat-N-RV Ctr/Park
336mm	parking area/weigh sta eb, litter barrel
329	US 70, Crab Orchard, **N** 🍴 Citgo/dsl, Marathon/dsl Ⓞ KOA (4mi), **S** Ⓞ Cumberland Trails SP, Wilson SP
327mm	🆁🆂 wb, full ♿ facilities, litter barrels, petwalk, Ⓒ, 🚰, vending
324mm	🆁🆂 eb, full ♿ facilities, litter barrels, petwalk, Ⓒ, 🚰, vending
322	TN 101, Peavine Rd, Crossville, **N** 🍴 Exxon/Subway/dsl, Volunteer/dsl 🍴 Hardee's, McDonald's 🛏 Holiday Inn Express Ⓞ Deer Run RV Resort, KOA Camping, Roam-Roost RV Campground, to Fairfield Glade Resort, **S** 🍴 Shell/dsl 🍴 Cancun Mexican, Taco Bell 🛏 Comfort Suites, Hampton Inn, Super 8 Ⓞ 🅷, Chestnut Hill Winery, Cumberland Mtn SP
320	TN 298, Crossville, **N** 🍴 Pilot/Wendy's/dsl/scales/24hr 🍴 Butcher's Block Rest., Lefty's BBQ Ⓞ antiques, winery, **S** 🍴 Shell/DQ/dsl, Speedway/dsl 🍴 Log Cabin Rest. Ⓞ 🅷, auto repair/tires, Crossville Outlet/famous brands, Save-A-Lot Foods
318mm	Obed River
317	US 127, Crossville, **N** 🍴 Exxon/dsl, Shell/Circle K/dsl 🍴 Shoney's, Subway 🛏 Baymont Inn, Motel 6, Quality Inn Ⓞ repair, to Big South Fork RA, to York SP, **0-2 mi S** 🍴 Jiffy, Marathon/dsl, Murphy USA/dsl, Shell 🍴 Arby's, Bojangles, Burger King, Cancun Mexican, Cracker Barrel, La Costa Mexican, McDonalds, Papa John's, Romo's Mexican, Ruby Tuesday, Ryan's, Sonic, Subway, Taco Bell, Tokyo Steaks, Vegas Steaks, Waffle House, Zaxby's 🛏 Economy Inn, Red Roof Inn Ⓞ 🅷, $General, $Tree, Buick/Cadillac/Chevrolet/GMC, Chrysler/Dodge/Jeep, Ford, GNC, Lowe's, Rite Aid, Shadden Tires, Staples, to Cumberland Mtn SP, Verizon, Walgreens, Walmart
311	Plateau Rd, **S** 🍴 BP/dsl, Exxon/Hunt Bros Pizza
307mm	parking area/weigh sta wb, litter barrels
301	US 70 N, TN 84, Monterey, **N** 🍴 Shell 🍴 Burger King, DQ, Rocky Pops BBQ/Catfish, Subway 🛏 Bethel Inn
300	US 70, Monterey, **N** 🍴 Citgo/dsl 🍴 DQ, Hardee's
291mm	Falling Water River
290	US 70, Cookeville, **S** 🍴 Super/dsl 🍴 Fiesta Cancun 🛏 Alpine Suites
288	TN 111, to Livingston, Cookeville, Sparta, **N** Hull SP, **S** 🍴 Sunoco/dsl, Super Truck&TravelCtr/dsl/24hr 🍴 Subway 🛏 Fall Creek Inn
287	TN 136, Cookeville, **N** 🍴 Marathon/dsl, Murphy USA/dsl, Shell/dsl 🍴 Applebee's, Arby's, Baskin-Robbins, Blue Coast Burrito, Buffalo Wild Wings, Bully's Rest., Burger King, Capt D's, Cheddars, Chick-fil-A, Chili's, Cookout, Cracker Barrel, Dunkin Donuts, Fazoli's, Firehouse Subs, Fuji Japanese, Golden Corral, Hibachi Buffet, IHOP, Krystal, LJ Silver, Logan's Roadhouse, Longhorn Steaks, Marco's Pizza, McDonald's, Nick's Rest., O'Charley's, Olive Garden, Outback Steaks, Papa Murphy's, Pizza Hut, Red Lobster, Ruby Tuesday, Shoney's, Sonic, Starbucks, Steak'n Shake, Subway, Taco Bell, Wendy's 🛏 Best Value Inn, Best Western, Clarion, Comfort Inn, Comfort Suites, Days Inn, Hampton Inn, Red Roof Inn Ⓞ Aldi Foods, BigLots, Firestone/auto, Harley-Davidson, JC Penney, Kroger/gas, Lowe's, Nissan, st patrol, transmissions, Verizon, Walmart, **S** 🍴 Marathon/Godfather's/dsl, Pilot/dsl 🍴 Gondola, KFC, Waffle House 🛏 Country Inn&Suites, Fairfield Inn, Holiday Inn Express, La Quinta, Motel 6 Ⓞ Sam's Club/gas, URGENT CARE
286	TN 135, Burgess Falls Rd, **N** 🍴 Exxon, Gulf, RaceWay/dsl, Shell/dsl 🍴 Arby's, Hardee's, Waffle House Ⓞ 🅷, Chrysler/Dodge/Jeep, Ford/Lincoln, Goodyear/auto, Hyundai, Kia, to TTU, Toyota/Scion, USPO, **S** 🍴 Sunoco/dsl 🛏 Star Motor Inn Ⓞ Burgess Falls SP (8mi)
280	TN 56 N, Baxter, **N** 🍴 Love's/McDonalds/Subway/dsl/scales/24hr, Speedway/dsl/24hr 🍴 Huddle House Ⓞ Camp Discovery (2mi), Twin Lakes RV Park (2mi)
276	Old Baxter Rd
273	TN 56 S, to Smithville, **S** 🍴 Shell 🍴 Rose Garden Rest. Ⓞ USPO
268	TN 96, Buffalo Valley Rd, **N** Grandville Marina Camping (11mi), **S** to Edgar Evins SP/RV camping
267mm	Caney Fork River
267mm	🆁🆂 both lanes, full ♿ facilities, info, litter barrels, petwalk, Ⓒ, 🚰, vending
266mm	Caney Fork River
263mm	Caney Fork River
258	TN 53, Gordonsville, **N** 🍴 Exxon/KFC/Taco Bell, Shell/dsl 🍴 McDonald's, Subway, Timberloft Café, Waffle House 🛏 Comfort Inn Ⓞ to Cordell Hull Dam, **S** 🍴 Mobil/dsl, Pilot/Wendy's/dsl/scales/24hr 🍴 Arby's, Cornerstone Cafe, El Corral Mexican, KFC/Taco Bell Ⓞ $General
254	TN 141, to Alexandria
252mm	parking area/truck sta both lanes, litter barrels, 🚰
245	Linwood Rd
239	US 70, Lebanon, **N** 🍴 RaceWay/dsl, Shell Ⓞ $General, **S** 🍴 Phillips 66/Uncle Pete's/dsl/scales 🍴 Jalisco Mexican
238	US 231, Lebanon, **N** 🍴 Exxon, Mapco/dsl, Murphy Express/dsl, Shell/dsl 🍴 Applebee's, Arby's, Chick-fil-A, Cici's Pizza, Cracker Barrel, Demo's Steaks, El Molino Mexican, Hardee's, Jack-in-the-Box, KFC, Logan's Roadhouse, Los Compadres, McDonald's,

🅵🅴 INTERSTATE 40 Cont'd

LEBANON

238 Continued
Panda Express, Pizza Hut, Ryan's, Shoney's, Starbucks, Subway, Sunset Rest., Taco Bell, Waffle House, Wendy's, White Castle, Whitt's BBQ, Zaxby's 🅛 Days Inn, EconoLodge, Executive Inn, Holiday Inn Express, Quality Inn, Ramada 🅞 🅗, $Tree, Aldi Foods, AT&T, Discount Tire, Lowe's, to Bledsoe SP (23mi), Verizon, Walgreens, Walmart/Subway, **S** 🅖 Citgo/Pizza Inn/Quiznos/dsl, LNG, 🅿🅸🅻🅾🆃/Subway/DQ/dsl/scales/24hr, Shell/dsl, Speedway/dsl/e85 🅕 O'Charley's, Sonic 🅛 Comfort Suites, Knights Inn, La Quinta, Travel Inn 🅞 Family RV Ctr, Lebanon Outlets/famous brands, Shady Acres Camping, Timberline Campground, to Cedars of Lebanon SP

236 S Hartmann Dr, **N** 🅖 Mapco/dsl, Shell/dsl 🅕 Chili's, Outback Steaks, Subway 🅛 Hampton Inn 🅞 🅗, Buick/Chevrolet/GMC, Home Depot, Rose Tire

235 TN 840 W, to Murfreesboro

232 TN 109, to Gallatin, **N** 🅖 Mapco/Quiznos/dsl, Shell/McDonald's/dsl/24hr, Speedway/dsl, Thornton's/dsl 🅕 Bellacino's Pizza, Coach's Grill, Sonic, Subway, Waffle House, Wendy's 🅛 Sleep Inn, Woodspring Suites, **S** 🅞 KOA (3mi)

228mm truck sta, wb only

226mm truck sta

229b a Beckwith Rd

226 TN 171, Mt Juliet Rd, **N** 🅖 BP/McDonald's/dsl, Exxon/dsl, Murphy Express/dsl, Shell/dsl 🅕 Arby's, Capt D's, Cheddars, Don Pancho Mexican, Far East Buffet, Five Guys, Longhorn Steaks, Subway 🅛 Comfort Suites 🅞 $Tree, Aldi Foods, Firestone/auto, Lowe's, NTB, URGENT CARE, Walmart, **S** 🅖 Mapco/Quiznos/dsl 🅕 Blue Coast Burrito, Bonfire Japanese Steaks, Buffalo Wild Wings, Chick-fil-A, ChuckECheese, Cori's Dog House, Cracker Barrel, Firehouse Subs, Fulin's Asian, Jonathan's, Logan's Roadhouse, Marble Slab, Martin's BBQ, McDonald's, Mi Casa Mexican, NY Pizza, O'Charley's, Olive Garden, Panera Bread, Penn Sta Subs, Pizza Hut, Red Lobster, Red Robin, Salsarita's Cantina, Sonic, Steak'n Shake, Taco Bell, Taziki's Cafe, Waffle House, Wasabi Steaks, Wendy's, Which Wich?, Zaxby's 🅛 Hampton Inn, Holiday Inn Express, Quality Inn 🅞 AT&T, Belk, Best Buy, Books-A-Million, Dick's, Discount Tire, Ford, GNC, JC Penney, JoAnn Fabrics, Kroger/dsl, Old Navy, Petsmart, Publix, Ross, Staples, Target, Tire Discounters, TJ Maxx, to Long Hunter SP, Verizon, vet, Walgreens

NASHVILLE

221 TN 45 N, Old Hickory Blvd, to The Hermitage, **0-2 mi N** 🅖 BP, Delta/dsl, Exxon, RaceWay/dsl 🅕 Applebee's, Baskin-Robbins/Dunkin Donuts, Buffalo Wild Wings, Burger King, Chick-fil-A, Chili's, Cinco de Mayo, Domino's, DQ, Famous Dave's, Fazoli's, Firehouse Subs, Golden Corral, Hardee's, IHOP, Jack-in-the-Box, Jets Pizza, Las Palmas Mexican, O'Charley's, Outback Steaks, Panera Bread, Penn Sta Subs, Pizza Hut, Qdoba Mexican, Starbucks, Steak'n Shake, Subway, Taziki's Cafe, Waffle House 🅛 Best Value Inn, Suburban Lodge, Super 8, Vista Inn 🅞 🅗, Home Depot, Kroger, Lowe's, PetCo, Staples, Verizon, Walgreens, **S** 🅖 Kwik Sak/dsl, Marathon/dsl, Phillips 66/White Castle, Shell/McDonald's

219 Stewart's Ferry Pike, **N** 🅖 Mapco/dsl, **S** 🅖 Mapco/Subway/dsl, Shell/dsl, Thornton's/dsl 🅕 China King, Cracker Barrel, La Hacienda Mexican, Sal's Pizza, Subway, Waffle House 🅛 Comfort Suites, Country Inn&Suites, Days Inn, EconoLodge, Family Inn, Motel 6, Sleep Inn 🅞 $General, Food Lion, Fred's, vet

216 (216 c from eb) TN 255, Donaldson Pk, **N** 🅖 BP/dsl, Mapco, RaceWay/dsl, Shell/dsl 🅕 Arby's, Backyard Burger, Bar-B-Cutie, Darfon's, Jalisco Mexican, KFC, McDonald's, Panera Bread,

216 Continued
Ruby Tuesday, Shoney's, Sonic, Subway, Taco Bell, Waffle House, Wendy's 🅛 BNA Inn, Country Inn&Suites, Drury Inn, Hampton Inn, Holiday Inn Express, Hyatt Place, La Quinta, Radisson, Red Roof Inn, Sheraton, SpringHill Suites, Super 8 🅞 Advance Parts, USPO, Walgreens, **S** 🅞 ⊙

216b a (from eb), **S** Nashville Intn'l Airport

215b a TN 155, Briley Pkwy, to Opryland, **N on Elm Hill** 🅖 Citgo, Mapco 🅕 Jack-in-the-Box, Waffle House 🅛 Alexis Inn, Baymont Inn, Club Hotel, Comfort Suites, Courtyard, Doubletree, Extended Stay, Hilton Garden, Holiday Inn, Homewood Suites, La Quinta, Marriott, Nashville Inn, Quality Inn, Residence Inn, TownePlace Suites 🅞 URGENT CARE, **S** 🅖 Phillips 66/dsl 🅕 Dunkin Donuts, Mazatlan Mexican, Panda House, Subway 🅛 Hamilton Inn, Hotel Preston

213 US 41(from wb no return), to Spence Lane, **N** 🅖 CNG 🅞 Kenworth, **S** 🅖 Phillips 66/dsl, Shell 🅕 Waffle House 🅛 Best Western, Days Inn, Holiday Inn Express, Rodeway Inn, Super 8 🅞 same as 212

213b I-24 W

213a I-24 E/I-440, E to Chattanooga

212 Fessler's Lane (from eb, no return), **N** 🅞 Freightliner, Harley-Davidson, **S** 🅖 BP/dsl, Mapco/dsl, Shell/Dunkin Donuts, SpeedCo/dsl/e85 🅕 Burger King, McDonald's, Sonic, Wendy's 🅛 Scottish Inn 🅞 Chevrolet, NAPA, same as 213

211mm Cumberland River

211b I-24 W

211a I-24E, I-40 W

210c US 31 S, US 41A, 2nd Ave, 4th Ave, **N** 🅛 Hilton, Renaissance Hotel, Sheraton, **S** museum

210b a I-65 S, to Birmingham

209b a US 70 S, Charlotte Ave, Nashville, **N** 🅖 Exxon 🅕 McDonald's 🅛 Sheraton 🅞 Conv Ctr, Country Music Hall of Fame, Firestone, Mazda, **S** 🅖 Exxon 🅕 Burger King, Jack Cawthon's BBQ, Krystal, Sonic, Subway, White Castle 🅛 Comfort Inn, Hilton Garden 🅞 Buick/GMC, Hyundai, Toyota/Scion, URGENT CARE, Walgreens

208b a I-65, N to Louisville

207 28th Ave, Jefferson St, Nashville, **N** 🅖 🅕 Subway, Wendy's 🅞 Family$, to TN St U, **S** 🅞 🅗

206 I-440 E, to Knoxville

205 46th Ave, W Nashville, **S** 🅖 Shell/dsl 🅕 M L Rose Burgers, McDonald's 🅞 USPO

204 TN 155, Briley Pkwy, **S** 🅖 BP/dsl 🅕 Burger King, China Buffet, Church's/White Castle, Cinco De Mayo, Domino's, Hattie B's Chicken, Jack-in-the-Box, KFC, Las Palmas, Papa John's, Shoney's, Subway, Waffle House, Wendell Smith's Rest., White Castle, Whitt's BBQ 🅛 Best Western, Comfort Inn, Days Inn, Holiday Inn Express 🅞 CVS Drug, Family$, Firestone/auto, Kroger/gas, O'Reilly Parts, PepBoys, Sav-a-lot Foods, Walgreens

201b a US 70, Charlotte Pike, **N** 🅖 Exxon, Shell/dsl, Thornton's/dsl 🅕 Bojangles, Cracker Barrel, El Sombrero, Jim 'N Nick's BBQ, Krystal, Little Caesar's, Waffle House, Wayback Burger, Wendy's 🅛 Super 8 🅞 GNC, Kwik Kar, Lowe's Whse, vet, Walmart/Subway, **S** 🅖 BP, Delta Express/dsl 🅕 Arby's, Blue Coast Burrito, Buffalo Wild Wings, Chick-fil-A, Firehouse Subs, IHOP, Logan's Roadhouse, McDonald's, Pizza Hut, Red Robin, Taco Bell 🅞 $Tree, AT&T, Best Buy, Big Lots, Books-A-Million, Costco/gas, Dick's, Firestone/auto, GNC, Marshall's, Old Navy, PetsMart, Publix, Ross, Target, Uhaul, URGENT CARE, Verizon, World Mkt

▲E   INTERSTATE 40 Cont'd

Exit#	Services

199 rd 251, Old Hickory Blvd, **N** 🅿 Shell/dsl 🅾 $General, **S** 🅿 BP, Mapco/dsl 🍴 Sonic, Subway 🅾 Sam's Club/gas

196 US 70, to Bellevue, Newsom Sta, **N** 🅿 Mapco/dsl 🍴 Shoney's, **S** 🅿 BP, Mapco/dsl, Shell/dsl 🍴 Arby's, Asihi Asian, Baskin Robbins, El Agavero, Jonathan's Grill, O'Charley's, Pizza Hut, Sir Pizza, Sonic, Subway, Taco Bell, Waffle House, Wendy's 🛏 Hampton Inn, Microtel 🅾 $Tree, AutoZone, Firestone/auto, Home Depot, Michael's, PetCo, Publix, Sears/auto, Staples, USPO, Verizon, Walgreens

195mm Harpeth River

192 McCrory Lane, to Pegram, **N** 🅿 Eddie's Mkt (1mi), 4 mi **S** 🍴 Loveless Cafe 🅾 Natchez Trace Pkwy

190mm Harpeth River

188mm Harpeth River

188 rd 249, Kingston Springs, **N** 🅿 BP, Mapco/Quiznos/dsl, Shell/Arby's/dsl 🍴 El Jardin Mexican, McDonald's/playplace, Sonic, Subway 🛏 Best Western, Mid-Town Inn, Relax Inn 🅾 USPO, **S** 🅿 Petro/BP/Quick Skillet/dsl/scales/showers/24hr/@ 🅾 vet

182 TN 96, to Dickson, Fairview, **N** 🅿 BP/dsl 🛏 Fairview Inn 🅾 M Bell SP (16mi), **S** 🅿 *FLYING J*/Denny's/dsl/LP/scales/24hr, Citgo/Backyard Burger/Dunkin Donuts/dsl 🛏 Deerfield Inn

176 TN 840

172 TN 46, to Dickson, **N** 🅿 Exxon/dsl, Marathon/dsl, *Pilot*/Wendy's/dsl/scales/24hr, Shell/Dunkin Donuts/Taco Bell/dsl 🍴 Arby's, Cracker Barrel, Logan's Roadhouse, McDonald's, Ruby Tuesday, Waffle House 🛏 Best Western, Comfort Inn, EconoLodge, Hampton Inn, Motel 6, Rodeway Inn, South-Aire Inn, Super 8 🅾 H, $General, auto repair, Chappell's Foods, Chevrolet/Buick/GMC, Dickson RV Park, Ford, Nissan, to M Bell SP, truck repair, **S** 🅿 BP/dsl, Shell/dsl 🍴 Colton's Steaks, O'Charley's, Sonic 🛏 Days Inn, Holiday Inn Express, Mega Inn

170 🆁🆂 both lanes, full 🦽 facilities, litter barrels, petwalk, 🅲, 🅰, vending

166mm Piney River

163 rd 48, to Dickson, **N** 🅿 *Loves*/McDonald's/Subway/dsl/scales/24hr, Phillips 66/dsl 🅾 tire repair, **S** 🅿 Shell 🛏 Pinewood Camping (7mi), Tanbark Camping

152 rd 230, Bucksnort, **N** 🅿 Sunoco/dsl 🛏 Travel Inn

149mm Duck River

148 rd 50, Barren Hollow Rd, to Turney Center

143 TN 13, to Linden, Waverly, **N** 🅿 Marathon/Subway/dsl, *Pilot*/Arby's/dsl/scales/24hr, Shell 🍴 Log Cabin Rest., Loretta Lynn's Kitchen, McDonald's, Rochelle's BBQ 🛏 Best Western, Days Inn, Holiday Inn Express, Knights Inn 🅾 KOA/LP, **S** 🛏 Scottish Inn

141mm Buffalo River

137 Cuba Landing, **N** 🅾 TN River RV Park, **S** 🍴 Cuba Landing Rest./gas

133mm Tennessee River

133 rd 191, Birdsong Rd, **9 mi N** 🛏 Birdsong RV Resort/marina, Good Sam RV Park

131mm 🆁🆂 both lanes, full 🦽 facilities, litter barrels, petwalk, 🅲, 🅰, vending

126 US 641, TN 69, to Camden, **N** 🅿 Marathon/Subway/dsl, Phillips 66/North 40/dsl, Shell/dsl 🅾 Paris Landing SP, tire/truck repair, to NB Forrest SP, **S** 🅿 BP/dsl, Shell/dsl 🛏 Days Inn 🅾 H, Mouse-tail Landing SP (24mi)

116 rd 114, **S** 🅾 RV camping, to Natchez Trace SP

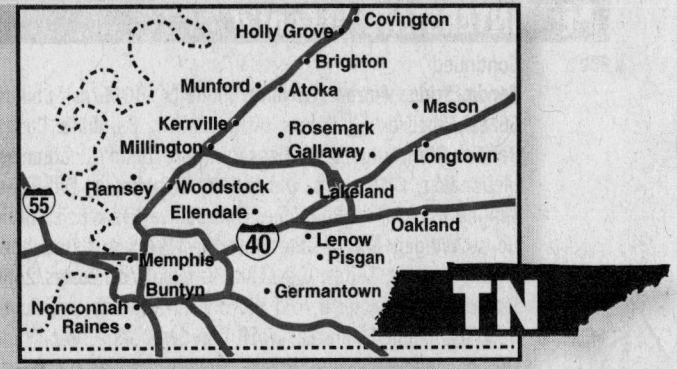

110mm Big Sandy River

108 TN 22, to Lexington, Parkers Crossroads, **N** 🅿 Citgo/dsl/24hr, Phillips 66/dsl, Shell/McDonald's/dsl 🍴 Bailey's Rest., DQ, Subway 🛏 Knights Inn 🅾 city park, USPO, **S** 🅿 Exxon 🍴 Becky's Kitchen, Patty's Rest. 🛏 Best Value Inn 🅾 H, Parkers Crossroads Bfd Visitors Ctr, RV camping, to Shiloh NMP (51mi)

103mm parking area/truck sta eb, litter barrels

102mm parking area/truck sta wb, litter barrels

101 rd 104, **N** 🅿 101 TP/Real Food/dsl/tires/24hr 🅾 golf (3mi)

93 rd 152, Law Rd, **N** 🅿 Phillips 66/deli/dsl/24hr, **S** 🅿 Super Way/dsl

87 US 70, US 412, Jackson, **N** 🅿 Gulf/dsl, **S** 🅿 BP/dsl, *Loves*/Hardee's/dsl/scales/24hr, Speedway/dsl

85 Christmasville Rd, to Jackson, **N** 🅿 Exxon/dsl, *Pilot*/Denny's/dsl/scales/24hr, Shell/dsl, Speedway/dsl 🛏 Comfort Inn 🅾 $General, **S** 🅿 Shell/Pizza Pro/dsl 🍴 Jiang Jun Chinese, Lenny's Subs, Los Portales, McDonald's, Reggi's BBQ, Sonic, Sparky's, Taco Bell 🛏 Holiday Inn Express 🅾 $Tree, Food Giant

83 Campbell st, **N** 🅿 Shell/Old Madina Mkt/dsl 🛏 Residence Inn, **S** 🛏 Courtyard, Hampton Inn

82b a US 45, Jackson, **N** 🅿 🍴 Cracker Barrel 🛏 Best Value Inn, Knights Inn 🅾 Batteries+Bulbs, Smallwoods RV Ctr (4mi), **S** 🅿 Exxon 🍴 Baskin-Robbins, Burger King, Catfish Galley, ChuckeCheese, DQ, KFC, Krystal, Little Caesar's, LJ Silver, Los Portales Mexican, McDonald's/playplace, Pizza Hut, Popeye's, Rafferty's, Sakura Japanese, Sonic, Starbucks, Subway, Taco Bell, Tulum Mexican, Waffle House, Wendy's 🛏 Executive Inn, La Quinta, Ramada Ltd, Scottish Inn, Travellers Motel 🅾 $General, $Tree, Advance Parts, AT&T, AutoZone, Belk, BigLots, Firestone/auto, Fred's, Goodyear/auto, JC Penney, Kroger/dsl, Macy's, Office Depot, Sears/auto, TJ Maxx, vet

80b a US 45 Byp, Jackson, **0-2 mi N** 🅿 Exxon, Shell/DSL 🍴 Applebee's, Arby's, Asahi Japanese, Backyard Burger, Baskin-Robbins, Buffalo Wild Wings, Casa Adobe, Cheddar's, Chick-fil-A, Chili's, Coyote Blues, Don Pancho, DQ, Dunkin Donuts, Fazoli's, Firehouse Subs, Five Guys, Flat Iron Grill, Fujiyama Japanese, Genghis Grill, HoneyBaked Ham, IHOP, Jason's Deli, Jimmy John's, Lenny's Subs, Longhorn Steaks, Maggie Moo's, Marco's Pizza, McAlisters Deli, Moe's SW Grill, Olive Garden, Outback Steaks, Panda Express, Panera Bread, Perkins, Popeye's, Quiznos, Red Lobster, Red Robin, Snappy Tomato, Sonic, Starbucks, Steak'n Shake, Subway, TGIFriday's, Wendy's, Zaxby's 🛏 Baymont Inn, Fairfield Inn, Howard Johnson 🅾 $Tree, Aldi Foods, AT&T, AutoZone, Best Buy, Books-A-Million, Buick/Cadillac/Chevrolet/GMC, CarMax, Dick's, Firestone/auto, Gateway Tires/repair, Hobby Lobby, Home Depot, JoAnn Fabrics, Kia, Kohl's, Lowe's, Marshall's, Mazda, Nissan, Old Navy, Petsmart, Ross, Sam's Club/gas, SteinMart, Target, TJ Maxx,

(vertical side text) DICKSON   JACKSON

🅟 = gas 🅕 = food 🅐 = lodging 🅞 = other 🆁🆂 = rest stop Copyright 2018 - The Next EXIT

INTERSTATE 40 Cont'd

80b a	Continued Toyota/Scion, Verizon, Walmart/gas, **S** 🅕 BP, G/dsl, Phillips 66/dsl, Shell/dsl 🅕 Arby's, Asia Garden, Barnhill's Buffet, Baudo's Rest., Burger King, Heavenly Ham, Logan's Roadhouse, McDonald's, O'Charley's, Old Hickory Steakhouse, Old Town Spaghetti, Pizza Hut, Red Bones Grill, Subway, Taco Bell, Waffle House, Wingery 🅐 All Suites Hotel, Best Western, Casey Jones Motel, Comfort Suites, Days Inn, DoubleTree, EconoLodge, Jackson Hotel, Motel 6, Old Hickory Inn, Quality Inn, Super 8 🅞 🅗, $General, Chickasaw SP, Chrysler/Dodge/Jeep, Ford/Lincoln, Harley-Davidson, Honda, Hyundai, to Pinson Mounds SP, Tuesday Morning
79	US 412, Jackson, **S** 🅕 BP/dsl, Citgo/Subway/dsl, Exxon, Phillips 66 🅐 Rodeway Inn 🅞 Jackson RV Park
78mm	Forked Deer River
76	rd 223, **S** 🅕 McKenzie BBQ (2.5mi) 🅞 McKellar-Sipes Airport, Whispering Pines RV Park
74	Lower Brownsville Rd
73mm	🆁🆂 both lanes, full 🅰 facilities, info, litter barrels, petwalk, 🅒, 🆁🆂, vending
68	rd 138, Providence Rd, **N** 🅕 BP/dsl 🅐 Ole South Inn, **S** 🅕 TA/Shell/Subway/dsl/scales/24hr/@, Valero/dsl 🅞 Joy-O RV Park
66	US 70, to Brownsville, **N** 🅞 Ft Pillow SHP (51mi), **S** 🅕 Exxon/dsl 🅐 Motel 6
60	rd 19, Mercer Rd
56	TN 76, to Brownsville, **N** 🅕 Marathon, Shell/dsl 🅕 DQ, KFC, McDonald's/playplace, Pizza Hut, Taco Bell 🅐 Comfort Inn, Days Inn, Econolodge, Travelers Best Inn, **S** 🅕 Exxon/Breakfast Cove/dsl, Valero
55mm	Hatchie River
52	TN 76, rd 179, Koko Rd, to Whiteville, **S** 🅕 Koko Mkt
50mm	weigh sta both lanes, 🅒
47	TN 179, to Stanton, Dancyville, **S** 🅕 Exit 47 Trkstp/dsl
42	TN 222, to Stanton, **S** 🅕 Exxon/dsl, 🅕/Chester's/Subway/dsl/scales/24hr 🅐 Deerfield Inn
35	TN 59, to Somerville, **S** 🅕 Shelldsl/scales 🅕 Longtown Rest.
29.5mm	Loosahatchie River
25	TN 205, Airline Rd, to Arlington, **N** 🅕 Shell/dsl, **S** 🅕 Exxon/Taco bell/dsl 🅞 vistor ctr
24	I-269, TN 385, rd 204, to Arlington, Millington, Collierville
20	Canada Rd, Lakeland, **N** 🅕 BP/McDonald's, Shell/dsl 🅕 Cracker Barrel, Waffle House 🅐 Motel 6, Relax Inn, Super 8, **S** 🅕 Exxon/Subway/dsl 🅞 fireworks, Memphis East Camping
18	US 64, to Bartlett, **N** 🅕 Shell/Burger King 🅕 Abuelo's, Bob Evans, Buffalo Wild Wings, El Porton Mexican, Firebird's Grill, Hooters, Longhorn Steaks, McAlister's Deli, O'Charley's, Olive Garden, Panera Bread, Steak'n Shake, TGI Friday's, TX Roadhouse 🅐 Best Western, Fairfield Inn, Holiday Inn, La Quinta, SpringHill Suites 🅞 Buick/GMC, Firestone/auto, Goodyear/auto, Lowe's, same as 16, Sam's Club/gas, Walmart, **S** 🅕 BP, Circle K/dsl, Citgo 🅕 Backyard Burger, Dunkin Donuts, KFC, Lenny's Subs, Papa John's, Papa Murphy's, Pizza Hut, Subway 🅞 AT&T, Family$, Kroger/dsl, Walgreens, Zaxby's
16b a	TN 177, to Germantown, **N** 🅕 BP/Circle K, Shell/Circle K 🅕 Abuelo's, Arby's, Bahama Breeze, Baskin Robbins, Burger King, Casa Mexicana, Chick-fil-A, Chili's, Colton's Steaks, Danver's, IHOP, J. Alexander's, Joe's Crabshack, Logan's Roadhouse, Macaroni Grill, McDonald's/playplace, On-the-Border, Red Lobster, Red Sun Buffet, Starbucks, Subway, Taco Bell, TCBY, Tellini's Italian, Waffle House, Wendy's 🅐 Extended Stay

16b a	Continued America, Hampton Inn, Hyatt Place 🅞 🅗, $Tree, Barnes&Noble, Best Buy, BigLots, CarMax, Chevrolet, Chrysler/Dodge/Jeep, Dillard's, Ford, Hobby Lobby, Home Depot, Honda, Hyundai, JC Penney, Macy's, mall, Michael's, Nissan, Office Depot, Old Navy, Petsmart, Sears/auto, Target, TJ Maxx, Walgreens, **0-2 mi S** 🅕 BP/Circle K, Shell/Circle K 🅕 Abbay's Rest., Arby's, Backyard Burger, Burger King, Cheddar's, ChuckeChees, Corky's BBQ, El Porton Mexican, Genghis Grill, Honeybaked Ham, Howard's Donuts, Jason's Deli, Jimmy John's, Jim'n Nick BBQ, La Hacienda, Little Caesar's, McDonald's, Newk's Cafe, Osaka, Pei Wei Chinese, Pyros Pizza, Shogun Japanese, Waffle House, Wendy's 🅐 Comfort Suites, Hilton Garden, Microtel, Quality Suites, Wingate Inn 🅞 Aldi Foods, AT&T, AutoZone, Costco/gas, Dick's, GNC, Gordman's, Kohl's, Kroger/gas, Marshall's, Rite Aid, Ross, Steinmart, Toyota/Scion, Tuesday Morning, URGENT CARE, Verizon, vet
15b a	Appling Rd, **N** 🅕 BP/Circle K/dsl, Shell/dsl 🅞 🅗
14	Whitten Rd, **N** 🅕 Mapco, Shell/Burger King, Texaco/dsl 🅕 McDonald's, Sidecar Café 🅞 Firestone/auto, Harley-Davidson, **S** 🅕 BP/Circle K, Shell/Backyard Burger/dsl 🅕 Dunkin Donuts, Subway, Supreme Hot Wings 🅞 Family$, Walgreens
12	Sycamore View Rd, **N** 🅕 Citgo/dsl, Murphy Express/dsl, Texaco/dsl 🅕 Applebee's, Cajun Catfish Co., Capt D's, Church's, Cracker Barrel, IHOP, Krystal, McDonald's, Mrs Winner's, Perkins, Ruby Tuesday, Shoney's, Sonic, Starbucks, Taco Bell, Waffle House 🅐 Baymont Inn, Best Value Inn, Drury Inn, EconoLodge, Extended Stay America, GardenTree Hotel, Motel 6, Quality Inn, Red Roof Inn 🅞 $General, AT&T, AutoZone, Family$, Fred's, Walgreens, **S** 🅕 BP/Circle K/dsl, Exxon, Mapco 🅕 Beijing Chinese, Burger King, Dos Amigos, Pizza Hut, Popeye's, Subway, Tops BBQ, Wendy's 🅐 Budgetel, Comfort Inn, Days Inn, Econolodge, Fairfield Inn, La Quinta, Memphis Inn, Rodeway Inn, Super 8 🅞 Bass Pro Shops
10.5mm	Wolf River
10b a	(from wb) I-240 W around Memphis, I-40 E to Nashville
12c	(from eb) I-240 W, to Jackson, I-40 E to Nashville
12b	Sam Cooper Blvd (from eb)
12a	US 64/70/79, Summer Ave, **N** 🅕 Mapco/dsl, Shell/dsl 🅕 Asian Palace, Waffle House 🅐 Welcome Inn 🅞 U-Haul **S** 🅕 Exxon 🅕 McDonald's, Subway 🅞 $Tree, Firestone/auto, Fred's, Sav-A-Lot Foods
10	TN 204, Covington Pike, **N** 🅕 BP/Circle K 🅕 McDonald's, Wendy's 🅞 Audi/VW, Buick/GMC, Chevrolet, Chrysler/Dodge/Jeep, Honda, Hyundai, Kia, Mazda, Nissan, Sam's Club, Subaru, SuperLo Food/gas, VW
8b a	TN 14, Jackson Ave, **N** 🅕 Citgo/dsl 🅐 Motel 6, Sleep Inn 🅞 Raleigh Tire, **S** 🅕 Citgo/dsl, Mapco 🅞 AutoZone, Family$, O'Reilly Parts, transmissions
6	Warford Rd
5	Hollywood St, **N** 🅕 BP, Q-Mart/dsl 🅕 Burger King, Popeye's 🅞 Family$, **S** 🅞 Memphis Zoo
3	Watkins St, **N** 🅕 BP, Jubilee/dsl, Texaco/dsl 🅞 Family$, U-Haul
2a	rd 300, to US 51 N, Millington, **N** 🅞 Meeman-Shelby SP
2	Smith Ave, Chelsea Ave, **S** 🅕 BP
1e	I-240 E
1d c b	US 51, Danny Thomas Blvd, **N** 🅞 Ronald McDonald House, St Jude Research Ctr
1a	2nd St (from wb), downtown, **S** 🅐 Crowne Plaza, Holiday Inn, Marriott, Sheraton 🅞 Conv Ctr
1	Riverside Dr, Front St (from eb), Memphis, **S** 🅐 Comfort Inn, Courtyard, Sleep Inn 🅞 Conv Ctr, Riverfront, Visitors Ctr
0mm	Tennessee/Arkansas state line, Mississippi River

MEMPHIS

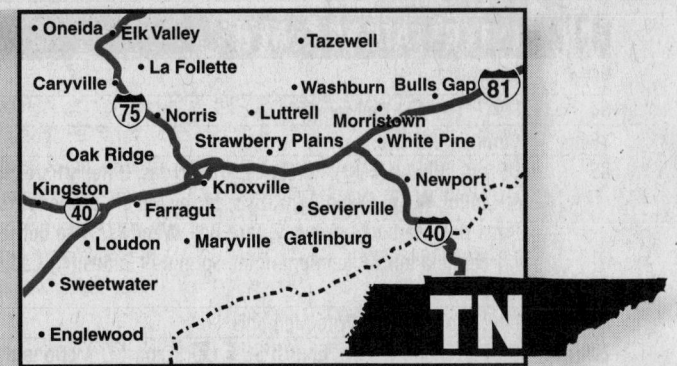

⬆N INTERSTATE 55

Exit#	Services
13mm	Tennessee/Arkansas state line, Mississippi River
12c	Delaware St, Memphis, **W** 🛏️ Super 8
12b	Riverside Dr, **E** TN Welcome Ctr, downtown Memphis
12a	E Crump Blvd (from nb), **E** 🅿️ Exxon 🍴 Capt D's, KFC, LJ Silver, Taco Bell 🅾️ Family$
11	McLemore Ave, Presidents Island, industrial area
10	S Parkway, 1/2 mi **E** 🅿️ Marathon/dsl
9	Mallory Ave, industrial area
8	Horn Lake Rd (from sb)
7	US 61, 3rd St, **E** 🅿️ Exxon, Shell 🍴 Church's, Interstate BBQ, McDonald's 🅾️ $Tree, AutoZone, Family$, Kroger, NAPA, Roses, Save-A-Lot Foods, Walgreens, **W** 🅿️ MapCo, Marathon/Chester's/dsl 🍴 KFC, McDonald's, Subway 🛏️ Rest Inn 🅾️ Fuller SP, Indian Museum
6b a	I-240
5b	US 51 S, Elvis Presley Blvd, to Graceland, 0-2 mi **W** on US 51 🅿️ Citgo/dsl, Dodge's/dsl, Exxon, Marathon, Shell/dsl 🍴 Baskin-Robbins, BJ's Wings, Burger King, Checker's, Exline Pizza, KFC, Krispy Kreme, Little Caesar's, McDonald's, Piccadilly's, Subway, Taco Bell 🛏️ American Inn, Days Inn, Guesthouse at Graceland, Heartbreak Hotel/RV Park, Memory Lane Inn 🅾️ 🏥 $General, $Tree, Advance Parts, Aldi Foods, CVS, D&N RV Ctr, Family$, Memphis Visitors Ctr, Presley RV Park, to Graceland, Walgreens, Walgreens
5a	Brooks Rd, **E** 🅿️ BP, Exxon, Mapco/dsl 🍴 Burger King, Papa John's, Popeye's 🛏️ Airport Inn, Best Value Inn, Kings Hotel, Motel 6 🅾️ Freightliner, Peterbilt
2b a	TN 175, Shelby Dr, Whitehaven, **E** 🅿️ Citgo/Subway/dsl, Exxon, Phillips 66/dsl, Qmart/dsl 🛏️ Colonial Inn, **W** 🅿️ Exxon/dsl, Shell/dsl, Valero/dsl 🍴 Burger King, Dixie Queen Burgers, IHOP, McDonald's, Popeye's 🅾️ $General, Family$, Kroger/gas, Save-a-Lot Foods, Sears/auto, Toyota/Scion, U-Haul, Walgreens
0mm	Tennessee/Mississippi state line

⬆N INTERSTATE 65

Exit#	Services
121.5mm	Tennessee/Kentucky state line
121mm	**Welcome Ctr sb, full ♿ facilities, litter barrels, petwalk, 🍴, 🏧, vending**
120	Highland Rd
119mm	weigh/insp sta both lanes
117	TN 52, Portland, **E** 🅿️ Exxon/Godfather's/Quiznos/dsl, Shell/dsl/fireworks 🛏️ Comfort Suites 🅾️ 🏥, Bledsoe Cr SP (20mi), **W** 🅿️ Shell/dsl 🛏️ Budget Host 🅾️ fireworks
116mm	Red River
113mm	Red River
112	TN 25, Cross Plains, **E** 🅿️ Shell/dsl/fireworks 🅾️ $General, antiques, Bledsoe Cr SP (20mi), **W** 🅿️ Mapco/Subway/dsl
108	TN 76, White House, **E** 🅿️ Murphy USA/dsl, Nervous Charlie's/dsl, Shell, Speedway/dsl 🍴 A&W/KFC, Arby's, Bojangles, China Spring, Cracker Barrel, DQ, Dunkin Donuts, Hardee's, Little Caesar's, Los Agaves, McDonald's, Mr Wok, Papa Murphy's, Sonic, Subway, Taco Bell, Waffle House, Wendy's, Zaxby's 🛏️ Hampton Inn, Holiday Inn Express, Motel 6, Quality Inn 🅾️ Ace Hardware, AT&T, city park/playground, Kroger/gas, O'Reilly Parts, Rite Aid, USPO, Walgreens, Walmart/Subway, **W** 🅿️ Loves/IHOP/dsl/scales/24hr, Shell/dsl 🛏️ Days Inn
104	rd 257, Bethel Rd, **W** 🅿️ Shell/dsl 🅾️ Owl's Roost Camping
98	US 31 W, Millersville, **E** 🅿️ Shell/dsl 🍴 Subway, Waffle House 🅾️ $General, auto repair, Grand Ol' RV Resort, **W** 🅿️ Marathon 🛏️ Economy Inn 🅾️ fireworks
97	rd 174, Long Hollow Pike, **E** 🅿️ BP/dsl, Exxon, Mapco 🍴 Arby's, Capt D's, Cracker Barrel, Domino's, Happy Asian, Kabuto Japanese, KFC, McDonald's, Papa Murphy's, Quiznos, Shoney's, Subway, Taco Bell, Waffle House, Wendy's 🛏️ Baymont Inn, Courtyard, Days Inn, Hampton Inn, Quality Inn, Red Roof Inn, Somotel, TownePlace Suites 🅾️ K-Mart, Kroger/dsl, USPO, Walgreens, **W** 🅿️ Shell/dsl 🍴 Buck's BBQ, DQ, Hardee's, Krystal, Poncho Villa Grill, Sonic 🛏️ La Quinta, Motel 6 🅾️ Rite Aid, Walgreens
96	Rivergate Pky, **E** 🅿️ Phillips 66/dsl, Shell/dsl 🍴 Checkers, Chicago Gyros, El Chico, Fuji Steaks, HoneyBaked Ham, Hooters, Las Palmas Mexican, McDonald's, O'Charley's, Pizza Hut, Subway, Wendy's 🛏️ Best Value Inn, Comfort Suites, Country Inn Suites, Magnuson Hotel, Rodeway Inn 🅾️ 🏥, Dillard's, JC Penney, Macy's, mall, Sears/auto, **W** 🅿️ Marathon, Volunteer, E on Gallatin 🍴 Arby's, Bar-B-Cutie, Burger King, Chick-fil-A, Chili's, ChuckeCheese, CiCi's, Cookout, Domino's, Fazoli's, IHOP, Jersey Mike's, Jets Pizza, Jimmy John's, Krispy Kreme, Las Fiestas, Logan's Roadhouse, Longhorn Steaks, Olive Garden, Outback Steaks, Panda Express, Panera Bread, Pollo Tropical, Popeye's, Rafferty's, Red Lobster, Ryan's, Sonic, Starbucks, Steak'n Shake, Taco Bell, TGI Friday's, Zaxby's 🅾️ $General, $Tree, $Tree, AT&T, Best Buy, Big Lots, Books-A-Million, Buick/GMC, CarMax, Chevrolet, Chrysler/Dodge/Jeep, CVS Drug, Dick's, Discount Tire, Firestone/auto, Goodyear/auto, Harley-Davidson, Hobby Lobby, Home Depot, Honda, Jo-Ann's Etc, Kia, Lowe's, Nissan, Office Depot, Old Navy, O'Reilly Parts, PepBoys, Petsmart, Target, TJ Maxx, Toyota/Scion, URGENT CARE, Verizon, VW, Walgreens, Walmart/Subway/gas
95	TN 386, Vietnam Veterans Blvd (from nb)
92	rd 45, Old Hickory Blvd, **E** 🅾️ to Old Hickory Dam, **W** 🅾️ 🏥
90b	TN 155 E, Briley Pkwy, **E** 🅾️ to Opryland
90a	US 31W, US 41, Dickerson Pike, **E** 🅿️ Citgo/dsl, Delta/dsl, Exxon/dsl 🍴 Arby's, Capt D's, Chicago Gyros, China King, Church's, Domino's, Jay's Rest., KFC, Little Caesar's, McDonald's, Pizza Hut, Subway, Taco Bell, Waffle House, Wendy's 🛏️ Days Inn, EconoLodge, Sleep Inn, Super 8 🅾️ $General, Advance Parts, AutoZone, Family$, O'Reilly Parts, Walgreens, **W** 🅿️ Murphy USA/dsl 🅾️ $Tree, Lowe's, Walmart
88b a	I-24, W to Clarksville, E to Nashville
87b a	US 431, Trinity Lane, **E** 🅿️ BP, Loves/Subway/dsl/scales/24hr 🍴 Church's/White Castle, Krystal, Sonic 🛏️ Cumberland Inn, Delux Inn 🅾️ Piggly Wiggly, **W** 🅿️ BP, Exxon, Shell/dsl, Victory/dsl 🍴 Fat Mo's, Jack-in-the-Box, Jack's BBQ, McDonald's, Subway, Taco Bell, Waffle House 🛏️ Best Value Inn, Days Inn, EconoLodge, Halmark Inn, Howard Johnson, King's Inn, Magnuson Hotel, Ravin Hotel, Red Roof Inn, Regency Inn, Rodeway Inn 🅾️ $General, Family$

MEMPHIS

NASHVILLE

TN

⬆N INTERSTATE 65 Cont'd

Exit#	Services
86	I-24 E, to I-40 E, to Memphis
86mm	Cumberland River
85	US 41A, 8th Ave, **E** 🅾 AutoZone, Kroger/gas, O'Reilly Parts, to st capitol, **W** 🅿 Exxon 🍴 Arby's, Jersey Mike's, McDonald's, Pizza Hut, Starbucks, Subway, Taco Bell, Wendy's, Wise Burger 🏠 Fairfield Inn, Millennium Hotel, SpringHill Suites 🅾 Cadillac, Honda, Lexus
84b a	I-40, E to Knoxville, W to Memphis
209[I-40]	US 70, Charlotte Ave, Church St, **E** 🅿 Exxon 🍴 McDonald's 🏠 Sheraton 🅾 Firestone, **W** 🅿 Exxon, Shell/dsl 🍴 Burger King, Jack Cawthon's BBQ, Krystal, Sonic, Subway, White Castle 🏠 Comfort Inn, Hilton Garden 🅾 Hyundai, URGENT CARE, Walgreens
82b a	I-40, W to Memphis, E to Nashville
81	Wedgewood Ave, **W** 🅿 BP, Exxon, Shell/dsl 🍴 Burger King, Subway 🅾 $General, U-Haul
80	I-440, to Memphis, Knoxville
79	Armory Dr, **E on Powell** 🅿 Shell 🍴 Applebee's, Firehouse Subs, Jersey Mike's, Logan's Roadhouse, Panda Express, Panera Bread, Pizza Hut, Rafferty's, Subway, Taco Bell, Wendy's 🅾 BMW, CarMax, Home Depot, Michael's, Petsmart, Ross, Staples, TJ Maxx, Walmart
78b a	rd 255, Harding Place, **E** 🅿 Mapco, Pure, Shell 🍴 Beijing Chinese, Cracker Barrel, Sub House, Waffle House 🏠 La Quinta, Red Roof Inn 🅾 CVS Drug, URGENT CARE
74	TN 254, Old Hickory Blvd, to Brentwood, **E** 🍴 Coldstone, Fulin's Asian, Longhorn Steaks, Panera Bread, Qdoba Mexican, Waffle House 🏠 Best Western, Holiday Inn Express, Hyatt Place, Sheraton 🅾 GNC, Target, **W** 🅿 BP, Gulf, Shell/dsl, Twice Daily/dsl 🍴 Backyard Burger, Blaze Pizza, BurgerFi, Chick-fil-A, Chili's, Chipotle Mexican, Corky's BBQ, Dunkin' Donuts, FirstWatch, Five Guys, Jimmy John's, McAlister's Deli, McDonald's, Moe's SW Grill, Newk's Eatery, O'Charley's, Papa John's, Papa Murphy's, Pei Wei, Pizza Hut, Ruby Tuesday, Starbucks, Subway, Taco Bell, Taziki 's Cafe, Wendy's, Which Wich?, Zoe's 🏠 Baymont, Courtyard, Extended Stay (2), Extended Stay America, Hampton Inn, Hilton Garden, Hilton Suites, Mainstay Suites 🅾 Cadillac, CVS Drug, Firestone/auto, Fresh Mkt Foods, Kroger, Land Rover, Office Depot, PetCo, Publix, REI, TJ Maxx, Walgreens
71	TN 253, Concord Rd, to Brentwood
69	rd 441, Moores Lane, Galleria Blvd, **E** 🅿 MapCo/dsl, Shell, Tesla EVC 🍴 Amerigo's Grill, Baskin-Robbins, Cheddar's, Dicky's BBQ, Dunkin Donuts, Fuji Japanese, Hungry Howie's, Mexicali Grill, Outback Steaks, Papa Murphy's, Shogun Japanese, Sonic, Sportsman's Grille, Starbucks 🏠 Hilton Garden, Holiday Inn, Holiday Inn Express, Hyatt Place 🅾 Acura/Lexus, Advance Parts, Christian Bros. Auto, CVS Drug, Home Depot/dsl, Michael's, Petsmart, Publix, vet, Walgreens, **W** 🅿 BP, Shell/dsl 🍴 Backyard Burger, Buca Italian, Burger King, Capt D's, Cheesecake Factory, Chili's, Cracker Barrel, Famous Dave's, HoneyBaked Ham, Honeysuckle Grill, J Alexander's Rest., Krispy Kreme, Logan's Roadhouse, Macaroni Grill, McDonald's, Peking Palace, Pizza Hut/Taco Bell, Red Lobster, Schlotzsky's, Stoney River Steaks, Subway, Twin Peaks 🏠 Sleep Inn 🅾 $Tree, Barnes&Noble, Belk, Best Buy, Costco/gas, Dillard's, Discount Tire, Firestone/auto, JC Penney, Macy's, mall, NTB, Old Navy, Ross, Sears/auto, Target, UHaul
68b a	Cool Springs Blvd, **E** 🍴 Jersey Mike's, Noodles&Co, Swankys Tacos, Tupelo Honey Cafe 🏠 Courtyard, Embassy Suites,

B R E N T W O O D

F R A N K L I N

68b a	**Continued** Marriott, Residence Inn, **W** 🅿 Exxon, Shell 🍴 BoneFish Grill, Burger Up, Canton Buffet, Carrabba's, Chick-fil-A, Chipotle, ChuckeCheese, Chuy's Mexican, Five Guys, Genghis Grill, Greek Cafe, J Christopher's, Jack-in-the-Box, Jason's Deli, Jersey Mike's, Jim 'N Nicks BBQ, Jimmy John's, Jonathan's Grille, La Palmas, McAlister's Deli, McDonald's, Moe's SW Grill, Newk's Eatery, Old Chicago, Panda Express, Panera Bread, Papa John's, PF Chang's, Pie Five Pizza, Pizza Hut, Pollo Tropical, Saladworks, Sperry's, Starbucks, Subway, TGIFriday's, Wendy's, Which Wich, Wild Wing Cafe, Zoe's Kitchen 🏠 ALoft, Country Inn&Suites, Hampton Inn, TownePlace Suites 🅾 Acura, AT&T, Dick's, GNC, Harley-Davidson, Jo-Ann Fabrics, Kroger, Lowe's, Marshall's, Mazda, Office Depot, Sam's Club/gas, Staples, TJ Maxx, to Galleria Mall, Verizon, vet, Walgreens
67	McEwen Dr, **E** 🏠 Homewood Suites, **W** 🍴 Blue Coast Burrito, Brick Top's, Buffalo Wild Wings, Culver's, Firehouse Subs, Granite City, Jamba Juice, Little Caesar's, Marco's Pizza, PF Wei, Sonic, Subway, Tazikis Mediterranean Cafe 🏠 Drury Inn 🅾 CarMax, CVS, Kohl's, Petco, Toyota/Scion, Walmart, Whole Food Mkt
65	TN 96, to Murfreesboro, Franklin, **E** 🅿 Mapco, Shell/Krystal 🍴 Cracker Barrel, Sonic, Steak'n Shake 🏠 Best Value Inn, Comfort Inn, Days Inn, La Quinta, Ramada Inn 🅾 auto repair, Baymont Inn, Buick/GMC, Chevrolet, Honda, Kia, O'Reilly Parts, Subaru, URGENT CARE, Volvo, Walgreens, **W** 🅿 BP/dsl, Shell, Shell/dsl 🍴 Arby's, Backyard Burger, Bar-B-Cutie, Bleacher Sports Grill, El Agave Mexican, Franklin Chophouse, Franklin Chophouse, Guacamole Mexican, Hardee's, IHOP, Jersey Mike's, KFC, La Terraza Mexican, McDonald's, Nashville Pizza, O'Charley's, Pancho's Mexican, Papa John's, Shoney's, Starbucks, Subway, Taco Bell, Waffle House, Wendy's, Whitts BBQ, Zaxby's 🏠 Best Western, Best Western, Quality Inn 🅾 $General, $Tree, Aldi Foods, AT&T, BigLots, Chrysler/Dodge/Jeep, Discount Tire, Fiat, Ford/Lincoln, Hobby Lobby, Home Depot, Kroger/dsl, Publix/gas, Rite Aid, Sprouts Mkt, SteinMart, to Confederate Cem at Franklin, Tuesday Morning, Verizon, vet, Walgreens
64mm	Harpeth River
61	TN 248, Peytonsville Rd, to Spring Hill, **E** 🅿 TA/BP/Country Pride/dsl/scales/24hr/@, **W** 🅿 Mapco, Shell/dsl 🏠 Goose Creek Inn
59b a	TN 840, to Nashville
58mm	W Harpeth River
53	TN 396, Saturn Pkwy, Spring Hill, Columbia, **W** TN Scenic Pkwy
48mm	**truck insp/weigh sta nb, litter barrels**
46	US 412, TN 99, to Columbia, Chapel Hill, **E** 🅿 BP/dsl, Loves/Arbys/dsl/scales/24hr 🅾 Harley-Davidson, Henry Horton SP, **W** 🅿 Citgo/dsl, Phillip 66/Subway/dsl, Shell, TJ's 🍴 Burger King 🍴 Cracker Barrel, McDonald's, Stan's Rest, Waffle House 🏠 Best Value Inn, Comfort Inn, Fairfield Inn, Hampton Inn, Holiday Inn Express, Relax Inn, Super 8 🅾 Ⓗ
40.5mm	Duck River
37	TN 50, to Columbia, Lewisburg, **E** 🅾 Ⓗ, TN Walking Horse HQ, **W** 🅿 Phillips 66dsl 🅾 to Polk Home
32	rd 373, to Lewisburg, Mooresville
27	rd 129, to Lynnville, Cornersville, **E** 🅾 Texas T Camping
25mm	**W parking area sb, litter barrels**
24mm	**E parking area nb, litter barrels**
22	US 31A, to Pulaski, **E** 🅿 Tennessean Trkstp/Exxon/Pop's BBQ/dsl/scales/24hr/@ 🍴 McDonald's, Subway 🏠 EconoLodge, **W** 🅿 Pilot/dsl/scales/24hr, Shell/dsl

⬆N INTERSTATE 65 Cont'd

Exit#	Services
14	US 64, to Pulaski, **E** 🅟 BP/dsl, Shell/dsl 🍴 Sarge's Shack Rest. 🛏 Super 8 🅞 to Jack Daniels Distillery, **W** 🅞 🄷
6	rd 273, Bryson, **E** 🅟 Shell/rest./dsl/repair 🛏 Best Value Inn 🅞 dsl repair, **W** 🅟 Marathon/dsl (2mi)
5mm	weigh sta nb
4mm	Elk River
3mm	Welcome Ctr nb, full ♿ facilities, info, litter barrels, petwalk, 🄲, 🚮
1	US 31, rd 7, Ardmore, **1-2 mi E** 🅟 Chevron/dsl, Exxon/dsl, Shell 🍴 $General, El Olmeca Mexican, Hardee's, KFC/Taco Bell, McDonald's, Pizza Hut, Sonic, Subway, Whitts BBQ 🅞 $General Mkt, Ardmore Tire, O'Reilly Parts
0mm	Tennessee/Alabama state line

⬆N INTERSTATE 75

Exit#	Services
161.5mm	Tennessee/Kentucky state line
161mm	Welcome Ctr sb, full ♿ facilities, litter barrels, petwalk, 🄲, 🚮, vending
160	US 25W, Jellico, **E** 🅟 Sunoco/dsl, VP/dsl, **W** 🅟 Exxon/Wendy's/dsl, Shell/Arby's/dsl 🍴 Hardee's, Heritage Pizza, McDonald's, Subway 🛏 Days Inn, Parkway Inn 🅞 🄷, fireworks, to Indian Mtn SP
156	Rarity Mtn Rd
144	Stinking Creek Rd, **4 mi E** 🅞 Ride Royal Blue Camping
141	TN 63, to Royal Blue, Huntsville, **E** 🅟 Shell/dsl 🍴 El Rey Azteca, **W** 🅟 🅿️Pilot/dsl (2), 🅿️Pilot/Subway/dsl/scales/24hr, TA/Shell/Popeye's/dsl 🍴 Hardee's 🛏 Comfort Inn 🅞 fireworks, repair/truckwash, to Big South Fork NRA
134	US 25W, TN 63, Caryville, **E** 🅟 Shell 🍴 Takumi Japanese, Waffle House 🛏 Hampton Inn, Holiday Inn Express, Red Roof Inn, Super 8 🅞 🄷, $General, Cumberland Gap NHP, to Cove Lake SP, **W** 🅟 Exxon/dsl 🍴 Scotty's Hamburgers, Shoney's 🛏 Budget Host 🅞 USPO
129	US 25W S, Lake City, **W** 🅟 BP/dsl, Marathon/Sonic/dsl, 🅿️Pilot/dsl, Shell/dsl 🍴 Cracker Barrel, Domino's, Glenn's Pizza, KFC/Taco Bell, La Fiesta Mexican, McDonald's, Subway 🛏 Blue Haven Motel, Econolodge, Lamb's Inn/rest., Scottish Inn 🅞 $General, Family$, fireworks, same as 128
128	US 441, to Lake City, **E** 🅟 Sunoco 🅞 Mtn Lake Marina Camping (4mi), **W** 🅟 BP/dsl, Marathon, Weigel's/dsl 🛏 Blue Haven Motel 🅞 $General, Advance Parts, antique cars, Family$, same as 129, to Norris Dam SP
126mm	Clinch River
122	TN 61, Bethel, Norris, **E** 🅟 Mobil/dsl, Wiegel's/dsl 🍴 Shoney's 🅞 antiques, KOA, Museum of Appalachia, Toyota/Scion, **W** 🅟 BP/dsl, Exxon/Burger King/Subway/dsl, Git'n Go/dsl, Phillips 66/dsl, Shell/Baskin-Robbins 🍴 Arby's, Bojangles, Firehouse Subs, Golden Girls Rest., Gondolier Italian, Hardee's, Harrison's Grill, Krystal, LJ Silver, McDonald's, Petro's Chili, Waffle House, Wendy's, Zaxby's 🛏 Baymont Inn, Hampton Inn, Holiday Inn Express, Quality Inn, Red Roof Inn, Super 8 🅞 AT&T, Big Pine Ridge SP, Ford, Verizon, Walgreens, Walmart/McDonald's
117	rd 170, Racoon Valley Rd, **E** 🅿️Pilot/dsl/scales/24hr, **W** 🛏 Valley Inn 🅞 Racoon Valley RV Park, Volunteer RV Park
112	rd 131, Emory Rd, to Powell, **E** 🅿️Pilot/DQ/Taco Bell/dsl, Shell/Buddy's BBQ/dsl 🍴 Arby's, Bruster's, Chick-fil-A, Cook

(left margin vertical: **B E T H E L**)

(Tennessee state map graphic showing cities: Greenbrier, White House, Lafayette, Gallatin, Hendersonville, Nashville, Cookeville, Oak Hill, La Vergne, Alexandria, Brentwood, Smyrna, Smithville, Kittrell, Woodbury, Almaville, Campaign, Christiana, Plainview, McMinnville, Unionville, Summitville, Lewisburg, Cornersville; interstates 24, 65, 440, 40)

TN

112	Continued Out, Firehouse Subs, Five Guys, Jets Pizza, Krystal, McDonald's/playplace, Petro's Cafe, Ruby Tuesday, Starbucks, Steak'n Shake, Subway, Taco Bell, Wendy's, Zaxby's 🛏 Comfort Inn, Holiday Inn Express, La Quinta 🅞 🄷, CVS Drug, Ingles/gas, O'Reilly Parts, Rigg's Drug, Verizon, **W** 🅟 Exxon/dsl, Shell/dsl, Weigel's/dsl 🍴 Aubrey's Rest., Hardee's, Shoney's, Waffle House 🛏 Super 8 🅞 Kroger/dsl
110	Callahan Dr, **E** 🅟 Weigel's/dsl 🍴 Archer's BBQ, Asian Cafe 🛏 Baymont Inn, Express Inn 🅞 Honda, **W** 🛏 Scottish Inn 🅞 Kia, Mack/Volvo
108	Merchants Dr, **E** 🅟 Delta/dsl, Marathon/dsl, Mobil/dsl, 🅿️Pilot/dsl 🍴 Applebee's, Cracker Barrel, El Chico, Hooters, Monterrey Mexican, O'Charley's, Pizza Hut, Puelo's Grill, Starbucks, Waffle House 🛏 Best Western, Clarion, Comfort Suites, Hampton Inn, Mainstay Suites, Quality Inn, Red Roof Inn, Sleep Inn 🅞 Ingles, Valvoline, **W** 🅟 Exxon/dsl, 🅿️Pilot/Domino's/dsl 🍴 Austin's Steaks, Burger King, Capt D's, Dunkin Donuts, IHOP, Mandarin House, McDonald's, Nixon's Deli, Outback Steaks, Red Lobster, Subway, Taco Bell 🛏 Best Value Inn, EconoLodge, Motel 6, Select Inn, Super 8 🅞 CVS Drug, Walgreens
107	I-640 & I-75
3b[I-640]	US 25W, (from nb), **W** 🅞 Chevrolet, Ford, Nissan
1[I-640]	rd 62, Western Ave, **E** 🍴 Hardee's, Krystal 🅞 Advance Parts, Family$, O'Reilly Parts, **W** 🅟 Exxon/dsl, Marathon/dsl, RaceWay/dsl 🍴 Central Park, Firehouse Subs, KFC, Little Caesars, LJ Silver, McDonald's, Panda Chinese, Shoney's, Subway, Taco Bell, Wendy's 🅞 CVS Drug, Kroger/dsl, Walgreens
	I-75 and I-40 run together 17 mi. See I-40, exits 369 through 385.
84[368]	I-40, W to Nashville, E to Knoxville
81	US 321, TN 95, to Lenoir City, **E** 🅟 BP/Buddy's BBQ/TCBY/dsl, Exxon/Subway/dsl, Marathon/dsl, Mobil, Murphy USA/dsl, Shell/dsl, Weigel's/dsl 🍴 Arby's, Aubrey's Rest., Bojangles, Burger King, Capt D's, Chick-fil-A, Chili's, China Buffet, Cinco Amigos Mexican, Cracker Barrel, Domino's, Dunkin Donuts, Firehouse Subs, Gondolier Italian, Hardee's, KFC, McDonald's, Papa John's, Pizza Hut, Shoney's, Taco Bell, Tako Yaki Steaks, Waffle House, Wendy's, Zaxby's 🛏 Days Inn, Hampton Inn, Holiday Inn Express, King's Inn/rest. 🅞 🄷, $General Mkt, $Tree, Advance Parts, AT&T, AutoZone, Big Lots, CVS Drug, Food City/gas, Ford, Ft Loudon Dam, GNC, Great Smokies NP, Home Depot, Ingles, Lazy Acres RV Park (7mi), O'Reilly Parts, Verizon, Walgreens, Walmart/Subway, **W** 🅟 Citgo/dsl 🍴 Krystal, Ruby Tuesday 🛏 Comfort Inn, EconoLodge, Knights Inn 🅞 Crosseyed Cricket Camping (6mi), Matlock Tires/Repair
76	rd 324, Sugar Limb Rd, **W** 🅞 to TN Valley Winery
74mm	Tennessee River

(right margin vertical: **K N O X V I L L E**)

⬆ N | INTERSTATE 75 Cont'd

Exit#	Services
72	TN 72, to Loudon, **E** 🅖 BP/McDonald's, Exxon/Wendy's/dsl, Weigel's/dsl 🅕 Bojangles, Cabin Rest., KFC, Taco Bell 🅛 Country Inn&Suites, Inn of Loudon 🅞 to Ft Loudon SP, **W** 🅕 Marathon 🅛 Best Value Inn 🅞 Express RV Park
68	rd 323, to Philadelphia, **E** 🅖 Marathon/dsl 🅕 cheese factory/store (2mi)
62	RD 322, Oakland Rd, to Sweetwater, **E** 🅕 Dinner Bell Rest., **W** 🅞 KOA
60	TN 68, Sweetwater, **0-2 mi E** 🅖 BP/dsl, RaceWay, Sunoco 🅕 A&W/LJ Silver, Bradley's BBQ, Burger King, Hardee's, KFC, Little Caesar's, McDonald's, Mexi Wings, Pizza Hut, Sonic, Subway, Taco Bell 🅛 Days Inn, Economy Inn, Hilltop Motel, Quality Inn 🅞 🅷 $General, Ace Hardware, Advance Parts, Family$, Ford/Lincoln, O'Reilly Parts, to Lost Sea Underground Lake, Verizon, Walgreens, **W** 🅖 Kangaroo/dsl, Marathon 🅛 Holiday Inn Express, Super 8 🅞 flea mkt, to Watts Bar Dam
56	rd 309, Niota, **E** 🅖 ⛽/Wendy's/dsl/scales/24hr 🅞 TN Country Camping, **W** 🅞 repair
52	rd 305, Mt Verd Rd, to Athens, **E** 🅖 Marathon/dsl (2mi) 🅕 Subway (2mi) 🅞 Overniter RV Park, **W** 🅖🅛 Athens Lodge
49	TN 30, to Athens, **E** 🅖 Exxon, Kangaroo, Marathon, Mobil/dsl, Murphy USA/dsl 🅕 Applebee's, Arby's, Buddy's BBQ, Burger King, Capt D's, China Wok, Dunkin Donuts, Firehouse Subs, Hardee's, KFC, Krystal, Little Caesar's, McDonald's, Mexi Wing, Ming Dynasty, Papa John's, Pizza Hut, Ruby Tuesday, Shoney's, Sonic, Subway, Subway, Taco Bell, Waffle House, Wendy's, Western Sizzlin, Zaxby's 🅛 Days Inn, Hampton Inn, Holiday Inn Express, Homestead Inn, Motel 6, Scottish Inn, Super 8 🅞 🅷 $General, $Tree, Advance Parts, Athens I-75 Camping, Belk, BigLots, GNC, Russell Stover, Staples, to TN Wesleyan Coll, URGENT CARE, Verizon, Walgreens, Walmart/Subway, **W** 🅖 Mobil/dsl, Speedway/dsl 🅕 Cracker Barrel 🅛 Best Value Inn, Comfort Inn
45mm	🆁🆂 both lanes, full ♿ facilities, litter barrels, petwalk, 🅲, 🄰, vending
42	rd 39, Riceville Rd, **E** 🅖 Citgo/dsl 🅛 Relax Inn, Rice Inn (2mi)
36	rd 163, to Calhoun, **E** 🅕 Hardee's (3mi) 🅞 Hiwassee/Ocoee River SP
35mm	Hiwassee River
33	rd 308, to Charleston, **E** 🅖 Marathon/dsl 🅕 Hardee's, **W** 🅖 ♥Love's/McDonald's/Subway/dsl/scales/24hr
27	Paul Huff Pkwy, **1 mi E** 🅖 Murphy USA, Shell/dsl 🅕 Applebee's, Buffalo Wild Wings, Capt D's, Chili's, CiCi's, DQ, Fazoli's, Firehouse Subs, Five Guys, Golden Corral, IHOP, Little Caesar's, Longhorn Steaks, McDonald's, O'Charley's, Olive Garden, Outback Steaks, Panera Bread, Papa Murphy's, Pita Pit, Pizza Hut, Royal Buffet, Santa Fe Steaks, Six Happiness, Sonic, Starbucks, Steak'n Shake, Subway, Taco Bell 🅛 Baymont Inn, Holiday Inn Express 🅞 $Tree, Aldi Foods, auto repair/tires, AutoZone, Belk, Buick/Cadillac/GMC, CVS Drug, Discount Tire, Food Lion, Hobby Lobby, Home Depot, JC Penney, Lowe's, mall, PetCo, Publix, Rite Aid, Staples, TJ Maxx, Verizon, Walgreens, Walmart, **W** 🅖 Exxon/dsl, Orbit/dsl, Shell/Subway 🅕 Denny's, Fulin's Asian, Hardee's, Honeybaked Ham, Shane's Ribshack, Stevi B's Pizza, Waffle House, Wendy's 🅛 Clarion, Classic Suites, Hampton Inn, Quality Inn, Royal Inn, Super 8, Travelodge 🅞 AT&T, Books-A-Million, Kohl's, Michael's, Ross, Target
25	TN 60, Cleveland, **E** 🅖 Chevron/dsl, RaceWay/dsl, Shell/dsl, Sunoco/dsl 🅕 Bojangles, Burger King, Checkers, Cracker Barrel, Dunkin Donuts, Hardee's, Las Margaritas, McDonald's,

Exit#	Services
25	Continued Old Fort Rest., Sonic, Waffle House, Wendy's, Zaxby's 🅛 Colonial Inn, Days Inn, Douglas Inn, EconoLodge, Economy Inn, Fairfield Inn, Howard Johnson, Knights Inn, Travel Inn 🅞 $General, Ace Hardware, BigLots, Cherokee Drug, NAPA, Rite Aid, to Lee Coll, Tuesday Morning, **W** 🅖 🅛 Comfort Inn, La Quinta, Mtn View Inn, Wingate Inn
23mm	truck/weigh sta nb
20	US 64 byp, to Cleveland, **1-4 mi E** 🅖 FuelMart 🅞 Ford, Honda, Kia, **W** 🅖 Exxon/dsl, ⛽/McDonald's/Subway/dsl/scales/24hr 🅞 fireworks, KOA (1mi), Toyota/Scion
16mm	scenic view sb
13mm	truck/weigh sta, litter barrels sb
11	US 11 N, US 64 E, Ooltewah, **E** 🅖 BP, Mapco, Murphy USA/dsl, RaceWay/dsl 🅕 Arby's, Bojangles, Burger King, China Rose, Cracker Barrel, El Matador Mexican, Hardee's, Little Caesars, McDonald's, Pizza Hut, Sonic, Subway, Taco Bell, Wendy's, Western Sizzlin, Zaxby's 🅛 Hampton Inn, Holiday Inn Express 🅞 $General, Ace Hardware, BiLo, GNC, O'Reilly Parts, Verizon, Walgreens, Walmart/Subway, **W** 🅖 BP/dsl, Shell/dsl 🅕 Beef'o Brady's, Krystal, Waffle House 🅛 Super 8 🅞 Publix, to Harrison Bay SP
9	TN 317, Apison Pk, Volkswagen Dr, **E** 🅖 Shell
7b a	US 11, US 64, Lee Hwy, **E** 🅖 Shell/dsl, **W** 🅖 BP, Speedway/dsl 🅕 City Cafe, Waffle House 🅛 Airport Inn, Best Inn, Best Value Inn, Best Western, EconoLodge, Motel 6, Rodeway Inn, Woodspring Suites 🅞 Denton's Repair, Harley-Davidson, Jaguar/Land Rover/Porsche/Infiniti
5	Shallowford Rd, **E** 🅕 Arby's, CiCi's, Famous Dave's, Forbidden City Chinese, Imperial Garden, J. Alexanders, Jersey Mike's, Krystal, Logan's Roadhouse, Macaroni Grill, McAlister's Deli, McDonald's, Mellow Mushroom Pizza, Melting Pot, Outback Steaks, Panda Express, Ruth's Chris Steaks, Smokey Bones BBQ, Souper Salad, Starbucks, Steak'n Shake, Taco Bell, Zaxby's 🅛 Courtyard, Embassy Suites, Quality Inn, Wingate Inn 🅞 Best Buy, Firestone/auto, FreshMkt Foods, Hobby Lobby, Home Depot, Lowe's, Office Depot, Old Navy, Petco, Petsmart, SteinMart, Target, Walgreens, Walmart/Subway, World Mkt, **W** 🅖 BP, Citgo/dsl, Exxon/dsl, Shell, Speedway/dsl 🅕 Applebee's, Cracker Barrel, Fazoli's, Firebox Grill, Fuji Steaks, O'Charley's, Papa John's, Shoney's, Sonic, Subway, TX Roadhouse, Waffle House, Wendy's 🅛 Comfort Inn, Country Inn&Suites, Days Inn, Fairfield Inn, Guesthouse Inn, Hampton Inn, Hilton Garden, Holiday Inn, Homewood Suites, Knights Inn, La Quinta, MainStay Suites, Red Roof Inn, Residence Inn, Sleep Inn, Staybridge Suites, Super 8, Travelodge 🅞 🅷 Bi-Lo, CarMax, CVS Drug, Family$, Goodyear/auto, same as 4a, SaveALot, U of TN/Chatt
4a	(from nb) Hamilton Place Blvd, **E** 🅖 Shell 🅕 Abuelo's, Acropolis, Bar Louie Grill, Big River Grille, BoneFish Grill, Capt D's, Carrabba's, Cheddar's, Chick-fil-A, Chili's, Chop House, DQ, El Meson Mexican, Firebird's, Firehouse Subs, Five Guys, Fox&Hound Grille, Golden Corral, Honeybaked Ham, Jason's Deli, Kanpai of Tokyo, McDonald's, Moe's SW Grill, Olive Garden, Outback Steaks, Panera Bread, PF Chang's, Red Lobster, Red Robin, Salsarita's Mexican, Shogun Japanese, Starbucks, Sticky Fingers BBQ, Taziki's Cafe 🅛 Hampton Inn, InTown Suites 🅞 $Tree, AAA, AT&T, Barnes&Noble, Belk, Big Lots, Dick's, Dillard's, Earthfare, Firestone/auto, JC Penney, Jo-Ann, Kohl's, mall, Marshall's, Michael's, Pepboys, Ross, same as 5, Sears/auto, Staples, Target, TJ Maxx, Verizon, World Mkt
4	TN 153, Chickamauga Dam Rd, 🖰

⬆N INTERSTATE 75 Cont'd

Exit#	Services
3b a	TN 320, Brainerd Rd, **E** 🅟 🍴 Baskin-Robbins, Subway, **W** 🅞 BMW
2	I-24 W, to I-59, to Chattanooga, Lookout Mtn
1.5mm	Welcome Ctr nb, full ♿ facilities, litter barrels, petwalk, 🅒, 🅐, vending
1b a	US 41, Ringgold Rd, to Chattanooga, **E** 🅟 BP, Texaco/dsl 🍴 Wendy's 🏠 Best Value Inn, Best Western, Comfort Inn, Motel 6 🅞 Bass Pro Shops, Bi-Lo, Camping World RV Ctr/park, Family$, **W** 🅟 Conoco/dsl, Mapco/Quiznos/dsl, Valero/dsl 🍴 A&W/LJ Silver, Arby's, Baskin-Robbins, Burger King, Cracker Barrel, Hardee's, Krystal, McDonald's, Popeyes, PortoFino Italian, Sonic, Subway, Taco Bell, Teriyaki House, Waffle House, Wally's Rest. 🏠 Fairfield Inn, Holiday Inn Express, Super 8, Superior Creek Lodge, Waverly Motel 🅞 $General, Advance Parts, AutoZone, Family$, O'Reilly Parts, Rite Aid, U-Haul, Walgreens
0mm	Tennessee/Georgia state line

⬆N INTERSTATE 81

Exit#	Services
75mm	Tennessee/Virginia state line, **Welcome Ctr sb, full ♿ facilities, info, litter barrels, petwalk, 🅒, 🅐, vending**
74b a	US 11W, to Bristol, Kingsport, **E** 🏠 Fairfield Inn, Hampton Inn 🅞 🏥, **W** 🅟 Roadrunner/Subway/dsl, Tesla EVC, Valero/dsl 🍴 Aubrey's Rest., Bojangles, Brusco's Pizza, Chick-fil-A, Jersey Mike's, La Carreta, Moe's SW, McDonald's, Outback Steaks, Pal's Drive-Thru, Panda Express, Starbucks, Steak'n Shake, Zaxby's 🅞 AT&T, Bass Pro Shops, Belk, Carmax, Dick's, GNC, Old Navy, Marshall's, Michael's
69	TN 394, to Blountville, **E** 🅟 BP/Subway/dsl 🍴 Arby's, Domino's 🅞 Advance Parts, Bristol Int Speedway, Lakeview RV Park (8mi), Shadrack Camping
66	rd 126, to Kingsport, Blountville, **W** 🅟 Shell/dsl 🍴 McDonald's
63	rd 357, **E** 🅟 BP/Krystal/dsl, Shell/Subway/dsl 🍴 Cracker Barrel, Wendy's 🏠 La Quinta, Sleep Inn 🅞 Hamricks, Tri-Cities Airport, **W** 🅟 Citgo/dsl 🏠 Econolodge 🅞 dsl repair, KOA, Rocky Top Camping
60mm	Holston River
59	rd 36, to Johnson City, Kingsport, **E** 🅟 Marathon/dsl 🏠 Super 8, **W** 🅟 Exxon/dsl, Marathon, Shell/dsl, Sunoco 🍴 Arby's, Fisherman's Dock Rest., Hardee's, HotDog Hut, Jersey Mike's Subs, La Carreta Mexican, Little Caesars, McDonald's, Moto Japanese, Pal's Drive-Thru, Perkins, Pizza Hut, Plum Tree Rest., Raffaele's Pizza, Sonic, Subway, The Shack BBQ, Zachary's Steaks 🏠 Colonial Inn, Comfort Inn 🅞 $General, $Tree, Advance Parts, CVS Drug, Firestone/auto, Ingles/deli, O'Reilly Parts, to Warrior's Path SP, URGENT CARE, USPO, Verizon, Walgreens
57b a	I-26
56	Tri-Cities Crossing, **E** 🅞 regional shopping complex
50	TN 93, Fall Branch, **W** 🅞 auto auction, st patrol
44	Jearoldstown Rd, **E** 🅟 Marathon
41mm	🆁🆂 sb, full ♿ facilities, litter barrels, petwalk, 🅒, 🅐, vending
38mm	🆁🆂 nb, full ♿ facilities, litter barrels, petwalk, 🅒, 🅐, vending
36	rd 172, to Baileyton, **E** 🅟 Pilot/Subway/dsl/scales/24hr, **W** 🅟 Marathon/dsl, Shell/Subway/dsl/24hr, TA/Country Pride/dsl/scales/24hr/@ 🍴 Pizza+ 🏠 36 Motel 🅞 $General, Around Pond RV Park, Baileyton Camp (2mi), Family$
30	TN 70, to Greeneville, **E** 🅟 Exxon/DQ/Stuckey's/dsl
23	US 11E, to Greeneville, **E** 🅟 Marathon/Wendy's, Mobil/Subway/dsl 🅞 Crockett SP, to Andrew Johnson HS, Tri-Am RV Ctr,

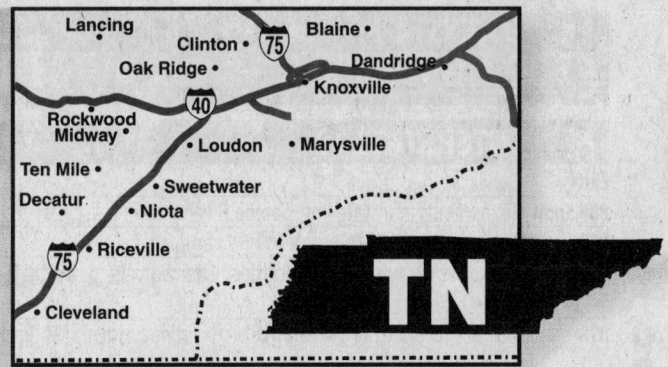

23	Continued
	W 🅟 Exxon/DQ/dsl, Phillips 66/dsl/rest./scales 🍴 McDonald's, Pizza+, Taco Bell 🏠 Quality Inn, Super 8 🅞 Tony's Repair
21mm	weigh sta sb
15	rd 340, Fish Hatchery Rd
12	TN 160, to Morristown, **E** 🅟 Phillips 66/dsl, **W** 🅟 Shell/dsl 🏠 Days Inn (6mi), Hampton Inn (12mi), Holiday Inn Express (5mi), Super 8 (5mi) 🅞 to Crockett Tavern HS
8	US 25E, to Morristown, **E** 🍴 Sonic (2mi), **W** 🅟 Weigel's/dsl 🍴 Cracker Barrel, Fastop/Subway/dsl, Hardee's, McDonald's 🏠 Best Western, Parkway Inn, Super 8 🅞 to Cumberland Gap NHP
4	rd 341, White Pine, **E** 🅟 Pilot/McDonald's/dsl/scales/24hr 🍴 Subway, **W** 🅟 Pilot/Dunkin Donuts/Wendy's/dsl/scales/24hr 🍴 Taco Bell 🏠 Econolodge 🅞 to Panther Cr SP
2.5mm	🆁🆂 sb, full ♿ facilities, litter barrels, petwalk, 🅒, 🅐, vending
1b a	I-40, E to Asheville, W to Knoxville. **I-81 begins/ends on I-40, exit 421.**

⬆E INTERSTATE 640 (Knoxville)

Exit#	Services
9mm	**I-640 begins/ends on I-40, exit 393.**
8	Millertown Pike, Mall Rd N, **N** 🅟 Exxon/DQ, Shell 🍴 Applebee's, Burger King, China Wok, Honeybaked Ham, KFC, Krystal, Mandarin Palace, McDonald's, Pizza Hut, Taco Bell, TX Roadhouse, Wendy's 🅞 $Tree, AT&T, Belk, Food City/dsl, Jo-Ann, Kohl's, mall, Marshall's, Old Navy, Ross, Sam's Club/dsl/auto, Target, Walmart, **S** 🅟 Shell/dsl 🍴 Amigo's, Cracker Barrel, Little Caesar's, O'Charley's, Sonic 🅞 Home Depot, Lowe's Whse, PepBoys
6	US 441, to Broadway, **N** 🅟 Citgo/dsl, Pilot/dsl 🍴 Arby's, Cancun Mexican, Chick-fil-A, Chop House, CiCi's, Firehouse Subs, Hardee's, Krispy Kreme, Lenny's Subs, LJ Silver, McDonald's, Panera Bread, Papa John's, Papa Murphy's, Penn Sta Subs, Ruby Tuesday, Sonic, Subway, Taco Bell 🅞 $General, Advance Parts, AutoZone, BigLots, CVS Drug, Firestone, Food City/gas, Kroger, O'Reilly Parts, repair/tires, Verizon, Walgreens, **S** 🍴 Bojangle's, Buddy's BBQ, Little Caesar's, Shoney's 🅞 $General, $Tree, Food City, Office Depot
3a	I-75 N to Lexington, I-275 S to Knoxville
3b	US 25W, Clinton Hwy, **N** 🅞 Chevrolet, Ford, Nissan, services on frontage rds
1	TN 62, Western Ave, **N** 🅟 Exxon/dsl, Marathon/dsl, Raceway/dsl 🍴 Central Park, Firehouse Subs, KFC, Little Caesars, LJ Silver, McDonald's, Panda Chinese, Shoney's, Subway, Taco Bell, Wendy's 🅞 CVS Drug, Kroger/dsl, Walgreens, **S** 🍴 Hardee's, Krystal 🅞 Advance Parts, Family$, O'Reilly Parts
	I-640 begins/ends on I-40, exit 385.

KINGSPORT

KNOXVILLE

TN

TEXAS

TX

⬥E⬥ INTERSTATE 10

Exit#	Services
880.5mm	Texas/Louisiana state line, Sabine River
880	Sabine River Turnaround, **N** ⊡ RV camping
879mm	**Welcome Ctr wb, full ♿ facilities, litter barrels, petwalk, ⊡, 🚶, vending**
878	US 90, Orange, **N** ⊞ Gulf/dsl ⊡ airboat rides, RV Park, **S** ⊡ Western Store
877	TX 87, 16th St, Orange, **N** ⊞ Exxon/dsl, Shamrock/dsl 🍴 Little Caesar's, Pizza Hut, Subway 🏠 Hampton Inn ⊡ Ace Hardware, Market Basket/deli, **S** ⊞ Get'n Go/dsl, Kwik Stop/dsl, Shell/dsl, Valero/dsl 🍴 2 Amigo's Mexican, Casa Ole, Church's, DQ, General Wok, Jack-in-the-Box, McDonald's, Pop-eye's, Sonic, Taco Bell ⊡ $General, CVS Drug, Family$, Good-year/auto, HEB Foods, Kroger/dsl, Modica Tires, O'Reilly Parts, Verizon, Walgreens
876	Adams Bayou, frontage rd, **N** 🍴 Gary's Café, Señor Toro's Mexican, Taste of Orange Rest., Waffle House 🏠 Best Price Motel, Best Texan Inn, Days Inn, EconoLodge, Executive Inn, Knights Inn, Value Inn ⊡ Toyota, **S** ⊞ Chevron/dsl 🏠 Holiday Inn Express ⊡ same as 877
875	FM 3247, MLK Dr, **S** ⊡ 🄷, Chrysler/Dodge/Jeep
874	US 90, Womack Rd, to Orange, **S** ⊡ 🄷
873	TX 62, TX 73, to Bridge City, **N** ⊞ 🅵FLYING J/Denny's/dsl/LP/scales/24hr, Exxon/dsl/24hr 🏠 Studio 6 ⊡ Oak Leaf RV Park, **S** ⊞ PILOT/Subway/Wendy's/dsl/scales/24hr, Shell/Church's/dsl, Valero/dsl 🍴 McDonald's, Sonic, Waffle House, Whataburger 🏠 Best Western, Comfort Inn, La Quinta
872	N Mimosa Ln, Jackson Dr, from wb
870	FM 1136
869	FM 1442, to Bridge City, **S** ⊞ Chevron/dsl/24hr
867	frontage rd (from eb)
865	Doty Rd (from wb), frontage rd
864	FM 1132, FM 1135, **N** 🏠 Budget Inn ⊡ TX Star RV Park
862	Lakeside St, Timberlane Dr, **N** ⊞ Conoco
861	FM 105, Vidor, **N** ⊞ Chevron/dsl, Citgo/dsl, Conoco/dsl, Valero/dsl 🍴 Casa Ole, Domino's, DQ, Jack-in-the-Box, Little Caesars, McDonald's/playplace, Ming's Buffet, Novrosky's Burgers, Popeye's, Waffle House ⊡ AutoZone, CVS, Mktbasket Foods, Modica Bros Tires, O'Reilly Parts, Verizon, Walgreens, Walmart, **S** ⊞ Citgo/dsl, Exxon/dsl 🍴 Burger King, Pizza Hut, Sonic, Subway, Taco Bell, Whataburger 🏠 Best Western, Holiday Inn Express ⊡ auto repair, Family$
860	Dewitt Rd, frontage rd, W Vidor, **S** ⊞ Citgo, Exxon, Mobil/dsl 🍴 Burger King, Pizza Hut, Sonic, Subway, Taco Bell, Whataburger 🏠 Best Western, Holiday Inn Express ⊡ Family$, repair
859	Bonner Turnaround (from eb), Asher Turnaround (from wb), **N** ⊡ Boomtown RV Park, **S** ⊞ Chevron/Spindletop/dsl/24hr
858	Rose City
856	Old Hwy 90 (from eb), Rose City
855b	Magnolia St (from wb)
855a	US 90 bus, to downtown, Port of Beaumont
854	ML King Pkwy, Beaumont, **N** 🍴 Jack-in-the-Box, **S** ⊞ Exxon/dsl, Shamrock/dsl 🍴 McDonald's
853b	11th St, **N** ⊞ Valero/dsl 🍴 Cafe Del Rio, Red Lobster, Starving Marvin Grill, Waffle House 🏠 Beaumont Lodge, Days Inn, Red Carpet Inn, Sleep Inn, Studio 6, Travel Inn ⊡ MktBasket, **S** ⊞ Chevron/dsl, Shamrock 🍴 Checker's, Chula Vista

ORANGE

VIDOR

BEAUMONT

853b	Continued
	Mexican, Dunkin Donuts, Jack-in-the-Box, Luby's 🏠 Oak Lodge, Rodeway Inn ⊡ 🄷
853a	US 69 N, to Lufkin
852	Harrison Ave, Calder Ave, Beaumont, **N** ⊞ Shell/dsl, Valero/dsl 🍴 Casa Ole Mexican, Casa Tapatia Mexican, Chili's, Frankie's Italian, Olive Garden, Saltgrass Steaks, Tony's BBQ, **S** 🍴 Church's, McDonald's 🏠 La Quinta, Scottish Inn ⊡ 🄷
851	US 90, College St, **N** ⊞ Chevron/dsl, Exxon/dsl, Raceway/dsl 🍴 Carrabba's, Chicken Express, Floyd's Cajun Cafe, Golden Corral, Hooters, Lupe Tortilla, Outback Steaks, Sartin's Seafood, Tokyo Japanese, Waffle House 🏠 Howard Johnson, Quality Inn, Ramada, Red Roof Inn ⊡ Advance Parts, AutoZone, Harley-Davidson, Indian Motorcycles, O'Reilly Parts, URGENT CARE, Verizon, Volvo Trucks, **S** ⊞ Exxon/dsl, Mobil, Shell/dsl 🍴 Catfish Seafood, China Hut, DQ, IHOP, Pizza Hut, Sonic, Taco Bell, Wendy's, Whataburger 🏠 Best Value, Courtyard, Elegante Motel, Fairfield Inn, Regency Inn, Woodspring Suites ⊡ 🄷, $Tree, BMW, Chrysler/Dodge/Jeep, CVS Drug, Discount Tire, Firestone/auto, HEB Foods, Honda, Mercedes, Nissan, NTB, Office Depot, Sam's Club/gas, U-Haul, VW, Walgreens
850	same as 851, wb only
849	US 69 S, Washington Blvd, to Port Arthur, ⊡ 🚶
848	Walden Rd, **N** ⊞ Shell/dsl 🍴 Pappadeaux Seafood, Sonic, Subway 🏠 Comfort Suites, Holiday Inn/rest., La Quinta ⊡ USPO, **S** ⊞ Chevron/dsl, Petro/Iron Skillet/dsl/scales/24hr/@, Shell/dsl 🍴 Carino's Italian, Cheddar's, Cracker Barrel, Jack-in-the-Box, Joe's Crabshack, Waffle House 🏠 Candlewood Suites, Hampton Inn, Hilton Garden, Homewood Suites, Knights Inn, Residence Inn, Super 8 ⊡ Blue Beacon
847	Brooks Rd (from wb), (845 from eb), **S** ⊡ Gulf Coast RV Resort, Hidden Lake RV Park
845	TX 364
843	Smith Rd, **N** ⊞ ♥Love's/Arby's/Chester's/Godfather's/dsl/scales/24hr
838	FM 365, Fannett, **N** 🍴 Alligator Park/Rest., Bar-H BBQ/gas ⊡ T&T RV Park
837.5mm	no services
833	Hamshire Rd, **N** ⊞ Chevron/dsl/24hr
829	FM 1663, Winnie, **N** ⊞ Exxon/dsl, Shell/dsl/24hr, Texaco 🍴 Burger King/dsl 🍴 McDonald's, Taco Bell, Whataburger/24hr 🏠 Days Inn ⊡ RV Park, **S** ⊞ Chevron/Chester's/dsl, Gulf/Subway/Pizza Hut/dsl/scales/24hr, Texaco/dsl 🍴 Al-T's Seafood, Denny's, Exxon/dsl, Hart's Chicken, Hunan Chinese, Jack-in-the-Box, Waffle House 🏠 Comfort Inn, Hampton Inn, Holiday Inn, Home Suites, La Quinta, Motel 6, Winnie Inn/RV Park ⊡ 🄷, Chrysler/Jeep/Dodge
828	TX 73, TX 124 (from eb), to Winnie, **S** ⊡ 🄷, same as 829
827	FM 1406
822	FM 1410
821	insp sta wb
819	Jenkins Rd, **S** ⊞ Exxon/Stuckey's/Chester's/dsl
817	FM 1724
814	frontage rd, from eb, Rs both lanes, full ♿ facilities, 🚶, litter barrels
813	TX 61 (from wb), Hankamer, **N** ⊞ Shell/dsl 🏠 TX Country Inn, **S** ⊞ Exxon/DJ's Diner/dsl 🍴 McDonald's ⊡ same as 812
812	TX 61, Hankamer
811	Turtle Bayou Turnaround, **S** ⊞ Gator Jct/dsl ⊡ Turtle Bayou RV Park

WINNIE

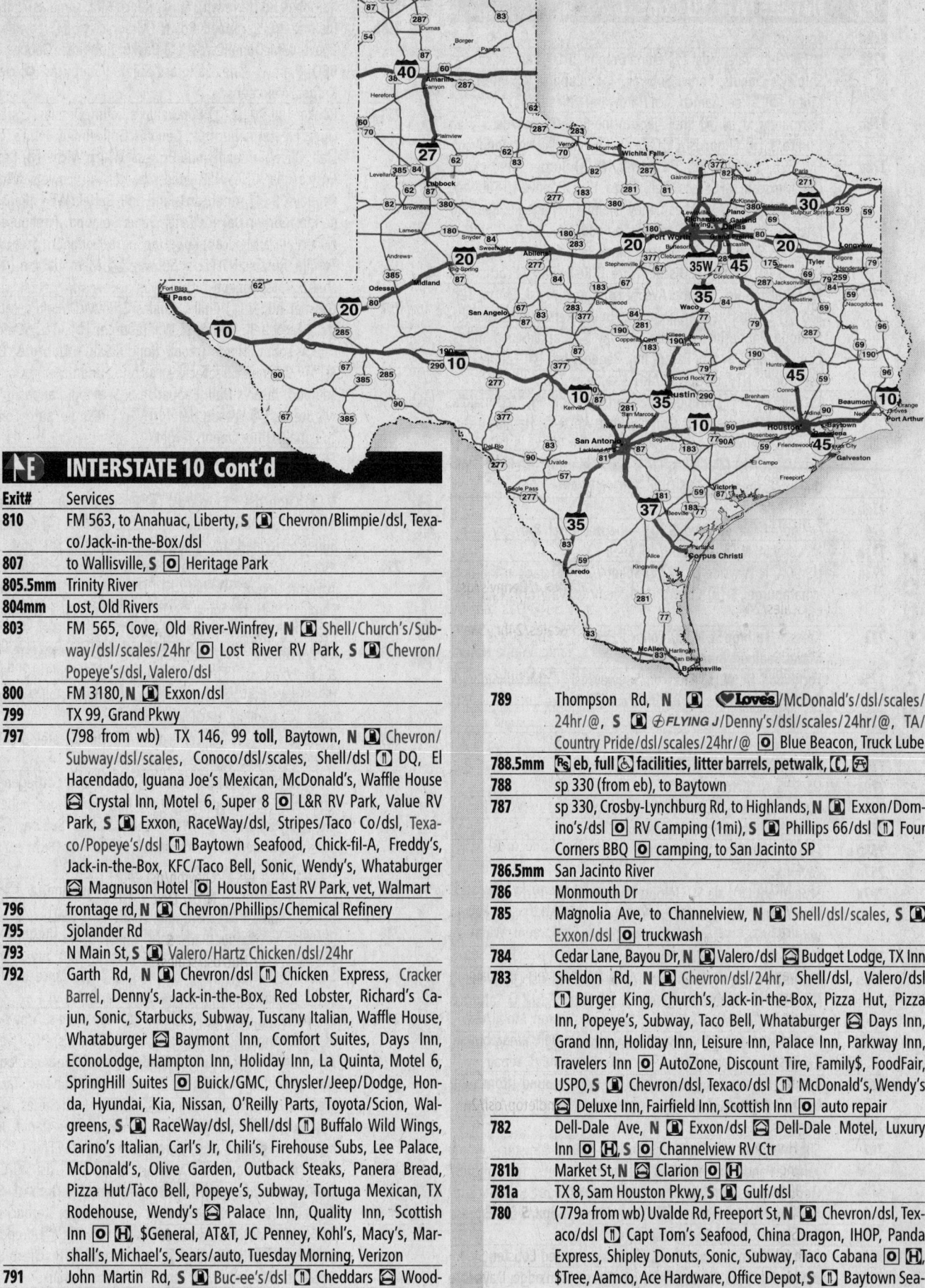

B A Y T O W N

INTERSTATE 10 Cont'd

Exit#	Services
810	FM 563, to Anahuac, Liberty, **S** 📱 Chevron/Blimpie/dsl, Texaco/Jack-in-the-Box/dsl
807	to Wallisville, **S** 🅾 Heritage Park
805.5mm	Trinity River
804mm	Lost, Old Rivers
803	FM 565, Cove, Old River-Winfrey, **N** 📱 Shell/Church's/Subway/dsl/scales/24hr 🅾 Lost River RV Park, **S** 📱 Chevron/Popeye's/dsl, Valero/dsl
800	FM 3180, **N** 📱 Exxon/dsl
799	TX 99, Grand Pkwy
797	(798 from wb) TX 146, 99 **toll**, Baytown, **N** 📱 Chevron/Subway/dsl/scales, Conoco/dsl/scales, Shell/dsl 🍴 DQ, El Hacendado, Iguana Joe's Mexican, McDonald's, Waffle House 🏠 Crystal Inn, Motel 6, Super 8 🅾 L&R RV Park, Value RV Park, **S** 📱 Exxon, RaceWay/dsl, Stripes/Taco Co/dsl, Texaco/Popeye's/dsl 🍴 Baytown Seafood, Chick-fil-A, Freddy's, Jack-in-the-Box, KFC/Taco Bell, Sonic, Wendy's, Whataburger 🏠 Magnuson Hotel 🅾 Houston East RV Park, vet, Walmart
796	frontage rd, **N** 📱 Chevron/Phillips/Chemical Refinery
795	Sjolander Rd
793	N Main St, **S** 📱 Valero/Hartz Chicken/dsl/24hr
792	Garth Rd, **N** 📱 Chevron/dsl 🍴 Chicken Express, Cracker Barrel, Denny's, Jack-in-the-Box, Red Lobster, Richard's Cajun, Sonic, Starbucks, Subway, Tuscany Italian, Waffle House, Whataburger 🏠 Baymont Inn, Comfort Suites, Days Inn, EconoLodge, Hampton Inn, Holiday Inn, La Quinta, Motel 6, SpringHill Suites 🅾 Buick/GMC, Chrysler/Jeep/Dodge, Honda, Hyundai, Kia, Nissan, O'Reilly Parts, Toyota/Scion, Walgreens, **S** 📱 RaceWay/dsl, Shell/dsl 🍴 Buffalo Wild Wings, Carino's Italian, Carl's Jr, Chili's, Firehouse Subs, Lee Palace, McDonald's, Olive Garden, Outback Steaks, Panera Bread, Pizza Hut/Taco Bell, Popeye's, Subway, Tortuga Mexican, TX Rodehouse, Wendy's 🏠 Palace Inn, Quality Inn, Scottish Inn 🅾 H, $General, AT&T, JC Penney, Kohl's, Macy's, Marshall's, Michael's, Sears/auto, Tuesday Morning, Verizon
791	John Martin Rd, **S** 📱 Buc-ee's/dsl 🍴 Cheddars 🏠 Woodspring Suites 🅾 Cadillac/Chevrolet, Ford
790	Ellis School Rd, **N** 🏠 Super 8

Exit#	Services
789	Thompson Rd, **N** 📱 ❤Loves/McDonald's/dsl/scales/24hr/@, **S** 📱 🍴FLYING J/Denny's/dsl/scales/24hr/@, TA/Country Pride/dsl/scales/24hr/@ 🅾 Blue Beacon, Truck Lube
788.5mm	℞s eb, full 🚻 facilities, litter barrels, petwalk, 🍴, 🅿
788	sp 330 (from eb), to Baytown
787	sp 330, Crosby-Lynchburg Rd, to Highlands, **N** 📱 Exxon/Domino's/dsl 🅾 RV Camping (1mi), **S** 📱 Phillips 66/dsl 🍴 Four Corners BBQ 🅾 camping, to San Jacinto SP
786.5mm	San Jacinto River
786	Monmouth Dr
785	Magnolia Ave, to Channelview, **N** 📱 Shell/dsl/scales, **S** 📱 Exxon/dsl 🅾 truckwash
784	Cedar Lane, Bayou Dr, **N** 📱 Valero/dsl 🏠 Budget Lodge, TX Inn
783	Sheldon Rd, **N** 📱 Chevron/dsl/24hr, Shell/dsl, Valero/dsl 🍴 Burger King, Church's, Jack-in-the-Box, Pizza Hut, Pizza Inn, Popeye's, Subway, Taco Bell, Whataburger 🏠 Days Inn, Grand Inn, Holiday Inn, Leisure Inn, Palace Inn, Parkway Inn, Travelers Inn 🅾 AutoZone, Discount Tire, Family$, FoodFair, USPO, **S** 📱 Chevron/dsl, Texaco/dsl 🍴 McDonald's, Wendy's 🏠 Deluxe Inn, Fairfield Inn, Scottish Inn 🅾 auto repair
782	Dell-Dale Ave, **N** 📱 Exxon/dsl 🏠 Dell-Dale Motel, Luxury Inn 🅾 H, **S** 🅾 Channelview RV Ctr
781b	Market St, **N** 🏠 Clarion 🅾 H
781a	TX 8, Sam Houston Pkwy, **S** 📱 Gulf/dsl
780	(779a from wb) Uvalde Rd, Freeport St, **N** 📱 Chevron/dsl, Texaco/dsl 🍴 Capt Tom's Seafood, China Dragon, IHOP, Panda Express, Shipley Donuts, Sonic, Subway, Taco Cabana 🅾 H, $Tree, Aamco, Ace Hardware, Office Depot, **S** 📱 Baytown Seafood, Golden Corral, Whataburger 🅾 Firestone/auto, Home Depot, Sam's Club/gas, U-Haul, Verizon, Walmart/McDonald's

TX

HOUSTON

INTERSTATE 10 Cont'd

Exit#	Services
779b	N 🅿 Gulf, Valero/dsl 🍴 China Dragon, IHOP, Panda Express, Shipley's Donuts, Sonic, Subway, Taco Cabana 🛏 Interstate Motel ⊙ $Tree, Aamco, Ace Hardware, Office Depot
778b	Normandy St, N 🅿 Shell/Jack-in-the-Box, Texaco/dsl 🛏 La Quinta, S 🅿 Citgo/dsl 🍴 Cafe Ko, Church's 🛏 Normandy Inn
778a	FM 526, Federal Rd, Pasadena, N 🍴 Burger King, Casa Ole Mexican, KFC/Taco Bell, Pizza Hut, Popeye's, Subway, S 🅿 Shell/dsl 🍴 James Coney Island, Pappadeaux Seafood Kitchen, Pappas BBQ, Pappa's Seafood, Peking Bo Chinese, Saltgrass Steaks, Sonic, Swamp Shack Rest. 🛏 Lamplight Inn, Super 8 ⊙ AutoZone, Discount Tire, O'Reilly Parts, Scottish Inn
776b	John Ralston Rd, Holland Ave, N 🅿 Chevron/dsl, Exxon, Texaco 🍴 Chulas Mexican, Denny's, Fuddruckers, Luby's, Mambo Seafood, Pappasito's Cantina, Subway 🛏 Candlewood Suites, Comfort Inn, Day Inn, Palace Inn, Regency Inn ⊙ Family$, Fiesta Foods, NTB, URGENT CARE, S same as 778
776a	Mercury Dr, N 🍴 Arandas Mexican, Burger King, McDonald's, Tepatillan Mexican, TX Grill 🛏 Best Western, Hampton Inn, Motel 6, Premier Inn, Quality Inn ⊙ Volvo Trucks, S 🅿 Shell/dsl, Valero/dsl 🍴 Chili's, Cici's Pizza, Murphy's Deli 🛏 Holiday Inn Express ⊙ CVS Drug, URGENT CARE
775b a	I-610
774	Gellhorn (from eb) Blvd, S ⊙ Anheuser-Busch Brewery
773b	McCarty St, N 🅿 Chevron/dsl, Shell
773a	US 90A, N Wayside Dr, N 🅿 Speedy/dsl 🍴 Jack-in-the-Box, Whataburger, S 🅿 Chevron/dsl, Shell/dsl, Valero 🍴 Church's, Subway
772	Kress St, Lathrop St, N 🅿 Conoco, Exxon 🍴 Popeye's, S 🍴 7 Mares Seafood, Burger King
771b	Lockwood Dr, N 🅿 Chevron/Subway/dsl 🍴 McDonald's ⊙ Family$, Walgreens, S 🅿 Shell/dsl 🛏 Palace Inn
771a	Waco St
770c	US 59 N
770b	Jenson St, Meadow St, Gregg St
770a	US 59 S, to Victoria
769c	McKee St, Hardy St, Nance St, downtown
769a	Smith St (from wb), to downtown
768b a	I-45, N to Dallas, S to Galveston
767b	Taylor St
767a	Studemont Dr, Yale St, Heights Blvd, S 🅿 Shell/dsl 🍴 Chick-fil-A, Chili's, Dickey's BBQ, KFC/Taco Bell, Panda Express, Subway ⊙ AT&T, Petsmart, Staples, Target
766	(from wb), Heights Blvd, Yale St
765b	N Durham Dr, N Shepherd Dr, N 🅿 Shell/dsl 🍴 Wendy's 🛏 Howard Johnson ⊙ vet, S 🅿 Valero/dsl 🍴 Saltgrass Steaks
765a	TC Jester Blvd, S 🅿 Exxon/dsl, Texaco/dsl 🍴 Golden Hunan, Starbucks ⊙ vet
764	Westcott St, Washington Ave, Katy Rd, N 🍴 Denny's 🛏 Hampton Inn, S 🅿 Chevron 🍴 IHOP, McDonald's 🛏 Scottish Inn
763	I-610
762	Silber Rd, Post Oak Rd, N 🍴 Chick-fil-A, Dave&Buster's, Jimmy John's, Panda Express, Red Robin, SteaKountry ⊙ Chrysler/Dodge/Jeep, Fiat, Firestone/auto, IKEA, Walmart, S 🍴 Jack-in-the-Box, Shipley Donuts 🛏 Crowne Plaza, Holiday Inn Express
761b	Antoine Rd, S 🅿 Exxon/dsl ⊙ CVS Drug
761a	Wirt Rd, Chimney Rock Rd, S 🅿 Exxon/dsl ⊙ CVS Drug
760	Bingle Rd, Voss Rd, N 🍴 Burger Shack, Hunan Chef, Pueblo Viejo, Starbucks, Subway ⊙ AT&T, Home Depot, S 🅿 Shell/dsl 🍴 Sweet Tomatoes

Exit#	Services
759	Campbell Rd (from wb), N ⊙ Ranch Mkt, same as 758b
758b	Blalock Rd, Campbell Rd, N 🍴 Sonic ⊙ H, Lowe's, S 🅿 Chevron/McDonald's/dsl 🍴 Baskin-Robbins, Goode Co T₮ BBQ, Pappy's Cafe, Saltgrass Steaks, Starbucks ⊙ cleaner▸ Kroger, Walgreens
758a	Bunker Hill Rd, N 🍴 Boudreaux's Cajun, Dennys, Egg&I, Fiv Guys, Freebirds Burritos, Genghis Grill, Jimmy John's, Marbl Slab, Olive Garden, Panda Express, Which Wich? ⊙ Best Buy Costco/gas, GNC, HEB Foods/dsl, Jo-Ann, Lowe's, Michael' PepBoys, S 🍴 American Island Grill, Buffalo Wild Wings, Ciro▸ Italian, Corner Bakery Cafe, Denis Seafood, Firehouse Sub, Guadalajara Mexican, Kobe Japanese, Longhorn Steaks, Lup Tortilla, Russo's NY Pizza, Subway 🛏 Memorial Inn ⊙ Mar▸ shall's, Ross, Verizon
757	Gessner Rd, N 🍴 Chili's, Chulas Grill, McDonald's, Murphy' Deli, Taco Bell, Wendy's, Whataburger ⊙ AT&T, CVS Drug Hobby Lobby, Home Depot, Honda, Sam's Club/gas, U-Hau S 🍴 59 Diner, Cheesecake Factory, Fuddrucker's, Goode C₀ Seafood, Jason's Deli, Pappadeaux Seafood, Pappasito's, Pei ry's Steaks 🛏 Westin Hotel ⊙ H, Firestone/auto, Ford, Ma cy's, mall, Office Depot, Target
756	TX 8, Sam Houston Tollway
755	Willcrest Rd, N ⊙ Discount Tire, Lincoln, Mazda, NTB, U-Hau S 🅿 Citgo/dsl, Exxon/dsl 🍴 Brenner's Steaks, Denny': IHOP, McDonald's, Subway, Taste of TX 🛏 Candlewoo Suites, Extended Stay America, Hampton Inn, Sheraton
754	Kirkwood Rd, N 🍴 Embassy Suites ⊙ Audi/Porsche, Lincoln Toyota/Scion, S 🅿 Shell/dsl 🍴 Carrabba's, Prince's Burger Shipley Do-Nuts, Spicy Pickle, Starbucks, Taco Cabana, Twi Peaks, Whataburger ⊙ Chevrolet
753b	Dairy-Ashford Rd, N ⊙ Infiniti, Lexus, Nissan, Volv S 🅿 Exxon/dsl 🍴 Chili's, Hibachi Grill, Subway, TX Ca tle Steaks 🛏 Courtyard, Hilton Garden, Holiday Inn Ex press ⊙ Cadillac, URGENT CARE
753a	Eldridge Pkwy, N 🅿 Conoco/dsl 🛏 Omni Hotel, S 🅿 Vale ro/dsl ⊙ Kwik Kar
751	TX 6, to Addicks, N 🅿 Shell 🍴 Bros Pizza, Cattlegard Rest Quiznos, Waffle House 🛏 Drury Inn, Homewood Suites, Stu dio 6, Wyndham, S 🍴 North China, Salata, Subway 🛏 Bea Value, Extended Stay America, Fairfield Inn, Hyatt House, L Quinta, Motel 6, TownePlace Suites ⊙ USPO
750	Park Ten Blvd, eb only, N 🛏 Red Roof Inn, S 🛏 Marr ott ⊙ Acura, BMW, Buick/GMC, Hoover RV Ctr
748	Barker-Cypress Rd, N 🅿 Exxon/Subway 🍴 BurgerTex Gril Coaches Grill, El Rancho Mexican, Firehouse Subs, Popeye Smoothie Factory, Tony's Mexican 🛏 Residence Inn ⊙ H S 🍴 Cracker Barrel ⊙ Hyundai, Subaru, vet, VW
747b a	Fry Rd, N 🅿 Gulf/dsl, Shell/dsl 🍴 Applebee's, Arby's, Buffa lo Wild Wings, Burger King, Chipotle, Denny's, DQ, Five Guy Jimmy John's, McDonald's, Panda Express, Panera Bread, Pizz Hut, Smoothie King, Sonic, Souper Salad, Subway, Taco Bel Waffle House, Whataburger 🛏 Candlewood Suites ⊙ AA/ Best Buy, HEB Food/gas, Hobby Lobby, Home Depot, Jo-Ann Kohl's, Kroger/dsl, Ross, Sam's Club/gas, URGENT CARE, Ve izon, vet, Walgreens, Walmart, S 🅿 Shell/dsl 🍴 Captai Tom's Seafood, Fazoli's, IHOP, McDonald's, Outback Steak Potbelly, Quiznos, Smashburger, Star Chinese, Starbucks, Sta bucks, TX Mesquite Grill, Wendy's, Willie's 🛏 Woodsprin Suites ⊙ H, A&T, Katy Drug, Lowe's, NTB, Office Depo Petsmart, Randall's Mkt, Target, TJ Maxx, U-Haul
746	W Green Blvd, N 🅿 RaceWay/dsl 🍴 BJ's Rest., Chang Chinese, Cheddar's, Chuy's Mexican, Firehouse Subs, Kubl

↑E INTERSTATE 10 Cont'd

746 Continued
Khan Stirfry, Longhorn Steaks, Nagoya Japanese, Olive Garden, Orleans Seafood Kitchen, Springcreek BBQ, Stadia Grill, Steak'n Shake, TX Roadhouse, Wild Wings Cafe 🛏 Holiday Inn Express, Palace Inn, **S** 🍴 Carl's Jr, Jimmy Changas Tex-Mex 🛏 Home2 ⊙ Christian Bros Automotive, CVS Drug, Ford, Honda

745 Mason Rd, **N** ⊙ CarMax, **S** 📷 Shell/dsl, Valero/dsl 🍴 Babin's Seafood, Blackeyed Pea, Burger King, Carino's Italian, Chick-fil-A, Chili's, CiCi's, Dickey's BBQ, DQ, El Patron Mexican, Freebirds Burrito, Hooters, Jack-in-the-Box, Jason's Deli, KFC, Landry's Seafood, Luby's, McDonald's, Panda Express, Papa John's, Pizza Hut, Popeye's, Rudy's BBQ/gas, SaltGrass Steaks, Schlotzsky's, Subway, Taco Bell, Taco Cabana, Whataburger, Which Wich? 🛏 Comfort Inn&Suites, Hampton Inn, La Quinta, Motel 6, Super 8 ⊙ $Tree, 99c Store, AutoZone, Chevrolet, Chrysler/Dodge/Jeep, Discount Tire, Fiesta Foods, Firestone/auto, Goodyear/auto, HEB Food/gas, Kia, Toyota/Scion, transmissions, Walgreens

743 TX 99, Grand Pkwy, Peek Rd, **N** 🍴 La Madeleine, Red Robin ⊙ Ⓗ, JC Penney, **S** 🍴 Freddy's Steakburgers, Subway ⊙ Costco/gas, URGENT CARE

741 (742 from wb) Katy-Fort Bend County Rd, Pin Oak Rd, **S** 📷 Murphy USA/dsl, Shell/dsl, Texaco/dsl 🍴 Alegra Brazilian, Alicia's Mexican, Antonia's Rest, Chick-fil-A, ChuckECheese, CiCi's Pizza, Denny's, Fuddruckers, Jack-in-the-Box, Jimmy John's, JoJo's Mongolian Grill, KFC, LJ Silver/Taco Bell, Los Cucos, Pizza Hut, Popeyes, Rainforest Cafe, Red Lobster, Smashburger, Starbucks, Subway, Subway, TGIFriday's, Whataburger 🛏 Best Western, Comfort Suites, Country Inn & Suites, Courtyard, Hilton Garden, Residence Inn, SpringHill Suites ⊙ Ⓗ, $Tree, AT&T, BassPro Shops, BooksAMillion, Discount Tire, HEB/dsl, Katy Mills Outlet/famous brands, Marshall's, Nissan, Ross, URGENT CARE, Verizon, Walgreens, Walmart/McDonald's

740 FM 1463, **N** 📷 Exxon/dsl, **S** 📷 Shell/McDonald's/dsl, 🍴 Starbucks

737 Pederson Rd, **N** 📷 ♥Loves/Arby's/dsl/scales/24hr, **S** ⊙ Camping World RV Super Ctr, Holiday World RV Ctr

735 Igloo Rd

734 Woods Rd

732 FM 359, to Brookshire, **N** 📷 🛢FLYING J/Denny's/dsl/LP/scales/24hr/@, Exxon/Chester's/dsl, Shell 🍴 Church's, Orlando's Pizza, Subway 🛏 Executive Inn ⊙ RV camping, **S** 📷 Chevron/dsl, Shell/McDonald's/dsl 🍴 Burger King, Jack-in-the-Box, Popeyes, Taco Bell 🛏 Super 8 ⊙ truck lube, truckwash

731 FM 1489, to Koomey Rd, **N** 📷 Exxon/dsl 🍴 Ernesto's Mexican 🛏 Brooke Hotel ⊙ RV Park, **S** 🛏 La Quinta

729 Peach Ridge Rd, Donigan Rd (730 from wb), **S** 📷 Kathy's/dsl/rest./24hr

726 Chew Rd (from eb), **S** ⊙ golf

725 Mlcak Rd (from wb)

723 FM 1458, to San Felipe, **N** 📷 Exxon/Subway/dsl/scales/24hr ⊙ Peterbilt, to Stephen F Austin SP (3mi), **S** ⊙ Riverside Tire

721 (from wb) US 90, **N** 📷 Shell/Chester's/dsl ⊙ Chrysler/Dodge/Jeep, Ford

720a Outlet Ctr Dr, **N** 📷 Shell/Chester's/dsl

720 TX 36, to Sealy, **N** 📷 Shell/dsl 🍴 China Buffet, DQ, Hartz Chicken, McDonald's, Sonic, Tony's Rest. ⊙ $General, Jones RV Ctr, O'Reilly Parts, Walgreens, **S** 📷 Chevron/Burger King/dsl, Murphy USA/dsl, Shell/dsl, Texaco/dsl 🍴 Cazadore's Mexican, Hinze's BBQ, Jack-in-the-Box, Jin's Asian, Maribelli

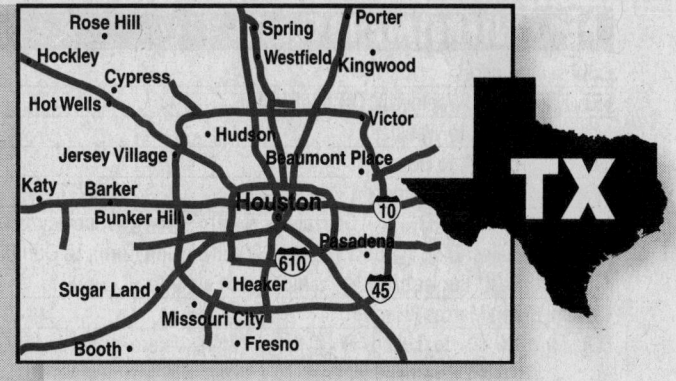

720 Continued
Italian, Pizza Hut, Subway, Whataburger 🛏 Best Value Inn, Countryside Inn, Holiday Inn Express, Super 8 ⊙ $Tree, Verizon, Walmart/Subway

718 US 90 (from eb), to Sealy

716 Pyka Rd, **N** 📷 Exxon/dsl/rest./showers/24hr/@

713 Beckendorff Rd

709 FM 2761, Bernardo Rd, **N** 📷 Shell/Oasis/Carl's Jr/Subway/Dunkin Donuts/dsl/scales/24hr

704 FM 949, **N** ⊙ Happy Oaks RV Park (3mi)

699 FM 102, to Eagle Lake, **N** ⊙ Happy Oaks RV Park, **S** ⊙ Eagle Lake SP (14mi)

698 Alleyton Rd, **N** 🍴 Mikeska's BBQ 🛏 Lone Star Inn, **S** 📷 Shell/Taco Bell/BBQ/dsl ⊙ Chrysler/Dodge/Jeep, Ford

697mm Little Colorado River

696 TX 71, Columbus, **N** 📷 Exxon/Burger King/dsl, Shell/dsl 🍴 #1 Buffet, Blake St. Grill, El Rey Mexican, Jack-in-the-Box, Pizza Hut, Schobel's Rest., Whataburger 🛏 Columbus Inn, Holiday Inn Express ⊙ Ⓗ, AT&T, AutoZone, HEB Foods, Walmart, **S** 📷 Conoco/Church's/Subway/dsl, Phillips 66/dsl, Valero/dsl 🍴 Los Cabos Mexican, McDonald's, Nancy's Steaks, Sonic 🛏 Best Value, Comfort Inn, LaQuinta ⊙ Columbus RV Park

695 TX 71 (from wb), to La Grange

693 FM 2434, to Glidden

692mm Ⓡs both lanes, full ♿ facilities, litter barrels, petwalk, 🍴, ☏, RV dump, vending

689 US 90, to Hattermann Lane, **N** ⊙ Whispering Oaks RV Park

682 FM 155, to Wiemar, **N** 📷 Shell/dsl, Valero/dsl 🍴 DQ, McDonald's, Subway/Texas Burger 🛏 Scottish Inn ⊙ Ⓗ, $General, Lowe's Mkt, Tire Pros, **S** 📷 Chevron/Church's/dsl/24hr, ♥Loves/Chester's/Wendy's/dsl/scales/24hr ⊙ Buick/Chevrolet/GMC

678mm E Navidad River

677 US 90

674 US 77, Schulenburg, **N** 📷 🔵Pilot/Taco Bell/PJ Fresh/dsl/scales/24hr, Sunoco/Stripes/Taco Co 🍴 Oak Ridge Smokehouse 🛏 Best Value Inn, Executive Inn ⊙ Ford, Potter Country Store, **S** 📷 Shell/dsl, Valero/Subway 🍴 DQ, Frank's Rest., Guadalajara Mexican, Lucy's Grill, Whataburger 🛏 Best Western, Holiday Inn Express ⊙ $General, Family$, Schulenberg RV Park

672mm W Navidad River

668 FM 2238, to Engle

661 TX 95, FM 609, to Flatonia, **N** 📷 Citgo/dsl 🍴 Joel's BBQ, Robert's Steaks, San Jose Mexican ⊙ Flatonia RV Ranch (1mi), **S** 📷 Exxon/dsl, Shell/McDonald's/Grumpy's Rest./motel/dsl, Valero 🍴 DQ, Subway 🛏 Best Western, Carefree Inn ⊙ $General, NAPA

658mm Ⓡs both lanes, litter barrels

(side tab: COLUMBUS)

(side tab: SEALY)

🅘 = gas   🅗 = food   🛏 = lodging   🄾 = other   🆁🆂 = rest stop   Copyright 2018 - The Next EXIT

INTERSTATE 10 Cont'd

Exit#	Services
653	US 90, Waelder, N 🅘 Shell/dsl
649	TX 97, to Waelder
642	TX 304, to Gonzales
637	FM 794, to Harwood
632	US 90/183, to Gonzales, N 🅘 ♥Loves/Subway/dsl/scales/24hr 🛏 Best Western, Coachway Inn (2mi), La Quinta, S 🅘 Buc-ee's/dsl 🄾 camping, to Palmetto SP (5mi)
630mm	San Marcos River
628	TX 80, to Luling, N 🅘 Citgo (2mi), Valero/pizza/dsl/24hr 🄾 🅗, Riverbend RV Park
625	Darst Field Rd
624.5mm	Smith Creek
621mm	weigh sta both lanes
620	FM 1104
618mm	🆁🆂 both lanes, full ♿ facitlities, petwalk, 🅘, 🛏
617	FM 2438, to Kingsbury
614	toll 130 N, to Austin, Waco
612	US 90
611mm	Geronimo Creek
610	TX 123, to San Marcos, N 🅘 Exxon/dsl, Shell/Subway/dsl 🅗 Bella Sera Italian, Chili's, IHOP, Los Cucos Mexican 🛏 Comfort Inn, Days Inn, Hampton Inn, Holiday Inn Express, TownePlace Suites 🄾 Carters Tires, S 🅘 Valero/dsl 🅗 Taco Cabana 🄾 🅗
609	TX 123, Austin St, S 🅘 Phillips 66/dsl 🄾 Chevrolet, Home Depot
607	TX 46, FM 78, to New Braunfels, N 🅘 Valero/Jack-in-the-Box/dsl 🛏 Motel 6 🄾 Ford, S 🅘 Exxon/dsl, Shell/dsl 🅗 Bill Miller BBQ, Dixie Grille, McDonald's, Subway, Whataburger 🛏 La Quinta, Super 8 🄾 Chrysler/Dodge/Jeep
605	FM 464, N 🄾 Twin Palms RV Park
605mm	Guadalupe River
604	FM 725, to Lake McQueeney, N 🅘 ♥Loves/Arby's/dsl/scales/24hr 🄾 Twin Palms RV Park
603	US 90 E, US 90A, to Seguin, N 🄾 D&A RV Park, Seguin RV Ctr, S 🄾 Explore USA RV Ctr
601	FM 775, to New Berlin, N 🅘 Chevron/Subway/dsl/scales/24hr
600	Schwab Rd
599	FM 465, to Marion
599mm	Santa Clara Creek
597	Santa Clara Rd, N 🄾 auto racetrack
595	Zuehl Rd
594mm	Cibolo Creek
593	FM 2538, Trainer Hale Rd, N 🄾 tires, S 🅘 Exxon/Lucille's Rest./dsl/24hr
593mm	Woman Hollering Creek
591	FM 1518, to Schertz, N 🅘 Alamo Trvl Ctr/Shell/dsl 🄾 repair, S 🅘 Valero/dsl/e85
589	Pfeil Rd, Graytown Rd
589mm	Salatrillo Creek
587	LP 1604, Randolph AFB, to Universal City, S 🅘 Shell/McDonald's/dsl
585.5mm	Escondido Creek
585	FM 1516, to Converse, N 🅘 Shell/Church's/dsl/scales/24hr 🛏 Best Western, S 🄾 Kenworth, Peterbilt/GMC/Freightliner
585mm	Martinez Creek
583	Foster Rd, N 🅘 ⚡FLYING J/Denny's/dsl/LP/scales/24hr/@, Valero/Subway/dsl/24hr 🅗 Jack-in-the-Box 🛏 La Quinta 🄾 Blue Beacon, Speedco Lube, Tire Mart, S 🅗 TA/Chevron/Burger King/Pizza Hut/Popeye's/dsl/24hr/@

KIRBY

SAN ANTONIO

582.5mm	Rosillo Creek
582	Ackerman Rd, Kirby, N 🅘 PILOT/Subway/dsl/scales/24hr S 🅘 Petro/Iron Skillet/dsl/scales/24hr/@ 🅗 El Rodeo Mexican 🛏 Knights Inn 🄾 Blue Beacon, Petrolube
581	I-410
580	LP 13, WW White Rd, N 🅘 Chevron/dsl 🅗 El Jacalito, La Playa Seafood, Wendy's 🛏 Motel 6, Red Roof Inn, Rodeway Inn 🄾 tires, S 🅘 Exxon/7-11 🅗 Bill Miller BBQ, El Rodeo Mexican, Lazaritas Mexican, McDonald's, Pizza Hut, Popeye's, Sonic, Subway 🛏 Best Value, EconoLodge, Super 8 🄾 $General, Ford/Volvo Trucks, tires/repair
579	Houston St, N 🅘 Valero/dsl 🛏 Travelodge 🄾 Penske, 🅘 Chevron 🛏 Knights Inn, Passport Inn, Studio 6
578	Pecan Valley Dr, ML King Dr, S 🅘 Shell/Subway/dsl
577	US 87 S, to Roland Ave, S 🅗 Whataburger 🛏 Super 8
576	New Braunfels Ave, Gevers St, S 🅘 Valero 🅗 McDonald's
575	Pine St, Hackberry St, S 🅗 Little Red Barn Steaks
574	I-37, US 281
573	Probandt St, N 🅗 Jack-in-the-Box, Miller's BBQ, S 🅘 Valero 🄾 tires/repair, to SA Missions HS
	I-10 and I-35 run together 3 miles. See I-35, exits 156-154a.
569c	Santa Rosa St, 🄾 to Our Lady of the Lake U, downtown
568	spur 421, Culebra Ave, Bandera Ave, S 🄾 to St Marys U
567	Lp 345, Fredericksburg Rd (from eb upper level accesses I-35 I-10 E, US 87 S, lower level accesses I-35 N)
566b	Fresno Dr, S 🅘 Exxon/dsl 🛏 Galaxy Inn
566a	West Ave, N 🅘 Exxon/7-11 🅗 DQ, Subway, Whataburger 🄾 CarCare
565c	(from wb), access to same as 565 a b, S 🅘 Shell 🅗 Jimador Mexican, Starbucks 🛏 La Quinta
565b	Vance Jackson Rd, N 🅘 Murphy USA/dsl 🅗 Bill Miller BBQ, IHOP 🛏 Comfort Inn, Days Inn, EconoLodge 🄾 Walmart, S 🅘 Shell/dsl 🛏 Holiday Inn Express
565a	Crossroads Blvd, Balcone's Heights, N 🅘 Shell/dsl 🛏 Howard Johnson 🄾 vet, S 🅘 Valero/dsl 🅗 Crossroads BBQ, Dave&Buster's, Denny's, El Pollo Loco, McDonald's, Whataburger 🛏 SpringHill Suites 🄾 Firestone/auto, Hobby Lobby, mall, Mazda, Office Depot, Target
564b a	I-410, services off of I-410 W, Fredericksburg Rd
563	Callaghan Rd, N 🅘 Valero 🅗 Las Palapas Mexican, Subway 🛏 Embassy Suites, Marriott 🄾 $General, Ford, Sprouts Mkt, Toyota/Scion, S 🅘 Exxon/7-11 🅗 Mamacita's Rest. 🄾 Lowe's
561	Wurzbach Rd, N 🅘 Texaco/dsl 🅗 Bolo's Grille, Broadway 5050 Grill, County Line BBQ, Egg&I, Firehouse Subs, Fuddrucker's, Honeybaked Ham, Jason's Deli, Pappasito's Cantina, Popeye's, Sea Island Shrimphouse, Taste Of China, TX Land&Cattle, Wasabi Grill 🛏 Extended Stay America, Homewood Suites, Hyatt Place, Motel 6, Staybridge Suites 🄾 AutoZone, BigLots, HEB Food/gas, Office Depot, Porsche, Tuesday Morning, S 🅘 Shell/dsl 🅗 210 Ceviche Seafood, Alamo Café, Arby's, Chester Burgers, China Sea, Church's, Denny's, El Taco Tote, Jack-in-the-Box, Mamma Margie's Mexican, McDonald's, Pizza Hut, Ruby Tuesday, Sumo Japanese, Taco Bell, Wendy's 🛏 Baymont Inn, Best Western, Candlewood Suites, Drury Inn, Hawthorn Suites, La Quinta, Motel 6, Sleep Inn 🄾 🅗, CarMax
560b	frontage rd (from eb), same as 561
560a	Huebner Rd, N 🅗 CA Pizza Kitchen, Chipotle, Fare Wok, Genghis Grill, La Madeleine, Macaroni Grill, Panera Bread, Perico Mexican, Salata, SaltGrass Steaks 🄾 Cadillac, Chrysler/Jeep/Dodge, Fiat, Nissan, Old Navy, Ross, S 🅘 Chevron, Exxon, Shell/Jack-in-the-Box/dsl 🅗 Cracker Barrel, Jim's Rest., Miller's BBQ 🛏 Days Inn, Quality Inn, TownePlace Suites

TX

TX

INTERSTATE 10 Cont'd

Exit#	Services
559	Lp 335, US 87, Fredericksburg Rd, **N** 🍴 Pearl Inn 🛏 Holiday Inn Express ⊙ Acura, **S** 🍴 Krispy Kreme, Shell/Jack-in-the-Box/dsl 🛏 Comfort Suites, Days Inn, HomeGate Studios, Rodeway Inn, SpringHill Suites ⊙ Infiniti
558	De Zavala Rd, **N** 🅿 Chevron, Shell/Subway 🍴 Bill Miller BBQ, Burger King, Carrabba's, Chick-fil-A, Chili's, Five Guys, Fox&Hound, Joe's Crabshack, KFC/Taco Bell, Logan's Roadhouse, McDonald's, Outback Steaks, Sonic, Starbucks, Taco Cabana, The Earl of Sandwich, Wendy's ⊙ HEB Foods, Home Depot, Marshall's, PetCo, Petsmart, Steinmart, Target, **S** 🍴 IHOP, Popeyes, Schlotzsky's 🛏 Days Inn, SpringHill Suites, Studio6 ⊙ Discount Tire, Sam's Club/gas, Verizon, Walmart
557	Spur 53, **N** 🅿 Exxon/7-11/dsl 🍴 Cheddar's, Chuy's Mexican 🛏 Best Western, EconoLodge, Howard Johnson, Super 8 ⊙ Audi, Chevrolet, Hyundai, Jaguar/Mazerati/Ferrari, **S** 🅿 Valero/Subway/dsl 🍴 A&W/LJ Silver, Cici's Pizza, Huhot Chinese, IHOP, Matamoro's Cantina, Quiznos, Twin Peaks, Whataburger, Zio's Italian 🛏 Holiday Inn ⊙ Costco/gas, Land Rover, Sams Club/gas, Univ of TX at San Antonio, Walmart
556b	frontage rd
556a	to Anderson Lp, **S** ⊙ to Seaworld, Six Flags
555	La Quintera Pkwy, **N** 🍴 54th St Rest., BJ's Rest., Bob's Chophouse, Chick-fil-A, Coldstone, Freddy's Steakburger, Hofbrau at the Rim, Islamorada Rest., Maggiano's Little Italy, McDonald's/playplace, Mimi's Cafe, Popeyes, Red Robin, Starbucks, TGIFriday's, Tiago's, Whataburger 🛏 Courtyard, Hilton Garden, Residence Inn ⊙ $Tree, AT&T, Bass Pro Shops, Best Buy, Dick's, GNC, JC Penney, Lowe's, Michaels, Old Navy, Ross, Staples, Target, TJ Maxx, World Mkt, **S** 🍴 Applebee's, Longhorn Steaks, Olive Garden, Red Lobster 🛏 Drury Inn, La Quinta, Motel 6 ⊙ Honda, to La Cantera Pkwy
554	Camp Bullis Rd, **N** 🅿 Texaco/dsl ⊙ Russell CP, **S** 🅿 Shell/dsl 🛏 Rodeway Inn
551	Boerne Stage Rd (from wb), to Leon Springs, **N** 🅿 Shamrock/dsl 🍴 Rudy's BBQ, Sonic, **S** 🍴 Bourbon St Seafood, Las Palapas Mexican, Longhorns Rest., Papa Nacho's, Starbucks, Subway ⊙ CarX, GNC, HEB Foods/dsl
550	FM 3351, Ralph Fair Rd, **N** 🅿 Exxon/McDonald's/dsl, Valero/dsl 🍴 Willie's Cafe 🛏 La Quinta, **S** 🅿 Shell/Domino's/dsl 🍴 Bill Miller's BBQ, Laguna Madre, Rudy's BBQ/gas, Schlotsky's, Taco Cabana ⊙ Walgreens, Walmart
546	Fair Oaks Pkwy, Tarpon Dr, **N** 🍴 Papa John's ⊙ American Dream RV Ctr, CVS Drug, Harley-Davidson, vet, **S** 🅿 Chevron/dsl/café, Exxon/dsl/café ⊙ Fair Oaks Automotive, Goodyear/auto, Hoover RV Ctr
543	Boerne Stage Rd, to Scenic LP Rd, **N** 🅿 Valero/Subway/dsl 🛏 Fairfield Inn ⊙ Ancira RV Ctr, Buick/GMC, Chevrolet, Chrysler/Dodge/Jeep, Ford, NAPA, tires/repair, to Cascade Caverns/camping (3mi), **S** ⊙ Explore USA RV Ctr, Mercedes, Nissan, Toyota/Scion
542	(from wb), **N** 🅿 Shamrock 🍴 Domino's, Pizza Hut, Subway, Wendy's ⊙ $Tree, Alamo Fiesta RV Park, O'Reilly Parts, same as 540, Verizon
540	TX 46, to New Braunfels, **N** 🅿 Exxon/Taco Bell/dsl, Murphy USA/dsl, Shell/dsl 🍴 Burger King, Centinela Mexican, Church's, Denny's, DQ, Guadalajara Mexican, Little Caesars, Papa Murphy's, Pizza Hut, Shanghai Chinese, Sonic, Subway, Taco Cabana, Wendy's 🛏 Comfort Inn, Days Inn, Motel 6 ⊙ AutoZone, Discount Tire, HEB Food/dsl, Verizon, vet,

[map of San Antonio area showing: Shavano Park, Selma, Schertz, Helotes, Universal City, Converse, Leon Valley, Kirby, 10, Bexar, San Antonio, Martinez, 410, Boldtville, La Coste, Atascosa, Von Ormy, Southton, Somerset, Thelma, Cassin, Elmendorf, 37]

540	**Continued** Walgreens, Walmart, **S** 🍴 Chili's, Starbucks, Whataburger 🛏 Hampton Inn ⊙ 🅷 Home Depot
539	Johns Rd, **N** 🛏 La Quinta, **S** 🅿 Valero/dsl/LP
538mm	Cibolo Creek
538	Ranger Creek Rd
537	US 87, to Boerne
533	FM 289, Welfare, **N** 🍴 PoPo Family Rest. ⊙ Top of the Hill RV Park (1mi)
532mm	Little Joshua Creek
531mm	🆁🆂 wb, litter barrels
530mm	Big Joshua Creek
529.5mm	🆁🆂 eb, litter barrels
527	FM 1621 (from wb), to Waring
526.5mm	Holiday Creek
524	TX 27, FM 1621, to Waring, **N** ⊙ vet, **1mi S** 🅿 Chevron, Shell/dsl
523.5mm	Guadalupe River
523	US 87 N, to Comfort, **N** 🅿 Chevron/Chicken Express/dsl, **Loves**/McDonald's/Subway/dsl/scales/24hr, **S** 🅿 Exxon/dsl 🍴 DQ 🛏 Executive Inn ⊙ $General, RV Park/LP
521.5mm	Comfort Creek
520	FM 1341, to Cypress Creek Rd
515mm	Cypress Creek
514mm	🆁🆂 both lanes, full ♿ facilities, litter barrels, petwalk, 🕿, 🆁🆂, playground, RV dump, vending, wireless internet
508	TX 16, Kerrville, **N** 🅿 Exxon/dsl ⊙ Buick/Cadillac/Chevrolet, **0-2 mi S** 🅿 Exxon, Shell/McDonald's/dsl/24hr, Stripes/Taco Co, Valero/dsl/e-85 🍴 Bamboo Asian, Bella Sera Italian, Burger King, Chicken Express, Cracker Barrel, DQ, IHOP, Jack-in-the-Box, Little Caesar's, McDonald's, Schlotzsky's, Sonic, Taco Bell, Taco Casa, Valentino's Italian 🛏 Best Value Inn, Best Western, Days Inn, Econolodge, Hampton Inn, Holiday Inn Express, La Quinta, Motel 6, Quality Inn, Super 8, Yo Ranch Hotel ⊙ 🅷 $Tree, Advance Parts, BigLots, Home Depot, Kerrville RV Ctr, Lowe's, O'Reilly Parts, vet, Walgreens
505	FM 783, to Kerrville, **S** 🅿 Exxon/dsl, **3 mi S on TX 27** 🅿 Exxon/dsl, Phillips 66/dsl, Stripes/Taco Co/dsl 🍴 Billy Gene's Rest., Chick-fil-A, Chili's, CiCi's, Culver's, Del Norte Rest., Dickey's BBQ, DQ, Fuddruckers, Mamacita's, McDonald's, Pizza Hut, Popeye's, Sonic, Starbucks, Subway, Taco Casa, Wendy's, Whataburger 🛏 Inn of the Hills ⊙ $General, AT&T, AutoZone, Chrysler/Dodge/Jeep, CVS Drug, Discount Tire, HEB Foods/gas, Take It Easy RV Resort, Tuesday Morning, Walmart/McDonald's
503.5mm	scenic views both lanes, litter barrels
501	FM 1338, **N** ⊙ Buckhorn RV Resort, **S** ⊙ KOA (2mi)
497mm	scenic views both lanes, 🆁🆂 litter barrels
492	FM 479
490	TX 41
488	TX 27, to Ingram, Mountain Home

🅿 = gas 🍴 = food 🛏 = lodging 🅾 = other 🆁🆂 = rest stop Copyright 2018 - The Next EXIT®

INTERSTATE 10 Cont'd

Exit#	Services
484	Midway Rd
477	US 290, to Fredericksburg
476.5mm	service rd eb
472	Old Segovia Rd
465	FM 2169, to Segovia, S 🅿 Phillips 66/rest./dsl 🛏 River Valley Inn/RV park
464.5mm	Johnson Fork Creek
462	US 83 S, to Uvalde
461mm	🅿 eb, litter barrels
460	(from wb), to Junction
459mm	🅿 wb, litter barrels
457	FM 2169, to Junction, N 🅿 Shell/dsl, S 🛏 Econolodge 🅾 RV camping, S. Llano River SP
456.5mm	Llano River
456	US 83/377, Junction, N 🅿 Alon/dsl, Chevron/dsl, Valero/McDonald's/dsl/24hr 🍴 Cooper's BBQ, Tia Nena's Mexican 🛏 Motel 6, S 🅿 Big Star/dsl, Conoco/dsl, Exxon/Church's/dsl, 🅿 Pilot/Subway/PJ Fresh/dsl/scales/24hr, Shell/Quizno's/dsl 🍴 DQ, Isaack Rest., La Familia Mexican, Lum's BBQ, Sonic 🛏 Best Western, Lazy T Motel, Legends Inn, Rodeway Inn, Sun Valley Motel, The Hills Motel 🅾 🏥, $General, Best Hardware, CarQuest, Family$, Lowe's Mkt, Plumley's Store, S Llano RV Park, to S Llano River SP
452.5mm	Bear Creek
451	RM 2291, to Cleo Rd
448mm	North Creek
445	RM 1674, S 🅾 camping
444.5mm	Stark Creek
442mm	Copperas Creek
442	RM 1674, to Ft McKavett, N 🅾 to Ft McKavett SHS
439mm	N Llano River
438	Lp 291 (from wb), to Roosevelt, same as 437
437	Lp 291 (from eb, no EZ return), to Roosevelt, 1 mi N 🅿 Simon Bros Mercantile/dsl 🅾 USPO
429	RM 3130, to Harrell
423mm	parking area both lanes, litter barrels
420	RM 3130, to Baker Rd
412	Allison Rd, RM 3130
404	RM 3130, RM 864, N 🅾 to Ft McKavett St HS, 3 mi S 🅿 Stripes/Taco Co 🛏 Holiday Host Motel 🅾 🏥
400	US 277, Sonora, N 🅿 Pilot/Road Ranger/Church's/desk 🍴 Sutton Co Steaks 🛏 Days Inn, S 🅿 Alon/7-11/dsl, Sunoco/dsl, Sunoco/Stripes/dsl 🍴 DQ, La Mexicana Rest., Pizza Hut, Sonic, Taco Grill 🛏 Best Western, Comfort Inn, Economy Inn 🅾 Family$, USPO
399	(from eb) LP 467, Sonora, N 🛏 Days Inn, S 🅿 Sunoco/dsl, Sunoco/Stripes/Taco Co 🍴 DQ 🅾 🏥, RV camping
394mm	🆁🆂 both lanes, full ♿ facilities, litter barrel, petwalk, 🅲, 🅿, RV dump
392	RM 1989, Caverns of Sonora Rd, 8 mi S 🅾 Caverns of Sonora Camping
388	RM 1312 (from wb)
381	RM 1312 (from eb)
372	Taylor Box Rd, N 🅿 Exxon/rest./dsl/scales/24hr 🛏 Super 8 🅾 auto museum, Circle Bar RV Park
368	LP 466, N same as 365 & 363
365	TX 163, Ozona, N 🅿 Chevron/dsl, Stripes/Godfather's/Taco Co/dsl, Valero/dsl 🍴 Cafe Next Door, DQ, Sonic, Subway 🛏 Best Value Inn, Best Western, Economy Inn/RV Park, Hampton Inn, Hillcrest Inn, Holiday Inn Express 🅾 🏥,

365	Continued $General, dsl/auto repair, NAPA, to David Crockett Mo S 🅿 Pilot/dsl, Sunoco/Stripes 🍴 El Chato's 🅾 city par
363	Lp 466, to Ozona
361	RM 2083, Pandale Rd
357mm	Eureka Draw
351mm	Howard Draw
350	FM 2398, to Howard Draw
349mm	parking area wb, litter barrels
346mm	parking area eb, litter barrels
343	TX 290 W, S 🅾 Ft. Lancaster Historic Site
337	Live Oak Rd
336.5mm	Live Oak Creek
328	River Rd, Sheffield
327.5mm	Pecos River
325	TX 290, TX 349, to Iraan, Sheffield, N 🅾 🏥
320	frontage rd
314	frontage rd
309mm	🆁🆂 both lanes, full ♿ facilities, litter barrels, petwalk, 🅲, 🅿 wireless internet
307	US 190, FM 305, to Iraan, N 🅾 🏥
298	RM 2886
294	FM 11, Bakersfield, N 🅿 Exxon, S 🅿 Chevron/café/dsl 🅾 🅿
288	Ligon Rd, N many windmills
285	McKenzie Rd, S 🅾 Domaine Cordier Ste Genevieve Winery
279mm	🅿 eb, litter barrels
277	FM 2023
273	US 67/385, to McCamey, 🅾 🅿 wb, litter barrels
272	University Rd
264	Warnock Rd, N 🅾 Fort Stockton RV Park/Roadrunner Cafe
261	US 290 W, US 385 S, N 🅿 Exxon/dsl, S 🅿 ♥Love's/Car Jr/dsl/scales/24hr, Shell/dsl, Stripes/dsl 🍴 DQ, Pizza Hu Sonic, Subway 🛏 All Inn, Budget Inn, Deluxe Inn, Executi Inn 🅾 🏥, RV camping, to Big Bend NP
259b a	(259 from eb) TX 18, FM 1053, Ft Stockton, N 🅿 Shell/Bur er King/dsl 🍴 Guadalajara Mexican 🅾 I-10 RV Park, tire S 🅿 ⚡FLYING J/Subway/dsl/scales/24hr 🅾 🏥
257	US 285, to Pecos, Ft Stockton, N 🅿 Stripes/Exxon/Taco C dsl/scales24hr 🅾 golf, S 🅿 Alon/dsl, Chevron/dsl, Ex on/dsl, Shell/dsl 🍴 DQ, KFC/Taco Bell, McDonald's, Pe Roadhouse, Pizza Hut, Pizza Pro, Sonic, Steak House, Su way 🛏 Atrium Inn, Best Western, Candlewood Suites, Da Inn, Fairfield Inn, Hampton Inn, La Quinta, Quality Inn, Tex Inn 🅾 $General, Ace Hardware, AutoZone, Buick/Chevrol CarQuest, Comanche Land RV Park, Family$, Firestone/au Lowe's Foods, McKissak Tires, O'Reilly Parts
256	to US 385 S, Ft Stockton, N 🅾 HillTop RV, 1 mi S 🅿 She dsl 🍴 Dragon Buffet, Howard's Drive-In, K-Bob's Steaks, Su way 🛏 Comfort Suites, Holiday Inn Express, Motel 6, Sle Inn, Super 8 🅾 auto/RV repair, Big Bend NP, Ford, to Ft Sto ton Hist Dist, vet, Walmart
253	FM 2037, to Belding
248	US 67, FM 1776, to Alpine, S 🅾 to Big Bend NP
246	Firestone
241	Kennedy Rd
235	Mendel Rd
233mm	🆁🆂 both lanes, full ♿ facilities, litter barrels, petwalk, 🅲, 🅿
229	Hovey Rd
222	Hoefs Rd
214	(from wb), FM 2448
212	TX 17, FM 2448, to Pecos, N 🅾 🅿, litter barrels, S 🅿 Sa dleback RV Camping, Valero/I-10 Fuel/café/dsl

INTERSTATE 10 Cont'd

Exit#	Services
209	TX 17, **S** ⊙ Ft Davis NHS, to Balmorhea SP, to Davis Mtn SP
206	FM 2903, to Balmorhea, Toyah, **2 mi S** ⛽ GasCard 🍴 Uncles Rest. ⊙ to Balmorhea SP, USPO
192	FM 3078, to Toyahvale, **S** ⊙ to Balmorhea SP
188	Giffin Rd
187	I-20, to Ft Worth, Dallas
186	I-10, E to San Antonio (from wb)
185mm	🚻 both lanes, litter barrels
184	Springhills
181	Cherry Creek Rd, **S** ⛽ Chevron/dsl
176	TX 118, FM 2424, to Kent, **S** ⊙ Davis Mtn SP, Ft Davis, to McDonald Observatory
173	Hurd's Draw Rd
166	Boracho Sta
159	Plateau, **N** ⛽ Exxon/rest./dsl/24hr
153	Michigan Flat
146	Wild Horse Rd, Wild Horse Rd
146mm	weigh sta wb
145mm	Ⓡ⑤ both lanes, full 🚻 facilities, litter barrels, petwalk, 🚮, wireless internet
140b	Ross Dr, Van Horn, **N** ⛽ Loves/Subway/dsl/scales/24hr, Valero/dsl 🛏 Days Inn, Desert Inn, Sands Motel/rest. ⊙ Desert Willow RV Park, repair, **S** ⊙ Mountain View RV Park/dump
140a	US 90, TX 54, Van Horn Dr, **N** 🛏 Hotel El Capitan ⊙ 🏥 NAPA, **S** ⛽ Pilot/Wendy's/dsl/scales/24hr, Valero/dsl 🍴 Papa's Pantry ⊙ dsl/tire repair, KOA, RV Dump
138	Lp 10, to Van Horn, **N** 🍴 Chuy's Rest. 🛏 Budget Inn, EconoLodge, King's Inn, Knights Inn, Motel 6, Red Roof Inn, Value Inn, Whitten Inn ⊙ $General, auto/dsl repair, city park, Eagles Nest RV Park, Oasis RV Park, Porter Foods, UPSO, visitor info, **S** ⛽ Chevron/dsl/24hr 🍴 McDonald's 🛏 Hampton Inn, Holiday Inn Express, Quality Inn, Super 8 ⊙ tires/repair
137mm	weigh sta eb
136mm	scenic overlook wb, 🚮, litter barrels
135mm	Mountain/Central time zone
133	(from wb) frontage rd
129	to Hot Wells, Allamore
108	to Sierra Blanca (from wb), same as 107
107	FM 1111, Sierra Blanca Ave, **N** ⛽ Exxon/Subway/dsl/24hr 🍴 Delfina's Mexican ⊙ to Hueco Tanks SP, truck/tire repair, USPO, **S** ⛽ Chevron/dsl 🛏 Americana Inn ⊙ Stagecoach Trading Post
105	(106 from wb) Lp 10, Sierra Blanca, same as 107
102.5mm	insp sta eb
99	Lasca Rd, **N** ⊙ 🚻 both lanes, litter barrels, no restrooms
98mm	🚮 eb, litter barrels, no restrooms
95	frontage rd (from eb)
87	FM 34, **S** ⛽ DriversMart/dsl
85	Esperanza Rd
81	FM 2217
78	TX 20 W, to McNary
77mm	truck parking area wb
72	spur 148, to Ft Hancock, **S** ⛽ Shell/dsl 🍴 Angie's Rest. 🛏 Ft Hancock Motel ⊙ USPO
68	Acala Rd
55	Tornillo
51mm	Ⓡ⑤ both lanes, full 🚻 facilities, litter tables, petwalk, 🚮
49	FM 793, Fabens, **S** ⛽ Shell/dsl 🍴 Church's, Little Caesar's, McDonald's, Subway 🛏 Fabens Inn/Cafe ⊙ Family$, San Eli Foods

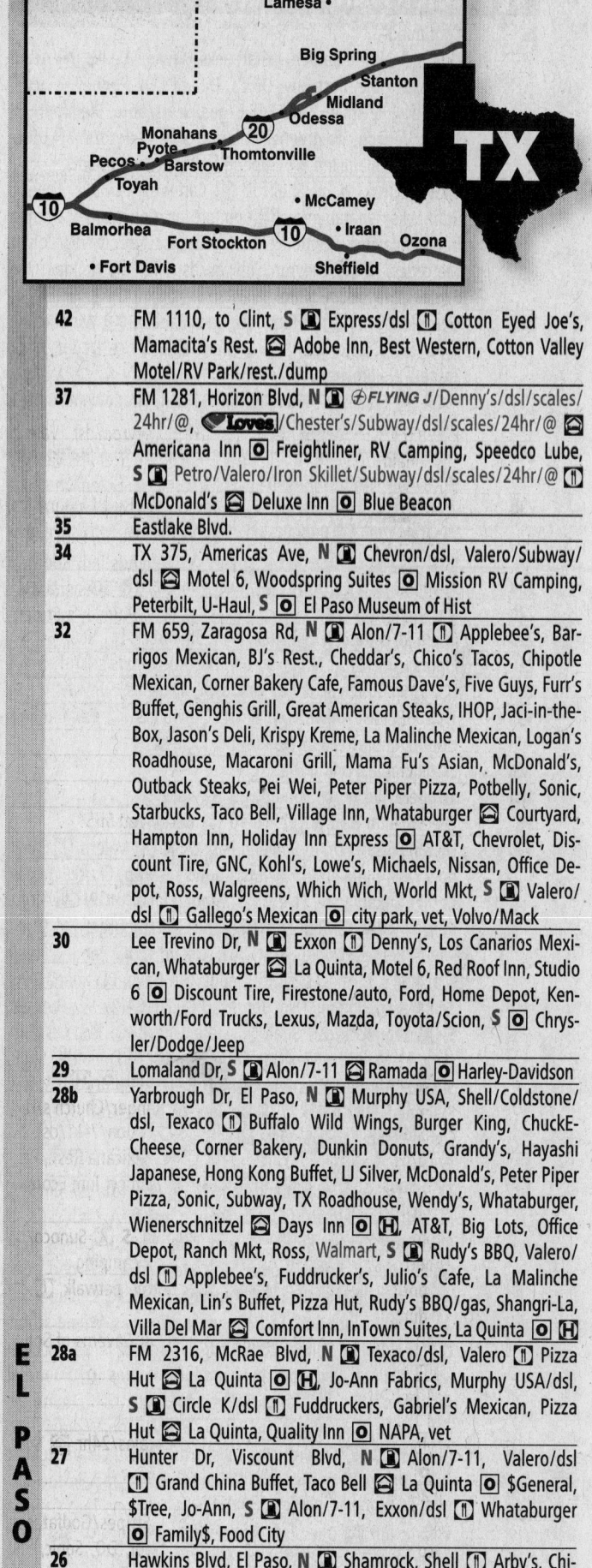

42	FM 1110, to Clint, **S** ⛽ Express/dsl 🍴 Cotton Eyed Joe's, Mamacita's Rest. 🛏 Adobe Inn, Best Western, Cotton Valley Motel/RV Park/rest./dump
37	FM 1281, Horizon Blvd, **N** ⛽ FLYING J/Denny's/dsl/scales/24hr/@, Loves/Chester's/Subway/dsl/scales/24hr/@ 🛏 Americana Inn ⊙ Freightliner, RV Camping, Speedco Lube, **S** ⛽ Petro/Valero/Iron Skillet/Subway/dsl/scales/24hr/@ 🍴 McDonald's 🛏 Deluxe Inn ⊙ Blue Beacon
35	Eastlake Blvd.
34	TX 375, Americas Ave, **N** ⛽ Chevron/dsl, Valero/Subway/dsl 🛏 Motel 6, Woodspring Suites ⊙ Mission RV Camping, Peterbilt, U-Haul, **S** ⊙ El Paso Museum of Hist
32	FM 659, Zaragosa Rd, **N** ⛽ Alon/7-11 🍴 Applebee's, Barrigos Mexican, BJ's Rest., Cheddar's, Chico's Tacos, Chipotle Mexican, Corner Bakery Cafe, Famous Dave's, Five Guys, Furr's Buffet, Genghis Grill, Great American Steaks, IHOP, Jaci-in-the-Box, Jason's Deli, Krispy Kreme, La Malinche Mexican, Logan's Roadhouse, Macaroni Grill, Mama Fu's Asian, McDonald's, Outback Steaks, Pei Wei, Peter Piper Pizza, Potbelly, Sonic, Starbucks, Taco Bell, Village Inn, Whataburger 🛏 Courtyard, Hampton Inn, Holiday Inn Express ⊙ AT&T, Chevrolet, Discount Tire, GNC, Kohl's, Lowe's, Michaels, Nissan, Office Depot, Ross, Walgreens, Which Wich, World Mkt, **S** ⛽ Valero/dsl 🍴 Gallego's Mexican ⊙ city park, vet, Volvo/Mack
30	Lee Trevino Dr, **N** ⛽ Exxon 🍴 Denny's, Los Canarios Mexican, Whataburger 🛏 La Quinta, Motel 6, Red Roof Inn, Studio 6 ⊙ Discount Tire, Firestone/auto, Ford, Home Depot, Kenworth/Ford Trucks, Lexus, Mazda, Toyota/Scion, **S** ⊙ Chrysler/Dodge/Jeep
29	Lomaland Dr, **S** ⛽ Alon/7-11 🛏 Ramada ⊙ Harley-Davidson
28b	Yarbrough Dr, El Paso, **N** ⛽ Murphy USA, Shell/Coldstone/dsl, Texaco 🍴 Buffalo Wild Wings, Burger King, ChuckE-Cheese, Corner Bakery, Dunkin Donuts, Grandy's, Hayashi Japanese, Hong Kong Buffet, LJ Silver, McDonald's, Peter Piper Pizza, Sonic, Subway, TX Roadhouse, Wendy's, Whataburger, Wienerschnitzel 🛏 Days Inn ⊙ 🏥, AT&T, Big Lots, Office Depot, Ranch Mkt, Ross, Walmart, **S** 🍴 Rudy's BBQ, Valero/dsl 🍴 Applebee's, Fuddrucker's, Julio's Cafe, La Malinche Mexican, Lin's Buffet, Pizza Hut, Rudy's BBQ/gas, Shangri-La, Villa Del Mar 🛏 Comfort Inn, InTown Suites, La Quinta ⊙ 🏥
28a	FM 2316, McRae Blvd, **N** ⛽ Texaco/dsl, Valero 🍴 Pizza Hut 🛏 La Quinta ⊙ 🏥, Jo-Ann Fabrics, Murphy USA/dsl, **S** ⛽ Circle K/dsl 🍴 Fuddruckers, Gabriel's Mexican, Pizza Hut 🛏 La Quinta, Quality Inn ⊙ NAPA, vet
27	Hunter Dr, Viscount Blvd, **N** ⛽ Alon/7-11, Valero/dsl 🍴 Grand China Buffet, Taco Bell 🛏 La Quinta ⊙ $General, $Tree, Jo-Ann, **S** ⛽ Alon/7-11, Exxon/dsl 🍴 Whataburger ⊙ Family$, Food City
26	Hawkins Blvd, El Paso, **N** ⛽ Shamrock, Shell 🍴 Arby's, Chipotle Mexican, Firehouse Subs, Five Guys, Landry's Seafood,

☐ = gas   ☐ = food   ☐ = lodging   ☐ = other   ☐ = rest stop   Copyright 2018 - The Next EXIT

TX

INTERSTATE 10 Cont'd

26	Continued
	Luby's, Olive Garden, Starbucks, Twin Peaks ☐ AT&T, Barnes&Noble, Best Buy, Dick's, Dillard's, JC Penney, Macy's, Old Navy, Petsmart, Sam's Club/gas, Sears/auto, Steinmart, TJ Maxx, Verizon, Walgreens, Walmart, **S** ☐ Valero/dsl ☐ McDonald's, Village Inn ☐ Super 8 ☐ Tony Lama Boots
25	Airway Blvd, **N** ☐ Shell/dsl ☐ Carino's, Famous Dave's, Starbucks, Whataburger ☐ Comfort Inn, Courtyard, Hampton Inn, Holiday Inn, Residence Inn ☐ El Paso Airport, VW/Volvo/Mercedes, **S** ☐ Chevron/Subway/dsl/24hr ☐ Holiday Inn Express, Staybridge Suites
24b	Geronimo Dr, **N** ☐ El Taco Tote, Taco Cabana ☐ Wingate Inn ☐ $Tree, Costco/gas, Kohl's, Marshall's, Office Depot, Ross, Target, Walgreens, **S** ☐ Alon/7-11/dsl, Circle K ☐ Denny's, IHOP ☐ Embassy Suites, Hilton Garden, Homewood Suites, Hyatt Place, La Quinta ☐ URGENT CARE
24a	Trowbridge Dr, **N** ☐ Luby's, McDonald's, Whataburger ☐ Ford, Nissan, Walgreens
23b	US 62/180, to Paisano Dr, **N** ☐ Jack-in-the-Box, McDonald's, Whataburger ☐ Budget Inn, Soluna Inn ☐ Ford, to Carlsbad, U-Haul
23a	Raynolds St, **S** ☐ Arby's ☐ Best Value Inn, Motel 6 ☐ ☐
22b	US 54, Patriot Fwy
22a	Copia St, El Paso, **N** ☐ Alon/7-11, Shamrock ☐ KFC
21	Piedras St, El Paso, **N** ☐ Burger King, McDonald's ☐ Family$
20	Dallas St, Cotton St, **N** ☐ Valero ☐ Church's, Subway
19	TX 20, El Paso, downtown, **N** ☐ Chevron, **S** ☐ Camino Real Hotel, DoubleTree Inn, Holiday Inn Express
18b	Franklin Ave, Porfirio Diaz St
18a	Schuster Ave, **N** ☐ Sun Bowl, **S** ☐ to UTEP
16	Executive Ctr Blvd, **N** ☐ Valero ☐ Best Value Inn
13b a	US 85, Paisano Dr, to Sunland Park Dr, **N** ☐ Valero ☐ Barrigo's Café, Buffalo Wild Wings, Carino's Italian, ChuckECheese, Corner Bakery Cafe, Five Guys, Grand China, IHOP, Olive Garden, PF Chang's, Red Lobster, Sonic, Whataburger ☐ $Tree, AT&T, Barnes&Noble, Best Buy, Dillard's, JC Penney, mall, Marshall's, Michael's, Office Depot, Old Navy, Petsmart, Ross, Sears/auto, Sprouts Mkt, Target, URGENT CARE, Verizon, vet, **S** ☐ Shamrock/dsl, Shell ☐ State Line BBQ, Bob-O's Funpark, La Malinche Mexican, Little Caesars, McDonald's, Sonic, Subway ☐ Best Western, Comfort Suites, Country Inn Suites, Extended Stay America, Sleep Inn ☐ Buick/GMC, Chrysler/Dodge/Jeep, Family$, Vista Mkt
12	Resler Dr (from wb)
11	TX 20, to Mesa St, Sunland Park, **N** ☐ Chevron/dsl, Circle K, Mobil/dsl, Valero/dsl ☐ AJ's Diner, Chick-fil-A, Chili's, CiCi's, Coldstone, Cracker Barrel, El Taco Tote, Famous Dave's BBQ, Golden Corral, Krispy Kreme, Leo's Mexican, PacoWong's Chinese, Panda Express, Pei Wei, Popeye's, Schlotsky's, Souper Salad, Subway, Taco Bell, TX Roadhouse, Wendy's, Wienerschnitzel ☐ Comfort Suites, EconoLodge, Fairfield Inn, La Quinta (2), LaQuinta, Red Roof Inn, SpringHill Suites ☐ $General, Albertson's, BigLots, Family$, Firestone/auto, GNC, Home Depot, PepBoys, SteinMart, TirePros, USPO, Verizon, Walmart/McDonald's, **S** ☐ Chevron/dsl, Valero/dsl ☐ Ay Caramba Mexican, Burger King, Church's, Golden Buddha, Jack-in-the-Box, KFC, McDonald's, Pizza Hut, Starbucks, Subway, Taco Cabana, Village Inn ☐ Days Inn, Motel 6, Travelodge ☐ $General, $Tree, AutoZone, Big 8 Foods, Hobby Lobby, Martin Tires, Sam's Club/gas, Walgreens

ANTHONY (vertical text)
MARSHALL (vertical text)

9	Redd Rd, **N** ☐ Valero ☐ Applebee's, Burger King, Doubl■ Dave's Pizza, Peter Piper Pizza, Starbucks, Subway ☐ Albertson's, Ford, Kohl's, Lowe's, O'Reilly Parts, **S** ☐ Circle K dsl, Valero ☐ Chevrolet, Honda, Mazda, URGENT CARE, VW Walmart Mkt
8	Artcraft Rd, **S** ☐ Shell/dsl ☐ Carl's Jr, Church's, Rudy's BBQ dsl, Subway ☐ Guesthouse Inn, Hampton Inn, Holiday Inn Express ☐ $Tree
6	Lp 375, to Canutillo, **N** ☐ Shell/DQ/dsl ☐ Franklin Mtns S■ to Trans Mountain Rd, **S** ☐ Chevron/McDonald's ☐ IHO■ Pizza Hut, Sonic, Starbucks, Whataburger ☐ Discount Tire, ■ Paso Shops/Famous Brands, GNC, Martin Tire
5mm	truck check sta eb
2	Westway, Vinton, **N** ☐ Petro/Valero/Subway/dsl/scales/24hr■ @ ☐ American RV Park, Camping World (1mi), PetroLube tires, **S** ☐ truck repair/tires
1	**S** Welcome Ctr eb, full ☐ facilities, info, litter barrels, petwal■ ☐, ☐, weigh sta wb ☐ Great American Steaks ☐ Anthon■ RV Ctr, funpark,
0	FM 1905, Anthony, **N** ☐ ☐FLYING J/Denny's/dsl/LP/R■ dump/24hr, ♥Loves/Chester's/McDonald's/dsl/scales/24■ ☐ Carl's Jr ☐ Best Value Inn, **S** ☐ Alon/7-11/dsl, (☐■■ Subway/Wendy's/dsl/24hr/@ ☐ Burger King, KFC/Taco Be■ ☐ Best Western ☐ $General, $Tree, Anthony RV Ctr, Big■ Foods, funpark, tires, truckwash, Walgreens
0mm	Texas/New Mexico state line

INTERSTATE 20

Exit#	Services
636mm	Texas/Louisiana state line
635.5mm	Welcome Ctr/☐ wb, full ☐ facilities, litter barrels, petwal■ ☐, ☐
635	TX 9, TX 156, to Waskom, **N** ☐ Chevron/Burger King/dsl, Ex■ on/McDonald's/dsl ☐ DQ, Jim's BBQ ☐ Family$, USPO
633	US 80, FM 9, FM 134, to Waskom, **N** ☐ Shell ☐ Catfish V■ lage Rest., **S** ☐ Miss Ellie's RV Park
628	to US 80, to frontage rd
624	FM 2199, to Scottsville
620	FM 31, to Elysian Fields, **N** ☐ Timberline RV Park (3mi)
617	US 59, Marshall, **0-2 mi N** ☐ Exxon/dsl, Shell ☐ Applebee■ Burger King, Cafe Italia, Catfish Express, Golden Chick, Golde■ Corral, IHOP, In Japan Steaks, Jalapeño Tree, KFC, Little Caesar■ LJ Silver, McDonald's, Pizza Hut, Porky's Smokehouse, Sonic, Su■ way, Taco Bell, Waffle House, Wendy's, Whataburger ☐ Ba■ mont Inn, Best Western, Best Western, Comfort Suites, Days In■ Fairfield Inn, Hampton Inn, Quality Inn ☐ $General, Chevrole■ Chrysler/Dodge/Jeep, Ford/Lincoln, NAPA, Save-A-Lot Food■ Toyota/Scion, **S** ☐ Chevron/dsl, Conoco/Pony Express/ds■ scales/@, Rudy's/dsl, Valero/dsl ☐ JW's Diner ☐ Best Val■ Inn, EconoLodge, Holiday Inn Express, La Quinta, Motel 6, Sup■ 8 ☐ Holiday Springs RV Park (2mi)
614	TX 43, to Marshall, **S** ☐ to Martin Creek Lake SP
610	FM 3251
604	FM 450, Hallsville, **N** ☐ Valero/dsl ☐ 450 Hitchin' Post R■ Park, to Lake O' the Pines
600mm	Mason Creek
599	FM 968, Longview, **N** ☐ Kenworth, **S** ☐ Exxon/Sonic/d■ Valero Travel Plaza@ ☐ Cowboy RV Park (5mi), Goodye■ Truck Tire, truck repair, truck/rv wash
596	US 259 N, TX 149, to Lake O' Pines, **N** ☐ Exxon/Grandy'■ dsl, Shell/Sonic/TX Smokehouse/dsl ☐ Burger King, De■ ny's, Whataburger ☐ Centerstone Suites, Microtel, Super■

↑ E   INTERSTATE 20 Cont'd

596	Continued 🅾 🅷, S 📱 Valero/dsl 🍴 Cracker Barrel 🏠 Holiday Inn Express 🅾 to Martin Lake SP
595b a	TX 322, Estes Pkwy, N 📱 Exxon/dsl, EZ Mart 🍴 Hajalmer's Rest., Jack-in-the-Box, McDonald's, Waffle House 🏠 Best Value Inn, Best Western, Express Inn, Guest Inn, Knight's Inn, La Quinta 🅾 Family$, S 📱 Alon/dsl, Murphy USA/dsl 🍴 KFC/Taco Bell 🏠 Baymont Inn, Days Inn, Motel 6 🅾 auto repair, Walmart/Subway
593mm	Sabine River
591	FM 2087, FM 2011, S 🅾 Fernbrook RV Park (2mi)
589b a	US 259, TX 31, Kilgore (exits left from wb), **1-3 mi** S 📱 Chevron/dsl, Exxon/dsl 🍴 Chili's, Kilgore Café, Mazzio's, McDonald's, Taco Bueno 🏠 Best Value Inn, Comfort Suites, Hampton Inn, Holiday Inn Express 🅾 AutoZone, Chevrolet, E Texas Oil Museum, Ford, O'Reilly Parts
587	TX 42, Kilgore, N 📱 Exxon/dsl 🍴 Bodacious BBQ, S 📱 Shell/Wendy's/dsl 🍴 Denny's 🏠 Days Inn 🅾 Big Rig Lube, E TX Oil Museum, Walmart (3mi)
583	TX 135, to Kilgore, Overton, N 📱 EZmart/dsl 🅾 Liberty City RV Park, Shallow Creek RV Resort
582	FM 3053, Liberty City, N 📱 Mobil/Subway/dsl, Shell/Whataburger/dsl 🍴 Bob's BBQ, DQ, Los Enchiladas, Pizza Boy, Sonic
579	Joy-Wright Mtn Rd
575	Barber Rd
574mm	🆁🆂 both lanes, ♿ accessible, litter barrels
571b	FM 757, Omen Rd, to Starrville
571a	US 271, to Gladewater, Tyler, S 📱 Shell/Sonic/Texas Smokehouse/dsl/scales/24hr
567	TX 155, Winona, N 📱 Valero/dsl/24hr, S 🍴 DQ (2mi) 🏠 Best Value Inn 🅾 🅷, Freightliner
565	FM 2015, to Driskill-Lake Rd
562	FM 14, N 🍴 Bodacious BBQ 🅾 to Tyler SP, S 📱 Pilot/McDonald's/dsl/scales/24hr 🅾 Northgate RV Park (4mi)
560	Lavender Rd, S 🅾 5 Star RV Park (2 mi)
557	Jim Hogg Rd, N 📱 Shell/dsl 🅾 TX Rose RV Park
556	US 69, to Tyler, N 📱 Gulf/dsl, Murphy USA/dsl, RaceWay/dsl 🍴 Burger King, Chicken Express, Chili's, Cole's Grill, Domino's, Eastern Buffet, IHOP, KFC\LJ Silver, McDonald's, Pizza Hut, Pizza Inn, Posado's Cafe, Sonic, Subway, Taco Bell 🏠 Best Western, Comfort Suites, Hampton Inn, La Quinta, Motel 6 🅾 $General, Family$, Fred's, Kwik Kar, Lowe's, Verizon, Walmart/Subway, S 📱 Chevron/DQ, Exxon/dsl 🍴 Cracker Barrel, Wendy's 🏠 Best Value Inn
554	Harvey Rd
553	TX 49 S (**toll**), CR 411
552	FM 849, N 📱 Valero/dsl 🍴 Collin St Bakery, Subway 🅾 vet
548	TX 110, to Grand Saline, N 📱 Exxon/dsl, S 📱 Valero/dsl
546mm	cmv insp sta both lanes
544	Willow Branch Rd, N 🅾 Willow Branch RV Park
540	FM 314, to Van, N 📱 Loves/Carl's Jr/dsl/scales/24hr 🍴 Bush's Chicken, DQ, Farmhouse Rest, Sonic, Soul Mans BBQ, Subway 🏠 Fairfield Inn, Van Inn
538mm	🆁🆂 both lanes, full ♿ facilities, litter barrels, petwalk, 🅲, 🄰, vending
537	FM 773, FM 16
536	Tank Farm Rd
533	Oakland Rd, to Colfax, N 📱 Shell/Pilot/A&W/LJ Silver/dsl
530	FM 1255, Canton
528	FM 17, to Grand Saline, N 🅾 Chrysler/Dodge/Jeep

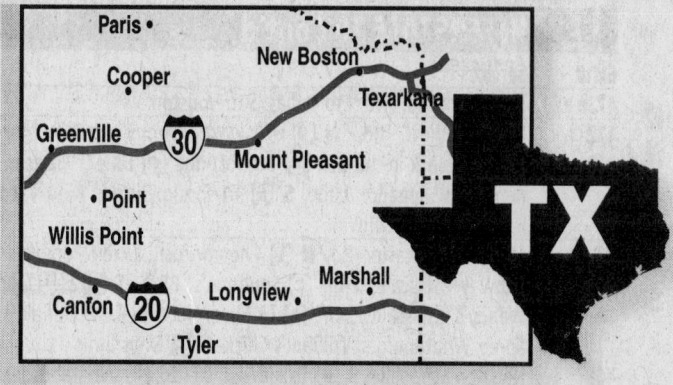

527	TX 19, N 📱 Exxon/dsl 🍴 Bunker Rest., Chicken Express, Denny's, Jalapeño Tree, Whataburger 🏠 Motel 6, Quality Inn, Super 8, S 📱 Circle K/dsl/24hr, Mobil/dsl, Shell/dsl 🍴 Dairy Palace, DJ's BBQ, DQ, King's Fish House, McDonald's, Subway, Taco Bell 🏠 Best Western, Days Inn 🅾 Ford, Mill Creek Ranch RV Resort, to First Monday SP
526	FM 859, to Edgewood, N 🅾 water park
523	TX 64, Wills Point, N 📱 Shell/dsl/24hr 🍴 Duke's Rest., Taco Casa 🅾 Bluebird RV Park, repair
521	Myrtle Springs Rd, S 🅾 Explore USA RV Ctr, repair, RV camp/dump
519	Turner-Hayden Rd, S 🅾 Canton RV Park
516	FM 47, to Wills Point, N 🍴 Fourwinds Steaks, to Lake Tawakoni, S 📱 Texaco/dsl 🍴 Robertson's Café/gas 🏠 Interstate Motel
512	FM 2965, Hiram-Wills Point Rd
512mm	cmv inspection sta both lanes
509	Hiram Rd, S 📱 Shell/dsl/cafe/24hr
506	FM 429, FM 2728, College Mound Rd, N 🅾 Blue Bonnet Ridge RV Park
503	Wilson Rd, S 📱 TA/Shell/Country Pride/Pizza Hut/Subway/dsl/LP/24hr/@
501	TX 34, to Terrell, N 📱 Exxon/dsl, QT/dsl/scales/24hr, Shell/Subway/dsl 🍴 Church's, Italrican Cafe, Schlotzsky's, Sonic, Starbucks, Steak&Grill, Waffle House 🏠 Baymont Inn, Days Inn, Gateway Inn, La Quinta, Motel 6, Quality Inn 🅾 🅷, Home Depot, S 📱 Circle K/dsl, Valero/dsl/24hr 🍴 Applebee's, Carmona's Cantina, IHOP, McDonald's, Wendy's 🏠 Holiday Inn Express, Super 8 🅾 Old Navy, Tanger Outlet/famous brands
499b	Rose Hill Rd, to Terrell
499a	to US 80, W to Dallas, same as 498
498	FM 148, to Terrell, N 📱 Buc-ee's/dsl, Exxon/Denny's/Subway/dsl, Shell/dsl 🍴 DQ, Panda Express, Soulman's BBQ, Starbucks, Taco Bueno, Whataburger 🅾 Discount Tire, S 📱 Terrell RV Park
493	FM 1641, S 📱 Exxon/Pizza Inn/Taco Mayo/dsl 🍴 Sonic
491	FM 2932, Helms Tr, to Forney, N 📱 Shell/Subway/dsl
490	FM 741, to Forney, N 🅾 $General
487	FM 740, to Forney, S 🅾 Forney RV park
483	Lawson Rd, Lasater Rd
482	Belt Line Rd, to Lasater, N 📱 Exxon/dsl 🍴 Smokehouse BBQ, Sonic, S 📱 Shell/KFC/Pizza Hut/Subway 🅾 RV park
481	Seagoville Rd, N 📱 Shell/Church's/Dickey's BBQ, Valero/dsl 🏠 Motel 6, S 🍴 Lindy's Rest.
480	I-635, N to Mesquite
479b a	US 175, S 📱 Marlow/dsl
477	St Augustine Rd, N 🅾 Family$, S 📱 Shell/dsl 🍴 Sonic
476	Dowdy Ferry Rd
474	TX 310 N, Central Expsy

(left margin, vertical:) TYLER   CANTON

(right margin, vertical:) TERRELL

(far right tab:) TX

TX

DALLAS

INTERSTATE 20 Cont'd

Exit#	Services
473b a	JJ Lemmon Rd, I-45 N to Dallas, S to Houston
472	Bonnie View Rd, N [gas] ⊕FLYING J/Denny's/dsl/LP/24hr, Shell [food] Jack-in-the-Box [lodging] EconoLodge [other] Blue Beacon, Kenworth, Speedco Lube, S [gas] TA/Exxon/Burger King/Taco Bell/dsl/scales/24hr/@
470	TX 342, Lancaster Rd, N [gas] Chevron/dsl, Exxon/Popeye's/Subway/dsl/scales/24hr [food] Soulman's BBQ, S [gas] [Loves]/Wendy's/dsl/scales/24hr [food] LJ Silver/Taco Bell, McDonald's, Sonic, Whataburger, William's Chicken [lodging] Days Inn
468	Houston School Rd, S [gas] Exxon/dsl, QT/dsl [food] Whataburger
467b a	I-35E, N to Dallas, S to Waco, 1 mi N off of I-35E [gas] Chevron, Shell [food] McDonald's
466	S Polk St, N [gas] Exxon/dsl, Texaco/dsl [food] DQ, Sonic, Subway [other] Family$, S [gas] [Loves]/Carl's Jr/dsl/scales/24hr
465	Wheatland/S Hampton Rds, N [gas] Shell/Subway [food] Chick-fil-A, Chili's, Furr's Cafeteria [other] $Tree, Aldi Foods, CVS Drug, GNC, Office Depot, Petsmart, Ross, Target, S [gas] Chevron/McDonald's, Murphy USA/dsl, QT/dsl, RaceWay/dsl [food] Arby's, Burger King, Cheddar's, Jack-in-the-Box, Panda Express, Popeye's, Sonic, Spring Creek BBQ, Taco Bell, Wendy's [lodging] Super 8 [other] [H], Home Depot, Honda, Hyundai, Kia, Lowe's, Nissan, Sam's Club/gas, Toyota/Scion, Walmart
464b a	US 67, Love Fwy
463	Camp Wisdom Rd, N [gas] Chevron/7-11, Exxon [food] Catfish King Rest., Denny's, Taco Bell/LJ Silver, Taco Cabana [lodging] Best Value Inn, Quality Inn, Royal Inn, Super 7 [other] $Tree, Chrysler/Dodge/Jeep, S [gas] Shamrock [food] Burger King, Chubby's Rest., Dave's BBQ, Olive Garden, Red Lobster, Subway, Tortilla Factory
462b a	Duncanville Rd (no EZ wb return), S [gas] QT, Shell/dsl [food] Church's, Jack-in-the-Box, Los Lupes Mexican, Popeye's, Whataburger [lodging] Hilton Garden, Motel 6 [other] Firestone/auto, Kroger
461	Cedar Ridge Rd, S [gas] RaceWay/dsl
460	TX 408
458	Mt Creek Pkwy
457	FM 1382, to Grand Prairie, N [gas] Shell/7-11/dsl, Valero/dsl [food] Waffle House, S [gas] RaceTrac/dsl [food] Jack-in-the-Box [other] to Joe Pool Lake
456	Carrier Pkwy, to Corn Valley Rd, N [gas] [food] Chick-fil-A, Dickey's BBQ, Domino's, Don Pablo, Popeyes, Sonic, Starbucks, Taco Cabana, Whataburger [other] AutoZone, Home Depot, Kohl's, Target, S [gas] Shell [food] Baskin-Robbins, Boston Mkt, Chapp's Cafe, Cheddar's, Chili's, Chipotle, Denny's, IHOP, Little Caesar's, McDonald's, Spring Creek BBQ, Subway [lodging] Holiday Inn Express [other] Albertsons/gas, CVS Drug, GNC, Tom Thumb Foods/gas, Verizon, Walgreens
455	TX 151, S [gas] QT/dsl
454	Great Southwest Pkwy, N [gas] Exxon/dsl, Mobil/7-11/dsl [food] Beto's, Carino's Italian, China Dragon, ChuckeCheese, DQ, Golden Corral, KFC, McDonald's, Taco Bell, Taco Bueno, TX Roadhouse, Waffle House, Wendy's, Wienerschnitzel [lodging] Comfort Suites, Heritage Inn, Quality Inn [other] [H], Firestone/auto, Harley-Davidson, U-Haul, S [gas] 7-11, QT/dsl, Shell/Subway/dsl, Valero/dsl [food] Applebee's, Arby's, Buffalo Wild Wings, Burger King, Schlotzsky's, Sonic [lodging] La Quinta, Super 8 [other] $Tree, AT&T, Discount Tire, Kroger, Office Depot, Petsmart, RaceTrac/dsl, Sam's Club, to Joe Pool Lake, Walgreens, Walmart/McDonald's
453b a	TX 360

452	Frontage Rd
451	Collins St, New York Ave, N [gas] Exxon/dsl, RaceTrac/dsl, Rudy's Store/BBQ/dsl [food] Cotton Patch Cafe, Golden Corral, Jack-in-the-Box, Whataburger [other] Chrysler/Dodge/Jeep, Kia/Mazda/VW, URGENT CARE, S [gas] QT, Shell, Valero/dsl [food] Chicken Express, KFC/Taco Bell, McDonald's, Sonic, Subway, Taco Bueno [lodging] Hampton Inn [other] Buick/GMC, Nissan
450	Matlock Rd, N [food] Abuelo's Mexican, Bar Louie, BJ's Rest, Black-eyed Pea, Bone Daddy's, Boomer Jack's Grill, Chuy's Mexican, Coldstone, Dave&Buster's, Genghis Grill, Houlihan's, India Grill, Jason's Deli, Kincaide's Burgers, McAlister's Deli, Melting Pot, Mercado Juarez, Mimi's Cafe, PF Changs, Pluckers's Wings, Potbelly, Red Robin, Starbucks, Sweet Tomatoes, The Keg Steaks, Wendy's, Which Wich [lodging] Courtyard, Quality Inn, Residence Inn [other] [H], AT&T, Costco/gas, Jo-Ann Fabric, Lowe's, Old Navy, Petsmart, Staples, World Mkt, S [gas] 7-11, RaceWay/dsl, Shell/7-11 [food] Joe's Pizza, Pizza Patron, Starbucks [other] Fry's Electronics, O'Reilly Parts
449	FM 157, Cooper St, N [gas] Shell/dsl [food] Cane's, Cheesecake Factory, Chili's, Corner Bakery, Grandy's, Honeybaked Ham, IHOP, In-N-Out, McDonald's, Nagoya Japanese, On-the-Border, Outback Steaks, Pei Wei, Razzoo's Cajun Café, Red Lobster, Rockfish Seafood, Salt Grass Steaks, Souper Salad, Spaghetti Whse, Spring Creek BBQ, Whataburger [lodging] Best Western, Days Inn, Holiday Inn Express, La Quinta, Studio 6, Super 8 [other] Barnes&Noble, Best Buy, Dick's, Dillard's, Discount Tire, JC Penney, Macy's, mall, Michael's, Office Depot, Sears/auto, Target, TJ Maxx, Verizon, S [gas] Shell [food] Applebee's, Arby's, Boston Mkt, Burger St, Carl's Jr, Chick-fil-A, Chipotle, Denny's, El Arroyo, El Fenix Mexican, Lin's Buffet, LJ Silver, Macaroni Grill, McDonald's, Olive Garden, Panda Express, Peter Piper Pizza, Schlotsky's, Starbucks, Subway, Taco Bueno, Taco Cabana, TGIFriday [lodging] InTown Suites, Microtel [other] $Tree, AAA, Acura, Chevrolet, Ford, Hobby Lobby, Home Depot, Honda, Hyundai, NTB, Ross, Suzuki, Toyota, Walmart/McDonald's
448	Bowen Rd, N [gas] QT, RaceTrac/dsl [food] Cracker Barrel, Sonic, S [gas] Shell
447	Kelly-Elliott Rd, Park Springs Blvd, N [gas] 7-11, Valero, S [gas] Exxon/Subway [other] city park
445	Green Oaks Blvd, N [gas] Conoco/dsl, Shell/7-11/dsl [food] Arby's, Boston Mkt, Braum's, Burger St, Cafe Acapulco, Chapp's Cafe, Chick-fil-A, Church's, CiCi's, Colter's BBQ, Fuzzy's Tacos, Hooters, Jack-in-the-Box, Jay Jay Rest., Joe's Pizza, Mijo's Cafe, Quizno's, Schlotzsky's, Starbucks, Taco Bell, Taco Cabana, Taco Casa, Tai-Pan, Wendy's, Whataburger [other] $Tree, Ace Hardware, Albertsons, AT&T, CVS Drug, Firestone, Kroger/dsl, Meineke, Office Depot, Verizon, Walgreens, S [gas] 7-11, Murphy Express/dsl, QT/dsl, Valero/dsl [food] Cheddar's, Corky's Pizza, Golden Buffet, IHOP, McDonald's, Pancho's Mexican, Panda Express, Sonic, Subway, Taco Bueno, Waffle House [other] $General, AutoZone, BigLots, Discount Tire, O'Reilly Parts, Tuesday Morning, vet, Walmart/Subway
444	US 287 S, to Waxahatchie, from eb, same as 445
443	Bowman Springs Rd (from wb)
442b a	I-820 to Ft Worth, US 287 bus, N [gas] Valero [lodging] Great Western Inn, Knights Inn, S [gas] QT/dsl
441	Anglin Dr, Hartman Lane, N [lodging] Woodspring Suites, S [gas] Conoco/dsl
440b	Forest Hill Dr, S [gas] Shell/7-11/dsl [food] Braum's, Capt D's, CiCi's Pizza, Jack-in-the-Box, Luby's, Sonic, Starbucks, Subway, Taco Bell [lodging] La Quinta [other] $General, $Tree, AutoZone, CVS Drug, Discount Tire, O'Reilly Parts, Super 1 Foods, Walgreens

FT WORTH

INTERSTATE 20 Cont'd

Exit#	Services
440a	Wichita St, N Chevron/dsl, QT/dsl #1 Chinese, Starbucks, Taco Casa, Wendy's, S Texaco/dsl, Valero Chicken Express, Denny's, Domino's, McDonald's, Pizza Hut, Schlotzsky's, Taco Bueno, Whataburger Best Western, Comfort Inn, Hampton Inn
439	Campus Dr, N Chrysler/Dodge/Jeep, Ford, S Sam's Club/gas
438	Oak Grove Rd, S Valero
437	I-35W, N to Ft Worth, S to Waco
436b	Hemphill St, N Shell/dsl, S Chevrolet
436a	FM 731 (from eb), to Crowley Ave, N Conoco/dsl, Valero/dsl China Express $General, Sav-a-Lot Foods, S BurgerBox, Pizza Hut/Taco Bell, Subway transmissions
435	McCart St, N Shamrock, Shell/dsl, S Mobil/dsl
434b	Trail Lakes Dr, S Shell Sonic, Starbucks, Subway, Wendy's CVS Drug, Family$
434a	Granbury Rd
433	Hulen St, N Shell/dsl Chef Chen, ChuckECheese, Honeybaked Ham, Hooters, Olive Garden, Papa Murphy's, Souper Salad, Subway, TX Roadhouse TownePlace Suites Albertsons, Home Depot, NTB, Petsmart, Sprouts Mkt, TJ Maxx, S Abuelo's Mexican, BJ's Rest., Denny's, Five Guys, In-N-Out, Jack-in-the-Box, Kincaide's Burgers, McDonald's, Panera Bread, Pizza Inn, Potbelly, Red Lobster, Red Robin Hampton Inn Barnes&Noble, Dillard's, Hobby Lobby, Macy's, mall, Michael's, Office Depot, Old Navy, Ross, Sears/auto
431	(432 from wb), TX 183, Bryant-Irvin Rd, N Chevron Chipotle Mexican, Genghis Grill, Keg Steaks, Mimi's Café, On-the-Border, Taste of Asia Best Buy, Cavender's Boots, Kohl's, Lowe's, Petsmart, Sam's Club/gas, S Chevron, Shell/dsl Blackeyed Pea, Chicken Express, Chick-fil-A, Cousin's BBQ, Fox & Hound, Fuddruckers, IHOP, Jimmy John's, Lonestar Oysters, Outback Steaks, Pei Wei, Pizza Hut, Razzoo's Cajun, Rio Mambo, SaltGrass Steaks, Schlotzsky's, Sonic, Starbucks, Subway, Szechuan Courtyard, Extended Stay America, Holiday Inn Express, Homewood Suites, Hyatt Place, La Quinta H, AT&T, Costco/gas, Firestone/auto, Ford, Goodyear/auto, Infiniti, Kwik Kar, Lexus, Mazda, PetCo, Staples, Target, Verizon, Walgreens
430mm	Clear Fork Trinity River
429b	Winscott Rd, N Circle K/dsl Cracker Barrel Best Western, Comfort Suites
429a	US 377, to Granbury, S QT/dsl, RaceTrac/dsl, Shell/dsl, Valero 7-11/dsl, Arby's, Braum's, Burger King, Chicken Express, Chick-fil-A, Domino's, Golden Chick, Jack-in-the-Box, KFC/Taco Bell, McDonald's, NY Pizza, Panda Express, Pizza Hut, Ricky's BBQ, Sonic, Starbucks, Subway, Taco Casa, Taco Villa, Waffle House, Waffle House, Whataburger Motel 6 $General, AutoZone, CVS Drug, O'Reilly Parts, USPO, Walgreens, Walmart
428	I-820, N around Ft Worth
426	RM 2871, Chapin School Rd
425	Markum Ranch Rd
421	I-30 E (from eb), to Ft Worth
420	FM 1187, Aledo, Farmer, parking & ride
419mm	**weigh sta eb**
418	Ranch House Rd, Willow Park, Willow Park, N Exxon/Taco Casa, Shell/dsl Pizza Hut, Sonic, Subway, Whataburger, S Chevron/dsl Chicken Express, Domino's, McDonald's, Milano's Italian, Mr Jim's Pizza, Railhead BBQ Knights Inn $General, Ace RV Ctr., Brookshire Foods, Cowtown RV Park

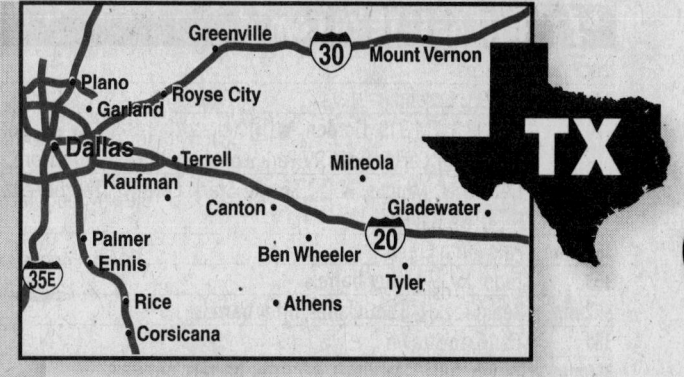

WEATHERFORD

Exit#	Services
417mm	no services
415	FM 5, Mikus Rd, Annetta, S Shell/dsl, Signature/dsl 415 RV Ctr
413	(414 from wb), US 180 W, Lake Shore Dr, N Murphy USA/dsl, RaceTrac/dsl, Shell/dsl DQ, Golden Chick, McDonald's, Paleo's Pizza, Sonic, Subway, Taco Bell, Waffle House Buick/Cadillac/Chevrolet/GMC, Ford, Hyundai, Lincoln, Nissan, Suzuki, Toyota/Scion, Walgreens, Walmart/Subway, S Valero/dsl
411	Service Rd (from wb), same as 413
410	Bankhead Hwy, S Loves/Subway/dsl/24hr
409	FM 2552 N, Clear Lake Rd, N Petro/Valero/Iron Skillet/dsl/24hr/@ Antonio's Mexican, Granny's Kitchen, Jack-in-the-Box, Little Panda Chinese, Popeyes Heritage Inn, SleepGo Motel H, Blue Beacon, S Shell/dsl
408	TX 171, FM 1884, FM 51, Tin Top Rd, Weatherford, N Exxon, Mobil, Murphy USA/dsl Applebee's, Baker's Ribs, Braum's, Buffalo Wild Wings, Cane's, Chicken Express, China Harbor, Ci-Ci's Pizza, Cotton Patch Cafe, IHOP, Kincade's Burgers, LJ Silver, Logan's Roadhouse, McAlister's Deli, McDonald's, MT Rest., Olive Garden, Panda Express, Rosa's Cafe, Schlotzsky's, Starbucks, Subway, Taco Bell, Taco Bueno, Taco Cabana, Whataburger, Wild Mushroom Steaks La Quinta, Sleep Inn, Super 8 $Tree, AT&T, AutoZone, Belk, Christian Bros Auto, Discount Tire, Firestone/auto, JC Penney, Just Brakes, Michael's, TJ Maxx, Verizon, Walgreens, Walmart/Subway, S Exxon/Subway/dsl, Shell/Burger King/dsl Chick-fil-A, Chili's, Chipotle, Cracker Barrel, Honey Bee Ham, On-the-Border, Tokyo Japanese Steaks, Waffle House, Whataburger Best Western, Candlewood Suites, Comfort Suites, Fairfield Inn, Hampton Inn, Holiday Inn Express, Motel 6, Quality Inn, Super Value Inn Best Buy, GNC, Kohl's, Lowe's, NTB, Petsmart, Ross, Target, URGENT CARE
407	Tin Top Rd (from eb), N Home Depot, S KOA, same as 408
406	Old Dennis Rd, N QT/dsl/scales/24hr, Truck'n Travel Chuck Wagon Rest. Quest Inn, S Pilot/Wendy's/dsl/scales/24hr EconoLodge, Quality 1 Motel Boss Shop Repair
404	Williams Memorial Dr
402	(403 from wb), TX 312, to Weatherford
397	FM 1189, to Brock, N Valero/dsl Oak Creek RV Park
394	FM 113, to Millsap
393mm	Brazos River
391	Gilbert Pit Rd
390mm	**both lanes, full facilities, litter barrels, petwalk, vending**
386	US 281, to Mineral Wells, Stephenville, N Shell/Subway/dsl Gilbert Pecans, S Chevron/Maverick TC/Taco Casa/dsl, Sunoco/Stripes/Taco Co/dsl DQ
380	FM 4, Santo, S RV Park
376	Blue Flat Rd, Panama Rd

TX

TX

INTERSTATE 20 Cont'd

Exit#	Services
373	TX 193, Gordon
370	TX 108 S, FM 919, Gordon, N 🅿 Texaco/Bar-B/dsl, S 🅿 Exxon/dsl 🅾 Cactus Rose RV Park, Longhorn Inn/Country Store
367	TX 108 N, Mingus, N 🍴 Smoke Stack Café 🅾 Thurber Sta, S 🍴 NY Hill Rest.
364mm	Palo Pinto Creek
363	Tudor Rd, 🚻 litter barrels
362mm	Bear Creek, 🚻 both lanes, litter barrels
361	TX 16, to Strawn
359mm	🆁🆂 wb, full ♿ facilities, 🚻 litter barrels, petwalk
358	(from wb), frontage rd
356mm	Russell Creek
354	Lp 254, Ranger
353	🆁🆂 eb, full ♿ facilities, 🚻 litter barrels, vending
351	(352 from wb), College Blvd
349	FM 2461, Ranger, N 🅿 ♥Loves/Godfather's/Subway/dsl/scales/24hr 🍴 DQ 🛏 Sunset Inn 🅾 RL RV Park, S 🅿 Phillips 66/dsl 🅾 repair
347	FM 3363 (from wb), Olden, S 🅾 TX Steakhouse
345	FM 3363 (from eb), Olden, S 🍴 TX Steakhouse
343	TX 112, FM 570, Eastland, Lake Leon, N 🅿 Alon/7-11/Subway, Murphy USA/dsl, Shell/dsl 🍴 Chicken Express, DQ, Golden Chick, McDonald's, Pizza Heaven, Sonic, Taco Bell 🛏 Holiday Inn Express, La Quinta, Super 8/RV park 🅾 $General, AT&T, AutoZone, Buick/Cadillac/Chevrolet/GMC, Chrysler/Dodge/Jeep, Ford, O'Reilly Parts, TrueValue, Walmart, S 🅿 Exxon/dsl 🍴 Pulido's Mexican 🛏 Budget Host, Days Inn
340	TX 6, Eastland, N 🅿 Valero/dsl 🅾 🔨, S 🅿 Shell/dsl
337	spur 490, N 🅾 The Wild Country RV Park
332	US 183, Cisco, N 🅿 Alon/Allsups/dsl, Cow Pokes/dsl 🍴 Chicken Express, DQ, Pizza Heaven, Sonic, Subway 🛏 Cisco Inn, Executive Inn/RV Park 🅾 $General, Family$, Hilton Mon (1mi), NAPA
330	TX 206, Cisco, N 🅿 Sunoco/Stripes/Tacos/dsl/scales/24hr 🛏 Best Value Inn 🅾 🔨, S 🅿 ⊕FLYING J/Denny's/dsl/scales/24hr
329mm	🚻 wb, ♿ accessible, litter barrels
327mm	🚻 eb, ♿ accessible, litter barrels
324	Scranton Rd
322	Cooper Creek Rd
320	FM 880 N, FM 2945 N, to Moran
319	FM 880 S, Putnam, N 🍴 Fillin Sta/café 🅾 USPO
316	Brushy Creek Rd
313	FM 2228
310	Finley Rd
308	Lp 20, Baird
307	US 283, Clyde, N 🅿 ♥Loves/Chester's/Subway/dsl/scales/24hr 🍴 DQ 🛏 Baird Motel/RV park/dump, S 🅿 Alon/Allsups/7-11, Conoco/dsl 🍴 Robertson's Café
306	FM 2047, Baird, N 🅾 Chevrolet/GMC, Hanner RV Ctr
303	Union Hill Rd
301	FM 604, Cherry Lane, N 🅿 Exxon/dsl 🍴 McDonald's, Sonic, Whataburger 🅾 NAPA, S 🅿 Alon/7-11, Alon/7-11/dsl 🍴 Chicken Express, Pizza House, Subway 🅾 Family$, United Mkt, USPO
300	FM 604 N, Clyde, N 🅾 Chrysler/Dodge/Jeep, S 🅿 Conoco/dsl 🅾 White's RV Park/dump
299	FM 1707, Hays Rd
297	FM 603, Eula Rd
296.5mm	🆁🆂 both lanes, full ♿ facilities, litter barrels, petwalk, 🄲, 🚻, wireless internet

Exit#	Services
294	Buck Creek Rd, N 🅾 Big Counry RV Ctr/park, Buck Creek R Park/dump, S 🅾 Abilene RV Park
292b	Elmdale Rd
292a	Lp 20 (exits left from wb)
290	TX 36, Lp 322, S 🅾 🔨, zoo
288	TX 351, N 🅿 Alon/7-11/dsl, Murphy USA/dsl 🍴 Buffal Wild Wings, Chick-fil-A, Chili's, Cracker Barrel, DQ, Golden Chicl Jason's Deli, Oscar's Mexican, Panda Express, Subway, Tac Casa, Wendy's 🛏 Comfort Suites, Courtyard, Days Inn, Executive Inn, Holiday Inn Express, Knights Inn, Quality Inn, Residence Inn, TownePlace Suites, Whitten Inn 🅾 $Tree, AT& Lowe's, Walmart/Subway, S 🛏 Super 8 🅾 🔨
286c	FM 600, Abilene, N 🅿 Alon/7-11/dsl, Alon/Allsups/d 🍴 Denny's 🛏 Best Western, Hampton Inn, Holiday Inn, L Quinta, S 🅿 Alon/7-11/dsl 🛏 Sleep Inn
286	US 83, Pine St, Abilene, S 🅿 Alon/Allsups 🛏 Frontier In 🅾 🔨
285	Old Anson Rd, S 🅿 Alon/Allsups/dsl 🛏 Best Value Inn
283b	N US 277, U83, Anson
283a	US 277 S, US 83 (exits left from wb)
282	FM 3438, Shirley Rd, S 🛏 Motel 6 🅾 KOA
281	Fulwiler Rd, to Dyess AFB, S 🅾 to Dyess AFB
279	US 84 E, to Abilene, **1-3 mi** S access to facilities
278	Lp 20, N 🅿 Conoco/dsl/24hr 🅾 dsl repair, S 🅿 Westg TC/Phillips 66/Huddle House/dsl/scales/24hr/@ 🅾 Mac Trucks/Volvo
277	FM 707, Tye, N 🅿 ⊕FLYING J/Denny's/dsl/LP/24hr 🅾 Pe terbilt, truck lube, Tye RV Park, S 🅿 Alon/7-11/dsl 🅾 South ern Tire Mart, USPO
274	Wells Lane
272	Wimberly Rd
270	FM 1235, Merkel, N 🅿 Alon/dsl/24hr, Conoco/dsl
269	FM 126, N 🍴 Sonic, Subway 🛏 Scottish Inn, S 🅿 Alon/ 11/dsl, Phillips 66/dsl 🍴 DQ, Skeet's BBQ 🅾 CarQues Family$
267	Lp 20, Merkel, **1mi** S access to gas, food, lodging
266	Derstine Rd
264	Noodle Dome Rd
263	Lp 20, Trent, N 🅾 RV Park
262	FM 1085, S 🅿 Alon/7-11/dsl
261	Lp 20, Trent
259	Sylvester Rd
258	White Flat Rd, oil wells
257mm	🆁🆂 both lanes, full ♿ facilities, litter barrels, petwalk, 🄲, 🚻 vending
256	Stink Creek Rd
255	Adrian Rd
251	Eskota Rd
249	FM 1856, N 🅾 Lonestar RV Park
247	TX 70 N, Sweetwater
246	Alabama Ave, Sweetwater
245	Arizona Ave (from wb), same as 244
244	TX 70 S, Sweetwater, N 🅿 Alon/7-11/dsl/24hr, Chevron Subway/dsl, Murphy USA/dsl 🍴 Dickey's BBQ, Dominos DQ, Golden Chick, McDonald's, Subway, Wendy's 🛏 Be Western, Budget Inn, La Quinta, Motel 6 🅾 🔨, AT&T, A toZone, Medicine Place Drug, Verizon, Walmart, S 🅿 She dsl 🍴 Big Boy's BBQ, Buck's BBQ, Great Wall Buffet, Schlo zsky's, Skeet's Grill, Taco Bell 🛏 Country Hearth Inn, Hampt Inn, Holiday Inn Express, Ranch House Motel/rest., Stay Expre Inn 🅾 Chaparral RV Park, Ford, Rainbolt RV Park
243	Hillsdale Rd, Robert Lee St, N 🅾 Family RV Ctr

ABILENE

SWEETWATER

◀▶E INTERSTATE 20 Cont'd

Exit#	Services
242	Hopkins Rd, **N** 🛢 **Love's**/Arby's/dsl/scales/24hr 🛏 Microtel, **S** 🛢 TA/Alon/Pizza Hut/Popeye's/dsl/scales/24hr/@ ⬤ Rolling Plains RV Park, truck wash, truck/tire repair
241	Lp 20, Sweetwater, **N** 🛢 gas 🍴 food 🛏 lodging, **S** ⬤ RV camping
240	Lp 170, **N** ⬤ 🚲, camping
239	May Rd
238b a	US 84 W, Blackland Rd
237	Cemetery Rd
236	FM 608, Roscoe, **N** 🛢 Alon/dsl, Sunoco/Stripes/Taco Co/dsl ⬤ NAPA, **S** 🍴 Retta Mae's Rest
235	to US 84, Roscoe
230	FM 1230, many wind turbines
229mm	🅰 wb, ♿ accessible, litter barrels
228mm	🅰 eb, ♿ accessible, litter barrels
227	Narrell Rd
226b	Lp 20 (from wb), Loraine
226a	FM 644 N, Wimberly Rd
225	FM 644 S, **1 mi S** 🛢 access to gas 🍴 food
224	Lp 20, to Loraine, **1 mi S** 🛢 gas 🍴 food
223	Lucas Rd, **S** ⬤ 223 RV Park
221	Lasky Rd
220	FM 1899
219	Lp 20, Country Club Rd, Colorado City
217	TX 208 S, **N** 🛢 Sunoco/Stripes/Taco Co/DSL/scales/24hr 🛏 La Quinta
216	TX 208 N, **N** 🛢 Chevron/Subway/dsl 🍴 DQ 🛏 Sleep Inn, **S** 🛢 Sunoco/Stripes/Taco Co/dsl 🍴 Golden Chick, Pizza Hut, Sonic 🛏 American Inn, Hotel Texas, Motel 6, Super 8 ⬤ 🅷 $General, City RV Park, Parts+
215	FM 3525, Rogers Rd, **N** 🛏 Motel 6 Extended, **2 mi S** 🛢 access to gas 🍴 food ⬤ 🅷
214.5mm	Colorado River
213	Lp 20, Enderly Rd, Colorado City
212	FM 1229
211mm	Morgan Creek
210	FM 2836, **S** ⬤ camping, picnic area, to Lake Colorado City SP
209	Dorn Rd
207	Lp 20, Westbrook
206	FM 670, to Westbrook
204mm	**N** Ⓡˢ wb, full ♿ facilities, litter barrels, petwalk, 🎯, 🅰
200	Conaway Rd
199	Iatan Rd
195	frontage rd (from eb)
194a	E Howard Field Rd
192	FM 821, many oil wells
191mm	Ⓡˢ eb, full ♿ facilities, litter barrels, petwalk, 🎯, 🅰
190	Snyder Field Rd
189	McGregor Rd
188	FM 820, Coahoma, **N** 🛢 Sunoco/Stripes/Taco Co/dsl 🍴 DQ 🛏 Coahoma Inn ⬤ Coahoma RV Park, USPO
186	Salem Rd, Sand Springs
184	Moss Lake Rd, Sand Springs, **N** 🛢 Alon/dsl ⬤ $General, **S** ⬤ RV camping
182	Midway Rd
181b	Refinery Rd, **N** ⬤ Alon Refinery
181a	FM 700, **N** ⬤ 🚲, RV camping, **2 mi S** ⬤ 🅷
179	US 80, Big Spring, **S** 🛢 Alon/7-11 🍴 Denny's 🛏 Camlot Inn, Quality Inn, Super 8 ⬤ $General, Buick/Cadillac/Chevrolet
178	TX 350, Big Spring, **N** 🛢 Shell/dsl ⬤ tire/truck service, **S** 🛢 Pilot/McDonald's/dsl/scales/24hr

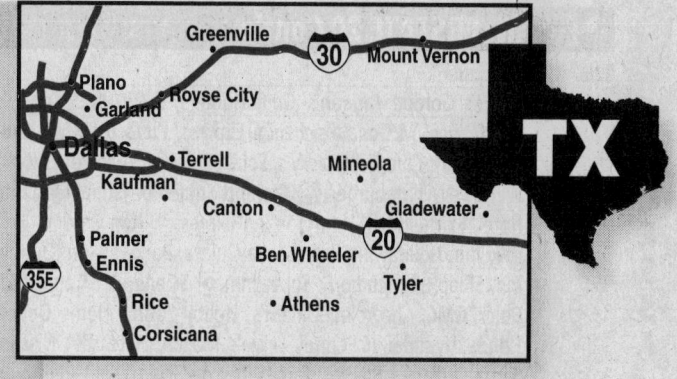

B **177**	US 87, Big Spring, **N** 🛢 Exxon/dsl, TA/Subway/Popeye's/dsl/scales/24hr/@ 🍴 Texas Cajan Cafe 🛏 Advantage Inn, La Quinta, Motel 6, Plaza Inn, **S** 🛢 Alon/dsl, Sunoco/Stripes/dsl 🍴 Casa Blanca Mexican, DQ, McAlister's Deli 🛏 Baymont Inn, Best Western, Hampton Inn, Holiday Inn Express, TownePlace Suites ⬤ Chrysler/Dodge/Jeep
I **176**	TX 176, Andrews
G **174**	Lp 20 E, Big Springs, **S** 🛢 Shell/dsl ⬤ 🅷, 🚲, Big Spring SP
172	Cauble Rd
S **171**	Moore Field Rd
P **169**	FM 2599
R **168mm**	🅰 both lanes, litter barrels
I **165**	FM 818
N **158**	Lp 20 W, to Stanton, **N** ⬤ RV camping
G **156**	TX 137, Lamesa, **S** 🛢 Phillips 66/Stripes/Subway/dsl/24hr 🍴 Sonic 🛏 Cobblestone Inn, Comfort Inn, Super 8
154	US 80, Stanton, **2 mi S** 🛢 access to gas 🍴 food 🛏 lodging
151	FM 829 (from wb)
144	Loop 250, **2-3 mi N** ⬤ services in Midland
143mm	frontage rd (from eb)
142mm	🅰 both lanes, litter barrels, hist marker
140	FM 307 (from eb)
138	TX 158, FM 715, Greenwood, **N** 🛢 Pilot/dsl, Valero/dsl 🍴 KD's BBQ, Whataburger, **S** 🛢 Flying J/Moe's/dsl/scales/24hr, Sunoco/Stripes/Subway/dsl, Sunoco/Stripes/Taco Co/dsl 🛏 Baymont Inn
137	Old Lamesa Rd, **N** 🛏 Mainstay Suites
M **136**	TX 349, Midland, **N** 🛢 Murphy USA/dsl, Sunoco/Stripes/Taco Co/dsl 🍴 Cici's Pizza, Domino's, IHOP, Jack-in-the-Box, Little Caesar's, McAlister's Deli, McDonald's, Sonic, Starbucks 🛏 Best Western, Candlewood Suites, Comfort Inn, Country Inn&Suites, Holiday Inn Express, Microtel, Quality Inn, Super 8, West Texas Inn ⬤ $General, $Tree, Advance Parts, AutoZone, Chavez Tires, Discount Tire, Family$, Petroleum Museum, Verizon, Walmart/Subway, **S** 🛢 Daves Gas/NAPA/dsl, Exxon/Burger King/dsl, Pilot/dsl, Stripes/Taco Co/dsl
I **135**	Cotton Flat Rd, **S** ⬤ 🅷
D **134**	Midkiff Rd, **0-1 mi (Wall St) N** 🛢 Alon/7-11, Exxon/dsl, Shell, Sunoco/Stripes/Subway/dsl 🍴 Denny's, DQ 🛏 Best Value Inn, Bradford Inn, Days Inn, Executive Inn, La Quinta, Studio 6, Super 8 ⬤ 🅷, Chevrolet, Chrysler/Dodge/Jeep, Ford/ Lincoln, Honda, Midland RV Park, Subaru
A **131**	TX 158, Midland, **N** 🛏 Motel 6 ⬤ Midland RV Park, **S** 🛢 **Love's**/Chester's/Subway/dsl/scales/24hr 🛏 Suburban Inn
N **126**	FM 1788, **N** 🛢 Pilot/McDonald's/dsl/scales/24hr, Sunoco/Stripes/Taco Co/dsl 🍴 Steak'n Shake, Subway ⬤ 🚲, Carquest, Main Street Mkt/Subway/dsl, museum, Western Auto
D **121**	Lp 338, Odessa, **0-3 mi (TX 191) N** 🛢 Alon/7-11, Stripes/Taco Co/dsl 🍴 Carino's, Casa Ole, Cheddar's, Chili's, Dickey's BBQ, Domino's, Fazoli's, Five Guys, Fuddruckers, Genghis Grill,

TX

ODESSA

🔼E INTERSTATE 20 Cont'd

121	Continued
	Golden Corral, Harigan's Grill, Hooters, IHOP, KFC, Logan's Roadhouse, McDonald's, Panda Express, Pizza Hut, Red Lobster, Rosa's Cafe, Schlotzsky's, Sonic, Subway, Twin Peaks Rest, Wendy's, Whataburger 🛏 Comfort Suites, Days Inn, Elegante Hotel, Fairfield Inn, Hampton Inn Express, Hilton Garden, Holiday Inn, Holiday Inn Express, La Quinta, Parkway Inn, Quality Inn, Sleep Inn, Studio 6, Super Inn ⊡ $General, $Tree, AT&T, Buick/GMC, Chevrolet, Dillard's, Hobby Lobby, Home Depot, Honda, Hyundai, JC Penney, Lowe's, Mazda, Mkt Street, Nissan, Sam's Club/gas, Staples, Target, Toyota/Scion, U of TX Permian Basin, USPO, Walmart/Subway, **S** 🅿 ⚡FLYING J/McDonald's/dsl/scales/24hr
120	JBS Pkwy, **N** 🛏 Candlewood Suites, Comfort Inn, Staybridge Suites, Super 8 ⊡ Mack/Volvo
118	FM 3503, Grandview Ave, **N** 🅿 Alon/dsl ⊡ Freightliner/Peterbilt
116	US 385, Odessa, **N** 🅿 Chevron/dsl, Stripes/Taco Co/dsl 🍴 DQ, La Margarita 🛏 Delux Inn, Ramada, Villa West Inn ⊡ 🇭, $General, city park, Family$, **S** 🅿 Alon/dsl, Valero/dsl 🛏 MainStay Suites, Motel 6
115	FM 1882, **N** 🅿 Sunoco/Stripes/Taco Co/dsl, **S** 🅿 ♥Love's/McDonald's/Subway/dsl/scales/24hr ⊡ Blue Beacon
113	TX 302, Odessa
112	FM 1936, Odessa, **N** 🅿 Red X Trkstp/dsl
108	Moss Ave, Meteor Crater, Meteor Crater, **N** 🅿 Road Ranger/Church's/Subway/dsl/scales/24hr
104	FM 866, Meteor Crater Rd, Goldsmith, **N** ⊡ RV park
103.5mm	weigh sta both directions
101	FM 1601, to Fenwell, Penwell
93	FM 1053, to Ft Stockton
86	TX 41, **N** ⊡ camping, Monahans Sandhills SP
83	US 80, Monahans, 2 mi **N** ⊡ 🇭, RV camping

MONAHANS

80	TX 18, Monahans, **N** 🅿 Chevron/dsl 🍴 Bar-H Steaks, DQ, Great Wall Buffet, McDonald's, Pappy's BBQ, Pizza Hut, Sonic 🛏 Candlewood Suites, Holiday Inn Express ⊡ 🇭, $General, Alco, Family$, Lowe's Foods, O'Reilly Parts, repair/tires, Verizon, **S** 🅿 Alon/dsl, Sunoco/Stripes/Subway/dsl, Texaco/Huddle House/dsl/24hr 🍴 Huddle House 🛏 Best Value Inn, Best Western, Comfort Inn, Texan Inn ⊡ Buick/Chevrolet/GMC, Chrysler/Dodge/Jeep, RV Park, vet
79	Lp 464, Monahans, **S** 🛏 La Quinta
76	US 80, Monahans, 2 mi **N** ⊡ RV camping, to Million Barrel Museum
73	FM 1219, Wickett, **N** 🅿 Alon/Allsup's/dsl, **S** 🅿 Main St/Subway/dsl
70	TX 65
69.5mm	🆁🆂 both lanes, full ♿ facilities, litter barrels, petwalk, 🄲, 🅰, wi-fi
66	TX 115, FM 1927, to Pyote, **N** 🅿 Alon/dsl
58	frontage rd, multiple oil wells
52	Lp 20 W, to Barstow
49	FM 516, to Barstow
48mm	Pecos River
44	Collie Rd

PECOS

| 42 | US 285, Pecos, **N** 🅿 ⚡FLYING J/Denny's/dsl/scales/24hr, Alon, Sunoco/Stripes/dsl/e85 🍴 Alfredo's Mexican, DQ, El Rodeo Mexican, Golden Palace Chinese, Pizza Hut 🛏 Holiday Inn Express, Motel 6, OakTree Inn, Quality Inn ⊡ AutoZone, museum, tire repair, Walmart, **S** 🅿 ♥Love's/McDonald's/Subway/Chester's/dsl/scales/24hr/@ 🛏 Microtel |

40	Country Club Dr, **N** 🛏 Cobblestone Inn, Comfort Suites, Fairfield Inn ⊡ st patrol, **S** 🅿 Stripes/Subway 🛏 Alpine Lodg Rest. 🛏 Best Western/rest., La Quinta ⊡ municipal par Pecos Park/Zoo, RV camping
39	TX 17, Pecos, **N** ⊡ 🇭, **S** 🅿 Sunoco/Stripes/Subway/dsl/24h 🛏 Hampton Inn, La Bonita Inn ⊡ Buick/Chevrolet/GMC, Pe cos Tire, Trapark RV Park
37	Lp 20 E
33	FM 869
29	Shaw Rd, **S** ⊡ to TX AM Ag Sta
25mm	🆁🆂 both lanes, ♿ accessible, litter barrels
22	FM 2903, to Toyah, **N** 🅿 Valero/dsl
13	McAlpine Rd
7	Johnson Rd
3	Stocks Rd
0mm	I-20 begins/ends on I-10, 187mm.

🔼N INTERSTATE 27

Exit#	Services
I-27 begins/ends on I-40, exit 70 in Amarillo.	
123b	I-40, W to Albuquerque, E to OK City
123a	26th Ave, **E** 🅿 Discount Gas
122c	from sb only
122a	34th Ave, Tyler St, **E** 🅿 Valero 🍴 Sonic ⊡ $General
122b	FM 1541, Washington St, Parker St, Moss Lane, **W** 🍴 Hungr Howie's, Taco Bell, Thai Express
121a	Hawthorne Dr, Austin St, **E** 🛏 Amarillo Motel, **W** ⊡ Scottie Transmissions
121b	Georgia St, **E** 🅿 Murphy USA/dsl ⊡ Buick/GMC, Hond Mazda, Subaru, Walmart/McDonald's
120b	45th Ave, **E** 🍴 Waffle House ⊡ O'Reilly Parts, repa **W** 🅿 Toot'n Totum, Valero 🍴 Abuelo's Mexican, Burg King, Donut Stop, Gatti's Pizza, Grandma's Cocina, McDonald Whataburger ⊡ $General, Advance Parts, BMW, Chrysler Dodge/Jeep, Drug Emporium, vet, Walgreens
120a	Republic Ave
119b a	(from sb) Western St, 58th Ave, **E** 🅿 Phillips 66/dsl 🍴 Son Subway ⊡ $General, **W** 🅿 Valero/dsl 🍴 Arby's, Braum LJ Silver, Pizza Hut, Thai Palace, Wendy's ⊡ Aamco, U-Ha USPO, Walgreens
119a	(from nb) W Hillside
117	Bell St, Arden Rd, **W** 🅿 Valero/dsl 🍴 Popeye's, Sor ⊡ $General
116	Lp 335, Hollywood Rd, **E** 🅿 ♥Love's/Subway/dsl/scale 24hr, Phillips 66/dsl 🍴 McDonald's, Waffle House, Wh taburger 🛏 Comfort Suites, Motel 6, **W** 🛏 Holiday Inn E press ⊡ 🇭 (8mi)
115	Sundown Lane
113	McCormick Rd, **E** ⊡ $General, Ford, **W** ⊡ Family Camping C
112	FM 2219, **E** ⊡ Stater's RV Ctr
111	Rockwell Rd, **W** ⊡ Buick/GMC
110	US 87 S, US 60 W, Canyon
109	Buffalo Stadium Rd, **W** ⊡ stadium
108	FM 3331, Hunsley Rd
106	TX 217, to Palo Duro Cyn SP, Canyon, **E** ⊡ Palo Duro Cany SP (10mi), Palo Duro RV Park, 3 mi **W** 🍴 McDonald's 🛏 Be Western, Holiday Inn Express ⊡ Plains Museum, to W TX A&
103	FM 1541 N, Cemetery Rd
99	Hungate Rd
98mm	parking area both lanes, litter barrels
96	Dowlen Rd
94	FM 285, to Wayside

AMARILLO

⬆N   INTERSTATE 27 Cont'd

Exit#	Services
92	Haley Rd
90	FM 1075, Happy, **W** 🅖 gas/dsl
88b a	US 87 N, FM 1881, Happy, same as 90
83	FM 2698
82	FM 214
77	US 87, Tulia
75	NW 6th St, Tulia, **1 mi E** 🅖 Phillips 66/dsl, Shell/dsl 🍴 Pizza Hut, Sonic 🛏 Lasso Motel, **W**same as 74
74	TX 86, Tulia, **E** 🛏 Lasso Motel 🅞 🏩, **W** 🍴 🅿🅸🅻🅾🆃/Valero/ Subway/dsl/scales/24hr 🛏 Executive Inn
70mm	**parking area both lanes, litter barrels**
68	FM 928
63	FM 145, Kress, **1 mi E** 🅖 gas/dsl 🍴 food 🅞 🅲
61	US 87, County Rd
56	FM 788
54	FM 3183, to Plainview
53	Lp 27, Plainview, **E** 🅞 🏩, access to gas, camping, food, lodging
51	Quincy St
50	TX 194, Plainview, **E** 🅖 Valero/dsl 🅞 🏩, to Wayland Bapt U, **W** 🛏 Reddy Hotel
49	US 70, Plainview, **E** 🅖 AllStar/dsl, Alon/dsl, Cefco/dsl, Conoco, Stripes/dsl 🍴 A&W/LJ Silver, Carlito's Mexican, China Dragon, Cotton Patch Café, Domino's, Furr's Café, Leal's Mexican, Pizza Hut, Tokyo Japanese, Woodfire Grill 🛏 Comfort Suites, Days Inn, Quality Inn 🅞 $Tree, AutoZone, Beall's, Ford/Lincoln, GNC, NAPA, O'Reilly Parts, Toyota, United Foods, **W** 🅖 Murphy USA/dsl, Phillips 66/dsl, Valero/dsl 🍴 Burger King, Chicken Express, Chili's, Empire Buffet, IHOP, Little Mexico, McDonald's, Mia's Italian, Sonic, Subway, Taco Bell 🛏 Holiday Inn Express, Plainview Inn, Super 8 🅞 Verizon, Walmart/McDonald's
48	FM 3466, Plainview (from nb), **E** 🅞 Chevrolet
45	Lp 27, to Plainview
43	FM 2337
41	County Rd
38	Main St
37	FM 1914, Cleveland St, **W** 🍴 Conoco/dsl 🅞 city park, Family$, Lowe's Foods
36	FM 1424 , Hale Center
32	FM 37 W
31	FM 37 E
29mm	🆁🆂 both lanes, full ♿ facilities, litter barrels, petwalk, 🅲, 🏩, **tornado shelter, vending**
27	County Rd
24	FM 54, **W** 🅞 RV park/dump
22	Lp 369, Abernathy
21	FM 597, Main St, Abernathy, **W** 🅖 Conoco/dsl 🍴 DQ 🅞 $General, USPO
20	FM 597, Abernathy (from nb)
17	CR 53
15	Lp 461, to New Deal, same as 14
14	FM 1729, **E** 🅖 Alon/rest./dsl/scales/24hr
13	Lp 461, to New Deal
12	access rd (from nb)
11	FM 1294, Shallowater
10	Keuka St, **E** 🅞 Fed Ex
9	Airport Rd, **E** 🅞 🔁, **W** 🅞 Lubbock RV Park/LP/dump
8	FM 2641, Regis St, **E** 🅞 🔁, **W** ❤Loves/Subway/Chester's/dsl/scales/24hr
7	Yucca Lane, **E** 🅞 Pharr RV Ctr
6b a	Lp 289, Ave Q, Lubbock, **E** 🅞 Pharr RV

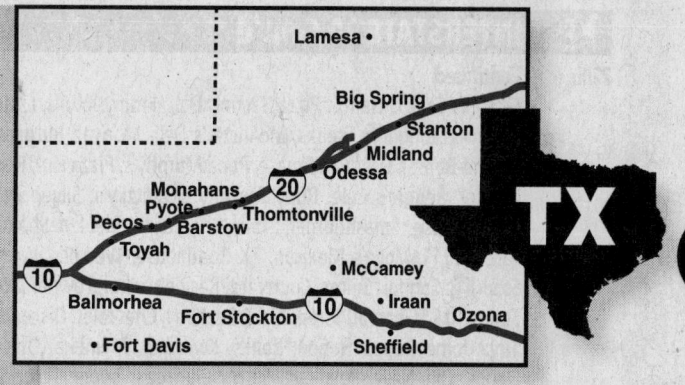

5	B. Holly Ave, Municipal Dr, **E** 🅞 Mackenzie SP, **W** 🅞 Civic Ctr
4	US 82, US 87, 4th St, to Crosbyton, **E** 🅞 funpark, **W** 🍴 Ⓕ FLYING J/Subway/dsl/LP/scales/24hr 🅞 to TTU
3	US 62, TX 114, 19th St, Floydada
2	34th St, **E** 🅖 Phillips 66/dsl 🍴 Pete's Drive Inn, **W** 🅖 Valero 🍴 Josie's #5, Phillips 66, Subway 🅞 AutoZone, Raff&Hall Drug, U-Haul
1c	50th St, **E** 🅖 Buddy's 🍴 El Charro 🅞 Family$, **W** 🅖 Alon/ 7-11, Bolton Fuel/dsl, Valero/dsl 🍴 A&W/LJ Silver, Bryan's Steaks, Burger King, China Star, Church's, Domino's, KFC, McDonald's, McDonald's, Pizza Hut/Taco Bell, Subway, Taco Villa, Tech Cafe, Whataburger, Wienerschnitzel 🛏 Howard Johnson 🅞 $General, O'Reilly Parts, United Food/gas, USPO, Walgreens
1b	US 84, **E** 🛏 Best Value Inn, Days Inn, **W** 🛏 Best Western, Comfort Inn, Country Inn Suites, Holiday Inn Express, Motel 6, Quality Inn, Red Roof Inn, Super 8, Woodspring Suites
1a	Lp 289
1	82nd St. **W** 🅖 Phillips 66/dsl, **I-27 begins/ends on US 87 at 82nd St in S Lubbock.**

⬆E   INTERSTATE 30

Exit#	Services
223mm	Texas/Arkansas state line
223b a	US 59, US 71, State Line Ave, Texarkana, **N** 🅖 Exxon/dsl, EZ Mart, Shell/dsl 🍴 Denny's, IHOP, Los Agaves, Naaman's BBQ, Pizza Inn, Waffle House 🛏 Best Western, Clarion, Holiday Inn Express, Howard Johnson, La Quinta, Quality Inn, Ramada Inn, Regency Inn, Super 8, Texarkana Inn, Wyndham Garden 🅞 Cooper Tire, KOA, **S** 🅖 Chevron/dsl, Exxon, Murphy USA/dsl, RaceWay/dsl, Shell 🍴 Burger King, Cattleman's Steaks, China Inn, China King, El Chico, Fuzzy's Tacos, Hooters, KFC, Little Caesar's, LJ Silver, Marble Slab, McDonald's, Papa John's, Popeye's, Schlotzsky's, Slim Chickens, Sonic, Starbucks, Subway, Taco Bell, Wendy's, Whataburger 🛏 Ambassador Inn, Best Value Inn, Days Inn, EconoLodge, Executive Inn, La Quinta, Motel 6, Rodeway Inn 🅞 $General, $Tree, Albertson's/Sav-On, AutoZone, CVS Drug, O'Reilly Parts, VW, Walgreens, Walmart/Subway
223mm	**Welcome Ctr wb, full** ♿ **facilities, info, litter barrels, petwalk,** 🅲, 🏩, **vending**
222	TX 93, FM 1397, Summerhill Rd, **N** 🅖 Shell, Valero/Subway/dsl 🍴 Applebee's, McDonald's, The One Buffet, Waffle House 🛏 Motel 6 🅞 AT&T, Goodyear Truck Tire, Hyundai, URGENT CARE, **S** 🅖 Shell/dsl 🍴 Bryce's Rest., Catfish King, Sonic 🅞 Ford, Gateway Tires, Nissan, Walmart Mkt/dsl
220b	FM 559, Richmond Rd, **N** 🅖 Shell 🍴 Buffalo Wild Wings, Burger King, Cane's, Carino's Italian, Chick-fil-A, Chipotle, CiCi's Pizza, Coldstone Creamery, Cracker Barrel, Domino's, DQ, Fuji Grill,

Sidebar labels: **PLAINVIE** · **LUBBOCK** · **TEXARKANA**

🄳 = gas   🍴 = food   🛏 = lodging   Ⓞ = other   ℞ = rest stop   Copyright 2018 - The Next EXIT

INTERSTATE 30 Cont'd

220b	**Continued** Genghis Grill, Gusano's Pizza, Jason's Deli, Jimmy John's, Little Caesar's, Longhorn Steaks, McAlister's Deli, Mooyah Burgers, On-the-Border, Osaka Japanese, Papa Murphy's, Pizza Hut, Red Lobster, Reggie's Cafe, Ruby Tuesday, Schlotzsky's, Silver Star Smokehouse, Smashburger, Sonic, Starbucks, Steak'n Shake, Taco Bell, TaMolly's Mexican, TX Roadhouse, Wendy's, Wing Stop 🛏 Comfort Suites, Courtyard, Residence Inn, TownePlace Suites Ⓞ $General, $Tree, AT&T, Best Buy, Chevrolet, Discount Tire, Home Depot, Honda, Kohl's, Kwik Kar, Meineke, Office Depot, Old Navy, Petsmart, Sam's Club/gas, Super 1 Food/gas, Target, TJ Maxx, Verizon, Walmart Mkt/dsl, S 🄳 Valero/dsl 🍴 Arby's, Chili's, ChuckeCheese, Firehouse Subs, Golden Chick, Golden Corral, Grandy's, Lee's China, McDonald's, Olive Garden, Outback Steaks, Subway, Taco Bueno 🛏 Candlewood Suites, Hampton Inn, Hilton Garden/Conv Ctr, Holiday Inn Express Ⓞ Albertson's/Sav-On, AT&T, Books-A-Million, Cavender's Boots, CVS Drug, Dillard's, Hobby Lobby, JC Penney, mall, Michael's, Ross, Sears/auto, Tuesday Morning, Walgreens
220a	US 59 S, Texarkana
219	Pecan St, University Ave, S 🄳 Exxon, Murphy USA 🍴 Subway, Wendy's 🛏 Country Inn&Suites, Fairfield Inn Ⓞ Buick/GMC, Cadillac, Chrysler/Dodge/Jeep, Harley-Davidson, Kia, Lowe's, Mazda, Mercedes, vet, Walmart
218	FM 989, Nash, N 🄳 Road Runner/dsl 🍴 Dixie Diner, Papa Poblano's, S 🄳 Exxon/Burger King/dsl 🍴 Sonic Ⓞ GMC/Peterbilt, to Lake Patman, Toyota/Scion, USPO
213	FM 2253, Leary, S 🄳 ♥Loves/McDonald's/Subway/dsl/scales/24hr
212	spur 74, S 🄳 Shell/dsl Ⓞ Lone Star Army Ammo Plant
208	FM 560, Hooks, S 🄳 Truckstp/dsl/scales/24hr 🍴 DQ, Sonic Ⓞ $General, Family$, Hooks Tire
207	no services
206	TX 86, S Ⓞ Red River Army Depot
201	TX 8, New Boston, N 🄳 Shell/dsl, Valero/dsl 🍴 Pitt Grill 🛏 Tex Inn Ⓞ Chevrolet, Chrysler/Dodge/Jeep, S 🄳 Murphy USA/dsl, Shell/dsl 🍴 Amigo Juan, Catfish King, Church's, Domino's, DQ, KFC/Taco Bell, McDonald's, Pizza Hut, Randy's BBQ, Sonic 🛏 Best Value Inn, Bostonian Inn, Holiday Inn Express Ⓞ Brookshire's Foods/gas, Ford, O'Reilly Parts, Walmart/Subway
199	US 82, New Boston, 1/2 mi N 🄳 VP/dsl
198	TX 98, 1/2 mi N 🄳 VP/dsl
193mm	Anderson Creek
192	FM 990, N 🍴 Culpeppers Rest.
186	FM 561
181mm	Sulphur River
178	US 259, to DeKalb, Omaha
174mm	White Oak Creek
170	FM 1993
165	FM 1001
162b a	US 271, FM 1402, FM 2152, Mt Pleasant, N 🄳 Exxon/dsl 🍴 Applebee's, Blalock BBQ 🛏 Holiday Inn Express, Super 8 Ⓞ $General, KOA, S 🄳 Shell/dsl, Valero/Subway/dsl 🍴 Burger King, McDonald's, Sonic 🛏 Best Western Ⓞ 🄷 $General, Cadillac/Chevrolet, Chrysler/Dodge/Jeep, Family$, Ford, vet
160	US 271, FM 1734, Mt Pleasant, N 🍴 Senorita's Mexican 🛏 La Quinta Ⓞ Buick/GMC (1mi), Lowe's, Ramblin Fever RV Park (2mi), Toyota, S 🄳 Exxon/dsl, Shell/dsl 🍴 El Chico, IHOP 🛏 Days Inn, Hampton Inn, Motel 6, Quality Inn Ⓞ Sandlin SP

158mm	weigh sta both lanes
156	frontage rd
153	spur 185, to Winfield, Miller's Cove, N 🄳 Crazy 8, Winfield dsl, S 🄳 Shamrock/dsl
150	Ripley Rd, N Ⓞ Lowe's Distribution
147	spur 423, N 🄳 ♥Loves/Chester's/Subway/dsl/scales/24hr 🛏 American Inn, Economy Inn Ⓞ tires/repair
146	TX 37, Mt Vernon, N 🍴 Sonic Ⓞ 🄷 $General, auto repair, Brookshire Foods/gas, O'Reilly Parts, S 🄳 Cefco/Huddle House/dsl/24hr, Exxon/dsl 🍴 Burger King, DQ, McDonald's, M Casita 🛏 Super 8 Ⓞ auto/dsl repair, to Lake Bob Sandlin SP
143	℞ both lanes, full ♿ facilities, litter barrels, petwalk, 🄲, vending
142	County Line Rd (from eb)
141	FM 900, Saltillo Rd
136	FM 269, Weaver Rd
135	US 67 N
131	FM 69
127	US 67, Lp 301, N 🛏 Days Inn, Ferrari Inn, Home Spring Suite, Motel 6 Ⓞ 🄷, S 🄳 Shell 🍴 Home Plate Rest. 🛏 Best Western
126	FM 1870, College St, S 🄳 Shell 🛏 Best Western Ⓞ Firestone/auto, same as 127
125	Bill Bradford Rd, same as 124
124	TX 11, TX 154, Sulphur Springs, N 🄳 Exxon/dsl 🍴 Bodacious BBQ, Broadway Buffet, Chicken Express, Don Jalo Mexican, IHOP, Juan Pablo's Mexican, Metro Diner, Pizza Hut, Subway, Wendy's 🛏 Hampton Inn, Holiday Inn Express, Royal Inn Ⓞ 🄷, $General, AutoZone, Brookshire's Foods/gas, CVS Drug, Family$, Ford/Lincoln, FSA Outlet/famous brands, O'Reilly Parts, USPO, VF Outlet/famous brands, Walgreens, S 🄳 Exxon/dsl, Murphy USA/dsl, Shell/dsl 🍴 Braum's, Burger King, Chili's, Domino's, Furr's Rest., Jack-in-the-Box, McDonald's, Panda Express, Pizza Inn, Sonic, Taco Bell/LJ Silver, Whataburger Ⓞ AT&T, Cody Drug, Discount Wheel&Tire, Lowe's, Verizon, Walmart/Subway
123	FM 2297, League St, N 🄳 Shamrock/dsl, Shell
122	TX 19, to Emory, N 🄳 Shamrock/dsl Ⓞ 🄷, Chrysler/Dodge/Jeep, to Cooper Lake SP, Travel Time RV Ctr, S 🄳 CNG, Pilot/Arby's/dsl/scales/24hr, Valero/Zinga's/dsl Ⓞ dsl repair, RV Park
120	US 67 bus
116	FM 2653, Brashear Rd, S Ⓞ USPO
112	FM 499 (from wb)
110	FM 275, Cumby, N 🄳 Phillips 66/dsl, S 🄳 Shell
104	FM 513, FM 2649, Campbell, S to Lake Tawakoni
101	TX 24, TX 50, FM 1737, to Commerce, N 🄳 Valero/dsl Ⓞ TX A&M-Commerce, S 🍴 TX Beach Club Grill
97	Lamar St, N 🄳 Exxon/dsl 🍴 Budget Inn, S Ⓞ vet
96	Lp 302
95	Division St, S Ⓞ 🄷
94b	US 69, US 380, Greenville, N 🄳 Valero/dsl 🍴 Collin St Bakery, Golden Chick, Senorita's Mexican 🛏 Days Inn, Royal Inn Ⓞ 🄷, S 🄳 Exxon, QT/dsl 🍴 Arby's, McDonald's, Rach Viejo 🛏 Economy Inn, Express Inn, Guest Inn, Motel 6, Super
94a	US 69, US 380 , Greenville, S 🄳 QT/dsl, Valero/Subway/dsl Ⓞ Chrysler/Dodge/Jeep
93b a	US 67, TX 34 N, N 🄳 Chevron/Taco Casa/dsl, Exxon/dsl, Shell/dsl, Texaco 🍴 Applebee's, Braum's, Chicken Express, Chick-fil-A, CiCi's, Cotton Patch Cafe, DQ, Grandy's, IHOP, Jack-in-the-Box, KFC, Little Caesar's, Pizza Hut, Schlotzsky's, Sonic, Starbucks, Subway, Taco Bell, Taco Bueno, Tony's Italian

Side tabs: TX, NEW BOSTON, MT PLEASANT, SULPHUR SPGS, GREENVILLE

↰↱E   INTERSTATE 30 Cont'd

93b a Continued

Wendy's, Whataburger 🛏 Hampton Inn 🄾 🄷, Aldi Foods, AT&T, Beall's, Belk, BigLots, Brookshire's Foods, Cavender's Outfitter, Dick's, Discount Tire, Kwik Kar, Lowe's, Marshall's, O'Reilly Parts, Petco, Staples, transmissions, USPO, Verizon, Walgreens, **S** 🄾 Exxon/dsl, Murphy USA/dsl, Shell/dsl 🍴 Burger King, Chili's, Cracker Barrel, Molina's Mexican, Papa John's, Red Lobster, Shogun Hibachi, Soulman's BBQ, Subway, TaMolly's Mexican 🛏 Best Western, Comfort Suites, Holiday Inn Express 🄾 $Tree, Buick/GMC, Ford/Lincoln, Home Depot, Hyundai, Nissan, NTB, Walmart

92	Stratton Pkwy, **S** 🄾 Chevrolet/Cadillac
90mm	Farber Creek
89	FM 1570, **S** 🛏 Luxury Inn
89mm	E Caddo Creek
87	FM 1903, **N** 🄾 Shell/dsl 🄾 fireworks, **S** 🍴 🄿🄸🅻🄾🅃/McDonald's/dsl/scales/24hr, Texaco/Huddle House/dsl 🍴 Baker's Ribs 🄾 tire repair
87mm	Elm Creek
85	FM 36, Caddo Mills, **N** 🄾 KOA
85mm	W Caddo Creek
83	FM 1565 N, **N** 🄾 Exxon/Pizza Inn/dsl
79	FM 2642, **N** 🄾 Budget RV Ctr, **S** 🄾 vet
77b	FM 35, Royse City, **N** 🍴 Texaco/Subway/dsl/scales/24hr 🍴 Soulman's BBQ 🄾 Family$
77a	TX 548, Royse City, **N** 🄾 Shell/dsl 🍴 Jack-in-the-Box, McDonald's 🛏 American Inn 🄾 AutoZone, tires, **S** 🄾 Exxon 🍴 Denny's, Pizza Hut, Rice Express, Sonic, Taco Bell 🛏 Holiday Inn Express
76	Campbell Blvd, **N** 🄾 CVS Drug, Walmart
73	FM 551, Fate
70	FM 549, **N** 🄾 Happy Trails RV Ctr, McLains RV Ctr, **S** 🍴 ❤Love's/Carl's Jr./dsl/scales/24hr 🄾 Kia
69	(from wb), frontage rd, **N** 🛏 Super 8, **S** 🄾 Honda, Hyundai, Nissan, Nissan, Toyota/Scion
68	TX 205, to Rock Wall, **N** 🍴 7-11/dsl, Murphy USA/dsl, QT/dsl, Shell 🍴 Braum's, Chicken Express, Domino's, Joe Willy's Grill, Luigi's Italian, Starbucks, Subway, Taco Casa, Whataburger 🛏 Best Western, Super 8, Woodspring Suites 🄾 Buick/GMC, Chevrolet, Chrysler/Dodge/Jeep, Ford, Hobby Lobby, vet, Walmart/Subway, **S** 🍴 RaceTrac/dsl, TA/Burger King/Starbucks/dsl/24hr/scales/@ 🍴 Cane's, Firehouse Subs, Freebird Burritos, In-N-Out, Luby's, Rosa's Cafe, Soulman's BBQ 🄾 Belk, Costco/gas, Jo-Ann Fabrics, Toyota/Scion
67b	FM 740, Ridge Rd, **N** 🍴 Chevron, Murphy USA/dsl 🍴 Buffet City, Culver's, Denny's, Edohana Hibachi, Grandy's, IHOP, LJ Silver, Logan's Roadhouse, McDonald's, Mellow Mushroom Pizza, Popeye's, Schlotzsky's, Steak'n Shake, Taco Bueno, Taco Cabana, Waffle House, Wendy's 🛏 Hampton Inn 🄾 Firestone/auto, Goodyear/auto, **S** 🍴 Exxon, Kroger/dsl, Shell 🍴 Applebee's, Bahama Buck's Ice Cream, Blackeyed Pea, Buffalo Wild Wings, Carino's Italian, Chick-fil-A, Chili's, Chipotle Mexican, ChuckeCheese, CiCi's, Cotton Patch Cafe, Dickey's BBQ, El Chico, Firehouse Subs, Five Guys, Freebirds Burrito, Jack-in-the-Box, Jimmy John's, La Madelein, Mi Cocina, Mooyah Burgers, Olive Garden, On-the-Border, Panda Express, Pizza Hut, Sonic, Soulman's BBQ, Starbucks, Subway, Taco Bell, Which Wich? 🛏 La Quinta 🄾 🄷, $Tree, AT&T, Beall's, Belk, Best Buy, CVS Drug, Dick's, Discount Tire, Home Depot, JC Penney, Jo-Ann, Kohl's, Lowe's, Michael's, NTB, Old Navy, PetCo, Petsmart, Ross, Staples, SteinMart, Target, TJ Maxx, to Lake Tawakoni, URGENT CARE, Verizon, vet

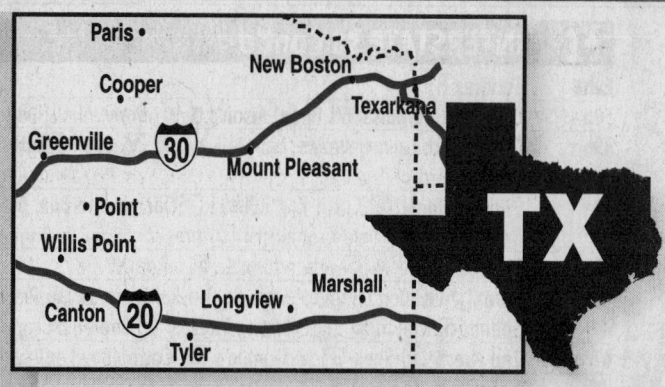

67a	Horizon Rd, Village Dr, **N** 🍴 Genghis Grill, Kyoto Japanese, Saltgrass Steaks, Snuffer's Rest, Starbucks 🛏 Hampton Inn, **S** 🍴 Culpepper Steaks, Oar House 🛏 Hilton
66mm	Ray Hubbard Reservoir
64	Dalrock Rd, Rowlett, **N** 🍴 Shell/dsl, Valero/dsl 🍴 Alejandro's Grill, Church's, Dickey's BBQ 🛏 Comfort Suites 🄾 🄷
63mm	Ray Hubbard Reservoir
62	Bass Pro Dr, **N** 🛏 Quality Inn 🄾 to Hubbard RA, **S** 🍴 Shell/dsl, Texaco, Valero/dsl 🍴 CiCi's Pizza, Flying Saucer Grill, Islamadora Fish Co, Primo's Grille, TX Land&Cattle, Whataburger 🛏 Holiday Inn Express 🄾 Bass Pro Shops
61b	Bush Tpk
61a	Zion Rd (from wb), **N** 🍴 Exxon/dsl 🛏 Discovery Inn
60b	Bobtown Rd (eb only), **N** 🍴 7-11/dsl 🍴 Jack-in-the-Box 🛏 La Quinta, **S** 🍴 Shell 🍴 Subway
60a	Rose Hill Dr
59	Beltline Rd, Garland, **N** 🍴 7-11/dsl, QT 🍴 Chili's, China City, Denny's, IHOP, KFC, Little Caesar's, McDonald's, McDonald's, Moe's SW, Papa John's, Starbucks, Subway, Taco Bell, Taco Cabana, Taco Casa, Wendy's, Whataburger 🄾 Albertson's, Discount Tire, GNC, Tuesday Morning, Walgreens, Walmart, **S** 🍴 RaceTrac/dsl 🍴 Baker's Ribs, Carl's Jr, DQ, Sonic, Waffle House, Williams Chicken 🛏 Best Value Inn, Motel 6, Super 8 🄾 AT&T, Kroger
58	Northwest Dr, **N** 🍴 Shell, Valero/dsl 🄾 Hyundai, Nissan, **S** 🍴 Exxon/dsl, QT/dsl, Texaco 🍴 Jack-in-the-Box 🄾 Lowe's
56c b	I-635 S-N
56a	Galloway Ave, Gus Thomasson Dr (from eb), **N** 🍴 Star USA, Texaco, Valero/dsl 🍴 Golden Chick, KFC, McDonald's, Sonic, Taco Bell 🄾 AutoZone, USPO, Walgreens, **S** 🍴 7-11, Chevron 🍴 Dicky's BBQ, Domino's, El Fenix, Grandy's, Hooters, Jack-in-the-Box, King Buffet, Luby's, Olive Garden, Outback Steaks, Posado's Cafe, Razzoo's Cajun, Red Lobster, Sports City Cafe, Subway, TGIFriday's, Wendy's 🛏 Courtyard, Crossland Suites, Delux Inn, Fairfield Inn 🄾 Aldi Foods, BigLots, Celebration Sta Funpark, Firestone/auto, Kroger/dsl, NTB, RV Max
55	Motley Dr, **N** 🍴 Shell/dsl 🛏 Astro Inn 🄾 to Eastfield Coll, **S** 🍴 Exxon/7-11 🛏 Microtel
54	Big Town Blvd, **N** 🍴 Valero/dsl 🛏 Mesquite Inn, **S** 🄾 Explore RV Ctr, Holiday World RV Ctr
53b	US 80 E (from eb), to Terrell
53a	Lp 12, Buckner, **N** 🛏 Holiday Inn Express, Super 8 🄾 Chevrolet, Toyota/Scion, **S** 🍴 Panda Express, Taco Cabana, Whataburger 🄾 $Tree, Sam's Club/gas, Staples, Walmart
51	(52 a from wb), Highland Rd, Jim Miller Blvd, **N** 🍴 Exxon/7-11 🍴 Country China, Denny's, McDonald's, Waffle House 🛏 Holiday Inn Express, Quality Inn, **S** 🍴 RaceWay/dsl, Shell/dsl 🍴 Burger King, Capt D's, CiCi's Pizza, Furr's Cafe, Grandy's, KFC, Popeye's, Subway, Taco Bell, Wendy's 🛏 Motel 6, Super 7 Inn 🄾 AutoZone, CVS Drug, O'Reilly Parts

Map labels: Paris, Cooper, New Boston, Texarkana, Greenville, 30, Mount Pleasant, Point, Willis Point, 20, Longview, Marshall, Canton, Tyler, **TX**

Side tab: **TX**

Vertical margin text (left): R / P / K / W / A

Vertical margin text (center): GARLAND, DALLAS

INTERSTATE 30 Cont'd

Exit#	Services
50b a	Longview, Ferguson Rd, **N** 🅵 Texaco, **S** 🅾 Brake-O, U-Haul
49b	Dolphin Rd, Lawnview Ave, Samuell Ave, **N** 🅵 Shell 🛏 Best Value Inn
49a	Winslow St, **N** 🅵 Circle K, Shell/dsl 🍴 Jack-in-the-Box, McDonald's, **S** 🅵 Circle K, Shell/dsl 🅾 tires
48b	TX 78, E Grand, **N** 🅾 arboretum, **S** 🅾 fairpark
48a	Carroll Ave, Central Ave, Peak St, Haskell Ave, **N** 🅵 7-11, Shamrock, Valero 🅾 🍴 Hamm's Tires, **S** 🍴 Joe's Rest
47	2nd Ave, **S** 🅵 Shell 🍴 McDonald's 🅾 Cotton Bowl, fairpark
46b	I-45, US 75, to Houston
46a	Central Expsway, downtown
45	I-35E, N to Denton, to Commerce St, Lamar St, Griffin St, **S** 🅵 Gulf/dsl 🍴 McDonald's 🛏 Ambassador Inn
44b	I-35E S, Industrial Blvd
44a	I-35E N, Beckley Ave (from eb)
43b a	Sylvan Ave (from wb), **N** 🅵 Valero/dsl 🅾 🍴 Family$, USPO
42	Hampton Rd
41	Westmoreland Ave
39	Cockrell Hill Rd, **N** 🅵 Shell/dsl 🍴 Grand China, IHOP, KFC/Taco Bell, Pollo Campero, Sonic, Wing Stop 🛏 Comfort Suites, Fairfield Inn, Hampton Inn 🅾 Staples, **S** 🅵 Murphy USA/dsl 🍴 Burger King, Chick-fil-A, Chili's, CiCi's, Dickey's BBQ, Golden Corral, Little Caesar's, Lucky Rice, McDonald's, New Buffet, Panda Express, Starbucks, Subway, Taco Cabana, Wendy's, Whataburger 🛏 Holiday Inn Express 🅾 $Tree, Best Buy, Lowe's, Ross, Walmart/McDonald's
38	Lp 12, **1 mi N** 🅵 Exxon/7-11, Texaco/dsl, VP/dsl 🍴 Burger King
36	MacArthur Blvd, **S** 🅾 U-Haul
34	Belt Line Rd, **N** 🅵 QT/dsl, RaceTrac/dsl 🛏 Studio 6, Super 8 🅾 Ford, Ripley's Museum, **S** 🅵 RaceTrac/dsl, Shell/Subway/dsl, Valero/dsl 🍴 Burger King, Popeye's, Schlotzsky's, Starbucks 🅾 city park, vet
32b a	George Bush Tpk, **toll**, **N** 🅵 Valero/dsl
30	TX 360, Six Flags Dr, Arlington Stadium, **N** 🅵 Shell, Valero/dsl 🍴 Boston's, Cracker Barrel, Grand Buffet, Saltgrass Steaks, Steak'n Shake, The Rock Grill, Wendy's 🛏 Best Inn, Budget Suites, Candlewood Suites, Crowne Plaza, Extended Stay America, Extended Stay America, Fairfield Inn, Hawthorn Suites, Hilton, Hilton Garden, Hyatt Place, Motel 6, Residence Inn, Studio 6, Wingate Inn, **S** 🅵 Shell/7-11/dsl, Valero 🍴 Denny's, Humperdink's Rest., Jack-in-the-Box, Mariano's Mexican, McDonald's, Red Neck Heaven Rest, Subway 🛏 Baymont Inn, Holiday Inn Express, Homewood Suites, Hyatt Place, Knight's Inn, La Quinta, Quality Inn, Ranger Inn, Sleep Inn 🅾 Ford/Lincoln, Six Flags Funpark
29	Ball Park Way, **N** 🅵 Chevron/7-11, QT, Valero/dsl 🍴 Dicky's BBQ, Rio Mambo, Sonic 🛏 Hampton Inn, Springhill Suites, Towneplace Suites 🅾 Auto Nation/Toyota/Scion, USPO, **S** 🍴 On-the-Border, Vila Brazil 🛏 Howard Johnson, Sheraton 🅾 Six Flags Funpark
28b a	FM 157, Collins St, **N** 🅵 Chevron/dsl 🍴 Chipotle, IHOP, Mooyah Burgers, Pei Wei, Potbelly, Starbucks, Waffle House 🛏 EconoLodge, Holiday Inn 🅾 BMW, Cadillac, Chrysler/Dodge/Jeep, Mini, Walmart, Whole Foods Mkt, **S** 🍴 Arby's, Asian Buffet, Blackeyed Pea, Blue Mesa Grill, Buffalo Wild Wings, Cane's, Chili's, El Chico, Gino's East Pizzaria, Hooters, Jason's Deli, Joe's Crab Shack, Lupe's Grill, Olive Garden, Panda Express, Panera Bread, Pappadeaux, Pappasito's Cantina, Popeye's, Sherlock's Grill, Subway, Taco Bell, Taco Bueno,

A R L I N G T O N (left vertical margin)

F T   W O R T H (center vertical margin)

Exit#	Services
28b a	Continued TGIFriday's, TX Land&Cattle, Wendy's, Which Wich? 🛏 Comfort Suites, Courtyard, Days Inn 🅾 $Tree, GNC, Home Depot, Michael's, Office Depot, PepBoys, Petsmart, Ross, SteinMart, Stadium, Walgreens
27	Lamar Blvd, Cooper St, **N** 🅵 Gulf 🍴 Jack-in-the-Box, Subway 🅾 BigLots, Family$, Kroger/dsl, vet, **S** 🅵 7-11, QT/dsl, Shell/dsl 🍴 Burger King, Pappasito's Cantina, Tom's Burgers 🛏 Comfort Suites
26	Fielder Rd, **S** 🅾 to Six Flags (from eb)
25mm	Village Creek
24	Eastchase Pkwy, **N** 🍴 Jack-in-the-Box, Panda Express 🛏 Quinta 🅾 CarMax, Lowe's, Sam's Club/gas, Verizon, Walmart/McDonald's, **S** 🅵 Chevron/7-11/dsl, RaceTrac/dsl, Shell/7-11/dsl 🍴 Burger King, Chicken Express, CiCi's Pizza, IHOP, McDonald's, No Frills Grill, Pizza Hut, Schlotzsky's, Subway, Taco Bell, Wendy's, Whataburger 🅾 $Tree, Aldi Foods, AT&T, GNC, Marshall's, Office Depot, Ross, Target
23	Cooks Lane, **S** 🅵 Shell/dsl
21c b	I-820
21a	Bridgewood Dr, **N** 🅵 Chevron/dsl 🍴 Braum's, Dickey BBQ, Jack-in-the-Box, KFC, Luby's, Subway, Taco Casa, Wendy's 🅾 $General, Albertson's, Discount Tire, Firestone/auto, Home Depot, U-Haul, **S** 🅵 Conoco, Phillips 66/dsl, QT 🍴 Taco Bueno, Whataburger/24hr
19	Brentwood Stair Rd (from eb), **N** 🅵 Shell, **S** 🅵 Shamrock, Texaco 🅾 Family$
18	Oakland Blvd, **N** 🅵 Circle K, Shell/dsl 🍴 Taco Bell, Waffle House 🛏 Motel 6
16c	Beach St, **S** 🅵 7-11 🛏 Motel 6, Stay Express Hotel
16b a	Riverside Dr (from wb), **S** 🛏 Great Western Inn
15b a	I-35W N to Denton, S to Waco
14b	Jones St, Commerce St, Ft Worth, downtown
14a	TX 199, Henderson St, Ft Worth, downtown
13b	TX 199, Henderson St, **N** 🛏 Holiday Inn Express, Omni, Sherat
13a	8th Ave, **N** 🛏 Holiday Inn Express
12b	Forest Park Blvd, **N** 🍴 Pappadeaux Café, Pappa's Burger, Pappasito's, **S** 🅾 🍴 URGENT CARE
12a	University Dr, City Parks, **S** 🛏 SpringHill Suites
11	Montgomery St, **S** 🅵 Shell/7-11/dsl 🍴 Railhead BBQ, Taco Bell, Whataburger
10	Hulen St, Ft Worth, **S** 🍴 Buttons Rest., Chick-fil-A, McDonald's, Mi Cocina, Potbelly, Smoothie King, Starbucks 🅾 Central Mkt, WorldMkt
9b	US 377, Camp Bowie Blvd, Horne St, **N** 🍴 Uncle Julio's Mexican, **S** 🅵 7-11, Exxon/7-11, Texaco/dsl 🍴 Campisi's Italian, Chipotle, Jack-in-the-Box, Jason's Deli, Jersey Mike, Jimmy John's, McDonald's, Mexican Inn Cafe, Schlotzsky, Smashburger, Sonic, Starbucks, Subway, Taco Bueno, Wendy's 🅾 AT&T, Batteries+Bulbs, URGENT CARE, Walgreens
9a	Bryant-Irvin Rd, **S** 🅵 Shell 🅾 same as 9b
8b	Ridgmar, Ridglea
8a	TX 183, Green Oaks Rd, **N** 🍴 Applebee's, Arby's, Asia Bowl, Cane's, Chick-fil-A, Chipotle, Cowtown BBQ, Del Taco, Don Pablo's, Firehouse Subs, Grand Buffet, Jack-in-the-Box, McDonald's, Olive Garden, Panda Express, Papa Murphy's, Sonic, Subway, Taco Bueno, Whataburger, Woody Creek BBQ 🛏 Courtyard 🅾 $Tree, Albertson's, Aldi Foods, AT&T, Best Buy, BigLots, Dillard's, Firestone/auto, JC Penney, Jo-Ann Fabrics, Lowe's, Neiman Marcus, NTB, Office Depot, Old Navy, PetCo, Petsmart, Ross, Sam's Club/gas, Sears/auto, Target, U-Haul, Verizon, Walmart/Subway, **S** 🛏 Fairfield Inn, Hampton Inn

⬆E   INTERSTATE 30 Cont'd

Exit#	Services
7b a	Cherry Lane, TX 183, spur 341, to Green Oaks Rd, **N** 🅿 Shell/7-11, Texaco/dsl, Valero/dsl 🍴 ChuckECheese, IHOP, Popeye's, Subway, Wendy's 🛏 Comfort Inn, Motel 6, Scottish Inn 🅾 O'Reilly Parts, same as 8a, U-Haul, **S** 🅿 QT/dsl 🛏 Holiday Inn, Holiday Inn Express, La Quinta, Quality Inn, Super 8
6	Las Vegas Trail, **N** 🅿 Chevron/McDonald's/dsl, Conoco/dsl 🍴 Jack-in-the-Box, Waffle House 🛏 Days Inn 🅾 Hyundai, Lincoln, **S** 🅿 Shell/7-11/dsl, Texaco, Valero/dsl 🛏 Best Value Inn, Knights Inn, Relax Inn 🅾 AutoZone, Kia, vet
5b c	I-820 N and S
5a	Alemeda St (from eb, no EZ return)
3	RM 2871, Chapel Creek Blvd, **S** 🅿 Exxon/Church's/Subway/dsl 🍴 Sonic
2	spur 580 E
1b	Linkcrest Dr, **S** 🅿 Gulf/dsl
0mm	I-20 W. **I-30 begins/ends on I-20, exit 421.**

⬆N   INTERSTATE 35

Exit#	Services
504mm	Texas/Oklahoma state line, Red River
504	frontage rd, access to Texas Welcome Ctr
503mm	**parking area both lanes**
502mm	**Welcome Ctr sb, full ♿ facilities, litter barrels, Ⓒ, 🗑, TX Tourist Bureau/info, wireless internet**
501	FM 1202, Prime Outlets Blvd, **E** 🅾 Chrysler/Dodge/Jeep, Ford, **W** 🅿 Conoco/café/dsl 🍴 Applebee's, Cracker Barrel 🛏 Hampton Inn, La Quinta 🅾 Prime Outlets/famous brands, RV camping, Western Outfitter
500	FM 372, Gainesville, **W** 🅿 Hitchin' Post/Shell/dsl
498b a	US 82, to Wichita Falls, Gainesville, Sherman, **E** 🅿 Chevron/dsl/24hr, Shell/dsl, Valero/dsl 🍴 Luigi's Italian 🛏 Budget Host, Super 8 🅾 🏥, AT&T, URGENT CARE, **W** 🅿 Exxon/dsl 🛏 Comfort Suites, Days Inn, Rodeway Inn
497	frontage rd, **W** 🅿 Valero/dsl
496b	TX 51, FM 51, California St, Gainesville, **E** 🅿 Chevron 🍴 Arby's, Braum's, Fera's Mexican, IHOP, McDonald's, Sonic, Starbucks, Starbucks, Taco Bell, Taco Casa, Wendy's 🛏 Holiday Inn Express, Quality Inn 🅾 Kwik Kar/auto, Lowe's Mkt, **W** 🅿 Valero 🍴 Chili's 🅾 N Central TX Coll
496a	to Weaver St
496mm	Elm Fork of the Trinity River
495	frontage rd
494	FM 1306
492mm	🗑 sb, litter barrels
491	Spring Creek Rd
490mm	🗑 nb, litter barrels
489	FM 1307, to Hockley Creek Rd
487	FM 922, Valley View, **W** 🅿 Shell/Subway/Taco Tico/dsl, Valero/dsl 🍴 DQ 🅾 USPO
486	Fm 1307, **W** 🅿 Texaco/dsl 🛏 Texas Inn 🅾 $General
485	frontage rd (from sb)
483	FM 3002, Lone Oak Rd, **E** 🅿 Shell/Church's/Subway/dsl 🅾 Roberts Lake SP, RV Guys
482	Chisam Rd
481	View Rd, **W** 🅾 McClain's RV Ctr
480	Lois Rd, **E** 🅾 Walmart Dist Ctr
479	Belz Rd, Sanger, same as 478
478	FM 455, to 🚂 Pt, Bolivar, **E** 🅿 QuickTrack, Shell/dsl 🍴 DQ, Fuzzy's Tacos, Miguelito's, Pizza Hut, Sonic, Subway,

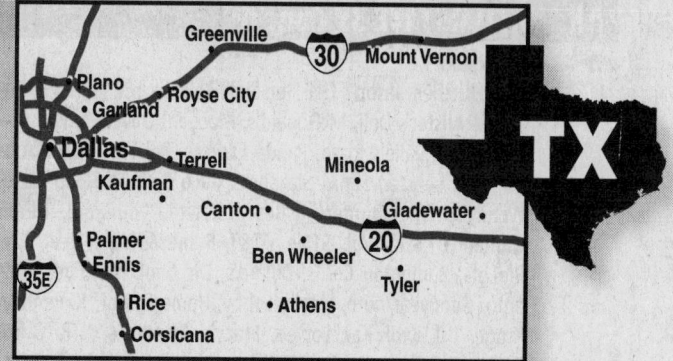

478	Continued Taco Bell 🛏 Sanger Inn 🅾 RV park, USPO, **W** 🅿 Chevron/dsl, Conoco/Chicken Express/dsl 🍴 Domino's, Jack-in-the-Box, McDonald's 🅾 Chevrolet, Family$, Kwik Kar Lube, O'Reilly Parts, Ray Roberts Lake and SP, Super Save Foods, Verizon
477	Keaton Rd, **E** 🅿 Exxon/dsl
475b	Rector Rd
475a	FM 156, to Krum (from sb)
474	Cowling rd (from nb)
473	FM 3163, Milam Rd, **E** 🅿 Loves/Subway/dsl/scales/24hr
472	Ganzer Rd, **W** 🅾 Crandell RV Ctr
471	US 77, FM 1173, Lp 282, to Denton, Krum, **E** 🅿 TA/Pizza Hut/Taco Bell/dsl/scales/24hr/@ 🅾 🏥, **W** 🅿 Loves/Godfather's/Subway/Wendy's/dsl/scales/24hr 🅾 Foster's Western Shop, to Camping World RV Supply
470	Lp 288, same services as 469 from sb
469	US 380, University Dr, to Decatur, McKinney, **E** 🅿 7-11/dsl, Chevron/Subway, RaceTrac/dsl 🍴 Braum's, Cane's, Chick-fil-A, Chili's, ChinaTown Café, Cowboy Chicken, Cracker Barrel, Dickey's BBQ, Freebird's Burrito, Luigi's Pizza, McDonald's, Mooyah, Panda Express, Panera Bread, Starbucks, Taco Cabana, Taco Casa, Villa Grande, Whataburger, WhichWich?, Wing Stop 🛏 Best Western, Fairfield Inn 🅾 Albertson's/Sav-On, AT&T, GNC, Jo-Ann Fabrics, Kohl's, Kwik Kar, PetCo, Ross, Sam's Club/gas, to TX Woman's U, URGENT CARE, Walmart/McDonald's, Winco Foods, **W** 🅿 Exxon/dsl, QT/dsl 🍴 Brisket Burger, Denny's, DQ, Shell/dsl, Waffle House 🛏 Comfort Inn, Days Inn, Holiday Inn Express, Howard Johnson, La Quinta, Motel 6, Woodspring Suites 🅾 🏥, Camping World RV Supply, I-35 RV Ctr
468	FM 1515, Airport Rd, W Oak St, **E** 🅾 🏥
467	I-35W, S to Ft Worth

I-35 divides into E and W sb, converges into I-35 nb. See Texas I-35 W.

466b	Ave D, **E** 🍴 Central Grill, Chicken Express, IHOP, Pancho's Mexican 🅾 $General, to NTSU
466a	McCormick St, **E** 🅿 EKon, Shell/7-11/dsl 🍴 Pancho's Mexican 🅾 $General
465b	US 377, Ft Worth Dr, **E** 🅿 RaceTrac/dsl, Valero 🍴 Layalina Mediterranean, Taco Bell, Whataburger 🛏 Motel 6, **W** 🅿 7-11/dsl 🍴 Outback Steaks, Sonic 🛏 Knights Inn
465a	FM 2181, Teasley Ln, **E** 🅿 7-11 🍴 Applebee's, Braum's, Carino's, ChuckeCheese, Domino's, Hooters, KFC, Little Caesar's, Pizza Hut, Subway 🛏 Hampton Inn, Quality Inn 🅾 Brookshires Foods, U-Haul, **W** 🅿 Exxon, Shell/dsl 🍴 La Milpa Mexican, Rudy's BBQ/gas 🛏 Best Value Inn, Super 8 🅾 vet
464	US 77, Pennsylvania Dr, Denton, same as 463
463	Lp 288, to McKinney, **E** 🅿 Murphy USA, RaceTrac/dsl 🍴 Arby's, Buffalo Wild Wings, Buffet King, Burger King, Carl's Jr, Chick-fil-A, Chipotle, CiCi's Pizza, Corner Bakery Cafe, Egg&I Cafe, El Fenix, Five Guys, Fuddrucker's, Golden Corral, Gulf

TX

L E W I S V I L L E

D A L L A S

INTERSTATE 35 Cont'd

463 Continued
Coast Kitchen, Jason's Deli, Jersey Mike's, Jimmy John's, LJ Silver, McAlister's Deli, McDonald's, Mooyah, Olive Garden, On-the-Border, Palio's Pizza, Panda Express, Pei Wei, Pollo Tropical, Red Lobster, Sonic, Starbucks, Taco Bell, TX Roadhouse, Wendy's, Whataburger Best Western, Courtyard, Hilton Garden $General, $Tree, AT&T, Barnes&Noble, Best Buy, BigLots, Burlington Coats, Dillard's, Discount Tire, Firestone/auto, Goodyear/auto, Hobby Lobby, Home Depot, JC Penney, Kroger/dsl, Kwik Kar, Lowe's, Macy's, Michael's, NTB, Office Depot, Old Navy, PetCo, Petsmart, Ross, Sears/auto, Staples, Target, TJ Maxx, Verizon, Walgreens, Walmart, **W** Chevron/dsl BJ's Rest., Bone Daddy's, Chili's, Chuy's Mexican, Fuzzy's Tacos, Jack-in-the-Box, Papa John's, Schlotzsky's, Wing Stop Homewood Suites EMERGENCY CARE, same as 464, vet

462 State School Rd, Mayhill Rd, **E**   Dickey's BBQ, Subway Residence Inn , URGENT CARE, **W** Exxon Shogun Japanese, Sonic Buick/GMC, Cadillac, Chevrolet, Chrysler/Dodge/Jeep, Honda, Toyota/Scion

461 Sandy Shores Rd, Post Oak Dr, **E** Explore USA RV Ctr, Ford, Hyundai, vet, **W** Christian Bros Auto, Chrysler/Dodge/Jeep, Kia, Mazda, Nissan, Subaru

460 Corinth Pkwy, **E** McClains RV Ctr, **W** Harley-Davidson

459 frontage rd, **W** Destiny RV Resort

458 FM 2181, Swisher Rd, **E** Circle K, QT/dsl Best Western, Comfort Inn O'Reilly Parts, **W** Chevron/McDonald's, Exxon/7-11, Murphy USA/dsl Chicken Express, Chick-fil-A, Denny's, IHOP, Jack-in-the-Box, KFC/Taco Bell, Los Cabos, Pizza Hut, Sonic, Starbucks, Subway, Wendy's, Whataburger Albertson's, Aldi Foods, AT&T, AutoZone, Discount Tire, Firestone/auto, GNC, Kwik Kar, URGENT CARE, Verizon, Walgreens, Walmart

457b Denton Rd, Hundley Dr, Lake Dallas

457a Hundley Dr (from nb), Lake Dallas

456 Highland Village

456mm Lewisville Lake

454b Garden Ridge Blvd

454a FM 407, Justin, **E** Valero Old House BBQ, **W** QT/dsl McDonald's, Subway

453 Valley Ridge Blvd, **E** Ford, May's RV, **W** Chevron/dsl Burger King, Fat Cow BBQ, Subway Home Depot, Kohl's, Lowe's, Staples

452 FM 1171, to Flower Mound, **E** IHOP, Taco Bueno Select Inn , **W** Shell Buffet Palace, Burger King, Cane's, Chick-fil-A, Chipotle Mexican, CiCi's Pizza, Grandy's, Korner Cafe, McDonald's, Panda Express, Pizza Hut, Regal Buffet, Smashburger, Sonic, Taco Bell, Taco Cabana, Whataburger $Tree, Albertson's, CVS, DQ, Midas, PetCo, same as 451, Sam's Club/gas, transmissions, U-Haul, URGENT CARE, Walmart

451 Fox Ave, **E** Shell/dsl Braum's, **W** Chevron/dsl Cracker Barrel, Starbucks Baymont Inn, EconoLodge VW

450 TX 121, Grapevine, **E** 7-11, Exxon/dsl Texan Inn Chrysler/Dodge/Jeep, **W** Chevron, Conoco/dsl Burger King, Church's, Subway, Taco Bell, Waffle House Firestone/auto, Kwik Kar, Nissan, Toyota/Scion

449 Corporate Drive, **E** Valero/dsl, Valero/dsl Hooters, Kyoto, On-the-Border, Razzoo's Cajun Extended Stay America, Motel 6, Suburban Lodge Cavender's Boots, Chevrolet, Honda, **W** Valero Cantina Loredo, Chili's, Denny's, El

---

449 Continued
Fenix, Outback Steaks Best Western $Tree, Hobby Lobby, Jo-Ann Fabrics, Marshall's, NTB, Petsmart, Tuesday Mornin

448b a Round Grove Rd, TX 121, Rayburn Fwy, **E** 7-11 A&W, KFC, Cane's, ChuckeCheese, Dickey's BBQ, Jack-in-the-Box, Joe's Crabshack, LJ Silver/Taco Bell, Olive Garden, Pei Wei, Souper Salad, Starbucks, Subway, Taco Casa Homewood Suites Honda, Ross, Target, **W** Exxon/7-11, RaceTrac, dsl Applebee's, Arby's, BJ's Grill, Buffalo Wild Wings, Chick-fil-A, Chipotle Mexican, Christina's Mexican, Cotton Patch Rest, Firehouse Subs, Five Guys, Freebirds Burrito, Honeybaked Ham, Jason's Deli, Jimmy John's, La Madeline Bakery, Logan's Roadhouse, Macaroni Grill, McDonald's, Panda Express, Panera Bread, Penn Sta Subs, Popeye's, Red Lobster, Redneck Heaven BBQ, Saltgrass Steaks, Schlotzsky's, Sonic, Spring Creek BBQ, Starbucks, Steak'n Shake, Subway, Taco Bueno, Taco Cabana, TGIFriday's, Twin Peaks, Wendy's, Which Wich? Comfort Suites, Country Inn&Suites, Courtyard, Fairfield Inn, Hampton Inn, Hilton Garden, Holiday Inn Express, Residence Inn, Springhill Suites, TownePlace Suites AT&T, Barnes&Noble, Best Buy, Costco/gas, Dillard's, Discount Tire, JC Penney, Macy's, mall, Michael's, Old Navy, Sears/auto, URGENT CARE, Verizon

447a TX 121, Rayburn Fwy

446 Frankford Rd, **E** RaceTrac La Hacienda Ranch Grill

445b a Pres Geo Bush Tpk

444 Whitlock Lane, Sandy Lake Rd, **E** Shell La Hacienda Rodeway Inn Buick/GMC, Kia, **W** McDonald's, Starbucks Delux Inn Harley-Davidson

443 Belt Line Rd, Crosby Rd, **E** RaceTrac Subway Ford, Hyundai, **W** Shell Chevrolet, U-Haul

442 Valwood Pkwy, **E** Chevron/Subway/dsl, Conoci/dsl Grandy's, Jack-in-the-Box, Taco Bueno, Waffle House Guest Inn, LoneStar Inn, Super 8, **W** Gas/dsl transmissions

441 Valley View Lane, **W** Chevron, Shell/dsl Best Value Inn, Days Inn, Motel 6

440b I-635 E

440c I-635 W, to DFW Airport

439 Royal Lane, **E** Shell/dsl, Valero/7-11/dsl McDonald's, Wendy's, **W** Chevron/7-11, Exxon/dsl Jack-in-the-Box

438 Walnut Hill Lane, **E** Chevron/dsl, Shell, Valero/dsl Burger King, Denny's, Trail Dust Steaks, Wild Turkey Grill Hampton Inn, La Quinta, Quality Inn, **W** Gulf/dsl, Shell/dsl

437 Manana Rd (from nb), same as 438

436 TX 348, to DFW, Irving, **E** Shell/dsl Finish Line Grill, IHOP, Starbucks, Waffle House Baymont Inn, Best Western, Country Inn Suites, Days Inn, Elegante Hotel, Holiday Inn Express, SpringHill Suites, Studio 6, **W** Exxon/dsl, Valero/dsl Chili's, Gino's Pizzaria, Humperdinks, Jack-in-the-Box, Jason's Deli, Joe's Crabshack, Mambo Seafood, McDonald's, Ojos Locos Cantina, Olive Garden, Papadeaux Seafood, Pappas BBQ, Pappas Bros Steaks, Pappasito's Mexican, Red Lobster, Taco Bell, TX L&C, Wendy's Budget Suites, Century Inn

435 Harry Hines Blvd (from nb)

434b Regal Row, **E** Chevron/Grandy's/dsl Sam's Grill, Whataburger Motel 6, **W** Ramada Inn

434a Empire, Central, **E** Shell/McDonald's Kay's Rest, Sonic Budget Suites, Candlewood Suites, InTown Suites, Wingate Inn Office Depot, **W** Exxon/dsl Bombshells Rest, Burger King, Schlotzsky's, Taco Bell

433b Mockingbird Lane, **E** Shell/dsl Jack-in-the-Box Budget Suites, Comfort Inn, Crowne Plaza, Hawthorn Suites, Love Field Hotel, Residence Inn Love Field Airport, **W** Starbucks

◀🅽 INTERSTATE 35 Cont'd

Exit#	Services
433a	(432b from sb) TX 356, Commonwealth Dr
432a	Inwood Rd, **E** 🅾 Exxon/7-11 🅾 🄷, Chevrolet, URGENT CARE, **W** 🅿 Shell, Texaco/Subway/dsl 🍴 Taco Cabana, Whataburger 🛏 Embassy Suites, Extended Stay America, Hampton Inn, Holiday Inn Express, Homewood Suites
431	Motor St, **E** 🅿 Chevron 🍴 Denny's 🅾 🄷, **W** 🅿 Shell/7-11 🍴 Alamo Rest 🛏 Marriott Suites
430c	Wycliff Ave, **E** 🛏 Holiday Inn, Renaissance Hotel, **W** 🛏 Hilton Anatole, Hilton Garden
430b	Mkt Ctr Blvd, **E** 🅾 World Trade Ctr, **W** 🅿 Shell 🍴 Denny's 🛏 Best Western, Courtyard, Days Inn, DoubleTree, Fairfield Inn, Sheraton Suites
430a	Oak Lawn Ave, **E** 🛏 Holiday Inn, **W** 🅿 Shell/dsl 🍴 Denny's, Medieval Times Rest. 🅾 to Merchandise Mart
429c	HiLine Ave (from nb)
429b	Continental Ave, Commerce St W, **E** 🍴 Hooters, **W** 🅿 Exxon, Shell 🍴 McDonald's, Popeye's, downtown
429a	to I-45, US 75, to Houston
428e	Commerce St E, Reunion Blvd, Dallas, downtown
428d	I-30 W, to Ft Worth
428a	I-30 E, to I-45 S
428b	Industrial Blvd, **E** 🅿 Exxon, **W** 🅿 Fuel City/dsl, Shamrock
427b	I-30 E
427a	Colorado Blvd, **E** 🅾 🄷
426c	Jefferson Ave, **E** 🅿 Shell/dsl
426b	TX 180 W, 8th St, **E** 🅿 Shell/dsl
426a	Ewing Ave, **E** 🍴 McDonald's, Popeye's
425c	Marsalis Ave, **W** 🅿 Chevron, GME Mart 🍴 Jack-in-the-Box
425b	Beckley Ave, 12th St, sb only, **W** 🅿 QT, Shell 🍴 Wendy's
425a	Zang Blvd, same as 425b
424	Illinois Ave, **E** 🅿 Chevron 🍴 William's Chicken, **W** 🅿 Exxon/7-11 🍴 Burger King, Church's, Jack-in-the-Box, Little Caesar's, Pancake House, Popeye's, Sonic, Subway, Taco Bell 🛏 Oak Tree Inn 🅾 Kroger, Ross, Walgreens
423b	Saner Ave
423a	(422b from nb) US 67 S, Kiest Blvd, **W** 🅿 Shell/repair 🍴 Golden Chick, McDonald's, Subway
421b	Ann Arbor St, **W** 🅿 Exxon/dsl
421a	Lp 12E W, **E** 🅿 RaceWay/dsl 🛏 Motel 6, **W** 🅿 QT/dsl 🍴 IHOP, Subway 🅾 $Tree, Walmart
420	Laureland, **E** 🅿 7-11/dsl 🛏 Plaza Inn, **W** 🅿 Exxon/dsl, Texaco 🛏 Linfield Inn
419	Camp Wisdom Rd, **E** 🅿 Exxon 🍴 Jack-in-the-Box 🛏 Oak Cliff Inn, **W** 🅿 Chevron, Shell 🍴 McDonald's 🛏 Grand Inn 🅾 U-Haul
418c	Danieldale Rd (from sb)
418b	I-635/I-20 E, to Shreveport
418a	I-20 W, to Ft Worth
417	Wheatland Rd (from nb)
416	Wintergreen Rd, **W** 🅿 7-11 🍴 Cracker Barrel, Waffle House 🛏 Clarion, Days Inn, Hampton Inn, Holiday Inn Express
415	Pleasant Run Rd, **E** 🅿 Shell/dsl, Valero/Church's/dsl 🍴 Bienvenidos Mexican, Chicken Express, Chili's, CiCi's Pizza, Grandy's, IHOP, In-N-Out, Logan's Roadhouse, Sonic, Subway, Taco Cabana, Waffle House 🛏 Great Western Inn, Hwy Express Inn, Motel 6, Spanish Trails Motel 🅾 Family$, Home Depot, NAPA, **W** 🅿 Burger King, Dicky's BBQ, El Chico, KFC, LJ Silver, Luby's, McDonald's, On the Border, Outback Steaks, Pollo Tropical, Starbucks, Taco Bueno, Wendy's 🛏 Best Value Inn, La Quinta 🅾 AT&T, Chevrolet, Discount Tire, Firestone/auto, Ford, Kroger, Office Depot, Ross

414	FM 1382, Desoto Rd, Belt Line Rd, **E** 🍴 Murphy USA/dsl 🍴 Taco Bell, Whataburger 🅾 Verizon, Walmart/McDonald's, **W** 🅿 QT/dsl 🅾 $Tree
413	Parkerville Rd, **W** 🅿 Exxon/Subway/dsl 🅾 U-Haul
412	Bear Creek Rd, **W** 🅿 Shell/dsl 🍴 Jack-in-the-Box 🅾 transmissions
411	FM 664, Ovilla Rd, **E** 🅿 Exxon/dsl, Murphy USA/dsl, RaceTrac 🍴 Burger King, Denny's, Dickey's BBQ, DQ, LJ Silver/Taco Bell, McDonald's, Panda Express, Whataburger 🛏 Comfort Inn 🅾 Brookshire's Foods, CVS Drug, USPO, Walgreens, Walmart, **W** 🅿 Exxon/Subway, Valero
410	Red Oak Rd, **E** 🅿 Shell/Pizza Inn/Subway/dsl, Valero/dsl 🛏 Motel 6, **W** 🅾 Hilltop Travel Trailers
408	US 77, TX 342, to Red Oak, **E** 🅾 golf
406	Sterrett Rd, **E** 🅾 fireworks
405	FM 387, **E** 🅿 Phillips 66/dsl, QT/dsl
404	Lofland Rd, industrial area
403	US 287, to Ft Worth, **E** 🅿 Murphy USA/dsl, RaceTrac/dsl, Shell/dsl, Valero 🍴 A&W/LJ Silver, Carino's, Chick-fil-A, Chili's, Chipotle, Domino's, DQ, El Fenix, IHOP, Jack-in-the-Box, KFC, Logan's Roadhouse, McDonald's, Olive Garden, Panda Express, Pizza Hut, Starbuck's, Taco Bueno, Taco Cabana, Waffle House, Wendy's 🛏 Comfort Suites, Fairfield Inn, Hampton Inn, Holiday Inn Express, LaQuinta 🅾 🄷, Belk, Best Buy, Buick/GMC/Chevrolet, Discount Tire, Hobby Lobby, Home Depot, JC Penney, Lowe's, Office Depot, Petsmart, Ross, Target, Walmart, **W** 🅾 Chrysler/Dodge/Jeep, Ford
401b	US 287 bus, Waxahatchie, **E** 🛏 Motel 6, Super 8
401a	Brookside Rd, **E** 🛏 Dallas Suites, Executive Inn
399b	FM.1446
399a	FM 66, FM 876, Maypearl, **E** 🛏 Texas Inn, **W** 🅿 Exxon/dsl, Shell/Sonic/dsl
397	to US 77, to Waxahachie
391	FM 329, Forreston Rd
386	TX 34, Italy, **E** 🅿 Loves/Carl's Jr/dsl/scales/24hr, Shell/Smokehouse BBQ/dsl 🍴 Sonic 🅾 $General, **W** 🅿 Exxon/Grandy's/McDonald's/dsl/scales 🍴 Pizza Inn, Subway, Taco Bell 🛏 Italy Inn 🅾 truckwash
384	Derrs Chapel Rd
381	FM 566, Milford Rd
377	FM 934
374	FM 2959, Carl's Corner, **W** 🅿 Petro/Exxon/Dunkin Donuts/Iron Skillet/dsl/scales/24hr/@
373	I-35E
371	I-35 W. **I-35 divides into E and W nb, converges sb, See Texas I-35 W.**
370	US 77 N, FM 579, Hillsboro, **E** 🍴 TA/Shell/Country Pride/Burger King/dsl/scales/24hr/@ 🍴 Rangers Cafe
368b	FM 286 (from sb), **E** 🍴 LoneStar Café, Taco Bell, Wendy's 🛏 Hampton Inn, **W** 🅿 Exxon, Valero/dsl 🍴 Braum's, El

DALLAS (vertical, left margin)

WAXAHATCHIE (vertical, right margin)

🅖 = gas   🍴 = food   🛏 = lodging   🅞 = other   🆁🆂 = rest stop   Copyright 2018 - The Next EXIT

TX

H I L L S B O R O

🔼 INTERSTATE 35 Cont'd

368b	Continued Conquistador Mexican, El Taco Jalisco, Pizza Hut, Up In Smoke BBQ 🛏 Best Value Inn, EconoLodge, La Quinta 🅞 🎃
368a	TX 22, TX 171, to Whitney, **E** 🅖 7-11, 🔴Loves/Chester's/Subway/dsl/scales/24hr 🍴 Dickey's BBQ, DQ, Golden Buffet, IHOP, McDonald's, Starbucks 🛏 Comfort Suites, Days Inn, Motel 6, Quality Inn, Super 8 🅞 Hillsboro Outlets/Famous Brands, **W** 🅖 7-11, Chevron/dsl, Mobil, Murphy USA/dsl 🍴 $Tree, Chicken Express, Jack-in-the-Box, Schlotzsky's, Sonic, Whataburger 🛏 Thunderbird Motel/rest. 🅞 AT&T, Chrysler/Dodge/Jeep, Ford, Walmart/Subway
367	Old Bynum Rd (from nb), same as 368
364b	TX 81 N, to Hillsboro (from nb, exits left)
364a	FM 310 (from sb)
363	CR 3111
362mm	🆁🆂 both directions, full ♿facilities, litter barrels, petwalk, 🎀
359	FM 1304, **W** 🅖 Gulf/dsl/24hr 🅞 truckwash
358	FM 1242 E, Abbott, **E** 🍴 Still Smokin' BBQ
356	Co Rd 3102
355	County Line Rd, **E** 🅞 Waco North RV Park
354	Marable St, **E** 🅞 Waco North RV Park
353	FM 2114, West, **E** 🅖 Chevron/dsl, Shell/Czech Bakery 🍴 Bush's Chicken, Sonic, Subway 🅞 Ford, **W** 🅖 Exxon/Slovacek's/dsl 🛏 Best Western Czech Inn 🅞 Chevrolet, Vintage Automotive
351	FM 1858, **E** 🅞 tires/repair
349	Wiggins Rd
347	FM 3149, Tours Rd
346	Ross Rd, **W** 🅖 Exxon/Church's/dsl/24hr 🅞 antiques, I-35 RV Park/LP
345	Old Dallas Rd, **W** 🅞 I-35 RV Park/LP
345a	frontage rd, same as 345
343	FM 308, Elm Mott, **E** 🅖 Exxon/DQ, Shell/Jct Cafe/dsl/scales/24hr, **W** 🅞 $General
342b	US 77 bus, **W** 🅞 North Crest RV Park
342a	FM 2417, Crest Dr, **W** 🅖 Valero/dsl 🍴 Bush's Chicken, DQ 🛏 Motel 6 🅞 auto repair, Family$
341	Craven Ave, Lacy Lakeview, **E** 🅞 Freightliner, **W** 🅖 Chevron, Shell
340	Myers Lane (from nb)
339	to TX 6 S, FM 3051, Lake Waco, **E** 🅖 Murphy USA, Valero/dsl 🍴 Casa Ole, Cici's Pizza, Domino's, El Conquistador, Jack-in-the-Box, Luby's, Pizza Hut, Popeye's, Sonic, Subway, Wendy's, Whataburger, WingStop 🛏 Holiday Inn 🅞 $General, $Tree, Advance Parts, Discount Tire, Home Depot, NAPA, to 🅢, Walmart, **W** 🅖 7-11/dsl, Chevron, Shell, Valero/dsl 🍴 Burger King, Cracker Barrel, Heitmiller Steaks, KFC, McDonald's, Starbucks, Taco Bell 🛏 Fairfield Inn, Hampton Inn 🅞 AT&T, URGENT CARE
338b	Behrens Circle (from nb), same as 339, **E** 🍴 Jack-in-the-Box, Little Caesar's, Sonic 🅞 GNC, **W** 🅖 Shell/dsl/LP 🍴 Cracker Barrel 🛏 Best Western, Comfort Suites, Days Inn, Delta Inn, Hampton Inn, Knights Inn, Motel 6, Quality Inn
338a	US 84, to TX 31, Waco Dr, **E** 🍴 Chopstix, Collin St Bakery, Denny's, Subway 🛏 Woodspring Suites 🅞 AutoZone, Family$, HEB Food/gas, O'Reilly Parts, Sam's Club/gas, Tesla EVC, **W** 🛏 Comfort Suites 🅞 🎃
337	US 77 business
335c	Lake Brazos Dr, MLK Blvd, **E** 🅞 Baylor Stadium, **W** 🍴 Buzzard Billy's 🛏 Red Roof Inn, Scottish Inn 🅞 🎃
335mm	Brazos River

W A C O

335b	FM 434, University Parks Dr, **E** 🅖 Starbucks 🅞 Baylor U, T Ranger Museum, **W** 🅖 7-11/dsl 🍴 In-N-Out, Jack-in-the Box 🛏 Residence Inn
335a	4th St, 5th St, **E** 🅖 Exxon/Subway/dsl 🍴 IHOP 🛏 La Quirta 🅞 Baylor U, **W** 🅖 Valero/dsl 🍴 Cane's, Chick-fil-A, Fazoli's, Freddy's, LJ Silver, McAlister's Deli, McDonald's, Panera Bread, Papa John's, Sonic, Taco Bell, Taco Cabana, Wendy' Whataburger 🅞 CVS Drug
334b	US 77 S, 17th St, 18th St, **E** 🅖 Shell/dsl, Valero/dsl 🍴 Burger King, Fuego Grill, Jimmy John's, Pizza Hut, Popeye's, Schlozsky's, Vitek's BBQ 🛏 Budget Inn, Deluxe Inn, La Quinta, Super 8, **W** 🅖 Shell 🍴 Taquerias Mexican 🅞 🎃
333a	Lp 396, Valley Mills Dr, **E** 🅖 7-11/dsl 🍴 El Chico, Elite Cafe, Rudy's BBQ/gas, Trujillo's Mexican, TX Roadhouse 🛏 Comfo Suites, Motel 6 🅞 Kia, Mazda, **W** 🅖 RaceWay/dsl, Valero dsl 🍴 Bubba's Rest., Bush's Chicken, Catfish King, Chili' Church's, George's Rest., Jack-in-the-Box, Little Caesar's, Piza Patron, Potbelly, Sonic, Starbucks, Subway, Zoe's Kitche 🛏 Home 2 Suites 🅞 Aamco, Advance Parts, AutoZone, CV Drug, Family$, HEB Foods/dsl, Lincoln, Walgreens
331	New Rd, **E** 🅖 Phillips 66/dsl 🛏 Candlewood Suites, Ne Road Inn, Relax Inn, Rodeway Inn, **W** 🅖 ⨁FLYING J/Denny's/dsl/scales/24hr 🍴 Burger King, Carl's Jr, Hooter IHOP 🛏 Quality Inn 🅞 Harley Davidson
330	Lp 340, TX 6, **W** 🅖 Chevron/dsl 🍴 Buffalo Wild Wing Bush's Chicken, Chuy's Mexican, Don Carlo's Mexican, He miller Steaks, Logan's Roadhouse, Newk's Eatery, Panda E press, Panera Bread, Saltgrass Steaks, Sonic, Starbucks, Su way 🛏 Hampton Inn, Holiday Inn Express, Homewood Suite TownePlace Suites 🅞 🎃, $Tree, AT&T, Belk, Best Buy, Cab la's, Cavender's Boots, Fiat/Alpha Romeo, Ford, Honda, Hyu dai, Jo-Ann, Kohl's, Marshall's, Nissan, Office Depot, Old Nav Petco, Ross, Toyota/Scion, URGENT CARE, World Mkt
328	FM 2063, FM 2113, Moody, **E** 🅖 Pilot/Subway/Wendy'/dsl/scales/24hr/@ 🍴 McDonald's 🛏 Robinson Inn 🅞 Ke worth, **W** 🅖 Shell/dsl, Valero/dsl 🍴 DQ 🛏 Ramada In Sleep Inn
325	FM 3148, Moonlight Dr, **W** 🅖 Valero/dsl 🅞 FunTown RV C
323	FM 2837 (from sb), Lorena, **W** 🅖 Brookshire Bros/Conoc dsl 🍴 Pizza House, Sonic
322	Lorena, **E** 🅖 Phillips 66/dsl, **W** 🍴 Bush's Chicken, Piz House 🅞 $General
321	Callan Ranch Rd
319	Woodlawn Rd
318b a	Bruceville
315	TX 7, FM 107, Eddy, **E** 🅞 Bruceville-Eddy RV Park, **W** 🅞 Fa ily$, to Mother Neff SP
314	Old Blevins Rd
311	Big Elm Rd, **E** 🅞 fireworks
308	FM 935, Troy, **E** 🅖 🔴Loves/Subway/McDonald's/ds scales/24hr, Shell/dsl, Valero/dsl, **W** 🅞 $General, dsl repai
306	FM 1237, Pendleton, **W** 🅞 Goodyear Truck Tires
305	Berger Rd, **W** 🅞 Lucky's RV Park, repair
304	Lp 363, Dodgen Loop, **E** 🅖 Buc-ee's/dsl, **W** 🅖 Shell/We dy's/dsl 🅞 Freightliner
303	spur 290, N 3rd St, Temple, **E** 🅖 S-2 Gas 🛏 Texas Inn
302	Nugent Ave, **E** 🅖 Exxon/dsl 🛏 Baymont Inn, Best Value In EconoLodge, Motel 6, **W** 🍴 TX Roadhouse 🛏 Best Weste Days Inn, Knights Inn, Motel 6
301	TX 53, FM 2305, Adams Ave, **E** 🅖 Exxon/dsl, Valero 🍴 by's, Chick-fil-A, KFC, Little Caesar's, LJ Silver, McDonald Pizza Hut, Starbucks, Subway, Taco Bell, Whataburger 🛏

INTERSTATE 35 Cont'd

301 Continued
Quinta, Advance Parts, HEB Foods/dsl, O'Reilly Parts, URGENT CARE, **W** TX Roadhouse Best Western

300 Ave H, 49th –57th Sts, **E** Clem Mikeskas BBQ

299 US 190 E, TX 36, **E** Shell/dsl Cracker Barrel, Jack-in-the-Box, Luby's, Olive Garden, Sol de Jalisco Budget Inn, Residence Inn, Travelodge AT&T, Chrysler/Dodge/Jeep, Natural Grocers, Tires To You, URGENT CARE, Verizon, **W** BJ's Rest., Chili's, Chipotle Mexican, Five Guys, IHOP, McDonald's, Subway, Taco Cabana Hampton Inn Best Buy, Firestone/auto, GNC, Home Depot, Michael's, Petsmart, Target

298 nb only, to frontage rd, **E** Longhorn Steaks Residence Inn

297 FM 817, Midway Dr, **E** Phillips 66/dsl Golden Corral Holiday Inn, Super 8/rest. Buick/GMC/Cadillac, Nissan, **W** Valero/dsl Goodyear/auto, VW

294b FM 93, 6th Ave, **E** Shell/dsl McDonald's Chevrolet, Ford/Lincoln, Toyota, **W** Subway River Forest Inn Harley-Davidson, U of Mary Hardin Baylor

294a Central Ave, **E** Taco Bell, **W** Shell/dsl Burger King, El Mexicano Grill, Jimmy John's, Pizza Hut, Schlotzsky's, Schoepf's BBQ, Sonic, Starbucks, Whataburger Knights Inn AutoZone, city park, O'Reilly Parts, Parts+, USPO

293b TX 317, FM 436, Main St

293a US 190 W, to Killeen, Ft Hood

292 Lp 121 (same as 293a), **E** Valero/dsl/24hr Budget Host, **W** 7-11/dsl, Exxon/dsl Oxbow Steaks La Quinta Belton RV Park, Sunbelt RV Ctr

290 Shanklin Rd

289 Tahuaya Rd

287 Amity Rd

286 FM 2484, **E** Days Inn, Holiday Inn Express, **W** to Stillhouse Hollow Lake, Tranquil RV Park (2mi)

285 FM 2268, Salado, **E** Conoco/dsl Subway Holiday Inn Express Brookshire Foods/gas, **W** Cefco/dsl, Gulf Bush's Chicken, Robertson's Rest., Sonic

284 Stagecoach Rd, **E** Stagecoach Inn, **W** Johnny's Steaks

283 FM 2268, FM 2843, to Holland, Salado, **E** Stagecoach Inn

282 FM 2115, **E** Valero/dsl

281mm **both lanes, full facilities, litter barrels, petwalk, picnic table, RV dump, vending**

280 Grainger Rd, Hackberry Rd, Prairie Dell

279 Hill Rd

277 Rd 305

275 FM 487, to Florence, Jarrell, **E** Exxon/dsl $General, **W** Shell/dsl (2), Shell/Krispy Kreme/Pizza Inn/dsl USPO

274 Rd 312, **E** Exxon/Subway/dsl, FLYING J/Burger King/Denny's/dsl/scales McDonald's

271 Ronald Reagan Blvd, **W** Shell/Subway/dsl/24hr

268 fm 972, Walburg, **E** Crestview RV Ctr

266 TX 195, **E** Phillips 66/dsl, Shell TC/dsl/scales/24hr, **W** Shell/dsl

265 TX 130 Toll S, to Austin

264 Lp 35, Georgetown

262 RM 2338, Lake Georgetown, **E** Valero Chipotle Mexican, KFC, McDonald's, Papa John's, Pizza Hut, Sonic, Starbucks, Subway, Verts Grill $Tree, CVS Drug, Parts+, URGENT CARE, **W** DQ, Frankie's Pizza, Plaka Greek, Whataburger Candlewood Suites, Georgetown Inn, Holiday Inn Express, La Quinta

261 TX 29, Georgetown, **E** Shell/dsl Applebee's, Burger King, Chili's, Domino's, Jack-in-the-Box, Jimmy John's, KFC, La Playa, McDonald's, Schlotzsky's, Taco Bell Best Western,

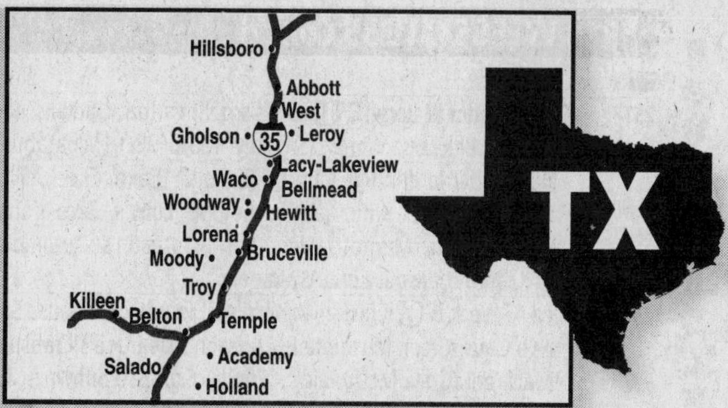

261 Continued
Comfort Suites, Hampton Inn HEB Foods, Hobby Lobby, Midas, O'Reilly Parts, same as 262, Tuesday Morning, **W** Murphy USA/dsl Cane's, Carl's Jr, Casa Ole, Chick-fil-A, CiCi's, Cotton Patch Cafe, Five Guys, George's Rest., IHOP, Longhorn Steaks, Mama Fu's, McAlister's Deli, Panda Express, Panera Bread, Pie Five, Popeye's, Salsa's Mexican, Souper Salad, Starbucks, Taco Cabana, Wendy's AT&T, Beall's, Best Buy, Discount Tire, Home Depot, Kohl's, Michael's, Natural Grocers, Office Depot, Old Navy, Petsmart, Ross, Target, TJ Maxx, Verizon, Walgreens, Walmart/McDonald's

260 RM 2243, Leander, **E** USPO, **W** Chevron/dsl, Exxon/dsl, Texaco Jack-in-the-Box Econolodge

259 Lp 35, **W** RV Outlet Ctr, to Interspace Caverns

257 Westinghouse Rd, **E** Buick/Chevrolet, Chrysler/Dodge/Jeep, Ford/Lincoln, Mazda, Mercedes, Subaru/Volvo, VW

256 RM 1431, Chandler Rd, **E** BJ Rest., Chili's, Chipotle, Firehouse Subs, Freebirds Burrito, In-N-Out, Jamba Juice, Jimmy John's, La Madeleine, Mimi's Cafe, Mooyah Burger, Panda Express, Papa John's, Pei Wei, Razzoo's Cajun, Starbucks, Steak'n Shake, TGI Friday's, Which Wich?, Zoe's Kitchen Bass Pro Shops, GNC, HEB/dsl, IKEA, JC Penney, Jo-Ann Fabrics, Mazda, Petsmart, REI, Ross, Round Rock Outlet/famous brands, Volvo, Walgreens

ROUND ROCK

254 FM 3406, Round Rock, **E** Chevron/dsl Gatti's Pizza, Kerby Lane Cafe, La Tapatia, McDonald's, Saucy Rooster Best Western $General, Firestone/auto, Harley-Davidson, Honda, Hyundai, Kia, Toyota/Scion, **W** EVC, Shell/dsl Chuy's Mexican, Cover 3 Rest., Cracker Barrel, Denny's, Double Dave's Pizza, Jack Allen's Kitchen, Mellow Mushroom, Rudy's BBQ/gas, Salt Traders Rest., SaltGrass Steaks Courtyard, Hilton Garden, Holiday Inn, Holiday Inn Express, La Quinta, Red Roof Inn, SpringHill Suites, Woodspring Suites CVS Drug, GMC, Nissan

253b US 79, to Taylor, **E** Chevron/dsl/24hr, Texaco/dsl Baskin-Robbins, Casa Garcia's, DQ, Fuddrucker's, KFC, La Tapatia, LJ Silver, Pizza Hut, Short Stop Dogs, Sirloin Stockade Best Western, Wingate Inn $General, Advance Parts, AutoZone, Beall's, Cottman Transmissions, Just Brakes, **W** Shell/dsl Gatti's Pizza, Hunan Lion, IHOP, La Margarita, Poke Joe's BBQ, Popeye's, Starbucks, Thundercloud Subs Country Inn&Suites, La Quinta, Motel 6, Red Roof Inn, Woodspring Suites $Tree, USPO

253a Frontage Rd, same as 253 b

252b a RM 620, **E** Shell/dsl Candlewood Suites, Extended Stay America NAPA, **W** Mobil/dsl Corner Cafe Bakery, Freddy's Steakburgers, Jimmy John's, Little Caesar's, McDonald's, Starbucks, Wendy's Comfort Suites, Staybridge Suites Office Depot, Sprouts Mkt, Tuesday Morning

🅿 = gas   🍴 = food   🛏 = lodging   🅾 = other   Rs = rest stop   Copyright 2018 - The Next EX

R O U N D R O C K   **TX**

⬆N INTERSTATE 35 Cont'd

Exit#	Services
251	Lp 35, Round Rock, **E** 🍴 CiCi's Pizza, Outback Steaks, Papa John's, Pluckers Wings, Smokey Mo's BBQ, Whataburger 🛏 Residence Inn 🅾 Aamco, BigLots, Brake Check, **W** 🅿 Shell 🍴 Burger King, Jack-in-the-Box, Luby's, Taco Cabana 🛏 Days Inn, Marriott, Sleep Inn 🅾 Austin's Automotive, GNC, NTB, transmissions, Walgreens
250	TX 45, Lp 1, **E** 🍴 Chick-fil-A, Chili's, El Taquito, Firehouse Subs, Five Guys, Green Mesquite BBQ, Jason's Deli, Joe's Crabshack, Macaroni Grill, McDonald's, Panda Express, Subway, Twin Peaks Rest. 🛏 Hampton Inn, Homewood Suites, Residence Inn 🅾 $Tree, AT&T, Best Buy, Discount Tire, Home Depot, Michael's, Petsmart, Ross, Steinmart, Target, URGENT CARE, Walmart/Subway, **W** 🍴 Applebee's, Chipotle, Egg&I Cafe, Hooters, Jimmy John's, Logan's Roadhouse, Longhorn Steaks, Olive Garden, Red Lobster, Schlotzsky's, Tokyo Steaks 🛏 Extended Stay America, La Quinta 🅾 Barnes&Noble, Hobby Lobby, Kohl's, Lowe's, Marshall's, Old Navy, PetCo, Sam's Club, World Mkt
248	Grand Ave Pkwy, **E** 🅿 7-11/Subway/dsl, Citgo, Shell/dsl 🍴 Chucho's Mexican, Gatti's Pizza, Thundercloud Subs, TX Roadhouse 🛏 Comfort Suites 🅾 URGENT CARE, **W** 🍴 Exxon/McDonald's/dsl
247	FM 1825, Pflugerville, **E** 🅿 Exxon/7-11/dsl 🍴 Bombshells Rest., Burger King, Cheddar's, Domino's, FD's Grillhouse, Jack-in-the-Box, Subway, Taco Cabana, Wendy's 🛏 Comfort Suites 🅾 Firestone/auto, GNC, HEB Foods/gas, **W** 🅿 Exxon/7-11, Shell/Church's 🍴 KFC, Miller's BBQ, Sonic 🛏 Country Inn Suites 🅾 Goodyear, McSpadden Automotive, Tires4Less
246	Howard Lane, **E** 🅿 Citgo, Exxon/7-11/dsl 🍴 Arby's, Baby Acapulco, McDonald's, Subway, Wings'n More 🅾 Home Depot, Kohl's, NTB, **W** 🅿 Valero/dsl 🍴 IHOP, Whataburger 🛏 Sleep Inn 🅾 CarMax
245	FM 734, Parmer Lane, to Yager Lane (244 from nb), **E** 🍴 Carino's, Chick-fil-A, Chili's, Freebirds Burrito, In-N-Out, Jersey Mike's, Jimmy John's, Kublai Khan, Little Caesar's, Masala Wok, MOD Pizza, My Fit Grill, Panda Express, Pei Wei, Schlotzsky's, Souper Salad, Subway, Verts Grill, Zed's Rest 🛏 Homewood Suites 🅾 $Tree, HEB Food/E-85, Hobby Lobby, JC Penney, Kohl's, PetCo, Petsmart, Ross, Sears Grand, Verizon, **W** 🅿 Conoco/dsl, Exxon/7-11/dsl, Murphy USA/dsl 🍴 Buffalo Wild Wings, Golden Corral, Hoho Chinese, Red Robin 🛏 Courtyard, Fairfield Inn, Hilton Garden, Residence Inn, SpringHill Suites, Staybridge Suites 🅾 AT&T, CarMax, Discount Tire, Lowe's, Walmart/McDonald's
244	Tech Ridge Blvd, Yager Lane, (from nb, same as 245)
243	Braker Lane, **E** 🅿 Valero/dsl 🍴 Whataburger 🅾 U-Haul, **W** 🅿 Citgo, Shell/dsl 🛏 Austin Motel, Woodspring Suites 🅾 $General
241	Rundberg Lane, **E** 🅿 Exxon/7-11 🍴 Grand China Buffet, Jack-in-the-Box 🛏 Extended Stay America, Orangewood Inn 🅾 $General, Chevrolet, U-Haul, **W** 🅿 Chevron, Shell 🛏 Austin Suites, Budget Inn, Budget Lodge, Economy Inn, Holiday Inn Express, Motel 6, Motel 6 (2), Red Roof Inn, Super 8
240a	US 183, Lockhart, **E** 🅿 Exxon 🍴 Jack-in-the-Box 🛏 Days Inn, Orangewood Inn, **W** 🅿 Chevron/dsl 🛏 Motel 6, Red Roof Inn, Super 8
239	St John's Ave, **E** 🅿 Shell 🍴 Burger King, Chili's, Japon Japanese, Pappadeaux, Pappasito's Mexican 🛏 Crowne Plaza, Days Inn, DoubleTree, Drury Inn, Econolodge, Hampton Inn, Studio 6 🅾 USPO, **W** 🅿 Exxon/7-11, Mobil/dsl, Valero/dsl

A U S T I N

Exit#	Services
239	Continued 🍴 Applebee's, Buffalo Wild Wings, Carrabba's, Denny's, IH◼ Ojos Locos, Panda Express, Wendy's 🛏 Best Value Inn, ◼fort Inn, Country Inn&Suites, Courtyard, Holiday Inn, Hy◼ Place, La Quinta, Motel 6, Ramada Inn 🅾 Ford, Office Dep◼
238b	US 290 E, RM 222, frontage rds connect several exits, same◼ 238a
238a	51st St, **E** 🍴 Buffet King, Chipotle, Church's, CiCi's, J◼ ba Juice, La Madeleine, McDonald's, Papa John's, Pie◼ gy, SmashBurger, Subway, Tino's Greek, TX Steaks, W◼ Wich? 🛏 DoubleTree Hotel, Drury Inn, EconoLodge, Emba◼ Suites 🅾 $Tree, Advance Parts, AutoZone, Best Buy, Ho◼ Depot, Marshall's, Old Navy, Petsmart, Ross, Staples, Tar◼ Walgreens, **W** 🅿 Shell 🍴 Baby Acapulco, Capt Benny's S◼ food 🛏 Capital Inn, Courtyard, Fairfield Inn, Motel 6, Supe◼
237b	51st St, same as 238a
237a	Airport Blvd, **W** 🍴 In-N-Out, Jack-in-the-Box, Wen◼ 🅾 GNC, Goodyear, HEB Foods, PetCo, Sears/auto
236.7	lower level accesses downtown, upper level is I-35 thru
236b	39th St, **E** 🅿 Chevron/dsl 🍴 Short Stop Burgers, S◼ way 🅾 Fiesta Foods, O'Reilly Parts, U-Haul, **W** 🅿 Sh◼ dsl 🅾 to U of TX
236a	26th-32nd Sts, **E** 🍴 Los Altos Mexican, Subway 🛏 Days◼ **W** 🛏 Rodeway Inn 🅾 🄷
235b	Manor Rd, **E** 🍴 Denny's 🛏 DoubleTree, **W** 🛏 Rode◼ Inn 🅾 st capitol, U of TX, same as 236a
235a	MLK, 15th St, **W** 🅾 🄷
234.9	lower level accesses downtown, upper level is I-35 thru
234c	11th St, 12th St, **E** 🅿 Chevron/dsl, Shell/dsl 🍴 Denny's, W◼ dy's 🛏 DoubleTree Hotel, Super 8 🅾 CVS Drug, **W** 🅿 Gulf◼ Shell 🛏 Hilton, Hilton Garden, La Quinta, Marriott, Omni M◼ Radisson, Sheraton 🅾 🄷, museum, st capitol, downtown
234b	8th-3rd St, **W** 🍴 IHOP
234a	Cesar Chavez St, Holly St, **E** 🅿 Shell/dsl, **W** 🅿 Chev◼ dsl 🛏 Holiday Inn, downtown
233mm	Little Colorado River
233	Riverside Dr, Town Lake, **E** 🅿 Gulf, Shell/dsl 🍴 Chip◼ Church's, MOD Pizza, Starbucks 🅾 AT&T, Walgreens
232b	Woodland Ave
232a	Oltorf St, **E** 🅿 Chevron/dsl, Gulf, Shell/dsl 🍴 Donn's ◼ Luby's, Sonic 🛏 Best Value, Howard Johnson, La Quinta, ◼tel 6, Parkwest Inn, **W** 🅿 Conoco/dsl,. Exxon/7-11 🍴 ◼ ny's, Starbucks 🛏 Best Western, Simco Plaza
231	Woodward St, **E** 🛏 same as 232, Wyndham Gar◼ **W** 🅾 Home Depot, Walmart
230b a	US 290 W, TX 71, Ben White Blvd, St Elmo Rd, **E** 🅿 Shell/C◼ K/dsl 🛏 Baymont Inn, Courtyard, Fairfield Inn, Hampton◼ Homewood Suites, Marriott, Omni Hotel, Quality Inn, Red◼ Inn, Residence Inn, SpringHill Suites 🅾 Acura, **W** 🍴 Bu◼ King 🛏 Candlewood Suites, Days Inn, La Quinta 🅾 🄷, A◼ CarMax, Chrysler/Dodge/Jeep, Ford, Hyundai, Kia, Mazda, ◼ san, NTB, Toyota/Scion
229	Stassney Lane, **W** 🍴 Buffalo Wild Wings, Chili's, Chip◼ Jimmy John's, Krispy Kreme, Logan's Roadhouse, Mac◼ Grill, Pizza Hut, Trudy's Grill, Twin Peaks Rest., TX Cattl◼ Steaks 🛏 Holiday Inn Express, Staybridge Suites 🅾 F◼ Foods/gas, Lowe's
228	Wm Cannon Drive, **E** 🅿 Exxon, Valero 🍴 Applebee's, ◼ Donald's, Subway, Taco Bell 🅾 Brake Check, Discount◼ HEB Foods, Nissan, **W** 🅿 Shell/dsl 🍴 Burger King, C◼ Harbor, Gatti's Pizza, Golden Corral, KFC, LJ Silver, Taco Cab◼ Wendy's, Whataburger 🅾 Advance Parts, AT&T, Big◼ Chevrolet, Firestone

INTERSTATE 35 Cont'd

Exit#	Services
227	Slaughter Lane, Lp 275, S Congress, **E** ⛽ Shell/dsl 🍴 ChuckE-Cheese, Don Dario's, IHOP ⊙ Home Depot, Lone Star RV Resort, U-Haul, **W** ⛽ Murphy USA/dsl, Valero, Valero/dsl 🍴 Carino's, Chick-fil-A, Chili's, Chipotle Mexican, Fuddrucker's, Gatti Town, Jack-in-the-Box, Jason's Deli, Longhorn Steaks, Luby's, Mama Fu's, Miller BBQ, Panda Express, Serrano's TexMex, Smashburger, Sonic, Starbucks, Steak'n Shake, Subway, Taco Bell, TGIFriday's, TX Roadhouse, Wendy's, Whataburger ⊙ $Tree, AT&T, Best Buy, Firestone/auto, GNC, Hobby Lobby, JC Penney, Jo-Ann, Marshall's, Petsmart, Ross, Sam's Club/dsl, Target, URGENT CARE, Verizon, VW, Walgreens, Walmart
226	Slaughter Creek Overpass
225	FM 1626, Onion Creek Pkwy, **E** ⛽ Texaco, Valero 🍴 Subway ⊙ Harley-Davidson
224	frontage rd (from nb)
223	FM 1327, rd 45 **toll**
221	Lp 4, Buda, **E** ⛽ Chevron/McDonald's 🍴 Starbucks 🛏 Best Value Inn, Candlewood Suites, Comfort Suites, Holiday Inn Express ⊙ Ford, Kenworth, **W** ⛽ Murphy USA/dsl, Shell/dsl 🍴 Arby's, Chili's, Cracker Barrel, Dan's Burgers, Domino's, Jack-in-the-Box, KFC/LJ Silver, Little Caesar's, Logan's Roadhouse, Miller BBQ, Papa John's, Pizza Hut, Sonic, Subway, Taco Bell, Whataburger, Zaxby's 🛏 Hampton Inn, Microtel ⊙ AT&T, AutoZone, Cabela's, HEB Food/dsl/E-85, O'Reilly Parts, USPO, Verizon, Walgreens, Walmart
220	FM 2001, Niederwald, **E** ⛽ Shell 🍴 Burger King ⊙ Camper Clinic RV Ctr, Marshall's RV Park, **W** ⊙ Crestview RV Ctr/Park, Peterbilt
217	Lp 4, Buda, **E** ⛽ Exxon/dsl 🛏 La Quinta ⊙ Mack/Volvo, **W** ⛽ Valero/dsl 🍴 Burger King 🛏 Quality Inn ⊙ Christian Bros Auto, Home Depot
215	Bunton Overpass, **E** ⛽ Exxon/KFC/LJ Silver, Walmart/dsl 🍴 Carl's Jr, Dickey's BBQ, Dunkin Donuts/Baskin Robbins, Firehouse Subs, Pollo Tropical, Popeye's, Taco Bell, Taco Cabana, Wendy's 🛏 Hampton Inn ⊙ Ⓗ, AT&T, Discount Tire, Firestone/auto, Lowe's, Walgreens, Walmart, **W** ⛽ Conoco/dsl, Sunoco/Schlotzsky's/dsl 🍴 Applebee's, Casa Garcia's, Chicken Express, Chick-fil-A, Five Guys, IHOP, Jack-in-the-Box, Jersey Mike's, Little Caesar's, Mama Fu's, McDonald's, MOD Pizza, Panda Express, Papa Murphy's, Starbucks, Subway, Whataburger 🛏 Comfort Suites ⊙ $Tree, Explore USA RV Ctr, GNC, HEB Foods/dsl/e85, Kohl's, PetCo, Ross, Target, URGENT CARE, Verizon
213	FM 150, Kyle, **E** ⛽ 7-11/dsl, Valero/dsl 🍴 DQ ⊙ AutoZone, O'Reilly Parts, **W** ⛽ Conoco/dsl 🍴 Casa Maria Mexican ⊙ Advance Parts, CVS Drug, repair
210	Yarrington Rd, **E** ⊙ Hyundai, **W** ⊙ Buick/Chevrolet/GMC, Ford, Plum Creek RV Park
209	weight sta (sb only)
208mm	Blanco River
208	Frontage Rd, Blanco River Rd, **W** 🛏 Hilton Garden ⊙ Buick/Chevrolet/GMC
206	Lp 82, Aquarena Springs Rd, **E** ⛽ Conoco, Valero/dsl ⊙ San Marcos RV Park, **W** ⛽ Exxon/dsl, Shell, Shell/dsl 🍴 Inn-N-Out, Pancake House, Pollo Tropical, Popeye's, Sonic 🛏 Best Value Inn, Howard Johnson, La Quinta, Motel 6, Quality Inn, Ramada Ltd, Rodeway Inn, Summit Inn, Super 8 ⊙ to SW TX U
205	TX 80, TX 142, Bastrop, **E** ⛽ 7-11/dsl, Exxon, RaceWay/dsl, Shell/dsl, Valero/dsl 🍴 Cane's, China Palace, Fazoli's,

SAN MARCOS

205	**Continued** Freebirds Burrito, Jason's Deli, Little Caesar's, Pizza Hut, Subway, Wing Stop 🛏 Executive Inn, Fairfield Inn ⊙ $General, AutoZone, CVS Drug, Hobby Lobby, Verizon, Walmart, **W** ⛽ Valero 🍴 A&W/LJ Silver, Burger King, Church's, Chuy's, Five Guys, IHOP, Kobe Japanese, Logan's Roadhouse, McDonald's, Taco Cabana, Wendy's 🛏 Best Western, Budget Inn, Days Inn, Gateway Inn, Knights Inn, Red Roof Inn, Rodeway Inn ⊙ Brake Check, city park, HEB/gas, Office Depot, Walgreens
204mm	San Marcos River
204b	CM Allen Pkwy, **W** ⛽ Shell/dsl, Spirit/dsl 🍴 Casa Maria, DQ, Krispy Kreme, La Fonda Rest., Mazatlan, Plucker's Grill, Sonic 🛏 Best Western, EconoLodge ⊙ AutoZone, O'Reilly Parts, transmissions
204a	Lp 82, TX 123, to Seguin, **E** ⛽ Conoco, Exxon/dsl 🍴 54th St Grill, Burger King, Bush's Chicken, Carino's, Chicken Express, Chili's, Freddy's, Luby's, McDonald's, Newk's Eatery, Red Lobster, Starbucks, Whataburger 🛏 Comfort Suites, Hampton Inn, Wingate Inn ⊙ Ⓗ, Aamco
202	FM 3407, Wonder World Dr, **E** ⛽ Exxon/dsl, Shell/dsl 🍴 Carl's Jr, Chick-fil-A, Fuschaks BBQ, Jack-in-the-Box, Panera Bread, Taste of China, Wienerschnitzel 🛏 Comfort Inn ⊙ Ⓗ, $Tree, Best Buy, Discount Tire, Lowe's, Marshall's, Petsmart, Ross, Sams Club/gas, **W** ⛽ Valero/dsl 🍴 TX Roadhouse 🛏 Candlewood Suites, Country Inn&Suites, Holiday Inn Express ⊙ repair
201	McCarty Lane, **E** 🛏 Embassy Suites, **W** 🍴 Firehouse Subs, Panda Express, Sonic ⊙ AT&T, Beall's, Chrysler/Dodge/Jeep, Firestone/auto, JC Penney, Nissan, Target, URGENT CARE
200	Centerpoint Rd, **E** 🍴 Chipotle, Cracker Barrel, Outback Steaks, Subway, Taco Bell, Wendy's ⊙ GNC, Old Navy, San Marcos Outlets/famous brands, Tanger Outlet/famous brands, **W** ⛽ Sunoco/dsl 🍴 McDonald's, Starbucks, Subway, Whataburger, Zaxby's 🛏 Baymont Inn, Courtyard ⊙ Honda
199	Posey Rd, **E** ⊙ same as 200, Tanger Outlets/famous brands, Toyota/Scion
196	FM 1106, York Creek Rd, **W** ⊙ Canyon Trail RV Park
195	Watson Lane, Old Bastrop Rd
193	Conrads Rd, Kohlenberg Rd, **W** 🍴 TA/Shell/Country Fare/Popeye's/Subway/dsl/scales/24hr/@ ⊙ Camping World RV Ctr
191	FM 306, FM 483, Canyon Lake, **E** ⛽ Buc-ee's 🍴 BJ's Rest, Las Palapas, Longhorn Steaks, Newk's Eatery, Panda Express, Panera Bread, Sea Island Shrimphouse, Shogun Japanese, Subway, Whataburger, Which Wich?, Willie's Grill ⊙ AT&T, Belk, Best Buy, Dick's, GNC, Hobby Lobby, JC Penney, Petsmart, Ross, Target, TJ Maxx, URGENT CARE, Verizon, Walmart Dist Ctr, **W** ⛽ Exxon/dsl 🍴 Burger King, HEB/e85 🛏 Wingate Inn ⊙ Nissan, transmissions
190c	Post Rd
190b	frontage rd, New Braunfels, **E** ⊙ Evergreen RV Ctr

N E W   B R A U N F E L S

TX

◤N   INTERSTATE 35 Cont'd

Exit#	Services
190a	frontage rd, same as 189
189	TX 46, Seguin, **E** 🅖 Shell/dsl 🍴 Chili's, Denny's, Golden Corral, Logan's Roadhouse, Olive Garden, Peter Piper Pizza, Sonic, Taco Palenque 🛏 Best Value Inn, Courtyard, EconoLodge, Hampton Inn, La Quinta, Super 8, Travelodge 🄾 Discount Tire, Home Depot, Kohl's, Office Depot, vet, **W** 🍴 Texaco, Valero 🍴 Applebee's, Bush's Chicken, Chipotle Mexican, IHOP, Mama Fu's, McDonald's, Miller's BBQ, Pizza Hut, Subway, Taco Bell, Taco Cabana, TJ's Burgers, Wendy's 🛏 Baymont, Best Western, Candlewood Suites, Comfort Suites, Country Inn Suites, Days Inn, Edelweiss Inn, Fairfield Inn, Hilton Garden, Holiday Inn Express, Howard Johnson, Microtel, Motel 6, Quality Inn, Ramada Inn, Rodeway Inn, Sleep Inn 🄾 H, Walgreens
188	Frontage Rd, **W** 🍴 Garden Buffet, Mamacita's Rest. 🛏 River Ranch Resort 🄾 Hyundai, Tuesday Morning
188mm	Guadalupe River
187	FM 725, Lake McQueeny Rd, **E** 🍴 A&W/LJ Silver, Arby's, Burger King, CiCi's, River Hofbrau, Whataburger 🄾 $Tree, Aamco, BigLots, Chevrolet, Ford/Lincoln, Jeep, Meineke, vet, **W** 🍴 Adobe Café, DQ, Jack-in-the-Box, Jason's Deli 🛏 Budget Inn 🄾 H, CVS Drug, River Ranch RV Resort
186	Walnut Ave, **E** 🅖 Exxon/Subway, Murphy USA/dsl, Valero/dsl 🍴 Carl's Jr, Chick-fil-A, Firehouse Subs, McDonald's, Popeye's, Schlotzsky's, Taco Bell 🛏 Red Roof Inn 🄾 Jo-Ann, Lowe's, Verizon, Walmart, **W** 🅖 Shell/dsl 🍴 Baskin-Robbins, Bonzai Japanese, Chicken Express, Panda Express, Papa John's, Papa Murphy's, Pollo Tropical, Starbucks 🄾 $Tree, AutoZone, GNC, HEB Foods/gas, U-Haul, Walgreens
185	FM 1044
184	FM 482, Lp 337, Rueckle Rd, **E** 🅖 Shell/dsl 🄾 Hill Country RV Park, Kia, Mazda, **W** 🅖 Pilot/McDonald's/Subway/dsl/scales 🍴 Jack-in-the-Box
183	Solms Rd, **W** 🅖 Exxon/Circle K/dsl
182	Engel Rd
180	Schwab Rd
178	FM 1103, Cibolo Rd, Hubertus Rd, **E** 🅖 Exxon/7-11/dsl 🍴 McDonald's 🄾 Walgreens, **W** 🅖 Valero/Subway/dsl
177	FM 482, FM 2252, **W** 🄾 Stone Creek RV Park
176	Weiderstein Rd, same as 175
175	FM 3009, Natural Bridge, **E** 🅖 Valero/dsl 🍴 Chili's, IHOP, Mama Margie's Mexican, McDonald's, Miller's BBQ, Schlotzsky's, Sonic, Taco Cabana 🛏 Fairfield Inn, Hampton Inn 🄾 HEB Food/dsl/E-85, Lowe's, Verizon, vet, **W** 🅖 Murphy USA/dsl, Shell/dsl, Valero/Subway/dsl 🍴 Abel's Diner, Arby's, Cane's, Chick-fil-A, Denny's, Domino's, Jack-in-the-Box, Jimmy John's, KFC/Pizza Hut/Taco Bell, Panda Express, Pollo Tropical, Starbucks, Wendy's, Whataburger, Wing Stop 🛏 Best Western, La Quinta 🄾 $Tree, URGENT CARE, Walmart/McDonald's
174b	Schertz Pkwy, **E** 🅖 Shell 🄾 Chevrolet, **W** 🄾 Crestview RV Ctr
174a	FM 1518, Selma, **E** 🅖 Phillips 66/dsl 🍴 Rudy's BBQ 🄾 Audi, Buick/GMC, Honda, Subaru, **W** 🛏 Comfort Inn 🄾 Crestview RV Ctr
173	Old Austin Rd, Olympia Pkwy, **E** 🍴 Baskin Robbins, Charley's Subs, Cheddar's, Chick-fil-A, Chili's, Chipotle Mexican, CiCi's, Firehouse Subs, Five Guys, Freddy's, Genghis Grill, Hooters, IHOP, Las Palapas, Macaroni Grill, Outback Steaks, Panda Express, Panera Bread, Papouli's Greek, Peter Piper Pizza, Red Robin, Sea Island Srimp, Starbucks, Subway, Wendy's 🛏 Holiday Inn Express 🄾 AT&T, Beall's, Best Buy, Costco/gas, Discount Tire, GNC, Hobby Lobby, Home Depot, Kohl's, Michael's,

S A N   A N T O N I O

173	**Continued** NTB, Old Navy, Petsmart, Ross, Target, TJ Maxx, URGENT CARE, Verizon, WorldMkt, **W** 🍴 ChuckeCheese, Chuy's Mexican, Freebirds Burritos, Houlihan's 🛏 Hampton Inn
172	TX 218, Anderson Lp, P Booker Rd, **E** 🍴 Buffalo Wild Wings, Coldstone, Gino's East Pizza, IHOP, Jimmy John's, TX Roadhouse, Zio's 🛏 Hilton Garden, Woodspring Suites 🄾 Nissan, to Randolph AFB, **W** 🛏 Comfort Inn, to SeaWorld
171	Topperwein Rd, same as 170
170	Judson Rd, to Converse, **E** 🍴 Carl's Jr, Denny's, Whataburger 🛏 Great Value Inn, La Quinta 🄾 H, Ford, Hyundai, Nissan, Toyota/Scion, **W** 🅖 Exxon/7-11 🛏 Best Western 🄾 Kia, Mazda, Sam's Club/gas
169	O'Conner Rd, Wurzbach Pkwy, **E** 🅖 Exxon/7-11/dsl 🍴 McDonald's, Quiznos, Subway, Taco Cabana 🛏 Comfort Suites 🄾 CarMax, Chrysler/Dodge/Jeep, Lowe's, Walgreens, **W** 🅖 Shell/dsl, Valero/dsl 🍴 Jack-in-the-Box, Jim's Rest, Sonic 🛏 Mi Casa Inn 🄾 Kia, Mazda
168	Weidner Rd, **E** 🅖 Citgo/dsl 🛏 Comfort Suites, Days Inn 🄾 Chevron 🛏 Econolodge, Super 8 🄾 Harley-Davidson, Volvo Trucks
167b	Thousand Oaks Dr, Starlight Terrace, **E** 🅖 Valero/dsl
167a	Randolph Blvd, **E** 🅖 Valero/dsl, **W** 🛏 Days Inn, Delta Inn, Midtowne Suites, Motel 6
166	I-410 W, Lp 368 S, **W** 🄾 to Sea World
165	FM 1976, Walzem Rd, **E** 🅖 Shell, Valero/dsl 🍴 Applebee's, Baskin Robbins/Dunkin Donuts, Benny's, Buffalo Wild Wings, Burger King, Bush's Chicken, China Harbor, Church's, Domino's, IHOP, In-n-Out, Jack-in-the-Box, KFC/Taco Bell, Las Palapas Mexican, Little Caesar's, LJ Silver, Luby's, McDonald's, Miller's BBQ, Olive Garden, Pizza Hut, Red Lobster, Shoney's, Starbucks, Subway, Taco Cabana, Whataburger 🛏 Drury Inn 🄾 $Tree, 99c Store, AutoZone, Cavender's Boots, CVS Drug, Discount Tire, Firestone/auto, HEB/dsl, Home Depot, Office Depot, PepBoys, Petsmart, Ross, Walgreens, Walmart/Subway/dsl, **W** 🍴 Sonic 🄾 NTB
164b	Eisenhauer Rd, **E** 🅖 Exxon/7-11 🛏 Hampton Inn, La Quinta, Mainstay Suites, Super 8, Woodspring Suites 🄾 $General
164a	Rittiman Rd, **E** 🅖 Exxon/7-11, Shell/dsl, Valero/dsl 🍴 Burger King, Church's, Cracker Barrel, Denny's, Hacienda Tapatia, Jack-in-the-Box, McDonald's, Taco Bell, Taco Cabana, Whataburger 🛏 Best Western, Comfort Suites, Hallmark Inn, Hampton Inn, La Quinta, Mainstay Suites, Motel 6, Motel 6 (2), Rittiman Inn, Super 8, Travel Inn, Woodspring Suites, **W** 🅖 Valero 🍴 Bill Miller BBQ, Popeye's, Sonic, Subway
163	I-410 S (162 from nb, exits left from sb)
161	Binz-Engleman Rd (from nb), same as 160
160	Splashtown Dr, **E** 🅖 Valero/Subway/dsl/24hr 🛏 Motel 6, **W** 🍴 Grady's BBQ 🛏 Best Value Inn, Budget Lodge, Days Inn, Howard Johnson, Microtel, Motel 6, Travelodge
159b	Walters St, **E** 🍴 McDonald's, **W** 🛏 EconoLodge 🄾 to Sam Houston
159a	New Braunfels Ave, **E** 🅖 Shell/dsl, Texaco/Burger King 🄾 auto/dsl repair, **W** 🅖 Chevron/dsl, Valero/dsl 🍴 Miller BBQ, Sonic 🛏 Antonian Suites 🄾 to Ft Sam Houston
158c	N Alamo St, Broadway
158b	I-37 S, US 281 S, to Corpus Christi, to Alamo
158a	US 281 N (from sb), to Johnson City
157b a	Brooklyn Ave, Lexington Ave, N Flores, **E** 🛏 Super 8, **W** 🍴 Luby's 🄾 H, downtown
156	I-10 W, US 87, to El Paso
155b	Durango Blvd, **E** 🛏 Best Western, Courtyard, Fairfield Inn, Holiday Inn, La Quinta, Residence Inn 🄾 H, **W** 🍴 McDonald's 🛏 Candlewood Suites, Doubletree, Motel 6, downtown

INTERSTATE 35 Cont'd

S A N   A N T O N I O

Exit#	Services
155a	South Alamo St, **E** 🅿 Exxon, Shell/dsl 🍴 Church's, Huevos Nuevos, McDonald's, Wendy's 🏠 Best Western, Days Inn, Holiday Inn, La Quinta, Residence Inn, Travelodge ⊙ Advance Parts, USPO, **W** 🏠 Knights Inn
154b	S Laredo St, Ceballos St, same as 155b
154a	Nogalitos St
153	I-10 E, US 90 W, US 87, ⊙ Lackland AFB, to Kelly AFB
152b	Malone Ave, Theo Ave, **E** 🍴 Taco Cabana, **W** 🅿 Shell
152a	Division Ave, **E** 🅿 Chevron 🍴 Bill Miller BBQ, Las Cazuelas Mexican, Whataburger/24hr 🏠 Econolodge, **W** 🍴 Sonic ⊙ transmissions
151	Southcross Blvd, **E** 🅿 Exxon/7-11/dsl, Shell, **W** 🅿 Shell/dsl 🍴 Mazatlan Mexican
150b	Lp 13, Military Dr, **E** 🅿 Valero 🍴 Applebee's, Carl's Jr, Denny's, Don Pedro Mexican, Papa John's, Starbucks, Subway, Taco Cabana 🏠 La Quinta ⊙ AutoZone, Discount Tire, Meineke, U-Haul, **W** 🅿 Exxon 🍴 Buffalo Wild Wings, Burger King, Chick-fil-A, Chili's, CiCi's, Freddy's Custard, Hungry Farmer Rest, IHOP, Jack-in-the-Box, KFC, Lin's Buffet, Little Caesar's, LJ Silver, Longhorn Steaks, Mama Margie's Mexican, McDonald's, Olive Garden, Panda Express, Popeye's, Red Lobster, Sea Island Shrimp House, Wendy's, Whataburger ⊙ $Tree, AT&T, Dick's, Firestone/auto, HEB Foods, Home Depot, JC Penney, Lowe's, Macy's, mall, Office Depot, Old Navy, Ross, Sears/auto, Target, Verizon, Walgreens
150a	Zarzamora St (149 fom sb), same as 150b
149	Hutchins Blvd (from sb), **E** 🅿 Valero/dsl 🏠 Motel 6, Woodspring Suites, **W** ⊙ 🅗, Chevrolet, Ford, Honda, Hyundai, Kia
148b	Palo Alto Rd
148a	TX 16 S, spur 422 (from nb), Poteet, **E** 🅿 Chevron/dsl, Murphy USA/dsl 🍴 Golden Chick 🏠 Days Inn ⊙ CVS Drug, Walmart/Subway, **W** ⊙ $General
147	Somerset Rd, **E** 🅿 Shell/dsl ⊙ Ford, **W** ⊙ Chrysler/Dodge/Jeep
146	Cassin Rd (from nb)
145b	Lp 353 N
145a	I-410, TX 16
144	Fischer Rd, **E** 🅿 Valero/7-11/Subway/dsl/scales/24hr 🏠 D&D Motel, **W** 🅿 Loves/Carl's Jr/dsl/scales/24hr/@ ⊙ Toyota/Scion
142	Medina River Turnaround (from nb)
141	Benton City Rd, Von Ormy, **E** ⊙ USPO, **W** 🅿 Shell/Parador Café/dsl
140	Anderson Lp, 1604, **E** 🅿 Exxon/dsl/24hr 🍴 Burger King, **W** 🅿 Pilot/Subway/dsl/scales/24hr ⊙ Alamo River RV Resort, to Sea World
139	Kinney Rd
137	Shepherd Rd, **E** ⊙ truck repair, **W** 🅿 Exxon/Choke Canyon BBQ/dsl/24hr ⊙ dsl repair
135	Luckey Rd
133	TX 132 S (from sb), Lytle, same as 131
131	FM 3175, FM 2790, Benton City Rd, **E** 🏠 Best Western, **W** 🅿 HEB/dsl/24hr 🍴 Bill Miller BBQ, Little Caesar's, McDonald's, Sonic, Subway, Whataburger 🏠 Days Inn/cafe ⊙ $General, AutoZone, CVS Drug, Family$, HEB Food/dsl, USPO
129mm	Ⓡ both lanes, full 🚻 facilities, litter barrels, petwalk, Ⓒ, 🚮, vending
127	FM 471, Natalia, **W** 🅿 Loves/Subway/Wendy's/dsl/scales/24hr/@
125	FM 770

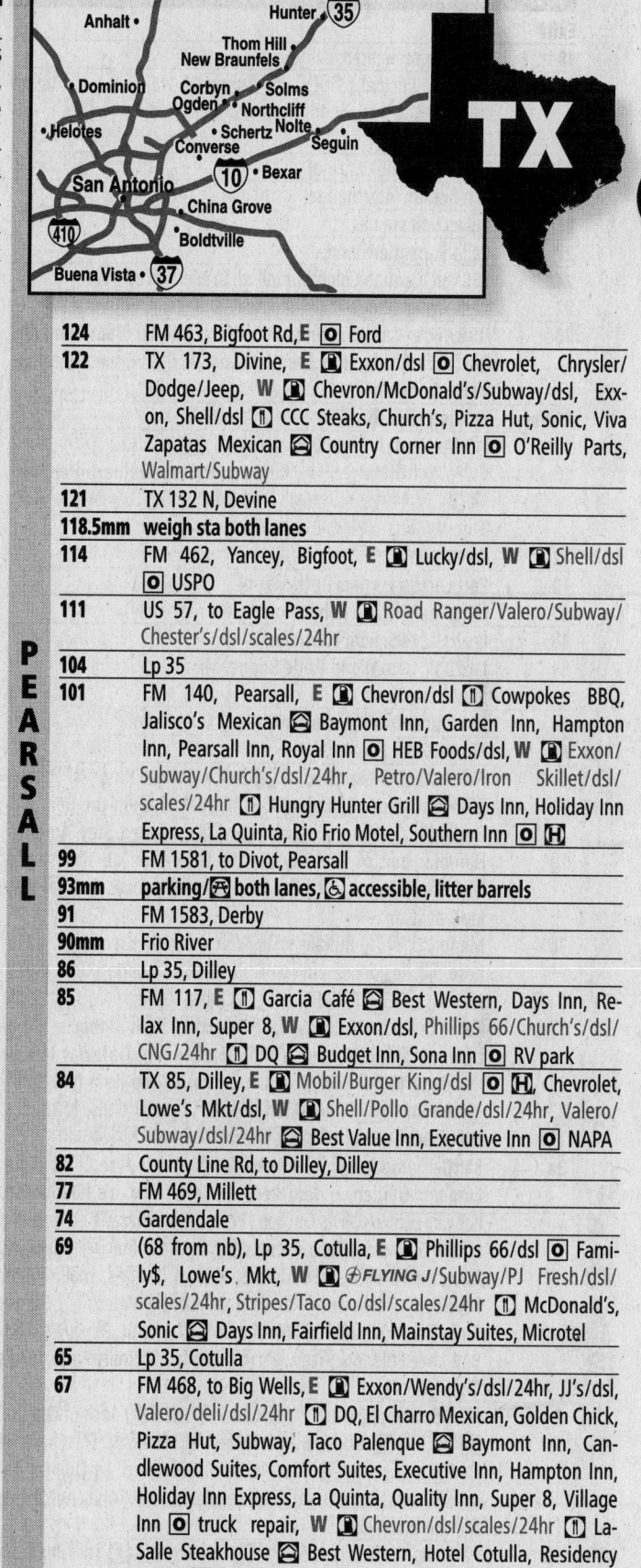

124	FM 463, Bigfoot Rd, **E** ⊙ Ford
122	TX 173, Divine, **E** 🅿 Exxon/dsl ⊙ Chevrolet, Chrysler/Dodge/Jeep, **W** 🅿 Chevron/McDonald's/Subway/dsl, Exxon, Shell/dsl 🍴 CCC Steaks, Church's, Pizza Hut, Sonic, Viva Zapatas Mexican 🏠 Country Corner Inn ⊙ O'Reilly Parts, Walmart/Subway
121	TX 132 N, Devine
118.5mm	weigh sta both lanes
114	FM 462, Yancey, Bigfoot, **E** 🅿 Lucky/dsl, **W** 🅿 Shell/dsl ⊙ USPO
111	US 57, to Eagle Pass, **W** 🅿 Road Ranger/Valero/Subway/Chester's/dsl/scales/24hr
104	Lp 35
101	FM 140, Pearsall, **E** 🅿 Chevron/dsl 🍴 Cowpokes BBQ, Jalisco's Mexican 🏠 Baymont Inn, Garden Inn, Hampton Inn, Pearsall Inn, Royal Inn ⊙ HEB Foods/dsl, **W** 🅿 Exxon/Subway/Church's/dsl/24hr, Petro/Valero/Iron Skillet/dsl/scales/24hr 🍴 Hungry Hunter Grill 🏠 Days Inn, Holiday Inn Express, La Quinta, Rio Frio Motel, Southern Inn ⊙ 🅗
99	FM 1581, to Divot, Pearsall
93mm	parking/🚮 both lanes, 🚻 accessible, litter barrels
91	FM 1583, Derby
90mm	Frio River
86	Lp 35, Dilley
85	FM 117, **E** 🍴 Garcia Café 🏠 Best Western, Days Inn, Relax Inn, Super 8, **W** 🅿 Exxon/dsl, Phillips 66/Church's/dsl/CNG/24hr 🍴 DQ 🏠 Budget Inn, Sona Inn ⊙ RV park
84	TX 85, Dilley, **E** 🅿 Mobil/Burger King/dsl ⊙ 🅗, Chevrolet, Lowe's Mkt/dsl, **W** 🅿 Shell/Pollo Grande/dsl/24hr, Valero/Subway/dsl/24hr 🏠 Best Value Inn, Executive Inn ⊙ NAPA
82	County Line Rd, to Dilley, Dilley
77	FM 469, Millett
74	Gardendale
69	(68 from nb), Lp 35, Cotulla, **E** 🅿 Phillips 66/dsl ⊙ Family$, Lowe's Mkt, **W** 🅿 FLYING J/Subway/PJ Fresh/dsl/scales/24hr, Stripes/Taco Co/dsl/scales/24hr 🍴 McDonald's, Sonic 🏠 Days Inn, Fairfield Inn, Mainstay Suites, Microtel
65	Lp 35, Cotulla
67	FM 468, to Big Wells, **E** 🅿 Exxon/Wendy's/dsl/24hr, JJ's/dsl, Valero/deli/dsl/24hr 🍴 DQ, El Charro Mexican, Golden Chick, Pizza Hut, Subway, Taco Palenque 🏠 Baymont Inn, Candlewood Suites, Comfort Suites, Executive Inn, Hampton Inn, Holiday Inn Express, La Quinta, Quality Inn, Super 8, Village Inn ⊙ truck repair, **W** 🅿 Chevron/dsl/scales/24hr 🍴 La-Salle Steakhouse 🏠 Best Western, Hotel Cotulla, Residency Suites ⊙ Mack/Volvo
63	Elm Creek Interchange
59mm	Ⓡ both lanes, full 🚻 facilities, litter barrels, petwalk, Ⓒ, 🚮, vending
56	FM 133, Artesia Wells

P E A R S A L L

TX

INTERSTATE 35 Cont'd

Exit#	Services
48	Caiman Creek Interchange
39	TX 44, Encinal, E 🍴 ⟨Loves⟩/Chester Fried/Subway/dsl/scales/24hr, Road Ranger/Church's/dsl/scales/24hr, W 🍴 Chevron/dsl
38	TX 44 (from nb), Encinal
32	San Roman Interchange
29mm	inspection sta nb
27	Callaghan Interchange
24	255 toll, Camino Colombia toll rd, to Monterrey
22	Webb Interchange
18	US 83 N, to Carrizo Springs, E TX Travel Info Ctr (8am-5pm) /℞, full ♿ facilities, litter barrels, petwalk, 🚶 wireless internet, W RV Camping
14mm	parking area sb
12b	(13 from sb) Uniroyal Interchange, E 🍴 ⟨Pilot⟩/McDonald's/Subway/dsl/scales/24hr ⓞ Blue Beacon, Southern Tire Mart, W 🍴 ⟨FLYING J⟩/Denny's/dsl/scales/24hr, TA/Burger King/Subway/Taco Bell/dsl/scales/24hr/@
12a	Port Loredo
10	Port Laredo Carriers Dr (from nb)
9	Industrial Blvd, to Bob Bullock Lp (from sb only)
8b	Lp 20 W, to Solidarity Bridge
8a	Lp 20 W, to to World Trade Bridge, Milo
5	San Isidro Pkwy
4b	Las Cruces Dr, E 🍴 Valero/dsl 🍴 El Pescador
4a	FM 1472
4	FM 1472, Del Mar Blvd, E 🍴 Exxon/Burger King/dsl 🍴 Applebee's, Carino's Italian, CiCi's, IHOP, Jack-in-the-Box, McDonald's, Quiznos, Whataburger 🛏 Extended Stay America, Hampton Inn ⓞ Best Buy, BigLots, HEB Foods/gas, Marshall's, Old Navy, Target, W 🍴 La Noria/dsl 🛏 Days Inn ⓞ Harley-Davidson
3b	Mann Rd, E 🍴 Buffalo Wild Wings, Krispy Kreme, Lin's Chinese 🛏 Residence Inn ⓞ Ford/Lincoln, Honda, Kia, Lowe's, Mazda, URGENT CARE, W 🍴 Chili's, Golden Corral, Kettle Pancake House, Subway, Taco Palenque, TX Roadhouse, Whataburger 🛏 Best Value, Family Garden Inn, Gateway Inn, La Hacienda Motel, Monterey Inn, Motel 6, Red Roof Inn, SpringHill Suites ⓞ $Tree, AT&T, Home Depot, Kohl's, Michael's, Office Depot, PetCo, Ross, Verizon, Walmart/McDonald's
3a	San Bernardo Ave, E 🍴 Chick-fil-A, ChuckeCheese, El Taco Tote, Emperor Garden, Fuddrucker's, LJ Silver, Logan's Roadhouse, Luby's, Luby's, Olive Garden, Peter Piper Pizza, Red Lobster, Sirloin Stockade, Tony Roma's 🛏 Fairfield Inn ⓞ $General, Advance Parts, HEB Foods/gas, K-Mart, Macy's, mall, NAPA, PepBoys, Sears/auto, SteinMart, W 🍴 Valero 🍴 Burger King, Danny's Rest., DQ, McDonald's, Pizza Hut, Popeye's, Taco Bell, Taco Palenque, Wendy's ⓞ Family$, O'Reilly Parts, Sam's Club/gas
2	US 59, Saunders Rd, E 🍴 Conoco, Shell 🍴 Jack-in-the-Box ⓞ 🍴, W 🍴 Exxon/Burger King/dsl, Shell/ds 🍴 Church's, Denny's, Subway 🛏 Best Western, Courtyard, La Quinta, Ramada Plaza, Super8 ⓞ Advance Parts, AutoZone, AutoZone, Mexico Insurance
1b	Park St, to Sanchez St, W 🍴 Conoco/dsl 🍴 La Mexicana Rest., Pizza Hut, Popeye's
1a	Victoria St, Scott St, Washington St (from sb), E 🍴 Valero, W 🍴 Chevron, Valero/dsl 🍴 Dos Marias, McDonald's, Wendy's ⓞ Firestone/auto

I-35 begins/ends in Laredo at Victoria St, access to multiple services.

INTERSTATE 35 (West)

I-35W begins/ends on I-35, exit 467.

Exit#	Services
85b	W Oak St, E ⓞ 🍴
85a	I-35E S
84	FM 1515, Bonnie Brae St, E ⓞ 🍴
82	FM 2449, to Ponder
79	Crawford Rd
76	FM 407, to Justin, Argyle, W 🍴 Exxon/dsl ⓞ Paradise Mkt
76mm	🚶 both lanes, litter barrels
74	FM 1171, to Lewisville
72	Dale Earnhardt Way , W 🛏 Marriott ⓞ TX Motor Speedway
70	TX 114, to Dallas, Bridgeport, E 🍴 QT/dsl, Shell/Subway/dsl, Valero/dsl/e85 🛏 Holiday Inn Express, Motel 6, Sleep Inn ⓞ North Lake RV Park, to DFW Airport, W 🍴 Buc-ee's 🛏 Marriott ⓞ TX Motor Speedway
68	Eagle Pkwy, W ⓞ 🚶
67	Alliance Blvd, W ⓞ FedEx, to Alliance Airport
66	to Westport Pkwy, Keller-Haslet Rd, E 🛏 Hampton Inn, Hilton Garden, Residence Inn, W 🍴 7-11/Wendy's/dsl 🍴 Bryan BBQ, Schlotzsky's, Snooty Pig, Subway, Taco Bueno ⓞ USPO
65	TX 170 E, E 🍴 ⟨Pilot⟩/McDonald's/dsl/scales/24hr 🍴 IHOP ⓞ Cabela's/cafe
64	Golden Triangle Blvd, to Keller-Hicks Blvd, E 🍴 QT/dsl, RaceTrac/dsl/e85 ⓞ Chrysler/Dodge/Jeep, Kia
63	Heritage Trace, Park Glen, E 🍴 7-11 🍴 BJ's Rest., Cheddar's, Chick-fil-A, Chipotle, Chuy's, Coldstone, Costa Vida, Cousins BBQ, Free Birds Burritos, Houlihan's, Jason's Deli, McAlister Deli, McDonald's, Mi Cocina, Panera Bread, Pei-Wei, Pie Five, Razzoo's Cajun, Smoothie King, Starbucks, Subway, The Rock Kitchen, Which Wich?, Zoe's Kitchen 🛏 Courtyard ⓞ Bell, Best Buy, Dick's, GNC, JC Penney, Kroger/dsl, Petsmart, Verizon, W 🍴 7-11/dsl
62	North Tarrant Pkwy, E 🍴 54th St Grill, Chili's, Firehouse Subs, Five Guys, Fuzzy's Tacos, HaNaBi Hibachi, Olive Garden, Pizza Inn, Pluckers, Thai Fusion ⓞ 🍴, W 🍴 Cane's, Chick-fil-A, ChuckECheese, El Pollo Loco, In-N-Out, Jimmy John's, La Madeleine, Old Chicago, Pollo Tropical, Potbelly, Starbucks, Taco Cabana, Tom+Chee, Uncle Julio's, Wendy's ⓞ $Tree, AT&T, Costco/gas, Hobby Lobby, Old Navy, Petco, Ross, Target, TJ Maxx, Tuesday Morning, URGENT CARE, Winco
60	US 287 N, US 81 N, to Decatur
59	Basswood (sb only), E 🍴 Chevron/Jack-in-the-Box/dsl 🍴 Chicken Express, DQ, Sonic, Subway, Taco Bell ⓞ Home Depot, NTB
58	Western Ctr Blvd, E 🍴 7-11/dsl, Shell/Church's 🍴 Boomer Jack's, Braum's, Brick House, Chili's, Denny's, Dublin Square Rest., Flips Grill, Genghis Grill, Jake's Burgers, Jimmy John's, On-the-Border, Posados Cafe, Rudy's BBQ, SaltGrass Steak, Shady Oak Grill, Twin Peaks, Wendy's, Which Wich?, Wing Stop 🛏 Magnuson Hotel, Residence Inn ⓞ AT&T, W 🍴 Boston's, Firehouse Subs, Joe's Crabshack, McDonald's, Popeye's, Rosa's Cafe, Smoothie King, Starbucks, Subway, Waffle House, Whataburger 🛏 Comfort Inn, Holiday Inn Express, Staybridge Suites ⓞ repair, URGENT CARE
57b a	I-820 E&W
56b	Melody Hills Dr
56a	Meacham Blvd, E 🍴 Shell/7-11 🛏 Hilton Garden, Knights Inn, La Quinta, W 🍴 Texaco/dsl 🍴 Cracker Barrel, McDonald's, Subway 🛏 Holiday Inn, Quality Inn, Radisson, Super8 ⓞ USPO
55	Pleasantdale Ave (from nb)

L A R E D O

TX

⬅️Ⓝ INTERSTATE 35 (West) Cont'd

Exit#	Services
54c	33rd St, Long Ave (from nb), **W** 🅟 Drivers TC/Subway/dsl/scales 🛏 Motel 6
54b a	TX 183, NE 28th St, **E** 🍴 Lisa's Chicken/dsl, **W** 🅟 QT/dsl 🛏 Stockyards Motel 6 Inn
53	North Side Dr, Yucca Dr, **E** 🅟 Shell/7-11/dsl, **W** 🍴 Mercado Juarez Café 🛏 Country Inn&Suites
53mm	Trinity River
52e	Carver St (from nb)
52d	Pharr St (exits left from nb)
52b	US 377N, Belknap
52a	US 377 N, TX 121, to DFW
51a	I-30 E, to Avalene (from nb), downtown Ft Worth
50c a	I-30 W, E to Dallas
50b	TX 180 E (from nb)
49b	Rosedale St, **E** 🅟 7-11/dsl 🍴 Jack-in-the-Box, **W** 🅞 Ⓗ
49a	Allen Ave, **E** 🅟 Valero/dsl, **W** 🅞 Ⓗ
48b	Morningside Ave (from sb), same as 48a
48a	Berry St, **E** 🅟 Chevron/McDonald's 🅞 AutoZone, El Rio Grande Foods, Family$, **W** 🅟 RaceTrac/dsl 🅞 U-Haul, zoo
47	Ripy St, **E** 🅞 transmissions
46b	Seminary Dr, **E** 🅟 RaceWay 🍴 Grandy's, Jack-in-the-Box, Taco Cabana, Whataburger 🛏 Days Inn, Delux Inn, Motel 6, Super 7 Inn 🅞 NAPA, **W** 🅟 Shell, Valero 🍴 Chalio Mexican, ChuckECheese, Denny's, Sonic, Wendy's 🅞 Firestone/auto, Pepboys, Ross
46a	Felix St, **E** 🅟 Valero 🛏 Dalworth Inn, **W** 🍴 Cesar's Tacos, McDonald's 🅞 Family$
45b a	I-20, E to Dallas, W to Abilene
44	Altamesa, **E** 🛏 Radisson, **W** 🅟 Conoco/dsl 🍴 Rig Steaks, Waffle House 🛏 Baymont Inn, Comfort Suites, Motel 6, South Lp Inn, Super 8
43	Sycamore School Rd, **W** 🅟 Exxon/7-11/dsl 🍴 Chicken Express, Jack-in-the-Box, Jimmy John's, Sonic, Subway, Whataburger 🛏 Scottish Inn 🅞 $General, Home Depot
42	Everman Pkwy, **E** 🍴 McDonald's, Starbucks, **W** 🅟 QT/dsl/scales, Shell/dsl
41	Risinger Rd, **E** 🅞 Chrysler/Dodge/Jeep, **W** 🅞 Camping World RV Service/Supplies, McClain's RV Ctr
40	Garden Acres Dr, **E** 🍴 Loves/Subway/dsl/scales/24hr 🛏 Motel 6 🅞 Ⓗ, **W** 🅟 7-11/dsl 🍴 Chicken Express, Taco Bell
39	FM 1187, McAlister Rd, **E** 🅟 QT/dsl 🅞 Ⓗ, **W** 🅟 Shell/dsl, Valero/dsl 🍴 Buffalo Wild Wings, Charley's Subs, Firehouse Subs, Logan's Roadhouse, McAlister's Deli, Mooyah Burger, Olive Garden, Panda Express, Red Lobster, Subway, TGIFriday's, Waffle House 🛏 Magnuson 🅞 AT&T, Best Buy, Kohl's, Michael's, Old Navy, Petsmart, Ross, Staples, TJ Maxx, URGENT CARE, Verizon
38	Alsbury Blvd, **E** 🅟 Mobil/dsl 🍴 Chili's, Cracker Barrel, Hibachi Japanese, IHOP, McDonald's, Mexican Inn Cafe, On-the-Border, Our Place Grill, Outback Steaks, Spring Creek BBQ 🛏 Fairfield Inn, Hampton Inn, Holiday Inn Express, La Quinta, Super 8 🅞 Discount Tire, Ford, Lowe's Whse, **W** 🅟 7-11/dsl, RaceTrac/dsl 🍴 Applebee's, Arby's, Burger King, Chick-fil-A, Cotton Patch Cafe, Denny's, El Fenix, Sonic, Taco Cabana, Wendy's 🅞 Albertson's, Chevrolet, GNC, JC Penney, Michael's, PetsMart, Ross, URGENT CARE, vet
37	TX 174, Wilshire Blvd, to Cleburne, (from sb)
36	FM 3391, TX 174S, Burleson, **E** 🅟 7-11/dsl, Mobil 🍴 Miranda's Cantina, Sonic, Waffle House 🛏 Best Western, Days Inn, Quality Inn 🅞 Harley Davidson, Honda, Hyundai, Nissan, Sam's Club/dsl, **W** 🅞 $General, transmissions

FT WORTH (vertical)

35	Briaroaks Rd (from sb), **E** 🅞 same as 36, **W** 🅞 Mockingbird Hill RV Park (2mi)
32	Bethesda Rd, **E** 🅟 Valero 🛏 Five Star Inn 🅞 RV Ranch Park, **W** 🅞 Mockingbird Hill RV Park
30	FM 917, Mansfield, **E** 🅟 Shell/Sonic/dsl 🅞 $General, **W** 🅟 Shell/dsl
27	Rd 604, Rd 707
26b a	US 67, Cleburne, **E** 🅟 Chevron/dsl, Exxon/dsl, Texaco/dsl 🍴 Chicken Express, Domino's, DQ, Lin's Chinese, Little Caesar's, McDonald's, Pizza Hut, Sonic, Subway, Taco Bell, Waffle House, Whataburger 🛏 Comfort Inn, Holiday Inn Express, La Quinta, Motel 6, Super 8 🅞 $General, AutoZone, Brookshire Foods, Family$, Motor Home Specialists, Parts+, RV Tech Ctr, **W** 🅟 QT/dsl 🍴 Burger King 🅞 CVS Drug
24	FM 3136, FM 1706, Alvarado, **E** 🅟 Shell/LJ Silver/dsl/scales/24hr
21	Rd 107, to Greenfield
17	FM 2258
16	TX 81 S, Rd 201, Grandview
15	FM 916, Maypearl, **W** 🅟 Mobil/dsl, Shell/Burger King/dsl 🍴 Subway 🅞 USPO
12	FM 67
8	FM 66, Itasca, **W** 🅞 $General, Ford, 🚮 litter barrels
7	FM 934, **E** 🅞 🚮 litter barrels, **W** 🅟 Exxon/dsl 🍴 Golden Chick Cafe
3	FM 2959, **E** 🅞 to Hillsboro Airport
	I-35W begins/ends on I-35, 371mm.

⬅️Ⓝ INTERSTATE 37

Exit#	Services
142b a	I-35 S to Laredo, N to Austin. **I-37 begins/ends on I-35 in San Antonio.**
141c	Brooklyn Ave, Nolan St (from sb), downtown
141b	Houston St, **E** 🛏 Comfort Suites, Red Roof Inn 🅞 Theo's Tires, **W** 🍴 Denny's 🛏 Crockett Hotel, Days Inn, Fairfield Inn, Hampton Inn, Hyatt Hotel, La Quinta, Marriott, Residence Inn, SpringHill Suites 🅞 Macy's, to The Alamo
141a	Commerce St, **E** 🛏 Best Western, Staybridge Suites, **W** 🍴 Denny's 🛏 Hyatt, La Quinta, Marriott 🅞 Macy's
140b	Durango Blvd, **E** 🍴 Bill Miller BBQ 🅞 to Alamo Dome, downtown
140a	Carolina St, Florida St, **E** 🅟 Shell/dsl
139	I-10 W, US 87, US 90, to Houston, **W** 🅞 to Sea World
138c	Fair Ave, Hackberry St, **E** 🍴 DQ, Jack-in-the-Box, La Tapatia Mexian, Popeye's 🅞 Brake Check, Family$, Home Depot, **W** 🅟 Exxon/7-11, Shell
138b	E New Braunfels Ave (from sb), **E** 🍴 Burger King, Chick-fil-A, IHOP, McDonald's, Taco Cabana, Wendy's 🅞 Beall's, HEB/dsl, Marshall's, **W** 🅟 Exxon 🍴 Sonic

SAN ANTONIO (vertical)

⬆N INTERSTATE 37 Cont'd

Exit#	Services
138a	Southcross Blvd, W New Braunfels Ave, E 🅿 McDonald's, Taco Cabana, Wendy's 🍴 Golden Chick, Panda Express, W 🅿 Exxon 🍴 Burger King, Sonic
137	Hot Wells Blvd, E 🅿 Chevron/dsl, W 🍴 IHOP 🏠 Motel 6, Super 8
136	Pecan Valley Dr, E 🅿 Citgo/dsl 🍴 Church's, KFC/Taco Bell, Pizza Hut 🏠 Pecan Valley Inn 🅾 AutoZone, O'Reilly Parts, W 🅾 🅷
135	Military Dr, Lp 13, E 🅿 Shell/dsl, Valero 🍴 Jack-in-the-Box, Rancho Grande 🏠 Quality Inn 🅾 CVS Drug, Mission Trail RV park, W 🅿 Valero/Subway/dsl 🍴 A&W/LJ Silver, Buffalo Wild Wings, Buffet Seafood, Burger King, Carino's Italian, Cha-ba Thai, Chick-fil-A, Chili's, Cracker Barrel, IHOP, Little Caesar's, Longhorn Cafe, Panda Express, Papa John's, Peter Piper Pizza, Sonic, Starbucks, Subway, Whataburger 🏠 Hampton Inn, Holiday Inn Express, La Quinta 🅾 🅷, $Tree, Advance Parts, AT&T, AutoZone, Best Buy, BigLots, Discount Tire, HEB Food/gas, Home Depot, Lowe's, Office Depot, PetCo, Ross, Sam's Club/dsl, Target, to Brooks AFB, Walgreens, Walmart/McDonald's
133	I-410, US 281 S
132	US 181 S, to Floresville, E 🅿 Shell/7-11/dsl 🅾 $General
130	Donop Rd, Southton Rd, E 🅿 Valero/7-11/dsl 🍴 Tom's Burgers 🏠 Days Inn 🅾 Braunig Lake RV Resort, W 🅿 Shell/dsl 🅾 car/truckwash
127	San Antonio River Turnaround (from nb), Braunig Lake
127mm	San Antonio River
125	FM 1604, Anderson Lp, E 🅿 Mobil/dsl/24hr 🍴 Burger King 🅾 fireworks, W 🅿 Exxon/dsl, 🅿Loves/Subway/desk/scales/24hr, Shell/dsl 🍴 Miller's BBQ, Sonic, Whataburger 🅾 fireworks, tires
122	Priest Rd, Mathis Rd, E 🅿 Valero/dsl 🅾 $General
120	Hardy Rd
117	FM 536
113	FM 3006
112mm	🆁🆂 both lanes, litter barrels
109	TX 97, to Floresville, E 🅿 Chevron/dsl, Exxon/dsl 🍴 Portrillo's Mexican 🅾 Chrysler/Dodge/Jeep
106	Coughran Rd
104	spur 199, Leal Rd, to Pleasanton (no immediate sb return), same as 103
103	US 281 N, Leal Rd, to Pleasanton, E 🅿 Valero/dsl 🍴 DQ, K&K Cafe 🏠 Kuntry Inn
98	TX 541, McCoy
92	US 281A, Campbellton
88	FM 1099, to FM 791, Campbellton
83	FM 99, Whitsett, Peggy, E 🅿 Shell/cafe/dsl, W 🅿 C Fuels/dsl, Exxon/dsl 🍴 Choke Canyon BBQ
82mm	🆁🆂 sb, full ♿ facilities, litter barrels, 🅲, 🆁🆂
78mm	🆁🆂 nb, full ♿ facilities, litter barrels, 🅲, 🆁🆂
76	US 281A, FM 2049, Whitsett
75mm	truck weigh sta sb
74mm	truck weigh sta nb
72	US 281 S, Three Rivers, W 🅿 ❤Loves/McDonald's/Subway/dsl/scales/24hr/@ 🍴 Sonic, Van's BBQ 🏠 Motel 6 🅾 to Rio Grande Valley
69	TX 72, Three Rivers, W 🅿 Valero/Subway/dsl/24hr 🅾 Reba'n Rose RV Park, to Choke Cyn SP
65	FM 1358, Oakville, E 🍴 Van's BBQ

Exit#	Services
59	FM 799
56	US 59, George West, E 🅿 ⓕFLYING J/McDonald's/dsl/scales/24hr, Stripes/Taco Co/dsl/24hr, W 🅿 Shell/BBQ/dsl/24hr, Valero/Burger King/dsl/24hr
51	Hailey Ranch Rd
47	FM 3024, FM 534, Swinney Switch Rd, W 🍴 Swinney Switch Cafe 🅾 Mike's Mkt/gas, Mustang Hollow Camping (4mi)
44mm	parking area sb
42mm	parking area nb
40	FM 888
36	TX 359, to Skidmore, Mathis, W 🅿 Road Ranger/Subway/dsl/scales, Shell/McDonald's/dsl, Valero/dsl (1mi) 🍴 Pizza Hut, Smolik's Smokehouse 🏠 La Quinta 🅾 Lake Corpus Christi SRA
34	TX 359 W, E 🅾 Adventure TX RV Ctr/LP, W 🅿 Shell, Valero/dsl 🍴 Church's, Sonic 🏠 DQ, Pizza Hut 🅾 $General, O'Reilly Parts, to Lake Corpus Christi SP
31	TX 188, to Sinton, Rockport
22	TX 234, FM 796, to Odem, Edroy
20b	Cooper Rd
19.5mm	🆁🆂 both lanes, ♿ accessible, litter barrels
17	US 77 N, to Victoria
16	LaBonte Park, W info, litter barrels, 🆁🆂
15	Sharpsburg Rd (from sb), Redbird Ln
14	I-69, US 77 S, Redbird Ln, to Kingsville, Robstown, 1 mi W on FM 624 🅿 RaceWay/dsl, Shell/dsl, Valero/Burger King/dsl 🍴 Chili's, CiCi's, Denny's, El Tapatio Mexican, Good Crisp Chicken, Miller's BBQ, Papa John's, Pizza Hut, Popeye's, Sonic, Subway, Whataburger, Wienerschnitzel 🏠 Comfort Inn, Holiday Inn Express 🅾 🅷, $General, $Tree, AT&T, AutoZone, Beall's, CVS Drug, Discount Tire, Firestone/auto, GNC, Hobby Lobby, Home Depot, O'Reilly Parts, Petco, Ross, Verizon, Walmart/McDonald's
13b	Sharpsburg Rd (from nb)
13a	FM 1694, Callicoatte Rd, Leopard St
11b	FM 24, Violet Rd, Hart Rd, E 🅿 Shell/Subway/dsl 🍴 Chicken Shack, W 🅿 Exxon/dsl, Valero/dsl 🍴 Domino's, DQ, El Amancer Mexican, KFC/LJ Silver, Little Caesar's, McDonald's, Pizza Hut, Schlotzsky's, Sonic, Subway, Taco Bell, Whataburger 🏠 Hampton Inn, Super 8 🅾 Advance Parts, AutoZone, Family$, HEB Food/gas, O'Reilly Parts, Walgreens
11a	McKinzie Rd, E 🅿 Shell 🍴 Jack-in-the-Box 🏠 La Quinta, W 🅿 Valero/dsl
10	Carbon Plant Rd
9	FM 2292, Up River Rd, Rand Morgan Rd, W 🅿 Valero/dsl 🍴 Whataburger
7	Suntide Rd, Tuloso Rd, Clarkwood Rd, W 🅾 CC RV Ctr, Freightliner
6	Southern Minerals Rd, E 🅿 refinery
5	Corn Products Rd, Valero Way, E 🅾 Kenworth/Mack, W 🅿 Gascard/dsl 🍴 Jalisco II Rest. 🏠 Best Value, Howard Johnson, ValStay
4b	Lantana St, McBride Lane (from sb), W 🏠 Airport Inn, Motel 6
4a	TX 358, to Padre Island, W 🏠 Holiday Inn, Plaza Inn 🅾 Walmart (4mi)
3b	McBride Lane (from nb), W 🅾 Gulf Coast Racing
3a	Navigation Blvd, E 🅿 Valero/dsl 🏠 Rodeway Inn, W 🅿 Exxon/7-11/dsl 🍴 Denny's, La Milpas, Miller BBQ 🏠 Hampton Inn, Holiday Inn Express, Knights Inn, La Quinta, Super 8 🅾 CarQuest
2	Up River Rd, E 🅾 refinery, W 🍴 Mr G's BBQ
1e	Lawrence Dr, Nueces Bay Blvd, E 🅾 refinery, W 🅿 Valero 🍴 Church's 🏠 Red Roof Inn 🅾 Aamco, AutoZone, Firestone, HEB Foods, USPO

⬆️N INTERSTATE 37 Cont'd

Exit#	Services
1d	Port Ave (from sb), W ⬛ Coastal, Shell ⑪ Vick's Burgers ⌂ EconoLodge ◉ Port of Corpus Christi
1c	US 181, TX 286, Shoreline Blvd, Corpus Christi, W ◉ Ⓗ
1b	Brownlee St (from nb)
1a	Buffalo St (from sb), 0-1 mi W on Shoreline ⬛ Sunoco/dsl ⑪ Burger King, Joe's Crabshack, Landry's Seafood, Subway, Waterstreet Seafood, Whataburger ⌂ Bayfront Inn, Best Western, Holiday Inn, Omni Hotel, Super 8 ◉ U-Haul, USPO, **I-37 begins/ends on US 181 in Corpus Christi.**

⬆️E INTERSTATE 40

Exit#	Services
177mm	Texas/Oklahoma state line
176	spur 30 (from eb), to Texola
169	FM 1802, Carbon Black Rd
167	FM 2168, Daberry Rd
165mm	check sta wb
164	Lp 40 (from wb), to Shamrock, 1 mi S ⌂ EconoLodge ◉ Ⓗ, check sta eb, museum
163	US 83, to Wheeler, Shamrock, N ⬛ Chevron/Taco Bell/dsl ⑪ Mitchell's Rest. ⌂ Best Western, Motel 6 ◉ Ace Hardware, S ⬛ Conoco/dsl, Tesla EVC, Valero/Subway/dsl ⑪ DQ, McDonald's ⌂ EconoLodge, Holiday Inn Express, Sleep Inn, Western Motel ◉ Family$
161	Lp 40, Rte 66 (from eb), to Shamrock
157	FM 1547, Lela, 1 mi S ◉ West 40 RV Camping
152	FM 453, Pakan Rd
148	FM 1443, Kellerville Rd
146	County Line Rd
143	Lp 40 (from wb), to McLean, N ⬛ to Phillips 66/dsl
142	TX 273, FM 3143, to McLean, N ⬛ Phillips 66/dsl ⑪ Red River Steaks ⌂ Cactus Inn ◉ RV Camping/dump, USPO
141	Rte 66 (from eb), McLean, same as 142
135	FM 291, Rte 66, Alanreed, S ⬛ Conoco/motel/café/RV park/dump ◉ USPO
132	Johnson Ranch Rd, ranch access
131mm	℞ wb, full ♿ facilities, litter barrels, petwalk, Ⓒ, 🏕️
129mm	℞ eb, full ♿ facilities, littler barrels, petwalk, Ⓒ, 🏕️, playground
128	FM 2477, to Lake McClellan, N ◉ Lake McClellan RA/RV Dump
124	TX 70 S, to Clarendon, S ◉ RV camping/dump (11mi)
121	TX 70 N, to Pampa
114	Lp 40, Groom, N ◉ dsl repair
113	FM 2300, Groom, S ⬛ Phillips 66/dsl ⑪ DQ ⌂ Chalet Inn
112	FM 295, Groom, S ⬛ gas ◉ Biggest Cross
110	Lp 40, Rte 66
109	FM 294
105	FM 2880, grain silo
98	TX 207 S (from wb), to Claude
96	TX 207 N, to Panhandle, N ⬛ Loves/Subway/dsl/24hr, S ⌂ Conway Inn/cafe, Executive Inn
89	FM 2161, to Rte 66
87	FM 2373
87mm	℞ both lanes, litter barrels
85	Amarillo Blvd, Durrett Rd, access to camping
81	FM 1912, N ⬛ Valero/dsl
80	FM 228, N ◉ AOK RV Park
78	US 287 S (from eb), FM 1258, Pullman Rd, same as 77

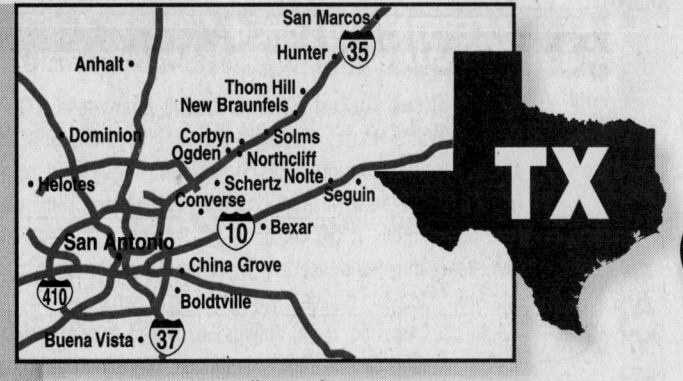

77	FM 1258, Pullman Rd
76	spur 468, N ⬛ FLYING J/Denny's/dsl/LP/RV dump/scales/24hr, Shell/dsl ⑪ Buffalo Wild Wings ⌂ Fairfield Inn, Holiday Inn Express, La Quinta ◉ Mack/Volvo Trucks, S ⬛ Speedco ◉ Custom RV Ctr, TX info
75	Lp 335, Lakeside Rd, N ⬛ Loves/McDonald's/dsl/scales/24hr/@ ⌂ Hampton Inn, Holiday Inn Express, Knights Inn, Super 8 ◉ KOA (2mi), Overnite RV Park, S ⬛ Petro/dsl/rest./scales/@, Valero/dsl ◉ Blue Beacon
74	Whitaker Rd, N ⑪ Big Texan Inn ◉ RV camping, S ⬛ Loves/Subway/dsl/scales/@, TA/Exxon/FoodCourt/dsl/scales/24hr/@ ◉ Blue Beacon, Eagle Truckwash, Peterbilt
73	Eastern St, Bolton Ave, Amarillo, N ⬛ TT/dsl ⌂ Express Inn, Motel 6, Wood Spring Suites, S ⬛ Valero/dsl ⌂ Best Western
72b	Grand St, Amarillo, N ⬛ Valero/dsl ⑪ Henk's BBQ ⌂ Value Inn ◉ O'Reilly Parts, S ⬛ Murphy USA/dsl, Phillips 66, Valero ⑪ Braum's, Chicken Express, McDonald's, Pizza Hut, Sonic, Starbucks, Subway, Taco Villa, Whataburger ⌂ Best Value Inn ◉ $Tree, Advance Parts, Amigo's Foods, AutoZone, BigLots, GNC a, Meineke, same as 73, URGENT CARE, Walmart
72a	Nelson St, N ⑪ Cracker Barrel ⌂ Ashmore Inn, Comfort Inn, La Kiva Hotel, Luxury Inn, Sleep Inn, Super 8 ◉ Qtrhorse Museum, S ⬛ Valero/dsl ⑪ Domino's ⌂ Camelot Suites ◉ transmissions
71	Ross St, Osage St, Amarillo, N ⬛ Shell/dsl, Valero ⑪ A&W, LJ Silver, Burger King, IHOP, KFC, McDonald's, Schlotsky's, Subway, Wienerschnitzel ⌂ Clarion, Comfort Inn, Days Inn, Microtel, Quality Inn ◉ Discount Tire, S ⑪ Arby's, Denny's, Fiesta Grande Mexican, Sonic, Taco Bell, Wendy's ⌂ Baymont Inn, La Quinta, Red Roof Inn ◉ Chevrolet, Ford, Hyundai, Sam's Club/gas, USPO
70	I-27 S, US 60 W, US 87, US 287, to Canyon, Lubbock, to downtown Amarillo
69b	Washington St, Amarillo, S ⬛ TT/dsl ⑪ DQ ◉ CVS Drug
69a	Crockett St, access to same as 68b
68b	Georgia St, N ⬛ TT/dsl ⑪ Dyer's BBQ, Schlotzky's, Sharky's Burrito Co ⌂ Wyndham Garden, S ⬛ Valero ⑪ Baker Bro's Deli, Burger King, Church's Chicken, Coldstone, Denny's, Furr's Café, Jersey Mike's, Pizza Hut, Sonic, Starbucks, TX Roadhouse, Whataburger ⌂ Holiday Inn Express ◉ Home Depot, Office Depot, Walgreens
68a	Julian Blvd, Paramount Blvd, N ⑪ Chili's, Rosa's Cafe ⌂ same as 67, Wyndham Garden, S ⬛ Valero ⑪ Baker Bro's Deli, Burger King, Chick-Fil-A, Chipotle, Furr's Buffet, Hayashi Japanese, Kushiyama, Panda Express, Popeyes, Red Lobster, Ruby Tequila's Mexican, TX Roadhouse ⌂ Holiday Inn Express, Motel 6, Super 8, Travelodge ◉ Home Depot, Office Depot
67	Western St, Amarillo, N ⬛ Phillips 66 ⑪ Braum's, Burger King, McAlister's Deli, McDonald's, Papa Murphy's, Sonic, Subway, Taco Bell, Wendy's, S ⬛ Murphy Express/dsl, Rudy's/BBQ/dsl,

Left margin: **SHAMROCK** **AMARILLO**

🅿 = gas   🍴 = food   🛏 = lodging   Ⓞ = other   Ⓡs = rest stop   Copyright 2018 - The Next EXIT

TX

A M A R I L L O

INTERSTATE 40 Cont'd

67	Continued
	Valero 🍴 Blue Sky Rest., Cheddar's, IHOP, Jimmy John's, Olive Garden, Waffle House, Wienerschnitzel 🛏 Baymont Inn, Candlewood Suites, Comfort Suites, Staybridge Suites Ⓞ Discount Tire, Firestone/auto, Michael's, O'Reilly Parts, Petco, same 68
66	Bell St, Amarillo, **N** 🅿 Cefco/dsl 🛏 Fairfield Inn, Red Roof Inn, Relax Inn, Residence Inn Ⓞ Harley-Davidson, **S** 🍴 Donut Stop, King & I Chinese, Taco Bueno Ⓞ CashSaver
65	Coulter Dr, Amarillo, **N** 🅿 Phillips 66/dsl 🍴 Arby's, Carino's Italian, Golden Corral, Kabuki Japanese, Logan's Roadhouse, SaltGrass Steaks, Subway, Taco Bell, Waffle House 🛏 Courtyard, Days Inn, Executive Inn, Extended Stay America, Holiday Inn, Holiday Inn Express, La Quinta Ⓞ 🏥, Cadillac/Chevrolet, Cavender's Boots, Chrysler/Dodge/Jeep, Discount Tire, Firestone/auto, **S** 🅿 Chevron/Chicken Express/dsl 🍴 ChinaStar, CiCi's, Hoffbrau Steaks, McDonald's, Outback Steaks, Pizza Hut, Wendy's, Whataburger 🛏 5th Season Inn, Hampton Inn, Sleep Inn Ⓞ AT&T, Goodyear/auto, Verizon
64	Soncy Rd, to Pal Duro Cyn, **N** 🍴 Famous Dave's BBQ, Furr's Buffet, Jimmy John's, Lin's Chinese, Plaza Rest., Red Robin 🛏 Comfort Inn, Country Inn&Suites, Drury Inn, Hilton Garden, Holiday Inn, Homewood Suites Ⓞ USPO, **S** 🅿 Valero/dsl/24hr 🍴 Applebee's, Baker Bros Deli, ChuckeCheese, DQ, Fazoli's, Hooters, Marble Slab Creamery, McAlisters Deli, McDonald's, On-the-Border, Pei Wei, Starbucks, Subway Ⓞ $Tree, Barnes&Noble, Best Buy, Dillard's, Ford, Home Depot, JC Penney, Jo-Ann Fabrics, Kohl's, Lincoln, mall, Old Navy, PetsMart, Ross, Sam's Club/dsl, Sears/auto, Target, Verizon, World Mkt
62b	Lp 40, Amarillo Blvd, **N** Ⓞ **S** Ⓞ Sundown RV Resort
62a	Hope Rd, Helium Rd, **S** Ⓞ Cadillac RV camping
60	Arnot Rd, **S** 🅿 ❤Loves/Subway/dsl Ⓞ Oasis RV Resort/dump
57	RM 2381, Bushland, **N** 🅿 Falcon Stop/dsl Ⓞ grain silos, **S** 🅿 Phillips 66/dsl 🍴 Bushland Burger, Joe's Pizza Ⓞ USPO, vet
55mm	**parking area wb, litter barrels**
54	Adkisson Rd
53.5mm	**parking area eb, litter barrels**
49	FM 809, Wildorado, **S** 🅿 Crist Fuel/dsl/LP 🛏 Royal Inn
42	Everett Rd

V E G A

37	Lp 40 W, to Vega, **1 mi N** 🛏 Bonanza Motel Ⓞ same as 36, Walnut RV Park
36	US 385, Vega, **N** 🅿 Alon/dsl, Shamrock, Valero/Allsup's/dsl/scales/24hr 🍴 DQ, Subway 🛏 Days Inn Ⓞ RV Park, **S** 🅿 🅿/PJ Fresh/dsl/scales/24hr, Shell/cafe/dsl
35	to Rte 66, to Vega, **N** 🛏 Best Value Inn, Bonanza Motel (1mi) Ⓞ same as 36, Walnut RV Park (1mi)
32mm	🚻 **both lanes, litter barrels**
28	to Rte 66, Landergin
23	to Adrian, Vega, same as 22
22	TX 214, Adrian, **N** 🍴 Midpoint Cafe Ⓞ auto repair, USPO, **S** 🅿 Valero/dsl/Tommy's Café
18	FM 2858, Gruhlkey Rd
15	Ivy Rd
13mm	🚻 **both lanes, litter barrels**
0	Lp 40, to Glenrio
0mm	Texas/New Mexico state line, Central/Mountain time zone

W I C H I T A F A L L S

INTERSTATE 44

Exit#	Services
15mm	Texas/Oklahoma state line, Red River
14	Lp 267, E 3rd St, **W** Ⓞ historical marker, KOA
13	Glendale St, **W** 🍴 Subway Ⓞ Beall's
12	Burkburnett, **E** 🅿 Valero/dsl 🛏 Red River Inn, **W** 🅿 Alon/7-11/dsl 🍴 Braum's, Chicken Express, Feedlot Rest., Lite Pa Asian, McDonald's, Whataburger Ⓞ Chevrolet, Ford
11	FM 3429, Daniels Rd
9mm	🚻 **both lanes, litter barrels, petwalk**
7	East Rd
6	Bacon Switch Rd
5a	FM 3492, Missile Rd, **E** 🍴 El Mejicano Rest., Hunan Chinese Marco's Pizza Ⓞ st patrol, **W** 🅿 Exxon/dsl
5	Access Rd
4	City Loop St
3c	FM 890, **W** 🅿 Murphy USA/dsl 🍴 Cracker Barrel, Jack-in-the-Box, KFC/Taco Bell, Parkway Grill, Subway Ⓞ Walmart Subway
3b	sp 325, Sheppard AFB
3a	US 287 N, to Amarillo, **W** 🅿 Shell/dsl 🍴 Carl's Jr 🛏 Howard Johnson
2	Maurine St, **E** 🅿 Alon/7-11/dsl, Shell/dsl 🛏 Best Value Inn Executive Inn, Motel 6, Quality Inn Ⓞ Chevrolet, Mazda/VW **W** 🅿 Alon/7-11 🍴 Denny's, El Chico, LJ Silver, Whataburger 🛏 Candlewood Suites, Comfort Inn, La Quinta, Red Roof Inn Super 8
1d	US 287 bus, Lp 370, **W** 🅿 FuelStop/dsl 🛏 Travelodge
1c	Texas Travel Info Ctr, **E** 🅿 $Saver
1b	Scotland Park (from nb)
1a	US 277 S, to Abilene, **W** 🍴 Arby's 🛏 EconoLodge
1	Holliday St, **W** 🅿 Valero/dsl 🍴 Arby's, Burger King, Carl's J IHOP, McDonald's, Subway 🛏 EconoLodge, Motel 6 Ⓞ 🏥 Family$, Walgreens
0mm	Witchita Falls, I-44 begins/ends on US 287.

D A L L A S

INTERSTATE 45

Exit#	Services
286	to I-35 E, to Denton. I-45 begins/ends in Dallas.
285	Bryan St E, US 75 N
284 b a	I-30, W to Ft Worth, E to Texarkana, **E** Ⓞ access to 🏥
283b	Pennsylvania Ave, to MLK Blvd, **E** 🅿 Kwikstop
283a	Lamar St
281	Overton St (from sb), **W** 🅿 Chevron
280	Illinois Ave, Linfield St, **E** 🛏 Star Motel, **W** 🅿 Exxon, Shell dsl
279b a	Lp 12
277	Simpson Stuart Rd, **W** Ⓞ to Paul Quinn Coll
276b a	I-20, W to Ft Worth, E to Shreveport
275	TX 310 N (from nb, no re-entry)
274	Dowdy Ferry Rd, Hutchins, **E** 🅿 Exxon/Subway/dsl, Shell/McDonald's/dsl 🛏 Gold Inn, La Quinta, Motel 6 Ⓞ auto repair **W** 🅿 Top Fuel/dsl 🍴 DQ, Jack-in-the-Box, Whataburger
273	Wintergreen Rd, **W** 🅿 QT/dsl/scales/24hr
272	Fulghum Rd, **E** 🅿 ❤Loves/Carl's Jr/dsl/scales/24hr **W** Ⓞ weigh sta both lanes
271	Pleasant Run Rd
270	Belt Line Rd, to Wilmer, **E** 🅿 Chevron/Pizza Inn/dsl **W** 🅿 Exxon/Sonic/dsl, Shell/Church's/Subway/dsl 🍴 Denny's Ⓞ $General, Family$, USPO
269	Mars Rd

🔼 INTERSTATE 45 Cont'd

Exit#	Services
268	Malloy Bridge Rd
267	Frontage Rd
266	FM 660, E 🛢 Jack-in-the-Box, W 🛢 Valero/dsl 🍴 DQ, Pizza Hut
265	Lp 45, Ferris, nb only
263a b	Lp 561
262	frontage rd
260	Lp 45, E 🍴 Traylor RV Park, W 🛢 Shell/Sonic/dsl
259	FM 813, FM 878, Jefferson St
258	Lp 45, Palmer, E 🛢 Chevron/Subway/dsl/scales/24hr 🅾 golf
255	FM 879, Garrett, E 🛢 Exxon/dsl, W 🛢 Chevron/dsl
253	Lp 45, W 🛢 Shell/Subway/dsl
251b	TX 34, Ennis, E 🛢 Alon/dsl, QT/dsl 🍴 Bubba's BBQ, Cotton Patch Cafe, McDonald's 🛏 Baymont Inn, Comfort Suites, Days Inn, Holiday Inn Express, La Quinta 🅾 Ford, URGENT CARE, W 🛢 Chevron/dsl, Exxon/dsl/24hr, Murphy USA/dsl, Valero 🍴 Braum's, Burger King, Chili's, Chipotle, Denny's, Domino's, DQ, Golden Chick, Grand Buffet, Hilda's Kitchen, IHOP, Jack-in-the-Box, Little Caesar's, Papa John's, Sonic, Starbucks, Subway, Taco Bell, Taco Cabana, Tokyo Grill, Waffle House, Wall Chinese, Wendy's, Whataburger 🛏 Quality Inn 🅾 H, $Tree, AT&T, AutoZone, Beall's, Chevrolet, Chrysler/Dodge/Jeep, RV camping, Walmart/McDonald's
251a	Creechville Rd, FM 1181, Ennis, W 🅾 H
249	FM 85, Ennis, E 🛏 Budget Inn, W 🛢 Exxon/Subway/dsl 🅾 Blue Beacon, repair
247	US 287 N, to Waxahatchie
246	FM 1183, Alma, E 🛢 ♥Loves/Subway/dsl/scales/24hr, W 🛢 Chevron/dsl
244	FM 1182
243	Frontage Rd
242	Calhoun St, Rice, W 🛢 Shell/Sonic/dsl 🅾 Family$
239	FM 1126, W 🛢 Conoco/dsl 🅾 Rendell RV Ctr
238	FM 1603, E 🛢 Exxon/rest./dsl/24hr 🅾 Casita RV Trailers
237	Frontage Rd
235b	Lp I-45 (from sb), to Corsicana
235a	Frontage Rd
232	Roane Rd, E 5th Ave
231	TX 31, Corsicana, E 🛢 Mobil/Taco Casa/dsl, Valero/dsl 🍴 Jack-in-the-Box 🛏 Best Western, La Quinta, Super 8 🅾 Buick/Cadillac/Chevrolet/GMC, W 🛢 Exxon/dsl, Shell/Subway/dsl 🍴 Bill's Fried Chicken, McDonald's 🛏 Comfort Inn 🅾 H, Chrysler/Dodge/Jeep, Ford/Lincoln, to Navarro Coll
229	US 287, Palestine, E 🛢 Exxon/Wendy's/dsl, Shell/dsl 🍴 Applebee's, Chili's, Collin St Bakery, Denny's, DQ, Panda Express, Schlotsky's, Sonic, Subway, Taco Bell, Whataburger 🛏 Hampton Inn, Holiday Inn Express 🅾 Corsicana Outlets, Home Depot, Office Depot, Russell Stover Candies, W 🍴 Waffle House 🛏 Days Inn, Motel 6, Traveler's Inn
228b	Lp 45 (exits left from nb), Corsicana, **2 mi** W services in Corsicana
228a	15th St, Corsicana, W 🅾 Toyota/Scion
225	FM 739, Angus, E 🛢 Conoco/dsl 🅾 RV park, to Chambers Reservoir
221	Frontage Rd
220	Frontage Rd
219b	Frontage Rd
219a	TX 14 (from sb), to Mexia, Richland, W 🛢 Shell
218	FM 1394 (from nb), Richland, W 🛢 Shell
217mm	🆁🆂 both lanes, full ♿ facilities, litter barrels, petwalk, 🅲, 🚮, vending

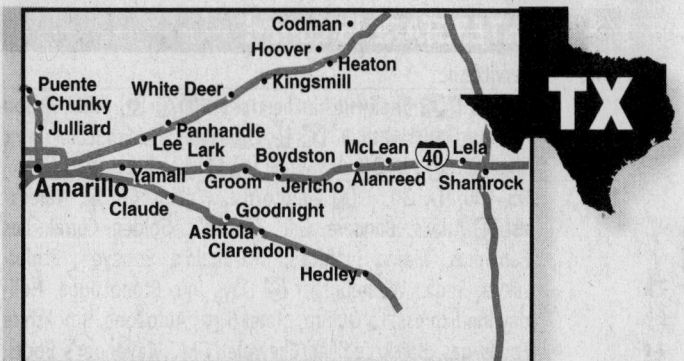

213	TX 75 S, FM 246, to Wortham, W 🛢 Exxon/dsl, Valero/dsl
211	FM 80, to Streetman, Kirvin
206	FM 833, W 🅾 I-45 RV Park (3mi)
198	FM 27, to Wortham, E 🛢 Shell/Cole's BBQ 🍴 Gilberto's Mexican 🛏 La Quinta 🅾 H, W 🛢 Cooper Farms/dsl, ♥Loves/Burger King/dsl/scales/24hr 🛏 Budget Inn 🅾 I-45 RV Park (4mi)
197	US 84, Fairfield, E 🛢 Chevron/dsl, Exxon/dsl, Shell/dsl 🍴 Bush's Chicken, DQ, Jack-in-the-Box, McDonald's, Sam's Rest., Something Different Rest, Sonic, Subway/TX Burger 🛏 Days Inn, Holiday Inn Express, Super 8 🅾 Brookshire Foods/gas, Chevrolet, Chrysler/Dodge/Jeep, Fred's Store, W 🛢 Exxon/dsl, Shell/dsl 🍴 I-45 Rest., KFC/Taco Bell, Mesquite Grill, Pizza Hut, Ponte's Diner 🛏 Budgetel, Regency Inn 🅾 Ace Hardware, Ford
189	TX 179, to Teague, E 🛢 Exxon/Dinner Bell Rest/dsl, W 🛢 Valero/Chester's/Huddle House/dsl
180	TX 164, to Groesbeck
178	US 79, Buffalo, E 🛢 Chevron/dsl, Conoco/dsl, Mobil/dsl, Shell/dsl 🍴 Pizza Hut, Subway/TX Burger 🅾 $General, Brookshire Foods/gas, Family$, W 🛢 Exxon/Church's/Subway/Pizza Inn/dsl/scales, 🛢 PJ Fresh/Taco Bell/dsl/scales/24hr, Texaco/dsl 🍴 Anthony's Rest., Dickey's BBQ, DQ, McDonald's, Rancho Viejo, Sonic 🛏 Best Value Inn, Hampton Inn, Quality Inn, Super 8
175mm	Bliss Creek
166mm	weigh sta sb
164	TX 7, Centerville, E 🛢 Chevron, Shell/Woody's BBQ/dsl 🍴 Broken Star Cafe, Country Cousins BBQ, Subway/TX Burger 🛏 Days Inn, W 🛢 CNG, Exxon/dsl, Shell/Woody's BBQ/dsl 🍴 DQ, Jack-in-the-Box, Roble's Mexican
160mm	picnic tables sb, litter barrels
159mm	Boggy Creek
156	FM 977, to Leona, W 🛢 Exxon/dsl
155mm	🛏 nb, litter barrels
152	TX OSR, to Normangee, W 🛢 Shell/Arby's/dsl 🅾 Yellow Rose RV Park
146	TX 75
142	US 190, TX 21, Madisonville, E 🛢 Buc-ees/dsl, Exxon/dsl 🍴 Dickey's BBQ, Shipley's Donuts, Subway 🛏 Best Western, Madisonville Inn 🅾 URGENT CARE, W 🛢 Exxon, Mobil, Church's/dsl, Shell/Subway 🍴 Jack-in-the-Box, Lakeside Rest., McDonald's, Pizza Hut, Sonic, Taco Bell, TX Burger 🛏 Budget Motel, Days Inn, Motel 6 🅾 H, Ford, Toyota
136	spur 67, E 🅾 Home on the Range RV camping/LP (3mi)
132	FM 2989
124mm	🆁🆂 both lanes, full ♿ facilities, litter barrels, petwalk, 🅲, 🚮, vending
123	FM 1696

Left margin vertical text: ENNIS · CORSICANA · FAIRFIELD

TX / **HUNTSVILLE**

INTERSTATE 45 Cont'd

Exit#	Services
118	TX 75, **E** 🅖 Shell/Hitchin Post/dsl/24hr/@ 🅞 Texas Prison Museum, truckwash, **W** 🅖 Pilot/Wendy's/dsl/scales/24hr, Shell/Dickey's BBQ/Subway/dsl 🅕 Chicken Express
116	US 190, TX 30, **E** 🅖 Conoco/dsl, Phillips 66/dsl, Valero/dsl 🅕 Arby's, Bandera Grill, Church's, Golden Corral, Los Panchitos, Mama Juanita's, McDonald's, Popeye's, Schlotzsky's, Sonic, Whataburger 🅛 Days Inn, EconoLodge, Holiday Inn Express, La Quinta, Motel 6 🅞 AutoZone, Brookshire Foods/gas, Buick/Cadillac/Chevrolet/GMC, Cavander's Boots, Chrysler/Dodge/Jeep, CVS Drug, Family$, Firestone/auto, O'Reilly Parts, vet, Walgreens, **W** 🅖 Chevron/dsl, Exxon/dsl, Murphy USA/dsl, Shell 🅕 Bob Luby's Seafood, Buffalo Wild Wings, Burger King, Cane's, Chili's, Chipotle, Denny's, Five Guys, Grand Buffet, Hartz Chicken, IHOP, Jack-in-the-Box, Little Caesar's, Moe's SW, Olive Garden, Panda Express, Pizza Hut, Rodeo Mexican, Starbucks, Subway, Taco Bell, Wing Stop, Yummy Mongolian 🅛 Best Western, Hampton Inn 🅞 🅗, $Tree, AT&T, Discount Tire, GNC, Hobby Lobby, Home Depot, JC Penney, Kroger/dsl, Marshall's, Office Depot, Petco, Ross, Target, USPO, Verizon, Walmart
114	FM 1374, **E** 🅖 Exxon/dsl, Shell 🅕 DQ, Margaritas Rest. 🅛 Red Roof Inn, Super 8, **W** 🅖 Texaco/dsl, Valero/dsl 🅕 Country Inn Steaks 🅛 Best Value Inn, Quality Suites 🅞 🅗, Ford, Hyundai
113	TX 19 (from sb), Huntsville, **W** 🅞 Ford, Hyundai
112	TX 75, **E** 🅖 Big E's 🅞 Houston Statue, museum, to Sam Houston St U
109	Park 40, **W** 🅞 to Huntsville SP
103	FM 1374/1375 (from sb), to New Waverly, **W** 🅖 Chevron/Burger King/dsl
102	FM 1374/1375, TX 150 (from nb), to New Waverly, **E** 🅖 Valero/dsl (1mi) 🅕 Waverly Rest., **W** 🅖 Chevron/Burger King/dsl (1mi)
101mm	weigh sta nb
98	TX 75, Danville Rd, Shepard Hill Rd, **E** 🅞 Convenience RV Ctr/repair
97	Calvary Rd
95	Longstreet Rd, Calvary Rd, Willis, **E** 🅞 Holiday World, **W** 🅖 Loves/Subway/Wendy's/dsl/scales/24hr
94	FM 1097, Longstreet Rd, to Willis, **E** 🅖 Kwik Stop/dsl 🅕 Jack-in-the-Box, Sonic, Taco Bell 🅞 $General, AutoZone, **W** 🅖 Chevron/Popeye's, Shell/dsl 🅕 Burger King, Chick-fil-A, Cilantros Mexican, Little Caesar's, McDonald's, Papa John's, Pizza Hut, Scholtzsky's, Shipley's Donuts, Subway, Whataburger, WingStop, Yummy Mongolian 🅛 Best Western 🅞 GNC, Kroger/dsl, Verizon, Walgreens
92	FM 830, Seven Coves Dr, **W** 🅞 Omega Farms RV Park (2mi), RV Park on the Lake (3mi), Thousand Trails Resort (2mi)
90	League Line Rd, **E** 🅖 Mobil/McDonald's, Shell/dsl 🅕 Mama Juanita's Mexican, Waffle House, Wendy's 🅛 Comfort Inn, Days Inn, La Quinta 🅞 Conroe Outlets/famous brands, **W** 🅖 Chevron/Jack-in-the-Box 🅕 Cracker Barrel
89	FM 3083, Teas Nursery Rd, Montgomery Co Park, **E** 🅖 Exxon/dsl 🅕 Applebee's, Buffalo Wild Wings, Popeye's, Red Lobster, Smokey Mo's BBQ 🅛 Fairfield Inn, Homewood Suites 🅞 AT&T, Kohl's, Old Navy, Petsmart, Ross, TJ Maxx, **W** 🅕 Firehouse Subs, Olive Garden, Wengs Wok, Wild Ginger Japanese 🅛 Woodspring Suites 🅞 Cavender's Boots, JC Penney, Verizon

CONROE

88	Lp 336, to Cleveland, Navasota, **E** 🅖 Valero/dsl 🅕 Arby's, Burger King, Carl's Jr, Chili's, China Delight, Denny's, Domino's, Dunkin Donuts/Baskin Robbins, Los Cucos Mexican, Marble Slab Creamery, Margarita's Mexican, McDonald's, Papa John's, Pizza Hut, Potbelly, Sonic, Subway, Supreme Buffet, TX Roadhouse, Whataburger, Wing Stop 🅛 Hampton Inn, Holiday Inn Express 🅞 $Tree, Advance Parts, CVS Drug, Discount Tire, Discount Tire, GNC, HEB Foods/gas, Hobby Lobby, Kroger/gas, Michael's, vet, Walgreens, **W** 🅖 Chevron/24hr 🅕 Casa Ole Mexican, Culver's, Dickey's BBQ, Hunan Village, Jack-in-the-Box, KFC, Ryan's, Starbucks 🅞 99c Store, Big Lots, Lowe's, PetCo, Sam's Club/gas, Tuesday Morning, Walmart
87	TX 105, Conroe, **E** 🅕 Burger King, CiCi's, El Charrito, Freebirds Burrito, Golden Corral, La Mariposa, McDonald's, Outback Steaks, Popeye's, Saltgrass Steaks 🅛 Super 8 🅞 $General, CVS Drug, Firestone/auto, NTB, **W** 🅖 Exxon 🅕 Cane's, Chick-fil-A, Chipotle, El Bosque Mexican, Five Guys, Luby's, Panda Express, Panera Bread, Papa Murphy's, Schlotzsky's, Shogun Japanese, Smoothie King, Starbucks, Subway, Vero Italian, Whataburger 🅞 🅗, Best Buy, Buick/GMC, GNC, Home Depot, Hyundai, Office Depot, Target, Verizon
85	FM 2854, Gladstell St, **E** 🅖 Shell/dsl 🅞 Ford, Honda, Kia, Nissan, UHaul, **W** 🅖 Valero 🅛 Best Value Inn, Motel 6 🅞 🅗, Chevrolet, Chrysler/Dodge/Jeep, DeMontrond RV Ctr, Mazda, Toyota/Scion
84	TX 75 N, Frazier St, **E** 🅖 Chevron/dsl 🅛 Corporate Inn, Econolodge, **W** 🅖 Shell/dsl 🅕 China Buffet, IHOP, Incredible Pizza, Pizza Hut, Subway, Taco Cabana, Waffle House 🅛 Baymont Inn 🅞 🅗, Discount Tire, Kroger/dsl, Verizon
83	Crighton Rd, Camp Strake Rd
82	River Plantation Dr
82mm	San Jacinto River
81	FM 1488, to Hempstead, Magnolia, **E** 🅖 Citgo/dsl, **W** 🅖 Valero/Subway/dsl 🅞 CamperLand RV Ctr
80	Needham Rd (from sb)
79	TX 242, Needham, **E** 🅖 Shell/McDonald's 🅕 Mama Juanita's Mexican 🅛 Best Western 🅞 Costco/dsl, Mercedes, Mini, VW, **W** 🅖 Exxon, Murphy USA/dsl 🅕 Arby's, Burger King, ChuckeCheese, Domino's, Dunkun Donuts, LJ Silver/Taco Bell, Outback Steaks, Panera Bread, Popeye's, Sonic, Starbucks, Subway, Taco Cabana, Twin Peaks, Wendy's, Whataburger, Willie's Grill, Wings'N More 🅛 Fairfield Inn, Springhill Suites, TownPlace Suites 🅞 🅗, BMW/Mini, Firestone/auto, Kohl's, Lowe's Whse, Walgreens, Walmart
78	Needham Rd (from sb), Tamina Rd, access to same as 77
77	Woodlands Pkwy, Robinson, Chateau Woods, **E** 🅖 Chevron 🅕 Babin's Seafood, BJ's Rest., Buca Italian, Buffalo Wild Wings, Chuy's, El Bosque Mexican, Hooters, Lupe Tortilla, Mi Rancho Mexican, Pappadeaux, PeiWei, Red Robin, Saltgrass Steaks, Spring Creek BBQ, Subway 🅛 Best Value Inn, Courtyard, Holiday Inn 🅞 Discount Tire, GNC, Home Depot, Michael's, NTB, Old Navy, Petsmart, Sam's Club/gas, SteinMart, vet, Walgreens, **W** 🅖 Shell/dsl, Texaco, Valero/dsl, Valero/dsl 🅕 Blackeyed Pea, Brazilian Steaks, Cane's, Chick-fil-A, Chili's, Chipotle Mexican, Culver's, Denny's, Freebirds Burrito, Guadalajara Mexican, Jack-in-the-Box, Jason's Deli, Jimmy John's, Kirby's Steaks, Luby's, Olive Garden, Red Lobster, Sweet Tomatoes, TGIFriday's, Zoe's Kitchen 🅛 Clarion, Days Inn, Drury Inn, Hampton Inn, Homewood Suites, La Quinta, Marriott 🅞 🅗, Best Buy, Dillard's, HEB Foods, Macy's, mall, Marshall's, Ross, Sears, Target, World Mkt

H O U S T O N

⬆N INTERSTATE 45 Cont'd

Exit#	Services
76	Research Forest Dr, Tamina Rd, **E** 🍴 Pappas BBQ 🅾 Firestone/auto, Office Depot, PepBoys, URGENT CARE, **W** ⛽ Shell/dsl 🍴 Bonefish Grill, Carrabba's, Firehouse Subs, Fukuda Japanese, IHOP, Landry's Seafood, Longhorn Steaks, Macaroni Grill, Noodles&Co, Olive Garden, Starbucks, Sweet Tomatoes, TGIFriday's 🛏 Courtyard, Residence Inn 🅾 JC Penney, Sears/auto, Woodlands Mall
73	Rayford Rd, Sawdust Rd, **E** ⛽ Shell/dsl, Valero 🍴 Cane's, Hartz Chicken, Jack-in-the-Box, McDonald's, Popeye's, Sonic, Starbucks, Thomas BBQ 🛏 Holiday Inn Express, La Quinta 🅾 Aamco, AutoZone, O'Reilly Parts, Walgreens, **W** ⛽ Shell/dsl 🍴 Carrabba's, Gino's Pizza, IHOP, Pizza Hut 🛏 Extended Stay America, Super 8 🅾 Brake Check, Discount Tire, GNC, Harley-Davidson, HEB Foods, Jo-Ann
72a	Spring Crossing Dr, **W** ⛽ Texaco/dsl 🛏 Fairfield Inn
72b	to Hardy Toll Rd from sb
70b	Spring-Stuebner Rd, **E** 🛏 Hampton Inn 🅾 Vaughn RV Ctr
70a	FM 2920, to Tomball, **E** ⛽ Exxon/dsl, Rudy's BBQ/dsl, Shell/dsl 🍴 Arby's, Chick-fil-A, El Palenque Mexican, Golden Jade Chinese, Hartz Chicken, McDonald's, Subway, Taco Cabana, Wendy's, Whataburger, Zaxby's 🛏 Best Western, Comfort Suites 🅾 $Tree, Hyundai, Kohl's, Michael's, O'Reilly Parts, Ross, Toyota/Scion, Vaughn's RV Ctr, Verizon, Walmart, **W** ⛽ RaceWay 🛏 Palace Inn 🅾 U-Haul, vet
68	Holzwarth Rd, Cypress Wood Dr, **E** 🍴 Golden Corral, Burger King, Freddy's, Gringo's TexMex, McAlister's Deli, Pizza Hut/Taco Bell, Sonic, Starbucks 🅾 AT&T, Pepboys, **W** ⛽ Exxon/dsl, Murphy Express/dsl 🍴 Bombshells Rest., Cheddar's, Chipotle, Denny's, Dickey's BBQ, Firehouse Subs, Jack-in-the-Box, Lenny's Subs, Panera Bread, Pizza Hut, Popeye's, Razzoo's Cajun, Schlotsky's, Starbucks 🛏 EconoLodge, Motel 6, Scottish Inn 🅾 Advance Parts, Best Buy, Chrysler/Dodge/Jeep, Firestone/auto, Ford/Lincoln, Home Depot, Lowe's Whse, Office Depot, PetCo, Staples, Target, Walgreens
66	FM 1960, to Addicks, **E** ⛽ Chevron/dsl 🍴 Subway, TX Roadhouse 🅾 Acura, AT&T, BMW, Chevrolet, Honda, Mercedes, Petsmart, Subaru, **W** ⛽ Exxon, Valero 🍴 Chick-fil-A, Cilantros Mexican, Hooters, James Coney Island, McDonald's, Outback Steaks, Panda Express, Pollo Campero, Red Lobster 🛏 Baymont Inn, Fairfield Inn, Hampton Inn, Hilton Garden, Palace Inn, Quality Inn, Studio 6 🅾 🄷, $Tree, Audi, Infiniti, Jaguar/LandRover, Kroger/dsl, Lexus, NTB, Porsche, U-Haul
64	Richey Rd, **E** 🍴 Buffalo Wild Wings, Olive Garden, Taco Bell 🛏 Best Value Inn, Downtowner Inn, Super 8 🅾 CarMax, Discount Tire, Sam's Club/dsl, **W** ⛽ FLYING J/Denny's/dsl/scales/24hr 🍴 Chula's Cantina, El Toro Loco, Joe's Crabshack, Lupe Tortilla, Mamacita's Mexican, Michoacan Rest, SaltGrass Steaks, Subway, Wings'n More 🛏 SpringHill Suites
63	Airtex Dr, **E** ⛽ Exxon/dsl, Sunoco/dsl, Valero/Church's 🍴 China Bear, Pappasito's Cantina 🛏 Comfort Suites, Woodspring Suites 🅾 Cadillac, LoneStar RV Ctr, Nissan, **W** ⛽ Exxon/dsl 🍴 Cracker Barrel, Jack-in-the-Box, Popeye's, Whataburger 🛏 Best Western, Holiday Inn Express, Sleep Inn
62	Rankin Rd, Kuykendahl, **E** 🛏 Best Classic Inn, Scottish Inn, **W** ⛽ Chevron/McDonald's, RaceWay/dsl, Shell 🍴 Shiply Donuts, Sonic 🛏 Extended Stay Amerca, Palace Inn, SunSuites 🅾 Buick/GMC, DeMontrond RV Ctr, Kia, Lamborghini, Volvo, VW, Walgreens

H O U S T O N

Exit#	Services
61	Greens Rd, **E** ⛽ Exxon 🍴 Brown Sugar's BBQ, IHOP, Luna's Mexican 🛏 Knights Inn 🅾 Dillard's, mall, **W** 🍴 Luby's, Panda Chinese, Subway 🛏 Comfort Inn 🅾 99c Store, Burlington Coats
60c	Beltway E
60	(b a from nb) TX 525, **W** 🍴 Pappas Seafood 🅾 U-Haul
59	FM 525, West Rd, **E** ⛽ Shell/dsl, Shell/dsl/repair 🍴 A&W/LJ Silver, Burger King, China Border, CiCi's, Denny's, Domino's, Hanz Diner, Mambo Seafood, McDonald's, Michoacan Rest., Pizza Hut 🛏 Holiday Inn Express 🅾 AutoZone, Chrysler/Dodge/Jeep, Family$, Firestone/auto, **W** ⛽ Exxon/dsl, Shell/dsl 🍴 Chili's, Jalisco's Mexican, Panda Express, Papa John's Pizza, Starbucks, Subway, Taco Bell, Taco Cabana, Wendy's, Whataburger, Wing Stop 🛏 Best Value Inn 🅾 $Tree, AT&T, Best Buy, Discount Tire, Fry's Electronics, Home Depot, Office Depot, PepBoys, Ross, Verizon, Walmart
57	(b a from nb) TX 249, Gulf Bank Rd, Tomball, **E** ⛽ Chevron, Gulf/dsl, Texaco/Church's 🍴 Subway, **W** ⛽ Shell 🍴 Sonic, Tampico Seafood 🛏 Days Inn, Quality Inn 🅾 CVS Drug, Family$, Giant$
56	Canino Rd, **E** 🛏 Taj Inn Suites, **W** ⛽ Texaco 🍴 Denny's, Luby's 🛏 Deluxe Inn, Gulfwind Motel 🅾 Ford, Isuzu, Walgreens
55	(b a from nb) Little York Rd, Parker Rd, **E** ⛽ Chevron/dsl, Exxon/dsl, Texaco 🍴 Burger King, China One, McDonald's, Ranchero King Buffet, Subway, Whataburger 🅾 Advance Parts, Family$, FoodTown, **W** 🍴 KFC, La Chicken, Popeye's 🅾 Walgreens
54	Tidwell Rd, **E** ⛽ Exxon/dsl 🍴 Aunt Bea's Rest, Burger King, Chacho's Mexican, China Border, Pancho's Mexican, Thomas BBQ 🅾 99c Store, CVS Drug, **W** ⛽ Chevron, Shell 🍴 Hartz Chicken, McDonald's 🛏 Guest Motel, Southwind Motel, Symphony Inn, Town Inn 🅾 Family$, U-Haul
53	Airline Dr, **E** 🅾 Discount Tire, Fiesta Foods/drug, **W** ⛽ Citgo, Shell/dsl 🍴 Little Mexico, Whataburger 🛏 Best Value Inn, Luxury Inn, Palace Inn
52	(b a from nb) Crosstimbers Rd, **E** ⛽ Murphy Express/dsl 🍴 Baskin-Robbins, Burger King, Chick-fil-A, China Star, ChuckeCheese, Cici's, IHOP, Jack-in-the-Box, James Coney Island, KFC, McDonald's, Ojos Locos Cantina, Panda Express, Pappas BBQ, Pizza Hut, Sonic, Subway, Taco Bell 🅾 $Tree, AT&T, CVS Drug, GNC, Marshall's, Ross, Verizon, Walmart, **W** 🛏 Texan Inn
51	I-610
50	(b a from nb) Patton St, Calvacade St, Link Rd, **E** ⛽ Citgo, Exxon, Loves/Wendy's/dsl/scales/24hr, Shell 🛏 Best Value Inn, Luxury Inn, **W** 🛏 Astro Inn 🅾 AutoZone, Family$, NAPA, USPO
49b	N Main St, Houston Ave, **E** ⛽ Citgo, Loves/Wendy's/dsl/scales/24hr 🛏 Best Value Inn, Luxury Inn, **W** ⛽ Exxon/dsl 🍴 Domino's, McDonald's, Subway, Whataburger/24hr 🛏 Sleep Inn 🅾 O'Reilly Parts

⛽ = gas   🍴 = food   🏠 = lodging   Ⓞ = other   Rs = rest stop   Copyright 2018 - The Next EXIT ®

�ⓝ INTERSTATE 45 Cont'd

Exit#	Services
48b a	I-10, E to Beaumont, W to San Antonio
47d	Dallas St, Pierce St (from sb), E Ⓞ 🅷
47c	McKinney St (from sb, exits left)
47b	Houston Ave, Memorial Dr, W 🏠 DoubleTree, downtown
47a	Allen Pkwy (exits left from sb)
46b a	US 59, N to Cleveland, S to Victoria, W ⛽ Chevron, Texaco 🍴 McDonald's Ⓞ BMW
45b a	South St, Scott St, Houston, E ⛽ Phillips 66/Church's/dsl, Shell 🏠 Scott Inn, W Ⓞ to TSU
44	Cullen Blvd, Houston, W Ⓞ to U of Houston
43b	Tele🅲 Rd, Houston, E ⛽ Valero/dsl
43a	Tellepsen St, E 🍴 Luby's, W Ⓞ U of Houston
41b	US 90A, Broad St, S Wayside Dr, E 🏠 Houston Inn, Palace Inn Ⓞ Walmart/McDonald's, W ⛽ Chevron/dsl, Exxon 🍴 Burger King, Chick-fil-A, Jack-in-the-Box, Little Caesar's, McDonald's, Taco Cabana Ⓞ AT&T
41a	Woodridge Dr, E ⛽ Shell 🍴 Chinese Buffet, Church's, Denny's, James Coney Island, McDonald's, Pappa's Seafood House, Pizza Hut, Schlotsky's Ⓞ King$, W 🍴 Bonebrake BBQ, Boudreaux Cajun, China Star, ChuckeCheese, CiCi's, Doneraki Mexican, IHOP, KFC/Taco Bell, Panda Express, Pappas BBQ, Sonic, Starbucks, Subway, Taco Palenque, Wendy's, Whataburger Ⓞ Best Buy, HEB Food/gas, Home Depot, Lowe's, Marshall's, Office Depot, Old Navy, Ross, Verizon
40c	I-610 W
40b	I-610 E, to Pasadena
40a	Frontage Rd (from nb)
39	Park Place Blvd, Broadway Blvd, E ⛽ Shell/dsl, W ⛽ Pemex/dsl, Shell/dsl 🍴 Kelley's Rest., Papa John's, Subway Ⓞ Chrysler/Dodge/Jeep, Family$
38b	Howard Dr, Bellfort Dr (from sb), E ⛽ Shell 🍴 Jack-in-the-Box, Wendy's, W ⛽ Shell/dsl, Texaco/dsl 🍴 Chilo's Seafood, VStar Seafood Buffet 🏠 Camelot Inn, Moonlight Inn, Mustang Inn, Palace Inn
38	TX 3, Monroe Rd, E ⛽ Shell/dsl, Sunoco/Stripes/dsl, Valero/dsl 🍴 DQ, Jack-in-the-Box, Ninfa's Mexican, Starbucks, Wendy's 🏠 Palace Inn Ⓞ AutoZone, Family$, URGENT CARE, W ⛽ Chevron/dsl, Texaco/dsl 🍴 Mannie's Seafood, Pappa's BBQ, Subway 🏠 Holiday Inn Express, Sheraton Ⓞ Firestone/auto, U-Haul
36	College Ave, Airport Blvd, E ⛽ Valero 🍴 Aranda's Bakery, Burger House, Church's, DQ, Jack-in-the-Box, Shipley Donuts, Subway, Waffle House 🏠 Holiday Inn Express Ⓞ O'Reilly Parts, W ⛽ Gulf/dsl, Shell/dsl, Valero/dsl 🍴 Denny's, Denny's, Taco Cabana 🏠 Best Western, Comfort Suites, Courtyard, Days Inn, Drury Inn, Hampton Inn, Holiday Inn, La Quinta, Marriott, Motel 6, SpringHill Suites Ⓞ Discount Tire
35	Edgebrook Dr, E ⛽ Chevron, RaceWay/dsl, Shell/dsl 🍴 Arranda's Mexican, Burger King, Chilo's Rest., Jack-in-the-Box, KFC, Popeye's, Subway, Taco Bell Ⓞ Family$, Fiesta Foods, Firestone/auto, Office Depot, vet, W ⛽ Citgo/dsl 🍴 James Coney Island, Mambo Seafood, McDonald's, Pizza Hut, Whataburger Ⓞ $General, Cavender's Boots, O'Reilly Parts, Verizon
34	S Shaver Rd, E ⛽ Conoco 🍴 McDonald's 🏠 Island Suites Ⓞ Ford, Kia, Nissan, Toyota/Scion, W ⛽ MurphyUSA/dsl 🍴 Arby's, China Star Buffet, Chopstix, Ojos Locos, Pancho's Mexican, Pizza Patron, Starbucks, Subway, Wendy's Ⓞ $Tree, 99c Store, AT&T, Discount Tire, Firestone/auto, GNC, Honda, Macy's, Marshall's, NTB, PetsMart, Ross, Staples, Walmart/McDonald's
33	Fuqua St, E 🍴 Chili's, Denny's, Fuddrucker's, Las Haciendas, Luby's, Olive Garden, Schlotzsky's, TGIFriday's 🏠 Studio 6, Sun Suites Ⓞ Lincoln, Volvo, W 🍴 Bayou City Wings, Blackeyed Pea, Bombshells Grill, Boudreaux's, Casa Ole, Cici's Pizza, Fox&Hound, Golden Corral, Gringo's Mexican, IHOP, Joe's Crabshack, McDonald's, Outback Steaks, Subway, Taco Bell, Taco Cabana, TX Land&Cattle Steaks, Whataburger Ⓞ Buick/GMC, CarMax, Chevrolet, Home Depot, Sam's Club/gas
32	Sam Houston Tollway
31	FM 2553, Scarsdale Blvd, W Ⓞ Chevrolet
30	FM 1959, Dixie Farm Rd, Ellington Field, E ⛽ Shell/dsl 🍴 El Nopalito, Subway 🏠 Motel 6 Ⓞ 🅷, Chrysler/Dodge/Jeep, Fiat, Infiniti, Subaru, W ⛽ Exxon/dsl, RaceWay, Shell 🍴 McDonald's, Popeye's 🏠 Palace Inn Ⓞ Lonestar RV, VW
29	FM 2351, Clear Lake City Blvd, to Clear Lake RA, Friendswood, W Ⓞ Hyundai
27	El Dorado Blvd, E ⛽ Exxon/dsl 🍴 Carl's Jr, Chick-fil-A, Panera Bread, Starbucks, Taco Bell Ⓞ Firestone/auto, Home Depot, W 🍴 Bar Louie, Kona Grill, Maggiano's, Perry's Steakhouse, Sonic, Subway, TX Roadhouse, Whataburger, Yardhouse Grill Ⓞ Cadillac, Kohl's, Lexus, Sam's Club/gas, Walmart/McDonald's
26	Bay Area Blvd, E ⛽ Chevron 🍴 Bonefish Grill, Buffalo Wild Wings, Chick-fil-A, La Madeleine, Longhorn Steaks, Lupe Tortilla, Noodles&Co, Pei Wei, Potbelly, Red Lobster, Taco Cabana, TGIFriday's, Zio's Kitchen 🏠 Best Western, Hampton Inn, Hilton Garden, La Quinta Ⓞ 🅷, Barnes&Noble, Best Buy, Lowe's, Michael's, Staples, to Houston Space Ctr, World Mkt, W ⛽ Valero/dsl 🍴 Burger King, Cheesecake Factory, Chick-fil-A, ChuckeCheese, Dave&Buster's, Denny's, Five Guys, Los Cucos, McDonald's, Olive Garden, Panda Express, PF Chang's, Starbucks, Subway, Zoe's Kitchen 🏠 Holiday Inn Express Ⓞ AT&T, Dillard's, Fresh Mkt, JC Penney, Jo-Ann Fabrics, Macy's, mall, Marshall's, Office Depot, Old Navy, Petsmart, Ross, Sears/auto, Target, Verizon, vet
25	FM 528, NASA rd 1, E ⛽ Chevron/dsl, Valero/dsl 🍴 Bone Daddy's, Cheddar's, Chili's, Chuy's Mexican, Fuddrucker's, Las Hacienda Mexican, Luby's, Marble Slab, McAlister's Deli, Michiru Asian, Pappa's Seafood, Pappasito's Cantina, Rudy's BBQ/dsl, Saltgrass Steaks, Steak'n Shake, Twin Peaks Rest., Waffle House 🏠 Motel 6, Springhill Suites Ⓞ 🅷, BigLots, Cavendar's Boots, Fry's Electronics, Hobby Lobby, Honda, Mazda, W 🍴 Floyd's Cajun, Hooters, James Coney Island, Pappa's Cafe, Subway Ⓞ Tuesday Morning
23	FM 518, League City, E ⛽ RaceWay/dsl, Shell/dsl 🍴 Center Buffet, La Brisa, Sonic, Subway Ⓞ $Tree, Kroger, W ⛽ Chevron/dsl, Valero 🍴 Cracker Barrel, McDonald's, Taco Bell, Waffle House, Wendy's 🏠 Super 8 Ⓞ Discount Tire, Space Ctr RV Park, U-Haul
22	Calder Dr, Brittany Bay Blvd, E Ⓞ BMW/Mini, Mercedes, Nissan, Toyota/Scion, W Ⓞ Acura, Holiday World RV Ctr
20	FM 646, Santa Fe, Bacliff, E ⛽ MurphyUSA/dsl 🍴 Chick-fil-A, Cici's Pizza, Denny's, Five Guys, Freebirds Burrito, Jack-in-the-Box, Jimmy Changas, Logan's Roadhouse, Marble Slab, McDonald's, NY Pizzaria, Panda Express, Panera Bread, Pollo Tropical, Quaker Steak, Schlotzky's, Spring Creek BBQ, Subway, Whataburger, Which Wich? 🏠 Candlewood Suites, Hampton Inn Ⓞ $Tree, AT&T, Best Buy, Firestone/auto, GNC, Hobby Lobby, Home Depot, JC Penney, Lowe's, Michael's, NTB, PetsMart, Ross, Staples, Target, TJ Maxx, URGENT CARE, Walmart/McDonald's, W ⛽ Chevron/dsl 🍴 888 Chinese Rest., Chili's, Subway, Taco Cabana Ⓞ Cabela's, HEB Foods/gas, Kohl's, PetCo, Verizon, Walgreens

Side markers: TX, HOUSTON, LEAGUE CITY

INTERSTATE 45 Cont'd

Exit#	Services
19	FM 517, Dickinson Rd, Hughes Rd, **E** 🍴 Jack-in-the-Box, Little Mexico 🅞 Buick/GMC, CVS Drug, Family$, Kia, **W** 🅖 Conoco/dsl, Shell/dsl 🍴 KFC, McDonald's, Pizza Hut, Sonic, Starbucks, Subway, Taco Bell, Wendy's, Whataburger/24hr 🛏 Days Inn 🅞 Chrysler/Dodge/Jeep, Ford, Kroger
17	Holland Rd, **W** 🅖 Buc-ee's/dsl 🅞 Tanger Outlets/Famous Brands, to Gulf Greyhound Park
16	FM 1764 E (from sb), Texas City, same as 15
15	FM 2004, FM 1764, Hitchcock, **E** 🍴 Beyond Burger, Gringo's Cafe, Jack-in-the-Box, Olive Garden, Ryan's 🛏 Best Western, Fairfield Inn, Holiday Inn Express, Woodspring Suites 🅞 🏥, Chevrolet/Toyota/Scion, DeMontrond RV Ctr, mall, Sears/auto, **W** 🅖 Gulf/Subway, MurphyUSA/dsl, Shell 🍴 Best Wok, IHOP, Little Caesar's, Pizza Hut, Rose Garden Chinese, Sonic, Waffle House, Wendy's, Whataburger, WingStop 🅞 AT&T, Gulf Greyhound Park, Sam's Club/gas, URGENT CARE, Verizon, Walmart/McDonald's
13	Century Blvd, Delany Rd, **W** 🍴 Barcema's Mexican 🛏 Best Value Inn, Super 8 🅞 Lazy Days RV Park, VF Factory Outlet/famous brands
12	FM 1765, La Marque, **E** 🅖 Chevron/dsl 🍴 Domino's, Jack-in-the-Box, Kelley's Rest., Sonic 🅞 $General, CVS Drug, Family$, **W** 🅖 Texaco/dsl 🅞 Little Thicket RV Park, UHaul
11	Vauthier Rd
10	**E** 🅖 Exxon, Valero 🍴 KFC, McDonald's, PitStop BBQ, Subway, **W** 🅖 Shell/dsl 🅞 Hoover RV Ctr, Oasis RV Park
9	Frontage Rd (from sb, no return/turnaround)
8	Frontage Rd (from nb)
7c	Frontage Rd
7b	TX 146, TX 6 (exits left from nb), Texas City
7a	TX 146, TX 3
6	Frontage Rd (from sb)
5	Frontage Rd
4	Frontage Rd, Village of Tiki Island, **W** 🅖 Valero/dsl 🅞 Welcome Ctr, public boat ramp
4mm	West Galveston Bay
1c	TX 275, FM 188 (from nb), Port Ind Blvd, Teichman Rd, Port of Galveston, **E** 🅖 Citgo, Exxon/dsl, Valero/dsl 🛏 Howard Johnson, Motel 6 🅞 Buick/Chevrolet/GMC, Ford, Toyota/Scion
1b	71st St (from sb), **E** 🛏 Best Value Inn 🅞 same as 1c
1a	TX 342, 61st St, to W Beach, **E** 🅖 RaceWay 🍴 Subway, WingStop 🛏 Candlewood Suites 🅞 Big Lots, Family$, GNC, Home Depot, NTB, PetsMart, Target, **0-2 mi W** 🅖 Chevron/dsl, Citgo, Exxon, Murphy USA/dsl, Shell/Burger King/dsl, Texaco/dsl, Valero 🍴 Cici's Pizza, Domino's, Golden Corral, Happy Buddah, Healthy Chinese, Jack-in-the-Box, Jimmy John's, KFC, Little Caesar's, Marble Slab, Mario's, McAlister's Deli, McDonald's, Papa John's, Popeye's, Schlotsky's, Sonic, Starbucks, Subway, Taco Bell, Taco Cabana, Waffle House, Whataburger, Yamato Japanese 🛏 Baymont Inn, Comfort Inn, Hilton, Quality Inn, Red Roof Inn, Rodeway Inn, Springhill Suites, Super 8 🅞 $Tree, AT&T, AutoZone, CVS Drug, Family$, Firestone/auto, Kroger/dsl, KwikCar, Marshall's, Office Depot, O'Reilly Parts, Randall's Food/gas, Ross, Tuesday Morning, URGENT CARE, USPO, Verizon, Walgreens, Walmart

I-45 begins/ends on TX 87 in Galveston.

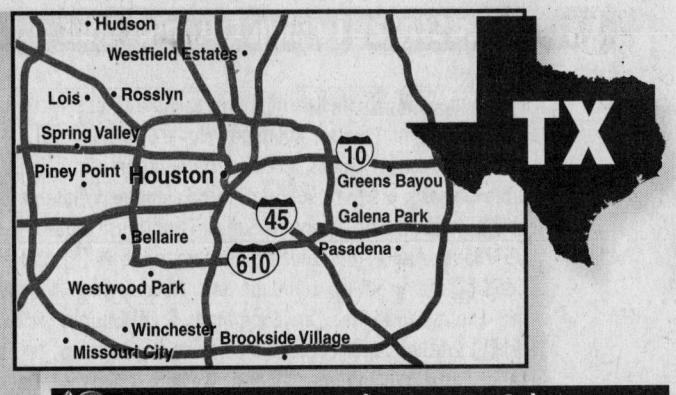

INTERSTATE 410 (San Antonio)

Exit#	Services
53	I-35, S to Laredo, N to San Antonio
51	FM 2790, Somerset Rd
49	TX 16 S, spur 422, **N** 🅖 Chevron, Texaco/dsl 🍴 Church's, Domino's, Sonic, Subway, Whataburger 🛏 Days Inn 🅞 🏥, to Palo Alto Coll, **S** 🅖 Valero/dsl 🍴 Jack-in-the-Box 🛏 Best Western
48	Zarzamora St, **S** 🅖 Valero/dsl
47	Turnaround (from eb)
46	Moursund Blvd
44	US 281 S, spur 536, Roosevelt Ave, **N** 🅖 Shell/McDonald's/dsl, Valero/dsl 🍴 Subway, **S** 🍴 Jack-in-the-Box 🛏 Holiday Inn Express
43	Espada Rd (from eb)
42	spur 122, S Presa Rd, **N** 🅞 to San Antonio Missions Hist Park, **S** 🅖 Valero/dsl
41	I-37, US 281 N
39	spur 117, WW White Rd
37	Southcross Blvd, Sinclair Rd, Sulphur Sprs Rd, **N** 🅖 Shell/dsl, Valero 🅞 🏥, Family$
35	US 87, Rigsby Ave, **E** 🅖 Exxon/7-11, Murphy USA/dsl, Valero/dsl 🍴 Denny's, El Rodeo Mexican, Jack-in-the-Box, KFC/Taco Bell, McDonald's 🅞 $Tree, AT&T, Walmart/McDonald's, **W** 🅖 Chevron/dsl 🍴 Bill Miller BBQ, Burger King, Domino's, El Tapico Mexican, Habachi Buffet, Laguna Madre, Sonic, Taco Cabana, Whataburger 🛏 Days Inn, Holiday Inn Express 🅞 Aamco, Advance Parts, Gascard/dsl, U-Haul, vet, Walgreens
34	FM 1346, E Houston St, **W** 🅖 Valero/dsl 🅞 USPO
33	I-10 E, US 90 E, to Houston, I-10 W, US 90 W, to San Antonio
32	Dietrich Rd (from sb), FM 78 (from nb), to Kirby
31b	Lp 13, WW White Rd
31a	FM 78, Kirby
30	Binz-Engleman, Space Center Dr (from nb)
	I-410 and I-35 run together 7 mi. See I-35, exits 161 thru 165.
27	I-35, N to Austin, S to San Antonio
26	Lp 368 S, Alamo Heights
25b	FM 2252, Perrin-Beitel Rd, **N** 🅖 Chevron/dsl, Valero/dsl 🍴 Carl's Jr, KFC/Taco Bell, Schlotsky's, Subway, Tastee-Freez/Wienerschnitzel 🛏 Budget Lodge 🅞 Brake Check, Family$, **S** 🍴 Jim's Rest.
25a	Starcrest Dr, **N** 🅖 Valero 🍴 Jack-in-the-Box 🛏 Travelodge 🅞 🏥
24	Harry Wurzbach Hwy, **N** 🍴 Taco Cabana, **S** 🍴 BBQ Sta. 🅞 VW
23	Nacogdoches Rd, **N** 🅖 Shell/dsl 🍴 Bill Miller BBQ, Church's, Formosa Chinese, IHOP, Jimmy John's, Luby's, Pizza Hut, Sonic 🛏 Crowne Plaza, **S** 🅖 Chevron/7-11 🅞 Volvo

TX

◆N INTERSTATE 410 (San Antonio) Cont'd

Exit#	Services
22	Broadway St, **N** 🅟 Shell/dsl 🍴 Chili's, Fuddrucker's, McDonald's 🛏 Cambria Suites, Courtyard, Home2 Suites, **S** 🅟 Citgo, Valero/dsl 🍴 Cane's, Chesters Hamburgers, Jim's Rest., Little Caesar's, Martha's Mexican, Taco Palenque, Whataburger 🛏 Residence Inn, Springhill Suites, TownHouse Motel
21	US 281 S, Airport Rd, Jones Maltsberger Rd, **N** 🍴 Applebee's 🛏 Drury Suites, Hampton Inn, Holiday Inn, Holiday Inn Express, PearTree Inn, Sheraton, **S** 🅟 Murphy USA/dsl 🍴 Cracker Barrel, Logan's Roadhouse, Pappadeaux, Texas Land&Cattle, Whataburger 🛏 Best Western, Courtyard, Days Inn, Fairfield Inn, Home2 Suites, La Quinta, Staybridge Suites, TownePlace Suites 🅞 Nissan, TJ Maxx, Walmart/McDonald's/24hr
20	TX 537, **N** 🅟 Valero 🍴 Arby's, Chick-fil-A, Jack-in-the-Box, Jason's Deli, Rosario's Mexican, Subway, TGIFriday's, Wendy's 🛏 DoubleTree Hotel, Hilton 🅞 Barnes&Noble, Best Buy, Brake Check, Cavender's Boots, Chevrolet, Honda, Jo-Ann Fabrics, Lexus, Lincoln, Mazda, Mercedes, Office Depot, PetCo, Ross, Subaru, **S** 🍴 Cheesecake Factory, Chipotle, Dickey's BBQ, Earth Burger, Egg&I, El Pollo Loco, Freddy's, Jimmy John's, La Madeleine, Longhorn Steaks, Luby's, Panda Express, Starbucks, Taco Cabana, Twin Peaks 🛏 Aloft 🅞 AT&T, Chrysler/Dodge/Jeep, CVS Drug, Dillard's, JC Penney, Macy's, mall, Saks 5th, Sears/auto, Target, Verizon
19b	FM 1535, FM 2696, Military Hwy, **N** 🍴 Guajillos Mexican, Souper Salad, **S** 🍴 Denny's, Jim's Rest.
19a	Honeysuckle Lane, Castle Hills
17b	(18 from wb), **S** 🅟 Shell 🍴 Bill Miller BBQ, Burger King, Pollo Tropical, Subway 🅞 HEB Foods/gas, NAPA, vet
17	Vance Jackson Rd, **N** 🅟 Valero/dsl 🍴 Jack-in-the-Box, McDonald's, Sonic, Starbucks, Taco Cabana, Whataburger 🛏 Embassy Suites, Marriott 🅞 Aamco, AT&T, Discount Tire, **S** 🅟 Petronic, Shell 🍴 Church's, Subway 🅞 U-Haul
16b a	I-10 E, US 87 S, to San Antonio, I-10 W, to El Paso, US 87 N
15	Lp 345, Fredericksburg Rd, **E** 🅟 Citgo, EVC 🍴 Church's, Dave&Buster's, Denny's, El Pollo Loco, El Rodeo, Jack-in-the-Box, Jim's Rest., Luby's, McDonald's, Peter Piper Pizza, Taco Cabana, Wendy's, Whataburger 🛏 Best Value Inn, SpringHill Suites 🅞 Family$, Firestone/auto, Hobby Lobby, SteinMart, Target, **W** 🅟 Chevron/7-11/dsl 🅞 CVS Drug
14	(c b a from sb) Callaghan Rd, Babcock Ln, **E** 🅟 Chevron/dsl, Valero/dsl 🍴 Marie Callender's, Popeye's, Red Lobster, Whataburger 🛏 Best Western, Quality Inn 🅞 Hyundai, **W** 🅟 Exxon, Shell, Valero 🍴 Burger King, Chili's, ChopSticks Chinese, DingHow Chinese, Golden Corral, Henry's Tacos, IHOP, Jack-in-the-Box, Jim's Rest, Joe's Crabshack, Las Palapas Mexican, Louie Italian, McDonald's, Nicha's Mexican, Pizza Hut, Quizno's, Subway, Taco Cabana, Wendy's 🅞 🅷, Cavander's Boots, Chevrolet, Home Depot, NTB, Petsmart, Sam's Club/gas, Walmart/Subway/24hr
13	(b a from sb) TX 16 N, Bandera Rd, Evers Rd, Leon Valley, **E** 🍴 Outback Steaks, Panda Express 🅞 Audi, HEB Foods/dsl, Office Depot, Toyota/Scion, UHaul, **W** 🍴 Bill Miller BBQ, Henry's Tacos, Jim's Rest., Schlotzsky's, Sonic, Taco Cabana 🅞 Chevrolet
12	(from sb), **W** 🍴 Fortune Cookie Chinese, Jason's Deli, Ojos Locos, Olive Garden, Sea Island Shrimp House, Starbucks 🅞 $Tree, AT&T, Barnes&Noble, Best Buy, Marshall's, Michael's, Old Navy, Petco, Ross

SAN ANTONIO

11	Ingram Rd, **E** 🅟 Shell/dsl 🍴 KFC/Taco Bell, Los Roberto, Saltgrass Steaks, TX Roadhouse, Vallarta Mexican 🛏 Comfort Suites, Courtyard, Days Inn, Holiday Inn Express, Red Roof In, Residence Inn 🅞 Aamco, Chrysler/Dodge/Jeep, Mazda, N san, **W** 🍴 Chick-fil-A, ChuckeCheese, Denny's, Fuddrucker Jack-in-the-Box, Whataburger 🛏 Best Western 🅞 Dillard Firestone/auto, JC Penney, Macy's, mall, Sears/auto
10	FM 3487, Culebra Rd, **E** 🍴 Denny's, J Anthony's Seafood, M Donald's, Wendy's 🛏 La Quinta, Ramada Ltd 🅞 Harley-D vidson, to St Mary's U, **W** 🅟 Phillips 66 🅞 Ford
9	(b a from sb) TX 151, **E** 🍴 Subway, **W** 🅟 Murphy US/dsl 🍴 54th St Grill, Buffalo Wild Wings, Carino's Italia Cheddar's, Chili's, Chipotle Mexican, Cracker Barrel, Dicke BBQ, Firehouse Subs, IHOP, McAlister's Deli, Panda Expre Schlotsky's, Starbucks, TGIFriday's, Twin Peaks, Whatabu er 🛏 Homewood Suites, Quality Inn, Sleep Inn, Springh Suites 🅞 $Tree, AT&T, GNC, Home Depot, Lowe's Whse, Off Depot, Petsmart, Ross, Target, to Sea World, URGENT CAR Verizon, Walmart/McDonald's
7	(8 from sb) Marbach Dr, **E** 🅟 Exxon/7-11 🍴 Church Golden Wok, IHOP 🅞 PepBoys, **W** 🅟 Chevron/dsl, She dsl 🍴 Burger King, Chick-fil-A, Jack-in-the-Box, Jimmy John Jim's Rest., KFC, LJ Silver, McDonald's, Peter Piper Pizza, Piz Hut, Popeye's, Red Lobster, Sonic, Subway, Taco Bell, Taco C bana, Whataburger/24hr 🛏 Knights Inn, Motel 6 🅞 $Tre Advance Parts, BigLots, BrakeCheck, Discount Tire, Fireston auto, HEB Foods/gas
6	US 90, **E** 🛏 Country Inn Motel 🅞 to Lackland AF **W** 🅟 Shell/dsl, Valero/dsl 🛏 Best Western 🅞 Explore US RV Ctr
4	Valley Hi Dr, to Del Rio, San Antonio, **E** 🅟 Valero/dsl 🍴 Bur er King, Church's, Little Caesar's, McDonald's, Panda Expres Pizza Hut, Sonic, Subway 🅞 AutoZone, Family$, HEB Foo gas, O'Reilly Parts, **W** 🅟 Valero 🍴 Jack-in-the-Box 🅞 Lackland AFB, Walgreens
3	(b a from sb) Ray Ellison Dr, Medina Base, **E** 🅟 Chevron/d **W** 🅟 Exxon/dsl, Valero/Subway/dsl 🅞 Walmart/Subway
2	FM 2536, Old Pearsall Rd, **E** 🅟 Shell/dsl, Valero/dsl 🍴 B Miller BBQ, Church's, Domino's, Little Caesar's, McDonald' Mexico Taqueria, Sonic, Subway 🅞 AutoZone, CVS Dru O'Reilly Parts
1	Frontage Rd, **W** 🅞 Toyota/Scion

◆N INTERSTATE 610 (Houston)

Exit#	Services
38c a	TX 288 N, access to zoo, downtown
37	Scott St, **N** 🅟 Citgo, Exxon 🅞 Family$
36	FM 865, Cullen Blvd, **N** 🛏 Crystal Inn, **S** 🅟 Chevron/McDor ald's, Shell 🛏 Cullen Inn
35	Calais Rd, Crestmont St, MLK Blvd, **S** 🅟 Shell 🍴 Subway
34	S Wayside Dr, Long Dr, **N** 🅟 Citgo, Shell/dsl, Sunoco/Stripes dsl 🍴 Church's, **S** 🅟 Shell, Valero/dsl 🍴 Jack-in-the-Bo 🅞 NAPA
33	Woodridge Dr, Tele🅞 Rd, **N** 🅟 Shell/dsl 🍴 ChuckeCheese Cici's Pizza, Doneraki Mexican, IHOP, KFC/Taco Bell, McDor ald's, Panda Express, Pappas BBQ, Starbucks, Taco Palenque Wendy's 🅞 Advance Parts, Best Buy, Brake Check, Harle Davidson, HEB Foods/gas, Lowe's, Marshall's, Old Navy, Ros Verizon, **S** 🅟 Citgo/dsl 🍴 Spanky's Pizza
32b a	I-45, S to Galveston, N to Houston, 🅞 to 💲
31	Broadway Blvd, **S** 🅟 Phillips 66/dsl, Valero/dsl
30c b	TX 225, to Pasadena, San Jacinto Mon

HOUSTON

INTERSTATE 610 (Houston) Cont'd

Exit#	Services
29	Port of Houston Main Entrance
28	Clinton Dr, **W** □ Shell/Burger King/dsl, to Galina Park
27	Turning Basin Dr, industrial area
26b	Market St
26a	I-10 E, to Beaumont, I-10 W, to downtown
24	(b a from sb) US 90 E, Wallisville Rd, **E** □ Citgo/dsl, Gulf/dsl, ♥Love's/Arby's/dsl/scales/24hr, Pilot/McDonald's/dsl/scales, Valero/dsl, Valero/Hartz Chicken/dsl/scales/24hr □ Chevron/dsl □ Blue Beacon, **W** □ Citgo/dsl
23b	N Wayside, **N** □ Valero
23a	Kirkpatrick Blvd
22	Homestead Rd, Kelley St, **N** □ Shell/dsl □ Whataburger □ Super 8, **S** □ Chevron/Subway/dsl/scales
21	Lockwood Dr, **W** □ Texaco/Subway/dsl, **N** □ Chevron/McDonald's, Shell/dsl □ Church's, Timmy Chan Chinese □ Ⓗ, Family$, Fiesta Foods
20a b	US 59, to downtown
19b	Hardy Toll Rd
19a	Hardy St, Jensen Dr (from eb)
18	Irvington Blvd, Fulton St, **N** □ Chevron, **S** □ Shell/dsl
17b c	I-45, N to Dallas, S to Houston
17a	(eb only) Airline Dr, **S** □ Shell/dsl □ Jack-in-the-Box □ Western Inn
16	(b a from eb) Yale St, N Main St, Shamrock, **N** □ Exxon/dsl □ Harley-Davidson, **S** □ Texaco □ Burger King, KFC/Taco Bell, Starbucks
15	TX 261, N Shepherd Dr, **N** □ Five Guys, Gabby's BBQ, Sonic, Starbucks, Taco Cabana, **S** □ Chevron/dsl, Shell □ Chick-fil-A, Wendy's, Whataburger □ Home Depot, PepBoys
14	Ella Blvd, **N** □ Exxon □ Cane's, Carl's Jr, El Pollo Loco, KFC, McDonald's, Popeye's, Taco Bell, **S** □ Murphy USA/dsl, Shell □ Chipotle, Thomas BBQ □ Ⓗ, BrakeCheck, CVS Drug, Lowe's Whse, Office Depot
13c	TC Jester Blvd, **N** □ Shell □ Antone's Po' Boys, Denny's, Juanita's Mexican □ Courtyard, SpringHill Suites, **S** □ Phillips 66/dsl
13b a	US 290 (exits left from nb)
12	W 18th St, **E** □ Applebee's, Whataburger, **W** □ Shell □ Burger King □ Sheraton
11	I-10, W to San Antonio, E to downtown Houston

(vertical text: HOUSTON)

10	Woodway Dr, Memorial Dr, **W** □ Chevron/Pizza Inn/dsl, Shell/dsl □ Goodyear
9b	Post Oak Blvd, **E** □ Drury Inn, Hampton Inn, La Quinta, **W** □ Champp's Rest., McCormick&Schmick's Café, Starbucks
9a	San Felipe Rd, Westheimer Rd, FM 1093, **E** □ Chevron/dsl, Shell □ Grotto Rest., Jack-in-the-Box, Le Peep Cafe, Starbucks, Sullivan Steaks □ Extended Stay America, Hampton Inn, La Quinta □ CVS Drug, NTB, Target, **W** □ Shell □ CA Pizza Kitchen, Five Guys, Jamba Juice, Panera Bread, Yia Yia Mary's □ Courtyard, Extended Stay America, Marriott, Sheraton □ AT&T, Best Buy, Dillard's, Nieman-Marcus, Whole Foods Mkt
8a	US 59, Richmond Ave, **E** □ Extended Stay America □ CVS Drug, **W** □ Shell □ Holiday Inn □ Dillards
7	Bissonet St, West Park Dr, Fournace Place, **E** □ Beudreaux's Kitchen □ Candlewood Suites □ Home Depot, Petsmart, **W** □ Shell/dsl/repair
6	Bellaire Blvd
5b	Evergreen St
5a	Beechnut St, **E** □ Chevron □ Boston Mkt, IHOP, Lowe's, McDonald's, Outback Steaks, Panda Express, Subway □ Hobby Lobby, Verizon, **W** □ Phillips 66, Shell □ Becks Prime, Chick-fil-A, Escalante Mexican Grill, Fadi's Grill, James Coney Island, La Madeleine, Los Tios Mexican, Saltgrass Steaks, Smoothie King, Starbucks □ AT&T, Best Buy, GNC, JC Penney, Marshall's, Old Navy, Ross, SteinMart, Target
4a	S Post Oak Rd, Brasswood, **E** □ Outback Steaks, **W** □ Target, Walmart
3	Stella Link Rd, **N** □ Mobil □ Domino's □ 99c Store, Discount Tire, O'Reilly Parts, **S** □ Valero/dsl □ Brake Check, vet
2	US 90A, **N** □ Exxon/dsl, Mobil, Texaco, Valero □ Burger King, Chacho's Cantina, Denny's/24hr, KFC, McDonald's, Popeye's, Starbucks, Subway, Wendy's □ Holiday Inn Express □ CVS Drug, Discount Tire, Family$, Ford, Honda, Mazda, Walgreens, **S** □ Chevron/dsl □ Golden Corral, Taco Bell, Whataburger/24hr □ Candlewood Suites, CareFree Inn, Motel 6, Motel 6 (2), RainTree Inn □ Nissan, to Buffalo Speedway
1c	Kirby Dr (from eb), **N** □ Crowne Plaza, Quality Inn, Sterling Inn, **S** □ Joe's Crabshack, Pappadeaux Seafood, Pappasito's Cantina □ Cavender's Boots, Chevrolet, Hyundai, NTB, Toyota/Scion
1b a	FM 521, Almeda St, Fannin St, **N** □ Chevron/dsl, Shell □ Burger King □ NRG Arena, **S** □ Shell/dsl □ McDonald's □ Aamco, Chrysler/Dodge/Jeep, Sam's Club/gas, to Six Flags

UTAH

INTERSTATE 15

Exit#	Services
400.5mm	Utah/Idaho state line
398	Portage
392	UT 13 S, Plymouth, **E** □ United/A&W/dsl
385	UT 30 E, to Riverside, Fielding, **1 mi E** □ Sinclair/Riverside Grill/dsl
381	Tremonton, Garland, **2 mi E** □ Ⓗ, food, gas, lodging
379	I-84 W, to Boise
376	UT 13, to Tremonton, **2-3 mi E** □ Texaco/Arby's/dsl/scales/24hr □ Arctic Circle, JC'S Diner, Subway, Taco Time □ Marble Motel, **N** □ Sandman Motel (3mi)

372	UT 240, to UT 13, to rec area, Honeyville, **E** □ Crystal Hot Springs Camping
370mm	℞ sb, full ♿ facilities, info, litter barrels, petwalk, □, □, vending
365	UT 13, Brigham City, **W** □ to Golden Spike NHS
363	Forest St, Brigham City, **E** □ ♥Love's/Carl's Jr/Subway/dsl/scales/24hr □ Holiday Inn Express, **W** □ Bear River Bird Refuge
362	US 91, to US 89, Brigham City, Logan, **E** □ Chevron/dsl, Exxon, Phillips 66/dsl, USA □ Arby's, Burger King, China Hua Guan, Domino's, Floriberto's Mexican, Hunan Chinese, J&D's Rest., KFC/Taco Bell, McDonald's, Old Grist Mill Bread, Pizza +, Pizza Hut, Sonic, Subway, Taco Time, Wendy's, Wingers

BRIGHAM CITY — OGDEN — ROY *(left margin)*

⬆N INTERSTATE 15 Cont'd

362   Continued
🏠 Crystal Inn, Howard Johnson Express ⊙ 🏠, Verizon, $General, $Tree, 7-11, AT&T, AutoZone, Buick/Cadillac/Chevrolet, Family$, Golden Spike RV Park, John Watson, Chiropractor (5mi), KOA (4mi), O'Reilly Parts, Schwab Tires, ShopKO, to Yellowstone NP via US 89, Walmart/Subway, **W** 🅟 🅿ilot/DQ/dsl/scales/24hr 🏠 Days Inn

361mm   🆁🆂 nb, full ♿facilities, litter barrels, petwalk, 🅲, 🎎, vending

359   Port of Entry both lanes

357   UT 315, to Willard, Perry, **E** 🅟 ⟐FLYING J/Subway/dsl/LP/scales/24hr ⊙ KOA (2mi), Willard Peak Camping

351   UT 126, to US 89, to Utah's Fruit Way, Willard Bay, **W** ⊙ Smith & Edwards Hardware

349   UT 134, N Ogden, Farr West, **E** 🅟 7-11, Maverik/dsl, Phillips 66/Wendy's/dsl 🍴 Arby's, Bella's Mexican, Burger King, Del Taco, Domino's, Jumbo Burger, McDonald's, Subway, Taco Bell 🏠 Comfort Inn ⊙ Jiffylube, **W** 🅟 Chevron/dsl ⊙ Wasatch View RV park

346   to Harrisville, **W** 🅟 Chevron/Subway/dsl, dsl repair, Maverik/dsl 🍴 GriDeli's, Taco Time, Zhang's Chinese ⊙ Cal Store

344   UT 39, 12th St, Ogden, **E** 🅟 7-11/dsl, Chevron/dsl, Old Frontier 🏠 Best Western/rest. ⊙ to Ogden Canyon RA, **W** 🅟 🅿ilot/Subway/Taco Bell/dsl/24hr 🍴 Uncle Lee's Cafe 🏠 Sleep Inn ⊙ Sierra RV Ctr

343   UT 104, 21st St, Ogden, **E** 🅟 ⟐FLYING J/Denny's/dsl/LP/24hr, Phillips 66/dsl 🍴 Big Z Rest, Cactus Red's SW Grill, McDonalds 🏠 Comfort Suites, Holiday Inn Express, Motel 6, Woodspring Suites ⊙ RV Repair, **W** 🅟 Shell/Blimpie/dsl 🏠 Super 8 ⊙ Bideaux RV Ctr, Century RV Park

342   (from nb, no return) UT 53, 24th St, Ogden

341b a   UT 79 W, 31st St, Ogden, **E** 🍴 Longhorn Steaks ⊙ Ford, **W** ⊙ 🛪, 1-2 mi **E** on Wall St ⊙ 🏠, Big O Tires, Chevrolet, Costco/gas, Dillard's, Firestone/auto, Hyundai, mall, to Weber St U

340   I-84 E (from sb), to Cheyenne, Wyo

339   UT 26 (from nb), to I-84 E, Riverdale Rd, **E** 🅟 Exxon/dsl, Sinclair/dsl 🍴 Applebee's, Arby's, Bajio Grill, Buffalo Wild Wings, Carl's Jr, Chili's, Honeybaked Ham, IHOP, Jamba Juice, Lucky Buffet, McDonald's, Starbucks, Subway, Wendy's 🏠 Motel 6 ⊙ $Tree, Best Buy, Buick/GMC, Cadillac, Chrysler/Dodge/Jeep, Good Earth Natural Foods, Gordman's, Harley-Davidson, Home Depot, Honda, Jo-Ann Fabrics, Maverik/dsl, Mazda, Nissan, Petsmart, Sam's Club/gas, Schwab Tire, Target, Toyota/Scion, Verizon, Walmart

338   UT 97, Roy, Sunset, **E** ⊙ Air Force Museum, **W** 🅟 7-11, Exxon/dsl, Maverik/dsl, Sinclair/dsl 🍴 A&W/KFC, Arby's, Beez Cafe, Blimpie, Chinese Gourmet, Five Star Chinese, Greek Island Broiler, Japanese Wasabi, La Frontera Mexican, McDonald's, Panda Express, Papa Murphy's, Rancherito's Mexican, Subway, Taco Bell, Village Inn Rest., Warren's Drive-In, Wendy's ⊙ AutoZone, Citte RV Ctr, CVS Drug, Discount Tire, Family$, Firestone/auto, Harmon's Mkt, Midas, O'Reilly Parts, RiteAid, Sacco's Fresh Mkt, Schwab Tires, Smith's/dsl, transmissions, vet, vet, Walgeens

335   UT 103, Clearfield, **E** 🍴 Starbucks ⊙ Hill AFB, **W** 🅟 Conoco, Maverik/dsl, Phillips 66/dsl, Tesoro/dsl 🍴 Carl's Jr, KFC, McDonald's, Subway, Taco Bell, Winger's 🏠 Days Inn, EconoLodge ⊙ C&M Tires

334   UT 193, Clearfield, **E** 🅟 Chevron/dsl, Maverik ⊙ to Hill AFB, **W** 🅟 7-11, Maverik/dsl 🍴 Domino's ⊙ AutoZone

LAYTON — KAYSVILLE *(right margin)*

332   UT 108, Syracuse, **E** 🍴 Applebee's, Bandidos Border Grill, Boston's Rest., Brick Oven, Cafe Rio, Carl's Jr., Chick-fil-A, Chili's, Cracker Barrel, Famous Dave's, Five Guys, Golden Corral, Jimmy John's, Koi Asian, MacCool's Grill, Marie Callender's, Mimi's Cafe, Noodles&Co, Outback Steaks, Panda Express, Papa Murphy's, Red Robin, Rumbi Island Grill, Sonic, Tepanyaki, Zupas Cafe 🏠 Courtyard, Fairfield Inn, Hampton Inn, Hilton Garden, Holiday Inn Express, Home2Home, La Quinta, TownePlace Suites ⊙ Barnes&Noble, Big O Tires, Lowe's Whse, Michaels, Office Depot, Petco, Ross, Target, URGENT CARE, Walgreens, **W** 🅟 Conoco/dsl 🍴 Arby's, Burger King, Crown Burger, McDonald's ⊙ 🏠, 7-11, Ford, to Antelope Island

331   UT 232, UT 126, Layton, **E** 🍴 Buffalo Wild Wings, Costa Vida, Denny's, Garcia's, McDonald's, Olive Garden, Red Lobster, Sizzler, Training Table Rest., TX Roadhouse, Wendy's 🏠 Best Western, Comfort Inn ⊙ $Tree, Dick's, JC Penney, mall, to Hill AFB S Gate, Tuesday Morning, **W** 🅟 Exxon/dsl 🍴 Asian Buffet, Bajio Mexican, Burger King, Cantina SW Grill, Chucke-Cheese, Coldstone, Del Taco, IHOP, KFC, Krispy Kreme, La Puente Mexican, Maid Rite Diner, Moon Dog Cafe, Pace's Rest., Rancheritos Mexican, Starbucks, Taco Bell ⊙ AT&T, Batteries+Bulbs, Big Lots, Buick/GMC, Chevrolet, Chrysler/Dodge/Jeep, Discount Tire, Hancock Fabrics, Hobby Lobby, Home Depot, Kia, Petsmart, Sam's Club/gas, ShopKO, Staples, Verizon, Walmart/McDonald's

330   Layton Pkwy, to UT 126, Layton, **E** 🍴 Little Orient Chinese ⊙ Tire Pros, **W** 🍴 Cafe Sabor ⊙ Camping World RV Ctr

328   UT 273, Kaysville, **E** 🅟 7-11/dsl, Chevron/McDonald's 🍴 Arby's, Big Daddy's Pizza, Domino's, Dylan's Drive-In, Granny Annie's Rest., Pizza Hut, Subway, Taco Time, Wendy's, Winger's ⊙ AutoZone, Big O Tire, Fresh Mkt Foods, O'Reilly Parts, Schwab Tire, USPO, Walgreens, **W** ⊙ Camping World, Mazda

325mm   parking area both lanes

325   UT 225, Lagoon Dr , Farmington, **E** 🍴 Subway ⊙ camping, funpark, **W** 🍴 Costa Vida, Dickey's BBQ, Habit Burger, Panda Express, Starbucks, Subway, Zupas ⊙ Cabela's, Gordmans, Harmon's Mkt, Marshalls, Old Navy, Petco, Ross

324   US 89 N, UT 225, Legacy Pkwy (from sb), 1 mi **E** 🅟 Maverik/dsl, Smith's Foods/dsl 🍴 Burger King, Chevron/dsl, Chopstix Chinese, Javier's Mexican, Papa John's, Subway 🏠 Hampton Inn ⊙ Aunt Pam's, Burt Bros/Goodyear/auto, RV Park, to I-84

322   UT 227 (from nb), Lagoon Dr, to Farmington, **E** 🍴 Subway ⊙ Lagoon Funpark/RV Park

319   UT 105, Parrish Lane, Centerville, **E** 🅟 7-11/dsl, Chevron/dsl, Phillips 66/dsl 🍴 Arby's, Carl's Jr, Chick-fil-A, Chili's, Costa Vida, DQ, Iggy's Grill, IHOP, In-N-Out, La Puente Mexican, Little Caesar's, McDonald's, Papa Murphy's, Ruby River Steaks, Starbucks, Subway, Taco Bell, TacoMaker, Wendy's ⊙ $Tree, Ace Hardware, Big O Tire, Dave's Auto Repair, Dick's Mkt, GNC, Home Depot, Jo-Ann, Kohl's, Land Rover, O'Reilly Parts, Petsmart, Schwab Tire, Target, Walmart

317   US 89 S (exits left from sb), UT 131, 500W, S Bountiful, **E** 🅟 Chevron/dsl,   Exxon/dsl,   Sinclair/7-11/dsl 🍴 Starbucks 🏠 Country Inn Suites ⊙ Chrysler/Dodge/Jeep, Costco/gas, Office Depot, Parts+, PetCo

316   UT 68, 500 S, W Bountiful, Woods Cross, **E** 🅟 Shell 🍴 Applebee's, Barbacoa Mexican, Cafe Rio, Carl's Jr, Chipotle, ChuckaRama, Coldstone, Del Taco, Five Guys, Jimmy John's, KFC, McDonald's, Mikado Japanese, Panda Express, Pei Wei, Pizza Factory, Pizza Hut, Sizzler, Starbucks, Subway, Taco Bell, TX Roadhouse, Wendy's ⊙ 🏠, $Tree, AT&T, AutoZone, Barnes&Noble, Costco/gas, Firestone/auto, GNC, Lowe's, Michael's, Midas, Office

Copyright 2018 - The Next EXIT ®

INTERSTATE 15 Cont'd

316 Continued
Depot, O'Reilly Parts, Petco, Ross, ShopKO, Tire Pros, TJ Maxx, Walgreens, **W** Phillips 66/A&W/dsl InTown Suites vet

315 26th S, N Salt Lake, **E** Chevron/dsl, Tesoro, Texaco Arby's, Best Burger, Empire Chinese, Kneaders Bakery Cafe, McDonald's, Nielsen's Frozen Custard, Pappa's Steaks, Subway, Taco Time, Village Inn, Wendy's Best Western, Comfort Inn Buick/GMC, Burt Bros Tires, Chevrolet, Discount Tire, Ford/Lincoln, Honda, Mazda, Nissan, Schwab Tire, Smith's Foods, Southfork Hardware, Toyota/Scion, Tunex, U-Haul, Walgreens, **W** IHOP, Lorena's Mexican Hampton Inn, Motel 6

314 Center St, Cudahy Lane (from sb), N Salt Lake, **E** gas

313 I-215 W (from sb), to

312 US 89 S, to Beck St, N Salt Lake

311 2300 N

310 900 W (from sb), **W** Salt City Motel

309 600 N, **E** H, downtown, LDS Temple, to UT State FairPark

308 I-80 W, to Reno,

307 400 S, downtown

306 600 S, SLC City Ctr, **1 mi E** Chevron, Phillips 66/dsl, Sinclair Alberto's Mexican, Denny's, McDonald's, Starbucks, Subway, Wendy's Chrystal Inn, Comfort Inn, DoubleTree, Grand America, Hampton Inn, Hilton Garden, Little America, Motel 6, Red Lion Inn, Rodeway Inn, Sheraton, SpringHill Suites Hyundai, LDS Church Offices, to Temple Square, Toyota

305c-a 1300 S, 2100 S UT 201 W, SLC, downtown, **E** Chevron/Subway/dsl, Shell Carl's Jr, ChuckECheese, Dickey's BBQ, IHOP, Jimmy John's, McDonald's, Starbucks, Tepanyaki Japanese $Tree, Best Buy, Costco/gas, Home Depot, Office Depot, PetsMart, Sams Club/dsl, U-Haul, Walmart, **W** FLYING J/Denny's/dsl/LP/24hr El Pasa Mexican Blue Beacon, Kia

304 I-80 E, to Denver, Cheyenne

303 UT 171, 3300 S, S Salt Lake, **E** 7-11, Maverik/dsl, Sinclair/dsl Apollo Burgers, Burger King, Crown Burger, Jimmy John's, McDonald's, Starbucks, Taco Bell Day's Inn, InTowne Suites, **W** Maverik Buick/GMC

301 UT 266, 4500 S, Murray, Kearns, **E** McDonald's, Subway, Super Grinders Discount Tire, **W** Chevron/Burger King/dsl, Conoco/dsl, Texaco/dsl Denny's, Subway, Wendy's Baymont Inn, Fairfield Inn, Hampton Inn Lowe's Whse

300 UT 173, 5300 S, Murray, Kearns, **E** H, **W** Chevron/dsl, Conoco/dsl, Sinclair/dsl Papa Murphy's, Subway, Taco Time Pavilion Inn Smith's Foods

298 I-215 E and W

297 UT 48, 7200 S, Midvale, **E** Chevron, Phillips 66/dsl Arctic Circle, Cafe Silvestre, Denny's, Hooters, McDonald's, Mezquite Mexican, Midvale Mining Cafe, Sweet Ginger Chinese, Taco Bell Best Western, Day's Inn, Discovery Inn, InTowne Suites, La Quinta, Motel 6 Family$, Schwab Tire, Solitude Ski Areas, to Brighton, vet, Walgreens, **W** Sinclair/dsl Culver's, Dunkin Donuts, Jimmy John's, Subway, WinCo Foods Staybridge Suites GNC

295 UT 209, 9000 S, Sandy, **E** Chevron/dsl, Sinclair/dsl Arby's, Burger King, Ichiban Asian, Schlotzsky's, Sconecutter's Rest.,

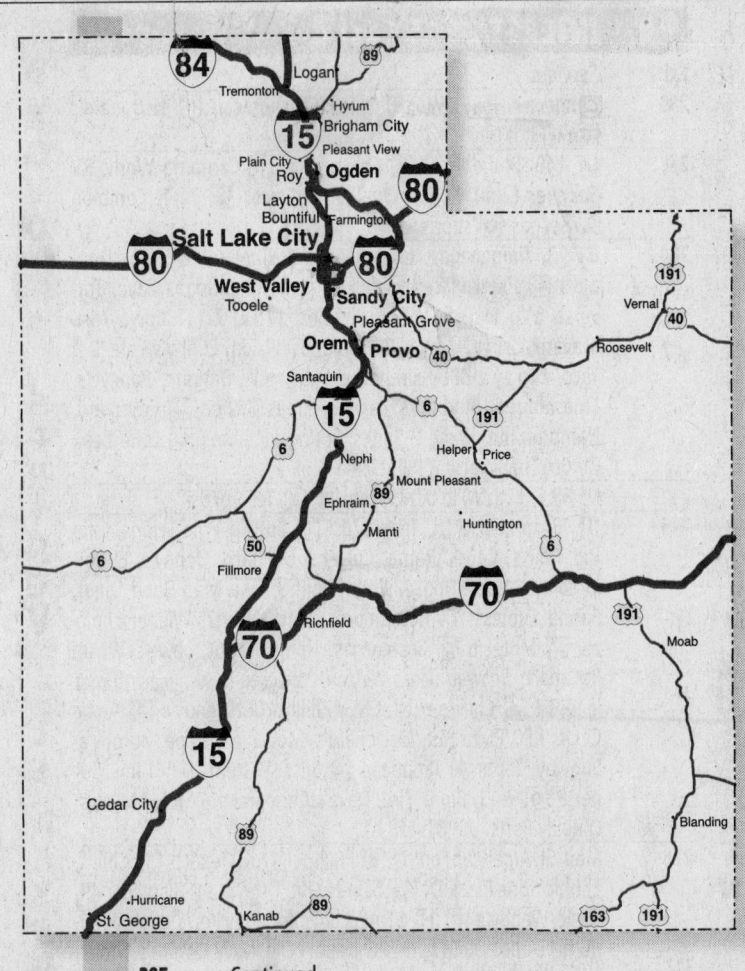

295 Continued
Sizzler, Subway Comfort Inn Alta Ski Areas, Discount Tire, Firestone/auto, Ford/Lincoln, NAPA, Rio Rinto Stadium, to Snowbird, **W** Maverik H, Aamco, BMW Motorcycles, Harley-Davidson, URGENT CARE

293 106th S, Sandy, S Jordan, **E** Conoco, Shell//dsl A&W/KFC, Buffalo Wild Wings, Carl's Jr., Carver's Steak & Seafood, Chick-fil-A, Chili's, Chipotle Mexican, ChukECheese, Costa Vida, Firehouse Subs, Five Guys, Habit Burger, Iggy's Grill, IHOP, Jim's Rest., La Frontera, Los Cucos Mexican, McDonald's, McGrath's Fishhouse, Mimi's Cafe, Olive Garden, Pei Wei, Rumbi Island Grill, Sampan Chinese, Starbucks, Subway, Sweet Tomatoes, Taco Bell, TGIFriday, Training Table, TX Roadhouse, Village Inn, Wendy's Best Western, Courtyard, Extended Stay America, Hampton Inn, Hilton Garden, Holiday Inn Express, Hyatt House, Marriott, Residence Inn, TownePlace Suites Best Buy, Chevrolet, Chrysler/Dodge/Jeep, Costco/gas, Dillard's, Goodyear/auto, Home Depot, Honda, Hyundai, JC Penney, Macy's, mall, Petsmart, Scheels Sports, Staples, Subaru, Target, USPO, **W** Denny's Country Inn Suites, Sleep Inn, Super 8 Buick/GMC/Kia, CarMax, Nissan, Sam's Club/dsl, VW, Walmart

291 UT 71, 12300 S, Draper, Riverton, **E** Chevron, Common Cents/dsl Arby's, Arctic Circle, Café Rio Mexican, Carl's Jr, Del Taco, Fazoli's, Guadalahonky's Mexican, In-N-Out, Jamba Juice, KFC, McDonald's, Panda Express, Pizza Hut, Quizno's, Ruby Tuesday, Sonic, Teriyaki Express, Wendy's, Wienerschnitzel, Wingers Diner Comfort Inn, Fairfield Inn, Ramada Ltd Brown RV, Camping World RV Supplies (1mi), Discount Tire, FSA Outlets/famous brands, Goodyear/auto, Greenbax, Kohl's, Mountain Shadows Camping, Smith's Foods, **W** Phillips 66 Sam's Club/gas, Walmart

= gas = food = lodging = other = rest stop Copyright 2018 - The Next EXIT

INTERSTATE 15 Cont'd

Exit#	Services
289	Bangerter Hwy, **W** Exxon/Quiznos/dsl McDonald's 7-11, IKEA
288	UT 140, Bluffdale, **E** Chevron/dsl Camping World RV Supplies (2mi), Kohl's, Quality RV Ctr, **W** 7-11, Common Sense/gas st prison
284	UT 92, Timpanogas Hwy, to Alpine, Highland, **E** McDonald's Hyatt Place Cabela's, to Timpanogas Cave, Traverse Mtn Outlets/famous brands, **W** 7-11/Subway/dsl, Maverik/dsl Arby's, Carl's Jr, Costa Vida, Cubby's Cafe, Del Taco, Dickey's BBQ, Firehouse Subs, JCW Burgers, Popeye's, Smashburger, Starbucks, Zaxby's, Zupas Kitchen Courtyard, Hampton Inn, Home 2 Suites, SpringHill Suites Lone Peak RV Ctr, Thanksgiving Point/café
282	US 89 S, 12th W, to UT 73, Lehi, **W** Tesoro/dsl
279	UT 73, to Lehi, **E** Texaco/dsl Buffalo Wild Wings, Cafe Rio, Chili's, ChuckARama, Culver's, Del Taco, Denny's, El Pollo Loco, Hibachi House, Jimmy John's, One Man Band Diner, Panda Express, TX Roadhouse, Which Wich?, Wienerschnitzel Motel 6 Costco/gas, Home Depot, Lowe's Whse, Petsmart, Schwab Tire, Verizon, Walgreens, Walmart/Burger King, **W** Chevron/dsl, CNG, Phillips 66/Wendy's Arctic Circle, KFC/Pizza Hut, McDonald's, Moochie's, Papa Murphy's, Subway, Tepanyki Japanese Best Western, Day's Inn, Super 8 7-11, Big O Tire, Dave's Chiropractic, GNC, Macey's, O'Reilly Parts, USPO, vet
278	Main St, American Fork, **E** Phillips 66/dsl, Texaco Chili's, Cobblestone Pizza, Del Taco, In-N-Out, Ottavio's Italian, Pier 49, Sonic, Wendy's , $Tree, Chevrolet, Chrysler/Dodge/Jeep, Home Depot, Kohl's, Office Depot, Old Navy, Smith's Foods, Subaru/Suzuki, Target, Walmart, **W** Woodspring Suites
276	5th E, Pleasant Grove, **1-2 mi E** Circle K, Conoco/Blimpie, Phillips 66, Texaco Arby's, Carl's Jr, Del Taco, Denny's, Golden Corral, Hardee's, KFC, McDonald's, Subway, Taco Bell, Wendy's Quality Inn , American Camping, Chevrolet, Stewart's RV Ctr, **W** Buick/GMC, Ford, Land Rover
275	Pleasant Grove, **E** Bajio Grill, Panda Express, Sonic, Wienerschnitzel BMW, Macey's Foods
273	Orem, Lindon, **E** Exxon/dsl, Holiday Costa Vida Mexican, Del Taco Discount Tire, Home Depot, Lexus, Mercedes, Schwab Tire, **W** Harley-Davidson
272	UT 52, to US 189, 8th N, Orem, **1 mi E** Maverik, Phillips 66 Arby's, Cafe Rio, Denny's, DQ, Sonic La Quinta to Sundance RA
271	Center St, Orem, **E** 7-11, Chevron Burger King, ChuckECheese, McDonald's, Panda Express, Taco Bell, Wendy's, Zaxby's , Target, USPO, **W** Maverik/dsl DQ
269	UT 265, 12th St S, University Pkwy, **1-3 mi E** Chevron, Sinclair, Texaco/Wendy's/dsl Applebee's, Arby's, Carrabba's, Chili's, Fuddrucker's, Golden Corral, HoneyBaked Ham, IHOP, Krispy Kreme, McDonald's, Noodles & Co., Outback Steaks, Pizza Hut, Sakura Japanese, Sizzler, Starbucks, Subway, Thai Evergreen, Village Inn Best Western, Comfort Inn, Courtyard, Hampton Inn, La Quinta Barnes&Noble, Best Buy, Ford, Honda, JC Penney, JiffyLube, Jo-Ann Fabrics, Lowe's Whse, mall, many services on US 89, Mazda, Mazda, Michael's, Nissan, Office Depot, Old Navy, Petsmart, Ross, Subaru, TJ Maxx, to BYU, Toyota/Scion, VW, Walmart, **W** Chevron
265b a	UT 114, Center St, Provo, **E** 7-11, Conoco, Phillips 66/Wendy's, Shell, Sinclair/dsl Marriott, Travelers Inn, Travelodge , Albertson's, auto repair, Checker Parts,

265b a	Continued Firestone/auto, **W** Chevron, Shell/dsl Great Stea Rest., Subway Econolodge KOA, Lakeside RV, to Uta Lake SP
263	US 189 N, University Ave, Provo, **E** Chevron, Conoco/ds Maverik, Sinclair A&W/KFC, Arby's, Burger King, Chuck aRama, Fazoli's, Hogi Yogi, Los Three Amigos Mexican, McDon ald's, Papa Murphy's, Ruby River Steaks, Sizzler, Taco Bell, Tac Time, Village Inn Rest., Wendy's Best Western, Colony Inn Fairfield Inn, Hampton Inn, La Quinta, Motel 6, National 9 Inn Safari Motel, Sleep Inn, Super 8, Western Inn auto repai CarQuest, Curves, Dillard's, GoodEarth Foods, Home Depot, J Penney, Les Schwab, mall, NAPA, Sam's Club/gas, Silver Fox R Camping, Staples, to BYU, VW/Audi
261	UT 75, Springville, **E** FLYING J/Denny's/dsl/scales/24hr Maverik McDonald's (1mi) Best Western, Holiday In Express KOA, RestStop
260	UT 77, Springville, Mapleton, **E** Phillips 66/7-11/dsl De Taco, IHOP, Mongolian Grill, Papa John's, Pizza Hut, Wen dy's Big O Tire, JiffyLube, Walmart/Subway, **W** Chev ron/Subway/dsl, Loves/Chester's/McDonald's/dsl. scales/24hr Cracker Barrel Days Inn Quality RV Ctr
257b a	US 6 E, UT 156, Spanish Fork, **E** Chevron/dsl, Sinclair, Te soro/dsl, Texaco/dsl/LP Amber Rest., Arby's, Burger King Cafe Rio, Carl's Jr, China Wok, Costa Vida, Cubby's Cafe, Cul ver's, Five Guys, Italian Place, Jimmy John's, KFC, Kneaders, Lit tle Caesar's, McDonald's, One Man Band Diner, Papa Murphy's Pizza Factory, Rita's, Sonic, Starbucks, Subway, Taco Bell, Tacc Time, Wendy's, Zupas Kitchen $Tree, AT&T, AutoZone, Big O Tire, Cal Store, Costco/gas, Fresh Mkt/gas, GNC, Good Eart Mkt, Jo-Ann Fabrics, Macey's Foods, O'Reilly Parts, ShopKO Verizon, Walmart/Subway, **W** Chevrolet
253	UT 164, to Spanish Fork
250	UT 115, Payson, **E** Chevron/dsl McDonald's, Subway Quality Inn , Mt Nebo Loop, O'Reilly Parts, Payson Foods, RiteAid
248	Payson, Salem, **E** Chevron/dsl, Texaco/Arby's/Subway/ds Costa Vida, Hunan City, Papa John's, Papa Murphy's, Pizza Hut, Taco Bell, Tsing Tao Asian $Tree, AT&T, AutoZone, Big O Tire, Verizon, Walmart/Subway, **W** Phillips 66/Wendy's/7-11/dsl
244	US 6 W, Santaquin, **E** Maverik/dsl DQ Tire Trax Auto, TrueValue, **W** Chevron/dsl, Sinclair/dsl Brumby's Cafe, Family Tree Rest., Hot Rod Diner, Main St Pizza, Subway, Taco Time auto/tire care, Family$, Ford, Main St Mkt, Nat Hist Area, USPO
242	to S Santaquin, **W** Chevron/dsl
233	UT 54, Mona, **W** Shell/Subway/dsl
228	UT 28, to Nephi, **2-4 mi W** services
225	UT 132, Nephi, **E** Tesoro/dsl/LP Main St Pizza, One Man Band Diner, Taco Time, **W** Chevron/Arby's/dsl, Phillips 66/7-11/Wendy's/dsl Economy Inn , Big O Tire
222	UT 28, to I-70, Nephi, **E** Chevron/dsl, Sinclair/Hogi Yogi/ scales/dsl/24hr, Texaco/dsl Burger King, Mickelson's Rest., Subway Motel 6, National 9 Inn, Super 8 dsl repair, **W** FLYING J /Denny's/dsl/LP/scales/24hr Lisa's Country Kitchen Best Western, Safari Motel , dsl repair, High Country RV Park
207	to US 89, Mills
202	Yuba Lake, access to boating, camping, , rec services
188	US 50 E, to I-70, Scipio, **E** Chevron/Subway/dsl, Texaco/dsl Scipio Hotel, **W** FLYING J/DQ/dsl/rest stop/24hr

Vertical labels: PROVO, SPRINGVILLE, NEPHI, LEHI, OREM, UT

🔼Ⓝ INTERSTATE 15 Cont'd

Exit#	Services
184	ranch exit
178	US 50, to Delta, **W** 📶 gas 🅾 🍴, to Great Basin NP
174	to US 50, Holden, **W** 🅾 to great Basin NP
167	Lp 15, Fillmore, **E** 📶 Chevron/dsl, Sinclair/dsl 🍴 5 Buck Pizza 🛏 Best Western/rest. 🅾 🅷, CarQuest, city park, golf, Goodyear, KOA (3mi), WagonsWest RV Park, **W** 📶 Chevron/Subway/rest stop/dsl, Texaco/dsl 🍴 Carl's Jr 🅾 tires/repair
163	Lp 15, to UT 100, Fillmore, **E** 📶 Maverik/dsl, Shell/Burger King/Costa Vida/dsl 🍴 Hong Kong Chinese, Larry's Drive-In 🛏 Comfort Inn 🅾 🅷, KOA, **W** 📶 Chevron/dsl/24hr 🛏 Travel & Rest Inn
158	UT 133, Meadow, **E** 📶 Conoco/dsl, Shell/dsl
153mm	view area sb
151mm	view area nb
146	Kanosh, **2 mi E** 📶 gas 🅾 chainup area
138	ranch exit
135	Cove Fort Hist Site, **E** 📶 Chevron/Subway/rest stop/dsl 🅾 repair/tires
132	I-70 E, to Denver, **E** 🅾 Capitol Reef NP, Fremont Indian SP
129	Sulphurdale, 🅾 chainup area
125	ranch exit
120	Manderfield, 🅾 chainup area nb
112	to UT 21, Beaver, Manderfield, **E** 📶 Chevron/dsl, Conoco/dsl, Sinclair/dsl 🍴 Arshel's Café, Carl's Jr, Crazy Cow Cafe, Hunan Chinese, McDonald's, Subway 🛏 Beaver Lodge, Best Western, Country Inn, De Lano Motel/RV Park, Motel 6 🅾 🅷, auto/RV/dsl repair, Family$, Hometown Mkt, KOA (1mi), **W** 📶 ⓙFLYING J/cafe/dsl/scales/24hr 🍴 Wendy's 🛏 Days Inn, Super 8 🅾 to Great Basin NP
109	to UT 21, Beaver, **E** 📶 Phillips 66/dsl, Shell/Burger King/dsl/RV dump, Spirit/dsl 🛏 Best Western, Comfort Inn 🅾 🅷, auto repair, Cache Valley Cheese, Mike's Foodtown, NAPA, United Camping, **W** 📶 Blu LNG, Chevron/DQ/dsl 🍴 KanKun Mexican, Timberline Rest. 🛏 Quality Inn 🅾 to Great Basin NP, truck wash
100	ranch exit
95	UT 20, to US 89, to Panguitch, **E** 🅾 Bryce Canyon NP
88mm	🅡ˢ both lanes, full 🦽 facilities, hist site, litter barrel, petwalk, 🍴, picnic table
82	UT 271, Paragonah
78	UT 141, **1 mi E** 📶 Chevron/dsl, Maverik 🛏 Days Inn 🅾 NAPA, ski areas, **W** 📶 TA/Subway/Taco Bell/LP/dsl/scales/24hr/@
75	UT 143, **2 mi E** 📶 Chevron, Maverik 🛏 Days Inn 🅾 Parowan Mkt, to Brian Head/Cedar Breaks Ski Resorts
71	Summit
62	UT 130, Cedar City, **E** 📶 ♥Love's/Carl's Jr/Subway/dsl/scales/24hr, Phillips 66/dsl 🍴 Allberto's Mexican 🅾 🅷, Country Aire RV Park, KOA (2mi), st patrol, **W** 📶 Maverik/dsl, Shell/dsl/24hr/dsl repair/@ 🛏 Travelodge
59	UT 56, Cedar City, **0-2 mi E** 📶 Chevron/DQ/dsl, Conoco/dsl, Maverik, Phillips 66/dsl/LP, She'll/dsl 🍴 A&W/KFC, Arby's, Burger King, China Kitchen, Denny's, Depot Grill, Firehouse Subs, Great Harvest Bread Co., Hermie's Drive-In, Hong Kong Buffet, IHOP, Jimmy John's, Little Caesar's, McDonald's/playplace, Papa Murphy's, Pizza Factory, Sizzler, Sonny Boy's BBQ, Subway, Taco Bell, Valerie's Tacos, Wendy's, Zaxby's 🛏 Abbey Inn, Best Value Inn, Best Western, Quality Inn, Stratford Hotel 🅾 Buick/Chevrolet, Goodyear/auto, Lin's Mkt, Mr Tire, NAPA, Tire Pros, USPO, Verizon, **W** 📶 Maverik/dsl, Sinclair/dsl 🍴 Subway 🛏 Motel 6, Ramada, Super 8

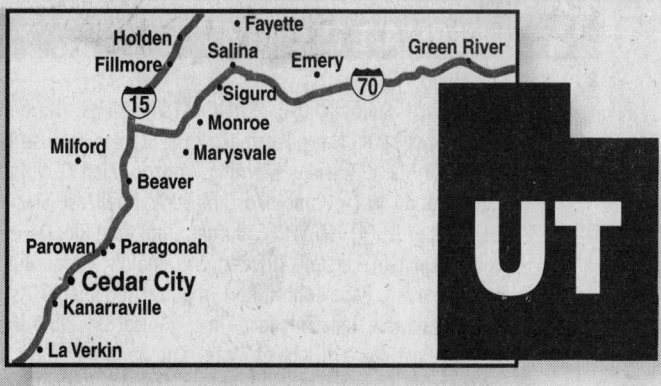

57	Lp 15, to UT 14, Cedar City, **0-2 mi E** 📶 Chevron/repair/24hr, Phillips 66/dsl, Shell, Sinclair/dsl 🍴 DQ, Subway, Taco Time 🛏 Comfort Inn, Days Inn, Holiday Inn Express, La Quinta, SpringHill Suites 🅾 🅷, $Tree, AutoZone, Big O Tire, Bryce Cyn, CAL Ranch, Duck Crk, Jo-Ann Fabrics, NAPACare, Navajo Lake, O'Reilly Parts, Smith's Food/dsl, Staples, TJ Maxx, to Cedar Breaks, Verizon, **W** 📶 Chevron/dsl, USA 🍴 5 Buck Pizza, Applebee's, Cafe Rio, Chili's, Costa Vida, Del Taco, Dickey's BBQ, Jack-in-the-Box, Lupita's Mexican, Ninja Japanese, Panda Express, Papa John's, Starbucks, Subway, Winger's 🛏 Hampton Inn 🅾 GNC, Home Depot, Tunex, Verizon, Walgreens, Walmart/McDonald's
51	Kanarraville, Hamilton Ft
44mm	full 🦽 facilities, hist site, litter barrels, petwalk, 🍴, 🛏, 🅡ˢ both lanes
42	New Harmony, Kanarraville, **W** 📶 Texaco/dsl
40	to Kolob Canyon, **E** 🅾 scenic drive, tourist info/🍴, Zion's NP
36	Black Ridge
33	Snowfield
31	Pintura
30	Browse
27	UT 17, Toquerville, **E** 🅾 Grand Canyon, Lake Powell, to Zion NP
23	Leeds, Silver Reef (from sb), **3 mi E** 🅾 hist site, Leed's RV Park/gas, museum
22	Leeds, Silver Reef (from nb), same as 23
16	UT 9, to Hurricane, **E** 📶 Texaco/dsl 🛏 Holiday Inn Express 🅾 Harley-Davidson, Walmart Dist Ctr
13	Washington Pkwy, **E** 📶 Maverik/dsl
10	Middleton Dr, Washington, **E** 📶 Phillips 66/dsl, Sinclair/dsl, USA 🍴 Alvero's Mexican, Arby's, Arctic Circle, Benja's Thai, Bishop's Cafe, Buca Italian, Burger King, Costa Vida, Del Taco, Dickey's BBQ, Don Pedro's Mexican, El Pollo Loco, Freddy's, Hungry Howie's, IHOP, In-N-Out, Jack-in-the-Box, Jimmy John's, Little Caesar's, Mad Pita, McDonald's, Peppers Cantina, Pizza Factory, Pizza Hut, Qdoba, Red Robin, Royal Thai, Sonic, Subway, TX Roadhouse, Wendy's 🛏 Country Inn&Suites, Quality Inn 🅾 AAA, Albertsons/Sav-On, AutoZone, Barnes&Noble, Best Buy, Costco/gas, Dillard's, Discount Tire, Home Depot, JC Penney, Jo-Ann Fabrics, Kohl's, Natural Grocers, O'Reilly Parts, PetCo, Sears/auto, Tunex, Verizon, vet, Walmart/Subway, **W** 📶 Chevron/dsl/LP, Texaco/dsl 🅾 auto repair, St George RV Park/camping
8	St George Blvd, St George, **E** 📶 Chevron/Subway/dsl, Texaco/dsl 🍴 Apollo Burger, Applebee's, Brick Oven, Buffalo Wild Wings, Carl's Jr, Chick-fil-A, Chick-fil-A, Chili's, ChuckaRama, Coldstone, Firehouse Subs, Five Guys, Golden Corral, Habit Burger, Iggy's Grill, Jimmy John's, Mongolian BBQ, Olive Garden, Outback Steaks, Panda Express, Paradise Bakery & cafe, Red Lobster, Smashburger, Starbucks, Subway, Village Inn Rest., Winger's 🛏 Best Inn, Courtyard, Hampton Inn, Ramada Inn,

FILLMORE · **BEAVER** · **CEDAR CITY**

🅘 = gas **🅘** = food **🛏** = lodging **🅞** = other **🆁🆂** = rest stop Copyright 2018 - The Next EXIT ©

🔼N INTERSTATE 15 Cont'd

8 Continued
TownePlace Suites 🅞 **🅷**, $Tree, AT&T, Dick's, Harmon's Foods, Lowe's, Old Navy, Petsmart, Ross, Staples, Sunrise Tire, Target, TJ Maxx, Tuesday Morning, Verizon, Zion Outlets/famous brands, **W** 🅘 Conoco/dsl, Maverik, Shell/dsl, Sinclair/dsl, Texaco/dsl 🍴 A&W/KFC, Burger King, Cafe Rio, Denny's, Iceberg Drive-In, Larsen's Drive-In, McDonald's, Ocean Buffet, Panda Garden, Papa John's, Port of Subs, Red Ginger Asian, Sakura Japanese, Taco Bell, Taco Time, Tropical Smoothie, Wendy's 🛏 Best Western, Chalet Motel, Coronada Inn, Days Inn, EconoLodge, Economy Inn, Knights Inn, Motel 6, Rodeway Inn, Sands Motel, SunTime Inn, Super 8 🅞 Auto Tech/tires, Big O Tire, Desert Coach RV Ctr, NAPA, O'Reilly Parts, Rite Aid, to LDS Temple, vet

6 UT 18, Bluff St, St George, **E** 🅘 Chevron/dsl/24hr, Sinclair/dsl, Texaco/dsl 🍴 Cracker Barrel, Culver's, Jack-in-the-Box, Player's Grill, Rib Chop House, Subway 🛏 Ambassador Inn, Comfort Inn, Fairfield Inn, Hilton Garden 🅞 Buick/GMC, Hyundai, Kia, museum, Subaru, VW, **W** 🅘 Shell, Texaco 🍴 Arby's, Beijing Buffet, Black Bear Diner, Burger King, Denny's, Domino's, DQ, Jimmy John's, McDonald's, Pizza Hut, Ricardo's Rest., SF Pizza 🛏 Best Value Inn, Best Western, Claridge Inn, Clarion Suites, Crystal Inn, Howard Johnson, Lexington Hotel, Quality Inn, St George Inn 🅞 **🅷**, auto/truck repair, AutoZone, Big O Tire, Cadillac/Chevrolet, Camping World RV Ctr, Chrysler/Dodge/Jeep, Ford/Lincoln, funpark, Goodyear/auto, Honda, K-Mart, Mazda, Nissan, TempleView RV Park, Toyota, U-Haul

5 Dixie Dr

4 Brigham Rd, Bloomington, **E** 🅘 🅘️/Burger King/dsl/scales/24hr 🛏 La Quinta, **W** 🅘 Chevron/Subway/Taco Time/dsl, USA/dsl 🍴 Dickey's BBQ, Hungry Howie's, Peppers Cantina, Wendy's 🛏 Wingate Inn 🅞 Walmart/Subway

2 UT 7 E, Southern Pkwy, **E** 🅞 ♿

1 Port of Entry/**weigh sta both lanes**

0mm Utah/Arizona state line

🔼E INTERSTATE 70

Exit#	Services
232mm	Utah/Colorado state line
228mm	view area wb, litter barrels
227	Westwater
221	ranch exit
214	to Cisco
204	UT 128, to Cisco
193	Yellowcat Ranch Exit
190mm	**Welcome Ctr wb, full ♿ facilities, info, litter barrels, 🖼 vending**
187	Thompson, **N** 🅘 Shell/7-11/dsl 🅞 Ballard RV Park
185mm	parking area eb
182	US 191 S, Crescent Jct, to Moab, **N** 🅘 Papa Joe's, **S** 🅞 to Arches/Canyonlands NP
181mm	**🆁🆂 eb, full ♿ facilities, litter barrels, 🖼, scenic view**
175	ranch exit
164	UT 19, Green River, **1-3 mi N** 🅘 Phillips 66/Burger King/dsl, 🅘️/Westwinds/rest/dsl/scales/24hr, Silver Eagle/Blimpie/dsl, Tesla EVC 🍴 Tamarisk Rest. 🛏 Best Value Inn, Comfort Inn, Holiday Inn Express, Knights Inn, Motel 6, River Terrace Inn, Super 8 🅞 KOA, Powell River Museum, same as 160, tires/repair
160	UT 19, Green River, **0-2 mi N** 🅘 Chevron/Subway/dsl, Conoco/Arby's/dsl 🍴 Cathy's Pizza, Chowhound, La Veracruzana,

160 Continued
Ray's Rest. 🛏 Budget Inn, Robbers Roost, Sleepy Hollow Motel 🅞 Ace Hardware, city park, Green River SP, NAPA/repair, same as 164, Shady Acres RV Park, USPO

157 US 6 W, US 191 N, to Price, Salt Lake

149 UT 24 W, to Hanksville, to Capitol Reef, Lake Powell, 🅞 Goblin Valley SP

146 view area wb, restrooms

144mm **runaway truck ramp eb**

143mm view area both lanes, restrooms

142mm **runaway truck ramp eb**

138mm **brake test area, restrooms eb**

131 Temple Mt Rd

122mm Ghost Rock View Area both lanes, restrooms

116 to Moore, **N** view area both lanes

115 **N** view area eb

108 ranch exit

105mm Salt Wash View Area both lanes

99 ranch exit

91 UT 10 N, UT 72, to Emery, Price, **12 mi N** 🅘 gas, **S** 🅞 to Capitol Reef NP

86mm **S 🆁🆂 both lanes, full ♿ facilities, litter barrels, petwalk**

73 ranch exit

63 Gooseberry Rd

56 US 89 N, to Salina, US 50 W, to Delta, NEXT SERVICES 109 Mi EB, **0-1 mi N** 🅘 Conoco/dsl, Maverik/dsl, Phillips 66/Carl's Jr/dsl, Sinclair/Burger King/dsl 🍴 Denny's, El Mexicano Mexican, Losta Motsa Pizza, Mom's Cafe, Subway 🛏 EconoLodge, Rodeway Inn, Super 8 🅞 Barretts Foods, Butch Cassidy RV Camp, Family$, NAPA, Peterbilt, truck/RV/auto repair, **S** 🅘 ♥Love's/Arby's/dsl/scales/24hr

48 UT 24, to US 50, Sigurd, Aurora, **1-2 mi S** 🅘 gas 🍴 food 🅞 Capitol Reef NP, to Fishlake NF

40 Lp 70, Richfield, **0-2 mi S** 🅘 ⊕FLYING J/Pepperoni's/dsl/LP/rest./24hr, Chevron/dsl, Maverik/dsl, Texaco/dsl 🍴 Arby's, Frontier Village Rest., Papa Murphy's, Subway, Taco Time 🛏 Best Western, Budget Host, Days Inn/rest., Holiday Inn Express, Super 8 🅞 **🅷**, Big O Tire, Buick/Cadillac/Chevrolet/GMC, Chrysler/Dodge/Jeep, city park, Fresh Mkt, IFA Store, NAPA, RV/truck repair, USPO

37 Lp 70, Richfield, **1-2 mi S** 🅘 Phillips 66/Wendy's/dsl, Silver Eagle/Burger King/dsl 🍴 Dickey's BBQ, KFC/Taco Bell, Little Caesar's, Lotsa Motsa Pizza, McDonald's, Pizza Hut, Steve's Steaks, Wingers 🛏 Comfort Inn, Fairfield Inn, Hampton Inn, Motel 6, New West Motel, Quality Inn, Royal Inn 🅞 $Tree, Ace Hardware, AutoZone, Ford, golf, Home Depot, KOA, O'Reilly Parts, Pearson Tire, st patrol, to Fish Lake/Capitol Reef Park, Verizon, Walmart/Subway

31 Elsinore, Monroe, **S** 🅘 Silver Eagle/DQ/dsl

25 UT 118, Joseph, Monroe, **S** 🅞 Flying U Country Store/dsl/RV park

23 US 89 S, to Panguitch, Bryce Canyon

17 **N** 🅞 camping, **chain-up area (WB)**, Fremont Indian SP, info, museum, 📞

13mm **brake test area eb**

7 Ranch Exit

3mm Western Boundary Fishlake NF

1 **N** 🅘 Chevron/Subway/rest stop (2mi) 🅞 Historic Cove Fort

0mm I-15, N to SLC, S to St George.

I-70 begins/ends on I-15, exit 132.

⬆E   INTERSTATE 80

Exit#	Services
197mm	Utah/Wyoming state line, Utah/Wyoming state line
191	Wahsatch
187	ranch exit
185	Castle Rock
182mm	Port of Entry/weigh sta wb
178	Emery (from wb)
170	Welcome Ctr wb/Ⓡ eb, full ♿ facilities, litter barrels, petwalk, ⊙, 🚻, RV dump, vending
169	Echo
168	I-84 W, to Ogden, I-80 E, to Cheyenne
166	view area both lanes, litter barrels
162	Coalville, 164 Coalville, N 📟 Phillips 66/dsl/mart 🏠 Best Western ⊙ CamperWorld RV Park, Holiday Hills RV Camp/LP, S 📟 Chevron/dsl, Sinclair/dsl 🍴 Polar King, Subway ⊙ Griffith's Foods, NAPA, to Echo Res RA, USPO
155	UT 32 S, Wanship, S 📟 Sinclair/dsl ⊙ to Rockport SP
150	toll gate promontory
146b a	US 40 E, to Heber, Provo, N 📟 Sinclair/Blimpie/Pizza Hut/dsl, S 📟 Phillips 66/7-11/dsl ⊙ Burt Bros Tires, Home Depot
146	view area/chain up wb
145	UT 224, Kimball Jct, to Park City, N ⊙ Chevrolet, Ford, Park City RV Park, vet, S 📟 Chevron/dsl 🍴 Arby's, Cafe Rio, Coldstone, Del Taco, Five Guys, Freebirds Burrito, Ghidottis Italian, Great Harvest Bread Co, Jimmy John's, Loco Lizard Cantina, McDonald's, Panda Express, Papa John's, Pizza Hut, Red Rock Cafe, Ruby Tuesday, Starbucks, Subway, Szechwan Chinese, Taco Bell, Wendy's, Whole Foods Mkt 🏠 Best Western, Hampton Inn, Holiday Inn Express ⊙ Best Buy, Best Buy, GNC, Michaels, Outlet Mall/famous brands, Petco, RV camping, Smith's Foods/dsl, Staples, TJ Maxx, to ski areas, USPO, visitors info, Walmart
144mm	view area eb
141	ranch exit, N 📟 Phillips 66/Subway/dsl ⊙ Burt Bros Tires, to Jeremy Ranch, S 🍴 Billy Blanco Mexican ⊙ camping, Fresh Mkt, ski area
140	Parley's Summit, Parley's Summit, S 📟 Sinclair/dsl 🍴 No Worries Café
137	Lamb's Canyon
134	UT 65, Emigration Canyon, East Canyon, ⊙ Mountaindale RA
133	utility exit (from eb)
132	ranch exit
131	(from eb) Quarry
130	I-215 S (from wb)
129	UT 186 W, Foothill Dr, Parley's Way, N ⊙ Ⓗ
128	I-215 S (from eb)
127	UT 195, 23rd E St, to Holladay
126	UT 181, 13th E St, to Sugar House, N 📟 Chevron 🍴 A&W/KFC, Carl's Jr, Chick-fil-A, Olive Garden, Red Lobster, Sizzler, Taco Bell, Training Table, Wendy's 🏠 Extended Stay America ⊙ ShopKO, Verizon
125	UT 71, 7th E St, N 🍴 Dee's Rest., Jimmy John's, Little Caesar's, Olympian Rest., Starbucks ⊙ AT&T, Firestone, Pepboys
124	US 89, S State St, N 🍴 7-11 🍴 Astro Burgers, Burger King, Strarbucks, Subway, Taco Bell ⊙ Access RV Ctr, Chrysler/Dodge/Jeep, Discount Tire, vet, S 🍴 A&W/KFC 🏠 Ramada Inn
123mm	I-15, N to Ogden, S to Provo

I-80 and I-15 run together approx 4 mi. See I-15, exits 305-307.

121	600 S, to City Ctr

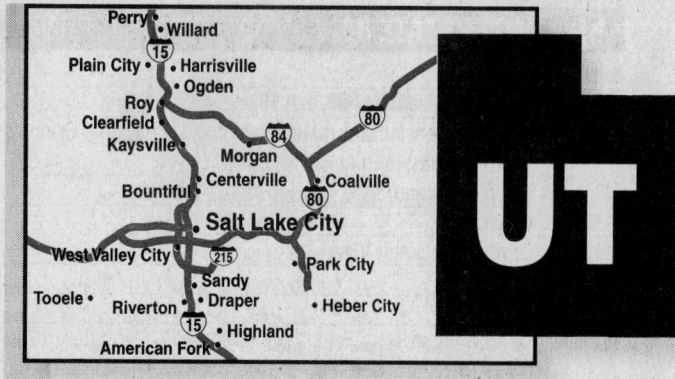

120	I-15 N, to Ogden
118	UT 68, Redwood Rd, to N Temple, 0-1 mi N on N Temple 📟 Chevron/Subway/dsl, ♥Love's/Arby's/dsl/scales/24hr, Shell/dsl 🍴 A&W/KFC, Apollo Burger, Burger King, Carls Jr, Denny's, Taco Bell, Wendy's 🏠 Airport Inn, Baymont Inn, Candlewood Suites, Comfort Suites, Holiday Inn Express, Motel 6, Radisson, Salt Lake Inn, S 📟 Maverik/dsl ⊙ Ⓗ
117	I-215, N to Ogden, S to Provo
115b a	Bangerter Hwy, N to Salt Lake Airport
114	Wright Bros Dr (from wb), N same as 113
113	5600 W (from eb), N 📟 Phillips 66/dsl 🍴 Perkins, Port of Subs, Subway 🏠 Comfort Inn, Courtyard, DoubleTree, Fairfield Inn, Hampton Inn, Hilton Garden, Holiday Inn, Homewood Suites, Hyatt Place, La Quinta, Microtel, Quality Inn, Ramada Inn, Residence Inn, SpringHill Suites, Super 8
111	7200 W
104	UT 202, Saltair Dr, to Magna, N ⊙ beaches, Great Salt Lake SP
102	UT 201 (from eb), to Magna
101mm	view area wb
99	UT 36, to Tooele, S 📟 ⊕FLYING J/Denny's/dsl/scales/LP/24hr, Chevron/Subway/dsl, TA/Burger King/Taco Bell/dsl/scales/24hr/@, Texaco/dsl 🍴 Del Taco, McDonald's 🏠 Comfort Inn/Suites, Oquirrh Motel/RV Park ⊙ Ⓗ, Mamie's Place, SpeedCo
88	to Grantsville
84	UT 138, to Grantsville, Tooele
77	UT 196, to Rowley, Dugway
70	to Delle, S 📟 Delle/Tesoro/café/dsl
62	to Lakeside, Eagle Range, ⊙ military area
56	to Aragonite
55mm	Ⓡ both lanes, full ♿ facilities, litter barrels, petwalk, ⊙, 🚻, vending
49	to Clive
41	Knolls
26mm	architectural point of interest
10mm	Ⓡ both lanes, full ♿ facilities, litter barrels, observation area, petwalk, ⊙, 🚻, vending
4	Bonneville Speedway, N 📟 Sinclair/dsl/café/24hr
3mm	Port of Entry, weigh sta both lanes
2	UT 58 (no EZ wb return), Wendover, S 📟 Shell/Taco Time/dsl, Sinclair/dsl 🍴 Subway 🏠 Best Western, Bonneville Inn, Knights Inn, Motel 6, Nugget Hotel/casino, Quality Inn, Super 8, Western Ridge Motel ⊙ auto repair, Carquest, Family$, KOA, Montego Bay Hotel/Casino, USPO
0mm	Utah/Nevada state line, Mountain/Pacific time zone

⛽ = gas   🍴 = food   🛏 = lodging   🅾 = other   Rs = rest stop   Copyright 2018 - The Next EXIT ©

INTERSTATE 84

Exit#	Services
120	I-84 begins/ends on I-80, exit 168 near Echo, Utah.
115	Ut 65 S, to Henefer, Echo, to Henefer, Echo, 1/2 mi S 🅾 Grump's Gen Store/gas, to E Canyon SP, USPO
112	UT 86 E, Henefer, S ⛽ gas 🍴 food 🛏 lodging
111	Croydon
111mm	Devil's Slide Scenic View
108	Taggart
106	ranch exit
103	UT 66, Morgan, N 🅾 Ford, S ⛽ Phillips 66/7-11/dsl, Texaco/dsl 🍴 J's Drive-in, Spring Chicken Café, Subway 🅾 Ace Hardware, city park, E Canyon SP, Family$, Ridley's Mkt, URGENT CARE, USPO
96	Peterson, N ⛽ Sinclair/dsl (3mi) 🅾 Nordic Valley Ski Areas, Powder Mtn, to Snow Basin, S ⛽ Phillips 66/dsl
94mm	Rs wb, full ♿ facilities, litter barrels, petwalk, 🎇
92	UT 167 (from eb), to Huntsville, N ⛽ Sinclair/dsl (2mi) 🅾 city park (2mi), to ski areas
91mm	S Rs eb, full ♿ facilities, litter barrels, petwalk, 🎇
87b a	US 89, to Ogden, Layton, Ogden, N 🍴 McDonald's (2mi), Wendy's (2mi) 🛏 Best Western 🅾 Cheese Outlet, Goodyear/auto, S 🅾 to Hill AFB
85	S Weber, Uintah
81	to I-15 S, UT 26, Riverdale Rd, N ⛽ Exxon/dsl, Sinclair/dsl 🍴 Applebee's, Arby's, Bajio Grill, Buffalo Wild Wings, Carl's Jr, Chili's, Honeybaked Ham, IHOP, Jamba Juice, Lucky Buffet, McDonald's, Starbucks, Subway, Wendy's 🅾 $Tree, Best Buy, Buick/GMC, Cadillac, Good Earth Foods, Gordman's, Harley-Davidson, Home Depot, Honda, Jo-Ann, Kia, Lowe's Whse, Mazda, Nissan, PepBoys, Petsmart, Sam's Club/gas, Schwab Tire, Target, Toyota/Scion, Verizon, Walmart/McDonald's, S 🛏 Motel 6 🅾 Chrysler/Dodge/Jeep
	I-84 and I-15 run together. See I-15, exits 341 through 376.
41	I-15 N to Pocatello
40	UT 102, Tremonton, Bothwell, 1 mi N ⛽ Chevron/Poblano's/dsl/wash/24hr, Maverik/dsl, Sinclair/Burger King/dsl/scales/@ 🍴 Denny's, Grille Rest., McDonald's, Wendy's 🛏 Hampton Inn, Western Inn 🅾 Alco, C&R Rv Ctr, Ⓗ (4mi), O'Reilly Parts, RV/truck/tire repair, S 🅾 to Golden Spike NHS
39	to Garland, Bothwell, N 🅾 Ⓗ
32	ranch exit
26	UT 83 S, to Howell, S 🅾 to Golden Spike NHS
24	to Valley
20	to Blue Creek
17	ranch exit
16	to Hansel Valley (from wb)
12	ranch exit
7	Snowville, N ⛽ ✈FLYING J/Pepperoni's/dsl/LP/24hr, Sinclair/dsl 🍴 Mollie's Café, Ranch House Diner 🛏 Outsiders Inn 🅾 city park, Lotti-Dell RV camping, USPO
5	UT 30, to Park Valley
0mm	Utah/Idaho state line

INTERSTATE 215

Exit#	Services
29	I-215 begins/ends on I-15.
28	UT 68, Redwood Rd, E🅾 Pony Express RV Park, W ⛽ ✈FLYING J/Pepperoni's/dsl/LP/24hr/@, Maverik/dsl 🍴 Lotus Chinese
26	Legacy Pkwy
25	22nd N
23	7th N, E ⛽ Exxon/dsl, ❤Love's/Arbys/dsl/scales/24hr (1.5 mi), Maverik 🍴 Denny's, KFC, McDonald's, Papa Murphy's, Subway, Taco Bell, Wendy's 🛏 Motel 6 🅾 $Tree, Family$,

Exit#	Services
23	Continued
	Super Saver Mkt, W 🛏 Airport Inn, Baymont Inn, Candlewood Suites, Comfort Suites, Holiday Inn Express, Radisson
22b a	I-80, W to Wendover, E to Cheyenne
21	California Ave, E ⛽ Sapp Bros/Sinclair/Burger King/dsl/@, Tesoro/7-11/dsl 🅾 RV/Truckwash, W ⛽ Chevron/dsl 🍴 Port of Subs
20b a	UT 201, W to Magna, 21st S, W ⛽ Maverik/dsl 🍴 Del Taco 🅾 Goodyear, Kenworth
18	UT 171, 3500 S, W Valley, E ⛽ 7-11 🍴 Applebee's, Chili's, Costa Vida Mexican, Cracker Barrel, Greek Souvlaki, IHOP, Kowloon Cafe 🛏 Baymont Inn, Country Inn Suites, Crystal Inn, Extended Stay America, Holiday Inn Express, La Quinta, Sleep Inn, Staybridge Suites 🅾 Ⓗ, PepBoys, W 🍴 Cafe Rio, In-N-Out, Jimmy John's, Olive Garden, Pizza Hut, Red Robin, Smashburger, TGIFriday's, Wendy's, Winger's, Zupas 🛏 Embassy Suites 🅾 AT&T, Big O Tire, Costco/gas, CVS Drug, JC Penney, Office Depot, Petco, Ross, Staples, Verizon
15	UT 266, 47th S, E ⛽ 7-11, Conoco/dsl 🍴 Dee's Rest., KFC, Mad Greek, Pizza Hut, Taco Time, Village Inn, Wendy's 🅾 Fresh Mkt, Goodyear/auto, Rite Aid, Walgreens, W ⛽ Chevron/dsl 🍴 Arby's, Arctic Circle, Tammie's Diner 🅾 vet, ⛽ Sinclair/dsl
13	UT 68, Redwood Rd, E ⛽ Chevron, Shell/dsl 🍴 Apollo Burger, Applebee's, Arby's, Burger King, Carl's Jr, City Buffet, Dickey's BBQ, Domino's, Francesco's Rest., Freebirds Burrito, Honey Baked Ham, McDonald's/playplace, Panda Express, Starbucks, Subway, TX Roadhouse 🛏 Extended Stay America 🅾 $Tree, AT&T, Harmon's Mkt, Jo-Ann Fabrics, PetsMart, Ross, ShopKO, Verizon, Walmart/McDonald's
12	I-15, N to SLC, S to Provo
11	same as 10 (from eb)
10	UT 280 E, E ⛽ Tesoro 🍴 Papa John's 🅾 AutoZone, Sam's Club/gas, W 🍴 A&W/KFC, Applebee's, Arby's, Braza Grill, Brio Grill, CA Pizza, Cheesecake Factory, ChuckARama, Corner Bakery Cafe, Jason's Deli, Macaroni Grill, McDonald's, Olive Garden, Panda Express, Red Lobster, Red Robin, RedRock Cafe, Starbucks, Subway, Taco Bell, Village Inn 🅾 Ⓗ, Dillard's, Firestone/auto, Honda, Marshalls, Midas, Nordstrom, Pepboys, ShopKO, Sprouts Mkt, Verizon
9	Union Park Ave, E 🍴 Applebee's, Bucca Italian, Buffalo Wild Wings, Cafe Rio, Carl's Jr, Chick-fil-A, Chili's, Chipotle, Denny's, Dickey's BBQ, Famous Dave's BBQ, Firehouse Subs, Five Guys, Longhorn Steaks, Noodles&Co, Panda Express, Pei Wei, Smashburger, Subway, Wendy's 🛏 Hawthorn Suites, Super 8 🅾 $Tree, Barnes&Noble, Dick's, GNC, Gordman's, Home Depot, Michaels, Old Navy, Petco, Ross, Smith's Foods, Target, TJ Maxx, Verizon, Walmart/Subway, W ⛽ Shell 🛏 Crystal Inn, Motel 6 Extended 🅾 Firestone/auto, 🅾 Office Depot
8	UT 152, 2000 E, E ⛽ Chevron 🍴 KFC, McDonald's, Sonic, Taco Bell 🅾 Whole Foods Mkt, W ⛽ Phillips 66/dsl 🍴 Subway, Wendy's 🅾 Discount Tire
6	6200 S, E 🍴 Jimmy John's, Luna Blanca, Pie Five, Starbucks, Trio Cafe, Zupas 🛏 Hyatt Place, Residence Inn 🅾 Alta, Brighton, Snowbird, Solitude/ski areas
5	UT 266, 45th S (from sb), Holladay, W ⛽ Sinclair
4	39th S, E ⛽ Chevron/dsl, Sinclair/dsl 🍴 Barbacoa Grill, Rocky Mtn Pizza, Subway 🅾 Ace Hardware, Dan's Mkt, W 🅾 Ⓗ
3	33rd S, Wasatch, W ⛽ Smith's/dsl 🍴 Cafe Rio, Five Guys, KFC/Taco Bell, McDonald's, Shivers Burgers, Wendy's 🅾 Petsmart, REI, Smith's Mkt
2	I-80 W
0	I-215 begins/ends on I-80, exit 130.

(left margin: UT, RIVERDALE)
(right margin: SALT LAKE CITY)

VERMONT

INTERSTATE 89

Exit#	Services
130mm	US/Canada Border, Vermont state line, I-89 begins/ends
22 (129)	US 7 S, Highgate Springs, **E** 🅿 Irving/dsl Ⓞ DutyFree
129mm	Latitude 45 N, midway between N Pole and Equator
128mm	Rock River
21 (123)	US 7, VT 78, Swanton, **E** 🅿 Shell/dsl **W** 🅿 Mobil/Subway/dsl, Shell, Sunoco/dsl 🍴 Dunkin Donuts, McDonald's, Pam's Pizza, Shaggy's Snack Bar Ⓞ Aubuchon Hardware, Hannaford Foods, NAPA
20 (118)	US 7, VT 207, St Albans, **E** Ⓞ Chevrolet, Toyota, **W** 🅿 Mobil/Subway/dsl, Sunoco 🍴 Burger King, Dunkin Donuts, Hibachi Buffet, KFC/Taco Bell, McDonald's, Oriental Kitchen, Pizza Hut Ⓞ 🅷 Advance Parts, AT&T, Aubuchon Hardware, Buick/GMC/Cadillac, Ford, Hannaford Foods, Jo-Ann Fabrics, Kinney Drug, PriceChopper Foods, Staples, TJ Maxx, Verizon, Walmart/Subway
19 (114)	US 7, VT 36, VT 104, St Albans, **W** 🅿 Mobil/dsl, Shell/dsl 🍴 Dunkin Donuts, Subway 🛏 La Quinta Ⓞ 🅷 st police, vet
111mm	🆁🆂 both lanes, full ♿ facilities, info, litter barrels, petwalk, 🅲, 🛢, vending, wifi
18 (107)	US 7, VT 104A, Georgia Ctr, **E** 🅿 Mobil/dsl, Shell 🍴 GA Farmhouse Rest. Ⓞ GA Auto Parts, Homestead RV Park, repair, USPO
17 (98)	US 2, US 7, **E** 🅿 Mobil, Shell/dsl Ⓞ camping (4mi), **W** Ⓞ camping (6mi), to NY Ferry, Lake Champlain Islands
96mm	weigh sta both lanes
16 (92)	US 7, US 2, Winooski, **E** 🅿 Mobil 🍴 Lighthouse Rest. 🛏 Hampton Inn Ⓞ Costco, CVS Drug, Osco Drug, Shaw's Foods, **W** 🅿 Citgo, Irving, Shell/dsl 🍴 Athens Diner, Burger King, Jr's Italian, McDonald's, Subway 🛏 Motel 6, Quality Inn
15 (91)	VT 15 (from nb no return), Winooski, **E** 🛏 Days Inn, Handys Extended Stay Suites Ⓞ to St Michael's Coll., **W** 🅿 Mobil/dsl, Shell Ⓞ USPO
90mm	Winooski River
14 (89)	US 2, Burlington, **E** 🅿 Gulf, Mobil, Shell/dsl, Sunoco, Valero 🍴 Al's Cafe, Applebee's, Chicken Charlie's, Dunkin Donuts, Hana Japanese, Leonardo's Pizza, McDonald's, Moe's SW Grill, Outback Steaks, Pulcinella's, Quiznos, Rotisserie, Starbucks, Subway, Trader Dukes, Wind Jammer Rest., Zachary's Pizza 🛏 Anchorage Inn, Best Western, Comfort Inn, DoubleTree Hotel, Holiday Inn, Homewood Suites, La Quinta Ⓞ Aubuchon Hardware, Barnes&Noble, BonTon, Hannaford Foods, Healthy Living Mkt, JC Penney, Jo-Ann Fabrics, Kohl's, mall, Midas, PriceChopper, Rite Aid, Sears/auto, Trader Joe's, USPO, **W** 🅿 Mobil/dsl, Shell 🛏 Sheraton Ⓞ 🅷 Advance Parts, Michael's, PetCo, Staples, to UVT, Verizon
13 (87)	I-189, to US 7, Burlington, **N** 🅿 Citgo/dsl, Sunoco/dsl 🍴 Buffalo Wild Wings, China Express, Five Guys, Starbucks, Subway Ⓞ $Tree, GNC, Hyundai/Subaru, Kinney Drug, PriceChopper Foods, Shaw's Foods, TJ Maxx, USPO, Walgreens, **2 mi W** on US 7 S 🅿 Gulf, Irving, Mobil/dsl, Shell/dsl, Sunoco 🍴 Burger King, Chicago Grill, Denny's, Koto Japanese, Lakeview House Rest., McDonald's, Olive Garden, Panera Bread, Pauline's Cafe, Subway, Zen Garden 🛏 Comfort Suites, Ho-Hum Hotel, Holiday Inn Express, Maple Leaf Motel, North Star Motel, Travelodge Ⓞ Acura/Audi/VW, Advance Parts, Buick/Cadillac/GMC, Chevrolet, Chrysler/Dodge, Ford, Hannaford Foods, Jeep, Lowe's, Nissan, Tire Whse, Toyota/Scion, URGENT CARE, Verizon, VW

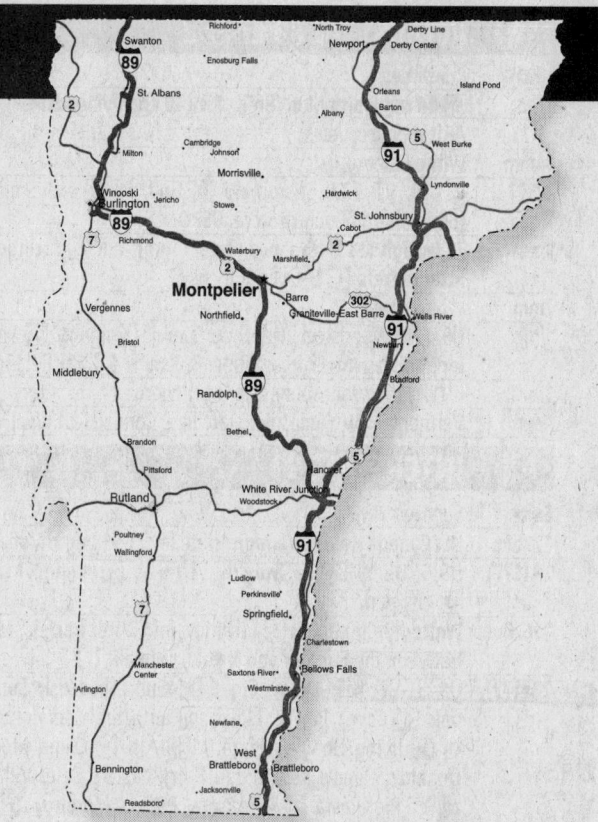

12 (84)	VT 2A, to US 2, to Essex Jct, Williston, **E** 🅿 Mobil, Sunoco/Dunkin Donuts/dsl 🍴 99 Rest., Chili's, Friendly's, Longhorn Steaks, Moe's SW Grill, Panera Bread, Starbucks, TX Roadhouse, VT Taphouse 🛏 Fairfield, TownePlace Suites Ⓞ Best Buy, CVS Drug, Dick's, Hannaford Foods, Home Depot, Marshall's, Natural Provisions Mkt, Old Navy, Petsmart, Shaws Foods/Osco, st police, Staples, Verizon, Walmart, **W** 🛏 Courtyard, Residence Inn
82mm	🆁🆂 both lanes (7am-11pm), full ♿ facilities, litter barrels, petwalk, 🅲, 🛢, vending, WiFi
11 (79)	US 2, to VT 117, Richmond, **W** 🅿 Mobil/dsl
67mm	parking area/weigh sta sb
66mm	weigh sta nb
10 (64)	VT 100, to US 2, Waterbury, **E** 🅿 Mobil/dsl, Shell/dsl 🍴 Pizza Shoppe 🛏 Best Western/rest Ⓞ Shaws Foods/Osco Drug, TrueValue, **W** 🅿 Citgo/dsl 🍴 Maxi's Rest., Zachary's Pizza Ⓞ USPO
9 (59)	US 2, to VT 100B, Middlesex, **W** 🍴 Red Hen Baking Co Ⓞ museum, st police
8 (53)	US 2, Montpelier, **1 mi E** 🅿 Citgo, Gulf/dsl, Mobil, Shell/dsl, Shell/dsl 🍴 China Star, Dunkin Donuts, Julio's, Sarducci's Rest., Simply Subs, Village Pizza 🛏 Capitol Plaza Hotel Ⓞ Aubuchon Hardware, Bond Parts, camping (6mi), Rite Aid, Shaw's Foods, Sunoco/repair, to VT Coll
7 (50)	VT 62, to US 302, Barre, **E** 🅿 Irving/dsl 🍴 Applebee's 🛏 Comfort Suites, Hilltop Inn Ⓞ 🅷 camping (7mi), Honda, JC Penney, Shaw's Foods, Subaru, Toyota/Scion, Walmart
6 (47)	VT 63, to VT 14, S Barre, **4 mi E** camping, food, gas, info, lodging
5 (43)	VT 64, to VT 12, VT 14, Williamstown, **6 mi E** camping, food, gas/dsl, lodging, **W** to Norwich U
41mm	1752 ft, highest elevation on I-89
34.5mm	weigh sta both lanes
4 (31)	VT 66, Randolph, **E** Ⓞ RV camping (seasonal 1mi), **W** 🅿 Mobil/dsl 🍴 lodging (3mi), McDonald's Ⓞ 🅷 RV camping (5mi)
30mm	parking area sb
3 (22)	VT 107, Bethel, **E** 🅿 Mobil/dsl 🍴 Eaton's Rest., Village Pizza

ST ALBANS · **BURLINGTON** · **MONTPELIER** · **VT**

🅿 = gas   🍴 = food   🏠 = lodging   🅾 = other   🆁🆂 = rest stop   Copyright 2018 - The Next EXIT ®

🔼🔽 INTERSTATE 89 Cont'd

Exit	Services
3 (22)	Continued 🅾 to Jos Smith Mon (8mi), **1 mi W** 🅿 Irving/dsl/LP 🅾 Rite Aid, st police, vet
14mm	White River
2 (13)	VT 14, VT 132, Sharon, **W** 🅿 Gulf/dsl 🅾 Jos Smith Mon (6mi), Sharon Country Store, USPO
9mm	🆁🆂/weigh sta both lanes (7am-11pm), full ♿ facilities, info, litter barrels, 🅲, 🚶, vending, wi-fi
7mm	White River
1 (4)	US 4, to Woodstock, Quechee, **3 mi E** 🅿 Irving 🏠 Hampton Inn, Holiday Inn Express, Super 8, **3 mi N** 🏠 Fairfield Inn
1mm	I-91, N to St Johnsbury, S to Brattleboro
0mm	Vermont/New Hampshire state line, Connecticut River

🔼🔽 INTERSTATE 91

Exit#	Services
178mm	US/Canada Border, Vermont state line, **I-91 begins/ends.**
29 (177)	US 5, Derby Line, **E** Dutyfree, **1 mi W** 🅿 Irving/Circle K/dsl 🅾 city park
176.5mm	Welcome Ctr sb, full ♿ facilities, info, litter barrels, **Midpoint between the Equator and N Pole**, petwalk, 🅲, 🚶, wi-fi
28 (172)	US 5, VT 105, Derby Ctr, **E** 🅿 Gulf, Shell/dsl, Sunoco/repair 🍴 Cow Palace Rest. 🅾 auto/tire service, USPO, **W** 🅿 Irving/Hoagie's Pizza, Mobil/dsl 🍴 China Moon, McDonald's, Penn's Rest., Pizza Hut, Roasters Cafe, Village Pizza, VT Pie&Pasta 🏠 4 Seasons, Pepin's Motel 🅾 🏥, $Tree, Advance Parts, Bond Parts, Chrysler/Dodge/Jeep, CVS Drug, Family$, Kinney Drug, Parts+, PriceChopper Foods, Rite Aid, RV camping, Shaw's Foods, st police, Verizon
27 (170)	VT 191, to US 5, VT 105, Newport, **3 mi W** 🅾 🏥, Border Patrol, camping, info
167mm	parking area/weigh sta both directions
26 (161)	US 5, VT 58, Orleans, **E** 🅿 Irving, Sunoco 🍴 Subway 🅾 Austin's Drugs, Family$, Thibaults Mkt, TrueValue, USPO, **W** camping (5mi)
156.5mm	Barton River
25 (156)	VT 16, Barton, **1 mi E** 🅿 Gulf, Irving/Circle K/dsl 🍴 Ming's Chinese, Parson's Corner Rest. 🅾 C&C Foods, camping (2mi), Kinney Drug, USPO
154mm	parking area nb
150.5mm	1856 ft, highest elevation on I-91
143mm	scenic overlook nb
141mm	🆁🆂 sb, full ♿ facilities, info, litter barrels, 🅲, 🚶
24 (140)	VT 122, Wheelock, **2 mi E** food, gas, lodging
23 (137)	US 5, to VT 114, Lyndonville, **E** 🅿 Gulf/dsl, Mobil/Dunkin Donuts 🍴 Hoagie's Pizza, Lyndon Buffet, McDonald's, Miss Lyndonville Diner, Pizza Man 🏠 Colonnade Inn 🅾 $General, CarQuest, Kinney Drug, Rite Aid, TrueValue, White Mkt Foods, **W** 🏠 Lyndon Motel
22 (132)	to US 5, St Johnsbury, **1-2 mi E** 🅿 Sunoco/dsl 🍴 KFC/Taco Bell, Kham's Cuisine, Pizza Hut 🅾 🏥, Aubuchon Hardware, Bond Parts, Buick/GMC, Kinney Drug, NAPA, PriceChopper Foods, repair, Subaru
21 (131)	US 2, to VT 15, St Johnsbury, **1-2 mi E** services
20 (129)	US 5, to US 2, St Johnsbury, **E** 🅿 Irving/dsl, Mobil, Shell/dsl 🍴 Anthony's Diner, Dunkin Donuts, East Garden Chinese, McDonald's, Subway, Winegate Rest. 🅾 welcome ctr, Family$, Kevin's Repair, museum, Rite Aid, **W** 🏠 Comfort Inn 🅾 st police
19 (128)	I-93 S to Littleton NH
122mm	scenic view nb
18 (121)	to US 5, Barnet, **E** 🅾 camping (5mi), **W** 🅾 camping (5mi)
115mm	parking area sb
113mm	parking area nb

(left margin vertical: **VT**, **DERBY CTR**, **ST JOHNSBURY**)

Exit	Services
17 (110)	US 302, to US 5, Wells River, NH, **W** 🅿 P&H Trkstp/rest./dsl/scales/24hr 🅾 camping (9mi), 🏥 (5mi)
100mm	🆁🆂 nb, parking area sb, full ♿ facilities, info, litter barrels, petwalk, 🅲, 🚶
16 (98)	VT 25, to US 5, Bradford, **E** 🅿 Mobil/dsl/LP/café 🍴 Hungry Bear Grill, Oasis Grill 🏠 Bradford Motel 🅾 Bond Parts, Family$, Hannafords Foods, Kinney Drug, NAPA, Pierson Farm Mkt, **W** st police
15 (92)	Fairlee, **E** 🅿 Gulf, Irving/dsl, Sunoco/dsl 🍴 Fairlee Diner, Subway 🅾 camping, USPO, Wings Mkt/deli, **W** 🅾 golf
14 (84)	VT 113, to US 5, Thetford, **1 mi E** 🅾 camping, food, **W** 🅾 camping
13 (75)	US 5, VT 10a, Hanover, NH, **E** 🅾 🏥, to Dartmouth, **W** 🅿 Citgo 🍴 Norwich Inn Rest. 🅾 Subaru, USPO
12 (72)	US 5, White River Jct, Wilder, **E** 🅿 Gulf/dsl, Mobil
11 (71)	US 5, White River Jct, **E** 🅿 Mobil/dsl, Shell/Subway/dsl 🍴 China Moon, Crossroads Country Café, McDonald's 🏠 Comfort Inn 🅾 Ford/Lincoln, Hyundai, Toyota, USPO, **W** 🅿 Citgo, Irving/Dunkin Donuts, Sunoco/dsl 🏠 Fairfield Inn, Hampton Inn, Holiday Inn Express, Super 8, White River Inn 🅾 🏥
10N (70)	I-89 N, to Montpelier
10S (70)	I-89 S, to NH, 🚻
68mm	weigh sta both lanes
9 (60)	US 5, VT 12, Hartland, **E** 🅾 🏥, **W** 🅿 Mobil (1mi) 🍴 Hartland Diner 🅾 info
8 (51)	US 5, VT 12, VT 131, Ascutney, **E** 🅿 Citgo/dsl, Gulf/dsl, Irving/Circle K, Sunoco/Dunkin Donuts/dsl 🍴 Ascutney House Rest., Mr G's Rest. 🏠 Yankee Village Motel 🅾 🏥, Getaway Camping (2mi), USPO, **W** 🅾 auto repair/tires
7 (42)	US 5, VT 106, VT 11, Springfield, **W** 🅿 Irving/Circle K/Subway/dsl/scales/24hr 🏠 Holiday Inn Express 🅾 camping, 🏥 (5mi)
39mm	weigh sta sb
6 (34)	US 5, VT 103, to Bellows Falls, Rockingham, **E** 🅿 Shell/dsl 🍴 Leslie's Rest. 🏠 Rodeway Inn, **W** 🅿 Sunoco/dsl 🅾 st police (6mi)
5 (29)	VT 121, to US 5, to Bellows Falls, Westminster, **3 mi E** food, gas, lodging, 🅲
24mm	parking area both lanes
22mm	weigh sta sb
20mm	parking area nb
4 (18)	US 5, Putney, **W** 🅿 Rod's/repair, Sunoco/dsl/LP/24hr 🍴 Katy's Cafe, Putney Diner, Putney Food Coop/deli, Putney Village Pizza 🅾 camping (3mi), Putney Gen Store/deli, USPO
3 (11)	US 5, VT 9 E, Brattleboro, **E** 🅿 Agway/dsl, Citgo/dsl, Mobil/dsl, Sunoco 🍴 99 Rest., China Buffet, Dunkin Donuts, Fast Eddy Cafe, House of Pizza, KFC, McDonald's, Panda North, Taco Bell, Thin Crust Pizzaria, Village Pizza, Wendy's 🏠 Best Inn, Colonial Motel, Hampton Inn, Holiday Inn Express, Motel 6, Quality Inn, Super 8 🅾 Advance Parts, Aldi Foods, AT&T, Bond Parts, Buick/Chevrolet/GMC, Chrysler/Dodge/Jeep, Family$, Ford, GNC, Hannaford Foods, Rite Aid, Staples, Subaru, TrueValue, USPO, Verizon
2 (9)	VT 9 W, to rd 30, Brattleboro, **W** 🍴 VT Country Deli 🅾 st police, to Marlboro Coll
1 (7)	US 5, Brattleboro, **E** 🅿 Gulf/dsl, Irving/Circle K/dsl, Mobil/Dunkin Donuts, Shell/Subway/dsl 🍴 Burger King, FC Chinese, Georgio's Pizza, VT Inn Pizza 🏠 EconoLodge 🅾 🏥, PriceChopper Foods, Rite Aid, to Ft Dummer SP, vet, Walgreens
6mm	Welcome Ctr nb, full ♿ facilities, info, litter barrels, petwalk, 🅲, 🚶, playground, vending, wi-fi
0mm	Vermont/Massachusetts state line

🔼🔽 INTERSTATE 93

See New Hampshire Interstate 93

(right margin vertical: **BRATTLEBORO**)

VIRGINIA

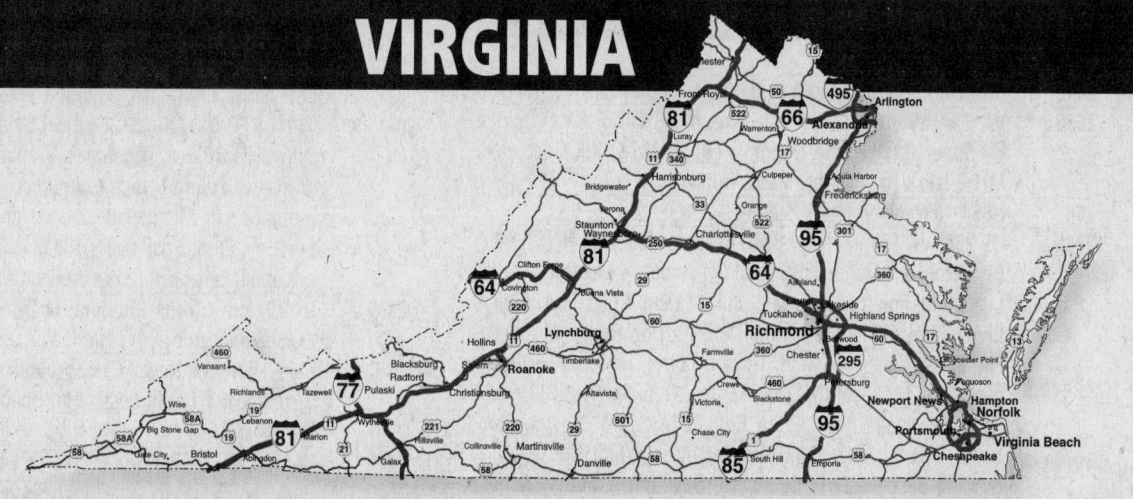

INTERSTATE 64

Exit#	Services
299b a	I-264 E, to Portsmouth. **I-64 begins/ends on I-264.**
297	US 13, US 460, Military Hwy, **N** 🚗 7-11, Exxon 🍴 McDonald's, Papa John's
296b a	US 17, to Portsmouth, **N** 🚗 7-11 🍴 Hardee's, McDonald's, Papa John's, Pizza Hut, Subway, Zino's Cafe 🛏 Comfort Inn ⊙ $General, Food Lion, USPO, vet
294mm	S Br Elizabeth River
292	VA 190, to VA 104 (from eb, no EZ return), Dominion Blvd, **S** 🚗 7-11 🍴 #1 China, Burger King, Royal China, Subway ⊙ Family$, Food Lion
291b a	I-464 N, VA 104 S, to Elizabeth City, Outer Banks, same services as 292
290b a	VA 168, Battlefield Blvd, to Nag's Head, Manteo, **N** 🍴 Burger King 🛏 Woodspring Suites ⊙ $General, BigLots, Kroger, Merchant's Auto Ctr, NAPA, **S** 🚗 7-11, BP/DQ, Shell 🍴 Applebee's, Baskin-Robbins, Burger King, Carrabba's, Chick-fil-A, ChuckECheese's, CookOut, Denny's, Dunkin Donuts, Five Guys, Golden Corral, Grand China Buffet, Hardee's, Hunan Wok, Jade Garden, Little Caesar's, Panda Express, Sonic, Starbucks, Taco Bell, TGIFriday's, Tropical Smoothie Café, TX Roadhouse, Waffle House, Wendy's, Wildwing Café 🛏 Hampton Inn, InTown Suites, Quality Inn, Studios For Less ⊙ 🅷, $Tree, AT&T, Goodyear/auto, Home Depot, Kohl's, Lowe's, Nissan, Rite Aid, Sam's Club/gas, USPO, vet, Walgreens, Walmart
289b a	Greenbrier Pkwy, **N** 🚗 7-11, Citgo/dsl, WaWa/dsl 🍴 Burger King, McDonald's, Subway, Taco Bell, Wendy's 🛏 Extended Stay America, Hampton Inn, Holiday Inn Express, Marriott, Red Roof Inn, Staybridge Suites, Wingate Inn ⊙ Acura, auto repair, Chevrolet, Chrysler/Jeep, Dodge, Ford, GMC, Hyundai, JoAnn Fabrics, Kia, Lincoln, Mazda, Toyota/Scion, U-Haul, vet, VW, **S** 🚗 7-11 🍴 Abuelo's Mexican, Baker's Crust, Boston Mkt, Buffalo Wild Wings, Chipotle, Coldstone, Cracker Barrel, Fazoli's, Firehouse Subs, Hooters, Jason's Deli, Jersey Mike's Subs, Jimmy John's, Joe's Crabshack, Kyoto Japanese, Los Burritos, McDonald's, Moe's SW, Olive Garden, Panera Bread, Pizza Hut, Pop's Diner, Qdoba, Red Robin, Ruby Tuesday, Smokey Bones BBQ, Starbucks, Subway, Tropical Smoothie, Zero's Subs, Zoe's Kitchen 🛏 Aloft Hotel, Comfort Suites, Courtyard, Extended Stay, Fairfield Inn, Hilton Garden, Homewood Suites, Residence Inn, SpringHill Suites, Sun Suites ⊙ AT&T, Barnes&Noble, Best Buy, Dillard's, Food Lion, Harris Teeter, Macy's, mall, Marshall's, Michael's, Office Depot, Old Navy, Petsmart, Ross, Sears/auto, Steinmart, Target, TJ Maxx, Verizon, Walgreens
286b a	Indian River Rd, **N** 🚗 BP/dsl, Gulf, SkyMart/dsl, Speedway/dsl 🍴 Dunkin Donuts, Golden China, Hardee's ⊙ CVS, **S** 🚗 Exxon/dsl 🍴 CookOut, Ellen's BBQ, Oriental Cuisine, Oriental Cuisine, Waffle House ⊙ 7-11
285mm	E Branch Elizabeth River
284a	I-264, to Norfolk, to VA Beach (exits left from eb)
284b	Newtown Rd
282	US 13, Northampton Blvd, **N** 🚗 Citgo/dsl 🍴 Krispy Kreme, McDonald's, Starbucks, Taco Bell, Wendy's 🛏 Quality Inn, Sleep Inn ⊙ to Chesapeake Bay Br Tunnel
281	VA 165, Military Hwy (no EZ eb return), **N** 🚗 Shell/dsl 🛏 EconoLodge ⊙ Aamco, Chysler/Dodge/Jeep, Fiat, **S** 🚗 7-11, Citgo 🍴 Burger King, Chick-fil-A, CookOut, Firehouse Subs, Hooters, IHOP, Jersey Mike's Subs, Jimmy John's, KFC, Little Caesar's, Logan's Roadhouse, Max&Erma's, Panera Bread, Qdoba, Ruby Tuesday, Sonic, Starbucks, Taco Bell, Wendy's 🛏 Candlewood Suites, Days Inn, Doubletree, Hampton Inn, Holiday Inn, Holiday Inn Express, InTown Suites, La Quinta, Residence Inn ⊙ BJ's Whse/dsl, FarmFresh Foods, Food Lion, GNC, Home Depot, Lowe's, Nissan, Pep Boys, Petco, Petsmart, Target, TJ Maxx, Verizon, Walgreens, Walmart/Subway
279	Norview Ave, **N** 🚗 WaWa/dsl 🍴 China House, Franco's Italian, Golden Corral, Pizza Hut, Wendy's ⊙ $General, $Tree, 7-11/dsl, Food Lion, Tire City, to 🛫 & botanical garden
278	VA 194 S (no EZ return)
277b a	VA 168, to Tidewater Dr, **N** 🚗 7-11, Shell 🍴 Bojangles, Domino's, Fuddrucker's, Hardee's, Ruby Tuesday ⊙ Advance Parts, Food Lion, Sam's Club, Walmart/Subway, **S** ⊙ Honda
276c	to US 460 W, VA 165, Little Creek Rd, (from wb only), **N** 🚗 Race Coast/dsl, **S** 🚗 BP, Shell 🍴 Firehouse Subs, KFC, McDonald's, Moe's SW, Papa John's, Starbucks, Taco Bell, Wendy's ⊙ AutoZone, FarmFresh Foods, GNC, Harris Teeter, Kroger, Rite Aid, USPO, Walgreens
276b a	I-564 to Naval Base (exits left from wb)
274	Bay Ave (from wb), **S** ⊙ to Naval Air Sta
273	US 60, 4th View St, Oceanview, **N** 🚗 7-11/dsl 🛏 Economy Inn, Motel 6 ⊙ Oceanview Pier
272	W Ocean View Ave, **N** 🍴 Willoughby Seafood, **S** 🍴 Sunset Grill
270mm	Chesapeake Bay Tunnel
269mm	weigh sta eb
268	VA 169 E, to Buckroe Beach, Ft Monroe, **N** 🚗 Citgo 🍴 Hardee's, McDonald's, **S** ⊙ to VA Air&Space Ctr
267	US 60, to VA 143, Settlers Ldg Rd, **S** 🍴 Golden City Chinese, Subway, Tropical Smoothie ⊙ 🅷, to Hampton U

VA

◈ INTERSTATE 64 Cont'd

Exit#	Services
265c	(from eb), to Armistead Ave, **N** 🅾 to Langley AFB
265b a	VA 134, VA 167, to La Salle Ave, **N** 🅿 Citgo, RaceWay/dsl 🛏 Super 8 🅾 Home Depot, **S** 🅿 Citgo 🍴 KFC/Taco Bell, McDonald's 🅾 Advance Parts, Family$
264	I-664, to Newport News, Suffolk
263b a	US 258, VA 134, Mercury Blvd, to James River Br, **N** 🅿 7-11, BP, Exxon/dsl, Miller's/dsl, Shell 🍴 Abuelo's Mexican, Applebee's, Bojangles, Boston Mkt, Burger King, Chick-fil-A, Chili's, China Wok, Chipotle Mexican, Denny's, Dog House, El Azteca, Firehouse Subs, Five Guys, Golden Corral, Hooters, IHOP, Jason's Deli, McDonald's, Olive Garden, Outback Steaks, Panera Bread, Parklane Rest., Pizza Hut, Rally's, Red Lobster, Starbucks, Subway, Taco Bell, Tokyo Japanese, Waffle House, Wendy's 🛏 Best Western, Courtyard, Days Inn, Embassy Suites, Holiday Inn Express, Quality Inn, Red Roof Inn 🅾 $Tree, AT&T, Barnes&Noble, Chevrolet/Mazda, FarmFresh Foods, Food Lion, Ford, GNC, Goodyear/auto, JC Penney, Jo-Ann Fabrics, Marshall's, Michael's, NAPA, Nissan, Office Depot, PetCo, Ross, Target, U-Haul, USPO, Verizon, Volvo, Walgreens, Walmart, **S** 🅿 Citgo/dsl, Miller's/dsl, WaWa/dsl 🍴 Burritos Mexican, Chick-fil-A, CiCi's Pizza, Coldstone, Cracker Barrel, Domino's, Dunkin Donuts, Joe's Crabshack, La Parrilla, Little Caesar's, Longhorn Steaks, Pizza Hut, Rita's, Sonic, Steak'n Shake, Waffle House, Zaxby's 🛏 Ambassador Inn Suites, Hilton Garden, InTown Suites, Relax Inn, SpringHill Suites 🅾 7-11, Aamco, Advance Parts, BassPro Shop, BigLots, BJ's Whse/Subway/gas, CVS Drug, Dollar General, Firestone/auto, Lowe's, Office Depot, PepBoys, Toyota/Scion, Walmart Mkt
262	VA 134, Magruder Blvd (from wb, no EZ return), **N** 🅿 7-11, Exxon 🛏 Country Inn&Suites, Suburban Lodge 🅾 Audi, Hyundai, Mercedes
261b a	Center Pkwy, to Hampton Roads, **N** 🛏 Candlewood Suites, Hampton Inn (2mi), **S** 🅿 7-11, Shell 🍴 Anna's Italian, ChuckECheese's, Fortune Garden Chinese, Gus's NY Pizza, McDonald's, Peking Chinese, Pizza Hut/Taco Bell, Plaza Azteca, Ruby Tuesday, Subway 🅾 $Tree, FarmFresh Foods, Food Lion, GNC, Rite Aid, TJMaxx
258b a	US 17, J Clyde Morris Blvd, **N** 🅿 BP, Shell/dsl 🍴 Domino's, New China, Waffle House 🛏 BudgetLodge, Country Inn& Suites, Holiday Inn Express, Host Inn, PointPlaza Hotel, Quality Inn 🅾 7-11, Advance Parts, Family$, Food Lion, **S** 🅿 Kangaroo, WaWa/dsl 🍴 Angelo's Steaks, Burger King, DQ, KFC/Taco Bell, McDonald's, Papa John's, Starbucks, Subway, Vinny's Pizza, Wendy's 🛏 Motel 6 🅾 🄷, museum, Rite Aid, Subaru, VW
256b a	Victory Blvd, Oyster Point Rd, **N** 🅿 Kangaroo/dsl, Murphy USA/ dsl 🍴 Arby's, Burger King, Chick-fil-A, China Ocean, Hardee's, McDonald's, Panda Express, Pizza Hut, Ruby Tuesday, Saisaki Asian, Sonic, Starbucks, Subway, Three Amigos Mexican, TX Roadhouse, Uno Grill 🛏 CandleWood Suites, Courtyard, Hampton Inn, Hilton Garden, Staybridge Suites, TownePlace Suites 🅾 $Tree, FarmFresh Foods, GNC, Goodyear/auto, Kroger, Walgreens, Walmart, **S** 🛏 Crestwood Suites, Jameson Inn
255b a	VA 143, to Jefferson Ave, **N** 🅿 Exxon/dsl, Shell/dsl 🍴 Chili's, CookOut, Donato's Pizza, Firehouse Subs, Five Guys, Golden Corral, HoneyBaked Ham, Hooters, Jason's Deli, Longhorn Steaks, McDonald's, Moe's SW Grill, Olive Garden, Panera Bread, Papa John's, Red City Buffet, Red Lobster, Smokey Bones BBQ, Sonic, Starbucks 🛏 Comfort Suites 🅾 🄷, Acura, ⬡, Buick/Cadillac/GMC, Chrysler/Dodge/Jeep, FarmFresh Foods/deli, Fiat, GNC, Home Depot, Kohl's, Lowe's, Michael's, PetCo, Ross, Sam's

255b a	Continued Club/gas, TJ Maxx, Trader Joe's, Tuesday Morning, Walgreens, Walmart, **S** 🍴 Applebee's, Buffalo Wild Wings, Carrabba's, Cheddar's, Chick-fil-A, Chipotle Mexican, Coldstone, Cracker Barrel, KFC, McDonald's, Outback Steaks, Red Robin, Starbucks, Subway, Taco Bell, TGIFriday's, Waffle House, Wendy's 🛏 Best Western, Comfort Inn, Courtyard, Extended Stay America, Hampton Inn, Microtel, Residence Inn 🅾 7-11, Barnes&Noble, Best Buy, Costco/dsl, Dick's, Dillard's, Fresh Mkt, JC Penney, Macy's, mall, Petsmart, Target, Verizon, World Mkt
250b a	to US Army Trans Museum, **N** 🅿 7-11/gas, Dodge's Store, Exxon/dsl, Sunoco 🍴 Hardee's, Subway 🅾 B&L Auto Repair, Newport News Campground/Park (1mi), to Yorktown Victory Ctr, **S** 🛏 Ft Eustis Inn, Holiday Inn Express, Mulberry Inn 🅾 7-11
247	VA 143, to VA 238 (no EZ return wb), **N** 🅿 7-11/gas 🅾 , Yorktown, **S** 🅾 to Jamestown Settlement
243	VA 143, to Williamsburg, exits left from wb, **S** same as 242a
242b a	VA 199, to US 60, to Williamsburg, **N** 🛏 Wyndham Garden 🅾 Best Buy, Dick's, Kohl's, Target, to Yorktown NHS, water funpark, **1 mi S** 🅿 7-11/gas, Sunoco, WaWa/dsl 🍴 China's Cuisine, Doraldo's Italian, KFC, McDonald's, Sportsman Grille, Starbucks, Subway, Taco Bell, Wendy's, Whaling Co Rest. 🛏 Country Inn&Suites, Courtyard, Quality Inn 🅾 Busch Gardens, to Jamestown NHS, to William&Mary Coll
238	VA 143, to Colonial Williamsburg, Camp Peary, **2-3 mi S on US 60** 🅿 7-11/gas, Shell, Sunoco 🍴 5 Guys Burgers, Aberdeen Barn Rest., Applebee's, Arby's, Chili's, Chipotle Mexican, Cracker Barrel, DQ, Firehouse Subs, Golden Corral, Hooters, IHOP, Jefferson Steaks, KFC, Kyoto, McDonald's, Pancake House, Pizza Hut, Plaza Azteca, Red Hot&Blue, Ruby Tuesday, Sal's Rest, Seafare Rest, Smokehouse Grill, Subway, Taco Bell, Uno Grill, Wendy's 🛏 1776 Hotel, America's Inn, Best Western, Comfort Inn, Comfort Suites, Country Inn&Suites, Days Inn, EconoLodge, Embassy Suites, Fairfield Inn, Hampton Inn, Hilton Garden, Holiday Inn Express, Holiday Inn/rest., Homewood Suites, La Quinta, Quality Inn, Sleep Inn, SpringHill Suites, Travelodge 🅾 , Anvil Camping (4mi), CVS Drug, Goodyear
234	VA 646, to Lightfoot, **1-2 mi N** 🅾 KOA, **2-3 mi S** 🅿 BP/dsl, Exxon/dsl, Shell/dsl 🍴 Burger King, Chick-fil-A, China Wok, Hardee's, IHOP, McDonald's, Quiznos, Sonic, Starbucks, Subway 🛏 Greatwolf Lodge, Holiday Inn Express, Super 8 🅾 , $Tree, Ford, Home Depot, Lowe's, PetCo, Pottery Camping (3mi), Ross, Toyota/Scion, USPO, Walmart
231b a	VA 607, to Norge, Croaker, **N** 🅿 7-11/gas 🅾 to York River SP, **1-3 mi S on US 60** 🅿 Shell/dsl 🍴 Candle Light Kitchen, China Star, Daddy-O's Pizza, Jimmy's Grill, Pizza Hut 🛏 EconoLodge 🅾 American Heritage RV Park, CVS Drug, FarmFresh Deli/gas, Food Lion, Honda, Hyundai, USPO
227	VA 30, to US 60, to West Point, Toano, **S** 🅿 BP/dsl (2mi), Shell/dsl, Star/Subway/dsl 🍴 McDonald's
220	VA 33 E, to West Point, **N** 🅿 Exxon/dsl, Mobil/Circle K/dsl
214	VA 155, to New Kent, Providence Forge, **S** 🅿 Exxon/DQ/ dsl 🍴 Antonio's Pizza, Tops China 🅾 camping (8mi), Colonial Downs Racetrack
213mm	🆁🆂 both lanes, full ♿ facilities, litter barrels, petwalk, 🎮, vending
211	VA 106, to Talleysville, to James River Plantations, **S** 🍴 ❤Loves/Arby's/dsl/scales/24hr, ▦/Subway/dsl/scales/ 24hr 🍴 Burger King
205	VA 33, VA 249, to US 60, Bottoms Bridge, Quinton, **N** 🅿 Exxon/dsl, Star Express, Valero 🍴 Julio's Mexican, Maria's Italian

INTERSTATE 64 Cont'd

205	Continued
	Panda Garden, Pizza Hut, Subway, Wendy's Food Lion, S FasMart, Shell/dsl Bojangle's, McDonald's Star Motel (3mi) Food Lion, Rite Aid
204mm	Chickahominy River
203mm	**weigh sta both lanes**
200	I-295, N to Washington, S to Rocky Mount, to US 60
197b a	VA 156, Airport Dr, to Highland Springs, N Shell/dsl, Valero Antonio's Pizza, Domino's, Hardee's, Subway, Tops China 7-11, Advance Parts, CVS Drug, Farmers Foods, S 7-11, BP, Chubby's/dsl, WaWa Arby's, Aunt Sarah's Pancakes, Burger King, Mexico Rest., Pizza Hut, The Patron, Waffle House Best Value Inn, Best Western, Comfort Inn, Courtyard, EconoLodge, Hampton Inn, Hilton Garden, Holiday Inn, Holiday Inn Express, Homewood Suites, Microtel, Motel 6, Quality Inn, Red Roof Inn, Super 8 $General, to
195	Laburnum Ave, N Citgo auto repair, S 7-11, BP, Exxon, WaWa 5 Guys Burgers, Applebee's, Capt D's, Chick-fil-A, China King, CiCi's Pizza, Cracker Barrel, Firehouse Subs, Hardee's, IHOP, KFC, Little Caesars, Longhorn Steaks, McDonald's, Olive Garden, Panera Bread, Papa John's, Qdoba Mexican, Red Lobster, Steak'n Shake, Subway, Taco Bell, Tepanyaki Grill, TGIFriday's, Wendy's Hyatt Place, Sheraton, Wyndham Hotel $General, $Tree, AT&T, CarQuest, CVS Drug, GNC, JC Penney, Kroger, Lowe's, Martin's Foods, Michael's, Petsmart, Sam's Club/gas, Target, Walgreens
193b a	VA 33, Nine Mile Rd, N Exxon/Subway/dsl, Sunoco/dsl PepBoys, S H
192	US 360, to Mechanicsville, N Citgo/dsl, Shell McDonald's Tuffy Repair, S Citgo, Shell Church's
190	I-95 S, to Petersburg, 5th St, N Richmond Nat Bfd Park, S Hilton Garden, Marriott coliseum, st capitol
I-64 W and I-95 N run together. See Virginia Interstate 95, exits 76-78.	
187	I-95 N (exits left from eb), to Washington.
186	I-195, to Powhite Pkwy, from wb, Richmond
185b a	US 33, Staples Mill Rd, Dickens Rd
183c	from wb, US 250 W, Broad St, Glenside Dr N, same as exit 183
183b a	US 250, Broad St E, Glenside Dr S., N Chevron, Sheetz Bob Evans, Famous Dave's, McDonald's, Olive Garden, Pizza Hut, Taco Bell, TGIFriday's, Waffle House Baymont Inn, Best Western, Embassy Suites, Hampton Inn, Super 8, Woodspring Suites AutoZone, Honda, Hyundai, same as 181, vet, Volvo, S Denny's, Plaza Azteca Courtyard, Sheraton, Westin H, Home Depot, Target, to U of Richmond
181b a	Parham Rd, **2 mi N** on Broad St, BP/dsl, Citgo, Exxon, Shell, Speedway, Wawa Arby's, Bailey's Grill, Buffalo Wild Wings, Burger King, Casa Grande Mexican, Chick-fil-A, ChuckeCheese, CiCi's Pizza, Coldstone, Domino's, Friendly's, Gyros & Subs, Hooters, KFC, LoneStar Steaks, Ma Ma Wok, McDonald's, Nanking Rest., Outback Steaks, Penn Sta Subs, Piccadilly, Quaker Steak, Red Lobster, Shoney's, Starbucks, Superking Buffet, Valacino's, Wendy's, Zorba's Rest. Country Inn&Suites, EconoLodge, Quality Inn, Rodeway Inn, Suburban Lodge H, $General, $Tree, Aamco, Acura, Audi/VW, BigLots, BMW/Mini, Books-A-Million, Cadillac, Chrysler/Dodge/Jeep, CVS Drug, Food Lion, Infiniti, Jo-Ann Fabrics, KIA, Marshall's, Mercedes, Merchant's Tire, NAPA, PepBoys, Scion/Toyota, Steinmart, Subaru, TJ Maxx, Tuffy Repair, Verizon, Walgreens
180	Gaskins Rd, N BP, Shell/dsl Applebee's, Cracker Barrel, Golden Corral, IHOP, McDonald's, O'Charley's, Pizza Hut, Qdoba, Ruby Tuesday, Starbucks, Subway, Taco Bell, Tripp's

180	Continued
	Rest. 7-11, East Coast, Exxon, Fairfield Inn, Holiday Inn Express, SpringHill Suites $Tree, Advance Parts, AutoZone, Costco/gas, Goodyear/auto, Kroger/gas, Lowe's, Martin's Foods, Mazda, Michael's, Sam's Club/gas
178b a	US 250, Broad St, Short Pump, N 7-11, Exxon, Wawa 5 Guys Burgers, BurgerWorks, Capital Alehouse, Chipotle Mexican, DQ, Firehouse Subs, Hondo's Rest., Joey's Hotdogs, Leonardo's Pizza, Moe's SW Grill, Panera Bread, Silver Diner, Starbucks Comfort Suites, Courtyard, Extended Stay America, Hampton Inn, Hilton Garden, Homestead Suites, Hyatt Place, Marriott, Residence Inn CarMax, CVS Drug, Firestone/auto, Ford, Kia, Marshall's, Ross, Verizon, S 7-11, Shell Arby's, Bertucci's, Bonefish Grill, Buffalo Wild Wings, Burger King, Capt D's, Cheesecake Factory, Chick-fil-A, Chili's, Chipotle Mexican, Chuy's Mexican, Dave&Buster's, Domino's, Genghis Grill, HoneyBaked Ham, Jason's Deli, Jersey Mike's Subs, Jimmy John's, Kanpai, KFC, Kona Grill, LJSilver, Longhorn Steaks, Maggiano's Italian, McAlister's Deli, McDonald's, Mexico Rest., Mimi's Cafe, Olive Garden, Panera Bread, Plaza Azteca, Quiznos, Shula's Steaks, Sonic, Starbucks, Taco Bell, TGIFriday's, Wendy's Candlewood Suites, Hilton, Wingate Inn $Tree, AT&T, Barnes&Noble, Best Buy, Buick/Chevrolet/GMC, CarQuest, Crate&Barrel, Dick's, Dillard's, GNC, Hobby Lobby, Home Depot, Kohl's, Kroger, Lowe's, Macy's, Martin's Foods, Merchant's Tires, Nissan, Nordstrom, Petco, Petsmart, Staples, Steinmart, Target, Tom Leonard's Mkt, Trader Joe's, Verizon, Walmart, Whole Foods Mkt, World Mkt
177	I-295, to I-95 N to Washington, to Norfolk, VA Beach, Williamsburg
175	VA 288, Chesterfield
173	VA 623, to Rockville, Manakin, 0-2 mi S Exxon/dsl, Shell/dsl, Valero/Subway/dsl BBQ, Sunset Grill $General, Food Lion
169mm	both lanes, full facilities, litter barrels, petwalk, , , vending
167	VA 617, to Goochland, Oilville, N Exxon/dsl, S BP/Bullets/dsl
159	US 522, to Goochland, Gum Spring, N Exxon/dsl, S BP/DQ/dsl, Citgo
152	VA 629, Hadensville, **1 mi** S BP, Liberty repair
148	VA 605, Shannon Hill
143	VA 208, to Louisa, Ferncliff, **7 mi** N Small Country Camping, S Citgo/dsl, Exxon/dsl
136	US 15, to Gordonsville, Zion Crossroads, N Sheetz/dsl Arby's, IHOP, Subway Best Western Lowe's, Walmart, S BP/McDonald's/dsl/24hr, Exxon/Burger King/dsl, Shell/Blimpie/dsl/scales Crescent Rest.
129	VA 616, Keswick, Boyd Tavern

VA

🅴 INTERSTATE 64 Cont'd

Exit#	Services
124	US 250, to Shadwell, **2 mi** N 🅿 BP, Exxon, Shell, Speedway 🍴 Applebee's, Burger King, Guadalajara Mexican, Hardee's, McDonald's, Quiznos, Starbucks, Taco Bell, TipTop Rest., Topeka's Steaks 🏠 Hilton Garden 🅾 H, Audi/VW, BMW, CarMax, Ford, Giant Foods, KIA, Mercedes, Porsche, Rite Aid, Toyota/Scion, S 🏠 Comfort Inn
123mm	Rivanna River
121	VA 20, to Charlottesville, Scottsville, N 🅿 BP/Blimpie, S 🅾 KOA (10mi), to Monticello
120	VA 631, 5th St, to Charlottesville, N 🅿 Exxon/dsl 🍴 Burger King, Domino's, Hardee's, Pizza Hut/Taco Bell, Waffle House 🏠 Holiday Inn, Sleep Inn 🅾 CVS Drug, Food Lion, vet
118b a	US 29, to Lynchburg, Charlottesville, N 🅿 🅾 H, services N on US 220, to UVA
114	VA 637, to Ivy
113mm	🆁🆂 wb, full 🅰 facilities, litter barrels, petwalk, 🅲, 🎪, vending
111mm	Mechum River
108mm	Stockton Creek
107	US 250, Crozet, **1 mi** N 🅿 Citgo, Shell/dsl, **1 mi** S 🅾 Misty Mtn Camping
105mm	🆁🆂 eb, full 🅰 facilities, litter barrels, petwalk, 🅲, 🎪, vending
104mm	litter barrels, no truck or buses, scenic area eb
100mm	hist marker, litter barrels, no trucks or buses, scenic area eb
99	US 250, to Waynesboro, Afton, N 🏠 Colony Motel 🅾 ski area, Skyline Drive, to Blue Ridge Pkwy, to Shenandoah NP, S 🏠 Afton Inn
96	VA 622, to Lyndhurst, Waynesboro, **3 mi** N 🅿 Hess, Shell 🍴 Tastee Freez 🏠 Quality Inn 🅾 Waynesboro Camping
95mm	South River
94	US 340, to Stuarts Draft, Waynesboro, N 🅿 7-11/dsl, Exxon/dsl 🍴 Applebee's, Buffalo Wild Wings, Cracker Barrel, Giovanni's Pizza, Golden Corral, KFC, King Garden, Logan's Roadhouse, Outback Steaks, Panera Bread, Plaza Azteca, Ruby Tuesday, Shoney's, Sonic, Starbucks, Waffle House, Wendy's 🏠 Best Western, Comfort Inn, Days Inn, Holiday Inn Express, Residence Inn, Super 8 🅾 H, Home Depot, Lowe's, Martin's Food/Drug, vet, Walmart, Waynesboro N 340 Camping (9mi), S 🅿 Shell/dsl 🍴 Chick-fil-A, McAlister's Deli, McDonald's 🅾 Books-A-Million, GNC, Kohl's, Michael's, museum, Petsmart, Ross, Target, Verizon
91	Va 608, to Stuarts Draft, Fishersville, N 🅿 Exxon/Subway (1mi), Shell/dsl 🏠 Hampton Inn 🅾 H, Eaver's Tires, S 🅿 Sheetz/dsl 🍴 McDonald's, Wendy's 🅾 Shenadoah Acres Camping (8mi), Walnut Hills Camping (9mi)
89mm	Christians Creek
87	I-81, N to Harrisonburg, S to Roanoke
	I-64 and I-81 run together 20 miles. See I-81, exits 195-220.
55	US 11, to VA 39, N 🅿 Exxon 🍴 Burger King, Crystal Chinese, Naples Pizza, Ruby Tuesday, Waffle House 🏠 Best Western+, Sleep Inn, Super 8, Wingate Inn 🅾 $Tree, Ford, Lowe's, Stonewall Jackson Museum, Verizon, Walmart, S 🅿 Marathon/7-11/Subway, Mobil/DQ/dsl 🍴 Applebee's, Country Cookin 🏠 Best Western, Comfort Inn, Country Inn&Suites, Holiday Inn Express, Motel 6
50	US 60, rd 623, to Kerrs Creek, Lexington
43	rd 780, to Goshen
35	VA 269, rd 850, Longdale Furnace
33mm	truck 🆁🆂 eb
29	VA 269, VA 42 E, S 🅿 Sunoco/dsl

27	US 60 W, US 220 S, VA 629, Clifton Forge, N 🅾 to Douthat SP S 🅿 BP/dsl, Exxon 🍴 Bella Pizza, Pizza Hut (2mi) 🅾 CV Drug, Family$, Kroger
24	US 60, US 220, Clifton Forge, **1 mi** S 🅿 Shell/dsl 🍴 DQ, Hardee's 🅾 auto repair
21	to rd 696, Low Moor, S 🅿 Exxon 🍴 Penny's Diner 🏠 Oak Tree Inn 🅾 H
16	US 60 W, US 220 N, to Hot Springs, Covington, N 🅿 BP/Subway/dsl, Exxon/dsl, Shell 🍴 Burger King, Cucci's, San Juan Mexican, Western Sizzlin 🏠 Best Value Inn, Hampton Inn Magnuson Hotel, Pinehurst Hotel 🅾 to ski area, S 🅿 McDonald's 🏠 Compare Inn, 🍴 Taco Bell
14	VA 154, to Hot Springs, Covington, N 🅿 Citgo, Exxon 🍴 Arby's 🍴 KFC, LJ Silver, Subway, Wendy's 🅾 $General, Advance Parts, AutoZone, CVS Drug, Family$, Food Lion, URGENT CARE, Verizon, S 🍴 Applebee's, China House, Trani' Grille 🅾 $Tree, Chevrolet, Walmart
10	US 60 E, VA 159 S, Callaghan, S 🅿 Marathon/dsl/LP
7	rd 661
2.5mm	**Welcome Ctr eb, full 🅰 facilities, litter barrels, no trucks, pet walk, 🅲, 🎪**
1	Jerry's Run Trail, N to Allegheny Trail
0mm	Virginia/West Virginia state line

🅴 INTERSTATE 66

Exit#	Services
77mm	Constitution Ave, to Lincoln Mem. **I-66 begins/ends in Washington, DC.**
76mm	Potomac River, T Roosevelt Memorial Bridge
75	US 50 W (from eb), to Arlington Blvd, G Wash Pkwy, I-395, US S Iwo Jima Mon
73	US 29, Lee Hwy, Key Bridge, to Rosslyn, N 🏠 Marriott S 🏠 Holiday Inn
72	to US 29, Lee Hwy, Spout Run Pkwy (from eb, no EZ return N 🅿 Shell 🏠 Virginia Inn, S 🍴 Starbucks, Tarbouch Grill 🅾 CVS Drug, Giant Foods, Walgreens
71	VA 120, Glebe Rd (no EZ return from wb), N 🅾 H S 🅿 Sunoco 🍴 Booeymonger Grill, IHOP, Melting Pot, Chang's 🏠 Comfort Inn, Holiday Inn
69	US 29, Sycamore St, Falls Church, N 🅿 Exxon/7-11 S 🏠 EconoLodge 🅾 vet
68	Westmoreland St (from eb), same as 69
67	to I-495 N (from wb), to Baltimore, Dulles Airport
66b a	VA 7, Leesburg Pike, to Tysons Corner, Falls Church, N 🅿 Exxon, Sunoco 🍴 China King, Jason's Deli, Ledo Pizza, Noodles Co, Starbucks, Subway, Tara Thai 🅾 7-11, Trader Joe's, Verizon, Whole Foods Mkt, S 🅿 Citgo 🍴 Baja Fresh, Domino Jimmy John's, McDonald's, Starbucks, Subway 🅾 CVS Drug, Giant Foods, GNC, Kia, Staples, vet, Volvo
64b a	I-495 S, to Richmond
62	VA 243, Nutley St, to Vienna, S 🅿 Citgo 🍴 Baja Fresh, Domino's, McDonald's, Starbucks, Subway 🅾 CVS Drug, Michael Safeway Foods/gas, Walgreens
60	VA 123, to Fairfax, S 🅿 Exxon, Shell, Sunoco 🍴 29 Diner Denny's, Freddy's Steakburgers, Fuddruckers, Hooters, McDonald's, Outback Steaks, Panera Bread, Papa John's, Red Lobster Smashburger, Subway 🏠 Best Western, Hampton Inn, Holiday Inn Express, Residence Inn 🅾 Chevrolet, CVS Drug, Mazda, Rite Aid, Subaru, to George Mason U, Toyota/Scion
57b a	US 50, to Dulles Airport, N 🍴 Brio Tuscan, Cheesecake Factory 🏠 Extended Stay America, Marriott 🅾 access to same as 55, JC Penney, Lord&Taylor, Macy's, mall, Sears/auto

🛡E INTERSTATE 66 Cont'd

57b a Continued
S 🅿 BP, Shell/dsl 🍴 Chipotle, Chuy's, Jimmy John's, Mc-Donald's, Wendy's 🛏 Comfort Inn/rest., Courtyard, SpringHill Suites 🅾 AT&T, Ford, Giant Foods, Honda, Nissan, NRA Museum, VW/Volvo, Walmart

55 Fairfax Co Pkwy, to US 29, **N** 🅿 Exxon, Sunoco 🍴 Applebees, Blue Iguana Café, Burger King, Cantina Italiana, Chick-fil-A, Chipotle, Dunkin Donuts, Guapo's, Jason's Deli, Jersey Mike's, Joe's Crabshack, Logan's Roadhouse, McDonald's, Noodles&Co, Olive Garden, Pizza Hut, Red Robin, Starbucks, Subway, Taco Bell, Wendy's 🛏 Hyatt Regency, Residence Inn 🅾 🅷 Best Buy, BJ's Whse/gas, Dick's, Fair Oaks Mall, GNC, Kohl's, Michael's, Petsmart, Target, Verizon, Walmart, Whole Foods Mkt, World Mkt

53b a VA 28, to Centreville, **S** same as 52, Dulles Airport, Manassas Museum

52 US 29, to Bull Run Park, Centreville, **N** 🅿 Sunoco/dsl 🅾 Bull Run Park/RV Dump, Goodyear/auto, **S** 🅿 Exxon, Sunoco/dsl 🍴 Charlie Chang's, Dickey's BBQ, Five Guys, IHOP, My Thai, Pancho Villa, Panda Express, Pizza Hut, Starbucks, Subway 🅾 $Tree, Advance Parts, AT&T, Giant Foods, SpringHill Suites, Trader Joe's, USPO, vet, Walgreens

49mm 🆁🆂 both lanes, full ♿ facilities, litter barrels, petwalk, 🚻, 🏕

47b a VA 234, to Manassas, **N** 🅿 Shell/dsl 🍴 Cracker Barrel, Golden Corral, Jerry's Subs, Uno, Wendy's 🛏 Courtyard, Holiday Inn Express, La Quinta, Wyndham Garden 🅾 Duluth Trading Co, Kohl's, Manassas Nat Bfd, Old Navy, **S** 🅿 7-11, BP, Exxon, RaceWay/dsl, Shell/repair, Sunoco 🍴 Arby's, Baja Fresh, Bob Evans, Burger King, Cafe Rio, Checker's, Chick-fil-A, Chili's, China Palace, Chipotle Mexican, ChuckECheese's, CiCi's, City Grille, Coldstone, Denny's, Domino's, DQ, Dunkin Donuts, Firehouse Subs, Food Lion, Great American Buffet, Hibachi Buffet, Hooters, IHOP, Jersey Mike's, Jimmy John's, KFC, Logan's Roadhouse, McDonald's, Olive Garden, Panda Express, Panera Bread, Papa John's, Pizza Hut, Pollo Campero, Popeye's, Potbelly's, Red Hot&Blue BBQ, Red Lobster, Starbucks, Subway, Subway, Taco Bell, TGIFriday's, Wendy's 🛏 Best Western, Comfort Suites, Days Inn, Hampton Inn, Holiday Inn, Quality Inn, Red Roof Inn, Residence Inn, Woodspring Suites 🅾 $Tree, Advance Parts, Aldi Foods, AT&T, AutoZone, Barnes&Noble, Best Buy, Buick/GMC, Burlington Coats, Chevrolet, Costco/gas, CVS Drug, Dick's, Family$, Giant Foods, GNC, Home Depot, Honda, Lowe's, Macy's, Marshall's, Merchant Auto Ctr, Michael's, Mr Tire, NTB, Office Depot, PepBoys, Petsmart, Reines RV Ctr, Ross, Sears/auto, Shopper's Foods, Staples, Toyota, Tuesday Morning, URGENT CARE, Verizon, vet, Walgreens, Walmart

44 VA 234 S, Manassas, **S** 🅾 to Bristoe Sta Bfd SP

43b a US 29, to Warrenton, Gainesville, **S** 🅿 7-11, BJ's/gas, Sunoco/dsl, WaWa 🍴 BJ's Rest, Burger King, Chick-fil-A, Chili's, Chipotle, Coldstone, Domino's, Famous Dave's, Firebirds Grill, Five Guys, Grafton St Rest., IHOP, Joe's Pizza/Subs, KFC, McDonald's, MOD Pizza, Out of the Blue Seafood, Panera Bread, PeiWei, Potbelly, Qdoba, Smashburger, Starbucks, Subway, Taco Bell, Uncle Julio's 🛏 Hampton Inn, SpringHill Suites, Woodspring Suites 🅾 Advance Parts, Best Buy, Cabela's, CVS Drug, Giant Food/drug, GNC, Lowe's, Petsmart, Piedmont Tire/auto, Target, Verizon, Walgreens

40 US 15, Haymarket, **N** 🅾 Greenville Farms Camping (5mi), 🅷, **S** 🅿 Sheetz/dsl 🍴 Burapa Cafe, Chick-fil-A, Foster's Grill, Giuseppe's Italian, Little Caesar's, McDonald's, Papa John's, Penn Sta Subs, Starbucks, Subway, Young Chow Cafe 🅾 CVS Drug, Food Lion, Kohl's, Verizon, Walmart

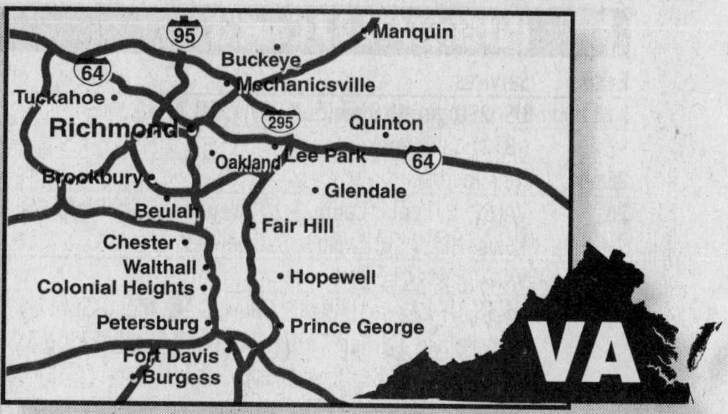

31	VA 245, to Old Tavern, **1 mi N** 🅿 Sunoco/dsl 🅾 USPO
28	US 17 S, Marshall, **N** 🅿 BP/McDonald's/dsl 🍴 Anthony's Pizza, Foster's Grille, Great Wall Chinese, Old Salem Cafe, Subway 🅾 Food Lion, vet
27	VA 55 E, Rd 647, Marshall, **1 mi N** 🅿 Citgo/dsl, Exxon/dsl/LP 🍴 Marshall Diner
23	US 17 N, VA 55, Delaplane (no re-entry from eb)
20mm	Goose Creek
18	VA 688, Markham
13	VA 79, to VA 55, Linden, Front Royal, **S** 🅿 7-11/dsl, Exxon/dsl 🍴 Applehouse Rest./BBQ/gifts 🅾 Skyline Drive, to Shenandoah NP
11mm	Manassas Run
7mm	Shenandoah River
6	US 340, US 522, to Winchester, Front Royal, **N** 🅿 7-11, Mobil/7-11/dsl 🍴 Applebee's, Checkers, China City Buffet, Cracker Barrel, IHOP, Ledo Pizza, Los Potrillos, McAlister's Deli, Mikado, Panda Express, Roy Rogers, Starbucks, TGIFriday's, Tropical Cafe 🛏 TownePlace Suites 🅾 $Tree, Aldi Foods, AT&T, Buick/GMC, Ford, GNC, Lowe's, PetCo, Staples, Target, URGENT CARE, Walmart, **S** 🅿 7-11, Exxon/Dunkin Donuts/Subway, Shell 🍴 McDonald's 🛏 Hampton Inn 🅾 Poe's Southfork Camping (2mi)
1b a	I-81, N to Winchester, S to Roanoke
0mm	I-66 begins/ends on I-81, exit 300.

🛡N INTERSTATE 77

Exit#	Services
67mm	Virginia/West Virginia state line, East River Mtn
66	VA 598, to East River Mtn
64	US 52, VA 61, to Rocky Gap
62	VA 606, to South Gap
62mm	Welcome Ctr sb, full ♿ facilities, info, litter barrels, petwalk, 🚻, 🏕, vending
59mm	🆁🆂 nb, full ♿ facilities, litter barrels, petwalk, 🚻, 🏕, vending
58	US 52, to Bastian, **E** 🅿 BP/Front Porch Cafe/dsl, **W** 🅿 Exxon/Circle K, ❤Loves/Arby's/dsl/scales/24hr
56mm	runaway ramp nb
52	US 52, VA 42, Bland, **E** 🅿 Sunoco 🍴 Subway 🅾 $General, **W** 🅿 Circle K/DQ/dsl 🛏 Big Walker Motel
51.5mm	weigh sta both lanes
48mm	Big Walker Mtn
47	VA 717, **6 mi W** 🅾 to Deer Trail Park/NF Camping
41	VA 610, Peppers Ferry, Wytheville, **E** 🍴 Sagebrush Steaks 🛏 Best Western, Sleep Inn, Super 8, **W** 🅿 Exxon/dsl/scales/24hr, TA/BP/Country Pride/Popeye's/Subway/Taco Bell/dsl/scales/24hr/@ 🍴 Southern Diner 🛏 Comfort Suites, Country Inn&Suites, Fairfield Inn, Hampton Inn, Ramada Inn
40	I-81 S, to Bristol, US 52 N

(left margin, vertical: **MANASSAS**)

(right margin, vertical: **WYTHEVILLE**)

VA

⬆⬇ INTERSTATE 77 Cont'd

Exit#	Services
	I-77 and I-81 run together 9 mi. See I-81, exits 73-80.
32	I-81 N, to Roanoke
26mm	New River
24	VA 69, to Poplar Camp, **E** 🅞 New River Trail Info Ctr, to Shot Tower HP, **W** 🅟 Circle K/Subway/dsl
19	VA 620, **W** 🅞 🔄
14	US 58, US 221, to Hillsville, Galax, **E** 🅟 Mobil/Subway 🍴 Peking Palace 🛏 Red Carpet Inn 🅞 🏥, LakeRidge RV Resort (14mi), **W** 🅟 BP, Exxon/dsl, Gulf/dsl/24hr 🍴 McDonald's, Pizza Inn, Shoney's, TCBY, Wendy's 🛏 Comfort Inn, Hampton Inn, Holiday Inn Express, Motel 6, Quality Inn, Super 8 🅞 Carrollwood Camping, Chevrolet
8	VA 148, VA 775, to Fancy Gap, **E** 🅟 Gulf 🍴 Fancy Gap Cafe (2mi) 🛏 Lakeview Motel/rest., Mountain Top Motel 🅞 $General, Chance's Creek RV Ctr, KOA (2mi), to Blue Ridge Pkwy, USPO, **W** 🅟 BP/dsl, Exxon/Circle K/dsl 🛏 Countryview Inn, Scottish Inn
6.5mm	runaway truck ramp sb
4.5mm	runaway truck ramp sb
3mm	runaway truck ramp sb
1	VA 620, **E** 🅟 ❤Love's/McDonald's/Subway/dsl/scales/24hr
.5mm	Welcome Ctr nb, full ♿ facilities, info, litter barrels, petwalk, 🅲, 🎑
0mm	Virginia/North Carolina state line

⬆⬇ INTERSTATE 81

Exit#	Services
324mm	Virginia/West Virginia state line
323	rd 669, to US 11, Whitehall, **E** 🅟 Exxon, **W** 🅟 ⓕFLYING J/Denny's/Subway/dsl/LP/scales/24hr
321	rd 672, Clearbrook, **E** 🅟 Citgo/Old Stone Cafe/dsl 🍴 Woolen Mills Grill
320mm	Welcome Ctr sb, full ♿ facilities, litter barrels, petwalk, 🅲, 🎑, vending
317	US 11, Stephenson, **E** 🍴 Chick-fil-A, Guan's Garden, Las Trancas, McDonald's, Subway, Tropical Smoothie Café, TX Roadhouse 🅞 AT&T, Lowe's, Petsmart, Target, Verizon, **W** 🅟 Exxon/Dunkin Donuts/dsl, Sheetz, Shell/7-11/Burger King, Sunoco/dsl 🍴 Denny's, Pizza Hut/Taco Bell 🛏 Comfort Inn, EconoLodge, Holiday Inn Express (3mi) 🅞 🏥, Candy Hill Camping
315	VA 7, Winchester, **E** 🅟 Exxon, Sheetz/dsl 🍴 Bamboo Garden, Ledo's Pizza, Little Caesars, Sonic, Starbucks, Waffle House 🛏 TownePlace Suites 🅞 $Tree, Chrysler/Dodge/Jeep, GNC, Goodyear/auto, Martin's Foods/gas, PetCo, URGENT CARE, Walgreens, **W** 🅟 Exxon/Dunkin Donuts/Subway, Liberty/dsl, Shell/dsl 🍴 5 Guys Burgers, Apple Blossom Diner, Arby's, Camino Real Mexican, KFC, McDonald's, NIK Italian, Pizza Hut, Wendy's 🛏 Hampton Inn, Winchester Inn 🅞 AutoZone, CVS Drug, Family$, Food Lion, Food Maxx, Sharp Shopper Mkt, TrueValue
314mm	Abrams Creek
313	US 17/50/522, Winchester, **E** 🅟 Exxon/Baskin-Robbins/Dunkin Donuts/Subway, Liberty/dsl, Mobil/7-11/dsl, Shell/dsl 🍴 Apple Valley Diner, Chinatown, Cracker Barrel, Golden Corral, Hibachi Grill, IHOP, Los Tolteco's Mexican, TX Steaks, Umberto's Pizza 🛏 Aloft Hotel, Candlewood Suites, Fairfield Inn, Holiday Inn, Red Roof Inn, Sleep Inn, Super 8, Travelodge 🅞 BigLots, Costco/gas, Food Lion, Jo-Ann Fabrics, Nissan, vet, **W** 🅟 Sheetz/dsl 🍴 Bob Evans, Buca Italian, Chili's, China Jade, China Wok, Chipotle Mexican, ChuckE

Exit#	Services
313	**Continued** Cheese's, CiCi's, Coldstone, Dickey's BBQ, Five Guys, Glory Day Grill, Ichiban Japanese, Jimmy John's, KFC, Longhorn Steaks, McDonald's, Okinawa Steaks, Olive Garden, Panera Bread, Perkins, Rancho Mexican, Red Lobster, Roy Rogers, Ruby Tuesday, Subway, Taco Bell, TGIFriday's, Waffle House, Wendy's 🛏 Best Western, Hampton Inn, Hilton Garden, Wingate Inn 🅞 $Tree, AT&T, Belk, Best Buy, Books-A-Million, Dick's, Hobby Lobby, Home Depot, JC Penney, Kohl's, Lowe's, mall, Martin's Foods, Merchants Tire, Michael's, Old Navy, PepBoys, Petsmart, Ross, Sears/auto, Staples, Target, TJ Maxx, to Shenandoah U, URGENT CARE, Verizon, Walgreens, Walmart
310	VA 37, to US 50W, **W** 🅟 Citgo/dsl, Shell/7-11/dsl 🍴 Carrabba's, McDonald's, Outback Steaks, Subway 🛏 Country Inn& Suites 🅞 🏥, Aldi Foods, Camping World, Candy Hill Camping (6mi), CarQuest, Honda, Volvo, VW
307	VA 277, Stephens City, **E** 🅟 Liberty/dsl, Shell/Burger King/dsl, Shell/Subway/dsl 🍴 Arby's, China House, Del Rio Mexican, Domino's, Ginger Asian, KFC/Taco Bell, McDonald's, Pizza Hut, Roma Italian, Waffle House, Wendy's 🛏 Comfort Inn, Holiday Inn Express 🅞 $General, 7-11, Advance Parts, AutoZone, Food Lion, Martin's Foods/gas, Rite Aid, Verizon, **W** 🅟 Exxon, Dunkin Donuts, Sheetz/dsl
304mm	weigh sta both lanes
302	rd 627, Middletown, **E** 🅟 Exxon/dsl, **W** 🅟 7-11, Liberty/dsl 🍴 McDonald's 🛏 Econolodge 🅞 $General, to Wayside Theatre
300	I-66 E, to Washington, Shenandoah NP, Skyline Dr
298	US 11, Strausburg, **E** 🅟 Exxon/McDonald's/dsl/LP, Shell/7-11/dsl 🍴 Anthony's Pizza, Arby's, Burger King, Castiglia Italian, Ciro's Pizza, Denny's, Golden China, Great Wall Buffet 🛏 Fairfield Inn, Ramada Inn 🅞 Advance Parts, Family$, Food Lion, Verizon, **W** 🅞 Battle of Cedar Grove Camping, to Belle Grove Plantation
296	US 48, VA 55, Strausburg, **E** 🅞 museums
291	rd 651, Toms Brook, **E** 🛏 Budget Inn (3mi), **W** 🅟 ❤Love's/Arby's/dsl/scales/24hr, 🚚/DQ/Subway/dsl/scales/24hr 🅞 truckwash/repair
283	VA 42, Woodstock, **E** 🅟 Liberty/7-11, Sheetz, Shell/Dunkin Donuts 🍴 Arby's, Burger King, China Wok, KFC, Las Trancas, McDonald's, Pizza Hut, Taco Bell, Tony's Pizza, Wendy's 🛏 Comfort Inn, Hampton Inn, Holiday Inn Express 🅞 CVS Drug, Family$, Food Lion, Rite Aid, to Massanutten Military Academy, **W** 🅟 Exxon/dsl, Sunoco 🍴 China Wok, Cracker Barrel, Domino's, Paisano's Pizza, Subway 🅞 $Tree, Ford, Lowe's, NAPA Care, Walmart
279	VA 185, rd 675, Edinburg, **E** 🅟 Exxon/dsl, Shell/dsl 🍴 Sal's Italian Bistro 🅞 auto repair, Creekside Camping (2mi), USPO
277	rd 614, Bowmans Crossing
273	VA 292, RD 703, Mt Jackson, **E** 🅟 7-11, Exxon/dsl, Liberty/dsl/scales/24hr, Sheetz/dsl/scales/24hr 🍴 Burger King, China King, Denny's, Italian Touch, Subway 🛏 Motel 6 🅞 $General, Food Lion, to Mt Jackson Hist Dist, USPO
269	rd 730, to US 11, Shenandoah Caverns, **E** 🅟 Shell/dsl, **W** 🅞 Shenandoah Valley Camping
269mm	N Fork Shenandoah River
264	US 211, New Market, **E** 🅟 Exxon/Subway/dsl, Liberty/dsl, Mobil/dsl, Shell/dsl 🍴 Appleseed's Rest., Burger King, Italian Job, McDonald's 🛏 Quality Inn 🅞 Endless Caverns Camping, Skyline Dr, to Shenandoah NP, **W** 🅟 7-11 🛏 Days Inn 🅞 New Market Bfd SHP
262mm	🆁🆂 both lanes, full ♿ facilities, litter barrels, petwalk, 🅲, vending

⊹N INTERSTATE 81 Cont'd

Exit#	Services
257	US 11, VA 259, to Broadway, **3-5 mi E** 🅿 Liberty/7-11/Burger King/dsl 🄾 Endless Caverns Camping, KOA
251	US 11, Harrisonburg, **W** 🅿 Exxon/dsl, 🅿Pilot/Subway/dsl/scales/24hr 🛏 Economy Inn
247b a	US 33, Harrisonburg, **E** 🅿 Citgo/dsl, Exxon/dsl, Royal/dsl, Sheetz/dsl, Shell/dsl, Walmart 🍴 Applebee's, Aroma Buffet, Bob Evans, Bravo Italian, Bruster's, Buffalo Wild Wings, Burger King, Chick-fil-A, Chili's, Chipotle, CiCi's Pizza, Cook Out, Domino's, Dunkin Donuts, El Charro Mexican, Firehouse Subs, Five Guys, Franco's Pizza, Golden Corral, Great Wok, IHOP, Jess' Lunch, Jimmy John's, McAlister's Deli, McDonald's, O'Charley's, O'Neill's Grill, Outback Steaks, Panera Bread, Qdoba, Quaker Steak&Lube, Red Lobster, Ruby Tuesday, South Fork BBQ, Subway, Taco Bell, Tilted Kilt, TX Roadhouse, Waffle House, Wendy's, Which Wich?, Wood Grill Buffet 🛏 Best Western, Candlewood Suites, Comfort Inn, Courtyard, Doubletree, EconoLodge, Fairfield Inn, Hampton Inn, Motel 6, Quality Inn, Residence Inn, Sleep Inn 🄾 $Tree, AT&T, Barnes&Noble, Belk, Best Buy, Books-A-Million, Cadillac/Chevrolet, Costco/gas, Dick's, Firestone/auto, Home Depot, JC Penney, Kohl's, Kroger, Lowe's, Martin's Foods/gas, Michael's, Nissan, Old Navy, PetCo, Petsmart, Ross, Staples, Target, TJ Maxx, to Shenandoah NP, to Skyline Dr, Tuesday Morning, URGENT CARE, Verizon, Walmart/McDonald's, **W** 🅿 Exxon/dsl, Liberty/dsl, Royal/dsl, Sheetz/dsl 🍴 Arby's, Ciro's Pizza, DQ, Dragon Palace, Golden China, Hardee's, KFC, Kyoto, L'Italia, Little Caesars, McDonald's, Papa John's, Sam's Hotdogs, Subway 🄾 Advance Parts, BigLots, CVS Drug, Family$, Food Lion, URGENT CARE
245	VA 659, Port Republic Rd, **E** 🅿 Campus Corner, Exxon/dsl, Liberty/dsl, Royal/dsl 🍴 China Express, Corgan's Publick House, El Charro, McDonald's, Subway, Tropical Smoothie, Vito's Italian 🛏 Days Inn 🄾 🄷, CVS Drug, Food Lion, **W** 🍴 Asian City, Jimmy John's, Starbucks 🄾 to James Madison U
243	US 11, to Harrisonburg, **0-2 mi W** 🅿 Exxon/dsl, Harrisonburg Travel Ctr/diner/dsl/scales, Liberty, Sheetz/dsl, Shell/7-11/dsl 🍴 Burger King, Cracker Barrel, Griddle&Grill, McDonald's, Pano's Rest., Pizza Hut, Subway, Taco Bell 🛏 Country Inn Suites, Hampton Inn, Holiday Inn Express, Microtel, Motel 6, Ramada Inn, Super 8 🄾 $General, Advance Parts, AutoZone, CarMax, Family$, Ford, Honda, Hyundai, Kia, Lincoln, Subaru, Toyota/Scion, USPO
240	VA 257, rd 682, Mount Crawford, **E** 🅿 Shell/7-11/dsl 🍴 McDonald's, **W** 🅿 Exxon/Burger King/dsl (1mi)
235	VA 256, Weyers Cave, **E** 🅿 Shell/dsl, **W** 🅿 BP/Subway/dsl, Exxon/dsl 🄾 Freightliner, to Grand Caverns
232mm	🆁🆂 both lanes, full ♿ facilities, litter barrels, petwalk, 🄲, 🏕, vending
227	rd 612, Verona, **E** 🅿 BP/Subway/dsl 🍴 Waffle Inn, **W** 🅿 7-11/Wendy's, Exxon, Shell/dsl 🍴 Burger King, Ciro's Pizza, Hardee's, McDonald's 🛏 Knights Inn 🄾 $General, antiques, Food Lion, Good Sam RV Park (3mi), Rite Aid
225	VA 262, Woodrow Wilson Pkwy, **E** 🛏 Motel 6, **W** 🛏 Days Inn, Holiday Inn/rest.
222	US 250, Staunton, **E** 🅿 BP, Royal/dsl 🍴 Cracker Barrel, Hometown Grill, McDonald's, Mrs Rowe's Rest., TX Steaks 🛏 Best Western, Red Roof Inn, Sleep Inn, **W** 🅿 Sheetz, Speedway/dsl 🍴 Baskin-Robbins/Dunkin Donuts, Burger King, Chili's, Country Cookin, Firehouse Subs, KFC, Massaki Japanese, Pizza Hut, Starbucks, Waffle House 🛏 Comfort Inn, EconoLodge 🄾 American Frontier Culture Museum, AT&T,

Exit#	Services
222	Continued
	auto repair, AutoZone, Lowe's, Martin's Foods/gas, Toyota/Scion, URGENT CARE, Walmart/Subway
221	I-64 E, to Charlottesville, Skyline Dr, Shenandoah NP
220	VA 262, to US 11, Staunton, **1 mi W** 🅿 Citgo, Exxon, Shell 🍴 A&W/LJ Silver, Applebee's, Arby's, Burger King, CiCi's Pizza, El Puerto, Jimmy John's, Kathy's Rest., Kline's Dairy Bar, Maria's Italian, McDonald's, Papa John's, Red Lobster, Sam's HotDogs, Sauced Grill, Subway, Taco Bell, Wendy's 🛏 Budget Inn, Hampton Inn 🄾 $General, $Tree, Advance Parts, Belk, Buick/GMC, Cadillac/Chevrolet, Chrysler/Dodge/Jeep, CVS Drug, Food Lion, Ford/Lincoln, Harley-Davidson, Honda, Hyundai, JC Penney, Kia/Mazda, Kroger/dsl, Merchant's Tire/auto, Nissan, Obaugh RV Ctr, Petco, Staples, Subaru, TJ Maxx, Verizon, vet, VW
217	Rd 654, to Mint Spring, Stuarts Draft, **E** 🅿 GB/dsl 🛏 Days Inn, **W** 🅿 Exxon/Circle K/dsl/24hr, Liberty/LP 🛏 Relax Inn 🄾 KOA
213b a	US 11, US 340, Greenville, **E** 🅿 BP/Subway, 🅿Pilot/Arby's/scales/dsl/24hr, Shell 🍴 Edelweiss Rest. 🛏 Hometown Inn 🄾 KOA (3mi)
205	Rd 606, Raphine, **E** 🅿 BP/dsl, Fuel City/Smiley's BBQ/dsl/24hr, Petro/Exxon/Burger King/dsl/scales/24hr @ 🄾 Blue Beacon, **W** 🅿 🅿Pilot/Wendy's/dsl/scales/24hr 🛏 Comfort Inn/rest. 🄾 Peterbilt
200	RD 710, Fairfield, **E** 🅿 BP/McDonald's/dsl, Pure 🍴 Frank's Pizza, **W** 🅿 Exxon/Subway/dsl, Shell/dsl
199mm	🆁🆂 sb, full ♿ facilities, litter barrels, petwalk, 🄲, 🏕, vending
195	US 11, Lee Hwy, **E** 🛏 Maple Hall Country Inn, **W** 🅿 Exxon/dsl, TA/Shell/Berky's Rest./dsl/scales/24hr/@ 🛏 Days Inn, Howard Johnson, Quality Inn 🄾 Lee-Hi Camping, repair
191	I-64 W (exits left from nb), US 60, to Charleston
188b a	US 60, to Lexington, Buena Vista, **3-5 mi E** 🅿 BP, Exxon 🍴 Burger King, Hardee's 🛏 Buena Vista Inn 🄾 $General, Family$, Food Lion, Marshall Museum, to Blue Ridge Pkwy, to Glen Maury Park, to Stonewall Jackson Home, **W** 🅿 Exxon/dsl 🄾 🄷, to Washington&Lee U, VMI
180	US 11, Natural Bridge, **E** 🛏 Relax Inn 🄾 Cave Mtn NF, Jellystone Camping, **W** 🅿 Shell/dsl 🍴 Pink Cadillac Diner 🛏 Budget Inn 🄾 (180a exits left from sb), KOA
175	US 11 N, to Glasgow, Natural Bridge, **E** 🅿 Exxon 🛏 Natural Bridge Hotel/rest. (2mi) 🄾 Jellystone Camping (6.5mi), to James River RA
168	VA 614, US 11, Blue Ridge Pkwy, Arcadia, **E** 🅿 Shell/dsl 🍴 Mtn View Rest. 🛏 Wattstull Inn 🄾 Middle Creek Camping (6mi), **2 mi W** 🅿 Exxon 🍴 Burger King, Rancho Veijo
167	US 11 (from sb), Buchanan
162	US 11, Buchanan, **E** 🅿 Exxon/dsl 🄾 to BR Pkwy, **W** 🅿 Citgo/Subway
158mm	🆁🆂 sb, full ♿ facilities, litter barrels, petwalk, 🄲, 🏕, vending

Side markers: **HARRISONBURG**, **STAUNTON**, **LEXINGTON**, **VA**

🔼N INTERSTATE 81 Cont'd

Exit#	Services
156	RD 640, to US 11, **E** 🛢 Exxon/Brugh's Mill/dsl
150	US 11/220, to Fincastle, **E** 🛢 Dodge's/dsl, Marathon/Kangaroo/dsl/24hr, 🛢Pilot/Subway/dsl/24hr, TA/BP/Country Pride/dsl/scales/24hr/@ 🍴 Bella Pizza, Country Cookin, Cracker Barrel, Hardee's, McDonald's, Shoney's, Taco Bell, Waffle House 🛏 Comfort Inn, Holiday Inn Express, Quality Inn, Red Roof Inn, Travelodge 🅾 $General Mkt, Berglund RV Ctr, truckwash, **W** 🛢 BP/dsl, Exxon/dsl, Sunoco 🍴 3 Lil Pigs BBQ, Bojangles, Little Caesars, Pizza Hut, Rancho Viejo Mexican, Three Lil' Pigs BBQ, Wendy's 🛏 Howard Johnson, Super 8 🅾 Kroger/dsl, Verizon, vet
149mm	weigh sta both lanes
146	VA 115, Cloverdale, **E** 🛢 BP/dsl, Exxon, Shell/dsl 🍴 El Rodeo Mexican, Hardees, McDonald's, Subway 🛏 Country Inn&Suites, Days Inn/rest., Fairfield Inn, Hampton Inn 🅾 Camping World, CVS, to Hollins U
143	I-581, US 220, to Roanoke, Blue Ridge Pkwy (exits left from sb), 1 mi **E** 🛢 Kroger/dsl 🍴 El Toreo, Subway, Waffle House 🛏 Howard Johnson, Motel 6, Quality Inn, Super 8 🅾 Honda, 2-3 mi **E** on Hershberger 🍴 Abuelo's Mexican, Applebee's, Buffalo Wild Wings, Carrabba's, Cheddar's, Chick-fil-A, Hardee's, IHOP, Logan's Roadhouse, Longhorn Steaks, O'Charley's, Olive Garden, Panera Bread, Penn Sta Subs, Red Palace Chinese, Red Robin, Ruby Tuesday, Shaker's, Smokey Bones BBQ, Starbucks, TGIFriday's, Zaxby's 🛏 Best Western, Comfort Inn, Courtyard, Extended Stay America, Hampton Inn, Holiday Inn, Hyatt Place, MainStay Suites, Residence Inn, Sheraton 🅾 $Tree, AT&T, Barnes&Noble, Belk, Best Buy, BigLots, Dick's, Exxon, Home Depot, Macy's, mall, Murphy USA/dsl, NTB, Old Navy, Petsmart, Sears/auto, Shell, Staples, Target, U-Haul, Verizon, Walmart
141	VA 419, Salem, **E** 🛢 BP, Liberty/7-11/dsl, Marathon/Burger King 🍴 Hardee's, IHOP, Starbucks 🛏 Baymont Inn, Days Inn, Holiday Inn Express, La Quinta 🅾 🅷 Chevrolet, GNC, Kroger/gas, **W** 🛢 BP/Subway/dsl, Citgo 🍴 Subway
140	VA 311, Salem, 1 mi **E** 🍴 Mac&Bob's Cafe, 1 mi **W** 🛢 BP/Subway/dsl, Citgo 🍴 Billy's Barn Rest., Hanging Rock Grill/golf
137	VA 112, VA 619, Salem, **E** 🛢 BP, Citgo/dsl, Exxon/dsl, Go-Mart, Marathon, Sheetz/dsl 🍴 Anthony's Cafe, Applebees, Arby's, Bojangles, Burger King, Chick-fil-A, Denny's, Dynasty Buffet, El Rodeo Mexican, Firehouse Subs, Hardee's, Jimmy John's, K&W Cafeteria, KFC, Mamma Maria Italian, McDonald's, Omelette Shoppe, Pizza Hut, Quiznos, Rancho Viejo, Starbucks, Subway, Taco Bell, Tokyo Express, Wendy's, Zaxby's 🛏 Comfort Suites, Quality Inn, Stay At Inn, Super 8 🅾 $General, $Tree, Aamco, Advance Parts, AutoZone, BigLots, Food Lion, Goodyear, Kroger/dsl, Lowe's, Merchant's Tire, O'Reilly Parts, Snyder's RV, Verizon, vet, Walgreens, Walmart/Subway, **W** 🛏 Holiday Inn, Howard Johnson
132	VA 647, to Dixie Caverns, **E** 🛢 Citgo/dsl, Shell (2mi) 🛏 Blue Jay Hotel 🅾 Dixie Caverns Camping, st police
129mm	Rs nb, full 🚹 facilities, litter barrels, petwalk, 🅲, 🛢, vending
128	US 11, VA 603, Ironto, **E** 🛢 Shell, **W** 🛢 Exxon/Dixie's/Subway/dsl/24hr
118cba	US 11/460, Christiansburg, **E** 🛢 Shell/dsl 🍴 Cracker Barrel, Denny's 🛏 Days Inn, Fairfield Inn, Holiday Inn Express, Quality Inn, Super 8, **W** 🛢 Exxon/dsl, Liberty/7-11/dsl, Shell 🍴 Country Cookin, Hardee's, LJ Silver, McDonald's, Pizza Hut, Ruby Tuesday, Waffle House, Wendy's 🛏 EconoLodge, Shayona Inn 🅾 🅷 $General, Advance Parts, Chevrolet,

118cba	Continued Chrysler/Dodge/Jeep, Food Lion, Ford, Honda, Hyundai, Kia, Subaru, to VA Tech, Toyota/Scion
114	VA 8, Christiansburg, **E** to Blue Ridge Pkwy, 0-1 mi **W** 🛢 Citgo/dsl 🍴 Burger King, Pizza Inn, Subway 🛏 Budget Inn 🅾 $General Mkt, tires, USPO
109	VA 177, VA 600, **E** 🅾 🅷, 0-2 mi **W** 🛢 Marathon, Sunoco/dsl 🛏 Best Western, Comfort Inn, La Quinta, Super 8 (2mi) 🅾 Buick/Cadillac/Chevrolet
107mm	Rs both lanes, full 🚹 facilities, litter barrels, petwalk, 🅲, 🛢 vending
105	VA 232, RD 605, to Radford, 2-4 mi **W** 🛢 Citgo, Marathon/dsl 🍴 Sal's Italian 🛏 Executive Motel 🅾 museum
101	RD 660, to Claytor Lake SP, **E** 🛏 Claytor Lake Inn, Sleep Inn 🅾 repair, **W** 🛢 Marathon/DQ/dsl, Shell/Omelette Shoppe/Taco Bell/dsl/scales/@
98	VA 100 N, to Dublin, **E** 🛢 Exxon/Subway/dsl, Marathon 🍴 Bojangles, Shoney's 🛏 Hampton Inn, Holiday Inn Express, Quality Inn, **W** 🛢 Liberty/Blimpie/dsl, Marathon/dsl 🍴 Arby's, Burger King, El Ranchero Mexican, Fatz Cafe, McDonald's, Subway, Waffle House, Wendy's 🛏 Super 8 🅾 $General, NAPA, O'Reilly Parts, to Wilderness Rd Museum, vet, Walmart, Subway
94ba	VA 99 N, to Pulaski, 0-3 mi **W** 🛢 BP, Exxon/dsl, Hess 🍴 China Wall, Compadre's Mexican, Domino's, Hardee's, KFC, Kimono Japanese, Little Caesars, McDonald's, Pizza Hut, Sonic, Subway, Taco Bell, Wendy's 🅾 🅷, $General, Advance Parts, CVS, Family$, Food Lion, Goodyear/auto, O'Reilly Parts, Rite Aid
92	Rd 658, to Draper, **E** 🛢 🅾 to New River Trail SP
89ba	US 11 N, VA 100, to Pulaski, **E** 🅾 auto/truck repair
86	Rd 618, Service Rd, **W** 🛢 Sunoco/Appletree Rest./dsl 🅾 repair
84	Rd 619, to Grahams Forge, **W** 🛢 Circle K/DQ/dsl/24hr, Loves/Chester Fried/Subway/dsl/scales/24hr 🍴 Josey' Cafe 🛏 Fox Mtn Inn, Trail Motel

I-81 S and I-77 N run together 9 mi.

81	I-77 S, to Charlotte, Galax, to Blue Ridge Pkwy
80	US 52 S, VA 121 N, to Ft Chiswell, **E** 🛢 FLYING J/Denny's/dsl/scales/24hr/@, BP/Burger King/dsl 🍴 Wendy's 🛏 Hampton Inn, Super 8 🅾 Blue Beacon, Ft Chiswell RV Park, NAPA, **W** 🛢 Circle K/dsl, Citgo 🍴 Judy's Diner, McDonald's 🛏 Comfort Inn 🅾 Speedco
77	Service Rd, **E** 🛢 FLYING J/Denny's/dsl/scales/LP/RV Dump/24hr, Circle K/Subway/dsl/24hr, Speedway/Dunkin Donuts/dsl 🍴 Burger King 🅾 KOA, **W** 🛢 Exxon/dsl, 🛢Pilot Arby's/DQ/dsl/scales/24hr 🅾 st police
73	US 11 S, Wytheville, **E** 🛢 Exxon/dsl, Go-Mart 🍴 Applebee' Bob Evans, Cracker Barrel, El Puerto Mexican, Hardee's, LJ Silve Papa John's, Peking Chinese, Shoney's, Smokey's BBQ, Sonic The Ville Rest., Waffle House, Wendy's 🛏 Best Value Inn, Budget Host, Days Inn, EconoLodge, Holiday Inn Express, Kingston Inn, La Quinta, Motel 6, Quality Inn, Red Roof Inn 🅾 🅷 $General, AutoZone, Buick/Chevrolet/GMC, CVS Drug, Food Lion, Ford, Goodyear/auto, Harley-Davidson, Nissan, Rite Aid Rural King

I-81 N and I-77 S run together 9 mi.

72	I-77 N, to Bluefield, 1 mi **N**, I-77 exit 41, **E** 🍴 Sagebrush Steaks 🛏 Best Western, Sleep Inn, Super 8, 1 mi **N**, I-77 exit 41, **W** 🛢 Kangaroo/dsl/24hr, TA/Country Pride/Popeye's/Subway/Taco Bell/dsl/scales/24hr/@ 🍴 Southern Diner 🛏 Comfort Suites, Country Inn&Suites, Fairfield Inn, Hampton Inn, Ramada/rest.

Side labels: **VA** · **ROANOKE** · **SALEM** · **WYTHEVILLE**

🔼🔽 INTERSTATE 81 Cont'd

Exit#	Services
70	US 21/52, Wytheville, **E** 🅿 BP/dsl, Sheetz/dsl 🍴 Bojangles, China Wok, El Patio Mexican, KFC/Taco Bell, Little Caesars, Mc-Donald's, Ruby Tuesday, Starbucks, Subway, Tokyo Japanese, Wendy's ⊙ 🏨, $Tree, AT&T, Food Lion, GNC, Lowe's, PetCo, Verizon, Walmart/Subway, **W** 🅿 Kangaroo 🏠 Comfort Inn
67	US 11 (from nb, no re-entry), to Wytheville
61mm	🆁🆂 nb, full ♿ facilities, litter barrels, NO TRUCKS, petwalk, ⊙, 🛆, vending
60	VA 90, Rural Retreat, **E** 🅿 Shell/dsl 🍴 Dutch Pantry, McDon-ald's ⊙ $General, camping, to Rural Retreat Lake
54	rd 683, to Groseclose, **E** 🅿 Exxon, Sunoco/dsl 🍴 The Barn Rest. 🏠 Relax Inn ⊙ Settler's Museum
53.5mm	🆁🆂 sb, full ♿ facilities, litter barrels, petwalk, ⊙, 🛆, vending
50	US 11, Atkins, **W** 🅿 Exxon, Marathon/Subway/dsl/24hr 🏠 Comfort Inn ⊙ NAPA Care
47	US 11, to Marion, **W** 🅿 Gas'N Go, Shell/dsl, Valero/Sub-way 🍴 Arby's, Charley's Philly Steaks, China House, KFC/Taco Bell, Little Caesars, LJ Silver, McDonald's, Mi Puerto Mexican, Pizza Hut, Sonic, Wendy's 🏠 Best Value Inn, EconoLodge, Travel Inn ⊙ 🏨, $General, $Tree, Advance Parts, AutoZone, Buick/Chevrolet/GMC, CVS Drug, Food City, Food Lion, Ford, Ingles, Marion Drug, O'Reilly Parts, Rite Aid, to Hungry Mother SP (4mi), Verizon, Walgreens, Walmart
45	VA 16, Marion, **E** 🅿 Valero/dsl 🍴 AppleTree Rest. ⊙ Mt Rogers NRA, to Grayson Highlands SP, **W** 🅿 Sunoco 🍴 Hard-ee's ⊙ NAPA, USPO
44	US 11, Marion, **W** ⊙ $General, Vet
39	US 11, rd 645, Seven Mile Ford, **W** ⊙ Interstate Camping
35	VA 107, Chilhowie, **E** 🍴 Chilhowie Pizza, Hardees 🏠 Knights Inn, **W** 🅿 Exxon/dsl, Gas'N Go, Mobil/Main St Mkt, Shell/dsl 🍴 McDonald's, Riverfront Rest., Subway, Taco Bell 🏠 Budget Inn (1mi) ⊙ $General, Food City, Greever's Drugs, USPO
32	US 11, to Chilhowie
29	VA 91, to Damascus, Glade Spring, **E** 🅿 Marathon/Subway/dsl, Petro/Iron Skillet/dsl/24hr/@, Valero/Wendy's 🍴 Giar-dino's Italian, Pizza+ 🏠 EconoLodge, Knights Inn ⊙ $Gen-eral, Peterbilt, **W** 🅿 Exxon, Shell/dsl, Spirit 🍴 El Burrito Loco ⊙ CarQuest, vet
26	rd 737, Emory, **W** 🍴 Macado's (1mi) ⊙ to Emory&Henry Coll, USPO (1mi)
24	VA 80, Meadowview Rd, **E** 🅿 Loves/McDonald's/Sub-way/dsl/scales/24hr, **W** ⊙ auto/truck repair
22	rd 704, Enterprise Rd, **E** 🅿 Brown's Pantry/dsl ⊙ 🏨
19	US 11/58, to Abingdon, **E** 🅿 Shell/Subway/Dunkin Donuts/dsl 🍴 DQ, McDonald's, Pizza+ ⊙ Lowe's, to Mt Rogers NRA, URGENT CARE, vet, **W** 🅿 BP/dsl, Citgo/Huddle House, Exxon/dsl 🍴 Bella's Pizza, Burger King, Cracker Barrel, Harbor House Seafood, Pita's, Wendy's 🏠 Alpine Motel, Best Value Inn, Hol-iday Inn Express, Quality Inn ⊙ $General
17	US 58A, VA 75, Abingdon, **E** 🅿 Mobil/dsl 🍴 Domino's, LJ Silver 🏠 Hampton Inn, **W** 🅿 Exxon, Gas'n Go 🍴 Arby's, Charley's Subs, China Wok, Hardee's, Little Caesar's, Los Arcos, McDonald's, Papa John's, Pizza Hut, Shoney's, Subway, Taco Bell, Wendy's 🏠 Super 8 ⊙ 🏨, Advance Parts, Food City, GNC, K-Mart, Kroger/dsl
14	US 19, VA 140, Abingdon, **W** 🅿 BP/dsl, Exxon, Shell/dsl 🍴 McDonald's, Milano's Italian, Moon Dog Cafe, Sub-way 🏠 Comfort Inn, Comfort Suites ⊙ Chevrolet, Ford/Lin-coln, Riverside Camping (10mi)

13.5mm	🆁🆂 nb, full ♿ facilities, litter barrels, ⊙, 🛆, vending, TRUCK-ERS ONLY
13	VA 611, to Lee Hwy, **W** 🅿 Shell/dsl ⊙ Kenworth, Mack, Volvo
10	US 11/19, Lee Hwy, **W** 🅿 Exxon, Shell/dsl 🏠 Deluxe Inn, Economy Inn, Evergreen Inn, Red Carpet Inn
7	Old Airport Rd, **E** 🅿 Shell/dsl 🍴 Bojangles, Cheddar's, Crack-er Barrel, Sonic 🏠 Baymont Inn, Hilton Garden, **W** 🅿 Mara-thon, Sunoco/Wendy's, Valero/dsl 🍴 Chick-fil-A, Chili's, Cook-Out, Domino's, DQ, El Patio Mexican, Five Guys, Golden Corral, IHOP, Jersey Mike's Subs, Kobe Japanese, Logan's Roadhouse, Los Arcos, Mellow Mushroom, O'Charley's, Olive Garden, Out-back Steaks, Pal's Drive-In, Perkins, Pizza Hut, Red Lobster, Ruby Tuesday, Salsarita's, Starbucks, Subway, Taco Bell 🏠 Court-yard, Holiday Inn, Motel 6, Quality Inn ⊙ $General, $Tree, Ad-vance Parts, AutoZone, Best Buy, Books-A-Million, Food City/gas, Home Depot, Lowe's, Office Depot, Old Navy, Petsmart, Ross, Sam's Club/gas, Sugar Hollow Camping, Target, TJ Maxx, Tuesday Morning, Verizon, Walmart
5	US 11/19, Lee Hwy, **E** 🅿 Shell 🍴 Arby's, Burger King, Hard-ee's, KFC, LJ Silver, McDonald's, Shoney's 🏠 Budget Inn, Trav-el Inn ⊙ Family$, Harley-Davidson, Price Less Foods, USPO, **W** 🅿 Exxon/dsl 🏠 Comfort Inn ⊙ Buick/GMC, Cabela's, Kings Tire
3	I-381 S, to Bristol, **1 mi E** 🅿 Shell/dsl, Zoomers/dsl 🍴 Apple-bee's, Arby's, Krystal 🏠 EconoLodge
1b a	US 58/421, Bristol, **1 mi E** 🅿 5 Mart/dsl, Exxon/dsl, Shell 🍴 Burger King, Capt D's, Chinese Family Buffet, KFC, McDonald's, Pizza Hut, Sonic, Subway, Taco Bell, Wen-dy's 🏠 Knights Inn ⊙ 🏨, Chrysler/Dodge/Jeep, CVS Drug, Family$, Kroger/dsl, Toyota/Scion, UHaul, URGENT CARE, Veri-zon, vet, Walgreens
0mm	Virginia/Tennessee state line, **Welcome Ctr nb, full** ♿ **facilities, info, litter barrels, petwalk,** ⊙, 🛆, **vending, NO TRUCKS**

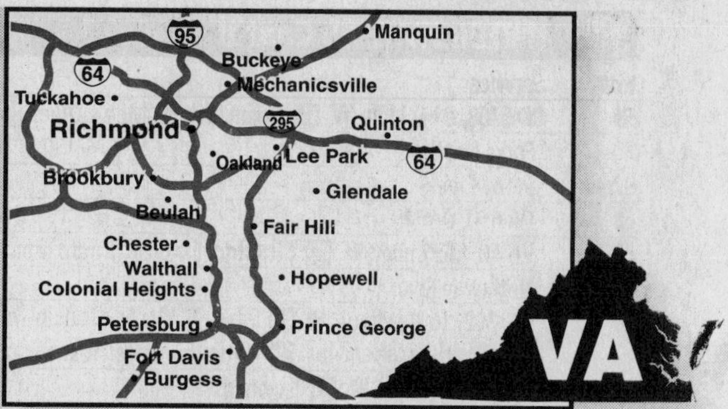

🔼🔽 INTERSTATE 85

Exit#	Services
I-85 begins/ends on I-95.	
69	US 301, I-95 N, Wythe St, Washington St, Petersburg
68	I-95 S, US 460 E, to Norfolk, Crater Rd
65	Squirrel Level Rd, **E** ⊙ to Richard Bland Coll, **W** 🅿 BP
63b a	US 1, to Petersburg, **E** 🅿 Chubby's/dsl, Exxon/KFC/dsl, Shell/Burger King/dsl 🍴 Hardee's, Taco Bell, Waffle House 🏠 Hol-iday Inn Express ⊙ $General, **W** 🅿 🍴 McDonald's
61	US 460, to Blackstone, **E** 🅿 EastCoast/Subway/dsl/LP/e85 🍴 Asian American Express, Joe's Rest., **W** 🍴 Giuseppe's Pizza ⊙ 🔧, auto repair
55mm	🆁🆂 both lanes, full ♿ facilities, litter barrels, petwalk, ⊙, 🛆, vending

(Side margin labels: MARION, ABINGDON, VA, PETERSBURG)

🔄Ⓝ INTERSTATE 85 Cont'd

Exit#	Services
53	VA 703, Dinwiddie, **W** 🅟 Exxon/dsl 🅕 Moe's Diner 🅞 to 5 Forks Nat Bfd
52mm	Stony Creek
48	VA 650, DeWitt
42	VA 40, McKenney, **W** 🅟 BP, Citgo, Exxon 🅞 auto repair
40mm	Nottoway River
39	VA 712, to Rawlings, **W** 🅟 Davis TC/Exxon/Dunkin Donuts/Subway/dsl/scales/24hr 🅛 Nottoway Motel/rest.
34	VA 630, Warfield, **W** 🅟 Exxon/dsl
32mm	🆁🆂 both lanes, full 🅿 facilities, litter barrels, petwalk, 🄲, 🄰, vending
28	US 1, Alberta, **W** 🅟 Exxon 🅞 Family Dollar
27	VA 46, to Lawrenceville, **E** 🅞 to St Paul's Coll
24	VA 644, to Meredithville
22mm	weigh sta both lanes
20mm	Meherrin River
15	US 1, to South Hill, **E** 🅟 Citgo, **W** 🅟 ❤️Loves/Subway/McDonald's/dsl/scales/24hr, Valero/dsl 🅕 El Saucito, Kahill's Rest.
12	US 58, VA 47, to South Hill, **E** 🅟 Pilot/Shell/dsl, RaceWay, Sunoco/dsl 🅕 Applebee's, Arby's, Bojangles, Domino's, Five Guys, Glass House Grill, Papa John's, Sonic 🅛 Best Western, Comfort Inn, Fairfield Inn, Hampton Inn 🅞 $Tree, Verizon, Walmart/Subway, **W** 🅟 Exxon/dsl, Kangaroo/dsl 🅕 Brian's Steaks, Burger King, Cracker Barrel, Hardee's, KFC/Taco Bell, McDonald's, New China, Pizza Hut, Subway, Wendy's 🅛 Days Inn, Quality Inn 🅞 🅷 $General, AutoZone, CVS Drug, Family$, Food Lion, Home Depot, Roses
4	VA 903, to Bracey, Lake Gaston, **E** 🅟 Exxon/Simmon's/dsl/scales/24hr/@, Sunoco/Subway/dsl 🅕 Huddle House, Top This Pizza 🅞 $General, Americamps Camping (5mi), **W** 🅟 Shell/Pizza Hut/Quizno's 🅛 Lake Gaston Inn
3mm	Lake Gaston
1mm	Welcome Ctr nb, full 🅿 facilities, litter barrels, petwalk, 🄲, 🄲, 🄰, vending
0mm	Virginia/North Carolina state line

🔄Ⓝ INTERSTATE 95

Exit#	Services
178mm	Virginia/Maryland state line, Potomac River, W Wilson Br
177cba	US 1, to Alexandria, Ft Belvoir, **E** 🅕 Great American Steaks 🅛 Budget Host, Hampton Inn, Red Roof Inn, Relax Inn 🅞 Chevrolet, Chrysler/Dodge/Jeep, **W** 🅟 Liberty/repair, Speedway
176ba	VA 241, Telegraph Rd, **E** 🅟 BP, Speedway/dsl, **W** 🅕 Ted's MT Grill 🅛 Courtyard, Extended Stay America, Holiday Inn, SpringHill Suites
174	Eisenhower Ave Connector, to Alexandria
173	rd 613, Van Dorn St, to Franconia, **E** 🅛 Comfort Inn, 1 mi **W** 🅟 Exxon, Shell 🅕 Dunkin Donuts, Jerry's Subs, McDonald's, Red Lobster 🅞 Aamco, Giant Foods, NTB
170a	I-495 N, I-495 & I-95 N run together to MD, to Rockville.
170b	I-395 N, to Washington
169ba	rd 644, Springfield, Franconia, **E** 🅕 Bertucci's, Dunkin Donuts, Houlihan's, Silver Diner, Starbucks, Subway, TGIFriday's 🅛 Best Western, Comfort Inn, Courtyard, Extended Stay America, Hampton Inn, Hilton 🅞 🅷, AT&T, Barnes&Noble, Best Buy, Dick's, Firestone/auto, Ford, Home Depot, JC Penney, Macy's, mall, Michael's, Nissan, Old Navy, Petsmart, Staples,

Exit#	Services
169ba	Continued
	Subaru, Target, **W** 🅟 BP, Shell, Sunoco 🅕 5 Guys Burger, Blue Pearl Buffet, Chick-fil-A, Chipotle Mexican, Deliah's Gril, Domino's, Dunkin Donuts, Hard Times Cafe, KFC, McDonald', Noodles&Co, Outback Steaks, Panda Express, Popeye's, Starbucks, Subway 🅛 Holiday Inn Express, Homewood Suite, Motel 6, Residence Inn, TownePlace Suites 🅞 7-11, Advance Parts, CarQuest, Chrysler/Dodge/Jeep, CVS Drug, Giant Food, GNC, Goodyear/auto, K-Mart, Mr Tire, Toyota/Scion, Trade Joe's, USPO, Verizon, vet, VW
167	VA 617, Backlick Rd (from sb), **W** 🅟 InterFuel/dsl
166ba	VA 7100, Newington, to Ft Belvoir, **E** 🅟 Pkwy Express 🅕 Wendy's 🅛 Embassy Suites 🅞 NTB, Toyota/Scio, U-Haul, **W** 🅟 Exxon/7-11/dsl 🅕 McDonald's 🅞 Costco
163	VA 642, Lorton, **E** 🅟 Shell/repair, Sunoco/dsl 🅞 auto repa, **W** 🅟 Shell/dsl 🅕 Antoneli's Pizza, Burger King, Gunsto Wok, Kabob Factory Rest. 🅛 Comfort Inn
161	US 1 S (exits left from sb, no reentry nb), to Ft Belvoir, Mt Vernon, Woodlawn Plantation, Gunston Hall
160.5mm	Occoquan River
160ba	VA 123 N, Woodbridge, Occoquan, **E** 🅟 Sunoco 🅕 Taco Bell 🅛 Hampton Inn, Quality Inn 🅞 Aldi Foods, Food Lio, Mr Transmissions, **W** 🅟 Exxon/repair/dsl, Fast Fuels, Shel, dsl 🅕 KFC, Madigan's Waterfront Rest., McDonald's, VA Gri, Wendy's 🅞 7-11, same as 161
158ba	VA 294, Prince William Pkwy, Woodbridge, **W** 🅟 7-11, Exxon, Shell, Sunoco/dsl 🅕 Bonefish Grill, Boston Mkt, Bungalow Alehouse, Chick-fil-A, Chipotle Mexican, ChuckeChees, Coldstone, Famous Dave's BBQ, Firehouse Subs, Hooter, IHOP, Macaroni Grill, McDonald's, Noodles&Co, Old Count Buffet, On-the-Border, Panda Express, Panera Bread, Qdob, Red Lobster, Red Robin, Smokey Bones BBQ, Starbucks, Taco Bell, TGIFriday's, Wendy's 🅛 Country Inn&Suites, Courtyar, Fairfield Inn, Holiday Inn Express, Residence Inn, SpringH Suites 🅞 $Tree, Advance Parts, Best Buy, CarMax, Dick, GNC, JC Penney, Lowe's, Michael's, Office Depot, Petsma, Sam's Club/gas, Shopper's Foods, Target, Verizon, Walma, Subway
156	VA 784, Potomac Mills, **E** 🅕 Brixx Woodfired Grill, Firebir, Grill, PF Chang's, Potbelly, Starbucks, Travinia Italian, Unc, Julio's Grill, Zoe's Kitchen 🅛 Hilton Garden, Homewo, Suites 🅞 🅷, AT&T, Old Navy, REI, to Leesylvania SP, We, man's Mkt, **W** 🅟 Mobil/dsl, Shell/dsl, Sunoco/dsl 🅕 Bah, ma Breeze, Bob Evans, Bobby's Burger, Buffalo Wild Wing, Burger King, Char Broil Grill, Cheesecake Factory, Chili's, Ch, na King Buffet, Denny's, Domino's, DQ, Guapo's, Hard Tim, Cafe, Los Amigos, McDonald's, Olive Garden, Outback Stea, Paisano's, Popeye's, Sakura Japanese, Silver Diner, Subwa, Wendy's 🅛 Best Western, Wytestone Suites 🅞 Costco/g, Family$, Firestone/auto, IKEA, Jo-Ann Fabrics, Marshalls, No, strom Rack, NTB, Potomac Mills Outlets/Famous Brands, S*, ples, Tuesday Morning, U-Haul, vet
154mm	🆁🆂/weigh sta both lanes
152	VA 234, Dumfries, to Manassas, **E** 🅟 BP/dsl, Express, Ex, on/dsl, Shell/dsl, Valero/Subway 🅕 Applebee's, China O, KFC, McDonald's, Ruby Tuesday, Taco Bell 🅛 Sleep Inn, S, per 8 🅞 7-11, Food Lion, Meineke, NAPA Autocare, Walma, Weems-Botts Museum, **W** 🅟 7-11, Exxon 🅕 Asian Pa, Chick-fil-A, Cracker Barrel, Five Guys, IHOP, Jerry's Subs, Mo, Clair Rest., Panera Bread, Starbucks, Subway, Tiziano Itali, Waffle House 🅛 Comfort Inn, Days Inn, EconoLodge, Ham, ton Inn, Holiday Inn 🅞 AT&T, Prince William Camping, R, Aid, Shoppers Foods, Target, URGENT CARE

VA

SOUTH HILL

DC AREA

DUMFRIES

⬆N INTERSTATE 95 Cont'd

Exit#	Services
150	VA 619, Quantico, to Triangle, **E** 🍴 Dunkin Donuts, McDonald's 🛏 Ramada Inn 🅾 7-11, to Marine Corps Base, **W** Prince William Forest Park
148	to Quantico (2mi), **E** 🅿 Gulf/dsl 🍴 Subway 🛏 Courtyard 🅾 to Marine Corps Base
143b a	to US 1, VA 610, Aquia, **E** 🅿 7-11, Exxon/Circle K/dsl, Valero 🍴 Carlos O'Kelly's, El Gran Charro, KFC, McDonald's, Mick's Rest., Papa John's, Pizza Hut, Ruby Tuesday, Subway 🛏 Best Western, Fairfield Inn, Hampton Inn, Staybridge Suites, Suburban Extended Stay, Towne Place Suites 🅾 Aquia Pines Camping, Nissan, Rite Aid, Tires+, **W** 🅿 7-11, Exxon/dsl, Kangaroo, WaWa 🍴 5 Guys Burgers, Applebee's, Baskin-Robbins/Dunkin Donuts, Bob Evans, Buffalo Wild Wings, Burger King, Chick-fil-A, Chili's, China Wok, CiCi's, Firehouse Subs, Hardee's, Hibachi Buffet, IHOP, Jersey Mike's, Jimmy the Greek, Kobe Japanese, Little Caesar's, McDonald's, Moe's SW Grill, Outback Steaks, Pancho Villa, Panera Bread, Popeye's, Starbucks, Taco Bell, Umi Japanese, Wendy's 🛏 Comfort Inn, Country Inn&Suites, Quality Inn, Super 8, Wingate Inn 🅾 $General, $Tree, Aldi Foods, AutoZone, Best Buy, CVS Drug, Giant Foods, GNC, Home Depot, Kohl's, Lowe's, Merchant's Tire, Michael's, PetCo, Petsmart, Ross, Shopper's Foods, Staples, Target, TJ Maxx, Toyota/Scion, URGENT CARE, Verizon, Walmart/McDonald's
140	VA 630, Stafford, **E** 🅿 7-11, Sunoco/dsl, Valero 🍴 McDonald's 🅾 �H, **W** 🅿 Exxon/dsl, Shell/dsl
137mm	Potomac Creek
136	rd 8900, Centreport, **2 mi E** 🅿 Valero/dsl, **W**🔧
133b a	US 17 N, to Warrenton, **E** 🅿 Exxon/dsl 🍴 Arby's 🛏 Knights Inn, Motel 6 🅾 7-11, auto/truck repair, CarQuest, **W** 🅿 EastCoast/Subway/dsl, Shell/dsl, WaWa/dsl 🍴 Aladin Grill, Burger King, Dunkin Donuts, Hardee's, McDonald's, Pancho Villa Mexican, Panera Bread, Perkins, Ponderosa, Popeye's, Sam's Pizza&Subs, Subway, Taco Bell, Waffle House, Wendy's 🛏 Best Value Inn, Clarion, Comfort Suites, Country Inn&Suites, Days Inn, Holiday Inn Express, Quality Inn, Sleep Inn, Super 8, Super Value Inn, Wingate Inn 🅾 Advance Parts, AutoZone, Blue Beacon, Food Lion, Honda, Petsmart, Target, Verizon
132.5mm	Rappahannock River
132mm	Ⓡ sb, full 🚾 facilities, litter barrels, petwalk, 🅲, 🖼, vending
130b a	VA 3, to Fredericksburg, **E** 🅿 BP/dsl, Gulf/dsl, Shell/dsl, Wawa 🍴 Aladin Cafe, Arby's, Bob Evans, Dixie Bones BBQ, Dunkin Donuts, Friendly's, Honeybaked Ham, KFC, Lonestar Steaks, McDonald's, Pizza King, Popeye's, Shoney's, Starbucks, Subway, Teppanyaki Buffet, Wendy's 🛏 Best Western, Quality Inn 🅾 �H, AutoZone, Batteries+Bulbs, BigLots, Home Depot, PepBoys, Staples, Tuesday Morning, U-Haul, Verizon, **W** 🅿 Exxon/dsl, Murphy USA, Sheetz/dsl, Valero, WaWa 🍴 5 Guys Burgers, A&W/LJ Silver, Applebee's, BoneFish Grill, Bravo!, Buffalo Wild Wings, Burger King, Cancun Mexican, Carrabba's, Checker's, Cheeburger Cheeburger, Chick-fil-A, Chili's, Chipotle Mexican, ChuckeCheese, CiCi's Pizza, Cracker Barrel, Dunkin Donuts, Firebirds Grill, Firehouse Subs, Hibachi Buffet, IHOP, Jimmy John's, Joe's Crabshack, Krispy Kreme, Logan's Roadhouse, McDonald's, Melting Pot, Noodles&Co, O'Charley's, Olive Garden, Outback Steaks, Pancho Villa, Panda Express, Panera Bread, Park Lane Grill, Peter Chang, Potbelly, Qdoba, Quaker Steak, Red Lobster, Ruby Tuesday, Ryan's, Sam's Pizza, Santa Fe Grill, Shane's Ribshack, Smokey Bones BBQ, Starbucks, Subway, Taco Bell, TGIFriday's, Tito's Diner, TX Roadhouse 🛏 Best Western, Hampton Inn, Hilton Garden,

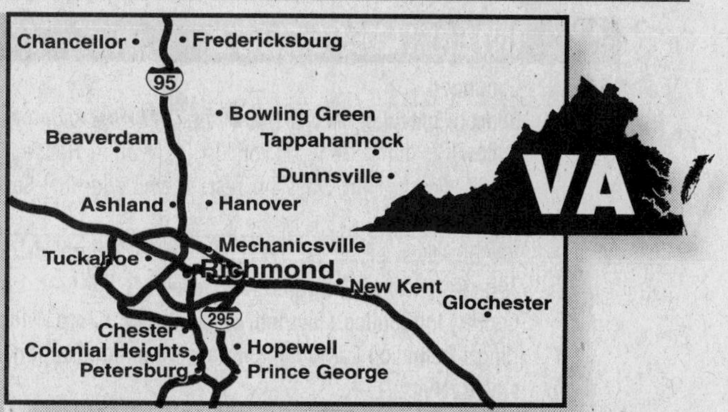

(vertical side text) **FREDERICKSBURG**

130b a	**Continued** Homewood Suites, Hospitality House, Residence Inn, Super 8, WoodSpring Inn 🅾 $General, $Tree, AAA, Aldi Foods, AT&T, AutoZone, Barnes&Noble, Belk, Best Buy, BJ's Whse, Books A Million, Costco/gas, CVS Drug, Dick's, Food Lion, GNC, Hobby Lobby, JC Penney, Kohl's, Lowe's, Macy's, mall, Meineke, Mercedes, Merchants Tire, Michael's, NTB, Office Depot, Old Navy, Petsmart, Sears/auto, Target, Verizon, vet, Volvo, Walmart, Wegman's Foods, Yankee Candle
126	US 1, US 17 S, to Fredericksburg, **E** 🅿 7-11/dsl, BP/dsl, Exxon/Circle K, Gulf/dsl, Shell/dsl, Wawa 🍴 Arby's, Denny's, DQ, Friendly's, Golden Corral, Hardee's, Hooters, McDonald's, Pizza Hut, Poncho Villa Mexican, Ruby Tuesday, Subway, Taco Bell, Vita Felice Italian, Waffle House 🛏 Best Value Inn, Country Inn&Suites, Days Inn/rest., EconoLodge, Fairfield Inn, Hampton Inn, Howard Johnson, Knights Inn, Motel 6, Royal Inn, TownePlace Suites 🅾 �H, $General, $Tree, Advance Parts, AutoZone, BMW Cycles, Buick/GMC, Chrysler/Dodge/Jeep, CVS Drug, Family$, Fiat, Food Lion, Hyundai, Kia, Little Tires, Mazda, Midas, Nissan, Rite Aid, Subaru, Tires+, VW, **W** 🅿 7-11, 95 Fuel Stop/dsl, Exxon/Circle K, WaWa/dsl 🍴 5 Guys Burgers, Applebee's, Arby's, Asian Diner, Bob Evans, Buffalo Wild Wings, Burger King, Chick-fil-A, Chili's, China King, Chipotle Mexican, Coldstone Creamery, Cracker Barrel, Dickey's BBQ, El Charro Mexican, Famous Dave's BBQ, Firehouse Subs, Golden China, KFC, Kobe Japanese, Legends Grill, Longhorn Steaks, Mad Crab Grill, McDonald's, Mexico Rest., Mimi's Cafe, Panera Bread, Papa John's, Red Robin, Salsarita's Cantina, Sonic, Starbucks, Steak'n Shake, Subway, Taco Bell, Wendy's 🛏 Candlewood Suites, Holiday Inn Express, Sleep Inn, WyteStone Suites 🅾 AT&T, Carmax, CVS Drug, Dick's, Firestone/auto, GNC, Jo-Ann Fabrics, Kohl's, Lowe's, Marshalls, Merchant Tire/auto, Petsmart, Rite Aid, Ross, Staples, Target, URGENT CARE, USPO, Verizon, vet, Walmart/Subway, World Mkt
118	VA 606, to Thornburg, **E** 🅿 Shell/dsl 🅾 Safford RV Ctr, to Stonewall Jackson Shrine, **W** 🅿 7-11, Citgo/dsl, Exxon, Shell/DQ/dsl, Valero 🍴 Angela's Italian, Burger King, Domino's, McDonald's, Subway 🛏 Holiday Inn Express, Quality Inn 🅾 $General, Family$, Food Lion, KOA (7mi), to Lake Anna SP, USPO
110	VA 639, to Ladysmith, **E** 🅿 Citgo, Shell/dsl, **W** 🅿 Citgo/dsl, Exxon/dsl 🍴 Domino's, Guiseppe's Rest., Lin's Gourmet, McDonald's, Subway, Timbers Rest. 🅾 $General, Family$, Food Lion, Lady Smith Drug, Lady Smith Tire/repair, Verizon
108mm	Ⓡ both lanes, full 🚾 facilities, litter barrels, pet walk, 🅲, 🖼, vending
104	VA 207, to US 301, Bowling Green, **E** 🅿 Exxon/dsl, *⊕FLYING J*/Golden Corral/dsl/Lp/scales/24hr/@, Gulf/7-11/dsl, ♥Loves/ DQ/Subway/dsl/scales/24hr, Mr Fuel/dsl, Valero/dsl 🍴 Arby's, McDonald's, Wendy's 🛏 Knights Inn, Super 8 🅾 Blue

(vertical side text) **FREDERICKSBURG**

🅖 = gas   🅕 = food   🛏 = lodging   🅞 = other   🆁🆂 = rest stop   Copyright 2018 - The Next EXIT

⬆N INTERSTATE 95 Cont'd

104	**Continued** Beacon, SpeedCo, to Ft AP Hill, **W** 🅖 ⚙FLYING J/Denny's/dsl/ scales/RV dump/24hr, Exxon/dsl 🅕 Waffle House 🛏 City Studio, Comfort Inn, Days Inn/rest., EconoLodge 🅞 CarQuest, USPO
98	VA 30, Doswell, **E** 🅖 7-11, Doswell TP/motel/dsl/scales/ 24hr/@, Exxon 🅕 Burger King, Denny's 🛏 Best Western, Country Inn&Suites, Days Inn, La Quinta 🅞 Camp Wilderness, King's Dominion Camping, to King's Dominion Funpark, truck-wash/service
92	VA 54, Ashland, **E** 🅖 Sunoco, **W** 🅖 7-11/dsl, EC/Krispy Kreme/ dsl, Exxon/Subway, Kangeroo/dsl, Shell/dsl, Sunoco/Circle K/ dsl, TA/Valero/Country Pride/dsl/scales/24hr/@ 🅕 Anthony's Pizza, Applebee's, Arby's, Brickoven Rest., Burger King, Capt D's, Chick-fil-A, China Wok, Cracker Barrel, DQ, El Azteca, GNC, Hardee's, Jersey Mike's Subs, KFC/LJ Silver, McDonald's, New China Buffet, Pizza Hut, Ponderosa, Ruby Tuesday, Starbucks, Taco Bell, Tops China, Waffle House, Wendy's 🛏 Apple Garden Inn, Ashland Inn, Days Inn, EconoLodge, Hampton Inn, Holiday Inn Express, Howard Johnson, Motel 6, Sleep Inn, Super 8 🅞 $General, $Tree, Ace Hardware, Advance Parts, AutoZone, Buick/GMC, CarQuest, CVS Drug, Family$, Food Lion, Martin's Foods/dsl, O'Reilly Parts, Rite Aid, Tuesday Morning, Verizon, Walmart/Subway
89	VA 802, to Lewistown Rd, **E** 🅖 Shell, TA/Pizza Hut/Popeye's/ dsl/scales/24hr/@ 🅞 Americamps RV Camp, **W** 🅕 Bojangles, Dunkin Donuts, Subway, Wendy's 🛏 Country Inn Suites 🅞 Bass Pro Shops, Harley Davidson, Kosmo Village Camping, McGeorge's RV Ctr
86b a	VA 656, Elmont, to Atlee, **E** 🅖 Sheetz/dsl, Valero/dsl 🅕 Burger King, Mario's Italian, McDonald's, Pizza Hut, Subway 🅞 CVS Drug, Food Lion, tire/auto repair, vet, **W** 🅖 Wawa/dsl 🅕 Applebee's, Arby's, BBQ, Buffalo Wild Wings, Chick-fil-A, Chili's, Chipotle Mexican, CiCi's Pizza, Coldstone Creamery, Famous Dave's BBQ, Firehouse Subs, Halligan BBQ, Jade Chinese, Jersey Mike's Subs, McDonald's, O'Charley's, O'Dragon Buffet, Panera Bread, Papa John's, Pizzaro, Plaza Azteca Mexican, Red Robin, Roda Japanese, Shoney's, Sonic, Starbucks, Subway, TX Roadhouse, Wendy's 🛏 Candlewood Suites, Comfort Suites, Courtyard, Hampton Inn, SpringHill Suites 🅞 $Tree, 7-11, AT&T, Barnes&Noble, Best Buy, Burlington, Dick's, Firestone/ auto, GNC, Goodyear/auto, Home Depot, JC Penney, mall, Martin's Foods, Merchant's Tire, Michael's, Petsmart, Ross, Sears/ auto, Shell/dsl, Target, Tire America, Walgreens
84b a	I-295 W, to I-64, to Norfolk
83b a	VA 73, Parham Rd, **W** 🅖 7-11, Exxon/DQ, Shell/dsl, Wawa 🅕 Aunt Sarah's, Burger King, Firehouse Subs, Frida's Cafe, Hardee's, Hawks BBQ, KFC/Taco Bell, McDonald's, Popeyes, River City Diner, Starbucks, Subway, Waffle House, Wendy's 🛏 Best Value Inn, Best Western, Cavalier Motel, Days Inn, EconoLodge, Knights Inn, Quality Inn, Sleep Inn 🅞 $Tree, BigLots, Food Lion, Lowe's, Verizon, Walmart
82	US 301, Chamberlayne Ave, **E** 🅖 BP/dsl, Sunoco/dsl, Valero/dsl, Wawa 🅕 KFC, McDonald's, Pizza Hut/Taco Bell, Subway 🛏 Super 8 🅞 $Tree, Family$, Food Lion, USPO, **W** 🅖 Exxon/Circle K
81	US 1, Chamberlayne Ave (from nb), same as 82
80	Hermitage Rd, Lakeside Ave (from nb, no return), **W** 🅖 Citgo/ Subway 🅞 Ginter Botanical Gardens, Goodyear/auto
79	I-64 W, to Charlottesville, I-195 S, to U of Richmond

ELMONT (vertical side label)

VA (side tab)

RICHMOND (vertical label)

78	Boulevard (no EZ nb return), **E** 🅖 🛏 Clarion, **W** 🅞 🛏, stadium, to VA HS
76	Chamberlayne Ave, Belvidere, **E** 🅞 🛏, VA Union U
75	I-64 E, VA Beach, to Norfolk, 🆁🆂
74c	US 33, US 250 W, to Broad St, **W** 🅞 🛏, Museum of the Confederacy, st capitol
74b	Franklin St, **E** 🅞 Richmond Nat Bfd Park
74a	I-195 N, to Powhite Expswy, downtown
73.5mm	James River
73	Maury St, to US 60, US 360, industrial area
69	VA 161, Bells Rd, **E** Port of Richmond, **W** 🅖 Exxon/dsl, Shell/ dsl 🅕 McDonald's, Subway 🛏 Candlewood Suites, Hampton Inn, Holiday Inn, Red Roof Inn
67b a	VA 895 **(toll** E), VA 150, to Chippenham Pkwy, Falling Creek **W** 🅖 BP/dsl, RaceWay/dsl, Shell/dsl 🅕 Burger King, Hardee's 🅞 Food Lion, U-Haul
64	VA 613, to Willis Rd, **E** 🅖 BP, Exxon/Circle K/dsl 🅕 Waffle House 🛏 Best Value Inn, EconoLodge, **W** 🅖 7-11, Citgo/ dsl, Shell/dsl, Sunoco 🅕 Burger King, Maury's BBQ, McDonald's, Subway 🛏 Country Inn&Suites, La Quinta, Sleep Inn, Inn 🅞 Drewry's Bluff Bfd, flea mkt
62	VA 288 N, to Chesterfield, Powhite Pkwy, to 🆁🆂
61b a	VA 10, Chester, **E** 🅖 RaceWay/dsl 🅕 Don Pepe Mexican, Hardee's 🛏 Comfort Inn, Courtyard, Hampton Inn, Holiday Inn Express, Homewood Suites, Quality Inn 🅞 🛏, City Point NHS, Petersburg NBF, to James River Plantations, **W** 🅖 Exxon/Circle K/dsl, Gulf/dsl, Mobil/Circle K/dsl, Shell/dsl, Sunoco/dsl 🅕 Applebee's, Bojangles, Brass Monkey Grill, Buffalo Wild Wings, Burger King, Capt D's, Chili's, Chipotle, CiCi's Pizza, Cracker Barrel, Denny's, Don Papa Mexican, Friendly's, Hardee's, Hooters, IHOP, KFC, Logan's Roadhouse, McDonald's, O'Charley's, Panera Bread, Peking Chinese, Pizza Hut, Shoney's, Sonic, Starbucks, Subway, Taco Bell, The Patron Cantina, Wendy's 🛏 Country Inn&Suites, Days Inn, Fairfield Inn, InTown Suites, Suburban Lodge, Super 8 🅞 $General, $Tree, Aamco, AT&T, Big Lots, Chevrolet, CVS Drug, Food Lion, GNC, Home Depot, Kohl's, Kroger/gas, Lowe's, Martin's Foods, NAPA, Pep Boys, Rite Aid, Target, to Pocahontas SP, Verizon
58	VA 746, to Ruffinmill Rd, **E** 🅖 ⚙/Wendy's/dsl/scales/24hr 🅞 Honda, Hyundai, Kia, Nissan, Toyota/Scion, VW, **W** 🅖 7-11, Exxon/Subway/dsl, Wawa/dsl 🅕 McDonald's 🛏 Candlewood Suites, Days Inn, EconoLodge 🅞 Family$
54	VA 144, Temple Ave, Hopewell, to Ft Lee, **E** 🅖 Exxon/Subway, Sheetz/dsl, Shell/Burger King, Sunoco/Circle K/dsl, Wawa/dsl 🅕 5 Guys Burgers, Applebee's, Arby's, Buffalo Wild Wings, Chick-fil-A, China Buffet, Chipotle, CiCi's Pizza, Denny's, Firehouse Subs, Golden Corral, Great China, IHOP, Jimmy John's, LoneStar Steaks, McDonald's, Olive Garden, Outback Steaks, Panera Bread, Picadilly, Pizza Hut, Quiznos, Red Lobster, Ruby Tuesday, Sagebrush Steaks, Sonic, Starbucks, Subway, Taco Bell, TX Roadhouse, Wendy's 🛏 Comfort Suites, Hampton Inn, Hilton Garden, Holiday Inn, Woodspring Suites 🅞 $Tree, AAA, AT&T, Best Buy, BooksAMillion, Dick's, Home Depot, JC Penney, Jo-Ann Fabrics, Macy's, mall, Marshall's, Merchant's Tire, Michael's, Old Navy, Petsmart, Sam's Club/gas, Staples, Target, Verizon, Walmart/Subway, **W** 🅖 Kangaroo/dsl 🅕 Hardee's, Hardee's, Waffle House 🅞 to VSU, U-Haul
53	S Park Blvd, **E** same as 54
52.5mm	Appomattox River
52	Washington St, Wythe St, **E** 🅖 Exxon/dsl, Valero/dsl 🅕 J. Garden 🛏 Knights Inn, Royal Inn, Super 8 🅞 Petersburg Bfd, **W** 🅖 Liberty 🅕 Neptune's Rest. 🅞 🛏

CHESTER (vertical side label)

⬆N INTERSTATE 95 Cont'd

P E T E R S B U R G

Exit#	Services
51	I-85 S, to South Hill, US 460 W
50d	Wythe St, (from nb), same as 52
50b c	E 🍴 7-11 🛏 Flagship Inn
50a	US 301, US 460 E, to Crater Rd, County Dr, E 🅶 BP, RaceWay/dsl, Star Express 🍴 Hardee's 🛏 American Inn, Budget Inn, California Inn, EconoLodge 🅾 🇭
48b a	Wagner Rd, W **on Crater Rd** 🅶 Gulf/dsl, Wawa 🍴 Arby's, Bojangles, Burger King, Capt D's, KFC, King's BBQ, Little Caesar's, Pizza Hut, Plaza Mexico, Subway, Taco Bell, Taste of China 🛏 Country Inn&Suites, Super 8 🅾 $General, $Tree, Advance Parts, 🇭, Martin's Foods, O'Reilly Parts, PepBoys, USPO, Verizon, Walgreens, Walmart
47	VA 629, to Rives Rd, W 🅶 Citgo, Shell/dsl 🍴 Bojangles, KFC, Outlaw's Rest. 🛏 Heritage Motel 🅾 Ace Hardware, same as 48 on US 301, Softball Hall of Fame Museum, Walmart
46	I-295 N (exits left from sb), to Washington
45	US 301, E 🅶 Shell/dsl, W 🅶 Exxon/Circle K 🍴 Lighthouse Rest., Nanny's Rest., Steven Kent Rest. 🛏 Comfort Inn, Days Inn, Hampton Inn, Holiday Inn Express, Howard Johnson, Quality Inn
41	US 301, VA 35, VA 156, E 🅶 Exxon/dsl/scales/24hr 🍴 Nino's N Italian Rest. 🛏 EconoLodge 🅾 South 40 camp resort, W 🛏 Travelers Inn
40mm	**weigh sta both lanes**
37	US 301, Carson, W 🅶 BP/dsl, Shell/dsl
36mm	🆁🆂 nb, full ♿ facilities, litter barrel, petwalk, 🚻, 🛒, vending
33	VA 602, W 🅶 Davis/Exxon/Subway/Starbucks/dsl/scales/24hr, Moble/Wendys/dsl 🍴 Denny's, Little Italy, Popeyes 🛏 Hampton Inn, Sleep Inn
31	VA 40, Stony Creek, to Waverly, W 🅶 Citgo/dsl, Shell/dsl 🍴 Tastee Hut 🅾 Family$
24	VA 645
20	VA 631, Jarratt, W 🅶 Exxon/Blimpie/Pizza Hut/dsl/24hr, Race-in/dsl 🅾 $General, Ford
17	US 301, **1 mi** E 🛏 Knights Inn, Reste Motel 🅾 Jellystone Park Camping
13	VA 614, to Emporia, E 🅶 Exxon/Chester's/dsl, Shell/dsl
12	US 301 (from nb)
11b a	US 58, Emporia, to South Hill, E 🅶 Citgo/Burger King, Exxon/Blimpie/LJ Silver, Shell/dsl 🍴 Applebee's, Arby's, Carolina BBQ, Cracker Barrel, Domino's, Hardee's, KFC, McDonald's, Pizza Hut, Taco Bell, Wendy's, Wong's Garden 🛏 Country Inn&Suites, Fairfield Inn, Rodeway Inn 🅾 🇭, Advance Parts, Buick/Chevrolet/GMC, CVS Drug, Family$, Food Lion, NAPA, O'Reilly Parts, Rite Aid, Verizon, Walmart, W 🅶 Exxon, 🚂Sadler/5 Guys Burgers/dsl/scales/24hr/@, Race-In/Quiznos/dsl 🍴 Bojangles, Pino's Pizza, Shoney's 🛏 Best Western, Days Inn, Hampton Inn, Holiday Inn Express, Quality Inn, Sleep Inn
8	US 301, E 🅶 Citgo, Simmons/Exxon/Huddle House/dsl/scales/24hr 🛏 Motel 6, Red Carpet Inn 🅾 truck repair
4	VA 629, to Skippers, E 🅶 Loves/McDonald's/dsl/scales/24hr, 🚂/Dunkin Donuts/Subway/dsl/scales/24hr, W 🅶 Foodmart/gas 🛏 AmericanInn 🅾 camping (3mi)
3.5mm	Fountain's Creek
.5mm	**Welcome Ctr nb, full ♿ facilities, litter barrels, petwalk, 🚻, 🛒, vending**
0mm	Virginia/North Carolina state line

E M P O R I A

(map of Virginia showing cities: Chancellor, Fredericksburg, Bowling Green, Tappahannock, Beaverdam, Dunnsville, Ashland, Hanover, Tuckahoe, Mechanicsville, Richmond, New Kent, Glochester, Chester, Colonial Heights, Petersburg, Hopewell, Prince George; I-95, I-295)

VA

⬆E INTERSTATE 264 (Norfolk)

Exit#	Services
23mm	I-264 begins/ends. 🅶 BP, Shell 🅾 convention ctr
22	Birdneck Rd, N 🍴 Pizza Hut 🅾 museum, vet, S 🅶 Shell/dsl 🍴 Dunkin Donuts, Max&Erma's, McDonald's/playplace, Subway 🛏 DoubleTree 🅾 Family$, Food Lion, O'Reilly Parts
21	VA Beach Blvd, First Colonial Rd, N 🅶 BP, Shell 🍴 Applebee's, Arby's, Burger King, Chick-fil-A, China Wok, Chipotle, DQ, Five Guys, IHOP, KFC, McDonald's, Moe's SW Grill, Otani Japanese, Outback Steaks, Panera Bread, Pizza Hut, Plaza Azteca, Schlotzsky's, Shogun Japanese, Sonic, Starbucks, Subway, Taco Bell, Virginian Steaks, Wendy's, Zero's Subs 🅾 Advance Parts, CVS, GNC, JoAnn Fabrics, Kroger/dsl, Michael's, Office Depot, Petsmart, Rite Aid, SteinMart, Target, Toyota/Scion, Trader Joe's, USPO, Verizon, vet, Walgreens, Whole Foods Mkt, S 🅶 Shell, Wawa/dsl 🅾 7-11, CarQuest, Firestone/auto, NAPA
20	US 58 E, to VA Beach Blvd (eb only), N 🅶 Kangaroo, Wawa/dsl 🍴 Bojangle's, Capt. George's Seafood, China Moon, Hardee's, Ruby Tuesday, Starbucks, Subway 🅾 7-11, Family$, Food Lion, Kia/Lincoln, Lowe's, PepBoys, TJ Maxx, Tuesday Morning, vet
19	Lynnhaven Pkwy, N 🅶 7-11, Wawa 🍴 Ensenada Mexican, Iggle's, Lucky Express, Subway 🅾 Audi, Chevrolet, Ford, Hobby Lobby, Hyundai, Jaguar, Porsche, Subaru, VW, Walmart Mkt, S 🍴 Five Guys, McDonald's, Olive Garden, Starbucks, Taco Bell 🅾 Walmart
18	Rosemont, N 🅶 Exxon 🍴 Bonefish Grill, Burger King, Denny's, Hardee's, Jade Garden, KFC, LJ Silver, McDonald's, Mi Casita Mexican, Papa John's, Pizza Hut, Starbucks, Taco Bell, Wendy's, Zero's Subs 🛏 EconoLodge 🅾 $Tree, Acura, AutoZone, BJ's Whse/gas, CarMax, Chrysler/Dodge/Jeep, Food Lion, Home Depot, Honda, Kroger, Merchant's Tire/Auto, Nissan, Petsmart, Rite Aid, Sam's Club/gas, Walgreens, S 🅶 Speedway/dsl, Wawa/dsl 🍴 Four Seasons Chinese 🅾 $General, CVS
17.5mm	inspection sta, wb only
17a b	Independance Blvd, N 🅶 Exxon 🍴 Bahama Breeze, Cheesecake Factory, Chipotle, IHOP, Jason's Deli, Macaroni Grill, Max&Erma's, McDonald's, Mission BBQ, Panera Bread, PF Chang's, Ruby Tuesday, Smokey Bones BBQ, Starbucks, Taco Bell, Village Inn, Wendy's 🛏 Candlewood Suites, Crowne Plaza, Days Inn, Extended Stay, Hilton Garden, Motel 6, Westin 🅾 Barnes&Noble, Best Buy, Dick's, Kohl's, Michael's, Old Navy, Sears/auto, Steinmart, Target, Walgreens, S 🍴 7-11, Exxon/dsl, Wawa/dsl 🍴 Arby's, Azteca Mexican, Domino's, Firehouse Subs, Golden Corral, Hardee's, KFC, Panda China, Quiznos, Starbucks, Subway, Taco Bell, TX Roadhouse, Zero Subs 🛏 InTown Suites 🅾 $General, auto repair, Food Lion, Mazda, Rite Aid, vet
16	Witchduck Rd

⬆E INTERSTATE 264 (Norfolk) Cont'd

Exit#	Services
15a b	Newtown Rd, **N** 🍴 Capt D's, Domino's, McDonald's, Taco Bell, Wendy's 🛏 Homewood Suites, TownePlace Suites 🅾 7-11, AutoZone, **S** 🅿 BP, Shell 🍴 Denny's 🛏 Courtyard, Hampton Inn, Holiday Inn, La Quinta, Red Roof Inn, SpringHill Suites 🅾 7-11, Rite Aid
14b a	I-64, US 13, to Military Hwy
13	US 13, Military Hwy, **N** 🅿 Shell 🍴 Arby's, Boston Mkt, Lonestar Steaks, Mongolian BBQ, Norfolk Garden Korean, Piccadilly, Schlotzsky's 🛏 Days Inn, EconoLodge, Motel 6, Ramada Ltd 🅾 Costco/gas, CVS, Firestone/auto, Ross
12	Ballentine Blvd, **N** 🅾 🅗, Norfolk SU
11b a	US 460, VA 166/168, Brambleton Ave, Campostello Rd, **N** 🅿 7-11 🍴 Chick-fil-A
10	Tidewater Dr, City Hall Ave, exits left from eb, **N** 🅿 Shell 🍴 McDonald's, Popeye's
9	St Paul's Blvd, Waterside Dr, **S** 🅾 to Harbor Park Stadium
8	I-464 S, to Chesapeake
7.5mm	tunnel
7b a	VA 141, Effingham St, Crawford St, **N** 🅿 Shell 🅾 Naval 🅗, **S** 🅿 Citgo 🅾 Shipyard
6	Des Moines Ave (from eb)
5	US 17, Frederick Blvd, **N** 🅿 WaWa/dsl 🍴 Chick-fil-A, Dunkin Donuts, IHOP, Little Caesar's, Rally's, Taco Bell, Wendy's 🅾 🅗, Advance Parts, CVS Drug, Kroger, to Midtown Tunnel, Walgreens, Walmart, **S** 🅿 🅾 Harley-Davidson
4	VA 337, Portsmouth Blvd
3	Victory Blvd, **N** 🅿 7-11, Exxon, Shell, WaWa/dsl 🍴 Bojangles, Capt D's, CookOut, Domino's, DQ, Firehouse Subs, KFC, Krispy Kreme, McDonald's, Pizza Hut, Ruby Tuesday, Taco Bell, Tops China, Wendy's 🅾 $Tree, Advance Parts, AutoZone, BigLots, Lowe's, PepBoys, **S** 🅿 Royal Farms/dsl, Valero/dsl
2b a	Greenwood Dr
0mm	**I-264 begins/ends on I-64, exit 299.**

⬆E INTERSTATE 295 (Richmond)

Exit#	Services
53b a	I-64, W to Charlottesville, E to Richmond, to US 250, **I-295 begins/ends.**
51b a	Nuckols Rd, 1 mi **N** 🅿 Miller's/dsl, Valero 🍴 Cheeburger, Chen's Chinese, Home Team Grill, McDonald's, Nonna's Pizzaria, Pizza Hut, Rico's Mexican, Samurai Japanese, Starbucks, Subway, Tropical Smoothie Cafe 🅾 CVS Drug, Food Lion, Walgreens, **S** 🅿 Exxon/Mkt Cafe 🅾 USPO
49b a	US 33, Richmond, **S** 🍴 JJ's Grille, Little Angela's, Little Caesar's, Little Szechuan, Nuevo Mexico 🅾 $ General, 7-11, CVS
45b a	Woodman Rd, 1-2mi **S** 🅿 7-11 🍴 Little Caesar's 🅾 $General, CVS Drug, Meadow Farm Museum
43	I-95, US 1, N to Washington, S to Richmond (exits left from nb), **on US 1 N** 🅿 Shell/dsl 🍴 Applebee's, Arby's, BBQ, Buffalo Wild Wings, Chick-fil-A, Chili's, Chipotle Mexican, Coldstone, Famous Dave's BBQ, Firehouse Subs, McDonald's, O'Charley's, O'Dragon buffet, Panera Bread, Papa John's, Pizzaro, Plaza Azteca Mexican, Red Robin, Roda Japanese, Shoney's, Starbucks, Subway, TX Roadhouse, Wendy's 🛏 Candlewood Suites, Comfort Suites, Courtyard, Hampton Inn, SpringHill Suites 🅾 $Tree, AT&T, Barnes&Noble, Best Buy, Burlington, Dick's, Firestone/auto, GNC, Goodyear/auto, Home Depot, JC Penney, Macy's, mall, Martin's Foods, Merchant's Tire, Michael's, Petsmart, Ross, Sears/auto, Target, Tire America,

43	Continued
	Walgreens, 1-2 mi **S** 🅿 7-11, Shell, WaWa 🍴 Aunt Sarah's, Burger King, Frida's Mexican, Hardee's, KFC/Taco Bell, McDonald's, Ming's Dynasty, Starbucks, Subway, Waffle House, Wendy's 🛏 Best Value Inn, Cavalier Motel, Days Inn, EconoLodge, Knights Inn, Sleep Inn 🅾 $Tree, Food Lion, Lowe's, Walmart
41b a	US 301, VA 2, **E** 🅿 BP/dsl, Valero/dsl, WaWa/dsl 🍴 Bojangles, Burger King, China Kitchen, Dunkin Donuts, Marty's Grill, McDonald's, Popeye's, Stevi B's, Subway, Tropical Smoothie Cafe, Wendy's, Zheng Chinese 🅾 $General, AT&T, AutoZone, Kroger/gas, URGENT CARE, Verizon, vet, Walgreens, 0-4mi **W** 🅿 Exxon/dsl 🍴 Friendly's 🛏 Holiday Inn, Super 8, Travelodge
38b a	VA 627, Pole Green Rd, 0-1mi **E** 🅿 7-11, Exxon/dsl, Sunoco/dsl 🍴 Antonio's Pizza, Bell Cafe, Bruster's, Chen's Rest. Mimmo's Rest., Patron Mexican, Subway 🅾 Food Lion, vet, **W** 🅿 7-11, Valero 🍴 Pasta House 🅾 CVS, 🅗
37b a	US 360, **E** 🅿 BP, Shell/dsl, Valero 🍴 Applebee's, Arby's, Buffalo Wild Wings, Burger King, Chick-fil-A, Cookout, Cracker Barrel, DQ, Franco's, Gus' Italian, IHOP, Jersey Mike's, KFC McDonald's, Mexico Rest., Moe's SW Grill, Noodles&Co, Outback Steaks, Panera Bread, Papa John's, Peking Chinese, Pizza Hut, Roma Italian, Ruby Tuesday, Shoney's, Starbucks, Subway, Taco Bell, Waffle House, Wendy's 🛏 Hampton Inn, Holiday Inn Express 🅾 $Tree, Advance Parts, Aldi Foods, AT&T, Best Buy, BJ's Whse/gas, CVS, Food Lion, GNC, Home Depot, Kohl's, Marshall's, Old Navy, Petsmart, Target, Verizon, Walgreens, Walmart/Burger King, **W** 🅿 7-11, Sunoco/dsl, Valero, dsl 🅾 $General, to Mechanicsville
34b a	VA 615, Creighton Rd, **E** 🅿 7-11, Valero
31b a	VA 156, **E** 🅿 Exxon/dsl 🅾 to Cold Harbor Bfd, **W** 🅿 Shell (4mi), Valero 🍴 Hardee's (4mi) 🛏 Courtyard (4mi), EconoLodge (4mi), Holiday Inn Express (4mi), Motel 6 (4mi)
28	I-64, to US 60, **W** 🅾 museum
25	Rd 895 W (**toll**), to Richmond
22b a	VA 5, Charles City, **E** 🅿 Exxon/dsl 🍴 DQ 🅾 Shirley Plantation, **W** 🅿 Valero/Subway/dsl 🍴 China Taste, Portabella Cafe 🅾 Food Lion, Richmond Nat Bfd, Rite Aid
18mm	James River
16	Rivers Bend Blvd
15b a	VA 10, Hopewell, **E** 🅿 BP/dsl 🍴 Burger King 🅾 🅗, James River Plantations, **W** 🅿 EC/Subway/dsl, Exxon/McDonald's/dsl, Sheetz, WaWa/dsl 🍴 Cesare's Ristorante, Chen's Rest, Jalapeno's, Rivers Bend Grill, Taco Bell, Wendy's, Wing's Pizza 🛏 Hyatt Place, Residence Inn 🅾 CVS Drug, Food Lion
13mm	Appomattox River
9b a	VA 36, Hopewell, **E** 🅿 Citgo, Gulf, WaWa/dsl 🍴 Bojangles, El Nopal, Hardee's, KFC, Little Caesar's, McDonald's, Rosa's Italian 🛏 Best Western, EconoLodge, Fairfield Inn, Stay Over Suites 🅾 $General, Advance Parts, AutoZone, Family$, O'Reilly Parts, Verizon, vet, Walgreens, **W** 🅿 BP/dsl, Exxon, Shell/dsl, Sunoco/dsl 🍴 Burger King, Denny's, DQ, Dragon Express, Dunkin Donuts, Kanpai Japanese, McDonald's, Papa John's, Pizza Hut, Ruby Tuesday, Shoney's, Starbucks, Subway, Taco Bell, Top's China, Waffle House, Wendy's 🛏 Baymont Inn, Candlewood Suites, Hampton Inn, Quality Inn 🅾 $Tree, Chevrolet, Family$, Food Lion, Rite Aid, to Petersburg Nat Bfd, U-Haul, US Army Museum
5.5mm	Blackwater Swamp
3b a	US 460, Petersburg, to Norfolk, **E** 🅿 EC/Subway/dsl, 🍴 Wendy's/dsl/scales/24hr 🍴 Prince George BBQ, 1-2 mi **W** 🅿 BP/dsl 🍴 McDonald's
1	I-95, N to Petersburg, S to Emporium, **I-295 begins/ends.**

VA (side tab)

MECHANICSVILLE (side tab)

HOPEWELL (side tab)

⬆N INTERSTATE 495 (DC)

Exit#	Services
57	I-95 S, I-395 N, I-95 N. I-495 & I-95 N run together. **See MD I-95, exits 25b a-2b a.**
54b a	VA 620, Braddock Rd, **S** 🅿 Shell/dsl 🍴 Hong Kong Express 🅾 7-11, Ctr for the Arts, Geo Mason U, NTB, Rite Aid, Safeway Foods, USPO
52b a	VA 236, Little River Tpk, Fairfax, **E** 🅿 Liberty/dsl, Sunoco/repair 🍴 Chicken Loco, KFC/Taco Bell, Little Caesar's, McDonald's, Wendy's 🅾 $Tree, 7-11, Advance Parts, GNC, Petco, Safeway Foods
51	VA 657, Gallows Rd, **W** 🅿 Exxon 🅾 🅷, 7-11
50b a	US 50, Arlington Blvd, Fairfax, Arlington, **E** 🛏 Marriott, **W** 🅿 Shell, Sunoco/dsl 🍴 5 Guys Burgers, Chevy's Mexican, Grevey's Rest, Jasmine Garden, McDonald's, Panda Express, Panera Bread, Papa John's, Starbucks, Sweetwater Tavern, UNO Grill, Wendy's 🛏 Residence Inn 🅾 🅷, CVS Drug, Midas, Staples, Target, URGENT CARE, vet
49c b a	I-66 (exits left from both lanes), to Manassas, Front Royal
47b a	VA 7, Leesburg Pike, Tysons Corner, Falls Church, **E** 🛏 Westin, **W** 🅿 BP/dsl, Exxon, Shell/dsl 🍴 BJ's Rest., Chili's, Jimmy John's, McDonald's, Olive Garden, On-the-Border, Panera Bread, Silver Diner, Starbucks, Subway, Wendy's 🛏 Embassy Suites, Hilton Garden 🅾 AT&T, Best Buy, Bloomingdale's, Buick/Chevrolet/GMC, Chrysler/Dodge/Jeep, CVS Drug, mall, Marshall's, Mr Tire, PetCo, Petsmart, Staples, Subaru/VW, TJ Maxx
46b a	VA 123, Chain Bridge Rd, **W** 🅿 Gulf/dsl, Sunoco/dsl 🍴 Cheesecake Factory, Maggiano's, PF Chang's 🛏 Courtyard, Crowne Plaza 🅾 Macy's
45b a	VA 267 W **(toll)**, to I-66 E, to Dulles Airport
44	VA 193, Langley
43	G Washington Mem Pkwy, no trucks
42mm	Virginia/Maryland state line, Potomac River. **Exits 41-27 are in Maryland.**
41	Clara Barton Pkwy, Carderock, Great Falls, no trucks
40	Cabin John Pkwy, Glen Echo (from sb), no trucks
39	MD 190, River Rd, Washington, Potomac
38	I-270, to Frederick
36	MD 187, Old Georgetown Rd, **S** 🅾 🅷
35	(from wb), I-270
34	MD 355, Wisconsin Ave, Bethesda
33	MD 185, Connecticut Ave, **N** 🅾 LDS Temple, **S** 🅿 Citgo/repair, Giant/dsl, Liberty 🍴 Chevy Chase Mkt, Starbucks
31b a	MD 97, Georgia Ave, Silver Spring, **N** 🅾 🅷, **S** 🅿 BP/dsl, Exxon/dsl, Shell, W Express/dsl 🍴 Armand's Pizza, Domino's, Mayflower Chinese 🅾 CVS Drug, Snider's Foods, Staples, vet
30b a	US 29, Colesville, **N** 🅿 BP/dsl, Citgo, Shell 🍴 Chipotle, McDonald's, Papa John's, Red Maple Asian, Starbucks, Subway 🅾 7-11/Jerry's Subs, CVS Drug, Safeway Foods
29b a	MD 193, University Blvd
28b a	MD 650, New Hampshire Ave, **N** 🅿 BP, Exxon/dsl, Shell/repair 🍴 Domino's, Quizno's, Starbucks, Urban BBQ 🅾 7-11, CVS Drug, Safeway Foods
27	I-95, N to Baltimore, S to Richmond.

I-495 & I-95 S run together. See MD I-95, exits 25b a-2b a.

⬆E INTERSTATE 664 (Norfolk)

Exit#	Services
15b a	I-64 to Chesapeake, I-264 E to Portsmouth & Norfolk. **I-664 begins/ends on I-64, exit 299.**

13b a	US 13, US 58, US 460, Military Hwy, **E** 🅿 Shell/Frank's/dsl 🛏 Bowers Hill Inn
12	VA 663, Dock Landing Rd
11b a	VA 337, Portsmouth Blvd, **E** 🅿 7-11, Citgo, Shell/dsl, Speedway 🍴 Applebee's, Arby's, Buffet City, Burger King, Chick-fil-A, Chili's, ChuckECheese, DQ, Dunkin Donuts, Five Guys, Golden Corral, IHOP, McDonald's, Olive Garden, Outback Steaks, Piccadilly, Pizza Hut, Pizza Hut, Red Lobster, Red Robin, Starbucks, Subway, Taco Bell, Wendy's 🛏 Extended Stay 4 Less, Hampton Inn, Holiday Inn Express 🅾 $Tree, AutoZone, Best Buy, Big Lots, BJ's Whse/gas, Buick, Firestone/auto, Food Lion, Ford, Home Depot, Merchant's Auto Ctr, Michael's, Old Navy, Petsmart, Ross, Sam's Club/gas, Target, Tuesday Morning, Walmart, **W** 🅿 7-11 🍴 Burger King, Cracker Barrel, Old Bay Seafood, Subway, Waffle House 🛏 Candlewood Suites, Fairfield Inn 🅾 Lowe's
10	VA 659, Pughsville Rd, **E** 🅿 7-11, Citgo, Shell 🍴 La Tolteca 🅾 Food Lion, Rite Aid, vet
9b a	US 17, US 164, **E** 🅿 7-11, Speedway/dsl, Wawa 🍴 Burger King, Capt D's, Domino's, DQ, Dunkin Donuts, Great Wall Chinese, KFC, McDonald's, Papa John's, Pizza Hut, Sonic, Taco Bell, Waffle House, Wendy's 🛏 Budget Lodge, Extended Stay America, Sleep Inn, Studios & Suites for Less, Super 8 🅾 $Tree, Advance Parts, Chevrolet, Honda, Hyundai, Kia, NAPA, Nissan, O'Reilly Parts, tires, Toyota/Scion, **W** 🍴 Buffalo Wild Wings, Subway 🛏 Comfort Suites, Hilton Garden 🅾 🅷, Harris Teeter, to James River Br
8b a	VA 135, College Dr, **E** 🅿 7-11, Murphy USA/dsl 🍴 Applebee's, Arby's, Chick-fil-A, Chipotle, Firehouse Subs, IHOP, McDonald's, Panda Express, Panera Bread, Ruby Tuesday, Subway, Taco Bell, TX Roadhouse, Wendy's, Zaxby's 🅾 Dick's, Discount Tire, Food Lion, GNC, Kohl's, Petsmart, Rite Aid, TJ Maxx, Walmart, **W** 🍴 Riverstone Chophouse 🛏 Courtyard, TownePlace Suites
11.5mm	insp sta nb
9mm	James River
8mm	tunnel
7	Terminal Ave
6	25th St, 26th St, **E** 🅿 7-11 🍴 McDonald's, **W** 🍴 Subway
5	US 60 W, 35th St, Jefferson Ave, **E** 🅿 Fast&Easy 🍴 #1 Chinese, Church's, King's Pizza 🅾 Hornsby Tire
4	Chesnut Ave, Roanoke Ave
3	Aberdeen Rd, **W** 🅿 7-11 🍴 Hardee's, McDonald's, Wendy's
2	Powhatan Pkwy, **E** 🅿 7-11, 1-2 mi **W** 🍴 Coldstone, Joe's Crabshack, Longhorn Steaks 🛏 Hilton Garden, SpringHill Suites 🅾 Bass Pro Shop, BJ's Whse/gas, Lowe's
1b a	I-64, W to Richmond, E to Norfolk. **I-664 begins/ends on I-64.**

■ = gas   🍴 = food   🏠 = lodging   ◻ = other   Rs = rest stop   Copyright 2018 - The Next EXIT

WASHINGTON

B L A I N E

WA

⬆N INTERSTATE 5

Exit#	Services
277mm	USA/Canada Border, Washington state line, customs
276	WA 548 S, Blaine, E ■ Shell/dsl, Tank'n Tote/dsl, Texaco/dsl, USA/dsl 🍴 Big Al's Diner 🏠 Northwoods Motel ◻ Duty Free, NAPA, to Peace Arch SP, W ■ Chevron/dsl/repair 🍴 Black Forest Steaks, Chada Thai, Little Red Caboose Cafe, Ocean Bay Chines, Pasa Del Norte, Pizza Factory, Seaside Bakery Cafe, Subway, Tony's Cafe 🏠 Anchor Inn, Bay Side Motel, Cottage by the Bay B&B, International Motel, Sunset Inn ◻ Blaine Marine Park, USPO
275	WA 543 N (from nb, no return), E ■ Chevron/dsl, Mkt/dsl, Shell/dsl 🍴 Burger King, Little Caesars, Subway ◻ $Tree, Ace Hardware, Border Tire, CostCutter Foods, Rite Aid, vet, truck customs
274	Peace Portal Drive (from nb, no return), Blaine, W ■ Shell/dsl ◻ camping, Semi-ah-moo Resort
270	Birch Bay, Lynden, W ■ Shell/Domino's/Subway/dsl 🍴 Bob's Burgers, Jack-in-the-Box, Subway 🏠 Semi-ah-moo Resort ◻ Birch Bay Mkt, Thousand Trails Camping, vet
269mm	Welcome Ctr sb, full ♿ facilities, info, litter barrels, petwalk, 🅲, 🚶, vending
267mm	Rs nb, full ♿ facilities, info, litter barrels, petwalk, 🅲, 🚶, vending
266	WA 548 N, Grandview Rd, Custer, W ■ Arco ◻ Birch Bay SP
263	Portal Way, E ■ Pacific Pride/dsl, Shell/dsl 🍴 El Nopal Mexican ◻ AA RV Park, Cedars RV Park
263mm	Nooksack River
262	Main St, Ferndale, E ■ Chevron/dsl, Pilot/Subway/dsl/scales/24hr 🍴 Denny's, McDonald's 🏠 Super 8 ◻ RV Park, TDS Tires, vet, W ■ Gull/dsl, Shell/dsl 🍴 Bob's Burgers, Domino's, DQ, Jack-in-the-Box, Papa Murphy's, Quiznos, Sonic, Starbucks 🏠 Scottish Lodge ◻ $Tree, Costcutter Foods, Haggen's Foods, NAPA, O'Reilly Parts, Schwab Tire, Verizon, vet, Walgreens
260	Slater Rd, Lummi Island, E ■ Arco/dsl ◻ antiques, El Monte RV Ctr, 4 mi W 🏠 Silver Reef Hotel/Casino ◻ Lummi Ind Res
258	Bakerview Rd, E 🍴 5 Guys Burgers, Asian Fusion, Baskin-Robbins, Jack-in-the-Box, Papa Murphy's, Starbucks, Subway 🏠 La Quinta ◻ Fred Meyer/dsl, Verizon, W ■ 76/7-11, Arco, Mkt/dsl 🍴 Mykono's Greek Rest. 🏠 Hampton Inn, Shamrock Motel ◻ 🚑, Bellingham RV Park, st patrol
257	Northwest Ave, E 🏠 Home 2 Hilton, SpringHill Suites, TownePlace Suites ◻ Cadillac/Chevrolet
256b	Bellis Fair Mall Pkwy, E ◻ JC Penney, mall, Target
256a	WA 539 N, Meridian St, E ■ Shell/dsl, Super Gas/dsl 🍴 Arby's, Asian 1, Boston's Rest., Buffalo Wild Wings, Burger King, China Palace, Chipotle Mexican, Coldstone, Denny's, DQ, Lorenzo's Mexican, McDonald's, Mi Mexico, Old Country Buffet, Olive Garden, Quiznos, Red Robin, Shari's, Starbucks, Subway, Taco Bell, Taco Time, Thai House Rest., Wendy's, Wonderful Buffet 🏠 Baymont Inn, Best Western, Comfort Inn, Holiday Inn Express, Oxford Suites, Quality Inn ◻ $Tree, AAA, AT&T, Barnes&Noble, Best Buy, Costco/gas, Home Depot, JC Penney, Kohl's, Macy's, mall, Marshall's, Michael's, Midas, Office Depot, O'Reilly Parts, PetCo, Petsmart, Rite Aid, Ross, Schwab Tire, st patrol, Target, TJ Maxx, to Nooksack Ind Res, U-Haul, vet, Walgreens, Walmart/McDonald's, WinCo Foods, W 🍴 Slo Pitch Grill 🏠 EconoLodge, Rodeway Inn, 🍴 Super Buffet

B E L L I N G H A M

B U R L I N G T O N

255	WA 542 E, Sunset Dr, Bellingham, E ■ 76, Chevron/dsl, Shel▮ Subway/Domino's/dsl 🍴 A&W/KFC, Applebee's, El Gitan▮ Mexican, Hawaii BBQ, Jack-in-the-Box, Panda Express, Pa▮ da Palace, Port of Subs, RoundTable Pizza, Starbucks, Tac▮ Bell ◻ Jo-Ann Fabrics, K-Mart, Lowe's, Rite Aid, Safeway, ▮ Mt Baker, Tuesday Morning, USPO, Walgreens, W ◻ 🅷
254	Iowa St, State St, Bellingham, E ■ 76, Valero ◻ Audi/VW▮ Chrysler/Dodge/Jeep, Honda, Hyundai, Kia, Mercedes, Ni▮ san, Subaru/Buick/GMC, Toyota/Scion, VacationLand RV C▮ Volvo, W ■ Chevron/dsl, Shell 🍴 DQ, McDonald's, Su▮ way ◻ AutoZone, Ford/Lincoln, Midas, NAPA, O'Reilly Parts▮
253	Lakeway Dr, Bellingham, E 🍴 Little Caesars, Papa Murphy'▮ Port of Subs, Rhodes Cafe, Sol de Mexico, Subway 🏠 Be▮ Western, Guesthouse Inn ◻ 7-11, Discount Tire, Fred Meye▮ dsl, W same as 252
252	Samish Way, Bellingham, E same as 253, W ■ 76, Chevro▮ SuperGas/dsl 🍴 Boomers Drive-In, Busara Thai Cuisine, D▮ ego's Mexican, Domino's, El Agave, El Albanil Mexican, Kyo▮ Steaks, McDonald's, Pizza Hut, Sehome Diner, Starbucks, Su▮ way, Taco Time, Wendy's 🏠 Aloha Motel, Bay City Motel, Be▮ ingham Lodge, Cascade Inn, Coachman Inn, Days Inn, Motel ▮ Villa Inn ◻ $Tree, 7-11, Ace Hardware, AT&T, Haggen Food▮ REI, Rite Aid, vet
250	WA 11 S, Chuckanut Dr, Bellingham, Fairhaven Hist Di▮ W ■ Arco, Shell/repair ◻ to Alaska Ferry, to Larrabee ▮ True Value
246	N Lake Samish, E ◻ Lake Padden RA, W ■ Shell/dsl ◻ ▮ camping
242	Nulle Rd, S Lake Samish
240	Alger, E ■ Shell/dsl/LP/RV dump 🍴 Alger Grille 🏠 Wh▮ pering Firs Motel/RV Parking
238mm	Rs both lanes, full ♿ facilities, litter barrels, petwalk, 🅲, ▮ vending
236	Bow Hill Rd, E ◻ Skagit Hotel Casino/rest./dsl/LP
235mm	weigh sta sb
234mm	Samish River
232	Cook Rd, Sedro-Woolley, E ■ 76/dsl, Shell/dsl 🍴 Bo▮ Burgers, Jack-in-the-Box, Starbucks, Subway 🏠 Fairfield I ▮ ◻ 🅷, KOA (3mi)
231	WA 11 N, Chuckanut Dr, E ◻ Camping World RV Ctr, Drea▮ chasers RV Ctr, Kia, W ◻ st patrol, to Larrabee SP (14mi)
230	WA 20, Burlington, E ■ Chevron, Shell/dsl 🍴 Applebee▮ Carino's Italian, Jack-in-the-Box, Mi Mexico, Outback Stea▮ Papa Murphy's, Pizza Factory, Pizza Hut/Taco Bell, Popeye▮ Red Robin 🏠 Cocusa Motel, Sterling Motel ◻ 🅷, $Tre▮ 7-11, AutoZone, Fred Meyer/dsl, Haggen Foods, JC Penn▮ Macy's, mall, Schwab Tire, Sears/auto, Skagit Transmissio▮ Target, to N Cascades NP, Verizon, Walgreens, W ■ Pac▮ Pride/dsl 🍴 McDonald's 🏠 Holiday Inn Express ◻ H▮ ley-Davidson, Hyundai, to San Juan Ferry
229	George Hopper Rd, E ■ Arco, USA/dsl 🍴 Chipotle Mexica▮ Five Guys, Jamba Juice, McDonald's, Olive Garden, Pan▮ Bread, Sakura Japanese, Shari's, Starbucks, Subway, Taco ▮ Mar, Wendy's 🏠 Candlewood Suites, Hampton Inn ◻ B▮ Buy, Costco/gas, Dick's, Discount Tire, Home Depot, K-Ma▮ Little Caesars, Kohl's, Michael's, Old Navy, Outlet Shop▮ famous brands, Petsmart, Ross, See's Candies, Verizon, ▮ W ◻ Chrysler/Jeep/Dodge, Ford/Lincoln, Honda, Mazda, Ni▮ san, Subaru, Suzuki, Toyota/Scion, VW

INTERSTATE 5 Cont'd

Exit#	Services
228mm	Skagit River
227	WA 538 E, College Way, Mt Vernon, E □ A&W, Big Scoop Rest., Cocina 18 Mexican, Denny's, Dragon Inn, El Gitano, Hong Kong Rest., Jack-in-the Box, Jersey Mike's, KFC, Max Dale's Steak Chops, Moreno's Mexican, Papa Murphy's, Pizza Hut/Taco Bell, Riverside Cafe, RoundTable Pizza, Sahara Pizza, Starbucks, Subway, Taco Time □ Days Inn, West Winds Motel □ $Tree, Ace Hardware, AT&T, AutoZone, Goodyear/auto, Grocery Outlet, Hobby Lobby, Jo-Ann Fabrics, Midas, Office Depot, O'Reilly Parts, Rite Aid, Safeway/dsl, Tire Factory, W □ APP/dsl, Shell/dsl □ Arby's, Burger King, Cranberry Tree Rest., DQ, Fortune Chinese, IHOP, Los Compadres, Panda Express, Royal Star Buffet □ Best Western, Quality Inn, Tulip Inn □ Blade RV Ctr, Chevrolet, Lowe's, Riverbend RV Park, URGENT CARE, Walmart/Subway
226	WA 536 W, Kincaid St, E □ □ RV camping, W □ Old Towne Grainery Rest., Skagit River Brewing Co □ City Ctr, NAPA, Red Apple Mkt, visitor info
225	Anderson Rd, E □ 76/dsl, Fuel Express/dsl □ CarQuest, Country Motorhomes, vet, W □ Chevron, Truck City Trkstp/dsl □ Evert's RV Ctr, Freightliner, Poulsbo RV Ctr, Poulsbo RV Ctr
224	WA 99 S (from nb, no return), S Mt Vernon, E food, gas/dsl
221	WA 534 E, Conway, Lake McMurray, E □ 76/dsl □ farmers mkt, W □ 76/dsl, Chevron/dsl/LP □ Conway Deli □ Channel Lodge/Rest. (11mi) □ Blake's RV Park/marina (6mi), USPO
218	Starbird Rd
215	300th NW, W □ Interstate/dsl
214mm	weigh sta nb
212	WA 532 W, Stanwood, Bryant, W □ 76/dsl, Shell/Burger Stop/dsl □ Camano Island SP (19mi)
210	236th NE, E □ Angel Winds Casino, River Rock/dsl
209mm	Stillaguamish River
208	WA 530, Silvana, Arlington, E □ 76, A1/dsl, Arco/dsl, Tesoro/dsl □ Denny's, Patty's Eggnest&Turkeyhouse, Subway □ Arlington Motel □ to N Cascades Hwy, W □ 76/dsl
207mm	Rs both lanes, full □ facilities, coffee, litter barrels, petwalk, □, □, RV dump, vending
206	WA 531, Lakewood, E □ 7-11, 76/dsl, 76/dsl, Arco, Shell □ Alfy's Pizza, Buzz Inn Steaks, Domino's, Jack-in-the-Box, Jersey Mike's, Jimmy John's, KFC, Little Caesar's, McDonald's,

206	Continued
	Moose Creek BBQ, Olympia Pizza, Panda Express, Papa Murphy's, Peking Palace, Starbucks, Subway, Taco Time, Wendy's □ Best Western, Medallion Hotel, Quality Inn, Smokey Point Motel □ $Tree, AT&T, Chrysler/Dodge/Jeep, Ford, Harley-Davidson, Honda, Jo-Ann Fabrics, Lowe's, O'Reilly Parts, Rite Aid, Safeway/dsl, Schwab Tire, Smokey Point RV Park, vet, Walmart/Subway, W □ 5 Guys Burgers, Boston's, Buffalo Wild Wings, Burger King, Coldstone, Hot Iron Mongolian, IHOP, Jamba Juice, Pizza Hut, Red Robin, Starbucks, Subway, Taco Bell, Teriyaki Wok, Wonderful Buffet □ AT&T, Best Buy, Costco/gas, Discount Tire, Firestone/auto, Marshall's, Michael's, Office Depot, PetCo, Target, to Wenburg SP, Verizon
202	116th NE, E □ Shell/dsl □ Blazing Onion Burger, Carl's Jr, Magic Dragon Chinese, Papa John's, Starbucks, Subway, Taco Bell, Tres Hermanos Mexican □ Kohl's, Petsmart, Rite Aid, Ross, Verizon, WinCo Foods, W □ Chevron/dsl, Donna's Trkstp/Gull/dsl/scales/24hr/@ □ McDonald's, Olive Garden, Ram Rest. □ Seattle Outlets/famous brands, st patrol, Tulalip Resort/Casino
200	88th St NE, Quil Ceda Way, E □ 7-11, Shell/dsl/LP □ Applebee's, Mkt St Cafe, Starbucks □ Holiday Inn Express □ Haggen's Foods, W □ USA □ Bob's Burgers, Port of Subs, Taco Del Mar □ Cabela's, casino, Home Depot, Walmart/McDonald's
199	WA 528 E, Marysville, Tulalip, E □ 76, Arco, Chevron/dsl, Shell/dsl □ Burger King, Don's Rest./24hr, DQ, Jack-in-the-Box, Las Margaritas Mexican, Maxwell's Rest., Subway □ Village Motel/Rest. □ Albertson's, Big Lots, JC Penney, O'Reilly Parts, PepBoys, Petco, Rite Aid, Staples, Verizon, Walgreens, W □ 76, Chevron/dsl □ Arby's, McDonald's, Taco Time, Wendy's □ Comfort Inn □ casino, Chevrolet, Robinson RV Ctr, Subaru, to Tulalip Indian Res
198	Port of Everett (from sb), Steamboat Slough, st patrol
195mm	Snohomish River
195	Port of Everett (from nb), Marine View Dr
194	US 2 E, Everett Ave, W □ Shell/dsl □ Schwab Tire, City Ctr
193	WA 529, Pacific Ave (from nb), W □ □ Denny's, Hunan Palace □ Best Western, Holiday Inn, Travelodge □ □ Lowe's
192	Broadway, to 41st St, W □ 76/dsl, Chevron, Shell □ Buzz Inn Steaks, IHOP, Little Caesar's, Quiznos, Starbucks, Subway □ Travelodge □ City Ctr
189	WA 526 W, WA 527, Everett Mall Way, Everett, E □ Arco, Chevron, Shell/dsl □ Alfy's Pizza, Burger King, Buzz Inn Steaks,

↑N INTERSTATE 5 Cont'd

Exit	Description
189	Continued Subway, Wendy's [lodging] EconoLodge, Extended Stay America [other] Costco/gas, vet, WinCo Foods, **W** [gas] Shell/dsl [food] Bob's Burgers, Famous Dave's, Jack-in-the-Box, Jimmy John's, Olive Garden [lodging] Days Inn, Extended Stay America [other] Best Buy, Goodyear/auto, mall, Michaels, Petsmart, Sears/auto, TJ Maxx, Verizon, Walmart
188mm	[rest stop]/weigh sta sb, full [&] facilities, coffee, info, litter barrels, [C], [🚻], RV dump
186	WA 96, 128th SW, **E** [gas] 76/dsl, Shell/dsl, Texaco [food] O'Donnells Rest. [lodging] Quality Inn [other] Lakeside RV Park, **W** [gas] Arco, Chevron, Shell [food] A&W/KFC, Acropolis Pizza, Denny's, Dickey's BBQ, DQ, McDonald's, Ming Dynasty, Papa John's, Pizza Hut, Skipper's, Starbucks, Subway, Taco Bell, Taco Time [lodging] Holiday Inn Express, La Quinta, Motel 6 [other] $Tree, Albertson's/Sav-on, Goodyear/auto, Maple RV Park, vet
183	164th SW, **E** [gas] Arco, Shell/dsl [food] Jack-in-the-Box, Panda Express, Quiznos, Starbucks, Subway, Taco Del Mar, Taco Time [other] Walgreens, Walmart, **W** [gas] Chevron/dsl [food] 5 Guys Burgers, MOD Pizza, Subway [other] Fred Meyer/dsl, vet
182	WA 525, Alderwood Mall Blvd, to Alderwood Mall, **E** I-405 S, to Bellevue, **W** [gas] Arco [food] Anthony's SeafoodGrill, Azteca Mexican, Buffalo Wild Wings, Cafe Rio, Claim Jumper, Fatburger, Jersey Mike's, Keg Steaks, Macaroni Grill, Panera Bread, PF Chang's, Qdoba Mexican, Red Robin, TCBY [lodging] Homewood Suites, Residence Inn [other] JC Penney, Kohl's, Macy's, Nordstrom, REI, Rite Aid, Ross, See's Candies, Target, vet, World Mkt
181	44th Ave W, to WA 524, Lynnwood, **E** [gas] 76/dsl, Arco, Shell [food] Jimmy John's, Little Caesar's, McDonald's/playplace, Old Spaghetti Factory, Starbucks [lodging] Embassy Suites, Extended Stay America, Hampton Inn, Holiday Inn Express [other] Albertson's, Barnes&Noble, Best Buy, Jaguar, Land Rover, Lowe's, Old Navy, O'Reilly Parts, PetCo, Staples, Verizon, vet, Whole Foods Mkt, **W** [gas] 76/dsl, Arco, Chevron, Shell/repair [food] Applebee's, Arby's, Black Angus, Buca Italian, Chipotle Mexican, ChuckeCheese, Denny's, Ezell's Chicken, IHOP, Jack-in-the-Box, KFC, McDonald's, Old Country Buffet, Olive Garden, Panda Express, Red Lobster, Rock Woodfire Pizza, Starbucks, Subway, Taco Bell, Taco del Mar, Todo Mexico, Wendy's [lodging] Best Western, Courtyard, Days Inn, La Quinta [other] 7-11, Fred Meyer/dsl, Goodyear/auto, Schwab Tire, Tuesday Morning, URGENT CARE, USPO, vet
179	220th SW, Mountlake Terrace, Mountlake Terrace, **W** [gas] Shell/dsl [food] Azteca Mexican, Port of Subs, Subway [other] [H], vet
178	236th St SW (from nb), Mountlake Terrace
177	WA 104, Edmonds, **E** [gas] Chevron/dsl, Shell/dsl [food] Gabriel's Fire BBQ, Mazatlan Mexican, McDonald's/playplace, Pagliacchi Pizza, Starbucks, Subway, Time Out Burger, Todo Mexico [lodging] Motel 6 [other] Office Depot, O'Reilly Parts, RiteAid, Thriftway Foods, URGENT CARE
176	NE 175th St, Aurora Ave N, to Shoreline
175	WA 523, NE 145th, 5th Ave NE
174	NE 130th, Roosevelt Way
173	1st Ave NE, Northgate Way, **E** [gas] [food] 5 Guys Burgers, Azteca Mexican, BlueFin Grill, CA Pizza Kitchen, Chipotle Mexican, Domino's, Jimmy John's, Macaroni Grill, Mama Sportini's, Marie Callender's, Panera Bread, Quiznos, Ram Rest., Red Robin, Stanford's Rest., Super Buffet [other] Barnes&Noble, Best Buy, Discount Tire, JC Penney, Macy's, mall, Nordstrom, Old Navy, Ross, Target, Verizon, **W** [gas] 76, Chevron, Shell/dsl [food] Arby's, McDonald's, Saffron Grill, Starbucks [lodging] Hotel Nexus [other] 7-11
172	N 85th, Aurora Ave
171	WA 522, Lake City Way, Bothell
170	Ravenna Blvd, **E** [food] Shell/dsl
169	NE 45th, NE 50th, **E** [gas] 76, Shell [food] Subway [other] [H], PetCo, U of WA, vet, **W** [other] to Seattle Pacific U, zoo
168b	WA 520, to Bellevue
168a	Lakeview Blvd, downtown
167	Mercer St (exits left from nb), Fairview Ave, Seattle Ctr
166	Olive Way, Stewart St, **E** [other] [H], **W** [lodging] SpringHill Suite [other] Honda
165a	Seneca St (exits left from nb), James St, **E** [other] [H]
165b	Union St, **E** [lodging] Homewood Suites, **W** [food] Ruth's Chris Steak [lodging] Renaissance Inn, Sheraton
164b	4th Ave S, to Kingdome, downtown
164a	I-90 E, to Spokane, downtown
163	6th Ave, S Spokane St, W Seattle Br, Columbian Way, **1 mi W** on 4th Ave S [gas] Arco/dsl, Gull/dsl, Shell [food] Arby's, Burger King Denny's, Jack-in-the-Box, KFC, McDonald's, Starbucks, Subway Taco Bell [other] Costco/gas, Pepboys, USPO
162	Corson Ave, Michigan St (exits left from nb), same as 161
161	Swift Ave, Albro Place, **W** [gas] 76/dsl, Shell/dsl [food] Arby's, Starbucks, Thai Rest. [lodging] Georgetown Inn
158	Pacific Hwy S, E Marginal Way, **W** [gas] Chevron/dsl [other] NAPA
157	ML King Way
156	WA 539 N, Interurban Ave (no EZ return to sb), Tukwila **E** [gas] Pacific Pride/dsl [food] Billy Baroos Rest., **W** [gas] 76/dsl Shell/dsl [food] Jack-in-the-Box, Quiznos, Starbucks, Sunny Teryaki [lodging] Days Inn
154b	WA 518, Burien, **W** [lodging] Extended Stay America
154a	I-405, N to Bellevue
153	S Center Pkwy, (from nb), **E** [gas] Chevron/dsl [food] Applebee' Azteca Mexican, Bahama Breeze, BJ's Rest., Buffalo Wil Wings, Burger King, CA Pizza Kitchen, Cheesecake Factor Chipotle Mexican, ClaimJumper, Coldstone, Duke's Chowde House, Famous Dave's, Five Guys, Grazie Ristorante, IHO Jamba Juice, Mayflower of China, McDonald's, Mizuki Buffe Mizuki Japanese Steaks, Mongolian Grill, Old Spaghetti Fact ry, Olive Garden, Outback Steaks, Panda Express, Panera Brea Qdoba Mexican, Red Robin, Simply Thai, Sizzler, Stanford Rest., Starbucks, Subway, Thai Cuisine, Zoopa [lodging] DoubleTre Inn [other] $Tree, Acura, AT&T, Barnes&Noble, Best Buy, Big Lot Firestone/auto, JC Penney, Jo-Ann Fabrics, Kohl's, Macy's, ma Michael's, Nordstrom, Nordstrom Rack, Office Depot, Old Nav PetCo, Petsmart, REI, Ross, Sears/auto, See's Candies, Targe Tuesday Morning, Verizon, World Mkt
152	S 188th, Orillia Rd, **W** [gas] 76/dsl [food] Dave's Diner, Denny Jack-in-the-Box, Taco Bell [lodging] DoubleTree Hotel, Hampton In La Quinta, Motel 6 [other] city park, to [🏕]
151	S 200th, Military Rd, **E** [gas] 76/Subway/dsl [lodging] Motel **W** [gas] 7-11, 76, Chevron [food] IHOP [lodging] Best Value Inn, Be Western, Comfort Inn, Days Inn, Fairfield Inn, Hampton In Holiday Inn Express, Sleep Inn, Super 8 [other] AutoZone, ci park, NAPA, O'Reilly Parts, U-Haul
149	WA 516, to Kent, Des Moines, **E** [lodging] Century Motel [other] Pouls RV Ctr, **W** [gas] Arco, Chevron/dsl, Shell/dsl [food] Baskin Robbi Burger King, Church's, Los Cabos Mexican, McDonald's, St bucks, Subway [lodging] Garden Suites, Kings Arms Motel [other] $Tre Lowe's, Meineke, to Saltwater SP, Walgreens
147	S 272nd, **E** [gas] 76/Circle K/dsl, **W** on **Pacific Hwy** [gas] Arc Shell/dsl [food] Jack-in-the-Box, Little Caesar's, McDonald Papa Murphy's, Quiznos, Starbucks, Subway, Taco Bell [other] Hardware, AutoZone, Bartell Drug, Safeway

SEATTLE

WA

🔼N INTERSTATE 5 Cont'd

Exit#	Services
143	S 320th, Federal Way, **W** 🅖 76/dsl, Arco, Shell/dsl 🅕 Applebee's, Azteca Mexican, Black Angus, Black Bear Diner, Buffalo Wild Wings, Chipotle Mexican, Church's, Coldstone, Costa Vida, Denny's, Domino's, Grand Buffet, Grand Peking, Ivar's Seafood, Jasmine Mongolian, Jimmy John's, McDonald's, McGrath's Fishouse, Mika Japanese Buffet, Old Country Buffet, Outback Steaks, Panda Express, Panera Bread, Papa Murphy's, Qdoba Mexican, Ram Rest., Red Lobster, Red Robin, Starbucks, Subway, Taco Time, Tokyo Japanese Steaks, Village Inn, Wendy's 🅛 Best Western, Clarion, Comfort Inn, Courtyard, Extended Stay America, Hampton Inn 🅞 Albertson's, AT&T, Barnes&Noble, Best Buy, Dick's, Jo-Ann Fabrics, Kohl's, Macy's, mall, Marlene's Natural Mkt, Michael's, O'Reilly Parts, PetCo, Petsmart, Rite Aid, Ross, Safeway/dsl, Sears/auto, See's Candies, Target, TJ Maxx, to Dash Point SP, Trader Joe's, Tuesday Morning, Verizon, Walmart/McDonald's
142b a	WA 18 E, S 348th, Enchanted Pkwy, **E** 🅞 funpark, **W** 🅖 Chevron, Shell/dsl 🅕 Arby's, Biscuits Cafe, Burger King, Del Taco, Denny's, Fatburger, Jack-in-the-Box, Jamba Juice, Jimmy Mac's Roadhouse, KFC, LJ Silver, McDonald's, Olive Garden, Panda Express, Popeye's, Puerta Vallarta, Quiznos, RoundTable Pizza, Shari's, Starbucks, Subway, Taco Bell, Taco Del Mar, Taco Time, Thai Bistro, The Rock Pizza, Time Out Grill 🅛 Day's Inn, Quality Inn, Red Lion Inn 🅞 🅷, Chevrolet, Costco/gas, Discount Tire, Hobby Lobby, Home Depot, Lowe's, Office Depot, O'Reilly Parts, Pepboys, Schwab Tire, UHaul, Verizon, Walmart/Subway
140mm	🆁🆂 both lanes full 🅰 facilities, litter barrels, petwalk, 🄲, RV dump, weigh sta nb
137	WA 99, Fife, Milton, **E** 🅖 Chevron/dsl, Shell, Tahoma Express/dsl 🅕 DQ, Johnny's Rest., Warthog BBQ 🅛 Motel 6 🅞 Acura, Cadillac, Evert's RV Ctr, visitor info, **W** 🅖 76/dsl, Shell/dsl 🅕 A&W/KFC, Arby's, Denny's, Fife Thai Rest., McDonald's, Mitzel's Kitchen, Pick Quick Burgers, Pizza Hut, Pizza Hut/Taco Bell, Poodle Dog, Quiznos, Sapporo Japanese, Starbucks, Subway, Taco Time, Wendy's 🅛 Days Inn, EQC Motel/casino, Quality Inn 🅞 7-11, Audi/Porsche, Infiniti, Mercedes, O'Reilly Parts, Schwab Tire, Sumner RV Ctr, Sunset RV Ctr, Tacoma RV Ctr, Verizon
136b a	Port of Tacoma, **E** 🅖 CFN/dsl 🅞 Baydos RV Ctr, BMW, Costco, Honda, I-5 Motors, Mini, Peterbilt, Tacoma RV Ctr, **W** 🅖 Chevron/dsl, Gull/dsl, ◀Loves/Chester's/Subway/dsl/scales/LP/RV dump/24hr, Shell/dsl 🅕 Jack-in-the-Box 🅛 Best Night Inn, EconoLodge, Extended Stay America, Rodeway Inn, Sunshine Motel, Travelodge 🅞 Fife RV Ctr, Goodyear/biodsl, Harley-Davidson, Land Rover/Jaguar/Lexus, Meineke, NAPA, Nissan, Poulsbo RV Ctr, truck repair, Volvo
135	Bay St, Puyallup, **E** 🅖 Shell/Tahoma Express 🅞 Majestic RV Park (4mi), **W** 🅖 Chevron/dsl/scales 🅕 Subway 🅛 La Quinta 🅞 to Tacoma Dome
134	Portland Ave (from nb), same as 135
133	WA 7, I-705, **W** 🅛 Best Western, Courtyard, Holiday Inn Express 🅞 museum, Tacoma Dome, City Ctr
132	WA 16 W, S 38th, Gig Harbor, to Bremerton, **W** 🅕 Adriatic Grill, BJ's Rest., Buffalo Wild Wings, Chipotle, Five Guys, Jamba Juice, Jimmy John's, Krispy Kreme, Panera Bread, Red Robin, Wendy's 🅞 $Tree, Best Buy, Costco/gas, Firestone/auto, Ford/Toyota, Goodyear/auto, JC Penney, JoAnn Fabrics, Macy's, mall, Nordstrom, Old Navy, PetCo, REI, Sears/auto, to Pt Defiance Pk/Zoo, Verizon, World Mkt
130	S 56th, Tacoma Mall Blvd, **W** 🅖 Shell/dsl 🅕 Axteca Mexican, ChuckeCheese, Jack-in-the-Box, Subway, Wingers 🅛 Extended Stay America
129	S 72nd, S 84th, **E** 🅖 Chevron, Valero 🅕 Applebee's, Burger King, DQ, Elmer's, Famous Dave's, IHOP, Jack-in-the-Box, Mongolian Grill, Olive Garden, Popeyes, Red Lobster, RoundTable Pizza, Shari's, Starbucks, Subway 🅛 Motel 6, Shilo Inn 🅞 Bass Pro Shops, WinCo Foods, **W** 🅕 Hooters 🅛 Days Inn 🅞 Home Depot, to Steilacoom Lake
128	S 84th St (from nb)same as 129, **E** 🅖 76, Shell/dsl 🅕 Denny's, Ginger Palace, Greatwall Chinese, Subway 🅛 American Lodge, Comfort Inn, Crossland Suites, Econolodge, Hampton Inn, Holiday Inn Express, Howard Johnson, Red Lion Hotel, Rothem Inn, **W** 🅖 Shell/dsl 🅞 Discount Tire
127	WA 512, S Tacoma Way, Puyallup, Mt Ranier, **W** 🅖 7-11, 76/7-11, Arco/dsl, Eagle 🅕 AAA Buffet, DQ, Ivar's Seafood, Mazatlan Mexican, McDonald's, Sizzler, Starbucks, Subway, Taco Guaynas, Taco Time, Wendy's 🅛 Candlewood Suites, Western Inn 🅞 Grocery Outlet, O'Reilly Parts
125	to McChord AFB, Lakewood, **W** 🅖 76/Circle K/dsl, Chevron, Shell 🅕 A&W/KFC, Carr's Rest., Church's, Denny's, Greek Cafe, Pizza Hut, Subway, Wendy's 🅛 Holiday Inn Express, Home Motel 🅞 🅷, 7-11, Aamco, Ford, NAPA, O'Reilly Parts, tires/repair, U-Haul
124	Gravelly Lake Dr, **W** 🅖 76/Circle K, Arco/repair 🅕 El Toro Mexican, Pizza Casa, Red Robin (2mi), same as 125
123	Thorne Lane, Tillicum Lane
122	Berkeley St, Camp Murray, **W** 🅖 Chevron/repair 🅕 Gertie's Grill, Jack-in-the-Box, KFC, McDonald's, Papa John's, Pizza Hut, Popeyes, Subway, Taco Bell, Teryaki House, Wok In Wok Out 🅞 7-11, AutoZone
120	Ft Lewis, **E** 🅞 Ft Lewis Military Museum
119	Du Pont Rd, Steilacoom, **E** to Ft Lewis, **W** 🅖 🅕 Happy Teriyaki, Starbucks, Subway 🅛 Hampton Inn
118	Center Dr, **W** 🅖 Chevron/dsl 🅕 Domino's, Farrelli's Pizza, Fortune Cookie Chinese, Jack-in-the-Box, Koko's Wok, McDonald's, McNamara's Eatery, Quiznos, Starbucks, Subway, Super Buffet, Viva Mexico 🅛 GuestHouse Inn, Liberty Inn
117mm	weigh sta nb
116	Mounts Rd, Old Nisqually, **E** golf, **W** 🅕 Caddy Shack Grill
115mm	Nisqually River
114	Nisqually, **E** 🅖 Arco/dsl, Chevron/repair/Lp 🅕 Nisqually Grill, Norma's Burgers 🅞 Nisqually Auto Repair, Nisqually RV Park, River Bend RV Park (3mi), WLYH RV Park (2mi)
111	WA 510 E, Marvin Rd, to Yelm, **E** 🅖 76/Circle K, Chevron/dsl, Shell/dsl 🅕 Burger King, Coldstone, Hawk's Prairie Rest./casino, Jack-in-the-Box, Jamba Juice, KFC/LJ Silver, Lemon Grass Rest., Little Caesar's, McDonald's, Panda Express, Panera Bread, Papa Murphy's, Popeyes, Puerto Vallarta, RAM Rest., Red Robin, RoundTable Pizza, Starbucks, Subway, Super Buffet, Taco Del Mar,

Discovery Bay • Everett • Mukilteo • Edmonds • Lynnwood Shoreline • Bothell • Bangor Silverdale • Redmond Bellevue Seattle • Issaquah Bremerton Shorewood Renton Des Moines • Kent • Summit Gig Harbor • Federal Way **Tacoma** • Bonney Lake Lakewood • Parkland Lacey 5 • Spanaway

90

WA

⬆N INTERSTATE 5 Cont'd

111 Continued
Taco Time, Vinny's NY Pizza 🛏 Best Western, Day's Inn 🅞 $Tree, AT&T, Best Buy, BigLots, Costco/gas, Grocery Outlet, Harley Davidson, Home Depot, O'Reilly Parts, Petco, Rite Aid, Safeway/gas, Schwab Tire, Verizon, Walgreens, Walmart/Subway, WLYH RV Park (2mi), **W** 🅖 7-11/dsl 🍴 Mayan Mexican, Meconi's Subs 🅞 Cabela's, RV camping, Tolmie SP (5mi)

109 Martin Way, Sleator-Kenny Rd, **E** 🍴 Main Chinese Buffet, Subway, Taco Bell, The Rock Pizza 🅞 Discount Tire, ShopKO, **W** 🅖 76/dsl, Shell/dsl 🍴 Brewery City Pizza, Burger King, Casa Mia, Denny's, El Serape Mexican, Jimmy John's, Red Lobster, Shari's, Subway 🛏 Comfort Inn, La Quinta, Quality Inn, Ramada Inn, Super 8 🅞 🏥, Tire Factory

108 Sleater-Kinney Rd, **E** 🅖 Shell/dsl 🍴 Applebee's, Arby's, Carl's Jr, McDonald's/playplace, Pizza Hut/Taco Bell, Starbucks, Wendy's 🅞 $Tree, Firestone/auto, Fred Meyer/dsl, GNC, Kohl's, Marshall's, Michael's, Office Depot, Petsmart, Rite Aid, Sears/auto, Target, Tuesday Morning, Verizon, **W** 🅖 Arco/dsl, Shell 🍴 Casa Mia, Dirty Dave's, El Serape Mexican, Jack-in-the-Box, Panda Express, Starbucks, Subway 🛏 Ramada Inn 🅞 🏥, AT&T, Lowe's, Safeway/gas, same as 109, Tire Factory

107 Pacific Ave, **E** 🅖 Shell/dsl/E-85 🍴 DQ, Fajita a Grill, Izzy's Pizza, Jimmy's Thai/Chinese, Shari's, Subway, Taco Time 🅞 🏥, Albertson's, Home Depot, Ross, vet, **W** 🅞 Coumbs RV Ctr, Ford

105 St Capitol, **W** 🅖 76/Subway/dsl, Chevron/dsl 🛏 Quality Inn 🅞 to St Capitol

104 US 101 N, W Olympia, to Aberdeen, **W** 🅖 7-11, Chevron/dsl, Shell/Oly Burger/dsl 🍴 Jack-in-the-Box 🛏 Extended Stay America, Red Lion Hotel 🅞 Buick/GMC, Chevrolet/Cadillac, Ford, Honda, Hyundai, Kia, Lincoln/Mazda, Nissan, Subaru, to Capitol Mall, Toyota/Scion, VW

103 2nd Ave, Deschutes Ave, to hist dist

102 Trosper Rd, Black Lake, **E** 🅖 Shell 🍴 Brewery City Pizza, Burger King, DQ, El Serape Mexican, Happy Teriyaki, Jack-in-the-Box, KFC, McDonald's, Plaza Jalisco Mexican, Starbucks, Subway, Taco Bell, Taco Time 🛏 Best Western, Tumwater Inn 🅞 Ace Hardware, Goodyear/auto, O'Reilly Parts, Schwab Tire, Verizon, **W** 🅖 Chevron, Mobil 🍴 Best Buffet, Nickelby's Rest., Panda Express, Papa Murphy's, Pizza Hut, Starbucks, Subway, Taco Del Mar, The Brick Rest. 🅞 Albertson's, Alderbrook RV Park, AutoZone, Costco/gas, Fred Meyer/dsl, GNC, Home Depot, Tumwater Auto Repair, Walgreens, Walmart

101 Tumwater Blvd, **E** 🅖 Chevron, Shell/dsl 🍴 DQ (1mi), Inferno's Pizza, Meconi's Pizza, Red Wagon Burgers 🛏 Comfort Inn, GuestHouse Inn, Olympia Camping 🅞 7-11, USPO

99 WA 121 S, 93rd Ave, Scott Lake, **E** 🅖 Pilot/McDonald's/Subway/dsl/scales/24hr 🅞 Ace Hardware, American Heritage Camping, Olympia Camping

95 WA 121, Littlerock, 3 mi 🅞 Millersylvania SP, RV camping, **W** 🅖 Chevron/dsl (3mi) 🍴 Farmboy Drive-In 🅞 Freightliner

93.5mm 🆁🆂 sb, full ♿ facilities, coffee, info, litter barrels, petwalk, 🅲, 🦺, vending

91mm 🆁🆂 nb, full ♿ facilities, coffee, info, litter barrels, petwalk, 🅲, 🦺, vending

88 US 12, Rochester, **E** 🅞 Blair's I-5 RV Ctr, I-5 Truckwash, **W** 🅖 Arco, CFN/dsl, Chevron/dsl, Shell 🍴 Burger Claim, DQ, Figaro's Pizza, Jack-in-the-Box, Mariachi Mexican, McDonald's, Quiznos, Starbucks 🛏 Great Wolf Lodge 🅞 auto repair, Outback RV Park (2mi)

82 Harrison Ave, Factory Outlet Way, Centralia, **E** 🅖 Arco 🍴 Burger King, Burgerville, Casa Ramos Mexican, Centralia Deli, DQ,

82 Continued
Panda Chinese, Papa Pete's Pizza, Peking House Chinese, Pizza Hut, Quiznos, Thai Dish, Wendy's 🛏 Centralia Inn, King Oscar Motel, Quality Inn, Travelodge 🅞 AutoZone, VF/famous brands, **W** 🅖 Chevron/dsl, Shell/dsl, Texaco 🍴 Arby's, Bill&Bea's, Country Cousin Rest., Denny's, Domino's, Jack-in-the-Box, McDonald's, Papa Murphy's, Starbucks, Subway, Taco Bell 🛏 Motel 6 🅞 AT&T, Centralia Outlets/famous brands, Midway RV Park, O'Reilly Parts, Rite Aid, Safeway/dsl, Schwab Tire, Verizon, 🅞 city park

82mm Skookumchuck River

81 WA 507, Mellen St, **E** 🅖 Chevron/dsl, Shell/dsl 🍴 Subway 🛏 Empress Inn, Lakeview Inn, Pepper Tree Motel/RV Park/dump, **W** 🅞 🏥

79 Chamber Way, **E** 🅖 Shell/dsl 🍴 Jalisco Mexican 🅞 Goodyear/auto, museum, vet, visitor info, **W** 🅖 Texaco/dsl/LP/e85 🍴 Applebee's, McDonald's, Starbucks, Subway, Taco Del Mar, Wendy's 🅞 $Tree, GNC, Grocery Outlet, Home Depot, K-Mart/Little Caesar's, Michael's, O'Reilly Parts, st patrol, Toyota/Scion, Verizon, Walgreens, Walmart/McDonald's

77 WA 6 W, Chehalis, **E** 🅖 76/dsl, Cenex/dsl/LP 🍴 Dairy Bar, Jeremy's Cafe 🛏 Holiday Inn Express 🅞 NAPA, Schwab Tire, USPO, **W** 🅞 Rainbow Falls SP (16mi), truck parts, veterans museum

76 13th St, **E** 🅖 Arco, Chevron/dsl 🍴 Denny's, Jack-in-the-Box, Kit Carson Rest., South Pacific Bistro, Subway 🛏 Best Western, Econolodge, Relax Inn 🅞 Baydo's RV Ctr, Ford, Uhlmann' I-5 RV Ctr/RV dump, **W** 🅞 RV park/dump

74 Labree Rd, **W** 🅞 Emerald RV Ctr

72 Rush Rd, Napavine, **E** 🅖 Shell/dsl/scales 🍴 Burger King, McDonald's, RibEye Rest., Subway 🅞 Country Canopy RV Ctr, repair, RV park, **W** 🅖 Loves/Carl's Jr/dsl/scales/24hr, Shell/dsl 🍴 Starbucks

72mm Newaukum River

71 WA 508 E, Onalaska, Napavine, **E** 🅖 76/dsl 🅞 KC Truck Parts

68 US 12 E, Morton, **E** 🅖 Arco/dsl, Texaco/dsl 🍴 Spiffy' Rest. 🅞 Gateway RV Ctr, Mt Ranier NP, RV Park, to Lewis& Clark SP, **W** 🅖 76/rest./dsl

63 WA 505, Winlock, **W** 🅖 Shell/Chesters/dsl/LP

60 Toledo Vader Rd, Toledo

59 WA 506 W, Vader, **E** 🅖 Shell/dsl 🍴 Beesley's Cafe 🅞 RV Park, **W** 🅖 Chevron/Subway/dsl 🍴 Country House Rest.

59mm Cowlitz River

57 Jackson Hwy, Barnes Dr, **E** 🅞 R&R Tires, **W** 🅖 Texaco/Gee Cee's/café/dsl/scales/24hr/@ 🅞 repair, RV camping

55mm 🆁🆂 both lanes, full ♿ facilities, litter barrels, petwalk, 🅲, 🦺 vending

52 Barnes Dr, Toutle Park Rd, **E** 🅞 Paradise Cove RV Park/general store, **W** 🅞 Toutle River RV Resort

50mm Toutle River

49 WA 504 E, Castle Rock, **E** 🅖 Chevron/dsl/LP, Shell/d 🍴 49er Diner, Burger King, C&L Burgers, El Compadre Mexican, Papa Pete's Pizza, Parker's Rest., Subway 🛏 7 West Motel, Mt St Helens Motel, Timberland Inn 🅞 Seaquest SP (5mi) **W** 🍴 McDonald's

48 Castle Rock, **E** 🅞 Cedars RV Park/dump, **W** 🅞 city park

46 Pleasant Hill Rd, Headquarters Rd, **E** 🅞 Cedars RV Park/dump

44mm weigh sta sb, 🅲

42 Bridge Dr, Lexington, **W** 🅖 Chevron/dsl 🍴 Subway 🅞 auto repair

40 to WA 4, Kelso-Longview, **W** 🅖 Texaco 🛏 Econolodge

(vertical side tabs: WA · OLYMPIA · CENTRALIA)

KELSO · KALAMA

INTERSTATE 5 Cont'd

Exit#	Services
39	WA 4, Kelso, to Longview, **E** 🅖 Arco, Shell 🅕 Denny's, Jack-in-the-Box, McDonald's, Shari's, Starbucks, Subway, Taco Time 🅛 Motel 6, Red Lion Hotel, Super 8 🅞 Brook Hollow RV Park, city park, Rite Aid, Verizon, **W** 🅕 Burger King, DQ, Fiesta Bonita Mexican, Izzy's Pizza, Red Lobster, Taco Bell 🅛 Comfort Inn, GuestHouse Inn 🅞 JC Penney, mall, museum, Safeway/dsl, Target
36	WA 432 W, to WA 4, to US 30, Kelso, **E** 🅞 U-Neek RV Ctr, **W** 🅞 RV Camping, Toyota/Scion
32	Kalama River Rd, **E** 🅕 Fireside Café 🅞 Camp Kalama RV Park/camping/gifts
31mm	Kalama River
30	Kalama, **E** 🅖 Chevron/dsl 🅕 Burger Bar, Columbia Rest., Lucky Dragon Chinese, Playa Azul Mexican, Poker Pete's Pizza, Subway 🅛 Kalama River Inn 🅞 antiques, Godfrey's Drug, USPO, **W** 🅖 Spirit/dsl 🅞 RV camping
27	Todd Rd, Port of Kalama, **E** 🅕 Rebel/Shell/café/dsl/24hr
22	Dike Access Rd, **W** 🅞 Columbia Riverfront RV Park, O'Reilly Parts, Schwab Tire, Walmart/Subway
21	WA 503 E, Woodland, **E** 🅖 Arco/dsl, Chevron, Pacific Pride/dsl, Shell/LP/dsl 🅕 America's Diner, Burgerville, Casa Tapatia, DQ, Fat Moose Grill, Guilliano's Pizza, Mali Thai, Oak-Tree Rest., Rosie's Rest. 🅛 Lewis River Inn, Motel 6, Quality Inn 🅞 Ace Hardware, Hi-School Drug, Woodland Shores RV Park, **W** 🅖 Astro, Shell/dsl 🅕 Antony's Pizzaria, Guadalajara Mexican, Los Pepes Mexican, McDonald's, Papa Murphy's, Starbucks, Subway 🅛 Hansen's Motel 🅞 $Tree, NAPA, Oil Can Henry's, repair/tires, Safeway/dsl, Verizon
20mm	N Fork Lewis River
18mm	E Fork Lewis River
16	NW La Center Rd, La Center, **E** 🅖 Shell/dsl 🅕 Twin Dragons Rest. (2mi) 🅞 Paradise Point SP, Tri-Mountain Golf/rest:
15mm	weigh sta nb
14	WA 501 S, Pioneer St, Ridgefield, **E** 🅖 Arco 🅕 Country Café, Papa Pete's Pizza, Subway, Teriyaki Thai 🅞 Big Fir RV Park (4mi), Ridgefield WR, to Battleground Lake SP (14mi), Tri-Mountain RV Park, vet, **W** 🅕 Chevron/dsl
13mm	🆁🆂 sb, full ♿ facilities, info, litter barrels, petwalk, 🅲, 🅰, RV dump, vending
11	WA 502, Battleground, 🆁🆂 nb, full ♿ facilities, info, litter barrels, petwalk, 🅲, 🅰, RV dump, vending
9	NE 179th St, **E** 🅕 Jollie's Rest., **W** 🅖 Chevron/dsl 🅞 RV Park
7	I-205 S (from sb), to I-84, WA 14, NE 134th St, **E** 🅖 7-11, Arco, Mobil 🅕 Applebee's, Billygan's Roadhouse, Burger King, Burgerville, Jack-in-the-Box, McDonald's, Muchas Gracias, Panda Express, Round Table Pizza, Starbucks, Subway, Taco Bell 🅛 Holiday Inn Express, Shilo Inn, Vancouver Inn 🅞 🅗, 99 RV Park, Albertson's, Safeway/dsl, Verizon, Walgreens, **W** 🅖 Shell 🅕 Baskin-Robbins, Bruchi's, El Tapatio, Garlic Jim's Pizza, Papa Murphy's, PizzaSchmitzza, Planet Thai, Starbucks, Subway 🅛 La Quinta 🅞 AT&T, Fred Meyer, URGENT CARE
5	NE 99th St, **E** 🅕 Burgerville, Carl's Jr, Del Taco, Domino's, Fat Dave's Rest., Popeyes, Quiznos 🅞 7-11, AutoZone, Harley-Davidson, Walgreens, Walmart/Subway, Winco Foods/gas, **W** 🅖 Arco/dsl, Chevron/dsl 🅕 Applebee's, Bortolami's Pizza, McDonald's, Subway, Taco Del Mar 🅞 $Tree, Grocery Outlet, Kohl's, Office Depot, PetCo, Target, Verizon
4	NE 78th St, Hazel Dell, **E** 🅖 7-11, 76 🅕 Baja Fresh, Baskin Robbins, Burger King, Canton Chinese, Don Pedro Mexican, Dragon Buffet, Izzy's Grill, KFC, McDonald's, Muchas Gracias

VANCOUVER

4	Continued Mexican, PeachTree Rest., Pizza Hut, Skipper's, Starbucks, Subway, Taco Bell 🅛 Quality Inn 🅞 Aamco, AT&T, CarQuest, Costless Parts, Firestone, Fred Meyer, Jo-Ann, O'Reilly Parts, Tire Factory, U-Haul, **W** 🅖 Shell/dsl/LP 🅕 Buffalo Wild Wings, Chipotle Mexican, Five Guys, Jack-in-the-Box, Jazzy John's BBQ, Jimmy John's, Little Caesar's, Panda Express, Pita Pit, RoundTable Pizza, Starbucks, Wendy's 🅞 GNC, Hancock Fabrics, Natural Grocers, Petsmart, Ross, Safeway, Tuesday Morning
3	NE Hwy 99, Main St, Hazel Dell, **E** 🅖 7-11 🅕 Muchas Gracias Mexican, Pizza Hut, Skippers, **W** 🅖 Arco/dsl, Chevron/dsl 🅕 Papa Murphy's 🅞 Safeway, transmissions
2	WA 500 E, 39th St, to Orchards
1d	E 4th, Plain Blvd W, to WA 501, Port of Vancouver
1c	Mill Plain Blvd, City Ctr, **E** 🅞 Clark Coll, **W** 🅖 Chevron 🅕 Black Angus 🅛 Comfort Inn 🅞 st patrol
1b	6th St, **E** 🅕 Joe's Crabshack, Who Song & Larry's Mexican, **W** 🅛 EconoLodge, Hilton, Red Lion Hotel
1a	WA 14 E, to Camus, **E** 🅞 🅗, **W** 🅛 EconoLodge, Hilton
0mm	Washington/Oregon state line, Columbia River

INTERSTATE 82

KENNEWICK

Exit#	Services
11mm	I-82 Oregon begins/ends on I-84, exit 179.
10	Westland Rd, **E** 🅞 to Umatilla Army Depot
5	Power Line Rd
1.5mm	Umatilla River
1	US 395/730, Umatilla, **E** 🅕 Jack-in-the-Box (5mi) 🅛 Best Western (8mi), Motel 6 (8mi), Oxford Inn (5mi), Quality Inn/rest. (2mi) 🅞 Hatrock Camping (8mi), to McNary Dam, **W** Welcome Ctr, weigh sta 🅕 Shell/Crossroads Trkstp/dsl/rest./24hr, Tesoro/Subway/dsl, Texaco/dsl 🅛 Tillicum Motel, Umatilla Inn 🅞 Harvest Foods, st police, Umatilla Marina/RV Park, USPO,
132mm	Washington/Oregon state line, Columbia River
131	WA 14 W, Plymouth, **N** 🅞 RV camping, to McNary Dam
130mm	weigh sta wb
122	Coffin Rd
114	Locust Grove Rd
113	US 395 N, to I-182, Kennewick, Pasco, st patrol, **2-4 mi N** 🅖 Exxon/Circle K/dsl, Metro/dsl, USA/dsl 🅕 A&W/KFC, Azteca Mexican, Bob's Burgers, Burger King, Carl's Jr, Costa Vida, Denny's, Dickey's BBQ, DQ, Fujiyama Japanese, Jack-in-the-Box, Little Caesars, McDonald's, Osaka Asian, Panda Express, Starbucks, Subway, Taco Bell, Tesoro/dsl, The Rock Kitchen 🅛 Baymont Inn, Best Western, Comfort Suites, Days Inn, La Quinta 🅞 🅗, AT&T, Blue Dog RV Ctr, Fred Meyer/dsl, GNC, Harley-Davidson, Home Depot, PetCo, Rite Aid, Safeway/dsl, st patrol, Traveland RV Ctr, Verizon, vet, Walgreens, Walmart/Subway

🅦🅐 WA

↗E INTERSTATE 82 Cont'd

Exit#	Services
109	Badger Rd, W Kennewick, **N** 🅖 Exxon/Subway/dsl 🍴 Country Gentleman's Rest. 🛏 Guesthouse Suites, Quality Inn, Red Lion Hotel, Super 8, **S** 🅞 RV Park
104	Dallas Rd, **3 mi N** 🅖 Conoco/dsl
102	I-182, US 12 E, to US 395, Spokane, 🅞 🅷 Pasco, services in Richland
96	WA 224 E, Benton City, **N** 🅖 Conoco/cafe/dsl 🅞 Beach RV Park
93	Yakitat Rd
88	Gibbon Rd
82	WA 22, WA 221, Mabton, **S** 🅖 Conoco/dsl 🅞 🅷, museum, to WAS U Research, to Wine Tasting
82mm	Yakima River
80	Gap Rd, **S** 🆁🆂 both lanes, full ♿ facilities, litter barrels, 🍴, 🛏, rv dump 🅖 Chevron/dsl, Pacific Pride/dsl, Shell/dsl/scales 🍴 Barn Rest., Burger King, El Rancho Alegre, Garcia's Mexican, Golden Horse Chinese, KFC/Taco Bell, McDonald's, Starbucks, Subway 🛏 Best Western, Vintners Inn 🅞 🅷, Ford, Schwab Tire, Verizon, Wine Country RV Park
76mm	weigh sta eb
75	County Line Rd, Grandview, **S** 🅖 Cenex/dsl, Conoco/dsl (1mi) 🍴 Country Deli, Papa Murphy's 🅞 O'Reilly Parts, same as 73
73	Stover Rd, Wine Country Rd, Grandview, **S** 🅖 Chevron/Subway/dsl, Conoco/dsl 🍴 10-4 Café, DQ, Eli&Kathy's Rest., Garcia's Mexican, New Hong Kong 🛏 Apple Valley Motel, Grandview Motel 🅞 Chrysler/Dodge/Jeep, IGA Mercado, RV park/dump, Safeway/dsl, Schwab Tire
69	WA 241, to Sunnyside, **N** 🅖 Arco/dsl, Shell/dsl/scales/24hr, USA/dsl 🍴 A&W, Burger King, China Buffet, El Charrito Mexican, Green Olive Cafe, KFC, Little Caesars, McDonald's, Mongolian BBQ, Panda Garden, Papa Murphy's, Pizza Hut, Skipper's, Subway, Taco Bell 🛏 Best Western, Quality Inn 🅞 $Tree, AT&T, auto repair, AutoZone, Buick/Chevrolet, Fiesta Foods, GNC, JC Penney, Nissan, O'Reilly Parts, Rite Aid, Walmart/Subway
67	Sunnyside, Port of Sunnyside, **N** 🅖 Chevron/CFN/dsl, Conoco/dsl/e85 🍴 Jack-in-the-Box 🅞 🅷, BiMart Foods, **S** 🅞 Dari-Gold Cheese
63	Outlook, Sunnyside, **3 mi N** 🍴 Snipe's Rest. 🛏 Country Inn&Suites, Travel Inn 🅞 Sunnyside RV Park
58	WA 223 S, to Granger, **S** 🅖 Arco/dsl/tacos, Conoco/dsl
54	Division Rd, Yakima Valley Hwy, to Zillah, **S** 🅞 Teapot Dome NHS
52	Zillah, Toppenish, **N** 🅖 76/dsl, Chevron/Circle K/dsl, Shell/Circle K/dsl 🍴 El Porton Mexican, McDonald's, Pizza Hut, Subway 🛏 Vintage Valley Inn
50	WA 22 E, to US 97 S, Toppenish, **3-4 mi S** 🍴 Legends Buffet/casino, McDonald's 🛏 Days Inn, Quality Inn 🅞 🅷, Murals Museum, RV Park, to Yakima Nation Cultural Ctr
44	Wapato, **N** 🅖 Shell/dsl
40	Thorp Rd, Parker Rd, Yakima Valley Hwy, **N** 🅞 Sagelands Vineyard/Winery, **S** 🅞 Windy Point Vineyard
39mm	Yakima River
38	Union Gap (from wb), **1 mi S** 🅞 gas, lodging, museum
37	US 97 (from eb), **S** 🅖 Conoco/dsl, Shell
36	Valley Mall Blvd, Yakima, **S** 🅖 Arco/dsl, Cenex/dsl, Shell/Gearjammer/Subway/dsl/scales/24hr/@ 🍴 A&W/KFC, Applebee's, Burger King, Carl's Jr, Denny's, El Porton Mexican, Famous Dave's, Jack-in-the-Box, McDonald's, Miner's Drive-In, Old Country Buffet, Old Town Sta Rest., Outback Steaks, Sea-Galley Rest., Shari's, Starbucks, Subway, Taco Bell 🛏 Best

YAKIMA

Exit#	Services
36	Continued
	Western, Quality Inn, Super 8 🅞 AT&T, Best Buy, Cabela', Canopy RV Ctr, Costco/gas, dsl/repair, Gap Autoparts, Hobb Lobby, Home Depot, JC Penney, Kohl's, Lowe's, Macy's, ma Michaels, Office Depot, Old Navy, PetCo, Petsmart, Rite Ai Ross, Sears/auto, ShopKO, st patrol, Tire Factory, TJ Maxx, To ota/Scion, Verizon
34	WA 24 E, Nob Hill Blvd, Yakima, **N** 🅞 dsl/repair, Sportsma SP, **S** 🅖 7-11, 76/dsl, Arco/dsl, CFN/dsl, Time/dsl 🅞 🅷 19th Hole RV Park, Fiesta Foods, Freightliner, Kenworth, O'Rei ly Parts, Peterbilt, Volvo
33	Yakima Ave, Yakima, **N** 🅖 Chevron/dsl, Shell/dsl 🍴 Burge King, El Mirador Mexican 🛏 Oxford Inn&Suites 🅞 Chevro let, Honda, Mazda, Walmart/McDonald's, **S** 🅖 7-11, Arc 🍴 Bob's Burgers, Domino's, DQ, Pizza Hut, Taco Bell 🛏 Fai field Inn, Guesthouse Suites, Hilton Garden, Holiday Inn, Holi day Inn Express, Howard Johnson, Ledgestone Hotel, Red Lio Hotel 🅞 $Tree, BigLots, Schwab Tire, Target
31b a	US 12 W, N 1st St, to Naches, **S** 🅖 Arco/dsl, Conoco/d Shell 🍴 Black Angus Steaks, El Rinconsito, Golden Moon Chi nese, Jack-in-the-Box, Mel's Diner, NY Teryaki, Peking Palac Red Lobster, Subway, Tammy's Mexican, Waffle's Cafe, Yakim Rest. 🛏 Best Western, Budget Inn, Days Inn, Economy In Holiday Lodge, Red Apple Motel, Sun Country Inn, Sunshin Motel, Yakima Inn, Yakima Valley Hotel 🅞 Harley-Davidson Trailer Inns RV Park
30	WA 823 N, Rest Haven Rd, to Selah
29	E Selah Rd, **N** 🅞 fruits/antiques
26	WA 821 N, to WA 823, Canyon Rd, **N** 🅖 Chevrolet/Noble R mans/Subway/dsl
24mm	🆁🆂 eb, full ♿ facilities, litter barrels, 🍴, RV dump
23mm	Selah Creek
22mm	🆁🆂 wb, full ♿ facilities, litter barrels, 🍴, RV dump
21mm	2265 elev, S Umptanum Ridge
19mm	Burbank Creek
17mm	2315 elev, N Umptanum Ridge
15mm	Lmuma Creek
11	Military Area, Military Area
8mm	Manastash Ridge, 2672 elev, view point both lanes
3	WA 821 S, Thrall Rd
0mm	I-90, E to Spokane, W to Seattle. **I-82 begins/ends on I-9 exit 110.**

↗E INTERSTATE 90

Exit#	Services
300mm	Washington/Idaho state line, Spokane River
299	State Line, Port of Entry, **N** 🅞 Cabela's, Walmart/Subway
297	weigh sta wb
296	Otis Orchards, Liberty Lakes, **N** 🅖 Conoco/dsl 🍴 Legen Grill 🛏 Best Western 🅞 Buick/GMC, Kia, Mercedes, Porsch **S** 🅖 Cenex/dsl, Chevron/LP 🍴 Barlow's Rest., Carl's Jr, Di How Asian, Domino's, Jimmy John's, McDonald's, Papa M phy's, Pizza Hut, Quiznos, Starbucks, Subway, Taco Bell, Ta Time 🛏 Quality Inn 🅞 Albertson's/Sav-On, Home Dep O'Reilly Parts, Peterbilt, RnR RV Ctr, Safeway, TireRama, U GENT CARE, Verizon, vet, Walgreens
294	Country Vista Dr, Appleway Ave
293	Barker Rd, Greenacres, **N** 🅖 Chevron/Trkstp/dsl/scales, C oco/dsl 🍴 Wendy's 🅞 Camping World RV Ctr, Freed RV Ctr, Harley-Davidson, **S** 🅖 Exxon/Subway/dsl, Mobil/ 🅞 NW RV Ctr, repair, USPO

WA

SUNNYSIDE

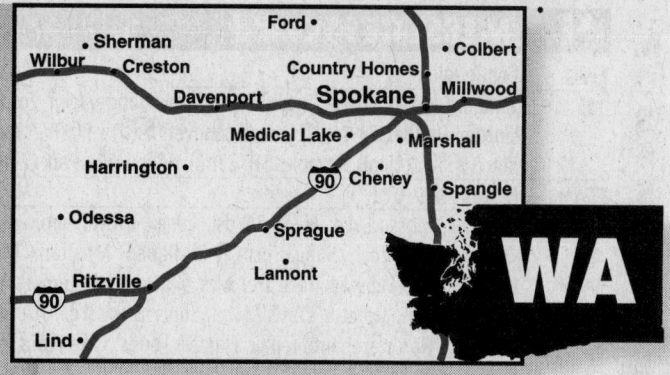

INTERSTATE 90 Cont'd

Exit#	Services

291b Sullivan Rd, Veradale, **N** 🍴 Arby's, Hong Kong Buffet, Krispy Kreme, Outback Steaks 🛏 Hampton Inn, My Place, Oxford Suites, Residence Inn 🄾 AT&T, Barnes&Noble, Best Buy, Jo-Ann Fabrics, mall, Verizon, **S** 🅿 Chevron/dsl, Conoco/dsl, Tesoro/dsl 🍴 5 Guys Burgers, DQ, Jack-in-the Box, Jimmy John's, KFC, Little Caesars, Max' Rest., McDonald's, Mongolian BBQ, Noodle Express, Panda Express, Pizza Hut, Pizza Pipeline, RoundTable Pizza, Schlotzsky's, Shari's, Starbucks, Subway, Taco Bell, Wendy's, Zelia's Cafe 🛏 Mirabeau Park Hotel, Ramada Inn 🄾 $Tree, Ace Hardware, Fred Meyer/dsl, GNC, Hancock Fabrics, Kohl's, Lowe's, Michael's, NAPA, PetCo, Petsmart, Ross, Schwab Tire, USPO, Walgreens, Walmart/McDonald's

291a Evergreen Rd, **N** 🍴 Azteca Mexican, Black Angus, Boston's Rest, Buffalo Wild Wings, Cafe Rio, Honeybaked Ham, IHOP, Red Robin, Twigs Bistro 🄾 Dick's, Hobby Lobby, JC Penney, Macy's, mall, Old Navy, Sears/auto, Staples, TJ Maxx, **S** 🅿 Exxon/dsl, Maverik/dsl

289 WA 27 S, Pines Rd, Opportunity, **N** 🅿 Sam's/dsl 🍴 Black Pearl Rest., Subway 🄾 7-11, **S** 🅿 Cenex, Conoco/dsl, Holiday/dsl 🍴 Applebee's, DQ, Jack-in-the-Box, Qdoba Mexican, Quiznos 🛏 Comfort Inn 🄾 🄷, NW Auto, repair, Walgreens

287 Argonne Rd, Millwood, **N** 🅿 Holiday/dsl, Tesoro/dsl 🍴 Burger King, Caruso's Sandwiches, Denny's, Domino's, DQ, Jack-in-the-Box, Longhorn BBQ, McDonald's, Panda Express, Papa Murphy's, Pizza Hut, Starbucks, Subway, Taco Time, Timber Creek Grill, Wendy's 🛏 Motel 6, Super 8 🄾 $Tree, Albertson's, O'Reilly Parts, Savon, URGENT CARE, Verizon, vet, Walgreens, Yoke's Foods, **S** 🅿 Cenex/dsl, Conoco 🍴 Casa de Oro Mexican, Jimmy John's, Little Caesars, Starbucks 🛏 Holiday Inn Express, Quality Inn 🄾 Ace Hardware, Rite Aid, Safeway

286 Broadway Ave, **N** 🅿 ✈FLYING J/Conoco/rest./dsl/LP/scales/24hr/@, Chevron/dsl 🍴 Goodyear, Smacky's Cafe, Zip's Burgers 🛏 Rodeway Inn 🄾 International Trucks, Kenworth, Schwab Tire, **S** 🄾 7-11

285 Sprague Ave, **N** 🍴 Dragon Garden Chinese, IHOP, Jack-in-the-Box, McDonald's, Panda Express, Starbucks, Subway, Wendy's 🛏 ParkLane Motel/RV Park 🄾 $Tree, AT&T, AutoZone, Costco/gas, Grocery Outlet, Home Depot, K-Mart/Little Caesars, Lowe's, O'Reilly Parts, Verizon, Volvo Trucks, Walmart, **S** 🅿 Conoco 🍴 Bag of Burgers, Cottage Cafe, Puerta Vallarta Mexican, Starbucks, Taco Time 🄾 Acura, CarMax, Chevrolet, Chrysler/Dodge, Ford, Honda, Hyundai, Mazda, Nissan, Toyota/Scion, transmissions, vet

284 Havana St (from eb, no EZ return), **N** 🅿 Tesoro/dsl 🍴 Wolf Lodge Steaks, **S** 🅿 Conoco/dsl 🄾 Fred Meyer/dsl

283b Freya St, Thor St, **N** 🅿 Chevron/dsl, Tesoro/dsl 🍴 Wolf Lodge Steaks, **S** 🅿 Conoco/dsl 🄾 Fred Meyer/dsl

283a Altamont St, **S** 🅿 Cenex

282b 2nd Ave, **N** 🅿 Conoco/dsl 🛏 Comfort Inn 🄾 Office Depot

282a WA 290 E, Trent Ave, Hamilton St, **N** 🅿 Conoco/dsl 🛏 Comfort Inn 🄾 Office Depot

281 US 2, US 395, to Colville, **N** 🅿 7-11, Conoco, Exxon, Tesoro/dsl 🍴 Arby's, Dick's Hamburgers, Frankie Doodles Rest., Starbucks, Subway, Taco Time 🛏 Days Inn, FairBridge Inn 🄾 Firestone/auto, Schwab Tire, U-Haul, **S** 🛏 Quality Inn 🄾 🄷, URGENT CARE

280b Lincoln St, **N** 🅿 Chevron, Conoco/dsl 🍴 Atilano's Mexican, Carl's Jr, Chapala Mexican, Domino's, Jack-in-the-Box, McDonald's, Molly's Rest., Taco Bell, Thai Cuisine, Zip's Burgers 🛏 Tradewinds Motel 🄾 Fiat, Honda, Lexus, Toyota/Scion, Troy's Tire, **S** 🄾 🄷

280a Spokane, downtown, **N** 🅿 Chevron/McDonald's/dsl, Conoco/dsl 🍴 Frank's Diner, Pizza Hut, Subway 🄾 AAA, Grocery Outlet

279 US 195 S, Pullman, to Colfax

277b a US 2 W (no ez wb return), to Grand Coulee Dam, **N** 🛏 Blvd Motel, EconoLodge, Hampton Inn, Knight's Inn 🄾 Fairchild AFB

276 Geiger Blvd, **N** 🅿 ✈FLYING J/dsl/LP/24hr 🍴 Denny's, Subway 🛏 Airway Express Inn, Best Western 🄾 st patrol, USPO, **S** 🅿 Conoco/dsl

272 WA 902, Medical Lake, **N** 🅿 Mobil/dsl 🄾 Overland Sta/RV Park, **S** 🅿 Exxon/Subway/dsl, Petro/Iron Skillet/dsl/scales/24hr/@ 🍴 McDonald's 🛏 Super 8 🄾 Freightliner, Ponderosa Falls RV Resort, truck repair

270 WA 904, Cheney, Four Lakes, **S** 🅿 🛏 Holiday Inn Express (4mi), Willow Springs Motel (6mi) 🄾 E WA U, Peaceful Pines RV Park (7mi)

264 WA 902, Salnave Rd, to Cheney, Medical Lake, **2 mi N** camping

257 WA 904, Tyler, to Cheney, **S** 🄾 Peaceful Pines RV Park (10mi), to Columbia Plateau Trail SP, Tyler RV Park

254 Fishtrap, **S** 🄾 Fishtrap RV camping/tents

245 WA 23, Sprague, **S** 🅿 Chevron/dsl 🍴 Viking Drive-In 🛏 Sprague Motel/RV park 🄾 4 Seasons RV Park (6mi), Sprague Lake Resort/RV Park

242mm 🆁🆂 both lanes, full ♿ facilities, litter barrels, petwalk, 🄲, 🄰, RV dump (eb), tourist/weather info

231 Tokio, **N** 🄾 weigh sta both lanes, **S** 🅿 Templin's Café/CFN/dsl 🄾 RV Park

226 Schoessler Rd

221 WA 261 S, Ritzville, City Ctr, **N** 🅿 Chevron/McDonald's, Conoco/dsl, Exxon/Circle K/Subway/dsl 🍴 Cow Creek Cafe/gifts, Ritz Roadhouse, Starbucks, Taco Del Mar, Zip's Rest. 🛏 Best Western, Cedars Inn/RV park, Empire Motel, Top Hat Motel 🄾 🄷, hist dist, **S** 🅿 ♥Loves/Carl's Jr/dsl/scales/24hr

220 to US 395 S, Ritzville, **N** 🅿 Pacific Pride/dsl, Texaco/Jake's Rest./dsl 🍴 Jake's Rest. 🛏 Top Hat Motel 🄾 Cedars Inn RV Park, Harvest Foods, NAPA, Schwab Tire, st patrol

215 Paha, Packard

206 WA 21, Odessa, to Lind

199mm 🆁🆂 both lanes, full ♿ facilities, litter barrels, petwalk, 🄲, 🄰, RV dump, vending

196 Deal Rd, to Schrag

188 U Rd, to Warden, Ruff

184 Q Rd

182 O Rd, to Wheeler

179 WA 17, Moses Lake, **1 mi N** 🅿 Conoco/Subway/dsl, Ernie's Trk-stp/Chevron/café/dsl/24hr, Sunval/dsl, Texaco/dsl 🍴 Arby's, Bob's Cafe, Burger King, DQ, McDonald's, Shari's, Starbucks, Subway, Taco Bell, Y Guy's Grill 🛏 Comfort Suites, El Rancho Motel, Holiday Inn Express, Moses Lake Inn, Ramada Inn,

MOSES LAKE

INTERSTATE 90 Cont'd

179	**Continued**
	Shilo Inn ⊙ H, $Tree, Chevrolet, Chrysler/Dodge/Jeep, Ford/Lincoln, Honda, Lowe's, Toyota/Scion, vet, **S** ⊙ I-90 RV, Mardon RV Park (15mi), Potholes SP (22mi), Willows RV Park (2mi)
177mm	Moses Lake
176	WA 171, Moses Lake, **N** ⬛ 76/dsl, Cenex/dsl, Chevron/dsl, Conoco, Exxon/dsl, Sunval/dsl 🍴 El Rodeo Mexican, Michael's Rest., Subway, Taco Del Mar 🛏 Best Western/rest., Interstate Inn, Motel 6, Oasis Motel, Super 8 ⊙ H, AAA RV Park, Ace Hardware, auto repair, Harvest Foods, Lake Front RV Park, transmissions, vet, **S** 🛏 Lakeshore Motel
175	Westshore Dr (from wb), to Mae Valley, **N** ⊙ Moses Lake SP, **S** ⊙ st patrol
174	Mae Valley, **N** ⊙ Suncrest Resort/RV, **S** ⬛ Conoco/dsl ⊙ Pier 4 RV Park, st patrol
169	Hiawatha Rd
164	Dodson Rd, **N** ⊙ Sunbasin RV park/camp (1mi)
162mm	⚑ wb, full 🚻 facilities, litter barrels, petwalk, 🅲, 🚮, RV dump
161mm	⚑ eb, full 🚻 facilities, litter barrels, petwalk, 🅲, 🚮, RV dump
154	Adams Rd
151	WA 281 N, to Quincy, **N** ⬛ Shell/pizza/subs/dsl ⊙ H (12mi), Shady Grove RV park, to Grand Coulee Dam
149	WA 281 S, George, **N** ⊙ H (12mi), **S** ⬛ BW&M/DSL, Shree's Trkstp/Subway/dsl/scales/24hr ⊙ RV camp
143	Silica Rd, **N** ⊙ to The Gorge Ampitheatre
139mm	**N** ⊙ Wild Horses Mon, scenic view both lanes
137	WA 26 E, to WA 243, Othello, Richland
137mm	Columbia River
136	Huntzinger Rd, Vantage, **N** ⬛ Spirit, Texaco/dsl 🍴 Blustery's Burger Drive-in, Golden Harvest Rest. ⊙ auto repair, Riverstone Vantage Resort/RV Park, to Ginkgo SP, Vantage Gen. Store, **S** ⊙ to Wanapum SP (3mi)
126mm	Ryegrass, elev 2535, ⚑ both lanes, full 🚻 facilities, litter barrels, petwalk, 🅲, 🚮
115	Kittitas, **N** ⬛ Shell/dsl/LP 🍴 Main Stop Rest. ⊙ Olmstead Place SP, UHaul
110	I-82 E, US 97 S, to Yakima

ELLENSBURG

109	Canyon Rd, Ellensburg, **N** ⬛ 76, Astro/dsl, Chevron, Exxon/Circle K 🍴 Arby's, Baskin Robbins, Burger King, Carl's Jr, Fiesta Mexican, KFC, Los Cabos Mexican, McDonald's, Oyama Japanese, Papa Murphy's, Quiznos, RanchHouse Rest., Roadhouse Grill, Rodeo City BBQ, Starbucks, Subway, Taco Del Mar, Teriyaki Wok, Wendy's 🛏 Best Western, Comfort Inn, Holiday Inn Express, Quality Inn, Super 8 ⊙ H, AutoZone, CarQuest, Chevrolet, NAPA, O'Reilly Parts, Rite Aid, Schwab Tire, Super 1 Foods, TrueValue, **S** ⬛ Conoco/🍴FLYING J/Sak's/dsl/scales/LP/24hr 🍴 Buzz Inn Steaks 🛏 Days Inn/RV park
106	US 97 N, to Wenatchie, **N** ⬛ 76/dsl, Chevron/dsl, Conoco/dsl, Loves/Subway/dsl/scales/24hr 🍴 DQ, IHOP, Perkins 🛏 Cedars Inn, Hampton Inn ⊙ Buick/Cadillac/GMC, Canopy Country RV Ctr, Chrysler/Dodge/Jeep, Truck/RV Wash, **S** ⊙ KOA, st patrol
101	Thorp Hwy, **N** ⬛ Arco/dsl ⊙ antiques/fruits/vegetables
93	Elk Heights Rd, Taneum Creek
92.5mm	Elk Heights, elev 2359
89mm	Indian John Hill, elev 2141, ⚑ both lanes, full 🚻 facilities, litter barrels, petwalk, 🅲, 🚮, RV dump, vending
85	WA 970, WA 903, to Wenatchie, **N** ⬛ 76/dsl, Gas Save/dsl, Shell/dsl 🍴 Cottage Café, Giant Burger, Homestead BBQ 🛏 Aster Inn, Chalet Motel, Cle Elum Traveler's Inn, EconoLodge ⊙ vet

CLE ELUM

84	Cle Elum (from eb, return at 85), **N** ⬛ Chevron/dsl, Shell Subway/dsl, Warrior's/dsl 🍴 Beau's Pizza, Burger King, Caboose Grill, DQ, El Caporal Mexican, Los Cabos Mexican, MaMa Vallones, McDonald's, New Cam Chinese, Sahara Pizza, Sunset Café, Taco Bell 🛏 Best Western Snowcap, Stewart Lodge, Timber Lodge Inn ⊙ Cle Elum Drug, Cle Elum Hardware, museum, Safeway/dsl, Trailer Corral RV Park, URGENT CARE, USPO
81mm	Cle Elum River
80	Roslyn, Salmon la Sac, **N** 🛏 Suncadia Resort/rest. (4mi)
80mm	**weigh sta both lanes**
78	Golf Course Rd, **S** ⊙ Sun Country Golf/RV Park
74	W Nelson Siding Rd
71	Easton, **S** ⬛ Easton Store/dsl/LP 🛏 Easton Motel ⊙ Iron Horse SP, John Wayne Tr, USPO
71mm	Yakima River
70	Sparks Rd, Easton, Lake Easton SP, **N** ⬛ Shell/RV Town/dsl café 🍴 Backwoods Cafe, Mtn High Burger ⊙ repair, Silver Ridge Ranch RV Park, **S** ⊙ Lake Easton RV Camping, Lake Easton SP
63	Cabin Creek Rd
62	Stampede Pass, elev 3750, to Lake Kachess, **N** Lake Kachess Lodge
54	Hyak, Gold Creek, **S** Ski Area
53	Snoqualmie Pass, elev 3022, **S** ⬛ Chevron 🍴 Summit Pancake House 🛏 Summit Lodge ⊙ info, Lee's Summit Mkt, rec areas
52	W Summit (from eb), same as 53
47	Tinkham Rd, Denny Creek, Asahel Curtis, **N** ⊙ **chain area**, **S** ⊙ RV camping/dump
45	USFS Rd 9030, **N** ⊙ to Lookout Point Rd
42	Tinkham Rd
38	**N** ⊙ fire training ctr
35mm	S Fork Snoqualmie River
34	468th Ave SE, Edgewick Rd, **N** ⬛ Gull/dsl/deli, Shell/dsl, TA/Country Pride/Popeyes/dsl only/24hr/@ 🛏 Edgewick Inn ⊙ Norwest RV Park
32	436th Ave SE, **1 mi N** ⊙ Snoqualmie Ranger Sta, gas, lodging, **S** 🍴 Riverbend Cafe, Iron Horse SP (3mi)
31	WA 202 W, North Bend, Snoqualmie, **N** ⬛ Chevron/dsl, Shell/dsl 🍴 Arby's, Blimpie, Burger King, Los Cabos, McDonald's, Mongolian Grill, Papa Murphy's, Starbucks, Subway, Taco Time 🛏 North Bend Motel, Sallish Lodge, Sunset Motel ⊙ H, museum, NorthBend Outlets/famous brands, O'Reilly Parts, Safeway/dsl, st patrol
27	North Bend, Snoqualmie (from eb), **N** 🍴 Woodman Steaks ⊙ H
25	WA 18 W, Snoqualmie Pkwy, Tacoma, to Auburn, **N** ⬛ Shell/dsl/e85 (1.5mi) 🍴 Bayan Mongolian ⊙ **weigh sta**
22	Preston, **N** ⬛ Shell/dsl 🍴 Rhodes BBQ, Subway ⊙ LP, Snqualmie River RV Park (4mi), USPO, **S** ⊙ Blue Sky RV Park
20	High Point Way
18	E Sunset Way, Issaquah, **S** ⬛ Shell (1mi) 🍴 Flying Pie Pizza, Jak's Grill, Mandarin Garden, Stan's BBQ, Sunset Alehouse ⊙ Front St Mkt
17	E Sammamish Rd, Front St, Issaquah, **N** ⬛ 🍴 Coho Café, Coldstone, Fatburger, Jamba Juice, Krispy Kreme, McDonald's, Panda Express, Papa John's, Qdoba Mexican, Starbucks, Subway ⊙ AT&T, Bartell Drug, Best Buy, Fred Meyer, Home Depot, URGENT CARE, Walgreens, **S** ⬛ Arco/dsl, Cenex/dsl, Chevron/dsl, Shell/dsl 🍴 Boehms Chocolates, Domino's, Shanghai Garden Rest., Stan's BBQ, Subway, XXX Rootbeer ⊙ Big Tire, Staples, transmissions

ISSAQUAH
SEATTLE
RICHLAND
WA

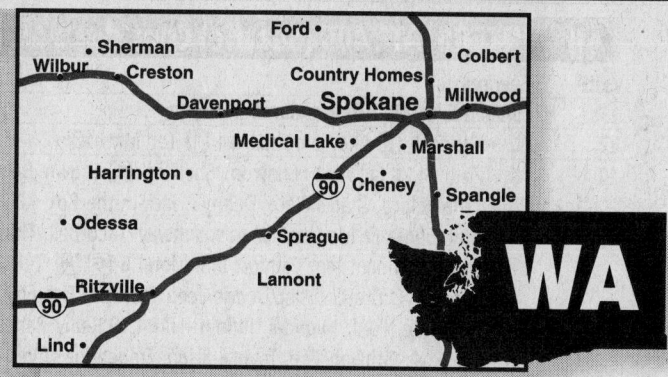

INTERSTATE 90 Cont'd

Exit#	Services
15	WA 900, Issaquah, Renton, **N** 🅖 Arco/dsl, Chevron 🅕 Georgio's Subs, IHOP, O'Char Thai, Red Robin, Taco Time, Tully's Coffee 🅛 Holiday Inn, Motel 6 🅞 Barnes&Noble, Big Lots, Costco/gas, Lowe's, Michael's, Office Depot, PCC Natural Mkt, Petsmart, to Lk Sammamish SP, **S** 🅖 Shell/dsl 🅕 12th Ave Cafe, Baskin-Robbins, Burger King, Cascade Garden Chinese, Chipotle Mexican, Denny's, Five Guys, Franky's Pizza, Issaquah Cafe, Jack-in-the-Box, Jamba Juice, KFC/Taco Bell, La Venadita, McDonald's, Panera Bread, Papa Murphy's, Potbelly, Round-Table Pizza, Starbucks, Subway, Taco Time, The Egg&Us Rest., Tuttabella Pizza, WildFin Grill 🅛 Hilton Garden, Homewood Suites 🅞 Chevrolet, Firestone/auto, Ford, GNC, O'Reilly Parts, PetCo, QFC Foods, REI, Rite Aid, Ross, Safeway, See's Candies, Target, Trader Joe's, USPO, Verizon
13	SE Newport Way, W Lake Sammamish, **S** 🅖 76/dsl 🅕 Starbucks, Subway 🅞 Matthew's Thriftway Mkt, vet
11	SE 150th, 156th, 161st, Bellevue, **N** 🅖 Shell 🅕 Dalian House Chinese, DQ, Jack-in-the-Box, Lil' Jon Rest., McDonald's, Starbucks, Subway, Tulley's Coffee 🅛 Days Inn, Embassy Suites, Hyatt House, Silver Cloud Inn 🅞 7-11, LDS Temple, Subaru/VW, Toyota/Scion, vet, **S** 🅖 76, Chevron, Shell/dsl, Standard/dsl 🅕 Baskin-Robbins, Domino's, Outback Steaks, Pizza Hut 🅛 Larkspur Landing Suites 🅞 Albertson's, Honda, O'Reilly Parts, Rite Aid, RV Park
10	I-405, N to Bellevue, S to Renton, services located off I-405 S, exit 10
9	Bellevue Way
8	E Mercer Way, Mercer Island
7c	80th Ave SE (exits left from wb)
7b a	SE 76th Ave, 77th Ave, Island Crest Way, Mercer Island, **S** 🅖 Chevron/dsl, Shell/dsl 🅕 McDonald's, Qdoba, Starbucks, Subway, Thai Rest., Tully's Coffee 🅞 Albertson's, TrueValue, Walgreens
6	W Mercer Way (from eb), same as 7
5mm	Lake Washington
3b a	Ranier Ave, Seattle, downtown, **N** 🅖 Shell/dsl 🅞 Vet
2c b	I-5, N to Vancouver, S to Tacoma
2a	4th Ave S, to stadiums
0	I-90 begins/ends on I-5, exit 164.

INTERSTATE 182 (Richland)

Exit#	Services
	I-182 begins/ends on US 395 N.
14b a	US 395 N, WA 397 S, OR Ave, **N** 🅖 ✈FLYING J/dsl/scales/24hr, King City/Shell/rest/dsl/@ 🅕 Burger King, Subway 🅞 Freightliner, Peterbilt, RV Park, **S** 🅛 Motel 6
13	N 4th Ave, Cty Ctr, **N** 🅖 CFN/dsl 🅛 Airport Motel, Starlite Motel, **S** 🅖 76/dsl, Chevron/dsl 🅞 🄷, museum, RV park, Tire Pros, vet
12b	N 20th Ave, **N** 🅛 Best Western, Red Lion Hotel
12a	US 395 S, Court St, **S on Court** St 🅖 Chevron, Conoco, Exxon/Jack-in-the-Box, Mobil/Circle K/dsl, Shell/dsl, Texaco, USA 🅕 A&W/KFC, Andy's Rest., Baskin-Robbins, Burger King, Domino's, El Mirador Mexican, Little Caesars, McDonald's, Oriental Express, Papa Murphy's, Pizza Hut, Quiznos, RoundTable Pizza, Subway, Taco Bell, Wendy's 🅞 $Tree, Albertson's, AutoZone, Cadillac/Chevrolet, Chief RV Ctr, Dean RV Ctr, Ford, Hyundai, Mazda, Nissan, Rite Aid, Subaru, U-Haul, USPO, Walgreens

Exit#	Services
9	rd 68, Trac, **N** 🅖 Exxon/Circle K/dsl, Maverik/dsl, Tesoro/dsl 🅕 Antonio's Pizza, Applebee's, Arby's, Bruchi's, Cousin's Rest., DQ, Fiesta Mexican, Figaro's Pizza, Hacienda del Sol, IHOP, Jack-in-the-Box, Little Caesar's, McDonald's, Panda Express, Pier 39 Seafood, Pita Pit, Pizza Hut, Shakey's Pizza, Sonic, Starbucks, Subway, Taco Bell, Teryaki Grill 🅛 Holiday Inn Express, MyPlace 🅞 AT&T, Discount Tire, Firestone/auto, Franklin County RV Park, Lowe's, O'Reilly Parts, Schwab Tire, URGENT CARE, Verizon, Walgreens, Walmart/Subway, Yokes Foods, **S** 🅖 Maverik/dsl
7	Broadmoor Blvd, **N** 🅛 Sleep Inn 🅞 GNC, vet, **S** 🅖 Exxon/dsl 🅞 Broadmoor RV Ctr, KOA
6.5mm	Columbia River
5b a	WA 240 E, Geo Washington Way, to Kennewick, **N** 🅖 Conoco/dsl 🅕 Anthony's Rest., Applebee's, Jack-in-the-Box, Starbucks 🅛 Courtyard, Days Inn, Economy Inn, Hampton Inn, Red Lion Hotel, Shilo Inn, TownePlace Suites 🅞 $Tree, AT&T, Winco Foods
4	WA 240 W, **N** 🅖 Shell/dsl 🅕 El Porton Mexican, McDonald's, Starbucks 🅞 BMW, Fred Meyer/dsl, vet
3.5mm	Yakima River
3	Keene Rd, Queensgate, **N** 🅖 Exxon/Circle K, Maverik/dsl, USA/dsl 🅕 A&W/KFC, Bob's Burgers, Burger King, Costa Vida, El Rancho Alegre, Five Guys, Fujiyama Steaks, LJ Silver, McDonald's, Panda Express, Starbucks, Stick+Stone Pizza, Subway, Taco Bell 🅞 GNC, Home Depot, Marshall's, PetCo, Schwab Tire, Target, Tire Factory, Verizon, Walmart/Subway, **S** 🅖 Chevron/dsl 🅞 RV Park (3mi), tires/repair
0mm	I-182 begins/ends on I-82, exit 102.

INTERSTATE 405 (Seattle)

Exit#	Services
30	I-5, N to Canada, S to Seattle, **I-405 begins/ends on I-5, exit 182.**
26	WA 527, Bothell, Mill Creek, **E** 🅕 Canyon's Rest., McDonald's 🅛 Extended Stay America 🅞 Lake Pleasant RV Park, **W** 🅖 Shell/dsl 🅕 Applebee's, Arby's, Bamboo House, Baskin-Robbins, Bonefish Grill, Crystal Creek Cafe, D.Thai, Denny's, Five Guys, Grazie Ristorante, Imperial Wok, Jack-in-the-Box, Jimmy John's, Little Caesar's, Mongolian Grill, Outback Steaks, Papa Murphy's, Qdoba Mexican, Quiznos, Starbucks, Subway, Taco Bell, Taco Time, Tully's Coffee, Wendy's, Zeek's Pizza 🅛 Comfort Inn, Extended Stay America, Hilton Garden, Holiday Inn Express 🅞 7-11, Bartell Drug, Goodyear/auto, QFC Foods, Rite Aid, URGENT CARE, vet
24	NE 195th St, Beardslee Blvd, **E** 🅖 Shell/Quiznos/dsl 🅕 Subway, Teryaki Etc. 🅛 Country Inn&Suites, Residence Inn, SpringHill Suites 🅞 Exotic vet
23b	WA 522 W, Bothell

SEATTLE

WA

🏕 N   INTERSTATE 405 (Seattle) Cont'd

Exit#	Services
23a	WA 522 E, to WA 202, Woodinville, Monroe
22	NE 160th St, **E** ▣ Chevron, Shell/dsl 🍴 Top Mkt/deli
20	NE 124th St, **E** ▣ Arco, Chevron, Shell/dsl 🍴 Brown Bag Cafe, Cafe Veloce, Chan's Place, Denny's, Jack-in-the-Box, KFC, Pizza Hut, Santa Fe Mexican, Shari's, Subway, Taco Bell, Thai Kitchen ⌂ Baymont Inn, Comfort Inn, Motel 6 ▣ H, 7-11, AutoZone, Big O Tire, Chrysler/Dodge/Jeep, Discount Tire, Fiat, Firestone/auto, Ford, Hyundai, Infiniti, NAPA, O'Reilly Parts, Rite Aid, Ross, Schwab Tire, Toyota/Scion, Trader Joe's, Verizon, VW, **W** ▣ 76/dsl 🍴 Azteca Mexican, Burger King, Five Guys, Hunan Wok, Izumi Japanese, Jimmy John's, McDonald's, Mediterranean Kitchen, Olive Garden, Papa Murphy's, Picnics Hotdogs, Romio's Pizza, Starbucks, Subway, Taco Del Mar, Taco Time, Wendy's ⌂ Courtyard ▣ AT&T, Buick/GMC, Fred Meyer/dsl, GNC, QFC Foods
18	WA 908, Kirkland, Redmond, **E** ▣ 76/Circle K/dsl, Chevron, Shell/dsl 🍴 Baskin-Robbins, Garlic Jim's, Little Caesar's, McDonald's, Outback Steaks, Pegasus Grill, Starbucks, Subway, Taco Time, Tres Hermanos, Valhalla Grill ▣ Chevrolet, Costco, Goodyear/auto, Hancock Fabrics, Honda, Kia, Mazda, O'Reilly Parts, PetCo, Safeway, Tuesday Morning, U-Haul, URGENT CARE, vet, Walgreens, **W** ▣ Shell/dsl 🍴 Acropolis Pizza, Original Pancakes, Papa John's, Starbucks, Subway, Wendy's ▣ QFC Foods, Tire Factory
17	NE 70th Pl
14b a	WA 520, Seattle, Redmond
13b	NE 8th St, **E** ▣ Arco, Chevron/dsl, Shell/dsl 🍴 Burger King, Taco del Mar ⌂ Coast Hotel ▣ H, Bartell Drugs, Best Buy, Cadillac, Chevrolet, Ford, Home Depot, Mercedes, Nissan, Porsche, Volvo, Whole Foods Mkt, **W** 🍴 Starbucks, Subway ⌂ Courtyard, Hyatt
13a	NE 4th St, **E** ⌂ Extended Stay America, Hampton Inn ▣ Chrysler/Dodge/Jeep, Lexus, **W** 🍴 Azteca Mexican, Subway ⌂ Hilton, Hotel Bellevue, Marriott, Red Lion/Bellevue Inn, Residence Inn, Sheraton
12	SE 8th St, **W** ⌂ Residence Inn
11	I-90, E to Spokane, W to Seattle

10	Cold Creek Pkwy, Factoria, **E on Factoria Blvd** ▣ 76, Chevron 🍴 Applebee's, Burger King, Coldstone, El Tapatio Mexican, Goldberg's Rest., Great Harvest Bread, Jamba Juice, Jimmy John's, Keg Steaks, KFC, McDonald's, Novilhos Brazilian Steaks, Old Country Buffet, Panda Express, Panera Bread, Peking Wok, Ricardo's Mexican, Romio's Pizza, Shanghai Cafe, Starbucks, Subway, Taco Bell, Taco Time, Thai Ginger, Tokyo Japanese, Tony Maroni's Pizza ▣ 7-11, AT&T, Bartell Drug, Midas, Old Navy, O'Reilly Parts, PetCo, QFC Foods, Rite Aid, Safeway, Target, TJ Maxx, Verizon, vet, Walmart
9	112th Ave SE, Newcastle, ▣
7	NE 44th St, **E** 🍴 Denny's, McDonald's, Starbucks, Subway, Teriyaki Wok ⌂ EconoLodge
6	NE 30th St, **E** ▣ Arco, **W** ▣ Chevron/dsl, Shell/dsl ▣ 7-11
5	WA 900 E, Park Ave N, Sunset Blvd NE, **W** 🍴 Jimmy John's, Panda Express, Panera Bread, Potbelly, Red Robin, Torero's Mexican ▣ Dick's, Fry's Electronics, GNC, Lowe's, Marshall's Petsmart, Ross, Staples, Target, Verizon, World Mkt
4	WA 169 S, Wa 900 W, Renton, **E** 🍴 Shari's ⌂ Quality Inn ▣ Aqua Barn Ranch Camping, **W** 🍴 Burger King, Pizza Dudes, Stir Rest., Subway ⌂ Renton Inn ▣ $Tree, 7-11
2	WA 167, Rainier Ave, to Auburn, **E** ⌂ Hilton Garden, Larkspur Landing, SpringHill Suites, TownePlace Suites ▣ H **W** ▣ Arco/dsl, Chevron, Chevron, Mobil/dsl, Shell/dsl 🍴 A&W/KFC, Applebee's, Baskin-Robbins, IHOP, Jack-in-the-Box, Jimmy John's, Jimmy Mac's Roadhouse, King Buffet, Little Caesar's, Mazatlan Mexican, McDonald's, Papa Murphy's, Pizza Hut, Popeyes, Starbucks, Subway, Taco Bell, Taco Time, Wendy's, Yankee Grill ⌂ Red Lion Hotel ▣ AutoZone, Buick, Cadillac/GMC, Chevrolet, Chrysler/Dodge/Jeep, Fiat, Firestone/auto, Ford, Fred Meyer/dsl, Honda, Hyundai, Kia, Mazda, Midas, O'Reilly Parts, Safeway/gas, Sam's Club/gas, Schwab Tire, Subaru, Toyota/Scion, vet, Walgreens, Walmart
1	WA 181 S, Tukwila, **E** ▣ 76/dsl 🍴 Jack-in-the-Box, Taco Bell, Teriyaki Wok ⌂ Courtyard, Embassy Suites, Extended Stay America, Hampton Inn, Ramada, Residence Inn ▣ 7-11 mall, **W** ▣ 🍴 Subway ⌂ Comfort Suites, Homewood Suites ▣ fun center
0mm	I-5, N to Seattle, S to Tacoma, WA 518 W. **I-405 begins/ends on I-5, exit 154.**

NOTES

WEST VIRGINIA

INTERSTATE 64

Exit#	Services
184mm	West Virginia/Virginia state line
183	VA 311, (from eb, no reentry), Crows (from eb)
181	US 60, WV 92 (no ez wb return), White Sulphur Springs, 0-2 mi **N** 🅿 GoMart/dsl, Marathon/Godfather's, Shell 🍽 April's Pizzaria, Hardee's 🛏 Budget Inn, Greenbrier Resort, Old White Motel ⊙ autocare, Family$, Food Lion, Rite Aid, ski area, to Midland Trail, USPO
179mm	**Welcome Ctr wb, full** ♿ **facilities, info, litter barrels, petwalk,** 🚻
175	US 60, WV 92, Caldwell, **N** 🅿 Exxon, Shell/Subway/dsl, Sunoco/Mountaineer Mart/dsl 🍽 Cook's Country Kitchen, McDonald's, Wendy's ⊙ $General, **S** ⊙ Greenbrier SF
173mm	Greenbrier River
169	US 219, Lewisburg, Hist Dist, **N** 🅿 Shell 🍽 Biscuit World 🛏 Relax Inn ⊙ Federated Parts, **S** 🅿 Exxon/dsl, Gomart, Shell, Walmart/dsl 🍽 Applebee's, Arby's, Bellacino's, Bob Evans, China Palace, Dickey's BBQ, Hardee's, Papa John's, Ruby Tuesday, Shoney's, Subway, Taco Bell 🛏 Fairfield Inn, Hampton Inn, Holiday Inn Express, Quality Inn, Super 8 ⊙ H, $Tree, AT&T, AutoZone, Buick/Chevrolet, Ford, Lowe's, URGENT CARE, Verizon, Walmart
161	WV 12, Alta, **S** 🅿 Citgo/dsl 🍽 Alta Sta/cafe ⊙ Greenbrier River Camping (14mi)
156	US 60, Midland Trail, Sam Black Church, **N** 🅿 Exxon/Arby's/dsl, Shell/dsl
150	rd 29, rd 4, Dawson, **S** 🅿 Exxon 🍽 Cheddar's Cafe 🛏 Dawson Inn ⊙ RV camping
147mm	runaway truck ramp wb
143	WV 20, Green Sulphur Springs, **N** 🅿 Liberty/dsl
139	WV 20, Sandstone, Hinton, **S** 🅿 Citgo/dsl ⊙ Blue Stone SP (16mi), Richmonds Store/USPO, to Pipestem Resort Park (25 mi)
138mm	New River
136mm	runaway truck ramp eb
133.1mm	Sandstone Mtn, elev 2765
133	WV 27, Pluto Rd, Bragg, **S** RV camping, mandatory truck stop eb
129	WV 9, Shady Spring, **N** ⊙ to Grandview SP, **S** 🅿 Exxon/dsl, Shell/dsl 🍽 Subway ⊙ Little Beaver SP
125b a	WV 307, Airport Rd, Beaver, **N** 🅿 Shell/dsl 🍽 Biscuit World 🛏 Sleep Inn, **1 mi S** 🅿 GoMart/gas, Marathon/dsl, Sheetz/dsl 🍽 Arby's, Dickey's BBQ, DQ, El Mariachi, Hardee's, KFC, Little Caesar's, LJ Silver, McDonald's, Subway, Wendy's ⊙ Advance Parts, CVS Drug, Family$, Kroger, USPO, Walgreens
124	US 19, Eisenhower Dr, E Beckley, **1-2 mi N** 🅿 GoMart/gas 🍽 Capt D's, Raleigh Diner 🛏 Green Bank Motel, Microtel ⊙ H, $General, last exit before **toll** rd wb
121	I-77 S, to Bluefield
I-64 and I-77 run together 61 mi. See I-77, exits 42 through 100.	
59	I-77 N (from eb), to I-79
58c	US 60, Washington St, **N** 🅿 BP, Exxon, GoMart/dsl ⊙ Family$, **S** 🍽 5th Quarter Steaks, Capt D's, Panera Bread, Shoney's, Wendy's 🛏 Courtyard, Embassy Suites, Hampton Inn, Holiday Inn Express, Marriott ⊙ H, civic ctr, Goodyear/auto, Macy's, mall
58b	US 119 N (from eb), Charleston, downtown, same as 58c
58a	US 119 S, WV 61, MacCorkle Ave
56	Montrose Dr, **N** 🅿 Exxon/dsl, Marathon/dsl, Speedway/dsl 🍽 Hardee's, Los Agaves Mexican 🛏 Holiday Inn, Microtel

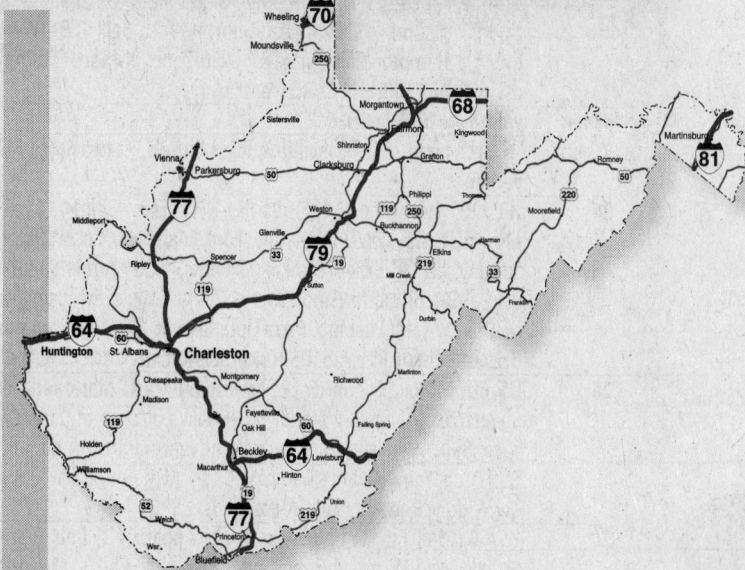

56	Continued Wingate Inn ⊙ $General, Acura, Advance Parts, Chevrolet, Dodge, Hyundai, Kia, NAPA, Rite Aid, VW
55	Kanawha Tpk (from wb)
54	US 60, MacCorkle Ave, **N** 🍽 Burger King, Casa Garcia, Graziano's Pizza, Krispy Kreme, Subway ⊙ $Tree, AT&T, Kroger/dsl, TJ Maxx, **S** 🍽 Bob Evans, Husson's Pizza, KFC, LJ Silver, McDonald's, Pizza Hut, Schlotzsky's, Taco Bell, Wendy's ⊙ H, Aamco, Family$, Harley-Davidson, Honda, Mazda, URGENT CARE
53	Roxalana Rd, to Dunbar, **S** 🅿 GoMart/dsl 🍽 BiscuitWorld, Capt D's, Gino's Pizza, Graziano's Pizza, Los Agaves, McDonald's, Subway, Wendy's 🛏 Dunbar Plaza Motel, Super 8 ⊙ $General, Advance Parts, Aldi Foods, CVS Drug, Family$, Jo-Ann Fabrics, Kroger/dsl, NTB, Rite Aid
50	VW 25, Institute, **S** 🅿 GoMart/dsl
47b a	WV 622, Goff Mtn Rd, **N** 🅿 Exxon/dsl, GoMart, Speedway/dsl 🍽 BiscuitWorld, Bob Evans, Capt D's, Domino's, Gino's Pizza, Little Caesar's, McDonald's, Papa John's, Pizza Hut, Subway, Taco Bell, Wendy's 🛏 Motel 6 ⊙ Advance Parts, AT&T, Autozone, Family$, Kroger/gas, Rite Aid, Save-a-Lot, URGENT CARE, Walgreens, **S** 🍽 Arby's, Asian Buffet, Barnyard BBQ, Buffalo Wild Wings, Burger King, Cracker Barrel, Golden Corral, HoneyBaked Ham, La Roca Mexican, Sakura Japanese, TGIFriday's 🛏 Comfort Inn, Holiday Inn Express, Sleep Inn ⊙ $Tree, Lowe's, Staples, Walmart
45	WV 25, Nitro, **N** 🅿 🍽 /Arby's/dsl/scales/24hr ⊙ Chevrolet, **S** 🅿 Exxon/dsl, GoMart, Speedway/dsl 🍽 BiscuitWorld, Checker's, DQ, Gino's Pizza, McDonald's, Subway, Wendy's ⊙ $General
44.3mm	Kanawha River
44	US 35, St Albans, **S** 🅿 Shell/7-11/dsl
40	US 35 N, Winfield, Pt Pleasant, **S** 🅿 Sheetz/dsl, Speedway/dsl 🍽 DQ
39	WV 34, Winfield, **N** 🅿 BP/Arby's, GoMart/dsl 🍽 Applebee's, Bob Evans, Rio Grande Mexican, Taste of Asia 🛏 Holiday Inn Express, Red Roof Inn ⊙ $General, $Tree, Advance Parts, Aldi Foods, BigLots, Elder-Beerman, GNC, Home Depot, USPO, **S** 🅿 GoMart, TA/Country Pride/dsl/scales/24hr/@ 🍽 Biscuit World, Burger King, Capt D's, China Chef, El Rancho

LEWISBURG

CHARLESTON

WV

▶E INTERSTATE 64 Cont'd

39	**Continued**
	Grande, Fat Patty's, Fireside Grille, Gino's Pizza, Graziano's Pizza, KFC, McDonald's, Penn Sta., Subway, Taco Bell, TCBY, Wendy's 🏠 Hampton Inn 🅞 AT&T, AutoZone, K-Mart, Kroger/dsl, Rite Aid, URGENT CARE, Verizon
38mm	**weigh sta both lanes**
35mm	🆁🆂 **both lanes, full ♿ facilities, litter barrels, petwalk, ⦿, 🏕, vending**
34	WV 19, Hurricane, **N** 🍴 Arby's, KFC, Taco Bell 🅞 $Tree, Chevrolet, Chrysler/Dodge/Jeep, Ford, Martin RV Ctr, Walmart/Subway, **S** 🅖 Exxon/Dunkin Donuts, Go-Mart, Sheetz/dsl 🍴 BiscuitWorld/Gino's Pizza, China Wok, Little Caesar's, McDonald's, Mi Pueblito, Pizza Hut, Subway 🏠 American Inn, Budget Inn 🅞 Rite Aid, USPO, vet, Walgreens
28	US 60, Milton, **0-2 mi S** 🅖 Exxon, Go-Mart, Marathon/dsl, Sheetz/dsl 🍴 Biscuit World, McDonald's, Pizza Hut, Subway, Taco Bell, Wendy's 🅞 $General, Advance Parts, AutoZone, CVS Drug, Family$, Jim's Camping (2mi), KOA (3mi), NAPA, Piggly Wiggly, Rite Aid, Save-A-Lot foods, USPO
20	US 60, Mall Rd, Barboursville, **N** 🍴 Applebee's, Bob Evans, Buffalo Wild Wings, Burger King, Chick-fil-A, Chili's, Chipotle, IHOP, Logan's Roadhouse, McDonald's, Olive Garden, Panera Bread, Qdoba Mexican, Ruby Tuesday, Super China, Wendy's 🏠 Comfort Inn 🅞 BAM!, Best Buy, Dick's, Drug Emporium, Elder-Beerman, Firestone/auto, Hobby Lobby, JC Penney, Jo-Ann Fabrics, Kohl's, Lowe's, Macy's, mall, Michael's, NTB, Old Navy, Sears/auto, Walmart/Subway, **S** 🅖 BP/dsl, Sheetz/dsl 🍴 Cracker Barrel, Fat Patty's, Outback Steaks, Shogun Japanese, Sonic, Steak&Shake, Subway, Taco Bell 🏠 Best Western, Hampton Inn, Holiday Inn 🅞 Toyota
18	US 60, to WV 2, Barboursville, **N** 🍴 Bellacino's, O'Charley's, Starbucks 🅞 $Tree, Home Depot, Marshall's, Office Depot, Petco, Target, **S** 🅖 Shell/7-11 🍴 Biscuit World, Gino's, Giovanni's Pizza, Hardee's, Papa John's 🅞 Food Fair, Kia, Kroger/gas, NAPA, Rite Aid, Walgreens
15	US 60, 29th St E, **N** 🅖 GoMart/dsl, Shell/dsl, Speedway/dsl 🍴 #1 Kitchen, Arby's, Biscuit World, Burger King, Honeybaked Ham, Subway, Waffle House, Wendy's 🏠 Huntington Motel, Quality Inn 🅞 H, $General, AT&T, BigLots, NAPA, Save-a-Lot Foods, st police, Verizon, Walmart/McDonald's, **S** 🅖 Exxon 🍴 Fazoli's, Golden Corral, KFC, Little Caesar's, Marco's Pizza, McDonald's, Penn Sta., Taco Bell 🏠 Days Inn, Red Roof Inn 🅞 Buick/Cadillac/GMC, CVS Drug, Honda, Nissan, Subaru, VW
11	WV 10, Hal Greer Blvd, **0-2 mi N** 🅖 Marathon/Subway 🍴 Arby's, Baskin-Robbins, Biscuit World, Bob Evans, El Ranchito Mexican, Frostop Drive-In, McDonald's, Papa John's, Ritzy's Cafe, Wendy's 🏠 Fairfield Inn, Hampton Inn, Ramada Ltd, Super 8, TownePlace Suites 🅞 H, AutoZone, Chrysler/Dodge/Jeep, Rite Aid, **S** 🅞 Beech Fork SP (8mi)
10mm	**Welcome Ctr eb, full ♿ facilities, litter barrels, petwalk, ⦿, 🏕, vending**
8	WV 152 S, WV 527 N, **N** 🅞 URGENT CARE, vet, **S** 🅖 GoMart/dsl, Speedway/dsl
6	US 52 N, W Huntington, Chesapeake, **N** 🅖 Sheetz/dsl, Speedway/dsl 🍴 Pizza Hut, Shoney's, Wendys 🅞 H, $General, AutoZone, BigLots, Family$, Save-A-Lot Foods
1	US 52 S, Kenova, **0-1 mi N** 🅖 Exxon, Shell/dsl 🍴 Burger King, Evaroni's Pizza, Gino's Pizza, Hermanos Nunez Mexican, McDonald's, Stewart's Hotdogs, Taco Bell 🏠 Hollywood Motel 🅞 $General, Advance Parts, CVS Drug, NAPA, Save-A-Lot, USPO
0mm	West Virginia/Kentucky state line, Big Sandy River

▶E INTERSTATE 68

Exit#	Services
32mm	West Virginia/Maryland state line
31mm	**Welcome Ctr wb, full ♿ facilities, litter barrels, petwalk, ⦿, 🏕, vending**
29	rd 5, Hazelton Rd, **N** 🅖 Sunoco/dsl 🏠 Microtel (1mi) **S** 🅞 Big Bear Camping (3mi), Pine Hill RV Camp (4mi)
23	WV 26, Bruceton Mills, **N** 🅖 BFS/Subway/dsl/24hr, Sunoco, Little Sandy's Rest./dsl/24hr 🍴 Mill Place Rest. 🏠 Maple Leaf Motel 🅞 antiques, Bumper Parts, Family$, Hostetler Store, USPO
18mm	Laurel Run
17mm	runaway truck ramp eb
16mm	weigh sta wb
15	WV 73, WV 12, Coopers Rock, **N** 🅞 Chestnut Ridge SF, Sand Springs Camping (2mi)
12mm	runaway truck ramp wb
10	WV 43 N, to rd 857, Fairchance Rd, Cheat Lake, **N** 🅖 BFS/Charlie's/Little Caesar's/dsl, Exxon/dsl 🍴 Anthony's Pizza, Dragon Cafe, Subway 🏠 Lakeview Resort 🅞 USPO, vet, **S** 🍴 Burger King
9mm	Cheat Lake
7	rd 705, Pierpont Rd, **N** 🅖 BFS/Little Caesar's/Subway/TCBY, Exxon/Taco Bell/dsl 🍴 Bob Evans, Fujiyama Steaks, Honeybaked Ham, IHOP, McDonald's, Outback Steaks, Ruby Tuesday, Wendy's 🏠 Holiday Inn Express, Super 8 🅞 H, Books-A-Million, Family$, GNC, Lowe's, Michael's, Shop'n Save Food, to WVU Stadium, Verizon, **S** 🅖 Sunoco/dsl 🍴 Don Patron Mexican, Fox's Pizza Den, Provoloni's Italian, Rita's Custard 🅞 Chrysler/Dodge
4	rd 7, to Sabraton, **N** 🅖 BFS/Subway/dsl, Sheetz/dsl 🍴 Arby's, Burger King, Dunkin Donuts, Hardee's, KFC, LJ Silver, McDonald's, Shoney's, Wendy's 🏠 SpringHill Suites, Suburban Lodge 🅞 $General, Advance Parts, AutoZone, CVS Drug, Family$, Ford/Lincoln, Kroger/dsl, NAPA, Save-A-Lot Foods, USPO, Walgreens, **S** 🅖 Marathon/Circle K, Sunoco/dsl 🍴 China City
3mm	Decker's Creek
1	US 119, Morgantown, **N** 🅖 Go-Mart/dsl 🏠 Quality Inn, Ramada Inn/rest. 🅞 tires, **S** 🅖 Sheetz/dsl, Tesla EVC 🍴 Denny's, Mariachi Loco 🅞 $Tree, to Tygart L SP, Walmart/Subway
0mm	I-79, N to Pittsburgh, S to Clarksburg. **I-68 begins/ends on I-79 exit 148.**

▶E INTERSTATE 70

Exit#	Services
14mm	West Virginia/Pennsylvania state line
13.5mm	**Welcome Ctr wb, full ♿ facilities, litter barrels, petwalk, ⦿, 🏕, vending**
11	WV 41, Dallas Pike, **N** 🅖 TA/Country Pride/dsl/scales/24hr 🏠 Comfort Inn, **S** 🅖 Exxon, Marathon/DQ/dsl 🏠 EconoLodge 🅞 RV camping
10	rd 65, to Cabela Dr, **N** 🅖 Sheetz/dsl 🍴 Applebee's, Bob Evans, Cheddar's, Coldstone, Cracker Barrel, Eat'n Park, El Paso Mexican, Fusion Steaks, Logan's Roadhouse, McDonald's, Olive Garden, Panera Bread, Primanti Bros, Quaker Steak, TX Roadhouse, Wendy's 🏠 Hampton Inn, Hawthorn Suites, Microtel 🅞 AT&T, Best Buy, Books-A-Million, Cabela's, JC Penney, Kohl's, Michael's, Old Navy, PetCo, Russell Stover Candies, Target, TJ Maxx, Verizon, Walmart/Subway, **S** 🏠 Holiday Inn Express, Suburban Lodge 🅞 Buick/GMC, Chevrolet, Ford/Lincoln, Honda, Hyundai, Nissan, Toyota/Scion

MORGANTOWN

HUNTINGTON

INTERSTATE 70 Cont'd

Exit#	Services
5	US 40, WV 88 S, Tridelphia, **N** ⛽ Marathon/dsl 🍴 Pizza Hut, Subway, Wendy's 🛏 Super 8 ⊙ Chrysler/Dodge/Jeep, Family$, Riesbeck's Foods, Subaru, URGENT CARE, vet, **S** ⛽ Marathon/dsl 🍴 Arby's, DQ, McDonald's, Undo's Rest. ⊙ Advance Parts, AT&T, AutoZone, museum, Rite Aid
5a	I-470 W, to Columbus
4	WV 88 N (from eb), Elm Grove, same as 5
3.5mm	weigh sta eb
2b	Washington Ave, **N** ⊙ $General, **S** 🍴 Figaretti's Italian ⊙ Ⓗ
2a	rd 88 N, to Oglebay Park, **N** ⛽ Marathon/dsl, Sheetz 🍴 AC Buffet, Bob Evans, DeFelice Bros Pizza, Hardee's, Little Caesars, LJ Silver, Papa John's, Perkins, Subway, Tim Hortons 🛏 Hampton Inn, SpringHill Suites ⊙ Advance Parts, CVS Drug, Kroger/gas, NTB, URGENT CARE, Verizon
1b	US 250 S, WV 2 S, S Wheeling
1mm	tunnel
1a	US 40 E, WV 2 N, Main St, downtown, **S** 🛏 Wheeling Inn
0	(from wb) US 40 W, Zane St, Wheeling Island, **N** ⛽ Marathon/dsl 🍴 Burger King, KFC
0mm	West Virginia/Ohio state line, Ohio River

INTERSTATE 77

Exit#	Services
186mm	West Virginia/Ohio state line, Ohio River
185	WV 14, WV 31, Williamstown, **W** **WV Welcome Ctr**/Ⓡ, **full facilities, info, litter barrels,** 🛏 ⛽ Clark, GoMart/dsl, Shell (1mi) 🍴 Dutch Pantry 🛏 Econolodge/Rodeway Inn ⊙ Glass Factory Tours
179	WV 2 N, WV 68 S, to Waverly, **E** ⛽ Exxon/dsl ⊙ 🔧 **W** ⛽ BP/dsl 🍴 Burger King, Hardee's (3mi) 🛏 Red Carpet Inn, Sleep Inn ⊙ Ⓗ
176	US 50, 7th St, Parkersburg, **E** to North Bend SP, **W** ⛽ BP/7-11, GoMart 🍴 Domino's, DQ, Hardee's, Little Caesar's, McDonald's, Mountaineer Rest./24hr, Omelette Shoppe, Wendy's 🛏 Economy Inn, Travelodge ⊙ Advance Parts, AutoZone, Chrysler/Dodge/Jeep, CVS Drug, Family$, Ford/Lincoln, Honda, Hyundai, Kroger/dsl, Mercedes, NAPA, Rite Aid, to Blennerhassett Hist Park, Toyota
174	WV 47, Staunton Ave, **1 mi E** ⛽ GoMart/Sub Express/dsl ⊙ $General
174mm	Little Kanawha River
173	WV 95, Camden Ave, **E** ⛽ Marathon/dsl, **1-4 mi W** ⛽ 🍴 Hardee's 🛏 Blennerhassett Hotel ⊙ Ⓗ
170	WV 14, Mineral Wells, **E** ⛽ BP/dsl/repair, GoMart/Taco Bell/dsl, Liberty Trkstp/dsl/24hr 🍴 McDonald's, Wendy's 🛏 Comfort Suites, Hampton Inn, **W** 🍴 Cracker Barrel, Napoli's Pizza 🛏 Holiday Inn Express, Microtel, Mineral Wells Inn
169mm	weigh sta both lanes, 🍴
166mm	Ⓡ both lanes, full 🛏 **facilities, litter barrels, petwalk,** 🍴, 🛏, **RV dump, vending**
161	WV 21, Rockport, **W** ⛽ Marathon/dsl
154	WV 1, Medina Rd
146	WV 2 S, Silverton, Ravenswood, **E** ⊙ Ruby Lake Camping (4mi), **W** ⛽ Exxon/DQ, Marathon/dsl 🍴 McDonald's (3mi), Subway (4mi), Wendy's (3mi) 🛏 Scottish Inn
138	US 33, Ripley, **E** ⛽ BP/dsl, Marathon/dsl, Murphy USA/dsl, Sheetz/dsl 🍴 Arby's, KFC, Las Trancas Mexican, LJ Silver, McDonald's, Pizza Hut, Taco Bell, Wendy's 🛏 Holiday Inn Express, Super 8 ⊙ $Tree, AutoZone, Family$, Kroger/dsl, NAPA, Rite Aid, Sav-A-Lot Foods, Verizon, Walmart/Subway,

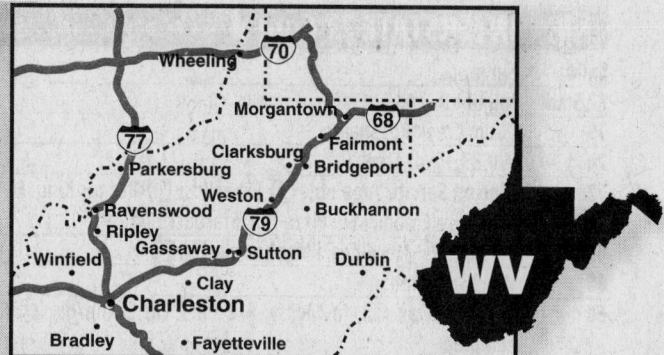

138	Continued ⛽ Exxon/dsl 🍴 Bob Evans, Ponderosa, Shoney's, Subway 🛏 Quality Inn ⊙ Ⓗ
132	WV 21, Fairplain, **E** ⛽ BP/7-11/dsl, GoMart/dsl, Speedway/dsl/24hr 🍴 Burger King, Fratello's Italian ⊙ $General, Ford, Statts Mills RV Park (6mi), **W** ⛽ Love's/Chester's/McDonald's/dsl/scales/24hr
124	WV 34, Kenna, **E** ⛽ Exxon 🍴 Your Family Rest.
119	WV 21, Goldtown, same as 116
116	WV 21, Haines Branch Rd, Sissonville, **4 mi E** ⊙ Rippling Waters Camping
114	WV 622, Pocatalico Rd, **E** ⛽ BP/dsl ⊙ $General
111	WV 29, Tuppers Creek Rd, **W** ⛽ BP/Subway/dsl 🍴 Gino's (2mi), McDonald's (2mi), Tudor's Biscuit World, Wendy's (2mi)
106	WV 27, Edens Fork Rd, **W** ⛽ Marathon/dsl/country store 🛏 Sunset Motel (3mi)
104	I-79 N, to Clarksburg
102	US 119 N, Westmoreland Rd, **E** ⛽ BP/7-11, GoMart 🍴 Hardee's ⊙ Foodland/gas
101	I-64, E to Beckley, W to Huntington
100	Broad St, Capitol St, **W** 🍴 Subway 🛏 Best Western, Charleston Capitol Hotel, Marriott ⊙ Ⓗ, Cadillac/GMC, Firestone, Rite Aid, USPO
99	WV 114, Capitol St, **E** ⊙ 🔧, **W** ⛽ BP/7-11, Exxon/Noble Roman's 🍴 Domino's, McDonald's, Wendy's ⊙ st capitol, to museum
98	35th St Bridge (from sb), **W** ⛽ Shell/7-11/dsl 🍴 Husson's Pizza, KFC, McDonald's, Steak Escape, Subway, Taco Bell, Wendy's ⊙ Ⓗ, Rite Aid, to U of Charleston
97	US 60 W (from nb), Kanawha Blvd
96	US 60 E, Midland Trail, Belle, **W** 🍴 Anchor Pizza, Biscuit World, Gino's 🛏 Budget Host
96mm	**WV Turnpike begins/ends**
95.5mm	Kanawha River
95	WV 61, to MacCorkle Ave, **E** ⛽ GoMart/dsl/24hr, Marathon/Subway/dsl 🍴 Bob Evans, IHOP, McDonald's, TX Steaks 🛏 Country Inn&Suites, Days Inn, Holiday Inn Express, Knights Inn, Motel 6, Red Roof Inn ⊙ Advance Parts, AutoZone, K-Mart, **W** ⛽ Exxon/dsl, GoMart, Shell/7-11/dsl 🍴 Applebee's, Arby's, Bojangle's, Burger King, Capt D's, China Buffet, Cracker Barrel, Firehouse Subs, Fujiyama Japanese, Hooters, La Carreta, Little Caesar's, Pizza Hut, Taco Bell ⊙ $Tree, AT&T, Drug Emporium, GNC, GNC, Kings Tire, Kroger/dsl, Lowe's, Piggly Wiggly, URGENT CARE, Verizon, vet
89	WV 61, WV 94, to Marmet, **E** ⛽ Exxon/Subway/dsl/24hr, GoMart/dsl, Sunoco/dsl 🍴 BiscuitWorld, Gino's Pizza, Hardee's, LJ Silver, Wendy's ⊙ $General, Family$, Family$, Ford, Kroger/dsl, NAPA, Rite Aid, USPO
85	US 60, WV 61, East Bank, **E** ⛽ Marathon/dsl, Shell/Arby's/dsl 🍴 Gino's Pizza, McDonald's, Shoney's ⊙ $General, Chevrolet, Rite Aid

WV

⬆N INTERSTATE 77 Cont'd

Exit#	Services
82.5mm	toll booth
79	Cabin Creek Rd, Sharon
74	WV 83, Paint Creek Rd
72mm	**Morton Service Area nb,** □ Exxon/dsl ⑪ Burger King, Hershey's Ice Cream, KFC, Pizza Hut, Starbucks ⊡ atm
69mm	Ⓡ **sb, full** ♿ **facilities, litter barrels,** Ⓒ, 🅿
66	WV 15, to Mahan
60	WV 612, Oak Hill, to Mossy, **1/2 mi E** □ Exxon/dsl ⊡ RV camping
56.5mm	toll plaza
54	rd 2, rd 23, Pax, **E** □ Corner/dsl
48	US 19, N Beckley, **1-4 mi E** on US 19/WV 16 □ Exxon/Subway, Sheetz/dsl ⑪ Bob Evans, Buffalo Wild Wings, Burger King, Cheddar's, Chick-fil-A, Chili's, Dickey's BBQ, Five Guys, Honeybaked Ham, LJ Silver, Logan's Roadhouse, McDonald's, Olive Garden, Panera Bread, Peking Buffet, Qdoba, Rally's, Ryan's, Starbucks, Subway, Taco Bell, Wendy's ⌂ Days Inn ⊡ $General, $Tree, Advance Parts, AT&T, AutoZone, Belk, BigLots, Buick/GMC, Chevrolet, Chrysler/Dodge/Jeep, CVS Drug, Dick's, Food Lion, Goodyear/auto, Hobby Lobby, Honda, Hyundai, JC Penney, Jo-Ann Fabrics, Kia/Subaru, Kohl's, Kroger/gas, Lowe's, NAPA, Nissan, Petsmart, Rite Aid, RV Ctr, Sam's Club/gas, Sears/auto, Staples, TJ Maxx, Toyota, U-Haul, Walgreens, Walmart
45mm	**Tamarack Service Area both lanes, W** □ Exxon/dsl ⑪ Burger King, Hershey's Ice Cream, Quiznos, Sbarro's, Starbucks ⊡ gifts
44	WV 3, Beckley, **E** □ Exxon/dsl, Marathon/dsl, Shell/Dickey's BBQ ⑪ Applebee's, Bojangle's, Burger King, Campestre Mexican, DQ, Fujiyama Japanese, Hooters, IHOP, McDonald's, Omelet Shoppe, Outback Steaks, Pizza Hut ⌂ Courtyard, EconoLodge, Fairfield Inn, Howard Johnson, Quality Inn/rest., Super 8, Travelodge ⊡ Ⓗ, Advance Parts, CVS Drug, Kroger/gas, Rite Aid, Tires, URGENT CARE, **W** □ BP/Subway/dsl, Go-Mart/dsl ⑪ Bob Evans, Cracker Barrel, Pasquale Italian, Ruby Tuesday, Sam's Hotdogs, TX Steaks, Wendy's ⌂ Baymont Inn, Comfort Inn, Country Inn&Suites, Hampton Inn, Holiday Inn, Microtel
42	WV 16, WV 97, to Mabscott, **2 mi E** ⊡ Ⓗ, **W** □ BP/dsl, Go-Mart ⑪ Arby's, Gino's Pizza/Biscuit World, Subway ⊡ AutoValue Repair, O'Reilly Parts, USPO, Walmart/Subway
40	I-64 E, to Lewisburg
30mm	toll booth
28	WV 48, to Ghent, **E** □ Exxon/dsl, Marathon/dsl ⑪ Subway ⌂ Appalachian Resort Inn (12mi), Glade Springs Resort (1mi) ⊡ to ski area, **W** ⌂ Knight's Inn
26.5mm	Flat Top Mtn, elevation 3252
20	US 19, to Camp Creek, **E** □ Exxon/dsl, **W** ⊡ Camp Creek SP/RV camping
18.5mm	Bluestone River, scenic overlook/**parking area/weigh sta sb**
17mm	**Bluestone Service Area/weigh sta nb, full** ♿ **facilities, picnic area, scenic view** □ Exxon/dsl ⑪ Blimpie, Hershey's Ice Cream, Starbucks, Uno Pizza ⊡ atm/fax
14	WV 20, Athens Rd, **E** ⊡ Pipestem Resort SP, to Concord U
9mm	**WV Turnpike begins/ends.**
9	US 460, Princeton, **E Welcome Ctr/Rest Area both lanes, full** ♿ **facilities,** 🅿, **litter barrels, petwalk** □ Walmart/dsl ⑪ Campestre Mexican, Kimono Japanese, Outback Steaks, Ryan's ⌂ Country Inn&Suites, Fairfield Inn ⊡ $Tree, AT&T, URGENT CARE, Verizon, Walmart/Subway, **W** □ BP/dsl, Exxon,

9	Continued Sheetz/dsl, Shell/Subway ⑪ Applebee's, Arby's, Bob Evans, Bojangles, Capt D's, Chick-fil-A, Chili's, Cracker Barrel, Dolly's Diner, DQ, Hardee's, McDonald's, Shoney's, Starbucks, Taco Bell, TX Steaks, Wendy's ⌂ Days Inn, Eden Rock Motel, Hampton Inn, Holiday Inn Express, Microtel, Quality Inn, Sleep Inn, Turnpike Motel ⊡ Ⓗ, Hyundai, Lowe's
7	WV 27, Twelve Mile Rd
5	WV 112 (from sb, no re-entry), to Ingleside
3mm	East River
1	US 52 N, to Bluefield, **4 mi W** ⑪ KFC/LJ Silver, Wendy's ⌂ EconoLodge, Quality Inn ⊡ Ⓗ, to Bluefield St Coll
0mm	West Virginia/Virginia state line, East River Mtn

⬆N INTERSTATE 79

Exit#	Services
160mm	West Virginia/Pennsylvania state line
159	**Welcome Ctr sb, full** ♿ **facilities, info, litter barrels, petwalk** Ⓒ, 🅿, **vending**
155	US 19, WV 7, **0-3 mi E** □ GetGo, Sheetz/dsl ⑪ Cheddar's, Chili's, Chipotle, CiCi's Pizza, Cracker Barrel, Evergreen Buffet, Golden Corral, Longhorn Steaks, McDonald's, Olive Garden, Red Lobster, Starbucks, TX Roadhouse ⌂ Best Western, EconoLodge, Fairfield Inn ⊡ Ⓗ, $Tree, Barnes&Noble, Best Buy, Buick/Chevrolet/GMC, CVS Drug, Dick's, Giant Eagle Foods, GNC, Old Navy, PetCo, Sam's Club/dsl, Target, TJ Maxx, to WVU, Walmart/Subway, **W** □ BFS/dsl ⑪ Burger King, DQ, Firehouse Subs, Little Caesar's, Tim Hortons ⌂ Candlewood Suites, La Quinta ⊡ Harley-Davidson, Hobby Lobby
153	University Towne Ctr, **E** ⑪ Buffalo Wild Wings, Fusion Japanese, Wendy's ⌂ Courtyard, Hampton Inn ⊡ Kia
152	US 19, to Morgantown, **E** □ BFS/dsl, Exxon ⑪ Arby's, China Wok, McDonald's, Pizza Hut, Subway, Taco Bell ⌂ EconoLodge ⊡ Advance Parts, BigLots, URGENT CARE, **W** ⑪ Bob Evans, Burger King, Garfield's Rest. ⌂ Microtel ⊡ Belk, Elder-Beerman, JC Penney, Lowe's, Sears/auto
150mm	Monongahela River
148	I-68 E, to Cumberland, MD, **1 mi E** □ Go-Mart/dsl, Sheetz/dsl, Tesla EVC ⑪ Denny's, Mariachi Loco, Subway ⌂ Morgantown Motel, Quality Inn, Ramada Inn ⊡ $Tree, tires, to Tygart Lake SP, Walmart
146	WV 77, to Goshen Rd, **W** □ Pilot/deli/dsl/scales/24hr (RV accessible dsl only)
141mm	**weigh sta both lanes**
139	WV 33, E Fairmont, **E** □ Sunoco, **W** □ Exxon, K&T/dsl/scales ⊡ repair, RV camping, to Prickett's Ft SP
137	WV 310, to Fairmont, **E** □ Exxon/dsl, Sunoco ⌂ Clarion ⊡ to Valley Falls SP, vet, **W** □ Shell/dsl ⑪ Domino's, KFC, McDonald's, Subway, Wendy's ⊡ Ⓗ, $General, Advance Parts, Family$, Shop'n Save Foods
136	rd 273, Fairmont
135	WV 64, Pleasant Valley Rd
133	Kingmont Rd, **E** □ Exxon/Fazoli's/dsl, Marathon/Subway/dsl ⑪ Cracker Barrel ⌂ Hampton Inn, Holiday Inn Express, Super 8, **W** □ Shell/Quiznos/dsl ⑪ DJ's Diner ⌂ Quality Inn
132	US 250, S Fairmont, **E** □ BFS/DQ/dsl, Walmart/dsl ⑪ Applebee's, Arby's, Bob Evans, Colassesano's Italian, Dutchman's Daughter, El Rey Mexican, Firehouse Subs, Grand China, Hardee's, Little Caesar's, McDonald's, Mi Pueblo, Subway, Taco Bell ⌂ Days Inn, Fairfield Inn, Microtel, Red Roof Inn ⊡ $General, Ace Hardware, Advance Parts, Chrysler/Dodge/Jeep, GNC, NAPA, Sav-A-Lot Foods, Shop'n Save, to Tygart Lake SP, Walmart/Subway, **W** □ Exxon/dsl, GoMart/dsl,

⬆N INTERSTATE 79 Cont'd

132	Continued
	Sunoco/dsl 🍴 Burger King, Steak Escape ⊙ Ⓗ, AT&T, Buick/GMC, Ford/Lincoln, Toyota/Scion, Trailer City RV Ctr
125	WV 131, Saltwell Rd, to Shinnston, **E** 🍴 Oliverio's Rest. (4mi) ⊙ Kia, **W** ⊞ BFS/Burger King/dsl, Exxon/dsl
124	rd 279, Jerry Dove Dr, **E** ⊞ BFS, Exxon/Dunkin Donuts/dsl 🍴 Buffalo Wild Wings, DQ, Firehouse Subs, Little Caesar's, Mi Margherita 🛏 Microtel, Wingate Inn, **W** ⊞ Sheetz/dsl 🍴 IHOP, Subway, TGIFriday 🛏 Comfort Suites, Courtyard, Hawthorn Suites, Holiday Inn Express ⊙ Ⓗ
123mm	Ⓡˢ both lanes, full 🚻 facilities, info, litter barrels, petwalk, Ⓒ, 🚮, RV dump, vending
121	WV 24, Meadowbrook Rd, **E** ⊞ GoMart, Sheetz/dsl 🍴 Biscuit World, Bob Evans, Gino's Pizza 🛏 Hampton Inn ⊙ Hyundai/Subaru, **W** ⊞ Exxon/dsl 🍴 Burger King, Garfield's Rest., Outback Steaks 🛏 Super 8 ⊙ Dick's, Honda, JC Penney, JoAnn Fabrics, Marshall's, NTB, Old Navy, Target
119	US 50, to Clarksburg, **E** 🍴 A&W/LJ Silver, Brickside Grille, Chick-fil-A, Denny's, Eat'n Park, Grand China, KFC, Las Trancas, Little Caesar's, McDonald's, McDonald's (2), Panera Bread, Pizza Hut, Primanti Bros, Starbucks, Taco Bell, TX Roadhouse, Wendy's 🛏 Best Western+, Days Inn, Sleep Inn, SpringHill Suites, Sutton Inn, Townplace Suites ⊙ $Tree, Advance Parts, Autozone, BigLots, Family$, GNC, Home Depot, K-Mart, Kohl's, Kroger/dsl, Lowe's, Monro, Sam's Club/gas, URGENT CARE, USPO, Verizon, Walgreens
117	WV 58, to Anmoore, **E** ⊞ BFS/dsl 🍴 Applebee's, Arby's, Burger King, Honeybaked Ham, Ruby Tuesday, Ryan's, Subway 🛏 Hilton Garden ⊙ Aldi Foods, AT&T, El Rey Mexican, Staples, Walmart/Subway
115	WV 20, Nutter Fort, to Stonewood, **E** ⊞ BP/7-11/dsl, Exxon/dsl ⊙ $General, Stonewood Bulk Foods, **W** 🛏 Greenbrier Motel (5mi)
110	Lost Creek, **E** ⊞ General Store/dsl ⊙ USPO
105	WV 7, to Jane Lew, **E** ⊞ Jane Lew Trkstp/dsl/rest., Valero/dsl/rest. 🛏 Days Inn, **W** ⊞ GoMart ⊙ $General, Kenworth/Mack/Volvo
99	US 33, US 119, to Weston, **E** ⊞ GoMart/dsl, Marathon/DQ/Little Caesars/dsl, Sheetz/dsl 🍴 Burger King, Gino's Pizza, McDonald's, Patron Mexican, Peking Buffet, Steer Steakhouse, Subway 🛏 Hampton Inn (9mi), Holiday Inn Express, Quality Inn/rest., Super 8 ⊙ $Tree, Advance Parts, Blackwater Falls, GNC, to Canaan Valley Resort, Walmart/dsl, **0-2 mi W** ⊞ Exxon/Arby's, Go-Mart 🍴 Domino's, Giovanni's, Hardee's, KFC, LJ Silver, Pizza Hut, Subway, Wendy's ⊙ Ⓗ, $General, Chrysler/Dodge/Fiat, CVS Drug, Ford, NAPA, NAPACare, Rite Aid, Save-a-Lot
96	WV 30, to S Weston, **E** ⊙ Broken Wheel Camping, to S Jackson Lake SP
91	US 19, to Roanoke, **E** ⊞ Marathon/dsl 🍴 Stillwaters Rest. ⊙ camping, to S Jackson Lake SP
85mm	Ⓡˢ both lanes, full 🚻 facilities, info, litter barrels, petwalk, Ⓒ, 🚮, RV dump, vending
79.5mm	Little Kanawha River
79	WV 5, Burnsville, **E** ⊞ Exxon 🛏 79er Motel/rest. ⊙ Burnville Dam RA, **W** ⊞ GoMart ⊙ Cedar Cr SP
76mm	Saltlick Creek
67	WV 4, to Flatwoods, **E** ⊞ BP/Arby's/dsl, Go-Mart/dsl, Shell/dsl 🍴 Custard Stand, KFC/Taco Bell, McDonald's, Subway 🛏 Day's Hotel ⊙ antiques, Buick/Chevrolet, KOA, to Sutton Lake RA, **W** ⊞ Exxon/dsl, 🍴/Moe's SW Grill/

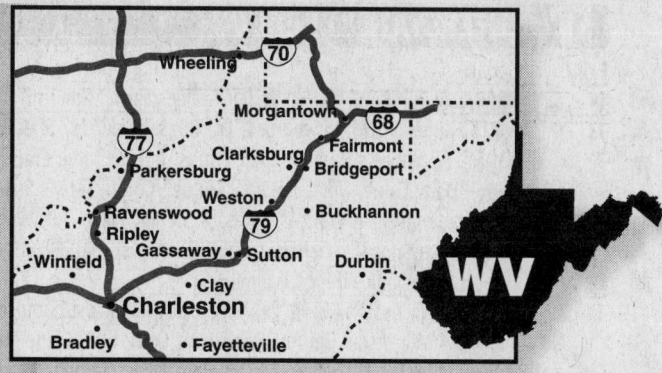

67	Continued
	dsl/scales/24hr 🍴 China Buffet, Shoney's, Starbucks, Wendy's ⊙ Bulk Foods, Flatwood Factory Stores, Walmart
62	WV 4, Gassaway, to Sutton, **E** 🛏 Elk Motel ⊙ Sutton Lake Camping, **W** ⊞ GoMart 🍴 LJ Silver, Pizza Hut 🛏 Microtel ⊙ Ⓗ, AutoZone, CVS Drug, Ford, Kroger/deli
57	US 19 S, to Beckley
52mm	Elk River
51	WV 4, to Frametown, **E** antiques, food
49mm	Ⓡˢ both lanes, full 🚻 facilities, litter barrels, petwalk, Ⓒ, 🚮, RV dump, vending
46	WV 11, Servia Rd
40	WV 16, to Big Otter, **E** ⊞ GoMart/dsl, **W** ⊞ Exxon/dsl
34	WV 36, to Wallback, **10 mi E** 🍴 BiscuitWorld, Gino's Diner, Subway
25	WV 29, to Amma, **E** ⊞ Exxon/dsl
19	US 119, VW 53, to Clendenin, **E** ⊞ BP/7-11/dsl ⊙ Rite Aid (3mi), Speedway/dsl (3mi)
9	WV 43, to Elkview, **E** ⊞ GoMart/dsl 🍴 Burger King, Penn Sta Subs ⊙ AutoZone, **W** ⊞ Exxon/Arby's/dsl, Speedway/dsl 🍴 La Carreta, Little Caesar's, McDonald's, Picanha Steaks, Subway 🛏 La Quinta ⊙ $Tree, Advance Parts, AT&T, CVS Drug, K-Mart, Kroger/dsl
5	WV 114, to Big Chimney, **1 mi E** ⊞ Exxon 🍴 Hardee's ⊙ Rite Aid, Smith's Foods
1	US 119, Mink Shoals, **E** 🍴 Harding's Family Rest. 🛏 Sleep Inn
0	I-77, S to Charleston, N to Parkersburg. **I-79 begins/ends on I-77, exit 104.** 🛡

⬆N INTERSTATE 81

Exit#	Services
26mm	West Virginia/Maryland state line, Potomac River
25mm	Welcome Ctr sb, full 🚻 facilities, info, litter barrels, petwalk, Ⓒ, 🚮
23	US 11, Marlowe, Falling Waters, **E** ⊞ Exxon/AC&T/Subway/dsl 🍴 Kings Rest., Red Lantern Chinese ⊙ $General, Falling Waters Camping (1mi), Food Lion, **W** ⊞ BP/dsl ⊙ 7-11, Outdoor Express RV Ctr
20	WV 901, Spring Mills Rd, **E** ⊞ Sheetz/dsl 🍴 China Spring, Cinco de Mayo, Little Caesar's, McDonald's, Pizza Montese, Popeye's, Tokyo Cafe 🛏 Motel 6 ⊙ $Tree, Advance Parts, Walmart/Subway, **W** ⊞ Shell/dsl 🍴 Burger King, Domino's 🛏 Quality Inn
16	WV 9, N Queen St, Berkeley Springs, **E** ⊞ Crown/dsl, Exxon/Subway/dsl, Sheetz 🍴 Arby's, China King, Domino's, Dunkin Donuts, Hoss's, KFC, La Trattoria, LJ Silver, McDonald's, Meridian Cafe, Mrs McCracken's Diner, Pizza Hut, Popeye's, Rita's Custard, Subway, Taco Bell, Waffle House 🛏 Care Free Inn, Comfort Inn, Knights Inn, Super 8 ⊙ Advance Parts, Aldi Foods, AutoZone, BigLots, Carquest, CVS Drug, Family$, Food Lion, URGENT CARE, USPO, Walgreens, **W** ⊞ Shell/Subway/dsl

M A R T I N S B U R G

🅽 INTERSTATE 81 Cont'd

Exit#	Services
14	rd 13, Dry Run Rd, **E** 🅞 🅗, **W** 🅞 Butler's Farm Mkt (1mi)
13	rd 15, Kings St, Martinsburg, **E** 🅖 BP/Subway/dsl, Sheetz/dsl 🍴 Applebee's, Buffalo Wild Wings, Burger King, Cracker Barrel, Daily Grind, Fiesta Tapatia, Golden Corral, Jerry's Subs, Kobe Japanese, Las Trancas, Outback Steaks, Pizza Hut, Wendy's 🛏 Days Inn, Fairfield Inn, Holiday Inn/rest. 🅞 🅗, Chevrolet/Toyota, Office Depot, Walmart
12	WV 45, Winchester Ave, **E** 🅖 Sheetz/dsl, Shell/dsl, Sunoco/dsl 🍴 Arby's, Asian Garden, Bob Evans, Chick-fil-A, China City Buffet, Chipotle, Five Guys, McDonald's, Olive Garden, Panda Express, Panera Bread, Papa John's, Ruby Tuesday, Ryan's, Taco Bell, Waffle House 🛏 Hampton Inn 🅞 Advance Parts, AutoZone, BonTon, Food Lion, Lowe's, Martin's Foods/gas, Nahkeeta

12	Continued
	Camping, **W** 🍴 Ledo Pizza, Logan's Roadhouse, Subway, Tropical Smoothie 🛏 Hilton Garden 🅞 $Tree, AT&T, Best Buy, Books-A-Million, Dick's, GNC, Michael's, Petsmart, Target, TJ Maxx, URGENT CARE
8	rd 32, Tablers Sta Rd, **E** 🅖 Sheetz/dsl
5	WV 51, Inwood, to Charles Town, **E** 🅖 7-11, BP, Liberty, Sheetz/dsl, Shell/dsl 🍴 Arby's, Burger King, Domino's, DQ, McDonald's, Pizza Hut, Pizza Oven, Subway, Waffle House 🛏 Hampton Inn 🅞 Advance Parts, CVS Drug, Family$, Food Lion, NAPA, Rite Aid, URGENT CARE, USPO, **W** 🅞 Lazy-A Camping (9mi)
2mm	Welcome Ctr/weigh sta nb, full 🅰 facilities, info, litter barrels, petwalk, 🅒, 🆃, vending
0mm	West Virginia/Virginia state line

WISCONSIN

W V

W I

W A S S A U

S T E V E N S   P T

🅽 INTERSTATE 39

Exit#	Services
211	US 51, rd K, Merrill, **2 mi W** 🅖 Cenex 🍴 Chip's Burgers, Hardee's, Pine Ridge Rest., Pizza Hut 🅞 🖙
208	WI 64, WI 17, Merrill, **E** 🍴 KFC, Taco Bell, **W** 🅖 KwikTrip/dsl, Mobil/Arby's/dsl 🍴 3's Company Rest., Culver's, Los Mezcales, Mama De Luca's Pizza, McDonald's, Subway 🛏 Americinn, Badger Hotel, EconoLodge 🅞 🅗, $Tree, Chrysler/Dodge/Jeep, O'Reilly Parts, Piggly Wiggly, to Council Grounds SP, Verizon, Walmart
206mm	Wisconsin River
205	US 51, rd Q, Merrill, **E** 🅖 BP/Hwy 51/rest./dsl/24hr 🅞 Buick/Cadillac/Chevrolet, fireworks
197	rd WW, to Brokaw, **W** 🅖 Mobil/dsl
194	US 51, rd U, rd K, Wausau, **E** 🅖 F&F/dsl, KwikTrip/dsl 🍴 McDonald's, Subway, Taco Bell, **W** 🍴 BP/Arby's/dsl 🅞 Ford, Kia, Nissan, Subaru, Toyota/Scion
193	Bridge St, **E** 🅞 CVS Drug, **W** 🅞 🅗
192	WI 29 W, WI 52 E, Wausau, to Chippewa Falls, same as 191 b
191b	Sherman St, **E** 🅖 BP, Holiday/dsl 🍴 Applebee's, Buffalo Wild Wings, Dickey's BBQ, Great Dane Rest., Jimmy John's, King Buffet, Little Caesar's, McDonald's, Milwaukee Burger Co, Noodles&Co, Panera Bread, Papa Murphy's, Qdoba, Starbucks, Subway, Toppers Pizza 🛏 Courtyard, Hampton Inn, La Quinta, Motel 6, Plaza Hotel, Super 8 🅞 County Mkt/USPO, ShopKo, Trig's Foods, Walgreens, **W** 🅖 KwikTrip/dsl 🍴 2510 Deli, Hardee's 🅞 🅗, Cadillac, Home Depot, Honda, Menards
191a	WI 29, Chippewa Falls
190mm	Rib River
190	rd NN, **E** 🅖 Mobil/Burger King 🍴 El Tequila Salsa, IHOP 🛏 Hilton Garden, **W** 🅖 The Store/Subway/dsl 🛏 Quality Inn 🅞 Granite Mtn Ski Area, Rib Mtn Ski Area, st patrol
188	rd N, **E** 🅖 KwikTrip/dsl, Phillips 66/dsl 🍴 Dunkin Donuts, Fazoli's, HuHot, McDonald's, Olive Garden, Panda Express, Red Robin, Rococo Pizza, Ropa Pizza, Starbucks, TX Roadhouse 🛏 Days Inn 🅞 $Tree, Aldi Foods, Audi/VW, Barnes&Noble, Best Buy, Chevrolet, Dick's, GNC, Gordman's, Hobby Lobby, Hyundai, JoAnn Fabrics, King's RV Ctr, Kohl's, Michael's, Old Navy, PetCo, Petsmart, Sam's Club/gas/dsl, Tires+, TJ Maxx, Walmart/Subway, **W** 🅞 Rib Mtn SP
187mm	I-39 begins/ends. Freeway continues N as US 51.

187	WI 29 E, to Green Bay
186mm	Wisconsin River
185	US 51, Rothschild, Kronenwetter, **E** 🅖 BP/dsl 🍴 Achiban, Arby's, Culver's, Denny's, Green Mill Rest., Subway 🛏 Best Western, Cedar Creek Lodge, EconoLodge, Holiday Inn, Motel 6, Stoney Creek Inn 🅞 Harley-Davidson, Pick'n Save Foods
181	Maple Ridge Rd, Kronenwetter, Mosinee, **E** 🅞 Peterbilt, Volvo, **W** 🅞 Kenworth
179	WI 153, Mosinee, **W** 🅖 Cenex/Subway/dsl, KwikTrip/dsl, Shell/dsl 🍴 McDonald's, StageStop Rest. 🛏 Quality Inn 🅞 vet
175	WI 34, Knowlton, to WI Rapids, **1 mi W** 🅞 Mullins Cheese Factory
171	rd DB, Knowlton, **W** 🅖 gas 🍴 food 🛏 lodging 🅞 River Edge Camping
165	US 10 W, to Marshfield (no nb re-entry)
163	Casimir Rd
161	US 51, Stevens Point, **W** 🅖 BP, Kwik Trip/dsl, The Store 🍴 China Wok, Coldstone, Cousins Subs, Culver's, Dosirak Korean, Hardee's, Jimmy John's, KFC, McDonald's, Michele's Rest., Noodles&Co, Perkins, Pizza Hut, Rococo's Pizza, Starbucks, Subway, Taco Bell, Topper's Pizza 🛏 Baymont Inn, Comfort Suites, Country Inn&Suites, Days Inn 🅞 $Tree, Trig's Foods, Verizon
159	WI 66, Stevens Point, **W** 🅖 KwikTrip/dsl 🅞 🅗, Ford, Honda, Hyundai, Nissan, VW
158	US 10, Stevens Point, **E** 🅖 F&F/dsl, KwikFill/dsl/e85, Mobil/dsl, The Store/Subway/dsl 🍴 Amber Grille, Applebee's, Arby's, Buffalo Wild Wings, Culver's, DQ, El Mezcal Mexican, Fazoli's, Grazie's Grill, Hibachi Buffet, McDonald's, Taco Bell 🛏 Fairfield Inn, Holiday Inn Express 🅞 Aldi Foods, AT&T, Chrysler/Dodge/Jeep, Target, **W** 🅖 BP/dsl 🍴 Hilltop Grill, Tommy's Grill 🛏 EconoLodge, La Quinta
156	rd HH, Whiting, **E** 🅖 The Store/Subway/dsl 🍴 Charcoal Grill, Chili's, Golden Corral, McDonald's, Panda Express, Panera Bread, Starbucks 🅞 $Tree, Best Buy, GNC, JoAnn Fabrics, Kohl's, Lowe's, Michael's, PetCo, Staples, TJ Maxx, Walmart, Subway
153	rd B, Plover, **W** 🅖 Cenex, Kwik Trip/dsl, Mobil/Dunkin Donuts/dsl 🍴 Arby's, Bamboo House, Burger King, Culver's, Happy Wok, IHOP, KFC, McDonald's, Papa Murphy's, Subway, Taco Bell, Tempura House Asian 🛏 AmericInn, Comfort Inn, Hampton Inn 🅞 city park, Copp's Foods, dsl repair, Menards, NAPA, ShopKo, Toyota/Scion, Verizon, vet, Younkers

⬆N INTERSTATE 39 Cont'd

Exit#	Services
151	WI 54, to Waupaca, **E** 📱 KwikTrip/rest./dsl/scales/24hr 🍴 Four Star Family Rest., Shooter's Rest. 🏨 Best Western, Super 8 ⊙ tires/repair
143	rd W, Bancroft, to WI Rapids, **E** 📱 Citgo/dsl 🍴 Area 51 Rest.
139	rd D, Almond
136	WI 73, Plainfield, to WI Rapids, **E** 📱 BP/dsl 🍴 Hooligan's Grill ⊙ service/repair, **W** 📱 Citgo/Subway/dsl
131	rd V, Hancock, **E** 📱 Citgo 🍴 Smiley's Diner, **W** ⊙ KOA
127mm	weigh sta both lanes (exits left)
124	WI 21, Coloma, **E** 📱 Mobil/A&W/dsl 🍴 Red Hill Cafe, Subway 🏨 Mecan Inn (4mi) ⊙ Coloma Camping, **W** 📱 BP/Chester's/dsl ⊙ Buick/Chevrolet
120mm	RS sb, full 🚻 facilities, litter barrels, pet-walk, 🎮, 🚶, vending
118mm	RS nb, full 🚻 facilities, litter barrels, pet-walk, 🎮, 🚶, vending
113	rd E, rd J, Westfield, **W** 📱 BP/Burger King, Cenex, Mobil/dsl 🍴 McDonald's, Subway 🏨 Pioneer Motel/rest. ⊙ city park, Family$
106	WI 82 W, WI 23 E, Oxford, **E** 🏨 Crossroads Motel, **W** 📱 Citgo/dsl
104	(from nb, no EZ return) rd D, Packwaukee
100	WI 23 W, rd P, Endeavor, **E** 📱 BP/dsl 🍴 KW's Grill
92	US 51 S, Portage, **E** 📱 KwikTrip/dsl, Mobil 🍴 Asian Express, Culver's, Dino's Rest., Golden Cup 2 Cafe, Jimmy John's, KFC, La Tolteca Mexican, McDonald's, Papa Murphy's, Pizza Ranch, Subway, Suzy's Steaks, Taco Bell 🏨 Best Western, Ridge Motel, Sunset Motel, Super 8 ⊙ 🏥, $Tree, Aldi Foods, AutoZone, Chrysler/Dodge/Jeep, Ford/Lincoln, GNC, Pierce's Foods, Verizon, Walgreens, Walmart
89b a	WI 16, to WI 127, Portage, **E** 📱 BP/dsl 🍴 Hitching Post Eatery
88.5mm	Wisconsin River
87	WI 33, Portage, **W** ski area
86mm	Baraboo River
85	Cascade Mt Rd
84	I-39, I-90 & I-94 run together sb/eb

⬆N INTERSTATE 41

Exit#	Services
171	I-43 S, to Milwaukee, US 41/141 N, to Marinette
170	US 141 S, Velp Ave, **E** 📱 Mobil 🍴 Burger King, Taco Bell, **W** 📱 BP/A&W/dsl, Shell/dsl 🍴 Gilligan's Rest., Julie's Rest., McDonald's, River St Grill, Subway, Watering Hole Rest. 🏨 AmericInn ⊙ Bumper Parts, CVS Drug, Family$, Harley Davidson
168c b	WI 29, WI 32, Shawano Ave, Dousman St, **E** 🏨 Comfort Suites ⊙ Buick/Cadillac/GMC
168	WI 32, WI 54, Mason St, **E** 🍴 Burger House, Pizza Hut ⊙ Home Depot, **W** 📱 Mobil, Shell/Papa John's/dsl 🍴 Bon Orient Buffet, Chili's, Fazoli's, Hardee's, Little Caesar's, Los Banditos, McDonald's, Schlotsky's ⊙ Festival Foods, GNC, O'Reilly Parts, Sam's Club, Walmart/Subway
167	CR VK, Lombardi Ave, Hazelwood Ln, **E** 📱 Shell 🍴 Chucke-Cheese, Margaritas, Red Lobster ⊙ Cabela's, Copp's Foods, Lambeau Field

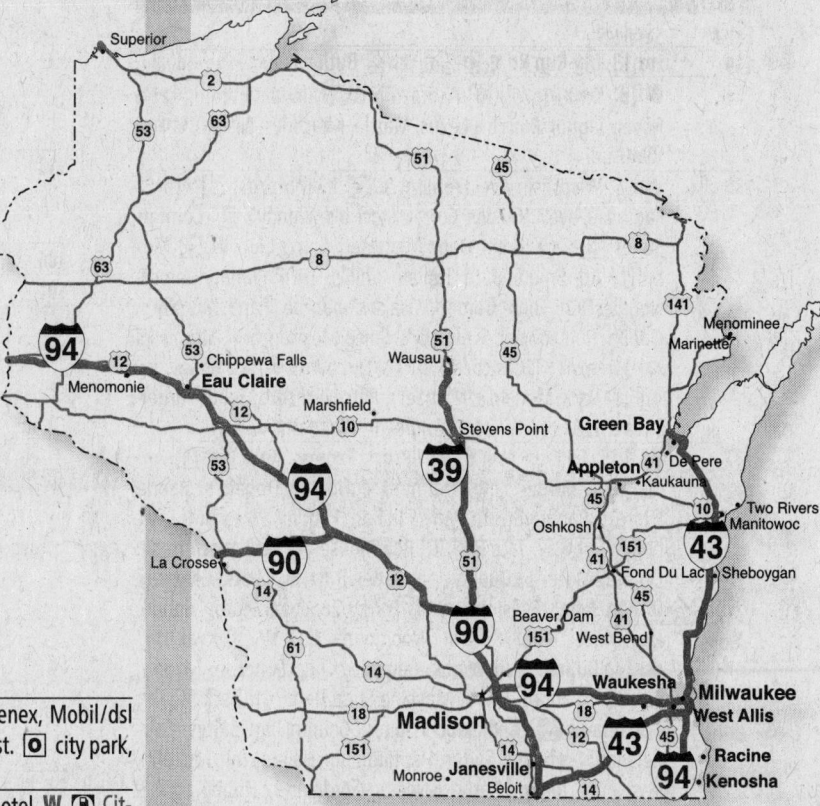

165	WI 172, to I-43
164	CR AAA, Oneida St, Waube Ln, **E** 📱 KwikTrip/dsl, Shell/dsl 🍴 Applebee's, Cousins Subs, Culver's, Denny's, Five Guys, Grazie's Italian, Hardee's, Olive Garden, Perkins, Starbucks, Subway, Wendy's 🏨 Baymont Inn, Comfort Inn, EconoLodge, Fairfield Inn, Hampton Inn, Holiday Inn Express, Motel 6, Ramada, Super 8 ⊙ $Tree, Honda, Jo-Ann, **W** 📱 BP/dsl 🍴 Los Magueyes 🏨 Country Inn Suites, Microtel
163b	WI 32 N, Green Bay
163a	CR G, Main Ave, **E** 📱 Mobil/dsl, Shell/dsl 🍴 Burger King, Dunkin Donuts, Jimmy John's, McDonald's, Papa John's, Papa Murphy's, Starbucks, Subway ⊙ $General, AutoZone, CVS Drug, Festival Foods, Peterbilt, USPO, Walgreens, **W** 📱 BP/A&W/Taco Bell/dsl/scales
161	CR F, Scheuring Rd, De Pete, **E** 📱 Mobil/Arby's/dsl, Shell/dsl 🍴 Culver's, DQ, Plank Road Rest. 🏨 Sleep Inn ⊙ $Tree, Menard's, Verizon, Walmart/Subway
157	CR S, Freedom, **W** 📱 BP/Chester's/Godfather's/dsl
154	CR U, Wrightstown
153	weigh sta nb
150	CR J, Kaukauna, **E** ⊙ Chrysler/Dodge/Jeep, **W** 📱 BP/dsl ⊙ Freightliner
148	WI 55, Seymour, Kaukauna, **E** 📱 KwikTrip/dsl, Shell/Arby's/dsl 🏨 Days Inn, **W** ⊙ Chevrolet/Buick/GMC
146	CR N, Little Chute, Kimberly, **E** 📱 Mobil/McDonald's/Subway/dsl, Shell/dsl, Sunoco 🍴 Burger King, Culver's, Tom's Drive In 🏨 Country Inn Suites, **W** ⊙ Simon's Cheese Store
145	WI 441 S
144	CR E, Ballard Rd, **E** 📱 Shell/dsl 🍴 Baskin Robbins, Hardee's, McDonald's ⊙ 🏥, **W** 🏨 AmericInn, Cambria Suites
142	WI 47, Richmond St, Black Creek, **E** 📱 Mobil 🍴 Fazoli's, Jimmy John's, Little Caesar's, McDonald's, Starbucks, Taco Bell 🏨 Snug In Motel ⊙ Kohl's, Walgreens, **W** 📱 KwikTrip/dsl 🍴 Arby's

P O R T A G E (left margin)

G R E E N B A Y (center margin)

WI (right margin)

INTERSTATE 41 Cont'd

Exit#	Services

139 WI15, CR OO, Northland Ave, Greenville, Hortonville, **W** 🅖 KwikTrip/dsl 🄾 Acura, BMW, Hyundai, Infiniti, Land Rover/Jaguar/Porsche, Lexus, Mazda, Mercedes, Nissan, Volvo, VW/Audi

138 WI 96, Wisconsin Ave, Fremont, **E** 🅖 KwikTrip/dsl 🍴 Arby's, Famous Dave's, Golden Corral, Stevi B's, Wendy's 🛏 Comfort Suites 🄾 CarX, Home Depot, Petsmart, Sam's Club, **W** 🅖 Mobil 🍴 Atl Bread, Buca Italian, Chili's, IHOP, Jimmy John's, Noodles&Co, Olive Garden, Osaka Japanese, Papa Murphy's, Qdoba, Red Lobster, Schlotsky's, Solea Mexican Grill, Starbucks 🄾 $Tree, AT&T, Costco/dsl, Dick's, Discount Tire, JC Penney, Jo-Ann, Macy's, Menard's, Michael's, Petco, Scheel's, Sears, Target, Tires+, TJ Maxx, Verizon, Walgreens, Walmart/Subway

137 WI 125, College Ave, **E** 🅖 BP/dsl, Express, KwikTrip 🍴 Applebee's, Burger King, Denny's, HuHot, McDonald's, Panda Express, Panera Bread, Parma Italian, Perkins, Pizza Hut, Starbucks, Subway, Taco Bell, TX Roadhouse 🛏 Best Western, La Quinta, Motel 6, Quality Inn, Super 8 🄾 Big Lots, Chrysler/Dodge/Jeep, Firestone/auto, Ford, Goodyear/auto, Honda, Kia, Office Depot, Subaru, Woodman's Gas, **W** 🅖 KwikTrip/dsl 🍴 Buffalo Wild Wings, Chipotle, ChuckECheese, Fazoli's, Five Guys, Fuddrucker's, Machine Shed Rest., Outback Steaks, TGIFriday's 🛏 Candlewood Suites, Country Inn Suites, Fairfield Inn, GrandStay Suites, Hampton Inn, Holiday Inn, Microtel, Residence Inn 🄾 Barnes&Noble, Gordman's, Hobby Lobby, Old Navy, USPO

136 CR BB, Prospect Ave, **W** 🅖 BP, Mobil/Subway 🄾 Van Zealand Autocare

134 US 10 E, WI 441 N

133 CR II, Winchester Rd

132 Main St, Oak Ridge Rd (no return nb or sb), **E** 🅖 BP/dsl, Citgo/dsl 🍴 Bradke's Rest. 🄾 Chevrolet/Buick/Cadillac

131 WI 114, CR JJ, Winneconne Ave, Hilbert, Sherwood, **E** 🅖 Citgo/dsl, Express, KwikTrip/dsl 🍴 Burger King, Ground Round, Hardee's, KFC, Little Caesar's, McDonald's, Papa Murphy's, Pizza Hut, Starbucks, Subway 🛏 Best Western, Days Inn 🄾 $Tree, Advance Parts, CVS Drug, Festival Foods, Firestone/auto, Ford/Lincoln, GNC, Pick'n Save, Shopko, **W** 🍴 A&W, Applebee's, Arby's, Culver's, Jimmy John's, Perkins, Qdoba, Taco Bell 🄾 Kohl's, Verizon, Walgreens, Walmart/Subway

129 Bell St, Breezewood Ln, **W** 🅖 Mobil 🍴 Solea Mexican

124 WI 76, Jackson St, **E** 🅖 Mobil, **W** 🅖 KwikTrip/dsl/CNG, Sunoco 🄾 truck repair

120 US 45, US 10 W, New London

119 WI 21, Omro Rd, Oshkosh, **E** 🍴 DQ 🛏 La Quinta, **W** 🅖 KwikTrip/dsl, Shell/McDonald's 🍴 Cousins Subs, Culver's, Panera Bread, Papa Murphy's, Rocky Rococo Pizza, Subway, Wendy's 🛏 Holiday Inn Express 🄾 Chevrolet/Buick/GMC/Cadillac, Dick's, Festival Foods, 🅷, Lowe's, Menard's, Verizon

117 9th Ave, **E** 🅖 KwikTrip/dsl 🍴 Benvenuto's Italian, Buffalo Wild Wings, China King, Cousins Subs, Golden Corral, IHOP, Jimmy John's, Little Caesar's, McDonald's, Olive Garden, Pizza Hut, Qdoba, Red Robin, Starbucks, Subway, Taco Bell 🛏 Comfort Suites 🄾 AT&T, Best Buy, CVS Drug, Duluth Trading, Hobby Lobby, Jo-Ann, Ross, Shopko, Staples, TJ Maxx, Verizon, Walgreens, **W** 🍴 Burger King, Domino's, Perkins, Pizza Ranch 🄾 NAPA, Walmart/Subway

116 WI 44, WI 91, S Park Ave, Ripon Rd, **E** 🅖 BP/dsl, Mobil/dsl 🍴 Applebee's, Arby's, Charcoal Pit, Fazoli's, FriarTuck's Rest., Hardee's, Noodles&Co, Subway 🛏 AmericInn, Fairfield Inn,

116 Continued
Hilton Garden, Super 8 🄾 $Tree, Advance Parts, air museum, ⊡, Aldi Foods, CarX, GNC, Petco, Pick'n Save, Target, Tires+, **W** 🅖 KwikTrip/dsl, Shell/dsl 🍴 Johnny Rockets 🛏 Hawthorn Suites 🄾 Honda, Kia, Nissan, Oshkosh Outlets/famous brands, Subaru, Toyota/Scion, vet, VW

113 WI 26, CR N, Rosendale, Waupun, Pickett, **E** 🄾 Sleepy Hollow Camping (2mi), **W** 🅖 Planeview/Subway/dsl/scales/24hr 🛏 Cobblestone Inn

106 CR N, Van Dyne

101 CR OO, Winnebago St, **E** 🅖 BP/Rest./dsl/scales 🄾 Mack/Volvo, truck wash

99 WI 23, Johnson St, Rosendale, Ripon, **E** 🍴 Ala Roma Pizza, Applebee's, Buffalo Wild Wings, Burger King, DQ, Faro's Rest. Fazoli's, Hardee's, KFC, McDonald's, Panda Express, Panera Bread, Pizza Hut, Qdoba, Rocky Rococo Pizza, Schriener's Rest. Starbucks 🛏 Days Inn, Hampton Inn, Super 8 🄾 AT&T, AutoZone, Best Buy, Jo-Ann, Kohl's, Pick'n Save, Shopko, Staples, TJ Maxx, **W** 🅖 KwikTrip/dsl, Shell/Subway/dsl 🍴 Arby's, Culver's 🄾 $Tree, Aldi Foods, CarX, Chevrolet/Buick/GMC/Cadillac, Ford, Harley Davidson, Mazda, Menard's, Petsmart, Target, Verizon, Walmart/Subway

98 CR D, Military Rd, **E** 🍴 McDonald's 🛏 Microtel 🄾 F&F/dsl, Schiek's Camoers, **W** 🅖 BP/dsl 🍴 Rolling Meadows Rest. 🛏 Comfort Inn, Holiday Inn, Holiday Inn Express 🄾 Chrysler/Dodge/Jeep, Merz RV Ctr, st patrol

97 CR VVV, Hickory St, **E** 🅖 KwikTrip/dsl, Shell/dsl, **W** 🅖 ♥Loves/Subway/dsl/scales/24hr, Marathon/dsl 🛏 Country Inn Suites

95 US 152, Madison, Manitowoc, **E** 🄾 🅷

92 CR B, Oakfield, Eden, **E** 🄾 Breezy Hill Camping (2 mi)

87 WI 49, CR KK, Brownsville, Waupun

85 WI 67, Lomira, Campbellsport, **E** 🅖 Exxon/dsl, **W** 🅖 BP/Taco Bell/dsl, Shell/Subway/dsl 🍴 Bublitz's Rest., McDonald's 🛏 Country Hearth Inn 🄾 $General, Ford, Piggly Wiggly

82.5mm 🆁🆂 both lanes, full � facilities, 🔀 litter barrels, petwalk

81 WI 28, Mayville, Kewaskum

76 CR D, **W** 🄾 fireworks

72 WI 33, CR W, West Bend, Allenton, **W** 🅖 BP/dsl, Mobil 🍴 Alma's Cafe, Subway

68 CR K, **W** 🅖 Mobil/dsl 🍴 MJ Stevens Rest. 🄾 USPO

66 WI 144, West Bend, Slinger, **W** 🄾 Freedom RV Ctr, Held's Cheese/sausage, Slinger Speedway

64 WI 60, to Jackson, Slinger, Hartford, **E** 🄾 Scenic RV Ctr, **W** 🅖 BP/dsl, Citgo, KwikTrip/dsl 🍴 Burger King 🄾 Chevrolet Chrysler/Dodge/Jeep, 🅷, Piggly Wiggly, Schaefer's Service Ctr

60 CR FD, to WI 145, Richfield, **E** 🅖 Mobil/dsl/e85 🄾 Cabela's, **W** 🅖 BP/McDonald's/dsl/scales/24hr

59 (from nb) US 45 W

57 WI 167, Holy Hill Rd, **E** 🅖 Mobil/Subway/dsl, **W** 🅖 Exxon/Rest./dsl/scales

54 WI 167, CR Y, Lannon Rd, Germantown, **E** 🅖 KwikTrip/dsl 🛏 Best Western, Country Inn Suites 🄾 Gander Mtn

52 CR Q, County Line Rd, **E** 🍴 Briscoe Co Wood Grill, **W** 🅖 Mobil/dsl, Speedway/dsl 🍴 Applebee's, Arby's, Buffalo Wild Wings, Burger King, Cracker Barrel, Jimmy John's, KFC, McDonald's, Panda Express, Pizza Hut/Taco Bell, Starbucks, Wendy's 🛏 Holiday Inn Express, Super 8 🄾 AT&T, Best Buy, Costco/dsl, Kohl's, Target

51b a Pilgrim Rd, **W** 🅖 KwikTrip 🍴 Kramerz Burgers, Toppers 🄾 AutoZone, Walmart Mkt

⬆N INTERSTATE 41 Cont'd

Exit#	Services
50b a	WI 74 W, WI 100 E, Menomonee Falls, **E** 🅞 Buick/GMC, Ford, car repair, VW, **W** 🅟 Mobil 🛏 De Martinis Pizza, Radisson 🅞 Monro
48	WI 145, **E** 🅞 Sam's Club/gas, Woodman's Mkt/gas
47b	CR PP, Good Hope Rd, **E** 🍴 Point Burger Bar, Ruby Tuesday 🛏 Comfort Suites, Hilton Garden 🅞 CarMax, Chevrolet, Mazda, Nissan, Toyota/Scion
47	WI 175, Appleton Ave
46	CR E, Silver Spring Dr, **E** 🅟 Marathon/dsl, Mobil/dsl 🍴 Arby's, Athens Rest., Cousins Subs, KFC, McDonald's, Subway, Taco Bell, Wendy's 🛏 Hampton Inn, La Quinta 🅞 Goodyear/auto, Harley Davidson, Petro Mart, **W** 🅟 Speedway/dsl
45	CR EE, Hampton Ave, **E** 🅟 Citgo, **W** 🅟 BP/dsl
44	WI 190, Capitol Dr, **E** 🍴 Subway 🅞 Walgreens, **W** 🅟🍴 Arby's, Burger King, Chick-fil-A, Chipotle, Culver's, Jimmy John's, McDonald's, Noodles&Co, Potbelly's, Qdoba, Starbucks 🅞 Advance Parts, GNC, Home Depot, Petco, Pick'n Save, Ross, Target, Walmart Mkt
43	Burleigh St, **E** 🍴 Corner Bakery Cafe, Osgood's Rest., Pizza Man 🅞 Dick's, Ⓗ, Meijer, Old Navy, TJ Maxx, **W** 🍴 Dickey's BBQ, Wendy's 🛏 Cousins Subs 🅞 Aldi Foods, Firestone/auto, Lowe's
42b	North Ave W, **E** 🅟🍴 Applebee's, Buffalo Wild Wings, Cheesecake Factory, Dave&Buster's, Denny's, Five Guys, Maggiano's, McCormick&Schmick, Panera Bread, PF Chang's 🛏 Extended Stay America, Holiday Inn Express, Radisson 🅞 Barnes&Noble, Best Buy, Macy's, Nordstrom's, Walgreens
42a	WI 100, Mayfair Rd, North Ave E (from nb), **E** 🍴 Dave&Buster's, **W** 🍴 Firehouse Subs 🛏 Crowne Plaza 🅞 Kia, Pick'n Save, USPO
40	Watertown Plank Rd, Swan Blvd, **E** 🅞 Ⓗ, **W** 🛏 Crowne Plaza
39	US 18, Wisconsin Ave, Bluemound Rd, **E** 🅞 Ⓗ
1b a	I-94
1d	WI 53, Greenfield Ave, **E** 🍴 Subway 🅞 CVS Drug, Family$, **W** 🅟 BP/dsl, Speedway/dsl 🍴 Griddlers Cafe, Las Fajitas, McDonald's, Starbucks 🅞 O'Reilly Parts, Sam's Club, Walgreens
1e	(from sb) Lincoln Ave, **E** 🅞 same as 2 E
2a	(from sb) National Rd (wb)
2b	(from sb) Oklahoma Ave, **E** 🅟 Citgo 🅞 auto repair, Ⓗ
3	Beloit Rd
4	**I-41 S runs with I-43 N/I-894 E, then I-94 E. See I-43 exits 5-9 and I-94 exits 316-347.**
0mm	Wisconsin/Illinois state line
1b a	I-41 begins/ends on I-94 IL, Tri State tollway, Russell Rd

⬆N INTERSTATE 43

Exit#	Services
192mm	I-43 begins/ends at Green Bay on US 41.
192b	US 41 S, US 141 S, to Appleton, services on Velp Ave, **1 mi S** 🅟 BP/A&W/dsl, Express/dsl, Mobil, Shell/dsl 🍴 Burger King, Gilligan's Rest., Julie's Cafe, McDonald's, Riverstreet Grill, Subway, Taco Bell, Watering Hole Rest 🛏 AmericInn 🅞 Bay Parts, Bumper Parts, CVS Drug, Family$, Harley-Davidson, Trans Motive Auto
192a	US 41 N, US 141 N
189	Atkinson Dr, to Velp Ave, Port of Green Bay, **W** 🅟 Shell/dsl
188mm	Fox River
187	East Shore Dr, Webster Ave, **W** 🅟 Shell/dsl/24hr 🍴 McDonald's, Subway, Wendy's 🛏 Hampton Inn, Hyatt 🅞 Ⓗ

Exit#	Services
185	WI 54, WI 57, University Ave, to Algoma, **E** 🅞 U of WI GB, **W** 🅟 Mobil, Shell/A&W 🍴 Green Bay Pizza, Subway, Taco Bell 🅞 Family$, University Foods, Walgreens
183	Mason St, rd V, **E** 🍴 Culver's, Mackinaw's Grill 🛏 Country Inn&Suites, Super 8 🅞 Ⓗ, URGENT CARE, **1 mi W** 🅟 BP, Mobil/dsl, Shell 🍴 Applebee's, Arby's, Burger King, China Buffet, Fazoli's, KFC, Little Caesar's, McDonald's, Noodles&Co, Papa John's, Papa Murphy's, Perkins, Pizza Hut, Pizza Ranch, Qdoba, Sonic, Starbucks, Taco Bell 🅞 $General, Advance Parts, Aldi Foods, AutoZone, Batteries+Bulbs, Chevrolet, Chrysler/Dodge/Jeep, Copps Foods, Family$, Hobby Lobby, Kohl's, Mazda, Nissan, O'Reilly Parts, PetCo, ShopKO, Subaru, Tires+, Walgreens, Walmart/Subway
181	Eaton Rd, rd JJ, **E** 🅟 BP/McDonald's/dsl 🍴 Hardee's, Jimmy John's, Luigi's, Sgambati's Pizza, Taco John's 🅞 Ford/Kia, Home Depot, **W** 🅟 Mobil/Subway/dsl, Shell 🍴 A&W, Ravine Grill 🛏 AmericInn 🅞 Farm&Fleet/gas, Festival Foods, Menards
180	WI 172 W, to US 41, **1 exit W** 🅟 BP/Taco Bell/24hr, Citgo/Country Express/dsl/scales/24hr, KwikTrip/dsl, Shell/Subway/dsl 🍴 Burger King, McDonald's, Tuscon's Rest. 🛏 Holiday Inn Express 🅞 Ⓗ, AT&T, Copps Foods, Costco/gas, GNC, Target, to stadium, Verizon, Walgreens, multiple services
178	US 141, to WI 29, rd MM, Bellevue, **E** 🅟 Shell/Arby's/dsl, **W** 🅞 repair
171	WI 96, rd KB, Denmark, **E** 🅟 BP/dsl 🍴 deGrande Rest., McDonald's, Steve's Cheese, Subway 🅞 Shady Acres Camping
168mm	🆁🆂 both lanes, full 🚻 facilities, litter barrels, petwalk, Ⓒ, 🛢, vending
166mm	Devils River
164	WI 147, rd Z, Maribel, **W** 🅟 BP/dsl
160	rd K, Kellnersville
157	rd V, Hillcrest Rd, Francis Creek, **E** 🅟 Citgo/Subway/dsl, Marathon/diner/dsl
154	US 10 W, WI 310, Two Rivers, to Appleton, **E** 🅞 Ⓗ
153mm	Manitowoc River
152	US 10 E, WI 42 N, rd JJ, Manitowoc, **E** 🍴 TimeOut Grill 🅞 Ⓗ, antiques, maritime museum
149	US 151, WI 42 S, Manitowoc, **E** 🅟 BP, Citgo/dsl, KwikTrip/dsl, Mobil, Shell/dsl 🍴 A&W, Applebee's, Arby's, Buffalo Wild Wings, Burger King, Charcoal Grill, China Buffet, Culver's, DQ, Fork&Knife Rest., Four Seasons Rest., Frier Tuck's Sandwiches, Hardee's, Jimmy John's, KFC, Little Caesar's, McDonald's, Panda Express, Papa Murphy's, Perkins, Pizza Ranch, Qdoba, Starbucks, Taco Bell, Wendy's 🛏 Birch Creek Inn, Harbor Town Inn, Holiday Inn, Quality Inn 🅞 Ⓗ, $Tree, Advance Parts, Aldi Foods, AutoZone, Buick/Cadillac/Chevrolet/GMC, Chrysler/Dodge/Jeep, Copps Foods, Family$, Festival Foods, GNC, Goodyear/auto, Hobby Lobby, Kohl's, Lowe's, O'Reilly Parts, PetCo, ShopKO, Tires+, USPO, Verizon, vet, Walgreens, Walmart/

Vertical left margin: **MILWAUKEE**
Vertical right margin: **GREEN BAY** · **MANITOWOC** · **WI**

⬆️N INTERSTATE 43 Cont'd

149	Continued Subway, **W** 🅖 Shell/McDonald's 🍴 Subway 🏠 AmericInn 🔵 Harley-Davidson, Menards
144	rd C, Newton, **E** 🅖 Mobil/dsl 🔵 antiques
142mm	weigh sta sb
137	rd XX, Cleveland, **E** 🅖 Citgo/Subway/dsl 🍴 Wildflower Cafe 🏠 Kessler's Old World Guesthouse 🔵 Wagner's RV Ctr
128	WI 42, Howards Grove, **E** 🅖 BP/dsl/24hr, KwikTrip/dsl 🍴 Culver's, Hardee's, Harry's Diner, Shuff's Rest., TX Roadhouse 🏠 Quality Inn 🔵 Pomp's Tire, **W** 🅖 Mobil/dsl/scales 🔵 Menards, Walmart/Subway
126	WI 23, Sheboygan, **E** 🅖 BP, KwikTrip/dsl, Tesla EVC 🍴 Applebee's, Cousins Subs, Culver's, McDonald's, New China, Noodles&Co, Pizza Hut/Taco Bell, Pizza Ranch 🏠 La Quinta, Super 8 🔵 H, Aldi Foods, Batteries+Bulbs, BigLots, Festival Foods, Firestone/auto, Ford/Kia, Goodyear/auto, Hobby Lobby, Honda/Mazda, Hyundai/Mazda, Kohl's, NAPA, ShopKO, Subaru, Toyota/Scion
123	WI 28, rd A, Sheboygan, **E** 🅖 Citgo/dsl/24hr, Mobil/McDonald's/dsl 🍴 Coldstone, Cruisers Cafe, Jimmy John's, Perkins, Qdoba, Starbucks, Subway, Wendy's 🏠 AmericInn, Holiday Inn Express 🔵 CarX, Harley-Davidson/Cruisers Burgers, Walmart/Subway, **W** 🍴 Arby's, Buffalo Wild Wings, Chili's 🔵 $Tree, AT&T, Best Buy, Boston's Store, GNC, Home Depot, Jo-Ann Fabrics, Petsmart, Target, TJ Maxx
120	rds OK, V, Sheboygan, **E** 🅖 Citgo/dsl, Loves/Hardee's/Subway/dsl/scales/24hr 🍴 Hwy Ridge Rest. 🏠 Sleep Inn 🔵 camping, Nissan, to Kohler-Andrae SP, VW, **1 mi W** 🔵 Horn's RV Ctr
116	rd AA, Foster Rd, Oostburg, **1 mi W** 🍴 Judi's Place Rest., Pizza Ranch, Subway 🔵 Piggly Wiggly/gas
113	WI 32 N, rd LL, Cedar Grove, **W** 🅖 Citgo/dsl/repair, Mobil/dsl, Sunoco/Fueling Depot 🍴 Country Grove Rest. (1mi), Cousins Subs 🏠 Lakeview Motel
107	rd D, Belgium, **E** 🏠 Lake Church Inn/grill 🔵 Harrington Beach SP, **W** 🅖 BP/McDonald's/dsl/24hr, How-Dea Trkstp/Hobo's Korner Kitchen/dsl/scales, Mobil/dsl/24hr 🍴 Bic's Place, Say Cheese Outlet, Subway 🏠 Rodeway Inn 🔵 repair, USPO
100	WI 32 S, WI 84 W, Port Washington, **E** 🅖 Citgo/dsl, Mobil 🍴 Arby's, McDonald's, Pizza Hut, Subway 🏠 Country Inn&Suites, Holiday Inn (2mi) 🔵 Allen-Edmonds Shoes, Goodyear/auto, Sentry Foods, ShopKO Express, True Value, vet, **W** 🏠 Nisleit's Country Rest.
97	(from nb, exits left), WI 57, Fredonia
96	WI 33, to Saukville, **E** 🅖 Citgo 🍴 Culver's (1mi), KFC/LJ Silver 🔵 Best Hardware, Buick/Cadillac/Chevrolet, Camping World RV Ctr, Chrysler/Dodge/Jeep, Ford, O'Reilly Parts, Piggly Wiggly, Walgreens, Walmart, **W** 🅖 Exxon/McDonald's, KwikTrip/dsl 🍴 Domino's, DQ, La Chimenea Mexican, Lam's Chinese, Lam's Chinese, Papa Murphy's, Subway, Taco Bell 🏠 Motel 6 🔵 repair/tires
93	WI 32 N, WI 57 S, Grafton, **2 mi E** 🅖 🍴 George Webb Rest. 🔵 vet, **W** 🍴 Flannery's Cafe (2mi)
92	WI 60, rd Q, Grafton, **E** 🅖 BP/dsl 🍴 GhostTown Rest., Water St Rest. 🏠 Hampton Inn, **W** 🅖 Citgo/DQ/dsl 🍴 Charcoal Grill, Noodles&Co, Qdoba, Quiznos, Starbucks, Subway 🏠 Comfort Inn 🔵 H, Aldi Foods, AT&T, Best Buy, Costco/gas, Dick's, Home Depot, Kohl's, Meijer, Michael's, Petsmart, Target, Verizon
89	rd C, Cedarburg, **W** 🅖 Mobil/dsl 🍴 Cedar Crk Settlement Café (6mi) 🏠 StageCoach Inn (3mi), Washington House Inn (3mi) 🔵 H
85	WI 57 S, WI 167 W, Mequon Rd, **W** 🅖 BP, Mobil, QStop/ds Shell 🍴 Caribou Coffee, Chancery Rest., Cousins Subs, Cu ver's, DQ, First Watch Cafr, Jimmy John's, Leonardo's Pizz McDonald's, Noodles&Co, Panera Bread, Papa Murphy's, Pizz Hut, Starbucks, Subway, Taco Bell 🏠 Chalet Motel 🔵 H, A Harware, AT&T, Marshall's, Metro Mkt, Sendik's Foods, Verizo vet, Walgreens
83	rd W, Port Washington Rd (from nb only)
82b a	WI 32 S, WI 100, Brown Deer Rd, **E** 🅖 BP, Sendik' dsl 🍴 Baskin-Robbins, Benji's Deli, Jimmy John's, Jose's Blu Sombrero, Maxfield's Pancakes, McDonald's, Noodles&Co, P king Chef, Qdoba, Starbucks, Subway, Toppers Pizza 🔵 Be Buy, CVS Drug, Fresh Mkt, GNC, Land's Inlet, Walgreens
80	Good Hope Rd, **E** 🅖 🍴 Dr Dawg, Jimmy John's, King's Wo Samurai Japanese 🏠 North Shore Suites, Radisson 🔵 Pick Save Foods, to Cardinal Stritch U
78	Silver Spring Dr, **E** 🅖 BP, Citgo 🍴 Applebee's, Bar Loui BD Mongolian, Boston Mkt, Bravo Italian, Buffalo Wild Wing Burger King, CA Pizza Kitchen, Cheesecake Factory, Cousi Subs, Devon Steaks, Fiddleheads Coffee, Five Guys, Food Cour McDonald's, Panera Bread, Papa Murphy's, Perkins, Pizza Hu Qdoba, Sprecher's Rest., Subway, Taco Bell 🏠 La Quinta, I Quinta, Motel 6 🔵 AT&T, Barnes&Noble, Batteries+Bulb Goodyear/auto, Kohl's, mall, Nissan, Trader Joe's, USPO, Ve izon, Walgreens, **W** 🔵 H
77b a	(from nb), **E** 🍴 Anchorage Rest., Solly's Grille 🏠 Holiday In
76b a	WI 57, WI 190, Green Bay Ave, **E** 🔵 Home Depot, **W** 🅖 BP dsl 🍴 Burger King
75	Atkinson Ave, Keefe Ave, **E** 🅖 Mobil, **W** 🅖 BP
74	Locust St
73c	North Ave (rom sb), **E** 🍴 Wendy's, **W** 🍴 McDonald's
73b	North Ave (from nb), downtown
73a	WI 145 E, 4th St (exits left from sb), Broadway, downtown
72c	Wells St, **E** 🏠 Hilton 🔵 H, Civic Ctr, museum
72b	(from sb), I-94 W, to madison
72a	(310c from nb, exits left from sb), I-794 E, I-94 W to Madiso to Lakefront, downtown
311	WI 59, National Ave, 6th St, downtown
312a	Lapham Blvd, Mitchell St, **W** 🅖 BP, Citgo
312b	(from nb), Becher St, Lincoln Ave
314a	Holt Ave, **E** 🅖 SP Mart/dsl 🍴 Applebee's, Arby's, Chi King, Jimmy John's, Little Caesar's, Starbucks, Subway, Tac Bell, Wendy's 🔵 $General, Family$, Home Depot, Pick'n Sav Foods, Piggly Wiggly, Target, vet, **W** 🔵 H, to Alverno Coll
314b	Howard Ave
10b	I-94 S to Chicago, **E** 🔵 🔵 🆁🆂
9b a	WI 241, 27th St, **E** 🅖 Clark, Supreme/dsl 🍴 Arby's, Ber ny's Cafe, Burger King, Famous Dave's, Pizza Hut, Sonic, Sub way 🏠 Suburban Motel 🔵 AutoZone, Subaru, Target, USP Walgreens, **W** 🍴 Boston Mkt, Buffalo Wild Wings, Chipot Mexican, Denny's, Jimmy John's, McDonald's, New Chin Omega Rest., Panda Express, Papa John's, Rich's Cakes, Sta bucks, Taco Bell, Wong's Wok, Zebb's Rest 🏠 Quality Inn Rodeway Inn 🔵 H, $Tree, AAA, Advance Parts, Chevrole CVS Drug, Firestone/auto, Ford, Goodyear/auto, Kohl's, Ma shall's, Michael's, Pick'n Save Foods, Save-A-Lot Foods, Wa greens, Walmart
8a	WI 36, Loomis Rd, **E** 🅖 BP/dsl, Paul's Gas 🍴 Los Maria chi's 🔵 Aldi Foods, Walgreens, **W** 🍴 Griddler's Cafe 🔵 Alverno Coll
7	60th St, **E** 🅖 Speedway/dsl 🍴 Subway, Wendt's Gril 🔵 Harley-Davidson, **W** 🅖 Speedway/dsl 🔵 URGENT CAR

Ⓝↂ INTERSTATE 43 Cont'd

Exit#	Services
5b	76th St (from sb, no EZ return), **E** 🍴 Applebee's, Bakers Square, Buca Italian, Burger King, Carrabba's Italian, Chick-fil-A, Cousins Subs, El Beso, Griddler's Cafe, Hooters, Jersey Mike's, Jimmy John's, Kopp's Burgers, Kyoto Japanese, Longhorn Steaks, McDonald's, Noodles&Co, Old Country Buffet, Olive Garden, Outback Steaks, Panera Bread, Qdoba, Red Lobster, Red Robin, Ruby Tuesday, Starbucks, TGIFriday's, Topper's Pizza, Traditional Pancake House, Wendy's ⊙ $Tree, AT&T, Barnes&Noble, Best Buy, Firestone/auto, Goodyear, JC Penney, Jo-Ann Fabrics, Kohl's, Macy's, Midas, PetCo, Petsmart, Sears/auto, Sendik's Food Mkt, Tuesday Morning, Verizon, Walmart, **W** 🍴 Arby's, Pizza Hut, Subway ⊙ Advance Parts, Family$, Pick'n Save Foods, TJ Maxx, USPO, Walgreens, 🍴 Panda Express
5a	WI 24 W, Forest Home Ave, **E** ⛽ Citgo/dsl ⊙ Boerner Botanical Gardens, Welk's Auto
61	(4 from sb), I-894/US 45 N, I-43/US 45 S
60	US 45 S, WI 100, 108th St (exits left from sb), **E** ⛽ BP, Hometown, Kwik Pantry, Marathon 🍴 A&W, Amore Italian, Ann's Italian, Chipotle Mexican, Confucious Chinese, Cousins Subs, Culver's, DQ, Dunkin Donuts, Fortune Chinese, George Webb Rest., McDonald's, McGuire's Grill, Noodles&Co, Open Flame Grill, Papa Murphy's, Pizza Hut, Starbucks, Subway, Taco Bell ⊙ $Tree, AutoZone, Chevrolet, O'Reilly Parts, Pick'n Save, USPO, vet, Walgreens, **W** ⛽ Andy's/dsl 🍴 Forum Rest., McDonald's, Organ Piper Pizza, Subway ⊙ Aldi Foods, Badger Transmissions, Goodyear, NAPA, Nissan, vet, Walgreens, Walmart/Subway
59	WI 100, Layton Ave (from nb, exits left) , Hales Corner, **W** ⛽ BP/Cousins Subs ⊙ same as 60
57	Moorland Rd, **E** ⛽ KwikTrip/dsl 🍴 Applebee's, Stonefire Pizza Co, TX Roadhouse, Zaffiro's Pizza 🛏 La Quinta ⊙ Costco/dsl, **W** ⛽ Speedway/dsl 🍴 Arby's, Buffalo Wild Wings, Cusina Real, Panera Bread, Pap John's, Quaker Steak&Lube, Subway 🛏 Holiday Inn Express ⊙ Firestone/auto, GNC, Michael's, Target
54	rd Y, Racine Ave, **1-2 mi E** ⛽ BP/dsl, KwikTrip ⊙ Cousins Subs, Culver's, McDonald's, Piggly Wiggly, Walgreens
50	WI 164, Big Bend, **W** ⛽ KwikTrip/dsl/e85 🍴 McDonald's
44mm	Fox River
43	WI 83, Mukwonago, **E** ⛽ BP/dsl 🍴 Aldi Foods, Chevrolet, Chrysler/Dodge/Jeep, Home Depot, 🏥, Walmart, **W** ⛽ Citgo 🍴 Boneyard Grille, Chen's Kitchen, Domino's, DQ, Taco Bell 🛏 Rodeway Inn
38	WI 20, East Troy, **W** ⛽ BP/dsl, ⛽Road Ranger/Subway/dsl/24hr, Shell/McDonald's 🍴 Burger King, Cousins Subs, Dos Amigos, Genoa Pizza, Grist Mill Rest., LD's BBQ ⊙ $General, Carquest, Chrysler/Dodge/Jeep
36	WI 120, East Troy, **E** 🛏 Alpine Valley Resort, **W** 🛏 Quality Inn Suites
33	Bowers Rd, **E** ⊙ to Alpine Valley Music Theatre
32mm	🅿 both lanes, full ♿ facilities, litter barrels, petwalk, 🕿, 🛒, vending
29	WI 11, Elkhorn, **W** ⊙ fairgrounds
27b a	US 12, to Lake Geneva, **E** ⊙ 🏥
25	WI 67, Elkhorn, **E** ⛽ Mobil/dsl 🛏 AmericInn ⊙ Buick/Chevrolet/GMC, Chrysler/Dodge/Jeep, vet, **W** ⛽ Speedway/dsl/24hr 🍴 Burger King, Subway 🛏 Hampton Inn (2mi) ⊙ Dehaan Auto/RV Ctr
21	WI 50, Delavan, **E** 🍴 Brodie's Beef, Chili's, China 1, Culver's, Domino's, Jimmy John's, Panera Bread, Papa Murphy's, Starbucks,

21	Continued
	Subway, Yoshi Japanese ⊙ Aldi Foods, AT&T, F&F Tires, golf, Kohl's, Lowe's, Petsmart, Staples, Verizon, Walmart, **W** 🍴 Mobil/Dunkin Donuts/dsl 🍴 KFC, McDonald's, Perkins, Pizza Hut, Taco Bell, Wendy's 🛏 Comfort Suites, Super 8 ⊙ $Tree, AutoZone, Cadillac/Chevrolet, Ford/Lincoln, GNC, NAPA, Piggly Wiggly, ShopKO, Walgreens
17	rd X, Delavan, Darien, **W** ⛽ BP/dsl
15	US 14, Darien, **E** ⛽ Mobil/dsl 🍴 West Wind Diner
6	WI 140, Clinton, **E** ⛽ Citgo/Subway/TCBY/dsl ⊙ $General, Ford
2	rd X, Hart Rd, **E** 🍴 Butterfly Fine Dining
1b a	I-90, E to Chicago, W to Madison, **S** ⛽ Mobil/McDonald's, ⛽/Taco Bell/dsl/scales/24hr, Shell, Speedway/dsl 🍴 Applebee's, Arby's, Asia Buffet, Buffalo Wild Wings, Culver's, Doc's Rest., Jimmy John's, Little Caesar's, Little Mexico, Noodles&Co, Papa Murphy's, Qdoba, Road Dawg Rest., Starbucks, Subway, Wendy's 🛏 Baymont Inn, Fairfield Inn, Hampton Inn, Quality Inn, Rodeway Inn, Super 8 ⊙ $Tree, Aldi Foods, AT&T, Buick/GMC, Cadillac/Chevrolet, GNC, Menards, NTB, O'Reilly Parts, Staples, Walmart

I-43 begins/ends on I-90, exit 185 in Beloit.

Ⓝↇ INTERSTATE 90

Exit#	Services
187mm	Wisconsin/Illinois state line, I-90 & I-39 run together nb.
187mm	Welcome Ctr wb, full ♿ facilities, info, litter barrels, petwalk, 🕿, 🛒, vending
185b	I-43 N, to Milwaukee
185a	WI 81, Beloit, **S** ⛽ Mobil/McDonald's/dsl, ⛽/Taco Bell/dsl/scales/24hr, Shell, Speedway/dsl 🍴 Applebee's, Arby's, Asia Buffet, Buffalo Wild Wings, Culver's, Doc's Rest., Jimmy John's, Little Caesar's, Little Mexico, Noodles&Co, Papa Murphy's, Qdoba, Road Dawg Rest., Starbucks, Subway, Wendy's 🛏 Baymont Inn, Fairfield Inn, Hampton Inn, Quality Inn, Rodeway Inn, Super 8 ⊙ $Tree, Aldi Foods, AT&T, Buick/GMC, Cadillac/Chevrolet, GNC, Menards, NTB, O'Reilly Parts, Staples, Walmart
183	Shopiere Rd, rd S, to Shopiere, **S** ⛽ BP/Rollette/dsl/24hr ⊙ 🏥, repair
181mm	weigh sta, wb
177	WI 11 W, Janesville, **2 mi S** ⛽ KwikTrip/dsl ⊙ S WI Airport, to Blackhawk Tec Coll
175b a	WI 11 E, Janesville, to Delavan, **N** ⛽ BP/Subway/dsl 🛏 Baymont Inn ⊙ 🏥, vet, **S** 🛏 Lannon Stone Motel ⊙ city park
171c b	US 14, WI 26, Janesville, **N** ⛽ TA/Mobil/Wendy's/dsl/scales/24hr/@ 🍴 Coldstone, Cozumel Mexican, Fuddruckers, HomeTown Buffet, IHOP, Quaker Steak, Starbucks, Subway, TX Roadhouse 🛏 Holiday Inn Express, Microtel ⊙ Aldi Foods, Best Buy, GNC, Home Depot, Michael's, NTB, Old Navy, PetCo,

The vertical text in margins: **DELAVAN**, **BELOIT**, **BELOIT**

J A N E S V I L L E

WI

M A D I S O N

🔼E	**INTERSTATE 90 Cont'd**

171c b Continued
Staples, TJ Maxx, **S** 🅿 Citgo, Exxon/dsl, Kwik Trip/dsl 🍽 Applebee's, Arby's, Buffalo Wild Wings, Burger King, Chipotle, ChuckeCheese, Culver's, Dunkin Donuts, Famous Dave's, Fazoli's, Fuji Steaks, Hacienda Real, Hardee's, Hooters, Jimmy John's, KFC, Mac's Pizza, McDonald's, Milio's Sandwiches, Milwaukee Grill, Noodles&Co, Olive Garden, Panda Express, Panera Bread, Papa Murphy's, Peking Chinese, Perkins, Pizza Hut, Prime Quarter Steaks, Qdoba Mexican, Red Robin, Road Dawg Eatery, Subway, Taco Bell, Taco John's, Toppers Pizza, World Buffet 🛏 Quality Inn, Super 8 Ⓞ 🄷, $Tree, Aldi Foods, AT&T, AutoZone, Big Lots, CarQuest, CVS Drug, F&F, Festival Foods, Ford/Lincoln, Harley-Davidson, Hobby Lobby, Hyundai, JC Penney, Kohl's, mall, Mazda, Menards, Nissan/Kia/Subaru, O'Reilly Parts, Sears/auto, ShopKO, Target, Toyota/Scion, USPO, Verizon, Walgreens

171a WI 26, **N** 🅿 BP/dsl 🍽 Cracker Barrel 🛏 Hampton Inn, Motel 6, Ramada/rest. Ⓞ Chrysler/Dodge/Jeep, Sam's Club, URGENT CARE, VW, Walgreens, Walmart, **S** same as 171c b

168mm 🆁🆂 eb, full ♿ facilities, litter barrels, petwalk, 🄲, 🄿, vending

163.5mm Rock River

163 WI 59, Edgerton, to Milton, **N** 🅿 Mobil/Subway/dsl, Shell/Dunkin Donuts/Taco John's/dsl 🍽 Blue Gilly's Rest., Culver's, McDonald's, WI Cheese Store 🛏 Quality Inn Ⓞ marina

160 US 51S, WI 73, WI 106, Oaklawn Academy, to Deerfield, **S** 🅿BP/dsl/scales/24hr/@ Ⓞ 🄷, Creek View Camping (2mi)

156 US 51N, to Stoughton, **S** 🛏 Coachman's Inn/rest. Ⓞ 🄷

147 rd N, Cottage Grove, to Stoughton, **S** 🅿 BP/Arby's/dsl, Road Ranger/🍽️/Subway/dsl/scales Ⓞ Lake Kegonsa SP

146mm weigh sta eb

142b a (142a exits left from wb) US 12, US 18, Madison, to Cambridge, **N** 🅿 BP/dsl 🍽 Roadhouse Rest. 🛏 Best Value Inn, Magnuson Grand Hotel Ⓞ casino, Harley-Davidson, **S** 🅿 Citgo/dsl, Phillips 66/Arby's/dsl, Shell/dsl 🍽 Denny's 🛏 Days Inn, Sleep Inn Ⓞ 🄷, Menards, UWI

138a I-94, E to Milwaukee, W to La Crosse (exits left from eb)

I-90 W and I-94 W run together for 93 miles.

138b WI 30, Madison, **S** 🔄

135c b US 151, Madison, **N** 🅿 BP/dsl 🍽 Erin's Cafe, Happy Wok, Milio's Sandwiches, Uno Grill 🛏 Cambria Suites, Courtyard, Fairfield Inn, GrandStay Suites, Holiday Inn, Staybridge Suites Ⓞ Buick/GMC, Chrysler/Dodge/Jeep, Ford, Honda, Hyundai, Kia, Mazda, Nissan, Subaru, Toyota/Scion

135a US 151, Madison, **S** 🅿 BP, Citgo, Mobil, Shell 🍽 Applebee's, Arby's, Buffalo Wild Wings, Chili's, Chipotle Mexican, Cracker Barrel, Culver's, Denny's, Dickey's BBQ, DoLittle's Woodfire Grill, Fazoli's, Hardee's, Hometown Buffet, Hooters, IHOP, Imperial Garden, Jimmy John's, KFC, McDonald's, Milio's, Noodles&Co, Olive Garden, Outback Steaks, Panera Bread, Perkins, Pizza Hut, Potbelly, Qdoba, Red Lobster, Red Robin, Rocky's Pizza, Starbucks, Taco Bell, Takumi Japanese, TGIFriday's, Toppers's Pizza, TX Roadhouse, Wendy's 🛏 Best Western, Comfort Inn, Crowne Plaza Hotel/rest., EconoLodge, Hampton Inn, Howard Johnson, Microtel, Motel 6, Red Roof Inn, Residence Inn, Rodeway Inn, Super 8 Ⓞ $Tree, Aldi Foods, AT&T, Barnes&Noble, Best Buy, Burlington Coats, city park, Dick's, Firestone/auto, Goodyear/auto, Gordman's, Hobby Lobby, Home Depot, Hy-Vee Foods, JC Penney, JoAnn Fabrics, Kohl's, mall, Marshalls, Menards, Michaels, Office Depot, Old Navy, Petsmart, Savers, Sears/auto, ShopKO, st patrol, Target, Verizon

W I S C O N S I N   D E L L S

132 US 51, Madison, De Forest, **N** 🅿 Shell/Pinecone Rest./dsl/24hr Ⓞ Camping World RV Ctr, **S** 🅿 TA/BP/Subway/Popeye's/dsl/scales/24hr/@ Ⓞ Freightliner/GMC/Volvo/White, Goodyear, Peterbilt, WI RV World

131 WI 19, Waunakee, **N** 🅿 Kwik Trip/dsl, Mobil/dsl, Speedway/dsl 🍽 A&W, McDonald's, Rodeside Grill 🛏 Days Inn, Super 8 Ⓞ fireworks, Kenworth, Mousehouse Cheesehaus, truckwash

126 rd V, De Forest, to Dane, **N** 🅿 BP/A&W/Rococo's/dsl, Phillips 66/Arby's/dsl 🍽 Burger King, Culver's, McDonald's, Subway, Taco Bell 🛏 Holiday Inn Express Ⓞ Cheese Chalet, KOA, **S** 🅿 Exxon, Shell 🛏 Comfort Inn Ⓞ dsl repair

119 WI 60, Arlington, to Lodi, **S** 🅿 Mobil/A&W/Cousins Subs/dsl 🍽 A&W, Rococo's Pizza 🛏 Quality Inn Ⓞ dsl/tire repair

115 rd CS, Poynette, to Lake Wisconsin, **N** 🅿 BP/dsl 🍽 McDonald's, Subway Ⓞ auto repair, dsl truck/trailer repair, Smokey Hollow Camping, **S** 🅿 ♥Loves♥/Hardee's/dsl/scales/24hr

113mm 🆁🆂 both lanes, full ♿ facilities, litter barrels, petwalk, 🄲, 🄿, vending

111mm Wisconsin River

108b a I-39 N, WI 78, to US 51 N, to Wis Dells, Portage, **N** Ⓞ 🄷, **S** 🅿 BP, Mobil, Petro/Iron Skillet/DQ/Subway/dsl/24hr/@ 🛏 Comfort Suites, Days Inn Ⓞ Blue Beacon

106mm Baraboo River

106 WI 33, Portage, **N** Ⓞ 🄷, **S** 🅿 Ⓞ Circus World Museum, Devil's Lake SP, SkyHigh Camping, to Cascade Mtn Ski Area, Wayside Park

92 US 12, to Baraboo, **N** 🅿 BP/dsl, Citgo/Subway/dsl, Exxon, Mobil/Dunkin Donuts/dsl/24hr 🍽 Buffalo Phil's Grille, Burger King, Cheese Factory Rest, Cracker Barrel, Culver's, Denny's, Domino's, Famous Dave's BBQ, Field's Steaks, Green Owl Pizza, Marley's Rest., McDonald's, Milio's, Monk's Grill, Noodles&Co, Pizza Ranch, Ponderosa, R Place Italian, Sarento's Italian, Starbucks, Taco Bell, Uno Grill, Wintergreen Grill 🛏 Alakai Hotel, Country Squire Motel, Dell Creek Motel, Glacier Canyon Lodge, Grand Marquis Inn, Great Wolf Lodge, Holiday Inn Express, Kalahari Resort, Ramada, Wilderness Hotel, Wintergreen Hotel Ⓞ Mkt Square Cheese, Tanger Outlets Famous Brands, URGENT CARE, Verizon, **S** 🛏 Motel 6 Ⓞ 🄷, Jellystone Camping, Mirror Lake SP, Red Oak Camping, Scenic Traveler RV Ctr

89 WI 23, Lake Delton, **N** 🅿 Phillips 66, Shell/dsl 🍽 Brathouse Grill, Denny's Diner, Howie's Rest., KFC, Moosejaw Pizza 🛏 Hilton Garden, Kings Inn, Malibu Inn, Olympia Motel, Travelodge Ⓞ Crystal Grand Music Theatre, Jellystone Camping, USPO, **S** 🍽 McDonald's Ⓞ $Tree, Country Roads RV Park, Home Depot, Jo-Ann, Kohl's, Springbrook Camping, Walmart/Subway

87 WI 13, Wisconsin Dells, **N** 🅿 Citgo/dsl, Mobil/Arby's/dsl, Shell/Dunkin Donuts 🍽 Applebee's, Bunyan's Rest., Burger King, Coldstone, Culver's, Denny's, IHOP, Jimmy John's, McDonald's, Mexicali Rose Rest., Perkins, Starbucks, Taco Bell, Wei's Chinese 🛏 Ambers Resort, AmericInn, Baymont Inn, Best Western, Econolodge, Polynesian Hotel, Quality Inn, Super 8 Ⓞ golf, info, KOA, Sherwood Forest Camping, Walgreens, waterpark

85 US 12, WI 16, Wisconsin Dells, **N** 🛏 Fairway Motel Ⓞ KOA, Sherwood Forest Camping, Standing Rock Camping, to Rocky Arbor SP, **S** 🅿 🍽 Piccadilly's 🛏 Arrowhead Camping, Days End Motel, Edge-O-the-Dell RV Camping, Summer Breeze Resort

79 rd HH, Lyndon Sta, **S** 🅿 BP/Subway/dsl/24hr

76mm 🆁🆂 wb, full ♿ facilities, litter barrels, petwalk, 🄲, 🄿, vending

74mm 🆁🆂 eb, full ♿ facilities, litter barrels, petwalk, 🄲, 🄿, vending

69 WI 82, Mauston, **N** 🅿 Mauston TP/BP/Taco Bell/24hr, 🍽️/Wendy's/dsl/scales/24hr, Shell/24hr 🍽 China Buffet,

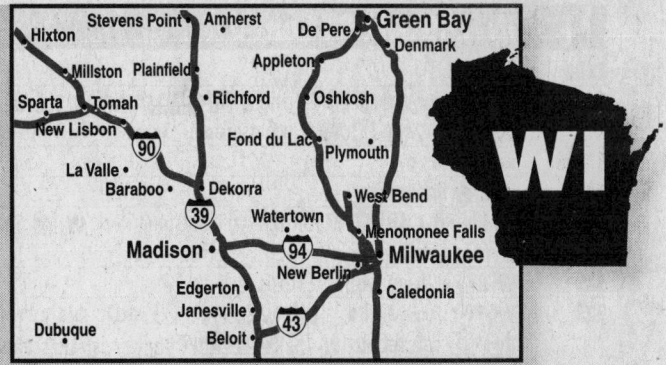

🅴 INTERSTATE 90 Cont'd

69 Continued
Family Rest. 🛏 Best Western Oasis, Quality Inn, Super 8 ⊙ Carr Valley Cheese, to Buckhorn SP, **S** 🍴 KwikTrip/ Hearty Platter Rest/dsl/scales/24hr, Mobil 🍴 Culver's, Hardee's, Log Cabin Deli, McDonald's, Pizza Hut, Roman Castle Rest., Subway 🛏 Alaskan Inn ⊙ 🏥, $General, Buick/Chevrolet, Family$, Festival Foods, K-Mart, O'Reilly Parts, ShopKO, Verizon, vet, Walgreens

61 WI 80, New Lisbon, to Necedah, **N** 🍴 Mobil/A&W/Subway/ dsl/scales/24hr, Shell/McDonald's/dsl 🛏 Edge O' the Woods Motel, Travelers Inn ⊙ Buckhorn SP, Chrysler/Dodge/Jeep, fireworks, Ford, **S** 🍴 KwikTrip/24hr ⊙ city park, Elroy-Sparta ST Tr, USPO

55 rd C, Camp Douglas, **N** ⊙ to Camp Williams, Volk Field, wayside, **S** 🍴 BP/dsl, Mobil/Home Front Cafe/dsl 🛏 K&K Motel ⊙ to Mill Bluff SP

48 rd PP, Oakdale, **N** 🍴 Road Ranger/Pilot/Subway/dsl/ scales/24hr ⊙ antiques, KOA, truck/car wash, **S** 🍴 ♥Love's /Hardee's/dsl/scales/24hr ⊙ Mill Bluff SP, repair

45 I-94 W, to St Paul

I-90 E and I-94 E run together for 93 miles.

43 US 12, WI 16, Tomah, **N** 🍴 BP/dsl, KwikTrip/dsl/24hr 🍴 Burnstadt's Café, DQ 🛏 Daybreak Inn, Rest Well Motel ⊙ 🏥, Burnstadt's Mkt, vet

41 WI 131, Tomah, to Wilton, **N** 🍴 KwikTrip/dsl/24hr, Mobil/dsl 🍴 Burnstadts Cafe 🛏 Daybreak Inn ⊙ vet

28 WI 16, Sparta, Ft McCoy, **N** 🍴 BP/diner/dsl/scales 🛏 Best Western ⊙ 🏥

25 WI 27, Sparta, to Melvina, **N** 🍴 Cenex/Arby's/dsl, KwikTrip/ dsl, Mobil/Taco Bell, Shell/dsl 🍴 Burger King, Culver's, DQ, KFC, McDonald's, Pizza Hut, Sparta Rest., Subway 🛏 Country Inn, Super 8 ⊙ 🏥, $General, $Tree, Buick/Chevrolet, Family$, Ford, Hansens IGA, O'Reilly Parts, Walgreens, Walmart/Subway

22mm Rs wb, full 🦽 facilities, litter barrels, petwalk, 🚰, 🛁, vending

20mm Rs eb, full 🦽 facilities, litter barrels, petwalk, 🚰, 🛁, vending

15 WI 162, Bangor, to Coon Valley, **N** 🍴 gas

12 rd C, W Salem, **N** 🍴 Cenex/cafe/dsl/24hr ⊙ Coulee Region RV Ctr, NAPA, Neshonoc Camping, **S** 🍴 BP/Subway/dsl 🛏 AmericInn ⊙ Peterbilt

10mm weigh sta eb

5 WI 16, La Crosse, **N** 🍴 Arby's, BA Burrito, Buffalo Wild Wings, Ciatti's Italian, Coldstone, Manny's Mexican, Outback Steaks 🛏 Baymont Inn, Hampton Inn, Microtel ⊙ $Tree, Aldi Foods, Freightliner, Home Depot, Walmart/Subway, Woodman's Foods/gas/lube, **S** 🍴 Kwik Trip/dsl/24hr 🍴 Bamboo House, Burracho's Mexican Grill, Carlos O'Kelly's, Chuckeecheese, Culver's, Fazoli's, HuHot Grill, Jimmy John's, McDonald's, Olive Garden, Perkins, Starbucks, TGIFriday's, TX Roadhouse 🛏 Holiday Inn Express ⊙ 🏥, Barnes&Noble, Best Buy, Chevrolet, Dick's, F&F, Ford/Lincoln, Herberger's, Hobby Lobby, JC Penney, Kohl's, mall, Michael's, Sears/auto, ShopKO, Target, Walgreens

4 US 53 N, WI 16, to WI 157, La Crosse, **N** ⊙ Harley-Davidson, **S** 🍴 Kwik Trip, TO 🍴 Applebee's, Burger King, Caribou Coffee, China Inn, Cousins Subs, Famous Dave's BBQ, Grizzly's Rest., Ground Round, Panera Bread, Papa Murphy's, Red Lobster, Rococo's Pizza, Shogun Hibachi, Subway, Taco Bell, Wendy's 🛏 Comfort Inn ⊙ 🏥, Festival Food/24hr, GNC, Goodyear/auto, La Crosse River St Trail, Office Depot, Old Navy, PetCo, Petsmart, Sam's Club, Tires+, TJ Maxx, Verizon

3 US 53 S, WI 35, to La Crosse, **S** 🍴 Clark/dsl, Kwik Trip 🍴 Hardee's, KFC, La Crosse Rest., McDonald's, North Country Steaks, Perkins, Pizza Hut, Subway 🛏 Best Value Inn, Best Western, Econolodge, Motel 6, Quality Inn, Settle Inn, Super 8 ⊙ ShopKO, to Great River St Trail, U-Haul, Viterbo Coll, Walgreens

2.5mm Black River

2 rd B, French Island, **N** ⊙ 🥡, **S** 🍴 BP/dsl 🛏 Days Inn/rest. ⊙ Quillin's Mkt

1mm Welcome Ctr eb, full 🦽 facilities, info, litter barrels, petwalk, 🚰, 🛁, vending

0mm Wisconsin/Minnesota state line, Mississippi River

🅴 INTERSTATE 94

Exit#	Services
349mm	Wisconsin/Illinois state line, **weigh sta nb**
348.5mm	**weigh sta wb**

347 WI 165, rd Q, Lakeview Pkwy, **E** Welcome Ctr nb, full 🦽 facilities, 🛁, litter barrels, petwalk 🍴 BP/dsl 🍴 Chancery Rest., Culver's, McDonald's 🛏 Radisson ⊙ Old Navy, Premium Outlets/famous brands

345 rd C, **E** 🛏 Holiday Inn Express (1mi)

345mm Des Plaines River

344 WI 50, Lake Geneva, to Kenosha, 1 mi **E** 🍴 Buffalo Wild Wings, Cheddar's, Cousins Subs, Dickey's BBQ, Famous Dave's, Mobil/dsl, Noodles&Co, Olive Garden, Panda Express, Perkins, Pizza Hut, Shell/Dunkin Donuts/dsl, Sparti's Gyros, Starbucks, Subway, Tuscany Bistro, TX Roadhouse, White Castle, Woodman's/gas 🛏 Candlewood Suites, Holiday Inn Express, La Quinta, Super 8 ⊙ 🏥, AT&T, Best Buy, Chevrolet, Dick's, GNC, JC Penney, Petsmart, Target, Verizon, Walgreens, **W** 🍴 BP/dsl, Speedway/dsl 🍴 Arby's, Birchwood Grill, Cracker Barrel, KFC, McDonald's, Phoenix Rest., Wendy's 🛏 Best Western, Comfort Inn, Country Inn&Suites, Hampton Inn, Value Inn ⊙ BratStop Cheese Store, CarMax, Honda, Nissan, Subaru, Toyota/ Scion

342 WI 158, to Kenosha, **E** Harley-Davidson, **W** antiques

340 WI 142, rd S, to Kenosha, **E** 🍴 Kenosha TP/BP/Subway/dsl/ E85/LP/scales/24hr ⊙ 🏥, **W** 🍴 Mars Cheese Castle Rest. 🛏 Oasis Inn ⊙ Fun Time RV Ctr, to Bong RA

339 rd E

337 rd KR, to Mt Pleasant, **W** 🍴 Apple Holler Rest./orchard

335 WI 11, to Mt Pleasant, Burlington, to Racine

333 WI 20, Waterford, to Racine, **E** 🍴 KwikTrip/dsl/24hr, Shell/ Cousins Subs/dsl 🍴 Burger King, McDonald's 🛏 Days Inn, Excel Inn, Holiday Inn Express ⊙ 🏥, Toyota/Scion, **W** 🍴 Citgo/Wendy's/dsl/24hr, Petro/Mobil/Iron Skillet/dsl/ scales/24hr/@ 🍴 Chicken'n Waffles, Culver's, Route 20 Outhouse Grill, Subway 🛏 Quality Inn ⊙ Burlington RV Ctr, visitor info

(left margin vertical text: TOMAH, LA CROSSE)

(right margin vertical text: KENOSHA)

(right tab: WI)

🅟 = gas   🍴 = food   🛏 = lodging   🅞 = other   🆁🆂 = rest stop   Copyright 2018 - The Next EXIT ®

INTERSTATE 94 Cont'd

Exit#	Services
329	rd K, Thompsonville, to Racine, **E** 🅟 [Pilot]/Arby's/Subway/dsl/scales/24hr 🍴 A&W 🅞 dsl repair
328mm	weigh sta eb
327	rd G, **W** fireworks
326	7 Mile Rd, **E** 🅟 BP, Mobil/dsl 🅞 Jellystone Park, **W** 🅞 Seven Mile Fair
325	WI 241 N (from wb), to 27th St
322	WI 100, to Ryan Rd, **E** 🅟 KwikTrip/dsl 🍴 McDonald's, Wendy's 🅞 dsl repair, **W** 🅟 ♥Love's/Denny's/dsl/LP/scales/RV dump/24hr, Mobil, [Pilot]/Subway/dsl/LP/scales/24hr, Shell/A&W/KFC/dsl 🍴 Arby's, Cousins Subs, Dish Bakery, Dunkin Donuts, Perkins, Starbucks, Yen Hwa Chinese 🛏 Staybridge Suites, Value Inn 🅞 AutoZone, Blue Beacon, Freightliner/repair, 🅷, Pick'n Save, vet, Walgreens
321	Drexel Ave
320	rd BB, Rawson Ave, **E** 🅟 BP/7-11/dsl, Mobil 🍴 Applebee's, Burger King 🛏 La Quinta
319	rd ZZ, College Ave, **E** 🅟 Shell/Subway, Speedway/dsl 🍴 Branded Steer Rest., McDonald's 🛏 Candlewood Suites, Comfort Suites, Country Inn&Suites, Crowne Plaza, Days Inn, EconoLodge, Fairfield Inn, Hampton Inn, Holiday Inn Express, MainStay Suites, Motel 6, Red Roof Inn 🅞 Burlington Coats, **W** 🅟 Royal
318	WI 119, **E** 🅞 🆁🆂
317	I-43, I-894 (from wb)
316	I-43 S, I-894 W (I-94 exits left from eb), to Beloit, **E** 🅟 Clark/dsl 🍴 Martino's Hotdogs
314b	Howard Ave, to Milwaukee, **W** to Alverno Coll
314a	Holt Ave, **E** 🅟 SP Mart/dsl 🍴 Applebee's, Arby's, China King, Little Caesar's, Starbucks, Subway, Wendy's 🅞 $General, Family$, Home Depot, Pick'n Save Foods, Sentry Foods, Target, vet, **W** 🅞 🅷, to Alverno Coll
312b a	Becher St, Mitchell St, Lapham Blvd, **W** 🅟 BP, Citgo
311	WI 59, National Ave, 6th St, downtown
310a	13th St (from eb), **E** 🅞 🅷
310b	I-43 N, to Green Bay
310c	I-794 E, **E** 🛏 Hilton 🅞 Lake Michigan Port of Entry, to downtown
309b	26th St, 22nd St, Clybourn St, St Paul Ave, **N** 🅞 🅷, to Marquette U
309a	35th St, **N** 🅞 URGENT CARE
308c b	US 41
308a	VA Ctr, **S** 🅞 Miller Park
307b	68th-70th St, Hawley Rd
307a	68th-70th St
306	WI 181, to 84th St, **N** 🅞 🅷, **S** 🅞 Olympic Training Facility
305b	I-41 N, US 45 N, to Fond du Lac, **N** 🅞 🅷
305a	I-894 S, I-41 S, US 45 S, to Chicago, **S** 🅞 to 🆁🆂
304b a	WI 100, **N** 🅟 7-11, Amstar/dsl, BP, Shell/dsl 🍴 Cousins Subs, Domino's, Ghengis Khan BBQ, Habanero's Mexican, HoneyBaked Cafe, Jimmy John's, Mo's Irish Grill, Peony Chinese, Qdoba, Rococo's, Starbucks, Subway, Taco Bell 🛏 Crowne Plaza, Forty Winks Inn 🅞 🅷, zoo, **S** 🅟 Amstar, BP/dsl, Speedway/dsl 🍴 Culver's, DQ, Fazoli's, McDonald's, Pallas Rest., Starbucks, Toppers Pizza, Wendy's 🛏 Days Inn 🅞 Aldi Foods, Midas, O'Reilly Parts, Sam's Club, U-Haul, Walgreens
301b a	Moorland Rd, **N** on US 18 🅟 BP/dsl, Mobil 🍴 Bakers Square, Bravo Italiano, Buffalo Wild Wings, Chipotle, CiCi's, Cooper's Hawk, Culver's, Five Guys, Fleming's Rest., Food Court, Fuddrucker's, Hooters, Jamba Juice, Jersey Mike's, Marty's Pizza/subs, McDonald's, Mitchell's Fish Mkt, Noodles&Co, Original Pancake House, Qdoba, Red Robin, Starbucks, Stir Crazy,

301b a	Continued
	Subway, TGIFriday's 🛏 Courtyard, Sheraton, TownePlace Suites 🅞 AT&T, Barnes&Noble, CVS Drug, F&F Tire, Firestone/auto, Fresh Mkt Foods, Goodyear/auto, JC Penney, Jo-Ann Fabrics, mall, Metro Mkt, Michael's, Office Depot, PetCo, Petsmart, Sears/auto, SteinMart, TJ Maxx, Verizon, vet, Walgreens, World Mkt, **S** 🍴 Champp's Grill, Outback Steaks, Panera Bread, Starbucks 🛏 Best Western Midway, Brookfield Suites, Country Inn&Suites, Residence Inn 🅞 golf, Pick'n Save Foods, Walgreens, Walmart
297	WI 164 S, US 18, rd JJ, Blue Mound Rd, Barker Rd, **0-2 m N** 🅟 BP, Clark 🍴 Applebee's, BoneFish Grill, Boston Mkt, Brookfield Rest., Bullwinkle's Rest., Carrabba's, Chili's, ChuckE-Cheese's, Cousins Subs, Emperors Kitchen, George Webb Rest., Hom Woodfired Grill, Jimmy John's, Jose's Mexican, KFC, Kopp's Custard, Laredo's Mexican, Mama Mia's, McDonald's, Melting Pot, Olive Garden, Perkins, Potbelly, Starbucks, Subway 🛏 DoubleTree, Extended Stay America, Hampton Inn, La Quinta, Motel 6, Quality Inn 🅞 🅷, $Tree, Acura, Advance Parts, Aldi Foods, Best Buy, GNC, Hobby Lobby, Lexus/Mazda/VW, Meineke, Metro Mkt, **S** 🅟 Clark, PDQ 🍴 Arby's, Burger King, Chancery Rest., Cousin's Subs, Culver's, Famous Dave's BBQ, La Fuente Mexican, McDonald's, Meiji Chinese, New China, Oscar's Burgers, Papa Murphy's, Sonic, Starbucks, Subway, Taco Bell, Topper's Pizza, TX Roadhouse, Wendy's 🛏 Baymont Inn, Extended Stay America, Super 8 🅞 AT&T, Buick/GMC, Cadillac, CarMax, Chevrolet, Farm&Fleet, Firestone/auto, Ford, Home Depot, Honda, Hyundai, Infiniti/Maserati/Mercedes/Porsche, Jaguar/Land Rover/Volvo, Kia, Kohl's, Menards, Midas, Nissan, Sam's Club, st patrol, Subaru, Target, Tires+, Walgreens, Woodman's/gas
295	rd F, to WI 74, Waukesha, **N** 🅟 KwikTrip/dsl 🍴 Jimmy John's 🛏 Marriott, **S** 🅞 🅷, to Carroll U
294	WI 164, rd J S, to Waukesha, **N** 🅟 Mobil/Subway/dsl 🍴 Machine Shed Rest., Thunder Bay Grille 🛏 Holiday Inn, Wildwood Lodge, **S** 🅞 Expo Ctr, Peterbilt
293c	WI 16 W, Pewaukee (from wb), **N** 🅞 GE Plant
293b a	rd T, Wausheka, Pewaukee, **S** 🅟 KwikTrip/dsl, Mobil 🍴 Arby's, Asian Fusion, Canyon City Wood Grill, Cousins Subs, Culver's, Denny's, Dunkin Donuts, Feng's Kitchen, Jimmy John's, McDonald's, Mr. Wok, Papa Murphy's, Qdoba, Rococo's Pizza, Spring City Rest., Subway, Taco Amigo, Topper's Pizza, Weissgerber's Gasthaus Rest., Wendy's 🛏 Best Western 🅞 $Tree, AutoZone, CVS Drug, Firestone/auto, GNC, Goodharvest Mkt, Jo-Ann Fabrics, Office Depot, Pick'n Save Foods, Verizon, Walgreens
291	rd G, rd TT, **N** 🛏 Country Springs Inn
290	rd SS, Pewaukee
287	WI 83, Hartland, to Wales, **N** 🍴 Applebee's, Five Guys, Hardee's, McDonald's, Noodles&Co, Panera Bread, Perkins, Qdoba, Starbucks, Water St Brewery/rest. 🛏 Country Pride Inn, Holiday Inn Express 🅞 Albrecht's Mkt, Best Buy, GNC, Kohl's, Marshalls, Verizon, Walgreens, **S** 🅟 BP, PDQ/dsl/24hr 🍴 Burger King, Coldstone, DQ, Jimmy John's, Marty's Pizza, Pacific Asian Bistro, Pizza Hut, Rocky Rococo Pizza, StoneCreek Coffee, Subway 🛏 La Quinta 🅞 $Tree, Ace Hardware, Home Depot, PetCo, Target, Tires+, vet, Walmart/Subway
285	rd C, Delafield, **N** 🅟 BP/dsl, Mobil/deli 🛏 Delafield Hotel 🅞 to St John's Military Academy, **S** 🅞 to Kettle Moraine SF
283	rd P, to Sawyer Rd
282	WI 67, Dousman, to Oconomowoc, **0-2 mi N** 🅟 KwikTrip/dsl, Mobil 🍴 Chili's, Cousins Subs, Culver's, Eat Smart Cafe, Feng's Kitchen, Jimmy John's, Pizza Hut, Qdoba, Quiznos,

WI

M I L W A U K E E

W A U K E S H A

INTERSTATE 94 Cont'd

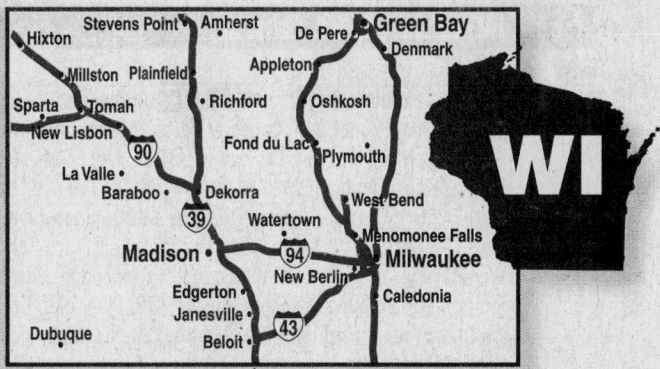

282 Continued
Rococo's Pizza, Rosati's Pizza, Starbucks, Stone Creek Coffee, Subway [lodging] Hilton Garden, Olympia Resort [other] Ace Hardware, Aldi Foods, AT&T, Brennan's Mkt, Ford, GNC, K-Mart, Pick'n Save, vet, Walgreens, **S** [lodging] Staybridge Suites [other] [H], Harley-Davidson, Old World WI HS (13mi), to Kettle Morraine SF (8mi)

277 Willow Glen Rd (from eb, no return)

275 rd F, Ixonia, to Sullivan, **N** [gas] Mobil/dsl [other] Concord Gen Store, **S** [other] camping

267 WI 26, Johnson Creek, to Watertown, **N** [gas] BP/McDonald's/dsl, Shell/dsl/rest./scales/24hr [food] Arby's, Hwy Harry's Cafe [lodging] Comfort Suites, Days Inn [other] Goodyear/auto, Johnson Creek Outlet Ctr/famous brands, Old Navy, **S** [gas] KwikTrip/dsl [food] Culver's, Midpoint Eatery, Subway, Taco Bell [other] [H], Kohl's, Menards, to Aztalan SP

266mm Rock River

264mm **[RS] wb, full [handicap] facilities, litter barrels, petwalk, [phone], [picnic], vending**

263mm Crawfish River

261mm **[RS] eb, full [handicap] facilities, litter barrels, petwalk, [phone], [picnic], vending**

259 WI 89, Lake Mills, to Waterloo, **N** [gas] Mobil/rest/dsl/24hr [lodging] Best Value Inn [other] truck repair, **S** [gas] BP/dsl/E85, KwikTrip/dsl [food] Jimmy John's, McDonald's, Pizza Pit, Subway [lodging] Pyramid Motel/RV park [other] Ace Hardware, Buick/Chevrolet, Country Campers, to Aztalan SP, URGENT CARE, vet, Walgreens

250 WI 73, Deerfield, to Marshall

244 rd n, Sun Prairie, Cottage Grove, **N** [gas] BP/dsl [food] Subway, **S** [gas] BP/dsl, KwikTrip [food] Arby's

240 I-90 E.

I-94 and I-90 run together 93 miles. See I-90, exits 48-138.

147 I-90 W, to La Crosse

143 US 12, WI 21, Tomah, **N** [gas] Shell/dsl [food] A&W/LJ Silver, Perkins [lodging] AmericInn, Best Western, Microtel, Super 8 [other] Humbird Cheese/gifts, U-Haul, **S** [gas] BP, KwikTrip/Denny's/dsl/scales/24hr [food] Arby's, China Buffet, Culver's, Dunkin Donuts, Ground Round, Ground Round, KFC, McDonald's, Papa Murphy's, Pizza Hut, Starbucks, Subway, Taco Bell [lodging] Cranberry Lodge, EconoLodge, Hampton Inn, Quality Inn [other] [H], $Tree, Ace Hardware, Advance Parts, Aldi Foods, Burger King, Chrysler/Dodge/Jeep, Ford, GMC, NAPA, O'Reilly Parts, to Ft McCoy (9mi), Verizon, Walmart/Subway

TOMAH

135 rd EW, Warrens, **N** [gas] Cenex/dsl [lodging] 3 Bears Resort [other] Jellystone Camping, **S** [food] Bog Rest.

128 rd O, Millston, **N** [other] Black River SF, camping, **S** [gas] Cenex/dsl [other] USPO

123mm **[RS]/scenic view both lanes, full [handicap] facilities, litter barrels, petwalk, [phone], [picnic], vending**

116 WI 54, **N** [gas] Cenex/Subway/Taco Johns/dsl/LP [food] Perkins [lodging] AmericInn, Best Western Arrowhead/rest., Comfort Inn [other] Black River RA, Parkland Camp, **S** [gas] FLYING J/Denny's/dsl/24hr/@, KwikTrip/dsl [food] Arby's, Burger King, Culver's, McDonald's, Oriental Kitchen, Pizza Hut [lodging] Days Inn [other] $General, Buick/Chevrolet/GMC, Walmart/Subway

115mm Black River

115 US 12, WI 27, Black River Falls, to Merrillan, **S** [gas] Holiday/dsl [food] Hardee's, KFC, Subway, Sunrise Rest. [other] [H], Ace Hardware, Gordy's Mkt, Harley-Davidson

105 to WI 95, Hixton, to Alma Center, **N** [lodging] Motel 95/camping [other] KOA (3mi), **S** [gas] Cenex/dsl, Clark/dsl/24hr [food] Timber Valley Rest. [other] city park, USPO

98 WI 121, Northfield, Pigeon Falls, to Alma Center, **S** [gas] Cenex/dsl [other] auto/truck repair

EAU CLAIRE

88 US 10, Osseo, to Fairchild, **N** [gas] BP/DQ, Exxon/Webb Rest./dsl/scales/24hr, Mobil/dsl [food] Hardee's, Moe's Diner [lodging] 10-7 Inn, Super 8 [other] Chevrolet, Ford, Stoney Cr RV Park, **S** [gas] SA/dsl [food] McDonald's, Subway, Taco John's [lodging] Osseo Inn [other] [H], Family$

81 rd HH, rd KK, Foster, **S** [gas] Cenex/dsl/LP [food] Foster Cheesehaus

70 US 53, Eau Claire, **S** [other] st police, **N off Golf Rd** [gas] Holiday/dsl [food] Applebee's, Asia Palace, Buffalo Wild Wings, Caribou Coffee, Chipotle, Coldstone, Culver's, Fazoli's, Fired Up Pizza, Firehouse Subs, Fuji Steaks, Grizzly's Grill, HuHot Chinese, Jade Garden, Jimmy John's, Johnny's Italian Steaks, Mancino's, Manny's Grill, McDonald's, Noodles&Co, Olive Garden, Panera Bread, Papa Murphy's, TGIFriday's, TX Roadhouse [lodging] Baymont Inn, Country Inn&Suites, Grandstay, Holiday Inn [other] $Tree, Aldi Foods, AT&T, Bam!, Best Buy, JC Penney, Jo-Ann Fabrics, Kohl's, mall, Menards, Michael's, PetCo, Petsmart, Ross, Sam's Club, Scheel's Sports, Sears/auto, Target, TJ Maxx, Tuesday Morning, Verizon, Walmart/Subway, Younkers

WI

68 WI 93, to Eleva, **N** [gas] Holiday, KwikTrip/dsl [food] Burger King, Cousins Subs, DQ, Famous Dave's BBQ, Great Harvest Bread Co, Hardee's, Red Robin [lodging] EconoLodge [other] BigLots, Chrysler/Dodge/Jeep, Festival Foods, Firestone/auto, Goodyear/auto, Gordy's Mkt, Kia, NAPA, Nissan, Subaru, transmissions, vet, **S** [gas] Holiday/dsl [lodging] Metropolis Resort [other] Audi/VW, Ford/Lincoln, Honda, Hyundai

65 WI 37, WI 85, Eau Claire, to Mondovi, **N** [gas] Holiday/dsl, KwikTrip/dsl [food] Arby's, China Buffet, Godfather's Pizza, Green Mill Rest., Hardee's, Jimmy John's, Mancino's, McDonald's, Pizza Hut, Randy's Rest., Red Lobster, Starbucks, Subway, Taco Bell, Wendy's [lodging] Best Value Inn, Best Western, Clarion, Hampton Inn, Motel 6, Plaza Hotel, Quality Inn, Scottish Inn, Super 8 [other] [H], Adams Automotive, Gordy's Mkt, ShopKo, Verizon, Walgreens, **S** [other] tires

64mm Chippewa River

59 to US 12, rd EE, to Eau Claire, **N** [gas] Holiday/Burger King/dsl/24hr, Holiday/Subway/dsl/24hr [food] Dana's Grill, McDonald's, North Crossing Rest. [lodging] AmericInn, Days Inn, Knights Inn [other] [H], Freightliner, Mack/Volvo Trucks, Peterbilt, **S** [other] dsl repair

52 US 12, WI 29, WI 40, Elk Mound, to Chippewa Falls, **S** [gas] U-Fuel/e85

49mm **weigh sta wb**

45 rd B, Menomonie, **N** [gas] Cenex/Subway/dsl/scales/24hr, Loves/Hardee's/dsl/scales/24hr, **S** [gas] KwikTrip/dsl/scales/24hr [lodging] Quality Inn [other] [H], dsl repair, Kenworth, truckwash, Walmart Dist Ctr

44mm Red Cedar River

43mm **[RS] both lanes, full [handicap] facilities, litter barrels, petwalk, [phone], [picnic], vending, weather info**

INTERSTATE 94 Cont'd

MENOMONIE

Exit#	Services
41	WI 25, Menomonie, **N** 🅟 Cenex/E85 🅵 Applebee's, Caribou Coffee, China Buffet, Los Cabos Mexican, Menominee Rest., Papa Murphy's, Pizza Hut, Subway 🅞 $Tree, Aldi Foods, AT&T, Twin Springs Camping, Walmart/Subway, **S** 🅟 F&F/dsl, Holiday, SA/dsl 🅵 Arby's, Denny's, Dickey's BBQ, Jimmy John's, Little Caesar's, McDonald's, Perkins, Taco Bell, Taco John's, Wendy's 🅛 AmericInn, Best Western+, EconoLodge, Motel 6, Super 8 🅞 🅷, Advance Parts, Buick/GMC, Chevrolet, Chrysler/Dodge/Jeep, Ford, Mkt Place Foods, O'Reilly Parts, to Red Cedar St Tr, Verizon, Walgreens
32	rd Q, to Knapp
28	WI 128, Wilson, Elmwood, to Glenwood City, **N** 🅟 KwikTrip/Denny's/dsl/24hr, **S** 🅞 camping, dsl repair, Eau Galle RA
24	rd B, to Baldwin, **N** 🅟 🅛 Woodville Motel, **S** 🅞 camping, Eau Galle RA
19	US 63, Baldwin, to Ellsworth, **N** 🅟 Freedom/dsl, KwikTrip/Subway/dsl 🅵 A&W, Culver's, DQ, Hardee's, McDonald's 🅛 AmericInn 🅞 🅷, **S** 🅛 Super 8 🅞 fireworks
16	rd T, Hammond
10	WI 65, Roberts, to New Richmon, **N** 🅟 BP/dsl (2mi), ✈FLYING J/McDonald's/dsl/scales/24hr 🅵 Barnboard Rest. (2mi), **S** 🅵 Freightliner

HUDSON

8mm	weigh sta eb
4	US 12, rd U, Somerset, **N** 🅟 BP/dsl, TA/Country Pride/dsl/scales/24hr/@ 🅛 Regency Inn 🅞 to Willow River SP, vet
3	WI 35 S, to River Falls, **S** 🅞 U of WI River Falls
2	rd F, Carmichael Rd, Hudson, **N** 🅟 BP/repair, Freedom/dsl, Holiday 🅵 Applebee's, Caribou Coffee, Culver's, Domino's, Fiesta Loca, Jimmy John's, KFC, Papa Murphy's, Taco John's 🅛 Royal Inn 🅞 $Tree, Family Fresh Foods, GNC, repair, Target, Verizon, Walgreens, **S** 🅟 F&F/dsl, Holiday/dsl, KwikTrip/dsl, Shell 🅵 Arby's, Buffalo Wild Wings, Burger King, Caribou Coffee, Chipotle Mexican, Coldstone, Denny's, Green Mill Rest., Jersey Mike's, Kingdom Buffet, Kirin Ichiban, Leeann Chin, Little Caesar's, McDonald's, Noodles&Co, Panda Express, Perkins, Pita Pit, Pizza Hut, Sapporo Japanese, Smashburger, Starbucks, Subway, Taco Bell, Wendy's 🅛 Comfort Suites, Fairfield Inn, Hampton Inn, Holiday Inn Express, Hudson House Hotel, Quality Inn, Super 8 🅞 🅷, Aldi Foods, AT&T, AutoZone, Chevrolet/GMC, Chrysler/Dodge/Jeep, County Mkt Foods, Ford, Home Depot, Menards, NAPA, O'Reilly Parts, Tire Pros, Tires+, to Kinnickinnic SP, USPO, Verizon, Walmart
1	WI 35 N, Hudson, **1 mi N** 🅟 Freedom/dsl, Holiday 🅵 Carbones Pizzeria, DQ
0mm	Wisconsin/Minnesota state line, St Croix River

WYOMING

INTERSTATE 25

BUFFALO

Exit#	Services
300	I-90, E to Gillette, W to Billings. I-25 begins/ends on I-90, exit 56.
299	US 16, Buffalo, **E** 🅟 Cenex/dsl, Exxon/dsl, Maverik/dsl 🅵 Winchester Steaks 🅛 Buffalo Inn, Comfort Inn, Hampton Inn, Holiday Inn Express 🅞 Bighorn Tire, Deer Park Camping, KOA, vet, **W** 🅟 Cenex/dsl/24hr 🅵 Bozeman Tr Steaks, Dash Inn Rest., Hardee's, McDonald's, Pizza Hut, Sub Shop, Subway, Taco John's 🅛 Days Inn, Quality Inn, Rodeway WYO Motel, Super 8 🅞 🅷, Ace Hardware, Family$, Indian RV Camp, O'Reilly Parts, to Yellowstone, Verizon
298	US 87, Buffalo, **W** Nat Hist Dist Info
291	Trabing Rd
280	Middle Fork Rd
274mm	parking area both lanes, litter barrels
265	Reno Rd
254	Kaycee, **E** 🅟 Exxon/dsl 🅵 Country Inn Diner, Invasion Rest. 🅛 Cassidy Inn Motel, Siesta Motel 🅞 Kaycee Gen. Store, museum, NAPA Repair, Powder River RV Park, USPO, **W** 🆁🆂 both lanes, full ♿ facilities, litter barrels, petwalk, 🅲, 🖭 🅵 Sinclair/pizza/subs/dsl/LP/motel 🅞 KC RV Park,
249	TTT Rd
246	Powder River Rd
235	Tisdale Mtn Rd
227	WY 387 N, Midwest, Edgerton, Oil Field Museum
223	no services
219mm	parking area both lanes, litter barrels
216	Ranch Rd
210	Horse Ranch Creek Rd, Midwest, Edgerton
197	Ormsby Rd
191	Wardwell Rd, to Bar Nunn, **W** 🅵 Loaf'N Jug/dsl 🅞 KOA
189	US 20, US 26 W, to Shoshone, **W** 🅞 🅞 🖭, Port of Entry

CASPER

188b	WY 220, Poplar St, **E** 🅵 McDonald's, The Fort Eatery 🅛 Best Western, Hampton Inn, Hilton Garden, La Quinta, Motel 6, Quality Inn, **W** 🅟 Exxon 🅵 Burger King, Casper's Rest., DQ 🅞 Harley-Davidson, to Ft Casper HS
188a	Center St, Casper, **E** 🅟 Conoco/dsl, Shell/dsl 🅵 Poor Boys Steaks, Taco John's 🅛 National 9 Inn, Ramada, Showboat Motel, **W** 🅵 La Cocina, Starbucks, Subway 🅛 Days Inn, Parkway Plaza Motel/cafe 🅞 USPO
187	McKinley St, Casper, **E** 🅟 Loaf'N Jug/dsl 🅛 Ranch House Motel
186	US 20, US 26, US 87, Yellowstone St, **E** 🅞 city park, dsl repair, transmissions/repair, **W** 🅟 Exxon 🅞 🅷, auto repair, Chevrolet/Subaru, Kia, O'Reilly Parts
185	WY 258, Wyoming Blvd, **E** Casper, **E** 🅟 Kum&Go/dsl, Loaf'N Jug/dsl 🅵 Applebee's, Hacienda Mexican, IHOP, Outback Steaks, Southern BBQ HQ, TX Roadhouse 🅛 Baymont Inn, C'mon Inn, Comfort Inn, Hotel 🅞 bet, Murdoch's Ranch Store, Smith RV Ctr, **W** 🅟 ✈FLYING J/Conoco/Subway/dsl/LP/scales/24hr, Exxon/dsl, Loaf'n Jug 🅵 Arby's, Buffalo Wild Wings, Burger King, Denny's, DQ, Five Guys, Golden Corral, Hamburger Stand, Hardee's, KFC/LJ Silver, McDonald's, Mongolian Grill, Old Chicago Grill, Olive Garden, On The Border, Perkins, Pizza Hut, Pizza Ranch, Qdoba, Red Lobster, Sanford Cafe, Starbucks, Taco Bell, Taco John's, Village Inn, Wendy's 🅛 1st Interstate Motel, Candlewood Suites, Courtyard, Holiday Inn Express 🅞 AutoZone, Best Buy, Dick's, Home Depot, JC Penney, K-Mart, Macy's, mall, Natural Grocers, Nissan, PetCo, Plains Tire, Ross, Safeway Foods/dsl, Sam's Club/gas, Sears/auto, Staples, Target, to Oregon Tr, Verizon, Walgreens, Walmart
182	WY 253, Brooks Rd, Hat Six Rd, **E** 🅟 Sinclair/Lou's Rest/dsl 🅵 Sonic 🅛 Sleep Inn 🅞 Rivers Edge Camping, Wilkins SP, **W** 🅵 Famous Dave's BBQ, FireRock Rest., Keg&Cork Rest., Subway 🅛 Best Western, Holiday Inn

INTERSTATE 25 Cont'd

182	Continued Mainstay Suites Ⓞ 🛏, Buick/Cadillac/ GMC, Chrysler/Dodge/Jeep, Kohl's, Marshall's, Menards, Toyota, VW
171mm	parking area both lanes, litter barrels
165	Glenrock, E dinosaur museum, same as 160
160	US 87, US 20, US 26, E Glenrock, E 🍴 G-Rock's, Paisley Shawl 🛏 All American Inn, Hotel Higgins B&B Ⓞ Deer Creek Village Camping, to Johnston Power Plant
156	Bixby Rd
154	Barber Rd
153mm	parking area both lanes, litter barrels
151	Natural Bridge
150	Inez Rd
146	La Prele Rd
140	WY 59, Douglas, E 🍴 Conoco/Sub- way/dsl, Maverik/dsl, Shell/dsl 🍴 Ar- by's, La Costa Mexican, McDonald's, Taco John's 🛏 Douglas Inn, Holiday Inn Express, La Quinta, Sleep Inn, Super 8 Ⓞ 🛏, Chrysler/ Dodge/Jeep, city park, Ford, KOA, Lone Tree Village RV Park, Pioneer Museum, vet, WY St Fair
135	US 20, US 26, US 87, Douglas, E 🍴 Loaf'n Jug/dsl, Sinclair/dsl, Sinclair/rest.dsl/24hr 🍴 4 Seasons Chinese, Pizza Hut, Plains Trading Post Rest., Village Inn 🛏 1st Interstate Inn, 4 Winds Motel, Budget Inn Express, Plains Motel Ⓞ 🛏, auto repair, Douglas Hardware, Family$, O'Reilly Parts, Safeway Foods/dsl, Shopko, Verizon
129mm	parking area both lanes
126	US 18, US 20 E, Orin, E Orin Jct 🆁🆂 both lanes, full ♿ facilities, litter barrels, petwalk, 🚻, 🚮, RV dump, 🍴 Sinclair/Orin Jct Trkstp/dsl/café
125mm	N Platte River
111	Glendo, E 🍴 Sinclair/dsl 🍴 Glendo Marina Café Ⓞ Glendo Lakeside RV camping, to Glendo SP, USPO
104	to Middle Bear
100	Cassa Rd
94	El Rancho Rd
92	US 26 E, Dwyer, E 🆁🆂 both lanes, full ♿ facilities, litter barrel, petwalk, 🚮, RV dump, Ft Laramie NHS, to Guernsey SP
87	Johnson Rd
84	Laramie River Rd
84mm	Laramie River
80	US 87, Laramie Power Sta, Wheatland, Laramie Power Sta, E 🍴 Sinclair/A&W/Chester's/dsl 🍴 Pizza Hut 🛏 Best Western, Super 8 Ⓞ Arrowhead RV Park, Buick/Cadillac/ Chevrolet, CarQuest, Chrysler/Dodge/Jeep, Family$, Ford, mu- seum, Safeway Foods, same as 78, ShopKo
78	US 87, Wheatland, E 🍴 Cenex/dsl, Maverik/dsl, Shell/ dsl 🍴 Arby's, Burger King, Subway, Taco John's, Western Sky's Diner 🛏 All American Motel, Motel 6, West Winds Motel, WY Motel Ⓞ 🛏, visitors ctr, Wheatland Country Store, W 🍴 Exx- on/dsl, Pitstop/dsl Ⓞ Mtn View RV Park
73	WY 34 W, to Laramie
70	Bordeaux Rd
68	Antelope Rd
66	Hunton Rd
65.5mm	parking area both lanes, litter barrels
65	Slater Rd
64mm	Richeau Creek
57	TY Basin Rd, Chugwater
54	Lp 25, Chugwater, E 🆁🆂 both lanes, full ♿ facilities, litter bar- rels, petwalk, 🚻, 🚮, RV dump 🛏 Buffalo Lodge/Grill Ⓞ RV camping
47	Bear Creek Rd
39	Little Bear Community
36mm	Little Bear Creek
34	Nimmo Rd
33mm	Horse Creek
29	Whitaker Rd
25	ranch exit
21	Ridley Rd
17	US 85 N, to Torrington, W 🍴 Little Bear Rest. (2mi)
16	WY 211, Horse Creek Rd
13	Vandehei Ave, E 🍴 Loaf'n Jug/Subway, Maverik/dsl 🍴 Mr Gem's Pizza, Silvermine Subs, W 🍴 Shamrock/dsl
12	Central Ave, Cheyenne, E on Yellowstone Rd 🍴 Exxon/dsl, Loaf'n Jug 🍴 Arby's, Godfather's, Godfather's, Great Har- vest Bread, McDonald's, Pizza Hut, Starbucks, Subway, Taco John's 🛏 Rodeway Inn Ⓞ 🛏, Albertsons, Big O Tire, Frontier Days Park, Peerless Tire
11b	Warren AFB, Gate 1, Randall Ave, E Ⓞ museum, to WY St Capitol
10b d	Warren AFB, Gate 2, Missile Dr, WY 210, HappyJack Rd, W Ⓞ to Curt Gowdy SP
9	US 30, W Lincolnway, Cheyenne, E 🍴 Exxon/Downhome Diner/dsl 🍴 Outback Steaks, Village Inn 🛏 Best Value Inn, Candlewood Suites, Days Inn, Hampton Inn, Holiday Inn Ex- press, La Quinta, Luxury Inn, Motel 6, My Place, Super 8, Towne Place Suites Ⓞ Buick/Cadillac/GMC, Chevrolet, Ford/Lincoln, Home Depot, Honda, Hyundai, Mazda, Nissan, Subaru, Toyota, W 🍴 Little America/Sinclair/dsl/rest./motel/@
8d b	I-80, E to Omaha, W to Laramie
7	WY 212, College Dr, E 🍴 ❤Love's/Wendy's/dsl/scales/ 24hr/@, Shamrock/Subway/dsl/24hr 🍴 Arby's Ⓞ A-B RV

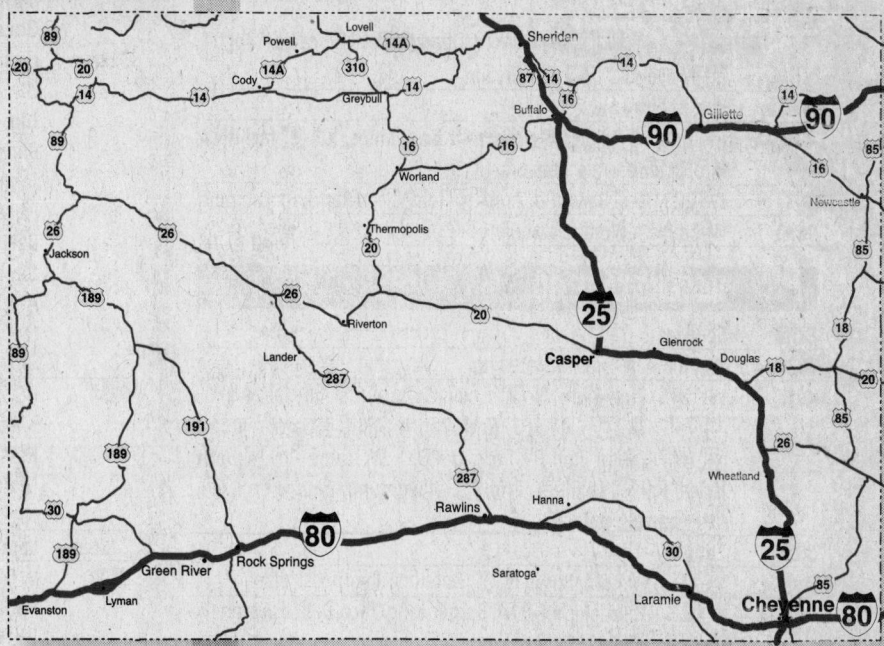

INTERSTATE 25 Cont'd

Exit	Services
7	Continued Park (2mi), **W** FLYING J/Denny's/dsl/LP/scales/24hr/@ McDonald's Quality Inn
6.5mm	Port of Entry nb
4	High Plains Rd, **WY Welcome Ctr both lanes, full facilities, info, litter barrels, petwalk,**
2	WY 223, Terry Ranch Rd, **2 mi E** Terry Bison Ranch RV camping
0mm	Wyoming/Colorado state line

INTERSTATE 80

Exit#	Services
402mm	Wyoming/Nebraska State line
401	WY 215, Pine Bluffs, **N** Exxon/Subway/dsl, Sinclair/A&W/dsl/24hr/@ Cafe 307, Rock Ranch Grill Gator's Motel NAPA, Pine Bluff RV Park, USPO, **S Welcome Ctr/ both lanes, full facilities, info, , playground, nature trail, , litter barrels, petwalk**
391	Egbert
386	WY 213, WY 214, Burns, **N** Antelope Trkstp/dsl/cafe
377	WY 217, Hillsdale, **N** TA/Burger King/Taco Bell/dsl/scales/24hr/@ Wyo RV Camping
372mm	Port of Entry wb, **truck insp**
370	US 30 W, Archer, **N** Sapp Bros/Sinclair/T-Joe's Rest./dsl/scales/24hr/@ Rodeway Inn fireworks, repair, RV park
367	Campstool Rd, **N** /Subway/dsl/scales/24hr Best Western KOA (seasonal), Volvo Trucks, **S** to Wyoming Hereford Ranch
364	WY 212, to E Lincolnway, Cheyenne, **N** Walmart/dsl, **S** AB Camping (4mi), Peterbilt, **1-2 mi N on Lincoln way** Exxon/dsl, Kum&Go/dsl, Loaf'n Jug/Subway Burger King, KFC, McDonald's, Shari's Rest., Subway, Taco Bell, Wendy's , $Tree, AutoZone, Big O Tire, BigLots, Family$, Harley-Davidson, Hobby Lobby, Murdoch's Ranch Store, O'Reilly Parts, Sierra Trading Post, Walgreens
362	US 85, I-180, to Central Ave, Cheyenne, Greeley, **1 mi N** Kum&Go/dsl Arby's, Carls' Jr, Hacienda Mexican, Jimmy John's, Papa John's, Village Inn , CarQuest, Family$, museum, st capitol, Verizon, **S** Exxon/dsl, Loaf'n Jug/dsl, Sinclair/dsl Burger King, Little Caesar's, Pizza Hut, Sonic, Subway, Taco John's Comfort Inn, Holiday Inn, Roundup Motel, SpringHill Suites AutoZone, Family$, Hideaway RV Village, Safeway Foods/gas, transmissions
359c a	I-25, US 87, N to Casper, S to Denver
358	US 30, W Lincolnway, Cheyenne, **N** Exxon/dsl/24hr, Little America/Sinclair/dsl/motel/@ Outback Steaks Best Value Inn, Candlewood Suites, Days Inn, Fairfield Inn, Hampton Inn, Holiday Inn Express, La Quinta, Luxury Inn, Motel 6, My Place Inn, Super 8, TownPlace Suites , Buick/GMC/Cadillac, Chevrolet, Ford/Lincoln, Home Depot, Honda, Hyundai, Mazda, Nissan, Subaru, Toyota
357	Wy 222, Roundtop Rd
348	Otto Rd
345	Warren Rd, **N truck parking**
342	Harriman Rd
339	Remount Rd
335	Buford, **S** Phin Deli/dsl
333mm	**parking area both lanes, point of interest**
329	Vedeauwoo Rd, **N** camping, **S** Nat Forest RA, to Ames Monument

Exit	Services
323	WY 210, Happy Jack Rd, **N both lanes, full facilities, litte barrels, petwalk, , , elev. 8640, Lincoln Monument, to Cur Gowdy SP**
322mm	**chain up area both lanes**
316	US 30 W, Grand Ave, Laramie, **0-2 mi N** Exxon/dsl, Loaf'N Jug, USA Gas Almanza's Mexican, Applebee's, Arby's Burger King, Chili's, Dickey's BBQ, Hong Kong Buffet, Jimm John's, Luciano's Italian, McAlister's Deli, McDonald's, Mr Jim' Pizza, Papa Murphy's, Perkins, Sonic, Starbucks, Subway, Tac Bell, Taco John's, Village Inn, Wendy's AmericInn, Hamp ton Inn, Hilton Garden, Holiday Inn, Quality Inn , $Tree AT&T, Buick/Chevrolet/GMC, Ford/Lincoln, GNC, Ridley's Mk to UW, Toyota, URGENT CARE, Verizon, Walgreens, Walmart Subway
313	US 287, to 3rd St, Laramie, Port of Entry, **N** Exxon, Gasa Mat, Loaf'N Jug, Phillips 66/dsl, Shell/dsl Chuck Wagon Rest., Corona Village Mexican, Qdoba Laramie Valley Inn Motel 8, Sunset Inn , Honda, Laramie Plains Museum NAPA, Nissan, **S** Motel 6, Ramada Inn USPO
312mm	Laramie River
311	WY 130, WY 230, Snowy Range Rd, Laramie, **N** WY Te Park, **S** Conoco/dsl, Exxon/Chester's/Papa John's/dsl, Phil lips 66/dsl McDonald's, Subway Best Value Inn re pair/tires, to Snowy Range Ski Area
310	Curtis St, Laramie, **N** Loves/Carl's Jr/Subway/dsl scales/24hr/@, /Wendy's/dsl/scales/24hr/@ Bes Western, Days Inn, EconoLodge, Super 8 , KOA, re pair, **S** Blue Beacon, Petro/Iron Skillet/dsl/scales/24hr/ Comfort Inn, Fairfield Inn Chrysler/Dodge/Jeep
307mm	**parking area both lanes**
297	WY 12, Herrick Lane
290	Quealy Dome Rd, **S** Exxon/A&C Truckstop/dsl
279	Cooper Cove Rd
272mm	Rock Creek
272	WY 13, to Arlington, **N** gas, RV camping
267	no services
262mm	**parking area both lanes**
260	CR 402
259mm	E Fork Medicine Bow River
257mm	Medicine Bow River
255	WY 72, Elk Mtn, to Hanna, **N** Conoco/dsl, **S** Elk Mtn H tel/rest
238	Peterson Rd
235	WY 130, S US 30/87, **N** Shell/dsl
229mm	N Platte River
228	no services
221	E Sinclair, **N** Sinclair/rest/dsl/24hr camping, to Sem noe SP
219	W Sinclair, **N** camping, to Seminoe SP
215	Cedar St, Rawlins, **N** Conoco/dsl, Shell/KFC/Taco Bel dsl, Sinclair/dsl Asian Bistro, Burger King, McDonald' Penny's Diner, Pizza Hut, Subway, Taco John's 1st Choic Inn, Comfort Inn, Days Inn, Econolodge, Fairfield Inn, Hamp ton Inn, Holiday Inn Express, OakTree Inn, Rawlings Wester Lodge $Tree, Bomgaars, Buick/Chevrolet/GMC, CarQues Chrysler/Dodge/Jeep, City Mkt/dsl, Do-It Hardware, Frontie Prison NHS, museum, O'Reilly Parts, to Yellowstone/Teton N Walmart/dsl
214	Higley Blvd, Rawlins, **N** Pronghorn Suites KOA, **S** TA Shell/Subway/dsl/scales/24hr/@ Best Value Inn
211	WY 789, to US 287 N, Spruce St, Rawlins, **N** Conoco dsl, Exxon/dsl, Loaf'n Jug, Sinclair/dsl Cappy's Rest

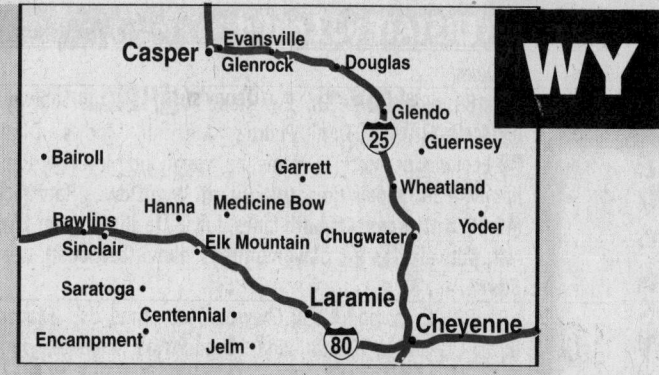

INTERSTATE 80 Cont'd

211	Continued
	Four Season Rest. 🏠 Best Western, Express Inn, La Bella, Motel 7, Rodeway Inn, Super 8, Travelodge 🅾 🏠 Family$, Red Desert Rose Camping, V1/LP, Verizon
209	Johnson Rd, **N** 🅿 ⊘*FLYING J*/Denny's/dsl/LP/scales/24hr
206	Hadsell Rd (no return)
205.5mm	continental divide, elev 7000
204	Knobs Rd
201	Daley Rd
196	Riner Rd
190mm	parking area eb, litter barrels
189mm	parking area eb, 🏠 litter barrels
187	WY 789, Creston, Baggs Rd
184	Continental Divide Rd
173	Wamsutter, **N** 🅿 ⊘*Loves*/Chester's/Subway/dsl/24hr/@, **S** 🅿 Conoco/dsl/repair/café/24hr 🍴 Broadway Café, Southern Comfort Cafe 🏠 Wamsutter Motel
165	Red Desert
158	Tipton Rd, continental divide, elev 6930
156	GL Rd
154	BLM Rd
152	Bar X Rd
150	Table Rock Rd
146	Patrick Draw Rd
144mm	🆁🆂 both lanes, full ♿ facilities, litter barrels, petwalk, 🍴, 🏠
143mm	parking area both lanes, litter barrels
142	Bitter Creek Rd
139	Red Hill Rd
136	Black Butte Rd
133mm	parking area both lanes
130	Point of Rocks, **N** 🅿 Conoco/dsl 🅾 RV Park
122	WY 371, to Superior
111	Airport Rd, Baxter Rd, **S** 🍴
107	Pilot Butte Ave, Rock Springs, **S** 🅿 Kum&Go/dsl/e85, Sinclair/dsl 🍴 Pizza Hut 🏠 Sands Inn/cafe, Springs Motel
104	US 191 N, Elk St, Rock Springs, **N** 🅿 ⊘*FLYING J*/Denny's/dsl/LP/24hr, Chevron/dsl, Conoco/dsl, Exxon, Kum&Go/dsl/e-85, Mobil/dsl 🍴 McDonald's, Pasta Veloce, Renegade Rest., Santa Fe SW Grill, Subway, Taco Time 🏠 Best Western, EconoLodge/rest. 🅾 Buick/GMC, to Teton/Yellowstone Nat Parks via US 191, truck repair, **S** 🅿 Exxon/dsl 🏠 Days Inn
103	College Dr, Rock Springs, **S** 🅿 Loaf'n Jug/dsl 🍴 Domino's 🅾 🏠, W WY Coll
102	WY 430, Dewar Dr, Rock Springs, **N** 🅿 Exxon, Loaf'N Jug/dsl, Sinclair/dsl, Tesla EVC 🍴 Applebee's, KFC/LJ Silver, Sapporo Japanese, Taco Time 🏠 Baymont Inn, Clarion, Comfort Inn, Motel 6 🅾 $Tree, Cadillac/Chevrolet, Chrysler/Dodge, Herberger's, Home Depot, JC Penney, Jo-Ann, Murdoch's, Petco, Ross, Smith's Foods, TJ Maxx, **S** 🅿 Dickey's BBQ, Kum&Go/dsl, Loaf'N Jug/dsl, Sinclair/dsl 🍴 Arby's, Bonsai Chinese, Burger King, Cafe Rio, Chopstix Chinese, Dickey's BBQ, Golden Corral, IHOP, Jimmy John's, Little Caesar's, McDonald's, Papa Murphy's, Pizza Hut, Quizno's, Sonic, Starbucks, Subway, Taco Bell, Village Inn, Wendy's, Winger's, Wonderful House Chinese 🏠 Hampton Inn, Holiday Inn, Holiday Inn Express, Homewood Suites, Motel 8, My Place, Quality Inn, Super 8, Western Inn 🅾 🏠, Albertsons/Sav-on, AutoZone, Big O Tire, Family$, Ford/Lincoln, NAPA, Nissan, O'Reilly Parts, Staples, Verizon, Walgreens, Walmart/Subway

R O C K   S P G S (vertical label, left margin)

G R E E N   R I V E R (vertical label)

99	US 191 S, E Flaming Gorge Rd, **N** 🅾 KOA (1mi), **S** 🍴 Cruel Jack's/dsl/rest./24hr/@ 🍴 Log Inn Rest., Ted's Rest. 🅾 fireworks, truck repair
94mm	Kissing Rock
91	US 30, to WY 530, Green River, **2 mi S** 🅿 Loaf'N Jug/dsl, Maverik/dsl 🍴 Arctic Circle, McDonald's, Pizza Hut, Subway, Taco Time 🏠 Coachman Inn, Mustang Inn, Super 8 🅾 Expedition NHS, Family$, same as 89, to Flaming Gorge NRA
89	US 30, Green River, **S** 🅿 Exxon/dsl 🍴 Penny's Diner, Pizza Hut, Staci Ann's Cafe 🏠 Hampton Inn, OakTree Inn, Super 8, Western Inn 🅾 Adam's RV Service, The Travel Camp, to Flaming Gorge NRA
87.5mm	Green River
85	Covered Wagon Rd, **S** 🅾 Adams RV parts/service, The Travel Camp
83	WY 372, La Barge Rd, **N** to Fontenelle Dam
78	(from wb)
77mm	Blacks Fork River
72	Westvaco Rd
71mm	parking area both lanes
68	Little America, **N** 🅿 Sinclair/Little America Hotel/rest./dsl/24hr/@ 🅾 RV camping
66	US 30 W, to Teton, Yellowstone, Fossil Butte NM, Kemmerer
61	Cedar Mt Rd, to Granger
60mm	parking area both lanes
53	Church Butte Rd
49mm	parking area wb
48	Lp 80, Lyman, Ft Bridger, Hist Ft Bridger
45mm	Blacks Fork River
41	WY 413, Lyman, **N** 🆁🆂 both lanes, full ♿ facilities, litter barrels, petwalk, 🍴, 🏠, 🅿 Gas'n Go/cafe/dsl, **S** 🍴 Taco Time 🅾 Gateway Inn (2mi), KOA (1mi) **39** WY 412, WY 414, to Carter, Mountain View
34	Lp 80, to Ft Bridger, **S** 🏠 Wagon Wheel Motel 🅾 Ft Bridger NHS, Ft Bridger RV Camp, to Flaming Gorge NRA
33.5mm	parking area eb
33	Union Rd
30	Bigelow Rd, **N** 🅿 TA/Shell/Burger King/Taco Bell/Fork In the Road/dsl/scales/24hr/@, **S** fireworks
28	French Rd
28mm	French Rd, 🅾 parking area both lanes
24	Leroy Rd
23	Bar Hat Rd
21	Coal Rd
18	US 189 N, to Kemmerer, to Nat Parks, Fossil Butte NM
15	Guild Rd (from eb)
14mm	parking area both lanes
13	Divide Rd
10	Painter Rd, to Eagle Rock Ski Area, to Eagle Rock Ski Area

WY

WY

EVANSTON

Exit#	Services
	🔽E INTERSTATE 80 Cont'd
Exit#	Services
6	US 189, Bear River Dr, Evanston, **N** 🅟 Pilot/Subway/ dsl/scales/24hr 🅕 Don Pedro's Mexican, Jody's Diner 🅛 Econolodge, Motel 6, Prairie Inn, Vagabond Motel 🅞 Phillips RV Park, repair/tires, truck wash, Wyo Downs Racetrack (10mi), **S** Welcome Ctr both lanes, full 🅰 facilities, litter barrels, petwalk, 🅒, 🅰, playground, RV dump (seasonal), Bear River SP
5	WY 89, Evanston, **N** 🅟 Chevron/Taco Time/dsl, Maverik/dsl 🅕 Arby's, Costa Vida, DragonWall Chinese, Jimmy John's, McDonald's, Papa Murphy's, Subway, Wendy's 🅛 EconoLodge 🅞 🅷, $Tree, AutoZone, Chevrolet, GNC, Jiffy Lube, Murdoch's, NAPA, O'Reilly Parts, Verizon, Walmart/Subway, **S** 🅞 WY St 🅷
3	US 189, Harrison Dr, Evanston, **N** 🅟 ✈FLYING J/Subway/dsl/scales/24hr, Chevron/dsl, Shell, Sinclair, Tesla EVC 🅕 JB's, Lotty's Rest., TC's Rest., Wally's Burgers 🅛 Best Western/rest., Comfort Inn, Days Inn, Hampton Inn, HillCrest Motel, Holiday Inn Express, Howard Johnson, Quality Inn, Super 8 🅞 Chrysler/Dodge/Jeep, USPO, **S** 🅕 KFC/Taco Bell 🅞 🅷, fireworks
.5mm	**Port of Entry eb, weigh sta wb**
0mm	Wyoming/Utah state line
	🔽E INTERSTATE 90
Exit#	Services
207mm	Wyoming/South Dakota state line
205	Beulah, **N** 🅟 Sinclair/dsl/LP 🅕 Buffalo Jump Rest. 🅞 Beulah Campground, Sand Creek Trading Post/gas/cafe, USPO, **S** Ranch A NHP (5mi)
204.5mm	Sand Creek
199	WY 111, to Aladdin, **N** Welcome ctr/🆁🆂 (both directions) , full 🅰 facilities, 🅰, litter barrels, 🅒, petwalk, to Devil's Tower NM, to Vore Buffalo Jump NHP (2mi)
191	Moskee Rd

SUNDANCE

Exit#	Services
189	US 14 W, Sundance, **N** 🅟 Conoco/dsl/24hr 🅛 Best Western 🅞 🅷, Mt View Camping, museum, to Devil's Tower NM, **S** 🆁🆂 both lanes, full 🅰 facilities, info, litter barrels, petwalk, 🅒, 🅰, playground, RV dump, port of entry/weigh sta,
187	WY 585, Sundance, **N** 🅟 Fresh Start/dsl, Sinclair/dsl 🅕 Aro Rest., Higbee's Cafe, Subway 🅛 Bear Lodge, Best Western, Budget Host Arrowhead, Rodeway Inn 🅞 🅷, auto repair, Decker's Foods, museum, NAPA, to Devil's Tower
185	to WY 116, to Sundance, **S** 🅟 Conoco/dsl, same as 187
178	Coal Divide Rd
177mm	**parking area both lanes**
172	Inyan Kara Rd
171mm	**parking area both lanes, litter barrels**
165	Pine Ridge Rd, to Pine Haven, **N** Cedar Ridge RV Park (10mi), to Keyhole SP
163mm	**parking area both lanes**
160	Wind Creek Rd
154	US 14, US 16, **S** 🅟 Sinclair/dsl 🅕 Donna's Diner, Subway 🅛 Cozy Motel, Moorcourt Motel, Rangeland Motel/RV Park, Wyo Motel 🅞 city park, Diehl's Foods/gas, museum, USPO
153	US 16 E, US 14, W Moorcroft, **N** 🆁🆂 both lanes, full 🅰 facilities, litter barrels, petwalk, 🅒, 🅰, **S** same as 154
152mm	Belle Fourche River
141	Rozet, **S** 🅞 All Seasons RV Park (3.5mi)
138mm	**parking area both lanes**
132	Wyodak Rd

GILLETTE

Exit#	Services
129	Garner Lake Rd, **S** 🅛 Arbuckle Lodge 🅞 auto repair, Crazy Woman Camping (3mi), Harley-Davidson, High Plains Camping
128	US 14, US 16, Gillette, **N** 🅟 Kum&Go, Maverik/dsl, MG Oil/ dsl, Sinclair/Papa John's/dsl 🅕 Mona's American/Mexican, Taco John's, Village Inn 🅛 Howard Johnson, Mustang Motel, National 9 Inn, Quality Inn 🅞 Crazy Woman Camping (2mi), East Side RV Ctr., Port of Entry, **S** 🅛 Arbuckle Lodge 🅞 High Plains Camping
126	WY 59, Gillette, **N** 🅟 Cenex/dsl, Loaf'N Jug, Sinclair/Papa John's/dsl 🅕 China King Buffet, Hardee's, Little Caesar's, McDonald's, Pizza Carrello, Pokey's BBQ, Prime Rib Rest, Starbucks, Subway 🅛 Best Value Inn 🅞 city park, Family$, Smith's Foods, Tire Factory, Verizon, **S** 🅟 ✈FLYING J/ dsl/24hr, Exxon, Loaf'N Jug/dsl 🅕 A&W/LJ Silver, Adriano's Italian, Applebee's, Arby's, Armando's Taco, Buffalo Wild Wings, Burger King, DQ, Goodtimes Grill/Taco John's, Great Wall Chinese, Jimmy John's, KFC, Las Margarita's Mexican, Old Chicago Grill, Papa Murphy's, Perkins, Pizza Hut, Qdoba Mexican, Quiznos, Ruby Tuesday, Smiling Moose Deli, Subway, Taco Bell, Wendy's, Wyo Rib Chophouse 🅛 Candlewood Suites, Country Inn&Suites, Days Inn, Fairfield Inn, Holiday Inn Express, Home 2 Suites, La Quinta, Oak Tree Inn, Ramada Plaza, Wingate Inn 🅞 $Tree, Albertson's, AT&T, AutoZone, Big O Tire, city park, GNC, Goodyear Truck Tire, Home Depot, Jo-Ann, K-Mart, Menards, Midas, Office Depot, O'Reilly Parts, Osco Drug, Petco, Plains Tire, Tire-O-Rama, Verizon, vet, Walgreens, Walmart/Subway
124	WY 50, Gillette, **N** 🅟 Kum&Go/dsl, Shell/Burger King/dsl, Sinclair/Papa John's/dsl 🅕 Hong Kong Rest., Los Compadres Mexican, Pizza Hut, Rooster's Rest., Subway 🅛 Best Western/ rest., Budget Inn, Comfort Inn, Hampton Inn, Motel 6, Super 8, TownePlace Suites 🅞 🅷, Crazy Woman Camping, Don Foods, Ford, **S** 🅟 Kum&Go/dsl 🅕 McDonald's 🅞 Bighorn Tire, Buick/Chevrolet/GMC, Chrysler/Dodge/Jeep
116	Force Rd
113	Wild Horse Creek Rd
106	Kingsbury Rd
102	Barber Creek Rd
91	Dead Horse Creek Rd
89mm	Powder River
88	Powder River Rd, **N** 🆁🆂 both lanes, full 🅰 facilities, litter barrels, petwalk, 🅒, 🅰, 🅞 RV Park
82	Indian Creek Rd
77	Schoonover Rd
73.5mm	Crazy Woman Creek
73	Crazy Woman Creek Rd
69	Dry Creek Rd
68.5mm	**parking area wb**
65	Red Hills Rd, Tipperary Rd
60mm	**parking area both lanes, litter barrels**
58	US 16, to Ucross, Buffalo, 0-3 mi **S** 🅟 Cenex/dsl/24hr, Exxon/ dsl, Maverik/dsl 🅕 Bozeman Tr Steaks, Dash Inn Rest., Hardee's, McDonald's, Pizza Hut, Sub Shop, Subway, Taco John's, Winchester Steaks 🅛 Buffalo Inn, Comfort Inn, Days Inn, Hampton Inn, Holiday Inn Express, Quality Inn, Rodeway WY Motel, Super 8 🅞 🅷, Ace Hardware, Bighorn Tire, Deer Park Camping, Family$, Indian RV Camp, KOA, Nat Hist Dist, O'Reilly Parts, Verizon, vet
56b	I-25 S, US 87 S, to Buffalo
56a	25 Bus, 90 Bus, to Buffalo, **services 2mi S (from eb)**
53	Rock Creek Rd

BUFFALO

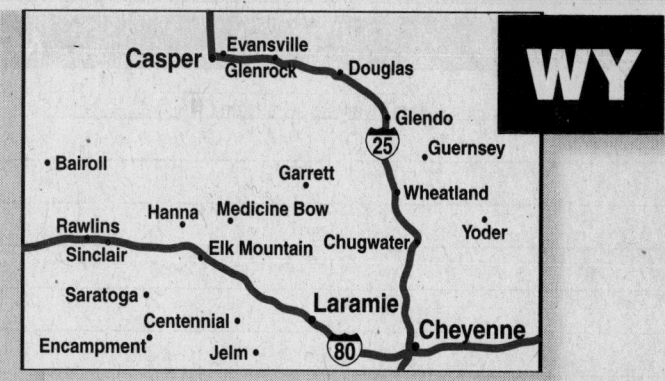

INTERSTATE 90 Cont'd

Exit#	Services
51	Lake DeSmet, **1 mi N** 📷 Lake Stop gas/motel/cafe 🅾 Lake De Smet RV park
47	Shell Creek Rd
44	US 87 N, Piney Creek Rd, to Story, Banner, **N** 🅾 Ft Phil Kearney, museum, **5 mi S** Wagon Box Cabins/Rest.
39mm	scenic turnout wb
37	Prairie Dog Creek Rd, to Story
33	Meade Creek Rd, to Big Horn
31mm	parking area eb
25	US 14 E, Sheridan, **N** 🛏 Quality Inn 🅾 Dalton's RV Ctr, **S** 📷 Cenex/dsl, Exxon/dsl, Holiday/dsl, Maverik/dsl 🍴 Arby's, Burger King, Goodtimes/Taco John's, Jimmy John's, Little Caesar's, Los Agaves, McDonald's, Ole's Pizza, Papa John's, Papa Murphy's, Perkins, Qdoba, Starbucks, Subway, Taco Bell, Wendy's 🛏 Candlewood Suites, Days Inn, Fairfield Inn, Holiday Inn, Holiday Lodge, Mill Inn 🅾 $Tree, Ace Hardware, 🔧 Albertson's/Osco Drug, AT&T, AutoZone, Buick/GMC, Chrysler/Dodge/Jeep, Firestone/auto, Ford/Lincoln, GNC, Goodyear/auto, Home Depot, Midas, NAPA, O'Reilly Parts, Petco, Sheridan Coll, Tire-Rama, to Hist Dist, Toyota, Verizon, vet, Walgreens, Walmart/Subway
23	WY 336, 5th St, Sheridan, **N** Rs both lanes, full 🅿 facilities, 🏕 litter barrels, petwalk, RV dump, 📷 Rock Stop/Subway/dsl 🛏 Comfort Inn, **1-2 mi S** 📷 Cenex, Holiday/dsl 🍴 DQ, Powder River Pizza 🛏 Alamo Motel, Best Value Inn, Best Western, Hampton Inn, Motel 6 🅾 H, city park, Honda, Peter D's RV Park, radiators, Sheridan Cty Museum

S
H
E
R
I
D
A
N

20	to Main St, Sheridan, **W** 📷 Common Cents/dsl, **N** 🅾 KOA, **S** 📷 Cenex/dsl, Exxon/dsl/scales/24hr, Gasamat/dsl, Maverik/dsl 🍴 Domino's, Kim's Rest., McDonald's, Pizza Hut 🛏 Bramble Motel, Budget Inn, Rodeway Inn, Stage Stop Motel, Super 8, Super Saver Motel, Trails End Motel/rest. 🅾 H, Peerless Tires, Verizon
16	to Decker, Montana, **port of entry**
15mm	Tongue River
14	WY 345, Acme Rd
9	US 14 W, Ranchester, **1mi S** 📷 Conoco/dsl 🅾 Conner Bfd NHS, Foothills Campground, Lazy R Campground, to Yellowstone/Teton NPs, Western Motel
1	Parkman
0mm	Wyoming/Montana state line

NOTES

NOTES

Assist A Fellow Traveler with...

the Next EXIT®

Published annually, *the Next EXIT®* provides the best USA Interstate Highway Information available. Use this form to order another copy of the Next EXIT® for yourself or for someone special.

Please send _____ copies of the Next Exit® to the address below.
I've enclosed my check or money order for $23.95 US ($26.95 Canadian) per copy.

Name:_____

Address:_____ Apt./Suite #_____

City: _____ State: _____ Zip:_____

THREE EASY ORDER OPTIONS:

1. **MAIL ORDER FORM TO:**   the Next EXIT®, Inc.
   PO Box 888
   Garden City, Utah 84028

2. **ORDER ON THE WEB AT: www.theNextExit.com**

3. **Give Us A Call & Use Your Charge Card: 1-800-NEX-EXIT or 1-800-639-3948**

More digital options are available at www.theNextExit.com

LA
RESOLUCIÓN
para MUJERES

PRISCILLA
SHIRER

NASHVILLE, TENNESSEE

Publicado por B&H Publishing Group,
Nashville, Tennessee 37234

Publicado originalmente en inglés con el título
The Resolution for Women © 2011 por Priscilla Shirer.

Traducción al español: *Gabriela De Francesco de Colacilli.*

Diseño interior: *Grupo Nivel Uno Inc.*

ISBN: 978-1-4336-7465-5

Clasificación Decimal Dewey: 248.843
Clasifíquese: VIDA CRISTIANA\ MUJER

Impreso en Estados Unidos de América.
1 2 3 4 5 6 7 * 15 14 13 12 11

Para las mujeres de resolución que han formado mi vida:

Mi madre, Lois;
mis abuelas, Evelyn y Eileen;
y mis tías, Ruth Ann, Elizabeth, Bernice y Beverly

Reconocimientos

A Jerry Sr., Jackson, Jerry Jr., Jude. Mi principal aspiración en la vida es servirlos bien como esposa y madre. Mi oración es que cuando caiga el telón de mi vida en esta Tierra, puedan decir con seguridad que fui una mujer de resolución. Estoy loca por ustedes.

A Jennifer y el equipo editorial de B&H. Es inusual trabajar con gente consciente e interesada en el delicado equilibrio entre los negocios y el ministerio. Gracias por mantener clara nuestra prioridad principal. Los apreciamos y estamos agradecidos de trabajar con ustedes.

A Alex y Stephen Kendrick. Todavía me asombra que Dios me haya permitido trabajar con ustedes en esta tarea tan importante. Jerry y yo agradecemos su visión, nos alienta su integridad y nos bendice llamarlos amigos.

A Lawrence. Te aplaudo por tu talento como escritor, pero te admiro por todas tus características, que yo me esfuerzo por desarrollar: paciencia, humildad y sensibilidad espiritual. Me inspiras mucho más de lo que imaginas. Gracias por participar de este proyecto conmigo. Ha sido un viaje emocionante, y valió la pena cada momento.

Y por último, a todas mis amigas: algunas más jóvenes, otras más maduras; algunas solteras y otras casadas; algunas mamás y otras no… a todas las que se encontraron conmigo y compartieron sus opiniones, experiencias personales y perspectivas para este proyecto. Gracias por prestarme su visión y por abrirme sus vidas. Valoro las horas que pasaron pensando en las preguntas que les hice e incluso leyendo algunos capítulos «casi listos» del manuscrito. Este no sería el mismo sin ustedes. La riqueza de sus vidas es el mayor tesoro del libro.

ÍNDICE

Parte II: Lo que tengo

ÍNDICE

Parte III: Lo más importante para mí

PRÓLOGO

Luego de un año de oración, Dios generó la visión para la película *Valientes* y para las Resoluciones para hombres y mujeres. Comenzamos a preguntar qué sucedería si los hombres y las mujeres de esta generación tomaran una resolución y se comprometieran por completo a vivir por lo que más importa. ¿Y si dejáramos de lado el bagaje de nuestro pasado, aclaráramos nuestras convicciones y buscáramos la fidelidad a Dios, a nuestro matrimonio y a nuestros hijos durante el resto de nuestra vida? Muchos hombres y mujeres maravillosos de la Escritura y de la historia definieron su resolución personal y vivieron en consecuencia. ¡Ahora nos toca a nosotros!

Cuando comenzamos a desarrollar *La resolución para hombres*, le pedimos a Dios que nos mostrara quién debía escribir *La resolución para mujeres*. Nos guió claramente a Priscilla Shirer, cuyo llamado, comprensión escritural y testimonio únicos representan la fidelidad multigeneracional.

Priscilla se sumergió en este proyecto con pasión, acompañada de oración y de la convicción de que Dios está llamando a las mujeres a una nueva etapa. Mujeres que reflejen su pleno propósito y potencial. Mujeres que abracen la vida con gozo y satisfacción, y a quienes se las conozca por su fidelidad en todas las áreas de la vida. Mujeres que comprendan que esto supone disciplina y autosacrificio, pero que es posible si permiten que la Palabra de Dios las alimente y que el Espíritu Santo las controle.

Esta *Resolución para mujeres* te estimulará y desafiará. Le hablará a la mejor parte de tu ser. Te recordará tu valor inestimable y las razones maravillosas por las que fuiste creada para honrar a Dios. Luego, te impulsará a abrazar tu etapa actual en la vida al definir qué es lo más importante para ti en este momento. Este libro te alentará, inspirará e, incluso, provocará e irritará. Pero, a cada paso, te llevará a

dedicarte a realizar y cumplir compromisos que te traerán todas las bendiciones y las alegrías de una vida que busca lo mejor de Dios.

A medida que leas, comenzarás a analizar las decisiones que tomas y las perspectivas a las que te aferras. Empezarás a refinar tu cosmovisión e irás reformando gran parte de lo que crees sobre tus distintos roles en la vida. Es exactamente lo que esperamos que hagas. Creemos que este libro puede transformar tu vida, tu matrimonio, tus hijos y tus amistades. ¿Por qué? Porque está basado en verdades bíblicas. Y la Palabra de Dios es viva y poderosa, y nunca vuelve vacía.

Es cierto que no puedes hacerlo con tus propias fuerzas. No tengas miedo de admitirlo abiertamente. Pero todos quieren creer que pueden ser una mejor persona. Entonces, con la guía y la participación del Señor, ¡no solo es posible, sino también realista y alcanzable! Él ya prometió completar la obra misericordiosa que empezó en ti (Filipenses 1:6).

A medida que Priscilla comparta sus historias personales, te reirás y llorarás con ella, y asentirás con la cabeza en cada capítulo. También te hará estremecer varias veces, cuando el Señor use la verdad de este libro para modelar tu carácter y hacerte crecer espiritualmente. Pero no temas dejar que eso suceda. ¡Es necesario para transformarte en la mujer piadosa y llena de gracia que Dios quiere! ¡Y ella es maravillosa!

Así que, busca el lugar en tu casa o el momento en que puedas disfrutar más de la lectura. ¡Abre el corazón, la mente e incluso tu diario, y pídele al Espíritu Santo que te ayude a entretejer los principios de Dios en tu vida cotidiana! Recomendamos que ores antes de leer cada capítulo y le pidas al Señor que te hable mediante los pasajes de la Escritura y los testimonios de este libro.

Luego, observa lo que Él hace *contigo*. Puede haber algunos cambios en el horizonte… cambios buenos, cuyo momento es ahora. ¡Y todo será para Su gloria!

¡Ajústate el cinturón de seguridad! ¡Dios está a punto de ponerse a obrar!

Que el Señor te bendiga al comenzar.

Alex Kendrick
Stephen Kendrick

LA REVOLUCIÓN DE LA RESOLUCIÓN

Resolución (sust.):

a. *acción de resolver o determinar una acción o modo de actuar, un método, un procedimiento, etc.*

b. *estado mental o cualidad de estar resuelto o decidido; firmeza de propósito.*

Debo admitir que las resoluciones son un tema delicado para mí. Sinceramente, la palabra misma y su significado me incomodan un poco.

Quizás mi personalidad espontánea y despreocupada se ve ofendida por esta idea: comprometerme con ciertas decisiones que tendré que cumplir aun cuando haya decaído mi entusiasmo (y sé que sucederá). Planear algo por escrito y tener la responsabilidad de cumplirlo parece sumamente decisivo y concreto. Me asusta un poco.

O quizás el problema sea que muchas veces me propuse metas e hice promesas parecidas, pero no siempre las llevé a cabo. Resoluciones sobre dieta y ejercicio, presupuesto y planificación financiera, prioridades y equilibrio, o sencillamente sobre cumplir una lista de cosas para hacer antes del final del día. Si fracasas muchas veces, no quieres volver a intentarlo.

Y sin embargo, cerca de mediados de diciembre, muchos comenzamos a pensar en las resoluciones que tenemos que considerar,

aunque estos nuevos comienzos y elevados ideales solo representen un papel fugaz en el escenario de nuestra mente. Por variadas razones, algunos decidimos que no vale la pena el esfuerzo. Pero otros se arman de valor, se afirman y, con tenacidad, se abren paso hacia el año nuevo con una serie de planes a cuestas.

Siempre me asombra la diligencia de los que cumplen sus promesas, ya sea en Año Nuevo o en cualquier otro momento. Y cuanto más tardan en aparecer los dividendos tangibles de su inversión, mayor es el impacto que me produce lo que lograron… lo que yo logré al dedicarme a mis compromisos. Porque, a pesar de que las condiciones me producen una reacción adversa al principio, valoro las resoluciones.

Es más, las tomo todos los días.

Tú también.

Ahora mismo, te des cuenta o no, decides tratar a los demás de una determinada manera, permanecer en ciertas actividades, vivir de determinada forma, ser cierta clase de persona y *no* otra. En fin, tomaste una decisión. Una declaración explícita (o tácita). Hay una bandera distintiva sobre tu vida, escrita con la tinta de tus propias decisiones. Los demás pueden leerla, aun si tú no puedes.

Ya eres una mujer de resoluciones.

Te identifican. Determinan la vida que tendrás y el futuro que construirás.

Así que, como las resoluciones ya forman parte de nuestra vida, la verdadera cuestión no es atrevernos a tomarlas, sino hacerlo de manera intencional. La bandera que flamea sobre nuestra vida y le anuncia al mundo quiénes somos realmente debe decir lo que nosotras queremos y producir cambios positivos *en* nosotras y a nuestro *alrededor*.

De eso se trata este libro.

Siento la responsabilidad de decírtelo desde las primeras páginas. Quiero que sepas en qué te estás metiendo, en caso de que decidas no participar y cerrar la portada del libro antes de seguir profundizando. No es una lectura para entretenerte. Es más, quizás para algunas no

sea nada placentera. Lo más probable es que ciertas partes te resulten un tanto hostiles y te hagan sentir culpable. Cada capítulo que leas te obligará a decidir por sí o por no, si harás algo o no lo harás, si puedes o no puedes. La decisión es tuya.

Mi oración en este momento es que decidas seguir adelante, porque estoy convencida de que vale la pena.

Aunque las resoluciones no sean tu punto fuerte.

Aunque estés relacionada con alguien que no respeta lo que haces y que tampoco piensa tomar ninguna resolución personal.

Aunque no estés demasiado convencida de que esto vaya a cambiar algo en tu vida.

Aunque no tengas deseos de hacerlo ni tu trayectoria te respalde.

Acompáñame en una travesía revolucionaria de resoluciones. Te aseguro que valdrá la pena. ¿Por qué?

En primer lugar, esta resolución es para con Dios. A diferencia de la variedad de las resoluciones de Año Nuevo, estas se basan en principios que Dios mismo estableció. Son más que meras decisiones que tomas en tu cabeza; se sostienen por el poder del Espíritu Santo que te alienta, te consuela, te prepara, y te da el poder y la fortaleza que necesitas para llevarlas a buen puerto. En esencia, son Sus resoluciones para ti.

En segundo lugar, esta resolución impactará a tus seres queridos. Si estás casada, me refiero a tu esposo. Si eres madre, me refiero a tus hijos. Si eres soltera, me refiero a tus amigos y a tu familia. Aun si ninguna de estas personas parece admirar ni apoyar tus esfuerzos al tomar esta resolución, esto es entre tú y Dios, y decidirás según Su Palabra. El impacto profundo en tu vida se derramará sobre las experiencias de los que te rodean. A veces, el mayor milagro de todos es el que sucede en tu corazón, el cambio en ti, y luego te sorprende al filtrarse en las costuras y en la tela de toda tu vida. Una persona transformada puede producir un efecto increíble en su entorno.

A medida que leas, quizás te sientas frustrada y tentada a culpar a otros. «¿Y mi esposo? ¿Por qué *él* no quiere cambiar? ¿Por qué siempre

es lo que *yo* tengo que hacer, en lugar de mi familia, mis hijos, mis compañeros de trabajo y mis amigos? ¿Acaso no son también parte de la ecuación?» Quizás sientas fastidio ante la aparente unilateralidad de algunas de las conversaciones que tendremos.

Así que, permíteme ser clara. Este libro *está* sesgado. Tiene el deliberado propósito de no considerar las acciones (o la pasividad) de los demás miembros de tu familia o de la gente que vive, trabaja y asiste a la iglesia contigo. No hablaré de tu esposo ni de cómo debería comportarse. Se trata de lo que *tú* harás y de lo que Dios hará en *ti* por Su gracia, a partir de hoy. Es la *Resolución para* MUJERES. Y en particular, para una mujer: tú.

Lo único que necesitas saber es que en Su tiempo y diseño impecables, Dios trajo este libro a tu vida, para este momento en particular. Te invita a tomar la decisión difícil, pero necesaria, de enfrentar estos capítulos y los temas que presentan con una fuerte dosis de valentía, una disposición prodigiosa de mirar hacia adentro en lugar de hacia afuera, y la confianza firme en Su Espíritu, que te dará poder para cumplir con estas resoluciones, sin importar si tu cónyuge o los demás no tienen muchos deseos de seguir tu ejemplo.

Así que, ahora mismo, en el silencio de tu corazón, toma un momento para regodearte. Vamos. Sabes que quieres hacerlo. ¡Ánimo! ¡Choca los cinco! Celebra la invalorable mujer que eres para encarar un libro como este, que exige nada menos que una respuesta radical de quien lo lea.

¿Ya lo hiciste? Bien.

Ahora, deja esto atrás y comencemos.

Hay trabajo por hacer y resoluciones por tomar.

Sé muy bien que rara vez la vida nos proporciona tres horas de tranquilidad y una manta para cubrirnos el regazo. En general, esos momentos de dulce comodidad no están hechos para nosotras, sino para las fotos de catálogos y para las fantasías. Así que, intencionalmente escribí este libro con un ritmo que espero que se adapte a tus

realidades de lectura. Un poco aquí, otro poco allá… cuando tengas algún momento libre. Espero que nunca lo levantes y te preguntes: *¿Por dónde iba?*, porque cada parte del libro es una nueva experiencia; un pensamiento inicial; nuevo para ti, justo para ese momento.

Espero que leas este libro despacio y con determinación, no con la intención de terminarlo, sino de participar en cada segmento. Por eso, al final de cada sección o capítulo breve, encontrarás algunas preguntas o conceptos para considerar; quizás alguna aplicación práctica sugerida para que implementes. Te aliento a tomarte tu tiempo, tal vez un día entero entre cada segmento, para que puedas poner en práctica lo que estás leyendo dentro de los ritmos de tu vida. Una vez más, resiste el impulso de «terminar ya». En cambio, decide considerar con cuidado adónde estás parada respecto de cada sugerencia y principio bíblico, y luego dedica tiempo para practicar lo que resuelvas implementar en tu vida. Las mismas preguntas podrían adaptarse para usar en grupos pequeños o en reuniones habituales entre amigas, para poder analizar estas cuestiones con hermanas a quienes puedas rendir cuenta. Así es como una resolución se vuelve revolucionaria. Transformadora.

Finalmente, las experiencias que tengamos en las páginas de cada apartado nos llevarán a un momento decisivo: elaborar un nuevo compromiso de resolución. Una promesa. Una acción. Un propósito en el cual envolver nuestras vidas mientras seguimos siendo transformadas a imagen de la voluntad y el deseo de Dios. Te pediré que la leas en oración, que la digas en voz alta y que la firmes. También creo que sería bueno que consideres tomar estas resoluciones con tu familia presente o con un grupo de amigas piadosas que puedan ayudarte (mientras también las ayudas a *ellas*) a alcanzar todo lo que prometen estos compromisos. De ninguna manera prometes ser perfecta, sino que te comprometes a comenzar… a avanzar hacia donde te señala esa resolución en particular.

En este libro, encontrarás trece resoluciones:

1. PROMETO solemnemente ante Dios aceptar esta etapa de mi vida y aprovecharla al máximo, sin prisa ni evasiones, y vivirla con un espíritu de contentamiento.

2. PROMETO defender el modelo divino para la mujer frente a una cultura posfeminista, enseñárselo a mis hijas y fomentar el apoyo de mis hijos.

3. PROMETO aceptar y celebrar mi singularidad; además de valorar y alentar los rasgos distintivos que admiro en los demás.

4. PROMETO vivir como una mujer responsable ante Dios y comprometida fielmente con Su Palabra.

5. PROMETO dar lo mejor de mí, de mi tiempo y de mis talentos al rol primordial que el Señor me ha confiado en esta etapa de mi vida.

6. PROMETO ser rápida para escuchar y lenta para hablar, mostrar interés por las preocupaciones de los demás y considerarlos superiores a mí misma.

7. PROMETO perdonar a los que me hagan mal y reconciliarme con quienes yo haya defraudado.

8. PROMETO no tolerar influencias impías ni en mí ni en mi hogar, por más justificables que parezcan, sino procurar una vida de pureza.

9. PROMETO buscar la justicia, amar la misericordia y ser compasiva.

10. PROMETO ser fiel a mi esposo y honrarlo con mi conducta y mi conversación, para glorificar el nombre del Señor; y aspiro a ser una compañera adecuada que lo ayude a alcanzar el potencial que Dios le dio.

11. PROMETO enseñar a mis hijos a amar a Dios con todo su corazón, con toda su mente y con todas sus fuerzas, e instruirlos para que respeten la autoridad y sean responsables.

12. PROMETO cultivar un hogar tranquilo donde se perciba la presencia de Dios no solo mediante actos de amor y servicio, sino también a través de mi actitud afable y agradecida.

13. PROMETO tomar las decisiones de hoy teniendo en mente el impacto futuro, y considerar mis decisiones actuales a la luz de las generaciones venideras.

LA REVOLUCIÓN DE LA RESOLUCIÓN

No importa cómo te esté yendo en cada una de estas áreas ni la etapa de la vida en que estés: el Señor siempre te llama y te desafía a crecer porque Su capacidad para producir más excelencia y abundancia a tu vida no tiene límite. Cuanto más crezcas, más podrá fluir Su poder a través de ti, para satisfacer tu corazón y transformar tu mundo.

Es una revolución. Una que afectará tu vida por completo.

Y estoy segura, mi querida compañera de travesía, de que en este lugar y a través de estas páginas, tu vida comenzará a cambiar en forma intencional. Con Dios. Con una entrega total.

Entonces, ¿estás lista?

¡Vamos!

Priscilla

PARTE I:
LO QUE SOY

SATISFECHA CONTRA TODO PRONÓSTICO

La resolución de contentarme

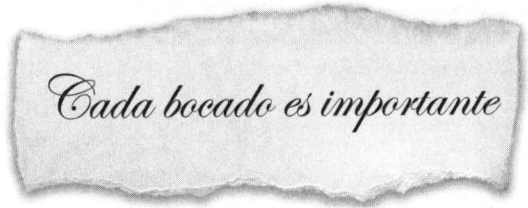

Cada bocado es importante

«Será un buen año para ti, amiga. Treinta y seis es una edad fabulosa».

Treinta y seis.

Eran los últimos días de diciembre y estaba a punto de cumplir 36 años. Sentada a la mesa frente a una amiga que ya había dejado atrás esa década hace mucho tiempo, observé cómo le brillaban los ojos color café, con un tinte de emociones recordadas.

No sé por qué, pero algo de lo que dijo me impactó. Quizás fue la manera de decirlo. Tal vez fue la expresión de sus ojos o la sonrisita que le asomaba en la comisura de sus pequeñísimos labios. No importa qué fue, pero me atrajo, captó mi atención, y se instaló en mi mente y corazón para considerarlo.

Pensé en este cumpleaños desde su perspectiva. Varias veces habíamos hablado de los incidentes de su vida como veinteañera, las sorpresas que la habían interrumpido como treintañera y la

tranquilidad que la había tomado de la mano para guiarla hasta los 40. Hacía 25 años que estaba casada, había criado tres hijos increíbles, y lidiado con los giros inesperados de la vida que la mayoría de los que están a punto de cumplir 50 probablemente ha experimentado. Se había desilusionado, había experimentado un gozo increíble, y ahora vivía una vida plena y repleta de amistades profundas y de una fe aun más profunda.

Y sentadas a la mesa navideña de aquel restaurante, mientras devorábamos un delicioso volcán de chocolate, mi amiga exhaló un profundo suspiro de mujer satisfecha. Se quitó el flequillo rubio de los ojos, levantó un poco la cabeza y me dijo que la etapa a la que yo estaba por entrar era buena, que tenía que recibirla con expectativa y disfrutar sus bendiciones. Los hijos ya son un poco más independientes, el matrimonio unos años más maduro y el cuerpo todavía apunta bastante al norte.

Sí, el recuerdo de ese año de su vida la hacía sonreír. Había sido bueno.

Y luego de ese comentario sencillo, regresó a la delicia de chocolate.

Me parece que no notó mi reacción. No vio cómo el peso de su comentario me golpeó con toda su fuerza, como un jugador de béisbol que se balancea y le pega a la pelota con ímpetu. Con un giro repentino de la muñeca, había hecho volar mi corazón por el campo abierto de la convicción. Su sugerencia, implícita en pocas palabras (la manera en que me proponía enfrentar esta nueva etapa de la vida) era completamente opuesta a mis tendencias naturales.

Verás, soy la clase de persona que se adelanta a los acontecimientos, y, a menudo, realizo la actividad presente en forma mecánica para llegar a la siguiente. Mi corazón y mi cuerpo no siempre comparten el mismo espacio. En lugar de saborear cada momento, cada año, cada oportunidad y cada paso del camino, no veo la hora de llegar a la

próxima actividad, que siempre parece más atractiva que la presente. Casi nunca estoy del todo satisfecha con mi situación actual.

Al hacer un rápido inventario mental, se comprobó que no había estado del todo presente en muchas partes de mi vida. En la adolescencia, me había apurado con impaciencia por alcanzar la mayoría de edad. En la universidad, cuando era soltera, no veía la hora de estar en una relación comprometida y terminar de estudiar, para que la vida pudiera «comenzar al fin». Entonces, cuando llegó mi compañero para la vida, disfruté de los primeros años de matrimonio, pero a veces abrigaba descontento por nuestra falta de hijos. Y cuando empezaron a llegar los hijos, las noches se hicieron largas y los días aún más largos, y me la pasaba orando para que la hora de ir a dormir llegara más rápido que el día anterior. Estuve *presente* todos esos años de mi vida como estudiante, esposa y mamá (como mujer), y sin embargo, tengo pocos recuerdos, pocos sentimientos que asocie con algunos de esos momentos de la vida. ¿Por qué? Porque había estado allí, pero en realidad no *estuve*.

Y a punto de cumplir 36, comprendí que tampoco había participado del todo de *ese* último año. Es cierto, en general lo había disfrutado, pero no lo había absorbido, saboreado, valorado, celebrado ni apreciado por lo que fue: la única vez en la vida que tendría 35 años. Ahora ya se terminaba, y tenía ante mí un año nuevo, lleno de todas las cosas, las personas, las situaciones, las relaciones y los hitos que lo transformarían en una experiencia singular: mi única oportunidad de ser la persona que sería a esta edad y en esta etapa. Solo ese año, mi esposo sería exactamente *así*. Solo durante esos momentos fugaces, mis hijos hablarían, lucirían y actuarían precisamente *así*. Y si decidía apurarme para evitar las partes que no me gustaban, también perdería todo lo que *sí* apreciaba de esta época.

Reconocí que al apresurarme por la vida, sutilmente había menospreciado a los que me rodeaban y las experiencias que me tocaron, por no estimar la importancia y el valor que traían a mi vida

en ese momento y no asumir mi responsabilidad de apreciar y tratar bien esos regalos que Dios me confió. En lugar de asumir el privilegio de ser una bendición para mi esposo, mis hijos, mis amigos y los demás, les había comunicado en forma tácita que quería que cambiaran y que se apuraran para ser otra persona, alguien que se ajustara más a lo que yo deseaba y necesitaba, para seguirme a toda marcha a un lugar donde me hicieran más feliz que ahora.

Así fui hasta hoy. Siempre con los ojos puestos en el próximo momento, el próximo mes, el próximo acontecimiento, y sin concederme casi nunca el privilegio de participar y disfrutar plenamente lo que sucedía en el presente.

Y con el último bocado del postre más revelador que jamás había comido, comprendí que ese sentimiento tenía nombre: *descontento*. Toca a tu puerta al igual que la mía, ansioso por entrar y ponerse cómodo. Pero en lugar de hacer visitas cortas y esporádicas, se instala, desparrama su equipaje por todas partes y llena espacios que pensaste que habías guardado con llave contra este odioso intruso. Entra. Se queda. Te roba tus años. Y cuando te das cuenta, ya perdiste las alegrías de la vida, el crecimiento que produce combatir contra las dificultades, la experiencia cordial y agradable de crear recuerdos.

Salí de mi trance momentáneo y miré mi plato. Ya no quedaban más bocados. Solo un poco de jarabe de chocolate adornaba el fondo, con algunas migas de torta esponjosa y unas gotitas de crema batida. Con una nueva determinación, comencé a raspar todo lo que podía rescatar, porque no quería dejar atrás nada de esta deliciosa experiencia. Mmmmm. Valió la pena el esfuerzo. Fue tan sabroso como el primer bocado.

Me alegra no haber dejado nada en el plato.

Prometí no volver a perderme nada en la vida.

• Considera con cuidado qué dice la Biblia sobre el contentamiento:

> • «… la verdadera sumisión a Dios es una gran riqueza en sí misma cuando uno está contento con lo que tiene» (1 Timoteo 6:6, NTV).
>
> • «Así que, si tenemos suficiente alimento y ropa, estemos contentos» (1 Timoteo 6:8, NTV).
>
> • «Sean vuestras costumbres sin avaricia, contentos con lo que tenéis ahora; porque él dijo: No te desampararé, ni te dejaré» (Hebreos 13:5).

• ¿Qué has estado pasando por alto?

• ¿Adónde querías llegar con tanta prisa?

• ¿Qué partes buenas de tu experiencia perdiste en el intento de evitar las difíciles?

• ¿Qué puedes cambiar hoy para «raspar el plato» (juntar todo lo bueno que te rodea) y comenzar a disfrutar tu vida?

El secreto

A mis hijos les gustan los secretos. Es más, tenemos un juego que se centra en ellos. A veces, cuando vienen sus amigos, formamos una fila. El que está al frente le susurra un secreto al que está detrás y, después, el diálogo misterioso pasa de uno a otro hasta llegar al final. Casi siempre, lo que el primer participante le comunicó al segundo se malentiende, malinterpreta o manipula de alguna manera en el trayecto. Por alguna razón, el mensaje nunca se transmite con claridad hasta el final.

Y según nuestra posición en la fila como mujeres hoy y en esta cultura, creo que nos ha sucedido lo mismo. Lo que oímos que debería ser el secreto de nuestra satisfacción parece totalmente distinto del que se pronunció originalmente, hace siglos.

Hoy oímos sobre una filosofía de la felicidad que en realidad nos prepara para *no* ser felices. Dice que siempre hay otra cosa, algo más, algún requisito adicional que necesitamos antes de poder disfrutar de

la vida como se debe. Entonces, las publicidades nos bombardean con sugerencias, nos cargan con recomendaciones para abrirnos el apetito y tentar nuestras papilas gustativas, alentándonos a deshacernos de lo viejo y adquirir lo nuevo, a estar insatisfechas con lo que ya tenemos.

Si *eres soltera*, deberías tener la seguridad del matrimonio.

Si *eres casada*, deberías tener la libertad de la soltería.

Si *vives en un apartamento*, ya sería hora de que tengas una casa.

Si *tienes una casa*, debería ser más grande que la que ya posees.

¿Entiendes el mensaje?

Tu ropa debería ser de *esta* marca.

Tienes que arreglarte según *esta* moda.

Tus hijos deberían parecerse más a *esos* niños.

Tu éxito debería medirse según *estas* normas.

Las consecuencias son inevitables. Con una dieta constante de deseos sin cumplir, no podemos evitar desarrollar cierto desprecio por nuestras circunstancias actuales. Atrapadas en este círculo vicioso, nos sentimos incompletas y deficientes. Infelices. Descontroladas. Descontentas.

Insatisfechas.

Precisamente por esto, una mujer satisfecha es algo tan inusual. Llama mucho la atención en un mundo que vive con una versión aguada del secreto... un secreto del cual ella conoce la verdad. Es evidente por su paz y su serenidad, su consuelo y su tranquilidad, por la misteriosa soltura que la acompaña. Su mera presencia deja un aire fresco en cualquier lugar adonde está, y todos pueden percibirlo.

La rareza y la singularidad de una mujer que ha decidido contentarse con lo que tiene, con lo que es y con su lugar en el mundo es algo tan inusual y digno de elogio como una nevada navideña en medio del desierto. Ella captó el susurro suave de un secreto trasmitido de generación en generación, y ha decidido confiar en esa sabiduría para construir su vida. Es una mujer de sustancia porque está satisfecha: ha escogido el contentamiento en vez del descontento.

Igual que la persona que pronunció por primera vez este secreto.

El contentamiento no era un regalo singular que el apóstol Pablo había recibido; una faceta automática de su personalidad, sino una habilidad que había escogido y adoptado, y que luego había dominado y aplicado a su turbulenta experiencia de vida. Como resultado, pudo decir con seguridad bíblica: «He aprendido a contentarme, cualquiera que sea mi situación» (Filipenses 4:11).

Aprendió.

Comprendió.

Adquirió la habilidad.

Desarrolló la disciplina.

Perfeccionó la capacidad.

Y todo comenzó con un «secreto» (4:12): un misterio inalterable aun cuando las circunstancias externas no fomentan una tranquila sensación de bienestar. Conocía bien la desilusión y la escasez. Sus enemigos lo habían golpeado, apedreado y acosado. Es más, cuando escribió estas palabras a los cristianos de la antigua ciudad macedonia de Filipos, estaba en la cárcel, se enfrentaba a la muerte y soportaba las circunstancias más extremas que podríamos imaginar. Nada le salía bien.

No negaba la realidad. Sin problema, admitió que no veía un buen pronóstico. Tampoco se refugió detrás de la persecución ni actuó como un mártir, intentando hallar cierta satisfacción al saber que sufría más que los demás.

Sencillamente, sabía un secreto. Eso le dio paz y serenidad frente a sus funestas dificultades… el mismo secreto al que podemos aferrarnos cuando todo va de mal en peor o quizás, simplemente, cuando la situación no es la que escogeríamos. Es la clave para inundar el corazón con esa alegría que permanece en el interior sin importar lo que suceda en el exterior.

¿El secreto de Pablo? Había *resuelto* contentarse.

He aprendido a estar contento con lo que tengo. Sé vivir con casi nada
o con todo lo necesario. He aprendido el secreto de vivir en cualquier
situación, sea con el estómago lleno o vacío, con mucho o con poco.
Pues todo lo puedo hacer por medio de Cristo, quien me da las fuerzas.
(Filipenses 4:11-13, NTV)

La palabra griega que utilizó Pablo en el versículo 11 para *contento* se refiere a una suficiencia interior: la satisfacción que se encuentra en la profundidad de la comunión personal con Dios, independiente de los factores externos. Cuando se descubre y se utiliza, la suficiencia de este «secreto» puede hacer que cualquier experiencia produzca un profundo deleite y estabilidad emocional, sin importar cuán monótona o inquietante parezca.

No solo para Pablo.

Para ti. Para mí.

Y eso coloca a mujeres como nosotras en una posición de asombrosa libertad.

Cuando llegas a la conclusión de que lo que ya tienes es suficiente y adecuado (y que Dios lo considera *suficiente*), tienes las herramientas y el poder para participar de lleno en las tareas que tienes por delante en esta etapa de la vida. Pablo lo describió así:

«Y poderoso es Dios para hacer que abunde en vosotros toda gracia,
a fin de que, teniendo siempre en todas las cosas todo lo suficiente,
abundéis para toda buena obra». (2 Corintios 9:8)

Una cosa lleva a la otra. Cuanto más crees que la gracia de Dios abunda para ti, más convencida estarás de que siempre tendrás lo que necesitas. Y cuanto más segura estés de que nada te faltará, más dispuesta estarás a entregar tus recursos y tu tiempo cuando sea necesario, porque sabrás que el Señor siempre repondrá tu reserva.

Que no te quepa duda. Dios te dará lo que necesites para sobresalir en Sus propósitos. Así que, si no tienes *eso* (sin importar lo que sea), será porque no lo necesitas. Quizás lo *quieras*, pero no es necesario para lograr lo que el Señor considera importante para tu vida hoy. De lo contrario, ya te lo habría dado. Te ama demasiado y «no quitará el bien a los que andan en integridad» (Salmo 84:11).

Dios da o retiene por razones específicas: razones que quizás solo Él conoce, pero puedes tener plena confianza de que es lo mejor. Para cada decisión que debas tomar, cada tarea que tengas que emprender, cada relación que necesites desarrollar y cada circunstancia de la vida diaria que tengas que atravesar, Dios ya tiene preparada una dosis de Su gracia, equivalente o aun mayor. Si no lo crees, no estás apreciando adecuadamente lo que tienes o estás haciendo algo que no es para este momento.

Las personas que creen vivir con carencias son fáciles de divisar. Son mezquinas con su tiempo. Acaparan sus recursos. No comparten su energía. No están dispuestas a sembrar en las vidas de los demás porque temen que sus recursos no les alcancen; que no haya suficiente tiempo, energía, talento, dinero, capacidad ni paciencia. Es como mi hijo de dos años que no quiere compartir con sus amigos por temor a quedarse sin nada.

No obstante, cuando actuamos así, la «toda buena obra» que Pablo señala (las tareas y las relaciones verdaderamente importantes en la vida, las que prometen bendición para nosotros y los demás) queda sin hacer. No podemos participar por completo, mucho menos sobresalir en algo, si en primer lugar sentimos que no tenemos la cantidad, la marca o la clase adecuada de recursos para hacerlo. Así que la «obra» queda sin nuestra participación, y nos perdemos las numerosas maneras en que esa «obra» puede tocarnos: el impacto, los recuerdos, las lecciones y las experiencias que Dios entreteje como parte fundamental de nuestra historia.

Dios ya dio suficiente. Siempre lo hace.

Y cuando escojamos reconocerlo y confiar en Su suministro continuo, podremos disfrutar de la vida como nunca antes. Por fin, viviremos con plenitud.

Has hallado el secreto.

Ahora puedes trasmitirlo.

- La mujer con espíritu de contentamiento conoce sus necesidades y lo que Dios ya proporcionó para satisfacerlas. Comienza tu travesía haciendo una lista. De un lado, escribe «mis necesidades»; del otro, «la provisión de Dios». Luego, asocia tus necesidades con la manera en que el Señor las está cubriendo. Coloca la lista en un lugar accesible, para recurrir a ella cuando te veas tentada a tender al descontento.

- ¿Qué querrá formar Dios en tu carácter o cimentar en tu relación con Él al mantenerte lejos de algunas de las cosas que quieres, pero que aún no tienes?

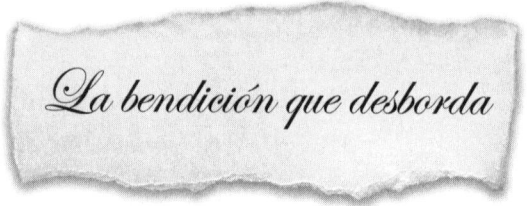

La bendición que desborda

Den, y recibirán. Lo que den a otros les será devuelto por completo:
apretado, sacudido para que haya lugar para más, desbordante
y derramado sobre el regazo. La cantidad que den determinará
la cantidad que recibirán a cambio. (Lucas 6:38, NTV)

«Utilizar las medidas exactas». Así dice la receta. Con énfasis en la
palabra «exactas». Recibí una lista de instrucciones de parte de una
amiga que no solo compartió su técnica para hornear el mejor pan
que yo haya probado, sino que también me dio un frasco de «iniciador» para pan, que guardé en el refrigerador. Ahora tenía la oportunidad de ver si podía equiparar sus habilidades. Quería sorprender a
mi familia con pan casero. Esa clase de pan casero. Como el de ella.

Una vez a la semana, saco el iniciador de la heladera: una mezcla
líquida y burbujeante que sirve como base para este pan increíble.
Luego, despliego el papelito arrugado que me entregó y sigo con cuidado las instrucciones. Me dijo que eran sumamente importantes.

Vaya si tenía razón.

Este pan es temperamental. Tiene un problema de carácter. No sé bien qué lo provoca, pero un pequeño error en el proceso de preparación puede impedir que la masa se levante o que alcance un dorado perfecto en el horno. Hay que tener cuidado.

Con el tiempo, mis hijos comenzaron a ayudarme: traen un taburete hasta la encimera, ansiosos por ensuciarse las manos en el proceso de amasado. Pero, antes de amasar, hay que añadir harina. Seis tazas, para ser exacta. Y estas medidas sí que deben ser *exactas*. Ahora puedo confiarle este paso a mi hijo de seis años, que ha visto con sus propios ojos la clase de cambios de humor que puede mostrar una hogaza cuando se le añade demasiada o muy poca harina. Él ha transformado este paso en una ciencia… una ciencia digna de Lucas 6:38: «una medida llena, apretada, sacudida» (NVI).

Introduce el utensilio en la bolsa de harina y recoge «una medida llena»; una porción nada escasa. Por fortuna, mantiene la taza medidora sobre la bolsa, porque la harina se desborda por los costados. Pero como sabe que necesita la cantidad justa para añadir a los demás ingredientes, preparados ya en otro recipiente, sostiene bien el mango con sus deditos y «sacude» con suavidad la taza.

Ya le expliqué que esto elimina las burbujas de aire que pueden formarse debajo, ocupando espacio que puede llenarse con harina. Al sacudir lo suficiente, se asegura de utilizar bien toda la taza para este propósito.

Por último, coloca la otra mano sobre el montículo y le da golpecitos para asegurarse de que quede «apretado». Inevitablemente, descubre que la taza ahora puede contener más que antes. Entonces, vuelve a añadir harina y la nivela hasta determinar que ya no entra más. Luego, vierte la medida en el tazón de mezcla.

Seis veces repite este proceso. Saca con la taza, sacude, aprieta. Saca con la taza, sacude, aprieta. A su ilustración, solo le falta una parte de las instrucciones bíblicas: la que nos insta a escoger cada día

el contentamiento en vez del descontento: «una medida llena, apretada, sacudida y *desbordante*» (NVI).

Al parecer, la receta de Dios para dar no tiene nada de exacta. Sus bondades son abundantes. No mezquina Su benevolencia, y es generoso con Su suministro. Promete que tendrás suficiente. Más de lo que piensas. Cuando das, te llenará con más de lo que tenías al principio. No solo una medida llena, no solo una medida apretada y sacudida (ni siquiera una medida justa, como la que mereces), sino una desbordante, que su receptor no puede contener.

Ahora bien, de ninguna manera sugiero que siempre deberías entregar lo que tienes a expensas de los vínculos y los propósitos que tendrían que ser una prioridad en tu vida. A veces, la palabra más acertada y poderosa que puedes aprender a pronunciar es *no*. Pero cuando te sientas impulsada por Dios a dar, no debes preocuparte si parece que tus recursos personales son escasos para afrontar la tarea. Si Él respalda tu participación, puedes proceder con completa paz e iniciativa, sabiendo que Dios siempre te devolverá mucho más de lo que invertiste. Cuando tiene que dar de su tiempo, su amor y sus recursos (de sí misma), la mujer satisfecha sabe que posee suficiente como para hacerlo. Y espera con ansias experimentar la promesa de la extravagante retribución por su inversión.

Imagino lo que debes estar pensando, porque yo también lo he pensado…

- Mi nivel de energía es demasiado bajo.
- Mi 'tanque de amor' está casi vacío, estoy a punto de quedar varada.
- Apenas es martes y ya usé mi cuota de paciencia para la semana.
- Mi billetera está más vacía de lo que recuerdo y mis necesidades económicas no han desaparecido.

Sin embargo, cuando sientes que ya no te queda nada que valga la pena ofrecer o cuando tu situación te da justificativos para no participar, a menudo escucharás que el Señor te susurra…

«Dad, *y se os dará*».

Y Él no escatimará los beneficios para reponer tu medida. No removerá el exceso ni se atendrá a una medida «exacta». Te dará una porción abundante y más allá de lo justificado. Sacudirá y apretará, sacudirá y apretará, para asegurarse de que no queden burbujas de aire en el espacio reservado para Su bendición. Y entonces, apilará Su favor y Su gracia en un montón tan alto que desbordará por los costados, más de lo que puedas contener. Tus manos y tu corazón intentarán tomar cada bocado que caiga de tu recipiente lleno, pero habrá demasiado.

Gracias a Dios por tu regazo. Allí caerá la abundancia que no puedes juntar de otra manera, el excedente para el que no hay espacio. Y no termina nunca.

Es la recompensa para la mujer resuelta a contentarse.

Entonces, «den, y se les dará: se les echará en el regazo una medida llena, apretada, sacudida y desbordante».

Al parecer, la mejor manera de obtener más de lo que necesitas es entregar lo poco que crees que te queda… en el momento y de la manera adecuados. Sí, la mejor manera de estar satisfecha contra todo pronóstico es liberarse en forma irracional para responder al impulso divino de servir, incluso cuando te parezca imposible por tu supuesta carencia.

Así que, toma la resolución de contentarte. Luego, mira al cielo con anticipación santa y siéntate con la falda recogida en pliegues y envuelta alrededor de tu regazo, lista para atrapar lo que desborde en los gratos espacios que has creado. Vive este momento, entrégate por completo, exprime la experiencia de cada valioso día y prepárate para la bendición desbordante de Dios.

- ¿Tu disposición de dar de ti misma revela contento o descontento en tu corazón? ¿De qué manera?

- Según las provisiones de Dios que enumeraste al final del capítulo anterior, ¿qué podrías hacer por alguien cuando cierres este libro si utilizas ese recurso?

- Registra tus reflexiones sobre esta afirmación: «A veces, la palabra más acertada y poderosa que puedes aprender a pronunciar es no».

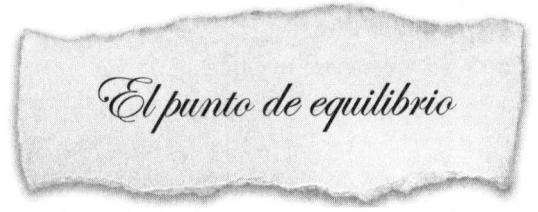

El punto de equilibrio

Espero que se te hayan abierto los ojos para comprender cuántas necesidades Dios ya satisfizo en tu vida, que tal vez ignorabas. Sin embargo, sé bien que tu lista de deseos sin cumplir puede todavía ser extensa. Así que, este llamado de advertencia a vivir satisfecha con lo que Dios ya te dio puede parecer una derrota admitida; resignarse al statu quo, a una vida mediocre. Quizás parezca que resolver contentarse es lo mismo que reprimir tus deseos y silenciar tus futuras aspiraciones, dejar de anhelar más.

Por el contrario, el contentamiento es el equilibrio entre disfrutar de la vida actual y anticipar lo que vendrá. Evita que nuestros deseos se salgan de su cauce. Es la clave para liberarte de la esclavitud de los anhelos desenfrenados que crecen en el corazón y que, inevitablemente, comienzan a controlar tu vida, esclavizándote a lo que *no* tienes en lugar de participar con plenitud de lo que *sí* posees. Es creer con fe que lo que Dios te ha otorgado ahora es digno de tu gratitud y valoración, no solo porque es suficiente, sino también porque es *bueno*.

Al escoger contentarte, no arrojas por la borda tus deseos; simplemente, requieres que se ajusten a una posición adecuada y humilde en tu vida, en lugar de que te controlen como un tirano que te obliga a someterte a su creciente y siempre cambiante lista de exigencias. Significa que ya no dejas que tus ilusiones y aspiraciones te controlen, te impidan utilizar plenamente lo que tienes y ser agradecida, y te incapaciten para disfrutar de *esto* porque a Dios no le pareció darte *otra cosa*.

Resolver contentarte te dará la oportunidad de esperar el futuro con paz, tranquilidad y un nivel adecuado de anticipación, en lugar de la frustración y la prisa que suelen acompañar nuestros vistazos al futuro. Será tu pasaje para vivir con objetivos y ambiciones inspirados en Su voluntad inmensa y asombrosa, sin tener que sacrificar la bendición de hoy.

Al permanecer *satisfecha contra todo pronóstico*, recibes lo mejor de los dos mundos. Te permites disfrutar plenamente de lo que tienes, de la persona que eres y de tu vida actual, mientras albergas los sueños que te ayudan a crecer y a extenderte hacia el futuro.

Así que, la empresaria puede saborear los logros de hoy mientras mantiene altas expectativas para mañana. El ama de casa aprende a florecer en medio del glorioso caos de las tareas cotidianas mientras, con calma y paciencia, anhela el ritmo más tranquilo que traerá el futuro. La mujer soltera puede disfrutar de su independencia (no solo fingir que lo hace) y considerar con el mismo entusiasmo la posibilidad de compartir la vida con alguien. No tiene por qué abandonar la esperanza de casarse ni dejarse llevar por los matices deprimentes de la autocompasión y la soledad.

Es un equilibrio. Un equilibrio santo. Una gratitud sincera por lo que trae el día de hoy, mientras se mantiene una expectativa controlada por lo que puede traer el mañana.

Es el lugar seguro y saludable donde el contentamiento te permite arraigarte e instalarte. En vez de dejar que el descontento

incontrolado te manipule y que la ansiedad te empuje a decisiones, relaciones y oportunidades que al principio no comprendes que son defectuosas, el contentamiento mantiene tu claridad mental. Te da paz, firmeza y serenidad. Puedes sentirte feliz de estar *aquí* y, cuando Dios lo disponga, feliz de estar *allí*.

Es una resolución de estar satisfecha.

Es una resolución que te cambiará la vida.

- Vuelve a leer tus respuestas y comentarios a las preguntas en esta sección. Luego, lee la resolución que estás por tomar. Ora al respecto. Siéntate a considerarla un momento. Descansa en ella. Aunque los desafíos y las exigencias de la vida te hayan dejado exhausta, dedica este momento a respirar profundamente y saborear lo que Dios te invita a hacer, lo que te pide que entregues y lo que promete darte para lograrlo. Cuando estés lista, toma esta resolución en voz alta, quizás incluso en presencia de alguien que pueda ayudarte a cumplirla. Luego, fírmala.

SATISFECHA CONTRA TODO PRONÓSTICO

Prometo solemnemente ante Dios aceptar esta etapa de mi vida
y aprovecharla al máximo, sin prisa ni evasiones,
y vivirla con un espíritu de contentamiento.

_____

DECIDIDA A SER FEMENINA

La resolución de defender la femineidad bíblica

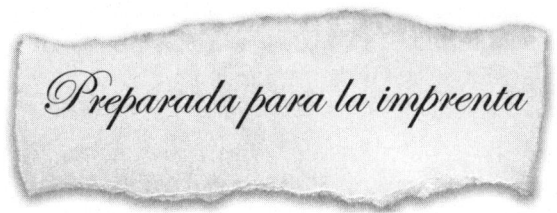

Preparada para la imprenta

Una periodista de la revista *New York Times Magazine* estaba sentada frente a mi esposo y a mí en un restaurante local. Y para nuestra sorpresa y gratitud, nos sentíamos cómodos.

Habíamos concertado esta reunión meses atrás y, desde entonces, había estado preocupada. No se trataba de un medio de comunicación local ni de un canal de noticias de cable con poco alcance demográfico. Se trataba del *New York Times*. «La dama gris». Con todos sus 160 años de trayectoria. Querían hacer una historia sobre el rol de la mujer en el hogar y en la iglesia, y, por alguna razón, decidieron que este amplio artículo dominical podía presentarnos a Jerry y a mí como personajes centrales.

¿En serio?

No sabíamos bien qué pensar ni por qué habían decidido destacar a una pareja como nosotros. Podía ser una trampa... para envolvernos en una parodia como reliquias obsoletas con puntos de vista anacrónicos; personas que habían hecho la vista gorda a los avances

32

de las mujeres en la edad moderna. Me resultaba difícil imaginar cualquier escenario donde este tremendo aparato secular de noticias no describiera nuestras creencias y prácticas como extrañas y obsoletas, y a nosotros de la misma manera.

Durante días y semanas antes de esta entrevista, medité sobre cómo prepararme, segura de que cualquier cosa que dijera se tergiversaría, malinterpretaría, sacaría de contexto y escribiría en forma engañosa. Cuando llegó el momento, me preparé para enfrentarme a un periodista tirano, hostil, irascible y listo para atacar no solo mi visión sobre la femineidad en el siglo XXI, sino también mi matrimonio.

Así que, me sorprendió ver llegar a una mujer agradable de cabello oscuro, contextura pequeña y una sonrisa grande que, en lugar de darme un apretón de manos, me abrazó y comenzó a conversar bromeando en forma natural y relajada. Esta reportera no era para nada intimidante. Sencillamente, era una periodista y escritora brillante, también en la cúspide de un nuevo matrimonio, y admitió que su interés en esta historia era tanto por la nueva función que estaba por cumplir personalmente como por su responsabilidad como reportera. Me cautivaron sus preguntas, que incluyeron desde nuestra visión sobre el cristianismo, la teología y la historia de las mujeres en la iglesia hasta los matices íntimos de nuestra relación y mi opinión sobre qué significa ser bíblicamente femenina en una cultura posfeminista. Al ver lo sencillo que era hablar con ella, me relajé y me zambullí en la conversación.

Casi seis meses después, el artículo llegó a los puestos de periódicos. El título rezaba: «Las amas de casa de Dios», y abarcaba ocho páginas con un debate profundo sobre las mujeres en general, sobre nuestro matrimonio y nuestro ministerio en particular, y sobre cómo nuestro sistema de convicciones (bíblico y fundado en el liderazgo del esposo y en la posición de la esposa como compañera sujeta) se materializaba en nuestro hogar.

Hizo un trabajo bastante equilibrado, al presentar ambos lados del asunto, como haría cualquier buen periodista. Las personas lo leyeron. Y respondieron. Algunas, con aprecio por nuestra franqueza, y otras, preocupadas porque al decidir vivir con puntos de vista tan arcaicos, yo relegaba mi persona, mis fortalezas y mis dones a una caja cerrada de lo matrimonial y teológico, para la cual solo los ideales y los principios feministas tenían la llave liberadora.

Así se desarrolló el debate, alimentado por numerosas entradas en los blogs y comentarios en Facebook. Y aunque el foro tecnológico puede ser nuevo, el choque de ideas no lo es. Esta batalla se ha librado durante siglos en el corazón de las mujeres. Entre ellas, las cristianas. Porque aunque quizás valoremos muchos de los derechos y los reconocimientos que mujeres valientes ganaron hace años, buscamos un equilibrio con nuestro deseo simultáneo de proteger la definición venerada de la femineidad según la Palabra de Dios. No es un pretexto. Es un compromiso de honrar a Aquel que nos hizo mujeres y que nos conoce bien, el cual ha probado una y otra vez que solo al obedecer Su plan para nosotras encontraremos la satisfacción suprema.

Si observas de manera cuidadosa y objetiva, verás que los principios e ideales que a través de los años defendieron mujeres desesperadas por redefinir y restablecer el significado de la femineidad han oscilado astutamente el péndulo hacia el otro extremo. Es cierto, algunas apelaciones han llevado a corregir injusticias legítimas: valoraciones pobres de la mujer, que *siempre* han ido en contra de la enseñanza bíblica y el corazón de Dios. Pero muchas, sino la mayoría, de estas elocuentes iniciativas le han quitado a nuestro género gran parte de la singularidad que se nos dio para exhibir y experimentar. Esta tendencia independiente, autónoma y egocéntrica ha crecido a tal punto (y se ha vuelto un parte tan importante de nuestra mentalidad cultural) que, a menudo, no somos conscientes de su efecto dañino sobre nuestras decisiones hasta que afrontamos las consecuencias destructivas y caóticas.

La mujer cristiana, que luce con orgullo la insignia de feminei-dad que le otorgó su Padre, debe resolver ir en contra de la corriente; defender lo que cree por su confianza en Aquel que le ha comuni-cado la verdad eterna por escrito; volver al diseño y la definición divinos de la mujer, y abrazar, aceptar y experimentar con gozo sus bendiciones.

Los caminos del Señor son buenos.

Son *todos* buenos.

Tú, como mujer de Dios, fuiste diseñada fuerte y vulnerable. Poderosa, pero tierna. Más que capaz, pero dispuesta a ceder. Eres inteligente, sabia, capaz, igual en valor y segura de ti misma al rela-cionarte con los demás, pero contenta con la función que Dios te dio. Eres una paradoja: una mezcla potente que sorprende con su energía controlada, que inspira y atrae con su gracia misteriosa, y cuyo estilo de vida hace que los demás reconsideren y reorienten sus suposicio-nes, y se acerquen al Dios que le da a la mujer su riqueza, su profun-didad y su atractivo.

Que la hace decidida a ser femenina.

Quizás tu plataforma no sea el *New York Times*. Probablemente, tampoco volverá a ser la mía. Sin embargo, estamos sobre un estrado todos los días; una posición que se nos confía cada mañana cuando salimos de la cama. Desde esta tribuna cotidiana, tú y yo estamos per-manentemente expuestas al escrutinio público, y la vida que deci-dimos llevar defiende o degrada la belleza de la femineidad bíblica. Haremos que nuestras hijas la deseen o luchen en su contra. Alenta-remos a nuestros hijos a valorarla o a aprovecharse de ella.

Sí, se nos ha delegado esta plataforma. Como resultado, una audiencia de amigos, familiares, seres queridos, hijos, compañeros de trabajo y conocidos nos observa no solo para ver cómo vivimos, sino también para determinar cuál es nuestra actitud frente a la vida.

¿Qué clase de mujer serás?

Tu respuesta es el centro de esta resolución.

- ¿Cómo ves que los ideales feministas afecten a las mujeres en su manera de...

  - Vestirse?
  - Actuar?
  - Tomar decisiones?

- ¿De qué maneras más evidentes ves que las jóvenes se alejan de la condición femenina que presenta la Biblia?

- ¿Qué principios bíblicos para la mujer te resultan sofocantes o represivos? ¿Por qué crees que te da esta sensación?

- Al seguir leyendo, entrégale estas inquietudes al Señor en oración. Pídele que utilice este tiempo para responder a tus inquietudes y reafirmar Sus prioridades para ti en esta área.

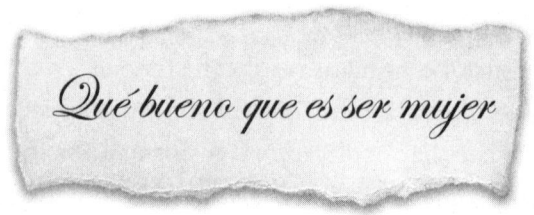

Qué bueno que es ser mujer

Hace poco, un programa de noticias informó que los agnósticos saben tanto o más sobre Dios que las personas religiosas. En general, una no sabe cuán confiables son los estudios y las estadísticas de este tipo, pero, al parecer, los investigadores se pararon a la salida de un culto en una iglesia y le preguntaron a la gente que salía cuáles son los primeros cuatro libros del Nuevo Testamento. La mayoría no lo sabía.

Sorprendente, ¿no es así?

¿O no?

Nuestra asistencia y participación cultural en actividades religiosas puede ser bastante firme, pero no es para sorprenderse que nuestro conocimiento sobre Dios y Su Palabra esté disminuyendo. Y esta deficiencia es más notable en el conocimiento y la comprensión que tienen las mujeres de la definición bíblica de la femineidad. La única manera de poner en práctica y de defender nuestra fe cristiana como

37

mujeres en una cultura inundada de ideales feministas es saber lo que conlleva esta creencia y cuál fue la intención de Dios al crearnos.

En la raíz del movimiento feminista se encuentra la desigualdad entre el hombre y la mujer; una de las inquietudes principales de nuestra cultura moderna. Es un tema que la Escritura trata específicamente. *Fuiste creada a imagen de Dios.* «Y creó Dios al hombre a su imagen, [...] varón y hembra los creó» (Génesis 1:27). Como mujer, no vales ni más ni menos que tu homólogo masculino. Evidentemente, son distintos, pero solo en función (lo cual trataremos en el próximo capítulo), no en valor.

Siglos de historia humana testifican cómo esta verdad dada por Dios se ha torcido para crear ideas y rótulos inadecuados que las estructuras sociales han explotado y transformado en ejemplos extremos de abuso y sometimiento. La falsa percepción de que existe una desigualdad de valor entre hombres y mujeres ha permitido abusar de la mujer. Sinceramente, me sorprende que las mujeres hayan tardado tanto en rebelarse unidas frente a estos prejuicios degradantes.

Sin embargo tú, hermana, no eres solo una compañera de igual valor en el orden creado; Dios mismo te contempló y llamó «bueno» a lo que había hecho... «bueno en gran manera» (v.31, NVI).

No solo bueno, sino también necesario.

Adán solo no podía llevar a cabo las tareas que el Creador le asignó a la humanidad. El hombre necesitaba una compañera, alguien que lo ayudara a cumplir su mandato. Sin ella, no podría cumplir su propósito.

Así que, desde el principio, Dios puso una marca de importancia en la mujer. Era (1) *buena* porque llevaba Su imagen y (2) *necesaria* para cumplir Sus propósitos en la Tierra. Mira a tu alrededor, a la esfera de influencia donde el Señor te ha colocado. Este círculo de personas y circunstancias te necesita a *ti*. El toque, la experiencia, la sabiduría y el corazón femenino que aportas a estas áreas son necesarios para que el resultado concuerde con el propósito de Dios.

No eres un apéndice, una idea tardía de último momento que puede descartarse sin que se note. Sin tu participación y tu aporte, habría un gran vacío. Esta fue la intención de Dios.

Sin embargo, con la caída del hombre en el pecado y la corrupción de la humanidad, las mujeres pronto fueron degradadas y relegadas a un segundo nivel. En los anales del Antiguo Testamento, vemos que no las apreciaron, estimaron ni valoraron como el Creador quería.

Entra Jesucristo. Con la venida del Mesías en el Nuevo Testamento, Dios reafirmó el valor de la mujer mediante la vida de Cristo, el cual se opuso a una cultura que degradaba la importancia y el valor de la mujer. En cambio, Él ejemplificó el verdadero corazón de Dios.

El cuarto capítulo del Evangelio de Juan destaca una de las numerosas ocasiones admirables en que Cristo demostró Su aprecio por las mujeres y su valor inherente:

> *Vino una mujer de Samaria a sacar agua;*
> *y Jesús le dijo: Dame de beber (v. 7).*

La llegada de esta mujer al pozo local donde estaba sentado Jesús presentó un problema extremo. Para empezar, la antigua cultura tradicional judía no permitía intercambios amistosos entre samaritanos y judíos. Además, y en un contexto aun más amplio, los hombres del primer siglo no conversaban con las mujeres en público, ni siquiera con sus esposas. Así que, la conversación entre Jesús y esta mujer no solo era inapropiada para la cultura, sino que los espectadores la habrían considerado escandalosa. Más que una ruptura del protocolo, era algo ofensivo. Deshonroso.

Pero estamos hablando de Jesús: un revolucionario que nunca buscó encajar cómodamente dentro de las normas sociales, sino enfrentarse a ellas, cambiarlas y presentar un nuevo orden mundial tanto para Su generación como para las venideras. Así que, eso fue precisamente lo que hizo. No solo entabló una conversación

informal con ella, sino que también la invitó a expresar sus opiniones sobre temas teológicos, algo que los hombres de Su época jamás habrían considerado posible para una mujer. A pesar de la arrogancia rabínica y de un desprecio cultural prácticamente unánime hacia la mujer, Jesús la trató como una persona, un ser inteligente, alguien importante, tan digna del «agua viva» del Mesías (v. 10) como cualquier otro. En Su misericordia y amor, le hizo un regalo del cual casi todos la habrían considerado indigna: Su gracia, Su amparo, Su persona… para limpiarla, guardarla y sustentarla.

Por cierto, en Su trato con esta mujer divinamente designada, Jesús dejó en claro que la mujer es tan *importante* como *digna*, y completamente calificada para recibir una *responsabilidad*, ya que el Señor no solo le entregó el regalo de la salvación, sino que también le confió Su mensaje para que lo comunicara a los demás. Luego de su encuentro con Cristo en el pozo comunitario, la mujer regresó a su casa y les contó a todos lo que le había sucedido, alentándolos a verlo con sus propios ojos. ¿Cuál fue el resultado? «Muchos de los samaritanos de aquella ciudad creyeron en él por la palabra de la mujer» (v. 39).

Escuchar esta verdad de la Palabra de Dios debería hacer que *queramos* defender el rol bíblico para la mujer en medio de nuestra cultura amoral. Porque Él dice que somos…

Buenas.

Necesarias.

Importantes.

Dignas.

Confiables.

Ser mujer nunca fue una maldición para soportar ni un rasgo para tolerar. Es un regalo para atesorar y estimar. Es la manera que Dios escogió para que nos relacionemos con Él como Creador y Padre y para demostrar, junto con nuestros homólogos masculinos, la historia de amor de Cristo con la Iglesia (Efesios 5:22-31). Es nuestra forma especial de experimentar nuestra relación con Él y Su amor

por nosotros en un mundo duro, crítico y destructivo. Y es nuestro regalo para esta generación y para el entorno en que vivimos.

He aquí, ¡qué privilegio que es ser mujer!

- *Escoge una de las numerosas funciones que cumples actualmente en tu vida, y registra cómo eres…*

  - Buena en ello
  - Necesaria para ello
  - Un componente importante
  - Digna de ser parte de ello
  - Confiable para cumplir tu rol

- *¿En qué situaciones y con qué personas ves que se dispute y se cuestione más el valor bíblico de la mujer?*

- *¿Cómo puedes criar hijas ambiciosas, educadas y seguras de sí mismas, y a su vez, ayudarlas a apreciar las recompensas y las bendiciones de la sumisión? ¿Cómo puedes criar muchachos que tengan en alta estima a la mujer? Intercambia opiniones y enfoques creativos con tus amigas.*

Inversión de roles

Seré sincera. No sé mucho sobre fútbol americano. Me gusta escuchar de fondo las ovaciones y los comentarios de un juego de la Liga Nacional de Fútbol los domingos por la tarde, mientras el aroma del almuerzo invade la casa. Me trae recuerdos de mi infancia. Pero debo admitir que no me he sentado a mirar un partido completo desde… bueno, nunca.

Sin embargo, algo sé sobre el fútbol profesional. Los jugadores son grandes. Tienen músculos enormes. Una velocidad increíble. Demuestran más fuerza y agilidad en una tarde de trabajo que la mayoría de nosotros en toda la vida. Y sin embargo, por más grandiosos que sean, estos muchachos no son los más poderosos del campo cuando se colocan el uniforme y salen a jugar. Me encanta ver a los otros hombres que están allí (muchos de ellos más pequeños, más viejos y con menos cabello, con camisetas a rayas blancas y negras), parados en medio de estos gigantones, sacudiendo sus banderas amarillas y soplando sus silbatos. En la mayoría de los casos, estos

árbitros no tienen ni la mitad del tamaño de los atletas con quienes comparten el campo. No obstante, cada vez que pronuncian una orden, directiva o decreto, el juego se detiene. Los hombres corpulentos que los sobrepasan por, quizás, más de 50 kilos dejan lo que están haciendo para seguir sus instrucciones.

Escogen sujetarse.

Imagina lo difícil e inmanejable que sería el juego si no lo hicieran.

Si decidimos defender el modelo bíblico para la mujer, debemos reconocer que la creación de Dios no solo supone la estima inherente de la mujer, sino también un orden establecido. Las relaciones humanas no fueron diseñadas para ser una mera contienda de poder y fortaleza, sino, más bien, una aceptación de roles claramente determinados. Por lo tanto, ejercemos la mayor influencia en la vida si sabemos cómo controlar y proteger nuestra propia voluntad, que es fuerte.

Para sorpresa de muchos, no es solo un problema de las mujeres casadas; es un principio universal. Sin embargo, casi nunca se le pregunta a una mujer *soltera* a quién se sujeta, ni a un hombre *casado* a qué autoridad le rinde cuenta. Sin embargo, *todos* deberíamos hacernos estas preguntas difíciles. Porque en la sumisión, *todos* encuentran la libertad suprema. Según la Escritura...

- El empleado, hombre o mujer, debe someterse a su empleador (Colosenses 3:22).
- El ciudadano, hombre o mujer, debe someterse a la autoridad gubernamental (1 Pedro 2:13).
- El creyente, hombre o mujer, debe someterse a la autoridad espiritual (1 Pedro 5:5).
- El hijo, hombre o mujer, debe someterse a sus padres (Efesios 6:1).
- Y sí, la esposa debe someterse al liderazgo de su esposo (Efesios 5:22-23).

Al caminar dentro de estos roles de sumisión a una autoridad legítima, establecida por Dios, nos colocamos dentro del amparo del Señor y experimentamos la libertad que Su verdad (y solo Su verdad) puede ofrecer. Si nos apartamos de estos roles, estamos buscando problemas. Es así de sencillo.

Sin duda, hermana, eres poderosa y capaz por ti sola, quizás incluso *más* capaz y competente que algunas autoridades a quienes debes someterte. Eres talentosa y necesaria —indispensable—, y llevas la imagen de Dios. Y sin embargo, toda esa fortaleza que corre por tu naturaleza y tu personalidad solo prosperará al máximo al rendirte a la autoridad legítima establecida por Dios. Al igual que el atleta profesional que sin dificultad podría doblegar al árbitro, el empleado que es más organizado que su jefe o la esposa que tiene una personalidad más demostrativa que su esposo, cada uno debe seguir respetando la posición del líder establecido, sin importar lo inadecuado que lo consideren para llevar a cabo su tarea.

Si no permanecemos en el carril que se nos asignó e intentamos desviarnos para ocupar una posición de control que no nos corresponde, siempre estaremos insatisfechas. Es más, creo que gran parte de la frustración que experimentan las mujeres (gran parte de la frustración que he experimentado en mi vida) está directamente relacionada con nuestro rechazo a someternos al diseño divino para la mujer.

El orden *importa*: más allá de que lo entendamos, de que estemos de acuerdo o de que lo queramos. No se puede disfrutar verdaderamente de nada si no estamos dispuestas a permanecer dentro de nuestros roles y límites.

Así son las cosas.

Pero, créase o no, es algo bueno.

En la avanzada del movimiento feminista, que comenzó durante el siglo xix y principios del siglo xx, y en la segunda oleada en los años 60, la base para cada iniciativa era exigir derechos. Y aunque

valió la pena defender algunos, estos movimientos han sido principalmente campañas para posicionar a las mujeres no solo en *igualdad* de condiciones con los hombres, sino *por encima* de ellos… en algunos casos, por encima del mismo Dios. Sin embargo, en estas búsquedas de reconocimiento, cada uno de estos pronunciamientos no pudo reconocer el derecho más poderoso de las mujeres: el derecho a someterse voluntaria y dignamente a la autoridad adecuada. La fortaleza de una mujer (es más, la fortaleza verdadera de *cualquier* persona) es mayor bajo la autoridad del liderazgo establecido por Dios.

Aun el Hombre más poderoso que caminó por la Tierra demostró la importancia de este principio:

> *Aunque era Dios, [Jesús] no consideró que el ser igual a Dios fuera algo a lo cual aferrarse. En cambio, renunció a sus privilegios divinos; adoptó la humilde posición de un esclavo y nació como un ser humano. Cuando apareció en forma de hombre se humilló a sí mismo en obediencia a Dios y murió en una cruz como morían los criminales.*
> (Filipenses 2:6-8, NTV)

Si alguien tan grandioso pudo demostrar este nivel de humildad para lograr un resultado mucho, mucho más grande, ¿qué excusa tenemos entonces para decidir no hacer lo mismo: renunciar a nuestros supuestos derechos para aceptar el plan que Dios diseñó para la humanidad? ¿Confiar en Su sabiduría y en Su visión? ¿Darle a Él la mayor gloria, sin importar si se hace lo que nosotras queremos?

No obstante, en nuestra cultura se ha perpetuado una inversión de roles, y sus efectos han sido abrumadores. Las mujeres han usurpado la autoridad masculina; los hombres han cedido con pasividad su función de liderazgo. Como resultado, hay familias destruidas, hogares inestables, dinámicas perjudiciales y legados descarrilados. Los matrimonios han colapsado. Las salas de estar se han transformado en zonas de guerra. Voluntades de hierro han chocado, echado

chispas y quebrado personalidades, sin pensar que destruían a los que estaban cerca.

Sin embargo, la respuesta de Dios no se ha movido de su posición original solo por el caos que produjo nuestra rebeldía obstinada a Su estructura. Solo al rendirnos a Su diseño para la mujer podremos experimentar esta liberación que intentamos recuperar desesperadamente en otras partes.

Te aseguro que rendirse a la sumisión no es lo mismo que agitar una bandera blanca imaginaria para replegarse a una manera de vivir inferior que degrade y devalúe tus talentos y tus dones. Al contrario, proporciona un marco para que tu potencial florezca de verdad. Como un fuego que se disfruta mejor dentro de los confines de una chimenea, tu fortaleza puede demostrarse mejor y sus beneficios experimentarse al máximo si escoges los límites confiables y efectivos del orden establecido por Dios.

Es la esencia de la sumisión.

Sumisión.

Allí está. Esa palabra. La que suele darle un escalofrío al más fuerte. En efecto, cuanto más fuerte, ambiciosa, independiente y capaz seas, más inclinada estarás a estremecerte frente a esta idea.

Sumisión. Se define sencillamente como la decisión de rendirse a personas, preceptos y principios que están en nuestra vida como autoridad.

Algunos han abusado de esta autoridad, es cierto. Otros han aplicado mal el concepto, lo que ha dado lugar a esposos autoritarios y esposas que se dejan pisotear. Nuestro primer impulso y reacción, afectados por el impacto firme del pensamiento posfeminista, es suponer que colocar a una mujer bajo la autoridad de su esposo es lo mismo que relegarla a una condición inferior.

Sin embargo, si esa fuera la intención de Dios, ¿por qué te infundiría tanta valía (como aclaramos en el capítulo anterior), para luego humillarte en subordinación a Su propio diseño? ¿Y por qué Jesús,

uno de los hombres más respetados y poderosos, aun a ojos de los incrédulos, escogería vivir en completa sumisión, la cual Él mismo describe así: «Yo hago siempre lo que le agrada [al Padre]» (Juan 8:29)?

Evidentemente, el propósito de esta disposición divina de roles, límites y responsabilidades es emanar bendición en todas las direcciones. Así como los empleados, los ciudadanos, los creyentes y los hijos reciben el mayor beneficio (y ejecutan su función con mayor eficiencia) al operar voluntariamente y con gratitud en sus posiciones asignadas y bajo la correcta autoridad, las mujeres también experimentan la vida al máximo cuando ejercen su influencia mediante la confiada sumisión a Dios.

No, no todos los líderes cumplen con sus responsabilidades. Quizás, si estás casada, tu esposo no lo hace. Y tanto tú como tu familia sufren de una manera u otra las consecuencias que esto acarrea. Pero tu esposo, como cualquier líder en el orden creado por Dios, tendrá que rendir cuenta de la sabiduría, el cuidado, la devoción y la obediencia que aplicó a la Palabra para manejar su función.

Y querida hermana, lo mismo es cierto para ti.

Tú también eres responsable de cómo operas dentro de tu rol sumiso, al colocar tu confianza en el amor y la bondad inalterables de Dios y obedecerle contra cualquier impulso que dicte lo contrario. Por cierto, no significa que debas someterte a cualquiera que te lleve al pecado o que abuse de ti. Si en el matrimonio, tu conciencia y tu seguridad física están en peligro, el deber de la sumisión no significa que tengas que soportar cualquier exigencia. ¿Me oyes? Que esto quede en claro. Pero sé sincera: ¿cuántas veces tu resistencia al liderazgo de otro es una mera cuestión de opinión o preferencia; el rechazo a hacer la voluntad de *alguien*, solo porque es lo que espera de ti?

Así que, considera tus sentimientos respecto a esta parte de tu rol como mujer. ¿Te ofende la idea de someterte a la autoridad de otro? Si estás casada, ¿es algo contra lo cual te rebelas? Si eres soltera,

¿tomas en serio la necesidad de buscar la idea bíblica del matrimonio si algún día te transformas en esposa? ¿Estás ahora buscando amparo espiritual al rendirles cuentas a aquellos que respetas, cuya madurez piadosa puede proporcionarte consejo útil y dirección para la vida?

Un lugar de libertad y paz le espera a la mujer que se identifica con el diseño de Dios. Depende de nosotras exponer las mentiras de nuestra época y recordarle a esta generación la verdadera belleza y el valor de la mujer sumisa.

Esta es nuestra resolución.

- Al prepararte para firmar la segunda resolución, vuelve a leer esta frase: «La fortaleza de una mujer no se manifiesta mejor al demostrar su poder, sino al ser capaz de controlarla bajo la autoridad del liderazgo establecido por Dios». Considérala con cuidado y determina qué implicará ponerla en práctica en tu vida. Toma esta resolución con confianza, sabiendo que decides alinearte con los sabios planes de Dios. Entra con libertad y firma para manifestar tu compromiso.

DECIDIDA A SER FEMENINA

Prometo defender el modelo divino para la mujer frente a una cultura posfeminista, enseñárselo a mis hijas y fomentar el apoyo de mis hijos.

_____

FIEL A MÍ MISMA

La resolución de valorarme y de elogiar a los demás

Diseño inteligente

Martes por la mañana.

Es más que un día cerca del comienzo de la semana. Así también se llama una tienda del vecindario que vende toneladas de artículos para el hogar a precios especiales (mi clase de compras). En los pasillos, que exhiben una etiqueta colgante que se jacta de los descuentos, hay desde muebles hasta adornos. Por esta precisa razón, estaba tan entusiasmada cuando vi entrar a nuestra arquitecta y diseñadora de interiores en nuestras oficinas casi terminadas, con varias bolsas de este negocio llenas hasta el tope con toda clase de artículos.

Estábamos renovando un granero de cerca de 20 m² (200 pies²) y una cabaña de dos dormitorios para ubicar las oficinas de nuestro ministerio y un lugar para escribir y estudiar para mí. A Steve y Bridgette, nuestros vecinos y amigos, les había llevado todo el verano diseñar, planear y dirigir el reacondicionamiento. Conocían nuestros gustos, no solo en los detalles estructurales, sino también para las gangas extremas. Así que, cuando ella encontraba artículos de

decoración que no podía resistir, tanto por su belleza como por su precio, los compraba.

Apenas entró Bridgette por la puerta de nuestro granero/oficina, comenzamos a investigar las bolsas con entusiasmo: sentir las texturas, admirar los colores, probar los adornos en distintos lugares y pedir la opinión mutua. Fue divertido. Me pareció estar en mi propio canal de renovaciones y decoración. Cada artículo era más hermoso que el anterior. Cada uno encajaba a la perfección en los lugares que Bridgette tenía en mente cuando los compró.

De la última bolsa, comenzó a sacar lo que había seleccionado específicamente para mi cabaña de escritura. Habíamos decidido rehacer este pequeño espacio de trabajo en colores neutros (bien sencillos y naturales) porque todavía no tenía decidido qué clase de estilo quería. No sabía bien qué sensación deseaba crear allí. Así que, hice que pintaran una pizarra en blanco, para estar segura. Los pisos, la pintura de las paredes y las superficies eran todos de una tonalidad tersa, clara y color crema: un fondo perfecto para cualquier mueble o decoración que llenara más adelante el espacio.

Por eso, cuando Bridgette abrió esa última bolsa y sacó una borla sencilla de tela, diseñada para colgar de un picaporte o de una manija de cajón, la miré dubitativa. Sin duda, era hermosa. Hebras de diferentes texturas y matices caían en cascada desde un botón vistoso, cada una con un brillo que captaba la luz natural que se filtraba por la ventana. Tuve que admitir que quedaría muy bonita en ese espacio. Además, al darla vuelta, descubrí su excelente precio. $ 5,99. Otra razón para considerarla hermosa.

Pero algo me molestaba. Me senté en medio del piso vacío y desierto de la sala, dándole vueltas al asunto. Cuando intentaba decidir adónde colgarla, algo me hacía dudar.

¿Era su apariencia? No, la borla me parecía hermosa.

¿Sería su precio, entonces? Difícilmente. Lo más probable es que no volviera a encontrar algo similar por ese precio.

Entonces, ¿qué era?

Esto. Era el primer adorno para mi espacio de trabajo, y tenía una tonalidad de colores específica. Bonita, pero precisa. Si la colgaba en la cabaña, dictaría el resto de las decisiones decorativas para la habitación. Tendría que buscar por todas partes elementos que hicieran juego. Así que, aunque la borla me parecía preciosa, no sabía si basar todo lo demás en algo tan pequeño e insignificante. Me parecía un tanto absurdo. Desequilibrado. Confuso. No podía evitar pensar que primero necesitaba tomar algunas decisiones fundamentales en las áreas más generales de mi esquema decorativo antes de decidir sobre este pequeño adorno… cuestiones como el color, los asientos, las alfombras, la iluminación, los cuadros para la pared. Cosas más grandes. Cuestiones importantes que merecían ser las piezas centrales de la habitación.

No una borla.

Así que, la devolví. Por más bonita y económica que fuera, no era lo suficientemente importante para mí como para basar todo mi diseño alrededor de ella y dejar que dictara las demás decisiones que tomaría sobre la habitación.

¡Qué lástima que no siempre adopté la misma perspectiva con mi propia vida! A menudo, he dejado que mi valor personal dependa de algún detalle o suposición inconsecuente y de poca importancia (como mi apariencia, mi círculo de amigos o mi situación según determinada norma cultural) para establecer qué clase de mujer debería ser, y dictar en qué debería pasar la mayor parte de mi tiempo.

Una y otra vez, de más maneras que las que quisiera admitir, compré la borla (lo insignificante, lo inconsecuente, lo trivial, incluso algo totalmente falso e inadecuado), la colgué en un punto central y dejé que toda la habitación de mi vida girara alrededor de ella.

Sin duda, no me pasa a mí sola. Tal vez hayas tomado fragmentos de alguna ideología o filosofía mundana falsa y hayas decidido cambiar tus perspectivas (y en última instancia, tu identidad) para que

coincidieran. ¿Adquiriste en el camino algunos paradigmas y sugerencias culturales distorsionados que te sentiste presionada a reflejar, en lugar de creer que eres suficiente sin cambiar nada? O quizás hayas exagerado una situación, un evento aislado o un contratiempo momentáneo, y luego permitiste que te identificara y te obligara a construir el resto de tu vida en consecuencia. Antes de darte cuenta, te controlaba algo que, sinceramente, no tenía la autoridad para hacerlo.

Ahora te encuentras haciendo maniobras para acomodar una circunstancia o una idea a la que le diste demasiada cabida en primer lugar.

Falta equilibrio. Está todo confuso. Es absurdo. Fuera de lugar.

Primero tenemos que tomar las decisiones más importantes y trascendentes. Necesitamos resolver qué hacer con la casa antes de decidir adónde colgar los accesorios.

Por eso, esta resolución es tan importante para mí, para ti; este compromiso de asignarle un valor genuino a nuestra persona, según la valía que Dios nos ha dado, nuestros talentos, dones y capacidades. Porque una vez que solucionamos esta cuestión (lo principal), todo lo demás se acomoda. Tendremos la libertad de construir nuestra vida sobre lo que importa de verdad y descartar lo intrascendente.

Mi consejo: no dejes que algo tan importante como el valor que le asignas a tu persona se base en una idea barata que encontraste en un mercado de pulgas filosófico o en alguna opinión desechable que hallaste en una compraventa moderna. La vida que estás renovando tiene demasiado potencial divino como para que plantes sus raíces en algo tan insignificante. Profundiza y descubre la verdad: la verdad sobre quién eres y sobre lo que Dios te ha dado para ofrecerle al mundo, y luego haz girar tu vida alrededor de esta convicción inalterable. Esto no es confuso, desequilibrado ni absurdo. Es firme, seguro, confiable y poderoso.

Completamente resuelto.

- Menciona algunas cuestiones secundarias que hayas dejado que formen tu autoestima o el valor que le asignas a tu persona.

- En consecuencia, ¿cómo cambió el esquema decorativo de tu vida?

- Lee 1 Pedro 2:9-10 y registra las afirmaciones de valía con respecto a ti. Decide estudiar este pasaje de la Escritura y meditar en él para profundizar más en las verdades reveladas.

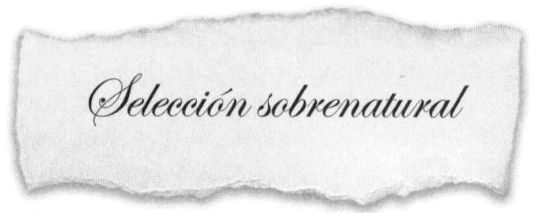

Selección sobrenatural

Anoche vi por televisión la entrevista a una mujer mundialmente famosa. Estaba hermosa, encantadora. Era exactamente la figura pública prominente, exitosa y aclamada que hemos visto en el escenario de su profesión. Y sin embargo, esta mujer, admirada por millones, recompensada con grandes riquezas, estatus y fama, dijo algo que yo no esperaba. Frente a una de las preguntas del entrevistador, respondió: «Nunca tuve una autoestima demasiado saludable. No sé cómo se consigue. Estoy desesperada por averiguar adónde se encuentra».

¿Qué? ¿Ella? ¿No está conforme con su persona? Quedé pasmada. Una mujer con tanto talento y prestigio, ahora con un poco más de 50 años, acostumbrada a la fama y la prominencia durante toda su vida adulta, revelaba una lucha interior de años: el intento prolongado de descubrirse, disfrutarse y celebrarse.

De revelaciones como esta, así como de nuestras luchas con la misma clase de sentimientos, sabemos que nuestro valor verdadero y perdurable tiene que apoyarse en algo más que lo visible y externo.

No solo en *algo* sino en *alguien*.

Escucha como Él mismo lo explica al hablarle a un muchacho que también había perdido el contacto con un concepto saludable de sí mismo. Para alentar al joven profeta Jeremías, Dios le dijo…

Antes de formarte en el vientre, ya te había elegido; antes de que nacieras, ya te había apartado; te había nombrado profeta para las naciones.
(Jeremías 1:5, LBLA)

Vuelve a leer este pasaje. Escucha estas tres declaraciones asombrosas con los oídos de una hija que escucha atentamente la voz de su amoroso Padre.

«Te había elegido».

«Te había apartado».

«Te había nombrado».

Esta es tu identidad. Una mujer *elegida*. Una mujer *apartada*. Una mujer *nombrada*. No estás aquí por accidente, en este momento, con este libro en tus manos y con un deseo de tomar resoluciones serias que cambiarán toda tu vida. No es casualidad que estés viviendo en medio de tus circunstancias específicas ni que tengas entre manos determinadas cuestiones, mientras manejas todo con tus capacidades y habilidades personalizadas.

Dios te hizo *tal cual eres* y te colocó aquí. A propósito.

1. *Te eligió.* Eres parte de un plan divino, de precisión esmerada y de trascendencia eterna. Por razones que quizás no comprendas del todo o que ni siquiera te agraden, Dios te seleccionó para Él. No fue una decisión rápida ni indiferente de Su parte. Fue un acto deliberado y volitivo de Dios mismo, hecho con profunda consideración y sabiduría.

Elegir, como se usa en este pasaje, denota un conocimiento. Al escogerte, Dios se basó en un conocimiento profundo e íntimo de tu persona. Así que, si no puedes comprender por qué Dios elegiría a alguien como tú para participar en una actividad particular, Él sí

sabe bien Sus razones. Te seleccionó, con todas tus características, para participar de Su obra en este momento de la historia. Al igual que un entrenador que considera en forma metódica a qué corredor colocar en la pista en determinada etapa de una carrera de relevos, Dios intencionalmente te escogió para esta etapa del maratón.

Por eso estás aquí. En *esta* posición.

Frente a *ese* proyecto.

Casada con *ese* hombre.

Por eso, eres parte de *esa* amistad.

Te enfrentas a *ese* problema.

Vives en *ese* vecindario.

Lideras *esa* comisión.

Participas de *esa* actividad.

Crías a *esos* hijos.

Vives *esta* vida.

No fue un accidente: el Entrenador que te considera completamente idónea, preparada y capaz de llevar a cabo Sus planes maravillosos con completa precisión te *conoció* y te *eligió*.

Eres la escogida, amiga mía.

Tú. Eres. La. Escogida.

Esta comprensión abrumadora hizo que mi amiga Anna cayera de rodillas un día, liberando por su bonito rostro tal raudal constante y cálido de lágrimas de adoración que, pronto, comenzó a gotear de su barbilla. Poco tiempo atrás, la habían rechazado... otra vez. Era la segunda vez que se rompía su compromiso de bodas, la gota final que había terminado de romper los jirones de autoestima que quedaban en su corazón. Puedes imaginarlo. Se sentía (y creo que con toda razón) rechazada, incomprendida y menospreciada. A su juicio, tenía muy poco para rescatar o que fuera lo suficientemente atractivo como para merecer la atención de otro. Ya no. No después de esto. ¿Quién necesita que le muestren más de dos veces (quizás de la manera más humillante, personal y vulnerable) que nadie te quiere?

Sin embargo, las palabras de Jesús para Sus discípulos, para ella y para nosotros (al igual que las de Dios para Jeremías) la abrumaron con su poder y su paz: «No me escogieron ustedes a mí, sino que *yo los escogí a ustedes*» (Juan 15:16). Ya había visto esa frase en la Escritura, pero nunca como ahora; no con el brillante resaltador del Espíritu de Dios sobre ella, que acentuaba cada palabra con la precisión exacta de la claridad divina. *Yo los escogí a ustedes*. Las palabras reposaron sobre el corazón de Anna como un bálsamo reconfortante, cubriendo las heridas abiertas y refrescando el paisaje seco de su alma. Con esta frase, comenzó una nueva travesía de satisfacción para ella, el mismo descubrimiento que cada mujer debe escuchar, recibir y aceptar en su interior, para llevar a cabo los planes de Dios para nosotras. En última instancia, tu valor, al igual que el mío, se encuentra en los inmerecidos procesos divinos de selección.

2. *Te apartó*. No eres como los demás corredores de la carrera de relevos. Si constantemente miras al corredor que viene detrás de ti o te concentras en el que tienes adelante, deseando su capacidad y su talento, nadie se ocupará de tu carril. No necesitamos los mismos atletas. Necesitamos corredores santificados. Consagrados. Corredores que han sido separados por sus habilidades particulares y que cumplen una función única, corren esta parte especial de la carrera en este momento y este lugar.

Ser «separada» conlleva la idea de estar dedicada a un uso específico en determinado momento, reservada para las oportunidades en que puedes ser más útil, donde puedes ser tú misma. Es como los platos especiales que quizás guardas en tu gabinete para vajilla de porcelana. Tal vez te los regalaron para tu boda. En general, permanecen detrás de un vidrio y miran la mesa de la cocina en la otra habitación, donde los platos y los vasos diarios se divierten. Pero cuando llegan esos momentos clave, dignos de un toque especial, solo sirven los platos finos.

Eres un vaso santo de Dios, separado para momentos específicos donde la singularidad que ofreces puede utilizarse y valorarse por

completo: un «instrumento para honra, santificado, útil al Señor» (2 Timoteo 2:21). Él te bendijo en Cristo «con toda bendición espiritual en los lugares celestiales» (Efesios 1:3), te liberó para participar por completo de la vida a la que te llamó y será fiel para revelarte cómo lo hace a medida que camines a Su lado.

Hace poco, una joven escritora me envió un correo electrónico, preocupada porque no pensaba que su estilo de escritura tuviera suficiente profundidad e intriga. Mencionó otros autores que admiraba, y deseaba que su estilo se pareciera al de ellos. «Si así fuera —dijo—, podría terminar este proyecto de estudio bíblico». Al leer sus opiniones, pensé cuán a menudo me sentía igual... deseaba tener más profundidad o creatividad, como la que he admirado en otras personas. Y sin embargo, otros han tenido que recordarme lo mismo que le respondí a esta muchacha: algunos lectores solo escucharán, comprenderán y aceptarán ciertas cuestiones cuando las lean en *tus* palabras, desde *tu* perspectiva, escritas con *tu* voz. Cada mujer fue creada por Dios para hacer *su* parte. Y si no lo hacemos porque no pensamos que vale lo suficiente, habrá una gran pérdida. Alguien, en alguna parte, necesita que *tú*, con toda tu singularidad, te hagas cargo de tu llamado.

Así que, toma tu lugar. Acepta tu función especial. Disfruta de la emoción de sacarle provecho a tus fortalezas sin revolcarte en la miseria de tus carencias y discrepancias ni te permitas sentirte amenazada por las características que deberías elogiar en aquellos que admiras. No eres un error ni el resultado de un evento fortuito. El Dios Todopoderoso supervisó tu creación en forma sobrenatural. Tienes una importancia extraordinaria.

En lugar de buscar impresionar y superar a los demás, y de sentirte avergonzada por lo que no tienes ni puedes hacer, aprovecha la oportunidad de ser un ejemplo vivo, que camina, come y respira, de lo que la gracia divina puede hacer con una mujer que Él separó, con debilidades y todo, para ser un vaso santo a Su servicio. Tu lugar en la mesa tiene un propósito. Eres una obra de arte digna de ser elogiada.

Eso no tiene nada de común.

3. *Te nombró.* Ser elegida y apartada es un gran honor, pero que no te quepa duda: conlleva una responsabilidad importante. Entre las razones por las que Dios te escogió (o como dice otra traducción de la Biblia «te destiné»), una fue ponerte en posición de producir resultados específicos en tu situación personal. Jesús terminó su afirmación así: «No me escogieron ustedes a mí, sino que yo los escogí a ustedes y los comisioné para que vayan y den fruto» (Juan 15:16, NVI).

Por tanto, puedes confiar en que Dios te ha destinado al lugar donde puedes ser más productiva. Aunque quizás no te agrade del todo cómo te creó, aunque no seas perfectamente feliz con las circunstancias que te toca vivir, puedes estar segura de que Dios te destinó aquí con un propósito. Escogió el «suelo» donde estás creciendo ahora. Cada temporada y clima que experimentas ha pasado por Sus dedos antes de hacer contacto contigo. Todo fue diseñado por Él para rodearte con las condiciones que permitan que tus dones y habilidades particulares alcancen su máximo potencial. Para crecer. Para dar fruto. Para producir.

Y como cualquier agricultor, espera cosechar lo que sembró. Las semillas de manzana producen manzanos. Las semillas de rábano producen rábanos. Del mismo modo, tus semillas están destinadas a producir una cosecha única. Así que, no tiene sentido intentar producir fruto que otra persona tenga que cosechar. Tu tarea siempre es traer todos tus dones, tus talentos, tus inclinaciones y tus pasiones a esto llamado vida, y creer que son lo suficientemente buenos para producir el fruto que se espera de ti.

Confía en Él. Te conoce. Tiene planes especiales para ti.

No sé con qué estás luchando en este momento, mientras te esfuerzas por obtener una imagen más saludable de ti misma. Pero sí sé que la única manera de experimentarlo es volver a la realidad genuina y auténtica de tu valía a ojos de Dios: el que te escogió, te apartó y te nombró para llevar fruto. Te amó lo suficiente como para

hacerte diferente a todas las demás y te ha dado una tarea que es tuya sola, para completar con Su ayuda y Su poder abundantes.

Decide vivir en tu piel con pasión, así como a Él le apasionó crearte.

- Escoge al menos uno de los siguientes versículos para estudiar y memorizar:

  - Efesios 2:10: una declaración de tu importancia para Dios
  - Jeremías 1:5: una confirmación de tu selección por parte de Dios
  - 2 Corintios 3:5: una verificación de tu suficiencia en Dios

- Considera lo que quizás no hayas hecho por sentirte mal preparada o indigna. Escoge una de estas cosas y comienza a hacerla esta semana.

Feliz de ser tú misma

… quien eres en verdad.

Es una realidad esquiva que pocas tienen la oportunidad de experimentar. Muchas pasamos gran parte de la vida deseando e imaginando ser otra persona, y nunca experimentamos la libertad total de ser nosotras mismas. En algunos casos, dedicamos tantos años e invertimos tanto esfuerzo para alejarnos de nuestra singularidad, que no reconoceríamos nuestra verdadera persona ni siquiera si nos tropezáramos con ella.

Sin embargo, redescubrir y celebrar la *identidad* que Dios creó para ti originalmente es esencial para cualquier mujer que desea vivir su propósito principal.

Eres la única «tú» que este mundo tiene. La única que se necesita. La que, según el Salmo 139, Dios ha…

- examinado
- conocido
- mirado

- protegido
- seguido
- bendecido
- guiado
- fortalecido
- apoyado
- creado con sumo cuidado
- conducido

¿Alguna vez intentaste conocer a esta persona que fue tan importante como para que el mismo Dios dedicara tanto tiempo y atención a crearla y apoyarla? Cuando quitas las fachadas y las apariencias, y remueves cualquier máscara y fingimiento o disfraz, lo que queda es la persona auténtica que Dios mismo considera preciosa: completamente capaz y especialmente diseñada para cumplir los propósitos divinos para su vida.

Tú. Tal cual *tú* fuiste creada.

Así que, dedica tiempo para descubrir y reconectarte con estas cuestiones que te describen de verdad: tus dones, talentos, pasiones, excentricidades, aversiones, debilidades, intereses y singularidades; en su forma más natural y prístina. No te apures. Desprender los estereotipos y los rótulos, las malas interpretaciones y los estigmas que has usado (a sabiendas y sin darte cuenta) para definirte probablemente te requiera algo de tiempo y esfuerzo. Y decidir seguir adelante con autenticidad demandará aun más. En efecto, quizás hasta necesites reclutar ayuda de algunas amigas cercanas.

En primer lugar, pídeles que te señalen, desde su perspectiva, lo que te hace única. A menudo, es más difícil verte con la misma claridad que como lo hace otra persona que está cerca de ti. Solemos acostumbrarnos a la belleza. Con el tiempo, la genialidad parece común y corriente. Te habitúas a tu persona. Pasas por alto los aspectos asombrosos y notables que te hacen especial porque ya te acostumbraste a tenerlos.

Tu singularidad se vuelve habitual cuando es simplemente otra parte de tu rutina.

Así que, escucha a alguien que te recuerde las cualidades que ve en ti. Anótalas. Interiorízalas. Acéptalas. Tus dones y habilidades. Tu personalidad y tu temperamento. Las cuestiones que te caracterizan en forma perceptible y singular. Tus puntos fuertes y, sí, tus debilidades.

En segundo lugar, determina con precisión de qué manera (si hay alguna) has olvidado usar o celebrar estas características y decide honrar tu singularidad en el futuro. Imagina qué regalo maravilloso podría ser para ti este regreso a la autenticidad a través de los años, incluso en las próximas semanas. Poder vivir en genuina libertad, sin la carga del fastidioso agotamiento de tener que producir determinada impresión o de intentar ser alguien que no eres. Ya no tener que esforzarte para compensar en cuestiones que te hacen sentir incapaz de lograrlas. Alinearte con la voluntad de Dios en lugar de luchar constantemente contra Sus planes y apuntar a objetivos opuestos.

Aceptarte.

Atesorar el valor con que Él te revistió.

Es una resolución que vale la pena tomar.

- *Registra la singularidad que los demás ven en ti. ¿Qué características te sorprenden?*

- *Registra cómo puedes usar y celebrar estos rasgos de manera más intencional.*

- *¿Cómo se beneficiarían las dinámicas de tu familia, tu oficina o tus relaciones al hacerlo?*

La cruzada de la afirmación

A mi esposo lo fascina, lo intriga y, sin embargo, lo confunde un poco el sexo débil. Durante nuestros años de matrimonio, ha descubierto un cúmulo de dinámicas femeninas que admite que nunca comprenderá por completo. Como por ejemplo, por qué es necesario empacar más que un par de zapatos para un viaje de fin de semana. O por qué el mero acto de hablar puede ser un pasatiempo tan agradable. Me ha hecho muchísimas preguntas en los doce años que llevamos juntos, con la esperanza de encontrar algunas respuestas. Y, aún así, luego de mis excelentes intentos para explicarle, suele sonreír, darme una amorosa palmadita en la mejilla y retirarse sacudiendo la cabeza sin comprender.

Supongo que un hombre nunca podrá entender algunas cosas que a la mujer le resultan clarísimas.

Tal vez ninguna más que esta: los cumplidos que una mujer puede darle a otra.

Hace poco, me oyó decirle a una amiga que la falda que usaba acentuaba sus bonitas piernas. Me escuchó decirle a otra que ese

color y estilo de cabello le quedaban «simplemente fantásticos». Ha visto que otras mujeres se me acercan y dan gracias por un rasgo particular de mi personalidad o me dicen que la blusa que llevaba era verdaderamente linda.

Y por más que lo intenta, no entiende cómo funciona. Me dice que los hombres no hacen nada parecido. Por ejemplo, nunca veo que elogie el cabello de otro muchacho ni que le diga a un amigo que esa camisa resalta la musculatura de sus hombros. Es más, ha dejado en claro que si otro hombre lo elogia como hacen las mujeres, es mejor tenerlo lejos.

«Nosotros no hacemos eso», me dice.

Pero nosotras *sí*, amiga mía. Es algo que deberíamos hacer más seguido.

Nos mueve la relación, a diferencia de la mayoría de los hombres. Fomentamos nuestra amistad con otras mujeres y valoramos sus elogios. Podemos aceptar la admiración de otra mujer con mayor facilidad porque sabemos que, en general, no hay condiciones. No hay motivos ocultos. Se trata simplemente de una afirmación alentadora y sincera.

Y aunque nuestra autoestima nunca tendría que depender de los cumplidos ni de la aprobación de los demás, nos sentimos bastante bendecidas cuando otras mujeres nos elogian. Aunque el reconocimiento de los hombres nos halaga, el cumplido de una hermana conlleva una pureza, una simpleza y una fuerza tierna que nos renueva. Nos ayuda a sentirnos seguras, sostenidas y cálidamente cómodas. Además, produce algo poderoso: disipa cualquier necesidad de competencia.

Cuando tomes esta resolución en serio (la decisión de aceptarte como eres y de aprobar tu singularidad), por fin te sentirás cómoda para ofrecerle el mismo favor a los que te rodean. Te liberarás de la absorbente frustración de intentar adaptar a los demás a tu propio conjunto de expectativas. Les permitirás ser como son. Y como beneficio adicional, podrás disfrutar más de elogiar y encomiar su singularidad

(todo lo que pueden hacer mejor que ti) porque estarás totalmente cómoda contigo misma y con tus capacidades particulares.

Esta resolución no solo te afecta a ti. También enriquecerá a las mujeres que te rodean, ya que experimentan la afirmación que brota de la seguridad en que vives. Este debería ser nuestro mandato, nuestra campaña. Un movimiento de mujeres unidas por nuestra resolución y dedicadas a manifestarla en las vidas de las que nos rodean.

Puede ser nuestra cruzada.

Nuestra cruzada de *afirmación*.

Nuestro regalo, de una hermana a otra.

- *Dedica tiempo para releer tus notas de esta sección. Considera qué haría falta para que vivas en forma auténtica, y la libertad que experimentarás al hacerlo. Además, piensa en algunas mujeres que, por alguna razón, te cuesta elogiar. Decide felicitarlas esta semana por su valor único. Lee la resolución en voz alta y fírmala debajo.*

FIEL A MÍ MISMA

Prometo aceptar y celebrar mi singularidad; además de valorar y alentar los rasgos distintivos que admiro en los demás.

_____

ENTREGADA A ÉL

La resolución de consagrarme a Cristo
y permitir que Su Palabra me defina

Designación divina

Mi corazón te ha oído decir: «Ven y conversa conmigo». Y mi corazón
responde: «Aquí vengo, SEÑOR». (Salmo 27:8, NTV)

El gobierno de Estados Unidos acuñó el dólar de Susan B. Anthony
en 1979 y otra vez en 1999. Fue la primera moneda que circuló con
la imagen de una mujer. Su objetivo fue celebrar los avances de la
mujer y el impacto que nuestro género tuvo en el país.

Solo un problema. Esta moneda de plata, más pequeña que la
moneda tradicional de un dólar, se parecía más a una de 25 centavos,
y la gente a menudo las confundía. Aunque el valor de ambas era significativamente distinto, su apariencia era similar. Por tanto, como el
dólar de Susan B. Anthony no alcanzó popularidad entre el público,
se terminó discontinuando su circulación.

Tú, hermana, fuiste «acuñada» a imagen de Dios, y llamada «de las
tinieblas a su luz admirable» (1 Pedro 2:9). Cristo te ha atribuido gran

valor como Su hija, heredera de una divina «herencia en los santos» (Efesios 1:18). Has sido dotada de dones, talentos y una singularidad que el mismo Dios estimó adecuada para ti. Entre tus características…

Estás satisfecha contra todo pronóstico.

Estás decidida a ser femenina.

Eres fiel a ti misma.

Pero eso no es todo. Además, tienes la oportunidad de vivir…

Entregada a Él.

Sin duda, la inversión de tal tesoro divino en la vida de una persona conlleva una responsabilidad que tendríamos que considerar un privilegio. Él merece nuestra decisión fiel y constante de estar a la altura del valor que se nos ha asignado, de reflejar al mundo la valía inherente que poseemos por la gracia que Dios nos da gratuitamente mediante Su sacrificio. No debemos perdernos en la confusión del mundo (como se pierden los dólares en un puñado de monedas de 25 centavos), impulsadas por aficiones e intereses inferiores, y volvernos tan similares en apariencia a los demás que desaparezcamos entre la multitud. En cambio, deberíamos hacernos responsables de nuestras acciones y alinearlas con nuestro Dios y Su Palabra para profundizar en los propósitos divinos para los cuales fuimos puestas en la Tierra.

Esta es la resolución de la mujer *entregada a Él*.

- Somos mujeres que se inclinan a Su voz: escuchamos, acatamos, conformamos nuestra voluntad a la de Él.
- Somos mujeres que defienden los laureles de la Escritura frente a opiniones contrarias.
- Somos mujeres que, en última instancia, no responden a autoridades terrenales, sino a Aquel que nos creó, nos amó y nos llamó a seguirlo.
- Somos mujeres que viven con un propósito celestial en mente y con el susurro del cielo en el alma.

- Estamos *en* el mundo, pero no somos *del* mundo: no nos controla, no nos consume ni tampoco nos apremia.
- Nuestro llamado viene del cielo; buscamos los propósitos de Dios y nos impulsan las pasiones que Él puso en nuestro corazón.

Es lo que nos hace diferentes. Únicas. Frente a una cultura infestada de pecado y enemistada con Dios, seremos fieles a Él y a los laureles de Su Palabra. El autor de Hebreos observó un ejemplo inesperado de esta clase de fidelidad:

> Por lo tanto, hermanos, ustedes que han sido santificados y que tienen parte en el mismo llamamiento celestial, consideren a Jesús, apóstol y sumo sacerdote de la fe que profesamos.
> Él fue fiel al que lo nombró, como lo fue también Moisés en toda la casa de Dios. (Hebreos 3:1-2, NVI)

¿Perdón? ¿Moisés? ¿Fiel? ¿En serio?

Por cierto, no lo parece si miramos sus primeros años... y por «primeros», me refiero a 80 o más. Criado como el príncipe de Egipto, tuvo que huir por su vida luego de asesinar brutalmente a uno de sus compatriotas. En los próximos 40 años, vivió en circunstancias bastante indeseables, apacentando ovejas: una tarea muy por debajo de su salario y nivel educativo. Un día, Dios lo sobresaltó al hablarle desde una zarza ardiente y le encomendó una posición mucho más prestigiosa: sacar a Israel del cautiverio. Pero cuando recibió el llamado, Moisés no hizo más que balbucear excusas para esquivar su tarea. Cuando por fin accedió y aceptó la directiva divina (luego de que el Altísimo ejerciera presión con suma paciencia), se lo conoció por perder a menudo la paciencia frente a la inconstancia del pueblo israelita y permitir que su enojo le ganara. Al final, su desobediencia a la instrucción divina le costaría la entrada a la tierra escogida por Dios para Su pueblo.

Entonces…

Si yo hubiera escrito el libro de Hebreos, no sé si Moisés habría sido mi primera elección para una ilustración. Y sin embargo, este autor lo distingue y lo describe como «fiel [...] en toda la casa de Dios».

Si Moisés hubiera estado vivo para leer este versículo, me pregunto cuál habría sido su reacción. Probablemente, habría recordado todas las catástrofes y los errores que cometió en su vida y habría sacudido la cabeza con incredulidad y vergüenza, preguntándose si el autor estaba en sus cabales cuando escribió el texto. Quizás era un buen ejemplo de *infidelidad* pero, al recordar su vida, ciertamente no de *fidelidad*. Vamos.

¿Acaso no puedes identificarte? Quizás te enfrentas a nuestra cuarta resolución con el mismo desaliento. Se destacan tantas falencias y equivocaciones; tantos errores de juicio. ¿Cómo puedes estar a la altura de este estándar de devoción y consagración completa, ser una persona «fiel en toda la casa de Dios»?

Entonces, el ejemplo de Moisés debería darnos gran esperanza y aliento, porque a pesar de su larga historia de incompetencia, algo en su vida, su legado y su herencia se consideró digno de resaltar y de repetir para quienes desearíamos que nuestras vidas pueden llegar a ser tan conmemorables. Y dentro de estos sencillos versículos de Hebreos 3, se encuentra el tema crucial y decisivo del que depende toda la historia de Moisés.

La clave fue su llamado.

Fue «celestial» (v. 1).

A pesar de todos los regueros y los descuidos en la ejecución, Moisés se aferró al llamado del Señor para su vida. «Fue fiel al que lo *nombró*» (v. 2, NVI, énfasis agregado). Aun en el ruidoso túnel de viento de la culpa y el remordimiento, a pesar de la música estridente que lo invitaba a bailar con la decadencia, pudo captar el susurro celestial que lo instaba a dejar de lado los sentimientos y los afanes

temporales, y hacer la voluntad de Dios. Y ahí yace lo que separaba a él y a su pueblo de todos los demás.

No era perfecto, pero era resuelto.

Cometió errores, pero la presencia de Dios lo marcó.

Marchó al son de un estándar supremo, una fuerza predominante y urgente que lo llevó a desear lo importante para su Dios más que lo sustancial a ojos del mundo. Un vistazo general de su vida revela un hombre que no se dejó influenciar por los caprichos ni las pasiones efímeras que buscaban apartarlo del llamado celestial. Se dirigió a Canaán. Su objetivo era la leche y la miel. Y aunque significara levantarse desde las profundidades de la derrota y el desaliento, no se detuvo hasta que el mismo Dios le prohibió avanzar. Su llamado era del cielo: una convocatoria que ordenó sus prioridades, sus intereses y sus pasiones. No a la perfección, pero con persistencia.

Con fidelidad.

Nosotras también, como Moisés, tenemos el privilegio de compartir un llamado de origen celestial. Incluso ahora, si escuchas con cuidado, puedes oír su eco en tu corazón (¿lo escuchas?) que te invita a embarcarte en una aventura con Dios. Al ir dando vuelta las páginas, mira en tu interior y observa si sientes una necesidad persistente de experimentar algo *más* en esta vida. Si el potencial de estas resoluciones hace que el corazón te arda con anticipación santa, estás experimentando el llamado celestial: te invita, te llama, te alienta. Sí, el cielo convoca, busca a los fieles que no solo se levanten cada día y escuchen el llamado, sino que también respondan. Es este gemido, este clamor del alma que anhela lo eterno, no lo de este mundo. Dólares enteros, nada de fracciones. Es lo que nos hace sentir un tanto intranquilas al percibir un dolor interior que nunca terminamos de mitigar y que nos impide quedar plenamente satisfechas con los centavos de plata de la moneda cultural.

En Cristo, Dios nos hizo diferentes, y ahora nos invita a desear aquello para lo cual nos hizo así. Esto es lo que califica a los fieles;

a los que reconocen, aceptan y siguen el camino de Dios, sabiendo que Él se encargará de llevar a cabo Su llamado. Los «fieles» son los que deciden aborrecer los caminos del éxito terrenal a cambio de la misión divina que el Padre otorga en forma específica y singular.

Por eso, una madre puede escoger quedarse en casa en un intento de priorizar su familia, porque sabe que esa oferta de trabajo tentadora, pero absorbente, podría privarla de lo más importante.

Llamado del cielo.

Es lo que hace que una mujer soltera rechace la oferta de un caballero distinguido que tiene todo excepto pasión por lo espiritual e interés en el plan de Dios para su vida.

Llamado del cielo.

Es lo que lleva a la líder de un ministerio a seguir avanzando con su estudio, su planificación y la construcción de la «casa» de Dios, aunque las finanzas y los intereses externos parezcan poco prometedores.

Llamado del cielo.

Es lo que mantiene a una esposa fiel a su matrimonio y la lleva a esperar sin ninguna seguridad terrenal a la que valga la pena aferrarse.

Llamado del cielo.

Es el llamado de los fieles. Tú y yo. El llamado a fijar los ojos en Jesús y en Sus planes para nosotras, y luego, con el poder del Espíritu, comenzar a cumplirlos en nuestras distintas relaciones y tareas.

¿Qué percibes que el cielo te está llamando a hacer y a ser? ¿Cuál crees que sea el propósito principal de Dios para crearte y luego colocarte en esta generación y en este momento particular de la historia? ¿Lo sabes? ¿Intentas descubrirlo al despertarte por la mañana y escuchar en busca de la voz celestial? La mejor manera de comenzar es siendo fiel a lo que Él te ha puesto por delante ahora. Percibe la conmoción en tu alma mientras el Espíritu de Dios te ayuda a ver lo que te llamó a hacer hoy. Luego, ve en pos de eso a costa de todo lo demás.

Sin vergüenza.
Con diligencia.
Con fidelidad.
Shhhhh. Escucha.
El cielo llama.

• *¿Cómo te alienta y te inspira el ejemplo de Moisés?*

• *¿Cómo deberás ir en contra de la razón o de la presión cultural para permanecer comprometida a lo que el cielo te llama en esta etapa de tu vida?*

La fe frente a la fidelidad

Pues ya saben que la prueba de su fe produce constancia.
(Santiago 1:3, NVI)

El águila madre protege sus pichones con pasión. Construye su nido en las alturas para guardarlo de los intrusos, y lo cubre con una capa de materiales suaves y cómodos. Así crea un lugar agradable y acogedor para que sus polluelos descansen.

Sin embargo, el nido de un águila contiene más de lo que se ve. Debajo de su capa de comodidad reconfortante, esa ave construyó la base del nido con rocas, palos y otros objetos afilados… un hecho bastante irónico que sus crías pronto descubrirán. Porque cuando considera que llegó el momento, el águila madre sacude el nido, casi dándolo vuelta, y pone en contacto el fondo espinoso con las sentaderas suaves de los polluelos. Ya no es un lugar cómodo para los bebés; ahora es extremadamente *incómodo*, un lugar de donde quieren escapar.

Porque, sí, el águila madre protege sus pichones con pasión, pero también está decidida a verlos alcanzar todo su potencial. Así que, su tarea no está completa hasta que les provoca un nivel de incomodidad que los prepara para experimentar la realidad para la cual los creó Dios.

Para pararse sobre sus patas.

Para extender las alas.

Y volar.

El concepto de la fidelidad, al igual que el nido del águila, también entraña más que lo evidente. No se trata solo de la suma cómoda e hipotética de las convicciones de alguien (de su fe), sino más bien de una consecuencia física de sus acciones. Es más que tener una persuasión firme; es poner esa persuasión firme en marcha. Tener convicciones fuertes es una cosa, pero afirmarse sobre ellas, tomar decisiones y ajustar tu vida en consecuencia… eso es otra cosa.

Eso es fidelidad.

La fidelidad nace cuando las expresiones externas de tus convicciones se ponen en práctica a través del tiempo. A menudo, a través de dificultades. Porque en la adversidad, se perfecciona la fidelidad y allí cobra vida. Nunca se te ocurriría decir que una persona es fiel a menos que la hayas visto permanecer firme durante determinado curso de acción y decisión, en donde habría sido mucho más sencillo arrojar la toalla. Cuanto más firme es una persona, más se la honra por su constancia y perseverancia.

Sería una verdadera pérdida de tiempo, por ejemplo, si recorriéramos todas estas páginas juntas, firmáramos nuestras resoluciones, creyéramos en el impacto que esperamos que tengan en nosotras y, luego, cerráramos el libro y siguiéramos por la vida como si nunca hubiéramos tomado estas decisiones. En esencia, estaríamos disfrutando de las comodidades del nido sin experimentar jamás el efecto que debe producir en nosotras. Podemos *creer* que estas resoluciones pueden ser efectivas, pero si no actuamos en consecuencia, nunca

veremos el fruto que debían producir. Nunca volaremos con las alas del Espíritu de Dios. No experimentaremos jamás los lugares adonde Su Palabra nos abre la puerta.

Tomar resoluciones no te hace fiel. Es lo mismo que los aguiluchos en el nido. Solo cuando este se sacude y despliegas las alas, cuando permaneces en vuelo sin importar cuán difícil sea seguir aleteando, allí pruebas tu fidelidad.

La fidelidad al llamado celestial.

Como Jesús. Durante Su vida y ministerio aquí en la Tierra, «... por lo que padeció aprendió la obediencia» (Hebreos 5:8). Aunque siempre tuvo la persuasión firme de buscar la voluntad de Su Padre y lo hizo a la perfección, *demostró* Su fidelidad al ponerla en práctica día a día, atravesar dificultades, rendir Su voluntad (Lucas 22:42), ofrecer ruegos y súplicas (Hebreos 5:7), y permanecer comprometido con los propósitos de Su Padre sin considerar Su deseo humano de alejarse de la crucifixión y la muerte. Como resultado, «habiendo sido perfeccionado [hecho completo], vino a ser autor de eterna salvación para todos los que le obedecen; y fue declarado por Dios sumo sacerdote...» (vv. 9-10); preparado para Su propósito supremo porque «aprendió la obediencia» de la manera más difícil. Navegó a contracorriente. Sostuvo Su audaz profesión frente a los amargos peligros de la vida. Permaneció completamente rendido y comprometido con el plan del Padre.

Fiel.

Y si Cristo (la deidad vestida de humanidad, nuestro mayor ejemplo de santidad y justicia) escogió humillarse lo suficiente como para ganar Su fidelidad mediante la experiencia, sin duda, lo mismo es cierto para nosotras.

Espero que seas una mujer de fe. Pero el cielo te llama también a ser una persona de *fidelidad*. Cuando estás en el trabajo. Cuando estás con amigos. Cuando tienes problemas financieros. Cuando te enfrentas a una decisión difícil. Cuando estás en medio de tu rutina

y quisieras ser otra persona. Al resolver *entregarte a* Él con toda fidelidad, decides permitir que todo lo que crees sobre Dios y Su Palabra guíe constantemente tus pasos, tus manos, tu mente y tu corazón, a pesar de todo lo que pueda señalar en la dirección opuesta.

En un mundo marcado por el cambio constante y las opciones incrédulas, la mujer decidida a vivir en fidelidad es una ironía. Un misterio. Pero ser diferente vale la pena porque produce diligencia y fortaleza. Ser inusual vale la pena porque nos hace sentir completas y sin carencia alguna, preparadas por Dios para la gran obra que tiene para cada mujer.

Para ti.

Su sierva fiel.

- *En tus propias palabras, describe la diferencia entre tener fe y ser fiel.*

- *¿Te describirías como una persona fiel? Si así es, ¿en qué áreas de la vida?*

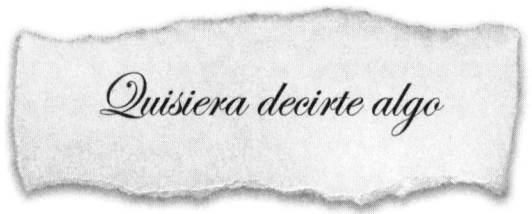

Quisiera decirte algo

La Biblia. La atesoramos, y sin embargo, al igual que con muchas cosas valiosas de nuestra vida, solemos transformarla en una carga más. A menudo, pensamos en la lectura bíblica como algo que «tenemos que hacer»… en general, algo que «todavía no hicimos». Tal vez nos estemos pintando las uñas o comenzando las tareas de la casa. Quizás estemos navegando por nuestra página *web* favorita o almorzando con nuestras compañeras de trabajo. Podríamos estar recostadas en un sillón o silenciando el despertador para dormir un poco más, pero…

«Tengo que leer la Biblia».

(Suspiro largo.) «¿Adónde está?»

Es fácil comenzar a sentirse así a menos que comprendamos que para estar *entregada a* Él es fundamental la clase de relación que tenemos con la Biblia. Dios nos dio Su Palabra para aprender y disfrutar. Para renovarnos. Para sacar a luz el deseo de relacionarnos con Él, deseo que plantó en lo profundo de nuestro ser. Para hablarnos al

corazón. Para mostrarnos quién es. Para concientizarnos de nuestros errores, sí, pero para luego llevarnos a las bendiciones restauradoras y redentoras de la obediencia. Además, como un tratamiento de radiación sobre una célula cancerosa, Su Palabra nos renueva incluso cuando parece que nada fuera de lo común está sucediendo.

Su Palabra no es una tarea más. No es algo pesado.

Es vida. Es amor. Es verdad viva, sólida como el granito, pero suave como la piel de un bebé.

Y no es solo para leer. Es para absorber. Para empaparse en sus aguas. Para vivir según ella.

Para inspirarnos, reformarnos y definirnos.

Por eso, está viva. No se trata solo de un libro escrito con información histórica, sino que está animado por el Espíritu para tu edificación; para hablarte en forma íntima y personal con respecto a los propósitos de Dios para tu vida. Si escuchas con atención al leer, sentirás que el cálido aliento de Dios te roza la mejilla, a medida que el Espíritu le infunde una aplicación actual y práctica a las antiguas palabras. En general, oirás el llamado celestial para ti mientras estás sumergida en Su Palabra. Y tu capacidad de permanecer firme en tu búsqueda de ser fiel germinará con el aliento que recibas de sus preceptos. Como la fidelidad es un fruto del Espíritu de Dios (Gál. 5:22), puedes estar segura de que Su Espíritu en ti obrará en conjunto con la edificación que recibas al permanecer constante en Su Palabra, y te ayudará a avanzar hacia la meta: «al premio del supremo llamamiento de Dios en Cristo Jesús» (Filipenses 3:14).

Así que, mientras vamos cerrando esta sección sobre vivir *entregada a Él*, donde te he alentado a ser una mujer caracterizada por su dedicación al llamado celestial y con un estilo de vida acorde, quiero alentarte en tu compromiso personal con Su Palabra. Ya que sin él, perderás el rumbo y la fortaleza. La Biblia es la herramienta de inspiración divina para guiarte y equiparte para una vida de fidelidad. En un mundo inundado de ideas contrarias, la Palabra te recuerda

constantemente quién eres, por qué estás aquí y a quién le perteneces en verdad.

Eres Suya. Y Su Palabra te ayuda a mantener esta seguridad.

Por eso, quiero darte esta larga lista de declaraciones de afirmación, tomadas directamente de la Palabra del Dios vivo. No son citas directas de la Escritura, pero reformulan el tema del versículo al que hacen referencia, para que puedas declararlo en primera persona. No es necesario que las leas todas juntas. Espero que vuelvas a este punto una y otra vez, a través de los años, solo para leer una media docena a la vez, para permanecer arraigada en quién eres, en quién es tu dueño y en lo que este hecho glorioso, eterno y triunfal significa para ti.

Cuando proclames *en forma audible* estas declaraciones bíblicas sobre tu vida y las de tus seres queridos, tu mente será renovada, tu fe fortalecida y tus acciones y actitudes transformadas. «La fe viene como resultado de oír el mensaje, y el mensaje que se oye es la palabra de Cristo» (NVI).

- Amo al Señor mi Dios con todo mi corazón, con toda mi alma, y con toda mi mente (Marcos 12:30).
- Ando por fe y no por vista (2 Corintios 5:7).
- El Señor está conmigo. No temeré a lo que me pueda hacer el hombre (Salmo 118:6).
- No soy competente por mis propias capacidades, sino porque Él me hizo así por Su Espíritu (2 Corintios 3:5-6).
- Permanezco en Cristo y Él en mí, y llevo mucho fruto (Juan 15:5).
- Tengo la mente de Cristo; por tanto, mis acciones son coherentes las Suyas (1 Corintios 2:16).
- Él nunca me desamparará ni me dejará (Hebreos 13:5).
- No menosprecio mis debilidades. Las veo como oportunidades para que Dios demuestre Su poder y Su gracia a través de mí (2 Corintios 12:10).

- Ningún arma forjada contra mí puede prosperar, y toda lengua que se levante contra mí en juicio será condenada (Isaías 54:17).
- Seré hospitalaria sin quejarme (1 Pedro 4:9).
- No usaré mi lengua para maldecir, sino que hablaré con bendiciones vivificantes a todos los que encuentre y en cualquier situación que me acontezca (Santiago 3:8-10).
- El Espíritu habita en mí; entonces, soy templo del Dios vivo (2 Corintios 6:16).
- Sobre poco soy fiel, y sobre mucho seré puesta (Mateo 25:23).
- Me someto humildemente a Dios y resisto con energía las obras del diablo, sabiendo que tiene que huir de mí (Santiago 4:7).
- No le daré al enemigo ninguna oportunidad ni punto de apoyo sobre mi vida (Efesios 4:27).
- Mayor es el que está en mí que el que está en el mundo (1 Juan 4:4).
- Decido obedecer al Señor y recibir la próspera abundancia y la bendición que me otorgará (Deuteronomio 30:8-9).
- Mi corazón guarda los mandamientos de Dios. Esto añadirá años y paz a mi vida (Proverbios 3:1-2).
- Ando por el Espíritu y no satisfago los deseos de la carne (Gálatas 5:16).
- Puedo exhibir el fruto del Espíritu: amor, gozo, paz, paciencia, benignidad, bondad, fe, mansedumbre, y templanza (Gálatas 5:22-23).
- El Señor guarda mi salida y mi entrada, desde ahora y para siempre (Salmo 121:8).
- Me regocijo en el Señor en las buenas y en las malas (Filipenses 4:4).
- Cuando me acueste, no tendré temor, sino que mi sueño será grato (Proverbios 3:24).
- Alcanzo el favor del Señor (Proverbios 12:2).
- El Señor está en medio de mí, y se regocija sobre mí con cánticos (Sofonías 3:17).

- Soy la niña del ojo de mi Padre (Deuteronomio 32:10).
- El bien y la misericordia me seguirán no solo hoy, sino también todos los días de mi vida (Salmo 23:6).
- Fui creada a imagen y semejanza del mismo Dios. Esta es mi herencia (Génesis 1:27).
- No he recibido el espíritu de este mundo, sino el que proviene de Dios, para conocer la mente y la voluntad del Señor para mí (1 Corintios 2:12).
- No me avergüenzo del evangelio de Cristo (Romanos 1:16).
- El Señor ha ordenado mis pasos (Salmo 37:23).
- Solo le permito a mi mente pensar en lo verdadero, honesto, puro, amable, de buen nombre y digno de alabanza (Filipenses 4:8).
- Deseo la leche no adulterada de la Palabra, para madurar espiritualmente (1 Pedro 2:2).
- Busco la paz y la sigo (Salmo 34:14).
- Soy una parte necesaria y útil del cuerpo de Cristo, y usaré mis dones espirituales para edificar a los demás (1 Corintios 12:7).
- La fe, la esperanza y el amor permanecen en mí, pero, especialmente, el amor (1 Corintios 13:13).
- Soy la justicia de Dios en Jesucristo (2 Corintios 5:21).
- Me ha sido dada la victoria en Jesucristo (1 Corintios 15:57).
- Soy mansa y heredaré la tierra (Mateo 5:5).
- Seré misericordiosa con los demás y, a su vez, recibiré misericordia (Mateo 5:7).
- Tengo un corazón limpio ante Dios, y espero ver Su presencia en mi vida (Mateo 5:8).
- Me disciplino para la piedad, ya que tiene promesa para la vida presente y para la futura (1 Timoteo 4:8).
- Mi ambición es ser agradable a Dios y solo a Él (2 Corintios 5:9).
- No juzgo a los demás creyentes para no traer juicio sobre mí (Romanos 2:1).

- Mi prioridad es buscar primero el reino de Dios y su justicia, y confío en que todas las demás cosas que necesito me serán añadidas (Mateo 6:33).
- Soy una verdadera adoradora. Adoro en espíritu y en verdad (Juan 4:23).
- No solo de pan vivo, sino de toda palabra que sale de la boca de Dios (Deuteronomio 8:3).
- Ríos de agua viva brotan de mi ser (Juan 7:38).
- Fui escogida por Dios para llevar fruto que permanezca (Juan 15:16).
- Soy una nueva criatura. Mi vieja naturaleza pecaminosa pasó y todo fue hecho nuevo (2 Corintios 5:17).
- No importa mi pasado, mis pecados fueron perdonados por las riquezas de Su gracia sobre mí (Efesios 1:7).
- He recibido toda bendición espiritual en los lugares celestiales (Efesios 1:3).
- Por Su llaga, fui sanada (Isaías 53:5).
- En Cristo, estoy plena y completa, y nada me falta (Colosenses 2:10).
- Creo que recibo todo lo que pido en oración según la voluntad del Padre (Marcos 11:24).
- Soy parte de una generación escogida, un sacerdocio real, una nación santa. Soy parte del pueblo de Dios (1 Pedro 2:9).
- No temeré porque sé que el espíritu de temor no viene de parte de Dios. Él me ha dado un espíritu de poder, de amor y una mente sana (2 Timoteo 1:7).
- No soy una extraña para Dios. Soy ciudadana del reino de Dios y miembro de Su familia (Efesios 2:19).
- Fui sellada por el Espíritu Santo que mora en mí. Es la promesa del Padre para mi futura herencia (Efesios 1:12-14).
- Soy una obra de arte creada en Jesucristo para caminar en las buenas obras que ya preparó para mí (Efesios 2:10).

- La libertad me hizo libre. Cada día, camino en este regalo de libertad (Gálatas 5:1).
- Estoy muerta al poder del pecado (Romanos 6:11).
- Fui resucitada con Cristo y estoy sentada con Él en lugares celestiales (Efesios 2:6).
- Soy la sal de la tierra y la luz de este mundo (Mateo 5:13-14).
- No temeré porque el Señor es mi luz, mi salvación y la fortaleza de mi vida (Salmo 27:1).
- El gozo del Señor es mi fortaleza (Nehemías 8:10).
- Confío completamente en el Señor, y por eso, seré como un árbol fructífero que siempre halla alimento a pesar del clima seco y árido (Jeremías 17:7-8).
- El Señor no retendrá Su bendición si camino en integridad delante de Él (Salmo 84:11).
- Jesucristo es mi Salvador y Señor, y haré las obras que Él hizo (Juan 14:12).
- En Cristo, fui hecha hija de Dios, y recibo las bendiciones que Él tiene para mí (Juan 1:12; Efesios 1:3).
- En Cristo, Dios me escogió y me hizo fuerte. Me selló y puso Su Espíritu en mi corazón como garantía de todo lo que me prometió (2 Corintios 1:21-22).
- Todo lo puedo en Cristo que me fortalece (Filipenses 4:13).

- *Hoy Dios te invita a una vida caracterizada por la fidelidad. Mediante Su Espíritu y con la guía y el aliento de Su Palabra, es un objetivo alcanzable para ti. No importa lo que haya en tu pasado, esta resolución puede marcar un nuevo comienzo. Léela en oración y fírmala cuando estés lista.*

ENTREGADA A ÉL

Prometo vivir como una mujer responsable ante Dios y comprometida fielmente con Su Palabra.

_____

PARTE II:
LO QUE TENGO

Lo mejor de mí

La resolución de dedicarme por completo
a las prioridades de Dios para mi vida

Cajas

Golpeo suavemente la puerta de su hotel; una mujer que hace mucho admiraba a la distancia. Me entusiasmaba la oportunidad de \pasar tiempo con ella, luego de descubrir que las dos teníamos que hablar en la misma conferencia. Hacía más de 30 años que ella participaba activamente en el ministerio y yo, una esposa joven y mamá reciente, en las etapas incipientes del ministerio, me sentía un tanto tensionada en esta etapa de la vida. Los horarios de alimentación y los cambios de pañal, las noches en vela y la obligación de madrugar, además de las responsabilidades de un ministerio creciente… estaba cansada. Abrumada. Había perdido el ánimo y el equilibrio.

Necesitaba una dosis de su sabiduría y perspectiva.

Ya me había acostumbrado a robar breves momentos como este: buscaba personas que vivieran como se supone que hay que vivir y aprovechaba la oportunidad de echar mano de una o dos migajas de sabiduría de la conversación con ellas. Sentada con las piernas cruzadas en el piso de la habitación del hotel, sin esperar nada en

particular, pero todo a la vez, sabía que si simplemente escuchaba, recogería algunas espigas de verdad eterna para llevarme.

Con su delicado acento británico, me llevó por un viaje a través de sus comienzos y me reveló algunas de las lecciones que había aprendido, así como otras que hubiese querido aprender mucho antes. Cada vez que le hacía otra pregunta, me inclinaba, con la barbilla entre las manos y los codos sobre las rodillas, para escuchar sus respuestas reflexivas. Ninguna dejó de producir una fuerte impresión en mí.

En especial las cajas.

No, no las sacó de debajo de su cama ni de un escondite secreto en el armario. Simplemente, las pintó en mi imaginación y las fue sacando una detrás de otra ante mí. Cajas de vidrio trasparente, cada una con una tapa que abría y cerraba con una bisagra sujeta a un costado. Todas tenían exactamente el mismo tamaño y estaban llenas hasta el mismo nivel con una sustancia cristalina, azulada y parecida al agua.

«Estas cajas, Priscilla, simbolizan las actividades de la vida, los diferentes proyectos en que debemos invertir nuestro tiempo, talento y energía. Nuestra tendencia es intentar mantenerlas así: llenas con la misma cantidad de nosotras mismas y de nuestro esfuerzo. Creemos que de eso se trata el equilibrio.

»Pero, en realidad, esto representa a la mujer que trabaja demasiado y que se siente frustrada y exhausta. Una vida *desequilibrada*.

»El equilibrio se logra, querida, al considerar en oración las prioridades de Dios para nosotras en esta etapa de la vida y volver a disponer las cajas en consecuencia… colocar algunas en el fondo y traer otras al frente. En estas cajas principales, colocamos lo mejor de nosotras y de nuestro esfuerzo, mientras que quizás vaciamos por completo algunas otras (al menos, por ahora), no porque tengan menos importancia, sino porque en este momento, no es allí donde debemos asignar lo mejor de nuestra capacidad y atención.

»El equilibrio no se logra cuando las cajas están llenas al mismo nivel, sino cuando tenemos la libertad de llenar solo las que son importantes ahora, sin sentir culpa por las que dejamos para otro momento y lugar. Esto es equilibrio, hermanita. Recuérdalo».

Y lo he recordado.

Las lecciones que aprendí de las cajas me salvaron la vida.

- *Si tiendes a hacer demasiado, ¿en qué estado sueles quedar al final del día o al comienzo de una nueva semana?*

- *Rotula cada caja con las diferentes responsabilidades de tu vida. (Añade más si es necesario.) Colorea cada una según el nivel de tiempo y esfuerzo que le dedicas. Compáralas y, en oración, considera si tus prioridades reflejan las intenciones de Dios para esta etapa de tu vida.*

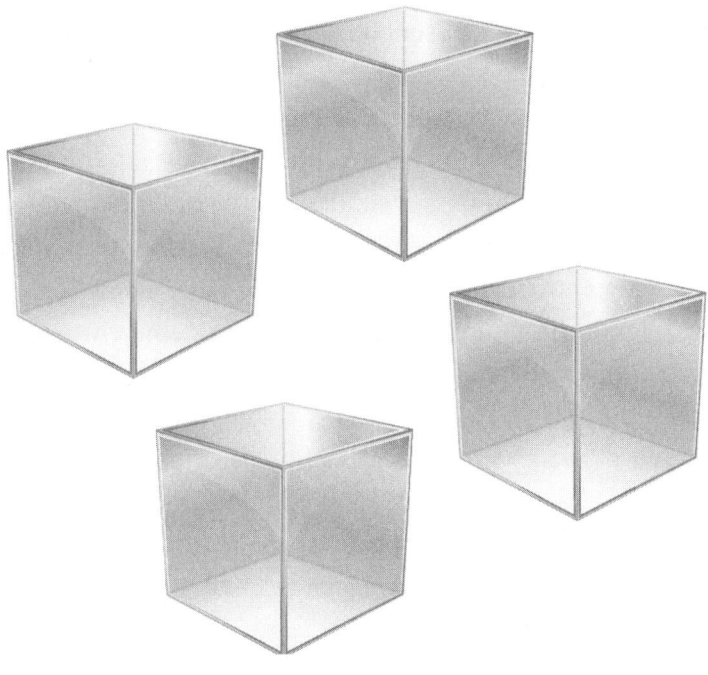

El momento oportuno es lo más importante

Creo que todas sabemos qué significa dar lo mejor (porque probablemente es lo que has estado haciendo): trabajar con el mayor empeño posible, seguir adelante aun cuando sientes deseos de abandonar y holgazanear, y hacer los sacrificios necesarios para mantenernos a la cabeza y concentradas en la tarea. Probablemente, te agote *pensar* en una resolución relacionada con dar más de lo que ya das. Y sin duda, ya hablaremos de eso (de dar lo mejor en lugar de las sobras), pero creo que te sorprenderás al ver que, al final de esta sección, no sentirás que tienes la responsabilidad de hacer más, sino que podrás hacer menos.

Así que, no te quedes atascada en esta parte de «dar lo mejor de mí», para que puedas llegar a la siguiente; la parte que cambia las reglas del juego de esta resolución: entender con claridad cuáles son tus «roles principales». No podemos beneficiarnos de una parte sin comprender con la misma claridad la otra. Por ejemplo, si

das lo mejor de ti, pero gastas mucho en cuestiones incorrectas, no solo malgastas una gran cantidad de energía y de recursos, sino que también pierdes el tiempo y las oportunidades que quizás nunca vuelvan. Es fundamental lograr claridad en los dos aspectos de esta ecuación.

Dar lo mejor en lo que Dios quiere que estés haciendo… a eso hay que apuntar.

Esta cuestión del equilibrio fue central en la última parte del Antiguo Testamento, cuando el remanente de los hebreos regresó a su tierra natal desde el exilio. El Señor les habló mediante el profeta Hageo y cuestionó sus prioridades. El orden en que decidieron reconstruir la nación y sus vidas estaba trastornado. Mientras el templo estaba deteriorado y en ruinas, el pueblo gastaba gran parte de su tiempo y recursos para reconstruir sus propias residencias lujosas.

«Este pueblo dice: No ha llegado aún el tiempo, el tiempo de que la casa de Jehová sea reedificada. Entonces vino palabra de Jehová por medio del profeta Hageo, diciendo: ¿Es para vosotros tiempo, para vosotros, de habitar en vuestras casas artesonadas, y esta casa está desierta?» (Hageo 1:2-4).

Toma un momento e imagina lo que debe de haber sido para este pueblo volver a una zona geográfica que había sido saqueada décadas atrás por ejércitos hostiles. Enfrentaban una tarea abrumadora: limpiar y quitar los escombros, restaurar al menos una forma primitiva de infraestructura, cultivar la tierra arable. Todo a la vez. La tierra necesitaba todo.

Además de estas demandas físicas, probablemente experimentaban una gran descarga de emociones reprimidas, luego de años de cautiverio en tierras lejanas. A esta oportunidad de comenzar de cero, a pesar de los muchos desafíos de recuperar una tierra abandonada, tal vez se le sumó un entusiasmo embriagante, al intentar restablecer su pequeño rincón en el mundo.

Así que, creo que podemos admitirlo: su deseo de dedicar tiempo y atención a la reconstrucción de sus hogares era comprensible. Incluso honorable. Para ellos, tenía tanto sentido como cuando razonas que quieres invertir tu tiempo de determinada manera o concentrarte en cierta tarea. Como en su caso, el proyecto que tienes entre manos no necesariamente es malo o inadecuado en sí. Hasta puede ser sumamente noble. Entonces, ¿por qué Dios expresó esa inquietud?

Resulta que no le preocupaba tanto *aquello* que estaban haciendo, sino *cuándo* decidían hacerlo. Veamos si puedes detectar el modelo:

- «Este pueblo dice: No ha llegado el *tiempo*…»
- «… el *tiempo* de que la casa del SEÑOR sea reedificada».
- «¿Es acaso *tiempo* para que vosotros habitéis en vuestras casas artesonadas mientras esta casa está desolada?» (vv. 3-4, LBLA)

La reconstrucción del templo destruido (y por ende, de la adoración a Dios en un lugar de prominencia en sus vidas) evidentemente era una prioridad mayor para Él *en ese momento particular* que la construcción de sus residencias artesonadas. No quería decir que sus hogares no importaran. Tampoco que deberían sentirse avergonzados por pensar en su propio refugio y viviendas. Sin embargo, todavía no era momento de concentrar sus esfuerzos en las casas, al menos por ahora. Tenían que concentrarse en la casa de Dios, recortar sus listas y dedicarse principalmente a lo que el Señor les pedía para ese instante. Entonces sí, significaba que algo que les producía placer debería quedar en espera *por ahora*, pero no para siempre. Tenían que enfocarse en la tarea del momento y dejar de lado las demás por cierto período, con la seguridad de que más adelante llegaría el *tiempo* para cambiar las prioridades.

A veces, esto puede ser difícil. Una amiga se dio cuenta de que estaba invirtiendo una cantidad inadecuada de tiempo para ayudar al

resto de sus parientes (una tarea admirable), lo cual le quitaba tiempo que tenía que dedicarle a su propia familia. Sin duda, los ama muchísimo, pero luego de resolver sus problemas, llevar sus cargas, escuchar sus preocupaciones y ocuparse de sus inquietudes, se dio cuenta de que estaba emocional y físicamente agotada. El Espíritu de Dios comenzó a desafiarla a considerar que ese no era el momento (y que ella no era la salvadora) para manejar los problemas de sus parientes. Si quería participar por completo de los objetivos de Dios para ella en esa etapa, debía realizar una restructuración difícil, pero esencial, de sus prioridades. Un desafío necesario.

A medida que puedas determinar cuáles deberían ser tus prioridades actuales y obedezcas al dejar de lado lo demás por ahora, no te preocupes de que no vuelvas a tener oportunidad de dedicarte a esas cosas. Los próximos años, o quizás meses, reajustarán lo más urgente e importante. Entonces, algunas de esas actividades que tuviste que dejar de lado por un tiempo quizás vuelvan a pasar al frente.

Hasta entonces, resiste el impulso de abarcar demasiado.

Concéntrate en lo que es importante hoy.

Como mamá con hijos pequeños, mis prioridades de alineación serán distintas a las de una abuela jubilada. Y así debería ser. Las inquietudes de una estudiante universitaria para esa etapa de su vida serán diferentes de los de una graduada que está comenzando su carrera. Y así debería ser. El momento que estés viviendo te indicará las responsabilidades inherentes para ti en ese instante y lugar.

Así que dedícate a *ellas*.

Concéntrate en *ellas*.

Date permiso para decir «no» a ciertas cosas que no te corresponden en este momento. Y oblígate a posponer otras que no sean tu misión principal para esta etapa. Al hacerlo, descubrirás que cada vez que digas «sí» sentirás mayor libertad y satisfacción.

- Pregúntale a una amiga sincera que te conozca bien cómo piensa que estás manejando tus prioridades presentes.

- Al pensar en todo lo que quisieras hacer, pero para lo cual nunca tienes tiempo, recuerda lo que afirma la Biblia: «Todo tiene su momento oportuno; hay un tiempo para todo lo que se hace bajo el cielo» (Eclesiastés 3:1, NVI). ¿Cómo puede liberarte este acto intencional de confianza y perspectiva para que te dediques con mayor alegría al día de hoy?

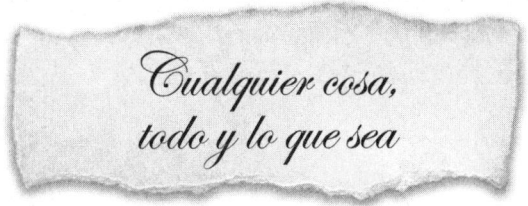

*Cualquier cosa,
todo y lo que sea*

Así que, sea que coman o beban o cualquier otra cosa que hagan,
háganlo todo para la gloria de Dios. (1 Corintios 10:31, NTV)

«Cualquier otra cosa que hagan...»

Una de las mayores bendiciones que vienen al tomar las decisiones difíciles de esta sección (decisiones para dejar algunas cuestiones en segundo plano durante esta etapa de la vida, para poder concentrarnos en lo más importante) es que se libera tu capacidad para comenzar a hacer las cosas bien, para exaltar y honrar a Dios. Quizás, como muchas mujeres, sientas que constantemente fracasas. Terminas la mayoría de los días con una sensación de insuficiencia, de no tener lo necesario y de no poder organizarte como supuestamente hacen todos los demás.

Es la carga de la mujer perfeccionista. A menudo, se siente paralizada porque sus estándares son inalcanzables. Tiene mucho para

hacer y se pone objetivos demasiado altos, entonces, se desalienta incluso antes de comenzar. No puede hacer nada bien porque hacer todo la deja agotada. Mira todas las tareas incompletas o a medio hacer a su alrededor y se derrumba bajo la desesperación. La perfección es una manera segura de vivir con vergüenza y culpa toda la vida, sin estar nunca satisfecha contigo misma ni con lo que te rodea.

Así que, para ser clara, esta resolución de ofrecer lo mejor de ti no es un llamado al perfeccionismo. Pasajes como Mateo 5:48, donde Jesús nos instruye a ser «perfectos [...] como vuestro Padre que está en los cielos es perfecto», no quieren decir que el Señor espera que vivas sin fallas ni errores. Es una invitación a una vida de plenitud e integridad. Es lo que significa la palabra bíblica perfecto. No es un estándar de precisión y exactitud absolutas, sino una invitación a dedicar todo tu ser —tu tiempo y tus talentos— a completar las tareas que Él te ha designado.

Esta resolución te alienta en la dirección opuesta al perfeccionismo. Te insta a aminorar la marcha, a participar solo de las actividades que manifiesten la gloria de Dios para esta etapa de la vida y a dedicarte con mayor intensidad a ellas. Lo más probable es que no tengas una mala ética de trabajo ni fallas de carácter. Simplemente, te dejas llevar en demasiadas direcciones. Como me dijo una vez una amiga sabia: «Priscilla, no puedes hacer mil cosas para la gloria de Dios, pero sí puedes hacer una o dos». Y aunque lo dijo en broma mientras observaba mi agenda atestada y mis prioridades diseminadas, lo que dijo es verdad. Cuando decides hacer todo, no puedes hacer nada bien. Sin embargo, cuando tu objetivo es honrar a Dios, se recorta tu propósito y se ajusta tu atención.

Y para que conste, ¡es posible hacer las cosas bien!

La Biblia lo promete.

Por eso, Pablo nos exhorta a aceptar su incentivo de «cualquier cosa que hagan» como una realidad viva; y no solo una vez, sino también en Colosenses 3:17: «Y todo lo que hacéis, sea de palabra o de

hecho, hacedlo todo en el nombre del Señor Jesús, dando gracias a Dios Padre por medio de él».

Lo dijo porque es cierto. Si nos tomamos el tiempo para concentrarnos en las cualidades únicas que Dios nos ha dado para «cualquier cosa que [*ustedes*] hagan» (como te alenté a hacer con la resolución de *fiel a mí misma*) y nos comprometemos a aplicarlas de todo corazón a las tareas que el Señor nos asigna, Él no solo nos ayudará a llevarlas a cabo, sino también a hacerlas de una manera que lo glorifique. Intentar hacer algo que le corresponde a otra persona no honrará a Dios, sin importar nuestra dedicación. En el mejor de los casos, seremos impostoras, desinfladas en lo emocional y exhaustas en lo físico, por intentar llevar la vida de otra persona. Pero si consagramos y dedicamos nuestros dones a Él en esta etapa de la vida, veremos que el Señor nos llena de poder para utilizarlos de manera que lo honre y lo glorifique. Puedes estar segura de que cualquier cosa que tengas para ofrecer demostrará lo mejor de ti si te concentras en honrar a Dios en lugar de impresionar o imitar a otros.

Lo que *tú* puedes hacer (¡sí, tú!) es suficientemente bueno.

¿Me escuchaste?

Bueno.

Quizás esto sea una novedad para ti, en especial, si naturalmente deseas poder desempañarte como *ella*, como *ellas*. Tal vez entonces, «Dios pueda obtener algo de gloria de mi insignificante vida». Sin embargo, las instrucciones de Pablo y esta resolución no fueron hechas para inspirarte a ser como otra persona, para comenzar a hacer más de lo que *ellas* hacen y como *ellas* lo hacen. Es un llamado a «cualquier [...] cosa que hagan». La manera singular en que *tú* crías a tus hijos, amas a tu esposo, haces tu trabajo, supervisas esa comisión, participas en esa organización e inviertes tu tiempo es sumamente valiosa. Es lo que *tú* haces y como *tú* lo haces. Y es lo que Dios prometió reforzar con Su poder, para que tus acciones lo glorifiquen.

Mi mamá tuvo que comprender esto como joven esposa de un pastor. Había entendido (gracias a algunas sugerencias no tan sutiles) que debía tener determinado perfil por su posición tan notoria. Tenía que tocar el piano, dirigir el coro, estar al frente del ministerio para mujeres y, además, vestirse como Jackie Onassis. Esto creían los demás. Sin embargo, Dios no la había preparado ni llamado a hacer muchas de esas cosas. Era imposible cumplir con las expectativas de todos satisfactoriamente. Así que, en lugar de intentar hacer lo mismo que otras esposas de pastores o lo que esperaban todos en la congregación, decidió considerar detenidamente *sus* dones y cómo podía usarlos con todo su ser para el Señor.

Mamá descubrió su punto de «cualquier [...] cosa que hagan», donde realmente se puede experimentar el gozo de hacer «todo para la gloria de Dios».

Así que, toma un segundo y considera lo que Dios te ha capacitado para hacer y lo que te pide que hagas (y lo que *no* te pide) en esta etapa particular de la vida. En lugar de concentrarte en lo que *no puedes* hacer, ¿por qué no consideras cómo aprovechar lo que *sí puedes*, de manera que te beneficies de la presencia y el poder de Dios? Entonces, no importará qué día sea, ni cuántos años tengas ni la exigencia del momento, sino que podrás ser tú misma, con la plena convicción de que cualquier cosa que hagas cumple los propósitos de Dios y lo honra.

En cualquier cosa y en todo.

Algo más: el mensaje del versículo de Pablo, «sea que coman o beban o cualquier otra cosa que hagan», sugiere que no deberíamos esperar hasta que algo se torne importante para que nuestro objetivo principal sea honrar a Dios. Es decir, *comer* y *beber* no parecen ser cuestiones demasiado importantes. No podría tratarse de algo más común, prosaico y cotidiano. Sin embargo, a ojos de Dios nada es demasiado nimio como para no considerarlo digno de nuestra devoción incondicional. Todo lo que Él ha designado para nosotros (hasta lo más insignificante) es una oportunidad nueva y disponible para

que Su gloria se vea a través de nosotras, a través de ti. Por tanto, la tarea que tienes por delante ahora dispone del potencial de honrar al Señor. Por eso te la ha dado. Sí, el trabajo administrativo y los detalles informáticos de tu trabajo. Sí, tu participación en la conferencia de la comisión directiva de mujeres. Sí, cambiar otro pañal sucio. Sí, el pequeño acto de bondad hacia tu cónyuge.

No dejes lo mejor de ti para después.

No esperes a terminar tus estudios, ni reserves tu mejor esfuerzo para cuando obtengas un trabajo de verdad que te lleve a alguna parte. No esperes hasta casarte para sentir que lo que haces contribuye a construir un hogar y una vida. No esperes a comenzar una familia, con la convicción de que te sentirás más inspirada a dar lo mejor de ti si tienes hijos a quiénes dedicarte. No esperes hasta que tus hijos abandonen el nido, aguardando el momento oportuno para dedicarte al próximo desafío.

Explora lo que el Espíritu de Dios te lleva a hacer y cree que si Él te llamó a eso, te dará el poder para hacerlo de manera que lo honre. Entonces, coopera con el Señor. Aporta lo mejor de ti a esa tarea. Aquí mismo. Ahora mismo.

Aprendí esta lección de mi amiga Tina, que nunca hacía nada a medias. Cuando realizaba algo, todos se daban cuenta. Si decidía ayudarte, podías estar segura de que lo haría con todos sus recursos. Daba todo lo que tenía. Participaba de corazón. No creía en hacer las cosas con indiferencia… en cualquier área de la vida.

Tina era una mujer soltera que vivía en un apartamento. Y aunque anhelaba su propio hogar, valoraba su pequeño espacio y lo llenaba de su estilo y personalidad vibrantes. Aunque alquilaba, insistía en añadir toques especiales que transformaban su vivienda temporal en un hogar. Repintó las paredes, cambió los accesorios de iluminación e instaló algunos artefactos nuevos. Le infundió alma a ese lugarcito. Recuerdo que una vez le pregunté por qué invertía tanto en un sitio donde la mayoría no gastaría un centavo. Me dijo que no quería

tratar nada en su vida como si no valiera la pena celebrarlo, como si fuera demasiado ordinario como para merecer atención y valoración extraordinarias. No quería esperar hasta casarse o comprar una casa para comenzar a ser una buena mayordoma de su hogar. No quería posponer la creación de una vida para ella y para los que amaba. No quería ser injusta con la gloria de Dios y limitarla a cuestiones que parecieran tener un alcance mayor. Así que, hizo su nido. Se estableció allí mismo, en el departamento 21 A. Puso lo mejor de sí en ese momento y espacio, mucho menos que ideales, pero mejores que nada.

Sus palabras y su actitud me conmovieron de verdad el día que marché junto a su ataúd junto a los demás dolientes, impactada frente a su cuerpo frágil y sin vida, rodeado de almohadones de satén blanco, arrebatado tan pronto y de repente de nuestro cálido abrazo y de nuestra amistad. Había partido con el Señor mucho antes de lo que cualquiera podía esperar. Nos sentíamos destrozados. La extrañábamos muchísimo. Pero ¿y si hubiera sido la clase de mujer que esperaba para comenzar a vivir hasta que su vida tomara forma y se estableciera más? ¿Y si se hubiera contenido y reservado lo mejor de sí para más adelante?

Por favor, no esperes otro momento, otras circunstancias, otro logro ni otro aumento de sueldo para comenzar a aprovechar todo tu potencial… aunque quizás no te agrade demasiado tu vida en este momento.

Tal vez, esperabas estar al frente de una empresa millonaria en lugar de ser un ama de casa. Y sin embargo, me pregunto si esas mismas habilidades que perfeccionaste y disfrutaste en otra situación no serán exactamente «lo mejor» de ti que Dios quiere que aportes a la tarea de ser la directora ejecutiva de las operaciones cotidianas en tu hogar.

Da lo mejor de ti.

Quizás tengas una gran pasión por el ministerio y te gustaría tener la libertad financiera para dedicarte a tiempo completo, en

lugar de tener que cargar con un trabajo por turnos que ayuda a pagar las cuentas, pero que te mantiene atada a un horario fijo de almuerzos de media hora. No esperes a estar en el campo misionero para avivar el fuego. Me pregunto si ese celo no será exactamente «lo mejor» de ti que Dios quiere para tus compañeros de trabajo y para tus clientes.

Da lo mejor de ti.

Tal vez el divorcio te ha dejado sola y despojada de toda seguridad… te sientes como la cáscara de la mujer que solías llevar a la iglesia, a las funciones escolares y a las reuniones familiares. Pero ¿qué sucedería si supieras que la gloria de Dios sigue grabada en ti (en *cada* parte de ti) y que al dar todo lo que tienes en lo que aún queda, podrías volver a experimentar el placer de honrar al Señor con todo lo que haces?

Da lo mejor de ti: todos tus dones, tus capacidades, tus talentos y tus habilidades para la tarea que tienes por delante… en este momento, para Su gloria.

Sin complejo de mártir.

Aun si nadie se da cuenta.

Aunque se den cuenta, pero no valoren tus esfuerzos.

Hazlo de todas maneras. Para Su gloria.

Bueno, este capítulo está llegando a su fin, hermana. Y cuando lo termines, los próximos diez minutos (y de allí en adelante) necesitan tu mayor esfuerzo. No te quedes sentada esperando que otra persona resuelva actuar antes de que comiences a hacer tu tarea. Concéntrate en demostrar la gloria de Dios en Su llamado para hoy, y luego, observa cómo te inspira y te concede poder para dar lo mejor de ti a cada paso.

En cualquier cosa, en todo y en lo que sea que hagas.

- Cuando tu objetivo es honrar a Dios, se recorta tu propósito y se ajusta tu atención. Considera detenidamente esta frase a la luz de tus circunstancias personales. Luego, registra tus pensamientos:

- Al concentrarte en honrar a Dios…
  a. ¿cómo se alivia la carga de la perfeccionista?
  b. ¿cómo te inspira esto a esforzarte al máximo?

- ¿En qué tareas has sentido que tu mejor esfuerzo no era suficiente?

- Al enfrentarte a una actividad como esta (una que te resulte particularmente difícil), ¿cómo te alienta saber que Dios respaldará tus esfuerzos para darle gloria?

Solo funciona cuando respiro

Mi familia y yo nos hemos vuelto viajeros profesionales. Aprendimos a empacar poco y a transitar un aeropuerto en un abrir y cerrar de ojos. Abordar un avión, incluso con los niños, ya no es tan difícil como antes. Es una rutina que conocemos al dedillo. Es más, mis hijos se han familiarizado tanto con los aviones y los aeropuertos, que han comenzado a imitar a las azafatas y sus discursos previos al vuelo. Ya sabes...

- «Por favor, mantengan sus cinturones abrochados mientras esté encendida la señal luminosa».
- «Sujeten las bandejas y coloquen los asientos en posición vertical».
- «Si está sentado junto a una salida de emergencia, pero no desea realizar los procedimientos descritos en caso de emergencia, por favor, pídale a un auxiliar de vuelo que lo reubique».

Sin embargo, lo que más les resulta divertido es cuando la azafata se levanta para hacer su demostración, saca una bolsa plástica transparente sujeta a un cono amarillo con dos cordeles que cuelgan a los costados y dice: «En caso de emergencia, las máscaras de oxígeno caerán automáticamente y aparecerán frente a usted. Si viaja con un niño (o con cualquiera que se *comporte* como tal, como añadió un auxiliar de vuelo), asegure su máscara primero y luego ayude a la otra persona».

Esto les molesta a mis hijos. «¿Por qué el adulto tiene que colocarse la máscara primero?», se preguntan. Les parece natural que los niños tengan prioridad. (Típico…)

Trato de explicarles que no pueden recibir la ayuda adecuada hasta que la persona que los asiste esté en condiciones de hacerlo. Si me desmayara por falta de oxígeno, por ejemplo, no podría proporcionarles el cuidado que necesitan y merecen.

¿Qué me dices de ti? ¿Te sofocas por falta de oxígeno mientras intentas asegurarte de que a nadie le falte el cuidado necesario? Es la pregunta que quiero que consideres antes de firmar la próxima resolución.

En los últimos tres capítulos, te alenté a darles lo mejor de ti a los demás; pero hacerlo será imposible si no tienes nada para dar. Un cuerpo fatigado y poco saludable no tendrá la energía para llegar al final del día. Las capacidades y las facultades mentales apagadas y descuidadas no te servirán para estar lo suficientemente lúcida para ayudar a tu familia y a tus seres queridos. Estar fuera de sintonía con el Señor y Su Palabra hará que te sientas por el suelo, y que te falte la dirección y el fruto del Espíritu que te permiten seguir dando cuando sientes que ya no tienes nada más que ofrecer.

Por lo tanto, hacer tiempo para lo que llamo «un buen cuidado personal» no es un lujo; es una *necesidad* para cualquier mujer que quiere tomar esta resolución. Nunca podrás dar lo mejor de ti si no te cuidas en primer lugar.

Soy bien consciente de la dificultad que estoy presentando. Tener tiempo para hacer algo personal puede parecer imposible; quizás incluso egoísta, dadas las limitaciones de tiempo si eres madre soltera de dos hijos pequeños, mamá de un niño con necesidades especiales, hija adulta con padres ancianos, una mujer cuyo esposo tiene que viajar por trabajo varios días a la semana o una profesional soltera cargada de obligaciones. La lista podría seguir, ¿no? Y sin importar cuál frase te describa mejor, probablemente mitigue la disponibilidad de tu tiempo personal.

Al comienzo de esta sección, cuando te pedí que reacomodaras tus cajas, estoy casi segura de que muchas de las que asignaste al fondo tenían que ver con la satisfacción personal. En general, allí van nuestros intereses cuando comenzamos a tomar en serio la vida. Muchas mujeres suponen y se les enseña que son sacrificios necesarios cuando hay que aprovechar al máximo cada minuto del día y estirar el tiempo. Así que, nos sentimos terriblemente culpables si acaso *consideramos* tomar un momento para relajarnos y renovarnos.

Pero espera un momento. ¿Por qué no considerar el cuidado personal como uno de los mejores usos de tu tiempo si esto marca la pauta para el resto de tu vida?

Ahora bien, sé que no todos pueden ir a un *spa* para realizarse tratamientos de medio día una vez a la semana, o salir de compras y a comer con sus amigas todas las tardes. Por cierto, yo no puedo. El tiempo y el dinero mantienen estos lujos fuera del alcance de la mayoría. Tampoco estoy excusando el egoísmo.

Lo que *sí* digo, sin embargo, es lo siguiente: *Si no tienes oxígeno, comenzarás a sofocarte.* Es la verdad, mi amiga «todo lo puedo, no se preocupen por mí, estaré bien, gracias».

Entonces…

¿Qué placer sencillo podrías permitirte que te rejuveneciera? Muchas de nosotras ya hemos olvidado incluso las recreaciones más simples.

Para mí, pasar unos momentos sola haciendo las compras o escaparme a ver una película con una amiga cuando los niños están durmiendo constituye un buen cuidado personal. Despertarme un poco más temprano que mis tres hijos para trotar y orar durante 30 minutos en la quietud de la mañana siempre me refresca. Y a veces, cuando las horas de la tarde producen un arrullo que me atrae a la almohada, una siesta de media hora cuando mi pequeño de dos años se durmió suele ser ideal.

También me han recomendado, a medida que pasaron los años, que considere las necesidades cambiantes de mi cuerpo. Lo que necesitaba para permanecer recargada, energética y saludable hace diez años es distinto a mis necesidades de hoy. Esto significó reconsiderar lo que como, las vitaminas que tomo y la constancia con que veo a los profesionales de la salud en el año. Además, intento no dejar que las pasiones que Dios me ha dado queden arrolladas bajo las ocupaciones de la vida. Cuando puedo, me dedico a las pequeñas cosas que me ayudan a seguir creciendo, desarrollándome y a mantenerme en sintonía con esas áreas.

¿Qué te daría a ti una corriente fresca de oxígeno? No tiene por qué ser algo costoso ni requerir mucho tiempo. Una caminata luego de la cena. Una taza de té a la mesa de la cocina de una amiga. Retomar esa novela que ha estado abandonada en tu mesa de luz. Llegar a la oficina diez minutos antes para estar a solas con Dios antes de que comience el día de trabajo. A menudo, un intervalo breve de tranquilidad puede darte el estímulo que necesitas para volver a pararte y a participar de lleno en la tarea que tienes por delante. O si te energiza estar con otra gente, planear una salida breve con un grupo de amigas puede ser lo ideal.

Controla el tiempo si es necesario. ¡Pero *hazlo*!

No hay vuelta que darle. Para permanecer lúcida (si quieres mantener altos los niveles de oxígeno) necesitas una pausa de vez en cuando. No es una pausa *de* tu vida; es una pausa *para* tu vida.

Si vives con alguien (tu esposo o una amiga), pídele que te ayude a establecer esto como una parte habitual de tu vida. Si esta clase de ayuda en la casa no es una opción para ti, me pregunto si habrá personas en nuestras propias iglesias que puedan ayudarnos con esto. Por ejemplo, hay otras mamás con las mismas limitaciones de tiempo que tú. ¿Y si acordaran cuidar a los hijos de la otra durante intervalos de dos horas de vez en cuando, para que una de ustedes tenga unos momentos para hacer diligencias sola?

O tal vez haya una mujer soltera a quien le gustaría saber cómo es ser esposa y madre. A cambio de tus consejos, quizás podría adquirir algo de experiencia práctica durante una hora aquí y allá, y darte tiempo para hacer algo que te renueve o te dé la satisfacción de haber logrado algo.

O quizás, si vives cerca de una amiga, las dos podrían organizar una cooperativa de cocina. Ya que preparas la comida de la noche, ¿por qué no hacer suficiente para las dos familias, para que la otra mamá pueda aprovechar el tiempo en que normalmente haría la cena? Tomen turnos para que las dos puedan beneficiarse de este intercambio. Con creatividad, consideren cómo podrían organizar pequeños espacios de tiempo para conseguir algunos momentos personales.

Mujer soltera: quiero advertirte que no supongas, solo por ser soltera, que estás absuelta en este tema. Algunas de las mujeres más ocupadas y abrumadas que conozco son solteras. Sin las restricciones personales que la mujer casada puede tener incorporadas, quizás no te des cuenta y te extralimites. Te acuestas tarde y te despiertas aun más temprano al día siguiente. Estás más ocupada que cualquiera y participas de muchas actividades, pero a menudo no puedes dar lo mejor de ti porque estás demasiado cansada y pierdes de vista tus llamados principales. Lo más crítico es que estableces un precedente que te seguirá en el matrimonio. Ocuparte de un buen cuidado personal ahora te ayudará a desarrollar un hábito que te beneficie toda la vida.

A menudo, he escuchado que el mejor regalo que una pareja puede darles a sus hijos es un matrimonio saludable. Y sin embargo, con las exigencias diarias de la crianza, una de las cosas más difíciles es pasar tiempo con tu esposo, construir la amistad entre ustedes, disfrutar de su compañía y mantener viva la pasión. Lo mismo sucede contigo como mujer. El mejor regalo que puedes hacerles a los que amas es cuidarte, aunque puede resultarte algo sumamente difícil de priorizar.

No obstante, cuando te agotas por intentar hacer todo desde la mañana hasta la noche, en esencia, estás tratando de cumplir la función de Dios. El exceso de trabajo es una forma de incredulidad. Tus acciones expresan que no crees que el Señor pueda ocuparse de todo, así que, tú te haces cargo. Pero jugar a Dios es agotador. Después de todo, Él es el único preparado para esa tarea.

Así que, da un paso atrás, mira tu vida con nuevos ojos y entonces pregúntate:

«¿Cuándo podré colocarme la máscara de oxígeno para poder... respira-a-a-ar?»

- *Al firmar esta resolución, decides no permitir que el perfeccionismo dirija tu vida. En cambio, escoges considerar detenidamente lo que Dios ha priorizado para ti en esta etapa de la vida y, luego, examinar las cualidades únicas que se te concedieron para aportar a estas tareas. Aceptas esta resolución como una invitación a participar por completo de la tarea de hoy y dar lo mejor de ti en todo lo que hagas. Cuidar de ti misma ya no te parecerá algo de qué avergonzarte, sino un requisito que te permitirá servir mejor a los demás. Considera tus notas de los capítulos anteriores y, luego, toma la resolución con seguridad.*

LO MEJOR DE MÍ

Prometo dar lo mejor de mí, de mi tiempo y de mis talentos al rol primordial que el Señor me ha confiado en esta etapa de mi vida.

_____

MI BENDICIÓN

La resolución de apreciar a otros con mi tiempo,
mi interés y toda mi atención

El regalo

Apenas recibí mi diplomatura, comencé a trabajar como oradora independiente para la empresa Zig Ziglar. Fueron años buenos y formativos para mí, llenos de oportunidades únicas para aprovechar la tutela de algunos presentadores increíbles. Yo era la joven del grupo, así que, observaba con gran atención a estos comunicadores experimentados y estudiaba lo que hacían con las manos, cómo utilizaban efectivamente el escenario y cómo captaban la atención de la audiencia.

En especial, recuerdo cuando uno de los oradores más antiguos y consumados de nuestro equipo proonunció un mensaje que ya lo había oído decir millones de veces. Probablemente, podría haberte dicho cada palabra antes de que él la enunciara. Sin embargo, al final de su charla, algo que mencionó me afectó como nunca antes. Antes de sentarse, luego de una presentación de una hora, bajó la voz, miró directamente a la audiencia y dijo: «Soy consciente de que el mayor regalo que puedes hacerle a alguien es tu propio tiempo. Gracias por darme este regalo hoy».

Tiempo. Un oído atento.

Un regalo.

Jamás lo olvidé. Es más, mantengo esta noción bien presente cada vez que me paro en una plataforma frente a una audiencia atenta. Cuando las personas te prestan el oído, te ofrecen un trocito de su vida que nunca más pueden recuperar; uno de los pocos regalos que no pueden devolverse ni retractarse.

Sin embargo, esta dinámica no es exclusiva para la audiencia que escucha a un orador. También es verdad para cualquier persona que le presta el oído a otro individuo. Y todos los días estamos en esta posición: tenemos la oportunidad de rodearnos de la conversación de otra persona, de suprimir el clamor de nuestros propios pensamientos y horarios, de concentrar toda nuestra atención en los demás, dándoles una ofrenda sumamente singular. El regalo de nuestra persona. El regalo de nuestro tiempo.

El regalo de escuchar.

Piénsalo. ¿Cuándo fue la última vez que alguien te escuchó de verdad? No la última vez que hablaste, sino la última vez que sentiste que te escuchaban de verdad. Probablemente, esas dos ocasiones no fueron simultáneas. Quizás incluso te cueste recordar un momento reciente en que hayas experimentado esa sensación especial de saber que te prestaban toda su atención, decididos a escuchar lo que tenías para decir. Pero una vez que te transportes a aquel momento, al mirar los ojos atentos de esa persona, verás el rostro de alguien que aprecias profundamente, alguien que sabe cómo hacer que una persona se sienta valorada y aceptada, amada y afirmada.

¿Por qué?

Es el efecto que tiene el regalo de escuchar. Lo que comienza con un regalo origina otros: el regalo de la autoestima, de la importancia y de la satisfacción personal. A todas nos gustaría que nos conozcan por dar esos regalos.

Pero, ¡ah!, son sumamente inusuales. Rara vez los recibimos, y mucho menos, los damos. La mayor parte del tiempo, estamos tan concentradas en nosotras mismas y preocupadas con nuestros

sentimientos, que la conversación termina centrándose en nosotras y en cómo nos afecta. Analizamos lo que el otro dice, vamos interpretando, intentamos resolver cualquier problema que se nos presenta e intervenimos en cada pausa en un intento de volver a captar la atención hacia nosotras, a nuestras experiencias y opiniones. Aunque tengamos buenas intenciones e intentemos obligarnos a escuchar, nos cuesta hacerlo durante mucho tiempo. Y cada vez que perdemos la concentración, le comunicamos al otro un desinterés no solo en lo que dice, sino también en su misma persona.

Sin duda, lo que decimos al no escuchar expresa mucho.

Por lo cual, esta disciplina sencilla, pero profundamente difícil, es una fuente de tanta bendición para los demás. Pocas cosas significan más para alguien que saber, independientemente del tiempo que estemos allí, que estimamos y honramos su persona.

¿Acaso las personas que amas no merecen esta bendición? ¿Tu esposo? ¿Tus hijos? ¿Tus padres? ¿Tus amigos? ¿Sentirse fortalecidos y alentados por el simple hecho de estar cerca de ti? Aun si no puedes ofrecerles dinero o una solución ideal para sus preguntas ni una oferta de trabajo para aliviar su preocupación y desesperación, sí puedes hacer que perciban una suave fortaleza y energía en tu presencia. Ya sea que se trate de amigos, familiares o incluso extraños (personas que podrías pasar por alto en el apuro de llegar de un lugar a otro), mirarlos a los ojos puede ser una bendición que otorgues a lo largo del día. Todos los días.

Jesús tal vez conoció el poder de esta bendición. Se acostumbró a otorgársela a las personas más insignificantes e imperceptibles de Su época. Jesús —el mayor sabio que caminó sobre la Tierra, que en realidad no tenía por qué escuchar ni una palabra de nadie—, decidió muchas veces detenerse, esperar, escuchar, prestarle atención a otro antes de hablar, incluso cuando la otra persona estaba mal informada o blasfemaba.

Escuchó las evasivas y las cortinas de humo inteligentes de la mujer junto al pozo (Juan 4:4-30). Escuchó cómo Pedro y los demás

discípulos alardeaban indignados que jamás lo negarían ni lo abandonarían (Mateo 26:31-35). Escuchó el llamado de un ciego, incluso por encima del rugido lastimero de la necesidad humana en una calle atestada cerca de Jericó (Lucas 18:35-43).

Esto no debería sorprendernos. Es completamente coherente con Su carácter. A lo largo de las Escrituras, vemos cómo Dios escucha a Su pueblo. Escucha las opiniones acusatorias de un profeta desalentado e impaciente (Habacuc 1:1-11). Escucha las preguntas precisas de un hombre que sufría una miseria inexplicable (Job 3:1-26). Escucha las numerosas excusas que presentó Moisés para justificar su incompetencia para enfrentarse al Faraón (Éxodo 3:1–4:13). Escucha la diatriba quejosa de un hombre de Dios amargado e insolente (Jonás 4:1-11).

Escuchar es una de las maneras más importantes en que Dios nos bendice. Por tanto, como es de esperar, es una de las principales formas de bendecir a los demás.

Así que, decide escuchar. Resiste el impulso de criticar, insultar, reírte o hacer comentarios sarcásticos. Combate la presión del tiempo y la urgencia, y el deseo de irte. Simplemente inclina el oído, con tranquilidad, decisión y propósito.

Y escucha.

Es tu regalo. Tu bendición.

Dásela a todos los que puedas.

- *¿Qué parte de escuchar te cuesta más?*

- *Recuerda la última vez que sentiste que te escuchaban de verdad. Enumera algunos adjetivos que describan cómo te hizo sentir este encuentro sobre lo que decías. ¿Y sobre tu persona?*

- *¿Quienes de los que amas se verían más beneficiados si te tomaras el tiempo para escucharlos?*

Shhhh

Hace más de una década, cuando estaba a punto de casarme, me encontré con esta definición perspicaz de *sabiduría:*
(1) saber qué decir, y (2) no decirlo.

De todo lo que había leído y escuchado en varios libros para recién casados y consejos prematrimoniales, algo sobre esta afirmación sencilla pareció saltar de la página y permanecer en el aire para desafiarme, convencerme de error y redirigirme. Incluso hoy (en este mismo momento), me cautiva su brevedad y su perspicacia.

Todavía me habla. Me dice que, a menudo, la sabiduría se revela en el silencio.

En realidad, no era información completamente nueva. Mi madre me comunicó algo similar... o al menos, se lo dijo a la versión mucho más bocona de mí que ocupaba este mismo cuerpo durante mi adolescencia y que solía hablar sin pensar. «Priscilla —declaró—, no es necesario que digas todo lo que se te viene a la mente». Pero

por supuesto, mi mamá no fue la primera en comunicar este consejo sabio. Mucho antes de mi adolescencia y, por cierto, de que estuviera por transformarme en esposa, un hombre de gran sabiduría registró las siguientes palabras en la Escritura:

Hablar demasiado conduce al pecado. Sé prudente
y mantén la boca cerrada. (Proverbios 10:19, NTV)

Así que, tuve muchas oportunidades de que esta idea hiciera mella en mí. Conocía la belleza, el poder y, sí, la sabiduría que acompañaban la consideración detenida de lo que diría y el momento en que lo haría. Sabía muy bien que la postura más fuerte y deslumbrante de todas es el silencio.

Pero no siempre me gustó.

Recuerdo bien una vez en que a Jerry y a mí nos fue a buscar una pareja de ancianos con cabello blanco al aeropuerto de Los Angeles, donde había ido a ministrar en una conferencia local. Camino a nuestro alojamiento en una pequeña casa parroquial frente a la iglesia, comenzamos a conversar sobre cuestiones espirituales. Cuando el hombre mencionó un pasaje específico acorde al tema de nuestra conversación, resultó ser uno que yo había leído durante el vuelo. Así que, cuando dijo adónde se encontraba el pasaje, supe de inmediato que era incorrecto.

«Creo que está en 1 Corintios 3», lo corregí.

«No», respondió con seguridad el hombre amable y de voz suave, mirando por el espejo retrovisor. «Decididamente, es 2 Corintios 4».

En silencio, hojeé mi Biblia y encontré el pasaje exactamente adonde sabía que estaba. Entonces, sin pensarlo, lo levanté para que lo viera por el espejo, señalando su evidente error. «Es 1 Corintios 3».

Gané.

Allí me encontraba, con apenas un poco más de 20 años, y había decidido enfrentarme a un hombre de más de 70, que había sido tan

amable de invitar a una niña como yo a California, ¡por un desacuerdo de una referencia escritural! En lugar de quedarme callada y permitir que este dulce hombre mantuviera su dignidad, abrí la boca y arruiné el clima del resto del viaje.

Cuando nos quedamos a solas con Jerry, me preguntó: «¿Por qué lo hiciste? ¿Por qué era tan importante saber que tenías razón?». No lo sé. Solo sé que no hay ninguno que no tenga una o dos anécdotas personales (o veinte) como esta: un momento donde quedarse callado nos hubiera ahorrado toda clase de herida, vergüenza y reproche, donde nuestro silencio podría haber evitado que le diéramos un golpe duro a otra persona o que distanciáramos una relación.

El silencio es nuestro amigo. El silencio es nuestra fortaleza.

No quiero decir que nunca deberíamos decir lo que pensamos ni que cambiemos nuestra personalidad. Simplemente, lo más probable es que no necesitemos ninguna instrucción en este libro sobre cómo hablar más. Seamos sinceras, esa parte ya la tenemos dominada, ¿no es así? Sin embargo, creo que vale la pena dedicar un capítulo para comprender la sabiduría y el poder del silencio: lo último que solemos considerar al enfrentarnos a una situación que reclama una opinión, una decisión o *cualquier cosa* que rompa el silencio incómodo.

El silencio es nuestra manera de hacernos más profundas, de descubrir la madurez y de ejercer la influencia que Dios quiso que tuviéramos sobre otros, en lugar de la alternativa destructiva y desalentadora. «Saber qué decir» y «no decirlo» en un momento inadecuado nos coloca en una posición donde (si es el momento justo para expresarnos) nuestras palabras pueden producir una bendición sumamente positiva.

La mujer rápida para escuchar reúne toda la información antes de soltar una reacción. Resiste el impulso de dejar escapar todo lo que su mente formula y, en cambio, escoge tomarse tiempo para que sus soluciones se acomoden y tomen la forma adecuada antes de comunicarlas. Cuando habla, su consejo y su opinión son sensatos

y sobrios. Prudentes y resueltos. Los que reciben su respuesta comprenden que no fue considerada con indiferencia. Se preparan para prestar toda su atención —ansiosos, sedientos y listos para escuchar— porque saben que «plata escogida es la lengua del justo» (Proverbios 10:20). Valiosa, admirada, preciosa y honorable. Palabras que sustentan, edifican y benefician a los demás.

Sé que te has encontrado con esta clase excepcional de personas. Mujeres de sabiduría y dignidad inusuales. Has deseado, al igual que yo, ser la clase de persona que se sienta al final de la mesa y guarda silencio, pero que está completamente presente con su fortaleza tranquila y su sabiduría apacible, con paciencia y prudencia. En lugar de enredarte en una maraña de chismes sin sentido (un caos de «él dijo, ella dijo» que solo constituye un pasatiempo en vez de algo productivo), guardas tu opinión, sabiendo que «el insensato de labios se hunde» (Proverbios 10:8, BTX).

Sí, imagínate como esa persona. Alguien que ya hace mucho abandonó la necesidad de impresionar a los demás o de ser el centro de atención. A cambio, adquiriste la holgura y la libertad que te quitan la carga del orgullo y el fingimiento, y de cualquier cosa que te lleve a desear atención o a obligar a los demás a que vean tu importancia. Al ser humilde y valorar a otros, te contentas con ser una simple participante como todos los demás. No crees que siempre tienes razón y que los otros están equivocados, como si solo tú supieras todas las respuestas. Escuchas y aprendes. Contemplas y consideras. Meditas y esperas.

Eso es sabiduría.

Y poder.

Es el poder de la lengua, como Santiago lo describe en el Nuevo Testamento. La confiable y firme fortaleza de carácter, disponible para todo el que pueda sujetarla, frenarla y contener su naturaleza salvaje. «Porque todos ofendemos muchas veces», nos dice; pero «si alguno no ofende en palabra, éste es varón perfecto, capaz también

de refrenar todo el cuerpo» (Santiago 3:2). Aprender a dominar nuestras palabras es similar al capitán atrapado en una ráfaga furiosa en aguas abiertas, que maneja estratégicamente el pequeño timón que se encuentra debajo de su tremendo transatlántico, y así traza su curso y determina su destino, llevándolo seguro hasta la costa.

La bendición del silencio. Que podamos aprenderla, amarla y vivir en consecuencia.

Esta es nuestra resolución.

- *¿Qué cambio inmediato y positivo habría en tu vida si comenzaras a ejercer el control espiritual del silencio?*

- *Inténtalo durante uno o dos días. En forma deliberada, abstente de hablar cuando sea mejor callar. Permite que la carnada de un comentario descortés o indebido de otra persona caiga sin atrapar una respuesta de tu parte. Registra lo que observas en ti y el cambio en las dinámicas que te rodean.*

Bajo la superficie

Cuando éramos pequeñas, mi hermana Chrystal y yo compartíamos la habitación. Era un espacio pequeño, de unos 3,5 x 4 metros (12 x 13 pies), con dos camas de una plaza ubicadas junto a paredes opuestas. La mía estaba al lado de un baño que conectaba nuestro dormitorio con el de nuestro hermano. Por la noche, cerrábamos la puerta antes de irnos a dormir para que él no pudiera distraernos. (Ya sabes cómo son los hermanos varones.)

Recuerdo despertarme una mañana y ver el marco de la puerta del baño… la vista habitual de cada amanecer. Pero esta vez, observé algo que no recordaba haber visto antes allí: una grieta leve y delgada que subía medio metro (unos dos pies) desde la parte superior de la puerta hasta el techo.

Qué extraño…

Cuando mi papá se enteró, llamó a un pintor para que viniera a darle un vistazo. Recuerdo que vino unos días después, aplicó algo de yeso y repintó con el color más parecido que pudo encontrar. Luego,

durante varias semanas, me fui a dormir mirando la línea de color fuera de lugar que veteaba la pared sobre la puerta.

Un día, me desperté y me sorprendió ver que la grieta había reaparecido. Y esta vez, no estaba sola. Aparentemente, le había recomendado su ubicación a otros familiares, porque parecía haberse instalado con ellos. Una media docena de grietas de todas las formas y tamaños ahora adornaban la pared.

Cuando otro pintor vino a examinar la situación, le dijo a mi papá que la pintura sola no sería suficiente para resolver el problema. Explicó que las grietas aparecían porque los cimientos de la casa se estaban moviendo. Y sin importar cuánta pintura les arrojáramos para cubrirlos, seguirían apareciendo. Esas grietas eran meros síntomas de una condición más grave.

La única manera de rectificar este problema era tratar los cimientos.

Toda esta charla sobre ser de bendición para los demás, al disciplinarnos para escuchar y preparar respuestas juiciosas y consideradas, me hizo pensar en lo difícil que nos resultará tomar esta resolución a muchas de nosotras. Hasta me atrevería a decir… a *la mayoría* de nosotras.

O más precisamente… a mí.

Controlar mi lengua es una cruzada que seguramente requerirá toda la madurez que traiga cada año de mi vida, porque hasta ahora, en este viaje, he descubierto que las «grietas» que produzco con mi boca son en realidad síntomas de un problema mucho más profundo e íntimo, algo más difícil de tratar. Se encuentra bajo la superficie. Más cerca del suelo que de mi boca.

Porque de la abundancia (desbordamiento) del corazón, habla la boca.
(Lucas 6:45, *traducción libre*, AMP)

Resulta ser que mi boca es un simple barómetro que revela si estoy inmersa en humildad y rendida en obediencia al Señor o si albergo un espíritu desnutrido que se niega con terquedad a someterse a la sabiduría de la Palabra de Dios.

Es un problema de cimientos.

Así que, hacer inventario del historial de tu lengua es una manera instructiva de descubrir qué se esconde en el interior. Intentémoslo.

• *Síntoma:* ¿Siempre ofreces tu opinión de inmediato e insertas tu evaluación cada vez que puedes en una conversación? *Diagnóstico:* Esto podría revelar un matiz de orgullo en el corazón, que hace que sientas la necesidad de impresionar y de ser el centro de atención.

• *Síntoma:* ¿Tus opiniones orales son en general críticas y degradantes? *Diagnóstico:* A menudo, esto expresa inseguridad y falta de confianza en tu valor inherente, así como un corazón lleno de enojo y actitudes sentenciosas.

• *Síntoma:* ¿Discutes a menudo con tu cónyuge o produces división entre los demás? *Diagnóstico:* Te falta un espíritu de paz y de unidad, un verdadero deseo de que tus relaciones se fortalezcan y reflejen la gracia de Cristo.

• *Síntoma:* ¿El chisme te surge con facilidad y ni el control más firme puede detenerte? *Diagnóstico:* Los problemas y las dificultades de los demás te resultan entretenidos y no consideras que las personas necesitan tu apoyo, tu oración y tu compañía.

• *Síntoma:* ¿Tus palabras suelen revelar una perspectiva dubitativa y escéptica? *Diagnóstico:* Tus niveles de fe y convicción están bajos, y te falta una profunda confianza en la capacidad de Dios para manejar sabiamente los detalles y los tiempos de tu vida.

Nuestras palabras son como las grietas de la pared: revelan lo que sucede en los cimientos. Porque, verdaderamente, «de la abundancia (desbordamiento) del corazón, habla la boca».

En este pasaje, Jesús usa la palabra *corazón* para referirse al ser interior de una persona, al lugar donde se consolidan nuestros pensamientos, actitudes y creencias. El corazón es una reserva, un tanque contenedor para todas las actitudes y las convicciones que colocamos o permitimos que entren allí. Es un depósito que contiene nuestra misma esencia y, gracias a su conexión directa con nuestros hábitos

y acciones recurrentes, es la imagen de la persona en la cual nos estamos transformando.

Y así como el agua de inundación hace estallar una represa o como las semillas de maíz chirriantes brotan en la olla, el contenido de nuestro corazón inevitablemente empuja y hace presión contra los lados, incapaz de contenerse porque necesita espacio para expandirse, y con el tiempo, se derrama en nuestras palabras y en nuestra conversación. Es inevitable. Es imposible detenerlo.

Cuando voy en el auto con mis hijos, por ejemplo, ellos detectan cada Mc Donald's que pasamos, y siempre me dejan saber que los ven. Aun cuando los arcos dorados están bastante lejos, mis hijos parecen tener una especie de radar que los alerta sobre la oportunidad inminente de comida rápida. ¿Por qué? *Porque eso les encanta.*

Y lo que se aplica a las hamburguesas y las papas fritas también vale para cualquier cosa en que ponemos el corazón. Esos amores, tendencias y deseos escondidos revelan su identidad en nuestras conversaciones.

La Biblia se refiere a estos ocupantes de nuestro corazón como un «tesoro».

El hombre bueno, del buen tesoro de su corazón saca lo que es bueno;
y el hombre malo, del mal tesoro saca lo que es malo. (Lucas 6:45, LBLA)

En el idioma original, «tesoro» es la misma palabra usada para describir lo que había dentro de los cofres que llevaban los sabios de Mateo 2. Pudieron sacar regalos tan finos para darle a Jesús porque eran los tesoros que habían colocado allí. Asimismo, la clase de tesoro (bueno o malo) que fluye de nuestro corazón a nuestra conversación, reacciones, iniciativas y expresiones determinará si llevamos daño o bendición.

Así que, te pregunto…

¿Qué estás colocando dentro?

¿Qué tesoros estás guardando?

Si no lo sabes, escúchate, porque tus palabras, tu tono y tus temas de conversación te lo dirán. Por eso, es tan imperativo que hagas caso a este notable consejo bíblico:

> *Con toda diligencia guarda tu corazón, porque de él brotan*
> *los manantiales de la vida.* (Proverbios 4:23, LBLA)

Debes ser la guardiana de tu corazón y no permitir que se contamine con nada que entorpezca tu misión de ser transformada a imagen de Cristo. Cuanto más te empapes de Su Palabra y Su verdad, más probable será que tengas un depósito profundo y lleno de todos los tesoros necesarios para suavizar tus conversaciones con sabiduría, amabilidad y humildad.

Así que, protege tu corazón y no permitas que se endurezca (Proverbios 28:14) ni que se vuelva engañoso (Salmo 12:2), orgulloso (Proverbios 21:4) o impuro (Salmo 51:10). En cambio, busca tener un corazón que permanezca sensible a la insistencia del Espíritu de Dios (Romanos 8:5), con sencilla devoción a Él (Salmo 86:11), empapado de humildad (Proverbios 22:4) y puro delante de Dios (Mateo 5:8). «Nada hagáis por contienda o por vanagloria; antes bien con humildad, estimando cada uno a los demás como superiores a él mismo; no mirando cada uno por lo suyo propio, sino cada cual también por lo de los otros» (Filipenses 2:3-4).

La mujer con un corazón lleno de gratitud y humildad, segura del amor de Dios por ella, y que aprecia de verdad el valor de los que la rodean, liberará una corriente constante de gracia que refrescará a los demás con su conversación. Otros anhelarán gozar de su compañía porque sabrán que busca el bienestar de ellos y que los estima más que a sí misma. Buscará la oportunidad de escuchar a los demás y, con humildad, ofrecerá la sabiduría arraigada en su cofre de tesoros lleno de riquezas.

Así que, antes de considerar en oración y de firmar la siguiente resolución, por favor, comprende que no solo se trata de medir tus palabras, sino también de cuidar el corazón. Cualquier cambio duradero que hagas para controlar lo que dices tiene que comenzar en la base, los cimientos, donde se forman las grietas.

Allí donde, en verdad, se produce la ruptura radical.

- Al prepararte para tomar esta resolución, imagina quiénes de los que amas necesitan más recibir este regalo de tu parte, y los obstáculos que a menudo te impiden otorgarlo. Antes de apurarte a firmar, considera qué cambios deberás realizar para transformarte en alguien «pronto para oír y tardo para hablar». ¿Necesitas apagar algunos artefactos tecnológicos, por ejemplo, para que los demás sientan que son una prioridad importante para ti? Disponte a realizar algunos de estos ajustes prácticos y necesarios, para que esta resolución no quede en un estante de tu vida, sino que se transforme en una realidad. Luego, cuando estés lista, lee la afirmación siguiente en oración y fírmala.

Mi bendición

Prometo ser rápida para escuchar y lenta para hablar, mostrar interés por las preocupaciones de los demás y considerarlos superiores a mí misma.

_____

MI PERDÓN

La resolución de liberar a los demás de la prisión
de mi dolor y de mi enojo

Heridas internas

Apenas me había acomodado en el sofá para mirar uno de mis programas de televisión favoritos sobre temas médicos, la acción captó mi atención de inmediato. Un choque catastrófico llevó muchos heridos a la sala de emergencia, donde el personal médico se vio abrumado por la cantidad de personas que necesitaban atención. Entre el remolino de pacientes, había dos íntimas amigas que habían sufrido el accidente y cuya historia aparecería en el programa.

En realidad, una de las mujeres parecía estar bien. Pero la otra, atada a una camilla, estaba en grave estado. Los médicos se apresuraron a ayudarla y la llevaron de inmediato para unos exámenes, mientras varias enfermeras intentaban hacerle a la mujer menos herida una revisión rápida de los signos vitales, para asegurarse de que estuviera bien. Pero preocupada por la salud de su mejor amiga, se negó.

A medida que avanzó el programa, y que mostró las distintas historias y los traumas que rodeaban este acontecimiento, la cámara

volvía una y otra vez a esta mujer terriblemente preocupada. Oraba junto a la cama de su amiga. Rogaba que los médicos y las enfermeras le prestaran atención para que le dieran medicamentos y asistencia a su compañera dolorida. Llamaba por teléfono a los familiares. Le hablaba a su amiga semiconsciente, en un intento abnegado de acompañarla. Por fin, cuando la condición de la mujer herida pareció estabilizarse, su amiga aliviada se relajó un poco y comenzó a entretener al personal médico con su personalidad y su ingenio efervescente y cautivador. Todo parecía salir bien. No solo se mejoraría su amiga; ella también estaba bien.

De repente, sin advertencia alguna, se desplomó.

Así nada más.

Me senté al borde del sillón, aturdida, al igual que el personal ficticio del hospital. Personas sumamente preparadas, que unos instantes antes se habían reído de sus bromas mientras cuidaban a su amiga herida, ahora se reunían alrededor de esta mujer y le brindaban la ayuda que necesitaba desesperadamente.

Pero no pudieron hacer nada.

En 60 segundos, había muerto.

Se fue.

Un informe de rayos X obligatorio reveló que, al parecer, había sufrido heridas y hemorragias internas en el accidente. Y durante el día (aunque nadie se había dado cuenta), su vida había comenzado a consumirse lentamente. Durante horas, había estado al alcance de tratamientos y procedimientos curativos, mientras se moría en secreto. Sin darse cuenta de la gravedad de sus propias heridas, había cuidado a otra persona, sin saber que ella también luchaba por su vida.

Esto ilustra de manera gráfica el trauma interno de la falta de perdón. Pasa inadvertido fácilmente, enterrado detrás del disfraz de sonrisas y risas externas. Nos sumergimos en la actividad y en el exceso de trabajo para evitar pensar en esto, y nos medicamos con las necesidades de los demás en lugar de ocuparnos de la cirugía

que nosotras necesitamos. Continuamente, funcionamos a un nivel superficial, expertas en manejar lo exterior, aunque la agitación de la enfermedad y el desasosiego permanece en lo profundo, devastando y deteriorando nuestra alma.

«Examinaos a vosotros mismos», declaró el apóstol Pablo; no solo una vez, sino dos en sus cartas a los corintios (1 Corintios 11:28; 2 Corintios 13:5). En lugar de pasar el tiempo intentando arreglar a los demás, mira en lo profundo de tu ser y considera qué puede estar infectándose en tu interior (lo que la Biblia llama «raíz de amargura», Hebreos 12:15), creciendo en el suelo de tu corazón y echando brotes de resentimiento que afecten cada aspecto de tu vida.

En las páginas siguientes, nos embarcaremos en un viaje hacia el perdón. Quizás en este momento no sea un área que te preocupe, y te veas tentada a saltear esta sección. Pero te aliento a que te quedes conmigo porque lo más probable es que esta resolución sea beneficiosa para tu vida en algún momento. Sin embargo, si este tema se ajusta a un dolor específico de tu corazón, prepárate para una de las incursiones más difíciles, pero provechosas, de tu vida.

Evidentemente, el espacio que tenemos aquí no es adecuado ni siquiera para *abordar* el tema, mucho menos para tratarlo a fondo. Pero al menos, durante algunos momentos, miremos hacia dentro, tú y yo. En lugar de esforzarnos para mantener el centro de atención en los demás (tanto en aquellos que nos han herido como en los que nos hacen sentir mejor y olvidar todo), estemos dispuestas a sacar a luz los rencores que hemos estado albergando, esos pesados contenedores de falta de perdón que nunca dejan de filtrar veneno en nuestro sistema.

Examinémonos. Porque al hacerlo, podríamos estar camino a la sanidad.

Podríamos vivir.

Vivir de verdad.

- Si no crees tener un problema con el perdón, enumera algunas maneras prácticas en que puedes seguir procurando «que ninguna raíz amarga brote y cause dificultades» (Hebreos 12:15, NVI).

- ¿Tienes una mayor tendencia a preocuparte por los demás en lugar de examinar y abordar tus propias necesidades espirituales? De ser así, ¿cómo se manifiesta esto en tu vida?

- En oración, considera: ¿Hay alguien a quien todavía no has perdonado? ¿Cómo ha afectado esto tu vida?

- Toma tu Biblia y escoge un pasaje sobre el perdón para leer y estudiar.
  - Marcos 11:25-26: que la reconciliación sea una parte habitual de nuestras oraciones.
  - Mateo 6:14-15: cómo se relaciona nuestro perdón hacia los demás con el perdón de Dios para nosotros.
  - Hebreos 12:14: la bendición que fluye al buscar estar en paz con todos.

- Sobre la amrgura:
  - Efesios 4:31: la única solución es deshacerse de ella.
  - Hebreos 12:15: lo que la amargura puede hacer si no se arranca de raíz.
  - Proverbios 14:10: lo único que podemos esperar si nos aferramos a ella.

Borrón y cuenta nueva

Me gusta mirar las portadas de los libros. Es más, desde la llegada de mis hijos y la partida subsiguiente de la mayor parte de mi tiempo de lectura, ahora disfruto de caminar por una librería, examinando los estantes para encontrar ilustraciones que capten mi atención.

Una en particular se transformó en una de mis favoritas. Me llegó por correo una tarde; me la enviaba una amiga que había escrito el libro y quería que yo tuviera una de las primeras copias. Cuando la saqué del sobre de papel marrón, me cautivó.

El libro se llama *Choosing Forgiveness* [Decide perdonar], de Nancy Leigh DeMoss. Y mi inclinación por las buenas portadas se conectó con este diseño sencillo, pero expresivo. Arriba del título, hay una porción de un teclado de computadora: un pequeño grupo de teclas comunes. Tiene una parte desdibujada, pero se pueden inferir los comandos. Sin embargo, en el medio, hay una tecla en particular que sobresale entre las demás. Bien clara, pronunciada y vibrante. Un botón específico.

El botón de borrar.

Ah, ya veo. No es demasiado difícil hacer la relación. Escoger el perdón es como presionar la tecla para borrar en la computadora, y retroceder por encima de los accidentes y las acciones inaceptables que se escribieron en las páginas de nuestra vida. Perdonar significa tomar la decisión de seguir adelante y de crear los próximos capítulos sin tener que incorporar el residuo estropeado de los últimos. Presionar la tecla para borrar es una decisión; una decisión contundente y única, seguida de una serie de decisiones más pequeñas, pero igualmente importantes, de *seguir* borrando, liberando el deseo de aferrarnos a lo que se hizo.

Incluso ahora, al sentarme aquí y escribirte con mi computadora portátil sobre las piernas, golpeteo con los dedos las teclas que tengo frente a mí y doy gracias por este pequeño botón para borrar, bien cerca de mi meñique derecho. Si cometo un error (algo que hago a menudo), pero ignoro la necesidad de borrarlo, el resto del párrafo quedará ligado a este descuido. Todo mi trabajo se echará a perder gracias al error evidente que dejé allí. Al no completar la tarea deliberada de quitarlo de la pantalla, no podré expresar en verdad lo que quería decir con mis palabras. No borrarlo permite que un incidente incorrecto permanezca y cause problemas.

Así que, te insto a apropiarte de esta pequeña analogía.

El botón de borrar.

Ya sabes a qué me refiero. Perdonar. Terminar con el asunto.

Y sabes que es lo correcto, aunque sea lo último que quieres hacer.

Pero por más difícil que pueda ser borrar el daño que otra persona escribió por error en tu vida, quizás te cueste aun más borrar el historial de errores que tú misma has cometido. Aunque puedas perdonar de verdad a otros, no siempre te perdonas a ti misma.

Hace poco, estuve con un grupo de universitarias en una conferencia auspiciada por The Impact Movement [Movimiento del impacto], un ministerio diseñado para alcanzar a estudiantes afroamericanos

en los campus universitarios. Durante una sesión para muchachas, abrí el espacio para las preguntas y les dije a las jóvenes que se sintieran con libertad de preguntar cualquier cosa. Una jovencita tímida, con la cabeza gacha en aversión personal, se puso de pie e hizo una pregunta sencilla, pero poderosa: «¿Cómo te perdonas a ti misma?».

Las demás muchachas volvieron su mirada desde esta chica hacia mí y se inclinaron para escuchar con atención, completamente identificadas con la pregunta y desesperadas por una respuesta.

¿Anhelas que alguien te responda lo mismo?

Quizás decidiste abortar años atrás. Tal vez provocaste un accidente. Quizás generaste un caos impensado. Tal vez perdiste una oportunidad que te costó más dinero, angustia y reproches de lo que quieres pensar. Quizás hiciste ciertas cosas que te impidieron vivir en armonía con otras personas. Lo recuerdas todo el tiempo. Y al parecer, no puedes perdonarte, como esta chica. Casi se podía ver cómo sus errores pasados le envolvían los hombros y ejercían presión con una fuerza que solo el peso muerto de un error pasado puede tener.

Le respondí lo mismo que quiero compartir contigo: *La capacidad de perdonarse a uno mismo es personalmente imposible.* No puedes hacerlo. Nadie puede. Pero no hace falta sentirse desanimada ni vencida, porque en ninguna parte de la Escritura se nos dice que esto sea algo que debamos hacer.

Vuelve a escucharlo: *la Biblia no dice que debemos perdonarnos a nosotras mismas.*

Ahora bien, entiendo que la culpa es un sentimiento que puede surgir de la nada. Dejar de lado esta sensación, luego de arrepentirse por las acciones o la falta de acción que la generó, requiere de un acto deliberado y consciente de fe. Intencionalmente, debes declarar la restauración y la renovación de tu corazón y tu mente, aunque sientas un remordimiento profundo. Pero no tienes la responsabilidad (ni la *capacidad*, de hecho), para perdonarte.

Esta es la realidad en la cual debemos descansar...

Pues todos hemos pecado; nadie puede alcanzar la meta gloriosa establecida por Dios. Sin embargo, con una bondad que no merecemos, Dios nos declara justos por medio de Cristo Jesús, quien nos liberó del castigo de nuestros pecados. Pues Dios ofreció a Jesús como el sacrificio por el pecado. Las personas son declaradas justas a los ojos de Dios cuando creen que Jesús sacrificó su vida al derramar su sangre. Ese sacrificio muestra que Dios actuó con justicia cuando se contuvo y no castigó a los que pecaron en el pasado, porque miraba hacia el futuro y de ese modo los incluiría en lo que llevaría a cabo en el tiempo presente. Dios hizo todo eso para demostrar su justicia, porque él mismo es justo e imparcial, y declara a los pecadores justos a sus ojos cuando ellos creen en Jesús. (Romanos 3:23-26, NTV)

En resumidas cuentas: Cristo sufrió una muerte horrorosa para otorgarte el perdón de tus pecados. Y Su obra fue tan completa que, entonces, pudo prometernos y declarar: «Perdonaré la maldad de ellos, y no me acordaré más de su pecado» (Jeremías 31:34). Dios presionó la tecla de borrado sobre cada pecado que cometiste. Y Él mismo, tu Rey y Juez supremo, decide no volver a recordar tus faltas para castigarte.

Entonces, ¿por qué *tú* las recuerdas?

En realidad, si lo piensas, decir «no puedo perdonarme» significa que no crees del todo que lo que Él hizo fue suficiente; que de alguna manera extraña, Su perdón para ti no basta. Es una tendencia arrogante y soberbia de la humanidad caída que se niega a aceptar que el don divino fue y sigue siendo suficiente.

Porque, sí, lo es.

Y sí, debe serlo. Porque el perdón humano nunca es suficiente (ni siquiera el tuyo) para liberarte del torturador recordatorio de tu ofensa y del manto de culpa que llevas sobre los hombros. Aun si de alguna manera pudieras encontrarlo y aplicarlo, no bastaría. Solo mediante la aceptación del regalo que se te otorgó mediante Jesucristo podrás ser verdaderamente libre: libre de la esclavitud, libre de

su control, libre para ver que tu Salvador oprimió el botón de borrar sobre tus pecados cuando...

Caminó por el sendero hacia el Calvario.

Sintió la corona de espinas sobre la cabeza.

Soportó los golpes.

Permitió que lo laceraran con espada.

Se retorció de dolor por los clavos atravesados en Sus manos y pies.

Colgó del madero en el Gólgota.

Allí recibiste todo el perdón que necesitas. Cuando gritó: «Consumado es» (Juan 19:30), se consumó. De una vez y para siempre. Presionó el botón de borrado sobre todas tus transgresiones. Cada una de ellas.

Incluso esa.

Lo único que tienes que hacer es aceptar este hecho glorioso por su valor legítimo y eterno. Al hacerlo, *ya te perdonaste.*

Hiciste bien al no subestimar el pecado y pensar que no merece más que una reprimenda. Pero al ver con claridad la profundidad de tu error y tu iniquidad, debes dejar que «la tristeza que es conforme a la voluntad de Dios» produzca «arrepentimiento [...] sin dejar pesar» (2 Corintios 7:10, LBLA).

De rodillas, con las manos extendidas, decide recibir el perdón.

Su perdón.

Clic. Borrar.

- *Describe en tus propias palabras las diferencias y las conexiones entre perdonarte a ti misma y recibir el perdón de Dios.*

- *Escoge una acción pasada que te hayas recriminado y considera cómo pagó el Señor por este pecado. Decide recibir personalmente el perdón.*

Basta de círculos

Ayer, una mujer joven envió un correo electrónico a nuestro ministerio. Y en medio de su carta, me contó algo extraño que la había llevado a una profunda observación. Al parecer, su hermana tenía un poni circense retirado. Pero aunque sus días de actuación por el circuito ya habían acabado, este caballito andaba en círculos todo el día. Estaba en un lugar nuevo de libertad, y podía recorrer y experimentar todo lo que esta vida novedosa le ofrecía. Sin embargo, la vieja vida todavía lo acechaba. Lo definía. Lo limitaba. Lo controlaba. Seguía el mismo patrón al que había sido relegado durante tanto tiempo. Al parecer, no sabía cómo funcionar de otra manera.

Así es la carga de la falta de perdón. Es su legado. Se sienta sobre ti, te sofoca y te impide disfrutar de nuevos espacios, etapas y libertades que trae cada momento de la vida. Te coloca anteojeras y solo te permite ver la ofensa que se cometió contra ti, impidiéndote ver otra cosa en la vida si no es a través de su lente. La falta de perdón te obliga a permanecer en una dimensión, aislada y sin poder experimentar el

gozo que solo existe en la periferia. Te mantiene relegada estrechamente a límites artificiales creados por las desilusiones del ayer; un círculo de vida banal que dista mucho de la vida abundante para la cual fuiste creada.

No estoy juzgándote. Lo sé. Lo comprendo. Si estuviéramos sentadas juntas, estaría llorando contigo. Lo que sucedió fue malo. Terrible. De muchas maneras, y en un sentido natural, imperdonable. Quizás hasta siga sucediendo. Has *intentado* perdonar. *Creíste* que lo habías logrado. Pero entonces, vuelve a suceder: otra traición, otra promesa rota, otro golpe a tu frágil confianza... y como resultado, una herida más profunda. Circuitos cerrados. Círculos más estrechos. Los recuerdos permanecen cerca de la superficie.

Lo sé. Lo sé. Créeme que lo sé.

Pero como me dijo una vez una sabia mentora: «Toda tu vida está conformada por dos porcentajes. El 10% es lo que te sucede. El 90% es tu reacción ante ese suceso». Es cierto, quisiéramos poder controlar todo y rehacer gran parte de lo que pasó. Pero la realidad es que no podemos cambiar nada ahora. En muchos casos, no podríamos haber hecho nada al respecto, aunque hubiéramos deseado hacerlo. Algunas de estas cuestiones tal vez ocurrieron cuando eras muy joven y no tenías ni voz ni fuerza para negarte. Y sin simplificar ni minimizar los efectos abrumadores de estas trágicas ofensas, la verdad sigue siendo que estas situaciones y circunstancias (los momentos en que ocurrieron) solo constituyen un pequeño porcentaje de tu vida. La parte más grande, la que verdaderamente define la persona en quien te estás transformando y la vida que vas creando, es el espacio donde has tratado (y todavía lo haces) de enfrentar y lidiar con lo que sucedió.

En este espacio del 90% entra el perdón.

Así que, una vez más, aunque no pretendo ser consejera profesional ni puedo en este capítulo abarcar todo lo que la Biblia dice sobre el perdón (y por cierto, no estoy insinuando que esto sea como

apretar un botón a las 6:30 de la mañana y disfrutar de un agradable café a las 6:45), estoy aquí para decirte la verdad.

Quiero que recuperes una vida abundante. Basta de círculos.

Por favor, Dios, basta de círculos.

El perdón se alcanza mediante una combinación de distintas acciones.

En primer lugar, decide no albergar rencores. Toma la resolución práctica de no recordar las deudas ajenas ni de mantener un registro de sus errores. En cambio, decide liberar a los demás de la responsabilidad y confía en Dios (que conoce cada detalle de lo que sucedió) para que obre a tu favor y sane tu corazón, aunque no sea una resolución total al problema o la restauración de una relación. Perdonar significa soltar a la persona, la circunstancia y el resultado, y dejar todo en Sus manos. Todo.

Así hizo Dios con nosotros, ¿no es cierto?

Cristo [perdonó] todos nuestros pecados. Él anuló el acta con los cargos que había contra nosotros y la eliminó clavándola en la cruz.
(Colosenses 2:13-14, NTV)

Este es el modelo de perdón que debemos seguir: liberar a los demás de los cargos muy reales que apilamos contra ellos y perdonar sus deudas, sin importar si admiten su error o no. Aprender a disciplinarte para no albergar resentimiento o seguir sustentando mentalmente tus argumentos contra ellos es difícil, pero necesario para la vida cristiana victoriosa. Tomar esta resolución no solo afectará la salud de tu relación actual, sino que también te preparará para tener otras más estables en el futuro.

Si una esposa espera encontrar alegría en el matrimonio, debe ser capaz de perdonar con rapidez a su esposo cuando la afrente. Si una madre espera disfrutar de sus hijos, debe soltar rápidamente cualquier herida que le causen y no dejar que se infecten en su interior

formando resentimiento. Si una hija espera cumplir el requisito bíblico de honrar a sus padres, debe anular todo lo que sienta que merece por los errores de sus padres. Si una amiga espera relacionarse con profundidad y vulnerabilidad con otra, debe dejar de lado su prolija colección de ofensas archivadas. Si queremos tener una relación saludable, es necesario quitarle las cadenas del resentimiento acumulado por cuestiones pasadas o incluso por algo que ocurrió anoche.

En verdad, un corazón herido no puede abrirse ni para amar ni para recibir amor plenamente. Y la persona que alberga sus heridas como protección contra futuros daños, solo fortalece los lugares duros de su corazón que la mantienen encerrada en círculos, sin poder escapar de lo que sucedió, atascada en las mismas rutinas y acciones predecibles.

Así que, te aliento a tomar esta primera decisión. A despejar el aire y dejar de llevar la cuenta.

Y así sabrás que lo estás haciendo: si hoy alguien hace algo que te enoja (lo cual sucederá a veces, aun luego de tomar esta resolución) y, de inmediato, comienzas a repasar todo lo que hizo ayer y el día anterior, sabrás que todavía no has perdonado. Si lo que hizo esa persona se transforma en la cereza del postre que has estado cocinando durante días, semanas y años, sabrás que todavía tiendes a acumular ofensas.

Cuando comiences a perdonar las deudas ajenas y a liberarte de la carga de llevarlas contigo y de seguirles el ritmo, tu forma de tratar a las personas ya no reflejará su pasado. Serás libre. Te concentrarás en el presente. Te sentirás como nueva. El aire que te rodea ya no será tan sofocante ni amargo.

Tus círculos comenzarán a ensancharse. Tus experiencias te llevarán a lugares más satisfactorios y vigorizantes. De inmediato. Cada día más.

En segundo lugar, debes permitir que Dios obre por ti. Es natural sentir que el perdón deja que el otro se salga con la suya. Sigues siendo la víctima y la otra persona permanece inconsciente y sin castigo.

En especial, es probable que te sientas así si nunca oyes que el otro expresa remordimiento por sus acciones o si su pobre intento de disculparse se parece más a una justificación que intenta endosarte *a ti* tanta o más culpa de la que le corresponde. Su lamentable manera de pedir perdón solo revela que, evidentemente, no entiende nada.

Sí, el arrepentimiento es un paso importante y necesario de su parte para que pueda experimentar libertad por lo que hizo. Por eso, Jesús pudo decir: «Si tu hermano pecare contra ti, repréndele; y si se arrepintiere, perdónale. Y si siete veces al día pecare contra ti, y siete veces al día volviere a ti, diciendo: Me arrepiento; perdónale» (Lucas 17:3-4). Es de esperar, y también fundamental, que reconozca su error.

Pero si no lo hace, no puede o no quiere admitir el daño que te causó, no es tu responsabilidad asegurarte de que reciba su merecido. Al ofrecerle tu perdón, dejas lo demás en manos de Dios. Y sin duda, Él se encargará de esta persona: a Su manera, a Su tiempo, y mucho mejor y más a fondo de lo que *tú* jamás podrías.

Desecha el impulso de vengarte. Confía en que Él peleará por ti. Cree que te beneficiará en las circunstancias en cuestión si permaneces humilde y en paz ante Él. Al decidir no llenar todos los márgenes con tus propios planes elaborados de restitución, estás dejando «lugar a la ira de Dios» (Romanos 12:19).

Por último, debes orar. Es fundamental que le pidas al Señor que te dé el poder para perdonar. No puedes hacerlo en tus propias fuerzas. Es imposible. Para liberar a los demás de sus deudas hacen falta recursos, fortaleza y aliento sobrenaturales. Pídelos en oración. Ora por todas estas cosas. Y Él responderá.

El perdón es un milagro. En verdad, lo es. Es una obra sobrenatural del Espíritu de Dios a través de ti, que te permite brindar algo que jamás podrías ofrecer sin Su actividad en ti. Solo Él puede llevar a una madre doliente a perdonar al asesino de su hijo, o a una amiga traicionada a perdonar un acto de indiferencia y crueldad emocional

o a una esposa engañada a volver a aceptar al hombre con quien intercambió los votos matrimoniales.

Solo un poder, una fuerza invisible o un milagro pueden quitar la enfermedad consumidora que te roba la paz, el amor y el disfrute por la vida. Solo una sustancia es lo suficientemente pesada y consistente para extinguir el fuego feroz del resentimiento que te consume el gozo; las llamas que solo han dejado escombros, hollín y cenizas de lo que podría haber sido tu vida.

Solo Dios puede modificar tu patrón, apurar tu paso, expandir tu alcance... Y sacarte de esos círculos.

Una vez más (y otra, y otra vez), de ninguna manera sugiero que estos pasos sean sencillos. Solo propongo, según la autoridad de la Palabra de Dios, que vale la pena hacerlo. Ser una mujer decidida a perdonar puede salvar tus amistades, rescatar tu matrimonio, restaurar tu relación, reconstruir tu vida, renovar tu negocio, restablecer tu trabajo y ayudarte a reclamar tu identidad, para permitirte vivir en libertad. Con amor. Con gozo.

Esto se propone la resolución que tenemos por delante. Es su objetivo, para asegurarte «de que nadie deje de alcanzar la gracia de Dios; de que ninguna raíz amarga brote y cause dificultades y corrompa a muchos» (Hebreos 12:15, NVI). Está diseñada para rescatarte *a ti*, con el resultado adicional de extender el impacto de tu gracia hacia los que amas.

De la manera que Cristo os perdonó, así también hacedlo vosotros.
(Colosenses 3:13)

Esta es tu ofrenda. Brindar el perdón. Así como Dios derramó sobre ti Su perdón maravilloso, espléndido y extravagante.

Estoy segura de que esto no es lo primero que lees ni el primer mensaje que escuchas sobre el perdón. Soy bien consciente de que esta temática y esta necesidad son tan antiguas como la Biblia misma.

Lo que compartí no tiene nada de innovador ni es particularmente brillante… no descubrí ningún secreto, ni proporcioné una fórmula fácil para liberarte de la prisión de la amargura.

Ya lo sabías. Pero ¿qué has hecho hasta ahora?

¿Has decidido *personalmente* aceptar el perdón y perdonar? Dar los pasos necesarios es lo que produce una verdadera diferencia.

Allí yace el secreto que quizás has querido descubrir; la oportunidad prometida para cambiar la geometría de tu vida y pasar de círculos infinitos a la mejor forma que tu corazón haya conocido.

- *Marca el paso que te resulte más difícil al perdonar a otro y luego considera por qué:*

  - decidir no albergar rencores.
  - permitir que Dios obre en tu lugar.
  - orar y pedirle al Señor que te dé el deseo de perdonar.

- *Piensa en los nombres que anotaste al principio de la sección: personas a quienes les guardas rencor. Pídele al Señor que te dé poder para perdonarlas. Luego, reemplaza la frase subrayada con el nombre de cada persona: Perdonando a «<u>unos a otros</u>, como Dios también os perdonó a vosotros en Cristo» (Efesios 4:32).*

- *Para ser justa y plena, ¿necesitas pedirle perdón a alguien? La Escritura dice: «… Si traes tu ofrenda al altar, y allí te acuerdas de que tu hermano tiene algo contra ti, deja allí tu ofrenda delante del altar, y anda, reconcíliate primero con tu hermano, y entonces ven y presenta tu ofrenda» (Mateo 5:23-24)… Incluso tu ofrenda de perdón.*

- Al seguir adelante para firmar esta resolución, recuerda que esto debería ser solo el comienzo; el inicio de un viaje que puede requerir tiempo y consejo para completarse. Busca la ayuda necesaria para experimentar plenamente los beneficios que el perdón puede brindar.

Mi perdón

Prometo perdonar a los que me hagan mal y reconciliarme con quienes yo haya defraudado.

_____

MI INTEGRIDAD

La resolución de vivir según las normas más
elevadas de virtud y pureza

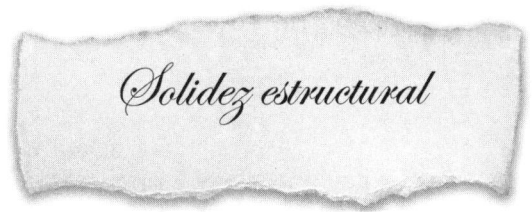

Solidez estructural

Bienaventurados los perfectos de camino. (Salmo 119:1)

Al prepararme para escribir un libro como este, que cubre una amplia variedad de temas, me pareció necesario que otras mujeres participaran del proceso. Así que, le envié una copia de los puntos de esta resolución a un grupo selecto de mis amigas: mujeres de distintas edades, trasfondos étnicos y situaciones de vida, para que consideraran en oración cada afirmación y su vinculación con la realidad. Y de manera increíble, esta resolución en particular, que trata de la integridad y la pureza personal, tocó las fibras más sensibles del corazón de las mujeres, y las desafió y convenció de error con muchas repercusiones.

Prometo no tolerar influencias impías ni en mí ni en mi hogar,
por más justificables que parezcan...

Por más justificables que parezcan. Esta fue la frase que produjo el corte más profundo. Causó un sobresalto notable. Involuntario. ¡Ay! A la mayoría de las mujeres, no les cuesta evitar cosas claramente impías y prohibidas (o al menos, reconocer el problema que presentan). Son otras cuestiones, encubiertas, de bajo perfil y camufladas tras la apariencia de un entretenimiento, las que nos atrapan. Son discretas. Poco llamativas. Demasiado cómodas y familiares, por cierto, como para desechar. Están ahí. Son justificables.

Sin embargo, al verlas escritas de esta manera, parecen perder su escondite y su camuflaje. Muchas mujeres que van marcando la página con el dedo, de repente lo sacan de un tirón, como si hubieran tocado una plancha caliente. La quemadura en la punta del dedo viene aparejada de un escalofrío espeluznante de convicción que les corre por la espalda. Parece un buen momento para dejar de lado este libro, o al menos, para concentrarnos en algo menos doloroso y penetrante.

Sin duda, esta resolución exige una mirada íntima, personal e introspectiva a lo que sucede en nuestro corazón y en nuestro hogar. Toca algunas de esas concesiones que hacemos a puertas cerradas, en la tranquilidad de nuestro estudio o sala de estar, donde la pereza y la indulgencia suelen merodear luego de la cena y se quedan levantadas hasta la madrugada. Por eso, sinceramente, a veces es necesaria una resolución como esta para reconocer que estas cuestiones que hemos estado aprobando con nuestro tiempo y atención contradicen completamente nuestra identidad y convicciones.

Cuando pasó la conmoción, mi grupo de amigas y yo nos pusimos de acuerdo. Con nuestras vidas al descubierto bajo el reflector de esta resolución, comenzaron a desfilar las confesiones sobre los programas de televisión que hemos mirado, las novelas en que nos hemos enfrascado, las revistas que han adornado nuestras mesitas ratonas y la música que hemos escuchado en nuestros auriculares y en el auto.

Dispuesta a ir más a fondo, una de mis amigas comprendió de repente que la conexión divertida y amistosa que mantenía con un

viejo amor arrastraba una corriente oculta de infidelidad emocional y de desastre en potencia. Otra confesó que guardaba un alijo de vino al fondo de un armario en el vestíbulo, que sacaba con frecuencia para consentirse cuando nadie estaba cerca.

¿No es para tanto? ¿Fácilmente justificable?

Sin embargo, estas concesiones confesadas en susurros adormecían y mitigaban, en distintos grados, los sentidos espirituales de estas mujeres. Aun si no lo hacían a gran escala, estas decisiones tocaron la conciencia. Si se ignoraban y permitían, representaban aun algo más: un rechazo deliberado a la intervención divina en esa área de la vida, en ese espacio de dos horas, en esa indulgencia comprensible.

Unas gotitas pueden transformarse en un río.

Sin duda, en persona, nunca aprobaríamos muchas decisiones ni estilos de vida que aparecen o aclaman en *este* programa o en *ese* libro, ni participaríamos de esas actividades. Y aunque sería legalista e impersonal decirles a los demás qué clase de programas pueden y no pueden mirar, o qué películas y libros deberían y no deberían gustarles, todas conocemos la diferencia entre apreciar un lenguaje íntegro y divertirse con el pecado. Sabemos cuándo estamos observando la dureza de las problemáticas de la vida real y cuándo nos resultan provocativas, agradables y casi (¿casi?) atractivas. En lugar de sentir repulsión frente a ciertas conductas y dolor ante las mentiras que nuestra generación impone, nos encontramos aceptándolas, dispuestas a verlas y reírnos, y las consideramos adecuadas para mirar mientras comemos palomitas de maíz.

Y eso nos transforma nada más y nada menos que en las hipócritas que nunca quisimos ser. Desalentar algo en público mientras, en privado, nos resulta adictivo y emocionante.

Esto habla a la esencia de la integridad.

Integridad significa ser lo mismo por dentro que por fuera. Inalterable, completa y sólida. Es lo que quiere lograr un ingeniero al diseñar un puente que no solo *parezca* poder manejar el tráfico que

fluye sobre él, sino que también tenga la capacidad arquitectónica para soportar el peso, día tras día, año tras año. *Integridad* estructural.

A eso apuntamos.

Y por eso, esta resolución no es para mujeres volubles ni que se acobardan fácilmente.

Las cosas no se hacen sin pensar, basando el diseño en lo que te parezca bien en el momento y con los materiales que tengas a la mano. Las que son conscientes de la integridad estructural construyen con el objetivo a largo plazo de presentarse sin mancha delante de Dios y de los demás, no solo los domingos, cuando hay poco tráfico, sino también durante la semana, en los horarios pico.

Es algo serio.

Tengo que admitir, hermana, que esta resolución me hizo dar un paso atrás y mirar mi propia vida. *No creas que eres la única que siente que le están pisando un callo.* Yo también quiero ser una mujer sobresaliente, caracterizada por el Espíritu de Dios. Deseo ser la esposa, la madre y la mujer que Dios quiere. Quiero tener los oídos espirituales despejados para escuchar Su voz y mis ojos espirituales enfocados en Su persona. Quiero estar aquí para recibir la paz que Su presencia puede traer a mi hogar. Quiero experimentar Su poder mientras palpita en nuestra familia y en nuestro ministerio.

Pero sé que esa clase de bendición práctica y cotidiana no puede coexistir con algunas de las tonterías lascivas y concupiscentes que surgen constantemente en los canales de televisión, en los materiales de lectura y en los portales mediáticos más populares de hoy. Debo comprender lo que supuestamente le escribió la madre del evangelista John Wesley a su hijo:

> Cualquier cosa que debilite tu razón, atrofie la sensibilidad de tu conciencia, opaque tu percepción de Dios o aleje el deleite de las cuestiones espirituales (en breve, cualquier cosa que aumente la fuerza y la

autoridad de tu cuerpo sobre tu mente), eso es pecado para ti, por más inocente que sea en sí mismo.[1]

Así que, debemos decidir. Tú debes decidir...
¿Qué anhelamos más?
¿Lo mejor de Dios o nuestras preferencias personales?
Quizás esta fue la clase de pregunta esencial y decisiva que llevó
al rey David a resolver con tanta seriedad llevar una vida íntegra:

> *Tendré cuidado de llevar una vida intachable, ¿cuándo vendrás a*
> *ayudarme? Viviré con integridad en mi propio hogar.*
> *Me negaré a mirar cualquier cosa vil o vulgar.*
> *Detesto a los que actúan de manera deshonesta;*
> *no tendré nada que ver con ellos.* (Salmo 101:2-3, NTV)

Esta no era la norma para los reyes de las naciones antiguas. Como
tenían gran poder y no le rendían cuentas a nadie, estos monarcas se
sentían con libertad de vivir como querían, en especial, dentro de los
confines de sus moradas. Con desenfreno. Sin límites. Nadie podía
decirles qué hacer. No obstante, el rey David quería ser diferente, y
expresó varios de los compromisos que utilizó para lograr su objetivo... y nosotros también podemos tomarlos.

1. No *toleres el mal*. «Me negaré a mirar cualquier cosa vil o vul-
gar», escribió (v. 3). No estaba dispuesto a entretenerse con nada que
fuera en contra de las normas y los estatutos de Dios. Prometió no
participar de ninguna actividad que pudiera insensibilizarlo al pecado lenta y progresivamente.

2. *Vigila de cerca la clase de persona que permites que te influencie.*
«Detesto a los que actúan de manera deshonesta; no tendré nada que
ver con ellos. Rechazaré las ideas perversas y me mantendré alejado
de toda clase de mal» (vv. 3-4). Nadie que fuera calumniador, orgulloso o deshonesto podría tener una relación cercana a él. No estaba

dispuesto a dejar que el carácter y el consejo deficientes de esas personas se transformaran en una voz fuerte y persistente en su mente ni lo desalentaran del camino justo.

3. *Reconoce que necesitas ayuda divina.* «Tendré cuidado de llevar una vida intachable, ¿cuándo vendrás a ayudarme?» (v. 2). David sabía que no podía sostener las exigencias de esta resolución en sus propias fuerzas. Solo con el poder y el aliento de Dios podía hacerles frente a las artimañas del enemigo y a sus propias tendencias carnales. Nunca creas que puedes recalibrar los parámetros de frecuencia en tu vida sin muchísima ayuda, gracia y guía de Dios. Él te mostrará los cambios que necesitas realizar y luego te dará el poder para llevarlos a cabo.

Estamos hablando de resoluciones extremas, pero a decir verdad, creo que nunca conocí a una mujer de carácter piadoso y admirable (a quien, en mis momentos de mayor claridad mental, quisiera imitar con mi vida) que no fuera una persona de acciones y resoluciones extremas. Los que disfrutan de una medida extra de la bendición y el favor de Dios y manejan bien sus vidas, son aquellos que se disciplinan de maneras que muchas de nosotras consideraríamos prácticamente ridículas. Pero al igual que David, vieron la necesidad de irse a un extremo, ya que la cultura decidió colocarse en el opuesto.

Sinceramente, no quiero arrojarte un manto de culpa en los hombros ni pisotear en forma legalista las libertades que Dios te dio para disfrutar de la vida. No todo lo que le molesta a un creyente tiene que estar prohibido para todos. Solo porque algunos no consideren algo como «bueno», no significa que tenga que ser «criticado» (Romanos 14:16, NTV). Pero al evaluar tu propia solidez estructural, ¿te parece que puede soportar el peso de tu profesión cristiana? ¿Se mantendría en pie si alguno de los miembros de tu iglesia apareciera en tu casa sin aviso?

¿Eres quien afirmas ser?

Si esto ha sido una pregunta y un dilema recurrente para ti, como para la mayoría de nosotras (para *todas* en algún momento), haz lo siguiente: comprométete a ser sensible y a responder a cualquier convicción que el Espíritu imprima en tu corazón en este momento con respecto a algún interés, decisión o actividad en particular. Escucha Sus sugerencias. No ignores Sus directivas. Está dispuesta a cambiar tus deseos temporales por Sus alternativas mucho más beneficiosas, a medida que te dirija hacia allí mediante Su conocimiento personal de tu persona y lo que quiere lograr en ti. Su objetivo no es robarte la diversión, sino colocarte como recipiente limpio, puro y disponible para Sus bendiciones más satisfactorias.

Con Su poder, puedes tomar esta resolución.

Mediante Su fortaleza, puedes caminar de manera irreprochable.

Por Su autoridad, puedes esperar ser una mujer que busca en la oscuridad lo que proclama en la luz.

- A la luz de lo que le escribió la madre de John Wesley a su hijo (página 153-154), evalúa si estás participando en algo que...
  - debilite tu razón.
  - atrofie la sensibilidad de tu conciencia.
  - opaque tu percepción de Dios.
  - aleje el deleite de las cuestiones espirituales.

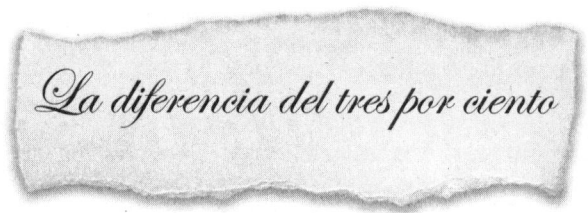

La diferencia del tres por ciento

Tengan cuidado y no dejen que sus corazones se hagan insensibles.
(Lucas 21:34, VP)

Veneno para ratas.

Nunca le presté demasiada atención... hasta hoy, cuando una amiga me contó que la gran mayoría está hecha de 97% de alimento y solo 3% de veneno. Estos productos atraen a esos repugnantes roedores por el olfato y, así, prueban algo que les gusta, un festín exquisito. Pero junto con esa sabrosa comida, también ingieren residuos de toxinas fatales, en una cantidad suficiente como para acabar con su reinado de terror en la basura. Las ratas se mueren (qué bueno, ¿no?) por una pequeña cantidad de veneno mezclada en una comida tentadora.

Tres por ciento.

¿No es una buena imagen de cómo perdemos la virtud? ¿O comprometemos nuestra integridad? ¿O endurecemos el corazón? ¿La

manera en que nuestro espíritu se desensibiliza a las cosas del Señor? Nos seduce algo aparentemente inofensivo: una forma agradable de entretenimiento, la camaradería de una relación inocente al principio; pero luego...

Veneno.

Estratégicamente oculto, disfrazado con astucia. Debajo de la superficie, imperceptible. Nos relamemos y seguimos por la vida como si nada, pensando que todo está bien. Pueden pasar días, quizás semanas, hasta que comencemos a notarlo. Pero con el tiempo, nuestros órganos espirituales comienzan a fallar. La pasión disminuye. Nuestra sensibilidad y discernimiento decaen. Perdemos el reflejo nauseoso.

Experimentamos una muerte lenta.

Avanza en porcentajes mínimos.

Ya lo has visto en otras personas. Quizás una celebridad, un atleta famoso, un político, que evidentemente no querían destruir su vida ni su carrera, pero fueron detrás de determinado placer o experiencia y terminaron en la mira de los tabloides nacionales. Expuestos y al descubierto, se derriten bajo el reflector de la atención indeseada y las consecuencias accidentales, y representan el daño que pueden provocar tres pequeños puntos de porcentaje. Te espanta que puedan desperdiciar sus vidas por algo tan insignificante.

¿Pero acaso el enemigo no estará haciendo algo parecido contigo? ¿Qué ha utilizado con astucia para seducirte *a ti* a una telaraña demasiado tensa como para que escapes, tal cual la diseñó? ¿Adónde ha escondido pequeñas gotas y depósitos de veneno, imperceptibles hasta que de pronto te das cuenta del efecto terminal que te están produciendo?

Incluso en tus seres queridos.

Nunca olvidaré la vez que me senté a mirar el estreno de la temporada de una serie de televisión que me gustaba y que había seguido durante su primer año. Me había causado una agradable sorpresa ver

lo sana e incorrupta que era, y había esperado con ansias la segunda temporada. La noche de su debut, me senté con mi hijo de tres años en el sofá. Me acomodé. Encendí el televisor. Justo a tiempo para ver los avances, lista para quedar cautivada. Pero en menos de quince segundos, la pantalla se llenó de una escena sexual estridente que me tomó completamente por sorpresa. Con desesperación, tomé el control remoto y luché para encontrar el botón correcto para cambiar de canal. Pero era demasiado tarde. Esa imagen brevísima se había grabado en los ojos y en la mente de mi pequeño. ¿Cómo pude dejar que algo así sucediera… a mi hijo?

Ahora, déjame decir que aun cuando hacemos nuestro mejor esfuerzo, nuestros hijos o incluso nosotras podemos escuchar y ver cosas desagradables y estar expuestas a ellas. Pero sin duda, cuando nos falta diligencia en la sección de integridad, por supuesto que será mucho más fácil que se abra la ventana a las posibilidades contaminadoras. Sin embargo, una vez que sucede (ya sea por las consecuencias lógicas de nuestras acciones o por un simple accidente), no se puede deshacer por completo. Pero deberíamos orar para que Dios, en Su misericordia y favor, frustre los intentos del Enemigo de transformar estos momentos de debilidad en los cimientos para una fortaleza en sus vidas. Podemos pedir con valentía que cualquier daño y confusión potencial y a largo plazo sean cubiertos por la sangre de Cristo y que se disuelvan antes de arraigarse y transformarse en un obstáculo para ellos. Gracias a Dios, el poder de Cristo puede cubrirlos.

Sin embargo, como algo así puede suceder fácilmente, creo que por esto Pablo se esforzó tanto por decirnos que «entre ustedes ni siquiera debe *mencionarse* la inmoralidad sexual, ni ninguna clase de impureza o de avaricia, porque eso no es propio del pueblo santo de Dios» (Efesios 5:3, NVI, énfasis agregado). Incluso una mirada furtiva e indirecta. Aun un indicio o sugerencia. Hasta eso es demasiado para el pueblo de Dios; nosotras, que fuimos santificadas mediante

Su acto deliberado de gracia y que somos responsables de proteger los corazones y las mentes tiernas de nuestros amados.

Todo comienza con un tres por ciento.

¿Quién sabe adónde puede llevar?

Y aunque la primera parte de la advertencia de Pablo habla de la «inmoralidad sexual» (un veneno espiritual que impregnaba la cultura del apóstol), su uso de la frase abarcadora «ninguna clase de impureza» aumenta el alcance a otras actividades contaminadoras que deben ser completamente ajenas al estilo de vida del creyente. Según él, no tienen lugar en nuestras vidas. Ninguno. Pablo sabía el efecto de aun *mencionar* estas cosas. «Un poco de levadura —dijo una vez, —leuda toda la masa» (Gálatas 5:9).

Entonces, si tomas esto en serio, te sugiero que vayas más allá de prometerle esto a Dios y a ti misma. Haz esta promesa a (y con) otros también. Porque por más que intentemos pelear nuestras propias batallas de integridad, esta clase de vida exige rendición de cuentas. Simplemente, es así. En una cultura saturada de oportunidades para inclinarse al lado opuesto de la pureza, la mujer decidida a ser íntegra debe fortificarse con otras hermanas que caminen a su lado y la ayuden a mantener un estándar de santidad.

Doy gracias al Señor por darme amistades que me proporcionan este marco y esta red de rendición de cuentas. Nos encanta reunirnos con otras mujeres y hablar de nuestras vidas. Conversamos. Hacemos preguntas. Reímos. Lloramos. No solo sentimos lástima. Nos ayudamos a permanecer a la altura del consejo de la Palabra de Dios.

A veces, cuando hemos ido a ver una película, incluso allí sentadas con una provisión de refrescos y palomitas de maíz, alguna de nosotras se ha sentido incómoda con la dirección que tomaba la película. En una oleada de convicción, a veces *yo* he tenido que salir un momento. A veces, *todas* llegamos a la misma conclusión y abandonamos el cine en medio de la proyección. No sé cómo agradecerle lo suficiente a Dios por darme amigas que no me hacen sentir

avergonzada por mi sensibilidad espiritual y que me proporcionan un lugar donde mi resolución de vivir en pureza ante Él nunca está bajo presión, jamás es objeto de ridiculización ni tampoco se conspira en su contra. Nuestro deseo de apoyarnos mutuamente nos ayuda a permanecer fieles a nuestras promesas.

Lo necesitamos.

No podemos lograrlo sin esto.

Porque no hace falta mucho veneno para derribarnos. Solo hace falta un tres por ciento. Ese porcentaje puede matarnos.

Pero al distribuirlo entre todo un grupo que constantemente se ayuda a disminuir gradualmente ese tres por ciento a dos, a uno, hasta ni siquiera «mencionarse» entre nosotras, podemos recuperar nuestra fuerza. Al vivir en luz frente a los demás, nosotras (tanto solteras como casadas) permitimos que nos indaguen y conozcan otras mujeres que quieren lo mejor para nuestras vidas y que pueden detectar el veneno. Si no tienes una relación de rendición de cuentas como esta, comienza a orar por esto. Creo que el Señor honrará tu deseo y te responderá. Quiere bendecirte, que seas pura y que disfrutes en paz una vida que le agrade y lo honre.

Es la clase de vida confiable para ti y para toda tu familia.

Estoy 103% segura.

- *¿Hay alguna área de tu vida que te avergonzaría que los demás descubrieran?*

- *¿Cómo te serviría una rendición de cuentas más profunda, vulnerable y exhaustiva a mantener un nivel más alto de integridad? ¿Cómo sería?¿Estarías dispuesta a someterte a ella?*

La fuerza que cuenta

Detrás de la casa de una vecina, hay un lugar hermoso donde nos gusta jugar con mis hijos. Por fortuna, a mi amiga no le molesta que vayamos allí. Los abundantes matorrales y los árboles altos parecen aislarlo de los intrusos. Pero mis hijos son astutos y curiosos. Encontraron un camino secreto por el perímetro que nos lleva alrededor de la gigantesca fila de árboles. Al entrar por este camino angosto y desgastado, podemos perdernos en la aventura sinuosa de este maravilloso mundo arbolado y embarcarnos en otra escapada boscosa. Nos transformamos en exploradores: construimos fortines, evadimos ramas caídas y nos escondemos de enemigos hostiles en pequeñas cuevas.

Este sendero termina en el lecho seco de un riachuelo que sirve como lugar perfecto para muchas de nuestras historias imaginarias. Una vez, nos entretuvimos con un árbol grande que se había caído sobre la barranca. A mis hijos, les pareció un descubrimiento emocionante. Se turnaban y hacían equilibrio para cruzarlo, y se reían cuando el otro se tambaleaba o se caía, para luego celebrar la victoria cuando llegaban al otro lado.

Me senté sobre unas hojas secas allí cerca, entretenida, a observarlos. No sentía la necesidad de pararme sobre esa cosa, pero mis hijos no me dejaron escapar tan fácilmente. Comenzaron a rogarme que participara y que hiciera equilibrio sobre el tronco para pasar de un lado al otro.

Al final, les di el gusto.

Al principio, no pensé que sería tan difícil. Después de todo, había sido bastante atlética de pequeña. Sin duda, podría caminar unos pocos metros sobre este amplio tronco (al estilo de una gimnasta sobre una viga de equilibrio), en especial si los niños me alentaban.

Todo iba de maravillas hasta que llegué al medio y comencé a escuchar un sonido de fisura debajo de mis pies. ¡Oh-oh! En pocos segundos, el tronco entero se rompió en pedazos y cayó en el lecho del arroyo. Mis sentaderas lo alcanzaron enseguida.

Allí en el suelo, quedé sentada y completamente aturdida. Había sucedido tan rápido. Me tomó un momento recuperar la compostura. Pero al ponerme de pie con dificultad, quitarme el polvo y observar los despojos del tronco desparramados por el suelo, vi con claridad cuál había sido el problema. A pesar de la corteza dura y gruesa que lo hacía parecer tan fuerte y seguro por fuera, este tronco caído, ahora con el interior al descubierto, mostraba su podredumbre. Con el tiempo, se había descompuesto y deteriorado, y esa fue probablemente la primera causa de que se rompiera. Los cuerpitos de mis hijos no habían sido lo suficientemente pesados como para revelar su debilidad. Pero cuando yo me paré con un peso adulto, no lo soportó. Su resistencia interior no concordaba con su apariencia exterior. No pudo soportar la presión. Crac. No tenía…

Integridad.

Tarde o temprano, las presiones inevitables de la vida revelarán la verdad de lo que hay dentro de todas nosotras. Sin duda, la fortaleza externa puede ser suficiente para manejar algunas de las situaciones más sencillas y menos exigentes, pero cuando la presión alcanza

determinado peso y fuerza, y supera lo que nuestros recursos externos pueden soportar, la persona sin integridad profunda se quiebra. Se rompe en pedazos. Implosiona. Y entonces, todos pueden ver claramente que bajo el camuflaje de fortaleza se escondía una vida interior plagada de deterioro, desatendida y abandonada.

Y por desgracia, lo vemos demasiado a menudo. Tanto en nosotras como en los demás.

Pero no en todos. Y cuando nos encontramos con una persona que desafía esta tendencia deprimente, deberíamos acercarnos a observar. A mirar y aprender.

Entra el profeta Daniel.

Cuando él y sus talentosos amigos, junto con unos 10.000 hebreos, fueron capturados por el rey Nabucodonosor y arrastrados a Babilonia en el 605 a.C., los amenazaron muchas veces para que cambiaran su estilo de vida y se adaptaran al nuevo entorno, para que se transformaran en algo distinto de lo que sabían que tenían que ser como seguidores del Dios de Israel. Sus capataces, en un intento de absorber sus capacidades y potencial para el bien de la nación, les asignaron nombres babilonios, les enseñaron sobre la literatura del lugar e incluso quisieron reorientar sus gustos sirviéndoles continuamente comida babilónica.

Pero aun en esta nueva realidad, Daniel se negó a comprometer sus normas de santidad. Y como nadie podía pasar por alto el intelecto superior que Dios le había dado, incluida su capacidad para interpretar sueños y visiones (que sobrepasaba aun la de los sabios más capaces y de los oficiales designados por el rey), Daniel fue inmediatamente ascendiendo en rango hasta llegar a una posición de influencia y servicio en la corte.

Algo sumamente emocionante para un joven hebreo.

Así que, cuando el Imperio Persa controló Babilonia, derrocando entonces la estructura de poder, Daniel se enfrentó a la posibilidad de perder su prestigiosa carrera y panorama prometedor. A menos

que quisiera arriesgar su nueva categoría, a la cual se había acostumbrado, este sería un buen momento para hacer algunas transgresiones estratégicas y aceptables de los valores de su crianza.

La oportunidad llegó pronto. Cuando un grupo celoso y confabulador de oficiales intentó atraparlo al convencer al rey Darío de que firmara un decreto para que todos, durante 30 días, dirigieran sus oraciones y peticiones solo a él y a ningún otro dios (castigado con la pena de muerte en el foso de los leones), Daniel tuvo que decidir. Podía bajar su estándar por un tiempo, durante un mes. Podía tener su tiempo real de oración en privado, donde nadie más lo viera. Llevar una doble vida para salvar su posición singular.

En cambio…

Cuando Daniel supo que el edicto había sido firmado, entró en su casa, y abiertas las ventanas de su cámara que daban hacia Jerusalén, se arrodillaba tres veces al día, y oraba y daba gracias delante de su Dios, como lo solía hacer antes (Daniel 6:10).

No cambió sus normas para conformarse a un nuevo régimen.

No reformó sus convicciones para seguir siendo popular y aceptado.

No escondió su reverencia para evitar que lo descubrieran.

No alteró sus horarios para plegarse a los nuevos dictámenes del rey.

En cambio, permaneció seguro, fuerte y firme. Siguió siendo el mismo a puertas cerradas (y ventanas abiertas), como afirmaba ser del otro lado. Aun al enfrentarse a la prueba más difícil —la presión extrema y definitiva del foso de los leones—, no se derrumbó bajo la presión y la tensión. Pudo permanecer valiente frente a circunstancias desmoralizadoras porque fue «hallado inocente» ante el Señor (v. 22).

Su integridad lo salvó.

Mantuvo cerradas las bocas de los leones. Lo preservó intacto y evitó que lo hicieran pedazos. Lo protegió en medio de la adversidad.

Y envió un mensaje sobre la fortaleza de Yahvéh que repercutió en toda la tierra. El rey Darío quedó tan pasmado, abrumado y agradecido ante la veracidad de Daniel y la respuesta de Yahvéh, que emitió otro decreto, donde reconoció al Señor como el único Dios verdadero.

El tronco de la integridad permaneció firme sobre la barranca de un posible desastre. Esto le cambió la vida a Daniel.

Y te cambiará la vida a ti.

- *Decidir ser una mujer de integridad es uno de los mejores regalos que puedes hacerte. ¡Significa que eres libre! Ya no vives con temor de que alguien «descubra» o «se entere» de tu vida secreta. Al firmar, te comprometes a alinear todo tu ser con la persona que Dios ya transformó y a quien hizo renacer. Además, te dispones a ser una influencia y un ejemplo que llevará a los que te rodean a parecerse a Cristo. Así que, ven, te invito. La vida es buena aquí. Mucho mejor de lo que dicen.*

Mi integridad

Prometo no tolerar influencias impías ni en mí ni en mi hogar, por más justificables que parezcan, sino procurar una vida de pureza.

_____

Mi corazón

La resolución de demostrar interés

Vuelve a mirar

¿Por qué me obligas a ver la injusticia?
¿Acaso tus ojos soportan la opresión? (Habacuc 1:3, BLA)

No quería verlo. Las imágenes eran demasiado perturbadoras. La inmensa pantalla de alta definición encaramada por encima de nosotras traducía cada píxel de esta historia devastadora a una realidad imponente para mí, y para las otras 15.000 mujeres que estaban allí reunidas, mirando.

Estábamos en una conferencia en Sidney, Australia, que se realizaba una vez al año y adonde asistían mujeres de todo el mundo. Asiáticas de piel color oliva, vestidas con saris bordados de la India; rubias de tez blanca, de Dinamarca; rusas exóticas de cabello oscuro; hermanas de piel oscura y habla francesa, de alguna isla desconocida de la que nunca había oído hablar; todas compartían el mismo espacio en este evento trascendental. La convención, una de las más grandes de su clase, tiene un objetivo intencional. No es solo una experiencia anual a la que asistes, pasas el fin de semana y luego no piensas en ella hasta la próxima vez. Se ha transformado en una hermandad continua que funciona todo el año; una conexión global de

mujeres que buscan servir a Cristo, buscar la justicia y cambiar a la humanidad mediante incursiones y ministerios específicos.

Francamente, esta clase de reunión era nueva para mí. En general, asisto a conferencias en Estados Unidos, y aunque siempre están llenas de hermosas enseñanzas y experiencias maravillosas de adoración, no suelen concentrarse en esfuerzos humanitarios. Formar parte de esa clase de evento me abrió los ojos de una nueva manera a los problemas que enfrentaba la comunidad global.

Y me conmovió profundamente.

Porque, ¿quién puede negar que esta es la clase de misericordia activa a la cual Cristo llama a Su iglesia? Y entonces, ¿por qué yo no estaba participando? ¿Por qué no utilizaba la plataforma que el Señor me había dado para alentar a las mujeres a mirar fuera de las órbitas estrechas de sus vidas e inquietudes apremiantes, para ver el sufrimiento intenso a su alrededor? ¿Por qué el cristianismo en Estados Unidos (según mi parecer) no se conmovía tanto con estas tremendas necesidades, como parecían hacerlo creyentes de otros países, algunos de los cuales tenían una estabilidad económica mucho menor? Estas mujeres, lejos de querer asistir a una conferencia solo para su edificación personal, percibían la responsabilidad de impactar la cultura como resultado —y como objetivo— de su tiempo juntas.

Hasta cierto punto, conocía algunos de los problemas que nos presentaron ese día. Y sin embargo, con vergüenza, admito que me sentía alejada y sin obligación alguna al respecto. Y en cuanto a otros, no tenía idea de que existían… como el que aparecía en la pantalla frente a mí en ese momento.

Fotos de mujeres. Costaba mirarlas. En Uganda, torturadas a manos de niños-soldados a quienes les habían lavado el cerebro. Estos muchachitos endurecidos, bajo la supervisión del ERS (Ejército de Resistencia del Señor), habían sido entrenados para cometer algunos de los crímenes e injusticias más espeluznantes y despiadados que puedas imaginar, y que dejaban a las mujeres heridas y marcadas de por vida, casi incapaces de funcionar en el ámbito normal

de la sociedad, con los rasgos faciales desfigurados con violencia por la cuchilla de un soldado renegado. Se nos dijo que había cirujanos plásticos listos para ayudar, dispuestos a ceder su tiempo, su talento y su preparación. Ahora se necesitaban los recursos para el viaje y los gastos médicos. Y se nos comisionaba a ayudar.

Un coro permanente de gritos ahogados y sollozos resonó en el gran auditorio durante la presentación del video. Las lágrimas nos corrían por las mejillas. Los pañuelos corrían por las filas. Estábamos conmovidas, emocionadas, traumatizadas. En más de una ocasión, sin poder soportar más, tuve que bajar la mirada un momento para escapar del ataque visual.

¡*No podía ser real!* Esta clase de cosa no sucede en realidad. A personas de verdad. A madres e hijas. En su propia tierra. ¿*O sí?*

Cuando mostraron el mismo video la segunda semana (cuando se repite la conferencia para un nuevo grupo de asistentes), debo admitir que me escapé. No podía hacerlo otra vez. No creí poder soportar ver de nuevo esas imágenes que me revolvían el estómago, me hacían perder el apetito todo el día y luego me mantenían despierta por la noche, proyectando el horror de lo que había presenciado.

No quería ver.

No quería mirar.

Y quizás, tú tampoco quieras mirar. Tal vez, como con esta cuestión, las imágenes que ves (pero que no quieres ver) corresponden a alguna realidad devastadora que asedia otra parte del mundo o algún pueblo lejano. Tu respuesta típica es cambiar de canal o dar vuelta la página, quitar la mirada de los vientres hinchados, los pozos de agua contaminados, la miseria empobrecida y los niños huérfanos.

O tal vez, lo que preferirías no ver *no* se encuentra en otra parte del mundo. Es posible que esté en tu propio patio trasero. Tu vecindario muestra señales de una actividad que esperabas evitar al mudarte *aquí*. O tal vez, el estado actual de la política en tu ciudad se está inclinando en una dirección que sabes que llevará a la desaparición de los valores fundamentales. El decaimiento moral avanza, cada vez con

más indiscreción. Conductas adictivas cada vez mayores le roban la salud y el futuro a jóvenes y viejos, personas que parecen no poder salir de su camino destructivo.

Sin importar de *qué* se trate, el solo verlo te provoca un nudo en el estómago. Ya casi no puedes soportar un minuto más de esta realidad: escenas que pasan delante de ti como un relámpago, una historia que has notado, pero a la que no has querido darle demasiada importancia, ni preocuparte por ella ni hacer nada al respecto.

Hasta ahora.

Hasta esta resolución.

Porque a pesar de que humanamente es imposible hacerte cargo de todo lo que ves, y aunque Dios jamás colocaría todo el peso del mundo sobre tus hombros, Él pone *esta* circunstancia aquí. Y al orar, quizás te esté diciendo que una pequeña parte de su solución te mira a los ojos desde el espejo del baño por la mañana.

Escucha, comprendo bien por qué tú (y yo) quisieras hacer la vista gorda. Entiendo nuestra tendencia de pensar que probablemente alguien más se hará cargo. Siempre es más sencillo y cómodo desistir y librarse del compromiso, encontrar algo más placentero para hacer. Al igual que el profeta bíblico Habacuc, sentimos ganas de mirar al cielo cuando vemos algo que no queremos ver ni saber, y preguntamos: «¿Por qué me obligas a ver?» (1:3).

Parecería que un Dios que nos ama con tanta pasión podría darnos un descanso de todo esto. Con todo lo que hemos tenido que pasar en nuestra vida, con nuestras propias ocupaciones y todas nuestras circunstancias demandantes, lo más lógico sería que nos permitiera mirar para otro lado, ignorar, desestimar. ¿No es así?

Entonces, Su respuesta a la pregunta de Habacuc puede sorprenderte. Porque después de obligar al profeta a sentarse y observar el sufrimiento de su pueblo amado, Dios le dijo:

> Mirad [...], *observad, asombraos, admiraos; porque haré una obra en vuestros días que no creeríais si se os contara.* (v. 5 LBLA)

En otras palabras, ver para creer.

Si Dios no te lo mostrara, tu corazón no se conmovería. Si solo te *dijera* cuáles son Sus planes o cómo te usará para resolverlos, no podrías comprender el problema en toda su dimensión, o lo que el toque de Su cuidado, Su bondad y Su sabiduría sobrenaturales pueden lograr a través de ti. Si permitiera que des vuelta la cabeza y permanecieras inconsciente de la situación, jamás conocerías la compasión resultante que el Espíritu de Dios te invita a tener y te permite experimentar.

Así que, ha decidido mostrarte —dejarte *ver* el caos, la desolación, el daño, las ruinas, el derroche, la pérdida— y, así, prepararte para que puedas vislumbrar cuán increíble puede ser Su obra, incluso a través de personas comunes y corrientes como nosotras.

Entonces, no dejes de mirar. No des la espalda. Él ha orquestado que veas lo que tienes delante. En Su plan soberano para tu vida, Dios te llama, te atrae, te impulsa a participar.

La luz es más brillante contra un fondo oscuro.

Los diamantes son más relucientes contra un paño de terciopelo negro.

Mira. Vuelve a mirar.

Hasta que lo que te quite el aliento no sea la gravedad del problema, sino el poder de Dios para sanarlo; de a un toque, de a una persona a la vez.

- *¿Qué desastre global o local presente genera compasión en tu corazón?*

- *¿Qué ha evitado que hagas algo para ayudar?*

- *Menciona algo que puedas hacer y para lo cual estés dispuesta a dedicar tiempo.*

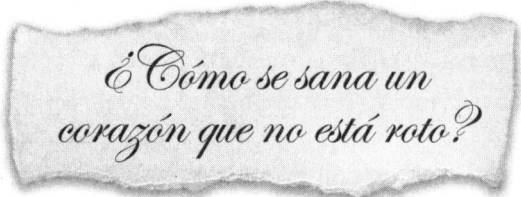

¿Cómo se sana un corazón que no está roto?

Cuando terminó el video, nadie se movió.

Todas, incluso yo, permanecimos pegadas al asiento, sin poder digerir ni rápida ni fácilmente lo que acabábamos de ver. La anfitriona de la conferencia se tomó un momento para recomponerse antes de seguir con el programa.

Sin duda, fue un *momento*.

Creo que sabes a qué me refiero: uno de esos atisbos singulares de invitación sobrenatural, cuando sabes que Dios está presente, te invita y te imprime una sensación de Su llamado específico. Sin duda, todas sabíamos que nuestros corazones jamás serían los mismos. ¿Cómo *podrían* serlo? Era imposible, luego de semejante conmoción, seguir por la vida como si nada hubiera pasado. Estábamos seguras —yo estaba segura— de que si en verdad queríamos ayudar a los demás a llegar al cielo, también teníamos que preocuparnos por la calidad de su existencia aquí en la Tierra.

Los días de mi ministerio relegados a enseñar desde una plataforma o escribir libros se habían terminado. No alcanzaba. Si no decidíamos en forma deliberada y resuelta ayudar a los demás de maneras prácticas, y alentar a otros a hacer lo mismo, siempre nos faltaría algo y nos sentiríamos culpables de hacer solo la mitad de lo que el pueblo de Dios fue llamado a realizar.

Incliné la cabeza delante de Dios, sin saber bien qué decirle exactamente. Así que, simplemente pregunté… le pregunté qué quería que hiciera en respuesta a esta sensación acuciante que percibía de parte del Espíritu. Y aun antes de que Sus respuestas comenzaran a tomar forma en mi mente, el equipo de alabanza subió al escenario y el coro comenzó a sonar como si preparara el camino para Su respuesta:

Rómpeme el corazón con lo que conmueve el tuyo,
Todo lo que soy por causa de tu reino,
Mientras camino desde la Tierra hacia la eternidad.[2]

Allí estaba. Las primeras pistas de la respuesta de Dios para mí. Necesitaba un corazón roto. No solo *permitir* que se rompiera, sino también *pedirle* a Dios que lo hiciera. Necesitaba sentirme ofendida y desconsolada por las mismas cuestiones que tocan el corazón del Padre. En lugar de seguir con mi línea habitual de pedidos de oración, en esencia, pidiéndole a Dios que *no* permitiera que mi corazón se rompiera, tenía que rogarle que lo destrozara… hasta que lo único que quedara fuera algo que me obligara a seguirlo adonde Él quería.

Entonces sí, tenía que actuar. No sabía bien cómo. Pero antes de saberlo y de que me fuera, necesitaba un corazón roto.

¿Alguna vez le pediste eso? ¿Alguna vez consideraste que el desinterés que puedes sentir por el servicio, el bienestar de los demás y el ensuciarte las manos puede deberse a que nunca pusiste tu corazón delante de Dios ni le pediste que lo rompiera y lo hiciera más sensible a los padecimientos de los demás? En general, le pedimos que sane, fortalezca o restaure. Pero ¿qué clase de poder sobrenatural

evitamos experimentar al no tener un corazón roto por las aflicciones que nos rodean?

Jesús lo tenía. Un corazón roto.

En toda la Escritura, vemos el retrato de un Hombre que no caminó a ciegas por los caminos polvorientos y antiguos de Su época, pasando junto a la desolación y la necesidad de la humanidad sin volver a mirar. En cambio, prestó mucha atención. Lo movió la compasión. Se detuvo para ocuparse de aquellos privados de derechos y afligidos.

- Cuando vio a los hambrientos, se le rompió el corazón (Mateo 15:32).
- Cuando vio a los enfermos, se le rompió el corazón (Mateo 14:14).
- Cuando vio a los emocionalmente angustiados, se le rompió el corazón (Lucas 7:13; Juan 6:35).
- Cuando vio a los solitarios y perdidos espiritualmente, se le rompió el corazón (Mateo 9:36).

Y cuando no *practicaba* la compasión, *hablaba* sobre ella; contaba historias, daba recordatorios, señalaba en esa dirección. Mostrar misericordia hacia los demás fue una parte importante del evangelio que Jesús vino a ofrecer. No ignoró las necesidades físicas de las personas para llegar a las espirituales o «más importantes».

Tú y yo tenemos que ser mujeres decididas a hacer lo mismo. Somos parte de la iglesia, de Su iglesia, de la respuesta de Dios para la desesperación de nuestra época. Si solo asistimos a conferencias de mujeres, leemos libros alentadores, escuchamos sermones y cantamos alabanzas, pero hacemos poco o nada para ayudar a los demás en forma tangible, relegamos nuestra demostración de Su evangelio a un ejercicio impotente, diluido y egocéntrico. Y aunque espero que hagas todas estas cosas y te beneficies de ellas, mi oración también es que percibas un poco de insatisfacción que te lleve a buscar algo más; algo con una visión hacia afuera. Jesús te salvó por muchas razones; entre ellas, para que los demás puedan percibir Su compasión hacia

ellos a través de ti. No solo en palabras. Sin duda, tampoco en el silencio ni en miradas vacías. En obras. En acción.

Jesús no solo *predicó* un evangelio; lo vivió. Y ahora, tú eres Sus manos y Sus pies: manos que sirven para más que escribir cheques personales, pies que sirven para más que caminar hasta la iglesia o al buzón de correo para enviarle recursos a otra persona que esté dispuesta a ir. Enviar ayuda es honorable. Hazlo. Hay personas que lo necesitan. Pero esconderse detrás del manto de las ofrendas te impide experimentar los beneficios de ser la ayudante que Dios ha encomendado.

Desde tu propio hogar.

Con tus recursos personales.

Con los dones de tu propia familia.

Al organizar las cualidades únicas de tus amigas.

Cuando Jesús sentía empatía hacia los demás, no se trataba de un sentimiento trillado. Era una reacción profunda y desgarradora que, según muchos comentaristas, lo afectaba físicamente: el equivalente a un estómago revuelto. ¿Cómo decidió responder? No volvió a Su casa, con la esperanza de que una buena siesta le quitara la tristeza y la irritación, sino que tomó Su corazón roto como una señal para hacer algo, para actuar de acuerdo a la voluntad del Padre. Fue. Sirvió. Escuchó. Sanó.

Entonces...

¿Qué te tironea del corazón?

¿Qué te hace sentir el estómago revuelto?

Una vez más, quizás se trate de un problema que afecta a gente del otro lado del planeta. O puede ser una situación con algunos de tus vecinos. Tal vez requiera un compromiso a largo plazo o un par de horas una tarde solitaria. Podría tratarse de una mujer mayor o de un bebé recién nacido. Las oportunidades para servir a los demás vienen en todas formas y tamaños; ninguna es más valiosa que otra. Pero cuando veas una en donde te corresponda actuar, Dios te conmoverá el corazón, te atraerá a una persona y su necesidad, a una familia y su dolor, a un grupo de personas y sus desafíos, a un país y sus crisis.

Tómalo como una señal para responder, como una mujer decidida a mostrar compasión.

Quizás seas alguien que en general no se conmueve ni se emociona, porque simplemente no respondes de esa manera. Y sin embargo, puedes tener lo mismo que tenía Jesús: una compasión divina por lo que rompe el corazón de Dios y te pone en sintonía con Sus propósitos para ti.

Cuando tu corazón se derrite al tocar las realidades abrasadoras que enfrentan los demás, experimentas algo que tu santificación puede lograr. Estás siendo transformada a imagen de Cristo. Se te rompe el corazón. Y al romperse, eres llamada a responder.

Sí, puedes tenerla... una compasión piadosa que te conduzca a la acción. *Debes* tenerla. Porque tu mundo espera experimentar a Cristo a través de ti. Tú eres la solución para el problema. Por eso, te duele el corazón. Por eso, te resulta tan difícil mirar. Por eso, se te hace un nudo en el estómago cuando miras.

Esto es compasión.

Así que, pídele al Señor que te rompa el corazón, que revele una necesidad con toda su terrible realidad, hasta que te dé la valentía para responder.

¿Qué te rompe el corazón?

Es tu señal.

Haz algo al respecto.

- *Quizás te desanimaste al intentar ayudar a otros de manera demasiado drástica. Los demás se aprovecharon de ti o malinterpretaron tus motivaciones. Pero cuando vas a ministrar el amor de Cristo a otra persona, ¿cuál es tu verdadera razón para hacerlo? ¿Cómo puedes evaluar mejor tu éxito, en lugar de considerar solo los resultados cuantificables y que te hacen sentir bien?*

Misericordia

Toda mi vida he estado buscando algo. Después de aceptar a Cristo a temprana edad y luego, a través de los años, al comprender cada vez más lo que significaba ser cristiana, comencé a preguntarme cuál era la voluntad de Dios para mí. Sabía que tenía un propósito, uno que no había elaborado a último momento, sino que había diseñado cuidadosamente de antemano (Efesios 2:10), incluso antes de que yo naciera. Pero a menudo sentía que me evadía, como si siempre estuviera fuera de mi alcance y de mi vista. Cuando era más joven e intentaba decidir qué temas estudiar, qué oportunidades aceptar y qué dirección seguir, solía desear que Dios fuera más claro, más directo, más evidente en cuanto a lo que quería para mí en ese momento particular de la vida.

Quizás te preguntes lo mismo. En una u otra área, sientes que estás deambulando, caminando sin rumbo por las semanas y los meses, con un constante signo de pregunta sobre tu cabeza. *Quieres* estar dentro de Su voluntad, pero no estás segura de cuál sea.

Entonces, esperas. Y sigues esperando. Esperas que Dios te revele Su voluntad, para que puedas comenzar a cumplirla.

Un deseo admirable, amiga mía.

Pero ¿qué sucede si la revelación de Sus propósitos continuos para tu vida dependen, al menos en parte, de tu obediencia a lo que *ya* ha puesto delante de ti? ¿Y si Dios quisiera ver tu nivel de fidelidad al responder a lo que *sí* sabes antes de ponerte al tanto de lo que *no* sabes? Es como cuando tu hijo quiere hacer planes para mañana y todavía no se ha ocupado de sus responsabilidades para hoy. «Jovencito, hablaremos del *después* cuando te hayas ocupado del *ahora*». ¿Acaso no sucede así?

Bueno, quizás la misma idea se aplique a la revelación de Dios de Su voluntad para *nosotras*. Porque, es cierto, aunque todavía no conocemos todo lo que tiene planeado para ti y para mí, sí ha expresado algunas cosas en forma *clara* y *explícita*. Por ejemplo:

> *¡Ya se te ha declarado lo que es bueno! Ya se te ha dicho lo que de ti espera el* Señor: *Practicar la justicia, amar la misericordia, y humillarte ante tu Dios.* (Miqueas 6:8, NVI)

Imposible decirlo con mayor claridad. «Ya se te ha declarado». Nunca más puedes decir que no sabes lo que Él «requiere» de ti, cuál es Su voluntad para tu vida hoy. Sin duda, hay mucho por descubrir, una serie de detalles por revelar. Pero esto *sí* lo sabes:

1. Practica la justicia.
2. Ama la misericordia.
3. Humíllate ante tu Dios.

Así que, hermana, te pregunto... ¿estás haciendo *eso*? ¿Estás tomando la resolución deliberada y consciente de responder al compromiso que sin duda Dios te pide que asumas? No hay mejor

momento para tomar esta resolución que ahora mismo, para que te vayas con una perspectiva lo suficientemente clara de estas tres imperativas y tomes algunas decisiones prácticas respecto a cómo los pondrás en práctica.

La justicia. Al leer esta parte del versículo, me llama la atención el verbo que lo precede: «practicar». Otras versiones dicen «hagas». En general, pensamos en la «justicia» como una idea etérea, un pensamiento abstracto. Más que algo para «practicar», es un concepto. *Justicia.* Pero en este caso, la justicia es una acción, algo para manifestar y demostrar. Quizás nos ayude darle un vistazo a lo que Miqueas decía sobre las actividades maliciosas de Israel:

> *¡Qué aflicción les espera a ustedes que despiertan en la noche, tramando planes malvados! Se levantan al amanecer y se apuran a realizarlos, sólo porque tienen el poder para hacerlo. Cuando quieren un pedazo de tierra, encuentran la forma de apropiárselo. Cuando quieren la casa de alguien, la toman mediante fraude y violencia. Estafan a un hombre para quitarle su propiedad y dejan a su familia sin herencia.* (Miqueas 2:1-2 NTV)

Una mujer decidida a vivir en justicia no se aprovecha de los demás, aunque tenga los medios y la oportunidad para hacerlo. En cambio, resuelve actuar como es debido, buscar una solución justa, para considerar en forma deliberada qué es lo mejor para las personas o las circunstancias en determinada situación, aun si (a veces) es a sus expensas. No significa que sea condescendiente ni que la engañen fácilmente. Simplemente, no busca demostrar que es mejor que los demás ni intenta cambiar las cosas para salir ganando. Su interés principal es hacer justicia, buscar soluciones equitativas, razonables, objetivas y, lo más importante, que expresen el amor de Cristo.

¿Te describe esa definición? ¿Se te conoce por intentar aprovecharte de los demás, por preocuparte más por cubrir tu pellejo que por lo que le sucede a otro? ¿Buscas quedarte con la mejor parte en

lugar de asegurarte de que los demás reciban el cuidado que merecen? ¿Luchas por alcanzar la justicia o por defender tus intereses?

La misericordia. La palabra original que se usa aquí también puede traducirse «bondad». Amar la misericordia significa tener un interés sincero en hacer lo que bendiga y afecte beneficiosamente las vidas de los demás. Significa considerar sus necesidades por sobre las tuyas, no necesariamente porque lo merezcan, sino por amor a ellos.

Así es la misericordia de Dios para ti y para mí, ¿no? Eligió no darnos lo que merecíamos. Retuvo el juicio y el castigo justos, y en cambio, en Su gracia, escogió derramar sobre nosotras afecto, ternura y perdón. Al igual que Cristo, deberíamos estar dispuestas a demostrar gracia a los demás aunque sus acciones y decisiones pasadas no lo merezcan. Hacerlo sin razón alguna.

La misericordia, como ya sabemos, tiene muchísimas formas prácticas para el hogar, el trabajo, la iglesia… para cualquier lugar donde vayas cada día. Pero quizás, donde puede verse mejor en tu vida es en aquellos sitios remotos donde la vida *no* te lleva, a menos que decidas ir allí; lugares que debes buscar y encontrar. Esto describía a la mujer de Proverbios 31. «Alarga su mano al pobre, y extiende sus manos al menesteroso» (v. 20). Más adelante, Jesús dijo que era una característica de cualquier persona que tuviera una relación pura y genuina con Él. La manera de relacionarnos con los marginados e indefensos —los «más pequeños» (Mateo 25:31-46)— está directamente ligada a nuestro compromiso con Cristo.

Entonces, con esta clase de barómetro, ¿qué revela tu cociente de misericordia en cuanto a tu relación con Dios? ¿Siempre estás llevando la cuenta para determinar qué merecen los demás de tu parte? ¿Acaso das solo lo que crees que se merecen? ¿O estás dispuesta a dar a los que no piden, a los que pasan inadvertidos o a aquellos que jamás podrían devolverte el favor?

Estas son características de la mujer misericordiosa. Podrían ser *tus* características.

La humildad. ¿Qué obtenemos al combinar la justicia y la misericordia? Una mujer que camina en humildad delante de su Dios. Coloca las necesidades de los demás primero. Tiene un concepto adecuado de su valor personal. No cree demasiado de sí misma, por supuesto, pero tampoco se subestima. Cada día, busca la voluntad de Dios al confiar con fidelidad en que lo que Él dijo y mandó para ella merece su mejor esfuerzo. Y cuando Dios quiera revelarle más mediante la aplicación de Su Palabra y la voz de Su Espíritu, estará lista para recibirlo. Y para responder.

Entonces, con toda esta fortaleza de carácter y plenitud de vida por experimentar, ¿por qué tantas veces decidimos desestimar o ignorar estas instrucciones escritas de parte de Dios, mientras seguimos buscando con desesperación «Su voluntad para mi vida»?

Tal vez vaya en contra de nuestro estilo de vida protegido y egocéntrico, del «sueño americano». ¿Nos preocupa que tomar esta resolución pueda producir un cambio incómodo que no estamos dispuestas a aceptar? Y sin embargo, esto forma parte de la esencia del evangelio que afirmamos creer. Lo que «espera el Señor» de nosotras. Entonces, ¿cómo podemos decir que anhelamos estar dentro de la voluntad de Dios si convenientemente ignoramos esta parte tan clara?

Un autor escribió sobre una vez en que tuvo convicción sobre esto. Estaba descansando y leyendo un ensayo donde el escritor explicaba «el proceso por el cual las palabras pierden su significado, y con indiferencia, expresó que el mejor ejemplo de este fenómeno eran los cristianos: *'Los cristianos, observó, parecen tener la increíble capacidad de decir las cosas más maravillosas sin creerlas en realidad'.*

»Lo que más me perturbó —continuó el autor— fue su lista de lo que dicen los cristianos (como por ejemplo, bienaventurados los pobres y los humildes; es mejor dar que recibir; no juzguéis para que no seáis juzgados; ama a tu prójimo como a ti mismo, etc.), y mediante un examen minucioso, comprender lo distinta que sería mi vida si en realidad *creyera estas cosas.* Como [el escritor] concluyó:

'*las expresiones de Cristo coexisten en sus mentes en forma pasiva y no produ-cen prácticamente efecto alguno, más allá del que surge al escuchar palabras tan agradables e insulsas*'».[3]

¡Qué desafío! Cuánta verdad hay en esta afirmación.

Si en realidad creemos el evangelio que Cristo vino a predicar, tenemos que vivir en consecuencia… aunque esto signifique enfrentar las molestias que puedan producir Sus mandatos.

Quizás al llegar a la parte en que firmamos la próxima resolución, ya sepas lo que el Espíritu quiere que hagas. Tu corazón está encendido. La compasión está creciendo en tu interior. Podrías señalar sin problema la persona o personas a quienes Dios quiere que demuestres amabilidad y que busques que se les haga justicia.

La mujer que vive bajo el viaducto que ves todos los días camino al trabajo.

La vecina cuyo esposo volvió al hogar hace poco, herido luego de pelear en la guerra. Ahora tiene que cuidar no solo a sus tres hijas pequeñas, sino también a su compañero minusválido.

Esa adolescente, embarazada por segunda vez, a quien su familia excluyó y que necesita un hombre para apoyarse.

Sin duda, esto puede requerir una inversión significativa de tiempo, energía y recursos… regalos y cuestiones adicionales que no crees que puedas dar. Pero si Dios hace nacer en ti la compasión para ayudar, también multiplicará tus medios para manejarla.

Esto debería ser motivo de gran emoción, porque tu compromiso de obedecer a Dios de esta manera podría ser la llave que abra la puerta e invite a Dios a revelarte Sus planes para ti en otras áreas y dimensiones. Es tu oportunidad de conocer Su voluntad. Imagínalo: *Conocer la voluntad de Dios*… y luego hacerla, sin reservas.

Esa es la mujer que camina en justicia, misericordia y humildad con su Dios.

- Creo que ya dijimos suficiente, ¿no? Ahora tienes la oportunidad de hacer algo al respecto, de poner por escrito lo que Dios ha estado escribiendo en tu corazón. Quizás no sepas exactamente a quién te pedirá Dios que sirvas ni cómo te proporcionará los recursos para satisfacer esta necesidad, pero puedes decidir estar dispuesta y mantener los ojos y el corazón abiertos… y llenos de justicia, misericordia y compasión.

MI CORAZÓN

Prometo buscar la justicia, amar la misericordia y ser compasiva.

_____

PARTE III:
LO MÁS IMPORTANTE PARA MÍ

COMPLACER A MI ESPOSO

*La resolución de ser una mujer amable
que bendiga en verdad a su esposo*

Propuesta de matrimonio

Faltaban unas cinco semanas para mi boda, y me encontraba en el séptimo cielo. Con más celebraciones por delante, regalos por desenvolver y una luna de miel por disfrutar, mi anticipación crecía cada día. Así que, cuando me llamó una amiga para invitarme a un almuerzo antes de la boda, accedí con entusiasmo. Me vestí con un bonito atuendo y llegué con el estómago vacío y el corazón lleno. Para celebrar.

Pero cuando llegué, me di cuenta de que la atmósfera no era tan festiva como yo esperaba. Me divertí, pero sabía que mi amiga tenía algo más en mente. No me había invitado solo para hablar sobre las flores y los vestidos de las damas de compañía. Quería hablar de algo mucho más serio.

Es más, poco después de empezar a comer, me miró desde su plato lleno y me hizo esta pregunta que la estaba preocupando: «¿Estás segura de que quieres hacerlo?».

¿Qué? Me sobresaltó.

Ahora, para que no te quedes con una idea equivocada, déjame asegurarte que esta amiga amaba a mi prometido. Se habían hecho grandes amigos en el breve tiempo que se conocían, y pensaba que sería un esposo excelente para mí. Además, estaba completamente convencida de que Jerry y yo nos amábamos de verdad.

La cuestión era que ella... estaba casada.

Y eso puede cambiar nuestra visión de lo que significa «casarse».

Las mariposas y las ilusiones soñadoras del esplendor romántico ya no la cegaban y tenía una visión diferente sobre el tema que el de alguien en mi posición. No era *infeliz*, simplemente, realista. Todavía disfrutaba de muchas de las cosas que las mujeres solteras esperan del matrimonio y de un esposo. Pero también había otras... cuestiones que pueden deslizarse en silencio y sorprender a una nueva esposa antes de que pueda enviar a lavar su vestido de novia y guardarlo adecuadamente en su armario.

Bueno, no sabía bien qué responderle. «¿Estaba segura de que quería hacerlo?» *Por supuesto*, estaba segura. Pero antes de poder finalizar mis primeros intentos torpes para contestar afirmativamente, me hizo otra pregunta: «Si Jerry nunca hace las cosas de otra manera, si nunca cambia y sigue siendo el mismo que es ahora, ¿puedes amarlo, honrarlo y comprometerte con él para el resto de tu vida?».

¿Qué esperaba que le dijera?

Ella quería que escuchara la verdad. Quería hablarme con toda honestidad, como para que cuando bajara del séptimo cielo, aterrizara de pie. Quería que viera que el matrimonio requiere entregarme por completo a esta unión. No podía simplemente decir «acepto» a menos que en verdad lo aceptara; que estuviera dispuesta a transformar esa relación y ese hombre en mis prioridades. No podía entrar al matrimonio pensando solo en lo que él haría por *mí*. También tenía que pensar en cómo podría servirlo, estimarlo, edificarlo y honrarlo. ¿Estaba lista para entregar el tiempo y la energía, el esfuerzo

emocional y la atención necesaria para permanecer contenta y mi esposo satisfecho, aun cuando no tuviera deseos de hacerlo? ¿Aun si él no lo merecía?

Eso era lo que buscaba descubrir su pregunta capciosa.

Y me pregunto, si eres soltera, si piensas en el matrimonio de esta manera. Me interesaría saber si has considerado cuánta abnegación se necesitará de tu parte para que tu esposo se sienta satisfecho y puedas ayudarlo a cumplir la tarea que Dios le puso por delante.

Y también me pregunto, si estás casada, qué decidiste hacer con la verdad que me reveló mi amiga cinco semanas antes de casarme... la verdad que sin duda descubriste muchas veces, sin importar cuánto tiempo lleves casada.

Toda mujer que decida colaborar para que su esposo se sienta complacido debe considerar estas facetas misteriosas (y tal vez intolerables) de él y comprender que gran parte de su función como esposa será valorarlo, apoyarlo, honrarlo y alentarlo, aunque esto vaya en contra de todos sus impulsos. Cuando te casas, te comprometes a darle este regalo: a proporcionar un lugar mullido para que caiga cuando se sienta desalentado por sus errores o intimidado por las presiones del mundo. Te comprometes a estar *de su lado*, aunque quizás preferirías estar en *contra de* él. Decides serle fiel, y reservar la intimidad física y emocional solo para él.

Y esto puede ser difícil. Quizás en tu caso, *difícil* ni siquiera se acerque a comunicar las luchas que tu esposo ha traído a la relación. Según lo que suceda o no suceda en tu matrimonio, tal vez este sea el punto de la resolución que te provoque cerrar el libro y buscar algún otro que esté más en contacto con la realidad.

No estoy minimizando para nada lo que puedes estar atravesando en este momento ni creo que unos pocos capítulos sencillos sobre lo que tú puedes aportar al matrimonio solucionarán en forma automática todo lo que estás viviendo. Soy bien consciente del desafío desalentador que puede ser para ti aceptar esta resolución, cuando

quizás estés casada con un hombre que no ha tomado ninguna. No digo que sea pan comido.

Pero la realidad de lograr que tu esposo se sienta pleno es una aspiración admirable y bíblica, que merece tu intento, sin importar adónde te encuentres hoy... aunque no seas feliz en tu relación y quizás hayas comenzado a buscar satisfacción en otra persona; aunque seas soltera y esperes casarte algún día. Tú quieres sentirte complacida, ¿verdad? Quieres que *tus* necesidades más profundas sean satisfechas. Bueno, tu esposo quiere lo mismo. No, quizás no esté cumpliendo con su parte del trato, pero recuerda, este libro no se trata de él. La realidad es que no puedes cambiarlo. No obstante, puedes determinar algunos cambios en ti misma y luego aplicar esa nueva resolución a tu matrimonio. Tú puedes ser fiel. Eso *sí puedes* hacerlo.

Al igual que tú, me encuentro en una travesía... sigo aprendiendo y creciendo al experimentar la vida con mi esposo. Y sin embargo, la observación y el testimonio personal me enseñan que esta resolución en general trae buenos resultados para la relación. Esto se debe a que los cónyuges suelen vivir a la altura de aquellos que ven a su alrededor y de la estima que reciben de parte de su compañera. Así que, no prestes atención a lo que crees que tu esposo merece o se ha ganado con su conducta, y considera simplemente tu parte personal a la luz de esta resolución y de lo que exige de tu parte.

Tal vez no *quieras* hacerlo, pero te hago una pregunta: ¿Lo *harías de todas maneras*? No solo por tu propio bien, ni siquiera por el de tu esposo, sino porque hacerlo dará honor y gloria al nombre del Señor.

- ¿Qué le dirías a una jovencita si tuvieras que aconsejarla en la víspera de su boda?

- ¿Dirías que has aceptado las responsabilidades que requiere el matrimonio o que has ofrecido resistencia?

- Enumera algunas características de tu esposo que quisieras que cambien, pero que probablemente no lo harán. Ahora anota la manera en que TÚ puedes cambiar para adaptarte a las características de tu esposo, si estos atributos no cambian.

- Antes de seguir leyendo, registra algunas facetas de tu matrimonio que te gustaría que esta resolución afectara. Úsalas como guía para orar y como barómetro para el cambio en tu relación, a medida que incorpores a tu matrimonio los principios que trataremos.

- Mujer soltera: al leer estos capítulos, aprovecha la oportunidad de registrar tus pensamientos, preguntas y reflexiones.

Esperanzas y temores

Todo este tema de satisfacer a tu esposo tiene más lecturas de las que podríamos cubrir en profundidad en estas pocas páginas. Probablemente, tu esposo podría decirte muchas cosas que lo ayudarían a sentirse más seguro, amado y complacido, y espero que tomes esta resolución como la oportunidad perfecta para preguntárselo. Tiene muchas necesidades emocionales y (Dios sabe) otras físicas de las que podríamos hablar durante horas, pero no sería tan provechoso y específico como si *tú y tu esposo* conversaran sobre eso. Así que, en lugar de intentar cubrir este tema a fondo, espero que esta resolución al menos te señale la dirección correcta en algún área específica, lo cual ayudará muchísimo a que tu esposo se sienta satisfecho y alentado como hombre.

(Hermana soltera: Sería inteligente que sigas con nosotras. Créeme, también quieres saber estas cosas.)

En los últimos años, he disfrutado del honor de compartir la plataforma con dos amadas escritoras y maestras de la Biblia: Kay Arthur y Beth Moore. Y durante uno de nuestros paneles de debate ante miles de mujeres, Kay resumió una gran dosis de realidad

matrimonial en una cápsula tan pequeña que cualquiera puede tragarla y asimilarla.

Dijo que los hombres (en particular, los esposos) tienen dos grandes temores:

- el temor de ser hallados deficientes;
- el temor de ser controlados por una mujer,

... lo cual los conduce a las siguientes actitudes y aspiraciones. Tu hombre quiere ser tu héroe. Quiere sentirse importante y necesario para ti. Lo que más anhela es ver una expresión de amor y admiración en tus ojos. Quiere saber que lo elogias, que dependes de él, que te sientes privilegiada al ser su esposa y que esperas grandes cosas de su parte.

Está bien.

Respira hondo.

Ahora prométeme que seguirás leyendo.

Sinceramente, no sé qué impresión te produce esto. Por mi experiencia como esposa y al hablar con muchas de ustedes mediante correos electrónicos y comentarios en el blog, comprendo que, a veces, el nivel de frustración con nuestros cónyuges puede ser bastante alto. En algunos matrimonios, el nivel de enojo y de resentimiento de la mujer contra su esposo es altísimo. Pero otras veces, la respuesta de ella es una reacción inadecuada y automática frente a la humanidad imperfecta de su marido. No obstante, también comprendo que, en algunos casos, parezca justificada. Con todo lo que ha hecho, sientes que sus insignificantes deseos y temores pueden esperar. Ya te ha dado *a ti* suficientes deseos y temores para los dos.

Así que, sin importar si este tema te parece interesante y revelador, mientras intentas ayudar a tu esposo a descubrir el potencial que sabes que Dios le dio, o si te parece completamente indignante gracias a lo que te ha mostrado hasta ahora, creo que es algo que todas necesitamos escuchar. Porque aunque muchas cosas llegan a la casa y quedan atrapadas en las fibras de la alfombra de nuestro matrimonio, no beneficiamos a nadie si pensamos que esas manchas saldrán solas.

Este capítulo (esta resolución) es nuestra oportunidad para sacar el atomizador y el cepillo, y ponernos a trabajar para quitar al menos parte de la suciedad más profunda y arraigada en nuestro corazón y en nuestro matrimonio. Y aunque no todo salga ni se limpie como esperábamos, honraremos a Dios si honramos Su Palabra y Sus propósitos para nuestra vida y para esta relación vital.

Veamos cómo estos temores gemelos de nuestros hombres se relacionan con nosotras y qué sucederá si intentamos aliviarlos.

Su temor a la insuficiencia. Tu esposo es capaz, honorable y digno de tu atención y admiración. Lo que más desea es saber que confías en él y que crees que tiene la sabiduría y el talento para triunfar. Cuando a pesar de sus errores, percibe que ves las posibilidades y el potencial que Dios le ha dado como tu proveedor y protector, se siente complacido. Le agrada saber que oras por él, que lo respaldas y que le aseguras que todavía tiene lo necesario para ser el hombre de tus sueños. Cuando siente tu afirmación genuina, esto suele hacer que desee vivir a la altura de tu confianza. Entonces, incluso cuando no lo logra, será evidente que su deseo era cumplir con tus expectativas. En sus ojos, verás que intentaba agradarte.

Esto solo debería producir tu confianza y aprecio continuos, en lugar de una desaprobación generalizada (la cual solemos ofrecer). Cuando comienza a percibir que siempre lo verás como alguien negligente, olvidadizo, poco imaginativo, irresponsable, débil, indeciso e ingenuo, tendrá cada vez menos predisposición o motivación para probarte lo contrario. Sabe que, igualmente, encontrarás algo para criticar.

Sé que tu hombre no es perfecto. ¿Ni cerca, dices? *Él también lo sabe.* Conoce bien su realidad. Sabe que es imperfecto, aunque no lo admita en voz alta. Pero al igual que tú y yo, sus imperfecciones no lo definen. Dios lo diseñó para ser un líder, un padre y el proveedor de la familia. Y lo último que necesita o quiere es una esposa que no lo crea, que siempre lo esté corrigiendo y que no esté dispuesta a reconocer ni apoyar estas cualidades en él.

Una voz de apoyo, confianza y aliento de tu parte es *eléctrica* para él. Sofoca la continua lucha contra cualquier sentimiento de insuficiencia que arda en su interior. Cuando lo llevas aparte para orar por él, cuando le dices que has estado pensando en él, cuando puede ver en tus ojos que estás orgullosa del hombre en quien se está transformando, es como si inyectaras adrenalina pura en su sistema. Es la suave calidez de la reafirmación lo que lo consuela del escarnio de un mundo duro y de la burla interior de su propia inseguridad. Sin duda, hay momentos para hablar en forma explícita y sincera sobre lo que necesita mejorar y vigilar. Pero probablemente, no ahora, en el calor del momento, mientras tiene la desilusión impresa en el rostro. Y no hasta que esté seguro de que tu actitud natural es amarlo y deleitarte en él. Tu conducta general de gratitud logrará mucho cuando sea necesaria una concientización.

Si eres como yo, tiendes a ser demasiado crítica respecto a las acciones de tu esposo. Y si se parece al mío (lo cual sospecho), se le ponen los pelos de punta cuando lo corriges, lo criticas o lo tratas como un hijo. Lo hace sentir disminuido e insignificante. Subyugado y desalentado. Y aunque te parezca que así *debería* sentirse luego de todo lo que ha hecho o no ha hecho por ti en tu matrimonio, esto solo logra que un hombre sea aun más dañino y destructivo para toda la familia. Nadie sale ganando.

Los hombres, aun con todas sus complejidades, son en realidad sumamente sencillos y simples. Nuestros comentarios cortantes y fastidiosos pueden dañarlos profundamente, en especial, si la desaprobación crece con el tiempo. Lo que nosotras vemos como una simple afirmación punzante sobre un incidente particular, se transforma en una herida lacerante que les hace un agujero en su hombría. Y sin embargo, nuestros cumplidos sencillos, sinceros e incluso imprevistos tienen el mismo poder y pueden hacer que nuestros esposos se sientan como el hombre más afortunado del mundo. Cuando nos proponemos recordarle su posición en Cristo y el potencial y las posibilidades que hay en él (no porque nos sintamos superiores,

sino porque en verdad lo creemos), sienten que están en la cima del mundo. Un hombre me dijo que un elogio que le brindó su esposa una mañana cuando se iba a trabajar hizo que se sintiera seguro para desempeñar sus habilidades todo el día en la oficina. Escoger con sabiduría lo que decimos y cómo lo decimos tiene su recompensa.

Y... a *quién* se lo decimos.

Los esposos suelen detectar la atmósfera de la conversación que tenemos con otras mujeres. Sabe si las opiniones que expresas cuando él no está son halagadoras o no. Tienes que considerar cuidadosamente lo que hablas con los demás y atemperarlo con gracia, aunque tengas el derecho de ser sincera con alguien que pueda darte un buen consejo respecto a tu realidad. Tu esposo nunca debería sentirse avergonzado de sorprenderte en alguna conversación o humillado si se encuentra con una mujer con quien estuviste hablando. Tendría que saber y confiar en que su esposa lo respeta enfrente de los demás.

Una vez más, no quiere decir que lo protejas de hacerse responsable de sus debilidades de carácter o errores en su forma de pensar, en especial, si algo de esto es peligroso para tu matrimonio o tu familia, pero sí significa que tienes que pintar una imagen edificante y constructiva de él en público. Recuerdo que una vez un hombre me dijo lo bueno que era saber que cuando veía a su esposa hablando y riéndose con otras mujeres, en la iglesia o en una fiesta, sabía —por lo que ella le había prometido (y él a ella)— que no lo estaba criticando.

Quizás tu esposo te haya probado una y otra vez que no merece tu confianza. Ha sido descuidado con el dinero, se ha dejado llevar por adicciones o, incluso, fue infiel a sus votos matrimoniales. Tu argumento es que no puedes asignarle un gran valor a su carácter porque no te lo ha mostrado. Y tienes razón: su indiferencia, su pereza o su falta de integridad no son tu culpa. No eres responsable de lo que hace, aunque no te hayas esmerado para expresarle amor y alimentar su ego. Pero aun así, puedes decidir ahora afirmar a tu esposo y prometer que tu confianza en él no está del todo perdida. Quizás se necesario

reconstruirla con ayuda exterior y una rendición de cuentas constante, pero tiene que saber que deseas restablecer la confianza en él.

Así que, aunque sea poco a poco, ¿estás dispuesta a comenzar a avanzar lentamente en tus demostraciones de confianza y afirmación hacia él? ¿Le proporcionarás la experiencia nueva (o al menos, ya olvidada) de comenzar el día con el amor y la estima de su esposa como respaldo? ¿Lo mirarás a los ojos y le dirás que no tienes un plan B, un arreglo alternativo en caso de que no cumpla con su parte… que *él* es tu único plan A?

¿Qué cambiaría un hombre si supiera que no puede perder el amor y el respeto de su esposa, sin importar lo que haga? No hago esta pregunta a la ligera. Comprendo las consecuencias serias que supone. Sé por qué puede producirte escalofríos. Sin embargo, léela y vuelve a formularla. Y considera…

¿Se sentiría tan liberado de la responsabilidad y las consecuencias como para entregarse aun más a su egoísmo? ¿O acaso —y es lo más probable— la seguridad inmutable de tu apoyo y tu devoción lo inspirarían a lograr mayores cosas de las que ha sido capaz hasta ahora, cambios radicales que los beneficiarían a *ambos* con una mayor bendición y profundidad en la relación? Solo hay una manera de descubrirlo.

Y ahora, pasemos a su segundo temor.

Su temor de ser controlado. En nuestra resolución sobre la femineidad bíblica, vimos los diferentes roles de los hombres y las mujeres. Tenemos el mismo valor, pero no somos iguales. Tus parámetros y opiniones son distintos a los de él, quizás en muchas áreas de posible discordia. Pero no significa que él esté equivocado. Solo es distinto, aunque es igualmente crucial y valioso para el éxito de la situación. Si intentas controlarlo e imponerle tu forma de pensar, romperás algo que probablemente no estaba roto, que solo necesitaba comprensión y valoración.

Si tu esposo siente que lo controlan, llegará a cerrarse por completo y a relegarte la función de liderazgo, ya que «parece que te sale tan bien». El resultado es la sombra del hombre que una vez conociste y amaste: un holgazán desinflado e indiferente, que toma pocas

decisiones y no muestra iniciativa. Entonces, en el círculo vicioso que genera esta dinámica matrimonial, te sientes cada vez más abrumada, frustrada y enojada porque crees que estás llevando la carga que *él* debería llevar; cuando en realidad, es la misma que le robaste porque no te gustaba cómo lo hacía.

Pero si por el contrario, él no siente que lo estás echando de la posición que Dios le otorgó como líder del hogar ni que está bajo tu escrutinio opresivo y minucioso, no solo será más probable que alcance su potencial, sino que también busque tu ayuda y esté dispuesto a renunciar a ciertas responsabilidades que, evidentemente, tú puedes manejar mejor. En otras palabras, no tendrá problema de admitir que eres mejor que él en esa área en particular. Así que, algunas de las cuestiones que has luchado por controlar e influenciar se podrían recuperar sin pelear (como si hubiera sido idea de él) cuando no sienta que su única opción es abdicar.

¿Y sabes qué? Esto también podría tener repercusiones en las áreas de la intimidad y el romance. Un hombre que se siente controlado por su esposa pierde el deseo de tratar con ternura a una mujer que habla, actúa y lo trata como si fuera su madre. No es de extrañar que no la mire con ojos soñadores ni inicie actividades románticas con ella como solía hacer cuando ella solo quería ser su amada y le permitía ser su campeón.

Nunca vi un auto que arrancara solo porque el conductor se siente detrás del volante y le exija que se mueva. Se necesitan ciertas condiciones antes de que el coche se encienda: colocar la llave en el arranque, ubicar la marcha correcta y presionar suavemente el acelerador. A los hombres no los «enciende» una esposa exigente y gritona que no reconoce su valor ni su importancia, sino aquella que conozca los pasos estratégicos para hacerlos arrancar. El control y la intimidad se encuentran en trayectorias de colisión, e inevitablemente, enviarán a la pasión a un estacionamiento indefinido, dejarán que se oxide y que necesite una reparación profunda. Dejar en paz a tu esposo lo ayudará a sentirse más seguro y satisfecho. Como

resultado, le encantará estar cerca de ti, disfrutará de conversar largo y tendido contigo y recordará cómo cortejarte.

Dos temores. El temor a ser hallado *deficiente* y a que lo *controlen*. Puedes hacer algo al respecto. Es más, tu esposo nunca los superará sin tu ayuda.

Pero *contigo*... ¿quién sabe?

Eres la compañera «adecuada» (Génesis 2:18, NVI) que el Señor le ha dado para ayudarlo a comprender que con Su asistencia, puede ser competente, honorable, digno de confianza y completamente capaz de transformarse en el hombre que Dios desea, a pesar de sus temores.

Mi amiga Raina es hermosa, extrovertida, dinámica y llena de vida. Participa del ministerio, tiene un hogar maravilloso, hijos divertidos y, lo mejor de todo, un esposo feliz. Sin duda, han tenido sus luchas a través de los años: financieras, relacionadas con la salud. Él no siempre tomó buenas decisiones; tampoco ella. Pero con solo mirarlos te das cuenta: Raina tiene un hombre satisfecho.

Luego de 23 años de matrimonio, todavía se toman de la mano. Salen juntos. Él le abre la puerta del auto. Se ríen juntos y disfrutan de bromas que solo ellos entienden. Lo he visto mirarla a través de una multitud y guiñarle el ojo. Los he visto irse temprano de una reunión o una fiesta para poder llegar a su casa y disfrutar de lo que ellos llaman «verdadera diversión» a solas. Tienen la clase de matrimonio que cualquiera quisiera.

Hace poco, Jerry y yo salimos con ellos, y le pregunté al esposo de Raina cuál era la clave; por qué seguía tan feliz y, evidentemente, tan enamorado. Me dijo que no siempre había sido así y que aún tenían muchas luchas personales, pero su explicación fue simple: «Me deja ser su hombre. Cuando veo que descansa en mi capacidad o me deja controlar determinada situación y me muestra que confía en mí, me hace sentir seguro en mi hombría. En esta relación, yo llevo los pantalones».

Y no hay nada más feliz (ni más atractivo) que un hombre que se siente como tal.

Así que, hermana, es el turno de tu esposo. Que se sienta como un hombre.

Comienza con las próximas 24 horas. Solo por un día. No te permitas corregirlo, ofrecer consejos no solicitados ni criticar sus decisiones. Vayan al restaurante que él elija, deja que los niños usen la ropa que él escogió para ellos, usa las indicaciones viales que consiguió en Internet. Sé que puede requerir cada gota de control emocional de que dispongas, pero no dejes de mirar por la ventanilla del acompañante y pídele a Dios que siga dándote más. Lo hará. Te dará lo que necesites para ser la clase de esposa que conquiste a su hombre. Quizás no te guste la comida ni la ropa que están usando tus hijos, ni que tengan que dar diez vueltas a la manzana para encontrar la dirección correcta, pero habrás obtenido una gran victoria. Tu esposo no se sentirá disminuido ni agotado por tus comentarios, sugerencias y directivas. No se sentirá separado ni lejos de ti. Si lo haces sentir honrado y respetado, estarás en el camino correcto para reconquistarlo.

Y es una sensación increíble.

Se casó con una mujer inteligente.

- *¿Qué hace o dice tu esposo que deje entrever estos dos temores en su vida? Luego de anotar tus respuestas, considera qué haces para alimentarlos y qué podrías hacer para disiparlos.*

- *¿Cómo se beneficia una esposa al aliviar los temores de su cónyuge?*

- *«La mujer sabia edifica su hogar, pero la necia con sus propias manos lo destruye» (Proverbios 14:1, NTV). ¿De qué maneras prácticas puedes comenzar a «edificar tu hogar»?*

- *Si tus amigas tuvieran que describir a tu esposo basadas solamente en tus comentarios y conversaciones sobre él, ¿cómo sería su representación?*

¿Necesitas un poco de tranquilidad?

Gracias por acompañarme hasta aquí. Sé que este libro no es la clase de novela que lees en la playa. Y también sé, aunque hemos marchado juntas con valentía a través de algunos temas audaces, que este llamado a ser esposa es quizás lo más difícil, sin importar cuán amoroso, considerado, protector y servicial sea tu esposo.

Para cumplir esta función, necesitamos ayuda. Necesitamos dirección.

Y como siempre, la Palabra de Dios es el mejor lugar para obtenerla.

Es verdad, cuando abrimos la Biblia en busca de maneras específicas de manejar situaciones personales en nuestro matrimonio, quizás no siempre encontremos las respuestas enumeradas con una claridad minuciosa. Esta es la tarea del Espíritu Santo, que se nos revela mediante un diálogo continuo en la Escritura y la ayuda sabia de personas piadosas a quienes ha equipado para guiarnos en esta clase de dificultades.

Pero la Palabra sí contiene verdades generales que siempre son instructivas: una orientación que se aplica a todos en cualquier caso. En la primera carta de Pedro, encontramos una gran pista de cómo se supone que debemos amar y honrar a nuestros esposos:

> *Esposas, sométanse a sus esposos, de modo que si algunos de ellos no creen en la palabra, puedan ser ganados más por el comportamiento de ustedes que por sus palabras, al observar su conducta íntegra y respetuosa. Que la belleza de ustedes no sea la externa, que consiste en adornos tales como peinados ostentosos, joyas de oro y vestidos lujosos. Que su belleza sea más bien la incorruptible, la que procede de lo íntimo del corazón y consiste en un espíritu suave y apacible. Ésta sí que tiene mucho valor delante de Dios. Así se adornaban en tiempos antiguos las santas mujeres que esperaban en Dios, cada una sumisa a su esposo.* (1 Pedro 3:1-5, NVI)

¿Sabes? Es común saltear los pasajes de la Escritura cuando aparecen citados en un libro como este, así que, no dejes que te suceda. Vuelve a leer estas palabras selectas de Dios despacio y en forma deliberada. Vamos, te espero...

Ahora bien, tengo que ser sincera contigo. Estos versículos me han molestado una o dos veces en mi vida. Esta descripción evoca imágenes de una mujer de la época de *La familia Ingalls*, con su cabello jamás cortado y sujeto en un rodete sobre la cabeza, con sus faldas largas hasta los tobillos, dispuestas sobre una enagua gruesa y amarillenta. No tiene nada de *malo*, pero yo no soy así. Y pensaba que era injusto que Dios esperara que yo cumpliera esa función. Pero ¿«suave y apacible»? Yo soy sociable, bulliciosa y extrovertida. ¿Acaso el corazón de mi esposo solo se puede ganar con una personalidad que a Dios no le pareció apropiado otorgarme?

Y sin embargo, esta es Su Palabra. Así que, evidentemente, Él intenta decirme algo importante, algo que tengo que comprender. Y si, al igual que yo, crees en Cristo y el Espíritu de Dios habita en ti,

puedes confiar en Su poder para hacer esto, para permitirnos lograr algo que no podemos alcanzar con nuestros recursos naturales.

Como ser «suave y apacible»: ingredientes esenciales para un matrimonio feliz.

Suave. En el idioma griego de la Biblia, esta palabra es *praús*, que significa no pensar demasiado de uno mismo, ser humilde, considerado y manso. Dicho con sencillez, se nos pide que seamos *amables* con nuestros esposos, de la misma manera que queremos que sean con nosotras. ¿Puedes decidir actuar de esta manera? ¿Puedes detenerte antes de espetar otra crítica, y pensar si le estás comunicando amabilidad a tu esposo? Si no es así, ¿serías tan amable de guardarte tu opinión desconsiderada y pedirle a Dios que te dé algo más agradable para decir?

Sin embargo, no pienses que tienes que morderte la lengua. ¿Cómo puedes expresarle bondad a tu cónyuge? ¿Puedes hacer algo por él que le muestre tu deseo de poner sus necesidades por encima de las tuyas? Quizás no te lo pida. Tal vez no lo espere. Probablemente, ni siquiera creas que lo merece. Pero puede producir una gran diferencia.

Tal vez ya tengas el hábito de hacer esta clase de cosas. Bien. Mereces un aplauso. Pero déjame hacerte una pregunta que a menudo me hago también: ¿Algunas de estas maneras de intentar mostrarle bondad significan más para ti que para él? Quizás podrías proponerte observarlo durante una semana para descubrir lo que verdaderamente le gusta (pequeñas cosas que tal vez pasaste por alto) y decidir cómo podrías hacer algunos cambios que le expresaran amabilidad en esas áreas. Si ya te dedicaste a estudiarlo y lo conoces bien, ¿podrías encontrar mejores maneras (que sean importantes para él) de expresar tu bondad? Esta clase de intencionalidad le demostraría que en serio quieres ser «suave».

Déjame decirte algo: este concepto me ha hecho pensar últimamente. Por ejemplo, yo no tomo café, así que, en realidad no me fijo demasiado en cómo prepararle a mi esposo una taza *exactamente como*

a él le gusta. Sin embargo, tomarme el tiempo para descubrir las preferencias de Jerry para el café significó mucho para él. Le muestra mi interés y que estoy pensando en él. Simple, pero poderoso. Le hace sentir que es una prioridad importante para mí, y el efecto dominó de ese sentimiento al final me beneficia a mí y a nuestro matrimonio.

Otro ejemplo surge al saber que tu esposo se siente reafirmado cuando muestras *entusiasmo* al tener intimidad con él. En su libro *Solo para mujeres*, la investigadora Shaunti Feldhahn informa que el 97% de los hombres dice que quiere sentirse deseado y buscado por su esposa, en lugar de recibir una mera tolerancia cuando quiere tener relaciones sexuales.[4] Lo más probable es que tu esposo sea uno de ellos. Una esposa que toma la iniciativa (que busca la intimidad en la habitación) hace que su esposo se sienta amado, respetado, admirado y valorado.

Así que, considera detenidamente a tu hombre. ¿Cómo puedes tomar la iniciativa y comunicarle amabilidad?

Apacible. Otra vez, por supuesto, esto viene de una palabra griega: *jesújios*. Y para mi deleite, no significa permanecer en silencio, sin pronunciar palabra ni ofrecer tu opinión. Quiere decir ser ordenada, llevar una vida pacífica y discreta, aliviando así la tarea del que está en autoridad. Esa última parte realmente cala hondo: *aliviar la carga de tu esposo.*

Si pasamos nuestra conducta y nuestras respuestas como esposa a través de este filtro bíblico, nos volveremos más cuidadosas y circunspectas. Nos esforzaremos por ver desde la perspectiva de nuestro esposo, sin pasarlo por alto con nuestros propios puntos de vista, posturas e interpretaciones. Mantendremos en mente los objetivos más importantes y a largo plazo de nuestro matrimonio en lugar de quedar atascadas en confrontaciones insignificantes y molestas. En lugar de pelear para evitar que nos pasen por alto o se aprovechen de nosotras, nos concentraremos en lo que ayudaría a nuestro esposo a completar sus tareas para la familia con mayor sabiduría, visión y claridad de pensamiento. Intentaremos facilitarle las cosas en lugar

de complicárselas, y matizaremos nuestras palabras y acciones con paz y discreción, lo cual lo hará sentir más seguro porque sabrá que no queremos criticarlo, sino edificarlo.

Hermana soltera, así debes abordar el matrimonio: pregúntate cómo puedes ser alguien que levante o alivie la carga en lugar de una mujer dependiente que desee que su esposo la sirva, la consienta y la complazca.

Es algo difícil de escuchar, y quizás te sientas tentada a desestimarlo si piensas que lo inventé. Pero no lo hice. Es la verdad eterna y venerada de la Palabra de Dios.

Y vale la pena. Porque al final, estas dos palabras poderosas, «suave» y «apacible», juntas forman algo que nos ayuda a seguir luciendo atractivas para nuestro esposo mucho después de que nuestra apariencia externa haya perdido gran parte de su brillo y fulgor. Pedro la llama belleza «incorruptible», en oposición a la «externa». Es algo que seguirá intrigando e interesando a tu esposo en los años por venir.

Mi mamá solía hablarme de este misterio femenino antes de que yo pudiera apreciarlo de verdad. No comprendía bien cómo una mujer podía mantener cierta mística ante un hombre con quien había vivido tanto tiempo, compartiendo los pormenores de la vida cotidiana. Pero ella sabía algo que yo recién estoy empezando a aprender. Lo que le resulta verdaderamente atractivo a un esposo que ha estado casado 10, 20, 30, 40 y 50 años es la belleza «incorruptible» de un «espíritu suave y apacible». Este es el tesoro profundo que mantiene la intriga encendida y llena de pasión. La realidad es que necesitamos mucho más que el fulgor físico para permanecer hermosas a través de los años.

Según Pedro, este estilo de vida tiene suficiente poder como para transformar el destino eterno de un esposo, para ganarlo para Cristo sin tener que decir palabra, solo al observar nuestra manera de actuar. Si estas conductas pueden lograr *eso*, sin duda son lo suficientemente fuertes como para enfrentar los problemas cotidianos que pueden traer tanto dolor al matrimonio.

Ser suave y apacible es algo realmente poderoso.

Entonces, a pesar de lo que pensaba al principio, no se trata de una sugerencia anticuada, solo para los que todavía no han avanzado a la sociedad moderna. Es para todas; incluso para las mujeres contemporáneas, con estilo, que usan tacones altos, no le tienen miedo a la tecnología, son capaces, están llenas del Espíritu y quieren que sus esposos se sientan complacidos por el honor que les rendimos.

Es para ti. Es para mí.

Y si lo hacemos bien, es un honor.

- *Comienza esta resolución preguntándole a tu esposo qué es para él la honra. ¿Qué lo hace sentir deshonrado? Quizás te sorprenda su respuesta. Con creatividad considera algo que puedas hacer para demostrar amabilidad. (Si eres soltera, reúnete con una pareja casada cuya relación admires y pregúntales cómo ponen esto en práctica en su matrimonio. La mujer soltera que aprovecha la oportunidad de aprender estas cosas ahora es sabia.) Entonces, con un corazón sincero, expectante y en oración, firma esta resolución y ponla en práctica. Prepárate a vivirla para el bien de tu matrimonio y para la gloria de Cristo.*

COMPLACER AL ESPOSO

Prometo ser fiel a mi esposo y honrarlo con mi conducta y mi conversación, para glorificar el nombre del Señor; y aspiro a ser una compañera adecuada que lo ayude a alcanzar el potencial que Dios le dio.

_____

AMAR A MIS HIJOS

La resolución de formar a mis hijos en justicia

El verdadero amor

Pensar en tener hijos normalmente suscita fantasías de ropita pequeña, invitaciones a jugar y momentos de paz y arrullos a la luz tenue de sus habitaciones. Así que, para las madres, casadas o solteras, puede ser duro darse cuenta de que su prioridad como progenitoras no es compartir risas ni galletas con sus hijos, sino pastorearlos. La tarea principal de la madre es guiar a sus hijos en forma intencional para que se transformen en hombres y mujeres distinguidos, llenos de integridad, armados de responsabilidad y firmemente arraigados en amor y honra a Dios.

Por cierto, a mí me tomó por sorpresa esta realidad. Transformarme en mamá fue un estruendoso impacto para mi naturaleza normalmente independiente y espontánea. Cuando nació nuestro primer hijo, descubrí que no estaba bien preparada para la disciplina de organizarme y de mantener una rutina; un esfuerzo necesario para cualquier mamá que espere conservar algo de cordura. De repente,

mi vida ya no era mía. Mis necesidades ya no venían primero. Los intereses de otra persona ahora se llevaban el primer lugar.

Y eso fue con *un* hijo.

Cuando tuve el segundo, 19 meses más tarde, seguido de nuestro tercer hijo (¡sorpresa!) cuatro años después, fui tomando cada vez más conciencia de la increíble mezcla de responsabilidad y privilegio que suponía criar a estos niños. En medio de días largos y cansadores, y a menudo, de noches aun más largas, ver mis esfuerzos a través del lente de las ramificaciones eternas comenzó a cambiar mi perspectiva. Después de todo, estos hombrecitos son mi manera principal de reproducir la imagen de Dios en la Tierra y extender así el plan del Padre mediante pequeños seres humanos que, si Dios quiere, serán líderes de sus propios hogares algún día.

Así que, aunque no tiene nada de malo (y todo de bueno) jugar en el suelo, preparar bocadillos caseros y tomar fotografías de sus primeros cortes de cabello, debemos recordar que nuestro principal cometido y misión como padres es enviar a nuestros hijos al mundo como jóvenes que tengan el Espíritu de Dios, resueltos respecto a Su misión para sus vidas y dispuestos a ser agentes del cambio divino para el planeta. Son «como flechas en las manos del guerrero» (Salmo 127:4, NVI): afilados, dirigidos y enviados al mundo para cumplir tareas para las cuales Dios los creó. Es tu resolución como madre. Y no sucederá sin tu aporte.

No obstante, otras cosas sí.

Como nuestros hijos se inclinan naturalmente a sus tendencias carnales, aprenden con facilidad a ser egoístas, a sucumbir ante la rebelión y a dejarse absorber en el vacío de la falta de respeto y la indiferencia hacia los demás. Si se los deja librados a sus propios recursos, terminarán entregándose a los impulsos sutiles (y no tan sutiles) de los programas televisivos y las tendencias culturales más recientes. Pero escucha lo siguiente. ¿Estás lista?

Escucha. Lo. Siguiente.

Tú y yo somos mecanismos que Dios estableció para evitar que los sistemas corruptos de pensamiento se arraiguen y hagan efecto en el corazón de nuestros hijos. Estás en una posición de intervención. Tú, mi hermana, fuiste colocada en la vida de tus hijos para hacer que se rebelen frente a una cultura que los insta a rebelarse contra ti.

Y sin importar cuán difícil te resulte o te haya resultado esta tarea, sin importar cuán desalentada te sientas frente a esta resolución ni la cantidad de años que creas que perdiste, ahora es un buen momento para comenzar con tus niños pequeños o adolescentes y cumplir lo que Dios preparó para ti como madre. No será fácil, pero *sí* valdrá la pena… no solo por el bien de los hijos que tanto amas, sino porque también estarás cumpliendo uno de los propósitos para los cuales fuiste creada: ser la madre de estos hijos, de estos seres preciosos que Dios siempre supo que te confiaría. Es uno de tus llamados supremos y principales.

Y aun si estás leyendo esto antes de ser mamá (o si Dios, en Su plan sabio, bueno y soberano, decide darte *otras* bendiciones en lugar de la experiencia de la maternidad), hay algunas cuestiones importantes para aprender como amiga, consejera e influencia clave en las vidas de otros niños.

Ahora, al igual que con la última resolución, el tema de la maternidad es tan amplio que podríamos leer volúmenes al respecto y aun así tener mucho que aprender por experiencia personal. Así que, por eso titulé esta resolución «Amar a mis hijos», para estrechar nuestro enfoque a este tema en particular.

El amor.

¿Cómo se ve mejor en una relación entre madre e hijo?

La Escritura nos enseña que el amor no es pasivo; se demuestra y es activo. «No amemos de palabra ni de lengua, sino de hecho y en verdad» (1 Juan 3:18). Así que, en primer lugar, el amor en un sentido bíblico y piadoso se expresa mediante *acciones visibles*. En segundo

lugar, debe apuntar al beneficio de otro, inculcando y alentando en él la experiencia práctica de *vivir en la verdad de Dios.*

Cuando nuestro objetivo principal como madres es enseñarles a nuestros hijos la verdad de Dios, cambia toda nuestra perspectiva de la crianza. Comenzamos a filtrar las decisiones que tomamos mediante estas preguntas: «¿Esto beneficiará a mi hijo?», «¿lo ayudará a transformarse en un adulto que conozca la verdad de Dios y anhele vivir en consecuencia?». Esto puede no parecerles amor a tus hijos, pero a ti sí.

Para tus hijos, *amor* significa tener permiso para mirar horas y horas de televisión, digerir cantidades excesivas de helado y estar liberados de casi toda (sino de toda) la responsabilidad de la casa y de la familia. Con su visión a corta distancia, no pueden ver ni comprender cuál es «su beneficio» más allá de disfrutar del momento. Así que, no interpretarán como *amor* una buena cantidad de tus «acciones» hacia ellos. Quizás piensen que tu supuesto amor es dominante e innecesariamente restrictivo.

Y para ser sincera, amar a tus hijos como lo definimos aquí ni siquiera a *ti* te parecerá a menudo amor. A veces, tu obligación de amar irá en contra de cada fibra emocional de tu ser que anhela consentir y mimar a estos angelitos, cuyos pañales cambiaste una vez a la luz del sol matinal. En ocasiones, el mayor enemigo para amar a nuestros hijos es… nosotras mismas. Las mamás en particular, según creo. Con facilidad, permitimos que nuestros sentimientos nos guíen en lugar de tomar la decisión dura y resistente de amarlos con sabiduría, madurez, discernimiento y disciplina.

Si queremos amarlos como define la Escritura, nuestra mayor aspiración no puede ser su amistad. Somos sus padres. Y son dos funciones diferentes. Desde nuestra posición, tenemos que enseñarles a vivir de una manera que agrade a Dios y que los lleve a ser adultos respetuosos y responsables. Sí, pídele al Señor que te bendiga con la amistad de tus hijos, pero en este momento, no puede ser tu mayor objetivo.

Así que, no tomes a la ligera esta resolución. Pregúntate: «Mi manera de criar a mis hijos, ¿revela que soy una madre 'amorosa' o una mamá 'enamorada' de ellos; una pusilánime que se deja influir fácilmente por sus lágrimas, sus caprichos y sus cambios de ánimo? Si nunca haces algo que *ellos* no *perciban* como amor, quizás tengas que hacerte algunas preguntas. Si les gusta todo lo que haces y cómo lo haces, tal vez seas una mamá *enamorada* de tus hijos, y tienes que esforzarte por *amarlos* de verdad.

Porque el amor no es un juego de niños. Es algo serio.

Y nuestros hijos necesitan padres que cumplan con su trabajo.

- *A la luz de alguna decisión que tengas que tomar respecto a tu hijo, ¿qué distinguiría una respuesta «amorosa» de una «enamorada»?*

- *Con toda sinceridad, ¿qué deseas más?*
  - *Ser amiga de tu hijo.*
  - *Ser madre de tu hijo.*

- *¿Cómo afecta esto tu manera de criar?*

- *Si no eres madre, considera tu propia crianza. Si tus padres fueron demasiado indulgentes, ¿cómo te afectó? ¿Y si fueron demasiado estrictos?*

La formadora de almas

Las madres deben asumir tres funciones para amar bien a sus hijos: La de *formadora de almas, alentadora intencional* y *administradora de disciplina*.

Consideremos primero la de formadora de almas.

Ah… el alma humana. Una magnífica combinación de mente, voluntad y sentimientos, así como la sede de la conciencia. Dios crea a cada persona con esta parte de su composición ya lista. El único problema (y grave) es que sin la presencia del Espíritu de Dios, el alma es completamente corrupta, dominada por deseos carnales y separada de Él.

En este estado, la conciencia sola no puede realizar juicios adecuados respecto al bien y el mal, lo cual lleva a una persona a vivir de manera que desagrada a Dios. No puede evitarlo. Ninguna de nosotras puede. Nacemos con un alma que necesita desesperadamente que la despierten y la reprogramen.

Y esto solo es posible mediante una relación personal con Jesucristo. Es la única esperanza para un alma perdida.

Incluso para el alma de tu hijo.

Sí, detesto tener que anunciártelo de esta manera si no lo sabías, pero... tu hijo está perdido. Por más dulces y hermosos que sean, nuestros hijos nacen pecadores y necesitan que los salven de sí mismos. Y al igual que en nuestro caso (y para todos), Cristo es el único que puede hacer algo al respecto. Solo Él puede...

- evitar que sus *mentes* indómitas se transformen en territorio del enemigo.
- doblegar sus *voluntades* hasta que quieran buscar lo que Dios quiere para ellos.
- estabilizar sus *emociones* vertiginosas antes de que estas los metan en toda clase de problemas.
- despertar sus *conciencias* adormecidas para que el Espíritu de Dios pueda guiarlos cuando no estés cerca para ayudarlos a distinguir entre el bien y el mal.

Y como necesitan tanto a Jesús —así para relacionarse con Dios como para modelar su alma—, debes pedirle al Señor constantemente que genere en ellos un deseo de conocerlo en sus corazones, incluso desde el nacimiento. Eres la indicada para hacer esta oración, aun cuando ya hayan crecido y dejen el hogar. Eres la que no tiene «mayor gozo que este, el oír que mis hijos andan en la verdad» (3 Juan 4).

Esto te transforma en... *formadora de almas.*

La formadora de almas sabe sumamente bien que sus oraciones por su hijo son importantes y que, una vez que sea salvo, ella es la principal herramienta de Dios para obrar junto con el Espíritu Santo y procurar que el proceso transformador ocurra con eficacia en su alma. Sin importar si está casada o si cría sola a su hijo, ella sabe que no puede lograrlo sola, así que, recluta la ayuda de otros, como miembros de su iglesia y parientes. Pero si es casada, ella y su esposo saben que la principal responsabilidad está sobre sus hombros. No

permiten que nadie más tome su lugar como influencias principales en la vida de sus hijos. Ayudarlos a conocer y ser sensibles a la convicción divina, enseñarles a reconocer Su forma de dirigirlos mediante la conciencia: estas son cuestiones que la formadora de almas ayuda a sus hijos a descubrir poco a poco, día a día.

Y a medida que maduran, sigue obrando junto al Espíritu de Dios para asegurarse de que esta formación ocurra. No toma decisiones de crianza según las lágrimas o los caprichos de su hijo, sino que expresa su amor decidiendo de antemano lo que complementará mejor la obra de Dios en la formación de su mente, su voluntad, sus sentimientos y su conciencia. Se percibe como ayudante de Dios en Su obra, para administrar Su proceso transformador en la vida de sus hijos. Entonces, los prepara al definir y demostrar las expectativas con claridad, al poner estas directivas en práctica y, luego, al aplicar consecuencias cuando se rechazan sus reglas amorosas.

Cuando ya no la rodean pequeños pies, narices ni voces, ella sigue viéndose como socia de Dios en esta tarea, y le pide continuamente que le revele cómo puede utilizarla para Sus propósitos en la vida de sus hijos adultos. Sabe que su tarea nunca se termina del todo.

Qué difícil, ¿no?

Y sin embargo, como madre decidida a amar a sus hijos, la formadora de almas no puede hacer menos. Se considera una guerrera que lucha por su familia. No está dispuesta a quedarse sentada mientras las demás personas y los paradigmas culturales manipulan la mentalidad de sus hijos y perjudican la transformación de sus almas. Sabe que para que sus mentes piensen y operen como le agrada al Padre, deben oír y ver mucho más de la justicia divina que de la inmundicia del mundo. Así que, con cuidado y vigilancia, considera cómo asegurarse de que una cosa siempre supere la otra, para controlar la clase de influencias que permite sobre la vida de sus hijos.

Es la obra de su vida, y ella protege su inversión a toda costa. No deja que los contaminantes del entretenimiento sin sentido, las

sugerencias viles y las enseñanzas impías ocupen la mayor parte de la psiquis de sus hijos. Aunque sabe que no puede protegerlos por completo, se esfuerza por contrarrestar y prevenir las malas influencias. No se toma la noche libre al enviar a «la obra de su vida» a la casa de alguien que casi ni conoce o al dejarla participar de un evento si no sabe exactamente qué actividades y supervisión habrá. *Todos* los aspectos de la vida de sus hijos son importantes para ella y se toma muy en serio su función.

No es la madre perfecta; es simplemente una mujer que cree que la crianza es una ocupación del reino.

Además, la formadora de almas no está siempre a la defensiva. Toma la iniciativa para contrarrestar las tendencias naturales y humanas de sus hijos y la influencia continua del mundo. Por eso, decide ser una mujer de la Palabra. Conoce la importancia de saturar a sus hijos de la Escritura, y lo hace con creatividad y constancia. Sabe muy bien que conocer y aprender la Palabra no solo es fundamental para ella como madre, sino también para ayudar a sus hijos a encontrar el éxito en la vida.

Así que, con diligencia y propósito, les lee la Biblia. Les exige que guarden la Palabra de Dios en sus corazones, donde sabe que evitará que se aparten de Sus mandamientos (Salmo 119:10-11). Aunque sus hijos detesten este proceso tanto como las tareas cotidianas, ella no desiste. No deja que los lamentos, los quejidos ni los pucheros la desalienten de mantener su papel principal en la formación de sus almas. Sabe que esta disciplina constante transformará su mente, renovará su espíritu y abrirá sus oídos a la voz del Espíritu a medida que vayan creciendo.

Esto la lleva a pegar versículos bíblicos por toda la casa, por donde sus hijos pasen para lavarse los dientes o para servirse una manzana de la canasta de la fruta. Hace flotar la Palabra por el aire con música de alabanza mientras cocina, limpia y lava la ropa. Se junta con otros creyentes de la iglesia, donde se enseña la Biblia, y asiste para que sus

hijos puedan ver que su familia no es extraña por creer estas cosas, sino parte de una gran familia llamada el cuerpo de Cristo.

Es radical y militante.

Su postura es firme, su resolución inamovible.

Es formadora de almas: su misión es utilizar estos pocos y breves años que tiene con sus hijos para ayudarlos a conformarse a la imagen de Cristo.

Ah, una cosa más. La formadora de almas sabe que jamás tendrá la fortaleza necesaria para persistir en esta tarea si ella misma no realiza esta travesía de transformación que intenta cultivar con diligencia en sus hijos. Para que ellos conozcan a Dios (y no solo *sobre* Él), debe ser una mujer que exprese Su gozo, que ame Su Palabra y que disfrute de Su compañía, tal como alienta a *sus hijos* a hacerlo. No intenta inculcarles mandamientos a la fuerza, sino que les muestra mediante su sonrisa y su estilo de vida cuán divertida puede ser esta aventura con Dios. Comprende que nada puede acelerar el crecimiento espiritual de sus hijos tanto como comprobarlo con sus propios ojos. Entonces, sigue el patrón claro de Deuteronomio 6:5-7, y nutre su propia relación con Dios primero. Luego, en forma sistemática, rodea a sus hijos con la evidencia de Su verdad.

Amarás a Jehová tu Dios de todo tu corazón, y de toda tu alma, y con todas tus fuerzas. Y estas palabras que yo te mando hoy, estarán sobre tu corazón; y las repetirás a tus hijos, y hablarás de ellas estando en tu casa, y andando por el camino, y al acostarte, y cuando te levantes.

Esta es la inspiración de la formadora de almas. Sabe que si primero ama a Dios con todo su corazón, su alma y sus fuerzas, puede enseñarles a sus hijos en forma auténtica e inspirarlos a hacer lo mismo.

Esta es nuestra resolución, hermana. Defender un nuevo estándar. Decidir que, desde hoy en adelante y con la abundante ayuda de Dios (sin la cual nada podemos hacer), protegeremos el termostato

espiritual de nuestros hogares. Así les demuestra amor una madre a sus hijos.

Y tú puedes hacerlo.

Podemos hacerlo.

Un hijo transformado comienza con una mamá transformada. Y ella —es decir, tú, la formadora de almas— se dedica a concretar esta transformación.

- *Menciona algunas maneras en que la formadora de almas se asocie con Dios en forma defensiva. Menciona algunas en que tome la iniciativa.*

- *Esta pregunta es para todos, pero especialmente, para la mamá soltera: ¿Quiénes pueden acompañarte en esta resolución tan desafiante?*

- *Considera lo siguiente: Amelia Hudson Boomhall, una mujer que vivió en el siglo XVII, se propuso demostrarles la vida cristiana a sus hijos. Decía: «Establecí una regla de llevar a mis hijos, uno por uno, a mi habitación, y cuando estaban cómodos, les decía: 'Voy a hablar con Jesús'. Y luego, delante de mi hijo, derramaba el alma delante de Él. Ah, qué preciosos son los recuerdos de los pequeños delantales que me ofrecían para limpiarme las lágrimas o el sonido de las vocecitas que decían: 'No llores, Madre'».[5]*

- *¿Cómo puedes vivir la vida cristiana con creatividad ante tus hijos?*

- *Si estás casada y tu esposo no está decidido a tomar las riendas del liderazgo espiritual en tu hogar, no te desanimes ni dejes decaer la salud espiritual de tus hijos. Con respeto, pregúntale si te dejaría dirigir los devocionales o alentar la memorización de la Escritura en tus hijos. De esta manera, no sentirá que has seguido adelante sin él.*

La alentadora intencional

Es una historia clásica de la Biblia. Dios se le aparece una noche al rey Salomón y le dice que le dará cualquier cosa que quiera. Solo tiene que pedir. Pero en lugar de pedir salud y riqueza o prosperidad y prestigio, Salomón sorprendentemente pide *sabiduría*, una súplica que no solo encuentra el favor de Dios, sino que también obtiene la promesa de más «riquezas, bienes y gloria» que cualquier rey contemporáneo o futuro experimentaría jamás (2 Crónicas 1:7-12).

Me asombra no solo el pedido de Salomón, sino también esto: cuando recibió esta increíble oferta, solo tenía 20 años.

Dos, cero.

Te pregunto: ¿Conoces a alguna persona de 20 años que, dada la independencia que tenía el rey Salomón, hubiera manejado esta oportunidad divina con tanta madurez y visión de futuro? ¿No muchas?

Yo tampoco.

Lo único que se me ocurre es que, probablemente, haya tenido que ver con la crianza de Salomón.

Su padre, el rey David, era el hombre más respetado de Israel, una persona sumamente bendecida por Dios y honrada por el pueblo por su maravillosa valentía y liderazgo. No era perfecto. De ninguna manera. Cometió algunos errores colosales tanto en su vida personal como en la crianza de sus hijos. Pero para criar a un joven tan sensato como Salomón, que pudo responder al ofrecimiento de Dios con tanta cautela, David también habrá hecho algo bien.

Quizás podemos vislumbrar algo de esto una de las últimas veces que escuchamos a David hablar de su hijo. En presencia de una gran asamblea de gente (donde probablemente se encontraba el mismo Salomón), anunció planes para que su hijo lo sucediera como rey y las preparaciones que tenía intención de hacer. Dijo...

> *Mi hijo Salomón, el único que Dios ha escogido, es aún joven*
> *y sin experiencia.* (1 Crónicas 29:1, LBLA)

Por más extraño que parezca, suena como un padre moderno que le dice a su adolescente bocón y sabelotodo: «Escucha, jovencito, ¡no sabes *todo*!». David era franco y sincero sobre las deficiencias de su hijo; casi parece una crítica o reprimenda pública. Entonces, ¿por qué esto no derribó el espíritu de Salomón? ¿Por qué no se sintió condenado ni despreciable al escuchar que su padre traía a colación su juventud e inexperiencia? ¿Por qué le produjo un mayor deseo y entusiasmo de transformarse en el rey más sabio que existió?

Creo que tiene que ver con la frase intermedia que su padre dijo con la misma audacia que la última: «el único que Dios ha escogido». Aun con las debilidades evidentes de Salomón, David afirmó lo que veía que el Señor hacía en su vida. Y no lo hizo en privado, sino frente a una multitud. Sin rodeos, les dijo los planes y la preparación que estaba haciendo allí mismo para las futuras tareas que su hijo

emprendería. Incluso los instó (a pesar de los errores de su hijo) a ayudar y proporcionar grandes cantidades de tesoro y materiales de construcción para el templo que construiría. David llamó a su hijo a grandes cosas y reclutó la ayuda de los demás. Lo apoyó con un gran sacrificio y probó que confiaba en lo que su muchacho era capaz de hacer y de transformarse, a pesar del panorama del momento.

En otras palabras, *David creía en su hijo*. Y esto hizo que Salomón quisiera vivir a la altura de esa expectativa. No tenía ningún problema con la sinceridad de su padre sobre su inexperiencia, porque David sazonaba esa opinión con el aliento paternal. Como resultado, crió un hijo lo suficientemente sensato y sagaz como para pedirle sabiduría al Señor antes que cualquier otra opción apetecible.

El ejemplo de David nos enseña algo importante. Para criar hijos sabios, centrados, juiciosos y apasionados por las cosas verdaderamente importantes de la vida, necesitamos ser *alentadoras intencionales*. Como David. Incluso cuando los dones de Salomón todavía no eran evidentes, cuando sus talentos tenían que perfeccionarse y sus habilidades para el liderazgo no estaban aún formadas, David lo alentó a ver su potencial… y también animó a los demás a verlo. En lugar de menospreciar o desalentar a su hijo, pareció aceptar la normalidad de esta etapa en la vida de Salomón. Sin duda, era solo un muchacho, propenso a cometer los errores inmaduros de la falta de experiencia. Pero su padre vio un rey en él y les dijo a todos que se prepararan para esto, aunque sus decisiones y hechos actuales parecieran contradecir esta noción.

Esta es la función de la alentadora intencional.

Esa eres tú.

La alentadora intencional es sincera con sus hijos. Les dice lo que necesitan escuchar, aunque no sea lo que *quieren* oír. No pasa por alto su inmadurez, sus errores ni sus contratiempos, pero cuando habla de estas cuestiones, no lo hace con desaprobación ni bajas expectativas. En cambio, decide atemperar su sinceridad con la gracia de la

edificación y el aliento. Hace todo lo posible para proteger el espíritu de sus hijos, asegurándose de que el tono predominante de la relación entre ellos sea de aprobación. No intenta obligar a sus hijos a parecerse a otra persona... en especial, a uno de sus hermanos. Aun durante las etapas de la vida que quisiera que pasaran más rápido, resiste el impulso de comparar el progreso de uno con el del otro. En cambio, decide concentrarse en los dones, las capacidades y los talentos únicos que Dios está perfeccionando con paciencia en cada hijo y hace todo lo posible por fomentarlos, aunque sean distintos de lo que esperaba o se desarrollen con menor rapidez de la anticipada.

Sabe que Dios tiene propósitos que «preparó» para que sus hijos anduviesen en ellos (Efesios 2:10) y que consagró a cada uno —lo separó— para que cumpliera estos designios divinos.

Con el tiempo.

Entonces, lucha para no desalentarse durante esos períodos de inmadurez e inexperiencia manifiestas. Incluso al mirar de frente los errores de sus hijos, permanece alentada (y alienta) mientras da los pasos necesarios para ayudarlos a volver a encaminarse.

Al hacerlo, no se permite deprimirse ni escuchar las voces interiores que le dicen que es una mala madre. En cambio, decide intentar relajarse en esta etapa de la vida y recordar (ella misma y a otros que quizás también tengan sus dudas) que sus hijos fueron escogidos por Dios con un propósito específico. Ve un destino en su hijo, aunque sea «joven y sin experiencia», y hace todo lo posible para edificar y alentar esas características que lo hacen especial, mientras aplica la guía y la corrección adecuadas. Nunca deja de creer que su obra diligente como madre ahora proporcionará el marco para el futuro éxito de sus hijos.

Es una alentadora —una alentadora *intencional*— que expresa amor a sus hijos al no permitirles conformarse con la inmadurez ni sucumbir ante la mediocridad. Inspira excelencia, no al exigir que cumplan con las normas arbitrarias de los demás, sino respondiendo

al desafío alcanzable del propósito y el potencial que Dios les dio para cada área de sus vidas. Les habla bien de ellos a los demás y no le da vergüenza pedir ayuda positiva y piadosa para sacar lo mejor de sus hijos. Sabe que tiene que ser su confidente más sincera y su mayor animadora.

Al igual que David, cree en sus hijos.

¿Y quién sabe? Esta clase de aliento intencional puede hacer que un hijo de 20 años, que normalmente estaría atrapado en la insensatez de la cual no parece poder escapar la mayoría de los jóvenes, alce su rostro al cielo y diga: «Señor, dame sabiduría».

Cuando lo haga, puedes estar segura de que Dios le concederá su pedido.

Y más.

- *Registra algunas de las características únicas de cada uno de tus hijos. ¿Cómo puedes utilizarlas para brindar aliento específico?*

- *Enumera algunas acciones y temperamentos inmaduros en ellos que normalmente te desalienten. Mantén esta lista en algún lugar que te recuerde orar por estas cuestiones y considera a quién puedes pedirle ayuda para alentar a tu hijo en estas áreas.*

- *Con detenimiento, considera cómo puedes darle a la relación con tu hijo un tono predominante de aliento y aprobación.*

La administradora de disciplina

Hace poco, Jerry y yo nos encontramos con un hombre de negocios exitoso, de poco más de 40 años, que hacía 20 que estaba casado y tenía dos hijos adolescentes. Estar sentada en su oficina y escuchar a Bill hablar de su familia me resultó cautivador. Él y su esposa tenían una relación sumamente amena con sus muchachos, una conexión divertida que hacía que el tiempo juntos como familia fuera el clímax de la semana.

Intrigada por esta relación extraordinaria entre padres y adolescentes, le pregunté a Bill a qué se la atribuía. Su respuesta fue sencilla, pero profunda: «Los disfrutamos tanto ahora porque tomamos en serio su capacitación y disciplina cuando eran más pequeños. Decidimos qué clase de adultos queríamos que fueran, les enseñamos en consecuencia e insistimos en que acataran esas expectativas. No fue fácil, pero valió la pena».

Siguió contando cómo a las personas que visitaban su casa les llamaba siempre la atención la disposición de los chicos para poner la mesa antes de la cena o ayudar a su mamá a juntar la ropa para lavar de las canastas sin quejarse. El respeto con el que hablaban estos hermanos, no

solo a otros adultos, sino entre ellos, evidenciaba la estima profundamente arraigada por los demás que existía en esa casa. La confianza que habían ganado de sus padres había permanecido intacta porque se les había enseñado desde el principio la importancia de la responsabilidad.

Bill no quiere que nadie piense que sus hijos son perfectos. No lo son. Sus padres tampoco. Sin duda, han tenido sus dificultades, pero son muchachos responsables y considerados, cuyas personalidades fueron formadas con propósito e intención por padres amorosos.

Padres *amorosos*.

No puedo explicarte cuánto me alentó esta conversación. A medida que mis hijos se acercan rápidamente a la adolescencia, nos encontramos con varios padres con hijos adolescentes que nos han dicho que no es tan malo como todos dicen. Y aunque nos hemos reunido con muchos otros que no comparten la misma perspectiva y conclusión, observamos que los que tuvieron (y tienen) las experiencias más positivas parecen tener una característica en común.

Son *administradores de disciplina*.

Son padres, como Bill y su esposa, que establecieron objetivos desde el comienzo sobre la clase de adultos que anhelaban que sus hijos fueran y luego pusieron en práctica un plan de acción específico para alcanzarlos. Nunca consideraron demasiado pequeños, lindos e irresistibles a sus hijos como para empezar a implementar temprano la disciplina y la preparación necesarias para este proceso. Como administradores amorosos de disciplina, han tenido cuidado, por supuesto, de no hacer «enojar a sus hijos» con formas inadecuadas de corrección, pero han participado en forma activa para criarlos «según la disciplina e instrucción del Señor» (Efesios 6:4, NVI). Saben que la *autodisciplina* solo aparece como resultado de ser *disciplinado* con amor. Así que, establecieron expectativas claras y luego crearon un ambiente donde sus hijos conocieran los límites y las reglas, supieran cómo vivir dentro de ese marco y lo que sucedería si desobedecían: la consolidación inmediata de consecuencias coherentes y adecuadas

a la edad. Estos padres no amenazan con consecuencias y luego no las llevan a cabo. Sus estándares son claros y confiables.

Eso es amor.

Recuerdo que antes de tener hijos, leí un libro que hablaba sobre cómo los niños de incluso un año pueden responder a las expectativas y la disciplina. Me pareció irrazonable esperar tanto de un niño tan pequeño. Pero también recuerdo mi sorpresa unos años más tarde, cuando mi hijo de dos años sí comenzó a decir «por favor» y «gracias», a recoger sus juguetes y a colocar su taza antiderrame en el lavabo en lugar de dejarla en la mesa de la cocina. Cuando le mostré qué hacer y dediqué tiempo a enseñarle, me resultó increíble: incluso los pequeños pueden aprender a comportarse según lo que se les enseña y lo que ven ejemplificado. No lo he hecho a la perfección, pero intento hacerlo deliberadamente.

Tiene sentido, ¿no es así? No podemos esperar que nuestros hijos se transformen en algo para lo cual no los preparamos. Y lo que se aplica a los modales y las tazas antiderrame también es verdad para las lecciones de vida más importantes.

Si queremos que sean responsables, tenemos que enseñarles a serlo con sus tareas, su trabajo escolar y sus deberes personales. *Si queremos que sean considerados,* tenemos que hacerles respetar los modales que esperamos que usen con sus hermanos y sus amigos. *Si queremos que respeten y se sometan a la autoridad,* debemos empezar con su trato hacia nosotros como padres, mientras que en nuestro hogar, trabajo, iglesia u otras áreas, también nosotros demostramos el mismo principio.

La administradora de disciplina establece una declaración de objetivos para sus hijos, que mantiene en mente siempre mientras los cría. Si son varones, el objetivo maternal puede incluir concentrarse no solo en la responsabilidad y la consideración por los demás, sino también en aprender a demostrar respeto por las mujeres, para prepararlos para su futura función como líderes de su casa. Si son niñas, el objetivo pueden ser cuestiones como la excelencia, la iniciativa y la sensibilidad a las necesidades de los demás, así como también fomentar en ellas una

valoración de la modestia. Según estas declaraciones de propósito, la administradora de disciplina puede pasar estos años haciendo en forma cuidadosa y metódica lo necesario para que estas prácticas se vuelvan un hábito en la vida de sus hijos.

Una pareja que conozco, que tiene cinco hijos, incluyó en su declaración de propósito un deseo profundo de enseñarles a sus hijos a honrar a los demás alentándolos a ir más allá de sus responsabilidades para hacer cosas buenas por ellos en forma inadvertida. Para lograrlo, a menudo les preguntan a sus hijos cómo pueden honrar de manera estratégica a sus hermanos... quizás pueden hacerles la cama o llevar su plato al lavabo en lugar de llevar solo el propio.

Además, enseñan responsabilidad. Así que, estos administradores de disciplina resisten el impulso natural de todo padre de rescatar a sus hijos o de resolver cada problema que enfrenten. Cuando uno se olvida de llevarse su almuerzo, Mamá no sale corriendo a la escuela con la bolsa en la mano. Cuando otro se olvida de una fecha límite para entregar una tarea escolar, Mamá y Papá se lo recuerdan con claridad, pero a veces permiten que el niño sufra las consecuencias de esperar hasta último momento. Si los hijos rompen una ventana cuando se les dijo expresamente que no jugaran con la pelota en la casa, tienen que pagar al menos una parte de la reparación con su propio dinero. Estos padres quieren que sus hijos sepan que muchas de las cosas que disfrutan como niños no son derechos, sino privilegios. Y para mantenerlos, deben aprender a no darlos por sentado. Si lo hacen, pierden el privilegio.

Son administradores de disciplina: determinados a cumplir con su misión de criar jóvenes responsables, considerados y respetuosos.

Una mamá soltera, que acaba de enviar a su hija mayor a la universidad, es una profesional de la creatividad, la constancia y la disciplina. Una vez, cuando la adolescente no mantenía su habitación ordenada (y tenía el descaro de afirmar que tenía derecho a hacerlo porque era «su» habitación), sacó la puerta de las bisagras. ¡Ahí se terminó el «derecho» de privacidad que tanto aprecia una adolescente! Fue el peor castigo posible que su hija pudiera imaginar. Pero la obligó a limpiar su

habitación. Y la llevó a dar un gran paso en la dirección que su madre visualizaba para ella como adulta: respetuosa, agradecida y responsable.

Sí, ser administradora de disciplina demanda tiempo y esfuerzo (y a veces, un taladro eléctrico). A menudo, es inconveniente e incómodo, y un verdadero golpe para tu reputación en la casa. Sin embargo, la administradora de disciplina está dispuesta a hacerlo porque su mayor prioridad es criar hijos responsables, respetuosos, compasivos, considerados, humildes, abnegados, generosos y bondadosos. Personas con las que dé gusto estar. A la larga, es la mejor manera —la única manera— de ganar el corazón de tus hijos.

- *Cuando firmes esta resolución, no sientas la carga de tener que ser perfecta. En cambio, decide expresar el amor bíblico a tus hijos y considéralo como el punto de partida de este viaje. Elabora una declaración de propósito para tus hijos y luego implementa pequeños cambios que comiencen a llevarlos en esa dirección. Es una resolución de ver en tus hijos el potencial de la verdadera grandeza espiritual y de interesarse lo suficiente como para darles lo necesario para alcanzarla. De amarlos. De amarlos de verdad.*

AMAR A MIS HIJOS

Prometo enseñar a mis hijos a amar a Dios con todo su corazón, con toda su mente y con todas sus fuerzas, e instruirlos para que respeten la autoridad y sean responsables.

VIVIR CON GRACIA

La resolución de transformar mi hogar en un lugar acogedor

Gracia

Era un vendedor esforzado; se levantaba temprano por la mañana e iba de una consabida puerta cerrada a otra, en el intento de
vender una serie de productos para la empresa donde trabajaba. Los
días eran largos y agotadores, y a menudo no le quedaba nada por su
esfuerzo... por cierto, no por falta de empeño, sino de compradores.

Su joven y pelirroja esposa tenía 18 años cuando se casaron. Y a
medida que creció la familia, pasó la mejor parte de sus días intentando transformar su pequeña vivienda en un lugar agradable y cómodo,
a pesar de las dificultades económicas que enfrentaban. Sin embargo,
llegó el día en que la tensión se hizo tan grande que hubiera llevado
a cualquiera a tirar la toalla: cuando fue a encender la luz, nada sucedió. Pensando que se trataba de una falla del sistema eléctrico, fue a
probar otro interruptor. Otra vez, nada. Otro, nada. Intentó prender
las luces de toda la casa... nada, lo cual confirmó lo que ya sabía, pero
que no quería creer. No habían pagado la cuenta de electricidad.

Peor aún, no habían podido.

Así que, durante el resto del día, hizo su mejor esfuerzo para ocuparse de sus responsabilidades domésticas. Aun cuando las sombras cada vez más grandes de la tarde comenzaron a cubrir la cocina como una mortaja, preparó una cena improvisada, y la sirvió con cuidado y dignidad sobre la mesa del comedor en penumbras. Con linterna en mano, descubrió algunas velas a medio usar y las encendió para crear un centro de mesa elaborado. Era una escena digna de verse.

Cuando llegó su esposo, cansado y desanimado luego de trabajar, encontró a su esposa y a sus hijos sentados a la mesa, sonriendo y esperándolo para cenar con él. Disfrutaron de una cena a la luz de la vela. Conversaron plácidamente. A los niños les encantó el toque único de las velas durante la cena. Les pareció divertido. La casa estaba llena de paz y serenidad a pesar de las circunstancias, las cuales los niños ignoraban.

Su esposo tampoco sabía lo que sucedía.

Terminó de comer y se desplomó exhausto sobre la cama... su esposa había encendido más velas en la habitación. Ella jamás dijo una palabra. Recién al día siguiente, cuando el hombre se levantó para alistarse para trabajar, se dio cuenta de que no había luz. Ató cabos y comprendió lo que su esposa había hecho; cómo había conservado su dignidad y optado por la paz y la belleza en lugar de la fricción y la discordia en respuesta al inconveniente.

Pasó junto a la cama una vez más, antes de salir a trabajar esa mañana, acarició un mechón de cabello rojo que caía sobre la mejilla de su esposa y le susurró al oído: «Gracias». No supo si lo escuchó o no. Pero estaba demasiado agradecido como para dejar pasar la oportunidad. Agradecido de compartir un hogar (y una vida) con una mujer comprometida a ser gentil, promover la paz, pasar por alto las limitaciones y proporcionar un ambiente donde su familia pudiera florecer, aun en medio de circunstancias desafortunadas.

Y en su quincuagésimo aniversario de bodas, con los hijos adultos y los nietos a su lado, ese fue el momento que él relató cuando le pidieron que compartiera su recuerdo favorito de su vida juntos.

Es la imagen de una mujer que *vive con gracia*.

No importa si estás casada o eres soltera, tu hogar es tierra santa. Y eres la encargada santa, a quien le fueron dados la responsabilidad y el privilegio de crear una atmósfera donde la esencia de la gracia de Dios, que tú recibiste sin reparos, pueda percibirse mediante la que demuestras a los demás. Tu hogar es el lugar donde cultivas una paz que puedan disfrutar los otros que viven allí y todos los que entre en él.

¿Te parece poco probable? ¿Con todas las tareas domésticas por realizar, las tensiones que enfrentar, las discusiones que intermediar y el desorden por sortear? Quizás, según tu criterio, tu hogar es el *último* lugar donde crees que podría haber paz.

Y sin embargo, *tú* eres la persona de quien esto depende. Como mujeres, tenemos el control principal del humor, el espíritu y la calidad de vida del hogar. No se trata de tener una decoración más bella, una mayor organización, mejores muebles ni artefactos de último modelo. (Muchos tienen todas estas cosas y, *aun así*, no tienen paz.) Se trata de reconocer tu poder para cambiar el clima espiritual de tu casa, según tu resolución facultada por el Espíritu Santo de ser una mujer que emita un atributo sencillo, pero profundamente penetrante…

La gracia.

Este fue el consejo que me dio Rhoda, una esposa de pastor diez años mayor que yo, a quien conocía desde la adolescencia. Cuando estábamos hablando un día sobre nuestros hogares y nuestra familia, ella se inclinó y me dijo: «Priscilla, cuanto más gracia extiendas sobre tu hogar, más paz se experimentará allí. Así que, ofrece gracia siempre que puedas».

Ofrece gracia.

La *gracia*, por definición, es un «favor o don que se expresa a quien no lo merece». Significa darle un respiro a alguien, aunque sea

lo último que merezca. Y es precisamente lo que Dios mismo nos dio al otorgarnos la salvación de nuestros pecados, a pesar de que estábamos llenas de pecado.

> *Pues la ley por medio de Moisés fue dada, pero la gracia*
> *y la verdad vinieron por medio de Jesucristo.* (Juan 1:17)

Antes de Cristo, la ley mosaica era la norma para el pueblo de Dios; una lista de reglas y estatutos que traían más culpa y vergüenza cuando no se cumplían. Pero cuando vino Jesús, quitó la terrible presión y liberó a Su pueblo de las exigencias legalistas, y las reemplazó con una invitación suave y atractiva de tener una relación personal con Dios (lo que siempre había querido para Su pueblo). Al cumplir Él mismo con todos los requisitos de la ley, Jesús garantizó que nuestra esperanza y nuestra salvación ya no dependían de cómo intentáramos alcanzarlas. En lugar de esforzarnos constantemente para obtener Su aprobación, la recibimos por gracia. Con el simple hecho de creer y tener fe en Él. De aceptar Su regalo.

Su gracia.

Y como consecuencia, Su libertad.

Cuando, como beneficiarias de la gracia de Dios (de Su «don», Efesios 2:8), comprendemos cuántos errores y desatinos el Señor nos perdona y olvida con amor todos los días, de repente encontramos la motivación necesaria para extender el mismo favor inmerecido a quienes nos rodean. Su paciencia, Su aceptación, Su comprensión y Su bondad. Por Su gracia, estas cualidades se vuelven nuestras: no solo para *recibir*, sino también para *otorgar*.

Y cuando las personas en tu casa y en tu vida saben que no las menospreciarás ni les echarás en cara sus errores, les das un gran regalo. Un derramamiento del don que tú recibiste. *Gracia*. El regalo de poder permanecer auténticas, sabiendo que las aceptarás tal cual son.

¿Acaso no quieres sentirte así? ¿No es esa la clase de libertad que quieres que los demás experimenten al relacionarse contigo?

A través de la lente de la gracia, cada problema, cada desastre en potencia, cada debilidad y error de los miembros de la familia y cada circunstancia indeseable puede transformarse en una oportunidad nueva para ofrecer misericordia y bondad. Para brindar compasión. Para ver lo mejor, aunque lo peor ocupe el lugar más prominente. Las mujeres que distribuyen gracia son aquellas dispuestas a colocar velas en la mesa en lugar de quedarse en la oscuridad malhumoradas. Dejan que los miembros de su hogar disfruten de lo que tienen, en lugar de concentrarse en lo que les falta. No quieren que los demás anden en ascuas a su alrededor y tengan que adaptarse a sus cambios de ánimo o cubrir sus propias fallas por temor a ser incomprendidas.

Dejan que reine la paz.

Dejan que gobierne la gracia.

Esta mujer decide transformar su hogar en un lugar seguro, donde su familia y sus amigos encuentren un refugio del mundo. Los que entran por su puerta hallan una serenidad que los captura, los envuelve, los alivia, los abraza y los atrae a comer de la mesa de la paz y a disfrutar de la compañía de personas con quienes es un placer estar… porque son acogedoras, agradecidas y llenas de gracia.

Es revolucionario.

Es decir, ¿acaso la gracia de Jesús no transformó tu vida por completo? Si eras demasiado joven como para ser plenamente consciente de cuánto necesitabas enmendarte y arrepentirte, ¿la gracia divina no te ha llevado a llorar en adoración más veces de las que recuerdas desde entonces? La gracia abruma. Donde sea que aparezca. Solo piensa en lo que podría lograr al brotar de tu sonrisa, tu abrazo, tu beso, tu palmada tierna en la espalda, tu guiño de perdón. Incluso *este* lugar, aun *estas* personas podrían cambiar por completo y ser difíciles de reconocer de aquí a un mes.

Como te sucedió a *ti*, cuando la gracia de Jesús llegó a tu vida.

Así que, realiza un inventario personal. ¿Es fácil estar cerca de ti? ¿Haces que tus seres queridos se sientan aceptados? ¿Llevas la cuenta de sus errores o fallas? Cuando tus familiares hacen algo para agradarte, ¿ven una sonrisa de gratitud que te ilumina el rostro, o casi ni te das cuenta para no darles esa satisfacción? ¿Tienes a otros cautivos de tu naturaleza crítica? ¿Haces el papel de mártir por todas tus obligaciones?

O...

¿Recuerdas lo que Cristo hizo para cubrir cada uno de los errores de tu vida, para librarte de la esclavitud que te habría mantenido alejada para siempre de una vida abundante? ¿Les expresas con entusiasmo esa misma sensación de libertad a los que viven en tu hogar?

Dales un respiro.

Ya sé que no lo merecen.

Pero tú tampoco lo merecías.

La gracia llegó de todas maneras.

- Enumera tres actitudes y acciones específicas que muestren la gracia en forma atractiva en la vida de hogar de alguien que admires, no solo en su interacción contigo, sino también con los miembros de su casa.

- ¿Cuál te parece que será el mayor desafío para ti en cuanto a demostrar gracia en tu hogar? Sé sincera con Dios. Pídele que te dé «descanso» y que Su corazón «apacible y humilde» brille a través de ti (Mateo 11:28-29, NVI). Es Él. No tú. Por eso, le dicen gracia.

Está bien

A veces, cuando digo «está bien», las paredes se derrumban. Esas dos palabritas terminan con muchísimas discusiones. Es increíble. Además del nombre de Jesús, creo que estas son las palabras más poderosas de nuestro idioma. —Una mujer de 31 años resuelta a vivir con gracia

Nos gusta tener razón, y queremos que los demás lo reconozcan. Por eso, una de las cosas más difíciles en la vida, el matrimonio, la familia y el hogar es resistir el impulso de hacer alarde de que tenemos razón. De ganar la discusión. De dejar a la otra persona cabizbaja por la vergüenza. Creemos que nuestra opinión merece ser escuchada, comprendida y, luego, que todos tienen que estar de acuerdo y actuar en consecuencia. Entonces, hablamos, discutimos, dejamos de escuchar y desvalorizamos a la otra persona. La dejamos por el piso. La sometemos.

Los que están en la periferia permanecen al margen y caminan de puntillas en el borde de la tensión, intentando evitar la conmoción en un hogar que tendría que ser su lugar de descanso. Se sienten marginados y excluidos, y se preguntan cómo terminará todo.

Porque todos quieren tener la razón.

Pero no terminará bien. No hasta que alguien sea lo suficientemente valiente, seguro y audaz (y que tenga la suficiente *gracia*) como para acceder con amabilidad, amor y cuidado, y decir…

«Está bien».

Para terminarlo. De una vez por todas. No porque se hayan satisfecho sus exigencias ni tenido en cuenta sus preferencias, sino porque prefiere la paz a la locura. Desea la restauración por encima de la discordia. Quiere un hogar pleno, en lugar de consumido y vacío: una cáscara hueca que hace un fuerte eco del alboroto y el caos de una pelea ardiente, y que luego se enfría, erizado por el aguijón punzante del silencio.

Estas dos palabritas hacen una gran diferencia.

Ahora bien, no se trata de una filosofía de la nueva era. Es un trozo antiguo y escritural de sabiduría venerada:

La blanda respuesta quita la ira; mas la palabra áspera hace subir el furor.
(*Proverbios 15:1*)

La mujer sabia no siempre busca atención o validación, sino que escoge una respuesta suave, delicada y blanda en lugar de aguda y explosiva, dañina e hiriente, para proteger y conservar una relación o recuperar la paz en el hogar. Está decidida a no avivar el fuego de conversaciones pendencieras, porque sabe que quedará cubierta de ceniza mucho después de que se hayan apagado las brasas. Puede ver a través de la apariencia de los temperamentos descontrolados y de los comentarios fuera de lugar, y concentrarse en la realidad de la situación, reconociendo que la circunstancia por la que está haciendo un gran problema probablemente sea insignificante a fin de cuentas. No se permite perder la batalla en su hogar por una escaramuza o una cuesta mínima. No agita los sentimientos de los demás para sentirse satisfecha al ver cómo se desmoronan bajo la presión. Es paciente. Calma la tormenta.

Y eso la transforma en una viva imagen de la sabiduría. Y de la gracia. No es una pusilánime. No es ningún felpudo. No cede ni se deja

pasar por arriba. Tampoco es arrogante ni dice «está bien» para desestimar la conversación. Su comentario no tiene asomo de sarcasmo. No hay sonrisas burlonas ni siniestras en su rostro. Simplemente, es fuerte. Dios le ha infundido suficiente fortaleza como para preferir la dulzura duradera de la deferencia antes que la victoria insignificante, pasajera e insatisfactoria de ganar una batalla momentánea.

Entonces.

Ella.

Dice…

«Está bien».

No le resulta fácil, pero lo hace con propósito, con poder y con intensidad.

Inhala. Exhala. Se obliga a suspirar y a sonreír, desde un lugar más profundo, donde la fortaleza humana no llega. Luego, con dos palabras sencillas y una gran confianza en Dios, recalibra por completo esta experiencia, no solo para ella, sino también para todos los que participan: sus seres queridos a quienes está decidida a apoyar.

«Está bien», susurra.

Y al final, obtiene la mayor victoria de todas.

- En oración, considera cómo puedes aplicar el mensaje de estos versículos a tu vida hoy:
  - «La lengua apacible es árbol de vida; mas la perversidad de ella es quebrantamiento de espíritu» (Proverbios 15:4). «La paciencia puede persuadir al príncipe, y las palabras suaves pueden quebrar los huesos» (Proverbios 25:15, NTV).

- Lograr que esta resolución se vuelva un hábito en tu hogar llevará tiempo y práctica. Decide utilizar estas dos palabritas de esta manera sencilla, todo lo que puedas en las próximas 48 horas. Registra el impacto que produzca en tus relaciones.

Como salido de Broadway

Ya hace tiempo que escogiste los papeles con cuidado y escribiste el libreto. Lo que sucede en cada escena está fríamente calculado y se ensayó en forma estratégica. Estás segura de que todos los que participan adorarán esta obra maestra del teatro.

Después de todo, fue escrita para su propio bien. Para su beneficio.

Así que, la ensayas, una y otra vez, representas tu papel y llenas los espacios de los demás, citando lo que tendrían que decir, las expresiones que deberían usar, la entonación que tienen que reflejar y las reacciones que deben tener. Cuando sales del vestuario de tu propia habitación cada mañana, ya tienes una función para cada uno de los actores, y las normas altas y las expectativas detalladas para los intérpretes del escenario de tu vida.

Esta producción tiene un solo problema.

Nadie más que tú sabe que existe.

Los demás actores nunca se anotaron para participar. Sin saberlo, viven en un papel que nunca accedieron a representar ni sabían que tenían que cumplir. Pero ahora, las personas que conforman el reparto habitual de tu vida (tu esposo, tu hija, tu hijo, tu amiga, tus padres)

están atrapadas por tus expectativas, cautivas de los papeles que escribiste para ellas sin su consentimiento. Quisieran ser ellos mismos, experimentar la misma libertad que encuentran en otra parte. Pero aquí en casa, salir de su personaje puede costarles caro.

La expresión indignada de tu rostro.

El rechazo abrumador de tu respuesta.

La desaprobación que resuena en tu voz.

Está claro que no soportarás que nadie altere esta producción, este libreto y esta obra tuya. Así que, no lo hacen. Siguen la corriente. Tienen que hacerlo. No tolerarás nada más. Pero en el proceso, pierden su identidad. Olvidan quiénes son en verdad. Aprenden a vivir sin su libertad, su autenticidad y, a fin de cuentas, su alegría.

Hacen lo que tú quieres. Es más fácil así.

Pero esto no sucede con la mujer llena de gracia.

Ella reconoce y admite que, sí, tiene un guión predeterminado para su vida y sus alrededores, una compilación de experiencias pasadas y nociones ficticias. Todas lo hemos hecho hasta cierto punto… hemos escrito el libreto para nuestra vida. Incorporamos nuestras expectativas a *esta* relación, a *esta* situación y a *esta* serie de circunstancias. No les comunicamos a todos lo que habíamos escrito, en especial, porque no sabíamos que *teníamos* estas expectativas hasta que comenzamos a vivir en esta situación. Ahora que estamos aquí, en este hogar, y esta es nuestra realidad, nuestras expectativas se han hecho bien claras y evidentes, manifiestas e indiscutibles, prominentes e incuestionables.

Y hará falta una verdadera mujer llena de gracia para bajarse de la silla del director y liberar a los integrantes de su hogar de la fantasía que ha creado.

Cuando somos verdaderamente sinceras con nosotras mismas, no es tan difícil ver el daño que han causado nuestras suposiciones. Son la llama que arde bajo gran parte del conflicto, la tensión y el desacuerdo en nuestro hogar. Así que, aunque no baja sus expectativas, la mujer resuelta a vivir con gracia sí las recalibra en forma intencional. En lugar de basarlas en una falsa ilusión y obligar a los demás a

adaptarse a ella, esta mujer mira su realidad primero y luego configura sus expectativas en consecuencia. Busca discernir las verdaderas necesidades de sus seres queridos y después adaptar su visión de las cosas para hacer lo mejor para ellos, propiciando una atmósfera donde puedan florecer de verdad.

Esto hace la gracia. Libera, relaja, desata. Otorga espacio, alivia los nervios, da permiso, expresa aceptación. Un predicador describió la gracia como el elemento que aceita la fricción y alivia la tensión. Es el lubricante de la vida, que afloja la rigidez y suaviza las bisagras chirriantes. La gracia es la sonrisa que todos tus seres queridos anhelan recibir de tu parte… para, al fin, poder ser ellos mismos cuando están contigo.

Es hora de bajar el telón sobre este escenario de fantasía. Ya no podemos manejar las luces ni el glamour. ¿Quién los quiere? Preferimos la autenticidad antes que los guiones programados. Anhelamos relaciones genuinas y una atmósfera relajada en lugar de caras pintadas y conversaciones secretas. Queremos una vida —una *vida de verdad*— llena de una paz poderosa, potente y deleitosa.

Una mujer decidida por la gracia puede alcanzarla.

- *¿Tienes una obra de teatro en la mente? Si así es, ¿cómo han perjudicado tus expectativas a tu familia?*

- *¿Crees que ajustar tus expectativas sería lo mismo que bajarlas? ¿Por qué?*

- *¿Qué otras personas, programas de televisión o influencias externas contribuyen al mundo de fantasía que intentas presionar sobre tu realidad? ¿Cómo puedes atemperar su efecto sobre ti?*

- *Si tú eres la que está cautiva a las exigencias y las directivas de otra persona, ¿cómo podrías comunicarle con respeto tus inquietudes y sentimientos, y manejar con cuidado la situación para experimentar libertad?*

Espacios sabáticos

Cuando durante un inusual febrero, temperaturas heladas mezcladas con toda clase de precipitaciones invernales sorprendieron a Dallas cuatro días seguidos, la nieve y el hielo adornaron las calles y los puentes, e hicieron que las escuelas y los negocios permanecieran cerrados una semana. Mis tres hijos se quedaron en casa entusiasmadísimos y saborearon la excepcional oportunidad de quedarse despiertos hasta tarde y levantarse aun más tarde. Las familias de toda la zona se vieron obligadas a permanecer adentro mientras las cuadrillas viales de la ciudad se esforzaban por asegurar las carreteras.

No era la primera vez que veíamos nieve. Puede resultar cómico cómo unos centímetros de nieve (y a veces, hasta la mera amenaza de una nevada) pueden paralizar una ciudad del sur de Estados Unidos. Pero esta nevada en particular fue sumamente dura. En términos generales, no estábamos preparados para *esa clase* de frío. Pocas personas aquí tienen el tipo de abrigo requerido para hacerle frente a una jornada larga al aire libre.

Así que, en general, la gente permaneció adentro y disfrutó de la oportunidad desacostumbrada de escapar de la rutina, relajarse y aprovechar algunos momentos con las personas amadas.

¿No es así?

Mmmm… quizás no.

Mientras estaba encerrada en mi casa durante esos días fríos y nevosos, me encontré con este titular de una noticia en Internet: «Dallas/Fort Worth afligido por encierro prolongado». El artículo citaba los comentarios de la gente de la zona que sufría ataques extremos de claustrofobia: se sentían recluidos, aburridos y desconectados del mundo.

Escucha esto…

- «Nieve. Hielo. Temperaturas bajo cero. ¿Estará cerca alguna plaga de langostas?»
- «¡Mañana otra vez no hay clases! ¡Creo que me volveré loca atrapada en esta casa!»
- «Esto arruinó lo que sería una semana fantástica. Y me obligó a utilizar dos de mis días de licencia variables».
- «¡Qué bueno… Se acaba de cortar la luz en toda mi cuadra! Fantástico. ¡Ahora podemos añadir 'atrapado en casa sin electricidad' a la lista! Grandioso».

Cielos. Lo más lógico sería que verse *obligado* a quedarse en casa y disfrutar del descanso y la relajación que a menudo nos escapan sería —no lo sé, ¿un *regalo*?— una interrupción encantadora a nuestros horarios atestados. Y sin embargo, según el título de este artículo, las personas se sienten «afligidas». Aburridas y ansiosas por volver al trajín.

¡Qué revelador!, ¿no? ¿Somos tan adictos a la actividad constante (¡incluso al estrés!) que ya olvidamos cómo relajarnos? ¿Nos motivan tanto el desempeño y la perfección que ya no valoramos un día tranquilo? ¿Nos hemos acostumbrado tanto a no tener paz que ya no podemos apreciar su belleza, aun cuando no solo se nos da la oportunidad de disfrutarla, sino que no hay otra alternativa viable? Peor aún, ¿qué le

estamos mostrando a la próxima generación: que la quietud, la diversión sencilla y el tiempo en familia no tienen nada de atractivo?

La mujer resuelta a vivir con gracia se rebela en contra de la resistencia cultural a descansar. Comprende que la paz solo puede experimentarse en su hogar si deliberadamente crea espacios para ayudar a su familia a separarse, al menos *de vez en cuando*, del ciclo frenético y exigente de las actividades habituales. Así que, planea oportunidades intencionales para las antiguas disciplinas del descanso y la tranquilidad. Está convencida de que las sabias palabras del Salmo 46:10, «Estad quietos, y conoced que yo soy Dios», siguen siendo la manera más probable de que ella y sus seres queridos experimenten la presencia del Señor en el hogar.

Creo que este es el principio que Dios tenía en mente cuando le dio a Moisés instrucciones detalladas para transmitirle a Su amado pueblo Israel. Luego de casi 400 años de servidumbre constante y agotadora bajo Faraón en Egipto, esta generación escogida por fin probó la libertad. Y cuando Dios derramó Su libertad sobre ellos, recibieron (entre otras cosas) esta notable instrucción...

«Acuérdate del sábado, para consagrarlo». (Éxodo 20:8, NVI)

«Sábado» viene de la palabra hebrea *shabbát*, que significa «descanso» o «reposo». Dios le pedía a Su pueblo que hiciera algo opuesto a lo acostumbrado. En lugar de trabajar sin cesar, día tras día, y de participar de todas las actividades exigidas, tenían que *detenerse* —labrar tiempo deliberadamente para quedarse quietos y disfrutar de Él— para celebrar un tiempo de descanso, renovación y concentración espiritual que perpetuara su experiencia de libertad, no solo en teoría, sino también en cuestiones prácticas. En otras palabras, el principio del sábado era completamente opuesto a la esclavitud que habían experimentado en Egipto, y una protección para no caer en otra clase de cautiverio.

Y aunque ya no estamos sujetas a la ley del Antiguo Testamento, este principio del día de reposo todavía tiene un impacto renovador para nosotras.

La inclinación hacia la actividad constante aparece en todos nuestros espacios atestados: calendarios llenos, armarios atiborrados, mentes agitadas que no pueden apagarse ni aquietarse. Nos volvemos esclavas de la actividad, de los horarios, del desorden en nuestros hogares y en nuestras vidas. No podemos mantener un mismo pensamiento durante más de 30 segundos. El estruendo nunca termina. Casi nunca dejamos lugar para… *nada*. Como Israel, nos acostumbramos tanto a la actividad constante que incluso cuando surge la oportunidad de quedarnos quietas, no podemos evitar sentirnos intranquilas.

Así que, para protegernos del control y la esclavitud de nuestro caos, tenemos que transformarnos en mujeres que creen «espacios sabáticos» en forma intencional; márgenes en la vida que queden libres a propósito para poder disfrutar de la libertad que Dios mismo nos dio. Si no lo hacemos, estaremos cada vez más atrapadas.

Nada es peor ni más triste que una persona libre que vuelve a colocarse las cadenas… ya sea en forma literal, figurativa o espiritual. Y a menos que le enseñemos deliberadamente esta disciplina a la próxima generación, le colocaremos los mismos grilletes de desorden que chocan contra nuestros tobillos la mayor parte del tiempo.

Tú puedes detener este ciclo.

A una amiga mía le resulta particularmente difícil. Su familia decidió hacer un espacio sabático los domingos por la tarde para descansar y estar juntos, pero a menudo, ella comienza a correr por la casa intentando limpiar y ordenar; a veces, sugiere, y otras, directamente demanda que su esposo y sus hijos hagan lo mismo. ¡Al final, nadie descansa ni disfruta del otro porque mamá los instiga a usar su «tiempo de descanso» para trabajar! Dejar a su familia en *paz* y disfrutar de la vida es un verdadero desafío para ella. Una disciplina. Para la mayoría de nosotras, también lo será.

Pero hagámoslo.

Comienza con lo que yo llamo el «desafío catorce». Históricamente, el día de reposo era uno cada siete. Esto conforma el 14% de la semana. Así que, no nos compliquemos y comencemos con el número *catorce*. Mira tus horarios y decide adónde puedes apartar un espacio sabático de catorce minutos cada día: para ti sola, para ti y tu cónyuge (si eres casada) o para toda tu familia. No parece mucho, pero quizás te sorprenda lo difícil que puede resultarte lograrlo y mantenerlo. Además, verás cuánto puede rejuvenecerte ese momento.

Durante los fines de semana, alienta a tus hijos a tomarse un respiro de al menos catorce minutos al día para irse a su habitación a leer o jugar tranquilos. Esto les enseña tanto a los pequeños como a los adolescentes que está bien no estar constantemente bombardeados por la televisión, los videojuegos y otras formas de entretenimiento que otra persona les proporciona, y que eso no demanda nada de su parte. Tu adolescente puede sentirse perdido sin *Facebook* o *Twitter*, pero ya se le pasará. Y le enseñarás una valiosa lección.

Si estás casada, también quiero alentarte a decidir qué fin de semana o semana completa pueden dedicar como pareja al espacio sabático, para renovarse y recalibrarse de las otras 51 del año. Tú y tu esposo lo necesitan. La relación entre ustedes también.

No necesariamente significa irse de vacaciones *a* cierto lugar costoso. A veces, se trata de tomarse vacaciones *de* ciertas actividades. Una simple semana «libre» de tanta tecnología y del itinerario normal puede darte un empujón renovador y la oportunidad de hacer cosas para las que en general no tienes tiempo; como por ejemplo: visitar a un pariente anciano, leer una novela de tapa a tapa, limpiar tu armario, armar un álbum con las fotografías del año pasado, o dormir una siesta o dos. Priorizar el día de reposo te hará sentir con más vigor, menos tensión y mejor preparada para ocuparte de tu casa, sin frustrarte ni estresarte con tanta facilidad.

Pero más allá de planear descansos, considera crear espacios sabáticos en las áreas tangibles de tu hogar. Así como el calendario se

llena de responsabilidades, nuestros hogares también pueden transformarse en pozos de desorden y caos, haciendo que se parezcan menos a un refugio y más a una cueva o calabozo del cual queremos escapar. Entonces, ¿por qué no crear también «márgenes» en nuestra casa? Así como despejaste catorce minutos de tu horario, aparta un espacio pequeño de tu casa una vez por semana.

Quizás ese estante desordenado mide más de un metro de largo. Disciplínate para despejar la mitad. La semana siguiente, un pequeño espacio más en otra parte de tu casa. No exageres al intentar realizar una limpieza general de la casa ni una barrida organizativa, ni te sientas abrumada por no poder hacer todo de una vez. Como acto de obediencia a Dios, e incluso de adoración, comienza a darle a tu hogar algo de espacio para respirar. En forma deliberada, aprópiate de esa pequeña sección de tu mundo hasta que hayas transformado una pila de basura en paz y gozo. Hazlo con constancia y, dentro de unos meses, despertarás un día en un espacio ordenado, equilibrado y más disponible para que Dios lo utilice, de a catorce centímetros a la vez.

Para mí, no hay nada más estimulante que entrar a mi vestidor y… *en realidad, ¡poder entrar y punto!* Me gusta escoger una prenda para ponerme y poder deslizar mi ropa por la barra para ver con claridad mis opciones. Si todo está tan amontonado y apretado que ni siquiera puedo mover las perchas de un lado al otro, me siento frustrada y desalentada. Pero ¿qué sucedería si esta semana ordenara catorce centímetros, y luego me encargara de despejar otros catorce centímetros la semana siguiente? Pronto, estaría un 100% satisfecha.

Así que, piénsalo. ¿Hay algún estante que podrías ordenar en el armario del vestíbulo esta semana… un lugar pequeño donde puedas reclamar algo de espacio para tu vida? ¿Hay algún rincón o esquina que se haya transformado en un depósito de cosas que podrían ordenarse y enviar al ático? ¿Hay alguna superficie que puedas limpiar y quitar el desorden que no sirve para nada? ¿Qué me dices del cajón de cachivaches que hay en tu cocina, que tiene todo y nada al mismo tiempo? ¿Adónde trazas la línea, el «punto final» para todas tus cosas?

Solo la mujer que vive con gracia y busca la paz tendrá en orden sus prioridades como para ver el valor de los espacios sabáticos. En lugar de tenerle miedo al silencio o de estar nerviosa por lo que deja de hacer, ella protege y acepta sus márgenes. Los considera un regalo. Sabe que es imposible disfrutar de algo cuando hay demasiado para disfrutar. No puede ver lo que tiene a disposición si lo que es importante se pierde bajo una pila de cuestiones variadas. Entonces, se toma unos minutos para considerar su tiempo y su espacio, y decide que reclamar la paz es más importante que aferrarse a todas estas cosas que, en forma lenta y metódica, la reclaman a ella. Aprende a soltar. Introduce un ambiente de paz en su hogar. Ahora es un lugar para disfrutar en vez de una carga o algo que esclaviza.

Un espacio sabático.

Lo necesitas en tu hogar, en tu día, en tu semana, en tu vida. Si no tienes idea de cómo colocarlo allí, la gracia puede ayudarte.

- *Al acercarte a firmar esta resolución, considera detenidamente los aspectos prácticos. ¿Qué puedes comenzar a preparar para que la gracia y la paz sean una realidad en tu hogar?*

VIVIR CON GRACIA

Prometo cultivar un hogar tranquilo donde se perciba la presencia de Dios no solo mediante actos de amor y servicio, sino también a través de mi actitud afable y agradecida.

_____

DEJAR UN LEGADO PIADOSO

La resolución de vivir el presente considerando el futuro

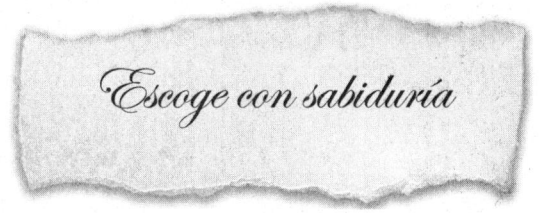

Escoge con sabiduría

[La mujer buena] deja herencia. (Proverbios 13:22, LBLA)

Una vez, mi hermano conoció a un joven interesante mientras visitaba una iglesia en otra ciudad. Luego de familiarizarse y pasar tiempo conversando, este muchacho comenzó a contarle sobre su familia que, al parecer, tiene un curioso legado.

Su tatara tatara tatara (y la cantidad de «tataras» que formen siete generaciones) abuelo era un líder político y militar importante en el joven país de Estados Unidos. Presidió la convención constitucional de mayo de 1787 e influyó significativamente sobre la estructura y la ratificación de nuestro novedoso sistema de gobierno.

Es más, fue nuestro primer presidente.

Pero durante esos años formativos de la historia de la nación, con muchas decisiones por tomar sobre la organización y la función de la república, un grupo relativamente pequeño, pero prominente, de ciudadanos quería nombrar *rey* a George Washington en lugar de

presidente, ansiosos por aprovechar sus habilidades para el liderazgo en forma más permanente. Esto significaría que sus descendientes ascenderían al trono en forma automática y llevarían adelante el título. Y es probable que tuviera el poder para lograrlo si quería, en especial, si hubiera creído que era para el bien de la nación.

«En otras palabras —le dijo este joven descendiente directo de George Washington a mi hermano— sería rey ahora si él hubiera tomado otra decisión».

Una decisión.

Tomada por una persona.

Y su efecto dominó sobre las generaciones ha tenido un impacto increíble.

Me pregunto si George Washington habrá tenido esta realidad en mente al tomar su decisión. Quisiera saber si se le habrá cruzado algún pensamiento sobre su legado al tener que escoger qué hacer. Por supuesto, no puedo preguntárselo, pero… puedo preguntarte *a ti*.

¿Tomas las decisiones de hoy teniendo en cuenta el impacto sobre el futuro? Cuando ordenas tus prioridades y formas tus hábitos, ¿piensas en tus hijos, tus nietos, en cómo te recordarán y en la clase de carácter que heredarán de ti? Cuando gastas dinero, luces tu sentido de la moda, dices lo que piensas o reservas tu tiempo, ¿alguna vez se te ocurre que no estás tomando una decisión que te afecte solo a ti, en este momento? ¿Que estás tomando una decisión que impactará a los que vengan después de ti? ¿Que tal vez tengas un papel en las actitudes y las observaciones de una jovencita que casi no conoces, quizás una completa extraña que algún día escuchará una descripción sobre ti?

Esta es la clase de preguntas que debes tener en mente cuando pienses en lo que harás hoy. En cómo responderás en este momento. En la clase de resoluciones que regirán tu vida. Estas decisiones son importantes ahora, y…

Siguen siendo importantes.

LA RESOLUCIÓN *para* MUJERES

Son tu legado.

Sabemos que, en términos generales, un legado es una herencia, un regalo que alguien les deja a otros luego de morir. Un patrimonio. Normalmente, los términos de esta transferencia se especifican en un documento legal organizado que detalla con exactitud cómo deben distribuirse las tierras, el dinero, la propiedad y las posesiones de una persona entre sus seres queridos. Se dejan instrucciones claras sobre quién obtendrá determinada joya o mueble. Sin embargo, por más honorable que sea dejar esta clase de orden para cementar la conexión tangible entre las generaciones, las personas suelen dedicar más tiempo a planear su herencia física que la espiritual.

Nuestro legado de fe, compasión, gratitud, perseverancia, perdón, paciencia y amor debería diseñarse con cuidado y luego transmitirse en forma deliberada. Cuestiones que no se obtienen mediante inversiones inteligentes, sino al vivir. Regalos que no se reservan para fiestas importantes ni eventos formales, sino que se otorgan los martes y los sábados por la mañana, con ropa deportiva, sin fanfarria ni fuegos artificiales.

Solo tú. Al decidir vivir el hoy como si el mañana de otra persona dependiera de ello.

Esto pareció ser primordial para Moisés, cuando se encontraba en las afueras de la tierra prometida, luego de morar con el pueblo de Dios 40 años en el desierto. Aquí estaba, a los 120 años, cerca del fin de su vida, hablando de los mensajes cruciales que había en su corazón en estos últimos momentos con sus amados amigos y conciudadanos (Deuteronomio 28–30).

Habló del legado.

Habló de la herencia espiritual.

Alentó al pueblo de Dios a tomar las decisiones presentes considerando el futuro.

Mira, yo he puesto delante de ti hoy la vida y el bien, la muerte y el mal;
porque yo te mando hoy que ames a Jehová tu Dios, que andes en sus

caminos, y guardes sus mandamientos, sus estatutos y sus decretos,
para que vivas y seas multiplicado, y Jehová tu Dios te bendiga en la
tierra a la cual entras para tomar posesión de ella [...] escoge, pues, la vida,
para que vivas tú y tu descendencia. (Deuteronomio 30:15-16, 19)

Al decidir amar al Señor, aferrarse a Él y comprometerse con Él en obediencia fiel (*hoy*), el pueblo de Dios podía esperar una existencia larga y próspera como nación *mañana*, llena de una provisión eterna de Su gozo y paz. Esto les permitiría a ellos y a sus hijos recibir todos los beneficios estipulados en el pacto que Dios había hecho con Su pueblo. A cambio de sus decisiones fieles, tendrían la seguridad de la «vida»: un legado prometedor de protección y provisión divina para transmitirles a sus hijos y a sus nietos como herencia y derecho de nacimiento.

Me pregunto si los hombres y las mujeres que escucharon las palabras de Moisés consideraron lo que Dios les ofrecía; si miraron a sus hijos, arremolinados a sus pies mientras jugaban, y los imaginaron ya crecidos, experimentando los abundantes beneficios de la obediencia de sus padres... un papá y una mamá que decidieron vivir como agradaba al Señor.

Me pregunto también si se habrán dejado llevar por sus pensamientos y visiones del futuro cuando Moisés les presentó la segunda alternativa: *la muerte*. Tomar esta decisión tendría consecuencias igualmente explícitas; cuestiones como la desdicha, la pérdida del favor divino, la inseguridad de vivir fuera de la protección de Dios. Cosas terribles. Efectos espantosos y duraderos. Peores que los que muestran rápidamente en los comerciales de medicamentos recetados, que aparecen mientras estás cocinando.

Dos elecciones. La vida. La muerte.

¿Acaso había que pensar en qué escoger? ¿Alguno escogería a sabiendas afirmarse «en su maldad» (Salmo 52:7, LBLA), desperdiciando la oportunidad de dejar un legado firme y piadoso para sus

hijos, con todas las bendiciones y el favor de Dios tanto para ellos como para las generaciones futuras?

Sí, lamentablemente sí.

Y nosotras también.

Tanto en forma consciente como inconsciente, lo hacemos cada vez que tomamos decisiones pequeñas y cotidianas contrarias a los propósitos, los planes y las promesas de Dios. Firmamos una herencia que se corrompe y se apolilla, y que recibirán algún día aquellos a quienes el Señor nos ha confiado. Cuando ignoramos las prioridades divinas y tomamos decisiones insensatas y egoístas sin pensar en los demás, destruimos el legado que transmitiremos. Dejamos una herencia de dolor, confusión, adversidad, dificultades innecesarias y hasta de maldiciones espirituales que enfrentar.

Quizás esta realidad te sea sumamente familiar. Tal vez seas el producto de las decisiones insensatas de tus padres. El legado que te dejaron fue de adicción y concesiones, de deudas y falta de perdón, de fracasos y autoestima desgarrada. Probablemente, tus padres no quisieron dejarte marcada con esta clase de herencia, pero lo hicieron... cada vez que prefirieron no tomar las decisiones momentáneas considerando el futuro en forma específica, deliberada y constante. Cuando escogieron el placer y la diversión en lugar de la pureza y la fidelidad, cuando optaron por la debilidad y el egoísmo antes que la obediencia voluntaria y el amor inalterable, decidieron inconscientemente apilar un bagaje en el umbral de tu adultez, la clase de desorden que puede llevar años ordenar.

Pero sin importar qué legado hayas recibido, puedes despertar por la mañana y diseñar uno nuevo en el tablero de tu vida. Puedes reestructurar las cláusulas. Reenfocar los puntos y los párrafos. Puedes cambiar el nombre de los destinatarios y reorganizar las clases de regalos que quieres dejar. Es tu oportunidad de dejar un legado. Un legado diferente. Un legado nuevo.

Y todo comienza hoy.

Con las decisiones que tomas ahora.

Esta fue la razón de Eileen para vivir bien. Tenía ocho hijos. Su esposo trabajaba como loco para proveer para la familia; viajaba sin parar y se esforzaba muchísimo. Pero ella también vivía una situación difícil: dos de sus hijos murieron al nacer, luchaba con su propia salud y, en un momento, tuvo que mudarse al otro lado del mundo con su familia para permanecer a flote. La vida era difícil. Cada día más duro que el anterior. Pero cuando era joven, había decidido cultivar un legado que valiera la pena dejar a sus seres queridos. Así que, a pesar de muchas dificultades y desafíos, cada día decidió invertir en su legado. Permanecer comprometida con su familia y fiel al Señor. Sentarse con sus ocho hijos a leer la Escritura y orar por ellos. Dedicarse por completo a la obra que Dios tenía para ella. No fue fácil, pero valió la pena.

Hoy, a los 92 años, con 13 nietos y 21 bisnietos en su enorme progenie, se puede ver el brillo en sus ojos cuando está rodeada del fruto de su trabajo. Al observar que su descendencia disfruta del favor de la protección y la provisión divina, deja escapar un suspiro de satisfacción. Se puede percibir el marco de la bendición de Dios en la vida de los que rastrean su historia hasta la puerta de Eileen. Evidentemente, sus decisiones sabias dieron fruto.

Este puede ser tu legado.

No es demasiado tarde.

Hoy —es más, dentro de las próximas 24 horas—, tienes por delante una decisión reveladora. Se disfraza como tu próxima oportunidad, tu próxima opción, tu próxima decisión, tu próxima oferta. Ahora es tu oportunidad de ver estas cosas a través de la lente de la descripción bíblica de Moisés. De verlas como decisiones pequeñas, pero importantes entre la vida y la muerte.

¿Acaso hay que pensar en qué escoger?

Escoge la vida.

Escoge con sabiduría.

Tu legado depende de ello.

- ¿Cómo has visto (o quizás probado tú misma) el fruto duradero de las decisiones personales en las vidas de los demás? ¿Cómo te han dañado? ¿Cómo te han bendecido?

- Enumera algunas decisiones (que tengas que tomar en los próximos días, semanas o meses) que te den la oportunidad de impactar en tu legado. ¿Qué puedes hacer ahora, de antemano, para asegurar una decisión sabia?

- Enumera las personas más importantes para ti, a quienes quieras dejarles un legado piadoso.

Un legado inesperado

Estaba sentada frente a mí, con una taza de café humeante en la mano, inclinada hacia mí mientras conversábamos, como siempre hace cuando hablo con ella: atenta, personal, íntima.

Mi tía, con todos sus 67 años, compartía los momentos lluviosos de aquella mañana conmigo en mi casa, acurrucada en mi gastado sofá, mientras nos dedicábamos a una charla de mujeres durante su visita anual desde Londres. Con su inconfundible acento británico, me contó lo que el Señor le había enseñado últimamente.

La escuché.

Es decir, *siempre* la escucho.

Sus reflexiones siempre me cautivaron y me hicieron pensar. Una estudiosa concienzuda de la Biblia, su comprensión de las cuestiones espirituales flota en el aire como el aroma penetrante y familiar de su perfume preferido. Nunca le han faltado historias sobre los acontecimientos de su vida. Sus viajes frecuentes a distintos países que nunca escuché nombrar han generado anécdotas fascinantes. Al hablar de la

Palabra de Dios con distintos grupos de personas en todo el mundo, ha visto milagros y obras del Espíritu Santo que pueden hacerte salir los ojos de sus órbitas. Los detalles con que describe el obrar soberano del Señor, cosas que ha visto en forma directa y cercana...

Es sobrecogedor.

Pero en este momento, su intensidad era mayor de la habitual, mientras se asomaba detrás de sus anteojos marrones y de marco cuadrado, con las manos firmemente aferradas a su taza de café, tal como sus confidencias comenzaron a abrazar mi corazón. Porque esa mañana, habló de cuestiones personales.

De la soltería.

De la falta de hijos.

Su travesía había estado llena de los anhelos y las pérdidas de ambas. Nunca se casó. Estuvo a punto de hacerlo un par de veces, pero... no sintió que Dios la llevaba a comprometer su vida con la de estos hombres. Y lo aceptó. Con el tiempo, se quedó en paz con lo que parecía ser el llamado de Dios para su vida de permanecer en pureza y satisfecha en Él. Le llevó tiempo. Pero lo logró.

Y aun así... la falta de hijos. Quizás algo más profundo en la psiquis de una mujer que el deseo de encontrar su verdadero amor. Por eso, cuando fue al doctor para preguntarle por unos dolores y un malestar en el cuerpo, y este le recomendó que se realizara una histerectomía, sintió un dolor más profundo del que creía poder experimentar. Cerrar en forma permanente la posibilidad de reproducir vida hizo estallar sentimientos profundos, crudos y solitarios que le producen la misma conmoción a una mujer soltera que a una casada. Es arrancar un deseo que yace en el centro mismo de la mujer... sin importar su condición. Si Dios alguna vez escogía un esposo para ella, ahora sabía con seguridad que jamás podría darle hijos.

Me dijo que aceptar la soltería había sido difícil. Inesperadamente, aceptar la falta de hijos le había resultado más difícil aún.

Sin embargo, cuando llegó el momento de la cirugía, ya había dejado que Dios tratara gran parte de su dolor y pérdida. Es más, un día, mientras se recuperaba en el hospital, escuchó el llanto de un bebé cerca de allí. Y por más sorprendente que parezca, el dulce sonido que la envolvió no le produjo otra oleada de angustia y dolor, sino que la llevó a aprovechar el momento como una oportunidad para aceptar su etapa de esterilidad y transitarla sin reservas; a rendirse en lugar de luchar contra lo que el Señor permitía. Al hacerlo, una sensación arrolladora de libertad le corrió por el cuerpo. Dios colocó un manto de paz y contentamiento sobre ella de una manera increíble. Supo que el Señor la sacaría victoriosa de esta prueba. Sintió como si le dijera: «Renunciaste a la matriz física, pero yo te he dado una matriz espiritual».

Casi seis meses más tarde, durante una reunión en la iglesia, ella y un grupo pequeño de hermanos se encontraban en la oficina del pastor, orando con pasión y ahínco por la obra y el pueblo de Dios. Mientras oraban, un mentor sabio y piadoso, que no sabía nada sobre su experiencia de entrega y rendición meses atrás, se acercó a ella, colocó una amorosa mano sobre su hombro y le dijo con palabras que confirmaron en forma sobrenatural la guía divina: «No eres estéril. De tu matriz saldrá vida nueva. Hay vida por producir y un legado para dejar a través de ti. Tienes hijas, muchas hijas».

Muchas hijas.

Quizás te resulte familiar el dolor de mi tía Ruth. Tal vez sientas que te robaron la experiencia del legado biológico. Pero quizás, si miras de cerca, verás lo mismo que Dios le reveló a mi dulce tía: una descendencia espiritual, abundancia de hijas que esperan ser marcadas con sabiduría, consejo, aliento y favor… con el abrazo del amor maternal.

Como mujeres en quienes el Espíritu de Dios habita y lleva fruto, hemos sido llamadas a dejar un legado piadoso, a pasar la antorcha de Su gracia y Su verdad a otras que luego lleguen a lugares que jamás alcanzaremos. No es una opción. Es un mandato celestial.

Sería sumamente injusto si la obra de Dios en tu vida comenzara y terminara en ti. Tu vida no es lo suficientemente larga ni amplia como para contener las alturas y las profundidades de Su actividad, para tragar todo sin ofrecer bocado a nadie más.

La herencia debe continuar. Y *es posible*.

A través de ti. Para ellas.

Es la verdadera esencia del legado piadoso: la comunicación continua de valores, estándares, creencias, disciplinas, prioridades, experiencias, lecciones aprendidas… no solo a los que brotan de tu árbol familiar, sino también a aquellos con quienes compartes el linaje de Cristo.

- *Si este capítulo habla de tu historia, ¿qué te está diciendo Dios en él?*

- *¿Qué mujeres más jóvenes te vienen a la mente, que podrían beneficiarse de tenerte de mentora?*

- *Si quizás este capítulo no se aplica a tu situación, ¿cómo podrías usar sus verdades para alentar y desafiar a las mujeres solteras y sin hijos que te rodean a dedicarse a la responsabilidad de construir un legado?*

Grabado en piedra

¿Qué significan estas piedras para vosotros? (Josué 4:6, LBLA)

En cualquier otro lugar, habrían sido simplemente piedras. Trozos grises, insulsos y aburridos de la creación, con pocos usos además de sostener el mantel en un picnic o de abrir una nuez.

Pero coloca esas rocas en la ribera del Río Jordán para marcar el lugar donde dos millones de hebreos cerraron el capítulo de 40 años de deambulación en el desierto, caminando por suelo seco hacia la tierra prometida —un momento de leche y miel que habían esperado toda su vida—, y de repente, ya no se trata solo de piedras. Son monumentos.

Esa fue la intención de Dios al decirle a Josué…

Tomad del pueblo doce hombres, uno de cada tribu, y mandadles, diciendo: Tomad de aquí de en medio del Jordán, del lugar donde están firmes los pies de los sacerdotes, doce piedras, las cuales pasaréis con vosotros, y levantadlas

en el lugar donde habéis de pasar la noche. Entonces Josué llamó a los doce hombres a los cuales él había designado de entre los hijos de Israel, uno de cada tribu. Y les dijo Josué: Pasad delante del arca de Jehová vuestro Dios a la mitad del Jordán, y cada uno de vosotros tome una piedra sobre su hombro, conforme al número de las tribus de los hijos de Israel, para que esto sea señal entre vosotros; y cuando vuestros hijos preguntaren a sus padres mañana, diciendo: ¿Qué significan estas piedras? les responderéis: Que las aguas del Jordán fueron divididas delante del arca del pacto de Jehová; cuando ella pasó el Jordán, las aguas del Jordán se dividieron; y estas piedras servirán de monumento conmemorativo a los hijos de Israel para siempre. (Josué 4:2-7)

Piedras. Simples piedras. Hasta que se las recoge, se las conmemora en forma estratégica y se las posiciona en forma deliberada para recordarlas.

La mayoría de nosotras probablemente categorizaría nuestros días como una serie de experiencias normales y prosaicas. Es lo que hacemos. Es lo que somos. Es la manera en que llegamos del punto A hasta la hora de dormir. De «buenos días» a «buenas noches». Pero la mujer resuelta a dejar un legado piadoso comienza a comprender que estos momentos significan más que meras fechas en el calendario o sucesos comunes. Son testamentos permanentes de la obra de Dios en su vida. Representan experiencias únicas y personales con Él, tan notables y conmemorables como normales y habituales.

Quizás sean solo lunes, pero son también monumentos.

Así que, hoy te pido que recojas estas «piedras» en forma intencional y que elabores una constancia de lo que Dios está haciendo en tu vida. En lugar de dedicar las noches de esta semana a algo que probablemente no genere nada demasiado valioso, ¿estarías dispuesta a tomar una parte de cada velada para volver al medio del Jordán —a algún momento donde hayas experimentado a Dios de manera

memorable— y recoger algunas reflexiones que te ayuden a comenzar a hacer un registro cada vez mayor de tu legado?

Tu legado. Los demás necesitan algo por escrito para seguir. Tanto tú como ellos necesitan algo para recordar.

Ahora bien, déjame prologar algo que quiero contarte confesándote que llevar un diario no es mi fuerte. Escribí algo en el mío la semana pasada, y hasta entonces, hacía… ¿unos nueve meses desde la última vez que escribí? ¿Qué te parece esa constancia? Siempre admiré a las mujeres que tienen un diario de cuero con una hermosa encuadernación en el cajón de su mesa de luz, lo sacan todas las noches con la precisión de un reloj y registran en prosa fluida sus experiencias del día. Me encantaría ser así. Tal vez, algún día.

Pero aunque no he sido demasiado cumplidora en esta área, doy gracias porque el Señor ha registrado gran parte de mi vida. Soy la clase de mujer que escribe en su diario cuando…

- hay algo apremiante en mi corazón y mi mente.
- se produce un nuevo hito.
- el Señor ha estado haciendo una obra importante y transformadora en mí.
- estoy en medio de determinada circunstancia de la vida que parece prometer consecuencias importantes para el futuro.

En la mayoría de los casos, son días y sucesos bastante normales. Y sin embargo, se vuelven poco memorables solo si no los registro.

Así que, estoy feliz de haberlo hecho a través de los años. Me resulta divertido volver a recordar incluso sentimientos esporádicos. Poder recuperar etapas específicas de la vida, recordar exactamente por qué estaba orando y luego reconocer con mayor claridad que nunca cómo respondió el Señor… pocas cosas aumentan más mi fe y me alientan. Es como sacar un álbum de fotos y hojearlo, reviviendo escenas que te alegras de haber registrado cuando tuviste la

oportunidad. Algunos son momentos importantes: vacaciones familiares, cumpleaños, Nochebuena. Pero otros son de tardes improvistas, cuando viste algo que quisiste conservar y atesorar. Registrar la obra de Dios, de maneras grandes y pequeñas, proporciona un inspirador paseo por el camino de los recuerdos porque es Él… en ti.

Y ahora está grabado para siempre.

Porque algún día, aquellos a quienes quieres dejarles un legado espiritual lleno de vida querrán ver cómo manejaste incluso un momento común y corriente una mañana como cualquiera; cómo la fidelidad, el cuidado, la protección y la guía de Dios se cruzaron en tu camino un día y lo transformaron en mucho más que en una parada rutinaria en la carretera. Tus hijos, tus nietos, las jóvenes que esperas que se vean afectadas por tu vida querrán saber cómo Dios se movió y obró a través de tus éxitos y tus fracasos, de tus momentos cúlmines y de tus mayores errores, al envolverlos con Su gracia soberana y (con tu cooperación) grabarlos en tinta en esas sencillas páginas.

Es una buena lectura. Forma un legado.

Es más, esto me ha resultado tan valioso y gratificante que comencé un diario para cada uno de mis hijos. De vez en cuando, al ver que el Señor está obrando en sus vidas o que alcanzan un nuevo nivel de madurez en determinada área, abro su librito y registro la experiencia. Aunque solo recuerde hacerlo una vez al año en sus cumpleaños, mi objetivo es dárselos más adelante, cuando tengan la edad suficiente para valorar la mirada de una madre sobre su crecimiento y desarrollo espiritual; reflexiones que sus esposas y sus hijos (vaya, mis nietos) encuentren fascinantes e invalorables, incluso graciosas en algunas partes. Pero un legado al fin. Uno que se extiende hacia adelante. Conecta generaciones. Gloria a Dios.

Si dejaste de prestarme atención porque no te gusta escribir, lo entiendo. Mis hermanos y yo tenemos un padre así. Una Navidad, nos esforzamos por encontrar el diario perfecto para él, uno con una tapa de cuero genuino. Exuberante y masculino. Incluso bastante

costoso, pero pensamos que valía la pena comprárselo. Esperábamos que abarcara generaciones. Lo hicimos grabar con su nombre y se lo entregamos con gran ceremonia, creyendo que le encantaría tenerlo en su escritorio y escribirnos algunas perlitas cuando tuviera algo especial que transmitirnos a sus hijos, para la posteridad. De esa manera, siempre tendríamos un registro de sus pensamientos importantes.

Eso fue hace cinco años. El diario todavía está sobre su escritorio. Y sigue vacío.

Lo que quiero decir es que no estoy pidiéndote que te decidas a llevar un diario… a hacerlo solo de esta manera. Sé que el método de bolígrafo y papel no es para todos. Lo comprendo. Pero sí te pido que encuentres tu propia manera de guardar tu legado. De juntar piedras.

Sin duda, la vida que experimentas es mucho más importante que la que escribes. Tu manera de responder en formas prácticas y coherentes al señorío de Cristo tiene mucha más importancia ahora que el modo en que tu diario la recuerde. Pero como mujer de resoluciones, tienes una responsabilidad hacia los demás. No se trata solo de si te gusta hacer algo. Se trata de prioridades. De propósito. De promesas.

Así que, háblale a un grabador. Crea tus propios fragmentos digitales de audio. Prepara la cámara de video. Diseña un álbum anual. Registra tus notas de los momentos devocionales de lectura de la Biblia y oración que puedan quedarles a tus seres queridos cuando ya no estés. Un año, cuando mi hermana estaba demasiado ocupada para ser constante con su diario, indagó todo lo que pudo en su cuenta de *Twitter* y de *Facebook*, e imprimió todo lo que había publicado. Guardar estos escritos le proporcionó la manera perfecta de captar sus pensamientos y los sucesos del año anterior.

Encuentra tu manera única de hacerlo, pero no dejes a tus hijos y a tus nietos sin algo para ver, tocar, sentir y escuchar; algo que

muestre lo que Dios hizo para traerlos a ti y a ellos hasta este punto. Es una obra maestra en ciernes.

Todos los días, tu Padre hace algo nuevo. Modela y forma. Guía y refina. Rota, perfila y pule los bordes. Todos los días. Y aunque a ti puede parecerte rutinario y corriente, es lo que conforma tu legado. Es lo que sucede a tu alrededor. Dentro de ti. En la relación viva con Aquel a quien anhelas que los demás conozcan de manera más profunda, en mayor magnitud. Y un día, mucho antes de lo que piensas, cuando se te acerquen y quieran saber «¿qué significan estas piedras?»... asegúrate de tener algo para mostrarles, no solo para decirles.

Vale la pena leer y repetir tu historia, porque tu Dios está haciendo cosas maravillosas en ti, sin importar si lo ves o no. Cosas que no quieres esconder ni desmerecer. Cosas que los demás no tendrían por qué aprender desde cero. Cosas que los ayudarán a experimentar una vida con estímulo y ventaja espirituales.

Esa es la fortaleza del legado de una mujer. De tu legado.

Construido sobre la Roca. Grabado en piedra.

- *Esta última resolución es el punto culminante de todas las que ya tomamos. El propósito principal de estas resoluciones ha sido ayudarte y apoyarte para que dejes un legado del cual puedas estar orgullosa. Al acercarnos al final de nuestro viaje, te pido que uses esta última experiencia como una oportunidad para juntar todo lo que hemos aprendido y los compromisos que asumimos en el camino. No fueron solo promesas para ser mejores personas. Se trata de llevar una vida que trascienda tu persona, que los límites de una vida humana no pueden contener. Se trata de tu responsabilidad y de tu gozo; la responsabilidad de dedicarte por completo a los demás y el gozo de observar cómo Dios toma tus regalos más insignificantes y los transforma en tesoros eternos.*

No importa cómo Dios te inspire a hacerlo, Él te dará una gracia y una fuerza increíbles para lograrlo. Al tomar esta resolución, comprende que producirás una diferencia duradera y que tu compromiso con estas trece resoluciones impactará a las generaciones venideras.

- Tú, una mujer de grandes resoluciones, estás estableciendo un legado piadoso.

DEJAR UN LEGADO PIADOSO

Prometo tomar las decisiones de hoy teniendo en mente el impacto futuro, y considerar mis decisiones actuales a la luz de las generaciones venideras.

_____

La resolución para mujeres en un vistazo

PROMETO solemnemente ante Dios aceptar esta etapa
de mi vida y aprovecharla al máximo, sin prisa ni evasiones,
y vivirla con un espíritu de contentamiento.

PROMETO defender el modelo divino para la mujer
y enseñárselo a mis hijos.

PROMETO celebrar mi singularidad y los rasgos distintivos
que Él ha puesto en los demás.

PROMETO vivir como una mujer responsable ante Dios
y comprometida fielmente con Su Palabra.

PROMETO dar lo mejor de mí a los roles primordiales
que Dios me ha confiado.

PROMETO ser rápida para escuchar, lenta para hablar,
y considerar a los demás superiores a mí misma.

PROMETO perdonar a los que me hagan mal y reconciliarme
con quienes yo haya defraudado.

PROMETO no tolerar influencias impías ni en mí ni en mi hogar,
sino procurar una vida de pureza.

PROMETO buscar la justicia, amar la misericordia
y ser compasiva.

PROMETO ser fiel a mi esposo y honrarlo con mi conducta
y mi conversación; y aspiro a ser una compañera adecuada
que lo ayude a alcanzar el potencial que Dios le dio.

PROMETO enseñar a mis hijos a amar a Dios,
a respetar la autoridad y ser responsables.

PROMETO cultivar un hogar tranquilo donde se perciba
la presencia de Dios.

PROMETO tomar las decisiones de hoy teniendo en mente
el impacto futuro, y considerar mis decisiones actuales
a la luz de las generaciones venideras.

PROMETO esforzarme valientemente con la fortaleza
que Dios me dé para cumplir con esta resolución durante
el resto de mi vida, para Su gloria.

Pero yo y mi casa, serviremos al Señor.
Josué 24:15, LBLA

Notas

1. Joshua Harris, *Sex Is Not the Problem, Lust Is* [El problema no es el sexo, sino la lujuria] (Sisters, OR: Multnomah, 2003), 120.

2. «*Hosanna*», letra y música en inglés de Brooke Fraser © 2006 Brooke Fraser/Hillsong Publishing (Admin. en Estados Unidos y Canadá en EMICMGPUBLISHING.COM).

3. Gary A. Haugen, *Just Courage* [Simplemente valentía] (Downers Grove, IL: InterVarsity, 2008), 1.

4. Shaunti Feldhahn, *Solo para mujeres* (Editorial Unilit, 2006).

5. Kay Arthur, Emilie Barnes, y Donna Otto, *Youniquely Woman* [Singularmente femenina] (Eugene, OR: Harvest House, 2008), 12–13.

Inicia una Revolución

¿Qué ocurre cuando un hombre asume la plena responsabilidad sobre su vida, la de su esposa y la de sus hijos?

Ya está a la venta | 978-1-4336-7158-6

BHEspanol/Valientes

FROM THE CREATORS OF **FIREPROOF**

HONOR BEGINS AT HOME

COURAGEOUS

Four men, one calling: To serve and protect. When tragedy strikes home, these men are left wrestling with their hopes, their fears, their faith, and their fathering. Protecting the streets is second nature. Raising their children in a God-honoring way? That's courageous.

TRISTAR PICTURES AND SHERWOOD PICTURES PRESENT IN ASSOCIATION WITH PROVIDENT FILMS AND AFFIRM FILMS A KENDRICK BROTHERS PRODUCTION "COURAGEOUS" EDITOR MARK WILLARD MUSIC TERRI CATT WRITTEN ALEX KENDRICK STEPHEN HULFISH BILL EBEL PRODUCER DARIAN CORLEY SHEILA McBRIDE EXECUTIVE PRODUCER BOB SCOTT ASSOCIATE PRODUCER DENNIS WIEMER LARRY FRENZEL PRODUCED MICHAEL C. CATT JIM McBRIDE TERRY HEMMINGS STORY STEPHEN KENDRICK SCREENPLAY ALEX & STEPHEN KENDRICK DIRECTED ALEX KENDRICK

AFFIRM FILMS

IN THEATERS SEPTEMBER 30

facebook.courageousthemovie COURAGEOUSTHEMOVIE.COM **twitter** @courageousmovie

Vidas valientes
Estudio bíblico

Esta guía para pequeños grupos te ayudará a ser más valiente en cuatro áreas importantes: Responsabilidad, Prioridades, Herencia y Fe. Este dinámico estudio bíblico para cuatro semanas incluye un libro de 64 páginas para los participantes y un DVD con partes de la película VALIENTES relacionadas con cada lección. Además, material para imprimir que ayudarán al líder en la preparación de cada clase.

Para más información, visita BHEspanol.com/Valientes

Atrévete a vivir con valentía

Todos ustedes, los que confían en Dios, ¡anímense y sean valientes!
Salmo 31:24 (TLA)

Ya está a la venta | 978-1-4336-7385-6

BHEspanol/Valientes

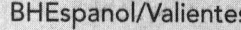